中国企业文化研究会

研究会资质

中国企业文化研究会成立于1988年，系经中华人民共和国民政部正式批准注册登记、全国性的具有法人资格的企业文化学术团体。

中国企业文化研究会创始人
薄一波（右） 韩天石（左）

研究会宗旨

团结企业界、理论界和其他热心企业文化建设的有识之士，共同学习、研究、宣传、推广国际、国内优秀的企业文化，促进企业科学发展，为建设和谐社会做出贡献。

研究会任务

研究企业文化理论，探索企业文化建设的有效途径；总结企业文化建设经验，召开各类企业文化专题会议；编辑出版企业文化书刊；组织企业管理人员的文化培训；开展企业文化的咨询、策划服务；举办国内、国际企业文化交流活动。

研究会成就

成立24年来，在全国召开了上百次大中型企业文化会议，举办了1000多次研讨班和报告会；完成了中国首项企业文化国家规划研究课题；出版了中国首部《中国企业文化大辞典》、《中国企业文化形象大典》、《中国企业文化年鉴》和近百本企业文化著作；为全国多家大中型企业进行了企业文化咨询、策划和设计活动；参与了人力资源和社会保障部“企业文化师”国家职业标准的制定和全国统一鉴定的命题工作；与中央电视台合作，制作了“企业文化助推企业发展”、“企业文化师给企业带来什么”等电视专题节目，在中央电视台播出后受到广泛好评。

研究会机构

名誉理事长：王大明
理　事　长：胡　平
常务副理事长：张同舟　孟凡驰　钟　岩　韩　旭　华　锐
秘　书　长：孟凡驰（兼）
顾问委员会：（以姓氏笔划为序）
王大明　王维澄　王瑞祥　李德生　陈清泰　金　鉴　郑必坚　贺光辉
袁宝华　徐惟诚　高占祥
学术委员会：（以姓氏笔划为序）
马仲良　王成荣　王　珏　王锐生　邓荣霖　厉以宁　司马云杰　朱　虹
吴敬琏　张国有　张　德　李燕杰　周叔莲　庞　朴　罗国杰　赵春福
唐任伍　贾春峰　潘承烈

推进文化强企 打造世界一流

胜利油田是我国第二石油生产基地和中国石化上游龙头企业，自1961年发现50年来，始终以强烈的报国情怀、高昂的创业激情、不懈的创新精神、强大的政治优势为祖国献石油，累计探明石油地质储量51亿吨、生产原油10.3亿吨，实现利税6000多亿元，为保障国家能源安全、促进区域经济社会发展做出了重大贡献。胜利油田始终坚持文化引领、品牌制胜，以“从创业走向创新，从胜利走向胜利”新时期胜利精神为核心，培育形成了特色鲜明、催人奋进的胜利文化，成为50万员工家属的精神旗帜和企业核心竞争力的重要源泉。近年来，胜利油田以“油田与心田共建，文化与文明共创”为主导，大力实施“胜利心田工程”，推进胜利文化“融入中心、深入人心”，实现了从文化建设到文化管理、从开发油田到开发心田的转变，先后获得“全国文明单位”、“全国企业文化示范基地”、“新中国60年企业精神培育十大摇篮组织”和“企业文化30年实践十大典范组织”等殊荣。站在新的历史起点上，胜利油田将以党的十七届六中全会精神为指导，进一步推进文化强企，激发文化创造，不断把文化优势转化为发展优势，为“打造世界一流，实现率先发展”提供强大文化支撑和精神动力，朝着“百年创新，百年胜利”愿景目标胜利前进。

海上钻井平台

胜利油田发现井——华八井夕照

80后、90后渐成油田生产建设生力军

中国石化
SINOPEC
胜利油田
从创业走向创新 从胜利走向胜利
油田与心田共建 文化与文明共创

本行的前身最早可追溯至1951年成立的农业合作银行。上世纪70年代末以来，本行相继经历了国家专业银行、国有独资商业银行和国有控股商业银行等不同发展阶段。2009年1月，本行整体改制为股份有限公司。2010年7月，本行分别在上海证券交易所和香港联合交易所挂牌上市，完成了向公众持股银行的跨越。

作为中国主要的综合性金融服务提供商之一，本行致力于建设面向"三农"、城乡联动、融入国际、服务多元的一流商业银行。本行凭借全面的业务组合、庞大的分销网络和领先的技术平台，向广大客户提供各种公司银行和零售银行产品和服务，同时开展自营及代客资金业务，业务范围还涵盖投资银行、基金管理、金融租赁等领域。截至2011年末，本行总资产116,775.77亿元，各项存款96,220.26亿元，各项贷款56,287.05亿元，资本充足率11.94%，不良贷款率1.55%，全年实现净利润1,219.56亿元。

本行境内分支机构共计23,461个，包括总行本部、32个一级分行、5个直属分行、316个二级分行、3,479个一级支行、19,573个基层营业机构以及55家其他机构。境外分支机构包括3家境外分行和4家境外代表处。主要控股子公司包括6家境内控股子公司和3家境外控股子公司。

2011年，在美国《财富》杂志全球500强排名中，本行位列第127位；在英国《银行家》杂志全球银行1,000强排名中，按2010年税前利润计，本行位列第7位。2011年，本行穆迪长期存款评级/前景展望为A1/稳定；惠誉长期主体评级/银行稳定评级为A/B+，前景展望为"稳定"。

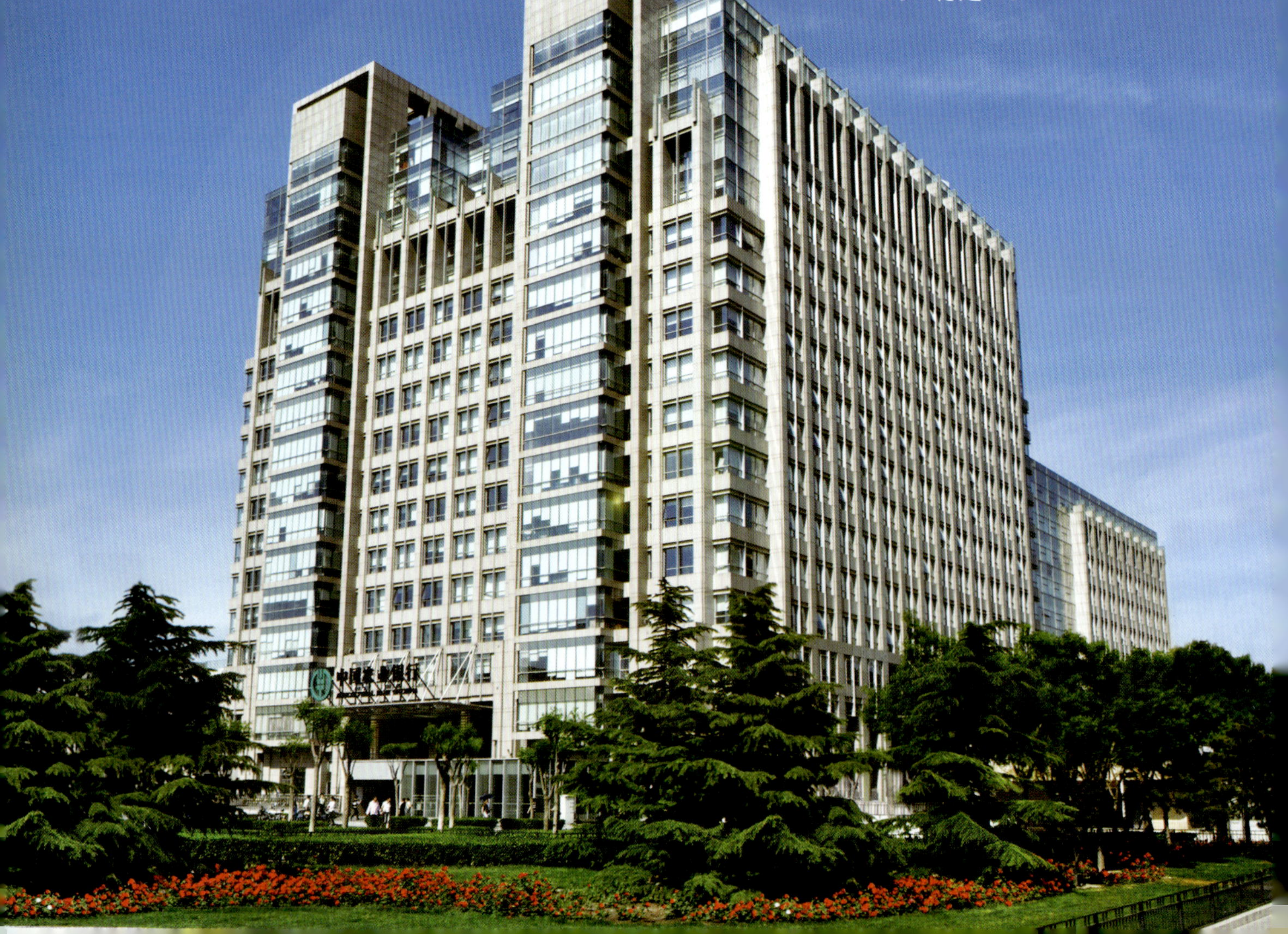

中国农业银行企业文化核心理念体系

中国人民解放军第五七一九工厂

中国人民解放军第五七一九工厂是一家军民融合型、集团化高新技术企业，国家大型企业，军队一级企业。建于1976年，地处四川省彭州市，现有员工2200余人，产值规模20亿元。

主要承担空海军新型航空发动机维修保障任务，在我国军用航空发动机领域具有重要地位，发挥重要作用。同时，走军民融合式发展道路，在航空产品及航空检测设备制造、民用航空维修、高端机电产品再制造、石油天然气专用阀门及成套设备、工程建筑、高低压电气成套装置等领域取得重要成效，先后在中亚天然气管道、中俄原油管道等重大国际能源合作项目中承担重要任务，为地方经济社会发展做出了积极贡献。

荣获“全国文明单位”、“全国五一劳动奖状”、“全国质量奖”、“全国模范劳动关系和谐企业”、“中国企业文化建设示范基地”、“新中国60年企业精神60佳”、“四川省生态工业园区”、“成都市环境友好型企业”、“在建国六十周年首都阅兵装备工作中做出突出贡献”，以及国家科技进步二等奖、军队科技进步一等奖等系列荣誉。2010年，中央领导视察五七一九工厂时指出“企业的管理井井有条，企业的技术精益求精，企业的文化昂扬向上”。

企业文化建设示范基地授牌仪式

文化体育活动中心

质量警示墙

花园式厂区

员工精神饱满地参加班前会

我情依旧歌会

企业愿景

成为飞机心脏的顶级服务者

以军为本，航修为主，军民融合

走修、造、研、改、教相结合的发展道路

企业使命

给飞机心脏创造新的生命

为航空发展贡献不竭动力

生产经营理念

深修、精修

保质、保量

营销服务理念

专业、快速

专心、真诚

供应链管理理念

关注顾客、科学预测

快速高效、和谐共赢

核心价值观

诚、新、快、实、和

人才建设观：学技术吃香，有本领风光

科技创新观

以研强修，以研兴造

以研促改，以研带教

安全观：遵章为先，预防为主

质量观

产品如人品，质量不好就是人品不好

保密安全观

严格 严谨 严肃

环保观

绿色维修，美好环境

企业精神

开拓创新，昂扬向上

以发展战略为航道

以愿景为方向

以使命为牵引

以核心价值观为灵魂

以企业精神为动力

以质量观和科技创新观为两翼

以产、供、销经营理念为着力点

以人才建设观、安全观、环保观、保密观为保证

东风汽车公司（原第二汽车制造厂）始建于1969年，是中国特大型国有骨干企业，总部设在“九省通衢”的武汉，主要基地分布在十堰、襄阳、武汉、广州等地，主营业务涵盖全系列商用车、乘用车、零部件、汽车装备和汽车水平事业。

东风汽车公司肩负共和国的重托，日益发展壮大，逐步成为集科研、开发、生产、销售于一身的特大型国有骨干企业，是国有经济的重要支柱企业。2004年，东风将旗下的东风汽车有限公司、神龙汽车有限公司、东风本田汽车有限公司、东风电动车辆股份有限公司、东风越野车有限公司、东风乘用车公司等主要业务进行整合，成立了东风汽车集团股份有限公司，已于2005年12月在香港联交所上市。东风汽车公司2011年销售汽车305.87万辆，营业收入4071亿元。东风汽车公司位居2011年中国企业500强第13位，中国制造业企业500强第2位,2012年《财富》世界500强第142位。

多年来，东风汽车公司秉承“关怀每一个人，关爱每一部车”的经营理念，积极致力于企业自主发展、绿色发展、和谐发展的科学发展之道，努力打造更具责任感、倍受社会信赖的汽车企业。面向未来，东风汽车公司将以“把东风打造成为国内最强、国际一流的汽车制造商；创造同业中国际居前、中国领先的盈利率；实现可持续成长，为股东、员工和社会长期创造价值”为事业梦想，以“建设永续发展的百年东风，面向世界的国际化东风，在开放中自主发展的东风”为企业愿景，以“实现三个跨越，构建一方和谐”为奋斗目标，致力于把一个自主开放、可持续发展、具有国际竞争力的东风推向世界。

东风公司党委中心组研讨构建和谐东风

东风商用车新重卡工厂

CCTV激情广场进东风

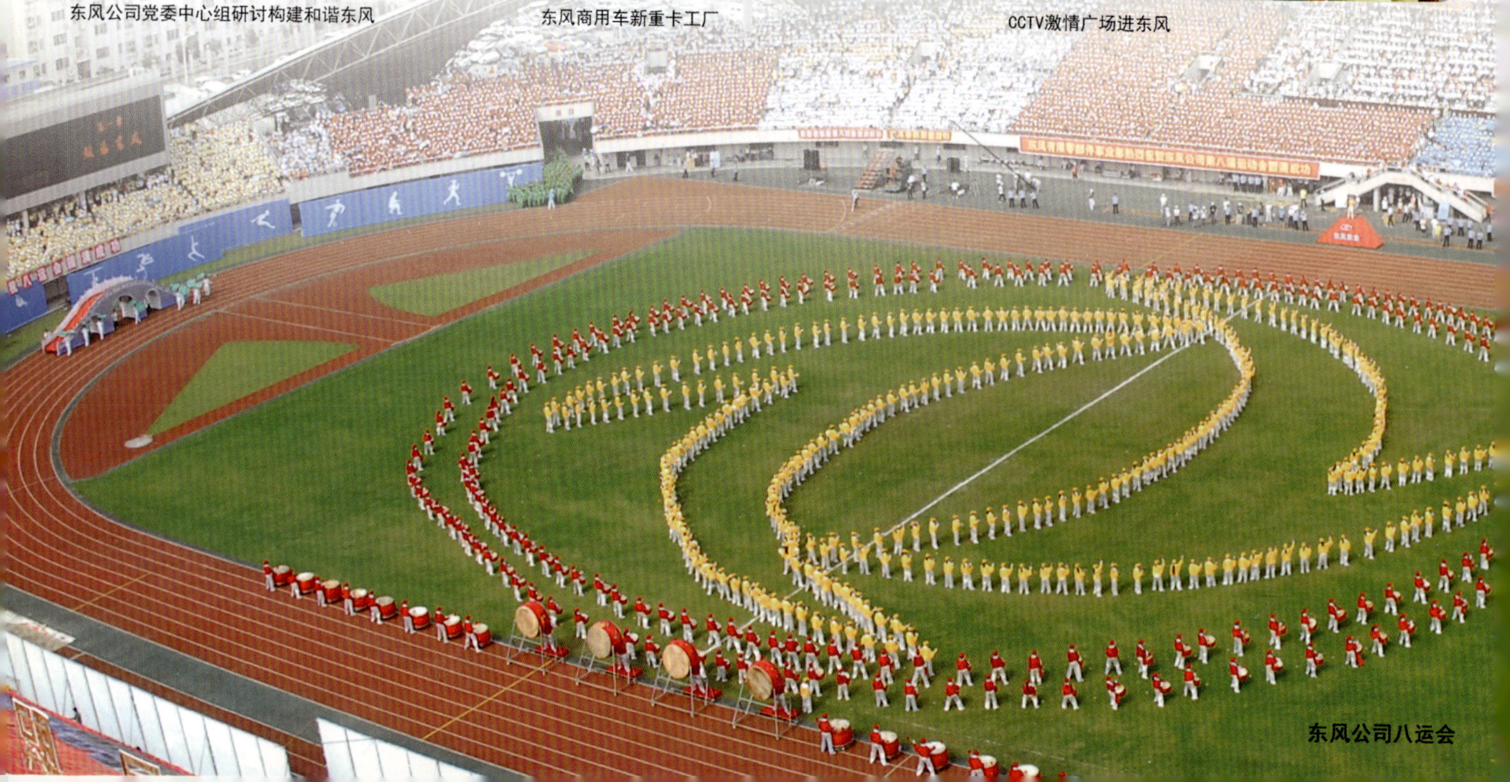

东风公司八运会

东风汽车公司总部办公大楼

公 司 使 命：制造优质汽车，提供满意服务，优化生活品质，实现人与自然的和谐

公 司 愿 景：永续发展的百年东风，面向世界的国际化东风，在开放中自主发展的东风

公司价值观：讲究诚信，崇尚业绩，奉献社会

公司经营理念：关怀每一个人，关爱每一部车

公司企业哲学：学习 创新 超越

公司企业精神：实现价值，挑战未来

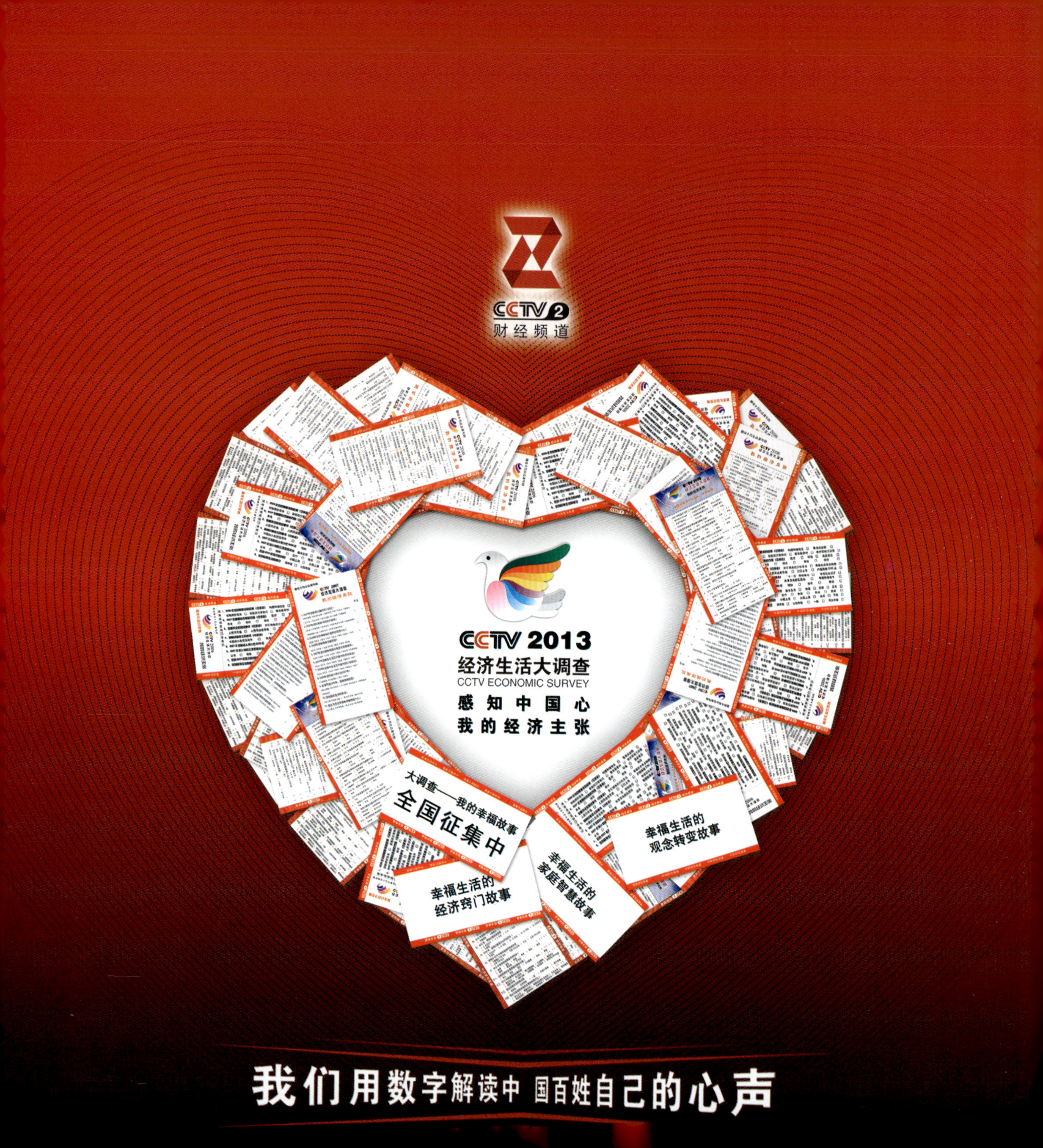
CCTV 2
财经频道
CCTV 2013
经济生活大调查
CCTV ECONOMIC SURVEY
感知中国心
我的经济主张
大调查——我的幸福故事
全国征集中
幸福生活的
经济窍门故事
幸福生活的
家庭智慧故事
幸福生活的
观念转变故事
我们用数字解读中国百姓自己的心声

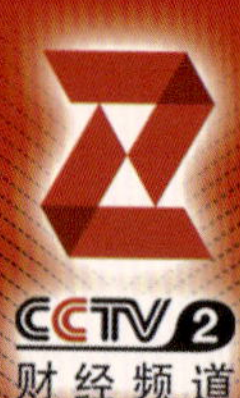

冀中能源
JZEG

冀中能源集团董事长王社平

冀中能源集团有限责任公司（以下简称：冀中能源）是国有特大型独资公司。2008年6月成立，2009年6月，冀中能源重组华北制药集团，2010年6月，冀中能源组建了河北航空集团和河北航空公司。形成了以煤炭为主体，以制药、航空为两翼，电力、化工、装备制造、现代物流等多产业综合发展的大型现代企业集团，目前下辖峰峰集团、冀中股份公司、华北制药集团、河北航空集团、张矿集团、邯矿集团、井矿集团、邢矿集团、机械装备公司、山西矿业公司、国际物流公司等11家子公司，拥有冀中股份、华北制药和金牛化工三个上市公司，地域纵贯河北，横跨晋冀，外延内蒙古，西拓新疆，拥有河北邯郸、邢台、井陉、张家口，山西晋中、吕梁，内蒙古鄂尔多斯和锡林郭勒盟等煤炭生产矿区。目前在册职工13万人，资产总额1300亿元，煤炭资源储量260亿吨。2011年顺利实现“煤炭产量超亿吨，销售收入2000亿元”既定目标，是中国第二大主焦煤生产基地，名列2011年世界500强第458位。

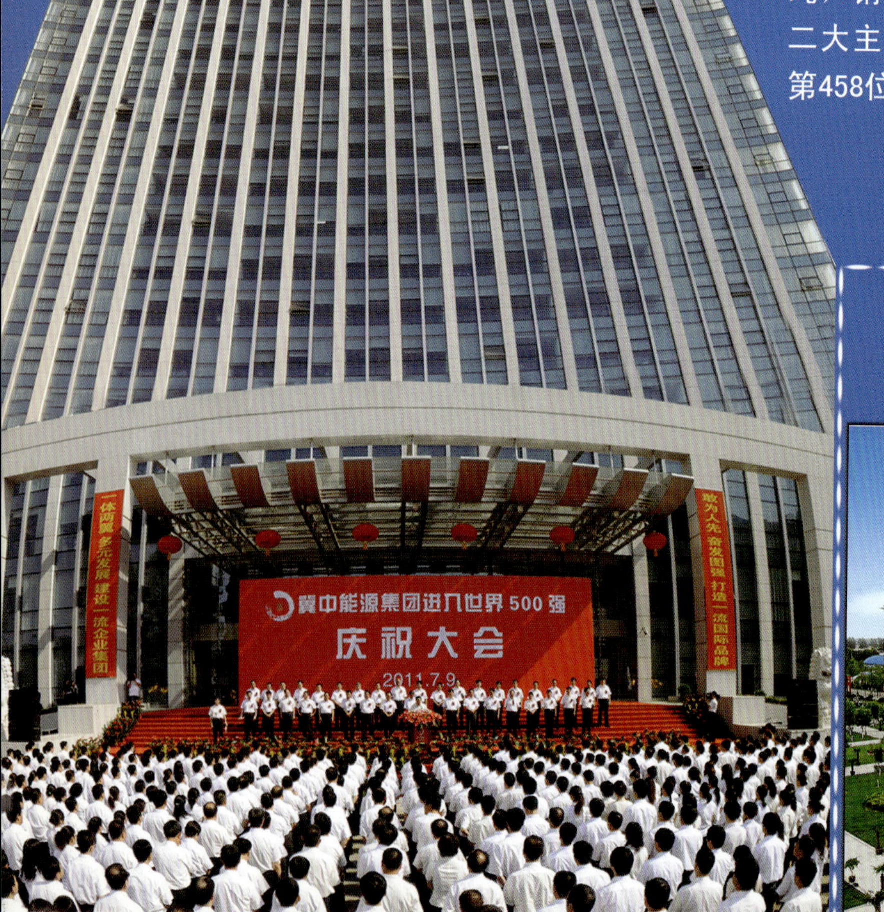

2012企业发展总思路

生态矿山建设成效显著

- 中国企业500强第60位
- 世界500强第458位
- 建设更高质量的世界500强

冀中能源2012首季开门红现场

企业稳中求进，职工笑意盈盈

稳中求进、提质增效

华药新工业园区头孢项目质检研发大楼

河北航空大厦

云天化集团是以云天化集团有限责任公司为母公司，控股一批生产经营型企业的综合性企业集团。

集团的前身云南天然气化工厂，是我国上世纪七十年代从国外引进成套设备建设的13套大化肥之一，始建于1974年，1977年建成投产。1997年，云南天然气化工厂整体改制为云南省人民政府授权经营的国有独资有限责任公司。改制以后，集团在做好生产经营的前提下，紧紧抓住一系列重大历史机遇，通过实施一系列有效措施推动企业持续健康发展。

经过30多年的不懈努力，集团从一家单一的氮肥生产企业，发展成为拥有化肥、有机化工、玻纤新材料、盐及盐化工、磷矿采选、磷化工等产业平台，跨行业、跨地区、跨所有制的企业集团，打造了磷复肥、磷矿采选、玻纤新材料等一批在国内外具有比较优势的产业平台。2011年，集团名列中国企业500强第211位，中国制造业500强第105位。

“十二五”期间，集团将以科学发展为主题，以转方式、调结构为主线，以“三新一补”（新配置、新材料、新产业和商贸物流为补充）为重要举措，不断推动企业的科学发展、和谐发展、跨越发展，向着“规模化、集约化、集团化、国际化、和谐化”的五化大发展目标努力奋进。

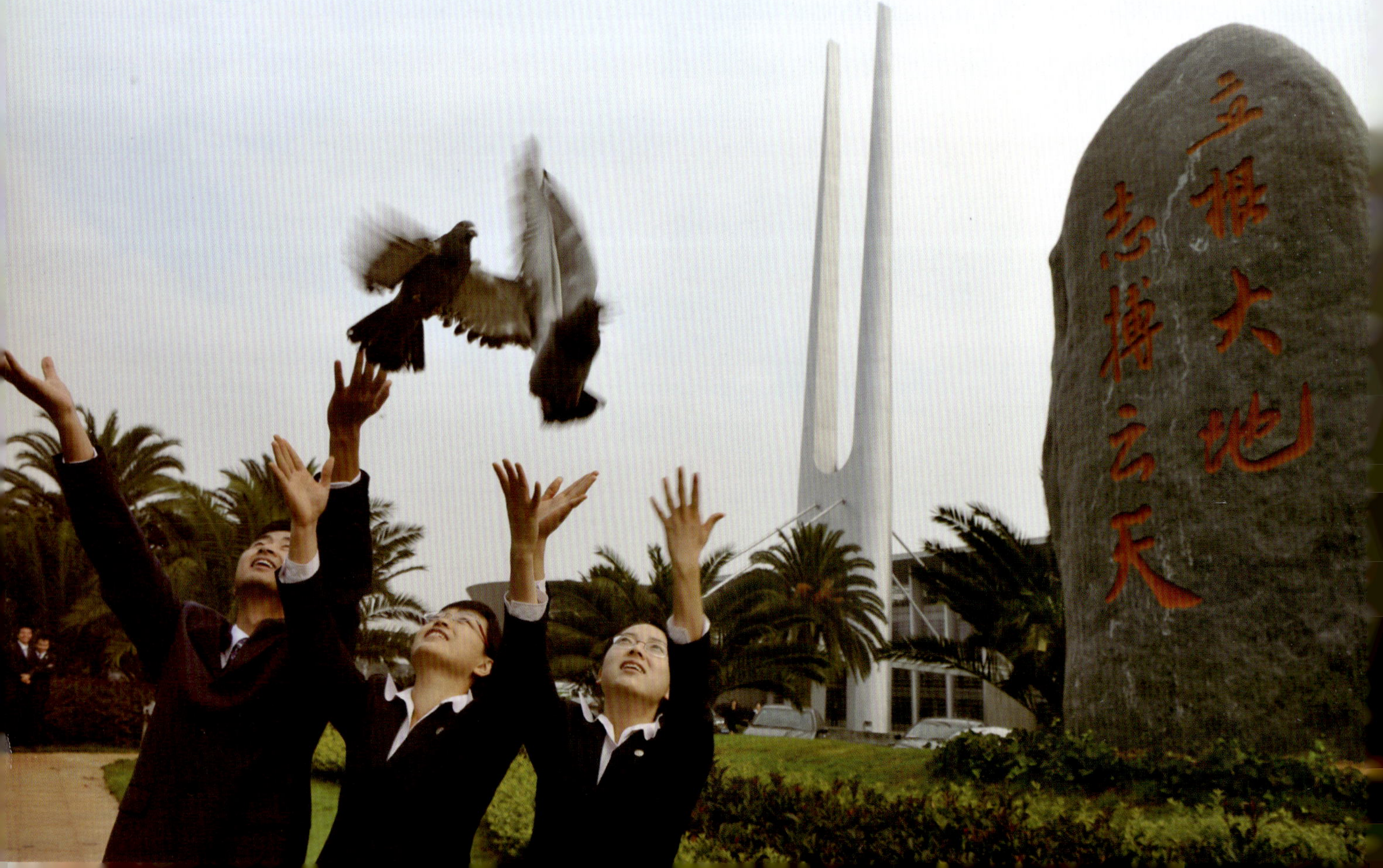

聚合天地精华　共创和谐繁荣

云天化集团企业文化核心理念体系发布

云天化集团对外捐赠

云天化集团企业文化知识大赛

规模化　集约化　集团化　国际化　和谐化

氮肥生产基地

磷复肥生产基地

有机化工生产基地

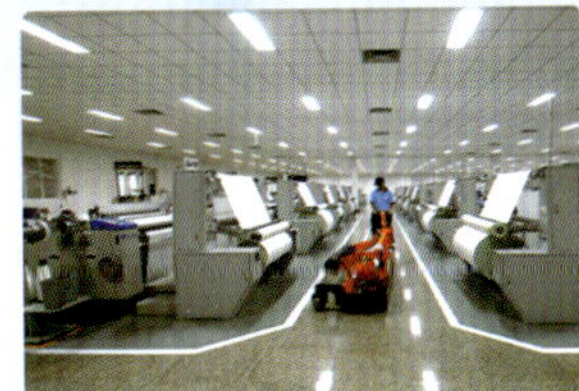
玻璃纤维生产基地

盐及盐化工产品生产基地

磷矿采选

磷化工生产基地

锂离子电池隔膜生产厂

太钢董事长李晓波

太原钢铁（集团）有限公司（简称太钢）始建于1934年，是集铁矿山采掘和钢铁生产、加工、配送、贸易为一体的特大型钢铁联合企业，也是目前全球工艺技术装备水平领先，品种规格齐全的不锈钢企业，具备年产1000万吨钢（其中300万吨不锈钢）的能力，营业收入连续五年超过1000亿元人民币。

太钢先后荣获“全国质量奖”、“全国最具社会责任感企业”、“全国模范劳动关系和谐企业”、“全国企业文化建设优秀单位”等荣誉称号。

精美的不锈钢产品

召开《太钢企业文化读本》发行座谈会

开展文化活动

开展形式多样的安全文化建设活动

组织评选“感动太钢人物”

组织开展公众开放日活动，邀请市民参观太钢

企业使命：用不锈智慧创造卓越品质

战略目标：坚持做强主业、延伸发展、多元发展、绿色发展、和谐发展，建设全球最具竞争力的不锈钢企业，成为国内一流、世界著名的大型企业集团。

企业精神：李双良精神

核心价值观：以人为本　用户至上　质量兴企　全面开放　不断创新

大庆炼化公司

大庆炼化公司是中国石油的地区分公司。拥有600万吨/年原油一、二次配套加工能力和44套生产装置。可生产汽油、柴油、聚丙烯酰胺等23个品种212个牌号的石油化工产品，是集炼油、化工生产和矿区服务于一体的综合性石油化工企业。

大庆炼化公司始终秉承中国石油“爱国、创业、求实、奉献”的企业精神，努力以文化力提升经济力，以无形资产增值有形资产，以现代管理理论创新经营管理实践，为公司建设“世界级聚丙烯生产基地、世界级油田化学品生产基地、高档润滑油基础油生产基地和全国企业文化示范基地”，打造特色炼化提供了不竭动力和文化支撑。公司先后荣获全国“五一”劳动奖状、国家“重合同守信用”先进企业、黑龙江省十佳和谐企业等30多项荣誉。先后被中国企业联合会和中国企业家协会、中国企业文化研究会、中化政研会授予全国企业文化示范基地、全国企业文化示范单位等荣誉称号。

中国石油企业精神教育基地大庆炼化公司展厅

大庆炼化公司组织党员在铁人塑像前重温入党誓词

大庆炼化公司马鞍山生产区鸟瞰图

心相通 情相融 力相合

大庆炼化公司与《大庆日报》共同举办《咱们工人有绝活》最牛化验工比赛

大庆炼化公司举办纪念建党90周年系列活动

大庆炼化公司组队赴法国参加国际版《城市之间》比赛

大庆炼化公司开展大庆精神铁人精神再学习、再教育、再深入活动

北京环卫集团

党委副书记、纪委书记、工会主席　王伟节

北京环境卫生工程集团有限公司（简称北京环卫集团）成立于2006年4月28日，是在原一清集团、二清集团、四清集团和北清集团的基础上组建而成。注册资本9亿元，总资产41.57亿元，主营收入12.1亿元，职工6000余人，拥有各类环卫作业车辆1500余部，现代化环卫基础设施21座，是首都环卫系统规模与综合实力领先的国有独资企业。

北京环卫集团作为从事环卫服务的专业化实业集团，坚持走健康、协调、可持续发展的道路，努力发展现代垃圾处理技术，改善环卫设施、装备；积极探索新型环卫作业方式，完善服务网络和应急保障机制，提高作业质量；积极开拓环卫市场，发展环卫装备制造等相关产业，初步形成了投融资、设施运营、技术研发、装备制造等四大业务板块协同发展的格局，为创建清洁、舒适、优美的城市生态环境做出了积极贡献。

2008年北京奥运会期间，北京环卫集团在保证城市环境卫生安全运行的同时，组织1500余名员工，投入187部各种先进的环卫作业车辆设备，为奥林匹克公园公共区进行环卫保障服务，以高标准的专业化作业、零投诉的一流服务，赢得社会广泛赞誉，打造了环卫集团的企业品牌。2009年新中国成立六十周年庆典期间，集团公司广大干部职工凭借高度的政治责任感和高涨的工作热情，齐心协力，不畏困难，严格遵守工作流程，圆满完成了国庆活动的环境卫生保障任务，得到了市委、市政府和社会各界人士的高度评价。

“十二五”时期，北京环卫集团将以科学发展观为统领，加快转变环境卫生发展方式，围绕垃圾处理“减量化、资源化、无害化”的要求，发展节能环保、循环经济和现代垃圾处理技术，促进首都垃圾处理产业升级，努力为“人文北京、科技北京、绿色北京”和有中国特色世界城市建设做出新的、更大的贡献！

清洁城市　服务人民

环卫车出口古巴交接仪式

召开企业管理沙龙暨企业文化建设研讨会

集团领导为一线环卫职工送清凉

奥林匹克公园公共区的环卫作业车队

冬季扫雪铲冰

生活垃圾渗沥液处理后再利用（中水景观池）

中国移动通信集团北京有限公司

中国移动通信集团北京有限公司（简称“中国移动北京公司”）隶属于中国移动通信集团公司，于1999年8月28日成立。

公司“全球通”、“动感地带”、“神州行”等著名服务品牌在首都百姓中拥有良好声誉，客户规模不断扩大，服务网号不断丰富。

经过几年的跨越式发展，中国移动北京公司已经建成一个覆盖范围广、通信质量高、业务品种丰富、服务水平一流的综合信息服务网络，网络规模和客户规模稳居全市首位，客户总数超过一千万户。截至2010年11月，中国移动与237个国家和地区的404个运营公司开通了GSM漫游业务，并与186个国家和地区的284个运营商开通了GPRS漫游业务，同时，中国移动还将不断扩大漫游通达范围。

面向未来，中国移动北京公司将秉承“正德厚生、臻于至善”的企业核心价值观，紧密围绕“做世界一流企业，成为移动信息专家”的战略定位，以卓越品质锻造一流信息服务，用创新精神努力实现从优秀向卓越的新跨越，着力推动“移动改变生活”，为全面建设“人文北京、科技北京、绿色北京”、为助力首都“世界城市”发展目标的达成做出新的更大贡献。

公司设立10086两会服务专席

全力打造奥运金牌服务

营业厅创先争优学雷锋活动

公司成立以来，企业文化建设走过了探索、构建、提升的创新之路：文化建设紧紧围绕中国移动文化、始终结合集团及自身的发展战略、积极寻求与生产经营管理的密切融合，不断致力于企业发展和员工的共同成长，为北京公司发展提供重要的动力源泉和思想支撑。

公司"两优一先"表彰大会暨创新党建大会

公司持续推进企业文化建设，创新工作思路，探索具有北京公司特色的文化建设模式，通过构建企业文化理念体系、整合传播体系、标杆示范体系、心理管理体系、培训培育体系，增强企业文化建设的针对性、实效性、引导力、吸引力、感染力，不断提升管理者文化领导力、班组文化凝聚力、员工文化执行力，以文化软实力提升企业发展核心竞争力。

公司加强班组建设，促进文化落地

快乐分享会

公司广播操比赛

用思想文化的转型　引领企业转型发展

《冶金工程设计理念的创新与实践》
新书发布仪式

践行入党时的誓言，
为党旗增光添彩

◆愿景目标：

创建国际型工程公司

◆公司使命：

引领绿色钢铁未来

◆公司价值观：

源自百年首钢，服务世界钢铁

◆企业精神：

开放、创新、求实、自强

◆员工形象：

团结自信、敬业有为

◆经营理念：

以人为本、以诚取信

◆品牌理念：

绿色、实用、先进

同欢乐　共奋进——春节联欢会

感动首钢国际年度人物评选揭晓

在丰富多彩的文体活动中
陶冶情操

首钢国际之夜——世界影视经典
大型交响音乐演唱会

我与企业共成长——青年辩论赛

中国中铁

中国中铁七局集团第三工程有限公司

董事长、党委书记　徐万瑜

总经理　何江

中国中铁七局集团第三工程有限公司创建于1964年，是中铁七局集团旗下的重要成员企业，隶属于世界500强企业——中国中铁股份有限公司。注册地在陕西省西安市。

现具有公路、铁路和市政公用工程施工总承包壹级资质；桥梁、隧道、公路路基和公路路面工程专业承包壹级资质；水工隧洞专业承包贰级资质；水利水电工程施工总承包叁级资质；特种设备安装、维修资质；公路工程试验检测综合乙级资质、铁路计量资质和测绘乙级资质。公司在1997年通过了质量认证，2003年融入了环境、职业健康安全管理体系。

公司始终秉承“勇于跨越、追求卓越”的中国中铁精神，牢固树立“发展为本、效益至上、回馈员工、奉献社会”的经营理念，确保产品让顾客满意、环境让社会满意、职业健康安全让员工满意。先后荣获得各类优质工程奖项136项，其中国家质量金奖1项、鲁班奖3项、国优工程奖3项、全国市政金杯奖1项；获国家级和省部级工法及优秀QC成果奖60余项；荣获全国优秀施工企业、全国设备优秀管理单位、中国中铁优秀企业、陕西省“守合同、重信用”企业、陕西省文明单位和工程质量先进单位、中国建设银行AAA级信用企业等荣誉称号。在企业文化建设方面，荣获建国六十周年企业文化建设典范单位、全国企业文化建设“十佳单位”和“创新力十强单位”、连续三届全国学习型组织先进集体、全国保护母亲河行动先进集体、陕西省和全国铁路模范职工之家、中国中铁项目文化建设示范基地等荣誉称号。

▼公司施工的转体角度75.74度、转体重量16500吨，两项指标创世界同类桥梁第一的石环转体斜拉桥

公司参建的沈阳地铁铁西广场站获国家建筑工程鲁班奖

公司参建的卢洲泰安长江大桥

公司郑西客运专线高墩大桥架梁现场

秦皇岛西疏解工程大里营转体斜拉桥荣获国家银质奖

公司施工的商界高速公路丹江大桥

设计时速度350公里的900吨32米钢筋混凝土梁在武汉天兴洲大桥架设

家文化 HOME CULTURE

文化是民族的血脉，是人民的精神家园。家文化根植于中国传统文化，但它去除了封建式家族观念的糟粕，顺应了工程人对家的向往，以共建企业大家、四海为家的胸怀，赋予其时代特色与使命。它是公司几代人经过半个世纪的艰苦创业，在不断发展壮大的历程中，经过沉淀、总结、凝练、升华出的一种管理思想。

家文化是以人为本的文化。它以发展为主题，以和谐共进为目标，体现了企业的软实力，是公司的价值取向、行为准则和行动纲领，是指导各项工作的原则，是引领公司走向美好未来的思想指针。其主要目的是举全员之力，倾心打造团结和谐、充满活力的优秀团队，创建美好家园。

公司所倡导的家文化是和合共建的文化，是如何把公司这个大家庭的事情做好的文化，是以人为本、构建和谐的文化，是共同奋斗、追求卓越的文化。家文化精髓是“尚德 勤奋 和谐”，家文化核心是“以企业为家庭，视员工为亲人”，家文化实质是“团结千钧力，家和万事兴”，家文化宗旨是“关爱小家，共建大家，报效国家”。家文化系统构架分为：一个系统、四大支柱、五大体系、一个数据库，简称为“1451”工程。

公司参建的青藏铁路工程

公司参建的南京三桥获第24届国际桥梁会议古斯塔夫斯·林德恩斯奖

▼公司施工的南京火车站站前广场高架桥获全国市政金杯优质工程奖

福建烟草商业主体理念体系

共同价值观：国家利益至上，消费者利益至上

企 业 愿 景：尽责诚信，和谐烟草

企 业 使 命：益国利民，成就员工

企 业 精 神：依法治企，惟国惟民；以德达人，重信重义

经 营 思 想：创新、规范、奉献、廉洁、和谐

企 业 作 风：精实服务，严谨高效

行 为 信 条：潜心做事，低调做人

服 务 理 念：至诚至信，全心全意

召开"评价体系与视觉识别"应用研讨会

举办全省烟草商业"文化故事大讲堂"演讲比赛

召开全省烟草商业企业文化宣贯践行座谈会

福建省烟草专卖局（中国烟草总公司福建省公司）

福建省烟草专卖局、中国烟草总公司福建省公司成立于1984年1月1日，实行"一套机构、两块牌子"的管理体制，下辖9个设区市局（公司）、72个县级局（分公司）、中国烟草福建进出口有限公司及福建烟草海晟投资管理有限公司，控股三明金叶复烤公司和武夷烟叶有限公司2家烟叶加工企业。主要负责全省的烟草专卖行政管理及执法监督、卷烟销售及网络建设、烟叶生产经营的组织和烟叶复烤加工等工作，拥有职工13000余人。

2011年以来，福建烟草坚持以科学发展为主题，以转变发展方式为主线，扎实推进文化建设向文化管理转变，为"卷烟上水平"战略任务和"四个一流"争创目标的实现提供坚实的文化支撑。

2011年11月，中外企业文化北京峰会召开，省公司"母子文化"入选"企业文化30年实践十大典范案例"。下属单位莆田市公司、龙岩市公司、厦门市公司、三明金叶复烤有限公司等四家单位被授予"全国企业文化建设2011年度优秀单位"称号；黄星光、孙长青等八位同志被授予"全国企业文化建设2011年度先进工作者"称号。

自全省烟草商业"母子文化"全面发布后，福建烟草广视角营造氛围，多载体宣贯传播，全方位融入制度，加快文化成果转化。一是宣贯践行扎实有效。召开全省烟草商业企业文化宣贯践行座谈会，全面总结前期工作，分析部署下阶段重点工作。紧扣建党90周年和辛亥革命100周年两个节点，广泛开展歌咏比赛、演讲比赛、征文比赛及联欢晚会等丰富多彩、员工喜闻乐见的系列文化活动，进一步营造浓厚的文化氛围。印发《关于加强福建烟草商业系统企业文化内训工作的指导意见》，推进企业文化教育培训机制建设，逐步实现全员宣贯。认真践行《履责之行》（行为篇），对企业员工的社会公德、职业道德、社交礼仪、公共行为等进行规范，提高员工整体素养。将企业文化宣贯践行与终端建设、思想政治工作、文明创建及基层党建等工作紧密结合起来，主动融入企业生产经营管理，做到理念与实践相结合、相促进。二是视觉识别全面规范。认真贯彻落实《中国烟草视觉识别系统》，为树立鲜明的行业形象奠定坚实的基础。多次下基层调研，反复酝酿后召开企业文化"评价体系与视觉识别"应用研讨会，就办公事务、生产经营、公众传播等三大领域的视觉识别进行了界定和规范，形成了《中国烟草视觉识别系统—福建烟草商业视觉识别展示实施细则（试行）》。三是评价体系逐步健全。认真研读《中国烟草行业企业文化评价体系》，在充分调研的基础上，召开全省烟草商业"评价体系与视觉识别"应用研讨会，以《中国烟草行业企业文化评价体系》为蓝本，立足"责任文化"母子融合模式，就精神文化、制度文化、行为文化、物质文化、服务文化重点评价要素进行了研究、探讨，形成了《中国烟草行业企业文化评价体系—福建烟草商业企业文化评价实施细则（试行）》。四是探索全省统一品牌。召开服务品牌研讨会，形成"全省统一服务品牌，各地不同服务内涵"服务品牌建设共识。提出福建烟草商业服务品牌要具备"高尚的品德（精神文化）"、"优秀的品质（制度文化）"、"端正的品行（行为文化）"、"舒雅的品位（物质文化）"和"完美的品貌（服务文化）"的品牌内涵特征。进一步建立健全既便于操作又符合企业实际，科学合理、规范有序的服务品牌标准体系、运行体系、传播体系、监督体系和评价体系。

省局机关"颂歌献给党，奋发创一流"红歌大合唱比赛

召开新一届精神文明创建动员会

参加省直机关第二届合唱节比赛

福州市烟草专卖局
（福建省烟草公司福州市公司）

福州市烟草专卖局、福建省烟草公司福州市公司组建于1984年9月，实行“一套机构、两块牌子”管理，下辖10个县局（分公司）和2家全资子公司福州金叶物流有限公司、福州金叶大酒店。主要负责福州市的烟草专卖行政管理及执法监督、卷烟销售及网络建设等工作，拥有职工1229人，资产总额27亿元。现有持证零售客户29400余户。全年卷烟销售28.24万箱，实现税利14.51亿元，为增加国家财政积累、满足市场消费做出了积极贡献。先后荣获“全国文明单位”、“全国模范职工之家”、“2009年度全国企业文化建设先进单位”、“2010年度全国企业文化建设先进单位”、“福建省文明单位”、“福建省五一劳动奖状”，“福建省模范职工之家”、“福建省劳动关系和谐企业”等荣誉。

近年来，福州烟草按照国家局和福建省局企业文化建设的要求，牢固树立“国家利益至上，消费者利益至上”的行业共同价值观，坚持“以我为主，自主探索”的创建思路，在福建烟草商业企业“建设海西，责任烟草”的主旨引领下，福州烟草确立了“容”作为企业文化的内涵特征，通过“海容通达、以容至责”这个载体实现与省局“责任”母文化的融合对接，演绎了“深度挖掘、高度融合、广度宣贯”的企业文化建设三部曲。2009年8月20日，第五届全国“四实”企业文化暨福建烟草商业“母子文化”创新研讨会在福州召开，福州市局（公司）作为全省烟草商业系统企业文化建设示范单位在会上发布了企业文化建设成果，得到了全国企业文化研究会专家的充分肯定。

2011年庆祝建党九十周年红歌大合唱比赛大合照

客户经理在细心为零售客户整理柜台卷烟陈列

自"容"子文化发布以来，福州烟草遵循企业文化"从员工中来，到员工中去"的理念，充分结合企业经营管理实际，全面推动企业文化宣贯落地工作。制定企业文化宣贯规划，通过"容于我心"、"容伴我行"、"容振我企"三步走，全面、系统、深入地开展宣贯工作，逐步实现企业文化宣贯"432"规划目标，即：丰富"理念学习、行为规范、制度建设、环境宣传"四大载体；推进"与企业经营管理、与党建思想政治、与精神文明建设"三个结合；完善"人才队伍建设、宣贯保障"两大体系"，逐步形成适应行业发展需求，遵循企业文化发展规律，符合时代精神，具有福州烟草特色并成为广大员工认知认同的企业文化体系，激发员工主人翁意识，增强企业凝聚力和向心力，为树立企业形象，展示企业风采，扩大企业影响力，推动福州烟草加快实现"卷烟上水平"和"四个一流"建设提供强有力的精神动力和文化保障。

专卖业务技能比武

积极构建劳动关系和谐企业

厦门市烟草专卖局（福建省烟草公司厦门市公司）

厦门市烟草专卖局、厦门市烟草公司（以下简称“市局（公司）”）成立于1984年，主要负责全市烟草专卖行政管理及执法监督、卷烟批发及卷烟销售网络建设等工作，为全市一万多户卷烟持证零售户和广大消费者提供优质服务。现有员工428人，下辖2个县级局（分公司），1个物流公司和2个三产企业。

2005年，市局（公司）率先在行业内着手企业文化建设，先后走过提炼阶段、传播阶段、运用生根阶段，逐步形成了以责任为主旨，以创新为内核，以务实为基点，以发展为桥梁的独特的三角梅“实”文化体系，并已广泛地被员工所接受、认可，成功地融入了企业的各项经营管理工作。2008年开始，在全省烟草行业母子文化融合的统一部署下，我们坚持“大统一，小自主，统一架构，分层表述”的原则进行积极对接，客观理性分析，进一步挖掘子文化的内涵特征，完善子文化体系，全面推进市局（公司）“实”子文化与省局“责任”母文化的高度融合，最终形成核心文化4条，服务品牌“三角梅—平凡创造非凡”1个，企业制度理念21条，企业行为理念13条，其中廉政文化理念5条。

完成母子文化的对接后，市局（公司）以文化建设为目标，坚持三年一规划，一年一主题的思路，在内化于心上，以举办专题讲座、理念测试、文化故事征集、服务之星评选、文化研讨营、文化宣讲大会、“文化万相”主题摄影比赛、“以实履责——我（们）的一天”DV大赛、“实之墨韵”艺术作品征集、拓展文化阵地等多元形式，健全动态活泼的文化传播传承机制，强化员工的精神信仰和价值追求；在固化于制上，从组织机制、运行机制、交流机制、保障机制、辐射机制等层面，层层推进，做到有专人负责、有内训队伍、有融合管理、有考核自评、有宣传推广、有落地延伸，全方位为企业文化的发展提供支撑；在外化于行上，以行业行为规范为引领，步步深植，着力营造创先争优的氛围、锤炼规范务实的作风、彰显廉洁奉公的准则、塑造和谐共进的环境，努力塑造“很正派、很敬业、很友善”的员工队伍形象，打造“责任、阳光、快乐、和谐”的企业形象；在显化于物上，我们将文化建设既物化于行业VI识别系统，打造80多条形象店，同时物化于独具特色的“三角梅——平凡创造非凡”服务品牌和基于三扇服务窗口的“感动营销”、“快乐送货”、“阳光专卖”三个子品牌，实现企业文化形神兼备，既有表现形式，有又了实质内容，为企业发展沉淀了更为厚实的基础。

总而言之，我们做企业文化目的很明确，概括起来就是通过对散落在企业发展历程和经营、管理活动中的优秀文化元素的提炼，将这些优秀文化元素变成理念，把理念转化为制度，用制度规范行为，让行为成为习惯，让习惯成为生活，让生活成为文化，让文化促进发展。

迎奥运 促和谐 做先锋

打假现场之众志成城

文化宣讲大会歌曲联唱

高歌颂祖国

"三角梅——平凡创造非凡"是厦门烟草人的服务品牌

宁德市烟草专卖局
（福建省烟草公司宁德市公司）

宁德市烟草专卖局（公司）组建于1984年7月，下辖蕉城、福鼎、福安、霞浦、古田、屏南、寿宁、周宁、柘荣等9个县级局（分公司），及宁德市金叶物流有限公司1家全资子公司、宁德海晟连锁商贸有限公司1家参股多元化经营企业，现有在岗员工756人，服务卷烟零售客户14885户。2011年，全市系统累计销售卷烟12.39万箱，实现税利5.93亿元。

宁德烟草企业文化建设牢牢把握“国家利益至上，消费者利益至上”的行业共同价值观，坚持“一株烟草不同叶，不同叶片皆属烟”的母子文化融合理念，继承历史，面向未来，将“宁”确定为企业文化内涵特征，并命名为“宁和家园.以宁维责”，形成了《履责之义》、《履责之魂》、《履责之行》、《履责故事》等四册“宁”子文化丛书。其本质要求全体宁德烟草人坚定不移地奉行宁意立志、传承宁静修身、坚守宁心为人、遵循宁业处事、推崇宁和建功，积极构建“风正气顺，人和业兴”的宁和家园。

宁德市局召开企业文化成果发布会

宁德金叶物流园区

2009年，福建烟草商业企业消防应急预案宁德烟草物流灭火救援实战演练宁德市烟草专卖局党组高度重视企业文化建设工作，自2009年12月发布"宁"子文化以来，先后将2010年、2011年、2012年定位为"企业文化宣贯年"、"企业文化宣贯深化暨践行年"、"服务品牌建设年"，探索开展并逐步形成"家园文化节"品牌活动，市局（公司）、县级单位、基层部门（包括专卖管理所、客户服务站、海晟连锁店等）分别策划"文化季"、"文化月"和"文化日"主题活动，实现"宁"子文化"内化于心、固化于制、外化于行、显化于物、延化于品"，企业核心竞争力得到有效增强。2009年以来，全市系统各单位（部门）获得了"全国巾帼文明岗"、"福建省文明行业"、"福建省文明单位"、"福建省文明行业示范窗口"、"福建省五一劳动奖状"、"福建省模范职工之家"、"福建省模范职工小家"、"福建省工人先锋号"、"福建省五四红旗团委"、"福建省三八红旗集体"、"福建省巾帼文明岗"、"福建省青年文明号"、"福建省红十字人道荣誉奖"、"全省法制宣传教育先进单位"等荣誉称号。

2010年，宁德烟草"四个一流"建设工作汇报会现场　　宁德市烟草系统企业文化知识竞赛　　宁德市烟草系统内训师培训班

▼2009年8月，中国企业文化研究会在莆田召开“四实”企业文化研讨会，学习交流莆田烟草企业文化建设经验

莆田市烟草专卖局（福建省烟草公司莆田市公司）

莆田市烟草专卖局、福建省烟草公司莆田市公司成立于1984年7月，下辖仙游县、城厢区、涵江区、秀屿区等4个县级局（分公司）和莆田海晟连锁商贸有限公司。共有从业人员531人。2011年，市局（公司）以“创一流业绩”为目标，实现了“十二五”时期良好开局。实现税利6.64亿元，同比增长20.43%；实现税金3.68亿元，增长23.4%。

2009年以来，莆田市烟草专卖局（公司）在省局（公司）正确领导和省局文化建设项目组的指导下，深入学习实践科学发展观和社会主义核心价值体系，紧紧围绕“国家利益至上、消费者利益至上”行业共同价值观和省局“责任”母文化，全面推进以“忠诚事业、以诚显责”为主旨的“诚”子文化建设。在行业共同价值观、架构体系、主体理念、核心要素等方面与母文化保持统一，形成大统一的主体架构体系；除了大统一内容，市局进行了积极的探索和创新。立足小自主，在建设方法、融合形式、传承风格、理念表述及诠释、行为规范的表述等方面，结合莆田烟草实际，进行深度挖掘、提炼提升。由精神文化、行为文化、物质文化、制度文化构成的子文化体系，对上全面融入省局母文化，又有自己显著的个性特色，体现出“相同基因、不同个性、和而不同、兼容并蓄”的母子融合特点，达到“一株烟草不同叶，不同叶片皆属烟”的融合效果。经过上上下下反复修改完善，编撰完成了《责任烟草》、《履责之义》、《履责之魂》、《履责之悟》、《履责之路》、《履责之行》、《履责故事》等7本企业文化建设系列丛书。

2010年8月，全省烟草系统企业文化宣贯践行交流会在莆田召开，交流莆田烟草的做法

2011年5月10日，莆田烟草举办“忠诚事业、以诚显责，创一流业绩、为党旗添彩”系列活动之庆祝建党90周年红色大讲堂，尤清河局长亲自为全体党员授课

企业文化宣贯践行以理念体系、行为体系、制度体系和视听体系宣贯践行为重点，通过丰富多彩的主题实践活动，促进文化不断融入行业经营管理。一是深植理念体系。持续开展“企业文化滋养我成长”主题实践活动。2010年来，全市系统通过分享会、共识营、读书会等形式，组织各类宣讲活动70多场次，领导、管理者宣讲面100%，员工宣讲面20%以上，卷烟零售客户宣讲面达3‰以上，使文化理念及其内涵被员工认知和理解。二是深植行为体系。开展典型示范教育活动。通过示范引导，规范员工言行。开展企业文化知识测试、知识竞赛、“诚”文化杯篮球赛等活动。2011年，围绕“忠诚事业、以诚显责、创一流业绩、为党旗添彩”实践主题，把企业文化宣贯践行与庆祝建党90周年、创先争优、文明创建等活动结合起来，开展演讲比赛、征文比赛、歌咏比赛、联欢晚会等活动。通过开展丰富多彩的宣贯活动，把行为规范融入员工行为，塑造队伍健康向上的精神风貌。三是深植制度体系。探索文化融入制度的内容、形式和方法。开展文化进岗位、进职责、进制度、进流程活动。把文化理念融入ISO9001质量管理体系之中。结合质量体系内审、外审，对制度执行、流程规范等方面进行检查考核，不断纠正员工行为，提高员工遵守制度、执行制度的意识。四是深植视听体系。全面宣贯国家局视觉体系标准。借助广告公司整体设计视觉体系贯彻方案。设计完成标准所部、标准办公室、标准共同体示范店规范，形成了从国家局到基层部门、到零售终端的完整的视觉识别系统。谱写制作“湄洲湾畔烟草人”行业歌曲，开展行业之歌大家唱等活动，营造出良好的文化氛围。

2011年11月，在莆田烟草与市检察院联合举办的廉政文化系列活动上，艺术家在创作“建设海西责任烟草”

2011年12月20日，在全国精神文明建设工作表彰大会上，莆田烟草荣膺“全国文明单位”，莆田烟草字2005、2008年连续两届6年荣获“全国精神文明建设工作先进单位”后，精神文明工作再上新台阶

2012年5月7日，莆田市局举办”好书相伴、智慧分享“读书分享会，旨在引导全体员工增强学习自觉、学以增智、学以致用的原动力，促进交流互动，实现学习共同进步

莆田烟草企业文化建设取得较好成效，成为全省烟草商业系统唯一一家，企业文化建设获国家局“全国企业文化建设先进单位”、连续3年被中国企业文化研究会评为“企业文化建设优秀单位”的企业。企业文化建设的有效推进，促进了行业核心竞争力的提升。3年来，莆田烟草“四个一流”建设和“卷烟上水平”各项工作取得显著成效，行业发展不断开创新的局面，精神文明、政治文明、物质文明、生态文明建设齐头并进，跻身全省一流水平。2011年12月，市局被中央文明委授予“全国文明单位”荣誉称号。这是莆田烟草组建28年来获得的含金量最高的褒奖，也是福建烟草商业系统首次获此荣誉，成为行业文明建设的一面旗帜。3年来，全市系统共获得国家级荣誉2项，省部级荣誉11项，地市级荣誉20项，相关部门表彰21项。

2010年5月，莆田市局举办企业文化理念宣讲暨企业文化和质量管理体系知识竞赛

泉州市烟草专卖局（福建省烟草公司泉州市公司）

泉州市烟草专卖局、福建省烟草公司泉州市公司组建于1984年，主要负责全市的烟草专卖行政管理、卷烟销售及网络建设等工作，下辖9个县级局（分公司）、2个专业子公司；内设15个部门；现有职工1400多人，总资产37亿元。

企业文化发布会现场

“德”企业文化发布会文艺晚会

泉州烟草企业文化建设工作在省局的统一部署和正确领导下，立足于福建烟草商业系统企业文化“母子融合”架构体系，深度融合了泉州的地域文化，认真总结泉州烟草人28年来的创业历程，并结合时代精神，打造出具有行业、本土、人文、时代特色的泉州烟草“德”文化体系。

市局（公司）领导参观书画

书画展合影

“德”文化体系紧紧围绕着福建烟草商业企业“创新、规范、奉献、廉洁、和谐”的经营管理思想，在横向上，通过有效承接福建烟草商业母子融合文化，形成企业文化的核心体系；通过深入挖掘内部文化底蕴，构建企业文化的主体结构；通过广泛吸收外部文化资源，丰富企业文化的实质内容。在纵向上，传承泉州烟草创业时期“团结、奉献、廉洁、攀登”的精髓，弘扬泉州烟草创新阶段“创拼搏进、止于至善”的精神，开启泉州烟草创造时代“德行搏进、以德载责”的主题，实现行业内与行业外、省局和市局以及过去、现在、未来之间的融会贯通，形成丰富的内涵、深远的寓意、优良的品质和高尚的格调。泉州烟草“德”文化以“以德载责”为基本目标，以厚德立志、正德处事、明德为人、立德修身、成德建功为主要内容，建立起理念、行为、视听三大识别系统，取得了阶段性成果。2010年度，泉州市烟草专卖局被泉州市委宣传部授予泉州首批企业文化工作联系点。同年，被中国企业文化研究会授予“全国企业文化建设2010年度优秀单位”的荣誉称号。

为积极发挥文化在企业管理中的引领作用，推动企业文化建设向文化管理进步。泉州烟草通过开展中高层管理者带头宣贯、企业文化主题演讲比赛、加强内训师队伍建设等各种形式多样的企业文化主题实践活动，积极推进企业文化宣贯践行工作，实现企业文化从“知”到“行”的转变，促进员工的文化自觉。同时紧密结合工作实际，提炼了“宽阔心胸、远见卓识、敏捷行动”的“德”文化新理念，提出以“具备宽阔心胸的品质，提高服务意识和能力；拥有远见卓识的思想，提高创新精神和水平；保持敏捷行动的状态，提高工作效率和执行力”的文化内涵，要求广大员工要在工作实践中自觉践行企业文化的管理理念，不断加强自身修养和素质建设，切实在工作中做到能容、能见、能干，进一步丰富和发展“德”文化体系，以文化的管理推动企业科学发展。2011年，实现税利18.7亿元，比增16.7%，呈现持续稳定健康发展的良好态势。泉州市局和下属五家县级局单位荣获“省文明单位”，泉州市公司和泉州烟草物流公司被授予“泉州市和谐企业”，泉州烟草物流公司获得“全国工人先锋号”等荣誉称号。

企业文化内训师培训

企业文化主题演讲现场

龙岩市烟草专卖局
（福建省烟草公司龙岩市公司）

龙岩市烟草专卖局（公司）成立于1984年3月12日，是福建烟草商业系统下属的全资子公司，承担全市烟叶生产收购调拨、卷烟营销网建物流、烟草专卖内管外打工作。市局（公司）共有 16个常设部门，下辖7个县（市、区）局（分公司）及3个子公司，共有员工2052人，净资产17.08亿元。

大统一，小自主，融之于“体”

在福建烟草商业打造母子融合文化中，龙岩烟草紧紧围绕“国家利益至上、消费者利益至上“的烟草行业共同价值观，遵循福建烟草商业“大统一、小自主，统一架构、分层表述”的创建原则，系统整合“做事讲智慧、经营重规范、发展守责任”的企业文化基因，形成“智圆行方，以方通责”的个性文化，提炼出决策理念等26个管理理念、领导人员行为规范理念等7类行为规范理念，形成了理念、行为、视听三大识别系统，构建起以“智圆行方，以方通责”为核心的企业价值体系，实现以“智圆行方，以方通责”为核心的子文化与福建烟草商业母文化的对接与融合。

举办企业文化内训师技能竞赛，积极打造一支优秀文化内训师队伍

融管理，搭社区，融之于“心”

坚持“全员参与、全面深化、全新体验、全心服务”的文化宣贯理念，以文“化”人，融之于心，积极推动以“智圆行方，以方通责”为核心的企业文化与员工行为的深度融合。一是着力文化融于管理，提升企业发展驾驭力。以文化为引领，综合运用全面预算管理、贯标、对标、基层创优等管理手段，依托一体化管理、绩效考核、卷烟订货、生产物资在线扣款、烟叶收购远程监控、专卖管理等信息系统，增强信息支撑，完善专卖内管、财务审计、政策法规、纪检监察“四位一体”的监管体系、建立健全科学经营管理模式，加强管理创新。二是着力文化融于教育，提

升企业发展引领力。设置故事宣讲、内训、素质拓展等7种企业文化培训形式，区分5类员工文化培训重点与内容；创设文化大讲堂，开展企业文化内训师技能竞赛，积极打造一支优秀文化内训师队伍，形成“领导带头、骨干带动，全员参与”的文化培训机制。三是着力文化融于“社区”，提升企业发展和谐力。依托职工兴趣小组，增进员工业余文化交流；广泛征集企业文化书画摄影作品，积极开展“千人栈道健步走”等体育联办活动，增进与烟农、卷烟零售户、社会大众的文化交流。

建体系，优服务，融之于“品”

积极拓展“智圆行方，以方通责”的文化内涵，提出了“责任在每时每刻”的服务品牌承诺，精心打造“六心”服务体系，深入开展烟农“安心”服务、卷烟零售客户“开心”服务、烟草工业企业客户“省心”服务、卷烟消费者“放心”服务、员工“贴心”服务、社会“称心”服务，深化用工分配制度改革，加强烟田基础设施、卷烟零售终端建设，积极推进现代烟草农业发展，建立健全企业社会责任体系，努力提升企业服务社会水平。在烟田基础设施建设方面，截止目前，已投入烟基建设资金11亿元，建设项目40356个，受益农户38万户，受益农田面积90万亩，预计“十二五”期间还将投入建设资金8亿元。2009年至今，累计扶贫助困4867人次，牢固树立了责任烟草形象。

▲举办职工运动会，丰富职工文化活动

深化志愿服务活动，健全企业社会责任体系

福建省三明金叶复烤有限公司

福建省三明金叶复烤有限公司成立于1998年10月，是由中国烟草总公司福建省公司、福建省烟草公司三明市公司、湖北中烟工业有限责任公司、上海烟草集团有限责任公司、江苏中烟工业有限责任公司、厦门烟草工业有限责任公司、贵州中烟工业有限责任公司、川渝中烟工业有限责任公司、红云红河烟草（集团）有限责任公司、湖南中烟工业有限责任公司等十家烟草工商企业联合投资的国有股份制企业。作为连接烟草工商企业的桥梁与纽带，企业主要负责承担国内卷烟工业企业在三明的烟叶委托复烤加工任务。

企业座落于交通便利的三明市城关沙溪河畔，占地面积112亩，自有仓库4.4万平方米，外租烟叶仓库2.8万平方米。公司现有在职正式员工149人，其中大专以上学历60%。拥有两条设计加工能力6000公斤/小时的国产打叶复烤生产线，在线配备加香加料机、自动喷洒机、烟叶精选台及配方柜等设备，可满足加香加料、烟叶精选、烟梗装箱与配方打叶等个性化要求。企业年加工能力为90万担左右，项目总投资3.2亿元。

企业文化培训

行为规范培训班

行业教育实践活动动员大会

文明单位考评

多年来，在福建省烟草专卖局与公司董事会的正确领导下，企业以提升产品质量为工作主线，以科学规范管理为发展基石，以增强服务能力为核心优势，以建设一流队伍为发展后劲，秉持“潜心做事、低调作人”的行为信条与“至诚至信、全心全意”的服务理念，严诚立志、严实修身、严正为人、严谨处事、严明建功，向争创全国优秀打叶复烤企业的战略目标稳步迈进。自2000年6月投产以来，公司共复烤加工烟叶898万担，实现税利6.25亿元，其中利润5.62亿元，为稳定和巩固三明优质烟叶地位，推动三明农村产业结构调整和地方经济增长，保障工业企业原料供应作出了积极贡献。企业曾先后被评为第八届、第十届、第十一届“省级文明单位”、“三明市农业产业化龙头企业”、“山海协作示范企业”，并被上海烟草集团有限责任公司、江苏中烟工业有限责任公司等知名卷烟工业企业定为“片烟加工定点单位”。

进入行业“十二五”规划的崭新历史时期，公司面临新的发展形势和重要机遇，我们将在省局和董事会的正确领导下，继续牢固树立“两个至上”行业共同价值观，秉承“建设海西、责任烟草”的福建烟草商业母文化主旨，深入践行“严明敬业、以严尽责”的子文化内涵，求真务实、奋勇拼搏，开拓创新，着力建设一流的管理水平、一流的工艺技术、一流的基础设施、一流的员工队伍，为推动实现企业持续健康发展和促进三明地区经济社会发展做出不懈的努力。

文明创建工作会议

廉政教育专题讲座

同修仁德　济世养生

北京同仁堂

北京同仁堂是中药行业著名的老字号，创建于清康熙八年（1669年），自雍正元年（1723年）正式供奉清皇宫御药房用药，历经八代皇帝，长达188年。历代同仁堂人恪守“炮制虽繁必不敢省人工 品味虽贵必不敢减物力”的传统古训，树立“修合无人见　存心有天知”的自律意识，确保了同仁堂金字招牌的长盛不衰。其产品以“配方独特、选料上乘、工艺精湛、疗效显著”而享誉海内外，产品行销40多个国家和地区。

目前，同仁堂已经形成了在集团整体框架下发展现代制药业、零售商业和医疗服务三大板块，拥有境内、境外两家上市公司，零售门店1500余家，海外合资公司（门店）70家，遍布16个国家和地区。

同仁堂集团被国家工业经济联合会和名牌战略推进委员会，推荐为最具冲击世界名牌的16家企业之一，同仁堂被国家商务部授予“老字号”品牌，历年来荣获“CCTV我最喜爱的中国品牌”、“中国最具影响力行业十佳品牌”、“影响北京百姓生活的十大品牌”，“中国出口名牌企业”“全国文明先进单位”等荣誉称号。2006年同仁堂中医药文化进入国家非物质文化遗产名录，同仁堂的社会认可度、知名度和美誉度不断提高。

同仁堂股份公司亦庄分厂生产自动控制中心

“澳洲同仁堂药店。”北京同仁堂澳洲布里斯本店向西人学生传授抓方认药

一丝不苟的同仁堂研究院的科研人员

山石化生产京标Ⅴ汽柴油的1000万吨炼油装置

燕山石化：大企业要为国家做大贡献

燕山石化公司地处北京西南，是中国石化直属的特大型石油化工联合企业。公司始建于1967年，目前拥有63套主要生产装置、68套辅助生产装置，原油加工能力超过1000万吨/年，乙烯生产能力超过80万吨/年，可生产94个品种、431个牌号的石油化工产品，是我国合成橡胶、合成树脂、苯酚丙酮和高品质成品油生产基地之一。

燕山石化年产71万吨乙烯生产装置

多年来，燕山石化始终履行“大企业要为国家做大贡献”的企业使命，致力于提供清洁能源，带动了中国的油品质量升级。从1997年率先实现汽油无铅化，到2004年欧Ⅱ、2005年欧Ⅲ、2007年成为我国率先生产欧Ⅳ标准成品油的千万吨级炼油基地，2012年欧Ⅴ油品又源源不断地供应首都市场,在全国一路领跑，用10年时间走完了发达国家20多年的油品升级之路。

管控一体化中控室

公司不断提升自主创新能力，在清洁油品生产、节能减排、合成橡胶新胶种研发等关键领域达到了国内先进水平，形成了一批国内“独一无二”、“数一数二”的特色高端产品。丁基橡胶、溴化丁基橡胶填补国内空白,间苯二甲酸、间二甲苯、1-己烯等替代进口、旺销全国。

近年来，燕山石化荣获全国五一劳动奖状、全国企业文化示范基地、全国“安康杯”示范企业、中华环境友好企业、全国节能减排十大功勋企业、国家职业卫生示范企业、中国能源绿色企业50佳、中央企业先进基层党组织等荣誉称号。

燕山石化牛口峪水库掠影

中国电力国际有限公司
CHINA POWER INTERNATIONAL HOLDING LTD.

中国电力国际有限公司（下称中电国际）于1994年在香港注册成立，主要从事和电源项目的开发、建设、运营，海外投融资和资本运营。2002年底，经整建制划转后，中电国际成为中国电力投资集团公司全资拥有的核心企业。2004年10月，旗下企业“中国电力”在香港联合交易所主板成功上市。中电国际成为目前中国五家全国性发电集团中唯一一家在中国境外注册成立并上市的公司。2006年，旗下企业“中电新能源”在香港联合交易所上市。

公司成立以来，艰苦创业，励精图治，不断开拓创新，谋求科学发展。特别是近年来，以科学发展观为统领指导，以“静水深流”企业文化引领战略发展，以“奉献绿色能源，服务社会公众”勇担国企责任，走出了一条科学发展、和谐发展的现代企业之路。目前，中电国际业务遍布大江南北，装机总容量突破两千万千瓦，其中，清洁能源占比近百分之三十。荣获“全国文明单位”、“改革开放30年全国企业文化杰出品牌组织”等多项荣誉。

2011年12月12日，李小琳董事长当选“第12届CCTV中国经济年度人物”。

2004年10月15日，中电国际旗下中国电力国际有限公司在香港联合交易所上市，开启了企业发展的新篇章。

中电国际开拓建设新能源与智能电网的“产、学、研”一体化平台，积极探索、实践和推广“新能源与智能电网相结合”的创新产业模式。

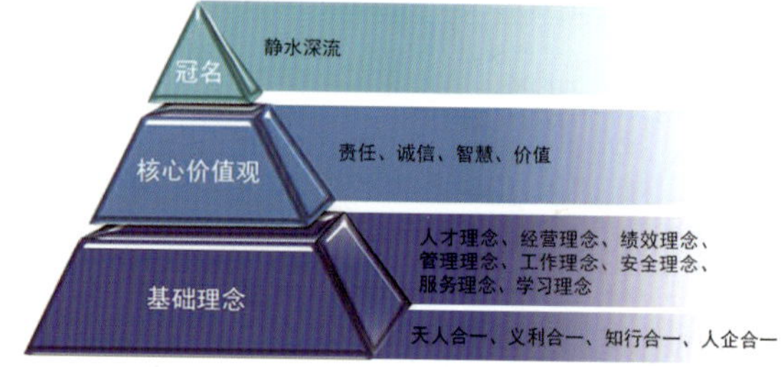

静水深流企业文化理念金字塔型示意图

中电国际充分发挥资本运作优势，把握好境内境外“两个市场”和“产融结合”，推动企业发展。

2011年11月13日，在“中外企业文化2011北京峰会”上，中电国际荣获“企业文化建设2011年度优秀单位”称号，公司董事长李小琳荣获“企业文化30年实践十大典范人物奖”，这是继在中外企业文化2008南宁峰会上获奖后再获殊荣。

经过多年的发展，中电国际由单一的火电发展成水火相济、新能源、电站检修、煤电联营服务、国际资本运作等多种业务协同发展、各个平台相互支撑的企业。近年，又在低碳环保、智能电网应用诸方面卓越实践、开拓创新。

铜陵有色金属集团控股有限公司

铜陵有色

铜陵有色金属集团控股有限公司于1949年12月由中央决定恢复建设，1952年6月正式投产，是新中国建设起来的铜工业基地，中国铜工业的摇篮。经过60多年的建设，现已发展成为以有色金属（地质、采矿、选矿、铜铅锌冶炼、铜金银及合金深加工）、化工、装备制造三大产业为主业，集建筑安装、井巷施工、科研设计、物流运输、房地产开发为相关产业多元化发展的国有大型企业集团。

公司现为全国300家重点扶持和安徽省重点培育的大型企业集团之一。公司名列2011中国企业500强第121位，中国制造业500强第51位，进出口贸易总额连续13年保持全国铜行业首位。公司拥有国家级技术中心和国家试验室，为安徽省高新技术企业。2011年实现销售收入930亿元，利税80亿元。公司先后获得国家创新型试点企业、国家首批循环经济试点企业、全国“五一”劳动奖状、全国先进基层党组织、新中国60年企业精神培育十大摇篮组织、新中国60年全国企业精神60佳、全国企业文化建设优秀单位等荣誉称号。

“十二五”时期，铜陵有色将按照“改革、转型、融合、创新”的发展方针和“创造条件开发资源，两化融合发展主业，持续促进循环经济，自主创新铸造品牌”的发展战略，深化改革，调整结构，整合资源，加快发展，加快建设超千亿元国际化企业集团。

▼铜陵有色循环经济工业园

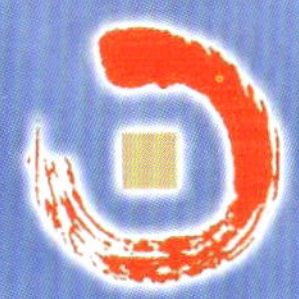

冀中能源邯郸矿业集团有限公司

团结奋进的邯矿集团领导班子

整洁亮丽的矿区

井上文化宣传阵地

井下文化宣传阵地

现代化综采工作面

冀中能源邯郸矿业集团有限公司（以下简称邯矿集团），前身是成立于1958年4月的邯郸矿务局，2003年3月整体改制为邯郸矿业集团有限公司。2004年2月重组张家口盛源公司，拉开了河北国资有序流动的大幕。2005年12月携手邢矿集团组建河北金牛能源集团。2008年6月，冀中能源集团有限责任公司创立，邯矿集团成为这艘能源航母的旗舰。

邯矿历经半个多世纪的艰苦创业，特别是整体改制以来，深入贯彻落实科学发展观，以高度的文化自觉建塑强势企业文化，实现了“形象与效益同步增长，文化和经济协调发展”。目前，邯矿集团拥有邯郸和山西两大矿区，总资产133亿元，年煤炭产能2000万吨，职工19000余人。

“十二五”期间，邯矿集团围绕提质增效，强力推进“三年三步走”战略，推动形成煤炭生产河北基地、山西基地、外埠新基地同步发展的格局，不断壮大以煤为主、非煤支撑、物流支持的三大产业，努力打造邯郸无烟精煤、山西主焦精煤两大精煤品牌，走出一条具有冀中能源特色、邯矿集团特点的发展之路。规划到2014年，煤炭产量达到3000万吨，职工人均年收入达到10万元，奠定企业持续稳定发展100年以上的雄厚基础，提前一年实现“十二五”规划目标。

邯矿集团循环经济产业园区

AIPEL 山东爱普电气
SHANDONG AIPU ELECTRICAL

▲精心装配，制造精良产品

▲相互帮扶，献上一片爱心

▲鼓励创新，举办年度成果发布会

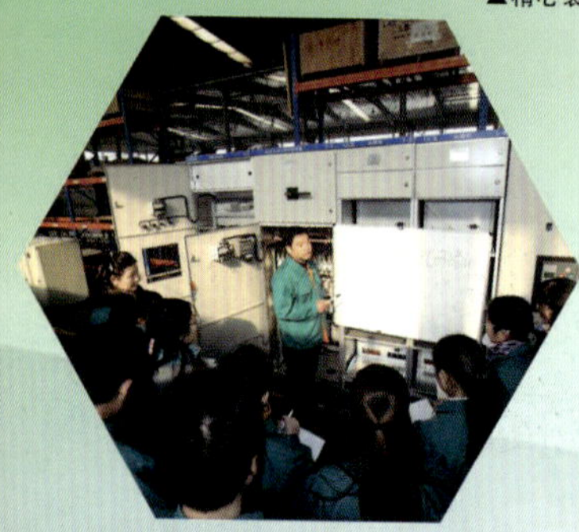

▲开展职业化培训，让员工与企业共成长

山东爱普电气设备有限公司主要从事高低压电气设备的研发、制造和销售。成立十年来，公司积极弘扬“至诚至精，爱普天下”的企业精神，以成就电气设备行业的卓越品质为己任，坚持规范管理、稳健经营、科学发展的工作思路，不断开拓创新、提升品质，促进了企业持续健康发展。公司高低压开关柜、箱变等电气设备年生产能力3万台（套），主营业务收入8亿元，以服务真诚、产品精良享誉业内，赢得了社会各界和广大客户的广泛认可。公司相继荣获“全国企业文化建设先进单位”、“山东名牌”、“山东省守合同重信用企业”、“济南市先进企业”等荣誉称号。

▲十年庆典，表彰优秀员工

中航工业沈阳飞机设计研究所

AVIC SHENYANG AIRCRAFT DESIGN & RESEARCH INSTITUTE

所长 赵 民

党委书记 褚晓文

中航工业沈阳飞机设计研究所（601所）是新中国率先组建的飞机总体设计研究所。51年来，601所始终以发展航空事业、为国家提供高精航空武器装备为使命，成功研制出了体现我国最高水平的多项重大型号，成为我空、海军的主战机种。同时也培养出了一支以5名院士为杰出代表的航空科技人才队伍，被誉为中国“战斗机设计研究的基地，航空英才的摇篮”。

51年的发展，孕育和积淀了优秀的传统和文化，进入新时期，601所党委坚持“继承、学习、创新、发展”的思路，传承精神，文化领航，以“团队、阳光、激情、创新”为特征，以“双创建”和“四推进”为载体，深入实施文化落地和生根两大工程，构建了人文环境等四大体系，精心培育了集民族精神、集团文化、科研所文化三位一体的具有特色的学习型文化，大力营造鼓励学习、激励创新的文化氛围，独具特色的文化促进了研究所的跨越式发展，显著提升了研究所和职工的学习力、创造力和执行力。601所先后荣获“中国学习型组织创建示范基地”、连续7年荣获全国企业文化建设先进单位、沈阳市首批企业文化建设示范基地。

沈阳所举办首届槐花节，党委书记褚晓文在开幕式上致辞

沈阳所组织开展向身边院士学习活动，并在所庆50周年大会上举行院士丛书首发仪式

沈阳所举办专题学术报告会，邀请戚发轫院士主讲

沈阳所举办全员拓展训练，图为工程信息部拓展训练

沈阳所承办集团公司“601所”杯羽毛球决赛

司歌浮雕

文化广场

中航工业沈阳兴华航空电器有限责任公司

中航工业兴华举行升旗仪式

党委书记　陈宁

总经理　张平安

中航工业兴华驻厂军代表、公司领导在七一与大家同唱《走向复兴》

中航工业兴华七一表彰先进个人

中航工业沈阳兴华航空电器有限责任公司（简称中航工业兴华）系中国航空工业集团公司下属的集科研、开发、制造和销售为一体的电器产品专业制造厂家，产品广泛应用于航空、航天、船舶、兵器、电子、轨道交通、通讯、机床、新能源、电力等领域。公司生产的主要产品有电连接器、自动保护开关、微特电机、线缆线束、汽车发动机结构件等。

1957年建厂以来，中航工业兴华走过了55年的发展历程。55年来，中航工业兴华先后为两弹一星、毛主席纪念堂、神舟系列飞船等多项重点型号工程研制特种连接器。拥有研制生产符合国军标、美军标、俄军标、欧标、航标200多个系列、30多万个品种的先进科研能力，已经形成年产400万只电连接器的生产能力。

公司通过了ISO9001国际质量体系认证和军工产品质量体系认证，建立了国家级实验室，被认定为航空重点型号工程电连接器可靠性筛选中心。

中航工业兴华愿以高可靠的产品和周到的服务，为广大用户提供全方位解决方案，努力成为全球互连技术领跑者。

中国水利水电第九工程局有限公司第四分局

承建贵阳市金阳大道，获黄果树杯优质工程奖

党委书记　方燕

局长 张伟

承建的天津武清区还迁房1#-23#楼工程

承建的小关隧洞工程，获黄果树杯优质工程奖

中国水电九局有限公司第四分局是专业从事房屋建筑施工、建筑装饰、市政公用工程、土石方工程、体育场地设施工程建设的国有施工企业，隶属于中国水利水电第九工程局有限公司，现有职工300人。其中，具有高级职称9人，中级职称49人，初级职称90人，职称涵盖率达到49.2%。另有技师2人，高级工11人，中级工10人。持有注册一级建造师资格2人，持有注册二级建造师资格29人，持有注册安全工程师资格2人，注册造价师3人。其中6人为双专业类别,2人为三专业类别。近年来，第四分局推行“星级服务”，依托金阳，向外拓展，在金阳新区及市、省内外地区承建了几十项大中型市政工程和房建工程，荣获全国用户满意建筑工程奖、“黄果树杯”优质工程奖（四项）、中国企业文化建设优秀单位、全国“企业文化融合”荣誉单位、2011年度中国企业形象优秀单位、中国企业文化建设社会责任先进单位、全国工人先锋号、贵州省最具影响力品牌企业、行业最具成长性品牌、“安康杯”竞赛“优胜企业”和省“工人先锋号”等三十多项国家级、省部级荣誉称号、中国企业文化建设十佳企业。第四分局拥有丰富的市政工程施工经验，技术力量雄厚，施工设备齐全，检测手段先进，管理科学规范，可承接40层以下、高240米以下的构筑物，建筑面积20万平方米及以下的住宅小区或建筑群体，仿古建筑及建筑装饰、市政工程、公路、土石方、隧道、桥梁等工程施工。按照科学发展观要求，第四分局正以更加稳健的步伐，更加开放的姿态赢得市场，踏上新的征程。

承建的仿古建筑—贵州宣慰府恢复重建工程（效果图）

承建的标志性建筑—贵阳市政协办公楼，获黄果树杯优质工程奖

承建的标志性建筑—贵阳市市级行政中心二期机关办公用房

在建工程—贵州省玛利亚国际医院（效果图）

承建的贵阳市人大办公楼，获黄果树优质工程奖

2010年连云港港入选“中国先进物流企业”、“中国物流百强企业”

连云港港口集团

2011年6月25日“全国企业文化建设示范基地”花落连云港

连云港港1933年开港。她伴随着中西部地区建设陇海铁路寻找最便捷的出海口而诞生，并依托陆桥沿线地区经济发展而成长。作为新亚欧大陆桥东桥头堡、江苏沿海开发的主战场、国家东中西区域合作的关键枢纽，中国25个沿海主要港口、12个区域性主枢纽港和长三角港口群主要港口之一，连云港港是中国中西部地区乃至中亚最便捷经济的进出海口岸，江苏沿海港口群的核心，上海国际航运中心北翼重要组成部分，中国综合运输体系的重要枢纽，是中国沿海“国际、国内集装箱铁水联运第一承运港”，是中国船用岸电的发明创造和推广应用先行港。

2011年，连云港港实现货物吞吐量1.66亿吨、集装箱485万标箱，位居中国十大海港行列，是江苏龙头、沿海前十、全球百强集装箱港。连云港港营业创收、发展实力快速增长，多次入选“中国先进物流企业”、“中国物流百强企业”，是连云港市大型国有企业，江苏省交通运输龙头物流企业之一。

企业使命： 强港富民 服务社会

共同愿景： 建设东方大港 构筑和谐家园

企业精神： 团队 创新 跨越

核心价值观： 诚信 开拓 奉献

2011年完成1.66亿吨和485万标箱，增幅位居沿海港口前列

日出东方太阳能股份有限公司

四季沐歌®太阳能

连云港市市长杨省世、日出东方董事长徐新建一起为日出东方鸣锣开市

日出东方太阳能股份有限公司旗下拥有“太阳雨”、“四季沐歌”两大行业知名品牌，是目前国内太阳能热水器行业的龙头企业、太阳能热利用行业首支A股上市企业，也是行业内最主要的太阳能热水器出口企业之一。目前，公司在全国建立了江苏、山东、河南三个生产基地。产品销售覆盖了国内30 多个省份以及海外近100 个国家和地区，形成了真空管式、平板式、热管式太阳能热水器和工程热水系统等完整的产品线。

公司是国家发改委、科技部、财政部、海关总署以及国家税务总局联合认定的“国家认定企业技术中心”，拥有多项国家专利和非专利技术。

公司秉承“创世界名牌，做百年企业”企业理念，奉行健康可持续发展的企业发展观，坚持在企业创造经济效益的同时，创造性地为客户提供有价值的服务，让员工享受公司成长的成果，通过参与社会公益事业回馈社会。

太阳能行业内首家全国企业文化建设示范基地

日出东方年度员工大会主会场

洛阳基地

连云港基地

兖州基地

黑龙江省鹤岗市人民医院

医院门诊部

第十七届篮球赛

第二届医院文化节

黑龙江省鹤岗市人民医院始建于1948年，经过半个多世纪的开拓与发展，现已建设成为一所技术先进、设备精良、专科齐全，集医疗、保健、教学、科研为一体的综合性医疗服务中心，承担着市区及绥滨、萝北两县120万人口的医疗、预防、保健、康复和急诊急救等工作任务，综合实力在本地区同行业中处于领先地位。2011年评定为三级甲等医院和鹤岗区域医疗中心。医院先后与哈医大附属一院、哈医大附属二院、哈医大附属肿瘤医院、哈医大附属四院、黑龙江省医院、黑龙江省中医药大学附属一院、附属二院、省中医院建立了对口协作关系。先后成为鹤岗卫校、佳大、牡丹江医学院、哈医大大庆校区、佳木斯林业卫校等多所医学院校的临床教学医院和实习基地。

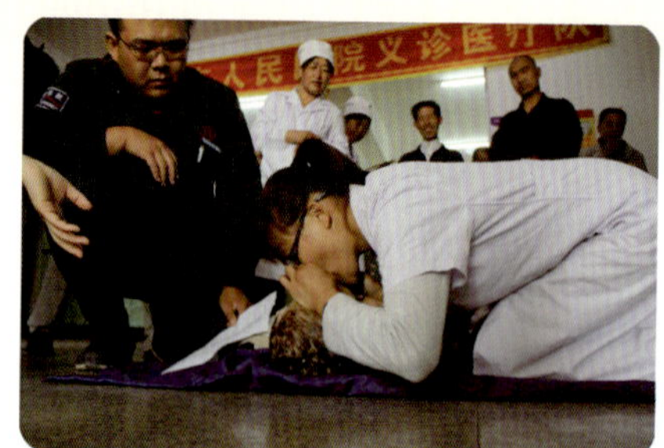
义诊，为敬老院护理员培训心肺复苏

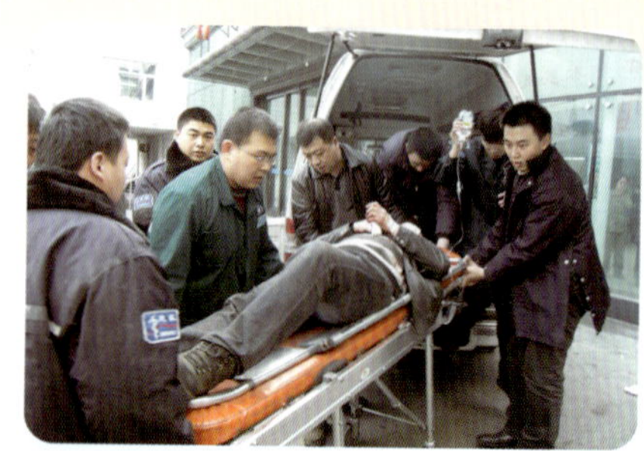
抢救现场

▼正在建设中的区域医疗中心大楼

中国企业文化年鉴

袁宝华题

ZHONGGUO QIYE WENHUA NIANJIAN

(2011—2012)

中 国 企 业 文 化 研 究 会　编

吉林人民出版社

图书在版编目（CIP）数据

中国企业文化年鉴．2011～2012 / 中国企业文化研究会编．一长春：吉林人民出版社，2012.9
ISBN 978-7-206-09263-3

Ⅰ．①中… Ⅱ．①中… Ⅲ．①企业文化－中国－2011～2012－年鉴 Ⅳ．①F279.23-54

中国版本图书馆 CIP 数据核字（2012）第 230733 号

中国企业文化年鉴（2011-2012）

编　　者：中国企业文化研究会
责任编辑：陈亚南
责任校对：赵元元
封面设计：何　宁
出版发行：吉林人民出版社
印　　刷：廊坊市旭日源印务有限公司
开　　本：787mm×1092mm　1/16
字　　数：1 510 千字
印　　张：40.25
版　　次：2012 年 10 月第 1 版
印　　次：2012 年 10 月第 1 次印刷
书　　号：ISBN 978-7-206-09263-3
定　　价：380.00 元

《中国企业文化年鉴》 编辑委员会

我国企业文化的几个问题

胡 平

改革开放30年，中国涌现出了许多先进企业。当年我们把西方的企业文化理论引进来，逐步传播。1989年，我们提出来要创建中国商业文化学，这表示我们对企业文化的认识逐步有了自己的理念。1992年，邓小平南巡讲话是一个新的时间节点，邓小平提出资本主义可以搞市场经济，社会主义也要搞一搞市场经济，企业界包括企业文化在政治领域迎来了思想大解放。

2011年，可以说又是一个时间节点。为什么？中国通过10多年的谈判，加入了世贸组织，今年是10周年。这些年，中国的经济发展非常快，GDP在全球排名从第9位跳到了第2位。这10年当中，世界经济，包括世界的市场经济，在中国改革开放的推动下取得了巨大的成就，中国的企业文化也发挥了很大的作用。

十七届六中全会的召开，又是一个很重要的时间节点。全会通过了文化体制改革的重要决定，企业文化在其中也是很重要的一点。现在，我们面临着世界经济的不确定因素增强，虽然中国加入了世贸组织，但有些西方国家还不承认中国的市场经济。欧债危机愈演愈烈，美国失业率居高不下，国际市场上不稳定因素越来越多。中国要应对世界市场的变化，不仅要确定自身的对策，企业文化还有待根据新的格局不断发展创新。

我参加中国企业文化研究会，提出企业文化要中国化。我们的企业文化建设取得了很多成绩，有强大的国际竞争力，但不可否认还存在很多问题。

关于经济文化的一体化。过去，中国人的思维方式认为文化是文化，经济是经济，两张皮。中国传统文化主要是跟政治结合，跟社会结合，而不是跟经济结合，因此，文化与经济始终联不起来。邓小平提出物质文明、精神文明两手抓，两手都要硬，拉近了文化和经济的距离。但是被解读为一只手抓物质文明，一只手抓精神文明，这里面其实还存在误解。我的理解是，物质文明、精神文明，经济文化要一手抓，不能割裂。老子讲“万物负阴而抱阳”，阴阳是共生的，文化经济也是共生的，企业文化的发展就是文化与经济一体化的结果。固有的思维方式不改变，企业文化的发展要上轨道还是很难。

1994年，我提出文化产业化，那时候社会上还没有这个概念。现在，中央全会都重视文化产业化了，今非昔比。我还提出了产业文化，这个要从商品创新来说。马克思讲商品有交换价值、使用价值，我认为商品还有文化价值，商品到处都是文化。我说的是大文化的概念，就是文化已经进入我们产业领域。实际上，现在已经有企业在产品中融入文化，但是人们的观念并没有完全改变。企业生产产品，提高产品的技术含量，同时还要提高产品的文化含量。这是一个难题，但是必须解决这个难题。

上世纪70年代，中国的人造地球卫星就是把高科技和文化结合得很好的一个例子。因为我们把命名为“东方红一号”的人造地球卫星送到太空去了，让全世界都知道这个“东方红”，这证明文化跟科技结合并不很难。关键是要有把科技和文化融合在一起的理念。乔布斯开发的苹果系列产品，就是以人为本，所以受到市场热捧，产品大销。现在很多人认为中国只会模仿，不会创新，根本的问题就是文化和经济没有很好的融合，这个问题解决不好，我们走向世界就难，所以经济与文化要一体化。

从大文化来看，六中全会的决定蕴含着我们的工作要启动“两条腿”，文化产业是一条腿，是文化本身的产业化、商业化；产业文化是一条腿，这两条腿同时都得启动。我们搞企业文化、商业文化的人要义不容辞地去解决这个问题，迈开大步把文化融聚到企业里面。

中国人要走出去，依靠自身的文化优势、文化元素，跟外国的文化融合在一起，才能取得重要的进步。我们面临着国际市场的激烈竞争，不确定因素很多，我们入世了，GDP占世界的9.5%，但是国际竞争中的摩擦很多，国外企业利用贸易壁垒、关税壁垒制裁我们。我们进口了很多产品的原料，花费大量劳动力制造成产品，再把产品出口给外国，可是我们得到的回报很低。据说一只中国生产的鼠标，在美国市场的价格是24美元，其中渠道商能赚8美元，品牌商能赚10美元，而中国制造厂商只能赚0.3美元。这就是因为我们中国在模仿，而没有创造。中国企业要走出去也面临很多问题，不仅是技术壁垒、关税壁垒，还有文化上的差异。中国国企到国外投资，是受歧视的；相反外商进入中国，大量建立外资企业，却大受欢迎。香港也有外资企业，现在市场面临着外资企业的竞争，比如说美国上校创建的肯德基，在中国开了3000多个店，竞争优势非常明显。百盛集团收购了小肥羊，要进入火锅行业。外国企业在中国做得开，但是中国的全聚德烤鸭出不去，台湾都没有。为什么？我们的业态单一。中国企业要出去，各方面的壁垒很多，所以肯德基进来中国容易，而中国的全聚德还出不去。这种状态需要我们很好的研究和探讨。

我们到外国去收购一些企业，面临着不懂外国文化的困境。我们到美国去，美国的议会先来反对。我们需要了解本地的文化才能进得去。中国企业要走出去，有很多课题跟企业文化有关。我们去买石油，不懂得要保值，亏了好几亿。要走出去就要了解外国的文化，包括法律，我们才能站得住。

那么中国产品里面，中国制造里面，又有多少中国文化元素？不只是贴牌，要创造，要把中国的文化融汇在里面。现在有1亿多外国人说汉语，说明汉语这个中国的文化符号在世界上的影响很大。但是中国制造的产品，要把中国文化元素融合在里面，就要从实际出发。现在外国人看好中国市场，把研发中心放在中国，招引中国的人才共同开发，这对我们是有利的。中国人要走出去，依靠自身的文化优势、文化元素，要跟外国的文化融合在一起才能取得重要的进步。

国内市场要开放，要调整结构，转变生产方式。现在很多企业在向中西部转，重庆的保税区就在探讨在这种大趋势下的新功能。中央新批了中原经济区，即以河南省为主体，包含山东、山西、湖北、安徽省部分地区的综合性经济区。这些地区地理位置重要，经济总量大，市场潜力巨大，文化底蕴深厚，在全国改革发展大局中具有重要战略地位。但是中西部地区的企业文化有待我们去探索交流。中国企业结构调整，生产方式转变，带来民营经济的变化。我们过去不太重视民营经济，其实民营经济的劳动力出口创汇比重非常之大。民营企业怎么强大起来？要有文化支撑，包括中小企业、微型企业都有它的企业文化，所以我们的企业文化得适应，要拓宽。

企业文化跟社会文化的关系。现在很多企业都存在一些问题：有的触犯道德底线，有的触犯法律底线。对消费者而言，如果吃的是劣质产品，穿的是假冒品牌，睡的床也有假的，吃的药也有假的，这样问题就严重了。中国传统文化的美德到哪里去了，企业文化怎么做，怎么倡导？关于道德底线，中国的市场经济法制不是太完备，许多改革还没到位。中国传统文化自古以来讲“德”。改革开放之前，中国基本处于小农经济时代，但是现代的市场经济实行召回制，最近日本丰田有50万辆车召回，在我们中国还缺乏这个概念。法律还要完备，法律的不完备给许多不法分子可乘之机，现在网络购物虚假信息很多，网络诈骗非常严重。因此，坚守这两个底线需要靠我们的企业文化包括法制文化。

社会文化对企业文化还是非常有推动作用的。最近很多企业发现，新闻媒体包括微博都在散播假信息，这就是社会文化出了问题。遇到这种情况，企业怎么处理和应对？企业文化恐怕要深入研究这个问题。

优秀文化产业是中国的经济支柱。但是五四运动以后，国内分为两派，一派是废孔，一派是尊孔。前不久孔子像立在历史博物馆北门、天安门广场东边的长安街南侧，引起轰动，其中包括外国人。可是过了两个月，孔子像又推到门里面去了。其实站在那里有什么不可以？不是站在天安门，是站在长安街，站着就轰动了，究竟为什么？有人认为孔子保守、落后，不适合中国改革开放。所以孔子这个问题，就是以孔子为代表的传统文化在中国社会还没有很好的确立、确认。

对待传统文化，我认为要做好以下几方面：第一是“继承”，继承优秀传统的部分；第二是“融合”，融合外来文化，中国的文化历来都是融合的；第三是“创新”；第四是“超越”，我们的经济文化将来能不能超越世界，30年后的GDP大概超过很多，那文化与世界先进企业的文化差距还有多少呢？我们面临的问题很多，需要解决的事情也很多，希望企业界的同仁调动积极性，把中国的传统文化融入到企业文化里面，融入到我们的产品里面，融入到我们的营销里面，到国际市场去竞争，才能顺应时代的需要。

（作者系中国企业文化研究会理事长、原商业部部长、原国务院特区办主任，本文为在“中外企业文化2011北京峰会”上的讲话）

目　录

特载篇

有关领导谈企业文化

深入学习贯彻十七届六中全会精神　推动企业文化　职工文化迈上新台阶……王兆国（3）
文化管理提升创新精神……成思危（5）
推进企业文化建设　实现更高质量发展……王忠禹（6）
充分认识加强企业文化建设的重要意义……申维辰（8）
老字号所承载的优秀商业文化值得学习借鉴……姜增伟（10）
央企应走在企业文化建设的前列……黄丹华（12）
管理之魂　成长之基　创新之源……王正伟（13）
将“民富”理念融入企业文化建设中……王大明（14）
中国企业商业模式转变与企业文化的关系……胡　平（16）
后金融危机时代的中国企业文化……徐惟诚（17）
大力加强企业文化建设和创新　推动企业又好又快发展……高俊良（18）
以人为本　构建和谐的企业劳动关系……王瑞祥（21）

知名专家谈企业文化

文化力在企业经营中的内在动力——《文化力—企业卓越的基因密码》阅读感言……贾春峰（24）
企业的未来：诚信与品质……张国有（25）
无为而治：领导艺术的最高境界……潘承烈（26）
企业文化的本质追求：真　善　美……赵春福（28）
企业文化建设使人心成为巨大的力量——《心的力量》序言……司马云杰（30）
民营企业如何积累文化资本……张　德（31）
企业文化管理的新篇章——读刘鹏凯《心力管理》……高立胜（32）
丰田文化和丰田模式需要改造与提升……王成荣（33）
用心管理与用力管理……邓荣霖（34）
健康企业才能长久发展……孟宪忠（35）
中国企业家的人文修养……周国平（38）
企业文化在企业发展中的作用……孟凡驰（40）
贯彻落实党的十七届六中全会精神　扎实推进企业文化建设……李世华（41）
在职业修炼中完善人格……高金声（44）

中国企业文化建设重要会议

高峰论坛

2010年——中外企业文化北京峰会……（46）

大会综述

新中国企业精神的历史价值与未来发展……罗志荣（46）

开幕辞

充分发挥文化引领社会推动发展的功能……何鲁丽（50）

颁奖辞

新中国60年十大企业精神……孟凡驰（50）
新中国60年企业精神培育十大摇篮组织……韩　旭（51）
新中国60年企业精神培育十大杰出人物……华　锐（52）

大会贺辞

弘扬优秀企业精神　推动央企科学发展……杜渊泉（54）

领导讲话

中国商业文化的“八字”思考……胡　平（54）
为中华民族伟大复兴做更大贡献……黄中平（55）

专题论坛

艰难辉煌——新中国创业发展期企业精神培育与实践……（56）
弘扬大庆精神是中国石油的神圣使命……关晓红（56）
弘扬特别能战斗精神　助推百年开滦科学发展……庞学东（58）
走出一条独具首钢特色的科学发展之路……朱继民（60）
责任担当是我们的价值体现……车迎新（61）
中航工业精神的实践与创新……刘洪德（63）

专题论坛

基因再造——传统企业精神的发扬光大……（64）
努力超越　追求卓越……王颖杰（64）
中信精神是中信事业发展的不竭动力……温晋平（66）

伟大的时代　崇高的精神……………………杨昌江（68）
企业精神如何成就品牌发展之路……………孙　羽（69）
专题论坛
走向世界——新中国改革开放期企业精神形成与发展……………………………………（71）
改革开放与海尔创新精神…………………王安喜（71）
吉利精神：不断前进的力量………………杨学良（73）
伟业创造精神　精神铸就伟业……………罗晓阳（74）
国外企业精神论坛
他山之石——国外企业精神内涵与实践……………（77）
康明斯：包容　融合　合作……………………曹思德（Steven M. Chapman）（77）
我们为中国的经济发展做出了贡献……………………………穆赫（Bernd Muehe）（78）
全球公司强化合规文化的启示……………王志乐（79）
工作报告
《中国企业文化建设十二五发展规划建议》要点说明……………………………………李世华（81）
2011 年——中外企业文化北京峰会…………………（84）
大会综述
企业文化 30 年的中国轨迹…………………罗志荣（84）
开幕辞
以更广泛的文化自觉培育中华民族的文化创造能力……………………………………孟凡驰（88）
颁奖辞
企业文化 30 年实践十大典范组织…………钟　岩（89）
企业文化 30 年实践十大典范人物…………韩　旭（90）
企业文化 30 年实践十大典范案例…………华　锐（91）
大会贺辞
建设有中国特色的先进企业文化……………李守镇（92）
专家讲话
缩小城乡收入差距和企业的差距……………厉以宁（93）
专题论坛
中国企业文化实践综合经验报告…………………（95）
全面贯彻党的十七届六中全会精神　深入推进企业文化建设…………………………………车迎新（95）
创建三和文化　助推国家核电科学发展……顾　军（96）
联想文化铸就企业发展之魂…………………唐旭东（97）
以理念引领实践　让文化植入心田…………杨昌江（98）
构建特色文化　助推太钢跨越发展…………王新平（100）
专题互动对话
创新文化　品牌文化　诚信文化　安全文化………（101）
实践证明诚信文化是企业发展的根基………任沁新（101）
做企业要惠及社会　惠及百姓………………赵建国（101）
学者观点
文化实践的规律与方式…………………………（102）
社会主义文化大发展大繁荣时代的金融企业文化建设…………………………………王成荣（102）
中国传统文化与企业文化实践………………司马云杰（104）
专题论坛
精细文化　质量文化　项目文化　班组文化………（106）
以重大典型群体的培育树立　实现鞍钢文化的传承和发展…………………………………苏文生（106）
以争先文化引领企业持续发展………………张明铁（108）
构建玉柴特色文化　推动企业跨越发展……郭德明（110）
品质改变世界的伟大力量……………………何真临（111）
创建“四结合”学习型班组文化……………林可夫（112）
专题论坛
企业文化活动与方法……………………………（113）
静水深流：企业不断发展的动力……………李小琳（113）
大庆精神铁人精神是中国石油之魂…………关晓红（115）

专题会议

2011 年——中澳企业文化 2011 北京报告会………（116）
大会贺辞
真诚希望深化与加强澳中友谊关系……………茱莉娅·吉拉德（Julia Gillard）（116）
大会致辞
转变发展方式　主动创新　赢得新机遇……钟　岩（116）
共同合作　提升服务业的创新发展……………………………珀塞尔（Bill Purcell）（117）
以开放的胸怀合作共赢……………………朱继民（118）
领导讲话
携手开创中澳经贸合作美好未来……………周文重（118）
大会发言
加强澳中双边经贸关系与文化交流……………………………孟哲伦（Alan Morrell）（119）
着力打造先进文化　加快转变发展方式……姜兴宏（120）
语言在中国企业国际化战略中的重要作用……………………………柯霖（Colin Hawes）（121）
未来的创新是服务创新………邱永强（Eng Chew）（122）
人才与创新之路的探索……………………张爱群（123）
海尔在互联网时代的商业模式创新…………王安喜（124）
应对危机　转型升级…………………………林可夫（126）
和灵文化　创造价值…………………………于海发（127）
创新与可持续发展…………白欣惠（Sarah Butler）（128）
铸文化融合之剑　塑企业发展之魂…………朱同印（130）
在国际市场搏击中成长………………………王铁军（131）
创新　成就卓越企业的不竭动力……………田利民（133）
以理念创新促进发展方式转变………………许　光（133）
悠久的历史　厚重的文化　创新的融合　跨越的发展
——北京同仁堂的海外发展与文化交融…陆建国（135）
国际化进程中的企业文化融合………………张　德（137）
未来国际商业管理的发展趋势……………………………罗伊·格林（Roy Green）（139）
中国外经贸形势与前景………………………张燕生（140）
2010 年——第四届全国企业文化百人学术论坛暨全国企业文化（北仑）现场会…………………（143）
大会综述
凝聚思想智慧　共享文化盛宴………………………（143）
领导讲话
企业文化建设面临的形势和矛盾……………王大明（144）
在企业重组中怎样推进文化融合……………李世华（146）
大会发言
以优秀的文化软实力促进企业科学和谐发展……………………………………童汇源（148）
集团并购与文化融合…………………………曾良才（150）
首钢搬迁调整中文化融合的几点体会………王明江（153）
企业国际化经营中的跨文化管理……………戴惠芳（154）

尊重差异　融合创新合资公司企业文化…… 秦如华（155）
转变经济增长方式　推动企业转型升级的文化思考…… 林可夫（156）
零文化管理模式…… 项　宏（157）
我们有个共同的名字叫百联…… 黄　岩（158）
2011年——第五届全国企业文化百人学术论坛……（160）
大会综述
透析当前我国企业文化建设中的热点难点问题……（160）
大会发言
集团管理文化与文化考评体系的建立与实施…… 陈　勋（160）
天地之道　大国之门…… 黄　伟（162）
阳光使者　文化先行…… 朱仁健（164）
文化引航转变交通银行发展道路…… 帅　师（166）
金桥文化　谱写江南银行新篇章…… 陆向阳（168）
走进企业管理“心”时代…… 刘鹏凯（169）
创造互联网时代全球竞争优势…… 王安喜（172）
建设“幸福万年文化”打造和谐万年矿…… 董凤华（174）
同煤集团转变经济发展方式的哲学思考…… 王保玉（176）
精细文化与精细管理…… 宋双亮（178）
文化创新引领经济发展方式转变…… 周瑞华（179）
理顺劳动关系　构建和谐企业…… 段东明（182）
2011年——员工心理援助与和谐文化培育专题研讨会……（183）
大会综述
关爱员工心理健康　践行人文关怀……（183）
大会发言
员工心理调适及文化培育…… 时　勘（184）
以人为本成就功勋首钢…… 张文喆（186）
企业文化建设重在开发心田…… 邹笃锋（188）
快乐文化…… 任文连（190）
培育企业和谐大文化　再谱跨越发展新篇章…… 冯　超（191）
推行快乐工作法　提升文化软实力…… 李　平（193）
实施心田工程　推动文化落地　塑造阳光心态…… 张永利（195）
春风化雨润心田…… 王晓峰（197）
实践心理疏导　构建和谐矿山…… 聂金良（198）
只有“心理英雄”才能成为“幸福典范”… 李名国（199）
推进员工帮助计划项目　促进科学发展和谐发展…… 李树华（201）

理 论 篇

文化融合促进并购重组…… 黄丹华（207）
文化为制度之母…… 孟凡驰（211）
企业文化30年：实践路径与方式…… 贾春峰（212）
作为现代性的以人为本…… 王锐生（215）
从泰州学派看《心力管理》…… 司马云杰（218）
文化力与企业本质竞争力…… 孟宪忠（220）
论儒商精神的塑造…… 唐任伍（222）
感恩与敬畏：企业文化中的基本道德律…… 王成荣（225）
论工会在企业文化　职工文化建设中的地位和作用…… 黄河涛（226）
医院文化20年的回顾与思考…… 高金声（229）
行业文化的结构　价值与建设路径…… 陈少峰（233）
试析企业文化在我国的发展走势…… 韩庆华（235）
企业文化的现代化和后现代化…… 李桂荣　刁惠悦（237）
中国EAP模式与服务实践…… 张西超（240）
社会科学 VS 管理学——企业文化两类观点及实践反思…… 乔明哲（243）
关于企业文化建设评价的几点认知…… 刘三彰（244）
论企业文化是一种意识形式和生活方式…… 肖　坦（246）
商品道德属性左右企业文化…… 史育华（249）

实 践 篇

中国企业文化建设示范基地巡礼
国电浙江北仑第一发电有限公司
创新卓越　和谐共融　为企业科学发展提供永续动力……（255）
山东默锐化学有限公司
塑魂取势　守正出奇……（259）
中国华电乌江公司东风发电厂
构建安全文化体系　促进企业健康发展……（263）
连云港港口集团有限公司
打造亿吨强港　构筑和谐家园……（267）
日出东方太阳能股份有限公司
工作并快乐着——基于公司使命的企业文化建设……（269）
中国烟草总公司重庆市公司
固本强基　提升水平　彰显价值……（274）
中信重工机械股份有限公司
以诚信文化铸就核心竞争力……（277）
部分行业和省市企业文化社团工作成果展示
加强行业文化建设　提升交通发展软实力
交通运输部文明办……（281）
文化力启动经济力　行业发展有动力——中国机械行业2010—2011年企业文化建设特点综述
中国机械产业文化协会……（283）
提高认识　扎实学习　做金融企业文化建设的优秀践行者
中国金融思想政治工作研究会……（285）
突出行业特色　打造石化企业优秀文化
中国化工企业文化协会……（286）

弘扬军工文化　振兴国防科工
中国军工文化协会……………………………………（289）
继往开来 创新发展 为建设跨越式宁夏而奋斗
宁夏回族自治区企业文化协会…………………（292）
增强企业文化建设的责任感和使命感
青岛国有资产管理委员会………………………（294）
献至诚至爱　创卓越社团
连云港市企业文化学会…………………………（296）
政企互动构筑非公企业精神文化家园
福建省晋江市企业文化建设协会………………（298）
热忱为企业服务　努力提高全区企业文化建设组织水平
扬州市邗江区企业文化研究会…………………（299）

企业文化建设经验选编

弘扬特别能战斗精神　开创百年开滦新辉煌
——开滦（集团）有限责任公司…………………（302）
“敢为人先”的创新精神
——首钢总公司……………………………………（305）
淬炼一流文化　实现产业报国
——三一集团有限公司……………………………（308）
以文化之力铸就国际一流金融企业
——中国工商银行股份有限公司…………………（310）
改革开放的窗口　中信集团企业文化的发展与实践
——中国中信集团公司……………………………（312）
胜利文化融体入心　夯筑百年油田
——中国石化胜利油田……………………………（315）
理念引领发展　文化创造价值
——中国农业银行股份有限公司…………………（317）
以“三色文化”铸造中国华能品牌
——中国华能集团公司……………………………（320）
加强集团文化建设　促中航踏上新征程
——中国航空工业集团公司………………………（322）
联想文化塑百年联想
——联想控股有限公司……………………………（324）
文化引领科学发展 和谐发展
——中国电力国际有限公司………………………（327）
勇于跨越　追求卓越：中国中铁发展的不竭动力
——中国中铁集团公司……………………………（328）
大力培育优秀企业文化　推动航天事业科学发展
——中国航天科技集团公司………………………（331）
弘扬大庆精神　打造特色炼化
——中国石油大庆炼化公司………………………（333）
聚合文化：动力源
——冀中能源集团有限责任公司…………………（335）
太钢企业文化实践路径及落地方式
——太原钢铁（集团）有限公司…………………（338）
体面劳动在东方电机的实践
——东方电机有限公司……………………………（340）
创新文化与生产实践融合方式
——青岛钢铁控股集团有限责任公司……………（342）
推动企业文化大发展　提升包钢核心竞争力
——包钢（集团）有限公司………………………（344）
打造昆仑特色文化　推进公司跨越展
——昆仑工业（集团）有限责任公司……………（346）
“三五”文化昂扬向上　精修报国动力不竭
——中国人民解放军第五七一九工厂……………（348）
以“三心”“两意”打造沈飞核心竞争力
——中航工业沈阳飞机工业（集团）有限公司…（349）
班组文化建设实践
——首都机场集团公司……………………………（351）
长安行天下　文化铸车魂
——中国长安汽车集团股份有限公司……………（352）
推进 EAP 项目　构筑员工心理关爱平台
——中国移动通信集团北京有限公司……………（356）
发挥文化优势　引领重组企业融合
——中国兵器北方华安工业集团有限公司………（357）
海纳百川　融合创新
——上海汽轮机厂…………………………………（358）
让品牌走出去　首钢国际工程公司品牌建设的探索与实践
——北京首钢国际工程技术有限公司……………（359）
打造五型文化　构建世界一流钒钛钢铁企业的精神家园
——河北承德钢铁集团有限公司…………………（362）
打造高素质的国际化队伍
——中国中铁七局三公司…………………………（364）
以创新创效为载体　深化创先争优活动
——中航工业沈阳兴华航空电器有限责任公司…（365）
富润江南　融通九州的金桥文化
——江南农村商业银行……………………………（367）
加强企业文化建设　打造一流科研院所
——包钢稀土研究院………………………………（370）
薪火相传：兵工文化从历史走来
——江南工业集团有限公司………………………（372）
永不言败：攀高峰的南岭人
——湖南南岭民用爆破器材股份有限公司………（375）
打造环卫优秀文化　推动企业科学发展
——北京环卫集团一清分公司……………………（377）
建设“和暖文化”　打造胜利强动力
——中石化胜利油田热电联供中心………………（379）
“新能源文化”铸就企业发展之魂
——江苏新能源置业集团有限公司………………（380）
促进企业腾飞的集美文化
——北京集美家居市场集团………………………（382）
诚信文化促进安全生产
——冀中能源邯郸矿业集团云驾岭矿……………（384）
打造特色文化　实现价值升华
——中国水电九局有限公司第四分局……………（385）
打造优秀企业文化　推进企业转型发展
——中铁十六局六公司海翔大道二期……………（387）
加强企业文化理念导入与平台建设的实践探索
——包钢（集团）公司选矿厂……………………（389）
亲情物业：让外围矿区更美好
——大庆油田矿区服务部外围物业管理公司……（390）
建特色安全文化 提升矿井本质安全水平
——冀中能源峰峰集团九龙矿……………………（391）
培养文化自觉和文化自信　提升市场竞争软实力
——沈阳热电厂……………………………………（392）
加强医院文化建设　促进医院和谐发展
——黑龙江省鹤岗市人民医院……………………（394）
将雷锋精神融入企业文化的实践
——晋城银行股份有限公司………………………（396）

以服务文化凝心聚力
——吉化集团公司总医院…………………………（398）

企业文化观点荟萃

弘扬优秀企业精神　推动央企科学发展…… 杜渊泉（401）
建设先进企业文化　推动企业科学发展…… 张　涛（402）
后危机时代的企业文化建设………………… 曾　坚（403）
首开集团企业文化建设掀开创新发展
新篇章……………………………………… 周荫良（405）
积极探索中国特色社会主义先进企业文化
建设的有效途径…………………………… 尹援平（406）
学习创新是企业科学发展的动力源………… 高立胜（407）
黑松林：劳动关系的一片绿洲……………… 张　德（408）
企业文化理论诞生30年的一份厚礼
——《文化力—企业卓越的基因密码》… 韩　旭（410）
企业文化亟待“大我”精神………………… 钟祥斌（411）
同仁堂与儒商文化…………………………… 陆建国（411）
深化央企文化建设　推动行业文化发展…… 黎　群（413）
国企价值取向：“主体”还是“主导”…… 保荣本（415）
扬起文化的旗帜
——以《功勋》礼赞宁夏二十位企业家… 陶　华（417）
坚持以文化人　变“行为规范”为
“行动自觉”……………………………… 陈广源（417）
企业不可避免的四个“两”………………… 李　俭（419）
企业文化修炼………………………………… 李万来（420）
我的心力管理之路…………………………… 刘鹏凯（421）
做阳光企业和阳光企业家…………………… 赵　晓（423）
我们一直坚持自己的价值观………………… 王　石（424）
劳资关系不再背靠背………………………… 王健林（424）
小企业更要重视企业文化…………………… 马　云（426）
扛起社会责任………………………………… 李福成（426）
无形的文化创造无限的价值………………… 鲁冠球（427）
民企经营需要科学和信仰…………………… 尹明善（428）
你的企业是否幸福…………………………… 马蔚华（428）
中国管理何时能成为全球力量……………… 董明珠（429）
善待员工的回报远超过想象………………… 马　云（430）
从丰田召回看“企业家精神”……………… 赵　晓（431）
暗示与企业文化……………………………… 肖　坦（431）
企业文化建设要抓住根本才能深入推进
…………………………………… 罗　洁　罗志荣（433）
价值预期　引领中航工业腾飞……………… 董平分（435）
重大活动是推进企业文化落地的有力抓手… 王明江（437）
整合文化传播　培育健康生态……………… 方建国（438）
上海大众的文化冲突………………………… 王宏科（441）
文化管理“三悟”…………………………… 刘鹏凯（441）
企业新闻宣传的价值和趋势………………… 潘志军（444）
化虚为实　精耕细作………………………… 何瑞燕（445）
关于军工文化产业发展的思考……………… 谭振亚（447）
组织学习在企业中的实践…………………… 刘长伟（448）
从北京同仁堂的海外发展看文化交融的作用
…………………………………………… 张志红（450）
制造无国界　品牌有祖国…………………… 任　建（453）
企业文化核心价值理念转化落地的措施与途径
…………………………………… 王　泽　李　琛（454）
企业人才培养与企业文化培育和谐发展…… 屠春云（455）
打造执行文化　提升企业执行力…………… 赵福强（457）
航天企业建立社会责任管理体系的思考…… 蒋德慧（458）
与文化建设结合创造性地做好新形势下
思想政治工作……………………… 赵　鑫　董红伟（460）
建设学习型企业　助推首钢转型发展
……………………… 撖元智　刘　逸　周胜军（461）
以文化培训为抓手　全面落实集团文化
……………… 王万龙　李常三　许志东　丁　威（464）
企业持续发展靠什么………………………… 徐新建（466）
寻找“乐”的轨迹…………………………… 万旭昶（467）
推进社会主义核心价值体系建设的实践与
思考………………………………………… 黄　诚（469）
首钢搬迁调整　提升综合竞争力
……………………… 承　伟　彭建军　关佳洁（470）
办好企业内刊要增强的八种意识…………… 陈广源（472）
努力提升文化服务的贡献度………………… 陈步峰（473）
《易经》与企业养生原则………… 王立东　尹志杰（474）
促进企业文化与人力资源管理的契合……… 刘　斌（476）
关于基层央行机关文化建设的探讨………… 王胜久（478）
以党的十七届六中全会精神为指导　深入推进
企业文化建设……………………… 任远征　陈连才（479）
企业安全文化建设途径探寻……… 陈　鸿　石文文（482）
我们石油人的职业道德…………… 崔高伟　赵国辉（484）
以“学做”活动为载体传承大庆精神铁人精神
…………………………………………… 姜复乐（487）
以文化铸就军工创新发展魂魄……………… 赵　民（488）

企业文化建设案例选编

石油魂：大庆精神铁人精神巡回宣讲活动
——中国石油天然气集团公司企业文化建设……（491）
坚定走品牌无形资产经营之路
——恒源祥（集团）有限公司企业文化建设……（492）
传承历史　继往开来　培育企业精神　支撑发展战略
——中国第一汽车集团公司企业文化建设………（495）
用先进文化引领首钢转型发展
——首钢总公司企业文化建设…………………（496）
跨行业重组多元化经营的企业文化融合与探索
——冀中能源集团有限责任公司企业文化建设…（499）
历史蕴含价值　光荣成就未来
——中国人民保险集团股份有限公司企业文化建设
……………………………………………………（501）
丰富文化内涵　完善转化机制　提升企业软实力与
核心竞争力
——中国石化胜利油田企业文化建设……………（502）
健全完善文化体系　提升综合竞争力
——太原钢铁（集团）有限公司企业文化建设…（505）
培育基业长青的文化基因
——中国石化北京燕山石化企业文化建设………（507）
以价值观和科技力量打造安全文化
——中石油东方物探公司企业文化建设…………（510）
推行快乐工作法　培育企业亲和力
——大同煤矿集团有限责任公司企业文化建设…（512）
打造“善待”文化　发展百年老店
——中国北京同仁堂（集团）有限责任公司
企业文化建设……………………………………（514）
文化建设助推中国一拖科学发展
——中国一拖集团有限公司企业文化建设………（516）

价值创造　“创·享”未来
——中建三局建设工程股份有限公司（北京）企业文化建设……………………（517）
万吨重担万人挑　泰山压顶不弯腰
——上海重型机器厂有限公司企业文化建设……（520）
“红色动力”助推“现代速度”
——北京现代汽车有限公司企业文化建设………（521）
创新思维　积极探索构建富有福建烟草商业特色的“母子文化”新体系
——福建省烟草专卖局企业文化建设……………（523）
构建和实文化　提升企业核心竞争力
——中国电器科学研究院企业文化建设…………（525）
加强文化创新实践　推进发展方式转变
——江南造船（集团）公司企业文化建设………（527）
吴运铎精神：二〇二所的核心企业文化
——中国兵器工业集团第二〇二研究所企业文化建设……………………………（529）
文化管理再造实践
——五七一九工厂企业文化建设……………………（530）
融合推进　载体支撑　全面提升沈飞文化软实力
——中航工业沈阳飞机工业（集团）有限公司企业文化建设……………………………（533）
构建先进文化体系　打造企业文化品牌　推进企业科学发展
——中铁六局集团有限公司企业文化建设………（535）
创新文化体系　引领企业发展
——铜陵有色金属集团控股有限公司企业文化建设……………………………………（537）
打造新文化　给力新发展
——中航工业沈阳兴华航空电器有限公司企业文化建设……………………………（540）
加强班组文化管理　打造高绩效团队
——中国移动通信集团北京有限公司企业文化建设……………………………（542）
人和气顺　虎威初显
——通化钢铁企业文化建设…………………………（543）
努力打造学习创新型企业
——安徽盈创石化检修安装有限责任公司企业文化建设……………………………（545）
培育优秀企业文化　打造首都环卫新名片
——北京环卫集团有限公司企业文化建设………（546）
推进企业文化升级　实现更高质量发展
——冀中能源邯郸矿业集团有限公司企业文化建设……………………………………（549）
服务文化建设增强了企业竞争力
——北京石油机械厂企业文化建设………………（550）
加强地勘文化建设　为经济发展提供强大精神动力
——辽宁省第五地质大队企业文化建设…………（553）
以企业文化建设推动港口战略转型发展
——连云港港口集团有限公司企业文化建设……（555）
管理的最高境界是文化管理
——营口港务集团企业文化建设…………………（559）
多措并举持续推进运营文化建设
——辽河油田分公司高升采油厂特车大队企业文化建设……………………………（561）
新陆桥公司核心价值体系构建与实践
——新陆桥码头有限公司企业文化建设…………（562）
以“家文化”推动企业和谐发展
——中铁七局三公司企业文化建设………………（564）
以学为阶　以文化人　扎实推进企业文化建设
——营口市烟草专卖局企业文化建设……………（565）

企业文化建设规划与纲要

中国企业文化建设“十二五”规划建议
——中国企业文化研究会……………………………（568）
贵州省企业党委书记工作研究会　贵州省企业文化研究会“十二五”规划
——贵州省企业文化研究会…………………………（572）
2012—2014年胜利文化建设规划
——中国石化股份公司胜利油田分公司…………（574）
云天化集团企业文化建设“十二五”规划
——云天化集团有限责任公司……………………（577）
中国市政工程东北设计研究总院企业文化建设发展规划（2012年—2015年）
——中国市政工程东北设计研究总院……………（581）

综合篇

他山之石——国外企业文化建设借鉴

德国制造业文化的启示……………　葛树荣　陈俊飞（587）
透过细节看日本的企业管理
……………………　郑　勇　刘冬惠　小松优特力（590）
加拿大企业文化建设的主要做法和经验……　金思宇（591）
探寻日本长寿企业之生存智慧……………………　肖译曼（593）
德国企业文化的启示………………………………　文　暄（595）

中国企业文化建设大事记

二〇一〇年中国企业文化建设大事记………………（598）
二〇一一年中国企业文化建设大事记………………（600）

二〇一〇年部分中外企业文化著作书目…（604）
二〇一一年部分中外企业文化著作书目…（606）

后　记

特
载
篇

有关领导谈企业文化

深入学习贯彻十七届六中全会精神 推动企业文化 职工文化迈上新台阶

王兆国

胡锦涛总书记在党的十七届六中全会上两次发表重要讲话，系统深刻分析了当前国内外形势，全面阐述了新世纪新阶段推进我国文化改革发展的重要性和紧迫性，对坚持中国特色社会主义文化发展道路，努力建设社会主义文化强国提出了新的更高要求。这对于我们夺取全面建设小康社会新胜利、开创中国特色社会主义事业新局面，具有重大而深远的意义。我们要把学习胡锦涛总书记在这次全会上的重要讲话精神与学习“七一”重要讲话结合起来，始终高举中国特色社会主义伟大旗帜，坚持中国特色社会主义理论体系、道路和制度，深化对社会主义文化建设重要性、紧迫性的认识，把思想和行动统一到中央决策部署上来，推动构建社会主义核心价值体系，大力弘扬工人阶级伟大品格和劳模精神，着力加强先进企业文化、职工文化建设，加强职工思想政治工作，用社会主义核心价值体系武装广大职工，在深化文化体制改革、推动社会主义文化大发展大繁荣中发挥重要作用。

一、大力推进社会主义核心价值体系建设

社会主义核心价值体系根源于民族优秀文化和社会主义先进文化，是社会主义先进文化的精髓，是我国社会主义文化的引领和主导，决定着中国特色社会主义的发展方向。推动社会主义文化大发展大繁荣，必须紧紧抓住社会主义核心价值体系建设这个根本。我们要充分认识到，在当前社会生活、文化生活中，与社会主义核心价值体系相违背的现象、社会主流价值观念受到冲击的情况还有不少。同时，在经济社会深刻变动的影响下，人们思想活动的独立性、选择性、多变性、差异性在不断增强，因此，建设社会主义核心价值体系就更加重要，这是全党全社会的共同责任。要大力弘扬工人阶级伟大品格和劳模精神，加强先进企业文化、职工文化建设，发挥好媒体阵地的作用，积极引导主流媒体宣传劳动模范、先进人物和广大职工群众的劳动奉献，营造“工人伟大、劳动光荣”的良好社会氛围，充分发挥工会组织在坚持社会主义核心价值体系上的积极作用。

二、正确把握社会主义文化建设的发展方向

坚定不移地走中国特色社会主义文化发展道路，加强社会主义文化建设，必须深刻领会中央提出的指导思想、重要方针、目标任务、政策举措，牢牢把握文化建设的社会性、人民性和时代性。

把握社会性，就是要看到我们正处在社会主义初级阶段，文化建设要与之相适应。在推进文化改革发展中，必须以马克思列宁主义、毛泽东思想、邓小平理论和“三个代表”重要思想为指导，深入贯彻落实科学发展观，在文化体制、文化产业、文化产品、公共文化服务、文化队伍建设等各个方面，始终坚持正确方向，适应国情，体现社会主义制度性质，反映社会主流价值，扩大社会感召力、影响力。把握人民性，就是要坚持以人为本，始终看到人民大众是历史的创造者，也是文化的创造者。社会主义文化源于人民、源于劳动、源于基层、源于实践，文化建设要始终坚持“双百”方针，体现为人民服务。在文化建设中，必须充分发挥人民的创造主体作用，以满足人民精神需求、促进人的全面发展为根本，坚持文化发展为了人民、文化发展依靠人民、文化发展成果由人民共享。把握时代性，就是要认识到任何文化都属于一定的时代，具有时代的特征。社会主义文化建设要在继承弘扬优秀文化传统、汲取各国有益经验的基础上，反映社会进步潮流，符合历史发展规律，始终把握时代发展进步的脉搏，反映以改革创新为核心的时代精神，倡导民主、法制，公平、正义和开拓进取、勇于探索，体现科学发展、和谐发展、绿色发展、可持续发展的时代要求。

三、大力发展先进企业文化、职工文化

先进企业文化、职工文化是社会主义先进文化的基础和重要内容，也是促进企业长远发展和职工全面发展的力量源泉。现在企业都很重视文化建设，倡导企业核心价值理念，很多是健康的、积极的，但也有一些不完全符合社会主义先进文化的要求。建设先进企业文化、职工文化，必须坚持以社会主义核心价值体系为导向，以满足职工精神文化需求为出发点和落脚点，推动形成企业和职工共同认可的核心价值观，促进劳动关系和谐、企业和谐、社会和谐。要大力弘扬大庆精神、铁人精神、载人航天精神、“两弹一星”精神和抗震救灾精神；要深入开展向雷锋学习，向杨善洲、郭明义、王远文、陈超英等先进模范人物学习的活动，宣传推广浙江

传化集团和海南南田农场等的经验做法，引导企业经营者和职工群众自觉践行社会主义核心价值体系，不断巩固广大职工为推进中国特色社会主义伟大事业努力奋斗的共同思想基础。

要加强工会基层文化工作，不断满足职工群众的精神文化需求。工会不仅要维护职工的劳动经济权益、民主政治权利和社会权利，也要维护职工的精神文化权益。要把群众性的文化体育活动开展起来，把广大职工组织到活动中来，搞得有声有色，让他们走上舞台、走进球场、走入教室，丰富、充实、活跃他们的业余文化生活，提高他们的技术技能素质，使他们在劳动之余，身心得到放松、精神上更加充实。现在各级工会的文化宫、俱乐部、体育场馆、职工学校等多达六七万家，要充分利用起来，更好地服务职工。

四、正确把握形势发展变化，进一步坚定理想信念

2008年爆发的国际金融危机，是国际资本过度贪婪、脱离实体经济大搞虚拟经济，以攫取最大利润为惟一目标的恶果，是对以美国为首的西方国家过度负债消费、过度资源消耗的经济增长模式的冲击，也是对自由放任和缺乏制约的西方经济发展理念的惩罚。这场危机给全球经济特别是西方经济造成很大冲击。危机爆发以来，尽管西方主要资本主义国家绞尽脑汁，但迄今为止经济仍然复苏乏力，债务危机持续蔓延，从而引发一系列严重的社会问题。美国、西欧和日本的失业率都明显上升，引起公众普遍不满，美国和欧洲相继爆发了大规模的抗议、示威、罢工、骚乱等。

虽然我国经济也受到这场危机的严重冲击，但与西方世界一片萧瑟形成鲜明对比的是，由于我们应对及时、措施得力，迅速走出了危机的阴影。在党中央的坚强领导下，我们制定和实施保增长、保民生、保稳定，稳物价、调结构、促转变的政策，千方百计扩大就业，使我国经济增长朝着宏观调控的预期方向发展，快速实现了经济发展的速度和质量、结构、效益的改善。联系改革开放以来我们取得的成就，过去30多年来我国国内生产总值年均增长9%以上，是同期世界经济增长率的3倍，目前我国经济总量已经跃居世界第二，综合国力显著提升，人民生活水平不断提高，成为世界制造大国，成为最有活力的巨大市场，成为世界经济增长的主要推动力量之一。这些都充分证明我国社会主义制度的优越性，证明我们所坚持的中国特色社会主义道路是正确的；说明中国共产党不愧为中国特色社会主义事业的领导核心，说明中国工人阶级不愧为建设中国特色社会主义的主力军。

深入研究和分析当前我们面临的复杂环境和各种问题，其目的在于认清形势、正确把握，坚定信心、积极作为，努力把工作做得更好。要充分认识我国经济社会发展的优势和有利条件。既要把可能遇到的困难估计得更加充分一些，增强忧患意识，更要看到我们的有利条件，进一步增强推动科学发展、促进社会和谐的信心决心。要始终坚持和充分发挥我国社会主义制度的优势，把各方面的积极因素都调动起来，统一思想、提高认识，同心同德地推进中国特色社会主义伟大事业。要始终坚持党的领导。党的坚强领导是我们应对各种风险挑战、将伟大事业不断推向前进的根本保证。我们党90年来领导人民进行革命、建设、改革的生动实践，已经充分证明了没有共产党就没有新中国，只有在中国共产党领导下，中国人民才能沿着正确的方向不断取得胜利，实现中华民族的伟大复兴才能有光明的前景。要始终坚持和完善中国特色社会主义制度。中国特色社会主义制度是当代中国发展进步的根本制度保障。改革开放以来所取得的光辉成就，充分表明我们的国体、政体是与我国的生产力发展水平相适应的，是能够最大限度地保护、调动、发挥人民群众的积极性主动性创造性的，是符合我国国情、顺应时代潮流的，也是民族团结、社会稳定和国家统一的根本保障。这些年来，我们坚持进行社会主义制度的自我完善，不断赋予其新的生机活力，使中国特色社会主义的优越性得到充分发挥。夺取九八抗洪、汶川抗震的胜利，成功举办北京奥运会、上海世博会，有效应对国际金融危机冲击等，就是鲜明的例证。面对当前的各种严峻挑战，我们必须更加自觉地坚持和发展中国特色社会主义制度。要坚持全心全意依靠工人阶级的根本方针。工人阶级是党最坚实、最可靠的阶级基础，是社会主义国家的领导阶级，是先进生产力的根本推动力量。不管我国经济社会如何发展、形势发生什么变化，坚持党的领导、社会主义制度和工人阶级的地位作用都不能改变。只要我们始终不渝地依靠工人阶级和广大劳动群众，充分发挥工人阶级主力军作用，就一定能够战胜各种困难和风险，把党和国家的事业不断推向前进。我们要加强对各国发展道路、发展模式的研究，汲取经验教训，深化对人类社会发展规律和社会主义制度优越性的认识，努力保持我国的发展势头，千方百计抓住战略机遇期，坚定不移地走自己的路，办好自己的事。

五、密切关注和重视解决当前的几个热点问题

一是中小企业经营发展问题。当前，不少中小企业生产经营遇到很大困难，由此引发的企业倒闭、企业主欠薪逃匿现象日益增多。这些问题多发会直接关系到职工群众的就业和收入，也会产生社会问题。工会必须高度重视、密切关注，积极推动政府促进中小企业发展的政策措施的落实，支持企业加快转变发展方式、实现转型升级；支持劳动密集型中小企业扩大发展、开拓市场、增加就业，提高市场竞争力。同时，要针对可能出现的企业倒闭破产等情况，协助政府维护好职工的劳动经济权益。二是劳务派遣工问题。这些年来，一些企业为了降低成本，规避法律责任和社会责任，滥用劳务派遣工，造成劳务派遣工利益受到损害，由此引发的职工群体性事件也不少。工会要积极推动解决劳务派遣工的问题，理直气壮地维护劳务派遣工的权益，努力促进劳务派遣工与其他职工同工同酬、同工同权。三是农民工权益维护问题。近年来，在党和政府以及工会组织的共同努力下，农民工的权益实现总体上是在不断改善的。农民工的就业稳定性比较差，一旦企业生产经营遇到困难，首先受到冲击的往往

是农民工。工会要始终高度关注农民工问题，加大对他们的维权和帮扶力度，努力推动农民工在工资分配、社会保障、职业培训等方面的权利得到保障，为他们创造更多的发展机会。四是职工队伍思想动态问题。现在职工队伍中的很多问题都是与利益实现联系在一起的，不少群体性事件的发生，说到底都是由于职工利益受损而引发的。职工思想认识中的一些问题，既是经济社会生活中一些深层次问题的反映，也与忽视职工思想政治工作有关。要把加强职工思想政治工作与切实解决实际问题结合起来，增强工作的针对性和实效性。广大工会干部特别是工会领导机关的干部要行动起来，深入基层、深入群众，面对面、心贴心、实打实地开展群众工作，努力为广大职工做好事、办实事、解难事。

希望广大工会干部不断加强学习、勤于思考，积极探索、扎实工作，贯彻落实好六中全会精神，团结动员广大职工做推动社会主义文化建设、推动中国特色社会主义事业的主力军。要高度关注国际国内形势的发展变化，研究解决工会工作面临的新情况新问题，坚定不移地走中国特色社会主义工会发展道路，在党和国家工作大局中发挥新的更大作用。

（作者系中共中央政治局委员、全国人大常委会副委员长、中华全国总工会主席，本文为在全国总工会“关于学习贯彻党的十七届六中全会精神”会议上的讲话，内容有删节）

文化管理提升创新精神

成思危

企业文化管理是上世纪80年代左右提出的，提出这个问题的第一个方面是随着科学技术的进步，企业管理的发展，人的因素在企业管理中起着越来越重要的作用。在管理上我们传统的经验管理、科学管理，都只是把人看成是企业的一个部分，而不是把人真的看成是企业的基础。随着科学技术的发展，人的因素越来越重要，不能把人看成是机器一样的简单劳动力。第二个因素是上世纪跨国公司的发展，使得一些公司管理层，不仅仅在本国进行管理，还要在外国进行管理，会遇到文化的差异，再加上跨国并购的产生，两个企业的文化不一样，也会产生文化冲突，所以文化冲突的问题也越来越多。在这种情况下，就使得人们开始重视企业文化，特别是在管理中强调企业文化的管理。

管理的发展经过了三个阶段，第一个阶段是经验管理，凭管理者的经验来进行管理。第二个阶段是以科学管理为主，这是从泰勒开始，进行科学的定量，科学的组织安排，在电脑出来以后又加上计算机的辅助管理。第三个阶段是文化管理的阶段。所以如果我们说19世纪以前以经验为主，20世纪以科学管理为主，相信21世纪将是以文化管理为主的阶段。当然我们说为主，并不是排斥其他的管理方式，即使实行文化管理的时候，也可能有经验管理和科学管理，但是文化管理将起到越来越重要的作用，文化管理是在这样一个重要的背景下提出来的。

企业文化简单地说就是反映了企业职工的集体精神面貌。企业文化的外在表现是仪式、楷模、音像等等。企业文化的核心是什么？是价值，价值观。价值是指某种物质、文化，满足人们需要的个别属性，还有经济价值、文化价值等。而价值观就是实现价值时的一种偏好，你把什么放在最重要的位置。应该说，企业的文化是由企业职工形成的一种共同的价值观。这个价值观的形成既有企业职工原有的价值观和他们的一些共同的东西，也有企业通过职工们在内部共同工作，互相作用所形成的一些共同认识。所以，企业文化有外在的内容和内在的形式。

企业文化包括的面很广，从企业管理来看，一个方面的问题就是人本观念的问题。企业最宝贵的资源是人，人在企业起着非常重要的作用。所以，现在在西方也是很强调人本管理的基本概念。人本管理包括什么内容？首先的一个内容就是要把人放在企业最重要的位置，也就是怎么对待职工这个问题。人本管理就是要发挥人的积极性。在企业，人的积极性主要表现在两个方面，一个表现在关心全局，一个表现在勇于创新。一个企业的积极性真的调动起来，就体现在这两个方面。第二个方面就是质量意识。企业要想在竞争中取胜，原因是很多的，企业的竞争简单地说分为两大类，一类是狭义竞争，一类是广义竞争。狭义竞争又分为价格竞争力和非价格竞争力。价格竞争力就是成本。但是非价格竞争力就不单是这个，包括质量、交货期、售后服务等。广义的竞争力包括更多了，企业根据订单迅速改变生产过程的能力、研发能力等都是广义的竞争。质量管理实际上是文化，也就是真正树立起质量是企业的生命这样一种概念，才能真正把质量管理做实。同时，质量管理还包括对法律和规章制度的严格遵守。

企业文化是企业观念非常重要的因素。企业社会责任问题的提出，也是随着整个社会的发展，大家开始比较关注的问题，如企业的全球论、环境问题、温室效应、臭氧层的破坏等环境恶化的问题。另一个要关注的是弱势群体。

企业文化管理的推进需要全体职工和企业负责人的共同努力。从推进企业文化管理的角度来看，需要企业负责人能够根据企业职工的具体情况，根据我们国家的传统文化、政治观念的情况，根据行业的历史情况，提出企业的目标和价值观，并且不断向职工宣传这种价值观，推动职工丰富这种价值观，最后形成企业的共识和统一的价值观。

作为文化管理，更难的是当我们企业走出去，在国外并购的时候，更加要注重文化管理这个因素。因为你不注意的话，各国职工的情况不一样，很可能这一套管理在本土有效，在国外往往容易产生一些问题。不管是我们走出去兼并或者国外企业到中国来，都要注意我们自己的文化，不注意文化就会有文化冲突，就会影响企业的效率。

企业文化研究就是要研究什么是企业文化，怎么样把企业文化用在管理上。从小的方面来说，能够提高我们的劳动生产力，提高职工的全局观念和创新精神。从大的方面讲是如何适应经济发展方式的转变，能够使企业都力争上游，争取做到国际一流。这方面，企业文化的管理会起到更为重要的作用。

（作者系全国人大常委会原副委员长，本文为在“中外企业文化2010北京峰会”上的讲话）

推进企业文化建设
实现更高质量发展

王忠禹

改革开放30多年来，我国企业文化建设植根于中国特色的企业管理实践，在不断探索、创新中取得了长足进步，不仅取得了丰硕成果，而且涌现出了联想、海尔、华为等一大批优秀的企业典范。近年来，为适应变革调整的大趋势，加快转变发展方式，抓住机遇，主动应对全球化挑战，在新一轮的国际竞争中抢占先机、赢得主动，我国企业文化建设应更加注重用科学发展理念引领、支撑企业由外延式增长向内涵式增长的转变，使其在提高企业管理绩效、增强企业内生动力、激发企业创新活力和培养高素质人才等方面发挥更加行之有效的作用；并在培育品牌、提升商誉、打造企业软实力、形成差异化竞争优势方面产生更大的影响。

一、深化企业文化工作，改善提高企业发展质量

当前，我国企业面临着比以往更加复杂多变的经济环境。结构调整压力不断加大，转变发展方式日益紧迫，资源、能源、环境约束不断加强，全球化产业变革与转型升级步伐不断加快，这些都对我国企业的可持续发展形成了严峻挑战，同时也对我国企业文化建设如何顺应时代发展要求、促进企业转变发展观念、进一步提高发展质量提出了新的更高要求。

首先，要注重企业核心价值观的导向作用。企业核心价值观是引领企业发展的“风向标”，反映了企业对自身发展道路和发展方式的本质认识，体现了企业在价值创造中追求的最高境界。中信集团自从提出“诚信、创新、凝聚、融合、奉献、卓越”新的核心价值观以来，企业的凝聚力、创造力、影响力和核心竞争力有了大幅度提升；天津港集团把“发展港口、成就个人”作为企业的最高追求，极大地激发了企业的发展活力。

其次，要注重企业文化与企业管理的紧密结合。企业文化要发挥实效，能够切实落地生根，关键要与企业管理实际紧密结合。一方面，要将先进的经营理念、管理思想体现到企业的组织建设、制度建设中，渗透到日常的运营管理和工作流程中，反映到各项激励机制当中；另一方面，要立足于基层文化、岗位文化和团队文化建设，建立分工负责、协调一致的企业文化管理体系，通过持续不断地熏陶教育，使员工认同和接受企业的价值观和经营理念，并逐渐内化到员工的思想和行动中。联想控股有限公司通过建立以“说到做到、尽心尽力”为“联想之道”和以“管理三要素”为思想基础的企业文化管理模式，使“联想文化”真正成为提升企业管理水平、培养锻炼人才队伍和增强企业核心竞争力的灵魂工程。

最后，要注重企业文化的不断创新。先进的企业文化能够在借鉴、吸收、融汇优秀企业文化的长处和智慧的同时，根据企业发展环境的变化和企业发展方式的转变，不断加以创新、改进和提高，赋予企业文化新的时代内涵。杭州钢铁集团公司在继承传统优秀文化的基础上，紧扣时代发展主题，大力倡导“科技杭钢、绿色杭钢、和谐杭钢”，赋予了“杭钢文化”新的使命与责任，使杭钢集团始终保持着与时俱进的良好状态。

二、加强企业道德文化建设，促进企业诚信经营

企业的道德文化水平是衡量企业发展质量的重要尺度。一直以来，企业诚信、道德问题备受社会的关注。据商务部提供的数据显示，我国企业每年因信用缺失导致的直接和间接经济损失高达6000亿元，其中因产品质量低劣、制假售假、合同欺诈造成的各种损失达2000亿元。特别是近年来接连出现“毒奶粉”、“瘦肉精”等造假、掺假、损害消费者利益的行为以后，社会公众对加强市场环境治理、规范企业行为、加大力度打击不法商业行为的呼声越来越高，并强烈呼吁企业加强自身的道德约束。从更深层面看，在诚信道德缺失的背后是道德文化的缺失。今年，温家宝总理同国务院参事和中央文史研究馆馆员座谈时强调：“要把加强同市场经济、民主法治、和谐社会建设相适应的道德文化建设放到更加突出、更加重要的位置上来。”对此，每个企业都要给予高度重视，采取有力措施推进企业道德文化建设，把诚信经营、文明经商作为企业和谐、稳定、健康发展的重要基石。

坚持弘扬中华传统美德，树立诚实守信的道德观。自古以来，中国就是一个重信义、讲道德的国家，人们常用“一诺千金”来形容信守承诺的分量。企业在道德文化建设中应注重弘扬这些中华民族的传统美德，引导教育干部职工提高自身的道德意识、诚信意识，树立严于律己、诚实做人、坦诚相待、忠实履行责任义务的良好风气。北京同仁堂集团始终恪守“修合无人见，存心有天知”的古训，坚持讲诚信、讲责任、讲良心，为企业做大做强积淀了深厚的道德底蕴。

坚持“以德治企”，完善企业职业道德行为规范。企业道德文化建设不能仅仅停留在宣传教育上，还需要建立相应的制度和道德行为规范，制定职业道德标准，明确职业纪律和职业道德素质要求；同时，与用人制度结合起来，按照“德才兼备”的标准选拔、任用人才，并通过建立考核和奖惩机制，激励职工自觉遵守职业道德规范，约束不道德行为，培养良好的职业操守。

建立健全道德监督机制，加强系统的安全防控管理。道德文化建设不应只限于企业内部，还应辐射到所在行业及

与企业利益相关的社会各方，尤其要加强对产业链上下游企业的道德约束，建立有效的监督机制，实行严格的质量、安全检测与检查，并对商业合作伙伴进行道德监督和全程信用监控与管理，防止不合格原料及其产成品流入企业、流入市场，防范弄虚作假、相互欺诈等非法的不道德商业行为。中粮集团坚持以消费者为导向，控制从田间到餐桌经过的每一个生产、流通环节，确保产品质量可追溯到源头，从而形成了“安全、放心、健康”的食品产业链。

三、加深企业文化融合，增强企业综合竞争力

随着我国经济结构进入战略性调整阶段以及全球产业竞争格局日益呈现出的复杂而深刻的变化，我国企业（特别是大企业）越来越着眼于通过跨地区、跨行业、跨所有制甚至跨国的并购重组，以达到不断优化结构、合理配置资源、完善延伸产业链与价值链、提高产业集中度、增强企业综合竞争力的目的。据有关机构统计显示，2010 年我国企业并购案例 2656 起，披露价格的交易额达到 1696.43 亿美元，居全球第二位。从世界范围来看，目前，企业并购重组已成为经济全球化的显著特征和跨国公司发展壮大的重要方式，国际直接投资的 80%以上是通过并购方式完成的。

尽管国际间并购重组方兴未艾，但成功率并不高。麦肯锡的研究结果表明，70% 的并购会因为种种原因失败，而失败的主要原因与公司深层文化整合失败有关。价值观上的冲突、经营理念的分歧，以及思维方式与行为习惯的隔阂常常是导致重组失败以及引发重组“后遗症”的重要因素。对此，企业要从战略高度重视文化融合的问题，尤其是在我国推动实施“走出去”发展战略，进一步融入世界经济的深刻背景下，更要认真对待和妥善解决文化融合的问题，在做好战略、组织、资产、业务及人员整合的同时，采取有效措施防止和克服文化差异对企业发展带来的风险与不利影响。

一方面，要统一思想、凝聚共识，把形成共同的使命、愿景和发展目标作为文化融合的中心工作。企业文化融合工作要从统一思想认识、增强成员企业认同感与归属感入手，在深入调查研究的基础上，分析评估目标企业的文化特点，从彼此文化的差异性中发掘文化的相容性，并通过充分的沟通与交流，取得文化共识，构建统一的文化理念体系，形成统一的价值观与使命愿景，确定共同的发展目标，为促进企业全方位的整合做好精神上的定位。新兴际华集团在并购重组过程中通过沟通、指导、体验、交流、座谈等多种方式，加深重组企业对集团文化的认知和理解，从而取得文化上的高度认同，保证了重组企业的顺畅运行。

另一方面，要紧密联系实际，探索适合自身发展方式的文化融合模式。文化融合不是简单的文化替代或文化相加，而应该是对并购重组企业文化的重塑与再造。在文化融合过程中，企业要坚持从实际出发，本着“相互尊重、求同存异，共创共享”的原则，根据重组后确定的发展方向和发展方式，通过对原有企业文化的提炼、整合与创新，深入细致地做好文化融合工作，逐步形成特色鲜明、注重实效的文化融合模式，为重组企业实现组织融合、制度融合和管理融合提供有力支撑。潍柴动力股份有限公司在兼并收购 12 家企业之后，实施企业文化重塑工程，逐步形成以“包容”为核心的文化融合模式，做到该管的必须要到位，不该管的坚决不越位，从而使母子公司能够更加健康、有序、协同地开展业务。

四、积极承担社会责任，努力实现包容性增长

企业承担社会责任，是实现人与社会、人与自然全面协调可持续发展的必然要求，同时也是现代社会对企业的普遍期望和企业实现更高质量发展的客观需要。

自从 11 年前联合国启动“全球契约”，倡议各国工商界担负社会责任以来，企业社会责任逐渐被国际社会普遍认同，并形成一种全球性的发展趋势。近年来，我国企业在承担社会责任方面积极响应、踊跃参与，取得了显著成效，他们在保护生态环境，促进节能减排与清洁生产，大力发展绿色经济，努力建设资源节约型、环境友好型企业方面进行了积极探索与实践；在安全生产、提高产品质量与服务水平，维护消费者利益，以及在提高就业水平，改善职工待遇，保护劳动者权益、扶困救灾、支持社会公益事业等方面负起了应有的责任，为我国经济社会发展作出了积极贡献，并涌现出许多起模范带头作用的企业。大连万达集团把做社会企业作为追求的最高目标，在开发商业地产中致力于建造绿色建筑，大量采用低碳节能的设计和技术，成为中国商业建筑节能的典范；中国黄金集团在建设西藏甲玛项目中，投入大量资金修路、引水、助学、帮扶困难群众，不仅维护了民族团结，也极大改善了自身经营环境；中国建筑集团、中国水电集团克服高寒缺氧、交通不便等困难，在玉树灾后重建中发挥了重要作用。实践证明，积极承担社会责任，不仅有利于党和国家的事业，有利于改善民生、改善环境，促进社会和谐，而且有助于树立良好的“企业公民”形象，有助于企业在市场竞争中赢得客户信赖和确立企业的品牌优势。据有关机构的最新研究数据显示：有近五成的消费者认为企业社会责任状况会影响其购买选择，有 3/4 的消费者愿意用较高的价格购买社会责任做得好的企业产品或服务，其品牌忠诚度更高。

需要强调的是，企业承担社会责任不能只当成阶段性任务来抓，而应以更加长远的发展眼光和包容的博大胸怀，把推动社会发展，增进人类福祉，尊重平等发展机会，将经济发展成果惠及大多数人，努力实现包容性增长作为企业承担社会责任的出发点和落脚点。企业文化工作也要以此为重点，通过价值观的引导和强化企业的使命感与责任感，不断提高企业履行社会责任的意愿和自觉性，使其真正成为 21 世纪中国企业和企业家的时代品格。

全国企业文化年会创办近 10 年来，已经成为我国企业文化交流与对话的重要平台，为推进我国企业文化建设发挥了积极影响和作用。希望大家利用这个机会，相互学习经验、彼此借鉴方法，深入探讨新形势下我国企业文化发展的方向与规律，突出重点、注重实效、立足创新，使我国企业文化

建设不断迈向更高水平，为企业健康发展做出新的更大贡献。

（作者系原国务委员，原全国政协副主席，中国企业联合会、中国企业家协会会长，本文为在中国企业联合会、中国企业家协会主办的“2011年全国企业文化年会”上的讲话）

充分认识加强企业文化建设的重要意义

申维辰

在全党全国上下深入学习贯彻党的十七届五中全会精神之际，中国政研会在这里举办第六届中国企业文化论坛。中央政治局委员、书记处书记、中宣部部长刘云山同志对这次论坛高度重视，专门发来贺信，寄予殷切希望。大家汇聚一堂，交流企业文化建设的做法和经验，研讨企业文化建设的形势和任务，探索加强和改进企业文化建设的思路和对策，对于推动企业文化创新，促进企业发展方式转变，推动企业科学发展，将产生积极的影响。借此机会，我就加强企业文化建设谈几点意见。

一、充分认识新形势下加强企业文化建设的重要意义

十七届五中全会指出，当前和今后一个时期，我国发展仍处于可以大有作为的重要战略机遇期，既面临难得的历史机遇，也面对诸多可以预见和难以预见的风险挑战。这不仅是对我国发展形势的科学把握，也是对企业发展方位的准确判断。面对新的形势，企业调整经济结构、转变经济发展方式的任务异常繁重，企业改革发展中的一些深层次矛盾和问题不断显现，企业面临的市场竞争日趋激烈，企业员工的思想观念和利益诉求日益复杂多样。完成新任务，应对新挑战，实现新发展，对企业文化建设提出了新的更高要求。我们要以新的视角，深刻认识新形势下企业文化建设的重要地位和作用，切实增强建设企业文化的责任感和使命感。

（一）企业文化建设是提高企业经济效益、实现企业可持续发展的基础性工程。当今时代，文化与经济、政治相互交融的程度不断加深，与科学技术的结合更加紧密，经济的文化含量日益提高，文化的经济功能越来越强。文化作为一种宝贵资源和独特生产要素，在企业生产经营管理活动中的影响和作用越来越大。良好的企业文化作用于企业生产经营活动的全过程，可以从源头上节约企业制度安排和执行的时间与成本，提高企业生产经营活动的运行效率，直接影响企业产品和服务的数量和质量，进而影响企业的美誉度和长远利益。因此，企业文化建设越来越成为决定企业可持续发展的重要内生变量，成为企业又好又快发展的重要支撑。

（二）企业文化建设是增强企业凝聚力、打造企业核心竞争力的战略举措。传统的经济学理论认为，政府政策与市场调节是调控经济运行的两种重要手段。但当今世界经济运行的实际状况充分表明，还有一种因素在经济活动中起着重要作用，就是人的思想观念、价值取向和道德素质。所谓企业文化建设，就是通过培育共同理想、引导员工树立正确的思想观念和价值追求、提高员工科学文化水平和职业技能，养成良好的职业道德，增强社会责任意识、提升企业管理水平，从而为企业的生产经营活动提供精神支撑、思想保证和文化条件。加强和改进企业文化建设，就是要把上述的工作落实好，把它们转化为企业的核心竞争力，激励员工增强创新意识，发挥主观能动性，提高企业自主创新能力，为企业的科学发展提供不竭的动力。

（三）企业文化建设是提高员工综合素质、做到“以人为本”的必然要求。“以人为本”是科学发展观的核心。企业的竞争，说到底是人的竞争；企业的发展，说到底是人的全面发展。没有一流的职工队伍，就没有一流的企业。坚持以人为本，实现以文化人，促进职工全面发展，是企业文化建设的重要任务，也是企业文化建设的根本目的。加强文化的引领熏陶，培养具有一流职业素质、一流岗位技能、一流工作作风、一流工作业绩的职工队伍，不仅是提高企业管理水平的急需，更是全面落实科学发展观的迫切要求。

（四）企业文化建设是社会主义文化大发展大繁荣的重要内容。十七届五中全会强调，文化是一个民族的精神和灵魂，是国家发展和民族振兴的强大力量，要推动文化大发展大繁荣，提升国家文化软实力。这为社会主义文化建设指明了方向，也为加强企业文化建设提供了指南。无论是国有企业、国有控股企业还是非公有制企业，既是发展经济、创造物质财富的重要经济组织，又是实现人们精神追求和价值目标的重要社会组织。在企业文化中，企业的核心价值理念、企业宗旨、企业愿景、企业特色等，必须符合社会主义市场经济的规律，体现社会主义核心价值体系的要求。因此，企业文化建设搞好了，对于促进文化的繁荣发展，增强民族凝聚力创造力，具有重要的意义。

二、切实抓好企业文化建设的主要任务

当前和今后一个时期，加强企业文化建设，要以邓小平理论和“三个代表”重要思想为指导，深入贯彻科学发展观，全面落实十七届五中全会提出的任务，紧紧围绕科学发展这一主题，围绕加快转变经济发展方式这一主线，围绕企业改革发展的中心工作，坚持以人为本，坚持贴近实际、贴近生活、贴近职工，坚持主题内容创新、方法手段创新、体制机制创新，着力建立与社会主义市场经济相适应、与现代企业制度相符合、与企业和员工共同发展需求相一致的企业文化体系，不断培养有理想、有道德、有文化、有纪律的社会主义劳动者，为推动“十二五”时期的科学发展，为全面建成小康社会打下具有决定性意义的基础。具体来说，主要抓好以下几方面工作。

（一）加强理论武装，巩固共同理想。一是加强中国特色社会主义理论教育，形成思想共识和政治认同。要按照中

央统一部署，结合实际，坚持用中国特色社会主义理论体系武装党员干部、教育职工群众。要加强理论的深度引导，着力增强广大职工对中国特色社会主义一面旗帜、一条道路、一个理论体系的认同，增强对中国发展模式、发展理念、发展目标、发展方式的认同。要积极回应职工群众的普遍关切，解答思想困惑，引导职工自觉划清“四个重大界限”。二是加强科学发展观的宣传普及。结合全球需求结构的重大变化、后金融危机时代世界经济发展的新特点和企业改革发展的现实要求，组织职工深入学习领会科学发展观的科学内涵和精神实质，学习领会转变经济发展方式、促进科学发展的重要意义和重大举措，进一步增强贯彻落实科学发展观的自觉性坚定性。三是加强爱国主义教育和民族团结教育。组织开展“报效祖国、振兴企业”主题教育活动，弘扬爱国主义精神，培育企业核心价值，引导职工把对祖国的深厚感情转化为爱岗敬业、积极推进企业改革发展的实际行动。要结合实际，在职工群众中广泛开展民族团结宣传教育，让“三个离不开”的重要思想深入职工心灵，营造各民族共同团结奋斗、共同繁荣发展的良好氛围。四是加强形势政策教育。面向广大职工把党和国家的重大战略部署讲清楚，把国际国内经济形势和企业发展任务讲透彻，把改革的具体举措和职工的利益安排讲明白，进一步增强职工战胜各种困难、实现发展目标的信心和力量。

（二）开展企业社会责任教育，培育各具特色的企业精神。一是明确企业的历史使命、发展目标和追求愿景，培育和升华企业精神。企业精神反映的是企业职工的价值认同、思想境界和理想追求，是企业文化的内核。昂扬奋发的企业精神，有利于引导和激励广大职工心系企业、勤奋工作，有利于增强企业的创造力、凝聚力、竞争力。要把培育企业精神作为企业文化建设的重要课题，加强研究阐释，总结提炼企业的核心价值理念，通过扎实有效的工作，使核心价值理念成为职工共同的价值取向和自觉的精神追求。二是强化企业的社会责任意识。要以依法经营、诚实守信、提高产品质量和服务水平、节约资源和保护环境、保障生产安全、维护职工合法权益、参与社会公益事业等内容为重点，经常性地开展企业社会责任全员培训和教育工作，提高职工履行企业社会责任的自觉性、主动性。

（三）促进企业文化与企业管理制度的深度融合，提升企业管理层次和水平。一是狠抓制度文化建设，建立全新的企业行为规范体系。企业管理制度既是搞好企业生产经营的必要条件，也是推进企业文化建设的制度保障。要加强企业管理制度的宣传教育，增强制度的执行力、约束力，在提高制度效能的同时，增强企业文化的辐射力。二是做好企业文化落地的工作。要把企业文化的核心理念融入到各项管理制度和生产经营管理之中，使每一个职工都能从思想上认同企业管理文化、行动上遵守企业管理制度，达到内化于心，外化于行。三是促进企业文化与企业战略、市场营销和人力资源管理等工作的深度融合。要坚持以人为本，注重民主管理、自主管理和人本管理的有机统一，使制度运用刚柔结合、宽严有度、情理交融，实现制度标准与价值准则协调同步、激励约束与文化导向优势互补，使企业管理收到更好的效果。

（四）提高员工综合素质，促进人的全面发展。衡量企业文化建设的成效，一个重要的方面就是要看企业文化建设是否促进了职工队伍综合素质的提升，是否促进了职工个人的全面发展。一是在企业文化建设中要注意“立德”，提高职工思想道德素质。要大力弘扬以“八荣八耻”为主要内容的社会主义荣辱观，积极开展个人品德、社会公德、职业道德、家庭美德教育。二是加强职业素质教育，提高职工职业技术技能。要根据企业发展需要和岗位职责要求，对职工开展专业技术培训，鼓励他们学习科学知识、培育科学精神，不断提升专业技术素质和水平。三是强化心理健康教育，塑造职工健全人格。要加强人文关怀和心理疏导，定期开展心理健康知识讲座，普及心理健康知识，帮助职工掌握各种心理调节方法，为职工提供必要的情感抚慰和心理支持，帮助他们化解消极情绪、消除精神压力、恢复心理平衡、保持身心健康。

（五）丰富职工精神文化生活，实现企业文化发展成果共享。一是开展丰富多彩的文体活动，充实职工业余生活。要积极为广大职工提供内容丰富、形式多样的精神文化产品和服务，开展喜闻乐见、益于身心的职工文化活动，活跃职工精神文化生活。二是注重调动职工参与活动的积极性。要根据新形势下职工精神文化需求的新特点，把领导者的主导作用与全体职工的主体作用紧密结合起来，充分尊重职工的首创精神，激发他们参与企业文化建设的热情，挖掘释放蕴藏于职工中的智慧和力量，鼓励支持职工开展积极健康的文化创造活动。三是建立完善覆盖广泛的企业文化服务体系。要把实现好维护好发展好职工的基本文化权益作为企业文化建设的出发点和落脚点，优先安排与职工利益密切相关的企业文化项目，切实为职工提供实实在在的文化服务。要注重满足不同职工群体的精神文化需求，特别是要关注农民工等群体的精神文化需求，不断扩大企业文化建设的覆盖面，让企业文化建设成果惠及全体职工。

三、加强领导、注重创新，不断开创企业文化建设新局面

加强企业文化建设，是关系企业长远发展的基础性工作。这些年来，我国企业在深化改革、加快发展的过程中，对企业文化建设越来越重视。企业文化建设领域和内容不断拓展，形式和载体更加丰富，作用和成效日益显现，已经成为职工精神家园的重要依托，成为和谐人际关系的重要纽带，成为企业改革发展的重要支撑。当前，我国企业正处于加快转变发展方式、积极建设现代企业、全面参与市场竞争的新的发展阶段，我们要适应新形势新要求把企业文化建设摆在更加突出的战略位置，加强领导、加大力度，贴近实际、改进创新，切实把企业文化建设提高到一个新水平，更好地发挥文化引导企业、教育职工、推动发展的重要功能。

（一）进一步把握企业文化建设的特点规律。总结经验、

把握规律，是做好工作的重要方法。在多年实践中，特别是在应对国际金融危机冲击的过程中，企业文化建设创造了许多好经验好做法，成绩来之不易，经验弥足珍贵。我们要通过认真总结经验，不断形成规律性认识，使企业文化建设的思路更加清晰、目标更加明确、措施更加有效。要立足新的实践和新的发展，认真思考和回答涉及企业文化建设的重要理论和实际问题，更好地把握新形势下企业文化建设的特点和规律，努力提高工作科学化水平。要深入研究如何围绕企业转变发展方式、实现又好又快发展的根本任务，找准企业文化建设的方位和着力点，更好地发挥服务大局的作用。要深入研究如何在思想意识多元多样条件下，用社会主义核心价值体系培育企业精神内核、引领职工价值追求，增强企业内在活力和凝聚力。要深入研究如何针对利益格局调整给职工思想心理带来的影响，把解决思想问题和解决实际问题结合起来，有效理顺情绪、平衡心理、增进和谐。要深入研究如何适应现代企业制度设计，建立完善企业文化建设的长效机制，促进企业文化建设经常化、制度化、规范化。

（二）进一步拓展企业文化建设的眼界视野。企业文化建设涉及经济与文化、涉及传承与发展、涉及吸收与借鉴，需要有开阔的视野、宽广的眼界、开放的胸怀。从我国企业发展和企业文化建设的现实出发，应当着力在三个方面拓展视野。一是文化视野。建设企业文化，归根到底要在文化上下功夫，注重文化内涵、突出文化特色，发挥文化滋养人、涵育人、熏陶人的作用。离开文化这个源头、这个根本，企业文化建设就显得苍白无力、就成为无本之木。要大力弘扬中华优秀传统文化、传承优秀革命文化，深入挖掘历史文化资源、特色文化资源，使企业文化深深植根于我们民族的文化血脉之中，具有独特魅力、强大活力、持久生命力。二是时代视野。要立足于时代和实践的发展，从人民群众的火热生活中汲取精神之源，从各行各业的文化创造中吸收丰富养分，从日新月异的科技进步中获得有力支撑，使企业文化体现时代潮流、富于时代气息、更加新鲜活泼。三是国际视野。在经济全球化深入发展和我国对外开放不断扩大的条件下，在中国日益走向世界的过程中，越来越多的企业走上国际舞台，直接参与国际经济竞争。在这样的形势下推进企业文化建设，就要自觉树立世界眼光，着眼企业发展的前沿，以开阔宽广的视野、开放包容的胸怀，积极借鉴国外企业文化建设的有益成果，在消化吸收中创新超越，不断壮大自身文化软实力，以先进的企业文化推动建设国际一流的企业。

（三）进一步丰富企业文化建设的渠道载体。企业文化是广大职工共建共享的文化。要立足实际、面向职工、激活主体，多运用人们喜闻乐见的方式，多搭建人们便于参与的平台，多开辟人们乐于接受的渠道，充分调动广大职工参与企业文化建设的积极性、主动性和创造性。要适应职工群众审美情趣和接受心理的新特点，广泛运用宣讲报告、知识竞赛、展览展示、文体活动等形式，广泛开展建设学习型党组织、创先争优、向先进典型学习等活动，把思想性、知识性和趣味性统一起来，打造特色鲜明的企业文化品牌，使企业文化建设有声有色、扎实有效。要适应信息技术和传播手段迅速发展的新趋势，充分发挥大众传媒特别是互联网、手机等新兴媒体的优势，用先进技术传播先进文化，用新兴手段传扬高尚思想，使企业文化建设借助科技力量得到不断加强和提升。要适应职工思想动态的新变化，拓展企业思想政治工作方式方法，积极开展个别谈心、平等交流、民主讨论等耐心细致的思想工作，彰显人文关怀，注重心理疏导，使企业文化建设更加具有亲和力、感染力。要适应企业与社会融合互动的新特点，坚持开门搞建设，组织职工到爱国主义教育基地、革命老区、红色景区、改革开放的标志地等，进行参观考察和学习交流，让人们在参与中增强体验、获得启迪、得到提高。

（四）进一步完善企业文化建设的保障措施。企业文化建设要持续推进，必须做到领导到位、人员到位、投入到位。对一个企业来说，企业文化与生产经营犹如车之两轮、鸟之两翼，不可或缺。要建立健全企业文化建设的领导体制和工作机制，确保企业文化建设与生产经营工作同部署、同落实、同考核。企业文化建设关键在党，企业党委要认真履行文化建设的职责，主要负责同志要加强对企业文化建设工作的研究指导，切实负起领导责任。要科学设置企业文化机构，安排专（兼）职人员负责，注重调动企业党团组织和群众社团的积极性，形成一支素养好、能力强、结构合理的企业文化工作者队伍。企业文化建设有形投入、无形产出，是企业价值创造的重要支点，这方面的投入是战略投资、长远回报。要健全投入保障机制，把企业文化建设经费纳入企业经常性预算，加强企业文化基础设施建设，加大企业文化活动经费投入，为企业文化建设提供有力支持。

企业文化建设意义重大、责任重大，我们要紧密团结在以胡锦涛同志为总书记的党中央周围，认真贯彻党的十七大和十七届五中全会精神，开拓进取、求真务实、扎实工作，推动企业文化建设不断取得新的长足进展，为促进企业又好又快发展做出新的更大贡献。

（作者系中共中央宣传部副部长，本文为在中国政研会主办的第六届“中国企业文化论坛”上的讲话）

老字号所承载的优秀商业文化值得学习借鉴

姜增伟

中华老字号之所以能传承几百年，始终站在经济社会发展的前列，主要是因为其蕴含着民族商业文化的精髓，具有世代传承的独特技艺、可靠产品、优秀理念和深厚文化积淀。中华老字号作为历史发展中和谐商业、诚信商业、文明商业和传统美德的集中代表，是中华文化动态的、活化的、充满生命力的传承载体，是中华民族弥足珍贵的文化瑰宝和人类文明的宝贵财富。

为了保护与促进老字号创新发展，从2006年起，商务部在全国实施“振兴老字号工程”。在国务院的支持下，在各地政府、有关部门以及社会各方面的共同努力下，一大批老字号企业在传承发展中焕发出蓬勃生机，不仅在抵御2008年国际金融危机中表现卓越，而且在后金融危机时代实现了快速发展，品牌价值得到了进一步提升。

一、深入挖掘和学习老字号优秀经营理念

新时期老字号工作应当在继续做好保护与促进、营造良好环境的同时，认真总结中华老字号传承发展的宝贵经验，深入挖掘老字号优秀经营管理理念的精髓和本质，把中华老字号树立为带动商贸服务业更好更快发展的学习典范，形成广大企业向中华老字号学习的良好氛围，进而提高我国企业的市场竞争力，提高社会信用水平，提高经济效益和社会效益，使每一个企业都能在顺应时代发展中成为消费者认可的百年老店。具体讲，应该努力从以下几个方面向老字号企业认真学习：

（一）学习中华老字号诚信经营的理念，把信誉视为企业的生命。在商业道德缺失的情况下，经济社会难以取得大的发展。目前，社会上还存在一定程度的商业道德缺失现象，每年“3.15”晚会所揭露出的典型案例即充分说明了这方面的问题。老字号之所以历久不衰，关键在于其始终秉持“诚信为本、公道守规、货真价实、服务优质”的商业道德和经营理念。无论是在生产、销售等环节，还是在经营和服务层面，都坚持以诚实守信和满足顾客需要为宗旨。比如，吴裕泰始终秉承的“采之惟恐不尽、制之惟恐不精”和同仁堂“炮制虽繁必不敢省人工，品位虽贵必不敢减物力”的质量信条，就是优秀传统商业诚信文化的集中体现。学习和宣传中华老字号，继承和发扬老字号诚信商业文化，对于引导企业诚信经营，带动商贸服务行业经营管理水平的提升，无疑具有重要示范引领作用。

（二）学习中华老字号服务民生的传统，视顾客为自己的衣食父母。老字号分布在日常生活中的各个行业，与居民的日常生活息息相关，从吃住到穿戴，从柴米油盐到就医用药，从金银玉器到文房四宝，几乎无所不包。长期以来，老字号秉持“以民为本、服务百姓、贴近民生”的传统，以自己独具特色的产品和热情周到的服务，成为广大消费者始终依赖、生活中不可或缺的重要品牌。特别是中老年朋友对老字号更是情有独钟，成为老字号产品的忠实消费者。每逢传统节假日，老字号的产品备受青睐，即使在产品丰富、供大于求的今天仍然如此，客观上为改善民生、扩大消费作出了突出贡献。我国“十二五”规划纲要明确提出，要把保障和改善民生作为加快转变经济发展方式的根本出发点和落脚点。大力学习和宣传老字号，对于搞活商品流通、满足消费需求、扩大市场消费具有重要现实意义。

（三）学习中华老字号不懈追求的精神，在传承中创新发展。中华老字号在产品质量上追求精益求精，在服务技艺上追求尽善尽美。一代又一代老字号传人在保持传统技艺和服务绝活的基础上，不断改进产品、创新服务，为老字号生存发展注入了不懈的动力。要学习中华老字号始终坚持高品质定位，在忠实传承经营服务特色的同时，秉承与时俱进、创新发展的精神，积极运用现代科技手段改造传统技艺，运用现代流通和服务方式改进和提升传统流通服务模式，进而全面提升服务业发展水平。

（四）学习中华老字号经营管理经验，争做可持续发展的百年老店。中华老字号能够成为百年老店，有赖于其经营管理理念、企业发展战略、核心竞争力等方面所具备的支持企业可持续发展的特质，包括坚持脚踏实地、扎实进取、稳步发展，不急功近利和盲目追求做大等。有关研究表明，目前我国企业平均寿命尚不超过4年，主要是因为一些企业盲目追求扩张和谋取一时暴利，缺乏扎实的企业经营作风。精细管理是中华老字号的一个诀窍，如全聚德为了充分调动厨师的积极性，在厨师工资分配上不搞大锅饭，而是形成了一套由厨师长负责、内部协调联动的完备机制。事实上，许多中华老字号的成功管理模式已经成为国内外很多大学的教学案例。学习和宣传中华老字号，就是要通过交流和借鉴，研究如何在新形势下运用老字号的管理经验来武装我们的商业，把我们的商贸企业打造成百年老店，实现又好又快和可持续发展。

二、不断发扬光大，努力把中华老字号做精做强

提倡全国商贸企业学习老字号的优秀理念，但老字号企业不能固步自封，要以奋发有为的状态和始终不懈的努力，成为无愧于时代和中华老字号称谓的金字招牌。广大老字号企业要适应“十二五”期间我国经济社会发展的新形势、新要求，深入研究企业发展战略，在忠实传承老字号优秀品质和文化的基础上，深化改革，开拓创新，苦练内功，不断提升服务质量和水平，实现企业更好更快发展，努力在新时期商贸服务业发展中发挥更大的引领带动作用。

（一）传承文化精髓，追求创新发展。要正确处理传承与创新的关系，既不能为了传承而不求创新，也不能为了创新而放弃传承或者歪曲传承，要在传承中求创新，在创新中赋予传承更强的生命力。

首先，要忠实传承老字号精髓。每一个中华老字号都是一部文化宝典。老字号的精髓在于其经久不变的文化内涵，其中包括精湛的生产制作技艺、优异的产品质量、周到完善的服务品质、诚信为本的经营理念、深入人心的形象资源等，这些要素构建了老字号品牌文化精髓的内核。老字号的传承，就是要传承其精湛的技艺和精益求精的精神，传承其“戒欺”、“真不二价”、“顾客乃养命之源”等经营祖训和诚信理念，传承其古色古香、中国元素的店面设计、服饰道具和建筑风格，传承其民族资本属性和民族品牌特色等。至于老字号产品加工工具、技术手段、外在形象都是可以顺应科技发展和时尚要求不断创新的。例如，“王致和”臭豆腐的生产设备、卫生环境可以改进，但其产品品质、口味不能改变。老字号产品的价格可以根据生产成本而变化，

但其合理定价、童叟无欺、不哄抬物价的基本原则不能变；老字号经营场所、形象设计可以变，但其中包含的浓重的中国元素不能变。对于文化特色鲜明、具有广泛群众基础的老字号传统产品、技艺、品牌和产品配方，更应该做好传承保护，使之不断发扬光大。

其次，要积极推进老字号创新。老字号创新发展要作为重要课题认真加以研究。广大老字号企业要按照市场需要，在传承传统产品、技艺特色的基础上实现产品和服务创新，通过采用先进的技术、生产工艺和设备，开发新产品，提高产品质量，实现技术进步。要创新经营方式，充分发挥老字号品牌优势，通过连锁经营、电子商务等现代流通方式，不断提高流通效率和老字号品牌影响力。老字号企业可以通过战略重组和资本运作来加快发展，在经营主体、主营业务保持延续的条件下，创造条件上市，充分发挥老字号企业品牌和技术优势，盘活老字号资产，提高自身的市场竞争力。同时，老字号企业要顺应经济全球化深入发展的大趋势，进一步解放思想，学会品牌经营，充分发挥老字号品牌优势，努力开拓国际市场，创造条件实施“走出去”战略，追求更大发展空间。商务部将充分发挥我驻外经济商务机构的作用，为老字号企业走向世界提供服务。

（二）发挥示范作用，争当五面旗帜。“十二五”是我国转变经济发展方式的关键时期，扩消费、保民生的任务十分艰巨。广大中华老字号企业要以高度的历史责任感，在忠实传承祖辈留下的经营理念、生产技艺、服务品质等宝贵遗产的同时，为商贸服务业健康发展和经济社会进步发挥引领示范作用。

一是争当扩大消费、繁荣市场的旗帜。多年来，中华老字号因其独特的产品品味和服务特色，逐步形成了相对固定的客户群体和忠实顾客。北京市2010年重点监测的20家老字号企业销售额、利润额和缴税额分别增长了30%、20%和27%，显示了老字号促进消费、繁荣市场的潜力。当前形势下，老字号要充分发挥自己的优势，紧密围绕市场消费需求，不断创新产品，创新服务，满足广大消费者日益丰富和多元化的消费需求，让更多消费者能够享受到老字号的优质产品和优良服务。

二是争当转变经营方式和提升管理水平的旗帜。转变经济发展方式是推动科学发展的必由之路。当前，我国流通业快速发展也出现一些值得深入思考的现象，比如有些商家不做买卖，只搞出租柜台和“引厂进店、联营扣点”。商业企业如果不了解商品，不掌握价格，核心竞争力就无从谈起，这样的企业难以成为真正意义上的百年老店。广大老字号要在转变经营方式方面发挥模范带头作用，坚持自采自营，保证质量，做好主业，同时，积极运用现代科技和营销手段提升管理水平，提高核心竞争力，为商贸企业发展提供更多成功的经验。

三是争当诚信经营、优质服务的旗帜。诚信经营、服务为本是老字号长盛不衰的真谛和法宝。顾客走进老字号，就会感到春风拂面，体会到童叟无欺、宾至如归的礼遇，营造这种服务环境应该成为商贸服务行业经营管理者和广大员工致力追求的境界。在当前商业诚信存在诸多问题，全社会呼唤诚信的背景下，老字号应当旗帜鲜明地站在维护社会诚信的前沿，做诚信经营和优质服务的标杆，为社会诚信体系建设作出贡献。

四是争当发展民族传统品牌的旗帜。西方发达国家对本国老字号品牌都非常重视，不少国家还制定了老字号品牌的保护性政策。国外老字号企业也非常注重自身品牌价值的积累和维护，从而成为世界强势品牌，以至于我国商业企业在引进一些国际知名品牌时，不得不接受许多附加的苛刻条件。中华老字号作为我国民族工商业的金字招牌，具备较强的品牌价值和市场竞争力。广大老字号企业要在我国品牌战略中发挥积极作用，不断增强品牌影响力和美誉度，提升品牌核心竞争力，努力成为“中国制造”走向“中国创造”这一历史进程中的一面旗帜。

五是争当履行社会责任的旗帜。热爱祖国、关心社会是中华老字号的传统美德。“同仁堂”、“陈李济”悬壶济世，革命战争年代送医送药上前线，留下许多美名；在抗震救灾、抢险救急中，老字号企业同样冲在前面；在崇尚公益、倡导孝道等方面，老字号也为大家做出了榜样。如天津老美华鞋业多年来坚持到敬老院慰问，为慈善协会、为孤寡老人捐款捐物，以实际行动展现中华老字号良好形象和传统美德。在构建社会主义和谐社会的今天，广大中华老字号要进一步发扬传统，勇于担当社会责任，争当精神文明建设的标兵。

中华老字号是中华民族商业传统品牌和诚信商业文化的优秀代表，具有巨大的经济价值、社会价值、文化价值和品牌价值。各级商务主管部门以及相关协会组织一定要增强历史责任感，扎扎实实地把相关工作推进好；广大中华老字号企业要珍惜荣誉，努力传承精髓和开拓创新。有党中央、国务院的重视和支持，有各级商务主管部门、老字号企业以及社会各界的共同努力，保护与促进中华老字号传承与学习中华老字号工作一定能够形成良好社会氛围、舆论导向和取得更大成绩，为中华商业文化发展续写新的篇章，为商贸服务企业持续健康发展提供动力，为“十二五”经济社会发展作出更大贡献。

（作者系中华人民共和国商务部党组副书记、副部长，本文为在全国中华老字号工作会议上的讲话节选）

央企应走在企业文化建设的前列

黄丹华

当今时代，文化与经济和政治相互交融，在综合国力竞争中的地位和作用日益突出，已经成为民族凝聚力和创造力的重要源泉，成为综合国力竞争的重要因素。文化软实力是国家综合实力的重要内容，也是企业核心竞争力的重要组成部分。在经济全球化深入发展的今天，企业竞争越来越表现为企业文化软实力的竞争。越来越多的企业从战略高度推进企业文化建设，努力打造企业文化软实力。本届年会着眼于国际金融危机后企业更高层次、更高水平、更加激烈的竞争，以“后危机时代：中国企业文化前瞻”为主题进行研讨和交流，必将有助于我们更好地把握时代发展的新要求，深化对企业文化的认识，推动企业文化创新发展，在“后危机时代”的竞争中赢得主动和优势。

国有企业是国民经济的重要支柱，是全面建设小康社会的重要力量，是我们党执政的重要基础。中央企业作为国有企业的中坚骨干，理应走在企业文化建设的前列。这是实现企业做强做大、发展壮大国有经济的需要，也是建设社会主义先进文化、增强我国文化软实力的要求。几年来，国务院国资委和中央企业高度重视并大力推进企业文化建设，取得了明显成效。中央企业的企业文化建设已经进入到有统一的组织领导、有明确的目标导向、与企业改革发展相适应相促进的整体深化阶段。中央企业从自身所处的重要地位和肩负的重大责任出发，以建设具有较强国际竞争力的大公司大企业集团为目标，进一步明晰企业的使命和愿景，培育形成符合时代要求、体现企业特色、具有丰富管理内涵的企业精神、核心价值观和经营管理理念，强化社会责任意识。同时，把企业价值理念融入企业管理制度，促进企业文化与经营管理、与企业党建思想政治工作和精神文明建设相融共进，转化为企业的管理优势和竞争优势。广大干部职工继承爱国奉献的优良传统，大力弘扬以爱国主义为核心的民族精神和以改革创新为核心的时代精神，思想观念、精神面貌和整体素质发生了深刻变化，进一步巩固了为实现国有资产保值增值、发展壮大国有经济而团结奋斗的共同思想基础。企业的凝聚力和竞争力进一步增强，经营管理水平和品牌形象得到了有效提升。近年来，中央企业加快现代企业制度建设，调整重组和各项改革顺利推进，经济效益稳步提高，企业规模和实力不断增强；在载人航天、青藏铁路、北京奥运、建国六十周年庆典等国家重点工程建设和重大活动中，在抗击雨雪冰冻、汶川地震等重大自然灾害中，中央企业都做出了重大贡献；特别是面对国际金融危机的冲击，中央企业迎难而上，共克时艰，保持了生产经营平稳运行态势，为“保增长、保民生、保稳定”发挥了顶梁柱作用。这些成绩的取得，在一定程度上得益于企业文化建设的持续推进。实践表明，优秀的企业文化是企业凝聚力和竞争力的重要源泉，是应对各种困难和挑战、推动企业科学发展的强大动力。

当前，我国经济发展正处于企稳回升的关键时期，国有企业改革发展处在一个新的阶段，机遇与挑战并存。我们要深入贯彻落实党的十七大和十七届四中全会精神，以科学发展观为指导，深刻把握企业发展规律和企业文化建设规律，主动适应企业改革发展的新形势新要求，深入推进企业文化建设，不断增强企业文化软实力。特别是要准确把握科学发展观的科学内涵、精神实质和根本要求，把推动企业科学发展作为企业文化建设的出发点和落脚点，为企业改革发展不断注入新的活力和动力。要把社会主义核心价值体系融入企业文化建设全过程，强化企业核心价值体系建设，铸造企业之魂，凝聚干部职工。要紧密结合企业生产经营与管理实践，不断探索企业文化融入管理起作用的新载体、新途径，促进企业文化落地生根，使先进的企业文化内化为广大干部职工的思想意识和行为习惯，成为企业管理不可分割的有机构成。要贯彻以人为本的要求，做到为了企业又好又快发展与职工全面发展而建设企业文化，依靠广大职工积极参与、发挥广大职工的智慧和力量来建设企业文化，形成职工与企业和谐发展、共同进步的企业文化建设生动局面，从而为企业改革发展提供不竭的精神动力和有力的文化支撑。

（作者系国务院国资委副主任、党委委员，本文为在中国企业联合会、中国企业家协会主办的“第八届全国企业文化年会”上的致辞）

管理之魂 成长之基 创新之源

王正伟

文化是人类社会历史实践过程中，所创造的物质财富和精神财富的总和。胡锦涛总书记曾深刻指出，文化是民族凝聚力和创造力的重要源泉，是综合国力竞争的重要因素，是经济社会发展的重要支撑。

大千世界唯有文化能够生生不息。一个没有文化的国家是没有前途的国家，同样一个没有文化的企业是没有希望的企业。企业文化是企业使命、责任、信仰、愿望、价值观的重要载体，是企业经年累月形成的最具价值的宝贵财富，是企业管理之魂、成长之基、创新之源，是企业在激烈的市场竞争中取得优势的文化底蕴。当先进文化与企业经营管理真正融合后，就会产生出强大的核心凝聚力、行为号召力、精神感化力和使命执行力，进而形成企业最根本、最持久、最难替代的竞争优势。纵观国内外百年企业，之所以能历经风雨而一路凯歌，真正秘诀在于将优秀的企业文化作为经营管理的灵魂，作为可持续发展的命脉，作为基业长青的基石。随风潜入夜，润物细无声，这就是企业文化的力量。

近年来，随着我区经济社会的大发展、快发展，一大批企业抢抓机遇，趁势而上，在发展壮大中形成了风格独特、个性鲜明、意识现代的企业文化。当前，我们已进入了一个全球经济在交汇中艰难前行、世界市场在摩擦中深度融合、企业发展在竞争中优胜劣汰的发展新阶段。在这样一个复杂多变、竞争激烈的时代，一个企业要抢占制高点，争创新优势，实现新跨越，必须将知识、信息、人才、理念等智力资本要素作为内在动力，将优秀的企业文化作为基石命脉。因此，更新观念，创新管理，建设与时俱进的先进企业文化，已成为时代赋予企业的必然选择。希望我区广大企业能够顺应发展大势，与时俱进，不断创新，培育文化基因，讲究经营之道，塑造企业形象，提升企业素质，全力打造具有自身特质的企业文化，为企业快速发展、健康发展提供动力和保证，为宁夏的科学发展、跨越发展作出积极贡献。

（作者系中共宁夏回族自治区党委副书记、宁夏回族自治区人民政府主席）

将“民富”理念融入企业文化建设中

王大明

一、“民富”是我们国家改革发展、和谐稳定的大局所在

党的十七届五中全会提出，我们国家仍然处于可以大有作为的“重大战略机遇期”，尤其是第一次在五年规划里明确地把科学发展作为主题；指出“转变经济发展方式刻不容缓”，提出“十二五”是“消费——投资——出口”以拉动增长，第一次把消费拉动放在了第一位，这实质上是顺应各族人民过上更好生活的新期待，实现真正的国强民富。目前，重点要解决“民富”问题，这是当前我们国家的首要任务，是我们国家现在的大局所在，是当下企业发展的大的政策环境。为什么这么说？

第一，实现“民富”是贯彻落实党中央十七届五中全会精神的关键所在。十七届五中全会提出，要把着力保障和改善民生作为加快转变经济发展方式的根本出发点和落脚点，要合理调整收入分配关系，改变在初次分配中劳动所得偏少、资本所得偏多；在再次分配中，政府和企业所得偏多、居民所得偏少的局面，让老百姓口袋里的钱多起来。也就是说，在国民收入这个大蛋糕中，给老百姓多切一点。“十二五”规划把解决“民富”问题放到首位，这意味着国家已将完善收入分配格局提升到更重要的战略高度。从长远看，这是促进社会公平正义、缩小贫富差距和区域差距、提高国家发展质量的重要战略转变。

第二，“民富”是国家强大的最实质的体现，是国家强大的动力。只有“民富”才能做到真正的国强。“民富”和国强是互相促进的，没有“民富”的国强是没有牢固根基的、是不可持续的。国强应是保障人民生活幸福的手段，国强的最终目的是让人民当家作主，过上美好富裕的生活。只有首先做到“民富”，才能真正实现国强，这个顺序不应颠倒。

从国家强大和经济发展的动力来看，“民富”就是实现“消费经济”的根本途径。全会提出，在“十二五”期间要由“消费——投资——出口”拉动经济增长，这是第一次把“消费”拉动经济增长放在首位，第一次提出了GDP增长与城乡居民收入同步、劳动报酬与生产率提高同步的“两个同步”目标。只有人民富裕了才能提升自己的消费能力，从而扩大消费需求，带动经济繁荣，促进国家富强。目前，我国居民消费率占国内生产总值的比重只有35%，这个比率很低，美国的消费比率是70%。去年，我们实现了33万亿GDP，只有1/3让老百姓消费了。如果没有老百姓的收入增长让老百姓有钱花，没有比较完善的社会保障体系让老百姓敢花钱，没有健康安全的消费环境让老百姓花钱放心，何谈“消费经济”，何谈用消费拉动经济增长，何谈真正的经济繁荣？所以“十二五”规划把解决“民富”问题放到首位，“民富”的重要性已经超越了GDP增长，它是所有工作的重中之重，是实现国家发展战略目标的重要环节。

第三，“民富”体现了真正的以人为本，它强调从最广大人民的根本利益出发，为百姓谋发展。“民富”也是显示社会主义优越性的最重要的指标，是实现社会主义理想的根本所在。

温家宝总理在第十一届全国人民代表大会答记者问时说：“我们不仅要通过发展经济，把社会财富这个‘蛋糕’做大，也要通过合理的收入分配制度把‘蛋糕’分好。”我在宁波会议上曾经谈到眼下最要紧的问题就是解决好收入分配问题。近年来，老百姓收入的增长远远跑不过政府财政的增长，造成贫富差距越来越明显，所以眼下的当务之急是加快调整国民收入分配格局，解决收入分配不公的问题。

第四，“民富”是当前实现“维稳”和谐最有效的方针政策，是解决我们所面临的众多人民内部矛盾的最实际的措施。“民富”也是实现政通人和、践行和谐社会的最基本保证，是政府应该为老百姓办的实事，“民富”政策也必定会受到老百姓发自内心的拥护和支持。

1993年9月，邓小平在与其弟邓垦的谈话中，对未来中国发展之路有一个富有远见的提醒，他说收入差距问题“发展下去总有一天会出问题”。他强调：“社会主义最大的优越性就是共同富裕，这是体现社会主义本质的一个东西。如果搞两极分化，情况就不同了，民族矛盾、区域间矛盾、阶级矛盾都会发展，相应地中央和地方的矛盾也会发展，就可能出乱子。”他还说：“富裕起来后财富怎样分配也是大问题。”“分配的问题大得很。”因此，邓小平强调“这个问题要解决”，虽然“解决这个问题比解决发展起来的问题还困难”，但是一定“要利用各种手段、各种方法、各种方案解决这些问题”！否则，“发展下去总有一天会出问题”。

第五，“民富”是抵御内忧外患的坚强堡垒，是实现国家长治久安的最有力保障。当前，我们国家外部环境还很不稳定，内部也还有不少矛盾需要解决。内忧和外患尚存，可以保证我们能够顺利实现科学发展的有效途径，就是解决“民富”问题。“民富”是解决内外矛盾的基础，“民富”是抵御国际经济危机和应对国际环境变化的基本保证。只有做到“民富”，国家的发展和强大才可持续，才有抵御外来侵扰的能力，才能保长久和平。

回顾改革开放初期，我们要打破大锅饭、打破平均主义，鼓励有收入差别，允许一部分人先富起来，这是和当时“文革”刚结束、一切百废待兴、劳动生产率低下、人民物质文化生活普遍贫乏的那个大环境分不开的。现在经过30多年的改革开放，我们已经有了相当丰厚的物质基础来解决民生

问题，就应该实现小平同志曾经强调的“到一定时候要实现共同富裕”这个战略目标。

有学者指出，中国的改革分两个阶段：第一个阶段是1978～1993年左右，那个阶段的经济增长给中国老百姓带来巨大福祉，减贫和农村改革主要是在那个阶段完成的，是中国真正的经济奇迹；第二个阶段是从1993年开始，中国走上了一条重投资、轻消费、重政府税收和企业利益、轻家庭收入和个人收入的发展道路。所以，现在我们的问题不是收入差距本身，而是收入分配格局不公正、不合理。我曾经看到过世界银行的一份调查报告，里面谈到印度的经济增长问题。印度的经济增长始于2001年，其经济总量增加了70%，但其工资和人均收入却增加了500%，扣除通胀因素后，人均实际收入增长仍超过300%。截至2009年，印度人均工资和人均实际收入的增长速度超过GDP增长速度的两倍，印度的老百姓实实在在地享受了经济增长的成果，被称为“符合穷人利益的经济增长”。而我们的经济以接近每年10%的速度增长，但13亿人口中最贫穷的10%人群实际收入却下降了2.4%。与1993年以后的中国模式相比，似乎印度经济体制的优越性更加明显。这应当引起我们的反思。

二、将“民富”理念融入到企业文化的建设当中

胡锦涛同志在十七届五中全会讲话中用很长的篇幅提到：要高度重视群众工作，坚持人民主体地位。党和人民事业能不能顺利发展，关键在我们党能不能始终保持同人民群众的血肉联系，能不能充分调动人民群众的积极性、主动性、创造性。

在企业中，广大的职工群众正是“民富”中的“民”，他们是企业发展的建设者，是企业利润的创造者，是企业文化的塑造者和实践者。2009年，美国《时代》周刊选举年度人物，“中国工人”作为唯一的群体形象入围榜单，而过去登上《时代》封面的是毛泽东、周恩来、邓小平等领袖人物。《时代》曾评论说，中国之所以能成功保八，归功于数以千万计背井离乡的中国工人。“正是这些男男女女，他们过去的奋斗、现在的思考以及对未来的看法，引领着世界经济走向复苏之路。”2010年10月26日，美国道琼斯公司旗下知名财经杂志《财智》选出了2010年“全球最具影响力人物”榜单，“中国工人”再次作为一个群体榜上有名。

我们的企业家应当想到美国人的前头。尤其是我们做企业文化工作的同志们，更应当有为“民”谋发展、谋福利这种意识。应当正视和认同老百姓渴望过上好生活的强烈愿望，把工作的出发点和落脚点紧扣“民富”这个主旋律，千方百计为百姓谋发展，扶助弱势群体，帮助老百姓致富，让员工在为企业创造利润的同时也使自己的生活得到改善，使他们提高生活质量，实现自我价值。我们应当喜欢、欢迎、促进、帮助老百姓过上富裕生活，而切不要害怕、嫉妒老百姓富裕，甚至掠夺老百姓的财富，与民争利。我们应当以促进、帮助老百姓致富为荣，以同老百姓“争富”、“夺富”为耻；以关心老百姓生活、帮助老百姓解决实际困难为荣，以漠视老百姓的困苦、对老百姓冷酷无情为耻。我们国家改革开放以来，中国工人和农民工队伍对我国的经济繁荣、对于创造世界经济奇迹作出了不可磨灭的贡献，他们理应分享经济增长的成果，过上更好的生活，过得更有尊严。

企业文化建设要落实科学发展观，也一定要把以人为本作为核心，实现员工和企业共同发展。在新的形势下，我们对以人为本当中这个“人”的内涵要作深入研究，要了解现在员工队伍的构成到底发生了哪些变化，而后才可能真正了解他们在工作和生活中所追求、所焦虑的是什么？他们最大的愿望又是什么？

三、要关注农民工问题

最大的变化，伴随着城市化进程，现在有2亿农民工进城。年轻的“农二代”们和他们父辈所思所想已经完全不同了，第一代农民工在城里挣了钱，最大愿望就是回家盖房子、娶老婆、生孩子；现在的“农二代”挣钱之后不想回农村了，他们漂泊在城市的最底层，想学习文化，有了更复杂的情感诉求，有对美好生活的渴望，他们的人生目标与眼下我们所经历的经济高速增长和社会急剧转型大环境分不开。再比如现在的80后、90后们，一毕业就面临就业问题。现在有个新的词叫“灰色技能”，是指年轻人在就业前要先学会喝酒、打麻将、唱卡拉OK，据说这些“灰色技能”对找工作有帮助，难道我们的企业建设者要靠会喝酒和打麻将为企业创造利润吗？还有房奴问题，到大城市打工的白领和蓝领们大多数都属于蜗居和蚁族的群体，按现在他们所处的经济地位，他们可能穷其一生都买不起一套房子。如果这些打工者所思所想没有人关注，他们的疾苦和焦虑得不到解决，他们的贫穷被阶层性地“固化”下来，被代际性地“转移”下去，他们不能实现向社会上层流动的梦想，那么社会压力就会在社会底层积聚，后果会很可怕。

总之，无论如何，相比上一代劳动者，信息时代里新一代劳动者的特点是思想更为开放，开始受到市民意识熏陶，更有知识，消费观念起了变化（如月光族）。所以，他们更希望实现自我，为企业所接受、也能被社会认同。我们可喜地看到，很多企业在企业文化建设中，适应这种新变化，以人为本也相应地有了新的内涵。

四、企业的人文关怀

同仁堂集团的企业文化建设秉承“走群众路线”，提出了四个善待：“善待社会，善待职工，善待投资者，善待经营伙伴。”在全球经济危机的情况下，同仁堂做到了职工转岗不下岗，而且还年年涨工资，住房逐年有改善。其实质和我们国家要实现“民富”的政策是一脉相承的。

太原钢铁集团有限公司开明办企业，创办了以“倾听民意、改善民生、汇集民智”为主旨的《在线倾听》网络信息交互平台，员工可以通过这个平台提建议、发表言论诉求，甚至可以说得很尖锐。领导对员工的留言必须在一定时间内回复，不能敷衍、怠慢，如造成不良后果要追究责任。他们

这种做法尊重员工的民主权利，拓宽了民主监督、舆论监督的渠道，塑造了民主平等的企业文化氛围，这是高于物质需求的以人为本。

青岛港集团有限公司在管理中对农民工一视同仁，领导和农民工在一个食堂吃饭，正式工和农民工在一个工资单上领工资，积极推进农民工“四个根本性转变”政策，即“由技能匮乏向又红又专转变、由挣钱吃饭向实现价值转变、由短期务工向当家作主转变、由打工者向新时期产业工人转变”。非常可贵的是培育了一大批以农民工的名字命名的“工作法”，帮助“农二代”们实现了奋斗的梦想。这是自我实现层次的以人为本。

以上这些企业在企业文化建设中，注重对员工的人文关怀，真正贯彻落实了科学发展观，实现了以人为本的管理理念，这些都是和我们当前提倡“民富”为先的大环境一脉相承的。

回顾我们的企业文化建设发展历程，可以清楚地看到，企业文化越来越深地融入到企业建设、企业管理和企业发展中，成为另一只“无形之手”。企业的短期竞争力取决于产品和技术，企业的长期竞争力则取决于文化。文化是一个企业的灵魂，是企业最核心与持久的竞争力。而文化工作最最核心的任务就是做好“人”的工作，关注人、尊重人，发挥人的潜力和创造力，使人得到成长，使人实现自我价值，使人过上更好的生活。

有观点称，人类经历了几千年的“以土为本”的劳动经济和200年“以物为本”的技术经济后，现在迎来了“以人为本”的文化经济。我们应该抓住历史转折的机遇，继续高举科学发展观的旗帜，秉承“以人为本”的人文理念，增强忧患意识，发挥文化这只“看不见的手”的作用，汇聚力量，凝聚人心，在发展经济、使国家繁荣强大的同时，使人民生活更富足美好，更有尊严，才能最终实现真正的和谐社会。

（作者系中国企业文化研究会名誉理事长、中共中央宣传部原副部长、北京市政协原主席，本文为在“中外企业文化2010北京峰会”上的讲话）

中国企业商业模式转变与企业文化的关系

胡　平

关于中国企业的商业模式转变，对有些同志来说可能是个新概念；但是，关于商业模式的转变这个问题，在国际上已经探索很多年了。目前，在国际化进程不断深入、市场化日益完善的背景下，我国的商业模式如何与国际化相适应？我们的企业应该建立怎样的商业模式，才能在引领企业发展的道路上、在国际化竞争中处于更有利的位置？

与时俱进地转变商业模式，这关系到企业竞争力的提升和可持续发展的问题。商业模式转变的未来模式是什么？未来的方向是什么？转变的未来预期是什么？自美国金融地震引起全球经济的海啸，我国企业面临着改革开放以来最严峻的挑战，我国的企业也随着新一轮的经济周期进入了严冬。企业经营环境的恶劣势必造成市场的萎缩和企业间竞争的加剧，如何突破传统战略误区，建立创造客户、创造市场的新战略思维，对于企业来说非常重要。在这个艰难的时刻，中国企业的首要出路在于商业模式转变。

商业营销文化

我在福建当省长的时候，就提出要全社会参与经营管理，要向西方国家借鉴这方面的经验，有国家经营、人民经营、城市经营……总之，就是要全面提高人们的经营意识，营造良好的商业环境。做生意不可能在沙漠里进行，必须在人多、营销渠道通畅的地方，要有把行业沙漠变成绿洲的勇气与信心，这也是科学经营的一种思路。为此，就会有相应的制度、商业内容产生，包括怎样参与竞争？如何进一步提高服务水平？如何产生最大的经济效益、社会效益？这就涉及到企业的文化战略，早在多年前我就提出“新的生产力，新的企业价值新的生产力”。

我们要转变生产方式，意味着要参与到更大的竞争格局中去。在我们的企业文化中，商业文化肩负着很重要的使命。特别是目前，我们要拓宽企业文化的视野，要再创新、再超越！为什么？现在我们的企业发展起来了，在世界500强里前几名我们占好几位。但是，从企业经营发展来看，这些企业跟传统的制造业不同，是阶梯化、上下产业链、多元化的发展。这种经济发展方式，代表一个新的课题，我们的企业在做大的同时是不是也做强了？相比其他的现代化企业，管理经验是不是更丰富了？当前，我们的企业从沿海向中西部拓展，中西部的企业发展起来了，他们的发展特点跟当年沿海企业不同，发展势头非常好——城乡一体化带来很多新的亮点。这些企业在走出去的同时，企业文化发展如何？走出去就要面对更加激烈的竞争压力，有机遇也会遇到很多困难。邓小平说过资本主义可以搞市场经济，社会主义也可以搞市场经济；但是如今，我们的市场经济搞起来，资本主义市场不承认我们。在国际市场竞争的舞台上，我们没有发言权。为什么？这个问题是值得大家好好深思与研究的，我个人认为，一定程度上与我们的文化制度有关。

西方的跨国公司进了中国，他们在慢慢地适应中国的本地文化。我们中国的企业走出去，到境外去发展，也需要了解外国的文化、西方的文化，才能生存和发展。现在，我们走出去要收购一些企业，从经济实力和条件上是完全可以的，也谈得差不多了，就因为我们的企业没有重视公共关系，，引起外国的议员反对，否决掉了。所以跨国公司出来创业，不仅仅是经济问题，还包括法律问题、人们的价值观念问题。我们应该说走出去是成功的，步伐还比较小，要有比较大的步伐，中国的跨过公司就要做好这种文化的准备。外国公司走进来，要借鉴它，我们要让他适应本地的文化，我们自己走出去，也要了解外国的文化，包括人们的消费心里、投资观念、制度等。

面对激烈的国际竞争，我们该怎么办？现代企业要在市场竞争中立于不败之地，需要企业培育文化，全面提高企业经营管理的水平，提高全体员工素质。企业要做大做强、不断扩张、发展壮大，不仅需要在物质层面增加投入，更需要在文化层面狠下功夫。文化力是核心竞争力。特别是在今天的信息化时代，如果产品质量出现了问题，企业想封锁消息是不可能；所以，为应对危机，很多企业有危机公关一说。网络时代，信息瞬间万变，客户可以多渠道而迅速得到信息。在这样的境况下，企业稍有闪失，就有可能被网络推到风口浪尖上。面对当今社会出现的诸多怪异现象，企业作为主宰，有责任担当起社会正义，不要掉队，应积极参与到网络营销中去，拓宽营销渠道，对用户做出正确引导。当今时代虽然面临的问题非常多，也正因为此，在发展建设企业文化的道路上，更有待我们去突破、去创新……

解决好文化与经济的冲突

中华民族的文化博大精深．但是自古以来却只注重和政治社会的结合。儒家思想统治的古代社会讲文化与自然、文化与政治、文化与社会的关系，对文化与经济的关系论述得较少。最具说服力的例子，就是中国的考试制度。汉唐盛世，政府为选拔文官发明了考试制度，它使平民老百姓能通过读书走上仕途，这在当时具有非常进步的意义。但随着封建制度的没落，文官选拔沦落为考八股文。八股文和经济能有什么关系呢？所谓经世济民，这里的“经”是经营一个国家，而不是经营经济。因此，在中国古代，经济和文化是不相关联的两张皮。

到了近代，辛亥革命解决的仍是文化和政治问题，而没解决文化和经济结合的问题。“五四”运动虽然带来了科学和民主，但在文化与经济的结合上仍没有发展。及至新中国成立后的第一个五年计划，虽然提出了以经济建设为中心，但因为文化一向摆在政治后面。一直到邓小平理论提出以两个文明为抓手，这是第一次将经济和文化摆在平等位置。但人们对此的解读是一手抓物质文明，一手抓精神文明，两只手有先有后，有硬有软，因此还是没结合起来。

发展到现在，大家都逐渐意识到文化功能的重要性，对文化产业的报道也是非常好的，对文化产业化、产业的文化化都是把文化融合到产业中去，文化与经济是相融合的，强调一下，我这里说的文化是大文化。比如，我们在美国纽约广场做的广告，也是文化与经济融合的一种表现。但是文化的根源是怎么定的？我曾参加过某地的一个纪念会。会议现场的两条条幅是“历史为未来创新”“文化为经济喝彩”。我跟当地的举办人说，这两句话非常有文采，后面一句是发展经济在前，文化在后为它喝彩，做拉拉队员为经济鼓掌。那么，这样的文化，怎么能做到与经济发展有机地融合呢？

最典型的案例就是乔布斯的苹果产品，他的每一款新产品都是高科技与文化的有机融合——他利用高科技手段、利用文化为最终用户提供的产品。类似的企业，我们中国能不能有？高科技企业创造出高品质的产品，同时赋予这个产品丰富的文化内涵，而不是简单地用几个汉语就表示有中国文化元素。这也就是我所提倡的商品文化，它包含两个内容：一个是自主创新的技术，一个是自主创新的文化。技术是有形的；文化，看不见摸不着，只能把文化元素融合到商品设计里去，这是很难的一个题目。今后，我们如何深入地开发新产品？怎样不再糟蹋我们优秀的传统文化，将之赋予新的历史意义融入到当今社会经济生活中？真正做到文化与经济有机地融合。

我们伟大的中华民族在孕育了深厚的文化的同时，如今已经走向并走进了世界。走出去，对我们的企业来说，肩负的责任非常重大。首先要求我们的企业文化应具有广阔的国际视野，要有长远的战略目标。如，我们去冰岛，合作领域非常宽广，冰岛政府也表示支持；但是，没多久，冰岛发现咱们对资源破坏太厉害。这就给我们一个警示：应把文化与国际发展战略融合在一起才能很好的走出去。第二，我们的企业要重视企业文化价值。当今企业，再靠简单的廉价劳动力是不长久的，要重视企业的价值文化，像美国的乔布斯，做出高科技与文化有机融合的高品质产品，从根本上改变大家的生活方式。言而总之，中国的企业、企业家在国内发展壮大的同时，要勇敢走向世界，积极参与世界的竞争，继续为丰富中华民族的文化做出应有的贡献！

（作者系中国企业文化研究会理事长、原国家商业部部长、原国务院特区办主任，本文为在“第五届全国企业文化百人学术论坛”上的讲话）

后金融危机时代的中国企业文化

徐惟诚

国际金融危机席卷全球，造成了巨大的灾难，中国也未能独善其身。面对严峻的挑战，我们的党和政府沉着应对，及时采取正确的决策，上下一心，艰苦奋战，保持了全国经济平稳较快的发展，物价稳定，就业态势稳定，人民生活继续改善，社会安定。这样的成果确实来之不易。

在应对国际金融危机挑战的过程中，中国的企业文化发挥了应有的作用。长期形成的对中国共产党的领导，对中国特色社会主义道路的认识，对人民力量的认识，正确而及时的形势教育形成的对国际国内以及企业形势的正确判断，构成了人们战胜各种困难的坚强信心。这正是最重要的比黄金还可贵的精神力量。企业内部共同的价值追求和愿景，企业的凝聚力，为企业战略策略的及时转变，及时抓住危中之机减少了阻力。以人为本理念的贯彻执行，增强了企业内部的合力，各种困难迅速得到大家的分担，人们的积极性得到合理的调动，使企业在复杂的市场竞争中，在面临各种新问题时，更有底气，更容易应对。

如今，国际金融危机的各种恶果还在不断显现，造成危机的重要体制性问题还没有得到解决，但是在各国政府全力应对之下，多米诺骨牌式的雪崩效应已得到遏止，许多重要经济体的经济形势已开始不稳定的微弱回升，虽然还有许多不确定因素，但大体看来后金融危机时代已经来临。

作出这样的判断并不是为了让自己松一口气，后金融危机时代我们面临的形式可能更复杂，会有更多的机遇，也会有更多的挑战，需要谨慎正确的应对。就企业文化建设来说，需要我们做更多的努力，做更多的工作，解决更多的新问题。

首先要从这次国际金融危机吸取必要的教训。世界经济已经一体化，这个经济的主体是资本主义体系，经济运行的目标是少数人发财，发生经济危机是必然的。我国经济的对外依存度已经相当高，包括军工企业在内，国际贸易已经占了相当大的比重。必须要有忧患意识，认识到发展不可能一帆风顺，有备才能无患。

这一次金融危机发端于虚拟经济领域，然后才祸及实体经济。虚拟经济本来也是有用的，它可以给实体经济的发展以更大的支持。但是虚拟经济只能是实体经济的映像，它不可能脱离实体经济，走的太远，成为泡沫。一切泡沫，无论多么美丽，最终都是要破灭的。吸取这个教训，我们就要小心谨慎地对待虚拟经济，企业要把注意力集中到发展自己的主业，扎扎实实做事。个人也要提倡扎扎实实做人，要有抵制不切实际的诱惑的能力。讲排场、比挥霍，不应当是我们的文化。

在后金融危机时代，必然有许多新的矛盾出现。由于就业问题的压力，贸易保护主义上升很可能是一个突出的问题。归根到底，还得依靠自己的产品和服务技术更加过硬，成本比别人更低，具有更好的性价比，才能立于不败之地。这就要求企业更加追求技术进步、管理科学，认真提高劳动力的素质。时不我待，这些问题必须抓得紧而又紧。营造与此相适应的文化氛围，采取一系列必要措施，就是当今企业文化建设的一件大事。

中国经济可持续地进一步发展，还有自身的瓶颈制约。原料、材料、能源供应短缺跟不上发展的需要，这样的矛盾将要长期存在。低碳和经济进一步发展的矛盾将要长期存在。我们的技术水平和发达国家的差距使我们对各类物资和能源的消耗都比别人大。如果限制造成的污染也是严重的问题。在新的时期，国民收入的分配还将进一步向劳动者倾斜，如何相应地提高劳动生产率才能使这种转变得到持续有力的支撑。在这样的时期，劳动者的不断培训和合理组织，应当在企业中占有更重要的地位。一定要研究如何把企业办成学习型组织的途径，提倡和鼓励自身学习，提倡和鼓励创新思维，把广大群众的积极性和创造性都调动起来，组织起来。

价值观是企业文化的灵魂，多年的实践包括应对国际金融危机的实践，已经证明建设中国特色社会主义的理论和道路是唯一正确的适合中国国情的。坚持走自己的路，吸取和学习一切有用的成果，但又绝不盲目听人摆布，不被别人牵着鼻子走，已经成为绝大多数人的共识。但是社会主义核心价值体系的深入扎根，还有许多工作要做。这方面的工作做得越实在，越有力，企业文化之花就越会更加灿烂多彩。

（作者系中共中央宣传部原常务副部长、中国大百科全书出版社总编辑、中国企业文化研究会顾问，本文摘自《军工文化》2010年3期）

大力加强企业文化建设和创新
推动企业又好又快发展

高俊良

由中国政研会主办的第四届中国企业文化论坛的主要任务是：全面贯彻党的十七大精神，高举中国特色社会主义伟大旗帜，以邓小平理论和“三个代表”重要思想为指导，深入贯彻落实科学发展观，重点围绕“科学发展、和谐发展与企业文化创新”这一主题，分析形势、交流经验、研究问题，进一步加强和改进企业思想政治工作，推进企业文化建设和创新，进一步增强企业核心竞争力，促进企业又好又快地发展。

一、充分认识加强企业文化建设和创新的重要意义

企业文化是社会主义先进文化的重要组成部分，是企业的灵魂，具有强大的导向功能、凝聚功能、激励功能和教育功能。加强企业文化建设是世界企业管理最重要的发展趋势，有利于全面提高员工素质，增强企业凝聚力和竞争力，夯实全社会科学发展、共建和谐的经济基础和社会基础。我们一定要按照党的十七大精神和中央经济工作会议的要求，从落实科学发展观、建设和谐社会的高度来认识；从促进国民经济又好又快发展的全局来把握；从推动社会主义文化大发展大繁荣，提升国家文化软实力的要求来谋划，站在时代的高起点上，以高度的文化自觉着力加强企业文化建设，推动企业文化创新，促进企业又好又快地发展。

（一）大力加强企业文化建设和创新是贯彻落实科学发展观，努力建设社会主义和谐社会的迫切要求。深入贯彻落实科学发展观、建设和谐社会是全党全社会的一项重大战略任务。企业是国民经济的骨干，是现代社会存在的基础和进步的动力，企业能否做到科学发展、和谐发展，直接关系到国民经济又好又快地发展与建设和谐社会目标的实现。党的十六大以来，广大企业认真落实科学发展观，努力转变增长方式，取得了可喜的成绩。但也应该清醒地看到，我国企业普遍缺乏核心技术和关键技术，自主创新不足，劳动生产率和经济效益与国际先进水平还有较大差距；相当多的企业绿色生产的意识淡漠，资源浪费、环境污染严重；不少企业在分配制度的改革中忽视员工承受能力，甚至出现严重分配不公现象；一些企业无视安全保障，造成重大伤亡事故和生命财产的巨大损失；还有一些企业没有能够处理好深化改革与维护员工切身利益的关系，引起了员工的不满。所有这些

既阻碍了企业的健康发展，又危及了社会和谐。如何落实中央经济工作会议提出的“把节能减排作为促进科学发展的重要抓手”，把建设资源节约型、环境友好型企业放在企业发展战略的突出位置，进一步引导企业依靠科技进步、提高劳动者素质和管理创新来带动经济增长；如何引导企业真正树立起以人为本的理念，端正经营思想，实现科学发展、和谐发展，迫切需要加强企业文化的建设和创新，为其提供精神动力、思想保障和文化舆论环境的支持。

（二）大力加强企业文化建设和创新是提升企业竞争力、促进企业又好又快发展的迫切要求。当今时代，企业文化越来越成为企业凝聚力、创造力的重要源泉，越来越成为企业特别是大型企业竞争较量的着力点。世界上一些有识之士认为，世界500强之所以强，关键在于以文化力致胜，这也已成为企业界的共识。随着我国转变经济发展方式的转轨变型、全面参与经济全球化进程的加快，我国企业面临着前所未有的发展机遇与挑战。企业要抓住机遇、赢得挑战，实现跨越式发展，就迫切需要大力加强企业文化建设，激发企业的创造活力，通过建立企业愿景，形成企业与员工的命运共同体，增强企业的凝聚力和向心力；通过转变企业领导层和员工的思想观念、行为方式，促进企业的管理创新，增强产品和服务的竞争力；通过履行社会责任建立良好的企业形象，增强企业的知名度、美誉度和社会影响力。近年来，中国航天科工、大庆、海尔、蒙牛等一批企业的成功经验和一些企业衰落的教训充分表明，企业要实现又好又快的发展，不仅需要资金、设备、技术、人才等资源的保障，而且需要先进企业文化的支撑。

（三）大力加强企业文化建设和创新是提高员工队伍素质，促进员工全面发展的迫切要求。企业的竞争说到底是人的竞争。员工队伍的整体素质决定着企业的命运。改革开放以来，我国企业不断加强思想政治工作和文化建设，广大员工综合素质有了明显提升。但也应该看到：面对不断深化的企业改革，还有相当多的员工不理解；面对日趋激烈的市场竞争、岗位竞争，还有相当多的员工不习惯；面对日新月异的新知识、新技术，还有相当多的员工不适应；面对“一切向钱看”等不良社会思潮，还有相当多的员工受到严重影响，一些人甚至行为失范、道德滑坡。为此，迫切需要加强企业文化建设和创新，引导广大员工坚定理想信念，树立社会主义荣辱观，把个人的价值追求融入到企业发展，民族振兴的实践；解放思想、与时俱进，正确看待改革发展中出现的矛盾和问题，坚定改革的信心和决心；增强学习意识，提升学习能力，不断提高知识水平和业务技能，把个人的理想抱负化为立志图强、创造崭新业绩的实际行动，形成企业快速发展与员工全面进步的良性互动。

二、当前企业文化建设和创新要突出抓好的工作

党的十七大和刚闭幕的中央经济工作会议强调，要“加快转变经济发展方式，走中国特色新型工业化道路”，“提高自主创新能力”、“稳中求进”、“好字优先”。企业文化建设要紧紧围绕这些要求，谋篇布局，狠下功夫，站在时代的前沿，深刻分析企业改革与发展的趋势，以宽广的视野和与时俱进的精神，把握好当前企业文化建设和创新的主要任务。

（一）树立几个核心理念。企业核心价值观是企业改革发展的根本理念，是企业文化的核心。建设优秀的企业文化，推动企业文化的创新，必须从企业的实际出发，从创新观念、建立先进的核心价值观入手。

一是要坚持把科学发展观作为企业工作的统领。理论是变革的先导。历史反复证明，我们党每一次重大的理论创新，都会带来经济社会的巨大进步。“发展是硬道理”与“建立市场经济体制”的提出，从根本上改变了我国的经济运行机制和企业生存法则，造就了今天企业万马奔腾的局面，成就了一大批企业领军人物。科学发展观是马克思主义中国化的重大理论创新，是新世纪新阶段我们党提出的重大战略思想，必将再一次对我国的经济社会产生根本性、全局性的影响，使我国的经济生态、企业经营环境、生存和竞争方式发生历史性的变革；必然给那些自觉坚持科学发展的企业带来新的历史机遇，从而实现新的跨越；必将使那些抱残守缺、不求进取、缺乏创造活力的企业难以为继、淘汰出局。因此，企业必须树立科学发展、和谐发展的理念：由主要依靠增加物质资源消耗向主要依靠科技进步、劳动者素质提高、管理方式的创新转变；在强调依靠员工搞好生产的同时，更加强调满足员工的物质和精神需求，注重人文关怀和心理疏导，促进员工的全面发展；更加强调管理的现代化、科学化、人性化，节约发展、清洁发展、安全发展；更加强调发展的速度和质量效益的统一，经济效益与社会效益的统一。

二是要坚持把和谐发展作为企业的基本价值取向、评价标准和重要思想方法。“社会和谐是中国特色社会主义的本质属性”。“家”和万事兴，只有保持和谐，企业才能实现又好又快地发展。要改变只顾股东和管理层利益而不顾员工利益的错误倾向，真正把“和谐”作为企业的基本目标：努力形成员工内心和谐与友好互助的人际关系；努力形成劳动、资本、技术和管理活力竞相迸发，员工各尽所能又各得其所的生动局面。要扭转以透支资源环境、损害消费者权益牟取利润的错误倾向，摈弃非此即彼形而上学的思想方法，真正做到统筹兼顾，理顺企业与自然、企业与社会、企业改革发展与稳定、员工当前利益与长远利益等重大关系，努力实现效率与公平、经济效益与社会效益的统一。要克服盲目扩张、片面追求利润的倾向，树立正确的政绩观，真正把员工、客户、合作伙伴及社会的满意不满意作为重要评价标准，在各种评选表彰和干部考核中突出反映“和谐”的要求，努力营造崇尚和谐、促进和谐的良好氛围。

三是要坚持把创新作为企业发展最重要的动力源泉。随着经济全球化的深入发展、科技进步的日新月异和市场竞争的日趋激烈，产品的科技含量越来越高，生命周期越来越短，创新越来越成为企业兴衰的决定性因素。谁在创新上占据优势，谁就在发展中赢得先机。统计表明，我国GDP现在

已居世界第四，预计今年将达到24万亿元人民币，相当于3万亿美元，财政收入预计将超过5.1万亿人民币，同比增长31%左右，我国外贸顺差将达2000多亿美元，外汇储备已突破1.43万亿美元，现在形势是非常好的。但我们拥有自主知识产权的企业仅为万分之三，一半以上的技术需要从国外引进，99%的企业没有专利，90%的出口产品是贴牌产品。《商业周刊》2006年公布的全球100个著名品牌中，美国占了50个，欧洲占了38个，而我国一个也没有。许多行业只能依靠廉价劳动力换取微薄利润，成为国际产业链的末端。我们要摆脱这种状况，使我国从制造大国转变为创造强国，必须坚持走中国特色自主创新的道路，增强企业创新的危机感和紧迫感，“强化企业主体地位”，努力形成“以科技进步和创新为基础的新竞争优势”。为此，大力培育创新意识、创新观念，激发广大员工的创新活力，点燃他们的创造激情；挖掘他们的创新智慧，大力培育敢为人先、乐于挑战、勇于冒险的创新精神和求真务实的科学精神；大力培育勤于思考、善于创新的思维方式和百折不回的心理素质、宽容失败的良好氛围。大力树立尊重知识、尊重人才、尊重创造的良好风气，大力造就生产一线的创新人才，积极建立鼓励创新、褒奖创新的有效机制，形成人人学习、人人创新的生动局面。

四是要坚持把承担社会责任作为企业的崇高价值追求。中央经济工作会议明确指出，要“强化企业社会责任”。承担应尽的社会责任，是和平发展的时代主题与竞和、双赢的时代特征所决定的，既是对企业的要求，又是新阶段企业自身发展的必然选择。许多著名企业的实践充分证明，强烈的历史使命感和社会责任感是企业基业长青的文化根基。如中国航天科工把“国家利益高于一切”作为核心价值观，同仁堂药业以“同修仁德，济世养生”为精神追求，等等。这些企业在践行社会责任的同时，也使企业的形象和凝聚力不断提升，实现了义利兼修、长远发展。当前，我国企业正处于继技术、管理两次大提升之后的第三次提升阶段，即社会责任、形象提升阶段。争作优秀的企业公民，成为提升企业竞争力的关键。任何只求经济效益、不顾社会效益，只求自己发展、不顾别人发展的企业，很难得到公众的支持、市场的青睐和员工的追随。企业一定要抓住这次机遇，在自身发展的基础上，更加自觉地承担应尽的社会责任，为促进员工的全面发展、现代工商文明的形成、人与自然的和谐以及社会的进步作出贡献。

（二）以社会主义核心价值体系为根本，推进企业价值观体系建设。企业精神、企业使命、企业愿景等核心价值观是对企业宗旨、目标和发展战略等企业基本问题的定位，解决的是企业全局性、方向性、根本性的问题。要使它们落地生根、开花结果，为广大员工思想上理解、感情上认同，成为一种思维方式、行为习惯，发挥对企业各项具体工作的指导、激励和规范作用，就必须将它们延伸、展开，细化为企业管理各个环节的具体理念，转化为企业的市场观、营销观、人才观、质量观、安全观、品牌观等，形成较为完备的理念和价值体系；就必须把这些理念固化为企业的各种规章制度、工作标准、职业道德、岗位规则、礼仪规范，从而将它们融入企业管理的全过程，渗透到相应的管理环节，特别是要在企业奖惩、人才培养与干部任用的制度上充分体现企业的价值取向，在激励约束中强化理念、实现导向、规范行为，使无形的理念转化为有形的力量，做到软硬结合、刚柔并济。

（三）创新企业文化建设的形式与方法，大力推进价值观认同。文化之所以为文化，在于它的大众性、社会性。企业文化的主体是广大员工，只有被广大员工接受、认同并成为他们自身思想、工作、生活中的理念，才是真正的企业文化。要克服企业文化建设只重形式不重内容，标语化、口号化的倾向；消除对“企业文化是企业家文化”的误解，确立广大员工在企业文化及其建设中的主体地位，在引导员工广泛参与、理解认同，形成与企业的心理契约上狠下功夫，使企业家的先进管理思想走出办公室，成为全体员工共有的价值观。要创新形式、创新方法、创新载体，不断增强企业文化的传播力、亲和力、渗透力。要通过各种途径，广泛深入地宣传企业的价值观，使其进车间、进班组，到员工。要以文化人，采用编寓言、讲故事等具有知识性趣味性的方式传播先进理念，春风化雨，润物无声。要把企业文化作为企业培训的重要内容列入计划，通过引导式、教练式、实践式的培训，引导员工深化对企业价值观的理解，真正做到入耳、入脑、入心。要与各种创建活动相结合，把企业文化宣传渗透到文明评比、各类竞赛、庆典礼仪、美化环境和其他文体活动中，增强活动的思想文化内涵，使员工在各种生产、学习、文化活动中实践文化、体验文化、感悟文化。要充分发挥榜样的力量，善于寻找和培育员工身边的楷模，以身边人带动身边事，以身边事感染身边人，形成学先进、争先进的良好氛围。要加强企业文化的对外传播，通过公关、品牌推广等形式，树立企业的良好形象，增强企业的凝聚力，增强员工的自豪感、荣誉感，促进员工对企业价值观的认同。

三、当前企业文化建设和创新要把握好几个问题

企业文化建设和创新是一项长期性、全局性、战略性的工作，直接关乎企业改革发展的全局，涉及企业生产经营管理的各个方面。必须结合深入学习贯彻十七大精神，落实科学发展观，把握方向、理清思路、突出重点，努力增强工作的针对性、实效性。

当前，企业文化建设和创新要着重把握以下方面：

（一）必须始终坚持先进文化的前进方向。中国特色社会主义理论体系是马克思主义中国化的最新成果，也是我们党和全国各族人民团结奋斗的共同思想基础。企业是社会主义建设的主力军，只有坚持这一共同思想基础，才能使企业的发展与国家的建设相适应，建设好符合先进文化要求的企业文化。要坚持以中国特色社会主义理论体系为指导，以社会主义核心价值体系为根本，在弘扬中华民族优秀传统文化和继承企业优良传统的基础上，积极吸收借鉴国内外现代管理和企业文化的优秀成果，使我们的企业文化更具有鲜明的

实践特色、时代特色，丰富的管理内涵和强大的生命力。

（二）必须始终坚持以人为本。以人为本是科学发展观的核心，也是企业文化的本质。坚持以人为本，要特别强调不仅把员工作为生产力要素，更要把满足广大员工物质和精神方面的需求作为生产、管理的重要目的；不仅把员工作为劳动者，更要把员工作为利益相关者；不仅把员工作为生产的主力军，更要把员工作为企业的主体和国家的主人。调动员工的积极性、主动性，挖掘员工的潜能，不仅是为了企业的发展，同时也是为了实现员工的自身价值，促进员工的全面发展。为此，就是要强调把尊重人、理解人、关心人、帮助人作为企业管理的基本原则，发挥员工在企业文化建设和创新中的主体作用，尊重员工的首创精神，倾听员工呼声、反映员工意愿、激发员工才智、汇聚并依靠员工的力量，让员工分享企业发展的物质成果和精神成果；就是要强调把广大员工的认知度、认同度、满意度作为检验企业和企业文化建设成果的重要标准。

（三）必须始终坚持重在建设。重在建设，是我们党推进文化建设的基本指导方针。任何一种文化形态的生成与发展，都是一个逐步积累的过程。要建设优秀企业文化，培育先进的企业价值观和经营管理理念并被广大员工认同，形成思维方式和行为习惯，就更应该强调重在建设。要把企业文化建设和创新作为一个持续推进的过程，通过坚持不懈的努力，积少成多，聚沙成塔，形成引领企业发展的文化潮流。要树立新的企业文化建设观，以企业发展为主题，以企业改革为动力，不断释放知识和文化的力量，增强企业文化软实力。要从企业文化的人文基础、发展环境、生成的具体环节抓起，持之以恒、探索实践。要注重用交流、讨论、解决实际问题等民主的方法解决员工的思想认识问题，在为员工解疑释惑、排忧解难的同时彰显文化魅力、增进文化认同。

（四）必须始终围绕服务于企业改革发展这一主题。胡锦涛总书记在中央经济工作会议上突出强调："改革始终是推动经济社会发展的强大动力。过去取得的成就靠改革，今后的发展仍然要靠改革。"最近，印度总理辛格也号召印度举国上下，研读温家宝总理在新加坡国立大学的演讲，学习中国改革开放的成功经验。促进企业改革发展既是企业文化的价值所在，也是企业文化生命的源泉，企业文化建设只有及时发现、紧紧抓住企业改革发展稳定中的重大问题、突出问题、关键问题，促进其解决，才能避免做表面文章、避免花架子，才能真正管用，才能具有自己的个性和特色。当前要特别注意把完善企业法人治理结构、提高劳动报酬在初次分配中的比重、提升自主创新能力和基础管理水平等问题作为企业文化创新的突破口和抓手，有重点地推进，使企业文化在促进现代企业制度的建立和集约化、精细化、人性化管理的过程中，不断获得新的生机。

（五）必须始终坚持把企业文化建设与企业思想政治工作紧密结合起来。思想政治工作是党的优良传统和政治优势，深化企业改革、加快企业发展，迫切需要加强和改进企业思想政治工作，增强针对性、实效性和吸引力、感染力。企业文化建设为企业思想政治工作创新提供了有效载体和途径。把企业文化建设与思想政治工作结合起来，既有利于思想政治工作融入企业管理，又能保证企业文化发展的正确方向。二者虽然存在着一些差异，但说到底都是做人的工作，在目标、内容和方式方法上有许多相通之处和共同点，都具有不可替代的重要作用，可以相互补充相互促进。要坚决反对"替代论"和"无用论"，充分发挥企业思想政治工作和企业文化建设的各自优势，共同为企业改革发展提供强大的精神动力、思想保证和智力支持。

最后，要特别强调，企业文化建设和创新是一个复杂的系统工程，只有高度重视、加强领导、认真规划、不断创新，才能取得实效。企业领导班子特别是"一把手"要切实提高对企业文化的认识，把企业文化建设和创新摆上突出位置，列入重要工作日程。要建立长效机制，特别是领导机制、工作运行机制、教育培训机制、绩效评估和激励机制以及必要的资金保障机制。要深入调研、制定规划，认真梳理整合各项工作任务，分清轻重缓急，扎实推进。要认真研究新形势下企业文化建设的特点和规律，积极开辟新途径、探索新方法，使企业文化内涵不断丰富、传播形式更具时代特色、方法手段更为群众所喜闻乐见。

加强企业文化建设和创新是时代发展的要求。我们要紧密团结在以胡锦涛同志为总书记的党中央周围，认真学习贯彻落实十七大精神和中央经济工作会议精神，坚持以邓小平理论和"三个代表"重要思想为指导，深入贯彻落实科学发展观，锐意进取，开拓创新，扎实工作，推动企业文化的大发展大繁荣，兴起企业文化建设的新高潮，为企业又好又快地发展，为我们国家经济社会的科学发展、和谐发展做出更大的贡献！

（作者系中共中央宣传部原副部长、中国思想政治工作研究会副会长，本文为在中国政研会主办的"第四届企业文化论坛"上的讲话）

以人为本 构建和谐的企业劳动关系

王瑞祥

以人为本是我党的传统

坚持以人为本是我们党的传统，这是由我们党的性质、宗旨所决定的。坚持以人为本既是我们党的一个执政理念，也是科学发展观的内涵。从文化的角度来讲，我们的企业文化就是一种人本管理理念、管理理论、管理方法，也体现了以人为本。为什么始终强调"以人为本"？我们历代中央领导集团对这个事情高度重视，是我们建设企业文化、发展和谐文化的正确方向。胡锦涛总书记说人民群众是发展的主力军，发展只能紧紧地依靠人民群众，我们的改革发展才能成为有源之水，才能长盛不衰。这和我们文化的作用是一样的，只要有了科学的、先进的文化，一个企业才能长久不衰，才能变成百年老店。

现代的企业文化和过去传统的管理，和原来的科学管理区别在什么地方？就是原来以机器作为我们的主要对象，现在是以人作为最主要的因素。关于这方面的内容，在六中全会、十六届六中全会、十七届五中全会上都有非常透彻的论述。胡锦涛总书记在五中全会上强调，要坚持人民主体地位，发挥人民首创精神。这是由我们党的性质决定的，是我们党的根本宗旨决定的。群众是真正的英雄，是我们党的力量源泉和胜利之本。尤其是最近大家都在学习锦涛同志在纪念建党90周年大会上的重要讲话，这是一个纲领性的问题。学习好这个讲话是我们当前和今后一段时期的主要责任，也是我们研究企业文化必读的教科书。

回顾总书记的这篇讲话，通篇都贯穿着以人为本的思想。比如在讲到我们建党90年，完成和推进三件大事的时候，第一句话就是我们党紧紧依靠人民群众完成的；讲到我们党保持和发展马克思主义政党的先进性，要抓住四个根本点的时候，讲到第二点时强调要坚持为了人民、依靠人民、诚心诚意为人民谋利益，从人民群众中汲取智慧和力量，始终保持党和人民群众的血肉联系。这是我们建党90周年基本经验的总结，也是客观规律的写照。中国共产党由90年前一条小船上的几十个党员，发展到当今的全球第一大党而且生机勃勃，关键是始终和人民群众保持血肉联系，有了力量之源。90年来党的发展历程告诉我们，来自人民、服务人民是我们党永远立于不败之地的根基；把实践好、维护好、发展好最广大人民的利益作为一切工作的出发点、落脚点；权为民所用，情为民所系，利为民所谋，是我们的工作获得最广泛、最可靠、最牢固的群众基础。

当前社会是一个激烈变革、矛盾凸显的特殊时期，这个时候更加突出了解决好为了谁、依靠谁这个问题的重大意义。这个问题解决不好，谈不上和谐，也谈不上稳定。这个问题具体到企业，也是如此。因此，关于“以人为本”，我们在研究和谐文化建设、营造和谐企业环境的过程中，这是必须把握的一个最基本的问题，也是我们企业文化的一个方向。这个问题任何时候都不能动摇，也不能偏离。

以人为本与和谐企业的关系

怎么理解把握二者之间的关系？“以人为本”就是坚持以人的自由和全面发展为基本原则，从而来思考问题、研究工作、处理问题。原则是什么？人的自由，人的全面发展，人的根本利益。如果偏离了这个原则，那就不是以人为本。这实际上就明确地提出我们在认识人、对待人的过程中，抱有怎样的立场和态度？采用怎样的方法？核心还是一个为了谁、依靠谁的问题。至于以人为本的基本要求，就是始终要把对广大人民的根本利益，作为党和国家一切工作的出发点和落脚点，一切工作，毫无例外——国家是这样，企业也是这样。企业不仅仅是赚钱的工具，尽管它是一个经济组织，但这是对企业的基本要求和原则。社会主义制度下企业的宗旨，要实现好、维护好、发展好最广大人民群众的根本利益，不断满足人民群众日益增长的物质文化需要，做到发展为了人民，发展依靠人民，发展成果与人民共享，促进人的全面发展。

早在5年前，中央就明确提出“以人为本”，关于这方面内容说的已经很多，要求也很多，所以我们在建设企业文化、构建和谐企业的同时，要形成一个正确的价值观，要有一个科学的理念。而这种核心价值观的问题还是一个解决为了谁的问题，所以我们在进行企业管理、处理利益关系、做出各种决策等时，都要把人性化的管理落到实处；而且必须把为了谁、依靠谁的问题，体现在我们的管理制度、管理体制中，采取各种办法、制定各种规章时都要贯穿以人为本的理念，真正体现出对职工的关爱，而不是表面文章，要办实事、见实效，让职工感受得到。

第一，从企业的层面来讲体现以人为本，要有以下四大机制：一要形成科学有效的利益协调机制，我们都是辩证唯物主义，物质利益是第一性；二要形成科学的诉求表达机制，要有说话的渠道，否则就会出问题；三要形成科学的矛盾调处机制；四要健全权益保障机制。

这四大机制是中央提出来的，也是我们实践当中总结出来的。要坚持把改善人民生活作为正确处理改革发展、稳定关系的结合点，要正确地把握最广大人民群众的根本利益，现阶段群众的共同利益和不同群众的特殊利益的关系，统筹兼顾各方面群众的利益，使人民的权益得到切实的尊重和保障。在十二五规划的指导思想里，就提出要充分考虑人民对美好生活的期待，让人们的生活质量更好，更有尊严。这就像我们企业文化里的愿景，仅仅是规定企业发展到什么水平，完成了哪些目标，肯定不行，必须将员工的利益得到全面的保障，这样的愿景才能真正的把职工和企业联系在一起，职工才有归属感。这才是坚持以人为本——这既是一个大的原则，科学的理念，正确的方向；同时又是具体的，实实在在的，应该是落地生根的。既要体现在理念上作为指导思想，又要落实到实际。这就需要我们从大处着眼，小处着手，而不仅仅是作为一个口号。如果这个问题解决好了——体现在指导思想、奋斗目标、工作部署等开展的一些实际工作中；那么，和谐的问题，就会很自然地体现出来。

第二，坚持以人为本，从构建和谐企业的角度来说是必须遵循的首要原则。这就要求我们，必须认真的关心和解决中央提出的那几个最——群众最关心、最直接、最现实的问题是什么？是利益问题，很多矛盾都是利益问题引起的。要促进社会的公平正义，就得分析当前职工最关心什么，最直接的利益有哪些？关于这个问题，不同的企业所关心的内容可能不尽相同，但是，普遍存在以下几个不同问题，可能是大家最关心的。

担心就业岗位的问题。尤其是在改革改制过程中，在技术装备不断进步的情况下，有的职工就要面临下岗、被淘汰的问题。从积极的角度来讲，大部分人想得尽快提高自己的技术业务水平，防止在竞争中被淘汰。

担心收入的问题。前几年，我还在国资委的时候，对国企职工的收入做过统计，不满意或不太满意的达到28%多；但是，全国总工会统计超过80%，这是几年前的统计，现在可能好一点。

担心生病住院，付不起医药费的问题。这些年，医药费在个人收入支出中所占的比例不断加大，而公司的政策并没有相应地跟上。

担心子女上学付不起学费的问题。在有些职工中，确实有子女考上大学全家高兴，要报道时全家流泪的状况，而且这个状况并不是个别的。

担心社会保障不健全，尤其是退休以后的保障能不能落实的问题。

担心民主权利没有保障，尤其是普遍地感到主人翁地位有名无实。记得有一次，我参加一个座谈会，在会上谈到“主人翁”的问题，当时参加座谈的职工就跟我说：“开什么玩笑，我们怎么成了主人翁了？我们是被雇佣的，我们是打工的，说企业的领导是工徒，我们是主人，那我去当工徒，让他来当主人。”如果这个问题不解决，企业员工哪来的归属感？

这些问题，在困难职工群体里可能显得更突出一些。要想构建和谐社会、构建和谐企业，最核心的问题是人与人之间的关系，人的关系协调了，那其他的问题都好协调——至于人和社会、人和自然、人和环境的问题，都是人造成的。在企业里，“和谐”，最核心的问题就是劳动关系，这是生产关系中最基本、最重要也是最起决定性作用的关系。我们研究和谐文化，就是研究怎样协调关系？怎样减少矛盾？怎样理顺情绪？这些矛盾消除得越多，环境就越和谐。所以，发展和谐劳动关系，是我们建设和谐企业一个重要切入点，也是一个根本保障，是一个基本特征。假如分配关系不合理，分配秩序不规范，差距越拉越大；假如用工制度不合理，甚至是违规，劳动合同得不到尊重；假如各项保障制度不健全，保障水平很低，没有给职工按照规定缴纳五保一金，年金也没有落实；涉及到职工切身利益的安全、劳动保护、卫生都不到位；特别是如果企业管理者，尤其是主要的领导脱离群众，不关心群众的疾苦，甚至搞腐败，搞官僚主义……那么，我觉得无论如何企业也和谐不了——不管你怎么对员工进行心理调适，调适半天，实际问题根本没有解决，他的情绪怎么理顺？关系怎么能协调？和谐从何而谈呢？

所以，这些问题如果能够很好地得以解决，避免严重损伤群众的自尊心，让他们找到尊严、找到归宿，自然会增强员工对企业的归属感和向心力——这是我们研究企业文化、构建和谐企业要达到的最终目的。

第三，在坚持以人为本、构建和谐企业的过程中，首要的问题是什么呢？当前，我们正处在改革开放的关键时期，也是转变经济发展方式的攻坚时期。按照中央的分析，现在经济体制深刻变革，社会结构深刻变动，利益格局深刻调整，思想观念深刻变化，这是我们所处的时代背景，是我们躲不开绕不过的工作环境。同时，职工的思想观念、知识水平、知识结构都发生了很大变化；在价值观念、兴趣志向、行为方式包括心理特征等诸多方面，都呈现出了一些变化……在这种情况下，怎样坚持以人为本、推动和谐企业建设呢？突出的有这么三个问题：

一是要着力发展和谐劳动关系。劳动关系是关键，在指导思想上始终要坚持毫不动摇、全心全意依靠职工办企业，认真处理好“为了谁，依靠谁”的问题。在具体工作上，要建立完善的劳动关系，协调机制，全面实行劳动合同制和集体协商制；要规范劳动用工管理，不能老板一个人说了算。

二是要严格执行国家劳动标准，加强劳动保护，健全劳动保障，监察机制和劳动争议调解的仲裁机制，出了矛盾有人管，出了矛盾得化解；化解得有机制、有渠道。

三是要强化企业的安全卫生管理，保障职工的身心健康，完善工资正常增长机制，按时足额的支付工资，依法为职工缴纳各种保险，稳定地提高职工收入。

四是要加强维权机制建设，支持工会、社团、妇女组织、统战部门依法照章开展活动。对群众组织一定要支持他们的活动，一定要为他们创造条件。

五是要正确处理发展速度、改革力度和职工成熟程度关系。这个不用具体多讲，如果按照主观意志去处理问题，有可能走到事情的反面，本来是好意也可能会出现很多麻烦。

因此，要构建和谐的企业劳动关系，必须持之以恒地去维护职工的合法权益，真正做到关爱职工生活，引领职工发展，而这个发展必须是全面的发展。

那么，针对上述问题，我们突出要关注什么？一要关心职工的岗位，尽可能别让他们下岗。二要完善职工的薪酬福利，真正体现按劳分配，按效益调整薪酬、福利水平，处理好上下级的分配关系，差距不能太大。所欠发的薪金一定要补上，如果连员工的工资都发不出，让他们靠什么生活？三要关心职工的五保一金，这个要按时足额，要让员工没有后顾之忧才能和谐。四要关心职工的健康，保证劳动保护、卫生、安全，要舍得加大投入，要严格管理，加强监督，不能拿职工的生命当儿戏。五要关心职工的思想，思想对一个人的行为在某种程度上起决定作用，尤其是目前，市场竞争这么激烈，改革变化这么大，职工的思想压力是可想而知的。因此，要拓宽与职工交流的渠道，了解职工的冷暖，掌握职工及家庭的变故；然后因人施教，有针对性做工作，疏导情绪，化解矛盾，缓解压力，帮助解决实际困难。六要关心困难职工生活，要有机制，帮扶基金，解决职工子女上学困难、职工就医难，特别是患大病、重病、绝症的问题；包括广泛开展送温暖等诸多活动。

总之，如果这些问题解决好了，关系自然就会协调起来，那么，通过我们的工作，企业里规范有序、公正合理、互利共赢、和谐稳定的劳动关系就会逐步建立起来，我们建设和谐企业就有了很好的基础。

（作者系国务院国资委原副主任、中国机械工业联合会会长、中国企业文化研究会顾问，本文为在2011年“员工心理援助与和谐文化培育专题论坛”上的讲话）

知名专家谈企业文化

文化力在企业经营中的内在动力
——《文化力——企业卓越的基因密码》阅读感言

贾春峰

我讲一下对方建国同志《文化力——企业卓越的基因密码》这本著作的阅读感受。宏观上的大道理就不讲了，我只对这本书谈几点个人看法，算做一名阅读者、学习者、研究者的感受或意见。

一、总的感觉，这是一本有品位、有境界、有特色、内涵丰富、立论精准、文笔流畅、闪烁着哲理之光、值得认真研读的一本优秀的企业文化著作。

二、书名起得好，很有文化韵味。把文化力、企业卓越、基因密码三个词组连在一起组合得好，有一种厚重感、一种灵动之感、一种文化内生力和驱动力，给人一种想象力，让人感悟到文化力渗透于、作用于、体现于企业运作与员工行为的诸多方面。从书名上让人探究精微，似乎有一种精妙之感在生发出来，写书、写文章不落俗套，写出一种境界、一种意境，可算作是一种精妙之处。

三、文化力作为一种内在驱动力，作为企业卓越的基因密码，可在企业形成一种气场。我看了外国人写气场的资料。什么是气场？他们认为，其实气场并不神秘，任何人乃至任何以物质形态存在的东西都有气场伴生。具体到人类的角度，简单来说，气场就是一个人自身散发出的能量波形成的能量圈。这是一个说法，这个说法可供参考。方建国同志这本书可带动人们认识卓越企业的文化氛围、文化气场，认识卓越企业的企业家、优秀员工的气场，这是一种富有内在活力而朝气蓬勃、朝气永驻的气场。细细品味，在本书中所散发出的是一种深刻的文化力的内在功能、内在效应、内在驱动力量。这种力量，既发挥导向功能（包括价值导向和行为导向），是一种导向力，又是一种凝聚力、激励力、约束力、纽带力和辐射力，发挥凝聚功能、激励功能、约束功能、免疫功能、精神协调、精神纽带功能和辐射功能。这几种内在驱动力量可以说是处处显示、跃然纸上。书中关于企业文化的定位、内涵和功能，我认为讲得是准确的。

四、这本书的论述，体现了企业文化的一个最基本框架，即价值理念和行为规范，也可说是理念文化与行为文化的有机统一。优秀的企业文化必然是二者统一，不能缺失、不能割裂。没有价值理念，就不成其为文化，便失去灵魂；而只有价值理念，没有行为规范，就不易于将企业的精神文化理念变成员工的行为方式、行为习惯，就不易于转化为企业的经营业绩。

一本现代小说《没文化行吗？》主人公就讨论了企业文化的两个公式。一个是威廉·大内在《Z理论》（美国最早阐述企业文化理论的管理四重奏之一）中提出的公式：公司文化=传统+风气。另一个就是我提出的对企业文化最主要内涵的公式：企业文化=价值理念+行为规范。在小说中讨论企业文化公式，可以看出企业文化的深入人心。

在方建国的这本书中，价值理念与行为规范是有机统一的；领导力、决策力与执行力也是相辅相成、有机统一的。在本书论述中，企业文化与员工文化是融为一体的，对员工文化有清晰全面的论述。企业文化与企业发展战略、与企业经营管理也是融为一体的，而不是搞成两张皮的。

价值理念并不是悬在高空、悬在云端，而是融入员工的心灵。通过员工行为、企业运作实践，从而转化为经营业绩。

现在都在讲企业文化“落地”问题。国外学者讲“深植”。还有“落地生根”、“开花结果”。这些都是比喻性的形象说法。因为企业文化就在企业自身之中，是在企业的管理实践中积淀凝结、创新发展中形成的，并不是从天上掉下来的，也不是同种地、种花种草一样种出来的。但经过企业文化整合提升以后，确实存在一个被广大员工认同、信奉和内化于心的过程，这就有了“落地”的问题。

其实这也不是近些年的说法，就其实质来讲企业文化最早的几本奠基之作就讲了。书中讲到企业文化的五大要素中，价值观是企业文化的基石，是核心，英雄人物是价值观的人格化。价值观要被员工确认、信奉和实践。方建国同志这本书，很多篇幅都是讲企业文化理念如何成为员工的行为习惯、理念文化转化为行为文化的，将怎样由理念到实践，怎样做到两化：化文本为行动，化理念为实践。这本书的一大优点就是讲企业文化从来没有离开“落地”生根、开花结果。企业的同志通过这本书，能从北京移动的企业文化建设中学习、借鉴文化落地的做法和经验。

五、这本书很好地体现了知行合一、知行统一的思想。知行关系常常呈现出许多状态，可能是合一的、统一的，可能是分离的、甚至是相互背谬的。管理学家德鲁克用了知行的概念，“管理是一种实践，其本质不在于“知”，而在于“行”，其验证不在于逻辑，在于成果。”毛泽东在《实践论》开头和结尾都讲到了这个概念。大庆精神、大庆文化是知行统一的，不仅有精神理念，而且有行为规范、“三老四严”。方建国这本书通篇渗透着体现着知行合一的思想。注重行是管理的重要原则。《东方哲学史中》讲到日本学者的话：“即知即行”。

六、本书注重体现了中国企业文化的深厚底蕴和文化根脉，努力实现现代经营理念、现代管理理念与优秀传统文化的融合和统一。书中有理念、有观点、有感悟、有体味、有案例、有故事、有格言、有名言警句，内容丰厚。许多篇章不仅讲企业、讲经营、讲管理，而且讲人生感悟，讲人格魅力，讲人性美，讲阳光心态，讲心智模式，涉及真善美的开拓，不少地方充满哲理和诗情画意。文风明快，行文流畅，显示了作者的理论素养、思维模式、文字功底和表达能力。从书中可以看出，理论上的深刻性、准确性和表达形式的大众化、通俗化的统一。深刻并不玄虚，通俗并不肤浅。

作者知识面宽广，其中提到“境由心造、相由心生”，这里“心”的概念很重要。孟子讲过“仁义礼智根于心”。我想大家可以读读最近出版的《希腊哲学史》、《东方哲学史》、《欧洲文艺复兴史》。多读些哲学、文化学、哲学史著作，对广大企业文化工作者会有启示意义。

建议作者在今后的工作中注重研究一下企业美学。现代商品的“美的文化标准”，是个重要概念。任何商品都有使用功能和审美功能，而审美功能越来越突出、越来越重要了。企业的竞争力，应包括美的竞争力。

（作者系中国企业文化研究会副理事长、学术委员会委员，中宣部理论局原副局长，中国市场经济研究会副会长，学者，教授）

企业的未来：诚信与品质

张国有

企业文化建设30年，进步和成绩是很大的。30年前应该说我们不清楚企业文化是什么，但是那个时候有企业文化活动，有思想政治工作，但是没有企业文化这样一个总体的概念。现在企业几乎都在考虑企业文化问题，而且各层次的关注也越来越多，企业文化也进了中央文件。说明社会已经用企业文化的范畴理念和体系研究企业的传统和长远发展问题，这个是个很大进步。

在企业文化实践方面，我们的经验非常的广泛，我们的文章非常丰富，我们的机构非常多，但在理论方面引进的多，创新的少，对世界文化领域理论的贡献还不是很大。现在企业文化的范畴体系较多，更多的是从西方引进的，就连企业文化这四个字现在还处于丛林时代。所以需要我们在中国的环境中进行企业文化理论与实践的探索，争取对世界的企业文化领域能有更多的独到贡献。

最近我在德国做了两个月的调查研究，德国的企业对中国的市场非常感兴趣，特别愿意投资。另外也很担心，担心知识产权，担心技术风险，担心产品风险，担心合作风险。我们有的企业跟人家合作拿了技术转脸就走了，倒成了人家的竞争者。德国企业家给我讲了很多这样的事例，有的人非常气愤。如果德国后来的企业再到中国来投资，你说他信谁？信到过中国已经投资的企业家，如果人家把这些故事讲给这些人听，中国哪个企业做了一些什么事情，他觉得这些企业没有诚信，会把这个企业排除在外。如果说这样的事情多了，在德国的企业里面会形成一个意向，对中国的企业合作要谨慎。这是诚信的问题。你在一件事上做假要用30件事做真来赎回，一年的时间做假，用30年的时间来赎回。世界上觉得我们的经济数据有问题，所以人家自己在调研，我们的空气质量人家自己去搞研究，个别的问题不大，时间长了之后人家对你什么都不信了。如果一旦成为文化，成为传统，这是很糟糕的事情。日本50年代初产品在世界上是很糟糕的，是劣质产品，用了30年的时间来恢复声誉。我们现在做什么？很多企业是好的，但是很多是一个企业毁了一个行业。

所以，未来30年，企业要在市场环境当中立足，中国要在世界上立足，有两个关键问题，一个是诚信，一个就是品质。没有诚信人家不跟你交易，不跟你往来，大家面子上都挺好，但是心里非常不舒服；没有品质，我们现在是经济总量第二，但没有品质，将来无法在世界上立足。未来30年解决诚信问题，解决品质问题，才能像日本一样，以后能在世界上立足。

电视连续剧《大宅门》有个情节非常好，大掌柜白景琦知道自己做东阿阿胶出假货后赶到东阿县，分店的经理是他的儿子，他瞪着儿子说这是怎么回事，他儿子不敢说，后来他儿子说对门老孙家的价格低，顾客都到他们那里，我们撑不住了。白景琦说撑不住你就敢作假？白景琦非常生气，说你们背祖训：炮制虽凡必不敢减人工，品位虽贵必不敢减物力。白景琦说东西是假的可以退货，药品是人命关天，人家买了假货上了当，回过头来就要买真的，记住了吗？儿子说记住了，下次不敢了。第二天带着他儿子到县政府见县委书记，县委书记一看他来了，说白掌柜好久不见了，欢迎，找我什么事？说是关于假药的事儿，县委书记说老孙家的事我知道，正在处理。白景琦说白家也有假货，书记说你是全县第一个主动报的。白景琦说过两天我就回北京了，我把药店托付给你，如果发现有违行规的事，就封店。

在这个故事里面，有四个问题。第一是作假，假货是诚信问题，接着是品质问题。第二是企业问题，企业的良心，这个企业还有自律，还有救，是分店的管理者造了假，但是大掌柜有良心可以转过来，企业可以自律。第三个是政府，也就是企业和政府一起来创造一个诚信环境，政府是要负主要责任。我们现在各级政府也做了很多的事，打假等。一个企业出问题，问题不大，但是很多企业都出问题，问题就大了。现在虽然有的媒体不讲新闻道德，无限放大，实际上很多企业不是这种情况。但是出一个就很恶劣，老百姓就觉得这个社会怎么这样子，什么都不放心了，这是政府的责任。一个企业管不了别的企业作假不作假，管不了知识产权的问题，所以政府要建立一个好的环境，政府是第一责任。光打假不行，我们现在是要坚持，坚持30年，为什么用30年来建立诚信的环境与品质问题，要用一代人来考虑问题，没有这个战略眼光做不成这个事情。第四方面是有了这样一种规矩，有了法规，有了理念一定要坚持下去，把环境建设好。这里建设的关键是人心。过去我们一直在说，治国先治党，治党先治官，治官先治良心。如果企业家或者是高层管理者良心坏了，这个企业肯定走向坏的地步。“瘦肉精”问题，我记得相关企业的总经理就是搞化学的，自己搞研究，而且跟南方的企业搞合作，当有订货的时候就把产品拿到南方的车间生产，没有就算了，这个良心就坏了，他有目的，非常明白地做这个事情。职工也有问题，职工知道，群体抵制也可以，但是集团做了这样的事情，有时候抵制不了，关键是企业家和高层管理者的良心问题。所以治官要先治心，治心的问题不是打假的问题，要从小孩子教育起，不撒谎，学校里面这么教育，但是回到家里听大人说假话，他自己是矛盾的。所以，社会环境不好，让企业自律这是很难的。

白景琦说祖训，我们的企业也有祖训，民族也有祖训，现在很多企业淡忘了。白景琦所说的祖训是过去的传统，好的必须坚持。最近网络上有一个“忘八端”的说法。说过去骂人的话是“王八蛋”就是从这儿来的，因为是谐音就念歪了，你忘了这八端就忘了做人的根本，忘了做人的根本是非常糟糕的事情，人有做人的根本，企业有做企业的根本，我们的根本是什么？你不知道根本，就不知道企业是围绕什么建的。你做CI，做形象干什么呢，连诚信都没有了，能干什么？但是在所有的“八端”当中诚信是基础。韩国成均馆大学，600年前类似我们的国子监，现在建立起了一个在韩国综合排名第四的大学，校训是修己治人，完全是中国的传统，自醒自警、仁义礼智。我们有一个访问团到他们学校，提出问题，礼义仁智信，你的信到哪儿去了？他们说没有人给我们提出这个问题，说信是之上的礼，信之上的义。

希望在十八大以后，能用5年的时间为今后30年的社会诚信建设和企业的品质建设打下了一个理念和规则的基础，再用五年的时间来推进提高和巩固，使诚信和品质成为企业的素质，成为国民素质，成为国家的素质，这时候真正的强国才可以建成。

（作者系北京大学副校长、北大国际经营管理研究所所长、教授、博士生导师、中国企业文化研究会学术委员会委员，本文为在“中外企业文化2011北京峰会”上的讲话）

无为而治：领导艺术的最高境界

潘承烈

一

老子的《道德经》是一部伟大的传世巨著。它体现了中华民族的智慧。二千多年来，历代文人墨客依据各自对此书的见解与感悟，著书立说，各抒己见，见仁见智，莫衷一是。述作之多，足以“汗牛充栋”。

这部总共只有五千多字的《道德经》，从天、地、人三者的整体关系着眼，言简意赅地表达了对社会、政治、经济、军事，以及人际关系的观点，内容博大精深，已为千年历史所验证，这正是它在时间、空间上历久不衰的原因之所在。

在这部共分八十一个章节的书中，有很多地方谈到“有”与“无”的关系，“有为”与“无为”正是此书的一大重点与特色。

在初次接触到“无为”这一词时，人们会肤浅地理解为“无所作为”，似乎是什么也不干。但老子所反复强调的“无为”却寓意深长，如“为无为而无不为”（第四十八章）、“为无为，则无不治矣”（第三章），意思是说，只要真正做到“无为”，就没有什么做不到的，就没有什么治不了的。

由此可见，在老子看来，“无为而治”正是治理的根本，是领导艺术的最高境界。

对企业和对任何群体来说，主要领导人的个人领导风格和作风，往往体现在其经营之道中。这里虽无是非之分，却有高下之别，最终还是要以其能否可持续发展的实践来检验。

有些单位的“一把手”事无巨细，事必躬亲，且只凭自己的“一支笔”去审批才放得下心，成天忙忙碌碌，埋头于具体事务之中，难以摆脱。

也有一些领导则相反，他们抓大事，抓大方向，在急剧变化的市场风浪中，明辨航向，指挥若定，这正体现了“无为”的领导风格。

当然，一把手要能脱身于日常事务之外，其前提是要按分工授权其副手和部下。授权本身就是一种领导艺术。它首先要求一把手对企业业务的全局熟悉，然后具有识才用才的眼力和魄力，做到知人善任，并对授权对象充分信任，做到有职、有权、有责，对他们主要实行必要的协调和监管。这样，主要领导人便可以主动地观察形势，抓住经营中的关键环节和主要矛盾去加以研究和处理。

这就是《道德经》所说的，做到了“无为”才可以实现“无不为”。

事实上，对任何群体来说，其成员的基本职能大体可分为操作层、执行层和领导层、决策层。对他们的要求各有侧重。前者面对的是具体业务，后者面对的是前进方向、发展战略。因此，前者更应关注做好细节，关注“有为”。而后者的任务则体现在无形的、但是影响全局兴衰成败命运的战略思考上、远见卓识上。这正反映了“无为”的特点与关键作用。

只有有了“无为”的正确引导，才能使“有为”产生积极的实际效果，这正是《道德经》第四十章所说：“天下万物生于有，有生于无”。“有”是产生“天下万物”的物质基础，但产生“有”的源头则是“无”。这里所说的“无”并非一无所有，而是客观存在的、非物质的无形之物。例如，就企业而言，企业在市场和顾客中的形象、产品的品牌、诚信的口碑等等，这些都是企业的无形资产，正是在具有了这些“无”的条件下，企业才可以创造出更多的物质财富，创造出更多的“有”。

可见，无形资产比有形财富更重要，物质财富是由无形资产推动的。“有生于无”意味着“有”是由“无”所驱动，“有为”是由“无为”驱动的。抓住了“无为”才能驱动形形色色的“有为”。因此，“无为”决非“无所作为”，而正是推动事业不断发展前进而大有作为。

早在上世纪80年代初，总部位于瑞士日内瓦的世界经济论坛，就对当时西欧的一些大型企业主要领导人CEO有关他们时间和精力如何分配进行过一次有趣的调查。结果显示，企业的真正一把手，他们以40%的时间和精力用于思考研究企业的经营战略与发展战略；40%时间精力用于和客户、股东、供应商、销售商、政府有关部门，以及与内部员工打交道，把剩下的20%时间用来处理企业内部事务。

由此可以看到，国际上企业界领导人也在实践中遵循着老子提出的只有做到“无为”才能实行“无不为”这一自然法则行事，使企业得以在激烈的国内外市场竞争中生存发展。

二

“无为而治”作为一种哲理、一种领导艺术，不是空想或臆想。在我们现实生活中不乏这类活生生的、发人深思的实例。

例如，随海南1988年建省而创建的海南航空公司，由1993年以4架飞机起家，到2008年15年间，机群总数已增至178架，成为我国第四大民用航空公司。

创建海航集团的董事长陈峰同志曾戏称自己“不务正业”。他把自己主要精力倾注于读书育人之中。其实他是以更多时间、精力用于思考、学习和研究经营管理的规律。他又称自己“退居二线”，把很多工作交由副手去承担。事实上他所说的“不务正业”才是企业主要领导人真正的“正业”，使自己能清醒地“冷眼向洋看世界”，静观国内国际市场的风云变化与发展动向，从中捕捉商机，为海航的战略发展明确航向。

对于进入海航的新员工，都由陈峰亲自给他们讲第一课，海航三万八千多名员工无一例外。除了介绍海航的历史发展等以外，陈峰特别强调的是做人的道理。一个人一生主要是做两件事，一是做事，一是做人。而做人比做事更为根本。这样，陈峰就不仅是员工们的最高行政领导，而更成为大家感悟人生的启蒙老师。促使大家首先思考人应该怎样活着，一个人的一生该怎样渡过，从中使大家逐步形成共识，形成共同语言和价值观，为海航的团结一致，和谐发展奠定了共同的思想基础。

陈峰认为，管理的本质是管人，是管人心。要管好人心，首先要靠制度的力量，但更要靠精神的力量、靠文化的力量、靠道德的力量。因此，学习起着关键作用。海航印发了《中国传统文化导读》，要求人人阅读、学习、思考，还要人人背诵《同仁共勉》十条。这样在“以经典为伴，与圣人同行”中，汲取如何更好地做事做人的养料，提升员工的文化素养与精神境界。

有了这样思想基础，要开展任何工作，因势利导，就会顺利多了。

从海航领导的实践中，让人看到抓住了管理的根本，很多问题就会迎刃而解。使我们对“为无为而无不为”的“无为而治”看到了生动的写照。

第二个例子是江苏省常州市的精益建筑公司。这是一家创建于1993年的民营企业，是承包市政公用工程施工、地基与基础产业、房屋建筑工程施工等的二级企业。公司领导人蒋南春在刚过“而立”之年便当上了公司的总经理。

精益建筑确立其存在的价值体现在三个方面：为社会提供优质服务，为客户创造价值和利润，为员工谋取发展与进步。公司在不断扩大经营规模的同时，对学习氛围的营造十分重视。“不求一步登天，但求天天进步”，使“无时不学、无处不学、无事不学”的理念深入人心，得以落实生根。总经理蒋南春关注着员工的精神世界，崇尚道德修养，提倡做事先做人。他说：“以人为本，顺道而治”，“共守道德，同谋大业，实现我们的共同心愿”。

为掌握公司的发展全局，蒋南春除对一些关键任务、关键项目的谈判亲自出面外，日常事务都按分工由各部门领导承担，他不去过多干预。这样，他就能主动运筹帷幄、腾出时间进行学习。他鼓励推动员工加强学习，他自己更以身作则，不断如饥似渴地、孜孜不倦地进修。几年来他从清华到北大，参加每月脱产几天的专业学习班，用知识武装自己的头脑，他参加这些企业领导人高级研修班并不是图虚名，而是扎扎实实从学到的东西中提高自身的人格修养，提炼出对自己、对公司发展有用的“画龙点睛”之笔的思想、理念，并与员工共学。

精益建筑的办公室位于高楼，每天下班与午休时，都需电梯上下，人多梯少，等待时间难免，他就在电梯间的多面墙上，贴满了他自己用毛笔书写的、他从研修班中学来和提炼出来的很多哲理和做人的道理。大家在等候电梯时就会看到、学到这些警句、格言，于是电梯间成了无声的教室，员工耳濡目染，日积月累，在潜移默化中学习，受到教育，得到提高。

三

以上两例，虽然所属行业不同，企业的规模和性质也不同，但他们的一把手在领导风格上都有颇多相似之处：即都不束缚于日常具体事务，而是在更高层次上抓企业的前进动力与发展方向，体现了“无为而治”的指导思想。

这正是《道德经》所说："圣人处无为之事，行不言之教"（第二章），（《道德经》多处用到"圣人"一词，今天我们可以理解为"卓越的领导人"。）

"处无为之事"，他们处理的"无为"之事，总体来说，是指在日常事务性工作（"有为"）之外，首先考虑的是如何凝聚人心，不断提高与完善反映本企业特色的企业文化，为企业今后长期的可持续发展打下思想和精神基础。

为此，他们都突出学习的重要性。"无为而治"的企业主要领导人自身都是勤于学习、勇于思考的学习模范。尤其在处于当前内外环境加速发展变化的形势下，不学习就无法掌握时代脉搏、跟上时代步伐，就很快会被淘汰出局。

更重要的是，不但主要领导人自己要勤奋好学，还应带动全体员工把学习形成风气。因此更要有诲人不倦的长者之心。陈峰把"读书育人"作为董事长自己的首要责任，向新职工亲自讲授第一课，就体现了他对学习的重视，对员工的关爱。

在经济全球化形势下，作为企业的舵手需要立足当地，放眼世界，学习和吸收国际上一切能"为我所用"的科技成果与经营管理经验，并使之本土化，以体现我们管理的时代性。同时要从我国所独有的丰富文化遗产和精神财富中吸取能为建设有中国特色企业管理的哲理、论述、格言、警句，为管理的现代化服务，做到古为今用，以体现我们管理的民族性。

海航在发展过程中形成了中西合璧的企业文化。称之为软实力的海航文化，具有中国民族文化的精髓，兼有西方现代管理的技术与方法。

我们往往把企业比作一条航船，全体员工在同一艘船上，同舟共济，主要领导人是船长，全船的命运和他的指挥息息相关，全体员工在船上各有分工，各司其职，每个细节都不能疏忽，这是"有为"，而船长最大的责任是把握航向，"无为"实际上正是船上的"罗盘"，掌握好罗盘，瞄准航向，才能顺利驶向目的地，要是主要领导人、船长，舍弃"无为"而只和其员工一样着眼于具体细节上的"有为"，则企业危矣！

该段另一句话说："行不言之教"也是意味深长的。教育员工不能光靠挂在嘴上的说教，更重要的是自身行动的示范作用。身教重于言教。过去早就有人讲过：领导迈什么步，群众走什么路。领导以身作则比什么都更有说服力。领导的行动潜移默化地对群众起着示范作用。

陈峰的好学不倦还体现在他每天写学习心得上，他拿毛笔写，不少于400字，每天写，10年如一日，从未间断，这既反映了陈峰的毅力与意志，也对鼓励员工学习起着榜样作用。

蒋南春的好学在企业领导人中也是值得称道的。他在清华、北大坚持长期不脱产学习，尤其贵在学习后的思考。他能对所学加以博采众长，融合提炼，为其所用，并与员工同享。他把电梯间墙上贴满所学到的格言、警句，充分体现了"行不言之教"的精神实质，这件十分平凡的小事给人以耐人寻味的启迪。

但愿我们广大企业的主要领导们、CEO们，在当前更为严峻的国内外市场搏击中，能把更多注意力转向更高层次的"无为而治"，以提高领导水平与领导艺术，同时也提升企业的文化功底和竞争实力。

（作者系中国古代管理思想研究会会长、中国企业管理科学基金会副会长、中国企业文化研究会学术委员会委员、教授，本文摘自《青岛市国有企业文化建设促进会专刊》2010年3期）

企业文化的本质追求：真 善 美

赵春福

30年来中国企业文化有了很大的发展，但在企业文化发展的过程中，有一个影响企业文化健康发展的问题值得注意，那就是少数企业在企业文化建设上把主要精力放在文化的外包装上，陷入了文字游戏的迷宫，忽视了企业文化的本质追求。所以，只关心企业文化外在形式的企业，应该回归到企业文化建设的原点上，即求真、求善、求美，紧密结合企业发展，创建真正真善美统一的企业文化。

求真

真的对立面是假，在中国的现实生活中，我们买米、买菜、买酱油、打醋、买卫生纸、搞家庭装修、买衣帽鞋袜等等都要小心辨别真假，造假问题不仅影响经济社会的健康发展，而且直接影响到公民的日常生活。一个企业无论是领导还是普通的员工，不管是说话还是办事，都应该讲真话，办事实，不能说假话，不能做坑害消费者的事。我们有的企业文化手册里写满了动人的词句，但是做了不少坑害消费者和污染破坏环境的事，甚至坑害自己的员工，我们能仅凭企业文化手册写的怎么样来判断一个企业文化优劣吗？显然不能，我们要听他们怎么说，更重要的是看他们怎么做，只有表里如一，言行一致，知行合一的企业才是具有优秀文化的企业，才能使企业兴旺发达。

从认识论看，真是企业的真理，是指事物发展的客观规律，企业文化建设的过程就是求真的过程。对具体的企业来说，就是探索本企业文化建设规律性的过程。规律在哪儿，真理在哪里，不在书本上，不在咨询公司笔杆子们的脑子里，是在企业发展实践中。我们看到少数企业在企业文化建设中违背了实践、认识、再实践、再认识的思想路线，把企业文化建设的工夫多数下在文字包装上，请内部笔杆子或者是请咨询公司笔杆子关起门来造文化，我们看到企业文化手册大同小异，里面有动人的词，这种文化手册，这个企业能用，那个企业也能用，这种脱离企业实践编制出来的文化花篮只能供领导和客人观赏之用，是无本之花，与企业文化落地生根相差十万八千里。真正落地生根的企业文化不是天上掉下来的，不是写在书本上的，不是领导或笔杆子们在文化迷宫里想出来的，是企业领导班子和全体员工一起在企业发展过程中经过自下而上、自上而下的反复总结逐步提炼形成的。在本企业实践中逐步获得的对本企业文化建设的规律性的认识，对本单位矛盾特殊性的把握，这样的认识才是真，哲学上说这种真是相对的，随着实践的发展不断地检验和修正。只有不断求真的企业文化才能与企业员工血肉相连，精神才能溶化到员工的血液里，规范才能转化为员工的自觉行为习惯，求真是企业文化建设第一要务。

求善

善的对立面是恶，善恶对立贯穿人类社会始终，无论是个人还是企业都要求利，不求利无法生存，问题的关键是通过什么手段求利。凡是通过合乎道德法律的手段称之为善，凡是通过不合乎道德、不合乎法律的手段去求利我们称之为恶。中国的传统文化强调的是要达到义和利的统一，也就是古人说的君子爱才，取之有道。改革开放以来，中国有一些人认为搞市场经济就是求利，长期忽视伦理道德问题，这是对市场经济的曲解。我们知道亚当·斯密以英国的古典政治经济学奠基人著称于世，同时亚当·斯密也是杰出的伦理学家，留下了两部作品，一个是《国富论》，另外一个是《道德情操论》。亚当·斯密在经济方面主张提倡自由竞争，减少政府干预，保障自然秩序，充分发挥看不到手的作用，同时强调要从每个社会成员的角度强化其同情的情感、责任感和良心，培养正义、仁慈、谨慎、自治的美德，协调人与人关系，形成良好的社会道德风尚。政治方面是保障人民的民主权益，奉行正义、自由、平等原则，完善资本主义制度，最终达到促进公民幸福生活的目的。在亚当·斯密那里，看不到的手具有伦理的特性。中国在计划经济年代否定自由竞争，否定个人正当利益，到了市场经济年代，个人、企业、政府全都在一个钱字上，GDP 成了衡量官员水准的第一指标，甚至有时候是单一指标，结果是经济总量世界第二，道德滑坡突破底线，社会诚信严重缺失，一个礼仪之邦的国家变成了诚信严重缺失的国家，老百姓日常饮食居住甚至过桥走路都失去安全感。帝国主义的侵略，曾经使我们面临亡国亡种的危险，中国人高唱中华民族到了最危险的时候；文化大革命使中国面临经济崩溃，当时经济上到了最危险的时候；现在经济总量世界第二，政府手持全世界 60% 的外汇，但是伦理精神上到了最危险的时候。中央最近召开的十七届六中全会就是要解决文化精神方面的问题，但是如果把十七届六中全会简单归结为发展文化产业，解决《功夫熊猫》不仅出在美国，更应该出在中国的问题，就是大的偏差。中国的文化问题是人伦教育上出了大问题。过去喊了很多脚不着地的假大空口号，忽视了己所不欲勿施于人和人之所以为人的教育，我们现在缺失的是道德 ABC，让人们从内心明白，人应该有仁爱之心、怜悯之心、感恩之心、敬畏之心。这种道德教育的 ABC 在中国古代社会很成功，但是好的传统被我们丢失了，现在中国应该补上这一课。

有的企业家会说我不是幼儿园、小学、中学，还管道德启蒙？确实，道德启蒙是家庭学校社会的事，企业可以不做幼儿园道德启蒙的事。但是作为社会成员，企业的生产过程，产品质量，产品销售，售后服务都贯穿伦理道德问题，企业怎么样处理员工内部的关系，怎么样处理员工与消费者，企业与社会的关系也贯穿着伦理道德问题，可以说，我们经常面临着道德选择，面临着扬善弃恶的问题。企业应该怎么样进行伦理道德建设？一是要抓好全体员工职业精神、职业道德的教育；二是要履行社会责任，做合格的社会公民；三是企业家要搞好自己的人格修养、道德修养。在这几条里，第三条最为重要，没有第三条，第一和第二条无从谈起。中国古代不管做什么事，从事什么职业，都有一个“成人”的问题，这是指的成人是通过人格修养成为一个有德性的人。作为一个有德性的人最重要的是仁爱，没有仁爱情怀的人不称其为人。一个优秀的企业家要会赚钱，不会赚钱的企业家不是好的企业家，赚钱要靠智慧，同时优秀的企业家要有仁爱的情怀，知道怎么赚钱，怎么用钱，钱多了之后怎么花好。所以企业家应该高度重视切人切智的人格修养。再就是企业家对员工的表率作用，孔子说正者正也，子帅已正孰敢不正。其身正，不令而行，其身不正，虽令不从。作为企业家只有处处时时以身作则才能带领员工成功的进行企业文化建设，推动企业不断发展。

求美

美的对立面是丑，人要分善恶，还要辨美丑。企业经营的全过程都与美相联系，劳动环境美，产品设计美，商品包装美，品牌美，广告美，销售服务美，企业管理美，人际关系和谐美，企业与社会关系和谐美，企业与自然关系和谐美等等。各种美的形式汇总起来形成企业总体美的外在形象。美的具体形式和企业美的外在形象由全体员工创造，要求企业员工要有心灵美。只有心灵美的员工才能创造出美的产品、美的品牌、美的企业，所以心灵美是最重要的。为了塑造心灵美的人和建设美的企业，企业有一个美育的问题。通过审美教育提高员工感受鉴赏和创造美的能力，陶冶员工的情操，塑造员工美的心灵。值得注意的是，美育活动有助于开发人的右半脑，人的左脑是掌管逻辑思维，右脑掌管形象思维、直接思维，右脑的开发可以增强人们的创新意识和创新技巧。企业的美育活动的开展和创造美的企业，关键在企业家，企业家应该具备一定的审美文化修养，只有具有较高审美文化修养的企业家才能积极培育心灵美的员工，有了心灵美的员工才能创造出美的产品、美的企业。丰田公司有一个口号是既要造车，也要造人。中国传统文化非常重视追求审美的人生境界，保持人生的乐观主义态度。上个世纪日本企业非常关注中国的《菜根谭》，认为这是企业经营之书，主要特点是宣传追求传统文化，追求审美的人生境界。是从人生应该有一定的审美文化、审美修养，去对待修身处世、待人接物，主张以宁静欢乐的审美态度面对人生、处世待物为审美的对象，在有为的鉴赏中阐发了恬淡、闲适、和谐的审美的人生境界，读起令人心旷神怡。当然作为企业家，审美修养是多方面的，大到素质能力魄力气度，小到礼貌用语，风度优雅，着装打领带等等，一个没有审美修养的企业家，很难使产品服务、经营作风等方面有美感。

可见，企业文化的外在形式是次要的，企业文化的本质追求是主要的，不要过分的关注企业文化的外在形式，应该回到企业文化建设的原点——求真、求善、求美，只有真善美统一的企业文化才是优秀的企业文化，才能真正提高企业核心竞争力，为企业发展提供不竭动力。

（作者系中国企业文化研究会副理事长、学术委员会副主任，北京行政学院原副院长，本文为在“中外企业文化2011北京峰会”上的讲话）

企业文化建设使人心成为巨大的力量

——《心的力量》序言

司马云杰

自然界，物的力量，排山倒海，几度沧海桑田，谁能说没有力量呢？然人心的力量，也是非常巨大的！释家讲“世界无别法，唯是一心作”，以心起灭天地万物；儒家讲“弥纶天地，出入造化，进退古今”，即是讲心之力量也。

人与宇宙万物之间，原是茫茫荡荡、浑然一体的存在。只是人有了灵明知觉，知照天地，觉察万理，分辨出人类与万物、自我与社会、人与整个自然界存在，始才建立起一种关系，一种联系，一种存在方式，一种生活意义，使人与万物以不同的方式生存于天地之间。没有人心的存在，没有人的灵明知觉，人与宇宙万物将仍然是茫茫荡荡、浑然一体的存在。惟此，王阳明才说，心“只是一个灵明”，“我的灵明，便是天地鬼神的主宰。天没有我的灵明，谁去仰他高？地没有我的灵明，谁去俯他深？鬼神没有我的灵明，谁去辩他吉凶灾祥？” 这就是心的主体性所在。

世界正是有了心的主体性，它才对人构成有效性存在。世界上事物，当人还没有意识到它的时候，或者说这些事物尚没有进入人的意识时，它对人来说，对心来说，都是不具有效性的。只有当事物进入我心，进入我的意识，通过我的感觉、体验、领悟、思考、判断，成为我思的对象，我心的存在时，它才具有效性。由此可知，事物之理，其有效性，最终是依赖于我心之思而存在的。正因为这个道理，有人指着山中花树，问它“在深山中自开自落，于我心亦何相关”时，阳明子才回答他说：“你未看此花时，此花与汝心同归于寂。你来看此花时，则此花颜色一时明白起来。”同归于寂，即无效性；明白起来，即有效性。所谓“天下无心外之理”，就是指物理同归于寂，不具有效性而言的。讲“天下无心外之理”，不是不承认事物之理，不承认世界的实在性，而是说只有要将世界事物之理置于心的统摄之下，变为人的存在，心的存在，变为对人来说构成有效性存在，并且经过人的价值判断与选择，集之以义，变为良知，变为意识到的灵明知觉，它才对人有价值、有意义。惟此，人生才不至于陷入胡塞尔所说的“无目的忙碌”。

但是，人心也不会平白无故成为灵明存在，成为创造的主体而发挥大用的。只有当人心懂得宇宙原理，懂得生化的法则，变为天理良知之心时，只有心的存在像邵康节所说“天地之道备于人，万物之道备于身，众妙之道备于神，天下之能事毕矣”；或刘蕺山先生所说“盈天地间皆道也，而统之不外乎人心”时，它才成为造化的大原与生生不息之根，成为创造的精灵与巨大力量的存在，才能能循天理而动，造化在我；或如陈白沙先生所说，会得此理，“天地我立，万物我出，而宇宙在我”，才能“高明之至，无物不覆。反求诸身，霸柄在手”，才能“得此霸柄入手，往古来今，四方上下，都一齐穿纽，一齐收拾”。企业文化建设，要想使人心成为巨大的力量，也得把它变为天理良知的存在方可。

要使人心变为天理良知之心，变为懂得宇宙法则、生化之理的存在，惟有加强道德修养，使心具有天德，有一个文化上的理性自觉才行。惟心之理高明，著于四方，验之于外，无物不覆，无物不照，才能经大经，立大本，参赞天地万物化育，与天地同为；惟心之理至精至微，其参伍以变，错综其数，才能通其变以成天下之文，极其数而定天下之象；惟心之理动静之会，几微幽深，才能于造化中极未形之理，适动静之会，知几其神，见几而作，不俟终日，以通志成务。人心有一个觉，便我大而物小，物尽而我无尽。惟此，才能实现自我超越，追求大我而非小我的存在。国家民族的生存如此，企业文化管理与创造也是如此。

因此，清人李二曲先生说：“大丈夫无心于斯世则已，苟有心于此斯世，须从大根本、大肯綮处下手，则事半功倍，不劳而易举。夫天下之大根本，莫过于人心；天下大肯綮处，莫过于提醒天下之人心”。提醒人心，即唤醒人的灵魂，即启迪人的灵明之心，即教化人心，提升精神。而要教化人心，提升精神，就要从人心的细小变化开始。中国文化有个“几”的概念，用以说明事物是由无入有，非无非有、非有非无的那种微妙存在。它不仅用来说明事物的微妙变化，也用来说明人心的一念之动。天心道心，虽然是至善的，但人心杂清浊不同的物之质而生，一念之动，几微之变，即有善恶。思虑未起，鬼神不知；一念之动，良知在我。是走向善，还是走向恶，全靠道德自觉，靠人心是否知觉天道义理存在。知则谓之道德良知，走向善；不知，则走向昏昧、走向恶。心的存在，究竟是成为善的力量，还是成为恶的力量，全在心几微之动的善念，全在良知在我。只有为善而不为恶，心的存在才能成为文明的力量，成为建设创造性力量！

治理国家，并不只是修几条路，盖几座房子，税收几何的问题，而是人心教化问题。人心正，天下定！人心邪妄，物欲汹汹，君子失义，小人犯刑，天下还有何安定可言！为什么？因为社会关系对于人的存在来说，并不只是物质关系、经济关系、政治关系，主要是一种文化关系、意义关系，一种伦理道德关系。离开了文化、离开了文化意义，离开了伦理道德，不仅社会群体不能维持，即使维持，也把人的社会关系变成了纯粹的物质关系、经济关系、政治关系，把人的社会存在变成经济动物、政治动物。人与动物最根本的差别，或者说人之所以异于禽兽的“几希”存在，就是人有仁义礼智的先天道德本性，追求美好的伦理道德生活与精神生活。家不散，有慈父在；国不亡，有仁君在。一个国家的领导人，一个公司企业的老总，人们所以听你们的，是因为你们有一颗仁心，有一片慈祥之心，能够关心人民，仁爱下属；如果没有这些，人家凭什么听你们的！

钟祥斌、刘泱先生所写《心的力量——走进江苏“黑松林”》一书，用儒释道解读刘鹏凯的管理现象，无疑是一本有益的书，因为它不仅对企业文化中国化是一种尝试，而且把企业管理深入到人心人性，对企业文化建设实践也在探索一种路径。既然是尝试与探索，就不可能完美无缺，而是开蹊径、寻芳菲的一种努力！其中的佳境与险境，读者自会体悟领略！序此志此。

（作者系中国社会科学院社科学所研究员、中国企业文化研究会学术委员会委员）

民营企业如何积累文化资本

张　德

没有文化资本的企业，就像行尸走肉一样，失去了灵魂和精神支柱，这样的企业又怎能在激烈的市场竞争中持续发展？对于正处在十字路门的民营企业而言，积累文化资本变得尤为重要。民营企业如何积累文化资本？笔者认为，应从以下几方面着手。

一、下决心推动二次创业，完成从家族经营向现代化经营的转变

当前民营企业多数属于家族制企业，随着市场由短缺经济走向过剩经济，竞争的日益白炽化，特别是随着企业规模的逐渐扩大，技术上的逐渐升级，家族制管理方式越来越制约民营企业的发展。尤其是企业主要高层都是有着血缘关系的家人或亲戚，容易导致内部裙带关系严重，缺乏一定的利益制衡机制，甚至造成内讧不断。更为关键的是，这种任人唯亲的管理方法不利于吸引高级技术人才和高级管理人才。同时，企业的经营和管理逐渐超出民营企业家个人能力和经验范围，如果不加强管理的规范化、科学化，难免会出现江郎才尽的现象。

上海尹氏园艺有限公司是成功实现转型的创业企业之一，公司董事长尹文元现身说法：“……企业虽然积累了一定的发展资金，但原有的经营模式、管理方式等都已明显不再适应企业发展的需要。在这种情况下，创业企业最需要的是先进的管理理念和现代企业的运作规则。”

可见，为了克服这种只适合小型企业的家族作坊式的管理方式给民营企业发展而带来的不利，民营企业首先就要下定决心，排除亲情大于制度的羁绊，在二次创业中建立一系列规范而科学的运行规则和管理制度，实现从家族经营向现代化经营的转变。

二、下决心进行观念更新，积累文化资本

（一）从不择手段赚钱到追求阳光下的利润。很多民营企业认为：赚钱是企业存在的唯一目的，企业的价值就是赚钱，所以在对内对外的一切经营管理活动中，考虑的只是利益，不择手段的赚钱则是大多数民企老板们的首选。部分民营企业甚至为赚钱不惜损害企业的形象和商誉。例如：生产假冒伪劣产品，发布虚假广告，欺骗或愚弄消费者，用不正当的手段排挤竞争对手，等等。在产品方面只要产品卖出去就行了，所谓的售后服务也仅仅是嘴边的承诺。企业偷税漏税的现象更是屡见不鲜。孔老夫子说得好“民无信不立”。企业即人，更应该做到诚信，否则就会失去广大消费的信任和认可。“失去了诚信，不是几年就能补偿回来的，也许一辈子都没办法再翻本！不讲诚信，对于企业尤其是民营无异于自杀！”受到诚信挑战的民营企业，唯有牢固树立诚信意识，不断完善企业的信用体系，树立一个良好的民营企业形象，这才是民营企业基业常青的秘诀。

（二）从把员工当工具到把员工当朋友。员工跳槽数民营企业最频繁了，据统计，民营企业普通员工有20%-50%的年度流动率，中高级管理人员、技术人员每年也有20%在流动。民营企业员工的不稳定和频繁跳槽，已给民营企业发展带来严重的负面影响。不仅流失人才，而且涉及商业秘密，成了民营企业老板头痛的问题。最近，富士康11名员工，相继跳楼的新闻震惊世界，其不仅是薪酬过低的问题，更是尊严劳动的问题。造成这种现状的重要原因之一，就在于民营企业老板看待员工的观念上。由于民营企业的所有权和经营权均为业主个人或家族所掌握，实行的也多为所有权和经营权高度统一的家长式管理，个人利益或家族利益是民营企业老板的第一优先考虑。在他们眼里，员工只是为企业或家族赚钱的工具，是从属于企业或家族利益的附属品。他们最信任的人多是具有血缘关系的亲人，而目，他们占据企业的高级职位，所以民营企业中多有兄弟伙、父子兵，普通员工缺乏上升空间，也感受不到平等、公平和尊重。而在分配制度上，往往追求工资成本的最低化，甚至有克扣员工工资的现象，造成劳资关系紧张。这种对待员工的观念在很大程度上影响了企业的凝聚力和整体感，企业的员工很难跨越血缘的界限，对企业有所认同。为了获得员工对企业的认同，并使员工心甘情愿地付出自己的所学所能，民企老板应该改变把员工当工具的观念，而是把他们也当成自己的朋友和合作伙伴，公正、公平、友善、尊重地对待他们，在用人制度、薪酬制度、考核评价制度上厉行改革，并且如实地把人力资源看成第一资源，加大对员工的培训力度，使他们在为企业努力工作中自身也得到成长，从而逐步增强他们对企业的忠诚度和归属感，这才是民企可持续发展的根本大计。

（三）从忽视社会责任到勇于承担社会责任。经过二十多年的发展，不少民营企业为本企业积累了丰富的物资财富，然而很多民企却没有积累多少精神财富和社会美誉度，因为

他们忽视了社会责任。从沈阳欧亚实业有限公司的杨斌到原上海首富、上海农凯发展（集团）有限公司董事长周正毅，再到创维集团的黄宏生，近几年来这一连串的民企丑闻就足以说明了民营企业家缺乏承担社会责任的意识，更没有意识到财富取之社会，也应该回馈社会，也难怪一位政协和人大代表如是说：民企老板需要厚道些。

三、民企老板应提高自己的文化素养，向传统文化学习，吸收千年的儒商文化营养

中国古代管理思想是中华民族灿烂的古代文化的重要组成部分，发展至今，其中许多的管理思想为世人所熟知，并且许多名言已成为脍炙人口的管理格言，诸如：正德、利用、厚生；胜人者力，自胜者强；上下同欲者胜；以弱胜强，以柔克刚，以退为进；等等。每一句无不表达了深刻的内涵，体现了古代先哲们对管理的独到见解。这些古代的管理智慧不仅是中华民族优良传统的体现，中国五千年历史文化的沉淀，更是值得民企老板们借鉴并学习的精华。

在如今激烈的市场竞争中，尤其是国外企业进入中国市场，没有一定文化素养的民营企业可以说是不堪一击的。而中国许多民营企业家的个人文化素质普遍偏低。因此，民营企业家们一方面应向西方管理理论学习，另一方面应向传统文化学习，汲取其中的精华，用中国古代管理思想来应对国际化的趋势和激烈的市场竞争。

小企业做事，大企业做人。民营企业要想成功跨越二次创业，首先就要学会做人。古代圣贤特别讲究为人之道。老子提出“圣人方而不割，廉而不刿”的人生感慨，意思是说，有智慧有道德的人，方正刚直却不机械死板，廉洁自律却不伤害他人。这是老子风雨人生的历练，也可以成为民营企业家们的借鉴。从商之道和为人之道是相通的，只有方正刚直、廉洁自律的民营企业家才能够在发展道路上有所突破、有所作为。所谓“为商之道首先在于为人”，说的就是这个道理。在希望集团处处可见“做诚实而精明的商人”、“勤勤恳恳工作，堂堂正正做人”等标语。与其说是刘永好的从商之道，不如说是他本人及其企业的为人之道。这样的事例在中国的民营企业中并不普遍，因此，笔者呼吁民企老板要学习古代的为人之道，在做人中做事。

四、以身作则，带出优秀的员工队伍，塑造优秀品牌

所谓文化资本，其外在的表现就是企业优秀的品牌。优秀品牌的背后，除了坚实可靠的资金基础以外，更重要的是要有一支优秀的员工队伍，和其背后的先进理念、价值观。

重庆力帆控股有限公司董事长尹明善曾经说过“只有自己做了，才有底气呼吁别人这样做！”正是凭借对自己的严格要求和以身作则，54 岁才开始创业的民营企业家尹明善赢得了员工、社会的信任和支持，才有了今天辉煌的业绩。因此，民营企业家应该以身作则，成为企业基本理念和价值观的倡导者和最忠实的身体力行的垂范者。唯有如此，才能在保证善待员工，为员工提供良好工作环境的同时，更要让他们的内在素质和行为习惯不断提高和升华。在领导的模范带头作用下，企业才能成为一个奋发向上、有凝聚力的企业，此时的员工队伍才是最优秀的。在此基础上，才有利于塑造出优秀的品牌，进一步加速企业文化资本的积累。

要想做百年老店，就要有百年老店的风采，民营企业只有通过二次创业，不断丰富和积累自身的文化资本，才能真正做到基业长青，才能成为中国经济发展名副其实的生力军！

（作者系清华大学教授、博士生导师、中国企业文化研究会学术委员会委员，本文摘自连云港《企业文化》2011 年 3 期）

企业文化管理的新篇章
——读刘鹏凯《心力管理》

高立胜

近读刘鹏凯先生的新著《心力管理》，感触良多，不由得想起了江苏省的一位民间二胡演奏家华彦钧先生（阿炳）的故事。他已过世多年，但他的作品至今仍在世界广为流传。有一次，日本的世界著名指挥大师小泽征尔听到了阿炳二胡曲《二泉映月》的演奏，心灵受到极大震撼，他说，这种音乐只能跪着来听。很多人对此不解。我想这是因为此曲是用阿炳的心来谱写的，所以必须用心来倾听，才能与作者心灵相通，情感共鸣。刘鹏凯是江苏省著名的民营企业家，也是全国知名的企业文化管理专家。他的新著《心力管理》系其倾心力之作，所以我想到了这个故事。如果我们不能用心力来研读和领悟，就很难与其心声相通。

我很有幸提前读到这本原著。因为此前我看了刘鹏凯写的很多漫画故事，受益匪浅。当我听到他有新著将出，便自告奋勇地提出帮他审读校对。我说我原来退休前做过辽宁社会科学院《社会科学辑刊》总编辑，别的我帮不了，但是帮忙审读编辑尚可。于是我就帮他看了，开始还没有太进入角色，越看之后越有很多感触、想法甚至震撼。我认为，《心力管理》可以做一本高校的 MBA 教材。现在世界上流行的 MBA 教材，都是案例教材。我觉得刘鹏凯先生的 25 种管理法都是具有文化特色底蕴的管理案例。不能把它仅视为管理方法来看，我认为，“心力管理”是刘鹏凯倾其心力来和他的员工对话，是心对心的对话。他能把对话的内容、过程、和情感提升到理论高度来观照和解析，这就是哲学的理性反思与提升。

《心力管理》有各种评价也是正常的，但我认为只有读懂这本书，读懂刘鹏凯，才能够理解“心力管理”。在此我仅举两个案例。

其一，在黑松林粘合剂厂公司有这样一条制度规定，员工违反规章制度犯了一般性的错误，是要受到处罚或罚款

的；但是如果员工在过了一段时间（例如半年）之后，没有再犯这样的错误，公司即将罚款返还给这位员工。黑松林的罚款返还制度事情虽小，但是却体现出了文化管理中的有情与制度管理中的无情的相融相济。而“宽严相济，张弛结合”，则正是上世纪八十年代彼得斯和沃特曼提出来的西方企业文化理论中的八项原则之一。企业文化管理是一种以人为本为宗旨的管理理论和管理方式，在黑松林的管理模式中得到了验证。

其二，刘鹏凯董事长作为成功的现代企业家，他善统揽全局，视野宽阔，博采它企之长，提升自己，经常外出学习考察，每年几乎有半年的时间不在企业；然而，在他的倡导和培育下，黑松林已形成了独具特色的企业文化管理模式，即员工们根据任务目标的要求，都会自觉地运用黑松林价值观、理念和企业精神，进行自我管理、自主管理。领导在场与不在场都一样。而这种自主管理，则是企业管理追求的最高目标，即“没有管理的管理”或“不管理的管理”。在海尔集团我们已看到了自主管理小组，在黑松林我们同样看到了这种自主管理模式。

我认为，刘鹏凯先生是一位资深的企业文化管理专家，既源于诸多此类案例。

我学习《心力管理》的心得体会是，“刘鹏凯先生既有事业上实践的成功，也有理论上成功，他在理论上成功之精要，在于心力管理创新，即他身处经营管理之中，又能站在经营管理之上，胸怀全局，运筹帷幄，睿智哲思，情真意切，心力之管理，兼著心力管理之经典，可谓凡实战之处皆能悟哲理，运用之妙可随机点化文章，故能见人之所未见，思人之所未思，行人之所未行，更兼有情意爱之底蕴，产业报国之情愫，妙手著文章，故得其倾心倾情倾力之心力管理著作，实为难能可贵。”

刘鹏凯先生在工余撰写此书，并非为趋利求名，而是为了做事业。因此，我衷心地希望刘鹏凯继续提升，也希望大家来支持，来共同完善这本书，因为它是中国企业家撰写的具有中国特色的企业文化管理的创新篇章。

此外，深受刘鹏凯《心力管理》一书启迪，我想修改我的一篇旧文。九年前我曾写了一篇《企业文化模式初探》的文章，当时我提出了五种模式，现在想应该加一种，即第六种企业文化构建模式：黑松林和谐幸福型构建模式。《心力管理》从六大关系上来构建：员工全身心内在的和谐，员工与家庭的和谐，员工与企业的和谐，企业与客户的和谐，企业与社会的和谐，企业与生态环境的和谐。另外在构建幸福企业上，黑松林的经验和模式回答了怎么使员工和客户满意，怎么使员工和客户快乐，怎么使员工和客户追求价值成就感等问题。我想我们应该探讨在新形势下构建和谐幸福企业的问题，希望得到大家的关注和支持。

（作者系中国企业文化研究会副理事长、特邀研究员、辽宁省企业文化学会会长、哲学研究员、管理学教授、享受国务院特殊津贴专家，本文摘自《辽宁营销文化》2011年3期）

丰田文化和丰田模式需要改造与提升

王成荣

既然丰田文化和丰田模式面临全球化如此大的挑战，那么，丰田只有改造与提升自身的文化与管理模式，才能走出困境。

丰田的“精益生产方式”所形成的两大支柱体系：“即时到位系统”和“智能自动化”，本质上是靠“人”，靠人为顾客生产最优质的产品。人是根本，人的正确理念，对企业的忠诚与高度负责的主人翁精神，娴熟的技术以及人与人之间良好的协作，是实现“精益生产方式”的根本保证。

第一，要解决理念层面的求大、贪婪与自满问题。求大、贪婪与自满的思想和丰田的人本文化是有冲突的，丰田的决策者们不能忘掉丰田立足的根本，克服浮躁的心态，把丰田事业建立在人本的根基上，确保技术、生产、市场的国际化进程与丰田文化、丰田生产方式、丰田的人才培养相适应，才能从根本上克服危机、避免危机，把企业引上健康发展的轨道。

第二，要完善和提升自身的文化，强化精益人才的培养。丰田文化是强调集体主义和团队精神的，基本用人制度是“终身雇佣制”，非常重视员工的培养，尤其重视员工的合理化建议。丰田为了让更多的人提出合理化建议，设置提案箱，对优秀提案给予奖励。在集体价值观的主导下，公司目标和员工目标紧密地联系在一起，员工有着很强的归属感和安定心理，并从公司发展中受到激励，进而又增强了对公司的责任感，形成良性循环，这一点使丰田独具欧美公司所没有的凝聚力和稳定性。但是，由于受现代化和“全球化”的冲击，日本企业的“终身雇佣制”逐渐出现解体之势，一些年轻人不是为了生活而是为了兴趣工作，不太愿意一直在一个企业工作，出现频繁“跳槽”现象；年功序列工资制也在吸收以能力为中心的职务工资制和职能工资制的经验，向混合工资体系方向改革；企业工会与企业经营者的年度“春斗”（即劳资谈判，编者注）也越来越激烈。企业的团队文化，员工对企业的忠诚度、敬业度都不及从前。这实际上是丰田以及众多日本企业面临的最大危机。丰田海外工厂出现问题，给丰田一个很大的警示。如果本土文化根基不牢，出了问题再弥补，为时已晚。因此，丰田需要做的不仅是解决眼前危机，更要从长计议。反思和调整自身的文化，在坚守自身团队特色、整体意识的基础上，进一步按照和体现个性化、多样化的需求满足，处理好集体与个性的关系，使精益生产在“全球化”和现代化环境中有更大的文化支撑。同时，要培养更多的忠诚丰田事业的精益人才，使精益文化、精益人才、精益技术三位一体，这样的丰田才是有前途的。

第三，要解决大企业管理体制的灵活性问题。丰田虽然是一个“全球化”的巨型公司，但由于整体性的文化，管理模式仍是集权式的，总部掌握大权，不同国家（地区）的分公司相互割裂。产业链中的设计、生产销售部门沟通不畅，售后信息和投诉信息反馈不快。这种模式已经远远落后于时代，它使得所有问题都必须垂直上报顶级管理者处理，在这个系统中，很多问题因为拉长流程而得不到迅速解决。“丰田事件”的扩大化，就跟它的“汇报体系”直接相关。如何在坚守丰田模式和标准的基础上，改造管理模式，增大面对市场的环节的权利，加强横向沟通，加大企业的灵活性，这是丰田需要反思与解决的又一个重要问题。

第四，认真解决好跨文化管理问题。要知道，丰田精益管理不能在全球化中简单复制。《纽约时报》的评论说，当丰田向着全球化进军的时候，却无法要求全球的雇员以不同的文化精神来共同实践丰田爱企业如爱家的理念，这或许是丰田全球化风头正劲的几年来召回事件却呈上升趋势的根本原因。日本与中国，文化相近，跨文化问题相对少一些；日本与美国，文化差异大，跨文化问题就很突出。日本丰田的质量是制造出来的，美国丰田的质量是检验出来的，二者差别巨大。丰田精益生产要求把质量隐患消灭在生产过程当中，这就不仅需要技术，更需要人的责任心与整体文化的保证。

第五，处理好高品质与低成本关系。丰田“精益生产方式”的基本思想是“彻底杜绝浪费”，包括过量制造的浪费、等活的浪费、运送的浪费、加工本身的浪费、库存的浪费、动作的浪费、制造次品的浪费等等。“成本杀手”渡边捷昭“拧干毛巾上的最后一滴水”的至理名言，成为丰田节约文化的集中反映。2000 年，丰田实施“打造 21 世纪成本竞争力”战略，计划把 180 个核心零部件的成本削减 30%，2005 年前节省成本 100 亿美元。据报道，丰田某零部件供应商原来生产的一个汽车喇叭由 28 个零部件组成，改进后，组装一个喇叭的零部件只需 22 个；原来丰田汽车的数十种车型使用 35 种门把手，经过改进后，只需要 3 种即可；丰田每辆车使用的钢制零部件由 600 余种缩减至 500 种。质量与成本往往是成反比关系的，标准化产品与个性化需求也是矛盾的。丰田的节约文化在低碳节能经济中是积极的，但不能为节约而丧失质量、丧失信誉。“丰田事件”尽管影响深远，还不至于把企业推向深渊。但是，这是丰田全球化道路上跌的最大一次跟头，需要其深刻反思、觉醒与变革，丰田可借机重整旗鼓。否则，也可成为丰田由盛及衰的转折点。讨论丰田，为丰田支招，这不是我们的任务。关键是我们的企业要从“丰田事件”中汲取经验与教训，尤其是正在走向“全球化”并以丰田为楷模的中国企业，应该积极而谨慎地开拓市场，搞好跨文化管理，坚守质量，避免类似的危机重演。

（作者系北京财贸管理干部学院院长、教授，中国企业文化研究会学术委员会委员，本文摘自连云港《企业文化》2010 年 7 期）

用心管理与用力管理

邓荣霖

什么是管理？什么是管理者？我在刘鹏凯著《心力管理》一书（上海人民出版社 2010 年 12 月版）的推荐中写了两句话：“管理是通过别人来做好工作的过程。管理者是对别人工作负责的人”。（见该书第 267 页）前几天收到鹏凯的短信，请我在此基础上用管理学写一篇心力管理评论。这既是一位企业家对管理学的实际需要，也是现阶段中国企业管理实践对管理理论研究与教学工作者的客观要求。自 1978 年改革开放以来的 30 多年中国企业管理实践，既缩小了同国外发达国家自泰罗科学管理以来百年历程的差距，又面对现代市场经济及经济全球化和技术信息化的发展趋势，提出了值得探索的管理理论与实践的新课题。

1997 年，鹏凯所在的江苏黑松林粘合剂厂，成为当地第一家公司制改造的试点企业。当时拖欠员工工资现象严重，人心涣散，濒临破产。改制后的公司管理之路如何走？以鹏凯为代表的管理者转变了改制前的工厂管理思路，站在员工或下属的角度，换位换心，对员工负责，把员工的心之所及，转化为力之所达的过程。这种用心管理与用力管理相结合的心力管理过程，提升了企业对员工的凝聚力和员工对企业的向心力，有效地保证了企业改制的顺利进行，促进了企业的稳健发展。

管理是科学。管理学的学科理论价值在于系统地研究企业组织与管理过程中的个体人和群体人及其相互关系。管理的实质是同人打交道。管理者的作用在于使企业组织中的别人变得比自己更为重要。管理工作的互动、交叉、聚散、流程及其持续不断地创新，其基本动力来源于人。人就是人，不要把人单纯看作企业的工具。心力管理的成功秘诀就在于抓住了管理学的这个精髓，反映了管理学发展的基本规律。作者在《心力管理》一书中写到：“贵在要有心，要用心。”“需要管理者心之动，心之力，放下自我，心动而形成心力，驱动心力的传递。”（见该书第 5 页）作者探索心力管理，就是把单纯“赚钱”转变到“修心力”的管理过程，用心动形成心力的智慧，赢得人心，做到四两拨千斤。一个企业有了心力，就会“人心齐，泰山移”，众志成城。众心合力是企业发展的原动力。

管理是艺术。管理学的实践应用价值在于具体地运用管理知识和管理原理来解决管理过程中的实际问题，包括人与人之间和人与物之间的问题。单纯在课堂上学懂舞蹈课程，不等于就掌握了舞蹈技巧。同样地，管理是一种实践，一个过程，一门艺术，具有鲜明的可操作性特点。从事管理工作，必须在企业实践和市场竞争环境中摸索、体验、感受、经历，既难以事先灌输，也难以事后复制，更无法归纳为千篇一律的固定模式。面对日益复杂的管理问题，管理技巧就在于把复杂问题简单化，以最简便快捷的方式接近管理目标，避免无功而返或事倍功半。把简单的事做好就是不简单。管理学家不仅要确立经济学家面临的发展目标问题，更要着重解决实现目标的“搭桥过河”方法问题。《心力管理》一书中列举的 25 项管理方法，分别从不同侧面解决了复杂的管理问题。如用“磨合法”解决员工心智培育问题，“记豆腐账法”解决营销员成长问题，“短信法”解决管理中的情感沟通问题，“做馒头法”解决传承中的管理创新问题，“眉批法”解决员工激励问题，“走棋式法”解决产品的市场竞争问题，这些管理方法具体、生动、务实，体现了“管理是艺术”的真谛。

管理是手艺。管理学在企业实践中的具体运用，同管理者本人对管理理论和管理信息的理解及其自身的个性特征密切相关，尤其是受到管理者个人在管理工作中的手感、质感、分寸感、操作感及其对人物与事件的判断、选择、微调能力的影响。每个管理者在管理实践中都有自己最有体会的感性案例，包括成功案例或失败案例。关键在于管理者自身是否具备从感性到理性的思维能力和行为能力，能否找到符合管理规律的有用案例。对管理者培训的目的就是要提升这种思维能力和行为能力。刘鹏凯的管理特质就是拿起改制后兑现的企业自主权，选择员工工资作为管理创新的突破口，想员工所想，端出暖人心的员工薪酬改革方案，让员工将心比薪，变人心涣散为人心凝聚，使企业呈现出活力与合力的新局面。并在此基础上，通过企业学习与培训，不断引导员工在工作与生活中，善用其心、自净其心、发自内心、增加爱心、消除恶心，共同实现心心相印的企业和谐发展愿景。

管理是科学、艺术、手艺的结合。管理的科学理论是抽象的，但却是普遍的共同的规律；管理的艺术技巧是具体的，但却是常青的变化的行为；管理的个人手艺是差异的，但却是真实的多元的存在。管理学的生命力就在于实现科学、艺术、手艺三者的有效结合，推动社会生产力的持续发展。刘鹏凯探索的心力管理，乃是管理学三维度即科学、艺术、手艺相结合的具体表现。心力管理包含着用心管理与用力管理相结合的丰富内涵。管理必须用心，还要赢得人心，即使面对困境，也切忌心灰意冷。心决定力，即人心深处，往往存在着起决定作用的某种力量。思维决定行为。心力管理就是管理者依据自身的心思与能力、精神与体力、思维与行为，发自内心做好管理工作的精神力量。心力管理是有形力量与无形力量的结合，软实力与硬实力的结合，管理制度与管理文化的结合。对企业文化来说，文化就是人化，文化就是化人。企业文化是为实现经营目标而具有凝聚力的全体人员认同的价值观。以心力管理为出发点和落脚点，作为企业管理者获得管理信息的渠道，必将形成信息决定思路，思路决定出路，出路决定财路的企业良性循环发展局面并成为长寿型企业。

（作者系中国人民大学商学院教授、博士生导师、中国企业文化研究会学术委员会委员）

健康企业才能长久发展

孟宪忠

改革开放30多年来，我国企业取得了长足发展，国有企业在竞争中强大，民营企业从无到有已发展到数百万家，成就喜人。但我们在看到成就的同时，也必须看到我国企业发展面临的一系列严重问题：有的企业经营寿命不长，注册两三年就倒闭了；有的企业表面繁荣，全凭贷款支撑；有的企业缺乏核心能力，靠模仿产品维持；有的企业弄虚作假，陷入信用危机；有的企业只图利润，损害社会利益；有的企业人心涣散，内耗严重……凡此种种，不一而足。问题虽然多种多样，但我认为，其本质却是企业健康问题，是因为企业健康问题影响了企业竞争力，更影响了企业长远发展。只有抓住问题的本质才能切实解决问题。

健康是企业成功的基础

像人一样，企业作为有机系统，也有健康与患病问题。据古尔德《医学词典》说：健康是机体的一切机能都正常运转的状态，疾病则是身体的某些器官或机能受到干扰所致。疾病将影响机体正常能力的发挥和人的寿命。毋庸赘言，人们都知道健康对于人的至关重要。遗憾的是，许多企业却没有认识到促进企业健康的重要性。不少企业面对激烈的市场竞争，不注意企业健康问题，不注意炼就企业内功，完全沉浸于谋略、策划、技巧、招法，总想以奇招、妙法战胜对手。结果在竞争中并不是被对手战胜，而是自身先出了问题败下阵来。秦池、爱多、蓝田、亿安、银广厦、郑百文、三鹿莫不如此。这说明，一个企业如果不健康，就不会有真正强大长久的竞争力，它可能会通过各种方式发财了，但是它不会有明天。

研究企业健康问题，不仅有我国的现实根据，也有各国企业的现实根据。在市场经济发展过程中，各国企业都遇到过企业健康问题。1983年初春，日本著名企业家、欧姆龙公司会长立石一真针对日本企业、特别是一些大企业存在的铺张浪费、成本增加、盲目自大、官气十足、内耗严重、坐享其成、不思进取、保守僵化等严重现象，在东京经济团体联合会会上指出许多日本企业患上了严重的“大企业病”，警告那些企业如不深刻反省自身，革除身上的病灶，必将被时代所淘汰。不想，立石一真先生的这次发言却引起了日本企业界和舆论界的广泛关注，日本众多媒体争相报道立石一真的发言、做深度采访，日本许多企业邀立石一真讲演。始于此，立石一真投入更多精力结合欧姆龙经营实际研究如何克服大企业病，研究如何建设健康企业。到1986年，立石一真提出了切实可行的治疗大企业病的措施和办法，即著名的《61措施》(1986年系日本昭和61年，故用61作为代号。)61措施有两条基本原则：首先，是把企业作为系统，对企业开展系统诊断，推动企业系统改进；其次是将企业系统分为技术、销售、采购、生产、物流、回款等六个环节，逐一环节查找问题，逐一问题予以改进。在20世纪80年代，立石一真先生的见地和行为确实是引领时代的。

近几年，杰克·韦尔奇领导通用电气的经验引起了国内众多企业的关注，这是非常好的事情。但对于杰克·韦尔奇经验的实质，我们却缺少深刻的思考，对于如何借鉴杰克·韦尔奇的经验，我们也思考得不够。人们往往从策略、技巧的层面搬用杰克·韦尔奇的具体做法，而忽视了杰克·韦尔奇领导通用电气的实质是将通用电气建设成具有健康体质、具有独特竞争力的一流企业。1981年，杰克·韦尔奇接任通用首席执行官时，通用电气盲目自大、保守僵化、行业庞杂、成本增高、机构臃肿、官气十足，也可以说是问题重重。杰克·韦尔奇清醒地看到通用电气已不是一个健康的企业，以带病之躯是难以参与竞争、难以制胜的。所以，杰克·韦尔奇首先大刀阔斧地对通用电气进行了改造。他把通用电气的20多个管理层级砍成了5个，去除“脂肪”，使组织扁平化，加强上下沟通；他去除部门藩篱，倡导无障碍沟通，以求克服官僚主义；他删繁求精，将350个行业部门减成12个事业部，使得各个部门的经营业绩都达到了世界数一数二的水平；他顶着各种抱怨和对抗，精简了数万人员，保持了大企业的规模和小企业的灵魂；他引导大家从对以往成就的自满与沉醉中走出来，发动员工查找不足与问题，面对未来要求，提升企业的应变能力，快速前进。杰克·韦尔奇主持制定的通用电气价值观是通用的教义，9条价值观的实质就是反对官僚主义，全员通力合作，勇于迎接挑战，坚持客户第一。总之，通用的成功首先是健康企业的成功，是杰克·韦尔奇改革通用的成功。一个不健康的企业是无法竞争成功的。

面对我国企业不健康的现状与欧姆龙、通用电气成功的经验，我们可以从成功与失败两方面理解：企业健康是企业成功的基础。

健康是提升竞争力的前提

认识“企业健康是参与企业竞争的前提”这一道理并不难。我们都知道，选拔竞技体育运动员的第一项标准就是身体健康、体能过关，健康是参赛的前提，有了健康才能有竞争力。但在市场竞争中，有人却忘记了这个起码的道理。不少企业是以带病之身参加竞赛，患病不止还要快跑，这样的企业怎能有竞争力，怎能永续经营？今天，到了切实重视、认真研究企业健康问题的时候了。

结合国内外企业健康问题的经验教训，我们认为企业健康包括以下五个方面：精神健康、结构健康、能力健康、行为健康、作风健康。

企业精神是指企业的目标、宗旨、理念、价值观等企业的深层内涵。企业的精神健康，则指企业具有鲜明的社会责任感、高尚的经营动机、持续发展的价值观、诚信为本的原则，并能合理处理企业利益相关者的利益。如强生集团的企业价值观是顾客第一，社会第二，员工第三，股东第四。反观我们的一些企业，为了少数人利益做假账，散布伪信息，坑害股民；为了企业利润而污染环境，危害社会。这样一对比，我们就能认识到促进企业精神健康的重要性，认识到企业精神是企业的灵魂，企业精神健康是企业健康的核心。

企业的结构健康是指企业的制度结构、组织结构的健康。制度结构健康，重点指产权是否明晰合理；组织结构健康，则指组织是否健全、简洁、协调。健全、简洁、协调的组织结构，能促进企业生产经营的正常运转，能促进企业竞争力的发挥；不健全、不合理、不协调的组织结构，必然造成效率损失、竞争力低下。组织的结构如同碳元素的结构，同样的碳元素，结构方式不同，有的就成了坚硬的金刚石，而有的却成了石墨。当前，我们一些企业叠床架屋、人浮于事、领导不和、拆台内斗都是结构不健康的表现。

企业能力是多方面的，其中最主要的是指企业的决策能力、执行能力、创新能力、赢利能力、开拓市场能力与适应能力。在这里我们有必要区分一下企业能力健康与企业能力水平。企业能力水平是指企业能力的程度、等级，企业能力健康则是指企业能力的品质。企业决策水平有高低之分，如果决策水平低有待积累经验以不断提高，这无可厚非，但决策动机不纯、决策不民主、大搞封建主义，则是能力不健康。赢利能力也有大小之别，凭经验曲线可逐步提高，但挥霍浪费、假公济私则是赢利能力不健康。

企业行为是企业在全部经营活动中表现出来的具体行为。企业行为是一个系统，采购、研发、生产、销售、服务、管理都是企业行为，只有企业的每一行为都在法律与道德的规范下进行，企业的行为才是健康的。企业全部经营活动要面对顾客、员工、供应商、经销商、同行、社区、金融界、舆论界、政府、国际社会等十大方面，面对这十大方面都应该以善良、负责的态度行事。

企业作风是企业的一种氛围、风气，甚至是一种习惯。表面看起来，企业作风看不见、摸不着，但它却影响着企业的发展方向。我们在实践中已深深感到，企业风气不正的危害就是好人受气、好事难为。当前，我们企业作风不健康集中表现在奢侈享受、等级官僚、华而不实等三个方面。许多企业办公宾馆化，车不厌豪华，排场不怕大；许多企业官本位严重，行一言堂，媚上压下；许多企业搞形式主义，弄虚作假，沽名钓誉。今天，我们必须清醒地认识到，我们国家、我们企业还很穷很穷，我们的任务还很重很重，我们的路还很长很长。今天，在我们企业中也必须提倡“两个务必”作风：务必使同志们继续保持谦虚、谨慎、不骄、不躁的作风，务必使同志们继续保持艰苦奋斗的作风。是否具有“两个务必”作风也是衡量企业作风健康与否的最重要标准。

努力实现企业健康管理

在认识到企业健康的重要性基础上，我们就要深入研究怎样促进企业健康。在这里，我提出一个重要概念——“企业健康管理”。各类企业、各级企业管理者都知道企业有多种管理：针对岗位责任制、操作流程的基础管理；各职能部门的职能管理；公司全局性的战略管理。这些管理都是针对领域对象展开的，而健康管理则是针对企业经营的健康状态而言的。企业作为一个完整的系统，它的任何领域都可能存在着健康问题，都需要健康管理。企业健康管理包含着许多内容，重要的有“企业健康等级研究”，即按照程度将企业状态分为“非常健康”、“健康”、“亚健康”、“不健康”、“病态”五个等级。除健康等级研究之外，健康管理还包括具有预防、保健、诊断、治疗等作用的促进企业健康的制度建设和措施安排。就像没有一生不患病的人一样，也没有无问题的企业，但有问题早发现早解决与晚发现迟解决的后果大不一样。雀巢现任首席执行官彼得·布拉贝克说："如果你注意预防性保健，抽出时间定期体检，你就不会在某天醒来后突然发现你必须锯掉一条腿。"所以，我们必须要把健康问题作为一个连续过程来考虑。

企业健康如此重要，为什么我们众多企业却忽视这一问题呢？改革开放初期，我国从需求匮乏、商品短缺很快过渡到需求膨胀、商品大量供应，市场充满了种种机会，于是不少企业就养成了一种投机心理。毋庸讳言，在建立市场经济体制的过程中，也确实存在着制度不健全、法制不健全等弊端，这就给许多企业留下了违规经营的漏洞。历史发展到今天，随着市场经济体制的不断完善，特别是我国已经加入WTO，我们的企业就必须切实改变投机心理和违规习性，时时检查自己的健康状况，自觉做到规范经营、健康经营，以更强健的体质在竞争中取胜。

健康文化是创新的基因

谁都知道，一个国家的实力离不开制造能力与技术能力的提升与创新。为了建设强大的国家，从政府到企业，从学校教育到科研机构，都提出要提高我国的制造能力与技术能力，提出要加强自主创新，提出要进一步加大科研投入，要建立实施促进科学技术发展的新政策新制度。这些都是完全必要的，但仅有这些是远远不够的，因为制造和技术的提升与创新不仅是一种技术问题、经济问题，还是文化、国民性的问题。中国企业要想走向世界，首先需要打造一种良好的、健康的制造文化。企业没有健康的制造文化，就不会去运用好的技术，更不会创造好的产品。

纵观历史上的日本、德国成为世界制造大国，横看今日的美国科技领先世界，除了经济投入、制度促进的原因之外，一个很重要的基础就是这些国家在市场经济发展过程中形成了相对健康文明的制造文化与技术文化，是文化为制度指出了方向，促成了人们良好的行为习惯，使得人们自然而然负责任地追求完美的生产和创新。这正像德国学者马克斯·韦伯所说的，经济不仅需要一种能力，还需要一种气质。

我国在生产制造与技术创造方面存在的一些问题，不能说与我们缺少健康文明的制造文化、技术文化无关。国内已有不少文章专门讨论中国制造与中国技术问题，但多是从技术角度分析，很少从文化角度系统研究。我从文化与社会学角度对我国制造与技术领域存在的问题作了一番探讨，结论就是：中国制造与技术要取得世界地位，首先就要形成健康文明的制造文化与技术文化。

正视现实有时是很痛苦的，但只有正视现实才能进步。十多年来，在对企业的管理咨询过程中，在对企业产品的实际调研中，我切实感受到一些企业在产品制造与技术开发中存在许多不良现象。这些不良现象都与企业的制造文化、技术文化密切相关。

一是神造：不顾事实地将产品功能神话，诱骗消费者。从保健、美容、减肥等产品的宣传广告中，我们随处可以见到神乎其神的用语。

二是粗造：不讲质量，过得去、差不多就行。大工程的质量问题，如桥塌坝溃，路断房毁；小产品的质量问题，如眼镜不合格，桶装水不达标。

三是形造：就是重形式、重表面、重包装，不求实质。月饼包装、酒包装、化妆品包装，极尽奢华之能事。一些企业生产的家具与国外成功企业的家具外观真假难辨，但所用材质、内在质量、环保水平则不可同日而语。

四是量造：盲目地追逐数量、规模，热衷于同质化、同水平的量的扩张，不去做本质上的创新。世界上最大的臭豆腐、最大的月饼、最大的帽子、最大的鞋、最大的风筝等等，都记在了我们的名下。如果这些只是一种游戏、一种娱乐也无可厚非，但这些劳民伤财的无聊之举却还成了某些人的"政绩"。

五是仿造：醉心于外在模仿、满足于外在模仿、自我安慰于外在模仿。在尊重知识产权的前提下，仿造本身并没有什么不对，问题是有些企业在仿造别人产品时无视别人的知识产权。

六是劣造：这是比粗造危害更大的一种生产，是利用假料、次料，不按生产标准和流程的滥造。毒奶瓶、含甲醛的建材都是严重的劣造。

七是伪造：这是比劣造更恶劣的制造，是用各种手段造假充真。近年来暴露出的奶制品添加三聚氰胺事件，就是典型的伪造。

八是低造：就是满足于生产低附加值的产品，不努力提高产品的类别，不努力提高产品的技术档次，不努力提高产品的附加值。

九是费造：就是只求产值，只求产出，不计综合成本的制造。这里所说的综合成本，包括经济成本、环境成本、政策成本、机会成本。就经济成本而言，我们的劳动生产率分别是日本、德国、美国的6%、7%、9%左右。我们应该知道，在劳动生产率低下情况下的高产出是对经济的反动，因为这些高产出不是劳动生产率创造的，不是创新带来的，而是各种经济要素高投入实现的。就环境成本而言，更是触目惊心。以往我们只是把制定实施政策当成一种政治行为，其实政策也是一种狭义的社会成本，廉价批租了土地，我们就失去了这些土地可以实现的更高的社会收益；一味地减免税，我们就流掉了许多经济财富。机会成本是指从事当下的业务，获得了当下的收益，而失去了从事其他业务的机会及收益。如果我们的视野再开阔些，也许能够选择更有收益的事业，减少机会成本的损失。

十是急造：违背事物发展规律，什么事情都要跳跃式进步、超常规发展，结果拔苗助长、欲速不达。这些年我们出现了太多的速度典型，数不清的公司要成为世界一流。其实，速成的是没有根基的，速成的是极易腐朽的；速成的只有物理变化，而真正的化学变化是要有反应过程的。在企业发展、国家发展的真实道路上，所有的捷径都是弯路，最伟大的成功是自然而然的成功。

这十种不良制造，都是企业不健康文化的具体表现。

企业若要不断提升自己的技术能力、创造能力，就必须加强健康文化建设，让健康文化成为企业创新的基因。

（作者系上海交通大学战略管理研究所所长、教授、博士生导师，本文摘自《中外企业文化》2010年10期）

中国企业家的人文修养

周国平

一个作家、一个学者不论写什么作品，他的整体精神素质一定会在作品中体现出来，决定了作品的整体质量。这个道理对企业也是成立的，企业就是企业家的作品，这个作品也是由作者的整体精神素质决定的。无论在哪个领域，都是整体精神素质决定了作品的大小、品质、高度，最后比的都是整体素质。

人文修养就是提升整体精神素质的必由之路。人文修养是通过教育和自我教育提升的。通过教育和自我教育，使得人之为人的一种精神禀赋得到很好的生长、发展，成为精神上优秀的人。

人的精神禀赋有哪些？主要有三个东西：一个就是理性，或者说智力、或者说头脑，人是有思维能力的；第二个就是情感，不光有认识、有思维能力，而且有感受，是带着情感去认识，一种带有情感的精神生活；第三个是道德，也可以说是灵魂。人文修养是围绕这三个东西展开的。一个人如果有智慧的头脑、丰富的心灵、善良高贵的灵魂，就是一个精神上优秀的人。对于这三个东西，我想强调三方面的人文修养，一个是哲学修养，第二个是文学艺术修养，第三个是道德修养，是针对人的头脑、心灵、灵魂。

加强哲学修养，拥有智慧的头脑

我想可能由于哲学教学中的毛病，对哲学存在一个普遍的误解，很多人把哲学看作是概念和教条，当年我在北京大学上哲学系的时候，课堂上讲的基本也是这样的东西。所以有的人觉得哲学很丑陋和枯燥。我觉得你错了，你还不知道什么是哲学。我建议要去读中外的大哲学家，包括中国的孔子、老子、孟子，也包括西方的柏拉图、康德，看了这些东西，就知道哲学实际上是对世界上的大问题、根本问题去思考、去想，你把大问题想明白，这就是哲学。想这些问题和不想这些问题是不一样的。有的人说哲学没有用。哲学最大的用处就是让你变得智慧。大家知道希腊的非那索菲原意就是爱智慧，让你不要糊里糊涂地做事情，让你明白地活着，明白地做事情。我们每个人平时都是在自己的场景中，做自己的事情或者是过自己的日子。哲学实际上是让你从这个里面跳出来，看一看、想一想问题，然后再回过头去，你有这个大的坐标系，再想你应该怎么做事和生活。我想对企业家来说，这个就很重要了。你作为一个领导，作为一个领导者，你不能光是和你企业的具体事务一样，扎在这个里面，你应该经常跳出来看看企业的全局，还要看大的全局，你要看看世界的大局，想想大问题，不但想经济问题，而且想政治问题，其实中国的经济和政治是纠葛在一起的。

任何一个大成功的人都是有智慧的，也就是说都是哲人。他们区别于一般人不是聪明，而是智慧。聪明和智慧是两回事，聪明的特点是就事论事，他在局部反应非常灵敏。但是，他是局限于经验的。智慧就是跳出这个里面，他是要着眼于全局的，这是最大的区别，这是一个关于哲学的修养。

作为企业家不光是领导企业，其实还应该想人生的问题，你不光是把企业做好，而且要生活得幸福。你生活幸福不幸福，对你的企业是有影响的，所以要有人生的智慧。人生的智慧就是看看人生的全局，想一想人生的大问题，比如说什么是幸福，我这一辈子怎么样才是幸福的，我应该达到一个什么样的境界，像这样的问题也应该是作为一个人包括企业家经常想的问题。

我这里想跟大家交流一下什么是幸福的看法。这个其实是每个人都应该想的问题。什么是幸福？人生中到底什么是最重要的，什么是最值得我们追求的、最值得我们珍惜的，要弄清这个问题，就要问问人什么是最宝贵的，你把这个最宝贵的东西实现出来，你的人生就圆满了。人身上两个东西最宝贵：一个是生命，生命是一切价值的基础和前提；第二个就是精神，人是有精神存在的，是人之为人的特征。老天给了我们每个人一条命，把这条命照看好，把这颗心安顿好，人生就是圆满地，就是幸福的。什么叫把命照看好？我的体会是生命应该是单纯的，不要搞得太复杂，我认为我们这个时代有很大的问题就是活得太复杂，真正保持生命状态的那种单纯，其实是幸福最重要的一个源泉，这一点不是我的看法，这是很多哲学家，包括中国的、西方的哲学家的看法。中国道家最强调要保护好生命的完整的真实状态，全命保真，实际上是保护好完整的真实的生命状态，要让它单纯，不要以物质去损害它。古希腊对于什么是幸福有两派，一类是快乐派，说快乐就是身体的无痛苦和灵魂的无纷扰，身体健康，灵魂安宁就是幸福。

历史上没有一个哲学家认为幸福是物质上的满足，所以把生命本来的需要和物质欲望加以区分，物质欲望是社会刺激出来的，不是生命本身带出来的。当然随着生产和发展，物质会越来越提高，会滋生出新的欲望，这个是规律，没有办法。但是你要清醒，你可以去满足你的物质愿望，但是你不要把你的精力全放在这里，这样你就忘记了生命本来的需要是什么。生命本来需要什么？是大自然规律，你的真正的需要就是自然规律，这种需要在我看来无非是一个，我们对外部自然界的需要，需要一个好的自然环境，需要一个大气、土地都保护好的环境，这是很根本的需要。所以我认为为了财富去损害这个是人为价值观的颠倒。从人身上来说，有健康的需要、安全的需要，还要特别强调对亲情、家庭的需要，人应该过好平凡的生活。你可以很了不起，做出不凡的业绩，但是你不能因此平凡都过不好，不能和家人和睦相处。亲情、家庭在人生中太重要了。我是一个很重家庭的人，很恋家的人，尤其是孩子刚来的时候，迎来一个小生命的时候，我真是感觉那是人生最幸福的时候。我回忆人生最幸福的一个阶段，幸福感最强的阶段，一个是刚上北大，有一天我突然发现世界上有这么多漂亮的姑娘；另外一个是我自己当父亲的时候。你看比尔·盖茨有一张照片是抱着他女儿照的，他说这种时候我才是感到最幸福的。这我是相信的。财富的成就也给你带来快乐，但是和生命相比它是微不足道的。所以我还是强调要珍惜平凡生命，要保护好单纯的生命。你看小生命就知道了，刚生下来就是一个生命，什么都没有，当然进入社会以后，财富、社会、身份都有了，这些东西都需要，但是我说这些东西是生命上的堆积物，我们不能缺少，但是你不能本末倒置，有了堆积物，你本来的东西不要了，你就忘记了本。

法国有一个哲学家说过一句话，说一个人能够和家人和睦相处，这是人生的重大成就。这个话很深刻。你可以有不平凡的业绩，但是个人和人类，所有的不平凡最后都要回归到平凡，都要用平凡生活过得好不好来衡量价值，对个人是这样，对人也是这样。人们把历史中的时代分为治世和乱世，所有的治世就是老百姓安居乐业，所以我们这方面是很应该反省一下的。

加强文学艺术修养，拥有丰富的内涵

其实这也和人的幸福有关。我觉得一个人的幸福，一个是把命照看好，另外一个就是把心安顿好。把心安顿好就是把你的精神属性发展得很好，其中很重要的一条就是情感、感受，这一方面主要是靠文学艺术的熏陶。你看那些大家，包括爱因斯坦在内，他们绝对不会仅仅局限在一个小的领域，不管他在这个领域里面做过多么伟大的事业，他不会局限，他首先是一个丰满的人。领导者的魅力来自于人性的魅力，不光是领导技巧的问题。怎么样使人性丰满，心灵丰富？我提两条。第一条就是要养成阅读的习惯，包括欣赏艺术品。要多读一些文学方面的作品，包括历史、哲学等等。阅读实际上是在和伟大的灵魂交谈。我这一生对我影响最大的是阅读，读书第一是莫大的乐趣，第二是精神生长。人的精神生长是需要营养的，主要来自阅读。另一个我想提的是要养成写作的习惯。千万不要以为阅读和写作是一样的，本身意义上的写作是属于每一个关心心灵生活的，你只要关心心灵生活就会有这样的欲望要写点什么。如果说阅读是和伟大的灵魂交谈，那么写作实际上是和自己的灵魂交谈。如果说阅读是把人类的精神财富占为己有，那么写作是把个人的经历转变为内在财富。

一个人的过去岁月是没有办法留住的，但是我们可以用自己的方式把自已经历的东西转变为自己的心灵财富，主要的方式就是写作。我主张每个人都写日记。企业家的生活是很丰富的，你会有很多不寻常的经历，包括挫折，都是你的财富。真正要说起来，对一个人最宝贵、最可靠的财富就是他的经历，以及在经历过程中他的感受和思考，这是唯独属于你的财富。金钱是最没有忠诚度的，今天在你这里，明天完全可以跑到别人那里去，他无名无姓，只有你的经历和感受是完全属于你的，忠于你的，但是你不珍惜的话，会流失。所以要珍惜，写作是为了留住生命的财富。

我很欣赏美国钢铁大王卡耐基，他平生最大的爱好是读书。其实他的文化水平很低，读了五年小学，他父亲失业了，全家到美国找出路。13岁的时候，他当小邮差送信，那时候很苦、很累，每天工作很长时间，加班加点，但是这个时候他一生中最重要的事情发生了——当地有一个退伍的上校，有400本文学名著，他把这400本文学名著办了一个小小的图书馆，让这些穷苦的孩子每个周末可以来借书。卡耐基说：从此以后，我觉得生活充满了希望，再苦再累一想到周末可以借到新的书，生活里就充满了阳光。他说我一辈子感激这个上校，如果没有当时他让我认识了这些世界名著，爱上了文学，我以后凭我的聪明也可能发财，但是我会过得很平庸，爱上名著，精神上拓宽了，知道什么是好东西，知道人活着应该有精神追求，这对他发生了一生的影响。他说哪怕你拿全世界的财富跟我换当时的经历，我都不换。他不但是一个爱读书的人，而且他还是一个作家。他当年环游世界，每天都认真写日记和杂记，整理成一本书，给出版商看，出版商说你这个东西写得太好了，完全是非常好的文学作品，从此之后他经常写作，成为一个作家。所以我说，无论你做财富还是干任何事情，如果你有些写作和阅读的习惯，你生活的格调是不一样的，这一点一定会影响到你的工作本身，让你有一种大的倾向。

加强道德修养，拥有善良高贵的灵魂

人身上最宝贵的东西是生命和精神，生命的单纯和精神的丰富就是幸福。从道德讲，生命的善良和灵魂的高贵就是道德。什么道德品质是最重要的道德品质，道德的基础是什么？实际上有两种说法，我觉得这两种说法都对。一种是说道德的基础是同情心。英国哲学家亚当·斯密有一本书专门讲道德问题，他提出道德的基础就是同情心，在同情心的基础上形成了人类社会的两种主要的道德。一种叫做正义，正义就是不能损害别人，发生了损害别人的事情要自责、要惩罚，用孔子的话是己所不欲勿施于人。另外一种是仁慈，仁慈是不但不能损人，而且要帮助人。别人有困难，要帮助他。正义和仁慈就是将心比心，推己及人。每个人是爱自己生命的，你将心比心，知道别人也是爱自己生命的，这就叫同情心。一个有同情心的人就是一个善良的人，所以善良是最基本、最重要的道德品质。对个人来说，如果一个人不善良，没有同情心，可以说这个人比禽兽还要坏，按孟子的说法是禽兽，我说比禽兽还要坏，动物残暴起来仅仅是它的生存需要，但是人残暴起来完全和生存没有关系，人类才有各种各样的酷刑，才有法西斯。一个社会如果普遍没有同情心，普遍缺乏善良的品质，这个社会就不是人呆的地方。要给人一个家，给人安全感，所以要建立起一个法治秩序。

道德还有一个基础，就是做人的方法。人是有灵魂的，所以人是高贵的。如果说同情心就是人和人以生命互相对

待，那么尊严就是人和人之间以尊严在互相对待。我们都是高贵的，做人是有尊严的，要自尊，要尊重他人。比如说：诚信是最重要的商业道德，现在普遍反映中国人不讲诚信，我觉得问题就是我们缺乏做人的尊严管理。什么是诚实守信？我和你打交道的时候把我的真实想法告诉你，并且一定会负责任的，当我这样跟你说时是非常有尊严的、很自尊的。什么是信任？就是我跟你打交道的时候，希望把你的真实想法告诉我，一定会负责任的，我是把你看成有尊严的。如果缺乏尊严的话，这个就谈不上。当然有很多的原因，很重要的原因就是法治秩序的问题，这是更重要的一个保证。

幸福问题也好，道德问题也好，都是价值观念问题。所以价值观太重要了，人活着就是活一个价值观，人和人最大的区别就是价值观不同，价值观不同人生也不一样。人文修养就是一个价值观的问题。对于企业家来说，我想说几句关于财富的问题，财富观对企业家来说是人文修养，尤其是道德修养的集中体现。有人说财富是万恶之源，我说这句话是错的。什么是万恶之源，就是对财富的某一种态度，贪婪的态度才是万恶之源。对一个人来说，财富对他的幸福和道德所起的作用是不一样的，在不同的人身上会发生不同的后果，这个关键是取决于一个人的素质，在精神素质好的人身上，财富能有助于他的幸福和做更多的好事情，在不好的人身上可能会导致他的灾难。所以财富对人发生什么样的影响，取决于这个人的精神素质。财富本身是中性的，尤其在资本主义时代是持肯定态度的。德国有一个大哲学家马克斯·韦伯说，资本主义时代要肯定财富，但是要反对贪婪，怎么来解决这个问题？他提出来资本主义精神，资本主义财富观是把财富的获取和使用分开来。在财富的获取上资本主义精神是不同于历来的哲学和宗教，因为历来的哲学和宗教认为财富是坏东西，起码认为人不应该追求财富。但是资本主义精神认为，只要获取手段是正当的，获取财富就是光荣的，获取的越多越光荣，发财是光荣的事情，这是和历来不一样的，是财富观巨大的变化和进步。如果按中世纪观点的话，那生产力不可能发展。但是在财富的使用上，资本主义精神继承了历来宗教的思想，强调获取财富不是为了自己过奢侈的生活，为了自己享用，在使用财富的时候仍然要节俭、俭朴的生活。这样的话，财富的获取与使用就结合起来了。那么它拿来干什么？就是满足人的精神需要，其中包括道德需要。

对一个企业家来说，财富在使用上的节俭要强调两点，一个是一个人在富裕起来以后，仍然能过一种节俭的生活，这种体现是很高的境界。当然你钱少的时候俭朴是没有办法的，但是你很富有了，仍然俭朴，这说明你有更高的需要，物质需要对你来说比较次了，你有精神需要，你的心思不在物质上了，这是很高的境界。所以我们发现素质高的人有一个特点，一个是很少的物质就能让他满足了，另外一个特点是再多的物质他也不满足，他要的是精神需要的满足。另外一点，我强调财富应该是次要的，在一定的时间里面对企业来说作为一种目标，但是从人的总的格局来说只能是开始满足我们的基本生活需要，一旦基本的生活需要得到满足以后，就是要满足精神需要，所以关键是你要有精神需要，你要没有精神需要的时候，很迷茫时，路就走不下去了。

卡耐基 1889 年的时候说过，我们这些人发财了，我们很幸运，这是上帝给我们的机会，我们应该把我们所得到的财产看作是世界上穷苦兄弟创造的，在我们有生之年就作出妥善的安排，让它们来造福社会。然后他说了一句名言，拥有巨资而死是可耻的。所以从卡耐基开始，美国遵循一个传统，前半生就是赚钱，后半生就是怎么有意义地花钱，赚钱体现一个人的智商，花钱体现一个人的魂商，灵魂的高度。

我也很欣赏索罗斯，他其实是哲学家，是奥地利大哲学家波谱的学生。索罗斯小时候是很穷的，当过乞丐，也当过小偷，那时他觉得钱是世界上最重要的东西，一定要有钱。他后来真的有钱了，到了 50 岁的时候，成立了社会基金会，赞助各种文化事业。大家知道他是金融天才，曾经搞垮了英格兰银行，也掀起了亚洲金融风暴。记者采访他，说你给那么多人带来了损害，有没有罪恶感？他说没有，我是按规则来做的，但是赚了钱以后怎么花是一个道德的问题，他说一个人没有道德是活不下去的。做公益事业是满足道德的需要，他觉得这是做人的成就，做人的幸福，是这种感觉。

所以，我借用索罗斯的话：你感觉到不做一个善良高贵的人，你是活不下去的。

（作者系中国社会科学院研究员、中国当代著名学者、哲学家、散文家、作家，本文为在“中外企业文化 2010 北京峰会”上的讲话）

企业文化在企业发展中的作用

孟凡驰

当今时代，企业文化对于企业发展的意义越来越为人们所认识。那么，企业文化在企业发展中的作用具体体现在哪些方面呢？

企业文化是现代企业管理的核心内容。企业管理不仅是科学、健全的规章制度及其贯彻落实，而且是一种文化。因为企业管理的基本对象是人，而人是有思想、有感情、有个性的。怎样点燃人的激情、挖掘人的潜能、引导和规范人的行为？从根本上说，要靠企业文化。加强企业文化建设，在企业管理中注入文化因素、运用文化手段，对于提高企业管理的品位和效能，调动人的积极性、发掘人的潜能，具有根本性作用。文化是引领性的规范，是一种软实力。一个企业如果没有文化的引导，没有自觉的文化建设，员工就很难创造性地开展工作，企业就很难达到优秀以至卓越的境界。

企业文化是企业可持续发展的内生动力。企业文化决定着企业的战略方向、经营理念、管理水平和员工素质，因此是企业可持续发展的内生动力。当今世界经济和文化的相互交融，对企业提出了新的更高要求：产品要有丰富的文化含量，服务要有较高的文化品位，经营要有突出的文化特色，管理者要有全面的文化素质，战略规划要有深厚的文化基础。因而，企业文化在企业发展和竞争中的作用日益显性化，成为决定企业竞争力的直接因素。技术和管理制度、方法等都是可以引进的，但企业文化及其决定的经营理念、管理哲学等是难以引进的，需要企业在明确自身价值定位的基础上，结合实际创造性地凝结、锻造、提炼、升华，形成自己独特的、全体员工认同的文化理念。

企业文化是企业品牌的内在底蕴。企业竞争在市场上直接表现为产品和服务竞争，其中价格竞争只是较低层次的竞争，因而成熟的产品和服务竞争更多地表现为品牌竞争。在成功的企业品牌当中，无不凝结着成功的企业文化。可以说，品牌是企业文化的市场表现，企业文化是品牌的内在底蕴。从市场需求方来看，现代社会的消费者越来越追求产品的文化内涵，越来越追求消费过程中的人文关怀和文化感受。有竞争力的品牌，能够适应和提升消费者的文化理念和生活方式。在形成这样的品牌的过程中，企业文化具有不可替代的作用。

企业文化是企业人力资源开发的基础环节。企业的核心竞争力在很大程度上取决于企业的创新能力，而企业的创新能力主要取决于企业员工的文化素质。传统的企业人力资源开发主要集中在人的体能、技能和智能等方面，很少考虑文化开发。实际上，企业核心价值观的形成和贯彻、企业精神的提炼和弘扬、企业作风的锻造和发挥——这些企业文化方面的因素不仅决定人力资源体能、技能和智能开发的方向和成效，而且影响企业的社会形象和经济效益，是决定企业能否实现基业长青的关键，因而是企业人力资源开发的基础环节。发挥企业文化在人力资源开发中的作用，重点是培育企业家的文化自觉，提升其建设和应用企业文化的能力；提高企业员工的文化素质，使其对企业文化产生高度认同，并将企业文化内化为自己的文化追求。

（作者系中国企业文化研究会常务副理事长、秘书长、教授，本文摘自《沈阳企业文化》2010年1期）

贯彻落实党的十七届六中全会精神 扎实推进企业文化建设

李世华

党的十七届六中全会是一次从战略上对文化改革发展进行研究部署的重要会议，会议的召开标志着我国文化改革发展进入了一个新的阶段。全会通过的《决定》，是当前和今后一个时期指导我国文化改革发展的纲领性文件，是文化建设新的“动员令”、“冲锋号”。企业文化是社会文化的重要组成部分，中央企业党组织特别是企业宣传思想文化部门按照中央统一部署，正在把学习宣传贯彻落实全会精神作为重大而紧迫的政治任务，以高度的文化自觉，以强烈的责任意识，全力以赴扎实推进企业文化建设。以先进文化为指导，科学把握发展规律，形成发展新思路，寻求发展新途径，破解发展新问题，使中央企业改革发展迈上新台阶。

一、关于贯彻落实党的十七届六中全会精神，进一步明确企业文化建设的总体思路

（一）根据六中全会精神，进一步提高加强企业文化建设重要意义的认识。全会针对当今世界正处在大发展大变革大调整时期，指出“文化在综合国力竞争中的地位和作用更加凸显，维护国家文化安全任务更加艰巨，增强国家文化软实力、中华文化国际影响力要求更加紧迫”。针对当代中国进入全面建设小康社会的关键时期和深化改革开放、加快转变经济发展方式的攻坚时期，指出“文化越来越成为民族凝聚力和创造力的重要源泉、越来越成为综合国力竞争的重要因素、越来越成为经济社会发展的重要支撑，丰富精神文化生活越来越成为我国人民的热切愿望”。企业是推动经济发展方式转变的基础和决定性力量，加快转变经济发展方式，必然对企业文化建设提出更新、更高的要求，特别是后金融危机时期，谁拥有文化优势，谁就拥有竞争优势。中央企业站在六中全会的高度，进一步提高对企业文化建设意义的认识。认为企业文化建设是企业基础建设、长远发展的战略需要，要着眼战略进行企业文化建设；企业文化是企业宝贵的无形资产，企业负责人和管理者群体不仅要履行有形资产保值增值的责任，而且要注重无形资产的创造和积累，使企业的文化资产不仅代代相传，而且要保值增值。；企业文化是现代企业制度的重要组成部分，是构成企业核心竞争力的基本要素。文化管理是现代企业管理更高的境界，要通过文化建设、文化管理提高企业的专业化管理水平，提升企业的核心竞争力。

（二）根据六中全会精神，进一步明确企业文化建设的指导思想。企业文化建设要以邓小平理论和“三个代表”重要思想为指导，深入贯彻落实科学发展观，以科学发展为主题，以加快转变经济发展方式为主线，以企业价值理念体系构建和转化为根本任务，以满足职工精神文化需求为出发点和落脚点，坚持社会主义先进文化前进方向，坚持以人为本，坚持重在建设，坚持开拓创新，坚持统筹兼顾，建设注重文化内涵、具有时代特色、国际视野的企业文化，为促进企业管理水平和国际竞争力的提高，促进中央企业科学发展和职工全面发展提供坚强的思想保证、强大的精神动力、有力的舆论支持和良好的文化条件。

（三）根据六中全会精神，明确企业文化建设的总体目标。经过3-5年的努力，初步建立与社会主义市场经济相适应、与现代企业制度相符合、与企业和职工共同发展需求相一致的企业文化体系。企业文化建设领导体制、工作机制更加完善，企业文化设施更加完备，企业文化产品、文化活动更加丰富，企业文化建设氛围更加浓厚，职工文明素质明显提高，企业文化在企业综合竞争力中的地位和作用更加突出，企业文化的活力和社会影响力不断扩大，文化在经营管理中的作用日益显著，文化管理的自觉性不断提高，企业文

化建设为企业科学发展、职工全面发展的服务能力显著提高。

（四）根据六中全会的要求，明确企业文化建设的基本要求。针对当前企业文化建设中存在的种种形式主义倾向和短期行为、急功近利、急于求成的现象，提出企业文化建设要力争符合以下要求。

一是引领发展。企业文化建设要与企业战略高度匹配、一体化运行。企业文化建设的各项工作都要从服务发展出发，着眼于解决影响制约企业科学发展最突出的问题，进行企业文化建设的总体规划和科学设计。

二是价值主导。六中全会提出，社会主义核心价值体系是兴国之魂，是社会主义先进文化的精髓，决定着中国特色社会主义发展方向。提高企业软实力、文化力，从根本上取决于核心价值观的生命力、凝聚力。构建与社会主义核心价值体系相一致、能够有效发挥引领和整合作用、符合企业发展要求、全体职工认同的核心价值体系是企业文化建设的根本任务。

三是遵循规律。企业文化培育、建设和应用，对中国企业来讲，是一项全新的事业，一定要不断学习探索文化应用于实践的内在规律。对文化内涵不能望文生意，对实践的过程和方法不能盲目，而应当加深对文化的理性思考，不断探索文化在现代企业中发挥作用的独特方式。企业文化建设要遵循企业成长的规律、企业文化形成发展的规律及文化育人的规律。科学把握企业文化发展的阶段性、企业文化构成的多样性和企业文化建设的长期性。

四是以人为本。职工既是企业生产经营活动的主体，也是企业文化建设的主体和动力源泉。要保障和实现企业职工的基本文化权益，使广大职工共享企业文化建设的成果。以科学的文化理论武装职工，以正确的舆论引导职工，以高尚的精神塑造职工，以优秀的文化产品鼓舞职工，促进职工的全面发展。

五是突出特色。企业文化要体现行业特点、企业特色，使职工感到企业文化既是本行业经营所特有的精神状态的真实写照，又是本组织所唯一具有的独特表述，从而起到鼓舞士气、激励斗志、形成良好的精神氛围的作用。

六是继承创新。推进企业文化建设要尊重历史，继承中华民族优秀传统文化、科学的马克思主义指导思想、丰富的革命文化。创新是文化的本质特征，要大力推进企业文化创新，把创新作为一种信念、一种追求，对企业的文化资源和国内外优秀企业文化成果进行创造性的借鉴和利用。

七是统筹兼顾。企业文化建设是企业全局性、综合性的工作。企业文化建设要与企业其他各项工作统筹兼顾，企业文化建设要与企业党组织的各项工作统筹兼顾，企业文化建设主管部门与企业其他管理部门的文化建设责任要统筹兼顾，企业文化建设体系内各方面工作也要统筹兼顾。

八是务求实效。企业文化体系建设和文本化过程，要在注重系统、完整的同时，力求简明、实用、可操作。力求文化的表达、活动的开展符合企业实际，被职工广泛认同，能够系统传播推广、全面转化、切实“落地”。

二、关于贯彻六中全会精神，中央企业企业文化建设的重点工作和研究课题

（一）大力推进战略适应性的文化创新，不断丰富完善企业价值理念体系。企业文化建设要与企业战略高度匹配、一体化运行。国务院国资委提出，“十二五”时期中央企业将大力实施转型升级战略、科技创新战略、国际化经营战略、人才强企战略、和谐发展战略。这些重要发展战略是中央企业“十二五”时期企业文化建设的前提和依据，决定着企业文化建设的方向。

企业战略适应性文化创新就是要努力解决企业核心价值理念与企业发展战略相脱节的问题，为实现企业战略目标提供重要思想保障。企业文化创新应是企业发展的常态，核心理念内涵创新具有阶段性的要求，方法论创新具有持续性的要求，目的都是解决文化落地。在新战略背景下，要更好地激发运用核心理念体系资源所生成的最具影响力的文化力量，企业文化创新要从丰富完善企业核心理念入手。根据企业发展的新目标、新任务，进一步明确企业文化建设的方向，使核心理念体系与企业新的发展战略相适应，鲜明地提出企业的主导思想，使之成为引领企业的核心理念和行为准则。在完善核心理念服务发展战略的过程中，突出有用性，为企业战略服务；突出实践性，指导战略规划的制定，绘就共同的愿景，激发员工斗志。在完善核心理念中，实施文化对标，不断深化企业文化对企业经营业绩的影响方式、贡献度等方面的把握。

（二）大力加强中央企业集团文化建设。集团文化是建立在企业集团所属成员单位个性文化基础上的共性文化，具有战略性、主导性、整合性、包容性，为各成员单位文化建设提供指导、规范和发展的空间。集团文化建设体现中央企业企业文化建设的主流水平。加强集团文化建设是实施大公司大集团发展战略的需要，是企业集团实施集团化管理、调整重组、提高管控能力的需要，是国际化经营中实施跨文化管理的需要，也是有效防止规避经营风险和大企业病变的需要。要着眼战略，对集团文化体系进行系统规划。在集团文化建设中一定要牢牢把握企业文化的本质和企业文化建设的主要任务，围绕构建价值理念体系开展工作，包括明确使命、规划愿景、提炼企业精神、确立共同价值观和形成与企业管理职能相匹配的相关经营管理理念。要遵循规律，着力推动集团价值理念的转化。要以其支撑和引领企业发展战略，使其真正成为集团发展的精神动力和灵魂；要以其调整企业的组织结构、配置企业的人力资源；要以其完善企业的管理制度、再造企业的管理流程；要以其优化企业形象、打造企业品牌；要以其为指导丰富职工的精神文化生活；要以其考核企业的业绩。要彰显个性，努力把集团文化打造成内动的、内生的、内化的、独具个性充满活力的文化品牌。要以人为本，不断追求集团文化建设的高境界。正确处理集团文化与所属企业文化的关系，实现集团文化本质的统一和所属企业文化的个性化发展。通过加强集团文化建设，为应对后金融危机时代更高层次、更高水平、更为激烈的国际竞争，加快培育形成自主

创新能力强、资源配置能力强、风险管控能力强、人才队伍强、经营业绩优、公司治理优、布局结构优、企业形象优，有一定影响力的世界一流企业提供强有力的文化支撑。

（三）大力加强中央企业创新文化建设。中央企业实施科技创新战略，要建立以企业为主体、市场为导向、产学研相结合的技术创新体系；强化知识产权意识，加强对知识产权的积累、应用和保护；推进科技资源优化配置，加大研发投入，提高研发人员占从业人员比例，建立健全技术创新投入、研发、转化、应用机制；着力打造一批具有前瞻性的重大、共性技术研发平台，形成基础研究、预先研究、应用研究和工程技术研究相配套的梯次研发结构，争取在一些关键领域取得重大技术突破，培育一批高附加值的尖端产品。为此，要不断加强创新文化建设。创新文化是企业自主创新的前提和动力源泉，是促进企业自主创新的必备环境和条件，是管理体制和运行机制的内核。要增强创新意识，树立创新理念，建立有利于创新的体制机制，培养创新型人才，营造创新氛围。通过创新文化建设，以创新文化引领中国创造，充分发挥科技是第一生产力和人才是第一资源的作用，增强企业自主创新能力，壮大创新人才队伍，推动企业发展向主要依靠科技进步、劳动者素质提高、管理创新转变，加快建设创新型企业步伐。

（四）大力加强中央企业责任文化建设。中央企业大力实施和谐发展战略，要努力成为依法经营、诚实守信的表率，节约资源、保护环境的表率，以人为本、构建和谐企业的表率；坚持可持续发展理念，建立健全企业履行社会责任的战略和治理、融合、绩效、沟通机制，建立健全相关利益方合作共赢的机制；推进中央企业模范履行社会责任，实现企业、社会和环境的综合价值最大化，推动企业发展、社会发展和环境保护的协调统一。中央企业履行社会责任，既要与国际接轨，又要结合我国国情和企业实际，体现出自己的特色。自觉遵守法律规范，充分体现企业价值，追求高尚道德伦理。以社会责任作为企业文化构建的基点，是中央企业国际化的必经之路，符合我国建设"和谐社会"的要求，也有利于为企业带来良好的声誉，提升企业的竞争力，有利于中央企业参与国际竞争。加强责任文化建设，要以依法经营、诚实守信、提高产品质量和服务水平、节约资源、保护环境、保障生产安全、维护职工合法权益、参与社会公益事业等内容为重点，开展企业社会责任全员培训，提高企业和职工履行社会责任的自觉性、主动性。

（五）大力加强中央企业职能文化建设。中央企业实施转型升级战略，要将推进增长方式由主要依靠要素投入、规模扩张向主要依靠科技进步、劳动者素质提高、管理创新转变。文化管理是管理创新的重要途径，实施文化管理就是要全面推进企业核心价值理念的全面转化。企业各业务单位和职能管理部门在企业核心价值观的统领下，要提出关于企业生产经营管理各方面的文化理念，把核心价值观体现在企业生产经营管理各项活动中。优化管理流程，明确每一个职能管理和业务部门都要自觉承担与自身业务和职能管理相匹配的相关文化（如质量文化、安全文化、营销文化、客户文化、服务文化、廉洁文化、人力资源管理文化、风险管理文化等）建设的任务。企业文化建设主管部门主要承担文化建设的调研、规划、组织、实施、协调、监督等管理职能。通过职能文化建设，推进企业价值理念的转化、具体化。以核心价值观为指导，完善形成一套企业内部价值链各环节和人力资源管理各方面的工作标准和行为规范，不断提高中央企业现代化、专业化、信息化管理水平。

（六）大力加强中央企业学习型组织建设。当今企业生存与发展的主要条件已经不仅仅是降低成本、提高效率，而是学习能力、创新能力、反应速度的较量。企业未来惟一可持续发展的优势，就是比竞争对手具有更强的学习能力。中央企业开展学习型组织创建活动，要培育适宜组织学习和创新的文化氛围，树立学习型企业标杆，建立学习型企业的文化价值观念和行为规范体系。要建设软硬兼备的知识管理系统，系统梳理知识，形成知识数据库，提升集体智慧。要搭建知识平台，促进知识共享，完善知识体系，实现持续改善。建立员工培训、发展和组织优化机制，建立组织能力评估机制，提升整体素质与能力。建立完善员工学习与发展体系，加强领导力的培养和开发，加强学习培训与工作的整合。要建立团队学习机制，打造高绩效的学习型团队。建设全面创新管理体系，推进自主创新。培育全员创新理念，建立创新管理系统，加强创新成果的推广与应用。建设知识管理和创新驱动系统，不断增强企业的整体学习力，进一步提高企业自主创新能力，巩固并不断提升企业核心竞争力。

（七）大力加强中央企业的文化融合和国际化经营中的跨文化管理。"十二五"时期国家将大力推进兼并重组和资源整合，加快推进国有经济布局与结构的战略性调整，鼓励企业沿产业链、价值链调整重组，鼓励企业由提供产品向提供产品、服务和解决方案转变。支持服务类企业向现代服务业转型，加快发展生产性服务业。为保证中央企业的调整重组和转型升级顺利实施，要不断加强企业文化融合。企业文化融合是把所属成员单位由于传统、地位等多种因素形成的各具差异性的个性文化，通过充分沟通、交流、吸收、借鉴、融合、创新，逐步建设成统一的更高层次的企业集团文化体系的过程。在新形势下，要切实加强调整重组后各企业的文化融合。通过文化融合，解决调整重组企业之间因文化传统、文化思维、文化实践等不同而引发的文化碰撞与冲突，实现文化的创新与提升。在调整重组中，主管部门和企业管理者在制订企业调整重组的资金解决方案、工资解决方案、职工安置分流解决方案时，要认真研究、稳步推进企业文化融合的问题。建立以核心价值观为基础的坚韧的精神文化纽带，不断增强文化的凝聚力、控制力、影响力，提高竞争力，引领和保证调整重组后的企业集团沿着既定的战略目标科学发展。要加强国际化经营跨文化管理中的企业文化融合。

将中国企业文化与世界各国各地区各民族的文化有机融合。识别文化差异，进行文化交流，发展文化认同，进行跨文化培训，达成跨文化理解，形成一种既坚持本国企业核心价值观，又体现与各种异质文化融合的灵活性、有效性，适应资源国的“本土文化”。开放自己，包容别人，为我所用，共享共赢。

（八）以中央企业历史文化为基础，注重优秀文化传承。中央企业集团大多成立较晚，相对所属企业历史较短，而集团所属企业许多是具有几十年历史的老企业，有着深厚的文化底蕴。中央企业集团在文化建设的准备阶段都要对所属企业的历史文化进行广泛深入的调查，清理文化资产，整合文化资源，挖掘文化基因，通过筛选梳理，对集团内的优秀传统文化进行提炼升华，以此作为集团文化建设的基础。准确记载企业历史，编写好厂史、厂志、大事记。抓好厂史教育，使新职工了解企业历史、光荣传统、优良作风、英雄模范事迹。搞好厂史纪念活动，深化厂史事件、人物的研究，加强厂史遗址保护，搞好纪念场馆建设，作为教育基地。很多中央企业认识到，厂史遗址及有关文史资料是中华民族物质和非物质文化遗产的重要组成部分，必须精心抢救、保护，使中央企业的文化资产代代相传、保值增值。

（九）开展群众性文化活动，推动中央企业优质文化产品的创造。一是通过开展丰富多彩的群众性文化活动，激发引导群众在文化建设中的自我表现、自我教育、自我服务。积极创建文明单位，开展创建学习型组织、争做知识型职工、科技知识普及、岗位练兵、劳动竞赛等活动，利用各种活动增强职工对企业的归属感。要大力选树先进典型，宣传先进模范事迹，激励广大职工在企业改革发展中建功立业。组织开展丰富多彩、群众喜闻乐见、健康向上的业余文体活动，陶冶职工情操，提高职工文化素养。

二是创造更多的优质企业文化产品。企业文化产品是文化产品的重要组成部分。在企业文化建设中，要把建设的成果转化为文化产品，通过演艺、出版、广播、电视、网络、手机等载体更好地传播企业文化，最大限度发挥企业文化引导、教育、凝聚及推动发展的功能。要适时发展文化创意产业，强化企业品牌的传播力、影响力。探索开发企业精神教育基地、企业文化建设示范基地、企业主题博物馆、纪念馆、典型遗址、公共休憩空间、文化创意园等工业文化旅游产品。形成更多的优质文化产品，打造既有较高文化境界，又有较深文化意味和较浓文化情趣的文化品牌，满足企业职工基本的、多样化、多层次、多方面、日益增长的文化需求。同时为推进社会文化的繁荣发展做出中央企业应有的贡献。

（十）大力加强企业文化建设自身管理。以科学发展观为指导，扎实推进中央企业的企业文化建设，要始终坚持企业文化建设为企业科学发展服务；同时，企业文化建设自身也要努力实现科学发展。在企业文化建设中要坚持着眼战略、把握本质、遵循规律、以人为本、彰显个性。在企业文化建设体系中，精神文化是核心，对制度文化和行为物质文化起着统领作用，是企业经营发展的灵魂；制度文化是精神文化的固化，规范着企业和职工的行为；行为物质文化是精神文化的外化，是展示精神文化、提升企业形象的物质载体。要对文化建设自身进行战略定位、战略思考，制定文化建设发展目标并做出系统规划，并把企业文化战略纳入企业发展战略。企业文化建设的实施步骤应与企业发展战略相一致，实施过程应有详细的计划，明确的目标，具体的责任、任务和清晰的进度安排、时间节点。要建立健全企业文化建设的组织保障机制、工作指导与载体支撑机制、考核评价与激励机制。要定期对企业文化进行战略适应性调研诊断、不断进行文化创新。对企业文化建设要进行调研、策划、实施、评价的PDCA闭环管理。全面推进企业核心价值观的转化，使企业文化创新的成为以核心价值观为指导完善形成一套企业内部价值链各环节和人力资源管理各方面工作标准和行为规范的过程。

企业文化建设要协调发展。要加强中央企业文化与社会文化、行业文化的融合，加强集团文化与所属企业文化及企业内不同成员单位与职工文化的融合。企业文化建设要从企业发展不同阶段的实际情况出发，科学制定规划，合理安排投入，体系化策划，项目化逐步推进，使企业文化与企业的生产力发展步伐和外部环境变化相适应，与企业发展阶段、管理水平、社会环境、人员素质等相协调。要加强企业文化建设人才培养、队伍建设，努力培养造就一支具有清醒的政治头脑、深厚的企业文化专业底蕴、丰富的企业工作经验、较强的策划组织能力、求真务实的作风并对企业职工充满激情的企业文化建设工作者队伍。

（作者系中国企业文化研究会副理事长、国务院国资委宣传工作局原副巡视员、中央企业党建思想政治工作研究会研究部部长，本文为在中宣部召开的“贯彻党的十七届六中全会精神座谈会”上的讲话）

在职业修炼中完善人格

高金声

目前，医务人员工作压力大、风险高而待遇相对较低，已是不争的事实。医疗卫生队伍中的年青一代在如何对待自己的职业、如何对待病人、如何对待医学事业这些关乎价值取向的问题上出现了疑惑和彷徨，而老一代医学工作者对医疗工作的现实状况和未来发展也多有担心和忧虑。这一切已引起医疗卫生行业和社会各界的普遍关注。这其中政府主导作用的加强和医疗卫生体制的改革当然是关键，同时加强医疗卫生队伍的自身建设，提高对人文精神与医疗行业职业精神的认识，也是不可忽视的重要课题。

台湾作家龙应台在谈及文化时曾这样说：“在一个文化厚实深沉的社会里，人懂得尊重自己——他不苟且，因为不苟且所以有品位；人懂得尊重别人——他不霸道，因为不霸道所以有道德；人懂得尊重自然——他不掠夺，因为不掠夺所以有永续的智能。品位、道德、智能，是文化积累的总和。”人文精神滋养的社会，人与人之间相互尊重，人与自然之间和谐相处，这是一个多么令人向往的境界啊！

传说俄罗斯诗人普希金，在一个寒冷的冬天行走在路上，看到路边一个乞讨的穷人。当他走上前想帮助这个穷人时，才发现自己口袋空空。普希金俯下身，诚恳地对他说：“对不起，朋友。我什么都不能给你了。”而这位乞讨的穷人却回答：“不，先生。您已经给了我很多。”普希金给了他什么？给了他同情，给了他尊重。

北京大学口腔医学院余光岩教授曾到欧洲考察。他看到英国医生查房时的情景，“无论医生的资历和年龄，推门的动作都是一样的轻。见到病人必定是主动伸出手，握住对方那双急需得到帮助的手，道一声问候。就这么一个平常动作，彼此的距离一下子就拉近了。接下来，医生开始询问病情、与病人交谈，只是与我们国内的情况大不相同。医生毕恭毕敬地俯身屈膝，最终膝盖顶在床前的地毯上，这时刚好与病人的目光平视”。

这种平视，真正体现出医者的精神气质。作为医务人员，我们只是以自己掌握的知识和技术给予患者一定的帮助而已。这是我们的职业所为，不应有任何优越于别人的想法。纵观世界，许多医学同行有很高的社会地位，但他们在病人面前永远是那么谦恭、尽职。相比之下，看看我们周围，总有些人自以为是，对普通百姓态度冷漠。有些年轻医生本领还不行，但架子已经很大了，实不可取。

所以说，我们绝不能自以为是，而要对患者充满同情和感恩。一位曾在北京同仁医院工作的女医生，在其眼科笔记中写道：“生命的宝贵使得面对生命的医生显得庄严而神圣。我们在修补生命，也是在用生命修补；修炼光明，又借此光明照亮自己。”而另一位深受医院文化熏陶的协和年轻医生则说：“当医生特别吸引我的一点，是因为这个职业能帮助我不断完善自己的人格。做这个工作，我永远都会处在一个帮助别人的位置。我可以手拿一盏灯，在一个人最无助的时候带他一起走出人生的低谷。”是啊，当一个人对医学职业有了深刻的理解，以仁爱之心去为别人带去健康，让患者重新燃亮生命时，光明反过来也会照亮他自己，让他因为善良而赢得幸福。

记得一位老医生说过，医学科学本质上是一门手脑并用的艺术，不仅有知识通道，还有理解的通道、智慧的通道。从事有着艺术之称的医学专业，不懂得用脑、用心是不行的。医务工作者从踏入医学殿堂的那天起，就和人文精神结下了不解之缘。因此，除了医学专业知识的学习以外，我们还要在医疗实践中不断观察、体悟，还应该对文学艺术、伦理学、心理学等社会学科的书籍有所涉猎。这样才能不断提升自己的人文修养，成为一名好医生、好护士。

（作者系中国企业文化研究会医药卫生委员会主任、北京医学会医学伦理学专业委员会主任委员）

中国企业文化建设重要会议

高峰论坛

2010年——中外企业文化北京峰会

大会综述：

新中国企业精神的历史价值与未来发展

2010年11月13日到15日，初冬的北京依然阳光明媚。为落实党的十七届五中全会精神，梳理盘点“十一五”期间尤其是新中国成立60年的中国企业精神，探讨“十二五”期间如何弘扬优秀的企业文化，建设社会主义核心价值体系，提升企业的文化软实力，推进社会主义文化的大发展大繁荣，促使《中共中央关于制定国民经济和社会发展第十二个五年规划的建议》提出的“转变经济发展方式刻不容缓，保障和改善民生，重点解决‘民富’问题”，“发展现代产业体系，提高产业核心竞争力”等重要目标能顺利实现，由中国企业文化研究会主办的“新中国60年企业精神传承与创新——中外企业文化2010北京峰会”在京西宾馆隆重召开。

此次峰会开设了“艰难辉煌——新中国创业发展期企业精神培育与实践”、“基因再造——传统企业精神的发扬光大”、“走向世界——新中国改革开放期企业精神形成与发展”、“他山之石——国外企业精神内涵与实践”专题论坛就“如何将‘民富’理念融入到企业文化中”、“中国企业家的人文修养”、“建立合规文化提升企业软实力”、“当前企业文化管理的突出问题”和“新中国60年企业精神发展与评价”作了学术交流或主题报告；对“新中国60年最具影响力十大企业精神”、“新中国60年企业精神培育十大摇篮组织”、“新中国60年企业精神培育十大杰出人物”进行了表彰；新中国60年企业精神培育十大摇篮组织、十大杰出人物和部分新中国企业精神60佳以及全国企业文化建设2010年度优秀单位作了会议发言或者书面经验交流。全国人大常委会原副委员长何鲁丽、成思危、许嘉璐、蒋正华出席了会议。

新中国创业发展期企业精神的培育与实践

20世纪50年代，时任美国总统柯立芝有一名言，他说，企业即国家，美国人的企业是事业。同理，中国企业作为新中国的基础与细胞，其中的国有企业尤其是中央企业作为共和国的脊梁和党执政的基础，具有不可或缺的重要地位和作用。新中国成立60年来尤其是改革开放30多年取得的举世瞩目的伟大成就，中国企业居功至伟，中国企业精神居功至伟。

新中国企业精神产生于新中国成立以来振兴中华民族波澜壮阔的伟大实践，传承并弘扬了中华民族的优秀传统文化，继承并发扬了中国共产党人和人民军队在长期艰苦卓绝的革命斗争中形成的优良党风和军风，吸收借鉴了国外先进企业文化的积极成分，体现了各个时代精神的主要特征。中国企业精神的形成与发展，不仅极大地推动了中国企业的壮大与发展、中国经济的腾飞与繁荣、中国社会的文明与进步，而且极大地丰富了中华民族精神与民族文化的内容，成为民族精神、民族文化的重要组成部分，并为之打上了鲜明的时代特征。

人们通常将新中国60年分为前后两个30年。此次峰会用“艰难辉煌”说明前30年中国企业精神培育与实践的特点，用“基因再造”和“走向世界”说明后30年中国企业精神发展变化的特点。

新中国创业发展期的企业是在党领导下通过“没收”、“赎买”、“改造”、“新建”多种形式逐步建立和发展起来的。企业精神的培育，一要满足在“一穷二白”条件下艰苦奋斗、勤俭建国的时代要求，二要满足翻身作主的广大干部职工感谢党恩、报效祖国的价值实现愿望，三要对民族传统文化进行吐故纳新、古为今用，尤其是对近代中国民族企业优秀文化的改造吸收，四是将我党我军在浴血奋战中形成的优良传统作风有效地加以继承和发扬光大，五是对本企业所在地域、所在行业历史人文特色和科技特点加以体现。“爱国、创业、求实、奉献”的大庆精神，“热爱祖国、无私奉献、自力更生、艰苦奋斗、大力协同、勇于攀登”的两弹一星精神等等，是这个时期中国企业精神的辉煌代表。在新中国创业发展时期，各个企业对本企业精神的表述虽然各有千秋，但中国企业精神都流淌着这五个方面共同的血脉。

在改革开放前30年中国企业精神培育中，最值得一提的是对我党我军优良传统作风的继承和发扬。早在新中国成立前夕，毛泽东主席就告诫全党全军全国人民，新中国成立以后革命的路程还很长，任务还很艰巨，工作还很辛苦，要求大家要保持“革命战争时期那么一股劲，那么一股热情，那么一种拼命精神”；“务必使同志们保持艰苦奋斗的作风，务必使同志们保持谦虚谨慎、戒骄戒躁的作风”。这一时期的中国企业，将我党我军“支部建在连上”的党建经验运用于工厂、矿山、油田建设中，将理想、信念、纪律等思想政治工作经验运用于员工教育中，以马列主义毛泽东思想指导中国企业精神的培育，把我党我军的优良传统作风作为培育中国企业精神的文化内核，形成了独具中国特色的新中国企业精神。从此次峰会交流的经验看，无论是新中国60年企业精神摇篮组织还是60佳单位，其企业精神的形成发展无不如此。

以石化行业的“大庆精神”为例。大庆人说大庆是靠毛主席《矛盾论》和《实践论》“两论”起家的。指挥和参加大庆会战的数万职工中许多是脱下军装的老红军、老八路和解放军官兵。继大庆会战之后，胜利油田“在‘青天一顶、碱滩一片’的恶劣环境中，传承了‘铁人精神’和‘三老四严、四个一样’的优良作风，取得了一个又一个石油会战的胜利，形成了不怕困难、艰苦创业、敢打硬仗、能打胜仗的会战传统”，为“从胜利走向胜利”打下了坚实精神基础。北京燕山石化公司也是“按照毛主席‘备战、备荒、为人民’和‘靠山、分散、隐蔽’的方针，发扬‘石油工人一声吼，地球也要抖三抖’的英雄气概，肩负‘看来发展石油工业还得革命加拼命’的历史使命，践行石油战线‘三老四严’、‘四个一样’的光荣传统，克服重重困难，攻克道道难关，只用两年时间就使炼油厂建成投产”。大庆精神、铁人精神不仅是石油工业企业的共同精神财富，而且因为“工业学大庆”而成为中国工业战线的一面伟大精神旗帜。

再以军工行业“两弹一星精神”为例。由中国航天科技集团、中国航天科工集团和中国核工业集团共同培育的这一伟大企业精神，不仅凝聚着老一辈无产阶级革命家的心血，凝聚着老一辈科学家和“两弹元勋”们的心血；而且凝聚着参加建设的广大科技工作者、干部职工的心血，以及参加试验的广大解放军指战员的心血；他们中有不少人为此献出了宝贵的生命。

其他行业也与此相似。如冶金行业以“鞍钢宪法”和以“艰苦奋斗、爱厂如家、为国分忧、无私奉献”为内容的鞍钢精神；中国交通建设行业有“筑港摇篮”之称的第一航务工程局的“四海为家，流动为荣”的一航精神；有色金属行业铜陵有色公司的“箩筐精神”、“奉献精神”；汽车行业第一汽车集团公司的“红旗精神”、“铁军精神”、“争创精神”；煤炭行业开滦（集团）有限责任公司“特别能战斗”的坚忍不拔精神，以及潞安集团石圪节煤业公司“克勤克俭、艰苦奋斗”的石圪节精神，等等。这些企业精神都体现了我党我军光荣传统与时代特征的紧密结合。

新中国创业发展期的中国企业精神，继承了中华民族优秀的文化传统，弘扬了中国共产党及其领导的人民军队的优良作风，激荡着中国工人阶级艰苦奋斗无私奉献的创造热情，凝聚成为社会主义建设努力拼搏的强大动力。但由于当时实行的计划经济体制，企业不是市场主体，加上过分强调“突出政治”（挂帅）、以阶级斗争为纲、极左思潮的影响和“文化大革命”的破坏，使之在具有时代特征的同时也具有时代的局限性。这或许是此次峰会以“艰难辉煌”概括其特点的原因所在。

新中国改革开放期企业精神的形成与发展

党的十一届三中全会以后，中国进入改革开放时期。从此，中国社会从以政治为中心向以经济建设为中心进行战略转移，从计划经济体制向社会主义市场经济体制进行转轨，从封闭型社会向开放型社会转型，企业从政企不分的工厂制向建立现代企业制度转制。这一社会生产力与生产关系、经济基础与上层建筑的深刻、持续变革与变化，使中国企业焕发出了巨大的活力，产生了一大批优秀企业和企业家，涌现出了许多优秀的国有企业和民营企业，成就了众多优秀企业家，造就了“载人航天精神”、“青藏铁路精神”、“开放合作、持续创新”的海尔精神等与现代企业发展目标相适应的精神财富；“大庆精神”等在新的时代也注入了“四个不一样”等等新的内涵。这些企业精神的培育和形成，都是与改革开放所要求的求实创新、开拓进取、市场竞争、诚信经营、合作共赢、和谐发展，以及企业不断走向国际化的大的时代背景息息相关的。

这一时期企业精神的形成与发展，面临着多重任务。首先是要对创业发展期形成的企业精神，按照改革开放的新任务和新要求进行审视和扬弃，继承和弘扬其中的精华部分，并创造出新时代的新内容与新形式，如仍然要弘扬中华民族的优秀文化传统和我党我军的优良作风，但要加强和改善企业党的建设，加强和改进企业宣传思想政治工作等；剔出其中已经过时的部分，清除其中受到极左影响或计划体制弊病的成分。其次是要紧跟和平与发展的世界潮流，充分反映社会主义市场经济体制、建立现代企业制度以及市场化、信息化、城市化和经济全球化的新要求，反映全面建设小康社会、学习贯彻落实科学发展观的新要求。再次是要面向世界，广泛学习和吸取国外先进企业的管理经验尤其是企业文化管理的理论与经验。这是中国企业精神的“基因再造”或者伟大创新，其成果已经和正在成为中国企业核心竞争力的重要组成部分。

与创业发展时期的企业精神相比，改革开放时期的企业精神具有以下特点。其一是在指导思想上增加了马列主义中国化的最新成果邓小平理论、三个代表重要思想和科学发展观；其二是在内容上引进或吸取了自20世纪80年代以来传入我国的企业文化管理理论、学习型组织理论及其他先进的管理工具和理论；其三是在心态和眼界上更加自信、开放和具有世界性；其四是在时空上逐步从计划经济向市场经济、从封闭向开放、从面向本国向面向世界的精神转化或文化更新；其五是企业精神的主体不仅包括中央企业或国有企业，更包括成千上万的民营企业。

改革开放时期中国企业精神的形成与发展呈现出三大类型。

第一类是建立于改革开放之前但经过市场优胜劣汰而不断发展壮大的国有企业企业精神的形成发展，如：中国航天科技集团在“两弹一星精神”基础上经过丰富发展为“特别能吃苦、特别能战斗、特别能攻关、特别能奉献”的载人航天精神；中国石油天然气集团将大庆精神、铁人精神丰富发展提升为中国石油精神；中交一航局将“四海为家、流动为荣”精神发展为“创新务实、崇尚科学、拼搏奉献、永争一流”的一航精神；鞍钢集团在弘扬“鞍钢宪法”基础上将“艰苦奋斗、爱厂如家、为国分忧、无私奉献”精神发展为“创新、求实、拼争、奉献”的鞍钢精神；中国中铁发扬“开路先锋”的光荣传统，将西北三院几代人“以苦为荣、勇于创新、孜孜以求、献身科学”的精神发展为“艰苦不怕吃苦、缺养不缺精神、风暴强意志更强、海拔高追求更高”的青藏铁路精神；首钢总公司将“敢为人先”精神丰富发展为“创新、创优、创业”的首钢精神；恒源祥集团有限公司创造的“坚定走品牌无形资产经营之路”的精神，等等。

第二类是在改革开放中新创立发展起来的国有企业企业精神的形成发展。如：中国中信集团总结30多年的实践提炼形成的“诚信、创新、凝聚、融合、奉献、卓越”的中信精神；中国农业银行股份有限公司在实践中形成的“服务三农”的责任担当精神，中国工商银行股份有限公司的“诚信、人本、稳健、创新、卓越”的诚信精神，中国人民解放军5719工厂的“情系蓝天、追求卓越”精神，等等。

第三类是在改革开放中成长起来的大批民营企业企业精神的形成发展。如：海尔集团在持续创新中形成的“创造资源、美誉全球”的开放精神；吉利集团“拼搏精神、创新精神、团队精神、学习精神、精益求精精神和实事求是精神”的“六面旗帜打天下”精神，万向集团“讲真话、干实事”和“艰苦创业、大胆创新、克难攻坚、勇往直前”、用“无形的文化创造无限的价值”的万向精神，等等。

此外，还有中外合资企业企业精神的形成发展。如：东风汽车公司坚持在“尊重差异、求同存异、融好融优”的多元国际合作中推进中外企业文化融合，形成了“开放、融合、创新”的企业精神，等等。

上述各类企业企业精神的形成与发展不是孤立的，而是相互学习借鉴、相互促进、共同发展的。其形成发展的过程既一脉相承又具有阶段性特征，具有与时俱进的品格与活力。

中国企业精神的未来走向与发展趋势

企业精神是基于企业价值观、经营哲学、思维方式的群体意志，是企业竞争力、凝聚力之源，是企业体制制度形成的价值依据，是提高人的素质和道德修养以及实现价值追求的精神家园。因此，中国企业精神虽然会因时代的发展而变化，但作为其精神内核的核心价值并不会因时代变迁而过时。正如何鲁丽在开幕式上致辞所说：“回顾与总结新中国企业精神的诞生和成长，梳理和评价企业文化的发展脉络，继承优秀的文化传统，是为了不断推进企业文化创新，充分发挥文化引导社会、推动发展的功能，更好地适应新时代的发展，以满足广大人民群众不断增长的精神文化需求。”“我们即将迈上亲手描绘‘十二五’美好蓝图的新的征程，这对中国企业文化建设事业又是一次新的机遇与挑战。”

新中国60年企业精神的形成发展、继承创新之路，实质上也是中国特色的企业文化形成发展、继承创新之路。对中国企业精神的未来走向与发展趋势，与会的多位领导和专家学者，从多方面作了深入的分析讨论。

要让中国文化发展也达到世界级的高峰。中国企业文化研究会理事长胡平认为，这次会议获奖的十大精神非常重要 ，非常有时代意义。但在新形势下有个如何继承问题，使之发扬好。有个融合问题，西方企业文化进入中国提倡本土化，中国企业走出去也要本土化。有个创新问题，如我们讲诚信传统上是停留在道德层面，而西方实行召回制度，把诚信上升到法制层面了。有个超越问题，本世纪中叶我们的经济可能会达到高峰，还应有文化高峰的到来。西方是先有文化高峰（文艺复兴）后有经济高峰，中国的儒家思想与此有距离。发展要有硬实力也要有软实力，我们要超越历史、超越世界、超越自己，要让文化发展也达到世界级的高峰。

应思考如何将“民富”理念融入到企业文化中。中国企业文化研究会名誉理事长王大明认为，回顾总结60年来我国的国有企业和民营企业在企业文化建设方面取得了哪些成就，留下了哪些优秀的文化传统和精神财富，这给我们当代的企业文化建设者提供了一次很好的学习提高的机会。同时，也使我们在继承和发扬优秀企业文化和企业精神的基础上，能更好地适应新时期改革发展的需要，适应新时期企业文化建设的需要。党的十七届五中全会提出，我们国家仍然处于可以大有作为的“重大战略机遇期”，解决“民富”问题是当前发展任务的重中之重，尤其是第一次在五年规划里明确地把科学发展作为主题，还提出了“转变经济发展方式刻不容缓”，提出“十二五”是“消费——投资——出口”拉动，第一次把消费拉动放在了第一位，这实质上是顺应各族人民过上更好生活的新期待，实现真正的国强民富。解决“民富”问题是当下企业发展的大的政策环境。企业文化建设工作应思考如何将“民富”理念融入到企业文化中，真正贯彻落实科学发展观，实现以人为本的管理理念，创造属于我们这个时代的新的企业精神，唱响我们这个时代的主旋律。

破解矛盾现象，确立终极价值系统和精神体系。中国企业文化研究会常务副理事长、秘书长孟凡驰认为，新中国60年企业精神总的判断是主流向前发展，但在社会剧烈变革和转轨转型时期，由于受多元价值影响，也存在几大矛盾现象。一是继承与断裂两种现象并存。计划经济体制被打破，传统价值精神体系被打破，旧破新未立，传统精神处于被质疑状态，有人说是真空状态，因而宗教、迷信等乘虚而入。有人说世界上有14亿人不信教，其中12亿在中国。宗教是没有是非判断的，信神如神在。信教的人生有信仰，死有彼岸。精神世界塌陷了，世界就乱了。所以我们要大力建设社会主义核心价值体系。二是整合加强与碎片化现象加剧并存。精神体系的构建不清晰，内容不清楚。三是高调弘扬与缺失迷茫并存。四是经济高歌猛进与文化荒漠化现象并存。产品无文化含量，经营无文化特色，经营者无文化素养。五是振奋自信与恐惧不安并存。企业家精神信仰体系没有建立起来。据报道，在美国，16 人中有一人有企业家精神；在德国，20 人中有一人有企业家精神；在日本，30 人中有一人有企业家精神；而在中国，200 人中却尚没有一人有企业家精神。

孟凡驰提出，要化解这些矛盾现象，一要建立终极价值系统，解决企业为何生存问题。企业家要积极入世而非遁世，要有心忧天下、兼济天下的使命感和责任担当精神。二要选择行动路径的精神系统，即怎样做人做事。要确立九大精神，即（1）诚信精神。中国是低信用度国家，建立诚信尤为重要。政府和企业都要建立诚信体系，首要的诚信是政策之信、法律之信。（2）创新精神。（3）坚忍不拔精神。特别能吃苦、特别能战斗、特别能攻关、特别能奉献的精神现时代仍然需要坚持。（4）科学精神。现在许多企业家不信科学信风水，不信苍生信鬼神。有个城市的区委书记，指责开发商建高楼挡了区委的风水，而他本人有博士学历。当今科学精神之缺乏由此可见一斑。（5）规则精神。中国传统是伦理型社会、人治社会，不是规则型社会。许多事情规则不明，而以“基本上”、“原则上”、“大体上”说明，没有可以操作的明确规定。(6)职业精神。要敬畏职业。(7)开放精神。要面向世界，谋天下之利而非一人一地之利。(8)积极进取精神。努力超越，追求卓越。（9）自觉奉献精神。

建立合规文化，提升软竞争力。商务部研究院研究员、北京新世纪跨国公司研究所所长王志乐认为，由于世界已经从战争与革命转向和平与发展新时代，跨国公司出现了从跨国经营战略到全球经营战略、从中心辐射式管理到全球网络管理、从追求股东价值到全面和全球责任、全球公司转型的三大变化，承担从股东责任到全面责任（承担股东责任、承担社会责任、承担环境责任）、从母国责任到全球责任（承担总部所在国的责任和承担经营所在国责任）、从强化责任到反对商业贿赂的合规经营发展新趋势。跨国公司运用法律作为在华抵制贿赂的有力武器，他们把中国相关法律汇编成册，一旦发现中国一些医院和官员索贿，就拿出来放在桌子上，指着条文说“不！”这里的“合规”通常包含以下两层含义：（1）遵守公司总部所在国和经营所在国的法律法规及监管规定；（2）遵守企业内部规章包括企业价值观、商业行为准则、职业操守准则等。跨国公司强化合规经营的这种发展新动向和新趋势，使中国企业面临合规经营的挑战。面对全球反对商业贿赂强化合规经营的潮流，正在走向世界的我国企业显然难以置身潮流之外。首先，在华外资企业面临合规经营的挑战（国际遏制商业贿赂的潮流已经延伸到中国境内）；其次，走出去的中国企业面临合规经营的挑战；再次，商业贿赂已经成为中国企业成长壮大的一个主要障碍。

中国企业必将进入合规经营新时代。中国企业正在迅速成长壮大。但是企业真正做大做强和做久，就必须从硬件提升到制度提升，从制度提升进而到理念提升，从强化企业社会责任到强化合规经营。从忽视公司责任到强化公司责任，从单纯强调公司股东责任到全面强化公司责任体系，从强化全面责任到强化合规经营，对于许多公司来说这是一个理念的创新，也是一个管理体制的调整和发展战略的重大转折。面对重大转折，企业当然会面临困难。尽管如此，我们还是应当把学习跨国公司、全球公司，强化公司责任作为一个坚定的目标，创造条件加快中国企业转型的过程，加快中国企业提升软竞争力的步伐，要下硬功夫提升中国企业的软竞争力。

中国企业家要加强人文修养。著名哲学家、中国社会科学院研究员周国平认为，作品即人品，人品一定会体现在作品中。企业是企业家的作品，因而企业家的人品决定了企业品位的高低。人文修养是提高人品的必由之路，要通过教育和自我教育使人的秉赋得以生长发展。企业家的人文修养要从三方面着手。一是哲学修养。哲学是教人把世界和人生的大问题、根本问题想明白，让人变得智慧不糊涂，活得明白。要从局部跳出来看清全局，再从全局出发看局部，正确地做人做事。领导的智慧靠哲学，看企业全局、国家全局、世界大局，想经济问题、政治问题、社会问题。哲学着眼于全局系统。真正的大成功者都是哲人，他们区别于常人在于智慧而非聪明（在局部非常精道精明）。任何人都应想想人生大问题如生活幸福不幸福？想想人生到底什么最重要、最值得珍惜和追求？人生最宝贵的一是生命二是精神，把生命安顿好、把心灵安顿好就是幸福。幸福是人生状态的单纯。现在人们把生命搞得很复杂。道家强调全命保真，不以物质去损害生命的本真状态。环保是保持生命的本真状态。安全、健康、亲情、家庭是本真状态人的需要。人要学会过平凡的生活。财富是生命的堆积物，不可缺少但不能本末倒置。“能与家人和睦相处，是人生的最高成就。”这观点是深刻的。

二是文学艺术修养。企业家应拥有丰富的心灵，把精神属性发展好，把情感、感受发展好。要多阅读文学、历史、人文、哲学作品，阅读是与伟大的人格交谈，是一种人生快乐。同时要养成写作的习惯。写作是与自己的心灵交谈，把自己的经历转变成内在心灵的财富。我主张写日记，把自己的经历、感受留住，忠实于自己，留住自己生命的财富。

三是道德修养。生命的善良与灵魂的高尚是幸福。道德的一个基础是同情心，由此形成正义，不损害别人；仁慈，帮助弱者。一个有同情心的人是善良的人，善良的人是有道德的人。人不善良坏过禽兽，因为他把理性聪明用在做坏事上。社会如无同情心，这个社会就不是人呆的地方，没有安全感。道德的另一个基础是尊严。尊严是人与人平等相待自我尊重和尊重他人的基础。商业道德是建立在做人的尊严基础上的。如诚信，就是自己有尊严地对待别人，把对方也看作是有尊严的人。人活的就是价值观，人与人不同，高下就在价值观不同。如财富观，资本主义精神强调在获取财富上手段要正当，在使用财富上要节俭，富起来仍然要过节俭的生活，这是高尚的人生，是充实的心灵，要通过满足社会需求来满足自我精神需求，所以卡耐基才说：“在巨富中死去是一种耻辱。”

要着重解决企业文化管理中的突出问题。成思危在闭幕式的演讲中认为，企业管理经过从以经验管理为主阶段到以科学管理为主阶段，现在已经进入以文化管理为主的阶段。企业文化的定义各别，但其核心是价值观。企业价值观的形成有三个方面：职工原来形成的价值观，职工相互作用形成的价值观，以及企业领导的引导。西方企业讲的价值观包括绩效导向、人本管理、全局观念、控制制度、灵活性和开放性六个方面。中国企业还应加上自己的特色：一是社会主义制度，二是中国传统文化的东西。中国企业的文化管理要着重解决三大问题：其一是人本管理问题。人是企业最宝贵的资源，起最重要的作用。首先要把人放在最重要的地位。其次是要发挥人的积极性——关心全局、勇于创新。其二是质量问题。要真正解决质量问题，就必须在全体职工中树立质量是企业生命的价值观。我们有个城市的代表团到德国的城市访问，问德方是如何处理违章建筑的，对方始终听不明白中方的意思，他们认为既然违章，就是不该建、不能建、不会建的，因而也不存在如何处理的问题。其三是企业社会责任问题。现在国际上不但发布了质量标准、环境标准，而且已经发布了社会责任标准。中国企业要担当起环境责任、社区责任，要关注弱势群体。企业文化管理的有效推进，需要全体职工与企业负责人共同努力。

学习借鉴国外先进企业文化管理经验。在全球化条件下，中国企业的未来发展必定是“以全球应对全球”。在此次峰会上，美国康明斯公司和瑞典ABB公司的经验对中国企业“走出去”成长为全球化公司提供了有益借鉴。作为跨国公司，ABB“扎根本土、四海为家”的胸怀；“用电力与效率创造美好世界”的愿景；“勇担责任——严肃的态度、遵纪守法、以高度专业的技能完成我们的工作、信守承诺，相互尊重——提倡差异性、相互探讨、质疑和倾听、正直、发自内心地尊重员工及环境，坚定不移——为所有相关方提供双赢的结果、可持续性、成果导向、承担义务”的商业原则；“支持教育、保护环境、参与慈善和公益事业以担负本地责任”的社会责任，是值得中国企业在未来发展中认真学习的。康明斯公司“包容、融合与合作”的企业精神；建立在“价值观、使命、远景目标、战略准则和个性”链和价值体系基础上的“正直诚信、不断创新、卓越业绩、企业公民、多元文化”的企业DNA；“员工是我们最为宝贵的财富；海纳百川，维护人的尊严；互相沟通而不是单向传播；为每个员工提供发展机会、释放每个人的潜能、推动员工成功”以及“打造最佳工作环境”等，对中国企业深入推进企业文化建设、落实以人为本的科学发展观，也具有重要的启示意义。

回顾新中国60年企业精神，是为了弘扬、创新、发展得更好；是为了更加焕发全体员工的集体意志，使之成为民族精神的重要组成部分，成为我们在新时期迎接新挑战的力量源泉和继续前进的不竭动力。如是，则民必富，国必强。

（作者罗志荣，系《企业文明》杂志社首席记者、采编部主任）

开幕辞：

充分发挥文化引领社会推动发展的功能

何鲁丽

今天，欢迎大家来到北京，参加中国企业文化研究会主办的“新中国60年企业精神传承与创新暨中外企业文化2010北京峰会”。

此次峰会的召开，适逢党的十七届五中全会胜利闭幕，全党全国人民正在学习贯彻五中全会精神，为“十二五”规划建言献策。当前我国正处于可以大有作为的重要战略机遇期，既面临难得的历史机遇，也面对诸多风险和挑战。我们应增强机遇意识和忧患意识，科学把握发展规律，主动适应国内外环境的深刻变化，转变经济发展方式，有效化解各种矛盾，更加奋发有为地推进我国改革开放和社会主义现代化建设。

虽然北京已进入初冬，但我们依然可以感受到秋收的喜悦，回顾与总结新中国企业精神的诞生和成长，梳理和评价企业文化的发展脉络，继承优秀的文化传统，是为了不断推进企业文化创新，充分发挥文化引导社会、推动发展的功能，更好地适应新时代的发展，以满足广大人民群众不断增长的精神文化需求。

女士们、先生们，我们即将迈上亲手描绘“十二五”美好蓝图的新的征程，这对中国企业文化建设事业又是一次新的机遇与挑战。相信此次大会，能进一步解放思想，与时俱进，开拓创新，为繁荣和发展有中国特色的企业文化，推动中国企业文化事业再上新台阶做出应有的贡献。

祝本次大会取得圆满成功！

（作者系全国人大原副委员长）

颁奖辞：

新中国60年十大企业精神

孟凡驰

一、以同仁堂为代表的“同修仁德、济世养生”的人本精神

著名老字号同仁堂历经300年的沧桑岁月，始终以同修仁德，济世养生的人本精神为立业之基，以品味虽贵，必不敢减物力，炮制虽繁，必不敢省人工的行为规范形成了具有医药行业独具魅力的同仁堂精神，同时彰显了中华民族源远流长的人本文化。

二、以海尔集团为代表的“创造资源、美誉全球”的开放精神

从创业初期的无私奉献，追求卓越，到现在创造资源，美誉全球，海尔以改革开放为动力，以创造中国人自己的品牌为己任，以美誉全球为中华民族自有品牌的发展目标，海尔企业精神的发展之路是中国企业精神走向世界之路。

三、以国家电网公司为代表的“努力超越，追求卓越”的积极进取精神

努力超越、追求卓越是与时俱进，开拓进取，弘扬自强不息的民族精神。在努力超越，追求卓越进取精神的激励下，国家电网公司夺取了抗震救灾，奥运保电、世博保电等重大胜利。追求卓越的积极进取精神已形成中国社会的意志追求。

四、以中国农业银行为代表的“服务三农，责任担当”的责任精神

服务三农的责任精神是面向三农服务城乡为使命的新理念。服务三农，责任担当的责任精神体现了乐以天下，忧以天下的责任精神，磨练出了农行人吃苦耐劳，敬业奉献的优秀品质，同时充分体现了中华民族的社会责任意识。

五、以中国工商银行为代表的诚信精神

诚信精神的基本内涵是诚实守信，真诚待人，恪守职业道德，忠于岗位责任。在经营管理和战略发展中对客户、股东、员工、社会全面实现信用承诺。工商银行在此精神的引领下，成为全球市值最大，盈利最多，客户存款最多的大型上市银行，诚信精神为高信誉的社会建设做出了贡献。

六、以中国航天科技集团、中国航天科工集团、中国科工集团为代表的两弹一星精神

1964年我国第一颗原子弹爆炸成功，1967年我国第一颗氢弹爆炸成功，1970年我国第一个人造卫星发射成功。两弹一星精神是以热爱祖国，无私奉献，自力更生，艰苦奋斗，大力协同，勇于攀登为核心的精神，是爱国主义，集体主义、社会主义精神和科学精神的体现，是中国人民在二十世纪为中华民族创造的宝贵精神财富的典型代表。

七、以中国航天科技集团为代表的载人航天精神

2003年10月16日，我国自主研制的神州六号载人飞船顺利返回，标志着我国迈入世界航天大国的行列，标志着我国在发展载人航天技术，进行有人参与的空间活动实验方面取得了重要里程碑意义的重大胜利，艰苦奋斗是载人航天精神的高度概括。载人航天精神是民族精神与航天实践相结合的产物，是中国航天事业之魂，也是中国企业文化精神的重要内容。

八、以开滦集团为代表的“特别能战斗”的坚忍不拔精神

特别能战斗是毛主席对以开滦煤矿为代表的中国煤矿精神的高度概括，经过几代开滦人和全国人民的共同实践凝聚而成，跨越了几十年的发展历程。新时期，开滦人和全国人民一道传承发扬特别能战斗的精神，促进经济的快速发展。特别能战斗精神不仅铸造了开滦人的辉煌历史，也秉承了中华民族坚忍不拔的民族性格，弘扬了民族之魂。

九、以中国石油天然气为代表的大庆精神

在半个多世纪的发展中，中石油集团传承、培育、弘扬了以爱国、创业、求实、奉献为核心的大庆精神，不怕艰苦，勇于拼搏，吃苦耐劳，埋头苦干，激励全国人民艰苦创业，无私奉献。大庆精神作为中华民族的宝贵精神财富，推动了中国社会主义建设的大发展，激起了全体中国人民建设新中国的热情，成为推动社会主义建设事业的强大精神动力。

十、以首钢总公司为代表的“敢为人先”的创新精神

首钢人以敢为人先的创新精神，建成国内第一座氧气顶吹转炉，首开工资制度全面改革，率先实行承包制，完成中国工业史上有战略意义的大搬迁。敢为人先的创新精神体现了中国企业敢闯、敢干、敢坚持，敢于走别人没走过的路，勇于攻坚的气魄，在敢为人先的创新精神感召下，全国广大企业不断解放思想，更新观念，为我国跻身世界经济强国做出了卓越的贡献。

（作者系中国企业文化研究会常务副理事长、秘书长、教授）

新中国60年企业精神培育十大摇篮组织

韩　旭

一、中国人民保险集团股份有限公司

1949年10月20日由中华人民共和国政务院批准成立的中国人民保险公司，60多年来培育了“以人为本、和谐奋进”的企业精神，在履行“保障经济、稳定社会”的实践中，在历次抗灾救灾的危难中，中保人用鲜血和汗水践行了“人民保险，服务人民”的企业宗旨，铸就了中国保险业PICC品牌，开创了国内金融机构海外发行上市的先河，打造了保费规模超千亿元的非寿险公司，为国家培养了大量保险人才，被誉为“中国保险业的黄埔军校”。

“历史蕴含价值，光荣成就未来”，中国人保公司坚信：“组织的力量，归根结底来源于精神力量”，成为孕育中国“人保精神”的摇篮组织。

二、中国中信集团公司

中国中信集团，是由中国改革开放的总设计师邓小平亲自倡导和批准，由前国家副主席荣毅仁创办的从事金融、实业和服务业的国际化大型国有企业集团。

公司成立之初曾被邓小平同志誉为中国改革开放的窗口，他鼓励中信集团“勇于创新，多做贡献”。30多年来，中信集团秉承荣毅仁董事长制订的“中信风格”，发扬“诚信、创新、凝聚、融合、奉献、卓越”的中信精神，在诸多业务领域中进行了卓有成效的探索和实践，取得了较好的经济效益，在国内外树立了良好的信誉，为国家的改革开放事业做出了重大贡献。

中信集团的“中信精神”成为在创新领域开拓奋进的

精神摇篮。

三、中国石化胜利油田

中国石化胜利油田在40余年的发展历程中，坚持“从创业走向创新，从胜利走向胜利”的企业精神，以“滚石上山、逆水行舟”的气魄，累计探明石油地质储量48亿吨，生产原油10亿吨，约占新中国原油产量的1/5，实现利税5000亿元。在为国家创造巨大物质财富的同时，胜利人开展了“油田与心田共建，文化与文明共创”的“胜利心田工程”，为企业凝心聚力、科学发展奠定了坚实的基础。

胜利油田以“共创百年胜利，共建和谐油田，共享美好生活”的优秀企业文化，成为石化行业“从胜利走向胜利”企业精神的摇篮组织。

四、中国石化集团北京燕山石油化工有限公司

北京燕山石油化工公司践行石油战线的“三老四严”、“四个一样”光荣传统，形成了“团结、求实、严细、创新”的企业精神，坚持“大企业要为国家做大贡献”的企业使命，40年来，从燕化炼油厂破土动工到建成具有千万吨炼油能力和近百万吨乙烯生产能力的特大型石油化工联合企业，燕化人用心血与智慧树立起一座现代化的“石化化工城”，为国家做出了巨大贡献。

燕山石化公司以“为社会主义祖国争光，为中国工人阶级争气”的豪迈气概成为新中国现代石化工业的摇篮组织。

五、中国石油天然气集团公司

中国石油天然气集团公司作为国家特大型石油石化企业集团，在半个多世纪的发展中，传承、培育、弘扬了以“爱国、创业、求实、奉献”为核心的大庆精神，特别是以铁人为代表的企业英模，激励了几代石油人艰苦奋斗、无私奉献，为中国石油工业的发展做出了巨大贡献，企业也得到了快速发展，中国石油集团在全球500强企业排名中居第13位。

中国石油集团的优秀企业文化，对中国社会产生了重大影响，成为中华民族先进文化的重要组成部分，中国石油集团堪为成功孕育“大庆精神”、“铁人精神”的摇篮组织。

六、中国航天科技集团公司

承担着运载火箭、人造卫星、载人飞船的研究、设计、生产和发射任务的中国航天科技集团公司，坚持“以国为重、以人为本、以质取信、以新图强”的核心价值观，多年来孕育了航天精神、“两弹一星”精神和载人航天精神，为国家经济社会发展、国防现代化建设和科学技术进步做出了卓越贡献。特别是探月工程嫦娥二号任务取得圆满成功，是中国人民攀登世界科技高峰的又一壮举。

航天“三大”精神是伟大的民族精神与航天实践相结合的产物，是中国航天事业之魂，也是中国航天企业文化之魂。中国航天科技集团公司堪为孕育航天精神的摇篮组织。

七、中国第一汽车集团公司

中国第一汽车集团公司坚守新中国汽车工业“长子”的使命，以中国一汽“勇争第一”的“红旗精神”、“铁军精神”“争创精神”，生产了中国第一辆国产解放牌卡车、第一辆东风牌轿车、第一辆红旗牌高级轿车，创造了品牌价值达653.32亿元的“中国一汽”企业品牌，在50余年的发展历程中，一汽人捍卫了“国车”的荣耀。

上个世纪50年代，一汽人曾喊出“乘‘东风’、展‘红旗’，造出高级轿车去见毛主席！”的响亮口号，一汽集团成为中国汽车行业“勇争第一”精神的摇篮组织。

八、开滦（集团）有限责任公司

开滦（集团）有限责任公司成立于1878年，至今已有132年的发展历史，素有“中国煤炭工业源头”之称，它经历了长期革命斗争的洗礼和艰苦卓绝的努力，为新中国的诞生做出了重大贡献，培育了“特别能战斗”的企业精神。新中国成立以来，开滦（集团）成为全国工业战线上的一面红旗，并在改革开放中以“开放的胸怀、报国的责任、兼容的品质、创新的激情、争先的气魄”，调整转型，科学发展，“十一五”期间取得了优异成就。

开滦人以“特别能战斗”的精神，成为“中国北方民族工业的摇篮”。

九、恒源祥（集团）有限公司

恒源祥是始建于1927年的一家老字号企业。在80余年的发展历程中，形成了“为消费者心满意足而全力以赴”的企业精神，坚定走品牌无形资产经营之路，充分利用恒源祥品牌调动和组织社会资源，组成特许生产、特许经营和连锁经营战略联盟，实现规模经营和快速扩张，使恒源祥成为中国著名品牌。

恒源祥秉承“持续为社会创造价值”为核心理念，开展了为全国57万孤残儿童编织毛衣的“恒爱行动”，成为向消费者、向社会永久奉献爱心的摇蓝。

十、铜陵有色金属集团控股有限公司

与新中国一起诞生的铜陵有色金属集团公司，是新中国第一座有色金属矿山，是最早建设的铜工业基地。铜陵人以振兴民族铜工业为己任，形成了创业时期的“箩筐精神”，发展时期的 “奉献精神”，改革开放后的“创新精神”，奠定了新中国铜业发展的基础，引领新中国铜工业走向国际化发展之路。

铜陵人以“打造世界铜冠，人企共同发展”为愿景，以“求实、创新、合作、自强”的精神，成为新中国铜工业的摇篮组织。

（作者系中国企业文化研究会常务副理事长）

新中国60年企业精神培育十大杰出人物

华 锐

一、中国人民解放军第五七一九工厂厂长——向巧

她是苗族，有着巴蜀大地女性特有的神韵和美丽，但更有着军队企业家的特质和魅力。作为全军装备保障型企业唯一一位女厂长，秉承军队优秀的文化传统，培育了“情系蓝天，追求卓越”的企业精神，塑造了全厂职工“不穿军装的军人、不拿钢枪的战士”的坚强形象。众志成城，6年间

实现工业总产值、销售收入、利润超过此前建厂28年总和的两倍以上，到英勇抗击“512”汶川大地震，再到填补国内军用航空发动机再制造技术空白，突破欧美少数国家对航空发动机再制造的垄断，创造了中国军队企业发展的奇迹。

二、首钢集团党委书记、董事长——朱继民

钢铁是最硬的，文化是最软的；钢铁是有形的，文化是无形的。他激情睿智，将至柔的文化融入管理，激活企业，成就辉煌的业绩；他屡屡受命于危难之际，南征北战、攻关克难，被中国钢铁界誉为“扭亏大王”和“常胜将军”。从水钢到首钢、从培育“大河精神”到创新“敢为人先”精神、从打造北京鸟巢奥运圣火的火炬到率先进行我国乃至世界工业史上前所未有的战略大搬迁，创新、创优、创业，建设21世纪新首钢，书写下中国科学发展时期浓重的一笔。

三、大同煤矿集团公司董事长、党委书记——吴永平

这是一位拥有70万员工家属的特大型综合能源企业的“当家人”，他在创新提升“强企报国、敬业奉献、创新发展、卓越至上”同煤精神的实践中，成功塑造了同煤人振奋精神、向往未来、追求理想、努力奋斗的历史新坐标，使同煤人在党和国家需要的时候、在承担国家紧急任务的关键时刻，从不言悔、永不说难！彰显了为党分忧、为国出力的光荣本色，交上了一份份满意的答卷。特别是南方雨雪冰冻、奥运会期间，同煤“三讲四保”、“保奥运、保电煤”支持有力；跨地区矿山事故抢险，同煤人挺身而出，屡建战功，获得了胡锦涛总书记的高度评价。

四、开滦（集团）有限责任公司董事长、党委书记——张文学

他有着战略家的眼光，又有着哲学家的睿智，还有着企业家的风范，以超前的思维和时不我待的精神，不断升华开滦人“特别能战斗”的企业精神，构建三加一企业文化管理模式，有力推动了企业文化由理念层面向管理层面的转换，仅仅用两年多时间，就使开滦集团在中国企业500强中排名前进了188位，成为全国增长速度最快的煤炭企业，不仅使百年开滦成功地走上了一条转型发展之路，更为新中国工业战线上这面耀眼的旗帜增添了新的光彩。

五、海尔集团董事局主席兼首席执行官——张瑞敏

你一定知道激活“休克鱼”的故事，你也一定有“6S大脚印”的印象，你可能更熟悉“日事日毕、日清日高”“OEC”管理法，但是你是否知道：由80年代的“无私奉献、追求卓越”，到90年代的“敬业爱国、追求卓越”，再到21世纪的“创造资源，美誉全球”，由他培育的海尔精神一次又一次的创新提升，已经升为时代变革的宣言。他不追求传奇，但却创造了传奇。因为，我们从他身上发现：伟大的企业从来不是天生的，而是用精神打造出来的！

六、浙江吉利控股集团董事长——李书福

他把天方夜谭变成了美丽的传说，他把人们的戏弄嘲笑变成了深深的敬佩，他把民族的期待变成了真实的梦想。从他1994年闯进汽车行业，就提出他自己的梦想：造老百姓买得起的好车，到20年后的今天，在人们的惊叹声中收购百年豪华汽车品牌沃尔沃，他带领吉利人在创造了业界奇迹的同时，也创造了“敬业、创新、沟通、拼搏”的吉利企业精神，确立了“人性化神经管理，军事化高效执行”的企业文化，在推动吉利科学发展的同时，为中华民族汽车事业开拓出一片新的天地。

七、中国中铁董事长、党委书记——李长进

他曾指挥铁军建成了当时国内运营最长的单线铁路隧道，其大量施工新技术创我国铁路建设最高水平。当他执掌中国中铁帅印后，大力弘扬“勇于跨越、追求卓越”的企业精神，将企业文化建设与企业管理、思想政治工作有机结合，实施“铸魂”、“育人”、“塑形”三大工程，使前线、基层与集团公司企业文化保持一致，为特大型集团企业文化建设提供了优秀案例；尤其是他率军参加青藏铁路建设，不畏艰险，英勇卓绝，积极打造中国中铁品牌，为“挑战极限、勇创一流”的青藏铁路精神做了最完美的诠释。

八、中国航空工业集团公司党组书记、总经理——林左鸣

“思想有多远，我们才能走多远”这是他的一句名言。从成都发动机公司、沈阳黎明公司到中国一航，再到金融海啸中重组中国航空工业集团，重塑“航空报国，强军富民”的集团宗旨和“敬业诚信，创新超越”的集团理念，他不仅使中航工业度过危机，昂首进入世界500强，今年又把名次提升了96位。他激情放飞思想，以“修身、兴企、报国、富天下”的豪迈，一路走来，大刀阔斧、雷厉风行，不仅创造了一个又一个起死回生的奇迹，更演绎出如何使困境中的国企摆脱危局的精彩话剧！，使国企领导人勇于担当，扛起“国家强盛、民族复兴”大业。

九、东风汽车公司董事长、党委书记——徐平

他以超强的个人魅力，带动了东风企业精神的创新和发展，坚持做强做大、优先做强的发展战略不动摇；他以高超的领导艺术，妥善处理好与合作伙伴的关系，促进企业内部和谐发展，正确平衡了各方利益，成功改造升级了老工业基地；他以与时俱进、锐意改革的创新精神，创下东风汽车业绩增幅高于业界平均水平，成功跻身“百万辆”级别的汽车集团， 2010年位居世界企业500强第182位，成为中国汽车行业的排头兵，同时，引领东风员工走上了一条幸福、富裕之路。

十、万向集团董事局主席、党委书记——鲁冠球

他把一个铁匠铺发展成为实力雄厚的现代企业集团，不但被誉为企业界的“常青树”，而且其精神世界也灿然升华，坦荡洁净。他脚踏实地，饮水思源，秉持“讲真话，干实事”的万向精神，执著坚持“一天做一件实事，一月做一件新事，一年做一件大事，一生做一件有意义的事”。他数十载风雨历程折射出坚忍不拔的理想信念和乐观向上的人格魅力，犹如钻石，愈久弥坚，赢得了我们崇高的敬意。

（作者系中国企业文化研究会常务副理事长）

大会贺辞：

弘扬优秀企业精神 推动央企科学发展

杜渊泉

在全党全国人民深入学习贯彻党的十七届五中全会精神，科学制订“十二五”规划，进一步深化改革，加快转变经济发展新形势下， 回顾总结新中国60多年来我国企业精神，对于进一步弘扬民族精神和时代精神、深化中国特色企业文化建设、推动企业科学发展具有重要的意义。

新中国成立60多年来，中国共产党领导全国人民艰苦奋斗，改革创新，战胜各种艰难和风险考验，谱写了中华民族自强不息、顽强奋进的壮丽凯歌。我国经济社会不断发展进步，综合国力不断提升，人民生活不断改善，国际地位的影响力不断提高，国家面貌发生了翻天覆地的历史性变化。

国有企业是国民经济的重要支柱，是我国基本经济制度的主体，是我们党执政的重要基础。在新中国的发展历程中，国有企业始终牢记责任使命，与共和国风雨同舟、休戚与共，在艰苦创业中成长，在改革创新中壮大，创造了巨大的物质财富和精神财富，有力地支撑和推动了国民经济和社会发展，为国家富强、民族振兴做出了巨大贡献。

中央企业是国有企业的中坚和骨干，在国民经济和社会发展中具有举足轻重的重要地位，发挥着顶梁柱的作用。无论是社会主义革命和建设时期，还是在改革开放时期，中央企业始终秉承爱国奉献、艰苦奋斗、自强不息、创新图强的优良传统，大力弘扬以爱国主义为核心的民族精神和改革创新的时代精神，在创造巨大物质财富的同时创造了丰富的精神财富，积淀了深厚的文化底蕴，培育形成了大庆精神和铁人精神、两弹一星精神、载人航天精神、青藏铁路建设精神等为代表的优秀企业精神，铸就了不朽的精神丰碑。中央企业所创造的精神财富是民族精神和时代精神的缩影和体现，这些精神财富是中央企业干部员工60多年不懈奋斗的结晶，是中国工人阶级理想信念、意志品质、精神品格的真实写照，已深深植根于中央企业的文化之中，成为核心竞争力的重要内容，成为凝聚干部员工团结奋斗的强大精神支柱和推动改革发展的不竭动力。

国务院国资委成立以来，高度重视企业精神的传承与创新，采取了一系列有效措施，积极推进企业文化建设，大力弘扬优秀的企业精神，推动中央企业改革发展、做强做大。中央企业从战略高度，从自身性质和地位出发，紧密结合生产经营管理实践，进一步明晰实现国有资产保值增值、发展壮大国有经济的崇高使命和建设具有较强国际竞争力的大公司大集团的企业愿景，培育形成反映民族精神和时代精神、体现企业特色、有丰富内涵的企业价值理念。中央企业的优良传统在继承中得到了弘扬，企业精神在深入改革、自主创新、科学发展、促进和谐的生动实践中不断丰富和升华。企业文化建设和企业精神的弘扬极大地激发了干部员工敬业奉献、致力改革发展的积极性、主动性、创造性，进一步巩固了干部员工团结奋斗的思想基础，促进了干部员工思想观念、精神面貌的深刻变化和整体素质的不断提升，增强了企业的凝聚力、战斗力和竞争力。先进的企业文化和优秀的企业精神转化为中央企业加快改革发展、做强做大的强大精神动力，转化为中央企业确保载人航天、青藏铁路建设、北京奥运会、建国60年庆典、上海世博会等国家重点工程和重大活动的力量源泉，转化为中央企业战胜重大自然灾害、应对国际金融危机冲击等各种困难和挑战的坚强意志。

文化凝聚力量，精神激发活力。当前，世界正处于大发展、大变革、大调整时期，经济全球化深入发展，国际金融危机影响深远，国际产业竞争更加激烈。未来5年是我国全面建设小康社会的关键时期，是深化改革开放、加快转变发展方式的攻坚时期。国有企业面临深化改革、加快结构战略性调整和发展方式转变的繁重任务，也面临着后金融危机时代更高层次、更高水平、更加激烈的国际竞争。我们要深入贯彻党的十七届五中全会精神，深刻认识、准确把握国内外形势的新变化和新特点，深刻认识、准确把握党和国家的工作大局，深刻认识、准确把握国有企业改革发展的新任务新要求，以科学发展观为指导，把社会主义核心价值体系融入企业文化建设的全过程，不断深化企业文化建设，大力弘扬优秀的企业精神。要坚持以人为本，尊重职工群众在企业文化建设中的主体地位和首创精神，在职工群众推动改革发展的实践中，丰富企业文化和企业精神的内涵，为促进职工与企业和谐发展、共同进步不断注入精神动力。要积极选树、大力宣传先进典型，用先进典型的优秀事迹和精神品质教育干部员工，引导干部员工学习先进，树立正确的追求。要广泛开展形式多样、内容丰富的实践活动，弘扬企业精神，从而使企业文化和企业精神转化为广大干部职工敬业奉献、超越自我的实际行动，转化为企业科学发展的强大动力，为全面建设小康社会，推动中国特色社会主义伟大事业作出新的更大贡献。

（作者系国务院国资委副秘书长）

领导讲话：

中国商业文化的“八字”思考

胡　平

无疑，全球化已成为当今我们认识和分析一切重大问题的基础，它深刻改变着世界的面貌，这种大趋势决定了世界经济文化一体化成为我们探讨商业文化的重要前提。那么面临世界文化的这种格局，中国商业文化该如何办？我认为21世纪中国会出现两个高峰，一个是经济高峰，一个是文化高峰。从现在的形势看，大家更重视经济的高峰，比如说到本世纪中叶，中国要实现伟大的战略目标，达到中等发达国家水平，这已经是非常深入人心的口号了。如果从总量上看，也许不要到世纪中叶就可以超过美国。但文化的高峰大家重视得还不够。中国要真正强大起来，经济的高峰和文化的高峰必须是同时推进的，不能分割。当然可能有先有后，譬如说欧洲先有文艺复兴，后有资本主义。

那么中国的文化尤其是商业文化如何推进呢？我认为可以用八个字来概括，即“继承、融合、创新、超越”。

继承，就是要继承我们民族优秀的传统文化。所谓民族的才是世界的，任何时候有自己的特色才有存在的价值，也才能建立真正的竞争力，“师夷之技以制夷”毕竟还需要以“中学为体，西学为用”为前提。从这个角度看，商业文化也必须要打中国牌。当然不是传统的所有一切都要继承，都继承是不行的。鲁迅在1918年讲过一句话，大意是“外不后于世界之潮流，内不失固有之血脉”，我们不能有文化保守主义，但是也不能有文化虚无主义。中国传统文化中有许多优秀的部分，“礼之用，和为贵。先王之道，斯为美”。自从孔子标举出“和为贵”的文化口号以后，“和”便成为贯穿中华民族三千年的行为标准和审美尺度。人生哲学方面，比如说“自强不息”“天人合一”“以柔克刚”等。我们在国家、社群体、家庭各个方面都有自己独到的思维方法，跟西方是不同的，但我们目前还缺乏科学和法制这种理念。

融合，就是要融合西方的商业文化，这是很难的一个课题，把西方资本主义的生活方式都拿过来，这是不对的，不能什么都搞拿来主义。融合，在物质层面上可能比较容易。但制度的融合，就要借鉴，不能全部拿过来，就是企业管理方面也不可能全部都用上。在精神文化层面上，东方人特有的价值观和西方更是有区别的，要变也要有一个很长的过程。譬如美国文化推行自由化，亚洲金融危机的出现就跟它有关系。理论界认为，就是因为美国过急地推行其资本主义自由化这套制度，才害了亚洲一些国家。我认为，文化的融合就像在一个锅（古代叫鼎）里面做食物，比如牛肉，可以做成赫鲁晓夫的土豆烧牛肉，也可以做成中国的红烧肉。面粉可以做成面条或者山东人爱吃的饺子，也可以做成汉堡包。在文化融合的过程中，如果我们本土文化把外来文化给吃掉了，人家不会进来。如果海外文化进来把我们的文化吃掉了，把我们的本土文化改头换面了，我们也不干。所以说文化的融合，最后是你中有我，我中有你，不是谁吃掉谁的问题，商业文化也是如此。我把这个融合的理论称为“鼎论”。还有一个理论叫“弓矢论”，古代有“矛盾论”，其实还有一种“弓矢论”，讲弓和箭的关系。弓和箭谁也离不开谁，好弓配上好箭才能射得远，它们是互相依存互相依靠的关系。那么这可不可以用在对外来文化的吸引上？融合的结果是要双赢，外来的文化赢了，本土的传统文化也要赢。

创新，就是要有新的思维，有创新方能超越老师；否则，再好的文化也只会被稀释甚至扭曲，因为那不是自己的。新价值观念的构建，是比较难的。新的物质文化创建面临的难点主要是城乡之间的文化差异太大。新的制度文化涉及家庭，企业、政治、经济各个领域。新的精神文化就是在中国传统文化自强不息的基础上提炼、升华。这一切又都将影响着商业文化的重新构建。

第四就是超越，超越历史上曾经出现的文化高峰。中国历史上曾经有好几次文化高峰，春秋是一次，汉唐是一次，文化大革命的本意也是要实现一次文化高峰，可惜没有出现。超越历史，超越自身，这种超越当然不是几十年就能实现的，需要相当长的时间。我们过去说消灭资本主义，这到什么时候，很难说清。那就不如说要超越资本主义，超越资本主义还是有可能的，但不是说本世纪一定就能做得到。

要实现这八个字，我认为就要进一步地实现思想大解放，要出现一大批学术大师，不仅要有学术大师，还要有大思想家。大思想家几百年出一个，但学术大师可以出很多。我们的时代要呼唤大思想家出来，让我们未来的大思想家把古今中外文化都融会贯通，都能解释的清楚，就像当年的孔夫子、孟夫子。我的看法，这个大思想家应该已经出世了，因为如果现在还不出世就来不及了。没有大思想家出来重新构筑我们的精神支柱，我们的国家就没有这种文化的基础。

（作者系中国企业文化研究会理事长、原国家商业部部长、原国务院特区办主任）

为中华民族伟大复兴做更大贡献

黄中平

在座的各位对企业文化的重要性，对文化建设的重要性的认识都是非常深刻的，当今社会文化的地位是越来越重要，文化的作用是越来越突出。从它的重要性来讲，我们经常强调国家软实力，联合国教科文组织在文化政策促进发展行动计划中提出，发展最终应以文化概念来定义，文化的繁荣是发展的最高目标。这个定位到什么程度？发展的最高目标是文化的繁荣，发展最终应以文化概念未定义，这是联合国教科文组织在一个计划里面提出来的，文化的作用越来越突出。这句话我特别欣赏：小企业靠经理，中企业靠管理，大企业靠文化。现在大企业不断地升级，不断地推出新产品，如果还是那个286，是不行的，产品必须要不停的创新升级。大家知道，现在要升级怎么升级，人才是第一资源，如果企业不是经济文化化，文化经济化，根本不可能成为大企业，知识爆炸，你一个人又是综合性的，搞创新的，所以你必须要和整个企业的团队，大家齐心协力，再创新。所以，只有当文化表现出对物质更强大力量的时候，经济发展才能进入更高层次。曾经在美国媒体有一段时间说一个好莱坞能顶几个第一机械化步兵师。可见，文化在当今时代的作用。我们讲企业精神，企业讲，国家也一样，不仅民族要走向复兴，国家要强大，企业要成为大企业，不仅要投入，靠经济力量，更要靠文化。

大庆的铁人精神，宁可少活20年也要拿下大油田，铁人精神，大庆精神正是我们民族的精神支柱，所以我们新中国才能走向繁荣富强。改革开放30年以前，青藏铁路，国外的专家说这里不能造铁路，我们创造了人间奇迹，我们靠的是什么？艰苦奋斗，风雪强，意志更强，海拔高，工人精神更高，就是用这种精神，不怕苦，不怕牺牲。没有这种精神，就没有现在成就。关键是怎么抓？首先就是文化具体化，就是我们中国的企业文化怎么建设。毛泽东同志讲过，我们是靠总结经验吃饭的，这是毛主席的一个很有名的名言，毛主席是不停的总结经验，有哪些好的做法，是不是上升到规律，今天的峰会以这个为主题，把60年来成功的经验进行梳理。

还有一个是学习借鉴。中国共产党提出建设学习型政党，就是借鉴来的，就是借鉴国外的学习型企业建设，因为经济是基础，企业是主力军，面对现在科学技术，应该怎么立足，怎么提高学习力，怎么提高创造力，落脚点在什么地方？就是创新。"十二五"规划建议是以科学发展为主题，以加快经济发展方式转变为主线，提出四个更加，五个坚持的总体布局，确立十项任务，第八项任务就是推动文化大发展，大繁荣，提升国家软实力。围绕这个任务更确定三项重点工作，第二个就是推进文化创新，第三是文化事业和文化产业要发展和繁荣。确立两个文化目标，一个是公共文化体系，还有一个是使文化产业成为支柱性产业。文化搞不好，除了不重视以外，没有两手抓，还有一个是方法不对，没有与时俱进，发展社会主义市场经济，市场还是原来的，我们现在讲科学发展，坚持创新，内容创新。通过总结，紧密结合时代的要求，进行创新。创新不仅是语言创新，还要形成一个体系。我们永恒的主题就是为民，爱国是我们的动力，对当前来讲，企业不讲利益不行，但是必须还要有正气，法制意识一定要强化。

作为党中央的机关刊物，应该积极的为大家创造良好的氛围，今年以来《求是》杂志发表企业的文章不少，比如说同仁堂、大庆精神，我们几乎每期都有介绍企业怎么抓文化，怎么落实科学发展，我们衷心希望企业给我们支持，我们也继续为大家多提供平台，让我们更好的营造企业发展的氛围，携手共同在实现中华民族伟大复兴中做更大的贡献。

（作者系《求是》杂志社副总编）

专题论坛：艰难辉煌——新中国创业发展期企业精神培育与实践

弘扬大庆精神是中国石油的神圣使命

关晓红

中国企业文化研究会以新中国60年企业精神传承与创新为主题，举办这次"中国企业文化2010年北京峰会"，这个主题确定得好，将引领我们进一步以战略思维、世界眼光，审视、思考、谋划、部署新时期新形势下企业精神的传承与创新，将创业时期形成的企业精神，不断赋予新的内涵，进行再学习再教育再深入，使之始终成为企业可持续发展的思想基础、不竭动力，将企业文化优势转化为企业发展核心优势，增强企业实力，为国富民强而艰苦奋斗、矢志奋斗、不懈奋斗。

这次会议，对进一步传承和培育优秀企业精神，加强企业文化建设，文化强企、文化强国、文化强民族，将产生具有时代意义、历史意义的影响。

我发言的题目是"弘扬大庆精神是中国石油的神圣使命"。我用三组数据、两件事、两个观点来阐述我发言的题目。

一、用大庆精神、铁人精神和石油人汗水甚至生命书写成的辉煌成就

我先讲三组数据。

第一组数据：1949年，我们国家原油产量为12万吨，2009年仅中石油的年产量就达1.0313亿吨，是1949年的860倍。中石油在国内已建成大庆、长庆、新疆、辽河、塔里木、西南油气田6个千万吨级的大油气田。大庆油田5000万吨稳产27年，4000万吨也已稳产7年，创造了世界油田开发史的奇迹，生产的原油用60吨的罐车排列可绕地球10圈。长庆油田是世界上典型的低渗透油田，国际上称渗透率50毫达西油田为低渗透油田，一般不开采，长庆油田70%的油藏渗透率仅为1个毫达西，他们出油的地方是在2000多米深如磨刀石一样硬的岩石。石油开采不是打个井就冒油，而是从岩石中往外驱油。有人可能在世博会石油馆中看到一位年轻女采油工和一条狗一起守候在油井旁的雕塑，这就是12万长庆油田员工在陕甘宁万座大山中勘探开发的真实写照。今年长庆的油气产量可达3500万吨，2015年将建成"西部大庆"，年产油气当量5000万吨。

第二组数据：中石油资产总额1998年与中石化进行上下游一体化重组时是4 740亿元，2009年已达22 300亿元，10年间，国有资产增值了4倍多；2009年向国家上缴税费2 359亿元，约占国家税收总额4%左右，就是说100元钱中有中石油上缴的4元钱。

第三组数据：目前中石油在全球20多个国家运作了80多个油气合作项目，还在70多个国家有580多支工程技术服务队伍。海外创业不但艰苦，还要冒着生命危险。去年在伊拉克项目招标中，中石油中了鲁迈拉油田、哈法亚油田两个标的，集团公司总经理蒋洁敏同志在前期穿着防弹背心与员工一起到现场勘察。这三组数据是用大庆精神、铁人精神书写而成的，是石油人用汗水甚至于生命写成的。

二、中国石油不仅是一个企业，也是一个国家形象，它是中国人民和中华民族的骄傲

我再讲两件事。

第一件事：2009年～2010年10月，中央政治局九位常委在不到两年的时间，先后20多次到中石油及所属企业和涉外项目考察。2009年中亚管道竣工，胡锦涛总书记与土、乌、哈三国总统一道出席投产仪式，并共同开启阀门；2010年又与俄总统参加中俄管道竣工仪式，并按动启动钮。党和国家领导人多次出访都有能源合作务实议题。

第二件事：2009年2月至今，中石油搬迁新办公楼500多天中，世界大石油公司、大企业的董事长、总裁、首席执行官，资源合作国的能源部长、外长甚至总理、总统都来访过，共计150多批次。这说明了什么？中石油在世界500强企业中名列第13位，世界50家大石油公司中排名第5位，是什么使中石油实现了跨越式的发展，屹立于世界大公司之林？

我讲的三组数据、两件事想说明一个思想，就是中石油在世界中的地位，在一定意义上代表了中国在世界的地位，中国石油不仅是一个企业，它也是一个国家形象，中国石油是中国人民的、中国共产党的、中华民族的。

三、大庆精神是中华民族精神的重要组成部分，弘扬大庆精神是中国石油的神圣使命和责任

我再讲两个观点。

第一个观点：大庆精神是中华民族精神的重要组成部分。大庆精神源于中华民族的优秀文化和中国共产党的革命文化两个根脉，形成于困难时期、困难地点、困难条件下，以“爱国、创业、求实、奉献”为核心内容的大庆精神是在特定的文化和历史背景下形成，是老一辈石油领导人和广大石油职工，在波澜壮阔的大庆石油会战中学习马列主义、毛泽东思想，继承发扬中国共产党、中国工人阶级和人民解放军优良传统的丰硕精神成果。

大庆精神是中华民族优秀品质在石油战线的生动展现，也是对早期石油战线老君庙精神、玉门精神、柴达木精神等的传承和延续。大庆精神与井冈山精神、长征精神、延安精神、两弹一星精神等革命精神一脉相承，都是中华民族精神的重要组成部分。

20世纪60年代，中国受国外敌对势力的经济技术封锁，国内又连续遭受三年的自然灾害，国家经济相当困难，国内油品严重匮乏。

1959年9月26日，大庆油田松基三井喷出了工业油流，中央批准了大庆石油会战。1960年3月开始，4万人一下集中来到了这荒原上。王进喜以人拉肩扛搬钻机、脸盆端水开钻、有条件要上、没有条件创造条件也要上的精神，仅用5天零4个小时就打出了大庆油田第一口生产井，他的腿被砸伤，用身体搅拌泥浆制服了井喷，王进喜成为了大庆会战的第一个标兵。就是这样，成千上万的石油人以强烈的为国家分忧、为民族争气的满腔热情喊出了“这困难，那困难，国家缺油是最大的困难；这矛盾，那矛盾，国家没油是最大的矛盾”，以“宁可少活二十年，拼命也要拿下大油田”的气概，住牛棚、地窝子、干打垒，五两保三餐，战严寒、斗风雨，仅三年时间就拿下了大油田，实现了中国原油自给，甩掉了贫油的帽子。会战中形成的“三老四严”，“四个一样”的优良作风、人拉肩扛精神、干打垒精神、五把铁锹闹革命精神、缝补厂精神、回收队精神，既是当时石油工人艰苦奋斗的真实写照，也是大庆精神的实践基础和活水源头。铁人精神是对王进喜崇高品质的概括，又是石油员工精神面貌的集中体现，是大庆精神的具体化、人格化。

1964年4月20日，《人民日报》发表了新华社记者袁木、范荣康采写的《大庆精神大庆人》长篇通讯，第一次将会战中石油工人的精神面貌，提升为大庆精神层面进行宣传。

1964年，毛主席发出了工业学大庆的号召，亲手树起了大庆这面红旗，把大庆精神蕴涵的无私奉献价值观和艰苦奋斗的精神推向全国。

1981年12月，中央以“47号”文件形式对大庆精神的“爱国、创业、求实、献身”的内涵给予了肯定。

1990年2月，时任总书记的江泽民同志在大庆油田视察时，将“爱国、创业、求实、献身”大庆精神内涵中的“献身”表述为“奉献”，并诠释为：为国争光、为民族争气的爱国主义精神，独立自主、自力更生艰苦奋斗精神，讲究科学、三老四严的求实精神，胸怀全局、为国分忧的奉献精神。

胡锦涛总书记在2009年6月视察大庆油田时强调：“大庆精神永远是激励我们不畏艰难、勇往直前的宝贵精神财富。”

大庆精神的核心是爱国，精髓是艰苦奋斗，本质是我为祖国献石油。大庆精神是社会主义核心价值体系在中石油的具体体现，是中石油企业文化的核心和灵魂。

第二个观点：弘扬大庆精神是我们的神圣使命、无限责任。中国石油天然气集团公司党组始终坚定不移地用大庆精神、铁人精神构筑百万石油员工的共同思想基础；始终矢志不移地弘扬、传承、培育大庆精神、铁人精神，坚持大庆精神核心内涵不动摇，不赶时髦，不人云亦云；始终坚持不懈地开展大庆精神、铁人精神再学习、再教育。

集团公司党组始终把在新形势、新时期、新目标、新任务下，传承、弘扬、培育大庆精神、铁人精神作为神圣的使命和无限的责任，将大庆精神确定为中国石油的企业精神，制定了《企业文化建设纲要》，构建了企业文化建设体系，将大庆精神融入企业发展战略、企业宗旨、企业责任。集团公司先后在大庆、延安召开了领导干部会议，对新时期新形势下，开展大庆精神、铁人精神再学习、再教育、再深入作出动员和部署；召开了大庆精神、铁人精神高层论坛，成立了大庆精神、铁人精神研究会，编写了《大庆精神铁人精神学习培训教材》，编写发行了《大庆精神铁人精神读本》、《铁人传》、《世纪大庆》、《大庆企业文化词典》，重建了《王进喜同志纪念馆》，支持配合有关方面拍摄了28集电视连续剧《奠基者》、电影《王铁人》、话剧《铁人轶事》等，建立了106个企业精神教育基地，选树了新时期中国石油榜样典型模范，设立铁人奖章、铁人文学奖等奖项，使大庆精神教育经常化、制度化，进课堂、进基层、进机关，入脑、入言、入行；今年组织开展了“大庆精神”巡回宣讲活动，历时4个月行程3万公里，宣讲了99场，11月30日将在

总部机关作第100场宣讲，明年将对所有企事业单位全覆盖，进行面对面的宣讲。

这次中国企业文化峰会，大庆精神、铁人精神荣获“新中国60年最具影响力十大企业精神”，中国石油天然气集团公司获得“新中国60年企业精神培育十大摇篮组织奖”，这不仅是我们的荣誉，更是我们弘扬、传承、创新大庆精神的神圣使命和无限的责任。我们要加倍努力，让大庆精神、铁人精神代代相传，永远激励我们奋勇前进！

（作者系中国石油天然气集团公司副总经济师、思想政治工作部主任）

弘扬特别能战斗精神 助推百年开滦科学发展

庞学东

开滦集团始建于1878年，素有中国煤炭工业源头之称，在跨越三个世纪的奋斗历程中，开滦人不仅为国家建设和民族振兴奉献了巨大的物质财富，同时也塑造了让工人阶级引以自豪的特别能战斗精神。先进的文化总是具有生生不息的力量，一百多年来，特别能战斗精神在开滦工人中薪火相传，历久于心，成了引领和激励开滦肩负历史责任，完成民族使命，战胜艰难险阻，不断发展壮大的动力源泉。

一、以英勇无畏的气概，铸造特别能战斗的伟大精神

开滦是清末洋务运动的产物，洋务运动促进了近代工人阶级的兴起，开滦工人自登上历史舞台的那一刻起就展示了他们所具有的先进性，特别能战斗精神就是典型的品格特质。

特别能战斗精神在中国工人运动史上书写了壮丽的篇章。开滦具有光荣的革命传统，早就成了北方工人运动的摇篮，早在1922年，也就是中国共产党成立后的第二年，在革命先驱李大钊的直接领导下，开滦成立了党的基层组织唐山矿党支部，在建国前70年的历史中，生命尚不如骡马的开滦人共发起过68次大中斗争，特别是震惊中外的五矿同门大斗争，毛泽东同志认为达到了中国工人运动第一次高潮中的最高峰，他在中国社会各阶级分析中指出他们受压迫最深，革命性最强，因此他们特别能战斗，这是毛泽东同志对以开滦矿工为代表的中国工人阶级斗争精神的高度评价，也是对特别能战斗精神最早的命名。正是凭着这种英勇无畏，敢于牺牲的崇高精神，开滦人在革命历史时期，不断展开不屈不挠的斗争，涌现了以节振国为代表的一大批英雄群体，为打碎封建枷锁，推翻三座大山和新中国成立作出了贡献，这种伟大的精神和矿山一起载入中国革命史册，成为中华民族精神的重要组成部分。

特别能战斗精神在中国煤炭工业发展史上镌刻下深刻印记。作为近代中国路矿资源，开滦开创了中国近代工业的一系列先河，建第一座近代大矿，出第一条整轨铁路，造第一台蒸汽机车，行首发股票，因西式管理聘外国雇员，无疑不是敢为人先气势恢弘的壮举，展示了开滦人放眼世界的高明品格，构成了特别能战斗精神的文化背景，传承发扬这些相应的文化基因，百年开滦始终走在煤炭工业发展的前列。1958年建成我国第一座水利化矿井，1964年建成新中国第一座自行勘探、自设计、自行施工的大型矿业，1974年建成我国第一个丰采工作面。改革开放之后，开滦扭亏为盈的经验在全国产生了重要的影响，构成了中国煤炭工业最为完整的记忆，开滦由此被称为中国煤炭工业发展史上的活化石。

特别能战斗精神在共和国建设史上塑造了光辉形象。新中国成立之后，开滦担当起国民经济恢复和发展的主力军，成为全国最重要的煤炭生产基地，四五期间，开滦原煤产量占全国统配煤产量的十分之一，精煤产量占全国的六分之一，在当时的国民经济中有举足轻重的地位。在文革期间，开滦人排除干扰，勇挑重担，为保钢铁，保发电，保大城市用煤作出了贡献，周恩来总理曾两次表扬开滦为国家建设出了力，救了急，立了功。全国工业战线曾兴起学大庆，赶开滦的运动，使开滦成为当时全国工业战线一面旗帜。1973年12月，人民日报刊登了长篇通讯《他们特别能战斗》及开滦煤矿的革命矿工，从此开滦煤矿特别能战斗的精神名扬全国，成为煤炭行业共有的精神财富。

触摸历史我们感到，开滦人以开放的胸怀，报国的责任，创新的激情和争先的气魄所诠释的特别能战斗精神内涵深邃，弥足珍贵，不仅是开滦过去艰苦创业的精神支柱，也必将成为开滦做大做强，续写辉煌的强劲动力。

二、以特别能战斗精神为核心，打造与现代企业发展相适应的先进文化

企业文化是企业核心竞争力的重要组成部分，而特别能战斗精神是开滦文化的特质与核心，在新的历史时期，我们把传承特别能战斗精神作为神圣的历史责任，不断巩固其在企业文化中的核心地位，以努力而自强，以尽责而自勉，随着时代的发展，不断为特别能战斗精神赋予崭新的内涵。

一是不断传承敢为人先的精神。在各个历史阶段，开滦人永立潮头，创造了不俗的业绩，然而光荣属于历史，现在决定未来，新时期以来，开滦人没有沉醉于历史的辉煌，而是以勇气直面企业改革发展面临的压力和挑战，在企业发展目标上，立足现实，放眼未来，提出到“十二五”末把开滦建设成为国际一流，国内领先的现代化大型企业集团，挺进世界500强。在安全管理上，我们不断突破高瓦斯矿井深度开采、复杂条件下开采的极限，连年创出安全生产最好水平。在企业文化建设上，我们不断探索，荣获了河北省全国首家企业文化示范基地的称号。在党的建设上，开滦党委自主研发的党建创新现代管控体系获得了国家版权局专利注册证书，并在全系统推广。在创先争优活动中，我们亲历打造对标先进，承诺践诺等特色活动品牌，多次在省市交流经

验，党委书记、董事长张文学作为全煤系统和省内唯一代表参加中国创先争优活动座谈会，受到了胡锦涛总书记的亲切会见。

二是不断提升改革创新的精神。创新是民族发展的灵魂，是企业前进的动力，我们坚持对标先进，追求卓越，努力推进技术创新和管理创新，不断提升企业核心竞争力，锐意改革，实现了在管理体制上的再造与创新，先后经历了矿务局改制，股份公司上市，新公司组建等重大跨越，推动企业快速成为多元投资的现代化大集团。同时，加快了自主创新的步伐，构建了产学研一体化的自主创新体系，建成煤炭行业第一家系统完善的岩石力学实验室。创建了煤炭研究中心，节能环保产业形成五条循环经济产业链，煤化工产业的污水深度处理，中水回用项目获得国家专利，其工艺处于国际领先水平。近年来，企业先后获得 172 项市级以上的科技技术进步奖，专利发明有偿转让 53 项，有 12 项获国家知识产权局授权。

三是大力弘扬无私奉献的精神。随着市场经济的不断深化，人们的价值观念和思维方式呈现多元化的特征，但是开滦人的奉献精神始终没有变，国家兴亡，匹夫有责的担当没有变，当非典袭来，开滦向所属区域出资 2 亿多元用于紧急防治；南方冰冻灾害爆发，员工主动放弃春节休假多出煤 26 万吨；汶川玉树地震后，我们先后派出了 7 支抢险队和医疗堆参加救援。从 1950 年至今，开滦已涌现出市级劳动模范 8322 名，树起一座座无私奉献的时代丰碑，新时期的职工楷模十六大代表赵国峰下井 26 年，义务奉献 1970 天，为国家多产出一座煤山；还有宁可一人脏，换来万人洁的“当代时传祥”孟宪芹；为离退老人热心服务的 82 岁老党员温二科；两次为白血病患者捐献造血干细胞的年轻党务工作者郭鹏程等等，他们的奉献精神已经成为全体开滦人的行为坐标。

四是努力践行攻坚克难的精神。开滦历经数次突变，承受过许多巨大的压力，但无论是过去还是现在，我们始终敢于直面困难，不屈不挠，愈挫愈勇。在 1976 年的唐山大地震中开滦人不怕危险，震后第 10 天生产出第一车抗震煤，震后 17 个月所有矿井全部恢复生产，并达到了震前水平。1984 年中外罕见的特大透水灾害中，开滦人不仅成功制服了国外专家望而却步的水患，而且独创了重大透水灾害综合治理技术，获得了国家科技进步一等奖。在席卷全球的金融危机中，开滦党委沉着应对，科学决策，确立了“抓机遇、增总量、调结构、降成本、惠民生、防风险”的 18 字方针引领广大员工统一思想，坚定信心，攻坚克难。经过不懈努力，开滦集团实现了逆势而上，快速发展，2008 年到 2009 年的企业的营业收入和利润分别增长了 256% 和 230%。

三、以先进的企业文化为支撑，助推百年开滦科学发展

在推动企业科学发展实践中，以特别能战斗精神为核心的先进企业文化，释放出了巨大的能量，有利地推动了思想变革，理念提升和管理创新，产业升级。

引领发展思路，推动战略转型。追求战略领先是企业竞争致胜的根本，面对资源企业转型这个世界难题，我们坚持用思路创新推动产业结构调整和发展方式转变，形成了六大发展模式，构建起一级五限的现代企业发展新格局，煤炭技术产业坚持内挖外扩，新增煤炭资源量达 167 亿吨，形成了五大区域七大战略基地的生产格局。新兴产业发展迅猛，非煤产业的收入占集团总收入已经达到 72.8%，彻底改变了一煤独大的局面，物流产业成为河北省物流领军企业，国家 5A 级综合物流企业。煤化工产业生产规技术水平均居国内领先，成为全国最大的独立煤化工旗舰企业，文化旅游产业快速发展，开滦国家矿山公园成为工业文化旅游观光新亮点，产生了巨大，文化传播和生态效益。战略的实施推动了企业的快速发展，在近年来全国企业 500 强排名中开滦是 103 位，两年前移了 188 位，成为 500 强中发展最快的企业，同时提升影响世界的中国力量品牌 500 强。

打造坚强团队提升管理水平。我们坚持以企业精神和理念为先导，以制度转化为枢纽，以管理创新为支点，深入整合企业的文化，形成了三个管理平台，一个保障系统为核心的 3+1 企业文化模式。三个管理平台即新系管理双向控制现场管理平台、市场精细化管理平台和安全文化管理平台，一个保障系统即是准精细化职业行为训练，3+1 管理模式的构建和实施有利的推动了企业精神和价值追求与管理实践的融入渗透，逐步固化成为员工的管理行为和操作习惯，形成了精细管理，规范操作，执行到位的文化风气，锻造了一支纪律严明，团结协作，品格坚硬的过硬队伍。在落实战略规划的实践中很多开滦人走出唐山，挺进西部，远涉重洋，为企业做大做强开疆拓土，以实际行动展示了新时期特别能战斗的精神风貌。

坚持以人为本，构建核心企业。基业常青，员工幸福是我们的共同愿景，也是企业发展的目标。金融危机面前，开滦积极承担社会责任，实现了矿井不减产，工人不减薪，岗位不裁员，新增招工计划 5700 人，促进了社会就业稳定，员工收入持续增长，上半年工资同比增长 12.5%。积极构建为员工办实事长效机制，推进 150 万平方米棚户区和危旧房改造工程，从根本上解决了员工住房困难，坚持每年组织全员健康查体，对员工进行心理疏导和调试，落实民主恳谈，民主评议，厂务公开的制度，切实维护员工的合法权益，在共建共享的和谐企业氛围中，不断提高员工的幸福感，增强了企业的凝聚力。

今天的开滦已站在了一个新的历史起点上，我们坚信特别能战斗精神不仅能铸就开滦的辉煌历史，而且必将引领和推动百年开滦永不停滞，永不僵化，科学发展，基业常青。

（作者系开滦集团公司党委副书记）

走出一条独具首钢特色的科学发展之路

朱继民

党的十七届五中全会指出文化是民族的精神和灵魂，是国家发展和民族振兴的力量，对企业界来说，文化建设也有同样的价值和意义。上个世纪90年代，我曾在南方一个企业工作的时候，当上级领导问我用什么办法改变亏损企业，从长期管理的角度来说，办法有很多，但是想一想，我说我的做法是给管理注入灵魂，通常的管理讲的都是方式方法，是一种手段，我们的管理是活生生的注入了灵魂的管理，然后才能从根本上改变企业。还有一次，从美国回来的一个管理学博士问我，您是怎么搞好您的企业的？我打了一个比喻说，同样是雕刻，同样的东西，看谁能对雕像注入灵魂，雕刻出栩栩如生，感动人心的作品，谁就是成功者，我想搞好一个企业也是如此，关键是如何给企业注入灵魂。

灵魂是什么？就是精神、理念和追求。这个精神、理念和追求实际上就是企业文化，通过文化建设给企业管理注入灵魂，真正从思维方式，价值理念，行为作风上激活广大干部职工，才能让企业真正活起来，因此我们经常鼓励干部职工说，一个人有多高的境界就会思考多大的问题，有大的胸怀就干多大的事业，有多高的追求就有多大的目标，有多大的目标就有多大的动力，有多大的动力就有多大的业绩。本次大会的主题是新中国60年企业精神传承与创新，对新中国成立60年来的企业精神进行回顾和总结，我们认为很有价值和意义。新中国成立60年以来，可以说是时代潮流纵横百年，是中国社会翻天覆地，沧桑巨变的60年，也是中国企业自强不息的60年。60年来，首钢和其他中国企业一样，继承了中华民族的优良传统，时代潮流的优秀精神，奋发进取，艰苦创业，与时俱进，开拓创新，在新中国经济社会发展和精神文化建设上作出了自己的贡献。首钢1919年建成，经历了解放前30年，解放后30年，改革开放30年，走过了一个从无到有，从小到大，从大到强的发展之路。解放前的30年，老一辈首钢人历经了军阀的痛苦，饱受日本侵略者的压榨欺侮，在生死线上苦苦挣扎，新中国成立之后首钢人脱离苦海获得了新生，在内心深处牢牢扎下了没有共产党就没有新中国的坚定信念，立下了报效国家的远大志向。新中国成立30年首钢发挥主人翁的精神，坚持创业，奋发图强，迅速恢复生产，进行了大规模的扩建，使企业不断地成长和壮大，首钢人报国的雄心壮志在废墟上生根发芽开花结果。苦战14昼夜结束了有铁无钢的历史，建成中国第一座30吨氧气顶吹转炉，翻开了我国炼钢工业的新一页。这一时期，首钢形成了敢于奉献，顽强拼搏，勤奋学习，精益求精，勇于实践，严格要求的企业精神，这是首钢优秀文化的重要基石，是首钢不断发展的力量源泉。改革开放以后，首钢打破计划经济，率先实行承包制，成为工业战线上的一面旗帜，这个时期，首钢人以创世界第一的豪迈气概，敢闯，敢坚持，敢于苦干、硬干，积极的开拓进取，大胆探索实践，试创最佳。严格管理实行三个百分之百的管理制度，使首钢成为当时中国管理的最严格的企业。锐意创新，在首钢二号高炉大修改造中，采用了37项技术，成为我国当时第一座现代化高炉。积极进取，建成了我国第一条国产化大的建材生产基地，赢得了首钢建筑钢材的美誉。首钢审时度势，成为我国第一家购买国外钢铁厂的企业，快速发展成立了华夏银行，成为我国第一家创办银行的工业企业，购买了秘鲁矿，成为我国第一个在海外开矿的国有企业，到1994年，首钢的钢产量从1978年的179万吨扩大到824万吨，当时也是全国第一。

进入新世纪后，首钢人以奋发自强的精神，开创创新的气魄，坚忍不拔的斗志，顽强拼搏的作风，科学严谨的态度，率先进行了史无前例的战略性搬迁调整，持续推进创新创优和创业，建设21世纪有国际先进水平的新首钢，从而走出了一条独具首钢特色的科学发展之路，成为我们贯彻落实科学发展观，转变生产发展方式的重要实践。首钢的搬迁调整是一项举世瞩目，前所未有的系统工程，无论是搬迁决定的作出还是搬迁过程的推进，都是一个艰难曲折和艰辛的过程。在这个过程中，先进文化的引领和支撑尤为重要，回顾首钢90年的发展历程，尤其是近年来的搬迁调整的实践，我们深切体会到企业文化是企业的灵魂，是推动企业持续创新发展的深驱动力。上个世纪90年代中期开始，首钢遇到了前所未有的压力和挑战，一方面全国结构调整，资产重组，产业优化升级，进入一个新的阶段，高端市场的竞争也日益激烈，另一方面首钢的发展要适应北京国际化大都市，举办2008年奥运会，面临搬迁调整，压厂减产的繁重任务，首钢如何发展，成为职工共同关注的大问题。首钢广大干部职工陷入了巨大的迷茫和困惑，当时很多人说首钢没有前途，有不少人问首钢还能支撑多久？其中有的企业领导个别和我交流的时候，说我们天天算首钢死亡的那一天，那时是人心困惑，人心思辨，形势异常险峻。伟大的事业需要伟大的精神支撑，创造性的事业需要创造性的思维推动，在异常艰难的情况下，我们经历了思想碰撞，痛苦的反思和不断地探索，最后我们坚定的提出来，一个人要有志气，一个企业要有士气，没有志气和士气将一事无成，我们说做一代宁可做了死也不能等着坐在那儿死，果断作出搬迁调整的重大决策，从北京地区向外开拓发展。我们坚持思想文化落伍是最可怕的落伍，先进文化是企业的超前竞争力，提出了苦干三年打好四个基础，第一个基础就是思想文化基础。这里讲苦干三年，要求全体员工不光苦干，要在转变思想观念上，不断地战胜自我和超越自我。近年，我们始终坚持思想文化创新为先导，结合实际，一年一个主题，努力做到创新敢为人先，创优敢比人强，创业敢于开拓。2005年国务院批复了首钢搬迁调整之后，2006年在新的历史起点上，创新、创优、创业，建设21世纪新首钢。2007年提出为创新增添智慧，为创优注入动力，为创业点燃激情，这是针对当时在迷茫的过程里面转变的过程，必须要有智慧、激情、热情才能改变我们当时的处境。

2008年我们又提出来用创新深入对比思考，为创优找准目标定位，为创业奠定措施，练好基本功。2009年面对金融危机和首钢战略转型期的双重压力和挑战，我们提出为创新加强学习开拓视野，为创优精细管理，为创业攻坚克难，追赶先进。2010年我们提出为创新转变发展观念，认清新形势，新任务，新要求，为创优瞄准先进，潜心研究，用心执行，矢志不渝，为创业用好资源，定好目标，选好路径。我们坚持用三创引导首钢的搬迁调整，用三创树立我们的价值导向，用三创实现企业的目标追求，用三创在搬迁调整中把首钢建成国内外最优秀的企业。

首钢正在进行的搬迁调整在中国乃至世界上没有先例，我们要压缩并在年末最终停止在北京地区的钢铁生产，妥善安置富余人员，同时要进行新厂的建设，时间紧，任务重，要求高，难度大，涉及人员广，多条战线同时推进，实施的难度和资金的投入强度是前所未有的，时间的紧迫性，技术的先进性，使用的稳定性都非常艰巨，史无前例，如果我们没有倡导一系列的先进理念，在2005年国务院批复首钢搬迁调整方案以后，就有可能造成十多万人的极大混乱。事实上广大干部职工把搬迁调整作为首钢创新创优创业的新起点，开始了全员的大学习，大练兵，大提速，努力建设21世纪新首钢。

在先进文化的引领下，首钢全面推进计算机技术，管理制度和人才队伍研究，推进搬迁调整，改革发展和生产经营。搬迁调整以来的八年时间，首钢已经发生了翻天覆地的变化。首钢人冲出了巨大迷茫，摆脱了种种传统观念的束缚，迸发出了前所未有的激情和斗志，重新找回了自强自尊自信。现在首钢的宏伟蓝图鼓舞人心，催人奋进，重点工程建设日新月异，快速发展，整体进度明显提高，广大干部职工人心思干，人心思进，处处呈现出真抓实干，追求卓越，创新创优创业的浓厚氛围。

近年来，在全体员工的共同努力下，我们相继建成了首钢迁钢公司、首钢钢厂，这些钢厂的总体技术装备已经或将要达到国际一流水平，完成副业改制企业108家，使改制企业充满了成绩和活力，水钢、长钢、贵钢实现了联合重组，进展顺利。同时，还要在北京大力发展高端技术材料、高端装备制造，汽车零部件，生产性服务型文化创意产业等总部经济。2015年首钢销售收入将要达到3500亿元，其中首钢北京地区产值将要达到1000亿元，等于在北京再创造一个没有钢铁的新首钢，这标志着首钢搬迁调整取得了阶段性的重要成果，标志着首钢的愿望正在一步步实现。

关于首钢的过去，现在和未来，我想用下面一段话来进行总结和描述。首钢在北京诞生，在党的领导下发展壮大，首钢是我国的民族企业，当国家需要我们进行战略转移，我们面临创造成世界一流企业历史机遇的时候，我们要敢于担当，面向全球，创造未来。中华民族是生生不息的伟大民族，首钢是英勇奋进，敢争世界先进的大型企业，为了这一天，我们多少职工不畏艰辛，远离亲人拼搏奉献；为了这一天，老厂的同志兢兢业业，不断取得新成就，新厂的同志夜以继日的奋斗，他们的情感全部寄托在首钢的创业上，他们的精神已经转化为强劲的前进力量。他们用希望铸造未来，他们创造的业绩将使首钢更加充满希望。我们相信，充满生机和活力的21世纪新首钢将在首钢人的奋进征程中逐渐展现在世人面前。

不论一个企业还是民族和国家，只要有丰富的文化底蕴，只要有丰富的文化引领，无论外部环境如何变化，无论身处顺境还是逆境，不管遇到多大的困难和挑战，它都将自强不息，百折不挠，开拓进取，奋发有为，都将激发更大的智慧和精神，都将赢得更大的发展空间。五千年的中华文明证明了这一点，170年的中国近现代史证明了这一点，60年的新中国发展史证明了这一点，30年的改革开放更是让我们亲眼目睹了这一点。面向未来，首钢愿同中国企业一起，牢牢把握先进文化发展方向，全面落实科学发展观，积极推进发展方式转变，为中国社会更加美好的明天而努力奋斗。

（作者系首钢集团公司党委书记、董事长）

责任担当是我们的价值体现

车迎新

今天，农业银行与其他几家中国知名企业一起，荣获新中国60年最具影响力的十大企业精神称号，我们所做的工作离党中央国务院的要求和社会各界的期望还有一定的差距，我们将以此当选为契机，继续发扬服务三农的责任担当的精神，努力在服务三农方面做出新的贡献。

责任担当是一种境界、一种态度、一种行动，是农业银行企业精神和文化理念的价值体现。

三农，国家之大事，民之根本，服务三农是国家赋予农业银行的神圣职责。新中国成立以来，农业银行作为服务农村经济的主要金融机构，按照党中央国务院的要求，一直把服务三农放在各项工作的首位，做了大量工作，发挥了农村金融的骨干作用。

服务三农是农业银行立行之本，农业银行成立于1951年。当时，国民经济面临着恢复与发展的极大困难。农业银行按照中央深入农村、帮助农民，帮助困难，发展生产的农金工作方针，适应土地改革和农业经济不断发展的需要，有力支援和促进了农村经济和农业互助合作运动发展。在随后的几个历史阶段，农业银行逐渐发展为农业银行和农村信用社，在祖国的城乡各地都有农业银行的营业网点，遍布城乡的农业银行金融服务机构，为农业提供良好的服务。回顾过去的历史，农业银行和农村信用社一起积极组织，办理农村合作基金贷款，对贫困户的贷款以及农田水利，国有农业、牧业贷款，承担居民生活必需的金融扶持职责，积极指导农村信用合作事业健康发展。统一管理支农资金，大力支持农村建设、农业发展和农民致富，在服务农村经济发展方面作出了一定的贡献。

风雨60年，经历了农业银行的三起三落的体制改革，农业银行承担了农村体制改革的大部分金融资产，农业银行的员工在服务三农的艰苦磨炼中始终秉承诚信立业，稳健行为的核心价值观，艰苦创业、艰难探索、积极实践，坚定了中国农村金融的基础，也促进了农行事业的发展做了艰苦卓绝的努力。农业银行始终不渝的做好农村的金融工作，中央多次下发文件和中央领导讲话多次充分肯定，毛泽东主席等老一辈无产阶级革命家曾三次接见农行全国工作会议的代表。

服务三农是农业银行担当的社会责任。了解金融、熟悉农业银行的同志，都能深刻理解和体会到农业银行服务三农任务的繁重，发展道路的曲折和工作环境的艰辛。在祖国的每个角落和边关哨卡，无论条件多么艰苦，环境多么恶劣，都有农行的网点，都有农行人在辛勤耕耘。在历史上，农行与地方经济始终联系在一起，春放、秋收、夏管每当回忆起这些，都能看到农行的镜头。

我们算过一笔账，农业银行现在2万4千个营业网点，营业一天，成本费用3亿4千万。其中三农机构有1万3千个，占到全行网点总数了51%。有20万员工在县域和农村工作。占到45%。在农村艰苦地区，有些网点是达不到保本的，但即使是这样，我们也不能关门停业，因为农民朋友需要。这种中国特色的农村金融服务，体现了社会主义制度的优越性，体现了中国企业勇于担当、无私奉献的社会责任感和使命感。

在抗击冰雪、抗洪抢险、抗震救灾等自然灾难面前，农业银行行铁肩担道义。2008年5月12日汶川特大地震中，我们组织广大员工向地震灾区捐款高达1.84亿元，农业银行有40多位员工献出了自己宝贵的生命，党员干部缴纳特殊党费5752万元，向灾区1000多户企业发放灾后重建贷款443亿元，向超过3.3万受灾农户发放重建房贷款10亿元。玉树地震、舟曲泥石流等，只要有大灾发生的地方，农行人就会和灾区同胞风雨同舟、攻克时艰，而且在第一时间向灾区提供农行人的金融服务。

服务三农是农业银行致富民众的神圣使命。农业银行新一届党委成立以来，按照中央确定的十六字方针，始终坚定不移地践行面向三农的市场定位和责任，制订并实施了县域蓝海市场战略。特别是在实施股份制改造和推进公开上市的过程中，农业银行不失时机地提出，股改不改服务三农的方向，上市不减服务三农的力度，持之以恒地做好三农金融服务。

为实现对三农的更好支持，农业银行提出了三农事业部改革，单设机构、单独人员、单配资源、单独核算，在董事会、高级管理层设立三农金融发展委员会和事业部管理委员会，将2048个县域支行全部改造为服务三农基本经营单元。三农事业部的改革，得到了中央领导的肯定。经过努力，农行服务三农取得了明显成效。到今年10月底，农行三农贷款余额已达1.48万亿元，农户贷款余额2800多亿元。

农业银行还一有张特别的惠农卡，可以办理小额农贷，代理新农保，新农合，财政补贴发放等多项功能。截至10月底，农业银行已发放惠农卡5500万张，让近2亿张农民享受到了与城市居民一样的金融服务。通过惠农卡发放农户贷款余额突破1010亿元，直接为556万户农户提供贷款支持。已向全国509个县的农民提供了农保、新农合金融服务。目前，惠农卡已经成为破解农民贷款难的致富卡，农民领取财政支农补贴资金的方便卡。农民参加新农保、新农合的贴心卡，农民跨区域支付结算的安全卡和提升农村金融服务水平的创新卡。农业银行计划用三年时间发放惠农卡1亿张，将惠及4—5亿农户，约占全国农民的近50%。

由于三农服务的普惠制和广覆盖，广大农民把农行看成自己的银行。去年温家宝总理去甘肃定西考察，路遇一位农村普通妇女，问她现在资金有没有问题，好不好解决，她告诉总理，现在有农行管着呢。在西藏，农行专门研发了农牧户贷款证，去年贷款余额50.4亿元，使38万农牧户普惠受益，覆盖了西藏全区94%的农牧户。

服务三农是农业银行孜孜不倦的追求，为服务三农事业，农业银行党委坚持以科学发展观为统领，强力推进企业文化建设，确立了与科学发展观相适应的企业文化核心理念体系，以面向三农，服务城乡，回报股东，成就员工为使命，以建设城乡一体化的全面国际金融企业为远景，以诚信立业，稳健运行为核心价值观，在核心价值观的指导下，形成了一整套的经营管理理念，风险管理的理念和人才管理的理念。有了企业文化的坚实基础，全行的员工为服务三农做出自己应有的贡献。在这里我讲我们农业银行的几个践行先进文化的先进典型。

贵州分行有个叫龙家文的客户经理，靠一顶草帽，一双解放鞋，一个黄挎包，一支手电筒，用7000多个日子，走了12万公里山路，为6000多农户发放了小额贷款5100多万元，在一次下乡途中，因深夜天黑，渡船翻沉，他长眠于服务三农路上。全国金融卫士，湖北枝江农行潘星兰、杨大兰为保护支农资金，与歹徒搏斗，一个倒下，一个被割掉耳朵，用生命和鲜血保住了农民的血汗钱。福建农行龙岩新罗支行红坊营业所饶才富，1981年—2002年担任营业所主任21年期间，发放3300多笔贷款，累计金额2.8亿元，纷纷见效益，无一笔呆滞、呆账户、实现全额收息，创下了中国金融界的奇迹，被老百姓称之为红土地上好财神。内蒙古分行营业部保卫部经理智呼声，23年如一日，每年有7个多月在基层一线检查安全，1986年至今，牺牲节假日2400多天，比别人多干5万多个小时，70多次被授予各级荣誉，连续三届荣获全国劳动模范称号，去年，在新中国成立60年时，被选为中国60位时代领跑者之一。这些都是农业银行服务三农的杰出代表，应当被我们永远铭记。

服务三农是农业银行的辉煌前程，在党中央国务院的正确领导下，和社会各界的大力支持下，农业银行在服务三农方面尽心尽力做了一些工作，得到了社会的认可，也得到了广大投资者的信任。国际国内的投资者都看中了农业银行服务三农的广阔天地，看到了农业银行服务三农的优势，今年7月15日、16日，我行A+H股在上海、香港成功同步上市，IPO后股价稳步攀升，尤其是H股得到了国际成熟资本市场的高度认同。从7月16日3.25港元开盘，昨天收在4.30港元，短短三个多月时间，涨幅超过30%。农业银行已经发展到10万亿，总市值居全球上市银行第5位。国际资本普遍看好农业银行服务三农这一中国未来经济发展的蓝海市场，为农业银行的发展提供了广阔的前景。

党的十七届五中全会对“十二五”规划做出了全面部署，农业银行面临着新的发展机遇，但全球经济金融体系的不稳定，不确定性仍然很大，金融危机的负面影响依然存在，通货膨胀形势严峻，金融业面临较大风险。

农行刚刚上市不久。农业银行上市后服务三农的要求更高，任务更重，更具有挑战性。但是，我们农业银行要重视舆情，面向三农，服务城乡的历史使命，发扬光大服务三农，责任担当精神，在支持国强民富，伟大民族复兴中，做一家有企业尊严的优秀银行，在世界上创造出大型银行服务三农的优秀业绩，为全面建设小康社会，为我们国家更加繁荣昌盛做出应有的贡献，这就是当今农行人的气魄，为之奋斗努力实现的企业精神。

（作者系中国农业银行总行党委副书记、监事长）

中航工业精神的实践与创新

刘洪德

航空工业作为国家的战略性产业，是家里独立自主国防的重要基础，是带动国民经济发展的重要产业，是一国技术经济实力和科技水平的重要标准。中航工业是由原中国航空工业第一、第二集团重组整合于2008年11月6日完成工商注册，两年来，中航工业按现代企业制度的要求，实行服务运行机制，加快推进市场化改革、专业化整合、资本化运作、国际化开通、产业化发展。2009年，中航工业首次进入世界500强排名第426位，是首家进入世界500强的中国航空制造企业和中国军工企业。作为中央特大型企业，中航工业承载着党中央国务院对航空工业的巨大关怀和殷切希望，是中国军工十大系统的第一家进行重组整合的集团，也是唯一一家重组组合的。要完成党和人民赋予的历史重任，不仅要有超前发展新战略，新体系，更为重要的是培育与时俱进、自强不息、充满激情、富有活力的集团文化，培育以科技业务相适应的文化软实力。文化成为45万员工的精神纽带和黏合剂，以文化统一思想，以文化凝聚力量，以文化推动发展，我们深刻认识到培育企业精神，加入文化的融合与创新，形成统一的价值观念和行为习惯，显得尤为迫切，构建先进的中航工业新型文化体系显得尤为重要。

传承航空精神，构建特色文化基因

中国航空工业诞生于1951年，60年的发展历程中，形成了自力更生、艰苦奋斗、大力协同、无私奉献为主要内容的航空工业传统精神，在大战快战的重点项目建设过程中，相继培育了“强五精神”、“飞豹精神”，这种精神支撑并引领中国航空工业一步步发展壮大，成为了中华民族深厚文化的底蕴中最为磅礴、最具特色的文化基因。在企业重组的过程中，正确把握和妥善处理文化的重组与融合，是企业改革发展和文化建设中必须解决好的重要课题，当中国融入世界经济，走向世界舞台的时候，中航工业面临着前所未有的困难和挑战，原来的航空集团公司合并重组，不可避免带来文化的冲突与碰撞，历史经验告诉我们，企业整合重组成败的关键因素在于企业文化的整合与创新是否成功。因此，加快文化融合，开展文化创新是集团文化建设的必由之路，也是摆在中航工业面前的一项十分重要而有紧迫的任务，必须采取行之有效的方法和手段，统一核心价值体系，培育共同使命愿景，实现用文化去管理，用思想去经营。

集团公司党委提出，中航工业要突破文化理念和观念的束缚，在继承优秀文化的基础上进行文化的融合与创新，把中国航空工业打造成中国的标志，是中航工业应当肩负的神圣使命，是中航工业快速做大做强的重大机遇。新的中航工业以航空为核心，以建设航空工业强国为已任，重塑航空报国，强军富民的集团宗旨和敬业诚信，创新创业的集团理念，充分表达了中航工业践行强军富民强国的伟大抱负。展现了大航空，强航空的雄心壮志，是航空人的不懈努力和共同奋斗的思想基础。航空报国是航空人的优秀文化的浓缩，是传承航空人崇高精神的内在基因，也是航空人价值观的集中体现。强军富民是中航工业对强大国防力量的庄严承诺，是价值追求，是中航工业新的起点，实现新跨越的力量支撑，是抵御国际风浪的必然选择。更是一种锲而不舍，攻坚克难，提升航空工业核心竞争力的具体行动。创新超越就是要在在思想上不断地发展，实践上不断有新创造，是中航工业发展之魂，航空报国，强军富民的宗旨和敬业，创新创业的集团理念在45万名员工中引起了强烈的共鸣，成为激励广大干部职工立足本职的精神力量。

以文化软实力助推集团凝聚力和竞争力

神圣的职责，报国的使命，面对市场环境的新变化，商业模式的新特点，社会责任的新要求，中航工业正以全新的姿态和思维参与到市场竞争中，集团公司党组深刻认识到今天的文化进步就是明天的经济发展，并慎重提出文化软实力是中航工业在市场激烈竞争中的重要依托力量。党组书记，总经理多次强调指出要弘扬精神，放飞思想。中航工业的整合，表面整合的是资产，实实质上整合的是文化，强军富民的集团宗旨，敬业诚信的集团理念是中航工业做大做强的灵魂和根基。中航工业整合之初，集团开了第一个大型干部会议，是集团文化建设推进会议，就重塑形象，再造魂魄，文化推进进行部署和动员，统一全体干部职工的思想，加深了文化发展战略的认识，积极发挥舆论功能，密集宣贯集团的战略，使广大职工耳熟能详，融入血液。相关部门及时制订了集团文化建设纲要，制订了中航工业的系统手册，对中航工业的理念、发展战略、集团公司名称，、标准字进行了统一，使全集团推进文化建设有章可循，整体联动，形成合力，在此基础上，面对集团公司的物质文化进行统一规范，进行了全集团的6S统一，45万名员工统一着装，树立了集团公司统一的对外形象。

此外，中航工业还拍摄了多部作品，去年拍摄了三部电视连续剧，现在还有三部正在拍摄之中，切实展示出了风采。2010年集团公司开展了诗歌歌咏比赛大会，在45万员工中诵读诗歌，举办了300个单位职工参加的首届职工运动会，提高了广大干部职工身为航空人的归属感和自豪感。每年集团召开企业文化推进会并进行文化示范标准和交流。去年，我集团利用大学对企业文化培训的人次达到800人次，文化的宣贯成为集团公司各项工作中的特色和亮点，文化的融合与创新促进了员工思想的融合和观念的转变，为推进中航工业的发展战略提供了坚强的思想保证和强大的精神动力。集团文化的重要目标就是以文化人，而以文化人的重要方向就是要宣扬先进典型和先进文化，挖掘先进的精神和闪光点，形成引领企业高尚道德风尚的浓厚氛围。2009年中航工业推出了本行业内的典型，党员专家的先进事迹，在集团内外广泛进行学习宣传，通过学习宣传的先进事迹，极大地激发了广大航空人的立足本职，献身航空的巨大工作热情，激发了各个单位的克服困难促发展、保稳定的工作干劲，推动了中航工业的快速发展，100位先进人物，被树为时代先锋，也因此在全国打出了中航工业的亮丽品牌。

以文化创新促进中航工业的发展

文化的融合与创新极大地促进了中航工业的发展，中航工业成立之初，正赶上国际金融危机的蔓延，面对国际金融危机的冲击，中航工业充分发挥文化的引领作用，用航空报国，强军富民，敬业诚信，创新超越的集团理念，鼓舞干部职工的斗志，增强战胜困难的信心和决心，一方面狠抓航空专业元素，夯实基础，针对近几年的时间紧，任务重，难度大的实际，相关部门全力做好技术攻关、控制质量、服务保障等工作，同时，集团领导靠前指挥，靠前协调，靠前督导，成员单位合理调配资源，完善激励机制，精诚团结，协同作战，保证国庆阅兵。国庆阅兵时150余架由中航工业制造的飞机一秒不差地飞过天安门，极大的提高了中航工业的能力。另一方面积极寻求突破，通过大力开拓国际国内两个市场，在国内先后与北京等十多个省市政府签订了战略合作协议，共同打造航空高科技产业基地，随着中航工业控股航空公司的成功启航，新飞机纷纷走出国门，以及成功实施海外并购和成立科技公司，加速了中航工业融入世界航空产业的步伐，中航工业的实力不断壮大。

中航工业不断超越，加快转变经济产业方式，近年来中航工业加快发展新能源系统等的重点项目，集中优质力量发展新材料、智能技术、低碳产业、环保产业等前沿产业，创新商业模式，液晶显示器，高端印刷电路板等，逐步走向发达国家市场。中航工业全方位推进与国外航空工业的合作关系，有效地促进了与空客、波音等合作伙伴之间的战略协同，组建了双方技术资源、产品资源和资本资源的衔接，为实现优势互补，互利互赢创造了条件，为集团公司进一步融入世界航空产业链打下了坚实的基础。2008年前8个月中航工业总产值同比增长31.96%，今年从世界500强第426位提升96位上升到333位。

伟大的事业孕育伟大的文化，伟大的文化推动伟大的事业，中航工业精神的实践与创新以全球化的视野，实现文化重塑改造，蕴含着丰富的文化优势，体现出中航工业主动的文化创新精神。面临新的机遇和挑战，中航工业将牢牢把握新形势下集团文化的定位，紧扣发展、紧跟市场、紧贴群众、紧靠改革，大力推进集团文化改革创新，把中航工业建设为有国际影响力的世界大企业集团，建设航空工业强国提供强大的精神动力和文化支撑。

（作者系中航工业集团公司企业文化部部长）

专题论坛：基因再造——传统企业精神的发扬光大

努力超越 追求卓越

王颖杰

一个伟大的民族，一定会有一种伟大的精神。共和国一个甲子以来所取得的巨大发展成就，其根本动力和源泉，就在于党的正确领导和中华民族生生不息的民族精神。同样，一个企业的蓬勃发展也需要优秀的企业精神来支撑。国家电网公司在创新发展的实践与探索中，塑造和弘扬了“努力超越、追求卓越”的企业精神。这种精神既是电力事业长期发展历程的生动写照，也是引领公司科学发展的光辉旗帜，更是推动国家电网事业不断进步的强大动力。

“努力超越、追求卓越”是国家电网公司党组对党和国家高度负责的坚定信念

国家电网公司高度重视企业文化建设，公司党组书记、总经理刘振亚同志在2005年工作会议上郑重提出了“努力超越、追求卓越”的企业精神。这是公司党组在继承电力企业光荣传统、深入分析和系统思考公司内外部环境基础上，为全面推进国家电网公司创造世界一流电网、国际一流企业所作出的重大决定。

在“努力超越、追求卓越”的精神指引下，国家电网公司坚持以党和国家利益为重，坚决履行“服务党和国家工作大局，服务电力客户、服务发电企业、服务经济社会发展”的企业宗旨，在国家和社会需要的紧急时刻，不讲条件、不计代价、全力以赴，充分发挥了中央企业的表率作用。在抗冰抢险、抗震救灾中，公司投入大量人力、物力抢险救灾，在完成自身受灾电网设施抢修任务的同时，还支援完成了地

方电网恢复重建工作；在奥运会、世博会保电中，公司精心部署，严防死守，做到了零事故，创造了奥运会、世博会有史以来绝无仅有的纪录，受到了奥组委和世博局的高度评价，为祖国争了光；在应对国际金融危机中，公司认真贯彻国家宏观调控政策和保增长、保民生、保稳定的部署，克服自身遭受的严重影响和困难，积极推进智能电网建设，加快各级电网协调发展，为我国经济平稳较快发展作出了积极贡献。

“努力超越、追求卓越”是推进国家电网公司“一强三优”现代公司发展战略目标的必然要求

面对企业改革发展的重任和中央领导的殷切希望，公司党组深刻认识到，只有坚持“努力超越、追求卓越”，不断开拓公司科学发展的新路径，才能不断地适应社会主义市场经济体制要求，才能充分地发挥中央企业“共和国长子”作用，更好地服从服务于党和国家的工作大局，更好地服务于经济社会发展，为全面建设小康社会不断作出新的贡献。

在科学发展观的指导下，经过系统分析，公司党组提出了建设电网坚强、资产优良、服务优质、业绩优秀（简称“一强三优”）现代公司的发展战略目标，并适应国际国内形势的不断变化，根据公司改革发展需要，不断深化对电力发展规律、电网发展规律和公司发展规律的认识，不断深化对我国基本国情、电网基本功能和企业基本使命的认识，与时俱进地调整战略重点和保障措施，着力增强公司的可持续发展能力和核心竞争力，走出了一条敢为人先、勇于挑战的开拓之路。

在“努力超越、追求卓越”的精神引领下，公司各单位和广大员工坚持以强烈的事业心和责任感，不断向更高标准看齐，向更高目标迈进，在特高压交直流试验示范工程建设等方面取得了决定性的胜利和巨大的成绩，占领了这些领域的世界制高点。公司发展质量、运营效率和经济效益有了显著提升，实现了国有资产保值增值。公司连续六年获国务院国资委经营业绩考评A级，被评为2009中国服务企业500强第一名；名列中国500最具价值品牌第2名；进入2009世界品牌百强行列。在2010年《财富》世界企业500强中排名第8位，比公司成立之初上升了38位。

“努力超越、追求卓越”是推动国家电网公司“两个转变”的重要力量

任何一种高效的运转方式背后，必然有一套科学的机制和架构作为支撑。对于一个企业来说，要实现科学发展，建立和完善科学的治理机制，不断推动经营管理升级是基本前提。受长期计划经济体制影响，国家电网公司在成立之初，规模大、管理链条长，管理粗放，效率低下，优化资源配置能力不强。如何有效整合企业资源，提高经营效率，正确处理改革、发展和稳定的关系，成为困扰公司长期发展、亟待破解的难题。

2006年初，公司召开一届一次职工代表大会暨2006年工作会议，正式提出要“推进集团化运作，实现公司发展方式转变；建设特高压电网，实现电网发展方式转变”（简称“两个转变”），作为公司经营管理创新的重要手段。

作为一家经营区域覆盖国土面积88%、供电人口超过10亿、经营资产超过2万亿、管理员工超过150万的特大型国有企业，从根本上转变电网发展方式和公司发展方式，需要“努力超越、追求卓越”的企业精神统一意志、凝聚力量、焕发热情和创造力。公司各单位和广大员工坚决贯彻落实公司党组的各项决策部署，自强不息，锐意进取，积极向上，全面推进以集团化运作、集约化发展、精益化管理、标准化建设为内容的“四化”工作，实施人财物集约化管理，加快信息化建设，公司集团化管控能力和集约化管理水平逐年显著提升。2004年～2009年，公司累计为国家上缴利税4537.3亿元，年上缴利税最高达到1141亿元。

“努力超越、追求卓越”是保持国家电网公司创新活力的智慧源泉

建设资源节约型、环境友好型社会，实现绿色可持续发展是我国的一项基本国策。国家电网公司作为涉及国计民生的基础能源企业，在国家能源安全、资源优化配置等方面承担着重要的责任。我国能源资源和生产力布局呈逆向分布，能源资源主要分布在西部、北部和西南等地区，而能源消费则主要集中在东中部地区。随着我国未来能源开发重心向西部和北部地区的进一步转移，这种逆向分布趋势将更加明显。如何把一次能源转化为清洁能源并以电能的方式实施大规模远距离输送，成为优化能源消费结构、提高清洁能源消纳能力的关键所在。

2009年1月6日，1000千伏特高压交流试验示范工程正式投入运行，有效缓解了华中缺电矛盾，初步破解了能源供需难题，对我国能源结构的改善产生着深远影响。在特高压的背后，是电网关键技术的快速重大突破。国家电网公司积极推动跨部门、跨行业联合攻关，调动国内外70余家单位、上万名科技人员共同参与关键技术研究，经过数年艰苦努力，高质量地完成了特高压交流科研课题118项，取得近400项创新成果，一大批原创性成果居世界领先地位，有力地支撑了特高压交流试验示范工程的顺利建设和安全运行。2006年～2009年，公司共获得国家科学技术奖18项，并从2007年开始，连续三年获得一等奖；2006年～2009年，获得中国电力科学技术奖206项，其中一等奖19项，获奖总数约为中国电力科学技术奖同期授奖总数的一半。截至2009年底，公司累计拥有专利3511项，授权专利数量在中央企业名列前茅。

国家电网公司在做大做强国内业务的同时，还积极实施“走出去”战略。公司2007年12月12日正式取得菲律宾国家电网25年特许经营权，并取得了良好的经济效益。今年，公司又取得了巴西国家电网的运营权。可以说，国家电网公司在实施“走出去”战略方面，已取得了骄人的业绩。

“努力超越、追求卓越”是国家电网公司广大员工奋发有为、开拓进取的价值追求

建设“一强三优”现代公司，需要一个具有高度责任

感和事业心的团队，需要一个勇于创新、甘于奉献的团队，需要一个埋头苦干、扎实敬业的团队。归根结底，实现“一强三优”发展目标，需要一群高素质的人来开拓创新、拼搏奉献，正如刘振亚总经理所说：“钢铁般的事业，需要钢铁般的人和钢铁般的意志来完成。”公司广大员工将兴奋点、幸福点全部集中到了国家电网科学发展的伟大事业上。以受到中央领导亲自表扬、全国“五一劳动奖章”获得者、31年巡线在高山密林中的普通员工吕清森同志为代表的国家电网员工们，忘我工作，无私奉献，在抗震救灾、抗洪抢险、恢复重建工作的一线，处处都有他们不知疲倦的身影；国家电网员工勇于超越过去、超越自我，在奥运保电、世博保电、国庆保电和户户通电工作的现场，每时每刻都有他们用心的创造；国家电网员工敢于向世界最高电压等级进军，敢于攀登世界智能电网技术高峰，他们在特高压输电、智能电网建设、大电网仿真等领域实现了很多世界第一，并且正在创造着更多的世界第一。

优秀的企业精神，是优秀企业文化的结晶、企业奋进的号角、企业发展的旗帜。国家电网公司将继续大力弘扬“努力超越、追求卓越”的企业精神，深入开展创先争优活动，切实加强党的建设、企业文化建设和队伍建设，深入推进“两个转变”，加快建设“一强三优”现代公司，为实现公司又好又快发展、为全面建设小康社会作出新的更大贡献。

（作者系国家电网公司思想政治工作部主任）

中信精神是中信事业发展的不竭动力

温晋平

很高兴参加中国企业文化研究会举办的这次企业峰会，有机会与到会的著名专家、学者和各界精英共聚一堂进行企业文化方面的交流和探讨。对于我们开阔视野，从更高层面上推进企业文化建设将是一件十分有益的事情。中信集团此次入选新中国60年企业精神培育十大摇篮组织和新中国60年企业精神，这是对我们的鼓励和鞭策。

中信集团是由中国改革开放的总设计师邓小平亲自倡导和批准，由前国家副主席荣毅仁先生于1979年10月创办，中信成立以来，按国家的法律法规和方针政策，坚持开拓创新，吸取国际上先进科学的经营方式和管理经验，在诸多业务领域进行了卓有成效的探索，取得了良好的经营业绩，为国家改革开放和现代化建设事业作出了积极贡献，在国内外树立了良好的信誉。

作为中央管理的国有大型综合性企业集团和国家授权投资机构，中信集团在创业和发展中积聚了丰厚的文化底蕴，形成了以诚信、创新、凝聚、融合、奉献、卓越为核心价值理念的企业精神。中信人秉承这一精神，使中信事业不断发展壮大，实现了跨越式发展，2009年入围财富世界500强企业，2010年名列500强第254位。看名次不太靠前，但是需要说明的是，中信集团不占有更多的国家的物资资源，也没有资金资源，只有创建时候国家给中信2000万元人民币的开办费，在这个基础上发展起来的。

中信企业精神的孕育和形成

中信集团的企业精神是伴随着国家改革开放和现代化建设的进程，在中信事业的发展中孕育，并不断丰富和发展起来的，它的形成突出表现在以下四个方面。

中信企业精神是以中信成立的特殊时代背景和历史使命相联系的。党的十一届三中全会，作出把党的工作重点转移到社会主义现代化建设的重大战略决策，决定实行对内搞活，对外开放的方针。邓小平等中央领导找荣毅仁同志谈话，希望他出山为改革开放事业发挥作用，为国家经济建设，创出一条新路，荣毅仁同志关于成立中信公司的建议很快得到了邓小平同志等中央领导的批准。中信公司一成立就肩负着特殊的历史使命，党和国家领导人倡导创办中信的初衷在于开辟对外开放的窗口，这就决定了中信必然与改革开放的伟大事业紧密联系。中信企业精神与这个大的时代背景有着密不可分的关系。

中信企业精神凝聚着党和国家领导人的殷切希望。因为肩负着改革开放的特殊历史使命，中信的成长与发展始终得到党和国家领导人关注。1984年中信成立5周年时邓小平同志题词“勇于创新，多做贡献”、胡耀邦同志题词“利交四海，诚信五洲”20多位党和国家领导人题词致贺。1999年，中信公司成立20周年之际，江泽民同志为中信题词“开拓创新，勤勉奋发，办好中信”这些题词不仅体现了对中信公司的肯定，更是对中信公司发展提出的要求，成为中信企业精神的鲜明特点和重要组成部分。

中信企业精神是在以中信事业创始人荣毅仁同志为代表的企业领导人的亲自培育下形成的。荣毅仁同志在担任中信领导的10多年中，对企业的发展方向，经营理念和员工行为规范都有过指导，成为中信企业精神的重要内容。他亲自订立并大力倡导的中信风格“遵纪守法、作风正派、实事求是、开拓创新、谦虚谨慎、团结互助、勤勉奋发、雷厉风行”成为中信全体员工共同遵守的行为准则。后来王军同志提出要注重对中信企业文化内涵的概括，使企业文化成为增强企业凝聚力，促进发挥员工积极性、创造性和聪明才智的重要因素。提出大力加强企业文化建设，增强集团的凝聚力，执行力和创造力。中信集团十一五发展规划纲要提出要建立起适应现代企业制度要求、具有鲜明的时代特征、丰富管理内涵和中信特色的企业文化体系，形成为广大员工所认同的企业精神，经营理念和行为准则。集团专门成立了企业文化部，组织力量用2年多时间对中信的历史演变与发展脉络，领导人的新兴思想，重大历史事件，优良传统等企业文化资源进行梳理和提炼概括，广泛征求意见，形成了中信集团企业文化企业。2008年中信集团领导正式提出中信企业文化的精髓是诚信、创新、凝聚、融合、奉献、卓越，这就是12字的中信企业精神。在中信集团成立30周年之际，标志着中信企业文化走向成熟的企业文化手册正式印刷执行，对中信企业精神做了权威的展示。

中信企业精神是在全体中信人的共同努力下形成的。 中信创办以来，广大员工在荣毅仁同志等历任领导的带领下，投身中信事业的发展，在工作中体现和丰富着中信企业精神的内涵，涌现出许多弘扬和践行中信企业精神的典型，广大员工集思广益，认真探索，通过研讨征文等多种形式表达观点，为中信企业精神的提炼和概括打下了重要基础。

中信企业精神的内涵

诚信、创新、凝聚、融合、奉献、卓越是企业的优良传统，也反映了中信企业发展的方向。

诚信、创新、凝聚、融合、奉献、卓越既有各自独特的内涵又是有机联系的主体。诚信是中信集团的立身之本和经营哲学，中信集团以信交天下，以信取信，荣毅仁同志明确提出，信誉是公司的生命，要把诚信作为对待客户的原则，做到坦诚相待，重信誉，守合同，在经营过程中要投资而决不能搞投机，要想有利可图，但不能不择手段，唯利是图，要维护国家的尊严和荣誉，维护公司的信誉，维护自己的人格，诚信体现了中信人最核心的价值观。

创新是中信集团发展的不竭动力和优势所在。中信集团是中国改革开放的产物，成立之初，国家要求中信冲破当时体制的旧框框，按市场场经济的规律和国际惯例办事，为社会主义现代化建设服务，起到窗口和试点作用。邓小平同志、江泽民同志为中信的题词都突出表达了对中信在开拓创新方面的期望。荣毅仁同志明确指出，中信的优势在于创新，中信历任领导都强调创新是中信发展的基本经验和优良传统。中信成立以后在诸多领域进行了大胆创新，是新中国第一个在境外发行上市的机构，是第一家涉足房地产业务，第一家企业办银行，创办了国内第一家国际经济咨询公司，第一家租赁公司，和第一家在香港上市的公司，第一家进入海外高端工程承包市场，第一家在海外收购行业银行，第一家进入国际金融市场，成立第一家金融控股公司，这许多个第一，今天已经很普遍，但在当时却要顶着种种非议，没有开拓创新的勇气，没有敢于吃第一只螃蟹的精神不可能创造出这么多的第一，创新因而被视为中信集团优良宝贵传统和文化。

凝聚是中信集团的力量源泉和整体竞争力的重要体现。中信集团的业务涵盖金融与非金融众多领域，经营范围广泛，分支机构众多，高度重视发挥集团综合优势，内部各单位之间保持相互配合，相互支持的关系，全体中信人汇聚在中信这面旗帜下，无论是日常经营管理，还是完成各项重大任务，都表现出了团结一心，同舟共济，整体协作的精神，中信人的自豪感、归属感和责任感在员工中凝聚成一股强大的力量。

融合是中信集团团队特色和建设和谐企业的基本内涵。中信集团是一个国际化程度比较高的企业，荣毅仁同志一项强调要对内讲团结、讲包容，对外讲合作、讲融洽。随着中信事业的发展壮大，与境外企业和机构的合作越来越多，在世界上很多国家和地区都设立了分支机构，面对国际国内两个市场，中信集团既有开创的胸怀和视野，善于学习世界上一切先进的东西，做到为我所用，虽然员工的专业知识，文化背景不尽相同，但在共同的发展目标下努力实现各自的价值，中信实业正是这样一个能够使员工积极施展个人才能和抱负的广阔平台，将不同背景成员融于一体，做到彼此和谐相处，合作共事成了坚实的基础。

奉献是中信集团的行为风范和精神境界。中信集团成立以来始终把国家利益放在第一位，努力完成国家所赋予的使命，尽好国有企业的社会责任，为国家分忧，为人民谋利，为社会造福。虽然在创业和发展中遇到了许多困难，但是广大员工怀着一腔赤诚，为中信事业的发展作出了无私奉献，坚持以事业为重，不计名利，永远是中信人应有的精神境界。

卓越是中信集团的价值取向和目标追求。中信集团把建设一流国际化企业作为目标，在许多业务领域实现了健康快速发展，取得了令人瞩目的成就。中信人在不同岗位上以良好职业素质，精益求精的工作标准，立足本质，创先争优，发扬永远争第一的精神，创造出一个个骄人成绩，显示了积极进取，昂扬向上，自强不息的发展风貌。面对新的历史机遇和挑战，卓越更代表了中信人面向未来的雄心。

中信企业精神的宣传和推广

为了使中信企业精神内化于心，外显于形，经中央批准，集团在总部设立了荣毅仁同志塑像，在第一城建立了荣毅仁生平暨中信公司发展陈列室，作为对广大员工进行中信企业文化和优良传统教育的重要方法。以中信成立30周年为契机，集团为10万多名员工颁发了镌刻着荣毅仁图像的纪年铜章，在广泛开展《我与中信》征文活动的基础上，编制了《我与中信》的系列文集，出版了反映中信集团发展之路的《艰难的辉煌》一书，这些承载着中信历史和优秀传统的文化资源，对于弘扬中信企业精神，激发员工热爱中信，为中信事业做贡献的使命感、责任感发挥了重要的作用。

中信集团将企业文化列入各级领导班子的学习和新员工入职教育的内容，集团门户网和内部网开辟了企业文化专栏，利用报纸、广播、电视、橱窗宣传企业文化精神，一批同志入选新中国60年优秀文化建设者，相关人员取得了国家人力资源和社会保障部颁发的高级企业文化师职业资格。为了进一步弘扬和广大企业文化精神，集团确定了企业文化试点单位，召开企业文化建设交流经验会，通过交流经验和现场观摩，把企业精神的培育与企业发展战略的推进紧密结合起来，促进了中信企业精神落地生根。

中信企业精神的实践和价值体现

中信集团注重把诚信、创新、凝聚、融合、奉献、卓越的企业精神贯穿于企业精神管理，员工队伍建设和履行社会责任等各方面的实践，为中信事业的持续发展提供了有利的精神文化支撑。

一是恪守诚信准则，树立中信的良好信誉。 中信集团把诚信作为企业精神之首，坚持诚信的原则，按市场规律办事，树立良好的企业形象。中信集团成立之初，国家拨给的资金只有2000万元，靠负债经营发展起来的，但在最困难的时候，中信也从未拖延过任何一笔债务的偿还，在国际金融危机中，中信集团从维护中信的信用出发，有效化解了重大的市场危机，重树了市场对中信泰富的信用，进一步提升了中信的信誉。中信集团坚持诚信经营，和为经营，实现了健康快速发展，整体盈利能力，核心竞争力和可持续发展能力不断迈上新的台阶。2009年，集团合并总资产2.1亿元，净资产1352亿元，营业收入2072亿元，利润总额354亿元，净利润189亿元，主要经营指标同比增幅均在30%以上，创下较好的水平。

二是坚持开拓创新精神，努力创造卓越的业绩。中信集团把创新作为发展的根本，在经营模式、组织结构、运行制度、人事制度，投融资制度、产权制度等方面进行了一系列的创新，在很多方面成为国内行业的首创者、改革的示范者和市场的引领者。中信重工以企业精神的塑造推动自主创新，从逆境中崛起，以高端技术支撑高端产品，以高端产品赢取高端客户，以高端客户占领高端市场，发展成为国内最大的制造企业和重型装备制造企业之一。胡锦涛、温家宝等中央领导相继视察，对其发展给予充分肯定。在2008年，北京奥运会筹办期间，中信集团承担的以鸟巢为代表的奥运会主体工程的建设及相关保障任务，这点很多人不知道鸟巢是中信承建的，实际上是由中信联合体作为总承包来联合建设的，鸟巢是世界规模最大，工期和质量要求最为严格的工程，被国际媒体列为世界十大最重要建筑工程之首。中信举集团之力，成功的解决了工程建设中的各种难题，创造了世界建筑史上的奇迹，不但为北京奥运会的成功举办提供了良好的硬件保障，也为世界留了珍贵的文化遗产。

三是贯彻走出去的发展战略。中信集团凭借兼容并蓄的企业精神，突破不同国家和地域文化、法律和市场、环境的障碍，开展对外投资和项目合作，充分利用国际市场和资源，把企业做大做强。阿尔及利亚东西高速公路是世界上单向合同额最大的国际竞标项目，面向全球招标，世界上64家顶级承包商参与竞标，中信一举中标。中信联合体凭借中信企业精神形成的强大凝聚力，克服重重困难，以一支特别能吃苦，特别能战斗的中信铁军，高标准的完成了工程建设任务。安哥拉社会住房项目等等，以一流的管理，一流的技术，一流的服务打造了一项项精品工程，使中信的品牌影响力在国际上得到进一步提升。目前，中信集团海外业务分布于全球20多个国家，形成了以资源能源投资、国际工程承包、器械产品出口和金融服务业等为主的海外业务发展。

四是发扬无私奉献精神，努力尽好国有企业的社会责任。中信集团积极支援西藏自治区的经济社会发展，实施了牧民安居工程和太阳能光复电源等一系列的项目，累计投入1.8亿元。中信集团热心帮扶云南省重点贫困地区原阳县和平江县脱贫，通过维修沼气池，改造民居住房，建设卫星电视接收系统，变输血式扶贫为造血式扶贫。中信集团在河北黄羊滩完成治沙绿色工程，以种植业，养殖业为核心业务的绿色产业，为改善经济、生态环境作出了贡献，中信集团还在河南、陕西榆林和北京昌平建设了绿色工程，在河北、云南、山西、西藏、贵州等省援建了一大批希望中小学校，在清华大学、北京科技大学、东北大学、武汉科技大学等十多所高校设立奖学金。四川汶川地震发生后，中信集团组织力量，全力投入抗震救灾，为灾区捐款7322万元，中信海洋直升机股份有限公司出动12架直升机，出色地完成了抢险救灾任务，得到社会各界的赞扬。

企业精神的形成是一个不断传承、创新和丰富的过程，在企业国际化竞争日趋激烈的形势下，中信集团面临新的挑战，我们要把加强企业文化建设作为一项长期的任务，通过塑造优秀的企业精神，把中信集团打造成为综合优势明显、若干领域领先，具有核心竞争力的国际一流大型企业集团，为国家经济社会发展作出更大的贡献。

（作者系中信集团党组成员、常务董事）

伟大的时代 崇高的精神

杨昌江

今年的峰会在以往基础上又增长了一个很大的高度，至少可以表现为三个空前，一是与会人数之多空前，二是表彰的奖项之重空前，三是交流研讨之深刻空前。既展现了过去60年企业精神的丰硕成果，更预示着今后企业精神创新发展的美好未来，我们更加坚定了信心，也获取了更多的知识。

伟大的时代产生崇高的精神，崇高的精神推动着企业的创新发展。中国石化胜利油田作为国有特大型石油企业，50年来既取得了巨大的物质财富，又取得了宝贵的精神财富。物质财富方面，我们50年生产了近10亿吨原油，约占全国总量的五分之一，上交了6000多亿的税，同时，也在一片荒原上带动建设形成了近两百万人的中等石油新兴城市。在精神财富方面，我们培育形成了具有时代特色的石油精神，创新发展了具有企业的胜利文化。这个胜利精神和胜利文化作为胜利石油人的思想灵魂，一直在领导和支撑着胜利油田获得更大的胜利。

培育胜利精神

胜利油田位于中华民族的母亲河黄河入海口的两岸，上世纪60年代初期，胜利油田在恶劣环境中继承和发扬和大庆精神铁人精神，逐步形成了胜利人的精神，包括自觉加压的进取精神，逆水行舟的精神等。到了90年代进一步形成了以坚定不移的政策信念，以国为重，以国为荣的奉献精神，求是创新的和谐开拓为主要内容的胜利精神，以苦为乐，精雕细刻等一些行动鲜明的执行理念。进入新世纪之后，我们将全面创新的时代需要，创新基业，确立了从创业走向创新，从胜利走向胜利的新时期精神。几十年来，胜利精神薪火相传，胜利石油人始终坚持我为祖国献石油的主旋律，把爱国主义的民族精神、改革创新的时代精神和石油的优良传统各种精神元素融合起来，使之深深融入到生命。特别是从创业走向创新，从胜利走向胜利的新时期，成为干部职工的一致的目标，不仅是过去几十年的辉煌成就，而且是胜利人在新的历史条件下开拓创新的精神风貌，作出大贡献的雄心壮志。

近年来，胜利油田先后荣获“全国文明单位”、“全国企业文化示范基地”、“全国最佳诚信企业”等荣誉称号，被专家们赞誉“为我国石油石化行业乃至国有企业树起了一面精神的旗帜，创造了一个文化的范例”。

创新企业文化

胜利精神是胜利文化的核心，也是胜利油田的传家宝，我们坚持把它作为强本的基础，持续创新深化，持续试点，抓创新，不断丰富胜利精神的内涵。近年来，我们提出了胜利文化建设的各个要素和共同的愿景目标，共同的价值追求，共同的制度规范。共同的愿景是百年创新，百年胜利；共同的价值观是共建和谐局面，共建美好局面；我们的行为规范是处处体现和谐。把文化上升为企业的核心，形成了胜利文化。其中，党员干部带头，不但形成胜利精神，使胜利精神具有旺盛的生命力和强烈的时代感。特别是2000年为深入贯彻中石化的理念，我们提出油田与心田共建，大力实施胜利心田工程，丰富发展胜利文化，进一步形成凝聚共建胖利精神，促进胜利精神焕然一新。我们重视发挥胜利文化的作用，常年开辟专栏，大力传播胜利文化，弘扬胜利精神，每年都举办企业文化培训班，召开胜利文化建设年会，不断提高干部的人文素质。建设了一大批爱国主义教育和文化宣传的基地，经常组织开展社区亲情大联欢等群众文化活动，让职工群众受到潜移默化的影响。特别是近年来胜利精神再教育，广泛开展做胜利人的教育，使职工群众把胜利精神融入到血液中。为推动胜利精神在基层落地生根，我们大力弘扬有特色的基层团队精神，逐步把促进胜利精神具体化，做到见实效。在二级单位大力发展特色文化，比如说胜利让明天胜过今天，再比如公司全体的目标体现了胜利文化。在基层单位积极创建胜利文化，比如说大气概战胜大困难，油井和井下作业单位提出，做油先做人的井下精神。

注重加强对外交流，油田充分发挥全国企业文化示范基地的效益，不断扩大对外合作交流，人民日报、《求是》等全国知名媒体每年都发文章推荐胜利油田的做法，宣传胜利精神，油田每年都参加中国企业文化峰会，交流经验，展示文化成果，与中国企业文化研究会、中央党校等紧密合作，推进胜利文化的研究与建设，目前胜利精神进入了中央党校的课堂。

发扬胜利精神，践行胜利文化

2009年10月18日，中共中央总书记胡锦涛同志视察了胜利油田，他说要发扬胜利精神，创造百年胜利，百年油田的目标。在当前，大变革、大调整、大责任的情况下，我们将进一步把胜利人永不言败的责任承担起来，保障国家能源安全，以胜利精神创造油田的高效开采。胜利油田进入三高阶段，正是在胜利精神的鼓励下，我们在经营上精打细算，截至2009年，连续15年原油产量2700万吨以上，创造了开发史上的奇迹。特别是近年来面对国际金融危机的重重困难，胜利人在危机中攻坚克难，确保上水平。以胜利精神打造了国内外的知名企业，广大职工创新创效，打出了胜利人的威风，也打响了胜利的品牌，使胜利油田等一些行业品牌享誉全国，走向世界。胜利人来自全国五湖四海，胜利精神把50万胜利人凝聚起来，我们牢记中石化的宗旨，广泛开展支援服务等一些公益活动。

站在新的历史起点上，胜利人将深入学习贯彻党的十七届五中全会精神，把胜利文化的建设向战略层，向专业化方向发展，向各群体扩延，发展胜利，创造胜利。

我们这个企业叫胜利油田，我们的文化建设叫胜利心田工程，无论是油田还是心田都愿意成为我们企业管理和文化建设的示范者，有好的种子完全可以放到这个试验田中，我们欢迎大家共同开发，到胜利油田进行实验，希望大家都能取得胜利。

（作者系中国石化胜利油田有限公司党委副书记）

企业精神如何成就品牌发展之路

孙　羽

提起恒源祥，很多人的第一反应就是——“羊羊羊”，确实这条广告直到现在已经家喻户晓了，因为这条广告开创了中国5秒钟广告的先河，因为它是连续15秒内重复三次，在它之前是前无古人的，现在很多企业还纷纷效仿这样的模式，但是在当时却是令很多人费解的，而且这条广告本身没有附加任何产品的概念在里面，这就为我们企业在未来产业的拓展上打下了良好的基础，从当初只做绒线产业，到现在拓展延伸来四大产业（针织、家纺、绒线、服饰）。

这条经典的5秒钟广告，主要是传递我们企业精神中非常重要的一点，那就是不断创新“做第一”精神。为什么要做第一，因为消费者只记第一。

从1927年诞生恒源祥这个字号以来，创新精神就已经成为了我们的企业文化基因，这里跟大家分享一个创始人沈莱舟先生在经营上的一个小故事——海陆空有奖销售。

1947年深秋，当时正是恒源祥绒线销售的旺季，沈莱舟在上海各报刊登广告——恒源祥绒线店推出“海陆空有奖销售”。这在当时上海滩商界里是史无前例的。所谓“海陆空有奖销售”，就是超等级的获得者可在上海龙华机场乘飞机到天空中遨游；特等级获得者可乘海轮到宁波玩两天；优等级获得者可坐火车到无锡、苏州玩两天。当时坐飞机是一件极为稀罕的事情。买绒线还有机会得奖乘飞机，一时轰动沪上。恒源祥各绒线店号的生意也从此日日攀升。沈莱舟与上海各界名流，与超等级奖的获得者还在龙华机场的飞机前拍了张合影，刊登在报上，以示公正，再一次在上海引起轰动，使得恒源祥的知名度有了极大的提高。

可以说，恒源祥从沈莱舟时代开始就一直传承着“做第一”的企业精神，包括我们的经营方式可以说也创造了“第一”——坚定走品牌无形资产经营之路，实际上，我们是一家经营品牌的现代服务业企业，从前身的一家老字号绒线商店，到1989年公司正式将“恒源祥”注册为商标；然后从1991年起，通过实施品牌战略，开创了以品牌经营为特色的发展道路，充分利用恒源祥品牌的无形资产调动和组合社会资源，组成特许生产、特许经营和连锁经营战略联盟，因为恒源祥原来经营的手编毛线是一个夕阳产业，它并不具备做大做强的优势，之所以能存活下来并获得成功，关键在于恒源祥实施品牌创新战略，利用无形的品牌资产商标撬动了庞大的社会有形资产，建立起了一个新的经营模式——“商标（品牌）运营商+产品制造商+产品销售商”一体化运作的联合体经营模式。公司以品牌为纽带带动加盟工厂技术创新、产业发展，促进销售体系区域划分、全面延伸，从而使企业的资产配置得到了最大限度的优化，提高了企业的核心竞争力，走出了一条品牌特色经营、持续创新发展之路。在这一模式内，商标（品牌）运营商主要负责无形资产的运营，通过对品牌的导入、维护和提升，提高品牌价值，使品牌被消费者认同，同时通过特许授权经营的形式逐步集合产品制造商和销售商，而产品制造商和销售商主要负责有形资产的运营，三者之间尽管在资产上是分离的，但在战略上却是高度一致的。

通过这一模式，恒源祥迅速成为了中国纺织服装行业的龙头企业，实现了从传统商业向现代服务业的巨变。一个恒源祥商标，200多个人，撬动了联合体50多亿元的销售额。目前，恒源祥已经拥有15家子公司、一个国家级企业技术中心和一个恒源祥工业园区。在上游发展了100多家加盟工厂，在下游拓展了9000多家经销网点，培育出长三角 70多家资产上千万的民营企业，在全国扶植起2000多个千万百万富翁，为6万多人提供了就业岗位。

这些内容就是恒源祥的品牌从诞生之日起立下的“做第一”企业精神的真实写照。

在我们的企业精神中，还有我们每一个恒源祥人都深深根植在内心的两个关键词，一个是持之以恒，一个是社会责任，“永葆一颗慈善之心”。

所谓“持之以恒”，其实在我们的品牌经营中最好的一个体现就是我们对体育事业的持续关注和支持。大家知道2008年8月8日晚上，在北京第29届奥林匹克运动会上，中国体育代表团身穿明亮的、代表中国国家颜色（红黄相间）的正装是谁制作的吗？是恒源祥！作为一个恒源祥人，我会终身为之自豪和骄傲，因为恒源祥是奥运会赞助史上纺织服装类的第一家赞助企业！恒源祥从产生赞助奥运的梦想到实现梦想可以说是经历了“十年磨一剑”的不懈努力和追求。早在1995年，恒源祥就立下了赞助奥运的梦想；1997年5月，恒源祥刘瑞旗董事长就去国际奥委会总部拜访了原奥委会主席萨马兰奇，向他赠送了“百人百印百项庆百年”的艺术作品，现早已被奥林匹克博物馆收藏。之后，恒源祥在体育事业上的支持和关注从没有放弃，比如1996年球王马拉多纳率博卡青年队赴中国参加“恒源祥杯”中阿足球对抗赛，而恒源祥本身也是连续赞助足球最长的企业。终于在10年后，即2005年12月22日，恒源祥成为北京2008年奥运会赞助商。在北京奥运会结束后，恒源祥又第一个成为与中国奥委会继续保持合作的第一家企业——即成为中国奥委会的首家合作伙伴。恒源祥人骨子里就有一种“持之以恒”的企业精神，而我们企业里也有一个共同的祝福语——“恒好”，这个词也在我们的品牌经营中被应用和创新，比如“中国恒好”。

我们企业是如何承担“社会责任”永葆一颗慈善之心的。——我们认为，品牌在发展的过程中离不开社会各界的支持。因此，恒源祥在发展过程中始终不忘回报社会，我们规定每年从赢利中提取10%用于社会公益事业。还是举一个最经典的事件吧。从2005年开始，恒源祥在全国首倡发起以救助和关爱孤残儿童为主旨、冠名为“恒爱行动”的大型社会公益慈善活动，推动全社会关注孤残儿童的抚育、教育事业，促进社会和谐进步。直至到今日，在中国少年儿童基金会和各省市妇联的支持下，“恒爱行动”先后在全国各省市及港澳台地区开展，今年恒爱行动已经走进非洲和南美，可以说恒爱行动得到社会各界、港澳台同胞和国际友人的积极响应，参加“恒爱行动”的志愿者和爱心人士达到30多万人次，共有74万件爱心衣物送到孤残儿童手中。我认为“恒爱行动”这项公益慈善活动，恒源祥不仅仅是在做公益事业，更重要的是在于推动了社会公益事业的进步和发展，使更多的人群参与和互动，唤起了人们的爱心。恒源祥这一慈善创举也得到了国家和社会的认同和嘉奖——获得了国家民政部2007年度“最具影响力的公益项目奖”、2008年度和2009年度的“中华公益慈善奖”，刘瑞旗董事长也受到了国家主席胡锦涛的亲切接见。

公益慈善活动的过程，不仅让每一个人培养了一种担当社会责任的精神，永葆一颗慈善之心，同时也为我们的品牌注入了美誉度，让品牌也真正承担起了社会责任，使品牌积累了可贵的无形资产价值。

恒源祥正是通过这些企业精神，造就了恒源祥公司的品牌发展，并得到了社会的广泛认同，2007年，在中国品牌研究院发布的《中国最有价值商标500强》榜单中，恒源祥名列第68位。同年，据国际品牌评估的权威机构世界品牌实验室评估，恒源祥商标的市场价值达到94.58亿元。在2010年9月发布的“第五届亚洲品牌500强排行榜”榜单上，恒源祥品牌名列亚洲第203位。

每一名恒源祥人，都能深深地感受到这样的企业文化和精神的感染，在我们这样的企业里工作有一种强烈的使命感和责任感，这也是我们拥有83年品牌历史不断在发展过程中沉淀积累下来的、深厚浓郁的企业文化底蕴。

（作者系恒源祥（集团）有限公司副总经理）

专题论坛：走向世界——新中国改革开放期企业精神形成与发展

改革开放与海尔创新精神

王安喜

海尔是改革开放的产物，没有改革开放就没有海尔的今天。对海尔而言，改革开放政策和机制固然重要，但更宝贵的是精神。结合海尔的实践，我认为这种精神就是创新精神。因为仅仅依赖政策，很多企业快速发展起来又迅速消失了。只有永葆创业创新精神，企业才能始终跟上时代发展的步伐，实现可持续发展。

80年代，“开放”意味着“引进”

海尔创新“引进技术”的观念，没有重蹈“引进－落后－再引进－再落后”的覆辙。

当时，中国家电企业纷纷引进国外先进技术发展家电工业，现大部分企业早已烟消云散了。主要原因之一就是只依赖引进不消化吸收再创新。我们有一个写进哈佛大学的案例，海尔文化吃休克鱼。这个休克鱼就是这样的企业，依赖引进日本洗衣机技术，跟不上市场的发展，最后被我们兼并了。

海尔是当时最后一个冰箱引进项目的企业，我们引进的时候就坚持高起点，别人引进三星级的技术我们引进四星级的。在引进之初就确立了“引进——消化吸收——再创新”的观念。

我们不但引进了生产线，还引进了德国的技术标准。因为我们引进的是四星级技术，怎么样检验是四星级？我们向德国人要来了成套的标准，转化成我们自己的标准，这对提高我们的能力起到很重要的作用。

为了证明我们是否真的学会了。我们就说：到底达没达到德国水平，到时候拿回去卖卖看，如果能卖得好，这说明德国老师教得好。科学就是实事求是。后来我们拿到德国去卖了2万台，不用海尔的名字，也不用利勃海尔的名字，另外起了一个名字，叫“Blue Line”，看看好不好卖。你知道吗，好卖得不得了，一抢而空。但是合作方从来就没告诉过我们好不好卖。后来怎么知道的呢？过了好几年，德国有个杂志叫《Test》（测试）杂志，一个主编来了，他们杂志经常测试市场上的产品，公布结果，让大家知道好坏。我说我们也有一个产品在德国销售，抽查过没有？他回去就测试了“Blue Line”，并把测试的结果公布了，还把那期杂志给我们寄回来了，“+”号越多表示性能越高，我们的“+”号比利勃海尔还多一个。

现在我们已经是世界白色家电第一品牌。不但白色家电销量规模最大，产品设计也引领世界的潮流。现在在德国市场上，几个比较有名的冰箱品牌甚至模仿我们的冰箱。

90年代，“开放”意味着“出口”

海尔创新“走出去”的观念，避免为世界名牌打工的命运。

中国是出口的大国，但还远远不是出口的强国。2009年，中国超过德国成为世界第一大贸易出口国。按贸易方式统计，加工贸易占到48.8%；按企业性质统计，外商投资企业55.9%；按自有品牌统计，自有品牌出口占不到10%。也就是说大部分企业是在为国际名牌打工。

这是因为大部分中国企业甘心为世界名牌打工。所以，我们在创出中国名牌后，提出“国门之内无名牌”的理念，坚持出口创牌，而不仅仅是出口创汇。我们在国际上创品牌经历了一个“走出去、走进去、走上去”的三步曲。第一步，“先难后易”坚持打自己的品牌出口到发达国家市场；第二步，进入当地主流渠道销售主流产品；第三步，成为当地的主流品牌。

我们一开始开拓国际市场，坚持打自己的品牌，外国人看到中国的品牌就是不信任，所以我们一开始只能出口缝隙产品，不和当地品牌正面竞争。但海尔要打造一个一流的全球化的品牌就必须在主流市场的主流产品领域进行竞争。

互联网时代，“开放”意味着“维基”

海尔创新商业模式，成为网络时代企业的先行者。

（“维基”即维基理论，其核心就是打破企业的界限，企业逐渐成为一个开放的平台，其四个法则是开放、对等、共享及全球化运作。编者注）。战略大师迈克尔·波特对战略作的定义，战略定位的目的与结果，是实现在某个领域的主导权，从而在市场中成为顾客心智的首选。其实这里头有两个关键词，一个是主导，一个是首选。关于“主导”。去年，欧睿国际把海尔评为全球白色家电的第一品牌，但是如果按照迈克尔·波特的定义，我们还有很大的差距。但我们个别的产品已经有这个趋势，比方说我们的冰箱，现在法式对开门冰箱已经可以说引领潮流了，包括欧洲的一些品牌也跟着来做。据世界著名的监测机构GFK发布最新的监测数据显示，2009年，在德国三门及三门以上的多门冰箱领域，海尔以75.9%的垄断性份额高居第一，是众多德国本土品牌之和的3倍多。但是整体上还没有达到主导权的水平。

在过去，要实现这一点几乎不可能，而现在互联网的发展为我们提供了新的机遇。比如现在的年轻人喜欢在互联网上沟通和选择商品，只要在网络社区满足他的需求，并不太注重是不是老品牌。在这方面，欧洲的很多传统品牌并不注重互联网的应用。

海尔抓住互联网的机遇解决面对的挑战。如微笑曲线的两端：产品研发和市场营销网络。这本来是西方企业的优势，但网络时代带给我们极佳的机遇。因为各种资源的全球一体化，我们整合了相关的资源为我所用。如美国、欧洲、日本的各类一流的研发团队给我们不断推出各种有国际一流水准的产品，使我们进入了国外主流市场销售主流产品，实现了从“走出去”到“走进去”、“走上去”的目标。

而市场营销网络一直被国外名牌垄断，是我们的软肋，但互联网给了我们机遇。因为许多消费者喜欢在网上沟通购买，但有的世界名牌对此还不很适应，因此我们充分利用这个机遇，在国际上正在开展网上的攻势，争取消费者。

在国内市场由于我们有强大的市场营销网络，并与互联网进行充分的融合，有巨大的优势，因此许多国际上的世界名牌将他们在中国的销售全部或部分委托给我们，而我们也通过他们在国外的渠道销售海尔产品，形成了资源换资源，加快了海尔进军世界市场的步伐。

互联网时代就是一个用户获得“企业控制权”的时代，必须无条件地满足和创造用户需求。市场和用户需求千变万化，过去领导自上而下的一刀切的决策体系很难适应用户的需求。而这个时代需求的个性化、营销的碎片化要求企业的大规模制造必须变成大规模定制，即从原来的先造产品再找用户变为先创造出用户再造产品。在这个背景下，传统企业的“生产——库存——销售”模式必须转变为用户驱动的“即需即供”模式。海尔探索的互联网时代创造顾客的商业模式就是“人单合一双赢”模式。

“人”是员工，“单”不是狭义的订单，而是第一竞争力的市场目标。“合一”是每个人都有自己的市场目标，“双赢”是在为用户创造价值的前提下，员工和企业的价值得以实现。每个人的市场目标不是由上级指定，而是根据自己所负责的市场的第一竞争力；每个人的收入也不是上级说了算，而是为用户创造的价值说了算。

人单合一双赢模式改变了员工角色，从原来被动接受组织的指令到每个人都是自己CEO的经营者，并组成直面市场的自组织即自主经营体，以此改变了传统经济下对市场反应迟缓的弊端，每个员工自主经营而不是被经营，员工可以自创新、自驱动、自运转，在复杂多变的市场竞争中，以变制变，变中求胜。

人单合一双赢模式有两个颠覆性的变化，企业的组织结构从“正三角”变为“倒三角”；企业的核算体系从“资本主义”变为“人本主义”。传统的财务报表是以资本为中心，追求股东至上；海尔自主经营体的三张表是以员工为中心，即以人单合一的机制激发员工的创新力，让员工创造用户价值，创造市场资源，达到用户、企业、员工的双赢。

所以，人单合一双赢模式的核心指向，就是要通过无限贴近用户需求、不断创造用户需求，从而实现用户超值。而只有用户不断获得超值体验，企业品牌才具备可持续发展能力。

海尔进入全球化品牌战略阶段

海尔的创业与发展。1984年创立于中国青岛的海尔，致力于为全球用户创造价值，成为美好住居生活解决方案服务商。

海尔集团现任董事局主席、首席执行官张瑞敏先生是海尔的主要创始人。在他确立的名牌战略指导下，海尔先后实施名牌战略、多元化战略和国际化战略。2005年底，海尔进入第四个发展战略阶段——全球化品牌战略阶段。目前海尔是世界白色家电第一品牌。

海尔的市场与网络。海尔在全球范围内建立了29个制造基地，8个综合研发中心，19个海外贸易公司，全球员工总数超过6万人。海尔的营销、研发、制造网络分布于中国、美国、意大利、泰国等全球市场。

2009年12月，世界著名消费市场研究机构欧睿国际（Euromonitor）发布数据，海尔在世界白色家电品牌中排名第一，全球市场占有率5.1%。这是中国白色家电首次成为全球第一品牌。同时，海尔冰箱、海尔洗衣机分别以10.4%与8.4%的全球市场占有率，在行业中均排名第一。在智能家居集成、网络家电、数字化、大规模集成电路、新材料等技术领域，海尔也处于世界领先水平。

2010年，海尔品牌价值855.26亿元，自2002年以来，海尔品牌价值连续9年蝉联中国最有价值品牌榜首。海尔品牌旗下冰箱、空调、洗衣机、电视机、热水器、电脑、手机、家居集成等19个产品被评为中国名牌，其中海尔冰箱、洗衣机还被国家质检总局评为首批中国世界名牌。

2008年3月，海尔第二次入选英国《金融时报》评选的“中国十大世界级品牌”。2008年6月，在《福布斯》“全球最具声望大企业600强”评选中，海尔排名13位，是排名最靠前的中国企业。2008年7月，在《亚洲华尔街日报》组织评选的“亚洲企业200强”中，海尔连续五年荣登“中国内地企业综合领导力”排行榜榜首。2010年4月，美国《商业周刊》发布2010年“全球最具创新力企业50强”名单，海尔是唯一上榜的中国家电企业。

海尔已在全球市场搭建了营销网络、物流网络、服务网络。海尔在中国主要城市建立了2500多家海尔社区店，5000多家县级专卖店，2.4万多家乡镇网点，7万多个村级联络站；在中国2500多个县建立了物流配送站；有1.7万多家售后服务网点。这一网络支撑着海尔在中国市场实现了“销售到村、送货到门、服务到户”，而且实现了“即需即供”。现在，海尔的库存资金占用天数只有5天，不到中国家电工业企业平均值的十分之一。海尔的营销、物流和服务网络吸引了国际品牌与海尔进行资源互换，在中国部分市场，GE家电、惠普电脑等国际品牌已通过海尔的网络进行销售。

海尔的研发创新。截止到2010年上半年，海尔累计申请专利10214项，其中发明专利3057项，居中国家电企业榜首。仅2010年上半年，海尔就申请专利476项，其中发明专利258项，平均每个工作日申请2项发明专利。

海尔是参与国际标准、中国国家标准、行业标准最多的家电企业。海尔已经参与了34项国际标准的起草，其中，无粉洗涤技术、防电墙技术等25项标准已经发布实施。仅在2009年～2010年期间，海尔新参与了23项国际标准的起草。海尔累计已经主导和参与了262项国家标准的起草，其中238项已经发布。此外，海尔获得了10项中国标准创新贡献奖，是获此殊荣最多的家电企业。海尔集团还承担了全国家用电器服务、可靠性等4个分技术委员会和工作组秘书处工作，负责牵头这些领域的国家标准制修订工作。海尔是唯一一个进入国际电工委员会（IEC）管理决策层的发展中国家企业代表，2009年6月，IEC选择海尔作为全球首个“标准创新实践基地”。

海尔的管理创新。创业初期，海尔探索的“日清管理法”成为了海尔20多年来企业管理的基石。互联网时代，为了快速响应用户需求，海尔探索“人单合一双赢”模式，“人”就是自主经营的员工，“单”就是有第一竞争力的市场目标，员工在为用户创造价值的同时体现自身价值，最终实现用户、客户、员工、企业的双赢。

海尔的管理创新引起国际管理界关注。目前，已有美国哈佛大学、南加州大学、瑞士IMD国际管理学院、法国的欧洲管理学院、日本神户大学等商学院专门对此进行案例研究。海尔的30余个管理案例被世界12所大学写入案例库，其中，“海尔文化激活休克鱼”管理案例被纳入哈佛大学商学院案例库，海尔“市场链”管理被纳入欧盟案例库。

海尔在发展的同时积极履行社会责任，援建了129所希望小学，制作了212集儿童科教动画片《海尔兄弟》。海尔是2008年北京奥运会全球唯一白色家电赞助商。

（作者系海尔集团监事会主席）

吉利精神：不断前进的力量

杨学良

改革开放30年给中国的经济和社会带来了翻天覆地的变化，孕育了杰出的企业和企业家，吉利的发展实际上也是改革开放的产物，我们从小做大，从弱到强，从一家普通的民营企业到成为中国汽车工业的新兴的生力军。我在这里简单的跟大家把董事长的创业背景，也就是我们公司发展的历程简单汇报一下。

董事长李书福出生在浙江台州，是最早兴起商业资源的地方，交通不方便，在那个地方兴起了一批市场和商人，董事长有一次跟我们讲，当时他上小学的时候，他去池塘抓鱼卖，被人抓去了，说搞资本主义，那种时候有很多人通过这种劳动去市场交换。董事长也是这样，高中毕业之后，正好赶上党的十一届三中全会召开，开始他创业的历程，他很小的时候有商业意识。他讲，小的时候去牵牛，耕地比较直，耕一天田争几毛钱，家里有自行车，去公交车站拉人，根据路程的长短收钱，有人打铁，做金属的产品，他给人家拉风箱，拉一天风箱争几毛钱。高中毕业之后他开了一家照相馆，他觉得是很新奇的东西，大家都需要照相，他的照相很有特色，他跟人家说，我帮你照，不好不要钱，好了再给钱，别人如果比如说一张照片收一块钱，我可以一张收五毛，两张一块，他靠这种灵活的机制，那时候很少有照片，擦照了都很好，都要了，他慢慢发展非常快。最后他冲洗照片的过程当中发现可以从硫酸中提取一种贵金属银，冰箱的零部件、压缩机当中有银。从这里提炼了第一桶金，开始生产冰箱的零部件，到最后的整机制造。年纪大一点的人都知道那时候有一个北极花冰箱，那个就是董事长做的。八几年之后他去留学，后来他回到家乡，进入摩托车制造业，从1997年造汽车，这个过程当中克服了重重困难，开辟了中国民营企业造车的先河。

回顾这么多年的发展，我们可以说吉利做了很多创举，或者是董事长做了很多创举，包括最近收购沃尔沃，把很多不可能变成了很多，这是对大趋势的一种认识。他说，我相信党的开放政策，我对一个行业认识是比较清楚的，我每进入一个行业就带动了一批企业的发展，和一个产业群的发展，但是我进入之后，会有一批企业跟进来，把我的人挖走，用最便宜的价格去卖。他说我一定进入一个抄袭不是很容易的行业，就是汽车行业，他做摩托车的时候也有人做摩托车，比他还便宜。这时他认识到汽车工业早晚有一天进入到千家万户，另外汽车是不好抄袭和模仿的行业。董事长指出，支持吉利不断前进和成长的力量就是吉利精神，是企业发展的一个灵魂。他有一句名言是“力量在风中回荡”，他认为任何力量，哪怕是核武器，原子弹都没有人内心力量强大。

在长期的创业过程中，我们形成了早期的敬业、创新、沟通、拼搏的信条，由此构成了吉利人恪守的企业精神。到了2006年2月份，我们觉得自己闭门造车不行，需要引进人才和资源的时候，董事长把吉利精神做了重新的诠释，我们叫“拼搏精神、创新精神、团队精神、学习精神、精益求精精神和实事求是精神”。我们把六种精神叫六面大旗，吉利的口号是六面大旗打天下，勾勒出吉利人比较独特的面貌。董事长是这个企业精神的总设计师，这个精神是从中国本土民营企业产生的企业的智力思想，体现着浓厚的中华传统民族文化的精华。

回顾吉利成长过程，他说我们是土生土长的民营企业，过去也没有涉足到汽车行业，初始资金有限，从进入汽车工业的第一天起，就注定了我们必须要有自强不息的精神，汽车是一个资金、技术、人才密集的行业，我们要耐得住寂寞，先描红，再造句，再写文章。吉利在最初的时候，什么都没有，缺资金、技术、厂房，缺产品的准生证，但是我们能白手起家，发展壮大，成为中国汽车走向世界的代表性企业，创造了中国汽车企业的奇迹，两个小例子说明我们造车有多难。有第一辆车下线，董事长非常高兴，摆了100桌酒席，请了很多朋友领导，马上到中午酒席要举行了，一个人都没有，中午来了浙江省的一个副省长，当时有人觉得支持民营企业造车会受牵连惹麻烦的，副省长的到来使董事长当时热泪盈眶，大家可以体会到当时我们有多困难。还有拿产品生产许可证的时候，四川绵阳一个监狱工厂有一个“准生证”，董事长前前后后去了两年多，那个监狱长不卖，但是后来有一天有人说监狱长出车祸，他慰问他的家属，同时跟新的监狱长谈，这个人没有兴趣造车，才把这个准生证卖给了吉利。所以说没有这个监狱的目录，我们今天也许还不能造汽车，大家看出我们发展有多难。

在这个过程当中，我们为什么能创造奇迹？就是因为我们有一种自强不息的精神，这种自强不息的精神也正是我们中国人，中华民族独具的一种精神。

经过长期的实践，这些企业精神深入到吉利人的灵魂深处，成为一种主导意识，尤其是像艰苦创业、顽强拼搏，成为吉利员工恪守的习惯，随时体现在我们的工作和实际的行动当中。

谈到创新，大家知道中国汽车制造业开始的时候是凭着模仿和低成本和低价格，目前我们走上了自主创新的道路，今年一月份吉利的创新体系获得了国家科技进步奖一等奖，这是汽车企业里面唯一获奖的企业，这么多年我们创造了多项专利，发明专利 300 项，世界性的发明专利有 30 多项。国务院总理温家宝，曾庆红等很多领导都给予了肯定。国家领导人说，我支持吉利就是看中你们的精神。总之，这些领导和国家对吉利自主创新的肯定，充分印证了吉利精神的巨大价值。中国企业要想真正屹立于世界民族之林，就一定要有一种精神，全体吉利人凭着这种精神，创造了一个又一个奇迹，为民族汽车发展开辟了广阔的空间。

我们在企业文化建设会遵循什么样的方向？我们的发展迅猛，在全国有 9 个基地，在海外建立了几百家的经销商，理顺了集团下属企业的关系之后，董事长提出“充分授权、严格监管、考核清晰、过程透明”的神经管理 16 字方针，因为在集团下面注册的公司大概有 40 多家，怎么管？只能靠机制，靠更透明。16 字方针确立了人性化经营管理、军事化高效执行的企业文化方向，企业始终保持了高效有序运转，董事长指出吉利的核心价值理念是快乐的，我们总结为人性化经营管理、军事化高效执行。其中最首要的是人性化，而不是狼性文化，成熟的企业文化一定要为社会、员工、合作伙伴创造快乐。最近一次媒体采访的时候，董事长指出，正是我们有以人为本的文化，所以在并购的时候，跟瑞典的政府和美国政府，和瑞典的管理层沟通的时候，他们充分认可吉利的价值理念，他们西方的企业和社会有是一个以人为本的社会。

2009 年董事长提出了“问题文化”，叫发现问题是好事，解决问题是大事，回避问题是蠢事，没有问题是坏事的问题文化。这个问题文化也在我们企业当中得到了充分的贯彻。我们实行的原动力工程，就是让一线员工考核领导，让业务部门考核职能部门，让所有的员工发现在生产经营过程当中的问题，提出合理华建议。过去一年，我们全集团，员工提的合理化建议超过 17000 多条，为企业创造了效益。董事长认为，一个企业就像一个人，企业发展要有活力，就像企业要有元气一样。我们企业的元气就是我们的员工，谁伤了员工的心，员工就伤企业的心，这是原动力文化的精髓。

任何企业和任何国家的竞争力最重要的是文化的竞争力，我们内部讨论丰田大规模召回的时候，董事长认为是丰田的文化出了问题，是日本的文化出了问题，以前所有的经销商是自己建的，这些零部件供应商的领导都比丰田还要更官僚，利益派生了，所以会出现大规模的问题。董事长的观察和理解是有一定的道理的，一方面敦促我们加强企业文化建设，同时使企业成为国家文化，民族文化有力的支撑。我们也要居安思危，通用出了问题，中国还是一个发展的阶段，等我们有一天发展强大了，发展成全球性的企业的时候，我们是不是也会遇到同样的问题，该怎么样解决？最后用文化和精神去解决。所以我们要居安思危，不断自省，与时俱进，只有这样才能真正打造中国的百年老店，实现我们国家和民族的伟大复兴。

（作者系浙江吉利控股集团有限公司公关总监）

伟业创造精神 精神铸就伟业

罗晓阳

中国运载火箭技术研究院，也称中国航天科技集团第一研究院（简称一院），成立于 1957 年 11 月 16 日，首任院长是著名科学家钱学森，现有员工 2.6 万人。一院是中国航天和航天精神的发祥地，是中国长征系列运载火箭的摇篮，是中国第一个专业运载火箭的研制单位，是国家最大运载火箭研制基地，一院的发展历程是中国航天事业发展的缩影。

一院 50 多年发展取得的辉煌成就，可以用四句话来概括：一是我们研制的运载火箭能够把卫星送到地球的任何一个轨道；二是我们研制的运载火箭能够把中国的宇航员安全送入太空；三是我们研制的运载火箭能够把绕月卫星送到预定轨道，标志着我国已经进入世界具有深空探测能力的国家行列；四是我们将在今年底实现自行研制火箭“百次发射”，初步形成运载火箭产业化能力。

这些辉煌成就的取得，离不开“航天精神”的支撑，离不开历代航天人对“航天精神”的传承与发扬。作为中国航天精神的发祥地，一院始终坚持以“航天精神”作为企业文化核心，不断丰富、创新“航天精神”内涵，使其成为推动企业发展进步的精神动力。

航天三大精神的起源与发展

伟大的事业孕育伟大的精神，伟大的精神推动伟大的事业。航天精神是逐步创造和形成的，也是党中央领导培育和总结出来的。

航天精神历经 50 多年的发展与沉淀，形成了“航天传统精神”、“两弹一星”精神、“载人航天”精神——中国航天三大精神，它们是中国航天历史发展经验的总结与提炼，是一脉相承的精神体系，成为了中国航天事业取得一个又一个胜利的重要法宝：

1986 年，一院第二届党委总结近 30 年发展经验，提出了“自力更生、艰苦奋斗、大力协同、献身航天、勇攀高峰”的优良院风。当时航天工业部党组高度肯定，进一步归纳提炼了“自力更生、艰苦奋斗、大力协同、无私奉献、严谨务实、勇于攀登”的航天传统精神。建国 50 周年前夕，在中央召开的为研制两弹一星做出突出贡献的科技专家表彰大会上，把“两弹一星”精神概括为“热爱祖国、无私奉献、自力更生、艰苦奋斗、大力协同、勇于攀登”。

2003 年 10 月，江泽民同志又提出了“特别能吃苦、特别能战斗、特别能攻关、特别能奉献”的载人航天精神。

2005年11月，胡锦涛总书记把载人航天精神进一步概括为：热爱祖国、为国争光的坚定信念，勇于登攀、敢于超越的进取意识，科学求实、严肃认真的工作作风，同舟共济、团结协作的大局观念和淡泊名利、默默奉献的崇高品质。

50多年来，对于航天精神的概括和提炼，都是党中央在科学总结实践经验的基础上完成的。正是在航天精神的指引下，中国航天事业才取得了令世人瞩目的辉煌成就。

航天精神具有时代的开放性，在不同的时空条件下表现出丰富的多样性。1999年，航天一院人在新的历史时期，提出了“永不停步、永攀高峰、永保成功、永创一流”的“四永精神”，2005年，提出了“顽强、毅力、忍耐、坚定”的院魂，这是航天精神在一院不同历史时期的不断丰富和发展。

航天精神对企业发展的推动和影响

航天精神助中国航天从无到有。第一枚导弹，第一枚火箭——从无到有的过程，蕴含着第一代航天功臣们的无数心血与汗水。中国航天起步于新中国成立之初经济、技术极端困难的条件之下：西方列强的技术封锁，国内各类资源匮乏。中国当时一批最优秀科技工作者，心怀祖国，放弃良好待遇和生活条件，投入航天领域，默默奉献，依靠自力更生、艰苦奋斗、不怕困难、勇于攀登，为中国航天事业的发展与腾飞奠定了基础。

航天精神与导弹事业。中国运载火箭技术研究院建院时，全院仅有175人，中心任务是在苏联专家的帮助下学习和仿制“1059”。科技人员、工人师傅，认真地把学习和独创结合起来，争取外援，但不依赖外援，自行设计，走独立研制的道路。在百废待兴的上世纪50年代，在国家财政困难的情况下，住帐篷、睡通铺，以苦为乐；面对全新的事业、陌生的技术，夜以继日地苦读学习，坚持不懈地“爬坡”，形成了顽强刻苦的学习精神，这种精神给了我们独立研制的本领，造就了第一代火箭专家。1960年11月5日，我们自己制造的第一枚争气弹发射成功。整个研制过程，也是“艰苦奋斗、无私奉献”的航天精神发挥作用的过程。1960年12月，面对赫鲁晓夫撤走专家撕毁合同和自然灾害所造成的严重困难，一院职工在党的领导下，发愤图强，自力更生，艰苦奋斗，开始自行设计研制“东风二号”导弹。经过失败的挫折，全院干部职工不断摸索研制规律，精心修改设计和进行充分的地面试验，1964年6月29日，“东风二号”导弹飞行试验获得圆满成功。在这个时期，艰苦环境的磨练和形势任务紧迫的要求，使一院职工形成了自力更生、艰苦奋斗的航天精神基础，培养了一支又红又专的研制队伍，为一院自主研制导弹武器，攀登新的高峰打下了坚实的基础

航天精神唱响“东方红”。当太空相继有了美国和苏联的卫星后，我国也决定研制自己的卫星。当时，一院承担了中国第一颗卫星运载火箭的研制任务，虽然经历了大跃进、三年困难时期、文革时期，但是一院人在艰苦的环境下，仍然牢记国家使命和航天的责任，认真踏实地进行研制工作。1970年4月24日，长征一号运载火箭成功地发射了我国第一颗人造卫星——东方红一号，这是我国航天史上和平利用太空的第一个里程碑。

航天精神助中国航天由弱到强

航天精神创造18个月奇迹。1988年底，中国航天走向国际市场，签订了一项大合同：用一枚新型火箭发射两颗澳大利亚卫星。美国休斯公司要求中方必须在1990年6月30日前有一次成功的飞行试验，否则有权中止合同并罚款100万美元。这就意味着要在18个月内拿出这枚新研制火箭。按照发达国家的速度，研制一枚大型火箭至少要3到4年时间。面对挑战和风险，一院人毫不畏惧，“自力更生、艰苦奋斗、大力协同、勇于攀登”的航天精神激励一院科技工作者们利用18个月时间，完成“长二捆”火箭研制并成功进行了飞行试验。前来验收的外国专家不由得赞叹到：“中国人真了不起。”一院人凭借着自己敢想敢为的进取精神，自主研制了大推力捆绑火箭，真正走出了国门，走向了世界。

航天精神成就“载人航天”。载人航天工程是规模宏大、高度集成的系统工程，全国数千个单位、十几万科技大军参与这项工作。只有发扬航天精神中“大力协同”作风，才能保证载人航天工程的研制顺利进行。从“神舟五号”到“神舟七号”，一院的长征二号F火箭实现了安全、准确将载人飞船送入预定轨道，并通过电视直播向全世界展现中国航天的实力与风采。而这一成绩的背后，是长征二号F火箭系统的设计师们和科研人员，发扬“特别能吃苦、特别能战斗、特别能攻关、特别能奉献”的航天精神，耗费16年时间，从科研院所到试验基地，从大漠风沙到瀚海惊涛，呕心沥血研制而成。为了确保飞船的安全，为了确保航天员的生命安全，他们以对国家、对人民负责任的态度，以精益求精、严慎细实的工作作风，将火箭的可靠性从0.97提高到0.997，达到国际先进水平。载人飞船的发射成功，使我国成为世界上第三个掌握载人航天技术的国家，这是我国航天史上的第二个里程碑。

航天精神助“嫦娥奔月”。一院人对事业的追求永无止境，航天精神中的“勇攀高峰”是激励一院科技工作者不断挑战新领域、迈向新高度的精神动力。

2007年10月24日，金牌火箭长征三号甲火箭不负众望，把“嫦娥一号”卫星成功送入预定轨道，实现了我国首次深空探测，这是中国航天史的第三个里程碑，开启了中国人走向深空探索宇宙奥秘的时代，标志着我国已经进入世界具有深空探测能力的国家行列。

2010年10月1日，长征三号丙火箭将“嫦娥二号”卫星成功送入环月球低轨道，实现新技术突破，为实现登月打下坚实基础，也为共和国61岁生日献上了厚礼。

“嫦娥”系列卫星的成功发射，向世界宣告中国人有决心、有信心、有能力，独立研制和开发“中国制造”的高品质航天产品，进一步提升了中国的国际地位，巩固了我国“世界第三航天大国”的地位。

航天精神助一院勇渡难关

航天事业是高科技、高风险行业，危险与失败因素伴随每次航天发射。中国航天事业发展也并非一帆风顺，而航天精神总是在关键时期激励鼓舞一院全体干部员工团结一心，克服困难，再次迈向成功。1992年3月，长征二号捆绑火箭发射澳大利亚卫星时，由于控制系统故障，导致发射中止，在国内外造成很大影响；1996年2月和8月，长征系列火箭接连两次发射失利，给卫星客户和航天事业发展带来巨大损失与困难。一院到了“失败不起，没有退路，只能成功”的境地！关键时期，大家没有被困难吓倒，而是痛定思痛，总结分析失败原因，一院组织、研究、提出了一系列强化科研生产和质量管理的措施，广大干部员工紧密团结在院党委周围，同舟共济，负重拼搏，从严要求，终于通过努力扭转不利局面。从1996年10月至今，运载火箭发射连续取得圆满成功！

航天精神助一院开拓未来

中国航天虽已取得显著成就，但必须看到我们与美国、俄罗斯等航天强国有着运载能力偏低、推进剂为有毒燃料、型谱繁多复杂、成本偏高等差距。面对差距，一院人怀着热爱祖国、为国争光的坚定信念，凭借勇于登攀、敢于超越的进取意识，决心研制我国新一代大型运载火箭——长征五号，它可以将现有火箭最大推力由9吨提高到25吨，把推进剂改为环保的液氢液氧和煤油，形成组合式火箭型谱。目前，一院在天津滨海新技术开发区建成新一代运载火箭的生产基地，这意味着从这个时点起，我国火箭事业进入一个崭新的真正和美、俄并驾齐驱发展的时代。航天精神是中国航天、一院人不断追求更高目标、实现突破发展的法宝！在经济全球化的今天，在世界各国竞相发展航天科技的时期，我们航天人必须依靠航天精神，积极参与国际竞争，使中国由航天大国迈向航天强国。

航天精神助一院人才辈出

航天事业起步之初，党中央就提出了“出成果，出人才”的方针。建院50多年来，一院培养了大批管理和科技人才，走出了许多功勋卓著、声名显赫的科学家。在一院工作过的国家部级以上领导有28人，6位国家“两弹一星”功勋奖章获得者（全国共23位），24位中国科学院、中国工程院院士，国家有突出贡献的中青年专家7人，有国家千万人才工程人选10人，享受政府特殊津贴专家469人。两届“中国科学技术大奖”得主：王永志、孙家栋，都曾在一院工作过。中国航空航天科技工业的领军人物：张庆伟、陈求发、吴伟仁、刘纪原、许达哲等领导也都出自一院。

人才培养的硕果累累，离不开航天精神的指引。受航天精神影响而成长的航天人，具有以下特点：

热爱祖国、为国争光。以钱学森为代表的第一代航天人，舍弃国外优厚待遇和生活条件，心怀祖国，为国奉献，成为一代楷模。从此“热爱祖国、为国争光”被一代代航天人继承。航天人将个人事业发展与中国航天事业发展紧密联系，为祖国的强大与繁荣而不懈努力。

勇于登攀、敢于超越。航天科技领域竞争激烈，只有敢于走前人没有走过的路，不畏劳苦、拼搏进取，才能有所收获。航天事业要求航天人必须具备百折不挠、勇往探索的精神，只有这样才能保证航天事业永远位于不败之地。

科学求实、严肃认真。高科技、高风险，使航天人必须以“保成功”为最高原则，必须严格按照科学规律、规章制度和工作程序办事，严上加严，细上加细，慎之又慎。

同舟共济、团结协作。当面对发射失败，当面对技术攻关，当面对复杂任务，只有同舟共济、团结协作才能渡过难关，才能走向成功。航天事业是复杂的系统工程，涉及众多领域，必须依靠大协作来完成。航天人只有发扬大力协同精神，抛弃“主角、配角”、“高、贵”之分，互相支持，密切配合，各司其职，各尽其责，形成有机整体，才能保证任务成功。

淡泊名利、默默奉献。航天工程的保密性质，注定要求航天人甘当无名英雄。从“两弹一星”元勋：任新民、屠守锷、黄纬禄、梁守槃等，到今天“载人航天”、“嫦娥工程”一线的航天人们，在很长一段时间里，他们的名字不被世人所知。而他们毫不计较，他们以高度责任感、使命感，从民族和国家利益出发，为航天事业不计名利，甘愿奉献。而这种淡泊名利、默默奉献的作风，也使航天精神、航天人在今天显得尤为珍贵。

航天精神助企业文化灿烂

航天精神通过科研生产实践，衍生出了独具特色的一院“企业文化”，如：

愿景目标：铸造国际一流宇航公司

企业使命：引领航天 追求卓越

企业精神：永不停步 永攀高峰 永保成功 永创一流

核心价值观：热爱祖国 以人本 以诚取信 以质取胜 携手合作

发展方针：军品固院 民品强院 创新引院 人才兴院 文化育院

发展方略：归核化 市场化 产业化 国际化

企业作风：严 慎 细 实

质量观：质量是政治 质量是生命 质量是效益

学习观：让学习成为生活习惯 把学习作为终生追求

市场观：以需求为牵引 以质创信誉 以创新谋发展 以服务增效益

人才观：人才是航天的发动机 航天是人才的推进器

它们都成为企业文化家族成员。

新时期航天精神发展

今天，中国航天和航天一院正立足于新的50年的历史起点上，它要应对的是市场经济的挑战、改革开放的挑战、经济全球化、政治多极化以及世界新军事变革的挑战。如果说，过去50年中国航天人经过艰苦创业，建立了比较完整的中国航天科技工业体系，那么今后50年，中国航天人将要进行以面向市场经济、面向国民经济主战场、面向国防现代化为主题的第二次创业。今年7月召开的一院第六次党代会提出："解放思想，解放生产力，全面推进二次创业，为建设具有国际竞争力的大型科研生产联合体而努力奋斗。"

航天科技集团公司党组提出："围绕新目标，建设新航天，取得新成就，实现新跨越"，"建设国际一流大型航天企业集团"。展望未来，这是党和人民、是时代和祖国赋予我们航天人新的历史使命。

面对新的目标和挑战，一院航天人将继续发扬"航天精神"，坚持以国为重、自力更生、艰苦奋斗，同时解放思想、转变观念、加强学习，积极参与市场竞争，锐意进取、求真务实、团结协作，不断适应市场化需求，不断创新发展，迈向新的辉煌！

（作者系中国航天科技集团公司运载火箭技术研究院党委副书记）

国外企业精神论坛：他山之石——国外企业精神内涵与实践

康明斯：包容 融合 合作

曹思德（Steven M.Chapman）

我再次代表曹思德先生表示深深的歉意，我希望我今天替他做演讲，不会让各位领导觉得失望和遗憾，我会尽力做好这份工作。

康明斯的企业精神就是包容、融合与合作。康明斯在改革开放之初就进到中国，我们公司内部有一个非常幽默的说法是第一架飞机载的是尼克松，第二架飞载的就是美国的大公司。康明斯主要以柴油发动机事业为主，其次有零部件业务，包括电力发电和分销系统。康明斯是零部件的生产厂，在华员工8千多名，有26家运营机构，2009年因为经济危机整体的业绩在全球有下滑，但是在中国仍然相对是表现非常强劲的，去年我们的销售收入17亿，今年原来做的预计是26亿，但是到现在已经突破了26亿。

我们真正来到中国之后，不仅是把美国生产的产品带到中国，更关键的是怎么利用在华的人才优势，技术优势，成本优势来做产品的稳定化，从2.8到78的发动机，我们实行了本地化。还有一块是做天然气发动机，2008年奥运会的时候，当时做了清洁环保的发动机。

康明斯非常注重和本地成员的合作，尤其是客户利益相关方，所以我们必须把研发工程技术中心设到中国，这张图片展示了我们在中国的工程技术中心已经分布的城市，我们相信在未来有更多的工程研发中心到中国。

下面我想进入今天大会的演讲主题，企业的精神，企业的文化。这张图片有点像一个马车，五个轮，前面的箭头表示康明斯的文化。我们看每一个轮轴，很多年前就在康明斯存在的，比如说价值观、使命、战略准则，ABB也有类似这样的元素，为什么我们做了整合？这是2000年时候，公司做的决策，我们在众多的元素当中提炼出来能驱动这家公司马车前进的重要的组成部分，所以我们选出来五个，愿景目标、使命、价值观、个性、战略准则。

我们公司有五个使命，第一是让企业的员工做企业的主人，第二是能超越客户的需求，第三注重与合作伙伴的合作，建立双赢的合作关系，第四是公司责任，最后一个是战略准则，我们专门提炼出来，把原来战略准则当中的股东利益最大化，变成是利益相关方的最大化的双赢。它的范围要广了很多，股东利益是财务相关的股东，我们说的利益相关方还包括我们的客户，包括供应商，包括政策的制订者，我们都认为是利益相关方，要确保各方面达到共赢的目的。

刚才ABB也提到什么叫做企业的基因，我们也有企业的基因，就是我们的公司核心价值，我们的核心价值有六点。这里我注重谈两点，一个是企业公民的责任，还有一个是叫多元文化，康明斯成立90多年来，从第一任的建立者到后来的CEO都注重不管企业在哪个国家和社区，只要存在就有价值和义务，这种义务不仅是社会的，更多的是在发展业务的模式和技术、产品的同时，如何通过整体的解决方法，实现对社会的回报。我们公司在三个方面做了比较细致的安排，第一是教育、环境和爱心。我们把爱心更多的归为社会责任，更多的是弱势群体，或者是当灾难来临时候的拯救。环境和教育在社会平稳发展过程中，在和平的年代怎么样在产品的研发过程中，实施过程中以及应用过程中为它提供全套的解决方案。比如说康明斯主要是发动机的生产供应商，大家会说，其实我们现在谈到的很多污染是来自交通，发动机要承担很大的责任，我们也认为是这样的，我们会把环境的责任在产品设计的开始阶段融入进去，而不是危机出现了采用后续的方法弥补。所以康明斯是想真正受之以渔。如何避免灾难的到来是企业更大责任。

还有要强调的是怎么创造最佳的环境。在康明斯的整个文化当中，康明斯是要打造成让中国员工感到幸福和舒服的一家公司。没有一家公司说是最优秀的，对员工来说有最适合的，我自己有体会，我觉得康明斯在这方面做的内容还是非常丰富的。比如说我们对员工，相关的是本地人才团队的建设。曹思德是集团副总裁，同时负责中国和俄罗斯，直接向他汇报的13个人当中，三个是外籍员工，一个美国，一个英国，一个墨西哥，间接汇报的有9个外籍人员。这个说明，对来自不同背景的人才的包容性和极强的吸收本地人才愿望已经在团队建设当中体现出来了。所有的职位都由中国人做才是好的公司，我同意多元化，真正想成为全球化的公司是需要全球性的人才。我们既然在中国的领土上打拼，中国人对市场的理解，对市场的一些触摸感觉都要有深入的了解，曹思德副总裁要求直接向他汇报的外国人努力学中文。这里一个非常小的故事，各个公司的外籍人员到中国来，为了安全，会给他们派司机和车，康明斯也是这么做的，从

2008 年开始，公司做了大胆的尝试，这些外籍经理人既然到中国来做业务，要适应中国的潜在的风险和危机，所以曹先生自己去考中国驾照，所以现在我们的外籍经理人大部分时间是自己开车，我们也会配一些司机，因为有时候会有宴会，所以这些小事情当中，康明斯在努力打造一个能被更多的中国人接受的一家外国公司。

我因为是做政府关系的，经常会交流和沟通，有一天领导问康明斯是哪个国家的公司，我说是中国公司，其实我们当时也在内部探讨过，从康明斯（中国）怎么做成中国康明斯，这是一个很漫长的路，我们相信随着文化的沉淀和努力，这个目标在不久的将来会实现。

还有一个故事，在座的很多来自大型的国有企业，康明斯在发动机方面的主要合作伙伴是国有企业，曹思德先生本人非常愿意和中方的合作伙伴进行各种各样的交流，而且他自己在研究大会上都只说中文。所以从这个意义上说，康明斯是打造了这样一种包容和融合的文化。

梯队做了人才的滚动式三阶段培养。最高一层是全球的领导培养班，这个是根据他的业绩、责任区域划分出来的，这届培训班刚刚在北京结束，全球一共是 27 个人，来自于不同的国家，中国有两位，下一个阶段叫中国全球领导力培训班，所有的成员都是来自于中国，而且是中国大陆的人才，下一期目标是全球的滚动培养，应该是在一年半到两年内，培养方向包括美国总部、欧洲业务，中国进入培训班的人应该是越来越多。下一步还有战略管理培训班，就相当于咱们的中层管理，这里毫无疑问是中国人多。康明斯做很多培训时候，不仅针对康明斯自己，包括一些合资企业的中方的合作伙伴也加入到我们的战略领导管理培训班当中来。从我们对 CEO 和 COO 的期望来说，希望整个团队是多元的，我们的思想也是多元的，结果才能达到双赢。

（作者系美国康明斯集团全球副总裁）

我们为中国的经济发展做出了贡献

穆　赫（Bernd Muehe）

在开始谈企业文化之前，我先简单的介绍一下 ABB。我们的主要业务是着重在电力和策划方面。在全球一百多个国家有 11 万 7 千名员工，销售额在 2009 年达到 321 亿美金，ABB 是由瑞士和瑞典两个工程技术公司在 1988 年合并而成的，这两家公司都是在 19 世纪就已建成了，属于百年老店型的企业。实际上看起来是两家公司的合并，其中涉及到很多其他的企业，都在这两个合并中实现了。这么多个公司合并在一起，来自于不同的文化，不同的国家，怎么更好的实现整合是一个挑战。自然有一个话题 ABB 的文化是什么，ABB 的语言是什么。其中一个解决方案是当时的高层决定我们不用瑞典话作为公司的语言，我们也不用德文作为公司的语言，我们用英文。因为考虑到这么多企业的不同整合，可能有来自与北美的、南美的、欧洲的和亚洲国家的员工，如果大家不能用相同的语言对话，就已经产生了一种分歧，所以我们需要用共同的语言来实现这种交流。在中国，我们现在已经有 30 多家本地企业，在 70 多个城市有 15000 多名员工，ABB 中国的销售收入在 2009 年是 43 亿美金，即使去年经济形势非常恶劣的情况下，我们在中国的本地采购也实现了 26 亿美金。我们在中国销售的产品基本上都是由中国的企业生产的，2009 年我们在中国电器 100 强中，有 11 家企业列居其中。

这样一个跨国公司怎么能实现整合划一的企业文化，对于这样的企业这是至关重要的，我们必须要实现共同的文化和愿景。在全球集团里面，是有共同的企业愿景、使命和价值观的原则。这些愿景、使命、价值观是全球适用的，大家是统一的，但是各个国家有各个国家的环境。所以，这些就不只是简单的语言问题，这是在各个国家特定的环境之下，以及当地的语言的交流情况下，大家能够共同认识到集团的愿景使命。对德国的员工来说，他们理解愿景使命的时候，和中国的员工是有所区别的。那么，这些愿景和使命在中国的元素应该更适用于当地的环境和人文情况。事实上，就整个 ABB 中国统一的文化来说，落实到 30 家企业的时候也会各有所不同。上个星期，我访问了我管辖下的四间公司，我确实发现这方面的一些证据。比如说我搜集了这四间公司的员工杂志，从这些员工杂志中，我可以看到，一方面所有集团的愿景使命和商业原则是得到充分体现的，但是又有特殊元素，适合这个公司的员工来执行操作。事实上，我们在中国的运作也已经达到了百年以上，在实际操作过程中，我们也发现这些元素的设定和执行是非常重要的。这样一个企业，像一个大家庭一样，大家在共同工作。我带了一些杂志，只是一个样本，大家可以看到，大家谈论谁又结婚了，谁又生孩子了，共享这样一些好消息，大家真的像家人一样在共享这些信息。我自己感觉也非常荣幸和自豪，对于一个跨国公司，从集团层面是要有清晰的文化设定的，但是到各个国家，甚至各个公司会有更加针对性的执行设定。

下面我们可以看一下 ABB 的愿景和使命是什么。比如说我们希望帮助客户有效使用电力，我们希望能够实现帮助国家和社区能提高工业的生产率，降低对环境的不良影响。ABB 的口号是用电力和效率创造更美好世界。我们相信这样一个愿景是可以为这 100 多个国家的员工所共同了解和执行的。

ABB 的使命是什么？当然，提高业绩是我们必须做到的，但是，如何提升我们自己的业绩？只有帮助客户和股东实现他们的业绩提升，才能实现我们自己的业绩提升。

创新和吸引人才对我们是至关重要的。另外一方面，不管是在哪里工作，我们都要勇担责任，这样的使命 ABB 在全球这么多个国家的企业里是能够得到遵守和执行的。

ABB 的商业原则主要包括三个方面：勇担责任、相互尊重、坚定不移。勇担责任这个话题很宽泛，首先我们要承担责任，同时我们应该用高度专业的技能完成工程，并且要保证遵纪守法和信守诺言，我们说了什么，必须要做到。提到相互尊重，首先我们提倡各种差异性，因为100多个国家是存在差异性的，我们鼓励探讨，鼓励交流，在100多个国家的员工里面实现平等的交流，我们要保持正直，要尊重所有的同事。坚定不移指的是为所有的相关方提供真正双赢的结果。在所有运作的方面，我们都会会尽可能为双方提供双赢的结果，包括我们的客户、员工。当然，我们一定要有结果导向的，要承担义务，同时，要有我们的领导力。我们的文化是鼓励开放、灵活和包容。我们也要求大家在人才发展、运营、健康和安全、商业道德方面实现我们的最佳水平。

ABB中国管理会有13个成员，其中涉及到8个国家的员工。人才的发展对于企业文化的执行也是至关重要的。我们考核人才会关注这几个方面，一个是业务的卓越性，包括他的领导力是怎么样的。当然，我们也提供相应的待遇来稳定这些人才，这些是相互联系的。在我们的人才管理中，绩效考核是非常重要的，我们要求经理人一定具有领导力，领导力的关键因素是不管说什么就一定要做到，职业经理人应该为这样的大家庭所服务。

价值观是非常重要的，我们到底支持什么。我所管辖的产品部人才发展的现状，这里做了一个比较，在2000年的时候，一些高级职位，哪些是由外国人承担的，哪些是中国人承担的，在2000年的时候，中国人担任高级职位是相对比较少的，今天实际上产生了非常大的变化，总经理和财务总监们，大多数是由中国人承担的。在2000年，几乎没有中国人承担跨国职位，而今天31位中国人已经取得跨国职位。也许您会问，是不是这是一个目标，在ABB中国的管理层只用中国人？但我的回答依然是不会只用一个国家的人才，因为我们是希望保持住这种文化的差异性，这种包容性，但是另外一方面，要强调的是，我们所有的高级职位，不是只为外国人设定的，没有任何的阻碍、限制，我们实际上是对所有的中国人都是敞开的。有一点在ABB是非常重要和清晰的，我们是真正的跨国公司，不会属于任何一个国家。

我想谈一下可持续发展。可持续发展这种企业文化是今后若干年进程来实现的，不是一天一夜能完成的。可持续发展在ABB的实行也不会在各个国家有所不同，各个国家甚至各个国家中的具体公司，他们必须有自己的一个计划和一个执行方案以及决策去逐步实现他们的可持续发展。这里就可以看到在中国我们是如何一步步的成长、发展起来的，承担了更多的企业公民的责任。一开始只是着重在质量这一个元素，逐步扩展到质量、环境和健康的整体管理，包括作为企业公民的完整理念的执行。

下面一个题目是讲企业社会责任的。ABB有全球的使命和愿景，我们在各个国家是非常脚踏实地的。德国的公司在承担当地的责任的时候，可能会跟中国的公司在中国的表现和计划是不一样的。几年前，ABB中国的管理层具体分析了我们在中国承担社会责任着重点到底应该在哪里。管理层达成了一致的意见，我们在中国要着重在支持当地的教育，支持当地的环境保护，支持当地的一些公益事业。我们当然可以在中国总部，在北京的总部直接操作，但我们不只是这么做，我们在中国有完整的计划，在各个城市和各个公司制定了要求它承担责任的一些具体计划和措施，能够保证他们为当地的社会作出他们应做的贡献，他们会支持当地的一些贫困地区的教育，会给一些培训机构或小学提供图书馆、教学的设施，同时为那些优秀的很贫困学生提供赞助。我们和当地的用户和员工一起出去植树，为当地的绿化做贡献。同时，我们也会组织员工去海边捡拾垃圾，为当地的美好环境做贡献，我们的员工很自豪能够帮助中国渡过一些难关，包括一些自然灾害带来的困难。

ABB在中国有一个完整的布局，我们的所有努力得到了当地政府和群众的支持、认可，胡总书记访问了我们在重庆的ART，温总理访问了我们在厦门的开关厂，李总理访问了我们在总部的工厂。现在，我们在中国有30多间公司，其中11间公司成为中国的标杆企业，同时在2003年、2005年、2009年分别被评为中国的十佳雇主之一。我们很自豪，我们的这种努力得到了领导们的认可，李副总理在访问总部的时候对ABB对中国的贡献表示认可，表示我们为中国的经济发展做出了进一步的贡献。

有人问，在中国ABB公司用ABB文化指导中国员工，最难的是什么？

我在中国已经工作了十年，我觉得对老外来说，如何实现与中国员工的沟通，先是倾听，首先你必须得了解你的中国员工，他的需求是什么，你必须得了解客户的需求是什么。同时，也需要了解这个社区，这个社会，这个国家最需要一些什么，然后你会想，我作为一个在中国的经理人，我应该做什么，当你实现了对中国社会的真正了解的时候，你就很容易把集团的愿景、使命跟中国的国情结合起来，保证在中国有针对性的实施。换句话说，我可能不只是给中国带来什么，我只能是为中国做出什么样的贡献。

（作者系ABB（中国）有限公司高级副总裁）

全球公司强化合规文化的启示

王志乐

30多年的改革开放，随着全球化进程的加快，中国的企业不是光在国内建设企业文化，而是在全球化的背景下建设，所以中国企业文化建设，必须和全球化的公司作一个比对，相互包容、互相学习和借鉴。在全球化背景下搞中国的企业文化，必须研究跨国公司的文化发展。2006年跨国公司在强调企业的责任，中国企业开始注重企业的社会责任，从2008年开始，跨国公司又有一个新的动向，就是合规的问题越来越突出。

跨国公司合规文化发展的新趋势

在1991年苏联解体以后，冷战结束了，经济全球化的障碍被扫除，出现了全球市场，信息技术革命在这个时期突飞猛进。在这样一个新的时代，跨国公司发生了三大变化：一个是战略变化，从过去的跨国经营变成了全球经营；一个是管理变化，通过中心辐射式的管理到全球网络；还有一个变化叫全球责任，过去追求股东价值，后来变成了强调社会、环境的全面责任，进一步推进全球责任。在这个变化过程中，跨国公司越来越多地在海外发展。1992年出现全球市场的时候，世界最大的100家跨国公司，海外资产41%，海外销售44%，海外雇员44%；到2008年统计，世界最大的100家跨国公司海外资产占总资产的57%，海外销售占52%，海外雇员占58%。这种情况下出现了一种新的全球公司，这种全球公司重点讲文化的变化，在责任的理念上发生了重大的调整。

我们引进跨国公司的理念，美国通用电器杰克·韦尔奇的管理理论很受追捧，股东价值最大化是主要点。但是，现在光是承担股东责任不够，还要承担社会责任。跨国公司过去强调在自己的国家承担责任，现在已经开始或者很长时间推动在经营所在国承担责任，这个责任叫做全球责任。最新的动向是从强化责任，到强化合规。

合规是从英文翻译而来的，它有三个含义，一个是遵守公司总部所在国和经营所在国的法律法规及监管规定，第二要遵守企业内部的规章，包括企业的价值观、商业行为准则、职业操守等等，还有要遵守道德规范。这是广义合规。狭义合规是针对最近几年集中出现的问题，反对商业贿赂。

美国的《反海外腐败法》1977年制订。联合国有《反腐败公约》等等。2008年12月18日，美国司法部的文件披露西门子公司的事件，涉及到中国三家子公司向相关部门管理人员甚至官员给了回扣或者行贿。美国司法部介入这个事之后，西门子公司最后用14亿美元了结了官司，说他们认错，而且要严格地重定规章，在中国开除了20多名员工。

为什么国际上要抓这个事？我们查了一下，发现有10多家公司行贿。比如：有一个公司叫CCI，2009年7月31日承认在36个国家行贿236次，涉及中国九家国有企业，当时跟国资委沟通的时候，国资委要追查这个事，最后发现中介公司没有给到他的员工手里。但是，我相信九家公司不可能一家也没有收。这家公司被罚款1820万美元。最新的案例是UT斯达康，主要业务在中国，主要的问题也是以国外培训或者访问的理由对中国工作人员进行贿赂，罚款300万美元。戴姆勒被罚款1.85亿美元后与美国政府机构和解。力拓在华四名工作人员受贿9000万人民币，有10家中国公司给他行贿，最大的一家是山东的一个钢铁厂，大概行贿了900万人民币。

有这么多的公司在中国涉案，他们现在在做什么？值得我们关注。比如说西门子痛定思痛，正在强化合规管理，新老总说我们公司只做合规的业务，不管在什么地方、什么人、什么时间都必须做合规业务。我就问他，你要在中国或是别的国家做业务，你不行贿，推销不了产品怎么办？他说这个情况下宁可不做，我只能用更好的产品和服务赢得我的订单。大家注意，这16家公司的问题基本上是自我揭露。西门子是内部员工揭露之后，他们回应，其他的全部是自我揭露的。为什么要自我揭露？如果不自我揭露，按美国的法律规定，这是系统性的错误、组织的错误，罚款就更厉害了，像脑袋上的宝剑随时下来要你的命。所以，西门子说这次如不是主动改的话，有可能罚款上百亿美元，可能就垮台了。

调查发现，大部分的欧洲公司都在这方面作了努力。2010年6月，我带了一个考察团到欧洲，西门子和ABB都去了，他们现在普遍设立了一个新的岗位叫CCO就是首席合规官，在领导层里面，ABB2010年年初刚刚任命了CCO，给我们讲怎么做是合规的。他们做这样的改造，事实上做得不错，在预防阶段，在监察阶段，一直到出了问题，都有一整套的体系。比如说：西门子在事件之前有几十个人负责合规，现在有600多个人。还有戴姆勒老总明确表态，合规是戴姆勒的重中之重，说我们从这次事件中汲取了足够的教训，我们将严格遵守最高标准的商业道德规范。

中国现在做得怎么样？我最近参加过一个会，三家跨国公司巨头在一起碰头，是销售医疗设备的。如果三家同业公司在一块儿碰头的时候，在国外是非常容易被指责的。但他们说我们这次确实不是任何商业的问题，而是在卖东西的时候，发现中国的医院、中国的医疗系统的官员要索贿，怎么办？西门子已经吃过亏了，现在不能行贿怎么办？他们把中国的法律印成了一页纸封起来，每次中国提出要求的时候，他就把这个拿出来，说我们不能做，做了违反你们的法规。跨国公司这个动向值得中国企业高度关注。

中国企业到了一个合规经营的时代

中国企业怎么对待这个事？我认为强化企业责任现在到了一个新的高度，要强化合规，强调企业承担全面的责任。在这个世纪初，中国强调股东价值最大化的时候，都在强调企业的社会责任、环境责任等等，大概有几百家公司都提供了一个非常好的、非常漂亮的责任报告，确实大有进步。可是在合规问题上确实做得不好。这里有几个例子：如核工业集团康日新、中石化的陈同海是一把手，在国外认为你第一把手出事是企业系统的错误，如果涉及海外上市，在美国都可以罚你。按美国《反海外腐败法》问题就非常严重了，有可能罚得你倾家荡产。中国走出去的企业现在面临的挑战越来越严峻。在世界银行发布的黑名单上中国有四家国企，你在网上一查就查到了。按世界银行的规定这四家公司在五到八年内不得接受和承包世界银行的任何项目。最近联合国做了一个规定，只要世界银行做了这个规定以后，别的相关机构都不得把业务给这些上了黑名单的公司。我相信这些公司在中国不是坏公司，是优秀的公司，但是你有再大的能耐，因为合规问题，有可能你连业务都没有资格去接受，你的竞争力就没了。所以，我认为中国企业到了一个合规经营的时代。经过30多年的发展，草莽英雄上来了，越来越大，国际影响力越来越强，这个时候不能迅速地接受合规文化的话，你在全球化中会面临很大的挑战，像西门子、戴姆勒这种百年老店都出了这么大的问题。

中国在讲企业文化的时候要继承中国的优秀文化传统，要把30年前的、建国60年的企业文化进行下去，但是也应该不断地去借鉴国际上的最新东西。中国的文化有很多好东西，但是有一些比如说中国人讲人情、讲关系，这个特别容易和合规发生冲突。我跟跨国公司打交道，他们有时候中午请我吃饭，30美元标准不能超，超了以后，如果老总请我吃饭要事前跟合规官申请，如果不同意就自掏腰包。咱们的请客是没边没沿的，我到地方公司考察的时候，光是茅台和五粮液按酒店的价都是几千，这些钱都能报，钱从哪儿来的？2009年我们研究所对合规问题进行了研究调查，后来写了一个报告，借鉴跨国公司反腐，促进我国企业合规经营。这个报告开始是内部报告，部领导非常关注，要求部里的各个部门特别是外资司和合作司这两家部门要研究这个动向，怎么要求中国公司。这个报告后来也到了国资委，当然还有一些别的部门。中国改革开放30年，企业发展到今天的规模，在未来要想做大做强做久的话，恐怕这个合规绕不过去。所以，我们建议要借鉴西门子等一些跨国公司的经验和教训，因为这些公司原来在本国做得不错，就是做到全球的时候，文化面临挑战。在中国这样一个讲人情、讲关系的国家，你的合规怎么办，到一个比中国还腐败的国家的时候，你怎么办？有的公司跟我讲，到了非洲，到了一些什么国家，比中国还腐败，你不给钱就不给你项目，那几个上了黑名单的中国公司面临的挑战都是这个挑战，怎么办？你眼前拿到的项目是不可持续的，而且中国加入了全球的反腐败条约，所以，我们建议把合规作为企业的首要责任，高层领导直接负责合规管理，设立专门合规管理部门和团队，完善合规管理体系，强化预防，加强监察。

现在中国银行业、保险业也特别强调合规了。什么原因？因为2005年出台了《巴塞尔协议》，要求各国想要合作的银行必须建立合规体系。中国的银监会、保监会出台了中国的合规规定，所以，最近这些中国大银行的合规管理水平大大提高，最关键的是他们按银监会的合规指引作了一些新的规定。商业银行有一套办法，我觉得银行界能率先合规的话，对其他企业的影响是非常积极的。

我们对中海油也做过调查，参加过他们不少会议，每次会议都强调，首先要看这次会议决定的合规性，作的所有决定是不是合规的。中海油现在有一套合规文化，强调要思想、制度、纪律、监督四套防线，做到在思想道德上不想；在制度程序上不能，你想行贿、受贿，现在的制度卡住你；在激励机制上做到不必；在监督惩处上做到不敢。但是，我们在调查过程中感觉，中国企业要想合规，一个非常大的问题在于有的地方政府、某些政府官员，在合规行政上存在严重的问题，不合规行政。大家都知道前两年，中国的医药监督局、药品监督局的第一把手倒了好几个，被抓起来了，甚至判了死刑。他们严重的违规行政，把这些企业逼良为娼，这是非常难办的问题。所以，如果要求企业合规经营，就特别要强化政府的合规行政。而且要和国际组织加大合作，因为国家加入了反腐败公约，中央已经成立了治理商业贿赂领导小组，国资委也成立了治理商业贿赂领导小组。还应该制定专门的商业贿赂法。企业能率先在合规上做好，整个社会的公平竞争，公开、透明、廉政就能大大改进。

改革开放以来，中国企业发展特别快，自己跟自己比，取得了巨大的进步。上世纪80年代刚开始，一看到国外的产品设备都很先进，觉得我们硬件差，所以开始了大规模的引进和建设新的企业，这是提升的阶段。90年代，我们发现国际上的一些公司不光是硬件强，而且有非常好的制度，公司制度、管理比较完善，所以从1994年《公司法》实施的时候，国家开始建立企业的治理、管理机构，通过国内外上市，中国公司的制度建设大大进步了。进入新世纪以后，能不能再前进一步，做到从硬件提升到制度提升、文化提升，建立全球的合规文化、有竞争力的文化。

中国企业经过前两次的提升，如果能够在文化提升上再前进一步，把中国传统文化里面的优秀东西、把建国60年的优秀东西继承下来，又借鉴国际上的先进企业文化，那么我们的公司在软实力方面就能得到根本的提高。这样，我们的企业才有可能做大做强做久，和世界上的大公司真正竞争。我认为从忽视公司责任到强化公司责任，从单纯强调公司股东责任到全面强化公司责任体系，从强化全面责任到强化合规经营，对许多公司来说是一个理念的创新，也是一个管理体制的调整和发展战略的重大转折。面对重大转折，企业当然会面临困难，尽管如此，我们还是应当把学习跨国公司和全球强化公司责任作为一个坚定的目标，创造条件，加快中国企业的转型过程，加快中国企业提升软竞争力的步伐。总之，我们要下硬功夫提升中国企业的软竞争力。

（作者系商务部国际贸易经济合作研究院研究员、北京新世纪跨国公司研究所所长）

工作报告：

《中国企业文化建设十二五发展规划建议》要点说明

李世华

一、关于提出建议的目的和起草过程

中国企业文化研究会于1988年成立，以方向正确，学术领先，行为规范为宗旨，经过20多年的不断探索和建设，对如何推进中国企业文化建设形成了一些共识和研究成果，并希望与企业界和从事企业文化建设的同仁们分享，研究会决定提出《中国企业文化建设“十二五”发展规划建议》的形式实现这一愿望。从2009年就开始启动这项工作，学术部草拟的初稿在当年九月召开的理事会上进行讨论，广泛听取了理事单位的意见。今年根据新形势、新任务、新要求对建议的结构、内容进行了调整和完善，提交研究会领导和内

部各部门讨论征求意见，修改后书面呈送中组部、国资委、《求是》杂志社、北京市国资委等专家学者给予指导。同时书面呈送中国石油、国家电网、中国移动、中粮集团、中煤集团、公交集团、首钢集团、海尔集团、正太集团等企业广泛征求意见。10月16日研究会召开《中国企业文化建设“十二五”发展规划建议》专家评论会，会上党和政府有关部门领导，专家学者和企业主管部门负责人对建议给予了充分肯定，并提出了很多宝贵意见，我们对这些意见进行认真研究，吸取采纳，对建议认真做了进一步修改。党的十七届五中全会召开后，我们认真学习领会会议精神，特别是关于推动文化大发展，大繁荣，提升国家文化软实力的任务要求，学习最近中央领导同志关于加强企业文化建设的讲话精神，对建议进行了再一次的修改，因此，建议是贯彻党的十七届五中全会和中央领导同志关于加强企业文化建设指示精神的成果，是中国企业文化研究会20多年来理论研究和实践探索的成果，是企业界和企业文化界集体智慧的结晶。

二、关于指导思想基本要求总体目标

关于指导思想。“十二五”时期是推进我国经济发展方式转变和企业科学发展的关键时期，也是中国社会主义文化和企业文化发展的重要阶段，根据党的十七届五中全会精神和中央领导同志关于企业文化建设的讲话精神，提出了企业文化建设的指导思想，就是“十二五”时期，中国企业文化建设要以邓小平理论和三个代表重要思想为指导，深入贯彻科学发展观，全面落实党的十七届五中全会精神，围绕我国国民经济和社会发展第12个五年规划的目标任务，突出科学发展的主题，把握加快转变经济方式的主线，以企业改革发展为中心，坚持以人为本，坚持贴近实际，贴近生活，贴近职工，实事求是，与时俱进，开拓创新，建设注重文化内涵，时代特色国际视野的中国企业文化，促进中国企业管理水平和国际竞争力的提高，促进中国企业科学发展和职工全面发展。

关于基本要求。这部分主要是针对企业文化建设中存在的问题提出来的。经过多年的实践，中国企业文化建设水平有了显著提高，但是发展很不平衡，对企业文化的认识有待提高，对企业文化本质和企业文化建设主要任务的把握不是很准确，在操作中，既存在着种种形式主义形象和短期行为，急功近利，急于求成的现象，又存在着充分沟通难，价值理念提炼难，文化建设取得实效难，和企业文化建设队伍素质难以胜任职业要求的困难，针对这些问题，建议提出了八条基本要求。一是引领发展，要求企业文化建设要与企业战略高度匹配，一体化运行。企业文化要从服从、支撑、引领发展出发，着眼于解决影响制约，科学发展最突出的问题，进行企业文化建设的总体规划和顶层设计。二是价值指导。要求企业文化建设要把构建有效发挥引领的作用，符合企业发展要求，全体员工认同的核心价值体力作为根本任务。三是遵循规律。要求企业文化建设要遵循过程，企业文化形成发展的规律及文化育人的规律，企业文化构成的多样性和建设的长期性。四是译本为人，在企业文化建设中要保障和实现企业职工的基本文化权益，使广大职工共享企业文化的成果，以科学的理论武装职工，以正确的理论引导职工，以优秀的文化产品服务职工，促进员工的全面发展。五是突出特色，要求企业文化建设要体现行业特点，企业特色，职工感到企业文化既是本行业经营所特有的精神状态的真实写照，又是本组织唯一具有的独特的表述。六是继承创新。要求推进企业文化建设要尊重历史，继承中华民族传统文化，科学的马克思主义指导思想，把创新作为一种信念，一种追求，大力推进企业文化创新，对企业的文化资源，和国内外优秀企业成果进行创造性的借鉴和利用。七是统筹兼顾，要与企业党组织的各项工作统筹兼顾。企业文化建设主管部门与企业其他部门的责任统筹兼顾，企业文化建设各方面要统筹兼顾。八是求实效。要求企业文化体系建设和文本化过程在注重完整的同时要力求简明实用可操作，符合企业实际，被员工广泛认同，能系统传播推广，全面转化，切实落地。

关于总体目标。根据国家十一五时期文化发展广告和党的十七届五中全会精神，结合企业实际，提出“十二五”的总体目标是到2015年初步建立与社会主义市场经济相适应，与现代制度向符合，与企业员工共同发展相一致的企业文化体系，工作机制更加完善，企业文化设施更加完备，企业文化产品，文化活动更加丰富，企业文化建设氛围更加浓厚，员工文明素质明显提高，企业文化在企业综合竞争力的地位和作用，更加突出，企业文化的活力和社会影响力不断扩大，企业文化建设为企业科学发展，职工全面发展的能力显著提高。

三、建设重点

这部分是从宏观和总体上提出“十二五”时期中国企业文化建设的重点。一是为促进实施大公司大集团发展战略，加强集团文化建设，通过加强集团文化建设，有效实施集团化管理，提高企业的管控能力，顺利推进企业的调整，和国际化经营中大文化管理，有效防范风险和大企业病变，为应对后金融危机时代更高层次，更高水平的激烈的国际竞争，加快培育一批拥有自主知识产权和知名品牌，有国际竞争力的大公司，大企业集团，提供文化支撑。二是为提高行业凝聚力和国际竞争力。要加强行业文化建设，建议提出各行业主管部门，行业社会团体在抓行业管理的过程中，要把行业文化建设放在更加突出的位置，通过行业文化建设，提出解决行业发展，最突出的建设问题的文化解决方案，更好的加强行业自律，避免无序竞争，应对国内外的风险挑战，有利的参与国际竞争。三是实施自主创新战略，增强创新意识，树立创新理念，建立有利于创新的体制机制，培养创新性人才，营造创新氛围，深入实施科技强体和人才强体的战略，充分发挥科技是第一生产力和人才是第一资源的作用，增强企业自主创新能力，壮大创新队伍，推动企业发展向主要依靠科技进步，劳动者素质提高，管理创新转变，加快建设创新型企业步伐，以创新文化引领中国创造。四是为积极履行社会责任做负责任的企业公民。要加强责任文化建设。以社会责任作为企业文化构建的基点是符合我国建设和谐社会的要求，有利于为企业带来良好的声誉，提升企业的竞争力，有利于中国企业参与国际竞争。中国企业履行社会责任既要与国际接轨，又要结合我国国情和企业实际体现自己的特色。五是为推进企业调整重组和实施国际化经营战略，建议提出在调整重组中主管部门和企业管理者在制订调整重组的资金解决方案，工资解决方案，员工安置分流解决方案时要认真研究稳步推进企业的问题，引领和保证调整重组后的企业集团沿着既定的目标科学发展，要加强国际化经营管理中的企业文化融合，将中国企业文化与世界各地区各民族的文化有机融合，形成一种既坚持本国企业核心价值观又体现各种文化融合的灵活性、有效性，适应资源国的本土文化，开放自己，包容别人，为我所用，共享共赢。六是进一步贯彻落实国务院促进中小企业战略任务的实施。中小企业在落实国家有关政策措施，创新体制机制，改善发展环境的同时，要加强企业文化建设，进一步提高自身素质，加快提升创新发展能力，扎实推进结构调整，提高基础管理水平，实现持续健康快速发展。七是为适应文化产业的发展，和满足员工日益增长的精神文化需求，在企业文化建设中要注重优质企业文化产品的创造。建议提出，企业文化产品是文化产品的重要组成部分，有条件的企业要发展文化创意产业，加强企业品牌的传播力影响力，探索开发企业精神教育基地，企业文化示范基地，企业主题博物馆，纪念馆，典型遗址，公共休息空间，文化创意园等，文化生产企业要不断提高装备水平和科技含量，加强对文化产品创造生产的引导，坚持文化创意的生产，促进文科融合的生产，创造生产出更多的包括企业文化产品在内的优质文化产品，打造既有较高文化境界，又有较深的文化意味的文化品牌，满足人民群众和企业职工基本的多样化、多层次，多方面日益增长的文化需求。

四、关于主要任务

这部分是从微观，从企业的角度按企业文化建设的管理职能和流程提出企业文化建设的主要内容。从企业文化调研与诊断，企业文化建设规划，企业文化建设实施，企业文化建设考核评价四个方面提出原则性建议。在企业文化调研与诊断中提出，在企业文化建设的起步和创新阶段，一定要对企业其实文化进行广泛深入调查，理清文化资产，挖掘文化基因，通过筛选梳理，对企业的优秀传统文化进行提炼升华，以此作为企业文化的基础，通过调研诊断了解企业文化的状况，对企业文化的类型和结构特征进行准确判断，分析出优势与长处，阻力与障碍，环境与影响力，把握企业文化的恰当时机，形成独特的企业文化建设方式。在企业文化建设规划中提出，企业文化战略是企业战略的重要组成部分，是其中的一个分战略，要有自身的战略定位和思考，发展目标。企业文化的实施步骤应有系统的规划，详细的计划，明确的目标，具体的责任，任务和清晰的安排，时间节点。在企业文化实施中主要是提出五方面的重点工作。一是构建价值理念体系形成并巩固共同理想。企业价值理念要以自身文化为基础，以未来发展为依据，价值体系的构建过程应成为企业全体成员揭示问题，研讨问题，达成共识，提升理念，寻求解决问题方案改进行为的过程，成为企业所属单位和所有成员文化融合，文化创新的过程。二是推进核心价值观转化，实施有效的文化管理。以核心价值观支撑和引领企业的发展战略，使其成为企业发展的精神动力和灵魂，以价值观为统领，配置企业的人力资源，完善企业的管理制度，再造企业的管理流程，优化企业形象，打造企业品牌，考核企业业绩，有效实施文化管理。三是抓好职能文化建设。提高企业专业化管理水平，企业业务部门和职能管理部门在企业核心价值观的统领下要提出关于企业生产经营管理各个方面的文化层面，把核心价值观体现在生产经营管理各项活动中，每一个业务部门和职能管理部门都要承担相关文化比如说质量文化，安全文化，营销文化，客户文化，服务文化，廉洁文化，人力资源管理文化，风险管理文化等等的建设任务，通过职能文化建设，不断提高企业专业化管理水平。四是抓好基层文化建设，满足员工的精神文化需求。强化企业基层创新力，提高基层文化执行力，开展丰富多彩的文体活动，尊重员工的精神，激发员工参与企业文化的热情，鼓励支持员工开展文化创新活动，加大力度，改善企业文化基础设施，完善公共文化服务体系，保障员工的基本文化权益，满足员工就近便捷选择文化的需求，加强人文关怀和心理指导，塑造员工健康人格。五是抓好形象识别系统建设。塑造良好的企业形象。企业要导入识别系统，对自身的理念文化，行为方式及视觉识别进行创新，企业形象视觉级别系统要坚持战略性，民族性，个性化原则，坚持从企业实际出发，对内增强凝聚力，对外增强竞争力，着眼点放在全面提高员工素质和文明程度上。在企业文化建设考核评价中提出，企业文化的建设过程是一个调研诊断决策计划实施监督评价的不断循环的过程，一个计划结束之后需要评价，对下一阶段的文化创新打好基础，不断提高企业文化建设的水平，要探索建立完善企业文化建设考核评价体系，评价体系的建立要坚持导向型，体现科学性，具有操作性。

五、关于保障措施

为顺利完成“十二五”时期中国企业文化建设的重点工作和主要内容，建议提出六个方面的保障措施。理论研究保障，组织领导保障，制度机制保障，载体支撑保障，人才队伍保障和必要的保障。在理论研究保障中提出要整合政府主管部门，科研单位，高等院校的力量，推动研究成果的交流共享。组织领导保障逐步形成党和正确主管部门宏观指导，企业党组织，决策层经理层自觉推进，全体员工共同参与，学术科研单位提供理论支撑，社团进行咨询服务的企业文化建设格局，营造全社会推进企业文化建设的良好氛围。载体支撑保障中以生产经营活动为载体，以体现企业历史文化，文化资源的教育阵地为载体，以品牌为载体，以群众性精神文明创建活动为载体，以平面媒体和网络为载体，提出要加强保护，搞好纪念场馆建设，遗址及有关文物资料是中华民族物质和非物质文化遗产的重要组成部分，必须精心抢救和保护，把遗址保护和发展工业旅游结合起来，加强企业文化师范教育基地建设，使中国企业文化的资产代代相传，保值增值。制度机制保障中提出企业文化建设要为企业的科学发展服务，企业文化建设自身也必须实现科学发展，要为企业文化建设工作进行科学管理，从调研诊断，规划决策，组织实施，监督考核，检查监督到考核评价不断创新形成科学的管理机制和工作标准。在人才队伍保障中提出尽快提出一支理论素养好，实践能力强，具有求真务实的作风，对企业员工充满激情的专兼职结合的企业文化建设者队伍，为更好的推进中国企业文化建设提供人才保障。在必要物质保障中提出企业文化建设的投入是战略投资，未来投资，有形投资，无形回报，长远利益。

中国企业文化建设的繁荣发展需要全社会的共同努力，作为中国企业文化研究会希望建议能为政府有关部门和企业在制订企业文化建设“十二五”规划时起到参考指导作用，为开创中国企业文化建设新局面作出应有的贡献。

（作者系中国企业文化研究会副理事长、国务院国资委宣传工作局原副巡视员、中央企业党建思想政治工作研究会研究部部长）

2011年——中外企业文化北京峰会

大会综述：

企业文化30年的中国轨迹

自上世纪80年代初以来，企业文化理论在中国传播和实践已经30年了。为了系统思考并总结30年来的企业文化实践经验，探索企业文化建设的规律、路径和方式，深入贯彻中共中央十七届六中全会精神，推动社会主义文化大发展、大繁荣，增强国家软实力和提升企业竞争力，中国企业文化研究会于2011年11月12日至14日召开了“企业文化30年：实践路径与方式”北京峰会。

此次峰会以十七届六中全会精神为指引，对企业文化实践综合经验作了介绍交流，对企业文化实践规律与方式作了学术探讨，围绕精细文化、质量文化、项目文化、班组文化、创新文化、品牌文化、诚信文化和安全文化建设作了专题对话，对企业文化建设的活动与方法作了交流观摩，对企业文化30年实践与启示作了总结梳理，并参观了联想企业文化展馆。

企业文化30年建设的启示与共识

中国企业文化研究会秘书长孟凡驰在大会总结中认为，中国企业文化建设30年来的实践从多方面深化了对企业文化的认识：

一是对文化产业与文化型产业二者在内容上的区别有了一个深入的认识。一般意义来讲，文化产业化是指电影、电视剧、出版、广播、图书、演出、演艺队伍这些文化事业、文化行业如何能够产业化。文化产业化是提高国家经济实力新的增长点。如果不尽快跟上去，我们在文化产业上与世界的差距会越来越大 。文化型产业是指工商企业等领域能提升它的产品的文化含量，提高经营管理的文化个性，丰富工商服务的文化内涵，使管理者的文化素养得到提升，使整个工商企业都能够走上文化管理之路，使中国企业的产品在国际上更有竞争力。文化产业化很重要，但它的局限也是比较大的。工商企业是一个国家的脊梁和命脉，如果不能做到比较高的文化型产业、较高的文化含量，那我们跟世界上的差距也会越来越大。

二是深化了对企业文化范畴与核心问题的认识。企业文化是用文化的特点和规律应用于经营管理之中，以培育员工的人文修养和自我管理素质为基本途径，以企业价值观体系的培育为核心手段的管理理论、管理思想、管理方式，属于管理学范畴。其本质是以人为本，以文化人，核心是价值观。

三是深化了对企业文化本质与载体的认识。企业文化应该是道器合一之物，道是本质，器是方法手段，哪一点都不能轻视。企业文化是本质与载体、道与器、魂与形并重。

四是深化了对文化自发和文化自觉的认识。什么是文化自发？如果一个单位的员工不知道文化是什么，不知道文化有什么作用，不知道单位的文化内容是什么，不知道应该如何去做才能够体现或者是执行公司的文化，这说明处于文化自发状态。文化自觉是人们对文化本质、发展规律的理性认识和实践方式的科学把握。 具体现在：一是敏感的文化洞察意识和体验能力 ；二是科学的文化理论；三是沉稳的文化定力；四是恰当的文化路径。文化经过反复打造、反复培育、反复实践，化成每一个员工的自觉行动，达成群体无意识，习惯成自然。从文化自发到文化自觉再到群体无意识，这是文化建设的一个基本过程。

五是深化了对主文化和亚文化关系的认识。主文化和亚文化是相对的概念，社会文化是主文化，各类组织文化就是亚文化；集团文化是主文化，分子公司文化是亚文化；组织的核心文化是主文化，其职能文化是亚文化。二者关系的处理有两个原则，一是本质一致上的统分结合，二是全局与局部的和而不同，集团文化要高度统一，分子公司文化要保持个性和活力。两者之间不能走极端。走极端对文化的伤害很大。

六是深化了对企业家文化和职工文化关系的认识。如果把企业文化局限在领导者和高层，职工不接受；反之说企业文化是职工的文化，领导者也不认同。企业文化是精英文化与大众文化的有机结合、科学结合，职工文化是基础，领导文化是关键。

七是深化了对文化建设与文化管理的认识。文化建设指的是对文化自身的分析、提炼、整合、调整和重塑。文化管理是应用文化的规律和特点用于经营管理的过程，提升管理的品位，实现管理的效果。企业文化建设的目的是达到文化管理的境界，用文化指导企业的经营、生产、服务，指导制度安排、体制布局、战略布局。

八是深化了对企业文化的内生与外在关系的认识。有些企业说，以书记为代表的党工团是搞文化的，以经理为代表的技术、生产、开发、财务、营销等是搞经营的，形成经营是经营、文化是文化，这是不对的。实际上企业文化是内生动力和再生性资源。培育和发掘企业的内在文化，支配着你的生产经营行为，支配着员工职业生涯的培育，也支配着整个企业的制度、方法的实施，由内向外整体地形成对企业的约束和指导。

孟凡驰还对企业文化30年实践的路径和方法作了梳理：

一是企业文化要融入国际化进程。企业文化建设要有广阔的国际视野，自觉去拥抱国际化的竞争，把自己的企业纳入到国际化之中去。 其中最重要的是中国企业管理中的文化要向国际规则意识和文化靠拢。中国文化中的官本位、非规则、片面强调统一是三大弊端，严重影响了企业精细化管理、现代企业治理和员工规范行为的形成，所以要自觉融入国际规则文化的教育。

二是企业文化建设必须同企业战略制订和实施高度融合。尤其是国有企业有任期制，三年五年就走人了，领导不会投资搞长远的文化规划，任期内哪个任务能说明他的政绩就干那个，很难在企业文化的设计、战略制订上有一个长远的安排。越是这种企业，越应该有文化战略才行。

三是文化要融入人才开发管理当中，把文化培育、价值观的确立、员工人文素养的提高放在首位。市场竞争的根本在人才，而人才有四方面的资源要素即体能、智能、技能和文化，体能、智能、技能三者你花很多钱培养，如果文化上不着力，没有非常有力的文化凝聚到一起，结果肯定要弄成一个培训班，培训好一个走一个。企业不光是物质共同体，还要是精神共同体才行。

四是企业文化建设要和体制改革、流程再造相结合，做到文化重塑和传承统一。企业文化的核心理念不能三天两头变，也不能一成不变。当企业的产品结构调整、制度变革、重组合并、流程再造，以及社会环境和背景发生大变革的时候，企业文化必须跟着进行变革和重塑，吸收文化的优势，屏蔽文化的劣势，形成新的文化。

五是企业文化必须要融入到生产经营全过程，形成一种行为规范导向。要渗入到每一个工作环节中去，落实到每一个具体的岗位上。

六是企业文化要融入到品牌建设中，提升品牌的文化含量。传统品牌强调的是真善，但是不强调产品的美学含量。现代品牌还强调美，强调文化造型、功能多样性、人性化等内容。中国很多产品竞争不过国外，并不是质量不好，也不是做工不精细，而是品牌的文化内涵不清晰，缺少美学内涵。

七是企业文化要融入到多种载体和形式，做到以器载道。企业文化的理念是虚的、抽象的，要虚功实做就必须得有载体，以器来显道，才能深入人心。

八是企业文化要融入到客户服务手段当中，做到形神兼备。现在不光是服务业搞服务，制造业甚至其他的行业都在讲怎么服务客户，上道工序、下道工序相互服务。服务的方式方法虽然很多，可是成效都不太理想，根本原因是缺乏对服务理念的深刻把握，服务手段缺少文化内涵，造成形式主义、形同虚设。

九是企业文化要融入到队伍建设中，进行价值观培育。在价值多元化的社会如何使职工职业生涯和企业愿景高度一致起来，不能采取硬性的行政手段，必须用文化的手段来解决文化的问题。要用文化来整合、培养他的价值观。对职工成长、成才、成功的培养，各个价值系统都要打开通道，做到人尽其才，实行价值分流。

企业文化实践的本质与规律

与会专家学者对此作了交流发言。

企业文化实践要坚持五个有机统一。中宣部理论局原副局长贾春峰认为：企业文化的理论与实践都不是封闭的体系，而是一个动态的开放的不断创新完善发展的过程。在企业文化实践路径与方式上要做到五个有机统一，即一是企业文化与企业发展战略、企业经营管理有机统一。真正将企业文化、企业文化力渗透在战略、管理、人力、流程、营销、服务、品牌以及各层级人员中，体现在经营管理各个方面，无论从理论研究还是建设时间来看都有一系列复杂多样的问题需要探索研究和总结。二是企业文化体系中价值理念与行为规范的有机统一。从价值理念中看出什么样的行为规范，从行为规范中体现价值理念的指导，两者浑然一体。 三是企业文化建设中领导力与执行力的有机统一。四是企业文化是企业家文化与员工文化的有机统一。五是企业文化的准确性、深刻性与表达方式的通俗化、大众化的有机统一。如此坚持不懈10年、30年，我们的企业文化必定有更加辉煌灿烂的发展。

企业文化实践要把握诚信和品质两个关键点。北京大学校务委员会副主任张国有的发言讲了他的两个感觉和一个重点。感觉之一是企业文化建设30年进步和成绩很大。30年前有思想政治工作但不知道企业文化是什么，现在企业几乎都在考虑企业文化问题，而且各层次的关注也越来越多，企业文化已进了中央文件。这说明社会已经用企业文化的范畴理念和体系研究企业的传统和长远发展问题，这是个很大进步。感觉之二是企业文化在理论方面引进的多、创新的少，对世界企业文化领域理论的贡献还不是很大。现在企业文化的范畴体系较多，更多的是从西方引进的。还要坚持不懈地努力30年，要在中国的环境中进行企业文化理论与实践的探索，争取对世界的企业文化领域能有更多的独到贡献。一个重点是诚信与品质。中国企业要在国际环境当中立足，中国要在世界上立足，有两个关键问题要解决：一个是诚信、一个是品质。没有诚信人家不跟你交易，不跟你往来。没有品质将来无法在世界上立足。中国现在汽车生产销售世界第一，但汽车出口量还不如泰国，这是品质问题。解决诚信和品质问题需要企业和政府共同努力。一个企业管不了别的企业作假不作假，管不了知识产权的问题，需要政府建立一个好的环境，所以政府是第一责任。这里建设的关键是人心。

治国先治党，治党先治官，治官先治良心。如果一个企业的企业家或者是高层管理者良心坏了，这个企业肯定走向坏的方向。如果官员的良心坏了，政府就无法施行良法良政，尽政府应尽的责任。

企业文化建设的原点是求真、求善、求美。北京行政学院原副院长赵春福认为：30年来，中国企业文化有了很大的发展，但在企业文化发展的浪潮中，有少数企业在企业文化建设上把主要精力放在文化的外包装上，陷入了文字游戏的迷宫，忽视了企业文化的本质追求。企业文化建设应该回到原点上，求真、求善、求美，创建真善美统一的企业文化。

企业文化建设要求真。现在中国造假问题太严重了，不仅影响经济社会的健康发展，而且直接影响到公民的日常生活。 有的企业文化手册里写满了动人的词句，但是做了不少坑害消费者和污染破坏环境的事，甚至坑害自己的员工。我们能仅凭企业文化手册上写的来判断一个企业文化优劣吗？显然不能。企业文化建设的过程就是求真的过程。对具体的企业来说，就是探索本企业企业文化规律性的过程。规律在哪儿？真理在哪里？不在书本上，不在咨询公司笔杆子们的脑子里，而在企业发展实践中。我们看到少数企业在企业文化建设中违背了实践、认识、再实践、再认识的思想路线，把企业文化建设的工夫多数下在文字包装上，企业文化手册大同小异，与企业文化落地生根相差十万八千里。只有不断求真的企业文化才能与企业员工血肉相连，精神才能溶化到员工的血液里，规范才能转化为员工的自觉行为习惯，求真是企业文化建设的第一要务。

企业文化建设要求善。凡是通过合乎道德法律的手段求利称之为善，凡是通过不合乎道德、不合乎法律的手段去求利称之为恶。改革开放以来，有一些人认为搞市场经济就是求利，长期忽视伦理道德问题，这是对市场经济的误解。亚当·斯密在经济方面主张提倡自由竞争，减少政府干预，保障自然秩序，充分发挥看不到手的作用，同时强调要从每个社会成员的角度强化其同情的情感、责任感和良心，培养正义、仁慈、谨慎、自治的美德，协调人与人之间关系，形成良好的社会道德风尚。政治方面是保障人民的民主权益，奉行正义、自由、平等原则，完善资本主义制度，最终达到促进公民幸福生活的目的。在亚当·斯密那里，看不到的手具有伦理的特性。帝国主义的侵略，曾经使我们面临亡国亡种的危险，中华民族到了最危险的时候；文化大革命使中国面临经济崩溃，当时经济上到了最危险的时候；现在经济总量世界第二，政府手持全世界60%的外汇，但是伦理精神上到了最危险的时候，一个礼仪之邦的国家变成了诚信严重缺失的国家，老百姓日常饮食居住甚至过桥走路都失去安全感。作为社会成员，企业的生产过程、产品质量、产品销售、售后服务都贯穿伦理道德问题，企业怎么样处理员工内部的关系，怎么样处理员工与消费者、社区、国家的关系也贯穿着伦理道德问题， 面临着扬善弃恶的问题。企业进行伦理道德建设，一是抓好全体员工职业精神、职业道德的教育；二是履行社会责任，做合格的社会公民；三是企业家要搞好自己的人格修养、道德修养。第三条最为重要，没有第三条，第一和第二条无从谈起。

企业文化建设要求美。企业经营全过程都与美相联系——生活劳动美，劳动环境美，产品设计美，商品包装美，品牌美，广告美，销售服务美，企业管理美，人际关系和谐美;企业与社会关系和谐美，企业与自然关系和谐美，等等。各种美的形式汇总起来形成企业总体美的外在形象。美的具体形式和美的外在形象由全体员工创造，要求企业员工要有心灵美。只有心灵美的员工才能创造出美的产品、美的品牌、美的企业，所以心灵美是最重要的。为了塑造心灵美的人和建设美的企业，企业有一个美育的问题。通过审美教育提高员工感受、鉴赏和创造美的能力，陶冶员工的情操，塑造员工美的心灵。值得注意的是，美育活动有助于开发人的右脑，右脑的开发可以增强人们的创新意识和创新技巧。企业的美育活动开展和创造美的企业关键在企业家，企业家应该具备一定的审美文化修养，只有具有较高审美文化修养的企业家才能积极培育心灵美的员工，有了心灵美的员工才能创造出美的产品、美的企业。

中国的传统文化与企业文化发展

中国社科院研究员司马云杰在发言中从三方面论述了企业文化建设与中国传统文化的关系。

中国传统文化的根本要落实到企业文化实践中去。中国传统文化的根本是道。 西方文化从古到今都离不开上帝和逻各斯，印度文化从古到今都离不开梵，中国文化从古到今都没离开道。这个道就是我们的祖训。圣人之道中正仁义，就是说对什么事情要中正的对待，不要到邪路上去。道是贯通宇宙万物的。有阴就有阳， 一动一静就是阴阳之道，再往下落实，显现出来的就是宇宙万象。这个道不是空着的，是可以落实的，根据这个道可以创造出万物来，可以创造出不同的企业文化形式来。刚建、中正、仁义、和平，中华民族发展没离开过这个道。

贯彻中国传统文化要有文化自觉。怎么自觉？第一，国家民族不是生物群体而是一个文化群体。一个国家、一个民族离开它的文化，就不是这个国家、这个民族了。一个企业也是这样，同仁堂离开了它的文化就不是同仁堂。所以文化对国家和民族有一种规定性，对于企业也有一种规定性，这种规定性就是它的内在的目的论，即它追求什么。这种目的规定了国家、民族的本质，也规定了企业文化的本质。第二，我们制订政策一是根据变化的情况，一是根据不变的情况。外部事物是变的，所以要不断地总结经验。但是，一个国家、一个民族人心人性不变，根本文化不变。人心人性是道德本性， 中国文化就是立于这种本性上。一念之动，良知在我，中华民族的道德本性并没有改变。第三，社会关系不光是经济关系、政治关系，也是文化关系，是意义的关系，其中重要的是伦理道德关系。 你这个企业为什么要办，办这个有什么意义，你追求什么，不追求什么，都是文化关系。要追求意义的存在、价值的存在，就必须有文化，必须把中国的祖训落实到企业文化中去，成为一种自觉。

解决文化自觉要建立一种新的王道经济。解决文化自觉的问题是一个非常复杂的问题。怎么从不自觉变为自觉？第一，最根本的是经济建设应该提出一个目标来。现在讲复兴，复兴到哪里去？我们不能像帝国主义那样走一条霸权的道路，到处去掠夺，我们国家经济的现代化应该是一种新的王道经济。新的王道经济是一种人本主义，国家性质是为公，以天德治国，为国家和人民获取最大的利益。 天德是什么？天光普照一切 ，不能光照你这个小集团、小家族的利益。有天德才能行王道，仁爱人民，没有生意做出生意来，没有生气搞出生气来。第二，为了适应新的王道经济，必须建立新的现代化的伦理道德形式，加强道德修养。西方的资本主义是从新教伦理里面来的，无论是路德还是加尔文都是听从上帝的召唤。中国没有基督教，不可能从上帝那里引出来，只能从道里面引出来。第三，有必要恢复仁义礼智之教，恢复天理良知。 根本的问题是人心问题，人心正天下定，人心不正天下就没法定。中国文化讲成者天之道也，而成的问题有一个最高信仰的问题，有一个是知行合一的问题。中国文化讲大道由善治，浑厚开文明，只有你发展大道，才能够有天下善治，不然的话是不行的。所以道一大，我们就会创造一个辉辉煌煌的事业。

做人做事做企业不能忘记祖训八端。张国有认为，我们的民族有祖训，企业也有祖训，现在很多人淡忘了。最近网络上有一个“忘八端”的说法。八端即孝悌忠信仁义礼智。骂人的话“王八蛋”就是从这儿来的，因为是谐音就念歪了。你忘了这八端就忘了做人的根本，忘了做人的根本是非常糟糕的事情。人有做人的根本，企业有做企业的根本，国家有做国家的根本。 “八端”当中诚信是基础。韩国有一所大学，在韩国大学中综合排名第四，其校训是修己及人，育人的理念是仁义礼智，有四座学生楼分别是仁、义、礼、智。完全是中国的传统。我们到该校访问时问他们礼义仁智，信到哪儿去了？回答说仁是信之上的仁，义是信之上的义，礼是信之上的礼，智是信之上的智，信是前提尽在不言中。只有当诚信和品质成为中国企业的素质、国民素质的时候，真正的强国才可以建成。

中国优秀传统文化是企业文化的精神支柱。中国企业文化研究会理事长胡平认为，企业文化的精神支柱应该是中国的优秀文化，但是“五四”运动以后，国内分为两派，一派是废孔，一派是尊孔。以孔子为代表的传统文化在中国社会还没有很好的确立、确认。有人认为孔子保守、落后，不适合中国改革，可是历史上的孔子是非常开明、开放的。对中国优秀的传统文化，第一是“继承”，继承传统优秀的部分，第二是“融合”，融合外来的文化，第三是“创新”，第四是“超越”。要把中国的传统文化元素融入到企业文化里面、产品里面、营销里面，到国际市场去竞争，才能顺应时代的需要。

企业文化发展要破解难题突出主题

胡平认为：今年是企业文化实践30年，又是中国入世10周年。我们参加了世贸组织但西方国家还不承认我们是市场经济国家。当前在国际市场上不确定因素非常之多。面对着这个世界市场的复杂变化，企业文化要根据新的格局不断创新，破解难题。

一是破解经济文化一体化的难题。中国人的思维方法是文化是文化、经济是经济两张皮。我们传统的文化主要是跟政治结合、跟社会结合，而不是跟经济结合，这是主流。因此，始终把文化跟经济连不起来，上海人叫不搭界。“五四”运动没有解决，毛泽东《新民主主义论》没有解决，到邓小平提出物质文明、精神文明两手抓、两手都要硬，拉近了文化和经济的距离，但是一只手抓物质文明、一只手抓精神文明，这还是误解的。我理解物质文明、精神文明或者经济、文化是一手抓的，左手抓，右手也抓，文化和经济就是手心手背，你分不清哪一片是文化，哪一片是经济。老子说的负阴抱阳，阴阳是共生的，文化、经济也是共生的，这种思维方式没有解决，我们的企业文化要上轨道还是很难。

胡平说，我1994年提出文化产业化，那时候社会上没有这个观点。现在的文化产业化列入中央全会，非常重视了。同时我还提出产业文化化。马克思讲商品有交换价值、使用价值，我认为商品还有文化价值。这是大文化的概念，就是大文化怎么进入产业领域，实际上已经在做，但是人们的观念并没有改变。你生产产品、开发产品，提高商品的技术含量，同时还要提高商品的文化含量。这是一个难题，但是非解决不可。当年的人造卫星是把高科技跟文化结合在一块儿的，因为人造卫星把东方红乐曲带到太空去，让全球都知道这个东方红了。这证明文化跟科技结合并不是很难的。把高科技与高度的艺术融合在一块儿，就有非常大的竞争力。人家说我们只会模仿，不会创新，根本的问题就是文化跟经济不融合。这个问题解决不好，我们走向世界就很难。所以经济与文化一体化从大文化来看，文化产业化是一条腿，产业文化化是一条腿，这两条腿要同时启动。

二是破解中国文化走出去的难题。面临国际市场的竞争，如果只有模仿而没有创造，那中国企业要走出去也面临很多的问题，不仅是技术壁垒、关税壁垒，还有文化上的差异。中国国营企业到外面去是受歧视的。要走出去就要了解外国的文化，包括法律，才能站得住。现在走出去当然不能再搞“唐人街”了，那个办法不行。要走出去，尤其重要的是中国企业的产品里面、中国创造里面有多少中国文化元素，过去是贴牌生产的，现在要中国创造了，就要把中国的文化元素融汇在里面。有报道说外国有1亿多人说汉语，说明汉语这个中国的文化符号在世界上的影响很大。但是中国产品要走出去，要依靠自身的文化优势跟外国的文化融合在一起才能取得重要的进步。

北京财贸管理干部学院教授王成荣认为，讲文化大发展大繁荣离不开企业文化建设，企业文化发展必须用十七届六中全会精神来引领。

中国文化要大发展大繁荣，离不开企业文化的繁荣与发展。因为第一，提升国民素质离不开企业文化建设。企业不光是经济组织，也是文化组织，好企业是一个好学校，全国1000多万家企业，员工超过5亿，这5亿都在企业大学校当中受教化，企业文化搞不好，中华民族国民素质不可能提高。第二，践行核心价值观离不开企业。现在提出马克思主义的指导思想、爱国主义、改革和创新精神等等，企业是最主要的实践者、承载者。经济发展道德滑坡在什么地方？主要在企业。第三，文化传承离不开企业。文化传承不仅需要博物馆、戏院、大学，这些都是载体，最根本的传承是思想传承和行为传承。文化渗透在企业的行为、产品、经营服务当中，因此文化传承离不开企业，离不开企业文化建设。第四，文化创新离不开企业。企业文化是社会文化的生长点。因为推动社会进步的最根本的动力是生产力，而企业是生产力的组织者，在组织生产力的过程当中产生的一些新的观念、新的思想就构成了当代社会文化最前沿的一些东西。因此，新文化也是企业创造的。第五，文化产品的生产离不开企业。现在倡导发展文化产业化，实际载体也在企业。第六，文化产品的消费离不开企业。企业是文化的消费者，主要是指企业员工是文化产品的消费主体，企业自身也是文化的消费者。与此相适应，企业是文化市场繁荣的直接推动者。

企业文化发展必须用六中全会精神作引领。当今时代，文化越来越成为民族凝聚力和创造力的重要源泉，越来越成为综合国力竞争的构成要素，越来越成为社会经济发展的重要支撑。引领当今企业文化发展要突出三大主题。

一是增强国家文化软实力。一个国家文化的软实力表现在价值观的影响力、文化产品的竞争力、科学技术实力、品牌的文化附加值，以及国民素质和创新能力等等。2010年中国GDP超越日本居世界第二，进出口全球第二位，外汇储备3万亿美元全球第一，220种产品世界第一，但是中国国家竞争力、综合竞争力现在处在第18位，严重不相称，文化软实力很软，亟待加强。企业的技术实力、管理实力和文化实力构成核心竞争力。企业文化及其核心价值观作用于核心竞争力，引领正确的经营方向，对投资人、对企业家、对员工能产生一个共识：为什么办企业，动力源自何方；提供经营准则即对错、好坏、善恶、美丑最基本的标准；提升产品的附加值，科技决定品牌的品质，文化决定品牌的魅力；提升员工的道德、文化素质和技术素质。由此提升企业的软实力。

二是树立社会主义核心价值观。一个民族、一个国家必须要有核心价值体系，否则是一盘散沙。美国从独立宣言到今天经历44任美国总统，但是基本价值不变。我们也正在构建一个核心价值体系，也想让它生生不息。同样，企业也必须要有最核心的一个价值。市场经济价值观多样化是必然的，但是多元化也有问题，现在多元化的状态很混乱和危险。核心价值是确保企业基业长青、长期获利的最根本的东西，是非常稳定的。怎么使企业基业长青？第一是品质诚信始终如一 ；第二是坚守当中有创新；　第三是重视人性，发挥人的价值；　第四是善于学习与善于借力；第五是要有责任精神与利他精神。

三是建设共同精神家园。精神家园是由信仰、传统、风俗习惯等构筑的一个家园。美国有宗教信仰的人至少1.3亿，　成人至少75%到80%信教。英国新教徒占成人比例的60%。西方人的精神家园、精神世界在教堂、教会。中国信伊斯兰教、天主教、佛教、道教的人加在一起现在也有1亿多，但是很分散。中国人多数不信教，精神家园在哪里？我认为企业是除了农民以外的大多数中国成人的一个精神家园。企业不光是一个经济组织，也是一个精神家园。这个精神家园可以让员工找到精神归宿感，化解心理压力，分享发展成就和团队的荣誉，甚至犯了错误也有忏悔、改进的地方。建设精神家园最基本的氛围是感恩和敬畏。有几条要做：一是合理化建议制度。这是非常重要的参与管理的制度。二是工作申报制度，日本人发明的，让工作适应人而非人适应工作。歌德说：“假如工作充满乐趣，人间就变成天堂，如果工作是义务，人间就是地狱。”如果处理好了人与工作的关系，他在企业就能享受工作的乐趣。三是建设文化传播系统，要有文化环境的营造，尤其是思想政治工作者、企业文化工作者，要用文化的力量、价值观的力量、思想的力量武装员工。四是有文化娱乐、体育活动等等。

此外，著名经济学家厉以宁作了“缩小城乡收入差距中的企业机遇”学术报告，英国伊尔姆环境资源管理有限公司首席顾问柏林介绍了“国际项目实施过程中的管理文化”。

（作者罗志荣，系《企业文明》首席记者、采编部主任）

开幕辞：

以更广泛的文化自觉培育中华民族的文化创造能力

孟凡驰

本次峰会召开有两个背景，一是中央市十七届六中全会胜利召开，全党、全国都在宣传贯彻全会精神，积极投身于中国特色社会主义文化建设。二是企业文化系统理论诞生并实践已经30周年，广大企业都在系统思考并总结30年来的企业文化实践，积极推动企业文化在新形势下的发展。

中央十七届六中全会通过了中央深化体制改革推动社会主义文化大发展、大繁荣若干重大问题的决会。全会认为进一步兴起社会主义文化建设新高潮具有重大而深远的意义，文化在综合国力竞争中的作用和地位更加凸显。增强国家文化软势力和中华文化国际影响力的要求更加紧迫，六中全会的召开为企业文化的建设和深入发展提供了优越的环境，广阔的空间和丰富的理论依据。因此，参加本次峰会的各位代表要深入学习落实六中全会精神，以积极建设企业文化的实际行动来丰富中华文化内容，增强国家软实力，以更广泛的文化自觉和更高度的文化自信培育中华民族的文化创造能力和核心竞争力。

决定指出要多渠道、多形式、多层次对外文化交流，广泛参与世界闻名对话，促进文化相互借鉴，要积极借鉴吸收国外优秀文化成果。企业文化理论诞生于西方，但是实践在全世界各国早已开始，借鉴吸收这份理论，建设中国色社会主义企业文化，广大企业已经做出了许多尝试，取得了比较丰富的经验。

总结国内外的建设路径和方法，探寻文化融入实践的规律，以建设更优秀、更高层次的企业文化正是我们从自发到自觉、从盲目到理性、从茫然到自信的表现。企业文化作为划时代的管理理论、管理思想和方式，既能提高职工的人文修养，培育企业家的人文情怀，增强企业凝聚力、向心力，使企业更和谐、更有活力，也能使企业生产、经营、管理摆脱粗放原始，走向科学，走向文化境界。企业文化既是企业保持持续发展的财富，也是社会文化的生长点和重要组成部分。

为完成上述部分，这次会议设计了丰富的内容，有领导讲话，有著名学者的观点阐发，也有企业家的充分论证。在形式上，有综合论述，有专题演讲，有对话互动，还有方法演示。也要到联想进行现场参观。相信在大家积极的参与下，本次峰会一定能够取得圆满成功。

（作者系中国企业文化研究会常务副理事长、秘书长、教授）

颁奖辞：

企业文化30年实践十大典范组织

钟　岩

一、三一集团有限公司

今天的三一，是全球最大的混凝土机械制造企业。三一集团参与智利矿难救援、驰援日本核灾抢险，旗下三一重工登上2011全球500强上市企业榜，屡屡抓住世界的眼球。而三一说：“集团最核心的资产不是厂房设备、产业基地，也不是经营业绩，而是三一的企业文化”。“自强不息、产业报国”的企业精神、“先做人、后做事”的核心价值观、“疾慢如仇、追求卓越”的企业作风，“人类因梦想而伟大”、“金钱只有诱惑力、事业才有凝聚力”的企业信条，成为三一屡创佳绩的动力源泉。

正因有着“创建一流企业、造就一流人才、做出一流贡献”的壮志雄心，三一才在每一天都实现着“品质改变世界”的企业使命。

二、中国工商银行股份有限公司

“工于至诚，行以致远”。

诚——在服务的每一环节关注客户体验、永远从客户角度权衡利弊。远——从时空看是文化底蕴的积淀，从地域看是通过全国各地分行的“旗舰文化”、“家园文化”、“宿迁精神”、“区域一流”、“精品银行”等百花齐放的基层企业文化，延伸着工行文化之远；是锲而不舍地通过将企业文化融入提升盈利能力的每个细节至诚，达至全球闻名之远。

一个企业，只有经济发展体现出文化的品格，才能进入更高的发展阶段。工行已连续三年稳居全球最盈利银行地位，成为同期全球成长性最好的大型银行之一，进入了可持续发展的新阶段。

三、中国中信集团公司

中信企业文化凝聚着邓小平等党和国家领导人的关怀希望，与祖国改革开放的历史出发点紧密相连；中信企业文化在以荣毅仁同志为代表的中信人培育下发轫、成熟，成为中信实力的重要标志。

这就是恪守诚信准则，以信交天下，以信取信，受之以信，付之以信，得之以信；这就是把创新作为发展根本，在许多领域取得重大突破；这就是扩大文化和品牌效应，形成兼容并蓄的企业文化；这就是发扬无私奉献精神，努力尽好国有企业的社会责任。

2009至2011年，中信集团连续三年入选“世界500强”；三十而立，中信作为中国改革开放的窗口和试点，赢得了世界的尊重。

四、中国石化胜利油田

伟大的实践哺育灿烂文化。在1961至2011的50年岁月里，胜利人不仅开拓了我国第二大石油生产基地、创造了享誉全国，乃至中东、中亚、南美的“胜利”系列品牌，也缔造了永不言败的胜利文化。胜利人传神地把这不平凡的50年浓缩为一个大气豪迈的理念：“从创业走向创新，从胜利走向胜利”！

“胜利文化”实践的厚重与坚定，在于它深深植根于其50万员工及家属勇于创造胜利、传承胜利、发展胜利的每一次实践；植根于其横跨黄河三角洲，及至新疆、青海大片沃土，无数次解开“地质大观园”世界级难题的科学精神；植根于其“百年创新，百年胜利”的战略远见。

胜利油田，实践着名副其实的“胜利”文化。

五、中国石化集团北京燕山石油化工有限公司

燕山石化公司是我国第一座现代化大型石化联合企业，同时它还有着另一个值得一提的“第一”——早在二十世纪80年代，“企业文化”的概念开始被中国企业界认知之初，以吴仪同志为首的公司领导层就以敏锐的思维和敢为人先的勇气，开拓性地提出了燕山石化企业精神内涵。近30年积淀，伴随着“石化化工城”崛起的脚步，燕山人也收获了企业文化的精神硕果。这就是：热爱与责任——燕山企业文化之源；团结与进取——燕山企业文化之基；人本与和谐——燕山企业文化之体；严细与创新——燕山企业文化之核。

燕山人以艺术家的语言表达他们对企业文化建设的渴求：文化如水，听似无声却有声；文化如水，看似无形却有形。她是唤起员工的无声号令，也无时无刻地融入企业的火热创造中。

六、中国农业银行股份有限公司

全球员工最多、网点最多，网络覆盖和服务客户最广泛，

既是中国农业银行独具特色的资源，也是一个独具特色的挑战。

使这个庞大的经济体形成文化共识，农行集44万员工智慧之大成，确立了“诚信立业，稳健行远”的企业核心价值观。老一代农行人“扁担银行”、“背包银行”、“骡马银行”的背影，是今日农行珍存的文化资本；“农行藏红花”、“红土地上好财神”的榜样，成为中国农行赢得服务对象信任的文化符号……；“面向三农，服务城乡，回报股东，成就员工”的庄严承诺，已为几十万员工高度认同、为几亿农民兄弟认可。

文化融合，带来了脱胎换骨：仅2007到2010年末，企业实现了“三年再造一个新农行”的辉煌。

七、中国华能集团公司

华能集团在中国发电企业中率先进入世界企业500强。红、绿、蓝为标志的“三色文化”，深刻反映了华能企业文化的实践特色：即把华能建设成为一个为中国特色社会主义服务、为国民经济持续发展、为人民生活水平不断提高而努力的“红色”公司；一个注重科技、保护环境、促进社会可持续发展的“绿色”公司；一个坚持与时俱进、学习创新、面向世界的“蓝色”公司。

“文化强企”，是华能“五大战略”之一，也是华能生存和发展的重要资源及综合实力的重要标志。

八、中国航空工业集团公司

中国航空工业集团公司是2008年底，在原中国航空工业第一和第二集团公司基础上，重组整合建立的。新生的中航工业高度重视文化融合与集团文化建设，在传承原中航一集团、中航二集团优秀文化的基础上，经过比较、提炼、融合、再造，重塑以“航空报国，强军富民”、“敬业诚信，创新超越”等宗旨理念为核心的中航文化体系，使集团文化成为40万员工的精神纽带和“粘合剂”，有力推进了中航工业战略的“脱胎换骨”，重组后的中航连续三年跻身世界500强。

文化的融合催生了连锁“化学反应”，极大增强了集团的凝聚力、竞争力和影响力。

九、太原钢铁（集团）有限公司

太原钢铁（集团）有限公司在上世纪90年代末成功转型，成为全球最大、技术装备水平最高、品种规格最全的不锈钢企业。从当年的“要大不大，要特不特，要强不强”，到今天扬眉吐气！玄机何在？

太钢人的回答是：新战略催生新文化，新文化支撑新战略。适应企业新战略，太钢人归纳出750条不良行为习惯，以拿自己开刀为起点，坚持“以人为本，用户至上，质量兴企，全面开放，不断创新”的全新核心价值观，最终实现了“用不锈智慧创造卓越品质”的企业使命。最近十年，是太钢改革力度最大、发展最快的十年；是职工收入增长最快、企业最和谐稳定的十年；是太钢在全球和行业知名度显著提高的十年。

企业文化淬火，炼出了经济大发展之钢！

十、联想控股有限公司

由中科院计算所投资20万元、11名科研人员创立的联想，仅仅用了25年时间，就走出了一条中国特色高科技产业化之路……，创造了当初无人能够“联想”的奇迹。

奇迹的深层原因，源于“融化在血液里的”联想文化——是“企业利益第一，求实进取，以人为本”的联想核心价值观，是“目的要清楚、分阶段实现目标和及时复盘”等蕴含着哲学意味的联想思想方法论体系，是别具特色的联想行为方式。总之，联想文化在企业中已成为无所不在的目标、气场、标准、机制、“融”剂。

联想文化、联想哲学，既是联想奇迹的源泉，也是构成奇迹的另一根支柱，是联想对祖国文化大发展的独特贡献。

（作者系中国企业文化研究会常务副理事长）

企业文化30年实践十大典范人物

韩　旭

一、中国人民解放军第五七一九工厂厂长——向巧

柔肩担大任，真情系蓝天。这位全国军企中唯一苗族女厂长，倡导创建了 “三五”文化，坚持忠诚、卓越、和谐的特质，通过多年“固化于制、显化于视、内化于心、外化于行、优化于效”的实践，带领企业为祖国的航空事业和国防建设作出突出贡献！

二、新兴际华集团有限公司董事长、党委书记——刘明忠

一位享受国务院特殊津贴工学博士，坚持红色文化发展方向、绿色文化发展方式、蓝色文化发展方略，用“三色”文化引领企业创造了连续五年平均递增38.08%的经营业绩，并以“自强不息、自我超越”的集团精神向国际一流企业迈进。我们期待新兴际华集团取得更优异的成就。

三、中国石油天然气集团公司副总经济师、思想政治工作部主任——关晓红

作为副总经济师，她承担着集团“总文化官”的历史重任，满怀激情创造性地传承、培育、弘扬、传播了以“爱国、创业、求实、奉献”为核心的大庆精神、铁人精神，用文化力启动经济力，中国石油集团在2011年全球500强企业排名中从第13位上升到第6位，彰显了中国企业的良好形象，为丰富中华优秀文化贡献了力量。

四、中国电力国际有限公司党组书记、董事长——李小琳

作为我国唯一入选2011年《财富》杂志评出的 “亚洲最具影响力25位商界领袖” 的女性企业领导人，她坚持“把光明撒播到每一个黑暗角落”的梦想，不仅在香港创建、上市了中电国际公司，而且创立了独具特色的“静水深流”企业文化。在众多荣誉面前，她思考的是：开发清洁能源，为子孙后代留一片碧水蓝天。

五、中国石化胜利油田党委副书记、纪委书记——杨昌江

他引领员工以“百年创新、百年胜利”为愿景目标，聚情、聚力、聚心、聚智，“从创业走向创新，从胜利走向胜利”，努力建设心田工程，为打造“世界一流能源化工公司”打下坚实的基础。

六、开滦（集团）有限责任公司董事长、党委书记——张文学

他以睿智的思维和创新的理念，培育战略支持型企业文化，制定企业转型的发展战略，确立“基业长青、员工幸福”的企业愿景，发扬“特别能战斗”的企业精神，仅用三年时间，集团在全国500强企业中跃升了200名，居第91位，成为全国增长速度最快的煤炭企业。

七、阳光保险集团股份有限公司董事长、总裁——张维功

一家新兴保险公司，不到三年成功跻身中国保险业“七国集团”，靠的是什么？阳光保险集团掌门人揭秘——“阳光筹建，文化先行”，靠文化聚才、靠文化树牌、靠文化立业，让阳光文化成为员工的“DNA”。他是播撒阳光的企业领军人。

八、广西玉柴机器集团有限公司董事局主席、党委书记——晏平

他带领的企业具有强烈的社会责任意识，确立了“绿色发展，和谐共赢”核心理念，秉承“用卓越和领先满足公众的动力需求”的企业使命，实现了从“中国制造”到“中国创造”，从“工业制造”到“绿色制造”的重要转变，向着“打造世界知名品牌，成就大型跨国企业集团”的企业愿景迈进。

九、东风汽车公司董事长、党委书记——徐平

他低调做人，沉着干练、稳健务实；他高调做事，志存高远，蜚声海外．他提出建设“永续发展的百年东风、面向世界的国际化东风、在开放中自主发展的东风”的量化目标，引领员工走上幸福、富裕的康庄大道，努力把东风建设成为具有国际竞争力的汽车集团。

十、安徽省皖北煤电集团有限责任公司董事长、党委书记——葛家德

他是企业文化的布道者，以“致力为社会进步提供充分的优质能源”为使命，发动员工构建了上下认同的“三位一体”的文化管理模式；他是企业文化的践行者，带领企业克服重重困难，迈入了中国企业500强的行列。20年磨一剑，以“诚信、协同、创新”为核心的价值体系，成为照亮企业发展之路的文化火炬。

（作者系中国企业文化研究会常务副理事长）

企业文化30年实践十大典范案例

华　锐

一、大同煤矿集团有限责任公司“快乐文化”

亲爱的朋友，您去过煤矿吗？您认识在苦、脏、累、险矿井中工作的煤矿员工吗？您能感受到他们的快乐吗？今天，大同煤矿“1336”快乐工作法就给了我们一个如何让煤矿员工快乐的答案。它告诉我们：什么是真正的以人为本，怎样着眼于人的全面发展，如何做到发展为了员工、发展依靠员工、发展成果由员工共享。它更告诉我们：当满脸煤灰的矿工兄弟露出灿烂的笑容时，这才是真正的企业文化。

二、中国北京同仁堂（集团）有限责任公司“和谐文化”

这是一家拥有342年历史的中医药老字号企业，它以秉承“炮制虽繁必不敢省人工，品味虽贵必不敢减物力”的百年古训而闻名于世。300多年来，它始终坚持创立者的“仁德”理念，在“同修仁德，济世养生”的最高追求下，用仁心和仁术，善待职工；用诚信和诚意，善待经营伙伴；用成果和业绩，善待投资者；用爱心和责任，善待社会，与时俱进地演绎出了一曲划时代的和谐文化乐章。

三、中国石油天然气集团公司“石油魂巡讲”

他们长途跋涉400多天，先后到20几个国家和31个省市自治区，行程9万多公里，宣讲226场，直接和间接受众达100多万人。这是中国企业文化建设史无前例的一次传播大庆精神和铁人精神的文化长征；这是中华大地上从未有过的一场净化心灵的精神洗礼；这是学习实践科学发展观书写的一篇凝聚力量的精神宣言；这是中国石油人立足石油、走出石油、宣传石油，展示中华民族文化自觉、文化自信、文化自强的一个全景舞台。这就是——“中国石油魂巡讲”。

四、中国建筑第三工程局有限公司“争先文化”

您可能去过被称为“华夏第一高楼”的深圳国贸大厦，您也许知道闻名遐迩的“深圳速度”，但您是否知道是中建三局以“敢为天下先，永远争第一”的“争先”精神，创造了三天一个结构层的“深圳速度”，把中国建筑水平由高层推向超高层阶段。如今，“深圳速度”的创造者们凭借这种“争先”精神，已成为建筑高度的缔造者、高端项目的拓荒者、建筑品质的引领者，引领中国建筑阔步迈向世界。

五、中信重工机械股份有限公司“诚信文化”

这是一个焦裕禄同志曾经工作过9年的企业，也是一个把弥足珍贵的焦裕禄精神作为诚信价值观基础的企业，更是一个凭着“诚信敬业、拼搏奉献、开拓创新”的企业精神成为新世纪跨越式发展的企业。“诚信”文化，不仅使得中信重工成功实现了由工厂制到公司制、由生产型到研发型、由一般制造到高端制造、由制造商到服务商、由内向型到国际化的五大转变，更使其向世界级重型装备企业大踏步前进。

六、北京现代汽车有限公司“党建文化”

在中外合资企业中旗帜鲜明地开展党建创新实践，并使其成为夯实党在合资企业执政基础的保证力、实现合资企业跨越式发展的推动力、保持党员队伍长盛不衰的战斗力、培育企业高素质员工队伍的促进力、打造独具特色优秀企业文化的软实力和坚持以人为本共筑和谐的稳定力，不仅是一次难得的企业文化路径创新，也是中外合资企业科学发展的新模式，更是创造了用“红色动力”助推“现代速度”的奇迹！

七、首钢集团“创新文化”

为什么，一个有着92年历史的钢铁巨人，会从石景山走向渤海湾，实现了从“山”到“海”的转移；为什么，一个创造了我国钢铁史上无数个第一的名企，会踏着时代的节拍与水钢、贵钢、长钢、伊钢、通钢挽手联合；为什么，一个在改革开放初期率先试点改革的先驱，会成为“国家创新型试点企业”，昂首进入世界五百强？这一切，均源于首钢“创新、创优、创业”的创新文化，源于首钢人贯彻落实科学发展观的创新实践。

八、福建省烟草专卖局“母子文化”

“一株烟草不同叶，不同叶片皆属烟”，是对福建烟草母子文化融合形式的形象比喻，它诠释了福建烟草母子文化相同基因、不同个性、丰富多彩、和而不同、兼容并蓄、共同发展的深刻内涵；彰显了福建烟草在母子文化创建中既考虑全局，又兼顾局部，坚持大统一、小自主，统一架构、分层表述的创建原则，显示了母文化突出经营主题，子文化丰富管理内涵，全省统一经营特质，各自彰显管理特色的融合模式。

九、鞍钢集团公司“典型文化”

这是一个群星灿烂、英雄辈出的企业。从新中国成立初期家喻户晓的“老英雄”孟泰；从曾经在鞍钢这座大熔炉里得到锻炼和升华的伟大的共产主义战士雷锋；从全国先进生产者、革新能手张明山、著名劳动模范“走在时间前面的人”王崇伦；到新时期感动中国的“雷锋传人”郭明义，这些具有时代特征的先进典型，不仅为鞍钢精神注入了新的内涵，更孕育形成了兼具鞍钢传统和时代特征的鞍钢特色文化。

十、冀中能源集团有限责任公司“融合文化”

它生于聚，大核心定位，一主多优、和而不同；它基于大，大跨越发展，提前5年实现“十二五”原规划目标；它赢于博，大手笔整合，跨行业重组华药，成功组建河北航空；它志于强，大责任体现，确保国有资产增值和股东资本收益；它兴于和，大境界提升，做到企业发展，员工幸福；这就是冀中能源“聚、大、博、强、和”的聚和文化，以及开辟的文化创新、文化创造、文化创享的多元型集团文化之路。

（作者系中国企业文化研究会常务副理事长）

大会贺辞：

建设有中国特色的先进企业文化

李守镇

企业文化伴随工业文明的出现，应运而生，也伴随着它的发展而发展。经过30年的研究探索和实践，企业文化建设在我国取得了长足的进展，为我国经济平稳、快速增长发挥了积极作用。当前，企业的竞争越来越表现为文化的竞争，企业文化对企业生存发展的作用也越来越明显。建设有中国特色的先进企业文化尤为重要。

首先，要体现当代的主流价值体系。社会主义核心价值体系是社会主义先进文化的精髓，是我国社会主义文化的引领和主导。我们在企业文化的建设中必须突出体现爱国主义、民族精神、时代精神和创新精神，树立共同理想和正确的价值观、荣辱观，真正将社会主义核心价值体系融入到企业文化建设的全过程。

其次，要体现中华民族传统文化特征。中国特色的先进企业文化是中华文化的重要组成部分，其自身的发展完善不断丰富着中华文化的内涵。中华民族五千年的历史孕育着博大精深，源远流长的优秀文化，以人为本、兼爱、尚贤的传统思想和讲诚信、敬业、勤劳等传统美德无不与先进企业文化的理念相契合。离开了优秀传统文化的底蕴和滋养，我国企业文化将是无源之水、无本之木，因此我们必须充分的吸取精华，在传承中创新，在继承中发展，真正形成有中国特色的先进企业文化。

第三，要体现文化的包容性。现代文化的理论起源于西方，在西方企业文化建设的历史更为悠久。它既包含了人性化管理，鼓励创新，讲求团队精神等合理科学的成分，也存在着勾心斗角，尔虞我诈的消极一面，对此我们必须要拥有博大的文化包容性，取其精华，充分的吸收借鉴一切科学先进的经验和做法，摒弃那些不符合我国国情、民情的部分，不断地丰富我国先进企业文化的内涵。

第四，要体现以职工为本。广大职工是企业文化建设的主体，以职工为本是企业文化建设的基础，脱离这个基础的企业文化是空中楼阁，因此中国工会在企业文化的建设中始终坚持以广大职工的需求为根本出发点，真正体现职工的所思所想，形成企业和职工共同认可的核心价值理念。中国工人阶级具有伟大的品德，肩负着振兴民族工业的重任，在经济建设中做出了突出的贡献。打造出大庆、鞍钢、海尔、联想等一批的世界知名的企业和品牌，为国家赢得了声誉，也涌现出孟泰、王进喜、许振超、郭明义等大批的工人阶级先进典型，激励着广大职工积极投身于社会主义建设的伟大实践之中。

当前，我国职工队伍的结构发生了变化。2010年，我国职工总数达到3亿2千万，其中非公企业的职工占到了74%，已经成为职工队伍的主体，全国农民工有2亿4千万，其中外来农民工1亿5千万，已经成为产业工人的重要组成部分。80后、90后新生代的产业工人为工人阶级注入了新鲜血液。面对新的变化，要进一步弘扬工人阶级的伟大品格，必须大力的开展具有中国特色的先进企业文化建设，全面提升职工队伍的思想道德素质、科学文化素质、技术技能素质，打造一支富有朝气、善于创新、高素质的职工队伍，为中国民族工业的全面振兴贡献智慧和力量。

党的十七届六中全会提出了建设社会主义文化强国的奋斗目标，中国工会积极响应，努力践行。在有中国特色的先进企业文化建设中，要充分的发挥维护职工合法权益的做法，树立现代企业文化的发展的正气，充分发挥宣传教育广大职工的作用，引导广大职工确立现代企业文化的理念，充分发挥联系职工群众的组织作用，调动广大职工积极参与建设企业文化的积极性，为推动包括先进企业文化在内的社会主义文化大繁荣和大发展，实现中华民族的伟大复兴做出新的更大的贡献。

（作者系中华全国总工会新闻发言人、宣教部部长）

专家讲话：

缩小城乡收入差距和企业的差距

厉以宁

缩小城乡收入差距和企业的差距，是当前中国重大的问题之一。改革开放以后大家都在反映城乡收入差距在扩大，造成很多问题。原因何在，为什么会有差距，为什么差距会扩大？

第一个问题，三种资本理论

按照经济学资本分为三类，第一类是物质资本，就是一定的货币投入以后就转化为生产资料，厂房设备与原材料等等。第二类资本是人力资本，体现在人身上的教育程度、技术水平、智慧经验。而且大家认为，人力资本可能比物质资本更重要，经常举例是这样的，第二次世界大战德国、日本被炸了，战后这么快恢复就是人力资本还在。第三类资本是社会资本。这个经济理论上的社会资本跟现在的社会资本概念不一样，现在报纸上登的社会资本就是民间资本，民间资本被称之为社会资本，而经济学的概念社会资本是指无形的资本，是一种人际关系。比如说改革开放的广东为什么发展这么快？因为广东有充足的社会资本，华人、华侨、海外港澳同胞都是广东人的社会资本，有这个社会资本，所以经济发展起来了。浙江为什么发展这么快？因为有社会资本，浙江的家庭观念、家族关系、同乡关系构成了浙江的社会资本。为什么现在同学会、校友会、同乡会这么盛行，都是在打造社会资本。为什么农村修祠堂，也是在打造社会资本。三种资本的结合创造财富，创造收入。

然而，城市居民跟农村居民在三种资本的配置上是不均衡的。城里的土地是国有的，你新购买的商品房有房产证，可以抵押，可以转让。农民呢？土地是集体所有的，没有房产证的，没有产权的，自己宅基地新盖的房子没有产权。物质资本没有。他没产权怎么会有物质资本呢？人力资本没有。为什么？因为农村的教育水平差，学校设备差，教师质量差，跟城里人不一样，城里的学校设备好，师资力量足，这样学生培养出来，将来的升学率可能就高。这样就造成了教育资源配置的不公平，形成就业的不公平。就业的不公平造成收入不公平，收入不公平带来身份不公平，身份不公平带来下一代地位是不一样的。城市的孩子和农村的孩子选择职业是不一样的，农村出来是打工的，儿子也是打工的，孙子也是打工的，因为没有经过很好的教育。形成中国社会已经确定的社会阶层的固定化，职业的四小化，这样城乡差别当然就大了。

第三是社会资本。城里人不管怎么说总有亲戚朋友同学在市场经济中渐渐活跃起来，但是农民特别是山沟里的农民有什么社会资本？他谁都不认识，周围都是穷人，怎么闯，找谁去帮忙？这样就造成了中国现在城乡收入不一样。物质资本农村不如城市，人力资本不如城市，社会资本不如城市。

第二个问题，二次分配的作用

首次分配，市场调节，市场调节的缺陷不足由二次分配补，而我们现在是二次分配的结果扩大了城乡差距。为什么？因为社会保障是不一样的。农民现在好一点了，可是他的医疗保障还是合作医疗，跟城里不一样，教育上农村就比城里差。二次分配的结果不但没有缩小城乡差距，而且扩大了城乡差距。第三个原因，对农村来讲，能人外出，弱者沉淀。能人稍微能干一点走了，到城里去了，他自己去创业也好，开店也好，跟人家做一些生意也好。留在农村的都是弱者，弱者沉淀在农村。这怎么能不扩大城乡差距？所以我们现在要研究的问题，在中国当前城乡差距扩大的情况下怎么来扭转这个局势，让城乡差距缩小。

第一个，需要做的就是给农民产权。现在土地承包，农民应该有使用权，应该有使用权证，宅基地现在有使用权，应该有宅基地使用权证，农民的房了应该有房产证，这样农民如果进城的话就不是空手进城，是带资本进城。19世纪法国工业化的时候，城市化没乱，为什么？因为法国是小农土地所有制，成立银行法国叫不动产抵押银行，农民进城了，土地房子抵押了，抵押跟质押是不一样的。质押是把东西放在这里，给你钱。抵押是不一样的，房子照住，土地照耕，定期到了不还，通过法院来解决怎么来处理。所以这个问题当前是重要的，我们一定要让农民宅基地可以抵押，房产证可以抵押，农民的第一桶金就有，可以进城，租房，买房。我们在农村调查，不但是房子不能抵押和转让，而且出租都困难。我们问出租怎么困难？说没有房产证，如果租给外乡人，搬进来不走了怎么办，不付房租了怎么办？所以把房子锁上，于是就出现了两个老锁子的故事。第一个故事房子一把锁，带老婆孩子到外地去，男女打工，就变成了老锁，第一个老锁出来了。还有是进城以后两空空，城里找不到房子住，于是就住人家那个宿舍公寓的地下室，在北京调查过，一个地下室住10来家人家，在北京流行一个词是“鼠族”。还有比这更糟的，明明这家人没在，晚上灯亮了，第二天去看看怎么回事，一看吓了一跳，堆满了炮仗、炸药，反正不是我的房子。还有炼地沟油的地方，还有赌博场所，所以这个问题一定要解决。

第二个，教育资源一定要均衡配置。这个问题很重要，现在国内已经在搞，我们到一些县，村里只办幼儿园，办小学的低年级，有的也办小学，一般都是这样子。小学高年级跟初中在乡镇所在地办，所以住校。高中一律到县城办，必须住校。我们后来就问，什么叫可以住校，什么叫必须住校？可以住校是这样的，你的亲戚朋友在乡镇上的，孩子可以在那儿住，但是不一定住校。乡镇家里的孩子可以走读不一定住校，但是读高中的时候必须住校，好管理，孩子不会学坏，并且功课紧，所以，教育资源一定要均衡配置。

第三个，社会保障体制的改革一定要加快。城乡社会保障一体化这是中国当前社会需要做的问题。因为只有这样，才能有所缓解。社会资本怎么办，农村没这个，要农民拼搏，温州的农民当初出来的时候也是农村，靠自己的拼搏，这样社会资本就建立了，人际关系就建立了，所以对农民是一个“闯”，对政府来说，要给出来的农民一些帮助。发展微型企业，鼓励农民出来。在重庆调查，对下岗、农民、大学毕业生、退伍军人、水库移民这样一些人，鼓励他们自己干。所有这些都是我们当前需要做的。

我们企业现在能做什么事情？应该这么说，企业做的事情是很多的，首先城乡收入差别是跟城镇化联系在一起，而城镇化是中国最大发展的机遇。我们的城镇化率低，1949年全国解放的时候，我们的城镇化率是20%，意味着80%是农民，建国60年，我们的城镇化是46%（国家统计局2009年公布的），60年才提高了26个百分点，比好多国家都慢。有的人说这个数字不准，因为这个数字统计的是住在城里半年以上的人口，常住人口，你如果把农民工都刨掉根本不到46%，因为好多人在城里是常住人口，但还是农民的身份。所以说，这是一个最大的机遇。

我们今后城镇化率如果每年增加一个百分点，就意味着一千万人以上要进城，包括青壮年、老人、妇女、学生、儿童都要进城。城里要投入多大的建设？房子、学校、马路、医院都要新建。自来水供应、电力供应、煤气供应、暖气供应、环境保护、环境卫生、园林绿化、公共交通，需要多大的企业投资。全世界没地方找的最大的市场就是中国的城镇化，而中国的城镇化是城乡速度差别缩小的必要手段。国企和民企应该是共赢的，共同来开发。

为什么要有国企？因为国企有它的任务，它是自觉的实现国家发展战略的。民营企业发展国家战略，国家要有政策来引导，国家专门有政策，减税政策、信贷政策。国企没有政策，因为你是国企，不需要这个，应该自觉的实现国家发展战略，有更大的社会责任。所以，别人不了解国企在中国的地位，国企有更大的社会责任，国企和民企共赢，这是我们的目标。

当前中国的首要任务是结构调整，大家都要关心结构调整。中国的GDP总量世界第二，是不小的，可是中国的GDP结构怎么样？GDP主要是结构问题，不完全是总量问题。1840年中国跟英国发生鸦片战争的时候，我们的GDP总量比英国大，但是结构比英国差，中国是农产品、手工业品，而英国是工业化70年以后了。到了1840年，英国的GDP上升，生产出了现代化标志的火车、轮船了，而中国的交通工具是马车、帆船。1840年，英国出口大量的纺织品，是机器制造的，而中国出口的纺织品是手工业制造的，结构是不一样的。近年，跟日本相比，总量超过日本了，但是按人口平均，中国只有日本的十分之一，但是结构怎么样，日本的高新技术企业在GDP中比重多大，日本产品的技术含量多高，我们的结构不如它。

还有人力资源结构，人力资源总量到现在为止，中国是世界第一的，1840年鸦片战争的时候，中国的人力资源总量比英国多多了，但是结构不行。1840年的时候英国工业化70年，小学都普及了，初中也差不多了，还建立了很多的高中、大学，每年培养出大量的工程师、科学家、经济管理人员，经营方面的人才。而1840年的中国呢？光人力资源总量多有什么用，农民绝大多数是文盲，妇女绝大多数是文盲，少数读书人读的是四书五经，为了考科举，有几个懂科学技术的，金融的？跟日本相比，人力资源总量比日本多，结构不如它。日本的高新技术产业发展，人才的培养超过中国，日本的技工在工人中的比重超过中国。所以我们一定要记住，不完全要看我们的人力资源的总量，也不要光看GDP的总量，我们要从结构方面做分析，要调整GDP的结构，要调整人力资源的结构，这样我们才能真正成为工业大国，创造大国，而且能够成为一个人力资源的强国。

大家都必须记住这样的任务，这个任务对企业的使命就非常大。为了缩小城乡差别企业应该做一些什么？首先要关注农村的经营，现在重心往上提，我们到一些县看，没有什么大的企业，连股份制银行都没有。中国如果是要让城乡收入差别缩小，要鼓励农民出来创业，那就一定要让金融的重心下移，让农村有更多的大银行的分支机构，有村镇银行，有各种小额贷款公司，小额担保公司，这些都是活跃农村经济，也是有助于农民创业的。农民创业有收入了，比如说要养鸡，扩大养猪，需要贷款，所有这些，农村金融一定要帮助农民创业。

在这里有两个重要的关系，我们到农村去考察，说农民的房子贷款，还有饲养区已经开始用宅基地贷款，或者是承包地贷款做抵押，银行说我很担心，担心什么，都有东西抵押了？不行，如果借钱不还，房子给我，我就是房东了，我就变地主了，有这些有什么用？又不能卖？后来成立两个中心，一个中心是农村信用担保中心，第二个中心是农村产权交易中心。农村信用担保中心管什么，是跟民政部门结合在一起，农民要申请贷款，首先要到信用担保中心申请，由他转递到银行去。农村产权交易中心是什么意思？就是说你得到这笔钱，到期了，你不还了，房子归银行了，土地归银行了，你怎么办？银行不愿意收，由产权交易中心，把房子在哪里，多大的面积，土地在什么位置，上网，有买家，在网上来交易，交易以后，钱直接归还银行，银行把抵押贷款去掉，不直接交给出卖的人，这种情况下，是可以解决的，而农民能够富裕起来以后，我相信很多问题都可以解决。

第三个问题，结构调整政府做什么

我们刚才讲需要结构调整，结构调整需要体制改革深化上去，改革是不能停的，因为很多改革还没到位。比如说投资决策体制，应该说除了特殊的，那些事关重大的项目需要审批以外，一般的应该把投资的抉择权由企业自己来承担，由市场来决定。如果审批越是多，什么都要审批的话，这是不行的。还有要鼓励民营企业走出去。中国的外汇结算制度应该改革，藏汇于民和藏汇于国是并存的。还有资源定价的制度，这是与现在的煤、电等这些物质资源在一起的。这样我们的企业无论是国有企业，无论是民营企业，在城乡一体化的过程中，城镇化建设的过程中和城乡差别缩小的过程中都能够找到自己的位置，有发展的前景。

（作者系著名经济学家、全国政协常委、经济委员会副主任，北京大学社会科学学部主任、光华管理学院名誉院长，中国企业文化研究会学术委员会委员）

专题论坛：中国企业文化实践综合经验报告

全面贯彻党的十七届六中全会精神 深入推进企业文化建设

车迎新

农业银行是新中国设立的第一家专业银行，至今已有60年历史。60年来，在党中央、国务院的正确领导下，农业银行顾全大局、不辱使命，始终与共和国同呼吸、共命运；艰苦创业、无私奉献，全力支持国民经济，特别是三农事业发展，培育和锻造了“服务三农，责任担当”的员工队伍。这些宝贵的精神财富，经过一代代农行人薪火相传，积淀和形成了农业银行厚重的文化底蕴。

在这些优秀文化积淀的感召下，农业银行各项事业长足发展，特别是2010年A+H股公开发行上市，成为国家控股的大型公众持股银行后，更是迎来了历史上最好的发展时期。农业银行的快速发展离不开企业文化的有力支撑和引领。归纳起来，就是通过三个“引领”，促进三个“实现”。

通过高层引领，实现文化自觉

文化自觉就是在文化上的觉悟和觉醒。农业银行60年改革发展，积累了许多优秀的文化元素，但同样也存在着一些落后的思想行为和文化弊端。对此，农业银行党委从贯彻落实科学发展观的高度，将企业文化列为全行改革发展的重大举措，明确提出了“文化强行”战略，在全行范围内组织开展了“企业文化大讨论”活动。大讨论规模之大、历时之长、开展之深入、影响之广泛在农业银行历史上是少有的。在为期近一年的大讨论中，广大员工按照总行确定的方案和思路，广开言路，对农业银行落后文化表现、优秀文化元素、应增加的文化新元素，以及对落后文化的改进建议和整改措施等，进行了系统总结和梳理，共提出各种意见和建议600多条。在此基础上，从继承与发展相结合、理论与实践相结合、宏观规划与微观设计相结合的角度，认真审视和提炼农业银行的企业文化核心理念，提出农业银行企业文化建设实施方案，明确了农业银行企业文化建设的战略定位、体系框架、导入路径、保障措施等。

农业银行企业文化核心理念系统确立后，为进一步体现高层文化引领的作用，行党委隆重举行了“文化宣言发布会”，由行党委全体成员向全行、全社会正式发布，各一级分行行长现场签字、郑重承诺，中央各大媒体集中报道，在农业银行系统产生了极大反响。大讨论和“文化宣言”的发布，极大地调动了员工的积极性，为农业银行建设先进的企业文化提供了坚实的思想和群众基础，有力地增强了广大员工的文化自觉。

通过专业引领，实现文化自信

文化自信是对文化价值的肯定和信心。实践中我们深深体会到，整合企业文化是一项艰巨的任务，必须走科学化、专业化道路，善于吸收最新的前沿理论和成果，借助先进的专业工具和手段，进行系统设计和科学规划；必须积极推动文化创新，以更加开放包容的胸怀和辩证取舍的态度，广泛吸纳、融汇一切优秀文化成果，“以我为主、为我所用”。在行党委的重视下，我们成立了专门的企业文化课题研究小组，运用国际通用的OCAI（组织文化评估）测量模型，对国内外企业文化的理论实践、成功案例，对农业银行企业文化的历史演变、现状描述、路径构想等，进行了为期一年的深入研究和分析，形成了《农业银行企业文化变革与发展研究报告》，为探索符合农业银行实际、具有农业银行特色的文化发展之路，奠定了较为扎实的理论和实践基础。

实施文化管理咨询项目是我行企业文化建设的又一特点。专业公司借鉴和吸收我行企业文化大讨论的成果，运用科学的手段和先进的理念，采取定量与定性分析相结合的方法，通过为期一年多的资料研读、调研访谈、统计分析、评价测量，梳理了农业银行现有文化的特征，清晰了文化变革的轨迹与远期发展方向，制定了《农业银行企业文化管理诊断报告》、《农业银行企业文化管理手册》，建立了以价值为核心的文化体系，解决了我行的文化混乱、文化冲突和文化建设的盲目性问题，提升了农业银行企业文化建设的层次和专业化水平。

通过纵横引领，实现文化深植

文化深植是指文化理念要“融入管理、植入行为”，由“自觉”到“自信”的转变。为使农业银行企业文化核心理念真正被员工所理解和接受，真正实现“内化于心、外化于形、固化于制”，我们建立了企业文化工作领导小组和推进委员会，出台了《企业文化核心理念深植实施方案》。

深植工作以文化宣贯、文化对接、文化转变为重点，从纵横两个方面推进。在横向，组织开展了声势浩大、影响广泛的文化培训、文化宣教、文化征文、文化演讲等活动，努力使文化理念深入人心；在纵向，由各业务条线负责子文化的深植工作，使文化建设真正实现了融入经营、融入管理，有效地解决了“两张皮”问题。

农业银行企业文化核心理念包括：使命、愿景、核心价值观，以及核心价值观指导下的经营理念、管理理念、服务理念、风险理念、人才理念。这是农业银行全体员工的共同意志和行动纲领，共同信守的价值标准和行为准则。

——农业银行以“面向三农、服务城乡、回报股东、成就员工”为使命，清晰了农业银行定位，坚定了我们的责任意识。农业银行为了履行使命，按照中央对农业银行改革发展的要求，对农业银行实施了“脱胎换骨”的改革，实行了股份制改造，建立了公司治理机制，实行三农内部事业部制改革，三农业务快速发展，城乡金融服务不断完善，经营效益大幅提升，股东增值，员工受益，呈现良好发展态势。

——农业银行以“建设城乡一体化的全能型国际金融企业”为愿景，鼓舞了全行员工的理想追求，坚定了我们的目标信念。加强基础管理，打造优秀大型上市银行已经成为全行的一致行动。

——农业银行以“诚信立业，稳健行远”为核心价值观，规定了全行员工的行为准则，坚定了我们的价值判断。

文化的力量，取决于核心价值观的力量。没有核心价值观，文化就立不起来，就强不起来。在“诚信立业，稳健行远”核心价值观的指导下，我行经营文化、管理文化、服务文化、风险文化、人才文化建设长足进展、成效显著。

我们坚持“以市场为导向，以客户为中心，以效益为目标”的经营理念，构建了综合化、多元化的业务增长模式，建立了城乡协调发展的“双线”投入机制和三农金融核算体系，市场导向、客户中心、效益目标更加显现。

我们坚持“细节决定成败，合规创造价值，责任成就事业”的管理理念，以“抓合规、控风险、强基础、促发展”为主线，全面提升基础管理水平，构建了教育、制度、执行、监督、整改、奖惩“六位一体”的合规文化新机制，提升了管理品质和管理素养，发展内生动力更加强劲。

我们坚持“客户至上，始终如一”的服务理念，完成网点布局的标准化设计与改造，建立近万人的内训师队伍，在2万多个网点导入标准化文明服务；建立运营体系“三大集中”工程，研究开发“新一代”银行核心系统；加强客服中心建设，全面改善和优化客户体验，客户关系更加忠诚。

我们坚持“违规就是风险，安全就是效益”的风险理念，组建了完整的风险管理板块，建立了风险管理专职队伍，构建“三位一体”的安全防范体系，全行逐步走上了“风险可控、质量可靠、发展可持续”的良性发展路子，业务运营更加稳健。

我们坚持“德才兼备，以德为本，尚贤用能，绩效为先”的人才理念，大力推进人力资源综合改革，建立健全干部公开选拔机制，强力实施人才培训战略，员工成长平台更加宽广。

农业银行作为一家大型上市公众持股银行，企业文化引领着发展方向，企业核心价值观成为兴行之魂，在企业核心价值观指导下的理念，是我行经营管理健康发展的精髓。

（作者系中国农业银行党委副书记）

创建三和文化 助推国家核电科学发展

顾 军

国家核电技术公司（以下简称“国家核电”）是由中央管理的国有重要骨干企业之一，成立于2007年5月。通过国家科技重大专项，研发创新出具有中国自主知识产权的核电技术，实现我国从核电大国到核电强国的跨越发展。同时，通过核电设备的国产化和自主化加快装备制造业从中国制造到中国创造的进程，以核电整体产业的发展贡献创新型国家建设的战略目标。

国家核电围绕填补我国核电产业的空白进行核心产业战略性布局，基本形成集研究开发、工程设计、设备制造、工程管理、运行服务为一体的产业链，职工总数7000多人，注册资金100亿。目前，国家核电与美国公司合作在浙江三门，山东海阳建设四台百万千瓦核电机组；正在实施三代核电技术引进消化吸收和关键设备国产化；研发和设计作为国家16个重大专项之一的大型先进压水堆核电站。

构建三和文化的实践与做法

公司高度重视企业文化建设，着眼核电大发展的未来，着力构建企业文化体系，为公司科学发展提供精神动力和战略支撑。那么如何构建三和文化，具体实践与做法主要包括以下四个方面：

第一，努力打造基业常青的文化基因。当今世界正处于大发展、大变革、大调整时期。我国进入了全面建设小康社会的关键时期和深化改革开放、加快转变经济发展方式的攻坚时期。党的十七届六中全会以“深化文化体制改革推动社会主义文化大发展、大繁荣”为主题，具有重要的国家战略和政治意义，也为企业文化建设注入强大动力。

一是文化价值是企业基业常青的基因。就企业发展而言，文化的作用越来越大，越来越凸现。一个民族只有文化体现出比物质和利益更强大的力量，才能造就更大的文明进步。

二是文化竞争是企业最高层次的竞争。当今世界，无论是中国市场还是全球市场，竞争由产品竞争、服务竞争、品牌竞争、管理竞争演变为战略竞争乃至文化竞争。一个企业真正有价值、有魅力、能够流传下来的不仅仅是产品和技术，更是价值和文化。因此，文化竞争是企业竞争的最高境界，是最持久、最有力量的竞争。

三是文化建设是企业的全局战略。企业文化建设是个系统工程，具有全局性、整体性、和长期性的特征。企业文化建设考量的是一个企业的整体战略规划能力、综合管理水平和管理能力，需要公司高管和各级管理人员和全体员工的共同参与，需要各个部门和所属企业单位齐心协力，因此哪个企业的文化管理走在前面，哪个企业的发展就走在时代的前列，引领潮流，持续健康发展。

基于对企业文化重要性的认识，国家核电自成立之日起，公司党组就高度重视企业文化建设，坚持“两手抓，两手硬”的原则。一方面抓三代核电项目建设，打造物质电站，另一方面抓企业文化建设，打造国家核电的精神电站。

第二，确立以核为先，以合为贵，以和为本的核心价值观。企业核心价值观是反映企业存在的根本价值和意义的群体意识，反映企业的经营哲学和远大理想。2007年11月，国家核电召开第一次党建工作座谈会，董事长王炳华同志创造性的提出了核心价值观和三和文化理念，为国家核电企业文化建设打下了坚实的基础。

“以核为先”明确了国家核电的使命和任务，发展核电主业；“以合为贵”，积极主动，以开放心态和精诚合作的强烈意识，在任何时候、任何情况下，国家核电将秉承开放、合作、共赢的原则，与所有合作伙伴精诚合作；“以和为本”，诠释了国家核电建设和谐企业的远大理想，与自然、社会、政府、同行、自己和谐相处，共生共荣。

第三，坚持不懈的打造三和文化体系。企业的核心价值观及其文化体系，必然反映时代的要求、企业的实际及广大干部员工的心声。国家核电企业文化走过了培育年、宣贯年、养成年、提升年，通过理念识别系统和视觉识别系统，出版发行内部刊物，创作传唱企业歌曲，组织文化研讨营等系列活动，全方位，多形式地宣贯三和文化。

一是快速建立理念识别系统，奠定企业文化发展基石。如何尽快形成比较完整的理念系统，是公司初创时期的首要任务。一是理念系统应在世界核电发展，中国核电发展以及国家核电的实践基础之上；二是应给予对中国传统文化以及现代企业管理理念的继承；三是应基于公司主要领导、领导班子以及全体干部员工的集体智慧。2010年3月以理念手册《三和文化白皮书》为标志正式颁布实施，从而搭建了企业文化体系的基础。

二是逐步完善视觉识别系统，塑造统一集体形象。视觉的传播与感染力最具体、最直观、最强烈。从2008年4月份开始，公司征集2800多份作品，经过认真评选，确定了“六和之花”作为企业标识，标识图案也是核电站堆芯的剖面示意图。

三是创建发行《和》杂志，共铸员工精神家园。内部刊物是公司内部相互沟通的桥梁纽带，是展示公司业绩的主要平台，也是传播三和文化的重要载体和反映公司员工精神风貌的直接窗口。2007年创办了第1期企业内部杂志《和》，受到了广大员工及行业内外的肯定和欢迎。杂志自创办以来一直坚持三个原则：即旗帜鲜明的大力弘扬三和文化；始终如一的树立国家核电发展清洁能源的企业形象；以人为本，贴近一线员工，让员工和家属在第一时间走进国家核电进而成为员工的精神家园。

四是创造歌曲，激发员工激情。4年来国家核电员工以歌曲创造传唱的方式宣贯三和文化。2008年成立歌咏队，作为公司企业文化的宣传队，唱国家核电人，说国家核电事，颂国家核电精神，迄今为止共录制了《我们种太阳》、《和之歌》两张公司员工原创歌曲专辑；2011年在解放军歌剧院举办了“和之乐”国家核电新春音乐会，诠释了三和文化的内涵，用艺术的手段激发了员工的激情，使员工情感及对企业的归属感进一步深化。

第四，举办三和文化研讨营，强化企业文化认同感。为深入宣贯三和文化，提升公司领导干部的企业文化理论实践水平，国家核电举办了文化研讨营活动。活动主要有三个特点：一是突出三和文化主题，并将其凝练为和者大道；二是打造国家核电特有的浓厚氛围；三是坚持中层处级以上干部全员培训。

创建“三和文化”的体会

通过4年多企业文化建设的实践，有以下四点体会：

一是必须发挥领导的引领作用。作为企业文化的第一设计者，企业家的思想、观念、个性对企业核心价值观的影响深远。在积极推动三代核电技术引进消化、吸收和再创新过程中，公司党组高度重视企业文化建设。董事长王炳华同志反复强调，“不但要善于建设物质电站，而且要善于建设精神电站”。

二是必须吸收中国传统文化的精髓。如同核电站建立在基岩上一样，国家核电的三和文化也是建立在中国传统文化基础之上。“和”的思想已有三千年的历史，已成为中国思想文化的首要价值和精髓，是被普遍接受和认同的人文精神，更是古老东方最完善，最富生命力的哲学形式之一，它纵贯整个中国思想文化发展的全过程。三和文化牢牢地镶嵌在中华民族传统文化的核心价值上，为国家核电企业文化发生、发展和壮大提供丰富营养和文化基因。

三是必须切中企业自身的本质特征。国家核电承载着国家使命，具有创新型及国际化的特质，通过对三代核电的引进、消化、吸收、再创新，走出一条具有中国特色的自主知识产权的核电发展道路，但国家核电尚处于初创时期，将优先发展核电主业，以开放、包容、共赢的原则，与自然、社会、政府、同行、自己和谐相处。

四是必须不断进行拓展创新。企业文化的发展要适应企业发展壮大的步伐和外部环境的变化，在始终坚持公司核心价值理念的同时，不断增添新的内容，完善企业文化。2009年国家核电提出创新、创造、创业的主题，丰富了三和文化的理念体系。在“十二五”战略规划中，提出一方面实施走出去战略，兼收并蓄学习西方优秀文化，另一方面，提出建立创新文化体系，并将精细化管理、安全文化、廉洁文化纳入这一体系中，发挥企业文化持久强大的核心推动力，使三和文化真正落地生根并开花结果。

（作者系国家核电技术公司党组成员、总经理）

联想文化铸就企业发展之魂

唐旭东

联想控股有限公司（简称联想控股）1984年由中国科学院计算所投资20万元人民币，11名科研人员创立。2010年综合营业额达到1470亿元，总资产1149亿元。

联想控股采用母子公司结构，目前拥有核心运营资产投资、资产管理以及孵化器投资等三大板块，涉及 IT、房地产、现代服务业、现代农业等多个行业，其中多个行业处于领先地位。下属联想集团、神州数码、联想投资、融科智地、弘毅投资、神州租车 6 家子公司，联想控股作为联想系企业的旗舰，承担公司总体资金管理，以及子公司战略方向的统一协调与指导等战略功能。

27 年来，联想控股从中科院以 20 万元起步到今天成为一家在信息产业内多元化发展的大型企业集团。我们深深体会到企业文化是企业的灵魂，是企业生存、持续发展最重要的基石。

联想文化的主要内容

2005 年，联想控股专门聘请咨询公司进行调研对“企业文化是什么”、“企业文化怎么形成”、“企业文化怎么发挥作用”、“企业文化如何传承下去”等等一系列问题进行了深入研究。企业文化具体包括两部分内容：

一是核心价值观。核心价值观是指整个企业所有员工从上到下明确清楚地知道应该做什么，不应该做什么。联想的核心价值观秉承“企业利益第一、求实进取、以人为本”。二是方法论。方法论是指整个企业所有员工怎么做事情，怎么样形成企业自己的管理规定。具有目的性强的特点，通过分阶段实现目标。

联想文化的形成和发展

联想的文化也大体上经历了三个发展阶段：

一是自发形成阶段（1984 到 1990 年），这一阶段是主要是靠领导人的以身作则。比如，联想控股提倡“企业利益第一、求实进取、以人为本”，这些理念在一把手柳传志身上得以充分体现。1988 年，公司开始在社会上公开招聘人才，公司发展越来越大，员工也越来越多，因此，单靠领导人的以身作则无法满足企业发展的需要。

二是主动设计阶段（1990 年到 2000 年），当时。中国处于计划经济向市场经济的过渡和探索时期，社会上的核心价值观对企业有很大的冲击。20 世纪 90 年代，联想控股有极少数员工因为触犯了法律而受到法律的制裁。此后，公司吸取教训开始大量认真的研究人的管理，队伍的管理，出台了《联想管理大纲》，对新员工进行培训，联想控股逐步形成企业文化体系，具有联想人鲜明特色的文化也开始形成，文化的作用开始凸现，各项业务也进入了高速发展阶段。

三是战略性规划设计阶段（2000 年以后），联想的业务从 IT 业逐步到多元化的领域，联想文化在多元化和国际化的挑战中进入系统化的战略发展阶段，这一时期，基本、业务、人员多元化、国际化，带来了企业文化管理上的差异，联想文化在保持核心价值观不变的前提下，动态中不断发展，各个子公司也发展出自身的文化特点。特别典型的是联想集团，在国际化的过程中，遇到的文化磨合的与大挑战，带来一系列的管理问题，一度在金融危机的影响下导致大幅度亏损，2009 年，柳传志回归联想重新出任董事长后，对领导班子、战略文化的调整，2 年多来，起到了根本性的变化，市场份额从世界第 4 位上升到第 2 位。

联想文化的关键环节

从联想控股的发展来看，企业文化的形成有内在的规律，是一个长期的渐进过程。文化的形成不易，文化的维护和传承更加困难。

因此，企业文化有三个环节尤为重要：一是统一思想。最高管理层要想法一致，对“什么是企业的核心价值观”要有高度一致的认识，这样才能保证要求统一；二是坚持反复宣传贯彻，除了建章立制，组织文化学习培训之外，重要的是如何与业务及日常工作结合起来，落实到实处，在公司内部形成综合的文化氛围。三是以身作则，我们自己的体会最重要的是，以身作则是劝导他人的唯一途径。

（作者系联想控股有限公司副总裁）

以理念引领实践 让文化植入心田

杨昌江

中国石化胜利油田是中国陆上第二大石油生产基地，自 1961 年发现、1964 年正式投入开发建设以来，在黄河三角洲这片素有“石油地质大观园”之称的复杂地质条件和盐碱滩涂等恶劣自然环境下，累计探明石油储备量 50.6 亿吨，产油 10 亿吨，约占同期全国原油产量五分之一，2011 上半年实现利税 6000 多亿。胜利油田实现了连续 15 年年产量保持在 2700 万吨以上，创造了老油田的业绩，为保障国家能源安全、服务国民经济和区域社会发展做出了重大贡献。

之所以创造出这样辉煌业绩有诸多的因素，其中最有力是胜利的企业文化。着眼于为油田的科学和谐发展提供强大的文化支撑；着眼于以文化引领胜利前进方向、凝聚胜利奋斗力量，油田从四个方面突出抓好文化实践：

党政领导高度重视文化建设工作，制定战略规划，抓好组织运行

一是发挥主导作用。每年的党委扩大会议和职工代表大会对胜利文化建设做出部署安排。每年制订新的思路，新的措施，而且传承接力，保持文化建设的稳定性与持续性。各级领导干部以身作则，负责任，能力强；自觉践行为党和国家干事，为职工群众干事，按规律办事，按规矩办事。把国企的政治优势和文化优势转化为油田的核心竞争力。

二是制订发展规划。围绕“百年创新，百年胜利”的共同愿景，从 2003 年起，先后制订实施了三个三年规划，现在正着手制订第四个企业文化三年规划。每一个规划都紧紧围绕油田发展的新形势、新任务，把长期建设目标和现阶段工作任务结合起来，作为长远，立足眼前，创造阶段成果，不断形成文化的积淀。

三是强化组织运行。从2003年起，油田成立了企业文化建设领导小组和企业文化处，下属的单位也都相应成立机构，配备专职兼职人员，做好企业文化建设的组织、协调、综合和治理。企业文化处充分发挥职能作用，把党委的部署、支持、要求变成一个个具体的方案和文化项目，组织开展文化主题活动，推动了文化建设开展。

四是开展研究。2006年油田成立了企业文化研究会，进行了立项研究，推出创新成果，加快成果转化。还与中央党校联合研究编写的《胜利文化案例》入编了全国的党校教材，走进了中央党校的课堂。探索研究文化建设的测评考核机制，组织开展了“胜利文化示范单位”和“家文化示范点”评选活动，做到了抓点带面，整体推进。

以胜利油田发现50周年、产油10亿吨为契机，深化宣传教育，增强文化认同，推动创新实践

今年是胜利油田发现50周年产油10亿吨的重要的节点，胜利油田抓住机遇，大力推动油田的文化建设，组织了一系列的活动，特别是6月10日，省委省政府专门为胜利油田召开了总结表彰大会，同时授予“中国石化重大贡献”奖，中央领导习近平做了重要的批示，周永康同志专门写了文字，这些都极大的振奋了队伍的士气，增强了文化的认同，形成了打造世界一流，实现率先发展的新动力。

一是弘扬胜利精神。50年来胜利人始终以强烈的报国情怀，高昂的创造激情，不懈的创造激情，唱响我为祖国献石油的主旋律。在自然环境恶劣的情况下，高速高效的建设大油田，逐步实现了由陆地到海洋，由东部到西部，由国内到国外的跨越，创造了老油田连续28年增储过亿吨。50年的征程10亿吨的奉献，不仅创造了物质财富，而且融入了胜利责任，历练了胜利精神，树立了“科技兴油、创新发展”的旗帜，创建了一支胜利队伍。

二是增强文化认同。胜利油田发现50周年产油10亿吨的时间节点，胜利文化理念与时俱进，深入人心，越来越成为主流价值和独特的优势。胜利油田发现50周年产油10亿吨的纪念活动也是胜利油田的精神展示，在庆祝活动中进一步加大内外宣传力度，优化文化环境，营造浓厚的文化氛围，让群众受到耳闻目染的熏陶，增强自豪感和责任感。

通过深入学习中央领导的批示，广泛的开展“我的油田我的家”等胜利精神的教育活动和打造“高度负责任、高度受尊敬企业”的主题活动，产生了良好的效应。做到了低碳绿色发展，废气不上天、废渣不落地、废水不外排，特别是劳模代表团在中国石化整个系统进行了事迹报告，引起了强烈反响。

三是推动文化的实践。胜利油田把文化深入运用到经营管理当中，积极推进精细的管理模式，让文化在现场中看到，在岗位上体现，在流程中沉淀，广泛开展了“解放思想，解放人才”的大讨论活动。促进敢于挑战，靠创新攻克难题；促进敢于探索，靠创新打造胜利特色管理模式。胜利油田连续11年荣获21项国家科技进步奖，每年科研成果运用率达到90%以上。今年11月全国总工会、科技部、国资委等6部委在胜利油田召开了全国职工技术创新工作会议，现在胜利油田每天职工申报的创新科技成果达到6项以上。

大力推进实施“胜利心田工程”，使胜利文化深入人心、落地生根

2010年，油田党委以油田与心田共建为指导，推出了胜利心田工程。

一是确立框架内容。目的是把企业文化建设与心田工程有机结合起来，让心田工程成为企业思想政治工作和企业文化建设的共同载体，成为思想文化建设深度融合，一体化运行的重要平台。为此加强了与中国企业文化研究会的合作，初步建立了心田工程的框架内容：即以价值促进先进，以愿景凝聚先进，以学习开启心智，以环境改善心境。

二是加强了心理学的研究与应用。油田专门成立了心理学应用项目部，针对不同群体和各个层次人员进行心理研究和应用，加强心理疏导和人文关怀，化解心结，理顺情绪，促进和谐。下属单位成立了20多个心田工作室，举办讲座，普及知识，开展心理咨询、保健活动。

三是大力创建基层家文化。油田点多面广，队伍分散，大多独立作战，又由于石油行业的特殊性，形成了独特的父母岗、姊妹战等，胜利人把亲情、友情、爱情相连接，创建了聚力建家，聚心合家，极大的增强了职工以队为家的归属感。

胜利心田工程推进2年以来取得了阶段性的成果，中国企业文化研究会孟凡驰秘书长高度评价说，“胜利油田的心田工程，既是对胜利文化的重新梳理，也是对胜利文化不断深入的实践工程，使胜利持续发展的闪光一环具有非常重要的价值意义。”

把党建和思想文化工作向社区拓展延伸，占领主阵地，文化进社区，不断扩大胜利文化的覆盖面和影响力

由于胜利油田是先有油田后有城市，目前油田的社区仍然属于油田管理，职工、家属50多万人，油田并没有把他们作为包袱，而是作为党建和思想建设的主要阵地。油田党委把党建和思想政治工作向社区延伸，做到文化先行，教育跟进，取得了很好的成效。

一是创建包容性的社区文化，提高居民思想水平和文化素质。社区以文化和服务为宗旨，建设有区域性特色的社区文化，与油田精神主营单位的特色文化相得益彰，坚持文化与文明共创，建立了精神文明建设的共建机制，共同推进社会公德、职业道德、家庭美德和个人品德的建设，教育鼓励引导大家在单位做个好职工，在社区做个好居民，在家庭做个好成员。

二是巩固和扩大文化阵地。开展丰富多彩的群众文化活动，各社区与主营单位联合起来把代表胜利文化理念的雕塑作品、文化标牌融入小区建设中，建立文化长廊、开展红色教育展厅等活动场所，用浓浓的环境滋养了群体，社区和主营单位搭建起和谐社区大舞台，文化活动极大的丰富了精

神文化生活。

三是发挥党员品牌与桥梁代表作用。油田在社区先后成立了85家党员服务社，把党员责任规划延伸到社区，成为居民情感交流的桥梁和纽带。以党员服务社为平台，通过定期服务，建立谈心机制等活动，把组织上的关怀及时送到千家万户，形成了国有大型企业参与企业创新管理的新模式。

胜利油田一定认真学习兄弟企业的先进经验，制定实施油田“文化强企”战略，让胜利文化转化为油田核心竞争力，让胜利心田工程成为凝心聚力工程，让胜利油田不断从胜利走向新的胜利。

（作者系中国石化胜利油田党委副书记）

构建特色文化 助推太钢跨越发展

王新平

太原钢铁（集团）有限公司（简称太钢）成立于1934年，至今已有77年历史，目前是我国以生产板材为主的特大型钢铁联合企业，拥有铁矿石等钢铁冶炼原料的采掘与加工、钢铁冶炼、钢铁材料压力加工、冶金设备及备品备件制造等方面先进技术和装备。

太钢是集铁矿山采掘、钢铁生产、加工、配送和贸易为一体的特大型钢铁联合企业和全球最大、技术装备水平最高、品种规格最全的不锈钢企业，综合实力跃居国内钢铁行业前列。

太钢发生的深刻变化源于发展战略目标的准确定位，使太钢人有了共同的理想追求：得益于企业流程再造和制度创新，使太钢焕发了生机和活力。更重要的是，具有自身特色的企业文化建设为太钢的跨越发展提供了强大的动力支撑。

贯穿一条主线，加强文化建设

顺应国家提出的产业结构调整的要求，太钢通过对世界钢铁工业特别是不锈钢产业发展趋势进行系统、深入地分析，结合自身实际，确立了新的发展战略目标即：把太钢建设成为全球最具竞争力的不锈钢企业。作为太钢企业文化建设的主线——全员行动，促进文化落地。始终贯穿于企业管理全过程。通过实施文化管理，加快构建战略支持型企业文化，把员工队伍的思想和行为调整到支撑企业战略目标上来；通过实施文化管理，提高全员对太钢企业文化的认知和认同度，并在岗位中自觉实践；通过实施文化管理，快速培养一支与战略目标相适应的一流员工队伍。基于此，太钢着手逐步构建和完善企业文化体系，系统规划、科学实施企业文化管理，用心培育核心价值观，推进文化落地，为战略目标的实现提供有力支撑。

遵循四个原则，坚持文化管控

太钢的文化战略目标是做强钢铁主业，突出不锈钢产业，同时做好延伸发展、多元发展、绿色发展、和谐发展。建设全球最具竞争力的不锈钢企业，成为国内一流，世界著名的大型钢铁企业集团。集团文化管控的思想强调集团公司重在倡导，子分公司直属单位管理部门重在实践。

遵循四个原则：即一致性、必服性、补充性、具体化。这样，既做到了集团文化的高度统一，规范了子文化建设的模式，又充分调动了子分公司直属单位和管理部门建设特色文化，实践集团文化的积极性、主动性和创造性，形成了集团文化一枝独秀，文化实践百花齐放的良好局面。

依据三大步骤，实施文化管理

太钢企业文化建设所依据的认知、认同、践行三大步骤。认知就是让职工了解企业的文化，利用报纸、电视、网络、期刊杂志、基层文化墙、公共区域宣传栏、电子屏幕阵地等多渠道、多方位的对企业文化进行宣传，定期修订完善并下发《企业文化手册》、《企业文化读本》，开展实践核心价值观故事与演讲活动，引导职工认知公司文化，开展各种层次，各种类型的企业文化培训，确保培训覆盖到全体员工。

认同就是在认知的基础上，通过对企业文化理念进行解读、宣传、培训和灌输，使广大职工准确把握和认知文化理念的核心内涵，使职工真学、真信、真用，真正接受太钢企业文化的理念，进而激发斗志、凝聚力量、增强信心。

践行就是将企业文化理念自觉转化应用到工作岗位中，用核心价值观规范和约束职工的言行。太钢整理编发了《滴水穿石，我们身边的闪光点》等系列企业文化读物，引导全员用心实践，在工作岗位上真做贡献。

围绕四个方面推动文化落地

太钢积极构建企业文化实践体系，围绕内化于心，塑化于行，固化于制，外化于形四个方面。把文化理念融入企业各类管理制度中，规范行为方式，确立品牌形象，树立太钢作为公众公司的社会形象。

一是开展“建设最具竞争力的企业要从小事做起”主题大讨论和实践活动。太钢人的言谈举止、待人接物、按章操作的自觉性都大有进步，团队意识明显增强，文化素养有了明显提高。二是开展“增强责任感，提高执行力，实现精细化”主题大讨论和实践活动。强化员工“重在执行、赢在执行”的理念和精益求精、奉献精品的意识，推动了新不锈钢工程及配套项目的顺利实施；全面开展与国际一流水平的全面对标找差活动，太钢管理理念、管理思想和管理方法跃上了新的台阶。三是开展“文明在太钢”的主题大讨论和实践活动。初步形成了《太钢职工文明礼仪细则》和《“太钢职工行为细则”》，公司全员的文明素养和公司整体文明程度显著提高。

开展五项活动实践企业文化

一是强化价值观是企业文化的灵魂这一观念，增强干部职工实现核心价值观的自觉性。二是从提高职工队伍的整体素质入手，规范职工言行，提高文明素质。三是从小事做起的基础上，培养职工遵守规章制度。四是开展了“面对新装备、新设备我们怎么办”为主题的讨论和实践活动，增强职工的危机意识，提升职工的科技和文化素质。五是开展“文明在太钢”活动和查找“三不行为”的活动，重点纠正影响企业形象、产品质量、工作质量不高的不良行为习惯，增强职工的使命意识和责任意识。

太钢的企业文化建设尽管取得了一些成绩，但是也存在许多不尽如人意之处。在党的十七届六中全会精神指引下，认真贯彻本次峰会精神，学习和吸取各兄弟企业先进文化的理念和做法，积极探索不懈努力，扎实工作，真正使企业文化成为太钢不断发展的强大支撑，在推动转型跨越发展中迸发出更加蓬勃的活力和旺盛的生命力。

（作者系太原钢铁集团有限公司党委副书记）

专题互动对话：创新文化 品牌文化 诚信文化 安全文化

实践证明诚信文化是企业发展的根基

任沁新

诚信文化是一个重大的理论命题，也是一个重大的实践命题。因为市场经营就是法治经营，就是诚信经营。西方的诚信文化和东方的不一样，它叫细节诚信，在我们中国企业，几乎每个企业都强调诚信经营，但是中国现在最弱的就是诚信文化的建设，就是诚信体系没有建立起来，以至于造成社会上充斥着不诚信的行为，造成了严重的后果，也限制和制约了中国的发展。

中信重工是1954年筹备建厂，1956年动工，1958年建成，有将近60年的时间，这么一个具有丰厚文化基础的一个国有老企业，既有它的辉煌的时期，骄人的时期，但是也在市场竞争中经历了一个痛苦的过程。到2003年，中信重工已经困难重重。26亿的资产13亿的欠债，累计欠职工19个半月的工资，13年只买了一台二手机，面对这么一个企业，怎么样让它起死回生、再塑辉煌，我们做了深入的分析。

如果一个企业不能对国家诚信，不能为国家做出贡献，不能为股东带来回报，不能对相关方带来利益，员工不知道什么时候发工资，发在手里多少钱，如果一个企业是这样一种状况，是没有希望的。为什么会造成这种状况？那时候的一个情况就是只要是拿了定单没有不能违约的，对企业的诚信造成了巨大的危机。实际上问题根源在于企业的诚信危机，这种诚信危机影响从社会到客户一直到员工，对企业的诚信已经荡然无存了。从那个时候我们就开始痛下决心，挖掘了50多年发展里程中丰厚的企业文化的积淀。中信集团的12字企业精神，第一个就是诚信。老一辈的无产阶级革命家在创业的时候也是基于创新，从那个时候开始，我们建立了一个以诚信为核心价值观的企业文化体系。我们从每名员工开始加入中信重工这个团队就要认可我们的诚信文化，就要签署诚信宣言，包括每一位管理者当着全体员工的面宣誓和签字。每一名员工只要到了这个岗位都有诚信规范，告诉你怎么做。我们通过调查列了292条岗位不诚信关键事项，你违背了这个关键事项的哪一条就要扣多少分，这个打分绝对不是上级对下级的，而是群众自发的打分，每个基层单位都有一个公信委员会，每个人的分数都要记录到你每年的岗位诚信的档案里面去，到年底有一个岗位诚信的细则，这直接和每名员工的工资挂钩，如果哪个员工没有按照诚信规范做，要影响下一年的工资，最后要用你一年的诚信行为来更新你的诚信记录。

实施八年来，现在我们的员工自觉的恪守诚信，诚信敬业已经成为大家的自觉性。也正是通过这八年企业文化的提炼、凝聚和建设，我们没有依赖于集团投一分钱，也没有增加一分钱的银行贷款，而且投巨资建设了一个全新的也是最有核心竞争力的这企业。现在真正是主业突出，主体精干，规模和效益领先，具有活力和创造力的现代化企业。

2006年到2010年，九位政治局常委到中信重工视察，去年7月10日胡总书记视察的时候，第一站就到了中信重工，用了50分钟的时间总书记一路看，一路思考，也跟我们交流，看完之后总书记说你们从生产型到研发型企业的转变是经济增长方式在企业的成功实践。创新是企业的生命力，你们的经验证明了这一点，什么是科学发展观，这就是科学发展观。临走的时候说谢谢你们，希望你们再接再厉，增强自主创新能力，全面提升企业核心竞争力，力争在世界重型装备占有一席之地。对我们未来的发展目标也提出了期望。

实践证明企业文化是企业发展的根基，只有有了经得起历史检验的企业文化，能够得到全体员工认同的企业文化，才有企业的兴旺和发达。

（作者系中信重工机械股份有限公司董事长）

做企业要惠及社会 惠及百姓

赵建国

首先感谢大家给我们讲一讲自己企业文化的实践。我们创新，什么叫创新？我觉得所谓创新就是要学会在不断地否定自我的前提下不断地创新。留下好的去掉不好的，就是否定，这个否定在哲学的概念就叫作扬弃。所谓的扬弃就是要想方设法的多出新招，在行业里多创造第一，就是要多做一些不同之处，这是我这么多年以来一直在认真思索的东西。

我们做企业到底是为了什么？以前集美的企业文化定位是创集美品牌，做百年老店，但是从去年我们才发现这个口号可能是有毛病的，出了问题，什么问题？你的口号和你的参展企业有什么关系，和消费者有什么关系，和员工有什么关系，如果和大家都没有关系，你这个口号就只能是一个骗人的鬼话。所以所谓创新理念创新是最关键的，而创新的源泉是你为什么要做企业。

我们做企业无论大与小，盈利状况有多好，能不能做到惠及社会，能不能让员工从其中得到好处，能不能和你近的人得到好处，能不能给国家创造更多的税收，如果能，无论大小都是好企业，如果不能再大的企业也没有意义。这一点是我从集美的发展中感受到的。

比如说刚才提到买家具到集美花钱不后悔，就是要向大家转达一个概念，我们卖东西就是要实实在在，让老百姓在这里得到好处和实惠。2000年年末的时候，我们的老集美就在离这儿不远的五棵松，那时候有6万平方米的建筑，600多个参展企业，国家奥运征地的时候需要用这块地方，这6万平方米的建筑我们没跟国家要一分钱补偿，无条件服从，这在中国的拆迁史上都应该是绝无仅有的。为什么我们能做到这一点？那是因为我们非常清楚地知道一个概念，我们做企业到底是为了什么。国家百年有这么一次奥运的机会，如果因为我们跟政府要补偿，会影响到几百个企业闹起来，如果因为我们的行为影响到申奥，我们将受到永远的谴责。所以我们毫不犹豫地放弃了我们一切哪怕是正当的诉求，无条件的服从了政府，服从了申奥。

前年我们在天津做了一个项目，这个项目我们是2009年12月13日破土，一栋楼的建筑用了不到一年的时间顺利开业，为什么能用这么快的速度做成这个项目，乃至惊动了天津市委书记亲自带着四套班子到现场帮我们解决难题，是因为我们做企业是惠及社会，我们提的口号是“联合创造新家庭”。我们重新梳理，把我们坚持了10年的集美文化否定了，我说的否定不是抛弃，是扬弃，改成了“团魂成就你我”。也就是说我们强调要学会在成就他人的同时要成就自己。我们主体是做卖场的，我们的集美有两千多参展企业，我们必须要维护这些企业的利益，每天都有成千上万的消费者到集美买家具、选建材、做装修，我们必须为消费者真诚负责。同时在集美生活着我们自己五千多名员工，参展企业两万多的售货员在集美工作，我们又肩负着对他们的管理和提升企业文化的责任。所以我们的企业文化一定要和消费者紧密相连，要和参展企业紧密相连，要和工作人员的利益紧密结合一块儿。所以，我们对消费者提出打造多彩生活，对行业提出引领家居朝向，对管理团队提出和谐高效，我们的指导思想就是团魂成就你我。就是学会把大家的精神，大家的智慧，大家的力量联合在一起把它梳理起来，然后学会在成功他人的同时成就自己。集美在北京有免费的班车，在天津、廊坊都有免费班车把消费者拉到身边来。另外商户在集美的企业参展，我们能做到在集美家居买家具和建材永远比其他的卖场低10%，我们给消费者10%的返点，节假日20%，但是参展企业的促销费只收1%，为什么这么做？实际上通过我们的运作，让大家从中得到实惠，从这里面帮助消费者，当然这里有我们的技巧，很多的同行业的老板到我们这儿来沟通学习，我们也把怎么想的怎么做的端给他们，但是你必须得真诚为消费者着想，为参展企业着想，为员工着想。今年推出新的政策，凡是搞大的促销活动的，一次带了200以上的客流，一次给补贴两万，这一点在其他的卖场不可能做到，而我们做到了，因为我们是真心地想帮助参展企业，只有他在我这儿成功了，我才能更长远，他把消费者带来了，也看了别人的东西，是一个互惠共赢的概念。

今年我们把员工的工资一次上调30%，解决了所有员工的免费午餐。为什么敢这么做？其实最核心的一点就是要让在你身边工作的人从中得到好处、得到关怀。一个企业说的再好，不让社会、老百姓见到实惠，全是假的。今后我们的企业文化无论发展到什么程度，要做到对一方有利，让老百姓说好，我们的企业就成功了。

（作者系北京集美家居市场集团有限公司董事长、总裁）

学者观点：文化实践的规律与方式

社会主义文化大发展大繁荣时代的金融企业文化建设

王成荣

十七届六中全会针对当前文化水平与综合国力不适应、文化发展与经济增长不适应、文化发展与国民素质要求不适应等问题，做出了关于深化文化体制改革，推动社会主义文化大发展大繁荣若干重大问题的决定。这一决定就微观层面上说，对于推动企业文化建设具有重要的指导意义。本文将阐述以下两个观点：一是社会主义文化大发展大繁荣离不开企业文化的建设；二是企业文化建设必须用六中全会精神来引领。

社会主义文化大发展大繁荣离不开企业文化建设

六中全会的决定中，有关企业文化问题，只从“发挥人民群众文化创造积极性”的角度，提到要提高企业文化建设水平，与今天理论界和企业界所研究和实践的“企业文化”不完全是一个语境。但我认为企业文化这一微观文化与社会主义宏观文化密不可分，没有企业文化的发展与繁荣，就没有社会主义文化的大发展大繁荣。为什么？理由有五个方面。

（一）提升国民素质离不开企业文化建设。企业不光是经济组织，也是文化组织，还是一所育人的学校。全国1000多万家企业，员工（含农民工）有四五亿，金融业从业人员也有几百万，这些人构成国民的重要组成部分。国民是文化的创造者和承载者，国民素质高低决定着文化水平的高低。企业员工身在企业，时刻接受着企业文化的熏陶。只有企业文化建设的好，有良好的企业文化价值、环境与氛围，才能使员工在企业这所特殊的学校里，提升素质、增长才干、净化心灵、振奋精神，真正成为社会主义文化建设的主体。

（二）践行社会主义核心价值观离不开企业文化建设。社会主义核心价值观包括马克思主义指导地位、中国特色社会主义共同理想、以爱国主义为核心的民族精神和以改革创新为核心的时代精神以及社会主义荣辱观等。企业文化建设，尤其是国有企业文化建设，即遵循经济规律，也体现国家政治、文化发展要求，企业文化中核心价值观的确立，必然体现社会主义核心价值观的根本要求，因此，企业文化建设成为社会主义核心价值观建设的重要基础，在企业文化引导下的经营活动成为社会主义核心价值观最基本的实践活动。

（三）优秀文化的传承离不开企业文化建设。文化传承不仅需要口头传承、印刷传承、电子传承、网络传承等手段，不仅靠博物馆、大学、媒体以及社会科学、文学、戏剧、电影、电视、音乐、舞蹈、美术、摄影、书法、曲艺、杂技、民间文艺、群众文艺等载体和路径，不仅需要对物质文化遗产和非物质文化遗产的保护，这些都是形式。最根本的文化传承是思想传承和行为传承，企业文化建设是最好的传承形式之一。企业文化建设中融入优秀传统文化，逐渐被员工所接受，润物细无声地渗透在企业经营行为和服务行为中，逐渐传到向消费者，传到向社会，就会起到有效的传承作用。

（四）文化创新离不开企业文化建设。1988 年 7 月 15 日广东梅山实业总公司经理陈煊给著名经济学家于光远写了封信，谈到一个观点，企业文化是社会文化生长点，我认为这是一个非常重要的观点。进一步可以说，企业文化是社会新文化的生长点，企业文化建设是文化创新的重要手段。众所周知，推动社会进步的根本动力是生产力，在当代，企业是生产力最主要的组织者，企业在组织生产力过程中创造的理念、思想、知识、技术、精神等等，是社会的最新文化。社会文化发展与繁荣没有企业的创造，就是空论。企业文化建设能够把企业在组织生产力过程中创造的理念、思想、知识、技术、精神等积累、凝练起来，就构成社会新文化的基础。可以说，社会文化创新的源泉在企业。新文化不是理论工作者、作家、艺术家创造的，他们只是总结提炼者。

（五）文化产品的生产与消费离不开企业文化建设。影视、演艺、广告、会展、动漫等等文化产品实际上都是企业创造的，企业文化品位有多高，决定其所创造的文化产品价值有多大。美国是个文化大国，因为它的企业文化实力强，文化品位高，所以好莱坞大片、迪斯尼以及流行音乐、出版物等，在世界上具有较强的竞争力。美国的音乐唱片发行在国际市场上的占有率超出 20% 的份额，美国图书销售额占世界图书销售总额的 30%。除了这些，谁说可口可乐和麦当劳中没有美国文化，ipad2 和 iPhone 4 也不仅仅是电脑和手机，是文化载体，乔布斯不光是个企业家，也是文化大亨，征服了世界上太多的年轻人。这些附加在产品上的文化软实力是由企业文化演绎放大的。与此相适应，文化产品的消费也离不开企业和企业文化建设。企业员工是文化产品消费的主体，企业自身也是文化消费者。在企业文化建设中，文化设施设备、文化礼仪、文化活动以及文化环境的营造，都需要消费文化产品。企业是文化市场繁荣的推动者。

实际上，从广义来讲，科学技术进步是文化进步最重要的标志。在市场经济条件下，企业是科技进步的主要推动力量，尤其是今天的新能源、节能环保、电动汽车、新材料、新医药、生物育种和信息产业的技术，多数是由企业创新文化推动的。

金融企业文化建设必须用六中全会精神来引领

六中全会决定指出，当今时代，文化越来越成为民族凝聚力和创造力的重要源泉、越来越成为综合国力竞争的重要因素、越来越成为经济社会发展的重要支撑。其中还有几个重要观点，即提高国家文化软实力；建设社会主义核心价值体系；建设中华民族共有精神家园。

对于一个国家，文化软实力意味着在世界上价值观影响力、国际舞台上的话语权、文化产品的竞争力、科学技术的实力、品牌的文化附加值以及国民素质与创新能力等等。我国目前 GDP 全球第二，进出口总额全球第二，外汇储备全球第一，220 种工业产品产量世界第一，制造业在全球占比 15.6%，是第二大工业制造国。但是国家竞争力排名第 17 位、科技成熟度排名第 79 位。尽管因近几年全球金融危机，中国国家竞争力排名可能大幅提升，但软实力仍是严重短板，提高国家文化软实力必然成为国策。

一个国家一个民族必须有核心价值体系，否则就是一盘散沙，没有核心价值体系是最危险的事。我国强化社会主义核心价值体系建设是战略之举。美国有 236 年历史，经历 44 任总统，《独立宣言》所反映的基本价值不变，这是它雄踞世界政治经济舞台的重要原因。

与核心价值体系相适应，维系一个民族的纽带、血脉，是它的信仰、传统、风俗与习惯，这就是精神家园。中华民族有极强的根的意识和集体归属感，有自己的独特的精神家园。但这个家园在社会转型期需要建设和维系，建设和维系好了，就能产生巨大民族凝聚力与向心力。

用六中全会决定精神引领金融企业文化建设，也就是要做好三件事：提高金融企业文化软实力，塑造金融企业核心价值观，建设金融企业精神家园。

（一）提高金融企业文化软实力。近些年来，中国金融企业快速成长与成熟，尤其是伴随着中国经济实力的增强，银行、保险、证券和基金等金融企业的实力大增。问题是我国是金融大国而不是金融强国。除了金融业务和企业发展不平衡外，主要是软实力不足。在软实力中，最突出的是企业文化软实力薄弱，在责任文化、品牌文化、创新文化、服务文化以及职业道德等文化建设上明显落后于金融业发展速度和硬件建设。金融企业文化软实力，表面看很“软”，不能代替经济指标，但从长期看，它引领着金融企业经营方向，提供着经营动力，提供着经营管理准则，提供着产品附加值，提升着员工素质，最终决定着金融企业竞争力。比如，就目前中国的银行企业，存款利率执行统一标准，而储户为什么会有不同的选择，主要是选择不同的服务，文化软实力对储户满意度起决定作用。产品生产也是如此，一双在美国市场售价 100 美元的耐克鞋，我国企业通过 OEM 方式只赚不到 2 美元，耐克公司却赚到几十美元，这是品牌文化软实力带来的产品附加值。

（二）塑造金融企业核心价值观。企业核心价值观是确保企业基业长青、长期获利的根本价值主张，因此非常稳定。世界上最长寿的组织体有两类，一是教会，一是大学，有上千年甚至几千年的历史，因为价值独立、稳定。企业也有长寿的，如日本拥有3146家企业超过200年历史，其中7家企业历史超过1000年。金刚组超过1400年历史，原因是坚守做一件事，修建庙宇，追求的价值是稳定的。总结中外长寿企业基业长青的共同基因，大体有这样几条：品质、诚信始终如一；在坚守中创新；重视人性与发挥人的价值；善于学习与借助外力；责任感与利他精神，注重理性竞争，用无数实践经验证实着西蒙的话“生存得最好的生物是对周围环境最有利的生物”，最有责任感与利他精神的公司成为最有竞争力的公司。

当代中国企业的核心价值观是社会主义核心价值观与企业经营理想、信念、目标以及员工追求的契合点。在市场经济条件下，价值观呈现多样化、多元化，这是迫切需要研究的问题。回归本源，企业产生是因为可以降低交易成本，也就是加盟到企业的每个人能够获得更大的价值，所以企业成员有共同的理想与价值。随着所有权与经营权的分离，经营者与劳动者的分离，以及企业的社会化，员工价值、企业价值、社会价值分离。因此要寻找几者价值的共同点，重塑现代企业利益相关者共享价值观。

金融企业是特殊的企业，金融事业是道德的事业。金融危机本质上是信用危机，美国冲击华尔街事件实质上是公众对金融业信用的质疑。因此，塑造金融企业核心价值观，既要秉承一般企业成功的普遍价值，还要从金融企业的特殊性出发。塑造金融企业核心价值观的重点是：社会责任意识，遵守政策，稳健经营；信用意识，坚守从业道德底线；人本意识，提高服务品质；创新意识与开拓进取精神。

（三）建设金融企业精神家园。在西方不少国家，多数国民有宗教信仰，如美国有宗教信仰的人有1.3亿，主要信仰新教和天主教；英国新教徒占成人的60%；加拿大信奉天主教和新教的人占88.5%。在这些国家，教堂就是多数国民的精神家园。中国传统中多数人不信教，我们的国民精神家园在哪里？农民的精神家园在村落，城市居民的精神家园在社区，企业员工的精神家园就在企业。中国企业承担着比西方企业更艰巨的任务，西方企业更主要是一个提供工作机会的机构，中国企业不仅是工作场所，而且要建成为精神家园，满足员工的精神追求、精神依托、精神归宿感 化解心理压力，矫正心理扭曲；以及实现成就感、分享团队集体生活乐趣等等。因此，中国企业要建设好属于全体员工的精神家园。

金融企业多数员工每天与金钱打交道，工作规范、单一乏味，更需要精神家园建设。金融企业精神家园建设，既要重视通过吸收员工参与企业文化建设和通过有效的文化传播系统，使员工分享企业文化建设过程与建设成果，通过思想政治工作创新激发员工工作积极性，通过组织丰富多彩的文化活动，改善文化环境，建立文化礼仪，丰富员工的精神文化生活，陶冶员工的情操；更要注重坚持以人为本，发挥人的首创精神，实现员工的自我价值。例如，通过建立合理化建议制度、工作申报制度等，推动员工参与管理。让工作适应人而非人适应工作。歌德曾说过：“如果工作是一种乐趣，人生就是天堂！如果工作是一种义务，人生就是地狱！”员工有了快乐的工作，又有机会和条件实现价值，享受多彩的精神生活，在这样的精神家园里人们有感恩，有敬畏，团结和谐，能够找到企业发展与自我实现的契合点，就能够焕发出无穷的力量。

（作者系中国企业文化研究会副理事长、学术委员会委员，北京财贸职业学院院长，教授）

中国传统文化与企业文化实践

司马云杰

企业文化实践的理论，涉及的问题很多，比如说怎么对待东西方文化，怎么总结现实的文化经验等，这里不可能全面去谈。我今天主要围绕《中国传统文化与企业文化实践》这个题目，讲三个问题。一、什么是中国的传统文化，能不能落实到企业文化中去，能不能付诸企业文化实践；二、传统文化付诸企业文化实践的自觉问题；三、中国传统文化付诸企业文化实践的几点建议，建议可能不符合实际，仅供参考。

现在讲第一个问题，什么是中国传统文化，它能不能落实到企业文化中去？西方文化精神，从古到今都离不开上帝或“逻各斯”；印度文化精神，从古到今都离不开“梵”；中国文化精神，从古到今都没离开过“道”。这个“道”实际上就是宇宙结构法则秩序的价值思维肯定形式与抽象形式。它作为阴阳化育的最高本体存在，就是一个生化万物的宇宙原理。西方文化讲上帝造人，那是一个神话，信仰上帝也只是一种价值设定。我们这个民族是早熟的，早在2000多年前就已经隐退了上帝，代之以“道”的存在。故老子说“道”在“帝之先”，比上帝的存在还早，还要久远。中华民族的生存，不论是开物成务，道济天下，还是解天下之惑，断天下之疑，建立信仰和信念，都没有离开过“道”，没离开过这个最高存在。“道”是中国传统文化最高存在，是最为根本核心的部分，是国家民族最高的祖训：一切都不能离开“道”。在天为天道，在地为地道，在人为人道，在政为政道，连烹调也讲究味道，并且都规定了具体内容，如“天之道曰阴与阳，地之道曰刚与柔，人之道曰仁与义”，政道有王道与霸道之分，王道以天之大德，仁爱天下，霸道把持权力，威加天下，王道是最好的。其它各行各业，也都有自己最好的道，自己的祖训。这是在“道”周流宇宙，贯通万物，落实到具体事物上讲的；而若是就其最高精神讲，就是“刚健、中正、仁义、和平”八个字；就其最核心价值体系讲，就是儒家讲的，以天德王道，仁爱天下。《易传》讲“太和”之道，讲“刚中而应，大亨以正，天之道也”，周子讲：“圣人之道，中正仁义而已”，就是讲的“道”的最高精神，“道”的核心价值体系。

中国文化的“道”，就其“无极而太极”存在讲，就其形而上学本体讲，就其纯粹法则来讲，是无形无象的，看不见，摸不着的。但“道”的存在，不是空寂，不是虚无，不是什么都没有，都不存在，而“寂然不动”中包含着阴阳、动静、刚柔，包含这一切法则，一旦动而生阳，静而生阴，一阴一阳，互为其根，就会生出万象，造出万物。因此，中国文化的“道”不是空悬着的，不是彼岸世界的存在，而是周流宇宙，贯通万物的。它至大无外，至小无内，浑然存于天地之间，无处不是阴阳之道，无处不是阴阳化育的宇宙原理。即使现代自然科学，也没有超过这个宇宙原理。它贯通一切，旁通一切，周流弥漫，生化一切，创造一切，就是“道”的哲学体系；其寂然不动，至精至诚，刚健中正，仁义和平，就是“道”的价值体系。因此，“道”的存在，不仅三五以变，错综其数，可以推天下之数，定天下之象，而且君子以此终日乾乾，修道进业，可以达到至诚不息的境界，创造盛德伟业。

由上可知，中国文化的“道”是可以向下落实的。《易传》讲“一阖一辟谓之变，往来不穷谓之通，见乃谓之象，形乃谓之器，制而用之谓之法，利用出入，民咸用之谓之神”；以及讲“形而上者谓之道，形而下者谓之器。化而裁之谓之变，推而行之谓之通，举而错之天下之民谓之事业”；“化而裁之存乎变，推而行之存乎通，神而明之存乎其人，默而成之，不言而信，存乎德行”，就是讲的“道”之向下落实。中国的科学创造、器物制造、开物成务、政治法律、社会伦理、道德修养及精神世界，无不是原于道，无不是“道”向下落实贯通，而且自然科学与人文科学是不割裂的。现在，所有的科学，包括西方现代自然科学，都没有超出“道”的法则，没有超出这个生化万物的宇宙原理。如果没有《周易》的二进位，西方现在计算机都没法创造出来，巨大的网络系统就没法建立。所以不要小看中国文化，不要小看中国形上之“道”，不要瞧不起它哲学原理与最高精神！

既然中国文化的“道”，是可以落实到开物成务中去，落实到整个社会人生中去的，那么，今天我们的企业文化建设为什么不去贯通落实呢？不去把它变成现代企业文化建设的原理，并付诸企业文化实践呢？这有一个思想认识问题，就是认为中国文化落后，西方文化先进，认为中国传统文化解决不了现代社会包括企业发展所存在的问题。我们承认，西方现代自然科学在开物成务方面，在析物之精方面，有了巨大进步。但是在最高哲学原理方面，在最高本体论存在方面，并没有提出什么新的东西，或者说，它的一切发展都还没有超出生化万物的宇宙原理，反而把它肢解了，把整个知识体系变成了支离破碎的片段。现在西方的科学，乃是实证科学，是抛却最高本体存在，只是在经验实在的知识上，在感官知觉对象的有限知识上，讲科学的；离开了物的知识，离开知觉感官对象的有限知识，是实证科学不承认的。这样，所谓的科学知识，也就只有物的存在，而没有精神、没有精神世界了。正是因为实证科学没有解决精神问题，人生意义问题，所以胡塞尔才说：“在人生的根本问题上，实证科学对我们什么也没有说”。正是因为没有解决精神问题，人生意义问题，所以西方才发生了精神危机，才回复宗教，回复宗教信仰。我们也有点精神危机，怎么办？不向传统文化的最高存在寻找信仰与信念，把十几亿都变成基督教徒或新教徒成吗？

不仅精神方面是这样，开物成务方面也是这样。现在按照西方文化搞现代化，也出了问题。由于西方文化，特别是西方现代科学肢解了整个知识体系，把它变成了支离破碎的知识片段，“碎片化”成了没有大用的小知小识，不但治不了国，安不了民，反而造成了一大堆问题。空气污染、水土流失、资源破坏、能源危机，以及造成各种国际冲突、社会矛盾，岂不都是来源于现在所谓西方科学吗？来源这种科学“碎片化”的小知小识吗？以此治国，头疼医头，脚疼医脚，按下葫芦起了瓢，怎么能解决国家民族的长治久安呢？以此管理企业，怎么能不使企业不顾生态破坏，以生杀掠夺方式，追求“利润最大化”呢？怎么能不抛弃伦理道德，抛弃天理良知，不顾人生命安全，一味儿地制假造假，残害天下苍生呢？不论是以西方文化治国，还是以西方文化管理企业，都到了该反省的时候了。

怎样反省？回归到中国文化价值体系上来，重新以中国文化最高精神和根本价值体系审视现代化建设的实践，审视西方文化的合理性与不合理性，自觉地以中国文化的“刚健、中正、仁义、和平”的精神，以仁爱为核心的价值体系，治国平天下；对于企业来说，就是使企业管理、企业文化中国化。因此，所谓文化自觉，就是以中国文化治国平天下的自觉；落实到企业文化建设与实践，就是使企业文化中国化的自觉。这种自觉不是空的，不是说说就算了，而是要见诸文化实践，见诸怎样治国平天下的。例如现在最大问题，是经济建设如何搞？按照现在的经济学理论进行经济建设可以吗？现在的所谓经济学，乃是小经济学，而不是经世致用的大经济学思想。中国文化的“经济”二字，乃是指经世致用，道济天下而言的，并非专门指商品买卖，指投入、产出、市场、利润、价格。现在的经济学，实际上是工具经济学或工匠经济学，是为公司或资本家赚钱的学问。经济学本来属于体用之学，属于历史哲学或政治哲学的范畴。现在的经济学不讲本体论，不讲大法则、大哲理，不讲本体大用，更不讲断天下之疑，解天下之惑，如何建立信仰信念问题，排除一切价值判断，流于赚钱的学问，甚至为了赚钱不择手段，为了“利润最大化”，不惜牺牲天理良知，以这样的经济学治国，搞现代化经济建设，能不出问题吗？中国文化的“经商”二字，不叫经商，叫“做生意”，意思就是说，把没有生意的地方，把死寂的地方，把贫穷落后的地方，做出生意来，使之充满生意、生机，使之生气勃勃，使之兴旺发达，一片兴隆景象。这样做生意，叫做“仁”，叫做“义”。仁即生意，没有生意，即麻木不仁。要想做出生意，就要追求和谐，没有和谐，就不能生长，萌发生意，获得利益。故曰“利者，义之和也”。因此，“经商”的本义，是仁，是义，就是以仁和义为根本法则，做出生意来，使之成为生机勃勃的存在，而不只是是为了赚钱。这样经商，这样做生意，这样搞经济建设，自然不会掠夺，不会为了“利润最大化”破坏生态，不会为了赚钱不择手段，更不会不要天理良知，坑害天下百姓。能够以此治国平天下，以此搞经济建设，就叫文化自觉；而这对企业家来说，能够将中国文化根本精神、价值体系落实到企业文化建设中去，见诸文化实践，使企业文化中国化，就是文化自觉。

国家民族不是个生物群体，而是文化群体。中国所以不同于西方，阿拉伯世界所以不同于基督教世界，不在于地理分布与自然环境不同，也不在于经济基础与政治文化制度不同，而在于它们文化形而上学存在发展出来的信仰、信念及伦理道德精神不同。这种信仰信念及精神存在，构成了它们社会历史的内在目的论，也构成了国家民族不同本质规定性。这种社会历史不同本质规定性，构成了不同国家民族的性质。由此可知，一个国家，一个民族，是离不开它的文化的；离开了，就不是这个国家，这个民族了。中国之所以是中国，就在于它有几千年的文化，有自己的根本文化精神。大家想想，如果中国离开几千年的文化，还是这个国家，这个民族吗？不是了。公司企业也是这样。它虽然在科学技术上有着统一性、一致性，但若就其文化本质而言，不同国家民族的企业，也有其着不同文化本质规定性的。同仁堂有同仁堂的文化，如果离开了它的文化，同仁堂也就不是同仁堂了。同仁堂是这样，海尔、联通等等，也是这样。所以文化自觉，就是认识这种不同本质规定性，追求不同文化本质的规定性，实现国家民族的自主，企业的自主。

获得文化自觉，是一个非常复杂的问题。怎样由不自觉变为自觉？现在，大家都在讲复兴，讲中国文化复兴，复兴到哪里去？走一条什么样的道路？我们能像西方帝国主义那样走一条霸道的道路，到处去掠夺吗，我看不行。所以，我的第一条建议，就是应该实行新的王道经济，就是中国的现代化，应该走一条新王道经济的道路。它的核心要义，就是以天德王道，仁爱天下。天德就是像天一样光照一切，雨露一切，覆盖一切，包含一切，像大地一样生化一切，蓄养一切，负载一切，托起一切。这就是乾坤之德，天地精神。实行新王道经济，就必须有这种精神，不能光是照顾小集团的利益，家族的利益。有天德才能行王道。所以新王道经济，就是这样一种新的人本主义，就是要以儒家天德王道的思想，仁爱天下，对内解决民生问题，对外以刚健、中正、仁义、和平之道，协和万邦。我们的企业，也应该实行新王道经济，不仅要对考虑民生问题，还应该把生意带给世界人民，而不能像帝国主义那样到处去掠夺。

第二，为了适应新的王道经济，我们必须建立新的现代伦理道德精神。西方资本主义精神，是从新教伦理来的，故也称之为新教伦理精神。无论是路德，还是加尔文，都是“听从上帝的召唤”出发，发展新教伦理精神的。中国没有基督教，我们不可能从上帝的存在引出现代伦理道德精神。从哪里引出？中华民族是本于天的，只能从天的存在，从天道本体那里引申出来，从中国形而上学的大道本体存在那里引申出来。这就是《尚书》所讲“天叙有典”、“天秩有礼”的意思。关于“建立新王道经济与现代伦理精神”，我在《中国文化精神的现代使命》一书（山西教育出版社 2007 年出版），专门有一章，讲了这个问题；2007 年的《中国企业文化研究》也连载了这章书稿，大家可以参考，我就不多讲了。

第三，应该恢复诗书礼乐之教。回复诗书礼乐之教，就是用中国文化伦理道德精神重新教育人民，化成天下。恢复诗书礼乐之教，就是恢复仁义礼智之教，恢复天理良知之教，就是随着社会转型，自觉地完成文化转型，使国家民族教育回归到中国文化价值体系上来。因此，恢复诗书礼乐之教，不是复古，而是与时偕行，赋予新的内涵与意义，实现现代条件下的国民教育。

最后，随着经济发展和生活条件的改善，应该给予国民（包括企业职工）一定的道德修养时间，使其能够获得道德精神生活。陈白沙先生说：“静中养出端倪，方有商量。”道德修养，没有一定安静时间是不行的。现在，人们匆匆忙忙地上班，匆匆忙忙地下班，一天到晚像赶场子一样，根本没有时间想一想人为什么活着，这样活着是有意义的吗？更不要说获得高深道德精神世界了。这样的生存，怎么能培养出有良好道德修养的公民呢？因此，随着经济发展和生活条件的改善，必须给予国民（包括企业职工）一定道德修养时间，使其进行道德修养。

（作者系中国社会科学研究院社科学所研究员、中国企业文化研究会学术委员会委员）

专题论坛：精细文化 质量文化 项目文化 班组文化

以重大典型群体的培育树立实现鞍钢文化的传承和发展

苏文生

2011 年以来，鞍钢集团各级党组织以重大典型群体的培育树立为重点，加强和创新企业思想政治工作，有效的实现了鞍钢优秀文化的传承和发展。

一年多来，鞍钢矿产公司齐大山铁矿财产公路管理员郭明义的事迹已经在全国引起了强烈的反响。2010 年 8 月中共中央总书记，国家主席，中央军委主席胡锦涛对郭明义的事迹给予了评价。指出，“郭明义同志是助人为乐的道德模范，是新时期学习实践雷锋精神的优秀代表，要大力宣传和弘扬他的先进事迹和崇高品德，为构建社会主义和谐社会提供强大精神力量”。

胡锦涛总书记在观看了话剧《郭明义》之后，他指出，“郭明义同志长期以来自觉学习实践雷锋精神，坚持爱岗敬业，助人为乐，不愧是新时期的道德楷模，我们都应向他学习”。总书记对郭明义事迹的再一次肯定给予鞍钢职工以巨大的鼓舞。

2011年的6月28日，电影《郭明义》在全国首映，并荣获华表奖，7月由中央宣传部宣教局，辽宁省委宣传部组织的“郭明义精神进社区、进企业、进部队、进校园、进机关”的活动在全国全面展开。中央对郭明义的评价也是对培育典型成长的鞍钢优秀企业文化的肯定。

鞍钢悠久的历史和优秀的企业文化为英模人物的涌现积淀了丰厚的沃土，大力弘扬英模人物事迹和崇高精神，使鞍钢的优秀文化代代传承

新中国成立以后，鞍钢累计产生以重大典型为代表的各级劳模5640人，其中有145人获得“全国劳动模范”和“全国五一劳动奖章”的光荣称号，这在全国工矿企业中是不多见的。鞍钢恢复建设时期的老英雄孟泰、五六十年代的走在时代前列的王崇伦、从鞍钢走进军营的雷锋、改革开放新时期涌现出来的李晏家、基层管理者的榜样刑贵彬，特别突出的是新时期学习雷锋实践优秀代表郭明义。

回顾鞍钢典型成长的历程，在不断地探求鞍钢这片沃土典型辈出的缘由，概括起来有以下四个方面：

第一，鞍钢之所以英模辈出，以鞍钢精神为核心的优秀企业文化为其提供了丰厚的沃土。鞍钢在解放后60多年的建设发展中，不仅为国家和社会创造了巨大物质财富，也积淀了宝贵的精神文化财富，经过不断地沉淀积累整合升华，形成具有鞍钢特色的企业文化，以创新、求实、拼争、奉献为内涵和特征的鞍钢精神是对鞍钢职工团队精神和风貌的提炼概括，是鞍钢文化建设的重要内容，在鞍钢发展史上起到了重要的作用，占有重要的地位。创新、求实、拼争、奉献的鞍钢精神就是鞍钢人的精神，既包括了以孟泰为代表的老一代鞍钢人的优秀品德，又具有新时期时代特性和时代要求，对团结吸引鼓舞激励鞍钢广大职工，全面提升职工队伍的素质发挥着不可替代作用，成为推动鞍钢发展的强大精神动力。60多年来经过不断宣传和培育，鞍钢文化及鞍钢精神得以有效弘扬和传承，伴随着一个个鲜活的英模人物，潜移默化的根植于广大职工心中，这些英模人物成为广大职工做事做人的精神力量和榜样，激励着更多英模的成长和涌现。

第二，鞍钢之所以英雄辈出，作为国家重要的骨干企业的地位作用，为其提供了广阔的成长舞台。鞍钢长期承载着国家赋予的历史重任，用钢铁的臂膀支撑了共和国的经济大厦，是国内屈指可数的对国家贡献最大的国有企业之一。解放后60多年来，鞍钢为我国的钢铁工业发展，国家经济建设和社会进步事业作出了与大的贡献。目前累积生产铁4亿多吨，钢4亿多吨，钢材3亿多吨，上交利税总额1400多亿元，相当于国家同期对鞍钢投入的26倍。同时，鞍钢还向全国钢铁战线输送50000多名干部、工程技术人员和熟练的操作人员，向社会各项事业无偿提供了巨大的帮助。作为新中国成立后第一个恢复和建设起来的大型钢铁联合企业，鞍钢的建设发展备受党和国家领导人和举国关注。一代代鞍钢人不辱使命，不断创造出钢铁生产的优异业绩，而其中作为突出贡献鞍钢众多英模就是他们的杰出代表，他们在全国和工业战线具有的影响性、说服力和示范带动性。正是中国钢铁工业的摇篮和共和国钢铁长子成为众多英模不断成长和施展才华的宽广舞台。

第三，鞍钢之所以英雄辈出，现代大工业生产锤炼出的高素质职工队伍为其打造了坚实的群众基础。典型的成长与整个企业员工队伍的素质分不开，而高素质的员工队伍正是鞍钢这样大型联合企业中得到长期锤炼而具有全局意识、高度组织纪律性、勇于承担、不怕吃苦、不计较个人得失的职业素质；勇于创新，不断进取，乐于奉献，追求卓越的品质特征。

第四，鞍钢之所以英雄辈出，各级党组织坚持不懈的开展宣传思想政治工作为其提供了坚强的政治保证。长期不断开展宣传思想政治工作，大力开展社会主义精神文明建设活动，特别是通过企业文化建设，创新、求实、拼争、奉献的鞍钢精神深入人心，不断传承，培育出爱党、爱国、爱企、爱岗具有强烈社会责任感，政治思想觉悟高的职工队伍，培养选送典型已经成为鞍钢各级党组织开展思想政治工作的重要内容，强有力的宣传思想政治工作为鞍钢英模辈出营造了浓厚的氛围和提供了有效的政治保证。

在重大典型的培育树立上，鞍钢特别重视典型的时代性、群体性、传承性，使重大典型的示范带头作用在企业两个文明建设中始终保持先进性，并得到充分发挥

鞍钢文化和鞍钢精神的形成和发展，以不同时期具有时代特征的典型为代表的，通过典型的先进性提炼形成鞍钢精神，一代代的典型群体是鞍钢文化的基础，在重大典型的培育树立上重点把握以下三个方面：

第一，注重时代特点，体现先进性。在恢复建设时期鞍钢人依靠自己的力量，创造了恢复生产的奇迹，涌现出中国工人阶级的优秀代表老英雄孟泰，他身上集中体现了鞍钢人在严峻和困难的考验面前艰苦奋斗，爱厂如家，为国分忧，无私奉献的主人翁精神，成为鞍钢精神形成的重要基础和源头。

在“一五”时期，鞍钢人艰苦创业，顽强拼搏，先后完成了举国注目的三大工程建设，即中国首先开工的高炉，大型钢轨厂，第一根无缝钢管，创造了中国工业建设史上的奇迹。在此期间，鞍钢人追求科技进步，大搞技术革新和技术革命，掀起了依靠科技，振兴企业的热潮，涌现出著名劳动模范王崇伦等一大批闻名遐迩的英雄模范人物。1950年到1960年鞍钢诞生的全国劳动模范75人，伟大的共产主义战士雷锋作为从旧中国走来的青年，在鞍钢工人阶级中得到了思想觉悟的熏陶，在鞍钢这座大熔炉使他的崇高道德风尚得到了锻炼和升华。改革开放和现代化建设时期，鞍钢的劳动模范仍然领跑全国工业战线，维修工人李晏家，入厂30多年利用业余时间刻苦学习，她先后对130多台设备进行改造创新，帮助企业获得国家专利18项，专有技术5项，累计

创造效益数千万元。一线工人走上基层管理岗位的刑贵彬，结合产业工人的思想状态和工作规律，摸索总结出讲创新，讲制度，讲和谐的精细化管理办法，被称之为“基层管理者的楷模”，工作法已经在实验当中得到成功的实践。

第二，注重层次多样，体现群体性，加强各类各级先进典型选送与宣传工作，形成不同层次的典型群体。长期开展“学孟泰爱鞍钢做主人”的活动，注意发现典型，总结典型经验和事迹，大力树立宣传典型。鞍钢在成立和恢复建设时期，就把评选先进职工作为调动广大职工积极性的行之有效的工作方法；把部队评选战斗英雄的方法运用到鞍钢的恢复建设中，不断完善形成制度，每年按一定的比例层层评选先进工作者，每两年评选一次鞍钢劳动模范，在鞍钢劳动示范中推荐市、省及全国劳动模范。在青年层面，鞍钢共青团系统已开展10届鞍钢“十大杰出青年”的评选，为青年成才提供榜样。

为了充分体现鞍钢科技人员在鞍钢技术中的作用，已经连续多年开展鞍钢科技标兵活动，给予重奖。这不仅调动了广大职工的积极性，而且推动了企业生产建设的发展，造就了大量的英模人物。以2005年以来鞍钢精神文明建设先进典型群体为例，累计评选鞍钢文明作业区，文明岗位，文明窗口等文明集体和文明标兵就达到193个，涌现出以郭明义、刑贵彬为代表的全国省市道德模范，省市学雷锋先进典型以及各类精神文明建设标兵3813人。

第三，注重精神提炼，体现传承性。从孟泰、王崇伦，到雷锋、郭明义，鞍钢在不同历史阶段都涌现出走在全国前列、具有鲜明时代特征的模范人物。而这些模范人物又激励着一代又一代鞍钢人奋勇前行，在一代代以示范人物为代表的鞍钢人凝结和提炼出创新、求实、拼争、奉献的鞍钢精神。同时随着时代发展，新一代的模范人物和鞍钢人在不断地继承老一代模范人物的精神品质的同时，又在以自己的实践不断赋予鞍钢精神新的时代内涵，丰富和发展鞍钢精神。

创新就是解放思想，与时俱进，勇于超越和突破，不断推进企业体制技术管理创新；求实就是求真务实，坚持一切从实际出发，干事实，重实效，讲诚信；拼争就是拼搏进取，永争第一，追求工作和事业的高标准，高质量，高效率；奉献就是通过创造一流的经营成果，报效国家，壮大企业，造福社会，回报投资者，实现国家、企业、社会、个人的四者利益的和谐统一。

为了展现60多年鞍钢人创新精神的代代传承，在2010年纪念鞍钢宪法发表50周年之际，开展了感动鞍钢创新人物评选活动，评选出60年来为鞍钢技术进步事业作出突出贡献的先进职工代表，大力弘扬鞍钢工人阶级，大搞技术革新和技术革命的优良传统。

在重大典型宣传推广上加大力度，注重创新，并一直得到了中央与地方政府的正确领导和大力支持，彰显重大典型的影响力

鞍钢在典型的宣传上注重传统方式与现代手段的结合，充分发挥典型的影响力。具体包括三个方面：

一是以阵地建设为手段，注重持久性。近年来，鞍钢注重加强阵地建设，加大投入力度，修缮了孟泰纪念馆，雷锋纪念馆，厂区建立了孟泰、王崇伦、雷锋的塑像，接待了大批的参观者，很好的发挥了宣传教育基地的作用。近期又在齐大山铁矿创建了以展示郭明义等一批道德模范事迹为重点的鞍钢职工道德培育基地。

二是以开展主题活动为手段突出参与性。各级党委组织职工开展学习实践活动，引导广大职工在活动中找差距，明目标，定措施，形成百花齐放的局面。进一步发挥郭明义的示范作用，鞍钢党委2011年在全体职工中开展了学习郭明义做高素质鞍钢人为主题的员工职业化宣传教育活动，引导职工树立正确的职业理念，热爱企业，忠诚企业，不断提升职工队伍职业道德素质，推动员工学习力、思考力、执行力和团队精神的提升。

三是以复合式载体为手段，呈现多样性。注重以多种形式开展典型事迹的总结，宣传和推广，各级党组织编辑制作了大量反映先进典型事迹风貌的读物，音像作品，鞍钢编辑出版反映李晏家、刑贵彬等各层次先进示范人物事迹的读物、音像制品40余种，矿业公司编辑出版矿山英模10余种，特别是在郭明义的宣传过程中出版了集锦《当代雷锋郭明义长篇报告文学》，《朋友我能给你什么》，《郭明义的故事》，以及郭明义事迹宣传的挂图等等。鞍钢还大力支持电影《郭明义》的拍摄，作为建党90周年的重点献礼影片，获得华表奖。话剧《郭明义》剧组受到了胡锦涛总书记的亲切接见，总书记对郭明义再一次作出高度评价，并在中央十七届六中全会上进行演出。

当前网络等新媒体越来越成为各种思想的集散地和社会舆情的放大器，充分应用新媒体提高重大典型的影响力和号召力，在新浪网开设了郭明义微博粉丝达370余万人，覆盖全国各地5000多万网民，进入新浪微博排名第85位，影响和带动郭明义爱心团队150余个，人数达到50000余人。

重大典型群体的培育树立，使鞍钢企业文化不断发展，钢铁强国造福社会的企业价值观已成为广大职工自觉践行的行为准则，以郭明义为代表的重大典型成为强大的动力。

（作者系鞍钢集团党委副书记、纪委书记）

以争先文化引领企业持续发展

张明铁

建设企业文化，充分发挥人的作用，是当今世界企业发展的一种趋势，是经营企业的新思想、新观念、新路径。

回望近些年，中建三局改革发展，形势喜人。年合同额从100亿增长到1300多亿，年营业收入从100亿增长到500多亿，员工收入增幅均在15%以上，创造了同行业多项第一的记录，这与倡导、实践争先文化密不可分。

社会主义市场经济涌动竞相发展的潮流，使中建三局争

先创优，开拓进取，敢为人先，不断挑战建筑的高度、跨度和体量之最，率先开展管理体制和领导体制改革，始终追求物质文明和精神文明相协调，企业发展与员工发展相一致，企业实现了又好又快、持续健康发展。可以说，中建三局的历史是以争先文化为灵魂的发展史。

争先文化有着积极进步的时代特征

在计划经济与市场经济交接之际，在既无行业保护、有无地方保护的情况下，中建三局凭着对市场的敏锐反映，率先从湖北出征到改革开放的最前沿——深圳经济特区。1982年，中建三局迎接新挑战，抢先竞标53层、160.5米时为“国内第一高楼”的深圳国际贸易中心大厦，一举中标。以敢为人先的精神，大胆采用了新技术，创造了三天一个结构层的“深圳速度”，把中国建筑水平由高层推向了超高层施工阶段，“深圳速度”也成为我国改革开放的代名词而闻名遐迩。

争先文化之于中建三局，还有更多的精彩。

中建三局是我国建筑高度的缔造者，继1985年建成时为华夏第一高楼的深圳国际贸易中心之后，于1997年建成384米的深圳地王中心；1991年建成415.2米的亚洲第一高塔天津广播电视塔；2008年，建成492米的世界最高楼顶高度上海环球金融中心。

中建三局是我国高端项目的拓荒者。建造了世界最高的全钢结构发射塔河南广播电视发射塔；世界最大悬挑平台和空中花园深圳证券交易所营运中心；世界最重悬拉建筑深圳万科中心；中国最大公共建筑单体建筑北京央视大楼。

中建三局是我国建筑品质的引领者。获得90多项鲁班奖，获全国文明单位，4项工程获评新中国成立60周年精品工程。

由此，理论界和企业界对争先文化有了更多的思考。

首先，争先文化伴随着社会主义市场经济的兴起而出现，它虽然萌生、实践于一个企业，但它所包含的敢为人先，抢前争先、先行先试的果敢与魄力有着大力推动企业做强做大做优的进步意义，广泛使用于激流勇进的当今时代众多企业开拓奋进的文化选择。

其次，争先文化有着积极进步的鲜明内涵。从中建三局生根、开花、结果的争先文化来看，它鼓励积极进取的企业行为，营造企业不甘平庸的品格，赋予企业争创一流的禀赋，堪称一种积极进步的企业文化。从历史和现实考察，每一种积极、进步的文化，作为一种影响人的思想、观念的意识形态，都有着推动事物发展的特殊功用。

再次，争先文化符合优胜劣汰的时代发展规律。与中建三局同一时代的一些企业由于安于现状，最终被时代淘汰。如中建三局一样，在激烈竞争当中立于不败之地的企业，靠什么雄姿勃发？靠的是争先一步。

争先文化有着与时俱进的引领作用

客观地说，改革发展几十年间，我国众多企业新的运行机制是一步一步走过来的。正如改革开放总设计师邓小平所说：“摸着石头过河。”一步一步走，摸着石头过河，走得快不快，走得稳不稳，走得好不好，这里面有一个胆识高下优劣的问题，企业的胆识，说到底就是企业文化使然。

1987年，中建三局率先推广“鲁布革”经验，成为全国18家试点企业之一，推动了中国建筑业的改革发展；1992年，中建三局总结推广“标价分离、过程精品、CI形象”的珠海经验，并由建设部在行业推行；2005年，在中建系统率先推行国有独资企业董事会制度；2009年，在中建系统率先发布全面管理体系文件，企业管理模式居国内领先水平。随之，一系列管理的桂冠，戴到了中建三局头上：1983年，中建三局被国家授予首批一级资质工程承包企业。2002年，中建三局和一公司同时跻身首批房屋建筑工程施工总承包特级资质行列，一个工程局拥有两项特级资质，这在业内属凤毛麟角。

翻检中建三局的管理创新档案，不难发现，每一次厉行管理新政，企业管理者意见都有着惊人的相似：要破除惯例开先例，要带头闯敢于冒敢于试。

分析中建三局管理领域创新带来的企业良好的运行机制，理论界、新闻界、企业界的朋友普遍认为，争先文化与时俱进，不仅为企业市场开拓和技术创新提供了精神动力，而且为构建企业良好的运行机制发挥着重要的思想引导作用。因而，争先文化之于企业管理创新有着十分重要的意义。

首先，争先文化有着开创性。一个企业管理制度不变是相对的，变是绝对的。面临市场经济条件下，企业生产经营方式的不断变革，管理方式也要进行变革。争先文化告诉我们，企业的管理制度主动变，抢先变，创造条件变，要比被动变，落后变，坐等条件成熟变要积极主动得多。

其次，争先文化有着向上性。就是在同一向度的企业管理变动中，也有一个趋利向好的衡量标尺。所谓趋利，就是管理要趋向社会效益、经济效益双赢；所谓向好，就是管理要向着以人为本、充分发挥人的积极因素着力。争先文化启示我们，企业管理能够通过积极主动的努力，达到趋利向好的目的。

再次，争先文化有着开拓性。对现代企业管理来说，任何已设定的管理方式或者管理模式都会遇到新情况，新问题的挑战，都有着变动、调整甚至推倒重来的可能。争先文化要求我们，每临挑战要有勇气、有魄力，要在适应、变动、调整中抢先开拓新的管理模式和方式。

争先文化有着睿智和谐的文化品性

积极进步的文化，能启人心智，催人奋进。中建三局的争先文化，锻造着朝气蓬勃的员工队伍，使之形成开阔的视野，保持高昂的斗志，养成敢闯敢干的精神。争先文化就是积极进步的企业文化。

企业领导人处于企业经营管理活动的中心，领导团队特别是主要领导人的价值取向、思维方式、性格特征等客观上引导或者说主导着一个企业的文化发展。因此，领导人既是企业文化的倡导者、培育者、体现者，也是企业文化变革的推动者。

在中建三局，历届领导都有着培育争先文化的强烈意识。既通过言传、宣传争先文化，又注重实践，弘扬争先文化，使争先文化深深根植于广大员工心中，使广大员工成为争先文化的认同者、实践者、推动者、丰富者，从而使企业文化实践有了深厚的群众基础，有了广阔的实践天地，绽放出璀璨夺目的物质文明和精神文明之花。

作为全国企业文化建设先进单位，作为湖北十大优秀文化品牌的争先文化。2005 年，中建三局荣获“全国精神文明建设先进单位”；2008 年被评为全国文明单位；三次被评为全国五一劳动奖；2011 年局党委作为湖北唯一央企被评为全国先进基层党组织。

企业文化的选择能不能适应企业员工的口味，能不能促进员工队伍建设，要看这种文化品性是不是优异。中建三局之所以锲而不舍地选择争先文化，是因为它具有人文包容的品性，有广阔博大的品性，我们认为，这是一个当代企业理智的文化选择。

首先，争先文化追求进步的品性，具有普适价值。一个企业生存于当今时代，不可游离于社会之外，只有争先文化才能在众多企业的激烈竞争中立于不败之地，这是争先文化的前提。

其次，争先文化人文包容的品性，具有感召力量。现代企业的支撑靠先进的设备，科学的管理，说到底还是要靠人的主观能动性的发挥。没有人的敢想敢干，没有人的抢前争先，再好的商机也会贻误，再有利的优势也会丧失。世间最使人充满向往的，就有争先创优的跃跃欲试。这只有争先文化才能担当。

再有，争先文化广泛博大的品性，具有社会认同。面对商战，面对日益激烈的竞争，正所谓狭路相逢勇者胜，依靠高人一等的谋划，依靠公平合理的原则，一个企业的抢先胜出，自然会得到社会的广泛公认。毫无疑问，这有赖于争先文化的表现。

正如中建总公司董事长易军说：“中建三局的争先文化与党的创先争优是一脉相承的，建设综合实力最强，发展质量最好，企业品牌最优，员工信托指数最高是我们的理想追求。”胡锦涛总书记在党的十七大报告中强调：“文化越来越成为民族凝聚力和创造力的重要源泉，越来越成为综合国力竞争的重要因素。”民族如此，国家如此，企业也当如此。

中建三局将以党的十七届六中全会精神为指导不断传承丰富提升自己的争先文化，引领企业持续健康发展，为推进文化的大发展大繁荣作出应有的贡献。

（作者系中建三局党委副书记）

构建玉柴特色文化
推动企业跨越发展

郭德明

“企业是什么？”这一问题，是每个企业必须回答的基本问题。从企业的简介可以看得到答案，企业的回答千差万别，同样一个企业在不同时期，回答问题的答案也不相同。下面我从企业文化的视角谈谈玉柴的文化定位。

玉柴从建厂到现在有 60 年的历程，发展分为两个阶段。有人提到玉柴，可能在脑海中最先想到是发动机，这是玉柴必须经历的阶段。今天或者是未来我们希望玉柴是什么，希望它是一块玉，从企业文化角度来讲，希望玉柴上升到更高的阶段，这是玉柴未来发展的方向。

玉在中国是“食之金，国之器”。玉柴是玉的文化内涵，概括起来就是绿色发展的企业责任，和谐共赢的价值取向，卓越领先的行为准则。

以绿色发展为企业责任

玉柴大力倡导绿色发展的企业责任理念，坚持走绿色工业发展之路，以研发制造节能、低耗、环保、高性能的绿色动力和绿色机器为已任，在保护环境、节约能源资源、促进人类健康生活中实现企业的可持续发展。

玉柴集团研发的是绿色产品，从电控、OBD 技术、轻量化、混合动力、节能低煤、高功率密度、废气能量回收，到 2011 年欧 VI 排放的高新技术等国际领先的技术为支撑，积极研发清洁节能的新动力。成功研发出世界首台可再生空气混合发动机、新能源发动机、回收发动机及智囊发电机组等。推出的拥有自主知识产权的玉柴国 3、国 4、国 5 柴油发动机，分别比国家排放标准实施提前 3—5 年研制成功，使中国发动机行业实现与国际发动机研发同步。在废气排放控制技术上一直保持领先，玉柴二氧化碳排放量持续下降，与 90 年代相比，2010 年排放产量增加了 8.5 倍，但是产品的排放总量基本上保持不变，实现了可持续发展。在节能技术方面，玉柴的柴油发动机的标定功率燃油耗率从 1998YC6105QC 机的 230g/kW.h 下降到 2009 年 YC6L 机 197g/kW.h，下降幅度达 14%。目前，玉柴的全系列发动机已经全部达标，为国家的空气治理和环境保护作出了贡献，成为绿色动力的引领者。

玉柴坚持以绿色制造理念指导生产实践，在整个生产环节，从原材料的选用，资源利用到回收再制造都考虑到节能和环保要求，大力推广和轻量化技术降低发动机的单排重量。在生产过程中，注重引进先进设备，推广使用环保材料，代替对环境危害大的普通油气，开展了资源回收利用和再制造工程，努力减少能源消耗，改善劳动环境和减少环境的污染。近 5 年来，玉柴的单台能耗下降 23%，其中有一项工艺在全球首先采用机器人工艺，不仅大幅度改善了劳动环境，而且能耗降低 8%，铁水减耗和铸件减重成本一年节约 20000 万。采用的玻璃钢废气，有效的减少了环境污染，每年减少烟尘排放 1000 多吨，二氧化碳排放 90 多吨，成为践行绿色指导理念的典范。

以和谐共赢为价值取向

玉柴以构建企业内外部和谐关系，实现企业、职工、利益相关方的共同发展为基本的价值取向。企业发展离不开职工，也离不开利益相关方共享的道德观念。注重企业文化建设、价值链建设为企业发展创造良好的内外部环境，真正实现多方共赢发展。

一是注重人文发展与建设。按照构建和谐玉柴的要求，在企业内部建设忠诚、博爱、和谐、安康的理念，注重企业和职工双方的关系，引导职工从企业大局和长远利益出发，正确处理劳动薪酬等利益关系，努力建设企业和职工和谐的新型劳动关系。

一方面，重视人文关怀。在经营管理中，完善激励和薪酬福利制度，认真的执行 ISO140000 环境管理体系和 GBT28000 职业健康安全管理体系标准，每年投入专项资金给职工购买劳动保护用品和生产车间的设备等等。改善生产条件，作业环境，保护职工身心健康。同时，建立突出贡献人员的激励办法、重大科技进步奖的管理办法、高技能人才奖励方案、拔尖技师奖励方案等等。从能力、荣誉、待遇等方面对职工建立全方位的激励，建立了职工困难补助基金，重大疾病救助等专项基金，每年开展承诺办事实和亲情服务活动，落实职工人文关爱。另一方面，注重践行的科学思想。通过相应的活动宣传，使和谐共赢理念深入人心，营造企业和谐发展氛围。

二是注重价值链建设。玉柴在企业发展过程中，始终坚持共赢的价值观和坦诚、信任、公平、公正的合作理念，将玉柴及利益相关方紧紧相连。通过 YC 战略联盟体与供应商和服务商建立了战略合作伙伴关系，进一步密切与利益相关方的联系；通过定期走访供应商、服务商，共同打造科学、高效的利益共同体，实现多方共赢。

三是注重社会责任建设。玉柴积极救助贫困失学女童，连续 5 年向“春蕾计划”捐款超过 125 万元，每年资助 500 名贫困女童上学。玉柴在天津大学等高校设立“玉柴励学金”，资助家庭经济贫困的优秀学生顺利完成学业。3 年来，玉柴集团奖学基金和晏平爱心助学基金，为 200 多名职工子女提供了超过 65 万元的奖学助学金。正因为玉柴有着强烈的社会责任感，积极共享企业成果，自觉履行社会责任，为社会作出了突出贡献。

以卓越领先为行为准则

玉柴倡导“卓越品质、国际玉柴”的经营思想和“领先适用、卓越发展”的工作理念，抓好产品研发、经营管理和人才团队建设，大力构建企业核心竞争力，确保企业健康、安全、持续发展。

一是打造卓越领先的产品。玉柴不断推进产品自主创新，打造技术性、动力性全面领先实用的产品。近年来，运用领先的国际技术，成功开发了一系列新的发动机，始终处于行业的领先水平。“十一五”期间玉柴参与 29 项国家标准修订和制订，申报专利 854 项，获得专利授权 612 项，荣获“中国十大自主创新品牌”奖。自主创新能力和核心竞争力得到明显提升。

二是推行卓越绩效管理。坚持市场和绩效管理目标。建立职工工作绩效评价体系，推行客户满意度管理、产品定单管理、制造管理、全面预算管理等一系列先进管理方法。2005 年，荣获“全国质量奖”；2009 年，荣获“实施绩效先进企业”，成为行业管理标杆。

三是培育高效团队。坚持人才强企的方针，重视人才队伍建设。通过实施人才振兴规划，建设三级培训网络，规划职工培训生涯，大规模培养高层次的人才，培育了一支拥有专家、博士、硕士和本科及中高级技术工人组成的高素质人才队伍。同时，建立首席技能大师、高级技师、高级工程师，为技能人才提供成长平台。

（作者系玉柴机器集团有限公司党委副书记）

品质改变世界的伟大力量

何真临

一代天才苹果公司董事长乔布斯走了，但他留给我们的理念“改变世界”却永远激励着人们去探索、去创新、去不懈奋斗。无独有偶，三一集团的核心文化理念也是“改变世界”，但是，是品质改变世界。三一集团董事长梁稳根说过，“用世界一流技术武装传统的工程机械行业，使它上升到世界一流的水准，进而改变世界对中国产品品质低劣，价格低廉的偏见。”

文化是一个企业的旗帜。作为分管文化的副总裁，我觉得应该给予文化理念的进一步升华。所以我把它诠释为改变世界是古往今来多少仁人志士梦寐以求的追求。哲学家以思想改变世界，修身齐家治国平天下；革命家以暴力改变世界，把旧世界打它个落花流水，奴隶们起来，起来；政治家以变革改变世界，中国的戊戌变法，邓小平同志的改革开放。

作为企业家的梁稳根先生提出来品质改变世界的理念。三一集团在这一理念引领下取得了跨越式发展。2010 年，三一集团销售超过 500 亿，2012 年将跨过 1000 亿。7 月 1 日，党的 90 华诞的时候，三一集团跻身于英国《金融时报》全球市值 500 强的行列，这是迄今为止中国机械行业首家进入世界 500 强的企业。

当三一集团机械出现在智利救援现场的时候；当接受日本的请求把 62 米的长臂架泵车运到福田核救灾现场的时候，三一集团的国际品牌的知名度、美誉度得以大力弘扬。

品质改变世界引领三一的战略方向

三一集团这些年取得了超常规的发展，最重要的是战略。因为三一集团选择了一个与共和国共同高速增长的产业，工程机械行业。未来中国的城市化、工业化还有多少年的大好时光，世界知名的、中国知名的大批经济学家到三一集团讲学。在他们的演讲中，三一董事长梁稳根先生都会问同样的问题，中国的大好形势能延续多少年？这些经济学家几乎都异口同声的回答，只要中国的政策不出现大的变化，将延续 30 年左右，预示着三一未来的前景非常广阔。因为中国的城市化率完成了 46%，美国接近 90%，而城市化每增加一个点，意味着将有 1400 万农民进入城市，意味着将进行大规模基础设施的建造其中包括房屋、桥梁、住宅、学校等等。三一选择了一个与共和国共同高速增长的产业。这个选择也是在品质改变世界文化理念的引领。

品质改变世界是三一人创新的动力

三一的崛起改写了中国工程机械的历史。由于三一的引领，中国的工程机械已经变成了中国最具核心竞争力、最具比较优势的一个产业。2009 年，66 米长臂架横空出世，标志着三一从技术的追随者上升到技术的领跑者，当它亮相德国的宝马展的时候，德国朝野为此震惊，他们没有想到中国能推出 66 米的长臂架，不到两个月的时间又推出了 72 米的长臂架，2011 年又推出了 86 米得长臂架，极大地提高了中国制造业在世界的地位。

品质改变世界的理念是帮助员工成功的源泉

三一品质改变世界，首先要改变我们的企业，改变我们的产品，改变我们员工的风貌、品位、收入。董事长梁稳根先生有一句非常感人的话，“有一个梦，希望每一个三一的员工都过上富足而又有尊严的生活，这个理念成为了三一帮助员工成功的源泉。”

这些年，三一不但创造了一个知名于世界的民族品牌，更重要的是，成为一个造富工厂，一个人才的阳澄湖。所谓造富工厂，三一在取得非凡业绩的同时，造就了一大批百万、千万、亿万、十亿万、百亿万，乃至数百亿万的富翁。去年的“三一节”，奖励了一位两手空空，怀着满腔热情和追求来到三一的 CEO，金额为 4.3 亿。如果高的奖励可以使一批有梦想、有追求、有激情的英才在三一找到了自己的归宿，那是值得的。同时，三一又是人才的阳澄湖，经过三一文化洗礼的人其人力资本的含金量得以大幅度提高。例如，有一个下属员工是分管企业文化的部门经理，在三一他是一个普通的员工，但他最大的特点是能复制我的演讲，几乎天衣无缝。之后，另外一个企业聘用了他，成为了工会主席和行政总裁和人力资源总监。此外，一大批 30 岁左右的精英走上领导岗位，掌管着企业几十亿，上百亿的资产，成为了掌门人。可见三一在提升人才的能力上有何其大。

三一集团秉承品质改变世界这一理念，继续不断走出亚洲，走向全球，攀登世界产业的最高峰。

（作者系三一集团有限公司副总裁）

创建“四结合”学习型班组文化

林可夫

这些年，在加强企业文化建设的过程当中，我们深刻意识到企业文化是企业的灵魂，更是构建和谐劳动关系，促进企业实现可持续发展的动力源泉。

企业文化是企业的核心竞争力，它既是软实力，又是生产力，对这一点，我们现在许多企业都已达成共识。但是，在建设企业文化的过程中，也出现两种情况：一是企业文化生在日本、成在美国、热在中国；二是热在中国，却只是虚热。

对这个观点，我并不完全认同。现在有些企业比较热衷于在企业文化的外包装上下工夫，忽视了对本企业企业文化的本质追求。但是我们从实际工作中，更深刻体会到，更重要的，更关键的是如何使企业文化特别是核心价值观能够真正落地生根，真正的在广大员工心中产生共鸣和认同。实践告诉我们，不能落地的企业文化哪怕再美丽，再动人也不过是天上的浮云，好看不管用。所以，加强企业文化建设的形势很好，但形势比较严峻。

正是基于以上情况，正泰在加强改进员工思想政治工作的基础上、在开创非公企业党建新局面的态势下，感到在企业文化建设实践的过程中，相对来讲文化热在高层，基层一线员工并不热心，并没有意识到企业文化建设对企业的重要性。因此，如果企业文化不能深入到基层、不能走进车间、不能进入到班组、科室，更重要的是如果不能进入到一线员工的头脑中和落实到他们的行为上，一切努力都是徒劳的。

近几年，正泰落实企业文化认真从基层抓起、从生产班组抓起，致力于班组文化的建设。抓好班组文化是企业文化建设的前提，更是最重要的真正的基础。抓好班组文化建设是构建和谐劳动关系的重要载体，抓好班组文化更是创新党建文化和学习型企业结合的有效途径，抓好班组文化也是结合班组活力，实现员工自我价值的重要平台。

如何把传统的生产班组打造成为“四结合”的学习型班组

近年来，正泰通过努力探索与实践，总结提炼出企业的文化理念。“争创世界名牌，实现产业报国”的企业使命；“诚信守法，注重绩效，不断变革”的企业价值观；“打造一流的低压电器制造企业”的企业发展目标。

第一，创建学习型班组文化的内涵是什么？就是把党小组直接建立在传统的生产班组上，把团小组、工会建立在行政班组上。这样就把党、工、团三个小组都建立在基层的生产班组上。

党小组长的任务：一是抓班组员工的学习；二是抓企业的价值观体系的学习；三是抓班组实际思想动态的学习。我们发现对员工实行价值观最有效的教育，还是在班组内部展开，让员工互相学习，互相演讲，亲身体会与感悟，最后付诸于实际行动中，效果可能更好。比如，把胡锦涛总书记的七一讲话归纳出 10 个问题，最后把它印制成袖珍式小册子，有时间拿出来看看。班前会、班后会，时间每次不超过 5 分钟，每次学习一个问题，这样在很短的时间里，员工基本掌握当前的形式特点。此外，党小组长还要关注班组员工的内心思想、情绪，如果发现问题及时帮助员工解决难题，使其能更好地工作和生活。

团小组长的任务是如何丰富员工业余生活，发动年轻员工进行技术发明，技术创造等等。工会组长的任务是维护员工的合法权益，帮助困难职工解决实际问题。

第二，创建学习型班组有两点值得注意。一是四个组长的位置要摆正，党、工、团三位组长协助行政班组长工作，目的是使生产班组负责任的做出好产品。毕竟企业是用产品来占有市场，用产品来为社会提供服务。没有产品的质量就没有产品的品质，没有品质就更无所谓企业的诚信。所以从这个意义上讲，最终落实到负责任的做好产品上。二是四位组长必须对行政班组的每个同志的情况要了如指掌。比如，这个员工家住哪里，家里几口人，父母多大年纪，身体状况怎么样，家庭的经济来源主要靠什么等等，把这一系列问题搞清楚以后，做思想政治工作就有针对性。在了解情况的基础上，很容易切入主题，很容易抓住他的问题所在，这样企业与员工心贴着心，说话有感染力，有说服力，能较快的商量怎么解决问题。班组解决不了向车间反映，车间解决不了向公司反映，公司解决不了向集团反映。

因此，就把传统意义上的生产班组打造成思想有人关心、学习有人抓、业余活动有人组织、困难有人帮这么一个和谐的、温馨的、富有人情味的一种劳动组合，一种新型的积极向上的集体。

创建“四结合”学习型班组文化的体会

第一，创建“四结合”学习型班组文化，要把常规管理上升到一种文化管理。管理的最高境界是尊重员工、相信员工、关心员工、爱护员工、发展员工、成就员工。管理的最终目的是为了让员工能高效、愉快的去做事情。

第二，创建“四结合”学习型班组文化，最重要的是关爱员工、提升员工，把员工切身利益放在第一位。我们现在体会到，稻和盛夫先生的一个创办企业的理念：“办企业是让员工和员工的家属，现在和将来的精神的和物质的最大满足而办企业”。一位日本的企业家说出这样的话，我们一般人做不到。所以，抓企业文化建设，抓班组文化建设必须把员工利益放在前面，为了员工、服务员工、发展员工、成就员工，体现人的价值，最终才实现一句话，让员工有尊严，有体面的工作和生活。

创建“四结合”学习型班组文化，让员工懂得做人要清白的做人，做事要认真的做事，处事要诚信的处事，负责任的做好产品，为社会承担责任。

（作者系正泰集团党委书记）

专题论坛：企业文化活动与方法

静水深流：企业不断发展的动力

李小琳

这次峰会有着十分重要的意义，胡锦涛总书记在今年的七一讲话中号召全党必须以高度的文化自觉和文化自信，在中国特色社会主义伟大实践中进行文化创造。我们今天总结30年来企业文化发展规律，交流和推广企业文化实践的路径方式。目的就是为了提升企业文化实践的能力和水平。

时间飞逝，中电国际从无到有，从小到大，我们始终牢记央企、国有企业的社会责任、政治责任、经济责任和社会责任。我们公司从单一的只有火电到现在水火相济，新能源共同发展的新格局。资产从过去的130万，到今天装机容量1900万千瓦，资产964亿，分布在全国19各省市自治区有74家全资和控股公司。我们发电的同时，注重资源保护和环境保护，切实履行国家的节能减排责任。2002年关停机组12台，装机容量超过40万千瓦，提前完成“十一五”减排任务。我们的新能源比率高于30%，在海外上市公司被誉为“最清洁的中国运行独立发电商”。现在公司已经形成了四大战略平台。第一，我们的常规发电公司叫中国电力，是海外上市的。另外绿色战略为主导的主要开发中国的新能源叫中电新能源，第三个是国际化业务，主要是我们在海外开发的国际化战略。另外，公司上市之后，我们施行了主辅分离，运检分离，电站服务差异化的发展战略。

公司的发展进程也是我们践行静水深流文化的进程。伴随着企业发展进步，静水深流企业文化也不断地发展进步。已经成为中电国际的文化品牌，成为企业发展的灵魂，广大员工的精神动力。静水深流是我们这么多年来管理上的一个文化结晶，是克服困难的真实写照，是我们海外发展的历史缩影，也是适应变革，勇于胜利的精神气质的高度概括。

静水深流是我们打造百年基业，激励我们永葆青春活力的精神境界，是企业可持续发展的核心动力。静水深流的企业文化代表了我们中电国际15000多员工的心声，成为广大干部的行为习惯和价值趋向。

战略引领发展，文化引领战略。下面我就介绍我们中电国际静水深流的企业文化是如何建设，如何落地的。

我从四个部分来讲起。第一部分是缘起，第二部分是内涵，第三部分是方法，第四部分是实践活动。

第一，缘起。为什么是静水深流？讲到静水深流，就不能不谈到它的文化背景和企业的历程。我们中电国际经历了三次创业，第一次是1994年，当时全国有28个无电县，1.2亿人口没有电，有拉闸限电的情况，我们的电力人有一个理想，就是把光明传达到我们国家缺电的各个地方，这种使命感越来越强，所以需要我们集资办电。当时国家总的装机容量只有1.9亿千瓦，那时候电力工业的发展也成为国家经济发展的瓶颈，当时我受电力部党组的委托到香港创业，创建了中电国际，主要就是在海外融资来参加中国电力发展建设。第二次创业就是在香港成功的上市。2004年底，我们终于十年磨一剑，在香港成功上市，打造香港资本品牌，上市之后我们就明确提出40字的战略方针，审时度势，照准定位，明晰定位，加速发展，人才强企，团队兴业，持续创新，推动变革，静水深流，构建文化。我们这样一个国企如何做一个现代国企，就要从体制上、机制上、文化上进行创新。第三次创业是创立中电新能源，我们国家的电力有了长足的发展，到了2010年国家的装机已经到了9.6亿千瓦时，连续三年都居全世界第二。但是我也走访了很多的城镇山区，看到了虽然实现了光明，但是环境又给我们带来了很大的挑战。在各种困难的条件下，我们提出不但为这个世界带来光明和动力，而且要为子孙后代留下碧水蓝天，所以又再次在香港资本市场搭建了中电新能源的平台，风声水起，我们的新能源开始发展。回首往事，创业艰难，置业不容易。我们在香港的维多利亚有一个大楼，每次我坐在楼上的时候，看碧蓝的海水，看天际远方，我就无数次惊叹到东方之珠的碧水就是涌动着世界大潮的港湾。

联想起中电国际我们的企业和公司，横跨祖国大江南北，在黄河、长江、淮河之滨都有我们的电站，我们的企业就像生命一样，就像水一样，归于静，沉于思，深于形，流于横。要想一个企业基业常青，就必须把握住变革，学会认知变化的规律，这就是中电国际企业的文化发端。

经过多年的不断地培育、发展、完善，静水深流的文化也逐渐形成，现在已经形成了一个金字塔式的文化，在塔尖是我们文化品牌静水深流，中间是核心价值观，责任、诚信、智慧、价值。我们有八大系统作为基础理念，基础理念中有人才理念、经营理念、绩效理念、管理理念、工作理念、安全理念、服务理念和学习理念。

静水深流的企业文化在实践中逐步的形成了六大特色：第一是注重实际的人才文化，是团队共进共创的团队文化，是创新的文化，是制度规范约束的文化，是绩效导向激励的文化，更是一种和谐的文化。

第二，静水深流的内涵是什么？水是天地万物之源，生命离不开水，老子说上善若水，水善利万物而不争。水有哺育万物奉献之德，水滴石穿柔韧之德，一碗水端平公正之德，甘心处下谦虚之德，水给了我们很多的启示，水是生命的源泉。静水深流的核心内涵是和谐管理之道，分为三个层次。第一个层次是包含着我们对世界对人生对事业的思考和体验。静是一种状态，是身心相应，是人与自然相应的一种状态，是我们体察生命的和谐，是一种完美的状态。水是生命的源泉，是引领我们基业常青，入上上之境，是企业的核心价值。深是生命的内涵，是深刻，是深远，唯有不断努力才使我们的生命能映照出蔚蓝的海水。流是生命的体现，是活力，是激情，是为实现梦想不懈的努力。静水深流似乎是一种道，不同的人在不同的时间，不同的期间会有不同的理解。

随着企业文化的深入实践，我又有一些新的想法，怎么样更加深刻的解释静水深流呢？“静”应该是动态的，而不是静态的，静是指企业固有的制度、文化、团队和管理，这些东西相对是不变的，一个企业的制度文化管理风格应该是固有一定之术的。静还有和谐的意思，我们企业追求和谐发展，协调发展，就是持续发展、科学发展。“深”字是深邃厚重，企业要有先进的管理理念，丰富的管理内涵。我们企业的高层、中层成员大多学识渊博，内涵丰富，员工有扎实的技能和素养，企业的发展是有厚度、深度、长度的。“流”是指活力、生机、原动力、创造力，流水不腐，户枢不蠹，一个企业应该有活力，有生机，而不是似潭。企业应该有创新的能力。“水”是这四个字最重要的核心，这个水字，象征着我们企业的产业、事业。静、深、流都是为水服务的，有了静水、深水、流水，我们的企业就能像水一样基业常青，源远流长，同样也是水滋养了我们企业的根基，使我们能可持续发展。

第二个层次，就是一个意境。静水深流又是一个什么样的意境？是天人合一，利益合一，人企合一，知行合一的境界。为什么是天人合一，怎么天人合一？我们做的是光明的事业，我们提倡的是社会责任，我们建设的是环境友好型、资源节约型企业，致力于清洁环保，不但把光明和动力输送到千家万户，还要为我们的子孙万代留下碧水蓝天，这是追求天人合一。另外我们积极的履行国有资产的增值保值，在经营上合法依规，注重诚信，为企业、为股东、为国家做出贡献的同时也显示出团队个人的价值，我们有共同的趋向，统一的规范行为，统一的目标激励，统一的有力行动，我们提倡群策群力，团队无价，这是追求人企合一。鼓励机制创新，管理创新，技术创新，做到知行合一。

第三个层次它揭示了核心价值理念。我们的核心价值理念是责任、诚信、智慧、价值。静是生命的和谐，水是生命的源泉，深是生命的内涵，流是生命的体现，我们努力地去实践我们的核心价值观。

第三是方法，静水深流如何落地生根？企业文化要想发挥塑魂、造形、育人的作用，关键是企业文化的各种理念要与企业的现实接轨，要被广大员工认同、信奉、实践。企业家的战略思想，管理行为，市场理念只有贯注到每一位员工内心，才能化为员工的精神动力，才能变成上下一致的行动，才能焕发出生机和活力。如果不能很好的落地，再好的企业文化也不过是镜中花，水中月。

我们是如何使我们的企业文化落地生根？主要是通过以下四种方式。

第一，会议宣贯。我们召开专门的静水深流文化的报告会、企业年会、企业讨论会、企业文化的发布会，每年的年会上都要做静水深流的讲座，并向基层单位的党政一把手提问。我们企业为什么是静水深流，你怎么样去理解静水深流，如何去运用静水深流等一问一答加深大家对企业文化的认知。

第二，资料宣贯。公司还以大量的画册、文学作品、理论文集、书画摄影、摄像视频等形式不断强化员工对静水深流文化的认知，先后出版摄影作品《旗舰》，文学作品《静水深流》等，基层单位充分利用宣传展板图片标语等各种形式进行宣贯。

第三，活动宣贯。公司开展各类的文化活动、都冠名以静水深流，如静水深流赏红叶、如静水深流乒乓球赛、静水深流员工书画摄影展等。通过活动让员工熟悉静水深流，亲近静水深流。

通过这几年的宣贯，静水深流文化已经被我们广大员工认同，静水深流企业文化已经生根落地，并与基层单位的文化相融合。基层单位有很多自己的特有文化，像江苏常熟发电厂，企业精神是做好每件事，努力每一天，既有常熟特色又与静水深流相呼应。比如安徽的电厂提出热爱平电，发展平电，对工作有激情，对企业有感情，对员工有真情，将人才强企融入到每个员工。检修公司致力于打造中国电力检修第一品牌，这些都体现了天人合一、利益合一、知行合一的文化内涵。

在企业文化落地过程中我感受最重要的是企业一把手必须身体力行，不仅要说，而且要带头去做。

第四是实践。静水深流做什么？企业文化是企业管理理论的崭新成果，也是企业管理的创新成果，用企业文化的成果来引领企业的发展，这是实践的问题。企业文化重在建设，贵在实践。我们所倡导的这些文化理念大部分内容都是来自于企业的实践和管理的实践，有着深厚的实践基础，也靠管理工作员工的行为来支撑。

人才强企，团队无价。我们公司高度重视干部队伍的建设，干部队伍一定要德才兼备，以德为先，选拔使用干部要选拔一批懂经营、会管理、善分析、能决策的经营管理人才。公司的高管始终关心员工的成长和发展，鼓励员工立足于本职工作，钻研业务，提升技能，岗位成才。今年在集团的 60 万机组的各项技术竞标赛上，中电国际有 5 家单位都获得了团体冠军。另外，我们还获得了多种竞赛的技能冠军。中电国际系统的员工还在中央央企的职业技能大赛中获得金银铜奖。

我刚才说风声水起，就是风力发电、小水电、生物质发电、天然气发电、太阳能发电等新能源发电领域。我们在祖国的大江南北有 22 个项目，现在清洁能源的比例已经占到全公司的三分之一。

大爱无疆，我们在静水深流实践中始终不忘社会职责，开展社会公益活动。我做了一个教育基金，在中电国际投资的所有的电厂都有一个希望小学，在我们国家发生特大困难和灾难的时候，我们的员工都是倾注心力表达爱心，爱心是无界的，6 月 1 日这天我们叫爱心日，我们资助过贫困的优秀大学生，我们资助的学生遍及全国不同的大专院校。这些学生参加了工作之后也给我写信，每当我读这些信的时候都非常感动，因为我看到了新一代的成长，感受到了一颗颗赤诚的心，也感受到我们小小的付出得到了最好的回报。

中电国际的员工在践行静水深流文化当中有很多感人的故事。今年 6 月份福建遇到百年不遇的险情，我们党组带领全体员工，发扬特别能吃苦，特别能战斗，特别能奉献的精神，众志成城，谱写了保电的动人之歌。另外开发新能源在江苏的大丰，这个地方条件非常恶劣，白天要忍受海水的侵袭和烈日暴晒，晚上要与成群的蚊虫亲密接触，员工们战胜困难，按时保质地，使风电机组全部投产。像这种小故事有很多的，我们把它编成了 2010 年度的企业文化故事集。干部员工就是以自己的实际行动践行了我们的企业文化，也正是静水深流的企业文化的生根落地开花的结果。

经过多年的提炼融合，中电国际的静水深流企业文化融汇了东方优秀传统文化和西方的先进管理理念，成为企业科学发展、和谐发展的立命之本和文化的内动力。随着企业持续发展，静水深流企业文化持续的推进，必将对公司取得更大的发展打造常青基业，发挥更大的作用，也将源源不断地提供我们的文化动力。

虽然我们建设静水深流企业文化做了一些工作，也取得了一些成绩，积累了一些经验，但与优秀企业相比还有上升空间，需要不断地完善，我们将努力打造卓越文化品牌，建设一流企业文化，为推进中国的企业文化建设的大发展大繁荣贡献出我们自己的一份应有的力量。

（作者系中国电力国际有限公司党组书记、董事长）

大庆精神铁人精神是中国石油之魂

关晓红

中共中央机关报在今年建党 90 周年之际，重点推介了中国共产党的伟大精神井冈山精神、长征精神、延安精神、大庆精神、两弹一星精神、雷锋精神、改革开放精神，七个精神之一大庆精神也是唯一以中央文件的形式肯定的企业精神。1981 年中共中央以 47 号文件明确了“爱国、创业、求实、献身”的大庆精神，1990 年，时任中共中央总书记江泽民同志到大庆视察时根据时代将献身改为奉献并诠释它的内涵。历届国家党和领导人都对大庆精神铁人精神给予了高度的评价和充分的肯定。铁人精神是大庆精神的具体化、人格化，大庆精神、铁人精神作为中华民族的重要组成部分，作为中国共产党伟大精神的重要组成部分，大庆精神铁人精神不仅被国人认知认同，也为国外企业崇尚。今年世界 500 强前五名的 BP 公司董事会在中国召开，专程到大庆学习。大庆精神铁人精神是中国石油之魂，动力之源，发展之力。中国石油气天然气公司党组始终坚持以大庆精神铁人精神构筑百万员工的思想基础，传承培育发扬大庆精神铁人精神，确立大庆精神为中国石油的企业精神，我为祖国献石油为核心价值观，奉献能源创造和谐为企业的宗旨，颁布了企业文化建设纲要，成立了大庆精神铁人精神研究会，编写了《大庆精神铁人精神培训教材》，员工简明读本，建立了以纪念铁人纪念馆为代表的 106 个企业精神教育基地，举办了大庆精神铁人精神高层论坛大讲坛，讲述了铁人，新时期铁人，大庆新铁人，三代铁人和以入选新中国成立 60 年 100 位感动中国人物的铁人王进喜等为代表的典型的英模群体。支持创造了我为祖国献石油铁人地质师，奠基者等一批文化作品，将大庆精神铁人精神进机关、进基层、进课堂，入脑、入眼、入行。2010 年 4 月启动了石油魂大庆精神铁人精神巡回演讲，一年半的时间宣讲队的同志行程 9 万公里，国内外宣讲 227 场，直接听众 10 万人，以视频同步听众百万人。中央领导讲大庆精神铁人精神今天不仅不过时，而且正当时，要好好讲下去，一代代传下去。听众反映很强烈，大家一致认为这是系统的面对面的宣讲，对党员是大党课，对员工是人生观、世界观、价值观的大培训，对中国石油来讲是打造绿色国际可持续发展的中石油的一次集中的大动员，是一场史无前例的大庆精神铁人精神的宣讲长征。

在去年，中国企业文化研究会举办的年度峰会上，大庆精神铁人精神被评为新中国最具影响力的十大企业精神，今年石油魂宣讲又被评为十大典型案例，这是一份荣誉也是一份责任，我们要以此为动力，切实传承大庆精神铁人精神，认真贯彻党的十七届六中全会精神，用大庆精神铁人精神创造新时期大庆精神铁人精神的新辉煌。

（作者系中国石油天然气集团公司副总经济师、思想政治部主任）

专题会议

2011 年——中澳企业文化 2011 北京报告会

大会贺辞：

真诚希望深化与加强澳中友谊关系

茱莉娅·吉拉德

我衷心祝愿澳中商业领袖会议在伟大的城市北京举办。

这次活动遵循了 2009 年于悉尼举办的第一次非常成功的论坛，并且得到了我的全力支持。

澳、中两国的友好关系建立在相互理解和共享利益基础上，双方的对话和交流历经了四十年的蓬勃发展。

中国是澳大利亚最大的贸易伙伴，我们将致力位于双边多元化的经济关系和高品质的自由贸易磋商，全方位减少双方贸易之间的障碍。

这次商业领袖活动将在信息分享、建立相互联系的基础上给一些领先的商业人士提供一个相互合作、促进发展的平台，并且在真挚和尊重的气氛中创造新的商业机会。

作为澳大利亚政府代表，我祝愿这次由悉尼科技大学、中国企业文化研究会主办的会议是一次富有成效的、成功的会议。

在我有机会访问中国的时候，我真诚地希望我在深化与加强澳中友谊关系中起到重要的作用。

Julia Gillard

澳大利亚总理　　茱莉娅·吉拉德（Julia Gillard）

2011 年 3 月

大会致辞：

转变发展方式 主动创新 赢得新机遇

钟　岩

我受中国企业文化研究会名誉理事长王大明先生委托，代表中国企业文化研究会，向远道而来的澳大利亚客人，向来自全国数十家企业的领导和朋友们致以诚挚问候和热烈的欢迎！

今天，中澳企业界、学术界人士相聚北京，探讨我们共同关心的话题——“中外企业转变发展方式的创新之路”，有着非凡的现实意义。众所周知，经过 30 年的改革发展，中国已成为世界第二大经济体，据有关方面统计，在全球制造的产品中，中国有很多种产品的产量是位居世界前列的，可是还很少有自己的品牌。这 30 年的历史进程中，中国企业艰苦奋斗，奋发图强，在积累宝贵经验的同时，也不断在反思并且积累着创造自主品牌实力，实现可持续发展。现在，他们行动了。带来一个最重要的变化是，廉价劳动力输出、低附加值加工的传统格局正在改变，中国企业家们正在积极寻找向产业价值链上游转型的途径；我们不但要拥有大量闻名于世界的 “中国制造”，还有拥有更多的“中国服务”、“中国品牌”、“中国创造”，拥有绿色的、可持续的、更多惠及民生的美好前景。提出“转变发展方式”的原因之一，正是基于这种紧迫感。而通往美好前景的桥梁就是创新，千千万万中国企业就是创新的主体。

近年，世界经济处在一个重要的历史时刻。企业抓住全球经济调整的机遇，主动推进战略变革和转型升级，实现更高的水平发展，就必须进行观念创新、组织创新、制度创新、科技创新、环境创新，必须建立促进可持续发展的企业文化，从根本上摆脱世界经济危机的影响，率先走出衰退的谷底，这是中澳企业的共识。在这一背景下，中澳两国企业家于 2009 年春，在悉尼成功举办了首届前瞻性的企业文化论坛。两年以后的今天，两国企业将继续就共同关心的课题展开新一轮有益的交流。

本次会议将成为极具探索价值的中外企业文化管理盛会：出席会议的澳大利亚嘉宾分别是来自于学术界、商界等领域的杰出人士；出席会议的中国企业如首钢、同仁堂、燕化、北京移动、海尔、东方物探、华能华煤、正泰、远东、吉利等知名企业的领导人将与我们分享他们独具特色的创新理念和案例，这将保证双方对话的高层次、富于新意与商业价值。本次报告会还特别邀请了中国有关专家和领导就中国外经贸形势与前景、国际化进程中的企业文化融合等企业目前密切关注的话题发表重要演讲。澳方企业家和悉尼科技大学的专家将以“全球经济未来发展趋势”和“未来国际商务管理的发展趋势”等前沿性课题作学术报告。

关于企业创新，一位全球著名的管理学者曾提出过下面的思考题：如何抓住创新本质？如何使企业上下所有的员工都参与到探索和交流中去，如何通过良好的机制把交流的成果转化为能创造价值的想法？相信本次报告会能够给出智慧的答案。

各位朋友，中国实施的“十二五”发展规划将释放出巨大的投资和消费需求，这必将为中澳两国企业互利合作乃至自身发展创造更多机遇。而使企业家们充分认识到：只有转变发展方式、主动创新，才是赢得新机遇的发动机！这也正是本次报告会所迫切期待的成果。

衷心预祝中澳企业文化 2011 北京报告会圆满成功！衷心祝愿各位朋友在北京工作和生活愉快。

（作者系中国企业文化研究会常务副理事长）

共同合作 提升服务业的创新发展

珀塞尔（Bill Purcell）

尊敬的孟会长，各位来宾，早上好！

悉尼科技大学很骄傲、并且荣幸地与贵方共同主办 2011 年论坛，我非常感谢各位来宾的到来和参与这次关于“中外企业转变经济发展方式的创新之路”讨论，首先，我要特别的感谢这次参会嘉宾——首钢集团党委书记朱继民先生，感谢首钢集团对这次“中澳商业领袖会议”赞助和鼎力支持，同时还要感谢博鳌亚洲论坛秘书长周文重先生以及从澳大利亚来的我的伙伴——澳大利亚驻华使馆贸易委员会高级商务专员 AlanMorrell 先生（孟哲伦）。

大学在经济发展中成为了服务行业的一部分，澳大利亚大学的教育产业在出口收入中扮演了重要的角色，在澳大利亚经济发展中，国际教育是最大的出口收入来源，取得了迅速的发展；教育服务出口已跃居为澳大利亚第三大服务出口贸易产业，它提升了澳洲的产业结构和经济发展，因此我们对于教育中的服务创新非常感兴趣，和考虑怎样去提升这个服务行业的创新发展。

UTS 是悉尼的一所科技大学，在这 20 年里，我们取得了迅速的发展，正在成为一所世界领先的科技大学之一。我们同时也致力于发展与中国的相互关系，悉尼科技大学和上海合作办学已经超过了 15 年，是中国大学中最早成立中外联合教学计划的学院之一，我们有超过了上千位的学生在我们上海大学就读联合学位（上海大学和悉尼大学的学位双学位）或单独的悉尼科技大学学位。在澳大利亚悉尼的 UTS 的校园中，我们为超过 1 万的国际留学生提供了丰富多样的教学方式和精彩的多元文化经验；在这 1 万多名留学生中，我们有 3000 左右的学生来自于中国，因此中国是非常重要的一部分，同时中国留学生也是非常重要的，是悉尼科技大学的生命源泉。现在我们已经培养了超过 1 万名从中国来的毕业生，他们现在就职于国家重要的岗位，为中国的发展作出贡献。昨天晚上，我与在北京的校友们见面，看到了他们中的很多人已经成为了工程师和商人。昨天，我还遇见了悉尼科技大学博士毕业生，现在在北京理工大学法学院的 Law 教授。我认为我们在与中国合作关系中已经取得了很大的进展。悉尼科技大学在全世界有 15 个科技合作伙伴，中国就有四所院校：北京理工大学、华中科技大学、武汉大学和上海大学，并且和这些大学在科技研究和培训方面的合作取得了显著的成效。

澳大利亚悉尼科技大学中国问题研究中心是世界领先的中国研究中心之一，在过去的 5 年中我们已经投资了 1000 多万美元，即 7000 多万人民币在中国问题的研究上，在对中国当代问题的研究中作出了重大的贡献。澳大利亚悉尼科技大学一直在致力于推动和发展我们两国之间的持续和牢固的合作关系。我们了解现实中不断变化的中国经济，澳大利亚对中国发展有着浓厚的兴趣，两国在学术和企业领导之间有着广泛的沟通和交流。就在上个月，上海大学的副校长出席了我召开的会议，聆听了我们经营管理的方式。在这个月中，我们几乎每天都在一起，发展了很亲密的关系，而这些个人紧密关系的建立也将有力地促进国与国之间的关系。

今天，悉尼科技大学非常荣幸地和中国企业文化研究会在北京共同主办澳大利亚、中国工商领袖论坛。大家知道，在 2009 年全球金融危机开始的初期，我们在悉尼举办了第一届论坛，主要围绕“面对全球金融危机，高绩效的企业转型”这一主题。这次工商领袖探讨的论坛，我认为是悉尼科技大学参与的最有影响的行业目标领域之一。上个月，悉尼科技大学和中国瑞宝公司签署了 3 年 300 万美元合作备忘录，用于促进中澳学术界和商界之间的紧密联系。所有我们可以看到澳大利亚大学与中国的大学、中国工商界、以及像中国企业文化研究会这样的政府机构的联系与交往在不断的增长壮大。这些都表明着中国和澳大利亚未来是美好的、互利互惠的关系。因此我认为这次的会议将会非常精彩。在中国和澳大利亚的工业也将向创新、创造性、高价值的服务业发展。我认为甚至是制造业也正向服务方向发展去创造更大的价值。因此，对于我们两国的工商领袖和学者们，适时来分享他们的观点，在未来两国的经贸关系上，我们将怎样合作，在服务行业中创造更大的价值。我希望在今天和明天每个版块的主要演讲中，将帮助激发你们的思维，并且讨论我们将如何互相帮助，去完成企业创新、文化融合、管理创新、危机管理、可持续发展和在全球并购中为两国创造最大的价值。

最后，在今天联合主办的这次论坛上，我还要非常感谢中国企业文化研究会的秘书长孟凡驰先生以及为这次论坛活动的成功举办付出辛勤工作的研究会的朋友们，非常感谢你们，谢谢孟先生！

（作者系澳大利亚悉尼科技大学副校长）

以开放的胸怀合作共赢

朱继民

在这繁花似锦、生机盎然的美好时节，我们在北京迎来了中澳企业文化报告会的召开，迎来了中澳各界的专家学者和企业家朋友们。作为本次会议的承办方，我谨代表首钢总公司向大家表示热烈欢迎和诚挚问候！

随着世界经济一体化进程的不断深入，亚太地区经济联系日益紧密且充满生机和活力。世界金融危机后，亚太地区已成为推动全球经济复苏和可持续增长的主要力量。中国和澳大利亚是亚太主要大国，近年来两国在投资、科技、文教、旅游等多方面关系发展十分紧密，其中首钢在矿产投资开发等方面同澳大利亚就有着密切的业务合作关系。

本次企业文化报告会的主题是“中外企业转变经济发展方式中的创新之路”。转变发展方式不只是中国经济社会面临的主要问题，也是一个具有时代性和世界性的课题。本次报告会汇聚了中澳各界的有识之士，将从政策导向、文化融合、风险管理、科技创新等方面交流转变发展方式的思想认识和经验做法，这对中澳各界相互增进了解与合作、对企业发展方式的有效转变，必将起到有力地推动作用和有效的借鉴启示。

首钢成立于1919年，目前是一家以钢铁业为主，跨行业、跨地区、跨所有制、跨国经营的大型企业集团。2005年2月，国家批复了首钢搬迁方案。通过近年来的搬迁调整，首钢完成了对社会、对国家、对世界的庄严承诺，北京地区钢铁主流程于2010年底全面停产；通过搬迁调整，首钢优化了产业布局、壮大了经济规模、提升了产品档次、实现了绿色发展；通过搬迁调整，首钢在北京地区获得了转型发展的良好机遇，站在了把首钢老厂区打造成高端产业综合服务区的新起点。面向未来，首钢将以加快转变经济发展方式为主线，以“首钢服务、首钢品牌、首钢创造”为引领，努力把首钢建设成为具有世界影响力的综合性大型企业集团。

各位来宾、朋友们，首钢过去的成就，离不开社会各界的支持，离不开国际交流与合作；首钢未来的发展，将以更加开放的胸怀、合作共赢的心态，与大家携手共进，共创美好明天。首钢作为本次会议的承办方，我们将努力做好相关工作，竭诚为大家服好务；同时也热忱欢迎大家到首钢参观做客、指导工作。

（作者系首钢总公司党委书记、董事长）

领导讲话：

携手开创中澳经贸合作美好未来

周文重

很高兴应中国企业文化研究会的邀请出席“中澳企业文化2011北京报告会”开幕式，并与中澳两国工商界的各位新老朋友见面。长期以来，在座各位为加强两国务实合作、增进两国人民相互了解做出了不懈努力和重要贡献。相信此次报告会将进一步促进两国企业界的交流合作，为提升两国经贸合作水平发挥积极作用。

中国与澳大利亚虽然远隔重洋，但两国人民的友好交往源远流长。建交近40年来，在两国政府和人民的共同努力下，中澳关系保持了良好的发展势头。两国高层往来和接触频繁，政治互信不断加深。中共中央政治局9位常委中有8位都曾访澳，其中胡锦涛主席于2003年和2007年两次对澳进行国事访问。2006年4月温家宝总理访澳期间，双方领导人就发展中澳21世纪互利共赢的全面合作关系达成重要共识。2009年李克强副总理访澳期间，双方发表《中澳联合声明》，为新时期中澳关系发展指明了方向。今年4月，中国全国政协主席贾庆林访澳。澳方历届总督、总理也多次访华。今年4月下旬，澳总理吉拉德成功访华。两国在经贸等领域的互利合作成果丰硕，在文化、教育、旅游等人文领域的交流合作丰富多彩，两国人民的相互了解和友谊与日俱增。目前，中国已成为澳大利亚第一大贸易伙伴、第一大海外留学生来源地、第一大旅游收入来源国和第三大科技合作伙伴。汉语已成为澳大利亚第二大语言。去年6月以来，澳大利亚文化年活动将在悉尼隆重开幕，这必将掀起中澳人文交流的新高潮。作为前任中国驻澳大使，我对中澳关系的发展成就感到高兴。

特别值得一提的是，近年来，在中澳关系健康稳定发展的大背景下，双边经贸合作蓬勃发展，规模不断扩大，领域日益拓宽，方式更加多样，成为中澳关系的一大亮点。

双边贸易快速增长。1972年中澳双边贸易额仅8700万美元，2002年突破100亿美元，到2010年增至880亿美元，今年有望突破1000亿美元大关。在世界经济遭遇国际金融危机严重冲击、全球贸易大幅下挫的2009年，中澳贸易额仍增长0.7%，达到600亿美元，澳大利亚是中国前10大贸易伙伴中唯一双边贸易保持增长的国家。据澳媒体报道，正是中国需求的拉动，才使澳成为唯一没有陷入衰退的发达国家。

相互投资不断扩大。中澳互为重要的投资伙伴。截至2010年底，澳大利亚在华累计设立投资项目9千多个，实际投资超过65亿美元。同期，中国企业对澳非金融类直接投资接近88亿美元。两国企业通过多种方式，在能矿资源开发，汽车制造、农业、节能环保、金融服务、通讯等诸多领域进行了富有成效的相互投资与合作，为促进彼此经济发展、带动就业发挥了巨大作用。

经贸合作日趋多元。中澳两国政府在应对国际金融危机冲击、促进贸易自由化、推动多哈回合谈判等国际和地区经济事务中保持着密切沟通与协调。两国各种经贸交流机制不断增多。2006年4月温家宝总理访澳期间，双方建立部长级高层经济合作对话机制。两国地方间经贸合作日益密切。双方经贸合作已经从传统的农牧业、能源资源扩展到新能源、节能环保、基础设施建设、金融等领域。中澳合作已经形成了全方位、多层次、宽领域的经贸互动格局。

中澳经贸合作日益深化不仅为中澳全面合作关系向前发展注入了强大动力，也为两国和两国人民带来了实实在在的好处，特别是为了两国成功抵御国际金融危机冲击发挥了重要作用。中国市场对澳大利亚产品的需求有力地促进了澳大利亚经济发展。同时，澳大利亚的产品出口也为中国经济增长作出了贡献。两国产业结构和资源禀赋的高度互补为双方开展互利合作提供了广阔空间和无限商机。双方正是抓住了这一独特的互补优势，着力推进贸易和投资合作，大大提升了双边经贸合作水平，创造了互利共赢的局面。

当前，世界大变革大调整步伐进一步加快，世界多极化、经济全球化深入发展，科技变革、产业创新孕育新突破，全球经济正在恢复增长，经济格局出现新变化。同时，国际金融危机的深层次影响仍未消除，通货膨胀、主权债务、自然灾害、政局动荡等不稳定、不确定因素增多。各国发展面临难得机遇，也面临不少挑战。

面对复杂的国内外形势，中国牢牢把握发展的难得历史机遇，有效应对国际金融危机等一系列风险挑战，保持经济平稳较快发展。今年3月，中国制定了国民经济和社会发展第十二个五年规划纲要。未来五年，我们将继续坚持科学发展，加快转变经济发展方式，巩固和扩大应对国际金融危机冲击成果，促进经济长期平稳较快发展与社会和谐稳定。我们将着力扩大国内需求，协调推进工业化、城镇化和农业现代化，以节能环保为切入点，以科技创新为支撑，加快调整和优化产业结构，更加重视发展新兴产业、服务业和社会事业。据我了解，澳大利亚也在持续推进经济结构调整，提升产业竞争力，加大基础设施建设投入。这给两国企业带来新的合作商机。两国企业家应抓住机遇，进一步挖掘潜力，充分发挥互补优势，在巩固和扩大现有良好合作的基础上，寻求更多的利益汇合点与合作增长点，推动中澳经贸合作关系迈上新的台阶，为两国经济社会发展作出新的贡献，实现互利共赢。

第一，继续巩固能源矿产资源、农业等传统领域合作成果，做大做强优势产品贸易，并把贸易、投资、研发等多种形式结合起来，提升合作水平，建立长期稳定的战略合作关系。

第二，充分发挥互补优势，加强在节能减排、环境保护、绿色低碳等领域的合作，并努力培育生物工程、新材料研发等高科技领域新的经贸合作增长点。

第三，加强在基础设施领域的合作。中方企业在基础设施建设方面拥有丰富的经验、成熟的技术和有竞争力的人才，双方可挖掘潜力，开拓在铁路、港口、宽带网以及灾后重建基础设施领域的合作机会。

第四，积极推动在服务业领域的合作。中国服务业的对外开放程度已超出加入世贸组织时所作的承诺。中国正致力于进一步扩大服务业开放、加快服务业发展，澳大利亚服务也发达，双方应努力拓展金融、教育等现代服务业的合作空间，把领域合作培育成新的亮点。

中澳经贸合作是中澳全面合作关系的基础，也是两国关系持续发展的动力。两国经贸合作条件独特，基础坚实，前景广阔。要把双方巨大的合作潜力转化为实实在在的合作成果，很重要的一点就是充分发挥企业家的主题作用。只有加强企业合作，发挥企业的积极性、主动性和创造性，中澳经贸合作才能不断做大做强。中澳工商界朋友们是两国经贸合作的积极实践者和开拓者，相信大家一定能够把握机遇，乘势而上，开拓进取，再创佳绩，共同推动中澳经贸合作实现新跨越，开创两国友好新篇章！

借此机会，我向大家简单介绍一下博鳌亚洲论坛。各位可能知道，我从去年7月起担任博鳌亚洲论坛秘书长。这个论坛是在一批资深亚太政治家的倡导下于2001年成立的。作为一个非政府、非营利的国际会议组织，博鳌亚洲论坛经过十年发展已成为有关国家政府、工商界和学术界领袖就亚洲以及全球重要事务进行对话的高层次平台。

值得一提的是，澳大利亚作为论坛28个发起国之一，对论坛一直给予高度关注和积极支持。澳前总理霍克是论坛三位发起人之一，长期担任论坛理事，对论坛的创建、发展做出了重要贡献。澳政府一直高规格参与论坛年会，霍华德总理、陆克文总理在任期间，均曾出席过年会开幕式并发表主旨演讲。

澳工商界也始终是论坛活动的积极参与者。在FMG、柒集团、澳大利亚联邦银行、中国海洋石油总公司、首钢集团等一批澳、中知名企业的鼎力支持下，博鳌亚洲论坛将于今年7月11日至12日与西澳大利亚州政府共同举办“能源、资源与可持续发展会议”。届时将有300多名来自中、澳及其他亚太国家的政府官员、企业领袖、专家学者应邀出席，就全球能源和资源供需形势、解决能源和气候变化问题的创新思路、增长与可持续等问题进行深入探讨。我希望并相信，此次会议能够为中澳两国在资源和能源领域深化合作、实现共赢开辟新视野，提供新思路。欢迎各位朋友出席此次会议。

（作者系博鳌亚洲论坛秘书长、前驻澳大利亚大使）

大会发言：

加强澳中双边经贸关系与文化交流

孟哲伦（Alan Morrell）

我非常荣幸能够代表澳大利亚驻华大使馆，参加此次由悉尼科技大学与中国企业文化研究会共同主办的、首届“中国澳大利亚商界领袖论坛”。此次论坛的举办反映了中国和澳大利亚双边经贸关系的重要性。这也是中澳双边关系的重要组成部分。

今天到场的许多来宾可能都知道，中国已经成为了澳大利亚最大的贸易伙伴。中国是澳大利亚第一大的产品和服务出口目的地，也是在澳大利亚投资增长速度最快的国家。虽然澳大利亚仅有2千2百万人口，我们已经成为了中国在全球的第 7 大贸易伙伴。这组引人注目的数据展示了中国和澳大利亚双边经贸联系是多么的紧密。

然而我们是不可能止步于目前已经取得的成就上的。我们的面前还有更多的机会等待着我们去发掘。我非常高兴的看到，此次为期两天的论坛将对这些议题中的重要方面进行研讨。创新性、可持续性以及服务所创造的价值等议题都是关乎企业之间关系的核心问题。对这些议题的研讨将为中澳双方都带来真正的利益。

中国在澳大利亚的投资不断增长。中国企业对澳大利亚的投资意向不再仅仅局限在资源行业，而是包括了诸如可再生能源和信息技术等广泛的领域。澳大利亚欢迎中国企业在澳投资。中国企业也在迅速的学习如何可以成功地进行并且管理他们在澳的投资项目。

澳大利亚的服务行业也取得了可喜的发展。澳大利亚接近 80% 的经济是基于服务行业的，因此也不难发现澳大利亚拥有许多在金融服务、建筑设计以及环境科学等方面具有创新性的企业。澳大利亚的企业需要更多地了解中国，同样，中国的企业虽然已经比较熟悉美国和欧洲市场，也需要更多地了解澳大利亚的能力和商机。

悉尼科技大学本身就是澳大利亚教育行业的卓越代表，他们着眼于与中国的同行保持长期的伙伴关系。双方的合作良好，并致力于未来的双赢局面。我赞许悉尼科技大学和他们的中国合作伙伴中国企业文化研究会主办今天的活动。

祝愿各位中方来宾能够通过此次活动、对澳大利亚能够为您的企业提供的机会有所了解。也希望在座的澳大利亚来宾能够有机会和中方来宾建立良好的关系。

（作者系澳大利亚贸易委员会高级商务专员）

着力打造先进文化
加快转变发展方式

姜兴宏

近些年来，提起首钢，大家首先想到的就是搬迁。的确，首钢搬迁调整是中国政府以科学发展观统领经济社会发展，统筹兼顾国家、地方、企业和职工利益，推进中国钢铁产业结构调整的一项重大举措，也是一件令世人瞩目的大事（比如说，在今年中国中央电视台举办的元宵晚会上，有人就将 2010 年年底的首钢停产同上海世博会闭幕相提并论）。首钢搬迁调整有利于自身的可持续发展，有利于北京建设世界城市，有利于促进华北钢铁布局调整，有利于为我国中心城市钢铁企业搬迁调整探索经验，有利于为我国钢铁业发展循环经济、提高自主创新能力提供示范。总之，它有利于推进我国经济社会发展方式的转变。

首钢的搬迁调整意义重大，同时，难度也极大。首钢进行的都市大型钢铁企业的搬迁调整，涉及到职工及家属达几十万人，钢铁产能上千万吨，在中国乃至世界范围内都没有先例。首钢既要应对市场的激烈竞争，搞好生产经营，又要压缩北京地区钢产量，妥善分流安置富余人员，还要进行新钢厂的建设。多条战线同时推进，其实施的难度和资金投入的强度、时间的紧迫性和技术的先进性以及职工稳定工作的艰巨性等等，都是史无前例的。

通过近年来的开拓创新、艰苦奋斗、拼搏进取，首钢的资产规模、区域布局、技术装备、产业结构、产品结构和创新能力取得了历史性的进步，职工的精神面貌焕然一新、综合素质全面提升，21 世纪新首钢的框架已基本形成，首钢的搬迁调整已经取得了阶段性成功。

首钢搬迁调整的阶段性成功，得益于我们始终把科学发展、转变方式作为指导方针，贯穿于搬迁调整的全过程。回顾搬迁调整的历程，我们主要有以下做法和体会：

一是把建设先进企业文化作为转变发展方式的引领和动力。搬迁调整以来，首钢始终坚持以思想文化创新为先导，结合实际、找准载体、确定主旋律，一年一个主题，深入推进先进企业文化建设。培育了“创新、创优、创业”的优秀企业精神，强化了“人才资源是第一资源”、“学习、工作、生活一体化”、“安全、顺稳、环保，低成本生产高端高效产品”等先进理念，形成了“雷厉风行、务实高效、精益求精”的优秀作风，丰富了“科技首钢、绿色首钢、人文首钢”的企业内涵。先进文化的积极培育，有力地推进了搬迁调整，引领了发展方式的转变，促进了人与企业的共同发展。

二是把以人为本作为转变发展方式的出发点和落脚点。作为一家历史悠久的大型国有企业，以人为本是首钢的优良传统。以人为本内涵丰富，体现在多个方面。在此主要讲一讲停产过程中的职工分流安置工作。搬迁调整给首钢带来最严峻的挑战和考验，就是职工分流安置问题。从 2005 年到 2010 年，首钢北京地区共有 6.47 万名富余人员需要分流安置，人员众多，时间紧迫，情况复杂。我们始终坚持以人为本，通过六对（即：核对数字、核对岗位、核对时间、核对人员、核对素质、核对住址），做到六清（即：岗位工作清、人员对象清、思想状况清、家庭情况清、支援意向清、分流时间清）。按压产时间进度，平均每年分流安置富余人员一万人左右，始终坚持有情操作、动态管理，确保每一名职工都得到妥善安置。

2010 年底北京石景山地区冶炼、热轧部分全部停产，2.2 万名职工需进行安置。我们尽最大努力安排好每一名职工，最大限度地维护职工权益，确定了职工分流安置的“十一条渠道”，并按计划平稳有序推进。目前，停产职工分流安置工作基本完成，2.2 万名职工没有发生一起上访事件。此外，我们还高度关心分流人员的心理健康，聘请专业心理咨询师，结合职工在工作转换过程中可能出现的焦虑、压抑、想家和人际关系等心理问题，开展心理调适专题讲座。建立心理咨询热线，为有心理困惑的职工进行一对一的辅导，帮助排解压力，以阳光心态面对新的工作和生活。

三是把提高自主创新能力作为转变发展方式的中心环节。首钢在搬迁调整中以自主创新为中心环节，建立了产销研、产学研联合协作的技术创新体系，一大批科技成果获得国家奖励。首钢被列入“国家创新型试点企业”，在“中国企业自主创新TOP100”的评比中名列第5位，获自主创新研发创造奖。首钢京唐钢铁公司是我国钢铁工业转变发展方式的一项标志性工程，采用了220项国内外先进技术，进行集成创新，代表了当今世界冶金行业的最高水平。首钢自主设计的国内第一座5500立方米高炉，创造出在国际国内同类型高炉建设周期最短、单位容积投资最少、采用新技术自主集成、自主创新项目最多的纪录。

四是把发展循环经济作为转变发展方式的重要战略措施。首钢在搬迁调整的过程中，深入贯彻节约资源和保护环境的基本国策。首钢京唐钢铁公司在发展循环经济方面，以资源、能源高效循环利用为核心，在减量化上，应用大型装备、先进的工艺技术和现代管理理念，通过源头削减、过程控制，节约资源，减少污染，达到了国际大型钢铁企业的先进水平，成为环境友好、资源节约型示范工厂。在首钢的其他新建项目中，同样体现了循环经济的理念。美国纽柯公司董事长丹尼尔在参观了位于秦皇岛的首秦公司之后，禁不住赞叹说：“我在钢铁行业工作了36年，从未见过像首秦如此漂亮的钢厂，这不是工厂，而是一座艺术品。”

五是把加强管理、提高运行质量作为转变发展方式的保证。推进集团总部管理体系建设，完善对联合重组企业的分类管理；推进管理信息化建设，提高了现代化管理水平；推进精细化管理，促进了工序协同快速高效；加强一贯制质量体系建设，降低了生产成本。坚持“抓结构、保质量、打品种、提效益、创品牌”的工作方针，把降低成本与产品开发、结构调整结合起来，把内部挖潜与外部资源开发结合起来，走低成本生产高端高效产品的路子，经济运行质量不断提高。2010年首钢销售收入2200亿元，比2005年增长1.73倍；实现利润19.7亿元，超额完成年度计划。

六是把深化改革、开放合作作为转变发展方式的重要支撑。在搬迁调整中，首钢不断深化产权制度改革，完成108家辅业单位改制。改制后的企业经济效益实现了大幅度增长；大力推进三支人才队伍建设，不断深化干部人事制度、分配制度和各项管理体制改革，使企业不断焕发出生机与活力。加强开放合作，瞄准世界一流水平，学习先进技术和管理经验。首钢与180多家上下游企业、科研、金融机构等建立战略合作关系，不断开拓和完善上下游产业链，为首钢搬迁调整提供了有力支撑。

总之，在搬迁调整的过程中，我们始终坚持以思想文化创新为先导，深入推进先进文化建设；坚持以人为本，促进人与企业共同发展；坚持科技创新驱动，着力提高自主创新能力；坚持节能减排，大力发展循环经济；坚持强化企业管理，提高经济运行质量；坚持深化改革、开放合作，使企业充满生机与活力。始终坚持把转变发展方式贯穿于搬迁调整的整个过程。

面向未来，我们将以加快转变发展方式为主线，以“首钢服务、首钢品牌、首钢创造”为引领，实施“主业做强、多业协同、打造综合服务商”发展战略，做优做强钢铁业，协同发展矿产资源业、装备及汽车零部件制造业、生产性服务业、房地产及建筑业、海外产业、文化创意产业，实现首钢北京地区转型发展，着力打造新首钢高端产业综合服务区。用五到十年时间，努力把首钢建设成为具有世界影响力的综合性大型企业集团。

（作者系首钢总公司党委副书记）

语言在中国企业国际化战略中的重要作用

柯霖（Colin Hawes）

我感到非常的荣幸能够和这么多的杰出企业领导共同分享这一板块的专题讨论。我本人并不是一个企业的领导，但是，我已经花了数年时间来研究中国企业和中国企业的治理。今天我不准备谈如何管理一家公司，因为，我相信在座的各位都知道怎么做，在这方面比我做得更好，相反，我将会以一个外国人的观点，就中国企业国际化这个重要主题做些阐述。我的主题是关于语言的问题，我将重点放在英语上面，因为英文是我的母语。

为了说明为什么这个话题是如此重要，我将开始列举一些中国企业在语言上犯错误的例子，这还包括一些商业机构。我肯定并不是所有的公司都会犯这种明显的错误，但这却说明了，当你的员工不能深刻领会英文的意思，就可能导致错误。

在中国，有很多类似的英文翻译错误例子发生在标牌和产品上。例如，中国人的“小心落水”是合情合理的，但在英语中，“小心掉进水里”是完全相反的意思，如果你这样说英语的话，就意味着你应该落入水中！你需要添加一个“不”字：“小心不要掉到水中”。一个母语是英文的人会立即察觉这个错误。这是一个很有意义的标牌，单位在这方面一定下了很多的功夫，但是我认为，在他们翻译它之前，没有和讲英语的人核实翻译的是否准确。

事实上，很多游客已经在一个网站上张贴了数以千计的这样的例子。这里还有另外一个和第一个很相似的例子，他们不只是想让你掉入水：现在他们想要你去触电！

在这里还有2个例子，是产品或企业使用了不恰当的名字。在这张照片的右边不是非常清楚，但产品被称为“吻我”卫生纸。我不知道为什么我会想亲吻我的卫生纸？在图片的左边，公司的“设计之王”选择英文名称是“错误设计”。我自己是不会相信他们的设计了！还有一个银行提款机的例子：“回收利用”在英文中意思是，你把东西扔掉，如纸张或瓶子，然后销毁，然后再制成新的产品。因此“现金回收”听起来像是这家银行要求你丢掉你的现金。请注意，一些大的国际银行在过去几年里已经丢掉了他们客户的现金，所以也许个特殊的英文标志不是不准确的。

在我过去5年的研究中，我已经使用了很多中国大公司网站的资料，而当我说“大”时，我的意思是最大和最有名的中国企业。绝大多数公司已经建立了一个由专业人员设计的并且拥有公司很多商业信息的出色的中文网站，但是，他们的英文网站却有很多错误。有些只是小错误，但是有些却几乎难以理解。这对于我来说不是问题，因为我可以读中文版本；但是对于那些不懂中文的一些潜在的外国客户和商业伙伴，他们会认为中国的企业还没有准备好在说英语的环境中做生意。企业网站是外国人了解有关你公司商业信息的第一平台；如果他们无法理解你网站上的语言，他们可能会寻找其他公司做生意。

当企业没有一个适当的方法去处理涉外语言问题，你有可能会失去客户和潜在的商业合作伙伴。这是商业风险，但也有法律风险：也就是说，法律纠纷风险，是由中国和外国企业之间的语言误解造成的，并且跨越边界的法律纠纷是非常昂贵的！由于外语技能的贫乏，它不仅仅使中国企业陷入困境，同时也会发生在不了解中文的外国企业。一家拥有专利技术、生产大型管道焊接机的加拿大企业，出租它的焊接机给中国某公司使用5年，但条件是中国公司必须技术保密，且机器5年后归还。这是他们合同英文版本说明。但是中国的版本在几个地方不同于英文版本，中国版本没有说清楚，所有产品信息必须保密，并且焊接机必须在5年后归还。该合同还表明了，中国版本是这个合同的标准版本。因此，5年后，中国公司拒绝归还焊接机，而事实上，他们采用保密技术开始生产自己的焊接机。加拿大公司开始了一场法律诉讼，但是由于合同的中文、英文版本的之间的差异，案件拖了5年，双方最终浪费了数十万美元在诉讼费上。我之所以知道这个案子，是因为在这场纠纷中，我被请去作为一个鉴定证人，去解释合同中、英文版本之间的差异。对于懂这两种语言的任何人来说，合同的差异是很明显的。但是由于某种原因，加拿大公司一直等到法律纠纷前才请求一位懂双语的人来审核他们的合同。你也许感到很惊奇，有多少国际法律纠纷是由于合同中语言的错误造成的。

怎么能够避免这些“昂贵”的外语错误？答案显然是聘请双语的工作人员，但实际上，找到真正的双语人几乎是不可能的。例如，成千上万的中国学生每年都来到像澳大利亚这样的国家，取得大学学历和学习英文。但是即使他们中间的许多人可以说很好的英文，但是绝大多数人的书面英文仍然很差。我知道这点，是因为当我教他们的时候，我必须评分他们的功课。

因此，如果你真的希望你的单位在英语上有适当的沟通能力，包括网站、信函、法律文件，你就需要聘请一些母语是英文的人，而这些人还必须具备良好的写作技巧。最理想的是，他们同样还懂得一些中文，因为这样他们可以和你的中国员工沟通，并且懂得了解你想要表达什么，然后用最清晰、最专业的格式写出来。而且你也需要一个纠正英语错误的简单方法：也就是说，你需要把所有英文文件集中在一起审核，校对工作不必要经过太多不同经理批准，否则他们可能永远不会被做出来。

如果你的企业经营主要分布在中国，哪里可以找到母语是说英文人？首先，在中国大学里有很多外国留学生，特别是在北京和上海。我相信，他们中的许多人都非常乐意被聘请为兼职的英语编辑。并且也不会很贵！

最后一点是对于重要的法律文件，像是国际商业合同，你还需要听取一些法律专业人士的意见。但是选择这些人你必须非常谨慎。你需要尝试的去找一个母语是说英文并还可以读一些中文的律师，他们可以告诉你如何比较你的中文版本和英文版本合同。如果此人是一名律师，他们有责任保守秘密，不把你的业务信息透露给任何人。请一个外国律师或法律顾问来审核你的合同也许比聘请一个英文编辑要昂贵，但从长远来看，他可以避免严重的法律纠纷，为你节省几十万，甚至是上百万的美元。

（作者系澳大利亚悉尼科技大学教授）

未来的创新是服务创新

邱永强（Eng Chew）

在澳大利亚，我从事IT和电信服务业方面的工作已经超过了25年。6年前我加入了悉尼科技大学，这使我有机会和学生在课堂上分享我的工作经验，并且进一步研究和了解成功的企业是如何创新的。

在这个专题研讨中，我将讨论创新是为最终用户创造价值，就是说创新是使最终客户、消费者受益，创新必须服务和满足消费者的需求。客户使用创新来执行他的工作，为了提高他们的业务或改善他们本身的福利。

因此，我认为一个重要的方法为未来的创新是通过服务创新，特别是科技支持服务创新。

这里有很多服务创新的实例，包括金融服务、医疗服务，政府服务、电信服务，甚至制造业服务。但是，通常这些服务一直奉行产品创新，而不是从服务创新的角度出发。

我想把重点放在服务创新上，因为服务是以客户为中心，而且客户利益（也就是他们想要做的工作）是创新的驱动器。服务创新是从顾客的角度从外部来看公司的功能；而产品创新往往倾向于是把重点放在产品上，从公司内部寻找市场。

因此，什么是服务创新的“科学”呢？企业在服务创新中是怎样脱颖而出的？我想简单的回答这些问题。为什么服务对于一个公司或一个国家是很重要的呢？

世界经济正在向服务方向转化。发达国家服务业在GDP构成中的比重已超过75%。甚至是中国和印度的新兴市场也在迅速地向服务市场演变。

中国服务业在GDP构成中的比已经重超过了50%。

十二五”规划提出，把中国转变成为一个创新型国家，加速中国制造业服务化，提高企业的服务创新价值，和向智能制造和服务创新转变。这势必使中国能够产生更大的价值，更重要的是这比从传统制造业中能够获得更大的创新价值，同时也减少制造业对环境的影响。

澳大利亚的制造工业也面临着同样的问题。澳大利亚在制造业和工业发展中将如何面对气候变化的挑战可持续发展？

在欧洲，日本和北美的产品制造商已经将客户的需求和服务准确地纳入其产品设计中。

所谓的产品服务系统是共同满足用户的一套可销售的产品和服务。它已经被充分地发展和应用在产品和服务结合的生命周期管理中。产品服务系统需要注入产品生命周期管理服务的理念(或服务的心态)。从开发新产品，到投入市场，到产品终止，以及该产品对生态环境是无害的。

什么是服务的心态呢？简单来说，服务就是指生产者运用他们的知识、技巧和体制的资源，与客户合作来满足他利益和需求的一个过程。

因此服务和产品服务系统的一项重要原则是：产品或服务的价值是由客户（而不是生产者）来鉴定的。产品或服务的价值是由生产者与客户共同创造。产品或服务的真正价值是通过客户亲身体验来实现的。

美国密西根大学已故的Prahalad教授和Krishnan教授，在他们“创新的新时代”书中提出了，随着全球宽带互联网的数字连接，产品或服务的客户价值、是通过给每一位客户提供个性化的体验方式来共同创造的。

未来的创新，无论是哪个行业，都必须朝着实现客户个性化体验的方向努力。这意味着每一个员工在服务系统中必须以客户为目标，以服务为中心，与客户共同创造最大化的价值。

这就是说企业的创新文化必须固有的以服务为导向，以客户为中心。上述原理大致构成了服务“科学”的本质。

什么是服务创新呢？服务创新即是一个流程，在北美和澳大利亚叫做“新服务发展”流程，在欧洲和日本是服务性工程。服务创新也是这一个流程的结局——归根结底就是全新的服务。

企业需要一个服务创新流程来有效的管理创新。

研究表明，有效的服务创新流程为企业持续发展优于那些没有。因此，企业服务创新的成功的秘密是什么呢？

除了服务创新流程，成功的企业服务创新还包括以下几个特点：第一，企业最高管理层对创新发展的承诺：采取正确的创新流程，资源分配与治理。第二，企业文化是以客户或市场为导向，以风险容忍度适应市场的变化，来发展增值或激活组织或产品、服务。第三，积极主动的与客户和伙伴在创新服务中的合作。企业有着深厚的客户见解力。客户不仅被邀请参与了产品或服务上市前的测试，而且还参与了公司的新服务发展过程中的上游活动——例如创造新的产品或服务的想法或概念，设计新的服务或产品，或实施新的服务等等。第四，企业采用开放创新，借用外部资源的思维、方法、成果和方案结合到企业中，或采取以公司的方法，与其他企业来共同创造价值。第五，企业向外“横向”的与其他专业公司的合作伙伴相结合，创建一个企业特有的价值创造网络，以适应外部市场和监管环境的变化。第六，企业应用“信息化”的业务流程和知识管理体系，来创造企业独特的、动态组织能力上的市场竞争。这表示他们很有智能的使用技术去创新企业。

（作者系澳大利亚悉尼科技大学中国研究中心教授）

人才与创新之路的探索

张爱群

在改革开放的大潮中，在社会各界大力支持下，吉利集团沿着科学发展的阳光大道，迈着人才战略、自主创新和科学管理的坚实步伐，一步一个脚印，取得了战略转型的丰硕成果。目前资产总值超过340亿元，连续八年进入中国企业500强，连续六年进入中国汽车行业十强，是国家首批“创新型企业”。

吉利汽车从无到有，历尽艰辛，磨难坎坷，曲折起伏，不断探索与实践，建成了有全球竞争力的整车、发动机、变速器、底盘、汽车电子等产品和核心零部件的研发体系，构建的“战略转型与创新工程体系”获得国家科技进步大奖，这是建国以来企业在软科学方面获取的唯一国家级大奖。

吉利在中国境内已经建成了8个整车制造厂、4个发动机厂、2个变速箱厂、5个零部件工厂。正在建设的吉利国际汽车零配件工业园，全面引进了世界一流的汽车零配件企业，为吉利汽车对口配套，以全球最好的资源，为吉利汽车全球化提供专业服务。

吉利继续坚持自己的人才培养战略，兴办了4所大学和1个汽车工程研究生院，围绕汽车专业方向，培养了大批综合学科大学生和车辆工程研究生、博士生人才，为企业自身发展和社会人才需要做出了巨大贡献。

特别值得一提的是，2009年底，吉利熊猫车型通过了国家CNCAP五星评定，成为中国自主品牌唯一一款最安全的小型轿车；今年1月7日，从国家轿车检测中心又传来特大喜讯，吉利帝豪EC718以46.8分高分通过CNCAP五星碰撞，这是所有自主品牌汽车中最好的成绩，超越了不少合资品牌的同类产品。

我们高兴地看到，在中国市场上，吉利汽车连年稳健增长，2010年，吉利全年实现整车销售41.5万辆，同比增长25.8%；实现销售收入200亿元，同比增长21.2%；实现利税32亿元，同比增长33.3%，在全国轿车企业年累计销量排名中名列第八。

从“造老百姓买得起的好车”到“造最安全、最环保、最节能的好车，让吉利汽车走遍全世界”，不到三年时间，吉利通过战略转型，彻底抛弃了“低价策略”，在继续保持成本优势的前提下，打“技术战、品质战、品牌战、服务战、企业道德战”，坚决不打价格战，我们坚信，谁占领了道德制高点，谁就拥有发展的主动权。

在国际市场上，吉利实现了向全球化进军的重大突破。2005年，吉利作为中国自主品牌的唯一代表参加了第59届法兰克福车展，使中国国旗首次飘扬在法兰克福车展上空；2006年，吉利参加北美国际车展，实现了中国自主品牌轿车参加此百年车展的零的突破。

2006年，吉利汽车与英国锰铜控股公司在上海组建合资公司，生产久负盛名的TX4伦敦出租车，并成为第一大股东，首次让中国制造的TX4轿车行驶在英国大街小巷。从2010年8月开始，TX4轿车正式开始出口欧洲，吉利每月为欧洲市场提供160台TX4车型SKD件，首开中国汽车进军欧洲市场的先河。吉利收购锰铜是一个双赢的过程。吉利带给锰铜规模化低成本采购体系、遍布中国大江南北的营销体系以及强大的研发后台；锰铜带给吉利的是百年品牌的沉淀、海外的营销体系以及吉利走向国际化的第一手经验。同时吉利正用大笔资金的投入开发全新的下一代，争取让英伦出租车不仅仅遍布伦敦，更要遍布世界。

在澳大利亚，吉利全资收购了世界第二大的汽车自动变速器公司澳大利亚DSI公司。从2009年2月初吉利得到澳大利亚DSI公司接受破产保护消息到3月27日，经过短短一个多月的紧张谈判，吉利在15个买家中胜出。这是一家集研发、制造和销售为一体的自动变速器专业公司，也是全球仅有的两家独立于汽车整车企业之外的自动变速器公司之一，具有年产18万台自动变速器的能力，为福特、克莱斯勒等著名汽车公司配套。该公司已有80多年历史，拥有雄厚的技术积累和产业经验。有一批世界级的优秀工程师，其产品覆盖了四速和六速前后驱动及全驱动大扭矩自动变速器，正在研发世界先进水平的八速前后驱动自动变速器、DCT双离合变速器及CVT无级变速器。吉利收购DSI，不仅填补了吉利汽车自动变速器的产品线，同时也填补了中国高档自动变速器研发、生产的空白。该公司由吉利接收后，从2009年10月份开始就扭亏为盈，发展势头很好。DSI公司已筹备在中国建三个自动变速器工厂，把澳大利亚技术应用到中国本土市场。目前，吉利在湖南、山东的自动变速器项目即将竣工投产，与吉利未来新产品的匹配全面展开。

在北欧，2010年8月，吉利又完成了对沃尔沃汽车公司100%股权包括知识产权的收购。吉利获得了沃尔沃汽车公司100%的股权，包括商标权、知识产权、所有权，10963项专利、十几个系列可持续发展的产品以及产品平台，4个拥有57万辆产能的整车厂、1家发动机公司、3个汽车零部件公司，3800 多名研发工程师的人才体系及创新能力体系，以及分布在100多个国家2325个网点的销售服务体系等。沃尔沃是世界上最安全的汽车，拥有全球最高水平的汽车道路试验场，全球最高水平的汽车制造工厂，全球最高水平的汽车安全技术中心，发明创造了几乎全球所有的汽车安全技术。

吉利并购沃尔沃后，我们坚持吉利是吉利，沃尔沃是沃尔沃，吉利是大众化汽车品牌，而沃尔沃是高档豪华汽车品牌。

这三个企业都是全球汽车行业的领导者，都是有着近百年历史的受人尊敬的国际化企业。由于一场全球金融风暴，世界汽车工业格局受到了重大冲击而发生了巨大改变。我们期望不同血统的异国兄弟，融合文化、切磋技艺、相互学习、共同提高；我们通过董事会进行企业经营战略和经营管理重大决策，通过充分授权经营管理层进行日常运营管理，通过对经理管理者长短期激励相结合的方式进行有效激励，通过全面实施信息化来对接企业日常经营活动，通过互派技术人员和各专业技术员工间交流进行多层次文化沟通。

从2011年开始，吉利集团将进入一个新的战略转型期，我们要用3-5年时间完成从国际化战略向全球化战略的转型，全力推动吉利汽车旗下“帝豪”、“全球鹰”、“英伦”三大品牌的快速发展，推动吉利汽车更快、更全面地接轨国际先进标准，最终实现全面领先的战略目标！

（作者系浙江吉利控股集团公司副总裁）

海尔在互联网时代的商业模式创新

王安喜

结合海尔目前的发展情况，我想谈一下海尔在互联网时代的创新。这个专题的研讨主题是“科技创新——企业可持续发展的动力”，在科技创新方面，海尔是参与国际标准、中国国家标准、行业标准最多的家电企业，累计申请专利1万多项，居中国家电企业榜首，并率先实现国际标准的零突破。海尔累计参与了51项国际标准的起草，其中27项标准已经发布实施。海尔也是首个进入国际电工委员会（IEC）核心决策层的发展中国家企业。海尔一直提出“引领时代潮流，掌控行业主导权”的目标，通过标准输出，带动整个产业链的出口，例如海尔协助巴基斯坦建立其国家家电标准体系等。

具体到科技创新的产品应用上，海尔紧跟时代发展，为消费者提供了很多绿色环保的节能产品，同时，海尔紧扣住现在物联网时代的需求，将U-Home（智能家居）集成作为重点。物联网时代消费者的需求主要集中在安全、健康、娱乐、方便、舒适、节能等几个方面。因此，海尔推出“海尔物联之家”U-home2.0美好住居解决方案，整合电网、通讯网、互联网、广电网，实现人与家、人与家电、家电与环境之间的智慧对话。如今，海尔将物联网技术全面应用于冰箱、洗衣机、彩电、电脑、手机、热水器等产品品类中。

所以，企业只有通过不断地创新才能适应时代的发展，才能不断满足消费者的需求。一说到创新，很多人首先想到的就是科技创新或者产品创新，不过这种创新大都属于持续渐进型的改变。因为互联网时代与以往任何一个时代都不同：营销碎片化，需求个性化，市场的主动权不再由企业掌握，而是由用户说了算……这些变化让很多企业都感到紧迫性，如果不能通过一种颠覆性的创新适应这些变化，企业就不可能持续发展，甚至会被市场所淘汰。世界级管理学大师彼得·德鲁克说："当今企业之间的竞争，不是产品和服务之间的竞争，而是商业模式之间的竞争。"这种颠覆型的创新就是商业模式的创新，商业模式的创新也正是支持海尔取得一系列科技创新成果的重要因素。所以，在互联网时代，企业必须要有自己的商业模式，但我们现在的商业模式基本都是过去传统经济下的商业模式，在现在互联网时代显然不适应。

海尔为什么要创新商业模式

互联网时代的制造——从大规模制造到大规模定制。比如说制造，过去全世界对中国企业的评价就是大规模制造非常有竞争力。但是进入互联网时代，必须改变，从大规模制造必须改变为大规模定制。虽一字之差，但差距非常大。大规模制造的时候，一个型号抓住一个订单可以生产几十万上百万，但是大规模定制时代，可能仍是几十万上百万的订单，但却变成几十上百个型号。

确切地说，企业和用户之间信息不对称的主动权改变了，过去传统经济下，不对称的主动权在企业手里，我生产什么，用户被动接受什么。而现在主动权到了用户手里，用户可以在互联网上看到所有的产品，所有的价格，都可以进行选择。这就不是以企业为中心，而是以用户为中心，这是非常大的改变。如果你不能改变，还抱着低成本、大规模制造的旧模式肯定不行。

互联网时代的营销——从以"价格+广告"卖产品到以用户体验为中心卖服务。传统模式下营销的优势在哪儿呢？就是价格+广告。如果既是广告的标王，又有价格的优势，肯定在市场上有优势。但现在不行了，从以价格的优势卖产品必须改变到以用户体验为中心的卖服务上。如果还是靠广告、靠低价，不可能有持久的竞争力。互联网时代，给用户带来的非常重大的两个标志：第一个是移动服务，第二个是社交网络。这两点，使得营销完全改变了。移动服务可以移动交费，可以移动通话，所有的都不是静态的，而是动态的。在这种情况下，已经有很多企业做得非常好，比如说苹果，它自己声称我不是科研驱动，是用户体验驱动，所以创造了一个奇迹。宝马的7系列，没有设计出来之前，就在网络上和用户进行互动，没有设计起来之前就有了用户需求和用户资源。另外像亚马逊，是全流程的用户体验，包括儿童买一个玩具都帮你选择，给你提供一个服务方案，甚至这个儿童在今后的发展过程中，长了一两岁再提供什么产品，这和原来的卖产品不一样了，变成卖服务方案。像《Facebook效应》这本书里所说的，在网络上有4500万个小组，一定会超过谷歌，因为谷歌是满足需求，它是创造需求。这就在于一个非常好的理念，如果你能够提供和用户分享信息的更好的方式，就可以改变人们的生活。这种信息分享意味着什么呢？就是将企业和用户之间的信息不对称变成了信息对称。如果企业和用户不能使信息对称，而是停留在不对称的局面上，失败的一定是我们。

海尔是怎样进行商业模式创新的

要创造新的商业模式，对于我们来讲是很大的挑战，也是很大的机遇。就海尔自己而言，几年以来一直在探索创造新的管理模式。到现在为止，有很多曲折也有很多失败。虽然到现在为止还不能说成功，但我们一直在坚持不懈的探索。我们所做的探索，归结到三个一：一个商业模式，一个机制，一张表。

所谓一个商业模式，我们这个创新就叫"人单合一"的创新。"人"就是我们的员工，"单"就是用户的需求。把这两者结合起来。在企业的资产负债表里面，不管有多少固定资产、流动资产，都不会增值一分钱。说到家，只有人是最可能增值的。所以说员工是最重要的，员工的创新要和用户的需求联系起来，人单合一就非常重要。

我们在做的过程中，把组织结构给颠覆了。过去，全世界所有的企业都是金字塔型的，和部队一样。最高领导在上面，一层层下来，最下面的是员工。我们现在变成一个倒金字塔，员工在最上面，领导在最下面，这就使得领导从过去对员工的指挥者和监控者变成了是员工创造用户资源的支持者和提供者。这样做的结果是原来的结构就全颠覆了。我们还在一直探索，期间也出了很多问题。但是这个方向我认为是对的。去年10月，海尔集团的CEO张瑞敏先生在美国旧金山和"竞争战略之父"迈克尔·波特专门探讨了这个问题。他非常肯定我们的创新探索，他认为中国的企业应该这样走，否则将来有很大麻烦。因为中国企业在管理上学习的都是西方的，而且不是西方的管理理论，更多的是西方的管理工具。现在在互联网时代，中国企业应该自己创造新的管理理论、管理工具。另外，美国的著名商学院沃顿商学院关注跟踪我们的探索也好几年了，他在跟我们谈的时候，他关注怎么样也让西方企业觉得它是对的？这就出来一个西方企业管理理论的基础是什么，西方企业管理理论的基础是契约理论，契约就是合同，委托人和代理人之间的合同。委托人是谁呢？就是所有者，代理人是管理者。所以，所有者给管理者期权，希望管理者创造利润。我们更重视互联网时代的要求，管理者不是高层的几个管理人，而变成所有的员工，我们的契约变成所有员工和用户之间的合同。他们对这种思路也比较认可。

所谓一个机制，就是让每个员工充分发挥活力，就是把大公司做小，把小公司做大。去年张瑞敏先生到美国和通用电气前CEO韦尔奇探讨的时候，谈到为什么他这一点能做得好，而中国企业很难做到这一点，容易一抓就死，一放就乱。所谓把大公司做小，就是小到这个单位可以直接和用户接触，直接创造需求。比如原来的营销，是全国一个大的市场，一层层分级，现在我们把它扁平化，中间全去掉，在农村就是以每个县作为基本单位，在城市就是以每个社区作为基本单位，直接可以创造用户需求。另外小公司做大，就是给这个小公司充分的授权，使它能够自主创造用户需求，就像一个自组织一样。

所谓一张表，每个企业都有三张表：资产负债表、损益表和现金流量表。把这个表转换到每个人身上去，就叫做“战略损益表”。传统的损益表逻辑非常清楚，收入 - 成本 - 费用 = 利润，关系非常清楚，但这个关系是事后的，我们把它变成事前的。传统损益表只是财务上的结果，我们这个战略损益表涉及到用户和员工。美国管理会计师协会（IMA）和我们联合成立了一个“管理会计研究中心”，因为美国管理会计师协会的负责人说，所有企业的会计分为两大类：财务会计和管理会计。财务会计是过去的会计，是报表会计，而管理会计是未来的会计，是决策会计，所以管理会计非常重要。美国管理会计师协会的章程被全世界采用，但是他说管理会计再往前发展，感到遇到了很大瓶颈，而海尔的这种探索也许会创造一个新的空间。

到现在为止，我们这个探索还在进行当中，还没有成功，但我们觉得这个方向是没有问题的，一定会做成，而且现在初步见到了一些成效。比如，海尔库存天数平均为五天，应收账款周转天数为四天，只有同行业的几分之一甚至十几分之一，这一效果最终体现在营运资金周期（CCC）上，海尔现在的营运资金周转（CCC）天数降到了负的十天，中国大部分企业都是正的，意味着资金周转主要靠银行。另外，“十一五”期间海尔利润复合增长率达 35%，是营收复合增长率的 7 倍；去年，海尔利润增幅是销售收入增幅的 8 倍，模式创新带来了海尔的高增值。

我觉得关键在于自己的创造力和创新力，正如美国的管理专家加里·哈默说过的一句经典的话——“将人类束缚在地球上并非是地球的吸引力，而是由于人类缺乏创造力。”互联网带来了全球化资源的一体化，这也是非常难得的机遇，海尔希望能整合全球一流的资源，以商业模式创新快速满足用户需求甚至超前创造用户需求，我们会一直朝着这个方向努力！

（作者系海尔集团监事会主席）

应对危机 转型升级

林可夫

发端于 2008 年的全球金融危机，给世界经济带来了前所未有的挑战。经济发展的周期性规律表明，危机中蕴含着重大的发展机遇。正泰集团利用这次全球性金融危机带来的倒闭压力，在危急中迎难而上，寻求机遇，顺应行业的发展新趋势，不断探索和实践，迎来了新一轮的发展期。

坚定发展信心 提升发展能力

正泰集团党委鼓励员工，很多机遇往往是打扮成问题的样子出现在大众面前的。危机对中国的民营企业来说，既是困难，也是机遇，而机遇大于困难。只要坚定信心，善抓机遇，方向正确，决策对路，就一定会走出困境，迎来新一轮的大踏步发展。

危机中的生机犹如同冬天里的暖流，为企业探索越冬之计提升了宝贵的启示。正泰集团在严峻的经济形势面前，始终保持清醒认识，沉着应对，坚定信心，知难而进，坚信“彩虹总在风雨后”，坚持“听中央的、看欧美的、干自己的”，认真学习、积极践行科学发展观，知难而进，主动变革，积极推进发展方式的转变。

有些人在危机中倒下，主要是没有意识到后面的“机遇”。要有慧眼，胸襟，要对企业发展给予深深的爱和对员工的高度责任。

成功是为有准备的人准备的。

上帝在关上一扇门的同时，必定也会开另一扇门，关键是你有无能力去应对。

练好企业内功 做好“加、减、乘、除”

在危机中，正泰集团努力练好内功，做好“加、减、乘、除”，推动企业转型升级。

加：就是加强以现金流为核心的风险防范。积极开展培训工作，提高员工、供应商和代理商发展能力。强化基础管理，确保安全过冬。

减：就是遵循“不惟名，不惟虚，只惟实”的原则，减负降耗，开源节流。利用信息化管理技术，开展流程优化再造，实现柔性制造，培育快速反应能力。

乘：就是大力引进国内外高端技术及管理人才，积极开展技术创新，努力提升企业的核心竞争能力。开展对农村内需市场产品的研发，加大对太阳能第二代薄膜电池的开发和高技术节能、环保、电子电器等产品的研发投入力度；同时，密切关注对国内外高科技企业和研发机构发展态势，适应开展并购工作，为“走出去”奠定坚实基础。在危急中，正泰太阳能还对海外高端人才进行了一次“大抄底”。

除：就是要淘汰、舍弃技术含量低、盈利能力弱、市场前景差的产品与业务，切除一切影响成本、效率的因素，进一步打造对比优势。当我们不能改变环境的时候，我们只有改变自己。

加强企业文化建设 提升企业核心竞争力

企业文化是企业进步和发展的灵魂。在应对国际金融危机的过程中，在加快转变经济增长方式的过程中，我更加深切的体会到企业文化是企业进步的灵魂，更是企业的核心竞争力所在，同时，也是企业党建的着力点。

2004 年下半年，党委在公司上下开展了为期三个月的企业价值观大讨论，并在反复征求意见、反复讨论的基础上，总结提炼出五条富有时代特征、行业特色、正泰特点、健康向上，为企业各个层面认同的价值观体系。正泰使命，“争创世界名牌，实现产业报国”；核心价值观，“诚信守法、注重绩效、不断变革”；企业精神，“和谐、谦学、务实、创新”；正泰经营理念，“为顾客创造价值、为员工谋求发展、为社会承担责任”；正泰目标，“打造世界一流电气制造企业”。

在企业文化建设上，我们努力做到三点：第一，将企业文化融合到企业的制度建设中，让制度建设充分体现企业文化的内涵；第二，将企业文化融合到企业的工作流程中，不断改造、完善工作流程；将企业文化融化于员工的思想之上、行动之中，成为员工共同的行为准则。

要把以人为本作为转变经济方式的出发点和落脚点。

以人为本，尊重员工、相信员工、关心员工、帮助员工、发展员工。

心中有员工，真正关爱员工，和谐劳动关系，让员工高效做事。

让党（工、团）小组建在行政班组上。

转变发展方式　推动转型升级

在正泰价值观体系的指引和推动下，近些年，我们积极调整产业、产品结构，努力转变发展方式，推动企业转型升级。

产品制造由生产高低压元器件向高低压成套、系统集成延伸，提升了整体产业链的竞争优势。220千伏GIS开关、500千伏高压变压器、1000千伏超高压避雷器等产品陆续进入欧洲、日本、中东、非洲等国内外主配套市场，为“中国制造”树立了良好声誉。

市场营销由以国内为主向全面国际化发展。正泰太阳能公司在美国、德国设立了分公司。低压电器建立了面向国际化的全球组织管理架构，设立了六大洲区的营销公司和研发机构。其它各产业也正分阶段地将市场、研发、采购、工厂前移，实施本土化策略。标志着正泰集团的“走出去”战略向前迈进了一大步。

产业结构由传统电器制造业向新能源产业转型。在金融危机过程中，开展人才抄底，引进数十名海归博士，成功研制生产出具有世界先进水平的二代太阳能高效薄膜电池和制造装备，志在打造全球领先的薄膜太阳能电池企业。随着技术进步和效率提高，规模扩大和成本降低，有望最先接近电网等价点。

盈利模式由单一产品销售向项目投资总包服务转型。在国内外承接和完成了数十项传统电站和太阳能发电站的BOT项目、总包交钥匙工程。带动了成套输配电产品出口迅猛增长。这一进步，改变了中国民营企业总是“小打小闹”的固有印象，以“大企业”的形象展现在世人面前。

经营方式从单纯的产业经营向产业、资本经营相结合转变。随着中小企业版、创业板的相继推出和中国资本市场的逐渐成熟，为中国民营企业上市创造了良好的条件。“正泰电器”在上海A股上市，标志着我们已从过去单纯依靠产业经营走向了产业经营与资本经营相结合的道路。我们将充分借助和发挥资本市场的优势，进一步完善公司法人治理结构、规范公司运营机制，使企业脱胎换骨，从一个家族企业变为公众公司，从一个“地方性企业”成长为一个“国际化公司”。

转型升级不可能一蹴而就，实践证明，正泰在国际金融危机中的磨练已越来越成熟，而从危机中探索出来的路子、沉淀下来的经验势必将更好地推动企业实现健康、稳定、可持续发展。

（作者系正泰集团有限公司党委书记、副总裁）

和灵文化 创造价值

于海发

远东控股集团创建于1990年，以电线电缆、医药、房地产为核心业务，主业与投资并行的大型民营股份制企业集团。主业电缆业务，制造厂区面积2000多亩，总资产超100亿元，员工6200多人，年销售超百亿元，其中节能环保电缆产品超过50%；创始人蒋锡培先生先后获得全国劳动模范 、2002年当选为中共十六大代表、中国青年五四奖章、2008CCTV中国十大经济人物。曾多次受到国家主席胡锦涛、国务院总理温家宝等国家领导人的接见

市场不是大家的。市场是属于卓越的创造者。面对金融危机带来的挑战，远东控股集团通过促进产业转型和服务升级，　2009年6月份的统计数据是，完成全年目标值的71.91%，同比增长达到204.76%。其中电缆业务产销量已连续13年位居全国第一。远东控股集团在金融危机发生时表现出强劲的生命力，得益于多年弘扬的和与灵的企业文化和慈善幸福的博爱精神。

和灵文化释放能量　让慈善与市场同频共振

远东控股集团弘扬的和与灵的企业文化，具体描述为“和谐共赢，灵活创新”。也正是在这种价值观的引领下，远东的慈善事业在一开始创业时就与企业的市场开发同时进行。用爱心呵护市场，用市场的收益推动慈善事业。

“有钱为自己谋幸福，幸福得很狭小；有钱为乡亲们谋幸福，这才是真正的幸福。”蒋锡培拥有独特的财富观：“个人富不算富，大家一起富才算富；物质富不算富，物质精神一起富才算富；眼前富不算富，长远富才算富”。

远东一直以来积极关注残疾人事业，安置的残疾员工位列全国第一，19年来先后安置2000余名残疾员工就业。事实上，1990年创办企业时，蒋锡培就吸纳了2名残疾员工。后来，远东一直坚持把合适的岗位尽量留给残疾人。在蒋锡培眼里，施舍只能解决一人数日之忧，解决不了一个人的未来。所有的残疾人士来到远东后，均接受了良好的教育和培训，拥有较好的收入和福利，逐步成长为有技术、有理想、对社会有贡献、受人尊敬的产业工人，改变了受人歧视的命运，他们生活得很幸福，每天充满了欢笑。

2002年6月的一天，在去西安的飞机上，蒋锡培无意中看到一则报道：江苏革命老区如皋有一位坚强的母亲朱仁

英，长年来拖着柔弱的身体，艰难照料着4个瘫痪的子女，生活濒临绝境。回到江苏后，蒋锡培几次到她家了解真实状况，决定吸收朱仁英及其4个孩子为远东荣誉职工，每年每人发给工资，等到身体好了，能力所能及地做些事，这才是从根本上帮助他们，也是社会对这位坚强母亲最好的肯定。

2007年5月，远东为全国8296万残疾人每人捐赠1元钱成立了面向残疾人教育、培训、就业的江苏远东慈善基金，基金会的宗旨是给残疾人创造培训和就业的机会，发展社会福利和残疾人事业，支持与推动社会公益和社会文明的进步与发展。

2009年1月20日晚，被誉为中国经济领域“奥斯卡”的2008CCTV中国经济年度人物颁奖盛典在国家体育馆落下帷幕，蒋锡培成功当选“2008CCTV中国十大经济年度人物”。在蒋锡培的入选理由中，残疾人和残疾员工是最重要的关键词。现在远东成立的“身障人士创业一条街”和“远东绿色农场”都是为安置更多身障人士，让他们拥有自己的工作与幸福。

在金融危机所引发的全球范围内的裁员风波背景下，远东坚持不裁员、不减薪，反而增加员工基本薪酬，并推出福利购房、改善员工住宿条件等一系列提高员工福利的举措，彰显了一个企业家及企业公民崇高的社会责任感。

在全国频繁出现企业亮出裁员减薪底牌的时候，远东却始终坚持履行企业公民的社会责任，真正把社会责任融入到企业的发展之中，并把它作为一项长期的事业来承担。2008年下半年以来，远东采取了很多新政策以提高员工的待遇和福利。例如公司首先调整了员工的绩效薪酬计算方法，新的计算方法下，员工绩效工资相比今年上半年有很大的提高；其次，远东还将每人每月的基本工资提高300元以上。另外还推出员工“宜兴一日游”活动、福利购房、改善员工宿舍住宿条件等一系列温暖人心的举措。

2008年5月12日汶川大地震震惊世界。远东通过中华慈善总会向灾区捐助100万元现金，集团旗下控股子公司三普药业股份有限公司及时向灾区人民捐赠了价值50万元的救灾药品，许多员工还通过其他渠道进行 反复捐款，公司所有党员也纷纷捐赠出一笔厚重的“特殊党费”，以表达对灾区人民的关爱和支持。远东还在第一时间响应了国家电力监管委员会号召，追加捐赠抢修电网工作所急需的钢芯铝绞线等价值500万元的现金和物资

蒋锡培认为，爱是一个企业的精神原点，是一个企业和企业家取得成功的根源，能够为社会、为他人奉献最大爱心的企业，才能赢得尊敬和成为最成功的企业。对于企业家来说，爱心至关重要，决定了你的职业生涯能走多远；对于企业来说，社会责任至关重要，决定了企业生命的长短。

事业经理　创造价值

远东控股集团成立至今已21年，始终坚持“和谐共赢，灵活创新”的原则。时刻不忘与社会各界分享自己创造价值。创始人蒋锡培是个善于制度规划的企业家。他精心谋划的“五次改制”和创建的“事业经理”经营模式，已经成为国内多家著名商学院的经典案例

五次改制，五次飞跃。

1992年，从民营到集体，赢得了较好的发展环境，奠定了良好的发展基础

1995年，推行股份合作制，实现资本有效营运，使企业更具发展活力

1997年，与中国华能集团、江苏省电力公司、国家电网总公司、中国华电电站装备集团总公司四大国企合作合资

2002年，回购国有和集体股权，改组远东集团，完善法人治理结构

2010年9月21日，定向增发，资产重组，电缆整体上市

事业经理，创造价值。

从“打工者”到“创造者”是人性的呐喊。远东的“事业经理”经营模式的核心理念是“人人都是老板，人人都是主角”，并从财务制度上保证“事业经理”的独立经营和整体协调，最大限度地调动了人的积极性。

企业大学　科学规划人才培养路线图

远东与北大、清华两所著名高校合作，对集团中高管进行为期总计达5年的EMBA课程培训，确保集团未来10年发展规划的人才需求的有效供给和保障

2010年，集团在总结公司17年学习型企业建设的基础上，成立远东大学，聘请国内外知名专家，共同规划人才培养方案。远东大学专家团提出的人才培养路线图分为三个阶段五个步骤，三个阶段是“学会用、用会教、教会创”，五个步骤是“学、会、用、教、创”；同时提出的解决问题和提升创造力的“五方法则”即“方针、方向、方案、方式、方法”，得到中央党校、北大教授的高度评价。

远东大学基本定位是企业人才的培养与实践基地；远东文化的研究与推广机构。远东大学的校训是“创造价值，服务社会”，希望培养的是创造者，提升的是创造力，从“学习型企业”升级到“创造型企业”，因为企业只有创造价值才能在社会分工中体现企业存在的价值和意义

“我只有好好的干下去，为了这份荣誉、信任和责任”这是公司创始人蒋锡培先生在2008年度经济人物颁奖典礼时宣言。现在已经是远东人的宣言，我们也只有好好的干下去，才能回报社会各界的支持与关爱，才能为社会的发展贡献自己的力量，才能实现人生的价值。

（作者系远东控股集团有限公司远东大学执行校长）

创新与可持续发展

白欣惠（Sarah Butler）

一、公司简介

博斯公司是一家创建1997年的全球管理咨询公司，专注于帮助企业建立差异化能力和引导客户成功发展。我们

的咨询业务在大中华地区已经开展了20年了，为中国很多行业领域的企业和跨国公司提供专业的服务。

在1990年，博斯公司是获得世界银行改革中国国有企业合同的两个国际战略管理咨询公司之一。一些有名望的思想领袖已经出版关于中国方面的书籍和看法，其中包括谢祖墀博士的著作《中国战略》。2010年5月博斯公司位列《经理人》杂志发布的"咨询公司专业能力排行榜"中"战略咨询"领域第一，中国业界认可了我们对客户的影响。我们的咨询业务覆盖了世界很多国家，包括在服务于各行业的客户和公共部门的多元化的实践。

二、中国企业价值链的提升

中国正在崛起成为一个全球主要的创新者。

在2015年中国将成为第二大研发调整购买力评价的国家。中国正在发生从"中国制造"到"中国创造"的变化，中国企业90年代早期到中期，开始一些单一的生产设施。90年代中到末期，跨国公司开始用中国作为采购来源，开始在中国境内整合生产设备，为当地的市场、销售和分销商创建品牌。21世纪初，中国融入到全球采购网络，融入到全球制造业网络，把全球最好的经验引入中国。

从现在到未来5-10年，跨国公司会纷纷在中国建立研发和产品开发中心，中国进入全球价值链。

技术支持创新发展成果在航空航天和运输等行业是显而易见的。

航天规划：2003年发射了第一个载人飞船"神舟"五号；2007年发射了探月卫星"嫦娥"1号。

地区的大型商用飞机：预计2009年ARJ-21飞机将正式投入运营，新的大型商用飞机开始启动。

高铁：推出国内开发的200-300公路/小时的高速铁路。

铁路进藏：2005年完成了世界上海拔最高的铁路，海拔4000以上米的路段达960公里。

中国的一些优秀企业正日益创新，成功不仅仅只在中国，而且还在全球。

华为技术有限公司，已经成为具有国际竞争的电信设备产品供应商，3G技术覆盖磁悬浮列车，软交换核心网用在了世界上最大的中国移动传输网络上，NodeB解决方案，降低了3G网络部署的困难。

阿里巴巴，协助世界各地的中小型买家和供应商从事网上交易。为中小型企业提供小额贷款，贸易通即时通信软件让用户实时交流。

海尔，是国际上最知名的中国品牌之一，产品创新和售后服务是海尔的优势，目前主要国际市场如美国、印度、中东。

大唐移动，拥有中国3G驱动标准，其TD-SCDMA技术应用于中国移动。

皇明太阳能，拥有世界领先的真空集热管全自动生产线，带领中国太阳能市场的发展。

比亚迪汽车：打破了日本电池制造商一统天下的局面，跻身为全球第二大充电电池生产商，在中国中低端汽车市场上达到最初的成功，是电子汽车发展的先驱之一。

三、来自不同行业的跨国公司不断推进中国，把世界的创新发展引进中国

制药工业。

丹麦诺和诺德制药公司，在中国建立了全球糖尿病研发中心。

辉瑞公司，在中国建立了中国和亚洲研发中心。

罗氏公司，在中国建立了全球第五个研发中心。

日用消费品行业。

宝洁公司，在中国建立了第18个研发中心，投资主要集中在中国和亚洲市场。

欧莱雅，在中国建立了世界第4个研发中心，投资主要集中在中国和亚洲市场。

可口可乐，在中国建立了亚洲研发中心

信息技术产业。

微软，在中国建立了亚太地区研发中心。

思科，在中国建立了亚洲第二个研发中心。

英特尔，在中国建立了亚洲第一个研发中心。

能源工业。

陶氏化学，在中国建立了中国研发中心。

巴斯夫化学公司，在中国建立了多功能研发中心，服务中国和亚洲。

罗门哈斯，在中国建立了世界第二个研发中心，服务亚洲。

四、创新和可持续发展，中国企业应关注的一系列问题

一种低成本的方法将继续运作多久？投资创新的含义是什么？

中国企业怎样能够学会成为创新的企业和提升价值链？需要什么新的能力？

不仅是今天，企业为了将来客户的需求，应该怎样创新？

企业应该怎样应对可持续发展的挑战？

随着中国制度的不断变化，中国企业怎样才能建立新的和可持续竞争优势？在新兴的战略产业和服务中，有什么特殊的机会？

中国公司怎样才能成为一个国际企业？

我们应该怎样与中国其他企业以及外国公司发展合作伙伴关系？

公司应该如何发挥优秀人才去支持企业国际化？

创新投资与高GDP/资本是密切联系在一起的，创新的投资会提高中国持续发展的良性循环。"互联网的效益"会提高跨越国境合作的效益，例如：西方互联网与日本互联网的高度结合。在中国，我们已经看到创新的快速增长和专利的快速成长。

我们对创新问题归纳出三个不同的创新战略：

需求搜寻者：不断努力的成为先行者，积极参加和客户互动活动来确定客户的需求，塑造新的（需求）创新。以市场的需求再来确立新的创新市场。

市场阅读者：采用第二率先行动者的战略，通过渐进式变革来重视推进价值的发展，新的创新决定了夺回失去的市场，虽然不如用户的导向主动。

技术推动者：通过科技成果来推动创新，提升增值和突破性变革的技术。

（作者系博斯公司（Booz&Company）大中华区总裁）

铸文化融合之剑 塑企业发展之魂

朱同印

文化是一个国家的精神旗帜，是一个企业的灵魂意志。在企业重组并购日趋盛行的今天，如何做好企业文化的融合工作，正成为每一个做大做强企业面临的一个重要课题。华亭煤业集团公司成立9年来，经过了三次重组、三次并购，在企业每一次重组并购中，文化融合始终走在各项工作的前列，引领着企业持续发展、基业长青。企业其实就像一个人，企业文化就像人的性格。如果是两个经营模式相近、文化传统接近的企业，在重组并购中文化融合就比较容易一些；如果是两个管理方式截然不同、职工行为规范不一的企业，在重组并购中文化融合就需要一段时间的包容、融合、学习和创新。

IBM创始人托马斯·沃森曾说过“自始至终把人放在第一位，尊重员工是成功的关键”。企业文化的融合也是一样，必须遵循以人为本的原则，必须以实现人合、心合为目标，必须做到立足实际、正视差异、有机融合、传承创新。

一是立足实际。立足实际就是要立足于企业管理的实际，立足于企业发展的实际，立足于企业文化的实际。华亭煤业集团公司成立于2002年4月，是由当时甘肃省华亭地区最大的三户煤炭企业联合组建而成的。华亭矿区建设管理委员会属于国家统配企业，华亭矿务局是省属国有企业，华亭县煤矿属于地方企业。三户企业联合重组伊始，由于各自的职工在工作习惯、思维方式和文化意识上差异，短时内出现了一些不和谐因素。针对这种情况，我们及时提出了一个原则：就是公司重组并购到哪里，公司文化就延伸到哪里，首先培育同心文化，使三家企业的三个相交圆很快变成华亭煤业这样一个同心圆。2003年，我们实施“东扩计划”，兼并了崇信县新窑煤矿和新柏煤矿，当时这两个煤矿生产效益不佳、职工工资较低，公司兼并后集中注资1.6亿元用于两矿的技术改造，并将两矿工资管理纳入公司绩效工资管理框架，以做大做强的共同发展愿景，强势宣贯华煤的精神理念，顺利实现了文化融合。2004年，我们兼并了庆阳市净石沟煤矿，投入6000万元用于技术改造，扩大产能，同时以华煤优秀的企业文化引领矿井发展。2007年，因投资新生产线而背负巨额债务、被迫停产达一年多的华陇集团陇东水泥有限责任公司，以零对价股权受让方式重组进入公司，建材与煤矿两个不同产业的文化融合，给我们提出了新的挑战。如何实现文化的有效融合，我们采取了以华煤母文化为主旋律，包容、吸纳了陇东水泥的行业文化，营造了人心齐、文化浓、士气高的氛围。在培育煤炭企业“特别能吃苦，特别能战斗，特别能奉献”精神的基础上，挖掘富有地域特色的陇山文化，吸收兼并企业的行业文化，创新“敬业奉献、创新发展”的原有精神，并以准军事化、精细化、标准化、执行力建设为支撑，2008年我们正式形成了华煤“聚力”企业文化。聚众多文化之精华，铸企业发展之根基，培育企业的创造力、亲和力、向心力、凝聚力、吸引力、思维力、影响力、竞争力、和谐力、安全力和永恒力。无论是同业重组并购或者内部整合，还是外部并购或者辅业重组，我们始终坚持立足实际，始终把企业文化的融合放在了首位，充分发挥企业文化“发动机”、“指南针”、“粘合剂”和“心灵鸡汤”的功能，实现企业重组的零对接。

二是正视差异。正视差距就是要正视重组原企业在管理方法、制度体制和企业文化上的差距。2002年华亭煤业集团公司联合重组时，三家企业都是煤炭企业，管理的制度体制基本上相同，但是在管理方法、工作思维、企业文化等方面还有差异。比如华亭县煤矿的职工干事比较果断、工作效率较高，但工作规范性、严谨性不够强烈；华亭矿务局的职工工作严谨、管理的规范性、程序性较强，但创新意识和工作效率有欠缺；华亭矿区建设管理委员会的职工创新和开拓意识强、工作敬业精神好，但忧患意识不强。这既是各自在长期的管理工作实践中形成的特点，也是企业文化差异的表现。针对这样的差异，我们不能说谁好谁不好，也不能简单粗暴地用一种文化去替代另一种文化。因为每个企业都有自己辉煌的过去，成长的历史，简单地忽略这种差异，必将会产生这样或那样的矛盾。“各美其美，美人之美，美美与共，天下大同”，是我们追求的目标和愿望。企业文化也一样，只有通过各美其美，美美与共，才能形成文化合金，打造出一个“合金”企业文化。2008年10月华能集团参股华亭煤业，2009年6月华能集团控股并对华亭煤业实施管理，以“三色公司”文化为主的母文化进入到公司，又成为了企业文化融合一大挑战。电力企业职工对煤炭企业职工了解不深，煤炭企业职工对电力企业职工认识也不够。在煤炭市场不景气的90年代，电力企业是强势企业，煤炭企业是弱势企业。进入21世纪，电煤之战愈演愈烈，煤文化能否与电文化有机融合，当时我们进行了认真分析和思考，提出了“履行‘三色公司’使命，弘扬‘开采阳光’精神”的口号，通过广泛开展各种活动，使电煤文化得到了有效融合，在职工心目中初步形成了电煤一家、共赢天下的思想，有效地促进了文化的融合。在探索融合模式、促进文化融合的过程中，我认为要坚持相互尊重、求同存异。一方面，要从增强集团凝聚力向心力、塑造统一品牌形象出发，去尊重、理解、接纳集团母文化。同时，要从调动被并购企业及广大职工的积极性、创造性出发，建设以母文化为统领、以子文化为展开的文化体系，实现母文化共性与子文化个性、文化统一性与文化差异性的和谐统一。

三是有机融合。有机融合就是要让文化融入到中心任务中去，进入到管理工作中去，成为企业的血液和灵魂。根据华亭煤业集团公司企业文化建设的经验，文化融合工作要有力、有效，必须与企业其它有关工作紧密结合起来。特别要注意做到“四个结合”：一是要与加强企业管理整合相结合。通过调整企业组织与管理架构，完善管理制度和管理流程，增强企业的管控能力，推动文化理念融入管理、落到实处。在实施“聚力”企业文化工程中，我们开展了准军事化管理、精细化管理、“手指口述”、执行力建设等工作，将“百亿华煤、百年基业”的宏伟愿景和“温暖民生、照亮大地”的企业使命以及“开采阳光，超越梦想”的企业精神融入到具体的管理实践中，以无形之力，打造企业发展最优基因。二是要与解决实际问题相结合。着力解决影响和制约企业改革发展的突出问题和广大干部职工最关心最直接最现实的利益问题，维护职工合法权益，加强人文关怀，以实实在在的成效赢得人心，不断巩固文化融合的群众基础。华亭煤业“聚力”文化的核心价值观是“和谐为本，创新为魂”，在文化融合中，我们坚持让职工共享企业改革发展的成果，使企业在取得最大效益的同时惠及更多职工，造福社会，履行责任，共建和谐。三是要与提升职工队伍素质相结合。坚持以人为本，加强职工教育培训，推进“四个一流”职工队伍建设，促进职工全面发展，使文化融合的过程成为不断提高职工队伍素质的过程，使文化融合与企业发展建立在职工队伍整体素质不断提高的坚实基础之上。“金品质，利天下”是华亭煤业的企业道德，在文化融合中我们时时处处体现华煤人“淳厚坚韧奋进有为”的品格，培育做人谦虚、做事认真、一心为企的华煤人素质。四是要与企业党建思想政治工作相结合。结合企业实际，加强和改进企业党建思想政治工作，做到企业并购重组到哪里，党组织和党员的作用就发挥到那里，思想政治工作就深入到那里，切实发挥好国有企业的政治优势，为做好文化融合工作提供坚强的政治和组织保证。在这一点上，我们持续开展“解放思想大讨论”主题教育，使班子建“四好”、组织创“四强”、党员争“四优”、职工争创“四个一流”，形成创先争优争一流、科学发展上水平的发展文化氛围，奠定了文化融合的基础。

四是传承创新。传承创新就是要继承优秀的文化，而且要不断进行创新，实现文化的可持续发展。文化应该像人每天都要吃饭喝水一样，成为一种自觉的行为习惯。企业文化融合之后，必定要涅槃重塑，传承创新。因为优秀的企业文化始终是企业科学发展的方向。在创新中，既要做文化的继承工作，也要做文化的创新工作，创新和继承要相辅相成。文化如果没有继承，就谈不上创新，文化资源就会源源不断地流失掉。如果一种文化没有沉淀，每天都在创新，那也不叫创新。一句话，文化需要一以贯之。华亭煤业集团公司的发展得益于体制的创新、制度的创新、技术的创新，同时更离不开文化的创新。我们深知在新的形势下，华煤文化的创新，必须建立在传承和发扬的基础上。传承什么？作为煤炭企业，我们秉承煤矿工人特别能吃苦、特别能战斗的精神和品格，这种精神和品格将会生生不息、代代相传；同时作为华能集团控股企业，我们接受、吸纳华能集团“三色”公司先进的管理理念、高效率的工作作风和优秀的企业文化，学习央企强烈的政治责任、经济责任和社会责任的意识，以华能集团母文化为前提，打造华煤子文化，使华煤“聚力”文化辅以新的内容并得以传承。创新什么？就是要创新体制，努力探索市场经济下适合企业运行的体制；就是要创新制度，不断建立和完善现代企业管理的制度；就是要创新技术，依靠科技进步、加强科技成果的转化和应用；就是要创新文化，用先进的文化引领企业科学发展。在华能集团控股管理后，我们制定了“打造华能煤炭产业基地、建设现代化能源化工企业”的发展战略，将华煤的“聚力”文化与华能的战略规划首先结合在一起，以宣贯华能集团“三色”公司文化理念为主，以华煤“聚力”文化之补充，再营造一种尊重科学、尊重知识、尊重人才和崇尚“苟日新，日日新，又日新”的良好的文化创新环境，让一切有利于企业发展的先进文化汇聚到华亭煤业，使一切创造时代文化产品的源泉充分涌流，推动公司又好又快发展。

总之，文化融合的最终落脚点就是文化的发展，企业的发展。因此，我们要在实践中不断探索创新，努力形成富有自身特色、具有先进性的企业文化。文化融合是企业做大做强的发展趋势，也是企业走向国际的必经之路。

（作者系华亭煤业集团有限责任公司党委书记、副董事长）

在国际市场搏击中成长

王铁军

东方地球物理公司，英文缩写“BGP”，是中国石油集团旗下、中国最大的专门从事地球物理勘探的专业技术服务公司。地球物理勘探是石油工业链条中的第一个环节，我们的工作性质就类似于给地球做 CT，用各种技术手段去探寻油气资源。

接下来，我主要围绕 BGP 国际化发展“走出去”、“走进去”、“走上去”三个方面与大家交流。

坚持战略引领　BGP 率先迈出“走出去”步伐

20 世纪 90 年代，BGP 紧跟国家“走出去”战略，按照中国石油集团“充分利用国内外两种资源、两个市场”的部署方针，在做好国内找油找气服务的同时，勇敢地迈出国门，成为闯荡国际市场的先头兵。

在国际化发展进程中，BGP 始终以后来者的姿态虚心学习，学到了严格的 HSE 体系管理，学到了规范的项目运作模式，学到了追求卓越的创新精神。

1994 年，BGP 完成了厄瓜多尔国家石油公司的一个石油勘探合同，这也是中国地球物理勘探队伍第一次走出国门。

1996 年，BGP 承担苏丹石油区块勘探项目，那里不仅自然条件恶劣，而且战火连天。在苏丹我们用了 3 年时间，突破性地发现了一批新油藏和新油田，为中国和苏丹的油气合作作出了重要贡献。

2000年，BGP海外业务开始快速增长，先后进入利比亚、印尼、阿曼、委内瑞拉、哈萨克斯坦、缅甸等国家作业，市场触角遍布全球。与此同时，浅海勘探、资料处理、解释和非地震业务实现一体化发展，综合竞争能力持续提升。

2002年，BGP出色完成了巴基斯坦有史以来工作量最大、HSE要求最高的国家公园项目，赢得了“环保先锋”的美誉。

2003年，BGP成功进入高端物探市场。经过8年的努力，终于叩开了被西方公司垄断70年的沙特勘探市场大门，并在沙特连年中标，始终保持市场份额第一。随后，我们又在中东、北非、中亚建立了三个规模化生产基地，在全球前20位的石油公司中，已经有13家是我们的客户。

2006年，BGP海外收入首次超过国内，并保持至今。

2009年，BGP海外收入突破10亿美元，并保持至今。

2010年，BGP实现收入156亿元，其中海外收入超过12亿美元，公司国际化指数达到62%。

BGP始终秉承国际化发展思想，坚持立足国内、发展国际，服务全球的国际化公司定位，以服务油气田发展为根本己任，以成本领先优势切入国际市场，以开放、包容的多元文化提升竞争力，适时进行战略创新，立足全球市场空间，有效利用全球资源，“走出去”步伐更加稳健和扎实。

坚持国际标准　BGP快速迈上“走进去”阶段

我们深知，BGP“走出去”仅仅是第一步，要真正“走进去”，不仅要坚定国际化思想，更要严格执行国际惯例，更要善于获取和配置全球人才资源，更要在更高层次、更广领域参与国际竞争，在搏击中成长。

BGP作为中国石油工业的一员，是大庆精神铁人精神的践行者，在发扬艰苦奋斗精神的同时，更加重视员工人身安全，更加重视人性关怀，永远把人的安全放在第一位。我们严格按照国际通用HSE管理体系和运作规范，健全和完善各项管理体制和激励机制，突出加强制度建设和基础管理，全员执行意识和安全能力显著增强。坚持“不评估不进入、不安全不生产、不培训不上岗”的原则，因安保问题先后放弃了价值3.6亿美元的合同。

BGP先后三次启动SOS，耗巨资从巴基斯坦、乍得和中国新疆把患病和受伤的员工接到北京救治，确保了员工的生命安全，以实际行动践行了企业“绝不以员工的生命安全换取企业利益”的承诺。BGP良好的HSE业绩赢得了声誉和市场，先后通过了Shell、TOTAL、雪佛龙、Saudi-Aramco等64家大石油公司的HSE资格审计。

BGP始终把人力资源视为企业的第一资源，坚持全球化用人理念，按照国家海外人才引进政策要求，加大高层次人才引进，近两年，先后引进11名业内知名专家，其中4名高科技人才被纳入国家“千人计划”。BGP充分尊重人才、关心人才，为人才搭建平台、营造环境，我们引进的一名专家在引进当年就成功地研发了一项领先技术，使BGP一跃成为该领域的领跑者。

BGP注重内生动力的激发，畅通包括外籍雇员在内的全员成长通道，建立了管理、技术和操作三个梯级人才队伍。按照“高层次人才国际化、操作人员本土化”理念，先后聘用了10名外籍雇员担任顾问和高级管理人员，700多名外籍员工走上关键管理岗位。健全了与国际接轨的人才培训与开发机制，建立了海外6个、国内2个互为支撑的培训基地。开展“星级员工”评定活动，组织海外优秀雇员到中国参观和工作，增强了外籍雇员的成就感和自豪感。

坚持文化驱动　BGP加速实现“走上去”目标

作为找油先锋，BGP坚持把文化作为企业保持基业长青和永续发展的不竭动力，立足公司发展历史，传承大庆精神铁人精神，借鉴国际公司管理文化，推进文化创新，构建具有时代特征、石油特点、物探特色的先锋文化，更好地建设公司品牌和展现员工精神风貌。

BGP坚持发扬大庆精神铁人精神，围绕公司发展目标，将核心价值观融入公司发展战略，注重习惯养成，倡导文化管理，以文化力推动管理提升。

罗斯福说过，守信用胜过有名气。BGP把信守承诺作为企业的生命。2007年，尼日利亚国家社会出现动乱，当时在尼日利亚提供物探技术服务的公司纷纷撤离，BGP坚持作业。2008年，BGP承担伊拉克战后第一个石油合作项目的物探服务工作，我们统筹谋划、科学运作、快速反应，在全球范围内调配队伍和装备，克服高安保风险带来的巨大挑战，圆满高效履行合同，在业界引起巨大轰动，树立了中国企业的国际形象。

BGP坚持借鉴学习西方先进企业文化理念，发挥中国传统文化优势，以包容的心态、敞开胸怀接纳融合，汲取众家之长，打造形成了“合金”海外文化，成为公司国际化发展的强大驱动力。通过培训、宣贯和推进，最终形成全员认同的价值理念、信仰、态度和行为准则，提升公司发展软实力。

BGP有外籍雇员一万多人，大家来自不同国家，肤色、语言、宗教信仰等都不同，但大家在一起都能和谐相处。我们在沙特的一个项目被称为“多国部队”，该项目有来自13个国家的851名雇员，大家共同生活在BGP这个大家庭中。

BGP奉行“平等、沟通、包容、和谐”的人文理念，给予外籍员工全方面的尊重，尊重每个人的人格，尊重每个人的劳动成果，尊重每个人的信仰和风俗习惯，尽最大可能满足每名员工的合理诉求。在伊斯兰国家，中方员工不吃猪肉，不喝带酒精的饮料；在营地专门开辟出场地，为伊斯兰教徒搭建简易清真寺；为员工建立不同饮食习俗的食堂；每到外籍雇员的节日和重大活动，中方人员都会送上一份慰问礼品表示祝贺。我们有一名中方员工在尼日利亚工作12年，12年来，他主动融入当地人的生活，与当地人交朋友，赢得了当地政府和社区人民的尊重和信任，被加冕为尼日利亚阿穆马拉部落酋长，成为了中国第一个成为酋长的石油人。

在 17 年的国际化征程中，BGP 已经实现从量的积累到质的飞跃，业务领域从陆上勘探拓展到海陆齐头并进，服务方式从地震采集发展为采集、处理、解释、非地震一体化服务，市场开发从服务小油公司到服务国际大油公司和国家石油公司，作业国家从最初的 1 个扩展为 61 个，国际竞争力和影响力不断增强，BGP 已经成长为陆上勘探能力第一、综合实力进入全球前三的业内知名地球物理服务承包商。

站在新的发展起点，BGP 将始终牢记“奉献能源、创造和谐”的企业宗旨，秉承“爱国、创业、求实、奉献”的企业精神，全面实施“一体化、集约化、国际化、数字化”发展战略，为早日建成国际一流地球物理服务公司而不懈努力！

（作者系中国石油集团东方地球物理勘探有限责任公司执行董事、总经理）

创新 成就卓越企业的不竭动力

田利民

移动通信不仅改变着我们的生活，而且让我们的生活更加美好。随着智能终端的普及和移动网络宽带化，移动互联网时代已全面到来，正在以无处不在的网络接入、随身个性的业务应用、开放共赢的创新模式，爆发出巨大的生机和活力。

中国移动之所以能够在实现可持续发展的同时，向更加美好的方向改变人们生活，靠的是企业不断强化核心竞争力。通过不断创新拓展，有效应对变化的市场和环境，破解当前发展难题，占据未来发展先机，确保企业在任何情况下都拥有持续成长的强大内在推动力量。

文化创新是基础

创新是中国移动追求卓越的根本动力。中国移动取得成功最根本的前提就是“坚持走创新之路，以创新求发展，以创新促发展”，建立了独特的创新型企业文化。中国移动的核心价值观是“正德厚生、臻于至善”。如果说，“正德厚生”体现了中国移动的行为责任规范，那么，“臻于至善”则是一种状态，是一种不断完善、不断超越的状态。中国移动“臻于至善”的进程，就是一个不断进取、上下求索、开拓创新、自我超越的持续创新和提升过程。

中国移动北京公司致力于营造创新的文化氛围，激发组织创新力；立足于结合工作实际，解决实际问题，推进模仿创新、集成创新与原始创新相结合；以公司战略为出发点，在服务、产品、管理、技术四大领域积聚创新力。

科技创新是动力

中国移动北京公司科技创新工作注重贯彻基于全生命周期理念的精益化管理，通过精细引导、专题辅导等多项措施，重点开展研发计划全生命周期管理、科技成果挖掘和上报推广、新技术试验计划和实施开展、企业标准计划制定及实施、专利挖掘和评审等工作，公司科技创新整体能力逐步提升，创新成效显著。《奥运场馆无线宽带关键技术及应用的研发》、《面向无线城市信息应用的融合业务平台》《北京移动奥运通信保障综合管理系统》获北京市 2009 年科学技术奖。

仅 2010 年公司各部门就上报研发计划 228 项，其中有 26 项被评为集团重点及联合项目，13 项被评为省级重点项目。全年共发布科技成果 129 项， 32 项专利申请集团评审通过，并获得专利申请号，12 项发明专利、5 项实用新型专利获得国家知识产权局授权。

管理创新是保障

中国移动北京公司坚持建设有效的创新管理架构，为创新工作提供支撑，同时，优化创新全流程闭环管理，系统提升创新管理效率和管理水平，激发员工创新热情，推动公司持续发展。

（一）人力资源突破性提升

（二）集中化管理提升效益

（三）成功上市推动发展市场化

（四）服务、质量是管理关键

产品创新、服务创新贯穿全过程

中国移动坚持以客户为导向，不断进行产品与服务创新，满足不同客户群体的需求，极大的提升服务品质和客户价值。目前已建设手机阅读、手机音乐、手机游戏等 9 个增值业务基地。“基地”模式体现了以“客户为根、服务为本”的理念，贴近市场发掘客户需求，为客户提供更好的服务；通过推进建立物联网标准产品体系、打造物联网标准应用范本，持续推进电力、交通等行业的物联网新应用。

聚焦客户核心需求，结合服务关键时刻，开发特色服务产品。按照产品功能，分为查询类、提醒类、话费类、服务关怀类和客户沟通类服务产品。充分利用经分系统，捕捉客户需求关键时刻服务，建设了涵盖服务提升、服务运营、服务基础视图三大方面的 9 个服务专题，有效支撑精细化服务。

创新，是中国移动保持可持续发展的动力和源泉。

创新铸造移动辉煌，移动改变生活，让生活更加美好！

（作者系中国移动通信集团北京有限公司党委书记）

以理念创新促进发展方式转变

许　光

燕山石化公司隶属于中国石化集团公司，原油加工能力 1000 万吨 / 年，乙烯生产能力 80 万吨 / 年，员工 2 万余人。公司成立于 1970 年，是中国第一个炼化一体化企业，70 年代建成中国第一套 30 万吨 / 年乙烯装置，其后又率先进行了两轮乙烯改扩建，2007年成为我国第一家生产欧Ⅳ油品的千万吨级炼油基地。在40多年的发展历程中，我们能够始终把握正确方向、顺应时代潮流、保持基业长青，一个非常重要的体会就是以创新的理念引领企业跨越发展，以创新的文化助推企业加快变革。

新世纪以来，企业内外环境深刻变化，中国石化工业发展重心转向沿海，燕山石化作为一个传统的内陆老石化企业，面临严峻考验。2000年前后，企业效益大幅下滑，员工士气低落。正当干部职工苦苦探索发展之路时，科学发展观的提出给我们指明了方向。我们边思考、边实践、边学习、边探索，以创新的理念推动了发展方式转变，闯过了难关，走上了一条科学发展的新路。

一是“建设清洁工厂，创造绿色文明”，促进发展方式转变。燕山石化地处首都，资源、环境约束大，生存发展面临挑战。大步迈向国际化的首都要建设“人文北京、科技北京、绿色北京”，还需不需要石化企业？需要什么样的石化企业？我们认为，首都需要保障能源安全，汽车、电子等现代制造业也需要强大的新材料支撑，但首都不需要高污染、高耗能、高耗水、高风险的企业，只会选择安全清洁、节能节水、高端高效、服务首都的石化企业。燕山石化要安身立命，就必须扎牢安全生产的根，破解节水环保的题，不与民争水，不加重环境负担，然后才能谈得上发展。为此，我们坚持走“资源节约型、环境友好型、科技创新型、本质安全型”的发展道路，努力实现由“做大”向“做强”转变，从“长胖”向“长高”跨越。

我们不断强化安全、环保意识，坚持“我要安全，安全保我平安；我要环保，环保佑我健康”，精心工作，严细管理，经受住了北京奥运、国庆60周年庆典等重大活动的严格检验。特别是在奥运期间保持正常运转，确保首都清洁油品供应，向世人展示了中国石化工业的良好形象和实力。我们积极打造节水、环保“亮点”，通过清洁生产、技术改造、节能减排等措施，新鲜水用量由最高年份的6800万吨降至去年的2254万吨。2010年与2005年相比，原油加工量提高38%，产值增加85%，万元产值综合能耗下降44%，万元产值水耗降低67%，二氧化硫排放总量降低46%，燕山地区二级和好于二级天数连续四年高于北京城区，公司荣获全国五一劳动奖状、全国“安康杯”示范企业、中华环境友好企业、全国节能减排十大功勋企业等荣誉称号。北京市充分肯定我们走出了一条符合首都功能定位的科学发展之路，支持燕山石化加快发展，并批准我们与地方政府共同建设北京石化新材料产业基地，带动北京西南地区经济发展。

二是“打造数字燕山，建设智能工厂”，促进传统管理向现代管理转型。坚持信息化带动工业化，工业化促进信息化，对改造提升传统产业具有重大现实意义，是走新型工业化道路的必然选择。

我们提出“打造数字燕山，建设智能工厂”的目标，大力推动信息化建设，建立起较为完整的数据采集信息系统，实时数采点10万多个，视频监控摄像点1971个，覆盖36平方公里的生产和生活区。将信息化建设与生产经营高度融合，形成了ERP与MES两个核心系统，建立了生产经营分析平台、生产运营监控平台和运行维护支持平台，实现了由效益分析，到计划优化、全面预算、生产执行、运营监控、指标考核，再到财务决算的闭环应用模式，公司决策指令随时下达到生产一线班组，优化生产方案自动调整装置运行，财务决算每月首日完成，大大提高了工作和管理效率。

信息化的发展催生着企业组织结构调整与流程再造，为体制机制创新创造了条件。由于历史的原因，燕山石化存在管理层级多、链条长、效率差等问题。在信息化深入推进的基础上，我们提出“以专业化促扁平化、以扁平化促管理现代化”，按照专业分工重组业务流程，搭建起专业特点鲜明、业务集中统一的组织架构，将原来分散在各厂的检维修、质量检验、计量统计、后勤服务等资源进行集中统一管理，把“公司－厂－车间”三级体制改造成“公司－专业厂”两级体制，压扁了管理层次，缩短了管理流程，实现了从传统管理向现代管理的转型。

三是“打造精品，攀登高端”，促进产品结构和装置结构调整。燕山石化地处内陆，相对于沿海沿江企业，资源获取成本高，面对“大路货”毛利率不断下滑的形势，我们深感同质化竞争没有出路，必须依靠科技创新，生产好产品，提升附加值，打造精品、攀登高端，形成差异化竞争优势，提高资源利用率，增强核心竞争力。

我们将“产品特色突出”作为主攻方向，制定了“独一无二”、“数一数二”的原则和“优化一流装置，改造二流装置，淘汰三流装置”的思路，持续进行装置和产品结构调整，努力实现“人无我有、人有我优、人优我精”。从2004年生产欧Ⅱ标准汽柴油、2005年欧Ⅲ到2008年欧Ⅳ，始终领跑中国油品升级之路。坚持做精做优化工，合成树脂专用料比例从2005年的69.8%提高到82.3%，成功开发出三元共聚聚丙烯、食品级涂敷料等一大批具有较强竞争力的特色产品。

燕山石化主动发挥企业创新主体作用，密切产销研衔接，加强与高校、科研院所合作，建立北京市第一家企业院士专家工作站，促进了科研成果转化，积极承担国家重点项目攻关，新产品开发成效显著，初步形成了“生产一代、研发一代、储备一代”的良好局面。“十一五”期间，共获得省部级以上科技成果奖28项，其中国家级奖项5项，49项科技成果通过省部级鉴定，申请国内外专利127项，已取得国内外授权81项，在清洁油品生产、节能减排、合成橡胶研发等领域处于国内领先水平。

四是“造就精兵，成就高手”，实现员工与企业共同成长。人才资源是最重要的战略资源，发现人才、培养人才、造就人才既是发展的需要，也是以人为本的重要体现。将国有企业“人多效率差”的劣势变成“人多力量大”的优势，根本途径在于提高职工素质，激发内在动力，培育出一批精兵高手，以职工素质的提升推动企业的进步。我们坚守“员工与企业共同成长，企业与社会和谐发展”的核心价值观，坚持

"人人可成才、竞争选人才、岗位育人才、发展聚人才"的理念，努力使员工在推动企业发展中实现个人价值。

我们实施"全员素质工程"，将人才培养放在突出位置。启动干部集中轮训，实施岗位交流，提高管理团队的执行力和综合素质，努力建设一支理念先进、素质过硬、纪律严明、精干高效的经营管理人才队伍。大力开展专业技术人员继续教育工程，与清华大学、中科院等单位合作，每年培训 1000 人；坚持大学毕业生在一线倒班三年，磨砺品格，打牢基础，促进成长，努力建设一支基础理论扎实、实践经验丰富、创新能力强的专业技术人才队伍。全面实施职业技能鉴定，开展岗位练兵、创新成果冠名、能工巧匠评选等活动，努力建设一支爱岗敬业、技能精湛、一专多能的技能人才队伍。成立首席专家委员会，评选出包括一线工人、科技工作者在内的专家，给予相当于高级管理岗位的待遇，拓展员工成长空间，畅通人才成长通道。5 年间，职工总数下降 24.2%，硕士及以上学历人数增加 63%、高级及以上职称人数增加 12.7%、技师及以上职业资格人数增加 83.6%，技师、高级技师占技能工人比例由 2005 年的 2.9% 提高到 7.6%，队伍整体素质显著提升。

创新的理念引领创新的发展、创新的文化，思路的转变带来发展方式的转变、发展质量的提升。经过"十一五"的探索实践，燕山石化保持了持续健康发展的势头，5 年来累计加工原油 4896 万吨，生产乙烯 404 万吨，累计实现销售收入 2957 亿元，利税 338 亿元。十一五"与"十五"时期相比，原油加工量增加 1200 万吨，销售收入增加 1128 亿元，产值、税金双翻番。企业运营效率、盈利能力显著提升，2010 年与 2005 年相比，总资产报酬率提高 1.5 倍，ROCE（已占用资本回报率）增长 2.2 倍。

创新是一个民族进步的灵魂，是企业发展的动力。我们要继续坚持理念创新、文化创新，助推发展方式转变，为中国工业化的发展，为中国石化工业的繁荣发展作出新贡献！

（作者系中国石化集团北京燕山石油化工有限公司党委副书记、纪委书记）

悠久的历史 厚重的文化 创新的融合 跨越的发展

——北京同仁堂的海外发展与文化交融

陆建国

北京同仁堂是我国中医药行业的老字号。它创建于 1669 年，至今已有 342 年历史。在其漫长的发展中，始终坚持质量、诚信和创新的理念，赢得了越来越多的国内外患者的青睐。从 50 年代起，我们的产品就已走向海外，目前已在 1 6 个国家和地区开办了 1 8 家独资或合资公司以及 48 家分店，在香港创办了生产研发基地——同仁堂国药有限公司，产品销往海外 4 0 多个国家和地区，被国家商务部授予"中国出口名牌企业"。我们在产品、门店和生产走出去的同时，"同仁堂中医药文化"也走了出去。在半个多世纪的海外发展中，经济与文化、中国传统中医药文化与海外不同国家的文化始终相互交融，伴随着我们不断发展和进步。

一、文化交融的必要性和紧迫性

（一）企业走出去的一道文化门槛。

随着中国对外开放、经济全球化和健康养生理念的潮流，同仁堂走出国门的步伐加快。但由于文化差异，带来诸多困难。例如：中医通过宏观体悟，辩证论治，调节人体自身、达到人与自然的平衡。西医则通过微观定量分析，对抗病灶，治疗病原体侵入，从而达到治病的目的。这种理念上的差异影响到了中药的出口。在进口国，中药进入市场前，必须取得标准认证。中医诊疗施治前，必须取得行医资格，而这些又受到文化差异上的影响，使中医药走出去面临重重障碍。此外还存在着政治经济、人文地理、法律法规、思维观念等差异，都迫使我们在海外发展时，必须解决好文化的相互交融问题。

（二）企业国际化的一条文化通道。

同仁堂的国际化目标是弘扬中医药文化，发展生命健康产业，成为世界知名的大型中医药集团。由于中医药的特殊性和文化背景的差异，在海外拓展并非易事。因此，我们采取了产品伴随着文化，中医伴随着中药，品牌伴随着发展的方式，实施了先亚洲，后欧美，循序渐进的发展之路。通过望闻问切、针灸推拿、辩证论治让外国朋友感同身受的体验中医药在治疗人类疑难杂症、未病医学、中医养生等领域的神奇疗效，体验中医药的博大精深。

现在，我们基本实现了在亚洲有华人的地方就有同仁堂，就有中医药的足迹，并且已经开始向欧美发展。特别是近 20 年来，同仁堂在海外累计诊疗的患者已超过 1000 万人次，如果按 1：10 的比例计算其宣传效应，国际上大约有一亿人认识或知道了同仁堂。因此，同仁堂在海外的发展既离不开中医药文化的传播，也得益于中医药文化的传播。

（三）企业做长做强做大的一个文化标志。

创建于清康熙八年（1669 年）的同仁堂，从雍正元年（1723 年）起，由皇帝钦定供奉御药房用药直到 1911 年，历经 8 代皇帝，长达 188 年。"同仁堂中医药文化"在继承中国传统中医药文化精华，并融入宫廷制药规范的基础上，经过 300 多年的实践与创新，中医与中药的结合所形成的具有自身特色的品牌形象、价值取向、质量文化、经营理念和队伍建设的总和，成为了同仁堂做长的一个重要文化基因。

目前，同仁堂已发展成为集团整体框架下集现代制药业、零售药业和医疗服务的三大板块，配套形成了十大公司、其中包括境内外两家上市公司和 1400 余家海内外零售门店以及研究院、中医院、博物馆、教育学院等机构，集团整体销售连续14年保持双位数增长，实现每五年翻一番。2010年，集团实现总销售收入 130 亿，资产总额 120 亿，利润 10 亿人民币，成为行业内领先的大型中医药集团。“同仁堂中医药文化”也于2006年第一批进入了国家级非物质文化遗产名录”，受到特别保护和传承。

同仁堂不断融合多元文化，创新文化内涵，形成了具有自身特色的企业文化，促进了企业的做长、做强、做大。在2011年面临着新的机遇和挑战时， 北京市委市政府又将同仁堂纳入北京市G20企业，确定了“以同仁堂为龙头，发展首都中医药产业”的方针。在国家推动文化大发展、大繁荣的背景下，同仁堂集团与国家汉办、孔子学院总部携手战略合作，正式启动向全球推广中医药文化的战略，为实现新的跨越式发展，加速新时期的文化融合，创造了更为有利的条件。

二、文化交融的内涵与外延

（一）传统文化与现代文明的融合。

同仁堂传统文化的突出特色是讲质量，重诚信，施善举。堂号创立之初，创始人乐显扬即以“大同社会”“ “天下为公”，“仁者，爱人”，“济世养生”的中华文化为座右铭提出了“可以养生，可以济人者，唯医药为最”。其后188年的供奉御药又使同仁堂的质量文化、诚信理念得到强化和升华。其间，同仁堂“拣选上品、纯洁、地道药料”、“明亮之品”；收到清宫御药房“票传”要“立即备药，赶紧交纳，旋准交进”，即使夜间也要“立等交进”；如有差错“定行呈回交司惩办，决不宽贷”。如此，同仁堂“炮制虽繁，必不敢省人工；品味虽贵，必不敢减物力”、“修和无人见，存心有天知”的古训得到进一步锤炼，形成了“配方独特、选料上乘，工艺精湛、疗效显著”的制药特色，也锻炼出训练有素，技艺高超，责任重于泰山的一代又一代同仁堂人。

300多年来，历代同仁堂人秉承“同修仁德，济世养生”的企业精神，以质量、诚信和创新树起了经久不衰的金字招牌，也逐渐形成了同仁堂的现代文化。今天，同仁堂的质量文化不仅是以药品疗效为核心的全面质量保障体系和现代制药规范，也具有更加深刻而广泛的内涵，即产品质量、服务质量、经营质量和资产质量；在传统文化基础上，同仁堂现代经营管理者又提出了四个善待，即善待社会、善待员工、善待经营伙伴、善待投资者，它们都被广泛运用于集团海内外经营管理中。例如：在海外，为克服文化差异，又保持特色，同仁堂以控股合资合作模式开办药店。其间，始终以理解尊重为前提，互利共赢为宗旨，和谐经营，相互善待，取得了很好的经营成果。2010年，在国家商务部与外汇管理局联合年检中，同仁堂10家境外企业全部被评为一级；业绩斐然的同时，同仁堂不忘尽社会责任。每逢节假日、特殊事件如灾情发生，同仁堂均在当地举办义诊、义卖活动，深入社区服务，定期通过当地媒体免费举办中医药文化讲座，普惠民众。

传统文化上升为现代文明，为更多的人所接受，从而形成了同仁堂更具时代穿透力、内涵更加丰富的现代文化，推动着同仁堂打造现代中医药品牌、民族品牌和国际品牌。

（二）中华文化与国际文化的接轨。

悠久的历史让同仁堂具有鲜明而厚重的中国文化特征，形成了同仁堂“以仁为根，仁德至上的道德文化；以义为上，义利共生的诚信文化；以质为先，质量共赢的品质文化；以人为本，人业共兴的和谐文化”等等，引领同仁堂在海外，“以诚守信，以爱国爱人之心，仁药仁术之本，取信于民，造福人类”，在接受和吸纳所在国先进文化理念的同时，逐步实现了与国际文化的有效对接。

针对海外各国与我们的文化差异以及同仁堂“以医带药”经营实体的特殊模式，我们采取了优势互补的多元化人才战略。即在从总部选派中医药经营和专业技术精英的同时，发挥合资伙伴的地方性外联优势，吸纳其参与经营；招聘系外有识之士，完善促进经营。同时，围绕着同仁堂文化、经营特色、中医药产品知识、抓方认药等一系列核心内容，根据文化差异，选择通俗易懂，灵活多样的培训方式，对系外各类人才展开言传身教。例如：以“爱护同仁堂品牌像保护自己的眼睛一样”诠释同仁堂340年的由来；以“金锅银铲”的故事阐述同仁堂“修合无人见，存心有天知”的诚信；以中医专家妙手回春的典型案例弘扬中医药的博大精深。同时，我们还结合各类人才的业绩表现， 选拔推荐优秀的海外员工到北京同仁堂总部教育学院深造学习，给予鼓励和嘉奖。通过这些措施，使他们逐步理解了同仁堂文化的精髓，增强了同仁堂的吸引力和凝聚力。

目前，在海外370名员工中，有325名来自当地，实现了人才本土化。他们当中，有很多既是海外同仁堂创业的参与者，也是海外同仁堂发展的见证人。例如：同仁堂马来西亚公司黄素美女士，原是合作方马来西亚海鸥集团派出的开业筹备人员，而今她已经在同仁堂马来西亚吉隆坡店工作长达10年之久，成为经营管理骨干；现任同仁堂澳大利亚公司董事总经理马安阳先生，在与同仁堂的合作中，深受同仁堂文化的熏陶和影响，7年前加入了同仁堂海外团队，如今在澳大利亚同仁堂主持全面工作。

（三）文化与经济的互动。

具有浓郁的中华文化要素的同仁堂中医药文化，确立了同仁堂在“做长、做强、做大”的战略目标下，既是经济实体又是文化载体的发展定位，两者互为前提，完美融合，共同发展，形成了同仁堂企业与文化的共生、共存、共进。

北京同仁堂新加坡分店和新加坡南洋理工大学孔子学院与2008 年签约联合办学。同仁堂派中医药专家到孔子学院授课；围绕当地多发性疾病、慢性病等热点难点健康问题举办公众健康讲座；就中医与食疗养生、中医汉语及中医知识展开培训课程；开放新加坡同仁堂药店作为观摩场所，让孔子学院的师生体验中医药文化，了解中药的药性、药味、药效，体验名店、名医、名药的魅力。日益增长的中医药市场需求和同仁堂优质的中医药服务使得同仁堂在新加坡的分店已经达到了4家，扩大了孔子学院师生体验中华文化的空间。

澳大利亚同仁堂接待过一位女性患者，她曾被西医诊断为终生不孕。后经同仁堂悉尼分店中医师吴高媛治疗6个疗程后，成功怀孕。吴医生还通过脉象告诉她怀的是女孩。该女士半信半疑，特意去西医院做了检查。当检测仪器显示同样结果时，她对中医信服了。如今，同仁堂在澳洲悉尼和布里斯本已相继开办了两家分店，其中惠顾的患者有30%是澳大利亚人。今年我们还将在澳大利亚开办第三家分店。董事总经理马安阳先生说：北半球的“金子”终于在南半球发了光。

三、文化融合的现实与战略意义

（一）文化融合是经济融合的前提和保障。

企业是创造物质和精神财富的经济实体，文化是协调企业与社会、企业与自然、企业与其内部平衡的精神动力和思想保障，文化与经济的融合是科学发展的必然要求。世界各国经济发展的实践表明，经济活动中的文化因素和成果已经成为现代生产力的重要构成或促进因素，而文化资源的智能性和保障性，使文化资源必然成为推动经济发展的主导性力量。同仁堂的海外发展正说明了这一点。

同仁堂从1993年获得自营进出口权以来，通过以品牌带名医，名医带名药，医药相结合的服务产业将中国传统医药推广到海外，在文化伴随着产品走出去、药店走出去、生产走出去的特色化道路上积累了一定的经验。

2009年，中央政治局常委、全国政协主席贾庆林为同仁堂创建340周年发来贺信，指出“让同仁堂成为驰名中国，闻名世界的民族品牌”；同年，中央政治局委员、北京市委书记刘淇视察北京同仁堂（马）有限公司吉隆店时指出：同仁堂的品牌是全面的，既要有中国重量级的中药产品，又要体现中国的服务精神，既要经营产品，也要传播文化；2010年，中央政治局委员、国务委员刘延东批示：要善于整合各类带有中华文化元素的资源，既可丰富孔子学院的教学内容，又可彰显中华文化的博大内涵，促成了我们与国家汉办、孔子学院总部签订了战略合作协议；国务院发展研究中心在《北京同仁堂文化战略研究》中提出同仁堂要“创造健康，全球共享”。这些都标志着同仁堂海外发展已向更高层次转变。

经济与文化的交融促进着同仁堂的海外发展。截至2010年，同仁堂商标已在海外69个国家和地区注册，经营出口品种规格达680种，出口创汇2801万美元，同仁堂国药（海外）有限公司完成重组后，海外总资产达到3.7亿港币。

（二）文化融合是社会和谐的根基和基础。

文化融合为经济融合与发展创造了条件，而物质与经济财富的丰富又为社会和谐提供了助力。以同仁堂文化与孔子学院融合为例：同仁堂作为经济实体不断在海外各地开办分店，以医带药的特色模式促进了与当地多元文化的融合，不仅为孔子学院提供了良好便捷的体验平台，也为外国朋友提供了丰富而独特的就业平台；通过孔子学院的影响力为同仁堂济世养生，服务人类健康提供了更大的空间，也更多地方便了孔子学院学生的实践交流。大家在多元文化和跨文化背景下，友好交往，分享健康，共乐融融。未来随着同仁堂和孔子学院合作内容的日益丰富和合作模式的不断开发，必将产生更为有益的效果。例如：在条件成熟的国家、地区，将教学与交流合作扩展到产业合作。不仅把同仁堂中医药文化纳入孔子学院教学内容，也把同仁堂博物馆逐步办到孔子学院；把同仁堂经营实体办到孔子学院周边，形成可操作、系统化、规模化的良性产业链，促进经济效益和社会效益的共同提高，实现和谐共赢的可持续发展。

（三）文化融合是企业国际化的动力和源泉。

企业的国际化不仅在于经济的国际化，更在于文化与人才的国际化。温家宝总理在2011年《政府工作报告》中特别提出要“大力发展中医药”，同时强调要“不断扩大中华文化国际影响力”。这说明文化交融在企业国际化中的作用。

我们将继续以〞弘扬中医药文化，提高人类生命与生活质量〞为己任，努力促进人类健康与和谐，让灿烂辉煌的中医药文化为世界人民健康服务，让民族的同仁堂成为世界的同仁堂！

（作者系北京同仁堂（集团）有限责任公司党委副书记、中国企业文化研究会特邀研究员）

国际化进程中的企业文化融合

张　德

一、经济全球化与国际化经营的崛起

经济全球化应该是最近一二十年的事情，随着全球化的进展，国际化的进程也越来越快，不仅发达国家，很多新兴国家的国际化进程步伐也加快，中国最近这10年大量企业走出国门，不仅人走出去，现在资金也走出去，大概我们的国际化经营的种类有三种：

一是跨国建立子公司、分公司。经营范围走向国际化，比较典型的是海尔，海尔的国际化基本上是以我为主的方式，即总部不与人合资，靠自有资金国际化发展，进入美国市场、欧洲市场，连企业总部也搬到美国去了。

二是跨国并购。最近10年并购非常多，最典型的如联想兼并IBM全球PC业务进入美国市场，通过收购日本NEC进入日本市场，最近收购了德国最大的电信公司MedionAG的36.66%股份进入欧洲市场。

三是跨国建立合资企业。比较多的是外国进入中国的过程，当然我们也一样，也有进入外国的企业，如：北京松下公司、西安杨森公司。

二、国际化经营遇到的挑战

中国人到美国去管理美国人，跟本土管理中国人不一样，所属环境是美国的社会、美国的法律、美国的文化，差异很大。

对驻在国外部环境的陌生。对驻在国的法律、经济、文化、办事潜规则不了解，不了解就要碰壁，像电信制造业的中兴通讯，在全世界各地都建立分公司，就遇到很多这样的困难。

跨国沟通的困难。语言、价值观、礼仪、社会规范不一样，同样的企业活动，在中国，企业之间的交往经常在酒桌上，劝酒在中国很重要，但是劝酒在外国看来是很不妥的。劝美国人喝酒是很难接受的，往往被理解为“强迫”他喝酒，不能容忍。包括日本人，日本名古屋大学的校长到山东企业去参观，山东人很热情，每顿都给他斟酒，而且斟满了让他喝。我们到名古屋大学访问时，他仍对“被强迫喝酒”难以释怀：“我不喜欢这酒，为什么要我喝？”我们认为很好的事情，他们认为不好。在国外办企业，用这种方式交往，是要碰壁的。

利益冲突。我们要合资也好，合作也好，包括我们在外国招聘外国的经理人、外国的工人，那么干部配备、人员选择、薪酬待遇、组织变革等，带来很多的利益冲突，利益冲突本身往往引发文化冲突。

文化冲突（价值观的差异）。文化有路径依赖性——兼并参与单位的文化多样性是天然形成的。文化与经历有关，中石油跟它的大庆有关，到大庆去，大庆的“三老四严”还是代代相传的。到中移动去，不一样，中移动是改革开放以来建立起来的新企业，很多制度规范都是国际化的，遵守国际惯例，它的文化不一样。路径依赖性决定了不同企业间的合作，特别是不同民族、不同国家，路径差别大的企业，合作一般会出现这样的问题：文化的边界比较明显，怎么越过这个边界？ 怎么融合为一？这是比较难的。如何使母公司文化被驻在国员工所接受，是很大的问题。跨国经营大多失败在文化整合不成功。例如：惠普和康柏的合并，两个世界500强企业，他们的母公司都在美国，但是文化差异很大，也是很难融合的。康柏成立于1982年，以前是一个美国的独立品牌，产品包括掌上PC、台式机、笔记本电脑、服务器、喜玛拉雅大型容错服务器，和惠普一起是IBM的主要竞争对手。而惠普的历史长得多，在计算机和打印机市场上具有优势。2001年9月3日，惠普公司宣布已同意以250亿美元的价格，按换股的方式收购康柏公司。新成立的公司名为“新惠普”。合并后，惠普股东将持有新公司64%左右的股票，康柏股东将持有36%左右。时任惠普公司主席“铁娘子”卡莉·菲奥莉娜成为新公司的主席和首席执行官，原康柏公司首席执行官迈克尔·卡佩拉斯成为新公司总裁。

惠普文化：

惠普的七个目标——润利、客户、业务领域、增长、员工、管理、公民；

惠普的五个价值观——我们信任和尊重个人、我们追求卓越的成就与贡献、我们在经营活动中坚持诚实与正直、我们靠团队精神达到我们的共同目标、我们鼓励灵活性和创造性；

惠普经营策略和管理方式——走动式管理、目标管理、开放式管理、公开交流。

康柏文化：

核心价值观——我们追求高效率、我们面对用户；

工作作风——“adopt-and-go”（决策并行动）。

合并后，通过重新诠释惠普创业时的“车库法则”，将两个企业的优点合二为一：“相信自己能够改变世界；高效工作，工具箱永不上锁，随时为我所用，懂得何时独立工作，何时相互协作；不仅分享工具、更要分享思想；信任自己的伙伴，拒绝空谈、拒绝官僚，因为，这里拒绝所有的荒谬；工作的优劣，让用户来判断；新奇的想法并非就是坏想法，勇于尝试一种新的工作方式；每天都须做出贡献，否则，车库将永远是车库；相信事在人为，只要同心协力不断地创造。”

合并以后的新惠普文化，将二者的价值观并列在一起，即把“我们追求高效率、我们面对用户”吸收到惠普价值观中。这样就以惠普为主，形成新的新惠普价值观（七条）：“我们信任和尊重个人、我们追求卓越的成就与贡献、我们在经营活动中坚持诚实与正直、我们靠团队精神达到我们的共同目标、我们鼓励灵活性和创造性、我们追求高效率、我们面对用户。”

文字上合并不难，难的是思想上的认同。这种以惠普为主的文化，遇到了原康柏人员的抵制。两个企业的管理人员、普通员工调整到一起工作，感到处处不习惯、不适应，摩擦和冲突不断。初期文化整合失败，使企业业绩直线下降。董事会拿CEO开刀，费奥莉娜主动接受降薪“处罚”也不行，最后必须走人。

文化整合的失败，还使惠普面临人才流失的严重危机。惠普有5名高管先后离职投奔戴尔：惠普笔记本电脑部门原资深副总裁AlexGruzen出任戴尔消费电子产品事业部资深副总裁；惠普原全球消费产品营销总监BrettFaulk投奔戴尔总部；惠普台湾服务事业群原副总经理吴增峰出任戴尔台湾公司总经理；惠普中小企业产品事业部原全球营销总监Mar-garetFranco加盟戴尔；惠普海外产品研发中心兼个人系统部门原总经理陈巧凤也投奔戴尔。其中，AlexGruzen的“叛变”，被认为是戴尔对惠普的“人才战”最成功的案例。

后来又经过了7、8年的努力，现在两个公司文化融合比较好一些，主要是吸收了很多康柏的东西，特别是康柏的“务实”“高效”和“追求效益”，使新惠普的业绩又有明显的回升。现在的惠普文化双方都比较认同，这个文化融合的过程延续了将近十年。

三、正确认识文化差异

东方与西方的文化差异很大，简单说西方追求卓越、东方追求和谐。中国人讲究面子，追求和谐，西方人讲究效率，追求卓越。例如美国，美国人最大的优点就是什么都要做到最好，什么事情都要NO.1。

西方文化的国际差异也是明显的。著名的文化学者霍夫斯泰德指出：“在德国， 除非获得允许， 否则什么事情都不准做；在英国，除非受到禁止，否则什么都准做；在法国，即使受到禁止， 什么事也准做”。 但是他们都有自己的优点，都发展的还不错。

文化差异的普遍性，造成了跨国并购、跨国经营中的文化冲突，以及跨文化管理的艰难。

四、如何进行企业文化的融合

文化融合是跨文化管理中的重点和难点，它应遵守一些公认的原则、渠道和方法：

（一）融合原则。

正确认识文化差异：要消除偏见，与人为善，既不要人为地夸大差异，也不要片面地抹煞差异，坚持和而不同；

尊重驻在国文化：首先要主动地了解当地文化，了解以后要尊重当地文化，“上什么山，唱什么歌”，做到入乡随俗；

平等对待本土员工：随着本土化进程的展开，大量的本土员工进入企业，而管理层中国人较多。这是一定要平等地对待他们，做到一视同仁；

主动与本土员工沟通：沟通是文化融合的重要渠道，中方人员处于领导地位，更应该采取主动，尽快学会当地语言，不断增进了解；

对双方企业文化求大同存小异：如果是跨国兼并，一定要通过深入的调查诊断，了解被兼并方的企业文化，在两个文化中求大同存小异，优势互补，恰当整合，做到兼收并蓄；

管理人员本土化：随着文化融合的成功开展，以及企业经营规模的逐步扩大，应该加大管理人员本土化的步伐，这有利于团结广大本土员工共同奋斗。有一点非常重要：一定要对他们充分信任，否则容易产生被征服感和心理排斥；

政策调整：跨国经营中的利益冲突是不可避免的，必须根据当地具体情况，作出必要的政策调整，兼顾各方利益；

加强冲突管理：文化差异引起一些文化冲突不可避免，但应高度重视文化冲突的管理。一是要坚持“和为贵”的原则，多一些理解和宽容；二是要因势利导，防止冲突激化，及时把破坏性的冲突转变为建设性的冲突。

（二）融合模式。

根据不同的情况，可以选择不同的文化融合模式，大体上有下述四种。

移植：将母公司文化直接在子公司强制推行，忽视对方文化。特点：这是最简单的整合方式，但实施阻力大，融合风险大。适用于以大吃小，以强并弱，母公司为强势文化，或对方为不良文化。案例：初期的“北京切诺基”、GE的并购。

嫁接：尊重本土文化，以子公司文化为主体，将母公司文化融合进去。特点：融合风险小，但有效性不稳定。适用于以小吃大，或对等合并，子公司文化强势，而且是良性文化。案例：西安杨森、海尔兼并IBM手机业务。例如：西安杨森公司的信条——对客户负责、对员工负责、对社会负责、对股东负责；杨森宗旨——忠实于科学，献身于健康；杨森目标——要成为亚洲乃至全世界最美好的公司之一；杨森座右铭——止于至善。杨森在西安建立合资企业——西安杨森后，在1 994年提出鹰的文化——“鹰奖”（倡导拼搏精神）；在1 995年提出雁的文化——“雁奖”（倡导团队精神）；在1 998年，公司领导带领中层以上管理人员重走长征路（沿当年红军长征的路行军，参观红军事迹展览，向沿路贫困地区捐款），在天安门广场看升国旗。前任美籍总裁说：“一个不热爱祖国的人，怎么会热爱公司？不热爱公司，又怎能热爱自己的岗位？我也热爱中国，热爱杨森。”至于对于中国药厂用回扣促销的不良风气，西安杨森则采取抵制的态度，公司领导人保罗· 杨森博士说：“我宁可没有一盒药品销售，也决不允许用非伦理的手段进行促销。”

文化合金：两种文化的有机结合，各取所长，融为一体。特点：这是最高层次的文化整合，最有效地将双方优秀基因融合起来，融合阻力适中。适用于强强联合，双方都有良性文化。案例：北京松下——十大精神，是松下七精神加中方三精神（实事求是、改革发展、友好合作）。企业价值观——同舟共济，义利并举。实践证明，这种融合方式效果很好。

并存：两种文化并存，不予整合。特点：在一定时期保持现状，两种文化并存，实施阻力小，操作简单，但文化一致性低。适用于非紧密型联合，或参股关系，而对方具有良性文化。

（作者系清华大学教授、博士生导师、中国企业文化研究会学术委员会委员，本文为根据会议录音整理）

未来国际商业管理的发展趋势

罗伊·格林（Roy Green）

谢谢主持人，今天我演讲的主题是“未来国际商业管理的发展趋势”。

首先我们先来看一下，在全球金融危机下对国际管理的影响，当然也包括对中国和澳大利亚的影响。每一国家都被全球金融危机影响到了，对有些国家来说影响比其他国家大。在这些国家当中，影响严重的，有着非常低的经济增长率和高失业率。而且这些情况在4年前就已经发生了。

中国及澳大利亚在这轮金融危机下很好的生存了下来，这意味着我们有着很强的经济关联。但是我们也知道，未来是属于那些以知识创新和持续发展为基础的经济体的。并且这也是未来国际市场竞争的基石。除此之外，持续发展的挑战也促使我们不得不面对越来越恶化的经济发展环境，这就需要我们去发现问题，解决问题，应对各种变化。

应对危机、挑战的各种创新在很多公司的生产过程和加工环节慢慢的发生着，尤其是在更新中的传统行业，中国和澳大利亚在这些领域发挥很大的驱动作用。同时，创新是企业提高产能的所需，也是拥有国际竞争力的重要因素。这就是管理发展的未来之路，正如我们今天上午听到的海尔和中国移动北京的发展。他们很好地理解了这些挑战。

下面我和大家分享一下澳大利亚在加强创新方面的一些报告和研究。这个报告是由澳大利亚政府委员会所作的关于国家创新体系的研究。很多创新是在公司中实现的，但国家创新体系是研究教育机构、公共机构，以及国家与国家之间的桥梁。这份报告认为，创新的多样化是非常重要的：首先，创新不只是关于科学和技术或是社会发展这么简单。例如，在澳大利亚有三分之二的创新来源于公司的组织创新，关于新的业务模式以及高效率组织和管理的实践，它属于一套系统集成。在组织内外部，创新可以随时随地发生。企业和管理者要随时警觉有可能发生的新的创新形式。我们会说创新带有破坏性，例如创新毁了谷歌这样的新型企业。但是，创新并不总是这样，创新更多的是积极的，就像我们所熟知的在丰田生产系统中的创新，以及我们听到的“海尔创造更多机会”的例子。创新不只是高新技术产业。你没有在高新技术产业， 这并不意味着创新对你不重要。创新也发生在非技术产业，生产流程的变化，找到新的设计方法，这些都是创新。创新在国际市场竞争上是非常重要的。最重要的是：在这个过程中，创新不是发生在小范围的组织或个人，它是通过广泛的合作和社会网络所产生的。

在美国有一个非常有趣的研究，关于过去 40 年中的创新成就。研究发现，40 年前，三分之二的创新在单一的个体或实验室里发生，只有三分之一的创新是组织合作所产生的。而今天这个结论恰恰相反。目前所有的国家都在关注的公共策略中的创新。这是大势所趋。政府部门必须建立鼓励创新的机制。这意味着政府和公共机构、研究教育机构、财政和风险资本都需要密切的合作，促进创新的发生。创新的发生是基于政府及公共制度能够建立一套完整的激励机制。

一年前由澳大利亚联邦官员宣布了一个重要的政府声明，它是面向21世纪的创新议程中的一个10年计划，它被称为“激发创意”。它强调管理的重要性，以及在组织当中对创新的驱动作用。但它问了一个问题：我们如何衡量对管理的影响？在生产过程中如何衡量管理的影响是非常难以操作的。澳大利亚政府随后成立了一个研究项目，后来这个研究项目成为全球性的，并由伦敦经济学院和麦肯锡公司主导，去研究管理质量和企业成功之间的相关性。悉尼科技大学商学院正在与这个研究小组进行合作，一起研究生产领域中管理与创新成功的相关性。这只是此研究项目的一部分，60 个国家以及一些地区包含其中。悉尼科技大学商学院是开展这项研究的领导者之一。在这里我给大家分享一下其中部分成果。

（顺便说一下，如果想了解各个国家管理人员在不同领域的执行度的排名，可以访问我们的网站，今天在这里我们没有提及。他们的调查是除了科技和信息技术之外，还有什么因素会导致生产的差异化，答案是管理实践。）在调查的 6 年中，有 16 个国家参与，对 6000 个实例进行了观察研究，这些研究主要在三个管理类别上，分别是运营管理，绩效管理和人员管理。每个类别被分为 6 个特性的管理因素。在所有的 16 个国家中，测量这些特性管理因素的并评分以及分级。你可以想象得到会有很多种研究成果。 但这项研究着重提出了更好的管理大都来自于大型的全球公司。因为他们的管理者都受过良好的训练，他们非常的灵活，他们有能力非常强的工作人员和完善的管理发展框架及政策。与大公司相比规模较小的公司，我们看到，他们不具备这些。此外，在制造部门好的管理与明确的授权是分不开的，换句话说大型公司的管理人员被赋予了承担公司日常运营的责任。而最重要的是所有这些优秀管理与高水平的技能和教育是有直接关系的。当然也有那些没有大学学历，但已成为非常优秀的经理人的经理。但总体而言统计学上说，高效的业绩是由那些已经成功的经理人所带来的。 而这些经理人恰恰是受过大学教育的，特别是在商业，工程和科学等领域。但是，广泛来说也有很多优秀的管理者是那些具有历史或哲学学位的人。但重要的是，要确保他们成为管理人员之前，具有较高的技能水平，而不是仅仅在他们加入公司之前。 这需要通过终身学习的教育系统来实现。我提到的小公司都没有这样做。

由于管理者水平导致绩效差可以通过培训和发展来解决，这对公司未来的繁荣是非常重要的。这些小公司需要政府，大学和商业学校，甚至那些将这些小公司作为其供应链的优秀大公司的适当帮助。政府和社会有很大的责任，以确保规模较小公司的管理人员成长起来。我们也从这项研究中看到，质量管理和绩效曲线有着非常密切的联系。提高管理质量和由此产生的生产率和产出的曲线之间有很强的关系。各种管理水平的改进对产出效率的提升有很大的提高。所以它是非常重要，我们不应只是在着眼于新设备新技术的更新，而需要在组织中对将要或者可能成为领导的人进行重点关注。这对商学院来说也是非常重要的，就像悉尼科技大学商学院一样。我们确信悉尼大学在管理教育领域具有领先优势。我们将充分利用这个非常重要的研究得出的经验，为商业和管理教育总结出更加深入系统化的教学体系。换句话说，我们不能只培养管理者的狭窄的技术能力，而需要培养管理者具有综合素质，如创新、领导力、解决问题的能力，其中非常重要的是良好的沟通能力。这些都是组织成长创新能力的关键。对于商学院来说，更重要的是，我们不仅着眼于我们的学术研究，我们的研究要和企业及社会相联系起来，更看中我们的研究对企业和社会是否有积极的影响。我们必须确保我们的学术研究具有商业价值。我们将专注于在组织里建立全球化的领导力和创新能力，因为这是一个成功组织的未来。我们正在悉尼创办一所完全不一样的并且充满吸引力的澳中商学院。这所商学院将培养出拥有多领域创新能力的毕业生，这些毕业生不仅仅在某一领域有竞争力，例如财务、市场营销、战略和经济，而且他们将拥有更多领域的技能。因为我们相信未来的商业以及未来的商业教育将趋于创造力和创新能力的培养，而将拥有这些能力并能很好的融于一体的将是我们学校的毕业生。

（作者系悉尼科技大学商学院院长，本文为根据会议录音整理）

中国外经贸形势与前景

张燕生

感谢我们中国优秀的企业家，能够在这里给我一点时间就我们最近研究的想法向朋友们做一个汇报。

第一个问题，中国当前外贸的形势和所面临的挑战

我们知道中国 5 年左右会有一个新的规划，从今年 2011 年开始，也就是中国开始“十二五”规划，到去年为止看一看中国的外经贸的发展情况，在过去的5年，我国货物贸易出口的增长是15.9%，服务贸易的增长是17.9%。也就是在过去的5年，中国在跨境服务方面的增长要明显高于货物贸易的增长，在一般贸易出口中，高新技术的比重的增长是4.9%，是过去5年的累计。

从这个角度讲，我们的贸易，一个是服务贸易快于货物贸易，高新技术产品出口的比重在过去的5年累计提高了5个百分点。另一方面，中国利用外资的情况，在过去的5年，利用国外贷款方面的增长速度是11%，我们实际利用FDI外商直接投资是9.6%，也就是过去5年实际利用外商直接投资的增速是在放缓。

但是从另外一个角度来看，过去的5年，中国对外直接投资的增速是40.8%，对外承包工程的增长是33.4%，过去5年引进来的速度明显放慢，走出去的步伐明显加快，目前我们的经济在发生一些变化。

从挑战的角度看，未来的5年我们的外贸发展会面临哪些挑战呢？

第一个挑战，是未来我们的外贸增长将面临着世界经济增长减速的压力。

1990年以来的世界经济，我们从货币政策来看，经历了三拨：第一拨，也就是1990年到2000年，美国、欧洲、日本的中央银行的货币政策，也就是基准利率经历了一个大幅度下降，然后造成了IT泡沫，然后再提高利率，到次贷泡沫的过程。从2000年以来，经历了第二拨，2000年开始，世界主要国家利率再次持续下降，美联储的利率连续17次下降，最后再次造成了全球的金融和房地产的泡沫的形成和破灭，也就是我们刚刚度过的金融危机。现在的世界经济面临着什么样的情况呢，从2009年开始，美国、日本、欧洲的利率再次保持着一个很低的水平，也就是0-0.2，美国的基本利率，一直保持到今天。根据这三拨，我们发现他一定会再次带来全球性货币环境过于宽松，和很可能造成新一轮的泡沫经济，那么新一轮的泡沫经济在哪儿呢？从目前的情况来看，像中国和其他的经济体，面临着很大的通胀压力，面临着很大的货币升值压力， 面临着很大的热钱和国际套利货币资本涌入的压力，从这个角度来讲，下一步所面临着世界经济形式，一方面是减速，一方面很有可能产生新一轮的动荡。

中国面临的挑战的第二个挑战是发展模式将会出现调整。

中国外汇储备资产，也就是外汇储备余额超过30000亿美元，在这种情况下，国际上就会有一个质疑，说人民币为什么不升值？中国为什么不扩大进口？为什么不转变外向型经济压力？我们面临着内外失衡和内外压力提升的挑战。我们研究所的研究发现，实际上中国的顺差，中国的外汇储备，很大程度是全球化分工的结果，比如去年我们的贸易的顺差是1830亿美元，加工贸易的顺差是3300亿美元，一般贸易是逆差472亿美元，也就是中国的顺差主要是国际大跨国公司在中国投资，把中国作为出口基地所带来的顺差。

刚才我讲了顺差的情况，但这里有一个很大的困惑，就是人民币汇率升值会不会带来大跨国公司在华出口的顺差减少呢，我们会发现不会。因为大跨国公司的产品价值链是全球分布，在中国分部的用人民币支付的成本很低，因此人民币汇率的升值并不会带来中国加工贸易顺差的减少，但是对小企业就会产生重大影响。中国的小企业并不会创造顺差，它创造就业。因此就会产生一个困境：人民币升值不但没有带来顺差的减少，反而带来中国就业的大幅度下降，从这个角度来讲，下一步怎么调整，对中国是一个很大的挑战。

第三个挑战，是成本的上升。

我们大家都知道中国2010年比2006年，我们的最低工资标准的增幅，在浙江省上升的幅度是60%以上，在东部沿海地区绝大部分地区的最低工资标准升幅都在30%以上，也就是中国到了劳动力成本持续上升，土地、煤、电、油、运成本持续上升，人民币持续升值，环境标准持续提高的阶段。我个人估计，在5—8年，中国低成本竞争优势将不再，也就是我们面临的一个挑战，当我们的成本变得越来越贵，我们的竞争对手，像印度、孟加拉、越南，他们的成本依旧便宜，在这种情况下中国的低成本竞争优势不在，中国的企业如何形成新竞争优势，这是一个大的挑战。

第四个挑战，是中国下一步面临着结构整顿。

中国低成本要素驱动的阶段将结束，在这种情况下，中国将进入大规模生产的阶段。我们的模式很可能会在未来的5-8年出现从代工转为自主生产，从低价格竞争转化为差异化竞争，从模仿转化为创新，从低端的产品转化为大规模生产的产品，从加工组装的末道工序的转化为真正意义上的制造，这样一个经营模式和结构的转变。

第五个挑战，中国的外贸面临着摩擦加剧的压力。

美国有一个很重要的机构，叫“美中经济安全与评估委员会”，他们在2009年的报告提出了这样一个观点，说这场金融危机的根源在于全球失衡，这种失衡的责任中国和美国各自应当承担一半，目前国际上有一个盛行的观点，也就是要求中国为全球失衡买单。在这种情况下，目前中国和世界之间如何解决好贸易摩擦和冲突这个压力越来越大，因为我们知道现在的美日欧经济的扶持是比较困难。目前的复苏主要是靠两个渠道，一个是靠货物的出口，一个量化的宽松，这两个渠道无论是哪个渠道都会增加贸易保护的趋向，因此下一步的外贸如何解决上述这些问题，对于我们下一步的发展是一个很大的挑战。

第二个问题，中国外经贸调整的困境

中国外经贸调整的困境，我提出一个“2016年猜想”，也就是5年以后我们的成本如果持续提高5年，可能给我们的外贸带来什么样的影响？2016年是中国取得完全市场经济地位的一年，也就是当中国取得完全世界市场经济地位，我们的竞争对手再也不能轻易的对中国出口的产品实施反倾销诉讼的时候，中国的企业的成本和价格不再便宜，比中国企业成本更低的国外新竞争对手将会取代和代替中国传统出口市场。2016年还可能发生一个变化，就是招商引资

的结构会发生变化，从2005年以来，来华投资，来华直接投资，我们会发现出现了一些新的变化，首先来华投资制造业的比重显著下降，而房地产、市政建设的投资显著上升，这是第一个变化趋势。

第二个趋势，就是2005年以来我们可以观察到，来华直接投资中出口型的投资比重大幅度下降，内销型的投资比重大幅度上升。

第三个趋势，来自于欧美日韩的实体部门的投资明显减速，而来自于避税天堂和自由港的资本大幅度增加，也就是来华直接投资主要是内销。如何构建内资和外资公平竞争的环境就变得十分迫切，2008年我们实施了两税合一的政策，也就是外资除非是高新技术企业和产品，否则将会跟中国企业一样征收同样25%的所得税率。在这之前实际税收负担，国有企业30%，民营企业22%，外资企业12%。中国从2005年，尤其2008年以后我们一步一步改善投资环境，构建一个公平竞争的环境。但另外一方面，当大部分外资一步一步转内销的时候也就意味着加工贸易的顺差很有可能在2016年前后出现大幅度百点型下降。根据我们去年的外贸数据，如果加工贸易的顺差出现大幅度下降，我们就会关心一个问题，中国还有顺差吗？我们一般贸易逆差是472亿美元，今年的前5个月，我们的一般贸易逆差的500多亿，将近600亿美元，这对于我们下一步可能会面临一个很大挑战。那么今天和1980年全球的滞涨，我们面临着很不同的国际环境，首先从目前的全球经济来看，所面临的问题是总有效需求不足，很像1929、1933年大萧条，也就是全球有效需求不足是最大的矛盾。但是凯恩斯主义势力也就是传统的货币政策和财政政策都已经用到了极限，在这种情况下，全球如何走出困境，对宏观政策和理论都是一个挑战。

第二个问题，当前的全球失衡的矛盾十分尖锐，我们假定如果中国的贸易顺差大幅度下降，结果会是什么呢，是中国竞争对手的贸易顺差大幅度增加，全球失衡依旧。

第三个特点，是我们能不能像1980年一样，采取共进学派的观点，来走出滞涨呢，事实证明是不行的，我们如果采取牺牲公平追求效率的政策，最后无论是哪个国家采取这种政策，政治代价都会很大。在这种情况下，一些美国学者提出了调整方向，也就是美国扩大出口，中国扩大进口，实际上是用中国扩大进口的方式来拉动世界主要国家的复苏，这样的结果如果做下去实际上对中国经济下一步的发展是很不利的。目前，中国面临的压力，有模式调整的压力，还有再平衡和人民币升值的压力。自主创新的争论，政府采购议题的讨论，以及知识产权保护、产业政策和国有企业等等，这些问题都成为中国和世界发生争论和争执的主要议题，对这些议题都面临非常复杂的场景，这就是中国目前外贸调整所面临的一些困境。

第三个问题，下一步中国走向大国经济，未来的前景和调整方向

对于中国来讲，走向大国经济，我们首先面临的一个问题，就是我们经常讲到的定价权，中国如何能够成为一个真正的开放大国，对这个问题我是从三个方面衡量它。所谓开放大国首先是价格的决定者，而不是价格的追随者；开放大国是规则制定和修改的决定者，不是规则的接受者；开放大国是责任的承担者、逆周期的调整者，而不是责任的推卸者。中国的企业和我们国家下一步要真正成为一个开放的大国经济，这三个问题我们要一步一步的学习和积累经验，从目前的情况看，我们离目标仍然差很远。比如跟钢铁行业密切相关的铁矿石为例，我们是全球铁矿石最大的进口者和需求者，但是铁矿石的定价机制，由长期定价变成了季度定价，变成了月度，最后变成了现货定价，也就是把一个需求最大的领域裸露在开放的风险之中。在这个方面，我们有很多东西需要学习。中国的钢铁巨头，包括首钢，在2004年国际钢铁协会第38届年会，我们才第一次参与到国际钢铁协会的活动，因此我们对国际规则、国际同行、国际市场变化，了解甚少。

下一步是中国如何从模仿走向创新，包括技术创新、管理和组织创新，还包括市场创新，要想跨上这一步，是举步维艰。我们研究所的研究有三个判断：第一规模以上的企业自主研发能力的很弱，第二我们的创新的市场和政策环境对企业的创新活动的支撑很弱，第三招商引资所带来的直接技术外力效果很弱，怎么办？在这种情况下，中国国家创新体系需要进行很大的转变，才能真正转变到以企业为中心的创新方向上。 第四个方面，也就是中国如何承担大国责任和世界责任，参与和推动国际贸易和货币的改革，推动南南合作。第五个方面，中国走向大国经济，一定是一个独立自主的经济。这个呢，我们调整的方向要更多的强调要自主创新、自主品牌、自主营销，而且要一步一步建立起一个自力更生的生产体系。

第四个问题，中国走向大国经济，如何推动国际化

人才的国际化、资本的国际化、产业的国际化和市场的国际化，是我们企业发展的一个重要方向。比如说30年改革开放，我们积累的对外金融资产达到了4万多亿美元，但是在资产结构上，股权投资只占了7%，外汇储备投资占到了70%以上。我们知道全球化造成了三大生产网络，北美持有东南亚人10+3的资产结构中，股权投资占到了71%，也就是如果我们要调整我们的对外金融资产的结构，最关键的瓶颈就是人才。

非常感谢这次会议邀请我到这里来发表意见，也非常的希望通过中国和澳大利亚的合作，能够为我们未来30年培养全球化的人才。

（作者系国家发改委对外经济研究所所长，本文为根据会议录音整理）

2010年——第四届全国企业文化百人学术论坛暨全国企业文化（北仑）现场会

大会综述：

凝聚思想智慧 共享文化盛宴

6月14日，为期三天的“第四届中国企业文化百人学术论坛暨全国企业文化（北仑）现场会”在浙江省宁波市落下帷幕。几天来，众多专家、学者、企业界人士近300人齐聚宁波，共同探寻中国特色企业文化融合与跨文化管理的实践路径与方法。与会者积极的参与、热诚的求知、深刻的思索，使这场以“企业调整重组中的文化融合与国际化经营中的跨文化管理”为主题的研讨会成为了一场有关企业文化的盛宴。

开场三问定向

“当前，我国经济发展方式正面临转型，在企业调整、重组、转变发展方式的过程中，企业文化如何坚持改革之路、坚持科学发展之路？企业管理怎样做到以人为本？企业文化建设中如何加强与员工的思想沟通？希望大家认真研究这些问题！”

提出这三个问题的是中宣部原常务副部长、北京市第八届政协主席、中国企业文化研究会名誉理事长王大明同志。80高龄的王大明思路清晰，声音洪亮，在近半个小时的讲话中，王大明对当前企业所面对的形势和矛盾进行了准确深入的剖析，提出了当前企业文化建设应该关注的重点热点问题。王大明指出，当前，一方面国家的经济发展正面临转型，一方面腐败问题、贫富差距问题等社会矛盾突出，对企业文化工作提出了新的课题。如何应对新的矛盾和问题，如何化解矛盾，使我们的企业文化真正有针对性、实效性，是企业文化工作者应深入思考的问题。王大明希望与会者就这些问题开展深入研究探讨。他指出，企业文化建设者一要正视转型时期存在的突出矛盾和深层次问题，努力化解矛盾，使企业文化建设更有针对性。二要改变仅仅把人当作机器、当作劳动工具的以物为本的思想，真正做到以人为本，使企业员工成为有共同思想、共同理想的战斗实体。三要改变说空话、套话的习惯，发扬我们党的优良传统，用生动活泼、富有魅力的语言宣传、鼓舞人，切实解决人的思想问题。

在谈到在企业文化建设当中加强和员工的思想沟通问题时，王大明说，现在人与人之间的思想语言的沟通越来越困难。用语言的魅力交流思想，解决人的思想问题，运用生动的语言宣传我们的党的政策和主张，鼓舞人们、解决人们的困惑，本来是我们党长期以来的优势。但现在走到哪里，都是四六句，虽然好听，但缺少感染力、冲击力。建议搞企业文化的同志在这方面要加强一下，能够用语言的力量感染人，用生动的语言真正深入人的头脑、深入人的思想，能够解决人的思想问题。

王大明的讲话赢得了与会者的强烈共鸣，不少代表将三个问题作为此后两天研讨沟通的重要内容，会议的研讨交流与当前企业存在的现实问题有了更加紧密的联系。

共享文化盛宴

本届论坛采用大会发言、分论坛交流、企业专家与学院专家互动探讨等多种形式，围绕“企业调整重组中的文化融合探究”、“企业国际化经营中的跨文化管理”、“企业‘母子文化’融合、构建与创新”等议题进行了深入探讨与研究，作为此次会议主办方之一的国电电力发展股份有限公司的控股股东--中国国电集团公司对企业文化建设备受关注。开幕式上，中国国电党组成员、副总经理张成杰到会致辞。他介绍了中国国电成立7年多来的快速发展和在企业文化建设方面取得的成绩。他指出，中国国电把企业文化建设纳入企业发展总体战略，精心谋划，扎实推动，整体构建，把企业文化由价值理念向管理实践延伸，把文化力向现实生产力转变，为企业创新发展、转型发展、科学发展提供了强大的精神动力，充分发挥了企业文化引领企业发展、凝聚员工队伍、塑造企业形象的作用。中国国电新近发布了包括核心理念、战略理念、管理理念三个部分的企业文化理念。这些理念的广泛宣传、深入贯彻和持续实践，必将把中国国电集团公司企业文化建设提高到一个新的水平。

参加此次研讨会的代表中，既有对企业文化有深入研究的专家学者，也有拥有丰富实践经验的知名企业，既有制造业、汽车业、航空业、百货业的众多国有大中型企业，也有部分民营企业。典型发言中，来自海尔集团、中航集团，吉利公司、百联集团、首钢、正泰、东风等知名企业的代表，采用PPT等形式，形象生动地介绍了各自的实践与探索、思考；研究会的专家学者，对典型发言进行了生动的点评分析，并对在当前环境下建设怎样的企业文化进行了梳理和展望。精彩纷呈的典型发言与理性睿智的专家点评相互交融，企业的探索实践与企业文化的深度研究优势互补，丰富的信息，密集的资讯，开阔的思维，独特的见解，使典型发言时段成为研讨会期间富有吸引力的一道大餐。会议期间还组织了四个分论坛的讨论，为每一位代表提供了交流发言的机会。在宽松自然的环境中，与会者各抒己见，经验成果的交流，思想观念的碰撞，现实与理想的冲突，使研讨的深度和广度得到了进一步的拓展。尤其是第一分论坛讨论，由原定下午5:30结束一直持续到6:15，大家仍意犹未尽，直至主持人以吃不上晚宴为“威胁”才暂告停止。各位分论坛主席在作主要观点汇报时风采各异，第一组的慷慨陈词，第二组的求真务实，第三组的理性缜密，第四组的生动幽默，都给予会人员留下了深刻印象。

体味北仑魅力

“以创新与和谐为主旋律的企业文化已成为北仑公司发展中不可或缺的力量，是企业持续健康发展发挥着铸灵、塑型的重要力量。”

北仑电厂是我国第一个利用世界银行贷款，拥有五百万千瓦装机容量的特大型火力发电厂。全厂一、二、三期各有一家经营主体，其中国电浙江北仑第一发电有限公司负责全厂的运行维护管理工作。建厂20年来，北仑公司通过不断地文化培育和建设，在继承中创新，在创新中发展，逐步形成了以创新、和谐为统领，以专项文化建设为实践路径，全面推进的特色文化体系，通过持续的文化探索，理顺母子文化关系，将北电精神融合于创造一流的国电企业精神之中，打造了一厂多公司体制下的和谐共融的文化模式。

鉴于北仑公司对我国的资产和业务关系体制下企业文化建设具有较强的示范作用，此次会议上，北仑公司被中国企业文化研究会授予“全国企业文化示范基地”荣誉称号，成为浙江省唯一一家，全国18家企业文化建设示范基地之一。许多企业代表真诚地表达了向北仑公司学习、吸收、借鉴到更多的文化建设经验的意愿和渴望。

“北仑公司的企业文化不是来自领导关起门的闭门思考，更不是来自咨询公司的生花妙笔，而是在多年实践的基础上，以高度的文化自觉，领导班子和全体员工共同创立的行之有效的企业文化。”中国企业文化研究会副理事长、学术委员会副主任赵春福如此评价。

解读文化密码

为期两天的研讨期间，来自国电电力本部和基层十多家企业的代表共同聆听了企业文化探索和研究最前沿的声音，感受到企业文化丰富的内涵和面临的新挑战。作为承办方的北仑公司，更是要求基层的二十多名党支部书记悉数参会。他们专注地倾听，认真地记录，积极地思考着如何结合企业实际，使企业文化真正落地、生根、开花。

企业文化的内涵究竟是什么？怎样让企业文化建设落到实处？什么是以人为本？如何理解文化与制度、文化与流程、文化与人的关系？重组企业如何实现文化融合？企业文化建设如何借鉴中国传统文化……

富士康事件有着怎样的文化反思价值？丰田质量门与丰田的文化理念管理理念是怎样的关系？被人预计奥运会之前就可能倒下的首钢如何在完成搬迁调整这一史诗般的壮举中实现企业文化的提升？海尔的“日新文化”怎样孕育了“人单合一”的创新的商业模式……

一次次不懈的追问思辨，探究着企业基业长青的文化密码；一个个鲜活的事例，冲击激荡着与会者的心灵。

有人说：一个企业如果没有文化，就是一盘散沙各自为政；如果没有文化，就会目光短浅急功近利；如果没有文化，就是地主老财只富不贵；如果没有文化，企业就会折翅飞不起来，更飞不高。

有人说：企业文化不仅要增强企业的凝聚力，促进企业的可持续发展，更要让员工活得体面，活得有奔头，有向往，有尊严。只有这样企业文化才有生命力，才能真正成为企业进步和发展的灵魂。如果企业文化失去这个根本的支撑和保证，再鲜活光亮的企业文化也是没有前途、没有生命力的。

有人说：文化制约制度，制订制度、执行制度都有一个文化素养的问题。企业文化决定制度的模式，决定制度的存在方式。企业文化主要在于企业家的文化自觉，有什么文化内涵决定了制度的制定和执行。企业管理只靠制度的协调，会大大增加管理成本。而依靠文化建设，用企业文化来管理企业会降低管理的成本。

有人说：企业文化的本质是价值博弈活动的结果，无论是企业调整重组还是跨国经营的跨文化管理，其实质是企业文化价值结构和价值重构，无论是企业的融合还是文化的创新，其本质是企业价值观的洗礼和涅槃，因为企业价值观是我们建设企业文化的总要素。

6月14日，参会代表们走进吉利控股集团宁波基地。吉利集团宁波基地党委书记顾勇亭经理就吉利特色企业文化建设的典型经验做了详尽的介绍和展示，大家一致反映，吉利的企业文化建设具有很高的借鉴价值。随后，代表们一起参观了吉利的焊接车间和组装车间，车间干净整洁的环境，工人整齐的着装，规范的操作以及现场安全防护设置等每一个细节都给大家留下了深刻印象。

企业文化理论诞生于20世纪80年代初的美国，企业文化在中国的兴起不过20多年的时间。目前，我国的企业文化建设还处在初级阶段，没有现成的答案，而企业文化所具有的个体生命的色彩，更使企业文化建设可以借鉴，但不可拷贝，可以求同，也鼓励存异。而企业文化建设必须与企业实际、社会实际紧密结合，方能收到实效。只有理性的指导与务实的实践相结合的企业文化建设，才能对企业的发展经济的腾飞起到真正的推动作用。

这场凝聚思想智慧和实践探索的文化盛宴，让与会代表共享企业文化建设的最新成果，也将化为内在的驱动，推动企业文化建设翻开新的一页。

（撰稿：中国企业文化研究会学术部）

领导讲话：

企业文化建设面临的形势和矛盾

王大明

探讨企业在调整重组、转变经济发展方式上的一些企业文化问题，需要分析当前企业面临的形势和矛盾。

现在企业面对的形势和矛盾突出的有两个方面。一个方面是我们国家的经济发展方式正面临着转型，怎样从原来主要依靠外贸、投资转变到更多地依靠新的科学技术、拉动国内消费提高，这是一个喊了很长时间但是一直没有解决好的问题。另一方面是这么多年的改革开放，随着经济的发展，社会上产生了很多新的矛盾，比如说：腐败问题、贫富差距拉大的问题、干群矛盾问题、劳资矛盾问题等。有的地方甚至还比较尖锐。最近富士康集团发生了员工连续跳楼自杀的事情，社会上讨论很多，也成了很多企业之间交流的话题。

这些反映到企业职工的思想，反映到企业的管理，反映到企业的方方面面，不能不对我们这一时期的企业文化工作提出一些新的思考。企业文化不能凭空去搞，要面对当前的形势。如何应对这些新的矛盾和问题，进而化解矛盾、解决问题，使企业文化工作真正有针对性，能够真正解决问题，我想在这里提几个问题，希望我们共同来思考。

企业文化如何坚持改革之路，坚持走科学发展之路

我国的经济发展这几十年来确实取得了很大的成绩，这是大家都有目共睹的。但是也应该看到在发展过程中我们确实有一些问题没有解决好，也引发了社会的矛盾和深层次的问题。现在群众最关心、最影响经济发展的突出问题是分配问题。在分配的问题上，应该怎么样搞得更好一些，怎么样改革？虽然这不是搞企业文化的同志直接要去解决的，但是我们搞企业文化要面对这些问题，要了解这些问题，要知道这些问题对我们职工思想所产生的影响。这样才能够更好地做好企业文化工作。

现在的企业改革和科学发展，需要考虑的焦点问题是分配问题。要用我们的企业文化，去支持推动企业改革、推动企业的科学发展。解决好社会分配的矛盾，不仅有利于生产方式的调整转变，还有利于社会的发展，有利于调动广大职工的积极性。应当看到，现在正是解决这个问题的很好机遇。现在，经过改革开放 30 年，经济已经有了很大的发展，特别是有一部分比较富裕的群体出现了。大家都记得小平同志提出改革开放最早有一个名言："允许一部分人先富起来。"这句话是一个很重要的战略。当时大家是普遍贫穷的，以贫穷为荣，都怕富，富了就要被批判。但是小平同志当时特别嘱咐，一部分人先富起来，到一定的时候就要注意共同富裕的问题。现在到了这个时候了，一部分人先富起来的问题已经基本解决了，现在是怎么样由先富帮助后富，怎么样解决共同富裕的问题。

现在我们有了这个条件，有一定的经济实力。政府财政收入很大，先富这个群体也不小。现在的问题是劳动的报酬在分配中比重大幅下滑，这是穷人非常关切的引起社会矛盾的大问题。有的同志算了一笔账，从 2000 年起，当时我们国家的劳动报酬在整个分配中的比例是 51.4%，到了 2007 年的时候，这个比例已经下降到 39.7%。劳动者在初次分配中的优势地位已经不存在了。中国居民劳动报酬占 GDP 的比重 20 多年期间下降了 20 个百分点，就是居民劳动的报酬降低了 20 个点，这个数字很大。中国总储蓄率从原来的 37.1% 提到了 51.8%，提升了 14.7 个百分点，其中政府的储蓄率占 8.2%，企业占 4.2%，居民只有 2.3%。大体比例就是 8:4:2，政府拿的是最大，企业拿的是中头，老百姓最低。这是当前大的经济分配形势。

这种劳动报酬比例的下降，正是造成分配不公、差距拉大的一个大问题，也是影响拉动内需的一大难点。老百姓钱少，内需就很难拉动。有一种论点叫中国劳动力成本低廉优势，说中国经济这些年发展之所以这么快，其中一个很重要的原因就是中国劳动力成本低，这是事实。改革开放初期那么多国外的企业愿意到中国来投资，就是中国的劳动力确实便宜，劳动成本低廉确实帮助了中国这些年经济的发展。但是如果这种现象长期下去，对我们国家、对老百姓的生活、对拉动内需是不利的，会引起大的矛盾。所以有人说，现在我们有少数企业的劳动报酬降低，已经跌破了文明的底线，为什么出现了连续跳楼自杀的事件？就是突破了这个底线。很多劳动者已经不能忍受这种状况，因此激化了矛盾。所以，对劳动成本低廉这个优势要一分为二来看。劳动成本低廉确实促进了我国的经济发展，这是优势的一方面，但是如果这种情况长期下去，那慢慢地就会产生新的矛盾，甚至于很多职工会觉得现在的体制不能共同富裕，怀疑共同富裕的政策，这对劳动者积极性是一种挫伤。现在分配格局的矛盾已经到了必须解决的时候了。我们搞企业文化的同志要正视这个矛盾，要正确地认识劳动成本低廉优势的观点，帮助推动这个矛盾的解决。

在解决这个问题的时候，从企业文化的角度来研究，有三个理论认识上的误区。一是"人均 GDP3000 美元闯关论"。认为经济发展到人均 1000 美元到 3000 美元的时候，是社会矛盾比较多的时候，过了 3000 美元问题就不大。现在很多地方就超过了 3000 美元，所以现在有的地方就说，好像这个危险期已经闯过去了。二是"自动修复论"，就是市场调节论。认为这个矛盾市场会调节好的，政府不必有什么作为。三是"没什么大不了论"。认为中国人的心理承受能力很强，收入分配拉大能承受，不用大惊小怪，有些地方把低廉劳动力作为招商引资的重要条件，对提高劳动报酬的积极性不高。分配问题，劳动报酬的比例问题，已经成为当前如何改革、如何走科学发展之路的突出矛盾。

企业管理怎样做到真正以人为本，而不是以物为本

长期以来企业管理就有两种指导思想，即以人为本还是以物为本。最近富士康出的这个事件就是以物为本的极端表现。现在有很多企业，长期以来不是靠提高技术去提高效率、提高利润，取得更好的发展。而是以物为本，把人当机器，加大工作量，延长工作时间，加大工人的劳动强度，靠降低报酬、加强劳动强度增加企业的利润。现在这还是相当一批企业管理者的指导思想。

以人为本不是一个简单的口号，不是挂在墙上做汇报时说说以人为本就可以了。以人为本要渗透到领导的思想中，企业的所有工作都要以人为本，都要考虑人的思想、人的心情、人的心灵。整个世界经济竞争最终是人才的竞争，是人的竞争。所以，你要把指导思想真正放在以人为本上。要认真地研究你带的这支队伍怎么样能有积极性，怎么样提高他的技术素质、业务素质、思想素质，靠这个来提高企业的效率，提高利润率，真正树立以人为本的管理指导思想。现在还有相当多的企业领导者没有解决这个问题，或者是解

决得不好。

胡锦涛总书记最近在全国劳动模范先进工作表彰会上讲，要建立优秀企业文化和职工文化，切实发展和谐劳动关系，使广大群众实现体面劳动。总书记这一段话是体现以人为本的。温家宝总理也讲到，让人能过上有尊严的生活。有尊严这个字不是随便说的，有尊严这不是小事。我们有多少企业能够让人有尊严呀？那要求是很高的。企业要真正贯彻以人为本，就要加强人本文化，培训知识型、创新型职工队伍，而不是把人当机器。这一点要在企业文化中引起高度重视。同时，企业要在队伍建设中，把你的整个队伍变成一个有思想、有共同目标、共同理想的共同体，而不是简单的让职工跟你签订一份经济合同了事。要从简单的经济合同变成一个共同愿景上的战斗集体，这不是一个很容易的事情。现在很多企业、职工和管理者、领导的关系只是一种简单的合同关系。企业文化建设要研究怎么样把简单的合同关系提高到思想关系、理想关系，使员工有一个共同的思想、共同的理想、共同的目标，把队伍建设成为一个真正的以人为本的队伍。

企业文化建设如何加强和员工的思想沟通

怎么样用讲道理的方法赢得员工的心，不是讲空话、套话。通俗地讲，在跟人的沟通当中要学着讲“人话”。现在不仅是企业，很多工作都有一个很典型的问题，就是人与人之间的思想语言沟通越来越困难。现在人与人之间的沟通一个就是上网，网络之间；再一个就是传达。传达的语言都挺漂亮的，都是四六句，多少多少条，文字都很不错。但是都比较空洞，缺少针对性。人与人之间思想的碰撞、感情的交流比较淡。不仅是企业，社会上也是这样，真正人与人之间的感情交流、思想的碰撞减少了。

用语言的魅力交流思想，解决人的思想问题，运用生动的语言宣传党的政策和主张，鼓舞人们、解决人们的困惑，这本来是我们党长期以来的优势。没有取得政权的时候，我们靠的是什么？当时我们手里既没有报纸，也没有广播电台，更没有网络，什么都没有，靠的就是个人的语言魅力。当时的共产党员，语言是很有魅力、是很生动的。但是这些年我们的语言有一点退化，走到哪里都是那四六句，也挺好听的，但就是缺少感染力、缺少感情、缺少冲击力。回忆一下党的第一代领导人，他们的语言都是很有个性的。我记得青年的时候听报告，不用说谁的报告，一听就知道这是陈老总讲的，这是刘少奇讲的。每个人都有自己的语言特点，讲的道理虽然是一样的，但是它的语言不重复，各有各的语言魅力，都有语言的个性，都有语言的差别，但都很有魅力，能够引起人们感情的激动，现在听报告很难引起激动。我们青年的时候，有时候一听到什么，就感动、激动，一激动起来那真的是满腔热血。现在就是坐在那里，静静地听，有时候也不用记，拿稿子一传达就算完成任务。所以，现在有人形容说，我们是常说的老话多，正确的废话多，漂亮的空话多，严谨的套话多，违心的假话多。这种话引不起人们思想上的共鸣和碰撞。

当年，我们人与人之间的思想交流、思想互动，包括上下级之间，都是靠语言的交流。因为人的语言是很丰富的，语言的交流是很有力量的。现在呢，我们这一块有一点薄弱。我们搞企业文化的同志在这方面要加强一下，能够用语言的力量感染人，用生动的语言真正深入人的头脑、深入人的思想，能够解决人的思想问题。

企业文化建设要分析当前企业面临的形势和矛盾，促进上述三个问题的解决。

（作者系中国企业文化研究会名誉理事长、中共中央宣传部原副部长、北京市政协原主席）

在企业重组中怎样推进文化融合

李世华

企业重组中的文化融合与国际化经营中的跨文化管理，既是中国企业文化建设的热点问题也是一个世界性难题，需要我们认真研究和不断探索。

企业文化融合在企业重组中的作用至关重要

企业重组是一个复杂的系统工程，涉及到企业管理的方方面面，但是重组不仅仅是一种经济现象和经济行为，也是一种文化现象和文化行为，是一个对所属成员单位文化进行不断整合融合超越创新的过程。文化融合是企业重组能否取得成功的关键因素之一。在企业调整重组过程中，主管部门和企业管理者除了考虑企业调整重组后的资金解决方案、工资解决方案、员工安置分流解决方案外，还要从文化层面思考问题，认真谋划、稳步推进企业文化融合，加强文化建设，才能保证调整重组获得成功。要把重组企业真正建设成一个内部有协同优势、外部有竞争优势的企业集团， 保持企业集团的整体性，只有充分进行文化沟通，理解文化差异，化解文化冲突，形成文化共识，建立以核心价值观为基础的坚韧的精神文化纽带，不断增强影响力、控制力、凝聚力，才能保证企业集团的科学发展、健康发展、可持续发展。

企业文化融合要以企业发展战略为依据

企业要在战略指导下实施调整重组，特别是面临众多的选择机会时，要有清晰的战略定位、战略目标和使命感。调整重组后的企业大多实行集团化管理，国内外优秀企业集团的实践证明，集团化管理的本质是建立战略管理系统和文化共享平台。企业调整重组时，在文化层面必须解决两个基本问题：一是要寻找企业重组和可持续发展的理念依据，即明确企业的使命追求、共同愿景和核心价值体系；二是决策层对企业的未来发展要完成战略性的系统思考。战略与文化是相辅相成的关系，战略的实施需要文化与战略高度匹配、一体化运行。在企业调整重组的总体规划和顶层设计中，企业的战略规划、调整和企业文化的融合、创新应该综合考虑，统筹规划。企业文化融合方案应列入兼并重组的整体方案之中，新的企业文化应该围绕重组后的企业发展战略和目标同步推进。

企业文化融合要以所属单位历史文化为基础

重组后的企业集团相对所属企业历史较短，而所属企业不乏具有几十年历史的老企业，有着深厚的文化底蕴。在推进企业文化融合的过程中，首先要对所属企业的历史文化进行广泛深入的调查，清理文化资产，整合文化资源，挖掘优秀文化基因，通过筛选梳理，扬长避短、互为借鉴，优化配置，对所属企业优秀传统文化进行提炼升华，以此作为文化融合、创新的基础。要进行充分的文化沟通，理性地面对文化差异，特别是强强联合企业之间，要充分尊重、逐步认同各自的历史文化。只有以此为前提，才能在在企业文化融合过程中，不断创新，敢于超越，结合各自企业文化的特性，就价值标准、领导作风、管理方法、发展战略等各方面进行综合判断与分析，找到成员企业之间最佳的融合路线，不仅要做到求同存异，还要做到求同求异。去劣存优，让各自的文化优势能够最大限度地在新的企业文化中得以保存，通过文化的融合达到企业文化推陈出新，建设更适合企业集团发展的文化。

企业文化融合要以企业发展现实问题为导向

任何一种文化的融合和变革都来自企业自身成长发展的需求，来自于企业的内动力。企业文化融合创新要以企业改革发展中显示的问题为导向，认真分析调整重组后影响企业集团科学发展和经营管理问题背后的文化原因是什么，问题的文化解决途径是什么。以现实问题为导向，基于企业的生存发展需求，承认文化的差异又超越文化的差异，进行文化融合。只有对企业存在的问题及面临的危机进行深入调查与分析，对问题的现象、根源和责任进行深入的剖析，充分认识问题背后的文化原因，才能形成文化融合的强烈需求和强大动力。

企业文化融合要以构建核心价值体系为根本

在调整重组中，各企业要有共同目标才能走到一起。文化融合首先是企业理念体系的构建，包括明确使命、规划愿景、提炼企业精神、确立共同价值观和提出与企业管理职能相匹配的相关经营管理理念等。只有树立鲜明的企业新目标和共同的价值观，才能把原来不同企业的员工凝聚在一起，为实现共同的目标而努力。在企业文化融合创新过程中，一定要牢牢把握企业文化的本质和企业文化建设的主要任务，围绕构建核心价值体系开展工作，形成鼓励全体职工为企业集团科学发展、团结战斗的思想基础。调整重组企业一旦形成了统一的价值观，企业文化融合就达到了最高的层次。在核心价值理念体系构建中，要采取多种形式，使所属企业之间进行充分的文化沟通，找到新的文化共识，形成企业集团科学发展的文化基因。要动员所有的员工参与提炼企业的价值理念，特别是参与制订企业的使命和愿景，使职工能够在个人动机与企业动机之间建立有机的联系，并对照自己的问题进行绩效改善。要使企业核心价值体系构建的过程成为全员揭示问题、研讨问题、达成共识，寻求解决问题的方案并改进自身行为的过程，成为重组企业集团所属企业和所有职工文化融合、文化创新的过程。

企业文化融合要处理好集团文化和所属企业文化的关系

要努力实现集团文化本质的统一和所属企业文化个性化的丰富发展。本质的统一就是任何一个企业集团都应拥有建立在所属单位个性文化基础上的统一的共性文化，这个统一是企业文化本质的统一，是奋斗目标、核心价值的统一；个性化发展是集团所属企业在遵循服从体现集团主导价值观的前提下，根据自身在集团中的定位和核心业务对本组织的使命、愿景和经营管理理念的细化、具体化，是成员企业结合自身的业务经营特点和各方面的条件，创造性地进行富有活力的丰富多彩的个性文化建设。集团所属不同单位、群体在文化方面表现的差异性和个性化，应该成为企业集团文化的多种表现方式和实现方式的体现，是集团文化在所属单位的体现和弘扬。不少企业在这方面处理地很好。比如有的提出“母文化突出经营主题，子文化丰富管理内涵；集团统一经营特质，各自彰显管理特色”的文化融合定位；有的提出“尊重所属企业的个性差异，认同每个企业带有特征的企业文化表征，让所属企业自觉地以母文化的基因凸现各自企业个性，用各自的企业个性丰富母文化的内涵，真正做到相同基因，不同个性，和而不同，兼收并蓄”和“统一母子文化融合结构，而不约束其文化内容；关注企业文化内在实质而不拘泥其外在形式”。这些都是成功的探索。

企业文化融合要以企业领导者群体和管理团队为重点

企业领导者群体在企业文化建设中具有重要的地位和作用，是企业文化建设的核心动力。他们的价值取向、人格、个性、偏好及行为选择是企业文化基因的重要来源，会对企业文化产生极其深刻的影响，他们在企业文化建设中不仅要发挥倡导、传播、激励的作用，更重要的是率先垂范。优秀的企业负责人在企业中既是卓越的领导者和精明的管理者，又是职工的思想领袖和行为典范。研究显示，在不成功的企业重组案例中，85%是由于管理模式不同，管理风格迥异，领导层不能融合而造成的。实践证明，企业所倡导的很多理念往往不是通过领导者的语言，而是通过领导和管理者的行为传递给员工，并逐步被职工接受和认可的。如果企业领导和高层管理者自身行为与所倡导的价值理念相背离，就难以使职工信奉并付诸行动。在企业调整重组中，企业领导者要从自身做起，研究文化融合和创新，对企业文化的融合工作给以高度重视和切实的推动。企业文化融合的过程是一个全体成员单位、全员参与的系统工程，是企业领导层科学规划、积极推进，相关部门专业人员精心策划，具体组织，全体员工广泛参与、认同内化的过程。要广泛动员员工参与企业文化融合的积极性，投入到企业文化融合的工作中来，自觉用融合后的企业文化规范自己的行为，使企业文化顺利融合，保证企业并购重组取得成功。在管理过程中，自觉考虑不同成员企业文化的特点，善于运用文化融合的领导方式来解决问题。成立企业文化融合机构，安排专人总体负责企业文化建设方案的制订，协调各部门的文化建设活动。管理岗位要选聘具有较好的文化融合能力的人员；重组各企业同层次管理人员可交流聘用，以加深他们对不同企业文化的理解和体会，促进他们关注、思考和设法解决文化融合中的问题；同时加强对管理人员文化融合能力的考核评价，对不胜任者要及时进行调整。

企业文化融合要在国际化经营中注重跨文化管理

文化环境对企业运行来说，其影响力是全方位、全系统、全过程的。“走出去”的企业在国际化经营发展的同时，与资源国合作中的多元文化的差异、冲突、融合问题也日益突显。国际化经营，不能光靠自己的文化，还要将自己的文化与世界各地区各国各民族的文化有机融合。要识别文化差异，发展文化认同，进行跨文化培训，达成跨文化理解，形成一种既坚持自己的核心价值观，又体现与各种异质文化融合的灵活性与有效性、适应资源国的“本土文化”。从而开放自己，包容别人，为我所用，共享共赢。

总之，要通过企业文化融合和跨文化管理，努力实现以光荣的使命、美好的愿景激励斗志，以共同价值观统一思想，以共同的企业精神凝聚力量，以共同的管理标准改进工作，以共同的企业标识塑造形象，不断进行文化融合、超越、创新，为重组企业科学发展提供强有力的精神动力和文化支撑。

（作者系国务院国资委宣传工作局原副巡视员、中央企业党建思想政治工作研究会研究部部长、中国企业文化研究会副理事长）

大会发言：

以优秀的文化软实力促进企业科学和谐发展

童汇源

完善具有北仑特色的企业文化体系

北仑电厂是我国第一个利用世界银行贷款，拥有500万千瓦装机容量特大火力发电厂，建厂以来，北仑公司始终着眼于提高企业核心竞争力，着眼于提高员工队伍素质，积极推动企业文化建设，通过建立和完善具有北仑公司特色的企业文化体系，统一全体员工的思想行为，规范企业的经营思想和管理方式，不断增强了企业凝聚力，提升了企业整体素质，提高了企业知名度，打造了实力北电、活力北电、魅力北电。企业获得全国五一劳动奖状、国际一流火力发电厂、全国企业文化建设先进单位、中央国电集团公司文明单位等荣誉称号，近年来，面对复杂的环境和激烈的竞争，北仑公司坚持文化强企的方针，创新核心价值，追求卓越理念，坚持和谐共融，加强文化融合，狠抓文化落地，企业文化建设取得了明显的成效。

一是通过不断地文化自觉，全范围导入CAI系统，逐步形成了北电特色的企业文化建设体系。

二是通过持续的文化创新，这些探索达到了和谐共融的特色文化。

三是通过积极的文化融合，安全战略整合，逐步渗透，长期并存的原则，理顺母子文化关系，将北电精神融合于创造一流的国电企业精神之中。

四是通过文化引领，牢固树立家园、舞台、梦的企业原景，形成了强大的企业发展合力。目前，企业文化已成为北仑公司发展中不可或缺的力量，为企业持续健康发展发挥着铸灵、塑型的重要力量。

北仑公司注重全程生产发展过程中积淀下来的优秀传统，追求卓越的精神。在企业建设初期，面临着基建工业施工隐患多，设备差，人员对设备熟悉程度不够，运行管理缺乏经验，等诸多困难，北仑公司集体全体员工的智慧，提出严谨、踏实、尽职精神，凝聚全体员工的力量，攻坚克难，为企业良好的发展奠定了基础。新厂新办法的试点单位，北仑公司为进一步树企业形象，创发电行业品牌，将企业精神，严谨、求实高效，创一流。2000年10月北仑公司装机容量达到3000万千瓦．提出了建设示范型、效益型，现代化国际化发电厂的战略目标。

2008年以三期工程建设为契机，北仑公司提出了建设500万千瓦现代化一流火力发电的奋斗目标。为北电企业精神赋予了新的内容，也给广大员工以更大的鼓舞。20多年来，北仑公司从两台机到五台机又到七台机。从亚临界到超临界的跨越历程，是不断追求卓越，追求一流的过程。不甘落后、追求更高境界追求的理念，已经植根于公司每一位员工的心中，并渗透到企业发展的每一个阶段。特别是在2009年，受金融危机的影响，浙江省全社会用电负增长，利润大幅下降，加上网络出现制约的严重情况，北仑公司出现了低电量，低利用，低小时的三低局面，面对这些形势，我们积极转变观念，举全员之力，千方百计谋效应、促发展，顺利实现了三期工程按计划全面投产，全厂年发电量达到230亿千瓦时，超额完成了董事会下达的年度发展目标。

坚持自主创新，促进企业科学发展

北仑公司始终瞄准一流管理水平，积极吸收、消化先进技术，把创新精神作为企业文化的重要内容。引领创新，鼓励创新，为自主创新营造了良好的文化氛围。进一步增强企业发展活力。促进管理创新，北仑公司积极优化企业管理制度，建立了一套现代技术标准、管理标准、工作标准在内的标准化体系，及时抓住电力体制改革契机，完成企业改制，建立新的企业管理制度，为企业健康发展奠定了良好的基础。建立完善了重业绩、强激励绩效考核机制和PDCA循环管理，有效地提高企业的执行力。全面推行检修项目监理责任制，以及系统工作制度，这一具有北电特色的管理模式在全国电力系统广泛推广应用。开发应用设备管理EMS优化管理模式和管理方式，率先引进国际先进的CAP、EMS管理软件，进一步优化企业资源配置，提高管理水平和竞争力。

促进科技创新。北仑公司建立健全了科技管理体系，开发了科技成果管理系统，组织开展合理化建议和技术化改造项目评审活动，提升企业自主创新能力，自主开发机组在线指导分析和在线专家系统，大大提高了可靠性和成功性，成功实施60万千瓦机组升级改造，通过技术改造完成了由大型站电代风电热电站向周边地区用户供热。既保证对用户的连续可靠供热，又提高了保障水平。营造创新文化，北仑公司坚持重创新、强科技的理念，深入实施以推动技术创新为主体，以争创创新示范，创新能手为载体的职工技术创新工程，组织科技创新争效益的劳动竞赛引导员工参与小发明、小改造、小设计、小制作的活动，多年来利用采取招贤榜的形式，以技术攻关取得的成绩作为员工年度考核和升岗重要依据。极大的激发员工的热情，累计评审科技成果26次，合理化建议和技术改进奖励3137项，取得了良好的经济效益和环境效益。

坚持和谐共融，促进企业健康发展

北仑公司坚持企业和员工、企业与环境、企业与社会的和谐发展。相融共建的理念，积极建立内外和谐的环境，推动企业可持续健康发展。探索一厂多公司的文化融合，北仑公司积极创新，勇于实践，不断地探索一厂多公司的模式下的企业文化建设的新途径。坚持互相尊严、互相学习、和谐共融，推动开展各种竞赛，建立多种党组织的友好方式，加强与兄弟单位的友好合作，营造了一厂多公司模式下的文化良好氛围。注重员工全面的发展。

北仑公司坚持以人为本的思想，全面实施职工素质建设工程，创新人才培育机制，打通专业间的通道，逐级培养、逐级输送。多方向、多层次、多渠道的打通员工职业发展通道，积极开展后备人才培养的工作，采取厂内挂职培养，到上级单位和兄弟单位挂职的有效形式，形成结构合理、素质良好，新老衔接的后备人才贮备，梯队层次。大力开展员工健康工程，投入资金建起了游泳馆、运动馆，添置了运动器材，还有羽毛球、乒乓球、篮球等十多个协会，引导员工健康理念，促进员工身心健康。近年来涌现出一批德才兼备的领导人才和技能岗位人才，各级全国技术能手。为北电的发展提供了强有力的人才技术保障。

加强绿色环境建设。北仑公司坚持内外环境友好建设。内环境友好与外环境友好互相促进，建立起经济效益与环境保护共同发展，社会效益和企业效益并重考虑的环保理念，建立和完善环保体系，强化管理，落实措施，企业环保水平不断地提升，实施了全国最大的脱硫改造工程。我们投资了11.5亿元，在2007年完成了五台60万机组的脱硫改造。在百万千瓦机组建设中，同步投入脱硫机制，目前各项环境指标远远优于国家标准，有的指标也超过了欧美标准，为区域的环境建设作出了积极的贡献。在同行业中，率先开展了清洁生产审核工作，将清洁生产理念纳入了企业生产的领域各个环节。采用科技研究和科技技改的措施，不断提高资源利用率，在大型锅炉、煤等实验性研究、循环水利用等节能减排中取得显著的成效，企业获得了浙江省绿色企业，节能减排先进单位等荣誉称号。

打造开放友好电厂。北仑公司通过开展市民走进北电、开发工业旅游、特色经典，组织环保宣传进社区、进学校等一系列措施，加强了企业和社会公众的沟通交流，赢得了社会的理解和支持，同时企业把热心公益、回馈社会为和谐社会尽一份力作为我们的义不容辞责任，每年都搞扶贫济困，送温暖捐赠活动，特别在2007年开展捐助贵州贫困学子上学的活动在一个小时内351名贫困小学生就被北仑公司员工认捐一空，这些做法获得了公众广泛的好评，在社会上引起了较大反响，被北仑区委作为经验介绍到其他的工厂和大企业，为企业赢得了良好的声誉。

坚持文化落地，促进企业持续发展

北仑公司把企业文化落地作为企业文化建设工作中的重要组成部分，通过增强文化认识，建设丰富子文化，强化知行之一等途径，把核心理念融入企业的生产经营管理和员工的思想行动当中，使企业文化成为企业持续发展的永续动力。

增强企业认识。北仑公司坚持企业文化理念产生于员工的智慧，融入企业的心灵为原则，通过深入座谈、讨论，网上征集全面深入了解企业的历史发展现状，未来的发展方向以及员工的思想状况，认真总结、科学提炼形成核心理念。大力开展形式多样，系统持久的文化贯穿活动，使企业员工在润物无声、耳濡目染中对企业价值观、远景、使命、精神等理念，内涵以及意义有一个全面深刻系统的了解，掌握认知和认可。

建设丰富子文化。北仑公司坚持企业文化融入中心工作，发挥作用，积极建设安全文化、服务文化、绿色文化和廉洁文化等，形成合力。以子文化的发展推动企业文化的有效落地，特别是安全文化建设体现了以人为本，安全为先等十项安全理念，通过安全征文、演讲比赛、安全漫画等活动，员工安全意识得到加强。全面推行安健环等活动，使安全文化在安全生产管理中得到了有效的落地。从2003年以来，未发生人身伤亡事故。截止到当前，连续安全日已经达到了1497天。

强化知行合一。北仑公司坚持把对理念真懂、真用，知行一致、知行合一作为企业文化建设的关键。通过企业领导身体力行，为员工当好标杆，树好榜样，带动企业员工的积极参与，制定了企业的行为标准、员工的行为标准、员工的行为规范、专项岗位规范等等十七项行为规范，把企业文化融合到企业的制度、规定、和流程当中，大大提高了企业文化的执行力。同时把文化企业建设列为工作目标、责任考核，定期组织企业文化研讨，使企业文化建设不断得到完善和提升。

北仑公司企业文化建设在中国国电集团公司国电电力的正确领导下，在各位领导专家的关心帮助下，取得了一些成绩。但是我们清醒地认识到，企业文化建设是有始而无终点的工作，今后我们将以荣获全国企业文化示范基地为新的起点，更加注重企业文化建设全面推进，更加注重文化理念的持续提升，更加注重企业文化的融合渗透。以优秀的文化软实力来促进企业的科学、和谐发展，为经济社会的发展作出更大的贡献。

（作者系国电浙江北仑第一发电有限公司党委书记）

集团并购与文化融合

曾良才

集团整合是我国发展到当前阶段的必然，是产业优化和资源重新配置的一种现象或一个过程。我汇报分五个小点，集团并购与文化融合，从中航集团来看有五个方面：第一是并购的形式，第二是原则，第三是关键，第四是流程，最后是成果。

并购整合的形式

中航工业集团在近三年中，经历了全方位的产业整合、集团并购、国外收购、中外合资、区域合作、银企合作等一系列大型并购、资源整合的实践，取得了成功。

2008年中央决定原中国航空工业第一集团和第二集团产业整合，形成一个集团。这个集团整合以后，紧接着按照专业分工进行了专业化整合，跨地域的专业化整合，分成18个板块。在国内并购，我们有两种形式，一种是通过市场进行并购，这几年下来有几十个项目，2009年并购了11个大项目，还有一个是国家指令性的划拨，比如说把一些企业从部队划拨给中航来管理。国外收购，现在已经收购了几家国外公司，最典型是去年收购了奥地利FACC公司；中外合资，最近与空客、波音等国际著名的公司成立了合资公司，比如说和GE合资的公司各占50%，还有绝对控股，比如说跟空客合资的复合材料中心，我们占80%；另外区域合作，我们和15个省市建立了战略合作关系，这种战略合作关系不是过去意义上的挂名。而是有实质性内容，建成了十多个航空产业园；银企合作也很多，我们和14家银行建立了战略合作关系，还有一些保险公司和银行已经投资到我们集团来，注入资金。这么多形式，每一种形式都牵涉到文化的融合问题。

实践证明，集团并购不仅仅是一种经济行为，而是并购双方的文化融合，集团文化整合、融合是集团整合、并购成败的关键。集团并购能否提高集团的核心竞争力，关键在于如何解决或避免并购中的文化冲突，消除文化冲突，推进不同文化背景的集团文化整合，以及并购后的文化融合。集团文化整合不是将原整合双方的文化简单叠加和拼凑，而是将其优秀部分融合和升华，是在共性认识的基础上建起的具有连续性和一致性的新文化，是两种不同文化进行的整合、重塑、创新的过程。

文化融合的原则

第一个是战略引领原则。如果说战略是一种布局的话，文化就是布魂，如果战略是布阵，文化就是布道，文化要服从战略，所有的并购行为都是战略的实践，处于战略的考虑，是一种通过资本形态的转化而实现产权转让的经济行为，根本目的是为了做大做强主业，增强集团核心竞争能力，实现资本盈利的最大化。文化必须服从战略。

第二是兼容并蓄原则。每一个并购的单位都有自己的优点和精华。提取共因子，合并同类项，吸集精华，整合优点。

第三个原则是统分有度。集团必须有统一的文化，比如说统一的理念、统一的战略愿景等等，但是对各个企业，各个板块，新进入的伙伴，他应该有自己的特色，比如说航空报国，落实到飞机怎么样报国，他有自己具体的理念群来支撑着，并不是一句空话；并购国外的企业，你说航空报国，外国人并不接受，你要有新的理念支撑着。我们并购奥地利公司，我们理念是只有合作伙伴，没有竞争对手，我们用自己的质量文化、市场文化、客户文化，这些理念群和他达成融合。

第四是整体同步。这么大集团公司必须统一行动，比如说我们要求在去年六月一日之前，所有的统一，标识的统一就到那一天截止，到六月一日开始检查，谁没有做到就通报批评，限期改正，在公开的场合必须要穿工作服，整体同步，整个行为要一致。

第五是全员参与。文化融合不是领导的事，是所有员工的事，每个人都要参与。

第六是平稳推进。我们说企业文化是人本文化，是心本文化，那么你这个集团，并购最关键的是什么，最关键是融心，文化融合最关键是融心，心不稳，这个并购肯定是失败的，世界上并购的企业70%都是失败的，文化不稳就是队伍不稳，就是文化不融合，我们必须平稳推进，一个都不能掉队。当时集团整合的时候，集团提出一个都不能下岗，稳定人心，通过18个板块把这些人都消化掉了。

最后一个就是求真落地，文化融合不是在空中，是要落地，文化落地是一个基本的原则。

文化融合的关键

集团并购重组必然带来文化的碰撞，并购重组后集团战略的制定、资产的优化、业务的调整、管理的整合固然非常重要，而集团文化的融合则是并购重组能否取得成功的关键因素之一。把集团文化作为一种重要的资源、作为提升集团核心竞争力的重要因素加以重视，很好地实现集团文化的融合。

集团文化是立于集团角度和高度所构建的文化融合的新体系，是建立在集团所属成员单位个性文化基础上的共性文化，不是所属成员单位文化建设的归纳与总结，也不是所属成员单位文化建设的经验与推广。具有战略性、主导性、整合性，为各成员单位文化建设提供指导、规范和发展的空间，各个单位要按照这个来实行，但是文化建设必须要抓住关键，在关键要素上必须高度统一和执行，关键是什么呢？有六个方面，第一是集团战略的统一，第二是核心理念的统一，第三是愿景的统一，第四是集团行为准则的统一，第五是集团形象的统一，第六是集团品牌的统一，文化融合要在这六方面都做到融合了，基本上就大功告成了。

集团战略的统一。明确的发展目标是集团文化融合的基础。集团战略必须统一，中航工业党组 2008 年 10 月 3 日提出“两融、三新、五化、万亿”的发展战略。即融入世界航空产业链，融入区域发展经济圈，努力实现集团核心竞争力从资本、管理、技术的老“三位一体”，向品牌价值、商业模式、集成网络新“三位一体”的转型升级，大力推进“市场化改革、专业化整合、资本化运作、国际化开拓、产业化发展”，到 2020 年挑战收入万亿的奋斗目标 。

文化融合要服从、服务、引领战略的实施。各下属企事业单位坚定不移地贯彻落实，把集团文化导向与集团战略目标结合起来，使各企事业文化成为调动全体员工实施集团战略的有力支撑。

集团核心理念的统一。价值观的融合是文化融合的核心和保证，是集团文化融合的最高境界。文化融合是一次文化再造，其核心就是提炼与确立集团新的核心理念。

核心理念的统一是集团文化共性和母子公司文化统一性的最重要的体现。集团核心理念包含使命、理念、精神、宗旨、集团哲学等，是集团的文化内核，这些理念明确了集团存在的意义、发展方向、价值取向和思想境界等，是集团生存、发展的战略理念和行动纲领，是集团内各个单位都必须信奉的。价值观念是集团融合的核心．是文化融合中难度最大的问题。要把原来不同文化背景下职工的不同价值取向、处世哲理统一在一个价值观体系中，并给职工以心理上的约束和行为上的规范，比确定集团经营宗旨要复杂得多。

中航工业提炼与确立了集团的核心理念：宗旨——“航空报国，强军富民”；理念——“敬业诚信，创新超越”；以此团结凝聚 40 多万员工，同心同德为中国航空工业的发展奋斗。

集团愿景的统一。思想融合是文化融合的基础。要特别重视用集团愿景、发展目标和规划，来统一员工的思想，融情、融心、融力，激励员工的斗志，把集团的共同愿景逐步转化为员工的个人愿景，形成共同奋斗的思想基础。从而对员工产生激励、导向作用。中航工业的愿景就是跻身世界航空工业强者之林。现在我们还没有达到，我们在世界航空航天系统里面排在第 11 位。我们国家还是弱小的。还没有进入前三名。我们的目标是三足鼎立，进入前三名。

集团行为准则的统一。规范的行为准则融合是文化融合的关键。集团公司对核心理念的统一必然带来行为准则的统一和协调一致。行为准则的统一是集团文化共性和母子公司文化统一性的最直接表现。它实际上是集团整合中的一种意识立法和行为立法。在集团整合中，需要对原来各自的经营管理制度和规范，根据新集团的特点进行调整或重新制定，形成新的职工行为准则，成为集团员工的职业标准和行为风格。

集团形象统一。集团标识是集团对外形象的统一展示和反映，集团标识的统一是集团文化共性和母子公司文化统一性的最外在表现。主要包括集团视觉系统方面的内容，如司徽、司旗、司歌、司服、颜色、字体。集团标识是文化的最外层表现，不同的颜色、图形、制式都映衬和揭示着员工的内心思想和行为风格。所以，文化的统一还必须表现在集团形象、标识的统一上。我们的服装都是统一的，我们下基层必须穿工作服，不能穿西装到现场，那你是局外领导。

集团品牌的统一。统一的品牌认知是集团文化融合的前提。统一集团品牌，塑造集团品牌价值，打造集团核心竞争力，这是集团文化建设的重要任务，也是并购、重组、整合的基本原则。特别是跨国进行并购重组，不能“以市场换技术”，牺牲原有品牌和品牌价值为代价，而应当特别注意自主品牌价值的评估和保护，同时聚合双方品牌优势，形成独具价值和魅力的品牌文化。

文化融合的流程

文化融合是一个整合——磨合——融合渐进的过程。

要尊重历史的传承，在文化差异中寻求发展的共同点，寻找共同认同的价值观，进而消除文化的隔阂，经过及时、逐渐地磨合，有针对性地对文化进行阐述、调整、树立和固化，趋于一致，将其融为一个整体，发挥整体效用。

文化评估。准确文化诊断、搞好文化评定。要承认国家、地域、行业文化的差异性；要注重不同产业、不同企业文化差异的动态性、普遍性、多样性；要研究不同人群、不同层级员工文化认知、文化站位、文化管理的差异性；深入现场，调查研究，找出差异、分析原因；调整文化差异，提取共因子、合并同类项，吸取双方文化的精髓、成功的基因，扩大和提升文化力。

高层沟通。畅通的信息交流是集团文化融合的桥梁，高层沟通至关重要。包括：和并购企业的领导班子沟通；和主管领导机关、所在地方政府和主管部门的沟通；和用户沟通，如我们并购奥地利 FACC 公司，就分别与波音、空客沟通，因为该公司是空客的一级供应商，是波音的二级供应商；和金融、证券主管部门沟通；国外并购还要和所在国政府沟通；沟通重在解决好跨行业、跨所有制、跨国并购的文化冲突问题，对内并购避免“消化不良”，对外并购防止“水土不服”。

顶层设计。抓好顶层设计，完善理念体系，确定集团文化建设纲领、规划。做到集团文化管用、实用、好用；突出特色、员工认同、紧扣中心、易见成效，整体推出。

强化培训。分级分层强化培训，着力点是管控所属单位及管理层的思想和行为，打造一支强有力的集团文化建设领导和执行团队。厂所级干部集团集中培训。中层干部企业分批办班培训。在并购企业举办文化培训班，并购一家培训一家，横向到边、纵向到底，主体企业的党政一把手亲自到场宣讲，使并购企业的文化推进能够迅速进入到集团文化建设统一的的轨道上来。各单位对员工进行全员培训。

舆情引导。对内：营造共鸣、共识、共融、共为的文化场。一是大讨论，把集团文化的各要素、主要内容组织所有员工进行大讨论，形成共鸣；二是大宣传，加强集团战略、愿景、宗旨、理念、精神的教育，广泛造势，达到共识；三是大实践，通过开展各种比赛、交流、娱乐活动，把心气聚在一起，激发广大员工实践集团文化的激情，形成共为。对外：创造一个内部减杂音、外部降噪音、政府有准音、媒体有正音、客户有知音、社会有和音的宽松、和谐的企业生态环境。

注重媒体的公关，举办中航工业媒体日，邀请国内外重要媒体参加集团的新闻发布会，到所属企事业单位采访；注重网络的作用，充分发挥互联网的优势功能，宣介中航工业的战略与文化；运用影视等大众媒体，拍摄《龙腾东方》等电视片和电视剧，宣传航空人的精神风貌；组织百名资深院士航空行，组织知名学者、博士团、留学归国人员到中航工业考察。邀请有关部委、地方政府官员到集团巡视、考察。

干部交流。干部交流，实现无障碍沟通，无边界融合，不仅是培养职业经理人的重要途径，也是促进文化融合的有力手段。

中航工业集团有 90 多名党政主要领导跨区域、跨产业、跨专业、跨国界交流，干部的交流带来了思想文化的碰撞和交流，提升了干部的素质和能力，也升华了集团文化的内涵和文化创新力、文化思维力、文化管理力、文化竞争力。

固化制度。制度融合是文化融合的重点和保障。集团文化的融合需要制度来保障，要建立健全适合集团文化建设的领导机制、运行机制。要构建包括文化规划、文化建设、文化培训在内的制度保障机制；要强化以文化建设专项资金制度为重点的物质保障机制；要建立适合集团发展的文化建设考核评价机制。

文化融合的成果保证了产业整合成功

中航工业 2009 年实现营业收入 1910 亿元，同比增长 14.4%；利润（收益）97 亿元，同比增长 32.2%。重点型号研制生产取得重大进展，实现了“三机定型、十机鉴定、十二机首飞、十二机两弹立项”。一项成果获得国家科技进步特等奖。年度申请专利 2147 项，同比增长 20%，其中发明 1158 项。航空产品出口创造新纪录。在新材料领域，中航工业已成为目前中高端手机彩屏、车载显示屏领域的世界头号供应商；在新能源领域，实现航空技术转移，风电大叶片全国市场占有率第一；在重大装备领域，充分应用航空技术，生产出我国首辆高速磁悬浮国产化样车。2010 年 5 月 30 日，中航特玻 1 号电子玻璃生产线在海南正式投产，开创我国玻璃行业五个第一 ，填补国内五项空白，基地总投资 32 亿元的 4 条生产线将于 2011 年 8 月建成，年产值将达 50 亿元，利税约 12 亿元。取得了国内并购丰收。

近几年，中航工业成功并购钾矿、铁矿、电厂、特种车辆、机床厂等，均获得成功。

2007 年 12 月 27 日认购民营企业安徽开乐专用车辆股份有限公司，2008 年 12 月 19 日认购柳州乘龙专用车有限公司，2009 年并购国内最大的方舱供应商辽宁铁岭陆平公司，特种车辆销售规模 08 年实现 10.32 亿，09 年为 23 亿，今年将要向 80 亿元进军。2009 年实现大的并购 11 起，增收 70 亿元。2009 年收购上广电第五代 TFT 生产线，使中航工业中小尺寸 TFT 生产能力跃居世界第一。实现了国外收购突破，成功收购奥地利复合材料企业 FACC 公司，成功完成了中国航空工业首次海外并购，也是亚洲航空制造业首次并购欧美航空制造企业。是中航工业全球化布局的妙招，此举打破了国外在高新材料领域的技术封锁，使民族航空工业发展如虎添翼。FACC 上年度实现销售收入 2.7 亿欧元。09 年底，FACC 在手的合同约为 18.6 亿美元。2010 年 4 月又与波音签了 3 亿美元合同。今年可实现税前利润超过 1000 万欧元。

与霍尼韦尔、空客、CFM、古德里奇、赛峰、 GE、罗罗、欧直、俄罗斯、乌克兰等的航空企业，建立了合资企业，加速融入世界航空产业链。转包生产六年翻了两番。推进了区域合作增速。

我们和 15 个省市建立了战略合作关系，北京、天津、珠海、沈阳、上海、成都、长沙、南昌、南京、西安、贵阳、无锡、襄樊、洛阳等航空产业基地或科技园全面开工建设。

中航工业从地方获得 176 亿元的投资，一万多亩土地。加强了银企合作创新与 14 家银行建立战略合作，获得 4800 亿元的授信额度。

2009 年，发行债券共募集 100 亿元，低成本融资 270 亿元。成功引进中银投资、社保基金专业投资机构，募集资金 26.88 亿元。

中航工业 21 家上市公司总市值从 2008 年底的 307 亿元上升至 2009 年底的 803 亿元，指数从 2008 年底的 107 点上升至 2009 年底的 268 点，增幅 150%，同期上证指数增 76%，深圳成指增幅 108% 。

2010 年 6 月 1 日上午 9 时半，中航工业第 23 家上市公司挂牌，天虹商场成功登陆深交所 A 股市场，支撑了集团形象提升。

中航工业的战略与文化得到员工的认同、政府的认可、用户的认定、市场的认准、媒体的认对、社会的认知。中航工业成功跻身世界 500 强，列 426 位。

（作者系中航工业董事监事办公室特级专务、中国企业文化研究会特邀研究员）

首钢搬迁调整中文化融合的几点体会

王明江

首钢始建于1919年，解放前30年累计产铁28.6万吨。解放后通过技术改造和建设，1958年建起了侧吹转炉，结束了首钢有铁无钢的历史，1964年建成了我国第一座30吨氧气顶吹转炉，在我国最早采用高炉喷吹煤技术，70年代末首钢二号高炉成为当时我国最先进的高炉。改革开放以来获得巨大发展，成为以钢铁业为主，兼营采矿、机械、电子、建筑、房地产、服务业、海外贸易等多种行业，跨地区、跨所有制、跨国经营的大型企业集团。首钢总公司为母公司，下属股份公司、新钢公司、迁钢公司、首秦公司、高新技术公司、机电公司、特钢公司、首建公司、房地产公司、实业公司、国际贸易工程公司等子公司，在香港有上市公司，在南美洲有秘鲁铁矿等海外企业。2007年集团销售收入1090亿元，实现利润水平43亿元，钢产量1540万吨，职工近8万人。在中国企业联合会按2006年数据评选的中国制造业500强中，首钢销售收入列第10位；在中国企业500强中首钢列第36位。

这次论坛的主要议题是文化融合。我们认为，文化融合是一个广义的概念，涉及到企业的方方面面，并不局限于企业的并购合资重组。今天主要结合首钢搬迁调整的企业实际，通过三个故事，同大家交流我们关于文化融合方面的体会。

首先跟大家讲一个“回家”故事。于丹在接受首钢创意城形象大使聘书的时候，说了这样一句话，她说“感谢首钢，让我回家”。也许有人会问，于丹这么一个文化学者、大学教授、现代女性，为什么会接受一个钢铁企业形象大使的聘书，又为什么在接受这个聘书的时候说感谢首钢让我回家这样的话呢？

于丹在接受聘书的时候说“首钢走过了90年的历史，第一个30年首钢奠定了中华民族钢铁工业的基础，第二个30年，首钢奠定了中国公认阶级的伟大形象，第三个30年，首钢以自己的企业责任和社会担当完成了角色的转换以一种文明的力量许诺社会一个未来，我很幸运在这第三个30年被首钢接纳，有这样一个岗位让我去工作，让我能够为首钢去发奋喝彩，感谢首钢，让我回家”。正是首钢90年丰富的企业文化内涵，鲜明的企业特色，让于丹认同首钢，融入首钢。因此，我们在这方面的一点体会就是：深厚的文化内涵是企业文化融合的源泉。因为一个企业只有具备了深厚的文化内涵，才具有凝聚力才，具有吸引力，才具有融合力。

首钢90年沉淀了丰富的文化内涵。于丹参观首钢月季园时感慨地说：“月季经风经雨，在太阳暴晒下可以月月怒放，尽管很漂亮但并不妖气，它可以自然结地气可以蓬勃成园，这就是首钢的精神和气魄，首钢如此雍容大度，它不是地上的野花，也是花型似玫瑰的富贵，但决不像玫瑰那样的娇气，所以月季花无论是在首钢北京还是在河北的曹妃甸，在任何一个地方都可以很快的灿烂成野”。这就是首钢的文化内涵，也是首钢鲜明的特点。首钢在近年来调整过程中，无论是在我们的新建项目发展中，还是在企业的联合重组项目都进行的非常的顺利和成功。

这是一张全国的地图，在这个地图上标了八个地方，通过这个地图我想给大家讲八大金“钢”的故事，过去一提到首钢大家自然而然就想到首都北京。可是随着近年来首钢搬迁调整，首钢钢铁产业的区域性的布局已经发生了非常大的变化，这种变化用一句话就是“钢铁舰队，八大金刚”。

首钢京唐钢厂集中了当今世界最先进的钢铁技术，代表着中国乃至世界钢铁工业的新高度。位于秦皇岛的首钢首秦公司，是小而精小而美，小而洁的艺术品。位于迁安的首钢迁钢，是首钢搬迁调整的桥头堡和练兵场。首钢顺义冷轧公司，是首钢留在北京的精品轧材生产基地。京唐是首钢和唐钢合资企业，其他三个企业是我们首钢独资的企业。无论是合资企业还是独资企业，都存在着突出的文化融合问题。首先是首钢90年的历史，在北京形成的文化，到了河北同当地文化融合的问题。其次每一个企业的企业员工，人员的构成可以说是五湖四海，四面八方。在新建企业文化融合过程中，我们提出“激情创业、和谐发展，人和气顺、沟通高效”等文化融合的价值理念，并把这种理念有效的付诸行动。这是刚才讲的，首钢的四个新建企业。

祖国西部最边陲的首钢伊犁钢厂，是2009年8月从当地企业联合重组后的企业。位于贵州六盘水的首钢水钢，是2005年以来逐步联合重组的企业。贵阳市的贵钢也是去年8月联合重组，贵钢是全国重要的特钢企业。中部山西长治市的长钢是中国共产党在太行山革命根本地亲自建设的第一个钢铁厂，长钢加盟首钢的时候广大干部欢欣鼓舞。在首钢队这些企业联合重组过程中，我们遵循的是“平等协商、和谐共赢”的指导思想和价值理念。我们在重组过程中不存在谁兼并谁、谁吃掉谁的问题，而是我们联合起来，共同创造美好的明天。

在这些企业发展过程中，我们企业文化建设的原则是：“总部统领、整体协同，分层定位，各具特色”。在保持核心价值观占主导地位同时下，我们也尊重各企业的地域文化、历史文化。对此，我们体会就是：“和谐共赢是企业文化融合成功的基本理念”。

最后我给大家讲一个首钢为“首”的故事。周恩来总理一直十分关心和重视首钢工作。1970年6月8日，周总理在接见全国重点钢铁企业的代表时指出：首钢嘛！是首都的钢厂，既然是首，就要带头！温家宝总理2007年到首钢视察时明确指出：“搬迁调整使首钢站在了新的起点，这个新起点的标志就是先进”。

首钢为首，勇争一流。这既是党和国家领导人对首钢的期望，也是首钢人自身的价值追求。正是在这种精神的激励下，首钢无论是北京老厂区的开发，还是各地新项目的建设，都是瞄准国内国际一流的发展目标，规划美好的企业发展前景。

近年来，在敢为人先、勇争一流的精神激励下，首钢钢铁业的八大金刚可以说是“八仙过海、各显其能”。具体就不说了。主要说说北京首钢老厂区的规划和开发。钢铁主业搬迁后，首钢北京地区将大力发展高端产业、生产性服务业、文化创意产业等总部经济。到2015年，销售收入要达到1000亿元，等于在北京再造一个“新首钢”。

我们要把8平方公里的老厂区打造成一个人才聚集、技术聚集、文化聚集、智慧聚集的“首钢创意城”（这也是聘请于丹担任形象大使的由来）。就像北京的中关村是高科技、电子产品的代名词一样，也许5-10年后，“首钢创意城”将成为中国文化创意产业的示范基地和领头羊。

实施搬迁调整以来，首钢为什么没有在压产、停产、搬迁的过程中垮下去、倒下去，反而更加发展壮大了。我们认为，其重要原因是首钢人有一种自强不息、追求卓越的精神，有一种对美好前景的坚定信念和执著追求。因此，我们在这方面的体会是——追求卓越是推进文化融合的强大动力。

总之，首钢关于文化融合的体会：一是深厚内涵是文化融合的内在源泉；二是和谐共赢是文化融合的基本理念；三是追求卓越是文化融合的强大动力。

（作者系首钢总公司党委宣传部企业文化处副处长）

企业国际化经营中的跨文化管理

戴惠芳

吉利集团始建于1986年，1997年进入汽车行业，凭借灵活的经营机制和持续的自主创新，从一家名不见经传的小厂，成为中国汽车自主品牌的主力军，资产总资已超过280亿元，连续七年进入了中国企业五百强，连续五年进入了中国汽车行业十强，被评为国家首批创新型企业，首批国家汽车整车出口基地企业，成为中国汽车工业50年发展速度最快成长最好的企业之一。

目前吉利在浙江临海、宁波、路桥、上海、兰州、济南建立了汽车整车制造基地，拥有40万整车，40万台发动机，40万台自动变速器生产能力，在乌克兰设立了一些生产基地。

2009年吉利的全球鹰、帝豪、英伦三大子品牌的营销策略，目前形成了五百家4S店。吉利商标也被认定为中国驰名商标，我们有自己的研究院有强大研发能力，有1600多项专利，发明专利1100多项，国外专利30多项。

2009年，面对国际金融危机带来的严峻复杂的经济形势，吉利集团果断实施了“突破，开创新吉利”的战略转型，抓住了国家《汽车产业调整与振兴规划》和燃油税改革、购置税减半等促进汽车消费政策出台的契机，快速进行了产品升级换代，推出高质量、高技术含量、高附加值的新产品，获得了市场的认可，实现了产销两旺：全年实现产销33万辆，同比增长48%；实现销售收入165亿元，同比增长28%；实现税利24亿元人民币，同比增长35%；资产总值已超过200亿元，在激烈的市场竞争中保持了行业十强地位。同时，由于世界汽车格局发生重大变化，为我们提供了不可多得的历史机遇：吉利闪电般成功收购世界第二大自动变速器公司—澳大利亚DSI，填补了中国高档自动变速器研发、生产的空白，经过整合，收购后第五个月就实现了扭亏为盈，现在发展势头很好；成功引入战略投资伙伴高盛，在业界引起巨大反响；最近，吉利与福特公司签署了收购沃尔沃轿车最终股权收购协议，拥有其100%股权，成为吉利全球化战略的重要里程碑。

吉利汽车从无到有、从小到大、从简单制造到自主创新，一步一个脚印，健康的成长起来了。我们沐浴着党的阳光，怀着一颗感恩的心，不断攀登科学技术新的高峰。我们积极响应党和政府关于走出去、引进来的一系列重大战略部署，按照科学发展观和和谐社会建设的要求，参与全球经济的竞争。

吉利在参与全球经济的竞争和国际化经营中，人才和创新是基石，文化的融合是关键。早在2006年吉利参股英国锰铜时，吉利就已经形成了处理文化融合的核心宗旨。“也许有一天吉利跟我没有关系了，也许跟中国没有关系了，但是它是从中国出来的，它是中国人创造的。无论吉利属于谁，这是改变不了的。所以，我们要从这方面去理解一个企业的全球化，以及全球经济一体化以后，给不同国家、不同企业所带来的理念上的影响。”这是李书福董事长对国际化经营跨文化管理的认识，也是吉利人的意识体现。

吉利收购澳大利亚DSI变速器公司保留了公司原经营团队；吉利在并购沃尔沃轿车公司协议签署媒体见面会上明确宣布“吉利是吉利，沃尔沃是沃尔沃”，并购后沃尔沃将保留在欧洲比利时和瑞典的工厂。吉利非常清楚，任何一家公司，离开了培育它的本国土壤，就失去了根基。没有了根基的品牌，自然也就失去了它应有的价值。所以吉利根据不同企业所在国的不同文化特点，尊重各国的文化传统、尊重企业的文化氛围及鲜明特征，融合吉利“人才和创新”的文化优势，继续专注各公司在各自相关汽车领域的发展。坚持“充分授权、严格监管、考核清晰、过程透明”的方针，通过“自主团队”的管理，充分授权尊重专业，并严密的考核，发扬以人为本之精神，建立了彼此的互信机制，尊重团队成员不同的文化和价值观，减少了知觉与情感冲突对团队凝聚力的破坏，提升了企业管理的协同效应。

吉利在收购DSI后迅速成立新的董事会，把DSI总经理纳入董事会成员，并制定对经营管理层的考核办法。吉利集团与DSI一年开四次董事会，一个季度一次。董事会依次分别在澳大利亚和中国不同的地方轮流开。董事长赵福全博士及以麦克为首的经营管理层很有信心把DSI公司带向更加有竞争力的未来。

5月8日，首个“吉利日”活动在澳大利亚DSI自动变速器公司工厂内举行，吉利集团董事长李书福带领全新的DSI董事会成员集体亮相，与工厂员工及家属共同度过了一个洋溢着浓郁中国特色的“吉利日”。所有DSI员工及家属齐赞“吉利日很棒”，为DSI和吉利汽车之间的管理和文化融合，澳大利亚和中国这两个国家之间企业与企业的友谊发展做出了进一步推动。经过一年的磨合，DSI 已经完全融入吉利大家庭。

吉利和 DSI 双方无论是文化或技术都融合得很好。DSI 被吉利收购后从 2009 年 10 月份开始摆脱亏损，首次实现盈利。吉利已经筹备在中国建三个变速器工厂，不是简单的把澳大利亚的技术拿到中国来，而是把澳大利亚的技术在中国市场上进行扩大。

“造最安全、最环保、最节能的好车，让吉利汽车走遍全世界”，我们使命崇高而艰巨，我们坚信吉利和已经融入及即将融入吉利的兄弟伙伴已经做好了应对挑战的一切准备！

（作者系吉利控股集团综合办主任）

尊重差异 融合创新合资公司企业文化

秦如华

东风汽车有限公司（简称“东风有限公司”）是迄今为止中国汽车界合作业务领域最广泛、人数最多的合资项目。

七年来，我们正确处理学习日产文化与弘扬东风文化的关系，正确处理继承与创新的关系，成功驾驭不同企业文化，实现了东风有限公司跨文化管理，保证合资企业健康快速发展。

沟通＋互信＝零距离

这种交流不像某些媒体劝告东风人的“先弯腰，再挺胸”式的交流，而是承认不同文化各有差异但彼此又能够相互吸收、相互借鉴的平等的交流；这种沟通是以尊重相互的差异，平等互信为基础的。公司党委借助东风电视台举办了两期由中日高管人员参加的《沟通》节目，探求东风与日产文化的差异。在每年召开的公司党委年度全委扩大会上，邀请总裁先生到会并讲话。在中期事业计划发布大会上，党委领导就党群组织如何服务中期事业计划作了发言。在 2005 年开展的保持党员先进性教育活动和 2009 年开展的学习实践科学发展观活动中，东风日产乘用车公司党委书记向日方总经理通报了党内开展教育活动的安排，并征询日方派驻员的意见。

我们还从制度上探求与公司经营层的沟通途径，先后建立了《公司总裁定期向员工代表通报情况制度》、《工会主席与公司总裁定期会晤实施办法》、《东风汽车有限公司员工代表大会实施细则》等制度，还建立了员工代表大会制度。

坚持融合四项原则

先进性原则。在探索东风与日产企业文化的融合过程中，我们提出了“大胆吸收，各取所长；求同存异，兼容并蓄；融合提炼，突出特色”的基本工作方针，提出了努力建设既符合“三个代表”重要思想要求和国际公认准则，又体现时代的主旋律；既融合各种先进管理思想，又体现民族精神和东风特色的先进企业文化的总目标。公司党委组织东风党校的部分专家先后召开了两次企业文化理论研讨会，在《东风汽车报》开辟“有容乃大”专栏，发表研讨文章 50 余篇。

求同存异的原则。我们将建设富有包容性的文化，谋求双方更为广泛的双赢作为我们工作的出发点和落脚点，找寻共同的东西，如东风与日产追求的“做强做大”的目标是相同的，有着相似盛衰经历，有着变革才能做强做大的文化心理积淀，都有降低成本的成熟行为方式，都有自信能够成功的坚定信念。同时，倡导允许对方有不同的想法和意见，注意从差异中寻找值得学习和借鉴的东西。

互相学习的原则。东风公司组织翻译出版了日产总裁戈恩自述《再生》，组织全体高管学习，还请日产专家向高管人员介绍日产的管理框架、管理理念和文化；同时由东风的一名副总裁向日产派驻员介绍东风的历史和文化，引导中日双方高管人员充分了解东风、日产企业文化的差异，把握双方企业文化各自的优势。我们还在东风汽车报、东风电视台刊、播发系列专访《走进日产》，向全体员工全面介绍日产；邀请日方媒体多次采访东风有限公司，向日方宣传东风和东风有限公司。七年来，中日双方员工尊重彼此的差异，敞开心扉互相学习，取长补短，构建起了一个和谐的东风有限公司。

创新原则。我们将东风有限公司的企业文化定位于反映世界潮流、体现时代精神、具有广泛包容性的多元文化，秉承东风优秀传统、吸纳日产优秀文化成果、代表东风有限公司人崇高精神和价值追求的特色文化，用实实在在的经营成果彰显文化创新的成效。

价值观＋行为准则托起共同愿景

用共同愿景凝聚员工的智慧。2009 年，公司发布第二轮中期事业计划，同时也发布了公司的愿景和使命，愿景是成为“备受信赖的企业”，其使命是“致力于汽车事业不断超越，致力于利益相关者价值的持续增长”。它是公司对内对外的战略性宣言，是全面加速东风有限公司发展的行动指南。东风有限党委工作总部在全公司范围内组织开展了“如何成为备受信赖企业”主题研讨活动，请公司有关部门领导解读公司的愿景、使命和核心价值观，传播了公司愿景，促进了备受信赖企业的建设。

用共同的价值观统一员工的思想。合资之初，公司党委就在全体员工中积极倡导“诚信、业绩、变革、透明、融合”的价值观。历经七年实践、积淀，最后形成了东风有限公司“客户导向、诚信尽责、公正透明、崇尚业绩、追求卓越”核心价值观。这些核心价值理念以为中日员工所认同，并且体现到了具体工作中。

用《员工手册》规范员工的行为。

用效率优先的理念激励员工。新的员工业绩评价机制和薪酬分配制度的实施，带来了员工观念的变化，现代契约理念，效率优先理念、职场等级理念等逐渐为员工接受。

制度再造酿出执行氛围

我们注重发挥企业制度的引导作用，催化员工观念的转变，让员工明确自己的责任、目标和成长的方向；注重在员工中倡导和培育全员可接受的价值观念，不断强化员工的发展意识、竞争意识、改进意识、团队意识、顾客意识、规则意识和人本意识，增强员工的企业忠诚度；注重跟进新制度的导入，抓好子文化建设。一是目标文化。二是团队文化。三是执行力文化。四是改善文化建设。

拓宽思路与创新形式

第一发挥党群组织在企业文化融合中不可替代的重要作用。

第二借助创建学习型企业，推动企业文化建设。

第三借助大型活动，外树企业形象，内增凝聚力。

（作者系东风汽车有限公司党委工作总部部长）

转变经济增长方式
推动企业转型升级的文化思考

林可夫

正泰集团是一家民营企业，创办于1984年的7月，我们从1984年的8位员工到现在21600多员工，从1984年的整个销售不到一万元，到去年我们突破230多亿，特别是在应对金融危机过程中，和今年加快转变经济增长方式转变过程中，我们更深切的体会到企业文化是企业进步的灵魂，企业文化更是我们核心的竞争力所在。

在企业调整和企业重组的过程中，积极调整产业、产品结构，努力转变发展方式，推动企业的转型升级，主要表现在以下五个方面

第一，是产品制造由生产高低压元器件向高低压系统的衍生。提升了整体产业链竞争优势，而且我们的产品开始进入欧洲、日本、中东和非洲等国内外主配套市场。为中国制造树立了良好的声誉。

第二，市场营销由以国内为主向全面国际化发展，我们最近几年刚崛起的新能源正泰太阳能公司，已经在美国和德国设立了分公司。低压电器也面向了国内外全体组织管理架构，设立了五大洲区的营销公司和研发机构，这标志着正泰集团走出去的战略已经实质性向前迈进了一步。

第三，我们产业结构由传统电器制造业向新能源产业转型。在金融危机的过程中，我们展开了人才的抄底，引进了30多名海归博士，逆势投资了20多个亿，成功研制生产出具有世界先进水平的第二代太阳能高效薄膜电池和制造设备。我们计划在未来三年中投资100个亿，准备销售额超过百亿，打造全球领先的薄膜太阳能制造企业。

第四，我们盈利模式由过去单一产品的销售向项目、投资、转包服务转型。在国内外承接完成了数十项传统电站和太阳能发电站项目。我们带动了成套输配电200%的增长，同时利润以66%的同比增长。这个进步改变了中国民营企业总是小打小闹的固有形象，开始以大企业的形象展现在世人的面前。

第五，我们的经营方式从单纯的产业经营向产业资本经营相结合而转变。随着中小企业版、创业版的相继推出，是中国资本市场的逐渐地成熟，为中国民营企业的上市创造了良好的条件，正泰电器在上海A股上市，也标志着我们已经从过去单纯依靠产业经营而走向产业经营和资本经营相结合的道路。所以这也表示我们从一个家族企业变成公众公司，从一个地方性企业成长为一个国际化的企业。在实现我们调整重组转变的过程中，它的背后是正泰的企业文化在起着巨大的推动作用。我们这些年来，总结和不断地向员工宣贯我们正泰价值观体系。我们的价值观体系在实践过程中总结了五句话，正泰的使命，争创世界名牌，实现产业报国；正泰的精神“和谐、谦虚、务实、创新”；正泰的价值观，诚信守法，注重绩效，不断变革。正泰的经营理念我们强调三句话，“为顾客创造价值，为员工谋求发展，为社会承担责任”。我们的目标，“打造世界一流的电器企业”。这些年来，我们努力让我们的价值观体系能够成为广大员工的思想共识，同时成为他们的行为准则。

在这个过程中，我们努力做到三点：第一，让我们的企业文化能够融合于企业的制度建设之中，让制度建设充分体现企业文化的内涵。第二，让企业文化能够融化于企业的工作流程，在这个过程中我们进行了这么一项工作，这些年来，我们不断地检查我们的各项工作流程，是否符合我们的企业文化要求，凡符合的坚持，不符合的我们进行修正，凡是背离的我们予以抛弃。第三，努力让企业文化融化于员工的成长之中，我觉得这一点很重要，企业文化要想成为一种生产力。首先要来自于员工，第二要得到员工的认同，第三要员工自觉的实践，这才能成为一种真正意义上的文化自觉。所以，我们觉得，这些年来，在我们力推企业文化的理论探索和实践的过程中，确实体会到这么一点，一个好的企业文化的确是我们企业的灵魂，企业就是人，人就是文化。反过来说，文化也就是人，所以做企业文化事实上就是做人的文章，在这个意义上。最近几年我们党委在加强改进员工的思想政治工作的过程中，在大量调查的基础上，我们发现一个问题，我们过去是比较侧重于企业文化推行过程中的促进企业的发展，但是在企业发展的同时如何关注员工的同步发展，而且，让员工也感觉到现在，“他们有尊严，有体面，活得有奔头”，从这个意义上讲我们觉得我们做得不够。特别是我们今年年初推出了加强企业员工思想政治工作的一个新的载体，那就是从今年开始把党小组建在班组上，在这个基础上，现在我们把党小组、团小组、工会小组都建立在行政班子上。所以我们现在在推行学习型班组的打造。正泰的班组大的有三百多人，相当于部队的一个营，小的也有四五十个人。所以，班组的情况如何，平时我们只掌握班组长的情况，而现在我们要把工作做到每一个员工的心坎上，让每一个员工的思想动态通过思想网络的建设，能够被了解。我们要求我们的班组长过去是行政班组长只管生产任务的完成，这远远不够，我们现在在行政班组同时设立了党小组和团小组和工会小组，而这四个小组的建立就是说，把员工的思想、生活、困难、困扰等等包括生产问题一起管起来。让员工的所思所想都能进入我们的视线，让我们思想政治工作能够贴近员工的生活、工作和实际。所以我觉得企业在调整重组过程中文化融合，最重要是理念的融合，观点的转变，思想的进步。

聆听王大明主席重要讲话以后，结合正泰集团的实践所引发的几点思考

第一，我们认为企业文化的研究和实践，不能就企业文化而论企业文化，应该改变拓展我们的传统思维方式，也就是说企业文化应该顺应形势的发展要求，企业文化的研究和实践，更应该正视日益激化的社会矛盾，在经济转型和社会发展的大背景当中寻求企业问题的与时俱进和不断创新的问题，从而丰富企业文化的内涵，突破传统企业文化的局限性，增强企业文化在实践过程中的实践性和应用性。

第二，在实践过程中，我们也体会到，企业文化本身也需要改革，企业文化也面临着一个科学发展的问题，发展是永恒的追求，发展是硬道理，是第一要务。但是现在也让我们懂得发展是硬道理，但发展必须要讲道理，硬发展也是没有道理的。所以，企业文化，首先是社会的企业文化，而不仅仅是单一的企业自身的文化，企业文化不能游离于社会的大背景，也不可能脱离社会的大文化。社会体制性的弊端，社会突出的基本矛盾，必然对企业文化产生影响和作用，对这一切我们只有面对，只有正视而不能回避，只有这样才能使我们的企业文化增加活力，才能使员工增强对企业文化的认同感和文化自觉。

第三，我们过去抓企业文化建设比较多是讲如何增加企业的文化的凝聚力、核心力和促进企业的可持续发展。现在看来以人为本的本质内涵是体现不够的，对员工日益增长的物质文化需求和我们现在还基本是落后的生产力以及比较滞后的人文关怀、分配利益之间的深层次的根本矛盾关注不够。我们过去研究的更多是强调发挥员工的积极性，自觉为企业发展做贡献，而对员工的切身利益、对员工的劳动报酬应该在分配当中占有的比例研究、探讨不够、不深，还有更少关怀广大员工他们是否工作的体面、做人是否有尊严，在这方面我觉得我们研究也是不够的，推动也是不力的。还有对企业家社会责任的引领，我这里不是指对企业家不管是国有还是民营的，对社会公益慈善事业的贡献，而是指对本企业员工的关爱、尊重，特别是对员工劳动报酬的重视和分配比例的合理的落实，从而在促进企业发展的同时，实现企业人的尤其是一线员工的全面发展。

企业文化不仅要增强企业的凝聚力，促进企业的可持续发展，更要让员工活得体面，让员工活得有奔头，有向往，有尊严。如果企业文化失去这个根本的支撑和保证，我认为再鲜活光亮的企业文化也是没有前途、没有生命力的。企业文化给企业带来巨额利润的同时更应该给创造利润的主体员工带来可感受到收入的增加和生活质量的提高。只有这样企业文化才有生命力，才能真正成为企业进步和发展的灵魂。

（作者系正泰集团党委书记）

零文化管理模式

项　宏

我们在多年的实践中发现，文化与管理都和企业的三种力量有关，员工能力、组织活力、企业的动力。无论是企业文化还是企业管理都要和企业这三种力量有关系，企业管理和企业文化都是无形的东西，我们要做到平衡就要做成一种力量，于是我们朝阳行围绕这三种力量一切从零开始，一方面将员工作为企业的资源，建立员工能力开发的机制，逐步建立起零局限盈利，零边界管理，零缺陷经营，构成零管理体系。一方面通过这个体系不断放大这三个方面的力量，不断注入企业动力，激发组织的活力，逐渐提升员工的能力，使企业管理的能量越来越放大。

接下来，因为放大又会出现问题。我们自觉运用问题管理法主动查找产品和服务产生的问题，纠正员工成绩和绩效评价的误差，将问题降到零，建立零文化系统来维护企业的动力，保障组织的活力，提升员工的能力。企业文化由内向外的力量，通过企业文化由外向内的力量，这两种力量要想使企业和谐，方向必须是相反的，因为是两种力量得当，方向相反，我们把这种管理意识模型称之为零，这就是零文化的管理。

我们的零文化，是由两种力量构成的，一个是企业管理，由内内向的推进，一个是企业文化由外内向的整合，要达到最佳的和谐就应该相加等于零，这就是零文化的感觉。力量是怎么样形成的？文化和管理是无形的，有了力量才能把无形变成有形，一方面，我们经营管理过程中由里到外产生企业动力，组织活力，员工能力，这三种是经营管理；另一方面由内向外进行整合就是文化整合力，这个概念是我设想的，我认为两种力量作用的结果就产生新的力量，就是互联网经常看到的文化的力量。这个文化的力量是他们互相作用的结果，为企业可持续发展创造了零动力，是两种力量相加之和的动力。

文化通过文化力，就像一滴水，一粒石，击破文化的海洋。朝阳支行就是围绕零缺陷经营、零局限盈利，零边界管理的三零管理模式，通过人力资源为支撑，以零经营为内容的管理活动。比如说干群关系零距离就是零局限管理，我们事项报告就是研究我们的管理效率，围绕这些零开展系列的活动，它从一开始就引导大家要正确的工作，号召我们的员工围绕这个零开展了系列的活动，比如说全面质量管理、全职生涯的建设等等，逐渐形成机制，最后达到满足客户的需求，规范员工的行为，对员工策划好职业生涯。这些活动就是我们的经营活动，这个经营活动不自觉产生朝阳内部的管理文化，通过文化的整合，加强能力和制度。通过问题管理法找到解决管理中出现问题的办法，不断地更新理念，继续把我们的企业文化更新，不断地完善我们的制度，不断地创新我们的产品。在一定程度上文化管理产生的结果就是要不断地更新理念，完善制度，创新产品，应该说跨文化管理是目前世界上最时髦的文化管理理念。

随着经营活动的不断地展开，文化的逐渐形成，我们各种理念突飞猛进，国外模型也很多，面对铺天盖地的管理模型，很多学者都会不由自主的陷入恐慌，比如说波士顿战略、CTS战略，六西格玛管理，73管理等等一些使你眼花缭乱，管理模型有一百多个常用的，都很好，但是在实际应用中一定要结合实际。

我们发现三个要素的关系和企业文化管理，有着非常密切的关系，如果单独把企业文化和企业管理割裂来看，就会发现"运动式"的文化，活动式的管理，企业管理逐渐由内向外开展不同的活动，如果不把它有机的结合起来就会造成企业文化整合越来越细，形成两种现象，一是运动式文化将把企业刺破，二是活动式管理把企业胀破。运用式文化如果没有企业管理的配合，一定会出现失常机制。

为了解决这些问题，朝阳支行应用的模式，就要形成一个循环模式。零文化管理模式就是要站在跨文化的高度，着眼于企业的和谐，永续的发展，把企业管理活动形成的经验管理力与企业文化形成的文化整合力这两种力量互相作用，有机的融合在一起，通过不断地融合来更新理念，创新产品，完善制度。用两句话来解决循环的问题，在具体操作中，就是不足者补之，有余者损之。在企业管理中发现问题的时候，守住这个零文化就可以正常的运行。

零文化是东方文化的借鉴也是西方管理工具的认识。企业管理文化就是我们通过零文化逐渐把这个能量达到均衡，这两者的结合就是今天谈到的零文化管理。

在中国传统的文化中有一张太极图，可以联想，如果把这个黑比作文化，白比作管理，黑里面的白点一定是管理，白里面的黑点一定是文化，在这么多管理文化的模型中，其实就是告诉我们文化中有管理，管理中有文化，管理文化与文化管理要互动起来，我们探讨的零文化管理就是中间流动的曲线，中国古老文化早已经给我们一个结论，万世万物都是从小到大，从无到有，从零到一，任何事情都要回归到零，从未知到有知，就是一个"零——零"这样的循环过程。零是万物，万物归零，是零文化的初衷。

对零文化讨论最早的是毛主席：实践认识、再实践再认识，这种循环往复一直无穷，就是时间和认识之间每一循环。企业文化是指导企业经营管理的科学理念，与经营管理工作相辅相成，互相促进。

人类因为梦想而伟大，企业因为文化而常青，企业文化建设必须要与企业发展战略目标实施相结合，必须要与企业经营管理实践相融合，才能收到良好的效果，企业发展靠管理，企业升级必须靠文化，所以文化是企业可持久的竞争力，我们必须将文化进行到底。

（作者系中国建设银行股份有限公司朝阳分行党委书记、行长）

我们有个共同的名字叫百联

黄　岩

百联集团概况

百联集团挂牌成立于2003年4月24日，是由原上海一百集团、华联集团、友谊集团、物资集团四大集团合并重组的大型国有商贸流通产业集团。百联集团实质就是上海市属商业和物资两大系统的整合归并。

百联集团基本涵盖了生产资料、生活资料的全部经营业态，资产规模达580亿元，经营总面积600万平方米，经过梳理整合现有498户成员企业，其中，直接控股并管理5户上市公司（百联股份、友谊股份、物贸股份、第一医药、联华超市）；拥有以上海为中心，辐射长三角，连接全国25个省、自治区、直辖市共7200家经营网点；从业员工近20万。集团旗下荟萃了一大批饮誉上海、蜚声全国的商业企业品牌。

2009年，百联集团经营总规模实现1750亿元，主营业务收入实现970亿元，实现利润17.5亿元，上缴税金20亿元。在"中国企业500强"中，2009年百联集团名列第26位；在上海"企业100强"中，百联名列第3位；蝉联中国商贸业流通业第一位，被业界称为中国商业"上海编制"的"国家队"，被誉为中国商业"超级航母"。

百联文化建设的特殊性

首先，百联的组建是政府推动的结果。百联集团的重组，是中共上海市委、市政府深入贯彻落实党的十六大精神，上海新一轮国资调整、国企改革的重要举措；是市委、市政府从容应对我国加入WTO后，全面开放零售业市场和服务贸易领域带来的严峻挑战，做强做大商贸流通产业，增强国有经济的影响力、控制力和活力的理性选择；是上海实施国际"经济、金融、贸易、航运"四个中心国家战略的重要组成部分。也就是说，百联的横空出世，不是某个企业的收购兼并行为做大的，是上海市政府强势推动、市属商业和物资系统的重新洗牌。严酷的现实告诉我们：商业虽然不是高科技产业，属劳动密集型的传统竞争产业，但它上端连着制造业、下端连着消费者，同样是关乎国家经济安全的重要基础产业。试想，我们的商业统统被美国沃尔玛、德国麦德龙、法国家乐福、英国欧尚、日本伊藤洋化堂所控制，那可就惨了！我自豪地告诉各位，在中国经济、金融、贸易、航运中心的上海，由于百联集团的存在和发展，外资商业不能、也不可能"出入无人之境"，处于垄断地位。

其次，百联的组建最难的是人的"摆平"。上海有句话叫——低调就是腔调，摆平就是水平。百联重组后，原有四大集团经过多年打拼业已形成的“亚文化”之间，不同的业种业态之间，不同的利益群体之间，各种思想和心态之间，不可避免地出现摩擦和碰撞。1995年上海市商业一局转制一分为三，一个局“裂变”为一百、华联、友谊三个正厅级的集团，大家基本上都弄个“师长旅长”的，皆大欢喜。而百联重组是四个正厅级的集团“聚变”为一个集团公司，“庙小方丈多”，仅上海市委管的厅局级干部就多达33位，而市委组织部、市国资党委给百联集团确定的领导班子指数仅9个，这就意味着有24位厅局级干部失去了原来的集团工作层面，（代之八个事业部的“八路军”和四个中心的“新四军”，12位事业部中心首长，所有待遇和集团副总裁一样）；绝大多数中层（处级）以上干部也没了原来的位置，有众多个“想不通”；原来响当当的集团子公司，突然上面多了一层事业部，一夜之间变成“孙子”甚至“曾孙子”了？！直到今天，原物资集团的一些干部仍莫明其妙……这就必须通过文化的融合和重塑，理顺情绪，释疑解惑，包容凝聚，解决精神状态问题。

从一定意义上讲，百联集团重组的过程，既是原四大集团文化模式被打破的浴火过程，也是不同文化相互交融、相互渗透、包容并进的涅槃过程，又是充满理性化、人性化、柔性化的文化模式形成和发展的过程，更是全新的百联文化平台构建和再造的艰辛历程。

百联重组后的文化融合实践

第一，我们的部分核心理念是倒着作出来的。企业文化是企业在长期的生产经营管理实践活动中，经过积淀、筛选、提炼、升华，被广大员工认同的思想观念、行为规范的总集成。而百联集团的诞生本身就是上海市委、市政府超常规强势推动的产物，特点是先有“孙子”、后有“儿子”、再有“老子”。按常规做文化是不可行的。于是，市委市政府对百联的要求和定位——建设“中国第一、世界一流”的大型商贸流通产业集团就定格为百联的企业愿景；集团成立不久，我们请美国著名咨询公司麦肯锡做战略咨询，他们帮我们确定了“服务创造价值”的企业核心价值观；集团主要领导提出了“业绩为导向、创新为核心、包容为特征”的企业文化框架。接下来，是集团有关部门加以诠释，而后是各种形式、高密度的宣传、灌输，如今，百联的愿景目标、核心价值观等核心理念早已深入人心，成为百联的文化要素。

第二，培育认同感和归属感是百联文化建设的着眼点。前边我谈到百联文化建设的特殊性，如果一言以蔽之，就是各级干部心态的失衡，一些干部感到“胸闷”。为此，集团党委打出了一句较有亲和力的口号——我们有个共同名字叫百联！在这句口号的引领下，我们策划组织了一系列活动做载体和支撑。我们遴选了集团旗下具有历史、人文积淀、不同业态、上海商贸业标志性的大店、名店为参观对象，先后组织了百名老干部看百联、百名劳模先进看百联、百名党员看百联、百名统战人士看百联、百名女干部看百联、百名团员青年看百联、百名复转军人看百联、百名外地员工看百联、百名新进大学生看百联等活动，一切费用均有集团公司党委和工会提供，此举受到所有参与者的交口称赞，培育了干部员工的认同感和归属感，人们开始对百联有了感觉。

第三，增强使命感和责任感是百联文化建设的着力点。2006年和2008年，百联集团自上而下开展了两次大讨论。

2006年4月～7月，开展了“强化百联意识、塑造百联精神、成就百联事业”主题大讨论。这次大讨论的主旨是增强各级干部的光荣感、使命感和责任感，提升集团的控制力。这次大讨论的实践成果有两个：为了急速扩大百联的知名度和影响力，集团党委和总裁室决定，百联集团在上海和全国的所有7000家各业态门店的店招全部加冠“百联集团司标”，不管是集团全资的，还是控股管理的上市公司。我的解释是，原来的店招是有名无姓，这回有了“复姓”——百联。为了最大限度地实现资源共享，发挥百联业态多元的组合优势，释放叠加效应，大讨论期间，集团决定把原来联华超市发售、仅在联华超市使用的联华OK卡升级为百联OK卡，百联集团所有上海门店全部成为百联OK卡的联盟商户，又和有关部门协同，加载了水、电、气、电话、手机等缴费功能，上海人、包括长三角的人都知道，百联OK卡不得了呀！仅次于银联卡，位居第二。沉淀下来的现金流绝对是个天文数字。

这次大讨论有两个文化成果：一是诞生了符合企业实际和特点、极具个性化的百联精神——遇强更强、诚信致远；诞生了司歌《百联之歌》。

2008年5月～8月，开展了“增强忧患意识、增强创新意识、增强百联意识”主题大讨论。这次大讨论是在百联内部整合的关键时期、发展的关键阶段的一次思想文化“革命”。经过调研，集团最高层敏锐、警醒地意识到百联两个最大困扰是“大而不强”与“整而不合”；我们的软肋是内涵提升和外延发展“驱动力”不足，还远未形成核心竞争能力和可持续发展能力。所以，集团自上而下、自下而上开展了为期4个月的“三增强”主题大讨论，主基调是不以批评的眼光评判过去，而是用发展的视野审视现在，更是用创新的思维引领未来。讨论既要“作诊断”，更要“开处方”，不仅找差距、谈思路，更要拿对策、出方案，就事论理，举一反三，提高对集团的贡献度。这次大讨论的文化成果是：诞生了“扛起振兴民族商业大旗”的百联企业使命；营造了“辛苦，心不苦”的百联人文环境。

第四，打造了百联文化建设的三大品牌。经过7年的不断积累和完善，我们成功打造了“事业在百联”、“激情在百联”、“活力在百联”三大文化建设品牌。事业在百联活动的主体是党组织和党员，激情在百联活动的主体是工会和班组，活力在百联活动的主体是团员和青年，每年活动的主题不变，但内容和形式年年求变求新，通过这三大平台，我们树立、宣传了一大批各类先进群体和典型个人，用身边事教育身边人，发挥了典型引路作用，三大品牌已成为百联干部员工的精神家园，也已成为百联文化不可或缺的闪光点。

（作者系上海百联集团宣传文化部部长）

2011年——第五届全国企业文化百人学术论坛

大会综述：

透析当前我国企业文化建设中的热点难点问题

2011年9月8-11日，在人杰地灵、文化底蕴深厚、举世闻名的世界四大文明古都之一——西安，在陕西省企业文化研究会、陕煤化集团澄合矿业公司支持下，由中国企业文化研究会主办的“第五届中国企业文化百人学术论坛”胜利召开。会上，132项学术科研成果受到表彰。

出席本次会议的有中国企业文化研究会理事长胡平，中国企业文化研究会常务副理事长、秘书长孟凡驰，中国企业文化研究会常务副理事长韩旭，中国金融工会副主席王玉祥等有关领导及金融、煤炭、钢铁、机械等行业代表150多人。

改革开放以来，中国企业文化理论经过多年的研究、探索和实践并结合我国的实际，企业文化建设取得了很大进展，同时企业文化建设领域也涌现了许多优秀成果。如今在企业的发展与企业文化建设的过程中也遇到了诸多困惑，急需破解的热点、难点问题很多。基于此，为推进我国特色企业文化实践应用理论的研究和实践，本届论坛围绕“透析当前我国企业文化建设中的热点、难点问题”展开讨论，通过官、产、学、研互动对话方式，采取大会发言、分论坛交流等形式，通过与会领导、专家对典型企业文化的深度解析、启发思路，并借助来自企业实践操作典型案例引路，与参会代表就企业商业模式创新与文化管理、企业文化创新与经济发展方式转变、文化管理方式与途径、企业调整重组中的文化融合、集团管控与文化管理、企业文化考评体系建立与实施等论题进行了充分互动、交流、学习、探讨。

目前，与时俱进地转变商业模式，关系到企业竞争能力的提升和持续发展的问题。在国际化不断深入、市场化日益完善的背景下，我国的商业模式如何与国际化相适应？对此，中国企业文化研究会理事长胡平做了精彩的主题报告，从宏观的角度，探讨商业模式的转变对国家、民族的影响，在与会代表中引起极大反响。海尔集团、大同煤矿集团公司、东风汽车公司、河北冀中能源集团、中建三局、中信重工机械股份有限公司、交通银行、首都机场集团、江苏黑松林粘合剂厂、江南农村商业银行等企业代表，从企业的角度，围绕本次论坛的主题作了典型发言。

同时，在两个分论坛上，围绕本次论坛的主题，来自航空、汽车、金融、电力、煤炭、制造等行业的代表们结合自身企业的实践、企业文化建设的详情，更是充分发挥各自的智慧，充分发表意见。

最后，中国企业文化研究会常务副理事长、秘书长孟凡驰对本次论坛作总结发言。他认为，企业文化本身就是一种管理文化，是和实践密不可分的。如果文化融合在经营、管理、服务、战略思维和制度中，它就是一种管理文化。对于当前转型期的企业如何实现文化管理，他认为应该解决好“企业文化的血统”“强调对文化自觉的认识”“沉稳的文化定位”三个问题；同时，从企业文化建设不能离开企业、企业的性质、行业特点等内容出发，提出要做到文化管理，建议必须把握好十个角度。

在本次论坛上，与会代表们一致认为，在共同的交流互动中，收获很大。大家一致期望，在本次论坛大家共同探讨的焦点问题，今后能够更好地运用在本企业文化管理的实践工作中。同时，大家一致表示在未来的工作实践中将为创建中国特色企业文化理论与实践体系而继续努力，为中国企业的美好明天而继续奋斗！

（撰稿：中国企业文化研究会学术部）

大会发言：

集团管理文化与文化考评体系的建立与实施

陈　郧

东风汽车公司（以下简称东风）是中国汽车行业五大汽车企业之一，总部设在武汉，目前总资产是1276亿元人民币，员工将近14万人，销售规模位于行业第二。2010年东风汽车公司销量是260万辆，其中乘用车是197万辆，商用车是62.8万辆，在世界500强中排145位，中国企业500强中排第13位。

东风汽车始建于1969年，在40多年的发展历程中，经历了艰苦创业、快速增长、改革调整、开放发展四个阶段。目前已形成立足湖北、面向全国的布局。十一五期间，东风汽车公司深入贯彻落实科学发展观，强抓机遇，积极进取，全面推进实现三个跨越、构建一方和谐的事业进程，继续保持又好又快的发展势头；同时，自主创新能力不断提升，自主品牌事业快速发展，海外事业快速成长。2011年，东风汽车销售目标是290万辆，销售收入计划达到3800亿元人民币，截止到今年1-7月份已销售172.2万辆，市场占有率增长1.9%。

东风企业文化体系的整体概况

东风汽车企业文化体系文化内涵丰富、深刻，包括表层的物质文化、浅层的行为文化、中层的制度文化和深层的精神文化；其中以企业使命、愿景、价值观、经营理念和企业精神为主要内容的精神文化是企业文化的核心。

东风汽车文化理念是一个完整的金字塔体系：塔尖是文化理念的核心，也是最为稳定的部分，不会随时间的变化而有大的变化；塔身是东风汽车文化的中间部分，会随着时代、环境的变化而不断地调整；塔基系文化理念群，是前两部分在各个领域中的具体应用。这三个部分相互支撑、相互渗透，既从哲学意义上阐述了东风汽车文化的真谛，又为公司管理的方方面面做出了指南。

企业存在的价值体现在以下两个方面：第一，企业是自主存在的；第二，社会责任是企业存在的重要价值。因此，东风汽车的企业价值观就是“讲究诚信，崇尚业绩，奉献社会”。从企业的自身价值而言，东风汽车就是制造优质汽车，提供优质服务。近20年来国际汽车业从制造环节向分销环节的价值取向已成为发展趋势；因此服务是东风汽车进一步竞争的关键环节。在国际化进程中，东风汽车在开放中注重自主研发能力并实现有序发展的转型过程中，所担负的社会责任是“优化生活品质，实现人与自然的和谐”。

早在1984年，东风汽车就提出要逐步建立经营开发型企业、不断改变现状；党的十四大后，根据形势变化又调整为不断超越自我；随着改革开放的进一步深入，结合现状，又调整为“学习、创新、超越”——这是动态的、递进的，表明公司要在学习中积累，在创新中发展，在超越中实现企业价值。

1969年，老一辈的东风人到了湖北荒芜的大地开始创业，凭着为打汽车翻身仗、为国家为人民争光的理想和豪情壮志，克服了难以想象的困难，逐步形成了“艰苦创业拼搏的精神”。

1978年到1986年，随着企业的不断发展壮大，又逐步培养并形成“坚持改革的创新精神，勇攀高峰的竞争精神，顾全大局的主人翁精神”。

1990年，随着社会主义市场经济的逐步发育，企业也逐步培育出造就“第一流人才，生产第一流汽车，提供第一流的服务，创造第一流的效应”，具有浓烈的市场气息、现代气息的企业精神。

如今，东风汽车公司顺应时代的要求，在传承东风企业精神的同时，继续发展并弘扬，将企业精神进一步提炼为“实现价值，挑战未来”。“实现价值”包括实现产品价值、企业价值、人文价值——这意味着公司通过不断为用户研发、制造所需要的产品，从而实现其产品价值；在为用户提供优质产品和完善的售后服务的过程中实现企业的自身价值；员工在为企业创造财富、为社会创造财富、为企业做贡献的同时，实现个人价值。“挑战未来”意味着公司员工不惧竞争，并通过自身发展和创造性的工作，实现美好生活、挑战未来；从企业和员工共建美好生活的愿望出发，以业绩为导向、顽强拼搏、勇于挑战自我，努力实现产品价值、企业价值、员工价值，最后实现企业与员工的和谐发展。

东风企业文化体系的主要内涵

东风管理文化就是以东风核心价值体系为根本，积极创造管理理念、管理模式、管理制度、管理风格；可以说，多年来东风管理文化实践就是在多元国际合并下，进一步传播和践行东风核心价值观，推进中外企业文化的融合，与先进的管理理念和管理方式，提升企业管理水平的具体体现。

2006年，公司发布了“东风汽车公司企业文化建设纲要”（以下简称“文化纲要”），明确指出要大力培育管理文化，就是目标文化、团队文化、经营文化、执行力文化和品牌文化。这就构成了东风管理文化的主要内涵，当然管理内涵的还比较多。东风当时提出的这五种管理是根据东风公司合资以后，当时的现状迫切的需要提出来这样一个重点建设。东风汽车公司作为大型企业集团，在培育和倡导管理文化过程中，逐步形成了丰富的载体，有了广泛的群众基础和管理的基础。并由此审计和修订了许多管理，出台了许多与之配套的管理的流程、程序、制度，逐步明细了东风管理文化载体。

关于培养东风的多元文化，在文化纲要中指出，要倡导广大员工讲求诚信、崇尚业绩、奉献社会的价值观。围绕公司“十一五”规划，制定切实可行的实验计划和年度计划，建立考评体系，这是绩效考评体系的关键。要求各单位要自觉承接公司目标，广大员工要主动承接单位目标，使个人目标和单位目标、公司目标有效结合起来，最终实现个人价值、企业价值统一。公司和业务单元把绩效管理模式引入到各层面的管理中，从对员工的个人业绩到单位的整体业绩、从对生产经营业绩到对思想工作业绩，都建立了完整的目标、确定和考核评价体系，形成了决策、执行、评估、改善这样一个循环，建立了时时有标准、人人有目标、时时有考核、处处有激励的东风文化。

关于东风的团队文化，建立团队共同的愿景，营造共同的信念，行为习惯的工作方式，形成一种团结友好、协作的良好氛围，要加强团队学习，增强团队沟通，提升整个团队学习能力和创造能力。要充分利用跨省的团队、项目小组、推进委员会，引导团队成员相互学习、相互协调、形成团队的合力；因此，在事业单元、项目小组、推进委员会等机构，领导团队成员相互沟通、相互学习、相互协作，形成团队文化特色。如神龙汽车公司开展的文化建设，以项目控制为主、以项目管理为核心，充分发挥项目平台负责人的协调沟通作用。围绕公司产品战略目标，积极在相关领域推进项目平台的管理体制，取得了很好的成绩。

关于东风的执行力文化，执行力是决定一个企业成败的重要因素，要充分发挥员工积极性和创造力，培养员工主动执行和创造性执行，使员工围绕公司的生产经营目标，养成关注环节、注重细节，一次性把事情做好的良好习惯；因此，所属的事业单位和执行文化进一步细化为各自的文化理念，在培育最新的文化过程中，各事业单元应注重把握以下几个环节：一个是解决执行态度的问题；二是解决执行方向的问题；三是解决执行的效果问题；四是解决执行的效率问题。

关于东风的经营文化，东风文化纲要中指出，经营思想是现代企业适应高动态市政需求，应运而生的企业经营管理思想。要树立科学发展观，节约资源、降低成本，把贯彻经营思想提高到发展战略的高度，在投资、研发、采购、生产、销售、服务等各领域，全面贯彻经营思想、推行经营管理，提高企业综合竞争力。公司学习和借鉴合作伙伴的管理方式，进一步培育工程经营文化，实施文化管理与制度管理并趋，进一步提升管理效益。如东风汽车与本田合资以来，东风本田汽车公司采取紧促性产销体制，加强资源配比，应对产销体系，使企业与行业最高经营力度、收益率都领先国内合资企业。

关于品牌文化建设，东风文化纲要指出，要不断丰富中国品牌文化的内涵，提升中国品牌与客户的情感价值，在与跨国汽车集团合作中，要把国际知名品牌与东风品牌等优势结合起来，共同发展，形成双赢理念。要通过合作，借助国际知名品牌，进一步提升自主品牌形象，在引进、消化、吸收的基础上创新。进一步完善具有自主知识产权的东风品牌系列产品，提高东风品牌核心价值。要加大投入力度，使公司在产品设计、造型、款式、商标、广告宣传等方面增加文化含量和文化附加值。要研究、重视提升东风品牌的文化含量，使产品不仅要满足人们的物质性、经济性、实用性的需求，还应满足人们在心理、情绪和审美方面的需求。以东风文化理念为核心，通过东风各大品牌有机联合，彼此之间相互影响相互支持，进一步构建东风品牌文化体系。

东风企业文化的评估体系

进入新世纪以来，顺应经济全球化的潮流，东风汽车公司确定了“融入发展、合作竞争、做强做大、优先做强”的发展方略，核心是扩大国际合作，实施战略重组，促进结构的调整。布局优化是企业增强竞争力、实现跨越式发展的根本条件，为此东风公司展开多领域、全方位的投资。与日产进行全面的合资重组后，又与本田拓展合作领域，整合重组了“悦达起亚”，使东风的体制和机制再一次发生了深刻的变化。按照国际惯例，东风公司构建起较为规范的母子公司体制，加强了多元国际合作项目；因此，集团企业文化建设的评估就显得越来越重要了。就这样，在多元国际合作的背景下，为了进一步强化企业文化建设，东风汽车建立起自己的企业文化评估体系。

东风汽车始终坚持既要贯彻落实集团企业文化整体规划，又要符合基层企业的需要。既要突出重点、方便操作，又要循序渐进；同时要做到工作过程评估与效果评估相结合，定性评估与定量评估相结合，共性评估与个性评估相结合，自我评估与集团评估相结合……

在集团的企业文化评估体系中，始终注重两个要求：一是文化评估体系，必须有效传播和践行核心价值体系为基本的内容。随着合作进程的加深，合作方在企业运行、资金收入、品牌技术等方面，相互吸收对方的企业文化。东风公司如果没有一套能够对合资公司、企业文化建设具有导向功能、并符合国际间合作的企业文化评估体系，东风的核心价值观就极易被淡化或边缘化。

进行文化评估方法主要有以下几个方面：一是查阅资料，对有关的项目进行评估。这是集团对支撑子公司的评估。二是座谈和访谈，确定不同层次的类别和一定数量的类别，围绕企业文化评估有关的项目进行，并据此进行评估。三是实地考察，通过现场考察和实地考察，了解企业文化评估的有关项目建设情况并进行评估。四是问卷调查，根据企业文化建设评估的有关项目，精心设计问卷到职工中进行调查。

在评估过程中，采取子公司自我评价与集团评价相结合的方式。通过这种方式，一是对子公司企业文化建设进行指导督促；二是把评估结果进行分类和控股管理，作为集团公司企业文化建设乃至整个企业各类先进评卷工作的参考；三是作为企业集团层面，以评估结果对各基层单位进行整合，同时企业文化评估的结果，直接应用于党委工作考核，四套班子检查及党委书记年度的综合考核制度，加强评估结果应用的系统。

二是制度与文化管理方面的评估。重点从以下几个方面考察：干部和员工改革创新的观念问题；企业规章制度是否符合文化理念；管理是否规范有效；是否建立了经营文化、团队文化、目标文化、执行力文化和评估体系。

（*作者系东风汽车公司党委工作部部长*）

天地之道 大国之门

黄 伟

企业文化是企业的灵魂和精神支柱，是企业科学发展的内在动力，对于凝聚集团力量、树立集团形象、推动集团发展，发挥了重要作用。首都机场集团于2009年8月启动了企业文化创新工作，于2010年3月发布了新的企业文化体系，开启了企业文化建设的新篇。

通过企业文化创新，首都机场集团形成了“天地之道，大国之门”为主旨的企业文化新体系，得到广泛认可，更示范性地建立了一个低成本、高效能的“内外结合，以我为主”项目运作模式。该模式既有效地利用了外部智力资源，又充分地发挥了内部人在组织规划、信息获取、协调沟通等方面的优势，取长补短，统筹协作，实现了工作效能最大化和咨询成本最小化。

企业文化创新的背景

发展中的首都机场集团需要创新的企业文化提供思想动力和行为规范。2009年年中工作会上，首都机场集团公司党组决定启动企业文化创新工作。探究此次文化创新的动力，主要源于三个方面因素：

一是集团进入了全新的发展阶段。2009年起，集团全面启动了战略转型工作，进入了全新的发展阶段。文化创新是战略转型的先导和助力，在战略转型过程中，企业文化需要与战略实现协同，从而引领集团实现科学、健康、可持续发展。二是集团企业文化自身得到了丰富和发展。2006年以来，集团先后经历了T3扩建、T3转场、奥运保障、抗击雪灾震灾、国庆60周年保障等一系列重大历史性事件，涌现出扩建精神、T3精神和T3管理理念等文化新元素。在这种背景下，有必要进一步系统地梳理集团的文化理念体系，在继承中发扬优秀的企业文化基因，将新的文化元素纳入企业文化体系当中，建立更加特色鲜明、符合实际的集团文化。三是历史契机赋予了神圣的使命。2008年6月25日，胡锦涛总书记视察首都机场时指出：首都机场是“中国第一国门”，首都机场的形象代表了国家的形象。时隔一年，民航局李家祥局长在首都机场大讲堂明确提出：“机场是国门，展示的是国家的形象”。在这样的背景下，集团被赋予了全新的、神圣的历史使命，有必要进一步创新企业文化，展现出勇于承担历史使命与社会责任的雄心壮志。

企业文化创新的过程

首都机场集团企业文化创新工作自2009年8月启动，至2010年3月发布，前后历时七个月。为确保工作质量、加强组织领导，集团成立了企业文化建设领导小组，主要领导分别担任组长、副组长，其他领导和相关职能部门主要负责人为小组成员。领导小组下设办公室，负责企业文化建设与创新的日常工作。

第一，统筹规划——井然有序，扎实推进。领导小组及办公室成立的同时，组建了企业文化创新课题组，分别从各成员单位抽调4名专职工作人员，负责企业文化创新工作。随后，课题组开展了大量的前期准备工作，制订了详尽的工作推进方案，并会晤多家外部咨询机构洽谈企业文化创新项目合作事宜。最终，确定中国企业文化研究会作为此项工作咨询合作方，与集团内文化创新课题组合并组成联合课题组，共同开展文化创新工作。2009年8月13日，首都机场集团企业文化创新项目正式启动。

第二，调研诊断——“望闻问切”，科学评估。课题组首先从调研诊断着手，通过“望、闻、问、切”四种手段对首都机场集团现有企业文化建设情况进行诊断评估。首先是查阅资料，分别向30余个成员单位和10个职能部门征集各类工作总结、领导重要讲话、员工手册、企业内刊等29类关键性文件材料，最终收集、整理文本资料400余万字；其次是倾听意见建议，组建了4个调研小组，每组由外部专家和企业员工配搭组成，分别前往各成员单位召开员工座谈会，收集广大员工对企业文化建设的意见、建议；第三是进行深入访谈，先后与88名中高层管理人员及企业文化工作负责人开展个别访谈，有针对性地挖掘、评估企业文化建设的相关情况；四是通过调查问卷“把脉”，先后组织2264名员工参加问卷调查，通过数据分析把握企业文化脉络。

截至2009年9月底，课题组初步完成了调研诊断阶段的各项工作，获取了基础资料。为更好地把握和消化调研中所获取的信息，厘清首都机场集团的发展脉络和文化沿革，联合课题组进行了深入的学习交流和大量的分析研究，为准确把握首都机场集团的文化内涵和发展方向奠定了坚实的基础。

第三，设计创新——上下联动，继往开来。设计创新过程中，课题组摒弃闭门造车的工作思路，除设计创新外，还在启发群智和沟通协调上下功夫。一方面，积极发动群众力量，广泛开展主题征文活动，征集各类设计方案、稿件267篇；另一方面，积极与集团领导和中高层管理人员交流沟通，汲取关键信息与领导智慧，多次在党组会上专题汇报研讨相关情况。

在研究诊断材料的基础上，课题组充分尊重相关领导的意见，吸收广大员工的建议，数易其稿，反复斟酌，并听取了有关专家的建议，最终在2009年12月底形成了企业文化创新的设计初稿。

第四，修改完善——千锤百炼，精益求精。理念体系初稿形成后，集团党组决定将原则通过的《企业文化核心理念（征求意见稿）》在全集团征求意见，部分条目内容让员工进行比选，具体采用了两种形式：一是委托成员单位征求员工意见，即通过成员单位征求班子成员及主要职能部门负责人的意见，同时召开20～30人规模的小型座谈会，听取员工代表的意见并现场进行问卷测评；二是在集团内网上设计了企业文化理念体系满意度调查网页，开展网上无记名测评工作。

征求意见活动得到了各成员单位和广大员工的大力支持，各单位均正式上报了归纳整理的意见，广大员工也积极参与。参与测评人数多达6895人次。

测评结果显示，广大员工对企业文化理念体系整体设计认为“很好”和“好”的占94.04%，认为“不错”和“还行”的占5.32%，认为“不好”的占0.64%。在具体条目中，对“文化主旨”、“核心价值观”的好评率都在90%以上。

第五，确定发布——千呼万唤，众望所归。测评结果得出后，集团党组召开专题扩大会议，结合员工意见、建议，分析、研究企业文化理念体系内容，形成修订意见。随后，就修订后的理念体系征询民航局相关领导和职能部门的意见、建议，同时借助外部咨询机构，征询有关专家的意见。经过近一个月的反复斟酌、数易其稿，企业文化创新成果于2010年1月最终确定，在首都机场集团公司2010年度党建工作会上正式推出。

企业文化体系创新的成果与效果

第一，形成了内涵丰富、结构科学的创新成果。经过此次企业文化创新工作，首都机场集团形成了一套以“天地之道，大国之门”为统领，以愿景——“具有国际竞争力的机场集团”、使命——“倡行中国服务，展示国门形象”、核心价值观——“诚效知行，和谐共赢”、企业精神——“勇担重任，敢于创新，协同奋进”为基石的企业文化核心理念体系。该理念体系又与行为文化、视听文化共同搭建起了一套内涵丰富、结构科学、“一主多元”的企业文化体系架构，具体包含两层含义：

其一、以文化主旨“天地之道 大国之门”为统领，建立了结构完备、系统严谨的理念文化，提炼出新的愿景、使命、核心价值观和企业精神；形成了鲜明的行为文化，制订出简明扼要、导向清晰的员工共同行为准则和管理人员行为准则；丰富了视听文化内涵，重新诠释了企业标识，谱写了企业之歌。文化主旨作为理念文化、行为文化、视听文化的灵魂一以贯之。

其二、以集团文化为统领，统一文化主旨和标识，在强调整体协同、形象统一的基础上，允许成员单位结合行业特点、地域文化和历史传承，在集团文化的指引下设计彰显个性的子文化体系，兼顾了母文化的整体性和子文化的多样性，形成百花齐放、“形”散“神”聚的企业文化建设格局。

第二，获得了集团上下、企业内外的一致好评。新的企业文化体系发布后，获得了集团上下和行业内外的一致好评，民航局李家祥局长亲笔题词：“天地之道，大国之门”；中纪委常委、监察部副部长屈万祥在到集团调研时，对集团文化大加赞扬，称该文化将“大有作为”；著名理论家，中宣部理论局原副局长贾春峰认为：“首都机场集团企业文化定位准确，内涵深厚，特色鲜明”；著名企业文化专家，中国企业文化研究会常务副理事长、秘书长孟凡驰认为：“首都机场集团企业文化实现了创新性提升，提升做法原创性很强，在全国企业文化建设中都具有示范性效用”。

企业文化创新工作方法的突破

集团企业文化创新工作受到了民航局领导、业内外专家的高度评价，得到了集团上下五万名员工的广泛认同，这与本次企业文化创新过程中采取的工作方法是密不可分的。回顾此次企业文化创新的工作方法，主要在三个方面实现了突破：

一是在思路方向上，继往开来，确立基本原则。俗话说：“方向比努力更重要”。此次企业文化创新工作成功的关键在于启动之初确立了六项基本原则：

一是继承性原则——注意把集团业已形成的优秀企业文化基因、广大员工认同度较高的企业文化理念充分吸收继承；二是创新性原则——适应集团科学发展的需要，结合近年来涌现出的新的企业文化元素，进行大胆地丰富创新；三是战略性原则——以集团战略为依据，充分体现战略导向；四是系统性原则——文化理念之间要具备内在逻辑关系，要形成完整的、系统的集团企业文化体系；五是差异性原则——设计既要符合企业经营管理实际又要充分彰显集团特色；六是可行性原则——既要努力探索可行的母子文化管控模式，又要简单明了，易懂易记，得到广大员工的认同和支持。

此六项基本原则的确立，有效地解决了文化创新过程中的三对关系，即母文化与子文化之间的关系、企业形象的个性与员工认同的共性之间的关系、历史继承性与时代创新性之间的关系。

二是在工作方式上，内外结合，强调自主创新。企业文化的设计与创新工作是一项阶段性工程，一般短则数月，长则几年。由于企业内部的专业人才与技术资源所限，文化创新过程中，一般主要依靠外部咨询机构来完成。然而，首都机场集团新的战略业已出台，文化创新势在必行。要想在短时间内设计出一套符合企业实际和发展规律的企业文化，单纯依靠传统的工作模式是难以实现的。因为，短时间内项目调研诊断的深度、广度和准确度上存在局限性，专家团队的学术思维难以与企业实际紧密结合，设计结果难免会与企业实际“貌合神离”。

为了解决这个问题，此次文化创新主要采取了“内外结合、以我为主”的工作方式：从部分成员企业抽调数名骨干，并聘请中国企业文化研究会的部分专家共同组成联合课题组，既不完全依靠外部咨询机构，也不单凭一己之力闭门造车。工作中，具体事务的组织、理念的提炼主要以集团抽调人员为主，外部专家负责提供流程设计、专业方法和数据分析等咨询服务。实践证明，这种工作模式实现了内外部资源、经验、技术的有机结合，利于在文化创新过程中充分体现企业实际，反映广大员工的诉求。

三是在设计方法上，上下互动，发动全员参与。企业文化不仅是企业组织的文化，更应该是企业全体员工认同并自觉践行的文化。此次首都机场集团企业文化创新过程中，并没有采取自上而下的简单“设计—宣贯”模式，而是采用“首脑引领、启发民智”的方法，既充分遵从了领导核心（集团党组）的主导要求，又充分尊重了广大员工的主体地位。

一方面，课题组充分贯彻了集团党组的战略构想和文化创新意图，先后进行集体专题汇报、研究讨论三次，部分人员讨论十余次，单独征询个别领导意见、建议数十次。期间，集团领导多次参加讨论，亲自参与项目研究，提出了大量建设性意见。集团公司及各成员单位中高层管理人员也主动打电话、提建议，有的还亲自上手写稿件，参与文化创新讨论。广大管理人员的踊跃参与，确保了企业文化创新思路的深度、高度和准确度。

另一方面，课题组通过全员参与和民主测评实现群策群力，有效降低了文化创新过程中的思想摩擦，提升了新企业文化的认同度。为调动全员参与企业文化创新工作的积极性，充分汲取广大员工的智慧，课题组在《首都机场报》开设了“企业文化大家谈”、“我来设计企业文化”等专栏，并在集团政务网设置企业文化建设专题，开设《大家谈》、《理论视点》、《他山之石》等6个专栏，滚动刊发相关资料和稿件。活动开展以来，先后征集稿件267篇，刊发专栏11期，刊载各类文章87篇。在企业文化创新过程中，有近10000名员工通过网络、问卷、征文、座谈等形式参与其中，参与度之高前所未有，对于企业文化的推广与认同也发挥了积极的推动作用。

（作者系首都机场集团党群工作部副部长）

阳光使者 文化先行

朱仁健

2005年阳光保险集团股份有限公司（以下简称阳光）在组建之初，就提出了要建设完备的企业文化。为此，专门拿出了3个月时间，研究讨论和确立阳光的发展文化，形成完整的体系，然后用文化指导筹建工作，指导公司的初创工作。

业务未启，文化先行。阳光文化是保险行业知识和经验的积累，体现了全体阳光人的集体智慧。它使阳光站在了巨人的肩膀上，在迈向市场之前就有了与众不同的良好品质。企业最深厚的底蕴是文化，最宝贵的财富是人才。文化是企业的灵魂，优秀的文化助推企业驶向成功，是最为科学和环保的能量。

结合阳光保险集团在文化建设及企业管理过程中的具体实践，要发挥文化促进企业持续有效地发展，需做到以下三个方面：一要注重天人合一，把传统文化和企业的经营管理有机地结合起来。二要注重道智合一，把企业文化的管理时间和管理方法结合起来。众所周知，企业文化是20世纪80年代初从西方引进而来，说到底，也是管理工具的引用——企业在具体地使用这些管理工具的过程中，难免存在诸多问题；而我们有着五千多年文明史的中华民族，在漫漫历史长河中所积累的智慧，才是解决实际问题的金钥匙，更值得倡导。因此，在企业文化建设的实践过程中，当我们以开放的思维去学习运用中西方文化精髓时，要注意文化管理时间和管理方法的结合。三要注重知行合一，把企业文化的落地和传播与企业的经营实践结合起来。

阳光文化体系的内涵

阳光文化体系包括两方面的内容：

一是核心理念体系，即企业的使命、愿景、价值观和企业精神等，把阳光集团打造成“最具品质和实力的保险公司”。公司使命是“共同成长”（股东、员工、客户、社会），核心价值观是“一个追求”（创造价值）、“两个根本”（诚信、关爱）、“三个统一”（激情与理智、创新与执行、团队与个人），企业精神是“战胜自我”。今年8月，阳光企业文化进行修订时，关于企业的核心价值问题，在原来的基础上又增加了五点：最深的底蕴是文化，最高的价值是客户，最大的财富是员工，最好的福利是培训，最强的能力是创新。“战胜自我”则要求每个阳光人自我挑战、自我发现、自我否定、自我奋进，勇做自己没有做过、别人做不到的事情。

借助文化先行，阳光在得到社会各界高度认可的同时，发展成为国内几大保险集团之一，取得令人瞩目的竞争力。阳光文化是一个不断引进、不断发展的创新型文化，根据业务领域、经营规模、产业环境及客户需求等诸方面的变化，在具体地建设和实践中，也在不断发展完善。如对分向文化的建设，从核心文化往各个条线进行分向文化建设，把核心文化的理念进一步延伸到我们各个经营岗位上，进一步提炼出岗位文化，就是对阳光文化建设的进一步发展。

二是阳光文化集中体现《阳光之道》。2005年创建之初，公司召开了阳光文化宣导大会，提出 “集众家之长，取自我之道；聚业内人才，纳业外贤士；高起点组建，远战略发展；风雨中做事，阳光下做人；走精英之路，创阳光品牌”的50字箴言，发布了企业准则《阳光之道》。《阳光之道》是集团的核心文化理念体系、制度文化及职工的行为规范准则等诸多内容的集中体现。

知行合一落地阳光文化

企业文化落地形成体系，必须做到知行合一，这本身就是对文化建设的要求，那么对于一个企业、一个组织来讲，如果让员工对核心的理念能够演示和在他的行为以及他的产品服务中得到体现，中间很重要的一个环节就是信服。

主要体现在三个方面：

一是领导者的率先垂范。阳光集团成立之初，员工层次参差不齐，如何统一机构筹备负责人和员工的思想和行为，避免文化上的冲突，同时改变他们以往的观念，提高他们对阳光保险的忠诚度。集团董事长兼总裁张维功认为，对一家新公司来讲，铺设网点，抢占市场，固然十分重要；然而，持续性的发展更需要建立一种文化的引领、规范和推动。因此，他果断决策，组织阳光文化宣导团，在每个机构筹建之初宣讲《阳光文化》，让阳光文化逐渐成为全体阳光人的“DNA”。通过对阳光文化的学习、认识、灌输、再认识，让阳光文化逐渐成为全体阳光人的“群体思维”。

二是企业的制度和企业文化理念相一致。每项制度在制定之前要进行文化制度性审查，也就是说企业提倡的理念在企业的制度上能不能体现。如在对待员工利益、培养和选拔干部等诸多方面，在企业制度管理上能否体现。这就要求企业在做出一步步细化和展示的同时，要把文化和企业的经营管理相结合。例如，如果企业内新设一个机构，即便是通过证监部门即保险监管部门的审查，也不能马上开展业务，需先进行文化评估。因此，通过这样的一些做法，让企业的理念和企业的制度和员工行为规范和产品服务一层层地结合，用文化的建设来促进业务的发展。

三是文化理念在传播的过程中需做到不走样、不变形。为此，需要对各业务和专业板块进行深化、细化、丰富和发展，这是企业进行分向文化建设的一个体系。企业按照一些共性的文化，如服务、关爱、创新等；另外按照专业文化，如财务、风险、合规、理赔等，一步步细化后与岗位文化进一步结合。这样把核心文化通过分向文化，进一步延伸到岗位文化，使企业的每个员工在面临客户需求、工作要求时，有一定的原则与方向，形成员工做事的准则和行为规范，以便让每项制度都有自己的指导原则，都有自己的灵魂。

集团董事长张维功反复强调客户是企业的衣食父母，客户是企业存在和发展的一切，把客户及客户服务作为企业最中心的一项工作。所以建立了领导服务下级、内线服务一线、员工服务客户、整个阳光保险服务于社会的服务体系。核心价值观通过服务理念、服务规范、服务标准及服务团队的打造，来提升企业整体的服务质量。阳光保险提出服务客户、服务员工是职责、服务客户是根本、服务社会是追求，以精细的管理来保障服务，以精湛的技术完善服务，以精湛的队伍来实施服务，以客户的满意来检验服务，构建自上往下的服务链——即领导为群众服务，机关为基层服务，后勤为一线服务，上游环节为下游环节服务。在服务的过程中结合网点、业务单元，进行创新与规范，并加以整理，这样通过制度上的规范和推广形成一定的模式，之后向整个公司、整个集团推广。以创新为驱动，来提升管理效益。用服务来推进阳光保险事业的持续高质量和健康的发展，把服务文化作为承载理念，指导、贯彻各个岗位文化。

培育关爱文化，实现阳光型组织

阳光始终认为，企业最大的财富是员工，企业最深的底蕴是文化，“阳光文化”已成为阳光发展的一个重要的法宝。近3年的实践，阳光文化已极大地发挥出企业灵魂的作用、制定和检验制度的作用、巨大的生产力的作用。

第一，分项岗位文化扎实深化。一个企业仅仅有核心文化是远远不够的，必须要有指导具体分项工作的具体文化，“零点利润、追逐利润、快速成长、卓越服务”的业务发展四原则；“战略统一、区域差异、整体支持、组织策划”的销售原则，“引领、支持、控制、转移”的核保文化，“先进、实用、高效、规范、安全”的IT建设方向，“风险、效益”的稽核文化，“服务前置、管控集中”的后援建设方向，培育“值得信赖、诚实可靠、创造价值”的销售、理赔、管理三种人的建设方向等分项文化的明确，为具体岗位的发展追求起到重要推进作用。

第二，文化的推动与考核。文化学习考核是公司对全体员工，特别是高层人员的重要组成部分，并注重形式与内容的有机结合，助推公司文化的深入发展。与其他保险公司不一样，阳光保险分公司开业，除了要通过当地保监局的验收，还要通过阳光独有的二次文化验收。阳光保险的历史中，已经有分公司曾经因为没有通过文化验收而推迟开业，这个举动表面上看，增加了成本，但对于加强公司凝聚力，让新公司、新员工尽快融入公司，大有裨益。

第三，保险行业本身所具有的特征是要解决风险防范，经济补偿，制定社会管理功能。结合阳光保险自身的定位，企业的使命和要求以及核心价值观，一方面共同成长，另一方面在核心价值观上特别强调诚信和关爱。关爱文化是阳光保险文化的一个重要方面——关爱企业员工的成长，对新员工进行全方位培训，让员工尽快进入工作状态，更好地提升自己的职业技能；为员工制定完善的职业发展规划；每月为员工60岁以上的父母提供200多元的津贴等。对此，集团董事长张维功说：“一个同时具有品质和实力的公司，就如同一个有修养、有内涵、健康向上的人，我们就是要把阳光保险打造成这样的公司。”

（作者系阳光保险集团股份有限公司企业文化部副总经理）

文化引航 转变交通银行发展道路

帅　师

交通银行创建于1908年，是我国早期的发钞行之一，也是我国历史最悠久的银行之一，在中国近代史上占有重要的地位。目前，交通银行是国家控股的五大银行之一。

2004年6月，国务院批准交通银行深化股份制改革整体方案。在此过程中，交通银行完成了改革的三步曲：即财务重组、引进境外战略投资者和香港H 股市场上市。交通银行成功地引进了汇丰银行、社保基金、中央汇金公司等境内外一批有影响的战略投资者，并着力推进体制机制的良性转变。

2005年6月23日，交通银行在香港成功上市，成为首家在境外上市的中国内地商业银行。之后，打开了国内国有银行境内外上市的局面。

2007年5月15日，交通银行A股在上海证交所成功上市。A股的成功上市，为交通银行深化股份制改革整体方案的实施画上了圆满地句号。

作为一家全国性的股份制银行，交通银行在中国金融业的改革发展中实现了六个“第一”：即第一家按照资本来源和产权形式实行股份制；第一家按照市场原则和成本—效益原则设置金融机构；第一家打破金融行业业务范围垄断，将竞争机制引入金融领域；第一家引进资产负债比例管理，并以此规范业务运作，防范经营风险；第一家建立双向选择的新型银企关系；第一家可以从事银行、保险、证券业务的综合性商业银行。交通银行改革发展的实践，为中国股份制商业银行的发展开辟了道路，对金融改革起到了催化、推动和示范作用。

四部曲推进交通银行企业文化落地生根

改制后的交通银行，面对国内外银行的竞争，员工的压力较大。为此，交通银行在推进企业文化的过程中，就有了着眼点和落脚点，具体做法如下：

第一，实现员工成长和企业盈利双赢，发展学习创新文化。

2008年随着交通银行股份制改革阶段性的圆满完成，全行改革发展创新进入了一个新的阶段。在开展创建学习型组织、争做新职工的基础上，交通银行把创建学习型组织这个现代管理新理念，纳入了交通银行战略管理的范畴。

首先，成立领导机构，建立统筹机制。交通银行成立了由党委书记胡怀邦同志为首的创建活动推进委员会。下设相关的工作办公室，各基层单位也相应成立了组织机构，形成了党委领导，相关部门配合的创建活动领导和协调机构，为全面推进创建活动提供了有力的组织管理保障。

其次，创新文化载体，力争创新成果，自上而下建立了网络学习的平台。目前，交通银行全行8.6万名员工，涵盖了海外14个国家跟14个地区2000名海外员工。2010年通过对员工培训，每个人平均完成了3.5人专业选择的学习。这样实现了员工学习无界限，随时随地都能够实现学习的需求。另外建立近500多家学习俱乐部、1000多家员工书屋，为员工学习提供了丰富的学习资源和良好的学习场所。

再次，发挥员工尤其是专业化员工的智能作用，为上层决策提供帮助。

在2009年、2010年召开了两届科学发展论坛。每一届论坛都是围绕着当前金融改革的重要内容来进行，这样员工就把工作重心转到当前金融发展的主题上来。在《交通银行报》等报刊杂志上，分别开辟了“行长论坛”“论道”等栏目，为推行企业文化理念提供必须的载体。积极开展领导干部速学和论文征求活动。成立学习研究小组、产品创意团队等专业化团队，进一步推进了业务创新，营造奋发向上的良好氛围，创造和谐幸福交行。

四是积极倡导快乐工作，健康生活的全新理念。在金融系统第一家开展了以法人对接的新和谐、新跨越、员工心理健康关爱的活动。主要通过三种形式：在线测评。通过网络将全行97%的员工进行在线测评，测评以后对数据进行整理，归纳，形成了员工心理健康白皮书。在这个基础上又对分行进行个性化的测评，形成了分行员工心理健康分析。在分析员工心理健康的基础上，开展寻找幸福密码各类大讲堂。通过对员工心理健康的分析得出结论是处于全国的平均水平，即员工对工作的满意度，职工员工职业倦怠，快乐的均处于一个正常水平。通过这种科学的评价体系发现对员工心理健康的关爱，在未来企业文化建设当中，结合传统的思想政治工作，科学的评价手段，是很有发展潜力的。

第二，开展丰富多样的文体活动，激发员工创造力，促进企业和谐发展。

一是建立了摄影摄像、征文、书法、绘画等各类兴趣小组。二是举行一年一度的职工文艺会演。2008年是交行建行100周年，举行了百年文艺会演；2009年上海世博会，交通银行是唯一指定银行，在上海举行了“让世博更精彩”的文艺演出。举行了有10000多名员工参与的第一届职工运动会。把传统的活动借助于人的管理，其中一个很典型的事件是2010年举行的篮球比赛，要求每个队参赛人员必须要有两名C层级的干部参加，同时考虑到年龄，要求上场不能低于5分钟。这次活动只是在形式上稍微做了一些改良，不仅整体反响很大，而且拉近了管理者和员工的距离，促进企业和谐发展。

第三，在民主管理建设当中，以职工代表大会及行务公开制度为载体，增强员工的参政议政。

一是交通银行建立的企业年金制度已经通行一年。企业年金制度实现以后，向全行的职工代表，将一年来企业年金的运作情况，向职工展示汇报。每年11月召开职工代表大会，将上一年的职工提案在会上通过，并且领导做年度工作报告。行务公开制度，使员工更有效参与民主监督和民主管理。

二是积极开展员工建言献策活动。三年来共收集到全行员工合理化建议近3500条，形成成果转化的建议三千多条。建言献策活动充分调动了广大干部员工的创新激情跟活力。

三是积极推行劳动竞赛。开展了“跑赢大市，争先进位，努力提高核心竞争力”为主题的第一届交银杯劳动竞赛和以“创新金融服务、提升管理水平、增强全行经营能力”为主题的第二届劳动竞赛，取得了累累硕果。经过一年多劳动竞赛活动，交通银行各项主要业务指标均实现了跑赢大市目标。今年我们又提出了凝心聚力争起跑，倍增超越见新风等主题思想，而且每年在形式上给予一定的创新。今年这个活动得到了全行27个业务，共40个业务门类，多个部门的参与。那么到目前为止全行有12万人次参与，而且围绕着今年存款，所以我们在年初设计的时候，把所有的网点分为五类，100亿以上的，50亿到100亿，20亿到50亿，10亿到20亿，10亿以下的。交通银行目前有2700多个网点，细分以后，让不同的网点在不同的区域内竞争，更有目标的追赶。通过一年不到的时间竞争，我们有35%以上的网点都在原来的基础上取得了存款大幅度的增加。我们的网均存款从年初的12.2亿达到目前13.5亿的增长，使我们网均单产的竞争力得到了有效的提高。

四是积极开展创新争优，开展弘扬劳模精神，推动科学发展等主题世界活动。近几年来先后编写了《领跑者》、《劳模颂》、《交行璀璨路》、《交行之星风采路》、《时代提良》等反映先进员工事迹的宣传画，坚持用榜样的力量激励人、凝聚人。

第四，围绕“百年交行，辉煌世博”，力推服务至上的文化。

2006年11月18日，交行正式签约上海世博会，是世博期间唯一指定的合作商业银行。为此，交行确立了“百年交行，辉煌世博”的服务宗旨，力推服务至上，全面提升金融服务水平。

借助世博，将金融服务固化到文化层面上，主要体现在以下几个方面：以体系化的服务网络拓展世博金融服务宽度；以标准化的服务管理提升世博金融服务的高度；以精准化的服务方案提升了世博服务的精度；以创新化服务手段提升世博服务的深度；以品牌化的服务效益打造世博服务的亮点。

在世博期间，共接待36万人次；同时，在世博园区有交行的展示——打造一个未来银行，向大家展示未来的银行是怎样的。世博结束后，交行圆满地实现了“三无”承诺——服务无投诉、业务无差错、安全无事故，受到了上海市委书记的好评。

五个方面宏观把握企业文化战略

关于企业文化的战略思考，具体包括五个方面：第一，准确把握企业文化核心价值观的发展方向。以“责任立业，创新超越”为核心价值理念的交通银行，自重组以来，就身肩双重历史使命，它既是百年民族金融品牌的继承者，又是中国金融体制改革的先行者。交行牢记国家的使命、股东的责任、客户的要求、员工的企盼、社会的责任。在发展经济责任、社会责任、客户责任方面，努力建成交行人的责任主体。创新是交行企业文化核心价值观的要素之一，一个企业如果没有创新的素质和品格，就不能形成与时俱进的竞争。美国次贷危机以后，国有银行通过自身的努力，抵御住了金融风险，跻身世界前列，但是和世界一流银行如汇丰银行、花旗银行相比还有一些差距。

第二，要建立集团化企业文化兼容并举的发展模式。探索适合银行集团化运作的商业模式。在美国次贷危机以后，面对复杂的竞争市场，交通银行提出了“两化一行”发展战略，即“走国际化、综合化道路，建设以财富管理为特色的一流公众持股银行集团”的发展战略。国际化综合化是未来金融集团的一个发展方向，只有走出去，才能寻求市场发展的认同。只有综合化，才能在未来复杂环境中抗击金融风险。探索新时期企业文化的载体，要更注重于文化品牌的价值，一是要建立员工思想状况动态机制，定期开展员工思想状况的调研，及时对员工的有关思想数据要做出回应，增强员工的归属感，认同感。二是每年要突出重点，探索员工心理健康的评估手段。组建专兼职的心理咨询团队，建立总行、支行的反馈与化解矛盾的预案。

第三，要积极的发挥思想政治工作研究会的作用，宣传普及中国特色社会主义理论，传播弘扬社会主义和谐价值体系。

第四，发挥治理一级的特殊优势，当好支撑交行两次改革高潮的建设思想。

第五，研究现代文化传播方式变革的新态势，丰富企业文化传播的工具与手段。

（作者系交通银行员工部总经理）

金桥文化 谱写江南银行新篇章

陆向阳

江南农村商业银行股份有限公司（以下简称江南银行）是2009年12月31日经国务院同意、中国银监会批准，由江苏省常州市辖内原5家农村中小金融机构（武进农村商业银行、溧阳农村合作银行、常州市区农村信用合作联社、常州市新北区农村信用合作联社、金坛市农村信用合作联社）在自愿的基础上，按照市场化原则组建而成的全国首家地市级股份制农村商业银行，成为农村金融机构改革试点的一个典范。

作为全国首家地市级农村商业银行，江南农村商业银行明确提出的“服务‘三农’方向不移、农村网点设置不变、信贷支农力度不减”的郑重承诺，在实际中得到印证。银行作为一个特殊的企业，经营的产品也是特殊的产品，因此对企业制度方面的要求更高。具体有三个方面的要求：一是经济制度的经营，特别是银行企业管理，监管部门对经济制度的经营有20几个硬指标，主要是控制银行企业风险，经营风险；二是能力制度的经营；三是文化制度的经营，就是企业文化与经济制度的结合。

众所周知，先进的企业文化是企业持续发展的灵魂和动力源泉，而不同企业背景下的文化融合之路无疑更为艰辛。江南银行自成立伊始，就将企业文化建设作为一项战略性工作来抓，不仅吸纳、传承了原5家机构的文化精髓，而且在原有基础上，经过不断地融合与创新，顺利实现了银行发展从硬实力平面扩张向软实力立体提升的有机过渡。

定位“金桥文化”，展示文化深刻内涵

企业由人组成，文化由企业所承载；因此企业文化的建设，就是人文文化的建设。江南银行合并之前，原5家金融机构把加强企业文化的融合放在了首要位置，一致认为企业要融合首先是人的融合，而且人的融合首先要由企业文化的推动。解决融合的第一步就是沟通，因此在宏观层面上建立了区域与区域、企业与企业之间互动，在微观层面加强部门与部门、员工与员工之间的融合；其次通过打破地域、体制、文化的限制，充分搭建起共同的联系桥。

在寻求文化载体的定位过程中，江南银行深知，企业文化作为企业基业长青的灵魂和核心竞争力，必然承载着与之密切相关的精神内涵和文化背景。为此，江南银行从地域特色、行业特性、企业特点、文化特征等多方面进行综合考虑，最终将充满历史文化底蕴、承载传统精神与现代文明的江南作为文化载体，将“小桥、流水、人家”等体现江南独特风格的有形载体定位为极具象征的文化传承物，用江南所特有“水文化”与“桥文化”，演绎出以“以人为本、以水养德、以桥立行”为信念基石的“金桥文化”。

“金桥文化”中的“金”代表金融，象征财富；“桥”代表沟通。“金桥”既是金融之桥，也是沟通之桥。“金桥文化”作为江南银行的软性管理方式，对于员工行为规范的类化和优化，主要通过沟通、宽容、担当、利他、创新为基石的核心价值观体现出来。核心价值观的构建主要包括理想桥、爱心桥、幸福桥、同心桥和创新桥，即江南银行以“桥”所蕴含的文化内涵和精神品德作为行动指南，并成为全体员工的行动纲领和行为准则。

助力地方的“理想桥”：架设起连接银行、客户和社会的“理想金桥”；服务社会的“爱心桥”：服务的好坏，体现着银行管理水平的高低，孕育着银行本身的文化内涵，展现着银行员工的精神风貌；关爱员工的“幸福桥”：坚持以人为本，将员工关爱落到实处，注重人文关怀，关心爱护员工，理解尊重员工，进一步提升了全行凝聚发展的合力；赢得市场的“创新桥”：在于营造创新的人文环境，形成创新机制，在不断创新中得以永续发展；内修外合的“同心桥”：建立起员工、客户、企业、社会四个层面的沟通，形成同生共赢的合力，用合力创造无限效力。

完善文化系统，丰富企业文化建设

江南银行在成立之初提出了“在常州争第一，江苏领地位，全国有影响的”战略目标。因此，对企业文化进行了

切实可行、与时俱进、全面系统的梳理，加强对企业文化的理念识别系统、视觉识别系统、行为识别系统的统一规范。

一是完善理念识别系统，坚持开展核心理念深入学习的活动。企业的核心价值观通过深入学习的方式，通俗易懂的语言，形成以人为本、以客为先、以先取信、以信图强的经营理念，从而形成为社会承担责任，为股东创造效益，为员工谋求福利的责任观；领导管理精细化、制度执行严格化、经营管理掌控化、让服务成为产品的服务观；尊重个性、发挥所长、同心协力、注重团队的人才观。通过全方位的学习，既统一了思想，又凝聚了员工队伍。

二是完善视觉识别系统，制定视觉形象规范手册，加强环境的建设，对广告宣传及办公用品进行统一规范。

三是完善行为识别系统。体现企业的个性和文化，塑造企业动态的、良好的外在形象。

实现文化管理，推动企业跨越发展

农村金融改革总体将农村合作金融机构定位于服务县域，全面做实做强县级机构。江南银行的挂牌，打破了农村金融制度中农村合作金融机构县域体制的束缚。这种体制的改革创新，成效显著，无论是综合实力的增强还是整体效益的提高以及形象的提升方面，都实现了不同程度的跨越。

第一，实现了财富上的跨越。2011 年 6 月江南银行资产规模达到 1374.97 亿元，比成立之初增加 578.55 亿元，增长 72.64%，存款余额 833.54 亿元，贷款余额 560.28 亿元。在一年半的时间里，同比增加了 234.87 亿元和 129.94 亿元，纯贷款市场份额由改革事业初期的全市 18 家金融机构第四位跃居于第一位。全行的风险回馈率达到 318.24%，贷款达到 429.18%，分别比成立之初增加了 143.59% 和 115.97%，经营效果显著。经过一年多的改革进程，江南银行经过企业文化的全面融合，以及成功的实践，实现了改革和发展速度统一，并消除了改革初期对商业银行经济方向的疑虑，为城乡一体化建设程度较高，经济相对发达地区的农村金融机构进一步深化改革做出了有利的探索。

第二，实现了业务上的跨越。2011 年江南银行跨入了常州市科技型中小企业风险补偿机制合作银行，进一步加大了对科技型支行信贷力度的支持，发展绿色信贷和低碳信贷。2011 年 7 月 19 日，江南银行推出中小企业直接在中科江南投资基金，为企业提供了更多的融资选择。同时推出全新客户的国际业务、紧急市场的资金业务，为全市人民的金融服务提供便利。

第三，实现了市场上的跨越。2010 年 5 月 21 日上海浦东江南村镇银行正式挂牌，标志着江南银行跨区域发展的战略迈出第一步；2011 年 1 月 29 日江苏大丰江南村镇银行的挂牌，成为江南银行实施跨区域发展战略的又一重要突破。这两大银行的挂牌，为江南银行跨区域奠定了良好的发展基础，同时作为江南银行拓展发展空间、建立可持续增长的模式。

通过企业文化的发展，江南银行在常州现在家喻户晓，确确实实做到了常州第一。江南银行先后获得“银行业文明规范服务示范单位”、“常州市金融统计工作优秀单位”、“江苏省平安金融创建活动先进单位”荣誉称号。中央电视台、新华社、中央财经报道、江苏电视台、金融时报等全国 11 家媒体机构，对江南银行支持地方中小企业以及企业文化如何推动了业务的较快发展等方面进行了报道。江苏省有 7 家农村商业银行进入英国《银行家》杂志评选的 2009 年全球银行业 1000 强，在这入榜的 17 家全国农村商业银行中，江南银行位列全球银行业 1000 强第 551 名，比上一年度的 568 名上升了 17 位。江南银行发展势头良好，今年有望跻身五百强。

如果一个企业没有文化的支撑和引领，就会失去活力，动力和方向。一项事业，如果依托文化的积累和推动，就会不断巩固、发展。江南银行正站在全新的起点，用自己的辛勤汗水和卓越智慧，诠释金桥文化，谱写现代商业银行体制下的农村金融机构改革的伟大新篇章。

（作者系江南农村商业银行行长）

走进企业管理“心”时代

刘鹏凯

“心力管理”是我这 20 多年来管理实践的结晶，是实践到理论，再回到实践，再上升到理论的过程开出来的花，结出来的果。

我这样走上经营管理之路

1970 年，黄桥中学高中毕业，到黄桥机械厂学车工。在工厂 12 年，先后在全国性技术刊物《机械工人》、《机械制造》、《机械工艺师》上发表 40 多篇论文。先后受到了倪志福、何光运、沈鸿等的接见。

1983 年，参加了当时的人事局的招聘考试，做了黄桥镇工业公司的副股长。开始了企业管理理论的学习、实践、思考与探讨。

1991 年 10 月，从黄桥镇工业公司“下海”到濒临倒闭的泰兴县粘胶剂二厂（江苏黑松林粘合剂厂有限公司前身）当厂长至今。

就这样，我走进了企业，有了自己真正意义上的一番事业，在探索经营企业的同时，也在经营自己的人生。从工厂学徒到工业公司经理的这段经历，看似和企业管理相隔千万里，但是对我个人来说，却是生命中极其宝贵的财富，也正是这样的经历，让我执著于要用心、用力去把每一件小事做好，把每一个细节做亮，这也是“心力管理”的思路如今在我脑海中逐渐清晰，最原始的出发点和原动力，为我当今探索中国式人本管理埋下伏笔。

心之所及，力之所达

企业管理不完全是展现管理者个人的能力，而是通过有效的管理方式来做好工作的一个过程。何为“心力”？我认为，它是指在实践中，人依据自身的心思和能力、精神与体力、思想和才智，发自内心做好某一件事的精神力量。“心力管理”的核心理念是“心之所及，力之所达”。

心力管理——是将企业员工的心之所及，转化为力之所达的过程；是将企业团队层面的意识培育转化为物质层面的生产力资源，并有效地进行集聚、发散和利用的过程；是不断引导员工在工作与生活中，善用其心，自净其心，消除恶心，增加爱心，发自内心，共同构建心心相印的和谐发展环境的过程。在工厂，产品是靠员工生产的，而员工的状态和面貌，是靠企业家用心灵来“生产”和决定的。

20 多年来在实践的路上，我理论联系实际，花了相当多的时间和工作用于“耕心，聚心，塑心，攻心”，培育员工心力，以细节改善心智，既凝聚了员工心性，又组织合力提升打牢了企业发展之基，总结了一些管理方法。例如：以静制静法——如何用不管理的方法管理，达到更深层次的管理；南风法——如何进行管理的哲学思维，以南风式的亲和管理，改善心智；草堆寻针法——如何对问题“细节管理”，以“饮酒微醉，花看半开”的难得糊涂姿态看问题；倒走法——如何打破常规经营，如何寻找一种魔术般的双赢解决方案等等。

心力管理的“四心工程”

人是世界上最难管的对象，管人是世界上最难管的事，因为人心看不见，摸不着，像天上的云，少女的心，是变化着的，只有当事人自己知道。琢磨管理就是琢磨人心。管人就是管“心”，把握人性的特点，关注人的各种需求，做好人心的养育，是现代企业管理的重要问题。这些年来，工厂实践心力管理，大致可以概括为“四心工程”。

第一，耕心工程。

公司不是放钱的地方，是让员工放心的地方。你把别人关爱好了，关键的时候别人就会帮助你，这是用钱买不到的。

1997 年，江苏黑松林粘合剂厂有限公司作为黄桥镇第一家改制企业试点，真正拥有了“产权明晰、自主管理、自负盈亏、自我发展”的自主权。那个时候，受大气候的影响，一些企业拖欠员工工资现象严重，“工钱工钱，做了工何时拿到钱”顺口溜很是流行，无形中挫伤了员工的积极性。

站在员工的角度想：我为企业从早到晚努力干活，是为了工资，为了养家糊口，一个月下来拿不到工资，何以能安心工作？站在中层干部的角度想：我为老板打工尽职负责，卖命卖心去得罪人，老板能否知道，我的付出能得到多少回报。

我想员工所想，拿起改制后兑现的自主权，首当其冲选择工资作为突破口，确立“不同岗位、不同薪金、不同考核”的“双工资制”新模式，在员工中推行“双周工资制”，在中层管理者中我们推行“双薪工资制”。由于当时一种看得见摸得着的薪酬兑现到位，带来了员工较高的满意度和忠诚度。

第二，融心工程。

心力管理也是融心工程，员工的安心忠心是企业用心换来的。只有你把别人关爱好了，关键时候别人就会帮助你，这是用钱买不到的。

一个没有太阳的冬日，我坐在车上，习惯地看着书。“老总，前面是咱们送货的车。”驾驶员小周低声对我说。“按个喇叭赶到他们前面去。”我合上书，按下车窗，一阵寒风吹进车内，仿佛在我心里汇成漩涡，我朝小吴大声说：“前面服务区见！”“哦……”小吴也按着喇叭大声回应我的话，看着被甩在后面的车子，我用心疼的眼睛盯着反光镜中渐渐消失在我视线里的货车，员工住在我心里啊！

“来来来，小吴，这是你喜欢的鸭煲。小夏，这是你最喜欢的水煮鱼片……”服务区里我摆下了难得的招待宴，依照我对他们口味的了解，来了个冬天里的一把火，不停地往他们碗里夹着鸭腿、鱼片。

人都是有感情的，久而久之，员工的心被黑松林的心力文化熏红了，融化了，“俘虏”了，员工就真的吃了称砣铁了心，没有了跳槽和用工荒，甚至昨天走了，今天又来了，就真的会忘我工作，以厂为家，把企业的事当作自己的事干。

第三，聚心工程。

古人云：得人心者得天下。这些年，我们除了尊重员工，解决好薪酬问题外，有心、用心、真心、诚心，全心全意为员工服务，有意培育一种充满大家庭的氛围，用爱播种，让员工心灵愉悦，感到企业就是我的家的归属感。我总结了一下，正好可以排成从一到十，十个数字的“一二三四五六七八九十”。

一顶头盔——企业里员工买了摩托车，我们总要送上一顶头盔，另加两句话：“保持冷静头脑，家人盼你早日归”。这个规矩已延续好多年。有工人收到头盔后，动情地对我说：“厂长把我们当儿女一样看待，比亲生父母想得还周到。”

两只水瓶——企业 10 周年庆典，我没有铺张搞厂庆，而是给每人送了两只水瓶，并送上心中的话：“我这个人像只水瓶，外面冷，里面暖，脾气比较暴躁，请大家不要计较，但愿企业像这个不锈钢的水瓶永不生锈。同时我也希望大家像热水瓶一样，对企业满腔热情。”话不多，礼不重，但极具号召力和感染力。

三块津贴——一个成功的企业又何尝没有一群默默无闻地关心、帮助、支持企业的人呢？“你的生活是我的，我的工作是你的。”在这个情感管理理念的推动下，我们因企而异，确定了适合企业特点的激励方式，出台了《关于发放营销员、驾驶员月度家属津贴的决定》，一个月里，营销员、驾驶员只要出差满 18 天，每天就可享受到 3 元钱的爱人津贴。

四瓶老酒——工厂锅炉房的一位老师傅，烧炉子技术精湛，事业心也很强，但喜欢喝酒。我派一名副厂长在周末带上 4 瓶酒，专程送到这位老师傅的家中，并且转告他，希望支持工作，酒可以下班后在家慢慢喝，这位老师傅很感动，全家人也为之动情，当即表示按安全规章办事，上班坚决不喝酒。

五级助学——每年九月，凡是有子女上学的黑松林员工，都可以从财务科领到一笔数额不等的钱，这是企业一年发放一次的员工子女助学津贴，具体发放标准为：从幼儿园、小学、初中、高中，到大学毕业，分别按不同的级别，享受到厂里100至500元的助学金，这项津贴已经连续发放了十多年。

六对新人——前些年，厂里有6对新人结婚，我主动为他们举行了盛大而热闹的集体婚礼，同时每对新人都送去一个红包和一张贺卡：祝君新婚志喜，白头到老，有了小家，别忘了企业这个“大家”。收到祝福的新人感受到了家的味道！

十大寿——一位退了休的老工人因为技艺高超而被企业返聘，68岁时因老伴过世而回家休养，临走时，我对他说：“你70岁时，为你祝寿！”70岁生日那天，我信守诺言，专门将这位老工人请回企业为其祝寿，老人很感动：“做一名黑松林人真幸福，我愿生是黑松林的人，死是黑松林的鬼！”。

八月中秋——月到中秋分外明，每逢佳节倍思亲。每年中秋节，我亲自设计，将“黑松林”的商标做图案，订做了8 寸大的月饼送给每个职工和客户。月饼四周写有贺语：黑松林祝你们花好月圆！给人一种温馨，一种亲近，犹如给品牌加了一点“人情味”，无形中勾起了黑松林人的亲情，使他们怦然心动。

久久春游——每年春天，我都要组织员工及部分员工家属进行一次“春天向我召唤，市场向我招手”为主题的春游，一方面让大家分享收获的喜悦，一方面带领大家到市场第一线体验“市场经济的惊涛骇浪”，警醒每个员工要时刻：“回顾昨天、干好今天、创造明天”。

十全十美——每当有员工退休了，我组织全厂欢送，要求全厂职工把终点当起点，一代又一代发扬传统，做一名十全十美的黑松林人，把企业干好。

第四，塑心工程 。

只要功夫深，铁棒磨成针。优秀员工的背后首先需要优秀企业用心付出，给力努力。几年前的一天下午，老领导带着一位青年人出现在我的办公室。原来，来者是位技校刚毕业的中专生，姓陈，父母常年患病，想让我给份工作。老领导一番话说得我心里酸酸的，正巧锅炉房少一人，友情加爱心，我爽快地答应了。

我们将小陈送到市里的压力容器班参加短期培训，回来后却被生产科长安排去拣煤渣。冬天的风呼呼刮得脸生疼，小陈弯着腰，细心地将还可再烧的夹生煤炭分拣出来，再将煤渣堆到一边。看着眼前的情景，我明白了生产科长的良苦用心，真是一步能走、千里能行啊！

寒冬腊月的，让一个刚毕业不久的技校学生拣一周的煤渣，似乎有点残酷，有拿新员工开涮之嫌。但这是工厂培育人才的规定，凡是新员工进厂都要经过培训和试岗的过程，才能转入正式岗位。小陈拣起的一点夹生炭，论价钱还不到他工资的十分之一，但论其价值，却是对企业的认同感，是他今后工作的起步。

多年前， 随着企业提档升级，着手对锅炉车间“煤炭燃烧率的最大化与燃烧后煤渣含煤量的最小化”的管理难点进行攻关。用传统的管理办法，就事说事，就问题解决问题，靠制度来管、卡、压，也许能管得住一阵子，但我们需要做的是长期长效的事，如何解决这个问题呢？雨后的煤渣堆像冲了个淋浴，未烧透的煤与煤渣，可谓是“煤炭店卖棉花——黑白分明”。现场会上，我带着一群人来到煤渣堆前，一言未发，从口袋里掏出一把硬币扔到煤渣堆上就走了。

突然的举动似“好雨知时节”，这场“雨”淋得所有参会人员目瞪口呆。回到会议室时，锅炉工已将扔在煤渣堆上的硬币捡起来放到了会议桌上。看着那一把硬币，并非员工有意讨好，而是我有意润物。我沉重地说：“煤渣堆上每天都可见到未烧透的煤，而没有人去拣起来。我们失掉的可是金钱和传统美德啊。”

“煤渣堆上的硬币”引起了不小的共鸣，通过“看一看，比一比，想一想，议一议”，大家豁然开朗，现场会顿时变成挑战会、决心会。我们因势利导，趁热打铁，当场讨论制定“司炉工岗位责任制”等一系列成功的制度。

俗话说：人心都是肉长的。如果这肉长的人心没有交给企业，积极性调动不起来，即使我们的管理再细再严，也只能是管得住人，管不住心。现代企业管理中的一些事情，往往并不在于某一个人的体能或智力能不能适应，而是取决于有没有主动参与的责任意识，能不能进入角色，摆正位置。责任胜于能力，文化管理，需要不停顿的下心雨、喜雨、及时雨，因为好雨能激励人的斗志，挖掘人的潜能。

人心的养育是企业不竭的动力。心力管理注重的是员工心智模式的培育，注重解决问题思维方式的训练。心力管理的“四心工程”一般需要三个过程：一是认识阶段，让员工初步感受到文化的重要，认识到什么应该，什么不应该，什么是底线；二是认知阶段，让员工从内心能感到，自动接受价值观的认同，将行为转化为行动，并自动自发，形成合力；三是认同阶段，当员工有了情感投入和体验感悟，继而从行动养成习惯，并能够长期坚持，这就是企业核心价值，就是企业的魂。

心力管理的现实意义

今年恰逢我60 岁生日。在我们江苏老家有逢十做寿的习俗，可我对旁人却只字未提。单在心中暗自打算，莫要惊动大家，待生日过后再“借台唱戏”，来个全公司大聚会，感谢一下我的员工们。

不过，这件事还是未能瞒过大家。全员的生日祝福是公开的秘密，员工纷纷送来红包、礼物，我除了感谢还是感谢，将一个个红包原封不动退回。“红包就免了，把工作做好，就是送给我的最大的礼包。”说者无心，听者有意。我生日的当天，真的收获到一份意外惊喜。那天正巧是周日，员工们倡议——自发到岗义务加班一天，为我祝寿，让我有一种无法言表的那份幸福与感动。

资深企业文化专家、中国企业文化研究会常务副理事长、秘书长孟凡驰教授对我的“心力管理”说过这样一句话：

“人心向背和心力发挥的程序决定着企业组织的竞争力。”是的，人心中最强大的力量是超越常规，心力管理就是如何用心力管理好企业，不是说在嘴上，而是拿活干在手上给力。

另外，我最近也常常在思考，工厂在打造基础管理方面，已经取得一些成绩，但基础管理很好，并不代表就能把这个企业一定做大做强做长。如何运用“心力管理”的成功经验，将我们企业进行系统化再造，包括体制机制的再造，发展战略的再造，组织流程的再造？如何完善心力管理的理论与模式，将她成为现有成熟管理理论的补充？该从哪些方面入手？我困惑，有些概念虽探索多年，仍难以把握，还存在理性不足。心力管理的几个维度还不老成，心力管理的目标模式还不十分清晰，心力创新的方法论还有待超越等。

（作者系江苏黑松林粘合剂厂有限公司董事长）

创造互联网时代全球竞争优势

王安喜

海尔创业 27 年来，员工由创业初期的 800 人，发展到现在的 7 万多人；产品从零散起家，到现在的 16 大门类、15100 多个品种；品牌价值 2010 年是 855 亿，连续九年被评为“中国最有价值的品牌”之一；2010 年营业额是 1357 亿，同比增长 9% ；2010 年利润 62 亿，同比增长 75%……海尔为什么会取得如此好的业绩？海尔的发展得益于海尔的不断创新，在海尔持续创新不断壮大的过程中，以创新为核心价值观的企业文化发挥了重要作用。在企业内部，永远自以为非，不断挑战自我；在企业外部，永远以客户为是，以客户为中心创造需求，即以客户的需求改变自身，而不是以自己的产品去改变客户。

三大“颠覆”催生新模式

上个世纪 80 年代家电产品供不应求的时期，海尔没有盲目上产量满足市场，而是创造“零缺陷”的顾客需求。海尔不惜砸掉 76 台虽然有缺陷但仍可以使用的冰箱，砸醒员工的质量意识，创出中国冰箱史上第一枚质量金牌。当家电市场发展到供大于求的时候，海尔凭差异化的质量赢得竞争优势；

上个世纪 90 年代家电市场竞争白热化的时期，质量已经成为客户的基本需求，海尔创造“零烦恼”的顾客需求。海尔在国内率先推出“用户只需要一个电话，剩下的事情由我们来做”的星级服务体系。当家电企业纷纷打价格战的时候，海尔凭借差异化的服务赢得多元化的竞争优势；

二十一世纪家电市场全球一体化的时期，海尔没有依赖国内低成本的优势单纯出口创汇，而是到海外设厂本土化发展，建立“本土化设计、本土化制造、本土化营销”三位一体的体系，创造海外用户的需求。当国内市场成本比较优势逐渐消失的时候，海尔凭借差异化的市场战略赢得全球市场主流品牌的竞争优势。

今天海尔正在进行“三转”：依据外部环境，从传统经济向互联网经济转变；在企业层面，从制造业向服务业转型；再具体到员工就是转化，从员工转向自组织，主动发现用户需求，创造用户需求，创造市场。

互联网时代，给我们带来很大的机遇，也带来巨大的挑战。最核心的变化就是营销的碎片化。过去营销是整体的，现在是碎片的。需求是个性化的，不再是出来一个产品，流行什么产品大家跟着走，而是每个人都有自己的个性化需求。因此，要跟上这个时代，企业必须要颠覆三大观念——

第一，颠覆用户观念。过去是先生产再销售，现在是先找用户，根据用户的需求去生产。“找客户”这个概念也远不同于传统的客户调查表，它必须在互联网上，与客户进行充分的沟通，完成前端设计。否则你的产品是没人要的。

第二，颠覆营销观念。从卖产品转变到卖服务，广告促销变成网络营销、口碑营销。同时，颠覆了销售程序，过去回款是销售的终结，现在是销售的开始。因为回款不再简单意味着产品的出售，而是你拥有了一个客户的信息，一个市场资源，你应该跟踪这个信息，不断开发资源，否则你只能打价格战。上一周，我到欧洲考察，发现一个有趣的现象，欧洲著名家电品牌不重视互联网，仍沿用过去的习惯，当地人告诉我：这些品牌被年轻人所忽略。而随着时间的推延，他们的老用户也必将流失。

第三，颠覆制造观念。过去较大规模制造，只要根据定单就可以实现低成本，但是不能创品牌。现在是大规模定制，根据用户个性化需求制造。两者之间的区别，是做世界加工厂 ，还是做世界创牌中心。

海尔董事长张瑞敏有一个深刻的体会：核心竞争力与核心技术、核心产品不完全是一回事。企业所需的是核心竞争力，即企业可以获取用户资源的能力，如果企业有了这个能力，就可以获取核心技术和核心产品。正如戴尔有了直销模式，可以获取核心技术；IBM 的 PC 没有获取用户资源，有很高的研发技术，最后还是把它卖给了联想……互联网时代就是轻公司和轻资产，如果能抓住互联网的时机，就可以在很短的时间里迅速成长起来。因此，海尔探索的互联网时代的商业模式—— “人单合一双赢”模式应运而生。

“人单合一双赢”模式的本质及运行

人单合一双赢的本质是：员工有权根据市场变化自主决策，员工有权根据为用户创造的价值自己决定收入。

“人”是员工，“单”不是狭义的订单，而是第一竞争力的市场目标。“合一”是每个人都有自己的市场目标，“双赢”是在为用户创造价值的前提下，员工和企业的价值得以实现。每个人的市场目标不是由上级指定，而是根据自己所负责的市场的第一竞争力所定；每个人的收入也不是上级说了算，而是为用户创造的价值说了算。

人单合一双赢模式改变了员工角色：从原来被动接受组织的指令到每个人都是自己 CEO 的经营者，并组成直面市场的自组织即自主经营体，以此改变了传统经济下对市场反应迟缓的弊端，每个员工自主经营而不是被经营，员工可以自运转、自驱动、自创新，在复杂多变的市场竞争中，以变制变，变中求胜。人单合一双赢模式有两个颠覆性的变化：企业的组织结构从“正三角”变为“倒三角”；企业的核算体系从“资本主义”变为“人本主义”。

第一，从“正三角”到“倒三角”——海尔人单合一双赢模式颠覆了传统的组织结构。传统的组织结构不能适应互联网时代用户导向的人单合一双赢模式，海尔把原来“正三角”形金字塔式的组织倒置过来成为“倒三角”形组织。员工从听命领导转变为领导和员工一起听命于用户；领导从给员工下达指令转变成为了满足用户需求为员工提供资源。员工、企业领导及职能部门都由倒三角的组织指向了为客户创造价值的同一目标。

组织结构的颠覆可以发挥员工（自主经营体、自组织）与客户的直接对接功能，由自主经营体、自组织去直接决策创造和满足用户需求，实现了决策的快速与准确，彻底改变了决策流程链条太长、反应迟缓，员工被动的缺陷。同时，全流程面向同一目标，也避免了部门扯皮现象，大大提高了流程的绩效。目前，海尔库存周转天数是5 天，行业平均50 天。海尔现金周转天数甚至已经实现了负的。

第二，从“资本主义”到“人本主义”——海尔人单合一双赢模式颠覆了传统核算体系。传统的企业核算体系是事后算账，见数不见人，见果不见因。海尔创新以自主经营体为主体的核算体系，把传统企业的财务报表转化为每个自主经营体的“三张表”，损益表、日清表、人单酬表。传统财务报表的损益表，就是收入减成本、减费用，等于利润；而海尔的损益表则是全新的理念：“收入”，与传统财务报表的收入项相同；“益”（收益），指的是通过做自主经营体、为用户创造价值而获得的收入；前面两者的差，就是“损”（损失），因为这些数不一定为用户创造了价值，是不可持续的，也就是当前工作的差距。日清表的任务是关闭差距，关差的主要内容是创新平台、创新流程、创新机制，把这些创新的工作形成每天的预算，每天进行日清。人单酬表把员工的报酬和他为用户创造的价值紧密结合。海尔人单合一双赢的核算体系引起美国管理会计协会的关注，因为突破了科斯理论的天花板，每个员工都将自己的收入与为用户创造需求的价值有机结合在一起，被认为是未来管理会计的新出路。

传统的财务报表是以资本为中心，追求股东至上；海尔自主经营体的三张表是以员工为中心，即以人单合一的机制激发员工的创新力，让员工创造用户价值，创造市场资源，达到用户、企业、员工的双赢，并得以实现员工的高效率、高增值、高薪酬。可以说，传统的财务报表是以资本增值为导向，是“资本”主义；海尔的自主经营体三张表是以人为本，即以员工创造资源为导向，是“人本主义”。这是本质的差异。

机制设计创新保障商业模式的落地

传统组织的颠覆是人单合一双赢模式运行的必要条件，机制设计的创新则是新商业模式运行的充分保障。海尔对自组织的有序运行不是靠传统模式下的上级的监督和监控，而是靠让员工充分发挥自身创造力的机制。

第一，设计不同等级的竞争力目标。传统企业的绩效考核机制是自上而下的，领导制定目标，层层分解，导致的结果是员工和企业讨价还价。海尔在人单合一双赢战略框架下进行机制设计创新，分市场到团队，每个自主经营体对应一个细分市场，事先全面预算和市场洞察，设定A、B、C不同等级的竞争力目标，每一个等级的目标对应不同的薪酬等级，激励自主经营体团队主动抢A 类目标。A 类目标的设计不是比同期提高的幅度，而是人区客（分别指员工、区域市场、客户，每个人负责他经营的区域市场达到第一竞争力的目标）的创新。

抢到的目标不同，参与分成的薪酬基数也不同。海尔称之为“温度计”，就是把给用户创造的价值按竞争力水平在温度计上分成5 段，最好的叫分享，往下依次是提成、挣工资、亏欠、破产。每个人根据为用户创造的价值在温度计上的位置来确定自己的收入。挣工资就是单纯的打工仔，亏欠就是浪费了企业的资源。

第二，“缴足企业利润，挣够市场费用，超利分成”。海尔“人单合一”的双赢，就是一个激励相容的制度；因为每个人都想追求个人利益的最大化，但是先要实现企业利益最大化，员工就一定会实现个人利益的最大化。在人单合一的机制下，员工只要缴足企业利润，挣够市场费用，实现自负盈亏，即可获得超利分成。在海尔强大的IT 系统支持下，每个自主经营体成员每天都可以通过短信显示自己的“人单酬”账户盈利情况以及每天的差距，及时通过创新来关闭差距，把握绩效导向与用户双赢的方向。

第三，“虚网形成用户黏度，实网送达用户满意”——海尔以人单合一双赢模式创出虚实网融合的竞争力。

互联网时代，海尔人单合一双赢模式以零距离下的虚实网融合初步实现零库存下的即需即供，创出第一时间满足用户第一需求的竞争力。

零距离下的虚实网结合，“虚网”就是互联网。在网上不是促销而是相互沟通，通过网络社区形成用户黏度。如海尔空调把所有方案放在互联网上，用户只要输入居住房子的面积、朝向、装修风格、颜色，就可以得到满意的解决方案。

在“虚网”了解用户需求的前提下，“实网”必须第一时间送达用户满意。海尔的“实网”指营销网、物流网、服务网。海尔在中国主要城市建立了1000 多家海尔社区店，5000 多家县级专卖店，24000 多家乡镇网点，10 万多个村级联络站；在中国2500 多个县建立了物流配送站；有17000 多家售后服务网点。这一网络支撑着海尔在中国市场实现了“销售到村、送货到门、服务到户”，而且实现了“即需即供”，第一时间满足用户第一需求。

海尔基于人单合一双赢模式，创出了虚实网融合的核心竞争力。这一竞争能力，引起了一些国际企业巨头的关注和青睐。像GE 把在中国家电销售的冰箱代理权给了海尔，还有欧洲、日本非常著名的一些家电品牌把局部地区也让海尔来做。

总之，“人单合一双赢”模式是海尔非常大的创新，传统企业的合算体系是以资本和资产为中心，追求利益最大化，海尔则将传统的财务报表变为自主经营体的三张表一损益表、日清表、人单酬表。这种合算体系是以员工为中心，将用户最大价值与员工的最大利益紧密结合在一起，大大提高了一线员工的活力和创新力，更好地适应了互联网时代营销碎片化和需求个性化的特点。

（作者系海尔集团监事会主席）

建设“幸福万年文化”打造和谐万年矿

董风华

企业管理的最高境界是文化管理。企业文化是企业的灵魂，是企业最重要的无形资产和核心竞争力，具有强大的生命力和扩张力。先进的企业文化能够给企业持续成长、跨越发展提供强大的精神动力和文化支撑。随着改革开放的不断深入，我国煤炭企业对企业文化的理论研究和探索实践已经走过了 20 多年的历程。许多煤炭企业都在探索与创新中取得了可喜的成绩，打出了具有自身特色的企业文化品牌，助推了企业的科学发展。冀中能源峰峰集团万年矿就是一个鲜明的例子。

自去年下半年以来，冀中能源峰峰集团万年矿在原有基础上开拓创新，遵循“科学发展，幸福万年”的思路，积极打造以安全诚信文化、文明行为文化和亲情感恩文化为主要内容的“幸福万年”文化，通过实施多项“幸福工程”丰富其内涵，有效地促进矿井的安全生产和科学发展。

“幸福万年文化”实施背景

万年矿是一座年产 300 万吨的大型无烟煤现代化矿井，是冀中能源峰峰集团的骨干支柱矿井之一。近几年来，随着扩能技改的完成，该矿的各项生产经营指标都有了很大的提升，矿井呈现出突飞猛进的发展态势。然而，由于生产任务的加重，各单位的安全管理和员工的安全意识出现了松懈的现象，零打碎敲事故时有发生，影响了矿井的科学发展和员工的生命安全。员工的工作积极性和对生活的满意度也有了一定的下降，对企业的和谐稳定产生了不利影响。因此，如何以文化的力量促进安全管理，强化员工的安全意识，改善企业形象，增强员工的幸福感，就成了企业文化建设亟需解决的难题。为此，该矿领导班子大胆创新，积极探索企业文化建设新路径，在原有基础上提出了打造“幸福万年”文化的构想。

“幸福万年文化”释义

幸福是什么？准确来说，它是一种持续时间较长的对工作和生活的满足，感到工作和生活有巨大乐趣并自然而然希望持续久远的愉快心情。它是人类工作和生活所追求的终极目标。“幸福万年”文化，旨在为员工打造一个幸福、和谐的工作和生活环境，提高员工的幸福指数。让员工在平安、稳定的工作环境中，齐心协力，团结奋进，以“万年是我家，幸福靠大家”的理念，共创企业美好的明天，共享企业发展的成果。它包含了安全诚信文化、文明行为文化和亲情感恩文化三个构成要素。三个要素相辅相成，都蕴含了员工对幸福的感受和追求。

首先，珍爱生命，平安是福。安全是煤矿永恒的主题，也是员工最大的幸福。安全工作搞得好，企业发展才有坚实的基础，和谐幸福才有不竭的源泉。营造一种诚实守信的良好氛围，让员工履行安全承诺，遵守安全誓言，能够有效强化员工的安全意识，使员工对平安幸福的祈望变成美好的现实。

其次，良好的工作和生活环境可以使人心情舒畅，给人美的享受；文明有序的队伍能让每一个员工感到骄傲和自豪，给人以舒适感。规范行为，提高素养，打造一支言语文明、举止有度、遵纪守法的员工队伍，能够有力地改善员工形象和矿山形象，增强员工的优越感、幸福感和对生活、工作的热情。

第三，以人为本的企业文化应该从情感需求角度去关心员工的成长与发展，使员工的地位得到尊重。培育员工的归宿感和责任感，使员工对企业有一种“家”的依赖，自觉将个人的幸福与企业的发展联系在一起。渲染一种感恩尽责的氛围，让员工勇于担当责任，懂得感恩企业，回馈社会。

“幸福万年文化”的特色实践

安全诚信夯基础。安全是企业最直接的效益，是员工最大的幸福。在安全诚信文化建设中，万年矿在加强安全管理，强化诚信意识方面下足了功夫。

第一，持续开展“安全从我做起，安全从我抓起，安全向我看齐”承诺书签订活动，为全矿员工建立了 3400 份诚信档案，实行一人一卡制，严格按要求填写员工履行安全承诺情况，如：是否有“三违”现象，是否认真执行了集体升入井、六定管理等管理制度等。定期对区科、班组和员工的安全诚信度进行等级评定，根据考评结果给予奖惩。提高失信成本，强化诚信理念。

第二，从规范员工安全行为入手，编制了“万年矿员工诚信守则”，编写了安全行为“三大纪律，八项注意”。广泛发动，组织“诚信为了谁”大讨论活动，举办“安全是最大的幸福”演讲比赛和“诚信从我做起，安全向我看齐”征文活动。并通过制作诚信文化牌板、绘制诚信墙、建立诚信示范区、开展诚信理念宣讲等，营造了浓厚的“在安全上讲诚信，在诚信中保安全”的文化氛围。

第三，在安全文化建设方面，万年矿创新实施了“356”工程，即：坚持员工培训“三个结合”，建立矿、专业、区科、班组、岗位五级隐患排查体系，健全六大安全保障机制。开展了“创三争四”活动，即创建一批没有轻伤、没有事故、没有“三违”的区科、争创一批没有轻伤、没有事故、没有“三违”、没有现场隐患的班组和岗位。并进行表彰奖励，激发干部职工合智合力共创安全有序矿井的积极性。制定了“十项必须停止生产的决定”，全方位推行手指口述、岗位描述、班前班中班后“三确认”、军事化管理等精细化管理项目，实现规范有序操作。建立健全了以安监员、跟班区（科）长、班（队）长、验收员、群监网员、青年岗员“六大员”为一体的“六位一体”安全责任体系，从而构筑了全员、全过程、全方位的安全防线。

规范行为提素养。万年矿强化“5E”、“6S”管理，在规范安全行为的同时，狠抓员工文明行为养成，制定了《员工行为规范》，从“走路、开会、着装、坐姿、站立、敬礼、用餐”等基本行为抓起，建立动态考核验收机制，设立了专职纠察员和录像监控提示系统，提升了员工的行为素养。下发了在全矿推广使用文明礼貌用语的文件，规范了广泛性文明礼貌用语、公共场所、业务来往、外出办理公务、打电话等必须使用的39条文明用语。

同时，广泛开展了“创建学习型企业、争当学习型员工”活动，矿党政一把手亲自挂帅，掀起全员学习热潮，全面营造了“工作学习化、学习工作化”的浓厚氛围。通过创新实施“命题、点题＋破题”学习法，促进了广大员工的学习积极性，提高了员工的学习效果和综合素质。

亲情感恩尽职责。万年矿建设了镶嵌有员工家属亲情照片的“平安四季、幸福万年”安全文化长廊，让员工在入井前、升井后牢记亲人的嘱咐。经常通过家庭联动、家庭协管的方式，注重亲情渲染，给员工送去温馨的祝福，拉近员工与企业的距离。在各党支部建立“有事您说话‘话吧’”，区科管理人员在“话吧”亲切接待员工的来访，像亲人一般耐心倾听员工的倾诉，认真解决员工反映的困难和问题，给予员工家的温暖，使员工“企业是我家”的感觉更为强烈。中层以上领导干部自觉做到了“领导干部十必访”，实现了对帮扶对象的探访、慰问常态化。定期开展以“学会感恩，担当责任”为主题的“感恩文化”宣讲活动，通过贴切的故事、生动的案例向员工阐述企业发展与个人幸福的紧密联系，讲解员工应有的感恩之心和应当担负的责任，极大地增强了员工对企业的依赖和忠诚。

幸福工程暖人心。良好的环境是企业文化的重要组成部分。该矿牢固树立“企业发展成果惠及员工”的理念，大力加强环境建设，筹措资金实施了多项“幸福工程”。在井下大巷、工作头面和机电硐室都配置了安全生产文化灯箱、建立了井下人员定位系统，装饰了井下候车室，安装了安全知识及亲情文化语音播报系统，使员工在升入井过程中感受到安全文化与亲情文化的熏陶。员工医院连续六年免费为全矿员工进行体检。实施了亮化工程，对员工宿舍进行了装修，建成了高标准的员工公寓，改善了员工的住宿条件；改造装修了班后营养餐厅；硬化、绿化面积7000多平方米，扩大了鲜花绿草的种植面积。新建了私家车停车场，驾车上下班成为员工的一种时尚；改造了供水管网，实行了24小时供水；改造、装饰了工人村街心花园，使员工的生活环境更为美丽、舒适。同时，积极开展节日送温暖活动和“大病助医”“金秋助学”等活动，不断健全扶贫帮困机制，切实解决员工生活中的困难。这些都有力提升了企业形象，员工的幸福指数得到了显著提高。

“幸福万年文化”的实践成果

夯实了安全基础。安全诚信文化的不断深化，在全矿形成了承诺践诺的良好风气，进一步提升了全体员工的安全诚信意识，促使广大员工在工作中言行一致，真正将安全第一的思想落实到行动中，严格按章操作，有效减少了“三违”的发生。

“356”工程的深入开展和“六位一体”安全责任体系的不断强化，适应了安全形势发展的需要，实现了员工业务技术水平和安全意识的共同提高，促进了隐患排查的常态化，调动了每个员工搞好安全生产的积极性和自觉性，形成了举全矿之力保安全的良好局面，为矿井发展打下了坚实的基础。今年上半年，该矿原煤产量、精煤产量、开掘进尺、员工收入等多项指标都创出历史同期最好水平，在安全基础上以优异成绩实现了时间、任务的双过半。

提升了员工素养。一名优秀的员工，既要有熟练的专业技能，又要有深厚的文明素养。文明行为文化的不断深入，促使员工养成了良好的语言和行为习惯，“文明是一种习惯，礼貌是一种品格”的优良作风得到了光大。

言语文明，服饰规范，举止得体，按规范积极主动行事已经成为了万年矿员工的习惯。广大干部职工都能很好地保持办公环境的清洁、整齐，保持工作程序的规范化、标准化，真正做到“上标准岗，干标准活”。对文明行为养成和员工学习的强化管理，极大地提高广大员工的自身素养，提升了工作效率，保证了工作质量，为企业锻造出一支综合素质优良的员工队伍，建树了知文明、懂礼貌、行礼节、讲礼数、有涵养的新时代矿工形象。

形成和谐氛围。“幸福万年”文化实施一年来，万年矿实现了人、机、物、法、环的有效控制与和谐，形成了一种“井下有安全感，井上有舒适感，工作有光荣感”的人文环境。

安全管理水平的提升，有效地减少了生产中的不安全因素，降低了事故的发生率，增强了员工的安全感；工作和生活环境的改善，强化了员工的生活舒适感，极大地提高了广大员工的工作积极性和对生活的热爱，为企业前进营造了浓厚的和谐氛围；亲情感恩文化的深入推进，增强了员工的归宿感和幸福感，激发了广大干部职工强烈的爱企之情，使广大员工能够以在万年矿而光荣，牢固树立“万年是我家，幸福靠大家”的理念，从而以饱满的激情和高昂的斗志奉献于企业的跨越发展事业中。万年矿开拓区一位即将退休的老工人闫洪启对很多熟人都说：“在万年矿工作，领导的关心就在身边，我们真的很幸福！”

总之，通过“幸福万年”文化的实施，极大地提高了矿井的安全管理水平，增强了团队的凝聚力和战斗力，营造了和谐、安宁的浓厚氛围，为企业的跨越发展注入了强劲的文化动力。“幸福文化”以其丰厚的元素深化了煤矿企业文化的内涵，是企业文化一种有益的探索与创新，它切合煤矿的生产与生活实际，具有较强的推广和应用价值。

（作者单位：冀中能源峰峰集团万年矿）

同煤集团转变经济发展方式的哲学思考

王保玉

大家看到这个题目可能会稍微感到有点生疏，就是经济发展方式和哲学有什么关系？下面通过具体解剖同煤集团的案例，从哲学的角度来诠释怎样转变经济发展方式？同时，在这个过程中，国家可以发展什么？企业可以做些什么？大家应该很清楚，转变经济发展方式肯定包含着转变经济发展管理模式，对企业来说，管理方式更多的是表现在体制和机制上。

同煤集团60年的发展，经历了不同时期经济发展方式的变化，从马克思主义哲学的角度对其变化轨迹进行了总结、概括、抽象，力求破解当前转变经济发展方式中理论争议和实践分歧的难题。马克思主义哲学告诉我们，内容与形式是辩证统一的（二者的关系类同于生产力与生产关系），由内容决定形式，形式反过来作用于内容。转变经济发展方式内容上包括向什么方向转变？转变什么？这是其内涵和外延；转变经济发展方式的形式则是指必须要有与之相适应的体制（组织架构）和机制（架构内组织或部分之间相互作用的过程和方式）。

一、同煤集团转变经济发展方式内容上的变化

建企60年来，同煤的经济发展方式从产业布局上讲，大致经历了两个阶段：一是单一经济发展阶段；二是多元经济发展阶段，多元经济发展阶段又分为初级阶段（特征是多元不关联）和高级阶段（特征是多元关联）。

（一）单一经济发展阶段。

从企业成立的1949年到1990年，在计划经济时期产业分工及传统经济思想影响下，企业长期延续着挖原煤、卖原煤的单一发展路子。虽然40多年来企业在经营体制、分配制度以及采煤方式等方面进行了改革和创新，但企业始终处于开采高强度、生产高消耗、环境高污染、低综合利用“三高一低”的传统发展方式，发展速度缓慢。而且积累的问题也越来越多。

（二）多元经济发展阶段。

上世纪90年代初，伴随改革开放的深入发展，同煤集团开始由单一经济发展向多元经济发展转变。

第一，多元经济发展的初级阶段，这个阶段的最显著特征是多元不关联。社会主义市场经济体制目标的确立，为企业转变经济增长方式和实施多元发展战略提供了思想指导。当时大同矿务局积极推动，大力发展多种经营、发展第三产业，上马了淀粉糖厂、金属镁厂、玛钢厂、铁厂、钢丝绳厂、服装厂、食品加工厂、养殖厂等一大批非煤项目，但是到90年代末，受亚洲金融危机的影响，煤炭产量出现供大于求的局面，非煤产业的产品滞销，生产萎缩，大多数非煤企业陆续下马，员工收入急剧下降。纠其原因，主要有以下几方面：一是多元发展的“元”，元与元相对独立，布局松散，相互间不能进行有效支撑；二是新项目没有形成一定的规模，抗风险能力较弱；三是没有进行充足的人才储备和丰富的人力资源做支撑。许多项目的管理人员和工人都是从煤矿抽调的；四是没有相应的体制、机制作支撑，致使企业运转不畅，与市场不接轨。

第二，多元经济发展高级阶段，这个阶段的最显著特征是多元关联，以煤碳为中心延长产业链。在总结过去50年发展历程，面对10年来多元经济初级阶段的发展教训，面对开采半个多世纪所形成的345平方公里的沉陷区、60多座共计8000万吨经常冒烟的矸石山，同煤集团深切感受到煤炭工业传统发展的路子越走越窄，不能再走下去了。所以逐步确立了走现代化、集团化、洁净化、多元化、国际化道路，建设商品煤基地、煤炭深加工基地和市场投资主体，成为具有核心竞争力的特大型煤电能源企业的发展战略，加大了产业结构调整的力度，大力发展煤炭、电力、煤化工、冶金、煤机制造五大支柱产业，规划建设一大批循环经济园区，使企业走上了转变发展方式的快车道。这一阶段的特点是调产力度大、项目规模大，人才、技术、体制、机制等要素及时跟进，确保“转变”的健康与协调。例如，在建设塔山循环经济园区时，首先考虑的是把煤矸石、伴生高岭岩、中煤、尾煤吃掉，把水净化循环使用，力争“吃干榨尽”，在建设项目的推进中，从产业布局上完善了这一思路。

塔山循环经济园区共有十大项目：第一个项目是年产1500万吨的煤矿。这个煤矿是世界最大的单井口井工型矿井。井下用工800人，矿井在设计、工艺、装备、效率、安全等方面，都达到了国际一流水平。

第二个项目是年洗选1500 万吨的洗煤厂。

第三个项目是4×5万千瓦综合利用电厂。洗煤厂每年产生120万吨低热值中煤、尾煤全部提供给4×5万千瓦资源综合利用电厂用作燃料，进行综合利用。该电厂同时对同煤550万平方米的居民区和工作区提供集中供热，替代了240 多台供热燃煤锅炉，每年可节约标准煤近百万吨，节约水400万吨，节约供热设备维修费近千万元，减少烟尘排放3500 吨，减少二氧化硫排放2000吨，经济效益和社会效益都十分显著。

第四个项目是2×60万千瓦坑口电厂，变输煤为输电。

第五个项目是粉煤灰制砖厂，充分消化电厂的废弃物。建设4亿块/年粉煤灰砖厂，每年可消化电厂产生的粉煤灰65万吨，消化脱硫石膏6万吨。

第六个项目是煤矸石烧结砖厂。年产2.4亿块煤矸石烧结砖厂，每年可消化洗选过程中产生的煤矸石100万吨。生产的煤矸石标准砖、大孔洞轻体砖、煤矸石多孔砖等产品，

主要用于建筑主体结构和墙体材料。

第七个项目是高岭岩煅烧厂，对珍贵的伴生资源进行充分利用。

第八个项目是新型干法水泥熟料生产线。日产4500吨新型干法水泥熟料生产线，年消化塔山电厂产生的电炉渣和粉煤灰70万吨、脱硫石膏5万吨，作为水泥生产用的替代原料和混合材料，年产水泥熟料180万吨。

第九个项目是污水处理厂。园区废水基本上做到“零排放”。矿井产生的污水经过污水处理，作为洗煤厂中水回用，实现闭路循环。塔山电厂所有生产补给水全部取自污水处理厂，实现了中水的复用。生产污水经过电厂设立的三级污水处理后，回用于灰场及煤场防尘喷淋，实现了用水的闭路循环，生产废水的重复利用率达到100%。

第十个项目是铁路专用线。

可以看出，塔山循环经济园区所有的资源全部得到了利用，出园区的全部是商品，真正做到了“吃干榨尽”。与传统煤炭生产方式相比，塔山循环经济园区具有这样一些特点：一是区域经济科技层次高，产业链条完整；二是资源回收率高。特厚煤层一次采全高，回采率达到了80%以上；三是变废为宝。煤矿伴生资源和各个产业的废弃物都得到了充分利用；四是改善了区域环境质量。把传统开发模式中的环境污染问题作为企业开发的重点进行综合利用，加强了生态修复和环境建设。所以，循环经济园区的建设思路应该是煤炭工业的发展方向；也应该是其它工业发展的方向，是转变经济发展方式内容中最具活力的一部分。

二、同煤集团转变经济发展方式形式上的变革

从企业层面看，面对市场经济的生存环境和关联程度愈来愈高的多元经济，原有的计划经济时期形成的管理形式，已经容纳不下现阶段管理内容了，必须要变革，这个变革就是要建立一套与现阶段管理内容相适应的管理形式，它包括两个方面：一是与管理内容相适应的管理体制，二是与管理内容相适应的管理机制。

第一，建立现代企业管理体制，实现由传统企业管理体制向现代企业管理体制转变。

由管理内容决定现阶段必须建立与之相适应的现代企业管理体制（组织架构），实现由传统企业管理向现代企业管理的转变。

2003年，组建大集团后，同煤集团进一步完善了母子公司框架，建立了两级公司、三级管理、下管一级、适度延伸的母子公司管理体制，即构建三个中心：公司定位为决策中心，主要任务是决策重大的人、财、物、事，集中精力抓好发展战略、重大项目规划建设，抓好煤炭、电力、煤化工、冶金、煤机制造五大支柱产业项目的运作和资本运作；子公司定位为效益中心，主要任务是分类强化管理，拥有充分的自主权，最大限度地获取经济和社会效益；子公司下属的生产矿、厂、处定位为成本控制中心，不直接面对市场，主要任务是增产量、保质量、降成本，追求利润的最大化。

第二，建立现代企业管理机制，实现由粗放型管理向精细化管理的转变。

由管理内容决定现阶段必须建立与之相适应的现代企业管理机制（架构内组织或部分之间相互作用的过程和方式），即管理模式。

在建立现代企业管理体制的同时，同煤集团选取了企业文化这种管理模式，煤炭企业选取企业文化管理，是由于它具备三个显著特征：一是以人为本，激励和约束，量身定做；二是动态的精细管理；三是闭合的考核运行机制。在现实工作中，对动态的管理对象如果通过静态的管理模式来管理，是很困难的。煤炭企业仅从其现场管理的空间来看，是立体的、三维的，从时间来看是持续的、不间断的，从形态来看是动态的、变化的，所以煤炭企业管理的跨度和难度更大。只有选择企业文化管理模式，才能实现由粗放型管理向精细化管理的转变，实现管理质的提升。在打造具有同煤特色的企业文化建设中，同煤集团突出抓住了四个重要环节：一是理念渗透。理念是企业家管理企业各流程最基本的原则，理念渗透就是把这些最基本原则浓缩成通俗易懂的语言，通过载体（VI视觉识别、HI听觉识别等）不断灌输给员工，变成员工的意志和行为准则，为行为养成和精细管理做思想上的准备。

二是行为养成。由企业制定的员工通过努力，现阶段能够做到的基本行为规范和准则。同煤集团选取了整理（Seiri）、准时（Sharp）、标准（Standardization）、服务（Serve）、素养（Shitsuke）、安全（Safety）等最基本的工作要素，制定出了6S行为规范，通过强制执行和持续培训，逐步让其成为员工自觉行动。在员工多数都能作到的基础上，再深化高水平的行为规范，提升管理水平。

三是精细管理。精细化管理是企业文化建设的重点，是全面提升企业管理水平的关键。

首先建立了覆盖全员的4E（每个人everyone、每件事everything、每一天everyday、每一处everywhere）岗位精细管理标准，对于习惯于粗放管理的煤炭企业来说，这是企业走向精细化管理的必由之路。

其次，建立了严密闭合的考核体系，这是精细管理能够有效运行的支撑，我们把4E精细化管理标准和6S行为规范用ABC三卡锁定，进行闭合循环考核：A卡由员工对照标准每班自我考核；B卡由跟班队长或班组长持有，根据每个员工的当班工作绩效进行考核；C卡是考核单元的终端，由区队、车间对员工A卡、B卡数据进行汇总，实施月度考核。每个考核期（半年或三个月不等）进行全员绩效排序，产生出优秀员工、合格员工、待培训员工，通过自上而下的标准考核，将考核结果公布于看板，实施考核兑现。凡考核期间不达标者要离开工作岗位，进入员工培训中心，经过针对性的培训合格后重新进入岗位工作。这种对全体员工公开、公平、民主的考核机制，对全面提升企业安全、生产、质量等各项管理水平，提高工作效率和效益以及质量起到了极大的促进作用。

四是流程再造。流程是指企业组织构架内的系统，例

如物流、资金流等，流程再造是指对企业流程的创新或修正。流程再造贯穿于企业文化建设的每一阶段，也贯穿企业发展的全过程。通过持续改善组织结构、优化流程，使企业的流程始终保持活力。

三、同煤集团转变经济发展方式实践的若干启迪

从同煤集团转变经济发展方式中，我们得到了的五点启迪，即三个统一，两个原则。

第一，转变经济发展方式必须坚持内容和形式的辩证统一，内容和形式缺一不可，内容改变了而形式不变，会阻碍内容发展，只变形式没有内容，同样是“穿新鞋走老路”，完不成转变经济发展方式的历史使命。目前理论界对转变经济发展方式的出路、突破口或抓手争议很大，所持的观点各不相同。归纳起来大致分三类：一是内容之间的争议；二是形式之间的争议；三是内容与形式或形式与内容之间的争议。例如，单纯强调政府转型，减少政府拥有过多的资源配置权是转变经济发展方式的唯一出路的观点（属形式范畴）；单纯强调通过城镇化，缩小城乡差距的观点（属内容范畴）；单纯强调努力增强自主创新能力，发展循环经济的观点（属内容范畴）等。我们把这些观点放在马克思主义基本原理的框架里去分析认为，仅仅从转变经济发展方式的内容与内容、形式与形式、形式与内容或内容与形式进行争议，都是完不成转变经济发展方式的。转变经济发展方式的唯一出路应该是按照马克思主义基本原理，坚持内容与形式的辩证统一。首先在内容上确定向什么方向转变（内涵），其次确定转变什么（外延），第三，建立与内容相适应的形式（体制和机制），这才是唯一出路、突破口或抓手。

第二，发展循环经济必须坚持循环与经济的统一，循环必须经济，不经济循环不起来，因为循环经济效益特征总体是随着循环级数的增加，经济效益在递减，社会效益在递增。这就客观上需要国家有相适应的政策做支撑，例如：税收、土地政策的变革等。这也是内容决定形式的一个例证。

第三，循环经济必须坚持资源与废料认识的统一：废料是放错位置的资源。如煤矿开采排出的矸石，煤矿通风后排出风流中的低浓度瓦斯等。

第四，循环经济在产业布局上必须坚持“就近”原则。一是技术工艺就近（从时间上讲），如煤变成电，高岭岩变成煅烧高岭土系列。因人才等生产要素接近，容易实现效益最大化；二是产业布局就近（从空间上讲），形成工业聚集园区具有非常大的优势。例如：建设坑口电厂实现“煤电联姻”解决“煤炭旅游”的问题，可大量节约资金，缓解运输瓶颈（从大同到广东铁路直达煤炭运费每吨250-260元。一座2×60万千瓦电厂一年耗煤320万吨左右，运费为8 亿元）

第五，转变经济发展方式必须明确责任主体，贯彻谁主管谁负责的原则。各级政府是转变经济发展方式的形式主体，企业是转变经济发展方式的内容载体（也可理解为内容主体），承载转变经济发展方式的具体内容。

上述五点启迪分属两个逻辑层面，仅是很小的一部分。把转变经济发展方式的辩证关系和逻辑关系搞清楚后，放到马克思主义基本理论的框架中做深层次思考和实践，能够得出更多的启迪。

（作者系大同煤矿集团公司党委副书记）

精细文化与精细管理

宋双亮

近年来，陕煤化集团王村煤矿以企业文化为引领，以管理创新为手段，使企业文化建设蓬勃开展，推动了矿井实现又好又快发展。王村煤矿先后荣获了全国文明煤矿、全煤工业企业文化示范矿、全煤工业五精管理样板矿、全国首批安全质量标准化煤矿、全国双十佳煤矿，全国安全高效矿井等众多的国家级荣誉。陕煤化集团在矿上办了两期安全生产管理培训班，从井上到井下已经形成了一个系统的企业文化和安全管理的实地学习和现场培训的基地。今年 8 月，陕西省副省长李金柱同志到王村煤矿进行了视察，并且对煤矿的安全管理和企业文化建设给予了高度的评价。

王村煤矿企业文化建设的历程

王村煤矿的企业文化建设经历了一个不平凡的发展历程。当时，在搞企业文化建设的时候，把企业文化定位为管理文化。2003 年，开展了以“三基建设”（基层建设、基础建设、基本功建设）为主要内容的企业文化试点工作，即就是：强基层，打基础，多管齐下抓基本功，当时班组建设就是从那时候开始搞起的，搞“三基建设”，取得了一个显著成效，就是实现了把矿上的大管理、整体管理向基层管理、基础管理的转变；2006 年至 2008 年，我们又开展了以 6S 精细化管理和岗位价值精细化管理为主要内容的企业文化实践工作，从整理、整洁、准时、标准化、素养、安全六个方面入手，全面推进精细管理，解决了多年来矿井管理不严不细的问题，也取得了一个显著成效，就是使矿上的、也就是使煤矿的粗放式管理，开始向精细化管理转变；2009 以来，王村煤矿又开展了以“五精”管理和全要素安全精准确认管理为主要内容的企业文化推行工作，取得了一个显著成效，就是实现了管理的再升级，使精细化管理开始精美管理延伸，可以说，我们的现在这个管理正在走向精美化管理。文化的超前引领，管理的不断深入，使企业有了文化土壤，企业文化开始在矿上生根、开花和结果，这是我想说的第一个方面，关于王村煤矿企业文化建设所走过的历程。

王村煤矿企业文化建设所形成的体系

经过多年的实践与建设，目前王村煤矿已经建立和形成了具有自身企业文化特色的五大体系：

第一个是文化理念体系，如目标愿景体系，王村煤矿作为渭北老局一个矿井，一开始就提出了要把王村煤矿打造成渭北一流的安全高效矿井。这个目标实现以后，又提出了

打造陕煤化集团安全高效现代化矿井；之后，又相继提出打造全国一流安全高效现代化矿井、“在管理上打造引领全国煤炭行业的一流煤炭企业”的目标愿景。

第二个体系是安全预防管理体系——“122 体系”，“1”是指一条预防主线，第一个“2”指行为预防和环境预防两个抓手，第二个“2”是指26 条重大隐患排查处置和110条严重三违排查处置两大制度，通过这个122 预防体系，把煤矿的安全管理提升到了一个新的高度，使矿井的安全管理，开始从预防事故向预防隐患、预防三违转变，开始从处理事故向处理隐患、治理三违转变，现在矿井已经实现了安全生产1700余天。

第三个体系是安全质量标准化体系，煤矿生产，安全为天，搞好煤矿的安全生产，就需要找一个很好的载体，安全质量标准化建设就是其中一个很好的载体，那么对煤矿来讲安全质量标准化到底怎么样去搞，这是一个看不见，摸不着的东西，通过近几年来的实践探索，总结出来了“王村煤矿安全质量标准化五字六法”，五字是“高、严、细、实、新”，六法是队长示范区管理法、线长负责制工作法、断点链接管理法、八大全员管理法、8+ 3 安全高效执行法、全员创新行动法。

以“五字要求”中的“高”为例，指的是高目标、高标准，标准高到什么程度，制订的这个标准过于国家标准，从而使王村煤矿连续6 年创陕煤化工集团样板矿井、示范矿井，严指严要求、严考核，细指抓细节、求精细，实指责任实，抓落实；再比如“六法”中其中有一法叫“队长示范区管理法”，它是一种样板示范、以点带面的管理法，以队长为第一责任人，首先选定100 米巷道进行示范区创建，内容涵盖采掘机运通各专业，并按照制定的高于国家级的标准，矿月月组织联合验收、评比排名，达到示范区标准的，矿上授牌奖励，并每月给予增加200米的创建范围，达不到的，矿上要进行摘牌，并进行处罚，责令其限期创建，通过颁牌摘牌，强化了安全质量标准化工作的动态管理，使各单位的安全质量标准化工作都达到了精品，实现了安全质量标准化工作的动态达标，从而实现了安全文化地再提升。

第四个体系是“人”文化体系，王村煤矿在长期的实践过程中总结出“三人文化”，就是“为了人，依靠人和发展人”。据此，在地面对浴池进行了改造，改成了职工洗浴中心，里面有冲浪浴、蒸汽浴等；在井下，各工作面都配置了食品超市，让职工在井下也能吃到热腾腾的饭菜；同时还在井下建立了职工休息室、洗漱台，所有的台阶都刻上了花纹，不仅为了好看，更是为了安全、防滑；所有的坡上都设置了长凳，职工可以休息；在所有的攀高处、上坡处都设置了文化温馨提示，“小心脚下台阶”、“请注意安全”等，时时处处都体现出了人文的关怀、人文化的氛围。

第五个体系是全员创新体系，为职工搭建岗位成才平台，极大地激活职工工作的源动力。在全矿干部职工中开展了全员岗位创新行动，就是让每一个干部和职工在自己的岗位上进行发明创造、技术革新，多出金点子。

两年来，已经审批命名的创新项目已经达到了248 个，对所有的创新项目都以创新人的名字进行命名，同时进行命名表彰。同时，还实行内部专利保护，推行了激励机制，对于岗位创新能手、创新明星、创新状元都给予不同的奖励。去年对创新状元实行一万块钱的现金奖励，今年前半年奖励了5万元，明年确定要奖励一套单元房。在创新的文化氛围下，在不断激励的基础上，极大地促进了员工创新的积极性，员工岗位创新不断涌现，在全矿形成了人人在创新、人人能创新的浓厚氛围。

王村煤矿企业文化建设取得的成效

第一，劳模多了。现在矿上有全国劳模、省劳模、集团劳模，局、矿劳模更多。

第二，矿区更美了。现在整个矿区，不仅做到了净化、绿化、美化，而且做到了文化；井上下都采用了定置、编码、标识、看板四项管理新技术，所有的材料都是分区划线摆放，现在，已经实现了井下像工厂、地面像花园的目标。

第三，管理更精细精美了。像地面室内所有办公室的窗帘两边各打几折都有严格的规定；书柜里书的外边沿和书柜的边沿距离都有明确的规定；所有的物品，摆放的都非常整齐有序，就连走廊上的开关，都贴有责任牌——责任人、督导人的名字都写在上面，强化了每一人、每一事、每一物、每一时、每一处的精细精美管理。如井下电缆用的铁丝需捆绑时，铁丝的转向都必须是按顺时针的，转的圈数都必须是三圈，精细精美的管理无处不在。

第四，实现了企业和人的共同发展。企业的形势发展好了，发展的成果当然要与职工共享。去年全矿职工的人均收入是8万元，矿区职工的私家车数量已达到百余辆。近两年，矿上有20余名中层干部成长为处级干部，成长起来的中层干部和技术干部已经达到了也是40多位，还有刚才说的创新项目已达到240多项， 说明就有240 多个创新能手，实现了企业和人的共同发展，达到了人企合一。

总之，今后在企业文化具体地建设与实践过程中，王村煤矿将继续以文化引领，以管理创新为手段，把企业文化建设继续向前推进，为早日实现十二五规划的发展目标而努力奋斗！

（作者系陕煤化集团澄合王村煤矿党委副书记）

文化创新引领经济发展方式转变

周瑞华

中信重工机械股份有限公司原名洛阳矿山机器厂，是国家“一五”期间兴建的156 项重点工程之一。1993 年并入中国中信集团公司，更名为中信重型机械公司。2008 年元月，改制成立中信重工机械股份有限公司。

历经半个世纪的建设与发展，公司现为国有大型一类企业，中国最大的重型机械制造企业之一，中国最大的矿山机器制造企业，中国低速重载齿轮加工基地，中国大型铸锻和热处理中心，国家级理化检验认可单位和国家一级计量企业。公司通过 IS09001 国际质量认证、军品质量认证和环境职业健康及安全管理体系四个认证，并成功导入卓越绩效管理模式。被誉为“中国工业的脊梁，重大装备的摇篮”。2010 年 7 月 10 号，胡锦涛总书记到公司视察时，他称赞中信重工“是转变经济发展方式在企业的成功实践”，而且对于由生产型的企业转变成一个研发型的企业，三次强调这个创新是企业的生命，并且鼓励公司再接再厉，努力在世界装备制造业占领一席之地。

中信重工在由计划经济向市场经济转型过程中，也曾出现长达 19 个半月的拖欠员工工资、拖欠政府的养老保险金、住房公积金等困境，是拖欠大户。在饱受市场的洗礼和挑战中，企业几经濒临破产的边缘。直到 2004 年，公司重新调整了领导班子，以创新的精神、创新的理念、创新企业文化的信心推动并实现企业发展方式的五大转变：成功地由一个工厂制的企业向公司制转变；由生产型向研发型转变；由一般制造到高端制造转变；由制造商向服务商转变；由内向性向国际化企业转变。这五大转变充分的说明，企业文化创新引领的作用之大、企业文化的魅力之大。

以创新精神引领企业文化创新

中信集团的企业文化精髓就是 12 个字：诚信、创新、凝聚、融合、奉献、卓越；中信重工加入中信集团后，在集团公司这 12 个字的精神基础之上，结合企业自身的特点，建立、总结和提炼出中信重工的企业文化体系——“诚信文化体系”。这个体系可简单的用几句话来概括：打造百年基业是目标，岗位诚信是核心，经营理念是基础，焦裕禄精神是精髓，岗位诚信体系是特色，岗位行为规范是支点。

企业的使命是企业经营目的和企业形象的一个界定，中信重工秉承“为客户创造价值，以诚信铸就基业”这样一个双重使命，在这个双重使命里面为客户创造价值、推动客户不断地成功，是企业追求的终极目标。而“以诚信为本，打造百年基业”是企业自身的成长目标，是建立在终极目标之上的。核心价值观是企业文化体系中的核心部分，中信重工的核心价值观就是岗位诚信。作为岗位诚信的重要体现，提炼出“60 字”的岗位诚信宣言——每一名员工从董事长、总经理、中层干部到基层一线员工，包括新进的员工，都要进行岗位诚信宣言。经营理念是企业从建厂至今逐渐发展并从实践中总结出来的，指导思想就是身边的一些优秀文化基因，包括经营理念、战略理念、人才理念、质量理念和服务理念等。其中战略理念，中信重工定位为“云层战略”的四高战略：以高端技术支撑高端产品，以高端产品服务高端客户，以高端客户战略高端市场。意思就是当山峰的海拔超过云层，在人们的眼中也就那么几座山峰；我们只要紧紧地盯住这几座山峰，就会永远处于市场竞争的第一方阵。而云层之下，山峰林立，竞争激烈，极易被激烈的竞争所淹没、淘汰；所以企业要想一直处于领先地位，就要不断地进行创新。

“焦裕禄精神”是中信重工的企业精神。焦裕禄同志是大家熟悉的，他作为毛主席的好学生、县委书记的好榜样，带领兰考人民与自然灾害战斗。实际上焦裕禄去兰考之前，在洛矿工作了九年。这九年，焦裕禄同志一直是拼搏奉献，并且具有很强的学习的能力，把自己从一个工业战线的门外汉培养成了工业战线的指挥者。在进厂之前，焦裕禄对工业知识、工业管理一概不了解，就是凭着顽强、刻苦的学习精神，从工人做到车间主任，按现在的机制就是生产厂长这样的一个角色。为此，焦裕禄同志为中信重工留下了一笔可贵的精神财富。因此，中信重工在总结提炼企业文化的时候，一个是传承企业发展过程中沉淀下来的宝贵传统——“焦裕禄精神”；二是结合时代精神，总结提炼出三大精神——“诚信敬业，拼搏贡献，开拓创新”，将此作为我们的企业精神。

岗位诚信体系是中信重工企业文化体系中的一个核心和特色，也是一个亮点，是将诚信文化和企业生产经营管理相结合，将文化管理转化为行为管理的一个很好的保障。岗位诚信体系是通过建立岗位规范，制定行为评价的一个标准，对员工岗位诚信度进行考核，同时把考核的结果与薪酬挂钩的这么一个不断循环、持续的过程。中信重工有 846 个岗位，每一个岗位都制定出详细的岗位规范，并且为每一名员工建立岗位诚信档案；那么一年下来，对员工的岗位诚信度进行 360 度考勤，考评的依据就是岗位规范，考评的结果与员工第二年的薪酬挂钩。至于对员工的岗位提升，中信重工分三步实现：一是通过诚信宣言，激发员工践行岗位规范的心理愿望，从心理上达成诚信的心理契约；二是以岗位规范作为准绳，量化员工的岗位行为和岗位行为结果；三是将岗位诚信或企业人力资源，为每一名进厂的员工建立一个员工成长计划，包括短期的和长期的。同时与岗位诚信规范相结合，为员工打造一个良好的职业生涯发展平台，不断地提升员工的岗位技能，提升企业的核心竞争力。

在企业管理方面，建立了岗位诚信体系，即通过员工诚信宣言、岗位诚信规范、群策群力活动、员工诚信考核这四项内容，建立了一个四轮驱动的螺旋桨，来保证岗位诚信体系的落实及保证绩效考核的成效。

对于岗位行为规范，从两个层面对员工与干部作出要求：第一，干部层面。干部有 56 字箴言，要求干部应该如何去做；同时提出了“345”戒规，提醒干部什么不能做？其中“3”指的是不能做“3”无干部——无能无为无绩效；“4”是不能说这 4 句话——不知道、不会干、不是我干的、没有办法；“5”是不能做 5 种人（这也是公司的董事长在日常的干部管理中发现的一个经常存在的现象）——一是不从实际发现问题的人，二是深入实际却发现不了问题的人，三是发现了问题解决不了问题的人，四是解决不了问题也不反映问题的人，五是能解决问题但是解决不彻底的人。第二，员工的层面。制定了五条准则，800 多个岗位规范以及 292

条岗位不诚信行为。

通过系列岗位诚信体系的建立，把抽象的诚信概念具体地植入到企业的经营管理中，创造性地让诚信文化在企业内落地生根，推动企业走向“以诚信文化凝聚人心，以诚信管理塑造形象，以岗位诚信推动企业发展”的新的发展阶段。而在具体的企业文化推行过程中，主要通过以下五个方面：

一是 “内化于心”——力求“全员认同”。在总结企业文化体系的过程中，广泛地征求员工意见。因为企业文化体系是来自于实践，其中的很多内容都是在企业日常的生产经营中提出来的，企业的每一名员工都不陌生。比如在总结企业文化时，举办过很多层面的座谈会，包括一线员工、管理人员、技术人员，同时会下发调查文件，让大家畅所欲言，广集群意。再比如，在归纳总结中信重工企业精神时，大家一致认同且以焦裕禄同志为骄傲与自豪。因此，中信重工的企业文化在总结提炼的最初阶段，就有一定的良好基础。

二是“显化于物”——力致“亲身感受”。通过语录、励志故事、员工亲身感受等，把抽象的企业文化借助身边能得到、摸得着的东西，让员工有切身的感受。如，焦裕禄同志曾经工作过的车间旁边的一条道路命名为焦裕禄大道，大道旁树立了焦裕禄塑像。

三是“固化于制”——力举“制度约束”。通过岗位诚信度管理体系将文化和管理进行深入融合，促进以诚信为核心的企业文化的落地——CME 诚信管理模式，C 指的是诚信管理，就是对每一名员工的岗位诚信、岗位规范进行科学的量化；同时，对员工岗位诚信及时进行评估。E 指的是双重激励：一方面通过诚信宣言来激发员工的诚信意愿，建立诚信管理的内在驱动力；另一个方面通过建立岗位规范来形成一种外在的约束力，通过内在的驱动力和外在的约束力，双重激励来促进员工全方位的提高。M 指的是目标，通过诚信管理、双重激励来帮助员工实现年度目标，同时要不断地实现员工个人成长计划，不断地提升员工的岗位诚信和企业核心竞争力。这三个方面形成了一个稳定的三角支撑，推动了企业快速发展。

四是“外化于行”——力推“知行合一”。通过设计推进企业文化的载体，来升华岗位诚信的实践活动，推行焦裕禄式的干部。在技术管理层面上开展社会公益活动，涵盖企业的各个岗位、各个部门、各个系统，完善岗位规范存在的不足，借助群策群力不断提升企业管理水平。

五是“惠化于人”——力创“和谐重工”。企业的发展与员工的努力分不开，相应的企业的发展成果也应让全体员工来分享。比如为我们的青年员工建造青年公寓，每年组织员工健康疗养、健康体检，提高员工生活中心服务水平等，减少员工的后顾之忧，从而让员工安心工作，为创建和谐重工而共同努力。

以创新的理念引领企业发展方式的转变

中信重工将创新作为推动公司发展的一个核心发展理念，不仅在企业的实践中催生了岗位诚信、企业文化体系，同时也形成了一个巨大的引擎，推动了企业转变发展方式，使企业实现了五大变化。第一，就是由工厂制实现了向公司制的转变。中信重工计划在今年的第 4 季度上市，目前已建立了包括股东会、监事会的公司治理结构。

第二，就是由生产型向研发型转变。着力打破传统的经营模式——过去中信重工是一个生产型的工厂，客户需要怎样的产品，根据签订的合同就为客户生产加工他们所需的产品；现在的中信重工集合工程、产品技术和工艺技术三位一体的体系，紧紧跟随市场，通过市场研发，及时推出科研成果，推出新的产品；然后再进行市场的培育，以此来实现企业的高端发展战略——以高端产品服务高端客户，占领高端市场。在三位一体的研发体系过程中，与国际、国内知名的院所建立了一个开放性的研发格局。目前企业新产品销售收入占总收入的 60% 以上，尤其是今年上半年 1 到 6 月份总收入达到了 75 亿，其中新产品占到了 70%。每一年公司销售收入的 8.6% 要投入到研发中，现在研发人员的总数已接近一线生产工人。

第三，就是由制造商向服务商的转变。经过几年的探索，逐渐也摸索出了一条新的商业模式——核心制造 + 成套服务。核心制造就是通过近些年来大规模的技术改造，建立了一个重型化、集成化、成套化、大型化的生产优势；成套服务就是为客户提供一整套的解决方案，进行全方位的工业监管。如建立了国家重点重型装备实验室，可以为客户提供最初的物料分析、设备选型、产品设计、产品制造、安装调试等一整套的工业服务。

第四，就是由低端制造向高端制造的转变。中信重工投资了 39 亿元，为期四年建立打造一个新重机工程，通过大规模的技术改造建成了这个工程，使中信重工站到了全球重型制造的一个高端平台上。

第五，就是由内向型向国际化转变，加速国际化进程，有效地利用国际国内资源，实现企业的可持续发展。尤其是在 08 年国际金融危机来袭时，有效地利用两个市场、两种资源、国内国外两条路发展，对企业抗击金融危机发挥了很好的作用。当时，这个行业有很多企业面临大批订单停滞的困境，而中信重工因为有 50% 的订单来自于国际市场，而且是国际市场的知名客户，如巴西的必和必拓等知名企业。越是在经济危机、经济脆弱的时候，订单越是集中在有实力的、品牌优良的企业中。中信重工正是因为与国际知名企业建立了良好的战略合作关系；所以，在有效地抵御经济危机的侵袭中发挥了重要的作用。

中信重工通过几年的战略谋划，已经初步完成了在全球化的布局——在南美、南非、印度、巴西、澳大利亚都建立了分公司和办事处，而且已成为世界上最大的矿业和水泥装备的服务商和供应商。今天的中信重工在国际化的道路上已经迈出成功的一步，今后将会继续提升，继续以创新的精神、创新的企业文化，引领企业经济可持续发展，再创新的辉煌！

（作者系中信重工机械股份有限公司宣传部长）

理顺劳动关系 构建和谐企业

段东明

我们中铁十七局集团公司前身为铁道兵第七师，1984年1月由兵改工，现属国务院国资委管理。具有铁路工程施工总承包特级资质和公路、市政、水利水电、房建4个总承包一级资质，拥有承包境外工程、勘测、设计、监理项目、设备材料进出口和对外派遣劳务等经营权。现有职工18000人，年施工能力400亿元以上。先后荣获全国“创鲁班奖工程特别荣誉企业”、“全国优秀施工企业”、“全国精神文明建设工作先进单位”、“中国和谐社会建设最具责任感企业”等荣誉称号。近年来，我们特别注重理顺劳动关系，致力于构建和谐企业，今年8月15日在人民大会堂召开的全国构建和谐劳动关系先进表彰大会上，集团公司又荣获“全国模范劳动关系和谐企业”称号。

坚持尊重人，让职工当家作主

企业让职工当家作主，职工就把企业当作自己的家。2006年，我们提出了“企强工富 内和外顺”的和谐企业建设目标，并坚持把尊重维护职工的权益作为构建和谐企业的大事，一以贯之抓紧抓实抓好。

一是全面落实职代会制度，确保职工民主管理权。职代会是企业民主管理的基本形式，是职工行使民主权力的主要载体。我们严格按照《山西省企业民主管理条例》及有关规定，制定了《职代会实施办法》，坚持每年至少召开一次职代会。职代会程序规范，职权落实，模式创新。工会以开展“保障职工民主权益”主题活动为载体，坚持以职代会为基本形式，不断拓展企业民主政治建设渠道，充实内容、创新机制、抓好落实。工会每年下发《关于组织指导基层单位（项目）召开职代会的通知》，并从制度上保证基层单位在召开职工（代表）大会前向集团工会请示，召开期间按规定议程进行，召开后及时报告会议情况，做到基层不留空白，职代会不减程序。职代会的主要议程有：行政工作报告、财务工作报告、提案工作报告、集体合同履行情况报告以及民主评议集团公司领导干部。实现了改革措施、办法和规章制度以及关系职工切身利益的重大问题一律经职代会审议通过，充分发挥了职工代表大会的决策作用。

二是全面落实集体合同制度，保障职工经济利益权。等协商集体合同制度是企业构建和谐稳定、协调高效劳动关系最重要、最有效的措施。我们从1997年起就推行了集体合同制度。在平等协商集体合同工作落实中，根据《集体合同规定》，将涉及职工切身利益和劳动关系的重大问题作为平等协商的重点，由工会代表职工与企业进行协商后做出决定，将用工制度、各类假期待遇、职工工资收入，职工停（息）工期间工资待遇、社会保险的缴纳管理、职工伤残患病，女职工孕（产）期的保险福利等方面内容写进集体合同。并将集体合同草案及时在公司内部网站公布，方便大家积极参与、了解基本内容。按照国家及山西省总工会的要求，我们不仅做到了不裁员、不减薪，还通过增加奖金基数、流动津贴、年功工资、出勤工资等措施，在确保职工工资支付率、社会保险费缴纳率100%的基础上，保障了职工工资的逐年增长。去年集团在岗职工人均工资达到46019元。为保障劳动关系双方的合法权益，促进劳动关系的和谐稳定，今年集团公司二届四次职代会讨论通过并签订了《中铁十七局集团有限公司集体合同工资专项协议》，作为集团公司集体合同的附件，与集体合同具有同等的效力。我们还通过建立工会主席接待日制度、职工代表和领导交流对话制度，组织开展调研活动等方式，了解民情民意，切实把广大职工的权益落到实处。

三是全面落实企务公开制度，确保职工民主监督权。实行企务公开是广大职工参与民主管理、民主决策、民主监督的主要措施，是建设和谐企业的重要内容。我们以企务公开为抓手，首先建立健全了工作体制。集团母子公司全部建立了企务公开民主管理制度，形成了党委统一领导、党政共同负责、工会牵头运作、部门齐抓共管、职工群众全员参与的工作体制。其次公开的内容不断深化。由开始仅公开涉及职工切身利益的工资收入、“三金”缴纳等具体问题，逐步向生产经营领域延伸；由只公开结果，向公开全过程深化。集团母子公司对于干部选拔任用、工程材料设备采购、各级领导干部廉洁自律等情况都坚持向职工公开。第三公开形式多样化。坚持召开职代会、党政联席会、职工代表座谈会、民主议事会、经营分析会等形式实施企务公开，同时通过企务公开栏、意见箱，内部网站实施企务公开。第四加大监督考核力度。根据《企务公开实施办法》，定期检查企务公开情况，并将检查结果作为年终工作目标考核、干部奖惩任免的重要依据。尤其是结合企务公开实际，我们建起了开展教育、自我制约，广泛动员、群众制约，集体领导、组织制约，拓展渠道、外部制约，健全规章、制度制约五项监督机制，有效地促进了企业和谐发展。

坚持培育人，让职工顺利成才

构建和谐企业，我们始终在培育人才上用功给力。一是选树先进典型，塑造英雄团队。一个典型就是一面旗帜，就是一个品牌。为探索和完善培养典型、选树典型、表彰典型和关心典型的机制，我们根据形势要求和职工队伍实际，制订了《中铁十七局集团公司评先创模管理办法》，共分18条40项，对典型培养方法、推荐标准、责任部门、申报原则、比例要求、评选条件、管理方法以及有关待遇作了明确规定，使典型评选和典型管理制度化、标准化、规范化。同时做到“四个坚持”：坚持以时代精神审视先进典型；坚持以认真细致的作风挖掘先进典型；坚持以辩证的眼光看待先进典型；坚持在国家重点工程建设中选树先进典型。

近年来，集团公司有12人荣获全国“劳动模范”、“‘五一’劳动奖章”、“‘五一’巾帼建功奖”、“巾帼建功标兵”称号；197人获得国务院国资委、铁道部和山西省“劳动模范”、“‘五一’劳动奖章”、“火车头奖章”称号；136名党员干部荣获省、部、委级以上“六好共产党员标兵”。“廉政楷模”王宜强、“悬灌大王”徐春光、“巾帼楷模”邵尧霞、“建功标兵”蔺双平等连续七年先后走进中南海，并在人民大会堂和全国11省、市巡回作报告，受到了胡锦涛、江泽民、吴邦国、温家宝等党和国家领导人的亲切接见，崇尚典型蔚然成风。

二是提高职工素质，培养专家能手。企业经营规模不断扩张、市场领域不断扩展，提高职工素质刻不容缓。从2005年起，我们深入开展了“创建学习型班组，争当知识型职工”活动，把“创争”活动与项目管理、资源配置、队伍建设、施工组织等一起进行统筹安排，做到“三定”：一定制度；二定内容；三定方式。

为进一步引申“创争”活动，我们制定下发《集团公司职工素质工程建设五年规划（2010-2014）》，分别从重大意义和指导思想、总体目标和基本任务、实践主题和活动方式、基本要求和保障措施四个方面做出了明确规定，在集团上下形成了党委领导、行政支持、工会牵头、部门参与的职工素质建设工程工作格局，营造了人人参与素质工程建设的良好氛围。集团上下通过建立人才培养、使用、管理机制，采取以师带徒、岗位交流、内培外训和引进吸收等形式，目前已拥有各类专业技术人员7258人，其中高、中级技术职称人员2077人，造就了一批管理能力强、专业知识丰富、有组织协调能力的项目经理队伍，学用对口、专业稳定，精通本职的专业技术人才队伍，技艺高超、能够在施工一线解决复杂技术和工艺难题的高技能人才队伍。

三是创建培训基地，培育补充力量。目前，集团公司近200个项目担负着国家和省市重点工程建设，每年需要大量劳务工参与施工。我们在项目创建培训基地，帮助农民工提升素质。集团公司、所属子分公司和工程项目部三级都成立有以主管领导挂帅的农民工培训工作领导小组。同时，集团公司还实行目标管理，将农民工培训工作列入单位年度绩效考核的一项重要指标。在农民工培训基地建设上，集团公司积极向标准化、规范化、系统化、前沿化方面迈进。培训基地设有理论教学区和技能实作示范区；严把教材、教师质量、操作技能、素质教育“四关”，并制定严格的管理制度、培训计划和考试考核办法。我们按照“先培训后上岗”、“干什么学什么，缺什么补什么”的原则，对农民工实行全员、全过程、分层次、分工种、分工序、分阶段、分岗位，进行安全、质量知识学习与技能操作标准化施工培训。

坚持关心人，让职工幸福生活

为改变过去“跑一辈子现场、住一辈子帐篷、吃一辈子食堂、当一辈子牛郎”的现象，我们坚持以人为本，让职工体面工作、幸福生活。

一是抓好“三线”建设，营造“家”的氛围。“三线”就是工地职工生活线、文化线、卫生保健线。每个项目上场，我们根据工程特点、职工分布和业主要求，为职工选好“家”址、置好“家”当、做好“家”餐、立好“家”规、树好“家”风，做到职工生活管理公寓化、卫生设施标准化、文体活动经常化、文化标识规范化。

二是落实“三不让”承诺，凝聚“家”的合力。“三不让”就是不让一名职工家庭生活在贫困线以下，不让一名职工子女上不起学，不让一名职工看不起病。这是我们对每位职工的一种承诺和责任。我们还研究出台了《关于进一步落实大病医疗专项资金的实施办法》、《大病医疗专项资金财务管理办法》等项制度，解决了职工看大病问题。同时，集团还不断完善工资分配制度，理顺分配关系，严格执行最低工资保障制度，切实做好职工各项社会保险的缴纳工作，确保缴纳足额、及时、无遗漏。

三是开展“三项”活动，感受“家”的温暖。“三项”活动就是送温暖、金秋助学、领导和困难职工结对子活动。集团上下十分注重送温暖活动，在组织好、领导好、落实好“两节”送温暖的同时，开展好日常性的送温暖活动，及时解决职工的实际困难，切实把党组织和领导的关怀送到职工群众中去，各级领导还与困难职工结对子，实现了帮扶一个人，稳定一个家；照看一个家，温暖千万家。每年向困难职工拨付送温暖资金100万元以上，金秋助学金100万元以上。各级领导与困难职工结对子达180户。

（作者系中铁十七局集团公司董事长、党委书记）

2011年——“员工心理援助与和谐文化培育”专题研讨会

大会综述：

关爱员工心理健康 践行人文关怀

2011年7月9日至11日，由中国企业文化研究会学术部和中国工商银行党委宣传部联合主办的“员工心理援助与和谐文化培育”专题研讨会在山东省蓬莱市隆重举行。中国企业文化研究会顾问、中国机械工业联合会会长、国务院国资委原副主任王瑞祥同志、中国工商银行监事长赵林等有关领导参加会议并讲话。

中国工商银行党委宣传部长王云桂、大同煤矿集团党委宣传部长李平、大同煤矿集团燕子山矿党委书记冯超，首钢总公司党委宣传部长张文喆、中石化胜利油田文明办主任邹笃锋、中国移动广东公司巡视组长李名国、冀中能源峰峰集团梧桐庄矿党委副书记聂金良等单位嘉宾在会上做了典型发言。我会会员单位代表、新闻媒体及热心企业文化研究的有关人士150多人参加会议。

十一届全国政协委员、提案委员会副主任，中国机械工业联合会会长、党委书记，国务院国资委原副主任王瑞祥在本次研讨会上主要谈了两点：第一是他本人对“以人为本”与“和谐企业”的一点看法；第二是怎样做到坚持以人为本、构建和谐企业。

他认为，要做到“以人为本”构建“和谐社会”与“和谐企业”，必须始终紧紧把握“依靠谁为了谁”这个核心问题；同时，在谈到“以人为本”与“和谐企业”的关系时，他认为突出的要解决以下几个问题：一是要着力发展和谐劳动关系；二是要严格执行国家劳动标准，加强劳动保护，健全劳动保障、监察机制和劳动争议调解的仲裁机制；三是要强化企业的安全卫生管理，保障职工的身心健康，完善工资正常增长机制；四是要加强维权机制建设，支持工会、社团、妇女组织、统战部门依法照章开展活动；五是要正确处理发展速度、改革力度和职工成熟程度关系。

著名心理学家和人力资源专家、中国科学院研究生院管理学院教授、博士生导师、社会与组织行为研究中心主任时勘围绕怎样进行“压力疏导”这个点谈员工心理调试与问题破解的途径与方法，他认为，这个问题其实也是员工心理援助及文化培育中的一个核心问题。

同时，在文化建设中，要把企业建设成一个健康型组织，他建议：第一，高层管理者带头改变观念，高度重视企业的压力管理，倡导健康型组织建设；第二，现代社会是一本打开了的心理学，要倡导压力管理，其核心在于借助心理学，来做好员工的压力管理与情绪管理；第三，面对新生代的新特征，管理者要从组织发展战略的高度，全面提升管理能力，使企业的压力管理落到实处；第四，建设健康型组织，需要组织行为学和人力资源管理的理论指导，只有在认识上抓住了实质，才能建设创新融合的文化，增强组织的核心竞争力；第五，建立一支高素质的员工援助专业人员队伍，配合政府和行业协会加强职业资格认证和市场监管，在中层管理干部和员工中普及健康型组织的管理理念和服务技术。

具体到EAP在我国的实际应用时，北京师范大学心理学院副教授，EAP、OHP（职业心理健康）研究和实践专家张西超认为，应关注以下几个重要的方向：一个就是功能定位，到底目前做什么样的EAP为好？践行人文关怀、管理员工福利是其中一个重点，从工会、HR角度来讲，组织高效人本队伍开发与管理的手段；第二就是一些创新的工具，科学的增效，包括人力资源的各种功能；第三建立一个网络自助系统，借助网络，大家自己来寻求帮助；第四导入PC，即心理资本。

会议一致认为，会议通过专家讲座、企业典型经验介绍，与会嘉宾对当前我国企业员工普遍面临越来越多的心理困扰，员工心理健康问题日益凸显等重大问题有了深切的了解。对于如何进一步在此方面践行科学发展观，培育企业和谐文化，全面落实以人为本，推进企业人性化管理落地，把对员工的关爱作为企业管理和企业文化建设的重要抓手，引导员工树立正确的价值观和行为导向，建立和谐的劳动关系有了更深刻的感悟，有了学习的典范，本次研讨会的召开恰逢其时，对于与会单位的和谐文化培育必将起到积极的推进作用。

最后，中国企业文化研究会常务副理事长、秘书长孟凡驰对本次研讨会做了精彩总结，在谈到怎样运用心理援助来更好地建设企业文化时，孟凡驰认为，重点应该是在怎样“立本明道”上下功夫，即着重从以下几个角度：一个是尊重人的文化主体，打造两个共同体；二是通过价值观体系建设来引领全局；三是要提升员工的思辨哲学、优化思维方式、改善心智模式。

与会代表们欣慰地看到，在欧美发达国家流行了一个多世纪的“员工帮助计划”——ＥＡＰ近年来逐渐为国人所接受，今后将有望在政府机关、企事业单位和高等院校大规模推广。在这为期三天的研讨会里，通过官、产、学、研互动对话，通过企业文化、组织行为学与心理学专家深度解读、启发思路，通过来自企业实践操作典型案例引路，与会代表一致表示，在未来的员工心理援助与和谐文化培育的道路上，将继续践行科学发展观，为培育企业和谐文化做出更大贡献！

（撰稿：中国企业文化研究会学术部）

大会发言：

员工心理调适及文化培育

时　勘

如何进行心理疏导

首先，我们要理解什么是压力，什么是健康。在当前企业文化建设中，为什么要把员工心理援助、文化培育这个问题引入员工帮助计划？关于这一点，今年以来大家陆续发现在一些企业出现了用工荒的问题；去年，南方的某企业还出现过员工连续坠楼的现象。当前企业在发展过程中陆续遇到的问题，也是企业管理者与员工普遍关心的问题。第一点就是劳动关系的问题，也是工资待遇的问题。但是，在有些时候，工资并不是首要条件。比如在深圳的某企业，对多数青年员工来说，相对繁华市区与偏远郊区，他们宁肯选择工资低的，也要在繁华市区工作。这就是说，现在我们的青年一代员工，在心理上已经发生了一些过去我们所没有遇见的，或者说不典型的问题，这个问题实际上就是一个关于人本管理需要重新思考的问题。

因此，我们谈人本管理以人为本，应基于员工的需求的理性思维。在这个问题的基础上，第一个要解决的问题就是什么是健康？员工的心理健康，其实包括了三个维度，世界卫生组织（WHO）宪章中就有明确的阐述：健康是一种在躯体上、心理上和社会上的完美状态，而不仅仅是没有疾病和虚弱的状态。也就是说，健康是躯体、心理和社会功能三个方面的统一体，而心理健康是整体健康的不可分割的部分，它包括了积极的心理健康状态、有效的生活应激和恢复、卓越的工作成效，并能对社会做出贡献。因此，我们在做心理疏导的时一定要清楚员工怎么能正常的达到三个维度。在这个概念上对健康定位，那么健康实际上不仅是一个个人的健康，企业也有健康问题。目前企业文化界的专家、管理者把企业文化引导到员工心理援助，这是一个创造。企业文化建设就是一个组织健康的问题，如大同煤矿的“快乐文化”，胜利油田的“心田建设”，都是代表一个组织的意愿来进行文化培育。其实，这些观点都是比较好的把个人的心理援助跟组织的文化建设、组织健康结合起来。

企业就像一个人一样，也应该有健康的肌体、胜任的能力和创新的文化，只有打造好这种软实力，实施人本管理，领导和员工才能同心同德，共同面对市场竞争，获得更好的发展。新生代员工具有完全不同于前辈的心理特征和行为方式，解决此问题的关键在于企业管理者改变观念，开展健康型组织学习活动，提升管理干部的管理能力和领导艺术，建立企业和谐的劳动关系。像中国工商银行这样一个庞大的组织，怎么来建设一个健康型的组织？他们为什么能被评为三强企业？他们有自己的一个评估标准——这个评估标准首先是企业文化标准，另外一个是要与国际接轨的标准。因此，我们可以从以下三个方面来鉴定组织的健康：第一，员工身心健康；第二，胜任高效；第三，具有创新发展的潜能。这三个方面，简称“身”“心”“灵”。

第二，了解工作压力的主要来源。

在压力疏导时，应该对这个概念有一些研究。压力，是指当物体受到试图扭曲它的外力作用时，在其内部产生相应的力。在正常情况下，这种应力是会产生动力的，但是不能过分，否则就会出现问题，也就是我们常说的超过物体的承受力。

源于组织层面的工作压力因素包括：一是与工作本身有关的因素，如工作量、新技术的使用、过长的工作时间、与本身行业有关等；二是企业变化，如对工作将来很可能发生的变化的担心；三是组织文化，如沟通遇到了障碍问题、缺乏上司的理解和支持等。包括组织角色模糊，如不同的管理层内部的角色冲突、负责任的层次不清；家庭与工作的平衡，如不知道怎么处理工作与家庭的关系；人际关系，如与上司、同事、下属关系紧张；情绪劳动者，随时担心做错事情，引起服务对象不满，这种担心会带来巨大的压力，有要求流露具体情绪的工作包括顾客服务、医护人员、防卫性服务及辅导职业；职业成就，如晋升机会、成就是否被赏识，就业安全感不足；时间管理，由于工作量过重而自己无权控制，过长时间工作对身心造成损害；工作中自我决策的空间太少，抑制了创造力，进而对工作厌倦及产生压力感。

压力管理的理论依据

企业如果管理不善，会导致员工有很大的压力。像银行系统的存款率、信贷安全问题，都会导致员工的压力。客观是存在的。像中国移动，虽然企业在电信行业里居非常有利的位置，但实际上每个员工的工作压力很大。针对这些情况，就很有必要去做员工帮助。

帮助的方法与途径，应该从以下几个方面加以注意：

第一，关于人本主义心理学。大家可能都看过卓别林《摩登时代》里面的表演：一个工人每天都重复着拧螺栓的简单工作。现在，我们的企业家同样面临着自动化给工人带来的简单重复劳动这个问题，对这种简单机械的重复，不是说给谁钱谁就能真正安心工作的问题。这个问题，在今天的珠江三角明显存在——企业待遇也不错，青年员工就是不愿意去，理由很简单，学不到技术，一旦老了就没有什么保障。另外，简单的劳动不是工资协商就能解决的问题。关于这个问题马克思早在他谈异化的时候就说过了，现代社会是一本打开了的心理学。当自动化程度越来越高以后，企业的领导人要重视人本管理，不然人就被这个社会的机器控制了。

第二，压力管理的理论依据。马斯洛认为人的需求分为五个层次。他所创立的人本主义和其他学派最大的不同是，特别强调人的正面本质和价值；并非集中研究人的问题行为，而是强调人的成长和发展，称为自我实现。

在组织行为学探索中的一个重大的进展，就是提出了积极的组织行为的核心概念——心理资本（PsyCap）。《心理资本》这本书提出这样一个观点：现代企业自动化程度越来越高，人类的物质生活水平有了很大的提高，在这种情况下，我们的精神生活呢？我们员工的精神世界呢？这是企业内主管意识形态的领导所应重点关注的。在这样的情况下，如果企业不注意员工的心理疏导和人本主义的企业文化培育，员工就会变成《摩登时代》卓别林所扮演的那个工人。说的通俗一点，就是我们怎么把人当人。

那么，到底什么是心理资本呢？概括地说，心理资本是个体在成长和发展过程中表现出来的一种积极心理状态，可以从如下四方面来理解它的定义，这些因素是：自我效能感、乐观、希望和抗逆力。我们认为心理资本就是我们心中的太阳，就是通过企业文化建设、通过企业文化的培育，让普通的员工——不论是从事哪个行业的员工，在他们的心中升起一个太阳。

心理资本对于心理学研究的意义在于，帮助我们理解和调动积极的力量来促进积极的心理康复。更重要的是，心理资本的要素是可以测量和开发的。因此，我们就可以从积极主义心理学这一新的视角，来拓展预防教育、灾难应对、心理干预和培训提升方面的工作，从个体、群体和组织等多方面来改善灾难心理应对、援助和重建工作。

第三，关于新生代的心理特征。还有一些问题也是需要研究的，比如关于新生代的心理特征这个问题。关于这个问题，我们可以谈的更具体一些，就是关于人们的职业生涯发展，在不同的年龄段有一个不断发展的过程。

心理学研究结果表明：第一个阶段，从出生到14岁，属于成长阶段，是幻想、职业兴趣和能力阶段，综合决策期；第二个阶段，15-24岁，探索阶段，探索各种可能，做好工作的准备；第三阶段，25 -44岁，确立阶段，工作生命周期的核心部分；第四阶段，45-65岁，尝试、稳定，维持阶段，建立一席之地、保住这一位置；第五阶段，65岁之后，职业衰退阶段，接受权力和责任减少的事实，准备离休。

可以看出，在15岁到24岁这个阶段，处在探索期，比如深圳某企业出现的员工坠楼，主要就发生在这个年龄段。这是有一定规律的，所以不要简单地谈80后、90后。特别是我们在进行企业文化建设的时候，需要理性地思考一些现象一些问题。

第四，怎样增强员工的抗逆力。还有一个很重要的问题，也是我们经常讨论到的，关于一些地方的高层领导、企业家自杀的现象。他们不存在贪污或生活作风的问题，就是他们的抑郁最后到没有办法控制的时候，就像香港的张国荣。因此，我们必须正视这样的一个问题，怎样增强员工的抗逆力？所谓抗逆力（心理弹性），是指个人面对生活逆境、创伤、悲剧、威胁及其他生活重大压力的良好适应，也是个人面对生活压力和挫折的“反弹能力”。压弹是应激（stress）与应对（coping）的和谐统一，是良性应激（eustress）的突出表现，可以起到激发潜能、振奋情绪，甚至增进健康的作用。

抗逆力其实是对一个人的最大考验，就是当我们遭遇突发事件时，怎样把握。香港闽南大学的向爱民教授，做过这方面的研究，他就认为增加人的抗逆力，其中有五个因素很重要：正面情绪、主控信念、坚强人格、希望及自我效能。

所谓正面情绪就是说当我们遇到困难的时候，要看到光明，要提高生活的勇气。特别是现在，我们处在变革不稳定的阶段，在社会转型期，生活中充满不确定因素，我们在进行企业文化建设，进行员工职业生涯规划时，不仅要宣传哪一个职业适合员工，也要让每个员工学会怎样适应新的职业。我们在进行员工心理疏导时，更多的是要培养员工的自信心、主控精神、乐观的生活态度、勇于学习创新的能力。

压力管理的模式

压力不仅关系到员工的身心健康，而且对个人和组织的工作绩效有很大的影响。因此，对压力的有效应付与管理是领导干部务必充分注意的问题。

工作压力管理模式包括预防、评估和调节三个环节。

首先要有一个预防系统，要判断、识别哪些是属于企业文化研究领域、哪些属于党政宣传、哪些是需要专业训练的、哪些必须外聘，压力管理，不是说所有的事情只要有热情就能做好的。第二个层面就是次级预防，也就是国家在员工援助这一领域，有一个员工援助师的职业资格。与心理咨询师相比较，员工援助师解决问题的面比较广。

关于评估，主要推荐两种模式：第一是问卷调查法，包括初级评估、次级评估及应对策略。在进行充分评估之后，可以决定采用集中处理情绪的应对策略或者集中处理解决困难的应对技巧。比如松弛及寻求消遣、社会支持，用正面的方法来面对消极行为。

在这里给大家推荐一些评估工具，比如可以借鉴九分格的方式；九分割统和绘画法，这是日本心理咨询专家森谷宽之独创的一种艺术治疗方法。

关于调节，主要是培养身、心、灵三方面的健康。身，健康生活方式，均衡饮食，适量运动；心，培养良好心理素质，避免自尊心过低，及惯性的负面想法；灵，涉及层面比心理更高，包括处世的价值观及对人生的看法，懂得面对成败，及要避免过份侧重物质的追求。

发展健康型组织的建议

希望我们能够加强员工援助工作，把我们的组织在企业文化建设中建设成一个健康型组织。和谐的劳资关系和人本管理的关键是倡导健康型组织建设，这在很大程度上取决于政府、企业高层领导者的支持和参与，根据我们的研究成果和体会，建议如下：

第一，高层管理者带头改变观念，高度重视企业的压力管理，倡导健康型组织建设。

第二，现代社会是一本打开了的心理学，要倡导压力管理，其核心在于借助心理学，来做好员工的压力管理与情绪管理。

第三，面对新生代的新特征，管理者要从组织发展战略的高度，全面提升管理能力，使企业的压力管理落到实处。今天在座的很多同事，您的下一代说不定是80后、90后，这实际上是一个社会发展中的一个共性的问题，我们必须要从科学的角度来把握，使员工的心理疏导切实落到实处。

第四，建设健康型组织，需要组织行为学和人力资源管理的理论指导，只有在认识上抓住了实质，才能建设创新融合的文化，增强组织的核心竞争力。胡锦涛同志提出的社会管理创新，我们从事党政工作、企业文化建设的同志、现在所做的心理管理工作，应该就是社会管理创新。

第五，建立一支高素质的员工援助专业人员队伍，配合政府和行业协会加强职业资格认证和市场监管，在中层管理干部和员工中普及健康型组织的管理理念和服务技术，同时，要在企业的中层管理干部和员工中普及健康管理一些知识技能。

（作者系中国科学研究院研究生管理学院教授、博导、国家员工援助师课程发展中心主任）

以人为本成就功勋首钢

张文喆

2011年1月13日，北京市委书记刘淇在首钢北京石景山钢铁主流程停产仪式上，代表市委、市政府向首钢全体职工授予“功勋首钢”牌匾，标志着首钢兑现了对国家和人民的庄严承诺，首钢的搬迁调整告一段落。搬迁调整八年来，首钢党委坚持“超前进入、全程参与、高度负责、服务到家”的原则，分流安置职工6.47万人，没有发生一起职工集体上访，没有出现一起安全事故，做到了职工满意、企业满意、政府满意、社会满意；通过系统筹划、分阶段推进，新钢厂建设已基本完成，21世纪新首钢的框架基本形成，跨入了工业区开发、产业转型的新阶段，实现了企业平稳搬迁和快速发展。我们的主要作法是：

把职工的需求与企业的发展统一起来

2003年，首钢先期启动了搬迁调整的部分项目。2005年，国务院批准了《首钢实施搬迁、结构调整和环境治理方案》。搬迁调整的主体是职工，搬迁调整必须坚持以人为本，妥善安置职工，实现职工与企业的共同发展。

企业的发展必须使职工同样得到发展。2006年胡锦涛总书记在视察曹妃甸工业区时，指出“把职工安置的事情做好了，我们的心里就踏实了”。近几年，围绕这个问题，首钢党委不断深化学习，提高认识。明确企业的宗旨，即“企业的发展必须要使得职工同样得到发展，员工不能随着企业发展，这是企业的失败”，“首钢一定要为每名职工实现自身价值提供平台，使每个人都有自己的位置，都能实现自己的价值，与企业共同发展”；明确安置的指导思想，即“要在发展中安置，组织安置要与职工愿望相结合，与个人素质相适应”；明确了各级领导的责任，即“有一个职工没安排好，干部都不能离开，必须向职工负责”；明确“加强和改进思想政治工作，注重人文关怀和心理疏导，用正确方式处理人际关系”等等。这些认识转化为搬迁调整的指导思想和具体措施，在维护好、实现好、发展好广大职工的根本利益方面发挥了重要作用。

职工群众的需求是企业工作第一信号。为了制定好分流安置方案，兼顾企业和职工的利益，党委把群众需求作为企业工作的第一信号，先后两次开展了大规模职工需求调查。在2009年，深入16个生产单位，采集分析了14800多名职工57.6万个信息，2010年，又扩充内容，采集了停产范围内所有职工的信息，测算了近500万个数据。通过“核对数字、核对岗位、核对时间、核对人员、核对素质、核对住址”，做到了“岗位工作清、人员对象清、思想状况清、家庭情况清、支援意向清、分流时间清”。在《方案》制定中，先后20多次召开各部门会议，深入研究讨论停产职工分流安置方案的各项内容。经过两年时间，上下互动，针对职工提出的问题，与北京市有关部门进行反复切磋研究，最终形成了停产职工分流安置总体方案，确立了分流安置的各种渠道、方法、政策和细则。《方案》提出了坚持以人为本，全力安排好每一名职工的目标，明确了“安全停产、经济停产、平稳停产”的指导思想，制定了“骨干有岗位，职工有渠道，分流有政策，安置有秩序”的工作原则，安排了职工分流的“十一条渠道”，细化了实施办法。《方案》得到了广大干部职工充分认可，在首钢十七届二次职代会上，职工代表采取无记名投票表决方式，以98.6%的赞成率高票通过，为平稳有序安置职工提供了制度保证。

适应多种群体的不同需求。在搬迁调整的过程中，主辅分离辅业改制是一项重要内容。2003年以来，首钢主辅分离辅业改制的共有108家单位，涉及职工和离退休人员6万多人，国有净资产23亿元，支付改制成本费用43亿元，迄今为止全部顺利完成。改制企业在整体上思想稳定、队伍稳定，企业效益明显改善，职工收入稳步增长。首钢改制之所以取得成功，最根本的原因就在于我们在改制过程中始终坚持以人为本，切实维护广大职工的根本利益。在改制中，我们有几条坚决不能动摇的底线，即：没有发展思路不改制；职代会不通过不改制；职工没安置好不改制；企业不稳定不改制。这几条底线，充分体现了首钢对以人为本毫不动摇的坚持和贯彻落实。

把创新疏导方式贯穿分流安置职工的全过程

首钢有90多年的历史，将一个年产800多万吨的钢铁企业整体停产，规模大、难度高、工作繁重复杂，在我国乃至全世界都是史无前例的。面对停产分流，职工将离开十几年、几十年的工作岗位和环境，离开自己朝夕相处的工友，为生存、为未来再一次做出选择，职工的心态非常复杂。为此，首钢党委针对职工多层次、多方面感受和心理需求，创新疏导方式。

一是平等交流，让职工感到企业对自己的尊重和信任。我们变革传统和单一灌输方式，有效疏导，帮助职工实现了用正确的方法和思维方式认识事物、处理问题，使搬迁调整工作做到了“五个不”，即：正常工作不间断，人员思想不混乱，执行政策不混淆，组织纪律不松散，管理要求不降低；实现了“四个安全”即：职工人身安全，资产设备安全，厂内环境安全，政治廉洁安全。

二是尊重个性，激起职工对未来的向往和追求。针对职工安置类型多元化、需求多样化，首钢各单位普遍建立了“职业发展辅导工作室”、心理咨询室，明确提出了“个性化、精细化”的工作理念。据统计，目前首钢已建立各种心理咨询机构27个。迁钢公司高度关心分流人员的心理健康，聘请专业心理咨询师结合职工在工作地点变化和职业转换过程中可能出现的焦虑、压抑、想家和人际关系等心理问题，开展心理调适专题讲座。建立心理咨询热线，为有心理困惑的职工进行一对一的辅导，帮助排解压力，以阳光心态面对新的工作和生活。已经停产的第三炼钢厂，炼了3750万吨钢，能建造340个鸟巢。停产前，工人在接受采访的时候说，工厂是工人的巢，现在首钢要搬了，我们的巢要没有了。但是只要国家需要、民族需要，我们宁可拆掉我们的巢、自己的家。虽然首钢钢铁主业要搬了，但这里还是我们的家园，永远是我们的精神家园。高度重视职工主体感受上是否满意、是否赞成、是否高兴的情绪反应，充分关注每一个职工自身成长与发展的需要，关注职工的理想、信念和情感，创造了让每个人都能够根据自己的选择发挥聪明才智的环境。

三是营造氛围，构建人和气顺的企业环境。在停产分流期间，我们从文化传承和文体活动上加大了工作力度。通过举办文化节，开展丰富多彩的文体活动，职工对工厂对岗位那种复杂的情绪得以宣泄、转移，凝聚了职工队伍，振奋了职工精神，维护了企业和谐稳定。

把解决实际问题与解决思想问题紧密结合

首钢党委认为：在满足职工基本需求过程中来提升人的

价值追求，才更具人文情怀，也更彰显思想政治工作的实效。

一是本着高度负责的态度，从关心、理解分流人员着想，做到有序分流、友情操作。针对社会保险属地管理，需对以前的失业保险记录进行逐人补填的问题，积极与市、区人力社保局协商，一次性成功集中补填32574名职工失业保险记录，既保证了解合职工社会保险关系转移的进度，也为今后职工转移保险关系提供了便捷；针对职工关注的转移解合职工档案问题，专业部门倒排进度，逐人逐级把关，力保当天完成不过夜，按时完成了一万余份档案的转移工作；针对部分曾经在高温重体、有毒有害等岗位工作的职工，十分关注办理提前退休的问题，我们组织整理出240个不规范的岗位名称，获得了两级社保部门的认可，解除了这部分职工的后顾之忧。

二是注重细节，抓住每一个环节，小处着手、以细求实。职工选择不同的安置渠道，其面临的实际问题是不同的。针对如何为留守职工提供更多合适的岗位，我们在新基地与老厂区建立了良性互动机制。一方面由专业部门把新基地岗位空缺情况及时向职工发布，同时，老厂区的领导亲自带队到新基地走访联系，根据职工的具体岗位情况和选择意向，落实到岗到人；另一方面京唐、迁钢、首秦等单位主动与各停产单位沟通，点对点对接，根据分流人员的年龄、岗位、身体、技能结构等情况，尽最大限度做到专业对口、岗位对口、工种对口、平稳安置。安置过程中，我们通过实施新增、补充、超配、重组、置换、解合等多种途径，在产品深加工上寻找突破口，延伸产业链，为增加安置岗位创造条件；对现岗位定员编制进行梳理，补充新岗位；对关键重点岗位和新项目，实行双岗配备；截至2011年上半年，已向首钢迁钢、首秦、京唐等新项目转移分流人员2682人。由于分流人员数量大、批次密集，给新基地的住宿、就餐、乘车带来巨大压力。我们围绕“吃、住、行”逐项进行细致安排，坚持“把小事做细，把细事做透”，细化了住宿、就餐、乘车等每一项方案。

三是积极主动，做好得人心、暖人心、稳人心的工作。我们不是把解合职工简单地推到社会上，而是积极与市区政府主管部门研究落实接收安置首钢停产职工的对接工作，广开职工就业安置渠道。落实专人，负责与市区有关部门的对接，对收集到的招聘信息进行筛选核实，向职工提供。即使只招收几个人的岗位，也积极联系，核实就业岗位的待遇、班次、地点等情况，尽最大可能为首钢职工再就业创造条件。目前已经向职工发布9批岗位需求信息，各停产单位正在积极征求职工意见，组织进行岗位对接工作，得到职工的欢迎。

加强人文关怀和心理疏导是思想政治工作坚持以人为本的必然要求。首钢搬迁调整的实践使我们体会到：一是要靠政策来维护职工的合法权益。只有职工参与，源头介入，把人文关怀和心理疏导融入政策的制定过程当中，靠实实在在政策来维护职工的合法权益，政策才有基础，才能得到职工认同。二是把观念的转变放在优先的位置。面对社会转型和变化带来的职工复杂纠结的思想情绪，要把企业发展和职工个人的发展紧密结合起来，引导职工正确看待调整和变化所带来的新机遇，引导职工用发展来看待解决实际问题，引导职工自我认识、自我发现、自我评价、自我完善。三是坚持人性化的操作方式。讲究人性，尊重个性，虽是钢铁企业，但更有柔情。要关注职工个体独特、深层的情感和发展需求，通过人文关怀和心理疏导，以理服人、以情感人，解疑释惑、化解矛盾、理顺情绪，推动职工形成积极健康、昂扬向上的心态。今后，在实践中我们还要不断提高认识，增强关怀和疏导的能力，提高关怀和疏导的技巧，拓宽关怀和疏导的渠道，建立良性互动的应对机制，构建人际关系的和谐、企业的和谐。

（作者系首钢总公司党委宣传部部长）

企业文化建设重在开发心田

邹笃锋

成立于1961年中国石化胜利油田是我国第二大油田，近两年来，胜利油田认真贯彻落实中国石化企业文化建设纲要，大力推进胜利心田工程，营造了心齐、气顺、劲足、家和的良好局面，引领和推动了胜利油田的科学和谐发展。

传承创新，着力构建凝心聚力的胜利文化

胜利油田继承石油石化工业优良传统，融汇军营文化、齐鲁文化等多种文化元素，积淀形成了深厚的文化资源，创新发展了丰富的文化内涵。

第一，“从创业走向创新，从胜利走向胜利”的新时期胜利精神。这是胜利文化的思想灵魂，也是胜利人艰苦创业、创新奉献的精神旗帜。

第二，“百年创新，百年胜利”的共同愿景。明确了“分三个阶段，实现三个目标”的具体构想：第一阶段，“十一五”期间原油年产量保持在2700万吨以上，这一目标已经胜利实现。第二阶段（到2024年），油田成立60周年的时候，实现“开发60年，探明60亿”，油气生产在较高水平上运行；第三阶段（到2064年），油田成立100周年的时候，实现“持续百年创新，建设百年胜利”，继续保持全国大油田的地位。2009年10月18日，胡锦涛总书记视察胜利油田，他寄语油田干部职工，发扬铁人精神，学习身边典型，朝着“百年创新，百年胜利”的目标前进，不断创造胜利油田新的辉煌。

第三，“共创百年胜利，共建和谐油田，共享美好生活”的共建共享理念。这是党的十七大召开后，油田党委适应科学和谐发展的新要求，提出的胜利人的共享价值观。

第四，“油田与心田共建，文化与文明共创”的新理念。建设油田是开发心田的依托，开发心田是建设油田的源泉。

按照企业文化建设的基本理论，油田把胜利文化分为观念形态文化、制度行为文化、物质形态文化“三个层次”，

系统建设，整体推进。经过多年的探索实践，归纳提出了“四个要素”的文化创建理念，即“共同的愿景目标，共同的价值追求，共同的制度规范，共同的行为习惯”。胜利文化以其与时俱进的先进性，包容开放的融合性，以及与黄河三角洲文化的共生性，呈现出鲜明的行业特征和独特的企业个性。

以文化人，推进胜利文化根植心田

推进企业文化建设，实际上是一个把无形的价值理念转化为有形的物质成果的创新实践过程，关键是要做好“化”的文章，化文本为行动，化理念为实践。内化于心，固化于制，外化于行，物化于境。把文化展示在环境中，把文化渗透到制度中，把文化融入到工作中。通过耳濡目染的熏陶，潜移默化的培育，水滴石穿的渗透，春风化雨的滋润，教育引导广大干部职工把文化理念灌输到思想中，融化到血液里，落实到行动上。

第一，坚持“六个导向”，发挥功能作用。一是坚持文化向战略层面提升，实现胜利文化与油田发展战略的和谐统一，用文化引领战略，用文化服务战略，通过几代人的不懈奋斗，实现“百年创新，百年胜利”的愿景目标。二是坚持文化向企业管理渗透，“管理正在寻找新的灵魂，这个灵魂就是企业文化”。三是坚持文化向思想政治工作融合，把握和处理好企业文化与思想政治工作的关系，以心田工程为共同载体，促进二者的深度融合。四是坚持文化向专业化扩展，大力推进勘探开发文化、石油工程铁军文化、强动力服务文化等专项文化研究与建设，使文化软实力成为油田发展的硬支撑。五是坚持文化向班组岗位下沉，大力创建“班组文化”，使基层家文化下班组、到岗位、进家庭，单位与个人同体，大家与小家共建，真正做到“心相通，情相融，力相合”。六是坚持文化向社区大本营延伸，把社区作为思想文化教育的主阵地，引导九大社区管理中心与相关主营单位联动联心，同创和谐环境，共建温馨家园。

第二，丰富载体活动，推进执行落地。一是组织开展文化主题活动；二是组织开展文化评选表彰活动；三是巩固拓展文化阵地，开展群众文化活动。

第三，强化文化传播，扩大胜利影响。胜利油田在加强内部宣传教育的同时，不断加大文化对外传播力度。

第四，打造胜利品牌，提升胜利形象。现代市场竞争已经进入了以品牌魅力大小为主要特征的文化竞争时代。胜利的铁军队伍依靠“独有的技术优势，独有的攻坚优势，独有的品牌优势”，在新疆、四川、中东、北非等外部市场，都打出了胜利人的威风，打响了胜利品牌，使“胜利井下”、“胜利油建”、“胜利物探”、“胜利设计”、“胜利测井”、“胜利录井”等行业品牌享誉全国，走向世界。胜利井下作业公司攻克了土库曼斯坦30年未能解决的修井难题，令美国、英国等外国公司刮目相看，受到了土库曼斯坦总统的称赞，被誉为“中土互利合作的典范”。

以心为本，推进实施“胜利心田工程”

2009年11月，油田领导在中企联举办的第八届全国企业文化年会主题论坛上，提出了“油田与心田共建，文化与文明共创”的新理念。2010年初，油田党委以共建共创理念为主导，做出了推进实施“胜利心田工程”的部署安排，胜利文化进入了心田开发建设的新阶段。心田开发适应了文化管理的时代要求，是文化管理在胜利油田的实质推进。经过一年多的探索实践和总结积累，今年初油田确立了心田工程的框架内容，即“以价值主导心性，以愿景凝聚心力，以学习开启心智，以情感化解心结，以利益平衡心态，以环境塑造心境”。对这6句话，我们进行了认真解读，并大力践行，取得了初步成效。

第一，以价值主导心性，这是心田工程的核心要素。

一是大力培育核心价值理念。弘扬社会主义核心价值体系、中国石化核心理念和新时期胜利精神，培育提炼胜利文化新格言，筑牢“更强根基”，彰显“更有力量”，实现“更大作为”，树立和践行正确的国企领导观，努力“为党和国家干事，为职工群众干事，按规律办事，按规矩办事”。

二是打造代表“胜利”的文化符号。即培养选树体现胜利精神的先进典型，如中国工程院院士顾心怿、铁人式的好工人王为民、新时期石油工人典型代表代旭升等标兵人物，以及胜采22队、孤岛作业519队等十面红旗、功勋队，都已成为胜利特有的文化符号，集中代表了胜利的品牌形象。

三是把价值理念转变为共同行为规范。油田大力倡导和践行“人人遵章守纪，事事讲求精细，时时注重创新，处处体现和谐”的共同行为规范，并严格落实中石化员工守则、十大安全禁令和文明礼仪规范，用理念引导行为，把规范变成习惯。

第二，以愿景凝聚心力，这是心田工程的目标导向。

油田各单位围绕中国石化“建设国际一流能源化工公司”和“百年创新，百年胜利”的愿景目标，规划和制定单位发展目标和团队愿景，如孤岛采油厂“树孤岛品牌，建百年油田”，树立“资源有限、创新无限，解放思想、挑战极限”和“油随心生，心随油动”的勘探开发理念，共建和谐孤岛，共谋科学发展，创造了连续12年稳产500万吨以上、20年保持400万吨以上、为油田贡献原油1.65亿吨的辉煌业绩。黄河钻井五公司以打造最具竞争力的专业化钻井公司为目标，凝练形成了以“选准目标，遵从规矩，攻坚啃硬，科学进取，不达目的不罢休”为主要内容的“钻头文化”，通过“党群干群连心，慰问帮扶暖心，文化聚力凝心”，增强了公司的核心竞争力。

第三，以学习开启心智，这是心田工程的素质基础。

一是大力创建学习型组织，培育打造学习型团队、复合型人才和创新型职工，加强思想教育和业务培训，开发职工心智，提升队伍素质。

二是深入推进创新文化建设，积极培养创新思维，完善创新机制，通过观念创新推进管理创新和技术创新，以“百年创新”实现“百年胜利”。

三是大力加强人才队伍建设，持续完善经营管理、专业技术、技能操作三支人才岗位序列，使“人尽其才、才尽其用、用当其时”。油田现有各类专业技术人才1.4万人，各类高技能操作人才7万多人，有中国工程院院士1人，中华技能大奖获得者3人，全国技术能手14人，首席专家104名。油田还建成了全国最大的博士后工作站，先后有180多名博士后进站工作，他们“选择胜利，走向胜利”，为胜利油田勘探开发建设做出了积极贡献。

第四，以情感化解心结，这是心田工程的人文关怀。

一是大力加强心理学研究应用，专门成立心理学应用项目部，举办心理学讲座、普及心理学知识，开展心理普查、心理咨询和心理保健等系列活动，如海洋钻井公司建立“方舟工作室”，推行“十心实意”工作法，在“关注心灵，开启心智”中激发职工创新创效热情。

二是切实做好一人一事的思想政治工作，召开思想政治工作经验交流会，大力推广“六进六到”做法，利用多种载体，使思想政治工作沉到底、入人心、见实效。

三是深入推进胜利“家文化”建设，随着“我的油田我的家”主题教育活动的深入开展，“爱家建家兴我家”的思想理念深入人心，使“家文化”从基层向机关、社区和外部市场延伸，丰富了家文化的内涵，拓展了家文化研究与建设的新层次、新领域。

文化既是凝聚人心的精神纽带，更是关系民生的幸福指标。为此，油田把民生建设作为民心工程来抓，着力解决好职工住房、职工子女就业援助等事关群众切身利益的现实问题，最大限度地保障职工群众的各种权益。同时坚持“共建共享”，深入推进和谐文化建设， 大力推进“五大和谐工程”，培育和谐精神，倡导和谐理念，引导职工群众树立奋发进取、理性平和、开放包容的健康心态，实现心理和谐，提高幸福指数。

第五，以环境塑造心境，这是心田工程的外在条件。

一是建设绿色油田，加强油地共建，共创文明城市，建设油洲加绿洲的绿色生态油田。大力加强基础设施建设和基层硬件改造，不断改善矿区环境和厂容队貌。

二是净化文化环境，大力加强小区文化、校园文化、医院文化建设，开展全员读书活动，胜中社区的“职工书屋”、孤岛采油厂的“书香机关”都成为了亮丽风景。同时加强网络文化建设，强化舆情监控，积极正面引导，营造健康向上的网络环境。

三是探索发展胜利工业旅游文化，选择胜利油田有代表性和观赏性的教育基地、矿区和生产现场，作为传承胜利文化、展示技术实力、树立品牌形象的重要载体和窗口，让人们在参观考察中，认知胜利油田为国家做出的巨大贡献，感受胜利油田的独特风景和胜利文化的独特魅力，既可增强干部职工“我为祖国献石油”的责任感和自豪感，又能修养心性，陶冶情操，共享幸福美好生活。

今年以来，油田党委专门成立了“胜利心田工程”项目部，集中精干力量，一方面深化课题研究，取得了一些创新成果；一方面抓好试点运行，培育心田工程新典型、新亮点。

（作者系中国石化胜利油田文明办主任）

快乐文化

任文连

上海罗氏制药是一个外邦企业控股的外资企业，1996年正式开始运行，1997年我来到这家企业，专门从事企业文化建设工作。上海罗氏作为一个合资企业，受“海派文化”的影响，在企业文化建设上与北方企业还是有区别的。

快乐文化

要让员工感觉到快乐，具体的做法就是以人为本。我们认为以人为本就是以人为目的，最后的目的在于人，在于人的心。作为一个外资企业，公司的基础设施、工作环境等比较好，员工都比较年轻；因此，我们有一个不成文的规定，对员工不进行考核，员工偶尔的迟到，我们都不会去关注；第二，不主张对员工查岗，查岗就意味着对员工的不信任；第三，作为领导，找员工谈话时，不是面对面，这样有距离感，而是主张坐在领导附近，平等交流，这样沟通起来就方便了。

上海罗氏的企业文化走到今天并逐渐成熟，我们的文化理念很简单，只有12个字，即“快乐工作，快乐生活，共同成长”。也就是让我们的员工感激我们的快乐文化——这与我们今天在座的很多企业都注重员工的心理援助，实际是我们的快乐文化就是一个很好的心理援助。

快乐工作是一种心理的选择，一种心理的状态。首先，快乐是有原则、有前提的。前提是选择快乐，与金钱、地位、年龄、性别没关系。第二，作为员工，一定要完成工作目标，这样企业、领导、个人皆大欢喜。第三，人都是想进步的，都有一种向前冲的欲望。要勇于创新、敢于挑战，这样才能找到快乐。第四，要有团队意识，个人只有归属团队才能真正快乐。第五，保持和谐稳定的人际关，知足者常乐。第六，培养主人翁精神。在具备这些基本条件的同时，我们应该有这样的一个理念——快乐不是我们人生的最终目的，快乐是什么？是人生旅途中一种生活态度，是一种习惯。尽义务然后而快乐，快乐是责任自然开出的花朵。最优美、最理智的欢乐，在别人的欢乐之中，这是快乐的最高境界。

快乐三部曲

那么，我们怎样才能达到这种境界呢？怎样获得快乐呢？

首先，要学习与人沟通的艺术。人最大的痛苦就是孤独。人之所以能够摆脱蛮荒走进文明，是因为有了语言，沟通起来更有效便捷。一个有思想的外交家进行一次成功的沟通，便能跨越国界、排除障碍、化解误会、遏制战争，起到千军万马的作用。所以，希望大家学会沟通，开启彼此的心灵。

第二，要学会微笑，微笑是心灵的鸡汤。蒙娜丽莎的微笑征服了世界——一切邪恶在她的面前都会无地自容。微笑是心灵深处流淌出来的美丽，不做作的微笑，犹如春风，能融化奸计，化解坚冰。

第三，要掌握赞美的艺术。作为一个领导，特别是基层领导，要掌握赞美的艺术。西方就很讲究赞美。哲学家说：

赞美月亮，太阳会羡慕月亮。所以，赞美是一种堂堂正正、正大光明的组织艺术。

快乐的四种态度

至此，我们对快乐有了这样的认识：要获得快乐，首先要保持积极乐观的工作生活态度。那么，怎样的态度是积极的呢？

有这样一个故事：一群青蛙组织了一场比赛，目标是看谁先到达塔顶。比赛开始了，围观的蛙群也议论纷纷，很少有谁相信一只小小的青蛙能到达塔尖，因为塔太高了。听到议论，一只参赛的青蛙开始泄气了。蛙群继续议论，越来越多的参赛青蛙退赛……只有一只，没有一点放弃的意思，费了很大的劲，终于成为惟一爬到塔顶的胜利者。其他青蛙想知道它成功的秘诀，问“你是花了多大的力气才爬上去的”？结果发现，原来这只青蛙是聋子。这个故事告诉我们永远不要听信那些负面的话，因为这些只会粉碎我们内心最美好的梦想与希望。

其次，要有奋斗目标，要从小事做起。这对我们员工来说太重要了，现在我们的很多年轻人是大事做不来，小事不屑做。

第三，要学会原谅，就是一个人的胸襟要大度宽广。有这样一个故事：爱迪生和他的助手们辛苦了一天一夜，制造出一个电灯泡。爱迪生让一个年轻的学徒将这个灯泡拿到楼上测试时，学徒由于紧张，手不停的发抖。尽管他再三的小心，走到楼梯顶端的时候，灯泡还是掉到了地上。一天一夜的辛苦，没了。爱迪生并没有责怪这个学徒。过了几天，当另外一个灯泡制造出来以后，爱迪生毫不思索地把灯泡交给上次闯祸的学徒。这一次，灯泡被安安稳稳地拿到楼上。事后有人问，原谅他就够了，何必再交给他呢？万一又打碎了怎么办？爱迪生回道：“原谅不是嘴上说说，而是要用行动来表达的。”

第四，要做一个低调谦虚的普通人。这里也有一个故事，跟大家分享一下。在一个既脏又乱的候车室里，靠门边坐着一位看上去很疲惫的老人。列车即将进站，检票开始，老人站起来，不慌不忙地走向检票口。这时，匆匆走来一个贵妇人，提着两个行李，她已累得气喘吁吁。她冲着老头说：请你帮我提一下行李，回头给你小费。老人没有犹豫地提着两个行李与贵妇人一起通过检票口，登上火车。就座后，贵妇人拿出一块美元表示感谢。老人有礼貌地接了过去。少许，列车长走过来，彬彬有礼地对老人说：“洛克菲勒先生，欢迎您乘坐本次列车，请问我能为您做些什么？”“什么？洛克菲勒！”贵妇人叫了起来，“上帝！”她连忙道歉，并请洛克菲勒把一美元退给她。洛克菲勒微笑着说：“太太，你不必道歉，您根本没做错什么？这一美元是我挣的，所以我收下了！”。

要懂得“自己”与“别人”

必须需要强调的是，要获得快乐，要懂得“自己”与“别人”。在此，送给大家四句话。

第一，要把自己当成别人。在你感到痛苦忧伤的时候，就把自己当成别人，这样痛苦就自然减轻了。当你欣喜若狂时把自己当作别人，那么你的心情会安稳一些。

第二，把别人当成自己。这样你就可以真正同情别人的不幸，可以换位思考，理解别人的需要，并给予帮助。

第三，把别人当成别人。就是说要充分尊重每个人的独立性，在任何情况下都不能侵犯他人的领地。

第四，把自己当成自己。这句话理解起来太难，需要用一生的时间来体验，那就是自力、自强、自省、自爱。其实，世界上没有绝对的成功与失败，幸福与痛苦，快乐被悲哀，富有与贫穷，伟大与渺小，美丽与丑陋……只不过从一个状态到另一个状态而已，这是聪明理智的去维护巩固某一些状态存在的事件，或者去创造开拓新的状态。过圣诞节时，有一个孩子天真地问：“爸爸圣诞老人真的存在吗？”爸爸是怎么回答的？爸爸说：“我们不能只相信看得见的东西，不能用眼睛怀疑心灵。”因为人间最美丽的东西或许我们看不见，她一直在我们的心中——比如爱、同情、成熟、希望、快乐……这些我们都需要，所以我们相信，相信能给我们生活的希望。毫无疑问圣诞老人是存在的，人为什么能幸福，能快乐？人和动物的最大区别就是人有念想、有希望。

（作者系上海罗氏制药公司企业文化高级顾问）

培育企业和谐大文化 再谱跨越发展新篇章

冯　超

成功的企业得益于成功的文化。燕子山矿按照同煤集团“制度管企，文化管人”的总体思路，在探索中前行，在实践中完善，把推行快乐工作法作为企业和谐文化建设的重要内容，创建了具有燕子山矿特色的“快乐工作法八大模式”，即：坚持民主管理，让员工感受参与之乐；运用事业激励，让员工感受成长之乐；体现人文关怀，让员工感受服务之乐；进行情感沟通，让员工感受真诚之乐；开展心理调适，让员工感受理解之乐；坚持文化熏陶，让员工感受休闲之乐；实施环境刷新，让员工感受生活之乐。

为此，我们在基层单位又推行了快乐工作法“七种办法”即：保障安全增快乐、优质服务增快乐、公平分配增快乐、成才成长增快乐、优化环境增快乐、心理调适增快乐、解难帮困增快乐和班组“快乐工作六种方式”。即：“班前亲情问候、岗位安全互助、班后民主评议、工余谈心关爱、搞好身心调适、互学交流提升，最终形成了以“八大模式”为主导、“七种办法”、“六种方式”为辅助的“矿、区队、班组”三级快乐工作法推行体系。

培育企业和谐文化，必须坚持员工参与企业管理，确保员工地位得到充分体现，大力营造公开公正的民主环境

企业民主管理是一种现代的管理制度和管理方式。加强民主建设是构建企业和谐文化的本质要求。特别是煤矿企业，要实现精细管理，让员工在艰苦的工作中感受快乐，必须要把民主建设作为开展一切工作的重要前提。

第一，民主决策有落实。坚持召开职代会，把事关企业发展、员工群众普遍关注的热点难点问题摆上重要议事日程，把竭诚兴办好事实事写入全年规划。

第二，民主管理有作为。我们进一步完善了工资分配制度，认真落实“四签字、四公开、五上墙”，确保了工资、资金分配的公开、公平、透明。

第三，民主监督有实效。我们在职能监督、群众监督、舆论监督的基础上，推行了职工代表巡视制，开通了党委书记、矿长、纪委书记信箱，确保员工监督权落实到位。

培育企业和谐文化，必须坚持真诚关爱员工，确保员工后顾之忧得到有效化解，大力营造温暖舒心的解压环境

燕子山矿针对员工当前的心理状况，积极开展心理援助，多措并举解决员工后顾之忧，大力营造温暖舒心的解压环境。

第一，积极开展员工心理咨询服务。我们抽调专人，精心布置，成立了员工心理咨询辅导站，开通了服务专线、电子信箱，建立了QQ群。特别是对“三违”员工进行“一对一”心理健康分析和心理疏导，不定期邀请心理辅导专家来矿举办心理辅导讲座，解析、消除员工的心理困惑。

第二，坚持为员工群众办实事、做好事。一是及时送温暖，先后成立了“光彩事业基金会”、“重特大病基金会”和“爱心互助组”等；二是平时重帮扶，在积极开展志愿者服务活动的同时，根据实际情况，认真筹划开展各类活动；三是随时显关爱，建成了集共产党员服务站、信访接待、青年就业指导、心理咨询于一体的多功能综合服务区，为员工群众提供了更加方便快捷的服务。

培育企业和谐文化，必须坚持加大硬件设施投入，确保企业安全生产稳步运行，大力营造安康愉悦的工作环境

第一，打造了健康舒适的井下工作环境。始终围绕“打造全国一流矿井”的目标，集中力量开展了井下安全质量标准化会战，提高了职业健康和劳动保护水平，降低了员工劳动强度，使员工在工作中保证安全的同时，享受舒适之乐。

第二，打造了整洁规范的井上工作环境。我们先后重新对办公楼、工掘楼、综采楼、通讯楼、武装部小分队等进行了整修，配齐了办公用品，建成了统一标准、统一秩序、统一设施的一流现代化办公场所，同时，提高了信息网络覆盖范围和应用质量，实现了无纸化办公模式。

培育企业和谐文化，必须坚持矿区环境不断刷新，确保员工共享企业发展成果，大力营造舒适安定的生活环境

我们始终以服务员工、美化矿山为根本出发点，着力加强“四化”矿区建设，为员工幸福生活创造了良好氛围。

第一，矿区建设城镇化。因地制宜，合理规划，建成了贯穿全矿东西的怡宾路，打造了规模最大、品种最全、流通最多，辐射周边20公里的现代商贸城。开辟了古典与现代相融合，休闲与娱乐相结合，北方与南方相统一的两座园林——祥园和怡园。现在的燕子山矿已经形成了以一条主干道、一座商贸城、两个公园、两个中心、三个广场、四个小区的为基本格局的城镇化矿区。

第二，环境面貌园林化。我大力实施绿化美化和环境保护工程，使全矿绿化面积增为412055m2，覆盖率占36.7%，四季变换，情境不一，处处充满生机和活力。重点投资修建了矿井水处理厂，加强矸石山综合治理，兴建了109国道边的带状生态园，“两区”改造拆迁后，全部清理覆土绿化，启动了渣山、南山、火车站、大河湾四个绿化带建设，整个矿区呈现出人与自然和谐共融的生动景象。

第三，社区服务标准化。重新装修了职工公寓、候车大厅，员工餐厅，员工群众的就餐环境、住宿环境和候车环境焕然一新。完善硬件设施投入，使生活环境得到很大改善，员工幸福指数明显上升。

第四，矿区秩序平安化。我们组建了监控指挥中心，成立了多支群众性治安巡逻队，巩固和维护了矿区治安形势平稳局面，增强员工群众的安全感。

培育企业和谐文化，必须坚持开展文明创建活动，确保企业文化品位不断提升，大力营造文明健康的人文环境

近年来，我们坚持选树典型，积极开展健康向上的文体活动，大力营造健康向上的文化氛围，不断满足员工群众的精神、文化需求，企业文化品位显著提升。

第一，深入开展文明创建活动，注重发挥典型的引领和示范作用；第二，全面加强文化阵地建设，随时随地为员工学习创造良好条件；第三，大力打造燕矿文化品牌，打造富有时代精神、具有行业特性、蕴含矿区特色的文化品牌，提升了企业的文化品味。

培育企业和谐文化，必须坚持人才强企战略，确保员工成才与企业发展同步，大力营造务实高效的成长环境

员工是企业的第一资源、第一财富。积极为员工搭建学习平台，提供成长空间，充分激发员工的工作积极性、主动性和创造性，是培育企业和谐文化的动力源泉。

第一，校企联合办学。始终坚持与专业大学合作办学，针对全矿专业技术人才和技能操作人才短缺的实际，以职业技能学校为依托，通过采取“请进来，走出去”的办法，聘

请专业教授对全矿各系统特殊工种进行有针对性的职业咨询与技能讲座，并积极派送员工深入厂家进行专业学习，满足了员工继续学习深造的愿望。

第二，健全激励机制。在工资分配、福利待遇、评先评优、提拔任用等方面向肯吃苦、善钻研、独挡一面的技术人才倾斜，并积极选拔优秀上进的青年技术骨干外出学习深造，努力为员工搭建一个学习成长和实现自我价值的平台。

第三，狠抓员工培训。通过开展培训班、组织员工到全国各地进行参观学习、岗位练兵、技术比武、师徒结对传授等多种形式，提高员工综合素质。

经过实践，我们深刻认识到，培育企业和谐文化是坚持以人为本，践行科学发展观的重要举措；是实施文化强企战略，实现“高起点上再跨越，创造同煤新历史”的必然要求；也是焕发员工激情，加快和谐矿区建设的必由之路。今后，我们将努力在培育企业和谐文化的推行实施上取得新突破，创造新业绩，为全面建设“平安、绿色、富裕、和谐”的燕子山矿而努力奋斗！为实现“百年同煤”的宏伟目标做出应尽的贡献！

（作者系大同煤矿集团公司燕子山矿党委书记）

推行快乐工作法 提升文化软实力

李　平

近年来，大同煤矿集团公司（以下简称“同煤集团”）深入贯彻落实科学发展观，坚持“制度管企，文化管人”的管理思路，全力打造以人为本的企业文化，形成了具有同煤特色的“一一二五”企业文化建设总体格局。即：一个管理思路（“制度管企，文化管人”的企业管理思路），一个管理模式（推行精细化人性化（RHM）的企业管理模式），两大引领体系（目标引领体系和理念引领体系），五大支撑体系（精细化管理制度体系、4E6S岗位标准考评体系、员工行为养成标准体系、以人为本的环境刷新体系、视听觉识别体系），开创了文化强企的新局面。

在这一特色鲜明的文化体系引领下，同煤集团把人作为企业管理的第一要素，把尊重人、理解人、关心人、发展人作为企业发展的第一要务，以推行快乐工作法为抓手，以提升员工的满意度和幸福指数为目的，全面提升和拓展企业精细化、人性化管理，促进了员工的全面发展，形成了同煤集团的一项特色文化。

快乐工作法产生的背景及内涵

人本管理是文化管理的核心。然而长期以来煤矿工人在苦、脏、累、险的环境中工作，思想压力大、体力超负荷，心理和生理都处于亚健康状态。再加上近年来随着经济的快速发展，竞争的日趋激烈，生活节奏的不断加快、员工的工作压力和心理压力越来越大，思想观念，行为方式也呈现出了复杂化、多元化的发展态势。针对这一状况，同煤集团经过广泛的调查研究，深刻认识到了这是一个影响制约企业科学发展的“瓶颈”。为此，同煤集团立足于贯彻落实科学发展观，推动企业管理创新变革这一高度，提出了“快乐工作法”，并把它纳入企业文化建设的范畴，在全体员工中推行实施。

快乐工作法的实质是一种管理方法。就是通过实施和拓展企业人性化管理，体现企业的人文关怀，不断满足员工日益增长的物质文化和精神文化的需求，最大限度地激发起员工的积极性、主动性和创造性，进而实现企业与员工的共同进步和全面发展。它属于企业文化范畴，是对集团公司精细化人性化管理的进一步拓展提升。

快乐工作法的核心是以人为本；主体是员工，作用的对象是员工，决定的因素是员工；重要作用是提升企业亲和力，增强企业凝聚力；根本要求是保持良好的心态——工作是否快乐，好的心态是关键。梁启超在《敬业与乐业》一文中指出：“苦乐全在主观的心，不在客观的事。”因此只有保持一种良好的心态，才能实现员工的敬业、乐业和快乐工作。

推行快乐工作法，其根本目的就是要全面拓展人性化管理，体现企业人文关怀，为员工创建和谐优美、舒心舒适的工作环境，为员工搭建成长的平台、展示的舞台，为员工解决后顾之忧，与员工共享发展成果，让员工工作学习生活中尽享平安之乐、健康之乐、生活之乐、尊重之乐、成才之乐、和谐之乐，在快乐中实现自己的人生价值。

快乐工作法不仅是一种全新的工作理念，同时也是一种先进的管理方法。是同煤集团构建和谐企业的内在需求，是培育企业亲和力、构建和谐企业的战略举措；体现着同煤集团以人为本管理理念、管理制度、管理方式等深层次的文化内涵；更是激发员工热情，凝聚员工力量，心齐人和推动企业实现“高起点上再跨越，创造同煤新历史”的有力保障。

同煤集团推行快乐工作法的探索与实践

快乐工作法是一个复杂的系统工程，涉及企业管理的方方面面。为确保快乐工作法深入有效地推行，同煤集团广泛开展快乐工作法的学习研究，积极探索推行快乐工作法的路径、载体和方式方法，做到了快乐工作全员认同、全员认知、全员参与，营造了快乐工作的浓厚氛围。

经过广泛的讨论研究和实践探索，同煤集团结合实际，提出了推行快乐工作法“1336”工作思路。即：坚持一个管理思路（制度管企，文化管人的管理思路）；建立“三大”保障机制（安全管理保障机制、员工健康保障机制、生活服务保障机制），完善“三大”长效机制（民主管理长效机制、人才管理长效机制、和谐稳定长效机制）；让员工尽享六大快乐（平安之乐、健康之乐、生活之乐、尊重之乐、成才之乐、和谐之乐）。

首先，建立完善安全管理保障机制，进一步增强企业可持续发展动力，让员工尽享平安之乐。同煤集团通过建立高效运作的安全管理机制，切实保障员工和企业的生命财产安全，为企业安全发展，可持续发展提供有力保证和强大动力。

一是切实加强员工安全教育和学习培训。大力实施了大众媒体宣传引导、典型案例反思教育、以情感人亲情触动、“六员一防”群防机制等安全思想宣传教育“十大模式”，特别是把“人人都是安全员，人人都是通风员”、“安全生产比天还大，瓦斯治理重中更重”等安全核心理念强势渗透到了员工的头脑意识中。同时强化了员工对安全知识的学习和安全技术技能的培训，实现了员工由“要我安全”向“我要安全、我会安全、我能安全”的转变。

二是进一步规范企业安全管理制度和岗位安全4E标准，推行了干部走动式管理，准军事化管理，编码管理以及员工就近管理，班组全程管理，安全程序化管理等具有同煤特色的安全管理模式，促进了员工安全行为养成，提升了安全管理水平。

三是大力实施科技兴安、科技保安战略，建立了安全“六预”机制，建成了以语音、声光、信号、信息化、预警化、可视化为支撑的矿井安全技术体系，全面加强矿井“五大”自然灾害的监测监控，扎实推进安全质量标准化建设，保障了作业环境的安全可靠。

四是以安全生产月活动为契机，广泛开展了安全演讲、安全慰问、安全宣誓等安全文化活动，营造了关爱生命，关注安全的浓厚氛围。在井口建立了服务站，为出入井的员工提供饮水和缝补工作衣服务，让员工高高兴兴上班，平平安安回家。

其次，建立完善员工健康保障机制，进一步提升企业人性化管理魅力，让员工尽享健康之乐。同煤集团建立完善员工健康保障工作机制，全方位地保护好员工的身心健康。

一是关心员工的身体健康。建立了员工职业健康安全管理体系和职业病防救治医疗机构，为员工办理了大额医疗保险，成立了中国煤矿尘肺病治疗基金会定点医院，定期为员工进行职业健康体检，安排健康疗养等，3年来共组织24300多名井下一线员工外出健康疗养。筹资1231万元组建的重特大病救助中心，4年救助病人1620名。

二是关注员工的心理健康。同煤集团建立起了基层党组织，工会组织、共青团组织等多方位的思想政治工作体系，与员工群众谈心交友，情感沟通，了解员工的所思所想所需，切实做好一人一事的思想政治工作。

三是引导员工形成健康文明的生活方式。通过广泛开展文化娱乐、体育锻炼、科普教育等活动，丰富了员工的业余文化生活。近年来先后举办了改革开放30年成就展，第四届群众文化艺术月、“光彩同煤”大型消夏灯会，“金秋欢歌”群众文化广场展演等一系列声势大、影响广的活动，营造出了健康生活、快乐工作的浓厚氛围。

第三，建立完善生活服务保障机制，进一步增强企业凝聚力，让员工尽享生活之乐。幸福生活是快乐的源泉。同煤集团围绕让员工老有所养、困有所帮、病有所医、学有所教、住有所居、居有好境这一目标，着力提升员工的生活质量。

一是健全了养老保险制度、失业保险制度、工伤保险制度，生活后勤服务机构，保障员工的正常生活，解决员工的后顾之忧。

二是为员工创建环境优美、舒心舒适的工作生活环境。启动了历史上规模最大的采煤沉陷区和棚户区“两区”治理改造工程，改造面积660多万平方米，让30万员工家属住进了宽敞明亮的新楼房。实施了平旺地区旧区改造，先后建成了一大批3A级物业管理小区，建成了晋北地区最大的平旺公园，治理了矸石山20万平方米，给153台燃煤锅炉安装了脱硫器。投资3.6亿元上马了热电联供，利用电厂余热对居民进行供暖，取代了280座燃煤锅炉房，极大地改善了矿区空气质量，企业的环境面貌焕然一新。

三是设立了教育、扶贫基金，成立了“煤海阳光”帮扶理事会，“煤海希望”助学理事会等机构，4年资助了550多名考入大学的困难员工子女。成立了青年就业指导中心，累计帮助近2万名待业青年外出就业，扶持300多名待业青年自主创业。同时设立了党员服务站、开展了青年志愿者和“送温暖”活动，扶危帮困，力所能及地为员工群众办好事、办实事，让员工感受企业大家庭的温暖。

第四，建立完善民主管理长效机制，进一步增强企业的感召力，让员工尽享尊重之乐。民主管理是依法治企，以德治企的本质要求。同煤集团坚持以人为本的管理理念，尊重员工的主体地位，保障员工的合法权益，维护员工的切身利益，实现了企业管理的公平公正。

一是坚持执行职代会制度，职工代表巡视监督制度，民主评议制度，形成了以职代会为主的民主议事和决策制度，把“员工群众答应不答应、满意不满意、高兴不高兴、拥护不拥护”作为企业决策的重要标尺，让员工知情、参政、管事。有的基层单位还建立了群众议事日制度，对涉及企业改革发展的重大决策问题都要邀请党员代表，员工代表和民主党派代表列席会议，参与商讨。

二是大力实施了企务公开，严格执行了“三公开、四签字、五上墙”管理制度，对企业的工资分配、福利待遇、人事变动、资金使用、物质采购等事项，实行民主监督，“阳光操作”，形成了公平公正公开的管理机制，保障了员工的合法权益。

三是设立了矿长信箱、党委书记热线，通过开展领导现场办公和信访接待活动，了解民情民意，听取群众呼声，不断改善企业而管理，让员工在发扬民主的环境中享受主人翁的快乐，快乐工作，快乐奉献。

第五，建立完善人才管理长效机制，进一步增强企业核心竞争力，让员工尽享成才之乐。成长成才是员工的理想目标和价值追求，也是员工职业生涯中的最大快乐。同煤集团大力实施人才强企战略，让广大员工尽享成长的快乐，收获成功的快乐。

一是为员工搭建学习成长的平台。同煤集团牢固树立“成功企业重视培训，优秀员工终身学习”的理念，每年都要制定《员工培训计划和目标》，充分发挥党校、技校、工大万人培训基地的作用，大力开展员工培训工作，每年投入资金3000多万元，对采掘机运通系统、思想政治工作系统、经营管理系统的员工进行了业务培训学习，培训员工达14.2万人次。

二是为员工提供展示才华的舞台。同煤集团牢固树立"有作为才能有发展，有贡献才能有地位"的人才管理理念，出台了《优秀人才选拔管理办法》、《领导人员选拔任用办法》，不唯学历、不唯职称、不唯资历、不唯身份，不拘一格选人才，形成了"能者上、平者让、庸者下"的科学规范、公正合理的用人机制，近五年来有524名员工被集团公司评选为优秀人才，一些有突出贡献的员工被提拔到了领导岗位上。

三是强化了人才激励机制。鼓励发明创造，重奖科技人才，并在评模评先、晋级晋升、福利待遇等方面倾斜于人才。

第六，建立完善和谐稳定的长效机制，进一步增强企业亲和力，让员工尽享和谐之乐。和谐是乐业的基础，是员工快乐工作的保证。同煤集团以抓好一个班子、带好两个队伍、密切三个关系为重点，建立完善促进企业和谐稳定的长效机制，大力推进和谐企业建设。

一是围绕政治素质好、经营业绩好、团结协作好、作风形象好，大力开展了"四好"班子创建活动，加强各级班子成员的思想建设、作风建设、能力建设，增强了班子的凝聚力、战斗力和创造力，营造了和谐融洽，同心同德的工作氛围。

二是按照同煤集团管理人员"尽心履职责、主动抓工作，提高执行力，落实全过程"的20字行为规范要求，对各级干部和管理人员的德、能、勤、绩、廉等素养进行全面的培养和考核，用敬业的精神、实干的作风、集体的力量，塑造干部的良好形象，锤炼了一支尽心履职，清正廉洁的干部队伍；同时大力推广了《同煤集团员工道德规范》，加强了员工社会公德、职业道德、家庭美德的学习教育，打造了一支团结奋进，创新发展的员工队伍。

三是密切了干群之间、上下级之间、员工之间三个关系。同煤集团坚持把维护好、实现好、发展好员工的根本利益作为一切工作的出发点和落脚点，广泛开展了"转变作风、走进基层、狠抓落实"的调研活动，集团公司领导和机关干部抽出60%的时间深入基层，了解员工疾苦急难、解决员工群众的实际困难，架起了干群之间的"连心桥"。

同煤集团推行快乐工作法的成效

同煤集团通过推行快乐工作法，进一步提升和发展精细化人性化管理，培育了企业的亲和力，增强了企业的凝聚力，激发了员工的积极性、主动性、创造性，为企业注入了新的发展活力。

——企业发展更加科学。同煤集团通过推行快乐工作法，加强了各级领导班子的作风建设，能力建设，提高了科学决策的水平和能力，推动了企业的科学发展。形成了煤炭、电力、化工、冶金、煤机制造五大产业齐头并举的格局，建成了全国煤炭行业第一个循环经济示范园区——塔山循环经济工业园区，规划了朔南、大同东周窑、忻州保德县白家沟3个循环经济园区，走出了一条具有同煤特色的"循环、绿色、低碳"发展之路。

——企业氛围更加和谐。同煤集团通过推行快乐工作法，倡导和谐新风，构建和谐企业，理顺了员工情绪，化解工作矛盾，建立起了和谐的劳动关系和人际关系，增强了企业的亲和力，企业呈现出和谐稳定，繁荣昌盛的喜人局面。全公司涌现出了36个文明和谐单位标兵、38个文明和谐单位、40个文明和谐示范区、10户文明和谐家庭标兵，集团公司荣获全国精神文明建设先进单位殊荣。

——企业管理更加完善。同煤集团以推行快乐工作法为抓手，进一步提升发展精细化人性化管理水平。按照"制度管企，文化管人"的要求，整合管理优势，细化管理流程，对企业的组织结构等管理体系进行全方位的改革，把精细化管理植入企业的管理中，无论是产供销的物流环节，还是人财物的机制运行，都实现了管理制度的科学、合理、精细，促进了企业管理由粗放型向集约型跃升。同时提升了人性化管理魅力，激发了员工的热情，增强了团队精神和工作执行力，使精细化管理和人性化管理发挥出了"双轮"驱动的效应，推动了"制度管企，文化管人"企业文化建设向纵深发展。

——安全工作更加扎实。同煤集团通过推行快乐工作法，形成了以"人人都是通风员"为核心的安全管理体系，夯实了安全管理基础，提高了员工的安全意识和安全素质，增强了安全工作的执行力，营造出了关爱生命，关注安全的浓厚氛围，促进了企业的安全发展。2010年同煤集团安全效果再创水平，重伤和轻伤率大幅下降，百万吨死亡率保持了低控。

——企业环境更加优美。同煤集团以推行快乐工作法为契机，大力实施了企业环境刷新工程，积极开展了美化、绿化、亮化工作，开展了碳汇青年林植树活动，全力打造花园式、园林化矿区，企业环境面貌焕然一新。

——精神动力更加强劲。同煤集团通过推行快乐工作法，使员工深刻认识到了自己的责任和自身的价值，增强了员工的责任意识、大局意识，营造出了尊重员工、尊重劳动、尊重创造的良好氛围，激发出了员工爱企敬业的价值理念和"企业是我家，第一为企业"的创造热情，形成了心齐人和的强大精神动力。2010年同煤集团创造出了煤炭产量最高、经济效益最好、安全工作最稳、员工生活实惠最多、文明建设成果最大等八项历史之最。

（作者系大同煤矿集团公司宣传部部长）

实施心田工程 推动文化落地 塑造阳光心态

张永利

中石化胜利油田胜利海洋钻井公司是专门从事海洋石油勘探的专业化公司，员工常年工作在海上的钻井平台，平台生产、生活区面积仅3000-4000平方米，工作上推行20天轮休制、每天12小时工作制；而且海上作业受风、浪、潮、涌、流、冰等自然环境影响巨大，这些都对员工的生理、心理健康产生难以预测的影响。在这样特殊的工况环境下，如何保持员工的阳光心态，并自觉把公司文化内化于心，践行在岗，固化于行，一直是公司研究的课题。特别是胜利油田提出“心田工程”这一课题后，公司研究的方向更为明确，2010年提出并实施了“十心实意”工作法；在此基础上，归纳总结了“五心工作模型”，并于2011年推进实施，取得了良好效果。

注重“心田”体检，夯实“心田工程”实施基础

管人要管心。摸清职工所思、所想及影响其心理状态的基本要素，是开启员工心智，保持全员阳光心态的基础。为此，我们坚持做到心态分析常态化，通过“诤言会”、“恳谈会”、主题座谈会、网络信箱等形式，班组每周一次、支部每月一次、公司每季一次，对职工思想动态信息进行收集、整理、分析，及时了解和掌握基层职工的所思所想及心理诉求。心态调查研度化，依据不同阶段形势、目标要求，设计调查问卷，通过第三方或自主调查的形式，抽取不同层面样本70%以上，每年至少组织两次员工心理状态调查，全面掌握全员基本心态。心理普查普遍化，建立了员工心理状况自测系统和企业员工心理测评模板，职工个体可随时对自我心理状况进行测试；公司每年对平台所有干部职工进行心理普查一次。通过以上措施，我们深切体会到，员工心态受经济、人文、家庭、教育、生理、环境等诸多因素的影响，保持员工的阳关心态不仅需要企业组织有效的推动，更需要员工个体不断地强化自我修养、自我调试，提升适应环境、应对竞争的能力。

实施“心田工程”，确保文化落地，塑造全员阳光心态

在“心田工程”的实施工程中，我们着重从以下几个路径入手，确保文化落地，塑造全员阳光心态：

第一，注重价值融入。企业主流价值观被全员认知、认同并与个体价值观的有效融合，是确保企业文化有效落地、确保全员保持阳光心态的心理根基。首先，在全员中征集公司价值理念，并召开不同层次的座谈会、研讨会、说明会，切实把企业价值观确立的过程，作为价值观普及教育的过程。其次，连续三年以“海洋，我的家”为主题，以辩论赛、演讲赛、合唱、征文、文体活动上平台等形式，切实把价值观教育寓于职工群众喜闻乐见、易于接受的文体活动，切实做到长流水、不断线。再次，创办了企业内刊——《胜利海洋》，设置栏目12个，成为全员交流经验、展示自我、宣扬正气、激发锐气的良好平台。第四，推进“入模子”活动，强化新入职员工对公司传统、历程、企业文化的培训学习。

第二，注重愿景融合。企业有发展，自身有奔头，个人得实惠，是确保企业文化落地、确保全员保持阳光心态的物质基础。首先，坚持使命导向，以公司愿景目标为总抓手，根据市场细分、平台形式、结构，形成了平台、队、班组等层次分明的金字塔式目标梯次保障体系。其次，推动职业生涯设计，与某大学联合研究开发了人力资源评价系统，每年对所有人才进行分析评价，并有针对性的对重点人群进行职业生涯设计，尽可能的做到个体职业要求和组织职业要求有机融合。再次畅通人才成长渠道，建立了科技、经营管理、党群工作创新评价体系，建立了专业技术人才、经营管理人才、技能人才梯次晋升通道。通过以上措施，让每一个个体在企业中找到位置、体现价值，让每一个个体都为实现企业愿景目标奉献才能，做出贡献。

第三，注重规范推动。符合时代要求、清晰、详尽的规范要求，是确保企业文化落地、确保全员保持阳光心态的硬要求。规范的长期、有效坚持才能形成习惯，并最终上升为文化自觉。在公司层面，依据公司核心理念、行为准则，对所有制度进行梳理，凡不符合的进行修订或废除，凡缺少的进行拾遗补缺；在各专业系统，依据系统理念，建立起系统性的制度规范，如我们将“四知”廉洁文化细化为1106个行为控制节点，将“四至”安全文化细化为2700个控制节点等；在岗位层面，进行了岗位说明书的建立与实施，切实将文化渗透到公司战略，落地在具体岗位，并成为每个员工自觉自愿的行为。

第四，注重环境优化。良好的企业内部环境和健康的个体心境，是确保企业文化落地、确保全员保持阳光心态的有力保障。强化人际关系环境建设。针对平台工况环境，推行了“闭环管理体系”，确保海上作业职工、职工家庭与公司保持全方位的联系状态；开展了每两年一次的全员拓展训练、团队野外生存训练，实施了年度团队家庭联谊制度，推行了家庭联系卡、职工轮休记录卡等制度，优化了人际关系，增强了团结协作能力。强化物质环境建设。在提升生产工具本质安全、科技含量的同时，逐步在平台建立了文化走廊，逐一建立了图书室、卫生室、健身室、网络室，推行了公寓化管理，让职工在清洁、优美、健康的环境中愉快工作、快乐生活。强化个体心境建设。个体心态出问题很多是因为自我认知的错误性，为此，我们通过课堂式的理论教育培训，到油田及相关行业的走动式培训，就某一专题进行对比式的研讨培训以及开展主题式读书活动，教育引导职工换个角度看问题、跳出自我看问题，平和心态，凝聚心力。

第五，注重调适修正。及时有效的心理援助及个体自我的心理抚慰，是确保企业文化落地、确保全员保持阳光心态的重要保证。一是建立了员工关爱平台。在这个平台我们设置了心理健康、生理健康、职业健康、员工激励、员工助理、心理测评、健康查询等八个模块，详细规定了企业组织对员工应予帮助的项目、责任及目标。譬如，在心理健康方面，公司心理健康资讯室——方舟工作室至少每年每个基层单位要进行一次心理辅导、普查，建立心理健康档案，建立心理咨询热线和在线咨询服务，适时开展有针对性的心理咨询、辅导，开展女性心灵成长、亲子教育、团队凝聚等专题

教育；在生理健康方面，编制了健康食谱、饮食健康手册、常见病防治，并于胜利医院联合编制了基层单位四季配餐指导性意见；全员每年健康查体一次，建立职工生理健康档案；与国内相关医院建立合作关系，设立医疗绿色通道等等，通过这个平台，实现员工援助的信息化、网络化、常态化和动态管理化。注重利益平衡，建立健全绩效考评办法、帮扶救助服务体系，坚持解决思想问题与解决实际问题相结合，建设稳固的大后方。注重员工个体自我心理抚慰，推进自我心理调节知识的普及教育，强化“成功因为心态”等相关知识自我学习，教育引导全员“换位思考”，建设具有较强适应能力的心境。

实践中，我们深切体会到“心田工程”就是通过有效的组织推动和自我调适、管理，实现个体价值与企业文化有效融合的过程，其本质是对“以人为本”理念的进一步深化，其有效实施必能塑造全员工的阳光心态，实现全员自我管理、自我创造，实现“人企共进”，实现个体目标与企业愿景目标的高度融合。

（作者系中石化胜利油田胜利海洋钻井公司党委书记）

春风化雨润心田

王晓峰

中石化胜利油田胜利发电厂是胜利油田的自备电厂，装机容量104万千瓦。先后荣获全国一流火力发电厂、全国企业文化优秀奖、全国企业文化建设先进单位，被胜利油田授予“胜利文化建设示范单位”。胜利发电厂精心培育的“全胜文化”，是胜利油田胜利文化的子文化，在建设胜利心田工程、抓好胜利文化落地的实践过程中，我们主要有三点作法和体会。

选好文化载体，把胜利文化的种子埋在员工心田

精神文化的传播离不开物质文化的承载。推进企业文化落地，选好文化载体十分重要。首先，文化载体要可思、可视、可听、可传承。根据人们的感官，我们建立了企业理念、行为、视觉、听觉、环境等五个企业文化识别系统；提炼了与胜利文化母子文化一脉相承的子文化“全胜文化”；编写了企业文化理念故事，实现了理念故事化，故事理念化；谱写了《我们是胜利发电人》厂歌；开展了厂歌比赛、千人大合唱、企业文化知识竞赛等文化活动；编制了企业文化管理流程，积极推行文化管理。

其次，我们还特别重视文化载体的创新，让文化载体可亲、可爱、可感、可以触摸，特别是要让普通员工发自内心的接受，在潜移默化、不知不觉中接受文化的先进理念，让胜利文化的种子深深地埋在员工的心田。为此，我们精心设计了我们的吉祥物小鹿。通过全厂员工家属的征集、投票，我们给他起名叫“亮亮”，预示着他能给我们带来温暖和光明，让我们“从创业走向创新，从胜利走向胜利”，在努力实现“百年创新，百年胜利”的愿景中，创造更加美好灿烂的明天。从他诞生的那天起，他就担当起了文化传播大使的职责。在水龙头旁边，小鹿“亮亮”提醒大家节约用水；在照明开关旁边，小鹿“亮亮”提醒大家节约用电；在生产现场的墙壁上，小鹿“亮亮”提醒大家戴好安全帽；在厂报上，我们开辟了“小鹿讲故事专栏”；在赛场上，我们每年都要举办以小鹿“亮亮”冠名的排球比赛等文体活动。在职工上下班的道路两边，以小鹿“亮亮”为造型的音箱里，滚动播放着厂歌。劳动模范上台领奖，青年集体婚礼，我们都会送一个毛绒绒的小鹿“亮亮”；我们还积极探索“企业文化从娃娃抓起”的亲情文化，在职工子女中举办以小鹿“亮亮”为题材的漫画比赛，把全胜文化的理念渗透到了职工家庭。通过抓好文化载体，使胜利文化的传播，真正做到了春风化雨，润物无声。《中国文化报》记者张小兰在企业文化专访报道中称，全胜文化是“可以拥抱和触摸的企业文化”。

做好文化大餐，让胜利文化的大树扎根基层沃土

古人对文化的特性，有一种描述：“仁者见之谓之仁，智者见之谓之智，百姓日用而不知。”文化到了基层，特别是到了班组，到了“老百姓”那里，就不能光讲大道理，更不能苛求员工对文化理解得多么深刻，只要他们身在其中，感同身受，就达到了我们推行文化管理的目的。我们在构建班组文化时，为他们提供了具体的、可操作的作法，通过班组文化建设把胜利文化根植到最基层的沃土。具体作法是推出了“班组文化套餐”、“班组文化自助餐”等文化大餐。“班组文化套餐”为必选项目，要求每个班组要统一规范，严格执行。包括“六个一”：一个班训、一个愿景、一幅班组全家福、一个交流平台、一块文化管理看板、一个团队，这是必选项目。“班组文化自助餐”内容广泛，包括安全型、创新型、学习型、效益型、和谐型五个类别，68项，属于自选项目，班组可结合实际，自由选择，也可以自主创新。比如“创新型自助餐”，我们推行“和田创新十二法”：加一加、减一减、扩一扩、变一变、改一改、缩一缩等，在班组中易于操作和落实。在“和谐型自助餐”中，通过推行一声赞许、一份感动、一次沟通、一个故事、一次郊游等，构建和谐型班组。在胜利文化理念的引领下，胜利发电厂100多个基层班组在“班组文化套餐”的基础上，选取“班组文化自助餐”的内容，结合实际自我创新，不断丰富班组文化建设的新形式、新方法，形成了统一协调，和谐发展，百花齐放的班组文化百花园。

注入文化情愫，使胜利文化的果实共创共建共享

我们胜利文化的价值观是共建共享观，即：“共创百年胜利，共建和谐油田，共享美好生活”。只有与员工共建共享，才能开发员工心田，激发文化活力。按照胜利文化建设的总体要求，我们积极开展基层家文化的建设工作。我们每年年底进行一次全厂性的企业文化测评暨员工思想状况

调查问卷活动，掌握员工的心态和所需所求，有的放矢地开展温润心田的工作。在调查问卷中，职工对班车不太满意，我们更新了宽敞明亮的新班车。员工反映文体活动偏少。我们采取“大活动月月有，小活动不断线，工间操天天做”，满足了职工的需求。为了建设温馨可人的家庭环境，我们在主要生产单位的主控室，设立了生态鱼缸，种植了花草，购置了等离子空气清新器；在运行岗位安放了跑步机；在墙壁上，把口号、标语更换成风景亮丽的艺术图片，有效调节了职工的心理状况。2001 年，我们通过了原国家电力公司全国一流火力发电厂的考核验收，成为全国首家跨入一流行列的企业自备电厂。2008 年，通过了中电联“国际一流电厂”的考核验收，成为全国第三家获得这一称号的电厂。为了让员工共享企业发展成果，我们根据员工需求，建设了包括中央空调、24 小时热水等服务项目的现代化住宅小区，建成了山东省模范绿化先进单位，保证了企业、员工同发展、同受益，全厂营造了“心齐、气顺、劲足、家和”的和谐局面。

（作者系中国石化胜利油田胜利发电厂厂长）

实践心理疏导 构建和谐矿山

聂金良

冀中能源峰峰集团梧桐庄矿地处河北省邯郸市境内。生产的煤炭属国家紧缺的低灰、低硫、低磷、高发热量、高粘结度的优质肥煤。矿井于 2003 年 10 月正式投产，随着两次技术改造，目前已具备 400 万吨的生产能力。去年安全产原 334 万吨。矿现有职工 3606 人，其中固定工（含农民合同工）2362 人，集体企业工 320 人，派遣工 920 人，井下职工占职工总数的 79.3%。下设 15 个基层区科，机关设六部一室，管理人员 190 人。

建矿以来，我们按照“平安梧桐、生态梧桐、富裕梧桐、和谐梧桐”的发展目标，以科学发展观为指导，以“五精管理”为抓手，全面提升管理品位，实施了保水开采、封闭储煤、饱和充填等一大批绿色工程，打造了以“用水不排水、排矸不提矸、采煤不见煤、出煤不烧煤”为特点的低碳生态绿色矿井。先后荣获全国绿化模范单位、全国模范职工之家、全国煤炭工业先进集体、全国煤炭工业双十佳煤矿、全国煤炭系统文明煤矿、全国煤炭系统企业文化建设示范矿、河北省五一劳动奖状等荣誉称号。

梧桐庄矿是一个新矿，国有煤矿所有用工性质在我矿都存在。职工队伍构成复杂，人员流动性大，“80 后”、“90 后”的“新生代”已成为职工队伍的主流。近年来，我们在巩固传统思想政治工作方式方法的基础上，吸收借鉴心理学、社会学、管理学、现代医学等学科，引入“心理疏导”机制，建立了“把脉、疏通、解忧、呵护”四项环节十六种疏导方法，优化了职工的心智模式，扭转了职工在企业改革发展中不适应、不平衡等一系列心理障碍，开创了职工稳、安全好、效益优、企业兴的良好局面。

把脉分析 掌握职工心理动态

实现个人的全面发展和与企业同步发展，是国有企业人文关怀的根本所在，煤炭企业作为高危行业，职工常年在井下作业，工作环境较差，生活不规律，重体力劳动时间长，非常容易产生心理压力。我们采取掌控职工心理，进行平等交友，实施多层扫描，全方位把脉职工心理动态，排查存在的压力，有的放矢开展心理疏导。

我们要求各级管理人员像对待自己的亲人那样对待职工、理解职工，突出重点、分清层次，提高心理疏导的针对性、实效性，我们在矿和车间二级共建立了 18 个心理疏导室，配置心理咨询热线电话，各车间支部书记兼职心理咨询师，可以随时与职工谈心谈话。组织力量，编制了符合本矿实际的人格特质分析、心理健康分析、生活事件分析、职业意识分析等四类心理测量表，定期评估与分析职工心理现状，掌控职工心理，为职工心理不适进行全方位把脉，使广大职工有敞开心扉、倾诉心声的对象和场所，架起了管理者与职工之间的心灵桥梁。

我矿巷修区职工小贾，平时寡言少语。一段时间在工作岗位精神恍惚、闷闷不乐。领导多次劝慰，他虽然感动得哭了，但还是没有找到问题缘由。区心理咨询师从他的兴趣档案得知，该职工喜欢养狗，就从养狗知识进行了“备课”，打开了他的话匣子，进而得知该职工与爱人产生家庭矛盾后，及时实施家访，化解了矛盾。

疏通压力 打通职工心理屏障

心理疏导面对的往往并不是单纯的心理问题，心理问题常与思想问题杂然并存、互为因果、相互交织，思想问题处理不好容易导致心理问题，心理问题疏导不力也会引发思想问题。为此，我们畅通了与职工的沟通机制，形成了解决职工心理问题和思想问题的“绿色通道”。

一方面，面向广大职工开展正面思想引导，讲形势任务，解热点难点，让职工对企业知情，满足心理期待，另一方面，通过面对面沟通、膝碰膝交流，做到洞幽察微，料事在先，疏导及时。我们开辟了“周二群体心理疏导日”，建立了矿领导“相约周三”民主接待日，定期召开矿、区情发布会，实行工资奖金党政正职双签字，推行工资班清班结等措施做到了薪资全时空公开，实现了阳光区务，减少了职工敏感利益心结。

开辟了梧桐网吧，建立了梧桐网站，开办了网上论坛等栏目，职工可以利用网络充分表达意愿，各级管理人员也可以及时了解职工的心声。广泛开展英雄行动，培养职工身边的典型。每季度对评选出的技术状元、创新能手、安全标兵给予大力表彰，特别突出的人才在政治上高看一眼，在经济上多拿一块，使他们有面子有票子有位子。每年底编撰《英雄榜》画册，把先进职工的事迹编进矿史，营造了尊重人才、厚爱人才的浓厚氛围。

困难解忧 关爱职工心理健康

职工思想问题主要由于工作和生活的实际困难没有得到及时有效的解决而引起的，是实际问题的现实反应。做好新时期的思想政治工作，既需要注重心理疏导，更需要注重解决职工的现实问题。

我矿职工大部来自农村，家庭经济负担过重，为此，我们从实际出发，帮助他们解决困难，解决后顾之忧，实行“三不让”。即：“不让一名职工子女上不起学，不让一名职工看不起病，不让一名职工家庭生活因故处于贫困线以下。”完善了领导联系困难户、定期帮扶制等措施，建立了金秋助学、大病医疗救助等长效机制。2010年用于帮扶困难救助资金达28万元，互助补充保险救济职工17人。从改变煤矿“脏、险、苦、累、差”的历史形象入手，在井下修建了现代化的候车大厅，开通了井下人行车、顺槽卡轨人行车等代步工具，装备了大型综采掘设备，大大减轻了劳动强度。在井上建设了室内健身馆，5座职工公寓全部实施星级管理。为每位职工建立了兴趣档案，通过开展丰富多彩的文体活动，让他们在工作之余陶冶情操，转移职工心理压力。建造了“凤凰、音乐、平安、阳光、春华、秋实”等六大功能广场，职工工余闲暇时可以进行体育竞技、娱乐休闲等活动，缓解了压力。

呵护关爱 调整职工心理障碍

煤矿多年血的教训，形成了从严治矿为原则的严管重罚管理特色。刚性的管理制度虽然是保证安全生产的基础，但如果只强调制度的刚性，会使职工经常处在高度紧张的状态，更加容易产生心理障碍。所以，加强心理疏导，不仅是安全教育的常规性、基础性工作，更是处理解决各种复杂难题的有效路径。我们把触角延伸到家庭，做到“刚柔并济”，为职工拍摄了全家福，请家属随合影附亲情嘱托语，在职工床头、升入井通道都配上了亲情全家福，使职工时刻都能看到亲人的音容笑貌。连续多年召开亲属联谊会，邀请矿嫂到矿参观，举办家属安全演讲，使家庭与单位构筑了一条严密的安全防线。我们坚持“严管干部，善待职工”的理念，在追究安全生产责任上，凡是出现问题首先追究干部，凡是干部职工均需追究时，干部就重群众就轻。

今年4月底，我矿综掘三区机电班长因管辖的电器出现失爆，被定为“严重三违”，给予了罚款并进行停止工作进学习班的处罚。该班长想不通，认为处罚力度过大，影响了收入，直接找到矿领导反应。我们安排人员“情景”还原，对他出现的“严重三违”情况进行重新分析，并邀请职工代表和职工家属参加和监督全过程，最后使该班长对处罚结果心服口服，认识到了在工作中出现问题的严重性。

总之，通过近年的实践，我们切实感受到了实施心理疏导给职工队伍带来的可喜变化。一是职工对企业的认同感和归属感大大增强，企业的凝聚力和执行力大大提高。二是职工的心气顺了，干劲更足了。通过对职工心理情感的关注与疏导，使职工增强了自我调控能力，能够正确对待困难和挫折，保持了健康向上的精神状态。三是企业的跨越发展，为职工创造更利于实现自我价值的环境，也给职工带来了真真切切的好处，去年人均收入突破7万元，职工的幸福指数不断攀升，真正感受到劳动的光荣和快乐。

（作者系冀中能源峰峰集团梧桐庄矿党委副书记）

只有“心理英雄”才能成为“幸福典范”

李名国

中国移动通信集团广东有限公司，通过实施“三加二模式”让员工成为“心理英雄”，成为“幸福典范”。在这个模式中，“三”指的是我们的三个体系：关键和谐指标（KHI）、心理资本增值（PCA）、员工幸福指数（SHI）；“二”指的是企业管理中最核心、最关键、最本质和最有效的两个问题：一个是沟通的问题，另一个是激励的问题。这个模式，我们统称为“和谐动力”计划。该计划先后在深圳公司试点，然后在广东全省推广。广东移动的徐龙总经理号召大家：像服务客户一样服务员工，像节能减排一样为员工减压降负，像创造利润一样为员工创造幸福。因此，我们的“和谐动力”计划的内涵和本质就是：和谐凝聚动力，动力推动发展。

“和谐动力”计划的思路和特点就是：人之动力，情之投入，心之和谐。所谓“人之动力”，人应该是企业中最根本、最重要、最核心和最持久的动力。由于每个员工在工作中的态度、方法及能力有别，所产生的效率和效果是完全不一样的。在企业中，人是企业发展的根本动力，是推动企业发展的动力源泉。

所谓“情之投入”，动力是需要激发的，有物质激励和精神激励两个方面。但是物质激励总是有限的，而精神激励却是无限的。在管理学上的研究表明，在企业的所有投资中，情感投入是投资最少、回报最大的投资。

所谓“心之和谐”。当年温家宝总理去看望季羡林先生时谈到和谐的问题，季羡林先生说社会和谐在于人之和谐，人之和谐在于心之和谐。只要心和谐了，那么人就和谐了，人和谐了，企业就和谐了，企业和谐了动力就形成了。所以我们这个企业和谐了，员工就快乐了，员工快乐了动力就形成了——这就等于我们的“动力计划”就是我们“三加二模式”。

第一个体系是员工心理资本增值（PCA）

我们做了一个员工调查，得出两个最基本的结论：一是员工有工作压力，也有思想压力，但是思想压力大于工作压力；二是员工期望物质激励，同时期望成长进步和人文关怀。因此，我们既要鼓励员工争当工作尖兵，又要引导员工成为心灵英雄。只有每一个员工的心灵强大起来，才能够应对思想上的压力，才能够享受工作中的快乐。为此，我们选择员工心理资本增值。

美国前管理学院的主席Luthans教授曾经说过，由于心理资本是存在于我们内心深处的一股永不衰竭的力量，是实现人生持续发展的源动力，由于心理资本可以产生巨大的精神能量，对心理的资本开发与管理必将使员工内心强大起来，成为心灵英雄；因此，我们做这个项目的目的就是实现：绩效心资本，幸福加油站。所谓“幸福加油站”是一种形象的表述，即追求幸福是人生的最终目标，而追求幸福是需要方法和能力的。至于“绩效心资本”，我们认为一个员工在企业中要创造绩效，至少需要一下四个条件：

第一，是IQ，智商；第二，是EQ，情商；第三，是态度，就是工作上的态度，是一个人德商的表现；第四，是性格，我们叫意志力，是意商。任何人的终极目标都是追求幸福，这实际上是能够实现欲望和满足欲望的一种平衡；因此，需要足以支撑实现这种平衡的能力；所以，我们的PCA就是要员工掌握快乐的方法，幸福的能力。这个能力，就是员工心理资本能够增值。

传统意义上的人力资本，是不包含人的心理因素的。而恰恰在劳动生产过程中，人的心理因素起着至关重要的作用，这个有大量的现实案例可以证明。如在战场上，战士们为什么能够浴血奋战？无数的仁人志士，为了革命理想，为什么能够昂首挺胸走上刑场？还有汶川、日本的大地震中那些创造生命奇迹、挑战生命极限的人……他们，都是心理非常强大的人，才能够做出一种超常规、超越极限的事情；所以，在“幸福加油站”这个项目中，就是要使我们的员工心理资本多起来，内心强大起来，幸福感能够得到提高——也就是使我们员工随着我们项目的开展，使他的心理资本处在一种盈利的状态之中；而这种盈利使他能够足以支撑他的幸福感。

这就是“幸福加油站”总体上的策划和思路，如果要具体来阐述，内容很多，再次，我仅作简单解释。所谓心理资本就是Luthans教授提出来的四大核心资本：自信，乐观，希望，韧性。

自信是面对竞争和挑战信心十足，并积极行动起来。关于自信，美国人的美德是自信，中国人的自信不一定是自信，可能是谦虚；乐观是对当前和未来的成功有积极的归因，因为乐观本身就是一种积极向上的情绪；希望是对目标锲而不舍，充满希望，同时又选择有效的方法；韧性是身处逆境和被问题困扰时，能持之以恒并迅速复原的一种超越。通俗地表述四个核心资本：自信就是我行，乐观就是我一定行，希望就是我果然行，韧性就是我不会不行。

那么，心理资本如何增值呢？这个就是EAP，我们赋予它的目的就是“走进快乐银行，管理心理资本，提升幸福能力，追求美好人生”；具体的实施原则，就是“正确引导，全员覆盖，心境轻松，高度保密”。通过我们在深圳的试点，实践证明做心理资本，员工参与的积极性非常高。不管是在深圳还是全省，每一次做互动员工抢票活动，限额参与，基本上3-5分钟票就被抢完了。

根据马斯洛的人性需求理论、斯金纳强化理论及我们总经理的“动和管理”理论，整个项目的推进分四个阶段（PCA实际上来自于EAP，但跟EAP又不完全一样）：第一，从内容和目的上来看，EAP关注的是负面情绪，帮助员工解决压力和心理问题；而PCA着眼人的正面情绪，开发员工的心理资本。第二，从状态上来讲，EAP可能会躲躲闪闪，带有心理负担；而PCA则积极参与，充满阳光心态。第三，从氛围上来看，EAP是针对特定的群体，实际上有心理问题的；而PCA是覆盖全体员工的，因为所有人都需要有心理资本，都需要心理资本增值，都需要掌握幸福的方法和能力。第四，从方法上来看，是一个治病，一个预防。EAP更多的是通过心理资源去帮助员工解决心理问题；而PCA是掌握方法，提升能力。

第二个体系是关键和谐指标（KHI）

通过员工调查，我们得出一个基本的结论是：员工生活在大环境，工作在小环境；那么，大环境决定心态，小环境决定心情。大环境可以竞争，小环境必须和谐。美国的洛文教授也曾说过：企业员工超过70%的抑郁情绪来自于工作。

因此，我们构建了一套“关键和谐指标”体系，并且在全省推广实施这种管理方法。企业需要什么？需要业绩，所以企业管理有一个KPI。员工需要什么？需要快乐，所以就有了一个KHI。在管理学上讲快乐的员工是最有效率的员工，所以公司就实施了一个KHI与KPI双轮驱动的和谐管理模式。它主要解决以下两个问题：第一，是和谐导向的问题。有一套体系，有指标，方向很明确；第二，是责任共担的问题。企业员工的满意度，不是一把手独自承担责任，而是各级管理者共同承担。

关于“关键和谐指标”体系的特点，简单概述为以下几点：第一，涵盖了员工最本质的利益诉求。如绩效评价的公正、晋升机会的公平，这是员工最本质的利益诉求。第二，个人价值的实现。员工最期望的是在企业内能够成长进步。第三，满足员工最实在的幸福感知。如关爱员工的满意度，团队成员的信任度等指标。

也许大家会问，这一套体系究竟采取怎样的措施和方法来执行呢？关键就是挂钩的问题：一是奖励。第二是考核，即职务、责任跟绩效挂钩，并将挂钩测评的结果在全省按序公布——这看似比较虚，实则最管用。因为排序一出来，自己在什么位置，作为一个公司的总经理，KPI、KHI做得如何，大家一清二楚。

第三个体系是员工幸福指数（SHI）

正如美国的沙哈尔教授所言，幸福感是衡量人生的惟一标准，是所有目标的终极目标。我们的PCA是从个体的层面，通过增强员工的心理资本来提升他们的幸福能力和方法；KHI是从组织的层面，通过营造和谐的人文环境，让员工去培育和激发他们的愉悦心情。但是，员工的心情究竟愉快与否？这就需要落实到个体，要有一套具体的、客观的、量化的、个性的测评衡量；因此，员工幸福指数（SHI）的指标体系应运而生。

那么，如何去测评？我们有一个完整的测评体系，包括积分机制、激励机制、应用机制这样的一个服务平台，所有的员工都可以登陆。通过在深圳的测评，我们得出这样一个结论 员工现实的幸福度，期望值明显高于另外三个——安全、情感、尊重；而低于幸福期望的是健康、生活、发展、工作这四个方面。那么明显感觉到什么呢？就是在精神层面上的，如情感和尊重，员工现在的幸福感是高于他所期望的，这就说明公司人文环境的构建还是发挥了作用的。而其他的四个方面，基本上来自于压力，现实的压力比员工预想得要高。

结合以上三个体系，我们可给“幸福”下这样一个定义：幸福是基于一定物质基础的主观满足感和积极意义的统一，企业最终的和谐就是为了让员工幸福。

关于沟通与激励的问题

首先谈谈沟通的问题。管理的本质是协调人与人之间的关系，所以说管理的本质就是沟通。沃尔玛的山姆也曾说过：如果把沃尔玛的文化概括为一句话，那就是沟通，所以沟通是非常重要的。而从以下五个方面可以实施有效沟通：第一，沟通的目的，指向一定要明确，要有共同的价值观；第二，沟通的宗旨，真心诚意的沟通才是真的沟通，否则都是假的。第三，沟通的内容，必须是员工的利益诉求和内心期望。第四，沟通的方式，一定要符合年轻人的特点，只有符合年轻人的特点才有针对性，才有参与力。第五，是沟通的效果，沟通是越简单越好。

其次，关于激励方面的问题。管理是团队的管理，管理是对人的管理，是需要激励的。如果说沟通是心灵的钥匙，那么激励就是行动的按钮。关于关怀员工的问题，所有的企业都在做，但是我们认为最根本的问题是要解决员工被关怀的感知问题，也就是感知度的问题。如果员工没有感知、没有感觉，那么企业的关怀是没用的。

因此，我们要解决以下三个核心问题：第一是解决感知度的问题，第二是要解决持续性的问题。我们建立了一个完整的机制，其核心是将员工提出来的要求关怀的项目在网上公布，接受群众监督。加上我们的其他配套措施，实践证明这个机制很管用。第三是要解决一个人性化的问题。

总之，“三加二模式”对我们的管理意义和价值的体现，如果用一句话来概述，那就是人生的终极目标是幸福！

（作者系中国移动通信集团广东有限公司专家经理、巡视组长）

推进员工帮助计划项目 促进科学发展和谐发展

李树华

员工帮助计划EAP（Employee Assistance Program）源于西方国家。目前，国际500强企业中90%建立了EAP。针对辽河油员工出现的新情况、新问题、新需求，辽河油田党委认为，防止员工心理失衡是当前思想政治工作面临的一个严峻挑战，必须按照以人为本的要求，把强化人文关怀和心理疏导作为做好员工和群众工作的有效途径。辽河油田欢喜岭采油厂2009年初作为辽河油田公司首批试点单位引进了EAP项目，并进行了深入推进。

深入推进EAP项目的实践依据

经过一年多的探索与实践，EAP项目在我厂的影响力不断扩大，并通过EAP项目效果评估量表表明EAP对员工心理压力的化解作用是非常明显的，并可以感受到EAP项目给欢采厂带来的变化，逐渐在全厂广大干部员工中形成了四点共识。

第一，组织绩效得以提升。在EAP的帮助下，员工心理健康，进而身体健康，就会有更充沛的精力、更强大的内激力和更丰富的创造力投入工作，推动了全厂生产经营工作的有效开展。

第二，思想政治工作方式得到了进一步延伸。通过EAP项目的探索和实践，实现了企业思想政治工作的三大改变：一是从传统的思想教育转为心理关怀，二是从老套的说教式管理转变为与员工的平等交流，三是将以前的集体灌输教育转变为与员工的双向个体私密沟通。

第三，员工满意度提高。EAP能够提高员工的生活质量，增加工作的满意度。因为该计划的核心就是使员工从纷繁复杂的个人问题中解脱出来，使其拥有良好的心态来面对工作和家庭，帮助协调好两者之间的关系，减少两者之间的矛盾，减轻其心理压力，维护其心理健康，保持对生活的热情和活力。同时还能帮助员工进行正确的职业生涯规划，改正各种不良习惯，融洽的与他人相处。

第四，形成了对EAP项目的共识。EAP项目要在采油厂成功推进，既需要领导的高度重视，也需要员工的积极配合。特别是通过驾驶员群体的调查我们发现，91.4%的员工认为组织应该为员工引入EAP服务，67.5%的员工甚至愿意占用个人时间来接受EAP服务，使我们感受到全厂上下对EAP已经形成了共识，并且逐步了解了EAP，信任了EAP。

开展EAP项目的主要内容

我厂始终以“关注员工生命质量，提升心理健康水平，促进和谐企业建设”为EAP核心理念，把积极推进EAP项目实施作为惠及员工及每个家庭的福利工程，创新思路、构建体系、广泛宣传、狠抓落实，实现了EAP项目与思想政治工作相互融合、相互促进、相得益彰，为和谐欢采建设提供了有力保障。

第一，提高认识，打牢EAP项目顺利实施的思想基础。为了统一思想，形成共识，厂EAP办公室采取了两项措施：

一是抓宣传，让更多的干部员工了解EAP。我们充分利用厂区简报、有线电视、部门网络、社区宣传栏、班车小广播、重点群体培训等多种形式广泛宣讲EAP项目的具体内容、工作理念、目的意义、活动方法、保密性等，为19个基层单位印制下发了《欢喜岭采油厂EAP宣传指导手册》；为全厂102个党支部配备了油田公司《员工心理帮助计划宣传手册》，为352个自然班站配备了《员工帮助爱心卡》；为4500名基层员工发放了EAP知识宣传扇；在17个一、二线单位，2个科研单位，38个机关科室配备了《黄金心态》、《精细化管理操作》等书籍；以流动书箱的形式选配备了心理健康、青工励志等书籍，在各个班组之间传阅；在楼梯、小厕所等地区分别张贴了温馨提示标牌；在一线班车座套后放置了EAP宣传海报、指导手册；EAP志愿者开展了进矿区、进班站、进家庭的“三进”活动，走进矿区发放EAP宣传卡300余份，在中心广场的大屏幕上滚动播出EAP相关知识；建立了心理咨询师成长活动室，配备了心理健康方面的书籍500余册，每半月组织开展一次心理咨询师自我成长小组活动；在工会主页上建立了EAP网站，开设了“缤纷心情”、“健康咨询”、“花季雨季”、“人在职场”、“精彩案例”等与员工息息相关的6个专题栏目，随时动态更新信息，2010年已经更新信息284条，将好做法在油田公司网页、采油厂主页进行分享30条，在《科技日报》国家级刊物上刊登报道1篇、在辽河石油报刊登报道2篇；在厂报《苇海家讯》中开设专栏，持续刊登EAP相关知识及动态6期。2010年以来，EAP办公室开展面对面心理疏导57人次，受到了员工的欢迎和好评。例如，有名单亲女员工因离异独立抚养孩子，娘俩时常闹矛盾，母亲感到心理压力大，便主动与心理咨询师进行咨询，通过一段时间的咨询和实践后，感到很受益，并自费报名参加了国家二级心理咨询师的培训，现在还主动参与到EAP项目中来，她常挂在嘴边的一句话就是“EAP让我对生活重新燃起了希望，我要让更多的人了解EAP并受益于EAP！”

二是抓调研，让更多的干部员工走进EAP。为了充分掌握员工的思想动态，有针对性的明确EAP项目的工作重点，厂EAP办公室分别采取了问卷、座谈、走访等形式针对不同群体、不同岗位的干部员工进行调研，年初在全体员工中下发问卷调查2000份，在单亲女性中下发问卷调查400份；在大学生以及新机制用工中下发问卷调查800份，在中、高考考生家中下发问卷调查200份；在驾驶员中下发问卷调查200份，通过量表评估，梳理出不同群体存在的问题18项96个，最终确定了驾驶员群体、新机制用工及大学生群体、家庭变故群体、困难群体等四个重点工作对象，对有针对性地开展工作做好了充分的准备。例如驾驶员反映的在长期的驾驶过程中都曾产生过紧张、害怕、压力大等心理问题，主动请油田公司两名心理咨询师精心设计了“让快乐相伴、与安全同行”团体心理辅导活动，不仅使驾驶员正确了解了EAP工作，也让他们学会了压力排解的方式方法。现在EAP项目组利用业余时间开展活动，全体驾驶员都积极踊跃参加。

第二，开展培训，保障EAP项目建设顺利推进。由厂党委负总责，工会办公室牵头，党群各部门共同参与，分别建立了厂EAP办公室和作业区EAP管理小组，制定了EAP工作方案，持续不断地开展三个阶层的培训。

一是积极开展员工培训。在对中、高考考生家长问卷调查中反映出存在考前焦虑问题的家长达到73%以上。厂EAP办公室邀请了天津市心理减压工作室首席心理咨询师徐梅老师为我厂200余名中、高考考生家长开展了考前应对态度及方法培训。在各基层单位，采取心理咨询师对口承包班站的方法，对口宣讲、对口服务，用专业的知识、成熟的案例、规范的流程让员工清晰地了解EAP服务的范围。2010年以来，我厂EAP办公室举办200人以上的专题心理健康知识讲座2次，心理咨询师分片承包为19个基层单位分别开展了EAP知识培训5场次。

二是积极开展管理者培训。EAP办公室每月组织一次心理咨询师进中心组学习，通过分享一段心理健康小故事、一段阳光语录等形式，引导班子成员掌握EAP方法，应用到实际工作中。2010年以来，在厂领导班子中心组中开展EAP经验分享10次，2010年年底邀请北京大学著名的心理学专家张斌对全厂处级领导、科级干部、一般管理人员210余人开展了“提高执行力”专题讲座，他运用多媒体，结合小故事，成功案例深入浅出、生动具体地讲解了执行力的概念，介绍了执行过程中应该注意的问题和解决的办法。在互动环节中，与会人员团结协作，分工负责，优质高效地完成了各种任务，亲自体验了如何提高执行力的各种方法，增进了彼此间的友谊，有效增强了队伍的凝聚力和向心力。

三是组织专业人员培训。厂EAP办公室咨询师及心理学爱好者每半月开展一次心理咨询师的成长小组活动，由每周去参加油田公司成长小组活动的咨询师将所学的知识内化后和成员一起分享学习感悟，带领小组成员一同成长。2010年以来，我厂咨询师分别开展了“我运动、我健康、我快乐”、“心灵成长”小组系列活动、心理绘画技巧等8场次，参加心理咨询师成长小组人数240人次。

同时，在厂党委的资金大力保障下，先后投入6.28万元，为9名党总支书记、基层工会干事、基层指导员等不同层次的党务政工人员报名参加了国家二级心理咨询师的培训。目前，我厂有已经取证的国际注册EAP项目管理师2人，国家二级心理咨询师25人（其中有8人在读），EAP咨询师3人，油田公司EAP团体培训师1人，专、兼职项目负责人达到150人，这些人力资源不仅保证了EAP项目的顺利实施，更提升了党群部门的工作水平。

第三，注重结合，确保EAP项目在实施中见到实效。一是把实施EAP项目与深化思想政治工作相结合。EAP项目试点运行以来，我们在深化思想政治工作过程中，既注重思想教育，又注重人文关怀和心理疏导；既注重上下级促膝谈心，又注重与员工双向个体的平等交流，收到了很好效果。例如我厂集输大队欢二联党支部在工作实践中总结出了“上班看脸色、工作看表现、吃饭看胃口”的“三看工作法”，对员工日常工作和生活的难事、愁事、烦心事，能通过组织谈心解决的就组织解决，对那些思想有顾虑，不愿敞开心扉的，则主动请心理咨询师与他们接触交流，直到打开“心结”。

一年来他们采取多种形式进家庭、进岗位面对面疏导思想、平衡心理、理顺情绪，及时化解员工心理上存在的困惑和问题，促进了员工的心理健康，使员工队伍始终保持和谐稳定、精神旺盛。

二是把实施EAP项目与促进青工成长成才相结合。2010年我厂新增加大学生以及新机制用工人数为836人。由于用工形式、工资标准、福利待遇和干部任用方面的不同，使这个群体产生了不稳定、不平衡的情绪，甚至有的还悲观失望。厂EAP办公室及时联合人事组织部召开座谈会，通过心理咨询师与这些员工面对面沟通交流，全面了解他们的所思、所盼、所虑、所忧，并有针对性地分析未来的发展方向，用更广阔的职业生涯设计消除了他们心中的疑虑。如今，他们当中有33人走上班站长岗位，有95人成为油田公司和厂技术能手，有136人成为各阶层文体骨干，使他们真正成为我厂油气稳产上产的骨干力量。

三是把实施EAP项目与做好困难员工帮扶工作相结合。“一个友善关爱的眼神，对我们来说，远比几百元的资助更为重要。”单亲特困女员工对厂工会副主席道出这段真心话。这也是我厂EAP办公室开展心理疏导，引领员工走出“心灵寒冬”的一个动人场景。

总之，一年多的试点实践，使我们深切地体会到：加快EAP项目“本土化”建设是促进采油厂科学发展、和谐发展的现实需要和迫切要求。其核心是“以人为本，用‘心’辅导”。在推进EAP项目建设的进程中，提高认识、转变观念是前提，完善工作机制是保障，找准载体是关键。开展EAP是企业承担“三大”责任的必然选择，是完成企业发展目标和任务的必然选择，也是关心关爱员工的必然选择。实践告诉我们要深入推进EAP项目要做到三个有效融合：要与思想政治工作有效融合、要与企业文化建设有效融合、要与行业特点有效融合。

（作者单位：辽河油田欢喜岭采油厂）

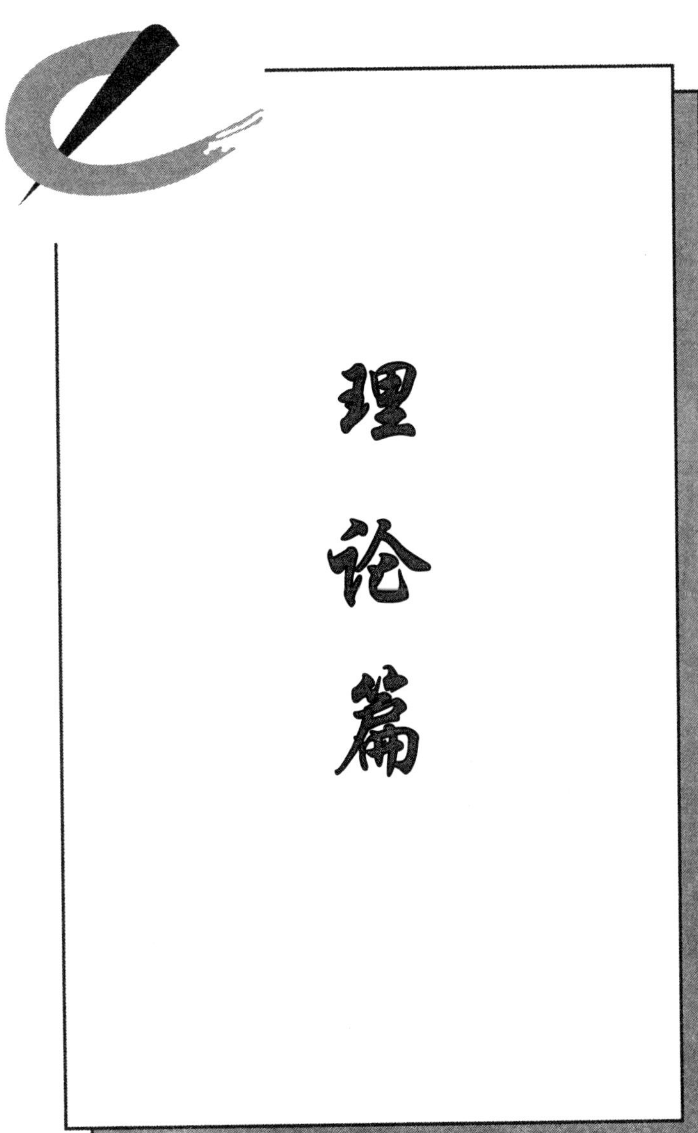

理论篇

文化融合促进并购重组

黄丹华

为实现国有经济布局结构的战略性调整和培育具有较强国际竞争力的大公司、大集团，国资委积极稳妥地推动中央企业并购重组，同时高度重视并购重组的整合工作，强调要做好资产、业务、机构、人员等整合和企业文化融合，充分发挥整合优势。做好文化融合工作是企业并购重组整合工作的重要方面，也是并购重组成功的重要保证。

一、中央企业文化融合工作取得了积极成效

几年来，中央企业认真贯彻落实党中央、国务院关于调整国有经济布局结构、转变经济发展方式、发展壮大国有经济的战略部署，以建设具有较强国际竞争力的大公司、大企业集团为目标，积极稳妥地推进中央企业重组，加强企业内部资源重组整合，积极参与对地方国有企业、民营企业以及境外企业的并购重组，优化了资源配置，完善了产业链、价值链，增强了产业协同效应，促进了产业结构优化升级和发展方式转变，提高了发展质量和效益，企业规模实力、竞争力与抗风险能力进一步增强，可持续发展的基础进一步巩固。在推进企业并购重组的过程中，中央企业努力探索实践，积极开展文化融合工作，保证和促进了并购重组工作的顺利进行。

领导高度重视，文化融合的工作机制逐步健全。中央企业把企业文化建设纳入企业发展战略，将文化融合工作摆在并购重组工作的重要位置，统筹规划，积极推进。中粮集团确立“企业并购重组、文化融合先行”原则，充分发挥文化在并购重组中的引领作用。中国电信专门下发文件，部署文化融合工作。通用技术集团专题研究部署，保证文化融合工作与企业联合重组同步推进。有的企业建立调研分析、沟通协调和工作参与等机制，领导带头深入基层调研，进行具体指导。一些企业进一步完善企业文化建设与文化融合工作领导体制，出台了推进文化融合、加强集团文化建设的指导意见，主管部门与相关职能部门分工协作的工作机制进一步健全，为文化融合工作提供了组织保障。

加强价值理念体系建设，文化融合的思想基础不断巩固。中央企业坚持以价值理念体系建设为核心，推进文化融合工作，着力夯实干部职工团结奋斗的共同思想基础。南方电网在组建伊始，就把建立共同价值观摆在优先位置，围绕建设一个什么样的南方电网、怎样建设南方电网这一核心问题，构建以南网方略为核心的价值体系，为公司重组、融合、发展注入了灵魂和动力。中航工业在重组之初，及时确立以集团宗旨和理念为核心的集团文化理念体系，增强了集团的凝聚力、向心力。中国移动、国家核电等许多企业挖掘所属企业的文化共性，提炼形成共同的价值观，构建统一的文化理念体系，增强了所属企业的认同感和归属感。中国石油在海外并购重组中贯彻合作共赢的理念，东风公司做好中外合资企业文化融合工作，巩固了中外双方共创事业的基础。

明晰企业战略与愿景，文化融合的动力不断增强。中央企业坚持用共同愿景凝聚、激励干部职工，进一步明确企业发展战略与愿景，极大地调动了干部职工促进文化融合、推动改革发展的积极性、主动性和创造性。中航工业提出“两融、三新、五化、万亿”发展战略，引导干部职工统一思想认识，形成了以战略促进文化融合的良好氛围。一汽集团以打造“自主一汽、实力一汽、和谐一汽”为目标，围绕实施自主战略，推进集团文化融合，激发了干部职工大干自主的创业激情。中国铁建以重组为契机，进一步明确企业发展战略与共同愿景，凝聚了企业发展的合力。一些企业帮助、指导重组企业进一步理清发展思路，明确战略定位和发展方向，加强与集团的战略协同，增强了干部职工促进文化融合与改革发展的信心和决心。

加强管理团队和员工队伍建设，文化融合的群众基础不断巩固。中央企业坚持以人为本，以“人”的融合促进文化融合，积极开展干部交流和员工培训，增强了干部职工促进文化融合的自觉性和责任感。国机集团、新兴铸管集团有针对性地向重组企业选派干部和业务骨干；港中旅集团坚持公开公平、竞争择优的原则，在集团范围内进行干部调整安排；华润集团以促进华润企业文化的认同，加强重组企业管理团队建设，取得了较好效果。一些企业有计划地安排重组企业员工到集团总部考察、到对口部门挂职锻炼，广泛开展教育培训，促进了员工对企业文化的认知认同。中国五矿等企业在海外并购重组中，在派出关键岗位人员的同时，注意沿用原有管理团队和员工队伍，保证和促进了企业稳定与文化融合。

深入细致地做好宣传思想工作，文化融合的浓厚氛围进一步形成。中央企业高度重视发挥企业政治优势，认真做好并购重组中的宣传思想工作。港中旅集团在加强业务重组整合的同时，同步加强党建工作，发挥党组织在文化融合中的核心作用。中化集团及时下发做好重组企业思想政治工作的意见，定期分析干部职工思想状况，做好解疑释惑工作，促进了职工思想观念转变和企业稳定和谐。中国电信、中粮集团从细节入手，以情动人开心锁，用心做事暖人心，工作细致到位，使重组企业职工感受到“一家亲”、“一家人”的文化氛围和“家”的温暖。南方电网实施员工辅导计划，中交集团创新丰富活动载体，促进了干部职工的沟通交流。中国中铁等企业积极选树、宣传先进典型，大力弘扬先进的企业文化。许多企业切实加强新闻宣传和舆论引导工作，营造了促进文化融合的良好氛围。在海外并购重组中，中央企业积极开展文化交流和外宣工作，认真履行社会责任，树立良好形象，为中外企业文化融合创造了有利条件。

积极探索文化融合有效方式，文化融合的效果不断增强。中央企业坚持从实际出发，注重实际效果，积极探索并初步形成了符合自身实际的文化融合模式。中国建材实施文化一体化，把文化认同写进每一个联合重组协议，坚决贯彻统一的企业文化，保证了联合重组的成功。武钢因企制宜，根据

重组的不同情况，分别采取直接复制和循序渐进渗透等方式，文化融合工作稳妥推进。国机集团结合重组企业实际，分阶段、分步骤、分层次推进品牌对接融合，集团整体品牌形象得到了提升。中国中铁、中国铁建等企业坚持求同存异，在贯彻集团文化统一要求的同时，鼓励所属企业发展特色文化，实现了集团文化与所属企业文化的有机融合和良性互动。

注重与管理整合紧密结合，文化融合“落地”的基础不断夯实。中央企业坚持把文化融合与加强管理相结合，健全母子公司管理体制，强化集团管控能力，为文化融合提供了重要保障。中化集团积极开展管理模式对接，推动重组企业导入中化集团的管理理念，促进了中化集团企业文化在重组企业的形成和固化。中国建材将文化融合纳入管理整合，结合推进重组企业体制机制与经营管理模式的整合，将统一的文化理念融入到企业管理各个层面，增强了企业凝聚力和核心竞争力。通用技术集团对集团总部的体制机制和工作职能进行调整创新，促进了文化融合与再造提升。许多企业将文化理念融入规章制度，深化子文化建设，统一企业形象识别体系，把文化融合的要求贯彻到日常管理工作中，保证了文化融合落到实处。

注重与解决实际问题相结合，文化融合工作的活力不断增强。中央企业坚持把文化融合工作与解决实际问题结合起来，帮助重组企业破解发展难题，解决职工关心的突出问题，保证了并购重组顺利推进，促进了文化融合。武钢派出专家帮助重组企业解决技术难题，建设新项目，开发新产品，使干部职工感受到重组带来的好处。国机集团等企业加强内部协同，帮助重组企业做强做大重点业务，增强可持续发展能力，推动重组企业与集团的共同发展。大唐集团加大对困难重组企业的帮扶力度，优化管理模式，做好人员分流，提振了干部职工对企业发展的信心。中国电信、中交集团统筹兼顾，认真解决职工关心的岗位安排以及薪酬等问题，赢得了职工群众的欢迎。

同时，我们要清醒地看到，中央企业的工作开展还不平衡，存在一些不容忽视的问题：有的认识不够到位，重视不够，没有把文化融合工作纳入并购重组战略；有的工作滞后，没有把文化融合工作提到议事日程、采取实质性措施予以推进，不能适应企业重组整合的要求；有的还没有形成有效的工作机制，工作方式方法不够得当，效果不够明显，文化融合对并购重组的保证和促进作用还没有得到充分的发挥。

二、增强做好企业文化融合工作的责任感和紧迫感

企业并购重组能否成功，很大程度上取决于并购重组后能否实现有效整合，而文化融合是其中的重要一环。当前，世界正处于大发展、大变革、大调整时期，经济全球化深入发展，国际金融危机影响深远，国际产业竞争更加激烈。我国正处于深化改革开放、加快转变经济发展方式的攻坚时期。国有企业的改革发展进入新的历史阶段。中央企业面临加快改革发展、做强做大的难得机遇，也面临后金融危机时代更高层次、更高水平、更加激烈的国际竞争。我们要更加积极主动地适应国际化竞争和我国经济发展的新变化新要求，适应中央企业并购重组发展的新形势，进一步提高对做好文化融合工作的认识。

充分认识中央企业并购重组的重要意义，进一步增强做好文化融合工作的使命感。并购重组是加快企业规模化、国际化进程、增强企业竞争力、实现企业做强做大的有效途径。中央企业是全面建设小康社会的重要力量，是中国特色社会主义的重要支柱，是我们党执政的重要基础。积极稳妥推进中央企业并购重组，对于做强做大中央企业，发展壮大国有经济，增强我国综合国力，具有十分重要的意义。

第一，推进中央企业并购重组是适应经济全球化竞争、增强国家综合实力的迫切需要。从全球范围来看，企业并购重组方兴未艾，已成为跨国公司发展壮大的重要方式和经济全球化的显著特征。大型跨国公司是一个国家综合实力的集中体现，综合国力竞争越来越表现为大公司、大企业集团之间的竞争。几年来，中央企业保持了快速发展，规模和实力都有了明显提升，今年进入世界500强企业达到了30家，但与党中央、国务院的要求相比还有较大差距。中央企业作为参与国际竞争的国家队、主力军，要善于把握经济全球化和国际竞争的新变化，积极实施“走出去”战略，参与国际并购重组，努力成为具有国际竞争力的世界一流企业，为我国在综合国力竞争中取得主动，在经济全球化进程中赢得优势。

第二，推进中央企业并购重组是优化国有经济布局结构、转变经济发展方式的必然要求。目前，我国国有经济布局结构还不合理，存在分布过广、战线过长等问题，一些行业产业集中度低、自主创新能力不强、市场竞争力较弱等问题仍然比较突出，影响和制约了国有经济发展质量和效益。为切实提高国有经济发展质量和效益，党的“十六大”以来，党中央、国务院把推进国有经济布局结构战略性调整作为深化经济体制改革、完善社会主义市场经济体制和基本经济制度的重大任务，大力推动国有企业兼并重组，促进国有经济布局结构优化和经济发展方式转变。中央企业是国有企业的中坚骨干，是国民经济的主导力量，要认真贯彻党中央、国务院的战略部署，通过多种形式的兼并重组，为优化国有经济布局结构、转变经济发展方式、提高经济发展质量和效益发挥更大作用，作出更大贡献。

第三，推进中央企业并购重组是中央企业深化改革、加快发展、提高竞争力的内在需要。由于历史的原因，中央企业在资源配置方面还不尽合理，有些行业资源分布过散，一些企业之间存在业务交叉、重复建设等现象，影响了中央企业的整体竞争力。一些联系紧密的企业之间产业链、价值链不完善，产业组织结构不合理，业务和功能相对比较单一，难以适应市场经济发展的要求和市场竞争的形势。面对全球产业结构调整步伐加快，跨国公司加紧进行全球布局与市场竞争更加激烈的新形势，中央企业迫切需要通过并购重组等方式，调整产业布局，完善企业功能和产业链，提高产业集中度。也迫切需要通过进一步加强企业内部重组整合，优化资源配置，增强协同效应，提高资源配置效率和企业的竞争

能力。

认真吸取国内外企业并购重组的经验教训，进一步增强做好文化融合工作的责任感。不同的企业由于所在行业、所处地域以及发展阶段等方面的不同，必然存在文化差异。文化差异可能带来文化摩擦甚至冲突，将影响到并购重组企业的和谐稳定和健康发展。一是企业价值观的差异，容易使企业在一些重大问题上出现不同、甚至相反的价值取向和行为选择；二是经营理念不同，容易使企业在市场定位、经营方式、产品开发等方面决策困难，甚至造成失误；三是传统习惯和思维方式不同，容易造成来自不同群体的员工日常工作中发生矛盾和隔阂，影响队伍团结；四是文化差异容易带来一些不和谐因素，造成企业“集而不团”、貌合神离。如何有效防止和克服文化差异对企业发展的不良影响，是企业并购重组中必须认真对待、妥善解决的重大问题。

国内外企业并购重组的实践表明，是否高度重视并做好文化融合工作，不仅事关并购重组企业能否和谐健康发展和整体竞争力的提升，而且对并购重组的成败有着重要影响。国外一些咨询机构曾就并购重组案做过调查分析，认为文化差异与冲突是造成并购重组失败的重要原因。我们知道，美国在线与时代华纳的并购重组、德国戴姆勒和美国克莱斯勒的并购重组，不仅没有实现“1＋1＞2”的双赢局面，反而出现了“1＋1＜2”的负面效应，最后分道扬镳，其中的重要原因、也是最深层次的原因，就是双方文化不能很好融合。我国企业在国内外并购重组中，文化冲突与融合问题也越来越凸现，一些企业由于未能对文化差异的影响给予应有的重视等原因，致使并购重组最终失败。而那些并购重组成功的企业往往在做好资产、业务、机构、人员等整合的同时，也注重做好企业文化融合工作。

实践证明，并购重组企业要真正产生“1＋1＞2”的效应，不仅要做好企业发展战略、组织构架、资产、业务与人员的整合工作，还要高度重视做好文化融合工作。企业的机构、人员、资产、业务的重组可以在比较短的时间内完成，但人心的凝聚、思想的统一、文化的融合更具复杂性、艰巨性、长期性和挑战性，对并购后企业的和谐稳定与可持续发展的影响更为深远。

适应中央企业并购重组不断发展的新形势，进一步增强做好文化融合工作的紧迫感。即将召开的党的十七届五中全会将深入贯彻落实科学发展观，研究制定国民经济和社会发展“十二五”规划的建议，把经济结构战略性调整作为加快转变经济发展方式的主攻方向，推动加快经济发展方式转变。为切实加快经济发展方式转变和结构调整，提高发展质量和效益，前不久，国务院就加快调整优化产业结构、促进企业兼并重组进行了研究部署，出台了关于促进企业兼并重组的意见。我们要认真学习贯彻党的十七届五中全会精神和《国务院关于促进企业兼并重组的意见》的要求，把中央企业并购重组工作不断向前推进。从当前中央企业并购重组发展的形势来看，做好文化融合工作更加迫切、任务更加繁重。

第一，中央企业调整重组积极稳妥推进。为有效配置资源，增强企业竞争力，国资委组建以来，指导推动中央企业重组工作，推动国有资本向关系国家安全和国民经济命脉的重要行业和关键领域集中，向未来可能形成主导产业的行业和领域集中，向优势企业集中。中央企业的数量已从2003年国资委成立时的196家调整到了目前的123家。国资委将继续积极稳妥推进中央企业调整重组，推动中央企业做强做大、发展成为具有较强国际竞争力的大公司大企业集团，增强国有经济的活力、控制力和影响力。

第二，中央企业内部资源重组整合不断深化。国资委组建以来，中央企业突出做强主业，积极推动企业内部资源向主业集中，优化资源配置，提高了资源利用效率。这种企业内部资源整合工作还将不断加强，包括推进非主业资产剥离重组，进一步实现资源有效整合，构建合理的产业链和价值链，充分发挥重组协同效应。

第三，中央企业对外并购重组逐步扩大。近年来，中央企业对外并购无论是并购企业户数，还是资产规模、行业领域，都呈现出逐年扩大的态势。中央企业要继续积极推进跨地区、跨行业、跨所有制并购重组，充分发挥国有大企业在促进我国经济结构调整和发展方式转变中的重要作用。同时，从当前世界经济形势来看，受国际金融危机的影响，世界经济进入新一轮大调整期，中央企业实施“走出去”战略，跨国并购将面临更多的机遇。

因此，中央企业的并购重组已不仅仅是中央企业之间重组和企业内部重组整合，而是跨区域、跨行业、跨所有制的，甚至是跨国并购重组。无论哪种情况的重组，企业之间都会不同程度地存在文化差异，有的可能差异还很大，甚至彼此排斥，这些都将对并购重组与企业和谐发展带来不同程度的影响。这就迫切要求我们高度重视做好文化融合工作，切实发挥好文化融合对并购重组的保证和促进作用。同时，从中央企业的情况来看，一些中央企业集团本身就是经过多次重组形成的，有的企业是先有子公司、后有集团，也迫切需要进一步加强集团文化建设与融合，增强集团的凝聚力。我们要不断提高对做好文化融合工作重要性的认识，适应中央企业并购重组不断发展的新形势、新要求，进一步增强做好文化融合工作的紧迫感。

三、扎实推进文化融合工作，为中央企业科学发展提供有力的文化支撑

中央企业并购重组的情况千差万别，每一个并购重组又有各自不同的特点。做好企业文化融合工作，要针对具体情况，进行具体分析，采取具体措施。总的要求是：深入贯彻落实科学发展观，以增强企业凝聚力和竞争力、促进企业可持续发展为目标，坚持相互尊重、求同存异、兼收并蓄、融好融优、重在建设、循序渐进的原则，积极稳妥推进文化融合工作。重点要把握以下几个方面：

从战略高度，认真谋划文化融合工作。做好文化融合工作是企业并购重组战略的有机组成部分，必须从企业发展战略高度进行认真谋划。

在并购重组实施前，要把企业文化因素纳入并购决策范围，加强文化调研。并购双方要加强沟通了解，特别是并购方要对目标企业的文化进行深入调研，全面了解目标企业的发展历史和文化背景，加强与目标企业股东、高管及职工的沟通交流，分析评估双方文化的差异及其影响，特别要注意做好目标企业高管的经营理念与本企业文化相容性的评估，充分考虑可能遇到的文化冲突，为并购决策提供重要依据。

在并购重组实施后，要把文化融合工作纳入重组整合工作的总体规划，认真制定文化融合工作方案。要把文化融合与制度体制创新、资源整合、管理流程再造等工作结合起来，明确文化融合工作在不同阶段的目标任务与措施办法。在方案的制定过程中，要注意了解被并购企业发展中存在的突出问题和广大干部职工关心关注的利益问题，分析干部职工的思想状况和心理情绪，把握他们的所思所盼。要集思广益，广泛听取被并购企业干部职工的意见和建议，注意吸纳被并购企业管理层参与方案的研究制定，使制定文化融合工作方案的过程成为调动干部职工关心企业发展、参与企业文化融合与建设的过程，成为统一思想、凝聚共识的过程。

从实际出发，探索文化融合的有效模式。文化融合不是文化的简单替代或叠加。选择适当的文化融合模式对做好文化融合工作至关重要。要坚持实事求是，从有利于增强企业凝聚力、促进企业和谐稳定与可持续发展出发，根据并购重组双方的实际情况，积极探索符合自身需要的文化融合模式。目前，一些企业在这方面已经进行了有益的探索，积累了宝贵的经验，取得了较好的效果。一些专家学者也研究提出了一些文化融合的基本模式。我们要善于学习借鉴，结合实际，在实践中探索创新，努力形成具有自身特色、切实管用的文化融合模式。

在探索融合模式、促进文化融合的过程中，要坚持相互尊重、求同存异。特别是优势企业更要注意在尊重文化差异的基础上，处理好文化共性与个性、统一性与差异性的关系。一方面，要从增强集团凝聚力向心力、塑造统一品牌形象出发，用兼容并包的心态去尊重、理解、接纳对方的文化，融合双方优秀的文化元素和先进的理念，建设形成体现各子公司文化共性、为所有成员单位接受认同的集团文化。同时，要从调动所属企业及广大职工的积极性、创造性出发，鼓励所属企业建设特色文化，从而形成以集团文化为统领、以子公司文化为展开、统分结合、有机联系、各具功能的文化体系，实现集团文化共性与子公司文化个性、文化统一性与文化差异性的和谐统一。

积极探索，不断创新促进文化融合的方法与途径。文化融合的过程，实质上是统一思想认识、实现文化认知认同、建立共同心理契约的过程。要积极探索创新，不断丰富促进文化融合的载体、方法和途径。

一是要加强宣传舆论工作。综合运用和发挥传统媒体与新兴媒体的优势与作用，及时、准确地宣传并购重组的政策措施与企业发展战略，消除员工疑虑，稳定员工情绪与心理预期，营造有利的舆论环境。

二是要广泛开展文化活动。围绕企业中心工作，结合干部职工的思想实际，深化促进文化融合的主题教育与实践活动，广泛开展形式多样、积极向上的群众性文化活动，营造和谐的文化氛围，增进干部职工思想交流和情感沟通，促进文化认同与融合。

三是要充分发挥领导干部的带头作用。做好文化融合工作，领导是关键。企业各级领导干部要带头讲大局、讲团结、讲和谐、讲奉献，身体力行，率先垂范，做促进文化融合与企业和谐发展的表率。

四是要充分发挥先进典型的示范作用。坚持典型引路，注意培育、选树和宣传先进典型，用先进典型教育和激励广大干部职工，努力形成学先进、争先进、促融合、促发展的浓厚氛围。

注重与其他工作有机结合，夯实文化融合的基础。文化融合工作要有力、有效，必须与企业其他有关工作紧密结合起来。特别要注意做到“四个结合”：

一是要与加强企业管理整合相结合。通过调整企业组织与管理架构，完善管理制度和管理流程，增强企业的管控能力，推动文化理念融入管理、落到实处。

二是要与解决实际问题相结合。着力解决影响和制约企业改革发展的突出问题和广大干部职工最关心最直接最现实的利益问题，维护职工合法权益，加强人文关怀，以实实在在的成效赢得人心，不断巩固文化融合的群众基础。

三是要与提升职工队伍素质相结合。坚持以人为本，加强职工教育培训，推进“四个一流”职工队伍建设，促进职工全面发展，使文化融合的过程成为不断提高职工队伍素质的过程，使文化融合与企业发展建立在职工队伍整体素质不断提高的坚实基础之上。

四是要与企业党建思想政治工作相结合。进一步加强和改进企业党建思想政治工作，做到企业并购重组到哪里，党组织和党员的作用就发挥到那里，思想政治工作就深入到那里，切实发挥好国有企业的政治优势，为做好文化融合工作提供坚强的政治和组织保证。

加强组织领导，健全文化融合工作长效机制。文化融合工作是一项战略任务和系统工程，必须切实加强组织领导，建立健全体制机制。

一是要强化组织保障。要按照建设中国特色现代国有企业制度的根本要求，结合建立规范董事会和完善公司治理结构，健全企业文化建设的领导体制，充分发挥企业党组织、董事会和经营管理层在企业文化融合工作中的作用。企业主要领导要善于从战略高度，着眼于建设与现代企业制度相适应的现代公司文化，对文化融合工作进行系统思考，推动文化融合更好地体现现代企业制度的要求，发挥文化对重组整合的引领作用。要进一步明确和落实企业文化主管部门与有关职能部门的职责，发挥工会、共青团等群众组织的优势与作用，形成促进文化融合的合力。

二是要健全工作机制。要结合企业并购重组和改革发展不同阶段的重点工作，把文化融合工作方案转化成具体实施推进计划，抓好工作落实。针对不同类型的并购重组以及文化融合中的重点难点问题，开展课题研究与工作交流，总结推广典型经验，加强分类指导。建立完善干部职工教育培训体系，加强教育培训工作。加强督促检查，适时对文化融合工作情况进行评估，查找和分析存在的突出问题，研究改进措施，及时破除影响文化融合的障碍，切实增强文化融合工作的效果。

三是要加强队伍建设。要加大投入，加强企业文化建设工作人员培训工作，提高他们做好工作的素质和本领。特别是要适应经济全球化深入发展和中央企业跨国并购重组的需要，积极创造条件，帮助有关人员学习了解有关国家的法律制度和政策环境，了解有关国家的文化背景与风俗习惯，增强国际化战略意识和跨文化意识，提高跨文化沟通技能。要善于借助外部专业机构的力量，整合企业内外部人才资源，不断提高文化融合工作的水平。

国资委宣传工作局要加强对文化融合工作的指导。要把推进文化融合工作作为当前和今后一个时期企业文化建设工作的重点，深入企业调研，总结推广好做法、好经验，组织学习考察，开展业务培训，推动文化融合工作有效开展。

促进文化融合是推进企业并购重组中的一项重要工作，也是一项长期任务，既不可能一蹴而就，也不可能一劳永逸。做好文化融合工作，既要有紧迫感，立足当前，积极推进；又要有长期的思想准备，坚持不懈，持续努力。我们要深入贯彻落实科学发展观，以奋发有为的精神状态和求真务实的工作作风，勇于探索实践，深入推进企业文化建设，扎实做好文化融合工作，为推动中央企业做强做大、实现企业科学发展提供强大的精神动力和文化支撑。

（作者系国务院国资委副主任、党委委员，本文摘自《企业文明》2010年11期）

文化为制度之母

孟凡驰

企业文化和企业制度、体制、机制等等这些关系问题，好像基本上已经解决了，或者是不需要讨论了。其实，企业各级领导班子对这个问题还普遍存在着比较模糊的认识和做法。

美国学者作过一个著名的论断“文化为制度之母”。哈佛大学戴维·兰德斯写了一本著作，里面有一个重要观点就是文化至关重要。他说，如果我们从现代的经济发展当中弄懂了什么的话，那就是一切差异的根源都在于文化。英国著名的大文化学者罗素也讲过：不管是资本主义还是社会主义，只要文化问题解决了，一切问题都能解决。他们这些话是否都是亘古不变的真理，其实也可以讨论。但我比较同意他们的这些观点。文化是制度诞生之源，在企业制度、社会制度上基本是这样。

一种文化诞生了一种制度，而制度反过来又强化了这种文化，这种文化又催生新制度，这样相辅相成叠加往上走，就形成了制度的变迁。万变不离其宗。中国几千年发展到现在，一些制度的变化可以说是翻天覆地，但是基本的一些制度理念并没有彻底的大改变，如封建的残余现在还有强大的力量。“文化为制度之母”这句话说得很经典。因此，并购重组企业在企业文化与企业制度建设过程中，企业制度、体制无论以何种形式流转或变迁，从旧制度演变为新制度，文化都应该起关键性的作用。

文化对体制和制度模式具有一定的决定作用

我并不否认制度的作用，优秀的制度有四两拨千斤的能力。但是制度是人制定的、是人执行的。美国人英格尔斯写了一本书叫《人的现代化》，里面有一个著名论断，他说如果把一些现代制度和手段交给一些没有现代文化理念和素质的人，就等于给他一堆废纸，他理解不了、也执行不了，效果肯定不理想。文化对制度模式具有一种决定性的作用。制度是文化理念的产物。我们都能感受到中国官本位文化和等级制文化给我们造成的严重后遗症，虽然现在不断地在改善。

企业文化决定企业制度的模式、决定企业制度的存在方式。企业文化的制订主要在于企业家，企业家的文化自觉、文化取向决定企业制度制订时的原则。企业家怎么样制订制度？从水管出去都是水，从血管出来都是血液，从大肠出来都是大粪，你有什么文化内涵你的制度就怎么订。不管国家订制度还是企业订制度，制度在制订的过程中，都决定于领导层的文化自觉、文化素养和文化取向。

企业家团队的文化水平决定对体制、制度应用和执行弹性的科学把握

对体制、制度怎么样执行得更科学？中国的法律、制度总数在世界排在前面，但很多是有法不依。因此，我们不是没有制度，而是有法不依的问题。但是从另一方面来说，对制度的执行，对法律的执行，永远都不可能做到不折不扣。说执法一点不走样，哪个国家也不可能，哪一层组织也不可能。关键是执行制度的时候，他的弹性把握应该怎么样更科学。如果一收就死，一放就乱，这个制度就执行不好。

诺贝尔经济学奖获得者道格拉斯·诺斯说：制度是一个永远不完全的和约，不可能都通过制度来解决问题。德国慕尼黑大学一位教授，他在一本企业文化著作里面也说：一个企业管理只靠体制、制度的协调，会大大增加管理的成本；而依靠文化建设，用企业文化来管理企业就会降低管理的成本。他把文化的建设、管理从降低成本的经济学角度来认识。制度是一个永远不完全的和约。为什么这么讲呢？比如：有人说美国所有制度法律都能有效执行，此说有些绝对，执行效果有高低之差，但是也并不是完全按照制度和法律办事。

制订制度、执行制度，都有一个文化素养的问题。企业制度的制订和执行，企业家什么文化观、什么价值取向、什么事业使命感、什么样的道德标准、什么样的美学标准，

都关乎企业文化整体建设。往往企业家的自身经历、他的观点，都会成为这个企业文化的一个重要元素，并制约制度的制订和执行。

全世界无论哪一个国家都有制度管理的盲区。日本的做法是排球的补位。这是你的管辖范围，那是我的管辖范围，如果问题出在接合部，那就是谁离得近赶紧过去把问题解决了，解决问题以后再找原因，不允许在接合部由于推诿责任而出现事情。美国的做法是出了问题以后先找清责任，分清是非，再解决问题。这种处理问题的程序方法就反映出文化的不同。日本有一句名言，说上道工序是下道工序的义务服务员，下道工序是上道工序的义务检验员。你做产品的时候，这个环节要给下一个环节创造方便条件，下一个环节拿到上一个环节下来的产品，一边做一边要检验上一道产品质量有没有问题。企业家文化素质水平决定对制度执行弹性的把握。

企业家的文化素养决定制度变迁和文化转型的自觉，职工的文化素养决定员工对不同制度的适应过程

文化深入人心会形成习惯，习惯是非常强势的，一旦形成一种文化，往往很难改变，对新制度的适应、文化转型难度非常大。目前，企业在并购重组中的集而不团现象，是由于原来各公司的文化和价值理念已经形成了，你再要形成一个新的文化就很难。在转制过程中，文化跟不上就会很容易塌下来。菲奥莉娜到惠普任职后，她很重视架构的改造，重视营销模式的转换，但就是没有想到文化怎么样及时改进。惠普文化很深厚，如果你说他不好，你想改变就拿出足够的力量和水平来，如果不行你就顺应他，或者是两者融合起来，但是无论怎么样也不能视而不见。转制的时候不考虑文化，那肯定就会受到惩罚。慕尼黑大学的一位教授就说：“如果在企业转制的时候不考虑到文化的转型，等待你的就是失败！”所以，企业家的文化素养决定企业制度变迁时的文化自觉，职工的文化素养决定对不同文化的适应过程。

如何实现不同体制企业的重组和文化融合

这主要有两点：

第一点，正视不同体制下形成的文化差异和文化冲突的可能性，要克服文化中心主义。对文化差异问题，不同组织、不同地区、不同国家民族一定要正视，绝对不能视而不见，也绝对不能采取不理不睬的态度。中国人、外国人都有文化中心主义意识。中国过去老是说泱泱大国，什么都讲一个大，以大为美，大一点就觉得自豪一点，文化中心主义意识是深入人心的。

文化差异在不同的企业组合的时候有两种情景，一个是强并弱的时候，往往弱者没有力量，就跟着强者走。即使是强并弱的文化，你不注重弱的文化，也会造成文化差异，处理不好就造成文化冲突，时间长了就会造成暴力冲突。有的观点说，现在文化多样化在大集团中可以终结了。事实上文化的多样化、多样性现在根本没有终结，所以，在集团文化建设过程中，如何融合各个不同分公司文化，如何尊重原来公司的文化，取其精华，除掉糟粕，这是很细致的工程。一定要克服文化中心主义。

第二点，文化要指导制度，制度要固化文化，同步推进。一要将文化理念当作一种制度制订的依据，二要将文化作为旧制度体系调整的标准。制度和文化不能分裂。大家都讲富士康，其实富士康也有自己的企业文化，《郭台铭语录》就是他们企业文化的结晶，里面提倡的文化并不错，他就是没有按照那个做，制度是一套，文化是一套。所有企业都有文化，只是优劣不同，有自觉自发之分。制度的调整要根据文化来调整，再渗透到工作规则当中。我们现在讲精细化规则，为什么总是难以实现？因为中国传统文化是粗放文化，精细文化是现代西方文化，要想把精细化做好，在中国还是任重道远的。像上海大飞机公司，他们想把其中一些零件给民营企业做，民营企业都答应了，可是大飞机公司仍然不放心，你让他造一个件可能造得好，但是他没有一个长期的安全稳定系统，没有一种文化可以保证每一个都能做到，所以还是不敢给这个民营企业做。

无论是并购重组或跨文化管理，都要有文化的跟进和文化的高度融合，没有这个，企业新制度的制订、执行就难以实现，新制度的威力就难以发挥。

（作者系中国企业文化研究会常务副理事长、秘书长、教授，本文为在“第四届中国企业文化百人学术论坛”上的讲话）

企业文化 30 年：实践路径与方式

贾春峰

30 年来，在座的各位企业文化界的朋友，都是一起走过来的。大家同企业文化共生共长，总结过去，展望未来，感触颇多。

企业文化的理论与实践都不是一个封闭的体系，而是一个动态的、开放的、不断创新完善发展的过程。我们的企业文化跟着企业业态的变化，随着公司治理结构的变革而产生许多新的思考，随着企业再造、公司再造，而有一系列创新。我自己作为一个学者、一个学习者、一个研究者，觉得学习得不够，研究得也很不够。许多新书放在我的身边，我在努力地看，特别是金融领域的书，特别是最新出版的企业文化的著作，不光是企业文化方面的，还有世界文化的一些著作。我的内心有一种沉重之感，我觉得我们不要满足于已有的成绩和成果，而应该更加充满创新的蓬勃生机和活力。几年前我讲过企业文化的变革性、创新性与稳定性的问题，讲过为什么在今天对于企业文化来说，应强调创新性的问题。我们讲企业文化创新当然是在科学发展观的指导下，在核心价值体系引领下创新。

关于企业文化“落地”提法的思考

现在大家都在讲企业文化“落地”。我过去的用法就是“实践路径”。几年前我的一篇文章《我们站在企业文化

发展的新起点上》就用过实践路径。对于“落地”的说法我也借用过。我个人认为“实践路径”这个提法好，比较正确。而对于“落地”，要用也可以用。“落地”与“实践路径”是有关联性的，所以我要先讲一下，我对于企业文化“落地”的几点看法：

第一，关于“落地”这个提法。这是一种比喻性的形象化的说法。因为企业文化本来就存在于企业自身之中，是企业在自己的经营管理实践中、市场开拓中、创新发展中所生发、所凝结、所形成、所提炼出来的，并不是从天上掉下来的；你说“深植”它也不是像种地、种树、种花一样种出来的。讲“落地”也好，讲“深植”也好，讲“落地生根”也好，这都是形象化的说法。这些形象化的比喻性的说法，我看没有什么实质上的差别。

第二，讲企业文化“落地”，并不是这几年才有的新提法。这个问题，就其实质来说，请注意，就其实质来讲，在20多年以前，企业文化理论创立之初就是这样讲了的。1981年7月美国哈佛大学教授和麦肯锡咨询顾问在对几十家企业调查分析基础上写出了《企业文化——现代企业的精神支柱》，提出企业文化的五大要素讲到价值观的重要性，认为“价值是任何企业文化的基石，作为赢得成功的企业哲学的实质，价值为所有的员工提供了共同的方向，并指导着他们的日常工作”，“成功的企业经常是因为它们的职工对组织价值的确认、信奉和实践”。这里所讲的“指导员工的日常工作”，“价值观为员工确认、信奉和实践”，就是讲的文化落地、落地生根的问题。落到哪里？就是在员工心中扎根，落到员工的行为实践中。

第三，讲企业文化“落地”的真实、确切含义是什么？就是化文本为行动，化理念为实践，让文化理念落实到企业经营管理的方方面面，扎根于员工心灵，变成思维方式、行为方式、行为习惯、行为自觉，实现文化管理，从而转化为经营业绩。

企业文化的实践路径与方式方法

这个问题，许多成功企业有许多各具特色的实践创造，有许多经验值得我们回味、总结和思考。我根据个人的体会，想讲一下企业文化实践路径与方式中的五个融合，或者说是五个融合为一体、五个有机统一问题。

一是企业文化与企业发展战略，与企业经营管理融为一体、有机统一。

这是规划、设计、建设企业文化中的一条很重要的经验。企业文化要与企业战略目标实施相融合，要与企业经营管理实践相融合。两个融合也可以称为两个融为一体，而不能搞成“两分开”，搞成“新两张皮”。人们不难想象，如果企业文化脱离了企业战略目标的实施，企业文化与企业的实际经营管理实践相脱节，这将是一种什么样的状况？！那样的企业文化还有什么用？！实际上，这个关键点也是很大的难点。切实解决这个问题，真正将企业文化渗透在诸如战略、管理、人力、流程、营销、服务、品牌以及各层级人员的行为中，体现在经营管理的方方面面，无论从理论研究还是建设实践来说，都有一系列复杂多样的问题需要探索、研究和总结。非常可喜的是，近一两年来，又有许多企业在这方面有很好的进展。比如，辽宁项宏同志总结出的“零文化管理模式”，就是为解决企业文化与经营管理“单摆浮搁”、两张皮的问题做出了具有重要意义的探索。江苏刘鹏凯同志的《心力管理》，从企业管理中同员工心灵沟通的角度，拓展和深化了人本管理、文化管理的理论和实践。这只是两个举例，一个是国有的，一个是民营的。这次会上表彰的很多企业，在这方面都有很好的经验。我们应当在这方面拿出更多更好的经验，找到更多有效途径、方式方法和具体措施。对这个问题的解决，会有重要的推进和促进作用。

二是在企业文化体系中价值理念与行为规范、理念文化与行为文化的有机统一。

企业文化的主要内涵和要素是价值理念和行为规范，这也可称之为理念文化和行为文化。企业文化的全部内容当然不只是这两个方面，包括文化手册设计中还要加上视觉系统、公司歌曲等，但价值理念和行为规范是最重要的、最基本的、绝不可少的两个组成部分。这样做是对企业文化内涵要素的准确把握和实践经验的理性总结、提升、提炼。把企业文化说得天花乱坠，弄得五花八门或者搞一大堆文字游戏，并不能让人获得明白准确的认识。从丰富繁多的企业文化内容中突出这两个方面，清晰明确，便于操作实践。这是中国企业文化界对企业文化建设做出的具有实质意义的普及和推动，是对企业文化发展的一大贡献。

基于此，我提炼、概括了一个公式：企业文化＝价值理念＋行为规范。这是个不包括全部内容、但抓住了主要内容的易于把握的简明扼要的公式。一部现代财经小说中的主人公，就把我这个公式同美国著名管理学家、企业文化名家威廉•大内关于“公司文化＝传统＋风气”的公式并列提出，加以说明对企业文化的理解。小说中的理解很有意义，也看出这样的企业文化公式是有影响力的。为什么必须是这样的两个方面？我们想一想就会感到，没有价值理念，失去了核心和灵魂，就不成其为文化；但也不能把企业文化手册搞成若干理念口号的简单汇编。因为没有行为规范、没有行为文化，就不易于使价值理念深植于员工心灵，变成员工的行为方式、行为习惯，从而转化为企业的经营业绩。那样做不仅会失去体系上、逻辑上的完备性，而且失去了企业文化的实践性和可操作价值。

再深入一步讲，有个特别需要引起关注和解决的问题，是在一本企业文化手册中，应注意解决好理念系统和行为系统的关系问题。优秀的《企业文化手册》，不仅应当有特色鲜明的理念系统，有不可缺失的行为系统，而且还表现在要处理好这两个系统之间的关系，这是需要专门研究而长久被忽视了的。那么理念系统和行为系统之间是什么样的关系呢？它们之间是密不可分、相互应和的内在统一关系。价值理念本身蕴含着应有什么样的行为方式、行为规范、行为习惯；而行为方式、行为规范、行为习惯又体现着价值理念的引导，二者有内在逻辑，是浑然一体的。这也可以说是理念引导行为，行为体现理念；理念渗透于行为，行为使理念看得见、摸得着。我们决不能把二者搞成机械的、互不相干的、失去内在联系的、孤立的两个板块。解决这个问题要下大功夫，但解决好了确实能将“文化管理”大大向前推进一步。

还应看到，在企业文化建设中突出和强调理念文化和行为文化的有机统一，这也体现了辩证唯物主义的“知行合一”、“知行统一”的原则。毛主席在《实践论》的开头和结尾为什么都要提到知行关系、提到知行统一、知行合一问题呢？因为这个问题实在太重要了，知与行、认知与行动，常常呈现极复杂的状态，可以是统一的，也可能是不统一、不一致、甚至相矛盾、相排斥、相背谬的状况。在中国哲学史上，王阳明对知行合一有许多论述，我在评价刘鹏凯同志的《心力管理》这本著作时做过介绍。阳明哲学传到日本后，又提出了“即知即行”的概念。这是前不久我读新出版的《东方哲学史》看到的。近日翻阅资料，看到孙中山先生在1922年的一篇演讲，说的就是知行关系问题，题目是“知易行难还是知难行易”。德鲁克是管理学大家，他讲：“管理是一种实践，其本质不在于‘知’而在于‘行’，其验证不在于逻辑，在于成果。”他也用了“知”和“行”的概念，企业文化追求文化管理，这样的管理，显然不能只有理念文化而没有行为文化，显然是要实现追求一种价值理念与行为规范、理念文化与行为文化相统一、相融合的境界。

三是在企业文化建设中，注重和体现领导力与执行力的相辅相成、有机统一。

企业文化建设，是提升企业家素质、提升企业家人格魅力、提升领导力和决策力的锻造炉，同时也是培育、强化和提升执行力的大课堂和大平台。领导力和执行力应该是融为一体、有机统一、相辅相成地发挥效用。这在企业文化的实践路径中，是一个相统一、相融合而不可缺失、不可分割的过程。

四是企业文化理论的准确性、深刻性与表达方式的通俗化、大众化的有机统一。

建设富有成效的现代企业文化，应当坚持什么样的实践方略、实践路径，怎样探寻体现大众化、通俗化的有效途径和方式方法？我个人认为，要坚持多年来被企业界广泛认同的“好识好记好用好传播”即“四好”的建设方略。好识是说好识别。好记是说让人一看就明白，一听就懂、就忘不了。好用是说企业文化要有效用，要化为员工的灵魂，要变成员工的行为习惯和行为规范，这样才能表现为实际的经营业绩。好传播，是说企业文化不仅要在企业内部形成氛围，而且易于在社会流传，在社会产生吸引力、感召力和形象力。企业文化设计、企业文化手册要特色鲜明、个性突出、简明扼要、有效管用。这是多年来众多行业的企业文化实践路径的经验概括。企业文化在企业是大众文化，而不是固守在学术殿堂的书斋文化，要化繁为简，而不能化简为繁；要深入浅出，而不能浅入深出；要易于入耳、入脑、入心。把简单问题复杂化的设计是愚笨的做法；把复杂问题简单化即简明扼要表达出来的做法是聪明的做法。什么叫深刻？深刻并不是玄虚，深刻并不是繁杂繁多，深刻也不是高悬云端，高不可攀、深不可测，不是贴大标签，不是变成套话、大话的罗列堆积。越是深刻的东西，常常越是简洁、简明、透明、透亮，让人看得懂，听得明白。在今天，仍有必要进一步强调，企业文化建设切记繁琐化、玄虚化、空洞化、雷同化。如果把企业文化建设引入繁琐化的境地，引入空洞化、玄虚化的境地，引入雷同的状态，那必然窒息企业文化力的勃勃生机。这也是企业文化在“中国化”的道路上，我们中国企业文化界的又一大贡献，是有力地推动了中国企业文化在实践中广泛认同并获得有效普及和持续发展的一大贡献。

研讨企业文化的实践路径与方式方法，其中包括企业文化整合提升后、《企业文化手册》的宣传贯彻实施推行问题。对于一个企业来说，企业文化手册的制作，这是对已有文化整合、提升的结晶，标志着企业文化的“系统化”、“精炼化”和进一步“行动化”，这毕竟标志着一个新阶段的开始。

但是有了企业文化手册，有了自己企业的一套价值理念，这仅仅是第一步，重要的还在后面，这就是企业文化手册确立的价值理念、行为规范贯彻到管理人员、广大员工的言行中，让人们认同、信奉和实践。我把这一阶段的做法概括为“两化”，即；化文本为行动，化理念为实践。当然，这是一个很复杂的过程，并不是那么简单，那么轻而易举，而且实施办法和途径多种多样，不同的企业可以创造、实践出许多不同的富有成效的做法和经验。

从已有的实践经验来看，对文化手册、价值理念进行贯彻实施推行，其中一个有效的办法和途径就是发挥企业故事和企业格言的作用。企业故事就发生在员工身边，员工会感到很亲切，这就让企业文化易于理解，融会贯通。在国外，企业故事也叫企业神话，正如上个世纪80年代国外的著作所讲的“企业文化有价值观、神话、英雄和象征凝聚而成，这些价值观、神话和象征对公司的员工有重大的意义。”

故事理念化、理念故事化。这两句话，生动地反映了企业故事与企业理念之间的相互关系。

五是现代企业经营管理理念与优秀传统文化的融合统一。

我们建设的是具有国际视野而又扎根中国大地、具有中国特色的先进企业文化。体现“中国特色”有两个不可忽视：一是不能忽视中华民族悠久深远丰厚的传统文化根脉，实现现代企业理念与优秀传统文化有机融合；二是不能忽视地域特色文化的长久影响力。中华民族优秀传统文化极大地影响着、渗透在一代又一代中华儿女包括企业家、企业人、广大员工的思维方式、思维惯性、行为方式和行为习惯中。现在的问题是，这方面的系统研究和经验总结还很不够，需要大大地深化和拓展。这里的关键是“融合”二字，在企业文化建设纲要和企业文化手册设计中，企业理念与优秀传统文化应当是有机融合的，而不是机械套用、简单罗列堆积的，而且这种“融合”要体现在文化管理的各个方面。

企业文化30年，回头看，思绪万千；往前看，任重道远，再过3年、5年、10年、30年，我想，我们的企业文化会有更加辉煌灿烂的发展。

（作者系中国企业文化研究会副理事长、学术委员会委员，中宣部理论局原副局长，中国市场经济研究会副会长，学者，教授。本文为在“中外企业文化2011北京峰会”上的讲话）

作为现代性的以人为本

王锐生

从16世纪开始，人类社会出现了古代社会向现代社会，古代文明向现代文明的漫长转变过程。这个过程开始于西欧，然后通过全球化向全球扩展，迄今没有结束。而凡是实现了现代化的社会，那里的事物，无不打上了现代性的烙印。为了更好地进行现代化，理解现代化的本质，有必要从根本上把握现代性，即把以人为本看作是构成现代社会的现代性诸多要素中核心要素、灵魂。 从以下几个方面概略地论证这一点。

一

从经济视角看。中世纪的西欧，主体经济是农耕经济（封建庄园和小农），生产者的社会关系特征是个体对经济共同体的依附性（所谓“人的依赖关系”——马克思语）。马克思说：那个时代的小农不应用任何科学，没有任何分工，也就没有任何丰富的社会关系，没有任何不同的才能和多种多样的发展，好像一袋马铃薯是由袋中的一个个马铃薯所集成的那样。他们利益的同一性没有能够使他们形成一个阶级，因而不能以自己的名义来保护自己的阶级利益，一定要别人来代表他们，让别人不受限制的专制权力成为高高站在他们上面的主宰。后来，从内部萌发的商品交换把这种旧的关系瓦解了，出现了一种新的社会关系——主要生产者变成摆脱人身依附的“独立”（首先是人格独立）个体。马克思把这种现象概括为：“人的孤立化”。

人的孤立化作为一种普遍社会现象是以前未曾有过的。马克思说，它只是“历史过程的结果”。就是说，人的孤立化现象是分工和商品交换比较充分发展的产物。它给经济生活带来了如下的变化：

（一）人不再仅仅是共同体生产的一种元素（与农具、牲口一样），而是具有独立人格的。“人的独立性”代替“人的依赖关系”是马克思对资本社会的人的关系特征的一种概括。这是作为现代性灵魂的以人为本出现的首要经济前提。大家知道，现代社会以现代市场经济为基础，而商品交换领域的劳动力买卖又是现代市场经济的前提。但是为了使得劳动力买卖得以实现，劳动者个人必须是处在自由、平等的关系之中。马克思在《资本论》中这样说：“自由！因为商品例如劳动力的买者和卖者，只取决于自己的自由意志。他们是作为自由的、在法律上平等的人缔结契约的。契约是他们的意志借以得到共同的法律的最后结果。平等！因为他们彼此只是作为商品所有者发生关系，用等价物交换等价物。”

（二）与人的独立性相联系的人的主体性也出现了。毫无疑问，这种主体性首先是个体的主体性。马克思说，在商品交换领域中占统治地位的，不仅是自由、平等和所有权，而且还有“边沁”（指边沁理论，即每个人都有功利之心——编者注）。“边沁！因为双方都只顾自己，使他们连在一起并发生关系的唯一力量，是他们的利己心，是他们的特殊利益，是他们的私人利益。”同前现代社会相比较，现代社会之所以能够具有更多的活力，个人受到更大的利益驱动，无非就是因为有了这样的个体主体性的个人，因为出现了以前没有过的有个性的人——即自觉把他者、社会结合的形式当作实现私人目的之手段的人。马克思说：“只有到十八世纪，在‘市民社会’中，社会结合的各种形式，对个人说来，才只是达到他私人目的的手段，才是外在的必然性。”现代西方以人为本中的“人”，其个体与个性的特征是极其明显的，这要归功于现代社会的经济条件的铸就。

当然，成也萧何，败也萧何。正是现代社会的经济条件——现代性的资本也给这个阶段的人的主体性带来严重的局限，这是因为人虽然有了独立性，但是它依旧是建立在对“物的依赖”（即对商品货币关系的依赖）基础上的。马克思说，构成资本社会这个新的经济共同体的条件，就把单个的人“锁在这个共同体上，……成为共同体锁链上的一环。例如，……工人完全丧失了客观存在的资料，他只是主观上存在着；而和他对立的东西，现在却变成真正共同体，……吞食着工人。”资产者，作为资本的人格化，同样也未能避免异化的命运。尽管现代性中的以人为本存在着这样的不足，但这毕竟是人类历史上的一大进步，是走向马克思的社会理想——每个人的自由和全面发展的关键性一步。不过，根据马克思的设想，这种“不足”的消灭要以遥远未来的商品货币关系所带来的异化的消失为前提。

二

从政治视角看。在古代，民智未开，人们普遍相信超自然的神灵能够支配人。于是社会统治者普遍把自己的统治的合法性说成是神的意志和意旨——这就是所谓君权神授。在西欧中世纪，人们认为，国家是从神的意志、意旨中产生出来的。神权凌驾于世俗王权上（国王登基，要罗马教皇为之加冕）。历史性的转变发生在16世纪的法国哲学家笛卡儿的身上。在此之前，基督教神学认为：上帝的意志和意旨是一切存在（包括人和国家的存在）的根据。笛卡儿却说，我可以怀疑一切，但是我在思考这一点是不能怀疑的。因此“我思故我在”。这就把上帝本体论给颠覆了，国家的存在无须再从上帝意志那里找根据。现在，启蒙主义者宣布，国家可以不必这样产生！它完全可以从人类关系的理性中引申出来——这就是西方近现代政治学说史中的各种社会契约论。根据这些理论，个别公民服从国家的法律也就是服从自己本身理性的即人类理性的自然规律。这就是在国家、法律等方面的现代性的表现。这种表现，一言概之，就是政治领域的事物也应当体现现代的以人为本。相对于古代社会来说，现代政治生活的以人为本，无非是用人的眼光来观察政治罢了。正如马克思所说："马基雅佛利、康帕内拉和其后的霍布斯、斯宾诺莎、胡果·格劳修斯，以及卢梭、费希特、黑格尔等都已经用人的眼光来观察国家了。他们……不是从神学中引申出国家的自然规律。"

如果说，政治方面现代性的出现，在西方是"脱神入俗"。那么东方国家，例如中国（那里不曾有过神权统治）政治方面的现代性的出现，也不会背离以人为本。有学者认为，那将是"脱圣入俗"。我很赞成此提法。古代中国的君主为了取得封建统治的合法性，也要神化自己。但是具体做法有别于西方（不是像基督教世界那样，让上帝的代理人——教皇给自己戴上神圣的光环，而是把自己"圣人化"），所以，在中国古代，臣子称皇帝为"圣上"。皇帝之所以是圣君，因为他是"奉天承运"——支配人间的"天命"落在他这个皇帝身上了。中国古代"天人合一"命题有许多解说，就皇权的合法性来说，天与人的合一，当理解为君王的旨意应体现天意。汉代董仲舒的"天人感应"说就是一例（尽管董仲舒提出此说，也带有限制皇权的理论目的）。

在现代，把统治权归结于"神授"不再有很多人相信了。但是，由于中国几千年传统文化的影响，即使在今天，老百姓对领袖人物抱有的"圣人情结"依然大有市场（当然不一定以圣君的崇拜形态）。但凡领袖人物总是有相当的才干，一旦出于某种目的，被别人或自己吹捧，夸大，本来的凡人就很容易成为"圣化"。圣化了的领导人对现代民主宪政是一种致命的伤害。在现代宪政民主下，允许民众对领导者进行"问责"（包括道德问责、政治问责和行政问责）。既然人已被圣化了，他就不但是英明盖世，洞察一切，道德完善，而且乾坤独揽。那么，所谓"问责"又从何谈起20世纪上半叶的共产主义运动中，我们吃领袖人物"圣化"的亏还少吗？今天中国需要"脱圣入俗"（俗，指公民社会。在公民社会，一切人都是平等的），就是说，过去那种"圣人"带领下的"现代化"其实是背离现代性的。

三

从思想文化领域看。在西方，作为现代性的以人为本从一开始突出的是个人及其个性的价值。这一价值取向如同马克思所说的"孤立的个人"一样，也是历史过程的结果。它在古代社会是不可能获得合法地位的。雅各布·布克哈特这样描述意大利文艺复兴时期人类意识是如何从古代的漠视个人转而自觉意识到自己首先是活生生的、真实的个人："在中世纪，人类意识的两方面——内心自省和外界观察都一样——一直是在一层共同的纱幕之下，处于睡眠或者半醒状态。这层纱幕是由信仰、幻想和幼稚的偏见织成的。透过它向外看，世界和历史都罩上了一层奇怪的色彩。人类只是作为一个种族、民族、党派、家族或社团的一员——只是通过某些一般的范畴，而意识到自己。在意大利，这层纱幕最先烟消云散；对于国家和这个世界上的一切事物作客观的处理和考虑成为可能的了。同时，主观方面也相应地强调表现了自己；人成了精神的个体。并且也这样来认识自己。"

我理解，这就是作为现代性的文化自觉。在还未完全进入现代化的东方社会，这种文化自觉就很缺乏。西方的著名学者认为，从文艺复兴开始，个人的出现就一直被视为现代社会和古代社会在精神气质和价值理念上的分水岭。例如耶利内克说："在古代，人从来就没有被明确认为是某个个人……只是到了19世纪，'人是个人'这一原则才获得了普遍胜利。"最后，还可以指出，哈贝马斯直接把个人列为现代性的一个标准。他说，现代性是用新的模式和标准来取代中世纪的模式和标准——个人是其中之一。现代性这样一个时代"深深地打上了个人自由的烙印。"在西方，谈论现代性的以人为本而看不到这里的"人"首先是指个人，是个人自由、个人权利等等，是不可理解的。

当然，片面强调个人而走向极端个人主义，也是西方社会的痼疾。但是那里的统治者也会总结经验（严格法治、设立种种规范以约束个人利益无限冲动……），不让因维护个人权利导致社会共同体的瓦解。比如说，市场经济的动力建立在个人利益驱动基础上，但是他们也大力推动社会福利、社会保障。不让个人因素过度损害社会群体（德国的"社会市场经济"——"社会"这个定语指的就是从社会整体利益出发对市场的个人利益驱动的约束）。

既然现代性的以人为本突出个人与个性，那么一旦接受现代性的以人为本，会不会导致整个社会单纯以个人利益为"本"？会不会导致极端个人主义泛滥？如果宣布：以人为本的人，只是指人类，而不是指个人，岂不是在理论上更稳妥一些？建议的动机是好的，但是行不通。第一，说以人为本包括个人，不等于整个社会单纯以个人利益为本。第二，以人为本在历史上的首次出现，常常是针对漠视个人权益的（神权或俗权的）专制主义。所以，最初的以人为本首先强调个人是难免的，这也是它的进步性所在。当它一旦被全社会接受，成为全民牢不可破的信念，人们就会开始修正其早期因片面强调个人而带来的负面作用。第三，以人为本命题应当是具体的，不是抽象的。就是说，要依据它被运用时的语境去确定命题中的"人"的主要内涵。——假定党委书记对党员讲政治课，说党的路线、方针、政策所体现的以人为本，实质是以人民为本，这无可厚非。这里之所以要突出"人民"，因为所说的是政治性（阶级性）很强的事物。特定语境允许我们这样说。但是无条件地把以人为本完全等同于以"人民"（具有特定政治含义的、即对应着"敌对性质矛盾"的人民）为本，则是可以商榷的。例如，当语境是从大地震之类灾难中抢救生命，那么在这个场合，上述以人为本"实质"的表述就未必切合。因为这里需要强调的是超越阶级、阶层划分考虑的人道主义性质救援。如果语境是讨论地球生态学的人与自然的关系，那么这个场合的以人为本无疑是"人类"中心主义，即争论涉及以自然（或生物）为中心，还是以人类为中心？由此可见，把以人为本的"人"抽象地固定为“类”或者“个人”……都是不妥的。

四

从哲学形而上学视角看。现代社会出现时的经济、政治、思想文化等领域的变化必然会在更高的领域——哲学形而上学层面反映出来。作为现代性的以人为本是怎样以哲学形而上学的形态表现出来的？西方古代哲学形而上学又是怎样转化为以人为本的现代形而上学的？这样一个大问题，我们只能借助于余吾金教授的一篇精彩论文某些片断来扼要介绍。余文是在海德格尔形而上学之思的启迪下，论述西方形而上学发展史的“三次翻转”。而第一个“翻转”的结果，就是形而上学层面上的以人为本。余文是这样论述的：

西方古代的柏拉图主义本质上是在场形而上学，它关注的是世界万物在人的意识中的显现或在场。在这种形而上学中，作为存在者的“人”的特异性还没有被主题化，人被视为与其他存在者，如房子、马、石头、艺术品同样的东西。柏拉图主义把在场的始源性形式理解为“存在”即“理念”；但由于它没有意识到，在所有的“存在者”中，唯有“人”这一特异的“存在者”才能担当起询问存在的意义的使命。所以，存在的意义无法通过这种在场的形而上学彰显出来。这就注定，它要被新的形而上学取代。取代是这样实现的。对于柏拉图来说，理念之本质以及存在之本质的最终根据，是在一个创造者的安排中。海德格尔认为，在这里，柏拉图主义的历史命运就已经被确定了。就是说，在漫长的中世纪社会中，它转化为以论证上帝的存在为主旨的理性神学。而上帝这一“完美的”创造者则成了最根本的在场的形式。在以文艺复兴运动为开端的现代社会中，上述两种在场形而上学都遭到了一种新的形而上学理论，即主体性形而上学理论的批判和冲击。而这种新的形而上学的始作俑者就是笛卡儿（他的名言是：我思故我在）。之后，便是康德和黑格尔等。新理论是对形而上学作这样翻转的：它拒绝把“人”这一特异的存在者与其他存在者一视同仁。作为主体性形而上学，它意味着人的主体意识的觉醒。人把自己作为主体置于作为存在者整体的的世界之中心。于是世界万物在人的意识中的显现方式被翻转过来了。对以前的形而上学来说，人是整个世界图景中的一个普通的，甚至是微不足道的因素；而对于主体性形而上学来说，人是整个世界图景的基础和中心。正如海德格尔所指出的：“西方历史现在已经进入我们所谓现代这个时代的完成过程中。这个时代是由下面这样一个事实来规定的：人成为存在者的尺度和中心。人是一切存在者的基础。”

海德格尔所说的规定“现代这个时代”的那个“事实”……人成为存在者的尺度和中心，也就是以人为本的另一表述。综合以上的论述，以人为本是现代性的核心、灵魂，应当是可以成立的。

五

在现代化向全球扩展的进程中，欧美发达国家作为先行者，大体上完成了这个向现代社会转变，而后来者（许多发展中国家）则仍然处在艰苦的现代化进程中。纵然都是走向现代社会，走向现代性，前者的轨迹不会分毫不差地在后者身上复制出来，这特别明显地反映在作为现代性的核心、灵魂的以人为本的命运上。新中国成立以来，我们在很长一段时间，现代化的口号与以人为本几乎不沾边（提出了工业现代化、农业现代化、科技现代化、国防现代化，而没有着重在人的现代化）。在党中央的文献中，只是在 21 世纪初(2003 年）才第一次出现“以人为本为核心的科学发展观”。究其原因，一是中国古代文化的高度成熟。前一阶段文化愈成熟，则它向下一阶段的转变就愈困难，这似乎是个规律。反映在文化价值观上，尽管中国古代文献《管子》中已经有“以人为本”的提法，但是，那只是法家的思想，即法家为了实现其霸王之道而采取的一种手段和方略（在人与物的因素之间，更多重视前者。这种思想的来源其实还是受到齐鲁儒家的民本思想的影响）。但是，这毕竟不是现代性的人本观念。后者强调的是人是目的，而不仅仅是手段（康德）；强调的是个体的主体性。后者对于中国古代传统文化观念特别强调个体对整体、下对上的绝对服从来说，是格格不入的。二是意识形态的原因。如果说，现代性的向全球扩展表现出人类社会的进步，那么它的实现却总是采取恶的形式。马克思评论 19 世纪英国对印度的残酷统治是“充当了历史的不自觉的工具”就包含了这个意思。对于现代化的后来者，现代性是来自西方的东西。但是由于西方的侵略，在后来者那里激起对西方的反抗，造成长期对西方敌视的意识形态，而在偏激意识形态支配下，现代性很容易与西化划等号……这，也许是长期以来，中国人对与现代性相关的许多事物持有警惕、犹豫心态的原因。

六

从全球范围来看，中国作为向现代社会转型的国家，在对待现代性的以人为本问题上，面临着某种尴尬：一方面它要与古代的传统观念决裂（或扬弃），力争实现现代性的以人为本；另一方面却又不得不面对另一股反对它的思潮——非人类中心主义的挑战。大家知道，现代以人为本在生态层面上，就是人类中心主义。所谓人类中心主义，特别是强人类中心主义认为，人的一切需要都是合理的，人可以为了满足自己的任何需要而灭绝任何自然存在物。人为了自身需要，全然不顾自然界的内在因果必然性，其结果是人类的生存环境日益恶化。于是，产生了非人类中心主义。后者宣布，既然人类中心主义是导致当前生态危机的根本原因，所以它确实是过时了。新思潮的挑战说明，现代化在发达国家已经充分成熟，因而在现代化工业化背后的价值观——人类中心主义也必然受到挑战。这个挑战表明，西方已经出现与现有的工业社会不同的新现象，有人称之为后工业社会，也有人把它叫做后现代社会。而生态层面上的人类中心主义与非人类中心主义之争，正是这种后现代转向引发出来的。

由于现代化在全球发展的不平衡，在现代化的后来者那里，一方面正在走向现代化，另一方面全球化的环境又把发达国家的后现代主义（例如非人类中心主义之类）作为“新观念”输入到像中国这样的发展中国家。于是在中国就出现这样的现象：前些年弘扬人的主体性（这正是现代化需要的观念）的哲学争论在传统马克思主义与马克思的实践本体论派之间还未完全平息，否定主客二元对立和主体性的后现代哲学的呼声便已经抬头了。对于奔向现代化的中国来说，她的主要价值取向应如何确定？在现代化未充分成熟之前，就要把与之相抗衡的后现代精神推向前台吗？还未完全争取到手的东西，就要批判它？或者说，我们两者都要兼顾？

（作者系中国社会科学院博士生导师、中国企业文化研究会学术委员会委员）

从泰州学派看《心力管理》

司马云杰

看到黑松林这个企业在泰州发展起来，而且企业管理是从心做起的，这就使我想到晚明的泰州学派，想到王心斋、颜山农、何心隐这些晚明心学家。因此，就想从这里讲起，题目就是“从泰州学派看《心力管理》”。

世界上最不好管的，就是人心！因为人心不是一块血肉，不是物的存在，而是天渊灵府的存在，虚灵不昧的存在，而且是深奥莫测的存在。鹏凯同志恰恰在这个方面，在心的管理方面取得了成绩。因此，《心力管理》一书，在企业文化管理方面抓到了根本，抓到了最为重要的部分。所以我觉得，黑松林粘合剂有限公司虽是中小企业，但它的企业文化管理经验，对于大企业也是有意义的。我们甚至可以由此联想到国家民族文化事业发展中的一些问题。现在物质的东西很发达，但精神的东西，却非常贫乏。如果说现在有贫穷，但这种贫穷不是物质的，而是精神的，是精神的贫穷，心灵的贫穷，而且到了“赤贫”的程度。现实生活的一些领域，除了物质利益与功利目的，除了金钱、权力、自私自利，我们几乎已经看不到精神的存在！怎么办？

我从“黑松林”企业文化管理想得很多，最为主要的如何解决我们精神世界的信仰信念问题，解决道德缺失问题。因为人并不是动物，而是有先天道德本性的存在者。《诗经》讲“天生烝民，有物有则。民之秉彝，好是懿德”；《尚书》讲“上帝降衷于民”，以及孟子讲“非外铄”给人的“仁义礼智”之性，就是指的这种道德本性。这种本性是人的本质规定性，是人与动物的根本区别，尽管这种区别是非常少的，用孟子的话说，是人与动物的“几希”差别，但它规定了人的本质，规定了人与动物的不同本质。任何动物都没有信仰信念，没有精神世界，但人有这些，而且离开了这些，离开了道德，离开了信仰信念与精神世界，人的存在就无法获得意义，就会失去存在的理由与根据。正因为人不是动物，不只是生物有机体，国家民族也不只是生物群体，所以一个人，没有道德，没有信仰信念，没有精神世界，只是追求物欲满足与浅薄功利目的，追求权力地位、自私自利，是不能成为完美人生的，一个国家民族失去这些，也是不能成为文明国家民族的。从这一点出发看鹏凯同志《心力管理》，就有现实意义了。

一个企业能够把“心”放到企业管理重要地位，提出《心力管理》，我不知道该企业是怎样想到这个问题的，是总结工作经验所得，还是来自管理体悟？但这个企业能够把“心”放到企业管理重要地位，提出《心力管理》，不管意识到还是意识不到，这里边就有一个文化背景，一个文化渊源问题，不然，为什么黑松林能够提出这个问题出来，其它企业不能提出这个问题出来呢？我觉得这可能有一个文化环境或文化背景问题。这就是黑松林粘合剂公司所处的文化历史环境，即晚明泰州学派的所在地。泰州学派是中国哲学史上一个很有影响的学派，属于晚明心学派，主要由王阳明后学一些人组成。我就是从泰州学派来看《心力管理》的，目的想给鹏凯思想找一个根源，一个背景，一个源头。不管鹏凯同志是否意识到这一点，或知道不知道这个学派，但思想来源总有个背景，总有个渊源。围绕着这一问题，我准备讲三个问题：第一，泰州学派及其哲学思想；第二，泰州学派哲学与鹏凯《心力管理》有哪些相通之处；第三，泰州学派理论的转化与吸收。泰州学派文化有优势也有弱势，有理性的一面，也有非理性的一面，如何从泰州学派吸取企业文化管理的有益思想，使鹏凯同志《心力管理》从理论上更提高一步。

泰州学派是晚明以泰州王艮（心斋）为首的一个哲学学派。主要成员有王东崖、王一庵、颜山农、何心隐、罗汝芳等。赵大洲、耿定向以及李卓吾等，虽非泰州人，然哲学思想比较接近王心斋，故《明儒学案》也放进泰州学派论述。浙中王龙溪（畿）的哲学思想，也与泰州学派思想有许多共同之处。晚明有许多学派，泰州学派是其中的一个。它们大多属于王阳明的后学。

泰州学派所以产生，除了晚明时期复杂社会文化背景外，一个主要动因是对阳明心学的不同认识。王阳明讲“良知”、“致良知”，总是和“天理”联系在一起的。如讲“良知者，心之本体”；“良知是天理之昭明灵觉处，故良知即是天理”；“吾心之良知，即所谓天理也”（《传习录中》）。因此，在王阳明的哲学中，良知即天理，天理即良知。因此，王阳明不止一次的讲：“心之本体即是天理”；“道心者，良知之谓也”；“心之本体，原只是个天理”（《传习录上》）。以天理为心之本体，而天理是纯粹至善的。故曰“至善是心之本体”。因此，致良知，就是使此心“纯乎天理之极”（《传习录上》）；“天理即是良知，千思万虑，只是致良知”（《传习录下》）。

但王阳明晚年提出了“四句”教歌，即“无善无恶心之体，有善有恶意之动，知善知恶是良知，为善去恶是格物。”王阳明说，这“四句”教法是对不同知性即“利根”的人说的，但实际上这“四句”话在哲学上是存在着问题的。讲“有善有恶意之动，知善知恶是良知，为善去恶是格物”，问题还不大。因为人作为气质的存在，一念之动，几微之变，内心就是有阴有阳、有善有恶的。思虑未起，鬼神不知；一念之动，良知在我。一念之动，可以成为善人，也可以成为罪犯。人心是走向善，还是走向恶，全靠道德自觉，靠人心是否知觉天道义理存在。知则谓之道德良知，走向善；不知，则走向昏昧、走向恶。心的存在，究竟是成为善的力量，还是成为恶的力量，全在几微之动的善念，全在良知在我。既然一念之动，即有善恶，故王阳明讲“有善有恶意之动，知善知恶是良知，为善去恶是格物”，在哲学并无过错。但讲“无善无恶心之体”，就有问题了。讲既然“心之本体即是天理”；天理是纯粹至善的，“至善是心之本体”，怎么能说“无善无恶心之体”呢？不管王阳明先生怎样声明，怎样解释，这句话在哲学本体论上也是存在问题的。

他的学生对这“四句”教法是有不同看法的。有的认为这是老师的定法，一句一个字也不能改，有的认为这只是老是晚年随意讲的，讲“致良知”不必拘于此。这后来发生了有名的“天泉证道”，即王阳明在越中时，钱绪山（德洪）、王龙溪诸弟子于天泉桥上，求证“四句”教法哪一种说法正确。“天泉证道”后不久，王阳明就去世了。于是围绕着“四句”教法的不同理解，各执其见，发挥意蕴，就形成王阳明后学诸多派别，其核心问题，是哲学本体论，即怎样理解心体？泰州学派就是其中一个学派。

泰州学派的兴起，实际上是一个思想解放运动，而且这种解放运动是与对心体的理解联系在一起的。例如罗近溪（汝芳）少时，读薛文清（敬轩）语：“万起万减之私，乱吾心久矣。今当一切决去，以全吾澄然湛然之体”，决志行之，关起门来，置水镜于几上，对着默坐，使心与水镜无二。久之而病。后来遇到颜山农（钧），告之曰：“是制欲，而非体仁也。”意思是说，你这仅仅是强力制止自己的欲望，非体贴天地间的生生之大仁，即非体现人应有一颗生意之心。罗近溪忽然醒悟，得此教诲，就不再以外力压制自己。颜山农是从心性本体论上主张思想解放的。故其有歌曰：“人坐住世兮胡自由，惜身保命兮当急求”（《歌自由》）；“我欲斯人生化巧，御天造命自精神”（《自况吟》）。这种思想解放后来发展到罗近溪诸人，则变成了一种心无定执、浑沦顺适的自我心性与精神解放。近溪讲“汝果然有大襟期，有大气力，又有大识见，就此安心乐意而居天下之广居，明目张胆而行天下之达道。解缆放船，顺风张棹，纵横任我”（《近溪子集》），就是属于这种精神解放的说法。

鹏凯同志《心力管理》一书，虽未必直接受泰州学派哲学思想的影响，但许多心的管理，人的管理，则是体现泰州学派哲学思想的。其中爱惜职工的许多做法，就体现了泰州学派“仁”的心性本体论思想。例如出于制度的规定，对王某进行了罚款，但出于关心爱护员工，大会上又将罚款退给王某。这在思想上就体现一个“仁”字，而不是以制度制人心。

泰州学派讲心性，讲“致良知”，主张一种自然心性论，反对外在压抑。例如李卓吾讲：“夫童心者，绝假纯真，最初一念之本心也”（《童心说》）；王龙溪把千古圣学，看成“只从一念灵明识取”（《水西别言》）；讲“本心之明，不由学率而得”（《致知议略》）；而“致良知”，为“默不假坐，心不待澄，盎然出之，自有天则”（《滁阳会语》），就是以自然本心之明为良知，以不欺本心之明而为人生宗旨。这有一种强调心性自主性或文化主体性的性质，在哲学上的积极意义不可忽视。《心力管理》虽讲“攻心”，但最重要的还是讲亲情伦理，讲自然本心。例如一个小职工，过节时把“家”字似贴倒了，鹏凯同志不是批评，反说这个小职工“还真会创新”。再如，一个职工请假为岳父过生日，刘总说：“既然这样，那就好好尽尽孝心，别忘了带上我的一份祝福啊！”其它的如刘总为职工的儿子过生日等，都体现了一种伦理亲情，一种孟子说的“不学而能”自然本心，即天理良知。

泰州学派的心性解放运动，由王阳明心学发展到王龙溪、罗近溪诸人，虽然已经逸出，但其为学，还是“从先天立基，直心以动，不作掩覆，不事包藏，自信自成，于世间一切毁誉是非，好无所入其念”的（萧良榦《龙溪先生文集序》），还是谨遵阳明先生“知行合一”之教，严格要求自己，不失道德水准的。鹏凯同志《心力管理》，所以能成为企业文化管理的佼佼者，所以能赢得大家的肯定，就在于他的管理不是空的，而是落到实处的；就鹏凯同志个人来说，无论大事小事，皆以身作则，身先士卒。他的“知心”、“聚心”，不是说说而已，而是身体力行、知行合一的。如果我观察的不错，这不仅体现在高度关心人上，也体现在自己认真做事、认真做人上。

泰州学派在哲学有许多卓越独到的创造性见解，作为文化遗产，特别是它的心学见解，值得好好挖掘，好好借鉴，用以发展我们的企业文化管理。但是，如果我们观察问题，观察中国文化哲学几千年的发展变化，放大历史尺度，按照文化生命精神发展的本源、中正、逸出的周期特征划分历史阶段，那么，中国五千年浩荡不息的文化生命精神，则像雄浑、浩瀚、跌宕、辉煌交响乐一样，其它大体经历了三个阶段：即第一个阶段，唐虞是本源时期，夏商周是中正期，春秋战国是逸出期；第二个阶段，秦汉是求本源时期，东汉武帝是中正时期，魏晋南北朝则是逸出时期，佛教文化的传入与发展，则是这个阶段逸出的继续；第三个阶段，隋唐是本源蓄养时期，宋明理学包括陆王心学，是其中正期，而发展到晚明心学，特别是泰州学派出，则走向逸出期。

泰州学派正是出于中国文化精神的这个逸出时期，因此，它虽然许多卓越独到的见解，但哲学本体论并不纯粹中正。例如它的反宋学，虽然有思想解放的性质，但只讲灵明心性，不讲天理的纯粹至善本体，就会使心性存在变为无主宰的虚灵知觉，变为悬崖撒手，从而陷入非理性的存在。故黄宗羲评王阳明“致良知”之学时说：“先生点出心之所以为心不在明觉，而在天理，金镜坠而复收，遂使儒、释疆界渺若山河。”因此，讲良知，讲心的管理，不能只是讲自然心性，只是一般地讲“知心”、“聚心”、“塑心”，而必须讲天理，讲这个形而上的最高法则，然后才能真正成为天理良知之心，成为纯粹至善者，才能使此心于宇宙浩浩大化中获得天道性命之理与知觉主宰，不虚不妄而大行天下。但泰州学派作为王阳明后学，在哲学本体论上是有偏颇的，那就是离开形而上学的天理，离开这个纯粹至善的存在，只于虚灵知觉处讲心性，讲心性本体。有无不立，善恶双泯，悬崖撒手，只任一点心性虚灵知觉纵横自在，因此，其为心也就无善恶可陈，无是非可讲，使人生变得没有根柢，无着落处、搭靠处。这样也就等于心置于宇宙洪荒茫然处了。名曰自由自在，实则凭空玩弄风景而已。正是在哲学本体论失却根本，失却了天地大气象，所以在行为上也就变得荒诞不羁。罗近溪讲“赤条条，光裸裸，直是空谷应声，更无粘滞，岂非人生一大快事耶”（《近溪子集》），就是这种非理性。王心斋以《礼经》，制五常冠、深衣、大带、笏板服之，招摇过市；何心隐第一次见张居正，连起码为人处事的礼貌都不讲，张口就问：“公居太学，知大学道乎？”江陵根本不回答他的问话，目之曰：“尔意时时欲飞，却飞不起也！”。江陵去，何心隐嗒然若丧，说“夫夫也，异日必当国，当国必杀我！”江陵当国，杀何心隐，固然并非仅仅因此，但何心隐的张狂，意太高，行太险，处处以非理性行事，招惹是非，恐怕也是其中一个原因。他们这种掀翻天地的赤膊担当，这种意气高、行为奇的非理性，后学也是不值得提倡的。因此，讲《心力管理》，虽应吸收泰州学派哲学思想的合理性成分，但排除其非理性，也是非常必要的。

（作者系中国社会科学院社科学所研究员、中国企业文化研究会学术委员会委员，本文为在全国企业文化社团会长、秘书长会议及《心力管理》研讨会上的讲话）

文化力与企业本质竞争力

孟宪忠

改革开放三十年之后，我们确实感觉到中国经济发展到了一个关键的时期。我们在说改革开放的成就时，经常说我们 GDP 发展的速度非常快，现在已经是全世界第二了。但是，请大家注意，早在 1890 年之前，中国的 GDP 就长期处于全世界第一的位置了。然而，那时我们国家有竞争力吗？人们生活幸福吗？这就告诉我们，今天不能光用 GDP 来说事儿。那么，如何看待 GDP？

第一句话，GDP 是有结构的，要看结构是否优化。为什么中国在 GDP 全世界第一时却屡遭列强欺负？因为我们的 GDP 结构不合理，都是由落后的产业形成的，几亿农民生产出来的东西大多数都吃掉了，没有剩余产品支持技术进步和现代化，所以还是落伍了。甲午中日战争我们为什么输了呢？因为我们没有一个现代新型工业。

第二句话，GDP 要讲效率。我们不得不承认，今天我们的效率是不高的，这一点大家都很清楚。经济学里面有一句话：在效率低下情况下的高产出，是对经济的反动。什么意思？如果效率非常低，产出却非常高，那么唯一的途径就是高投入，结果就是高消耗、低效益。

第三句话，GDP 不完全等同于社会福利价值。这句话很重要。大家想一想，瘦肉精没有创造 GDP 吗？毒牛奶没有创造 GDP 吗？大量的假冒伪劣商品都创造了 GDP，但是，这些 GDP 对我们一点好处都没有，只有有质量、有人性的产品才会创造社会福利价值。

因此，GDP 是有质量优劣之分的。如果把那些危害社会福利价值的部分都剔除了的话，我们 GDP 的总数就不会这么高。

那么，怎样才能提高我们 GDP 的质量呢？那就是要调整结构，要提高效率，要转变发展方式。除此之外，我们需要重点思考一个问题，为什么会出现那么多背离社会福利价值的 GDP？深层原因是什么？我认为，一是因为那些制售假冒伪劣商品的企业缺乏人性，二是因为我们过去不重视内涵，太重视表面了。现在许多大城市都出现雨季排水问题，什么原因？就是因为只重视地表的楼，不重视地下的排水工程。所以，中国要提高 GDP 的质量，还必须提高整个民族的人性化水平。

这是从 GDP 角度看中国的宏观经济问题。其实，这也就是在告诉我们，我们的企业要想获得健康持续的发展，也必须在增强技术竞争力的同时，大力增强信用竞争力。

我们一定要认识到，中国市场经济的发展，是一个整体的文明演进过程，是中华民族人性提升的过程。这就给我们的企业文化建设提供了一个新的视角，那就是要通过人性塑造来促进企业本质竞争力的提升。

长期以来，许多企业注重的都是技术层面上的管理，也就是通过加强对生产过程的监督控制来实现效率和效益的提高。当然，这是必要的，但不是管理内容的全部。企业管理的本质应当是发掘人性的善良、发挥人性的潜力，认识不到这一点，企业就不会有真正的发展。我们在管理上之所以缺少了一些人性的关注和人性的关怀，很重要的原因就在于此。我们必须看到，企业是技术面和人性面的统一。技术层面是企业的能力，人性层面是企业的心灵。还必须看到，人性面比技术面更根本，因为心正则业正，心不正业就不可能正；心正则力强，心不正就不会长真正的本领；心正则永续，心不正企业就没有前途。

美国有一家电梯公司，不仅注重收入增加，而且注重资产增值。因此，在完善制度、提升能力的同时，它还特别强调要改善企业基因。企业基因就是企业的人性，这是最基础的，是最深层的，表面上看不见，但它是最起作用的。2003 年，美国评出了 20 世纪 10 位最伟大的企业家，名列第一位的不是比尔·盖茨，也不是巴菲特，而是查尔斯·科芬。许多人还不太了解这个人，这个人是美国通用电气第一任总裁。他之所以最伟大，就是因为他不仅为通用电气带来了巨大的财富，而且奠定了百年不败的企业基因。他说，企业基因包括两方面，一是宪法性的制度精神原则，二是具体的精神制度原则。宪法性的制度精神原则是永远不能变的，这就是永恒的人性；具体的精神制度原则可以随着时代的变化而改变。在宪法性的制度精神原则中，他为通用电气提出了两条：第一条，通用电气绝对不能骗，绝对不能用招术来引领市场，一定要凭着为消费者贡献价值的能力。第二条，选择最好的人安排在最关键的岗位上，不受任何其他因素的干扰。大家看，从查尔斯·科芬开始到现在，一百多年了，通用电气换了九个总裁，个个都一直坚持这两条，可见文化层面的企业基因有多么重要。

大家还要注意，企业文化又可分为人性倾向和思维倾向，两者是统一的，共同决定着企业的行为方式。因此，企业文化要从人性倾向和思维倾向这两个方面来建设，这两个方面决定着企业的本质竞争力。

先讲思维。企业决策者应当具备将各种科学的思维方式很好结合起来的本领。

第一，开放的思维。就是一定要信息开放，了解的情况越多越好；一定要立场开放，允许别人站在不同的立场；一定要观点开放，允许大家有不同的观点；一定要方法开放、选择开放，这样大家想得到的结果才能做出来。现实当中，我们看到不少决策基本是领导说了算。爱因斯坦有一句话，“如果你只有一个点子，那就是最危险的点子”。这就是文化上的差别，我们现在缺少这种现代文化意识。

第二，前瞻的思维。现在有多少人在决策的时候研究趋势，又有多少人往前看三步？事实上，今天出现的许多问题就是因为当初缺乏前瞻思维。

第三，系统的思维。消费者购买我们的产品和服务，他们的目标都是系统的。比如买汽车，一定会考虑安全、质量、油耗、价格、品牌、维修，甚至还要考虑汽车的残值。而我们许多企业的经营目标却往往做不到这样系统。不少人想问题都是单点思维，就想突出一点，把其他目标都舍弃了，这不叫系统思维。

第四，批判的思维。马克思说，对前提的批判才是最好的思维方式。前提是什么？就是公认的理论和权威。改革开放之初，邓小平说的好，不唯上、不唯书、不唯权，今天还应当提倡这种精神，还要勇于自我批判、超越自我。

第五，辩证的思维。任何事物都是矛盾的，都有两个方面，两个方面是对立统一的，都有合理性，绝不是一方打倒另一方的关系。因此，你不尊重他人不行，过度尊重自我也不行；不尊重中华文化不行，不尊重西方文化也不行；不尊重历史不行，不前瞻未来也不行。企业管理也如是，不尊重科学技术不行，不尊重人性也不行；决策没有理论分析不行，没有洞察力更不行。辩证的思维方式就是要让矛盾的东西平衡了，让矛盾的两个方面都保持必要的张力。当今是利益多元化，每个利益主体都有合理的地方，要让每个人的利益都能得到充分表达，然后做出的决策才有可能更合理。

第六，实践的思维。在正确思维基础上做出的好决策，还需要扎实认真的实践，并在实践中不断地修改完善。任何不投入实践的决策，都只能是一句空话。

那么，我们为什么缺少这几种思维方式？就是由于文化的局限性造成的，我们缺少现代决策的意识。诺贝尔经济学奖得主、决策科学的权威西蒙说，知道局限才能突破局限。决策意识是科学决策的前提。要知道，人做不出最佳决策，只能做出相对满意的决策。决策的时候，信息不可能完全都掌握，决策者的分析能力也是有限的，还会受到相关利益和情感的影响，因此，要允许别人批评，允许在执行过程中修正和改善，这才是现代决策意识。

以上讲的是思维，下面来讲人性。

其实，人性就是做事的动机，就是做事的出发点，也就是价值取向。古往今来，人们做事主要有这样几种心态：第一种，发财致富。因为贫困不仅仅是一种物质生活状态，更重要的也是一种精神生活状态。如果贫困，你不但吃不饱、穿不暖、住不好，还要忍受精神的煎熬，你在社会上就会被边缘化，就没有社会地位，你也就没有自信了。第二种，要争气，要展示自己的才华。改革开放之初为什么出现那么多个体户？许多人就是这种心态：此处不养人，自有养人处，处处不养人，我干个体户。所以我们说市场经济给大家提供了展示才华、实现自己抱负的广阔平台，这比改革开放之前好多了。第三种，具有创造的冲动。就像罗丹，他把雕塑当作自己的生命，要实现自我的人生价值。第四种，为社会做奉献，就像比尔·盖茨，他把挣到的绝大部分钱还给了社会。第五种，无尽的贪婪。有的人手上有权了，也很有钱了，但是私欲无止境，权力滥用，还认为这就是自己的成功。

这五种动机中，前两个动机没错，管理学把它叫做平常动机，只不过需要升华；第三种和第四种动机都非常好；只有第五种动机必须改造，任其泛滥这个社会就完了。西方有句话说得好：当你没有能力掌握那么大权力的时候，你就不要有那些权力，否则，就不是你支配权力，而是权力来支配你；当你没有能力掌握那么多财富的时候，你就不要有那些财富，否则，就不是你支配财富，而是财富来支配你。

说到这里，我们的企业文化建设在人性层面上应该做些什么，就看得非常清楚了。我们要做的就是企业人性的升华，就是企业思维方式的转变。

总起来看，企业文化的思维层面和人性层面，决定着技术层面。思维方式好了，决策就科学；人性好了，决策就善良。只有决策科学并善良，企业才会有真正的本质竞争力。就管理来说，制度管行为，文化管心灵；制度管看得见的地方，文化管看不见的地方。你用钱可以买到一个人的劳动，但是买不到热情，买不到主动，买不到对事业的追求，而这些通过文化熏陶却是可以做到的。我举个最简单的例子：星巴克为什么做得非常好？他说他卖的是人生的体验，第一个是环境的体验。他说人有两个环境——职场环境、家庭环境。有人觉得职场太累，有人觉得家庭太烦，星巴克说，我给你做了第三个环境，这里窗明几净，没有干扰，给你自由，让你心情舒畅，这就是他给顾客的环境体验。第二个是产品体验。星巴克的咖啡可以满足各种顾客的各种需求，加什么，不加什么，加多少，保证让你满意。第三个是人性体验。星巴克操作手册94页，常规工作看标准，特殊情况看人性。比如，顾客不小心自己把咖啡弄洒了，服务员一定会迅速走上前，抱歉地说，对不起，我们再免费提供您一杯。为啥这样做？他们说，没有人愿意把咖啡弄洒，洒了以后他本来就够尴尬的了，这时候我们就应该疏解他的心情。我讲了这个案例以后，我的一些学生就真的去试一试，他们回来说屡试不爽。从这里大家就看出，企业有文化跟没文化是完全不一样的。人性是你做事情的善良取向，思维方式是你做事情的科学前提，有了这两个做基础，你的技术层面也就会好了。

作为企业领导，你要有文化魅力，也要有人格魅力，这样才能领导你的员工。抗日战争、解放战争，那么多将帅为什么跟着毛泽东？不正是因为他有文化魅力、他有人格魅力吗？绝不仅仅是因为他有权力。毛泽东一生写了许多诗词，写的都是"往事越千年"、"长城内外"、"大河上下"、"万水千山只等闲"、"雄关漫道真如铁，而今迈步从头越"，从来没有写过小地方、小事情、小情感，所以他的诗词气吞山河，这就是他的文化魅力。他没给自己也没给子女留下多少钱，毛岸英的坟还留在了朝鲜，这就是他的人格魅力。文化是一种力量，可以渗透到各个方面，其作用是不可替代、不可估量的。

（作者系上海交通大学教授、博士生导师，本文摘自《中外企业文化》2011年9期）

论儒商精神的塑造

唐任伍

儒家文化对社会、经济发展的影响，主要表现在儒家的伦理规范对社会人群职业观念的熏陶和影响。在传统中国，儒家文化是社会价值的主流，因此，儒家思想对社会人群的影响表现在各个方面。正是由于这种影响，出现了一系列与"儒"相关的高尚的职业代名词，如"儒商"、"儒贾"、"儒将"、"儒生"、"儒医"、"儒士"、"儒工"、"儒人"、"儒者"、"儒学"等。儒家文化对这些特殊职业者的熏陶，使得他们形成了一种具有独特高雅的文化和职业习惯。因此，所谓"儒"某者，即是指具有儒家思想价值体系的职业社群。这些职业社群成员，具有较深的传统文化修养和重义重德的高尚价值观念。但是，儒家文化在20世纪开始的现代化冲击下，也走上了一条坎坷道路。1905年废除科举，无形中割断了儒家思想与利益分配制度的联系。尽管长期的熏陶，儒人理念包含的道德价值或性格特征仍然对企业家的职业有着巨大的影响，尽管这种影响力大大下降了。在市场经济日益发达的今天中国，重塑企业家的儒商精神和价值观，对于规范中国市场经济的发展，具有重要的意义。

. 儒商的精神特质及其群体形象

"儒商"一词最初见于明清时期一批徽州商人的言论和著述，当时多称"儒贾"，又称"德商"，就是儒与商结合、亦儒亦商，实际上是指受儒家思想影响、运用儒家思想作为经营理念来进行经商、管理及各种经济活动的人，或者说是怀抱儒家价值的商人或企业家。明清时期的徽州地区，文化氛围和经商风气都很浓厚。一方面，理学传统和乾嘉学派的影响深厚且久远 ；另一方面，民情风俗"习重贸易，男子成童，即服贾四方"。经商之风兴盛，且远播他乡。这种经学流长、儒风绵绵的文化环境，与商人蜂起、其俗重商的社会风情并存、渗透，使得商贾和儒士、商务与儒业的意识观念、行为方式得到了沟通，身份上发生了转化，从而形成了儒商这一社会群体、社会职业、社会现象的存在。

"儒商"是"儒士"与"商人"两种不同典型人格的复合。他有两个最基本的特点：一是以义制利，二是关怀意识。理解儒商，应该从三个层次上：第一个层次，是指商人具备一般知识和文化的修养。由于知识和文化修养需要通过学校教育才能获得，因此，儒商首先是指受过一定学校教育的商人，才算具有"儒"的背景。第二个层次，是指必须用儒家道德规范来指导商业行为过程，因此，儒商是指以儒家伦理道德作为自身行为规范的商人。第三个层次，一般是指成功的并能够广泛惠及社会大众的商人。综上三个层次，可以看出，儒商又可以理解为"士商"，即以"士"的精神投身商业的人。余英时先生在其著名的《士与中国文化》一书中认为，"士"的基本精神，就是"除了献身专业工作外，同时还必须深切关怀着国家、社会以至世界上一切有关公共利益之事，而且这种关怀又必须超越个人的私利之上"，即要"具有一种宗教承当精神"。对于这种宗教承当精神，余英时先生解释为"先天下之忧而忧，后天下之乐而乐"的社会责任感。很显然，儒商是商人的理想人格追求。

儒商作为具有高尚理想人格意识的一种职业阶层，古已有之，但它的形成有一个从良贾到义贾最后到儒商的逐渐过程。儒商的最初阶段是良贾，又可以称为诚贾或廉贾，是指在经商过程中诚信不欺，谙熟商贾之道，富有经商能力和气质，信奉君子爱财，取之有道，取予合时，公平交易，吃苦耐劳，勤俭节勉，从利己出发，达到利人、利社会的目的，"是故非诚贾不得食于贾"。廉贾是指不贪图眼前利益而谋求长远利益的商人，所谓"贪贾三之，廉贾五之"。

所谓义贾，是指商人的商业活动不单单注重获利，而且其商业行为符合一定的道德规范，即达到义利统一，以义生利的行为规范。在经营手段上，他们注重公平交易，守信重义。在"利"的运用上，他们黜奢崇俭，乐善好施，仗义疏财，特别是忧国忧民，扶危济困。春秋时代的子贡、范蠡、卜式，明清时代的徽商、晋商等，屡次捐巨资赈济灾民，修里社，筑水坝，置义学，建义冢，修桥铺路，周济婚丧，造福乡里，他们大都是义贾。重诚、信原则的徽商，就是典型的义贾形象。儒学大师朱熹认为，"诚，实也；意者，心之所发也"。真心实意才能言行一致，才能出于善而归于善。对于《中庸》的"诚者天之道也，诚之者人之道也"和《孟子》的"诚者天之道也，思诚者人之道也"，朱熹注解说，诚即真实无妄，真实无伪，是天道之本然——天地公正无私、不损人利己，化育万物、不偏不倚。"诚"是天地自然的本性，也是其运动变化的原动力。被孔孟视为立身之本、五伦之一的“信”，被视为“人之道”，其本义是践行承诺，“人道惟在忠信……人若不忠信，如木之无本，水之无源”。徽州商人受儒家文化影响极深，“以忠诚立质，长厚摄心，以礼接人，以义应事，故人乐与之游，而业日隆隆起也。”至明清，甚至发展到“商贾之称雄者，江南则称徽州”。一时间，徽商遍四方，贸易海内外。据史料记载，清代扬州的八大总商中，徽商常占其四。他们多亲儒明理，除坚信诚信立身兴业、重信誉外，还多怀济民救世之心。

儒商作为具备知识分子精神的商人，同良贾、义贾比较，其所追求、所达到、所蕴涵的不仅是感性功利目的，而且还维护人的尊严，体现高尚道德的教化。其经商过程，实际上是一种具道德理性的经济功能，体现人之所以为人的根本之所在，是贡献于全社会乃至全人类的必然要求。儒商不仅仅把自己看成一个经济人，承担造福人类的经济责任，而且把自己看成一个承担社会责任的社会人。他们在为社会的繁荣创造物质财富的同时，也在为社会的崇高培育着精神资源和道德楷模。他们不仅是杰出的商人，而且在以经济作为社会发展中心的社会中，担当着社会领袖的角色和化身。鸦片战争以后，满清政府腐败，列强入侵，民不聊生，致使以闽粤为主的东南沿海民众被迫离乡背井，闯荡南洋。他们深受中华文化熏陶濡染，励精图治，自强不息，经过几代人的艰苦奋斗，终于发家致富，或成为金融家、地产商、企业家，或成为受高等教育的硕士、博士，走上了儒商的道路。所以今天的儒商，实际上是商界的精英，他们既有文化素养，掌握了先进的科学技术和经营方法，又具有儒家刻苦勤奋、以诚待人、舍利取义的高尚精神，创造出了举世震惊的华人经济奇迹，是当今社会无数商人理想与追求的最高境界。

从历史的角度上看，儒商是一群力图改变传统的重农抑商观念的群体形象。他们兼有儒士和商人的双重身份，在价值观念上有着某种默契和沟通。正是在这样的意义上，儒商应是儒家文化精神尤其是儒家伦理价值观念和商业经营活动有机结合的产物。判断儒商，应该看其在商业经营理念和生活方式上是如何代表了或体现着儒家文化的基本精神。历史上的儒商，也只是传统商人中具有儒家气质和儒家价值观念的承担意识和实践品格的那一部分人。在现代市场经济的商战中，需要造就一代适应现代经济要求的现代商人，这批现代商人就是我们说的新儒商，即秉承中国传统人文美德，融汇世界上一切优秀文化成果，具有现代管理意识的商人。

儒商精神对现代市场经济的影响

儒商作为一个特殊的群体，继承并发展了儒家经济伦理的精神遗产，把儒家长于伦理、注重理性的精神气质引入商业经营领域，塑造了义利结合、理欲兼融的经营价值观念，对纯商业经营活动必然产生的功利追求和物欲冲动进行理性层面上的约束和调整，将中国传统的道德理性主义和经济功利主义适度结合，为当代以市场为导向的商业经营和企业管理提供了可资借鉴的传统资源。这种借鉴主要表现在下列几个方面：

一是借鉴儒商将商务活动和经济伦理的渗透、结合，减弱现代市场经济活动中功利主义的赤裸裸性和市场竞争的残酷性，使得现代经营管理活动具有更多的人情味。现代市场经济活动被称为“商战”，充满了火药味，将儒家伦理引入现代经济活动，作为现代经营管理的“润滑剂”，有利于和谐市场主体和客体、厂商与顾客、管理者与被管理者之间的关系，增强管理中的人情味，使现代管理更加富有生气。千百年来，“和为贵”、“和气生财”的和谐观念成为一种普遍的生意经，被经商之士奉为经商成功秘诀。清代山西票号，成功的秘诀就是在经营管理中发扬和谐团结精神，每家票号都有一套规章制度，用来规范企业内部人际关系，如大德通票号有“各处其位，皆取和衷为贵，在上位者宜宽容爱和，慎勿偏袒；在下位者，亦当体量自重，无得放肆”，倡导上下之间和衷共济的精神。这种精神，在当今市场经济条件下，更显得尤其有借鉴的必要。

二是借鉴儒商的职业观念，从“商缘文化”的角度净化现代企业的经营和管理。儒商有一个特定的职业观、商业观，它不是用纯商业、纯经济的观点来看待商业经营活动，而是意识到商业活动中的人际间的接缘、续缘关系，倾向于把商业经营看成一种社会性的广结善缘的活动，在追求利益目标的同时，建构和扩大人际缘分网络。这样，使得一种死的没有感情的商品交换、物质交易，变成鲜活的、充满生机的人际关系交流，帮助现代企业管理者树立起一种正确的商业经营和企业管理的职业观念和经营观念。

三是借鉴儒商“义利合一”的人格形象，培养大批有德有能的现代经营管理人才。知识经济时代，企业管理离不开大批高素质的人才。而这种高素质有多方面的要求，但最基本的一条就是具有德性和功利完美结合的人格属性。企业管理、商业经营，当然需要有效益、出产值，实现经营上的功利目标。但同时，商业经营还有其社会责任感和价值追求，还须遵循“生财有道”、“取之有方”的原则。市场经济是法制经济，法律作为一种强制手段，规范了社会、市场和企业的运行规则，但市场是复杂的，法律也不是万能的，希望通过法律来规范一切市场行为也是不现实的。因此，这就需要管理和经营人才具有德性和君子人格，用道德来规范、约束自己的商业行为，在经营活动过程中除了追求合理的商业利润以外，更重要的是要具有社会责任和义务感，具有“爱人”、“济人济物”的境界和“仁者”道德风范。尤其是随着现代企业制度在中国的建立和完善，商人特别是企业家在对企业的人、财、物方面的支配与控制的权利越来越大，相应地承担的责任也越来越大，这就更需要作为企业家的商人必须将单纯的谋利动机升华为一种社会成就感和社会责任感。资本主义发展初期的清教商人，在基督教“天职”思想的召唤下，“相信上帝应许的唯一生存方式，不是要人们苦修禁欲主义超越世俗道德，而是要人完成个人在现世里所处地位赋予他的责任和义务，这是他们的天职”。作为一名清教商人，必须遵守上帝的圣训：“你须为上帝而辛劳致富”，必须“合乎理性地组织劳动，以求为人类提供物质产品”，“毕生为了城市的繁荣而勤奋工作。”

四是借鉴儒商的经营理念，确立诚信然诺的经营形象。“信”是一种树立在他人心目中的人格形象，是人际交往中彼此建立认知情感度的基础，是儒家文化中一个重要范畴，是组成儒家伦理的基本德目之一。《论语·阳货》中把恭、宽、信、敏、惠这五种品德推行于天下。孔子教学生，把“文、信、忠、信”作为“四教”内容。儒家孔子认为，“足食足兵，民信之矣”，国家的治理，人民的生活，必须要有充足的粮食，足够的军备和民众的信任这三个条件。如果在迫不得已的情况下必须要去掉一项的话，先去掉军备，再去掉粮食，因为自古以来，人都有一死，但没有民众的信任，国家就难以存在了，“民信”比“足兵”、“足食”更重要。“信则人任矣”，管理者只有树立了诚信的人格形象，被管理者才会对你有信任感，才会对你和你的事业、你的所作所为有信心，你才会有号召力和凝聚力。“人而无信，不知其可也。大车无輗，小车无軏，其何以行之哉？”。一个人如果没有了诚信，就不知道他如何立身处世，就像大车没有了輗，小车没有了軏一样，根本没办法行驶。“信近于义”，“言必信，行必果”，符合义的诚信才是可以实行的，而且必须坚持到底，这样才算具有真正诚信的人格形象。《史记》中专门记载了商鞅“立木树信”的故事，说商鞅决定变法，怕老百姓不相信法令，于是商鞅就在东门外树立了一根三丈高的木杆，并宣布谁把木杆搬到北门去，就赏金10斤。百姓对此感到奇怪，没有人敢搬，于是商鞅又把赏金增加到50斤。这时有一人鼓起勇气，把木杆搬到北门，此人果然得到了50斤的赏金。商鞅以此来树立自己在民众中的诚信形象，结果使变法获得了成功。

在市场经济条件下，信誉是金，然诺是银，诚信是企业的财富和资源，是市场经济的基础。一个企业的诚信程度如何，直接影响到企业经营的发展和成败。不讲信用，就会使企业丧失竞争力，使市场经济秩序混乱。正如著名华人企业家、香港长江实业集团董事长李嘉诚所说：“一时的损失，将来是可以赚回来的，但失去了信誉，就什么也做不成了”，因此“我做生意，一直抱定一个宗旨，那就是不投机取巧，以诚待人”，“在对客户作出承诺之后，无论碰到什么样的困难，仍要履行对客户的承诺，以取得客户信用”。李嘉诚就是以他的诚实守信的商业道德和高超的经商才能，赢得客户，赢得市场，赢得成功的。正如《近东经济评论》所说的，“有三样东西对长实至关重要，它们是名声、名声、还是名声”。因此，儒家文化中诚信然诺的理念，对今天市场经济中的经营管理，仍然具有重要的借鉴作用。

儒商精神塑造中国企业家独特的社会责任意识

早在20世纪30年代，梁漱溟先生在其《东方文化及其哲学》一书中就指出，穿锦绣未必愉快，西洋人风驰电掣地努力追求财富，反不免生烦闷、疲倦、人生空虚之感，这才是最大的苦恼。对物质利益的追求、享受，并不能使人产生安全感、满足感、幸福感，儒家文化的道德智慧，可以为饱受困扰的人们提供安排人生方向的良策。华人社会中很多被称为儒商的人，如香港儒商霍英东、李嘉诚、邵逸夫、曾宪梓等，不但言利、求利，经商成功，而且安身立命，立德、立言、立功。他们在商场上经商牟利，但始终怀着金钱财富取之于社会用之于社会的信念，个人生活上崇尚俭朴，从不暴殄天物，相反却把回报社会视为自己不可推卸的责任，热心于将个人的财富用于希望工程、光彩事业、赈灾捐款、架桥修路等公益事业。很多的儒商因此而成为商界领袖，社会贤达。在他们看来，人之所以为人的真正意义和价值，绝不单纯在荣华富贵，如果把人生安顿在争财竞利上，以物我为真我，那么将永远受物欲的诱惑和驱使，精神永无安顿。为使自己不沦为单纯的孜孜求利的小人，将德性和功利完美结合，在儒商那里是通过“义利合一”的经营价值观念加以实现，达到修身养性追求理想人格的目的。这就为知识经济时代的管理人才的培养提供了一种范例。

中国内地的许多受过儒家文化熏陶的企业家，也表现出了与西方国家中许多富人不同的行事方式。在发达国家，很多富人也将自己的财富回馈社会，捐赠社会公益事业，不少世界级的大富豪，同时也是世界级的大慈善家，但那些慈善基金会等大多是以富人们的名字命名的，“利”变成了“名”，仍然没有跳出名缰利锁。而中国也不乏捐资千万、上亿为富而仁、热心慈善事业的富豪，如新希望的刘永好，大连万达的王建林，以及遇刺身亡的李海仓，他们对自己的善行非常低调，根本不像外国那些富豪们的“张扬”，而是抱着与人同富是最富的精神。在中国的企业家们看来，只要求得精神上的安宁，名在其次。当然这其中除了中国的捐献法规、社会评价等各种因素之外，与企业家的文化熏陶很有关系。

美国耶鲁大学中国现代史教授斯彭斯撰文认为，21世纪有可能成为中国世纪。至于中国以何种方式来证明21世纪是中国的世纪，它既不会通过与美国一模一样的途径，也不可能通过英国在19世纪建立占支配地位帝国的途径，更不可能通过蒙古人在13世纪那种出其不意的野蛮扩张方式，而是通过一种理想和现实的方式，即以一种合成法合并的方式，将三种资源要素创造性地混合在一起：领土；理解和同化中国自己独特的文化和种族遗产的能力；认识——承认那些离开了自己祖国的华人从而扩大了作为中国人的概念，并且赋予这种概念一种真正的全球特点。中国要实现这一宏伟目标，企业家有着当仁不让的责任，用儒商精神这种精神纽带有效融合中国独特的资源，已经成为世界第二大经济体的中国，21世纪将不可阻挡地冠上“中国”的名字。

（作者系北京师范大学管理学院常务副院长、教授、博士生导师、中国企业文化研究会学术委员会委员）

感恩与敬畏：企业文化中的基本道德律

王成荣

感恩意识是企业爱心与责任感的源泉

最近在全国企业文化（伊利集团）现场会上，中国企业联合会执行副会长陈兰通在总结伊利文化建设经验时谈到，伊利人从企业改革发展实践中悟出人生哲学的第一条就是“一颗感恩的心”。他们感恩党和政府、感恩员工、感恩消费者、感恩股东、感恩社会、感恩一切应该感恩的人和事。感恩文化理念激发了企业与企业相关利益者的携手共进、合作共赢的情感，感恩文化形成了强大凝聚力和巨大感召力，促进了企业和谐发展。这引起了我的思想共鸣，因为我一直试图证明，感恩文化是优秀企业文化最原始的基因，是企业爱心与责任感的源泉。

有一首歌《感恩的心》，第一句就是“我来自偶然像一颗尘土”，因此“感恩的心感谢有你，伴我一生让我有勇气做我自己；感恩的心感谢命运，花开花落我一样会珍惜。”感恩意识是指人们感激他人恩惠并寻求报答的内在心理要求，是人类最原始最淳朴，也是最正直的情感，也是任何文化公认的基本道德律。伊斯兰教告诫人们要孝敬父母，感恩安拉所赐予的幸福生活；基督教主张人应该为上帝赋予自己的存在而感恩，教导人们做一个像基督一样有仁爱的人；佛教的感恩思想非常鲜明具体，提出要报父母恩、国土恩、三宝（佛、法、僧）恩、众生恩等四重恩。儒家文化中有很强的感恩意识，在伦理本位的基础上，主张忠、孝、节、义。儒家伦理最高标准“仁”、“忠恕”与报恩思想一脉相承。因此，中国人推崇“滴水之恩，当涌泉相报”，唾弃“忘恩负义之人”。在美国，每年11月的第四个星期四是“感恩节”，它是最早来到美洲新大陆的移民（清教徒）感恩上帝、感谢印第安人的真诚帮助而创立的节日，流传了300多年并延续至今，感恩意识构成美国文化的一部分。

企业为什么要感恩？原因很简单，企业来到这个世界上，从小到大，从弱到强，每一步都离不开各种环境因素的支持与帮助。股东给了企业以“筋骨血脉”之躯，顾客给了企业以“衣食”，员工给了企业以精神与能力，合作者给了企业以完成经营活动的帮助，竞争者给了企业以激励，社会给了企业以发展的广阔舞台，国家给了企业以发展的法律保障和政策保障。

我们现在倡导企业要有爱心，要对社会负责任，那么，爱心与责任感从何而来？我认为，爱心与责任感源于感恩。其企业有了感恩之心，才能对顾客、对员工有爱心，否则，在物欲横流的世界，顾客就成了赚钱的对象，员工就成了赚钱的工具；企业有了感恩之心，才能自觉地对顾客、对员工，以至于对环境、对社会、对未来负责，在自我利益与社会利益、眼前利益与长远利益的博弈中作出最佳选择。

令人不安的是，当下的一部分企业缺乏感恩之心，甚至“恩将仇报”，假冒伪劣、坑蒙拐骗，甚至像强盗一样掠夺式经营，像土匪一样谋财害命，已经远远超过社会容忍的底线，这是十分危险的。

培养感恩意识是系统工程

培养感恩意识，要做系统工程。首先从孩童抓起。现在的家长多在抱怨孩子不知道感恩，实际上关键在于家长在为孩子付出的时候有没有教会孩子感恩。因此，从小学乃至幼儿园开始，家长和老师的首要任务应是教会孩子知道感恩，知道父母的付出、老师的奉献、社会的关爱，使其在幼小的心灵中埋下感激与回报的种子。其次是企业要加强感恩文化教育，通过各种经营活动和有益的文娱形式，强化员工对他人、对企业、对社会、对顾客的感激之情，并把感恩文化逐渐固化到制度层面。还有就是要营造全社会的感恩风气，并与惩戒机制相结合，刚柔并济，构建与和谐社会伦理相适应的感恩文化。

敬畏意识是企业诚信文化思想基础

与感恩文化相联系的是敬畏文化。“三鹿毒奶门事件”以及形形色色侵害消费者、侵害社会的事件，使我头脑中一直在思考着企业文化原始基因中也应该有“敬畏”意识。敬畏意识是当代企业诚信文化和以此为基础的信用体系形成的思想基础。

世界上的三大宗教圈，包括儒家文明，都有很强的敬畏意识。基督教中有“摩西十诫”，它称为人类史上第二部成文法律，体现平等的“人神契约”精神：谁要毁约，谁就会受到上帝的惩罚；人也有“神不佑我，我即弃之”的权利。“摩西十诫”中除了有要人尊崇遵从耶和华的内容外，还强调孝敬父母、不可杀人、不可奸淫、不可偷盗、不可做假见证陷害人和不可贪恋别人房屋、妻子、仆婢、牛驴和一切所有。《圣经》里有原罪、赎罪和末日审判。因此，信基督教的人做了坏事要找神父忏悔，发了财要感激上帝的恩赐。“敬畏上帝”是甘心乐意的顺从、存畏惧、战兢而快乐的心，乃是爱的事奉，并非无知的、勉强或惧怕的心去敬拜。敬畏上帝是敬其圣名、圣殿、圣言，远离恶事。

伊斯兰教的戒律繁多，无故杀人、盗窃、酗酒、奸淫乱性、放高利贷、说谎欺诈、背信弃义、临阵逃脱、忤逆父母、无中生有、道听途说、背谈多端、发谎誓、作伪证等等都是罪恶，这些罪恶中最大莫过于忤逆双亲、不义和作伪证。作为一名穆斯林，如果他违背了安拉的部分禁令，要忏悔，知过改过，寻求安拉宽恕。如果他犯了罪必定受到惩罚。如犯盗窃罪，必须从手腕断手；对掠夺成性者，处以死刑，或钉死在十字架上，或把手脚交互着割去，或驱逐出境；犯奸淫罪，未婚者处以鞭刑，已婚者的刑罚是石击罪。

佛教的戒律也很多，最基础的戒律称为“五戒十善”，核心内容是“一心向善，诸事莫恶。”“五戒”为一不杀生，二不偷盗，三不邪淫，四不妄语，五不饮酒。这是佛门众弟子的基本戒。“十善”是一不杀生，二不偷盗，三不邪淫，四不妄言，五不绮语，六不两舌，七不恶口，八不悭贪，九不嗔恚，十不邪见。此中前三名身业，中四名口业，后三名意业。若持而不犯，则为十善；若犯而不持，则为十恶。沙弥及沙弥尼应守不杀戒、不盗戒、不淫戒、不妄语戒、不饮酒戒、离高广大床戒、离花戒、离歌舞等戒、不蓄金银财宝戒、离非时食戒等“十戒”。佛教对违戒行为的惩处，各种戒律均有详细规定。如《四分律》，比丘犯杀、盗、淫、妄语四条重罪，要开除、逐出僧团；犯僧残法，留僧团察看等。但佛教戒律的实施与因果报应、六道轮回相关联。犯戒不但受到现实的直接惩处，更重要的是将遭受“长劫果报”。善有善报，恶有恶报；不是不报，是因缘未到。对于佛法信仰者来说，“长劫果报”是最骇人的处罚。

各种宗教，尤其是基督教的信仰者对宗教领袖、教义以及戒律的敬畏与市场经济伦理结合，对今天西方信用体系与文化的产生起到关键作用。对宗教的信奉与敬畏，在市场中从事经营活动守信守戒所获得的较大利益，以及违戒和失信所付出的巨大代价，使商人的诚信逐渐由强制变为自觉。所以，研究西方的信用体系不能忽视宗教的作用。

在中国是有诚信的文化基础的。儒家文化以仁为中心，讲内仁外礼，鼓励人们向善，虽然没有明确的戒律和惩罚条例，但圣人乃真理的化身，人们崇敬圣人，畏圣人之言。尤其是儒家以诚信为修身立业、处世待人的根本。孔子认为：“人而无信，不知其可”，以致去兵，去食，宁死必信。孟子说：“诚者，天之道也，思诚者，人之道也”。在儒家看来，诚信不仅是一切道德行为的基础，而且是一个人做学问、干事业的根本。儒家认为，诚信既是一个人道德修养内在的、必备的品质和情操，也表现在个人的外在行为中，是内在品质和外在行为的统一。诚信不仅是一种道德规范，而且是人们的道德品质、道德境界。自从“独尊儒术”后，凡是与儒家经籍有关及由此衍生的典章制度、礼乐诗文都受到尊重和敬畏，甚至神圣化。朱熹在《中庸注》中就说过“君子之心，常存敬畏”。同时，上述佛教的戒条在中国诚信文化的形成上也起到积极作用。还有，古代中国没有上帝、真主，但是有天，古人畏天。你做了坏事要遭天谴，“天打五雷轰”。

然而，一场突如其来的“文化大革命”，几乎完全斩断了中国传统文化之根，中国几千年形成的很多具有重要价值的做人准则，被当作封建垃圾抛弃了，对传统文化的敬畏几乎荡然无存。所以，当我们进入市场经济以后，几乎没有多少敬畏意识支撑，很多商人无所“畏惧”，胆大妄为，诚信危机已经成为制约市场经济发展的瓶颈。

如何培养敬畏意识

现在，我们呼唤敬畏意识，建立现代诚信文化，打造“诚信企业、诚信社会”。从信教状况来讲，中国人多数人没有宗教信仰，我们不可能把市场经济的诚信机制建立在宗教信仰的敬畏意识基础之上。李源潮讲，领导干部要有敬畏之心，敬畏历史，敬畏百姓，敬畏人生。这是从领导干部个人修养和自律角度讲的。中国企业诚信文化建设，其敬畏意识应源于三个方面：一是中华优秀文化传统，特别是儒家伦理的精髓；二是社会主义核心价值观和道德观；三是社会主义法制和法治精神。只有使人们从内心敬畏中华传统，敬畏核心价值，敬畏法律，唤醒公民敬畏之心，并把诚信文化建设和社会诚信制度建设落到实处，才能打牢企业的诚信文化底线，使市场经济走上诚信经济的快车道。当然，这种敬畏意识的培养，同培养感恩文化一样，也要从孩童教育做起，使之从小敬畏父母，敬畏老师，进而敬畏社会文明规则和法律。对企业员工的敬畏教育要同诚信教育结合起来，通过各种有效的方式，使员工找到明确的敬畏对象，比如敬畏消费者，敬畏行业道德，敬畏法律，甚至敬畏行业神等等，形成敬畏文化自律与自觉。

行业神文化在培养敬畏意识中值得重视

前不久，亚洲（澳门）国际公开大学的周国强博士在该校 2009 年 MBA 毕业典礼上作了《企业文化、澳港行业神崇拜及企业战略管理的关系》的演讲，谈到港澳企业非常重视供奉行业神，也谈到供奉行业神仪式的重要性，即祈求“保护”，祈福免灾，祈求工作顺利、事业发达、生活幸福；团结和约束同业或同帮，包括雇主和员工，达到维护行业或行帮利益的目的。行业神不仅是个人崇拜，而是群体意识、社团意识、行业意识。进一步引起我对行业神明的关注与思考。早在 20 多年前李乔著有《中国行业神崇拜》一书，认为神祉信仰是中国人所不可或缺的生活元素，三百六十行，行行有宗，行行有神，或为守护神，或引利仙。各有作用。目前港澳企业供奉的典型行业神有，建筑业鲁班（每年农历六月十三师傅诞辰）、梨园祖师爷华光、酿酒业杜康、茶坊业陆羽、中医业华佗、教育业孔子（每年农历八月二十七孔子诞）和孟子、渔业妈祖。关公本是典当业的保护神，但很多行业，如警署都以关公做保护神。除此还有很多，在中国还有很多行业神，比如：神农是农耕业和医药业祖师，仓颉是刻字业、文书业祖师，吴道子是绘画油漆业祖师，黄道婆是弹棉、织布业祖师，李白是酒家保护神等等。

实际上，去掉行业神迷信的一面，信奉行业神至少对于建立行业的敬畏文化是有益的。一般来讲，行业神是行业高尚道德规范、行业最高技术、行业精神的化身，有了这个化身，从事这一行业的人做人做事就有了价值标准和行业潜规则，有助于激励各行业积极向上，钻研技术，建立文化自律和职业操守，建立有序和谐的市场秩序。敬畏行业神，去掉迷信色彩，实际是敬畏行业传统和行业价值。如鲁班实际上已经在建筑行业得到崇拜，设立“鲁班奖”的积极意义就是最好的证明。在未来企业文化建设中，行业神崇拜问题是值得研究和探索的。

（作者系北京财贸管理干部学院院长、教授，中国企业文化研究会副理事长、学术委员会委员）

论工会在企业文化 职工文化建设中的地位和作用

黄河涛

近几年来，王兆国主席多次批示和讲话提到工会企业文化、职工文化，并把它纳入工会“软实力”建设的范畴。

应该看到，工会抓好企业文化、职工文化建设，不仅关系到工会“软实力”的增强，也为中国工会发展提供了新的舞台，为工会工作拓展开辟了更广阔的活动空间。

一、工会要抓好企业文化建设

经济全球化使工会面对的劳动关系日愈复杂。这主要体现在两方面：一是资本多重化，由单一资本发展到包括加工商、品牌商在内的多重资本；二是职工需求多元化，由原来只重经济需求到同时看重精神需求。作为劳动者代表的工会，不仅要维护职工的经济权，也要维护职工的精神需求权。企业文化所强调的人是一切管理的出发和归属的人文特征，决定了工会与企业文化的联系，而富士康事件，更是把参与企业文化建设的迫切性提到了工会的重要日程。

工会为什么要抓企业文化建设？其理由如下：

（一）工会是企业文化建设的主管部门之一。

企业文化是指企业为适应外部经营环境和协调内部关系，由经营者提倡，员工认同，在企业长期经营过程中所形成的企业使命、共同愿景、价值观、道德规范、行为准则等传统和习俗的总和。工会已成为企业文化建设的主管部门之一。

根据 2005 年 4 月，中国企业家调查系统对 2881 家企业经营者的问卷调查报告显示（该系统是由国务院发展研究中心、北大、清华等单位牵头），在企业，抓企业文化的主管部门可以是企业行政、企业党委或者企业工会。报告披露：在企业中，企业文化建设由总经理负责抓的占 27.8%，由董事长负责抓的占 21.8%，由党委书记负责抓的占 27.6%，由工会主席负责抓的占 16.4%，其他人职负责的占 6.4%。我们知道，在外资企业和一些私营企业，党委书记常常由工会主席兼任，所以，如果把这两项合并起来，则由工会主席和党委书记抓企业文化建设的将占到 44%。

（二）工会抓好工会工作，就是工会抓企业文化建设的“抓手”或“入手点”。

工会抓企业文化建设，不是要工会白手起家或另起炉灶。工会抓好工会工作，就是工会抓企业文化建设的“抓手”和“入手点”。这是工会抓企业文化不同于企业行政的最大区别点。行政抓企业文化着眼点是企业效益、企业竞争力的提高。工会抓企业文化建设的着眼点是职工利益和职工素质。可能有的主席会问，既然抓工会工作就是抓企业文化建设，那何必还提什么企业文化呢，我抓我的工会工作不就行了吗？不能这样说，为什么？

一是认识到工会工作就是工会抓企业文化的入手点和没能认识到这点是大不一样的。认识到是自觉抓，没有认识到是盲目抓。认识到这点，就能自觉把工会工作看成是企业文化建设的重要组成部分。这种认识也容易得到企业行政和企业党委的认同。

二是还要认识到：为什么说工会抓工会工作就是工会抓企业文化的入手点？这就需要我们的工会主席对企业文化的理论有个基本的了解。比如说“企业礼仪”是企业文化建设的重要内容。所谓企业礼仪，是企业在内外交往中，所表现出来的文明交往程序和规范，是企业日常工作中的惯例和常规，也是企业价值观的外在体现。如海尔的升旗仪式、平安保险公司的晨会等等。企业礼仪被称为企业通向现代市场经济的“通行证”和“金钥匙”。随着市场不断规范和企业发展，工会的不少工作，如工资集体协商、年度劳模评定等，也已经成为企业礼仪的重要组成部分。这些礼仪形式，不仅体现了工会存在的意义，也体现了企业文化建设的价值追求，只是我们不少主席还没有认识到罢了。

有这样一个案例：一位年轻的经理接手掌管一家企业，为创建和谐劳动关系企业的理想所感染，他打算结束一年一度的工资谈判，他认为劳资双方工资谈判中的争执，影响企业的和谐。他要求他的参谋人员研究本企业的工资结构、经营状况等等，并参考同行业其他企业的状况，决定在企业所能承受的范围内，尽可能给予本企业职工最大的工资涨幅。他怀着良好的愿望接待了工会谈判代表。他阐述了他已经做过的工作，脸上洋溢着微笑，满以为工会代表能感激地接受他优惠的工资涨幅；但是，他发觉工会代表们惊奇地瞪眼望着他，严厉地申斥他企图破坏集体谈判过程并打算收买工会代表。为什么会这样呢？是因为这位经理忽略了，在集体谈判中，劳资双方虽然时常发生争执，但是，谈判作为协调劳资双方达成协议的一种手段，实际上已经成为企业文化建设的一种仪式，而这种形式与谈判结果两者同样重要。没有这些形式——无论是争吵、让步或是签字——也就丧失了企业文化建设的独特性，丧失了工会存在的意义。

（三）工会抓企业文化，是企业工会抓好维权工作的策略切入点。

作者曾经遇到这样一件事情：大约在 12 年前，一天，一位港资企业的工会主席来找作者，希望给企业策划一套企业文化实施方案。作者当时好生惊异：认为你工会主席不抓“维权”，怎么把企业行政的事情“揽到”工会手里来了？当这个工会主席明白我的“惊异”后，说：教授，你不明白，在外资企业搞工会，端的是老板的饭碗，如果我每天把“维权”放到口头，我这个工会主席还想不想干了？这不是明摆着和企业老板对着干吗？相反，我通过抓企业文化入手，来现实职工的一些合法权益，实现民主管理和职工参与、厂务公开；老板说不出来什么，也好接受，职工也高兴。后来，我有意识的关注一些外资企业和私营企业的工会主席，我发现，他们竟相似的一致，都愿意通过抓企业文化建设来实现工会工作的“维权”职能。

二、职工文化是工会维护职工精神需求权的重要途径和手段

富士康事件，把维护新生代农民工的精神需求权迫切提到工会维权的日程。新生代农民工对于“社会人”、“自我现实人”以及“文化人”的追求，已经远远超过了他们父辈仅仅对于经济利益的追求。所谓精神需求，主要包括感情归属需求、地位和受人尊重的需求、自我实现需求等等；职工文化是工会维护职工精神需求权的重要途径和手段。

（一）职工文化的基本含义。

所谓职工文化是代表职工群体的文化，是指企业为满

足职工精神需求，提高职工思想道德素质、科学文化素质而开展的各种文化活动和娱乐活动。它包括思想道德教育与培养、科学技术知识普及与提高、文学艺术创作与欣赏、文娱体育活动开展与组织，以及文化体育娱乐设施的管理等等。发展职工文化可以丰富职工多方面的文化生活，陶冶情操，提高综合素质，美化生产生活环境，树立企业良好形象，提高管理效能。所以，职工文化也是职工素质建设工程的载体，是提升职工素质的平台。

职工文化包括两个层面：一是职工文化管理；二是职工文化活动。

职工文化管理：是指职工文化作为工会的一项“业务”而言，需要围绕企业的战略发展目标，对每一阶段的职工文化活动进行规划、组织、控制和协调，如职工科学技术知识培训活动的组织、职工文艺汇演和运动会的组织等等。其次，是对职工文化设施的完善和管理。

职工文化活动：是指工会为达到某种目的而开展的具体行动。如某一项具体的职工文艺汇演，某一次职工运动会，某一次职工旅游等等，都属于职工文化活动。

职工文化功能：职工文化活动主要有三方面功能：教育功能、社会功能和娱乐功能。教育功能是指职工文化必须使职工个体获得生存素质、发展素质和享用素质；社会功能是指职工文化通过提高职工的满足度来促进社会的和谐；这里需要强调的是职工文化的“娱乐功能”。过去我们在强调职工文化的教育和社会功能时，常常忽略了它的娱乐功能，因而，在提倡寓教于乐时，也出现反对单纯娱乐的倾向。其实，现代生活使我们越来越多地感受到，职工中的不少业余活动，常常因为它能给人以轻松愉悦、自我发泄而为职工们所欢迎。

职工文化要靠娱乐性吸引职工自愿参加。对工会来说，职工文化虽然负有思想道德教育、提高职工科学文化素质和满足职工精神文化需求的基本任务。但是，这一切都必须以丰富多彩，职工喜闻乐见，并自愿参与为基础。工会所具有的群众性组织的特点，也决定了它的一切活动都不能采取强制性的方法要求职工参加，而只能靠活动本身的吸引力来引导职工自愿参加。

正如有的学者指出，娱乐性是职工文化吸引力的源泉。职工们参加文化活动一般出于娱乐、学习知识和提高觉悟三个目的。但稍加留意，便可发现这三个目的并不是均等的。为获取知识而来的人是有的，但这是少数；为提高自己思想觉悟而来的人则更少；绝大多数职工参加文化活动的动机是娱乐消遣。因此，娱乐消遣就是职工文化的磁极。要增加活动的吸引力，最有效的办法就是增强活动的娱乐性。（史云昌：《基层工会如何提高职工文化活动的吸引力》）

（二）利用职工文化平台提升职工素质。

什么是“素质”？素质有狭义和广义两种解释。狭义指生理学和心理学意义上的素质概念；广义指的是教育学意义上的素质概念，既指“人在先天生理的基础上通过后天环境影响和教育训练所获得的、内在的、相对稳定的、长期发挥作用的身心特征及其基本品质结构，通常又称为素养。职工素质建设就是指职工“身心特征及其基本品质”的培养。

2008 年 10 月，胡锦涛总书记在与全总新一届领导班子和工会十五大部分代表座谈时的讲话中，指出“要充分发挥工会‘大学校’作用，把提高职工队伍整体素质作为一项战略任务抓紧抓好”。2009 年 3 月，全总出台的《中华全国总工会关于全面实施职工素质建设工程的意见》，提出“全面实施职工素质建设工程”主要有 6 大任务：大力提高职工的思想道德素质、大力提高职工的民主法律素质、大力提高职工的科学文化素质、大力提高职工的技术技能素质、大力提高职工的健康安全素质、大力提高职工的社会文明素质，而 6 大任务中以提高职工思想道德素质和科学文化素质为重点。

职工文化所开展的各种文化娱乐活动，恰恰为全面实施职工素质建设工程提供了适合的平台。工会通过丰富多彩的职工文化活动，各种形式的宣传教育，包括广播、电视、报刊、宣传栏、橱窗、“职工书屋”、“创争活动”、读书演讲、技术技能比赛、知识竞赛、文艺创作、文艺演出、体育比赛等各种活动，全面落实实施职工素质建设的各项任务。

（三）让更多职工在职工文化活动中实现自我价值。

自我实现的需求是精神需求的最高境界。马斯洛认为，在人类需求层次中，等级越低者越容易获得满足，等级越高者则获得满足的比例越小。据马斯洛估计，在现代文明社会中，生理上需要的满足率约为 85%，安全上需要的满足率约为 70%，感情上需要满足率约为 50%，受人尊敬的需要满足率约为 40%，而自我实现的需要只能满足 10%左右。

一般来说，从感情需要往后，实现的概率越来越小。一个普通的职工，可能在生产经营活动中实现不了后三种需要，但是在职工文化活动中，就可能得到弥补。职工文化能使那些在企业生产经营活动中，在感情方面、自我实现方面满足度不高的职工得到极大地补偿。如在企业文艺汇演或体育运动会上，拿到名次或获得奖励，都可以使职工在精神需求方面获得极大的满足。美国著名的行为科学家梅奥评估霍桑实验后，提出了工业生产过程中的社会环境问题，提出了“社会人”的概念，认为，生产条件、工资报酬只是提高劳动生产率的第二位的因素，第一位的因素是同职工的士气有关，而士气又同职工的心理、情感满足度有关。职工的满足度越高，士气就越高；士气越高则劳动生产率就越高。

三、充分发挥职工文化在企业文化建设中的作用

自从王兆国主席几次有关企业文化和职工文化的讲话和批示后，如何准确认识职工文化与企业文化的相互关系已成了工会迫切需要解决的一个理论与实践问题。职工文化作为企业文化建设的重要组成部分。工会要通过丰富多彩的活动形式，自觉地把职工文化融入到企业文化建设中。

（一）职工文化与企业文化的关系。

分析、考察二者的运作实践，职工文化与企业文化二者的异同及相互关系大致有如下几点：

一是从职工文化与企业文化的主管部门看：职工文化的主管部门主要是工会。企业文化的主管部门则可以是企业行政、党委或工会。

二是从职工文化与企业文化的性质上看：职工文化的“活动”属于知识文化和娱乐文化；而企业文化则是管理文化，是管理理论发展到20世纪80年代的成果，是管理理论从“科学管理”、“行为管理”发展到“文化管理”阶段的成果。

三是从职工文化与企业文化的宗旨或目的性上看：开展职工文化的主要目的是提高职工素质，从而让职工获得精神需求的享受和满足。企业文化的宗旨，则是通过企业文化建设提高企业的核心竞争力，促进企业发展。

四是从职工文化与企业文化同职工的关系上看：企业文化主要以企业正式组织同职工发生关系，所以是以效率逻辑为标准来考评职工；职工文化主要以企业非正式组织同职工发生关系，主要以感情的逻辑为标准来满足职工。前者可以认为是“管理者的逻辑”，后者是“职工的逻辑”。如果管理者只根据效率逻辑来管理，忽视了职工感情逻辑，就会使两种“逻辑”发生冲突，从而影响生产率的提高和企业目标的实现。

（二）把职工文化纳入企业文化战略总体规划中。

企业文化建设从根本上说，是要通过对企业内部要素的调整，来协调与外部环境的一致。而外部环境是一个变化莫测的不可控要素，因而，企业文化建设不但是一个长期渐进的发展过程，也是一个需要进行战略规划的科学系统项目工程。

因而，在进行企业文化战略规划时，要把职工文化应纳入企业文化总体规划中，即职工文化工作应该从企业文化战略出发来找准自己的位置。这里，找准两者的结合点十分重要：

一是把提高职工思想道德素质与构建企业理念体系结合起来。提高职工思想道德素质是职工文化的重要任务之一。工会可以多种形式的职工文化活动来实现这个任务。如通过各种文体活动、先进劳模报告、劳动竞赛、岗位成才、建功立业活动等，明确与企业理念体系构建挂起钩来，如企业使命、企业价值观、企业精神和企业道德等。

二是把提高职工科学文化素质与企业“行为文化” 建设结合起来。“行为文化”是企业文化的主要组成部分，是企业职工在生产经营、人际关系中产生的活动文化，是以人的行为为存在形式。行为文化向上，不断升华到企业职工的意识层面，影响到企业价值理念体系的生成；向下，不断物化为企业的产品、服务等。所以也被称为企业“中介文化”。在企业内部，行为文化体现为包括企业内部环境的营造、职工教育、职工福利、废弃物处理、环境保护对策及职工行为规范化等；

工会要自觉地把职工技术技能和文化知识的培训与企业文化建设中“行为文化”建设结合起来，通过教育培训规范职工的行为，提高企业社会责任的履行义务和职工的环境保护意识。

三是把开展文体娱乐活动与企业礼仪建设结合起来。企业礼仪是企业文化传播的重要方式。企业通过礼仪建设，向外，可以传达良好的企业形象；向内，增强企业凝聚力和向心力。

工会开展的形式多样的职工文化活动，有的直接就转化为企业的礼仪，如先进劳模的定期表彰仪式，劳资双方的工资协商等等；这些活动能在相当大的程度上，融合了企业的价值观和企业道德要求，有助于增进企业与社会公众的沟通联系，有助于树立良好的企业形象。

四是把保障职工文化设施建设与企业文化传播渠道建设结合起来。所谓企业文化传播渠道，是指以各种方式和手段传递企业文化信息的途径和通道。它分为企业内部传播渠道和外向传播渠道。企业内部传播渠道：如企业广播、电视和网络系统，企业内刊、各种会议、文件、报告、展览橱窗等等。企业外向传播渠道：如企业宣传广告、新闻发布会、记者招待会、对外交流企业报刊、产品展览会、参与大型社会活动、“企业开放日”、赞助社会公益事业以及举办面向社会 “企业文化周”等等。

企业文化建设过程，需要运用各种形式和途径在企业职工中广泛传播，企业文化只有为广大职工接受、认同，才能够成为真正具有企业群体或全职意义上的企业文化。在企业文化的内外传播渠道中，到都涉及到职工文化设施，因而，加大职工文化设施的投入，不仅关系到维护职工精神文化权益，也是企业文化传播渠道建设的重要方面。

（作者系中国劳动关系学院科研处处长、教授，中国企业文化研究会特邀研究员）

医院文化20年的回顾与思考

高金声

优秀的文化是医院获得持续发展的源动力，文化管理是继经验管理、科学管理之后最高层次的一种管理理论和实践。对于这一认知，大多医院的党政领导已经形成共识。然而，在文化建设中人们是不是往往把更多的注意力放在表面上，放在那些看得见摸得着，容易为大家所认知的东西上？不是吗，新建的医疗大楼装饰得很是漂亮，但呈现给患者的依然有不称心的服务；图文并茂的文化墙下时而出现的仍旧是有些医务人员的冷漠面孔；印制精良的文化手册和越来越详尽的“行为规范”并没有改变某些医院职工我行我素的作为。于是群众开始发牢骚，认为文化建设“走了过场”，管理者困惑了，文化管理的决心产生了动摇。

这种现象，使我们不得不重新思考医院文化，或者说文化的本质究竟是什么？

一位人类学家曾把文化定义为人们“行为的共同方式”。“文化其实体现在一个人如何对待他人、对待自己、如何对待自己所处的自然环境。在一个文化厚实深沉的社会里，人懂得尊重自己——他不苟且，因为不苟且所以有品位；人懂得尊重别人——他不霸道，因为不霸道所以有道德；人懂得尊重自然 ——他不掠夺，因为不掠夺所以有永续的智能。 品位、道德、智能，是文化积累的总和。” 台湾女作家龙应台如是说。

将诚信、爱心融入医院文化

在一些拥有良好传统的医院里，人人都清楚应该做什么，不应该做什么，医生、护士、职工，每个人、每个岗位都有约定俗成的做事程序，有严格具体的制度规范。他们在长期的医疗实践中逐渐形成了为人、为事、为学的一种态度，一种习惯，一种道德价值的向往和追求——这，就是我们所期盼的、要建设的医院文化。

著名作家陈祖芬曾以政协委员提案的方式呼吁：“将诚信、爱心融入医院文化，形成亲和向上的医疗服务氛围”。她曾谈到在美期间到哈佛就诊的体会：在那里可以 “享受医生、护士的友爱和欢快，享受病人的自尊和自信”，“哈佛医院里没有标语、没有口号。文明是空气，是气质，是质地，是地心引力。”

一所医院的文化，存在于各种有形的、可以触摸到的和无形的、只能感觉到的物质和非物质之中。这种文化体现在每一个医护人员身上，体现在每一个职工身上，也体现在每一个管理人员身上。这种文化弥漫在医院的各个场景、各个方面，每个患者和家属、每个进到医院里来的人都能时时感受到这种扑面而来的文化的存在。北大医院刘玉村院长说：“管好一家医院，看得见的管好很重要，看不见的管好更重要。”他认为，医院及其职工的形象、气质是由“看不见的东西”所决定的，医院文化、核心价值观才是医院发展的核心动力。要打造“一家有品位的医院”，需要对医院文化、核心价值观大力弘扬。

医院需要严格的制度，制度可以规范人、约束人、强制人，但制度不是万能的，不可能凡事都规范到，更不可能触到人们的内心深处，不可能触到人们的价值取向。然而，文化则可以影响和引导人，可以形成人的习惯，铸就人的信念。文化决定着制度的形成，也影响着制度的实施和效用。医务人员和职工在好的医院文化氛围里可以时时处处受到感染和熏陶。有的院长说，“被规范的行为是制度，不言而喻的行为是文化。”还有的说，“如果说制度是难以撼动的山，那么文化就是无处不在的水。”这些院长们从实践中悟出的真知，深刻地阐释了文化与制度的辩证关系，道出了医院文化的真谛。

还应该指出的是，一所医院优秀的文化是需要在长期的医疗实践中积淀形成的。这种文化是难以引进和照搬照抄的，是花多少钱也买不到的；这种文化也是难以“速成”的，不会一蹴而就的，需要潜心地、持之以恒地进行建设。

医院文化的核心究竟是什么

建设医院文化，一定要清楚我们要建设的是一种什么样的文化，这种文化的核心是什么。

医疗卫生服务是一项责任重大而崇高的事业，因为它面对的是人最宝贵的健康，面对的是属于每个人只有一次的生命。广泛流传于世界医学界的特鲁多医生的墓志铭：“有时是治愈，常常是帮助，总是安慰”，概括了医生一生所能做到的一切。我们从这段名言中可以领悟到，面对为疾病所苦的病人，医者不可缺少仁心仁术，不可缺少人文情怀。陈竺部长曾在一次面对医务人员的讲话中动情地说：“医学人文精神是医学的灵魂，是人的生命自诞生之时触及的第一文化形态，是人在生命过程中最软弱、最痛苦之时最需要输送的精神景象。”

人文精神是什么？人文精神是人对自身关切的一种自觉意识，它表现为对人的尊严、价值和意义的关注和追求。对于医务工作者来说，拥有人文精神最重要的体现是对病人的关爱和尊重。正如一位医学前辈所说，医生的职业，用她非凡的仁慈区别于其他职业。

“科学家也许更多地付诸于理智，艺术家也许更多地倾注于感情，而医生则必须集冷静的理智与热烈的感情于一身。”国家最高科学技术奖获得者、上海交通大学瑞金医院王振义教授在癌症研究史上，第一次发现使用自然物质而非有毒的化学物质，将人体内的癌细胞改造成正常细胞。这一突破在医学世界里开创了全新的治疗思维和途径，因此他为国际同行们一致认可，获得国际肿瘤学界的最高奖——凯特林奖。在这位医学巨匠的心中，“医生是最能体现仁爱的一个职业”。他永远忘不了在攻克白血病的最初阶段那些没能挽救过来的病人，这些逝去的生命在王振义的心上留下了永远的隐痛，激励他在攻克白血病漫长征途上披荆斩棘、殚精竭虑。正是对白血病患者及其家属感同身受的情感，对深陷病痛之中的他们深深的爱，成为王振义教授60年医学探索中矢志不移、奋斗不已的动力之源。

对于被病痛所折磨的患者，往往最担心的是别人在为患病的他付出更多的时候，“感觉到自己是个包袱”而得不到尊重；即使是患有一般性疾病到医院就医的人，也十分渴望看到同情的目光，希望得到人们的重视。可以说，在医生、护士面前的患者，没有一个人不希望得到别人的尊重，哪怕他对此没有能力加以表述。

北京协和医院名誉院长方圻是一位德高望重的医生，他的悲喜是和病人交织在一起的。他说，“我爱医学，我爱我的老师们，尤其是在协和教导我四十年的张孝骞先生，他给我留下了受用一辈子的座右铭——凡事要亲临病人，诊断要如履薄冰”。他要求自己在接诊时，要特别尊重那些普通百姓和农村患者，他时时告诫自己“他们才更需要你的帮助、你的解释”，时时在心里提醒自己注意态度，再注意态度。

在一篇采访北大口腔医学院院长余光岩，题为“行医先行做人”的报道中，有一段对英国医院查房的回忆：“无论医生的资历和年龄，推门的动作都是一样的轻。见到病人必定是主动伸出手，握住对方那双急需得到帮助的手，道一声问候。就这么一个平常动作，彼此的距离一下子就拉近了。

接下来，医生开始询问病情、与病人交谈。只是交谈的方式与国内大不相同了。医生毕恭毕敬地俯身屈膝，最终，膝盖贴在床前的地毯上。这时，跪着的姿势和病人的目光刚好是平视的，说话的声音可以放得很轻。” 一向虚怀若谷，认为“不要把自己太当回事”的余光岩教授回忆自己第一次看到这样的场面，觉得脸红，心灵受到了震撼，想到自己“做医生几十年，一直是站立着和躺在床上的病人说话，却从来没有意识到如此的谈话方式该有多么糟糕”。医务工作者是服务病人的，一切要从病人的实际出发，要时刻想着病人的需要，尊重他们的情感、尊重他们的人格。在这方面，我们的医学前辈和国外的许多同行已经做在了前边。

卫生部党组书记张茅在一篇文章中指出：“按照人的‘道德人’的假设，医生的职业具有特殊性，要求从医者必须有超出功利和经济利益的追求，要以保护生命、解除病痛为根本目的。因此，社会对医生的职业道德和职业精神有更高的要求。”

建设成功的医院文化，必定是要追寻实现这样一种氛围——始终将人文精神视为管理的核心，以关爱和尊重患者为一切工作的最高准则，以培养具有职业尊严、善良悲悯、躬身医学的医务工作者作为终极目标。

医院文化建设的途径究竟是什么

优秀的医院文化不能靠自然生成，必须要得到管理者的积极倡导和精心培植，而这里的管理者必须拥有高度的文化自觉意识。这个建设的过程可能是漫长的、极其艰苦的，甚至需要几代人的持续努力。

首先，要在医院里明确、坚定地倡导一种核心价值理念。

众多管理学家的研究成果表明，能够持续成功的组织都有一套经久不变的核心价值观、使命和愿景，他们共同构成了组织的核心理念。

对于医院来说，核心价值观就是这个组织从上到下，必须长期遵循的一个基本准则，是领导班子以及核心团队共同认可的、发自内心的一种价值追求。核心价值观应该是实实在在的内容，解决的是在医院里提倡什么，反对什么，遵循什么的一种基本价值态度。有时并不在乎字句的凝练和响亮。重要的是，核心价值观要相对稳定，必须经得起时间的考验。当医院内外环境有了剧烈的变化，或者出现了突发事件，价值观的某项内容遭遇挑战时，依然能够坚持这个准则，不改初衷。

北京协和医院人将“严谨、求精、勤奋、奉献”视为医院的最高信条，他们崇尚科学，以科学规律办事。在2003年抗击SARS的战役中，这所医院最早提出早期小剂量使用激素，改变了当时的治疗策略。事后，随访64位恢复期病人，32例外院治疗无一幸免股骨头坏死，而32例协和治疗的只有1例有轻微表现，体现了协和人在对病人救治中的奉献精神和科学精神。在协和，学科建设就是学术领域的事，这种理念决不会随着经济、政治、社会风气的变化而波动。

北京儿童医院的创始人诸福棠所倡导的“公、慈、勤、和”院训，成了一代代儿童医院人引为自豪的传统。北京安贞医院的创始人吴英恺学医、行医、传医70年，86岁高龄时，面对当时行业中的不正风气，同在任院长张兆光交换意见，决意把“公、勤、严、廉”四个字作为安贞医院的院训。

一所医院必须清楚自己的使命，即医院存在的理由；有自己令人向往的愿景，即医院未来要实现的目标和发展的方向。

《基业长青》的作者吉姆·柯林斯十分形象地说：“可把核心目的看作你永久追逐的天上的明星，而愿景就是即将去翻越的山峰。当你达到这座山峰的顶点后，你又会向另一座山峰进发。”

《续写同仁》一书中的前言中写道：“在难以计数的患者心中，同仁医院是一所传承祖国现代医学的神圣殿堂，是将生命相托的地方”。在新世纪开始，韩德明院长提出同仁医院未来十年的奋斗目标，是“把医院建成环境优美，拥有现代化设施，现代化技术水平，现代化管理，国内一流水平的大型现代化综合医院”。清晰的使命和明确的愿景焕发出同仁人的激情，在实现医院共同理想的道路上取得了骄人的业绩。

李宏为在任上海瑞金医院院长时谈到什么是医院文化，他的答案是“关键是确定目标，目标是文化的主线”，而瑞金医院的目标就定在“保持最领先的位置”。

文化自觉的医院管理者，总是善于观察，善于体悟，善于提炼和倡导优秀的文化理念，给职工以潜移默化的影响，引导他们的价值追求，铸就他们的思想信念。他们真正实践了管理界的一句名言：“领导者所要做的唯一重要的事情就是创造和管理文化”。

其二，要在医院建立文化的载体，创设文化的环境和氛围。

医院文化除了理念层面的表述、传达，更多的是通过载体的形式来彰显和辐射的。只有拥有好的传统故事、典范人物、制度规范、环境景观、典仪活动等文化载体、文化符号、文化形态，才能形成为广大医务人员所喜闻乐见的文化环境，成为他们感受人文濡养，感受医学传统的天地。

北京大学第一医院十年如一日，为从基础医学阶段进入临床医学阶段的医学生们举行“授白大衣仪式”。在庄严神圣的气氛中，年资已高的师长们将白大衣披在一个个医学生们的肩上，接着是郑重宣读希波克拉里誓言。通过这种仪式让一代代医学生将医学的使命，将职业的忠诚铭记心中。

泰安中心医院设立自己的医师节，表彰长期以来为医院建设和发展做出贡献的医师，对长期从医的医师颁发荣誉奖章，评选“优秀医师”，举行 “医学名人墙”揭幕仪式。人物塑像除了古今中外的医学名人之外，还有在泰安中心医院发展史上有一定影响、做出一定贡献的医学专家。

解放军总医院、上海交通大学附属瑞金医院、首都医科大学北京同仁医院、新疆医科大学附属第一医院、常德市第一人民医院等许多单位都建立了自己的院史馆，在医院发展过程中为医院的成就和荣誉做出贡献的管理者、医学家都在这里留下了他们的身影，使每一个来到这里的年轻医务人员和观众，心灵都能受到震撼、启迪，激情都能得到鼓舞、焕发。

典型人物是普通群众中的一员，又超越于一般群众，成为先进思想的承载者，在医院文化的建设中发挥着引领作用。这就要求我们要在宣传具有时代特征的典型人物上主动作为。解放军 302 医院在上世纪九十年代，总结了院内皇甫玉珊等老一辈传染病专家的事迹，提炼出“真诚热爱传染病专业，长期安心传染病工作，优质服务传染病患者，勇于献身传染病事业”的“皇甫精神”，出版《皇甫精神颂》等专著，以老一辈专家的名字为院区花园命名。十几年来，这所医院将“皇甫精神”铸造成医院的精神支柱和文化之魂，起到了凝神聚气、催人奋进的重要作用。

一位管理学家认为，“从深层次看，管理是通过管理者利用、设计和培植一种文化，形成一种环境，去规范、协调和刺激人的行为，从而达到组织目标的过程”。从这里我们可以领悟到，建设医院文化的重要意义，就在于把具有灌输特征的教育转化为融入医院核心理念的环境和氛围，由此引发职工思维和行为方式的变化。由此可见，这也就是医院文化建设的一个重要途径。

其三，注重科室文化建设，推进医院文化的深植。

医院文化绝不是头上耀眼的光环。如果只是将院训悬挂门前，将医院理念置于文化手册，而职工视而不见，或权当作摆设，那就不是我们所追求的医院文化。最优秀的理念不应该束之高阁，而应该成为干部、员工心中的一面旗帜，引导他们做事，激励他们成长，鼓舞他们前行。

众多的科室对于医院而言，就像是人体的各部分组织。医院文化要深植，就要加强科室的文化建设，让医院的核心价值观成为指导科室制定发展规划、确定工作目标、设计服务流程、明确规章制度的指路灯，渗透到每一处诊室、每一间病房，每一座实验室、每一扇服务窗口，每一项工作、每一个角落。只有这样，文化才能与每一个医生、护士和职工真正贴近，文化才能真正与医疗、科研、教学、管理紧密结合在一起，成为医院发展的软实力。

建设科室文化，第一位的是科室领导的文化自觉。作为科室的领头人，首先要了解和认同医院的核心价值理念，清楚科室的文化现状是什么，明确科室的发展目标和文化走向是什么，学会运用文化的力量从事科室的管理。

在科室文化建设中创设环境是十分重要的。一位著名的教育家曾经精辟地讲过：“要让我们这里的每一座墙都说话。”科室的一块标牌、一帧照片、一幅字画、一盆花草，及至医生、护士的每一个举手投足，都可以构成一种文化元素，而这些都会对他人、对患者、对科室文化产生春风化雨、润物无声的影响。有的医院科室将自己提炼的“医训”精心布置在最显眼的地方，让职工随时可以看到。如：普外科“慎于术前，精于术中，严于术后”；注射室“点滴爱心，注入真情”；医务部“医患所托，情法所系”等，起到了对职工思想的引领、与患者的沟通作用；有的科室根据医疗特点运用视觉传达手法，创设环境、设置景观；有的开展医护礼仪培训，改善服务形象，让科室环境对职工最为直观和显性的影响作用得以充分发挥。

比环境更为重要的，是科室领导的示范作用和规范管理。一个好的科室领导必须对科室职工有正确的价值导向，有前瞻性的学科建设理念，有对科室长远发展的清晰思路，有尊重人、团结人，有愿意看到优秀人才超过自己的胸怀。在北京协和医院，妇产科老主任郎景和教授常说，医生开给病人的第一张处方应该是“关爱”。在外科，年轻医生听到主任经常讲的是，在安排住院时，对重症病人、经济困难的外地病人优先考虑。每一位病人都应是平等的，要从医疗的需要角度考虑问题。在这座医院，从不把医生的处方、科室的收入与奖金挂钩，专家的门诊号数是按各科实际的诊疗需求测算的。在科室里，年轻的医生从实习开始就被反复教育，对每一个病人，该不该用药、什么时候用药、用什么药，其指导原则不是经济效益，而是疾病诊治的需要，必须遵循医学科学原则。临床科室里的医生每天都有两件必做的事——早上的医疗查房和晚上的教学查房，即使是忙得不可开交的专家教授，只要人在医院就必须参加——因为这是制度。内科大查房制度已经有 80 年历史，其间，科里所有专科医生全部到场，还要邀请放射科、病理科、检验科和外科等相关科室参加，不仅有专家们发言，年轻医生同样可以提出异议，与老师们展开观点交锋。北京协和医院扎扎实实的科室建设，使“严谨、求精、勤奋、奉献”的精神得以充分展示，锻造了有形的协和文化，催生了协和一代又一代年轻医学人才的成长。

综上所述，是不是可以给我们带来这样的两点启示：

第一，无论是建设一所医院的文化，还是一个科室的文化，最根本的目的是将医院的使命，医学的使命真正融入职工的内心，提升职工良好的职业素质，培育职工强烈的职业幸福感，形成职工队伍为社会称道的为人、为事、为学的态度和习惯。

第二，建设一所医院、一个科室的文化，作为管理者一定要有高度的文化自觉，首先要把医院的使命作为自己内心的价值追求，一定要有锲而不舍地执著精神，持之以恒地倡导，坚定不移地践行，做一个医院文化的倡导者、设计者和身体力行者

如今，伴随着科学发展观的深入人心，伴随着医疗体制改革和公立医院改革的前行步伐，呼吁医院的内涵发展，呼唤人文精神的回归，建设有文化的医院的呼声愈加强烈。医院管理者，特别是医院的主要领导理应肩负起倡导、推动和建设医院文化的责任。从自身做起，忠实恪守医院的使命，毫不动摇地捍卫医院的核心价值观。如果我们真的这样做了，优秀的医院文化、崇高的医学使命就一定会牢牢植根在医院干部、职工的心中，我们的医院就会对职工产生极强的凝聚力，就会对患者产生极强的吸引力，就会对社会产生极强的影响力。优秀的医院文化，一定会催生出医院的魅力。

“路漫漫其修远兮，吾将上下而求索”，这是我们的

先贤走过的道路。让我们为推进党和人民群众赋予我们的医院事业，为人民健康事业的发展，在医院文化建设的道路上，不断探索，努力前行！

（作者系中国企业文化研究会医药卫生委员会主任、北京医学会医学伦理学专业委员会主任委员）

行业文化的结构 价值与建设路径

陈少峰

在我国全面推进文化建设的新时期，行业文化建设已经成为我国当代文化发展的重要环节，也是促进国家强盛、提升国家文化软实力的重要力量源泉。

在思考如何改进和完善行业文化的问题时，首先需要对文化特别是应用文化的系列问题从整体的和具体化两方面去理解。一方面，文化是个包含多样性内涵的复合性概念。简单地说，文化可以分为很多具体的子类别，并且可以不断地继续将其细分为更多层次的类别。通过对文化的细分，我们能够发现，任何行业及其机构的文化都涉及到多种类别形态的文化之间的相互渗透。例如，这种文化可以是在某个人身上体现出来的组织整体的文化元素，也可以是价值观这样抽象的内容，或者是如质量文化意识等具体的要素，甚至还可以涉及到对某种行业文化的未来具有引导性的理念和方法等。就具体的应用文化而言，行业文化主要体现在机构、组织和个人的价值观、制度与行为等系统化方面，只有系统地加以把握，才能形成系统改进的效果。另一方面，思考行业文化建设时，需要确立某些具体化的范围和标准，包括比如确立职业道德、公平、竞争伦理等要素，或者通过某个具体的标杆化的行业文化来引导人们的观念和行为。此外，要把握不同行业的文化，还需要把握其中的行业美德的具体细节，如食品行业经营者需要具备什么样的美德，而不是仅仅停留在一般性的笼统的理解上。

行业文化的基本结构

行业文化涉及许多不同行业的内外部因素。就具体的行业而言，它涉及到诸如何者是本质性要素的问题。尤其是从任何一个行业的利益相关者的角度来思考的话，首先就必须了解整体的结构，而不是一个简单的对行业中的从业人员的文化素质进行评价的问题。

总体上说，任何一个行业的文化，都是通过由内而外呈现出来、乃至于具有外部影响力的、具有结构化特点的系列化问题的组合。因此，当我们谈到行业文化的要素时，需要用结构化的方法来把握。首先，我们要将其看成一套既有独特性又有共性的文化支持系统，而非一个单一的层面。这个支持系统可以用共同性和差别性予以区分。所谓共同性，就是每一个行业都是由社会中的个人或者群体来承担，由各种机构来支持，这里面就存在着某些共同的文化要素。虽然我们一般对行业的研究会发现很多不同，这些不同和差异大多体现在技术、产品等专业性的特征上，如理发匠与水果商之间的差异。但是技术上的差异不等同于文化上的差异，或者说，技术上虽然有差异，但是文化上有共性的要求。其次，我们需要界定一个行业文化的基本评价标准，如：顾客满意度、保护隐私、职业化等。显然，利益相关方的评价是一个尺度，而行业人的自我评价也是一个尺度。例如，知识产权相关的某些行业代表虽然在表面上积极去争取版权收费是为了著作权人的利益，实际上是为了自己获取收入，而真正帮助著作权人维权的事情基本上都被忽略了，收到费用后也没有真正及时给予著作权人应得的报酬。这种做法就违背了追求所服务的对象（客户）利益最大化的标准。再次，我们可以从几个核心的角度来考虑行业文化的结构问题，即从核心价值、核心价值的制度化、从业人员的行为规范、行业和机构的文化氛围以及监管系统等来把握其基本结构的特点。

某些行业文化的结构性把握应当包含外部相关因素。可以说，从外部性的结构特点来看，某些行业涉及到国计民生，尤其是公共利益；某些行业涉及到需要建立高标准的监督；而某些行业则需要体现公众的参与监督，等等。对于这些行业的文化，就需要从国家利益、社会文化和公众诉求等等的角度来衡量。

行业文化中的核心价值

思考行业文化建设的第一个基本角度是如何确立合理的价值观。我们需要考虑某个行业内部和行业内的各个机构是否存在一种基础性的具有引导性的价值，即某些需要坚持的原则。这些原则就是道，是行业及其所属机构很基础的文化要素。从事某个行业需要何种理念和原则，需要何种基本的价值观，这是非常重要的一个方面。

第二个角度是行业的价值观与制度性的激励标准之间是否存在合理的对应关系。价值观是衡量合理性的标准之一，但不是唯一的标准。除了理念和价值之外，还有很多要素需要构成制度化的系统化标准。首先，行业的管理制度和行为标准不仅需要价值观来作为引导，同时，制度本身也需要健全化和系统化。以中国足球行业为例，我们需要对踢足球的游戏规则有深入的了解。在这个游戏规则中是否存在公平的价值观念和比赛规则、裁判规则，等等。在足球比赛中，努力获胜诚然是一种价值观，但是这种价值观能不能体现在公平的制度检验上？如果没有价值观，规则制度是没有效用的；同样，没有规则制度来落实的价值观也是无效的。比如在足球比赛中如果存在黑哨问题，那么裁判员和运动员就不能共同体现足球比赛的价值观，这种比赛的规则制度最终肯定是会垮掉的。因此，制度支持就显得非常重要。又比如在食品安全领域，“安全”这个价值观无疑是非常重要的。但是，如果没有监管制度来支持食品健康安全的价值，显然也无法将这种价值观予以落实。总之，制度是一个系统化的标准问题，我们要将其细化落实为某些具体的考核、监督与执行的具体细节标准。这些具体标准之间需要有很强的关联度，而且其中的原则性要充分体现出来。例如，食品行业的原则性有两个，安全和卫生。我们之所以要讲原则，是因为原则所体现的就是行业的美德。换言之，我们要有核心价值所体现的行业标准，通过原则作为核心标准，来将价值观和制度主动或被动地体现在从业人员的行为规范上。

第三个角度是必须有基本的职业道德作为具体行业活动的支撑要素。职业道德与行业美德即核心价值（原则）是互相支持的。只有具备很好的职业道德才能体现出行业的核心价值，如注重顾客安全和利益的职业道德才能让从业人员重视食品的安全与卫生。总体上说，因为制度是一种被动的存在，而职业道德则是主动自觉的意识。如果缺乏这种主动自觉的职业道德，制度就无法落实。我们目前许多行业中所存在的问题实际上不是一般的诚信问题，而是职业道德严重缺乏的问题。

内外兼修

内外兼修是行业文化建设的重点。行业中的从业人员的健康理念、核心价值意识、职业道德、责任意识和行业的社会责任履行等问题是支持行业文化健康发展的基本要素。这种基于责任和伦理支持的文化，需要行业中的从业人员形成自主、自律的意识并采取积极的行动。当然，其中的某些要素是需要依靠外部性的制度支持的，如职业道德就涉及监管和法制完善的问题。换言之，违背职业道德不仅是个内在修养不足损害道德的问题，也是个涉及违法犯罪的问题。例如，侵犯客户的隐私、渎职以及履行职责违背忠诚义务等等，都需要整体制度上的支持和法律上的执法改进支持。

任何行业都必须将行业具体机构的文化建设与个人责任相结合。任何行业都是由机构和个人组成的，而机构之间存在竞争关系，这种竞争必须是公平的，才能促进行业内部竞争意识的培养与公平伦理的促进。同时，这种竞争的合理化必须基于机构的自我完善，也就是说，每个机构内部的整体文化建设也非常重要。例如，西方的某些快餐食品的连锁经营管理中的内部质量管理、激励、卫生、服务生工作态度认真和品牌营销等管理方式都有助于为我们提供借鉴。可以考虑在行业内树立一个典范标准，从而促进美德的形成。

明确个人责任的落实是机构内在文化建设的重点。个人责任方面存在两个部分：一部分由制度约束，另一部分依靠某些技巧来落实，即一方面要如何让一个人愿意主动承担责任，由激励制度来完成；另一方面，这里面又存在许多技术性的设计。如：如何将薪酬设计得更有助于与履行责任的情况相结合，等等。以我国目前慈善行业机构文化中的个人责任为例，现在的慈善机构的制度设计不利于个人责任的落实及其工作的开展，因为制度的倾向有利于机构筹款而非捐献。目前的慈善机构在筹款时可以汲取10%的管理费由其内部自行分配。同时慈善机构通常倾向于将募款存入银行涨利息，利息部分也由机构自主分配。这就造成了慈善机构的员工可以奢侈消费或者出现暴富的现象。因此，我们应该设计一种合理的制度，强迫慈善机构的管理费必须存在数额上的上限，而非由百分比来决定。

诚信是个人责任和伦理意识的基点。我们现在所说的诚信问题很多都是由于行业内部的个人或者机构的不诚信而引起的，有些甚至导致了社会灾难，即某个行业的不诚信波及或者其后果被行业从业人员放大至社会领域，这是一个日趋严重的问题。由此，对于涉及公众健康、安全和影响社会稳定的行业，需要加强政府、媒体、社会的监管和道德风险管理。

将行业内部的个人责任与机构责任相结合，还需要建立可持续发展的文化价值观。换言之，行业整体上以及其中的机构应该避免急功近利，或者应当努力通过行业协会的组织来建立行业性的战略目标和战略性的文化支持，保障对内行为和对外形象塑造的高标准要求和信誉体现，是一种行业所需要的重要伦理观。从对外的文化形象塑造来说，不是以广告宣传来体现，而是通过机构和个人的行为体现出行业是否具有可持续发展的文化理念和伦理要求。

总之，每个行业的信誉、形象与品牌等都涉及一种链条式的结构，哪个环节出现问题，都会造成恶性的连锁反应。由此，内外兼修、环环相扣是行业自我发展的内在力量。

专业化与职业化

持续提高行业中的技术与服务的专业化水平，并且通过职业化的经营管理者来建立规范化的管理制度并提供严格的伦理支持，是助飞行业文化的两翼。

每个行业的文化建设，都是要促进并体现出该行业技术和服务的最高水平；后者倒过来也是促进行业文化建设的本质要素。这里面有两类专业化的要素。一类需要行业的价值实现的专业化水平很高。例如，在与人们安全有关的行业，需要做到专业化水平和职业道德水平完全一致。如司机不仅需要关注乘客安全，还需要很高的开车技术。另一类就是行业各自的美德，如品茶行业的美德体现为有好水，没有好水就不能品好茶；红酒经营行业需要能向顾客推荐解释什么样的酒是好酒。银行的行业美德就是稳重、严谨，防止金融风险；对冲基金的行业美德是把握信息可信度，等等。体现行业美德既需要技术也需要服务的专业化和高标准。

业化意味着创新驱动发展，或者说，创新是推动行业实现专业化发展的基本力量。因此，创新也是一种具有共性的行业文化。即使是属于事业单位的行业，也离不开创新的要求。例如，博物馆举办动态化的专题巡回展，就是整合和发挥博物馆相关资源的创新性做法。行业业务的创新，需要文化与技术的结合，或者说创新的驱动力和方法离不开技术与文化的双重利用。通过创新，可以拓展和提升行业文化，如电子产品可以成为时尚产品和奢侈品，可以改变行业的文化评价。由于创新总是伴随着某种对惯性的改变，也包含着失败的风险，因此，创新需要制度性的激励。

专业化与职业化，即职业荣誉感、服务意识、顾客导向、职业道德自律和高标准的产品与工作规范相一致，构成行业文化特别是行业内部机构文化建设的核心要素。没有职业化的从业人员，就没有高标准的目标和自我激励，也就难以实现真正专业化的目标。同时，正是通过职业化的文化建设，可以弥补技术创新和运用带来的某些不足和缺陷，如在药品的临床试验方面，没有职业化的医师，就会导致药物的滥用和过度商业化带来的严重后果。

双重监管

一个行业的发展取决于从业人员的素质，也取决于行业协会和行政司法部门的引导监督。行业协会的引导、监督来自共同的利益诉求，行政与司法的引导、监督来自社会的利益诉求，二者都不可或缺。

目前，行业文化的缺失和行业协会的作为密切相关。行业协会的人没有真正研究其行业需要何种行业文化支撑，行业美德应该如何体现，而只是关心行业的GDP、机构利益、发展程度，以及行业协会人员自身的利益，普遍缺乏社会责任感和对于行业机构和个人的监督与监管。在经济领域，行业文化在某种意义上而言代表着经济的软实力。我们经济的软实力没有体现出来，最主要的原因在于行业文化没做好，甚至将其他方面的文化也拉低一截，这种负面的东西对人们的信任是个很大的打击，带来很大的经济损失和诚信缺失。其中，行业协会负有重要的责任。

行业自律是行业文化的基本形态之一，它是涉及行业协会地位和作为的问题。完善行业文化的重要要素之一，在于行业协会需要发挥真正的作用。例如，行业协会的监管要素作为一个基本标准和成员资格，凡是符合其资格的会员都受法律和行业协会的保护。换句话说，行业协会的成员单位要以信誉可靠为条件，违背了基本标准就不能成为行业协会的成员。而我们目前的行业协会已经逐渐变成了一个个官僚机构，很多行业协会的论坛和会议都是为了要企业赞助资金，而不是为了维护行业信誉和为行业成员服务。总之，行业协会如果真正发挥作用，就能有利于行业文化的形象提升，从而大大改进行业专业化和职业化水平。由此，我们的行政部门应该对行业协会提出资格审查的要求，对不合格的行业协会应要求其进行整改，最终完善行业内部引导监督。

从外部角度还需要确立进一步的引导和监管标准。每个行业都需要有行业从业人员和机构行为的监管。监管的基本目标之一就是要促使行业里的任何人在服务顾客的同时，能够充分考虑所服务对象的利益最大化。以高铁建设为例，高铁快速扩张本身不是什么问题，但提前完工的问题就很大。因为假如提前完工，就可能以牺牲铁路的质量安全为代价。因此，高铁的建设应该按计划和质量进行，这方面的监管就非常重要。总之，越是诚信度低的行业越需要严格监管，而且需要各种监管配套执行。

当前外部性的行业监管的漏洞之一，在于很多监管是由行业协会来执行，这实际上无法发挥外部评价和实质监管的作用。因为行业协会本身很可能趋向于代表行业的利益，或者行业协会的负责人缺乏监管意识。此外，行业监管还存在一个多头管理而无实质问责的问题，很多行业监管者是多个国家部委，地方上的许多横向部门也都有监管权。这就会造成在有利益的地方大家纷纷出头来抓权，在发现问题、导致百姓和社会利益受损的时候，这些部门之间则相互推卸责任。以假鸡蛋问题为例，农业部门认为假鸡蛋不是农业产品，工商部门认为这属于技术问题，而技术部门认为这是造假但不是产品，结果各个部门之间纷纷推脱监管责任，造成违法乱纪者逍遥法外。此外，部委的监管与地方政府监管可能存在利益不一致的问题。总之，调整和改进监管方式，严格依法积极开展对每个行业的机构与个人的行为监管，是保障每个行业真正发挥作用和促进行业文化健康发展的基本力量。

（作者系北京大学哲学系教授、北京大学文化产业研究院副院长，本文摘自《企业文明》2011年8期）

试析企业文化在我国的发展走势

韩庆华

企业文化理论引进我国到现在，已经有20多个年头了。回眸走过的这段历程，前瞻今后的发展趋向，可以给人许多启示和感悟。笔者试从企业文化与企业思想政治工作两者关系的演变，分析和探讨企业文化在我国发展的基本轨迹和未来走势。

兼容期（排斥疑虑—适当借鉴—兼容并包）

上世纪80年代中期，企业文化理论引进我国，开始在理论界进行讨论，少数企业也开始自发借鉴企业文化理论进行实践。但因当时处在改革开放初期，传统的思想禁锢还较重，一些人对企业文化这个“舶来品”心有余悸，有人甚至抱排斥和抵制的态度，认为企业文化是资本主义企业管理的产物，我们是社会主义国家，有思想政治工作这一政治优势，不能崇洋媚外，把自己的传家宝丢了。在经济领域，姓“社”姓“资”的政治分野还或多或少地束缚着人们的思维方式，企业文化理论研讨和实践探索还顶着一定压力。这是企业思想政治工作对企业文化的“排斥疑虑”阶段。

80年代末期到90年代初期，企业文化理论研究活动日趋活跃，一些学者纷纷著书立说，企业文化知识的普及和借鉴在一些企业方兴未艾。特别是邓小平南巡谈话之后，改革开放的春风吹遍华夏大地，打破了许多思想禁锢。人们开始正视这个当代先进的企业管理理论，认为它同我们的企业思想政治工作有共融之处，可以结合我国的国情，适当借鉴和利用。这个时期的一个代表性提法是：企业文化是企业思想政治工作的一个有效载体。尽管“载体”的提法值得商榷，但毕竟比过去宽容大度得多了，就是说，两者并非相互排斥关系，而是可以兼容并存的。当然这是企业思想政治工作为主流意识和正宗地位的前提下，对企业文化仅仅是适当借鉴，为我所用而已。这是企业思想政治工作对企业文化的“适当借鉴”阶段。

到了90年代中期，随着社会主义市场经济的发展，企业思想政治工作面临许多新的情况和新的课题，传统的思维模式、工作内容和方式方法收到了严峻挑战。为此，上上下下开展了声势浩大的政治研究活动，旨在研讨企业思想政治工作如何适应新的形势，进行加强和改进，其中的一个焦点话题就是继承和创新的关系问题。而企业文化建设作为企业思想政治工作在继承优良传统基础上的一个创新课题，成为一个研究热点。许多企业把它作为思想政治工作的一个分支，如在思想政治工作研究机构中，设立企业文化学组等。可见，这一时期的企业文化建设是被兼容于企业思想政治工作之中的，是一种包含与被包含关系，处于从属地位。这是企业思想政治工作对企业文化的“兼容并包”阶段。

并行期（相随而行—并肩而行—超前而行）

上世纪90年代中期之后，企业文化建设渐成燎原之势，一些优势企业已显见成效，出现了一批国内领先的企业文化建设典型企业，如海尔、联想等。人们开始对企业文化刮目相看，重新认识它的功效和价值。大家普遍认为，企业文化与企业思想政治工作作为两个不同的理论体系，有异曲同工之处。尽管两者的工作角度、理论属性和实施形式等有所不同，但在工作对象、作用范畴和实际效果上是一致的，都是注重人的精神意识的塑造和行为规范的养成等，二者既有区别又有联系。但在重要程度上，思想政治工作是居“统帅”地位，起导向作用的。这个时期的基本提法是：思想政治工作保证企业文化建设的正确方向，企业文化建设为加强企业思想政治工作创造了条件。这是企业文化建设在企业思想政治工作的引领下“相随而行”的阶段。

90年代末期，企业文化建设进入纵深发展阶段，出现“企业文化热”，一大批优秀企业都形成了各具特色的企业文化，在市场经济的沃土上争奇斗妍，显示出其鲜活的生命力。人们对企业文化的认识提升到一个新的高度，把它与企业思想政治工作相提并论，认为两者都是保证和促进企业发展的精神动力，都应大力加强和推进发展。许多地方和企业在思想政治工作研究会的基础上，纷纷成立企业文化研究会、企业文化学会等，有的是一个机构两块牌子。可见这一时期的企业文化建设与企业思想政治工作“并肩而行”的阶段。

进入21世纪初，企业文化建设掀起了新一轮热潮，甚至成为一种“时尚”，没有文化的企业则被视为落伍。大家对企业文化的内涵、外延和功能的认识更加深切，企业文化“是企业精神财富和物质财富的总和”、“是企业两个文明建设的结合点”、“是企业活力之源和发展之魂”、“企业的竞争最终是文化的竞争”等待，对企业文化的评价达到了空前的高度。各级党组织和有关部门纷纷把组织和引导企业文化建设当作大事来抓，加强领导，抓点带面，广泛推进，像思想政治工作一样，层层开展企业文化建设的评比选树活动，如评选企业文化建设样板企业、示范企业等等，在舆论气氛和实施力度上大有超过企业思想政治工作之势。发展到今天，企业文化建设对于企业思想政治工作似乎有些“超前而行”的迹象了。

趋同期（企业文化走势的预测和分析）

随着市场经济的不断深化，企业越来越感到需要一种能够在激烈的市场竞争中安身立命，历久不衰的文化力的支撑，对企业文化建设的自觉性、迫切性日益增强，而企业文化在我国植根成长的过程中，自身也得到了不断演进和升华。另一方面，企业思想政治工作通过不断适应和改进，将逐渐成为与企业文化建设定位相合、性质相近、内容相容、目的相同的新的企业精神财富。两者的趋同性是这一时期的基本特征。

从企业思想政治工作创新的客观要求看两者的趋同性。企业思想政治工作是党的思想政治工作的一个重要组成部分，它与计划经济相伴而生，发挥了不可替代的重要作用，这是毋庸置疑的。但随着社会主义市场经济体制的确立，企业思想政治工作也应该重新定位和创新，否则将与市场经济的规律、特点和法则不相适应（如过去长期存在的“两个中心”、“两张皮”和“大、空、软”等现象）。新时期企业思想政治工作必须按照现代企业制度的要求，从观念、内容、方法、机制、队伍上进行创新，使其真正定位于与企业管理和生产经营融为一体的重要组成部分。生产经营是企业永恒的主题，是中心工作，企业思想政治上必须紧紧围绕这个中心，把促进企业经济发展作为自己的根本任务，做到由大变小，由虚变实，由软变硬，真正发挥其应有的作用。而企业文化是市场经济的产物，本身就是一种企业管理理论，同企业生产经营密不可分，渗透其中，更体现了它的适配性和实效性。两者在定位上的趋同已见端倪。

从我国企业文化建设的特有性质看两者的趋同性。我们所建设的企业文化，是从我国国情出发，坚持社会主义性质的企业文化，从根本上说，它是社会主义文化的重要组成部分，是先进文化企业的体现。而先进的企业文化，说到底属于先进的思想、先进的意识形态，它是同企业思想政治工作的基本原则和要求相一致的。党的十六大报告指出：“当今世界，文化与经济和政治相互交融，在综合国力竞争中的地位和作用越来越突出。”加强企业文化建设，既是企业管理的重要内容，也是贯彻“三个代表”重要思想的具体体现，是同“政治”紧密交融在一起的。在这个意义上说，它与企业思想政治工作的性质并无二致。换言之，新形势下的企业思想政治工作，从其性质上说，也是一种中国特色社会主义先进文化的体现。两者在性质上的趋同日渐明显。

从“以人为本”的共同命题看两者的趋同性。企业思想政治工作的根本任务是用马列主义、毛泽东思想培育社会主义新型员工——把“人”的发展放在首位。马克思主义的最高命题就是“一切人自由而全向的发展”，这同“以人为本”的企业文化的原则是完全一致的。“以人为本”就是要追求人的全面发展、人权、人文关怀、人文精神等等，是符合历史唯物主义。以胡锦涛为总书记的新一代领导集体，鲜明地提出了“以人为本”的科学发展观，把“以人为本”提到了时代发展的高度。“以人为本”既是现代企业管理思想和企业文化的本质特征，同时也为企业思想政治工作融入生产经营提供了契机，它是思想政治工作原则、方针、方法在现代企业管理中的成功应用。因此，“以人为本”是企业文化和企业思想政治工作的共同命题。两者在内容上的趋同显而易见。

从企业的具体工作实践看两者的趋同性。目前存我们企业实际工作中，难以完全分清企业思想政治工作和企业文化建设两者的根本区别，只是提法和角度的不同而已。如我们到海尔参观学习，当问其成功的秘诀时，他们往往会说是企业文化。作为我国企业的一面旗帜，其思想政治工作无疑也应当是先进的，青岛市委宣传部曾专门组织调研海尔思想政治工作方面的经验，结果同企业文化如出一辙，不过是变了变角度罢了。现在不少企业都设企业文化建设的工作机构（企业文化中心、企业文化部等），而思想政治工作机构却逐渐式微。这并不能简单地认为是削弱、淡化或取消思想政治工作，而是新形势下企业思想政治工作的与时俱进，即将其与代表先进文化前进方向的社会主义企业文化融为一体，这有利于工作的开展。在实践中，企业思想政治工作与企业文化建设应做到优势互补。一方面，企业思想政治工作要真正立足于企业，渗透在生产经营之中；另一方面，必须注重发挥我们的政治优势，把党的路线、方针、政策和培育“四有”新人的目标贯穿于企业文化建设的内容之中，两者的目的都是为了促进经济发展这个“当代中国最大的政治”发挥积极有效的作用。两者在目的上趋同已成定势。

（作者系山东省经济学会常务副会长兼秘书长，本文摘自《青岛市国有企业文化建设促进会专刊》2011年2期）

企业文化的现代化和后现代化

李桂荣 刁惠悦

企业文化的前现代性、现代性和后现代性

前现代企业文化的主要特征是：企业没有明确的公开的系统的制度，管理者使用自己的权力或威望进行管理，管理随意、无定数；员工是否有主动性和创造性视员工自己的性情而定，员工对自己在企业中的地位、作用和前景没有确切的感觉；管理者和普通员工之间是管理和被管理的关系、甚至是命令和被命令的关系；员工对自己工作的绩效没有太重的关注、员工工作主要靠听从管理者的指令，员工关注的不是自己创造了多少业绩，而是能否完成管理者分配的任务；员工和老板之间就是打工仔和老板的关系；员工和管理者之间没有确切的信任；企业没有明确的指导企业前进的愿景、宗旨、价值体系，员工没有明确的职业价值观和职业发展追求，处于比较混沌的状态。

现代企业文化的主要特征是：企业有明确的、系统的、公开的制度体系，管理者主要用制度进行管理，管理规范、没有随意性；员工非常清楚自己的工作业绩会产生什么样的评价和结果，因而具有积极性和主动性；员工对自己在企业中的地位、作用和前景有确切的感觉；尽管企业中的管理依据制度进行，但管理者和普通员工之间还是管理和被管理的关系，还是上级和下级的关系；尽管各个级别和岗位职责分明，但是企业具有官僚体系，企业组织结构层级多；尽管企业由于制度明确、奖惩分明、员工拼命工作，但是老板高高在上，上下级之间、管理者和普通员工之间不能平起平坐、不能充分沟通；由于制度、分工和组织结构的“刚性”，企业内部各部门之间和企业内部与外部之间相对独立、封闭；企业和外界的界面较小，不是全方位的沟通，因此企业效率和业绩不能充分实现；尽管企业有明确的指导企业前进的愿景、宗旨、价值体系，但是企业氛围拘谨，员工潜能不能充分发挥。

后现代企业文化的主要特征是：企业有明确的系统的公开的制度体系，但是制度中少有繁文缛节，制度具有执行的张力，有员工的自主决断空间和发挥空间；员工对自己在企业中的地位和作用非常清楚，喜欢自己的职业，对自己的职业生涯有清晰的感觉；整个企业总体上看是知识型组织，大多数成员接受过高等教育和专业训练，技术精英在企业中占有相当大比例；管理人员和非管理人员在企业中是平等、分工和合作关系；企业中各个级别和岗位职责分明，但各级级别和岗位之间在信息、价值观念、智力资源上没有条块分割，没有彼此封闭，而是彼此共享、包容、通达、渗透、启迪；企业中没有“没有执行力的领导”，企业组织结构处于扁平状态或网络状态，企业中没有官僚；整个企业各部门之间，企业中员工之间，企业与企业外部之间，处于网络状态中，企业中各个部门实质上都是对外的点，整个企业不仅仅是外事部门、营销部分和公共关系部门对外，而是全面向外开放，对外的界面是丰满的、全方位的；企业的愿景、宗旨、价值体系清晰，员工进取心和责任感强；企业氛围宽松、健康、活跃，员工能够充分发挥潜能；企业的灵活适应性、创新性很强，成长性和自身造血功能好，长寿可能性大。

依目前世界经济形势和发展趋势以及企业文化的本质和价值来看，后现代企业文化是比较先进的文化，是经济全球化条件下适合市场环境、客户感觉和员工心愿的企业文化，后现代企业文化更利于调动智慧型员工的积极性和创造性，增强智慧型员工的凝聚力，提高企业的业绩，促进企业的发展。

西方企业文化的发展

西方企业文化发展史与西方企业发展史一致，总体上经历了前现代阶段、现代阶段和后现代阶段三个大的阶段。其中，前现代阶段时间最长，基本上跨越20世纪以前的几百年甚至上千年。现代阶段自20世纪中期始到20世纪80年代末，主导了半个多世纪。后现代阶段自20世纪90年代开始风行延续至今，很多企业还正在后现代化过程中。

驰骋国际市场的西方企业大多数早已随着经济全球化

的步伐实现了后现代化，而且他们的后现代化从现代化发展而来，是一种成熟，而不是夹生或两张皮。从现代性企业走向后现代性企业，企业思维方式和行为方式发生了实质性变化。在美国和世界商界产生巨大影响的美国管理学家汤姆·彼德斯在《管理的革命》中说：“一位华尔街分析家把英特尔公司超乎寻常的成功归因于它通过自我否定而进行的革新。一个英特尔的员工或单位的最高成就就是把公司自己的一种成功的、赢利的产品挤出市场。英特尔认为如果它不很快超越自己的顶尖产品，别的公司也会。”派格·努豪热等人在《网络文化：在网络世界中建设企业文化》中说：“‘网络时间’已经成为生意场上的新词语，它体现了电子商务运行的速度。人们普遍认为，网络时间是1:10，意思是说现代的交易时间比传统的交易时间（甚至是几年前）快十倍。这意味着过去十年内才能形成的变化现在一年内就产生了。不同的行业，变化的速度有所不同，但是所相同的是：一切事务的运行都比人们传统思维所想到的快得多。”在这样市场迅速变化的时代，像以往那样花费数月或数年进入新市场的做法注定会导致失败。通用电气总裁韦尔奇1999年1月在通用电气公司高层管理会上所作的“毁掉自己生意的时代”的讲话中说：“从现在开始，通用电气不仅仅要在自己所有的市场上都做第一或第二，还要第一个到达所有我们要去的市场。如果这样做意味着我们必须吃掉我们现在还在赚钱的生意。与其让竞争者来毁了我们赚钱的奶牛，不如我们用我们自己的下一代产品取而代之。”韦尔奇在通用电气进行的改革不仅使通用电气从“积重难返”的状况中走了出来，还给通用电气带来了新的辉煌。

以“毁掉自己生意的时代”作为讲话的标题，典型地体现了韦尔奇的后现代思维方式。话语反映思想，思想来源于视野、阅历、责任心、知识储备、梦想、悟性、情致、灵性等多种因素。要产生后现代的思想不容易，要养成后现代的思维方式更不容易。因此，建设具有后现代性的企业文化不容易。但是，国际性大企业做到了，西方很多企业做到了。

中国企业文化的发展

自中国进行市场经济建设以来，中国企业文化的发展总体上经历了两个阶段：前现代阶段和现代阶段。中国改革开放之后，中国大多数企业的企业文化呈现前现代的特征。随着改革的深入和现代企业制度的建设，很多企业开始逐步体现出现代特征。目前，总体上说，现代性的企业文化是中国企业文化中的主导文化，与现代企业文化并存的既有后现代性的企业文化，也有前现代性的企业文化。在三种企业文化中，后现代性的企业文化所占分量最弱，表面上和实质上的前现代企业文化非常强，但总体上已没有现代性企业文化强。就文化特征而言，目前具有现代性的企业大多是处于激烈竞争中的国有企业和大型私有企业，这些企业已走过了前现代阶段。从前现代走向现代的过程中，企业完成了现代企业制度的建设，完成了各方面规范化管理，提升了员工的敬业精神和凝聚力，从思想意识、价值观念和行为方式上锻炼了员工队伍，加强了企业竞争力和综合实力，使企业整体上了新台阶，显示出现代企业的面貌。但是，企业的现代化在很大程度上仅仅使企业实现了上轨道、脱贫致富、按企业规律办事、摆脱危机和困境、以企业制度为准绳、不任人唯亲、不暗箱操作、真诚守信、奖罚分明、公平、公正、公开等在经济全球化和市场自由竞争激烈环境中企业应该做到的基本的事情等——哪个企业不这样做，哪个企业就极有可能无法生存下去。因此，那些先行一步进行管理现代化的企业在经过一段的摸索、磨炼和壮大之后，积极顺应市场竞争的需要，进入了后现代化。目前，我国境内具有后现代文化特征的企业主要是外资企业、少数处于激烈竞争中的国有企业（非垄断地位）和少数大型私有企业。这些企业非常清楚自己的生存和发展主要靠或完全靠自己的市场能力，因此，他们为了保持和增强自己在市场中的竞争优势，适时地走出了自己的现代主义阶段，走向后现代时期。在从现代向后现代跨越的过程中，他们进行了制度改革、结构重构、流程再造、价值体系重塑和人力资源全面提升等系列工程，使企业获得了质的飞跃，使企业综合实力获得了实质性提高，大大提高了企业各方面工作的实效性，把企业的灵活适应性、创新性、市场前沿性和市场竞争能力拉到了国际先进水平，为企业保持和创造国际市场的竞争优势具备了重要保障。

从前现代走向现代，再从现代走向后现代，中国企业的典型代表之一是海尔集团。20多年前，海尔创业初期，使海尔从一个濒临倒闭、开不出工资的街道小厂起死回生并成长为中国家电行业的领头羊之一的就是海尔文化的变革。“日清”工作法是其典型事例之一：“日事日毕，日清日高”、“事事有人管，人人都管事”。“日清”的结果与每个人的奖罚激励挂钩。随着海尔事业的发展、规模的扩大和国际化步伐的加快，海尔文化进行了跨越，向先进的国际化大企业所通行的后现代企业文化发展。张瑞敏在中文版《卓有成效的管理者》序言中说：为实现信息化时代管理的有效性，“我们在1998年开始了市场链流程再造，在组织再造上，就是变直线职能金字塔式的组织结构为扁平化的结构，减少管理层次，以努力实现企业与市场之间的零距离。而在人员的再造上，则是将管理人员变成SBU（策略事业单位），即每个管理者都是一个独立作战的经营体，每个人都有自己的目标市场和市场目标，自主制定自己的市场策略，以最快的速度去创造新的市场、新的需求。”“市场链”流程体现了海尔内部管理者和普通员工之间的充分信任、各个部门和各个员工之间既独立自主又充分合作、管理者和普通员工没有地位差别、海尔人的创造性和潜能能够充分发挥的后现代海尔企业文化。

我国目前正在大力倡导的是建立现代性企业文化。倡导建立现代性企业文化符合目前的中国企业实际，特别是对于从全国看仍然占市场主要成分的国有企业来说更是如此。中国企业从前现代走向现代与西方国家的企业从前现代走向现代有所不同。中国企业主要是从计划经济时期的价值体系和运行机制走向市场经济的现代企业制度下的价值体系和运行机制，以及由此生成的企业思维方式和行为方式。西方企业从前现代走向现代主要是从无序、混乱和他们自己认为的低效率、低产能、低利润走向有序和高效率、高产能、高利润。走向现代的过程是企业价值体系、运行机制革命的过程，是企业思维方式和行为方式革命的过程。尽管中外企业的现代化过程和原始起点不同，但走向现代化的目的、方式和实质相同。也正因此，现代化的中国企业才能与国际市场接轨，才能与西方企业在同样的国际市场（包括中国境内市场）上进行角逐。从前现代走向现代，中国企业走过了很艰难的一步，发生了质的变化，但是与后现代性的企业相比，现代性企业还不能很好地适应目前国际经济环境和市场要求。因此，中国企业需要再跨越、再成长，实现具有更高灵性、智性和创造性的后现代化；后现代企业文化是目前和今后一段时间中国企业文化建设的重要目标。

中国企业文化的后现代化途径

就走过的历程而言，中国企业文化和西方企业文化的发展都经过前现代、现代和后现代三个阶段。要从现代性的企业走向后现代性的企业，中国企业可以琢磨出一个系统，对自己企业的文化进行全面的考察和变革。

对自己的企业文化进行清醒的认识。面对接受任务的员工的疑惑或犹豫，管理人员说（或者心中说）“我有权力让你去，你敢不去”：这样的企业处于前现代状态。面对接受任务的员工的疑惑或犹豫，管理人员说“这是制度的要求，这样做虽然有不妥，但制度如此，我们只能这样”：这样的企业文化是现代主义文化。面对接受任务的员工的疑惑或犹豫，管理人员说“虽然没有先例，但只要你有把握，你可以按你的判断去做”：这样的企业属于后现代企业。这里的话语模型仅仅是观察、判断一个企业的文化的一个视角。要清醒地认识自己的企业文化，需要对自己企业的文化进行全面的考察。文化是企业的思维方式和行为方式，行为方式产生于思维方式。对于同样的事情，不同的企业处理方式不同，就是因为其文化不同。对于自己的企业有清醒的认识，是建立或优化自己的企业文化的前提。

拓宽视野，不断跨越。德鲁克在谈到变化时强调“再造自己”的必要性。他说：“随着需求的变化、能力的增强、视角的变化，人会变成不同的人。人需要不断地再造自己。”西方的“橱窗视角”说的是商店橱窗中的模特只见其眼前的东西，不见其左右和后面的东西，这和中国的“井底之蛙”讲的是同样的道理，都是说由于视野的限制，企业（企业中的人）不能全面的理解自己企业的处境，不能清楚地看到自己的优势和劣势，当然也就不能有效地预防风险，不能充分地发展。因此，宽阔通透的视野是生存和发展的必要条件。要始终具有宽阔通透的视野，需要企业全员不断地学习，不断地跨越。做个实验：把不同的人叫到窗前，请大家以同样的方式向窗外看，大家会看到不同的东西。为什么？脑子中处理信息的材料和程序不同！不同的人处理信息的能力不同！选两个极端：有的人看到的是“满目精彩”，有的人则一无所获。因此，企业中要形成一种氛围：不断地学习——既向人学习，也向书学习，不断地开发自己的心智，不断地开阔自己的视野。

增强各个层面工作的实效性。雷恩·佩恩在“中国方式”一文中说：“我访问过的总裁中有一半以上与官员打交道和处理政策性问题的时间占他们总（工作）时间的20%～50%。”佩恩的文章讲述的是跨国企业的中国区总裁在中国市场上所遇到的挑战。这些总裁基本上都来自于中国以外。在众多的挑战中，花大量的时间“与官员打交道和处理政策性问题”是其中之一。“不适应中国市场环境”的外国总裁花去的时间是“20%～50%”，那么，在中国土生土长、与中国市场环境很“融合”的中国企业的总裁“与官员打交道和处理政策性问题”花去的时间会是多少？这与“管理您的时间”的现代管理原则都不一致，更不用说与“管理您的能量”的后现代管理原则相一致了。以此类推，以内视角看企业内部，问题也是一样。从某种角度看，我们独特的文化环境创造了令人瞠目结舌的所谓的“务虚会”。这样，从员工个体到集体到管理层，把所有所做的不产生效用的时间加起来，可以得到一个相当大的数字。所以，增强企业各个层面工作的实效性对提高企业各方面的效能可以起到很大的作用。以“管理好您的能量”的思维方式和行为方式进行企业运作会带来的很好的结果。

提高多元性，学会放手。我们在提到建设企业文化时常常说要员工“统一”、“一致”等。在西方随着经济文化全球化的到来，人们一直在倡导多元化。在企业中也是如此，因为思维的多元是创新的重要基础。人们用简单的语言概括现代主义和后现代主义的实质时说：“现代主义竭力建立典范”，“后现代主义致力于不同”。举一个宾馆经营的例子：现代主义者开连锁店，后现代主义者开特色店。在企业中，“说同样的话”、“以同样的方式做事”，是现代主义的方式，不容易调动员工的潜能，不容易发挥员工的创新力和创造力。这正是西方企业从现代走向后现代的重要原因之一。在民主政治体制中，常常有“影子内阁”，作用是向××“挑刺儿”。在后现代性企业中，常常允许“妄想症患者”的存在——如果没有，创造几个也要有，目的是时时刻刻给大家“提个醒”，让大家看到危险在哪里，机会在哪里。允许“妄想症患者”的存在甚至在企业中培育“妄想症患者”仅仅是企业员工多元化的因子之一。强壮的多元化是企业强壮创新力的重要条件之一。

现代主义管理的重要手段之一就是“控制”。从现代走向后现代的重要途径之一就是“学会放手”。“放手”就是放心地让执行任务的人去执行任务而不去监控甚至亲自插手。“放手”不仅仅是提高工作效率和效能的重要条件，也是在企业中建立“信任”环境和“宽松”环境从而大大提高集体工作效率和效能的重要途径。

培育后现代思维方式。“半杯水”的故事原本用来类比乐观主义和悲观主义的区别：乐观主义者看到的是杯中所剩的水，即“半杯满”；悲观主义者看到的是已经失去的水，即“半杯空”。所以，乐观主义者还是很满足、充满希望：“我还有这么多水呢；”悲观主义者则很痛苦、很失望：“我已经失去那么多了，我没有剩多少了。”“半杯水”的故事在德鲁克的解读中具有了不同的含义：“‘半杯满’和‘半杯空’在数学上没有区别，但是两种说法的含义完全不同，所以结果也完全不同。从普遍视角的‘半杯满’发展到能够把它看成‘半杯空’，就产生了很大的创新机会。”从“半杯空”中看到机会的思路是：“这个杯子里还有半杯的空间是空着的，等待着我们向里面填充，这是我们可以自由发挥的空间，是我们的机会”。德鲁克所讲的就是企业人的思维，是后现代思维。具有后现代文化的国际性大企业进行思维方式的培训是企业常规性活动之一。把我们常人眼中的阿拉伯数字“8”，看成非“8”：比如，两个“0”上下叠在一起，或者两个“3”对面站立，观察者的思维方式就与常人不同，他就可能会多一些创新性和创造性，就更有可能发现别人发现不了的东西。对于“8”，现代主义者会竭力证明“8”是“8”和“8”为什么是“8”而不是别的东西；后现代主义者会从尽可能多的角度看到“8”不仅仅是“8”，而是有很多别的东西的可能性。思维方式的改变不容易，但是不是不能改变。最重要的是，如今的经济形势和市场环境要求企业和企业中的人必须改变思维方式。

（作者：李桂荣系中国人民大学外国语学院文学博士、商学院管理学博士；刁惠悦工作单位，北京林业大学经济管理学院。本文摘自《企业文明》2010年11期）

中国EAP模式与服务实践

张西超

EAP（指员工帮助计划，编者注）从1997年在中国逐步开始，发展到现在已有十几个年头，在这过程中有很多的关键节点、关键的阶段，也遇到了很多的挫折，到今天应该是雨后春笋甚至是一个井喷的时代，将获得长足发展。这一次，在中国工商银行的联合主办下，中国企业文化研究会聚集了如此多的相关部门负责人，对EAP进行深入地研讨，这是一个很有意义的事情，作为专业人士我特别感激，并且由衷地希望这两家单位将来在职场健康、EAP方面有更深入、更广泛地推进，我也愿意在这个过程中做更多事情。

我刚从太原参加山西省大规模推广EAP的活动现场回来，省内 100多位企业代表集聚在太原，就“推进职业心理健康、促进安全与生产”进行深入探讨。这表明，目前在中国职业心理健康和EAP，无论从国家、个人还是地方政府、企业层面都得到了高度的重视和肯定。诸多企业已经先行的推进起来，但究竟如何推进？怎样才能更好地推进？EAP究竟对组织和个人有何意义？下面，我将给大家做简单介绍。

EAP的基本背景

首先，我们要看到任何一个新事物都有它的时代背景。改革开放30多年来，中国经济迅猛增长，企业、个人也在物质上获得了倍增的回报。同时，也因为竞争的加剧和贫富差距的加大，呈现了一些不和谐的音符。为此，党和国家在2006年提出了“注重促进人的心理和谐，加强人文关怀和心灵疏导”的理念，之后在十七大又明确提出要注重“人文关怀”和“心灵疏导”。这八个字对中国心理学界的影响很大，对EAP影响也很大；2011年，两会的重要议题之一就是“幸福中国”；最重要的是今年全国总工会发布的消息，特别强调要促进和谐的劳动关系。这都充分说明，我们国家对EAP非常重视，也说明在当前EAP开展的必要性和重要性。西方从上世纪80年代后，心理学有了巨大的改变。过去，心理学70%的专家都是面对有问题的人——有焦虑、抑郁、恐惧情绪的人。后来，有的心理学家倡导应把更多的精力放在正常人身上——如何让正常人生活得更开心、幸福，所以就产生了积极心理学。现在，中国的心理界正配合政府操作两个很重要的项目，一个是“幸福广东”；另外一个是已经开展的“幸福江阴”，后者已经获得了初步的成效。这实际上都是用积极心理学的方法去建设。

心理学从上世纪80年代塞利格曼（Seligman）提出“积极心理学”这一概念后，不仅是在中国，即便是在美国也非常重视。今年4月份，我们邀请美国哈佛大学的沙哈尔来中国讲学，原因是塞利格曼博士档期太满，他目前正在承担美国军队的重要课题，——让美国所有的军人增加积极心态，在任何情况下都不要绝望，要创造希望，要乐观、主动而自信。据悉，我们中国海军也启动了一个类似项目，这个课题对中国心理学的发展也是一个很大的促进。

以当前的国情背景，如何通过积极心理学的理论和实践增进我们国家和谐的氛围？这要从“积极”这个词的概念来说，“积极”就是没有抱怨，要正向的看到希望。从我随机关注的微博博文中发现，70%以上的人充满抱怨。积极心理学引导我们尊重积极的环境及积极的人格特征，尽管说我们所在的社会环境有亟待改善之处，但我们更该看到好的、有益的地方；虽然我们过的不太完美，但当前是和平安宁的；虽然我们不富有，但也不会遇到被盛名财富所累的苦恼。这就是很积极的方面。我相信，国家也希望看到更积极的东西，所以这个积极心理学无论是从上到下都将会很支持。

有了积极心理学就有了积极组织行为学，我们在中国移动集团某地市分公司试点，并推广到全省开展的“积极班组活动”，要发现在积极的组织中到底需要什么特质，如何去建设？为什么要搞积极班组活动呢？是因为从2002年开始，我和《财富》杂志社进行合作研究，几年的数据分析下来，发现领导者的最大压力就是组织氛围。什么是组织氛围呢？就是一进单位，就觉得整个氛围是死气沉沉的，到处是怨声载道，这是作为领导者的最大压力。积极的组织行为就可以改变这一点，当然还有积极领导力。这些对中国现在EAP的发展起到重要的作用。

除此之外，还有心理资本（Psychological Capital）。心理资本全球第一个建设性的项目是2008年在中国移动某省级公司开展的。心理资本的创始人美国管理学会主席路桑斯也亲临现场，跟省公司的总经理、机关党委书记一起来开展。目前，这个项目在国际上已得到非常高的评价。

有关EAP的基本内容

首先，我们来简单介绍EAP 在美国的发展。EAP最早的发展和现在实际上有很大的差别，有一种说法EAP就是从戒酒、戒毒开始的。从上世纪70年代起， EAP在美国得到突破性的发展。我们知道那时的美国发展非常迅猛，跟现在的中国有点像，所以人的压力非常大，心理方面的需求占据了巨大的比重。到上世纪90年代后，开始进入工作与生活的问题，包括引入疾病管理和在线戒毒系统，并随之逐步发展到以健康保健为主的EAP模式，现在也有叫EEP（员工提升计划——即如何让员工的潜能得到最大的提升）。这是美国的一个背景。

其次，来谈谈EAP在中国企业内的开展情况。最近几天，《财富》刚刚公布了今年的世界500强。新一轮公布的世界500强里包含台湾地区、香港与大陆一共69家，我想在座的很多企业都是。过去世界500强中使用EAP的有90%以上，现在世界500强使用EAP的已经降到80%以下，大家知道为什么吗？也就是说在500强里的69家中国公司中体系化开展EAP工作的很少。这个数据是很有意思的，我们要跟国际接轨，国际一流的最好的企业连EAP都没有那是很说不过去的，这是给员工的一个基本的精神福利。当然这跟我们的传统文化有一定的关系，世界500里面中国的企业也都逐步的在开展，个人认为在这些企业里，目前相对来说中国移动是开展的规模最大、最深入、最广泛的一个机构，甚至超过了很多国际的500强企业。

第三，国际EAP常见的几种服务模式。

国际上EAP常见的服务包括危机、测评及社区的资源、风险管理等，EAP服务的内容包括很多，如绩效、离退休的规划、戒烟戒酒、财务和法律等诸多内容。

第四，本土EAP与国外EAP比较。本土的EAP特别强调问题解决，要解决问题。做得非常细，而且一定是从各个层面都要解决问题，包括压力、职业发展等。主导部门是党建、工会，其次是人力资源部门。而国外的EAP是成熟的福利导向；所以国际EAP投入很少，有事打电话沟通一下即可，没事就算了。就跟我们的医疗保险一样，是一种福利。主导部门以人力资源部为主，在大的集团里人力资源部下面会有一个职业与心理健康专员来负责EAP。

EAP在中国的现状

目前，在中国有这样一种现象，就是大家都逐渐意识到EAP，但不知道怎么做；另外一个就是员工抵触，觉得是领导请一帮搞EAP的人来忽悠我们，这是一些负面的想法。当然，我们要理性地分析，我们如何来消化吸收国外的EAP，更加有效地导入？如何来为我们中国的企业服务？当然，这是一个已经开展的探索，也是目前的现状之一。

第一，对本土EAP战略功能的理解。

EAP在中国的发展，最早就是从外资到中国然后到2001年本土化的EAP的开展。发展到现在，目前中国大大小小能提供EAP服务的企业大概有一百家了，我想今后会有更多的更大的发展。那么，面对如此迅猛的发展，我们该怎么理解本土EAP的战略功能？中国没有物质滥用，也没有明确的吸毒、酗酒这样一个人群，所以我们的重点在哪？我们10%的精力放在应对心理挑战，可能是一些心理问题，那就是问题导向了；70%是应对的，就是预测或是预防；还有大部分人100%需要提升心理资本或者往更积极的方向建设。这是本土的一个功能。

第二，关于本土EAP的模式。

本土EAP的模式，目前普遍使用且效果最佳的模式包括以下六个阶段：问卷调查、EAP规划、宣传促进、培训提升、心理咨询、效果评估。在2001年前是四个模块，并没有规划。当时我在主持联想的EAP项目，就想试一试。联想当时发展很好，也很喜欢创新，所以我们就大胆地创造了中国这个模式，以后就逐渐发展起来了下面，我们就这六个阶段来进行简单介绍：

第一个阶段调查，实际上就是做一些问题的发现，挖掘一些深层的东西，做很系统的分析。一个是反馈给领导，他们会更多的了解我们第三方调查的内容；再有一个就是可以深入的预防一些问题。如去年年底我主持一个项目，关于某银行的全员心理调查，它是四大国有银行之一，有十多万员工。为什么？就因为富士康一下跳了13个，相信这对很多企业是个很大的触动，也是一个警示。也正是因为此，这次山西的EAP项目，会有这么多企业积极响应。之所以如此重视，就是因为心检对安全生产和组织的影响太大了。

第二个阶段是规划。就是系统对该组织进行理性的分析，对企业的EAP进行长年的规划和年度的实施计划以及确认如何实施的模式。有些企业太大了，如中国工商银行超过50万人吧，任何一个机构给工商银行服务都很吃力。几十万人中就算有1%的人做咨询，那每天也有几百个，工作量太大，就要建设内部队伍，我们叫EAP专员，走内外部结合的道路。

第三要有一套系统，我们叫自助系统，尤其与电子结合的系统来进行知识的传递、活动的宣传。因为EAP在中国是比较新的，我们要做大量的宣传去告诉大家这个概念、意义，以引导更多的员工参与。简单以移动集团某省级公司的PCA为例，从启动、LOGO、使用手册、漫画到爱心卡片等，多种形式宣传（包括彩信、邮件、flash、短片、心理剧等）。如此丰富多彩的宣传方式，大家的参与程度就特别高。

第四个阶段是咨询。随着IT行业的迅猛发展，现在国内外特别统一的是EAP的功能是绝对不能缺少的24小时×365的热线，这是EAP起码的功能，不具备为个功能就不叫完整的EAP。然后就是一般的电话咨询、QQ咨询、电子邮件咨询、驻场面询、团体治疗等，再一个就是抑郁职工的主动干预。这是我在汶川地震后提出的主动干预模式（即在大规模调查以后，抑郁得分很高的，我们会主动打电话过去，然后引导建议他去接受心理帮助，包括危机的干预、转介等。危机转介服务也是很重要的方向）。

第五个阶段就是培训。从压力管理到咨询式的管理者，到积极的领导力，从团队建设到自我成长，到心理资本提升、工作压力感降低。所有这种问题都可纳入到EAP里面，也都是员工比较爱听的。在实施形式上当前开展比较多的有：培训、讲座、EAP空间、沙龙、影片欣赏、教练技术、团体辅导、心理剧等，以及在线学习等方式。

最后一个环节就是要有非常好的评估。评估起来非常困难，即便做了这么多年，我一直都在做研究，评估起来也很困难。国际上的相关研究来看，EAP有60%以上的效果是评估不出来的，那些效果是积极的，也就是说通常我们评估出来的结果要再加上60%。还有就是目前来看，EAP是惟一一个没有什么副作用的项目，文化、薪酬包括绩效考核、岗位建设有时候推进起来可能会产生副作用，可能会引起一些不安等。EAP就像给大家心理增加一个商业保险，是件好事，如果推进好的话，EAP的进展应该是相当不错的。然后就是从服务反馈到EAP的评价，到心理提升到工作总结，从专业学术的到口碑传播的、到管理者认可的等，都是EAP评估的一个范畴。

当然，还有一些EAP是专项的。比如，我给国家某部委曾经做过一个项目，就是要解决工作人员长期出差的问题，他们有好几千人在国外，在美国、日本、英国等这些国家还好，有的地方因为社会不稳定，会有生命之虞。此外，我们还有关于两地分居问题，孩子教育问题，80后现象，抑郁、裁员及变革中的各个专题的员工帮助计划等。

第三，关于本土EAP的功能定位。

多年的经验告诉我们，践行人文关怀、增效员工福利就是其中一个重点。在咱们央企，党群工会、人力资源部、团队都承担着相关的责任。从党群思政的角度来看，EAP是是一种科学工具，是思想政治工作科学化的体现，记得2006年，我曾与某银行的机关党委书记合作了一篇文章《政治思想工作科学化》。就是说政治思想工作需要科学，不能只是说教，心理学就是其中一个非常可靠的工具。从工会角度来讲，EAP是企业增效关爱，完善员工福利的一个有效补充。我们经常用体检报告，来呈现身体的状况。科学研究发现，85%的躯体疾病都与人的心理状况相关、员工的绩效水平也与他的心理资本水平状况有关，所以员工心理的状况检查对组织保持可持续的发展角度来说更至关重要，不仅帮助员工关注自身的心理状况，同时也帮助组织了解整体团队的产能，是否支持组织的战略发展目标，也可以作为组织变革、组织环境改善、管理改善的数据分析依据。在英国法律规定，所有的员工（就是指employee）每年至少要有两次心理检查，这是组织必须要做的。国家有他们的意图，第一可以充分了解，第二这种连续的心检调查可以预测未来，起到预警的功能。

说到这一点，我补充一个数据，在中国每年有3000万人自杀倾向，有300万人自杀未遂，30万人因自杀而丧失生命。国内很多企业都发生过类似的令人痛心的悲剧，所以我呼吁企业一定要重视员工心检工作的开展。

第四，大型企业的EAP实施探讨。

一是EAP模式的选择。国际上有内部的、外部的、内外结合的几种。我建议大型企业在刚刚开始的时候，一定是要以外部为主，以局部为试点，可以边实践边观察，在外部资源的支持下，搭建从集团、到省级、地市级公司的立体EAP项目管理和服务渠道，在这点上，可着重培养党群、团、工、人力的相关人员，建立内部的EAP项目管理团队；同时，在管理者、骨干员工、政工干部群体中，选拔适合的人才组建内部的辅导员团队，为日后内外部结合的体系奠定基础。在这点上，我们接触的客户中，中移动做得非常不错，从集团的层面做了EAP的整体导入规划，也设置了专门的EAP专员岗位。当然，有些功能不能在内部进行，如纯粹的面询、电话咨询等，要放在外面；而对需求评估、效果评估、EAP培训、促进宣传等可以放在内部。当然很重要的是内部也要建立一个队伍。

二是与新技术的结合、与管理相结合。随着IT技术的迅猛发展，尤其是移动互联网对人们的影响更大，所以EAP必须考虑跟现代技术的结合，在便捷、高效的同时，以帮助企业降低员工作答成本，保证个人报告的私密性、降低员工顾虑。

三是建立一个网络自助系统。因为借助网络和E-learning，员工们可以自己非常便捷地及时寻求帮助。这里有一个案例跟大家分享，如图所示，就是一个自助系统，叫“幸福1站”（就是我们用网络实现EAP的很多功能，如可在网上培训、在线咨询、视频咨询、在线接受各种各样的调查），包括导航、心情气象、心理学教材、心理咨询、我的幸福等，都可通过互联网来实现。当然，这都是需要逐渐发展的，也需要完善的，不是说一下子就能到位的。因此，我相信在座的诸位如果对EAP有深入的思考和实践，会有更好的发展。

四是导入PC，就是心理资本。对此，我就不具体讲了，中国移动广东公司的李名国书记会在接下来的报告中做更加详细地展示。

再次感谢在座的每一位，因为十几年来我做的一件事也是惟一的一件事就是EAP，我对EAP充满了感情，也充满了憧憬！对每一位加入这个队伍的人我都特别感激。为什么？因为我觉得EAP是特别积德的一件事，凡是开展EAP的单位，那就意味着有很多员工都受益。期待着有更多的企业开展EAP，让越来越多的员工享受到这种福利。

（作者系北京师范大学心理学院教授、职业心理健康研究和实践专家，本文为在2011年“员工心理援助与和谐文化培育”专题研讨会上的发言）

社会科学VS管理学

——企业文化两类观点及实践反思

乔明哲

在对组织文化的认识上，社会科学视角同管理学视角之间一直存在争议，这一事实常为管理者所忽视。社会科学视角与管理学视角间的争议主要集中在三个方面：文化“客观存在”VS文化“主观存在”；融合文化VS分化文化；象征领导VS管理控制，而每一争议都值得管理者对企业文化实践进行深刻反思。

文化建设逐步在我国各类企业中推广开来，越来越多的管理者将文化作为重要管理手段。但通常忽略了这样一个事实：在对企业文化的认识上，社会科学视角同管理学视角间一直存在争议。管理学历来关注组织文化与组织有效性的研究，认为强势文化可保持组织目标的一致性，提高员工士气，与组织绩效之间存在着某种关联。社会科学的观点则普遍认为，企业文化是一个被管理学者过度使用却未能明确定义的术语，它并非管理者轻易驾驭的工具。而在社会科学的观点被淹没于管理学观点的呼声中，企业管理者也大多从管理学视角进行企业文化实践，未给社会科学观点足够的重视。

文化“客观存在”VS文化“主观存在”

管理学观点认为：如同组织结构、战略一样，每一组织都拥有一个文化，组织文化是由物质文化、制度文化和精神文化构成的可以量化和测度的客观现实。高层管理人员能有效地管理和控制企业文化，他们可在需要时维持和强化文化，也可在其与环境不匹配时改变文化，使其成为撬动变革的杠杆。社会科学观点认为，组织文化是由典礼仪式和含义构成的主观现实，而并非独立存在。文化在组织成员的互动中不断产生和演化，只有依附于组织成员的社会活动才能得以存在。如组织成员忽然消失，文化也将不复存在，既然是主观现实，管理者就难以管理或操纵文化。

双方各自强调了一个硬币的两个面——文化既有客观性也有主观性。文化客观性直观明显，易引起管理者重视，而文化主观性则要隐蔽许多，往往为管理者所忽视而导致文化建设陷入误区：

重形式轻内涵——企业文化建设成为表面文章。很多企业都重视文化建设，但将过多精力投入到客观可见文化建设中，使企业文化成为标语和口号的现象屡见不鲜。这些企业的管理者忽视了文化在组织成员的互动中不断产生和演化的这一事实，一味强调文化客观性而忽略成员主观世界，进而将文化建设脱离组织成员的思想观念的转化而流于表面活动，使文化成为没有思想根基的“空中楼阁”。

企业文化建设静态观、短期观——文化建设“三天打鱼，两天晒网”，或刚形成气候便将其“束之高阁”的企业不少，主观世界转变缓慢，因此文化变革远比许多管理者想象的困难，许多知名企业的实践证实这一过程通常需6～15年。即便外部环境没太大变化，企业文化也会随内部人员的变动及组织内、外部人员间的互动发生变化，因此要把文化建设做好，须将其作为一个持续不断地工作常抓不懈。

忽视非正式组织文化的影响，损害了正式组织文化——管理者除在正式组织中担当职务外，还可是非正式组织成员。管理者重视在正式组织中的言行，却忽视在非正式组织中的行为，这会对正式组织文化构成潜在威胁。“八小时以内是上级，八小时以外是哥们”是许多管理者常挂在嘴边的一句话。虽这样更易与下级打成一片，但别忘记，领导的言行与个人价值观会通过非正式组织成员间的互动传递到正式组织中去。两者一旦发生重大偏离，为迎合领导“胃口”，一些正式组织成员会依照非正式组织中的行为准则行事。即便有制度等客观现实维护，非正式组织文化还是会通过人们主观世界侵蚀正式组织文化。

融合文化VS分化文化

管理学者对文化普遍持有融合或统一观点，这类观点更关注文化的一致性与成员共识，认为组织拥有单一、统一的文化，并由此提出“强势文化”假设。既然文化是统一的，冲突就是由于沟通失败所致，完全可通过组织变革的干预手段对其进行有效管理。

社会科学的观点则把组织看成由相对群体构成的集合（如管理者VS工人；生产部门VS营销部门），这些群体间难以达成一致。组织可被看成是由于人类互动与环境变化而引起的持续不断地构建与重新构建，利益这个核心问题决定了伴随构建过程的并非团结一致，而是不同群体间的冲突。既然文化是群体经验的产物，可存在于任何共享历史、价值观和信仰的群体中，那组织文化就应是分化或多元，而不同亚文化的存在必然使得组织面临更多冲突而难以达成文化共识。据此，分化的观点认为“文化多元性”才是所有组织面临的现实，企业应更多关注亚文化间的复杂互动及造成的冲突。

“统一”与“分化”这对矛盾常让管理者陷入困境。过度强调“统一”则忽视了一个企业内不同个体、群体和部门间的差异，过度强调“分化”则难以通过文化产生强大的凝聚力，将各类活动聚焦在企业总目标上。这要求管理者须在两个极端间寻找合理平衡点，而过度偏离平衡点恰是最易犯的错误。

没能处理好价值观的共享与冲突问题——一些管理者易走向两个极端，有的过度要求统一而将一些价值观甚至将某一群体价值观强加于所有成员之上，造成企业内部文化冲突频发，同时也扼杀了多元文化潜在的创造力；有的为求兼顾而将所有价值观放到一起，使核心价值观不突出，造成价值体系混乱。

亚文化之间存在的差异有其现实根源，如财务人员的保守严谨的文化与研发人员的勇于进取的创新文化，都与自身工作特点密切相关。管理者须保护好亚文化中积极有利的价值观，否则文化求同将适得其反。但如果过度兼顾亚文化，对其放任自流，于组织目标的实现却有害。这需要管理者做到收放适度、求同存异。文化要能真正贯彻到企业整体的各个组成部分中去，就不能设定太多的价值观，关键在于突出核心价值观。在包容不同亚文化之间差异的同时，用统一的核心价值观将其凝聚。

过度强调统一，使文化成为狭隘文化——并购和国际化使管理多文化背景的员工成为许多企业面对的问题，如果过分强调统一，会导致剧烈的文化冲突。最小化文化冲突的潜在风险需企业文化做到“海纳百川，兼容并蓄”，在管理上作到抓大放小，在保证核心价值观的同时使文化具有更大的兼容性和开放性。拥有众多海外子公司的松下公司的文化策略或许是一个很好的典范。在宏观层次上，松下贯彻六条所有子公司都必须遵守的总体方针；在微观上，允许各地分部创建适合自身的文化。实践证实，该管理模式有力提升了各子公司的绩效。

象征领导的激励 VS 管理控制

象征领导（或对组织文化的管理）通过鼓舞员工使其感到自己在进行有价值的工作，从而更加努力和更具生产力。它将管理者视为英雄，是在内部员工与外部顾客中组织的象征。这些管理者拥有与占支配地位精英的价值观和目标直接相连的纽带，可激发成员对企业的忠诚与献身精神。

社会科学视角，争辩象征领导是种管理控制内在化的尝试。人们带着不同的动机、经历和价值观进入企业，这些差异导致他们的行为发散。为实现组织目标和对外形成一个统一整体，管理者须寻求控制与降低员工行为差异的方法，其中之一就是文化。从泰勒制的官僚控制到人际关系学派的人性化控制，再到企业文化控制，是从外部控制到内部控制的转变过程。内部控制更易让员工为组织目标努力，还可有效避免外部控制导致的不满。一些学者甚至认为文化控制是在对组织成员进行“精神殖民”或“灵魂改造”，迫使他们违背个人意愿树立企业期盼的价值观和规范。

此处争议反映了企业文化功能的不同侧面，前者强调文化激励作用，而后者则剖析了文化的控制实质。二者争论引出一些值得深思的问题：管理者在企业文化中究竟应该发挥什么作用？企业文化究竟应当强调激励还是控制？文化管理中是否需要考虑道德问题？经验表明，有些管理者犯了以下错误：

夸大领导作用，将领导意志强加于组织——虽领导行为对文化建设的方向、内容有很大影响，但领导者应在文化中发挥主导地位并起到带头模范作用，而非支配文化。三株集团“战争式文化”被贯彻到企业中，将企业市场划分为几大“战区”，使经营者成为企业文化“灌输者”，这样得不到全体员工认同的“文化”是无本之木，其结果有害无益。领导者要赢得员工支持就必须不断通过正式或非正式沟通传达企业价值与理想，积极与组织成员建立文化共识，促进和保护积极向上的价值观。

将企业文化单纯地作为控制工具而非激励手段——文化的控制不仅来源于成员内部控制，还来自制度、舆论等外部控制。优秀的企业文化能通过激励实现员工自我控制。而不少企业的文化沦落成让员工“服从”的外部控制工具，完全丧失激励功能。这样的控制必然引发员工的不满与抵制，导致成员与所谓“文化”貌合神离，将各种矛盾深埋在“服从”假象下，一旦外部条件成熟就会爆发危机。更重要的是，“服从”使员工成为失去创造力和主观能动性的“文化”奴隶，严重侵蚀了企业创新力的根基。

在文化建设中忽视道德因素——文化对企业自身有利似乎理所当然，很少有管理者会反问：我们的文化会给成员带来什么？文化管理中企业是否对员工承担了社会责任？不少企业把自身期望的价值观与行为规范强行灌输给员工，甚至演变出残酷的“加班文化”透支员工价值。当员工承受文化变革带来的巨大压力时，一些企业在没给予足够的教育培训帮助员工转变情况下，就通过裁员将没有“利用价值”的成员踢出企业。这些文化一味强调员工的“奉献精神”，却抛开对员工关怀、培养的责任，当员工在文化中丝毫感受不到企业关怀时，文化就是“精神殖民”，怎能唤起员工强烈的归属感和使命感呢？当我们解读优秀的企业文化时，会发现它们无一例外地在最大程度上兼顾了企业与员工的双重利益，员工在企业关怀下获得个人发展，从而激发强烈的归属感和荣誉感，形成强大的奉献精神与凝聚力。

（作者系安徽财经大学副教授，本文摘自《中外企业文化》2011 年 5 期）

关于企业文化建设评价的几点认知

刘三彰

加强企业文化建设评价是当前企业文化建设领域面临的一项重大而紧迫的课题。能否科学有效地开展企业文化建设评价，直接关系到企业文化能否适应时代要求，在企业转型升级中发挥应有的思想文化支撑作用。如何做好企业文化建设评价？首先要解决好一系列认知问题，即：企业文化建设评价是什么、为什么、评价什么、怎么评价。

企业文化建设评价的概念

企业文化定量研究领域一直存在着较大的概念分歧，如何在吸收借鉴西方同业先进经验的基础上，紧密结合我国企业文化建设实际，确定适合中国企业文化发展的概念，是开展企业文化测评的前提。我们认为，单纯分析企业文化态势类型只能诊断企业文化存在的“病状”，只有充分考评企业文化的效果、建设过程和内容，才能够真正把握一个企业企业文化的状态、优势劣势及其成因，才能搞清楚企业文化存在的“病理”与“疗法”。国务院国资委研究报告也明确提出：“企业文化建设评价与企业文化评价是两个不同的概念。企业文化评价主要对一个企业的企业文化特征和适应性进行诊断和评判。企业文化建设评价，是对企业文化建设的工作情况、建设状况、工作效果进行评价，目的在于加强企业文化建设过程管理，改进工作，不断提高企业文化建设水平。”我们认为，企业文化测评要坚持“一文一化一效”的思路，明确定位于企业文化建设评价，通过各种工具对企业文化建设的效果、工作情况以及企业文化内容与状态进行综合性评价，以判断企业文化建设水平，找出企业文化本身以及运行中存在的矛盾问题，发现企业文化创新与变革的关键环节，为促进企业文化提升、服务企业持续健康发展提供有力的工具。

开展企业文化建设评价的重要性紧迫性

开展企业文化建设评价是企业文化发展的迫切需要。当前我国企业文化建设领域存在的首要问题就是企业文化与管理脱节，形成了“两张皮”，直接导致企业文化不能“落地”，导向、凝聚、激励、规范等作用难以全面发挥，对企业经营业绩的影响不明显，导致企业实际轻视企业文化建设，形成“空中楼阁”的局面。如何走出这个困局？把企业文化管理起来！过去的20多年企业文化从无到有、从弱变强、从理念到行为，建设起来了。但是光建设是不够的，如果不管理起来，就很难深入细致推进真正融入乃至引领经营管理工作。怎么管？德鲁克指出，无法衡量的东西，就无法管理。建立企业文化建设评价机制，定期对企业文化建设进行评价考核，就成为企业文化发展的当务之急。

开展企业文化建设评价是提升企业文明的必然要求。时下企业行为越来越受到社会的关注，商业道德、企业文明的问题越发凸现出来。矿难事故、假冒伪劣、行业暴利、商业欺诈、商业贿赂等等都直指企业的道德良心。企业道德表现对于整个社会都有强烈的导向、示范作用，大量的企业失信行为直接传导到员工、消费者和社会公众，肆意破坏着社会道德、主流价值观的健康。如果不改变企业价值观、提高企业文明的整体水平，任何机制都难以扭转商业道德下滑的局面。这就迫切需要建立企业文化建设评价机制，对企业文化认知、行为表现等进行考核，有针对性地提升经营管理理念，确保以优秀文化引领企业发展。

开展企业文化建设评价是企业监管体系完善的硬要求。2010年财政部、证监会、审计署等五部门联合发布了企业内部控制配套指引，其中第5号应用指引明确要求上市公司和大型企业定期对企业文化建设进行评估。指引明确要求，企业决策层要履行领导企业文化建设职责并以身作则，促进员工价值认同与实现，并对上市公司执行时间表做出了明确规定。同时近年来国务院国资委、中宣部中国思想政治工作研究会也大力倡导企业开展企业文化建设评价。这些充分说明企业文化正在成为企业外部监管的重要内容之一，开展企业文化建设评价、建设与企业发展水平相适应的企业文化，将逐步成为企业特别是大中型企业生存发展的硬性约束。

企业文化建设评价的主要内容

企业文化建设评价应兼顾企业文化效果、内容和建设工作三大方面，一方面要考虑企业文化建设的一般规律特点，又要充分考虑行业差异，因此在指标设置方面应采用“一般指标＋行业关键指标”的思路，在各大板块中融入行业特色要求。

企业文化建设效果评价。评价一个企业企业文化建设首先要看企业文化建设的效果。什么是企业文化建设的直接效果呢？尽管目前业内仍然各有各的表达，但集中的共识有以下几点：一是团队精神，二是管理效率，三是能力素质，四是企业品牌，五是经济效益，或者称为“五力”——凝聚力、执行力、成长力、形象力、生产力。这五个效果按照重要性差异分配不同的权重，再把五个力具体化为二级指标，就构架出企业文化建设效果考评模型。例如，凝聚力是企业文化建设最根本最核心的效果指标，我们建议在效果板块至少要安排30%的权重。企业使命愿景核心价值观认知认同多少？战略目标和发展规划大家了解多少？员工对核心价值观认同程度？员工对企业发展有多大信心？员工能否在企业发展中成长进步？类似这些问题，综合起来就可以反映企业的凝聚力到底怎么样。此外还要充分关注行业差异所带来的不同要求，增加行业关键子文化建设效果的评价。譬如银行业的服务文化、合规文化，矿山采掘业的安全文化、班组文化，生产制造业的安全文化、创新文化，商业企业的品牌文化、服务文化，等等。

企业文化内容的测评。企业文化的构成要素是什么？理念体系、行为体系、视觉体系。理念体系是根本，就是我们常说的企业价值观，企业价值观不是一般的价值观，是企业生存发展的价值依据，是企业的经营发展管理思想。通常包括三个层面，一是企业的价值定位，二是企业生存发展的价值准则（或竞争策略与原则），这两者就是企业价值观的核心，我们称之为文化基因，一般用企业使命、愿景、战略目标、企业宗旨、核心价值观、企业精神、经营思想、企业哲学等来表示；三是前两者衍生的职能理念，比如人才观、绩效观、市场观、发展观、安全观、服务观等等。研究表明，只有强大的灵活适应型文化才能支撑企业基业长青。因此，我们考核企业理念体系首先考核企业文化基因对行业发展变化趋势的适应性，因为这一点决定了企业文化对企业发展的战略导航能力，其次考核文化基因内部协调性、职能理念与文化基因的一致性。第二个是行为体系。企业文化建设最终效果要体现在行为上，因此企业文化的内容中干部员工行为规范是必不可少的，不仅要有，而且要充分体现理念体系的要求。最后一个是视觉识别体系，有没有、能否表现价值观、是否统一规范。

企业文化建设工作的评价。“一文一化一效”框架下，最能反映企业文化建设积极性主动性的就是这个部分，实际上就是考察企业文化怎么做的问题。它可以为企业文化创新提升提供直接的参考。根据国内外企业文化建设管理经验，主要考核企业在“内化于心、固化于制、外化于行”方面的情况。理念内化是先导，制度固化是关键，行为外化是实践。如何做呢？建立PDCA管理链！规划计划、组织实施、检查督导、评估改进。做什么？通过宣传灌输、教育培训、活动体验等方式把企业理念传导到员工思想中，开启智慧；通过薪酬、考核、奖惩、用人等制度机制的创新提升把企业理念融入管理，发挥作用；通过树立典型、表彰先进、检查督导、养成教育等形式把企业文化变为员工的自觉行为……还要重点考核：企业领导干部特别是高管人员，是否履行企业文化管理职责，能否以身作则率先垂范；企业兼并重组中是否把文化整合作为重要战略安排等等。

特别要提出制度文化建设的问题。当前我国企业文化不能融入管理，很重要一条原因就在于文化没有进入制度层面。理论上说，任何制度都应以企业理念体系特别是密切相关的理念作为指导思想来设定，现实中由于种种原因制度设立思想与企业理念体系并不匹配。制度体系种类繁多，系统梳理是十分困难的，只有通过逐步改进的方法才能置于核心价值观的统领之下。考核重点主要是两个方面：一是人力资源体系——薪酬、考核、用人、奖惩，二是核心业务核心职能的管理制度。这些制度在多大程度上体现价值观的要求、能否得到有效执行，直接决定着企业文化能否“落地”。比如一个企业把创新作为核心价值观，然而其薪酬制度不能对创新行为给予鼓励，敢创新出成果的干部得不到重用，而且缺乏支撑创新的制度机制，那么创新肯定就是一个口号而已。

企业文化建设的评价方法

一般讲，企业文化建设评价方法主要包括问卷调查、访谈法、座谈法、观察法、资料法、咨询法，分析工具包括企业文化全要素测评、价值观排序、OCAI、丹尼森模型，有的企业把盖勒普 Q12 测评也引进来，都不失为一种探索。我们主张在探索阶段，大家可以尝试多种方法，但总的来讲要遵循几个原则。

定性研究与定量研究相结合。企业文化研究领域存在两种研究方法，定性研究与定量研究。沙因教授认为企业文化是企业生存发展的基本假设，价值观、人工符号都是建立在基本假设的基础之上，定量测评是难以抓住本质，必须要花一定时间深入企业深度观察，依靠极强的专业素养才能找寻到这个企业的基本假设。他称之为“临床研究模式”，我们称为“经验学派”。以霍夫斯泰德、奎因、丹尼森等学者为代表的“数理学派”则认为，人类心理普遍存在着一种具有普适性的“心理软件”，应用心理学测试的方法可以发现人们的真实感受感知，因而可以通过调查企业员工的主观感受、判断以及数理统计分析等方法来衡量企业文化的类型、实际状态，进而诊断出企业文化中存在的问题，并可提供一系列的解决方案。经验表明，与西方企业文化相比，中国企业文化既有共通的东西，又有很多源于深厚民族文化底蕴的特色，单纯地采用定量分析的方法很可能在方向上南辕北辙；单纯地采用定性分析又失之科学性系统性，都可能造成对企业文化的严重误判，阻碍企业文化发展。只有把两者有机结合，尽可能发挥两者优势，才能最大限度地准确评价企业文化，为企业文化的创新提升提供可靠的依据。

主观评价与客观评价相结合。很多做经营、技术工作的同志认为，只有利润增长率、销售收入增长率、产量等实实在在的数据才是最可靠的，问卷调查、座谈都是个人主观感受靠不住。这是个错误的认知。企业文化本身就是从意识层面发力，通过改变观念来改变管理，改变企业命运，甚至改变环境。因此对企业文化而言，最直接最有效的办法就是调查员工的主观感受、判断，把这些判断汇总分析，才能揭示企业文化的真实状态。当然企业文化建设的目的是提升经营管理绩效，还是要看它能否提升企业绩效、品牌价值等。把两者结合起来就是我们要的企业文化建设评价，一个是因，一个是果。至于一些人担心的信度问题，我们首先要消除“被调查对象不如实答题”的误区，多年企业文化调查经验显示，干部员工在调研过程中绝大多数人能够以对企业和自身高度负责的态度如实地表达自己的感受与意愿，近两年来我们企业文化问卷调查的克隆巴赫 α 系数都达到 0.8 以上，远远超过社会经济调查 0.7 的信度合格线。同时在问卷对象、座谈代表以及量表问题设计等安排上要采取必要的技术手段，有效过滤一些“报喜不报忧”的片面信息。

自评与他评相结合。企业文化的作用效果是内聚人心、外树形象，光看干部员工什么感受、怎么看是不全面的，还要看外界的感觉特别是直接相关的客户、行业内的看法，一些涉及企业战略方面的重大判断还要听取业内专家的意见，才能得出专业的评价结果。在为服务企业定制评价体系的过程中，我们把客户满意度测评模块纳入企业文化测评模型中，这一思路得到了企业的充分认可。有的企业不愿搞第三方测评，害怕得出负面结论影响了绩效考核，要突破这个认识误区。第三方客观中立的立场和专业水准能够赢得企业领导的尊重，提升其认知水平、重视程度，推动企业文化建设大提升。

中高层评价与基层员工评价相结合。中高层对企业使命愿景与战略的理解认同，能够直接推动企业战略顺利实施，在各职能部门、业务部门的具体工作中产生强大导向力；而基层员工熟知具体工作的指导理念、岗位职责、操作规程，则对工作绩效提升具有更现实的推动力。两者在企业文化建设的职能履行上各有侧重，因此在企业文化建设评价中，须把中高层与基层的评价相结合，不仅要设置差异性指标，且在相同指标上配属不同的权重。这样做，我们就很容易找出领导干部期待与现实之间、员工期待与领导期待之间的差距，从而找出企业文化存在的不足与改进方向。

（作者系中国企业文化研究会测评中心主任）

论企业文化是一种意识形式和生活方式

肖　坦

准确定义企业文化，对于正确理解和把握企业文化建设具有十分重要的现实意义和深远的理论意义。笔者曾论驳了广为流布的“总和”说和“精神文化”说，那么，给企业文化下一个什么定义更为恰当和准确呢？我认为：企业文化是一种由传统文化、现代意识和管理经验融合而成，为特定企业所共有的意识形式和生活方式。

一

（一）要给企业文化下一个比较准确的定义，首先要从逻辑说起。

概念是逻辑的一个首要的重要的范畴。概念是什么？概念是人脑反映客观事物的关键的、本质属性的思维方式。比如“人”这个概念，反映的已不是人的高、矮、胖、瘦、黄、黑等表面现象的东西，它已舍掉了男人、女人、大人、小孩、中国人和外国人等等的区别，只剩下了区别于其它动物的特点，这个特点就是人所具有而其它动物所不具有的、反映人的本质的、关键的东西：人是会制造工具并使用工具来进行劳动的高等动物。

每一个概念都有它的内涵和外延。所谓“内涵”是指概念的含义，即概念所反映的事物的本质属性；所谓“外延”则是指概念的范围。概念外延的大小是由它的内涵决定的。例如“笔”这个概念的内涵主要是“用来写字、画图的工具”，它的外延包括各种各样的笔。“钢笔”除了具有笔的一般特点外，还增加了“笔尖用金属制成、用墨水书写”这一特点，也就是说，“钢笔”这个概念的内涵比“笔”的内涵丰富，而“钢笔”的外延比“笔”的外延要小，它把毛笔、铅笔、圆珠笔等都排除在外。由此可见，一个概念的内涵越多，它的外延就越小；反过来，概念的内涵越少，它的外延就越大。文化这个概念有广义说和狭义说，广义说是指物质文化和精神文化的总和，狭义说是单指精神文化。企业文化的“总和说”，完全套用文化的“广义说”，是违反逻辑的。文化和企业文化是两个完全不同的概念，企业文化这个概念的内涵比文化的内涵丰富，也即除了文化的一般属性之外，还增加了企业这一属性，而企业文化的外延比文化的外延要小，它把广义文化、历史文化、政治文化、经济文化、物质文化等都排除在外。

形成概念的主要手段是抽象，就是从许多事物中，舍弃个别的、非本质的属性，抽出共同的、本质的属性。抽象要彻底，不彻底不能显其本质。而在众多企业文化的定义中，都不同程度地存在着概括不完整、抽象不彻底的逻辑问题（因为定义太多，恕我不能在这里一一例举和评说）。他们仅仅只是从企业文化的要素、内容、结构、表现等方面来概括和抽象企业文化的定义，诸如企业文化就是企业的价值观，企业文化是企业共同的行为准则，企业文化是一种氛围，企业文化是一种深层假设，等等。这些定义都有一个抽象不及的问题，所谓抽象不及，就是没有抽象出对象最一般和最基本的本质规定，也就是没有探寻到上升过程的逻辑起点，充其量只是一种描述性定义。因为无论是价值理念、价值取向、行为规范、传统、气氛、制度、信仰、思想、情感、习惯、环境、仪式、作风、标准、准则、假设、精神道德、共同信念，等等等等，都是意识的表现，都是企业文化这一意识形式运动的结果。

基于以上逻辑分析，我们应该这样来统一对于定义企业文化这一概念的认识：企业文化这个概念，应该区别于文化、政治文化、经济文化、行政文化等。在不同的社会生活领域，文化的具体表现形式和特点是各有差异的。在政治生活领域，它表现为政治文化；在经济生活领域，它表现为经济文化；在行政活动领域，它表现为行政文化，在企业管理领域，它表现为企业文化，等等。也就是说，把企业文化直接与文化，不管是广义的还是狭义的去套，或者说把企业文化直接等同于文化，不管是广义的还是狭义的，都是不正确的，都不可能给企业文化这个概念以正确的定义。

（二）准确把握企业文化特定的研究范围和研究对象，不仅对于实践具有十分重要的意义，而且对于科学定义企业文化也具有十分重要的意义。

从企业文化理论的起源上来说，它是在对日本企业管理的研究中，发现诸如企业目标、价值观念、社风、宗旨、信念等这些软性因素在日本企业的管理中起着十分突出的作用，而这些软性因素是由它的社会历史、文化传统等因素融合而成的，从而形成“企业文化”的管理思维。企业文化理论从它诞生的那天起，就不是以全部文化也即广义文化为研究对象的，而是以企业的软性要素为研究范围和研究对象的，这些软性要素人们可以列出许多，诸如企业哲学、价值观、社风、信念、目标、传统、礼仪、宗旨、理想信仰、伦理精神、行为准则，传统与习惯，包括很难用语言准确表述的群体心理、管理技巧、行为方式、风气与氛围，等等，而这一切都是人们的意识产物，都是人们意识的表达。

从企业文化的发展上来说，除了中国独一无二地把物质文化纳入企业文化的理论体系之内，其它各国我们没有见到。这种谬传，我认为是中国特有的形式主义的思维方式和工作模式所造成的。在中国，什么工作都要讲形式，都有一种表面上轰轰烈烈的追求，而这就是他们的物质文化，是“最外层的”文化，而这种最外层的物质文化与真正的企业文化真是去之天壤。

对企业文化的理解或对企业文化概念的定义，关键是对“物”或“物质文化”的看法。从逻辑上分析，“物”肯定不是文化，“物质文化”也肯定不是企业文化，但是，研究企业文化又离不开“物”，“物”中也有文化，但它只是文化的表现形式，是文化作用的对象，是文化作用的结果。说“物”不是企业文化，是因为它不是企业文化关键的、本质的属性。毛泽东同志说：“科学研究的区分，就是根据科学对象所具有的特殊的矛盾性。因此，对于某一现象的领域所特有的某一种矛盾的研究，就构成某一门科学的对象。”（毛泽东《矛盾论》）所以，我们对于企业文化的定义，或者说对企业文化这门科学的研究，应该突破广义和狭义的藩篱，既不能混同于广义文化，也不能简单地归于精神文化，而应从广义与狭义的结合上来研究，而对其概念的科学定义，也应该从广义与狭义的结合上来把握，从企业文化所具有的特殊的矛盾性出发，从它的语源、起源及其应用的趋向方面来确定，既要把握企业文化多种属性的总和，更要把握企业文化的本质属性，从而概括出企业文化最关键、最本质的属性。这应当是一个从具体到抽象，再由抽象上升到具体的辩证思维的过程。在这里，马克思主义的意识论是我们正确认识和把握企业文化的钥匙。

二

企业文化是一种由传统文化、现代意识和管理经验融合而成，为特定企业所共有的意识形式和生活方式。本文重点论述意识形式和生存方式。

（一）为什么说企业文化是一种意识形式？

什么是意识？意识是人的头脑对于客观物质世界的反映，是感觉、思维等各种心理过程的总和，其中的思维是人类特有的反映现实的高级形式。企业文化的运动形式是意识运动的反映，我们用口头的或书面的语言形式来表达理念，用各种活动形式来表达行为，用 VI 来表示标识，其中均渗透着我们的显意识或潜意识；从企业家对企业文化的预期和设计，到企业文化在管理实践中的实际运用，其活动规律和方式便是意识活动，直到企业文化的形成，也是群体意识的形成。企业文化就是诸如经济的、政治的、技术的、行政的、法律的众多思考和管理企业方式中的一种，而且是一种带有根本意义的思维方式和管理方式，德鲁克就说过：文化是根本的思维方式。企业文化的诞生，就是被作为“企业文化的管理思维”而被发现的。我们曾经概括过企业文化是一种思维方式，管理方式，这都没错，但是，从科学的定义来说，它们都有抽象不彻底的缺陷，要科学定义企业文化，还不能简单地说企业文化就是一种思维方式，因为思维只是人们反映客观世界各种心理活动的一种，而用意识形式，则是因为它是“各种心理过程的总和”， 管理方式是由思维方式决定的，思维方式先于管理方式，而思维的根呢？是意识，是意识形式。在这里，是文化的意识，文化的意识形式决定了文化的管理方式。所以，只有用意识形式才能最全面、最本质、最准确地概括和定义企业文化，才算抽象到底

形式是指事物的形状、结构、方式、方法等。如组织形式、艺术形式、社会意识形式等。就社会意识形式来说，就有艺术、道德、政治和法律思想、宗教和哲学等等。企业文化也是一种社会意识形式，只是人们以前没有充分认识到罢了。

（二）为什么说企业文化也是一种“社会”意识形式？

企业文化是“企业”的文化，为什么说它也是一种“社会”意识形式？首先，从意识的一般性上来说，任何意识都是社会生活的反映，也就是说意识在本质上就是社会的， “意识一开始就是社会的产物，而且只要人们还存在着，它就仍然是这种产物”（《马克思恩格斯选集》第 1 卷，第 35 页）

从企业文化的特殊性来说，无论从历史上看，还是从现实上看，无论从理论上看，还是从实践上看，它都具有广泛的社会性。企业文化属于管理理论，在思想上层建筑领域中，企业管理是最活跃的、引起反思最多的管理实践和资源最丰富的管理，管理知识和管理理论的开发与创新，大多来自企业管理。许多发达国家的社会管理，其它机构和组织的管理，甚至政府的管理都源源不断地从企业管理中汲取养分。企业文化的理论一经诞生便风靡全球，现在谈企业管理必谈企业文化，便是明证。

企业文化之所以是一种“社会”意识形式，还因为企业文化的思维方式具有广泛的社会性。社会上的任何企业都有其文化，没有没有文化的企业，有企业就有文化，既有共性，也有个性。企业文化就其形式而言具有社会性，是一种极具普遍性的意识形式，思维方式。它既表现于企业和经济领域，也表现于政治的、思想文化的领域和其他社会生活领域。在企业文化的理论出现以前，尚没有以文化的视角、以文化思维来作为思考和分析企业问题的方式，没有形成一种意识形式，只有出现了企业文化，——也是首先在企业运用——继而，这种思维方式和意识形式在其它行业和其他组织开始得以运用，比如军队文化、医院文化、院校文化等等，从而使企业文化获得了广泛的社会性。随着企业文化理论在企业和在各种组织的运用和发展，将来也许“组织文化”这一概念将取代“企业文化”这一概念而被社会所广泛认同。

说企业文化是一种社会意识形式，就如同说宗教是一种社会意识形式一样。宗教是离社会生产关系、社会物质生活条件最远的一种社会意识形式，宗教是要形成一种信仰，企业虽然不是宗教组织，企业文化也不是宗教，但在企业这个环境里，这个组织范围里，却是需要形成一种宗教般的统一意识，统一价值观，统一行动，也可以说，企业文化在某种程度上讲，也是要形成企业全体成员的某种信仰。而企业文化又是与社会生产关系、社会物质生活条件最近的一种意识形式，因为它同样也具有广泛的社会性和影响人类生产活动的作用。

企业的社会性决定了企业文化的社会性，企业是经济组织，又是社会组织，是社会的一个细胞，企业除了经济活动以外，还有社会活动，肩负着一定的社会责任和社会义务，企业本身是个小社会，彼得·德鲁克就说：“企业体或任何组织，就是一个经济有机体，可说是社会组织，是一个集体，也是个社会。”（德鲁克《旁观者》）他本人就是把企业当作新社会的雏形来研究并加以改善的，然后再将其中获得的宝贵经验，运用到政府管理、非营利组织以及其他的社会机构。随着经济全球化的不断推进，企业社会责任运动的深入开展，其公共性亦将不断扩展，企业文化的幅射功能将不断扩大和增强，其作为一种社会意识形式的社会性必将愈来愈大。

之所以要论述企业文化这一意识形式的社会性，是为了突出企业文化在我们社会生活中的重要作用，而没有在定义中把“社会”一词冠在“意识形式”之前，一则是因为“意识形式”本身就已经含有社会性，二则是为了突出企业文化是一种意识形式这一本质，它虽然具有广泛的社会性，但它毕竟是“企业”的，同时，也是为了避免与后面的“生活方式”连在一起，发生歧义。

（三）为什么不说它是社会意识形态，而说是社会意识形式？

说企业文化是一种意识形式，而不说它是意识形态，是因为企业文化首先是一种意识形式，是用文化调节人的生产关系的一种方式、方法、形式，久而成为一种形态，这也是它的一种两重性。

说企业文化是一种社会意识形式，而不说它是社会意识形态，还因为，社会意识形式有两种不同的类型：一类是属于社会上层建筑的社会意识形式，通常称之为社会的意识形态；另一类是不属于社会上层建筑的社会意识形式，可称之为社会意识形式中的非意识形态部分。如自然科学、社会科学中的思维科学、语言学、普通逻辑学等，企业文化作为一种意识形式，不是为特定的经济制度和政治制度服务的，资本主义制度和社会主义制度下的企业，都有其企业文化，就其形式而言，它是不属于社会上层建筑的社会意识形式。但是，在现阶段，因为这个世界上还有社会主义和资本主义两种社会形态，还有共产党、民主党、共和党等等各种党派的存在，企业文化不可避免地要反映这些不同社会形态的经济基础和政治制度，所以，企业文化与意识形态不可避免地要有重合的地方，这在我国就表现为企业文化与思想政治工作既相联系又相区别，既有共同点，又有不同点。它的不同点，也就是企业文化与思想政治工作根本区别之所在。实际上企业文化已经表现出了自己作为一种独立的社会意识形式的存在，如在我国，就有企业文化与思想政治工作并存的情况，而在西方资本主义国家，企业文化早已作为一门独立的管理科学而被人们研究和实践着。但是，从人类社会长远发展来看，政治思想和法律思想、宗教等都将随着阶级、党派、国家的消亡而消亡，而企业文化终将从社会意识形态重合的部分彻底分离出来，成为一种完全独立的社会意识形式，与艺术、道德、哲学一样，将与人类社会生活共同存在下去。在这个根本意义上，所以我们说企业文化是一种社会意识形式。

从管理学上来说，管理方法、管理方式有行政的方法方式，有经济的方法方式，有法律的方法方式，有思想政治工作的方法方式，进入上世纪七十年代，世界上又出现了一种新的管理理论和管理方式，这就是企业文化的管理理论和管理方式。在这个意义上，我们不能说企业文化是一种形态，而只能是一种方式。从思维上来说，观察、分析和解决问题，有政治思维的视角和方法，有经济思维的视角和方法，等等，自从企业文化的理论产生以来，又有了文化思维的方法和视角。简而言之，它既是一种认识的方式，思维的方式，又是一种管理的方式，实践的方式，所以我们说它是一种意识形式而不说是一种意识形态。

（四）为什么说企业文化是一种生活方式？

企业文化是一种由传统文化、时代意识和管理经验融合而成，而为特定企业所共有的意识形式和生活方式。运用这种意识形式来进行思维，就容易取得一致和共识，在这种共识之下共同生活，就会形成一种生活方式，也就是做人做事的形式和方法，待到这种意识化为共同的生活方式那就成为一种文化了。如果仅仅停留在意识层面，没有化为具体行为，没有形成一种生活方式，想的和说的，说的和做的，表面的和实际上的不一样，企业的管理和企业的文化是两张皮，则还不能称其为企业文化。只有企业的“意识形式”化为企业的“生活方式”，才称得上是企业文化。也就是说，仅仅定义企业是一种意识形式，而没有定义企业是一种生活方式，同样有抽象不及和概括不完整的问题。

有学者说过，文化是一种生存方式，我把这个意思移用到企业文化，改用生活方式，觉得其涵盖面更广、意义更精确一些。从词义上来说，“生存”的意思是“保存生命”，而“生活”的含义则是“人或动物为了生存和发展而进行的各种活动”（《现代汉语词典》）。对企业来说，生活方式从某种意义上涵盖了企业为了生存和发展所进行的生产、经营、管理、技术、等等各种各方面的活动，进行这些活动的方法、方式以及人们在活动过程中所形成的社会关系，包括丰富员工的文体活动，安排员工的衣食住行，甚至包括员工的业余生活，都深深打上了企业文化的烙印，企业文化已成为组织成员的一种生活方式。像 IBM、HP、宝洁这些强调企业文化和价值观的公司，要求员工不仅在工作中实践这些文化价值观，而且鼓励在下班时仍然保持与同事们的交往，去相同的酒吧，参加共同的聚会，刻意培养一种精英意识和严密的教派文化。以至于“离开这家公司就好像移民一样”，这才叫企业文化。另外，企业不仅要生存，更要发展，唯有发展，才能更好地生存。所以，用生活方式更准确一些，包罗更广一些。

（作者系中国管理科学研究院特聘研究员、南京圣道企业文化顾问有限公司总经理）

商品道德属性左右企业文化

史育华

人类在自身发展的历程中，实现了自然性与社会性的统一。作为社会实践主体，人的自然性要依靠人的社会性才能实现。人类的社会性使得人类能够接受社会共同体的生活。商品经济使得这个共同体生活得以维系。人的自然性需要商品经济行为结果对自我需要的满足，社会有组织的生产为人类实现这个满足提供了条件。人类进入到商品经济时期的同时。也真正地进入到了文明时期，因为人类社会性得以存在的基础就是人类文明，而主导不同时期文明的内在力量是道德的存在。商品经济作为道德规范下的人类文明实践行为之一，其关键是商品生产，这就决定了商品作为社会存在必然具有道德属性，商品的这一属性是企业家通过企业文化建设将自身道德修养注入到商品之中的行为表现。

商品属性的定位

商品生产者为了实现商品的价值，必须让度其使用价值；商品消费者为了获取商品的使用价值，必须让度等量的价值，也就是说商品的两重属性需要通过市场交换才能实现。由此说，商品的生产者和商品的消费者是分离的，商品生产者只有通过市场占有最大限度的商品消费者时，他凝结在商品中的价值才能最大化实现；商品消费者只有通过市场最大限度的比较商品生产者时，他获取商品使用价值的目的才能最优化实现，“市场占有”与“市场比较”的统率因素则是商品自身中隐含的“道德”。换句话说，商品生产者只有在道德的引导下，本着诚信待人、合法经营、服务社会、公正竞合的道德理念，才能更好地占有市场，为更多的消费者所选择，这样的交换前过程就决定了商品具有道德属性。商品道德属性含量的高低直接决定着商品使用价值的潜在效能。直接决定着交换行为的未来趋势。

商品的道德属性是商品价值与使用价值的灵魂，商品的价值与使用价值是商品道德属性的外在表现。对于商品生产者来说，经济效益是实现社会效益的基础，经济效益的实现要依靠商品的基值与使用价值的市场交换过程的实现，这个过程也是商品生产者道德素质通过商品的表现形式外化的过程。在商品道德属性的价值引导下，现代企业为了实现经济效益与社会效益的双赢，都在力求构建以商品最优化占有市场为标志的、适应本企业发展的有效形式，即企业的文化建设。

商品的道德属性要求建立现代企业文化

企业文化是上世纪70年代初新兴的一种管理理论，是以企业在长期生产经营过程中逐步形成与发展的、带有本企业特征的企业经营哲学，即以价值观念和思维方式为核心所生成外化的企业行为规范、道德准则、风俗习惯和传统的有机统一。其内容包括：企业哲学、企业价值、企业精神、企业道德、企业习俗、企业形象、企业制度、企业民主、企业环境、企业礼仪、企业风尚等意识形态及这些意识形态影响下的文化结构，其中企业道德占主导地位。从本质上讲，企业文化就是“企业信奉并付诸于实践的价值理念。”价值理念实践化是其关键。以追求利润最大化为标志的工业企业的运行要素是资本、生产工具、生产资料和劳动力，这些物化的存在必然会导致其所生产商品的物化存在，即以商品的价值与使用价值为基础的市场有形体。企业文化的兴起，标志着企业经营与管理在从物质层面向文化层面转化。企业的物化外在存在是在其内化的企业文化引导下进行的。以回报社会为目的的现代企业的运行要素是知识、信息、资本、员工、生产工具和生产资料。由此，我们可以看到现代企业不再把人的要素视为劳动力，而是将其看作企业工人的同时，又将其看作企业成员，故而现代企业中的人本思想就凸现出来了。

现代企业的人本思想是商品道德属性成为现实的基础性条件，这样，人本思想就成为了现代企业文化建设的主导要素，其目的在于形成能够促进企业持续成长的良好的管理价值观。企业文化层次由里向外依次为：理念、制度、行为和物质。在这四个层次中，与客户直接联系的是物质，也就是商品。在一个企业中，商品是通过员工的实际生产和管理行为生产出来的，而员工的实际生产和管理行为必须在本企业的有效管理制度的约束之下进行，进一步探究，企业的有效管理制度是企业经营理念的产物。这样，我们就得出一个结论：企业以什么样的理念经营，即企业拥有什么样的价值观，直接决定着企业成长的态势。

优秀的企业文化核心理念多为：诚实守信、以人为本、创新研发、坚持不懈地为社会、客户、股东和员工服务。这些理念的具体化就是商品道德属性的市场化，只有把这些理念以道德属性的方式内化于商品之中的时候，这些企业的理念才真正的得以实现，才真正地实现商品的人性化。企业文化的最核心层次只有够通过企业的管理制度落实于企业员工的生产行为，最终借助于商品的价值与使用价值的市场化得到客户的认可。在这一系列过程之中，商品的道德属性在优秀企业制定经营理念的时候已经潜在存在了，当优秀企业按照经营理念把商品生产出来的时候，商品的道德属性就成为了现实。商品的道德属性要求企业必须建立与之相适应的现代企业文化，企业文化建设的核心又在于以人为本的企业经营理念，这个理念的产生必须由处于社会实践中的人来完成，具体到一个企业，其经营理念的制定要由本企业的决策者——企业家来完成。

现代企业文化建设要以企业家道德建设为核心

21世纪的企业家多是在改革开放后的市场化进程中脱颖而出的。在这段时间里，中国的大部分企业家把赚钱聚财作为当务之急，无暇顾及企业文化建设与自身道德修养等精神层面的东西，即使搞企业文化、品牌战略、社会慈善，也只能把它们当作营销手段，或某种个人目的进行炒作。当然也有一些企业家在自身道德修养方面做得很好，但就整个中国企业家队伍而言他们是凤毛麟角。假冒伪劣、以次充好、见利忘义、唯利是图、损公肥私、徇私枉法等不良社会现象使我们有充分的理由呼吁企业家在经营行为中道德回归。

企业家作为制定企业经营理念的决策者，在谋求企业发展、追求经济利益的同时，一定要承担社会责任，要以道德形态来制定企业经营理念。有道德的企业家会把企业管理、员工福利、社会效益、经济效益、客户反馈、法律规章和创新竞合联系起来，不偏颇任何一方，从而使得其企业的经营理念具有道德的表现形式，企业家的道德行为最终是以商品的道德属性通过市场传递给客户。当前，市场竞合过程中名牌战略战略的实施是企业家将其道德素质注入到商品之中的道德化市场行为。这种行为的外在表现就是具体企业的企业文化化建设，内在表现是商品道德属性的社会认同。

企业家能够在所有与他的公司相关联的个人和团体之中树立起信任、忠诚和努力的形象，对企业的发展及企业文化的建立至关重要。企业家道德素质培养的关键在于对客户、员工与竞合者的正视与定位。客户是水，企业是舟，企业家是舵，员工是水手，竞合者是航标。企业家在制定企业经营理念的过程中，第一位要考虑的是客户，因为客户是企业的生存空间。在对待客户问题上，企业家要本着诚信、负责和服务的理念进行企业文化建设。舟的行驶离不开水手，企业家在管理过程中要以人性化的方式管理本企业员工，这样的管理是基于对人的基本权利、个性与尊严的尊重，这将使得整个企业的凝聚力不断增强。舟在水中行驶，必须正确识别航标，在航标的配合下，方能正确行驶，掌舵人要敢于超越航标，又要善于分析航标的具体情况以适时调整行驶方向。企业家要正确对待自己的竞争者，要清醒地认识到只有使自己跑得正确而快速才能超过对手，切不可在脚下使绊把对手摔倒而超过他。知识经济条件下，“竞合”是既竞争又合作的意思，这种合作不是“你吃掉我、我打倒你”，而是在发挥各自优势的前提下资源共享、协调配合，这对企业、对整个社会文明来说都是进步。总之，企业家管理过程中，要本着服务客户的理念，不断提高自我道德修养，对内要善待员工，对外要竞合对手。

企业家是职业的象征，这就要求企业家具有职业良心，其职业良心的支柱是诚信，这是“做人”的第一步。只有诚信的理念才能成就诚信的行为，为此，企业家只有通过诚实的合法的劳动，向社会提供合格与优质的产品，才能不断提高本企业经济与社会效益。企业家的诚信的外化结果直接表现为本企业所推出产品的质优价廉及售后服务的快速与周到，间接地表现为由此而带来的经济与社会效益共同作用下的企业的发达与个人事业的发展。凝聚了诚信理念的投产决策、技术设计、制作讨程、质量标准作为保证，才会有真正货真价实的富含道德属性的商品的产生。企业家行为是否符合职业良心，符合的程度有多高，总是通过其行为结果——产品和售后服务反映出来的。在本质上，企业家职业良心是企业家的主观意志，一旦付诸实现成为客观存在的商品时，就会以利益相关人的口碑或毁誉反映出来。因此，一个真正有职业良心的企业家，就不仅要注重经营行为动机和过程的良心主导，还应注重吸取来自于所有利益相关者对自己职业良心的评判反馈信息，进而扬善弃恶，使企业与信誉、自我与道德共存。

企业家作为管理者以德服人是最重要的，其根基在于诚信做事、恒于践行、言行一致。当代企业家的职业道德修养已成为企业伦理文化建设的核心和精髓。就我国社会主义市场经济的目前状态而言，企业家道德修养差强人意，其原因既有企业家个体道德素质修养的内在因素，也有企业管理体制、运行机制等制度环境、社会环境的其它因素。这些问题的解决需要国家、社会和企业家个人共同努力。比如国家要尽快形成有法律保障的企业家职业制度、尽快完善政府信誉度；社会要形成打击伪劣、保护产权与信誉的风潮；企业家要正是自我修养、服务社会，真正地实现个人价值与社会价值的具体的历史的统一等。

伦理道德行动必须与实现利润一致起来，或者至少必须与达到企业能在市场上站住脚、能应付竞争的利润一致起来。我们在讲企业文化和企业家道德的时候，要以规范的制度保证其经济利益与社会利益的共赢，不然，道德只是空谈。企业家的道德修养是企业文化建设的核心，商品的道德属性是企业家制定经营理念的必然要求。企业家的道德修养会以商品的道德属性呈现于市场，市场与社会对此的反馈是企业家改进管理提高社会效益与经济效益的关键所在。企业家只有真正实现道德回归，社会主义市场经济的和谐运行才能够得以落实。

（本文摘自《中外企业文化》2011 年 6 期）

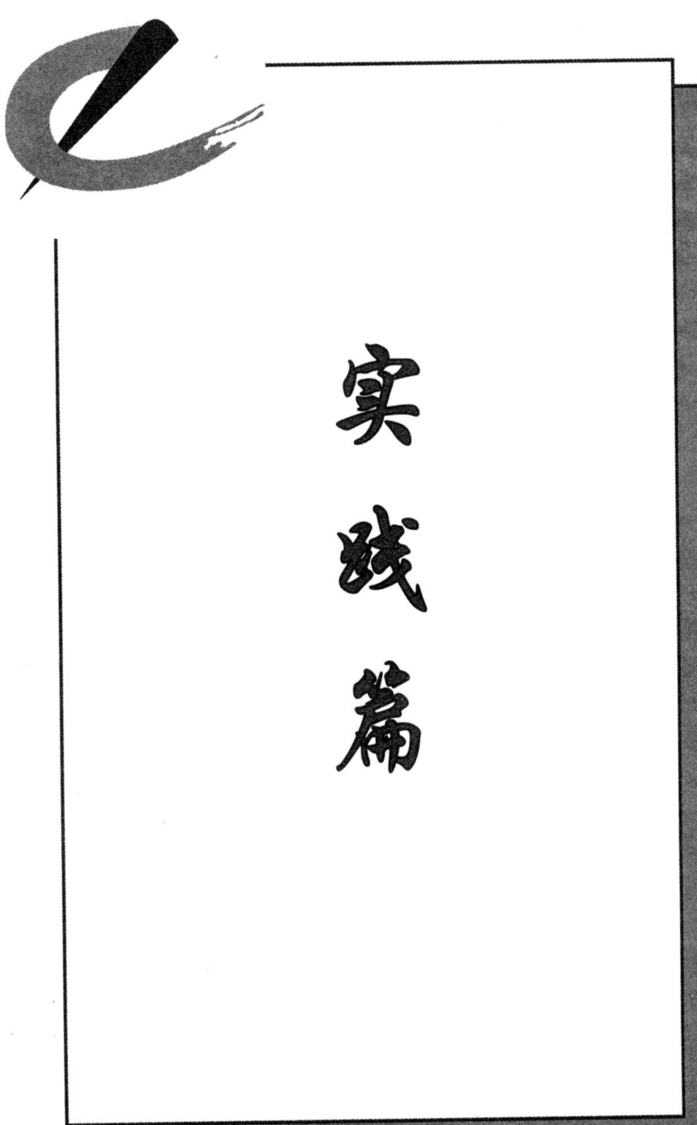

实践篇

中国企业文化建设示范基地巡礼

国电浙江北仑第一发电有限公司

创新卓越 和谐共融
为企业科学发展提供永续动力

北仑发电厂于1989年8月4日成立，是我国第一个利用世界银行贷款建设的火力发电厂，总装机容量500万千瓦，是国内目前最大的绿色火力发电厂。

建厂20年来，北电坚持以文化力提升经济力，以无形资产增值有形资产，以现代管理理论创新经营管理实践，全面推进企业文化建设，有力地推进了企业健康和谐发展。北电积极弘扬持续创新、追求卓越的北电“创一流”精神，持续打造北电“一厂多公司”体制下的“和谐共融”文化模式，夯实了文化管理基础，促进了公司整体实力、经济效益和队伍凝聚力的不断提高。

一、企业文化建设的主要成果

（一）不断地文化自觉，逐步形成了比较完善的企业文化建设推进格局。

北电始终把企业文化建设作为谋求可持续发展和打造核心竞争力的重要战略，融入到企业生产经营和全方位管理之中，在各级领导干部和广大员工中达成了“基业长青、文化制胜”的全面共识。立足企业实际，汇聚全员智慧，在继承中求创新，在创新中求发展，从组织网络到推进载体、从长远规划到工作思路、从理论研讨到经验总结、从量化测评到创新发展等方面，形成了一整套独具特色的企业文化建设推进体系。

（二）不断地文化融合，保证了企业三期工程建设和多个产权层面整合的顺利完成。

以整合企业使命为前提，确定了“为社会发展提供永续动力”的宏伟蓝图；以理顺母子文化体系为基础，将北电“创一流”的企业精神融合于“以电兴业，强企报国”的国电企业精神之中；以整合管理模式为重点，建立了以质量、职业健康安全、环保三个体系认证为基础的制度管理体系；以绿色环保为己任，实现了建设“示范型、效益型、现代化国际一流”火力发电厂的战略结构调整。

（三）不断地文化主导，大力提升了员工队伍的凝聚力。

积极发挥企业文化建设“凝心聚力”的主导作用，把“家园·舞台·梦”的企业愿景落实到具体措施中，进一步增强了企业凝聚力，使广大员工切身感受到企业是他们理想寄托的精神家园、施展才华的广阔平台、塑造自我的最好熔炉、实现自身价值的重要阶梯，员工以“北电的光彩，你我的风采”为信条，爱岗敬业、以企为家、勇于拼搏、甘愿奉献的自觉行为在企业中蔚然成风。

二、企业文化建设的基本路径

（一）坚持持续创新，推进文化融合。

1988年1月5日，北仑电厂正式开工建设。在一、二期工程建设过程中，先后有20多个国家的40多家供应商参加设备招投标。面对由“联合国军团”装备成的国内最大的火力发电厂，北电人在吸收、消化国际先进技术的基础上，始终瞄准国际一流水平，实施机制、管理、科技等一系列创新，在努力为社会提供永续动力的同时，实现了跨越式发展。

在机制创新中，北仑电厂通过完善法人治理结构，建立现代企业制度。北电一期、二期分别完成公司制改造，实现权力机构、决策机构、执行机构和监督机构相互分离，相互制衡，为企业正常运营和健康发展提供了制度保证。

在管理创新中，一是强化设备基础管理。在借鉴国内外先进设备点检制经验的基础上，建立以机组《检修规程》、《设备检修作业标准》、《设备检修作业文件包》控制文件为基础的管理技术框架体系，大力开发应用设备管理EAM系统。经过认真消化吸收，率先推行设备点检定修制与状态预知检修相结合的设备检修模式，优化设备大小修项目和周期，全面推广检修重大项目经理制及系统工作票制度。抓好生产技术经济指标的对标分析和过程控制，优化运行方式，努力挖掘节能潜力，使厂用电率、供电煤耗、补给水率等指标一直稳定在先进水平。这一具有北电特色的设备管理模式在全国电力系统广泛推广应用。

二是企业落实生产经营责任制，推行全面预算管理，规范完善企业内控制度。优化燃料管理，开发运用燃料管理系统，实现燃料调运、接卸、进仓等环节的动态管理；推行精细化管理，细化备品配件管理标准及管理流程，消化吸收、引进推广国内外先进的科技成果，加快推进备品配件国产化进程。推行高效有序的流程管理模式，建立了一套涵盖技术标准、管理标准和工作标准在内的标准化体系，积极运作“三标一体化”，实现了具有北电特色的标准化和体系化管理。

三是企业以信息化管理促进现代化发展。率先引进国际先进SAP、EMS管理软件，开发运用于财务、设备、物资管理，从而进一步优化企业资源配置，提高管理水平和竞争力。北电也成为国内第一家实施国际知名企业资源计划软件（SAPR3），成功应用ERP（企业资源计划管理系统）软件的首家火力发电厂。

在科技创新中，北仑电厂加大科技投入，坚持完善技术创新运行机制，以优化运行、节约资源、清洁生产为重点，在引进、消化、吸收大量国内外先进科技成果的基础上积极创新，完成了火电机组状态检修的研究和应用、SRCM检修模式应用、火电机组在线性能计算，等等。同时，通过开展"科技周"、技术练兵、QC小组和技术革新等活动，激发员工的创新思维与活力，营造自主创新的良好氛围。开发应用"科技成果管理系统"，抓好项目负责人为中心的组织管理体系，实施技改科技项目的全过程管理。近年来重点实施了火电机组状态检修的研究与应用，机组DCS改造、SAP R/3项目管理开发、水资源综合利用改造等，形成公司自有的技术创新体系和技术成果优势。

我们还在研究和吸收引进技术的基础上，自主开发机组在线能损分析和在线指导的专家系统。利用实时数据，进行参数的耗差计算，并指导进行操作调整，从而大大提高了机组运行的经济性。近年来，机组可靠性指标在全国同类机组中处于领先水平，机组实现了长周期连续运行。其中，3、4号机组连续运行时间均突破了500天，在全国同类机组中处于先进水平。在全国60万千瓦火电机组竞赛中，北电先后获得1个特等奖、3个一等奖，4次获得全国火力发电可靠性金牌机组称号。

20多年来，北仑电厂实施技术创新千余项，不仅产生了可观的经济效益和社会效益，也使北电现代化管理水平不断跨上新台阶。

（二）坚持“创一流”精神，不断追求卓越。

北仑电厂在长期的建设和生产经营实践中，形成了强烈的进取意识和追求卓越的精神，也就是“创一流”的意识。早在1986年工程建设初期，就提出了“艰苦创业的拼搏精神，坚持改革的创新精神，顾全大局的主人翁精神，争创一流的攀高峰精神”的北电工程精神。1991年北电作为企业建制正式成立时，又提出了以“创一流”为核心内容的北电企业精神。2000年10月，北电装机容量达到300万千瓦，成为当时国内最大的火力发电厂，并及时提出了把北仑发电厂建设成为“示范型、效益型、现代化国际一流火力发电厂”的战略目标，给“创一流”提出了新的更高的要求。2008年，北电以三期建设为契机，提出了“建设500万千瓦国际一流现代化火力发电厂”奋斗目标，为北电企业精神赋予了新的内容，也给广大员工以更大的鼓舞。

以“创一流”为目标的共同的价值追求和理想信念，统一了全体员工的思想和行动，凝聚了上上下下的力量，形成了强大的感召力、内趋力和约束力。它促使北电人自觉用一流电厂的要求规范自己的行动，激励员工爱厂如家，视企业“创一流”为己任，为企业“创一流”而拼搏。在取得成绩时，不居功，不骄傲，不断追求新的更高的目标；在遇到困难时，不气馁，不松劲，不动摇“创一流”的信念，不停止“创一流”的步伐。可以说，北电从2台机组到7台机组、120万千瓦到500万千瓦、亚临界到超超临界跨越式发展的二十年历程，就是全体员工追求卓越、共创一流，朝着更高目标不断奋进的过程。

经过多年的实践和不断地总结提高，北电把“创一流”诠释为：“不甘落后的拼搏，永无止境的探索，更高境界的追求”。以“创一流”为核心的北电精神已逐步在全体员工中形成共识，并不断得到强化，成了北电的宝贵精神财富。这种精神的力量，在企业生产建设发展中发挥着重要的作用。

（三）坚持和谐共融，夯实管理基础。

建立现代企业制度是企业改革的核心，与企业文化建设是密不可分的。北电按照《公司法》和现代企业制度的要求，结合企业发展实际，不断对企业产权制度、管理制度和经营制度进行改革、重组和创新，本着相互尊重、和谐共赢的原则，较好的营造了“一厂多公司”模式下的文化融合氛围，为企业的长久发展提供了强有力的文化保证，为企业的内在和谐稳定发展打下了良好的基础。

北电在企业发展过程中，通过提升企业和谐能力，促进企业和员工和谐健康发展。多年来，北电坚持“以人为本”，以实施“三个一百”人才工程评选等为抓手，鼓励员工爱岗敬业、岗位成才，促进员工和企业共同发展；不断规范和深化党务公开、厂务公开工作，全面落实职代会制度，职工充分行使民主权力；关心员工身心健康，大力推进“健康工程”。围绕职工最关心的热点、难点及焦点问题，发挥工团桥梁纽带的作用，解疑释惑，理顺情绪，协调利益，教育引导职工群众自觉维护稳定，奠定了公司“内和”的思想根基。

同时北电不断深化和谐的内涵，坚持绿色发展理念，实现企业外部和谐环境形成。北电高度重视环境保护工作，管理制度完善，资金投入到位。在工程设计基建阶段优先采用资源利用率高，污染物产生量少的清洁生产技术、工艺和设备；工程投产后，始终把环境保护工作纳入企业议事日程，成立了环保领导小组，定期召开工作会议，明确落实每阶段的环保任务，纳入企业经济责任制考核。2002年7月，采用石灰石—石膏湿法脱硫工艺，按单元制设计，每台炉配一套烟气脱硫装置，这也是全国最大的烟气脱硫改造工程。目前这5台机组的投运率和脱硫效率都超过了设计值。

节能降耗工作不仅影响到全厂的经济效益，并对降低污染物排放、保护环境具有重大意义。在管理上，我们建立健全节能组织体系，节能技术方面，一是在电力行业中率先开发应用了机组运行优化管理系统，对机组效率实施在线监测，使机组运行性能的变化趋势得到了实时分析和调整，大大提高了机组运行的经济性。二是在大型锅炉煤种适应性试验研究方面取得了显著成绩，并在电力行业中处于领先水平。三是在循环水系统优化运行方面做了大量试验研究，根据不同季节下循环水温度的变化特点，科学调节循环水泵的叶片角度或启停一台循环水泵以改变循环水流量，大大节约了循环水泵的耗电量。四是完成了一批节能技改项目，取得了显著的节能降耗效果。每年可产生经济效益340多万元。

2006年12月15日北电三期2X1000MW超超临界机组工程开工建设，工程建设之初就确立了“低碳、绿色、科学、高效、节能”的建设理念，制定了“严谨、求实、高效、创国优工程;和谐、创新、共赢、建一流电厂”的工程建设方针，推行全过程、全方位创优，确立了创国家优质工程金奖的建设目标。

北电三期工程是国内首个烟气脱硫、脱硝装置随机组“三同时”的百万机组工程。首次在百万机组中采用了一级电压等级、低短路参数的中压厂用电系统——6kV-40kA，简化了系统，节约了投资。国内首创双层桁架系煤斗支承梁，利用柱间支撑系统参与承重受力，成功破解了煤斗支承梁局部荷载太而空间紧凑的难题。工程同步建设了300吨／小时供热系统，在国内首次实现了百万机组对外区域供热，为地方经济建设和绿色环保作出了巨大贡献。

三期机组投运以后，机组各项经济、技术指标优秀，性能稳定。经浙江省电力试验研究院测试，锅炉热效率为94.65%，发电煤耗为266g/kWh，供电煤耗276g/kWh，厂用电率为3.1%，机组循环热效率为46.04%。2010年1-4月，在两台机组平均负荷率83.4%的情况下，平均供电煤耗为279.3 g/kWh。烟气中二氧化硫和氮氧化物含量远远低于国家甚至欧盟、美国的允许标准值，实现增容减排目标，有力推动了北电科学发展上水平。

（四）坚持专项文化建设，推动企业文化落地。

企业文化能否落地，能否真正提升企业竞争的软实力，是检验企业文化建设成功与否的重要指标。北电在企业文化实施过程中，坚持企业文化理念与企业发展战略相结合的原则，积极创新工作思路，围绕企业中心工作，以专项文化建设为抓手，积极培育安全文化、科技文化、制度文化、绿色文化、廉洁文化、服务文化、健康文化等子文化，布点成面，形成合力，推进企业文化管理内化于心、固化于制、外化于行，努力以专项文化建设推动公司创新卓越、和谐共融的企业文化管理得以实现文化自觉，不断增强企业软实力，凝聚力，推动企业各方面工作的顺利开展。

一是安全文化建设。坚持“安全第一、预防为主、综合治理”的方针，强化安全管理，建设本质安全型企业。充分发挥安全生产保证和监督两个体系的作用，落实安全生产目标管理，建立健全长效机制，切实把安全生产全员、全过程、全方位的管理落到实处。在工作中，按照“谁主管、谁负责”的原则，实行安全目标三级控制，层层把关，建立扎实的安全保证体系。坚持把安全管理重心放在现场，强化现场作业的安全风险控制，规范日常管理，严格考核把关。有重点地开展安全性评价、安全生产大检查及防汛抗台检查等专项活动，落实安全整改项目的闭环管理。

“安全就是效益，安全就是生命”。北电通过形式多样的安全活动，塑造安全文化。每年举办“安康杯”和“全国安全生产月”活动，通过举办安全征文、安全漫画、安全警句、演讲比赛、知识竞赛等活动，做到寓教育于活动之中。利用《北电报》、《北电管理》、北电新闻主页、宣传栏等营造出浓厚的安全生产氛围。

二是科技文化建设。在引进、消化、吸收国外先进技术过程中，形成了以科技进步为主线，加大教育培训力度，推进信息化步伐为特征的技术文化。1995年，北电的科技园地《北电技术》创刊，至今已出版60期，发表论文1100余篇；积极开展有利于稳定运行、节能降耗、保护环境、设备管理等项目的技术研究和开发；积极开展QC活动、合理化建议等群众性科技活动；每两年开展一次“科技周”活动检阅科技成果，激发员工的创新热情，提高员工的创新能力。近年来，北电多项成果获国电集团科技进步暨优秀合理化奖和浙江省电力科学技术奖。

三是绿色文化建设。按照“内环境友好与外环境友好相互促进，经济效益与环境保护共同发展，社会效益和企业效益并重考虑”的环保理念，开展环保法律法规和有关环保知识的宣传活动，开展节煤、节水、节油、节电等活动，使员工树立环境意识和环保理念。目前，北电5台60万千瓦机组脱硫投入率超过95%，脱硫效率超过90%，每年可减少二氧化硫排放量8万吨以上。新建造的2台100万千瓦机组更是实现了脱硫、脱硝系统与机组同步投运，环保水平上了一个新台阶，为浙江省、宁波市的节能减排工作作出了巨大贡献，也为企业自身发展增添了新的动力。

四是制度文化建设。北电在总结建厂10余年成功经验的基础上，瞄准国内外先进水平，引进了SAP管理软件，实施了流程管理；2001至2002年分别通过了ISO-14001、OSHMS、ISO-9001等认证，还达到了计量体系国家一级、档案管理国家一级、人事档案国家一级、企业标准化国家二级等标准。2002年邀请了国际上较有权威的UMS企业管理咨询机构，对公司的企业管理和各项经济技术指标进行了咨询、评审。目前，北电建立健全了一套包括质量、技术、检修、运行、安全生产等在内的企业管理标准、技术标准和工作标准，颁布了300多个企业标准，并进行定期考核，使公司各部门、科室、车间、班组、人员都有章可循。

北电在重视建立完善制度的同时，更注重培育良好的行为规范，2003年年底，根据CIS导入计划，公司对BI（行为规范）进行提炼，把先进的理念和完善制度融入到日常行为规范当中。经过公司全体人员的积极参与以及反复的修订论证，2004年形成了企业行为准则（战略发展行为准则、生产安全行为准则、企业管理行为准则、企业质量行为准则、企业财务活动准则、企业社会行为准则、企业公关行为准则）、员工行为准则（员工思想价值准则、员工人际关系准则、员工职业道德准则、员工交往仪态准则）、员工行为规范（员工形象规范、一般行为规范）、专项岗位规范（领导人员行为规范、行政管理人员行为规范、运行人员行为规范、设备管理人员行为规范、检修人员行为规范、采购人员行为规范、保卫人员行为规范）四个方面，内容涵盖企业方方面面的工作和各个层次人员。行为规范系统成为公司全体员工的行动指南。

五是廉洁文化建设。北电积极推进廉洁文化建设，积极组织“看廉洁教育片、听廉洁讲座、读廉洁教育书籍、写廉洁心得、提廉洁建议”和举办廉洁书画作品展、廉洁文化座谈会等活动。在学习实践活动中，还开展了“小权力管理”和职工廉洁互保活动，并形成了长效机制。通过这些活动，进一步增强党员员工的廉洁从业意识，营造“廉荣腐耻”的文化氛围，有力地推动了公司党风建设和反腐倡廉工作的深入开展。

六是服务文化建设。北电注重对服务文化的培育，制订“服务之星”评选办法，促使广大员工牢固树立服务意识，大力弘扬“员工为企业服务，企业为员工服务，部门为企业服务，部门为部门服务，企业为社会服务”的思想，在服务中体现团队意识、责任意识、质量意识，从而进一步推动和谐企业，和谐社会建设。

（五）坚持以人为本，建设高素质人才队伍。

北仑发电厂建厂伊始就树立了人力资源是第一资源的理念，贯彻人才强企战略，建立和完善了企业人才培养、配置、考核、待遇一体化的人力资源开发管理机制，实行全员培训、竞争上岗、考核聘任动态管理。

大力实施人力资源“三个一百”（100名管理人才，100名技术人才，100名操作能手）工程，选拔国电集团“168”人才，锻造了一支能够驾驭大机组大电厂运行生产、经营管理的高素质团队，为企业发展提供了可靠的智力支撑和人才保证。

2005年北仑发电厂仿真培训通过了中国电力企业联合会组织的第一批电力行业仿真培训基地评估，为当年全国唯一的一家发电企业培训单位。2006年，成立了点检员培训中心，着手建立系统化、模块化、规范化的点检员技能培训体系。同年，圆满承办了国电集团600MW火电机组运行集控值班员技能竞赛，获得团体第一名。11月份，运行部邬剑英、严仕军等同志组成的参赛团队在国资委、劳动和社会保障部组织的中央企业职工技能大赛中脱颖而出，取得了一块金牌和一块银牌的优异成绩。截至2010年5月，公司共有国电集团168人才54名，北电“三个一百”人才221名，省市级劳模10人。

北电深入开展“健康工程”，投入资金建起了游泳馆、运动馆，添置了健身器材，相继成立了篮球、羽毛球、乒乓球等10个协会，依托协会开展丰富多彩的文体活动，引导员工加强锻炼。如今，参加健康的文体活动已经逐步成了广大员工的一种习惯，不但提高了员工的生活质量，更是有力地促进了员工的身心健康。北仑公司还针对工作压力大、生活节奏快的现象，不定期邀请有关专家为员工进行心理辅导讲座和心理咨询，让员工的身心都处于和谐、健康的状态。2009年，以国庆60周年、建厂20周年为契机，北电组织开展“爱国、爱厂、爱岗”系列活动，丰富了员工业余生活，提升了员工文化品味和思想境界，进一步增强了员工凝聚力和向心力。

（六）坚持企业传媒网络建设，畅通传播渠道。

企业文化建设过程，是一个以新的思想观念及行为方式战胜旧的思想观念及行为方式的过程。北电在企业文化建设过程中，首先从解决干部员工的思想观念入手，通过专家讲课、座谈讨论、报刊宣传等形式，普及企业文化理论，更新观念，提高认识。编辑《企业形象识别系统》、《企业文化员工培训手册》和《员工CIS培训教材》，发给每个员工。举办文化讲座，开展知识问答，利用《北电报》、宣传栏、北电局域网等宣传媒体，进行广泛宣传和反复灌输，不断提高全员企业文化的认同感，为企业文化建设奠定坚实的思想基础。

（七）坚持培训学习，多层次培育文化骨干。

企业的竞争归根到底是文化的竞争。为应对当代科学技术的迅猛发展、中国经济与世界经济接轨的新形势，公司及时选派干部参加各种培训。聘请浙江大学教授来厂讲课，介绍企业文化建设的最新成果，了解现代企业发展对文化力的要求。我们还结合企业改革和发展中的具体问题进行调研和探索，注意融入文化力的内涵。由原党委书记牵头，组织专门人员，对企业的管理体制、人员编制如何适应电力体制改革、适应生产实际进行调研，提出改进意见。在充分论证的基础上，公司比较顺利的完成了设备管理和检修的职能调整和人员招聘，把企业文化理论运用到企业改革实践，取得了较好的效果。

北电注意及时了解国内外企业文化建设动态，先后组织人员到国内外进行考察。组织生产部门副主任以上的中层干部15 人，到欧洲、日本等国电力企业考察，在学习国外先进管理经验的同时也考察了国外企业的文化建设。建厂以来共有319人次出国培训、考察和设备检验等交流活动。每年组织企业文化人员参观学习青岛海尔、温州正泰、东方集团等企业的先进经验，借鉴国内外电力企业的成功做法，拓宽思路。定期组织调研企业，每两年开一次企业文化学会年会，对公司企业文化进行研讨，组织不同层面的问卷调查，了解公司各个层次企业文化的认识度、意见和建议，对公司企业文化进行适时修正，比如在国电集团公司文化理念提出之后，公司就对企业文化进行整合，确保集团文化在公司得到很好的实施。

（八）坚持承担社会责任，彰显国企风范。

电力关系到国计民生，联系千家万户，是人类社会搏动的命脉和奔腾的血液。2002年以来全国出现用电紧张的局面，浙江宁波是经济较为发达的地区，经常出现拉闸限，给社会生产、生活带来很大不便，尤其用电高峰的夏季。北电人通过树立“为社会发展提供永续动力”这一崇高使命，团结了全体员工，坚持以安全生产为基础，以经济效益为中心，以科学管理为手段，通过不断探索与创新，保证机组长周期运行。

北电作为央企还积极主动地承担社会政治责任。无论是2008年的奥运保电，2009年的冰雪灾害和国庆安保，还是上海世博保电，都能圆满完成安全发电任务，切实维护社会稳定。

三、多年来企业文化建设的主要体会

（一）要领导重视，全力践行。

在企业文化建设过程中，注重发挥领导人员的倡导、推动作用。把企业文化建设纳入企业总体发展战略，明确企业文化建设的目标、任务、措施和责任。北电设立了由总经理任组长的企业文化建设领导小组，成立企业文化建设学会，形成了总经理亲自抓、党委书记全力抓、班子成员带头实践的领导体制和工作格局。正是领导的带头示范，党政工团齐抓共管，推动企业文化各项活动蓬勃开展。

（二）要系统规划，明确目标。

早在建厂之初，北仑电厂就提出了“严谨、求实、高效、创一流”的企业精神，设计了厂旗、厂徽。1998年跨入国内一流行列后，制定并实施了《1998年—2000年企业文化建设三年规划》。新的世纪、新的形势，特别是《国家电力公司关于加强企业文化建设的若干指导意见》和《浙江省电力系统企业文化建设2001年—2003年规划》下发后，我们对企业文化建设有了更深一层的认识，公司领导把加强企业文化建设摆到事关企业生存和发展的战略高度，认真学习企业文化理论，在总结经验的基础上，研究制定《公司企业文化建设2001——2003年规划》，以系统地导入CIS为主要目标。2004年我们又修订了《公司企业文化建设2004年—2006年三年规划》，把学习型组织理念引入文化建设当中。《公司企业文化建设2008年—2010年三年规划》，围绕“建设五百万国际一流现代化火力发电厂”战略目标，梳理、完善企业文化理念，积极推进企业文化落地。

（三）要注重诊断，持续改进。

在企业文化建设过程中，坚持“兼容并蓄、博采众长，以我为主、突出个性”的原则，注重了解国内外企业文化建设动态，积极借鉴国内外电力企业的先进管理理念和成功做法；积极开展企业文化建设调研，重视对企业文化的整体评估与系统规划。组织对公司领导、中层干部、员工、社会公众等多层面的调查，收集各个层次的对企业文化认识和意见，对企业文化进行有效的规划、设计，明确各个阶段企业文化建设的具体目标和重点工作，确保企业文化建设扎实有效推进；定期召开企业文化学会年会，对企业文化进行研讨，不断进行自我评估和测评，不断进行自我完善和提升，形成从管理实践当中总结提炼，再指导管理实践的良性循环。

（四）企业文化建设要着眼全局，着力点必须落在基层。

真正管用的企业文化，不能仅仅停留在理念的提炼和宣贯上，必须在具体的工作实践中把文化理念变成员工的行为养成，必须得到基层广大员工的广泛认同，得到基层广大员工的自觉践行，得到基层广大员工的创新发展。我们通过专项文化建设，积极探索企业文化在基层的不断深植和持续创新，目的就是让基层干部员工深切感受到企业文化就在岗位，企业文化就在现场，企业文化就在身边，企业文化就在自己的每一个具体行动之中，从而自觉将企业文化转化为以荣誉感为主的心理体验，转化为员工自我规范和自我提高的进取意识，转化为对企业制度和道德要求的自觉执行，转化为科技强基的不竭智慧，转化为促进企业“安全、环保、节约、和谐”又好又快发展的强大推动力量。

（五）企业文化建设必须强调以人为本。

企业管理的主体和客体都是企业中的人。作为最新和最现代的管理方式，企业文化建设要从尊重人的个性、尊重人的创造入手，拓展员工实现自我价值的发展空间，重视现代人需求的多样性，用共同的价值观、信念以及积极进取的企业精神、文化理念来管理企业，也就是把文化作为启动员工行为的杠杆，通过加强企业文化建设，达成上与下的心理契约，形成上对下真诚的关爱、负责任的承诺，下对上发自内心的认同、理解和支持，使全体员工齐心协力、同舟共济，把企业与员工凝聚为命运共同体。

经过20年的努力，北电的企业文化建设现在已取得了一定的成绩，企业文化建设是一个有起始而无终点的工作，同样需要与时俱进。在后金融危机时代，面对电力市场激烈的竞争趋势和新的困难和挑战，北电将本着巩固提高、完善深化的原则，继续通过文化创新来提升企业的整体竞争力，为企业科学和谐可持续发展增强后劲，使北电拥有更强的凝聚力、应变力与整体竞争力，更好地凸显企业文化在企业经营管理过程中的作用。

山东默锐化学有限公司

塑魂取势 守正出奇

山东默锐化学公司是一家专业精细化工研发制造企业，自1999年成立以来，公司坚持以先进的文化引领发展，秉承“至诚无息，厚德载物”的核心价值观，带领员工默默耕耘、锐意进取，不断开拓新市场、开发新产品，形成了以阻燃功能材料、卤源衍生中间体、水处理方案为支柱的3大产品线、20多个品种的产品，销往美国、欧洲、日本、韩国、中国台湾等十几个国家和地区，成为陶氏、三星等著名跨国公司重要合作伙伴。10多年来，公司员工由最初的16人发展到1200人，产值由380万元增加到10亿元，总资产由600万元增至6亿元，公司生产的溴苯乙烷、溴丙烷产销量和质量位列全球第一。

默锐公司十余年得到跨越式发展，重要原因之一是逐步探索建设了一套适应高科技企业持续快速发展的优秀企业文化。企业文化是企业的灵魂所在，只有建立起先进、有效的企业文化，企业的发展才有方向和生命活力。10年来，我们根据企业生存发展需要，汲取中华优秀传统文化营养，特别是借鉴阴阳相生的原理，紧密围绕并深入挖掘“默”、“锐”二字的哲学内涵，按照“提升想法、统一说法、激励做法”的思路，深刻理解经营发展中坚守信念与解放思想相和谐的经营思想，正确把握坚持正道与出奇定位相统一的战略方向，着力构架学习创新与成果应用相促进的竞争力培育模式，探索建立管理责任与实效相一致的绩效文化，努力构建理念与行为相融合的企业社会责任体系，逐步形成了较为系统的企业文化体系，为企业的持续快速健康发展提供了强大的思想导向、精神动力和智力支撑。

一、默于道，锐以新，铸就开放式企业文化

1999 年，公司股份制改造，脱离母体，董事长杨树仁带领 16 位员工兄弟走上了艰难的创业之路。面对当时基础差、管理落后、人员素质参差不齐的现状，用什么引领企业发展、铸造企业的生存能力和竞争优势，成为企业迫切需要解决的重大课题。经过深入、反复的研讨，大家一致认为，作为一家新兴的高科技企业，其市场定位和发展路径需要高度明确统一，产品研发支持需要密集的知识支持，生产制造需要精细的管理思维，销售推广需要新鲜的营销理念；同时，高科技企业的创业道路上充满了机遇和挑战，必须具备默默攀登、严谨求实的科学精神，必须具备团结一心、协调一致的团队氛围，必须具备勇于拼搏、开拓创新、不屈不挠的坚强意志。而这一切，唯有充分利用世界最新管理思想和实践——文化管理模式，建设先进的、强大的企业文化，有计划有步骤打造支撑企业生存发展的导向力、向心力、凝聚力和辐射力，才能真正抓住企业经营管理的内在主线，塑造企业竞争发展的内生力量。因此公司建立伊始，就成立了企业文化中心，负责学习借鉴、整合创新、推广运用、凝心聚力，通过组织文化活动、聘请专家辅导、开展企业文化培训等多种形式开展企业文化建设。经过逐步完善，公司相继成立企业文化研究室、企业文化管理委员会，公司领导的重视、机构级别的提升，有力推动企业走上一条以“默锐文化”引领成长的内涵型良性发展道路。

企业文化事关企业的使命愿景，直接决定着企业发展的战略目标、实现路径和资源配置，从某种程度上来讲，可以说决定着企业的生死存亡。企业文化导向是否正确，是否合乎市场和行业的长远发展，是否合乎竞争生存的现实，就是一件至关重要的事情。经过十年的实践，我们主张，既要“默”，理性客观地面对企业生存竞争的态势，继承和发扬企业在竞争中的好思路、好理念、好做法，牢牢抓住市场机遇，确保企业当前的快速成长；又要“锐”，解放思想、开阔视野、创新理念，统筹关注国内国外两个市场，认真研究产业、行业发展方向，抓住未来竞争的关键成功因素，为企业长远发展赢得先机。

市场的发展如大江大河奔流向前，企业顺势而为，可以造就企业成长的“大势”。现在，我们总结出智慧默锐力年会、值班总裁不间断指挥、101 非对称创新机制等管理文化三大亮点，提出了“至诚无息，厚德载物”的核心价值观、“居危思进，先者生存”的企业精神以及“精益求精，循序快进”的企业作风等未来十年企业发展十大纲领。同时，把愿景使命更新为“成为卤源衍生方案受人尊重的一流企业，让我们一起用专业成就尊严”，确立了“争创国家质量奖、创建国家级工程中心、实现资本上市”的三大目标。所有这些，形成了继承与创新思想兼备、具有高新技术企业特色的开放式企业文化体系，对公司的成长与发展形成了坚实的、强大的战略导向。

为了使企业文化真正发挥导向作用，我们还重点加强了载体建设。例如，借助十年庆典建设了“双十年展览馆”，将前十年创业的艰难和取得的成绩进行了再现，设有“天道墙、师道墙、孝道墙”，既有对客户的敬畏，也有对元老的膜拜，既有对家人的感谢，也有对员工的歌颂。新一个十年的发展愿景、运营思路、战略重点都有详细的描绘。生动的人物形象、经典的事件案例、实物实景、理念释义……，一边参观，一边联想，给人以启迪，给人以教益，内容丰富，意义深刻。“双十年展览馆”现在已经成为了公司新老员工进行企业文化培训的主要场所，又是公司对外品牌形象宣传的重要窗口。

企业文化发挥作用，往往是与企业家的人格与行为密不可分的。创业 10 年来，公司创始人杨树仁坚持诚信正直、关爱他人，其优秀品德不仅缔造了默锐文化，而且始终如一地践行着默锐文化“至诚无息，厚德载物”的价值取向，有力带动和感染了全体员工遵行默锐的思维方式和行为规范，发挥了至关重要的表率、引领作用。他直接领导组织的“银企文化论坛”、“工业旅游活动”、“企业文化艺术节”，得到了员工、客户、合作伙伴和社会各界的广泛认同。2009 年，杨树仁被山东省企业文化协会授予“山东省企业文化建设先进个人”荣誉称号。

二、默于正，锐以奇，确立非对称博弈战略

随着市场竞争日益激烈、科技进步日新月异，企业要想发展壮大，必须正确把握好坚守正道与出奇制胜的关系，一方面要恪守商业道德、塑造诚信正直的企业品格，树立起优秀的企业信誉和品牌形象；另一方面又要在商业规则、行业法则不断翻新的市场上突破思维定势，找准位置出奇兵。

（一）用“六”、“七”、“十”规范理念与行为。

企业品格的确立，首先要强调“正”字，公司要求全体员工以正定位，做正人、干正事。

高管是公司的骨干力量，建立一支思想正、业务棒、能力强的团队，努力形成志同道合的精神命运共同体是公司不懈的追求。为褒扬高尚的核心价值观，公司高管团队共同制定出了“六大行为规范”：诚信正直的高贵品德，自尊自信的卓越表现；永葆感恩的胸怀气度，认真负责的工作风格；好学创新的进取精神，成果导向的执行惯性。针对这六大行为规范，所有的高管人员不仅都要身体力行，率先垂范，还要根据所在部门、单位实际情况，组织所属成员一一列出具体的行为标准内容，监督执行，确保思想统一，言行一致。

公司坚决反对违背企业文化的人和事，确保其纯洁性。结合过去十年中给公司造成重大影响的事件或个人，以及在经营管理过程中发生的一些不良现象、错误做法，公司利用智慧默锐力年会、听证会、专题会的形式进行讨论，在列举、总结的基础上深刻反省，有针对性的提出了“七

大尴尬”适度定位经营理念。如机会理念：“宁可错过，不能选错”，就是针对公司过去在项目决策上的重大失误，给公司造成了巨大损失而提出的，公司于2008年，导入了IPD（集成产品开发流程），加以科学决策，防止感情和意气用事。

针对化工生产的特点和要求，公司严管厚爱、铁腕柔情。明白无误的告知员工哪些是公司明令禁止的行为，提出了“默锐十戒”，划定底线设立“电网”，刚性约束员工行为，保证做正确的事情。通过“十戒”，公司坚决制止没有状态、弄虚作假、泄露机密、私下接单、侵吞公物、吃拿卡要、挪用公款、亵渎职务、联合对抗、违法犯罪等行为。公司层层分解、逐级把关，一人犯错，上追两级。公司已把“十戒”写入了《默锐基本法》（草案）。

日常工作中，公司利用内部两份报刊进行舆论监督：一是《默锐战士》报道先进，弘扬正气，二是《卓越绩效报》揭露问题，抨击歪风，发挥舆论监督的作用，警戒警示、惩前毖后，防患于未然。公司还设有专门的内、外部审核审计部门，2005年开始，公司就聘请了刘红松、尹连兵（全国优秀律师事务所山东康桥律师事务所合伙人，职业律师、注册会计师）作为独立董事，从体制规范和制度建设方面加强治理，避免给公司或是个人造成更大的失误和损失，确保按照企业文化的要求正向定位，不偏离航向。

（二）创建“五位一体模式”和“夹缝定位”博弈战略。

在商业竞争中，企业既要生存又不悖道德，就必须找到适合本企业的竞争模式和策略。我们根据各个产品线、产品以及目标市场客户的不同，制定和采取不同的商业模式是基本要求。

董事会下达目标任务后，组织针对总裁班子、各个分子公司总经理团队，进行以“规划十步法与平衡计分卡”的商业模式设计。设计要充分发挥101非对称竞争机制的作用，体现“竞争导向、品牌描述、卓越绩效、产品组合、平衡计分卡”五位一体的创模。在此基础上，公司还要采取100人帮、协、管1人的做法，利用智慧默锐力年会，对其商业模式逐一进行指正、评定，确保正确性、有效性。针对所有的项目，公司按照IPD的要求，设立PMT（产品规划团队）、PRT（产品预研团队）、PDT（产品开发团队）等进行评审，严格把关，层层帅选，增强决策的科学性、正确性。

公司没有资源优势，从成立之初到现在的发展形势方面考虑，公司只能是采取夹缝定位竞争博弈战略，做一些专、精、特的产品，围绕公司的现有产品线，以纵向延伸价值链为先导，适度横向发挥技术优势，公司提出了做不到全球第一的产品一律放弃的战略要求。发挥公司灵活、快速、应变的能力，积极应对各种竞争和博弈，确保公司生存发展。

为了支撑夹缝定位战略的实现，公司努力打造产品开发中心、精益工程研究中心和默锐军校三大平台。目前，公司已经在寿光市、化工园区具备了一定的硬件设施，下一步需要在人才引进与培养上下功夫，提升软实力，向同时做到低成本领先和差异化商业模式迈进。

三、默于学，锐以用，建立对标成长机制

（一）努力打造学习型组织。

1999年，公司刚刚成立，当年盈利仅有区区420元，资金运转十分困难，在这种情况下，董事长杨树仁自己外出借钱参加了A管理模式的培训学习，之后，公司的其他中、高管人员也都陆续参加了系列培训，回来后，再组织分享、转化，现学现用，创新整合，指导实践，受益很大。

公司在一届二次董事会上提出了建立学习型组织、提升公司经营管理水平的目标，得到广大董事的支持与认可，形成共识。从此，公司每年都按照营业额的1%提取培训费，就是在2008年经济危机、中高层自动降薪的时候，公司也没有减少培训学习。

根据公司发展的需要，公司努力打造“陆海空三大培训体系”。

“陆军”就是以默锐军校为主，　是对新员工进行为期21天的封闭式培训与军训，在学习与训练的过程中采取“271”机制，将不合格的10%淘汰在课堂上，不能让他们牺牲在战场上，把好入职关。然后进行为期3个月的跟踪培训，采取“师傅带徒弟”的激励机制，考核员工、奖惩师傅，在这一过程中，再淘汰5%。从军校成立，到现在已经培训新员工12期共计600多人。二是对班组长进行培训，成立班组长俱乐部，每半年度进行一次培训考核，对后5名班组长提出警告并安排帮扶措施，年度总结培训考核，后5名班组长降职使用。

“海军”就是依托精益工程研究中心和产品开发中心两个平台，加大对技改和研发人才的培训与培养，采取“IPD、科技、专家”三大基金激励和课题组竞赛机制，激发工作的积极性和主动性。

“空军”就是组建成立培真商学院，设立卓越绩效模式、非对称竞争模式、治营模式、绩效模式、销售模式、教管模式、精益模式七大课程内容，这里是默锐高管人员进修的摇篮，也是公司对外开展交流、联盟合作的链接平台。

目前，公司的高管人员都参加了清华大学总裁培训班、香港教育集团的系列课程、卓越绩效模式的系列课程，学以致用，经营管理水平有了大幅度的提升。程文学原来是一名车间工人，学历不高，现在成为事业部的总经理，他就是通过默默无闻的学习、实践，来不断提高自己的素质能力，由带班长、车间主任、厂长升为现在的职务，用他自己的话说：“自己的成功得益于这些年的连续学习，收获很大”。

（二）建立各种激励机制，促进能力提升与转化。

为了利用资源，发挥特长，公司建立并启动了内部导师机制。规定所有的高管人员都要根据工作的实际和个人的爱好特长，自选一项在管理、文化、技能、礼仪等方面的课程备课，并从中层管理人员中选取2名作为助教，促使人人上讲台，人人成专家。由人力资源中心负责组织对内部导师、助教的考核，奖励优秀，鞭策落后，对于落后的由其直接上级进行帮扶，提出目标，然后再组织试用、考核，直至合格，

使其教导与管理能力都得到了提升。张象辉，2005年加盟公司，计算机专业，现在成为人力资源中心培训部的经理，刚来时，不善言谈，性格内向，通过参与默锐军校的管理和自己的不断好学上进，现在，已经成为一名合格的导师。

公司为了提升工作效率，将组织结构不断优化调整，由原来的8个职能部门精简至6个。每年度各个职能部门根据公司年度战略目标的需要，提炼出“12345计划”，即：一个中心目标，两大重点流程，三大关键事件，四大激励机制、五方对标赶超。其中的五方对标，就是各个职能部门根据各自工作的特点，寻找自己的短板，树立学习的标杆，然后制定赶超措施。在季度经营管理分析会议上，各个负责人进行述职，找出差距，提出改进方案，在年度总结会议上，公司组织评选，按照五方达标的完成率排出名次，树立榜样，奖励优秀，落后的要进行现场承诺，提出完成的时限和措施。各个职能部门每周还要组织“成长会”、“三欣会”，互相学习共同提高。通过运用一系列措施和方法，各级管理人员自我加压自我学习，并转化为思想和行动，活学活用，创新应用到工作当中去。

四、默于责，锐以效，驱动卓越绩效模式

为了促进组织的健康发展，公司以责商为基，以绩效为纲，驱动公司持续不断地走向成功和卓越。

（一）完善部门岗位职责，提高责任意识。

根据公司战略发展和工作的需要，公司会适时的进行组织结构的优化调整。随之跟进的就是《部门职能》和《岗位描述》的优化与完善。

公司依据A管理模式，每年度集中组织一次对《部门职能》和《岗位描述》的研讨、评定。平时，由人力资源中心负责进行微调，确保责任明确，落实到岗到人，做到既无重叠又无空白，具体明了。

管理人员是公司的中坚骨干力量，做着具体的工作，代表着公司的经营管理水平，甚至决定着公司的绩效。为了保障他们在大是大非面前明确定位，公司组织研讨确定了“默锐八荣八耻”：以热爱公司为荣，以损害公司为耻；以敬畏客户为荣，以见利忘义为耻；以后期研发为荣，以摸索投机为耻；以流程标准为荣，以无视制度为耻；以内向自救为荣，以抱怨懒惰为耻；以挑战危机为荣，以消极逃避为耻；以行动细节为荣，以清谈马虎为耻；以团队共进为荣，以抱残守缺为耻。公司用“八荣八耻”来提高他们的责任心、荣誉感。

“这是我的责任”、“我是一切的根源”、“没有借口”，这是默锐人常说的话。2005年，公司决定上一个投资2亿多元的大项目，委派李云香担任总指挥，当时的情况是，没有技术，没有人才，资金奇缺，只有一块土地，很多人都认为不 可能。面对各种困难，这个女人，没有退缩，就是在她的一位亲人去世的时候也没有顾得上回家，凭着一份责任心，硬是把这个大项目拉了起来，创造了默锐建设史上的奇迹。

（二）绩效为纲，运用不同形式推进。

绩效为纲，结果导向。公司级、部门级战略图、计分卡开发完成后，公司运用各种形式进行推进，以达成组织的战略绩效。

公司常用的推进形式主要有：每周的绩效调度会，由财务总监进行财务数据的信息报告；每月的经营形势分析会，总裁、分子公司的总经理进行各自报告；每季度的战略回顾会，由各位总监、总经理进行分别报告；半年度总结会议，由总裁召集，组织各个专题报告；智慧默锐力年会，由董事会组织，按照卓越绩效模式七大类目的要求分类报告。在会议上，各分管负责人都要分系列排出名次，找出存在的问题，并研究确定改进的措施方法。另外，公司统一印有《年度管理总时钟》，据此有条不紊的对照推进。

“千斤重担人人挑，人人头上有指标”，各个职能部门、业务单位为了完成承担的责任绩效，还采取“签订目标责任状”、“公众承诺”、“A、B、C分级考核”等办法来提高责商意识，促使每位成员以履行职责、达成绩效为荣。

（三）驱动卓越绩效模式落地。

一是每年组织两次五年规划以及现场管理成熟度的评审活动，诊断公司在发展过程中存在的改进机会，制定改进措施，帮助企业不断持续改善，走向卓越。

二是每年组织两次卓越对标之旅活动，一次是国外的，以日本精益文化为主，另一次是国内的，以珠江三角洲、长江三角洲、山东半岛的客户为主，采取拜访、参观学习、沟通交流的方式，目的是树立学习标杆，寻找赶超重点，开阔员工视野，增进感情友谊，提高市场占有率。

三是启动卓越绩效工程。根据公司发展的需要，结合公司在发展过程中的薄弱环节改善的需求，公司适时的引进各种先进管理工具，推进企业的绩效提升。如：2010年上半年，公司引入了“平衡计分卡”，为公司战略的不断实施注入了活力，下半年，公司要导入杜邦“本质安健环”管理体系，为公司的稳定发展夯实管理根基。以后，还要适时的引入ISC（集成供应链）、六西格玛等管理工具。

四是抓好每周的卓越绩效对标活动，由卓越办负责组织这项活动，经理主任及以上人员全部参加，以此来推动卓越绩效模式能够不断落地、生根、发展。

五、默于爱，锐以行，营造共赢和谐环境

（一）使命感激发爱意无限。

公司为什么成立和存在，董事长杨树仁讲了自己使命感的故事，出于对员工、客户、社会、股东的一份责任，走上了创业之路，这份责任凝聚着心血和汗水，这份责任升华为关心和关爱，爱意由衷而发，成为公司的底蕴，至诚无息，厚德载物，是具体要求和体现。在公司组织的几次大型活动中，公司的元老、创业者们都先后讲了自己关于使命感的故事，感人肺腑，振奋人心。他们都表达了一种共同的心愿：为客户价值提升提供最优的服务，为同仁发展搭建最好的平台，为社会和谐做出最大的贡献，为股东投资创造最佳的收

益。杨象民，是最早跟随杨树仁一起创业的元老之一，当时他已经40岁，在讲使命感的故事时，泪流满面，自己放弃了较为优越的工作条件，老母亲非常担心，曾经多次一个人走着到厂里去看望他，实际上不是去看他，而是害怕自己吃苦受累，害怕走错了路，当她看到公司领导和他们同甘共苦的情景时，老人放心了，并叮嘱自己要好好干，对得起公司、对得起自己，虽然自己是小学文化，但是凭着一份对领导的感激和对工作的热爱之情，自己努力学习，先后完成了电工、化工生产的自学，在自己的钻研公关下，仅小改小革就为公司创造了700多万元的利润。

同为默锐人，共爱一个家。默锐人就是凭着一颗颗爱心，怀着对事业的执著、对企业的热爱，不抛弃、不放弃，一路走来，默锐感谢每位员工。

（二）“十爱工程”传递骨肉亲情，“三节活动”营造和谐氛围。

公司在平衡各方关系时，将员工视为亲骨肉。为维护员工的利益，公司成立了职代会，通过职代会每年确定为员工办理在衣、食、住、行、想等方面的十件当年紧急且重要的事项，称为“十爱”。

“十爱”中有些内容已经随着公司的不断发展固化下来，形成传统，如：救助困难职工、工业旅游、运行三班班车等，每年的“十爱工程”都有新内容，如：2010年公司确定为员工办的十件实事有：为产品开发员工和管理骨干提供优惠政策住房，享受公司贷款和补贴15%；为员工在羊口镇组织团购房；每周开通一班到寿光购物的班车等等，都是很好的举措。公司通过“十爱工程”，极大地改善了员工的工作、生活环境和条件，起到了凝聚人心、鼓舞士气的重要作用，在社会上也形成了很好的口碑，为员工在公司安居乐业创造了条件。“十爱”分配到具体的部门进行落实，每季度召开一次职代会，听取进度汇报，提出改善建议。

三节即“师道节、艺术节、和谐节”。师道节，就是每年的三月份到五一劳动节之前，公司组织评选在孝敬父母、师傅带徒弟、劳动能手等方面比较突出的优秀个人，提倡师道、孝道。艺术节，就是每年的九月份，公司利用国庆节前后的时间组织各种各样的文娱活动，以丰富和活跃员工的业余和精神生活。和谐节，就是元旦至春节期间，公司组织评选在家庭建设、夫妻恩爱、教育子女、邻里互助、购车购房等方面的典型代表，进行表彰分享，创建和谐、文明的幸福生活。

公司高层领导十分重视并倡导建立良好的工作和人际关系。建立授权机制，优化流程标准，提高工作的积极性和主动性；成立各种小组或是团队，营造员工主动参与的氛围；公司成立了精进会，通过沟通或是提案的形式创建有利于创新的环境；建立多种多样的交流室、小型会议室等，为员工创造沟通、洽谈的氛围。

（三）履行公共责任，共建和谐社会。

公司严格遵守《劳动合同法》、执行财经制度，营造依法、诚信经营的氛围，履行社会责任与公共责任，树立公司在客户、社会的良好形象：

一是公司注重对环境的保护，在做好“三合一”体系的基础上，近期又决定引入“本质安健环”管理体系，在能源消耗、资源循环利用、安全生产、公共卫生等方面采取更强有力的措施，注重过程管控，努力实现政府下达的目标。公司2009年投资600万元扩建了污水处理厂，大大改善了周边环境。

二是恪守职业道德行为，塑造诚信形象。公司高度重视企业的经营道德，建立了三级道德检测体系。在用人方面，公司采取公开公平竞争的聘用机制，公司连年被评为当地特级诚信民营企业。

三是支撑公益事业，共创和谐环境。公司组织参加了抗震救灾捐款活动，每年扶持残疾人捐助活动，捐资助学、修路活动等等，赢得了社会的赞誉，公司用于公益方面的资金已经达到500多万元。

塑魂取势，守正出奇，默锐企业文化建设是将“法术势与企业魂”、“路车人与加油站”有机统一起来的法宝，是支撑公司实现从唯一到第一、从速度到卓越、从扎根到品牌的动力源泉，公司将持之以恒的加强文化建设，推动企业的健康持续发展。

企业文化是无形的也是有形的，无形文化创造有形价值，让默锐文化生生不息，源远流长！

中国华电乌江公司东风发电厂

构建安全文化体系 促进企业健康发展

东风发电厂位于清镇市和黔西县交界的乌江干流鸭池河段上，距省会城市贵阳88公里，是乌江流域梯级开发的第二级电站，总库容10.25亿立方米，属不完全年调节水库。目前，全厂总装机容量为695MW（3×190MW+1×125MW）。

安全生产一直是东风发电厂永恒不变的主题，安全文化的本质就是把安全放在第一，放在超越一切，无可替代的位置，目的是关爱生命、珍惜人生，营造安全生产、安全发展的良好氛围。东风发电厂坚持“以人为本，安全第一，人人重视，预防为主”的工作方针，通过深入挖掘归纳典型经验教训，提炼出“尊爱生命、幸福人生”的安全核心价值观和“未雨绸缪，滴水不漏”的安全理念，形成了以“水”为特质、以“蕴”为特征的安全文化体系，形成了全厂共同遵循的安全行为指南，有效提升了企业安全形象，实现了企业稳定发展。截止2010年9月30日，已累计发电300多亿kw·h，创工业总产值50余亿元。先后荣获全国一流水力发电厂、全国“五一劳动奖状”、全国“安康杯”竞赛优胜企业、全国模范职工之家；华电集团公司首批四星级发电企业、连续三年获得集团公司安全生产先进单位光荣称号；连续七年获得全国大型水电厂（站）劳动竞赛“先进单位”，并荣获全国水力电力质量管理协会“全国电力行业实施卓越绩效模式先进企业”、“第十六届全国企业管理现代化创新成果二等奖等多项荣誉，文化建设成效显著。

一、安全文化体系建设

（一）东电安全文化的发展。

东电安全文化的发展，大致经历了以下四里程：

里程一：建厂初期，企业生活条件艰苦，生产环境恶劣，安全生产形势严峻。存在生产设备运行不稳定、规章制度不健全、管理经验少、职工思想波动大等问题。当时，创业中的东电虽然暂不能从文化的高度来明确自己的理念体系，但东电具有自我特色的企业文化开始萌芽，困境中“艰苦奋斗、积极进取、无私奉献、团结协作”的企业精神在员工的思想里构成了东电创业初期最朴素、最实用的企业文化雏形，有力指导员工克服困难，以安全生产为中心，度过了一个又一个艰难困境。

里程二：达标、“创一流”，“东电安全文化”逐渐明晰。通过开展双达标工作，完善了企业管理制度，环境整治上台阶，人员素质得到提升，扭转了安全生产的被动局面。“安全生产多发电，服务社会创效益”作为创一流水力发电厂的安全价值观影响和改变员工安全生产工作，东电设备更新、技术提升、管理上台阶，企业步入全面发展期，具有自身特色的“东电安全文化”开始崭露头角。

里程三：创建“优秀发电企业”，“东电安全文化”促进企业安全生产迈上新台阶。中国华电集团公司成立后，随着创建“优秀发电企业”工作的开展，在“真抓实干、苦练内功、开拓进取、争创一流”的企业精神激励下，一方面加强“硬件”工程的提升，主要是机组改造增容和扩机建设工作，以此奠定企业发展的坚实基础；另一方面是加强“软件”上的提升，主要是“贯标”和创优秀发电企业，进一步强化了企业安全文明生产管理，企业安全生产水平迈上了新的台阶。

里程四：创建“星级”发电企业，“东电安全文化”自成体系推进企业科学发展。2008 年，随着乌江流域梯级开发的纵深推进，贵州乌江水电开发有限公司所属各电站相继建成投产，装机容量大、设备技术先进的电厂越来越多。东风发电厂如何发展，才能在乌江梯级开发、在电力体制改革中立于不败之地，成为摆在新一届领导班子面前的课题。新一届领导班子审时度势，在总结以往企业管理经验的基础上，提出了“五个发展、五个一流”的企业科学发展目标，即安全发展、创新发展、内涵发展、文化发展、和谐发展；一流的团队、一流的管理、一流的绩效、一流的服务、一流的环境。根据发展目标，反复酝酿讨论，提炼形成了东风发电厂安全文化理念体系，安全价值观、安全理念、安全方针、安全认识观、安全行为观等观念应运而生，并固化成《安全文化手册》，同时，制定了《创建本质安全型发电企业三年规划》，将设备状态检修、点检定修等纳入规划，分步实施，并从管理上形成了具有自身特色的安全生产管理“十大体系”。在各大体系的有效运作下，东电安全管理水平迈上了新台阶，企业进入了安全发展、科学发展阶段。

（二）安全文化体系内涵。

目标体系：按照“四级控制”（全厂控制事故、部门控制障碍、班组控制异常、个人控制违章）的原则，明确企业各级组织、各岗位的年度安全生产目标和控制指标，建立目标体系和控制指标体系，对安全生产情况实行定量控制和考核。

责任体系：坚持以各部门第一负责人为安全生产第一责任人的各级安全生产责任制，按照“谁主管谁负责”、“谁审批谁负责”和“管生产必须管安全”的原则，把安全责任落实到执行和监督的各个层面及生产经营的各个环节、各个岗位，做到责任层层分解，压力层层传递，措施逐级落实。建立年度安全生产目标责任制制度，逐级签订年度“安全生产目标责任书”。

监督体系：企业自上而下建立完善的安全监督组织机构，完善安全监督网及企业、部门、班组组成的三级安全网，形成完整的安全监督体系，与安全保证体系，共同保证安全目标的实现。

文件体系：逐步建立安全文件体系，做到有“法”可依，有据可查。主要文件有：《安全工作规定》、《交通管理规定》、《应急管理工作规定》、《反违章管理规定》、《安全工作奖惩规定》、《安全管理绩效评价》等等。

危害预控体系：通过危险点分析与预控、安全评价、安全检查三个体系，对企业存在的危害进行查找、分析、评价，制定预防、控制措施及实施计划。

培训体系：坚持“全员培训”的原则。开展安全性评价培训以及新员工入厂的“三级”安全教育和各岗位新上岗、在岗、转岗等的常规安全生产培训；结合每年培训计划，定期组织各部门负责人安全生产培训及考试，结合每年培训内容，对企业各层次人员进行安全知识抽考，提高全员安全意识和反违章技能。

应急处理体系：建立自上而下的生产事故应急救援体系，完善的应急处理指挥机构、工作机构、应急救援队伍和应急救援与处理预案。加强对有关人员进行应急救援与处理预案的培训，定期进行演练，并根据演练和实际情况及时修订、完善应急救援与处理预案，确保应急预案的可行性、可操作性。

绩效体系：建立安全管理综合评价标准和评价制度，将安全绩效考评纳入部门月度绩效评价体系，每月开展一次安全管理综合评价，根据绩效评价结果，以及企业内、外部各种因素对企业安全工作的影响，对企业安全工作方针、原则、目标、组织机构、职责分工和规程制度等进行修订、调整，以保证安全管理工作的适宜性和有效性。

奖惩体系：安全奖惩实行目标管理，建立健全安全生产奖惩制度、安全生产目标责任制考核制度、安全责任追究制度，对实现安全目标、安全生产管理优秀、安全生产做出贡献的单位和个人进行奖励，对发生事故的单位和事故责任人予以处罚。

归因体系：任何不安全事件都能从人员、设备、环境和管理上找出原因并制定措施加以整改。

（三）安全文化体系建设的主要做法。

一是探索建立安全生产长效机制，形成安全生产人人重视的良好氛围。东电近年来，着力围绕领导重视、加强机制建设、形成安全文化，转变员工行为这条主线，探索建立了安全生产长效机制。领导重不重视安全，直接关系到企业整个安全状况。如何通过领导重视来实现企业人人重视的安全文化氛围？首先着手建设、完善安全管理的机制。机制和文化之间是一一对应的关系，有好的机制才有好的文化，且只有将好的安全机制长期运作、沉淀、提炼，最终才能形成好的安全文化，因此探索建立安全生产长效机制尤为重要。我们可以闭环地理解，领导是否重视，看职工是不是人人重视；检验安全文化是不是真正形成，重要看职工是否在思想、行动上具有安全第一的意识，检验安全文化的一个必要条件是看机制是否真的健全。因此，厂领导须系统、科学的将安全价值观体现在机制、制度建设上，引导职工，推动形成人人重视安全的氛围；中层干部要将“未雨绸缪，滴水不漏”的安全理念践行在工作计划、组织和控制中，履职尽责做好表率和引领作用；职工要把“一切违章可以预防，一切风险可以控制，一切事故可以避免”的安全认识观落实在具体工作中，转化为行动和责任，做到主动重视。当一个人做到主动重视，先进典型就会出现；当一个班组做到主动重视，先进标杆才会树立；当全厂员工都做到主动重视，就形成了一种优秀的安全文化，才能真正实现安全生产的长治久安。安全管理的发展是层层递进的，大致可分为经验管理、严格管理、主动管理、互动管理四个阶段。经验管理与严格管理阶段遵循“X”理论，即管理以制度为重点，以经济为目的；主动管理与互动管理遵循“Y”理论，即管理过程主要是一个创造机会、挖掘潜力、排除障碍、鼓励发展的帮助引导过程，重在管“心”。东风发电厂自建厂以来，通过设备更新、技术提升、完善管理机制、培育优良的安全文化，打下了坚实的安全基础，企业安全管理的意识和能力大大提升，现已完成了在经验管理、严格管理阶段的发展，正处于主动管理阶段，今后一段时期，通过从人、设备、环境三方面进一步提升安全水平，并着力安全文化的管理和培育，使安全工作由“安全生产，人人重视”发展到“安全生产，人人主动重视”，实现安全管理由制度管理到文化管理的提升。

二是丰富安全文化建设内涵，提高全体员工对安全文化的认识。所谓安全文化，即为企业组织的员工群体所共享的安全价值观、态度、道德和行为规范组成的统一体。东电通过总结提炼，将安全文化归纳总结，丰富完善，形成包括四大要素的安全文化。一为安全精神文化。是安全文化的最高层次、最具有活力的核心内容，是安全文化各层次形成和发展的内在动力。体现了“以人为本，安全第一，人人重视，预防为主”的安全方针，体现了以员工安全文化素质为基础形成的群体和企业的安全价值观，体现了员工在生产活动中的安全意识、行为规范和爱岗敬业的精神品质，体现了尊重人、关心人、爱护人、以人为本的安全管理思想，是企业安全文化建设的出发点，也是最终的归宿。二为安全制度文化。是指国家、地方、企业关于保障安全生产的法律法规、企业各种安全规章制度等约束条件总和。安全制度文化具有明显的强制性，它对规范安全行为，增强人的责任感起着决定性的作用。三为安全物质文化。是指安全设施、设备所体现出来的文化品位和文化价值。安全物质文化对安全生产起到重要的保障作用。四为安全行为文化。是员工的安全知识、安全技能、风险意识、业务水平在生产活动中的综合体现，是安全生产的关键环节。安全文化的提出，是将安全问题由自然科学向人文科学的转化和深化，是对安全管理思想和理论的一种新认识。

三是建立完善安全文化理念体系，塑造全员安全意识，奠定安全文化基础。通过总结提炼，在全厂征集、研讨，多次开会讨论，集全厂职工之智慧，建立起了以“未雨绸缪，滴水不漏”为安全理念，以“以人为本，安全第一，人人重视，预防为主”为安全指导思想，以“人身、设备、防汛、环境”为安全工作重点，以“一切风险可以控制，一切违章可以预防，一切事故可以避免”为安全认识观的安全文化理念体系，着力打造安全精神文化，注重培养员工的主人翁意识和自我保护意识，强调企业安全生产管理目标与个人发展目标的根本统一，极大地激发了广大员工认真落实各项安全生产规章制度的自觉性，从而实现将制度规范变为员工的自觉行为，使员工从“要我安全”到“我要安全”转变，形成“理念统一思想，行为引导安全，文化铸就品牌”的良好安全生产局面。

四是建立完善安全管理体系，落实安全责任，提高安全执行力。加强安全管理体系建设，注重发挥企业安全生产委员会的领导作用，充分发挥安全生产保障体系和安全生产监督体系功能作用。全面落实各级安全生产责任制，实施安全目标分级控制管理。建立了安全目标体系、责任体系、培训体系、监督体系、奖惩体系、应急体系、危害预控等10个管理体系，强化了安全生产的全过程安全监督与管理，以法治安，推行作业的标准化、规范化、流程化，逐步实现了安全工作的可控、在控。

五是建立安全生产物质文化，提高设备和环境安全水平，夯实安全生产的基础。安全精神不足和安全物质的投入不足，都必然造成安全管理的缺陷，埋下安全隐患。加大技术投入，采用先进的技术手段和工艺来保证不出现人为差错，在近三年的汛前检修工作中，我厂完成了220kV全封闭组合电器大修改造、二号水轮发电机扩大性大修、计算机监控系统改造等46项检修、58项改造项目，完成了2号施工支洞堵头拆除工程、右坝肩加固处理工程、溢洪道坡脚加固处理工程三大隐患治理，有力地夯实了安全基础；保证安全生产的有效投入。围绕人身、设备、环境、防汛四个安全工作重点，认真开展隐患排查；按照“安全可靠、先进适用、经济合理”的原则进行设备选型，做到在设备全寿命周期内最优；保证职工职业安全健康劳动保护和生产、生活安全设施规范化的投入；坚持文明生产，重视环境保护工作，选用环保、节能的设备，减少对周围环境的影响和电磁污染，保持与周围环境的和谐；用安全生产理论和原理指导家庭生活的安全，包括交通安全、消防安全、用电安全、燃气安全、公共安全、家庭安全、逃生与急救等。每一个员工都要树立强烈的安全意识，从自我做起，掌握安全知识和安全技能，遵守安全规章制度，维护公共安全秩序，共同创造更加安全、安定、和谐、文明的生产、生活环境。

六是建立安全生产行为文化，培育良好的安全习惯，构建安全文化主体。行为文化对企业和组织人员的行为产生规范型、约束性影响，它集中体现了安全理念和安全形象文化对企业和员工的要求。我厂多措并举，安全生产行为文化取得了显著成效。一方面在现有安全评价模型的基础上，借助程序化、系统化、结构化的风险预控管理，创建了生产岗位风险预控系统，采用事前控制模式，从“人、设备、环境”三方面对安全风险进行评估，大大降低了事故发生率，提高企业安全风险的预控水平，达到简化管理程序、优化配置人力财力的目标，为企业的可持续发展提供重要保障；另一方面用管理手段约束人的行为，通过制定《安全生产工作规定》等38项安全管理制度、114个管理规程等措施约束员工的不安全行为；另外，推进技术监督动态管理，制订并实施了《技术监督绩效管理办法（试行）》，运用科学的统计学模型，将技术监督各项指标细化、量化，抽样检查，有效促进了技术监督工作的开展，有力加强了设备管理。

七是深入开展文化宣贯，增强安全意识，营造和谐的安全文化氛围。以“安全生产月”活动为载体，以企业宣传体系为平台，系统地开展安全文化宣贯活动。召开由全厂职工参加的安全文化宣贯大会，签订安全承诺，开展了卓有成效的安全承诺行动；编印下发了《企业安全文化手册》、《安全漫画集》、《事故汇编》、制作安全专题橱窗、组建安全文化专题网站、出版安全专题报刊、挂置“安全视频宣传台”，开展安全征文活动等，广泛宣传安全文化；实施亲情管理，刚柔互济，组织全厂职工观看了“泪的呼唤”安全警示教育片，把赋予了浓浓情谊的“亲情桌牌”、“温馨提示牌”放置在职工工作中随处可见的位置，“安全禁令，您学习了吗？”、“拒绝违章，您做到了吗？”、“亲人期盼，您想到了吗？”一句句温馨的提示让人心中激起淡淡的温馨，同时，“六禁止、三到位”的颁布执行也将“刚性”管理带入了亲情文化，让人不禁自觉遵守安全，自觉维护安全；通过在班组设置安全看板、在中控室设置“安全角”等形式，把安全文化植入日常管理；整合厂工、团组织力量，开展了丰富多彩的安全生产月“十个一”活动，不断向员工灌输和渗透企业的安全理念，让员工从内心认同实现安全文化的价值理念，为企业发展营造和谐宽松的人文环境，使员工学会安全行为，以保证安全生产目标的实现。

二、东风发电厂安全文化体系建设的主要特色

东电在企业安全生产管理方面，通过多年的探索实践，形成了自己独有的文化特色，为推动企业的安全发展奠定了坚实的基础。

一是总结提炼并形成了东电完整的安全文化理念体系。建立起了以“尊爱生命、幸福人生”为安全价值观，以“以人为本，安全第一，人人重视，预防为主”为安全指导思想，以“人身、设备、防汛、环境”为安全工作重点，以“一切风险可以控制，一切违章可以预防，一切事故可以避免”为安全认识观的安全文化理念体系，编辑出版了《安全文化手册》、《安全漫画集》、《职工安全格言警句》等安全文化丛书。并通过安全文化的宣贯，向员工灌输和渗透企业的安全理念，在全体职工中牢牢树立起“安全第一”的思想，营造浓厚的安全生产氛围，为企业安全发展营造了和谐宽松的人文环境。

二是建立了一套完善的安全管理体系。在厂安全生产委员会的领导下，充分发挥安全生产保障体系和监督体系的作用，全面落实各级安全生产责任制，有效保证了企业安全生产目标的实现。在管理过程中，逐步建立起相应的管理体系。截至目前，已建立了较为完善的安全目标体系、责任体系、培训体系、监督体系、奖惩体系、应急体系、危害预控等10个管理体系，强化了安全生产的全过程安全监督与管理，做到了以法治安，并推行作业的标准化、规范化、流程化，逐步实现了安全工作的可控、在控。

三是重视安全生产投入，建立了良好的安全生产形象文化。安全精神不足和安全物质的投入不足，都必然造成安全管理的缺陷，埋下安全隐患。东电十分重视安全生产投入，注重安全生产形象文化建设。围绕人身、设备、环境、防汛四个安全工作重点，认真开展隐患排查整改；按照“安全可靠、先进适用、经济合理”的原则进行设备选型，做到设备在寿命周期内运行最安全；保证职工职业安全健康劳动保护和生产、生活安全设施规范化的投入；坚持文明生产，重视环境保护工作，选用环保、节能的设备，减少对周围环境的影响和电磁污染，保持与周围环境的和谐。另外，还用安全生产理论和原理指导家庭生活的安全，包括交通安全、消防安全、用电安全、燃气安全、公共安全、家庭安全、逃生与急救等。每一个员工都要树立强烈的安全意识，从自我做起，掌握安全知识和安全技能，遵守安全规章制度，维护公共安全秩序，营造“尊爱生命、幸福人生”的良好氛围，共同创造更加安全、安定、和谐、文明的生产、生活环境。

三、东风发电厂安全文化体系建设的主要成效

一是保证了企业生产目标任务的完成。2009年完成发电量27.69亿千瓦时，超额完成上级下达的发电任务5.69亿千瓦时，创产值5亿多元，同时企业的各项技术经济指标也得到显著提升；通过以“安全”为核心的文化理念体系的宣贯，员工安全意识显著增强，企业安全生产水平迈上了新台阶，实现了全年安全生产无事故，长周期安全生产记录突破2000天。

二是增强了企业竞争力。企业安全文化建设的过程为企业和员工提供了传承、弘扬、学习和创新的平台，增强了企业员工对安全工作重要性的认识和理解。同时，将安全文化建设融入企业文化建设的大盘子，并以安全文化建设为核心，使安全文化贯穿整个企业文化的始终，在安全文化体系建设的带动和保障下，企业生产经营、管理水平等也得到显著提升，企业的整体实力和综合竞争力得到加强。

三是树立了良好的企业形象。东风发电厂建设和落实安全文化的过程，是积极动员职工广泛参与，认同企业的安全核心理念，并自觉落实到行动上，体现在工作中的过程。通过安全文化体系的建设和宣贯，形成了“内强管理，外树形象；人企合一，共铸安全”的良好氛围，增加了企业的知名度、美誉度，使企业的生命力和持久的竞争力在社会广泛传播，树立了企业的良好形象。企业先后荣获全国五一劳动奖状、全国安康杯竞赛优胜单位、全国大型水电厂劳动竞赛先进单位、全国一流水力发电厂、中国华电集团公司安全生产先进企业、首批十佳四星级发电企业等荣誉。

四是创造了和谐的安全生产环境。通过广泛宣传企业文化理念，展示企业安全文化的内涵，使企业领导和员工拥有一致的理想和观念，一致的利益和目标，人员自我安全意识显著增强，由“要我安全”转变到“我要安全”，由“被动重视“转变为“主动+重视”，从而促成人与人之间消除矛盾、减少摩擦，形成互相关心、互相合作的氛围，建立起民主、平等、友爱、融洽的人际关系，创造了宽松和谐的安全生产大环境。

连云港港口集团有限公司

打造亿吨强港 构筑和谐家园

企业文化作为社会主义先进文化的重要组成部分，是企业发展的灵魂，是企业实现又好又快发展的精神支柱。近年来，集团在加快生产上量、项目建设、资本运作、管理创新的同时，围绕“建设东方大港、构筑和谐家园”的共同愿景，按照“一年全面起步、两年升华发展、三年形成特色”的总体规划，积极开展企业文化工作，职工文明素养不断提高，生产组织能力不断增强，各项工作齐头并进，企业核心竞争力、影响力和知名度不断提升，成功地迈入亿吨大港、深水大港和干线大港行列，荣获了“改革开放30年全国企业文化建设优秀单位”、“江苏省企业文化建设先进单位”等称号。我们开展企业文化建设，其目的就是从文化中汲取精神动力，发扬爱岗如家、勤奋敬业的进取精神，旨在用文化力提升港口生产力，从危机中寻找机遇、从矛盾中寻求良策，为经营亿吨大港、打造亿吨强港提供强有力的文化支撑。

一、建设亿吨大港的成功实践启示我们，与时俱进的企业文化是港口跨越发展的力量源泉

建设亿吨大港是一项涉及面广、任务量大、复杂繁重的系统工程，它的成功实现，饱含了各级政府、社会各界的关心支持和广大职工的心血汗水，也体现了文化作为企业发展的灵魂所发挥的凝聚、激励、促进作用。

首先，亿吨大港的建设历程体现了“团队、创新、跨越”的企业精神。6年前，港口人不甘落后，与时俱进，许下了2008年建成亿吨大港和300万标箱的诺言，6年来，广大职工废寝忘食、殚精竭虑，抢抓发展机遇、加快功能提升，一步一个脚印、一年一个台阶，在国家省市和社会各界的鼎力支持下，终于兑现了诺言，实现了几代人的亿吨大港梦，这一奋斗过程不仅是云港人不畏艰险、同心同德、排除万难的真实写照，更是“团队、创新、跨越”的企业精神的具体展现。在建设亿吨大港过程中，我们发扬“创新”精神，千方百计开拓市场。面对货源市场打压降价等无序竞争，我们创新揽货方式，加强航运、货源、运力三方市场衔接，把服务延伸到腹地，在内地建设“无水港”，实现门到门的无缝对接；挖潜运力市场，与国铁合作开通“路企直通运输”；加大航线航班密度，成功开通对韩客货班轮航线，对港澳台航线等；东泰公司揽货员祁德军“七上郑州，用真诚感动客户”，使连云港成为全国第五大汽车出口口岸，物流公司与淮钢合资的淮钢进出口公司副经理古亮，放弃无数个与家人团聚的机会，为港口物流链的畅通做了大量的艰苦工作，他们用汗水和智慧开创了货源市场新局面。在建设亿吨大港过程中，我们发扬“团队”精神，加快港口功能提升。积极推进深水航道、大型码头等重大项目，建设单位建港指挥部、港务工程公司等技术人员同心同德，克服生产与建设、项目拆迁与群众生活矛盾，披荆斩棘、忘我投入，书写了“敢于攻坚、勇创奇迹、超越自我、激情奉献”的庙三精神；在大堤港区的围堰工程中，建设、监理、施工队伍齐上阵，1年时间筑堤14公里，效率是过去8年筑堤6.7公里的17倍之多；在15万吨级航道、30万吨级矿石码头建设过程中，建港技术人员披星戴月坚守施工现场，利用生产空隙抢抓施工，涌现出高兆福等一批精益求精、默默奉献的先进人物。港口在近几年的建设中，新增吞吐能力4500万吨，相当于再造了一个连云港港。在建设亿吨大港过程中，我们发扬“跨越”精神，实现资本运作新突破。多途并举开展上市融资、银企合作、招商引资，港口股份公司历经8年奋战成功登陆A股市场，标志着连云港港走上了资本运营道路；为缓解生产建设中的资金矛盾，我们加强银企合作，发行数十亿元短期债券，获得银行大量授信；深化与中海、中远等航运企业、物流企业的战略合作，实施“引进来、走出去”战略，积极寻求与腹地的合作项目等等，使资本运作在创新中实现跨越。在建设亿吨大港过程中，我们发扬“奋发进取”精神，积极开展各项工作，提前办理海域使用权，为集团节约了大量资金；积极做好项目前期工作，使30万吨级航道获得国家发改委批准，为建设矿石、原油码头等奠定了基础，连云港港的发展前景将更加美好。

其次，生产经营的生动实践诠释了“诚信、开拓、奉献”的核心价值观。为了实现几代人的亿吨大港梦，云港人自加压力、奋勇开拓。在生产实践中，云港人勇于兑现诺言，展现诚信的传统美德。为了兑现我们是中西部地区最经济、最便捷的出海口的承诺，尽最大可能在能够承受的情况下让利于货主、方便货主；为了打造装卸服务品牌，我们日夜研究作业效率，东泰公司门机队总结出“一钩准”技术，“三步走”管理机制，不断刷新生产记录，新陆桥公司为了提高生产效率，不惜投入重金改造老机械；为了改善职工待遇，我们在建设资金紧张、各方急需用钱的情况下，基本保证职工收入

年年有增长，特别是实现亿吨大港和300万标箱的慰问金，我们是硬挤出钱发的；作为一个国有企业，不仅要承担经济责任、政治责任，还要承担社会责任，所以我们要求各单位保证广大职工有一个稳定的岗位。在生产实践中，云港人敢于改革创新，展现开拓的勇气魄力。开拓创新、锐意改革是提升企业经营管理水平的助推器。按照资源整合、优势互补的原则推动体制改革，剥离社会职能，将海港医院移交地方管理，整合建设板块完成非施工类业务重组，整合劳务用工市场等；同时按照规范经营、争创效益的原则深化机制改革，完成集团公司章程修改报批，子、分公司名称变更和重置，法人治理结构逐步健全。在生产实践中，我们甘于岗位立业，展现奉献的高尚情操。我们说，平凡的岗位成就不平凡的业绩。亿吨大港的成功实现，是许许多多“无名英雄”默默奉献的结果。各单位在生产实践中，纷纷组织岗位练兵，开展立足岗位、建功立业活动，收到良好效果，涌现出“把‘连云港外贸煤20年无索赔’品牌看得比生命还重要”的东源公司质检员王景刚，“把创建文明班组、打破世界岸桥单船操作纪录，打造连云港集装箱品牌为己任”的新东方货柜公司岸桥3班班长朱勇，“把港口当作自己家，倾心脏累苦岗位无怨无悔”的兴港劳务工韩向阳、“为了保护客户利益而带领大伙追火车”的东联公司孙守用，等等，他们用坚韧的意志、铿锵的行动践行着“诚信、开拓、奉献”的核心价值观。

事实证明，亿吨大港的成功实践，不仅展示了云港人的企业精神和核心价值观，更为经营亿吨大港、打造亿吨强港提供了强有力的精神动力。

二、经营亿吨大港的历史使命要求我们，必须从企业文化建设中汲取攻坚克难的精神动力

我们企业的使命是“强港富民、服务社会”。企业是社会的重要组成部分，只有将企业的发展融入社会发展，企业的存在和发展才有意义。一方面，我们通过社会各界的关心和支持，才能做强做大，另一方面，在做强做大企业的同时，理所当然地要回报社会。我们作为国有企业，而且是手捧港口这个金饭碗的企业，更有责任发展好港口，造福职工，造福地方，承担起国家、省、市赋予我们的光荣使命。近年来，党中央、国务院把连云港置于国家战略发展层面，要求发挥连接南北、沟通东西的枢纽作用；省委、省政府实施东陇海产业带和沿海综合开发战略，要求连云港昂起苏北振兴的龙头；市委、市政府把连云港作为核心战略资源，实施“以工兴港、以港兴市”战略，举全市之力发展连云港港。机遇与挑战并存，压力与动力共生。但是，当前严峻的宏观经济形势使港口的发展不容乐观，全球金融风暴对外贸型港口的影响越发明显，港际间争货源、抢腹地、拼排位的竞争越发白热化，改革创新的矛盾纠纷不断涌现、服务发展的软环境不够优化，特别是经营亿吨大港，提升港口综合功能、抓好两翼开发，完成上级政府部署的各项目标任务，使港口处于难上加难的境地。那么，如何汲取克难前进精神动力呢？

首先，云港文化的深厚底蕴是我们经营亿吨大港的精神来源。75年来，艰难困苦的建港岁月磨砺了云港人自力更生、艰苦奋斗的坚韧品格。面对动荡局势，我们坚持生产：为着东方大港的宏伟蓝图，云港人忍受着日寇铁蹄的凌辱、忍受着阶级斗争的压迫，艰难组织生产，自编自演历史剧《黄海苦潮》忆苦思甜，鼓舞生产建设大军。面对谬论，我们毫不动摇：上世纪70年代，在某些专家“回淤严重、软基基础、陆域狭窄”的谬论重压下，港口一度出现建设空白，云港人坚持用事实说话，最终推翻了谬误，掀开了港口建设新篇章，相继开辟了庙岭新港区、墟沟新港区，建成了“神州海上第一堤”西大堤，为港口持续发展增添了后劲。面对落后，我们不甘落后：上世纪90年代，港口在日元贷款和亚洲金融危机等诸多困难夹击下，发扬“创业、创新、创优，兴云港”的云港精神，负重爬坡、自我加压，提出“强港富民”三步走目标，坚持“先生产后生活”，广大职工积极投身生产建设，使港口逐步走出困境。面对竞争，我们错位发展：上个世纪末，我们解放思想、加强合作，实现与中海集团强强联合，打破集装箱在10万标箱徘徊局面；引进益海粮油等临港工业，走上多元化发展道路。面对机遇，我们乘势而上：新世纪以来，连云港港迎来了难得的发展机遇，我们抢抓机遇、积极争取扶持政策，多方筹集建设资金，加大项目建设力度，实现了亿吨大港和300万标箱的目标，掀开了港口发展史上具有里程碑意义的一页。

连云港港从积贫积弱走向繁荣强大的历史充分说明，云港人有一种上下齐心、团结协作的团队精神，有一种开拓奋进、自强不息的创新精神，有一种与时俱进、争先赶超的跨越精神，这就是我们经营亿吨大港的宝贵财富。

其次，云港文化的丰富发展是我们“强港富民、服务社会”使命的有力支撑。加强企业文化建设，使企业使命深入人心，激发职工破解发展难题、从容应对发展危机，是文化提升核心竞争力的具体体现。文化的深入开展使我们认识到使命光荣，在冲刺亿吨大港的过程中，集团党委审时度势提出，找准使命定位，树立正确价值取向，建立适应时代发展的企业文化，提出“企业文化建设年”、“管理提升年”目标，制定实施纲要，设计视觉识别系统，提炼文化理念，利用丰富的文化载体开展凝聚力工程，使企业文化弥漫在港口的空气中，使广大职工深刻认识到没有国家省市领导的关心支持，就没有港口成绩斐然的今天；没有前辈们用青春与激情打下的基础，就没有茁壮成长的今天；没有港口的发展壮大，就没有职工的富裕生活；没有实现亿吨的强大实力，就无法肩负“强港富民、服务社会”的光荣使命。

文化的深入开展使我们不断彰显企业精神，随着文化的建设，从员工的培训学习到生产一线的实际操作，从企业管理制度到员工绩效考核，从企业内部会议到文化主题活动，从企业办公到市场经营公关，每一个环节都渗透着文化，每一项工作业绩都饱含“团队、创新、跨越”的企业精神，在这种精神引导下，我们历练了一支特别能吃苦、特别能战斗、特别能团结、特别能奉献的队伍。这支队伍以及这种精神，就是我们经营亿吨大港、打造亿吨强港的依靠和动力；

就是我们破解发展难题、化危为机的依靠和动力；就是我们克服畏难情绪，理顺思想顾虑，正确处理全局与局部、集体与个人之间利益关系的依靠和动力；就是我们有效组织施工力量，合理安排工期节点，确保各项工程有序推进的依靠和动力；也是我们加快改革创新，优化资源配置，狠抓精细化管理等各项工作的依靠和动力。这就是我们从文化中汲取的前进力量。

三、构筑和谐家园的共同愿景激励我们，必须深入开展企业文化建设引领港口科学发展

古人云，家和万事兴。和睦、和顺的工作环境是干事创业的基础和前提。构筑港口和谐家园，就是构筑顺畅的上下级关系、同事关系、内外部关系，建设以人为本的企业文化，打造和谐的发展环境。我们在大力推进“经营亿吨大港、打造亿吨强港”的过程中，要创新发展企业文化，以理念宣贯渗透为切入点，以典型示范引导为推动点，以提升队伍素质为根本点，以子系统文化拓展延伸为渗透点，重点抓企业文化的贯彻落实。

一要注重理念宣贯，使企业文化建设深入人心。文化理念的宣贯是文化渗透的重要环节，是员工形成共同价值观和崭新精神家园的重要途径。雅芳公司的愿景“成为一家比女人更了解女人的公司”，被每一位员工与客户熟知；同仁堂“炮制虽繁必不敢省人工，品位虽贵必不敢减物力”的对联展现了制药的最高境界，这不仅是对职工的要求，更是对社会的承诺。前一阶段，我们做了一些理念宣贯工作，今后要通过各种舆论阵地和文化载体，使集团14个核心理念和应用理念入脑、入耳、入心，使职工由认知到认同再到自觉执行。各基层单位在宣贯过程中，特别是党政领导要自觉弘扬和实践企业价值观，用自己的模范行为体现企业精神，用自己的实际工作向职工解读和灌输企业文化，切实成为文化的宣传者、实践者、推动者。今年，我们还要不断充实、完善企业文化理念体系，丰富“安全、廉洁、服务”等子文化体系，并根据我港独特的区位优势，发展“桥头堡文化”，引申“桥头堡”作为一种责任、使命、地位的深刻内涵，擦亮桥头堡的金字招牌。

二要注重选树典型，使文化发挥辐射作用。先进典型是企业价值观的人格化、形象化、具体化，是企业精神的集中代表。我们表彰的15位企业文化人物和企业文化建设先进集体、先进个人，就是集团选树的践行文化理念的典型，通过弘扬他们在市场开发、安全管理、装卸现场、建设一线等战线上吃苦耐劳、勇于奉献、忘我工作的敬业精神，激励广大职工以他们为榜样在各自岗位上建功立业，做出应有的贡献；通过表彰企业文化建设颇具成效的东联公司、轮驳公司、铁运公司、千红公司等，展现各单位三个文明建设的丰硕成果，展现广大职工团结拼搏的进取精神，营造集团内你追我赶的竞争氛围，促进企业的改革发展。我们选树、培育、宣传典型，主要就是发挥典型的示范作用，用他们的先进思想和高尚情操来激励广大职工，用他们的工作思路和工作方法来影响广大职工，使优秀文化成为一种员工默认的、下意识的思维方式，使其真正流淌在我们的血液里。

三要注重融入管理，使企业文化建设落地生根。融入管理是推进企业文化建设的根本要求。企业文化本质上是以人为本的管理文化，企业文化落地就要落在企业的经营管理中，融入管理的各个层次、各个环节。东泰公司在文化建设中，把企业文化建设纳入公司总体发展战略，从凝练公司“安全、效率、感恩”的核心价值观、启动企业文化，到评选“感动东泰”十佳人物、打造公司文化形象大使，把企业价值理念融入制度创新，规范经营管理和员工行为，实现企业理念制度化，制度规范人性化，使东泰公司一步一步走上强大，实现了文化力提升生产力的目的。今后，我们要把企业文化建设根植于经营管理实践的沃土之中，与建立学习型企业相结合、与人力资源开发相结合、与企业制度建设相结合、与企业经营理念的创新结合，促进我们在开拓市场、资本运作、人才战略、企业管理方面的创新，目前，集团开始建立了能进能出的劳动用工制度、能上能下的人事管理制度、能增能减的收入分配制度，但与打造亿吨强港的目标相比，相关的一些制度还跟不上发展。所以，加强文化的贯彻执行和切实运作，全面提升企业的经营管理水平，是企业发展的必然要求。

四要注重丰富创新，使企业文化引领实践。连云港港从不起眼的小港发展为令世人瞩目的亿吨大港的过程，就是云港文化从零星的思想火花渐变为丰富的系统文化的过程。在这个过程中，我们从过去“创业、创新、创优，兴云港”的云港精神升华到现在的“团队、创新、跨越”的企业精神，既传承了历史文化、又创新了现代文化。所以，我们在与时俱进运用科学理论深入研究文化建设，探索企业文化如何融入企业管理、落实到基层项目，如何源于实践又高于实践的过程中，可以从广大职工的生产生活中提炼感人事迹、崇高精神，可以从企业的经营管理中汲取新鲜内容，推动文化创新，保持文化前瞻性、指导性、鲜活性，使企业文化建设即紧密结合生产实践，又跟上时代发展步伐，引领企业持续健康发展。

社会因和谐而繁荣，企业因文化而常青。企业文化的核心是以人为本，开展企业文化建设就是贯彻落实科学发展观的直接体现。让我们与时俱进，全力推进企业文化建设，用文化的深层内应力，打造亿吨强港、构筑和谐家园，为港口健康、和谐发展插上腾飞的翅膀。

日出东方太阳能股份有限公司

工作并快乐着

——基于公司使命的企业文化建设

快乐，才会和谐。当代著名经济学家茅于轼认为：人生追求的目标是幸福，或者叫快乐——创造快乐的事业是最伟大的事业。

太阳能产业是一个以让人类快乐、可持续性发展为终极目标的产业。公司董事长徐新建从业感言坚信“太阳能产业，是一个可以让我们为之奋斗终生的产业，是一个可以惠及子孙后代的产业，投身这个产业，我们感到无比自豪！”

公司是一个以快乐为使命的企业。公司使命的内涵表述为“投身绿色产业，造福子孙后代；为客户创造性地提供有价值的服务。”——在新时期，太阳雨公司对“客户”的理解是：包括外部经销商消费者、内部员工、合作伙伴、社会。我们创造高质产品及品牌价值，让经销商消费者快乐；我们打造发展的平台及空间，让员工快乐；我们创造共赢共生的机会，让合作伙伴快乐；我们投身公益事业，推进和谐社会建设，让他人快乐。

伟大的事业必须有坚定的理念和践行。所以公司以“做百年企业、创业世界品牌”愿景为激励，以“诚信、超越、持续成长”核心价值观为指导，在风云变幻的世界经济浪潮中快乐地、务实地履行着心中的使命。

一、诚信 DNA——让客户快乐

彼得·德鲁克说：企业的目的就是创造和保护客户。公司董事长徐新建明确提出，我们的客户对公司的需求体现在两个方面：一是质量、二是服务——而一切的保障来自于企业诚信的品质。

营销的前提是信誉，营销的本质是产品。2000 台热水器召回事件让公司全体人员刻骨铭心。1999 年冬天一个寒冷的下午，一个来自河南的客户怒气冲冲地来到连云港公司，要求退货。这只是那场危机爆发时的一个缩影。1999 年底，销售了大半年的太阳雨已经卖出了数千台热水器，徐新建和员工们露出了久违的笑容，企业走上了正轨，得到了市场的初步认可。然而，在这稍微松懈的时刻，危险不期而至。忘了从哪天开始，顾客的投诉电话让人神经紧绷起来，河南，湖北，山东……产品质量问题的反馈接二连三，这一切给这个尚且立足未稳的小企业罩上了浓重的阴影，人心开始动摇：怎么办？所有人都把目光都投向了当家人董事长徐新建。

徐董事长此时虽然冷静，但内心也是充满了激烈斗争：产品出了问题，要么召回，赔偿用户，要么像当时有些企业一样，一走了之，不承担任何损失，谁也抓不到你。可是这样一来，自己如何在今后的市场立足，产品可以再生产，可诚信没了，永远不能修复，自己也永远会背负道义的谴责抬不起头来，是走，还是赔——徐董事长很快就拿定了主意：召回！

召回工作随后逐步展开，这样的直接后果是让太阳雨这一年的努力几乎全部付之东流：年底粗略统计，损失近 10 万元，部分员工不理解这种做法，看不到希望，选择离开。这个太阳能小厂，面临成立以来最大的危机，摇摇欲坠。但是徐新建董事长依然咬着牙坚持把近 2000 台的问题产品悉数召回，整天呆在车间里，潜心研究产品改进。

市场是最公正的，经过此次历练，终于以壮士断腕的积极姿态和勇气赢得了尊敬，到 2000 年，太阳雨的产品重新获得市场，神奇地扭亏为盈，迈上了稳健快速的发展轨道，到 2005 年成为中国名牌，跻身行业前列，出口也稳居行业首位。

面对 2000 台不合格产品的一次生死抉择，让一场灭顶之灾的危机就这样化成了企业前进的契机，看似顺理成章的因果关系却包含着别样的智慧和勇气，颇发人深省。从此，“诚信”成为了太阳雨创业精神和太阳雨人的 DNA，公司在诚信中一路走来。

让客户增值，我们才有价值。公司关注客户成长、帮助客户成功的行为赢得了客户的满意，使客户在市场竞争中处于优势地位，从而实现了客户快乐。

目前，公司旗帜鲜明地提出“为客户创造性地提供有价值的服务”，并将此作为公司的经营方针，上升到企业战略的高度。全公司所有部门正在统一思路，营造氛围，全员参与，组织落实。

物流部是公司与经销商朋友业务往来最直接的部门之一，公司产品的运输费用都由经销商承担，不涉及公司的成本，正因为如此，物流部的工作人员以前就没有尽最大努力寻找更经济合理的运输车辆，帮助经销商降低物流成本，导致经销商的运营成本提高，满意度不高，终端竞争力降低。

公司提出 “为客户创造性地提供有价值的服务”这一经营思想后，首先将帮助经销商降低物流费用作为突破口，向物流部派驻更多的专业人员，积极落实第三方物流公司，实行多家公开报价竞争，这样做的目的就是为客户进一步降低成本，保证产品能以最低运输成本及时送到客户手中。

全员行动起来，将“为客户创造性地提供有价值的服务”这一经营思想真正落实到具体行动中，形成上上下下共同的行动纲领，那么太阳雨将无法不受人尊重，无法不健康成长，无法不持续成长，这是企业的软实力，这也企业无法被复制的真正的竞争力。

二、学习超越——让员工快乐

企业文化的本质是让员工在企业中快乐的成长。公司正是充分认识到这一点，坚持以人为本，挖掘员工内在需求，构建和谐的工作氛围，并在生产经营、员工培训、人才使用、员工生活四个方面采取措施，推进“快乐文化”建设。

让员工在有效管理激励中成长。在企业管理理念上：用数字说话最有说服力；能够把简单的事成千上万遍都做对，就是不简单；说了≠做了≠做好了≠做对了≠做到位了≠达到目标了≠用户满意了。在月度经营例会上，公司根据《中层干部考评标准》、《现场考评标准》，《明星员工评比规定》，对在工作中涌现出的中层干部、现场管理好的车间主任、一线员工中表现好的员工进行表彰，让他们切身体会到公司的人性化管理所带来的快乐。公司董事长在《致各位员工及管理者一封信》中强调，管理者必须懂人性、有人情味，能做到角色转型，即从自己会干、干好到让下属和周围的人会干、干好，并必须时刻关注并反思员工薪资方案是否合理，并进行动态优化，这给公司管理指明了方向。

让员工在学习的平台上成长。为了有效提高员工的知识水平，公司和北京时代光华商学院共同设了卫星课堂，以管理和营销人员为重点对象，每周组织一次学习，每个月还安排一次北京的专家教授来公司办讲座，同时不断送出管理技术骨干外出参加各种培训，还和清华大学联合举办了IE学习班，对集团的骨干进行全面系统的培训。在内部成立企业大学，着力打造"一流的产品、人才、价值观"三条流水线。公司还开展了"提升岗位技能，建设学习型班组"的活动。为实现公司的百亿战略培养人才。

让员工在正确人才观引导中成长。在人才使用方面：坚持"人人是人才，能者上、庸者下、平者让"的用人观，坚持徐董事长五种人不用的用人原则：一是不孝敬父母的人坚决不用；二是和兄弟姐妹关系不好的人坚决不用；三是不讲信用的人坚决不用；四是用几个名字，到一个企业换一个名字的人坚决不用；五是经常更换手机号码的人不用。公司的用人观及徐董事长的五种人才观，使公司形成了讲正气、讲真话的良好风气，使公司形成了积极向上的良好氛围。

让员工在清晰的职业通道中成长。公司重视学习的激励机制。公司在人才使用上，遵循"人人是人才，能者上，平者让，庸者下"的观点，努力让有真才实学的员工得到提拔和重用。在生产现场，用员工姓名命名的革新成果，目前已有近200项。目前，公司正进行公司内部工程师、技师的评定工作，通过这些措施激励员工的成长和进步，构筑人才高地。太阳雨正是通过此种体制机制，使员工深切感受到学习的重要性并体会到学习的乐趣，学习力正推动公司不断成长，从一个成功走向另一个成功。

让员工在向上的氛围中成长。在员工生活方面，公司用心打造"家文化"，成立家基金，给员工以家的温暖，在员工或员工家庭遇到困难时，在第一时间启动家基金给予救助。公司还因地制宜的组织各种积极、健康的文体活动，通过广泛开展职工运动会、团队拓展训练、年度总结表彰大会等一系列活动来增强企业凝聚力、增强企业员工的荣誉感。公司作为连云港市民营企业代表与中国电子科技集团第55研究所开展组织统筹共建活动，取得了良好的效果。公司工会、党总支还坚持做好劳动模范、和先进职工的评选、表彰、宣传工作，开展了争当"优秀员工"、"优秀员工"及"党员示范岗"等活动。

三、和赢天下——让合作方快乐

公司坚信："诚信合作，和赢天下"。

共赢——大家共同成长，自身才能更好地成长。对供应商，公司先后召开了主题为"合赢天下"、"诚信合作和赢天下"、"我们的品牌 我们的未来 "供应商大会，增进了了解，加深了友谊。对遭遇困难的供应商，公司尽力给予帮助，对管理相对滞后的供应商，公司组织精干力量对其进行有效指导，帮助其成长，对一些管理好，实力雄厚的供应商，公司组织生产、研发等人员去参观学习，公司的一系列举措，赢得了供应商的尊重，使之成为宝钢等一系列大集团的战略合作伙伴。

共生——对手强大，自身才会强大。作为中国太阳能热利用产业联盟副理事长单位、全国工商联新能源商会常务副会长单位，公司与行业协会展开了良好的合作，及时了解行业动态并将企业的内部动态反馈给行业协会，形成了良好的行企合作关系。在对待太阳能企业方面，公司坚持既是竞争对手又是合作伙伴的原则，坚持"走出去 请进来"的原则，与太阳能企业开展广泛的交流。赢得了太阳能企业的尊重。

四、企业公民——让社会快乐

公司在快速发展的同时，秉持"来源于社会 奉献于社会"的理念，积极投身社会公益活动。自公司成立以来，累计向社会各界捐款捐物千万元，展现了负责任的良好企业公民形象。

努力构建和谐的军民、警民关系。人民子弟兵是保卫祖国的钢铁长城，公司自成立以来，发扬拥军爱警传统，经常开展慰问活动，向市消防支队、各县区消防大队、连云港警备区等单位捐款捐物，免费安装太阳能热水工程。构建了良好的军企、警民关系，展现了港城民企的良好形象。

关注孤寡老人，资助失学儿童和贫困大学生。孤寡老人、贫困学子一直是公司长期关注并资助的群体。为敬老院免费安装热水器，拿出专项资金用于"希望工程"，公司的慈善活动，在社会上引起了强烈反响，也得到了社会的承认，2008年3月26日，江苏省首届"慈善之星"表彰大会在省政协礼堂隆重举行，公司董事长徐新建因在捐资助学等慈善事业中的突出贡献荣获江苏省首届"慈善之星"，并受到省委、省政府领导的亲切接见。

积极开展民企帮扶活动，带动贫困农民脱贫致富。公司积极响应市工商联等部门号召，开展民企帮扶活动。一方面，解决贫困青壮年的就业问题；另一方面，对农村贫困孤残老人采取捐款捐物形式，解决困难群众的生活问题。公司的这一举措，使更多的贫困农村居民脱贫致富，共享改革开放的伟大成果。

牵手北京残奥会，支持残疾人事业发展。2008年9月，举世瞩目的世界残奥会在北京举行。公司积极参与到残奥会这项利国利民的活动中来，中国残疾人联合会经过近半年时间对500家企业的层层筛选，最终选择公司作为残奥助威团独家全程合作伙伴。为此公司从世界各国选择并组织了40名关爱残疾人事业的热心人，成立了 "太阳雨太阳能残奥会助威团"，由"最美丽的火炬手"金晶担任助威团形象大使。公司每销售一台太阳能热水器将捐赠五元钱用于发展残疾人事业，公司同时在全国以及世界各地开展残奥宣传活动，让更多的人了解残奥会，关爱残疾人。为此，公司共投入近200万元，董事长徐新建也被中国残疾人联合会授予中国第16位"爱心助残大使"。

积极投身四川抗震救灾活动。5月12日，四川汶川等地区发生了8.0级大地震，在第一时间，公司向灾区捐款110万元，成为太阳能行业第一个向灾区伸出援助之手的企业。公司在积极捐款捐物的同时，号召公司全体员工以及国外子公司员工集体捐款、捐物。并向新能源产业企业发出呼吁：作为一个利国利民、惠及子孙后代的阳光产业，以及阳光产业的从业企业、从业人员更应该加入到抗震救灾中来，以实际行动与灾区人民同渡难关。在夺取抗震救灾的伟大战役中，公司捐款捐物累积达340余万元，展现了一个有责任感企业公民的良好形象。11月26日，2008首届华夏公益慈善论坛在人民大会堂隆重举行，公司董事长徐新建荣膺“十大公益楷模”奖，成为新能源行业首个获得该奖项的企业家。

成立行业内首家慈善公益基金。2009年4月24日，2009中国慈善排行榜在北京钓鱼台国宾馆举行颁奖盛典，董事长徐新建荣获“2009中国慈善排行榜上榜慈善家”称号，并捐献1000万元成立行业内公益慈善基金，用于灾区重建、新农村建设、助学等慈善公益活动。

在2010年6月份，值公司2010经销商半年会陆续在全国各地召开之际，太阳雨公益慈善基金全面启动“千乡万村阳光热水工程”，向各地民政局、红十字会、敬老院、福利院、特殊教育学校等慈善福利机构，及贫困家庭捐赠太阳能热水器，目前，爱心捐赠活动正火热蔓延、扩大至全国范围，将把福祉带给更多需要帮助的社会人群。

五、健康可持续发展——企业自身快乐

企业文化理论的创始人特伦斯·迪尔及艾伦·肯尼迪认为：“当文化能够满足环境的要求时，一切皆大欢喜。当环境在变化，但过时的行为方式仍固执己见时，组织必然失败。”从九年前贷款创业的小作坊，到太阳能行业的知名品牌，多年来，公司持续的成长，证实了太阳雨企业文化对企业发展起到了强大的推动作用。

在太阳能光热领域，公司率先推出“保热墙”技术，引领行业进入“保热时代”，成为“中国太阳能行业保热时代的领导者”，公司产品远销世界100个国家和地区，太阳雨以其雄厚的国际竞争力，连续四年出口第一，成为“中国太阳能行业国际化领航者”。是江苏省高新技术企业，江苏省群众性经济技术创新工程先进单位，全省民营企业“双爱双评”活动先进单位。

近五年来，公司始终保持着全面高速增长，并积极推行全面质量管理，在同行业中率先通过ISO9001、ISO14001、3C认证、环境标志认证、康居认证，并顺利通过欧盟、德国、韩国、澳大利亚等国际权威产品认证，还荣获首批“中国名牌”、“国家免检”、“金太阳认证”等荣誉称号，2008年8月，太阳雨荣膺“中国驰名商标”，实现了品牌大满贯。2008年10月，公司喜获B.I.D（国际权威质量评价组织）颁发的国际质量最高奖—“国际质量之星”。企业文化宣传的重要阵地《太阳雨人》，也被江苏省工商联评为“江苏省民营企业优秀内刊”。2008年11月16日，在广西南宁市召开的“改革开放30年与企业文化建设——中外企业2008年南宁峰会”上，公司喜获由中国企业文化研究会颁发的改革开放30年“全国企业文化优秀单位”称号。

企业愿景——创世界名牌 做百年企业。走进太阳雨的大门，首先映入我们眼帘的是“创世界名牌 做百年企业”10个大字。这既是太阳雨的企业最高追求，也是最核心的价值观。早在2005年，在人民大会堂领取“中国名牌”产品证书时，董事长徐新建掷地有声地宣告：“我们不仅要做中国名牌，我们还要争创世界名牌，做百年企业”。

2009年，在太阳雨十周年之际，集团正式发布第三个五年计划——“533100规划”。

即在未来5年内，太阳雨员工发展到3万人；带动相关产业、上下游的就业人员达到30万；将太阳雨打造成中国太阳能光热产业第一个过100亿的企业；3年内完成国内5大产业链基地的建设；5年内完成国际化产业布局；在国外建立2—3个分厂；全面推进太阳雨现代化、国际化产业发展战略。

核心价值观——诚信 超越 持续成长。太阳雨的核心价值观：诚信、超越 、持续成长。其核心是以诚信为本，以超越自身和竞争对手为目标，以持续成长为要求。放眼市场竞争激烈的今天，“诚信”是企业竞争发展之道已成为共识。“社会主义市场经济是法制经济，是道德经济，更是信用经济。”

太阳雨坚信：诚信创造机会，诚信将引导更大、更长远的成功。

工作作风——注重细节 追求完美。看不到细节，或者不把细节当回事的人，对工作缺乏认真的态度，对事情只能是敷衍了事。这种人无法把工作当作一种乐趣，而只是当作一种不得不做的苦役，因而在工作中缺乏工作热情。他们永远只能做别人分配给他们做的工作，即便这样也不能把事情做好。而考虑到细节、注重细节的人，不仅认真对待工作，将小事做细，而且注重在细节中寻找机会，从而使自己走上成功之路。

美国成功学大师戴尔·卡耐基就说，一个不注意小事情的人，永远不会成就大事业。

企业作风——快速反应 效率为先。太阳雨的管理方式有很多，经过多年的沉淀，太阳雨形成了较为成熟的管理模式，对产品、渠道、人力资源建设等都有不同的考核体系，公司的企业作风只有8个字：快速反应，效率为先。

正因为在技术更新升级方面太阳雨赶上了中国太阳能行业发展的几波浪潮，抓住了施展战略的契机，才获得了今天这样高速度的发展。市场恒定不变的规律就是“永远在变”。因此在企业的内部建设中，就需要员工具备快速的反应能力。通过相关人员知识、能力、自我的不断突破，为公司长期、良好、高速的发展提供了永恒的动力。

企业发展观——健康可持续发展。太阳雨人用品牌和事业的成长守望生生不息的企业文化；太阳雨人用创新和责任引领新能源事业风生水起；太阳雨人坚守信誉，敢于创新，担当责任；太阳雨人正在着力打造“三条流水线”：一流的产品流水线，一流的人才流水线，一流的价值观流水线

10年来，太阳雨从全国几千家太阳能热水器企业中脱

颖而出，成为中国乃至世界太阳能产业的领军企业。太阳雨，以中国太阳能光热产业引领者之姿，持续成长，不断超越！

企业经营观——为客户创造有价值的服务。著名的管理大师彼得·德鲁克说：企业目的就是创造和保护客户。服务创造价值，太阳雨在创立初期即意识到：客户，是企业生存与持续发展的根本。

2000 年，在创立初期，太阳雨旗帜鲜明地提出“为客户提供有价值的服务”的经营观，以朴实的语言，展现太阳雨为客户服务的决心。

2007 年，公司进一步提出“创造性地为客户提供有价值的服务”，形成上上下下共同的行动纲领，形成太阳雨独特的竞争力。

2009 年，随着服务意识的深化，这一理念由进一步升华，“为客户创造有价值的服务”的经营思想得以形成，固化。

太阳雨经营观的三次进化，正如“中国创造”之于“中国制造”，是一种内涵的提升，境界的升华，更是太阳雨人与时俱进，不断创新的结果。如今，“为客户创造有价值的服务”已经深深融入每位太阳雨人血液中，激励太阳雨人不断加强自身修炼，提升服务水平，创造一个又一个感动。

企业责任观——关爱自然 关爱生命 以人为本 止于至善。早在 2008 年，太阳雨成立残奥助威团，为残奥精神呐喊助威；2009 年，捐资千万元，成立了新能源行业首个公益慈善基金——太阳雨公益慈善基金；2010 年上海世博盛会，太阳雨再度牵手中国残联世博生命阳光馆，成就公益世博，正式具体阐述“生态公益”理念，以“关爱自然，关爱生命，以人为本，止于至善”四大生态公益准则，呼唤世人对“天人合一”城市主题的回归。

企业行为观——细节决定成败 思路决定出路。细节决定成败，想要成功就要从细节入手，并养成良好的习惯。只有把握了每个细节，才能取得成功。安全要把握细节，从一点一滴抓起；质量要注重细节，从一毫一丝做起；经营要奉行细节，从一分一厘看起。将细节理念渗透到每个部门，每个岗位，每个环节，每件事，每个人，形成一个完善的细节体系，把每个细节上的事情做细，做深，做透，企业才能做大，做强。树立细节意识，养成细节习惯，成就了今天的太阳雨。

思路决定出路，眼光有多远，发展之路就有多宽。心有多大，舞台就用多大。思路决定出路，这个出路对于企业而言，就是市场的出路、财富的出路和规模做大做强的出路。

企业人才观——人人是人才 能者上 庸者下 平者让。太阳雨认为：今天的绩效不代表一切，任何想停留原地的人都很容易被别人超越。因此，人人都要全力以赴，任何人都不许找理由或借口。

太阳雨通过岗位竞争保持整个企业正常的“新陈代谢”状态，让企业保持弹性。太阳雨不以论资排辈的方式去决定员工的职位及薪水，员工的提拔升迁取决于员工的个人成就。

“人人是人才，能者上，庸者下，平者让”，是太阳雨对胜任能力的最通俗的表达。

企业领导观——沟通要有说服力 能力要有征服力 人格要有影响力。在太阳雨，管理者必须经历格局观修炼。

其中，有效沟通是管理者必须遵循的基本原则之一。让“所有参与者在事情准备和安排过程中，进行充分沟通”，是提升管理效果的一种艺术。

同样，在太阳雨，管理者作为领导者，其工作能力应是下属学习的榜样，领导应积极指导下属，关心下属，将他们凝聚成一个团队。通过自身人格的不断修炼，提升管理者的人格魅力，影响下属，提升下属，让下属主动追随，最终形成集中、坚韧的团队战斗力。

团队的成功，是管理者水平和能力的真正体现。

企业质量观——1% 的质量缺陷是用户 100% 的灾难。高品质的产品是太阳雨高速发展的保证，是太阳雨品牌的生命力，没有可靠的产品品质，光靠宣传和包装做出来的品牌是无法长久的。太阳雨以“1% 的质量缺陷是用户 100% 的灾难”为质量理念，建立了完善的质量控制体系，引进先进的生产和检测设备，在严格的质量控制体系之下，太阳雨在行业中率先全面通过 ISO90012008、ISO14001、国家 3C 认证、环境标志认证、康居认证；企业资信等级被评为 AAA 级，顺利通过欧盟 CE 认证、德国 solar keymark 认证和韩国、澳大利亚等国家认证；并在行业内首批荣获“中国名牌产品”、“金太阳认证”等荣誉称号。

太阳雨的产品质量深得市场好评，为太阳雨的王者之路提供了强有力的保证。

企业研发观——用户的难题就是我们开发的课题。太阳雨研发出的产品，一向很重视客户的意见反馈，用户遇到的难题就是我们开发的课题，客户在使用产品的过程中提出的意见和建议，公司都会作为问题追根溯源，深入剖析，找到问题的本质所在，不但使问题得到解决，而且还使产品得到改进，使产品更加人性化，尽量满足不同客户的需求。

2006 年，太阳雨聘请被称为“世界镀膜之父”——澳大利亚科学工程学院哈丁博士为集团首席科学顾问，成功研发“保热墙”技术，解决了“太阳能冬天不能用，阴雨天不好用”的行业难题，在中国太阳能热水器产业成功开创保热蓝海，引领行业迈入保热时代。保热墙已成为太阳能冬天好用的标准，为企业带来良好的销售业绩，开创行业新的未来。

企业营销观——先卖信誉 后卖产品。著名管理大师德鲁克说：“一些企业采用疯狂降价的手段提供给买主极优惠的价格与现金折扣，实际上只是白白耗费了巨额的资金，更糟糕的是，流失了大量的买主。”随着产品降价，企业信誉在用户心中的位置也一落千丈。

质量是产品的生命，信誉是企业的根本，产品合格不是标准，用户满意才是目的。营销不是“卖”而是“买”，是通过销售产品的环节树立产品美誉度，“买”到用户忠诚的心。

创造信誉就是创造市场，卖信誉，而不是卖产品的市场观念使太阳雨产品销到哪里，“名牌战略”就延伸到哪里，太阳雨的最佳信誉就传播到哪里。

企业效益观——一次性做好的成本最低。一次性做好的成本最低是太阳雨的成本观。降低成本，就是提高利润。一个企业要生存要发展，必须要实现利润最大化，使成本最低。对公司来讲，如果次品率超标，成本一定要增加，这也必然是企业的生存之道，所以要控制次品率，力求一次性做好。

中国烟草总公司重庆市公司

固本强基 提升水平 彰显价值

作为一个兼具管理职能和营销服务职能的特殊商业企业，重庆烟草始终坚持以文化兴企，以服务强企，始终坚持把企业文化建设作为企业科学发展的助推剂，把服务文化建设作为提升行业核心竞争力的连心锁和金钥匙。早在2006年就出台了《重庆市烟草行业“十一五”企业文化建设规划》，力争用五年时间，初步建立起适应行业改革发展要求，体现国家利益至上、消费者利益至上，具有时代气息和重庆烟草特色、为广大干部员工所认同的企业文化体系。2007年7月，按照《中国烟草企业文化建设发展纲要》的要求，重庆烟草坚持领导推动、部门主动、基层联动“三联动”原则，遵循“以人为本、突出特色；以我为主、重在建设”的思路，全面开展企业文化和服务品牌建设工作。2008年初，建立了以“行动者创造未来”为核心，以“山外有山、行者无疆”为企业精神，包括核心理念、战略理念和经营理念三大类21条子理念在内的“系统性、实践性、特色性、科学性”特征明显的渝烟企业文化架构体系。2008年5月，重庆烟草对外公开发布了包括《渝烟企业文化手册》、《员工行为规范》、《VI手册》等11项建设成果。同时按照“内化于心、外化于行、固化于制”的要求进行全面宣贯，基本实现了培训覆盖率、知晓合格率、活动参与率“三个百分百”和全渗透、全覆盖、全方位、全提升“四全”目标，受到国家烟草专卖局、市委、市政府和相关部门的高度赞许，多次做经验交流发言。

打造服务品牌、完善服务体系、提升服务水平是丰富企业文化内涵、提升企业文化建设水平的本质要求，是延伸和深化企业文化建设、提升企业核心竞争力的有效载体。2008年5月，重庆市局被国家烟草专卖局确定为全国烟草行业13家服务品牌建设试点单位中唯一的一家省级试点单位。7月，在“行动者创造未来”企业文化建设成果的基础上，制订了《“三诚”服务品牌建设项目实施方案》，继续借助“外脑”支持，成立联合项目组，延续“三诚服务，以心换心”服务理念，以打造“理念先进、流程优化、服务高效、客户满意”的服务品牌为重点，全面启动“三诚”服务文化建设。按照“五个三”工作思路，通过资料分析、访谈调研、问卷调查、理念征集、总结提炼等基础性工作，于2009年3月，全面构建完成了“特色鲜明、系统完整、注重实践”的服务文化体系、支撑体系和运行体系“三大体系”，呈现了服务文化手册、视觉识别手册、服务指导标准、服务战略规划等12项建设成果。2009年4月，按照“点、线、面”结合的方式，在全市行业相关部门和单位开展试运行工作。2009年9月对外公开发布了“三诚”服务文化建设成果，10月份进入了全面运行阶段。2010年全市行业各单位运行效果良好，2011年将在全面运行的基础上做进一步的提升。

一、全面完善特色鲜明、系统完整的企业文化体系，为提升行业企业文化建设水平奠定了坚实的基础

（一）文化特质鲜明突出。重庆烟草在企业文化建设过程中，既注重遵从一般性规律，更注重突出自身鲜明文化特质。尤其体现在“三诚”服务文化上。一是地域特征鲜明。“三诚”是“山城”的谐音。体现了重庆烟草是生长于重庆山城的本土企业，与此方热土水乳交融、紧密相连。“三诚”即“诚心、诚信、诚行”，符合重庆人耿直、热情、义气、诚实的性格特征。二是行业特色突出。烟草行业作为国有垄断企业，承担着为国纳税、为民谋利的重任。行业早在2002年就许下了“国家利益至上，消费者利益至上”的庄严承诺，9年来，以“诚信烟草”作为行业愿景，以“讲诚信”作为行业行为准则，建设诚信文化，切实履行契约，维护国家利益和消费者利益。重庆烟草的“三诚”正是烟草行业“两个至上”的深化和拓展。三是服务业特性明显。烟草商业企业没有自身产品，属典型的服务业。优质服务必须有服务提供者的真心实意、信守承诺和快速行动。重庆烟草的“三诚”紧抓服务三要素，以“诚心”为支撑和依托，以“诚信”为桥梁和纽带，以“诚行”为表现和保障。强调从内到外、从知到行、从主观到客观的高度统一与协调一致，体现了“以心换心、强调沟通；主动服务、关注需求；增值服务、注重共赢”的特点，传递了服务价值，符合服务对象的心灵需求和利益诉求。

（二）企业文化体系完整。重庆烟草企业文化有别于其他文化的特质不仅在于其特色性，更在其系统性和完整性。一是自成体系，系统性强。它内外兼顾，既建立了内在的企业文化理念系统，又建立了外在的视觉识别系统、行为识别系统等，内外结合，全面建设；它动静结合，既建立了内部评价机制、品牌传播方案等动态机制，又完善了组织机构设置、内训师培训机制等相对静态的文化成果。它远近相衔，既完善了远期战略规划等前瞻性成果，又建设了近期服务标准、流程优化等机制。二是内容丰富，完整性强。全方位、立体式打造的“企业文化体系”包括企业文化手册、企业文化故事集、企业文化宣贯文集等文化成果，并运用以上成果进行有效传播；《“三诚”服务品牌手册》三个篇章（从文化里走来、在运行中提升、在支撑中传递）中囊括了服务文化手册、服务视觉识别手册、服务行为识别手册、服务标准、服务流程优化机制、服务培训机制等12项成果，并以“六心”工程建设为载体，以20项具体行动为支撑，构建了与生产经营有机结合的完整服务体系。三是标准规范，操作性强。每项成果均有具体详细和标准规范的内容支撑。VI视觉识别系统有规范统一的VI手册，严格按照统一标准导入；服务标准对烟叶技术员、行政许可员、稽查队员、电话订货员、客户经理等11个岗位标准进行了逐一细化，内容具体，操作性强。

二、全面展示统一规范、个性突出的重庆烟草新形象，为提升行业社会知名度和美誉度创造了条件

重庆烟草历经20多年的持续发展，销售收入过百亿，企业规模和综合实力不断增强。但由于行业特殊性，加之长期奉行"潜心做事、低调做人"的行为准则，一直以来行业社会形象并不出众，"情系大众、报效国家"的企业使命也鲜为人知，社会认知度尚待提高，重庆烟草迫切需要一个对外传播和充分展示其新形象的有效载体。2007年始，结合企业文化和服务品牌建设，精心制作完成《重庆烟草视觉识别系统》，按基础部分、环境设施部分和事物用品三大类，对行业标准色、标准字和行业标志、服务品牌VI标志及其应用规范、主体建筑、烟站等基础设施，形象墙、理念墙、网站、车辆、品牌店等形象符号，门牌、指示牌等指示系统和名片、信封、资料夹等办公文具和员工着装、商品包装、工作牌、岗位牌等内容进行了统一规范。同时通过开展各类社会公益活动和文化活动，全面、系统传播"行动者创造未来"企业文化和"三诚"服务品牌，提高了社会知名度、市民认同度和社会满意度，提升了重庆烟草新形势下良好的、负责任的社会新形象。

（一）全面应用VI视觉识别系统，统一规范行业形象。在系统设计制作《重庆烟草视觉识别系统》的基础上，重庆烟草将该系统以画册、光盘、电子源文件等形式下发到45家基层单位，并先后印发了《重庆烟草企业文化理念展示规范》、《关于规范使用重庆烟草视觉识别系统的通知》等文件，全面应用行业VI系统。一方面抓好理念上墙。另一方面抓好VI系统运用。按照"先试点积累经验、再推广提升形象"的思路，2009年9月完成市局机关和各专业分公司的文化理念展示和VI视觉识别系统建设，10月底完成渝中、江北等15家基层单位VI建设工作，2010年6月全面完成了行业46家单位视觉识别系统建设工作，集中对外呈现了重庆烟草统一、标准、规范、美观且独具特色的视觉形象，形成强烈的视觉冲击；同时行业还通过严格的招投标程序对员工工作服装进行了规范，并制定了配套的员工着装管理制度，进一步统一了服务形象，树立了重庆烟草良好的新形象。

（二）全面抓好文化载体建设，提高企业社会知名度。一是充分运用报刊媒体的宣传辐射作用。市公司创办了以宣传企业文化和"三诚"服务文化为主要内容的《三诚之窗》报刊，发放到每一个服务对象手中。二是与新华社、中国烟草杂志社、重庆日报、重庆晚报等数十家媒体加强联系，广泛合作，系统宣传，对行业文化建设起到了推波助澜的作用。三是充分运用现代信息技术和手段，多次对行业内网、外网进行调整，充实了文化元素，开辟了论坛，建立了文化QQ群和文化博客，强化了对外形象的规范和统一，营造了浓厚的文化氛围，同时印制了《渝烟之道》宣传画册，拍摄制作了《行动铸就三诚》专题片、出版了《企业文化宣贯文集》，截止2010年底，39家基层单位共发行《三诚之窗》60余万份，进一步加大面向种烟客户、零售客户的传播力度，社会知名度不断得以提升。

（三）广泛开展社会公益活动，树立责任烟草新形象。重庆烟草以企业文化建设为载体，全面践行"国家利益至上、消费者利益至上"的行业共同价值观，广泛开展社会公益活动。汶川大地震后捐款323.5万元，党员交纳"特殊党费"66.58万元，玉树地震后捐款57万元；捐赠300余万元分别建设3所希望小学，捐款100万元资助贫困烟农子女上大学；投入1231.1万元用于烟草农业灾害保险和生产补贴，向受灾烟农捐赠468.9万元；积极开展"三问三送"主题活动，慰问离退休干部、老党员335人、困难家庭91户，贫困烟农、卷烟零售客户13000多人次，受到社会各界一致好评，得到社会广泛关注。2008年12月，中央电视台、光明日报、经济日报等8家中央媒体深入重庆烟区采访，对烟草行业服务城乡统筹和新农村建设进行了深度报道；2010年，市公司积极参与"绿化长江 重庆行动"，捐款达500万元；组织"温暖上学路"活动，捐款100万元资助100名优秀的贫困学子上大学；向贫困老区捐款800万元；"十一五"期间，市局（公司）用于扶危济困等社会公益方面的捐款共计3547.08万元，全面有效地树立了重庆烟草"情系大众、报效国家"的良好企业形象，赢得广泛赞誉，树立了责任烟草的良好新形象。

（四）大力搞好各类文化活动，展现行业员工新风采。为配合文化宣贯落地，全市行业举办系列文化活动。一是2008年6月举办了行业首届职工运动会，行业所属46个单位均组队参加，运动员达829人，比赛项目涉及足球、篮球、乒乓球、田径4个大项8个小项，历时一个多月近200余场比赛，充分展现了重庆烟草人"行者无疆"的气概和顽强拼搏的精神。二是2009年9月举办了"三诚"服务文化周活动。以弘扬"行动者创造未来"企业文化，宣传"三诚"服务品牌，展现良好行业形象为目的，以"行动铸就三诚"为主题。它定位高，是第二届中国重庆文化艺术节的组成部分，也是烟草行业省级单位首次举办的国家级文化活动。国家烟草专卖局副局长张保振、重庆市副市长谭栖伟亲临指导，是重庆烟草企业文化建设史上一块重要的里程碑；它规模大，除开、闭幕式外，还包含"三诚"服务文化成果发布会、主题展览、"三诚"故事会、书画摄影比赛、烟草法律法规咨询宣传、真假烟识别等17项活动，近10个行业单位400余名演员直接参加文艺演出，近10000名员工参加了"'三诚'服务明星评选活动"，全市10万零售客户参加了"十大卷烟品牌销售明星评选活动"。它影响深，活动期间《重庆日报》、《重庆晚报》、《中国烟草》等数十家媒体跟踪报道50余篇，专题报道8篇，行业网站点击率累计101115次，互联网"三诚服务文化周"相关信息5000余条。文化周活动是重庆烟草发展史上的一次文化盛宴。全市行业同时还进行企业文化宣贯，广泛开展了如文化拓展训练、"三诚大讲坛"、企业文化大家谈、抗震捐款、案例征集、服务技能竞赛等文化活动。全面征集、提炼形成了包括《行者手记》、《行者心声》、《行者言说》在内的20余万字的企业文化案例集，收集整理10余万字的企业文化故事50余个，全方位、立体式、多角度、

多层次对外公开展示重庆烟草行动者文化、“三诚”服务品牌以及“情系大众、报效国家”的行业形象，展现了行业员工积极向上、文明健康的精神风貌，提升了行业形象。

三、全面打造素质较高、业务熟练的服务人才队伍，为提高行业服务质量提供了强有力的人才保障

人才是企业可持续发展的不竭动力，是提高企业核心竞争力的关键要素。重庆烟草坚持“搭建竞争平台、促进人才成长”的用人理念，从用工分配制度改革入手，加大文化培训和技能提升力度，全面打造一支高素质服务人才队伍，为服务文化建设提供了人才保障。

（一）深入开展用工分配制度改革，畅通人才成长渠道。2008年3月重庆烟草行业正式启动用工分配制度改革以来，按照“分类管理，科学设岗，明确职责，严格考核，落实报酬”的总体要求，进一步优化机构设置，实施全员竞聘，规范工资结构，强化职责管理，规范用工分配，同时把引进人才和在职学习、岗位培训、资格认证有机结合起来，先后制定出台《关于开展用工分配制度改革的指导意见》、《关于区县局（分公司）职能配置、机构设置及定岗定编的实施意见》、《重庆市烟草商业系统劳动定员实行标准》等11个行业用工分配改革文件制度体系，通过规范分配制度、完善奖惩制度、加强人才保障措施、拓宽人才晋升渠道和优化育人、用人环境，真正为员工搭建竞争平台，促进人才合理流动和成长，在全行业真正形成干部能上能下、人员能进能出，岗位靠竞争、收入靠贡献的激励机制，形成学习、创新、发展的良好氛围；同时原有的聘用工全部改为短期合同工，通过“调低，稳中，限高”的措施增加了部分基层单位较低的工资收入。此次用工分配改革已有137名人员走上中层岗位，120位落聘，改革过程平稳顺利推进。

（二）持续开展企业文化教育培训，全面提升员工综合素质。一是建立培训机制。建立完善了《“三诚”服务培训机制》、《重庆市烟草行业2006年—2010年职业技能鉴定开发规划》、《重庆市烟草行业职工教育培训工作实施办法》等教育培训长效机制，制定了《全市烟草专卖执法队伍“依法行政、文明执法、树立形象”专项教育培训工作方案》、《企业文化内训师管理制度》等规章制度，促进教育培训的规范化和制度化。二是提升综合素质。通过举办专题讲座、报告会等形式强化服务文化宣贯和素质提升。邀请著名人力资源管理专家学者开展文化和服务专题讲座20余场，受众近万人次。三是提升专业技能。积极开展营销知识、信息技术、烟技服务、质量管理、职业安全健康、文明礼仪、专卖法律、电话访销和服务技能技巧等与服务相关的业务培训，全市性业务技能培训月均8次以上。同时还组织开展了烟叶分级、卷烟商品营销等特有工种职业技能培训班，至2010年止有34个批次，1649人次分别获中、高级职业资格证书，为培养高素质专业服务队伍奠定了坚实基础。四是建立内训师队伍。分三批对基层单位150余名文化人才进行教育培训、理论测评和实作考试，颁发内训师上岗资格证，组建行业内训师队伍，充分发挥内训师以点带面、以宣促建的作用，举办各类文化培训120余场，效果良好。五是开设“三诚大讲坛”。2010年，重庆市局（公司）在机关开设“三诚大讲坛”，鼓励员工每月走上讲坛，宣讲行业改革发展形势、沟通行业信息、展示特长爱好、交流工作经验等。

（三）切实抓好劳动技能竞赛，全面提升员工业务技能。企业文化和“三诚”服务文化建设期间，为全面提升员工服务技能，全市行业先后举办了企业文化联赛、“三诚”服务明星评选、电话订货员业务技能竞赛、电话订货服务明星竞赛、首届烟叶分级职业技能竞赛和烟叶标准化生产知识竞赛、“依法行政、文明执法、树立形象”综合技能竞赛、客户经理业务技能竞赛、综合管理技能竞赛等劳动技能竞赛活动，四届通用工种技能竞赛、“三诚”技能大比武等近100场综合素质和专业技能竞赛活动，涌现出向世涛、方一川等“全国烟草行业劳动模范”、代先强等“全国烟草技术能手”、“全国烟叶分级技术能手”，王雪竹、罗荣奎等重庆烟草技术能手，蓝海燕、李怀宁等“三诚服务明星”。积极开展创先争优活动，先后取得重庆市管理创新成果一等奖、科技进步二等奖、2010年参加全市行业优秀QC小组活动成果评比有四个成果获得三等奖的成绩，以赛带训，以训促进，行业员工业务技能得到全面提升。

四、不断完善企业文化体系，促进文化成果转化，为进一步推动企业文化上水平拓展空间

（一）进一步梳理企业文化脉络，切实抓好文化体系完善。一是完善行为规范体系。2009年，重庆烟草抓住国家局把重庆确定为全国烟草行业行为规范建设试点单位的契机，不断完善公共礼仪、公共行为、职业行为、岗位行为等规范建设，目前已圆满完成国家局交办的试点工作任务。二是启动《重庆烟草企业文化管理案例》项目。2010年，重庆烟草被国家烟草专卖局定为全国烟草行业唯一一家省级企业文化案例编写单位。3月，重庆烟草借助外脑再次启动“三诚”服务品牌建设二期项目和案例编写项目，进一步全面运行“三诚”服务品牌建设，更加全面总结提炼全市烟草行业以文化人，以文兴企的管理实践案例；今年4月，将向国家局呈现集中体现重庆烟草近年来企业文化建设成果的《企业文化案例》。三是在已有的企业之歌基础上，再次征集“重烟之歌”，争取2011年底完成征集工作，进一步丰富和完善企业对外宣传载体。四是认真梳理企业文化建设的制度，不断完善企业文化建设、“三诚”服务品牌运行、学习型企业建设工作年度实施规划，细化企业文化建设检查考核奖惩办法，完善内训师管理的相关规定、办公环境管理和员工着装管理的相关制度。五是完善一系列文化资料。在前期《企业文化手册》和《三诚服务品牌手册》的基础上，结合行业员工的学习习惯，选取更加易懂、易记的精华内容，编辑成《企业文化暨三诚服务品牌员工读本》；将近年来重庆烟草企业文化建设的过程、成果等图片资料归纳整理成展示重庆烟草形象的宣传画册《重庆文化巡礼》；将对行业服务流程改造、服务渠道更新、

服务质量提升产生重要影响，具有典型代表意义的服务案例编辑成《三诚服务案例集》；选取近年来企业文化和服务品牌建设中涌现出的先进集体和先进人物，编辑成《企业文化先进集体、人物风云榜》；同时印制《行为规范手册》、《企业文化案例》等资料。

（二）进一步全面提升“三诚”服务品牌，切实促进文化成果转化。持续抓好企业文化宣贯。一是按照全覆盖、全渗透、全方位、全提升的“四全”宣贯原则，进一步发挥行业干部的示范引领作用，领导班子成员和中层干部每年要在本单位或部门带头宣讲企业文化，组织全体员工集中开展企业文化理念体系和行为规范体系培训。二是进一步推进VI视觉识别系统在基层站点、事务用品等方面的导入，建立和完善全方位、立体式的文化传播和宣贯网络。三是在全行业推行“文化入文”行动，要求各单位在主要的日常行文如总结、报告、新闻报道等文字材料中自觉融入和诠释企业文化理念，用“行动者”文化理念指导和检验各工作。四、积极开展文体活动。积极引领行业各基层单位，结合“三八”妇女节、“五一”劳动节、“十一”国庆节等传统节日开展形式多样、内容丰富的文化活动。五是积极争创“全国企业文化建设示范基地”， 做好争创“基地”的申报评审工作，加大氛围营造，力争2011年实现“建基地”的目标。

全面提升“三诚”服务品牌。2011年是重庆烟草十二五开局之年，同时也标志着重庆烟草企业文化建设进入了纵深推进的新阶段，因此市局（公司）统一部署，认真规划，力争在全行业掀起一股全面提升“三诚”服务品牌的热潮。今年将分别开展两期企业文化内训师培训，不断吸收营销、专卖人员充实内训师队伍；结合行为规范建设开展一期政工干部培训；结合创先争优活动开展党员、工会年报及相关业务知识培训。通过一系列的队伍培训，进一步提升行业政工干部思想素质和业务技能，打造一支“开口能说、提笔能写、遇事能办、同行能比”的高素质政工队伍。

凸显一批六心工程亮点。重庆烟草在全面推进六心工程建设，落实20项行动的同时，将进一步完善《六心工程运行管理机制》，继续将实施情况纳入年度绩效考核，逐步改变原有的亮点工程由市局（公司）统一指定、各基层单位选择实施的模式，改为由各基层单位按自行上报的亮点工程进行打造的模式，进一步激发各基层单位的积极性、创造性，增强亮点工程与自身实际的匹配度，力争打造出一批亮点突出、特色鲜明、示范性与复制性较强的精品工程。

丰富“三诚”服务案例。在提升“三诚”服务品牌过程中重庆烟草结合服务明星评选等工作，认真做好优质服务的典型案例挖掘，要求行业各单位全年精选上报3个以上典型服务案例，市局（公司）将把由案例评审专家评审出来的优秀案例编印成册，并逐步形成重庆烟草的服务案例库。

（三）进一步丰富企业文化传播载体，切实提升文化建设水平。深入推进学习型组织建设。2010年，重庆烟草将下属的物流分公司确定为学习型组织建设试点单位，通过试点单位积累了宝贵的创建工作经验，探索出了值得推广的行业学习型组织创建经验。将“五项修炼”与行业员工的实际工作紧密结合，培养员工不断超越自我的学习能力和创新能力，力争全市行业创建率达到100%。

开展技能大比武。为进一步提高行业员工服务水平，检验三诚服务品牌建设情况，今年行业将以“三诚”作为大比武的统一名称，按照专卖、营销等不同的业务岗位，分线开展专项业务技能比武；对照行为规范和服务标准的要求，组织一次行为规范大比武，并积极探索对员工服务标准践行情况的考核方式。

修建文化传播场馆。今年，在市局（公司）机关因地制宜，建立文化长廊，增添电子信息化设备，进一步营造市局（公司）机关的文化氛围；在万州、沙坪坝、垫江、云阳、荣昌、开县、武隆等公司试点建设一批企业文化场馆，使其成为企业文化的传播阵地、企业员工的精神家园。

打造品牌示范窗口。积极探索“三诚”卷烟连锁店的建设模式，建立健全“三诚”品牌店运行管理机制，重点在店员的服务技能培训、网上配货服务、经管指导服务、店面形象升级方面加大投入和工作力度。以未来10%的卷烟零售网配客户为重点，逐步将网配客户店打造成“三诚”服务品牌店，形成“三诚”服务品牌的传播网络，努力提升“三诚”服务品牌的社会价值。

目前，重庆烟草正借企业文化和“三诚”服务品牌建设的东风，紧紧围绕建设“严格规范、富有效率、充满活力”中国烟草的总体要求，朝着“固本强基，提升水平，彰显价值”的文化建设目标，在改革发展和创新的道路上阔步前进。

中信重工机械股份有限公司

以诚信文化铸就核心竞争力

中信重工机械股份有限公司前身为洛阳矿山机器厂，2008年1月改制成立中信重工机械股份有限公司。中信重工已发展成为中国最大的矿山机械制造企业，中国最大的重型机械制造企业之一，中国低速重载齿轮加工基地，中南地区大型铸锻、热处理中心，世界最大的矿业和水泥设备服务商和供应商。

“十一五”期间，胡锦涛、吴邦国、温家宝、李长春、习近平、李克强、贺国强等党和国家领导人分别视察中信重工。特别是2010年7月10日，胡锦涛总书记视察时详细了解中信重工近年来的发展历程，称赞中信重工由生产型企业转变为研发型企业，是转变经济发展方式在企业的成功实践，希望中信重工再接再厉，努力在世界装备制造业占有一席之地。

“十一五”期间，中信重工营业收入由42亿元上升到2010年的127亿元，利润总额由2005年底的2.7亿元上升到2010年8.1亿元，人均收入由2005年底的2万元增长到2010年5万多元。今年上半年，在全球经济环境异常艰难复杂的条件下，实现营业收入65亿元，实现利润总额3.4亿元。

一、中信重工企业文化体系

2004年以来，中信重工着眼于长期和可持续的发展，深入挖掘近60年艰苦创业凝结的文化底蕴，建立起了具有时代特征和中信重工特色的诚信文化体系。中信重工企业文化体系由目标、核心、基础、精髓、特色等要素组成，其中，打造百年基业是目标，诚信是核心，经营理念是基础，焦裕禄精神是精髓，岗位诚信体系是特色，五位一体，共同构筑起企业文化的有机体系。

打造百年基业是目标。目标直指做优做久，创建持续成长的百年基业。现阶段中信重工以“国内领先、国际知名”为企业愿景，以“为客户创造价值、以诚信铸就基业”为企业使命，全体员工积极进取，不懈奋斗，把中信重工打造成主业突出、主体精干、规模和效益国内同行业领先，具有活力和创造力的国际化企业。

诚信是核心。人无信不立，业无信必衰，企业无信则自灭。中信重工将诚信确定为自己的核心价值观。

经营理念是基础。经营理念是：诚信为本，客户至上，变革创新，精致管理。以诚信为本的经营理念成为新世纪中信重工跨越式发展的理念支撑，它与“创新是企业的生命”的核心发展理念、“以高端战略赢取云层之上的竞争优势”的战略理念、“以人为本、员工与企业共同成长”的人才理念、“第一次就把事情做对”的质量理念、“客户满意是我们永恒的追求”的服务理念一起，共同形成指导中信重工发展的思想体系。

焦裕禄精神是精髓。焦裕禄一生工作了18年，在中信重工的9年，给中信重工留下了弥足珍贵的焦裕禄精神。中信重工把焦裕禄精神融入企业文化，在诚信价值观的基础上提炼出“诚信敬业、拼搏奉献、开拓创新”的企业精神，成为公司新世纪跨越式发展的精神动力。“诚信敬业”是企业精神的灵魂，“拼搏奉献”是企业精神的表征，“开拓创新”是企业精神的追求。三者自成体系、相互融合，共同铸就了中信重工的精神体系。

岗位诚信体系是特色。中信重工企业文化的鲜明特色在于员工岗位诚信体系的建立与有效运行。员工岗位诚信体系是一个由诚信心理需要、诚信动机、诚信行为、心理反馈各因素交互综合作用的动态闭环系统。员工诚信宣言、岗位诚信规范、群策群力活动和岗位诚信考核四个模块相互依赖、相互促进，形成一个四轮驱动的“螺旋桨”。在中信重工，员工的岗位诚信度已经转化为可衡量、可考核的评价指标，直接影响到每个员工的绩效评估、报酬、晋升和聘用，道德观念具体化为每位员工的行为规范，使中信重工的诚信文化“落地生根”。

以诚信为核心的企业文化，对中信重工来说，已经成为企业发展的价值导向和动力之源；在社会、市场、客户中，已经是中信重工一张亮丽的名片。

二、中信重工企业文化的宣贯、推进和深化

中信重工的诚信企业文化来自企业深厚的历史积淀，得益于中信集团企业文化的引领，植根于企业全体员工的生动实践，成长于决策层的积极推动和全体员工的呵护培育，是以生命旺盛、根深叶茂。

在企业文化的宣贯、推进和深化上，中信重工采取多种生动活泼的形式，以“五化” 让员工处于制度和文化的影响之下，完成整个组织体系从“人管人”到制度管人再到文化管人的转换。

（一）“内化于心”——力求“全员认同”。一是组织举办企业文化手册首发式、诚信宣言、职工“诚信之光”文艺晚会等活动，活动突出“诚信”这个企业文化主题，强化“践行诚信文化、争做诚信员工”的坚定决心。二是开展企业文化知识竞赛。知识竞赛分初赛、复赛、决赛三个阶段，吸引广大员工参与，促进广大员工对企业文化的广泛认知和接受。三是进行企业文化学习辅导。从公司董事长到基层领导，以“岗位诚信”为主题，围绕什么是企业文化、如何理解中信重工的企业文化、怎样有效推进公司企业文化、怎样发挥企业文化在应对危机中的作用等问题，向员工作了深入浅出的讲解。对新入职的大学生，进行集中的企业文化学习培训，使新员工迅速认同中信重工企业文化。同时，公司把企业文化作为班前会的组成内容，促进企业文化落地班组岗位。利用班前会、宣传栏等形式，积极宣贯企业文化内容；同时结合身边人、身边事，将企业文化的内容具体化、生动化。通过各种形式多样、灵活有效的方式方法，营造了浓厚的企业文化氛围，促进了公司企业文化的“内化于心”。

（二）“显化于物”——力致“亲身感受”。一是做到员工人手一册《企业文化手册》。《企业文化手册》纳入企业使命、愿景、核心价值观、岗位诚信体系、企业精神、公司理念、岗位诚信规范等内容，使员工一目了然。二是设计使用企业文化视觉识别系统。充分利用汽车、信封信纸、文件袋等各种物质载体搭建企业文化的识别系统，树立鲜明视觉形象。如商标是“洛矿”，广告语是“鼎立中原，装备世界”。在公司广场、绿地、树林、花丛中设置刻有古人先贤、书法名家书写的“腾飞”、“铸魂”、“高风”等文化石，既美化环境，又陶冶员工情操。三是命名焦裕禄大道、设立焦裕禄铜像、创建焦裕禄事迹展室，以焦裕禄精神激励员工奋进。四是编制《永恒瞬间，无限动力——党和国家领导人在中信重工》画册，以胡锦涛等党和国家领导人的亲切关怀，激励发展企业的永恒动力。五是挖掘企业的工业文化遗产，激励后人。如习仲勋同志工作过的车间、建厂时植种的常青翠柏、焦裕禄精神、中国首台Φ2.5米双筒卷扬机诞生地、刘玉华姑娘组、洛阳矿山机器厂诞生地等等。这些中信重工独有的工业文化遗产，见证着企业的发展历史，留存着珍贵的工业记忆，极具历史文化意义。六是编撰系列《诚信故事》。《诚信故事》是记录和展示中信重工人在岗位中坚守核心价值观、践行诚信文化的生动片段，也是中信重工弘扬和传承诚信文化的一个载体。《诚信故事》收录的故事，都是员工身边人身上发生的真实故事，既生动有趣又真实感人，成为员工喜爱的“口袋书”。

（三）“固化于制”——力举“制度约束”。一是自上而下建立企业文化建设推进组织，把企业文化建设工作纳入工作考核内容。中信重工将建设先进的企业文化作为企业党政领导的共同职责，把企业文化建设作为一项重要的工作纳入议事日程，与其他工作同部署、同检查、同考核、同奖惩。二是建立岗位诚信管理体系。岗位诚信管理体系是通过建立岗位规范，制定岗位诚信评价标准，对员工诚信度实施考核并与薪酬挂钩的不断循环的持续改进过程。通过岗位诚信管理体系，实现文化与管理的深度融合，促进了以诚信为核心的企业文化的落地。三是制定推行岗位行为规范。中信重工要求干部以焦裕禄为楷模，时时谨记“56字箴言”和“三四五戒规”。要求全体员工时刻铭记诚信宣言，恪守岗位诚信规范，以10类不诚信行为和292条岗位诚信质量关键事件扣分规定为戒，做到“忠诚企业，信守承诺，爱岗敬业，团结协作，勇于创新”。中信重工以岗位规范不断强化诚信宣言与员工达成的诚信心理契约，时刻激励员工自觉遵守岗位规范。企业上下以岗位规范为准绳量化员工诚信行为和结果，实现以“岗位诚信”提升员工个人价值和企业核心竞争力，不断追求和实现卓越目标。

（四）“外化于行”——力推“知行合一”。精心设计和运作各类企业文化推进的活动载体，深化岗位诚信实践，争做诚信员工，打造诚信企业。一是开展季度“岗位诚信明星”评选活动。对评选出来的“岗位诚信明星”，采取党委现场表彰、报纸电视专题报道、制作光盘录像等多种形式进行集中宣传，积极发挥诚信典型的示范导向意义。二是持续开展“争当焦裕禄式干部、传承焦裕禄精神”活动和“我与重工共成长、我为重工做贡献”活动。引导干部、职工积极实践企业文化，模范履行干部、员工岗位行为规范。各级组织结合自身特点，开展“党员示范岗”、“先锋擂台赛”、“争创诚信工序、诚信示范岗”等活动，树立诚信典型，发挥先进人物在企业文化建设中的榜样、聚合、导向作用。三是持续开展群策群力活动，把企业文化融入其中。2005年以来，每年坚持开展群策群力活动，对岗位诚信行为进行激励，通过员工自身践履诚信行为的亲身感受，破除陈规陋习、实现自我完善并为企业发展献计献策，一年一个主题、一年迈上一个新台阶，使诚信文化体系在实践中得到完善升华。

（五）“惠化于人”——力创“和谐重工”。中信重工把诚信作为历史使命，以人为本，铸就企业的诚信之魂。一是组建中信重工大学，以企业大学的优势资源，培养造就高层次人才队伍。二是实施青年员工职业生涯导航和“金蓝领”工程，打造管理、技术、技能人才“三通道”职业生涯发展体系，促使员工与企业共同成长；通过业绩导向的薪酬制度和人文关怀，保留和激励最优秀的人才。三是发挥企业职工文化中心、体育中心、培训中心、图书中心、员工艺术协会、阳光艺术团等企业文化设施和载体的作用，组织开展健康向上、特色鲜明、形式多样的群众性业余文化活动和大型运动会，营造健康、祥和、温馨的文化氛围，满足员工求知、求美、求乐的精神文化需求。四是在不断提高员工薪酬收入的同时，实施了住房改造、中心医院改扩建等民生工程。同时对全体员工进行午餐补助，让员工实实在在地享受到企业发展的成果。五是建设青年公寓和青年家园。青年公寓和青年家园是公司筑巢引凤的人才工程，为青年员工提供了舒适温暖的家。六是建设功能齐全、设施一流的员工俱乐部。为员工提供餐饮、文体活动等综合服务。七是实行员工健康休养制度。企业每年组织一线员工外出健康休养，使一线员工在青山绿水间休养身心，在拓展训练中增强团队合作，在培训学习中增长才学，精神饱满地投入工作。八是实行员工健康体检制度。企业从关心员工身体健康的出发点考虑，利用企业医院的体检优势资源，每年组织全公司员工进行两次体检，为每名员工建立健康档案，使员工生命健康筑起一道安全屏障。九是设立员工洗衣房。由工作性质决定，一线员工的工作服难免沾上油污、出现汗渍，洗换频繁。企业在厂区设立七个现代化的洗衣房，安排专人为一线员工洗衣。员工将脏衣服送来，第二天就可以穿上被烘干后平整干净的工作服。

三、以诚信文化推进企业发展方式转变

以“诚信”为核心的企业文化，推动企业发展方式转变，使得企业成功实现了由工厂制到公司制、由生产型到研发型、由一般制造到高端制造、由制造商到服务商、由内向型到国际化等五大转变，阔步迈向世界级重型装备企业。

（一）由工厂制到公司制转变。中信重工通过主辅剥离和改制，于2008年顺利完成股份制改造，建立了包括股东会、董事会、监事会、经理层的公司治理结构，形成了产权明晰、管理科学的现代企业制度，一跃成为主业突出、主体精干、规模效益领先，具有活力和创造力的现代化企业。中信重工将通过上市、换股、定向增发、合资、合作、并购、引入国际资金等多种融资途径，借力资本市场拓展更大发展空间。

（二）由生产型向研发型转变。中信重工的前身是以机械加工制造为主的生产型企业，长期存在的状况是创新能力弱、产品附加值低、经济体量小、发展后劲匮乏。近年来，中信重工在强化自身产品研发优势的基础上，形成了具有鲜明特色的工程技术、产品技术、工艺技术“三位一体”的技术研发体系。为支撑“三位一体”的创新体系，中信重工以国家矿山重型装备重点实验室为依托，建立了工业实验室平台、数字模拟实验平台、国际标准技术平台和4CPE信息化平台等四个研发平台，并在澳大利亚建立了矿山机械研发中心，在北美筹建铸锻技术研发基地。与澳大利亚昆士兰大学、清华大学、华中科技大学等20多所知名院校开展了广泛深入的产学研项目合作，形成了国内外联动的开放式研发格局。由此，中信重工由加工制造企业转变为国家创新型企业、高新技术企业，研发的新产品产值连年超过销售总收入的60%以上，研发人员在企业中的比重也接近一线生产工人，真正体现了靠科技、靠技术创新来推动企业发展。

（三）由制造商到服务商转变。中信重工坚持“一切以客户需求为中心，一切以客户满意为目标”的服务理念，致

力于为客户创造最大价值，在服务中实现与客户共赢。通过大型化、重型化、集成化、成套化，中信重工为客户提供工业项目解决方案和“交钥匙”工程，即“核心制造+成套服务”，由产品供应商向新型服务商转型，走上了一条核心制造加成套服务的发展新路。从制造商到服务商的转变，使中信重工和客户的合作关系愈加密切。目前，世界三大矿业巨头、五大水泥集团，中国十大有色集团、十大钢铁集团、十二大水泥生产商、十三大煤炭基地等，均为中信重工战略合作伙伴，是中信重工发展的战略纵深越来越大。

（四）由一般制造到高端制造转变。中信重工将自身发展定位于高端技术、高端产品、高端客户、高端市场，即以高端技术支撑高端产品，以高端产品赢取高端客户，以高端客户占领高端市场，力求将企业做到“云层之上”，永远处于全球市场竞争的第一方阵。通过持续推进技术改造，特别是抓住金融危机带来的低成本扩张机遇，加快搭建支撑高端制造的装备平台。2010 年 12 月 1 日，历时 4 年，总投资 39 亿元的“新重机”工程竣工投产。其核心装备全球唯一、世界最大、最先进的 185MN 自由锻造油压机和 750 吨·米锻造操作机正式投产。这一工程使中信重工达到一次提供精炼钢水 900 吨、铸钢件 600 吨、钢锭 600 吨、锻件 400 吨的生产能力，构建了包括冶铸、锻造、热处理、机加工等在内的全新的高端重型装备制造工艺体系，形成了高端重型装备制造领域不可替代的核心制造优势，有效带动了企业新一轮产品结构的转型。依托这一高端核心制造平台，中信重工创造了以出口澳大利亚世界最大矿磨装备、余热发电、活性石灰、褐煤提质、尾矿处理、矿渣处理、城市垃圾利用、高压辊磨、大型辊压机、原料立磨等为代表的一系列高端、高效、节能、环保技术装备，形成在全球高端制造领域的优势品牌。目前正全力挺进新型太阳能、聚能式风力发电、地热资源利用、工业余热发电等高端节能减排领域。

（五）由内向型到国际化转变。中信重工充分利用全球化资源，构建国际化经营模式，融入全球制造业的分工与合作体系，稳步推进国际化进程。着眼全球化战略布局，中信重工将国际市场定位于欧美、澳洲、南美、南非、俄罗斯、印度等高端市场和新兴市场，组建了中信重工澳大利亚公司、南非公司、巴西公司和印度、俄罗斯办事处，形成了全球化营销与服务网络，使自主品牌技术和产品直面国际终端客户。同时中信重工高频次参加国际大型博览会，举办大型国际营销会议，中信重工品牌在国际市场的知名度越来越大。国际化的中信重工吸引了大批国际高端人才的纷纷加盟，目前中信重工已有数十名外籍专家。2011 年 2 月 23 日，中信重工全资收购西班牙 Gandara Censa 公司，中信重工在现代工业文明的发源地——欧洲大陆拥有了第一个海外制造基地。

从一个濒临破产的企业发展成为国内领先、国际知名的现代化重型装备研发制造基地，中信重工企业文化的功能作用凸显，企业文化的魅力无穷。中信重工目前正在通过不懈的努力，把企业文化渗透到制度建设、流程建设以及员工行为规范中去，将企业塑造成为一个充满生机的生态系统，实现组织管理的最高境界——文化管理，使中信重工成为一家生生不息、不断创新与成长的百年企业。

部分行业和省市企业文化社团工作成果展示

加强行业文化建设
提升交通发展软实力

交通运输部文明办

近年来，交通运输行业紧紧围绕中心工作，坚持以邓小平理论和“三个代表”重要思想为指导，深入贯彻落实科学发展观，以践行社会主义核心价值体系为主线，努力构建行业核心价值体系，大力开展文化引领工程，积极开展特色文化建设等活动，行业文化建设工作取得了显著进步，为保持我国交通运输事业快速发展、科学发展、安全发展、协调发展发挥了重要作用。

总体统筹部署，全面推动行业文化建设

交通部党组高度重视文化建设工作。从2005年4月召开的交通文化建设座谈会开始，原交通部部长黄镇东先后多次主持召开不同形式的座谈会，研究部署相关工作，还多次听取课题组和体法司有关工作汇报。2006年全国交通工作会议明确提出：“努力建设具有鲜明行业特点和时代特征的交通文化，用文化和精神的力量凝聚全行业，使交通行业更加充满活力，不断开创交通事业发展的新局面。”2006年6月26日召开的全国交通行业精神文明建设工作会议更加明确地提出：“加强交通文化建设，努力增强行业软实力，力争文化建设在今后五年内取得明显进展。”随后，印发了《交通文化建设实施纲要》，对交通文化建设的指导思想、目标任务、工作原则和工作措施作出了具体安排和部署。这是交通部颁布的第一个有关交通文化建设的重要文件，它强调新时期交通文化建设要深入贯彻科学发展观和构建社会主义和谐社会的要求，建设具有鲜明时代特点和交通行业特色的精神文化、制度文化和物质文化；要以实践社会主义荣辱观为主线，以弘扬爱国主义为核心的民族精神和以改革创新为核心的时代精神为重点，大力加强精神文化建设；要在实践中加强探索和研究，系统总结交通文化建设的丰硕成果，确立符合先进文化前进方向和交通事业发展要求的交通行业的核心价值体系；要实施“五个一工程”，即形成一批交通文化研究成果，提炼一种交通精神，征集确定一个交通行业徽标，创作一批交通文艺作品，完善一批交通博物馆，将全行业文化建设提高到一个新水平，全面增强交通文化的吸引力和感召力，不断增强交通行业的凝聚力，提升交通行业的影响力，提高交通发展的软实力，为交通事业又好又快发展营造良好的文化环境。

为全面深入推进交通文化建设工作，2006年11月交通运输部务会议研究决定成立了交通文化建设研究工作指导委员会，按照行业文化、系统文化、专业文化、组织文化四个层次，分别成立了交通行业文化建设研究总课题组和公路文化、道路运输文化、交通规费征稽文化、港口文化、海事文化、救捞文化、船检文化、航海文化、廉政文化、公路执法文化、长江航运文化、交通公安文化、路文化、桥文化、车文化、站文化、船文化、航标文化、航道文化、交通行政机关文化、交通企业文化和交通事业单位文化等22个子课题组，由行业内有一定研究基础、有积极性、有较好的支撑条件、具有代表性的部门或单位牵头，并邀请文化学、管理学、社会学等方面的专家学者共同参与，按照力求出精品的要求，系统地开展了交通文化研究工作。经过广大研究人员一年多的辛勤劳动和艰苦努力，研究工作进展顺利，取得了一批可喜的研究成果。出版了《21世纪交通文化建设研究与实践》系列丛书，是交通文化建设研究成果的重要组成部分。丛书提炼了以行业使命、共同愿景、交通精神和职业道德为主要内容的交通运输行业核心价值体系。行业使命是：发展现代交通，做好“三个服务”。共同愿景是：建设一个畅通高效安全绿色的现代化交通运输系统，实现人便于行、货畅其流，让人们享受高品质的运输服务，让经济社会发展更加充满活力，让交通与自然、与社会更加和谐。交通精神是：艰苦奋斗、勇于创新、不畏风险、默默奉献。职业道德是：爱岗敬业、诚信守信、服务群众、奉献社会。从多个层面、多个领域系统地总结了交通文化源远流长的发展历史、积淀丰厚的特色文化、形式多样的实践活动、绚丽多彩的建设成果。“系统文化”侧重于交通行业不同系统的特色文化研究，重点提炼和阐述了各系统具有系统特色的价值理念；“专业文化”侧重不同专业领域的特色文化研究，重点是收集、挖掘和整理了交通行业物质文化成果；“组织文化”侧重交通行业不同组织的特色文化研究，重点梳理、凝练和展示了各类交通组织的特色价值理念、行为规范和形象标识。

2010年9月，交通运输部组建以来的第一次行业精神文明建设工作会议在安徽省合肥市召开。李盛霖部长在会议上全面

部署了“十二五”期间交通行业精神文明和行业文化建设各项任务，并指出，努力践行社会主义核心价值体系，不断开创行业精神文明建设工作新局面，为推进发展方式转变，加快发展现代交通运输业提供思想保证、精神动力和智力支持。

2010年以来，按照中央的部署要求，部党组把开展创先争优活动与促进交通运输科学发展、深化行业精神文明建设紧密结合起来，明确思路，抓好创先争优活动的关键点；选准载体，抓好创先争优活动的切入点；丰富内容，抓好创先争优活动的结合点；务求实效，抓好创先争优活动的着力点。针对青海玉树地震灾害和甘肃舟曲特大泥石流灾害等，明确提出“创先争优做表率、保通灾区立新功”，全力保障灾区交通运输安全畅通。通过开展创先争优活动，巩固和发展了学习实践科学发展观成果，进一步增强了基层党组织的创造力、凝聚力和战斗力，也使创先争优活动与行业精神文明建设相得益彰。各地各部门也都开展了符合各自实际的主题活动，取得了初步的成效，既促进了党建工作，也丰富了行业文化建设的内涵，有力地推动了交通运输中心工作。

大力开展文化引领工程，不断发展行业精神

“十一五”期间，全行业大力实施“五个一工程”，即形成一批交通文化研究成果，总结提炼一种交通精神，征集确定一个交通行业徽标，创作一批交通文艺作品，完善一批交通博物馆，全面增强交通文化的吸引力和感召力，提高交通行业的软实力。通过开展时代特色鲜明、行业特色突出、地域特色浓厚的文化实践活动，培养树立了43家覆盖行业各个领域的文化建设示范单位，为深入推进文化建设实践发挥了较好的引领作用。举办了一系列文化创建活动：部机关设立文化长廊，辽宁、黑龙江、湖南等省厅和长航局先后举办了文化建设展览。浙江省杭州市交通局和泰顺县交通局举办了出租车文化节和公路文化节等交通文化艺术节。打造了西汉高速公路中国古代交通巨型群雕“华夏龙脉”、云南滇西公路文化走廊等一批具有文化内涵的交通基础设施。建立了上海市中国航海馆、郑州交通博物馆、江苏桥梁博物馆、嘉兴船博物馆等一批车、船、桥、港等交通博物馆。山东省交通运输系统组织制作的电影《金牌工人》、吕剧《杨广和》分别荣获第十、十一届全国精神文明建设“五个一”工程奖，新疆交通厅拍摄的电影《雪歌》荣获第八届电影频道数字电影百合奖，救捞歌曲《为平安护航》在全国产业（行业）歌咏比赛中获“优秀作品奖”和“创作三等奖”，等等。这些成果发挥了文化建设的影响力和感召力，向全社会展示了行业良好形象。

2009年9月，交通运输部进一步决定，从2010年到2015年在全行业开展交通运输文化建设“十百千”工程，即打造十大交通运输文化品牌，创建100家交通运输文化建设示范单位，培养1000名交通运输时代楷模，不断开创交通运输文化建设工作的新局面。

培养树立先进典型，推进行业文化建设

加强行业文化建设，典型引路必不可少。交通运输行业是一个具有光荣传统的行业。新中国成立60多年来，涌现了像杨怀远、包起帆、许振超、陈刚毅、孔祥瑞、高发明等全国先进典型。他们是交通运输行业核心价值体系的丰厚精神资源，是交通运输行业的宝贵精神财富。近年来，交通运输行业以“学先进、树新风、创一流”活动为载体，以提高交通干部职工素质为根本，在巩固学习包起帆、许振超等先进典型的基础上，行业文化建设继续向纵深推进。“十一五”时期又先后涌现出一大批具有鲜明时代特征的先进典型和先进集体，交通运输行业成为选树典型多、社会影响力大的行业之一，新时期交通精神得到充分彰显，交通形象得到广泛肯定。这些先进典型和先进集体是：“新时期援藏交通工程技术人员的楷模”陈刚毅、“蓝领专家”孔祥瑞等全国重大典型；“见义勇为收费员”熊文清、“红衣信使”尼玛拉木、“海上执法卫士”杨庆文、“交通局长的优秀代表”高发明、“优秀思政课教师”贾凤姿、“航标灯王”郑启湘、“抗震救灾模范”李德业等一批行业先进典型；润扬长江大桥、苏通长江大桥、杭州湾跨海大桥、东四邮局等一批行业先进集体。在抗击雨雪冰冻灾害、抗震救灾、服务奥运会、世博会、亚运会等重大事件和重大活动中，涌现出一大批先进集体和个人。

为发挥好交通运输行业先进典型的模范引领作用，部党组先后6次就学习宣传先进典型向行业发出号召，并联合中宣部、全国总工会、地方党委组织中央媒体进行了10批次实地采访，在人民大会堂先后举办了3场报告会，积极将行业先进典型推向社会，在行业内树立了鲜明正确的价值导向，引领了行业风气，向社会展示了新时期交通运输行业的新形象。地方各级交通运输部门积极争取地方党委和宣传部门的指导和支持，深入发现和挖掘先进典型的精神内涵，构建完善良好的典型培养和选树机制；广泛开展宣传学习活动，精心组织报告会、座谈会等各类学习活动，大力推广典型人物的先进事迹和崇高精神，使学先进、争先进成为广大干部职工的自觉追求。

积极开展特色文化建设活动，不断丰富行业文化内涵

在交通基础设施建设领域，广泛开展文明工地、和谐工程、建功立业劳动竞赛和文明样板路、文明样板航道等创建活动，有力发挥了对重点工程建设的支撑保障作用。江苏、浙江、云南、上海等省市交通运输部门把以人为本、注重创新、保护生态、资源节约等先进理念贯穿于工程建设全过程，建成了苏通大桥、杭州湾大桥、云南思小公路、洋山港等一批精品工程。河北省交通运输厅实行高速公路建设“十公开”，有效预防各种腐败问题的发生，我部及时组织在全行业推广了这一做法，进一步完善交通建设惩防机制，深化工程建设领域突出问题专项治理，受到中央有关领导及中纪委、中宣部的充分肯定。

在交通运输管理领域，广泛开展规范行政、文明执法创建活动。部出台了《交通行政执法程序》等五个规范，湖北、

福建等省厅，部海事局等单位也都出台了一系列制度，积极落实行政执法责任制，提升了交通行政执法的规范化水平。广东、重庆等省市积极探索行政执法新模式，长航局积极推进联合执法，有效解决了多头执法中出现的问题。各级交通运输部门进一步转变行政职能，精简行政审批事项，推行网上审批，落实首问负责制、限时办结制、一站式服务等制度，切实转变工作作风，最大限度地方便人民群众，行政效能显著提升。

在交通运输服务领域，组织开展了“文明礼仪伴我行”、出租车行业文明创建、青年文明号促和谐等主题实践活动，引导服务窗口单位创新服务方式、拓展服务领域，涌现出安徽“微笑服务、温馨交通”、南京李瑞班“爱心始发站”、青岛“红飘带”出租车车队、石家庄“学雷锋车队”、河南“星级服务区”等一批管理科学、服务规范、形象良好的优质服务品牌。

结合形势开展主题教育活动，为行业不断提供精神力量

举办北京奥运会、庆祝新中国成立60周年、纪念改革开放30周年、举办上海世博会、广州亚运会等重大活动，交通运输部门承担着运输保障、安保和反恐等重任。在及早谋划、周密部署、精心实施、全力做好交通运输服务保障的同时，大力宣传交通运输事业的辉煌成就和重要经验，极大地激发了广大职工热爱祖国、奉献交通的热情。先后举办了辉煌成就60年交通巡礼、改革开放30年交通运输成就展览和主题宣传活动，组织开展了“迎奥运（迎国庆、迎世博）、讲文明、树新风”、“爱国歌曲大家唱”群众性歌咏、礼仪知识竞赛、“感动交通人物”评选等一系列文明创建活动，注重在活动中提高职工服务技能，在服务中陶冶职工道德情操。陕西、安徽省交通运输系统组队代表全国交通运输行业参加了中央文明办组织的第一二届全国“迎讲树”电视礼仪知识竞赛，分别获得了铜奖和二等奖。交通运输行业广大干部职工齐心协力，以优化的环境、优质的服务、优雅的言行、优良的秩序，展示了交通运输人昂扬向上、争创一流的良好精神风貌。

2008年底开始，国际金融危机持续扩散蔓延，给交通运输业带来严重冲击。全行业紧紧围绕积极应对危机冲击、保持行业平稳较快发展的任务，深入开展以“坚定信心、迎接挑战、促进发展”为主题的形势教育，强化保增长促发展的舆论引导，准确解读中央一系列重大决策部署和部党组关于促进行业平稳较快发展的若干意见，客观辩证地分析宣传交通运输业发展形势，宣传各地应对冲击所采取的措施和成效，激励广大干部职工坚定信心、迎难而上，为促进交通运输企稳回升向好营造了良好氛围，发挥了重要作用。中远集团、中海集团、中外运长航集团等交通运输企业，充分发挥政治优势，及时做好思想疏导，深入挖潜降本增效，握紧拳头抱团取暖，展现了职工主人翁精神，化解了企业危机。

在抗击低温雨雪冰冻灾害、四川汶川和青海玉树抗震救灾、抗击台风和江西、福建、吉林、辽宁等地抗洪抢险、甘肃舟曲、四川映秀特大山洪泥石流灾害的抢险救灾、应对大连中石油国际储运有限公司“7•16”输油管道爆炸火灾事故等重大突发事件中，交通运输行业始终坚持全国交通一盘棋思想，一方有难八方支援，投入大量人力、物力、财力，支援灾区，积极组织开展救灾抢通、灾后重建和志愿服务工作，广大交通运输干部职工以抗灾救灾的实际行动生动诠释了艰苦奋斗、勇于创新、不畏风险、默默奉献的交通精神。

交通运输行业文化建设是一个长期的过程。今后交通运输行业将继续把行业文化建设摆在交通运输工作的重要位置，以践行行业核心价值体系为主线，以“学先进、树新风、建体系、创一流”活动为载体，大力实施文化建设“十百千”工程，进一步深化群众性文明创建活动，不断提高职工文明素质和行业文明水平，为发展现代交通运输业提供精神动力和思想保障。

（本文摘自《企业文明》2011年8期）

文化力启动经济力 行业发展有动力

——中国机械行业2010-2011年企业文化建设特点综述

中国机械产业文化协会

2010年以来，正值机械行业全面贯彻落实党中央、国务院调整振兴装备制造业和汽车产业规划，启动实施“十二五”规划，举全力化危为机、保增长保工业保全局取得辉煌业绩的两年。行业广大企事业单位坚持以邓小平理论和“三个代表”重要思想为指导，认真贯彻党的十七大和历次全会精神，坚持以科学发展观为统领，紧密围绕中心，服务大局，始终把企业文化建设摆在突出的战略位置，按照本会“五融入、五促进”的思路，把企业文化融入形势任务责任教育、融入发展战略、融入经营管理、融入党的建设、融入精神文明建设，推动我国装备制造业在科学发展的道路上不断前进。

企业文化融入形势任务责任教育，推动行业落实科学发展观

将企业文化融入行业广泛深入开展的形势任务责任的宣传教育活动。2010年本会适时召开了主题为《形势任务责任教育与推动“两个规划”实施》研讨会。全面总结了这些年来行业开展形势任务责任教育工作的主要特点：一是认识统一，常抓不懈。广泛深入开展形势任务责任教育是机械行业企业贯彻落实中央、政府一系列战略部署的迫切需要；是巩固学习实践科学发展观活动成果、推动贯彻落实“两个规划”、促进机械工业又好又快发展和实现振兴的迫切需要；是构建和谐企业与担当企业社会责任的迫切需要；是坚持科学发展观，以人为本，提高职工素质的迫切需要。二是主线清晰，重点突出。始终把树立社会主义核心价值体系融入形势任务责任教育、精神文明建设和党的建设全过程，贯穿行业企业改革发展的各个方面，用核心价值体系引领职工思想，形成共同理想信念、凝聚精神力量、基本道德规范。把坚持马克思主义指导地位，坚定中国特色社会主义共同理想，弘扬以爱国主义为核心的民族精神和以改革创新为核心的时代精神，树立和践行社会主义荣辱观教育，作为职工教育的重中之重。三是理论联系实际，强化深入实践。紧紧围绕党和国家大政方针开展大势大局教育；紧紧围绕企业的发展愿景开展目标使命的教育；紧紧围绕企业的中心任务开展深化改革的教育；紧紧围绕企业自主创新和打造企业核心竞争力开展创新发展教育；紧紧围绕企业科学发展和谐发展开展履行社会责任教育。四是创新形式，生动活泼。加强形势任务责任宣传教育在实践中不断创新方法途径，探索行之有效的好方法好形式：抓住契机，围绕主题层层讲；集中办班，突出创新邀请专家讲；集体对话，相互沟通交流讲；重实践体验，开展主题活动讲；重直观效应，利用管理案例讲；创新宣传模式，利用网络平台讲；重榜样示范，树立先进典型讲；建立制度，基层组织深入讲。

企业文化融入发展战略，促进企业科学发展

2011 年是机械行业实施“十二五”规划的开局之年。各单位普遍认识到文化牵引战略的重要意义，把企业文化融入发展战略，促进行业企业健康、持续、和谐、平稳发展。

重庆机电集团十年改革发展历程，也是机电文化不断丰富、不断丰满的过程。无论是改革突围求发展，还是开放提速求跨越，都离不开与企业发展战略相匹配的企业文化的引领和支撑。他们的主要做法：一是用共同价值理念统领员工思想。在改革脱困的艰难时期，“坚韧、创新、提速、振兴”的经营理念支撑机电走过从脱困到经济指标十个翻番，进入中国企业和中国制造业 500 强的第一次跨越；“十一五”之初确立的“诚信、创新、和谐、共赢”的核心价值观，既传承了文化精髓，又赋予新的时代内涵，助推集团实现了在香港上市，进入 200 亿级规模序列的第二次跨越。二是用美好愿景构筑精神家园。机电集团按照重庆市委市政府的战略部署，全力推进“321”战略。即“三大建设”：建设成为西部装备制造业高地；建设成为千亿级产业集团；建设成为具有国际竞争力的企业集团。“两个目标”：2012 年力争实现营业收入 500 亿元；2015 年力争实现营业收入 1000 亿元。“一个愿景”：实现“装备中国，走向世界”的企业愿景。把“企业愿景”融入发展战略，成为凝神聚力的强大思想武器，点燃四万多机电人干事创业的激情，推动集团在科学发展的道路上不断前进。经营业绩逆势大涨，使集团重返“中国企业 500 强”；在“敬业、创新、开放、提速”的经营理念引领下，集团抢抓后危机时代的发展机遇，以最小代价的成功收购英国百年机床老店，PTG 下属 6 家公司的全部股权，使同类技术跃居世界先进之列，牵手 GE，与中石油共建西部最大的金融租赁公司，相继成立重庆机电欧洲创新中心、欧洲营销中心……成为重庆“走出去”的经典案例。2011 年，该集团实现主营业务收入 401 亿元，继 2010 年突破 300 亿元大关后，再创历史新高。一个“西部装备制造业高地”已初步显现，重庆机电集团正向着既定的“千亿级”目标稳步迈进。

企业文化融入经营管理，促进企业快速发展

把企业独特的文化融入经营管理，坚持以人为本，在管理上体现人性化，以“软”文化配合“硬”制度，弘扬企业倡导的思想和行为，约束企业反对的思想和行为，达到思想所指、行动所致的效果。

中机十院国际工程有限公司在经营管理中，认为人的价值高于物的价值，强调人的重要性，把坦诚、信任和关心融入到中机十院的各项经营管理的工作当中去。首先在制定公司各项规章制度和涉及员工利益的政策时，始终坚持公开、公正、公平的原则，坚持换位思考的原则，充分倾听各方面的意见。其次，注重人文关怀。比如，节假日问候、聚会、家庭关怀，工作生活上的帮助、关心，生病住院问候看望，常年坚持，形成惯例。第三，帮助员工实现人生的价值，进行个人职业生涯设计，充分调动广大员工积极性和首创精神，鼓励员工从平凡小事做起，把平凡的事情做成不平凡。实现人生的价值。第四，善待员工，培育员工的自豪感和创新精神，为员工提供各方面提高和晋升的机会，最大限度调动每一位职工的工作积极性，将其融入企业的经营管理。

企业文化融入党建工作，促进企业持续发展

企业文化融入企业党建，不仅丰富了党建工作的内涵、更拓展了党建工作的外延。

在创先争优活动中，中国第一汽车集团公司（以下简称一汽）各级党组织和广大党员积极发挥“组织创先进、党员争优秀、企业上水平、职工提素质”的争创作用，突出“科学发展靠班子、凝心聚力靠支部、攻坚克难靠党员”的工作重点，把创先争优作为推进和谐企业建设的有效手段；把强化责任意识，加强责任文化培育，作为创先争优活动的重要内容之一，强化了国企责任担当。营造了思想和谐、利益和谐、关系和谐、体系和谐勇于责任担当的良好局面。思想和谐，就是把企业愿景讲清楚，用企业愿景激励党员，凝聚职工。把发展举措讲清楚，把员工利益讲清楚，使全体员工在想发展、谋发展、促发展上统一思想和行动。利益和谐，就是既讲政治责任、经济责任，更讲社会责任；既讲奉献，也讲回报，让员工共享企业发展成果。关系和谐，就是党群关系、干群关系和谐，各级党组织和领导干部在贴近基层、深入一线、走进员工中转变作风、赢得信赖、推动工作。体系和谐，就是各职能部门、各基层单位，牢固树立全局观念和责任意识，协调配合好跨体系、跨部门、跨单位各项工作使党的建设更好地为企业生产经营中心工作、加快转变经济发展方式、促进经济社会又好又快发展服务，推动一汽健康、

和谐、可持续发展。

企业文化融入精神文明建设，促进企业和谐发展

近年来，中国二重在开展群众性文明创建活动中，将企业文化建设融入精神文明建设，为实现企业又好又快发展提供了强大的精神动力、智力支持和思想保证，实现了物质文明、精神文明双丰收。

在企业深入开展的精神文明建设的实践中，二重认真贯彻落实党的十七大精神，把建设社会主义核心价值体系融入企业核心价值观教育，作为创建文明单位的主线。坚持在职工中加强爱国主义、社会主义、集体主义和理想信念的教育，加强社会公德、职业道德、家庭美德和个人品德的建设，引导职工树立正确的世界观、人生观、价值观；对国家、集体和个人、当前与长远的利益关系形成正确认识，形成风正、人和、气顺的发展氛围；弘扬企业精神，培育企业文化，树立共同的企业价值理念，使职工把企业的发展愿景作为全员行动的目标和个人价值成就的方向，更好地调动了职工的积极性、创造性，增强了向心力和战斗力。

中国二重在积极构建社会主义核心价值体系中，将其“具体化”、“二重化”：提出了“中国二重，装备中国；中国二重，创造卓越”的核心理念；推出《中国二重视觉识别系统手册》、《中国二重公司理念手册》、《中国二重员工行为手册》、《我们是中国二重人》（企业理念手册）；倾力打造幸福文化，开展了“幸福二重”讨论和征文活动，出版了《幸福二重奏鸣曲》一书。大力倡导“诚信、创新、坚毅、感恩”的新时期二重精神，将核文化理念融入企业文化范畴，内化于心、固化于制、外化于行，实现思想同心、目标同向、行动同步。有力地促进了文明单位的开展：2008-2011年，在连续三次荣获“全国机械行业文明单位”称号的基础上，顺利通过“全国精神文明建设工作先进单位”检查验收。并发布《中国二重创建全国文明单位三年规划纲要》和《创建全国文明单位三年规划纲要实施细则》。企业文化建设融入文明单位创建，成为中国二重有效推进企业文化建设和企业文明创建迈上新台阶的有效载体和重要保证。

综上所述，近两年来，随着行业企业大开放、大调整、大发展时代的到来，企业文化建设与企业面临的形势和任务息息相关，与企业的调结构促转型息息相关，与企业的经营管理息息相关。实践证明，在改革开放的伟大实践中，把优秀企业文化的基因植入到企业管理的各个环节和各个领域中去，才能使企业与员工、客户休戚相关、荣辱与共，才能永葆企业健康发展、基业长青。企业发展了，才能保证加快振兴装备制造业、推动机械行业平稳较快发展：2011年面对“十二五”开局的全面起步，以及国内外环境约束因素增多等诸多困难和挑战，机械行业全年实现工业总产值16.89万亿元，比上年增长5.06%；完成工业增加值同比增长15.1%，高于全国工业平均增速（13.9%）1.2个百分点，在工业中所占比重为18.57%，仍居各主要行业首位；实现利润1.2万亿元，同比增长21.14%，进出口总额6312亿美元，同比增长22.84%。显现了主要产品产量稳定增长；结构调整取得积极成效；自主创新能力逐步增强；经济效益质量保持稳定等行业经济运行的特点。

实践证明，文化力启动经济力，科学发展有动力。培育和发展符合先进文化发展方向、具有时代特征和自身特色的企业文化是当今中国装备制造企业重要而光荣的责任。

（执笔人李俊慧，系中国机械工业职工思想政治工作研究会副秘书长）

提高认识 扎实学习
做金融企业文化建设的优秀践行者

中国金融思想政治工作研究会

要深刻理解、充分认识新形势下推动金融企业文化建设的重要性

企业文化是一个企业在长期发展过程中形成的企业灵魂和精神。企业文化建设不可能一蹴而就、一成不变、一劳永逸。金融企业文化源于金融实践，反过来指导金融实践，同时，又随着金融实践的发展而发展。优秀的金融企业文化，必将推动金融实践的健康发展。

各金融机构都在自己的经营管理活动中，积累了丰富的文化底蕴，初步形成了具有各自特色的企业文化，取得了一定的成绩。一是确立了企业文化的重要地位；二是构建了具有自身特质的企业文化体系；三是凝聚了一支专兼职结合的企业文化工作者队伍；四是形成了企业文化的优秀资源。

当然，我们金融企业文化建设的工作发展还很不平衡，还存在一些问题：有的金融企业对企业文化建设的重要性认识不足；有的金融企业的企业文化建设的目标和指导思想不够明确，片面追求表层与形式的东西；有的金融企业的企业文化建设与企业发展战略和经营管理存在脱节现象，缺乏常抓不懈的机制；有的金融企业甚至把企业文化当成一个筐，什么东西都往里装；有的金融企业甚至认为企业文化是政工部门和政工干部的事。这些都是我们在建设中国特色的金融企业文化中需要注意和解决的问题。

后国际金融危机时期的形势依然严峻，国际竞争日趋激烈，文化与经济、政治相互交融，各种思想文化相互激荡，新形势和任务，需要我们进一步提高对加强和推动金融企业文化建设重要性的认识。

首先，加强金融企业文化建设是建设社会主义先进文化的客观要求。金融是现代经济的核心，是中国特色社会主义的重要支柱，肩负着重要的政治经济使命，社会主义文化的繁荣为金融企业文化的发展提供精神源泉，金融企业文化的发展也为社会主义文化的繁荣注入新的活力和内容；其次，加强金融企业文化建设是提高金融企业管理水平和提升企业核心竞争力的内在要求。金融企业深化改革、加快发展、做强做大，迫切需要通过企业文化建设来解决企业员工所共有的价值观、道德观、发展观问题，进而形成员工共同的行为规范，实现员工素质的提升，促进员工的全面发展；第三，加强金融企业文化建设是发挥党的政治优势，推动思想政治工作与企业文化建设有机结合的现实要求。

要审时度势，努力使企业文化师作为专业化的新职业得以确立并受到高度重视

面对全球经济一体化挑战的中国企业文化，建设的任务艰巨，发展前景广阔。著名美国学者劳伦斯·米勒先生曾经说过：“未来将是全球竞争的时代，这种时代能够成功的企业，将是采用新企业文化的企业。”

与发达国家相比，我国企业文化建设还比较落后，企业文化从业人员的自身素质也亟待提高。企业对专业化、职业化的企业文化管理人才的需求日益迫切。据统计，目前我国至少缺少 10 万名企业文化师。企业文化师作为专职企业文化建设者，担负着变革陈旧的企业文化，重塑适应全球经济一体化的企业文化的艰巨任务。

重塑适应全球经济一体化条件下的中国企业崭新的企业文化，是企业克服困扰，走向国际市场，进入新的发展阶段的有效选择。这表明，中国企业文化发展前景广阔，企业文化师作为新职业的确立非常必要。

早在 1993 年发布的《中共中央关于建设社会主义市场经济体制若干问题的决定》指出：“要加强职工队伍建设，造就企业家队伍，……，加强企业文化建设，培育优良的职业道德，树立敬业爱厂、遵法守信、开拓创新的精神。”在去年下发的《中央宣传部、国务院国资委关于加强和改进新形势下国有及国有控股企业思想政治工作的意见》中也要求，“加强企业文化建设，激发干部职工爱岗敬业、奉献社会的热情。”这些，都明确提出了建设社会主义市场经济，必须加强企业文化建设，明确指出了加强职工队伍建设、造就企业家队伍与加强企业文化建设的内在联系。

“企业文化师”是 2005 年由中国企业文化研究会和有关单位联合向原劳动和社会保障部申请立项的，经国家批准正式列入《国家职业大典》。2005 年 3 月 31 日，原劳动和社会保障部在人民大会堂召开新闻发布会，向社会发布了第三批十个新职业，“企业文化师”作为其中一个新职业正式确立。

企业文化师作为一种新兴职业，需要对本企业文化有宏观设计能力，能够为企业领导在文化建设上出谋划策，能够推行调研、文本建设、全员推广、长效管理，每年还要对企业文化建设效果进行评价、考核。

企业文化师国家职业资格认证，鉴定严格、证书权威，是激励和规范我国企业文化人才队伍健康成长的有效渠道，对企业可持续发展具有十分重要的战略意义，尤其是对大型国有金融企业而言，企业文化师国家职业资格证书是政工、宣传、工会、企业文化建设等相关部门干部“现代职业身份”的权威证明，极具现实价值。

要扎实学习，努力做金融企业文化建设的优秀推动者与实践者

金融企业文化建设需要一批勇于负责、勇于担当的金融企业文化建设的中坚力量，要以兼济社会为己任，能以行业发展为己责。建设高素质文化人才队伍，是一个复杂的系统工程，时代的发展、社会的进步和金融企业的实践对金融企业文化人才的素质提出了越来越高的要求，加强学习无疑是重要的基础性工作。

常言道，学习是取胜之道。邓小平同志倡导全党同志一定要善于学习、善于重新学习；江泽民同志号召全党学习、学习、再学习；以胡锦涛同志为总书记的党中央把集体学习作为一项制度长期坚持下来，使以学兴党、以学资政成为我们党治国理政的鲜明特色。胡锦涛同志强调：“不学习、不坚持学习、不刻苦学习，势必会落伍”。我们要把学习作为一种政治责任、一种精神追求、一种生活态度，潜心学习，才能真正实现以学养德、以学增才、以学促干。要在学习中加快实现由知识向能力的转化，把学习与实践有机结合起来，不断研究金融企业文化建设和经营管理中的各种重点、难点问题，努力把学习的成果转化为推动企业大发展的实际本领。

学习不用，等于没学，有花无果，无须劳神。知识用不活，有水难浇田，要坚持向书本学，向实践学，在学中干，在干中学，干到老，学到老，做一个真正的学习型的企业文化建设干部，为中国金融企业文化的大发展大繁荣做出我们应有的贡献！

十七届六中全会强调，“要造就高层次领军人物和高素质文化人才队伍，加强基层文化人才队伍建设，加强职业道德建设和作风建设。”让我们乘着六中全会的东风，共同努力，为金融系统造就一支理论素养好、实践能力强、专兼结合的金融企业文化建设的中坚力量和领军人物共同努力！

（本文摘自《企业文化通讯》2011 年 11 期）

突出行业特色
打造石化企业优秀文化

中国化工企业文化协会

企业文化作为现代管理理论，自八十年代末传入中国，越来越受到企业关注、社会关注和中央的高度重视。五年来，我们始终把推进行业企业文化建设，打造中国石油和化工企业文化品牌，增强企业发展软实力，作为加强行业思想政治工作的有效载体来抓。为了深入掌握和全面了解全行业企业文化建设工作发展态势，中国石油和化学工业联合会名誉会长，中国化工企业文化协会（中化政研会）会长谭竹洲，名誉会长李奇生同志带领秘书处同志利用三年时间对分布在十七个省市的七十三个化工企业进行了专题调研。同时对二百余家企业进行了函调，发现了一大批“重科学发展、重文化引领、重科技创新、重环境保护、重人本管理、重企业形象”的企业，摸清了成绩、经验和问题。在此基础上，我们对全行业企业文化现状进行了基本评估，评选出以上海华谊集团以文化引领战略、战略提升文化为核心的华谊文化，大庆炼化公司以大庆铁人精神为基石的“三相”文化，以及云天化集团的“和谐共生”文化，巨化集团的“执行力”文化，天津碱厂的“信条”文化，山东三角集团以打造国内外驰名品牌为基点的“三角”文化，开阳磷矿的“社会责任”文化，陕西渭化集团的“柔性管理”文化，浙江新和成公司“学高为师、身正为范”的“老师文化”，江苏黑松林粘合剂厂的“细节管理”文化为代表的十大示范企业，并成功地召开了全行业的企业文化促进大会。命名了首批10家企业文化建设示范基地，对118家企业文化建设先进单位进行了表彰。首届企业文化促进大会得到了上上下下一致好评，在业内外均产生了广泛而深刻的影响。以大会为标志，中国石油和化学工业企业文化发展进入了一个新的阶段，中化政研会跻身于全国行业协会的先进行列。

行业企业文化建设的加强，对中国石油和化工企业的发展，产生了极为重要的影响。上海华谊集团党委，用先进的理念指导企业发展战略规划。面对上海市产业格局的调整，明确提出了“1358”的战略构想：“1”就是实现一个目标，即三大主业突出、规划布局合理、企业可持续赢利能力增强；“3”就是形成三个中心：集团总部成为决策中心，子公司成为利润中心，三级企业成为成本中心。“5”就是实施发展创新、改革调整、整合增值、多元投资、人力资源“五大”战略。“8”就是搭建八大平台：按照先进制造业的要求，形成煤基多联产化工、绿色轮胎、氯碱及新材料、精细化学品等四个产业类平台；按照现代服务业的要求，形成化工物流及服务贸易、工程总承包、地产开发及房屋租赁、对外投资管理等四个服务类平台。“1358”的发展战略，对于集团抗击金融风暴，促进又好又快发展起到了巨大作用，使面临生态环境、结构老化等严峻挑战的上海化工，焕发出勃勃生机。云天化集团自2000年以来，通过兼并重组形成为一个跨行业、跨地区、跨所有制形式的特大型企业集团，涉猎6大行业，拥有70多个分（子）公司。他们在兼并重组中坚持以文化整合保证资产重组，构建了根深叶茂的“和谐共生”文化体系，形成共同价值观，保留差异化特色，子文化也充满活力，使企业有序运行、健康发展。贵州开磷集团坚持履行社会责任，大力发展循环经济。通过自上而下的科技创新和制度建设，建立起“资源—产品—废弃物—再生资源”的循环物质流动模式和内部循环经济体系运行模式，探索出了一条具有开磷特色的新型工业化道路。同时，坚持“工业反哺农业，城市反哺农村”，推广良种、良肥、良法的三良种植方式。实施“造血式”扶贫工程，为创新 扶贫济困方式，提高贵州农业生产效益做出了突出贡献。陕西渭化集团 根据化工行业生产高危的特征，努力打造特色安全文化。多年来始终把安全工作作为重中之重，着力强化员工的安全意识，严格规范员工的安全行为。安全理念深入人心，工作落在实处。“给安全工作以优先权、否决权”，“抓安全工作做到全员、全过程、全方位、全天候”，“把好安全工作的‘五道防线’”，成为渭化企业文化建设的亮点。巨化集团每年都将企业文化建设作为一项重要工作列入党政工作计划，并作详细计划与周密部署。公司党委通过构筑“大思想政治工作”格局与“渗透型”工作模式，强化企业价值观与企业精神教育；通过巨化电视台、《巨化报》等内部媒体，普及企业文化知识；列入党委理论中心组专题学习，并邀请专家作辅导报告，增强公司各级领导的文化自觉，有力深化了公司企业文化建设。由原南京化学工业总公司与原南京化工厂合并组成的中石化南化集团公司，以“建设新南化、实现新跨越”的“双新”文化为旗帜，在创建新南化过程中实现了同向、同步、同心的发展新局面。由原大庆油田化工总厂与大庆林源石化分公司合并组成的大庆炼化公司，通过企业文化整合提升，员工心相通、情相融、力相合，形成了在国内具有重大影响的“三相”文化，先后被中国企业联合会、中国企业家协会、中国企业文化研究会命名为“全国企业文化示范基地”。川化集团、湖北宜化集团、海化集团、双星集团、红星集团、红四方集团、南风集团等许多企业，也都在以企业文化融合为引领、实现重组企业和谐发展方面取得显著成效，为推动行业企业重组提供了丰富经验。浙江新和成公司，新疆中泰化学集团公司，大连西太平洋公司等企业也都与时俱进，在企业变革和进入新一轮跨越式发展的时刻，进行了企业文化的提升和再造。继2005中外企业文化成都峰会和2006中外企业文化昆明峰会， 22家化工企业获得“全国企业文化先进单位”，13位同志获得“全国企业文化先进工作者” 荣誉称号之后。去年11月，在 “新中国60年企业精神传承与创新——中外企业文化2010北京峰会”上，又有 20家化工企业和23位同志获得表彰。

促进优势转化

深入调查研究，为党政领导提供决策支持是政研会的基本职能。五年来，针对新形势下企业改革发展面临的新情况、新问题，中国化工企业文化协会（中化政研会）及各网络、分支机构和省市行业政研会。广泛开展了调查研究和理论研讨活动，探索新形势下企业思想政治工作的新途径、新方法；建设一支研究骨干队伍，破解党建、思想政治工作、企业文化建设和基层建设的难题，用来指导和推动企业的各项工作。一是一年一主题，活动常态化。中化政研会2006年7月召开了由大庆炼化承办的大型企业网络年会，实地考察了市场经济条件下大庆精神的传承和发展，了解了大庆油田“打造百年油田”的战略构想，参观了油田公司和大庆炼化的企业文化现场。2008年6月在内蒙古呼和浩特市召开的网络长分会会长联席会，专题研究了华北西北网络重建；华东东北、中南西南网联合活动；和纪念改革开放30周年和庆祝建国60周年拟开展系列活动。化工高等院校分会、大型企业网络分会、中南西南网络分会、华东东北网络分会和涂料染料分会，精心组织，先后交流探讨了国有化工企业、多种所有制结构企业和高等院校的党建、思想政治工作和企业文化建设的热点难点问题。2010 年中南西南网络组织完成了网络长更换，新的网络分会会长单位云天化集团公司积极组织，于 10 月中旬在重庆举行了中南西南网络年会，探讨了新形势下企业思想政治工作和企业文化建设。特别是化工高校分会，在体制变革的激烈冲击下，始终坚持正常开展活动，截止到 2010 年，已经连续第 23 年举办了年会。与此同时，四川省化工政研会、安徽省化工行业政研会和山西省化工政研会等省级政研会都分别开展了各具特色的活动。二是开展优秀政研成果评奖活动。中化政研会着力推进企业党建、思想政治工作、企业文化建设理论研究及成果转化。每两年组织一次优秀政研成果评奖活动“。五年来，组织了三次优秀政研成果评选。其中 2007 年和 2009 年，共收到论文和研究成果 355 篇，评出一等奖 30 篇、二等奖 61 篇、三等奖 95 篇。2011 年，配合这次大会的召开，各企业进一步加强了优秀政研成果撰写和征集的组织工作，其中陕西省石化、安徽省石化、上海华谊集团、开磷集团和吉林石化公司、大庆炼化公司等政研会分别组织了大规模的集体选送。秘书处共收到论文 226 篇，经过评审组分别审阅、独立打分和集体讨论，评出了一、二、三等奖。三次参评的近 600 篇论文，成果选题广泛，内容前瞻，应用价值高。反映了全国化工企业理论研究内容的深化和水平的提升，为企业党建、思想政治工作和企业文化建设注入了创新智慧和理论活力。几年来，受到表彰的三百余项优秀研究成果有许多先后被《中国化工报》、《中外企业文化》、《现代企业文化》、《企业文化》、《中国石油和化工》、《中化探索》等杂志报刊采用发表。我们向全国思想政治工作研究会、中国企业文化研究会及其他研究机构推荐的优秀政研成果，得到全国权威机构的表彰和著名专家学者的好评。2011 年，刘鹏凯倾心编著的《心力管理》一书问世，被权威誉为“管理学的创新与发展”。由静德纯 、文立军撰写的《铁人精神创新与企业文化转型》获全国优秀思想政治工作研究成果评选二等奖。29 篇文章被收入《中国企业文化年鉴》。三是成立专家委员会强化理论研究功能。2009 年行业企业文化专家委员会成立后，加强了对行业理论研究工作的指导。专委会第二次会议讨论，下发了《中国化工企业文化专家委员会 2011 年工作要点》和《关于下发 2011 年重点研究课题并开展优秀论文评选活动的通知》，共提出党建和思想政治工作 20 个重点课题和关于企业文化 12 个重点课题，并将其中的一部分课题落实到人，提出了限期完成的要求，使行业理论研究的组织性、计划性和系统性得到了明显的提升。

强化服务功能

中国化工企业文化协会（中化政研会）是服务于企业党建、思想政治工作和企业文化建设的行业平台，自 1984 年成立以来，一直在行业两个文明建设中，发挥着其他行业组织不可替代的独特重要作用。近几年，由于行业管理体制改革和企业兼并重组，我们在支撑渠道受阻、人员变动频繁、主流意识淡化和秘书处缺乏专职工作人员的困难条件下，不仅实现了“队伍不散，工作不断”，而且适应形势的变化，开展了许多特色活动，不断强化服务功能，充分发挥了桥梁纽带和平台作用。自身建设得到了不断加强。

一是在培训高素质从业人员上下功夫。为了提升全行业企业文化建设的理论知识和实际操作水平，2010 年 8 月中旬我们在上海成功举办了首次企业文化高级研修班，来自全国各化工企（事）业单位的 170 多位党委书记、政工干部参加了学习。国内企业文化理论权威专家和知名学者孟凡驰、贾春峰、黄河涛、王坚强、祝慧烨等出席并授课；此外以会代训，组织部分企业党委书记参加了由中国思想政治工作研究会主办的“全国大中型企业党委书记高级研修班”；参加了中国企业文化研究会主办的 2005 中外企业文化成都峰会，2006 中外企业文化昆明峰会和“新中国六十年优秀企业精神的传承和创新— 2010 北京峰会”；组织部分企业的党委书记和政工部长参加了境外企业文化考察。

二是在加强横向联合上做文章。为适应传统化工向现代化工转变的客观形势，打破行业壁垒。协会加强了与中国企业联合会、中国企业家协会、中国企业文化研究会的联系、交流与有效合作；加强了与中国石油、中国煤炭政研会的交流、协调与有效合作，拓展了工作领域和服务空间。2010 年，应中煤政研会邀请，参加了中平能化集团公司创建企业文化基地的调研、论证、成果发布及命名等多项活动。首开两家行业政研会合作命名示范基地的先河。在与煤炭行业的交流合作中，中国化工企业文化协会（中化政研会）赢得了一批煤化工企业的信任和支持，中平能化集团公司、开滦集团公司、阳泉煤业集团公司、峰峰矿业集团公司、陕西黄陵矿业公司等多家煤化工企业先后申请加入中国化工企业文化协会（中化政研会），为协会注入了新的活力。为协会今后进一步服务煤化工企业文化建设奠定了良好的基础。几年来，我们应邀参加浙江大学新安化工集团公司、中国企业文化研究会青海油田企业文化设计项目论证会，黑龙江日报红星农场企业文化咨询会，河北金牛钾碱公司企业文化发布会等各类交流会、论证会、评估会 20 多场次。

三是在服务企业发展上见效果。2009 年首届企业文化促进大会之后，我们加强了服务企业的力度。主动为企业间的学习交流活动牵线搭桥；积极为企业开展企业文化建设建言献策；全力为企业提供全方位的服务。先后受邀对中国石油吉林化工公司及下属 18 家二级单位和河南心连心集团公司进行了调研和咨询服务。特别是去年，应邀以协会为主与中国企业文化研究会一起，承担了新疆中泰化学集团企业文化提升工程，为中泰提供了全套企业文化咨询项目服务。在长达 10 个月的时间里，项目组成员和有关专家、领导六下新疆，仅调研阶段就召开了 48 个座谈会，访谈了六百多人次，完整地为企业提供了文化和管理诊断、企业文化理念体系设计、企业文化三年规划和近期实施计划、企业文化手册设计，以及后续咨询服务。这个项目的顺利结题，为低成本、高质量地提供咨询项目服务摸索了成功的经验。

从全行业看，一些制约行业思想文化建设工作开展的共性问题。如一是企业与企业之间在党的建设、思想政治工作、企业文化建设工作发展不平衡，个别企业还存在党委地位虚化和思想政治工作边缘化倾向；文化理念落地不够，文化管理工作精细化程度不高的问题还比较普遍；二是工作体系需要进一步健全、完善和创新，有些企业“一岗双责”制度没有建立，大政工格局没有形成；三是在理论研究上存在整体性系统性不强，交流研讨不够充分，研究成果转化率不高、对实践指导不够等问题；四是队伍素质有待进一步提高，中国化工企业文化协会（中化政研会）系统自身建设也存在“青黄不接”、“造血能力较弱”的问题，需要从上至下加强队伍建设，以适应新形势新任务的要求。等前进中暂时性的问题，正在引起高度重视和逐渐得以解决。

抓住重大战略机遇

党的十七届五中全会指出当今中国仍然处于可以大有作为的“重大战略机遇期”。今年是“十二五”规划的开局之年。“十二五”时期是中国经济与社会双重转型时期，是推进我国经济发展方式转变和企业科学发展的关键时期，国家要实现从外需向内需、从高碳向低碳、从强国向富民的转型。十二五”时期也是中国石油和化学工业党建、思想政治工作、企业文化工作大有作为的时期。中国成功应对国际金融危机的实践表明，企业是推动经济发展方式转变的基础和决定性力量。加快转变经济发展方式，必然对党建、思想政治工作、企业文化建设提出更新、更高的要求，特别是后金融危机时期，谁拥有政治文化优势，谁就拥有竞争优势，谁就会立于不败之地。作为涉及国家能源安全、国防安全、农业安全的重要支柱行业，石油和化工行业的发展面临空前的机遇和挑战。企业党建、思想政治工作、企业文化建设工作也面临空前的机遇和挑战。围绕中心 、服务大局、 以改革创新的精神，不断加强、改进企业党建、思想政治工作和企业文化建设，增强企业和行业的核心竞争力，全面开创行业党建、思想政治工作、企业文化建设的新局面是时代赋予我们的光荣历史使命。

全行业所有企业和各级党组织，今后五年的工作要以邓小平理论和“三个代表”重要思想为指导，深入贯彻科学发展观，全面落实胡锦涛总书记在纪念建党九十周年纪念大会上的重要讲话和党的十七届五中全会精神，围绕国家国民经济和社会发展第十二个五年规划和中国石油和化学工业“十二五”发展规划提出的目标任务，突出科学发展的主题，把握加快转变经济发展方式的主线，以企业改革发展为中心，坚持关注民生、以人为本，坚持围绕中心、服务大局，坚持改革创新，努力把党的政治优势和文化优势转化为企业科学发展优势，增强企业竞争软实力，提升企业核心竞争力，为促进中国石油和化工企企业管理水平和国际竞争能力的提高，促进中国石油和化工企业科学发展和职工全面发展，提供有力的思想政治保证、精神动力和文化智力支持。

新形势、新任务赋予新使命、新机遇，同时也提出了新挑战、新考验。长风破浪会有时，直挂云帆济沧海。全行业所有企业和各级党组织只要围绕中心、坚持创新、服务大局，为全面开创行业党建、思想政治工作和企业文化建设工作的新局面而努力，一定会为中国石油和化工行业的科学发展做出新的更加积极的贡献。

（作者静德纯，系中国化工企业文化协会常务副秘书长、中国企业文化研究会特邀研究员）

弘扬军工文化 振兴国防科工

中国军工文化协会

军事工业是国家战略性产业，是强国强军的重要物质基础。今年是中国共产党建党 90 周年和人民军工创建 80 周年。作为军工行业的企业及其职工，庆祝建党 90 周年及人民军工创建 80 周年活动，最基本的要求之一，就是要弘扬以“两弹一星”精神和载人航天精神为代表的军工文化，振兴中华的军事工业。

军工行业是“三个代表”重要思想集中体现的行业

军工科技“代表中国先进生产力的发展要求”。军工行业是中国先进生产力的主要行业之一。人民军工创建 80 年来，特别是新中国成立的 60 多年，重大科学技术成果层出不穷。在原子能技术、生物科学、农业科学、高能物理、计算机技术、运载火箭技术、卫星通讯技术等方面取得了显著的成绩，有些已达到或接近世界先进水平。军工行业的科学技术研究与发展，是“代表中国先进生产力的发展要求”的集中而且具体的体现。

“两弹一星”精神和载人航天精神“代表中国先进文化的前进方向”。军工行业既有光荣的传统文化，又创造了具有时代气息的现代文化。全行业在为原子弹、导弹和卫星的“两弹一星”事业的奋斗中，广大科研工作者培育和发扬崇高的爱国主义精神，特别凝练了以“热爱祖国、无私奉献，自力更生、艰苦奋斗，大力协同、勇于登攀”的“两弹一星”精神。在研制“神州”系列飞船的载人航天事业中，凝练了“特别能吃苦、特别能战斗、特别能攻关、特别能奉献”的载人航天精神。“两弹一星”精神和载人航天精神已经成为全国各族人民的共同精神财富，是“代表中国先进文化的前进方向”的突出体现。

军民融合“代表中国最广大人民的根本利益”。军工行业精心研制的各类型新型武器装备是国防建设的重要力量，是中华民族钢铁长城的重要组成部分，是保卫祖国领土完整、保卫人民安居乐业的重要力量，是“代表中国最广大人民的根本利益”的集中体现。军工行业按照“军工融合”所从事的民用事业，更是在核应用、卫星应用、民用船舶、家用轿车、家用电器等诸多领域用高科技产品直接造福广大老百姓。军工行业为祖国、为人民作出的突出贡献，得到了全国各族人民的称赞。

军工文化的发展历程

军工文化是中华民族优秀文化的重要组成部分。我党从1927年领导革命武装斗争之始，就十分重视建设自己的军事工业。当时，在各个根据地大都有自己规模不等的兵器修械所。到1931年10月，中央革命军事委员会在江西省兴国县莲塘区官田村成立的“中央军委兵工厂”（简称官田兵工厂）是中国共产党领导下的人民军工事业创建的标志。在抗日战争和解放战争时期，在中国共产党领导下先后建立了几十家军工厂。其中，尤其是山西黄崖洞兵工厂为代表的军工厂在抗日战争中发挥了重要的作用。在民族遇难的危急时刻，军工文化的使命感生发出清醒的民族意识和深沉的责任感，经战火和硝烟的锤炼日益厚重，毅然承担起捍卫民族文化尊严的重任。从1927年到1949年的22年，人民军工制造了大量的武器，为民族解放、国家独立作出了可歌可泣的贡献。同时也培养了一大批军工领导干部，造就了一大批军工专家，涌现了一大批英雄模范，铸就了军工文化的雏形。

军工文化是新中国先进文化的重要标志。新中国成立以后，人民军工经过60多年的建设，特别是改革开放30多年以来取得了突飞猛进的发展。现在已经建立起武器装备门类比较齐全、布局比较合理、具有相当水平的科研、试制、试验、生产和教学能力的国防科技工业体系。有了先进的武器装备，人民军队如虎添翼，在历次保卫祖国领土完整、反击侵略者的战争和维护世界和平的行动中作出了卓越贡献，振了军威、扬了国威。在建设人民军工事业的豪迈画卷中，军工行业不仅积淀了诸多光荣的历史传统，积累了诸多宝贵的精神财富，而且逐渐形成了完整的军工文化体系。特别是以“两弹一星”精神与载人航天精神为代表的军工精神和“祖国至上、服务国防”的核心价值观，已经成为全国各族人民的共同财富。今天，和平与发展已成为时代的主题，在新军事变革不断加速的现实背景中，军工文化又被赋予了庄严的历史使命。当前，以爱国主义和创新精神为核心的价值体系，为新时期军工文化提供了不竭动力和源泉。

军工文化是中华民族优秀文化的瑰宝

新时期的军工文化建设起着引领、支撑、推动军工行业健康、快速发展的作用。

军工文化具有强大的生命力。军工文化是伴随着军工事业的发展而产生的，它主要来源于军工科研和生产的实践。在新时期，在已有的基础上建设更加优秀、更加突出军工特色、更加有激励作用和凝聚作用的军工文化，从而形成强烈的感召力，鼓舞、激励一代又一代军工人继续前赴后继，为国防现代化事业而不懈努力。

军工文化是军工行业改革发展的精神支柱和动力源泉。国防科技工业肩负着促进国防建设与国民经济建设协调发展、保证国家安全和实现祖国统一的重任。责任重大，使命光荣，任务艰巨。国防科技工业正在认真落实构建社会主义和谐社会的要求，在圆满完成武器装备科研生产和重大工程试验任务的同时，大力推动和谐军工建设、推动军工又好又快发展，坚持“两个文明”一起抓，大力推动和加强军工文化建设。近几年来，在国防科工局的有力领导、大力倡导和积极推动下，在军工行业中越来越多的领导和群众认识到军工文化建设的重要性，自觉主动的开展军工文化建设活动，创造了许多好经验，探索了许多新路子，取得了军工文化建设的丰硕果实。

军工文化是军工行业发展的软实力。军工文化建设是军工行业落实党的“十七大”关于推动社会主义文化大发展大繁荣要求的重要途径和实际行动。军工文化的深入开展，使军工人的基本文化权益得到更好保障，使文化生活更加丰富多彩，使人的精神风貌更加昂扬向上。我们党把发展社会主义先进文化重要性的认识提到了新的高度，对社会主义市场经济条件下文化建设的规律认识达到了新高度。军工文化是社会主义文化的重要组成部分。军工文化建设要始终走在社会主义和谐社会建设的前列，把军工文化摆在更加突出的位置。

军工特色文化正在逐步落实。在文化内涵极为丰富、文化底蕴极为深厚的军工行业，落实军工文化建设成为必然的趋势和必须的工作要求。具有军工特色的保密文化、质量文化、安全文化、创新文化和型号文化以及三线文化正在全行业落实。同时，班组文化、廉洁文化、劳模文化等军工人喜闻乐见的文化更是深入人心。军工文化已经从精神动力转化为物质力量，成为了企事业核心竞争力的重要组成部分，成为军工行业发展的软实力。今天的文化，明天的经济，优秀的军工文化必然会转化为先进的生产力。

军工文化已经逐步成为军工人的自觉行动

经过全行业努力，军工文化已经在百万军工人中落地、生根，正在成为军工人的自觉行动。

军工文化提高了军工人的素质。改革开放以来，军工行业认真开展军工文化建设，进行了有益的探索，积累了丰富经验，取得了丰硕成果。经过全行业上下联动和多年的共同努力，建立了一套较为完善的军工文化建设体系，使军工人的素质和能力显著提高，全行业的凝聚力和感召力显著增强，极大地提高了全行业热爱军工、建设军工、奉献军工的激情。整个行业员工的素质明显提高，员工的能力显著增强，为实现国防科技工业平稳、较快、和谐发展提供了有力的人才保障和精神动力。

军工文化建设取得了长足的进步。全行业在军工文化建设中，经过多年探索、实践、总结，取得了各具特色的长足进步。很多单位撰写了一系列军工文化理论文章，逐步明确了军工文化的一系列基础性理论问题。不少单位还编辑出版了军工文化的专著，比如《钱学森》、《天之舞》、《安全至上》、《中国的保尔——吴运铎的故事》、《企业素质与文化基因》、《跬步之行》等。许多单位还举办多种活动，如全行业各单位连续3年在每年10月份开展的“军工文化月”活动。许多单位组织了运动会、技能大赛等职工喜闻乐见的活动；内蒙古北方重工业集团有限公司建设的“北方兵器城”已经成为享誉行业内外的军工文化教育基地；很多单位结合重大节日和纪念日举办反映军工人风貌的演出，丰富了军工文化建设的载体，逐渐成为军工文化建设有效的实践途径。社会上反映军工题材的电影、电视剧、专题片屡见不鲜，比如电视剧《五星红旗迎风飘扬》，电影《横空出击》、《歼十出击》等等，受到观众广泛赞誉。

首批军工文化“示范单位”、“教育基地”和“艺术团”成为全行业军工文化建设的典型和样板。在普遍开展军工文化建设的基础上，经各地国防科工局和军工集团、中国工程物理研究院及军工高校推荐、专家评估，2007年以来，包括核、航天、航空、船舶、兵器、电子等六大行业在内的13家单位荣获首批“军工文化示范单位”称号，核工业812厂等11家单位荣获“军工质量文化示范单位”称号，北方重工公司的“北方兵器城”等30个单位荣获“军工文化教育基地”称号，航空工业611所等6个单位荣获军工文化创新示范单位等特色文化称号，西安北方惠安公司获得首个“军工文化艺术团”称号。遍及祖国大江南北的61家单位先后受到国防科工委和国防科工局命名和表彰。他们是各地方科工局、军工集团公司、中国工程物理研究院、军工高校在军工文化工作上取得了突出成绩的单位。很多媒体都对他们的经验进行了宣传报道，行业内外、社会各界前往参观学习的络绎不绝。他们的经验已经在全行业逐渐开花结果，较好地发挥了导向、引领和示范作用。

军工文化前景美好

在新的历史时期，军工文化建设前景更加美好，工作大有可为。

军工文化建设思路更加明确。原国防科工委先后出台了《关于加强军工文化建设的指导意见》的主导文件以及《军工文化建设指南（试行）》、《关于加强军工文化培训的若干意见》、《国防科技工业军工文化建设示范单位认定办法（试行）》、《国防科技工业军工文化教育基地认定办法（试行）》等四个配套文件，就军工文化建设的指导思想、总体目标、基本内容、基本原则等作出了明确规定。国防科工局加强了对军工文化的领导，明确由直属机关党委负责军工文化建设工作，从而使军工行业全面开展军工文化建设工作有了比较可行的依据和坚强的领导。

军工文化建设理论水平不断提高。全行业的各级领导、专家和实际工作者从不同的角度，对军工文化建设的有关理论进行了探讨。在首届军工文化建设论文征集评选活动中，共收到征文266篇，有68篇论文荣获特别奖和一二三等奖，有10个单位荣获组织奖。以这些获奖论文为主要内容、公开出版的《军工文化论文集》被业内专家称为全国行业文化第一部理论专著。“嫦娥一号”探月卫星发射成功后，机关有关工作人员、实际工作者和军工文化专家经过多次探讨，几易其稿，提出了“探月精神”。编写了首部全面反映“两弹一星”精神的专著《弘扬“两弹一星”精神，自主创新勇攀高峰》。国防科技工业建设协调小组成立了由各方面军工文化造诣很深的130多名专家组成的军工文化专家队伍，其中有36名首席专家来指导军工文化建设。北京理工大学成立了军工文化教育研究中心，开展了“军工文化建设若干问题研究”等课题的研究，并荣获军工行业软科学第一个科学进步二等奖，该校还首次招收了军工文化研究方向的硕士研究生。河南省国防科工委开展了“军工文化实践途径研究”，在理论研究的基础上于2007年10月份在全省军工企事业开展了“军工文化月”的试点活动并取得丰富的经验。共建军工高校长春理工大学在研究的基础上，提出的开展“军工文化月”的建议，已被采纳并付诸实施。军工各单位开展了以弘扬“祖国至上、服务国防”核心价值观和“两弹一星精神”和载人航天精神为核心内容的军工文化建设，军工文化的感召力、激励力和社会辐射力进一步增强。

军工文化建设的能力明显增强。军工各单位在国家及军工行业的重要节日、纪念日、活动周、宣传月期间广泛开展形式多样、丰富多彩的文化活动，热情讴歌人民军工事业取得的辉煌成就，充分展示军工人自强不息、团结一致、奋勇争先的时代风采和军工文化建设的丰硕成果，极大地鼓舞了广大干部职工的士气。2008年以来，有近千名领导干部、专家和劳动模范近20次通过现场观看“嫦娥二号”、神舟飞船及其他卫星的发射，受到了生动的爱国主义及军工文化教育。军工行业自编自演的反映军工人情怀的“军工之歌”以及“军工娇子”、“光辉历程”、“军工颂歌庆回归”等大型文艺节目先后在中央电视台展播，受到行业内外广大干部职工的普遍称赞。中国军工文化协会会刊《军工文化》杂志受到行业内外广大读者的喜爱。《中国军工报》的“军工文化”专版，受到全行业广大干部职工的广泛关注。《军工魂——红军时期参加革命的老同志风采录》《军工旗——军工文化示范单位风采录》等“军工文化系列丛书”受到读者欢迎。2008年以来，各单位连续3年在10月份举办的“军工文化月”活动，丰富多彩，如火如荼。各军工企事业单位富于个性的劳模文化、班组文化、廉洁文化、成本文化、精益文化等，促进了军工文化建设在基层的推进。全行业军工文化建设取得了长足进步。

“当今世界，文化与经济和政治相互交融，在综合国力竞争中的地位和作用越来越突出。文化的力量，深深熔铸在民族的生命力、创造力和凝聚力之中。”在新军事变革不断加速的历史新时期，我们要以过硬的政治性、鲜明的时代性、浓郁的民族性发展自己，铸军工之魂，建设具有鲜活生命力的自身文化风格和魅力的新时期军工文化，为振兴国防科技工业、为中华民族的伟大复兴作出更大贡献。

（作者苏春云、何胜男，本文摘自《企业文明》2011年8期）

继往开来 创新发展
为建设跨越式宁夏而奋斗

宁夏回族自治区企业文化协会

2005年以来，宁夏回族自治区企业文化协会，在自治区党委、政府的正确领导下，坚持以邓小平理论和"三个代表"重要思想为指导，认真贯彻党的十六大、十七大精神，以及中央和自治区加强和改进思想政治工作，促进企业文化建设的一系列重要指示，协会与时俱进、锐意创新、求实做精，逐步形成了协会创新发展的思想纲领。围绕我区实现跨越式发展的总目标，以《宁夏企业文化建设十年纲要》为总领，依靠各会员单位，结合我区改革发展的实际，积极研究新形势下思想政治工作与企业文化建设的特点和规律，总结新经验，探索新办法，在加强企业管理理论学习、加强企业精神文明建设、加强企业品牌建设，努力推动企业自主创新和管理进步，以及加快企业发展方式转变等方面做了大量工作，为推动企业的改革和我区经济社会的协调稳定可持续发展，营造良好的企业发展环境，做出了积极贡献。

几年来，协会始终坚持以"提供服务、推出成果、规范行为"的工作方针，以组织、协调、规划、推动我区企业文化建设为宗旨，积极发挥社会组织的桥梁纽带作用，使本届理事会工作取得了良好的成绩和比较显著的工作成效。

一、创新·务实——努力开拓我区企业文化建设新局面

（一）打造企业文化主阵地，创新企业管理新格局。

企业文化博大精深，涉及面很广，说到底是企业的灵魂，是企业发展的原动力、企业管理的新方法、新格局。协会只有打造高效、专业、务实的工作团队，打造我区企业文化主阵地，创新新思维，改进工作方法，才能让企业文化在我区企业大有作为。

办好《宁夏企业文化》会刊。会刊是反映、交流、探讨、研究、宣传企业文化的重要阵地，它面向企业，立足宁夏，放眼全国，内容涉及企业文化理论、企业文化信息、企业文化交流等。它弘扬主旋律，讴歌我区企业界新风尚，传递企业职工精神生活。2006年创刊以来，共出版26期，发行78000册，主要方向是我区广大企业、自治区各有关领导、全国各兄弟社团。现在《宁夏企业文化》杂志是我区广大企业文化工作者必读刊物之一。

办好《中华企业文化动态》、《宁夏企业家报》等刊物。2008年，协会创办《中华企业文化动态》信息专递内刊，通过我会掌握全国企业文化信息，每季度将全国企业文化创新成果、重要会议、品牌建设汇集刊登。现总发行8期24000册。2009年，创办《宁夏企业家报》，因不定期发行，现总发行8期16000份。

打造"宁夏企业文化网""宁夏企联网""宁夏书画网""宁夏模特网"。2006年，协会开通了"宁夏企业文化网"，网站开设了"动态信息"、"宁夏企业新闻"、"专家论坛"、"企业文化"、"人力资源"、"企业劳模""职工生活"等栏目，因网站信息量大、覆盖面广，所以赢得了很高的点击率，现在，在百度搜索，全国企业文化类省级网站排行第一名。2009年4月，开通了"宁夏书画网"，刊登了大量我区企业职工的书画优秀作品、我区著名书画家作品，现在，点击率居宁夏书画类网站第一名。书画网站，活跃了我区企业职工文化生活，繁荣了我区书画事业。2010年，开通了"宁夏模特网"，成立了模特协会，为我区企业礼仪、公务礼仪培养专业模特礼仪人员。成立以来，模协成功举办了宁夏房车模特大赛、亚洲（宁夏）职业模特大赛，中美（宁夏）职业模特选拔赛等。2011年，经自治区主席批准，在中阿论坛期间成功举办中国回族礼仪之星大赛。2010年，开通宁夏企业官方网站"宁夏企联网"。

创办宁夏现代企业职业技能培训中心，开展培训工作。2007年，为开展我区企业文化师、企业培训师、企业人力资源师等国家职业资质认证培训工作，通过一年多时间努力，协会向自治区劳动保障厅申请成立了宁夏现代企业职业技能培训中心，成立后，中心积极开展培训工作，先后举办国家企业文化师三期培训班，培训学员60人，企业人力资源师培训班三期，培训学员92名。输送北京参加全国高级企业文化师培训8人。五年来，协会在全区会员企业开展"企业文明礼仪"、"企业文化落地""企业通讯员培训"、"企业文化规划"、"企业文化理论与实操"、"企业杂志编辑"等各类培训40多场，受众达6000多人。

联合企业文化专业人士，打造企业文化专家团队。2007年5月，协会行文发起成立宁夏企业文化建设部，邀请各大企业、社科院校，有一定企业文化经验和理论研究经验的领导和学者积极参加。经资料审核，确定了第一批宁夏企业文化建设主任委员20名，副主任委员30名。他们分布在各企业的企业文化建设岗位、研究企业管理的科研岗位，为协会提供了大量信息和成果，成了协会企业文化建设的中坚力量。2011年底，与自治区党委政研室联合创办宁夏企业文化研究院。

举办各种形式文体活动，促进企业文化宣传。协会成立以来，为活跃职工文化生活，宣传节庆主题活动，推动企业文化落地，开展了各种形式的主题活动。举办"全区企业界春节晚会"四场；"庆五一劳动者之歌文艺演出"三场；"315消费面对面主题活动"两场；"宁夏企业界宣讲"五届；"送戏下企业"五场。2009年，成立宁夏企业宣讲团。五年以来，开展的这些活动受众人数达34000多人。

（二）推进企业文化落地，传播企业文化理念。

五年来，协会采取多种形式开展企业文化的理论研究、学术推广、交流调研等工作，采取"走出去，请进来"的办法，推进企业文化落地。

2007年5月17日，协会邀请原商业部部长、中国企业文化研究会理事长、企业文化著名专家胡平、中宣部理论局原副局长贾春峰教授来宁举办宁夏企业文化高层论坛，协会

组织300多名企业代表参加。活动开启了宁夏企业文化理论宣传的新篇章。

自2009年以来，协会组织宁夏企业考察团85人次，赴海尔集团、海信集团、青岛港务局、张裕集团、通用汽车、首钢集团、华为集团、连云港港口集团、太阳雨集团等企业考察。考察团参观了海尔洗衣机生产线、海尔大学、海尔企业文化展馆，并邀请海尔企业文化专家葛淑荣教授解读海尔企业文化的“创新与传承”；参观期间的海信企业文化科技馆、青岛港总控管理、张裕酒窖企业文化、南山集团庄园文化等齐鲁文化，首钢的钢铁文化、连云港的港口文化、华为的狼性文化等，使考察团很受启发，受益匪浅。

2010年7月15日，由中国企业文化研究会与我会共同举办的，全国第六届“四实”（企业文化体系管理专题）研讨会，在银川凯达宾馆举行。来自全国企业家代表、企业文化专家、政府有关部门代表180多人参加。会议期间，代表们了解我会，了解宁东，我们充分的准备和我区的发展变化，给协会带来很好的影响。

2010年11月28日，应中国企业联合会邀请，协会带领宁夏企业代表团，参加了在北京召开的2010全国企业文化（联想控股）现场会，并参观了联想控股、中国交通建设股份公司、北京同仁堂、北京卫星制造厂等大型企业的文化展馆。

（三）加大服务意识，扩大会员队伍。

成立以来，我们按照协会章程及会员申请入会标准规定，积极配合自治区党委和政府，抓好企业文化队伍的建设。先后吸引神华宁煤集团、宁夏电力公司、中电投宁夏青铜峡能源铝业集团、宁夏石化公司、宁夏东方钽业、宁夏发电集团、国电英力特能源化工、宁医附院、宁夏电力投资集团、天地奔牛、中国电信宁夏公司、宁夏宝塔石化集团、中国石油长庆油田采油三厂、西部机场集团、宁夏邮政等中央直属企业、国有大中型企业及宁夏各优势民营企业积极参加了企业文化协会。截至目前，我会会员企业达到320家。协会不断改进工作方法，强化服务意识，扩大服务项目，通过一系列的努力，协会与各会员单位加强联系、交流，及时发现和宣传会员单位在企业文化建设方面的新思路、新经验、好办法。起到沟通和联系的双向职能。促进企业文化落地，真正让企业文化服务于企业可持续发展。

（四）创新企业文化建设，树立企业文化建设典范。

近年来，在协会工作的引领下，各企业越来越来注重“软实力”的提升。纷纷针对企业自身特色，制定相应的、量身打造的企业文化体系。优秀的企业文化的诞生，更离不开协会的大力支持和宣传。为进一步宣传和提升我区的企业文化“软实力”，协会组织专家团，创建开展了“宁夏企业百强排行”工作；和自治区十六家厅局排定了宁夏企业百强名单，为自治区经济发展提供了有力参数。07年以来，评出了“宁夏企业文化建设优秀单位”17家；评出了“宁夏企业文化创新成果奖”20项；“宁夏企业文化示范基地”5家。最近，又有10家成果出台，协会通过公正、客观、科学的评审工作，有力地促进了我区企业文化的健康发展。

（五）规范财务制度，体现勤俭办会。

“量入为出、勤俭节约、合理开支、服务会员”是本届理事会在会费管理上一贯坚持的原则。为了保持协会正常运转，保障经费来源，我们采取了先服务后交会费的管理办法，积极促进会员单位缴纳会费，为协会发展提供物质保障。协会严格执行国家有关法律、法规和财务规章制度，执行协会章程，坚持勤俭办会，努力降低运行费用。一是建立和完善了财务管理制度，每年都做到依据财务制度，编制财务预算和决算报告。二是坚持定向定量管理，将各项费用严格控制在预算之内。各年度财务收支正常。2011年在自治区小金库抽查中，各项检查均为合格，并且得到检查组一致好评。

（六）制定企业文化规划，促进企业文化有序发展。

2007年7月，协会组织我区专家，并在中国企业文化研究会的帮组下，历时一年六个月时间打造出台了《宁夏企业文化建设十年纲要》。此纲要的出台，为我区企业文化建设进行了十年的规划部署，是指导我区企业文化繁荣发展的行动指南。

二、感受·体会——挖掘拓展我区企业文化建设新思维

在这五年多的工作实践中，我会不断加强学习，锐意进取，从实际出发，创新开展了一系列力所能及的工作和活动。在实践中，我们也有比较深刻的感受和体会：

（一）转变观念，强化学习，是打造高素质企业家队伍的基础。

企业家是经济建设中一支重要的人才队伍，是社会的宝贵财富，在经济全球化、市场化、信息化的进程中，企业家只有不断地加强学习，提高企业文化认识，强化企业文化管理，才能跟上时代发展，把握时代主旋律，才能充分发挥创新创业精神，推进体制、技术和管理创新，全面提高企业的现代化管理水平。随着改革的不断深入，我区企业得到较快发展，但也存在着不容忽视的问题，目前，不少企业还处于从经验管理向科学管理过渡的阶段，许多企业还未完全建立起现代企业制度，没有形成自己企业的文化管理体系，企业的战略水平不高，员工队伍素质与企业发展的要求存在着差距，特别是全球金融危机爆发以来，给我们部分企业的发展带来很大压力。因此，转变观念成为当务之急，企业文化可以凝聚人心，可以创新思维。通过参加协会等有关单位组织的管理新理念、文化建设、执行力建设等讲座或培训班，努力掌握企业管理、科技创新、文化落地等方面的最新知识，提高自身综合素质和创业创新能力，做到与时俱进，才能推进企业平稳健康发展，打造百年企业。

（二）承担责任，回报社会，是营造协会发展良好氛围的基础。

协会承担的社会责任，也是协会企业文化建设的主要内容。协会是社会大家庭的组织细胞，生存于社会环境中，就离不开社会的支持，尤其是政府的支持。协会获利于社会，就要懂得回报于社会，承担应有的社会责任。一个具有高度

社会责任感的社会组织，才可能持续健康地发展，才能引起社会更多关注，赢得社会更高的信任。因此，我们要积极承担起自己的历史使命，以践行社会责任为己任，树立阳光的形象，提升协会的知名度和美誉度，赢得各级政府更多的支持，实现协会的跨越式发展和可持续发展。

（三）搭建平台，共享资源，是协会带领会员抱团发展的基础。

新经济时代是合作共赢的时代，是以合作方式共享资源的时代，协会要适应这种形势的要求，通过帮助企业开展企业文化交流、培训，不断提高会员企业的员工素质、企业管理水平。协会作为全区企业的文化之“家”，就要在这个家里，努力搭建管理创新、信息共享、文化建设、人才服务、对外交流等行业服务平台，并以这些平台来推动文化对接、产业合作和结构调整，尽而实现全区企业文化共享创新发展的良好局面。

三、创新·发展——促进我区企业文化工作再上台阶

当前，全球性金融危机正处在蔓延时期，今年，正值全面实施“十二五”关键期，是我区加快改变经济发展方式、促进科学发展的攻坚期，当前，学习贯彻党的十七大、十七届六中全会精神，全区正振奋精神喜迎十八大的胜利召开，协会要适应形势的发展和会员的需求，秉承协会章程宗旨，履行职责，做好为会员服务的各项工作。组织和引导会员企业，围绕我区经济发展的大局和经济走向，紧抓机遇，应对挑战，做好、做强、做大企业，为促进经济平稳较快发展和社会和谐进步作出新的贡献。建议新一届理事会重点做好以下工作：

（一）加强学习 提升素质。

认真学习贯彻党的十七届六中全会精神，喜迎十八大，推进社会主义核心价值体系的建设，推进企业文化核心价值体系建设。提高我区企业家及企业的素质和文化软实力。推进企业文化体系建设、品牌建设、创新管理建设、企业职业化建设等工作。

（二）坚持服务宗旨，当好纽带桥梁。

协会要创新活动方式和载体，通过咨询服务、论坛研讨、政策说明发布、访问参观考察、举办招商引资等活动方式，组织引导会员了解国家、我区的经济形势和政策、捕捉经济信息、扩大合作渠道；反映会员和企业的诉求，发挥协会党组织优势，发挥协会会员政协委员、党代表的优势，有计划地组织高质量的提案、议案，当好政府的参谋，搭建好会员与政府之间沟通的桥梁和平台。

（三）坚持学习培训，推动建立学习型组织。

继续充实完善自主培训的品牌项目，把建设学习型组织的工作摆在首位，引导会员建立终身学习的意识。协会要全方位、多角度、紧扣国内外形势和企业发展需要，发挥我区自治区优势和我会会员为自治区国有大型企业的经济优势，采取借台唱戏、搭台唱戏的方式，协调各方的资源，组织会员积极参与协会的学习交流活动。营造服务多元化、学习多样化的良好企业文化建设氛围。

（四）加强协会建设，提高服务能力和水平。

要进一步壮大会员队伍，优化会员结构，强化为会员办实事的思路和能力；按照自立、自治、自养、的方针，加强协会自身建设，坚持科学管理，改革创新，营造积极向上、温馨和谐的工作服务氛围；坚持好理事会、会长暨常务理事工作会、会员代表大会等会议制度，践行好民主集中制的原则；健全完善落实好相关的管理制度。强化服务意识，提升协会工作班子的综合素质和整体运行能力。要充分利用协会网站，提升协会工作信息化水平，建立协会与企业之间的高速互动通道，搭建企业家与社会各界的交流互动平台。

当前我区正处于大有作为的战略机遇期，让我们在践行十七大精神的同时，继续发扬成绩、携手共同成长、开创美好未来，以更加昂扬向上、奋发有为的精神状态做好协会的各项工作，为创新企业文化管理、推动我区科学发展做出新贡献，以优异的成绩迎接党的十八大胜利召开！

（执笔人陶华，系宁夏回族自治区企业文化协会秘书长）

增强企业文化建设的责任感和使命感

青岛国有资产管理委员会

正确认识我市国有企业文化建设的发展态势

青岛国资委成立以来，始终高度重视企业文化建设工作。按照吴经建副市长的批示要求和国资委党委的研究决定，与2006年成立了青岛市国有企业文化建设促进会，搭建了我市企业文化建设经验交流和成果共享的工作平台。许多企业的党政领导也越来越重视企业文化建设，认真研究和明确工作思路，聘请专家学者进行培训，建立行之有效的工作机制，在企业内部营造了推进文化建设的良好氛围。总体上看，我市企业文化建设已经进入到了有统一的目标导向、体现企业特色、与企业改革发展相适应同进步的新的整体深化阶段。主要表现在“四个结合”方面：

一是企业文化建设与企业经营发展战略、企业愿景的有机结合。越来越多的国有企业不断强化围绕生产经营中心、服务大局的意识、突出发展这个第一要务，坚持不懈把推进企业文化建设与企业整体经营发展战略、愿景使命紧密结合起来。如海信提出的“敬人为先、创新是魂、质量是根、情感管理”等企业文化理念非常契合本企业发展战略、愿景使命。

二是企业文化建设与企业管理的有机结合。一些企业积极推进制度创新：使先进理念通过文化这个平台，实现了向管理实践的渗透，提升了企业的市场竞争力。如青岛港、青啤公司等企业不仅从理念上引导员工思想，而且从具体制度上规范员工言行，将“软”、“硬”管理有机结合起来，完善了保障制度，保证了企业整个系统运行的高效性和高质量。

三是企业文化建设与创新思想政治工作的有机结合。

企业文化更贴近生产经营管理，更容易为各层次员工所认同和接受，是实现思想政治工作与经济工作融合的有效途径。如青岛交运集团把企业文化建设、职工思想教育有机融为一体，实施不受固定模式和时间、地点限制的“无意识教育”方法，不仅使职工思想教育取得了实实在在的效果，也在无形中增强了企业文化的张力，解决了传统思想政治工作与经济工作“两张皮”的问题。

四是企业文化建设与整合企业形象标识有机结合。企业形象是企业文化的外在表现，市场经济条件下，企业的形象力日益成为企业核心竞争力的重要组成部分。海润自来水、热电集团、泰能集团等制造类企业和青岛银行、青岛华通集团等投资金融企业，均采取一些列措施优化企业形象和规范员工行为，确立了企业标准色，设计了本企业的标识图案，赋予其文化内涵，建立健全形象文化的支撑体系。青岛远洋、青岛联通和南车股份等也形成了一整套独具特色的企业文化理念体系，极大地提升了企业的品牌形象，扩大了企业的知名度和美誉度。

尽管我市企业文化建设积累了一批经验，但必须看到，除青啤、海信等一批品牌企业外，我市企业文化建设的提升、优化和再造等任务也越来越重，紧迫性也越来越强。企业文化建设还存在着与企业科学发展不适应、不符合的方面，主要表现在：一是有些企业文化建设还处于零散的状态，缺乏系统规划和长效机制，因而无法有效落地。二是有些企业文化建设存在着某些形式主义现象，在框架构建和理念设计上留在上层的居多，而深层次的、具体的、渗透到基层的还比较少。三是有些企业成立的时间段，缺少文化底蕴，加之对自身的特点研究不够，因而企业文化建设的特色和个性特征不明显。四是个别企业存在着无工作规划、无工作机构、无经费投入的“三无”现象。鉴于上述种种问题，我市企业文化建设亟待强化、升华和提升。

认真贯彻十七届五中全会精神，牢固树立“四种意识”，不断增强企业文化建设的责任感和使命感

十七届五中全会指出，当前和今后一个时期，我国发展仍处于可以大有作为的重要战略机遇期，既面临难得的历史机遇，也面对诸多可以预见和难以预见的风险挑战。这不仅是对我国发展形势的科学把握，也是对企业发展方位的准确判断。面对新的形势，企业调整经济结构、转变经济发展方式的任务异常繁重，企业改革发展中的一些深层次矛盾和问题不断显现，企业面临的市场竞争日趋激烈，企业员工的思想观念和利益诉求日益复杂多样。完成新任务，应对新挑战，实现新发展，对企业文化建设提出新的更高要求。当前，国资委系统各企业要深入学习贯彻党的十七届五中全会精神，围绕国家大的方针政策深入推进企业文化建设。我们要以新的视角，牢固树立“四种意识”，切实增强建设企业文化的责任感和使命感。

一是树立人本意识。员工是企业的主题，也是企业文化的创造者和传承者。坚持以人为本，要充分相信员工、一切依靠员工，鼓励员工广泛参与企业管理，增强员工的主人翁意识和社会责任感，使企业文化焕发出强大的生命力。要坚持尊重劳动、尊重知识、尊重人才、尊重创造，促进人才健康成长和充分发挥作用，积极营造鼓励人才干事业、支持人才干成事业、帮助人才干好事业的良好环境。要全面提升员工的综合素质，引导广大职工树立全员学习、终身学习的理念，激发职工学习热情，使员工素质不断提升，使企业始终充满旺盛的生机和活力。

二是树立创新意识。企业文化建设的过程就是不断创新的过程。创新是企业文化生命力所在，是企业价值观的内核，它与时代的发展和环境变化同步，不能有丝毫的停滞。没有创新的文化就没有创新的企业，要激发和培养员工的创新意识，同时为其提供创新的外部环境，大力推进企业的经营理念创新、管理创新、技术创新和产品创新。在企业文化建设中，注意发现、总结、提升具有特色的创新内核。

三是树立市场意识。企业面对市场、参与竞争是市场经济的不二法则。任何一个企业所形成的文化，都是与特定的市场需求相关联的，市场需求是企业文化的出发点，离开了市场来谈企业文化，只能是毫无结果的空谈。所以，建立中国特色社会主义企业文化，培育市场意识，提高市场竞争力必不可少。

四是树立责任意识。企业是社会经济的一个分子，企业的发展与社会经济的发展息息相关。因而企业文化建设的内容，不仅要强化企业必须创造利润、对国家和股东利益负责的意识，同时还要强化企业必须对员工、社会和环境的责任意识，包括遵守商业道德、生产安全、职业健康、保护劳动者的合法权益、节约资源、保护环境等等。促使广大员工自觉为构建和谐企业、和谐社会做贡献。

切实抓好企业文化建设的各项工作，不断开创我市企业文化建设新局面

2011年是建党90周年，也是“十二五”规划的开局之年。当前和今后一个时期，加强企业文化建设，要坚持以科学发展观为统领，全面落实十七届五中全会提出的各项任务，紧紧围绕科学发展方式这一主线，围绕加快转变经济发展方式这一主线，围绕企业改革发展的中心工作，坚持以人为本，坚持主题内容创新、方法手段创新、体制机制创新，着力建立起适应社会主义市场经济要求、遵循文化发展规律、符合企业发展战略、与企业和员工共同发展需求相一致的企业文化体系，为推动“十二五”时期企业的科学发展打下坚实基础。重点应抓好以下几方面工作。

一是明确总体目标。力争通过几年的努力，使企业文化建设基本达标。主要标准是：企业文化建设领导体制健全，企业主要负责人亲自抓，明确专门办事机构和人员，把企业文化建设摆上重要日程；企业文化建设运行机制完善，有可操作性强的工作机制、保障机制、考核评价和激励机制等；企业文化建设工作任务明确，有远期规划和份阶段目标，有实施方案和具体措施，坚持经常开展各种教育实践活动；企

业基础文化设施能够满足企业文化建设和企业发展的需要；充分展示企业形象，塑造出符合企业实际，体现企业特色的企业精神，建立健全企业标识体系，着力打造具有市场竞争力的企业品牌，营造浓厚的文化氛围。

二是突出规划引领。“十二五”时期是我国推进经济方式转变和企业科学发展的关键时期，也是中国社会主义文化包括企业文化发展的重要阶段。要结合企业制定“十二五”规划，认真做好企业文化建设规划，做到同步推进。企业文化战略是企业战略的重要组成部分，是其中的一个分战略，要有自身的战略定位、战略思考和战略发展目标。企业文化建设的实施步骤要与企业发展战略相一致，实施过程应有系统的规划，详细的计划，明确的目标，具体的责任、任务和清晰的进度安排和时间节点。

三是实施分类推进。充分考虑企业所属行业、性质、规模上的差异性，不断研究各类企业发展的特点和规律，分类推进企业文化建设。生产型企业，要着重突出以生产经营为中心，建设以企业产品、生产环境、工艺流程为主要内容，以员工为客体的企业“生产型”文化；服务型企业，要着重突出以优质服务为中心，建设以服务内容、营销方式、道德风尚、行为礼仪为主要内容，以顾客为客体企业“服务型”文化。各单位要对照新形势新任务的要求，认真开展“回头看”，对企业文化建设进行一次全面的调研、诊断和评估，进一步明确企业文化建设的发展态势和努力方向。对于有一定基础、成效比较突出的企业，要在巩固成果、总结经验的基础上，加大优化提升的工作力度，进一步提升企业文化的高度。对企业文化建设已经启动，但成效还不够明显的企业，要进一步提高企业党政领导对企业文化建设的重视程度，加深全体员工对企业文化的认同感、归属感，强化企业文化的渗透力，并着力丰富企业文化建设的内容。

四是优化活动载体。企业文化建设要因地制宜，因时制宜，不断创新和优化载体。要与生产实践相结合，采取劳动竞赛和岗位成才等多种形式，广泛开展企业文化建设主题活动，使企业文化扎根到每一个员工的心中。要优化各种有效资源，既要充分利用企业板报、厂报等传统载体，又要善于运用电脑、网络等现代手段，打造图文并茂、声响兼备、覆盖面广、开放互动的企业文化建设平台。要与职工的文化需求相结合，善于策划并组织实施符合职工实际的有益活动，吸引广大职工积极参与进来，增强企业文化活动的感染力。

五是保证落地实践。企业文化要做到落地践行，关键是企业的领导与企业的广大员工对企业文化的共识度和认同度，这就是企业必须立足于基层建设、班组建设、岗位建设、队伍建设，在现场、细节中体现文化主张；建立统筹兼顾的企业文化管理体系，强调企业文化建设的可控性、规范性并进行反馈评估；通过学习培训、文化活动和传播等多种载体及组合工具，使员工认知、认同、共享企业的价值观念，养成自律和习惯；形成人人参与、上下同心、共建共享的文化氛围。

企业文化建设意义重大、责任重大，我们要认真贯彻十七届五中全会精神，以强烈的责任感和使命感，开拓进取、求真务实、高起点、高标准扎实推进企业文化建设工作，增强企业的核心竞争力，为促进企业又好又快发展做出新的更大贡献。

（此文为青岛市国资委副主任潘海清在2010年青岛市国资委企业文化建设工作会议上的讲话，摘自《青岛市国有企业文化建设促进会专刊》2010年4期）

献至诚至爱 创卓越社团

连云港市企业文化学会

学会的由来和发展

1986年，李万来同志由政府部门下派到医药总公司任党政一把手，适逢企业文化理论知识开始传播，引起共鸣和兴趣，因为在此之前，他已经有近30年的企业生活实践，深感传统的企业管理存在的弊端和弱点。从此开始热心于企业文化研究和实践。

1988年，在他倡导下，在医药总公司大会议室召开当时空前的全市性第一届企业文化论坛，市长及经委、宣传部、总工会领导和60余位企业家出席，产生一定的影响力，1989年，他又率当时医药总公司11位高管赴北京参加在中央党校举办的企业文化研讨班，聆听了韩天石理事长在开学典礼上的重要讲话。

医药总公司大力建设企业文化，使企业快速发展，短短的六、七年时间，员工由200人壮大到1000余名，企业进入全国医药行业46强，成为社会上的一个亮点。

这时，全市已经有一批热心于企业文化的企业家和学者自动聚集起来形成队伍（现在我会的会长、秘书长队伍大都是那时聚集到一起的骨干成员），当时，虽然还没有成立社团，但已经自发地频繁组织企业文化活动，1990年，还集体编写了《企业文化》一书，在中国工人出版社出版全国发行。到1994年，便正式挂牌成立连云港市企业文化学会，李万来担任会长。担负起为全市企业文化建设领航的重任，引领全市企业文化建设不断发展。

学会工作回顾

连云港市企业文化学会成立至今，近20年来，不断稳定发展，成为连云港市深有影响力的一个社团，理事已由成立时141位，到目前已达到500余位，本市10年以上企业，90%都是我会理事单位。

学会成立之初，首先研究确定了学会的核心价值观：“动文化之力、活企业之脉、献至诚至爱、创卓越社团。”

学会成立之初，曾抓过几次大的活动，如1995年召开经济文化论坛，邀请著名经济学家——于光远先生来连演讲，在连发表“社会进步的基础是企业，企业发展的关键是改革，改革深化的方向是自主，自主经营的依靠是文化”的著名论点。1996年，连云港企业文化学会担任东道主，在连云港召开全国第四届企业文化社团会长（秘书长）工作会议，贾春峰、荣德邻、高立胜、钟祥斌等30余位著名专家、会长出席。

由于学会办公当时在医药总公司，没有专职工作人员，很难保证正常运行和长期规划，1998年，李万来毅然辞去医药公司党政职务，决定专职担任学会会长，当时，组织上以及许多人不理解，他辞职后14年来一门心思担任会长工作。

学会成立之初的会长、秘书长迄今没有减少一人，虽然没有工资报酬，这一班人始终齐心协力办会，学会通知他们开会或活动，包括名誉会长，只要人在家里，或政府没有安排，他们定会按时出席，如名誉会长钮永樑（市政协副主席）家离市区30公里，学会活动，一次都未请假。名誉会长（市人大副主任）朱泰曾，不仅经常参加学会工作还亲自给市委书记写了一封4000余字的信，汇报学会工作，请求市委支持。

从1999年来，学会为本市165家企业作210场企业文化讲座，先后安排220家企业领导、干部、员工共13800人参加学会组织的147个团队，赴企业文化典范单位考察学习（包括10多个国家、地区的近30个团队），平时每个月都有活动，其中组织到海尔集团学习就有106个团队，近一万人。在本市还举办各类企业文化论坛和小型专题研讨会、公开课达到136场，有9600余人次参加。

学会成立18年来，连云港市企业界已有6万余人次参加过我会组织的各类企业文化培训、考察、参观、公开课、研讨、座谈等各类活动。

18年来，学会还留下大量文献、论文、专著、刊物，超过1000万字，其中，自编的《企业文化》月刊，10余年如一日，呕心沥血地编好刊物，雷打不动、按期发行，至今已出版160余期共40余万册，向全市企业和全国有关单位免费赠送。获得广大读者的好评和喜爱。

学会18年，由于没有政府依托和财政支持，走过的是一条十分艰辛之路。李万来会长辞职担任专职会长时，学会没有分文资金、没有一件办公用具、更没有一寸办公用房。当年，他和秘书长骑着自行车跑了三、四十家企业，筹集到会费不到两万元，在总工会七楼（没有电梯）借了一间仅8平方左右没有窗子的储藏室，作为学会的办公室，自购了桌、椅等办公用品，还在旧货市场购得一台500元的旧空调，在这样环境中工作4年多，为学会独立自主办公打下坚实基础，三年前，我们又一次搬到目前租用的两间100余平方米的新写字楼作为办公用房。能让理事们经常到学会来学习和聚会。

我们将办学会称之为“创业”和“经营”，这也是我们被广大企业认同和支持的重要原因。

直到今天，学会虽然没有专车、自己的房产、办公自动化条件也还较差、脱产工作人员只有二、三个人，但是，兼职会长、秘书长召之即来，每次大的活动都会由10位会长、秘书长组成会务组，又有广大企业支持，还有不少义工为其服务，学会工作有序、活动不断、工作节奏快、有成效，显得有生气。

在连云港市企业文化学会的具体指导帮助下，从2000年以来，先后培育了36家企业为全国企业文化建设先进单位，2家企业（连云港港口集团、太阳雨集团）为全国企业文化建设示范基地。全市企业文化建设日益繁荣，在全国处于领先地位。

学会值得发扬的三条经验

一是始终有一个责任心和凝聚力特强的学会领导团队。

学会的会长、秘书长（含名誉会长）组成人员25位，都是自愿担任这份没有报酬职务的，他们对这个组织认同感十分强。有信仰、有信念、有信心，从而热爱这个组织，都认为自己是在为企业发展壮大做好事，都能对学会尽心、尽责、尽力，自觉地奉献。

学会有这样一条不成文规矩，只要自己不提出辞去职务，就是终身会长、终身秘书长。在几届理事大会上，都有理事提议，明确李万来为终身会长，虽然这是多数人意见，他没有同意将此提议形成书面决议。认为还是不成文好，只要会员企业认同就行了。

在这样一个团队18年不断努力和推动下，连云港企业文化理论和实践始终普及度很高，走在一些地区前面。涌现大批具有先进企业文化的企业及各类组织。（包括政府机关）

二是学会始终能独立自主开展工作。

学会挂靠在市哲学社会科学联合会，他们是开明的“婆婆”，从不干预学会工作，让学会独立自主地运行，因此，学会能够按企业的需求自主决定工作计划、活动内容，大胆地开展工作，效率十分高。市哲学社会科学联合会多次向全市七十余家社科类社团推荐学习市企业文化学会的工作经验，市民政局也号召全市社团和民间组织学习企业文化学会。李万来会长也被市政府推荐选任为连云港市民间组织促进会的副主任。

三是把理事企业当成“客户”那样去服务于他们。

办社团就是“经营”社团，所有会员都是自己的“客户”，正像我们学会理念中“献至诚至爱”那样全身心地为他们服务。要了解他们需求，并尽最大可能去满足他们需求，而且要事事追求实效。如组团考察学习，这是企业一项带有极其普遍性的需求，学会在这件事上花的精力也最多。

企业是一个功利性组织，你要长期和他合作，必须坚持服务有价值，甚至是超值服务，他才会拥护你，按年交纳会费、支持你的工作，我们收取会费坚持小额，让企业感到超值而不欠交，多年来，我们坚持小企业每年300元、中等企业500元、大企业800元、特大企业1200元。从不向企业乱摊派费用，这两年却不断有企业主动要求多交一点会费，以感谢学会的服务。

（撰稿：连云港市企业文化学会秘书处）

政企互动构筑非公企业精神文化家园

福建省晋江市企业文化建设协会

晋江地处福建东南沿海，县域经济基本竞争力连续9年列全国百强县市前10，现有大企业16家，中等企业300多家，小企业9000多家，其中99.5%为非公企业，上市企业26家，拥有中国驰名商标24枚、中国名牌产品24项，外来务工人员常年保持在100多万。有人说，小企业靠技术，中企业靠管理，大企业靠文化。但随着企业经营管理实践的不断深入，随着社会文明程度不断提升和用工竞争日趋激烈，重视企业文化建设已不分企业大小，渐成业界共识。多年来，在上级主管部门的关心指导和政企各界的共同努力下，晋江非公企业文化建设取得了一些成效。

企业家重视并身体力行对非公企业文化建设至关重要

晋江民营企业有鲜明的草根特点，大多以家庭作坊、家族企业起步，难免有“家企业”的深刻烙印。但历经多年发展，从贴牌加工，到塑造品牌，再到改制上市，与企业不断做大做强同步，企业家们越发重视对企业文化的培育和发展，在企业“家”文化的建设中，不仅扮演着缔造者、倡导者的角色，更是起到实践者、带动者的作用。

这些企业家们重视学习先进理念，也注重结合自身体验总结提升，通过提炼出契合时代精神、发展需求的价值观点，作为企业文化的内核，外化为制度和载体，既体现出社会责任，又易于凝聚员工。例如，恒安国际集团有限公司的“诚信、拼搏、创新、奉献”，安踏（中国）有限公司的“品牌至上、创新求变、专注务实、诚信感恩”，七匹狼实业股份有限公司的“诚信、责任、专业、创新”，九牧王（中国）有限公司的“团结凝聚力量，奉献赢得尊重”，利郎（福建）时装有限公司的“诚心、和谐、激情、拼搏”，福建凤竹集团的“为社会进步多做贡献”等，这些企业的核心理念都是创始人在艰辛创业中摸索提炼出来的。在非公企业中，这些企业文化的核心理念不是仅仅贴在墙上的空洞口号，而是贯穿、渗透在生产管理、营销推介、生活环境的各个环节，结合员工培训、内刊交流、专卖店布设等，通过企业家、管理人员以及广大员工的共同实践，成为企业发展的强大动力。

企业家们在推动企业文化建设过程中身体力行，例如去年年底，全国工商联副主席、恒安集团首席执行官许连捷先生为员工讲述了一堂生动的恒安企业文化课程。两个小时的演讲，许总以一名老员工的身份，以自身的经历和感受，与大家分享恒安发展历程、优良传统和文化。第17届“中国十大杰出青年”、安踏公司总裁丁志忠认为，企业要想永续经营，就必须以强大的企业文化为支撑。在“安踏十大草根英雄人物评选”中，丁总亲自投票、颁奖，号召所有安踏人勇于梦想并奋力追逐梦想。

尊重满足员工需求是企业文化生生不息的动力源泉

企业文化能不能在企业内部培育形成并蔚然成风，关键还在于是否为广大员工所认同、拥护、践行。通过调研观察发现，员工队伍比较稳定、生产效率和产品质量较高、创新能力较强的企业，一般企业文化建设都较为成功。这种成功体现在对员工生产生活条件、正当权益维护、自我价值实现、精神文化需求等多方面的尊重和满足，并通过人性化、合理化的措施予以保障。

一是培育“家园文化”，增强员工归属感。晋江非公企业多为劳动密集型，员工携家带口不在少数，构建温馨家园、解除员工后顾之忧是满足员工精神文化需求的基本前提。许多公司专门为夫妻工建立了“夫妻房”宿舍楼，“夫妻房”最多的企业是福建百宏集团有限公司，共有1500多套，占总数的五分之二；有的企业投资30多万建立配套齐全的幼儿园，吸纳150位员工子女就读；许多企业主动安排员工子女就近入学，购买大巴、聘请司机护送上下学，通过“爱心直通车”使父母放心安心。

二是培育“成长文化”，推进企业精益管理。通过“请进来”和“走出去”相结合的方式，建立人才育、用、留机制，推进精益管理理念融入其中，帮助每位员工确立清晰而有效的绩效目标，也帮助员工开发并发展个人胜任能力和技能，最终实现企业的高绩效。恒安集团与中国人民大学举办“恒安MBA研修班”，在集团内部设立培训基金，成立企业网上党校，创建网络学习平台，建立一支拥有90名内训师的师资队伍，每年培训费用达上千万，使员工学有平台、学有空间、学有保障。劲霸（中国）有限公司设立“茄克大学”，着力构建规范化的教学质量保证与监控体系，培养服装行业生产、销售、管理等职能兼备的专业人才。而泉州轻工学院、泉州理工学院发挥教学教研优势，通过与晋江企业实现资源对接，推进产学研合作模式，培育企业、高校、员工共同成长的摇篮。

三是培育“创新文化”，激发员工创造活力。通过组织开展创新主题活动、评选优秀员工、技能比武、劳动竞赛等，为优秀员工、技术能手、创新人才提供展示自我、脱颖而出的平台，不断激发活力。德尔惠（中国）有限公司建立“德尔惠创新基金”，对善于发现问题、解决问题、敢于创新、善于创新的员工予以物质奖励，近两年被采纳的合理化建议达100多条，各类技术创新、管理创新80多项。七匹狼公司开展“技术创新提案建议”活动，对提案者表彰奖励，近三年收到有效提案建议200多条，创效益500多万元。

四是培育“交流文化”，满足员工精神需求。企业员工特别是80后、90后新生代员工对精神文化需求不断提升，丰富员工业余文化生活已成为企业保障员工文化权益的必需举措。大型职工剧院、图书馆、健身房、网吧等文体设施在晋江的非公企业中比比皆是，企业文化节、青年文化节、K歌比赛、职工运动会以及节假日文娱活动丰富多彩。许多企业还立足公司实际创设公司内部的“电视台”、“广播电台”、“可视网络”和宣传橱窗等文化传播交流平台，吸引员工参与，增进彼此沟通，营造文化氛围。

五是培育“关爱文化”，帮扶救助困难员工。晋江素有扶贫济困的慈善传统，成立的慈善基金会已募资近10亿元，为全国县级市之冠。晋江的非公企业在热心参与社会慈善的同时，也在企业内部推行这种善举。恒安集团成立“恒安基金会”，清美（中国）有限公司设立“爱心救护专项基金”，九牧王公司承诺对生产一线员工或家属“生病只要打电话5分钟赶到”，德尔惠公司为职工统一办理社保、资助员工子女就读等，点点滴滴的柔性关怀，把“以人为本”的理念落到了实处。

政企互动助推企业文化蓬勃发展

晋江近万家企业规模不一、层次不同，企业家和员工素质也都参差不齐。从晋江非公企业文化建设现状来看，企业可分成三个类别：第一类企业，文化建设已经比较成熟；第二类企业，文化体系已经构建，有一定基础，但是对于文化落地没有明确思路；第三类企业，文化建设的意识还比较薄弱。不同阶段的企业文化建设的任务要求也不同，从这个意义上讲，企业文化这一微观文化体系的不断成熟，需要政府和社会组织分类指导、引导推动、提供保障。这种作为和作用体现在三个方面：

一是突出融合，推动形成企业文化建设的社会共识和氛围。我们有一个体会，即企业文化就是“以文化人”、“以文化物”，而“化物”也是通过“化人”来“化物”，通过有效融合、搭建平台，引导企业家增强文化意识，带动社会各界形成企业文化建设的自觉。近年来，晋江市委、市政府联合北京大学、厦门大学举办“企业总裁高级研修班”，依托青商会举办“青商财俊”培训班，安排企业文化建设课程；开设“晋江大讲堂”，邀请傅佩荣等名家讲授文化，提升企业家文化意识；组织企业文化系列报道，开展企业文化创新系列案例评选等。通过这些推进“融合”的举措，在企业家和社会各界中宣传企业文化建设重要性，树立非公企业文化建设标杆。

二是突出结合，为企业文化建设深入开展提供公共保障。晋江作为非公企业密集的一座城市，各个企业的文化建设固然有其特殊性，但也离不开闽南地域文化的某些共性。企业倡导的文化理念再好，企业文化建设的举措再扎实，毕竟只是在微观的文化体系内运行，无论在文化价值上还是在文化保障上，都需要更大层面的呼应和支撑。晋江注重结合打造城市软环境，倡导包容并蓄的人文精神，增加城市的文化元素，打造城市的魂，培育产业企业把根留住、员工把心留住的生态土壤。多年来，晋江市委、市政府践行“三不承诺”（即不让任何一名来晋务工人员因企业恶意欠薪而蒙受损失，不让任何一名来晋务工人员子女上不了学，不让任何一名来晋务工人员维不了权），策划组织“文明和谐·欢乐新春——情系留晋过节务工人员”系列文化活动、“乡土文化进企业”等，推行企业职工基本医疗保险，实现15万多名外来生与本地学生享受同城待遇。这些注重人文关怀的扎实措施为来晋务工人员的思想稳定奠定了基础，有效引导广大员工感受“第二故乡”的温暖和文化氛围。

三是突出整合，打造企业文化建设互动互促的联合体。成立企业文化协会，吸纳会员159家，并与厦门大学管理学院签订企业文化共建协议；策划组织首期“企业文化之旅”活动，邀请组织厦门大学、中国青年报、中国企业报、专业咨询公司以及近百家企业到361度、百宏、七匹狼、国辉、特步、九牧王、振隆等企业参观考察企业文化建设，举办企业文化点评会，总结提升，把脉诊断；编发《企业文化通讯》寄送企业，提供企业文化建设的理论研究成果、典型经验做法和相关政策解读；创设晋江市企业文化网页，图文并茂展示企业文化建设风采。经过前期的探索实践，我们体会到，企业文化建设可整合协会、企业、高校、咨询公司、媒体和群团组织等多种资源，推动形成多方参与、共建共享、互动共赢的大联盟。如，依托高校建立调研基地，总结典型案例，提升研究成果，把宝贵的智力资源转化为现实生产力；依托咨询公司、品牌企业、文化传播公司为产业企业发展注入更多的文化含量、注入更多的文化动力；依托媒体发现、挖掘一些有深度的东西，做一些重头报道，放大实践成果；整合工青妇等群团组织资源，推进企业内部“党政工团”四驾马车并驾齐驱，打造企业文化建设联合体。

企业文化建设永无止境。我们将认真学习贯彻此次论坛上各地先进经验和领导、专家们的宝贵意见，坚持以人为本，更加注重政企互动，更加注重整合资源，努力提高非公企业文化建设水平。

（本文摘自《企业文化通讯》2011年9期）

热忱为企业服务
努力提高全区企业文化建设组织水平

扬州市邗江区企业文化研究会

认真开展调查研究，着力提高理论研究水平

开展调查研究是企业文化研究会的一项主要工作，也是一项长线工作。2011年，我们重点抓了以下几点：

开展在社会主义文化大发展、大繁荣背景下，如何加强企业文化建设的调研。十七届六中全会作出了《关于深化文化体制改革、推动社会主义文化大发展大繁荣若干重大问题的决定》，吹响了中国文化建设新的号角。中国社会主义文化建设（包括企业文化建设）将步入新的黄金机遇期，迎来发展的新高潮。在中央《决定》中，第一次将社区文化、村镇文化、企业文化、校园文化作为人民群众的一种文化创造，写入党的文件，提出了要不断提高建设水平的要求。这不仅明确了企业文化作为中国文化的重要组成部分的科学定位，也为企业开展企业文化建设指明了方向。《决定》发表后，研究会驻会人员进行了认真学习，尤其是驻会领导，不仅反复学习《决定》，而且结合全区企业文化实践，进行了思考，撰写了《在社会主义文化大发展大繁荣背景下，对

推进全区企业文化建设的思考》论文，围绕学习贯彻《决定》精神，从推动社会主义文化大发展大繁荣的高度，进一步增强文化自觉和文化自信；抓住企业文化建设的根本，努力构建企业核心价值体系，夯实企业发展的共同思想道德根基；紧密联系企业实际，努力建设具有本企业特色的企业文化，使企业文化真正在企业落地生根；以企业为主体，加强党委、政府引导，相关部门积极配合，形成齐抓共建机制，深入推进全区企业文化建设等几个方面进行深度思考，提出了许多建设性意见。这篇论文，被区委办公室、研究室在《邗江情况》内参上全文发表，对全区在新形势下，深入开展企业文化建设起到了一定的推动作用。

重视开展对企业文化建设实践中突出问题的调研。如何培育本企业的特色文化，如何解决用工荒的问题，以及如何提高企业文化工作者的自身水平，这是我区深入开展企业文化所面临的几个突出问题。在每次召开的片会上，我们组织会员企业结合本企业实践，对上述问题进行了研讨、交流。例如关于用工荒问题，及时在《信息与动态》内刊上发表了扬州完美公司“以企业文化破解用工荒难题”、金泉公司“暖心工程缓解招工难”的体会文章，研究会驻会人员还撰写了“对企业用工荒现象的思考”论文，他们的研究、实践成果对会员企业有很大的启发。又如，对如何培育特色文化以及如何提高企业文化工作者自身水平问题，研究会领导不仅在研讨会上多次亲自讲解，并撰写了“做一个合格的文化工作者”等有关论文，对特色企业文化的研究以及加强企业文化工作者自身建设起到了指导作用。

深入开展区内外调研活动。区企业文化研究会换届后，新增了一批副会长、理事和会员单位，驻会人员深入到20多家企业了解情况、开展调查研究。从4月6日开始，到9月5日，还先后分三批组织了10多家企业的老总和企业文化工作者赴苏州德胜洋楼公司调研、考察，学习德胜公司开展企业文化建设的经验做法。并邀请德胜老总聂圣哲来扬州，到恒通集团进行回访，在新世纪大酒店举办企业文化建设专题讲座，通过调研考察、相互交流，对推动这些企业的企业文化建设产生了积极的效果。

顺利完成换届工作，改进和加强研究会工作

在区委、区政府关心指导下，区企业文化研究会于2011年3月顺利完成了换届工作。王春先会长代表一届理事会作了题为《创新研究会工作，大力推进全区企业文化建设》的工作报告，回顾了研究会成立5年来的工作，总结了五年的基本经验，并对新一届研究会的工作提出了建议。会议选举产生了新一届区企业文化研究会领导机构，新增选了2位企业副会长、6位企业理事，提高了企业老总在研究会领导机构中的比例，进一步体现了企业文化研究会以企业为主体的理念。

通过全面回顾区企业文化研究会在艰难中“起锚”、在探索中“扬帆”、在创新中“远航”的发展历程，新一届区研究会进一步增添了信心，明确了方向，将在区委区政府的正确领导下，进一步加强研究会自身建设，全面提升研究会工作的创新水平，按照区委领导的要求，高扬“率先实现基本现代化，共建共享幸福新邗江”的主题，在新的起点上谋求理论的大众化、载体的新颖化、品牌的特色化，以企业文化建设的新业绩铸创新发展的核心竞争之魂。

深入会员企业，热忱为企业服务

热忱为会员企业服务，促进会员企业的企业文化建设，是区企业文化研究会的重要办会宗旨。2011年研究会在为会员企业服务方面迈出了新的步伐。

开展企业文化咨询服务。针对部分企业虽重视企业文化工作，但不知道从何处着手，使企业文化在本企业落地生根的情况，研究会驻会人员深入企业，开展各种咨询服务。例如，扬锻集团领导十分重视企业文化工作，邀请研究会同志帮他们一道谋划企业文化建设思路，制订企业文化建设规划。驻会同志在会领导的带领下，多次到扬锻进行调研，分析扬锻开展企业文化工作的现状，在此基础上，对企业如何开展企业文化工作提出了许多建议，并帮助他们完善、制订了企业文化建设三年规划和当年实施意见，促进了企业文化工作的开展。

帮助会员企业总结开展企业文化建设的成功经验。结合开展2011年度全国企业文化建设优秀单位和江苏省企业文化建设优秀成果奖申报工作，多次深入到扬力、新能源、华鼎电器等企业帮助他们回顾总结企业文化建设的主要经验，确定申报论文主题，帮助撰写论文，整理完善申报材料。帮助扬力集团公司总结、提炼开展 “三为文化”的经验，共同撰写了“构建扬力文化模型，推进企业文化建设”的论文；帮助新能源集团总结提炼了开展亲情文化、学习型文化的经验，共同撰写了“新能源文化铸就企业发展之魂”的论文，以上两家论文材料由于质量较高，在市三会初评时，受到了专家们的一致好评，在2011年底，两个企业都被中国企业文化研究会评为全国企业文化建设优秀单位。在华鼎电器申报江苏省企业文化建设优秀成果奖的过程中，驻会的同志也多次深入企业了解情况，收集素材，总结提炼出“鼎文化”的特色，深层次分析了“鼎文化”的内涵以及建设“鼎文化”的主要做法，帮助起草了“建设鼎文化，增强华鼎发展软实力”的论文。在市三会初审时，华鼎的论文亦受到充分肯定，有望在省里获评。

协助、指导有关会员企业开展主题文化活动。研究会发挥驻会专业人员的特长，长年帮助邗建集团、恒通集团、新能源集团等会员企业开展主题文化活动的策划、组织。2011年成功帮助邗建集团策划组织了第五届企业文化周活动，帮助恒通集团策划、组织了“红歌大赛”、“青年员工成长与发展主题演讲会”等活动，受到企业好评。

加强研究会工作，努力提高全区企业文化建设组织水平

组织片会活动，加强会员企业之间的互动、交流。从

2009年开始，研究会按全区地域，划分为5个片，建立了片区交流活动制度。2011年分别在扬锻、恒通、凤凰岛旅游公司、大洋、万达羽绒等企业召开了各片区会议。

2011年的片会，除了做到本片会员企业之间交流，做到相互启发，相互促进，还扩大了片与片之间的交流。在北洲片的片会上，邀请城区片的新能源集团企业文化督导夏新华介绍了新能源开展员工培训，提高员工素质的经验体会。通过跨片区交流，使全区企业文化先进企业的经验得到推广，扩大了交流的范围，拓展了企业的视野，收到了较好的效果。

加强宣传工作，扩大社会影响。2011年，研究会继续办好《企业文化信息与动态》内刊，在传播全国各地企业文化最新动态和理论研究最新成果的同时，逐步加大对本区企业文化建设的信息动态和典型经验的宣传。据统计，全年6期《信息与动态》共发表本区企业文化工作信息、动态、典型经验和理论文章40多篇，收到了一定的宣传效果。

与此同时，在《江苏企业文化》、《江苏建筑业》、《扬州晚报》、《邗江情况》等报刊上发表10篇有关企业文化建设的新闻和理论、体会文章，编辑出版了《企业文化实践与探索》一书，扩大了社会影响。

积极开展对外交流，拓宽企业文化工作视野。过去的一年，区企业文化研究会加强了对外交往活动，除了组织外出学习考察，还与中国企业文化研究会、江苏省三会、江苏省企业文化研究会以及扬州市三会，建立了正常的沟通渠道，适时参加他们组织的相关活动和会议，正式成为中国企业文化研究会会员和扬州市三会企业文化工作委员会理事单位。并与泰兴市企业文化研究会建立协作关系，开展了两会之间互动交流。通过积极开展对外交往，学习了外地的许多先进经验，也进一步拓宽了开展企业文化工作的视野。

加强研究会自身学习，不断提高理论研究水平。研究会驻会人员自觉地把学习、提高自己的能力放在工作的首位，认真学习中央有关文件、区委召开重要会议的文件，认真阅读《企业文化》、《中外企业文化》、《江苏企业文化》等杂志，并适时购进企业文化专业书籍，结合工作实践认真学习，撰写学习体会文章，不断提高自身理论水平，对加强全区企业文化建设的理论指导提供了条件。

回顾2011年的工作，虽然取得了一定成绩，但按形势发展对我们的要求还存在一定差距，主要是：对新形势下如何深入推进全区企业文化建设，研究得还不够深，考虑得还不够细；对全区品牌文化建设和特色企业文化建设，选择的点还不多，推进力度还不大；对如何进一步创新研究会工作还有待加强；企业文化工作者自身水平提高，还不够快，所有这些，需要在2012年工作中进行改进和加强。

企业文化建设经验选编

弘扬特别能战斗精神 开创百年开滦新辉煌

——开滦（集团）有限责任公司

开滦集团公司是特大型煤炭企业，始建于1878年，素有“中国煤炭工业源头”之称，名列中国企业500强。作为“洋务运动”兴办的企业，开滦跨越三个世纪至今仍充满生机，屹立于国企之林，如果说生生不息的企业文化是企业发展的重要动力源，那么特别能战斗的企业精神，则是企业文化底蕴的灵魂，是鼓舞代代开滦人砥砺前行的重要精神支柱。

特别能战斗精神，经过几代开滦煤矿工人数十年实践凝结，已经成为开滦工人标志性代名词。特别能战斗精神，不仅是开滦11万职工优秀品格的生动写照，也是煤炭产业工人高尚品质的典型代表。特别能战斗精神自诞生以来，无论是在艰苦卓绝的革命斗争时期，还是在如火如荼的社会主义建设时期，这种精神都在中国煤炭工业发展史镌刻下绚烂夺目的光辉印记，在中国工运史上抒写了可歌可泣的壮丽诗篇，在华夏神州激荡起撼人心魄的英雄乐章，在全国人民心中留下了难以磨灭的时代形象，形成了广泛性的群众认同和深远的社会影响。

在历史中孕育

一种伟大精神的孕育，离不开特定的文化土壤。跨越三个世纪的发展历程，为开滦积累了厚重的文化底蕴。1878年，随着“洋务运动”的兴起，中国大陆出现了采用西方技术和机器设备进行开采的煤矿，这就是开滦的前身—开平煤矿。开平煤矿从创办之初就与席卷世界的第一次工业革命比肩看齐。在这里，开凿了近代中国大陆第一眼采用西法开采的大型矿井——开平唐山矿，结束了中国沿袭上千年土窑采煤的历史，使它成为中国新、旧采煤方法的分水岭，由此中国采煤业进入了近代开采阶段；修建了中国第一条标准轨距铁路——唐胥铁路，揭开了中国铁路运输的序幕；制造了中国第一台蒸汽机车——龙号机车，拉响了中国铁路运输史上的第一声汽笛；开挖了中国第一条运煤河，建成中国近代煤矿最早的火力发电厂、细绵土厂，生产出中国第一桶水泥；在天津、上海、香港等地筑输煤码头，发展海上运输，驶出了中国最早的自营海运船队；行“官督商办”、向社会发行股票，成为煤炭行业最早的股份制企业，等等。这些作为当时先进的生产力因素，堪称开创了中国近代工业之先河。由此，开滦被称为“中国近代煤炭工业的源头”，成为近代工业萌芽与创新的渊薮所在。

这一切都表明，自诞生那天起，开滦的历史根脉中就饱含先进的文化基因：“求强、求富”、兴洋务、办企业，寄托着具有强烈民族意识的一代先贤产业报国、抵御外侮的强国梦想；“仿立国外工厂，购求西人机器”，冲破中国封建社会板结的大地，揭开中国向工业化迈进的序幕，在中华世纪坛青铜甬道上镌刻下三个第一的壮举，是对开滦人敢为人先、勇开先河的最好诠释；行“官督商办”的办矿模式，形成完整的股份制机制和社会化大生产经营模式，在煤炭行业最早引进西方的管理模式，展示了开滦人放眼世界的开放胸襟；“仿西技、用其人”，大量聘用外国外地管理技术人员来开滦供职（包括后来成为美国第31届总统的胡佛），开滦煤矿成为中国早期东西文明和南北文化交汇之地，体现了开滦人博采众长、兼收并蓄的包容品格。

这些优秀的文化基因，使开滦造就了中国工业发展史上无数个第一，成就了一座煤矿托举起唐山和秦皇岛两座城市的伟大创举！也正是这些优秀的文化基因，为开滦生生不息的企业文化和孕育特别能战斗精神提供了丰厚的土壤。

在抗争中诞生

特别能战斗精神的诞生，有着深刻的时代背景。开滦在首开中国近代煤矿先河的同时，也孕育了一支优秀的产业工人队伍，成为早期中国无产阶级在北方的重要摇篮。在旧中国70年的开滦历史中，开滦共爆发过68次罢工斗争，在中国工运史上留下了不朽的篇章。1922年6月，开滦党组织正式成立。从此，开滦工人阶级直接在党的领导下，开始进入自觉斗争的新阶段。1922年10月，在中国工人运动第一次高潮中，开滦爆发了震惊中外“五矿同盟大罢工”，这次罢工声势之大、影响之广、斗争之剧烈，在北方工潮中是前所未有的，在中国工运史上也是一次重大事件。邓中夏称其为“中国工人运动第一次高潮中的最高峰。”

当时正在湖南领导工人运动的毛泽东同志对此次罢工非常关注。他认为中国工业无产阶级是中国新的生产力的代表，是近代中国最进步的阶级，无愧为革命运动的领导。

1925年12月1日，毛泽东撰写了《中国社会各阶级的分析》一文。毛泽东在这篇文章中分析工人阶级状况时列举了开滦煤矿等处的罢工。毛泽东认为："他们所以能如此，第一个原因是集中，无论哪种人都不如他们集中。第二个原因是经济地位低下，他们失了生产手段、剩下两手，绝了发财的望，又受着帝国主义、军阀、资产阶级的极残酷的待遇，所以他们特别能战斗。"从以上论述中看，毛泽东同志赞誉"他们特别能战斗"是基于两点原因：第一是工人集中，人数众多。1922年，开滦工人达到了37000人，占当时中国采煤工人总数的六分之一。这种集中为矿工队伍的形成创造了一定的条件，使矿工在斗争中能很快组织起来，发挥威力。第二是经济地位低下。据资料介绍，开滦矿工的工资水平低的可怜。正如革命先驱李大钊所披露"工人的生活尚不如骡马的生活，工人的生命尚不如骡马的生命"。

开滦矿工处在这样的境地，怎能不反抗、不斗争！"特别能战斗"的精神在争生存、求解放的斗争中诞生了。"他们特别能战斗"，是毛泽东同志对以开滦矿工为代表的中国工业无产阶级的高度赞扬；是对他们在革命斗争中所展现出的为争取阶级利益勇于反抗、顽强抗争的精神，为民族国家利益而英勇斗争、敢于牺牲的精神，以及在斗争中所表现出的严密组织纪律性的高度评价和集中概括。这种充分展示开滦工人阶级最勇敢、最坚决、最彻底的革命精神，从其诞生之日起，就始终不断地在革命斗争中发展着、延续着。进入抗日战争时期，在特别能战斗精神鼓舞下，开滦工人阶级表现出大义凛然的民族气节和英勇顽强的抗战精神，涌现出很多可歌可泣的英雄人物。抗日民族英雄节振国刀劈鬼子兵的故事家喻户晓，开滦矿工参加的冀东人民抗日大暴动给日寇以沉重打击。

在发展中升华

新中国成立后，开滦担当起国民经济恢复和发展的主力军，创造了一个又一个奇迹。开滦人用勤劳和智慧，把千疮百孔的矿山改造成为全国重要的煤炭生产基地，生产力实现了新的飞跃。开滦人创造了技术改革和创新的骄人成果，示范于全国，受到党和国家领导人的高度重视和亲切关怀。1958年，唐家庄矿建成我国第一座水力化矿井，同年9月，刘少奇委员长、周恩来总理到现场视察；1964年11月，林西矿首先采用了我国自行研制的浅截滚筒采煤机；1964年10月，新中国第一座自行勘探、设计、施工的大型现代化矿井——范各庄矿正式投产，同年8月，彭真同志来这里视察；1974年11月，唐山矿5351工作面成为我国第一个综采工作面。在"文化大革命"动乱年代，开滦人勇挑重担、排除干扰，对保钢铁、保发电、保大城市用煤做出了重要贡献，周恩来总理曾两次表扬开滦煤矿为国家"出了力、救了急、立了功"。

开滦人为国家多挖煤、做贡献的特别能战斗精神受到了党和政府的充分肯定。《人民日报》、新华社等新闻媒体多次全面介绍开滦的经验，国务院的领导同志也在许多次会议上反复强调要学习开滦的经验，全国工业战线开展"学大庆，赶开滦"运动，使开滦煤矿闪耀着共和国工业骄子的光环！

1973年12月，新华社记者采写了长篇通讯《"他们特别能战斗"——记开滦煤矿的革命矿风》，《人民日报》、《光明日报》、《河北日报》等许多报纸纷纷刊登。从此，开滦人特别能战斗的精神名扬全国，成为开滦人衷心认同、引以为傲的品格特质；成为开滦人在社会上广为传播、备受推崇的精神名片！此后，开滦正式把"特别能战斗"确立为自己的企业精神并延续至今，使这一伟大精神由"自在"转向"自为"的状态，发挥出更大更强的辐射力和影响力。

开滦能获得如此高的赞誉，受到党和国家领导人、社会各界的高度关注，不仅是因为开滦在国民经济中的独特地位和为社会主义建设所做出的重要贡献，更源于开滦人在各个时期所表现出的为国分忧、出力救急的爱国情操，顾全大局、勇挑重担的奉献精神，锐意进取、勇攀高峰的争先意识，百折不挠、攻坚克难的英雄品格，甘于奉献、艰苦奋斗的创业作风。这些优秀的意志品格，进一步丰富和升华了特别能战斗的精神内涵，使之成为工业战线一面最耀眼的旗帜！

开滦，历来以国家兴亡为己任。在国家危难关头和历次重大灾难面前，开滦人一次次用不畏艰险的拼搏赢得了胜利，一次次用胸怀全局、勇于奉献的品格感动了世人。在抗美援朝时期，开滦先后派出两批医疗小分队支援朝鲜战场；解放后为支援国家煤炭工业发展建设，开滦先后抽调3万多名优秀技术工人援助各地煤矿建设；在1976年的唐山大地震中，开滦人不怕危险和牺牲，震后第10天生产出第一车"抗震煤"，震后17个月，所有矿井全部恢复生产，并达到震前生产水平，创造出世界震灾复矿历史的奇迹；在1984年中外罕见的特大透水灾害中，开滦人不仅成功制服了水患，而且独创的重大透水灾害综合治理技术获得了国家科技进步奖一等奖；在2003年抗击"非典"中，开滦投入大量人力物力支援全市工作，彰显了国企风范；在2008年支援南方雨雪灾害中，开滦坚持节期生产，宁肯损失市场份额，全力保证南方电煤供应；在支援四川抗震救灾中，开滦先后派出医疗、救护等五支队伍驰援灾区，32天救治伤病员5562名。改革开放后，煤炭企业一度普遍亏损，开滦人勇敢迎接市场挑战，深化体制改革、转换经营机制、实现扭亏为盈，其典型经验在全国产生了重要影响。

艰难困苦，玉汝于成。历经重重困难考验，特别能战斗精神愈发挺拔屹立、光辉璀璨！

在奋斗中凝结

开滦历来是培养劳模的摇篮，拥有一个引以自豪的英雄模范群体。他们是11万开滦职工的优秀代表，他们身上充分体现着新时期开滦工人的高尚品质和精神风貌，他们是特别能战斗精神凝结成的一座座时代丰碑。

从1950年至今，开滦共产生市级以上劳动模范8322名，其中全国劳模30人次，全国"五一劳动奖章"23人次，部级劳模135人次，省级劳模264人次，市级劳模3085人次，局级劳模4785人次。每个人物的背后都有一个感人至深的故事。在唐山大地震中，李玉林飞车直奔中南海向党中央报告灾情，为抗震救灾和唐山人民立下了大功；“矿山铁汉”侯占友“地球转一圈，我转一圈半”的豪言壮语曾经响彻四方，他的铁人精神和北山愚公精神在煤炭系统产生了重大影响；“新时期的职工楷模”赵国峰下井26年，义务奉献1970天，为国家多出煤26万吨，创效益3200万元。在开滦，这样的先模人物如群星闪烁，层出不穷。他们具有爱党、爱国、爱企的坚定信念，经得起任何政治风浪的考验；他们具有献身煤炭事业的主人翁精神，爱岗敬业、艰苦奋斗、无私奉献；他们具有开拓进取、勇于改革的创新意识，不断推进企业改革和技术进步；他们具有严明的组织纪律和严细的工作作风，遵章守规、严于律己；他们具有高尚的集体主义精神和道德情操，勇挑重担、顾全大局、团结协作。

特别能战斗精神代代传承，造就了一支优秀的职工队伍。他们长年奋战在千米井下，为人们开采光明、奉献能量；他们默默坚守在普通岗位，为社会创造价值、带来效益；他们坚决贯彻企业的决策部署，为开滦的每一次进步尽职尽责、贡献力量。在落实新的战略过程中，有很多职工远离故土，奔波在戈壁荒滩，打井勘探、获取资源，为实现开滦做大做强开疆拓土、奋勇拼争；有很多职工脱离开他们熟悉的煤炭专业，投身到煤化工、煤电热、现代物流、文化创意等新兴产业，为实现开滦持续发展上下求索。他们是推动开滦不断创造伟大业绩的根本力量，是企业不断向前发展的坚实基础，是开滦光辉历史的真正创造者，他们无愧于特别能战斗的光荣赞誉。

在现实中跨越

在中国近代工业发展史上，开滦一直扮演着先驱者的角色；新中国成立到改革开放之初，开滦始终是中国煤炭行业的领军企业，一直被尊称为煤炭行业的“老大哥”。然而，经过100多年的开采，传统资源型企业的弊端逐渐显现。煤炭储量锐减，开采深度加大，生产成本提高，社会包袱沉重，产业结构单一，发展速度滞后，排名逐年下降，百年开滦经历了艰难的蛰伏和嬗变的阵痛。作为拥有百年历史、创造过无数辉煌的老企业，在新的历史阶段出路何在？

审视历史和现实，开滦人深刻感到：光荣属于历史，现在决定未来，实力赢得尊重，发展时不我待。只有全面贯彻落实科学发展观，推进企业战略转型，才是开滦做大做强、再铸辉煌的根本出路！基于上述思考和认识，开滦全面调整了发展战略，确定了“开放融入，调整转型，科学发展，做大做强”的战略指导方针，提出到“十二五”末把开滦建设成为主业突出、结构合理、多元经营、科学发展的跨地区、跨行业、跨所有制、跨国的国际领先、国内一流的现代化大型企业集团的发展目标。在产业定位上，提出了构建“一基五线”现代产业发展新格局，即：以煤炭产业为基础，大力发展煤化工产业、现代物流产业、装备制造产业、文化创意和房地产业、节能减排产业。形成了从一元化向多元化、从产量增长向循环增长、从自身发展向城企互动、从单区域向多区域、从封闭式向开放式、从粗放型向精细型的“六大转型”发展模式。

“特别能战斗”精神是开滦血脉里最活跃的基因。在落实新的发展战略过程中，开滦集团坚持用新文化服务新战略、促进新发展，深入挖掘、提炼、弘扬丰厚的历史文化资源，大力开展精神重塑和企业文化创新，使特别能战斗精神不断发展丰富、保持旺盛活力，成为开滦做大做强、再铸辉煌，永远走在时代前列的强大动力。

——开展铸魂工程，凝聚广大员工的战斗力。特别能战斗的企业精神是开滦企业文化的魂魄所在。在推动新的战略实施过程中，开滦人不断赋予特别能战斗精神新的时代内涵，形成了新时期企业精神的品格特征：开放的胸怀，报国的责任，兼容的品质，创新的激情和争先的气魄。开展铸魂工程，就是要努力破除封闭、僵化、保守、拖沓、短视等一切不利于战略实施的精神障碍，大力弘扬开放、创新、诚信、和谐、共赢、执行、尽责、服务、效率等一切有利于战略实施的优秀文化，用新时期特别能战斗精神激励员工斗志，凝集员工力量，推动企业走向新的发展。

——重塑企业价值观，发挥价值理念的导向力。适应企业战略的调整，主动对企业文化理念系统进行了调整优化，继承和发扬“特别能战斗”的优秀文化传统，建立了以“举力尽责、强企富民”为核心价值观，以“基业长青、员工幸福”为共同愿景的企业文化理念体系。在企业内部确立人的价值高于资产的价值、共同价值高于个人价值、团队价值高于单体价值、社会价值高于经济价值的价值观。同时，大力倡导举力尽责、强化执行、讲求效率等有利于战略落实的价值理念，确立起指导员工行为的一系列基本准则和信条，为战略实施提供了强有力的价值导向。

——整合行为文化，提高战略的执行力。以“文化的制度化”作为实现价值转换的枢纽，深入整合企业的行为文化，形成了以三个管理平台、一个保障系统为核心的“三加一”企业文化管理模式。三个管理平台即“精细管理、双向控制”（RMDC）现场管理平台、市场化精细管理平台和安全文化管理平台；一个保障系统，即准军事化职业行为训练。“三加一”管理模式的构建和实施，有力地推动了企业文化由理念层面向管理实践层面转换。

在特别能战斗精神的引领塑造下，广大干部员工的思想观念、思维模式、价值追求、行事作风等方面呈现出前所未有的新变化，成为推动企业战略转型的强大精神力量。特别是在席卷全球的金融危机中，开滦坚持战略目标不动摇，调整转型不动摇，沉着应对、科学施为，不仅保持了矿区持续稳定，而且创造了逆势而上快速发展的奇迹。开滦人用自己的智慧和努力，再一次为特别能战斗的精神提供了注解。经过市场经济的磨炼与洗礼，开滦人以更开放、更自信、更豪迈的姿态迎接新的挑战，开创新的跨越，铸造新的辉煌！

——在金融危机背景下，各项经济指标大幅度提高。

2008年-2009年，企业营业收入和利润总额分别增长了256%和230%。2009年原煤产量完成4045万吨，同比增长22.65%；营业收入达到559亿元，同比增长67%，高于全国先进企业49个百分点；利润同比增长37.98%，高于全国先进企业30个百分点。2010年1-9月份，原煤产量、营业收入、利润总额同比又分别增长了61%、80%和23%；全年煤炭产量将达到6000万吨，营业收入达到800亿元以上、力争1000亿元。在2010年全国企业500强中开滦名列第103位，两年前进了188名，排名中国成长企业百强第7位，成为全国进步最快的煤炭企业。

——调整转型效果显著，新兴产业发展迅猛。2009年煤炭产业营业收入占集团总收入比重下降到27.2%，非煤产业营业收入比重上升到72.8%。形成了以煤为基础，多产业发展的新格局。其中，煤化工产业以京唐港煤化工工业园为基地，曹妃甸、内蒙、新疆煤化工园区建设全面铺开，形成全省综合规模最大、循环产业链最完整、节能减排措施最优的绿色煤化工循环经济产业链，成为全国最大的独立煤化工旗舰企业。现代物流产业成为煤炭行业首家“国家5A级综合服务型物流企业”，“河北省物流领军企业”，“中国物流试验基地”，确立了河北省物流产业的领军地位，正向“中国物流示范基地”和跨行业、跨区域、跨国的现代大型物流企业集团迈进，2010年物流收入预计达到400亿元，占据开滦总收入的半壁江山。到2012年将达到600亿元以上，2015年达1000亿元！文化旅游产业快速发展，开滦国家矿山公园自2009年10月对外开放以来，已接待各级领导、来宾45000余人，日益成为传播开滦文化、展示城市形象的亮丽名片，产生了巨大的政治集聚、经济合作、文化传播和生态效益，成为百年老矿转型发展的一大亮点。

——资本运营能力明显增强，发展后劲更加充足。通过资源与资本置换、引进战略投资者，先后与美国景顺基金、首钢、美国考伯斯公司、华北电力公司、沙钢公司等著名企业签署合作协议，整合了兴隆矿务局和河北汽贸集团。2009年融资和协议引进投资总额达80多亿元。煤炭产业坚持老区挖潜的同时，加快内蒙、新疆、山西、加拿大等地区开发，可控制煤炭资源量达160亿吨，形成了“五大区域”、“七大战略基地”的生产格局。同时，集团公司整体上市工作正在紧锣密鼓的推进。一个多元经营、跨地区、跨行业、跨所有制、跨国经营的现代化大型企业集团正加速呈现在世人面前。

——和谐企业建设成效显著，百里矿区安定团结。在金融危机的情况下，开滦勇于承担社会责任，实现了“岗位不不裁员、工人不减薪、矿井不减产”。2010年上半年，职工工资同比增长12.5%；努力承担社会责任、吸纳社会就业，实现新增招工计划5700人；积极实施惠民工程，推进150万平方米棚户区改造工程，力争用两年左右的时间，从根本上解决员工住房困难的问题。构建为员工办实事长效机制，改善员工工作环境和生活条件，组织了8万名员工进行健康查体，不断提高员工的幸福感，增强企业的凝聚力。目前矿区安定团结，员工士气昂扬，工作热情高涨。

百年开滦正站在一个新的历史起点上。开滦人坚信，特别能战斗精神不仅铸就了开滦辉煌的历史，而且必将引领和推动百年开滦基业长青，在科学发展的历史舞台上绽放出更加绚丽的光芒！

“敢为人先”的创新精神

——首钢总公司

一个企业之所以不同于其他企业，关键在于企业文化而不是企业产品；而在企业文化的诸要素中，最具代表性的则是企业精神。就首钢而言，“敢为人先”是首钢文化中最具特质的企业精神；就建国60年的中国企业发展历程来看，首钢也可以说是“敢为人先”企业精神的典型代表。

一、“敢为人先”精神的内涵与作用

“敢为人先”的首钢精神，体现在思想认识上，就是有见识、有魄力，能够认清时代潮流和社会趋势，善于把握客观事物发展规律，敢于突破固有观念束缚，解放思想快人一拍，与时俱进、自强不息。

“敢为人先”的首钢精神，体现在实际行动上，就是不但敢想，而且敢闯、敢干、敢坚持，敢于走别人没走过的路，激情创业、不畏风险、不惧困难，改革创新先人一步，大胆探索实践、积极开拓进取。

“敢为人先”的首钢精神，体现在价值追求上，就是始终把国家和人民的利益放在第一位，顾全大局、勇于牺牲、甘于奉献；就是始终把国内和国际先进作为追求目标，谋划发展高人一筹，勇争一流、追求卓越。

在建国60年的首钢发展历程中，无论是建国之初的国民经济恢复时期还是后来的社会主义建设时期，无论是十一届三中全会后的改革开放年代还是进入新世纪以来的科学发展新时期，正是在“敢为人先”精神的引领和支撑下，首钢人不断解放思想、更新观念，改革管理制度，创新工艺技术，使首钢从小到大、由弱变强、持续发展壮大，为我国钢铁工业乃至国民经济的建设发展做出了巨大贡献。可以说，“敢为人先”的企业精神，是首钢最为鲜明的文化特征，是首钢持续创新发展的动力源泉。它不只引领和决定了首钢的建设发展，对我国企业尤其是工业企业的改革创新发展也产生了重大影响，起到了有效的典型示范作用。

二、“敢为人先”精神的主要表现

“敢为人先”的首钢精神，同时代潮流和社会特征相适应，在建国以来不同的历史时期有着不同的具体体现。从大的历史阶段来看，建国以来的60年可以分为两个30年。

（一）新中国成立到改革开放的30年。

在建国之初的国民经济恢复时期，翻身得解放的首钢人发扬主人翁精神，在杂草丛生的一片废墟上，仅靠大锤、扁担和箩筐，用半年时间就使高炉重新流出铁水。首钢1号

高炉是当时全国解放区最早恢复生产的大高炉。此后，首钢人以“顶破天花板，才能见青天”、“回马坡前不怕鬼，强敌面前不服输”的敢闯敢干精神，迅速恢复和扩大了生产。首钢“敢为人先”的企业精神，不只体现在恢复扩大生产上，更体现在敢于坚持对不合理制度的改革上。新中国成立之初，在工资制度上实行的是军管时期“原职原薪”的做法，由于这种做法不符合按劳分配的原则，不利于职工生产积极性的发挥。针对这种情况，首钢于1951年提出了八级工资制的改革方案，但未得到相关部门的批准。对此，首钢人并未轻易放弃，而是继续坚持自己的看法，并向毛泽东主席写信，如实地反映了当时的情况和问题，并提出了改革建议。首钢人这种敢想、敢干、敢坚持的精神得到了毛泽东的肯定。毛泽东亲笔回信说：“我认为你们的建议是有理由的，已令有关机关迅速和合理地解决这个问题”。中央重工业部根据毛泽东的指示，很快批准了首钢实行八级工资制的方案。1956年，国家对整个工资制度进行第一次全面改革，根据按劳付酬的原则，取消供给制度，工人实行了8级工资制。而这件事，在首钢早已提前实行了5年。这也体现了首钢能够认清社会发展趋势、敢为人先、敢于坚持的精神特点。

20世纪五六十年代，在社会主义建设的热潮中，首钢人积极开拓、大胆探索，在技术创新上走在了全国乃至世界的前列。1964年，我国第一座30吨氧气顶吹转炉在首钢诞生，它揭开了我国转炉炼钢的新篇章。这是我国在没有从国外引进任何技术、设备的情况下，自己建设的国内最先进的炼钢转炉。当时我国各大钢铁厂都还处在平炉时代，而在同样规模和条件下，转炉的基建投资和生产成本都要比平炉降低三分之一以上。首钢氧气顶吹转炉的成功实践，开创了我国炼钢生产的新时代。高炉喷吹煤粉是当时一项重大科技攻关项目，在发达国家也还处在试验阶段。国内一家大型钢铁企业在进行这项试验时，因粉罐发生爆炸而被迫停止。但首钢并没有被吓倒。1964年4月，首钢高炉喷吹煤粉试验成功，并很快在全国钢铁企业的高炉上推广应用。后来，首钢的高炉喷煤粉技术向国外输出，全世界许多高炉用上了这项技术。首钢在高炉喷吹煤粉技术上的创新，不但引领了中国，而且引领了世界钢铁工业的发展潮流。

这一时期，首钢在管理制度上也进行了大胆的突破和改革。在当时的工程扩建中，首钢提出将全部投资及项目中的设计、施工、直至按期投入生产的所有责任，都由首钢负责，并保证扩建后的钢产量比原计划增加一倍。这就是当年轰动一时的基建投资大包干。它是对当时从苏联移植过来的基建制度的一次具有突破意义的变革。首钢大包干的做法，得到了当时国家副主席刘少奇的关注。刘少奇在对首钢进行了为期7天的调研后肯定说，“大包干这种社会主义的形式比较适合生产的发展”。随后，冶金工业部和财政部在首钢联合召开了基建投资包干现场促进会。毛泽东主席接见了参会代表，表明了对投资包干的肯定与支持。根据首钢的经验做法，国务院发布了《改进基建财务管理制度的几项规定》，财政出版社出版了《石景山钢铁公司实行投资包干的经验》。首钢基建投资包干的经验做法在全国进行了推广。

“文化大革命”期间，在许多工厂被迫停产的前提下，首钢的广大职工仍旧默默无闻地坚守在自己的生产岗位上。1970年6月8日，周恩来总理在接见参加全国重点钢铁企业座谈会的全体代表时，对首钢即将建设的四号高炉给予了极大的关注和热情的支持。周恩来总理肯定和鼓励说：“首钢嘛，既然在首都，那就要为首。否则，就叫下钢了”。“首钢要为首”，这既是周总理对首钢“敢为人先”精神的期望和要求，也是鼓励和肯定。

（二）改革开放以来的30年。

1978年党的十一届三中全会以来，在改革开放的大背景下，首钢人“敢为人先”的精神更是淋漓尽致地展现出来。从大的方面来讲，这一精神主要体现在“两个率先”上：一是率先实行承包制，进行试点改革，成为当时中国国有经济体制改革的先驱和工业战线上的一面旗帜；二是率先进行中国乃至世界工业史上前所未有的战略性大搬迁，成为我国落实科学发展观的重要示范。“两个率先”引领和支撑了首钢改革开放30年的探索与实践，在全国产生了广泛而又深远的影响。

率先实行承包制。1979年3月，首钢主动向北京市和冶金部上报《关于在首钢进行扩大企业权限试点的请示报告》。随后，首钢人不断解放思想、转变观念，打破计划经济的束缚，在我国全民所有制企业中率先实行了承包制。

这一时期，首钢人以“做天下主人，创世界第一”豪迈气概、“敢闯、敢坚持、敢于苦干硬干”的拼搏精神，积极开拓进取、大胆探索实践，勇争一流、誓创最佳。树立“包保指标讲先进、三者利益讲全局、遵章守则讲严格、相互配合讲风格、各项制度讲效益”的“五种精神”，倡导“实事求是、严格认真、密切协作、恪尽职守、奋发向上、顽强拼搏”的“六种作风”。严格管理，执行“三个百分之百”（即必须百分之百地执行各项规章制度、违反了规章制度必须百分之百地登记上报、百分之百地扣除违规违制者当月全部奖金）的管理制度，使首钢成为当时中国管理最严格的企业；勇于创新，在首钢二号高炉大修改造中采用37项新技术，建成我国第一座现代化的高炉；积极进取，建成我国最大的线材生产基地，使首钢赢得了“建筑钢材首钢为首”的美誉；审时度势，购买比利时赛兰钢厂，成为我国第一家引进购买国外钢铁厂的企业；探索发展，创办华夏银行，成为我国第一家创办银行的工业企业，为我国金融体制改革开辟了一条新路；超前谋划，购买秘鲁铁矿，成为我国第一个在海外开矿的国有企业；等等。到1994年，首钢的钢产量从1978年的179万吨扩大到824万吨，名列全国第一。在钢铁主业发展的同时，矿业、机械、电子、建筑、航运等行业也不断扩大，成为跨行业、跨地区、跨所有制、跨国经营的特大型企业集团。

首钢的改革发展，尤其是承包制所取得的成就，引起了社会各界的广泛关注。1982年介绍首钢承包制的书籍发行量高达40万册，全国各地来首钢参观学习者，每月多达上万人次。首钢成为全国工业改革发展的一面旗帜，当时的首钢领导周冠五也成为中国经济界的风云人物。1985年，《中国企业家》创刊号的封面人物便是周冠五。

首钢的改革发展，得到了党中央、国务院和北京市、冶金部的爱护和支持。党和国家领导人非常关心首钢，多次批示首钢的报告，亲临首钢视察指导工作。1990年除夕之夜，中共中央总书记江泽民来到首钢，亲切看望首钢广大工作者，并肯定说："搞活大企业你们立了一功。"1992年5月22日，邓小平同志在南方视察之后不久，亲临首钢，对国有企业的改革发展问题发表了重要谈话。对首钢所取得的成就，给予了高度评价和充分肯定。

率先进行搬迁调整。进入21世纪，为深入贯彻落实科学发展观，首钢再次以"敢为人先"的精神，做出了钢铁业搬迁调整的重大决策。首钢率先进行的都市大型钢铁企业向沿海转移的搬迁调整，是一项时间紧、任务重、要求高、难度大，涉及人员广、情况复杂、多条战线同时推进的庞大系统工程。其实施的难度和资金投入的强度、时间的紧迫性和技术的先进性以及职工稳定工作的艰巨性等等，在中国乃至世界工业史上都没有先例。

自搬迁调整以来，首钢人以敢为人先的精神、大破大立的胆识，开放创新的勇气、坚忍不拔的斗志，顽强拼搏的作风、科学严谨的态度，以建设21世纪具有国际先进水平的新首钢为愿景目标，倡导"看准的事快定，定下的事快干，干就干出一流"的企业作风，树立"没有发展就没有首钢一切"等十大理念，培育"与时俱进、敢于创新、求真务实、人才为本"的企业文化。从创建学习型企业到和谐文化、板材文化建设，从"更新、更快、更精、更强"到"创新、创优、创业"，从"为创新增添智慧、为创优注入动力、为创业点燃激情"到"为创新深入对比思考、为创优找准目标定位、为创业定准措施、练好基本功"，等等。以"敢为人先"精神为突出特征的优秀文化，成为首钢战略转型的强大精神动力，使首钢搬迁调整取得了重大成功。

首钢的搬迁调整史无前例，意义重大，影响深远。无论从国家发展战略上还是从企业自主创新、循环经济上，无论从我国钢铁业结构调整上还是从区域合作发展上，都起到了重要的引领和示范作用。

一是我国科学发展的重要示范。胡锦涛总书记在视察新首钢时指出，要"高起点、高质量、高水平地把曹妃甸工业区规划好、建设好、使用好，使之成为科学发展的示范区"。温家宝总理也明确指出："新世纪新首钢，新在什么地方呢？就是要通过搬迁调整，建设一个自主创新的首钢，一个技术先进的首钢，一个产品一流的首钢，一个有竞争力的首钢。搬迁使首钢获得了新的机遇，站在了新的起点，这个新起点的标志就是先进"。

二是企业自主创新的重要示范。首钢在搬迁调整中以自主创新为中心环节，在曹妃甸建设的首钢京唐钢铁公司，以"先进可靠、节省高效、系统优化、集成创新"为原则，采用了220项国内外先进技术，进行集成创新，代表了当今世界冶金行业的最高水平。首钢自主设计的国内第一座5500立方米高炉，创造出在国际国内同类型高炉建设周期最短、单位容积投资最少、采用新技术自主集成、自主创新项目最多的纪录。

三是发展循环经济的重要示范。首钢京唐钢铁公司在发展循环经济方面，以资源、能源高效循环利用为核心，在减量化上，应用大型装备、先进的工艺技术和现代管理理念，通过源头削减、过程控制，节约资源，减少污染，达到了国际大型钢铁企业的先进水平，成为环境友好、服务社会、资源节约型示范工厂。

四是钢铁业结构调整的重要示范。2009年，全国75家重点钢铁企业有20家在直辖市和省会城市，有34家在百万人口以上的大城市，物流成本、环境成本相对较高，钢铁产业布局不合理的矛盾非常突出。国内很多钢厂都在研究如何从内陆迁向沿海。首钢搬迁调整，是钢铁业布局调整的一个重要实践，率先为我国中心城市钢铁业布局调整提供了重要示范。

五是区域合作发展的重要示范。首钢京唐钢铁公司的建设，从区域经济一体化的角度推进了华北钢铁业的战略整合、产业配套与产业链的延伸、转移，把北京市、河北省进而整个华北地区连接起来。推动了区域一体化，搭建了区域合作共赢的新平台，为区域合作发展提供了良好示范。

三、"敢为人先"精神的成因分析

"敢为人先"成为首钢最具特质的企业精神并非偶然，而是时代精神与历史传统、地理位置与自身特征等多重因素相互作用的结果。

一是时代精神的要求。"敢为人先"首先是时代精神的体现和先进文化的要求。20世纪以来，科技进步一日千里，社会变化日新月异，与时俱进和不断创新成为时代精神和先进文化的基本要求。而"敢"和"先"的精神同"创新"精神在实质上是一致的。因此，"敢为人先"的精神正是首钢适应时代要求和先进文化前进方向的集中体现。

二是地域文化的影响。在悠久的皇城文化影响下，北京与生俱来就有一种"敢为天下先"的精神和"舍我其谁"的大气心理，这种精神和心理能促生类似"争当第一、争做一流"的高目标导向。地处北京的首钢从它诞生之日起，就蕴含着京城文化中"敢为人先"的气质，拥有浓厚的为"首"情结，因地域优势而开风气之先，敢想、敢干、敢为天下先。

三是党和国家领导人的重视。新中国成立以来，由于地理位置的优势，首钢的工作受到党和国家领导人的格外关怀和高度重视。毛泽东亲自给首钢职工写信。刘少奇、周恩来、朱德等老一辈革命家十多次到首钢视察调查、指导工作，邓小平积极支持首钢改革，江泽民除夕之夜慰问首钢职工，胡锦涛视察指导新首钢，温家宝连续两个"五一"节同首钢职工一起过，等等。党和国家领导人的重视，培养了首钢人高度的政治责任感、大局观和前瞻意识。尤其是周恩来在谈到首钢情况时讲的："在首都，就要为首，否则，就叫下钢了"，给首钢人带来了巨大的鼓舞。为了实现总理的嘱托，首钢人时刻将“首”字牢记在心，事事敢为人先。

四是首钢自身成功经验的启示。首钢自身发展的历史经验表明，首钢每一次的敢为人先、开拓创新，都能使首钢在关键时刻冲破阻碍，给企业带来生机和活力，给企业带来巨大发展，给社会进步带来良好影响；首钢每一次的敢为人先、开拓创新，都能使首钢在技术与管理上领先同行，都能使企业取得巨大成功，都能对钢铁行业乃至国家发展做出重大贡献。可以说，敢为人先、开拓创新、追求卓越，已经成为首钢最优秀的文化基因，成为首钢最具特质的企业精神。

淬炼一流文化 实现产业报国

——三一集团有限公司

三一集团有限公司（以下简称三一）始创于1989年，秉承“创建一流企业、早就一流人才、做出一流贡献”的企业宗旨，长期致力于为全球基础设施建设和新能源开发提供高品质的施工设备，是全球最大的混凝土机械制造企业，在挖掘机、起重机械、桩工机械、煤炭机械等产品领域也是中国数一数二全球前五的品牌。近年来，三一集团投资美德印巴建设大型研发制造基地、参与智利矿难救援、驰援日本核灾抢险等壮举，以及旗下公司三一重工荣获英国《金融时报》2011全球500强上市企业榜的辉煌业绩更令其作为中国装备制造业、甚至中国民族品牌崛起的象征而备受世界瞩目。

“企业的兴旺靠管理，管理的关键在文化。”三一集团今天的成绩，建立在深厚丰富的企业文化和凝聚有力的企业精神之上。三一的一位高管曾说过：“三一集团最核心的资产不是厂房设备，不是产业设备，也不是经营业绩，而是三一的企业文化。”三一的企业文化是在中国特色社会主义理论指引下对现代商业文明探索实践中产生的，经过多年积累形成了独具特色的体系，决定了三一的发展战略、价值取向和企业品质。这套体系为全体三一人所共同秉持，在三一集团二十余年的经营发展中起到了不可估量的巨大作用。其最为核心的精髓可以归结为以下四个方面：

自强不息，产业报国

这是三一文化中最为重要的企业精神，正是这种精神的驱动下，三一的4位创始人于20世纪80年代放弃了令人羡慕的“铁饭碗”，以开创中国工业改革的“试验田”为己任，投身于改革的大潮中，开始了追寻世界最高品质的漫漫征程。早在创业之初，三一创业团队就提出“创建一流企业，造就一流人才，做出一流贡献”的愿景，“三个一流”的最终目标都是为实现现代产业报国的理想，走中国特色社会主义道路、发展壮大民族工业一直是三一矢志不渝的追求。在这一崇高追求的指引下，三一的开拓者们攻克万难，执著进取，谱写了一篇篇令人热血沸腾的篇章：

在混泥土机械领域，自1994年研制出我国第一台大排量、高压力混凝土输送泵，并随之开发出世界第一台三级配混凝土输送泵后，三一不断推出具有国际领先水平的新产品，不断刷新混凝土泵送高度世界纪录，并一直保持着世界最长臂架泵车的吉尼斯纪录。二十年间，三一引领国产品牌从海外品牌手中夺回90%以上的市场占有率，创造江山易帜的奇迹。

在起重机械领域，三一研制出400吨履带起重机，打破了国外品牌对中国超大吨位履带起重机市场的垄断，随后又先后开发出900吨、1600吨、3600吨履带起重机，成为这一产品的全球记录创造者和世界领先品牌。2010年，三一研制出亚洲首台1200吨全地面起重机，彻底改变了中国不能制造超大吨位全地面起重机的局面。

在工程机械行业最重要产品挖掘机的竞争上，三一挖掘机于2010年一举结束长期以来外资品牌占据中国市场前十名的历史，市场占有率超过美国卡特彼勒，跻身前五。

放眼未来，三一力争在2020年超过美国卡特彼勒、成为全球最大的工程机械企业；未来五年在能源装备、精密机床建立全球领先地位，基本形成自身完整的产业链，同时积极准备进入重大装备制造前沿领域，为中国崛起做出贡献。

品质改变世界

“品质改变世界”是三一的伟大使命。这一使命的意义不仅局限于建设三一自身的卓越品质，还包括以三一所崇尚的品质文化启发和影响国内企业，激励更多的中国企业家奋发追求在世界上具有优良竞争力的品质，助力我国工业化革命。其完整的内涵包括五点：缔造世界最高品质的产品和服务，以优秀的企业文化促进社会文明，以高品质的管理引领企业实践潮流，以高品质的创新推动科学技术进步，以高品质的企业贡献于民族复兴。在三一，品质被视为价值和尊严的起点，是唯一不能妥协的事情。

早在1999年2月，三一就通过了ISO9001质量体系认证，并在此基础上推行精益生产，形成了一套行之有效的品质管理体系，对生产的每一个环节进行严格管控，保证产品品质。

品质意识鞭策着三一不断精进，不断以科技创新为利器攀登世界最高品质的高峰。在对一流品质的执著追求中，三一提出了核心经营理念——“一切源于创新”。

经过20多年发展，三一集团建立了一支超过8000人的行业最大规模的科研队伍，拥有1个国家级企业技术中心、2个院士专家工作站、3个国家级博士后流动工作站、4个省级企业技术中心，形成了强大的自主创新能力。

进入工程机械行业以来，三一开发了25个系列、120多个型号工程机械产品，主持和参与了30多项国家和行业标准的制订、修订工作，承担了多项国家“863”项目和国家重大科技攻关项目，公司专利总数达到3000多项，居中国工程机械行业企业之首。其中，核心产品混凝土泵送机械共申请专利58项，获得发明专利10项。2002年被评为全国专利工作先进单位和全国专利试点单位。2010年，三一企业创新平台荣获国家科技进步二等奖，总工程师易小刚同志被中国科协评为“十佳全国优秀科技工作者”。

在工程机械的液压、控制、材料和系统集成等技术上，三一已经成为引领行业前进的主要力量，提升了中国工程机械行业的整体水平；在混凝土拖泵与泵车、全液压旋挖钻机、超大吨位履带起重机和汽车起重机等产品领域，三一先后创造了多项世界纪录，具备了全面参与国际竞争的能力。

在三一的带动下，通过高品质而不是低价格赢得市场的理念已经在中国工程机械行业获得越来越广泛的认同，中国工程机械产品的品质已逐渐追赶上世界水平；三一也相继荣获湖南省省长质量奖、江苏省省长质量奖、全国五星级现场管理奖，并被国家质监总局评为全国质量管理小组活动优秀企业。

三一所致力追求的最高品质不仅仅指一流的产品品质，还包括一流的服务品质。这一目标催生了三一的另一条核心经营理念——“一切为了客户”。

“一切为了客户”是三一取得经营成功的经验，也是企业的核心经营理念。通过深入市场发现客户需求，通过技术创新满足客户需求，通过高性价比的产品和服务为客户创造更大价值，已经成为三一发展的基本模式。

三一集团在国内工程机械行业率先提出明确的3000多辆服务车辆，创新开发了总投资达到4000多万元的ECC控制系统，客户服务满意度稳居行业第一。

在中国质量协会和全国用户委员会发起的2011年中国工程机械行业用户满意度测评中，三一集团旗下泵车、拖泵、车载泵、搅拌站、摊铺机、履带起重机、挖掘机、旋挖钻机等8类产品均荣获用户满意度第一，搅拌车、汽车起重机、压路机、平地机4类产品荣获第二。三一的创新和实践，已经在行业内形成全新的服务标准，带动着整个中国工程机械行业的服务水平迈入国际先进行列。

帮助员工成功

“帮助员工成功”是三一的第三条核心管理理念，这是在中央关于“构建和谐社会”思想指引下建立起来的，具有三方面的内涵：帮助员工从能力、职业生涯和事业上获取成功；帮助员工从品格、胸怀、理念上获得成功；帮助员工从经济和家庭上获得成功。三一集团始终坚持以人为本，通过完善的职业培训体系、畅通的员工晋升通道、健全的员工权益保障机制、优于行业水平的薪酬福利制度，努力让员工过上“富足而有尊严的生活”，与企业共同成长、共同进步。

为帮助员工实现自我提升，公司规定所有培训费用不进行考核，每年平均有2000名左右的潜力员工在参加带薪培训。例如，新人公司的研发人员要进行为期6个月的岗前培训，包括车间实习、售后实习等环节，为此，三一支付6个月的薪水送员工培训。员工入职后，公司都会给他们确定一名专业的导师，帮助其学习、成长。导师手把手将徒弟“带上岗，带成器”。2011年，启动了“世界顶级大学培养学习”计划，从集团的制造、工艺体系选取有潜力的员工，送到世界顶级大学培养。

在人才选拔上，公司不以资历为标准，大胆任用爱国爱党、诚实守信、积极进取的青年人到中高层管理岗位；在人才激励上，设计了适应不同需求的激励：包括职位与薪酬晋升、内部轮岗、带薪培训、脱产送读等。目前一线工人的年工资普遍达到5万多，而评上高级技师的月收入能过万元。

公正信实，心存感激

“公正信实、心存感激”是三一所信奉的企业伦理，在三一，爱党爱国、诚实守信被视为第一守则，“先做人，后做事”的核心价值观也深入人心。始终坚持“遵王守法，诚信经营，公平竞争”原则，严格遵守国家的法律法规，20多年来累计向国家上缴税费120亿元，被国家税务总局评为“全国纳税先进企业”。在实现企业发展的同时，三一努力为政府分忧、为社会减压、为和谐社会建设做贡献。创业20多年来，累计为社会提供大量就业岗位，仅吸纳和安排下岗职工再就业就有3000多人。近年又通过与职业高校联合办学，累计招收技术工人23500余人，既满足了企业发展需求，也极大地缓解了社会就业压力。特别是2009年，面对温家宝总理“应对金融危机，企业要承担社会责任，企业家身上要流淌着道德的血液”的呼声，三一主动提出“不裁员、不减员、不接受普通员工降薪申请”承诺，梁稳根同志本人当年只领1元年薪。在全球金融危机背景下，这种作为不但获得了社会的高度认同，也大大增强了企业的凝聚力。

“国家之责大于企业之利”是深植于三一文化根脉中的重要理念，促使着三一在祖国需要的时候勇敢担当。2005年，在中国股权分置改革中，三一积极参与和推动这一具有中国资本市场里程碑意义的重要变革。在承担巨大风险并以更高利益补偿为代价之后，最终高票通过股改方案，为中国股权分置改革提供了成功范例，开启了中国股市的全流通时代。

作为一家重型装备制造企业，三一充分发挥其产品特有的优势，积极参与各种重大灾难的救援，在近年我国发生的一些重大灾难中，三一设备都是首批进入灾区救援的重型机械。2008年，中国南方百年一遇的特大冰灾发生后，三一迅即组织人力、物力、财力参与“破冰保通畅”行动，每天出动23台平地机、起重机、20多台救援车开上省内各条高速公路破冰铲雪，连续奋战10天10夜，破冰总里程达943公里，并向受灾严重的地区捐资300万元，为夺取抗冰救灾的胜利做出了重要贡献，获得“湖南省抗冰救灾先进集体”荣誉称号。在汶川特大地震救援中，三一捐出1800万元工程机械设备，组织80名青年团员组成“三一抗震救灾服务队”第一时间奔赴灾区，在抗震救灾中发挥了重要作用。

三一还积极参与各种社会公益福利事业，累计向中国教育发展基金会、宋庆龄基金会、希望工程等慈善组织捐赠超过1亿元。三一的责任之举得到政府和社会广泛好评，先后获得“中华慈善奖”、“中国十大杰出志愿服务集体”、“抗震救灾英雄志愿服务集体”等荣誉。

三一也始终注重企业运营过程和所提供产品上节能降耗、环境保护，通过技术创新，走低碳、绿色、环保发展道路，创建“资源、节约、环境友好”的绿色企业。三一通过在新一代产品上应用动态节能技术，每年仅为国家节省燃油费用就可达数十亿元。

如今，三一集团已跻身于全球上市公司500强的行列，可以说，三一的发展史，就是一部三一企业文化的实践录。“人类因梦想而伟大”，这一信条是三一集团对过去成功经验的高度概括，而三一的“梦想”，就包括了“创建一流企业，造就一流人才，做出一流贡献”，包括了“自强不息，产业报国”，包括了“品质改变世界”，包括了“帮助员工成功”；这远大的理想、豪迈的志气、崇高的价值观构成了三一集团一流的企业文化，它由三一的创业实践中淬炼而出，又必将回归于三一的创业实践。在一流文化的指引下，充满理想、执著进取的三一人必将以持之以恒的耐心、百折不挠的勇气和持续创新的智慧，铸就非凡品质！

以文化之力铸就国际一流金融企业

——中国工商银行股份有限公司

中国工商银行股份有限公司前身为中国工商银行（以下简称工商银行），革故鼎新，文化治理，薪火相传；工于至诚，追求卓越；行以致远，赓续新篇。工商银行的成就与发展，源于企业文化绵延不绝的一脉相连，立于锐意进取的文化追求。工商银行企业文化建设，始终围绕中心、服务发展，为企业的不断壮大提供了强大的思想保证和精神动力。

传承文化，工商银行从历史走来

工行文化植根于中华文化的沃土，成长于工行经营管理的长期实践，凝结自全体工行人的思想和智慧。在不同的历史发展阶段，工商银行根据经营管理实际，提出了独具魅力的文化理念，积累了宝贵的精神财富，企业文化建设既一脉相承，又与时俱进。

建行初期，在秉承人民银行时期的“三铁精神”基础上，提出了“求实创新、吃苦耐劳、顾全大局、团结奋进”的企业精神，激励全行员工艰苦创业，勇于进取，迅速奠定了工行的市场领先地位。在国有专业银行时期，工行积极倡导“效益、质量、发展、管理、创新”十字方针，并提出了“稳健的发展观”等五种观念和“恪尽职守、严谨稳健的负责精神”等六种精神，激励全行奋发图强，攻坚克难，走上了科学发展的康庄大道。在股份制改革进程中，“团结一心、顾全大局、无私奉献、严谨务实、勇于创新”的股改精神更是激励全行广大干部员工成功完成了股改上市这一历史使命，掀开了建设国际一流现代金融企业的崭新一页。

多年来，总行始终将推动基层企业文化建设作为一项重要工作，积极引导各级分支机构营造良好的企业文化环境和氛围。各级行紧密围绕全行改革发展中心任务，结合自身实际，积极探索和实践特色鲜明、百花齐放、生机勃勃的基层企业文化。如北京分行精心塑造“旗舰文化”，浙江分行持续构建“家园文化”，江苏分行大力弘扬“宿迁精神”，山东分行努力建设“区域一流”银行，贵州分行营业部在欠发达地区打造“精品银行”，为全面推进全行企业文化建设积累了丰富的经验。

适应新时期改革发展对企业文化建设的新要求，总行对全行文化的历史和现状做了全面深刻的梳理和剖析，经过反复提炼推敲，于2010年6月13日正式发布了企业文化体系，将“提供卓越金融服务”作为神圣使命，坚持“工于至诚，行以致远”的价值观，追求“建设最盈利、最优秀、最受尊重的国际一流现代金融企业”的宏伟愿景。自此，工商银行企业文化建设进入了有统一目标导向、有自身鲜明特色、与自身改革发展相适应、与经营管理同进步的整体推进阶段。

回顾过去，工行深切体会到，工行的每一项决策、每一次创新、每一个进步都留下了企业文化的印记。正是企业文化的引领，使全行员工无论是在举步维艰的困难时期，还是在一往无前的大发展时期，都能齐心协力、屡创佳绩，使今天的中国工商银行发展成为全球盈利最多、市值最大、客户存款第一、品牌价值最高的银行，踏上了建设国际一流现代金融企业的新征程。

践行文化，工商银行与时代同行

作为国家控股大型上市金融企业，中国工商银行的成长与发展源于客户、系于股东、发于员工、植于社会。工行的企业文化建设，始终以提供卓越金融服务为天职，以实现可持续发展为目标，以打造和谐社会为己任，以人本思想为源泉，以价值创造为基础，以客户满意为宗旨，以改革创新为动力，以奉献社会为追求，充分发挥了凝聚人心、引领发展、规范行为、塑造形象、创造价值的作用。

服务客户，将企业文化融入服务的每个环节。客户作为金融服务的对象，他们的认同和信赖是形成工行价值的源泉。工商银行始终坚持“以客户为中心，服务创造价值”，把客户满意度作为衡量服务质量和工作绩效的主要标准，将企业文化融入服务的每个环节。一是秉承“客户至上”的服务理念，大力加强服务渠道建设，努力为客户提供便捷高效的服务。工商银行相继对1万多家网点进行了改造升级，使网点的服务环境更加优美舒适，服务功能更加完善，服务覆盖面更加广泛；工商银行在国内同业中首个开通95588电话银行，建造了功能强大、世界领先的网上银行，大力推动手机银行业务，为客户提供了全天候、跨时空的金融服务。目前，工商银行通过16,227 家境内机构、207 家境外机构和遍布全球的逾1,562 家代理行以及网上银行、电话银行和自助银行等分销渠道，向412 万公司客户和2.59 亿个人客户提供广泛的金融产品和服务，基本形成了以商业银行为主体，跨市场、国际化的经营格局，在商业银行业务领域保持国内市场领先地位，与成立初期只能提供简单的存汇兑业务相比，发生了翻天覆地的变化。二是坚持“人无我有、人有我优”的产品理念，大力推进金融创新，不断满足客户多样化的金融需求。工商银行始终坚持以科技创新为引导，依托强大科技优势，打造了一批服务竞争“杀手锏”和竞争力强的拳头产品。经过多年来的持续创新，全行各类产品已超过3000多种，成为国内金融产品数量最多、门类最齐全的银行机构。三是建立“领导为员工服务、二线为一线服务、全员为客户服务”的大服务格局，全面提升服务效能。为服务大提升提供了体制机制保障。以柜面人员、大堂经理、客户经理为“一线”，以中后台和各级管理人员为“二线”，构建了“大服务”格局，形成改善服务的合力与动力。实施业务运营改革等一系列基础性、根本性、开创性意义的变革，进一步优化业务流程、改进风险控制、调整释放劳动生产力，为服务大提升提供了体制机制保障。四是大力实施精细化服务工程。工商银行在全行推行精细化服务、细节服务，注重维护金融消费者的合法权益，为客户创造良好的消费体验。特别是股改上市后，我行通过持续开展“优质服务年”、“奥运服务年”和“服务提升年”等接力式服务改进计划，全行服务供给能力显著增强，服务流程不断优化，服务面貌有了明显改观。五是稳步推进国际化和综合化，不断提升全球化服务能力。自1992年3月工行第一家境外分支机构新加坡代表处开业开始，工商银行国际化稳步推进。目前，工商银行在30余个国家和地区建立了220多家境外机构和逾1,562家代理行，依托领先的科技实力，建立了全球产品线和内外互动的发展机制，在零售银行，电子银行，现金管理，资产管理，贸易融资等业务上，实现了全球联通，使全球服务能力得到明显的提升。

回报股东，将企业文化融入提升盈利能力的每个细节。股东作为金融企业的投资者，为工行的长久发展提供了坚强后盾。工商银行坚持诚信为本、稳健经营，将企业文化融入提升盈利能力、追求股东价值最大化的每个细节中。一是不断完善公司治理，现代金融企业制度全面确立。不断完善由股东大会、董事会、监事会、高级管理层组成的公司治理架构，保持良好的投资者关系。建立了完善的资本、资金和财务管理体系、风险和内控管理体系，改革了组织机构、业务流程、激励约束机制，构筑了有利于科学发展的体制机制。良好的公司治理使工商银行得到境内外监管机构与市场的广泛认可，2010年获评香港上市公司“公司管治卓越奖”，成为该奖项自创立以来第一家获此奖项的上市银行。二是盈利能力大幅提升，成全球成长性最好的银行。工商银行把创造卓越价值作为贯彻科学发展观的有力实践，建立起了节约型、可持续的盈利增长模式，在复杂的经济环境下实现了持续的盈利成长，为股东创造了良好的投资回报。截至2010年当年实现税后利润1,660亿元人民币，连续3年稳居全球最盈利银行地位。三是风险管理不断加强，保障了全行稳健经营和健康发展。工商银行资产质量长期保持健康稳定，不良贷款余额和比例连续11年双下降，不良贷款率从历史最高峰时的40%多降至现在的1%，资产质量达到国际先进水平；拨备覆盖率持续提高，到2011年3月末达到246.5%，显著增强了抵御风险的能力；近年来发案数量和涉案金额持续下降，案件风险防控指标处于国内和国际同业的先进水平。

成就员工，将企业文化融入员工管理和人文关怀的每个方面。员工作为金融服务的提供者，为企业发展和价值实现注入了不竭动力和勃勃生机。工商银行始终奉行以人为本，将员工视为最宝贵的资源。一是坚持“贴近实际、贴近一线、贴近员工”的工作原则，通过不断创新宣传思想文化工作方式方法，为员工营造争先创优、和谐奋进的良好氛围。工商银行连续10年围绕经营中心工作，每年开展主题教育活动，有效地提高了宣传思想工作的针对性、实效性和吸引力、感染力，对促进全行员工转变观念，树立现代商业银行经营理念，正确理解改革、积极参与改革，推动改革发展起到了积极的促进作用；通过引入国际“员工帮助计划”理念，积极搭建“员工心理绿色通道”，开通“企业文化园地”专栏等，为员工营造了和谐健康、积极向上的“精神家园”；连续举办“感动工行”员工评选活动，广泛挖掘和宣传了立足岗位创造突出业绩、体现先进文化特质和优秀道德品质的员工，进一步弘扬了爱岗敬业、开拓创新、无私奉献、团结友爱的精神，激发了全行员工的情感共鸣。二是坚持“人尽其才、才尽其用”的人才理念，不断拓展员工职业发展空间，帮助员工追求成长进步，实现自身价值。全面实施了人力资源管理提升项目，构建了覆盖各专业、分级分类的岗位职级体系，形成了“纵向可进退、横向可交流”的职业发展新机制，并建立完善了与之相配套的绩效管理和薪酬激励体系，员工收入明显改善并逐年提高，进一步拓宽了员工的职业发展通道。扩大选人用人视野，建立了竞争性的选人用人机制，使一大批优秀员工脱颖而出。按照集团化、市场化、多元化要求，完善了各层次的干部员工交流培养与管理使用制度，提高了员工干事创业、推动发展的综合能力。相继实施了“银行家成长计划”、“十大高峰人才培养工程”、“国际化人才培训项目”等一系列重大人才规划、人才政策和人才工程，促进了各类人才队伍的成长和壮大。三是倡导“终生学习”理念，以“学习型银行”建设为目标，建立了具有工商银行特色的培训工作体系。持续开展了国内一流的全员培训体系、培训资源体系、运行实施体系，打造了国内规模最大、最先进的网络大学和模拟银行；实施了包括针对中年员工的职业技能提升计划，推行专业人才岗位资格认证制度，到去年末全行有近2万名员工获得各类社会职业资格认证，其中高级理财策划师（CFP）、特许金融分析师（CFA）、金融风险管理师（FRM）等职业资格获得人数在国内同业中占绝对领先地位；启动了国际化人才培训项目，计划在10年内培养2000名具有国际视野、卓越领导能力、核心专业优势和较强创新能力的国际化人才队伍。通过这些工作，不仅有效地推动了各项业务健康快速发展，而且营造了以人为本、和谐统一的文化氛围，使成就员工与成就工行相统一，实现员工与工行的共同发展。

奉献社会，将企业文化融入履行社会责任的每个维度。国家和社会作为金融服务的支持者，为工行提供了生存与发展的土壤。作为具有深厚历史底蕴的大型金融企业，工商银行将积极奉献社会、做优秀的企业公民视为自身义务，注重将企业文化融入履行社会责任中。一是打造“价值银行”。自成立以来，中国工商银行始终坚持商业银行经营原则与支持经济发展的统一，积极贯彻落实国家宏观调控政策，为全社会价值创造提供动力；坚持以信贷结构的优化推动中国经济结构的战略性调整和经济发展方式的转变，大力增加对现代服务业、先进制造业、战略性新兴产业的贷款，坚决退出产能过剩行业贷款；加快推进中小企业金融业务的发展，在缓解小企业“融资难”和促进群众就业中发挥了大银行应有的作用；积极实施信贷区域平衡发展战略，积极参与了西部大开发、中部崛起、东北老工业基地振兴、天津滨海新区建设的历史进程。二是打造“诚信银行”。工商银行坚持依法合规经营，着力建设诚信体系，积极履行反洗钱义务，加强内部控制，向消费者充分提示金融产品和服务的风险、加强个人客户信息管理、注重内部反腐倡廉工作，不断培养全员诚信意识，塑造“诚信、稳健、效益”三者相结合的经营理念。三是打造“绿色银行”。工商银行认真落实国家能源结构调整与新能源产业的发展部署，积极支持可再生能源以及节能重点领域信贷需求，率先推行“绿色信贷”政策，对环保不达标企业和项目实行“一票否决制”，努力打造绿色信贷模范银行；推广电子银行，依托金融杠杆手段，支持低碳经济发展，促进环境友好型社会建设；宣扬绿色理念，推行无纸化办公，实施绿色采购，减少碳排放，努力实现经济利益和社会责任的平衡、社会与自然的和谐共存。四是打造“爱心银行”。工商银行秉承“源于社会、回馈社会、服务社会”的宗旨， 积极投身公益事业，鼓励员工参与志愿者活动，通过扶贫助困、助老助残、助学支教、社区服务、金融知识普及等多种方式回馈社会，在抗击汶川地震、服务北京奥运、建设“母亲水窖”工程、支援贫困地区建设等社会重大事件和公益事件上，工商银行始终走在了行业前列。

弘扬文化，开创企业建设新局面

近年来，工行国际化、综合化发展迅速，目前已在全球29个国家和地区设有机构，服务网络跨越亚非欧美澳五大洲，并陆续进入投行、基金、租赁和保险领域，形成了以商业银行为主体、跨市场的经营格局。为适应新时期改革发展的新形势、新挑战，工商银行企业文化建设逐步走向整体推进、系统深入的崭新阶段。

持续推进企业文化传播，加快企业文化核心价值理念的深植落地。一是持续开展企业文化内部传播。充分发挥各级企业文化推进委员会的作用，持续做好企业文化深度传播工作，加深认同理解，形成文化自觉，提升全行干部员工的文化执行力。将企业文化纳入各专业人员的培训中，纳入各类专业资格认证考试中，推进企业文化培训制度化和常规化。二积极开展企业文化对外传播。工商银行创新传播形式，广开传播渠道，借助报刊、网络等强势媒体，积极开展对社会公众的企业文化传播，努力扩大企业文化的社会影响力，提高工商银行的社会美誉度和客户忠诚度。

加强企业文化载体建设，完善企业文化传播机制。理念载体。一是建立健全完善企业文化“故事库”、“照片库”。在全行印发《企业文化故事集》（第一辑），《工行记忆》史料画册，深入挖掘具有代表性、体现先进性的典型故事和图片，将理念寓于故事和图片中，充分展示工行员工的精神风貌，凸显我行企业文化的鲜明特色。二是搭建了企业文化网络载体。工商银行在内网上建立了“企业文化园地”平台，以生动活泼、喜闻乐见的形式反映了工行员工的文化生活，为广大员工打造了一个交流心得、展示才华、分享快乐、感悟生活的平台。三是丰富了企业文化活动载体。充分发挥企业文化先进典型的示范作用，以“感动工行”员工评选、文明单位创建等载体，大力培育积极向上的企业文化精神。目前，全行共有国家级文明单位95个，金融系统级文明单位13个，总行级文明单位317个，创建成果名列金融系统之最。

稳步推进专业文化建设、特色文化建设和跨文化管理，促进企业文化体系的全面覆盖。一是启动专业文化建设。工商银行从较为成熟的风险、创新文化作为试点，由相关部门牵头，启动专业文化建设，对专业文化理念进行梳理总结、归纳提升；同时对照核心价值理念，对规章制度和流程设计进行梳理，突出制度与流程建设的文化内涵，寓理念于制度规范之中。二是进一步规范特色文化建设。工行银行在保护基层行培训特色文化积极性的基础上，抓好辖内特色文化的梳理及与全行企业文化体系的对接，确保本行特色文化与我行企业文化基调一致。三是探索实施跨文化管理。制作双语版《企业文化手册》，推动集团价值理念向境外传播；以实施国际化战略为契机，引导境外机构将全行统一的企业文化体系与所在区域文化背景有机融合，进一步丰富我行文化内涵。

秉承卓越品质，追求高远境界。中国经济发展已站在新的起点，未来机遇与挑战并存，工商银行已吹响打造“百年金融老店”的号角，优秀的企业文化将继续引领着工行人，牢牢把握经营环境变化中孕育的机遇，进一步开创国际一流金融企业更为广阔的发展前景，为中国乃至全球经济、社会和环境的可持续发展做出新的贡献！

改革开放的窗口
中信集团企业文化的发展与实践

——中国中信集团公司

中国中信集团公司是在邓小平同志亲自倡导和支持下，由荣毅仁同志于1979年10月创办的。经过32年的发展，中信集团已成为一个具有较大规模的国际化大型跨国企业集团，也是目前国内最大的综合性企业集团，现拥有44家子公司，业务涉及银行、证券、信托、保险、基金、资产管理等金融领域以及房地产、基础设施、工程承包、资源能源、机械制造、信息产业和商贸与服务业等非金融领域。截至2010年年底，中信集团的总资产为25391亿元，当年净利润为334亿元，2009年、2010年、2011年连续入选世界

500 强企业。

作为改革开放的窗口和试点，中信集团开辟出一条通过吸收和运用外资、引进先进技术和管理经验为国家现代化建设服务的创新发展之路，率先运用国际先进的管理体制和经营方式，为推进中国特色社会主义事业做出了积极贡献。中信企业文化是在中信集团 32 年不断探索和发展的过程中逐渐发展起来的。实践证明，中信企业文化是中信集团最可宝贵的无形资产和精神财富，对于引领集团的改革、创新、整合、发展，不断增强核心竞争力发挥了重要作用，是中国企业文化 30 年实践的独特亮点。

中信集团企业文化的形成

中信集团在创业和发展中积聚了丰厚的文化底蕴，在继承和发扬优良传统的基础上，形成了适应集团发展战略、符合时代精神、具有中信特色的企业文化体系。中信集团企业文化的形成具有以下四个突出特点。

中信企业文化是与中信公司成立的特殊时代背景和历史使命相联系的。中信公司成立有着特殊的时代背景和历史使命，党和国家领导人倡导创办中信的初衷在于，开辟对外开放的窗口，设立改革的试点，这就决定了中信必然与我国改革开放的伟大事业紧密相连，也为中信事业奠定了改革和创新的基调。中信企业文化与这个大的时代背景有着密不可分的关系。

中信企业文化凝聚着党和国家领导人的关怀和希望。由于肩负着改革开放先锋的特殊使命，中信公司的成长与发展始终得到党和国家领导人的关注。邓小平同志为中信题词：“勇于创新 多做贡献”；江泽民同志为中信题词：“开拓创新 勤勉奋发 办好中信”。他们的亲切关怀和希望引导着中信企业文化的方向，成为中信企业文化的独特内容。

中信企业文化是在以中信事业创始人荣毅仁同志为代表的企业领导人亲自培育下形成的。在荣毅仁同志担任中信主要领导的十多年中，对于企业的发展方向、经营理念和员工行为规范等作过许多重要讲话，有许多精辟的论述。他亲自订立的 32 字中信风格，成为中信人的共同行为准则和精神风范。以后的历任领导秉承老一辈创业者的经营理念，提出要大力加强企业文化建设，培育中信企业精神，经过认真梳理和提炼概括，形成了中信集团企业文化体系。

中信企业文化是在全体员工的积极参与下形成的。中信创办以来，广大员工投身中信事业的发展，在工作中不断丰富中信企业文化的内涵，在集团企业文化大讨论中集思广益，充分表达观点，认真探索和实践，涌现出许多弘扬中信企业文化的典型，为中信企业文化的形成奠定了重要基础。

2009 年 9 月，标志着中信企业文化走向成熟的《中信集团企业文化手册》正式印发，对中信企业文化作了系统阐释，对进一步加强中信企业文化建设具有重要的指导意义。

中信集团企业文化的基本内涵

中信集团企业文化体系主要包括核心价值理念、中信风格、中信集团发展使命和中信集团目标愿景。

中信集团的核心价值理念是：诚信、创新、凝聚、融合、奉献、卓越。

——诚信是中信集团的立身之本和经营哲学。中信集团要求在经营活动中自觉维护国家的荣誉和企业的信誉；讲信用、讲商誉、讲道德，恪守承诺；与客户和合作者坦诚相待、诚实守信，对客户和合作者高度负责。诚信体现了中信人最核心的价值观。

——创新是中信集团发展的不竭动力和优势所在。中信集团要求在各项业务的发展中不断解放思想，更新观念，与时俱进，适应新的形势和挑战，敢于打破常规，敢为天下先；坚持开拓进取、锐意创新，大胆探索，大胆尝试，大胆实践，在创新中赢得市场先机，使中信事业永葆旺盛的活力。创新被视为中信集团至为宝贵的优良传统和文化基因。

——凝聚是中信集团的力量源泉和整体竞争力的重要体现。中信集团要求在员工中大力弘扬和培育精诚合作的精神，牢固树立全局观念和一盘棋的思想；目标一致，步调一致，同心同德，众志成城，依靠团结的力量和集团整体协同效应去战胜前进道路上的各种困难。

——融合是中信集团的团队特色和建设和谐企业的基本内涵。中信集团要求企业在发展中树立世界眼光，保持开放胸怀，对内讲团结、讲包容，相互尊重，相互支持；对外讲合作、讲融洽，做到平等相待，实现互利共赢。

——奉献是中信集团的行为风范和精神境界。中信集团要求广大员工热爱祖国、热爱中信、热爱本职；切实履行社会责任，积极参与社会公益事业；艰苦奋斗，克己奉公，自觉为社会主义现代化建设事业贡献聪明才智。

——卓越是中信集团的价值取向和目标追求。中信集团要求广大员工不甘平庸，志存高远，在发展中追求更高的目标、更佳的品质、更好的效益；不断超越自我，超越他人，努力实现新的跨越和突破，永葆基业长青。面对新的历史机遇和挑战，卓越更代表了中信人面向未来的雄心气度和使命精神。

中信集团的风格是：遵纪守法，作风正派；实事求是，开拓创新；谦虚谨慎，团结互助；勤勉奋发，雷厉风行。

遵纪守法，作风正派，就是要遵守国家的法律、法规和外事纪律，执行公司的规章制度，严守国家和公司的机密；以国家和公司的利益为重，顾全大局，廉洁自律；以诚待人，恪守信义，平等交往，追求互利共赢。

实事求是，开拓创新，就是要从实际出发，有一说一，有二说二，不说大话、假话、空话，多做少说，先做后说；工作深入扎实，注重调查研究，不搞形式主义；不断更新思想观念，勇于突破旧体制、旧习惯的束缚，大胆创新，争创一流业绩。

谦虚谨慎，团结互助，就是要注意学习他人长处，虚心听取他人意见，有错就改，永不自满；互相尊重，互相帮助，待人热情友好，讲礼貌；树立集体意识和团队精神，从全局和整体出发，密切内部协作和交流。

勤勉奋发，雷厉风行，就是在工作中要有认真的态度、紧张的气氛，说干就干，办事严格，讲究效率；保持朝气蓬勃、积极进取的精神状态，励精图治，艰苦奋斗，忘我工作；坚决执行上级决定，勇于承担责任，胜利不骄，逆境不馁。

中信集团的发展使命是：为客户提供最好服务，为员工提供施展才能的平台，为股东创造最大价值，为国家做出最大贡献。

中信集团在经营活动中始终坚持客户第一的原则，不断满足客户现实的和潜在的需求，努力创造一流的服务水平，这是企业取得良好信誉的重要条件；中信集团把员工工作为第一资源，充分发挥员工的聪明才智，形成了员工成长与发展的良好环境，为中信事业提供了组织和人才的保证；中信集团把给股东的回报作为企业长久成功的基础，切实提高经营管理水平和盈利能力，实现国有资产的保值增值，使股东价值得到最大化；中信集团具有国家利益高于一切的传统，坚定不移地履行国家赋予国有企业的政治、经济、社会责任，为国家的改革开放和现代化建设事业做出了积极的贡献，得到了社会的广泛赞誉。这几方面既是中信集团的经营目标，也是所承担的使命与责任。

中信集团的目标愿景是：成为综合优势明显、若干领域领先，具有核心竞争力的国际一流大型企业集团。

作为综合性、多元化的大型跨国企业集团，中信集团的业务范围十分广泛，横跨国内外金融与非金融的多个行业和领域。金融主业中，拥有银行、证券、保险、信托、基金、期货等牌照齐全的金融子公司；非金融业务中，在房地产与土地成片开发、工程承包、基础设施建设、资源与能源、机械制造、信息产业、高新技术及其他服务领域进行了重大投资。在这样的结构布局中，必须最大程度地发挥集团综合优势，强化整体协调机制，并通过业务整合和结构调整，集中资源重点发展若干行业，形成在国内拥有行业领先地位的优势业务，增强集团整体盈利能力和核心竞争力，真正成为国际一流综合性大型企业集团。

中信集团企业文化建设的机制

近年来，中信集团通过加强规划组织、抓好宣传推广、开展教育培训、发挥试点引路等方式深入推进企业文化建设，努力形成企业文化建设的长效机制。

加强企业文化建设的规划和组织实施。中信集团把企业文化建设作为企业发展战略的重要组成部分，组织编制中长期发展规划时，把企业文化建设作为重点，提出了总体目标、主要任务和重点工作。集团专门成立了企业文化部，制定下发了《关于加强中信集团企业文化建设的指导意见》，明确提出企业文化建设的指导思想、基本原则、工作目标和领导机制。各部门、子公司结合实际制定了企业文化建设的具体方案。各级领导特别是一把手带头做企业文化建设的倡导者、策划者、推动者和实践者，形成主要领导亲自抓、主管部门负责组织、相关部门分工落实、员工广泛参与的工作格局。

抓好企业文化宣传载体建设。中信集团在门户网和局域网上开辟了企业文化专栏，并利用报刊、广播、电视、宣传橱窗等多种载体，形成宣传企业文化的平台。经中央批准，集团在总部办公地京城大厦设立了荣毅仁同志塑像，在“第一城”建立了荣毅仁同志生平暨中信公司发展陈列室，作为对广大员工进行中信企业文化和优良传统教育的重要场所。集团为全体员工颁发镌刻着荣毅仁同志头像的纪念铜章，为长期服务中信的职工颁发金质纪念章。在开展“我与中信”征文活动的基础上，编辑出版《我与中信》文集。集团还组织摄制了反映中信集团发展历程的电视系列片《大国风帆》，出版了反映中信集团发展之路的《艰难的辉煌》一书。2011年，系统总结中信企业文化“落地”和实践的《文化的力量》一书获得全国企业文化建设优秀成果奖。通过大力宣传中信集团的成就和实践，使广大员工更加深入地了解中信企业文化，激发了投身中信事业的使命感和责任感。

把企业文化纳入各类人员教育培训。集团组织的领导干部轮训班、中青年骨干培训班及新员工培训都把企业文化列为必修课。集团领导亲自授课，促进了各级领导和广大员工对中信企业文化的了解和认识，增强了践行中信企业文化的自觉性。通过听取专家讲课，参加培训和研讨会，实地考察知名企业，提高了企业文化的素养，多人获评“新中国60年金融先进文化优秀建设者”。集团还结合开展群众性读书活动，向员工推荐一批优秀企业文化书籍，举办读书讲座，使广大员工不断深化对企业文化的理解。

以试点经验推进全系统企业文化建设。集团确定了一批有代表性的部门、子公司作为企业文化建设试点单位，指导这些单位在中信集团企业文化统一性的前提下，根据所处行业和经营管理的需要，构建富于自身特色的企业文化，进一步完善各项规章制度和员工行为准则。在试点的基础上，开展经验交流，互相学习借鉴，促进全系统把企业文化建设进一步引向深入。

中信集团企业文化的实践

中信集团注重将企业文化贯穿于企业整体发展、经营管理、员工规范和履行社会责任等各方面，增强了凝聚力、执行力和创新力，发挥出集团综合优势和整体协同效应，为中信事业的持续发展提供了精神文化支撑。2010年，中信集团企业文化建设的经验被中央国家机关工委转发，并获全国企业文化优秀科研成果一等奖，中信集团入选“新中国60年企业精神十大摇篮组织”，中信集团的核心价值理念入选 “新中国60年企业精神60佳”。

恪守诚信准则，树立中信的良好信誉。中信集团把诚信作为核心价值理念之首，坚持诚信的商业准则，按市场经济规律办事，重承诺，守合同，坚持投资而不搞投机，视信誉为企业的生命。作为国家授权最早开展国际信托业务的公司，中信以信交天下，以信取信，受之以信，付之以信，得之以信。虽然是靠负债经营发展起来的，但中信即使在最困难的时候也从未拖延过任何一笔债务的偿还。对中信泰富事件的处理充分体现了中信集团对自身信誉和诚信的重视。在国际金融危机影响下，中信泰富因澳元期货合约形成巨额潜在亏损，从法律上讲，中信集团只应按持有股份的比例承担相应的有限责任，但作为中信泰富的非控股股东，中信集团并没有纠缠于责任界定，而是切实履行集团作为境内负责处置中信泰富风险第一责任主体的责任，果断采取向中信泰富注资和承接澳元期货合约等一揽子解决方案，在有效化解这一重大危机事件后，重塑了市场对中信泰富的信心。在面对危机时以诚信的态度应对突发问题的表现，进一步提升了中信集团的信誉。

坚持开拓创新精神，努力创造卓越的业绩。中信集团把创新作为发展的根本，在许多领域取得重大突破，成为国内许多行业的创建者和市场的引领者。在北京奥运会筹办期间，中信集团承担了以国家体育场“鸟巢”为代表的奥运会主体工程的建设及相关保障任务。由中信集团联合体总承包建设的“鸟巢”是世界同类建筑中规模最大、结构最复杂、技术难度最高、工期和质量要求最为严格的工程，被国际权威媒体列为“世界十大最重要建筑工程”之首。在工程科技含量高、很多施工工艺和技术为国家乃至世界上首次应用的情况下，先后完成了一批重大科研课题，成功地解决了各种工程技术难题，创造了世界建筑史上的奇迹。中信证券在保持传统竞争力的同时，大力开拓新的业务，在股票及债券承销金额、股票及债券主承销家数、股票主承销金额、债券主承销金额、债券主承销家数5项指标上均排在全国第一，成为中国和亚洲最大的证券公司。中信重工依靠自主创新从逆境中崛起，坚持以高端技术支撑高端产品、以高端产品赢取高端客户、以高端客户占领高端市场的战略，发展成为国内最大的矿山机械制造企业和最大的重型装备制造企业之一，被胡锦涛同志称为“转变经济发展方式在企业的成功实践”。

贯彻走出去的发展战略，扩大中信的文化和品牌效应。中信集团凭借海外业务多年的力量积蓄以及形成的兼容并蓄的企业文化，突破不同国家和地域文化的差异及法律、环境、市场的障碍，通过开展对外投资和项目合作，充分利用国外市场和资源，把企业做强做大。阿尔及利亚东西高速公路作为世界上单项合同额最大的国际公路竞标项目，面向全球招标，中信联合体凭借品牌优势、资源配置优势、资本运作能力和强大的凝聚力，克服重重困难，战胜了强大的竞争对手，中标合同总额达62.5亿美元；在工程建设中以中信企业文化凝聚广大员工，打造特别能吃苦、特别能战斗的铁军，高标准地完成了工程建设任务。近年来，中信集团连续中标委内瑞拉社会住房项目、巴西坎迪奥塔火电厂项目、安哥拉社会住房项目等，以一流的管理、一流的技术、一流的服务打造出一项项优质高效的精品工程，使中信的信誉和品牌影响力在国际上得到进一步提升。目前，中信集团海外业务分布于全球20多个国家，形成了以资源能源投资、国际工程承包、机械产品出口和金融服务业等为主的海外业务发展格局。

发扬无私奉献精神，为国家经济社会发展做贡献。中信集团以强烈的奉献意识，努力尽好国有企业的社会责任。中信集团响应中央号召对口支援西藏自治区申扎县，先后实施了牧民安居工程和太阳能光伏电源等一系列援藏项目，有力地促进了民族地区经济发展。中信集团积极帮扶云南省元阳县和屏边县发展，通过修建沼气池，改造茅草房，建设卫星电视接收天线，实施产业化扶贫项目，组织劳务输出等，变“输血式”扶贫为“造血式”扶贫。中信集团在河北宣化县黄羊滩推进治沙绿色工程，在完成两期共计2万亩治沙绿化的基础上，大力开发以种植业、养殖业为核心业务的绿色产业，以中信绿色生态产品创造的效益反哺治沙绿化，走出一条生态保护可持续发展之路，为改善京冀地区的生态环境做出了贡献。中信集团还先后在河南花园口、陕西榆林、内蒙古武川、云南屏边和北京昌平等地建立了重点造林绿化基地，为当地生态环境建设助力。中信集团支持教育事业发展，在河北、云南、山西、西藏、贵州等省区援建了55所希望中小学校；在清华大学等10多所高校设立奖学金。积极参加抗震救灾，为汶川地震灾区、玉树地震和舟曲特大泥石流灾区分别捐款7322万元和2701.5万余元，2010年获中国企业社会责任特别大奖。

胜利文化融体入心 夯筑百年油田

——中国石化胜利油田

中国石化胜利油田（以下简称胜利油田）是我国第二大石油生产基地和中国石化上游的龙头企业，自1961年发现以来，累计探明石油地质储量50.6亿吨、生产原油10亿吨，实现总收入1.26万亿元、利税6039亿元，为保障国家能源安全、服务国民经济和区域社会发展做出了重大贡献。

在50年从创业走向创新的实践中，胜利油田始终秉承政治优势与优良传统，坚持文化建设与勘探开发并重，不仅培育形成了富有活力、催人奋进的胜利文化，成为“全国企业文化示范基地”和“新中国60年企业精神培育十大摇篮组织”，而且持续加强宣传教育和创新实践，推进胜利文化“沉到底、入人心、见实效”。特别是近年来，紧紧围绕“六个导向”，坚持文化向战略层面提升、向企业管理渗透、向思想政治工作融合、向专业化扩展、向班组岗位下沉、向社区大本营延伸，构建起胜利文化“融入中心干工作，深入人心起作用”的长效机制，进一步夯筑了百年油田的文化根基。

注重实践特色，丰富胜利文化内涵

伟大的实践孕育伟大的精神，哺育灿烂的文化。胜利油田根植50年大发展、大贡献的土壤，紧密结合不同时期的石油勘探开发建设实践，不断创新培育新理念，总结提炼新格言，从胜利精神的培育到观念形态文化、制度行为文化、物质形态文化“三个层次”的划分，从共同的愿景目标、共同的价值追求、共同的制度规范、共同的行为习惯“四个要素”的提出到“胜利心田工程”的推进，构建起相对完整的胜利文化体系。其核心内容主要包括：

一是“从创业走向创新，从胜利走向胜利”的新时期胜利精神。这是胜利文化的思想灵魂，也是胜利人艰苦创业、创新奉献的精神旗帜。1992 年，油田就总结形成了以“坚定不移的政治信念、以国为重的主人意识、以苦为荣的奉献精神、求实创新的科学态度”为主要内容的胜利精神。2002 年总结提炼了“从创业走向创新，从胜利走向胜利”的新时期胜利精神，反映了胜利人以国为重、创新奉献的价值追求和昂扬向上、永远胜利的精神风貌。2010 年，新时期胜利精神被中国企业文化研究会评为“新中国 60 年企业精神 60 佳”。

二是“百年创新，百年胜利”的共同愿景。经过充分论证，2007 年油田确立了“百年创新，百年胜利”的共同愿景，并明确了“分三个阶段，实现三个目标”的具体构想：第一阶段，“十一五”期间原油年产量保持在 2700 万吨以上，这一目标已经胜利实现。第二阶段（到 2024 年），油田成立 60 周年的时候，实现“开发 60 年，探明 60 亿”，油气生产在较高水平上运行；第三阶段（到 2064 年），油田成立 100 周年的时候，实现“持续百年创新，建设百年胜利”，继续保持全国大油田的地位。

三是“共创百年胜利，共建和谐油田，共享美好生活”的共建共享理念。这是党的十七大召开后，油田党委适应科学和谐发展的新要求，提出的胜利人的共享价值观。它把油田的企业文化与发展战略、企业发展与职工利益高度统一起来，增强了职工群众的认同感和凝聚力。

四是“油田与心田共建，文化与文明共创”的新理念。这是“胜利心田工程”主导性的价值理念，也是现阶段胜利文化建设的根本指导思想。“油田与心田共建”就是要更加注重人文关怀，加强情感管理，开发心智，富润心灵，建设具有高度认同感和强烈归属感的胜利精神家园。“文化与文明共创”，就是用文化的力量吸引人、凝聚人，用文明的精神塑造人、鼓舞人，提升文明素质，共建和谐油田。

与此同时，我们把职工群众在实践中总结提炼的岗位理念，如“咱们工人有技术才更有力量”、“开发油田必先开发心田”、“想干有责任、会干有技术 、巧干有绝活 、实干有贡献”等，上升为引领油田发展的新时期胜利格言，不断赋予胜利文化新的内涵，使胜利文化具有旺盛的生命力和时代感。

完善实践机制，推进文化落地生根

企业文化重在实践，关键要做好“化”的文章。胜利油田持续强化文化实践落地机制，通过耳濡目染的熏陶，潜移默化的培育，水滴石穿的渗透，春风化雨的滋润，促进胜利文化内化于心，固化于制，外化于行，物化于境，融化到血液里，落实到行动上。

强化组织领导，保持强势运行。油田先后制定实施了 2003-2005 年、2006-2008 年和 2009-2011 年 3 个胜利文化建设三年规划，成立了工作领导小组和企业文化处，下属单位也都建立相应机构，配备专兼职人员做好企业文化建设工作的组织、协调、综合和指导，形成了文化动车组。同时，油田还每年都确定一个主题活动，组织召开一次胜利文化年会，并把文化建设纳入到文明建设和“三基”的考评体系中，积极探索建立胜利文化建设的测评体系和考核机制，推动了胜利文化整体建设水平的不断提高。

强化文化传播，营造浓厚氛围。在胜利日报、胜利电视台、胜利文化网、《胜利》月刊等油田媒体上，常年开设文化专栏，及时动态地宣传报道胜利文化建设情况。编辑出版《胜利文化手册》、《胜利文化案例》、《胜利故事》等胜利文化丛书，作为广大干部职工学习培训的教材。投资建成科展中心、孤东大堤等一批爱国家爱油田教育基地和文化长廊、文化广场，成为传播胜利文化的新名片。积极拓展“车厢文化”、“公寓文化”、“餐厅文化”多种新阵地，形成了立体化的文化宣教网络。经常性组织开展消夏晚会、新年音乐会、春节联欢晚会等寓教于乐、寓教于康的文化活动，丰富了职工群众的精神文化生活。采取巡回报告、故事演讲、征文比赛等多种形式，广泛宣传“新时期胜利人的楷模”代旭升、“精细管理的样板”胜采 22 队、“作业战线的尖兵”孤岛作业 51 队等旗帜性典型，营造了“弘扬光荣传统，创造百年辉煌”的浓厚氛围。

强化协调共建，激发创造热情。在油田机关层面，由相关机关处室牵头，研究建设廉洁文化、安全文化等专项文化。“廉洁树胜利形象，勤政促油田发展”的胜利廉洁文化建设，取得明显成效，胜利油田党风廉政教育基地，2010 年被中纪委命名为首批“全国廉政教育基地”。在油田 70 多个二级单位，大力创建“钻头”文化、“采油树”文化等特色子文化，形成了点高面广、整体推进的生动局面。在油田 3480 多个基层队，以“聚情爱家、聚力建家、聚心和家、聚智兴家”的“四聚”理念为指导，培育弘扬催人奋进的团队精神，创建“以油为业，以队为家”的家文化，现河采油 4 队“我靠家生存，家靠我发展”的王岗家文化，电力公司运行八队“让家更温馨，让成员更幸福”的小站家文化等，都营造了浓厚的亲情氛围，提升了管理水平。在油田 1.6 万多个基层班组，倡导创建“班组文化”，确立班组目标，提炼班组格言，激发了班组斗志，凝聚了班组力量。

强化课题研究，扩大合作交流。油田成立企业文化研究会，针对油田文化建设的重要理论和实践问题，进行立项研究和集中攻关，在特色制度文化、基层家文化、心田工程等方面取得了一批重要成果。《发展胜利文化，构建和谐油田》荣获全国企业文化十佳优秀论文奖。胜利油田与中央党校联合成立课题组，研究出版了《传承与创新：胜利油田企业文化研究》。近年来，胜利文化案例不仅进入中央党校课堂、编入中央党校教材和许多专家的教案中，先后被《中央企业企业文化建设优秀案例选编》、《中央企业企业文化建设报告》、《中国企业文化年鉴》等收录，而且通过《人民日报》、《瞭望》和《中外企业文化》等广泛传播，受到业界好评。充分发挥“全国企业文化示范基地”作用，积极组织参加全国企业文化年会、中外企业文化峰会等高端文化活动，展示成果，交流经验；大庆油田、中原油田、神华集团、新兴铸管集团、山东电力集团等知名企业代表团，也纷纷前来参观考察胜利文化，持续扩大胜利油田的知名度和胜利文化的影响力。

强化管理创新，培育行为习惯。严格执行中石化员工守则、十大安全禁令和文明礼仪规范，大力培育“人人遵章守纪，事事讲求精细，时时注重创新，处处体现和谐”的共同行为规范，把制度约束和习惯养成结合起来，使规则与其传递的价值和谐一致。对多年来积累形成的一些特色明显、行之有效的管理理念和做法认真梳理，总结提炼了“组织运行一体化、战略执行一致化、过程控制精细化、科技创新规范化、‘三基’管理标杆化、企业文化个性化、稳控工作人本化”的“七化”特色管理经验，推广了“系统节点管理”、“员工价值管理”、“长寿井培养”、“油井生物钟管理”和“自然递减分因素控制”等20余项具有独创性和切实有效的管理模式，不断把文化理念融入到管理制度中，体现到操作流程里，落实到行为习惯上，促进了企业管理升级。2010年，《大型油田提高基层建设水平的创优管理》荣获国家级管理创新成果一等奖。

强化心田开发，推进文化管理。“胜利心田工程”作为胜利文化建设的闪光一环和实践载体，就是要从根本上解决文化落地问题，使各个群体不同层次的胜利人都保持健康心态，发挥自身价值，能够快乐工作、幸福生活，是文化管理在胜利油田的实质推进。近年来，油田与中国企业文化研究会专家合作，围绕“以价值主导心性，以愿景凝聚心力，以学习开启心智，以情感温润心灵，以调适平衡心态，以环境改善心境”的基本框架，对“胜利心田工程”的建设模式、规律与路径等进行集中攻关和试点探索，取得阶段性成效。以价值主导心性，就是倡导“价值管理”，进一步壮大主流，强化主导，增强文化价值的认同感和信奉度。以愿景凝聚心力，就是推行“心力管理”，激发职工内心深处的力量，增强干部职工的使命感和责任心。以学习开启心智，就是实行“知识管理”，大力创建学习型组织，推进创新文化建设，提升干部职工的知识素养和创新技能。以情感温润心灵，就是倡导“情感”管理，更好地用家文化温润心灵，增强职工群众的归属感和凝聚力。以调适平衡心态，就是加强“心理”管理，切实做好心理学研究应用和一人一事的思想政治工作，引导职工树立阳光心态。以环境改善心境，就是实行“环境管理”，建设“油洲加绿洲”的绿色生态油田，营造文明和谐的油区环境。

突出实践效果，文化引领百年胜利

基业长青，文化制胜。胜利油田大力实施文化强企战略，把胜利文化作为油田最重要的无形资产和管理创新的特殊武器，充分发挥文化的理念引领、价值支撑和工作推动作用，把文化变成利润，用无形资产增值有形资产，引领50万职工家属传承胜利、发展胜利、创造胜利，为“打造世界一流，实现率先发展”提供强大的文化支撑。

文化力促进科学发展，创造胜利开发奇迹。油田以胜利文化引领和服务企业发展战略，围绕“百年创新，百年胜利”的愿景目标，积极转变发展理念和发展方式，以“思想再解放、观念再转变、潜力再认识，推动科学发展”的实际行动，着力做到“油气主业做大、专业板块做强、矿区服务做优”。切实做好节能减排和安全环保工作，强化油气资源、热能风能、“三废”资源的综合利用，努力做到低碳发展、安全生产、清洁生产，为国家奉献绿色清洁能源。面对高含水、高采出程度、高递减以及极端灾害天气增多等重重困难，牢固树立“地下所有资源都能找到”、“找到的储量都可动用”理念，勘探上精查细找，开发上精雕细刻，经营上精打细算，操作上精益求精，截止2010年底，连续28年年探明石油地质储量1亿吨以上，连续15年实现储采平衡，连续16年原油产量稳定在2700万吨以上，创造了世界同类油田开发史上的奇迹。

文化力巩固竞争优势，提升胜利品牌价值。油田大力实施“打造胜利品牌，实现持续发展”的经营战略，把文化优势转化为市场优势和品牌价值，创造形成了一批知名度高、影响力大、竞争力强、创效益好的行业品牌、技术品牌和服务品牌等。面对“地质大观园”的世界级难题，坚持用高科技战胜高难度，创造了陆相断陷盆地隐蔽油气藏勘探理论、精细油藏描述、定向井、修井等技术一大批独步业界的科技成果，有力支撑起胜利“科技兴油”的旗帜。据统计，油田每年依靠科技进步新增探明储量4000万吨以上，新增原油产量300万吨，科研成果应用率达90%以上。在新疆、四川、中东、中亚、南美等外部市场，胜利铁军队伍依靠“独有的技术优势，独有的攻坚优势，独有的品牌优势”，干一项工程，树一块丰碑，拓一方市场，打出了胜利人的威风，使“胜利井下”、“胜利油建”、“胜利物探”、“胜利设计”等行业品牌享誉全国、走向世界。

文化力强化责任担当，打造胜利和谐家园。油田坚持以人为本，关注民生，构建唇齿相依、荣辱与共的利益共同体和文化共同体，使职工群众更加体面劳动，更有尊严生活，幸福指数不断提高。大力加强油洲加绿洲的绿色油田建设，建成国家级示范小区28个，省级文明小区45个，职工的居住条件和生活环境得到显著改善，生活质量明显提高。各级党政组织大力实施“送温暖工程”，广泛开展就业帮扶、帮困助学等活动，干群关系更为和谐。积极参加助学助残、志愿服务等社会公益活动，与油区党政军民联手联心联力，大力促进黄河三角洲高效生态经济示范区和山东半岛蓝海经济区建设，着力打造“高度负责任、高度受尊敬”的企业形象，为打造百年胜利、共建和谐油田奠定了坚实的基础。

理念引领发展 文化创造价值

——中国农业银行股份有限公司

中国农业银行股份有限公司党委始终坚持人本管理，注重文化建设，用文化引领，保障经营管理各项工作健康发展。自1979年第四次恢复成立30多年来，不论是国家专业银行时期，还是向商业银行转轨时期，认真履行着自己的职责，不仅完成了国家赋予的支持农村经济、支持改革开放的神圣使命，而且在这一过程中对如何建设现代金融企业文化，进行了有益的尝试和探索，积累了丰富的经验。特别是新一届行党委站在改革发展的历史高度，把加强企业文化建设，推行“文化强行”战略，作为贯彻落实科学发展观，履行服务“三农”社会责任，打造优秀大型上市银行的战略性举措，组织44万员工开展大讨论，举全行之力，集全员智慧，确立了中国农业银行“面向三农，服务城乡，回报股东，成就员工”的使命和“建设城乡一体化全能型国际金融企业”的愿景，提炼了“诚信立业，稳健行远”的核心价值观以及经营、管理、服务、风险、人才五大理念，用以指导和促推全行改革发展各项工作，并带来了脱胎换骨变化。

从历史积淀中有效传承农行文化

第一，传承忠于使命的责任担当。1979年党中央国务院恢复农业银行的决定，开宗明义就是要为新时期的农村经济服务。这既是艰巨的重担，也是光荣的使命，服务三农也便成为农行任何时候都没有动摇过的信念。30多年来，农行2万多营业机构、44万员工遍布全国城乡，为服务农村经济，促进社会发展作出了不可磨灭的贡献。特别是进入建设现代股份制银行时期，面对激烈的市场竞争和企业生存压力，农业银行坚定不移地贯彻国务院“面向三农，整体改制，商业运作，择机上市”的方针，股改不改服务“三农”的方向，上市不减服务“三农”的力度，不仅成功股改上市，而且服务三农的成效也达到了前所未有的新境界。截至2010年末，我行县域贷款余额达到1.51万亿元，为6186万农户发放了惠农卡，农户小额贷款964亿元，惠及2.5亿农民。卓越的成效得到国家领导和社会各界普遍称赞，2010年11月13日，农业银行“服务三农责任担当”精神与“大庆精神”、“航天精神”“两弹一星精神”等一同被评为新中国60年十大企业精神。

第二，传承吃苦耐劳的品格魅力。农业银行从成立那天起，因与三农相伴，便与艰苦结缘。环境恶劣、生活艰辛、任务繁重、发展曲折是国内任何一家银行都无法比拟的。老一辈“农金员”收放一笔贷款往往要翻越几座山，跑上几十、上百里山路。“扁担银行”、“背包银行”、“骡马银行”等称谓，就是农行人工作状况的真实写照。正是这种艰苦，练就了农行人坚忍不拔的奋斗精神和吃苦耐劳的珍贵品格。在农业银行现有24000个网点中，“三农”机构就有13000个，占全行员工总数一半、约20万员工在县域和农村工作。1989年，湖北枝江农行员工潘星兰、杨大兰为保卫国家金融财产，勇斗歹徒，杨大兰英勇牺牲，潘星兰光荣负伤。时任党中央总书记的江泽民、国家主席杨尚昆、国务院总理李鹏一同出席表彰大会，在全国掀起向农行英雄学习的热潮。在“高原孤岛”西藏的墨脱，全国唯一不通公路的国家级贫困县，一年中有9个月是大雪封山。就在这里，农行女行长新红，带领员工奔波在“生死路”上，30多年如一日服务藏族群众，被藏民亲切称为“农行藏红花”。曾受到温总理接见的、被老百姓称为“红土地上好财神”的福建龙岩营业所原主任饶才富，30年经手发放贷款3300多笔，金额2.8亿元，创下了无逾期、无呆滞、全收息的记录，书写了忠于职守的传奇人生。内蒙古分行营业部保卫部经理智呼声，23年如一日，每年有7个多月在基层一线检查安全，1986年至今，放弃节假日2400多天，比别人多干5万多个小时，70多次被授予各级荣誉，连续三届荣获全国劳动模范称号。在新中国成立60周年时，当选为中国60位时代领跑者之一。正是这些普通员工在平凡岗位上默默展示着他们高尚的情操，成为激励代代农行人不懈追求的精神动力。

第三，传承与时俱进的科学精神。农业银行自恢复成立以来的32年历史，是一部与时俱进、探索创新的改革史，是不断推动经济社会进步的发展史。专业银行时期，我们追求一丝不苟完成国家支农任务；商业银行转轨时期，我们追求适应商品经济规律；建设现代股份制银行时期，我们追求融入国际、行业领先。正是因为坚持了这种科学态度，农业银行在激烈的市场竞争中，不仅圆满完成了国家赋予的支农使命，而且商业化经营也取得了长足发展，实行股份制改革后，仅用三年时间，便在业务发展上再造了一个新农行；用一年时间，就达到甚至超过了工中建等大行上市三年后的业绩表现。

农行企业文化建设的实践，正是源于农行宝贵的文化积淀，得益于代代农行人优秀的精神传承，才有了无尽的源头活水和不竭的发展动力。

文化强行作为始终不渝的发展战略

第一，适应现代金融企业特点，探索企业文化发展路径。80年代初，伴随农业银行各项工作的起步，企业文化建设也纳入行党委的视线。以建立一整套信贷、财会制度为标志，开始步入规范化管理；以开展“金融红旗手、金融红旗单位”劳动竞赛为标志开始实施精神激励机制；以开展农村金融理论研究，大力宣传农村金融工作为标志，注重提升农行工作层次；以出台《中国农业银行思想政治工作条例》，开展丰富多彩的群众性活动为标志，形成物质文明和精神文明两手抓的格局；以启用行徽、统一行名字体为标志，将现代金融企业文化元素融入农业银行；以1996年出台的《中国农业银行企业文化建设实施方案》为标志，农业银行企业文化建设开始成形；以进入新世纪以后“伴您成长”品牌的推出为标志，农业银行企业文化建设日趋成熟。

第二，站在历史发展新的起点，掀起企业文化建设高潮。进入股份制改革时期，新一届行党委审时度势，站在历史发展的新起点，高度重视企业文化建设。行党委书记项俊波到任后面对全行员工的第一次讲话，就大声疾呼：“企业只有拥有成熟的文化，才能具有生命的活力，才能获得生存、发展和壮大的基础。我们要结合农行自身的市场定位和发展战略，加大资源投入，争取利用数年的时间，提炼和培育一套具有农行特色、对内增强凝聚力，对外提升竞争力的企业文化。”

随即，行党委的号召迅速得以贯彻。一是广泛发动，从员工中来，到员工中去。从 2008 年 4 月开始，在全行范围内，开展了历时一年的企业文化建设大讨论活动，汇总、梳理了各分行提交的方案，经行内外专家反复探讨、论证，确定了企业文化核心理念初步方案。二是落实组织，从上到下形成整体合力。总行成立了企业文化建设委员会，负责全行企业文化建设的规划与部署。分行成立企业文化建设执行委员会，负责本级及辖属分支机构企业文化的推广与落实。三是加强培训，由点到面逐步推广。

第三，采取各种有效措施，巩固企业文化成果。企业文化核心理念形成后，行党委进一步提出要求，化无形为有形，将概念变成行动，真正做到将企业文化固化于制，外化于形，内化于心。

一是积极开展企业文化深植。分别在山东、山西等十省市分行开展了企业文化深植试点。通过制订方案、反复宣贯、挂钩经营、全员考核等措施推动深植工作开展并及时总结经验向全国推广。

二是着力推进条线文化建设。在企业文化总体框架下，总行确定财务会计部、法律与内控合规部、个人金融部、风险管理部、人力资源部五个部门作为牵头部门，分别负责“经营文化”、“合规文化”、“服务文化”、“风险文化”和“人才文化”在全行的推广与落实，分别制定了相关理念的落地深植实施方案，形成了横向由办公室统筹牵头、纵向由五部门共同推进，其他各部门齐抓共管的企业文化工作格局。

三是加强对外宣传与展示。设计印制了企业文化核心理念手册、系列张贴画以及各类宣传品，各级行各部门、一线营业网点都按总行统一要求，在办公场所、会议室、营业大厅的醒目位置展示和张贴。

四是开展各类推广活动。据不完全统计，近两年来各级行共举办 2300 多场次、7400 多名选手参加的“践行文化理念，学习先进典型”演讲比赛 ，有 30 多万员工受到了教育。组织开展了全系统“文化宣言，从我做起”征文活动，广大员工热情参与，写身边的人、身边的事，身边的感动，征集文章 2500 多篇。30 余万员工参与“60 年农行人物”网上投票，1200 多人深情留言。所有这些活动，声势、规模、影响力都前所未有。

农行企业文化核心理念的总结、提炼、形成以及深植推广，既是行党委强力推进，全体员工积极参与，共同实践的结果，更是体现了全行上下共同认可的价值取向和精神追求，并显现出软实力带来硬发展的良好趋势。

坚持用文化引领促进经营管理的深刻变革

一是践行经营理念，市场意识更加强化。各级行在经营管理实践中，将“以市场为导向，以客户为中心，以效益为目标”经营理念融入业务发展，市场竞争力和价值创造力显著提升，构建起综合化多元化的业务增长模式。国资委直属的 122 家大型央企都与我行建立了合作关系，中国企业 200 强中与我行有合作关系的达 180 余家，中国前 500 强中 35%、前 100 强中 55% 的企业已接受我行现金管理服务，2010 年全行优质客户贷款余额占全行法人客户贷款余额的 91.52%，较 2008 年末提高 14.63 个百分点。全行各项存款增量、对公存款增量和储蓄存款增量市场份额同业第一，中间业务增幅同业第一，代理保险、电子银行、投资银行、资产托管等业务市场份额居同业前列。

二是践行管理理念，内生动力更加强劲。践行“细节决定成败，合规创造价值，责任成就事业”管理理念，实现了从粗放式管理到精细化管理的转变，从关注发展速度到注重发展质量和效益的转变，增强了发展的内生动力。制定出台《中国农业银行 2010-2012 年合规文化建设规划》，明确了管理理念落地深植与合规文化建设目标要求。组织开展“合规文化暨案防制度宣讲活动”，分支机构宣讲覆盖面达到 100%，员工受教育覆盖面达到 95% 以上。建立合规教育四“必讲”机制，建立教育、制度、执行、监督、整改、奖惩“六位一体”的管理理念落地深植与合规文化建设新格局，实现由“要我执行”到“我要执行”、由“要我合规”到“我要合规”的飞跃。

三是践行服务理念，客户关系更加忠诚。客户是农业银行的基础，“客户至上，始终如一”的服务理念经过长期灌输和实践磨练，已经在广大员工特别是一线员工中深入人心，服务水平和客户满意度明显增强。通过前台围绕客户强化服务，中、后台围绕客户提高效率，品牌建设围绕客户提升认同度等措施，强化文明标准服务导入，大范围、标准化改造营业网点，健全业务审批体制，加强品牌管理与创新，不断满足客户的需求，服务效率和网点形象发生了质的变化。2010 年度中国银行业文明规范服务千佳示范单位评选活动中，农行被评为“优秀组织奖”，102 家各级机构获得“2010 年度千佳示范单位”荣誉称号。

四是践行风险理念，业务运营更加稳健。在风险管理方面，全行上下深刻汲取以往大案的深刻教训，在核心价值观的指引下，树立“违规就是风险，安全就是效益”的风险理念，完善了风险管理政策制度体系，探索了全面风险管理工具方法，建立了风险管理专职队伍，构建了三位一体的安全防范体系，彻底摒弃了高风险的粗放发展模式，引导全行走上了风险可控、质量可靠、发展稳健的新路子。不良贷款余额和占比分别由 2007 年末的 8189 亿元、23.57%，下降到 2010 年底的 998 亿元、2.04%。全行发生已遂刑事案件数量均为个位数，发案数量呈下降趋势；近三年各类刑事案件堵截率达到 89%、97% 和 97%，“把坏事的负效应降低到最低限度，把农行的根本利益维护到最佳状态”。

五是践行人才理念，员工潜能充分释放。总行相继制定了人力资源管理和教育培训两个“三、五、十年发展规划”，深化人力资源综合改革，营造“尊重人、发展人、会为人、善用人”的文化氛围，将组织优势和人才资源优势转化为推动事业发展的强大力量。按照“德才兼备、以德为本”的选人标准，广开渠道招纳贤才，连续两年进入中华英才网中国大学生最佳雇主TOP50排行榜，中华英才中国金融行业十佳雇主奖。按照“尚贤用能、绩效为先”的用人原则，深化干部选拔任用机制。公开选拔总行部门或省分行级以上的优秀年轻干部，以及风险管理、市场营销和财务会计等高管专业人才。按照“战略导向、落实职责、分组考评、协同促进”的原则，推行新型绩效管理方式。促进了员工绩效和能力的提升，充分发挥绩效管理的激励约束作用。

实践证明，企业文化核心理念已成为农业银行不断开创崭新局面的精神核心和不竭动力。实施“文化强行”战略，坚持“诚信立业，稳健行远”核心价值观引领业务发展，必将成就一条打造优秀大型上市银行的成功之路。

以“三色文化”铸造中国华能品牌

——中国华能集团公司

中国华能集团公司是以电为主、金融、煤炭、交通运输综合发展的国有重要骨干企业。公司坚持“综合实力行业领先”的发展方向，努力打造结构优势、体制机制优势、技术优势、管理优势和队伍优势，逐步成为实力雄厚、管理一流、服务国家、走向世界，具有国际竞争力的大型企业集团。截至2010年底，公司在全国30个省、市、自治区及海外拥有全资及控股装机容量11343万千瓦，为电力主业发展服务的煤炭、金融、科技研发、交通运输等产业初具规模，在中国发电企业中率先进入世界企业500强，2010年排名由2009年的第425位上升至第313位。

华能从1985年创立至今，在20多年的发展历程中，为满足经济与社会发展用电需求、推动中国电力工业改革发展、实现国有资产的保值增值做出了重要贡献；为电力工业的改革、发展和技术进步提供了丰富经验；为电力企业提高管理水平，提高经济效益发挥了示范作用。与此同时，华能也积累了较为丰厚的精神财富和文化底蕴，逐步形成了以“三色公司”为使命，特色鲜明、富有时代气息的核心理念体系，“三色文化”为建设具有国际竞争力的世界一流企业提供了强劲的精神动力和持久的文化支撑。

“三色文化”体系的源起与内涵

企业文化是企业的灵魂，是企业生存发展的重要资源和综合实力的重要标志。中国华能集团公司发展壮大20多年来，逐步形成了具有华能特色的“三色文化”体系。

2003年，公司在深入学习党的科学理论的基础上，明确提出要把华能建设成为具有国际竞争力的大企业集团的战略目标。并把“大力推进企业文化建设，全面实施企业文化战略”作为实现公司战略目标的六大战略举措之一。

在总结、概括和提炼华能从诞生、成长到壮大20多年文化积淀的基础上，提出了“坚持诚信，注重合作，不断创新，积极进取，创造业绩，服务国家”的核心价值观，确定了华能的发展方针、企业精神、企业作风等等。所有这些，极大地丰富和发展了华能企业文化的思想内涵，成为企业文化建设的精神宝藏。

建设“三色公司”是华能的使命与愿景，是与华能实现战略目标相适应、相吻合而构成的文化形态。以建设“三色公司”为使命，华能经过对企业经营管理时间的不断总结和提炼，明确提出了中国华能集团公司企业文化核心价值理念体系的主要内容。以此为标志，华能“三色文化”建设进入了成熟发展的新阶段。

企业使命：为中国特色社会主义服务的“红色”公司；注重科技、保护环境的“绿色”公司；坚持与时俱进、学习创新、面向世界的“蓝色”公司。

战略目标：建设实力雄厚、管理一流、服务国家、走向世界，具有国际竞争力的大企业集团。

核心价值观：坚持诚信，注重合作；不断创新，积极进取；创造业绩，服务国家。

战略定位：电为核心、煤为基础、金融支持、科技引领、产业协同，建设具有国际竞争力的世界一流企业。

企业精神：千辛万苦、千方百计的敬业精神；逢山开路、遇水架桥的开拓精神；自找差距、自我加压的进取精神；敢为人先、敢为人所不能的创新精神。

企业作风：善开拓、讲效率、重信誉、勤俭办事。

华能的企业文化在发展中积淀，在传承中创新，在创新中丰富，具有丰厚的文化底蕴。

第一，凝结改革开放形成的发展共识。华能是改革开放的产物，是中国电力工业改革开放的缩影，伴随着改革开放进程不断发展壮大。作为我国电力企业走市场化道路的先行探索者，华能坚持锐意改革，敢闯敢试、敢为天下先，在实践中，得出了改革发展的基本经验，即“方向明确、科学发展，解放思想、勇于创新，多方合作、互利共赢”。

第二，继承电力行业优秀文化传统。作为国民经济的“先行官”，华能的企业文化一开始就根植于电力行业肥沃的文化土壤，经过精心培育、设计、实践，华能文化理念步步升华、纵深发展，逐步形成了以建设“三色公司”为价值取向、个性鲜明、富有时代气息的企业价值观、企业理念和企业经营哲学。

第三，借鉴国外先进企业的前沿管理理念和以德治企。20世纪80年代后期，加快电力建设使命催生了华能创业者们新的管理思想。华能管理者学习日本、意大利、美国等国家的电厂管理模式和管理经验，广泛开展创建一流电厂活动，从上到下确立起一整套系统、规范的管理制度体系，为日后不断推进的管理制度化、规范化建设，不断扩展、充实、完备、调整公司的管理制度体系，打下了制度和管理基础。

第四，吸纳地域文化、民族文化的丰富营养。华能的所属企业遍布全国27个省（市、区），在发展过程中得到了当地政府和人民群众的大力支持，随着公司的产业和规模不断发展壮大，华能文化在吸纳地域文化、民族文化的营养中不断丰富。如地处云贵高原多民族区域的华能澜沧江公司，着眼于构建既有集团公司企业文化共性、又富有澜沧江水电文化个性的子文化，实现了子公司企业文化与集团公司企业文化的有效对接、融合、再造和培育，提出“能源于水、有容乃大”为精髓的企业文化，不断打造“华能澜沧江”品牌。

在实践中，华能的企业文化已深深打上企业所在地的地域文化和民族文化的烙印。“一方水土养一方人”特殊的地域环境，熏陶着华能14万人，沁润着员工的心灵，为“三色文化”不断丰富内涵、拓展外延的创新发展提供了新的养分。

“三色文化”建设的实践和成果

第一，坚持整体推进，企业文化建设管理体系不断完善。华能集团公司深刻认识到企业文化正在现代企业改革发展中的重要作用，始终从发展战略的高度重视企业文化建设，将企业文化作为企业经营管理的重要组成部分。根据华能三级管理体系实际，集团总部、区域公司／产业公司和基层企业均成立了由主要领导担任组长的企业文化建设领导小组。企业文化建设已经成为系统各单位的重要工作，纳入议事日程。各单位设立了企业文化建设管理岗位和专兼职工作人员，明确了工作职责，基本形成了企业文化建设的工作体系，工作机制不断健全，工作效果愈加明显。

华能大力实施企业文化战略，把“文化强企”作为公司五大重要战略之一，全面融入公司的各项经营管理活动之中。每年的工作会议总经理工作报告都对企业文化建设工作进行总结和部署，每年公司《党建思想政治工作要点》都专题对企业文化建设工作进行安排。2009年，华能将企业文化建设纳入党建绩效考核体系，从管理体系、理念宣贯、活动开展、视觉识别系统等方面对企业文化建设成效进行考核评价，将考核结果与企业年度效益挂钩。

2010年初，公司印发了《关于进一步加强企业文化建设的指导意见》，明确了开展企业文化建设的重要性、指导思想、总体目标与基本内容，提出了企业文化建设组织实施的工作要求。按照国资委的要求，公司在全系统41个二级单位开展了企业文化评价工作。同时，公司选择系统12家基层企业开展“企业文化建设示范单位”创建活动，示范单位范围涵盖火电、水电、风电、煤炭、路港等产业领域，计划用两年时间，通过以点带面、典型示范，进一步引领企业文化建设向纵深推进。

第二，加强学习宣贯，三色文化理念得到广泛认知认同。华能“三色文化”体系集中体现了电力企业的特点和华能的历史文化，反映了华能员工在艰苦创业历程中所形成的理念、精神和追求，体现了华能人肩负的历史使命和一往无前的精神风貌。

为深入宣贯“三色文化”价值理念，公司编辑印发了《企业文化理念手册》，发行至基层单位每个员工手中。华能每年组织有关人员开展企业文化培训，各基层单位也根据实际积极开展丰富多彩的企业文化主题活动，使“三色文化”逐渐得到广大员工认知认同。各单位大力宣传推介“三色文化”，不断加强企业文化的载体和阵地建设，在注重发挥报纸、电视、网络、宣传栏等传统途径宣贯的同时，积极创新企业文化传播的载体和方法，通过举行企业文化专题讲座、华能企业文化知识竞赛、《员工手册》试题测试、主题征文、问卷调查、文艺汇演等形式多样的活动，引导广大员工自觉认同企业使命、战略目标等价值理念，努力构建推进企业改革发展稳定的共同思想基础。

同时，基层企业注重发挥劳模等先进人物的传播和辐射作用，在生产经营管理过程中积极培育和选树、宣传各类具有时代特征的先进典型，通过华能劳模报告团巡回演讲，举办先进典型事迹报告会、观看先进事迹展览等形式，用身边真实、鲜活的典型事例促进企业文化的生动开展，用典型形象不断引领发展、引导员工、凝聚员工、规范行为，在职工心目中树立了“华能人”鲜明的整体形象，激发了职工干事创业、推动企业改革发展的积极性和责任感。通过积极宣贯、深入推进，以“三色文化”为核心的企业价值理念更加深入人心，已经成为广大华能员工的思想主流。

第三，不断融入管理，有效提升企业经营管理水平。华能注重从实际出发，把企业文化价值理念固化于制，融入企业生产经营管理，逐步形成了一套以“三色文化”核心理念为引领，适合华能管理特点和企业实际，相互衔接配套、内容全面、涵盖广泛的制度体系。华能始终坚定不移地贯彻执行党和国家的路线、方针、政策，始终讲政治、顾大局，遵循国家能源发展战略，依法合规经营，保持了企业健康发展。公司认真贯彻落实《国有企业领导人员廉洁从业若干规定》，不断加强惩防体系建设，不断健全相关制度规定、工作流程，完善“三重一大”集体决策制度，努力形成用制度管权、管人、管事的工作机制。华能坚持绿色发展，走可持续发展之路，坚持把节能减排、保护环境等理念融入管理。坚持节能减排的产业政策，优化电源结构，发展高效清洁能源；推进科技创新，提高资源利用效率；转变发展方式，创建节约环保型企业。华能不断完善各项管理制度，动态适时做好各方面制度的废、改、立，按程序办事、靠制度管人的观念深入人心。大力推行对标管理，向国际一流企业看齐，形成了“建体系、树标杆、找差距、促赶超”的常态工作机制。

第四，推进创新发展，不断丰富企业文化内涵。华能把企业文化建设作为融入企业中心工作的重要载体和有效途径，不断丰富和发展企业文化内涵。在学习实践活动中，华能集团公司广泛凝聚员工智慧，吸收各方面意见和建议，在推进公司科学发展上形成了许多重要共识，进一步明确了“综合实力行业领先”、“三大三强”的发展理念，完善了“电为核心、煤为基础、金融支持、科技引领、产业协同，建设具有国际竞争力的世界一流企业”的战略定位，进一步丰富了华能价值理念体系。扎赉诺尔煤业公司积极打造本质安全型企业，颁布了《扎煤公司安全文化建设实施方案》，编发了《扎煤公司安全文化手册》，召开了安全文化建设经验交流会，构建了安全文化“四六”模式，初步形成了具有企业特色的安全文化建设体系。澜沧江公司牢记“三色”公司使命，坚持科学发展、和谐发展，确立了“建设一座电站，带动一方经济，保护一片环境，造福一方百姓，共建一方和谐”的“五个一”水电开发理念。在北京奥运会召开前夕，华能积极组织开展“奥运知识竞赛”活动，在新中国成立60周年大庆之际，华能组织全系统职工开展“爱祖国、爱华能”大型文艺汇演，进一步弘扬了“三色文化”，鼓舞了士气，振奋了精神。在5.12抗震救灾中，华能集团公司上下同欲，共赴时艰，以实际行动诠释了公司企业文化核心理念，铸就了华能抗震救灾精神——“顾全大局、忠于职守的负责精神，坚忍不拔、顽强奋战的拼搏精神，众志成城、和衷共济的协作精神”。2010年，为缓解西藏电源紧张的局面，华能义无反顾，主动承担援藏过渡电源项目建设、主动为中央分忧、为藏区人民造福的具体行动，“风暴强意志更强，海拔高斗志更高”、“缺氧不缺精神，艰苦不怕吃苦”的铿锵誓言，集中体现了华能人“服务国家、勇挑重担的负责精神，坚忍不拔、攻坚克难的拼搏精神，以及不畏艰难、勇于牺牲的奉献精神。”这些从磨砺实践和艰苦奋斗中产生的不朽精神，极大地丰富了华能企业文化内涵。

第五，统一视觉识别，树立华能鲜明的整体品牌形象。塑造和展示华能形象是公司推进企业建设的重要内容。华能通过积极努力，多方面、多层次集中展示华能形象。充分利用长期形成的实力优势、管理优势和技术优势，在大范围、多领域抓名牌项目，建名牌工程、创名牌效益。

2003年，华能集团公司制定了《中国华能集团公司视觉识别系统手册》，统一使用华能标识、标准字、标准色和造型图案，表现华能严谨、稳重和朝气蓬勃的企业风范。各单位自觉导入和使用集团公司企业形象视觉识别系统，形成了以“华能蓝”为基调的工作服、标识、标牌等比较规范的企业形象标识，处处展现了鲜明的华能形象。2010年公司又再版修订了《中国华能集团公司视觉识别系统手册》（2010版），进一步丰富和完善了基础系统和应用系统各要素，为进一步优化公司视觉识别系统夯实了管理基础。公司主动与政府、社区、客户和新闻媒体密切接触和友好联系，积极争取地方政府支持和社会理解，积极参与社会公益事业，广泛传播企业形象，积极塑造和展示良好的社会形象。

经过多年来的不懈努力，华能企业文化结出丰硕的果实。在中央企业党建思想政治工作研究会、中国电力联合会等企业文化优秀成果评选中，集团公司的三色文化理念体系获得“特等奖”，华能系统各单位有20余项被评为优秀成果。其中，澜沧江公司荣获“2008年度全国企业文化优秀成果奖”和“全国企业创新文化优秀案例企业”等殊荣，股份公司、澜沧江公司、北方公司在“国投杯”中央企业企业文化活动电视专题片大赛中分别荣获铜奖和优秀奖。2010年11月，在中国企业文化研究会组织的“新中国60年企业精神传承与创新——中外企业文化2010北京峰会”上，华能集团公司的企业精神被评为“新中国60年企业精神60佳”，华能玉环电厂、德州电厂、云南小湾水电站、河北京张高速公路等7家华能企业被评为“全国企业文化建设优秀单位”。

华能连续五年向社会公开发布《可持续发展报告》，与社会各界建立了良好的沟通交流平台，公司的可持续发展能力得到提升。华能是中央企业最早荣获金蜜蜂社会责任领袖型企业荣誉称号，2009、2010年连续两年荣获“企业履行社会责任特别大奖”，这些成绩充分展示了近几年来企业文化建设所取得的新进展和新成效。

加强集团文化建设
促中航踏上新征程

——中国航空工业集团公司

2008年11月6日，在原中国航空工业第一集团公司和中国航空工业第二集团公司基础上重组整合的中国航空工业集团公司（以下简称中航工业）正式成立。这次航空工业的改革重组，是中国航空工业的一次脱胎换骨的巨变，是中航工业实施战略转型的开端，是踏上建设新航空、大航空、强航空的新征程的新起点。实施重组整合以来，中航工业高度重视文化融合和加强集团文化建设，使集团文化成为40万员工的精神纽带和“粘合剂”，有力地推进了中航工业的战略实施和科学发展。

一、提高思想认识，增强促进集团文化融合的责任感紧迫性

1999年原中国航空工业总公司一分为二，10多年的分离使得原来两个集团的干部职工在思想观念、思维模式、工作方法、文化素养等方面有了很大的差别，观察问题、分析问题、解决问题的方式方法也有较大的差异。加速文化融合，形成统一的价值观念和行为办事习惯显得尤为迫切，构建先进的中航工业新型集团文化体系显得尤为重要。

党的十七大指出：“当今时代，文化越来越成为民族凝聚力和创造力的重要源泉、越来越成为综合国力竞争的重要因素”，“要坚持社会主义先进文化前进方向，兴起社会主义文化建设新高潮，激发全民族文化创造活力，提高国家文化软实力”。集团文化作为集团的灵魂，是航空人共同具有的价值观念、理想追求、情感意志和行为规范的综合反映，是维系航空工业生存和发展的精神支柱，已经成为集团公司核心竞争力的重要内容。随着中国航空工业的重组整合，我们要完成好党和人民赋予的历史重任，把航空工业打造成为综合国力的标志和中华民族伟大复兴的名片，不仅要构建超常发展的新战略、新体系，更为重要的是培育与时俱进、自强不息、充满激情、富有活力的集团文化，培育与科技硬实力相适应的文化软实力。

大力推进集团文化建设，是全面贯彻落实科学发展观、提升集团软实力的必然要求，是构建先进价值观体系、促进集团全面发展的必然要求，是统一集团意志、凝聚发展力量的必然要求。在中航工业党组的统一领导和部署下，加强集团文化建设，以文化力统一思想，以文化力聚集力量，以文化力推动发展，成为全集团干部职工的自觉行动。

二、采取有力措施，推进集团文化建设不断向纵深发展

在传承原中航一集团和中航二集团优秀文化的基础上，经过比较、提炼、融合、再造，重塑了以“航空报国，强军富民”、“敬业诚信，创新超越”的集团宗旨和理念为核心的中航工业集团文化体系，并以此为纽带和平台，形成新的集团公司软实力。

（一）重构中航工业集团文化体系。

一是集团文化理念体系。在广泛征求职工群众意见建议的基础上，重构了以集团宗旨和理念为核心的中航工业集团文化理念体系。理念体系主要包括以集团宗旨（航空报国，强军富民）和集团理念（敬业诚信，创新超越）为主要内容的核心理念，以型号攻坚、质量文化、一流环境、品牌文化为主要内容的支撑理念，以及以经营、管理为主要内容的基础理念。三个层次理念层层相扣，相互支撑，形成了中航工业集团文化的核心。

二是集团文化体制机制体系。建立了“各级行政一把手是文化建设第一责任人、党委负责组织实施、各职能部门分工负责”的“三位一体”的集团文化领导机制；建立了包括集团文化规划、集团文化教育培训、集团文化实施在内的制度保障机制；建立以集团文化建设专项资金制度为重点的资源保障机制；建立了以《集团文化建设示范单位评价标准》为主要内容的考核评价机制，使集团文化建设制度化、规范化、科学化。

三是集团文化形象识别体系。建立了以文化要素“六统一”为核心的形象识别体系，对集团公司战略、集团公司宗旨和理念、集团公司名称和司微、司旗、司歌、集团公司标准字和标准色等六个文化要素进行了统一规范，制订《关于统一集团文化要素的通知》和《中航工业视觉识别系统手册》，并开展相应的文化检查，在较短时间内树立了中航工业统一的对外形象，提升“中航工业”品牌价值。

（二）全面推进集团文化落地。

一是召开集团文化建设推进会。2008年，中航工业成立后召开的第一个全集团大会就是“集团文化建设推进会”。中航工业党组书记、总经理林左鸣亲自作报告，中航工业党组成员、副总经理高建设对集团文化建设工作进行安排部署，增强了各单位抓集团文化建设的自觉性和紧迫感。

二是加强集团文化培训。中航工业形成了集团文化培训机制，通过中航大学集中对高管人员培训、总部及直属单位员工进行集团文化培训。2009年，全集团共有1500名高管人员和519名处(含)以下干部员工接受了集团文化脱产培训。2010年，集团公司以中航大学“马克思主义学院”为依托，对各基层单位140多名一线集团文化工作者进行了专题培训。通过系列培训，有效地增强了广大员工认同中航工业文化、传播中航工业文化的责任感和使命感。

三是开展吴大观同志先进事迹学习宣传活动。按照中央的部署和要求，中航工业深入开展了“中国航空发动机之父——吴大观”同志先进事迹学习宣传活动。通过广泛开展了“十个一”系列活动，即“一部电视专题片、一本书、一个专栏、一个图片展、一系列座谈、一个展室、一尊塑像、一次特殊党费、一个主题活动、一系列报告会”，把学习宣传吴大观同志先进事迹的活动逐步推向高潮。通过学习宣传吴大观同志先进事迹，极大地激发了广大航空人立足本职、献身航空的巨大工作热情，激发了各单位改革破难、促发展保稳定的巨大工作干劲，促进中航工业快速健康发展。

四是开展“弘扬宗旨理念、践行集团战略”主题教育活动。为大力弘扬“航空报国，强军富民”、“敬业诚信，创新超越”的集团宗旨和理念，进一步深化广大干部员工对集团战略的理解和认同，2010年和2011年，中航工业分别开展了“弘扬宗旨理念、践行集团战略”和“忆60载航空奋斗史，谱新时代蓝天腾飞曲”主题宣传教育活动。通过学习研讨、形势任务教育、合理化建议征集、主题征文、氛围营造、舆论引导等多种形式进一步深化广大干部职工对集团宗旨理念和“两融、三新、五化、万亿”发展战略的理解认同，统一思想，凝聚力量，为集团公司的科学发展贡献力量。

五是开展学唱司歌活动。坚持把文化建设辐射到每一名员工，动员全体员工包括离退休职工参与中航工业司歌创作。中航工业员工自己谱词的司歌《告诉世界 告诉未来》在广泛关注中问世。这支司歌以优美的旋律、激情的歌词凝聚了中航工业的理念与精神，蕴含着中航工业的历史与愿景，展示了中航工业的优秀文化和独特魅力。作为集团文化“六统一”的重要内容，中航工业在全集团开展了声势浩大的“激情放歌航空魂”司歌歌咏比赛。通过歌咏比赛，司歌迅速在全集团广泛传唱，充分展现了广大航空人斗志昂扬的精神面貌和航空报国的高尚情怀。

六是开展集团文化建设示范单位认证。2010年，中航工业出台了《集团文化示范单位认证标准和认证办法》。连续两年开展集团文化示范单位认证，将那些在集团文化建设上有思路、有举措、有成效的单位，选树为集团文化建设的典型，并通过典型引路，全面提升集团文化建设的水平。

三、服务中心工作，切实使集团文化融合工作取得扎实成效

集团文化融合，产生了巨大的“化学反应”，有效地增强了集团的凝聚力、竞争力和对外影响力。

一是推动了集团战略的实施。中航工业成立后，在综合分析世界经济变化趋势、航空工业发展趋势和自身发展形势的基础上，提出了“两融、三新、五化、万亿”的发展战略。“两融”就是改变过去封闭保守的思维，树立开放合作的观念，融入世界航空产业链，融入区域发展经济圈；“三新”就是集团的核心竞争力，将由传统的“资产、管理、技术”三位一体，逐步转型升级为“品牌价值、商业模式、集成网络”新的三位一体；“五化”就是推进市场化改革、专业化整合、资本化运作、国际化开拓、产业化发展，到2020年实现销售收入挑战一万亿元的目标。集团文化主动适应集团战略要

求，找准自身定位，为战略发展提供行为导向。集团战略提出来以后，中航工业就及时对集团宗旨理念和发展战略内涵进行全面解读，从文化的角度对“两融、三新、五化、万亿”战略内涵进行诠释，使广大干部职工深刻地认识到“两融、三新、五化、万亿”战略所蕴含的文化理念、文化塑造、文化发展和文化实现，形成了以文化支撑战略实施，用战略促进文化发展的良好氛围。

二是增强了集团凝聚力。中航工业组成集团文化和集团战略巡讲小组，开始在全集团范围内进行巡回宣讲。同时，利用报刊、杂志、网络、广播、橱窗等多种渠道，营造宣传集团宗旨理念和发展战略的大环境。通过召开座谈会、讨论会、写心得体会等形式交流思想，达成共识，较好地增强了战略实施和推进集团科学发展的凝聚力和向心力。特别通过学习宣传吴大观同志的先进事迹，使全体航空人受到了一次深刻的爱党爱国爱航空教育。吴大观同志的先进事迹得到了胡锦涛等党和国家领导人的充分肯定，赢得了全国人民的广泛赞誉，吴大观精神正成为中航工业的一面旗帜，成为中航工业文化的重要组成部分，激励并鼓舞着40万航空人为振兴中国的航空工业、为把我国建设成为航空工业强国而努力奋斗。

三是促进了集团科学跨越发展。中航工业充分发挥文化的引领作用，科学谋划“十二五”发展思路，全力推进中航工业发展战略。加大了融入世界航空产业链、融入区域发展经济圈力度，与美国GE等多家世界级公司组建合资公司，提升合作层次；对美国西锐飞机工业公司、奥地利FACC等世界知名企业实施并购，提升科技实力；与广东、北京、天津等20多个省市政府、与中国进出口银行等多家金融机构和高等院校建立了战略合作关系。采取有力举措塑造品牌价值，创新商业模式，构建集成网络，全力打造中航工业新的竞争优势。积极推进市场化改革、专业化整合、资本化运作、国际化开拓、产业化发展，不断提高中航工业发展质量和效率。2010年，中航工业全年实现销售收入2055亿元，同比增长19.5%，利润105亿元，经济增加值超过40亿元。连续三年跻身美国《财富》世界500强，2009年排名426位，2010年330位，2011年310位。

四是促进了集团的体制机制创新和发展。解决好中航工业重组整合中经营管理、体制机制中遇到的问题，是践行集团文化基础理念的一项重要工作，是融合创造新优势，加速集团新发展的必然要求。为此，中航工业大力推进各项工作创新，促进集团发展。大力推进制度融合与创新。以开展深入学习实践科学发展观活动为契机，大力加强制度建设，为中航工业获得又好又快发展提供根本保证。重组整合至今，中航工业共废除制度3049个，修订制度5078个，新建立制度3099个，初步建立了适应新集团发展的制度体系。大力推进管理创新。中航工业大力推进EVA、综合平衡计分卡等先进管理工具的应用，营造进取、创新的良好氛围，努力形成具有中国航空工业特色的高水平管理体制。大力推进人力资源开发与管理创新。中航工业加大向全球网罗人才、送专业技术骨干赴境外深造、党政领导干部交叉任职等工作力度，充分发挥中航大学培训主渠道的作用，对集团各级各类人才进行系统培训。中航工业成立以来，各级经营管理人才和专业技术人才在中航大学培训达到5000余人次。积极拓展外部培训渠道，充分利用国家培训机构、高校和社会培训资源，加大学历学位教育、素质提升和知识更新的力度。通过外派学习、参观访问、工作锻炼等形式加强国际化人才培养，集中派出了多批航空工业骨干人员到英国克兰菲尔德大学深造，中航工业“十年培训千人”的国际化人才培养计划正在积极推进。

联想文化塑百年联想

——联想控股有限公司

联想控股有限公司（以下简称联想）于1984年由中科院计算所投资20万元人民币，11名科研人员创立。2010年，联想控股营业额1470亿元，总资产1149亿元，净利润36亿元。员工总数42000人（含国际员工7000人）。联想控股采用母子公司结构，目前涉及IT、投资、地产等三大行业。联想控股作为联想系企业的旗舰，承担公司总体资金管理，以及子公司战略方向的统一协调与指导等战略功能，目前，公司直接投资业务已全面开展。

在过去的25年里，秉持“产业报国”的理想，联想控股走出了一条有中国特色的高科技产业化道路；立足中国本土市场，在和国外企业竞争中取胜，促进了民族IT产业的发展；成功实施了国有股份制改造；打造出了一支出色的人才队伍，探索出以“管理二要素”为核心的具有联想特色的企业管理理念和方法，并已成为企业核心竞争力。

联想文化的构成

联想企业文化由联想的核心价值观、思想方法和行为方式共同构成。联想文化对于企业的发展，在以下五个方面发挥了重要作用：一是依照企业文化的指引，公司的重大战略的制定基本正确，避免了大的经营震荡，实现了企业的持续高速发展；二是在文化的凝聚作用下，形成了一个具有企业家精神和团结稳定的领导集体，并打造了一支有理想、有道德、有纪律、有能力的联想人队伍；三是在良好的文化氛围下，重大组织变革与业务流程顺利实施，组织结构具有高度的适应性；四是以文化理念为核心，形成了一整套较为先进的管理理念，构建了专业化的企业运营体系，并高效地发挥作用；五是充分利用文化的“软作用”，妥善处理各种内外部关系，为企业发展营造了较湿润的内外部环境，建立起了良好的企业品牌与社会声誉。

联想的核心价值观：企业利益第一，求实进取，以人为本。

“企业利益第一”，企业利益是其他利益实现的前提，在遇到价值判断和利益取舍时，所有人应当将企业利益放在第一位，围绕企业的生存、发展和企业的愿景来思考。

“求实”是联想企业文化中最为核心的一条价值观。“求实”的要求可以分为两个方面：首先是实事求是，尊重规律，不要自欺欺人；其次是诚信负责，说到做到，不欺骗别人。“求实”要求在面对问题的时候“刨根问底”，回归事物的本质，同时稳健扎实，讲究做事的方法。

“进取”是企业的生命力所在。在联想的文化中，立意高远，不断设定新的目标，并始终有超越利润之上的更高理想是对“进取”精神的诠释。进取精神要求联想人善于学习，以主动创新应对不断变化的内外环境；努力拼搏，从不轻易放弃，把5%的希望变成100%的现实；自我驱动，用“发动机”而不是“齿轮”的方式开展工作。

“以人为本”其核心是以人的价值为本。联想重视人的作用，认为人是推动公司发展的核心要素，同时尊重人的需求，并为人在公司中的发展充分创造条件，将个人的追求融入到企业的长远发展之中，充分体现了联想在“企业利益第一”的前提下强调与“以人为本”价值观的和谐统一。

联想的思想方法：在25年的发展过程中，联想积累了大量的方法论，其中最具有代表性的三条是“目的要清楚”、“分阶段实现目标”和“及时复盘”。

“目的要清楚”是联想方法论当中最重要的一条。这既是对核心价值中“求实”要求的进一步实践，也是在具体的工作执行中积累的智慧结晶。联想用“退出画面看画”的比喻形象的解释如何在系统的工作中始终保持正确的视角和一致的目的性。

“分阶段实现目标”是联想实现“大进取”目标的重要方法论。制定了目标之后，联想讲究分步执行、谋定而后动。在25年中，联想发展的每一步始终恪守法律的准则和国家的要求，在条件和政策尚不成熟的时候，联想坚持以“拐大弯”的策略分阶段实现发展目标，“不做环境的牺牲品”，在政策允许的范围内制定战略决策，一步一个脚印，实现层层推进。分阶段实现目标常被形象地比喻为跑步的过程，与之有关的方法表述有“长跑”和“短跑”，“跟跑”和“领跑”等。

“复盘文化”是联想文化中将企业引入持续成功轨道的一把钥匙，也是帮助联想能够将25年的经验规律化、体系化的一条方法论。“复盘”一词是来自于围棋的术语。要求是在一项工作结束之后，所有的项目参与者需要坐下来检讨回顾决策和执行过程中的得失与经验，并要求总结出规律性的认知用于此后的工作中。复盘的过程通常就是围绕目的性和实现目标的过程寻找问题并总结经验的过程。

联想的行为方式：在核心价值观和方法论体系的基础上，联想还在企业发展的过程中形成了一整套较为完善的管理体系，并以此规范和指导人的行为方式。联想管理思想中最广为人知的就是柳传志提出的“管理三要素”：搭班子、定战略、带队伍，它包含了联想企业管理的和战略制定的智慧。正是有了这样一整套的管理思想为指导，联想才得以成功地实现了管理人才的梯队化成长，在2000年顺利地实现了新老交班和业务分拆；联想控股的业务方向在2000年以后开始转向投资和地产领域，“管理三要素”在IT行业以外的实践意义再次得以凸显，成为联想系企业管理的成功要诀。

联想文化的作用方式

文化的植入——文化成为“模子”。企业文化作用于人，始于个人对文化的认知。联想有主动对员工进行文化培训的手段和方法，保证员工不断深化对联想文化的认识，并在实践中检验应用。这种让员工了解和接受企业文化的过程，联想称之为“入模子”。“入模子”解决的是文化的植入问题。

“入模子”不仅指新员工的入职培训，也指员工不断地融入联想文化的过程，这个意义上说，“入模子”伴随着联想人在公司职业生涯的始终。高级干部培训班，也是联想文化“入模子”的一部分。这种针对高层管理者的文化培训形式，不仅是高级干部认同联想文化的有效途径，更是在此基础上统一文化认识的重要手段。

文化的信任与认同——文化成为“融”剂。企业成员在文化认知的基础上，自愿地接受企业文化，进而对文化理念和规范自觉遵从，是人与组织进一步融合的必要过程。认同即认可、同化，是不受外界压力被动产生的，这首先要让文化使人“信”。在联想，文化虽然还不至于具备宗教般的作用，但至少是能让人信服的。

联想文化的“信”，很大程度上来源于联想领导25年如一日的宣贯与坚持，是一个“滴水穿石”的积累过程。柳传志认同这样的说法“领导人率先垂范，不是建立优秀企业文化的一种方式，而是唯一的方式”。对联想文化的信任与认同，使得联想文化发挥了“融”剂的作用，促进了人与组织的进一步融合。

文化对各层次人的要求——文化成为标准。在个人与组织一体化的过程中，文化作为一种标准，成为甄选、要求和考核班子以及员工的重要参照。在联想，对不同层级的员工有“责任心、上进心和事业心”的不同要求，“三心”就是一种无形的文化评价标准。

个人追求与企业发展的结合——文化成为目标。“把个人追求融入到企业长远发展之中”是联想人与组织关系的最高境界。这一境界实现的基础是文化的真正“内化”和心理契约的形成，体现在员工真正从内心深处相信并接受企业文化，并把它纳入自己的价值观之中。从文化管理的角度而言，这是联想文化发挥作用的“自由王国”阶段，也是文化管理的方向和目标。在联想，企业与员工之间除了合同之外，还有一种心理契约。文化的内化形成的心理契约使联想员工在动态的条件下保持与企业的良好关系，把自己视为企业的主体，从而超越迫力与制度，自觉地将个体的成长融合到企业的发展之中，创造出充满活力的企业组织。

联想文化的源起与发展

作为企业的旗舰，联想控股是联想文化的主要缔造者和传承者，在企业25年的发展中，企业文化从无到有，逐渐开始成形，造就出联想人特有的价值观体系、实用有效方法论和执行力。

企业家精神是企业文化的源头，并在企业经营过程中逐步完善发展，最终转化为企业组织的价值观。在联想，企业领导人的价值观形成了一种道德力量，同时影响和决定了企业的“性格”，也决定了联想企业文化的“成色”。

在联想，以柳传志等为代表的创业领导人的价值观是联想文化的主要来源，柳总是联想价值观的输出者与文化基因缔造者。在联想的历史上，联想文化大体上经历了三个发展阶段：一是自发形成阶段，二是主动设计阶段，三是战略设计阶段。

第一阶段，从1984-1990年，是联想企业文化自发形成的阶段。这一时期，联想跟大多数处于创业期的企业一样，首要是解决生存问题，文化还没有作为一个战略问题提到主动设计的高度。但是，文化之于企业，可以说与生俱来。但从领导人身上，在具体工作中，已自发渗透着文化的要求。以柳总为首的创业领导人自身的价值观，种下了联想文化的初始基因。

第二阶段，从1990-2000年，是联想文化的主动设计阶段。20世纪90年代初，企业外部竞争更加激烈，大量新员工的进入让团队的核心思维和价值认同出现了多元化，联想内部也面临管理上的挑战，公司开始有意识地将企业文化建设提升到一个重要的位置。这一阶段，联想逐步形成了“求实进取”“以人为本”的价值观体系。柳总更加全面和系统地阐述自己的价值主张和管理思想，如：在公司治理结构上提出“大船文化”、“舰队模式”；在人才培养上提出员工必须“入模子”、培养有战斗力的“斯巴达克方阵”等表述都是这时期的文化积累；“管理三要素”、管理“屋顶图”等思想也形成了体系。

在“初创文化”的基础上，公司在1990年的一次分公司经理培训班上，第一次明确提出了“求实进取”“我们要把‘求实进取’作为联想的口号，在有联想标记的地方，都写上‘求实进取’，熟悉公司发展的人都知道公司的历史就是一个不断求实进取的过程。”

第三阶段，2000年至今，是联想文化系统化的战略发展阶段。这一时期，联想形成了母子公司体制下的“根文化”与“亚文化”的概念，“根文化”是联想25年发展形成的文化最核心的部分，是超越行业特点的，为每家公司共同坚守和奉行。“亚文化”则是各子公司结合所在行业、雇员的不同特点发展起来的、具有自身特色企业文化。

联想文化的传承与发展文化是一定历史社会条件下的产物，相应地，企业文化是为了适应企业生存的需要而产生和不断发展的。今天的联想面临的生存环境、发展手段正在发生变化，其自身的业务属性、治理结构也面临着不断地调整，这些变化着的因素给联想文化未来的传承带来了新的挑战。

从单一法人体到多法人结构的变化。2000年以后，联想迈向了全新的发展阶段，资本结构发生了很大的变化，所属企业从单一法人向多法人体系发展。原有体系下，文化统一性有顺畅的组织体系作保障，而多法人体系下文化的传承则失去了这一重要载体。在多法人体的系统下如何保证文化的传承，是联想文化在新时期需要思考和解决的问题。

产业领域多元化的变化。企业文化的形成与行业属性具有较大的相关性。联想文化根植于长期从事IT制造业的背景。现阶段，联想控股下属企业已横跨IT、投资和地产三大的产业领域，未来还可能有进一步的拓展至更广泛的多元化领域。在业务范围和性质的变化下，如何跳出行业特点保持文化传统，又该为联想文化注入怎样的新元素，也是联想文化面临的现实问题。

从本土企业到国际化的变化。联想集团收购IBMPC业务，使得联想真正进入国际化时代。不仅如此，联想的投资业务、房地产业务也正日益融入国际化的大背景之中，文化挑战迎面而来。文化融合不是“强势文化战胜弱势文化”，或者“双方文化趋同因而容易融合”这么简单，如何在企业国际化的背景下做好不同文化的融合和吸收，将是一个漫长而复杂的过程。

上述条件的变化，导致联想文化传承不可能是简单地照搬和复制，而一定是针对不同的情况，在文化传承的内容、文化传承及管理的组织机制、文化管理的力度和方法等方面有所不同。基于此，联想文化在未来的传承，必然是一个动态的、从形式到手段上都适时调整的过程。

举例来说，从2000年开始，联想逐步进入风险投资和私募股权投资领域。在业务模式和公司文化的匹配上，投资公司更加注重专业人才的个人能力，而传统的制造业企业则对团队合作和行动纪律性有着更高的要求。

作为联想控股成员企业的弘毅投资认为，真要做大事，就需要把目标一步步地分析清楚。具体来说，用什么样的路线，需要哪些资源，需要哪些组织准备，都需要各方的协同策划，这实际就是军队的风格。在面对“军队”还是“大侠”的文化选择时，联想的企业会自发地认为要打大战、结出大果实的话，团队的方式是非常必要的做法。联想把投资行业以“侠客”文化为主导传统的工作模式改变为军队式的集团作战，不但没有抑制个人才智在集体中的发挥，更加形成了弘毅投资在行业中独特的核心竞争力，并帮助其迅速成长为国内PE领域的领先企业。

在国际化之后的联想集团，原有的企业文化在面对像IBM这样曾经的行业巨人时，如何避免方文化（不仅是管理文化，也包括沟通文化）的差异影响企业的发展也是一个复杂而严肃的课题。

2008财年，在国际金融危机阴云笼罩全球的情势下，联想集团出现了2.26亿美元的巨额亏损。不少媒体和业内人士认为，联想集团已经走到了悬崖边；而就在半年多后，当公司2009-2010财年第二季度业绩公布时，联想集团不仅刹住此前的不利局面，成功实现了盈利，而且将其全球市场份额推至9%的新高，成为全球销量增长最快的PC厂商。

作为联想集团的董事会主席和联想控股的董事长，柳传志把这一系列变化的根本原因归结为联想一直秉持的“主人文化”。“一个主人，他就必须得在企业最危急的关头站在最危险的地方，领导着全体同仁杀出困境，走向安全的道路，奔向目标；一个主人就得眼睛盯着最高的目标，设计出长远的战略，然后再分段实施；一个主人他就必须得有宽广的心胸，才能够提拔贤才，让更多的新秀涌现出来，有更多的舞台，让联想的事业不断地扩大。联想是一间有主人的公司，因此，我们想要实现愿景，就得是一代接一代的主人在相传。”

在这个过程中，联想集团充分考虑到了其国际化团队的特点，将“主人文化”以适应全球化企业的表述方式进行了更新。在“核心价值观”的基础上提炼出的“联想之道”成为指导联想“主人文化”回归的最佳表达。“联想之道”被概括为“说到做到、尽心尽力”八个字，既着重强调了“求实”的基本要求和能力，也兼顾了东西方文化的差异，尽量做到了表述简单，道理明确。在“联想之道”的内涵中，强调“Plan，Perform，Prioritize，Practice”为核心的“4P 文化”，即“想清楚再承诺”，“承诺就要兑现”，“公司利益至上”和“每一天每一年我们都在进步”。“4P 文化”既满足了文化传承的要求，也尊重了不同行业之间对文化理解的差异化，并在国际化的执行环境下体现了企业文化作为“无形力量”的适用性要求。在今天，经历了金融危机考验后的联想集团，以“主人文化”的回归为标志，正在以强有力的方式在全球范围内输出来自中国的企业文化和管理哲学。

文化引领科学发展 和谐发展

——中国电力国际有限公司

中国电力国际有限公司（简称“中电国际”）主要从事电源项目的开发、建设、运营，海外投融资和资本运营，于1994 年在香港注册成立，目前是国家五大发电集团之一的中国电力投资集团公司全资拥有的核心企业。多年来，中电国际深入践行“静水深流”企业文化，引领战略发展，促进了企业和谐可持续发展。

文化铸魂 强基固本

“静水深流”企业文化，是中电国际多年管理实践的文化结晶，克服困难的真实写照，是中电国际事业成长发展的历史缩影，也是中电国际适应变革、勇于创新精神气质的高度概括，是基业长青、打造百年企业的基石，更是激励企业团队永葆青春活力的精神境界。“静水深流”企业文化具有原创性、自有性和独特性，有共性文化的统一与个性文化的兼容，体现了中华民族优秀文化、传统美德与现代市场经济、现代企业理念的紧密融合。

18 年间，中电国际从单一的火电企业，发展到现在的火电、水电、新能源协同发展，形成了现在的四大战略发展平台（中国电力、国际化发展、中电新能源、中电检修）。实践证明，中电国际“静水深流”企业文化一直是引领企业战略，提升管理水平，促进企业科学发展、和谐发展的不竭动力之源。

2004 年，中电国际旗下全资子公司——中国电力国际发展有限公司（简称“中国电力”）在香港联交所挂牌上市。中国电力董事局主席李小琳提出“审视自身，找准定位；明晰战略，加快发展；人才强企，团队兴业；持续创新，推动变革；静水深流，构建文化”的四十字管理方略，并推进以“体制改革、机制创新、制度建设、企业文化”（即“三制一化”）为主要内容的管理创新，奠定了中电国际企业科学发展、和谐发展、可持续发展的战略基石。

2007 年 8 月，中电国际“静水深流”企业文化理念系统正式对社会发布，明确了企业文化贯名、使命和愿景，确立了核心价值观、八大子系统理念。

中电国际的企业文化具有“原创性、自有性、融合性”等特点。其“静水深流”文化贯名，近乎是一种道，寓意深刻。静，是一种体察生命的和谐、完美的状态；水，是生命的源泉，近乎道，深，是生命的内涵，是深邃、深刻、深入、深远；流，是生命的体现，是活力，是激情，是为实现梦想付出的不懈努力。

提升管理境界，体现核心价值。中电国际以“责任、诚信、智慧、价值”核心价值观，作为基业长青的安身立命之本。

责任，既是企业对投资者、对国家、对社会的责任，也有对员工的责任，同时包含员工对企业、对社会的责任。中电国际把责任当成一种压力、一种使命、一种动力。强调责任意识和责任观念，注意引导团队对股东负责、对社会负责、对员工负责。

诚信，乃为人之道，更是企业经营之德。作为上市公司，中电国际把诚信作为企业“走出去”，做强、做大、做成百年基业的根本，讲求诚信、尊重规则，以诚信的理念和心态主动沟通，真诚面对股东、面对社会。

智慧，是解决各种难题，敲开各种大门的金钥匙。中电国际企业依靠群体智慧，鼓励学习，打造学习型团队，并倡导转识成智，转智成行，以智慧和实践化解、控制各种风险。

价值，中电国际把创造更大价值作为企业回报投资者、社会、国家的使命；提倡营造个人与企业的和谐互动之美，倡导“让员工与公司一起成长”，为员工提供一个干事创业、实现人生价值的平台。

把握“五个坚持”，勇于担当使命。在“静水深流”企业文化引领下，中电国际以“建设资源节约型、环境友好型，为中国提供经济、环保、稳定的能源”为企业使命，在发展上，一直牢牢把握“转变经济增长方式、实现科学发展”这条主线，着力于“五个坚持”：一是坚持发电主业，忠实履行责任；二是坚持做强做优新能源，致力绿色发展；三是坚持产融结合，推动企业稳健经营与可持续发展；四是坚持存量管理和增量开发并重，促进规模、质量与效益协调发展；五是坚持管理创新，持续提升核心竞争能力。

追求“四个合一”，致力和谐发展。“静水深流”文化有深厚的底蕴，以“知行合一”“人企合一”“义利合一”“天人合一”四个“合一”为企业的意境追求，促进企业和谐发展。

追求“天人合一”，倡导企业注重社会责任，建设环境友好型、资源节约型企业，致力于环保清洁能源，给世界提供动力、光明的同时，还要给子孙后代留下一片碧水蓝天。

追求“义利合一”，积极履行国有资产保值增值责任，经营上依法合规，注重诚信，为企业、股东、国家做出贡献的同时，也体现团队、个人的价值。

追求“人企合一”，以统一的价值取向、统一的规范行为、统一的目标激励、统一的有力行动，实现人心所向，力量聚合，勇往直前；提倡群策群力、团队无价。

追求“知行合一”，鼓励不断学习，提高认识，勇于实践，提升素质、能力，转识成智，战胜困难，鼓励机制创新、管理创新、技术创新。

践行“八大理念”，促进全面进步。“静水深流”企业文化统领的“八大理念”分别是人才理念、经营理念、绩效理念、管理理念、工作理念、安全理念、服务理念、学习理念。这八大理念，从不同角度引领教育员工的行为。

在经营理念上，以规范动作，稳健经营，精细管理，提升业绩为内容；在绩效理念上，强调以绩效为导向，以实现对标、目标管理，促进业绩的进步和管理水平的提升；在人才理念上，注重“人才强企，团队无价”。把打造一个高效团队作为成功的法宝；在安全生产理念上，提出“任何事故都是可以避免的，任何风险都是可以控制的，任何违章都是可以预防的”；在工作理念上，以“策划、程序、修正、卓越”来指导工作。

“静水深流”企业文化是注重实绩的人才文化，共进共享的团队文化，转识成智的创新文化，制度规范的约束文化，绩效导向的激励文化，和谐发展的兴业文化。不仅得到系统员工的认同，也得到国内外专家的认可和称道。

文化引领 科学发展 和谐发展

在“静水深流”文化引领下，中电国际坚持以发展为第一要务，注重发挥产业和资本两种资源，境内境外两个市场，坚持存量管理与增量开发并重，不断调整和优化战略结构。资产规模和质量取得了长足进步，综合实力明显提升，产业发展格局基本形成。

截至2012年6月底，中电国际装机容量达2168万千瓦，其中清洁能源637万千瓦，清洁能源占比29.4%。控股常规火电中，60万千瓦机组比重提升至72.8%，平均单机容量上升至45.8万千瓦。辅业在市场中百舸争流。业务遍布全国20多个省市自治区。总资产已经突破千亿大关。

自2003以来，中电国际先后荣获全国文明单位、“改革开放30年全国企业文化杰出品牌组织”、“安全生产责任感企业”、文明诚信示范单位、“中国AAA级信用企业”等荣誉称号；中电国际及旗下五家企业被评为全国“企业文化建设2011年度优秀单位”。

作为中电国际“静水深流”企业文化的最初设计者、积极倡导者和卓越实践者，李小琳先后被授予“改革开放30年全国企业文化杰出贡献人物”、“企业文化30年实践十大典范人物”、“2011CCTV中国经济年度人物”等荣誉称号。

成绩的背后，得益于“静水深流”企业文化在持续提升企业价值中所发挥的强大内动力。为促进企业文化的落地生根、开花结果，中电国际高管层率先垂范，积极倡导；系统基层各部积极响应，和谐互动。“静水深流”企业文化与基层特色文化实现了成功对接和良好融合，化为系统广大干部员工的文化自信、自觉。

成绩的背后，也蕴藏了“静水深流”企业文化在实践中的不断丰富和创新。“不仅给这个世界带来光明和动力，还要给子孙后代留下一片碧水蓝天。”就是“静水深流”企业文化中“天人合一”理念的新注解。在此理念指导下，2006年，通过收购兼并，成功搭建了中国电力新能源这样一个资本和产业发展的国际平台。目前，业务已遍及全国十几个省，管理的项目公司达到22个，初步形成了五大区域（东北、西北、长三角、珠三角和东南沿海）、五大板块（风电、中小水电、生物质发电和天然气发电、太阳能发电）的项目开发格局，收到良好的经济和社会效益。此外，正顺利搭建新能源与智能电网的“产、学、研”一体化平台。

征途漫漫写春秋，继往开来谱新篇。中电国际将继续认真贯彻落实科学发展观，深入推动企业文化建设，着力增强企业文化的内动力，致力企业的科学发展、和谐发展，为股东、为社会、为员工创造更大的价值，为国家的经济发展、社会进步做出更大贡献。

勇于跨越 追求卓越：中国中铁发展的不竭动力

——中国中铁集团公司

中国中铁是伴随新中国成长起来的集勘察设计、施工安装、房地产开发、工业制造、科研咨询、工程监理、资本经营、金融信托和外经外贸于一体的多功能、特大型国有企业。60年来，先后修建了占全国总里程的2/3以上的铁路、95%的电气化铁路、3/5的城市轨道、1/10高速公路，先后修建了9000多座大桥，总长达4230多公里，长大隧道4000多公里，为我国铁路和基本建设事业做出了应有贡献。公司2006年以来连续5年进入“世界企业500强”，曾先后荣获“全国五一劳动奖状”、“全国优秀施工企业”、“全国企业文化建设先进单位”、“中国企业文化十大最具影响力企业”、“中国对外承包工程优秀企业”、“中国最佳诚信企业”、“中国百强上市公司”前10强等称号。

一、中国中铁“勇于跨越、追求卓越”的企业精神具有深刻的内涵

60多年来，中国中铁人发扬“开路先锋”的优良传统，矢志报效祖国、振兴企业，逢山开路、遇水架桥，南征北战、风餐露宿，激情进取、拼搏奉献，始终与国家和民族同呼吸共命运，铸辉煌于历史，谱新篇于当代，谋发展于未来。

在中国大地上树立了一座座彪炳史册的丰碑，积淀成具有中铁特色的追求卓越的企业文化。全公司广大职工在为祖国创造了大量物质财富的同时，也在企业文化建设中创造了极其宝贵并永远激励广大职工的精神财富。从参加这支队伍的老红军、老八路带来的革命精神到新中国建设者的体现出来的奉献精神；从共和国第一条铁路建设中孕育出来的“成渝精神”，到抗美援朝战火中淬炼出来的“钢铁大动脉”精神；从上世纪六七十年代形成的“宝成精神”、“成昆精神”，到改革开放后的“大瑶山精神”、“京九精神”、“南昆精神”；从中铁西北院三代人40年坚守青藏高原风火山的“以苦为荣、勇于创新、孜孜以求、献身科学”精神，到21世纪初在生命禁区修建青藏铁路的“艰苦不怕吃苦，缺氧不缺精神，风暴强意志更强，海拔高追求更高”精神；从“不畏艰难、挑战极限”的南极精神到“冲锋在前、攻坚克难”的抗震救灾精神，都在不同的历史时期，不同的形势任务下发挥了集聚力量，凝聚人心，激励斗志的巨大作用。正是几代中国中铁职工长期奋斗、无私奉献，才为我们企业的不断发展奠定了雄厚的物质基础，提供了巨大的精神动力，成就了中国中铁今天的辉煌。

二、大力弘扬企业精神，深化企业文化建设

在中国中铁发展的历程中，各成员企业先后建立了各自的企业形象标识，形成了“中铁一局”至“中铁十局”、“中铁大桥”、“中铁隧道”、“中铁电气化”、“中铁建工”等诸多品牌。企业整体上市后，为了适应企业整体上市和市场竞争的要求，建立符合国际化大企业大公司的统一品牌形象，中国中铁在全公司统一了“中国中铁”标识和品牌形象。从公司总部到各成员企业、各工程项目部，从办公场所到施工现场、职工住地，从宣传画册到名片、胸卡，从大型工程机械、运输车辆到职工安全帽，都统一使用“中国中铁”标志和企业标识，全力打造“中国中铁”企业品牌。现在，无论是在建设中的京沪高速铁路、哈大、武广、郑西等客运专线，还是遍布全国的高速公路、城市地铁、高层建筑、市政建设工地，到处都能看到醒目的“中国中铁”的标识，到处都能看到“中国中铁”的企业旗帜、企业精神、宣传标语，不断扩大了中国中铁品牌的影响力。

近年来，中国中铁在建立企业文化三大识别系统的基础上，精心编印了《企业文化手册》，构建了以企业精神为核心，包括企业使命（致力于股东利益最大化，致力于企业与职工的和谐，致力于社会的全面进步）、发展愿景（国内行业领先，世界品牌知名）、企业宗旨（诚信经营，客户至上，回报股东，造福社会）、经营理念（精心设计，绘制时代蓝图，科学施工，构筑精品工程）、价值理念（承建一项工程，树立一座丰碑，培育一批人才，造福一方人民）、企业作风（事事求实，日日求进）、团队精神（干事业和衷共济，办企业和气生财，接人待物和蔼热情，与人共事和睦真诚）、管理方针（依靠职工办企业，办好企业为职工）、经营风格（勇于自我加压，不断实现跨越）、人才观（科学选才，发展聚财，文化育才，人尽其才）、市场观（没有永恒的市场，只有永恒的追求）、诚信观（诚实是立身之本，守信是立事之德）、廉洁观（廉洁从业，诚信守法，行为规范、道德高尚）、安全观（隐患险于明火，防范胜于救灾，责任重于泰山）、质量观（质量第一，信誉至上）、科技观（尊重知识，鼓励创造，宽容失败）、设计观（精心设计，规划未来，改进创新，引领潮流）等理念在内的企业价值理念体系。全公司各单位采取各种形式，广泛宣传和大力弘扬“勇于跨越、追求卓越”的企业精神。在此基础上，逐步构建了以“企业精神、企业宗旨、企业使命、共同愿景、职业道德”为主要内容的中国中铁核心价值体系。

全公司在加强企业精神和价值理念体系建设的同时，进一步拓展了企业文化领域，推动了企业文化建设的发展。公司参与拍摄了《青藏线》电影，协助拍摄了电视连续剧《雪域天路》，组织拍摄了电视连续剧《铁血》，组织编写了《历史性的跨越》——中国中铁改革发展10年回顾与思考一书，开展了中国中铁司歌征集活动，促进了企业文化的繁荣。各单位大力加强报刊、网站、电视、广播、陈列室、荣誉室等文化阵地建设，建立了通讯员、网络评论员队伍，广泛开展企业文化节、文化周、群众性文体活动和精神文明创建活动，丰富了员工的文化生活，营造了昂扬向上的文化氛围，激发了员工的自豪感。全公司有多家单位荣获全国文明单位称号。

三、大力弘扬企业精神，推动企业文化落地生根

近年来，中国中铁按照“分两步走”的企业文化建设方针，大力弘扬“勇于跨越、追求卓越”的企业精神，以推进“铸魂、育人、塑形”三项工程为重点，推动企业文化在工程项目部落地生根。一是积极构建项目精神文化。以忠诚守信为重点，在大力弘扬优良传统和文化理念的基础上，用企业价值理念强化员工作为“中国中铁人”的自豪感，用企业核心价值理念引领员工的价值取向，激发员工奉献企业、为企争光的光荣感。二是积极构建项目行为文化。以安全生产为重点，从管理制度、岗位职责、行为准则、奖惩措施等方面，明确员工的技术要求、操作流程、目标责任、职业道德等行为规范，形成令行禁止、步调一致、文明和谐的行为文化，形成以文化促管理、以文化保安全的良好局面。三是积极构建项目制度文化。以精细化管理为重点，引导广大员工牢固树立“细节决定成败、精细决定效益”的意识，努力做到人人守规则，事事精细化，处处争效益。四是积极构建项目物质文化。以品牌形象为重点，精心打造“中国中铁”品牌。引导全公司各单位充分认识“中国中铁”品牌是企业最重要无形资产，自觉统一“中国中铁”品牌，使用统一、规范的企业标识和企业理念，使“中国中铁”品牌在全公司所有工程项目得到推广，树立了“中国中铁”品牌的良好形象。五是积极构建质量文化，打造精品工程。做到明确责任，样板引路；严格标准，确保质量；科技攻关，鼓励创新，集中表现了公司注重质量的品牌形象，受到工程所在地政府和人民的赞誉。六是积极构建项目安全文化。加强安全生产管

理，党政工团齐抓共管“事事讲安全”，形成群策群力、齐心合力抓安全的良好氛围；加强安全教育培训，树立安全生产理念，完善安全制度，规范安全行为，积极打造安全工程，引导员工由“要我安全”转变为“我要安全”、“我会安全”。七是积极构建项目廉洁文化。秉承“以优秀人品打造优质工程”的理念，按照 “工程优质、干部优秀”的党风廉政建设目标，全面建设廉洁文化、打造阳光工程活动。八是积极构建项目和谐文化。以和谐发展为重点，努力营造干群关系和谐、职工关系和睦、内外关系和顺、人与自然和谐的浓厚文化氛围；加强与业主、监理、设计单位的沟通，加强与地方政府和当地群众的联系，加强与供货方的合作，加强节能减排和环境保护，为项目建设营造良好的外部环境。

中国中铁近年来大力弘扬企业精神，深化项目文化建设，取得了初步成效。

（一）逐步实现了企业价值理念与职工个人价值观统一。深化企业文化建设的关键是促进企业价值理念向职工个人价值观转化，使广大职工的价值目标与企业的价值目标相统一，用企业的价值理念统一职工思想、凝聚职工力量、鼓舞职工斗志、引领职工风尚，使企业价值理念成为广大职工的生动实践，成为企业风尚和职工的行为规范，使企业文化真正在工程项目部落地生根。而项目文化的重点是培育形成一种催人奋进的项目价值理念。通过推进项目文化建设，在各单位工地宣传牌上，在项目部的办公室墙壁上，在员工驻地周围，中国中铁企业精神等文化理念在显要位置悬挂张贴。通过潜移默化，使“勇于跨越、追求卓越”的企业精神转化为广大员工团结拼搏、勇创一流的自觉行动，“爱岗敬业、诚实守信”的职业道德转化为广大员工的行为规范，国内行业领先，世界品牌知名的企业愿景成为广大员工的动力源泉。

（二）企业品牌展示由内蕴型向外显型转变。长久以来，工程项目部只重视项目内部管理，重视二三级企业小品牌的宣传，不重视中国中铁大品牌的宣传。随着市场竞争的日趋激烈，项目管理的逐步深化，公司领导人以超前的战略眼光认识到，伴随着经济全球化的进程，企业竞争已逐步从产品竞争进入到品牌竞争时代，企业要参与全球经济竞争，就必须增强品牌意识，把统一企业品牌作为项目文化建设的重要任务。在全公司各级组织的全力推动下，通过深化项目文化建设，不到一年时间，中国中铁的企业标识迅速传播到了长城内外、大江南北，并且走向了五大洲、四大洋。无论是在建设中的高速铁路和客运专线，还是遍布全国的高速公路、城市地铁、高层建筑、市政建设工地，到处都能看到醒目的“中国中铁”的标识，极大地提高了企业的知名度和社会影响力。

（三）项目文化建设由表层向深层转变。近年来项目文化建设，从宣传形式、活动内容、建设载体都发生了重大转变，由过去的单一浅层开始向深层全方位展示提升。在项目所在地，设有工地指示牌、企业广告牌；进入工地，设有彩门和大型灯箱牌；在项目部驻地设有八牌二图一表，办公室、员工宿舍设有醒目的标语。各单位项目部制作的重点工程、科技成果、获奖工程专题片，通过立体化、形象化的展示，使人们更多地了解到中国中铁的文化价值，了解到中国中铁人的品质、和风貌。这些制品全部采用最新装饰效果的材料进行制作，具有声光电一体化等特点。使中国中铁文化理念走进施工现场，走进办公场所，走进生活区，起到振奋精神，凝心聚力，催人奋进，温馨和谐的作用。

（四）项目管理由制度管理向文化管理转变。把项目文化建设渗透于项目管理的全过程，可以促进项目管理由以物为中心向以人为中心的转变，促进项目管理的创新。近年来通过深化项目文化建设，全公司项目管理手段，已由靠制度来约束人、规范人、管理人、奖惩人的传统作法，逐步改变为靠文化来管理项目，靠文化来提升员工的行为品质，靠文化展示员工风采，靠文化来树立市场形象，靠文化打造企业品牌。从场地规划到施工建设，从驻地建设到员工生活，到处都能体现出浓厚的文化氛围。公司开发的项目信息管理软件在各项目广泛运用，初步实现了管理信息化。项目部对全体员工包括劳务工开展全员、全方位培训，内容涉及思想道德、法制纪律，规章制度、技术标准、安全知识、员工礼仪、行为规范、生活常识等方面，让每名员工都知晓平时应该干什么，怎样干，使标准成为习惯，习惯符合标准，增强了员工队伍的凝聚力和战斗力。

（五）项目文化建设由围绕型向融入型转变。在中国中铁各项目，项目文化已体现在方方面面，渗透在项目管理活动中，形成了富有项目特色的子文化体系。如在构建项目廉洁文化中，项目部领导班子成员争创“三优”，即廉洁自律优，工作创新优，管理效率优。凡涉及经济利益的敏感问题，要求做到全部公开透明，自觉接受员工的监督。项目党组织开展“党员岗位承诺”活动，党员全部佩带党徽上岗，亮出党员身份，接受群众监督。在构建安全文化方面，提出的安全理念紧密联系项目实际，在不同的施工现场、不同的生产环境，安全警示语句各有不同，不再是那宽泛生硬的口号，而是一句句体现文明和谐、充满亲情的温馨提示。在构建质量文化方面，严格按照铁路客运专线施工和验标规范与标准，建立健全了具有项目特色，全员全方位全过程参与管理的质量管理理念、质量管理体系、保证体系，施工严格按标准化作业进行操作，使质量管理责任制得到全面落实。

（六）员工思想教育由灌输向典型引路转变。全公司在深化项目文化建设中，坚持把“育人”作为重要目标。几年来，全公司先后总结宣传了青藏铁路建设英雄群体、“工人设计师”王海、“十大专家型技术工人”、“十大新型农民工”、“十大杰出青年”、“十大杰出女性”、中国中铁抗震救灾先进集体和先进个人等一大批过得硬、叫得响、推得开的先进典型。尤其是公司党委先后推出的“全国专家型技术工人”窦铁成、“知识型农民工巨晓林”，受到李长春等中央领导的高度重视，并分别作出重要批示，中央媒体在全国进行了全方位的集中宣传报道，窦铁成当选为全国100位新中国成立以来感动中国人物、时代领跑者和全国道德模范。巨晓林先后荣获“全国五一劳动奖章”、北京市“劳动模范”和“知识型职工先进个人”等荣誉称号。各单位项目部用选树身边先进典型来引导人，影响人，规范人，培育人，促进了学习型、技能型、创新型、专家型员工队伍建设。

（七）现场管理由单纯改善生产生活条件向物质生活、精神生活双提升转变。“以人为本”是企业文化建设的本质特征，也是项目文化落地生根的集中体现。通过深化项目文化建设，项目管理干部逐步运用“以人为本”理念管理项目，全面落实党的依靠方针，维护员工的主人翁地位。为了让员工工作生活在一个团结、和谐的大家庭里，许多项目部把先进的社区文化、时尚的场馆文化引进融入到工地文化建设当中。为员工宿舍引入有线电视信号、安装宽带网络、设立电话室，在工地生活区建立了阅览室、活动室、电视房、洗衣房、羽毛球场、篮球场、休闲石凳、晾衣棚。当员工家中出现生老病死、婚丧嫁娶之事，当员工子女入托、就学、住房等方面发生了困难，项目部领导都要通过各种方式送去组织的温暖，千方百计地为员工排忧解难。每逢普通员工的生日，项目部都要为其在职工食堂过生日，送上一件生日礼物，让其充分感受虽远离亲人，但却胜似家庭的温馨。每逢年节假日，项目部领导都与员工一道举行团拜、联欢、文娱、健身等各种活动，这种充满亲情和人性化的管理，极大地增强了项目部的凝聚力。

（八）外协队伍由劳务管理向“五同”管理转变。近年来国家加大对农民工群体生存发展的关注力度，提出进城就业的农民工已经成为产业工人的重要组成部分。中国中铁作为特大型国有企业，认真履行社会责任，积极吸纳农民工就业，认真实行农民工与职工同学习、同劳动、同管理、同生活、同待遇的“五同管理”，促进农民工队伍与企业职工文化的融合，走出了一条外协队伍管理的新路子。为维护农民工的合法权益，建立了为农民工工资正常发放机制，防止拖欠农民工工资的现象发生，有的单位还为农民工专门设立了举报电话，为农民工维权提供方便。在维权基础上，项目部以“农民工和我们是一家”为理念，做到农民工同正式员工一起参加学习培训、一起编入作业队施工、一起在公寓化的宿舍住宿，在同一食堂用餐，在待遇上做到同工同酬。有的项目通过技术比武、劳动竞赛、日常评比等方式发现农民工人才将优秀的农民工吸纳到员工队伍中来。公司党建工作向农民工队伍延伸，在农民工队伍中建立党组织或吸纳农民工党员参加企业党组织活动，广泛吸纳农民工加入企业的工会组织，逐步增强了农民工的归属感和责任感。

实践证明，在一个企业存在着两种力：一种是生产力，是改造客观物质世界的推动力，是一种硬实力；另一种是文化力，是改造人的主观世界的推动力，是一种软实力。以企业精神为核心的企业理念对内表现为团队的凝聚力、创造力、战斗力；对外表现为企业的社会信誉度以及影响力、感召力。坚持大力弘扬企业精神，不断深化企业文化建设，就可以实现企业硬实力和软实力的有机结合，实现将文化软实力转化为生产力，形成企业核心竞争力、实现企业又好又快发展的目标。

大力培育优秀企业文化
推动航天事业科学发展

——中国航天科技集团公司

中国航天科技集团公司自1999年7月1日组建以来，通过企业文化建设，把党的建设和思想政治工作的根本要求，体现到科研生产、经营管理的各个环节，实现相互融合、相互促进，初步建成了以航天传统精神、“两弹一星”精神和载人航天精神（以下统称为航天精神）为灵魂，以“以国为重、以人为本、以质取信、以新图强”为核心价值观，促进了以载人航天和月球探测工程为代表的各项科研生产任务的圆满完成，为国民经济发展和国防现代化建设做出了应有的贡献。

一、以航大精神为核心，构建独具优势的企业文化体系

以航天精神为核心，全面建设理念、视觉、行为识别系统，积极培育创新文化、质量文化、班组文化、安全文化、廉洁文化等特色文化，努力构筑与航天科技工业新体系建设相适应的企业文化体系。

（一）把握核心，将航天精神作为企业文化体系的灵魂。一是用航天精神教育全体员工。提炼形成了以企业使命、核心价值观、企业精神为主要内容，具有航天特点、时代特征和中国特色的企业文化体系，要求员工牢记创人类航天文明，铸民族科技丰碑的神圣使命，树立以国为重、以人为本、以质取信、以新图强的核心价值理念，以一流的技术、一流的工艺、一流的质量、一流的业绩，圆满完成了以载人航天、月球探测为代表的国家重大工程任务。二是用榜样的力量鼓舞全体员工。在我国航天事业的发展征程中，先后涌现出了钱学森、孙家栋、罗健夫、杨敏达等一大批先锋模范人物。集团公司充分发挥典型的示范作用，开展了经常性的向先锋模范人物学习的系列活动，旨在通过学习身边有影响力、感染力的典型人物，激发全体员工的学习热情和工作积极性，不断提高思想政治素质和工作干劲。三是用神圣的事业激励全体员工。通过多种形式进行广泛的形势任务教育，使大家充分认识责任的重大与神圣、任务的艰巨与光荣。在执行重大试验任务前，试验队都要举行隆重的出征仪式，每名队员都要面对国旗庄严宣誓，从而激发队员的政治意识、责任意识和榜样意识。

（二）继承创新，构建充满时代气息和航天传统的企业文化体系。我们结合实际，突破常规，把视觉识别系统作为切入点，迅速树立全集团统一的崭新形象，取得了非常好的效果。在此基础上，先后开展了理念和行为识别系统建设。进行广泛的访谈和问卷调查。集团公司8大科研生产联合体、11家专业公司和若干直属单位10000多人次参加了访谈；对外开展了与总装备部、国家气象局、国土资源部等主要客户的访谈。在理念开发过程中，参考了中外40家著名公司

的企业理念，项目组共同研究20多次，邀请外部专家研讨12次，前后产生400多条新的理念表述，经过优中选优，最后形成了集团公司的理念系统。在行为识别系统开发建设中，坚持中外结合，博采众长，研究了20余家中外公司的行为准则与职业道德规范，在主要成员单位开展全面访谈与座谈，进行了行为文化课题研究，形成了7万多字的调研报告，经过多次研讨、反复修改，确定了行为准则、职业行为规范、公共关系规范、日常礼仪规范以及团队活动等主要内容。2007年，集团公司正式发布行为识别系统。为确保行为识别系统落到实处，我们专门制订了《行为识别系统实施计划》和《行为识别系统实施细则》，发放了《企业文化手册》，保证了宣贯的效果。理念、视觉、行为三大识别系统投入使用，标志着企业文化体系初步建成。集团公司通过定期深入基层调研、组织现场推进会、举办企业文化培训、开展企业文化自查等方式，对各单位的推进情况进行检查和监督。近年来，针对新成立的专业公司和重组并入的企业，集团公司组织专家深入一线，对集团公司企业文化开展宣贯和解读，促进了企业内部的文化融合。

（三）突出重点，以特色文化建设丰富企业文化体系。通过推进质量文化建设，强化了各级质量意识，健全了质量奖惩制度，完善了质量体系建设；在创新文化方面，提倡营造“崇尚创新、容忍失败”的环境氛围，加大激励创新活动的力度，进一步完善了创新基金制度；在成本文化方面，完善了成本控制制度，推进了成本控制的常态化管理；在品牌文化方面，不断健全品牌创建、维护、宣传等机制，发挥“神舟”、“神箭”等品牌优势，不断带动航天其它类型产品的品牌发展建设，有效提升了企业核心竞争力。

二、以强有力的工作，确保企业文化落地生根

集团公司加强组织领导，大力提倡全员参与，积极谋求整体互动，建立健全工作机制，使企业文化建设真正落到了实处。

（一）加强组织领导，完善体制机制。集团公司党组高度重视企业文化建设，自成立企业文化建设领导小组开始，历任党组书记、总经理都亲自担任领导小组组长，定期听取集团企业文化建设汇报，并就企业文化建设的很多关键环节和具体细节给予明确指示。为加强对企业文化建设的领导和组织，不断强化党群工作部的企业文化管理职能，在人员和经费上给予充分保证。在集团公司的统一领导下，所属各单位也都把企业文化建设作为重要工作提上日程，从自身发展实际出发，积极主动地开展企业文化建设。各院、公司和直属单位都成立了由党政一把手牵头的企业文化领导小组，许多单位还明确了办事机构，成立了企业文化处，设立了企业文化专项活动经费。

（二）坚持系统思考，抓好顶层设计。企业文化建设是一项系统性很强的工作，我们首先抓好顶层设计和系统规划，定好企业文化发展的蓝图和纲领。在企业文化建设刚刚启动之际，我们首先集中力量，精心制定了《集团公司企业文化建设总体规划》，明确了企业文化建设的指导思想、目标体系、实施步骤、实施原则和考核要求。这几年的企业文化建设一直是在这个规划的统领下进行，避免了在工作中走弯路。为及时调整和优化企业文化建设方案，从2006年开始，集团公司坚持每年制定企业文化建设滚动规划，及时吸收企业文化领域的新理念、新观点，出台新措施、新方法，扎实推进了企业文化建设。集团公司适应未来发展要求，正在研究制定《企业文化建设“十二五”专项规划》，作为集团公司“十二五”期间企业文化建设的行动纲领。

（三）提升业务能力，强化人才队伍。企业文化是一门专业性、实践性都很强的学科，有一支懂专业、会操作的工作队伍十分重要。为此，集团公司一方面在企业识别系统开发中成立内部项目指导组，有针对性地组织专题学习与研讨。为掌握企业文化理论的最新知识，我们及时购买、学习了大量的国内外企业文化书籍，遍访了国内许多企业文化研究机构和专家学者。另一方面，不定期组织企业文化建设骨干到国内外培训考察，先后组织了50多名企业文化干部赴美国、欧洲培训，开阔了思路，打开了眼界。在此基础上，以政研会为平台，通过课题招标的方式，开展了企业文化专项研究，有力地调动各单位研究企业文化的积极性和主动性。工作中，集团公司还定期举办企业文化建设培训班、宣讲会、座谈会，强化企业文化工作者的学习意识、创新意识，企业文化建设队伍的整体素质有了较明显的提高，初步形成了一支较专业化的企业文化工作队伍。

（四）抓好载体建设，确保深入人心。一是以重大活动为契机，向外部公众充分展示集团公司形象。近年来，集团公司紧紧把握新中国成立60周年、改革开放30周年、学习实践科学发展观活动、创先争优活动、航天事业创建50周年、东方红一号卫星发射40周年、长征火箭100次发射等重大契机和载人航天、月球探测、北斗导航等重大工程任务，注意弘扬航天精神，提升集团公司形象方面，充分展示了集团公司深厚的文化底蕴和新时期与时俱进的风采。二是加强展示窗口建设，形成集团公司规范的对外展示体系。完善了中华航天博物馆和北京唐家岭航天城航天会展中心2个展示窗口，建成了七院长征机械厂旧址、吴运铎展室、中华航天博物馆等3个国防科技工业军工文化教育基地，正在加快推进西安航天教育基地和海南航天发射场主题公园建设。三是巩固企业文化的宣传阵地。我们在中国航天报和集团公司门户网站上分别设置了企业文化建设专栏和网页，刊登企业文化知识和集团公司企业文化建设动态，广泛宣传企业文化建设情况。为便于企业文化知识的宣贯推广，集团公司注重做好企业文化成果的撰写、设计、汇总、编制工作。几年来，与中央电视台联合拍摄了《撼天记》、《天河圆梦》、《决战天疆》等电视片，编辑出版了《航天文化读本》、《我们航天人—企业文化理念手册》、《质量文化手册》、《集团公司企业视觉识别系统管理手册》、《集团公司行为识别系统》、《航天精神概论》等书籍，正在编辑的《天魂航天精神纪事》一书已被新闻出版总署列为庆祝建党90周年暨辛亥革命100周年重点图书。这些具有一定社会影响的文化作

品，较好地宣传了集团公司企业文化。

三、以文化力提升竞争力，为航天科技工业新体系建设提供文化支撑

回顾航天事业创建50多年，特别是集团公司成立11年来的发展历程，我们深切地感受到：企业文化作为核心竞争力的重要组成部分的作用日益增强，已经成为推动集团公司改革发展建设、确保型号科研和生产试验任务圆满成功的重要力量。

（一）文化力转化为凝聚力，确保了以载人航天、月球探测为代表的国家重大工程任务圆满成功。在航天精神的感召和鼓舞下，在“创人类航天文明，铸民族科技丰碑”的企业使命激励下，广大航天职工秉承“以国为重，以人为本，以质取信，以新图强”的核心价值观，以高度的政治责任感、使命感，取得了高新武器装备研制生产的重大胜利，圆满完成了神州六号、神舟七号、嫦娥一号为代表的重大工程任务，积极开拓国际市场，成功实现了卫星整星出口，突破了新一代运载火箭发动机、新一代卫星平台为代表的一大批关键核心技术，实现了航天科技的新跨越。今年下半年，我国将择机实现嫦娥二号月球探测任务，举国关注，影响深远。集团公司参研参试人员将大力弘扬航天精神，充分发扬严慎细实的优良作风，高标准、高质量地完成各项任务，确保月球探测二期工程实现“开门红”。

（二）文化力激发了创造力，培养造就了思想过硬、作风优良、技术精湛的新一代航天人才队伍。伴随着航天产品和技术的升级换代，集团公司顺利完成了人才队伍的新老交替，新一代航天人才队伍迅速成长起来，成为航天事业的中坚力量，真正挑起了科研生产和经营管理的大梁。目前，集团公司300多名型号“两总”中，45岁以下的超过60%；探月工程研制队伍的平均年龄不到40岁，54名正副主任设计师中“70后”占到65%；载人航天工程型号“两总”平均年不到45岁。一大批优秀年轻人才走上型号领导岗位，为航天事业发展注入了新的生机和活力。他们一个突出的特点是，不但在技术上职务上实现了交接，更重要的是，在航天文化的培育和感染下，他们传承了老一辈航天人的好传统、好作风，吸收了航天文化的丰厚底蕴和营养，成为航天文化具体化、人格化的真实体现。

（三）文化力促进了生产力，支持和推动了集团公司建设国际一流大型航天企业集团的发展战略。近几年，在企业文化的凝聚力和推动力作用下，集团公司坚持以结构调整为主线，以制度建设为基础，加快构建适应市场经济要求的母子公司体制，梳理职能定位、明确主业方向、明晰产权关系，通过总体上升、专业重组等方式，整合优势资源，优化资源配置，加强核心能力。围绕科研生产和产业化发展需要，加快推进重大区域统筹建设和条件保障建设，形成了以北京（天津）、上海、成都、西安为重点的航天重点产业群，重点提升了总体设计、总装集成、大型试验、规模生产和关键核心专业的能力，基本形成“总体为主导、专业为基础、军民结合、寓军于民、协调发展”和“一级经营、两级管理”的运行模式，初步实现了从二级国有法人管理体制向母子公司体制的转变。

（四）文化力提升了影响力，展现和扩大了集团公司的社会影响。集团公司与中央各大媒体合作，广泛宣传、积极展示履行社会责任的良好形象。通过宣传航天技术广泛服务于国民经济，在抗震救灾、国庆阅兵、北京奥运会、上海世博会等重大活动中发挥的重要作用，极大提升了集团公司的美誉度。结合集团公司为我国青少年研制并发射第一颗科普试验卫星“希望一号”，集团公司策划了方案征集评选、两岸无线电通联等一系列活动，全国有数十万青少年参与其中。利用军工文化教育基地、航天精神教育基地，对员工进行全员爱国主义和形势任务教育。在上海世博会期间，集团公司积极参与太空家园馆建设，利用独具航天特色的高科技展示吸引了大批国内外游客，等等。当前，航天事业影响力与日俱增，航天科技成为我国在国际舞台上展现综合国力的重要一翼，成为我国自力更生、自主创新的典范，航天精神已经成为伟大民族精神的重要组成部分。

企业文化建设是一个不断继承、持续创新的过程。我们虽然在企业文化建设方面做了一些探索，取得了一些成绩，但距离建设国际一流大型航天企业集团的目标要求还有距离。比如，文化融合有待加强，新员工对航天文化的理解、吸收与发扬还不够，基层单位对企业文化的宣贯及自身文化建设不平衡，对航天技术应用产业和服务业的文化建设研究及推进还不够，等等。面对新形势、新任务、新要求和新挑战，航天科技集团公司将继承弘扬航天优秀文化传统，进一步加强企业文化建设，重点推进理念深化工程、专项文化推进工程、文化融合发展工程、品牌塑造与推广工程和文化实践创新工程建设，建立健全适应改革开放和社会主义市场经济发展要求，符合集团公司发展战略，具有航天特色的航天文化体系，为构建航天科技工业新体系、建设国际一流大型航天企业集团提供强有力的文化支撑。

弘扬大庆精神 打造特色炼化

——中国石油大庆炼化公司

大庆炼化公司始终坚持以大庆精神为核心，努力以文化力提升经济力，以无形资产增值有形资产，以现代管理理论创新经营管理实践，积极实现企业文化与企业战略的统一，企业发展与员工发展的统一，企业文化优势与竞争优势的统一，不断强化企业文化的深植和落地力度与效果，为公司建设“世界级聚丙烯生产基地、世界级油田化学品生产基地、高档润滑油基础油生产基地和全国企业文化示范基地”，打造特色炼化提供了不竭动力和文化支撑。

弘扬大庆精神，文化宣贯筑牢思想根基

“爱国、创业、求实、奉献”的大庆精神是中国石油

企业精神，也是大庆炼化公司企业文化的灵魂。大庆精神铁人精神是在大庆油田开发建设过程中，鼓舞和激励百万石油人为油奉献的精神动力，也是打造特色炼化的文化支撑。大庆炼化公司始终把推进企业文化建设同进行大庆精神铁人精神教育融为一体，通过深入开展“身在大庆学大庆、铁人身边做铁人”主题教育活动，组织各级干部和广大员工参观铁人纪念馆、中十六联合站、1205钻井队，请老会战讲传统、组织几千名员工讲身边具有时代特征的“铁人”式的小故事，开展大庆精神铁人精神大讲堂等活动，认真诠释“有条件要上，没有条件创造条件也要上”和“三老四严”、“四个一样”的大庆石油会战优良传统，使广大员工受到大庆精神、铁人精神的再教育，深化了员工对中国石油企业文化精髓和本质的理解和认同。同时大庆炼化公司选树宣传员工身边学习大庆精神、践行职业道德的先进典型，坚持用先进典型传播企业文化。组织开展评选“先优模”、“十大杰出青年”、“十大巾帼女杰”等活动，组织参加“大庆市十一五最具影响力人物”、“感动大庆·道德模范”评选，通过先进事迹报告会、先进人物故事会等形式，大力宣传代表先进企业文化的先进典型人物，使先进典型的人格魅力得到充分体现。还把先进典型的事迹编撰成《先锋颂》、《标杆风采》、《我的班长我的班》等书籍，制作成多媒体在公司文化新闻网、《基层建设》报、《员工学习手册》上进行大力宣传，在全公司营造和形成“学先进、赶先进、当先进”的良好氛围。促进了“三相”文化之魂—大庆精神、铁人精神的落地，使大庆精神铁人精神在广大员工心中深深扎根，艰苦奋斗、勤俭节约、忘我工作的良好风气在全企业进一步形成。几年来，大庆炼化公司多人次荣获了“全国劳动模范”、“全国五一劳动奖章”、“中央企业劳动模范”、“中国石油榜样·好干部”等荣誉称号，达到“树立一面旗、点亮一盏灯、照亮一大片”的效果。

实施文化战略，体系构建明确发展航标

企业文化建设作为一项系统工程，必须要有强有力的文化战略作为保障和支撑。大庆炼化公司坚持实施文化强企战略，积极构建企业文化体系，不断创新和完善企业文化建设的工作思路和工作机制，使其更具有前瞻性和操作性，进一步增强了企业凝聚力，提高了企业竞争力。大庆炼化公司在2002年提出“53344”企业文化5年规划；2008年，进一步明确了“12345”企业文化建设思路；2011年，为更好地服务于公司“十二五”发展战略，又全面提出“3455”公司企业文化“十二五”发展规划，即：在“十二五”企业文化建设中，要精心打造企业形象推介、员工价值提升、基层文化示范“三个平台”，提升企业、管理者、员工、产品“四个形象”，增强学习力、凝聚力、执行力、战斗力、影响力“五个能力”；突出安全文化建设、科技文化建设、学习文化建设、廉洁文化建设、基层文化建设“五个重点”。这些思路在具体的推进过程中，大庆炼化公司把从严管理和人性化管理有机结合起来，坚持以打造创新力为落脚点，以强化规范力为切入点，以提升执行力为着力点，用制度文化诠释和规范企业管理，有效地推进了文化与管理的有机结合。在原有规章制度的基础上，大庆炼化公司先后整合修订各项规章制度127项，废止21项，相继修订流程115个，删除流程76个，不断完善标准化管理，并出台了《大庆炼化公司企业形象管理规范》、《大庆炼化公司员工行为规范》等企业文化管理制度。大庆炼化公司企业文化建设标准与措施科学化、规范化，确保企业文化建设思路和保障措施的落地。

推进文化融合，主题凝聚提升管理水平

大庆炼化公司将企业文化建设与生产经营管理有机融合，发挥企业文化建设服务于生产经营管理的功能和作用，通过开展“精细管理夯实基础年”、“精细管理推进年”、精细管理大讨论、整治“低老坏”、加强现场管理等主题活动，总结和提炼了“身在大庆学大庆、铁人身边做铁人”、“人企和谐、人际和谐、人机和谐、人境和谐”的“四个和谐”、“精心工作、精细管理、精益指标、精品工程”的“四精”管理理念等一系列富有特色、深入人心、激励队伍的石油名言。通过不断将理念转化为员工行动、管理举措，夯实了基础工作，促进了基层建设，确保企业文化建设在基层的落地生根，为企业管理注入了新的活力。为达到人与设备的和谐“共处”，大庆炼化公司动力一厂污水处理车间开展了以“人机交流、人机互动、人机共识、人机和谐”为主要内容的“人机对话”活动，要求员工认真学习探究装置和设备的专业技术知识，使员工对自己管理的设备性能、工作原理、生产流程了如指掌，促进了员工向设备倾注感情，使员工与设备建立起情感交流。大庆炼化公司及时总结和推广对装置设备进行人性化管理的经验，有力地促进了公司设备管理“人机和谐”理念的落地，使企业的生产装置和设备管理水平有了很大提高。炼油二厂以安全本质化管理为目标，以安全生产责任制为核心，建立完善适应全员、全过程、全方位监督管理需要的安全管理制度。在现场安全管理中抓住承包商管理这个安全管理的“重头戏”，实施“挂牌准入”管理制度，坚持做到三个“严格确认”，即严格确认“外来施工人员信息板”、严格确认“作业许可证”、严格确认“检修通知及风险评价工作票”，通过严格把关准入车间作业的源头，使定员监督变为全员监督、有奖监督，使外来施工人员出入管理严格科学规范，解决了多年困扰炼化企业承包商无法全程受控的难题，使承包商安全意识逐渐变为安全行为的约束、安全习惯的养成，实现了由“要我安全”到“我要安全”最后到“我会安全”的转变，这种承包商全程受控的安全管理经验目前已在公司全面推广。几年来，大庆炼化公司的团队理念“心相通、情相融、力相合”，学做理念“身在大庆学大庆，铁人身边做铁人”，成功入选中国石油天然气集团公司“新中国60年最具影响力60句石油名言”，企业文化展厅被命名为“中国石油集团公司企业精神教育基地”。

追求文化深植，典型示范引领文化方向

增强企业的特色文化能力，重要的是把与时俱进、自主创新的思想落实到基层，使基层和生产一线成为企业文化

建设的主体。实践中，大庆炼化公司评选出了22家基层企业文化示范单位，建立起融入企业生产经营管理的安全环保文化、班组文化、廉洁文化为主要内容的子文化，进一步引领先进文化的发展方向。通过开展“学习与提升”活动，选树宣传各类先进典型人物，以班组长名字命名表彰了七个标杆班组，“五型”班组达标率达90%，使企业文化建设向基层不断深植。宣传和推广炼油二厂的“公平、民主、赏识”文化、润滑油厂的“真情”文化、聚丙烯厂的“三和”文化、电子商务部的“阳光”文化、炼油一厂的“争先”文化、车辆管理部的“家”文化等一系列基层特色文化，这些特色文化千姿百态，各领风骚，不仅进一步厚重了从中国石油文化到公司“三相”文化的内涵，发挥了企业文化的功能和作用，而且促进了公司的又好又快发展。炼油一厂在安全生产中积极推广“争先”文化，实现了零违章、零事故、零损失、零伤害、零污染的“五零”工作目标，荣获公司安全金牌五连冠荣誉称号；炼油二厂将“公平、民主、赏识”文化有效融入到“五型”班组建设中，使该厂“五型”班组达标率比前一年提高了26个百分点；质量检验部润滑油检验站通过弘扬“三相”文化，践行质检的“和谐”文化，提升了队伍的学习力、凝聚力、创造力，多次获得公司先进党支部、双文明先进单位、优秀职工之家等荣誉，并涌现出黑龙江省学习型班组、黑龙江省巾帼建功示范岗——何琳班。

企业文化建设是公司一项长期的战略任务，只有起点没有终点。在中国石油企业文化统领下，大庆炼化公司根据新形势、新任务的要求，不断推进企业文化落地深植，有效提升了企业管理水平，增强了企业的竞争力。大庆炼化公司成立以来，连续两年获中国石油集团安全环保双先进，荣获全国“五·一”劳动奖状、国家“重合同、守信用”先进企业、中国诚信企业等30多项荣誉。先后被中国企业联合会和中国企业家协会、中国企业文化研究会、中化政研会授予全国企业文化示范基地、全国企业文化示范单位等荣誉称号。

聚合文化：动力源

——冀中能源集团有限责任公司

近年来，冀中能源从小到大，从销售收入400亿到2000亿，从中国500强到世界500强，从重组起家到走出去发展，从一煤独大到多元化布局，走出了一条渐进式重组、多元化布局、跨越式发展的路子，成为河北省，乃至全国国企践行科学发展观、实现又好又快发展的典范。沿着这一历史的脉落，你就会清晰的发现，冀中能源的传奇经历，完全可以用聚和文化的“聚、大、搏、强、和”这五大核心元素来概括和阐述：生于聚、基于大、赢于搏、志于强、兴于和，这也说明冀中能源在发展壮大的同时，并没有忽略对文化的疏理和总结，使得以九大价值体系为特征的聚和文化随着企业的发展而不断丰富完善，如汩汩流淌的不竭源泉，无时无刻不在为冀中能源的勃勃生机提供着动力支持。

“聚和”文化之粘合作用

在跨越发展中，冀中能源地域纵贯河北，横跨晋冀，外延内蒙，西拓新疆，产业涉及煤炭、医药、航空等多个板块，然而，企业形散神聚，不管是谁，不管哪个单位，即使远在千里，只要一个号令，都是齐声响应，万众一心。这一现象就是聚和文化“粘合剂”作用的生动体现。

聚和文化的“粘合剂”作用，在冀中能源重组时期表现的最为深刻。这是因为在企业发展中，冀中能源坚持像抓安全生产那样，把企业文化作为一项重大工程来建设。在建设中，他们注重实际，注重继承，自觉把各子公司的优秀文化作为集团文化的丰厚积淀和源泉。如冀中能源联合组建之前的邢矿、邯矿都有几十年的发展历史，后来联合重组的井陉矿务局、峰峰集团更是具有100多年的历史，2009年6月重组的华北制药也有50多年的历史，这些企业在长期的发展过程中，积淀了许多优秀的传统文化。

煤炭企业的历史，就是一部艰苦创业、自强不息的历史。煤炭行业文化的烙印使其具备了许多优秀的企业文化基因：特别能吃苦、特别能奉献、特别能战斗的品格，顾全大局、奉献牺牲、爱岗敬业的精神，以人为本、重视安全的理念，雷厉风行、执行到位的作风等等。再加上华药集团的至真、至美、至善的文化，可谓是相得益彰。而后来成立的河北航空，虽然是个初创的单位，但因为行业的特点而天生具有鲜明的精益、精细的文化特质，更是为冀中能源文化锦上添花。这些“子”文化的精华在聚和文化这一“母”文化中得发扬，而“母”文化又在把各“子”文化融合完善后，以“海纳百川”的包容性指引着各子文化的发展和深化。

文化是一种一种无形的力量，它如影随形地存在于人们的言谈举止间。这样就使得各子公司融入冀中能源后并没有陌生感，因为他们发现，自己多年来遵守并形成习惯的文化，在大集团的文化中都可以找到其独特的神韵。如峰峰集团的峰峰文化突出的是一个“强”，冀中股份“超越文化”和邯矿集团“搏进文化”突出的是一个“搏”，张矿集团的“张垣文化”突出的是一个“聚”，井矿集团的“和兴文化”突出的是一个“和”等等。特别是大集团成立后给子公司带来的知名度更大、信誉度更高、抗风险力更强等“好处”，使各子公司在加入后又多了一层“平台更高、眼界更宽”的欣喜，再加上“奉献优质产品、创造幸福生活”的企业使命、“生命高于一切”的安全理念和“做好本职就是人才”的人才理念等以“温暖”为特色的人本关怀，较大程度上消除了他们心理上的疑虑和担忧，也使得各子公司，哪怕是刚刚加入的子公司，从心底深处感受到的不是“客”，而是“主”，不是勉强的接受，而是自然的融入。

“聚”的深刻含义，不仅仅是形式上“合而为一”，更重要的是思想和行动的统一，这就需要一个共同的目标把他们从形到神“聚”在一起。于是，结合广大职工的愿望，冀中能源提炼出了“建设具有国际竞争力的大型企业集团”企业愿景，使得各子公司的奔跑向着一个方向主动自觉起来，因为他们知道，要实现目标，绝不能各吹各的号，必须要统一号令，必须要统一步调。

2011 年，冀中能源顺利完成“一体两翼、多元发展”战略目标后，又把目光放在了世界的高度。因为他们知道，只有站在世界的舞台才能谋取更大的发展空间，而走向世界，一个最好的途径就是加入世界强企俱乐部——世界 500 强。于是，“挺进世界 500 强”目标应运而生。但是，在长期的奋斗实践中，他们又深深地明白，这一目标，不是哪个子公司可以通过单打独斗能实现的，必须还要靠大集团的力量。这时，聚和文化的粘合剂作用又一次加强：目标提出后，冀中能源 13 万职工再次高举重组之路上“万众一心”的胜利法宝，各个单位、各个战线、各个岗位、各个员工，都朝着一个方向、奔着一个目标去想事、谋事、做事，“聚”众人之心，“集”万千之力，终于使企业在当年进入了世界 500 强。而后，他们又微调了企业目标。把“挺进世界 500 强”改为“世界 500 强”，一方面表明了他们在世界 500 强中提档升级的决心，另一方面也使企业进一步向“建设具有国际竞争力的大型企业集团”企业愿景靠近，从这一意义上讲，企业文化的价值体系是静态的，更是动态的，它在企业发展中形成，并在企业发展中不断丰富，使“粘合剂”的作用愈发的彰显。

“聚和”文化之催化作用

在冀中能源的词典里，历史是和前进、纪录和水平有关的，并且是递进、超越的，即今天一定要比昨天更强、更高、更好，明天一定会比今天更强、更高、更好。这是因为，冀中能源在发展过程中，不仅在形式上把“不断创造历史”定为了企业核心价值观，在思想和行动上，也使得这一理念融化进了企业干部职工的血液中，那些鲜活的历史画面，依然是冀中能源“不断创造历史”的最好诠释。

金能集团成立之时，煤炭产量不足 1500 万吨，然而，邢矿集团和邯矿集团的创业激情却在“不断创造历史”中迸发，各单位、厂矿、班组、车间，人人自我加压，当年一举实现了产量 1700 万吨的突破；而后，他们又提出了“煤炭产量超 2000 万吨、销售收入超 100 亿元”的“双超”目标，这一目标年底就在职工们的斗志昂扬中顺利实现；然而，他们并没有满足，又与峰峰联合组建冀中能源，跨入煤炭行业前 100 强；就在外界传言“冀中能源已稳坐河北煤炭老大的交椅，该停下来”时，他们又提出了“双五八一”目标，其中的“双五”，就是“2010 年实现产量 5000 万吨，销售收入 500 亿元”，这等于在不增加矿井的情况下，增加两个大型矿务局。这时的冀中能源，已经把“不断创造历史”的核心价值观刻到了每个干部职工的心上，已把“雷厉风行、执行到位”工作作风和“敢为人先、奋发图强”的企业精神化为了干部职工争创赶超的具体行动。

2009 年 6 月，冀中能源重组华药集团，在社会上引起了“挖煤怎能做好制药”的质疑。回忆起当年的情景，华药人至今记忆犹新：“社平董事长过来时，未带一兵一卒，但后来企业的巨变让我们明白，他带了比千军万马更厉害的东西——冀中能源的文化。”的确，重组之后，冀中能源的企业文化如及时春雨般倾泄而下，华药也如久旱的大地，贪婪地吸收着这振奋精神的甘霖，“敢为人先、奋发图强”的企业精神，“雷厉风行、执行到位”的企业作风在“五条禁令”、“扭亏增盈攻坚战”、新园区建设等各项举措的推行中被华药人所接受，华药人起初的怀疑和忧虑很快就被惊愕、兴奋、拥护、发奋而代替，并在一天一个变化中迎来了一个发展的春天。“开会，必须正装、正点、正坐，分配的任务，必须要马上执行，向上级汇报，只讲成果，不讲困难。这是冀中人的一种习惯，这种习惯，对华药来说，太需要了！”于是，职工的精神面貌焕然一新，积压已久的聪明才智和积极性井喷样爆发，沉闷的空气骤然间舒朗，厂区内处处激荡着火一样的热情，重组的当年，华药就盈利 8000 万，一举摆脱了多年的亏损状态。

可以说，在企业发展中，冀中能源聚和文化的九大理念“润物细无声”般地影响着职工思想，塑造着职工的行为，指引着企业的发展，这就使得冀中能源无论是在挺进世界 500 强进程中，还是在挺进后向“更高质量的世界 500 强”迈步，每个单位、每个人都是以一种挑战极限的状态在努力：领导们自觉取消了节假日，与工人们一起吃住在一线，工人们主动加班加点，争相为企业献计献策。可以说，每一次冲锋，每一场战役，冀中能源 13 万人无一袖手旁观，都是积极参与，全部嗷嗷叫着往前冲，在“敢为人先、奋发图强”的精神中不断创造着历史，都在“雷厉风行、执行到位”优良作风中绘就着历史新篇。

“聚和”文化之创新特征

2012 年，受世界经济危机的持续影响，国际经济进入了依靠创新、调整和改革而走向复苏的低速增长期。经济高度全球化的今天，中国经济发展也在“稳中求进”中放慢了速度。进入这个深度调整期后，各大企业纷纷开始向“转变发展方式、提升发展质量”转型。一季度，世界 500 强企业冀中能源在管理、科技、创新、效益等各个方面再有新突破，以创新的思维和“不断创造历史”的气魄在复杂的经济形势下实现了“冬寒仍争俏”。

近年来，冀中能源一直是各媒体关注的一个焦点，这不单是因为它在经济发展上的突飞猛进，更有一个重要原因是它不走传统发展之路，煤炭企业联合重组也好，重组华北制药、组建河北航空也罢，它的每一步跨越，都是一种开放性、极具挑战性创新思维的体现。2011 年 1 月 6 日，冀中能源销售收入实现 1325 亿元的历史突破时，董事长王社平在庆功会上又提出了“挺进世界 500 强”的目标。一言甫出，整个大厅爆发了雷鸣般掌声。惊，是因为纵观国内外，成立不到三年时间就敢问鼎世界 500 强的企业有几个？掌声，是因为在企业发展的每一个重大关头，冀中能源的领导层都能力挽狂澜，在复杂多变的市场竞争中，做出一个似乎超越传统思维、却被事实一次次证明是符合冀中能源科学发展的决策。果然，当年 7 月，冀中能源就高歌挺进了世界 500 强。

紧接着，王社平又在全国率先提出了建设“科学发展、安全发展、转方式调结构、科技创新、管理先进、诚信经营、幸福和谐、高产高效、具有国际竞争力的500强”的“九强”标准，以一种全面创新的理性思维为国企走向世界舞台提出了新的路径，也使得冀中能源一鼓作气，2011年年底实现了“资产总额过千亿，销售收入双千亿”的新突破。值得一提的是，冀中能源的思维创新，始终坚持谋势而为，顺势而动。中央经济会议召开后，冀中能源在第二天就召开了班子会，把“稳中求进”的精神传达到各单位，实现了向“提质增效”的完美转型。

聚和文化的创新性，还表现在“删繁就简”上。文化代表着一个企业的性格和方向，如果对员工细细阐述，估计每一条价值理念都可以写到万字以上，也不一定能让员工心领神会。而冀中能源却把聚和文化用九大理念、每条理念仅几个字就使它鲜活起来，而且通俗易懂，切合企情。如核心价值观“不断创造历史”，六个字就浓缩了冀中能源由弱到强的历史发展过程和精神面貌，如“奉献优质产品、创造幸福生活”的企业使命，使员工一目了然地就明白国企肩上的两大重任，一是创造优质产品，助推国家经济发展；二是让职工群众得到实惠，过上幸福生活。

同时，聚和文化的创新性，还集中体现在“敢为人先、奋发图强”上。它不仅指出思想上、观念上要敢为人先，更是指作为上要奋发图强。秉承这个企业精神，从成立时起，冀中能源就大力实施科技创新、管理创新、机制创新等。以科技创新为例，以平均每年都投入近20亿元来进行科技研发和科技人员培养，组建了由18个专业方向300多人组成的内部专家库和由12个专业方向40多人组成的外部专家库，建立了“产学研”联合开发的机制，目前已形成了“两站、两院、五中心”（院士工作站、博士后科研工作站、河北煤炭研究院，河北化工研究院，冀中能源集团技术中心，河北省充填采煤工程技术研究中心，煤矿机械工程技术研究中心，华药新药研发中心、国家技术研发中心）的科研格局，先后推出了充填开采、地热利用、保水开采、薄煤开采等一系列成熟的国内国际领先技术工艺，完成科技项目700多项，其中有192项科技成果获得国家、省部级科技进步奖。

企业文化的力量就在于，它能够营造一种氛围，以氛围的感染力来把某种观念渗入到团队成员的思想中。正是聚和文化的这种创新特征，使冀中能源职工，哪怕是最一线的普通职工，也能充分挖掘自身的才智，在“敢为人先、奋发图强”中投入到企业的各项创新实践。2011年，由职工创新之星田权名字命名的“田权创新工作室”成立后，通过各项技能创新，为企业创下了1323万元的效益，而这种职工们自发组织的创新型“民间组织”，冀中能源仅2011年一年就有12家相继成立，“天天有创新，月月有进步，年年有突破”已成为广大职工践行“敢为人先、奋发图强”的企业精神，提高工作效率，改善工作环境，推进企业发展的重要组成部分。

“聚和”文化之人本特征

汲取中国优秀传统文化因子的聚和文化，“情”的成份占了很大的比重，也就说“以人为本、注重人文关怀”的特征更为突显。这因为在企业文化建设中，冀中能源决策层能够站在战略高度来理解企业文化，牢牢把握好了两个关键要素：一个是资本，一个是人。在企业发展中，冀中能源不断地把社会人转化为企业人。

“生命高于一切”的安全理念，从生命的高度和广度，使安全文化超越了生产物质层面，直指人的灵魂深处。“人的生命是宝贵的，任何时候都要放在第一位。我们年年加大在安全上的投入和建设，就是为了最大限度地给职工创造一个安全的作业环境，即使职工小有违章，也不至于危及到生命和身体健康。”王社平董事长在安全巡检时说的话，平静中透着浓浓的人文关怀。有什么样的领导和环境，就会有什么样的结果。在没有安全保障的情况下，谁都可以拒绝生产，任何理由，都必须要给安全让路，给生命让路。这也是冀中能源百万吨工亡率逐年降低、居全国先进水平，巨型航母平稳前行的动力之源。

按照西方经济学家杜拉克的说法，企业就是把资源变成财富的组织。人类在经历了几千年“以土为本”的劳动经济和200多年“以物为本”的技术经济后，终于迎来“以人为本”的文化经济。托夫勒也在《第三次浪潮》中说，随着社会的发展，多才多艺、全面发展将是人们追求的目标。只有自由而全面的发展，才能使人升华到更高的境界，发挥出自己的全部潜能，实现自我的全部价值。

2010年，在中宣部组织的第六届全国企业文化论坛上，与会专家就“冀中能源人为什么能持久保持着高涨的工作创新热情”进行研讨，“干好本职就是人才”的企业人才理念，被一致认为是其主要动力源泉。在这一理念指导下，冀中能源出台了“三要三不要”人才标准，即要提拔长期在基层工作的人，要提拔长期在困难单位工作的人，要提拔长期在一线岗位作出贡献的人，不让老实人吃亏，不让做贡献的人吃亏，不让有能力的人吃亏，这使冀中能源的优秀人才源源不断脱颖而出，更使职工们“以企为家”的主人翁责任感空前高涨。

冀中能源的企业使命是“奉献优质产品、创造幸福生活”，这两句话把责任和幸福紧紧地联系在一起，它不仅是指一个企业要发展，首先要完成“奉献优质产品”的使命，更是时刻提醒着员工要获取幸福生活，必须首先要“付出辛苦的劳动”。在某种程度上，它使企业在为员工谋福利的过程，员工不再单纯是一个接受方，更是一个参与方，因为这幸福生活，是他们与企业一起同甘共苦得来的，他们会更珍惜，进而激励他们在今后的工作生产中，以更大的热情投入其中，思想上自觉地把个体与企业看作是一个共同体，一荣俱荣，一损俱损。

从2008年起，冀中能源职工收入就每年以20%的速度在提高，生活质量也随之大大提升。同时，企业还每年支出2000多万元，为井下职工提供免费营养餐，让职工吃得营养，吃得舒心；一次性投入6000余万元，对职工宿舍进行了统一装修改造，配备了电视、沙发、24小时电热开水器，并为每个宿舍安装了空调；在各生活区加大绿化面积、铺设街道彩砖、修建文化广场、安装健身器材、开辟健身乐园，使生活区四季常青，生机盎然。2011年9月，冀中能源又正式将职工的幸福指数定为企业领导班子考核指标，体现了企业为职工创造更加幸福生活的决心。

工作环境越来越好，工资收入越来越高，遇到困难，还有企业及时的出手相帮，踏实的、满足的、温暖的感觉在冀中能源职工心里一点点地积累，最后就汇集成浓浓的幸福。一位职工把自己“开小汽车上班、营养丰富的班中餐、干净安全的工作环境、网上定购机票准备假期旅行”的真实生活写进了博客里，说“就是想让所有人都看到，我们冀中能源的职工在企业发展中获得的幸福”，字里行间都流露出对企业浓浓的感激之情。

（作者杨秉华、刘书红、李双甫、赵俊祥）

太钢企业文化实践路径及落地方式

——太原钢铁（集团）有限公司

太原钢铁（集团）有限公司（以下简称太钢）是集铁矿山采掘、钢铁生产、加工、配送和贸易为一体的特大型钢铁联合企业，现已形成年产1000万吨钢（其中300万吨不锈钢）的能力，营业收入突破1000亿元，成为全球最大、技术装备水平最高、品种规格最全的不锈钢企业，综合竞争力显著增强。太钢发生的深刻变化，源于发展战略目标的准确定位，使太钢人有了共同的理想追求；得益于企业流程再造和制度创新，使太钢焕发了生机和活力；更重要的是，具有自身特色的企业文化建设，为太钢的跨越发展提供了强大的动力支撑。

太钢在企业文化建设中，坚持推进“文化落地”不动摇，遵循集团文化管控原则，按照三大步骤、四个方面的实践路径，以主题活动推进文化落地。

贯穿一条主线，加强文化建设

太钢企业文化建设是在上世纪末国企改革举步维艰、钢铁行业竞争残酷，企业内忧外患，遭遇生存危机之际，抓住国家产业结构调整的机遇，审时度势，顺势而为，积极变革的大背景下，主动提出的一种管理方式。

只有落地的企业文化才有生命力。因此，太钢在加强企业文化建设时明确提出，文化管理是继经验管理、科学管理之后的最新管理方式，要使其发挥效用，必须把“行动起来，让文化落地”作为太钢企业文化建设的主线贯穿企业管理全过程，要通过实施文化管理，加快构建战略支持型企业文化，把员工队伍的思想和行为调整到支撑企业战略目标上来；通过实施文化管理，提高全员对太钢企业文化的认知和认同度，并在岗位中自觉实践；通过实施文化管理，快速培养一支与战略目标相适应的一流员工队伍；通过实施文化管理，强化企业内部整合、外部适应的能力，提升企业综合竞争力。基于此，太钢着手逐步构建和完善企业文化体系，系统规划、科学实施企业文化管理，用心培育核心价值观，推进文化落地。

遵循四个原则，坚持文化管控

太钢的发展战略目标是，要坚持“三个转变”，做强主业，延伸发展、多元发展、绿色发展、和谐发展，建设全球最具竞争力的不锈钢企业，成为国内一流、世界著名的大型企业集团。在集团多元发展、兼并重组过程中，为了澄清子分公司对文化理念的模糊认识，进一步统一认识，凝聚力量，规范子分公司的行为，公司提出集团文化管控的思想，强调“集团公司重在倡导，子分公司、直属单位、管理部门重在实践”，以使公司信奉的文化理念转化为集团上下共同的意识基础和在此理念指导下的共有的行为方式，充分发挥企业文化的规模作用。因此，我们要求各子分公司、直属单位和管理部门遵循四个原则，即：“一致性”原则：各子分公司、管理部门和单位倡导的管理理念要与公司的核心文化理念高度一致，保证公司管理风格和做事方式的统一，使文化理念真正成为公司上下同欲的利器；“避复性”原则：各子分公司、管理部门和单位的管理理念中，避免重复使用公司文化理念中涉及到的使命、愿景、战略、价值观、精神等字眼。各单位在长期实践中形成的好的传统、作风等，可用工作（经营、管理）目标、工作（经营、管理）作风、工作（经营、管理）方法等替换；“补充性”原则：各子分公司、管理部门和单位在提炼本单位的管理理念时，可结合单位实际，从工作职能出发，补充本单位的特点，作为公司文化理念的补充和延展；“具体化”原则：即各子分公司、管理部门和单位应结合本单位的实际，用生动鲜活的案例和实践，具体解读公司宏观的文化理念，为公司倡导的文化理念提供注解和支撑。

集团文化管控，维护了集团文化的统一，兼顾了子分公司、直属单位和管理部门的特点和性质，规范了子文化建设的模式，充分调动了子分公司、直属单位和管理部门建设特色文化、实践集团文化的积极性、主动性和创造性，形成了“集团文化一枝独秀，文化实践百花齐放”的良好局面。

依据三大步骤，实施文化管理

企业文化建设的出发点是依靠人，落脚点是为了人。人是企业文化的主体，企业文化最重要、最直接的功能是对人的价值观、精神、道德等的引导和控制。因此，太钢依据“认知—认同—践行”三大步骤，通过广泛的宣传培训，使职工认知公司文化理念，在认知的基础上逐步认同，并转化为岗位上的自觉实践。

认知就是要让职工了解、知道。在企业文化理念提出之后，公司将企业文化部与党委宣传部合署办公，构建企业文化传播平台，利用报纸、电视、网络、内部期刊杂志、基层文化墙、公共区域宣传栏、电子屏幕阵地等，多渠道全方位地对企业文化进行宣传；定期修订完善并下发《企业文化手册》、《企业文化读本》，开展“用心实践核心价值观故事”征集与讲演等，引导职工认知公司文化；不断加大企业文化的培训灌输力度，采用内训与外聘相结合的方式，抓住中高层管理人员和新入厂员工两个重点，开展了各种层次、各种类型的企业文化培训，确保培训覆盖到全体职工。从2007年开始，将企业文化列入太钢实施全员素质提升工程，对全体员工进行一次企业文化轮训。为保证培训的规范性和一致性，开发了《太钢企业文化》课程，编写了4万余字的教材，制作了PPT课件，录制了视频教材，作为企业文化培训的基本教材。

认同就是在认知的基础上，通过对企业文化理念进行解读、宣传、培训和灌输，使广大职工在理解的基础上准确把握和认知文化理念的核心内涵，使职工认识到公司推行文化管理的重要性和必要性；在理念解读过程中，辅之以公司在文化引领下持续发展所取得的成果，特别是公司遭遇生存困境时通过实施文化管理，使公司从落后企业一跃成为世界不锈钢企业的领军者的转变，以激发斗志，凝聚力量，增强职工的信心；以公司决策层在文化建设中高度自觉、率先垂范、用心实践核心价值观的典型案例教育和引导职工，使职工真学、真信、真用，真正接受公司文化理念。

践行就是将职工广泛认知、积极认同的企业文化理念自觉转化应用到岗位工作中，把核心价值观的要求转变为职工的思维方式、行为准则和做事风格，用价值观规范和约束职工的言行。在此过程中，公司积极挖掘整理表彰宣传实践价值观的典型案例和模范人物，收集整理职工在岗位中感动利益相关方的使命故事，编录下发《滴水穿石》、《我们身边的闪光点》、《太钢职工画与话》等系列企业文化读物，引导全员用心实践，推进文化理念向岗位具体实践的转化，培育有太钢特色的责任文化、执行文化和精细文化。

围绕四个方面，推动文化落地

文化落地的过程，就是将企业倡导的文化理念转化为企业和员工的行为方式，最终形成企业风格和形象的过程。公司积极构建企业文化实践体系，围绕“内化于心、塑化于行、固化于制、外化于形”四个方面，推进企业文化落地。

内化于心，就是要求公司与各单位加大对企业文化理念特别是核心价值观的传播，通过准确解读理念、宣传培训灌输和领导人的带头用心实践，使核心价值观融入职工的血脉中，成为全体太钢人在各自工作岗位上共同遵守的价值判断和做事准则；

塑化于行，就是将公司对企业与员工的要求以公司行为准则、职工行为规范、行为礼仪细则等形式加以规定，通过不断地检查纠偏，规范职工的言行举止使其符合企业所期望的方向，提升职工素养，打造责任心强、执行力高、精益求精的高素质团队；

固化于制，就是把文化理念融入企业各类管理制度，一方面通过制度体现公司提倡什么，反对什么，鼓励什么，排斥什么，引导职工按正确的方法做正确的事；另一方面，通过制度的硬约束，规范职工的行为方式，以此形成职工良好的素养；

外化于形，就是要在公司文化理念的统领下，规范企业与员工的行为方式，统一公司的视觉识别系统，确立公司品牌形象的基调和风格，通过企业标识，准确传达太钢作为世界不锈钢企业领军者所具有的厚重感、责任感、现代感和诚信、创新的性格，树立太钢作为公众公司的社会形象。

一个企业，一个部门或组织的做事方式，折射出的是其内部的管理理念和管理水平，更决定着其在社会中的公信力与影响力；员工个体的行为举止，代表的是员工的个人素质，反映的是企业的管理水平，关乎的是企业的整体形象。因此，我们在企业文化实践体系中要求：各部门要在“固化于制”上下功夫，各单位要在“塑化于行”上下功夫，全员要在“价值观实践”上下功夫，以使公司文化真正落地。

开展五项活动，实践企业文化

重在实践，是太钢企业文化建设的显著特色。这些年来，太钢坚持从解决职工中存在的与战略目标不相适应的思想和行为入手，结合各个时期企业发展的要求，以开展主题活动为载体，持续推进文化落地。

一是强化“价值观是企业文化的灵魂”这一观念，解决价值观提出后干部职工的模糊认识。针对公司产品质量以及服务用户中普遍存在的诟病，开展了“实践中的核心价值观”活动，大张旗鼓地销毁了276吨不合格的不锈钢与冷轧硅钢，组织“重合同、守信用”座谈与讨论，在职工中树立“不合格产品不出厂、不让用户跑太钢”的观念，增强干部职工实践核心价值观的主动性和自觉性；

二是从提高职工队伍的整体素质入手，针对职工身上普遍存在的与建设全球最具竞争力的不锈钢企业不相匹配的不良习惯，开展了“建设最具竞争力的企业要从小事做起”大讨论，从解决踩草坪，会上手机铃声乱响、鼓掌不热烈，抢钻铁路道口栏杆等小事入手，规范职工的言行，提高文明素养；

三是在“从小事做起”的基础上，为适应建设无与伦比的新不锈钢精品工程和建设精细化、信息化、国际化企业的需要，将解决日常行为习惯渗透到工作岗位上，开展“提高执行力，实现精细化”讨论和实践，培养职工遵章守纪、令行禁止，按标准和规程作业的工作作风；

四是针对新不锈钢工程投产后，如何驾驭好全世界最好的装备对职工技能提出的新要求，开展了以“面对新装备、新设备，我们怎么办？”为主题的“增强责任感，提高执行力，实现精细化”讨论和实践活动，突出强调要增强企业和职工的危机意识和责任意识；

五是应对金融危机对企业的影响，从提升能力建设入手，开展了“文明在钢城”活动和查找“三不（不文明，不规范，不精细）行为”活动，重点纠偏影响企业形象、导致产品质量、服务质量和工作质量不高的行为习惯，从解决职工日常不良行为习惯和岗位标准操作到最终实现公司竞争能力的提升上来，增强职工的使命意识和责任意识。

推进企业文化建设，将核心价值观的要求融入职工血脉中，变成职工的自觉行动并落实到企业各项工作中，这是太钢今后发展的战略任务，任务还很艰巨。我们将始终为实现这一理想而积极探索、不懈努力，真正让企业文化成为公司未来发展的强大支撑，在推动企业新的发展中迸发出更加蓬勃的活力和旺盛的生命力！

（作者张小虎）

体面劳动在东方电机的实践

——东方电机有限公司

劳动价值文化是劳动者实现体面劳动、构建和谐劳动关系大背景下企业文化建设的新课题。“体面劳动”的概念于1999年6月由国际劳工组织局在第87届国际劳工大会上首次提出。胡锦涛总书记在2010年全国劳动模范和先进工作者表彰大会上的讲话中指出：“要通过进一步保障劳动者权益，为促进社会和谐奠定坚实基础。让广大劳动群众实现体面劳动，从而生活得更有尊严。”实现职工体面劳动，不仅是企业可持续发展的需要，同时也是企业文化以人为本的根本体现。企业应努力把实现职工体面劳动植根于企业文化建设，努力探索构建尊严劳动价值文化、光荣劳动价值文化、创造劳动价值文化、安全劳动价值文化、愉悦劳动价值文化等多层次劳动价值文化体系。

保障劳动者合法权益，构建和谐稳定的尊严劳动价值文化

劳动者的体面劳动与尊严生活是紧密联系、互为依存的。体面劳动是有尊严生活的前提和基础，而有尊严生活是体面劳动的结果和归宿。体面的劳动、有尊严的生活，是尊重劳动的基本体现，也强烈地影响着劳动者的积极性、主动性和创造性。我们正在建设和谐社会，劳动得有尊严、有体面，是劳动关系和谐的集中体现。

尊严劳动价值文化首先应强化对企业内的利益协调和追求劳动关系和谐的价值导向，使广大劳动者能够分享企业发展和社会进步的成果，从而促进企业与整个社会的协调发展。建立企业职工工资正常增长机制和支付保障机制是体面劳动和尊严劳动价值文化的重要课题。近年来，从“建立企业职工工资正常增长机制和支付保障机制”写入党的“十七大”报告，到《劳动合同法》的制定，再到胡锦涛总书记在表述“体面劳动”观中明确提出要“不断增加劳动者特别是一线劳动者劳动报酬”、建立科学的工资分配制度、实现与企业的效益增长同步，体现劳动价值、职工权益、发展成果，正在成为普遍共识。

东方电机作为国家重点骨干企业，多年来，积极推进集体合同和工资集体协商，从而促进企业发展、维护职工权益，从体面收入保障职工的体面劳动。每年度的工资集体协商，工会方协商代表认真收集、分析职工对工资调节和增长的意见建议，代表职工积极与企业行政平等协商，签订工资协议，保证在企业发展和效益增长的前提下，职工的工资性收入和福利同步增长。同时，工会正确引导职工认识工资增长与企业发展、效益增长之间的关系，做好引导工作。2009年，由于受金融危机冲击，企业产值产量利润较上年度有所下降，按照两低原则，职工收入不可避免受到一些影响。为了引导职工正确对待这一落差，同时又维护好职工的权益，工会加强与公司行政沟通交流和协商，公司行政承诺当年度虽然效益下滑，但职工工资、福利总体水平不下降，在协商一致的基础上签订了年度工资集体协商协议，并经职代会审议通过。与此同时，工会号召职工认清形势把握大局，动员职工与企业共渡时艰、共谋发展，使企业顺利克服了金融危机的影响，再次步入发展的快车道，体现了劳动价值文化正确的导向作用。

劳动尊严的价值文化不仅体现在获得体面工资，而且要体现在保障职工群众经济、政治、文化、社会权益等方面，这也是发挥职工积极性、主动性、创造性最重要最基础的工作之一。民主管理是企业保证劳动者体面劳动的基石，企业应该为劳动者维护权益、使职工当家作主、参与企业民主决策、为实现体面劳动提供机制上的保障。企业每推行一项政策、每出台一个举措、每制定一个制度，都不妨先作是否体现了“让广大劳动者实现体面劳动”的审视，保障和维护职工的政治、经济、文化、法律权益。东方电机加强和完善职代会建设，努力使职代会切实维护职工合法权益。企业创新职代会提案工作形式，实行职代会提案专委会制度，凡是职工代表提出的提案、意见和建议，专委会都要逐条讨论和研究，并提交企业党政，敦促其解决；同时，加大对各项改革方案和涉及职工切身利益的重大事项的审议力度，每次审议都给职工代表充足的审议时间，保证审议内容符合企业发展大局、符合大多数职工利益，并监督其实施的全过程。东电工会还积极探索厂务公开新形式，通过KOA系统建立了厂务公开信息网，并设置了多个栏目信息，职工通过随时点击，都能及时了解，使职工的知情权、参与权、表达权、监督权得到更充分更有效的保障。东电工会还积极探索职工大病和特殊困难职工帮扶长效机制，建立了“职工爱心互助会”。这些措施进一步增强了尊严劳动价值文化的感召力。

大力弘扬劳模精神，创建凸显伟大品格的光荣劳动价值文化

劳动是光荣而伟大的。劳动不仅创造了人，而且创造了人类的进步、发展和文明。弘扬一种精神就是树立起一面旗帜、标示出一种导向。爱岗敬业、争创一流，艰苦奋斗、勇于创新，淡泊名利、甘于奉献的劳模精神是中国工人阶级

伟大品格的生动体现和社会主义核心价值体系的集中展示，是工人阶级先进性的时代发展。倡导劳模精神也是对拜金主义等不良价值观念的校正，是我们国家和社会性质的必然要求。弘扬劳模精神就是要在多样化的价值取向中确立社会的主导价值取向，让劳模精神成为受推崇的精神品格，成为建设中国特色社会主义的强大精神力量。在企业，就是要把劳模精神作为企业劳动价值文化的主流价值观和共同的精神追求，作为企业的一种文化精华和时代精神，把企业和全体员工的意志和力量凝聚起来，汇成健康向上、具有强大凝聚力的企业和职工的精神合力。

弘扬工人阶级伟大品格和劳模精神的价值导向，是实现职工体面劳动和劳动光荣价值文化的核心内容。东方电机把劳模精神作为企业和职工群众在文化实践中升华、提炼、凝聚而成的文化精华，作为发扬中国工人阶级伟大品格和劳动光荣的价值文化的核心内容，不断创新活动的形式与内容。多年来，企业把以弘扬劳模精神的“感动东电”为主题教育活动，组织劳模和先进人物事迹报告会，通过身边人、身边事，感染职工，引导和激励职工学劳模，赶先进，讲奉献，创一流，使“爱我东电、敬业奉献”精神发扬光大。学习劳模、“感动东电”活动已成为东电工会主题教育活动的品牌，通过“感动东电”主题教育活动，用劳模的崇高精神凝聚职工，引导职工牢固树立主人翁意识和奉献精神，用劳模先进事迹感召职工，将实现自身的人生价值与实现企业宏伟目标有机结合，立足本职岗位，争创一流业绩，为企业平稳、健康发展献计出力、建功立业。

构筑职工成长平台，打造提升劳动者素质的创造劳动价值文化

目前，我国人口结构正处在转变过程中，原支撑我国经济发展的劳动力优势逐渐消褪，这就需要营造尊重劳动、尊重知识、尊重人才、尊重创造的良好风尚和文化，不断提高广大劳动者的综合素质，培育一批掌握新知识、新技能、新本领的知识型工人和一线创新人才。

从自我创造的劳动价值文化角度看，“体面劳动”是双向的，企业不仅要创造出体面劳动的氛围和环境，劳动者同样要通过创造性劳动体会到劳动的愉悦和幸福，在更高层次上实现体面劳动。

东方电机全面贯彻落实尊重劳动、尊重知识、尊重人才、尊重创造的方针，大力提高劳动者的技能和素质，为劳动者实现体面劳动创造条件、提供智力支持。东方电机在提升职工素质上，坚持全员学习培训和岗位技能提高的结合，大力开展技术培训、技能培训、岗位培训、管理培训，形成有利于职工学习成才的引导机制、培训机制、评价机制、激励机制，对重点工种操作人员技能提升起到有力的助推作用。东电工会深化“创建学习型组织、争做知识型技能型职工”活动，开展了“十佳学习型班组”和“十佳知识型、技能型职工”的评选表彰活动；开展了“职工书屋”和“班组书架”建设活动，倡导“读好书、赠好书”，工会出资 50 多万元对取得高层次学历的职工和一专多能的职工给予奖励，先后共奖励了近千名职工，有力地促进了职工文化素质的提高。围绕增强企业的自主创新能力和提升职工技能素质，企业还开展了各种形式的劳动竞赛，引导职工积极参与“小革新、小发明、小改造、小设计、小建议”活动，组织职工创新成果申报和推广，培养职工增强自主创新能力，对成果进行评审奖励，还以工人名字命名一批岗位工作创新成果，如：“信刚缆架”、“爱东槽楔工装”、“远培配碳法”等工人技术创新成果已成为“体面劳动者”的典范。企业还大力开展职工“千人岗位大练兵”和技术培训活动，对在大练兵活动中取得优异成绩的选手给予破格晋升技术等级和技术职称的重奖，促进更多掌握新知识、新技能、新本领的知识型工人和一线创新人才蓬勃成长。

保障劳动者安全健康，建设持久有效的安全劳动价值文化

安全文化是以保护人的生命为价值取向的人类活动之总和。高度注重安全文化的价值导向，坚持“以人为本”，突出生命价值核心，也已成为我国企业实现职工体面劳动、建设劳动价值文化的当务之急。

安全文化是“人本文化”， 安全文化建设的最终目标在于保障职工群众的生命健康安全。企业以人为本、全面协调可持续发展的标准不仅仅反映在经济指标上，更重要的是反映在职工群众生活的质量指标上，反映在人的生命健康和安全环境上。

2009 年，东方电机全面开展安全文化建设活动，在企业安全劳动价值文化建设中始终强调“生命至上，安全第一”的观念，突出 “追求安全、珍惜生命、科学发展”的东电文化使命，形成了包括安全核心价值观、安全使命、安全愿景、安全责任观、安全效益观、安全亲情观的成套安全文化理念体系；建立东电“安全文化测评体系”，做到安全文化测评、考核定量和定性相结合，使安全文化理念转化为职工的自觉行为；及时修订完善《安全操作规程》，使安全规程与生产经营同步，为职工营造一个安全的工作环境；开展全员安全培训，强化安全意识和安全文化理念、提升对安全问题的识别能力和安全技能；开展形式多样、主题鲜明的安全生产宣传教育和群众性活动，推动安全发展理念、安全法律知识和安全常识进车间、进班组，让企业安全核心价值成为每个员工的共识，使安全文化成为企业经营、安全管理体系的动力。

丰富职工精神文化生活，创造健康向上的愉悦劳动价值文化

企业不仅是生产物质产品和利润的经济体，而且也是一个生命有机体，在创造物质财富的同时，也在孕育着精神文化财富。体面劳动既是一种物质保障，也是一种心灵感受。歌德曾经说过：“如果工作是一种乐趣，人生就是天堂。”企业应积极发展丰富多彩、昂扬向上的职工文化，开展形式

多样的文娱、体育、艺术等活动，陶冶职工的情趣，使职工在企业中感到身心愉悦。

东电工会用心打造“职工快乐之家”，开展具有东电特色的系列职工文体活动，做精文体活动品牌。开展以春之歌系列（春节晚会、新年游园、“三八”活动）、夏之趣系列（拔河、水上运动会、球类运动、职工运动会）、秋之乐系列（全民健身系列活动，歌咏比赛）和冬之韵系列（环厂赛跑、书画摄影展）等活动，吸引了广大职工积极参与，有力保障了职工队伍身心健康。工会还加强和完善职工体育协会和各个业余兴趣协会组织，健全发展东电职工艺术团、合唱团等文艺骨干队伍，健全发展职工文艺、摄影等创作队伍，充分发挥其在群众性文化体育活动中的骨干作用。

体面劳动充分体现了东电的人本管理，是和谐劳动关系在企业的反映，是“劳动光荣，劳动伟大，劳动崇高”劳动价值文化在东电的有效凸显。

（作者王超，本文摘自《企业文明》2011 年 4 期）

创新文化与生产实践融合方式

——青岛钢铁控股集团有限责任公司

青岛钢铁控股集团有限责任公司（以下简称“青钢”）是青岛市政府直属企业，始建于 1958 年，具备铁、钢、材各 400 万吨的年生产能力，是国内重要的优质棒线材生产基地，年实现销售收入 300 多亿元，2010 年在中国 500 强企业中列 202 位，中国制造企业 500 强中列 98 位，青岛市百强企业中列第 5 位。

2009 年以来，青钢领导班子将企业文化建设作为推动企业跨越式发展的战略举措，提上重要议程，聘请专业咨询公司对企业文化进行了系统整合提升，形成了完整的理念文化、行为文化和视觉文化，逐步培育起了具有青钢特色的先进企业文化体系。2011 年，在由中国企业文化研究会主办的“企业文化 30 年：实践路径与方式—中外企业文化 2011 北京峰会”上，青钢因在企业文化建设实践效果明显、成绩突出，被授予“全国企业文化建设 2011 年度优秀单位”的称号。

科学设计，继承创新，构建青钢特色企业文化体系

加强组织领导，构建推进网络，完善推进机制。青钢成立了企业文化建设领导小组，党委书记、董事长担任组长，设立了企业文化建设办公室，由系统创新部和党群工作部具体负责企业文化建设的推进工作，各单位指定了一名企业文化兼职推进人员，形成了企业文化建设推进网络，为企业文化建设奠定了良好的组织基础。

采用“并行设计”的合作开发模式。在视觉、理念和行为三大文化系统建设中，青钢采用了外部专家组与内部项目组“并行设计”的合作开发模式，由外部咨询专家和企业主管领导、部门专业人员联合组成企业文化设计项目组，把项目咨询活动和企业内部文化发动过程相结合，优势互补，提升了工作起点。在理念和行为文化识别系统建设中，先后有 3000 人次参加了问卷调查和访谈，提出了 1000 余条理念表述语，最大限度的激发、汲取员工的智慧，使提炼出来的企业文化理念更加切合企业实际。

准确把脉，继承创新，构建统一的企业文化体系。青钢企业文化体系的整合和提升，是在传承青钢50多年优秀文化、准确定位企业发展方向、突出时代特征和发展要求的基础上，坚持跨越式发展的战略主题，实现文化与战略匹配，贯穿人本理念，突出青钢核心价值要素，体现传承性、前瞻性和个性化的设计要求，强化人才意识、创新意识、责任意识、服务意识的原则精心提炼出来的。它明确了青钢“与客户互利共赢，与员工同舟共济，与股东利益共享，与社会和谐共进”的发展使命，明晰了企业“诚信立业，共赢未来”的价值取向，表达了全体员工“建设具有突出竞争优势的现代化临海钢铁企业”的共同愿景，确立了员工和管理人员的行为准则，对于形成统一的目标激励、统一的价值取向和统一的行为准则，增强凝聚力和向心力，实现建设具有突出竞争优势的现代化临海钢铁企业的发展战略，具有极其重要的意义。

全面推进企业文化宣贯落地，打造青钢“软实力”

第一，系统规划，分工负责，分步实施。企业文化建设是一项长期的系统工程，必须统筹规划，协调一致，循序渐进地科学推进。青钢在企业文化体系发布的同时，制订了《青钢企业文化建设规划（2009-2011 年）》和《青钢企业文化推广实施方案》，明确了企业文化建设的指导思想、总体目标和主要任务、实施步骤和保障措施。在推广实施过程中，协同推进文化建设与制度建设、思想工作与经营工作、文化提升与品牌塑造、内聚人心与外树形象。企业文化建设办公室负责研究制定并统一发布青钢企业文化建设的年度实施方案，确保企业文化建设工作与企业发展战略相适应，引导、指导、组织、鼓动各二级单位根据集团公司的统一部署，分阶段、分步骤地深入推进企业文化建设工作。

第二，对各层级持续实施企业文化宣贯培训，培养企业文化建设队伍，提高全员企业文化意识。

为系统提升企业文化宣贯水平，企业文化建设办公室以“请进来，走出去”的方式，通过专家讲座、办培训班、编发宣传资料，加大与知名企业的交流等形式，分层级对中高层管理人员、企业文化建设推进人员和业务骨干全部进行了集中培训，培养了大批企业文化推进的中流砥柱。通过这些骨干的“二传手”作用，传播企业文化理念，增强企业团队精神，提高企业凝聚力。

各二级单位组织职工进行全员培训，提高全员企业文化意识。积极创新宣贯培训方式，利用调度会、班前会、例会、党支部会、专题讨论会等形式分期进行企业文化培训，培训面覆盖到每个职工；分批开展班组长培训班以及金蓝领高级工、技师培训班等，对员工进行系统、全面、持续的培训教

育，使员工认同企业的文化理念，实现对文化理念从模糊到认知，从认知到认同，从单一表面理解到系统理解，并以此来指导自己的工作。

第三，灵活利用多种宣传平台，多形式、多层次、多角度地宣传贯彻企业文化，增进员工对企业理念的认知、认同。

为推进企业文化宣贯，青钢精心设计制作了《企业文化手册》，制作企业形象宣传片、宣传画册，征集汇编《企业文化故事》，并对原有集团内、外网进行了全新改版，利用网站、《青钢工人》、《青钢科技》、广播、有线电视、企业文化走廊、班车等，全方位宣贯企业文化理念及生产经营中涌现出来的先进人物事迹，创造良好的舆论氛围。同时，各单位灵活利用各种宣传平台，广建企业文化知识学习网，切实让企业文化理念和行为规范进车间、到班组、入人心。

第四，组织各具特色的主题活动和丰富多样的文化活动，让文化落地有声有色。

每年组织劳动竞赛、技术比武、创建“工人先锋号”以及“提建议、荐良言、献良策”等特色活动，将企业文化融入到生产经营工作；同时，还组织羽毛球、篮球、乒乓球比赛、青年歌手大赛等大型文体赛事，集体婚礼、家长探亲游、慈善一日捐等主题活动，宣传价值理念，使员工从中受到感染和教育，加强了员工的归属感和对价值观的理解和思考。

第五，根据企业文化理念梳理管理制度，调整管理手段，实现企业文化的制度化落地。

青钢企业文化理念是所有制度必须遵循的基本原则，是各种管理制度的逻辑起点和评价依据。专业管理部门围绕企业价值观体系对现有规章制度和工作流程进行了全面的自我审视和改进，对与企业文化理念相违背或不一致的制度做出修改并进行贯彻执行，维护制度体系与文化理念的一致性，将专业管理理念与专业管理职能有机结合起来，使企业理念文化具体化为适应市场竞争的体制机制和各项管理制度，用制度来保证企业文化的建设，巩固先进企业文化的成果，使理念文化落地开花。

积极推进视觉识别系统建设，提升青钢的品牌价值

企业文化建设办公室以青钢价值理念为核心，建立了规范、统一的视觉形象识别系统（VIS），出台了《VIS手册使用管理办法》。按照VIS标准，加快企业文化标识的规范和整治，树立青钢统一的新形象。成立专门工作小组，对青钢的视觉形象系统统一规划，拆除不符合要求的标牌，更新企业标识，推进厂容厂貌的整治。截止2011年11月，完成建筑物标识及主干道导示牌35项，厂区建筑物外墙涂装方案19万m²。将VIS推广应用与6S管理相结合，提升专业管理能力和现场管理水平。结合生产实际需要和6S管理要求，指导二级单位导入厂区导示系统，规范、统一了厂房外观、车间导示牌、警示牌、设备标识牌、文化标语牌等，打造了新高线、第一炼钢厂、氧气厂等样板车间，使企业文化有效落地；导入规范的质量控制点、消防、安全标识、煤气专用标牌等，提高专业管理能力。截止2011年11月，共导入各类标识牌和导示牌13500余个，大大改善了职工的工作环境，实现了操作标准和行为规范的目视化管理，提高了职工的工作质量和产品品质，提升了企业的现场管理水平。

通过VI的推广和应用，在基础系统和七大应用系统方面进行了全面的形象塑造，融青钢的文化力和形象力为一体，使广大职工直观地感受到了企业文化建设的成果，增强了企业文化的认同感。

创新文化与生产实践融合方式，开创文化强企新局面

青钢在改革发展和经营管理实践中，注重将企业文化建设与生产经营有机结合，横向层面全面落实到每个部门、作业区、车间、班组、科室和岗位，形成各自的岗位格言；纵向层面把企业文化融入到每个工序和工作环节之中，使企业文化的战略作用和现实价值通过生产经营管理实践体现出来。各单位在贯彻青钢文化理念的基础上，结合主业发展和生产经营重点，建设了特色鲜明的精细质量文化、精益生产文化、创新文化、优质服务文化等专项文化和特色文化，将企业文化转化为生产力，有效实现企业的经营目标。

生产厂深入贯彻“工作质量决定产品质量”的质量理念，以精细化管理为目标，以制度建设为基础，以质量管理体系为保证，以工序质量服从为切入点，以常态化的内部审核为手段，提出了“杜绝线材表面质量缺陷”的质量管理目标，实现全系统的质量管控，产品质量稳定提高。设备动力部以创新“维修服务品牌文化”作为推进企业文化建设的主题，在收获文化建设成果的同时，设备检修、备件机械加工、电机维修等业务总量比同期大幅提高，工作质量明显提升，工作计划更加有效合理，检修用时大大缩短，为降本增效创造了良好的条件。物流中心开展“星级”服务上水平活动，以“追求完美品质服务，服务零缺陷”为目标，通过优质服务逐步实现了服务增效。技术中心紧紧围绕“造就专家，竭诚服务，持续创新，实现企业科技进步贡献最大化”开展产品研发、技术创新课题和项目实施技术攻关，为青钢产品创新、创造新的利润增长点贡献力量。

青钢通过创新企业文化宣贯形式，统一了全员的文化意识，逐步培育起了适应企业自身发展的先进文化，有效地提高了员工的凝聚力和向心力，增强了员工的主人翁意识和创新意识，涌现出了物流中心、烧结公司、型材厂等基层示范点和众多优秀文化典型，逐步形成了具有青钢特色的企业文化。

企业文化是一个企业的精神和灵魂，是一个企业发展和振兴的强大力量。青钢通过不断地实践探索，使独具特色的企业文化在企业内部落地生根，并逐步实现了文化理念到行为、制度、形象的有效转化，激发了企业发展的活力和动力，企业文化作为青钢核心竞争力重要组成部分的作用日益增强，成为推动企业改革发展的巨大力量。企业文化的宣贯落

地标志着青钢进入了一个新的发展阶段，企业管理向文化管理迈进。

（撰稿：青钢集团系统创新部）

推动企业文化大发展 提升包钢核心竞争力

——包钢（集团）有限公司

企业文化是企业核心竞争力的重要组成部分，只有一个企业拥有优秀的、个性鲜明的企业文化，才能获得强大而持久的发展空间和市场地位。党的十七届六中全会做出了推动社会主义文化大发展大繁荣若干问题的决定，充分体现了党对文化建设的高度重视。包钢作为内蒙古的工业长子，始终坚持邓小平理论和“三个代表”重要思想，落实科学发展观，以构建社会主义核心价值体系为基础，提高企业文化软实力，加强企业文化体系建设，开展丰富多彩的文化创新系列活动，推动企业快速发展。2011年，包钢被命名为“全国文明单位”，获评“全国模范劳动关系和谐企业”，被中国企业文化研究会评为企业文化建设先进单位。

构建核心价值体系，推动建设一流企业发展进程

党的十七届六中全会指出，建设社会主义核心价值体系，增强社会主义文化的自信、自强。为包钢进一步加强企业文化建设指明了方向。

包钢在50多年发展历史中，形成了独具特色的企业文化特质。2001年包钢自觉开展企业文化建设，在厚重文化底蕴熏陶下，与时俱进，不断创新，总结提炼出了具有深刻时代内涵、体现包钢特色的企业文化体系。形成了“员工为本，用户至上，强企保国”的企业价值观；“坚忍不拔，超越自我”的企业精神；“打造特色包钢、绿色包钢、人文包钢”的企业宗旨等企业文化理念体系；形成了以“日月同辉”标识、“双翼神马”象征物、《草原晨曲》企业之歌等为主的视觉识别系统；形成了以《包钢员工行为规范》、《包钢员工手册》和《包钢（集团）公司诚信准则》等为内容的行为识别系统。

在确立企业文化体系的基础上，包钢根据企业发展的不同时期和战略需要下发文件，指导企业文化建设工作。下发了《包钢企业文化建设方案》；组织编印了两次《包钢企业文化手册》；制定下发了《关于加强和推进企业文化建设的意见》；推动诚信文化建设，制定下发了《包钢（集团）公司素质教育和诚信建设活动工作方案》；适应新的发展战略，制定印发了《关于完善充实文化理念，推进企业文化建设的意见》；为进一步规范企业形象识别要素的管理与应用，又制定下发了《关于加强公司企业形象识别要素管理与应用的通知》。这些文件对包钢企业文化建设起到了很好的指导作用。

推动企业文化发展繁荣，开展文化系列活动，推进企业文化理念宣贯。以文艺作品为载体，传播弘扬企业文化。印制了《历史镜头中的包钢》画册，展现了包钢五十年建设发展历程；编辑了《包钢辉煌五十年系列丛书》以及其它文学作品，形成了广泛影响。拍摄了以包钢改革和“12·23”抢险英雄事迹为背景的电影《钢铁脊梁》，被誉为新时代工人阶级主旋律影片；在《中国企业报》刊登的《跃马听惊涛——包钢企业文化建设报告》，在全国范围内引起了广泛关注。以人文景观为载体，建造了“双翼神马”等一系列大型雕塑，在厂区树立了大型理念宣传牌，形象直观地体现了包钢企业文化精神和内涵。以展览馆为载体，展示了包钢的辉煌业绩与文化传承，展示了包钢人的铁骨钢魂与创业精神。举办春节联欢晚会、体育运动会、职工艺术节等活动，展现包钢职工风采，凝聚职工热爱包钢、奉献包钢的激情。

强大的文化力量始终引领鼓舞广大干部职工紧紧围绕“建设一流企业”目标，使包钢在短短的5年时间产钢能力从500万吨发展到1000万吨，进入行业第一集团军。

创新管理文化，为建设一流企业提供强大动力

党的十七届六中全会提出，推进文化创新，增强文化发展活力，为包钢创新管理文化提供了坚实的思想基础。2009年，新一届领导班子上任以来，包钢推行了一系列管理变革，多项指标创出新高，有力促进了生产经营、降本增效、基建技改等不断迈上新台阶。

以管理文化理念为指导，加大技术创新力度，提升技术经济指标。围绕高炉利用系数、入炉焦比、吨钢综合能耗等主要指标，重点进行技术攻关，主要技术指标取得突破性进展，一些指标已达到行业先进水平。按照“科学、合理、先进”的原则深入开展“对标升级”活动；建设计量能源数据采集系统，保证各项指标计算科学；切实加强专业技术人员、操作人员培训，重点加强原料系统操作人员的相关技术培训，提高操作水平，保证高炉炉况稳定。

“建设一流企业，打造百年老店”是全体包钢人的共同愿景，管理与员工素质等软件条件与先进企业的差距，已成为建设“大包钢”很大的制约。为此，我们顶着巨大的压力，实施了5S管理、门禁系统管理等几件大事、难事，取得了阶段性成果，掀开了管理转型的序幕，推动了员工思想解放、观念更新和素质提升。 以“人造环境，环境育人”理念为指导，历时一年时间，在全公司推开了5S管理，取得了有目共睹的效果，现场环境有了巨大的改变，工作效率提高，广大干部职工思想观念发生了重要转变。门禁系统管理是一种现代化管理方式，但由于每天进出厂区近万辆车，实行这项管理变革存在巨大的困难。为此，公司不断向职工宣传门禁系统对建设大包钢的重要意义，使门禁系统理念深入人心，得到职工的理解和支持。从运行以来，厂区生产工作秩序和治安环境得到明显改善。今年又推开了卓越绩效管理和创自治区主席质量奖工作，以追求更高层次的管理进步和管理效益。

创新管理文化，完善创新体系，提高企业创新能力。包钢认真落实《关于进一步建立和完善专业技术人员激励

机制的意见（试行）》、《包钢（集团）公司科学技术成果奖励条例》，设立科技奖励基金，对重大项目的突破给予重奖。完善技术创新组织体系，加大科技投入比例，投资3.3亿元，建设新技术研发中心；围绕提高钢轨质量、稀土钢产品开发、白云矿冶炼等一些科研难题攻关，进一步扩大和国内知名高校及科研院所合作；继续发挥博士后科研工作站的作用，吸引博士进站工作。通过推进各项措施的实施，建立了比较完善的技术创新体系，进一步提高了包钢的创新能力。

加强稀土品牌文化建设，谋求品牌价值最大化

企业的品牌代表着企业的形象，体现着企业的整体经济实力。品牌文化是企业经营中不可缺少的文化力量。它是联系消费者心理需求与企业的平台。加强品牌建设，赋予包钢品牌独特的内涵和个性，在文化“基因”中加入稀土特质，增进消费者对包钢品牌的好感度和忠诚度，已成为包钢提升企业形象、提升企业竞争力的重要途径。

质量是企业的生命，是品牌文化建设的基础和核心。包钢坚持“质量、品种、成本、服务”并举的原则，坚持实施稀土钢品牌战略。白云鄂博铁矿含稀土的特性，使包钢产品天然含稀土，为塑造稀土钢品牌奠定了坚实的基础。在生产过程中，包钢强化全过程的质量管理与控制，稳定提高产品实物质量，出现了一大批名牌产品。“包钢”牌锅炉用无缝钢管和铁路用钢轨获“中国名牌产品”称号。2009年，在金融危机的巨大冲击面前，包钢百米高速轨铺上了“武广线”、“郑西线”、“哈大线”，当年产量达130万吨，居世界第一。310乙字钢等一大批产品荣获全国冶金产品实物质量“金杯奖”，“低中压锅炉管”等17个产品被评为内蒙古名牌产品。包钢的“白云鄂博”牌氧化镧、“稀源”牌镍氢电池用贮氢合金和“物化”牌氧化镨等产品荣登“内蒙古名牌产品”榜。其中，铁路用钢轨、石油套管、锅炉用无缝钢管、热轧带肋钢筋等都是国家能源、交通和建筑、国防大型工程项目中的关键材料，畅销全国31个省、自治区、直辖市，并且出口东南亚、欧洲、美洲多个国家。可以说，名牌产品已经成为包钢品牌文化最根本、最重要的载体。

包钢始终坚持“质量第一、信誉第一、用户第一”的经营宗旨，为客户提供全方位、全过程、无缝隙的超值服务。通过强化信息网络平台建设，提升了服务质量。针对客户的个性需求，最大限度的满足客户的需求。目前，包钢在国内已设立了五大销售区域13个分公司，建立了覆盖全国的营销网络体系，并形成了售前、售中、售后一体化的销售服务模式。为了进一步提升企业的服务水平，包钢还不断完善合同管理制度，并且严格按照《合同法》与《包钢（集团）公司合同管理办法》的规定履行合同，合同履约率连续6年达100%。包钢被授予第四批全国“重合同、守信用”单位，两次次获得“全国售后服务行业十佳单位”称号。并且获得“中国优秀诚信企业”称号。这些荣誉的取得，是包钢超值服务、诚信经营的结果，同时也是包钢品牌文化延伸的结果。

积极履行社会责任，构建和谐、绿色包钢

包钢作为国有企业，在实践中不断践行着“强企报国”的诺言，使企业文化在履行社会责任中得到升华、凝聚。包钢累计产钢已超过1亿吨大关，上缴税金总计达421亿元。包钢的发展带动了自治区各行业的发展，为加强民族团结、巩固北部边疆做出了应有的贡献。

包钢在努力提升自身经济发展水平的同时，在地方或国家遇到困难的时候，主动伸出援助之手，尽己所能帮助克服难关，延伸企业品牌的价值。1998年长江、嫩江、松花江流域遭受特大洪灾，包钢捐款、捐物超过800多万元，还为受灾的鄂温克等民族兄弟修建了“包钢猎民新村”；2003年“非典”期间包钢捐款、捐物达1350万元；5•12汶川大地震，捐款1172万元，玉树地震，包钢又捐款200万元，有力地支持了地震灾区的抗震救灾工作，发挥了企业对社会的贡献作用。

多年来，包钢积极组织参与社会扶贫工作。近10多年来，包钢累计投入1000多万元的扶贫物资和资金，使近5万贫困农牧民受到救助。由于包钢扶贫济困的显著成绩，连续多年被包头市评为扶贫先进单位。2011年，包钢又为贫困地区支援扶贫物资及款项200余万元，并为地震灾区学生捐赠“爱心包裹”，被中国扶贫基金会授予“爱心包裹项目突出贡献奖”，被授予“新中国六十华诞60个爱心榜样”荣誉称号。对社会、对同胞的无私“大爱”与骨肉亲情，为包钢广大干部职工干好本职工作注入了更加强烈的激情，增添了更加深刻的责任意识。

保护环境、节约资源是企业义不容辞的社会责任。多年来，包钢积极履行国家发展循环经济产业政策，遵循“减量化、资源化、再利用”原则，不断加大环境治理力度。率先建设全国示范生态工业园区，被列为全国首批循环经济试点之一，在首次评比的“中国能源绿色企业50佳”中，包钢位列第一。“十五”以来，在环保节能方面累计投资约60多亿元。以“三干、三利用”先进技术为核心的钢铁行业6类32项节能技术在企业普遍得到应用。所有高炉实现高炉煤气干法净化。建成的CCPP全部消化了富余煤气，实现年供电量达18亿度，直接经济效益4亿元以上。推行清洁发展机制，先后建成了转炉煤气干法净化、烧结烟气半干法除氟脱硫、燃煤锅炉改造成燃气锅炉等项目。在行业内首先实现2000立方米以上高炉全干法除尘。建成黄河上游最大的污水治理工程，吨钢耗新水由“十五”末的9.8吨/吨钢降到2011年的4.99吨/吨钢。总投资4.4亿元的循环经济产业园，项目达产后年创效益达7亿元。在循环经济上的投入和所采取的行动，使包钢走上了经济与资源、环境协调发展的轨道，同时也使企业的绿色责任得到彰显，绿色包钢的文化价值得到延伸。

“十二五”期间，包钢将继承58八年积淀的优良文化基因，开拓创新，构建适应再创业、建设“大包钢”全新的文化体系。建设追求卓越的信念文化，以远大理想激发奋斗

动力，不断追求卓越绩效。建设严格苛求的规则文化，提炼降本增效、5S管理、卓越绩效管理、ERP等理念，使之成为广大干部职工共同遵守的行为规范。建设敢于突破的创新文化，激发挑战传统、赶超先进的精神，大力提升各项工作的创新能力。建设以人为本的和谐文化，树立企业惠及员工和员工爱岗敬业、爱厂如家的双向共赢的价值取向。树立与股东、供应商、合作伙伴、顾客、社会和谐共处、合作共赢的思想。要在先进文化的引领下，使包钢新的管理理念内化于心、固化于制、外化于行，不断为公司发展注入强大的精神和文化动力。

（作者刘复斌）

打造昆仑特色文化 推进公司跨越发展

——昆仑工业（集团）有限责任公司

昆仑公司党委坚持以人为本，以文化人，以文化力提升发展力的方针，坚持求真务实、体现特色，总体规划、分步实施，上下互动、群策群力的原则，努力打造符合企业实际的昆仑特色文化，全面实施CI战略，搭建理念、行为、视觉系统三个平台，把握结合点、关键点和示范点，建立长效机制，推进企业文化全面落实，促进了公司的科学发展。

领导重视，始终把企业文化建设作为重要工作来抓

端正思想，充分认识企业文化对推进企业发展的积极作用。公司领导十分重视企业文化建设，与经济工作、党建工作同等对待，带头学习企业文化知识，对企业文化的认识和把握较为准确。他们认为：企业文化是以培育企业经营哲学、企业价值观、企业精神和行为方式为主要内容，以形成企业市场竞争力为目的的管理理论、管理思想和管理方式，是企业核心竞争力的重要组成部分，是企业的精神生产力；企业文化建设要贯彻社会主义核心价值体系和集团公司文化理念，与企业发展战略同步设计、实施，核心是铸跨越发展之魂、立经营管理之道、聚创造创新之力、塑诚实守信之形；目标是用文化的导向、凝聚、激励、渗透、辐射作用塑造员工，用文化力提升、发展经济力，全力打造创新昆仑、活力昆仑、和谐昆仑、国际昆仑，促进战略目标实现。

加强力度，为打造昆仑特色文化提供保障。推进企业文化建设，公司成立了精神文明与企业文化建设委员会，党委书记任主任、总经理及副书记任副主任，其他公司领导及计划、生调、财务、人力资源、基建、社区、党委工作部门、工会等部门领导为成员，下设文明文化办公室，设专职主任一人。委员会定期研究文明文化工作，并在资金使用上给予大力支持，办公室负责日常工作。同时，各单位都成立了领导机构，设立联络员，形成了公司企业文化建设网络体系。

理清思路，统筹谋划企业文化发展战略。在参观考察、对标学习，深入调研、反复讨论的基础上，形成了“一三三”的企业文化发展战略。具体为：“一个结构”即两级（母公司、子公司）、三块（军品、民品、社区）结构；“三个特质”即具有开放性和包容性的多元文化，具有时代性和创新性的进步文化，具有行业、地域、产品特点的个性文化；“三个系统”即理念识别系统、行为识别系统、视觉识别系统，突出打造知名品牌和塑造卓越形象两个重点，用先进的精神文化武装员工，用科学的制度文化约束员工，用完善的行为文化塑造员工，用丰富的物质文化激励员工，努力把公司建成国内一流的军品研制中心和规模化发展的军民结合型企业。

采取措施，为打造昆仑特色文化搭建三个平台

搭建理念识别系统平台。理念识别系统包括基本价值理念系统、单项价值理念系统、司歌等内容。公司经分析研究，确定需要提炼的10多个理念，明确从企业历史传统、民族文化精华、社会良性文化、国外先进理念、企业家精神元素、员工精神素材、企业名称品牌等7个方面开发、提炼。共分为三个步骤：一是分解提炼，把10多个理念分解到相关职能部门及基层单位；二是汇总推敲，由办公室召开系列座谈会确定理念方案，下发基层讨论，然后再汇总；最后由公司领导层决策确定。公司的主要理念分别为：“人和”是企业价值观；保军报国、强企富民是企业宗旨；敢为人先、争创一流是企业精神；行业著名、国内知名、国际有名是企业目标；诚实守信、竞合共赢是企业经营理念；严、细、实是企业管理理念；执行无借口是企业作风；培训造才、竞争成才、业绩量才、人人是才是企业人才理念；工作零缺陷是企业质量理念；安全到永远是企业安全理念；意志化、标准化、规范化、习惯化是企业现场管理理念。

搭建行为识别系统平台。公司坚持体现价值理念、立足实际需要、提升执行力、由主及次整体协调的原则，采取分工协作、座谈讨论等方式方法设计行为识别系统。重点内容为八项，即员工行为规范、经营管理者行为规范、保密行为规范、仪表礼仪、语言礼仪、电话礼仪、举止礼仪及出席会议礼仪。员工行为规范从九个方面提出要求，包括文明、岗位职责、协作、质量、安全、成本、保密、环保、素养等，可以简单概括为“九不”：即文明礼貌，不粗俗；敬业守责，不应付；团结协作，不推拖；注重质量，不失误；安全生产，不违章；降本增效，不停顿；保守秘密，不泄露；爱护环境，不污染；学习创新，不落伍。经营管理者行为规范包括八项内容，主要是职业道德、思想作风、职责、民主决策、用人、管理、学习及廉政，可以概括为“八莫”规范，即爱岗爱业，莫三心二意；求真求实，莫弄虚作假；尽职尽责，莫推诿扯皮；公平公开，莫独断专行；举贤举才，莫任人唯亲；节支节约，莫铺张浪费；好学好进，莫因循守旧；廉洁廉政，莫以权谋利。

搭建视觉识别系统平台。视觉识别系统较为复杂专业性强，公司与专业公司合作设计，于2004年完成。一是确定司徽。先设计了15种司徽，后又增至30种。深入征求大家意见，要求每个单位必须保证90%以上的人员参与，且

每人只能选择一个方案，还要签名打钩。历时3个月，25个单位1737人参加了方案选择。随后又召开研讨会征求意见，理出了预选方案和修改建议。经公司领导层及相关部门认可确定后，借公司成立50周年华诞之机，正式启用。新司徽由KL及速度为元素变形组成，简洁、流畅、寓意深刻，体现了公司特色，并已注册为企业军品和民品的商标。二是设计手册。企业视觉识别系统规范手册由基础分册和应用分册组成，基础分册由企业标准标志设计、企业标准中英文名称字体设计、企业标准色彩设计等规范内容组成；应用分册由企业办公体系设计、礼品设计、展示展销博览广告系列设计、广告版式设计等规范内容组成。

求真务实，在提高企业素质促跨越发展上下功夫

找好结合点。公司通过打造活动文化，发挥活动的教育、建设、激励、示范等功能，促文化“落地”，促企业发展，找好了结合点。一是开展企业文化培训活动。规定凡员工培训必须安排企业文化内容，编印了《员工手册》、制作了文化宣传片，通过培训使全员掌握了三个识别系统的内容。二是开展了“四好”班子创建、党员承诺制、文明单位、文明班组创建活动，在党建中体现企业文化要求。三是开展了导师带徒、技术比武活动，促员工素质提升。四是开展文化月、文体活动，如企业文化知识竞赛、广播操比赛、文艺演出等活动宣传了企业文化。六是开展送温暖、奖励性旅游度假活动，关爱员工，营造了和谐氛围。这些活动长期开展、内容充实、程序规范、吸引力强、成效显著，不仅成为品牌，而且成为企业文化建设的重要载体。

抓住关键点。作为集团所属的国家重点保军企业，大力发展高新技术武器装备，打造科研质量文化，是公司企业文化建设的关键点。公司认真贯彻落实保军报国、强企富民的企业宗旨，提出了反导防空、机动突击、高效毁伤、精确压制的军品发展方向，确立了行业一流、国内领先、国际同步、拥有产权的军品发展目标，提炼形成了生产一代、研制一代、预研一代、探索一代的研发方针，并把这些理念融入科研生产的全过程，在研制中，求实求新创一流。几年来，持续创新研发技术、研发机制、研发手段、试制组织形式，取得了突出成绩，形成了保军报国的政治意识、超常运作的执行理念、不计得失的奉献精神、全力协作的诚信品格、务实高效的服务作风。目前，公司拥有四大系列产品，四项核心技术，37项国防专利，几个产品的性能指标处于国际领先水平，新产品增加值年均在25%以上，实现军品外贸8000多万元，打响了“昆仑防务”的知名品牌。公司的科研生产实现了由跟踪研仿向自主研发、由低附加值向高附加值、由单机配套向系统集成、由机械化向机械化与信息化复合发展的转变。公司形成了质量理念、质量方针、质量原则、质量行为准则及质量工作荣辱观，促进了产品质量的提高，打造了特色鲜明的质量文化。

打造示范点。树立标杆，典型引路，打造示范点，对于落实企业文化、推进公司科学发展具有十分重要的意义。一是塑造英模群体。公司每年都表彰奖励劳动模范、模范党员、青年突击手、质量标兵、模范职工之家、立功单位、优秀项目、文明单位与文明班组等八类先进，加上上级表彰的先进共九类。这些典型个人和集体是企业精神的化身。公司采取表彰、演讲、一人一事迹一宣传等形式，大力宣传推广，树立典型。二是编印典型案例手册。每年将公司生产、经营、科研中的重大事件、受表彰的先进人物事迹写成案例，印发各单位学习。三是制作文化灯箱。把公司级科技、技能带头人、劳动模范的事迹、照片做成灯箱展示，形成了一道亮丽的风景线。四是举行重点产品出厂送行仪式。去年以来，系统集成产品每次出厂交付，都要举行仪式，鸣放鞭炮，公司领导与交付人员握手话别，祝愿平安达到，以振奋精神、鼓舞士气。

常抓不懈，使昆仑特色文化入脑入心、精神永续

形成制度机制。公司先后印发了《关于开展企业文化工作的通知》、《关于视觉识别系统应用管理办法的通知》、《关于文明单位管理办法的通知》等系列文件，每年公司都制定、印发企业文化建设重点，做到了与生产、经营、科研同计划、同部署、同实施、形成了长效机制。

强化考评、鼓励先进。文明单位、文明班组创建都有企业文化建设的内容，每年检查、命名表彰一次。每月进行一次“6S”管理与企业文化考核，企业文化考核的重点是员工行为、仪容仪表、文化展板等，并进行打分，优秀单位授予流动红旗，差的单位予以处罚。

不断检查总结、提炼升华，推进深化。企业文化建设必须与时俱进，不断发展。公司每年都进行文化盘点，提炼新的理念，修订行为规范，制作新展板，编写新案例，策划开展文化活动，推进企业文化建设不断深化。

公司的企业文化建设统一了全员思想，提升了执行力，促进了企业的科学发展，促进了战略目标的实现。2009年实现销售收入7亿元、利润3000万元，较2006年分别翻一番多。几年来，先后三次荣获“全国精神文明建设工作先进单位”、两次荣获集团公司“优秀‘四好’领导班子”称号，荣获“中央企业先进基层党组织”、“中央企业先进集体”、“高技术武器装备发展建设工程突出贡献奖”、“全国模范职工之家”、陕西省国防科技系统“企业文化建设先进单位”等光荣称号。

企业文化建设是一项复杂的系统工程，既要与公司发展战略同步设计、规划，又要分阶段有步骤地实施；既要建章立制，形成机制，保持持续性，又要上下互动，切块推进，突出重点。企业文化具有不同的种类和模式。昆仑文化建设既要体现时代精神，又要从公司的实际出发；既要反映企业文化规律、特点等共性，又要具有昆仑历史传统、产业产品、人文环境等个性；既要高瞻远瞩，又要量力而行。企业文化建设必须坚持与时俱进的方针，随着时代和企业的发展而发展。要围绕企业发展的不同时期、不同阶段、不同目标、不同任务而创新企业文化的内容、方式、方法，用充满生机与

活力的文化力发展公司的经济力。

（本文摘自《军工文化》2010年4期）

“三五”文化昂扬向上 精修报国动力不竭

——中国人民解放军第五七一九工厂

发动机是航空装备的动力之源，而文化有如发动机，铸就着企业发展的强大动力。长期以来，5719厂认真贯彻上级党委、首长和机关有关文化建设的决策指示，始终在空军蓝天文化的引领下，通过精心打造“三个固化于制、五个显化于视，三个内化于心、五种外化于行，培育三大特质、提升五大效益”的“三五”文化，不断坚定文化自信、增强文化自觉、致力文化自强，持续打造文化动力，推动企业科学发展。

坚持“固化于制、显化于视”，坚定文化自信

文化虽然属于意识形态，但只有通过制于定势，载于有形，才能彰显其特有魅力，发挥巨大作用。

“固化于制”。一是把空军文化的血脉固化于制。空军文化是工厂文化的母体，作为航修企业，我们突出强调与生俱来的“姓军为军”的文化自觉；强调“不穿军装的军人，不拿枪的战士”的光荣感、自豪感；强调服务空军、献身国防的使命感和神圣感。我们坚持把空军历史、空军英雄和空军精神等作为员工入厂教育第一课，让每一名员工都知道自己每一天的工作都与国家的安全和利益息息相关，是在为空军发展、国防建设、祖国统一和民族复兴做贡献。二是把企业文化的理念固化于制。我们以人性化和形象化的方式定位和设计文化。工厂是呵护战鹰“心脏”的“医院”，员工是给“心脏”创造新生命的“天使”，如敬畏生命般精心呵护，让战鹰“心脏”重获新生。创新提出并践行“五星服务”理念，努力满足部队个性化需求，提供超值服务。建立完善以企业发展战略为航道，以愿景为方向，以使命为牵引，以核心价值观为灵魂，以企业精神为动力，以质量观和科技创新观为两翼，以产、供、销经营理念为着力点，以人才建设观、安全观、环保观、保密观为保证的企业文化理念体系。三是把以人为本观念固化于制。尊重员工的主体地位和首创精神，设立一线“分享角”、召开现场交流会、冠名员工工作法、工作室等等，萃取群众智慧，将隐性知识显性化、显性知识制度化，使技术创新和管理创新深深扎根于员工的创造性实践之中。

“显化于视”。我们以“声、文、形、网、人”五个载体为着眼点，形成立体文化视觉场，使文化理念潜移默化、温润心灵，使员工获得思想上的教益、身心上的愉悦、精神上的归属。一是心声反映共识。举办丰富多彩的文化活动，鼓励全员参与，如音乐剧《柔性交响曲》，充分体现了员工理解工厂柔性修理线建设，并积极参与改革的激情与智慧。二是文学彰显认同。我们把员工的心得体会和感人故事汇编成《使命高于生命》等系列文化丛刊，有读了《致加西亚的信》后《涌动的心潮》，有实施流程再造时《燃烧的激情》，有《质量警示墙的警示》，充分体现了员工对企业核心价值理念的认同。三是形表催生自豪。修建形似机翼、寓意腾飞的生产科研楼，定制类似飞行服、印有企业价值观的工作服，以“八一”、“蓝天”等军队元素命名厂区道路，建设具有航空航天特色的文化广场，以有形的载体传递无形的力量。四是网络搭建平台。建立覆盖全厂的局域网络，开设“新闻主页”、“留言板”、“合理化建议”、部门网页等文化交流平台，引导员工为工厂建言献策。五是人人体现价值。开展首席管理专家、首席技术专家、首席技能专家、金牌检验、销售状元等十余项品牌价值员工评选，并将典型人物形象制作成灯箱进行宣传，营造“学技术吃香，有本领风光”的浓厚文化激励氛围，示范带动全员崇尚荣誉，弘扬昂扬向上的企业精神。

坚持“内化于心、外化于行”，增强文化自觉

文化落地，核心是入脑入心，付诸一言一行。

“内化于心”：一是把核心价值理念内化于心。我们把文化建设纳入企业发展战略，通过深入学习实践党的创新理论、社会主义核心价值体系、当代革命军人核心价值观以及空军文化、航修精神，结合企业实际，确立了“诚、新、快、实、和”的核心价值理念，经过数次发动全员“头脑风暴”，提出了“五个统筹”、“五个自觉”、“五个先进性”等思路，并变成全体员工的自觉行动。二是把企业精神内化于心。“开拓创新、昂扬向上”是工厂几代人不断实践提炼出的企业精神，我们通过有效的文化管理，进一步发扬光大。2005年导入卓越绩效模式，2009年获得“全国质量奖”。2004年、2009年分别实施以型号为牵引的第一次流程再造和以柔性修理线建设为牵引的第二次流程再造，以持续创新引领企业发展。三是把使命责任内化于心。我们是军队装备保障性企业，为空军战斗力服务，为提高装备保障能力做贡献，是我们时刻铭记的使命责任，我们把使命责任落实到企业改革发展、执行重大任务和应对突发事件的过程中，彰显在新机建线、抗震救灾、阅兵保障中，出色地完成了各项任务，经受住了考验。

“外化于行”：一是日常工作中的坚守。高级技师黄强，多年来装配的数百台某型主燃油调节器，从未出过质量问题。二是突发事件中的抉择。“5·12”地震来临时，员工的第一反应是保护装备；在厂外的员工纷纷赶回工厂，主动请战，保装备、保家园。三是专项任务中的担当。针对某型飞机训练的特殊需求，研究制定专项技术保障方案，设计制造专用工装吊具，派驻专家团队实施伴随保障。四是重大活动中的作为。建国60年首都阅兵前夜，高级技师罗卓红连夜鏖战8小时成功排除某方阵长机发动机故障。五是特殊使命中的建树。某型飞机突发发动机漏油故障，工厂奉命派出技术专家唐建根，关键时刻不辱使命，在现场成功实施原位排故。

坚持“培育特质、提升效益”，致力文化自强

文化塑造着特有品质，也产生重要效益。实践中，我们坚持培育具有自身特质的企业文化，并通过文化作用于政治、经济、军事、人本、社会效益，形成良性循环。

“文化特质”：一是“忠诚”。忠诚于党，忠诚于人民空军和空军装备修理事业，是我们核心价值观之首，是企业文化之“魂”。二是“卓越”。是企业发展的本质追求，就是要永远创新进取，致力于“成为飞机心脏的顶级服务者”。三是“和谐”。是企业文化建设的立足之本，就是坚持以人为本，促进“对外和谐，对内和谐，上下和谐，自身和谐”。

“提升效益”：一是提升政治效益。工厂经过多年建设取得了明显进步，得益于空军装备的快速发展，得益于上级党委、首长、机关的正确领导和关怀支持，形象面貌和影响力也不断提升，先后被授予“全国文明单位”、“全国模范劳动关系和谐企业”、“全国五一劳动奖状”等800余项荣誉称号；连续八年获得空装“先进企业党委”；党员直接负责的科研项目占80%；2010年6月，中共中央政治局常委李长春同志视察工厂时指出：“企业的管理井井有条，企业的技术精益求精，企业的文化昂扬向上”。中央主流媒体集中宣传报道，使我们得到社会各界的认同和褒扬。二是提升军事效益。目前，工厂具备多型航空发动机批量修理能力；拥有自主研发、制定的多型发动机修理技术标准、多项核心修理技术；取得了军用航空发动机零部件再制造等重大科技成果；再制造技术获国家科技进步二等奖、军队科技进步一等奖。三是提升经济效益。“十一五”期间，企业销售收入、利润总额、工业总产值三项合计是“十五”的两倍。在全球金融危机导致市场不景气的情况下，民品所占比重接近军品，实现了军民融合发展、两翼齐飞。四是提升人本效益。工程技术人员达到企业员工总数的三分之一，一线操作人员中的高级工达到一半多，涌现出一大批全国、省、市级先进人物和先进集体；员工户均住房面积达120平方米，自购私家车800余辆，“十一五”期间人均收入比“十五”增长一倍；建成了多功能文体活动中心、运动场，集绿化、美化为一体的消防引水工程等设施，员工工作条件极大改善，生活品质明显提升。五是提升社会效益。积极融入地方经济社会发展，其中研发的特种阀门多次在国家重大国际能源合作项目中扮演重要角色。参与灾后重建，承建了由空军装备部援助的彭州市通济镇蓝天小学，同时发挥桥梁纽带作用，把蓝天小学建成当地具有空军文化特色的爱国主义教育基地。

转型在人，文化是魂。工厂将以空军蓝天文化、空军装备文化和空军航空修理文化为指导，传承和创新发展昂扬向上的“三五”文化，实现企业全面建设水平新的跃升，为保障空军装备、服务国防建设、贡献航空事业，提供不竭动力！

以“三心”“两意”打造沈飞核心竞争力

——中航工业沈阳飞机工业（集团）有限公司

核心竞争力理论，一直是企业战略管理研究中最重要的理论之一。然而很多企业知道核心竞争力是保持持续竞争优势的强有力武器，却不知道该如何去培育和构建，在一定程度上影响了企业的发展进程。为此，中航工业沈飞在打造企业核心竞争力的进程中，以提升员工的“事业心”、“责任心”、“进取心”为主体，以强化员工“团队意识”和“品牌意识”为抓手，注重通过方式方法的改进创新，构筑航空企业特色文化，全面塑造和提升沈飞文化，助推沈飞实现高效、快速、可持续发展。

立足长远、创新发展，以贯彻落实集团文化为中心，大力构筑企业“三心”文化

古人道：“天地生人，有一人当有一人之业；人生在世，生一日当尽一日之责”。事业心是做好本职工作的前提和基础，责任心是保证工作质量的必备元素，进取心则是实现个人价值的关键所在。构筑企业“三心”文化，就是要在集团文化的引领下，全面提升员工事业心、持续增强员工责任心、着重培养员工进取心，“三心”协力，谋求企业实现长远发展。

以集团文化建设为引领，牢固树立正确的人生观、价值观，全面提升员工事业心。党的十七届六中全会指出：“社会主义核心价值体系是兴国之魂，是社会主义先进文化的精髓，决定着中国特色社会主义发展方向。”我国社会主义核心价值体系集中反映了广大人民的价值观，广大人民的价值观又是我国社会主义核心价值体系的基本组成成分。企业员工是我国人民中的一个最广泛的群体，其价值观真实反地映了他的人生哲学、对事物的看法以及其对待事业和生活的态度，其价值观的正确与否，对于构建社会主义核心价值体系具有较为重要的影响。由此可见，能否依托企业文化建设构建起适合企业发展的企业核心价值体系，引领企业员工树立起正确的人生观、价值观，对于构建社会主义核心价值体系就显得尤为重要。为此，航空企业在开展特色文化建设的具体实践中，要坚持以集团文化为指导，以践行“航空报国、强军富民”集团宗旨为出发点和着力点，在企业文化建设中充分融入航空人发展航空、振兴航空的崇高使命感和责任感，全力构筑企业核心价值体系。同时不断加强对员工思想的再教育和再培训，通过强大的舆论引导、广泛的媒体宣传以及深入的讨论学习等多种渠道，促使员工在内心深处产生对“航空报国”的强烈愿望，帮助员工树立起正确的人生观和价值观，从而全面提升员工从事航空事业建设、为祖国航空工业发展奋斗终生的事业心。

以集团文化建设为引领，逐步提升全员文化认同度、执行力，切实增强员工责任心。林左鸣总经理在集团一次年度峰会讲话中指出：“要坚定发展战略的根本方向，我们必须

以强烈的责任感、危机感和紧迫感，坚决贯彻落实中央的战略部署，旗帜鲜明、毫不动摇地把改革进行到底，夺取历史性变革的全面胜利。”责任心，从狭义来讲是一种精神、态度，从广义上来讲是企业文化在员工行为上的直接体现，从某种意义上说，责任意识要比能力更重要。打造航空企业特色文化，重点就在于要充分发挥文化的引领作用，帮助员工做到对集团宗旨理念的高度认同和高效执行，切实提升员工的责任心。为此我们首先要倡导责任于己、绝不推托的责任理念，坚决做到责任到此为止不再推脱；其次还要在企业文化建设过程中，融入“干一行、爱一行、专一行、精一行”的“四行”精神，从员工思想和行动上培养员工责任心；第三要求广大干部员工要具备主动进取、勇于担当的精神，让求真务实之风、真抓实干之风、雷厉风行之风、深入基层之风、联系群众之风、艰苦奋斗之风等优良传统成为主流，真正做到把精力和才干集中在本职工作上。正所谓“人为责生，责因人落”，要通过增强员工责任心，促使员工恪尽职守、发光发热，用实际行动践行集团“两融、三新、五化、万亿”战略。

以集团文化建设为引领，充分调动员工工作积极性、主动性，着重培养员工进取心。林左鸣总经理在企业家应具备的特质中讲到：企业家首先有一种进取心，只有进取，才能发现并获取财富。同样，作为一名员工也要有进取心，进取心是个人不满足于现状，坚持不懈地向新的目标追求的蓬勃向上的心理状态；是完成工作的使命任务，创造伟大成就的动力。只有具备进取心，才能促使人奋发向上、百折不挠，向自己新的工作目标不断前进。打造航空企业特色文化，其关键就在于能否依托企业文化建设，充分调动员工工作积极性，培养员工进取心。为此，要在航空企业特色文化建设中坚持“典型引路、融合推进、合力共建”等模式，在企业内选树培养先进青年典型、先进集体，以表彰在攻坚克难、推动发展，做出突出贡献，践行集团文化的优秀员工。同时创新对先进典型的宣传模式，通过采取建设文化长廊、制作风云人物榜、设立企业劳模先进“群英林”等效果显著、反响强烈的宣传模式大力发掘的先进典型榜样的激励潜能和作用，在公司内构建起学习先进、赶超先进的先进文化，引领员工塑造积极向上的进取心，用高昂的工作热情和忘我的敬业精神，积极投入到践行“敬业诚信，创新超越”集团理念中去。

融入中心，凝心聚力，以推进集团文化要素“六统一”为主线，全面强化企业“二意”文化

林左鸣总经理曾强调：我们统一企业形象，就是要培养统一的团队意识，就是要通过统一的形象来统一价值理念，来提升集团整体品牌价值。全面强化企业“二意”文化，就是要在集团文化的引领下，充分发挥文化要素“六统一”对各项工作起到的促进作用，助推航空企业实现高效快速发展。

紧抓集团文化要素“六统一”，持续强化团队意识。所谓团队意识，就是团队成员共同认可的一种集体意识，是团队所有成员的工作心理状态、共同价值观和理想信念的体现，是凝聚团队、推动团队发展的精神力量。推进集团文化要素“六统一”，就是要通过统一集团宗旨、理念、战略以及集团名称和司旗司徽，在员工中形成统一的理想信念、统一的奋斗目标和价值观，同时通过对企业统一的目标大力宣传，使员工从内心深处统一思想、达成共识，明确努力的方向，有目的、有计划地去工作，为员工形成团队观念打下坚实基础。强化团队意识，不仅要注重加强对中层管理队伍的建设，抓好团队“心”，更要注重打造团队精神，塑造团队“魂”，通过强“心”铸“魂”，切实提升团队的凝聚力与战斗力。此外，培养员工的团队意识，还要注重妥善运用好考核激励机制，为团队注入“推进剂”；要尊重员工，多些鼓励少些批评，帮助职工顺利融入到团队中；要充分调动员工的主观能动性以及树立领导的威信和感召力，促进员工的优点能在工作中得到有效发挥等多种渠道。通过多措并举、全方位齐抓共进，员工团队意识与企业凝聚力必然得到弘扬和巩固，企业的潜在创造力必将得到最大程度的发挥。

紧抓集团文化要素“六统一”，大力倡导品牌意识。林左鸣总经理在集团一次年度峰会讲话中指出：“着力打造卓越的集团品牌，要积极承担社会责任，加强舆情管理，强化新闻宣传，不断提升品牌知名度和美誉度；要把品牌建设作为实现战略管控的重要抓手，研究制定品牌规划，积极推动品牌建设，不断提升品牌价值和竞争力。” 当今时代是个信息膨胀的时代，只有那些品牌意识强、品牌影响力大的企业，才能在日益激烈的商战、角逐和竞争中占得发展先机，握住发展主动权。打造中航工业统一的形象和品牌，就是要在集团文化的引领下，通过推进集团文化要素“六统一”，将集团宗旨理念统一，将集团名称标识统一，塑造中航工业强大品牌与业内领先地位形象。同时，要加大资源投入力度，发展壮大文化产业，积极发展新兴业态，创作具有航空特色的文化产品，取得经济发展与品牌传播的双重成果。此外，在提升企业品牌意识的同时，还要提高基层员工的品牌文化建设意识，首先注重品牌文化建设，从转变思想和更新观念入手，让员工认识到品牌文化的重要性；其次要开展有针对性的有效培训，培育员工先进的品牌价值理念；第三要以人为本，激发员工主动参与品牌文化建设的动力和热情。通过品牌意识在集团到员工的层层推进，继而不断提高集团公司品牌的知名度、美誉度，打造航空特色品牌。

优秀的企业文化是企业管理的灵魂，是推动企业可持续发展的动力之源，在企业的发展中发挥着巨大的文化推动力作用。打造企业核心竞争力，不是一朝一夕之功，而在于长久坚持，要紧抓企业文化“三心”与“两意”，不断丰富人的文化内涵、提升人的文化精神、增强人的创新能力、促进人的全面发展，引领全体员工以全新的理念、积极地态度、稳健的心态，全面投入到建设强大国防力量伟大实践中去，为促进国防事业发展谱写华美篇章。

（作者王克军、许志东、李海楠、张旭）

班组文化建设实践

——首都机场集团公司

班组作为企业生产运营最基层的业务单元，与企业的健康发展息息相关。班组文化建设是班组建设的重要内容之一，是以班组为主体，在统一的企业文化理念体系下通过积淀、梳理、提炼、强化等一系列活动，形成富有特色和活力的基层团队文化的过程，也是企业文化建设在基层落地的具体体现。

首都机场集团班组文化建设实践

首都机场集团公司是一个以机场业为核心的跨地域大型国有企业集团，2009年启动了企业文化创新工作，2010年发布了以“大地之道　人国之门”为文化主旨的新企业文化体系，开启了首都机场集团企业文化建设的新篇章。

首都机场集团全资控股和托管了北京、天津、江西、湖北、重庆、吉林、内蒙古、黑龙江等省（市、区）近40个机场，管理资产超过1100亿，员工50000人，直接参与机场安全、服务、保障的班组达1800多个。

2007年，集团工会试点班组建设，提出班组建设的三大目标之一就是“以优秀的文化将班组塑造为人才成长的摇篮、和谐的职工家园”。2008年10月全面启动集团范围内的班组建设，以夯实管理基础，推进企业发展。在班组建设推进过程中，团队建设、亲情文化、品牌塑造等内容贯穿始终，既丰富了班组文化建设的实践，又深化了企业文化建设的内涵。

随着班组文化建设的不断深入，班组战斗力明显提高，基层职工队伍精神面貌焕然一新。相当一批基层班组荣获地区、民航乃至及全国的“现代五好班组”、“工人先锋号”、“巾帼文明岗”、“青年文明号”等荣誉称号。班组文化建设的探索实践，自下而上地激发了企业的活力，夯实了管理基础，提高了执行和保障能力，推动了企业发展，得到公司党政班子认可、员工欢迎。

班组文化在班组建设中的作用

班组文化是与班组相伴而生的，是班组成员身上体现出来的价值观、行为习惯以及说话做事的态度与方式。班组文化既是班组建设的重要组成部分，又渗透到班组建设的方方面面，发挥着不可替代的作用。

班组文化帮助建立团队的共同愿景和目标，增强凝聚力和执行力。首都机场安保公司“百合班”提出“打造精品安检通道，塑造行业一面旗帜”的愿景；重庆机场地面服务公司配载室提出了“精益求精保安全、齐心协力促正点”的目标，把自己的班组命名为“精点”！一个班组就是一个团队，只有团队成员建立起共同愿景和奋斗目标，才能增强团队的聚合能力，激发工作热情。

班组文化有助于形成沟通协作的氛围，增强员工的归属感。机场服务劳动密集程度高，外地务工人员多，和谐的气氛、融洽的关系是每一位企业员工向往的工作环境。首都机场股份公司公共区运行二部有三个班组，每个班组平均有60多人，负责首都机场三个地下停车楼的管理和运行，工作环境差、强度大、要求高，而员工对职业认可度低，年龄和学历参差不齐。他们在班组文化建设中注意完善沟通机制，实施亲情管理、心理关怀，走访员工家庭，注意观察员工的情绪，为员工提供心理咨询。开展班组文化建设后，经常光顾车场的客人都反映，这里的工作人员精神面貌大不一样了，脸上有了那种发自内心的自信和微笑。员工们则反映，大家对自己的工作和单位充满了信任和依赖；北京首都机场餐饮公司积极探索班组文化向8小时以外延伸，以“俱乐部”形式寓教于乐：“动感地带”健身房快乐健身，释放压力；“时尚芭莎”瑜伽、手工编织快乐心情，陶冶情操；“心灵鸡汤”阅览室、培训班、咖啡沙龙沟通交流，学习研讨。这些活动较好地解决了外地年轻员工8小时以外的娱乐和教育问题，提升了员工的满意度和幸福指数。

班组文化能够帮助班组树立良好的形象，提升品牌价值。班组文化建设中提炼的班组名称、理念、口号，对树立班组形象，形成有影响、有带动的班组品牌具有意义。首都空港贵宾公司“祥云班组”以第一国门贵宾服务“形象代言人”为己任，提出“5-6-9”管理模式，即：“五清楚”、“六必谈”、“九不准”，有效规范服务行为，得到了中外要客、贵宾的好评，并带动了一系列新的服务品牌产生。湖北机场集团安保公司“彩虹班组”坚持“真心、诚心、热心、细心、耐心”的“五心”服务理念，分析研究针出现的新问题，在“如何提升VIP常旅客服务质量”，“如何提高文明用语的使用率”等方面取得成果。首都机场股份公司飞行区部航空引导器班组强化精细化管理理念，在奥运保障中创造了中国民航史单日安全引导航班的纪录。

班组文化能调动团队成员的积极性，促进班组民主管理。班组建设试点的重庆机场集团，以构建班组文化理念体系为突破口，在试点班组中掀起了“班组名称大家起，班组目标大家定，班组愿景齐策划，班组事务共分担”的民主参与热潮。而班组例会、班务公开栏等载体，使基层员工可以直接参与班组事务的策划和实施，形成了良好的民主氛围。吨控室“睿翼”班组的宣传语“复核多一遍，烦恼少一点”、“微笑时你最美”等，一改平日里冷冰冰的工作要求，让广大员工乐于接受，愉快执行。这些措施唤醒了班组成员的主人翁意识，推动了自主管理、全员管理。

班组文化对企业发展的作用

班组是企业的细胞，班组文化除了对班组建设有着直接作用以外，在企业管理和发展中，也发挥着独特的作用：

班组文化是企业文化的基础和落脚点。有班组就有班组文化，这是指自然状态的文化。我们倡导的班组文化是以班组为主体，在企业文化理念指导下形成的基层团队文化。如果说企业文化是一棵大树，班组文化就是它的根须。企业文化建设的落地也最终体现在班组。

在班组文化建设中，首都机场集团公司以班组公约、行动口号等文化建设形式，以安全责任制、服务流程梳理、绩效管理等制度措施，以现场看板、学习培训、集体活动、亲情关怀等载体手段，全方位培育符合企业核心价值理念的班组文化体系。如井冈山机场水电班组提出 “水电相连、天地相通、用心服务”理念；重庆机场宾馆前台“玫瑰”班组的“送人玫瑰，手有余香”等等，都是对集团文化的最佳阐释和落实。

班组文化是提高管理效率和企业基层执行力的有效工具。优秀的班组文化能够在班组内形成积极向上、执行高效、创新有为的价值理念和行为习惯，可以激发基层员工的活力，使企业自下而上、由内而外保持旺盛的生命力，使企业的各项计划和指令得到高效执行；有了和谐的氛围，才能产生高效的执行力，一些流程、制度不能涵盖的管理问题也会迎刃而解。团结协作，不仅能够提高管理效率，也可以有效降低管理成本。有不少班组都共同叫响了一个口号：“班组更温馨，员工更高兴，工作更用心。”

班组文化是体现人本管理、激发创造活力、推动企业科学发展的重要载体。“以人为本”是班组文化建设的核心。像“8+ 俱乐部” 一类的“学习型班组”通过培训、学习、研讨，提高了员工个人素质和业务技能；通过“让员工当明星”、班组合理化建议等活动，激发群众创造性；推动员工的管理创新，通过颜色、标签等“目视管理”让现场管理一目了然；通过系统异常看板，使班组长随时掌握设备运行情况。有效的班组文化建设，实现了企业与员工的和谐共赢，推动了企业科学发展。

班组是企业活力的源泉，是员工成长的摇篮，是基业长青的起点。首都机场集团公司的实践对班组建设的丰富内涵来说，还只是粗浅尝试，还有很长的路要走。班组建设为强化企业基层管理提供了途径和载体，从班组文化建设入手加强班组建设，是需要我们继续深入研究和实践的重要课题。

（作者黄伟，系首都机场集团公司高级企业文化师、中国企业文化研究会特邀研究员、教授、硕士生导师）

长安行天下　文化铸车魂

——中国长安汽车集团股份有限公司

在当今中国汽车第一阵营的四大企业中，长安汽车虽然出道最晚，但近年来却呈现出突飞猛进的蓬勃态势。

2006 年，国务院发展研究中心将其“以我为主，自主开发”的开发模式命名为“长安模式”，其活力日益增强。2009 年，在全国 575 家企业技术中心评价中，长安汽车工程研究院排名全国第七、中国汽车行业第一；在国家发改委、工信部、科技部等五大部委联合评估中，长安自主研发能力名列中国汽车行业第一。国际汽车制造商协会 2009 年 8 月的统计报告显示，长安汽车以自主品牌产量 142.5 万辆雄踞中国第一、世界第 13。目前，长安汽车已掌握了世界公认的汽车领域 224 项核心技术中的 200 项，建立了 20 多个车型数据库，承担了国家重大科技专项及“863”计划等项目 39 项，牵头和参与建立国家和行业标准 15 项。在研发上，长安汽车依托重庆本部统筹规划、上海高端人才、北京政策信息、意大利造型设计、日本内外饰工艺、英国动力总成以及美国底盘技术等全球优势资源，“五国九地、各有侧重”的 24 小时不间断全球研发格局已经形成；在生产布局上，长安汽车在国内拥有重庆、北京、河北、江苏、江西、黑龙江、安徽、山东、山西、广东 10 大产业基地，在海外拥有马来西亚、美国等六大海外产业基地。2010 年 1 ～ 10 月，长安生产汽车 153.4 万辆，销售 154.5 万辆，实现收入 857.8 亿元，利润 48 亿元；2010 年，长安汽车品牌价值达到 270 亿元，成为中国最具价值十大品牌之一。

“问渠哪得清如许，为有源头活水来。”这家于 1984 年在军转民浪潮中靠 3 500 万元起家的企业，业已累累硕果，这是几代长安人心血、智慧和汗水的凝聚与外化，是长安战略、精神和文化的凝聚与外化。如果按照长安汽车董事长徐留平“汽车是一个文化的表达”的理解，长安汽车 20 多年的发展成果可以说是长安汽车企业文化的表达，而其“十一五”以来的辉煌成果，可以说是其“事业领先计划”与“领先文化”的表达。

优秀的企业文化基因　引领长安持续发展

长安汽车源于 1862 年李鸿章创办上海洋炮局。在其奋斗发展的一个半世纪的风云激荡中，孕育了优秀的企业文化基因：“军工文化”既见证了中国 148 年波澜壮阔的起伏变迁，又反映了中国军事工业发展的曲折道路；“国企文化”凝聚成长安人为国分忧、为国奉献的精神；“党建文化”渗透、体现并发扬了“红岩精神”和将党建优势转化为企业发展优势的创造激情；“汽车文化”彰显了开放合作、自主创新的“中国创造”精神。

长安发展史是一部长安文化逐步形成、发展、丰富、完善的历史。早在抗日战争时期，由郭沫若作词、贺绿汀作曲的《第 21 工厂厂歌》（长安前身），长安人就唱响了“战以止战，兵以弥兵，正义的剑为保卫和平”的救亡图存的主旋律。1997 年，长安人在外聘咨询机构的协助下，提出了“点燃强国动力，承载富民希望”的使命，着手对原江陵、长安联合重组后的新长安进行文化融合，第一次导入 CI（企业形象系统），初步形成了长安汽车文化体系；2001 年，长安人在继承优良文化传统基础上，全面总结改革开放以来保军转民、军民结合的经验，尤其是全面总结了 1998 年以来实施“一个动力、五大工程”的宝贵经验，形成了以“积极危机文化”为主要特征的长安文化，第一次系统地发布了《长安文化手册》（初版）；2004 年又根据“三年再造一个长安”的“3337 战略”需要，发布了经过修订的《长安文化手册》（第二版），构建起“学习的长安、发展的长安、文化的长安、创新的长安”格局。2009 年发布的长安汽车领先文化理念体系，“既源于历史的传承，又基于现实的创新，更是对发展的前瞻把握。它是长安人学习和践行科学发展观的认识成果、理论成果和实践成果。”长安汽车领先文化理念体系的形成，成为实现长安事业领先计划的动力和源泉，推动长安汽车站在新起点，担当新责任，实现新蓝图。

与时俱进的长安优良文化，引领着长安历经百年而不衰，道路越走越宽广。

以领先文化体系 推动长安事业领先

长安汽车领先文化理念体系的形成是一个逐步深化完善过程。2006年，时任长安汽车总裁徐留平经过对长安汽车自身优势、劣势和所面对挑战的准确分析和综合判断，按照问题分析三导向——目标导向、问题导向和趋势导向，工作决策三基于——基于战略、基于客户和基于竞争标杆，事业推进三原则——把握规律性、富于创造性和具有操作性的要求，针对当时世界及中国经济发展新形势，基于中国兵装集团“622战略”，并结合长安发展实际，他明确提出以“T35长安事业领先计划”统领今后的工作，指导长安未来的行动。

所谓“T35”是用字母“T”表示时间（Time）和提升（Ti sheng），“3”是指赢利、成长、创新三大能力的提升，“5”是指市场、产品、成本、体系和文化五大板块的领先。2007年，为了进一步促进T35事业领先计划的全面实施，长安提出了“三大行动一个工程”。即针对商用车的“亮剑行动”，针对自主品牌轿车的“雷霆行动”，针对合资合作的“超越行动”和“管理和人力资源提升工程”，这些努力取得了显著成就。

2009年，公司审时度势，及时提出了事业领先计划第二阶段的任务，即“T138事业领先计划”。其“1”指打造世界一流汽车企业，“3”指赢利、成长、创新三大能力，“8”指“品牌”、“市场”、“产品、技术和质量”、“成本”、“合资合作”、“组织和人力”、“体系和文化”、“海外发展”八大板块领先。按照“T138计划”，到2012年，做到对行业规律基本把握，管理水平不断提升，利润实现翻番，具有相应的品牌效应，在中国汽车第一阵营中有较强生存力、竞争力和创新力；到2015年，做到在赢利能力、销量、竞争力等方面有较强优势，在第一阵营中进入前三甲，获得微车的领先者地位，轿车进入行业前列，培育出较有名的品牌，初步具备国际竞争力；到2019年，在全球范围内有一定的地位、影响力和竞争力，成为真正的世界一流汽车企业。

进入“T138”发展阶段，长安汽车领先文化理念体系已逐步形成。2009年7月14日，在全公司二季度中干大会上，徐留平亲自发布了长安汽车领先文化理念体系，并指定各单位一把手为文化宣传第一责任人。至此，酝酿了一年之久、经过多方调研、论证，通过员工座谈，提案收集汇总，供应商、经销商、消费者集中访谈，在公司领导的高度重视、外部专业团队指导以及全体员工的积极参与下，最新版的长安汽车文化手册《长安行天下——长安汽车领先文化理念体系》即“CA1613”理念体系，正式发布实行。“CA”代表“CHANGAN”，即“长安汽车”。“1”代表一个文化定位——领先文化。“6”代表长安汽车领先文化的六个支柱：长安使命、长安愿景、长安价值观、长安精神、长安准则、形象用语。“13”代表长安汽车领先文化的13块基石：品牌理念、市场理念、产品与技术理念、销售理念、服务理念、质量理念、制造理念、安全生产理念、供应理念、赢利与成本理念、组织与人力资源理念、管理理念、合资合作理念。

《长安行天下》全书分为六个部分共四章内容，每一行汉字下方，都规范地印刷着英文，为了译得准确，这些英文表述广泛听取了海归专家的意见。徐留平亲自作的“事业领先，文化为基”序言，流淌着管理哲学的智慧。他写道：“风化百代，雨润万物，水不争而莫之能胜，这是自然的力量。国民之魂，文以化之；国家之神，文以铸之，这是文化的力量。”“之于企业，文化是根，是灵魂，是凝聚力和创造力的源头，是基业长青的原动力”，“放眼世界，独具魅力的企业文化成为企业长期、持续、健康发展的核心竞争力。企业管理的最高境界是文化管理；企业间的竞争，归根到底是文化的竞争。”“理念的高度决定思想的高度，思想的高度决定企业的高度。长安汽车文化理念体系，是指引我们前进的主心骨、精气神、发动机，是全体长安汽车人的共同理想、信念和信仰，是引领长安汽车走向世界一流汽车企业奋进的旗帜。”

《长安行天下》第一章是“长安汽车企业文化定位——领先文化”中“1”的释义。第二章是对“长安汽车领先理念体系”即“CA1613”的简要说明。第三章是对“长安汽车核心理念体系”中“6”的阐明——长安使命：引领汽车文明，造福人类生活；长安愿景：打造世界一流汽车企业；长安价值观：客户为尊，员工为本，诚信敬业，持续改善；长安精神：自我批判，激情创新，科学理性，勇于奉献；长安准则：战略前瞻，市场牵引，科技驱动，成本领先，全员参与，高效执行；形象用语：长安行天下。第四章是对“长安汽车经营理念”“13”的解读——品牌理念：美誉天下，创造价值；市场理念：创造市场需求，扩大市场份额，培育客户忠诚；产品与技术理念：自主创新，经典产品，节能环保，安全时尚，经济适用；销售理念：激情创新，拓展渠道，精耕细作；服务理念：亲情、感动、快捷；质量理念：持续提升，客户满意，追求卓越；供应理念：优质准时，降本共赢；制造理念：零缺陷、零损失、精益求精；安全生产理念：关爱生命，严守规则；赢利与成本理念：追求赢利和最大价值，消除一切浪费；组织与人力资源理念：精简精干，敬业协作，以人为本，人人参与，人才领先；管理理念：制度完善，执行严格，高效运营，快速成长，不断改进；合资合作理念：优势互补，共赢发展。第五章“经营思想录”，记载了长安汽车人对品牌等13个方面的规律性的思考与感悟，可以说是经营思想的精华。

《长安行天下》的发布，长安人认为：与过去的文化手册相比，体系更加科学化和专业化，志向追求和目标更加远大，认识更加深入和具有世界眼光，表述更加深刻简洁，管理特性更加鲜明，操作性更强。2009年11月27日至29日，全国质量奖评审专家组成评审组经过为期三天的认真评审，一致认为：长安已建立起应对未来发展的领先文化体系。

打造世界一流汽车企业　建设世界一流企业文化

作为共同愿景，“打造世界一流汽车企业”，对长安人来说并非随口说一说的豪言壮语或者时髦口号，而是对其内涵和标准进行了明确的定义：

“我们心中的世界一流汽车企业标准——品牌、形象具有高美誉度；赢利能力强，市场占有率高；战略前瞻，富有科学性；产品经典，技术领先；治理完善，体制简洁；管理规范，机制灵活；人人争先，人才汇聚；文化先进，不断提升；快速成长，抗风险能力强，基业长青。”

“世界一流的企业文化体系——世界一流的领导团队；世界一流的人才队伍；世界一流的管理体系；世界一流的品牌形象；世界一流的企业环境。”

“长安汽车企业文化建设总体目标——搭建能够支撑快速发展的世界一流企业文化体系，为长安T138事业领先计划顺利实施提供强大动力。”

文化兴，则企业兴。为此，徐留平要求“公司广大员工充分认识长安汽车领先文化对事业领先的重要作用，全面学习和深刻理解领先文化的内涵和功能，牢牢把握领先文化的精神实质，切实抓好领先文化的宣传落地，达成全员共识，化作全员行动，以文化的领先来增强企业的竞争力，为打造世界一流汽车企业作出最大的贡献。”

“CA1613”理念体系推出后，长安上下多管齐下地宣贯长安汽车领先文化体系。通过普遍、系统、持续学习，深刻领会长安领先文化的精髓。

领导高度重视。公司始终把企业文化建设作为“一把手工程”来抓，并纳入重要议事日程。徐留平先后组织召开三次企业文化专题会，明确工作目标、责任、节点和进度；亲自审定文化建设方案，逐字逐句推敲企业文化理念；亲自为《长安行天下》作序、在《员工安全手册》上发表“关爱生命 严守规则——致公司全体员工书”、在《员工手册》上发表“长安汽车 圆梦的舞台——致全体员工书”；亲自在公司中干大会上宣讲《长安汽车领先文化理念体系》，并将企业文化手册随身携带，带头向基层员工、供应商、经销商、合作伙伴、股东等利益相关方进行宣传。公司要求各部门、单位的主要领导必须亲自抓，亲自参与文化建设方案的拟定，将文化理念熟记于心，融入工作，带头宣讲，带头践行。

狠抓组织建设。公司专门成立“企业文化建设推进领导小组”，由徐留平担任组长，总裁张宝林，副总裁、党委副书记王重生担任副组长，其他公司领导担任成员，主要负责对企业文化建设方向、实施方案、发展规划、重大奖惩等进行审查决策；成立“企业文化建设推进办公室”，下设精神文化、物质文化、制度文化、行为文化、文化传播、执行考核六个专责组，分别由公司相关职能部门和二级单位主要领导担任正副组长，主要负责企业文化建设实施纲要、整体规划和各阶段计划的推进落实工作。

充分运用各种手段宣传。将《长安行天下》发到全体领导干部和员工手中，每人一册；通过《长安汽车报》、长安网等宣传平台，大力宣传领先文化、先进典型和经典案例；把企业文化作为新进员工培训的必修课，使领先文化理念体系的宣传工作做到全覆盖。对所有的中层干部都进行了考试，考试不合格者必须补考；各基层单位采取了知识竞赛、答题考试、演讲比赛等多种形式宣传领先文化。据统计，考试成绩都在95分以上。公司还印制下发了5 000份“感动长安，党员先行”承诺卡，要求所有党员必须承诺“五带头四知行”。“五带头”，即对领先文化要做到带头学、带头做、带头讲、带头传、带头帮；“四知行”，即知行文化理念、知行方针目标、知行岗位职责、知行行为规范。各职能部门和二级单位也开展了多种形式的承诺活动，如质量板块在全公司范围内开展了质量大提升承诺活动等。

在合资企业进行宣贯。公司特别加强《长安行天下》手册在合资企业的宣传工作，做到人手一册，要求合资企业充分利用各种媒体，采取各种方式积极宣贯。长安福特马自达建立“文化长廊”，将企业文化理念编成快板，全力宣传长安领先文化；长安铃木、江铃控股等企业根据公司统一部署，开展了“领先文化大家谈”征文、领先文化考试等形式多样的企业文化宣贯活动。

为了更好落实领先文化理念，公司运用六大举措，大力推进长安汽车领先文化体系落地。

开展文化落地单位试点。围绕今年“品牌、质量、感动”的主题，公司将质量部、微车销售公司和汽车工程研究总院三个单位，作为企业文化子文化落地的试点单位，抓好相关文化体系的梳理和政策、制度、流程的修订，并按照领先文化要求，对企业文化经营理念进行进一步总结和提炼。

推进子文化的建立和完善。公司组织编写了22个业务口的管控标准。各二级单位积极行动，结合各业务板块企业文化的管理理念，指导修订和完善本系统、本部门的管理规章制度。如制造系统修编了《员工安全手册》，人力资源部修编了《员工手册》，办公室系统编制了《办公室员工工作手册》等，使文化落地有了切实的载体和工具，子文化的建立得到落实和推进。

建立文化落地责任保障体系。公司建立了六大核心理念由企业文化中心主要负责、13个经营理念由13个专责组负责的矩阵式责任保障体系；成立了企业文化建设“13+2”推进专责组。“13”即成立由13块文化基石对应的业务部门领导担任组长的经营理念落地专责组；“2”即成立文体建设组和文化传播组。加强文化专员队伍建设，确保企业文化建设工作在基层有专人管、专人抓、专人报，不留“死角”。

加强文化落地的考核。建立健全相关的企业文化检查考评管理体系，将企业文化指标纳入经济责任书和公司KPI指标，分解到各单位，使企业文化的“软指标”变成“硬指标”。今年，已将“企业文化认知率达到100%，员工敬业度达到57分，领导干部企业文化考试必须及格”等指标纳入了单位和领导干部年度考核的KPI指标。

强化文化落地的检查。为充分发挥企业文化在企业经营活动中的作用，公司准备逐步实施文化落地检查和考核。

注重培育廉洁文化。公司将廉洁文化作为企业文化建设的重要内容之一。今年以来，公司先后组织对公司领导及关重岗位人员、中层领导干部、入党积极分子等进行廉政党课教育 9 次，接受教育 6 000 余人；确定采购部、财务部、河北长安财务部等 22 个廉洁文化示范单位；坚持领导人员廉政谈话、廉政诫免等制度。把廉洁从业纳入公司配套、技术开发合同标准条款，对违反廉洁协议规定的供应商进行处罚，为公司筑起一道“防火墙”，增强了领先文化的自净清污功能。

通过上述宣贯和落地，使公司在传播领先文化理念体系的过程中形成“人人参与，人人知晓，人人行动”的良好局面。

探索企业文化发展规律　体系化推进领先文化建设

“长安行天下”，必先自我畅行而后方能行天下。

作为最高境界的管理，企业文化的本质不在于“知”而在于“行”；其验证不在于逻辑，而在于成果；其唯一权威就是成就。这种行必须符合企业文化发展规律与企业管理规律，系统推进才能达到目的。这方面，长安汽车作出了很有价值的探索，其思考与作法颇具启发性甚至指导意义。

探索企业运行中以文化为基础的内在联系。他们认为，在企业运行中，企业文化、公司战略——业务战略、方针政策——制度流程、公司员工、精品质量——感动服务、客户、品牌，构成了七个层次 10 大要素间的有机联系。其中，以企业文化为基础，渗透于所有层次和要素之中；以企业战略为指导；以政策制度为保障；以员工为本（敬业度认同度）；以产品质量和感动服务为支撑；以客户为尊（销售服务满意度）；以品牌为誉（美誉天下）。这里的逻辑层次与关系就是实践中的层次与关系。企业文化要发挥动力、源泉、灵魂、统帅、旗帜的作用，就必须与公司的发展战略——业务战略相互符合，进而形成与之相符的企业方针政策——制度流程，员工在领导干部的表率作用下，学习和遵守符合企业文化的方针政策——制度流程，从而达到认同并执行企业文化，并主动自觉地为客户提供所需的优质产品与满意服务，感动客户并培养出客户的忠诚度，进而形成企业品牌的美誉度。在企业运行中，方针政策——制度流程与企业文化相符合及领导干部率先垂范，是企业文化落地的两个关键点，也是两大难点。只有抓住这两个关键，化解这两大难点，企业文化才能成为企业持续发展的强大动力源泉。

他们通过对古今中外几大文化信仰传播过程、方法和效果的逻辑分析比较，提出企业文化落地的三个途径：将企业文化的核心理念转化为子文化理念；将企业文化核心理念转化方针政策、制度流程、目标考核；按照“文化提炼（上下结合）——理念体系（系统、科学）——制度流程（体现理念、群众拥护）——员工行为（领导表率、群众学习）——形成习惯——取得成功”的过程与方法，抓住制度流程和领导行为两大关键环节，持续推进企业文化建设。通过“宣贯理念——完善制度——优秀干部（干部心声测量改进）——敬业员工（员工心声测量改进）——忠诚客户（客户心声测量改进）”文化软实力数据的提升，实现“销售持续增长、赢利能力增强、品牌股票增值”硬实力数据的持续提升。

探索深化企业文化建设的措施和途径。一是从政策制度流程入手，夯实认识。高层大兴调查研究之风，审视方针政策是否与企业文化符合；中层大兴调查研究之风，审视制度流程是否与企业文化符合；员工大兴民主管理之风，形成企业文化建设全员参与。如是，员工通过对方针政策的认同、对制度流程的认同从而认同企业文化，达到上中下同欲。二是从强化组织、健全体制入手，夯实保障。建立党委领导、行政负责、企业文化中心牵头、各专责组覆盖深化、上中下层层落实、全员参与的建设体制。三是从建立科学考核评价机制入手，夯实规则。通过对客户心声测评改进、员工心声测评改进和干部心声测评改进，建立测评考核机制，总结先进经验加以传播。四是从培育企业文化优秀基层细胞入手，夯实基础。深入持久地开展领先文化示范班组活动，逐步实现从本能管理、监督管理、自主管理、团队管理再到愿景管理的管理升级。

探索循序渐进建设企业文化的规律。长安公司规划将用 5 年时间，完成两项大的工作：一是打牢领先文化的六大支柱，夯实领先文化的 13 块基石；二是逐步建立起相应的子文化系统，丰富完善长安汽车的领先文化体系。2010 年：长安文化的认知认同期，实现文化落地。建立企业文化管理的组织、传播、落地和考评体系，以建立企业文化考评体系为牵引，开展全员传播教育，把企业核心理念融入到企业价值链和核心管理体系中，建立子文化建设的示范样板。2011 年：长安文化的融会融入期，实现文化生根。企业文化完全入脑入心，把子文化落实到部门、班组和岗位，使核心文化和子文化全面融入企业日常管理和员工日常行为。2012 年：长安文化的自觉践行期，实现文化创新。各级管理者及广大员工自觉践行新文化，自觉发挥工作积极性和创造力，企业管理全面创新与改善，理念与战略、管理、行为融为一体。2013 年：长安文化的渗透延伸期，实现文化优化。企业文化进一步深耕细作，优化完善企业管理体系，并使管理规范变成全体员工日常行为习惯，同时将长安领先文化延伸到客户、供应商、经销商及合作伙伴，形成“大长安”文化生态圈。2014 年：长安文化的稳固升华期，实现文化提升。对企业文化进行盘点和梳理，全面整合和升华企业管理体系，使之形成一套特色鲜明、全球领先、可以复制的企业文化管理模式。

立足长远目标抓好当前工作。一是深入到下属七个单位进行企业文化调研，对调研情况作统计分析，总结成效，发现了传播方式多样化、转化方式实用化、践行效果数据化三大亮点；找出了认识、机制、组织、落实四个不到位，并从这四个方面与世界一流企业文化进行对比，找出差距。通过坚持内外调研活动，对开展文化活动情况进行检查和总结，学习先进单位的企业文化建设经验；发布企业文化案例，对好的做法和经验进行总结、固化和推广；还将举办一次上市公司企业文化建设研讨会，探索新形势、新要求、新体制下国有控股上市公司企业文化建设面临的新课题。二是分析长安面临的从国内一流到国际一流、从滚动发展到跨越发展、楼层加高而基础不牢三大形势，提出企业文化建设从宣传型文化向战略型文化、教育型文化向管理型文化、非标型文化向复制型文化转变的三大任务。三是明确工作的“销售目标（忠诚的客户队伍）、基地目标（敬业的员工队伍）、人员目标（优秀经理人队伍）”三大目标，以及“客户忠诚度（以客户咨询调查结果为基数）、员工敬业度（以员工咨询调查结果为基数）、干部优秀度（以人力资源考核结果为基数）”三大指标。四是抓好专兼职支部书记培训、文化专员培训和党员三支队伍普训，使之率先成为领先文化体系的宣传员和播种机，确保“文化长安，人人知行”的主题活动落到实处。五是抓好质量部、微车销售公司、汽车工程研究总院企业文化子文化的试点工作，重点围绕“品牌、质量、感动”，抓好相关文化理念的落地及经验总结，形成能够借鉴、复制的作法。从而探索一套企业文化落地的实施办法和相应规范，形成一套企业文化考评体系，建立企业文化落地的长效机制。

（作者罗志荣、唐勇，本文摘自《企业文明》2010年10期）

推进EAP项目 构筑员工心理关爱平台

——中国移动通信集团北京有限公司

中国移动北京公司始终坚持以人为本，以员工的心理需求为落脚点，将EAP（员工帮助计划）与企业核心价值观相结合，创造出了真正适合本企业土壤的特色EAP系统。从2007年开始，中国移动北京公司扎扎实实地推进EAP项目，建成铸就了具有企业特色的360度心理关爱平台。

公司贯彻“健康、幸福、高效的员工是企业的最大财富”的企业理念，在倾力打造内部职能化专业队伍、EAP专员阶梯化培养、完善管理手段和管理工具的基础上，围绕“三位一体”模式中的“心理契约”、“心智模式”和“心理保健”三个模块开展了丰富多彩的员工心理品质提升活动，成效显著。

一、建构心智模式理论，夯实幸福基础

（一）正德厚生，“以人为本”打造幸福员工。

“正德厚生”，是中国移动的核心价值观之一，是一种以“责任”和“奉献”为核心要义的道德情操。而正是基于这种价值观，中国移动北京公司坚持“以人为本”，通过EAP理论调研、基层访谈、抽样调查等多种方式，构建了“心智模式”的7要素，即“坚韧、乐观、真诚、责任、激情、宽容、自信”。这不仅充分展现了中国移动企业文化的核心理念，其构建也完全符合最优心智模式的标准。

（二）臻于至善，创新引领移动卓越未来。

在EAP实施过程中，北京公司坚持以心智要素优化推动服务品质提升，按照以“卓越的心”带动“卓越员工队伍”的思路开展了一系列稳健与创新并重的实践工作：通过专业的评测工具调查员工的心理状态，探查部门管理的盲点，并通过学习心理学的知识和技能提高管理效能。与此同时，公司还通过开设7×24小时的心理咨询服务热线、进行专业教育培训以及开展丰富多彩的基层活动等多种方式，致力于让更多的员工从EAP项目中受益，并由此提升工作效能，实现对“臻于至善”的追求。

除此之外，EAP项目还为北京公司的三级经理人开展了以“责任”和“宽容”主题的系列培训活动，受到中高层管理者的好评。在活动中，通过理论指导、小组讨论、短片赏析、角色扮演等团体活动形式，不仅加深了管理者对心智要素的内涵、外延的认识和了解，更通过将其与工作、生活相结合，实现了心智模式的优化。

与此同时，北京公司还结合本公司情况创新性地提出了“心理减压舱”的理念。目前，北京公司在南区分公司和中心区分公司建设2个“心理减压舱”计划已经完成立项，进入项目施工阶段。

通过员工的心智要素优化，不仅有利于深化企业文化的核心理念，塑造员工职业素养标准，引导员工勇担责任、追求卓越的实际行动，还能在优化员工心理品质、实现健康快乐工作的基础上，有效推动服务品质的提升，打造员工独特的可持续竞争优势，最终实现员工与企业的“双赢”，达成“臻于至善”的发展目标。

（三）用心指导，促进员工心智全面提升。

在EAP项目实施过程中，心智优化无疑是通过企业文化落实“人文关怀”精神的全新思路。在此基础上，EAP项目围绕心智模式的各个要素，以专题讲座和自选式特色培训等方式开展了一系列贴近员工需求的培训活动。

为了培养“健康·高效·幸福”的员工，北京公司开设了“关注亲情大型讲座”。新颖有趣的内容，深刻精辟的见解得到了员工们的普遍好评。

与此同时，为了能让员工更方便地享受到真正贴近他们需求的专项培训，EAP项目组为全体员工提供了包括重大节日在内的员工减压、新员工心理适应、人际交往、家庭-工作平衡等主题在内的24场自选式培训。其中，培训对象覆盖来自四大线条的22个不同部门和群体，总人数达到900余人，累计培训180课时。

二、搭建心理契约平台，践行组织关爱

“快乐·无限”作为EAP项目的核心理念，无疑就是北京公司贯彻“三位一体”EAP体系，实现让每一位员工健康、快乐、高效生活的工作基点。为了更准确地把握员工的身心健康状态，从而能为其提供更有针对性的贴心服务，北京公司依托“心检”工具，搭建了全面、直观的心理契约平台，以此来践行组织对员工的关爱。

（一）全面心检，统一进行心理资源管理。

为了更好地推进心理契约管理，深化“三位一体”EAP体系，北京公司在2011年首次开展了“员工心理健康调查”工作，并以此为基础搭建了“员工心理健康数据库”。

结合北京公司实际情况，EAP项目组通过采用现场观察、个人访谈、焦点座谈和问卷调查等四种方式，对公司内四大线条中的13个二级部门，约7000多名员工进行了问卷调查。内容涵盖员工心理状态、对组织的态度、工作要求、工作资源和心理资本等多个方面。

“员工心理健康数据库”无疑为及时发现员工潜在的心理风险因素，给管理层提供有针对性的管理建议，尤其是后续打造北京公司特色的360度心智平台奠定了坚实的基础。

（二）多方出击，促进员工心检报告生成。

为了更好地保证心检数据的准确性和全面性，EAP项目组通过现场观察和焦点访谈等方式进一步收集信息，不断完善调查方案，并以此为基础生成了《员工心检报告》和《北京公司2011年重点部门年度心检报告》。这份报告主要包括两方面内容：一是重点部门员工的心理状态与职业态度的关系，及关键影响因素；二是对管理层提出的相应管理建议。

三、推动心理保健服务，营造和谐氛围

（一）心理咨询，多线贯通员工心理健康。

根据不同员工的心理需要，中国移动北京公司开展了心理咨询和危机干预等多种渠道的心理健康服务，保证了员工心理问题的及时解决。

心理咨询主要面向有心理困扰的员工，通过个体常规咨询（电话、个人面询）、主动干预、家庭辅导、网络咨询等方式，帮助员工解决负面困扰，消除组织破坏性因素。

针对可能具有严重心理问题的员工群体，北京公司构建了包括主动干预、管理者推介和咨询危机干预在内的完善的心理危机事件预警系统和干预体系。主要措施包括：开通7×24小时干预热线，专业咨询师随时提供咨询，辅助管理者进行员工心理危机管理。

（二）自我保健，两手准备完善保健板块。

自我保健服务作为保证员工身心健康的内部有力支持，一直以其趣味性、针对性和灵活性深受员工喜爱。在2011年，党群部为公司全体员工制作、发放了大量的心理宣传品，其中包括：手机彩信、电子邮件、“心灵之旅”内刊文案、危机短信、便签贴和EAP使用手册等。

四、加强EAP专员建设，打造高效团队

（一）加大力度，实现专员队伍梯形配备。

2011年，中国移动北京公司实施了第四期EAP专员培训，35名来自北京移动各二级部门的EAP预备专员们接受了为期6天的系统学习。培训内容包括：EAP的概念与核心技术，专员职责，常见员工问题识别与推介，危机事件应对等多方面内容。

（二）完善管理，实现EAP专员规范管理。

为了建立规范的EAP专员管理系统，北京公司依托实践经验构建出了一套包括“选、育、用、优”的完整的中国EAP专员体系。2010年，北京移动在国内首创了《EAP专员考评管理制度》。2011年，又修订、完善了第二版的“十佳专员”及优秀团队考评制度，并对考核标准、评比办法、申报流程、计分、复核办法等进行了更加科学、详细的规范，形成了《EAP专员考评办法V2》。

专员例会是实现EAP专员规范管理的重要制度，在管理工作中承担了重要的认知引导作用。对此，北京移动按照每季度召开一次的方式，让不同部门的专员进行交流、分享，总结本季度的工作心得，布置下一季度的工作重点和方向，并在会上对优秀员工进行嘉奖。无疑，这不仅为EAP专员提供一个互相学习的平台，更能促进专员自身的不断成长，提高专员队伍的凝聚力。

中国移动北京公司EAP项目将继续落实心智模式各要素的培养和普及，培养管理者和基层员工的心智能力，形成以管理者引导基层员工，基层员工影响管理者的互动模式。同时，继续完善心理契约模式，促进员工对部门和组织的归属感，增加员工对工作的满意度。

发挥文化优势 引领重组企业融合

——中国兵器北方华安工业集团有限公司

企业重组是加快企业规模化、国际化进程，提高国有企业经济发展质量和效益、提升国家经济综合实力的有效手段。党的十六大以来，党中央、国务院把推进国有经济布局结构战略性调整作为深化经济体制改革、完善社会主义市场经济体制和基本经济制度的重大任务。国有企业作为国民经济的主体，在几十年的发展过程中积淀了厚重的文化底蕴，因其所处的地域、行业和发展阶段不同，企业文化呈现出了百花齐放、百舸争流的态势。因此，企业实施重组文化融合是关键。中国兵器华安集团由行业内地域相近的两家企业于2011年6月重组而成，企业实施重组后，确定了“企业重组，文化先行”原则，充分整合历史文化资源，发挥战略导向优势、舆论导向优势推动了企业的深度融合，促进了各项工作的有序运作，实现了重组后企业的平稳运行。

发挥传统文化资源优势，引领企业融合

华安集团是由原华安和建华公司重组而成，两企均具有60多年的发展历程。历史上，有过资源共享、技术合作、人员交流，也曾互为标杆，相互学习，曾经共同创造了闻名中外的、被毛主席亲批写入“鞍钢宪法”的“两参一改三结合”的“三华管理经验”。相同的地域、相同的行业，相近的专业、相似的历史、相通的文化，为重组奠定了良好的文化基础。

企业实施重组后即成立了企业文化融合组，对两企历史文化进行盘点，寻找相同基因。经过调研分析论证，得出

华安和建华共同文化基因是：受北国边陲地域文化——“北大荒文化”熏陶形成的“创业文化”、兵工人特有的“奉献文化”，上世纪50年代末两家企业共同创造的被毛主席亲批写入“鞍钢宪法”的“两参一改三结合”“三华管理经验”。在此基础上把文化融合作为子集团未来发展的出发点，把统一企业核心价值理念作为检验文化融合成功与否的标准，紧密结合中国兵器核心价值理念实质和子集团重组后面临的一系列思想、思维、管理、文化等问题，探索实践符合企业重组特殊时期要求的亲情文化体系、创业文化体系和符合子集团长远发展要求的精益文化体系。

发挥重组企业战略优势，引领企业融合

企业战略愿景是企业员工长期为之奋斗的目标，也是重组企业员工高度关注的焦点。华安集团宣布重组后随即成立了重组推进办公室，按照“统一资源配置、统一战略管理、统一制度管理、促进文化融合”的重组方针、“资源共享，优势互补”的重组要求，对企业原板块的业务能力、市场能力、产品开发能力、人力资源能力、企业文化内外资源、文化特色等进行广泛深入的调查研究、科学论证，集合原业务板块强势能力，对“七大军品专业领域”和“七大民品经营领域”进行了规划。从战略高度确定了企业发展愿景，明确了企业的发展方向。

发挥企业舆论导向优势，引领企业融合

对于重组企业而言，文化差异、对发展前景认识不清等往往是导致员工间的思想碰撞和文化冲突的导火索，是企业重组融合不可逾越的现实瓶颈。重组后，华安集团充分发掘企业的舆论资源，运用有效的宣传手段，从根本上消除员工的思想疑虑、从文化角度消除重组彼此间的差异，为重组企业实现文化对接、深度融合打下基础。

在企业重组推进过程中，华安集团充分运用广播、电视、报纸、宣传栏等宣传媒体向员工进行重组动态信息发布。针对企业重组后的发展愿景、发展战略及面临的形势任务，撰写了《铸剑造犁创伟业 同心合力普新篇》形势任务教育材料，制作了《使命》、《与时代同行》文化宣传片，向全体员工讲形势、交任务，与员工面对面交流，统一了思想，鼓舞了士气。以“揭牌庆典”仪式、“第一次党代会”、“第一次团代会”、“第一届职代会”、“第一届工会会员代表大会”、“精益化生产、精细化管理和合理化建议工作推进会”等大型会议召开为契机，加深了员工与员工之间、企业与员工之间的了解。同时，还根据需要，开展了两区业务交流、岗位人员交流活动，适时举办了职工篮球比赛、乒乓球比赛和团员青年联谊等活动，加深了员工间的情感交流，也为企业深度融合奠定了广泛的群众基础。

以务实创新的成果，引领企业融合

企业实施重组的目的就是要企业向更好的方向、更高的水平、更加科学合理地发展。重组后即确定了重组与当期经营“两手抓，两不误”的工作方针。突破以往就党的工作抓党的工作的旧模式，将党的监督和考核融入中心、融入管理，把“精细化生产、精益化管理、合理化建议”、企业文化建设、安全质量工作等内容纳入到“创先争优”活动考核中，对整个活动实行安全质量一票否决制。充分发挥党员的先锋表率作用，引领员工攻坚克难，先后涌现出了省市级、子集团级优秀党员100余人、22处党员先锋岗。员工觉悟不断提升，思想积极要求进步，重组以来已发展党员170人，615名员工要求加入党组织。

重组后，华安集团紧密结合“十二五”民品发展规划，与当地政府联合开展招商引资兴民品活动，围绕铜材、系列高压气瓶、民爆器材等高品质、高科技含量并具有自主知识产权的产品开拓市场，实施26项民品科技开发项目，推动企业发展。开展114项军品科研和工艺创新，其中 6项产品完成了技术鉴定或设计定型试验工作。由党委牵头开展合理化建议活动，仅今年上半年，就收到合理化建议提案5776条，被采纳690条，实施290项，节创价值795.69万元，实现了初期成果目标。

企业重组，融合是一个循序渐进的过程，企业必须发挥文化的优势，引领和推动企业从形式到内容的深度融合，从而达到企业形神合一，水乳交融。

（作者李淑春）

海纳百川 融合创新

——上海汽轮机厂

上海汽轮机厂面对“产量高位运行、质量高标准运行、安全生产高危运行、经济指标高风险运行”的新形势；面对推进“四个转变”，建设世界级工厂，建设相关方满意的和谐企业的新要求；面对燃气轮机、核电、海外分包项目等产品结构调整的新任务，经过充分酝酿和讨论，依照传承与创新的宗旨，出台了新时期企业十六字文化战略：“海纳百川、融合创新；从一做起、追求卓越”。

把“海纳百川、融合创新；从一做起、追求卓越”作为新时期企业文化战略传承与创新的新理念，上汽厂管理层经过了多方的调研和征求意见，党委会还进行了专题讨论，作为深化企业发展战略和建设世界级工厂的一个重要步骤，几易其稿，使“企业十六字文化战略”体现了上汽人在传承基础上创新的智慧，进一步丰富了工厂企业文化的内涵和外延；同时也彰显了上汽人为把上海电气建设成为“现代企业集团”的务实作风和坚定信心。

近5年来，上汽厂党委不断加强和改进思想政治工作，将企业思想政治工作同企业的物质文明、精神文明建设结合起来，用企业使命、企业愿景、企业价值观、企业精神去引导、教育和熏陶职工，使党的思想政治工作更加贴近职工，使职工与企业目标一致、利益一致、发展一致。在此过程中，该厂的企业文化得到了弘扬和丰富：2006年提出以“让国家和社会满意、让股东满意、让用户满意、让员工满意”

为主要内容的“四个满意”和谐企业理念；2007年提出“管理过程、持续改进、一次做好工作；一丝不苟、追求卓越、永远满意顾客”的质量理念；2008年提出实现“四个转变”的企业理念。如今，“企业十六字文化战略”传递出的价值理念必将对该厂今后的发展起到引领作用。

“海纳百川、融合创新”。一是符合上汽厂的地域特征和上海“海纳百川、追求卓越、开明睿智、大气谦和”的城市精神。要学习、消化、吸收国外先进的科学管理经验，认真倾听来自不同国家、地区，有着不同文化背景的顾客的声音，认真吸收来自五湖四海的员工、投资方、合作伙伴、顾客、社区和社会等不同相关方的意见和建议，将多种文化融合在一起，不断创新，持续改进工作。二是建厂半个多世纪以来，经历了“四个发展阶段”，吸纳了捷克技术、美国西屋技术、德国西门子技术等等，融合提炼、博采众长，并通过技术创新、自主开发造就了上海电气的自主品牌，创造了中国汽轮机制造史上的多项“第一”。

“从一做起、追求卓越”。一是传承：上汽人不仅知道到哪里去，还很清楚从哪里来，有历史感才能有责任感，有责任感才能承担责任。责任不是契约中的规定，不仅仅是权和利的对应物，责任是自觉承担使命的意愿。上汽人在传承“一丝不苟、精益求精”、“万众一心，爬坡登峰；追求卓越、永做一流”、“第一次把工作做好”的企业精神和汽轮机制造文化的同时，让这些“一”的价值观真正成为全体员工的思想理念和行为准则，为今后打造燃气轮机、核电等制造文化奠定了扎实基础。二是创新：上汽人在传承企业文化的基础上与时俱进，不断融合，不断创新，丰富“一”的内涵和外延，确立了文化标准。如核电“四有四一”；追求卓越要“每一次都把事情做对”（做正确的事），“第一次就把工作做好”（正确地做事）；“100-1=0”等等。“从一做起”就是从我做起，从细节做起，从基础做起，从每一个人做起，从每一天做起，从每一件简单事、平凡事做起。三是目标：“追求卓越”符合上海电气电站和上汽厂的企业精神，并与推进“四个转变”，建设世界级工厂的目标相一致。

企业的团队精神和创新意识是信息时代企业管理的最高境界。上汽厂管理层认为：“海纳百川、融合创新；从一做起、树立企业文化标准，设计企业文化传播”将成为实施企业文化战略的新举措，必须进一步规范企业的文化表现形式、载体和基本内容，对文化的形象化过程进行原则界定。“海纳百川”体现了企业气度；“融合创新”显示了企业底蕴；“从一做起”弘扬了企业精神；“追求卓越”彰显了企业目标。

“从一做起”是上汽厂在今后一段时间内要大力宣传、弘扬的核心理念。这里的“一”是代表了几代上汽人打下的基础，是具有上汽特性、个性鲜明、深入人心的“崇一文化”：体现“人的生命高于一切”的企业价值观；发扬“万众一心、爬坡登峰”的团队精神；弘扬“追求卓越、永做一流”的创新意识；牢记“一丝不苟、精益求精”的质量理念；推崇“第一次把工作做好”的行为准则；树立“从一做起、从我做起”的工作作风；崇尚“国内领先、国际一流”的品牌理念；营造“把每一件简单的事做好就是不简单，把每一件平凡的事做好就是不平凡”的工作氛围。同时，该厂在推进“四个转变”建设世界级工厂、建设相关方满意的和谐企业、燃气轮机、核电、海外分包项目等产品结构调整的新时期，把“四有四一”作为“从一做起、从我做起”的企业的文化表述形式：凡事有章可循：一以贯之；凡事有据可查：一清二楚；凡事有人负责：一丝不苟；凡事有人监督：一视同仁。

上汽厂党委表示：今后4年是该厂落实上海电气集团“十二五”规划，推进上海电气集团“再次创业”，进行自我发展转型的关键时期。新形势新任务要求加快适应绿色低碳能源的发展形势，尽快地向清洁高效能源的方向转变。所以，进一步建设战略清晰、个性鲜明的企业文化是上汽厂的内在要求，也是今后一段时期的重要工作之一。

让品牌走出去
——首钢国际工程公司品牌建设的探索与实践

——北京首钢国际工程技术有限公司

一、课题的提出

首钢国际工程公司完成改制之后全面实施“立足首钢，服务国内，开拓海外”的“走出去”战略。实施“走出去”战略首先要求公司的品牌形象走出去，这是市场开发的前提和保障。随着冶金工程行业市场竞争的日益激烈，企业品牌的综合实力将最终决定公司在行业中的位置。不仅如此，品牌建设也是整合内部资源、提升企业品质的需要。经过近40年的发展，首钢国际工程公司在技术、业绩、人才、文化等方面都有了丰富的累积，需要借助品牌建设上升到新的发展平台，形成更强的竞争优势。

在此背景下，首钢国际工程公司从2008年起正式启动“品牌走出去”战略。至今，取得了一些阶段性的成果和宝贵的经验。

二、主要内容

（一）深化品牌认识。

自2008年改制以来，公司体制发生了根本变革，全公司干部员工围绕创建国际型工程公司的发展目标，开始了新的探索。公司党委和领导班子迅速转变观念，深刻地认识到“品牌走出去”是公司实施“走出去”战略的先决条件，要把公司原有的产品营销、技术营销进一步上升为品牌营销。公司党委和领导班子提出在全面建设以市场为导向的新型企业文化的同时，实施“整体营销”战略，在总公司“首钢品牌、首钢服务、首钢创造”理念的指导下，全面建设首钢国际工程公司品牌。为此，公司制定了《首钢国际工程公司品牌战略实施纲要》，并把品牌建设作为企业文化建设的两大主线之一，着力打造品牌文化。

深化品牌认识还必须落实到每一名员工身上。首钢国际工程公司一直都非常注重培养和提升全员的品牌意识，注重创建“人人了解品牌、人人传播品牌、人人维护品牌、人人建设品牌”的良好品牌文化氛围。

2008年，公司党委组织开展了“新公司、新体制、新机制、新观念、新举措”大家谈活动，2009年开展了“我看开放、我看市场、我看客户、我看技术”大讨论活动。两次活动中都专门设有品牌建设的议题，引导全体员工思考“什么是品牌、为什么要建设品牌、如何建设品牌以及每一个员工应该怎么做”的问题。不仅如此，公司通过“光荣与梦想”表彰大会、“年度感动人物”评选等文化平台，树立品牌人物、传播体现品牌文化的优秀事迹，不断深化员工品牌认识。

（二）丰富品牌内涵。

要建设品牌，首先要回答“首钢国际工程公司品牌是什么”的问题。广告大师大卫·奥格威提出“品牌的全部性格，而不是产品琐碎的差异决定了它最终市场定位。”确定首钢国际工程公司的品牌定位就是要在顾客的印象中，为公司找到一个相对于竞争对手的“最佳位置”，让顾客产生合适的联想。

为了确定首钢国际工程公司的品牌定位，公司开展了多个层次的调研与访谈，如对钢铁企业战略部门、生产分厂的领导和员工开展的“冶金行业工程公司品牌资产情况调查”以及营销经理访谈等，从品牌显著度、功效、形象、判断、感受、共鸣六个方面了解公司及行业内主要竞争对手的品牌资产情况。在此基础上根据“钻石定位图”的科学方法确定首钢国际工程公司的品牌定位。首先，在冶金建设行业市场研究的基础上，确定了品牌的市场定位为100～1000万吨规模的大中型钢铁企业，逐步争取特大型钢铁企业的市场份额。同时从价格、技术、质量、服务、体验、风险等几个方面分析了目标市场的需求。其次，根据目标顾客较为关注并且具有比较竞争优势的利益或价值点，确定了首钢国际工程公司的品牌定位点，其中属性定位是“更全面、更深入、更贴心的服务”；利益定位是“钢铁企业的技术参谋和忠实伙伴”；价值定位是“实现钢铁企业的可持续发展”。最后，通过营销策略组合实现已经确定的定位，最终完成公司的品牌定位。

在品牌定位的基础上，公司面向全体员工开展了企业品牌广告语征集活动，从公司业务类、公司使命愿景类、公司价值观类、产品特点类、公司名称联想类、客户承诺类等几个方面征集品牌广告语，为品牌注入文化内涵。活动得到了广大员工的积极参与，共有100余名员工提交了302条广告语创意。最终，“源自百年首钢，服务世界钢铁”、“钢铁全流程工程技术服务商”和“引领绿色钢铁未来”被确定为公司的品牌广告语。其中，产品特点类广告语“源自百年首钢，服务世界钢铁”借助首钢的品牌优势，便于客户更快认知和认可，同时体现了放眼全球，创建国际工程公司的发展理念。企业业务类广告语“钢铁全流程工程技术服务商”突出了“全流程”的企业特色和“工程技术服务商”的业务定位。使命愿景类广告语“引领绿色钢铁未来”体现了公司致力于从传统“黑色冶金”向“绿色钢铁”转变，以及争做行业领先企业的价值追求。

（三）加强品牌传播。

在确定“首钢国际工程公司品牌是什么”之后，需要回答的问题是“如何让客户了解首钢国际工程公司品牌”。公司通过整合营销传播，主动地利用或创造与客户的互动机会，积极地影响客户对首钢国际工程公司品牌的认知。

在品牌资产情况和行业特点分析的基础上，公司从传播目标、对象、内容和渠道等方面，系统地策划品牌传播方案。将传播目标定位为引导偏好和建立信任。一方面，宣传首钢国际工程公司品牌优于同类产品（服务）的特征，让更多的客户了解的同时，让客户更深入地了解；另一方面，提升公司在行业内的话语权、影响力和权威性，帮助客户建立信任。在传播对象方面，把客户当作最重要的传播对象的同时，将行业协会、业内专家、政府、行业媒体等都视为必须重视的品牌传播对象。传播内容主要确定为四类：品牌定位、品牌能力、品牌客户承诺以及品牌业绩证明。

在品牌传播渠道方面，首钢国际工程公司进行了系统规划并已初步形成了以“广告、公共关系、品牌活动、展览展示、一对一传播”为主体的五大传播渠道，找到了一条适合的品牌传播之路。

广告加大品牌知名度。首钢国际工程公司作为一个为钢铁企业提供专业工程技术服务的公司，行业性非常强，客户数量有限。因此公司将广告传播确定为以专业媒体广告和自制宣传产品为主。

公司将适合的广告媒体划分为三种：行业报刊杂志、行业网站以及行业工具书。在报刊杂志方面，立足《中国冶金报》和《世界金属导报》两大权威媒体；在网站方面选择了综合新闻类媒体“中国钢铁企业网”和技术类媒体“我的钢铁网——技术频道”投放广告；行业工具书则包括《中国钢铁年鉴》、《中国钢铁工业大黄页》等。此外，《炼铁》、《炼钢》、《轧钢》、《武钢技术》等专业杂志上的品牌专业广告，以及百度搜索推广等新的推广方式也都在策划之中。

近些年，首钢国际工程公司加大宣传产品制作的力度，以适应日益增长的品牌自我推介的需求。目前已经初步形成了涵盖“公司－品牌专业－品牌单项技术”三个层次的视频和图文宣传产品体系，丰富的宣传产品系统梳理和展示了公司近40年的技术积淀。公司新版外网也已上线，该网站的设计以推广品牌为出发点，更加关注客户的体验，全面展现了品牌满足客户需求、为客户创造价值的能力和愿望。

另外，公司将工程业绩视为推广品牌的重要载体。制定了《关于在项目中统一使用产品铭牌的规定》，在公司设计和总承包的工程、成套供货的设备上面设置品牌形象铭牌。

公共关系建立品牌客户信任。阿尔·里斯（Al Ries）和劳拉·里斯（Laura Rise）在《公关第一，广告第二》一书中，将高技术产业的成功主要归功于成功的公关关系。首钢国际工程公司不仅处于高技术行业，同时还具有面向组织进行销售的特点，因此利用公关关系平台的可信度来帮助顾客建立信任是非常重要的。

通过媒体软性宣传提升品牌知名度。公司将在媒体上发布新闻、通讯、评论、人物访谈、人物事故等软性宣传材料作为品牌推广的日常工作，目前已经与《世界金属导报》、《中国冶金报》、《中国勘察设计》、《中国钢铁业》、《中国工程咨询》、《工程建设与设计》、《中国青年报》、《中国建设报》、“兰格钢铁网”、“中国钢铁企业网”、“新华网”等媒体形成了良好的品牌推广合作关系。

通过编写专业书籍提升品牌话语权。2010年，公司与冶金工业出版社合作出版的《冶金工程设计理念的创新与实践》在全国公开发行。这是冶金勘察设计企业出版的第一本书，全面展示了公司在首钢京唐工程中的自主创新情况和整体技术实力。除此之外，公司还主编了《钢铁工业节能减排新技术5000问》等专业书籍。

通过与专业媒体合作开辟专栏提升品牌影响力。公司与《世界金属导报》合作开辟了“首钢京唐项目技术创新成果展系列报道”和“首钢国际工程公司技术创新成果展（首钢迁钢基地）系列报道”两个专题栏目。两个专题分别历时7个月和8个月，借助《世界金属导报》在行业内的技术权威性提升品牌的影响力。

通过主动参与行业规范标准制定提升品牌权威性。近两年，公司加大在参与行业规范标准制定方面的主动性和积极性，主编或参编的规范标准的数量和质量都有所提升。近两年，公司主编了《高炉煤气干法除尘设计规范》国家标准、《钢吊车梁系统设计图平面表示方法制图规则和构造详图》国家标准图集，参编了《钢铁行业低温多效蒸馏海水淡化技术规范》、《钢铁污水处理反渗透膜法除盐技术规范》、《干熄焦节能技术规范》、《烧结余热回收技术规范》等国家标准。

与此同时，公司加强与政府部门的沟通联系。目前已经在一些课题开发方面得到了北京市科委、石景山区科委等部门的大力支持，助推品牌发展。

品牌活动提升品牌影响力。首钢国际工程公司主动通过有益的活动创造与顾客及外部影响者的互动机会，最终实现扩展关系和提升社会形象的目的。

通过主办或承办会议活动提升品牌在行业内的权威形象。2010年，公司与北京金属学会、天津金属学会、河北冶金学会、山东金属学会等单位共同举办了“2010年海水淡化应用研究研讨会”，与北京金属学会联合举办了“高炉煤气干法除尘技术交流会”。即将与北京金属学会联合举办的“高炉炉顶设备技术研讨会”也正在筹备之中。

通过供应商大会提升品牌在产业链中的影响力。2010年公司召开了首届供应商大会，借助这种形式加强与供应商之间的交流沟通，激励供应商在公司产业链上更加努力地提供优质的产品和服务，同时推进双方在品牌推广方面的合作。

通过品牌文化活动提升品牌社会美誉度。2008年，公司在国家大剧院举办了庆祝公司成立专场音乐会；2010年，在北展剧场举办了“首钢国际之夜——名家名曲交响音乐会”，邀请来自客户企业、政府部门、媒体等单位的客人参加，加强品牌与客户及外部影响者的情感交流。不仅如此，公司还组织开展了“特别的爱献给特别的你”——送给汶川小朋友的六一节礼物等一系列公益活动，传播品牌关注社会责任的文化。

大型客户联谊会和专项品牌技术推介会等活动也正在策划筹备之中。

展览展示聚焦品牌目标客户。《B2B品牌管理》认为“展销和展览在B2B环境中极其重要，它们在特定的时间和地点为企业带来建立品牌知名度、认知度和激发人们兴趣的良机。”首钢国际工程公司将展览展示作为品牌整合营销传播的重要工具之一，并正在逐年加大投入。

往年公司都是随首钢集团共同参加各种国内行业展会，2011年将首次独立参加了“第十六届上海国际冶金工业展”，向业内人士全面展示首钢国际工程公司品牌的整体实力和优秀文化。在海外市场，公司更是将展会视为打开市场大门最直接有效的方式。2010年，参加了土耳其国际冶金展；2011年参加了越南、印度、美国、德国等四次大型的国际冶金展会，让更多国家的钢铁企业了解到来自中国的首钢国际工程公司品牌。

此外，公司形象展厅也正式对外开放接待参观。展厅分为公司改革发展、单体工艺技术能力、钢铁厂总体规划、设计手段与信息化（互动区）等四大功能区域。目前已经接待了来自政府、科研院所、客户企业的客人10余批，展示了公司改革发展历程和综合技术实力，提升了品牌的社会形象。

一对一传播满足客户个性化需求。因为行业特点，首钢国际工程公司目标顾客的数量相对有限且需求个性化程度较高，一对一传播能够充分体现信息传播定制化的优势，非常有利于品牌与客户伙伴关系的建立。因此是一种适合公司的、高效益的传播工具。

目前公司出版《工程与技术》内部刊物，定期投递给行业协会、行业中的其他设计单位。计划今后赋予《工程与技术》更多的品牌推广职能，让它成为一个能够直接到达目标客户的品牌载体。另外，也会根据目标顾客的具体情况和需求，通过直邮纸质印刷品或电子邮件的方式，有针对性地向顾客介绍首钢国际工程公司满足其需求的技术能力及相关的应用业绩。

（四）夯实品牌基础。

在让客户了解品牌的基础上，“如何让客户喜欢首钢国际工程公司品牌”是需要回答的更深层次的问题。公司通过持续改善顾客的品牌体验夯实品牌基础，让顾客在与品牌互动的过程中，亲自感受到品牌的优势，从而提升满意度并建立初步的情感联系。

作为工程技术服务商，首钢国际在项目合作之前、项目实施过程中以及项目竣工之后都与客户有着非常直接的接触。因此，公司加强内部管理，确保品牌对客户的承诺在每一个接触点上都得到真实的传递，创造令顾客满意的品牌体验。

整体营销创造客户满意。首钢国际工程公司实施整体营销的品牌战略，所有部门及员工以营销部门为中心，以市场为导向，履行职责，互相配合，努力为客户创造满意价值。公司要求各部门认真了解研究客户的实际需求，提供总体优化、技术经济合理的技术方案，性价比高的工艺装备和先进的施工方案。同时以项目管理为中心，恪尽职守，同心协力，共同打造精品工程，提高客户对品牌的满意度和美誉度。

优秀的项目运行模式打造品牌工程，树立业主口碑。首钢国际工程公司在项目管理中推行“项目经理负责制”和“集中整体、分层能级”的运行模式，通过强化制度落实和加强管理，充分调动设计、采购、施工团队的积极性，全力打造品牌工程。在四川德胜烧结总承包项目中，首钢国际工程公司凭借优秀的服务态度和服务水平在众多的承建商评比中始终名列第一，赢得了客户的高度认可，最终客户把随后开展的云南德胜焦化项目又交给了公司，首钢国际工程公司将品牌大旗高高树立在大西南的土地上。

从细节着手，为客户创造优秀的品牌体验。首钢国际工程公司注重和客户接触的细节，力争在细微处带给客户更好的感受。营销部门组织制定了《对外接待管理须知》，从接待着装、就餐、礼品，甚至是会议室中准备的咖啡和点心等每一个细致的方面，体现品牌用心对待客户的文化。国际营销部门深入研究亚洲、非洲、南美洲等目标市场不同国家的文化习俗，编写了数万字的“礼仪与禁忌”，要求所有的营销人员遵照执行。

三、主要效果

经过几年的探索与实践，首钢国际工程公司品牌建设取得了一些阶段性的成果，主要体现在以下几个方面：

（一）客户对品牌的认知和认可进一步提升。原来很多客户企业都认为首钢国际工程公司是企业设计院、只为首钢服务，不了解公司的能力和业绩。在全面实施品牌推广之后，很多目标客户都改变了原有的认识，对公司的整体技术实力和优秀文化有了较为深入的认知。特别是通过京唐品牌工程的打造和传播，让越来越多的企业开始认可首钢国际工程公司的技术实力，与公司合作的意愿日益增强。目前，国内的武钢、宝钢等一流钢企，国际知名的浦项、达涅利、新日铁等公司都主动向首钢国际工程公司发出合作邀请。

（二）品牌形象助力市场营销，公司经营硕果累累。经过几年的积累，公司的外部项目越来越多，形成了西南、西北、东南、华北的市场格局，2011 年上半年就完成了全年的总承包合同目标，国内市场形势良好。国际市场的独立开发也在台塑、伊朗 MK 球团等项目上取得了实质性突破。

（三）员工的思维和行为方式有所转变。原来大部分员工习惯于“低头做事情”，认为把事情做好就足够了，不需要花精力做宣传。通过近几年的宣传引导，大家的思维模式逐渐转变为“抬头看市场”，主动进行自我推介的愿望越来越强烈。不仅如此，大家在具体工作中的行为方式也有所转变。现在不论是设计、项目管理、市场营销，还是职能管理岗位的员工，都会更加注重研究和满足客户的实际需求，以用心服务客户的实际行动诠释优秀的品牌文化。

（四）品牌建设和运营体系基本形成。通过几年的摸索与实践，目前公司已经形成了京唐、迁钢、首秦、德胜等系列品牌工程和无料钟炉顶、干法除尘、热风炉、热轧托盘运输等一大批品牌技术，掌握了一套建设和运营品牌的方法，形成了一系列制度，搭建了一系列品牌推广平台，品牌管理的能力和水平日益提高。

品牌建设不是一蹴而就的，品牌影响力的最终形成需要长时间的积累。公司还将在品牌推广之路上继续前行，让首钢国际工程公司品牌走到世界上更多的地方生根开花。

（作者：朱小军系首钢国际工程公司企业文化部部长，胡欣怡系首钢国际工程公司企业文化部品牌主管）

打造五型文化 构建世界一流钒钛钢铁企业的精神家园

——河北承德钢铁集团有限公司

企业文化是企业的核心与灵魂，是现代企业走向成功的重要因素和显著标志，是企业管理的最高境界。没有文化的企业是一个没有希望的企业。随着企业文化的影响不断深化、渗透，越来越多的企业家开始探索文化管理的方法，使企业管理向更高的境界迈进。

承钢的企业文化源远流长，承钢坐落在世界历史文化名城——承德，受北中国北方地域的红山文化影响，汲取皇家文化的精髓，文化积淀和底蕴深厚。承钢注重钒钛特色的发挥，明确文化建设是推动企调结构、转方式、促发展、提升核心竞争力的重要手段，不搞花团锦簇，不搞形式主义，注重实效和作用。在此基础上，提炼形成“燕山风骨，钒钛精魂”的企业文化之魂。 并以此为先导，形成了具有钒钛特色的承钢文化。

2008 年 6 月，承钢随唐钢集团加入河北钢铁集团，企业文化建设也随之发生巨大变化，按照集团要求，在融入的同时注重自身的发展。公司党委非常重视文化建设，完善了公司企业文化建设委员会等组织机构和机制，每年定期研究文化建设内容，使文化真正成为提升企业核心竞争力的首要手段，推动了承钢的发展，树立了良好的企业形象。

2011 年，承钢坚持“三个支撑，一个目标”，在河北钢铁集团文化的统领下，不断完善企业文化建设体系，把企业文化体系建设与 ISO9000 族标准相结合，以“同心同力，共创共享”核心价值观为指导，打造人本型、学习型、管理型、生态型、和谐型为内容的“五型文化”。先后建立起以理念识别、行为识别、视觉识别系统为基础的文化框架；完善了企业文化组织体系、企业文化管理办法、企业文化创建标准、企业文化评价准则体系，使企业文化形成操作性强的完整体系。出台了承钢公司企业文化建设3—5年建设规划纲要，将纲要内容从物质层、制度行为层、精神层三个层面进行量化，推进执行。同时，重点推进文化进工段班组，以核心价值观统领干部职工的思想，使文化真正成为干部职工的行动指南，企业文化在岗位落地生根、开花结果。尤其是在具有很高市场美誉度的公司产品标识“燕山牌”的基础上，《承钢之歌》的推出，使承钢的企业形象得到了大幅的提升。经过多年的努力，承钢公司的企业文化形成了公司层面的“五型文化”经验成果，各基层单位形成了具有自己单位特色的子文化，如能源管控中心的“家文化”，提钒炼钢一厂的“NO.1”的永争第一文化，自动化管控中心的技术文化，炼铁厂的“地图驱动系统”的管理创新文化，提钒钢轧二厂的“6S”文化等，丰富了承钢公司企业文化内容，激发干部职工奉献承钢、建功立业的热情，构建起世界一流钒钛钢铁企业的精神家园。承钢2009—2011年连续三年荣获全国企业文化建设优秀单位，“五型文化”被选入中国企业文化优秀案例。2011年荣获全国文明单位称号。

承钢公司“五型文化”经验具体展现：

构建核心文化体系，建设“人本型”企业文化

承钢在58年发展历史基础上，始终把发挥职工的主观能动性放在第一位，形成了具有钒钛特色的企业文化新体系（物质层、行为层、制度层、精神层、CS战略），形成了“创业、创新、创一流”的企业传统；“资源有限、创造无限、综合利用、持续发展”的系列发展理念等。

开展文化系列活动，以系列活动凝聚人心。修改《承钢企业文化手册》；编辑出版了诗歌散文集《爱我承钢》和报告文学集《承钢五十年》《丰碑》《跨越》《强企梦》《卓越五年路》及《执行力研讨文章汇编》《企业文化基础知识读本》等，与承德市摄影家协会共同举办承德市有史以来最大工业题材的《承钢五十年辉煌摄影展》；编纂鸿篇巨著《承钢发展史》，完整地展现了承钢公司55年发展的风雨历程。举办承钢电视春节联欢晚会，职工红歌会，职工诗歌朗诵会，职工道德之星颁奖晚会等。承钢艺术团经常深入基层和赴外慰问演出等。举办建党90周年系列活动，举办了万名职工参加的第三届职工运动会。开展“塑造企业新形象，提升管理上水平”企业文化主题塑造活动，强化了子文化建设。开展了第十四次精神文明建设推进月活动，“万千百十职工技术比武”活动，涌现出了多名省级技术能手、技术状元。举办了中外钒钛产业高端论坛。开展了道德之星评选活动，涌现出了河北省道德模范、全国道德模范候选人、义务献血达11.38万多毫升、带动身边30多人义务献血的职工鲍守坤，奥运火炬手李世伟，并入选2009年月全国好人榜。

打造高端交流平台，构建“学习型”企业文化

承钢在“建设世界一流钒钛基地”战略目标的指导下，制定下发了《承钢“十二五”时期开展“创建学习型企业、争做知识型员工”活动指导意见》《创建学习型党组织建设安排意见》，制定完善《公司中心组学习计划》《承钢公司职工培训管理办法》等多项学习培训制度，使学习制度化、经常化、规范化。

规范两级中心组学习制度。党委中心组每月集中学习一次，重点学习党的十七大、十七届三中、四中、五中全会精神，中国特色社会主义理论，《精细化管理》《企业文化》等，聘请中央党校教授张蔚萍、清华大学教授王以华、精细化管理创始人汪中求授课，详细讲解中国特色社会主义理论和管理精髓，指导发展。同时，中心组成员坚持每天进行一次学习，利用早调会等形式沟通各自分管的工作情况，交换思想，统一认识，及时调整工作思路。

各级党组织利用“创争”和创建学习型党组织活动开展了丰富多彩的学习活动。很多单位在工段、班组建起了职工阅览室、职工读书局域网，开展岗位创新活动，以职工名字命名了10多项先进操作法，许多职工研究的多项小发明用于生产。动力厂热力部汽轮鼓风班组坚持长年“传帮带”活动，不留后手，获得河北省“创争”活动学习型班组，并获得河北省“五一”劳动奖状。

开展各种专业培训。制定了《公司内聘专家管理办法》《技术人才管理办法》《高层次人才队伍建设实施办法》《专业技术评聘管理办法》等。与北京科技大学“联姻”，开设在职硕士研究生学习班和一个脱产英语培训班。几年来，共培养出各类专业技术拔尖人才2000多人。内部培训1150班次，42000多人次。提升干部队伍的政治理论水平和科学发展眼光。

加强质量、品种开发、流程管理，打造“管理型”企业文化

承钢在“以人文本，精细高效”的管理理念指导下，创新企业管理，提升自身核心竞争力。

在生产组织上，按照“以高炉为中心”的原则，制定85项挖潜增效措施，积极推进各项攻关活动，使铁钢轧实现了顺畅生产， 2010年实现挖潜13.9亿元；2011年，实现挖潜20多亿元。

在品种开发上，完成了《新产品开发控制程序》《产品开发奖励考核办法》《质量管理办法》等制度，成功开发出500毫米、600毫米螺纹钢筋，填补了省内空白，成为国内第四家具备精轧螺纹钢筋的企业。在钒产品的开发上，通过攻关，开发出了85钒铝、55钒铝、氮化钒铁、钒酸铵等新产品，为承钢赢得显著的经济效益，产品打入非洲、巴西、中东等国家和地区。燕山牌新三级钢筋成功进入中央电视台新台址建设和奥运工程等重点工程，连续13次中标三峡工程。

在管理创新上，承钢修订完善《企业管理创新成果管理办法》，大力推行“5S”管理、日成本核算体系、精细化管理等，使各项工作实现了体系管理，提升了工作效率和管理水平。尤其是日成本核算体系的应用，荣获第十六届（2009年度）全国企业管理现代化创新成果一等奖。

开展节能减排，打造“绿色生态型”企业文化

承钢在“打造绿色生态承钢”的环保理念指导下，全力为职工打造绿色环保的生产、生活环境。

大力推行职业安全健康/环境体系认证，投资4亿多元，提出并实施了环保管理从末端治理向源头控制转变的新举措，通过加强源头控制，特别是对生产、操作过程的控制，强调生产操作与环境协调管理相统一，减少甚至消除了一些环境污染的问题点；加大源头控制的宣传和培训工作力度，组织全员参与的“环保杯”节能减排知识竞赛，增强了职工的环保意识，提升了环保工作管理水平，夯实了环保基础管理工作。2011年上半年，全面完成了与政府签订的“双三十”节能减排指标，环境治理效果明显。

2011年上半年，吨钢综合能耗从681.6公斤标煤/吨下降到669.5公斤标煤/吨。滦河厂区环境统计排水量240万吨，COD排放量256吨；据此核算，1-6月共减少COD排放量128吨。共减少二氧化硫排放量2408吨。工业废水处理率100%，配合政府环境主管部门完成了“十二五”减排目标及措施的制定。

坚持以人为本，以思想政治工作为载体，构建“和谐型”企业文化

承钢本着建设和谐企业的宗旨，致力于和谐行文化建设。

发挥思想政治工作“生命线”作用，下发《承钢思想政治工作制度》，坚持职工思想信息舆情制度，完善四级舆情信息网络，在职工中进行了调研反馈，为公司决策提供依据。加强思想政治工作研讨，产生优秀研究成果130多项，其中两项成果分获省国资委思想政治工作成果两个一等奖。公司党委连续多年被河北省委评为优秀基层党组织，政研会被省评为优秀政研会。

加强宣传思想文化阵地建设。承钢电视台改为每周5组新闻16小时滚动播出，《河北钢铁·承钢版》扩版为4开4版周三刊。网络媒体全面改版。三大媒体把镜头和笔对准生产一线，营造了浓厚的舆论氛围。拓展宣传阵地，《承钢公社》职工网站应运而生，赢得了青年们的喜好。同时，公司党委还利用班组学习、情况通报、信息简报、企业文化简报等，向班组职工多渠道反馈正面信息，为引导干部职工树立正确的价值取向发挥了极其重要作用。

发挥民主管理优势。下发《承钢人文关怀管理办法》《承钢救助机制管理办法》等。设立了承钢特殊困难职工救助金，38个特殊困难职工家庭每月获得500元的困难救助。开展以“关爱困难职工、帮扶寒门学子”为主题的“圆梦金秋”助学活动，数十名孩子圆了大学梦。2009年以来救助困难职工1742人，发放各类困补款150余万元。新建300平方米以上的职工餐厅3栋，为万名当班职工送上可口的饭菜。对承钢厂区危楼进行拆除新建集资房386套，新建的15层、容纳900人的大学生公寓投入使用。“阳光工程”——新建成本价家属区“锦绣城”4千多户职工家属喜迁新居……

承钢在企业文化建设上取得一定成就，为建设世界一流钒钛基地提供强大的精神文化支撑，为打造百年承钢、精品承钢、动力承钢、生态承钢，提供不竭的精神动力。

（作者赵瑞祥、孙伟、崔志刚）

打造高素质的国际化队伍
——中国中铁七局三公司

随着经济全球化的发展和中国加入世贸组织后的形势变化，“走向海外”已成为很多大型建筑施工企业发展战略的重要组成部分，我国越来越多的建筑施工企业开始走向国际市场。同时，海外项目的实施正逐步成为企业经济效益的重要来源之一。

中铁七局三公司从2004年涉足海外项目至今已走过了八个年头，发展到非洲三个国家、十余项工程，总营业额超过3.3亿美元，并且取得了良好的经济效益和社会效益。但随着海外建筑市场的发展和变化，海外工程建设风险加大、海外生产经营管理人员匮乏等问题也随之凸显。因此，培养高素质的国际化队伍、打造跨国经营的精锐之师，是国内建筑施工企业走向海外并发展壮大的当务之急。

通过中铁七局三公司近几年海外项目的发展之路来看，要培养高素质的国际化队伍、打造跨国经营的精锐之师，必须从以下四个方面入手，深入细致地做工作，力求取得实效。

立足国际市场打造优秀团队精神

团队精神，是海外项目的发展之魂。三公司立足国际市场，结合实际提出了打造“齐心协力、同舟共济、众志成城、共谋发展”的团队精神。要求海外团队要结合当地法律法规合法经营，遇到任何艰难险阻都要团结一心，打造中国中铁企业品牌，承揽更多有价值的海外工程，创造最好的经济效益和社会效益。经过多年打拼，三公司海外管理团队精神已基本形成，并且站稳了脚跟，取得了较好的经济效益和社会效益。在海外施工的各项工程均获得了当地政府的肯定和称赞，尤其是承揽的刚果（金）卢本巴西“6.30大道”项目，在工期紧、任务重等诸多困难下，如期保质量施工，打出了中国中铁的品牌，获得了高度认可和广泛称赞。2010年10月，中铁七局集团对所属海外项目进行了重组归并，三公司大部分海外工程项目归并到了集团海外公司，留下了50多人的队伍和不足1亿美元的工程项目和部分机械设备。但是，依靠坚强的团队精神和公司的全力支持，三公司海外事业的发展依然再次启航，实现了安全平稳发展。

针对海外经营范围大力培养人才

人才是企业的第一生产力，也是企业长足发展的法宝。三公司自2004年进军海外建筑市场，选派出去的管理人员经过新老更替和多年的磨合，已经锤炼出一支懂管理、善经营、效益佳的跨国经营精锐之师，他们为企业提供了良好的经济效益，成为企业重要经济支柱之一。为了适应市场需求，

三公司在人才培养上摸索前进，刚开始涉足海外时，通过委外培训、招聘等方式，输送了一大批翻译，为海外工作局面的打开奠定了良好的基础。公司通过本土化培养，大胆启用精力充沛、吃苦耐劳，有创新精神、敢挑重担的管理人员担任项目领导职务；指派了公司副总经理坐阵，靠前指挥，为海外项目生产经营提供了有力保障。公司人力资源部采取多种措施，抽调国内项目行业内的精锐做好人才储备，加强材料物资、机械设备、施工技术、设备维护、语言翻译等方面人才的培训，为海外项目的发展提供不竭的人力资源和动力。在加强海外项目人才培养的同时，公司还加大了国内海外组员工综合能力的提高，提升整体海外管理水平和能力。公司海外组在购置设备配件、装船发货、配合海外项目进行信息沟通等工作方面，通过大量实践，总结出了一套较为成熟的工作思路和流程，提升了配合工作的效率，为整体团队海外生产经营的顺利进行，提供了保障。

以海外生产经营实战锤炼团队

培养高素质的国际化队伍，打造跨国经营的精锐之师，需要在海外实际生产经营实战中千锤百炼。三公司刚刚走向海外时，主要依靠联合经营方可拿到工程项目，发展到目前，已完全依靠自身能力和影响力，不断承揽到更多的施工份额。随着海外建筑市场的发展变化，加上三级公司存在的局限性，海外生产经营走坚持以市场为导向的多元化发展的道路是顺势而为的正确思路。海外项目主要有 BT、BOT、资源换项目、世行招标、援建项目等多种模式，我们在发展道路上，不拘一格，只要能见效益、风险小，我们都可以尝试着去做。在这个经营的过程中，切实锤炼出了高素质的国际化队伍，打造出跨国经营的精锐之师。

真心关爱海外员工，保障员工利益

海外项目员工远离祖国，背井离乡，克服了语言不通、交通不便等困难，为公司的发展尽职尽责。公司对海外员工的生活、学习、工作进行关心照顾，对每个项目安排了一名医务人员，定期对海外员工进行体检和防疫；从国内挑选一流的厨师到国外为海外员工做饭；聘请了当地的警察或军人，对项目部进行 24 小时保护，最大限度地保障海外员工的人身安全；项目部自力更生，确保海外员工顿顿能吃上鲜美的瓜果蔬菜；适时开展各项项目文娱活动，丰富员工业余生活；严格执行海外项目员工薪酬和假期管理办法，逐年提升海外员工工资，确保海外员工的收入。同时，对符合条件的各类人员及时安排回国轮休，切实保障海外员工身心健康。三公司由海外组牵头，尽最大限度地照顾海外员工家属的生活，这样为海外员工决绝了后顾之忧，可以充分调动他们工作的积极性和创造性。

随着企业发展进程的加快，走出国外的中国建筑施工企业将会越来越多，谁先做好做实“培养高素质的国际化队伍，打造跨国经营的精锐之师”这项工作，谁就能在海外建筑市场上立足并能发展壮大。中铁七局三公司将进一步总结经验，梳理思路，着实做到培养高素质的国际化队伍，打造跨国经营的精锐之师，推动海外项目健康稳定发展。

（作者何江，系中国中铁七局三公司总经理）

以创新创效为载体
深化创先争优活动

——中航工业沈阳兴华航空电器有限责任公司

创先争优是对党的基层组织和广大共产党员一种全方位的工作要求。中航工业沈阳兴华航空电器有限责任公司（简称中航工业兴华）基层党支部和广大党员积极响应党委开展的创先争优活动。基层党支部是否先进，共产党员是否优秀，都要在工作中体现，具中包括基层党支部和党员的工作责任、工作作风、工作方法、工作能力、工作绩效、工作影响，等等。中航工业兴华开展创先争优活动的目的，就是要通过强化基层党支部和党员的工作责任意识，转变工作作风，努力增强工作能力，提高工作水平，掌握科学的工作方法，熟悉并掌握本职工作需要的业务知识和技能，为企业发展创造更高的价值。

中航工业兴华是中航工业旗下军用电连接器科研生产基地。“十一五”期间，产销规模不断扩大，平均每年发展速度都保持在 20% 以上。

走创新之路，提升企业核心竞争能力；铸企业之魂，拓展企业的发展空间是中航工业兴华持续发展的奥妙。凝聚、团结、和谐是企业实现跨越式发展的牢固根基。而在中航工业兴华创新和发展实践中，做出巨大贡献的同志几乎都是共产党员。这些党员充分发挥先锋模范作用，结合工作实际，创先争优；立足工作岗位，戮力创新，带领广大职工群众走出了一条具有兴华特色的创新之路。随着创先争优活动的深入开展，中航工业兴华基层党支部和党员的创先争优意识进一步增强，突出表现在参加公司开展的创新创效活动热情越来越高，申报的成果越来越多，成果的质量越来越高，为公司创造的效益越来越大。根据公司创新创效活动价值评估专家组的初步估算，2010 年获奖的创新创效成果的推广应用，将为公司节约近 600 万的资金，创造近千万元的效益。

2010 年，中航工业兴华党委正在按照党中央、中航工业和地方党组织的要求，认真贯彻落实党的十七大和十七届四中、五中全会精神，以邓小平理论和“三个代表”重要思想为指导，深入学习实践科学发展观，以创建先进基层党组织、争当优秀共产党员为主要内容，以“创先争优强党建，促进航空大发展”为主题开展创先争优活动。我们开展创先争优活动，目的是巩固和拓展深入学习实践科学发展观活动成果，激励广大基层党支部和党员在企业的各项工作中更好地发挥作用。一个基层党支部应该成为一个坚强的战斗堡垒，一名共产党员应该是群众中的一面鲜艳旗帜。创先争优活动，既为公司党委进一步落实深入学习实践科学发展观活动需要长期整改的任务特别是延伸到基层的任务、切实兑现向职工群众做出的承诺、建立健全深入学习实践科学发展观长效机制提供了有力抓手；也为进一步健全公司党的工作体系、推动基层党建工作创新、增强党员队伍战斗力提供了重要平台。开展创先争优活动，要求广大基层党支部和党员紧紧围绕自身所承担的任务、所从事的工作创建先进、争当优秀，是推动工作任务完成的重要动力。

为了使创先争优活动真正与日常工作相融合、相促进，中航工业兴华党委把提高企业自主创新能力，打造创新型人才队伍作为创先争优活动的重要内容来抓。经过广泛的调研，认真的讨论，党委决定以公司开展多年的创新创效活动为载体，推动创先争优活动深入开展。及时总结和挖掘先进典型，广泛宣传他们的先进事迹，用身边事教育身边人，充分激发广大基层党组织和党员创新创效的热情和动力。通过党员带群众，党内带党外，形成比学习、比工作、比奉献和学先进、赶先进、当先进的浓厚氛围，使创先争优、创新创效成为全公司的价值取向。

确立一个思想，让自主创新成为企业的价值导向

公司党委认为，在经济全球化深入发展的今天，自主创新能力已成为企业赖以生存和持续发展的核心竞争力。要使企业始终不渝地走自主创新之路，首要的任务就是要让自主创新成为企业的价值导向。为此，党委着重抓好三个环节。

首先，破除畏难情绪，夯实领导班子的自主创新理念。公司党委针对领导班子存在的“没有充足的资金保障无法创新”、“没有数量足够的高级技术和管理人才如何自主创新”、“拿不到更多地重大项目怎么自主创新”等畏难情绪，组织一班人反复学习领会党的一系列自主创新的理论和思想，联系实际，深刻剖析自主创新理念不强的根本原因及危害，坚定了领导班子自主创新的决心和信心，夯实了自主创新理念，确立了转变思想观念、转变工作思路、转变管理方式的工作思路。虽然领导班子几经调整更新，但以自主创新谋求企业发展的理念从未动摇，始终坚持带领企业一步一个脚印地前进在自主创新的道路上。

其次，积极化解矛盾，强化员工自主创新意识。新思想只有战胜老观念，才能得到广大员工的普遍认同，逐步成为企业的价值导向。公司曾发生因收入差别导致极少数员工工作积极性不高的现象出现。主因是公司处于发展的过程中，极少数员工在计划经济体制下形成的平均主义思想与新的分配制度的产生尖锐的矛盾。面对这类事件，公司领导班子不回避矛盾，利用党委书记现场办公、中心组成员联系基层制度和党委书记总经理接待日等机会，到基层走访，与职工座谈，有针对性地做好思想政治工作。并通过报纸、广播、电视、宣传板、电子屏等宣传媒体进行大力宣传，从企业面临的形势与发展远景、因循守旧与改革创新、当前与长远利益的关系上晓之以理；从肩负的历史责任、现实情况上动之以情。使这部分员工深刻认识到，不改革创新，不仅企业无法生存和发展，个人现有及长远利益均无法得到保证，最终成为自主创新的坚定拥护者、参与者。

再次，深入开展群众性自我教育，不断激发广大员工自主创新热情。公司党委结合员工的思想实际和企业发展需要，组织开展“弘扬宗旨理念，践行集团战略”大讨论、“弘扬国学，知理明义”读书活动、创新创效论坛等形式多样的活动，把广大员工从不合时宜的陈旧思想观念中解放出来，点燃自主创新的激情，使公司上下的创新劲头一年比一年强劲。

建立一套机制，让自主创新成为企业持续发展的不竭动力

公司党委在实践中深刻认识到，群众中蕴藏着强烈的自主创新意愿和丰富的自主创新实践，只要激发广大党员的冲天干劲，把基层党支部建设成为领导群众自主创新的核心，就能从思想上掌握群众，把员工零散的自主创新能力汇聚成经久不衰的自主创新力量。为此，公司党委不断推进以观念创新、营销创新、机制创新、管理创新、技术创新、文化创新为内容的“创新创效”活动，找准了党建工作助推企业自主创新的最佳结合点。

一是建立导向机制，把党支部建设成领导基层自主创新的核心。公司党委把已开展的“六好”党支部创建活动与创新创效活动有机地结合起来，重新修订了《创建“六好”党支部考核评价指标体系》标准，以创新创效和“六好”党支部为基本指标，突出技术创新、管理创新和成果价值指标，建立起符合创新创效要求的党支部考评体系。坚持每半年由党委组织考核一次，每个季度点评一次，年末根据定性、定量和否决指标综合考评结果，评出五星、四星、三星、二星和一星级五个档次的党支部，调动了干部职工的积极性，从而使基层党支部逐步成为带动广大员工自主创新的坚强领导核心。

二是建立实践机制，把党员培养成自主创新骨干。把以往开展的“党员先锋岗”、“党员责任区”、“共产党员工程”、“党员义务献工”等实践载体，以制度形式固定下来，不断赋予自主创新内容，引导党员队伍在完成急难险重任务中不断提高自主创新能力，成为持续推动企业自主创新的骨干力量。中航工业兴华为了公司的长远发展，启动了新厂区建设，并于2009年完成整体搬迁。为了保证公司在边建设、边生产、边搬迁的情况下，顺利完成2009年的生产经营任务，公司党委书记亲自策划并组织开展了新厂区企业文化建设活动，成立14个项目组。以文化启迪思路，以思路引导工作，对搬迁和恢复生产秩序进行了全面系统的策划。14个项目按照公司党委的总体部署制定了分解计划，明确目标，落实责任，强力推进。通过活动的开展，不仅使公司在2009年年末，克服天气寒冷，生产任务繁重等诸多困难，仅用2个月的时间就完成了整体搬迁；而且在喜迁新址后，仅用半年时间，广大职工群众就在基层党

支部和广大党员的带领下，适应了新环境，重塑了新文化，建立了新秩序。兴华人用实际行动，创造了同规模企业搬迁史上的奇迹，得到上级机关和兄弟单位的广泛好评。新厂区企业文化建设活动也同时被评为公司级管理类创新创效成果一等奖。几年来，不论在技术创新，还是管理创新中，广大党员都是挑重担、打头阵的先锋，在实践中不断提高自身自主创新意识，激发自己的创新潜力，逐渐成为公司自主创新的中坚力量。

三是建立激励机制，把自主创新要求变成党员群众的自觉行动。为了使广大员工始终保持饱满的自主创新热情，公司专门设立了创新创效成果奖，每年都召开表彰大会，对创新创效成绩突出的先进集体、优秀个人，给予精神和物质奖励。仅 2010 年，就拿出四十多万元用于奖励。公司对在创新创效工作中做出突出贡献的同志还会给予特别的奖励。例如：公司研制生产的、具有自主知识产权和两项国防专利的电源保护装置，为神舟七号宇航员顺利完成出舱任务做出了突出贡献。该项目不但填补了公司的技术空白，而且为公司在航天领域和电源保护装置产业的市场拓展开辟了新天地。公司拿出五万元奖励在该项目研制生产过程中做出重要贡献的同志，极大地激发了广大技术人员的创新热情。几年来，共有近 2000 项创新创效成果受到公司的重奖。公司每年还根据对基层党支部考评的结果，对自主创新成绩突出的基层党支部给予奖励，对正副书记和骨干员工在提拔任用、晋级评优等方面给予政策倾斜，激励基层党支部和广大员工时时想自主创新，刻刻实践自主创新，逐渐在工作中养成自主创新的习惯。

搭建一个平台，让自主创新实践结出丰硕的理论成果

实践成果只有上升为理性认识，并为群众所掌握，才能产生巨大的物质力量。公司党委通过搭建交流平台，弘扬自主创新精神，阐述新思想新理念，交流新经验新方法，让广大员工在思想碰撞中产生新的火花。

与时俱进办好论坛。着眼“办得起来”，公司党委每年都专门下发通知，就创新创效论坛主题、遵循原则、研讨课题、相关目标等提出明确要求；党政主要领导做到带头研究课题、带头交流发言，极大地激发了全体员工的参与热情。着眼“富有成效”，公司党委注重军民品两个市场变化、科研生产需要、员工能力素质状况，确定论坛的课题和发言人，精选优秀成果交流，收到较好地效果。从 2003 年成功举办首届创新创效论坛，一届比一届办得好、一届比一届有成效，进一步调动了全体员工参与的积极性。

总结升华实践成果。公司党委注重对自主创新实践成果进行理论概括，再用理论去指引新的实践。近年来，每年都把创新创效论坛交流的理论成果，分专题编辑成册，对创新创效活动发挥了较好的指导促进作用。最新的一本名为《管理兴华》，收录了公司科技论坛、质量论坛和管理论坛上发布的成果 21 个。

大兴学习研究之风。公司党委把大兴学习研究之风作为推动公司自主创新的基础和动力。以论坛为牵引，深入开展创建学习型党组织、学习型班组活动；以中心组、中干组和党员职工学习日为载体，培养员工的学习兴趣，打造学习型团队；以兴华文化书廊为阵地，为广大党员和员工提供的良好的学习环境。在学习研究中强化了员工的自主创新意识，提高了自主创新能力，推动创新创效论坛和自主创新实践不断迈上新台阶。

创新创效活动的开展，是中航工业兴华深入推进创先争优活动的有效途径，深入实施中航工业大集团战略和中航工业兴华又快又好发展的需要，它开辟了中航工业兴华党的工作的新天地。创新创效成果的推广应用也有力地保证了中航工业兴华生产经营任务的完成，为企业的经济发展插上了提速的翅膀。

创新是一个民族的灵魂，是一个国家兴旺发达的不竭动力，也是一个政党永葆生机的源泉。过去的成绩来源于创新，明天的跨越更要靠创新。面对新的使命、新挑战，中航工业兴华全体党员干部职工群众，正在公司党委的带领下，以更加豪迈的气概，继续探索和实践开展创先争优活动的新路子，充分发挥公司党委的政治核心作用，党支部的战斗堡垒作用和党员的先锋模范作用，聚焦战略，锐意进取，开拓创新，为实现中航工业的大集团战略和中航工业兴华持续稳定快速科学发展而努力奋斗！

（作者张平安，系中航工业沈阳兴华航空电器有限责任公司总经理）

富润江南 融通九州的金桥文化

——江南农村商业银行

优秀企业文化的建设与繁荣是一项长期、系统、复杂的过程，而不同企业背景下的文化融合与建设之路无疑更为艰辛。作为全国农村合作金融改革试点的产物——江南农村商业银行（以下简称江南银行）于 2009 年 12 月 31 日由常州市辖区内原 5 家农村中小金融机构发起合并而成，由此开创了全国地市级股份制农村商业银行的先河。如今，在不到两年的时间里，江南银行的企业文化建设就已初见成效，不仅全面融合、吸纳、传承了原有 5 家金融机构的文化精髓，而且还在此基础上淬炼、创新并践行了江南地域特色与行业特性鲜明、富于现代经营理念的金融企业文化——“金桥文化”，为实现农村商业银行快速成长，增强社会影响力提供了不竭的源动力。

一、桥之基——寻找形象载体

（一）企业载体：用无形的桥，快速实现大融合。企业由人组成，文化由企业承载，因此企业文化的建设就是人本文化的建设。在江南银行原有 5 家机构合并之前，各家机

构的领导就把对企业文化的融合工作放在了首要位置，领导们一致认为企业要融合首先解决的就是人的融合，而人的融合靠的则是文化的推动。解决融合的第一步恰恰是沟通，首先从宏观层面上建立地域与地域、企业与企业之间的互动联系，然后从微观层面上加强部门与部门，员工与员工之间的交流融合，最终打破地域、体制、文化等因素的限制，真正搭建起一座沟通顺畅、办事顺通的连心桥。

（二）文化载体：用有形的桥，彰显江南银行形象。企业文化作为企业基业长青的灵魂和核心竞争力，必然承载着与之密切相关的精神内涵和文化背景。江南银行本着遵循“相关性、原创性、系统性”的原则，从地域特色、行业特性、企业特点、文化特征等多方面进行综合考虑，最终将以充满历史文化底蕴、承载传统精神与现代文明的江南为文化形象载体，将“小桥、流水、人家”等体现江南独特风格的有形载体定位为及具象征的文化传承物，用江南所特有“水文化”与“桥文化”，融合其独具魅力的人文特质，演绎出以“以人为本、以水养德、以桥立行”为信念基石的“人、水、桥”聚合文化。

（三）社会载体：用虚实兼有的桥，展现全方位的深度服务。银行作为社会的服务性金融机构，关乎百姓生活，企业生存发展，责任重大，“金桥文化”则很好的承载和表达了这一理念。一方面，“金”代表金融，象征守诺，财富。“桥”代表沟通，一脉畅通，沟通无限。“金桥”，即是金融之桥，财富之桥，沟通之桥，融通之桥。

所以，“金桥”是智慧，是风格，也是一种态度。“金桥文化”结合银行所涉及的方方面面，拓展和升华出更多的桥——连接历史，承载客户、城乡居民、股东、员工共同到达美好未来的“理想桥”；服务三农、服务中小企业，推动共同富裕的“致富桥”；反哺社会、资助慈善、以细节见真情的“爱心桥”；让员工找到企业归属，实现自我价值的“幸福桥”；突破传统观念、抢抓机遇、赢得市场的“创新桥”。“金桥文化”的构建，是原有文化理念的淬炼、集成与再创，既符合时代发展的要求，又切合江南银行资源整合、传承创新的实际，她开启了江南银行更快、更好发展的新篇章。

二、桥之台——导入CIS战略

为了使银行的文化基础更能够凸显专业性和竞争力，江南银行在成立前就斥重金从北京、上海以及本土聘请了专业的品牌顾问公司作为银行文化建设的智囊团。通过对银行VI（视觉识别系统）、MI（理念识别系统）、BI（行为识别系统）等差异化的定位和规范，从视觉、听觉、感觉等各方面为内部员工和客户营造系统全面的氛围，为企业文化的建设打下了坚实基础。

（一）视觉定位：标准规范，形象第一。面对竞争激烈的银行金融市场，江南银行如何以全新、独特的外部形象惊艳业内，获得客户与社会的广泛认可，这是银行合并成立之前5家金融机构就一直非常重视的工作内容。2009年12月，在江南银行的开业庆典揭牌仪式上，江南银行“行徽”惊艳亮相，撼动庆典现场。整个标志由红、金双色组成，视觉冲击力强，行业属性突出，文化意味悠久，内涵寓意深厚。“行徽”的红色和金色代表了丰收、富贵和财富；外圆内方、体现金融行业的钱币造型结构不仅承载了江南元素中的桥与水，也展现了江南银行立足江南地区，放眼全国的意志和决心。

以“行徽”标志为基础，江南银行逐步完善视觉识别系统，规范了基础部分中的各种标识、标准色、标准字等，应用部分的银行内部的办公用品、形象导示、各类广告宣传画面等，同时设计印制了《江南银行视觉形象识别规范手册》，并在全行上下进行推广应用实施。

（二）理念引导：系统全面，人本至上。通过前期一个多月对近百余家网点的走访抽样调查，以及各级领导、基层员工、客户代表的访谈与问卷调查，最终建立了极具文化内涵与个性的理念识别系统。明确了“金桥文化”的文化脉络是“以人为本、以水养德、以桥立行”，最终实现员工、客户、企业以及社会四个层面的顺畅连通，达到价值领先、事业领先、经济繁荣发展的目标。确立了“立足县域、服务三农，助推城乡一体化经济”的银行使命；“打造中国农村商业银行一流品牌”的企业愿景；“精耕细作，立已利他”的银行精神；“人本、沟通、宽容、担当、利他、创新”的银行核心价值观。同时完成了核心价值观指导下的相关理念：即“以人为本，以客为先，以质取信，以新图强”的经营观；“为社会承担责任，为股东创造效益，为员工谋求幸福的”责任观；“领导管理精细化，制度执行严格化，风险管理掌控化，员工管理人本化”的管理观；“服务就是产品”的服务观，“发挥所长，尊重个性，同心协作，注重团队”的人才观等“金桥文化”的系统理念。并于2010年10月印制了“江南精神·金桥文化”——江南银行企业文化纲领，在银行内部全面推行，反复对中层以上管理人员和员工进行灌输强化，让基本企业文化理念入眼入耳，入脑入心，使员工充分认识到理念建设在银行文化建设中的重要性，并且不断通过实践进行再总结、再深化和再实践，真正体现“金桥文化”的价值。

（三）行为规范：标准统一，魅力无限。严格规范与深化员工的服务行为识别系统是江南银行“金桥文化”建设的重点，于是“彩虹服务”理念应运而生。彩虹，横卧天际，气势雄伟，多彩绚烂，称为天桥。将“彩虹”概念导入，作为江南银行的服务理念，正是巧妙嫁接了虹与桥的文化内涵。江南银行诞生于美丽多姿的江南地域，传承了江南人、水、桥的深厚文化底蕴，彩虹则串联起了江南农村商业银行“五座桥”。另外，彩虹是阳光与水互相成就的奇迹，银行与客户就如同水和阳光的关系——你滋润我，予我以成长助力；我照耀你，予你以发展契机；两者互助互依，不离不弃，一同谱写属于我们的共同的七彩荣誉。

彩虹服务是我们对客户的真心承诺，也是我们坚守不变的服务标准，我们将以“热情、周到、快捷、专业、个性、创新、尊享”的七彩服务，为客户提供“七彩、七心”的百分百满意服务：

红色，热心服务——热情友善，三声三到，温暖度 100%；
橙色，贴心服务——了解需求，满足差异，细致度 100%；
黄色，放心服务——诚信交易，高效特色，信任度 100%；
绿色，舒心服务——礼仪优雅，语言文明，亲切度 100%；
青色，专心服务——专业过硬，技能娴熟，精准度 100%；
蓝色，耐心服务——以客为尊，宽怀包容，体贴度 100%；
紫色，用心服务——认真负责，力求完美，满意度 100%。

“彩虹服务”的推出代表着江南银行将以全新的姿态，用最优质服务回馈客户，助力地方经济繁荣发展，打造中国银行业的优秀服务品牌。

江南银行的“彩虹服务”理念主要包含以下三层内容，这也是江南银行“彩虹服务”的三大守则：一是保持永无止境的服务热情和永不满足的服务意识；二是树立满足客户需求、优于客户需求的领先服务理念；三是恪求内容和形式不断创新、不断突破的服务准则。

在彩虹服务理念的基础上，设计完成了以服务之心——服务理念规范、服务之责——服务职责规范、服务之形——服务礼仪规范、服务之言——服务语言规范、服务之脉——服务流程规范、服务之法——服务制度规范、服务之行——员工行为规范等为主要内容的职业行为识别系统，并印制成册，人手一本，定期组织学习、考试，通过彩虹明星选拔、知识竞赛、共识营、强化营等活动，将《江南银行彩虹服务手册》内容内化于心，外化于形，成为江南银行独特的服务文化。

三、桥之墩——制定战略规划

“一个企业，如果没有文化的支撑和引领，就会失去活力、动力与方向。一项事业，如果依托文化的积累和推动，就会不断巩固、发展并兴盛。” 江南银行行长陆向阳对企业文化建设的重要性作出了这样的诠释。2010 年 11 月，也就是在合并之后的一周年之际，全行上下经过不断地磨合和融合，顺利实现了新旧体制的平稳过渡，运行机制的全面转型和业务经营的良性发展。在此基础上，我行对过去的工作进行了总结，对企业文化建设路线进行了梳理和明晰，在银行成立之初提出的“常州争第一、江苏建地位、全国创影响”的远期战略思想指导下，制定了金桥文化 2011-2014 三步走的战略规划，秉着“全面系统、切实可行、与时俱进”的原则，确立了“一年成形，两年成势，三年成优”的第一轮建设目标。

金桥文化的落脚点是“桥文化”，而桥文化的核心是沟通，沟通的核心是人。银行在社会中的形象好坏，归根结底取决于员工的与客户沟通的好坏，所以沟通文化应是金桥文化的建设重点，而以沟通文化为基础的服务文化和执行文化建设是同样重要。为此江南银行根据银行的发展实际制定了金桥文化推进实施的第一轮发展战略。

“彩虹服务”主题文化建设年——2010.11-2012.12。本阶段的重点工作任务是制度文化建设与行为文化的建设，其中制度文化建设主要为各类激励机制与培训制度的建立，行为文化建设则是针对 “彩虹服务”的深化，也即是以在之前开展的各类培训、竞赛以及文体文娱活动上进行扩展与放大，同时为下一阶段沟通文化建设作铺垫。

“阳光沟通”主题文化建设年——2013.1-2013.12。本阶段的重点工作任务是行为文化的建设与提升，首先主要围绕“阳光沟通”主题在银行内部开展针对沟通的各类培训课程、业务技能大赛以及文体文娱活动等，其次根据银行的发展需求和市场竞争格局推出针对提升企业品牌影响力的长期性活动，同时延续第一阶段推出的企业文化建设内容。

“闪电执行”主题文化建设年——2014.1-2014.12。本阶段的重点工作任务是行为文化的建设与提升，首先主要围绕“闪电执行”主题在银行内部开展各类有关执行力的培训课程、业务技能大赛以及文体文娱活动，其次根据银行的发展需求和市场竞争格局推出针对提升企业品牌影响力的长期性活动，同时延续第一、第二阶段推出的企业文化建设内容。

四、桥之梁——践行核心理念

以金桥文化第一轮战略思想为指导，江南银行在过去一年多的时间通过亮剑、道德、服务、执行四大方面活动的开展，以实际行动践行了金桥文化的核心价值和精神理念，文化建设初见成效。

提升服务。服务是银行的核心，是生存的命脉，银行服务的好坏将直接影响其在社会中的市场竞争力，江南人自始至终深谙这一道理。因此在“金桥文化”第一个三年规划中就把服务摆在了首位，把 2011 年 -2012 年作为江南银行的服务提升年，全面推进与深化服务文化建设，深度践行“金桥文化”中“以人为本”的核心精髓，在企业内部把尊重、关爱、教育、培养员工摆在重要位置，在社会外部设身处地为客户利益着想，把客户满意作为提供服务的基本准则，真正做到想客户之所想，急客户之所急，帮客户之所需。

升华道德。上善若水，厚德载物。“以水养德”作为“金桥文化”的文化脉络之一，不仅被写进了江南银行的企业文化纲领里，更在行内和社会中得到了最大化践行与传承。“仁爱、信义、正直、谦恭、宽容”是江南银行的做人的五德，“激情、沟通、勤敏、利他、创新”是江南银行的做事的五格。江南银行以“五德五格”为精神指引，借常州文明城市创建契机助力“道德讲堂”活动。从个人品德、职业道德、家庭美德和社会公德全面诠释“金桥文化”以水养德的精神文化脉络。

江南银行有义务提供、帮助员工实现自身价值的广阔平台，使员工为企业奉献的同时也实现自己的人生理想。一方面在银行内部倡议开展各类活动，如印发《江南农村商业银行“道德讲堂”建设实施意见》，号召员工听“道德讲堂”课；从外部聘请道德模范当“道德讲堂”的宣讲员，让“道德讲堂”走进福利院，组织开展“我推荐我评议身边的道德模范”评选活动，公开评选“江南银行双十佳道德模范”，形成“拨亮一盏灯，照亮一大片”的良好效应，努力把本行的“道德讲演”建设成一个特色窗口和行业品牌。

江南银行的一切资源来自于社会，回报地方、造福社会是义不容辞的责任和义务。因此，在搞好精神文明建设的同时，没有忘记社会公益事业。去年，在第一时间捐资500万元助力江苏省第十七届运动会，支持和助推常州乃至江苏体育事业的发展；在玉树地震、西部大旱等自然灾害面前，全行上下纷纷慷慨解囊，为灾区人民献上爱心；助贫帮困，为溧阳贫困儿童发放助学金。另外，常州尊老金的高质量发放、专项资金助力常州市“道德积分”奖励赞助……点点滴滴无不体现着江南人的赤诚之心，无不展现了银行人的社会公德。

强化执行。执行力是一个企业成功的关键，一家企业能否成功，30%靠战略，40%靠执行力，另外30%就是靠机遇，机遇无法教导，但战略和执行力可以言传。因此，在“金桥文化”的推进建设中，执行文化的建设是最终目的。因为银行的高效运转和利益的最大化最终靠的就是执行力，而银行的服务效果也与员工的执行力密切相关。

自2010年11月江南银行开展“彩虹服务”以来，服务提升与执行力的建设便随之而伴、应运而生。如积极开展有关执行力的专项培训、举办各类户外拓展训练等。今年1月，组织了“彩虹之星”强化营培训，举行了庆祝建党90周年大合唱比赛，积极展现全行干部员工积极向上、奋发进取的精神风貌，下发了《江南银行商业银行合规手册》，营造全员合规意识和氛围，有效推进银行合规文化建设。

五、桥之跨——收获建设成果

江南银行自合并成立以来，在“金桥文化”的润通下成果初见成效，无论在业务产品开发和网点布局的突破上，还是在整体效益的提升以及荣誉获得上都实现了不同程度的跨越。

市场的跨越。2010年5月21日，上海浦东江南村镇银行正式开业，标志着江南农村商业银行跨区域发展战略迈出了第一步；2011年1月29日，大丰江南村镇银行隆重开业，是江南银行战略上的又一重大突破。这两家银行的成立，为江南银行实行跨区域经营奠定了良好的基础。同时，对农村金融和县域经济及农村经济的同步协调发展具有十分重要的现实意义。

业务的跨越。2011年3月22日，江南银行跨入常州市科技型中小企业信贷风险补偿专项资金合作银行之列，进一步加大对科技型中小企业信贷投放力度，坚决践行环保违规“一票否决”，大力倡导“绿色信贷”、“低碳信贷”；2011年7月19日，江南银行推出中小企业直接债务融资工具——中科江南股权投资基金，为企业提供了更多的融资选择；同时，以优化业务结构为目标，调策略、促转型，努力实现盈利模式多元化。今年，一系列新业务产品的投入和促销举措，表明了江南银行立足本土、专注服务、支持地方中小企业、助力地方经济蓬勃发展的信心和决心。目前，全新突破的国际业务、紧贴市场的资金业务和有声有色的个金业务等已成为江南银行新的业务亮点。

财富的跨越。今年以来，江南银行按照“客户多渠道服务、业务多渠道分流、产品多渠道销售”的发展思路，在巩固传统业务优势地位的同时，通过深度挖掘新兴的发展潜力，进一步促进了全行收入结构的持续优化。

至2011年末，全行资产总额达到1309.13亿元，比年初增加130.7亿元，增长11.09%；各项存款余额834.16亿元，比上年增加91.66亿元，增长12.34%。我行在全市存款市场份额比成立之初提高1.08个百分点，达到16.61%。各项贷款余额598.86亿元，比上年增加93.84亿元，增长18.58%。我行存贷款、涉农贷款与中小企业贷款市场份额均位居全市第一，切实履行了地方金融企业的社会责任。

至2011年末，全行五级分类不良贷款余额6.27亿元，不良贷款比例1.05%，分别比上年减少0.98亿元和0.38个百分点。实现了双降目标，向“制度先进、经营稳健、服务一流”的好银行目标又迈进了一大步。

可以说，经过二年的改革进程，江南银行以其成功的实践和有效的业绩，实现了改革力度与发展速度的统筹兼顾，并消除了改革初期对农商行经营方向的疑虑，为经济相对发达、城乡一体化程度较高地区的农村合作金融机构改革和发展方向作出了有益的探索。

荣誉的跨越。自合并成立以来，江南银行在各级领导的关心、支持和全体员工的共同努力下，先后获得了“江苏省平安金融创建活动先进单位”、“常州市银行业文明规范服务示范单位”、“常州金融统计工作优秀单位”、“2011年度常州市特别重大贡献奖”、“常州市综合考核优胜单位”等荣誉称号。特别是7月，隶属于英国《金融时报》报业集团的英国《银行家》权威杂志，依据各家银行的核心资本、资产、杠杆率、核心资本收益率、资产收益率、资本充足率、不良贷款率等各项数据，客观公正地对全球1000家大银行进行综合排名，江南银行位列全球银行业1000强第551名，在短短一年时间里，上升了17位，发展速度令金融同业惊叹！

（作者王国成、严忍）

加强企业文化建设 打造一流科研院所

——包钢稀土研究院

文化是企业之根，是企业持续发展的不竭动力。作为以稀土的综合开发与应用研究为主的国家级科研院所，包头稀土研究院始终把企业文化建设当成一个系统工程来抓，针对多年来科研体制和使命任务的变化，着眼于打造国际知名、国内一流院所的宏伟目标，对企业文化建设进行了有效的探索和实践，靠共同价值观凝聚人心，靠文化品牌打造企业，靠文化软实力赢得市场，取得了良好的经济效益和社会效益。

着眼未来 确保战略目标实现

企业文化在企业发展中具有引领作用。稀土院把企业文化建设作为企业发展的一项战略任务，纳入企业发展规划。

“十一五”以来，尤其是近几年来，结合在和谐院所建设中的新定位和时代赋予的新使命，既着眼未来，又结合实际，围绕企业发展战略目标，系统规划和推进文化建设，把文化建设与企业发展战略紧紧联系在一起。结合建立现代企业制度，稀土院注重加强企业战略规划研究，结合稀土行业跨越式发展的要求和稀土院的市场定位，加强了前瞻性战略、自主创新战略、品牌战略等的研究，形成了“构筑共同愿景，打造优秀企业文化，凝聚人心，提升形象，创稀土院品牌，建一流院所”的认识。近年来，这些战略的实施对稀土院找准市场定位、培育核心竞争力、扩大市场份额发挥了重要作用。稀土院结合 “十二五”发展规划的编制，对企业未来五年的发展战略进行了重新构思和定位，推行了体制创新战略、科技开发战略、产业发展战略、管理创新战略、行业服务战略、人力资源战略、企业文化战略等，成为稀土院发展战略的重要支撑，企业文化对企业发展目标的促进作用越来越显著。

近年来，随着稀土院科研和产业发展的不断推进，稀土院进入了一个重要的发展时期，承载着打造一流院所，当好稀土科技创新主力军的历史使命，在国家稀土事业发展战略的实施过程中肩负着义不容辞的责任，建设国内一流、世界知名的战略目标任重道远，企业文化建设规划，成为稀土院战略发展的重要内容。

系统设计 绘制文化建设蓝图

一是加强领导，系统规划。稀土院从开展企业文化建设伊始，就成立了强有力的企业文化建设领导机构，保证了文化建设的组织实施。通过召开企业文化建设宣传动员、开展企业文化理论研讨和政工例会等多项活动进行推动。根据稀土院发展规划和企业文化建设实际，制定年度思想政治文化建设规划为稀土院文化建设的有效推进提供了制度保证。

二是立体宣贯，浓厚氛围。为加强文化宣传，稀土院在网页上开辟了“企业文化”专栏，编辑出版了《稀土院通报》、《稀土院团情通讯》等不定期刊物，通过开展宣传月活动、组织专题讲座、张贴企业文化宣传画等形式，加强文化建设规划、理念体系和行为规范的宣传贯彻。运用承办的刊物、局域网、宣传栏等载体以及各种应用物品，强化稀土院文化的宣传展示。对外利用各大媒体加大宣传力度，精心策划组织了建党 90 周年、公司成立揭牌仪式、典型人物推选和重大节日纪念等系列活动，宣传稀土院文化，展示稀土院形象，提高各级管理者和广大职工对企业理念的认同度，规范全院的管理行为、制度建设、文化活动和日常工作，逐步形成了和谐科技、创新发展的浓厚氛围。特别是具有鲜明特色的“稀土展厅”，凝聚了稀土科技文化的内涵，也展示了稀土院深厚的文化底蕴，对于企业文化的宣传发挥了显著的作用。

三是多层构建，分步实施。立足于物质文化、精神文化、制度文化等多个层面的全面构建，设计企业文化建设的基本框架和实施步骤。以企业标识设计作为切入点，精心设计并推出了具有稀土院鲜明特点的企业标志。在具备一定企业文化氛围的基础上，进行了更深层次的系统的文化建设。总结、提炼出理念体系，制定不同阶段的建设规划，同时逐步推进制度创新和员工行为规范的完善细化。目前，已形成包括：“科研立院，产业富院，创新发展”的战略方针；“坚忍不拔，超越自我”的企业精神；“做稀土文章，创一流院所”的核心理念；“爱岗敬业，勤奋进取，技术精湛，素质优良”的职工形象；“团结协作，文明和谐”的人文环境。还有“技术创新，品质优良是我们的生产宗旨；恪守合同，不断满足顾客需求是我们的经营理念”的质量方针。“遵守法规，加强过程管理，提高科研生产水平；预防控制，营造良好环境，确保职工健康安全；持续改进，加强对外合作，让相关方和社会满意”的职业健康安全和环境方针等几大理念。开展并不断完善视觉形象设计，目前，已形成一套包括基础标识、应用型标识及办公用品在内的系统标识，从名片、信笺、信封等办公用品，到院徽、院旗、会标、设计文件、成果演示、办公环境等各个方面。视觉形象系统的广泛应用，进一步提升了稀土院品牌的影响力。同时，结合行业特点、工作性质、员工素养等情况，制定了《员工绩效考核管理办法（试行）》，从思想道德、工作业绩、工作态度、自我发展与学习等方面，对员工行为进一步规范。

融合共进 促进管理工作创新

在企业文化推进过程中，稀土院把企业文化融入科研生产、经营管理活动和员工学习培训的细节之中，把文化理念与倡导的行政管理理念统一起来，在各具特色的经营管理活动中体现文化理念，发挥文化创新引领管理创新、制度创新、科技创新的作用。结合质量管理体系、职业健康安全管理体系、环境管理体系和军工保密资格认证等管理活动，形成了具有稀土院特色的质量文化、安全文化、环境文化和保密文化。特别是在抓保密工作中，注重以文化的形态结合科研生产实际，推动和确立保密文化理念，倡导基层党组织和广大党员自觉维护保密的责任和义务。通过“警钟长鸣”的保密宣传教育，不断提高职工的保密意识。

在加强战略研究的同时，稀土院注意引进吸纳先进的管理理念和管理方法，把精细管理、目标管理、标准化管理等管理方法应用于管理实践中。紧紧抓住管理中的“短板”，倡导细节决定成败的理念，引导职工注重细节，优化工作流程，提高执行力，保障各项管理目标的顺利实现。

注重把企业文化建设与思想政治工作、精神文明建设有机结合起来。各级党政工团组织结合科研生产和改革发展实际，围绕工作中心，发挥各自优势与作用，开展形式多样的主题实践活动和群众性精神文明创建活动，丰富员工的文化生活，为改革发展和科研生产鼓劲助威。院党委把企业文化与日常工作相结合，组织开展经常性系列活动，表达了鲜明的企业价值观导向，诠释了企业一贯倡导的人才理念，创新了文化建设的活动形式。结合党建工作的新形势，稀土院党委在全体党员中扎实开展的“创先争优”主题实践活动；院团委开展的“青年稀土知识竞赛”主题实践活动，调动了广大党团员的积极性，为全面完成全年工作营造了氛围。基层单位开展“党员承诺”、“质量安全劳动竞赛”活动等，引导党员、职工认清形势，找准位置，为科研生产建功立业。形式各异的主题实践活动充分调动了广大干部职工的积极性，实现了思想政治工作与企业文化、精神文明建设相互促进、彼此互补，共同发展。

以人为本　注重人文关怀

多年来，稀土院坚持用基本价值观和共同愿景凝聚人心，建设一流团队，为人才成长营造良好的文化氛围。注重以人为本，用人性化管理激发员工的工作热情和创新动力。

大力倡导和谐文化。各单位针对科研生产中的不同问题，注重人文关怀和心理疏导，关注职工利益需求，分层次、不同形式地及时进行正面疏导。围绕科研生产经营目标和重点任务，从进一步改善办公环境，完善落实带薪休假制度，组织丰富多彩的休闲健身和文体活动上抓好落实。院每年都要安排全体职工体检，组织劳动模范、先进生产者（工作）者和科研生产骨干疗养。在院资金紧张的情况下，投资建设了“大学生公寓”和“职工之家”，给新毕业生提供住宿，解决职工实际困难，开辟职工活动场所，丰富职工文化生活。

精心培育沟通文化。通过职代会、调研座谈、谈心交流、领导信箱、现场慰问等多种形式，实现领导与职工的有效沟通；把解决思想问题与解决实际问题结合起来，为职工办实事、办好事、解难事。建立困难职工档案，开展“送温暖”活动。结合“党组织承诺”活动的落实，帮助困难职工解决实际问题。

积极建设团队文化。根据近年来科研生产组织模式的变化，大力营造浓厚的文化氛围，引导教育职工牢固树立对国家、对社会负责、为企业提供优质服务的理念，实现有效沟通，提高团队执行力。

持续实施文化留人。大力倡导“人才资源是第一资源”的理念，努力营造“尊重知识、尊重人才、尊重劳动、尊重创新”、鼓励创新、宽容失败的文化氛围。结合院职工文化素质高、思想活跃、自我发展需求强烈等实际，努力为职工成长成才搭建平台。实施职业生涯设计，为科研人员设立了“青年培养基金”，并出台了《稀土院青年人才创新创效奖评选试行办法》，关注青年发展需求，引导职工把个人发展与企业发展统一起来，实现双赢。通过举办各类培训班、邀请专家讲座、开展调研、选送出国考察进修、实施导师带徒等途径，全面提升职工队伍整体素质；大力倡导“人才兴院”的理念，持续推动人才工程建设，以人才工程为抓手，培育复合型经营管理者、专业技术骨干人才和高技能人才工作取得初步成效。稀土院现有新世纪百千万人才国家级人选1人，享受政府特殊津贴人员2人，自治区有突出贡献的中青年专家2人，内蒙古自治区2010年度“新世纪321人才工程”第一层次人选1人、第三层次人选3人，自治区深入工农牧生产一线作出突出贡献的科技人员1人，内蒙古自治区人才储备工作先进个人1人，第七届内蒙古自治区青年科技奖1人，内蒙古自治区中青年科学技术创新奖1人，包头市专业技术拔尖人才2人，包头市跨世纪学术和技术带头人2人，包头市“新世纪人才工程”首批人选优秀专家2人、拔尖人才2人、青年学术技术带头人3人，包钢公司技术专家、带头人、后备人选技术专家2人、技术带头人5人、后备人选6人，第八届内蒙古自治区青年科技奖2人，全国优秀科技工作者1人，2010年度“草原英才”培养高层次人才（二类）1人，享受包头市政府津贴2人，在科研生产建设中发挥着重要作用。

经过多年的不懈努力和精心培育，稀土院企业文化建设在创新生产经营、提升管理水平、锻造核心竞争力、提高员工整体素质等方面发挥了潜移默化、润物无声的作用，促进了企业的科学发展。实践中我们深刻认识到：稀土院要保持基业常青，成为一流院所，必须精心呵护文化这棵“生命树”，使之生生不息，葱绿常青。

未来稀土院企业文化建设的任务还很多很重。在新的形势下，需要进一步强化企业的社会责任，增强职工的机遇意识、责任意识、创新意识和服务意识，引导全体职工以“坚忍不拔，超越自我”的精神状态和工作作风，更好服务企业建设；进一步加强企业形象展示和传播，加强文化对企业战略管理和品牌宣传的支撑作用，构建与现代企业制度相适应、与管理机制相协调、与精神文明建设相融共进的企业文化体系和运行机制；建立企业文化建设考评体系，促进企业文化与企业战略、企业改革发展、生产经营管理等工作的深度融合，保证企业文化建设有章可循，有绩效可考；加强文化载体建设，整合企业文化资源，创新文化活动形式，形成彰显企业个性的文化氛围和特色活动，注重用企业内部、职工身边的典型影响和带动职工，注重特色文化和基层文化建设的经验总结与推广；深化人文关怀，构建和谐劳动关系，提高职工的生活品质。积极探索企业文化建设的新途径，建立稀土院文化建设的长效机制。

（作者吴江）

薪火相传：兵工文化从历史走来

——江南工业集团有限公司

作为企业文化的一脉，兵工文化建设有其自身的规律。本文结合江南机器（集团）有限公司“箭”文化实践，研究和探讨新时期兵工文化建设的基本规律，在更高层次上不断传承并发扬光兵器文化基因，积极推进兵工文化建设。

一、传承性：继承传统文化不忘本，忠诚使命

文化本身所固有的传承性与实践性，决定了文化继承与创新的辩证关系。兵工文化最大的传统是忠诚于党、忠诚使命。必须把兵工文化放在中国近现代兵器工业发展这个大背景和大传统中去研究、去建设、去创新。

（一）传承性是兵工文化的基本特征。没有传承的文化发展是空壳，没有发展的文化传承是僵死。传承是发展的根源，是延续的基础。中国近代兵器工业发端于晚清洋务运动。辛亥革命以后，全国出现了沈阳、汉阳、上海、巩县等四大兵工厂。先进的兵工文化是伴随着我党领导的人民军队的成长逐步形成的。1931 年 10 月，中央红军在江西省兴国县官田村建立了中央兵工厂，是人民兵工的诞生地，被誉为“人民兵工的始祖”。新中国成立以后，兵器工业经过 60 多年的建设，特别是改革开放 30 年以来突飞猛进的发展，成为我国国防现代化建设的战略性基础产业。在建设人民兵工事业的豪迈画卷中，兵器行业继承和发扬祖国悠久的历史文化，积淀下来了许多光荣的历史传统，积累了诸多宝贵的精神财富，形成了完整的兵工文化体系。

（二）兵工文化是继承与创新相结合的产物。文化继承与创新是一个否定之否定的发展过程。兵工企事业单位在继承传统的基础上，不断创新和丰富兵工文化。一是传承实业救国、自强不息的创业精神。起源于 19 世纪 60 年代的洋务运动，其实业救国、求强求富、自强不息的精神，灌注于历史，光照于时代，值得我们学习借鉴、发扬光大。二是传承忠诚于党、忠诚使命的政治属性。党创立和领导人民兵工，涌现出了吴运铎精神、黄崖洞精神，逐步积累形成了“自力更生、艰苦奋斗、开拓进取、无私贡献”和“一切为了前线”、“把一切献给党”的优良传统，是兵器工业的宝贵财富。人民兵工坚强的政治品格、先进的文化品质，是党的先进性建设和新时期社会主义先进文化建设的重要体现，是国防建设事业和人民兵工宝贵的精神财富和强大精神动力，也是兵工文化建设的根本。

作为国家重点保军企业，江南公司就是植根于中国近代兵器工业，在党领导下茁壮成长起来的人民兵工的典型代表。一是一脉相承汉阳兵工文化。江南公司前身是张之洞创办于 1890 的汉阳兵工厂。近 60 年来，江南人秉承汉阳兵工实业救国、图强奋进的理念。二是薪火相传中央红军官田兵工厂精神。在官田工厂成长起来的一名普通战士赵俊，后来担任了江南厂副厂长。他将人民兵工的不朽精神和优良传统，一脉相承传下来。三是秉承吴运铎的不朽精神。“中国的保尔”吴运铎是江南厂的第一任厂长，公司就是吴老于 1952 年亲自选址建立起来的。吴运铎“把一切献给党”的精神激励着一代又一代江南兵工人为兵器事业不懈奋斗。四是文脉再续近代工业文明。为筹供抗战军用燃料，民国政府于 1939 年 9 月，在江南公司所在地建立湖湘煤矿。为支援抗美援朝，1950 年 11 月，武汉新新工业公司迁往公司所在地。筹备建立江南厂。可以说，江南公司集湘韵楚风之优，承近代工业文明之光，且在诞生之前就承载着抗日救国、保家卫国的文化因子与历史重任。

（三）在传承的基础上综合创新兵工文化。批判继承、综合创新是一切文化建设的基本规律。“综合”是一种全面的、比较的、分析的、鉴别的综合，是与创新紧密结合的一种综合。“创新”是一种在综合基础上的新的创造，是根据社会发展、历史进步和时代要求所进行的一种崭新的文化建设。兵工文化建设，要对传统文化进行认真的消化和吸收，通过综合创新，把人民兵工的优良传统融入到企业使命、企业愿景、企业价值观、企业精神等文化体系。

近年来，江南公司开展了多项文化溯源活动，主要包括，“官田兵工厂薪火传江南”，挖掘“箭”文化的红色传统文化基因；“江南与吴运铎”，挖掘“箭”文化的人民兵工精神基因；“汉阳、巩县、柳州寻根”，挖掘“箭”文化的近代工业文明基因；在此基础上，提炼了包括“百年军工，使命崇高”、“江南红箭，勇往直前”、“铸箭报国、共赢共享”等在内的“箭”文化理念体系。“箭”文化体现了行业属性与企业特性的完美结合，既符合江南公司所在弹箭行业的属性，又非常贴切地反映了公司以“箭”命名的产品特点，充分体现了继承性与创新性的高度统一。

二、融合性：对接地域文化，凸显开放

地域文化，对所在地人文环境、经济发展、社会进步产生不可或缺的作用。地域文化是建设兵工文化的重要依托和发展之源，兵工企业只有遵循文化的融合规律，积极对接并融入地域文化，构建开放的文化体系，才能成为所在地市场主体角色，在竞争中开创广阔发展的空间。

（一）对接地域文化是兵工文化建设的必然要求。无论哪个企业的文化，都不可避免地深深打上企业所在地的地域文化和民族文化的烙印。兵工企业与所在地有着地缘相近、血缘相亲、文缘相承的天然联系，它们的发展壮大离不开地方这片沃土以及地域文化的滋养。在兵工企业比较集中的东北、河北、河南、陕西、山西、内蒙、江浙等地，都有着鲜明的地域文化特色。如以豪爽、坦直为特征的具有游猎民族色彩的关东文化；以粗犷、慷慨为特征的具有辽阔中原色彩的燕赵文化；以朴素、激越为特征的具有黄土高原色彩的三秦文化；以纯朴、豪放为特征的具有游牧色彩的草原文化；以敏慧、博大为特征的具有南北沟通色彩的吴越文化。这些地域文化浸润成长于斯、创业于斯的兵工企业，并为其改革发展源源不断地输入文化给养与动力。对各个地域企业的价值观和个性、企业经营管理、员工的精神风貌产生深刻影响。因此，以开放的心态积极对接、辩证对待地域文化，是建设兵工文化的必然选择。

（二）兵工文化对接地域文化的探索与实践。分布于全国各地的兵器企事业单位建设自身文化的过程就是对接地域文化的过程。地处伟人故里的江南公司，泽被于湖湘文化“心忧天下、敢为人先、百折不挠、兼收并蓄”的人文思想和创业精神，在对接地域文化、融入地方经济方面做了有益的探索。一是积极开展地域文化知识的探究和普及。邀请湖南省作协主席、著名作家唐浩明到公司开展湖湘文化专题讲座，成立“江南文化底蕴开掘课题组”，对公司前身之一的湖湘煤矿进行探微，积极参与湘潭市组织的“情系伟人故里、建设文化名城”系列文化活动。二是以地域文化丰富和充实企业文化。汲取湖湘文化的精神特质，逐步形成了江南人筚路蓝缕、艰苦卓绝，坚忍奋起、锐意突破，融汇内外、务实创新，肩扛天下、赤诚为国的文化个性与创业品质，培

育出“不等不靠江南人，无私无畏军工魂”的企业风尚。三是注重以文化融合推动经济融入。近年来，公司提出了实施“三个融入”即融入地方经济、融入新兴产业、融优势企业，推动科学发展的重大举措。其中，融入地方经济就入是对接地域文化的延伸和拓展。公司以中国兵器集团公司与湖南省战略合作协议框架为平台，主动融入湖南省新型工业化战略，融入长株潭“两型社会”建设，获得湖南省政府无偿划拨银河动力国有股权，成功重组上市公司银河动力。

（三）积极推进兵工文化与地域文化相融合。兵工企业在建设兵工文化时，要始终坚持文化自觉、文化自信、文化自强，注重与地域文化的有机融合，形成强有力的文化张力和影响力，推动企业的发展。

一要培养开放的文化心理。作为国有企业、特别是有着数十载乃至上百年历史的兵工企业，自成体系、固步自封的现象比较突出。因此，要在地域文化与企业文化的互动过程中，拓展员工和企业的社会心理空间，使员工和企业摆脱目光局限、自我封闭的传统心理，以极大的热情学习接纳各种新理念和新知识，而且积极引进、学习本土先进的东西，培育创新开拓精神。

二要构建开放的文化体系。充分吸收地域文化中具有共享性、继承性、融合性的先进文明成果，摒弃其中的消极因素。避免和化解地域文化在风俗习惯、情感沟通、价值认同、激励体系、决策过程、伦理及法制观念等方面对企业经营管理中的冲突，做到工作理念和生活习惯的有机统一，打造有独特地域特色的文化理念，形成规范性、习惯性的文化管理模式。

三要拓展开放的经营空间。要将地域文化的精髓内化为企业的生产经营价值观，外化为企业的生产经营行为，彻底破除思想不够解放、关起门来发展的意识。通过企地互动，主动融入地方经济社会建设，积极履行社会责任，加大企业文化传播，努力与地方政府形成“发展共谋、责任共担、和谐共抓、环境共建、成果共享”的氛围和机制，最大限度地把兵器行业优势与地域文化优势转化为现实生产力和强大竞争力。

三、文化整合：整合重组企业文化，重塑体系

兵工企业实施结构调整和资源重组，是一个资源、资产和产品的整合过程，也是一个文化整合、重塑的过程，必然会带来文化上的冲突和碰撞。因此，实施文化整合、重塑文化体系是兵工文化建设的必由之路，也是兵工文化建设的又一内在规律。

（一）文化整合是兵工企业重组的重要工作。企业重组本身就蕴含着文化冲突与整合，文化整合的出发点在于有效解决文化冲突，顺利推进统一的文化，重塑文化理念和体系。文化整合对于企业重组的重要作用体现在两个方面。其一，是企业并购重组的关键。不同的企业存在不同的管理风格和文化理念，重组后如果处理不好，企业就会缺乏凝聚力，内部冲突不断，最终导致并购重组失败。因此，与其他整合相比，文化整合更具有深层次意义。要通过整合精神文化、行为文化和物质文化，使重组后的企业集团成为具有共同目标、相同价值观和利益共同感的组织。其二，是推进重组企业持续发展的重要因素。优秀的企业文化是企业的基本驱动力，文化整合是实现重组企业发展愿景、战略目标的需要，也是统一重组企业文化理念、行为文化的需要，更是树立企业形象和品牌的需要。通过文化整合，打造全新的资源优势，能够使重组企业获得持续快速的发展。

（二）文化整合要适应兵器工业的行业特点与发展大势。要结合兵器的行业特点来看待文化整合，要把文化整合放在兵器工业的发展大势中去推动。一要适应军民融合的特点。走军民融合之路必须对企事业单位的体制、组织与运行机制作出进一步调整，实现深度的转型。特别要在军民两用技术上下功夫，发挥技术的双向支撑作用。为适应这一转变，文化建设必须发挥对战略引领、修正和保障的功能，使文化与发展战略良性互动，引导兵工重组企业走军民融合、协调发展的创新之路。二要适应结构调整和资源重组的大势。当前，兵器行业的资源重组大体上分专业化重组、区域化重组和跨兵器行业重组等三种方式。重组企业的文化整合必须顺应和服务于这一发展大势，把新型的文化作为催化剂与粘合剂，使重组企业达到 1 ＋ 1 ＞ 2 的协同效应，实现规模效益。

江南公司重组上市公司银河动力既是推动军民融合的发展方式，又是跨区域和跨兵器行业的重组。在重组过程中，非常重视文化整合，做到重组上市与文化整合同规划、同实施。如，江南公司领导层向银河动力中层以上管理人员宣讲“箭·家”文化，将银河动力的战略目标纳入江南集团的发展规划，将银河动力由成都迁至湘潭国家高新区，将公司名称由“成都银河动力股份有限公司”变更为“湖南江南红箭股份有限公司”，证券简称由“银河动力”变更为“江南红箭”，做到《江南报》在银河动力的发行与宣传报道全覆盖等。这些措施既有力地推进了重组工作的顺利实施，又丰富了江南公司文化建设。

（三）文化整合的基本原则。文化整合必须遵循基本的原则，充分结合企业的现状和战略规划，做到既实事求是，又着眼未来。一是前瞻性与同步性相结合的原则。整合过程中倡导的文化和整合后形成的企业文化并不是一成不变的，这就要求重组企业能够顺应发展要求，不断调整充实文化的内涵；同时，文化整合要与兼并重组同步规划、评估、运作、考核。二是全面性与渐进性相结合的原则。要对原有文化进行全面诊断、科学鉴定与有效整合，做到辩证对待；整合的过程不能操之过急，要坚持循序渐进，尽可能降低和化解文化融合中造成的冲突和震荡，减少不必要的文化内耗。三是发展性与创新性相结合的原则。文化整合的根本目的是促进企业科学发展，提升核心竞争力。重组企业要明确本企业的战略使命，积极推进文化融合与创新，发挥文化同一性和能动性功能，对重组企业的各种内外资源进行优化配置，以文化融合确保企业持续健康快速发展。

（作者柳旭、龙明君）

永不言败：攀高峰的南岭人

——湖南南岭民用爆破器材股份有限公司

企业间的差距，表面上看是数字间的差别，但实质上是文化的差别。21世纪是文化管理的时代，也是文化制胜的时代。

南岭的企业文化，是南岭发展历史的记录；南岭的企业文化，是南岭物质文明和精神文明的总和；南岭的企业文化，经历了一个由不自觉到比较自觉，从自信到自强的过程。纵览南岭的企业文化建设之路，不难发现，它通过“永不屈服，永不言败，永攀高峰”的奋斗，逐步积累形成具有南岭特色的精神和作风、发展战略和目标、经营理念、价值观、人才观、员工规范、管理提示等共同行动纲领、管理方式和组织语言。

从必然王国向自由王国的过渡

南岭的企业文化价值和形象之根，在国企，在军工，在民爆。在南岭还是一处荆棘遍野、乱坟陈岗、野畜出没的荒山野岭时候，来自五湖四海的南岭先驱，自工厂开始勘探之日起，肩挑手扛，加扁担箩筐，用最原始的方式，在这片热土上，建起了一条投资180万元，定员180名，年产2000吨炸药的生产线，奠定了南岭以炸药立厂、民爆为主的安身立命之百年根基，并形成了南岭蹉跎时期艰苦奋斗、激情澎湃的南岭工作作风。由作风凝结而成的“团结、奉献、拼搏、创新”企业精神和“勤俭、务实、严谨、高效”南岭人性格，是南岭人40多年艰苦创业心路历程，和南岭40余年厚重的军工文化的结晶，并薪火传承发扬至今。

作为“中国军工民爆第一股”的南岭化工厂，近年来着眼于增强企业凝聚力、向心力和竞争力，坚持以塑造团结、奉献、拼搏、创新的经营管理理念为核心，积极开展符合自身特色的企业文化建设，促进了企业的改革改制，推动了企业的加快发展，成为了我省企业文化建设的一个生动缩影。

铸就南岭脊梁的“三永”精神

“三永”精神即永不屈服、永不言败、永攀高峰，是南岭人最终认可的企业精神。南岭靠什么翻身，靠什么做强做大，靠的就是“有条件上，没有条件创造条件也要上”的大庆精神。靠的就是能打硬战、打恶战、打大战的军工精神。永不屈服，永不言败，永攀高峰，是南岭的真实写照，也是南岭的血肉长城。

在“永不屈服、永不言败、永攀高峰”中“打造民爆一流企业，铸就民族优秀品牌”，也成了南岭在走向不断发展、不断强盛、不断跨越过程中的核心价值观，成为广大员工一种发自内心的、主动的、自律性的行为。

1997年，上级打破传统观念，启用的是没有过全盘行政工作经验、非专业技术出身的陈光正。因此，很多人对他能不能带好班子和队伍、搞好企业而捏一把汗，质疑之声更是不少。

“人生难得几回搏，这回就搏一把吧！历史都是由人创造的，既然大家都认为南岭的历史就要到此为止了，那我们就来尝试着改变一下吧！我就不信，我会成为‘末代厂长’。”陈光正乐观且自信地说。

在三年脱困时期，脱困的第一招就是砍掉几个亏损大户。这都是要伤筋动骨的，每一件事都得罪人，每一件事都要花钱。在两个月内，南岭就砍掉了一家亏损工厂和一家亏损公司，其中有打官司的，有聚众围攻的，有扬言报复的，但陈光正却说：“只要不让南岭再亏损，我什么都奉陪。”由于坚决堵住了亏损源头，一年少亏了1000多万元！

2001年，南岭提出几家军工企业捆绑上市的建议，但人家笑南岭是“癞蛤蟆想吃天鹅肉”，是做“白日梦”，最后只得南岭一家单干上市。2004年上市没过会，反对声、嘲笑声不绝于耳，里里外外一片指责。大家把眼泪往肚里吞。直到2006年上会通过。在深圳证券交易所，当陈光正从交易所理事长手中接过那头象征上市吉祥的华尔街牛时，他强忍住泪水说：“为了这头牛，我跑了整整6年啊！”

6年上市是奇迹，8年牵手更是奇遇。为了引进国际先进技术和先进管理文化，南岭2001年就找到了美国知名的民爆公司E·B公司。之后，陈光正又利用去美国培训的机会，进一步接触，本已进入签约状态，但对方正赶上被挪威戴诺·诺贝尔公司收购。南岭又只好与挪威戴诺·诺贝尔公司谈。想不到三年后，挪威这家公司又被一家国际银行收购，合作项目被转到了澳大利亚戴诺·诺贝尔公司，南岭又经过好多回合与澳大利亚公司拉锯式的谈判，最终也只是在南岭上市前两个月才签下框架合同。尔后，对方名称和隶属关系频变，正式合作合同2008年9月才签下。漫漫8年牵手路，也不知熬干了南岭人多少心血。

这些故事也许就是对永不屈服、永不言败、永攀高峰的诠释。

这种“永不屈服、永不言败、永攀高峰”的主人翁激情和成绩，深深了影响了广大南岭人。在南岭人心中形成“公司兴则我兴，企业亡则我亡”的观念和主人翁心态，激发每一个员工在工作岗位上，为企业贡献着自己的力量。

做强做大的融合理念

在加快经济发展方式转变、推动企业转型升级的大潮中，南岭的重要举措是适度扩张、大力开展整合兼并。他们基本上看准一个，成功一个，诀窍也在于文化。正如陈光正所言，兼并整合看起来是资产，实际上是思想；看起来是经济行为，实际上是文化行为。

2004年，生产炸药的芷江凯达化工公司已难以为继，当时有好几家有实力的企业准备对其进行收购。有的企业采取的招数是高薪诱惑企业高管，但不愿意出适当的价，更不愿意接受人员包袱。南岭当时的承诺则是，收购价格参照评估价，人员只要自愿留下的一个不裁。福利、待遇与南岭一视同仁，既不搞特殊，也不搞歧视，这个条件很快得到了凯达公司广大员工的拥护。

公司总部很清醒地认识到，资本输出虽然取得了控制权，但资产重组只是扩张了“外延”；要想提升企业“内涵”，挖掘企业发展的后劲和潜力，就必须为被并购后的芷江分公司引入新的价值观和经营理念，在企业文化的整合与提升上下功夫。而企业文化的整合与提升，不是简单的对旧文化全盘否定和对优势文化的嫁接，而是两种文化之间的合理“扬弃”与融合。于是，公司总部对芷江分公司的领导班子提出了“制度整合、组织整合、观念整合、技术整合”四个整合的要求，并对芷江分公司干部、职工阐述了四个整合的重要性及整合方法，希望芷江分公司能够通过“四个整合”，在短时间内快速达到一厂四点同步前进，不断适应南岭文化发展的需要。

事实胜于雄辩！合并后的事实和变化，让职工看到了南岭“不减员、不降薪”的实际，看到了公司新建生产线后，产能的增加，产量的随之提高，员工收入的明显提升……广大员工实实在在地感受到了“嫁”南岭的优越性，都情不自禁地说：“好！”。

还有南岭澳瑞凯公司。刚创建时，中外文化的冲突不断。尤其是外国人的刻板与中国人的随意性经常“打架”。外国人上班一分钟都不马虎，但下班后一分钟也不加班。中国人往往上班分心做其他事，下班后却喜欢没完没了的开会和加班。为了解决这些矛盾，陈光正提出了“取长补短，互相融合”的理念，中方人员通过找亮点，发现外方很多的先进管理经营，外方人员看到中方人员个个都能奋力拼搏，深受感动，他们也乐意参加中方邀请的一些会议，开始在工余加班做事。

正是通过这种“诚信、双赢”的文化融合经营理念，让南岭在不断整合重组中，从双牌小山沟崛起于潇湘。而南岭在崛起过程中，始终注意使“诚信、双赢”的核心价值理念，成为所有新老员工的共识。这种共识，也是公司高层管理者、中层管理者和基层工作人员的一种价值观的统一。高层管理者以身作则，有力推行；中层管理者充分理解，贯彻实施；基层工作人员，具体操作。而这种融合理念，对企业解决并购重组中的问题，起到了关键性的作用。

为此，陈光正论述过企业文化融合的重要性，避免只是停留在资产控制层面，导致整合十有八九水土不服，中途夭折。他说：企业文化融合是企业整合的一部分，但相对于企业整合而言，企业文化融合的难度更大，更艰巨。因此，务必予以高度重视。要高度重视企业文化融合的有序推进。因为企业文化是一种以企业精神为核心，凝聚企业员工归属感、积极性和创造性的人本管理理念。企业文化，对企业员工有着潜移默化的影响，对企业的生存和发展起着十分重要的作用。

基于以上这一认识，企业文化的融合，其实就是一个思想观念及行为方式的重组、更新和提升的过程。这个过程，注定了企业文化融合必须从最初的生活习惯、工作行为方式的行为整合，逐步上升到企业战略目标、管理理念、价值共识的价值观念整合，并在相互影响、相互吸纳、相互融合、相互提高的过程中实现，不可能一蹴而就。

以人为本造就美丽南岭人

企业文化的核心就是以人为本。经营企业就是经营人，经营人就是经营人的精神状态，领导者就是领导精神状态。“打造民爆一流企业，铸就民族优秀品牌”，其根本就是打造和铸就“南岭人”。没有合格的南岭人，就没有合格的南岭企业和南岭品牌，更没有南岭的核心竞争力，形成不了职工对企业的强大凝聚力和向心力，也达不到造就“美丽的南岭人”之员工行为规范的要求。

企业在不断改革发展壮大，发展目标也在一步步实现，坚持以人为本，力争将让广大员工享受改革发展的成果。在这个过程中，南岭也经历过思想的波动。为了解决面临的发展瓶颈和问题的办法，南岭坚持全员讨论，集体思考，不断变革。

祁东分公司以构建和谐南岭为载体，提出了以人为本，以员工为中心，要在企业里“升起人的太阳”的企业文化理念。

他们秉承“在共建中共享，在共享中建设”，从点滴小事入手，想员工之所想，为员工解决实际困难，以“至诚至善”感召着每个员工：改造车间澡堂、更换衣柜，为员工提供舒适条件；修复生活区围墙，消除了治安隐患；清理生活区水池，让员工吃上放心水，保障了身心健康；在车间选纸筒岗位安装空调，改善了员工生产环境；为解决员工住房困难，第四批员工合伙建房正如火如荼开展……一桩桩、一件件实事，如春风化雨，也让员工的心理和情绪，在悄然地发生着变化。

形成了“以人为本”的无声号令后，企业对内能互助互爱，对外也是“一方有难，八方支援”。在四川大地震发生后，公司上下所体现出来的对灾区人民一颗赤诚的心，让人记忆犹新。在这次举国上下抗震救灾捐款活动中，公司全体干部员工用自己的爱心与实际行动为灾区人民重建家园献上了一份真挚感人的爱。

芷江分公司全体员工，更是个个伸出援助之手，捐500、400、300、200、100、50元……有些老员工，从来都舍不得掏钱为自己买件新衣服，一年四季基本上都是穿工作服，但在这次捐款时却毫不吝啬，虽然掏钱的那个动作，看起来很简单、很普通，但让人感动，简单的一个动作，体现了芷江分公司员工对灾区人民的一份真挚的爱心。

培育先锋团队的灯塔文化

灯塔文化，是南岭企业文化的核心。有了这样的灯塔文化，员工就有了动力，企业就有了活力。南岭建厂时的拓荒者，来自五湖四海，为企业的不断发展集思广益，增添了不同的思维和动力。独特的人才结构和构成，让南岭着重使各类人才都拥有广阔的创业平台和发展空间，使每个人都成为对企业的有用之才，形成人才辈出、人尽其才、才尽其用的生动局面，积累形成南岭特色的“德才兼备，尊重人才，任人唯贤”人才观，并形成南岭特色的人才文化。

在此基础上，南岭通过“德才兼备”的生动、鲜活的员工形象，传达企业的价值观念，调动员工的积极性，激发企业的团队精神，达到企业文化“落地”的功效。

南岭通过大张旗鼓地进行宣传、表彰，积极树立各类先进典型，使企业文化人格化，让大家能看得见，摸得着，学有榜样。南岭精心收集广泛存在于普通员工中的实践企业文化理念的生动故事，将其汇编成册，通过正式和非正式渠道在企业内外传播，以达到宣传企业文化理念的目的。这些发生在身边的人和事，触手可及，备感亲切，感染和影响更多的人来学习效仿，使企业文化在全体员工中顺利推进。

为充分发挥榜样的力量，南岭在2011年创先争优活动中创新工作方法，以自上而下讲故事的形式，颂扬身边先进人物的优秀事迹，传播当代国企职工“为社会服务，为企业奉献”的核心价值观，起到了“感动南岭，提升南岭”的良好效应。在此基础上，又从基层广为传颂的故事中，精选出100多个有典型意义的故事，用讲故事的方式来传播核心价值观，使创先争优活动找到了一个行之有效的好载体。作为一个企业，它的价值取向无外乎“科学发展、和谐发展、创新发展”，但要实现这个价值取向，不是靠口号，而是靠一个又一个的实际行为，尤其是靠行为的引领者。实践证明，小故事承载大道理。对于如何科学发展、和谐发展、创新发展，往往讲了一大堆道理，人们还不甚了了，但一个生动活泼的故事就可以把那些大道理诠释得明明白白，入木三分。

讲身边人的故事，就是“说出心中的感动，推荐身边的先锋”。正因为南岭出了鞠躬尽瘁、死而后已的优秀共产党员何学兴，所以何学兴的故事才广为流传，以至在南岭出现了“工作行不行，对照何学兴”的流行语。这充分说明只有身边的人最能感动身边人，最能启迪身边人，最能教育身边人。

让平凡人看到自己不平凡的闪光点。这些故事，绝大多数发生在南岭普普通通的党员身上。讲故事的人既是共产党员，也是平凡人。他们通过自己讲自己的故事，于平凡中看到了自己的不平凡，从而增强了自尊和自信，从而进一步激发了奉献企业、回报社会的积极性和创造性，进而思想政治教育更加深入人心，使创先争优活动在基层深深扎根。

打造环卫优秀文化
推动企业科学发展

——北京环卫集团一清分公司

企业文化铸造企业灵魂，展示企业形象，凝聚职工队伍，激发企业活力。它是当代最前沿的企业管理思想和经营智慧。百年基业，文化为魂。现代企业发展实践表明，企业文化是企业生生不息、长盛不衰的精神支柱与动力源泉，是企业软实力的重要组成部分。北京环卫集团一清分公司多年来发展培育和形成了自己独特的文化，并且在这种文化的引领下，企业的生命之树蓬蓬勃勃、枝繁叶茂。

一、文化建设在企业发展中的重要作用

企业文化对企业的生存发展，增强企业竞争力起着非常重要的作用，对企业内部管理有着企业制度所不能替代的作用。

（一）企业文化的导向作用。企业文化的导向作用主要表现在两个方面：即价值导向和行为导向。企业领导者通过各种方式表达自己的愿望，从而上下发生价值观认同和感性共鸣，形成一股力量向既定的方向努力。一清分公司提出的“团结、勤奋、求实、创新”；垃圾粪便清运中心提出的“高质量作业服务＝高效益”经营理念；渣土转运中心提出“市场是导向，管理是基础，成本是核心，利润是目标”的经营理念等等均为职工规范行为提供了很好的导向依据。党委还通过各种培训、学习等方式，加强与职工思想交流与沟通，充分利用业余党校、OA局域网络、学习园地、黑板报、图片展等多种形式指引正确的舆论导向，使企业宗旨、价值理念、企业精神得到有效的宣传，营造了浓厚的企业文化宣传氛围，树立良好的企业形象，对提高职工的素质，完成好本职工作，促进经营起到积极的推动作用。

（二）企业文化的凝聚作用。实践证明，当职工个人价值观与企业价值观融为一体时，企业成员就会感到自己不仅是在为企业工作，也是在为自己工作。这种职工与企业和谐一致，能够激发起职工强烈的归属感和自豪感，使职工的士气保持长盛不衰。一清加大投入不断改善职工生产生活条件。工会组织建立了“职工之家”配备了健身器材、乒乓球台，开放了阅览室、棋牌室等职工活动场所。公司还坚持每年职工体检、组织春季运动会、征文、摄影比赛等丰富多彩的文体活动，丰富职工文化生活，调动职工的生产积极性。上下同欲者胜，正是由于一清上下同心同德，使各项工作取得突出成绩，企业文化已成为凝聚职工的一种无形力量。

（三）企业文化的激励作用。企业文化的激励作用能起到物质激励所不能起到的作用。分公司注重为年轻人成才提供机会，搭建平台。党委坚持多年开展“创文明部门、建文明班组、做文明职工”活动，每年年底评选各类先进、组织职工外出疗养、大力宣传先进集体和个人的事迹等等，大力弘扬了“宁愿一人脏，换来万家净”和“骁腾有如此”的环卫精神，使部门间、干群间的关系相处融洽，营造和谐的文化氛围，使一清取得了经济效益和社会效益的双丰收，多年被评为“首都文明单位”。

（四）企业文化的约束作用。在企业行为中，企业文化常常发挥一种“软”约束的作用。企业的规章制度作为一种硬约束，其约束力是有限的，不是全能的。而在企业价值观基础上形成的企业文化，作为一种无形的，非强制性的约束力量，它能够弥补规章制度的不足。分公司党委有效地把企业文化与管理制度有机地融合在一起，将约束机制和自我控制联结一体，引导到运营工作中来，结合环卫企业特点，

系统的制定并不断完善了各种行之有效的管理制度，作为一种约束机制成为员工的行为准则，工作人员及管理人员实行目标管理，各项工作进行量化标准，并作为绩效考核的依据，每月考核的工作业绩与奖金挂钩，形成一种有效的奖勤罚懒约束机制充分调动了广大员工的工作积极性。

（五）企业文化的辐射作用。企业文化能够通过树立企业的良好形象形成一种辐射力、感染力，这种辐射力对企业健康发展将产生积极的影响，是企业一笔巨大的无形资产。“人无信不立，家无信不和，企无信不兴”，一清正是秉承这样的信条去不断地开拓市场，几年来我们不断向外埠市场拓展，先后为辽宁盘锦、广东江门等设施输送了大量管理人才，目前正积极开拓淮南市场。特别是2008年我们引进国外先进技术，投产建设了一条国际一流、国内领先的光谱分选生产线，不仅圆满实现了绿色奥运的目标，同时还同步建设申报了北京市环保教育基地，基地的建设也实现了友好设施对外开放，受到了国内外各界人士的广泛关注，极大地提升了一清品牌，树立了企业良好形象，这完全来源于一清良好文化的辐射力和影响力。

二、建设独具特色的首都环卫企业文化

优秀企业文化是企业精神风貌的充分体现，是企业发展的精神动力，对企业的持续稳定健康发展具有重大推动作用。良好的企业声誉要靠企业文化来传播，优秀的企业形象要依靠企业文化来塑造。

（一）转变思想观念，统一管理认识。目前，环卫集团“十二五”发展战略规划已然确立，企业的管理向着科学的管理方向迅速发展，这就给我们提出一个尖锐的课题----如何运用文化的力量提升管理水平，向先进的管理靠近。建设先进的环卫企业文化仅靠严格的规章制度和个人经验不行！要转变思想观念，跟上时代步伐，尽快了解文化管理的内涵，通过对“马文化”的深刻理解，从而掌握文化管理的先进手段，把全新的、科学的、先进的管理方式通过有效的途径融入到环卫企业中来。

（二）弘扬环卫企业精神，铸造环卫企业之魂。企业精神，是企业的核心理念，是企业的灵魂，是推动企业发展的精神动力，是培育新一代环卫职工的精神食粮。百年老店北京同仁堂的“济世养生”、“炮制虽繁必不敢省人工，品味虽贵必不敢减物力”，虽诞生于300多年前，现在更为人所盛赞，就是因为是同仁堂所独有的。“骁腾有如此”是环卫集团总结多年来的文化所提炼的企业精神。体现了职业特点和对企业的态度。这5个字，既传承了时传祥“宁愿一人脏，换来万家净”的环卫精神，也体现了“清洁首都，服务人民”的服务宗旨。不断赋予了环卫精神以新的时代内涵，它必将成为引领企业实现跨越式发展的核心动力。

（三）规范服务生产，制定行为规范。严谨的制度条文本身就是一种文化。“勉强成习惯，习惯成自然”，制度规范成为职工的自觉行动之后，一种风气随之产生，实际上这就是企业文化的积淀。环卫工作的特殊性决定了环卫企业的服务特点，他是展示首都文明服务的一个窗口行业，出现任何一个差错，都会影响环卫企业的整体服务形象甚至是首都的形象。因此，一清分公司在2007年提出的“做事专业+精细管理=基业长青”的做事理念也正符合环卫服务的特点。通过精细化管理，通过各种规章制度，规范职工行为，保证环卫工作高效、顺利进行。

（四）软件硬件齐抓，塑造企业形象。加强职业道德教育，培育有职业理想、有职业道德、有职业技能、有职业纪律的环卫职工，是塑造环卫企业形象和文化的基础。提高环卫信誉、讲服务质量、讲服务态度，是塑造环卫形象的根本。开展优质服务，创造优雅环境，利用大众传媒开展对外宣传，是塑造企业形象的重要条件，要精心去设计、策划、实施。企业文化的建设必须让广大职工参与。企业文化虽然是全体职工共同价值观的反映，但并不是人人都能理解，都能自然而然地接受和贯彻，必须进行广泛而深入的宣传教育，使企业文化深入人心，取得实效。

三、开展企业文化建设的几点体会

（一）环卫企业文化必须要突出企业的个性。没有个性的文化是没有生命力的文化。经济决定实力，文化决定魅力；经济决定地位，文化决定品位。高层面的市场竞争，是以不同的价值观念、思维习惯、行为准则、精神境界等为内容的文化竞争。企业文化策划方案必须要有自己独特的文化风格，也就是具有与其他企业不同的文化特性。根据企业的客观实际，继承本企业优秀的传统文化，借鉴其他企业的优秀文化，创造性的突出本企业的文化个性。环卫集团“马文化”的提出代表着雄浑遒劲、赤诚崇德、俊逸从容的品格，反映了新时期环卫工人奉献、忠诚、进取的时代风范。

（二）环卫企业文化要兼容并进体现时代特色。纵观当今知名企业的文化无一不是“合金”文化，如日本的企业文化，就是中国优秀文化部分+美国优秀文化部分+本国传统文化。我国著名而又独特的海尔文化，也是熔东西方管理思想于一炉，在继承中创新，在引进中消化，最终植根于中国这片古老土地。环卫文化不仅要继承好的传统，更要在改革实践中赋予文化建设以新的内涵，坚持与时俱进，不断创新，树立国际一流服务标准，才能符合时代要求。

（三）环卫企业文化要推动企业实现科学发展。环卫企业文化最终目的是要推动环卫实现跨越式发展，并不断满足人民群众日益增长的精神文化需求。在落实环卫企业文化战略规划中，只有把马文化融入到企业科学发展规划之中，融入到“服务社会、造福人民”的社会实践中文化才有生命力，才能体现其真正的价值，也是环卫企业文化建设的最终目的。

（四）环卫企业文化发展要牢记社会使命。培育和建设良好的富有生命力的环卫文化不是一蹴而就，要靠几年甚至十几年的时间来培养，这就需要我们一代一代环卫人不断去为之努力奋斗，不断传承环卫优秀的文化底蕴，并不断发扬光大。牢记首都环卫集团光荣使命“环境缔造和谐、创新服务大众、节约回报社会、责任成就未来”，真正做到“建

设一流设施、培训一代新人、享受百年环保”可持续发展的目标，为首都的繁荣发展做出我们应用的贡献。

（作者王春庆，系北京环卫集团一清分公司党群工作部部长）

建设“和暖文化” 打造胜利强动力

——中石化胜利油田热电联供中心

胜利油田热电联供中心成立于2007年，现有职工2400余人，担负着油田16.8万户居民及东营、滨州两市部分单位的供热服务工作，总供暖面积2091万平方米。供暖连接千家百户，支撑万民忧乐，企业的文化氛围营造、核心价值观塑造、社会责任感培育，任务艰巨。近年来，热电联供中心通过整合文化资源，凝练“和暖文化”，推动文化落地，有效增强了企业的凝聚力、向心力、战斗力、创造力，为打造胜利强动力奠定了坚实基础。

文企共建，以文化力积蓄强动力

热电联供中心是在各社区热力大队的基础上整合组建而成的。中心成立后，面临的最大问题是文化冲突，工作的最大难点是文化融合，客观上需要建立一个有特色、有竞争力、有前瞻性的企业文化，用全新的文化理念统一职工的价值观，规范管理行为，增强企业的核心竞争力。

盘点文化存量，确保提炼精度。中心成立后，我们按照继承性、全员性、特色性、创新性的原则，对原有文化资源进行了全面的调研和梳理。通过座谈讨论、开展专访等形式，与各热力大队的干部职工忆当年、谈感受、思变化、看发展，了解他们的亲身经历和光荣传统，收集整理各单位的发展资料、文化理念，深入挖掘鲜活的、生动的、具有代表性的人物和事迹，全面盘点政治、作风、工作、生活等方面的精神财富，为整合、提炼中心文化提供了第一手资料。

做精文化现量，实现整合深度。在梳理原有文化，提炼精髓内涵的基础上，我们对文化资源进行了系统地整合、创新和提升，总结建立了以“融和聚暖、家和兴暖、亲和送暖”为核心内容的“和暖文化”体系，凝练出了“燃烧激情，传递温情”的企业精神，“安全、服务、诚信、创新”的核心价值观，形成了“事业和暖，生活和美”的企业愿景，“用光和热铸就热力，用暖和情奉献胜利”的企业使命，确立了将热电联供中心打造成为“科技创新型、环境友好型、文化制胜型”企业的阶段性战略目标，构筑了中心上下高度认同的理念体系，为中心持续快速发展提供了强有力的思想保证、智力支持和精神动力。

扩大文化增量，拓展繁衍广度。一个好的企业文化不应只满足做一棵树，还应该致力于发展为一个错落有致的生物群落，才能多方位、多角度、多层次地对干部职工进行熏陶、感染，最终达到以文化人、以文塑魂的目的。我们坚持共性与个性相结合的原则，积极引导基层因地制宜，培育提炼富有自身特色的团队文化理念，推动“和暖文化”在基层“生长繁衍”、“开花结果”。几年来，滨南热力的“石英砂文化”、“炉排文化”、仙河热力的“靠背轮文化”、胜中热力的“连心桥文化”等一大批别具特色的基层子文化雨后春笋般建立起来，与中心“和暖”文化交相辉映，相得益彰，极大地增强了企业的凝聚力和向心力，激发了干部职工的工作积极性和主动性。

以“和”兴企，用“和”动力铸就强动力

企业文化是一项系统工程，我们通过加强文化灌输，凝聚职工感情，共建“心灵契约”，开创了职工与企业“同呼吸，共命运；同发展，共荣辱”的良好局面。

全员共建和谐家园，营造企业发展氛围。企业的发展靠凝聚力。我们以“和暖文化”凝聚人心，弘扬正气，同举大业；以和谐理念沟通有无，深化管理，引领发展，形成了“心相通、情相融、力相合”的良好局面。工作中，我们加大资金投入，不断改善基层生产和文化生活环境，为基层配备空调、饮水机、电视机，解决了基层职工降温难、喝水难、娱乐难的“三难”问题。组织开展“送温暖”、“阳光助学”、“爱心基金”等帮扶活动，定期走访困难职工、遗属、单亲家庭，积极帮助他们解决生活和工作中的困难。本着“政策能允许，企业能承受，职工得实惠”的原则，实实在在为职工办实事、做好事，帮助职工子女就业，组织全员查体，设立大病救助基金，确保职工“有病能医、无病预防”。每年组织开展运动会、篮球赛、乒乓球赛、热力杯颁奖晚会、迎新春才艺表演等系列文体活动，陶冶职工情操，振奋职工精神，进一步增强了职工对企业的归属感、认同感，营造了心齐、气顺、劲足、家和的良好发展氛围。

全员参与精细管理，提升企业管理水平。认真推行HSE管理体系，坚持做到“七个从严”：安全教育从严，预警机制从严，安全生产从严，检查考核从严，隐患治理从严，事故分析从严，安全奖惩从严，三年来未发生一起重特大安全事故和环境污染事故，全面实现了安全、清洁生产。推行“精在一分一毫，细在一丝一扣”的管理理念，努力提高生产检修精细化、规范化、标准化程度。推广“5S ”管理体系，对材料、设备等生产要素进行严格细致的整理、整顿、清扫、清洁。加强设备日常管理与维护，对设备实施定人、定点、定项、定法、定量、定标、定期的检查，及时掌握和调整设备及系统的运行状况，避免设备“带病”运行。强化成本控制措施，建立成本倒逼机制，将水、电、燃料、材料费用等指标全面量化分解到基层，做到成本管理横向到边，纵向到底，层层落实，逐级负责。开展节能降耗活动，倡导“节约一吨煤、一度电、一滴水、一颗螺丝、一根焊条”精神，发动群众堵塞“跑、冒、滴、漏”等效益流失的“明沟暗渠”。推行“双月考核”机制，将成本运作状况与职工工资奖金挂钩，严考核、硬兑现、量化排名、末位警告，充分

调动了干部职工控制成本的积极性，确保了各项费用控制在计划以内。

全员投身创新实践，推动企业内涵发展。结合生产需求，认真办好“固定课堂”、“流动课堂”、“网络课堂”，通过百家讲坛、技术比武、班组竞赛等形式，培养了大批服务优良、技术精湛、业务过硬的技术工人。在此基础上，积极开展“四创聚力量，提升创新力”竞赛、QC成果发布、技术理论研讨、“我的经验我宣讲”等活动，认真梳理原有技术的“短板”和“盲区”，针对亟须突破的技术瓶颈，强化攻关与配套，对新工艺、新技术进行推广应用和消化吸收，引导职工群策群力解决安全生产、经营管理过程中的热点、难点、焦点和疑点问题。近几年，供暖温度参考曲线和热源负荷调节曲线“双线建模”、供热流量实时调节、水煤浆流化床锅炉点火优化、单元制供浆工艺系统改造、灰渣水回收再利用等创新改造成果得到了广泛推广和应用。

以“暖”强企，用“热”效应彰显强动力

为居民提供优质供暖服务是中心的首要任务，我们通过规范服务环节、提高服务质量、树立服务形象，着力打造供暖服务品牌，促进了企业的长足发展。

提供优质热源，创造温暖。实施胜北区域热电联供集中供热工程，孤岛、仙河锅炉房扩建和兴河热力站、聚华集中供热站配套建设等重点工程，完成部分供热管网的维修改造，提高了中心供热系统的保障能力。积极推进数字热力建设，建立视频监控平台、用户室温采集系统、GPS网络跟踪系统及网络视频会议系统，实现了生产运行监控“信息化、自动化、可视化”。提出“零缺陷启运、零违章操作、零故障供暖、零投诉服务”工作要求，精心部署设备检修、燃料拉运、物资供应工作；严格落实锅炉设备、供热管网、配电设施检修计划；强化生产调度系统职能，优化供暖经济运行质量。在居民小区设置1500个室温采集点，全天候监控用户室内温度，及时调控供热负荷和水力平衡，有效保障了供暖质量。

践行温馨服务，传递温暖。我们将“管理无盲点、服务无缺陷、居民无怨言、工作无差错”作为工作目标，不断增强自身服务意识、敬业精神和工作责任感，在服务内容、服务质量、服务观念、服务方式等方面进行创新实践，丰富人文服务内涵，把“以用户为中心”的理念贯穿于服务的每一个环节。推行“首接负责制”，明确第一责任人，接报、安排、回访等环节一抓到底。积极推行“一声问候、一副鞋套、一块抹布、一根放空管、一张派工单、一场座谈会”等亲民、利民的服务举措，坚持“有报必接，有接必应，有应必到，有到必诺”，努力做到待人零距离、角色零缺位、办理零差错、落实零延误、质量零投诉，进一步提高了服务满意率、维修及时率，提升了企业的知名度、信誉度和美誉度。

精选活动载体，保障温暖。几年来，我们连续开展了以“奉献在岗位，温暖送万家”，“满意热力、如意万家”，“亲情服务、文明供暖”，“送万家温暖，建和谐热力”为主题的四届热力杯竞赛活动，持续形成了“全员奉献保供暖，暖供万家户户春”的良好局面。通过“单位自查、基层互查、综合检查”等形式，对安全生产、经济运行、维修服务进行严格细致的督导，有力地推动了供暖工作。同时，推行优质服务“五诊法”、安全管理“反四违”和“五级控制模式”等配套措施。广大干部职工挑寒灯、战风雪，携手奋进忙会战、众志成城保供暖，在广阔的供热战线上，描绘出了一幅“落霞与焊花齐飞，丹心共炉火一色”的壮丽画卷。

（作者高守营，系中国石化胜利油田热电联供中心党委书记）

“新能源文化”铸就企业发展之魂

——江苏新能源置业集团有限公司

正值江苏新能源置业集团有限公司成立15周年之际，从第七届江苏省企业文化年会暨江苏省企业文化优秀成果奖表彰大会传来喜讯：江苏新能源置业集团有限公司荣获江苏省企业文化优秀成果奖。这是对新能源多年来致力于企业文化建设的一次充分肯定。

从名不见经传到位居扬州房地产业综合实力10强企业和江苏省房地产业50强，新能源企业文化建设所展现的推动力和影响力功不可没，新能源在企业文化建设中所形成的学习型文化、感恩型文化和创新型文化，铸就了新能源发展之魂。

学习型文化提升员工素质，奠定企业发展的人才基础

走精品之路靠什么？靠学习！走创新之路靠什么？靠学习！走跨越式发展之路靠什么？靠坚持不懈的学习！公司重视学习型文化建设，采用多种形式打造学习型企业。

提炼企业核心理念，用先进的思想理念武装人。由企业精神、企业共同价值观、企业愿景等理念构成的精神文化，是企业文化的核心，是企业快速、科学、和谐发展的思想基础。我们深知，高质量的产品是高素质的人干出来的，只有拥有好的人品，才能制造出好的产品。为打造高素质的员工队伍，我们聘请南京高校的专家教授为企业进行CIS形象策划，总结、提炼新能源在成长发展过程中的文化积淀，形成了一套较为完整的企业文化理念。把“做中国建设业的优等生”定为企业目标，把“为企业创效益、为员工谋福祉、为社会做贡献”定为企业共同价值观，把“诚实、踏实、坚实、守信、守法”定为企业精神，把“迅速反应、马上行动、行动有效”定为企业作风，把 “携手创新到永远，每天都是新起点”、“业主满意我放心”等定为企业理念，在深入宣贯的过程中，积极开展丰富多彩的活动，让企业员工积极参与其中，在潜移默化中得到教育，逐步使企业文化理念得到广大员工的致认可，变为大家的行为习惯，成为企业和员工

共同的精神财富和行动准则。

构建学习型企业，提高员工素质。构建学习型企业，加强员工培训，提高员工素质是企业文化建设的基本内容，也是培养好的人品的重要途径。为此，我们采取了多种办法，开展干部员工的学习培训。一是采取“送出去”的方式，安排公司中高层管理者到清华、北大参加EMBA的学习，到国外先进地区学习考察，拓宽视野，提高决策和管理水平。二是采取“请进来”的方式，邀请教授专家到公司讲课，更新知识，以适应形势发展需要，同时进一步增强企业员工团队精神，提高执行力。三是制定员工职称（学历）培训晋升计划和奖励办法，鼓励员工利用业余时间自学，提高思想业务水平。四是加强岗位培训，公司员工按工作性质分成六个组，每月开展专业培训学习。五是每天进行晨学导读，由企业文化办结合公司实际情况编印导读提纲，加强企业理念灌输，发布员工感悟，进行奖惩通报。六是成立商学院，落实教学基地，长年有计划地开展各种培训，提升干部员工综合素质。多样化的学习方式调动了干部员工学习的积极性，提高了企业的凝聚力。正是学习型文化让“新能源”始终保持与时俱进的活力，为可持续发展带来源源不断地动力。

重视人品塑造，打造高素质团队。为了求得企业更好更快的向前发展，我们于2007年召开了塑造高尚人品，全面推进企业文化建设动员大会，公司高度重视对员工的思想道德教育，重视企业理念灌输，强调自动自发的认真工作，坚持有好的人品，才会有好的产品。为使公司企业文化理念一以贯之地落到实处。从2008年开始，我们每年都要围绕如何做人做事开展主题教育活动，2008年我们举行了“诚实做人、诚信经营”宣誓活动，公开向社会承诺新能源的责任，2009年我们举办了“企业精神在我心中”主题教育活动，2010年我们开展了向龙湖学习，评选“微笑贴心服务之星”活动。今年我们又用一个月的时间进行全面总结，寻找我们在“诚实做人、诚信经营”方面的问题和不足，追根求源，落实整改措施。正是因为新能源人一直坚持的诚信之举，才得到购房者的倾心；正是因为有着强大的购房者队伍为后盾，公司才能取得骄人的销售业绩，并且荣登全市十大纳税大户之列；正是因为我们注重人品塑造，才打造出一支让企业满意、客户满意、政府和社会各界满意的高素质的团队，为企业发展奠定了人才基础。

感恩型文化强化社会责任，形成企业发展核心竞争力

感恩是中华民族的传统美德。为使员工增强知恩报恩意识，自觉担当责任，公司积极开展形式多样的感恩活动、感恩教育，逐渐形成充满温情的感恩型文化。

举办感恩节，让员工常怀感恩之心。公司将注册登记的日子—5月29日命名为“新能源感恩节”。从2007年至今已整整五年了。活动内容主要有“感恩烛光晚会”、“十佳贤内助”和“十佳好母亲”评选表彰、“我生命中最爱的人”亲情情感测试、“爱心接力”、“感恩文艺演出”、“公司发展图片巡展”、“为10年以上老员工颁发忠诚和贡献金牌”等。在今年的感恩烛光晚会上，大家围坐一圈，每个人前面都放着蜡烛，主持人宣布晚会开始，所有的电灯都关掉，每个人面前的小蜡烛亮起来。主持人富有感情的开场白，很快就使会场气氛变得沉重起来，每个人都在回想：从小到大，谁是自己最想感谢的人？公司从2008年开始，每年在春节前举办“新能源和美节”，邀请干部员工家属欢聚一堂，感谢他们对公司的支持，分享公司一年来的成果。这样的感恩教育活动目的是教育员工：是社会的关爱和家人的支持，企业才能得以发展壮大。经过多年不懈的坚持和努力，为履行社会责任、企业责任、家庭责任而工作的理念，已逐步融入新能源人的心田，懂得感恩、懂得回报，已成为新能源人的做人准则。

慈善捐赠，回报社会。公司自成立后不仅依法经营，按章纳税，而且每年都进行慈善捐款、关爱孤残、资助灾区等一系列回报社会的活动。在今年“5·19慈善一日捐”活动中，公司干部员工每人自愿捐赠1万元以上，共筹善款294.2万元，向社会表达了新能源人的拳拳爱心。2008年四川汶川和2010年青海玉树相继发生地震，“新能源”全员发动，向灾区捐款200多万元。2009年7月，我和公司部分高层领导四川6名灾区娃娃接到扬州，“一家一”助学活动，让他们感受到亲情和友情。公司还专门设立了“献爱心基金”，解决职工应急之需。2010年物业公司有两名员工的孩子身患绝症，公司发动全体干部员工捐款45万元，帮助解决燃眉之急，使他们感受到集体的温暖。为了防止农民工工资被拖欠，公司不仅按时付给施工单位工程款，甚至监督施工单位发放民工工资。 这一切都是因为我们深深认识到责任意识关系到一个企业的价值观和发展潜力。只有真正能够肩负起家庭责任、企业责任和社会责任的员工，才能致力于打造一流的企业。

结对帮扶，奉献爱心。我们把责任意识细化为社会、企业、家庭三个方面，组织员工每天背诵，作为座右铭熟记于心，并落实在具体行动上。从1997年开始，公司就开始了结对帮扶活动，并把这种感恩社会、回报社会的活动作为传统延续下来，至今已经帮扶了300多名特困学生完成学业，他们当中有的上了大学，有的已经走上了工作岗位，他们当中的代表朱龙妹在今年的感恩节上说：“今年大学毕业的我，无论在何时何地，都不会忘记新能源给予我的爱与关怀，我要把新能源爱心接力棒传递下去，回报社会大家庭”。我常对员工讲：一个人不懂得爱，不懂得感恩，就不会有大事业，有大爱才有大事业！我们要向社会感恩、向师长感恩、向业主感恩、向合作者感恩、向家人感恩、向同事感恩。感恩，让每个人从中懂得珍惜、甘于奉献，从而认识到对自己、对家人、对企业的责任。公司的“感恩”文化是最淳朴的文化，是学会爱的文化，爱党、爱祖国、爱企业、爱家庭、爱岗位。这是“新能源”全体员工共同的价值观。这种企业文化会变成一股强大的力量，能够战胜各种困难，取得不可估量的成就。“新能源”走过的15年，从小到大，由弱到强，正是

这种力量成为企业可持续发展的核心动力。

创新型文化增强发展动力，促进企业健康持续发展

创新是当今时代的主题，是企业发展，永葆生机的源泉和动力，“只有想在客户的前面，才能走在市场竞争的前列”是公司多年取得成功的经验。公司重视创新型文化建设，为“新能源”壮大发展注入了强大的生命动力。

创新思路，永续发展。思路是否创新是企业文化建设能否长久坚持的前提。只有不断创新，企业文化建设才会具有强大的生命力，成为不断发展壮大的源泉。我们注重观念创新，敢于转型，从沼气推广到房产开发，企业由此找到了出路，并创造了今天的业绩。由于公司坚持项目产品创新，除了引进新材料、新技术、新工艺外，在楼盘产品、环境文化方面也不断创新，提升了楼盘的品位和品质。随着国家宏观调控的趋紧，如何才能更好地生存和发展？唯有创新思路和团结协作才能应对挑战。公司从2008年起，进一步提出了把企业文化建设的重点放在“创新和协作”上的思路，编制了“创新导则”和考核文件，成立了创新、协作考核小组，每季对员工的创新、协作工作进行测评，并与奖惩挂钩。面对当前日益严峻的房地产形势，公司又及时提出了向养老养生、绿色建材物流等产业转型发展的思路。售后服务是提升品牌的一个极其重要的方面，建物有所值的房子是为了让业主买得放心，加强物业服务是为了让业主住得舒心。公司建立了自己的物业公司，推出了一系列别具一格的管理模式，2007年捧回了全国物管企业的一级资质证书。今年又出台了加强物管工作的决定，提出了用慈善的思想做好服务，建设业主幸福满意小区的要求。成立了新能源业主艺术团，定期到小区进行慰问演出，密切了业主与物管人员的关系。

创新品牌，口碑过硬。市场经济条件下，品牌正成为赢得顾客忠诚和企业求得长期生存与成长的关键。公司在工程建设中，坚持“动真碰硬抓杜绝，一丝不苟抓质量”，组织施工单位和工程人员外出学习考察，借鉴吸收全国优秀楼盘的精致做法，制定出台新能源精品工程交付验收标准，强化对精品工程督查考核力度，以一流的质量，向广大市民奉献精品。按照“业主满意我放心”的要求，制定了工程质量标准、销售服务标准、物业服务标准，从规划设计、材料进场、现场销售、售后维修服务等方面体现“新能源”品牌。百年大计，质量第一，公司为向业主交付合格放心的房子，建立了由施工单位、监理单位、工程项目部、业主监理中心和兼职监理师五道把关体系，今年又聘请了39位业主兼职监理员。业主可以对自己所在楼幢的建筑进度、工艺要求和材料、质量标准彻底掌握，随时检查。我们创新的工程质量管理的五重监管，是“新能源”得以树立质量过硬口碑的有力保障。公司开发的各个项目均以优异的建筑品质和社区管理水平得到购房者的青睐，2007年、2008年两度问鼎中国房地产业最高大奖——“广厦奖”，取得了社会效益和经济效益的双丰收。

创新管理，凝心聚力。以行之有效的行为文化来提升企业的核心竞争力和执行力，除了需要一整套科学规范的规章制度，还需要一套以人为本的亲情管理方法。公司十分注重亲情管理，出台亲情文化文件，努力营造“家”的氛围，力争做到把员工当亲人。公司组织员工参观旅游，安排员工进行体检，建立健康、家庭、教育档案，增强员工对企业是“家”的认同感。公司还开展形式多样的主题教育等活动，振奋精神，联络感情，寓教于乐，活跃身心，大力营造风雨同舟、团结向上的和谐氛围。公司重视管理创新，每年确定管理的主题，重视从制度管人到文化管人的转变，切实加强企业精神文化建设，做到把“诚实、踏实、坚实、守法、守信”的企业精神与员工诚实做人、诚信做事的品质要求相互呼应，当每一位员工高唱《新能源之歌》时，在他们的心目中，“新能源”的企业形象和自身的形象也渐渐融为一体，相互激励，相互感召，形成了新能源人的标准，也成了新能源人引以为豪的标志。在这样强大的精神推动下，油然而生的是“知识领航、创新扬帆” 的豪情，是成为“中国建设业的优等生”的雄心，是使命感和责任感交织的激情，这样的向心力和凝聚力所向无敌！

企业文化建设就是在铸就企业发展的灵魂。一个奋进、昂扬、向上的企业文化，是一个企业前进的发动机；一个善于学习、懂得感恩、充满向心力的企业将拥有强大的战斗力和竞争力。雄关漫道真如铁，而今迈步从头越。新能源人深知，不能在成绩面前停步！企业发展永无止境，文化提升也没有尽头，企业文化建设之路任重道远，新能源人将与时俱进，为辉煌明天继续前行！

（作者包广林，系江苏新能源置业集团有限公司董事长）

促进企业腾飞的集美文化

——北京集美家居市场集团

集美家居市场集团是北京家居行业具有重要影响的民营企业，2000年建立党支部，2007年经上级党组织批准改建为党委。党委下设8个党支部，现有党员220人，其中组织关系在党委所属各支部的占三分之二。实践使我们体会到，私企党建工作非常重要，它是加强党的领导，搞好党的建设新的伟大工程的基础工程，也是完善社会主义市场经济体制的基础工程。集美集团党组织之所以能够取得一些成绩，荣获上级党委和政府的肯定和奖励，得到企业的重视和支持，受到职工的信任和爱戴，最重要的就是用企业文化团结凝聚职工，打造集美文化品牌，在促进企业经济腾飞中加强党的建设。

企业文化是企业家和全体员工价值观的认同，是企业精神、目标、理念、形象、团队、制度等体现于文化形态的综合现象。它随着企业的创建而兴起，随着企业的发展而完善。集美集团的企业文化随着企业的发展不断完善提升，形成凝聚集美人团结奋斗的载体和纽带，这是集美集团的一大特色，也是企业核心竞争力的重要内容之一。多年来，集美集团党组织通过领导工会、共青团，把党政工团的能动作用拧成一股劲，在发展和弘扬企业文化方面发挥着突出的积极作用。主要体现在：

理顺思路奠定扎实的企业文化基础

集美家居的企业文化从2000年公开向社会征集企业歌曲开始，有了质的飞跃和蓬勃发展。

就在这一年，集美集团服从北京申办奥运总体部署，在短短两个月里，无条件按期拆除了6万平方米展销场馆，企业承担了4000多万元损失，未向政府索要分文补偿。在这个惊心动魄的拆迁过程中，党团员和职工用实际行动和企业家保持一致，为维护国家大局利益确保一方平安，做出了难能可贵的奉献。对于这些反映正确办企方向的事例，集美党组织通过多种形式加以整理提炼，形成企业发展史料和爱党、爱国、爱民的教育资料，组织大型的教育活动，并经常在适当场合加以宣扬，把“国强、民美、企荣、工富”的集美理想，化作集美人共同的志向和目标。

就在这一年，集美集团总裁赵建国撰写了《集美之歌》，这首诗歌凝练了集美的企业精神，奋斗目标，经营理念以及发展途径，抒发了作者对集美和集美人的热爱，希冀和祝福。作者把集美精神概况为64个字，而这就是集美人“共铸”并且“奉献”的“集美魂”。

就在这一年，集美企业的第一个党支部诞生了，与其后相继成立的工会、共青团组织，逐步形成集美党政工团齐抓共管的以集美企业文化为载体的思想政治工作新局面。

无论是企业管理规章制度的修订完善，还是企业征歌的评选传唱；无论是职工素质培训计划的设计策划，还是各类文化活动的安排筹划，党组织都列入计划，并委派党员参与策划筹组，成为发展集美企业文化重要的依靠力量。

梳理提炼企业文化理念

党员积极投入编印选荐企业之歌、撰文诠释企业家撰写的64字“集美精神”、起草编订各项企业管理制度、编撰印制《集美人手册》、《集美人的故事》以及员工素质技能培训教材、组织“我心中的集美”社会征文并汇编成集。此外，还承担了编印《集美人报》的任务。这是一份反映集美集团运筹策划，企业发展前景，团队前进步伐，集美人精神风貌的内部报刊，图文并茂，生动活泼，鼓舞人心，多次被市有关部门评为优秀内刊，成为集美文化的新亮点。在音像资料编辑制作中，党员亦发挥着主力作用。

集美集团十分重视集思广益提炼办企理念、理想目标，以形成全体集美人共同的价值观和理想追求。党组织积极参与研究，提出建议，整理成文，在企业最感需要的关键时刻，积极主动地提供支持帮助。2001年，撰写了《浅谈正确决策的基础、前提、宗旨和力量源泉》一文，系统地总结提炼集美企业创业发展成功决策的理念和经验，该文被收录入北京市工商联编印的《走向成功》一书。集美总裁赵建国每年都要发布全年的奋斗目标和行动口号，每次都是凝练的8个字，连续13年富含深意又贯连递进。党组织在年初例会上第一时间地诠释口号的形成背景、深刻内涵以及实施途径，使大家对行动口号加深理解、统一认识、付诸行动。2011年初，根据企业的发展，我们及时对文化理念进行了梳理，明确了集美的愿景：引领家居潮向；集美的宗旨：打造多彩生活；集美的核心价值观：团魂成就你我；集美的团队精神：和谐、坚韧、高效。通过规范性的表述和诠释性的文稿供职工理解和把握，并通过媒体和网络进行广泛宣传，统一广大员工思想，扩大企业社会影响。

总之，在确立正确的办企方向上，集美党组织提供了适逢其时、恰到好处的服务。企业方向、文化理念，党组织适时给予传播宣扬；办企目标、企业核心竞争力，党组织集思广益促其确立；总结提炼企业的实践经历、发展思路，转化成凝聚职工促企发展的教育素材。

精心策划认真组织文化活动

有形无形的企业文化，可司张扬或潜移默化的企业文化，都要通过广泛参与、消化吸收、精神物化的过程，才能发挥其效用。集美集团党政工团正是以各种活动、表演竞赛、评比考核为手段，精心组织广泛发动人人参与。集美党组织开展的学习贯彻科学发展观活动，受到广大党员和干部职工的高度重视，特别是赵建国结合社会和企业的实际，深入浅出的理解和体会，说服和感染了全体党员、干部和职工，产生了真学、真信、真干的实际效果。为了唱好《集美之歌》，党员和管理干部层层组织学唱、学指挥，做到人人会唱、逢会必唱，每月升旗典礼演唱，还先后举办了20几次群众性的演唱比赛，10几次在企业庆典上表演千人大合唱，这些演唱的组织和指挥主要是党员骨干。又如工会每月为职工举办集体生日活动，大家唱歌跳舞吃蛋糕，送诗赠卡话亲情。共青团组织登香山参观双清别墅活动，还请赵建国总裁以“无悔人生”为题向青年员工进行了10余次系列讲座，激励年轻人提高对就业于私企意义的认识，增强实现自我价值的信心。工会在维护职工合法权益，协调劳动关系，协助公司组织职工健康体检、分赴外地或外国旅游观光等方面发挥着积极作用。集美集团多次被授予“全国创建和谐劳动关系模范企业”称号。在每年举办并逐步深化的企业员工全员素质培训工作中，党员干部起着关键的组织领导作用。集美锤炼了一支团结向上特别能干的团队，形成了广泛参与积极进步的学习型企业，形成了“企业关爱员工，员工忠于职守”双赢的和谐企业。

紧密联系实际弘扬提升企业文化

党组织积极投入人力、精力，使企业文化适时弘扬不断提升，真正成为企业思想政治工作的载体和纽带。赵建国是一位成功企业家，他的办企理念，企业发展之路，逐渐为社会公认，他的知名度和社会责任心同期擢升。赵建国先后被评为“北京市优秀职工之友”、“全国关爱员工优秀民营企业家”、“首都劳动奖章”、“北京市优秀中国特色社会主义建设者”、“北京市劳动模范”、“全国建材家居市场十大总裁”等称号。每项荣誉，不仅扩大了企业和企业家的社会知名度和影响力，更重要的是进一步增强了企业和企业家爱国、为民、诚信、创新的政治荣誉感和社会责任心，这也是集美集团党组织在弘扬提升企业文化方面的特殊视角和独到作用。近几年里，中央和市委党校先后有5批学员前来集美考察调研，大家一致赞赏集美的发展理念和企业文化，还提出许多宝贵的建议，使企业受益匪浅。

集美党政工团齐心协力以企业文化为载体开展职工思想政治工作卓有成效，为此，集美集团多次荣获“北京市思想政治工作优秀单位”、“全国民营企业思想政治工作先进单位”、“全国民营企业文化建设先进单位”，“全国企业文化建设先进单位”、“全国双评双爱先进企业”、“全国巾帼文明岗”、“全国工人先锋号”、“首都文明单位”等称号。集团党委也多次荣获“北京市社会领域先进基层党组织”、“人民群众信得过先进基层党组织”等称号。荣誉对于我们，是鼓舞和激励，更是鞭策和责任。

党组织的工作促进了企业的健康发展，近年来，集美赢得了前所未有的发展速度，家居市场面积比1995年增加了100多倍，超过了200万平方米，年交税5000万元，安置就业人员2万人，实现了做大做强的夙愿。与此同时，企业的健康发展也促成了基层党建工作的改进和加强。党组织组建以来，无论是思想、政治、组织建设，都有了明显进步。一是适应私企特点开展党的工作，“党支部守则”规定：“立足岗位，发挥作用；待人处事，党员标准；工作之余，组织活动”。二是党组织从政治、思想、作风、事业上制定了《发挥政治核心作用的意见》。三是强调党组织要以促进实现企业的奋斗目标作为工作重心，引申企业实际与党的政策接轨，贯彻党的方针政策，为企业引领方向。四是加强流动党员管理，在积极动员接转组织关系的同时，要求流动党员开具身份证明，按统一要求参加学习和组织生活，年底向关系所在组织反映党性锻炼情况。五是做好申请入党积极分子的培养教育工作，已发展25名新党员。六是树立榜样，评选和表彰优秀党员。七是通过多种形式开展学习活动，集团建立了“集美商学院”，对党员和广大员工进行党性教育，发挥党员的先锋模范作用。八是党委、党支部经民主选举产生，委员明确分工，发挥集体领导作用。

集美集团党组织因“有为”而“有位”，公司领导为之信任推崇，表示只要党的工作需要，愿意在人力、财力、物力全力支持。近年公司出资支持全体党员赴革命圣地西柏坡、霞云岭等地参观学习，重温入党誓词，领受“两个务必”等革命传统教育，又组织党员、干部前往井冈山、庐山红色旅游，凭吊革命先烈。公司在招聘人才时明确提出“同等条件，党员优先”。集美集团党组织“功夫下在平时，点滴落到实处”的思想政治和企业文化工作，赢得了集美人的信赖和拥戴，反过来又促使我们正视存在问题，加强自身建设，提高工作质量，不断创新发展。我们相信，只要继续努力坚持围绕企业文化建设下大力气，私企党建工作一定会与时俱进、大有作为，企业经济再次腾飞也指日可待。

诚信文化促进安全生产

——冀中能源邯郸矿业集团云驾岭矿

诚信是中华民族的传统美德，不断提升人们品德修养和行为规范，推动社会的文明进步。对企业而言，诚信更是一个企业发展的源泉、厚重的文化和无形资产，成为企业科学持续发展的一个法宝。作为煤矿来讲，实现安全生产的根本莫过于坚持以诚为本，以信为本；以诚树人，以信树人；以诚立安，以信立安。近年来，冀中能源集团邯矿集团云驾岭矿不断探索创建诚信文化新渠道，实施安全诚信管理新框架，使安全诚信管理系统更趋科学化、系统化和规范化。促进该矿各项工作保持了安全持续平稳发展，连续实现了自然安全年。

惊异于矿山企业的巨变

云驾岭煤矿是一座现代化的大型无烟煤矿井，1992年建成投产，现核定生产能力165万吨/年，全矿在册职工2613人。煤炭产品属于低硫、低灰分、热量高的优质无烟煤。该矿地处晋、冀、鲁、豫四省交界，京广、邯济铁路和309国道、京深、青兰高速在此交汇，交通非常便利。曾先后荣获河北省AAA级劳动关系和谐企业、全煤系统“模范职工之家”、煤炭工业科技进步优秀矿井、煤炭工业行业级安全高效矿井、全国企业文化优秀单位、全国煤炭工业“双十佳”煤矿、全国文明煤矿、全国精神文明建设先进单位等一系列荣誉称号。

当走进云驾岭煤矿时，眼前会一亮：看不见坑坑洼洼的矸石路，堆积如山的露天煤场和扑面而来的粉尘，取而代之的是宽敞干净的迎宾大道、四季常青的绿色植物、优美动听的轻音乐……。这是云驾岭矿大力建设煤矿安全诚信文化，将安全诚信文化的因子布撒在企业生产经营方方面面的效果。这既是给广大职工一个优美舒适的工作生活环境，也是公司领导对广大职工的一种诚信。

如今，安全诚信文化的因子，已经渗透到了云驾岭矿安全管理和职工行为之中，浸润到干部职工的思想意识深处，指导着全矿工作的细枝末节，仿佛一棵参天大树，郁郁葱葱，枝繁叶茂。

煤矿安全源于诚信

“就煤炭企业而言，多数安全事故与漠视安全、违规生产、违章作业有关，归根结底是安全诚信缺失造成的。”邯矿集团董事长、党委书记班士杰认为，建立一套安全诚信管理机制，打造一种安全诚信文化，用诚信来筑牢安全防线。

自2007年下半年以来，该矿积极开展煤矿安全诚信管理课题研究，经过近一年的全力攻关，煤矿安全诚信管理课题初步形成，共分诚信渊源、理念、管理、培育、助推、保障、监督、测系等八大体系。主要内容包括：提炼了"任务虽艰必不敢省人工"、"成本虽控必不敢少投入"等安全诚信"十必不敢"理念；搭建了以一条文化街、两个长廊、三个中心、四支队伍、五个阵地、六项活动为内容的"123456"安全诚信载体平台；总结凝练了誓词提醒法、安全账户法等安全诚信文化"十法"；形成了以责任主体、教育引导、专抓专管等为内容的"十位一体"安全诚信管理系统；推行了TRAM全员责任目标精细管理；制定了决策层、管理层、执行层和操作层安全诚信因素标准，确立了各个层级的数学考核计算公式，建立了员工安全诚信测评考核体系，研发并运用了"一纵"、"一横"、"一环"闭环管理模式，依据测评结果，可得出安全诚信、基本诚信、不诚信三种员工类型，进一步提高了广大职工承诺、践诺、履诺的意识和能力，促进了矿井安全生产。

经过苦苦的探索和实践，云驾岭矿终于找到了诊治煤矿安全顽疾的真经。

根据安全诚信管理内容，云驾岭矿编著了《煤矿安全诚信管理》一书，该书凝聚着云驾岭矿人的心血和实践，堪称从煤层中挖出的文化。冀中能源集团董事长、党委书记、总经理王社平，邯矿集团董事长、党委书记班士杰等都参加了编著。该著作共计50.6万字。国家煤矿安全监察局赵铁锤局长还欣然命笔为书作序。

诚信文化照亮每个职工的心灵

云驾岭矿安全诚信文化沐浴着整个矿区，见到了实际效果。

该矿安全文化长廊满目的安全生产标语、警句、故事、漫画，每天在潜移默化地影响着每一个职工。"营养餐食堂"是矿专门为一线矿工设立的，他们在这里全天吃饭不掏钱。正如冀中能源董事长王社平所说："企业改革，一线矿工是最大的承受者，企业发展，他们是最大的贡献者，他们理应受到应有的尊重、得到更多的优待。"考虑到职工的劳动强度大，必须得加强营养，该矿将职工的全天免费营养餐标准定为13元，并且严格按营养指标配餐，饭菜花样繁多，各种炒菜、馒头、水饺、面条、火锅等等一应俱全。

由此可见，云驾岭矿提倡的安全诚信文化正是一种人性文化。公司领导对广大员工动真情、讲真话、做实事，积极改善员工生产生活环境，让广大职工能在这里开心的工作，幸福的生活。

主井提升司机张存柱自建厂初期就来到这里，十几年来他一直坚守在主井提升这个岗位上，从没发生过安全事故。当问其他这十几年怎么做到不出事故时，他说"其实说起来很简单，就是严格按照操作规程做，不耍奸，不耍滑，做诚信人。"

如今，云驾岭矿每个岗位上的职工都在努力地做正确的事、正确地做事、把事做正确，把正确的事做到底。因为，在工作岗位尽心尽责的过程，就是诚信践诺的过程。只有让每个人都能唯有如此，才可能实现真正意义上的安全诚信，诚信也才彰显出其价值。

通过安全诚信文化的实践渗透，云驾岭矿违章指挥、严重"三违"、工伤、事故等现象呈逐年下降趋势，已经越来越少，广大干部职工的安全认知、安全态度、安全能力、安全素养都在明显转变，上标准岗、干标准活儿、不安全不生产、先安全后生产，逐渐成为广大职工的一种自我约束、思维定式和行为习惯。实践证明，厚重的安全诚信文化之魂是破解煤矿安全事故多发的根本之策。近几年来，该矿连续实现了安全生产，有效地促进各项工作发展。

（作者刘俊明，系冀中能源邯郸矿业集团有限公司云驾岭煤矿党委书记）

打造特色文化 实现价值升华

——中国水电九局有限公司第四分局

中国水电九局有限公司第四分局（以下简称"分局"）是公司伴随贵阳新区的建设应运而生，专业从事市政工程和房建工程建设的二级单位，自成立的那天起，在努力完成生产经营的同时，始终把建立优秀的企业文化作为分局一项长期、艰巨的任务来抓。几年来，经过参与金阳新区建设近十后的实践，分局结合市政和房建工程对企业管理、经营思路、队伍培养、形象塑造等工作"再造"要求，大胆探索，建立了一套适用性很强，领导和职工认同，有利于提升企业管理水平的文化理念体系指导实际工作开展，形成了以构建"劳动是生存之本，劳动是快乐之源，用辛勤的劳动创造和谐兴旺的分局"为主基调，有自身特点的"金阳铁军"的分局文化，以此作为全体职工行动的准则和追求的目标。按照分局企业文化建设规划，结合分局实际，开展了一系列的符合分局自身特色的企业文化建设活动。通过各项活动的开展，提高分局职工队伍素质、提高了分局的核心竞争力、凝聚力和向心力，进一步规范了分局经营理念和管理方式，开创了分局富有激情、富有活力、富有创造力的工作新局面。

加强领导、精心组织，开创企业文化建设新局面

优秀的企业文化对内可以增强凝聚力，对外可以树立良好形象，是企业核心竞争力的重要组成部分。为此，分局以宽广的眼界和与时俱进的精神，以提升分局竞争力和提高经济效益为中心，全面推进企业文化建设工作。

一方面加强领导、落实责任。成立了以党委书记为组长，分局领导班子其他成员为副组长，分局党委、工会、办公室等职能部门负责人为成员的企业文化建设领导小组，形成党、政、工、团齐抓共管，分局党群工作部负责日常事务的工作格局。另一方面结合实际，宣贯"拼搏、开放、创新、卓越"的分局精神和分局经营理念、服务守则、质量方针、人才观等文化发展理念。通过开展形式多样的创先争优

活动、文体娱乐活动，积极培育职工昂扬向上、务实进取的企业文化理念，不断把企业文化建设融入到分局经营管理、思想政治工作和精神文明建设的全过程。

以人为本、关爱职工，将企业文化建设工作落到实处

“没有无能的群众，只有无为的领导”，这是分局提出的群众工作理念，并同时规定群众工作模式：依靠群众必先发动群众，发动群众必先教育群众；把方法交给群众，让群众掌握思想的武器；让群众自己解放自己，自己掌握自己的命运，近年来，分局就是在这样的理念的工作模式指导下做好职工群众工作。

如何吸引和凝聚职工忘我的工作，充分发挥他们的积极性和创造性，为分局的发展做出应有的贡献，重要的一点就是为职工办好事、办实事，了解干部职工的疾苦，“想职工之所想、急职工之所急”，为职工办好事、办实事。真正解决职工面临的实际困难。结合创先争优活动和四强四优活动的开展，分局不断努力为职工创造一个整洁、安全、舒适的工作环境。先后在三个项目按公司党委和工会创建“一室一家”的要求，建立项目“职工之家”和“党员活动室”，并得到公司党委和工会的确认并挂牌。挂牌的“一室一家”建立了图书阅览室、体育活动室等文化体育活动场所及设施，为职工提供学习娱乐休闲的平台；津城项目部将暖气输送到每一个房间、冬衣发放到每一个职工手中，热心暖心；毕节、基础设施两项目部从关心职工、尤其是单身职工生活入手，以情动人，凝聚人心；借贵阳市“三创一办”活动的契机，美化环境，对各施工项目脏乱差进行有力的整治，安装指示牌、文明标语、宣传栏等设施，为职工营造了和谐、舒适的办公环境。

大力倡导“爱心捐赠”和“爱心助学”工作。自分局组建以来，积极响应上级号召的倡议，多次开展“爱心捐赠”活动，同时结合分局文明单位创建工作，开展慰问高考职工子女、金秋助学等活动；每年中秋国庆和元旦春节，认真组织开展“送温暖”活动，慰问困难职工家庭，走访特困党员；始终坚持对生病住院职工、丧亲职工家庭和职工生日进行慰问。

开展文明单位创建活动，把企业文化建设融入精神文明建设的全过程

加强领导。按照公司党委精神文明建设工作安排意见的要求，把“文明单位”创建工作列入了党委领导班子的重要议事日程，成立了由党委书记为第一责任人、分局局长积极参与和大力支持的文明单位领导小组。形成了党组统一领导，党政共同负责，党政工团齐抓共管的创建领导体制和运行机制，通过认真讨论研究，制订了详细的“文明单位创建规划”，扎扎实实开展了文明单位创建活动。

规范运用股份公司形象标识，全面整改以往不规范运用的股份公司形象标识，统一制作了文化宣传画册、廉洁文化核心理念的座卡和标牌分发各部门和各项目部，并更新了分局廉洁文化走廊，让廉洁文化走进机关和项目；创作、排练了廉洁文化建设的文艺作品、节目，参加公司和分局的文艺汇演，让廉洁文化走上舞台，以艺术的形式让廉洁文化得到广泛的传播和推广。通过这些方式充分发挥廉洁文化的宣传、教育、激励、警示作用，营造了廉洁办公的良好气氛，从而营造了良好的企业文化氛围，使股份公司“认认真真学习、清清白白做人、干干净净干事”廉洁文化核心理念和“廉廉洁促发展，同心创效益”的洁理念真正“业务开展到哪里，管控就渗透到哪里”，形成“员工安全，干部安全，分局安全”廉政目标，展现了新时期现代化企业的新形象。

提高全体职工的安全生产意识，按照“安全是最大的效益，事故是最大的浪费”分局安全理念，积极推行“不安全、不生产”。一方面从制度上规范职工的安全生产行为，一方面定期对全体职工和施工班组进行安全生产的教育，并通过悬挂宣传条幅、安全标语、观看安全宣传片等形式，进行安全宣传教育活动，使安全生产进一步理念化、规范化、制度化，达到用安全文化促进安全生产的目的。2011 年，分局荣获公司安全生产先进单位，分局津城项目部荣获公司安生产先进项目部殊荣。

开展以“创先争优”为主题的活动，不断把企业文化建设引向深入

一是开展了每季度“星级职工”评选活动。为树立起新时期优秀职工先进标杆，使广大职工、青年职工学有先进、赶有目标。分局工会和团委以“工作没有任何借口；服从，行动的第一步，视服从为美德；说谎是最大的罪恶；纪律是敬业的基础；对立情绪要不得；工作中无小事；廉洁奉公，服务群众”七条分局职工行为准则为基准，认真按照《星级员工评选标准》，本着“业绩突出、群众公认”为原则，评选出了一批思想作风好，工作业绩突出的优秀职工，作为广大职工学习的楷模。每年度评选“星级职工”12 人次，他们的模范带头作用，为分局生产发展经营起到了积极的推动作用。

二是典型引领，注重典型的示范带动作用。用身边的先进事迹教育身边的人，把那些立足本职、埋头苦干、顾全大局、乐于奉献的人，树立为大家熟悉、易于了解、贴近生活的学习榜样，做到学有标杆、干有榜样，在分局形成崇尚先进、学习先进、争当先进的良好氛围。推荐了 1 名公司劳模和 3 名先进生产者接受公司表彰，表彰了 2011 年涌现了 35 个优秀集体和个人，通报了获得上级表彰的 26 个先进集体和个人，在公司纪念建党 90 周年表彰会上，分局两个党支部荣获公司党委先进基层党组织称号，10 名共产党员荣获“优秀共产党员”称号、2 名党务工作者荣获“优秀党务工作者”荣誉；同时，在参加公司纪念建党 90 周年文艺汇演中，分局选送的舞蹈《红色娘子军》获得舞蹈类三等奖、《新闻联播》获得语言文字类二等奖和创作奖。分局受公司表彰的各类先进人物，其中共产党员就占了 90% 以上，党员的先锋模范作用在各项工作中和职工群众中得到充分体现和普遍认可，使基层党组织和党员真正起到了良好的引领表率作用。

三是认真组织参与企业文化有关的创建活动，经过不懈努力，分局荣获贵州省建设工会“安康杯”优胜企业称号，分局津城项目部荣获贵州省建设工会“工人先锋号”先进班级称号，被中国企业文化研究会评为全国“企业文化融合”荣誉单位；中国工业合作协会、中国社会经济文化交流协会、中国企业文化研究会企业文化专业委员会评为“2011年度中国企业形象优秀单位”；被中国企业文化促进会“企业文化建设社会责任先进单位”；被贵州省企业文化促进会评为贵州省最行业最具成长性品牌；局长张伟同志被中国企业文化促进会评为2011年度“企业文化建设优秀管理者荣誉称号”，创建取得明显成效。

开展劳动生产竞赛，推动生产经营向前迈进

天津还迁房项目是中国水电九局有限公司（简称公司）承担的首个省外房建施工项目，承担施工任务的公司第四分局（简称分局）抽调精干力量，组建施工项目部，于2010年3月进驻施工现场。工程前期，因征地拆迁迟缓，导致施工受阻，工期严重滞后，给结点目标完成带来影响。为此，项目部在征地拆迁工作完成后，克服气候不适，水土不服等不利因素，在北方冬季不利于施工的情况下，采取有效措施，以“青年突击队”为先锋，开展百日劳动安全生产竞赛，迅速掀起冬季抢抓工期的施工高潮。同时，项目部工会积极开展“建家暖人心”活动，建起职工文体活动室，暖气输送到每一个房间，冬衣发放至每一个职工，通过“职工之家”的创建，迅速凝聚人心，调动起每一个职工的生产激情，全身心投入生产施工，为劳动竞赛顺利开展提供了动力。

通过劳动竞赛的开展，冬季施工取得显著效果，项目部承担施工的23栋楼房现已全面完工，为2012年4月小区的整体交付使用奠定了良好的基础，受到业主和监理的好评。

打造优秀企业文化 推进企业转型发展

——中铁十六局六公司海翔大道二期

提起美国的Wal Mart（沃尔玛）公司与Enron（安然）公司，相信大家都不会陌生，前者把“尊重个人，服务顾客，追求卓越”的三大信仰以及“控制成本，利润分享，相互学习……”等十项经营法则作为公司的企业文化，成为了世界最大、财务运营稳定而健康的全球500强企业之首；后者把“强调竞争、强调个人业绩，唯诺是从，追求财务数字”作为公司的企业文化，从而贪婪态度孳生，企业内部失控，交易腐败、虚夸营业收入以及隐藏债务事件频发，最终导致破产。可见，企业文化是公司盛衰荣辱的关键，它关系到企业的成败，甚至能够决定企业的生死存亡。

企业文化存在于一切企业中，而且每时每刻都在发挥着固有的作用，企业文化渗透在生产经营中，有什么样的文化，就有什么样的企业。

中铁十七局集团有限公司组建于1952年，1984年1月兵改工并入铁道部，2001年9月建立现代企业制度，成为中国铁建股份有限公司全资的大型建筑施工企业。几十年的发展历程，经历了血与火的锤炼，走过了艰难困苦的创业期和励精图治的资本积累期，曾先后荣获“创鲁班奖工程特别荣誉企业”、“全国工程建设质量管理优秀企业”、“全国守合同重信用企业”、“全国优秀施工企业”、“全国精神文明建设工作先进单位”、“中国优秀诚信企业”等荣誉，并被授予“全国五一劳动奖状”，这一切成绩的取得，一靠政策机遇，二靠内外环境，三靠规模技术，我想还有一个重要的因素，就是企业文化。

在长期的探索和实践中，十七局人秉承“不畏艰险，勇攀高峰，领先行业，创誉中外”的企业精神，始终信奉“诚信创新永恒，精品人品同在”的企业价值观，从“蕴育良好学习氛围，奠定企业文化建设基础；全面提高职工素质，推进企业文化健康发展；树立企业良好形象，塑造企业文化建设内涵；加强企业文化建设，全面提升企业竞争力”等方面打造优秀的企业文化理念，推进了企业的健康发展。

企业文化是企业在实践中，逐步形成的为全体员工所认同、遵守、带有本企业特色的价值观念。传统的制度管理只能约束员工的行为，但不能赢得员工的心，而优秀的企业文化，却是统一员工思想、鼓舞员工士气、规范员工行为、凝聚员工力量的宝贵财富。

国际商用机器公司前总裁小托玛斯认为，“公司成功与失败之间的真正区别常常可以归结为这样一个问题，即它在多大程度上使员工巨大的力量和才能发挥出来。”当然，只有朝着共同目标的力量和才能的发挥才会真正产生作用。那么，企业应该采取什么措施来帮助员工找到共同的目标呢？企业内部新旧人员不断更替、形势不断变化，在漫长的发展过程中，企业又应该怎样才能维持这一共同的目标和方向感呢？十七局人给出的答案是：打造优秀的企业文化。

坚持“以人为本”

诚然，“打造优秀的企业文化”不仅仅是一句口号，优秀的企业文化具有灵魂、凝聚、约束、向导、激励等几方面的重要作用，尤其是它表现出来的独特亲和力。运用于实践中，首先就是坚持“以人为本”。真正地做到尊重员工的创造性，理解员工的思想，关心员工的温暖；做到平等对待员工，切实维护员工的合法权益不受侵害；做到尊重员工的能动性、自主性和自觉性，使员工们的才华在企业文化建设中得以充分发挥；做到理解员工对不同问题的看法，不压制员工的积极性。作为企业管理者，要更多的进行换位思考，积极站在员工的立场考虑问题，亲身体验员工的苦衷，对于员工提出的问题，要想方设法去解决，从正面的、积极的角度去理解员工的行为，让员工参与到企业管理之中。凡是涉及到企业重大改革事项，员工切身利益的事，都应尽可能让员工了解情况，听取员工意见，采纳员工的合理化建议，让员工认识到自己是企业的主人翁，从而激发员工的工作热情。同时，增强员工自主创新意识，尊重员工们的劳动成果，建立激励机制，把员工视为企业发展的宝贵财富，而不是把员工当作“包袱”或是利润的实现者。

我们说，真正构建好“以人为本”的企业文化，能够充分调动员工爱岗敬业的积极性、主动性和创造性，不断激发员工忠诚企业的责任感、使命感和成就感，从而构筑员工发展目标与企业发展目标相一致的利益共同体、命运共同体和追求共同体，以人的发展促进企业发展，同时以企业发展促进人的发展。在一个强大且富有凝聚力的企业文化中，若企业的核心价值观能够深入人心，得到广泛认同，那么员工的意见就能达成一致，从而能够关注重要目标，减少冲突；营造学习氛围，减少人员流失，更有效地把员工的理想、信念、个人价值与敬业、勤业、精业和奉献统一起来，为企业得以生存发展提供动力和源泉，并不断提高企业的经济效益，使企业健康、稳步、持续地发展。

蕴育学习氛围

优秀的企业文化是引人奋发向上，顽强拼搏的源动力。打造优秀的企业文化还需要营造良好的学习环境，蕴育良好的学习氛围。

长期以来，我们十七局通过开展“创建学习型组织”，“打造学习型企业”等活动营造良好的学习氛围，这些举措都为构建企业文化建设，奠定企业文化基础起到了积极的作用。如：抓好法律法规的学习教育，培养知法懂法守法的职工，尤其对于我们施工企业的员工，要特别强化安全文化与质量文化，真正做到安全为了生产，生产必须安全，同时牢固树立百年大计、质量第一的观念，打造高品质的人品和高品质的产品；抓好政治理论的学习教育，提高职工的思想政治素养和爱岗敬业精神，并强化服务文化和效益文化，从根本上加强企业的感染力、影响力和辐射力，全方位管理，全过程控制，全员增效益；抓好专业技术知识的学习培训，不断提高职工的业务水平；鼓励职工进行建造师、造价师考试，以及学历深造，不断提升人员综合实力；寓教于乐，组织开展多种有利于职工身心健康的文娱活动等等。以此来满足职工不断提高自身综合能力的需要，又满足了职工渴望成才，渴望体现个人价值的需要以及物质、文化生活的需要，为构建企业文化建设营造一个良好健康的环境氛围，推进企业文化健康发展。

树立企业形象

优秀的企业文化，是企业成功的重要因素。打造优秀的企业文化，需要从树立良好的企业形象入手。良好的企业形象是企业的无形资产，对于提高企业信誉，提升企业品质，提高企业竞争力都具有重要的意义。在树立企业形象中，十七局从视觉、队伍和管理方面着手，以标准化管理构建企业文化。

每个走进中铁十七局的人都会对干净整洁的办公环境，井井有条的施工环境，整齐化一的企业标识发出赞叹，标准化工地的建设保持了企业精神、企业价值观、企业标识的上下高度统一，我们的企业也在多次的信誉评价及各类检查中因良好的企业形象受到上级单位的赞赏与奖励。企业良好的外观形象反应了企业严格的内在管理，树立良好的企业视觉形象，充分展示了企业文化的个性特色，为企业创造一流品牌助力。

树立企业形象不仅在于其视觉形象，更要注重企业队伍形象的树立，这要从管理人员、党员干部和职工三个层面进行：一是在塑造企业管理人员形象上，我们开展了创建学习型领导班子活动，结合企业实际，强化廉洁文化，通过抓好领导干部的工作作风及党风廉政建设工作，在职工中塑造领导班子团结协作、清正廉洁的良好形象；二是在塑造党员形象时，以保持共产党员先进性教育为契机，加强党性教育，开展“创先争优”活动，充分发挥党员先锋模范作用，并强化团队文化，由党员干部带领广大职工同心协力为企业做贡献，树起“十七局团队”这面旗帜，与时俱进，开拓创新，赢得新发展；三是在塑造职工形象时，强化典型文化，对生产工作中取得突出成绩及突出贡献的职工坚持物资奖励与精神鼓舞相结合，通过大力宣传广大员工看得见、摸得着的先进典型，促使企业人力资源大量涌现，形成推动企业发展的强大力量。

此外，还要注重树立企业的管理形象，一要通过强化执行文化，不断地加强内部管理，完善各项管理制度，不断完善有布置、有执行、有检查、有考核、有奖惩的工作机制，切实做到事事有人管，处处有落实，件件有回音；二要通过强化诚信文化，增强诚信意识，恪守诚信诺言，养成诚信习惯，履行诚信责任，用诚信赢得广阔市场和社会信誉。通过视觉、队伍、管理三方面树立良好的企业形象，丰富了企业文化的内涵，发挥了企业文化的优势，有利于企业更快、更强、更好的发展。

作为十七局的员工，我们学习企业文化，了解企业文化，并将企业文化建设融入到日常的工作生活中去，从机关到基层，涌现出了一大批素质好、观念新、作风硬的先进骨干，他们在企业的各条战线上不懈奋斗，在企业文化融合下的沃土中绽放芬芳、茁壮成长，为企业快速健康发展谱写了壮丽的篇章。

然而，“路漫漫其修远兮，吾将上下而求索”，成功永远属于过去，未来始终充满挑战。为适应新形势，充分调动全体员工的凝聚力和战斗力，十七局再一次掀起了开展企业文化建设活动的高潮，以“文化引领我争先，转型发展谱新篇”为主题的各类活动一一启动，这更进一步突显着企业文化在企业转型中的强劲带动力。我们将以此为契机，更加紧密地围绕企业中心工作，精心组织开展打造优秀企业文化建设的活动，抓住时机，内聚人心，外树形象，将公司优秀的企业文化发扬推广，为推进企业转型发展添上浓墨重彩的一笔。

（作者陈淑亭）

加强企业文化理念导入与平台建设的实践探索

——包钢（集团）公司选矿厂

企业文化作为一种具有品牌效应的无形资产，具有强大的生命力和扩张力，是一种作用巨大，潜力无穷的文化生产力。近年来，包钢（集团）公司围绕“建设行业一流企业”的共同愿景，立足自身资源优势，在低成本的原料战略上寻求突破，不断强化“坚忍不拔，超越自我”的企业精神，全力推进“四个坚持，四个转变”的发展理念。选矿厂作为包钢铁原料的主要生产厂，在公司的大文化背景下，充分挖掘经过近半个世纪积淀下来的深厚文化底蕴，依托千万吨级包钢建设的发展战略，以“四个一”价值理念体系为导向，深挖“坚忍不拔、超越自我”的企业精神内涵，全面推进“四个平台”建设，充分发挥企业文化的导向和凝聚作用，走出了一条依靠精细管理、技术进步、职工素质提升的创新之路，为企业的发展进步提供了有力的文化支撑。

全面推进“四个一”价值理念体系建设，增强企业向心力

先进的企业文化不仅仅是一种精神境界，更是一种蕴藏着巨大能量的先进生产力。选矿厂深知企业文化对企业发展的重要性，多年来，始终把企业文化建设置于企业发展规划中，通过创新企业文化建设，全面推进“四个一”价值理念系统建设，有力地促进了企业生产经营工作，增强了企业向心力。“四个一”价值理念体系，即：“培育一种企业精神、升华一个管理理念、明确一个奋斗目标、塑造一个崭新形象”。

所谓培育一种企业精神，就是培育职工 “坚忍不拔，超越自我”的企业精神，使之成为凝聚、激励职工奋发向上，促进企业发展的精神支柱和动力源泉；升华一个管理理念，就是提炼升华“以人为本、分级管理、各负其责、主动工作、责任追究”的全新管理理念。而明确一个奋斗目标，就是按照选矿厂确立的“打造一流原料精品基地，进入全国冶金矿山行业‘十佳企业’”的发展战略，通过多种形式宣传，使职工明确企业发展方向，努力在实现企业发展的过程中，实现个人的自身价值。塑造一个崭新形象，就是通过加强领导班子廉政勤政作风建设，培养业务精湛、素质过硬的职工队伍，树立选矿厂“精细管理，规范操作，优质高产，用户满意”的崭新形象。

企业文化的最终目标是把企业价值观化为企业员工的统一意识。为此，选矿厂把加强企业文化理念导入与普及，作为推动企业文化建设的重点，通过举办贴近企业实际，职工乐于参与的各类主题活动，积极发挥企业文化的引导、鼓舞和凝聚作用。选矿厂通过开展以“忠诚包钢、热爱包钢、爱岗敬业、建设一流选厂” 为主题的教育活动，以“降本增效迎挑战，解放思想谋发展”为主题的大讨论活动和读书交流等活动，在全厂上下形成了浓厚的舆论氛围和鲜明的文化导向。先进人物是企业的宝贵财富，也是企业精神的生动代言。选矿厂坚持每年开展先进集体和个人表彰活动，为广大职工树立了行动的榜样，发挥了先进典型的示范、引领作用，无疑增强了企业的向心力。

全面推进“四个平台”建设，增强企业生命力

无论是企业向心力的增强，还是企业凝聚力的增强，最终的落脚点，还是要放在全力增强企业的生命力上。为此，选矿厂始终坚持“以人为本”的管理理念，通过搭建“职工民主参与”、“职工素质提升”、“职工创新创效”和“职工与企业利益共享”四个平台，极大地调动起了广大干部职工在建设国内一流选厂进程中的积极性和创造性，增强了企业的生命力。

构建职工民主参与平台。选矿厂全心全意依靠广大职工办企业，坚持和完善以职代会为基本形式的民主管理制度，将民主管理纳入企业管理的全过程。近年来，选矿厂形成了“党委负责、行政落实、工会监督、职工评价”为一体的民主管理工作机制，营造了思想明确、认识到位、制度健全、方法创新、部门协作、全力推进的职工参与企业民主管理的良好氛围。选矿厂通过深入落实职工代表提案制度、贯彻执行党代表常任制，大力开展民主评议，积极推行厂务公开制度，不断畅通民主监督渠道，扩大职工的知情权、决策权、选举权、监督权，不断增强职工的参政议政能力，密切党群、干群关系，加强职工对领导干部廉政建设的监督力度，激发广大职工同心同德、全力支持企业改革和发展的积极性，使他们真正体会到个人价值的实现，真心实意为选矿厂出谋献策，无私奉献。

构建职工素质提升平台。选矿厂从提高职工的综合素质入手，建立让各级各类人才尽显其长的用人机制，为职工搭建施展才华的舞台。企业文化的核心是“育人”。随着市场竞争的日趋激烈和企业的生存环境、发展模式的不断变化，企业员工的劳动技能和创新能力将是今后市场竞争的有力武器。近年来，选矿厂以素质教育、诚信建设、学习型企业建设等活动为契机，致力于形式多样的员工培训，采用“请进来、走出去、岗位成才”等形式，加大培训力度，广泛开展操作技能、专业技术、管理方面的全员培训和交流。选矿厂通过建立以生产厂长为组长的培训组织机构，保证了培训工作的执行落实和管理考核，满足了不同层次职工的需求，使培训工作的针对性不断增强，提高了职工参与培训的主动性和积极性，让培训真正成为惠及职工的一项福利。职工的成长、成才，需要有效的激励和引导。选矿厂努力为职工创造良好的个人发展空间，营造单位内部公平公正的和谐氛围，培养职工的归属感。目前，选矿厂对操作人员、管理人员以及专业技术人员队伍的激励通道已经基本打通。尤其是在专业技术人员中通过建立一套系统的由低到高逐级发展的岗位序列，扭转了长期以来形成的众多技术人员挤为为数寥寥的行政管理岗位的局面，构筑了技术人员的成才通道，充分体

现了以待遇激励，事业激励为核心的激励文化的深化和践行。

构建职工创新创效平台。选矿厂始终坚持科技兴企，走持续发展的战略，紧紧围绕提质降杂，解决白云矿石选矿技术难题，加大科研攻关、技术改造力度，推动技术升级。科技力量是一个企业竞争力的重要体现，是企业核心竞争力的重要组成部分。2007年以来，选矿厂先后完成包钢重点科技攻关项目6项，厂级重点项目58项，这些项目在改进工艺、提高产品质量、发挥设备效能、指导生产以及长远技术储备等方面发挥了较大作用。同时，选矿厂在面对金融危机冲击和市场动荡的严峻形势下，坚持贯彻创新理念，大胆引进新技术、新工艺、新设备、新材料，不断优化经济技术指标，提升自主创新能力，进一步夯实了发展基础，并在转变发展方式方面进行了卓有成效的探索。创新是企业的灵魂，党建和思想文化创新是增强企业“软实力”的重要途径。为适应新的发展形势，选矿厂通过多种方式探讨党建、思想文化建设的新机制、新方法、新途径，通过开展党员奉献专题竞赛、创新创效优秀计划书、创意书评比等活动，进一步推进党建、思想文化建设工作者多出创新成果，为企业确立新的发展思路，实现新的奋斗目标提供理论指导和文化支撑。

构建职工与企业发展利益共享平台。选矿厂努力在生产需要、职工欢迎上寻找结合点，以全面落实为职工办好事、实事为载体，坚持抓好“人心工程”，体现了选矿厂“以人为本”的和谐文化理念，赢得了职工的信任和支持，增强了企业凝聚力。 近年来，选矿厂坚持在资金紧张的情况下，为职工办好事、实事。在发展生产的同时，不断改善职工的生产工作条件，提高职工的生活质量。目前，选矿厂优美整洁、物流有序的工作环境不仅使厂区整体面貌发生了巨大变化，更使职工们干劲倍增。同时，选矿厂通过建立捐资助学长效机制，持续开展金秋助学活动，从2006年开始至今，已连续五年为考上本科、专科大学的在岗职工子女及特困职工子女累计发放奖学金和帮困助学金543780元。一系列的民心工程使企业的凝聚力、职工的认同感、归属感和满意度显著增强，职工和企业的文明程度达到一个新的高度。群众文化活动作为联系职工的“无形”纽带，在陶冶职工情操，增强企业凝聚力方面发挥着积极的作用。选矿厂紧紧抓住关键时间节点，坚持小型活动月月有、大型活动不断线，开展了安全活动月、质量活动月、职工艺术节等大型活动，并紧密结合不同时期的工作重点举办青春诗会美文共赏、职工体能竞赛等活动。营造了积极向上的文化氛围，激发了职工群众在机遇和挑战面前无所畏惧、坚忍不拔、超越自我的精神。

目前，选矿厂在独具特色的企业文化支撑下，职工整体素质显著提升，职工生产、生活环境明显改善，管理水平迈上新的台阶，生产经营等各项工作呈现出不断攀升的良好态势。选矿厂正以其创新性、科技性、人文性等众多特性，在继承中创新，在创新中开拓，大踏步向全国冶金矿山行业“十佳企业”迈进。

（作者石文文）

亲情物业：让外围矿区更美好

——大庆油田矿区服务事业部外围物业管理公司

大庆油田矿区服务事业部外围物业管理公司主要负责大庆油田采油五厂至采油十厂及银浪新城驻矿单位和居民住宅物业、供热、供水、供电、排水、综合执法和托幼管理等工作。公司共管理10个物业、供热单位，用工总量 4084人。现管理服务住宅小区40个，物业服务面积444万平方米，供热服务面积425万平方米，管理服务居民住户34378户，管理服务小区有4个国家级物业示范小区、17个省级物业示范小区。公司连续三年被评为省、市供热管理先进单位和“安全生产、文明生产”金牌单位。

公司以文化引领服务业务管理，推进服务业务水平提升，制定了基本的文化理念：

永恒追求：亲情永远、服务无限

服务宗旨：奉献亲情、构建和谐

共同职责：保障外围油田生产，服务外围职工生活

奋斗目标：建设油田一流外围矿区服务基地

团队理念：忠诚企业、快乐工作

学习理念：学习提升素质，技能成就人生

共建理念：合作双赢、共建共管

工作作风：能吃辛苦、善打硬仗、出手过硬、永争一流

公司始终秉承“至真至诚情暖千家万户，尽职尽责服务百年油田”和“亲情永远，服务无限”的理念，立足外围油田，以亲情为主线，不断提高管理和服务水平，倾力打造亲情物业。在常规服务上，公司强化了“以雪为令、以雨为令、以风为令”的执行，积极推行“七个一”服务模式，推广无干扰保洁，在维修服务中实施“五重五心”，提高了维修服务满意度。为进一步提升服务形象，公司下发了《服务礼仪手册》，通过理念早课形式对客服人员、岗位工人和保洁员等十大窗口形象人员的言行举止进行规范。为了全面落实服务标准，公司大力落实“走动式”管理，各级干部在“走动式”管理中锤炼扎实过硬作风，以自身的走动带动员工的行动，提升了管理服务水平。

用亲情做纽带，视用户为亲人，是外围物业亲情服务的最大特色。在亲情服务上，公司推行四季亲情、节日亲情等亲情服务举措；进一步完善客户资源信息系统，动态掌握个性化服务需求；积极推广“亲情服务四个一”和“亲情联络员”等优秀服务法，系统地推出了四季亲情、节日亲情、特殊群体亲情、便民亲情等一整套亲情服务举措，以“两送一修”、“两通三快”为主要内容的增值服务，为广大用户真诚的奉献了外围物业人的浓浓亲情，使广大外围油田居民感受到物业亲情大家园的温暖

公司积极培育亲情文化，总结提炼了“亲情永远，服务无限”、“奉献亲情，构建和谐”、“忠诚企业，快乐工作”和“能吃辛苦，善打硬仗，出手过硬，永争一流”等一系列

以亲情为核心的公司文化理念，逐步丰富完善了具有外围特色的亲情文化框架。同时，通过开展日常理念早课，编辑《亲情树》文集、《外围风采》故事集，举办服务礼仪大赛等方式，不断强化理念的普及与传播，促进服务行为的养成，用亲情文化打造过硬团队。为了增强亲情文化的辐射力，公司大力倡导亲情文化进小区，着力打造了以锦绣杏南、彩虹、百和、创业四个文化小区，从楼体的装饰、牌匾和宣传橱窗的陈列、文化楼道等，按照统一文化理念进行策划推进，最大限度地把亲情文化注入其中，让居民切实感受到走进小区就是走进充满浓厚生活文化气息的家园，放松身心的港湾。

公司以共建共管为途径，在用户中大力宣传“全员参与，共建共享”理念和健康文明的生活方式，根据用户需要，适时推出主题鲜明、丰富多彩的文化活动，开展春节文化拜年、浓情端午、广场文艺演出等活动，实现物业企业与用户文化上的融合和沟通。2009年夏季举办“亲情邻里节”活动，策划了“邻里和”、“邻里情”、“邻里乐”三个系列主题，通过亲情艺术团巡回演出、举办“邻里千人宴”、“红歌嘹亮·用户红歌会”等20项活动，大力弘扬了邻里团结、互助和睦的传统美德，在“大文化、大服务、大家园”中实现了亲情文化进小区、进楼组、进家庭，让外围居民走出“小家”融入“大家”，成为外围小区一道道亮丽的风景线。

（作者付守申、邓容）

建特色安全文化
提升矿井本质安全水平

——冀中能源峰峰集团九龙矿

冀中能源峰峰集团九龙矿坚持探索实现本质安全型矿井的管理新机制，以强化内部管理、提升全员素质为手段，以转变作风、凝心聚力为保证，以安全文化建设为抓手，以“聚九龙之力、铸九龙辉煌”为愿景目标，全面提升了优质高效矿井建设水平。

强基固本，“十大基础”为安全保驾护航

一是进一步规范和完善了安全文化“9653”模式。广泛征求全矿干部员工的意见和建议，对“9653” 安全文化运行新模式进行完善、整合和修改，不断赋予其新内涵，鼓舞职工队伍士气。

二是进一步规范完善了班组建设“3+3”模式。坚持抓基层、抓基础、抓基本功训练，给力班组建设，充分发挥班组小阵地、小政委、小讲台作用，加强对班组好伙伴、好师徒、好工友的考核，形成了班组建设“3+3”模式。

三是进一步规范完善了“21+1”培训法。所谓“21+1”培训法，对一线员工每月集中一天时间，进行不低于8个课时的脱产、带薪培训，变员工升井后疲劳状态下强制培训为脱产培训，变义务培训为带薪培训。

四是进一步规范完善了“八个三”安全工作法。坚持强化“三不”（安全投入不眨眼、安全管理不护短、安全处罚不手软）；严格“三查”（逐日分专业自查、周一全矿安全大检查、不定期抽查）；厉行“三严”（严格管理、严格制度、严格责任追究）；确保“三到位”（职工技术培训到位、现场管理到位、奖惩兑现到位）。各级管理人员做到“三先三再”（先考虑安全重点，再指挥生产；先排查安全隐患，再安排生产；先落实安全制度，再落实生产任务）；员工做到“三先三后”（先精神饱满，后考勤上班；先熟知规程，后上岗作业；先安全确认，后开始工作），使各级管理人员和广大员工的行为进一步规范。

五是进一步规范完善了安全“三步”管控法。各级管理人员和员工严格按照“风险评估、风险预控”、“隐患排查、安全确认”、“隐患治理、效果评价”三个步骤管控安全，通过全过程想一想、查一查、做一做，实现隐患的闭合管理。

六是进一步规范完善了“1+3+1”自主管理法。即每班开好班前会，提高了班前会质量；抓好现场安全确认、管理人员走动式巡查和小班评估三项制度的落实；开好每个班后收工会，形成小班自始至终的闭合管理。

七是进一步规范完善了干部走动式管理。加大干部走动式管理考核的力度，规范了全矿管理人员行走路线、巡查时间和地区防控体系，形成了安全隐患处理闭合管理机制。

八是进一步规范完善了值班领导目送员工入井制度。各单位坚持执行“值班领导目送员工入井”制度，一方面体现了值班领导对员工的关心和关爱，另一方面做到在职工入井前精神状态进行最后确认，确保员工心情舒畅精神饱满地投入工作。

九是进一步规范完善了四级隐患排查治理评价机制。即坚持矿、区科、班队、个人四级隐患排查治理制度，强化对四级隐患排查治理工作的检查和考核，确保做到环环相扣，逐级负责，隐患排查治理评价到位。

十是进一步规范完善了分工种编制岗位作业指导书落实。全矿所有井下单位，均按照工种作业程序、岗位工作标准编制作业指导书，确保岗位作业指导书简便易懂，便于员工操作。

强化安全管理，“五项规范”提升员工素养

一是规范员工A卡填写。各单位对A卡的管理和使用，做到填写规范，不漏项，不空格，ABC三卡每月归档备查，考核结果与单位收入挂钩。

二是规范员工集体升入井。加强对员工集体升入井的管理，教育广大员工严格遵守矿集体升入井打旗排队的若干规定，逐步养成了良好的行为习惯。

三是规范厂区内员工文明行为。加强对员工文明规范的监督检查，加强对广大员工文明行为规范的教育，进入厂区车辆定置管理，做到了教育、处罚并重。

四是规范定置、编码管理。基层各单位、机关各部室加强定置、编码管理，建立台账，做到了账、物、卡三对口。

五是规范“五星”级员工考核。每季对本单位员工逐人

对照“五星级员工”晋级标准进行考核评定，并将考核评定结果张榜公示，奖惩兑现。

坚持典型引路，“七个标杆”示范引领

一是推广班前会标杆。以开拓区班前会演示为标杆，进一步规范班前会程序、内容。

二是推广安全确认标杆。以运输区岗位安全确认演示为标杆，进一步规范安全确认程序、内容。

三是推广岗位双述标杆。以机电区灯房、压风机房岗位双述演示为标杆，制作光盘下发全矿予以学习、规范、推广，进一步规范岗位双述。

四是推广基础资料管理标杆。以开拓区、运输区基础资料管理为标杆，进一步规范基础资料管理工作。

五是推广公寓楼管理标杆。以开拓区、一掘进区公寓楼管理为标杆，进一步加强公寓楼的管理。

六是推广党建基础资料标杆。以一掘进区、开拓区、坑修区和制修科党支部基础资料为标杆，进一步加强基层党支部的基础资料管理工作。

七是推广“五精”头、面标杆。以“五精”管理头、面为标杆，结合实际制定了打造“五精”管理工作规划、实施方案和具体措施，全面扎实推广实施，达到了典型引路整体推进的目的。

（作者邱拥军）

培养文化自觉和文化自信
提升市场竞争软实力

——沈阳热电厂

作为社会主义先进文化重要组成部分的企业文化，是一个企业在长期生产经营过程中倡导、积累并经筛选提炼而形成的一种企业的价值观、行为准则和思想作风。企业文化是企业思想政治工作与现代企业管理相结合的重要成果，是创新企业思想政治工作的有效载体。在社会思想多元、多变、多样及企业深化改革，全面步入市场运营的新形势下，准确把握企业文化建设的发展趋势，全面落实企业文化建设的主要任务，对于我们牢固树立科学发展观，推进公司又好又快发展，具有十分重要的意义。

文化管理 继承创新 良性互动

一个企业的振兴与发展，是要靠实力来支撑的。实力，不仅包括物质的力量，更包括精神文化的力量。

我们全面推行“文化管理”理念，准确把握企业与企业管理的内在联系，把企业的核心理念融入各项管理制度和经营管理行为之中，坚持“五个原则”，即改革创新原则、务求实效原则、统筹兼顾原则、服务服从原则、深入实际原则。力求“五个创新”，即在宣传工作的深度和视角上有所创新、在理论学习的形式与内容上有所创新、在企业文化的个性与特色上有所创新、在党建工作的长效机制建设上有所创新、在党员工程的实施和管理上有所创新。促进“五个和谐”，即实现各单位、部门，主业、辅业整个企业全方位的和谐；实现企业发展与职工实现自我价值的统一和谐；实现企业创效与职工利益关系的和谐；实现干部人格魅力与职工群众关系的和谐；实现人与社会、自然、环境协调队伍建设的和谐。努力做到“三个转变”，即企业文化建设实现从精神文化向管理文化转变，真正解决企业文化在企业中的“落地”问题；实现由党委主导向党政共同主导转变，解决企业文化的领导体制和工作机制问题；实现从经验管理向文化管理转变，解决企业管理创新问题。真正变被动地积淀文化为主动地建设文化，充分发挥文化的凝聚功能、导向功能、激励功能、辐射功能，达到管理与文化有效互动，以文化发展带动管理升级。

去年，我们倡导“团结协作、快乐工作”理念，营造宽松和谐的人际关系和工作氛围，实现主体与客体的良性互动。在全厂范围广泛宣传发动，层层传递压力，围绕“创新、创效、创业”主题实践，精心设计载体。历时三个月，开展以“增强意识、提高能力、推进发展”为主题的“发展年”大讨论。通过学习动员找差距、制定措施抓促进、总结完善再提高“三个阶段”学习和“五查五找”活动，促进人人想“发展”，事事为“发展”并建立长效机制。其间，着力抓好“八个一”，即举办一场形势报告、开辟一期发展专栏、推荐一套书籍光碟、组织一次座谈讨论、举行一次主题演讲、撰写一篇体会文章、提出一条创效建议、开展一次理念征集。以厂报、厂刊、广播、视频等为媒介，宣传企业发展成果，摄制反映工作亮点的电视专题片展播。举办“金秋十月硕果飘香，掠影回眸发展轨迹”——发展年纪实新闻摄影展。在全国安全知识竞赛选拔中，夺得全省第一名好成绩。征集合理化建议，职工参与率达90%以上，班组覆盖率达100%、处置率达100%。

践诺认知 以人为本 力求实效

国有企业既要出产品，追求最大效益化，又要出人品，培养“四有”新人，突出履行育人职能。“努力把社会主义核心价值体系融入文化建设的各个方面”，这是一个理论与实践相结合、知与行相统一的过程，必须融入企业文化建设的全过程，贯穿于生产经营管理的各个方面，使全体干部员工普遍理解接受、自觉遵守奉行的价值理念。

我们构建学习型、创新型独具特色企业文化建设框架，举办企业文化礼仪大赛，征集赋予时代精神内涵且寓意深刻的企业理念，确立新时期企业价值观。重大活动播放《奉献光热》厂歌及姊妹篇《为你燃烧、为你闪耀》，传承“用情为百姓燃烧，用爱为沈城照耀”的奉献精神；展示“没有我的辛勤，哪有你的欢笑，没有我的付出，哪有大地的温暖、光的普照”沈热人的风采。大力推广视觉识别系统，在厂区办公主楼等醒目位置悬挂“中国国电”标识，以增强企业归属感和自豪感。

实施“典型示范工程”，推介沈阳市“十大女杰”、燃料集控班长杜朝霞；沈阳市安全生产“金点子”获奖者、电气专业配电班安全员胡军；抵御诱惑，无畏邪恶，为企业挽回巨额经济损失的燃料采样班班长吕春林；昔日戍疆守边卡，如今带出金牌班的电机班班长贾文玉；要想自己在企业里有“份”，就必须有“绝活”，沈阳市国防企业“首席工人”、厂锅炉专业检修工人魏强等一批先进典型代表。启动“道德风尚奖”，弘扬正气新风，奖励王俊龙三口之家救助风雪迷路翁等好人好事。

开展社会主义荣辱观宣传教育，组织员工签名承诺，争做社会公德的践行者，出行文明的倡导者，爱心奉献的志愿者，尽责社会的监督者，文明礼仪的宣传者，革除陋习的示范者。成立以沈阳市十佳“文明出行好市民标兵”为引领的志愿者服务队，参加“城市文明综合指数”考评、文明排队导乘，实现公司全员无违章“零”抄报，被誉为“文明单位”一张靓丽的名片。

企业文化建设，依靠生产经营而生存；依靠创效成果而发展；依靠员工素质提升而显现。

有一年，沈阳市突降一场历史以来罕见大雪，我厂经受住了严峻考验。各专业抢修突击队准时到岗到位，加强巡视。运行值班员全神贯注监控，为了按时交接班，有的提前五六个小时从家里走出来，顶着凛冽寒风，踏着没膝盖积雪；还有的昼夜吃住在现场。次日早晨，厂领导率先踏踩雪道，党员干部争抢在前，在3000余米长的铁路线上，呈现长龙一条……确保机车开进来，燃煤卸得下、混配好、供得上。当时，新华社网站辽宁频道等媒体现场直播，增强了宣传思想工作艺术感染力。

去年11月7日16时45分，因外网系统冲击，致使厂正在运行中的发电供热机组受到严重影响，对此，我们临危不乱，临变不惊，迅速果断采取措施，确保居民供暖。当晚，新华社辽宁频道等媒体记者深入现场跟踪采访，赞称我们是无愧于政府放心、广大市民信赖的队伍。在热源工程116MW锅炉建设中，还得到了中央电视台、中国安全生产报、中国电力报以及辽沈地区新闻媒体采访和报道，为国电企业在辽沈地区独树一帜增添了光彩。

我们结合企业“转型推进年”“结构调整年”工作要求，紧密围绕20项重点工作开展企业文化建设，全面推行目标责任制绩效考核，资产经营管理水平和盈利能力显著提高，发电量供热量等各项经济考核指标按计划完成。在外部供热市场和经营形势极为严峻的情况下，主动出击，经过与市政府有关部门和工业用户反复沟通，最终实现了蒸汽出厂价格上调，再创国电集团系统先河。又与全国品牌企业“万达集团”签订《沈阳西部供暖联网战略合作意向书》，为“做大热电联产，构建新型沈热”战略发展规划的实施又向前推进了一大步并提供了法律保证。目前，厂内配套热源工程正在抓紧建设，继去年2×116MW热水炉投产运营外，今年又新建设2×116MW热水炉。异地扩建可研报告通过专家审查，土地规划及厂址已经确定，热网工程立项批复开工。

我们践行“人人能成才、个个有舞台”的企业文化理念，努力打造一支“诚信尽责、忠诚敬业”技艺精湛、结构合理的“专业技能型”生产集控值班员队伍，组织员工开展“一岗多能”大机组培训，在国电集团东北公司200MW 300MW 600 MW火电机组全能值班员技能大赛中，我们顽强拼搏，技压群芳，一举获得团体总分第一名的好成绩。

目前，全厂人心思进，队伍稳定，创新、创效、创业，谋求发展的力量势不可挡。坚持“重业绩、讲回报、强激励、硬约束”，全面推行目标责任制绩效考核。资产经营管理水平和盈利能力显著提高，异地扩建前期准备正在有序推进，节能减排工作取得成效。热力市场开发实现新突破，且做大做强呈规模化发展，创全市供暖企业行风建设排头兵。

我们获得中国电力系统企业文化建设“品牌企业”、“标杆企业”殊荣，并“第六届中国电力系统企业文化年会暨‘十二五’时期电力企业战略适应性文化创新高峰论坛”上，作了题为《增强紧迫性，提升软实力，积极实施“文化强企”战略，促进企业转型发展》的经验汇报，赢得了与会领导和专家的好评。

近年来，我们厂曾获得中国国电集团公司先进党委、国电安全生产先进单位、国电“三星级”企业、国电“五五”普法先进单位，国电东北电力有限公司先进党委、安全生产先进单位，全国“安康杯”竞赛优胜企业、全国电力系统厂务公开先进企业、全国“模范职工之家”、辽宁省思想政治工作先进单位、辽宁省文明企业、辽宁省文明单位标兵、辽宁省安全文化示范单位、沈阳市先进党委、文明单位标兵、安全生产标兵、企业文化建设先进单位、企业文化建设优秀成果奖等荣誉称号。

潜移默化 精心培育 突出特色

企业文化建设是一项长期的建设过程，决非是阶段性、临时性、突击性工作，也决不可急功近利，摆花架子、走过场，必须坚持重在建设，精心培育，突出特色，常抓不懈，才能达到预期的目标和效果。最近，我们领导班子再次召开学习（扩大）会议，认真学习深刻领会党的十七届六中全会精神，专题研讨今后一段时期工作包括企业文化建设，充分认识：“先进的企业文化是企业的灵魂，是增强凝聚力、激活生产力、提高执行力的重要依托”。坚持在培育企业文化理念上求创新；在构建企业文化体系上出特色；在推进企业文化载体上重实效。提出以“五突出、五推进”为契机，用发展的办法解决前进中的问题。党委提出“融入中心，进入管理，服务大局”，确定“三突出、三提升”工作思路，着重提高领导干部的学习能力、创新能力、驾驭全局能力、执行能力、团结协作能力和拒腐防变能力。

深入扎实推进企业文化建设，举办“执行文化”辅导讲座，宣传执行理念，通过建设一支“能想事、能干事、能干成事”的干部、党员和员工队伍来增强企业的执行力。制作反映沈阳热电厂50多年发展历程的宣传片和宣传册。召开厂刊发行百期座谈会、举办宣传报道员培训班，提升舆论引导水平。

进一步完善《2011——2016年企业文化建设五年规划》，编印《企业文化手册》，召开企业文化建设发布会。通过建设资源节约型、环境友好型企业，与社会、政府，与电网、煤炭、铁路、用户等上下游产业、单位建立融洽、共赢的伙伴关系，为企业发展树立良好的社会形象，创造和谐的外部环境。

发挥企业文化渗透作用，实现制度与理念对接，内化与固化结合，文化与管理一体，隐性与显性相融，刚性约束与柔性导向优势互补，坚持“企业发展与员工发展相协调”的价值取向，促进员工个人价值目标与企业愿景目标的融合与统一，打造“人企合一”的人文环境，使员工与企业“双赢”，共同实现可持续发展，推动企业管理水平的不断提升。

当前乃至今后一段时间，我们面临困难还很多，大批人员转岗分流，势必带来不可避免的思想波动，给安全生产带来了不利影响；转岗分流后员工整体技术水平和技术能力的不足，将导致安全方面出现薄弱环节，生产任务的完成将面临的更大压力。特别是冬季大负荷期间，由于我们一厂三制，所燃用不是同一煤种，且场地小，接卸设备老化，燃用量还要增大。供暖形势严峻，将面临煤炭及热源十分紧张的困难局面。依据企业发展实际生产、经营情况及煤炭价格走势，环保、脱硫成本压力加大等诸多不利因素，完成全年利润目标仍有相当大的困难。另外，国家对电力项目放缓了审批进度，热电联产机组核准向“上大压小”方向倾斜，项目核准门槛不断提高。由于沈阳热电厂异地扩建项目没有“压小”容量指标，国电集团在辽宁区域内没有压小容量，项目的下一步开展工作将更加困难。但是，“只为成功找方法，不为困难找理由”，办法总比困难多。越是在内外环境严峻的关键时期，我们越是要坚持以发展的眼光看待形势，注重运用创新的思维分析问题，善于在错综复杂的内外环境中敏锐洞察、捕捉和把握有利因素，努力寻求企业转型发展新的突破。目前，正积极申报“全国热电联产示范项目”，切实做到“厂老观念新、厂小贡献大”。正视困难但不畏惧困难，抢抓机遇而不丧失机遇，负重前行，居危思变，进一步强化市场意识、效益意识和经营意识，准确把握热力、燃料、资本市场规律，抓住主要矛盾，集中精力解决好制约发展和影响效益的突出问题，牢牢把握企业转型发展的主动权。尤其人员划转分流要坚定不移地走出去，千方百计想办法，拓宽人力资源优化配置渠道，为企业及其员工赢得更大的生存与发展空间。

历史本身就是一面镜子，实际上也是一部孕育和培植企业文化建设的编年史，它无时不在潜移默化渗透或影响着每一名员工。我们积极探索和实践“上大压小”机组关停、企业转型时期的企业文化建设新路。

企业文化管理并不是一个封闭的、僵滞凝固的体系，而是一个开放的不断创新、不断发展的过程，文化具有稳定性，又具有流变性、创新性。在企业构建和谐文化的建设过程中，要把优秀传统文化与时代精神相融合，把优秀传统文化的根脉和底蕴体现在企业价值理念的表达和行为习惯、行为规范中，体现在文化整合、提升的创新实践中。“激情催开火树银花，让每一双眼睛都闪耀着希望……凉水塔托起喷薄的朝阳，热力网温暖美丽的家乡。爱心融化冰霜雨雪，让每一盏灯火都点燃着欢畅……奉献光热，铸造忠诚，沈阳热电携手开创新的辉煌。”这是我们题为《奉献光热——沈阳热电厂之歌》，这对于我们来说也是一种鞭策。因为，沈阳热电厂50多年文化底蕴积淀，是一代又一代沈热人“奉献光热，铸造忠诚”的结果，是智慧和力量的凝聚。

（作者佟景春，系沈阳热电厂党委工作部宣传主管）

加强医院文化建设 促进医院和谐发展

——黑龙江省鹤岗市人民医院

以人为本，全员参与是医院文化建设的基础

医院文化建设是医院所有成员共同的文化建设。全员参与，共同创建的医院文化才能增强全体医护人员的主人翁意识，才能促进医院文化的具体化、人格化，培育全体医护人员共同认知的先进价值观念，最终提升医院核心的竞争力。医院员工是医院的主体，医院文化建设要靠医院员工来参与和实践。因此，医院文化建设必须要以人为本，紧密围绕员工来实施。

要重视开展员工医院文化知识的培训。医院文化有其严密的科学性、系统性和教育性。因此，有必要对员工进行分层次、分阶段的培训，使其学习、研究和掌握有关医院文化的理论、知识、经验和方法，以便在医院文化建设的实践中当好“设计师”。另外，医务工作者作为医院的核心，其个人的心理、行为、水平、能力等因素，对医院文化的创建和传播有着非常重要的影响。这就要求医院人在日常工作、学习和生活中，注重自身修养，利用个人的魅力和影响力，来启发和带动广大员工参与医院文化建设。

要创新思想政治工作。医院文化建设需要与思想政治工作紧密结合，才能有效地实施。新时期的思想政治工作要体现关心人、理解人、尊重人、爱护人、帮助人，解除员工思想疑虑，解决员工实际困难，开展丰富多彩的文化娱乐活动，陶冶员工的思想道德情操，增强员工的归属感、荣誉感和团队精神。这是促进医院文化建设发展的重要保证。

医院文化建设要有员工参与。医院文化建设的每一项实践，都应坚持从群众中来到群众中去的原则，这样才能使医院文化建设获得员工的理解，取得员工的共鸣，从而变成员工自觉的行动。医院文化建设是一项长期、复杂和系统的工程，需要整合各部门、各方面的力量来共同完成。主要管理者要直接挂帅，组建医院文化管理体系。各系统、各职能科室及工青妇要相互协调，共同参与。要有医院文化建设的目标和规划，明确医院文化建设的方向、任务和内容。要把医院文化建设纳入医院长期发展规划和年度目标考核，逐步落实和完成。

建立识别系统是医院文化建设的中心内容

按照医院文化建设的规律，结合医院自身的发展历史，建立体现医院本身特色的医院理念、医院行为、医院视觉识别系统，这是医院文化建设实践的中心内容。

医院识别系统包括行为、视觉、听觉。行为识别，其设计主要体现医院制度，医院教育，礼仪培训等，重新修订医院各项规章制度，操作标准，行为准则等，根据不同岗位、不同业务分类分项分工种汇编，要做到院有总集，个人有手册，视觉识别就是感官识别，包括医院院旗、院徽、院服、医院标志、标准字体、办公用品、服务用品等，力求图文并茂、清新自然，有代表性。听觉识别，主要以院歌为主要内容，可以面向社会征集。

要提炼和确定医院经营管理理念、宗旨、服务理念、医院作风、医院道德等核心理念，这是医院的灵魂，是医院建设和发展的动力源泉。制定医院发展战略规划，包括人才发展规划、业务发展规划、科技发展规划、精神文明发展规划等，为医院的发展指明方向。

要建立和完善制度体系。以人的管理为中心，根据医院的实际，制定科学的、切实可行的规章制度，并随着医院的发展不断充实、完善和创新，建立起一套完整的制度体系，培养员工的自律性和自觉性，保证医院各项工作顺利开展。制定服务行为规范。按照不同系统、不同岗位制定和完善相应的服务行为规范，增强员工的服务意识，改善服务态度，提高服务水平。

要花大力气进行医院形象塑造。包括进行医院院徽、院旗、院歌等识别系统的确定和宣传；打造和宣传医院的服务品牌、名科、名家等；改进服务模式，完善就医流程，优化病人就医的软环境；美化医院外部环境，提高医院硬件设施的文化品位，等等。通过医院形象塑造，提高医院的知名度和美誉度。

合理布局体现出文化的内涵

树立医院良好形象，提高医院的美誉度与知名度美化诊疗环境是医院形象塑造的基础，良好医院形象的塑造不仅需要职工内在的美，还需要医院外在的美。两者的完美结合才能更好地为患者提供优美、整洁、满意的就医环境，从而树立医院良好形象，提高医院的美誉度。布局合理的医院建筑、美丽怡人的医院景致、特色鲜明的走廊文化、能都给工作人员及患者以巨大的精神力量。包括医院建筑布局、外观色调、环境绿地景观、内饰风格、公共设施的陈设、病房诊室的设备功能等，要做到医院环境整洁优雅，基础设施完备，诊疗设备现代化，让患者能够在温馨便捷的现代化医疗环境中接受人性化的医疗服务。具体地讲，医院基础设施建设应本着“以人为本”的服务理念，在各种配置和设施上处处为患者着想，尊重患者隐私，一切以患者为中心。比如：为患者提供宽敞舒适、方便优雅的诊疗环境；注意空间分隔以保护患者隐私；应用美学和行为心理学的研究成果来进行室内环境设计，创造温馨舒缓的气氛；医院各种设施建设应站在患者角度，以便民为主旨，最大限度地方便患者就诊付费或取药；配置先进的医疗设备以吸引和留住患者。一个医院的院容院貌代表了其自身的气质、风格、特点，所以必须努力提升医院的物质文化。合理科学的布局、改善就医环境。通过调整医院总体布局，建立以病人为中心的科学布局和便捷就医的合理流程。

加强教育要多措并举，深入人心

医院文化必须经过不断宣教、广泛倡导、大力弘扬，其内涵才能为干部职工理解和接受，并逐渐转化为自己的潜意识，渗透到工作中，潜移默化地发挥作用。因而宣教环节非常重要，是建设医院文化到发挥文化作用的过渡阶段，必须发动多方位、多角度、全面大量、立体式的宣传攻势，才能使医院文化精神深入人心。

教育为主。职工从岗前培训开始就接受医院精神、光荣传统、价值观念及努力方向等教育，这是医院文化教育的第一课。定期开展医德知识考试、党课学习、不定时的全院大会都是文化教育的课堂，医院抓住每个有利时机灌输医院精神、宣传核心价值观。好中选优，推出工作实绩突出、文明服务优质的正面典型，登台宣讲自己的事迹。使其他同志学有目标，赶有方向。

逐步渗透。医院有意识地营造一个文化气息浓厚的工作氛围，让职工在这种氛围里浸润、熏陶。以丰富的图片和详实的资料展示医院的奋斗史。在院廊内展示巨幅标语、院平面图、流程图、公示栏、服务承诺，古今中外名医画像和格言等。是优良的传统教育阵地。小会议室是医院的荣誉室，大会议室装饰医院精神、八荣八耻、公民基本道德规范等竖幅展牌。置身其中，本身就是一种教育。开展多样文体活动，定期举办文艺演出和体育竞赛等活动，这是增强医院凝聚力教育的大好时机。在活动中密切配合、展示才华、争取佳绩，也能展现出一个优秀团队富有的团结、和谐、进取的精神。

深入人心。要将各种医院管理、医疗护理核心制度上墙，各种医院检查及会议、学习记录建档，在门诊部、住院部、办公楼等公共场所的墙壁上做好医院宣传及各种检查设备、治疗项目、图片、健康知识展示，还不能忽略了一个重要的宣传重地：各个病区里的病房，甚至每一张病床。要让患者真正看到医护人员在负责自己的健康，把责任医护人员的照片贴在病人床旁，将基础医疗项目上墙，让病房所有病人及其家属全方面了解给自己诊疗护理的医护人员，以此拉近医患距离，密切医患关系。从发掘培育富于感召力和生命力的医院精神入手，广泛开展医院核心理念的策划、提炼和表达活动，发动全院医务人员认真分析医院的社会定位、文化优势和发展思路，将医院优秀的文化传统与时代精神相结合，形成医院核心理念体系，定准办院建院的发展方向。确立医院院训，制定工作方针；叫响精神口号，明确建设目标，提炼代表医院共有的价值取向和目标追求，引起全院同志的强烈共鸣。聘请专家对全院人员进行人文素质教育，编辑医院画册和制作电视教育宣传片，将医院的核心理念及相关用语以图文并茂的形式在医院公共区域进行表达，让外在的物质映像逐渐转化为全体人员内心的信念。每年组织多批专家教授、医护人员到基层送医送药，开展技术帮带，通过完成医疗活动，打牢全院人员为人民服务的思想基础。坚持开展牢记院史、高唱院歌、践行院训、感知院徽等活动，注意在活动中融入忠诚、拼搏、协作等元素，传承光荣历史，缅怀先辈业绩，感受医院精神，使医院价值观人格化、具体化，激发大家作为医务工作者的荣誉感、自豪感和责任感。

以上建设医院文化建设的四个环节，依次进行循序渐进，环环相扣的四个步骤，其实四个环节也是同时并存，只是不同时期医院工作侧重点有所不同。基础要持续加强，认识要保持高度，内涵要与时俱进，宣教要常抓不懈，转化需要不断引导。只有急徐有致，张弛适度，协调进行，才会奏出一曲高亢激昂、催人奋进的医院文化之歌。

（作者冯宝原）

将雷锋精神融入企业文化的实践

——晋城银行股份有限公司

在银行业竞争激烈的今天，城市商业银行如何立足？

三年前，中国银监会提出，城商行要走差异化、特色化、精细化的路子，不求规模，不求速度，不求排名。基于这样的要求，结合自身实际，位于太行山上的晋城银行将自己定位于“城市草根银行”。几年来，在打造特色银行的路子上进行了一系列探索与实践，其中最具创意的就是创办雷锋大学。把雷锋“请”进银行，用雷锋精神来指引员工的行为，用“雷锋大学”的形式来培育企业文化、创新管理机制、促进员工成长。经过三年的实践，如今“雷锋大学”已经成为晋城银行一张特色名片，雷锋精神已经融入到晋城银行，成为该行特色精品银行的核心竞争力。

一、雷锋大学如何与草根银行结缘

企业因文化而长青，一个没有精神的企业注定是走不远的。2009 年 3 月 5 日，该行召开了“弘扬雷锋精神，打造商行品牌”的动员会，正式把雷锋请进来，号召员工向雷锋学习。万事开头难。“什么年代了还学雷锋？真老土！”“分明是领导在赶时髦、作秀罢了。”……员工们对此事大都不理解，说三道四，在最初的几个月时间内，学雷锋收效甚微，鲜有起色。

2009 年底，金融危机席卷全球，同业竞争日益加剧。在这样的背景下，该行董事会正式确立了“做城市草根银行”的战略定位，要求将个、微、小等草根客户作为重点，开始了经营转型。银行之间的竞争最根本是人才的竞争。晋城银行要走出差异化、特色化、精细化之路，没有与之相匹配的人是难以行得通的。所有的事情最终是要靠人来实现的。特色化战略的实施，决定于是否有符合特色化战略的执行者。靠什么来打造这样一支队伍？银行高层在反复思考之后，认为如果雷锋精神不能真正地融入到企业文化中，成为全行的文化基因；如果没有无数个像雷锋那样的优秀职业人才，“做城市草根银行”的战略就会落空。选雷锋没有错，关键是让雷锋精神如何落地？用什么方式与晋城银行文化融合？让年轻人接受？

2010 年 3 月 5 日，他们将企业“城信大学”更名为“雷锋大学”，举行了雷锋大学成立暨雷锋铜像安放仪式，把雷锋作为企业文化的标杆和化身，把雷锋铜像竖立在了大院里，并把雷锋精神提炼成大爱精神、钉子精神和螺丝钉精神。从此，草根银行里有了一所“雷锋大学”。

走进雷锋大学，我们可以看到“行胜于言”的校训。雷锋大学的箴言：“爱出者爱返，福往者福来”。大爱，是他们对雷锋精神诠释，是雷锋所有行为的出发点，是思想基础。“发扬‘挤’和‘钻’的‘钉子精神’，从实战出发，做一名精益求精的卓越职业人”，这是雷锋做事的态度，是专业精神。晋城银行希望通过雷锋大学，造就一批像雷锋这样的草根英雄：平凡的人做好平凡的事，一样拥有伟大的品质。

二、雷锋大学如何深度融入草根银行

把想法变成现实，关键是方法。

晋城银行领导层深刻认识到，雷锋精神是伟大民族精神和时代精神相结合的产物，其大爱精神、钉子精神、螺丝钉精神等重要元素，具有持久的生命力。为了实现“做城市草根银行”的战略愿景，晋城银行的企业文化必须从雷锋精神中汲取营养。一般人对雷锋的理解，过于表面化、政治化，仅仅体现在做好事上。如何让员工从排斥到接受，从不情愿到快乐地参与，最终将银行所倡导的雷锋精神融入到自己的行为中，这成为新成立后雷锋大学面临的重要问题。雷锋大学与草根银行如何做到珠联璧合，深度融入？如何把雷锋精神转化为企业精神和企业文化，最终培养出自己所需要的人才？两年多来，雷锋大学进行了一系列的探索与实践。

（一）雷锋大学通过培育雷锋基因，构建大爱文化，让员工像雷锋那样，将更多的爱洒向千家万户。

雷锋精神的本质是一种大爱。因为爱，所以投入，因为爱，才有了对草根银行定位的坚持和良好职业道德的坚守。

在晋城银行，有一个人人皆知的“小草宣言”：客户就是我们的亲人，客户的电话就是我们的冲锋号，用亲切的话语讲述我们的原则，成就客户就是成就我们自己。其中的三句话都来自于小微客户经理，经过雷锋大学的提炼和推广后。它从小微团队走向了全行的每个角落，融入到了每一位员工的心中，化为了全行员工的自觉行动。

小微业务是草根银行与草根客户契合度最高的业务，是一项崇高的事业。将大爱和崇高的事业粘合在一起，就会产生一种神圣的使命感，该行微贷业务自 2010 年 3 月发放第一笔贷款以来，其团队呈现出了敢想敢干，猛打猛冲的营销精神。在其成立 45 天的日子里，雷锋大学举办了“大爱启航”微贷客户经理故事会，第一批 12 位微贷客户经理讲

述了各自的营销故事。在此基础上，他们提炼出了“不怕苦、不怕低、不怕难、不怕失败、不怕麻烦、不怕吃亏”的“六不怕”精神。在2011年8月9日举行的微贷业务推动会上，董事长贾沁林提出“做微贷就是做精神”，并要求雷锋大学在“六不怕”的基础上对微贷精神进行提炼。于是，整整一个月的时间，雷锋大学开展了以“挖掘微贷小故事”为主题的活动，组织专人深入到七个微贷团队中，挖掘微贷故事，编撰成了《做微贷就是做精神——微贷故事100例》一书。在雷锋大学的组织下，董事会办公室和微贷业务部搞了五次深度汇谈，共同探讨微贷精神是什么，最终提炼出了“小草宣言”。之后，雷锋大学在全行进行了17场“小草宣言大宣讲”，号召全行员工像优秀微贷经理一样，热爱自己所从事的职业，不嫌弃和自己一样平凡的小客户，放低姿态、低调做人，像小草一样深深地扎进客户中间，融入客户的喜怒哀乐之中，真正奉行“平凡的人做好平凡的事， 样拥有伟大的品质”的理念。小草宣言像种子一样通过雷锋大学这个平台的培育，迅速得以传播落地，并开花结果。

（二）雷锋大学通过培育雷锋基因，构建完美文化，让员工像雷锋那样，做一名精益求精的卓越职业人。

“追求完美，成就你我”是晋城银行的企业精神。追求完美的过程，就是不断创新的过程，就是从各个岗位员工到各个工作团队，发扬钉子精神和螺丝钉精神，不断发现问题和解决问题的过程。企业是在不断解决问题中进步和成长的，员工的成长和进步也是在不断解决问题中实现的。问题管理是企业发展和员工成长的重要途径。在“城市草根银行”的发展道路上，总是会涌现出这样或那样的问题，只有形成有效管理问题、在问题中前进的强大内生机制，才能使各项工作日臻完美，充满蓬勃生机。而雷锋大学正是晋城银行的“问题总管”，它把工作中收集到的问题作为课题来解决，以问题管理为切入点，通过创新具体的问题管理工具，促进了管理机制的变革和创新。

“深度汇谈”是雷锋大学解决问题的一个常用工具。深度汇谈就是把问题作为课题，让一线的员工和管理层围绕这个课题深入讨论、畅所欲言，大家在轻松愉悦中自由地交换想法，最终让员工选出并认可解决此问题的最好方法。雷锋大学成立以来，举办了“如何增强自己和下属的工作责任心以及防范操作风险的好方法”、“中层素质提升”、“大堂经理职责定位”、“如何让员工快乐工作”、“微贷精神是什么”等主题的深度汇谈，逐步培养员工像雷锋那样勇于担当，把问题解决在当下。如今，深度汇谈已经成为各部门、各支行、各团队群策群力、破解难题的主要方式之一，仅去年一年全行各条线、各团队共举办深度汇谈200余次，解决工作中大大小小的问题100余个。

不仅如此，雷锋大学一方面设立了创新专项基金，对工作中解决问题最佳的员工进行奖励，另一方面还开辟了“小草大讲堂”，让有专长、有思想、有创新的员工当老师，大力推广其解决问题的方式和方法。截至目前，共有300余人次走上了讲堂，分享自己的经验。

除此之外，雷锋大学还针对管理者开辟了“问题论坛”。每期论坛选取一个主题，邀请广大中层管理者来分享自己的感悟，交流自己的经验。“定位与突破”、“解读与谋划”、“风控与合规”、“问题管理与履职能力”，四期论坛的成功举办，管理者在思想中碰撞，在碰撞中交流，在交流中提升。

快乐是雷锋的利润。在雷锋大学的舞台上，员工们在主动地、平等地参与草根银行的管理，他们参与了快乐、创造了快乐，同样也收获了快乐。没有顾虑的发言、深度参与管理，员工的价值感、归属感、成就感油然而生。在全行上下追求完美的实践中，员工在快乐地成长，晋城银行的经营管理能力和科学发展水平也在不断成长，在成就客户的同时，也成就了广大员工生命的意义，成就了晋城银行又好又快的发展。

（三）雷锋大学通过培育雷锋基因，构建小草文化，让员工像雷锋那样，在平凡的岗位上成就最好的自己。

企业文化最有效的推进方式，就是理念故事化，故事理念化。雷锋大学通过身边的人讲身边的事，鼓励大家做一棵小草，要在平凡岗位上将平凡的小事做好，把小事做好才能有真正的进步。小草最大的特点，就是放低自己，尊重他人，低调做人，高调做事，坚韧、乐观、谦卑、感恩。这不仅是一家银行的定位，也是每个员工做人做事的定位。

郭彭和高忠就是这样的例子。小贷业务是该行的一项特色业务。晋城银行专门研发了新型的贷款技术，组建了一支团队。在新技术应用之初，令人意外地发现，在这支团队中，最早进入状态的是郭彭和高忠这两名由保安转岗过来的员工。在调查中了解到，这两名员工转岗到这个团队时，心里比较自卑，认为自己的学历低，基础差，一定要比别人付出更多才行。他们不仅积极学习和钻研每一个业务的细节和关键点，还虚心向同事请教客户怎么挖掘？业务怎么办理？流程怎么更顺畅？风险怎么把握？对同事转介的业务总是倍加珍惜，争分夺秒，不轻言放弃。高忠还创造了三个“第一”：首批使用新技术放款的三个客户经理之一；晋城市金融系统首个利用晋城融资网信息办理贷款的客户经理；他给晋城市柏菌基业开发有限公司放款的事迹，还被写成《小蘑菇，大市场》一文，成为该行第一个登上全国权威金融媒体《金融时报》的客户经理。保安做得比别人好，进入角色比别人快，是因为他们珍惜自己的岗位工作，能以一颗平常心，脚踏实地的去做事情。

雷锋大学像一个心灵加油站。员工通过这扇门，在这个空间里敞开心扉，自由碰撞，在碰撞中给心灵注入新的理念、新的能量，找到正确做事的更好方法，不断促进自身的成长，实现人生价值。

今年3月5日，围绕“专业的人做专业的事”和自我解决问题的内生机制建设，雷锋大学向员工发出了新的最强音：做勤学善钻、专业精业的学习型员工，做善于发现问题和解决问题的创新型员工，做敢于向困难和问题开炮的开拓型员工，做相互支撑、共同向上的阳光型员工。学雷锋“七荣七耻”，成为晋城银行的新准则：以脚踏实地为荣，以坐而论道为耻；以做好小事为荣，以好高骛远为耻；以平常心为荣，以攀比虚荣为耻；以谦虚务实为荣，以骄傲浮躁为耻；以勇于担当为荣，以归罪于外为耻；以勤挤善钻为荣，以得过且过为耻；以解决问题为荣，以推诿扯皮为耻。

三、雷锋大学成就草根银行

雷锋，已成为晋城银行的企业文化英雄。

到2011年末，晋城银行的小、微型企业贷款余额为47.50亿元，比2008年末增加36.87亿元，占企业贷款总额的62.7%；贷款户数3462户，占全部企业户数的97%；2011年小微贷款累放金额为53亿元，占全部贷款累放额的55%；2011年小微企业贷款增速为43.73%，高于全行贷款平均增速21个百分点。“做小微就是做精神”，这个“精神”就是雷锋精神与晋城银行精神的结合。晋城银行在小微业务上，无论是业务规模、客户数量还是客户经理人数都达到了一个新的高度。

雷锋精神对发展质量的提升更具战略意义。在雷锋精神感召下，一个个小草雷锋应运而生，定位草根、服务草根的发展战略日益坚定。“学雷锋，做好人”，“学雷锋，扎扎实实地把小事做好”，这样的文化氛围对于防控内部道德风险和能力风险十分有效。在晋城银行，风险和合规管理的要求都落实在了每个岗位、每个业务流程和每个工作细节，努力做精做细，做深做透，全行科学发展不断开辟出新的境界。

在不断挑战极限、超越自我，精益求精、细节最优的过程中，晋城银行品牌影响力和核心竞争力不断得到提升。在《银行家》杂志举办的“2010年度中国商业银行竞争力排名发布会”上，晋城银行荣获“资产规模300亿以下城市商业银行综合竞争力排名第五名”和“2010年度最佳公司治理城市商业银行”，在中国中小企业家年会上荣获“全国支持中小企业发展（区域）十佳商业银行”；在金融时报社联合中国社会科学院金融研究所举办的“2011中国金融机构金牌榜‘金龙奖’颁奖盛典”上，荣获“年度最具成长性中小银行”奖项。

晋城银行并不是每天在喊着学雷锋，而是实实在在地将雷锋精神的点点滴滴内化为自己的实际行动。这样的故事，每天都在晋城银行的各部门、各网点精彩上演。董事长贾沁林明确提出像雷锋那样学习和工作，就是晋城银行的雷锋。而在由100多个故事汇编而成的《我身边的雷锋故事》一书中，我们也不难看出，雷锋不再是时隔久远、遥不可及，而是实实在在地活在每个人的身边。晋城银行的雷锋已经不再是一个个，而是一排排，一群群。

学雷锋，不是商业作秀，也不是简单的“拿来”。晋城银行学雷锋的实践，就是一个不断将雷锋去政治化、去伟大化的过程，就是一个不断将雷锋小草化、平民化、平凡化的过程，逐步将回归自然、真实、平凡的雷锋走进该行员工中来。该行领导层认识到，发展的问题根源在于员工的理念和思想，在于群体的行为习惯，在于团队自我发现问题、分析问题和解决问题的内生机制建设。无论是流程银行设想的实现、草根银行战略的落地，还是“专业的人做好专业的事”的执著追求，都需要将自己的姿态放低，释放内心的真善美，以价值实现为乐趣，钻研专业，精益求精，才能不断成就自我。这种精神就是雷锋的精神。

以服务文化凝心聚力

——吉化集团公司总医院

打造以患者满意为标准的服务理念

吉化总医院文化是以“服务文化”为主题，医院主体的目标是患者是否满意。这个目标体现在医院服务上，想要迈进优质服务的行列就要达到这个目标。

思路决定出路，理念决定发展。在一个个“对得起以生命相托我们的人…”、“德高、技精、仁爱、守信”等富有时代气息和鲜明个性的文化理念指引下，院领导班子带领全院职工凝心聚力，以办人民满意医院为目标，以提升服务质量为突破口，切实增强医院的办院实力。文化理念也成为广大职工共同的精神支柱、价值观念和医院的外在形象。

为了实现“看好病”目标，医院对各项工作进行全面升级，在“十二五”规划中提出了“311”学科建设工程，即“3大学科群、2项特色诊疗技术、1套新的诊疗体系”，优先发展“心、脑血管疾病诊治，骨科疾病诊治，肿瘤疾病诊治”三大学科群，1项特色诊疗技术是多学科微创诊疗技术；1套新的诊疗体系是职业病防治及烧伤、急诊救治体系。目的是打造医院的拳头产品，并带动医院整体医疗水平的提高，从强化手术质量监管、加快提升电子病历质量、启动全方位数字化医院入手，全面加强医疗质量管理。要求每个岗位、每个员工都要把患者利益需求放在首位，并人人争做“为患者服务的志愿者”；以人性化服务为中心，寻找服务创新点，将人性化理念融入医疗服务与医院管理的全过程，树立医疗对象首先是“人”，其次才是“病”的现代医学理念，通过人性化服务不断提高群众对医院的满意度；用“换位思考”体谅患者的难处，从“爱在左右”点滴细节上实现服务的对接和到位……文化理念使医院的发展找到了“准星”。环环紧扣，层层推进，医院的整体发展水平得到明显提升。

创造以患者满意为标准的服务措施

医院以优质服务为切入点，把文化力转化为生产力。医院惟一的“商品”是服务。服务无处不在，既在宏观上影响、制约着医院品牌的打造，也在细微处显现“短板效应”，牵一发而动全身。

医院提出把医院服务打造成品牌，改善服务，做好营销工作。医院服务营销并不是急功近利地为了吸引患源、增加收入，而是以品牌的标准设计一流的发展路径，以营销的手段助推整体服务升级，提升患者满意度，最终解决患者看病难、看病贵的问题，充分显现公立医院的公益性。

传统的医疗服务为医院所特有，属于专业服务范畴，如分诊、预诊、问诊、查体、查房、医嘱的执行等。而医院服务大于医疗服务，有相当内容不是医院所特有，如医院的绿化、环保、环境、湿度、温度、收费、卫生、职工的仪表、言谈、敬业度、服务流程的人性化等等。医院把服务的内涵由单纯的医疗服务扩展为医院服务。医院营销建立在不断改进医院服务质量、提升服务内涵的基础上，一方面扩大医院影响，让社会理解、认可，提高满意度，争取更多患源的过程；另一方面也是主动接受社会监督，认真倾听各界意见、建议，不断改进医院工作的过程。

以此理念为依托，医院正在谋划自身的品牌化发展之路。紧密结合“大庆精神再学习，吉化作风再教育”大讨论活动，开展各类主题竞赛活动，开展“创品牌、塑形象、促改革、谋发展”、“新医院、新标准、新形象”和“你就是医院品牌的代言人”等主题竞赛活动，将医疗安全、优质服务、行风建设、经济指标等内容纳入考核，对医疗事故和行风建设实行一票否决制。每季度评选出优质服务、廉洁行医方面的“明星岗位”和“岗位明星”，挖掘选树优质服务先进典型，以点带面，在转变工作作风、医疗作风、服务作风等方面取得了明显成效，实现了创建优质服务品牌医院的目标。

注重发挥社会监督作用，坚持每季度召开患者座谈会和社会义务监督员座谈会，对提出的问题逐一进行整改并反馈。向门诊及住院患者公示病人的权利与义务，公布投诉监督渠道，设立院长接待日……加大患者满意度测评力度，医院每季度邀请“第三方”，投入专门工作人员开展住院、出院、门诊患者多角度和全方位测评，征求患者对医院各方面的管理意见和建议，及时进行整改反馈。根据测评结果，评选出每季度“微笑天使”并把获此殊荣的医务人员的事迹及生活、工作照做成展板摆放在医院醒目位置，起到了典型引路作用。

文化建设是医院的一面旗帜，和医院的办院理念一脉相承，互为依存，是医院科学发展的灵魂所在。2011 年 5 月，医院又向全院干部职工提出“我当一天志愿者 我与患者零距离”的文化建设活动，掀起广大员工争当志愿者的热潮。广泛征集设计制作“志愿者”具有象征意义和激励作用的标识徽章，颁发给那些愿意做“志愿者”，申请做“志愿者”的职工，使“化医人”肩负起身上的责任，从“要我做”转变成“我要做”的服务文化，真正将“爱心文化”一站一站的传递下去。我院的志愿者活动，还被国家卫生部主办的《健康报》在 7 月 8 日的版面上进行了文化建设的经验交流。

改造以患者满意为标准的服务流程

2011 年，医院把加强“软实力”建设作为“启动医院新一轮发展引擎”的重要内容，为医院的品牌建设、可持续快速发展注入了强大的内生动力。

优化急门诊流程打造，从以往的“人动信息不动”，转变为“信息动人不动”的创新式医院服务。针对“三长一短”现象（挂号队伍长、候诊时间长、交费时间长，看病时间短），在一楼门诊大厅设置了“一站式”服务区，导诊、咨询、预约诊疗、投诉、快诊挂号等服务“一条龙”办结。开展了“无假日门诊、爱心门诊”，开通了 24 小时咨询电话，建立完善 24 小时畅通的急救“绿色通道”，严格执行首诊、首问负责制，开展“为患者提供便民服务措施”活动，扎实开展亲情化、整体化护理服务，真正做到看病有人引，检查有人陪，住院有人送，手续有人办。

一切围着“病”转。为了缓解“看病难、看病贵”的问题，2011 年 2 月，我院率先在吉林地区开展了 200 种常用药品“零加价”的举措，为患者节约了费用、减轻了负担；今年，二院实施了内部环境改扩建及精装修，在新改建的门诊病房楼里有专为残疾人士设计的无障碍卫生间，宽敞明亮的候诊区，实行电子叫号，实现门诊分流、服务对接，让候诊患者无须再为未知的等候焦急；电诊科、CT 核磁科等医技科室每日提前、延后二小时上下班；改善检验科、采血室条件，增设采血窗口，简化检验流程……

在医院文化理念的指引下，医院通过各种手段和措施提升整体服务质量，在改善就医环境、优化服务流程、实施诚信服务等方面做出了一些细致入微的改变。但正是这些细微之处，让医院跨出了成为老百姓心中放心医院的坚实一步。

在让患者得到“优质”、“高效”服务的同时，医院还推出一系列细节服务。如在各窗口处为患者准备老花镜、纸、笔等，还为 70 岁以上的老年患者特开辟了“优诊窗口”；为外地的患者准备地图、公交线路图、就诊流程册；为疗区患者准备健康教育小手册；为出院的患者准备出院联系卡、结算小信封；体检中心强化“治未病”理念，为服务对象制定个性化的体检套餐、健康处方、健康促进计划……在推进医院科学发展的过程中，医院以患者最大满意为追求，在创新医疗服务模式上下足了功夫，让患者实实在在体验到了方便与快捷，真正在方方面面体现出医院“健康文化”、“真诚文化”、“亲情文化”的医疗服务文化特色。

塑造以患者满意为标准的服务典型

以医院文化衍生科室文化，以科室文化打造王牌科室。一所医院必须有一个永远明亮、永远屹立不倒的灯塔来为其指明方向，让人心中有信仰、有目标一直前行，科室、班组也同样是这样。这个方向就是科室的价值观、精神、理念，这也是构成科室文化的重要要素。随着医院文化在员工心中不断深入，各科室人员也在不断思考如何培植具有本科室特色，又能真正让患者的受益的科室子文化。

“一个在快乐中工作的人，是不会有烦恼、有困难的”，员工有信仰、有理念，就会体会到工作的快乐。这是一个团队的氛围，是科室文化的具体体现。

医院放化疗科成立至今，从无到有、从小到大，随着医护人员的逐渐增多而逐渐壮大，科室的综合实力不断增强，在医院已经成为了领头科室之一。放化疗科之所以能够不断发展，不仅是因为科室的医护人员都在不断学习专业知识和技能，提高医疗和护理水平，更重要的是，有一种信念一直在大家心中。10 余年来，科室经历过资金短缺、人员不足、医疗护理工作量过大、患者不理解等种种困难，尤其在科室内两位主任都身患癌症，身体状况不佳的情况下，科室全体医护人员都是靠着心中的信念，靠放化疗科一种特有的精神支持着大家，克服重重困难，以科室的文化铸就金牌的科室！

医院相关部门还在两院组织80余个临床、医技、机关职能科室征集科室文化理念，医院上下踊跃参加，共征集207条科室理念。其中有三条基层文化理念获得公司优秀文化理念。有的科室不仅提炼文化理念，还将其文化理念进行了解读，并动起手来制作文化墙和文化长廊，各具特色的科室文化传递健康、关爱、真情，更收到了患者的声音，真正成为医、护、患及家属的共同家园。有强大的科室、班组，才有强大的医院，各科室富有特色的科室文化汇聚成了医院文化的实质体现，也真正以文化凝心聚力。

短短一年间，吉化总医院通过以文化建设的相关举措，开展扎实有效的便民、利民、惠民工作，医院先后收到患者的感谢信、锦旗和镜匾数百件，获得了中国企业文化促进会授予的“全国企业文化建设先进单位”、“吉林省诚信单位”、“全省卫生系统先进基层党组织”、“2010年度吉林省优质护理先进医院”、“2010年度吉林市医疗机构优质护理服务优秀医院”等多项荣誉称号。

全新的定位，大胆的改革，优质的服务，文化的推进……吉化总医院正如一艘扬起风帆的航船，以发展为舟，改革为桨，文化为舵，乘风破浪，以“献至诚服务”为宗旨，为患者提供热情周到、快捷方便、温馨舒适的亲情化和人性化的高品质医疗服务，努力实现 “患者信赖、员工自豪、同行尊重、社会满意”的愿景，将信任和满意留在群众的心中，将业绩和幸福写在康复者的心里，铿锵有力地奏响一曲曲救死扶伤的赞歌。

企业文化观点荟萃

弘扬优秀企业精神 推动央企科学发展

杜渊泉

在全党全国人民深入学习贯彻党的十七届五中全会精神，科学制订“十二五”规划，进一步深化改革，加快转变经济发展新形势下， 回顾总结新中国60多年来我国企业精神，对于进一步弘扬民族精神和时代精神、深化中国特色企业文化建设、推动企业科学发展具有重要的意义。

新中国成立60多年来，中国共产党领导全国人民艰苦奋斗，改革创新，战胜各种艰难和风险考验，谱写了中华民族自强不息、顽强奋进的壮丽凯歌。我国经济社会不断发展进步，综合国力不断提升，人民生活不断改善，国际地位的影响力不断提高，国家面貌发生了翻天覆地的历史性变化。

国有企业是国民经济的重要支柱，是我国基本经济制度的主体，是我们党执政的重要基础。在新中国的发展历程中，国有企业始终牢记责任使命，与共和国风雨同舟、休戚与共，在艰苦创业中成长，在改革创新中壮大，创造了巨大的物质财富和精神财富，有力地支撑和推动了国民经济和社会发展，为国家富强、民族振兴作出了巨大贡献。

中央企业是国有企业的中坚和骨干，在国民经济和社会发展中具有举足轻重的重要地位，发挥着顶梁柱的作用。无论是社会主义革命和建设时期，还是在改革开放时期，中央企业始终秉承爱国奉献、艰苦奋斗、自强不息、创新图强的优良传统，大力弘扬以爱国主义为核心的民族精神和改革创新的时代精神，在创造巨大物质财富的同时创造了丰富的精神财富，积淀了深厚的文化底蕴，培育形成了大庆精神和铁人精神、两弹一星精神、载人航天精神、青藏铁路建设精神等为代表的优秀企业精神，铸就了不朽的精神丰碑。中央企业所创造的精神财富是民族精神和时代精神的缩影和体现，这些精神财富是中央企业干部员工60多年不懈奋斗的结晶，是中国工人阶级理想信念、意志品质、精神品格的真实写照，已深深植根于中央企业的文化之中，成为核心竞争力的重要内容，成为凝聚干部员工团结奋斗的强大精神支柱和推动改革发展的不竭动力。

国务院国资委成立以来，高度重视企业精神的传承与创新，采取了一系列有效措施，积极推进企业文化建设，大力弘扬优秀的企业精神，推动中央企业改革发展、做强做大。中央企业从战略高度，从自身性质和地位出发，紧密结合生产经营管理实践，进一步明晰实现国有资产保值增值、发展壮大国有经济的崇高使命和建设具有较强国际竞争力的大公司大集团的企业愿景，培育形成反映民族精神和时代精神、体现企业特色、有丰富内涵的企业价值理念。中央企业的优良传统在继承中得到了弘扬，企业精神在深入改革、自主创新、科学发展、促进和谐的生动实践中不断丰富和升华。企业文化建设和企业精神的弘扬极大地激发了干部员工敬业奉献、致力改革发展的积极性、主动性、创造性，进一步巩固了干部员工团结奋斗的思想基础，促进了干部员工思想观念、精神面貌的深刻变化和整体素质的不断提升，增强了企业的凝聚力、战斗力和竞争力。先进的企业文化和优秀的企业精神转化为中央企业加快改革发展、做强做大的强大精神动力，转化为中央企业确保载人航天、青藏铁路建设、北京奥运会、建国60年庆典、上海世博会等国家重点工程和重大活动的力量源泉，转化为中央企业战胜重大自然灾害、应对国际金融危机冲击等各种困难和挑战的坚强意志。

文化凝聚力量，精神激发活力。当前，世界正处于大发展、大变革、大调整时期，经济全球化深入发展，国际金融危机影响深远，国际产业竞争更加激烈。未来5年是我国全面建设小康社会的关键时期，是深化改革开放、加快转变发展方式的攻坚时期。国有企业面临深化改革、加快结构战略性调整和发展方式转变的繁重任务，也面临着后金融危机时代更高层次、更高水平、更加激烈的国际竞争。我们要深入贯彻党的十七届五中全会精神，深刻认识、准确把握国内外形势的新变化和新特点，深刻认识、准确把握党和国家的工作大局，深刻认识、准确把握国有企业改革发展的新任务新要求，以科学发展观为指导，把社会主义核心价值体系融入企业文化建设的全过程，不断深化企业文化建设，大力弘扬优秀的企业精神。要坚持以人为本，尊重职工群众在企业文化建设中的主体地位和首创精神，在职工群众推动改革发展的实践中，丰富企业文化和企业精神的内涵，为促进职工与企业和谐发展、共同进步不断注入精神动力。要积极选树、大力宣传先进典型，用先进典型的优秀事迹和精神品质教育干部员工，引导干部员工学习先进，树立正确的追求。要广泛开展形式多样、内容丰富的实践活动，弘扬企业精神，从而使企业文化和企业精神转化为广大干部职工敬业奉献、超越自我的实际行动，转化为企业科学发展的强大动力，为全面建设小康社会，推动中国特色社会主义伟大事业作出新的更大贡献。

（作者系国务院国资委副秘书长，本文摘自《企业文明》2010年12期）

建设先进企业文化 推动企业科学发展

张 涛

作为企业和企业家的联合组织，中国企业联合会（中国企业家协会）成立30多年来始终秉承服务企业、协助政府、引领企业健康发展的办会宗旨，积极发挥“反映诉求、规范行为、提供服务”的基本职能和职责，帮助企业改善环境，拓展市场，搭建信息服务平台，受到企业和社会有关各界的广泛好评。自2005年以来，中国企业联合会（中国企业家协会）在企业界、学术界的高度重视和广泛支持下，在全国范围内开展创建“全国企业文化示范基地”活动，先后创建了如联想控股、杭州钢铁、天津港以及枣矿集团、陕鼓动力等一批批具有典型代表意义的企业文化示范基地，有效地推动了企业文化的发展，促进了企业新的成长与进步。

文化是人类社会历史发展一定阶段物质和精神财富的总和，是进入文明社会精神与物质相互转化趋势和现状的综合反映。从体系特征和作用上看，文化也特指一个国家、一个民族和地区追求进步的精神积淀和实现再发展赖以支撑的思想引领，是推动物质基础变化的精神方式。

作为现代文明环境下的独立市场主体，企业要赢得市场竞争已不能再单纯依靠刚性管理，管理的人格化、人性化已成为从全面、协调和可持续角度解决企业生存发展根本问题的新的科学方式，要求企业要以先进的价值理念作为底蕴，以文化运动方式发现有效着力点，为企业核心竞争力的有效形成提供精神引领和动力保障。因此，培育并大力弘扬企业文化就成为当今时代企业推动自身发展的一种必然。

企业文化有其自身的独特方式和内容，要把握共性，抓住要领。其一，企业文化彰显的是企业及其广大员工共同信奉和尊崇的核心价值观，体现企业有效管理和实现更高发展的思想理念、行为方式和行为规范，培育广大员工凝聚向上的愿望和氛围，挖掘创新潜质，激发劳动创造的主观能动作用，是科学发展观对企业不断适应新形势、培育新自我、实现新发展的现实要求。其二，不同的企业有不同的文化要领。但在共性上，都要培育和挖掘适合本企业情况、凸显“本土习俗”和发展理念的各种科学有效的管理思想与行为方式。一是要体现人文关怀，有促进人的发展、实现队伍凝聚、激发劳动活力的团队精神；二是要有适合本企业人文特点的刚性管理办法与系统行为规范；三是要市场决定意识，有面向市场的进取态度、发展战略和创新激励机制，有实现企业转型、科学发展的市场目标和核心产品；四是要有企业社会属性的归属感，有符合社会公民道德的企业社会责任，树立企业社会形象等。作为企业核心竞争力形成和巩固的推动力量和支撑保障，企业文化存在于企业有效运行和各阶段健康发展的全过程。企业文化作为一种概念导入在我国企业已有20多年历史，正逐步被认识和弘扬，但在建立和发展过程中也存在一些误区。一是形象渲染作为企业文化本身固有的重要形式被简单化、表面化，企业文化真正的内涵没能得到应有反映；二是把企业文化仅作为适应潮流的一种时尚，说起来重要做起来不重要。企业研究战略规划和处理重大问题时不能从自身的文化背景上着眼作深入分析，从企业文化对企业的最深层次影响中找原因、看发展、提措施，对企业文化缺乏真正的重视和研究与运用。

陕鼓集团在40多年的历史发展中积累了深厚的文化底蕴，进入新世纪以来又以全新的文化视野不断总结提炼，大力实施文化强企发展新战略。尤以陕鼓动力为重点培育对象，建立适合装备制造业发展特点和本企业转型发展要求的独特企业文化模式。一是以“向上向善”为思想精髓，系统学习（包括向广大民营企业在内的各种先进思想观念和发展经验学习），挖掘发展动力；二是坚持以“源于制造、超越制造”为发展理念，积极推动从单纯提供产品到提供产品与服务系统结合、从产品经营到产品经营与品牌和资本经营两个发展目标的转变，推动企业生产运营按照新的市场服务板块实现重点转型；三是倡导激情、平等、真诚而淡定的企业风气，“做真正的企业家”，做“有责任的快乐的企业员工”，营造内部和谐，推动凝聚向上。企业文化对企业核心竞争力的促进内涵和“责任、诚信、规则、创新、感恩”外延体系要求逐步形成并深入广大员工心中。在积极转变发展方式，营造和谐内外环境新的背景下，企业近年来出现接轨顺畅、转型稳定、经济跃升、发展强劲的良好局面，在众多同类企业中起到很好的示范作用。经验值得借鉴。

国务院国资委高度重视中央企业文化建设。2005年制定和颁布了《关于加强中央企业企业文化建设的指导意见》。在指导推动中央企业做好文化建设各项基础工作的同时，积极推动企业并购重组文化融合、中外企业合资合作文化融合等特色工作。加强试点，开展文化建设绩效考核，推动系统发展。“十二五”期间，将进一步加强对中央企业文化建设的分类指导，积极开展培训，深化对中央企业文化建设的系统推进。作为国资监管机构，国务院国资委确定了“十二五”期间做强做优中央企业，培育具有国际竞争力的一流企业发展目标；制定了转型升级、科技创新、国际化经营、人才强企、和谐发展五大战略；明确了动力、体制、组织三大保障。从今年起，进一步明确了国资监管上新水平和国企发展上新台阶的两新目标。并将文化建设积极融入其中。同时，积极履行职责和广泛构建和谐，指导地方国资监管机构开展好包括文化建设在内的国资监管各项工作。

相信以这次“全国企业文化（陕鼓动力）现场会”命名揭牌为契机，我们的企业文化建设会得到一个新的有效推动，以陕鼓动力为代表的各类企业能够依此有新的更好的发展。希望陕鼓集团（陕鼓动力）不负员工、股东、行业和国家期望，面向未来，再接再厉，进一步注重企业文化建设在推动企业转变发展方式，实现科学发展中的重要作用，在新的基础上创造更加辉煌的业绩。

（作者系国务院国资委研究局副巡视员，本文为在“2011全国企业文化陕鼓动力现场会”上的讲话）

后危机时代的企业文化建设

曾　坚

所谓的后时代有很多不同概念，比如普京下台以后的后普京时代，国外讲的后毛邓时代。金融危机以后，企业、科技、政治、文化、经济等领域都发生了很多变化。要分析新时期企业文化有哪些机遇和挑战，首先要搞清楚后危机时代有哪些特征？

后危机时代的特征

首先，国际政治经济秩序正在发生深刻变化，金融危机使美国等西方国家经济遭受了重创。近几年来，金融危机尤其是虚拟经济受到很大打击。西方国家的经济正在缓慢复苏，但是内生动力不足。6月24日，奥巴马在匹兹堡的演讲中提出要加大对高科技、高端制造业的投入，一方面是为自己竞选选票，另一方面他看到美国内在动力不足，要创造新的发展机遇，扩大就业，同时拉动经济发展。新兴国家的强势复苏成为推进世界经济复苏的引擎，也悄然改变了世界经济秩序和利益格局。世界各国在能源、资源、粮食、安全等全球性问题的博弈日益激烈，国际经济治理结构正在发生深刻变化。

世界经济结构和产业结构正在发生重大调整。面对国家实施“走出去”战略这一可遇不可求的重大历史机遇，要抓住机遇，加快发展，赢得先机。发展中国家长期以来依靠出口廉价劳动力和资源换取外汇，整个世界几十年来一直是这样，中国改革开放30年来也是这种模式，而且在相当长一段时间内难以改变。金融危机以后，各国都在努力寻求保持竞争优势的手段和经济增长点，对市场资源、人才、技术和标准的争夺更加激烈，这在标准制定领域更加突出。西方国家加快向外转移劳动密集型和资源消耗型产业，东南亚、非洲这些新兴发展中国家承接新一轮产业转移的能力不断增强。从国资委统计局统计的数字来看，我国很多工业和其他相关门类的产品订单已被东南亚国家拿走了。

国内生产要素成本持续上升，传统增长模式面临挑战。经过30多年的发展，中国已经进入土地、原材料、劳动力等生产要素成本持续上升时期，过渡依赖资源消耗和简单劳动力出口的传统经济发展模式难以为继。随着金融危机影响逐渐减弱，经济正在向好的趋势不断巩固，政府刺激经济增长的宏观政策势必调整。市场环境趋紧，转变发展方式，从“走出去”战略寻找发展机会，已经成为企业打破僵局所要面对的的重要问题。

各个国家投资合作意愿增强，企业并购重组前景向好。按照一般规律，每次金融危机都会出现产业结构调整，企业势必进行大规模重组，多次世界经济危机后的发展形势概莫如此。这次金融危机一定程度上挫伤了发达国家对外投资的能力，美国的对外投资也明显受到影响。仅去年一年，全球并购总额达到2.4万亿美元，同比上涨了22.9%，今年预计将达到3万亿美元。

全球科技创新和产业变革空前剧烈，科技竞争尤为激烈。金融危机以来，世界许多国家都把前沿基础研究和新能源、新材料、低碳技术等作为新的技术革命和产业革命重点，抢占未来经济和科技的制高点。大家可能从电视上看到，胡锦涛总书记对越南访问时看到的未来之家，我也有幸到西雅图看到未来之家，看了以后很受震撼。科技的发展对世界政治、经济、文化都会带来极大影响。

全国人大副委员长路甬祥曾说：“当今科技正处于革命性变革的前夜，能源危机、气候变化、就业压力使传统工业难以为继。”而我国很多方面都在依靠传统工业支撑，虽然工业化、信息化速度都在加快，但传统工业占了很大比例。世界主要的发达国家都在寻找新的产业发展增长点，而我国的科技发展依然存在原始能力不足、关键核心技术受制于人、科技和经济两张皮等问题。这些年来，我们在科技和整个科研创新的体制建设上与国外相比有很大差距。

虽然我国（包括港澳台）已有50多家企业进入世界五百强，但不适应当前高水平竞争力情况仍然十分突出：一是发展方式粗放，投入产出较低，仍然依靠大量消耗能源和廉价劳动力，实现外援扩张；二是产品结构层次低下，长期处于国际产业链低端，规模大、利润少；三是自主创新能力不强，研发投入少，技术受制于人。面对这种形势我们必须尽快转变发展方式，大力推进科技创新，否则就会错过当前可遇不可求的发展机遇，终将会被历史淘汰。

用国际化视野、世界眼光推进企业文化建设

国资委成立8年来，一直把指导中央企业开展企业文化建设作为一项重要职责，并且设立了专门机构。但总体来看，必须抓住当前经济发展带来的难得机遇和挑战，以国际化视野和世界眼光来推动中央企业文化建设。经过调研发现，大概有80%的中央企业已经基本建成了各自的企业文化体系，但是在这个基础上怎么继续深化，如何实现文化落地，真正把企业文化作为企业核心竞争力推进。

首先，后危机时代给企业文化带来哪些机遇和挑战？

世界经济结构和产业结构调整使我国企业快速融入到世界经济当中，为我国学习借鉴国际先进经验创造条件。虽然很多国内的企业要走向世界，但是企业的价值理念、管理思想、管理行为是否符合世界潮流？现在是一个极好的机遇，要求从事企业文化管理的同志，必须具备国际化视野和世界眼光，才能很好地适应这种形势。

其次，后危机时代的激烈竞争，迫使企业提高管理水平，增加核心竞争能力，由文化主导企业发展，从而增强企业的核心竞争力。文化在企业管理中的地位非常重要，这些年来，我国企业也做了很多探索和尝试。如中航工业自控所3C型综合研发管理体系全部用信息化手段，对企业的生产、管理、调度，企业的经营市场包括科研、车间、工段、班组每一台设备的现场管理，应该说做到了精细化管理。尽管如此，我们的管理水平跟西方发达国家相比还存在很大差距。

再次，世界新一轮科技创新热潮，迫使企业必须高度重视掌握核心技术和品牌。借用全国人大副委员长路甬祥的那句话，科技革新的前夜就要到来了，如果我们不做足准备，就会被新一轮的科技创新淘汰。

第四，人们环保和维权意识增强，迫使企业必须更加重视履行社会责任，提高新闻应对和危机处理能力。前不久，中石化发生的“天价酒事件”对央企造成了恶劣影响，媒体为了自身的经济效益和收视率，为了吸引人们的眼球，总会炒作一些事件，甚至会有目的地制造新闻。这从某种程度上说明，人们的维权意识和信息手段在不断增强，也迫使我们的企业不得不在履行社会责任，信息公开以及品牌要求等方面更加严格要求。

上述四个方面对企业文化的发展带来非常大的挑战，针对这种情况企业应重点从以下几个方面下手：

大力推进管理创新，不断提高企业竞争实力。管理创新是基础，企业文化必须和管理融为一体。我一直推崇中粮文化，“高境界做人、专业化做事”是中粮集团适应改革发展新形势提出的一个核心理念，要求中粮的每一个员工特别是共产党员和党员领导干部秉持“事业的心态、敬业的精神、专业的素养、职业的操守”做人做事。中粮集团过去是搞贸易的公司，现在战略转型，提出要打造田间到餐桌的全产业链的食品企业。为此，中粮集团招收了大量年轻员工，正在努力打造符合年轻人的企业文化。另外，众所周知的“丰田管理模式”，是国际企业经营管理效仿的榜样。但是最近丰田公司深陷召回门，并为此付出了很大代价。丰田召回事件原因很多：扩张太快；把鸡蛋放一个篮子里；成本控制过度；市场反应过于迟钝，丰田章男对此事反应也不够积极。丰田召回事件正好赶上美国政府中期大选，恰巧给美国议员提供了一个树立亲民形象、捞取政治资本的极好机会。丰田章男在美国的听证会上向美国公民鞠了十几躬，美国人不买账，不接受。但是在中国，他就鞠了一个躬，中国的消费者就没有说什么。这是为什么？因为中日文化相通。美国人强调在检讨的时候，眼睛必须看着对方的眼睛，这样才会认为你是真诚的，但是丰田章男鞠躬的时候不可能对着全场的观众去鞠躬，所以美国人说他不够真诚。

通过企业文化建设和文化创新推动管理创新，通过价值观管理推动员工接受企业价值观，实现企业文化层面的管理；履行社会责任管理公共事物，特别是计划经济向市场经济转变以后，企业管理已经从企业内容管理转向企业外部管理，这是以前没有的；引导相关新闻舆论，恰当处理危机公关；建立世界体系，包括品牌建设等。

配合走出去战略，大力推动文化融合。金融危机以后，经济结构调整，以增强核心竞争力和提高市场占有率为目标，全球范围内企业并购重组愈演愈烈。中央企业一方面实施走出去战略，另一方面国内企业调整迫使地方企业和中央企业进行联合重组。最近，我们国内本土企业相互之间并购重组趋势愈演愈烈。企业文化建设应该抓住机遇，迎接挑战，推进文化融合，企业并购重组不可避免地会带来文化和价值观的碰撞，经营理念、传统习惯、思维方式、员工队伍素质等方面都有很大不同，这对企业文化融合是极好的机遇。

制度创新。制度创新对于企业管理、经营，增强企业竞争力，参与国际竞争力非常重要。企业文化包含精神文化、制度文化和行为物质文化三个层面。当企业的价值理念体系已经成型，视觉识别体系已经建立，下一步如何实现落地？制度文化建设非常重要。在制度文化建设过程当中，制度创新是重中之重。

通过建设创新文化来推动科技创新。在后危机时代主要特征中，科技创新占有非常重要的位置。为迎接新一轮科技创新热潮，企业必须大力建设创新文化，努力营造创新文化氛围。

正确制定科技战略，搞好顶层设计，明确科技创新指导思想，总体目标和方向，搞好四个结合：坚持市场导向与国家需要相结合，科技创新与体制创新相结合，当前和长远相结合，掌握核心和提高系统集成能力相结合。

落实主要负责人的创新责任。把科技创新纳入到业绩考核中，跟科技人员的薪酬挂钩。

整合各方力量确保资金支持、统筹规划，投资、财务、人力、法律等部门力量形成合力，建立机制和管理体系，管理体系的建设对创新的作用不容忽视。

面向市场构建开放创新体系，坚持市场导向，瞄准科技前沿，突出主业。充分运用外部资源包括高校和科研单位，推进产学研结合，提高创新能力。

推进成果转化，保护知识产权，同时注意打造企业的自主品牌。

大力培养高科技人才队伍，建设创新文化，打造层次分明，结构合理，适应需要的科技人才队伍，科技人才要有层次。

“屈平词赋悬日月，楚王台榭空山丘”，这是李白在汉水泛舟时写的诗句，意思是屈原的词赋是日用当空，长盛不衰，而楚王的楼台却早已不见。后人以词赋悬日月来比喻精神文化财富与江河同在，与日月同辉，词赋悬日月也成为了中国多少文人墨客毕生追求的目标。军工企业的企业文化工作者应当紧紧抓住当前经济转型的大好机遇，勇敢迎接后危机时代的挑战，努力营造出新的文化成果，像词赋悬日月一样，秉承和创新中国企业文化的优良成果。

（作者系国务院国资委党委常务副书记，本文摘自《军工文化》2011年8期）

首开集团企业文化建设掀开创新发展新篇章

周荫良

北京首都开发控股（集团）有限公司（以下简称“首开集团”）于2005年12月10日正式挂牌成立。首开集团是在北京市国资委主导下由城开集团、天鸿集团合并重组形成的、以房地产开发和经营为主营业务的市属国有大型企业集团。

在30多年的发展历程中，首开集团作为北京房地产行业中的重要力量，不仅开发了保障性住房、普通商品房、中高档公寓、写字楼和酒店等大批精品项目，为拉动北京经济增长、提升城市功能和提高居民居住水平发挥了重要作用；也在政府实施重大经济建设和文化建设等公益性项目方面，主动肩负起国有企业的使命与责任。

首开集团启动企业文化建设工程意义深远

我清楚地记得，2005年首开集团在组建时就涉及了企业文化建设，集团揭牌之时，就同时宣布公开征集企业标识，一直以来，首开集团党委紧密结合企业的发展实际和员工的思想实际，落实国务院国资委和市国资委关于加强企业文化建设的指导意见，先后发布了企业核心价值理念、企业标识、企业之歌等等。自觉地将企业文化建设纳入集团整体发展战略，应该说，首开集团企业文化建设工作在国资委系统中是有基础、有特点、有成绩、有经验。但是，今天的启动仪式，使我们深深的感受到，首开集团党委和各级干部并没有满足已经取得的进步，而是在企业进入关键的发展期，在全国房地产业深度调整，企业发展环境十分严峻的情况下，以其高度的文化自觉和文化自信，找差距，谋发展，在党的十七届六中全会精神的指引下，在首都精神的践行中，着手建设和完善首开集团企业文化的新的战略和发展蓝图。既：以文化筑魂，坚定企业的发展方向；以文化育人，坚实企业发展的思想基础；以文化引领，再造企业创新管理的体系；以文化塑形，拓展目标市场、打造企业品牌；以文化激励，建设凝聚发展力量的制度机制。我们看到首开集团的企业文化建设正汇入国家和首都文化发展繁荣的建设洪流，相信新一轮的首开集团企业文化建设工程一定会在全体干部职工的共同努力下，掀开企业与员工创新发展的新篇章。

文化引领，实现集团企业文化建设整合提升

党的十七届六中全会，把企业文化作为我们国家文化大发展大繁荣的重要内容，在北京市属国有经济“十二五”发展规划中，市国资委也将企业文化建设纳入其中，作为企业科学发展，转方式，调结构，推进“调、改、合、创”的软实力和文化支撑。据近期全系统的企业文化调研显示，全系统“十一五”期间，市属国有企业的企业文化建设全面推进，员工认知和企业的实际推进覆盖面均超过95%以上，进入“十二五”时期，有不多的几家企业，主动适应企业转型发展、“走出去”发展等新的变化，积极推进企业文化进入到了新一轮文化整合再造提升的阶段。这次首开集团举全力，丰富、整合、规范、提升集团的企业文化，做了充分的前期准备工作，潘总提出的必须把握的“五项基本原则”，项目组提出的文化建设的内容、体系和流程，都很严谨，很全面，具有很强的操作性。不仅能够为圆满地完成此次集团的企业文化建设项目提供多方面的保证，也会为全系统下一步企业文化建设的推进工作提供新鲜经验，因此，真诚的希望首开集团作为新一轮集团企业文化建设的先行者在实施此次企业文化建设工程中，能够加强对新形势、新任务、新问题的研究和对工作规律探索：

一是在落实北京国有经济“十二五”发展规划，实施“调整、改革、合作、创新”的改革目标中。企业文化建设如何积极适应和助力企业的结构调整、产业产品升级、企业管理创新和劳动方式、劳动组织的变化，进行自身的发展创新、提升和再造，以满足员工在生产和生活中新的物质文化需求和企业发展所需要的新的更高层面的文化支撑。

二是按照党的十七届五中全会精神，国有企业正在加快中国特色社会主义现代企业制度的建立和完善，积极推进具备条件的企业实现整体上市，不具备整体上市的加快股权多元化改革，积极推进大企业、大集团战略，我们如何使新一轮企业文化建设项目工程与现代企业制度相匹配，同步规划，同步推进？如何把首都国企承担的经济责任、政治责任和社会责任，与员工对个人发展愿景的深度关切结合起来？如何在企业精神、共同愿景、生存发展环境的优化，以及服务体系建设等这些企业文化建设的核心内容与机制制度、方式方法等方面，与时俱进，不断创新？希望给予关注、研究和探索。

三是随着我国城市化进程，社会的高速发展转型，信息化的迅猛发展，为首开集团带来了源源不断地房地产建设项目和多元的劳动大军。企业文化建设如何传承国企特有的政治优势，传承工人阶级的本色和特质，承载先进生产力的发展要求？如何满足国企组织化生产与员工社会化、个性化的发展需求，在构建和谐劳动关系，和谐的企业文化氛围，实现企业包容性发展上，与时俱进，不断创新？希望给予关注、研究和探索。

四是在推进新一轮企业文化建设中，现行企业有一个共性的任务，就是如何进行重组企业间的深度文化整合，把那些已经写在纸上，挂在墙上，有一定实践基础的企业发展理念、识别识别系统、相关制度等放在企业发展的新形势、新任务、新的问题下，加以再认识、再提升，切实在新一轮

企业文化整合提升中，能够进一步增强集团文化的影响力、控制力，处理好集团文化与子文化的统一性与包容性等问题；如何加强跨文化、跨地区的企业文化的建设、文化管理，适应企业走出去发展的新要求，等等，希望给予关注、研究和探索。

总之，市国资委对于首开集团今天启动的企业文化建设工程高度关注，热切的希望首开集团党委和各级领导带领全体员工，创新实践，为北京国企创出更多的好经验。

（作者系北京市国资委局级巡视员）

积极探索中国特色社会主义先进企业文化建设的有效途径

尹援平

今年是“十二五”时期承前启后，加快转变经济发展方式，保持国民经济平稳较快发展的重要一年。在这当中，企业的支撑带动作用至关重要，可谓责任重大、使命光荣。但是，我们也要清醒地看到，我国企业正面临着比以往更加复杂多变的经济环境。结构调整压力不断加大，转变发展方式日益紧迫，资源、能源、环境约束不断加强，生产经营成本上升，部分行业产能过剩，国际市场需求萎缩。这些都对我国企业的可持续发展形成了严峻挑战，同时也对我国企业文化建设如何顺应形势发展要求、促进企业转变发展观念、顺利完成战略转型与产业升级提出了新的更高要求。

企业尤其要重视企业文化建设。企业文化是企业在经营管理实践中逐步形成的思想观念与行为方式，其核心内容包括企业的核心价值观、使命愿景、经营理念、行为规范、诚信道德、社会责任及品牌内涵等，它不仅对贯彻执行企业发展战略，完成经营管理目标起到重要的支撑作用，而且对员工的思维方式、行为习惯和组织情感产生深刻的影响。加强和改善企业文化工作，对增强企业凝聚力、创造力，培育企业创新精神，强化企业管理和规范企业经营行为，提高员工道德素养和文化素质，塑造品牌形象和提升企业商誉价值都具有重要意义，是企业实现科学发展、创新发展、和谐发展的重要保证。这一点从联想控股、青岛海尔、天津港、开滦集团、潍柴动力等一大批优秀企业的表现已经得到了充分的印证。例如，联想控股培育形成的以“说到做到、尽心尽力”为“联想之道”和以“管理三要素”为管理思想基础的企业文化管理模式，使联想文化真正成为提升企业管理水平、培养锻炼人才队伍的灵魂工程；天津港把“发展港口、成就个人”作为企业的最高追求，通过对待劳务员工“四个一样”、竞聘上岗等具体措施，把文化理念落实到具体管理上，极大的激发了企业发展活力；开滦集团注重以理念创新引领战略转型，在继承“特别能战斗”优良传统的基础上，用“基业长青、员工幸福”凝聚力量，形成了以三个管理平台、一个保障系统为核心的“三加一”企业文化管理模式，引领支撑企业走出了资源型企业转型的新道路；潍柴动力在兼并收购了几十家企业之后，主动实施企业文化重塑工程，着力培育以执行、激情、创新、感恩为内容，以“包容、沟通、责任”为集团核心理念的“动力”文化体系，用动力文化点燃各级管理团队和广大员工干事创业的激情，使企业文化建设上升到一个崭新的高度。

进入新世纪以来，中国企联积极致力于企业文化探索和组织推动工作，一是搭建全国企业文化建设交流平台，每两年评选一批“全国企业文化优秀成果”，并在全国企业文化年会进行发布，在此基础上每年推出几家“全国企业文化示范基地”，学习和借鉴先进企业文化建设成功经验，发挥典型示范作用；二是深化企业文化研究，为企业开展文化建设提供培训和咨询服务，激励和推动更多企业走上文化强企发展道路，同时推动产学研合作，广泛组织、调动社会力量，就新形势下企业文化建设面临的新情况、新任务开展企业文化课题研究，不断提高企业文化建设的理论与实践水平。尤其在党的十七届六中全会提出推动社会主义文化大发展大繁荣的重要任务，社会各界对企业文化建设的重要意义有了更加深刻的认识之后，我会王忠禹会长对这项工作更加重视。去年11月，王忠禹会长对我们上报给长春和云山同志的《关于我国社会主义先进企业文化建设的开展情况和建议》调研报告作出重要批示，指出“要按照中央领导相关批示要求，进一步搞好企业文化建设”。为此，我会增设企业文化工作部，专门负责推进企业文化交流、服务、研究工作。通过对我会多年来开展企业文化建设工作积累的经验和案例进行总结分析。

第一，要不断推进企业文化创新，注重企业核心价值观的导向作用。先进的企业文化能够在借鉴、吸收、融汇优秀企业文化的长处和智慧的同时，根据企业发展环境的变化和企业发展方式的转变，不断加以创新、改进和提高，赋予企业文化新的时代内涵，牢固树立正确的核心价值观，使企业始终保持着与时俱进的良好状态。

第二，要十分重视企业文化建设规划，增强企业文化建设的自觉性和主动性。企业文化建设是一项系统性、战略性、基础性工程，要把企业文化建设纳入到新时期企业改革发展的总体规划中，与企业战略的制定和实施同步设计，与企业兼并重组、制度建设等重点工作同步考虑，与职工队伍建设、思想政治工作、党的建设和精神文明工作同步规划，从战略层面就企业文化建设的发展目标、方法原则、主要内容、体系框架等制订方案，建立科学完善、逐步推进的企业文化管理体系。

第三，要不断改进企业文化建设的工作方法，推动企业文化建设与企业管理的紧密结合。企业文化不是口号、标语，不是花架子，要使企业文化建设发挥实效，就必须克服空谈、浮躁的文化现象，努力提高对企业文化建设本质的认识，在企业文化传播渗透、培训学习、融入管理、载体创新等方面，做出积极有效的探索实践，尤其要在企业文化建设跟踪评价、改进完善等方面，体现出更高的工作水平，使先进的企业文化能够切实落地生根，发挥出企业文化建设的独特作用。

第四，要注重完善企业文化建设分工机制，搞好企业文化建设的组织推动。企业领导者在文化建设中有着重要的决策和引领作用，要高度重视、切实推动相关部门和专业人员建立分工负责、协调一致的企业文化建设工作机制，进一步明确和落实全体员工在文化建设中的责任主体地位，形成企业上下重视、支持和共同推动企业文化建设的新局面。

深入推进企业文化建设、加快转变发展方式是一项艰巨而紧迫的任务。在新形势下，中国企联愿意同江西省企联紧密配合，共同努力开拓江西省企业文化建设的新局面，积极探索中国特色社会主义先进企业文化建设的有效途径，发现先进企业文化建设的典型，深入探讨和研究企业文化建设的成功经验，为丰富我国企业文化建设的案例库，同时也为我国企业在新时期转型升级，实现科学发展、健康发展、可持续发展，作出积极的努力，不断促进我国企业文化建设向更高的水平迈进。

（作者系中国企业联合会执行副会长，本文为在江西省企业文化建设经验交流会上的讲话）

学习创新是企业科学发展的动力源

高立胜

创建马克思主义学习型政党，打造学习型党组织，是当前我党的一项重要工作任务。中航工业沈阳飞机设计研究所是目前中国企业文化研究会唯一授予“全国学习型组织示范基地”称号的先进单位。为了推动当前企事业单位开展创建学习型组织工作，辽宁省营销文化研究会在沈阳飞机设计研究所举办了辽宁省创建学习型组织现场会。

中航工业沈阳所持续多年开展企业文化和学习型组织建设，成果丰硕，经验亦多，体会深刻。我认为，中航工业沈阳所创建学习型组织的经验，最为突出的表现在以下四方面。

首先，从战略高度，构建学习型组织和企业文化发展规划，高屋建瓴，统揽全局，确立企业文化定位。该所根据集团公司关于企业文化文化建设的统一部署，结合研究所实际，目标明确，定位科学，形成了统揽企业文化、学习型组织、思想政治工作、精神文明建设、和谐企业建设等多方面的任务为一体的思想管理体系。即以“思想管理”为引领，以“双创建”（创建学习型党组织和创建学习型研究所）和“四推进”（物质文化、行为文化、制度文化和精神文化四个方面整体推进）为载体，以“诚信、创新、和谐、向上”为特征，以应用平衡记分卡为手段，以引领、提升价值为目标，深化载体，不断完善的企业文化建设体系。这个体系自 2002 年起从构思、形成到完善历时至少八九年，可见来之不易。

其次，根据研究所实际，以创建学习创新型文化为重点，既强有力地引导和支持了科研任务的完成，也为国家培养了杰出的飞机设计团队人才。该所制定了“保持飞机研究设计综合实力国内领先，引领我国战斗机的技术进步和产业发展，把研究所建设成为事业发展、人才成长的沃土，员工幸福生活的美好家园”的共同愿景。可以看出，沈阳所的使命，既是中国军用飞机设计研究的单位，同时也是培养中国军用飞机设计人才的基地，双重目标和任务。因此构建学习创新文化是该所至关重要的文化建设任务。此外，该所大力倡导“再没有比一个好主意只用一次更大的浪费了”等崇尚学习创新的价值观和工作理念；构建了信息平台、自主创新平台和培训平台等一系列措施和相应的制度规定，营造了良好的学习创新文化氛围，有力地引导和支持了该所任务的完成，同时也有效地提高了员工的综合素质和科研创新能力。

第三，在构建学习型组织和企业文化建设过程中，突出地体现了“尊重人、关心人、理解人、信任人、提高人”的企业文化管理和创建学习型组织所主张的以人为本的核心和要义，他们系统地全方位地有序化地营造了有利于员工发展的积极向上、和谐发展的氛围，有效地提升员工素质。从其结果来看，该所在创造物质文明的同时也创造了先进的精神文明。而物质财富与精神财富的总和就是文化。由此可见，创建学习型组织、建设企业文化，它的结果是物质财富与精神财富双丰收的，而不搞创建企业文化和学习型组织的，一般来说只能取得物质财富，二者结果的差别是明显不同的。

此外，应特别指出的，该所从精神文化、制度文化、行为文化和物质文化层面，全方位推进企业文化建设，确实有效地保证企业文化建设全面协调可持续发展。这个经验也是应当重视的！当下有些单位，在开展企业文化建设时，往往只注重精神文化建设，而忽视物质文化等层面的建设，对于员工的合理薪酬、身心健康和个性发展等视为另类负担，这是有悖于企业文化三个同心圆的协调运作、和谐发展的。在那种模式下，企业文化建设不可能深入人心，也不可能持续发展的。而沈阳所的经验证明，只有从多层面全方位开展企业文化建设，才能真正把企业文化深植入员工的心田；如果企业只抓精神文化，而忽视其他文化层面的建设，就很容易坠入追求没有实体基础的“空中楼阁”的误区。

最后，高度地重视理论建设，以理论创新推动实践创新。该所党委以中国特色社会主义理论为指导思想，从企业实际出发，自觉地把企业文化建设和其他相关的精神文明、思想政治工作和学习型组织建设等实践融为一体，初步形成了思想管理理论体系，这是非常难能可贵的。我曾在《军工文化》、《企业文化纵横》和其他传媒上读到褚晓文书记等人撰写的关于“思想管理”的论文，受益匪浅。该项目课题作为优秀社会科学成果受到了国务院国资委、辽宁省和沈阳市有关部门的表彰。由此我想到了毛泽东的一句话：“感觉到了的东西，我们不能立刻理解它，只有理解了的东西才更深刻地感觉它。”对于企业文化的理解亦如此。

当今，中航工业沈阳所企业文化建设和构建学习型组织已形成了具有独创性的比较完整的理论体系。然而，大道至简。北京有位民企思想家冯仑曾说，如果你真正的掌握自己的企业，那么你就能用一句话说明白你的企业。套用此话，如果你真正的掌握自己的企业文化，那么你就能用一句话说明白你的企业文化。如果能用用一句话说明白你的企业文化，那么员工就更容易理解和认同你的企业文化。外界亦如此。韦尔奇执掌GE期间就提倡简单文化。同仁堂老总说，同仁堂340的经验浓缩为一句话，就是产品，把产品再浓缩，就是质量。我们沈阳所是否可以对此继续再做一个新的探索？

（作者系中国企业文化研究会副理事长、特邀研究员，辽宁省营销文化研究会会长，哲学研究员，管理学教授，享受国务院特殊津贴专家。本文摘自《军工文化》2010年9期）

黑松林：劳动关系的一片绿洲

张　德

因工作关系，我经常去企业。

在大多数企业，老板和员工的身份差异是明显的。在一家私营企业，董事长无论走到哪里，哪里的员工都要立即起立——无论年龄、职位、是否方便，这是该董事长引以为自豪的地方：“你看，我的员工对我多么尊敬！”

在更多的企业，当老板宴请客人时，司机是不准同席的。

最近我去了一家私营企业，在老板宴请我时，司机不仅同席，而且毫不拘谨。我听说，在这家企业员工同老板一起大口喝酒、大块吃肉，老板往员工碗里夹菜、往员工嘴里塞肉，也是常有的事。随着我看到和听到的故事越来越多，我越发相信：这家企业与众不同。在劳动纠纷越来越多，劳动关系日趋紧张的今天，可以说，这是劳动关系中的一片绿洲。这家企业就是江苏黑松林粘合剂厂有限公司，它的老板名叫刘鹏凯。在去黑松林参观之前，我已拜读过刘鹏凯的两本著作——《黑松林，我的太阳》和《心力管理》。通过这次现场参观，我体会到他独创的“心力管理”，正是缔造和谐劳动关系的关键和根源。

刘鹏凯写道：“北宋欧阳修有句名言：万事以心为本，未有心至，而力不能至者。人有无限潜能，关键是要激发出来，靠什么激发，靠的是我以我心，真心换真心，激发出来的是觉悟，这就是心力。”可见，心力管理是靠心去管理，而且要管到人的心里。它可以分解为三个方面：攻心，聚心，塑心。

我的工作是你的，你的生活是我的——将心比心，攻心为上

自古以来，“得人心者得天下”的道理似乎人人都懂，但能够做到的人凤毛麟角。为什么？因为他们不知道怎样去“得人心”。用权力去征服？结果是“口服心不服”；用金钱去收买？结果是“有奶就是娘”。它只能靠“换”，用自己的心去交换。人心又是看不见的，需要长期的考察，所谓“路遥知马力，日久见人心”。具体怎样做呢？刘鹏凯说：“你是管理者时，你把被管理者当人，你是被管理者时，把自己当人，这样同等为人就是心心相通，事事相通，上下左右相融了，就没有解决不了的问题。”这是从内心深处把员工当作平等的人看待。他又说：“管理就是‘管心’。心是世界上最难管的对象，管人是世界上最难的事，因为人心看不见，摸不着，像天上的云，是变化的，只有当事人自己知道。你把别人关爱好了，关键的时候别人就会帮助你，这是用钱买不到的。”这里的关键是“你把别人关爱好了”。

怎样去关爱员工？刘鹏凯摸索了十几年。1997年，黑松林作为黄桥镇第一家改制企业试点，拥有了“产权明晰、自主管理、自负盈亏、自我发展”的自主权。受大气候的影响，一些企业拖欠员工工资的现象严重，“工钱、工钱，做了工何时拿到钱”顺口溜很是流行，无形中挫伤了员工的积极性。改制后的路如何走？如何改变原有管理模式，注入文化，转化体制优势，学会走新路？刘鹏凯不讲大道理，不喊空口号，换位换心，设身处地考虑员工的工作动机、劳动的艰辛程度，以及给企业发展创造的价值，寻找原动力。

站在员工的角度想：我为企业从早到晚努力干活，是为了工资，为了养家糊口，一个月下来拿不到工资，何以能安心工作？站在中层干部的角度想：我为老板打工尽职负责，卖命卖心去得罪人，老板能否知道，我的付出能得到多少回报？“始知结衣裳，不如结心肠”。一个企业的持续发展，不单纯是靠理论、规划、政策，重要的是人的行为之源，需要的是人的积极性的基础原动力。

刘鹏凯想员工所想，拿起改制后兑现的自主权，首当其冲选择工资作为突破口，端出暖人心的“滋补药膳火锅”，确立“不同岗位、不同薪金、不同考核”的“双工资制”新模式，在员工中推行“双周工资制”，在中层管理者中推行“双薪工资制”，一方面让员工做了工就能拿到钱，一个月发两次工资，看得见、摸得着，解除了员工后顾之忧；另一方面让管理者坐什么位置拿什么责任钱，采取双倍以上工资，不管是谁，高薪必须高效、高责、高能，只要你付出总能得到回报。

以后，他又进一步提出：“我的工作是你的，你的生活是我的”，时时刻刻把员工的生活放在心上。一天，他在成都参加全国胶粘剂标准化会议，习惯性地将手机关闭。当会议中间休息开机时，一条来自司炉工小石的短信跳了出来“老板，你好！冒昧打扰，我在新疆的大哥十多年未回来，明天想借小车到南京接一下站。”发送时间是两小时前。刘鹏凯想：员工大凡有点办法就不会向老板开口，他并不知道我正在开会要关闭手机，短信发出两个小时未见回音，他定会想得很多很多。他心里一阵不安，赶紧将这条短信转发给厂办，要求安排，并嘱咐代他送上一束鲜花，祝福他们一家团聚。

有一年清明节前，厂里的外贸生产任务压得很重，掰着指头算下来，中途不出错，也只能紧巴巴的提前一天完成。4月4号下午，快下班的时候，刘鹏凯来到车间察看生产情况，老远就听到一阵争吵声：女工小印正扫机关枪似的嚷着：“不准假我也歇，一点人情味都没有。”“不是我不批假，是任务压得这么重，你怎么歇得下来！”车间的严主任摊着

双手，一脸苦笑。质检员小朱一把拉着小印："别吵，别吵，厂长来了，尽量克服。""厂长怎么啦，厂长也有父母！明天不和家人一同去扫墓，我这个儿媳妇怎么做人呀！"小印越说越激动，声音似响雷。"哦，原来是这么回事，咱们的小印是个好媳妇，真孝顺，明天放你半天假去扫墓，我特批。"听到这些话，小印的眼睛湿润了。打那以后，工厂依据中国传统节假日，除了国家规定的假期之外，清明节、端午节、中秋节、冬至等中国传统节气，也作为特定假日全厂休息。

像这样的故事越积累越多，久而久之，刘鹏凯"以心换心"结出了硕果，员工们果真把企业的事当成自己的事，处处表现出主人翁精神。有一次，台风"麦莎"犹如怒吼的雄狮，咆哮了一夜。第二天一早，许多员工提前上班，自动地投入到抢险工作中来：有人在清理被风刮跑的空塑料桶，有人在拣四处吹来的垃圾袋，还有人在用木棍支撑起吹歪的树。那场面如果用相机定格，就是一幅群情激昂的《战台风》。

员工是兄弟，企业是家——按需激励，聚心为宝

凝聚人心是企业管理的永恒主题，攻心之后要聚心，才能真正构建企业持续发展的基础。靠什么去凝聚人心？马斯洛的需要层次论指出：人有生存、安全、社交、自尊、自我实现五个层次的需要。生存、安全属于物质需要，靠工资福利去满足；社交、自尊、自我实现属精神需要，靠优秀的企业文化去实现。刘鹏凯正是这样做的。他除了解决好薪酬问题外，还着意培养一种充满亲情的家文化。

有一次，一位当医生的老同学从外地来看望他，久别重逢分外亲。在与老友聊天时，他问老同学，是否精通皮肤病的治疗。原来工厂一个员工，双手脱皮开裂，已两个多月了，老是治不好，特意提请老同学帮忙。这是一位老板对下属员工的真诚关心。

一天早上，毛毛细雨中营销员小张未穿雨衣，骑着新摩托车飞奔工厂，见到刘厂长一个急刹，从车上跳了下来，笑嘻嘻地推着摩托车进了厂门。而刘鹏凯心里打鼓，责成行政科长买了头盔送给小张，还顺便嘱咐小张：保持冷静头脑，家人盼你安全早归。自此，大凡厂里员工买了摩托车，行政科总要送上一顶头盔和上述两句话。这个规矩已延续了多年。

凡是有子女上学的黑松林员工，从幼儿园、小学、初中、高中，到大学毕业，都可以分别按不同的级别，从财务科领到100至500元的助学金。至今已经连续发放十多年。

刘鹏凯就是这样，通过管理细节、小事，将人文关怀传递给员工，把企业办成大家庭。一个企业，当员工感到企业就是我的家时，就不会是"飞鸽牌"，他们就会把企业的利益看作自己的利益，努力工作，在所不惜。刘鹏凯说：家不是放钱的地方，是让员工放心的地方。心力管理就是人心工程，人心里有无穷无尽的宝藏，把企业办成员工之家，让他们安心、放心，就会激发出他们对企业的忠心、恒心。

母爱的细腻，父爱的严格——以文化人，塑心为本

要办成一流企业，只有员工的忠心是远远不够的。一流的产品和服务，要求员工有一流的技术、一流的作风、一流的品德，这就要求发挥企业文化的最重要功能——塑心。

刘鹏凯通过细节入手，使员工自省、自律，养成黑松林要求的价值观、作风、品德和习惯。

作为一家化工企业，清洁生产是文明生产的重要组成部分。黑松林的烧煤锅炉房一尘不染，被一家世界五百强企业的老总称赞为"世界上最干净的粘合剂厂"。为此，刘鹏凯花费了大量心血。一次，他出差近一个月回来，一大早去查看车间。发现车间地面干净，产品堆放整齐，工具定置井井有条。但在二车间门口，他停住了：一口刚吐的浓痰在灰色的水泥路面上特别刺眼！他叫来主任，主任立即自责：厂长，是我的工作做得不细，对一些不良行为没从根上抓细抓实。当刘鹏凯再次转回来时，那口痰已经变成了一块湿漉漉的水迹。

暴雨后的一天早晨，车间门口，几个早到的工人，有的在用拖把拖积水，有的在搬移被雨淋过的堆物，忽然，一阵哗哗的水声响起，循声望去，只见新入厂的大学生小顾没有跟大家一道打扫车间，而是迫不及待地去冲脚。刘鹏凯静静地站在她身后，用眼睛录下这洗脚的全过程。水声停了，小顾的脚洗好了，她看见了站在一边的刘厂长，而刘鹏凯一句话没说就走了。事后，刘鹏凯收到小顾的一条短信：厂长，很抱歉。你宰相肚里好撑船，你的爱心和耐心教我如何做人做事，谢谢你。

这样的小事经常发生，恰如春风化雨，润物细无声。久而久之，员工们形成了比较一致的理念、追求、作风和习惯，形成了上下同欲、众志成城的局面。今年恰逢刘鹏凯60岁生日，员工纷纷送来红包、礼物，他将一个个红包原封不动退回："红包就免了，把工作做好，就是送给我的最大的礼包。"说者无心，听者有意。生日的当天，他真的收获到一份意外惊喜：那天正巧是周日，员工们倡议，自发到岗义务加班一天，为他祝寿，让他有一种无法言表的幸福与感动。

今年春节上班后不久，一天晚上，用户手机求救："刘总，打扰了，我们傍晚刚从贵公司装回的一车货，在离泰兴不远的地方侧翻了，能不能派几个人前来帮助！"刘总当即答复"没问题，我现在就派人前往！"第二天，工厂宣传栏里就贴出一则表扬："何明生等七位同志深夜为帮助客户装卸倾倒的产品，通宵达旦，不顾休息……"

"一个企业需要一种流淌在骨子里的精神，而这种精神就是文化，用这种自己独有的文化构筑起来的城墙，就是支撑企业健康发展的铜墙铁壁！"刘鹏凯的话"掷地有声"。

经过十几年的攻心、聚心和塑心，心力管理硕果累累：黑松林成为江苏省的名牌，黑松林粘合剂厂荣获"中国企业文化先进单位"称号，这家小企业与四家世界500强企业建立了合作关系，更重要的是，黑松林成为劳动关系的一片绿洲。笔者认为：心力管理是中国中小企业的成功范式，值得在更大范围内推广。

（作者系清华大学教授、博士生导师、中国企业文化研究会学术委员会委员，本文摘自《中外企业文化》2011年8期）

企业文化理论诞生30年的一份厚礼

——《文化力—企业卓越的基因密码》

韩　旭

今年是著名的企业文化代表作《日本的管理艺术》、《Z理论》出版30周年，与《公司文化》、《成功之路》并称为企业文化“四重奏”的四部著作在美国问世，标志着企业文化理论的诞生。

在这值得纪念的日子里，中国民主法制出版社出版了新书《文化力——企业卓越的基因密码》，这本出自中国移动北京公司党群工作部方建国副部长的专著，是作者10年来在企业文化管理上努力实践、认真思考、用心感悟、不断升华的成果结晶。全书以国际的视野、广博的知识、睿智的思考、流畅的文字、故事的情节，从“文化领导力”、“文化契合力”、“文化执行力”三个方面论述了“企业文化力”这一“企业卓越的基因密码”，解读了在世界500强企业中排名第77位、在中国500强企业中排名第5位的中国移动通讯集团“运用文化力启动经济力”的成功经验，堪为中国企业文化建设的优秀研究成果，对众多企业的科学发展具有重要的借鉴意义；对企业文化工作者的专业研究具有积极的参考价值。在中国企业文化界纪念企业文化理论诞生30年之际，《文化力——企业卓越的基因密码》一书的出版，是对这一纪念活动献上的一份厚礼！

仔细阅读《文化力——企业卓越的基因密码》一书，发人深省，颇受启发：

第一，时代需要源于企业实践的理论思考

企业文化理论传到中国以来，国内理论界、企业界的有识之士一直在努力探索具有中国特色的企业文化理论体系和建设途径，随着经济全球化和经济文化日趋一体化的加剧，时代需要企业文化理论与实践更紧密的结合，需要活跃在企业文化建设一线的高层管理人员，更多地做一些理论思考，使企业的实践经验得到理论的提升，丰富企业文化理论宝库，推动企业健康发展。

《文化力——企业卓越的基因密码》正是一本对企业实践成功进行理论思考的著作。

首先是对企业文化重要理论观点的高度认同、创造性的诠释和丰富。

我国的企业文化理论工作者早在上个世纪80年代末至90年代初就明确提出企业文化理论的一些基本观点：企业文化理论的本质属性是管理学属性；企业文化理论的本质特征是以人为本、以文化人、文化主导、文化自觉、群体和谐；被誉为“中国文化力研究第一人”的贾春峰教授于1992年正式提出“文化力研究”这一命题。

我们欣喜地看到，方建国先生在《文化力——企业卓越的基因密码》一书中，系统分析了日本企业和美国企业的管理方式，对“企业文化的经济价值”做了理论思考，同时提出企业管理要“坚持从人性出发”，“以人为本，从心开始”，这与企业文化理论工作者的观点高度契合。更可贵的是，作者在总结实践经验的基础上提出了全过程、全方位、全员提升“企业文化力”的有效途径，即：企业决策者修炼“文化领导力”；企业各级管理者增强“文化契合力”，企业员工提升“文化执行力”，这些来自企业管理一线的宝贵经验，是对企业文化理论的创造性诠释和丰富。

其次是对企业文化相关科学的融会贯通和成功运用。

近年来，中国企业注重学习借鉴国外的管理模式，但不少企业没有很好地结合实际，把多种管理方式有机结合、融会贯通，因而没有取得良好的效果。

作者精心研究了多种与企业文化相关的学科，把国学倡导的“内圣外王”、有德无敌”等思想作为重要理念，借鉴人类学、心理学的“心里契约”方式，运用学习型组织“培育主动积极心智模式”的方法，采用数学公式的表达形式，将多种学科的精华融会贯通于企业文化管理之中，提炼 概括了提升“企业文化力”的综合思路，对促进中国企业文化理论建设具有积极的促进作用。

第二，中国需要企业文化建设的经典案例

最近由著名咨询商Interbrand发布“2011年世界品牌价值百强榜”， 中国仅有台湾地区的HTC品牌入选，排名第98位。其实中国不乏优秀企业，但缺少对企业文化品牌的系统总结提炼，缺少在国内、国际市场对企业文化经典案例进行有效传播。

《文化力——企业卓越的基因密码》一书，系统总结了中国移动通讯集团成功开展文化管理的经验，通过“三个公式”，揭示企业文化建设的“三个着力点”，从而强化企业的文化领导力；通过培育健康心智的“七项修炼”，坚持“幸福的强力法则”，从而加强企业的文化契合力；通过“打造高绩效团队的七种武器”和“建设学习型班组的六项精进”，从而提升企业的文化执行力。作者博览群书，用生动的事例和点睛的语言让读者认同：文化力确实是企业卓越的基因密码。

这部著作的问世，为我们提供了中国著名企业的文化建设经典案例，为广大企业提供了具有很强操作性的成功经验，在很大程度上解决了困扰企业的“文化落地”问题，为我们走出国门宣传中国的文化品牌奠定了坚实的基础。

第三，企业需要高度文化自觉的管理人员

提升企业文化力的关键是以企业家为首的企业管理团队要有高度的文化自觉意识。通过阅读书中附录——《中国移动北京公司文化建设及启示》，我们清楚地看到，中国移动集团之所以能够持续健康、快速发展，是因为公司领导和企业高管自觉秉持“正德厚生、臻于至善”的核心理念，践行“以天下之至诚而尽己之性、尽人之性、尽物之性”的社会责任观，追求企业、社会与环境的和谐发展。

人们常说，“文如其人”。作者作为企业的一名管理

者，以高度的责任感和使命感，注重提高自身的心性，努力进行健康心智的七项修炼，耐得住寂寞，十年磨一剑，以心静如水的思考从事激情创作，终于为广大读者奉献了《文化力——企业卓越的基因密码》这部可以载入中国乃至世界企业文化史册的优秀研究成果。

我们期待方建国先生在今后的管理实践中，“目光继续追寻，心灵继续感悟，手中的笔继续耕耘”，为我们带来更多的好作品。

（作者系中国企业文化研究会常务副理事长）

企业文化亟待“大我”精神

钟祥斌

“富士康事件”发生后，中央和当地政府都给予了高度重视，并通过采取有效措施，防止了事态的进一步扩大。富士康也从2010年6月1日起，将员工整体薪资水平提升了30%以上。

加薪能否缓解危机？但这是一个好的开始。要使物质文化、制度文化、行为文化、精神文化真正形成合力，就必须为其注入一种大我精神，就必须把中国传统文化精髓融入到企业管理中。

富士康所推行的是一种执行力至上、准军事化管理的企业文化，我们可以将其称之为“狼性文化”。这的确给作为一个庞大生产经营整体的富士康，带来了相当高的组织效能和经济效益。但员工同时也被当成企业的附属一分子，就像机器上永远沉默的螺丝钉，只能按照既定程序日夜运转，员工的个人情感和尊严统统被严谨的管理条例替代。长此以往，必然会陷入恶性循环。

企业文化既不是挂在墙上的口号，也不是包装出来的形象，更不是刻板的硬性规定，而是能够深入到员工内心世界，凝聚起员工力量的一种理念。这种理念，必须得到大家的认可。好的企业文化建设者要学会通过教育和疏导，使员工做好人、说好话、做好事，而不仅仅是采用强制手段来迫使员工进入企业的游戏规则。

人才是企业文化建设的根本，就像《中庸》里头说的“唯天下至诚为能尽其性”。企业要通过以人为本的文化建设，来营造员工的交往空间、发展空间，这是员工的基本需求。员工则要以企业伦理道德来抑制自己的不合理欲望，同心协力做好工作，这是企业的基本需求。二者本无矛盾可言，但其中为什么又会出现矛盾？

除了企业方面的原因之外，这还和新一代青年的成长环境、人生轨迹、个人世界观有密切的联系。很多年轻人自己本来就没有信仰，而在机械化大生产的条件下，人与人之间相互缺少关爱。随着生活压力的增大，难免会产生孤独感和厌世情绪。而这恰恰是企业文化建设必须面对的一个重要课题。

很多人都把企业文化当成是企业与员工之间的润滑剂，其实更像是一种粘合剂。因为员工相对于企业而言，是“小我”；企业相对于社会而言，同样也是“小我”。员工只有通过帮助企业成功，才能实现自己的成功；而企业同样也只有通过帮助员工成功，才能实现长远发展。而在相互帮助的过程中，双方都会感到一种由衷的快乐。在快乐的企业文化氛围当中，企业与员工自然也就会融为一个和谐的整体。

大连很多企业都非常看重中华传统文化的作用。大连电资集团股份有限公司的董事长刘桂雪“修身而治人”，以自己的言行教育员工，影响员工；中国大连国际合作（集团）股份有限公司将传统伦理与现代市场相结合，倡导“携手合作、立业五洲”，走“企业文化世界化”之路；大连古建筑园林工程有限公司董事长徐德凝“以诗净心”，以仁义道德构建和谐家庭、和谐企业；大连船舶重工集团有限公司“先天下之忧而忧，后天下之乐而乐”，倡导节能环保，坚持“绿色造船”理念……这样的例子，不胜枚举。

滴水归海，“大我”普世。现在越来越多的企业已经将中华传统文化用于现代的管理中，并懂得“小我为私，大我为公。小我只有置于大我之中，才能显现出自身价值和意义”的道理，并开始付诸于实践。这无疑将给企业文化建设带来质的改变。

（作者系大连市企业文化研究会会长、中国企业文化研究会特邀研究员，本文摘自《企业文化》2011年3期）

同仁堂与儒商文化

陆建国

同仁堂是一个拥有343年历史的中医药老字号品牌，至今仍充满生机与活力。这种生机与活力的原动力是：以“仁爱”为核心的儒商文化为基理所形成的独特的企业文化。

同仁堂的创立——儒家思想与铃医生涯的完美结合

仁爱是儒家思想的核心。即仁者爱人，同情友爱，做人要有一颗仁爱之心，把人的疾苦、人的需求放在第一位，这就是儒家思想的要义。

然而，思想的东西一定得化为行动，否则就是空谈。乐氏家族是同仁堂的创立者，也是深受儒家思想影响的世代铃医，所从事的正是体现“仁爱”思想的，为老百姓解除病痛的中医中药行业，无形之中，他们就把儒家的“仁爱”思想付诸了行动。明朝永乐初年，随着朱棣皇上的迁都，北京城开始大兴土木，全国各地的工匠涌入京城。北京城人多了，北京城对“郎中”的需求也大了。这时，居住在浙江宁波慈水镇的铃医“郎中”乐良才坐不住了，他看到了商机，更看到了可以让他施展才华，治病救人的更大舞台。于是，他一路摇着串铃，来到了向往已久的北京城。他在这里行医制药，娶妻生子，在老百姓中留下了很好的口碑。到了他的第四代乐显扬时，乐家业已殷实，子女受到了良好的教育。当时，儒家思想盛行，乐显扬成年时，已成为一个既有深厚儒家学养，又同时精通医理的乐氏后人。后来，乐显扬又凭自己的真才实学进入太医院，成为一名医官吏目。由于看不惯官场的尔虞我诈，乐显扬毅然离开了太医院，开设了自己的药室——同仁堂药室。他说：“‘同仁’二字可以命堂名，吾爱其公而雅，须志之。”他还告诫子孙：“可以养生，可以济世者，惟医药为最。”他把“济世养生”的理念留给了后人。

他在这间同仁堂药室，把自己的祖传秘方、民间验方和宫廷秘方进行了系统整理，为日后同仁堂的名药生产打下了坚实的基础。可以说，乐显扬既为后世留下了“济世养生”行“仁德”的文化基因，也为后世留下了实现“济世养生”行“仁德”的物质基础和实现途径。

同仁堂的成长——儒家思想与行医制药理念的高度统一

儒家的仁爱思想，到了乐显扬的后世乐凤鸣时期，已经成为了一种职业道德，乐凤鸣继承了祖上的事业，把自家的同仁堂药室迁到了前门大栅栏，正式开办了前店后场的作坊式的同仁堂药店。在修建药店时，为了体现“仁爱”思想，他还设了一个独特的“下洼子”门，即店面比街面要低，这样，患者进店时是下台阶，比较省力，进店看病购药后，心情好了，出店时是上台阶，图个步步高升，日渐好转的吉利兆头。门店建好后，他请了当时赫赫有名的清朝礼部侍郎孙岳颁为自己的药店题了堂名，风风光光地开业了。

为了给患者、顾客提供高质量、高疗效的药品。乐凤鸣还为同仁堂立了千古一诺的古训：“炮制虽繁必不敢省人工，品味虽贵必不敢减物力”。他把这句古训写进了可供患者、顾客阅读的《同仁堂药目》一书的序言中。他的用意可想而知，就是让患者和顾客监督。可以说，这时的乐凤鸣已经把儒家的“仁爱”思想化为了行动，并且形成了独具特色的制药法则。

由于同仁堂讲质量、重诚信，得到了老百姓的普遍赞誉，生意日益红火。后来，就连清宫也知道了同仁堂的药好，在1723年，也就是雍正元年，同仁堂开始供奉御药了。这一下，就延续了188年，经历了八代皇帝，直到清王朝灭亡。供奉御药这段特殊的历史，进一步强化了同仁堂的质量和诚信理念。因为供奉御药是一把双刃剑，既有光宗耀祖，十分荣耀的一面，也有如履薄冰，十分危险的一面。然而，正是这把双刃剑进一步铸就了同仁堂的质量和诚信。在同仁堂的历史上，就曾有一个“无头布衣”的故事。说的是供奉御药期间，由于宫廷内部争斗，导致一位王公大臣死亡，但在追究责任时，不好追究朝廷官员的责任，最后，只好嫁祸同仁堂，说是吃了同仁堂的药出了问题，让同仁堂的人顶命。同仁堂一界药商敌不过朝廷的威力，只好认命。乐家为了纪念这个冤屈的员工，也为警示后人，就在自己供奉先祖的灵位上摆上了这个“无头布衣”。

在供奉御药期间，同仁堂为了确保质量和疗效，在选用药材上十分严格。现在的河北省安国市，过去是中国北方最大的药材集散地——祁州药市。全国各地的药商云集于此，在这里买卖各类中药材。祁州药市当时有个规矩，叫做：同仁堂不到不开市。因为同仁堂是供奉御药的，肯出大价钱，买最好的药材，所以，所有的药商都要等同仁堂来，等同仁堂买完了，其他药商才开始交易。

其实，同仁堂不光是供奉御药，就是普通老百姓买药也一样保证质量。因为同仁堂的理念中就有“童叟无欺，一视同仁”之说。现在，在安徽华佗故里亳州，也是目前全国最大的药材交易市场，仍然保持着“同仁堂不到不开市”的传统。

历经300多年洗礼，同仁堂制药由手工操作到半机械化和机械化生产，现代化水平逐步提高，但同仁堂“尊古不泥古，创新不失宗”的宗旨不变。现在，同仁堂仍然保持最关键的工序——药材前处理，即加工炮制工序不变，该人工挑拣的，必人工挑拣；该去毛、去刺的，必去毛、去刺，这一点丝毫没有含糊。后来，同仁堂的老药工们总结推出的同仁堂的制药特色：“配方独特，选料上乘，工艺精湛，疗效显著”。这句话就是对同仁堂制药理念的真实写照，也是儒家“仁爱”思想在同仁堂制药过程中的真实体现。

同仁堂的发展——传统文化与时代精神的交汇融合

解放以后，同仁堂得到了大发展。由过去单一的“前店后场”逐步扩大为“一店多厂”，后来，又发展为以北京市药材公司为主体的产供销联合的大型中药企业。

1992年，同仁堂集团宣告成立；

1997年，同仁堂股份在上海证券交易所挂牌上市；

2000年，同仁堂科技在香港创业板挂牌上市；

2011年，同仁堂集团“1032”工程全面完成，集团形成了现代制药、零售药业和医疗服务的三大板块；

2012年，同仁堂集团所属六大二级集团正式组建，“专业化、规模化、集团化”的发展方向进一步明确。

同仁堂的发展有其必然性的一面。那就是，它把传统的儒家思想与时代精神相融合，与时俱进，在继承“仁爱”思想，传承“质量和诚信”文化的基础上，创造性地跟上了时代的步伐，特别是在体制机制、科技创新和文化建设方面，不守旧，不保守，遵崇“尊古不泥古，创新不失宗”的原则，这是同仁堂得以做长做强做大的根本原因。

1992年，同仁堂集团组建后，因“三角债”的影响，曾一度陷入困境。银行将同仁堂划入“3B”企业，不予贷款；同仁堂的供应商因收不回货款追着同仁堂要钱。当时的状况，至今回忆起来仍令同仁堂的经营者们内心不安。如何摆脱阴影，同仁堂采取了果断措施：不回款的供应商坚决不供货，没有市场的产品坚决不生产，应收账款坚决压下来。经过几年的努力，同仁堂逐步走出了阴影。1997年，同仁堂抓住机遇，进行股改上市，实现了体制和机制上的创新，使一个从作坊式家庭企业脱胎出来的老国企一跃成为一个全新的上市公司。这个跨跃，激发了这个有着340多年历史的老字号生机与活力，在之后的短短10余年间，同仁堂实现了跨越式发展，各项经济指标连续15的保持两位数增长，出口创汇居全国同行业之首。

经济的发展离不开科技和文化的支撑。过去，中药生产给人们的印象是手工操作，简单落后，300多年的同仁堂也不例外。但如今的同仁堂已不再是过去的模样，现代化的生产流水线，现代化的仪器设备，现代化的物流配送系统，不仅生产效率大大提高，质量保障也更加科学，“丸散膏丹神仙难辨”的历史早已过去。

伴随着科技含量的提升，同仁堂悠久厚重的文化，也在得到不断创新。我们提出：同仁堂既是经济实体，也是文化载体。经过我们这些年的总结提炼，同仁堂形成了一套具有自身特色的文化体系，在企业中发挥了很好的软实力作用。如，同仁堂的善待文化，即善待社会、善待职工、善待经营伙伴、善待投资者。这四个善待，首先是传承了儒家的“仁爱”思想，“善待”就是“仁爱”的具体体现；其次，它所“善待”的对象都是与企业相关的各类人员，体现了以人为本的经营理念；第三，“善待”总是相互的，你善待了别人，别人也会善待你，甚至会加倍回报。同仁堂实施了“四个善待”，不仅创造了良好内外环境，而且得到了社会、员工、经营伙伴和广大投资者的加倍回报。同仁堂更为人所信，为人所爱，为人所想，这一切都昭示着同仁堂的市场更大了，发展的空间更大了。

300多年的老字号，至今仍有如此的生机与活力。主要源于四个方面：

一是行业因素。中医药有五千多年的历史，它为中华民族的繁衍昌盛做出的不可磨灭的贡献，在回归大自然，倡导绿色医药的今天，中医药必然有更大的发展空间。

二是科技因素。科技是推动社会历史前进的第一生产力。任何一个企业如果不吸纳先进的科学技术，注定是要失败的，老字号更是如此。同仁堂正是靠着不断引进现代科技手段而保持青春的。

三是体制机制因素。生产力的发展一定会受到生产关系的制约。先进的体制机制必然会解放和发展生产力。回顾同仁堂近20年的发展，如果没有股份制的改造，没有上市，同仁堂是不会有今天的。

四是文化因素。这是一个企业保持基业长青的内在决定性因素。同仁堂从它一创立就注入了儒家思想的文化基因，直至今日也没有改变，儒商的身份、儒商的情怀，伴随着它一路走到今天。

上述四个因素，前三个因素都带有很大的普遍性，而最后一个文化因素则具有一个企业的个性，不同的企业有不同的个性。同仁堂的个性就是它所独有的儒家“仁爱”的思想与中医药行业的完善结合与与时俱进，创造了一个历史的和现代的儒商形象。

（作者系北京同仁堂（集团）有限公司党委副书记、中国企业文化研究会特邀研究员）

深化央企文化建设 推动行业文化发展

黎 群

行业文化是以行业历史文化为基础，在行业发展过程中逐渐形成的为行业内员工所普遍认同并自觉遵循的一系列理念和行为方式的总和。在我国中央企业往往成为所属行业的领头羊和排头兵，多年来中央企业通过自身的企业文化建设，为行业文化建设做出了突出贡献。近年来中央企业在文化建设过程中也面临一些难题，人们期待中央企业通过深化自身的文化建设进一步推动行业文化的发展，并在行业文化发展过程中进一步发挥出主力军的作用。

中央企业多年来为行业文化建设做出了突出贡献

中央企业多年来通过自身的企业文化建设，为行业文化发展做出了突出贡献。中央企业在文化建设方面各具特色，共同推动了行业文化的发展。（以军工行业为例。）

第一，共同培育了行业的核心价值理念。

中国航天科技集团公司建立了以“以国为重、以人为本、以质取信、以新图强”为核心价值观、具有鲜明时代特征和航天特色的企业文化，有力地促进了以载人航天工程为代表的各项科研生产任务的圆满完成，为国民经济建设、社会发展、科技进步和国防现代化做出了卓越贡献。中国航天科技集团公司大力弘扬航天三大精神，牢记神圣使命，以一流的技术、一流的质量、一流的业绩，努力实现“以卓越铸就辉煌、用成功报效祖国”的庄严承诺。

“国家利益至上”等理念逐渐培育成为军工文化的核心价值理念，成为国防科技工业的内在精神之魂，它体现出军工行业区别于一般行业的行业文化特征。

第二，共同构建了鲜明的行业特色文化。

中国航空工业集团公司以质量文化为切入点，大力实施精品战略。中航工业从解决人的观念入手，着力提高员工的质量和文化素质，使质量理念真正成为员工的工作习惯和自觉行动，做到持续改进、追求卓越、精益求精。通过进行形式多样的质量教育培训，举办质量文化建设论坛，召开集团质量文化建设经验交流会、研讨会、现场会等活动，提高员工的质量意识。

中航工业以型号攻坚为中心点，确保重点型号任务完成。他们以报国强军为主题，开展形式多样的形势任务教育，先后提出了重点型号宣传口号和行动口号，组织开展了形式多样的型号立功竞赛活动，通过签订“军令状”等形式，落实攻坚责任，自觉履行“保质量、保水平、保节点、保安全”的行为准则，确保“后墙不倒”。

中航工业经过广泛深入的调研、总结和提炼，提出了以“追求商业成功，提升企业价值”为指导方针、“非对称超越、无边界创造”为核心理念 、“尊重科学、团队协作、甘于奉献”为行为规范的集团公司创新文化体系，并通过开展高层论坛、典型案例教育等形式大力深化集团公司创新文化建设。

第三，共同塑造出一批代表行业先进文化的英雄人物。

在军工行业中央企业的带动下，通过各军工企业的企业文化建设，军工行业的凝聚力和感召力进一步增强，全行业广大干部职工热爱军工、建设军工、奉献军工的激情进一步高涨，涌现出了以杨为民、马祖光、吴大观等为代表的一大批新时期楷模，以张立同、毛二可院士等为代表的一批创新团队，以唐建平班组为代表的模范班组。

企业楷模，又称企业英雄，是指在企业生产经营活动中涌现出来的一批具有较高思想境界、业务技术能力和优秀业绩的劳动模范、先进骨干分子或英雄人物等。他们集中体现了企业的主流文化，成为被企业推崇和被广大员工一致仿效的特殊员工。

中央企业塑造的企业楷模是强势文化企业中的主角，也是优秀行业文化的化身，他们的榜样作用、聚合作用和良好的舆论导向作用有力地推动着行业文化的发展。

中央企业文化建设的现状与面临的问题

中央企业的企业文化建设工作整体逐步深入推进，但当前中央企业企业文化建设工作发展还不平衡，中央企业在企业文化建设工作推进中面临一些难题。

第一，中央企业企业文化建设工作整体逐步深入推进。

一是从集团文化体系整体构建深入到专项文化建设。近年来中央企业在企业文化建设工作中十分注重专项文化建设，如中国航天科工集团公司为建设具有航天特色的企业文化，集团公司紧扣型号科研生产等中心任务实际开展了丰富多彩的专项文化建设。结合型号质量工作实际深入开展了质量文化建设活动，率先颁布了《质量文化建设纲要》，结合集团公司创建创新型企业需要，开展了创新文化建设、品牌文化建设、廉洁文化建设、保密文化、安全文化等专项文化建设工作。中央企业的专项文化建设既丰富了企业文化建设的内容，又让企业文化建设进一步融入到各项中心工作之中，使文化力转变为现实的生产力。

二是从集团文化的顶层设计深入到基层文化建设。中央企业在企业文化建设工作中十分注重基层文化的建设，如中国中铁股份有限公司大力推进项目文化建设，强调项目文化建设是企业文化建设的根基，也是项目管理的重要组成部分。集团公司对全公司的项目文化建设作出了全面部署，推动了项目文化建设的深入开展。

三是从表层活动的氛围营造深入到制度载体与机制建设。中央企业在企业文化建设工作中注重从表层活动的氛围营造深入到制度载体与机制建设。如中粮集团有限公司在对经理人的管理上提出了“一高一低”的要求，“一高”即高境界，是中粮集团宁高宁董事长给经理人提出的八点要求，给中粮经理人指明了方向和目标；“一低”是经理人廉洁自律十四条，是对经理人的基本要求，是行为底线。“两高文化”是中粮集团对经理人的品德要求，即树立“高境界”（把精神和理想看得更重，把组织的目标和大局放在更重要的位置），不碰“高压线”。 五步组合论是中粮经理人管理企业必须综合考虑的五个方面。五步的第一步是选经理人，第二步是组建团队，第三步是制定战略，第四步是运营管理，第五步是价值评价。五步完成之后又会进入一个新的循环，优秀的经理人会留任，反之则会被淘汰。

四是从企业文化体系的规划与实施深入到文化管理的评价与提升。近年来中央企业党建思想政治工作研究会和国资委宣传工作局组织16个会员单位联合攻关，开展中央企业企业文化建设评价体系软科学课题研究，构建了比较完整的中央企业企业文化建设评价管理体系，并于2010年开展了一次对中央企业企业文化建设的评价工作。一部分中央企业近年来也在结合自身特点开展企业文化建设考核评价体系的研究与应用，取得了积极的成效。

第二，中央企业在企业文化建设工作推进中面临的一些难题。

中央企业的企业文化建设工作取得了显著成效。但是，当前中央企业的企业文化建设工作发展尚不平衡，一些中央企业在企业文化建设工作推进中面临如下一些难题：

企业文化体系建设有待丰富和发展，集团理念文化体系还有待健全；集团文化在全集团实现普遍认同和自觉遵循仍存在较大差距；集团文化与所属成员单位文化之间的关系、母子文化融合机制建设等问题迫切需要加以研究探索；集团所属各成员单位企业文化建设发展程度不平衡；理念文化与制度文化的融合不够；企业文化建设的体制、机制、组织保证措施还需进一步完善；多元文化融合问题日益突出，中央企业重组并购后的文化建设，文化融合的方式方法有待进一步提高；企业文化建设的考核评价与激励机制有待尽快建立。

第三，中央企业可通过深化自身文化建设推动行业文化发展。

纵观近年来中央企业企业文化建设工作的发展动态，未来中央企业深化企业文化建设需注重以下方面的工作：

一是紧密结合企业发展战略规划推进集团文化建设。中央企业将转变经济发展方式、调整结构、创新技术作为企业战略转型的着力点，重新审视和调整自身的发展思路与战略，纷纷制定出各自的发展战略规划，以推进实施建设具有国际竞争力的世界一流企业的战略目标。

二是在集团文化统领下大力推进各层面亚文化建设。未来中央企业一方面需要坚持集团文化的统一性要求，以统一全体员工的思想和行为，增强集团的凝聚力、向心力和执行力，维护集团的品牌，树立集团的整体形象；另一方面，中央企业在坚持统一性的基础上，还要给所属成员单位发挥个性留出空间，积极推进各层面亚文化建设。

三是扎根企业经营管理实践开展重要的专项文化建设。专项文化是指企业在不同的经营管理领域或特定层面问题上所倡导并遵从的用以指导此类经营管理实践的价值理念与行为方式。未来中央企业可以分阶段推进若干重要的专项文化体系建设。

四是积极培育企业制度文化。合理的制度必然会促进正确的企业经营管理理念和员工价值观念的形成，要把倡导的新文化渗透到管理过程，变成人们的自觉行动，制度与机制则是最好的载体之一。

五是重视并着手实施企业价值观管理。管理者和员工拥有共享价值观，价值观管理正日益成为企业建立可持续、有竞争力和更人性化文化的新趋势。中央企业未来在企业文化建设中需重视并实施企业价值观管理。

六是着力促进企业并购重组后的文化融合。企业并购重组在全球范围内呈现风起云涌的势头，但纵观历史上的企业并购重组，往往以失败居多。究其原因，双方企业文化不能很好融合是其中一个很重要的因素。因此未来中央企业企业文化建设的重要工作内容之一是促进企业并购重组后的文化融合。

七是全面履行企业社会责任。近年来企业社会责任问题越来越受到国际国内社会的广泛关注。联合国于2000年正式启动了“全球契约”计划，国际标准化组织于2004年启动了社会责任国际标准ISO26000的制定工作。在我国迈向工业化的过程中，企业一方面为社会创造了丰富的物质财富，但另一方面，一些企业中存在的假冒伪劣问题、食品安全问题、诚信缺失问题、安全生产问题等也给社会带来了诸多负面的影响。未来中央企业需要更加积极全面地履行企业社会责任，以促进企业自身和社会的可持续发展。

八是构建并实施企业文化建设考核评估体系。企业文化建设评价工作是贯穿于企业文化建设全过程的一项基本工作，对于整个企业文化建设工作有着十分重要的意义。未来中央企业将越来越注重建立企业文化建设的长效考核机制，对企业文化建设工作进行考核评估，构建并实施企业文化建设考核评估体系。

随着经济全球化的迅猛发展，市场竞争日益加剧，企业文化的重要性正被越来越多的企业所认识。近年来，许多中央企业的二级企业或三级企业被行业内外的相关协会或组织评选为企业文化建设示范单位，成为企业文化建设的优秀典范。中央企业未来可积极发挥这些企业文化建设示范单位在行业内的辐射效应，通过鼓励支持这些“示范基地”面向行业内企业进行体验式、情景式的培训交流，从而为同行企业提供典型和系统的企业文化范例，有效推动行业文化的发展。

（作者系北方交通大学经济管理学院工商管理系副教授、硕士生导师、中国企业文化研究会特邀研究员，本文摘自《企业文明》2011年8期）

国企价值取向：“主体”还是“主导”

保荣本

2003年成立的国务院国资委推动政企分开后的国有企业做优做强、突出主业和防止国有资产流失，使国有资产的使用质量得到显著提升。到2010年，国企在做强的同时又纷纷做大，世界500强中出现了越来越多的央企而且名次越来越靠前。2005年李荣融曾说，石油、电信、电力等行业已基本形成竞争格局，5年后他改变了说法，承认存在垄断，但强调这种垄断有利于跨国公司开展国际竞争。这种认识的基点是“公有制为主体”。主体做大做强了，何乐而不为？

有许多人并不赞成这种“国进民退”的趋势，主张第二次国企改革的目标不仅仅是退出竞争性领域而且应退出营利性领域，成为非营利性的机构，同时从“国有”变为“公营”。为此，深化改革的方向就是打破垄断，交租交利，交足税，控制工资奖金发放，重塑国企管理机制，建立有效国企治理结构。

这种歧见，折射出人们对公有制与私有制这两种经济制度的价值判断存在着深刻的分歧。本文的观点是从大的历史尺度对人类活动的活性与良性、经济活动的私人性与公共性等两重性价值元素的互动关系进行考察，认为在社会主义初级阶段非公经济发展应当放开，国企核心价值应当由“主体”变为“主导”。

一

经济活动的私人性和公共性的两重性，存在于各种社会的生产、流通、分配和消费活动之中。天下熙熙皆由利来，天下攘攘皆因利往。私利是经济活力的根本和源头。公利是私利的对立物。一是与个人私心、私情对立的公平、公正，二是与全局相对立的局部。例如北京市的“疏堵”行动，就是在谋广大市民的公利。要疏堵就必须制定对策和打造执行力，这就是公共理性和公共意志。公共空间则是能够把“私”合成为“公”的一种场所，个人的意见和利益可以在这里通过理性的讨论合成为公共意志。要构建和谐社会，少不了发达的社会公共空间和积极参与公共事务的公民。私人性是推动经济发展的原动力，公共性则是规范经济活动使发展可以持续的保障力。对于经济生活的健康运行而言，私人性与公共性犹如血液里的红血球和白血球，二者缺一不可，相辅相成。

各种活力矢量形成经济合力推动社会生产力的进步。30年来对非公经济由消灭到放生再到支持的政策变化，给中国经济举世瞩目的发展带来了巨大活力。一个不争的事实是，1980年以来中国经济活力的井喷，是由于解除了一系列不适当的对非公经济的非经济强制，而在此前的活力不足，则是由于我们在资本要素最为稀缺的时代，却要强行消灭资本，在民营企业对经济增长和劳动力就业作用十分重要时候，却给它设置了玻璃天花板。直到现在，在“公”与“私”两种所有制经济的关系问题上，党的基本政策还在坚持先“公”后“私”的排序。

从大的历史尺度观察，经济活动的这种两重性，私与公这对互动价值元素的排序不是一成不变的。当私人性价值被主流社会置于前位时，社会生产力就得到自由增长。而当公共性价值被主流社会置于前位时，社会生产力的增长就会受到调控。自由增长富于自发性、进取性、灵活性、多样性、盲目性、互犯性。调控的正效应是能够节制盲目性和互犯性。而负效应是可能节制进取性、灵活性与多样性。

二

在经济生活中，个人权利的过度伸张或者公共权力的过度伸张，都会对经济发展和社会稳定带来不利影响。富士康的案例使我们看到了老板利益最大化和员工利益最大化之间的矛盾。应该怎样整合？双方都把自己的目标从最大化的理想值调整为合理化的现实值。什么是合理化？每个利益主体都按照合和原则重新选择目标，并且在路径设计时既精研科学又敬重人性。在健康的市场制度条件下，人们总能寻求到多元利益合和的空间，所以人类的经济总有进步。

但是，市场常常失灵，这时，公权力就不得不出来干预。经济学家指出，资本主义经济的不稳定性是内生的。个人权利的伸张会激活经济但是过度伸长也会危害公共利益。1929～1933年美国爆发严重的经济危机，富兰克林·罗斯福总统推出了“改革·复兴·救济”（简称三R）为主题的一系列干预政策，包括整顿金融、整顿农业、复兴工业、实施社会救济等。到1940年，美国经济逐渐走出低谷，国民收入恢复到危机爆发前的水平。这是公权力干预经济生活并取得成功的一个历史事件。20世纪，苏联等社会主义国家实行消灭生产资料私有制和市场经济，由政府直接控制经济生活的计划经济体制，把公权力的干预程度推到了极致。这是范围更广、历时更长的实践活动。二战之后，英国、法国等市场经济国家，也实行了不同程度的经济国有化活动。我们则亲身经历过从1950年代到1980年代的计划经济生活，又经历过1978年改革开放后经济体制的转变。实践表明，公权力对经济生活的干预不可或缺，但是也不能过度。例如，以公共利益的名义剥夺私人产权而不给予公平的补偿，政企合谋把经济成果的大头分配给少数权贵，通过行政权力垄断市场，在“长官意志”支配下搞脱离实际的大跃进等等，都是违背科学发展观的。

现代社会生活越来越复杂，人类面对的共同挑战又层出不穷，人们需要公权力担负起更多的职能，可是公权力却终归要由具有私权力的个人来运作。这是一个深刻的矛盾，也是今天各国政府难以同时做到既高效又廉洁的人文层面的原因。要实现公权力责权利的平衡以及自律与他律并举，就必须节制公权力的过度膨胀和阻止公权力悖离公共利益的行为倾向。这些目标，主要是通过政治制度的科学构建和社会结构的健全发育来实现，而过度扩大公有制经济的比重，未必能够解决问题。1958年人民公社“一大二公”、“吃饭不要钱”的制度安排，就搞乱了各种权力的责权利的平衡，搞乱了自律与他律的并举关系。正反两方面的实践表明，无论私权或公权，都需要既有激励又有约束的制度安排来实现其责权利的均衡。民主宪政健全，国企才能够更好地发挥其公共职能，为实现人民普遍富裕和普遍幸福作出应有贡献，同时限制国企与民争利的行为。由没有宪政保障的政府掌控国有企业，则有培植官僚垄断资本的风险。

三

在社会生产力水平还不够高的社会主义初级阶段，保持经济活动的活性仍然是发展的首要价值取向，而优先发展非公经济又是释放经济活力的必经之路。中国文化基因中欠缺个人权利价值元素的含量，我们要正视这个历史的起点，高度重视现代公民理念的培育，而广大的现代公民群体和中产阶层群体则将成为经济活跃与社会安定的社会支撑。国企的发展应不再是比重的扩张和对“操纵经济命脉”的追求，国企应当成为经济生活中推进“富裕、公平、正义、可持续发展”的主导力量，由比重上的“主体”变成实现社会主义目的的主导力量。为此，应当进一步做到：

继续增强活性。活性指企业在市场环境中生存和发展的活力。上世纪90年代人们曾经把搞活国企作为推进国民经济健康发展的首要任务。经过体制改革攻坚、产业结构调整、学习现代企业管理和建设先进企业文化，今日国企的活力已经登上一个台阶：由资本要素一元驱动的粗放型增长转变为技术、管理和资本（包括人力资本）多元驱动的集约型增长。但是中国企业在国际分工中所处的地位并不高，在国际市场上每销售100美元商品，就有95%的工序在中国完成，而利润的80%却被拥有品牌、专利的外国厂商所得。国企应当为改变这种状况而更加富有活力，做强做优。

着力增强良性。良性指企业在社会生活中发挥的积极作用。当前中国企业中存在的许许多多无良行为已经成为中国经济健康发展的“短板”。国企应当表现的良性，首先是忠实履行自己的社会责任。例如，兵工企业首先要经济有效地为防务提供专用装备，然后通过军民结合扩散先进技术，促进国民经济发展，还要在节能、环保、安全、诚信、守法、维护职工权益和参加公益事业等方面起模范带头作用。在国企与民企的关系中，继续生存在竞争性领域的国企应当选择与非公企业公平竞争、共谋发展的原则。拥有优势资源的国企应成为带领中国企业赢得全球竞争的讲义气的大哥。上述两种良性，也许可以概括为一个“忠”字和一个“义”字，这两个价值元素被赋予了现代性的含义。

（作者系中国企业文化研究会特邀研究员，本文摘自《军工文化》2011年5期）

扬起文化的旗帆

——以《功勋》礼赞宁夏二十位企业家

陶 华

中国先哲追求“厚德载物”兼重“居安思危”。而亘立其间的是先进文化价值的渗透与嬗变。当然，文化并非孤立存在，而是深刻融植于经济社会发展的全过程，并以其特有的内涵张力影响并左右世风良序。

文化，归根到底是人文精神的依托，是文明之花的根基，是灵魂信仰的支撑。无论走进历史的画卷，还是徜徉现代文明，文化总是以一种独特的方式融合并流芳于时代的发展前沿。当我们回眸一个时代的发展进程中，总会在蓦然之间发现文化的沧浪之水正缓缓流淌出一股股清澈甘泉。这是文化的骄傲，更是时代的幸运。

沿着历史前进的轨迹，文化在社会转型的分水岭间出现了这样那样的流变与更新。当浅阅读如快餐能解决暂时性温饱之时，文化的传统力量也在奋力崛起。以其强劲的扎根精神撑起信仰之荫。而植下这一片片绿荫的文化守卫者就是一个个信念笃定、意志坚韧、品行高洁、理想远大的创业人、奠基者。他们不盲目跟风，不虚名浮躁，仅仅以一个责任者的信念，一个当代人的良知、一个开拓者的耕耘，去用心、去着力、去捍卫。而这恰恰是我们编辑《功勋》的初衷所在。在这部凝聚了宁夏企业文化建设心血与智慧的图书中，二十位宁夏企业家在不同岗位、不同领域用自己迥异于他人的特殊经历、敏锐之识和人生体悟，开辟出一片片充满希望的文化原野。这片原野里有抵应国际金融危机的实践，有回馈苍生的感动，有擎起精神的达观，更有履行社会责任的温暖。这二十位企业家是风景，是标杆，更是领航人。他们面对荆棘密布的发展之路，面对日益激烈的竞争压力，面对更加严峻的挑战考验，牢固树立科学发展观，在加快转变经济发展方式的深刻变革中，矢志追求，不懈奋斗，并用文化之魂树立形象，打造了品牌，树立一面面与时俱进的文化旌旗。这旗帜弘扬出社会正气，飘扬出时代锐气，飘扬出自信底气。

站在新的历史起点上，文化正迎来大发展、大繁荣的春天。党的十七届五中全会强调，要加快发展文化事业和产业，提升国家软实力。作为西北内陆的少数民族地区，宁夏正以小省区也能办大文化的豪迈气概，加快推进文化体制改革，加快发展富有宁夏特色的文化产业。作为文化建设的重要组成部分，企业文化正其强劲的发展张力在全区企业生根、发芽，并成为提升企业发展内涵、培育企业精神、铸造企业核心价值观的一大法宝。越来越多的企业自觉把文化融入到企业的跨越式进程中，明规矩、促创新、重文化、育精神，使企业在先进的文化理念引导下，一步步成长成熟，成为翘望业界的明星和榜样。《功勋》收录的二十位企业家就是先进企业文化建设的代表者、实践者、推动者。他们不仅带领一支支干事创业团队为社会创造了雄厚物质财富，更用集体的力量高擎起精神之帜。在他们身上，我们能看到西部崛起的梦想，能领略到建设和谐文化新宁夏的力量，能感到实现宁夏新跨越的希望。

在由衷钦佩和礼赞这些为社会、为宁夏做出杰出贡献的企业家的同时，我们也为企业文化协会能够参与推动宁夏企业文化建设事业而自豪。在西北广袤的原野上，能以微薄之力改变西部文化荒漠的状况，能为激扬宁夏文化事业奉献一点力量，这种精神和意志难能可贵。

（作者系宁夏回族自治区企业文化协会秘书长）

坚持以文化人 变“行为规范”为“行动自觉”

陈广源

为了让企业文化“落地”、“深植”，开花结果，全国各行各业在深入推进企业文化建设中，掀起了行为文化建设的热潮。最近，国家烟草专卖局、中国烟草总公司编印一本《中国烟草行业行为规范》下发全国各地烟草行业的每个干部和员工。许多企业都跟国家烟草专卖局一样，组织人力制定了本企业的行为规范。但是，怎样变“行为规范”为“行动自觉”让企业文化真正在企业落地、深植，开花结果，成为许多企业领导和从事企业文化工作人员共同关心和思考的问题。

理念变成制度，制度变成规范，规范成为自觉，这是企业文化建设以文化人的完整过程，是一个长期、艰苦、细微的建设过程，必须花大气力，下大功夫，下笨功夫才能实现这个转变。坚持以文化人，实现从“行为规范”到“行动自觉”的转变，笔者认为，应着力抓好三个方面的工作：

要着力解决文化信仰和文化认同问题

变“行为规范”为“行动自觉”，首先必须着力解决文化信仰和文化认同问题。因为，文化只有被认同，才能被传承，文化只有被信仰，才有价值。现在很多企业都非常重视企业文化，都把自己的企业文化当作一个“核心”的部分，下了不少功夫，有关企业文化的书籍和文章真是漫山遍野。但是，真正深入这些企业去了解，去观察，发现他们所说的企业文化仅仅是一条装饰的领带，是喊在嘴上的口号、挂在墙上的标语。为什么？因为他们的文化没被广大员工所认同，他们的文化没有被广大员工所信仰。用实用主义的态度对待企业文化，已经成为许多企业的一种习惯性毛病和不健康现象，所以两层皮、形式主义问题普遍没有对文化的认同，没有对文化的信仰，也就没有文化自觉，也不可能有行动自觉，文化落地也是一句空话。

企业精神文化的“理念统一”。其实质是形成一种为大家所普遍接受和认同的企业价值观念。企业制度文化和行为文化上的“行为统一”，实质上是企业制度规范的统一。它是企业价值观的具体化，并支撑着企业理念的统一。因此，要把“行为规范”变为“行动自觉”必须首先着力解决好广大员工对行为规范的认同。而解决文化认同不是一个很简单的，发本书，发本手册让大家看一看就完事大吉的问题。海尔“真诚到永远”的价值理念做得非常好，这是因为海尔做了很多细微的工作。有一次，有一个70多岁的老太太，求她楼下的一个中年女同志帮助去买台空调。那个女同志买好空调打的士回家。到家后她想叫几个人来帮忙搬空调，一下车那个司机一踩油门把空调开跑了。这个女同志赔不起，心里不安。每天都上街寻找那辆的士。海尔张瑞敏知道这事后，马上批个条，首先给老太太送去一台空调，还送两份礼物给老太太和那位女同志，向她们表示道歉：“我们的服务没做好”。受这件事启发，海尔开始推行绿色通道，把东西一直送到客户家，并摆放到位。“真诚到永远”真正成为海尔人的共同价值观。

而要解决文化认同和文化信仰问题，就要切切实实抓好企业文化的普及传播，采取培训、研讨、演讲、讲故事等多种生动活泼方式让广大员工了解、熟悉企业文化。特别要注重，用企业的共同价值观统一员工的价值观，只有把员工的各种不同价值观员工统一到企业的共同价值观上来，员工才能自觉执行行为规范，才能真正做到“行为统一”。日本松下公司用丰富多彩的形式对员工进行企业文化的培训很值得学习借鉴。松下公司常规性的活动包括：每天上午8时，松下员工诵读公司的七条精神，一起唱公司歌，强化公司精神教育；每隔一个月，松下员工要在他所属的团队中，就公司精神进行10分钟演讲；每年一月份，举行隆重的新产品出厂仪式，对员工进行个人价值观教育；每年5月5日的创业纪念典礼时都要朗读1932年5月5日公司的经营理念。松下公司先进的经营理念、经营哲学，培育了松下员工的企业价值观和企业精神，促进了企业的健康发展。

要着力抓好落实“行为规范”与企业各项工作的紧密结合

企业的“行为规范”是根据企业生产经营、实施品牌战略、营销活动以及各项管理工作的要求，整理提炼出来的一些原则、准则和标准。而要贯彻落实好这些“行为规范”就必须与企业的各项工作、各种活动、各项管理紧密结合，这样，不仅能必免相互脱节和“两层皮”现象，而且也能在落实“行为规范”过程中，不断提升企业员工素质和各项管理水平。

辽宁本溪烟草专卖局在要求员工落实职业行为规范和窗口岗位行为规范时，就把落实规范与推进服务文化建设，打造行业服务品牌活动紧密起来。要求每个员工根据规范要求，提出自己的工作理念，打造各具特色的服务品牌，做到人人有理念，科科有品牌。并要求各科室和每个员工，通过建设服务文化，打造服务品牌，实现四个升华，即：把服务要求升华为服务自觉，变要我怎样服务为我要怎样服务；把服务做法升华为服务制度，实现服务理念与服务制度的统一；把服务行为升华为服务习惯，让卓越服务，超值服务成为员工的自觉习惯；把服务品牌升华为服务品质，让创造一流服务成为公司上下每个员工的一个共同价值追求。

中国医科大学本溪市中心医院在落实医院“行为规范”时，围绕医院的服务重点和服务难点，开展服务创新立项活动，医务人员把服务理念和服务标准都与服务创新立项活动紧密结合，使一些多年的服务老大难问题得到了彻底解决，在服务创新过程中，也进一步提升了医务人员的个人素质和服务品质，让百姓满意和放心的医务工作者越来越多。

辽宁好护士药业集团在落实集团制定的“行为规范”时，把落实公共道德规范，与公司开展的社会公德、职业道德和个人品德的培训教育紧密结合，在公司上下扎扎实实地开展了“好好做人做好人、好好做药做好药”的做好人，做好药活动，使药品质量美誉全国，他们生产的乳癖消在全国同类药品的销售市场占有35%以上的销售份额，2009年被评为全国驰名商标，2010年被评为本溪市市长质量奖。

要着力推进行为文化建设，构建行为文化体系

贯彻落实行为规范，解决行动自觉问题必须着力推进行为文化建设。这是因为，行为文化体系是企业文化的重要载体。没有行为文化，企业文化就无法实现。一个企业的企业文化的优劣，企业文化建设工作的成效，通过观察员工的日常精神面貌，做人做事的态度，工作中乃至礼仪场合的行为表现，就可以做出大致准确的分析判断。理念说得再美，制度定得再完善，都不如做的实在。因为行为文化的核心是知行合一，真正实现企业员工从“心”到“行”的一致。行为文化建设是企业文化落地的关键。没有行为文化，理念和制度都是空谈。在企业文化构成的层次关系中，理念是企业文化的核心，是指导一切的思想源泉；制度是理念的延伸，对行为产生直接的规范和约束力；物质文化是人能看到的、听到的、接触到的企业形象的表现形式，但是这三个层次都是通过行为文化来表现的。企业行为是核心价值观和企业制度共同作用的结果，如果行为与企业精神、价值观和制度不一致，理念就成了海市蜃楼，制度也将是一纸空文；物质文化是行为的表现，有什么样的行为文化就会有什么样的物质文化。行为文化建设是实现价值观管理的必经之路。行为规范不是制度，而是倡导。制度是硬件的而行为规范会根据不同的行为主体、不同对象采取不同的手段。行为文化是通过文字规范进行约束，慢慢变成员工的习惯，不符合企业核心价值观的行为被文化无形的力量纠正，不认可这种规范的人会被企业排斥。当员工已经完全接受了企业的核心价值观时，员工的行为会超过制度的要求。所以，当员工的价值观与公司的核心价值观一致后，规章制度就退后了，制度约束的行为已经变成了员工的自觉行为，这就是以价值观为本的组织控制，是价值观的巨大力量。

构建行为文化体系可采取以下六种方式与方法：一是利用先进理念引导行为。员工的价值观念是行为文化的核心内容，价值观念支配人的行为，决定着企业人的思维方式和行为方法。因此，构建行为文化的首要任务是从观念层面解决

问题，形成正确的导向，并使这种思想观念得到全体员工的认知和认同。所以，构建行为文化要十分重视理念的宣贯，理念的培训。二是领导干部率先垂范，引领员工行为。在一个企业中，领导不仅是决策者和执行者，同时也是行为文化的倡导者和引领者。领导干部应率先垂范，给员工做出好样子。三是以行为规范为重点，培养良好的行为习惯。一般来说，行为规范包含企业整体行为规范、企业道德行为规范、高层领导行为规范、中层管理人员行为规范、基层员工行为规范和礼仪规范等。在构建起行为规范体系的基础上，要通过教育引导，使行为规范深入人心，使企业人一举一动，一言一行自觉维护企业形象。还要通过加强监督检查，帮助大家逐步养成良好的行为习惯。四是以制度强化为保障来塑造行为文化建设的环境。企业需要通过建立、健全和完善相关制度，构建起既有激励又有约束的良好机制，发挥制度机制对行为观念、行为实施的正向激励与负向警戒作用，从而激励员工开展企业崇尚的行为活动，营造行为文化建设的良好环境。五是设计并推行标准化行为模式。标准化行为模式的设计人方面可以规范工作行为及工作流程，另一方面还能提升员工的整体形象。标准化行为分为两大类：一种是基于管理流程的行为模式标准化。另一种是一般行为的标准化。标准化行为的推广将逐步转化为员工的自觉性行为。六是树立不同岗位优秀模范典型，以榜样的力量引导员工行为。我们在建设企业行为文化过程中，要充分重视榜样的作用，在企业不同岗位树立起优秀的典型模范，通过对典型模范事迹的宣传来激励员工，感染员工，推动员工行为的改善，促进企业行为文化的提高。

（作者系本溪市企业文化建设协会副会长、秘书长，中国企业文化研究会特邀研究员）

企业不可回避的四个“两”

李 俭

党的十七届六中全会做出的决定，正在中华大地广泛传播。也正在成为人们街谈巷议的一个话题。说明党中央建设文化强国的战略决策合国情、顺民意。

“文化”是一个庞大的体系，它包括思想理论层面、精神道德层面、制度法纪层面、科教文卫层面、社会风俗层面，等等。这其中，社会主流价值观念和民族精神又占最核心最重要的地位，是一个国家、民族的灵魂。“文化是一个民族的血脉与灵魂”。建设文化强国，重要的在于强国之魂、壮国之根。在于举国上下都有那么一股气、一股劲，一股精气神。这方面，企业责无旁贷，企业文化也要大建设、大发展。欲要更好地前行，我觉得企业不可回避四个“两”：

第一，两种“上帝”，即外部“上帝”与内部“上帝”

毋庸置疑，外部“上帝”是指客户、消费者；内部”上帝”则是指员工。

市场经济条件下，企业必须善待、敬待外部“上帝”。否则，就没有出路。而欲要如此，必须首先或者同时善待、敬待员工这一内部“上帝”，抚内才能抚外，敬内才能敬外。这是由于企业与消费者这一外部“上帝”相连的是商品，而企业与商品连接的是员工。企业敬待外部“上帝”的方式与渠道，唯有商品与服务，而商品的生产与服务的提升都要通过员工来实现。

在基层，我们听到有的员工这样说：领导把我们看做大写的人，善待我们，我们就把自己当作牛，大干苦干拼命干；领导若是把我们当作牛，我们就要争人格，消极怠工磨洋工。这种“人”与“牛”的辩证法，很形象地告诉我们，切不可慢待员工这一“上帝”，水亦载舟，亦可覆舟。

深圳富士康公司对待外部“上帝”不能不说表现出敬待之意，可对内部员工，却仅仅当作生产工具、赚钱工具。深圳厂区竟然有40万人劳作，相当于一座中等城市人口，媒体称“罐头式厂区、闷罐式生产”。其中，在一个生产车间，数千人集中一起，环境条件不敢恭维，一些“80后”、“90后”不堪忍受，竟然发生“14跳（割）”。此后也还不断有所发生。这自然与我们对这一群体抗压性、挫折感教育引导不够有关，但更与富士康劣质文化、非人性化管理有关。这是严重教训。

“对人永不变的尊重，永不妥协的尊重”，这即使在西方也已成为共识，更不要说在社会主义制度下，在以人为本的宣示下。每当矿难发生时，每当自然灾难降临时，我们听到更多的声音是：千方百计抢救人的生命，不惜一切代价营救人的生命！这是对人格的尊重，是对人权的尊重，是对人的尊严的尊重，是对人的价值的尊重。党中央多次提出，让人们更有尊严地工作和生活。

第二，两种契约，即劳动契约与心理契约

几乎所有企业，都有劳动合同。这种合同使员工与企业形成了劳动契约；与此同时，企业文化则使员工同企业又建立了另一种契约，也就是心理契约。即员工认同企业的使命和共同愿景，认同企业核心价值观，认同企业精神、作风等，把个人目标与企业目标结合在一起，把个人发展与企业发展结合在一起。从而在企业这个平台上贡献聪明才智，自身价值也得到充分发挥与体现。

劳动契约白纸黑字，是看得见、拿得到的，有时间局限；心理契约暗藏心底，是看不见、摸不着的，没有时空局限；心理契约制约劳动契约。心理契约稳定以后，员工对工作会极其投入，对企业会爱得如醉如痴，爱家如命；心理契约“签”而不定，员工对工作会十分消极，对企业会由择到疏，由怨到恨，轻则“离心离德”，重则“众叛亲离”。这有许多教训可以借鉴。要让员工的心理契约签而稳、签而定，当然要使自己的企业文化，自己的使命、愿景、核心价值观等准确科学、合情合理，能够获得广大员工的共同认知、认同与认行。这是需要花费很大功夫、投入很大精力的，绝非是坐在办公室里杜撰几条标语性口号就可达到。

第三，两种表决，即消费者用手表决与用脚表决

古语有云：商而无文，行而不远。明清年代的晋商，之所以在士农工商的农耕经济背景下，纵横捭阖中国商业舞台500年，极为重要的原因在于晋商的商德、文化、文明起着支撑作用，家国一体、商政共谋、义利同求，先义后利、义中求利。这叫商而有文，行而久远。

古今中外，对于企业来说，消费者、客户从来就有两种选择：一种是“用手表决”，亲近你、拥护你，购买你的产品、股票；一种是“用脚表决”，远离你、抛弃你，甚至用脚踢你。拥有丰厚文化底蕴的企业，一定会长久地赢得客户的“用手表决”！北京同仁堂始建于1669年，已经有342年历史，比美国建国早了107年。到现在，平均每年以5家海外公司的规模在扩展，其股票市值达到200余亿。何以能够如此？极为重要的在于有着丰厚文化底蕴：“炮制虽繁必不敢省人工，品味虽贵必不敢减物力”的店训，“同修仁德，济世养生”的企业精神，“修合无人见，存心有天知”的自律意识，一代又一代始终不渝地坚守，一茬又一茬薪火相传地接力，是重要原因。

两种“表决”中透露出的是形象，而形象背后蕴含的是文化。这无论处于卖方市场还是买方市场的企业，无论是上市公司还是一般公司，都应从中受到启示。

第四，两种实力，即硬实力与软实力

从宏观层面讲，任何国家都有两种实力：即硬实力与软实力。硬实力弱，可能一打就败；软实力弱，可能不打自败。前苏联就是如此。没有外敌入侵，没有内战，原本能与美国抗衡的超级大国迅速分崩离析。他们的教训说明，软实力弱化，群众没有了精神支柱、没有了共同思想基础，不打自垮。企业亦然。

于是我们说，软实力比硬实力更重要，才智比财富更重要，想象力比知识更重要；播种文化比播种物质更重要，生产精神产品比生产物质商品更重要；收获文化比收获财富更重要，注入理念比注入资金更重要。注入再多的资金，总有用完的时候，可注入先进理念，则会终生受用。物质产品多半属于一次性的，用完了，只能再生产。而优良的精神产品，则可代代传承，绵延百年、千年。孔孟之道多少年了，三字经、弟子规多少年了，四大古典名著多少年了？优秀文化是花朵、是魅力、是精神、是瑰宝，是记忆也是预见，是形象也是品格，是民族的又是人类的骄傲与财富。它更宽泛与含蓄，更日常与普及，更潜移默化与点点滴滴。

资源是会枯竭的，资金是会用完的，唯有文化会绵延不断。一切产品都是人类智慧创造的。在人的头脑中可以挖掘出大油田、大矿山、大森林；

当今时代，商品的博弈，其实质就是经商者文化品位的博弈；企业的兴旺，其实就是其独特的企业文化发挥潜在作用；一个地区经济社会的发展，必然得益于某种文化的培育和发达。发展的竞争，其实质则是软实力的竞争。

企业文化是一种软实力。虽貌似软，却有着不言而信、不怒而威的特质。一旦这种软实力形成，企业所特有的价值理念、行为模式便会如无言之桃李那样，使仿效者纷至而来，以至下自成蹊。

企业文化的功能要从企业核心价值观出发，认准一个目标，不止步、不懈怠、不摇摆、不折腾。如朱熹所说：“圣人之所以圣，却不在博学多识，而在一以贯之”。

（作者系中宣部政研所研究部原主任、北京市委讲师团特邀报告人、国网公司高培中心客座教授）

企业文化修炼

李万来

现在大家讨论最热的课题之一：企业文化如何“落地”。要解决这个问题，首先要弄清什么是“落地”？回答这个问题是否可以用一句话概括：将信念转化成企业全体员工共同的行为准则和行为方式。就是企业文化落地。

宗教的全部信仰，被浓缩在一本《佛经》或《圣经》之类本本里，牧师按此终身去布道，宗教的所有信奉者都遵照本本里的信条，在行为上修炼和自律一辈子。这不就是千百年来不变的宗教文化“落地”过程吗？

同样道理，优秀的企业文化“落地”过程，可否这样去理解，就是当企业理念、信仰之类的价值追求，一经确立之后，它不是讲在会上，写在墙上，印在小册子里，就可以称之为倡导的文化“落地”了。它必须是通过管理者反复地“布道”，得到全体员工认同后，再经由全体员工长期的行为“修炼”和自律，方能称之为“落地”。

企业家和管理者倡导新理念的原因，往往都是有一定针对性，例如发现某些阻碍企业健康持续发展的陈旧落后观念，或者是存在败坏企业风气的某些不良习惯……想要用先进理念去抗衡，去影响改变它。实践证明，困难很大，会遇到思维定势和习惯势力的强烈抵抗而难以奏效。要使先进理念被全体员工认同接受，就必须有顽强的毅力和智慧，靠长期宣贯说教以及管理者以身示范，还需要配合以各种创新活动去触动员工心灵，从而达到强力推进的目的。

为了提高“正气”信念的全员认同度，公司每年都要围绕理念的传播和说教策划几次很有震撼力的教育活动。

如今年母亲节前一天，公司包了一个大剧场，举办“感恩”为主题的大型演讲会，会上不仅请来国内著名演讲家作生动的主题演讲，下半场由公司员工干部自发上台演讲自己的感受，若干名长期出差在外的营销主管上台联系自己母亲和公司培育讲感恩，已经使一千多人的会场泣声一片。这时，谁也未想到的是总经理万旭昶也跑上讲台，十分动情地回忆童年时代家境贫寒，母亲那些数不尽的恩德，影响他一生的，万旭昶情不自禁泪流满面和台下的哭泣声汇集，他用嘶哑的喉咙表白：妈妈呀，今年冬天回家看望您时，我一定会端来热水为您老洗洗脚，表表我感恩之心。此时此刻，会场一千多名员工的心被强烈震撼，当万旭昶走下讲台的一瞬间，员工们看到他首先走到董事长徐新建面前紧紧地拥抱，发自肺腑地说："感谢董事长为我提供实现人生价值的平台"，接着走向各位部长面前一一拥抱并道一声："谢谢，谢谢你们！感谢你们对我工作的多年支持。"本该下午五时半结束的大会，一直延迟到七点钟。

这样一场弘扬"正气"的大会，是经过精心策划安排的，将对太阳雨企业文化落地产生重要影响和作用。

太阳雨集团企业文化"落地"案例，有三个问题提醒企业界注意。

其一，企业文化是一种行为文化，企业文化建设功夫就在行为修炼，首先应该是企业家自身的修炼，言行不一者必然导致公司价值观假冒、错乱、回潮，形成伪文化，极易酿成企业危机和灾难。三鹿集团于2006年公布公司企业文化的定位是"诚信文化"，核心价值观是"诚信、创新、和谐、责任"，事实证明它是伪文化，不是真品，只能自食其果。根子还在董事长田文华价值观扭曲，她本身就没有好的以身示范。

笔者曾在张瑞敏、杨绵绵的办公室实地考察，25年来，虽然海尔发生巨变，领导地位发生变化，但是，他们却没有任何特殊化，办公室仍然那么小，那么简朴；他们的行为必然影响到海尔集团办公室文化的文明和员工自律的行为习惯。

企业文化的主要创建者多为企业的创办者或经营者，他们作为企业文化的主导者，应该成为公司行为文化的示范者，对公司整个文化产生正面影响，他们的言行举止必须和企业宣扬的理念相吻合，成为标杆和文化源头。他们的个人修炼都十分重要，企业文化是从内向外延伸的，唯有内外一致，表里如一的创建者，才能获得众人信服，让追随者矢志不渝地忠于自己的企业。

太阳雨、海尔、华为、联想……创建者成功的经验都说明，企业文化就在我们身边，它覆盖企业的全部，渗透到企业的每个角落，但本质上讲，就是关于做人的文化，企业文化的价值观、理念和行为准则，都是要求全体员工先学会做人，然后每个人自然会把干的事情做好。

其二，企业文化建设，说到底是"人心建设"，胡锦涛总书记提出"群众利益无小事"；我们太阳雨徐新建仅一次就慈善捐款一千万元，给全国太阳雨热水器代理商雇佣的所有安装工人提供人身意外保险；员工家遇有难事，只要他知道，定会给予帮助……一种健康向上的组织文化塑造，要靠"真心"、"爱心"、"贴心"来铸造。

其三，企业文化建设不能搞一阵风，没有一劳永逸；企业信念不能朝立夕改，不能一换领导，就改理念；必须用作企业全体员工长期修炼的标杆。

常遇一些企业领导提出这样的问题：企业文化建设很重要，就是不知如何着手去搞。笔者也经常思考这样一个问题，其实，企业文化就在我们身边，明明是一个十分简单的问题，为什么有的人心知肚明地每时每刻都在完善它，就像上面讲的张瑞敏、任正非、徐新建……但却又有不少人总是把它神秘化、复杂化？

笔者感到困惑、纳闷、怀疑，中国人谈企业文化，从某一角度或某一侧面看，是否过度了？甚至有被滥用之嫌。或许是进入新的误区，把简单的问题复杂化了。张瑞敏创建海尔集团25年了，任正非创建华为技术有限公司20年了；徐新建创建太阳雨新能源公司也有10年了；他们一个共同之处都是一天也没有停止企业文化建设，但是，他们心里都始终明白，企业风气每天进步一点点，就是企业文化提升优化一点点，企业文化建设就是这么简单的问题，只要全体员工坚持每天修炼自己，公司文化肯定是优秀的。过去，今天，他们是这样做的，我相信今后也不会变。企业文化修炼就是人品的修炼，在文明时代，就如同每一个人都在不断修炼自己，用先进的理念，先进价值观在改造自己，这是一点一滴的，从未间断地坚持其一生。这是一个艰苦的由量变到质变的过程。可以这样比喻，企业文化很简单，就是"过日子"，就是生活方式。不同的生活方式就是不同的活法，可能会有不同的结果；企业文化是结果，不是过程。现实中，我们都会或自觉，或朦胧地感受到，越是高级的东西越是那样简单，越是深奥的道理却越是那么简单。一家优秀的企业文化是如何创建的，其实就是这么简单——坚持正确信念导向行为，坚持年复一年的行为修炼。往往有这样情况，我们考察观摩某个优秀的企业文化时，会感到激动人心，甚至有一种受到震撼之感，但是，这家企业文化营造往往已经走过10年，20年甚至更长时间，回顾这一漫长过程的每一天，并无什么激动人心之事和爆炸性新闻，而往往却是枯燥单调的，日复一日地重复操作，琐碎繁杂的事情磨砺人的耐心和意志，矢志不渝地坚信某种企业信念。

根据本人30余年的观察和回顾，建设优秀企业文化必须有决心和耐心，有毅力；有长跑运动员的心态，至少是5年以上的修炼功夫，文化才能有一些积淀，10年以上才有一个系统的形态，20年，30年以上者才有一个个性定型，才能形成那种独特的核心竞争力，笔者坚信，走向世界的中国，这类企业将会越来越多。

（作者系连云港企业文化学会会长、中国企业文化研究会特邀研究员，本文摘自《沈阳企业文化》2010年3期）

我的心力管理之路

刘鹏凯

北宋欧阳修有言："万事以心为本。未有心至，而力不能至者。"做事必须用心，亦要赢得人心，即使面对逆境，也勿心灰意冷。因为，人心深处，某种力量往往会起决定性作用。这便是心力。

任何一名企业家，个人纵有天大的本领，如果离开了员工这片土壤，失去群心群力，企业无法长大、做强、走远。

——题记

上世纪70年代初，我进入工厂，在这个大环境中践行30余年，渐渐摸进企业管理的门槛，窥见其中无限学问。

1997年，江苏黑松林粘合剂厂有限公司成为黄桥镇第一家改制企业试点，真正拥有了“产权明晰、自主管理、自负盈亏、自我发展”的自主权。那时，受经济不景气大气候的影响，一些企业拖欠员工工资的现象很严重，顺口溜“工钱工钱，做了工何时拿到钱”成为那个年代的流行语，无形中挫伤了员工的积极性。改制后的路如何走？如何改变原有管理模式，注入心力，转化体制优势，学会走新路？我不讲大道理，不呼空口号，换位换心，模拟分析，站在员工或下属的角度，设身处地考虑员工的工作动机、劳动艰辛程度，及其给企业发展创造的价值，综合各种因素定位，寻找改革的活力与合力。

我们想员工所想，拿起改制后兑现的自主权，首当其冲选择工资作为突破口，端出暖人心的“滋补药膳火锅”，确立“不同岗位、不同考核、不同薪金”的“双工资制”新模式，在员工中推行“双周工资制”，在中层管理者中推行“双薪工资制”。一方面让员工做了工就能拿到钱，一个月发两次工资，看得见实惠，赶得上家用，解除了后顾之忧；另一方面让管理者坐什么位置拿什么工资，双倍以上让其将心比薪。高薪之下必然是高责、高效、高能，只要你付出总能得到回报。

初试牛刀。通过换位沟通体验，企业劳动关系和谐，盲点变成了看点、亮点、出彩点，最大限度激发员工与管理者的积极性和创造性，提升了企业对员工的凝聚力和员工对企业的向心力，保证了企业改革的顺利进行，促进了企业发展步伐。我陶醉，手舞足蹈，为自己的第一次的心动到行动，栽下树长出果而兴高采烈。

一

清华大学张德教授把企业管理分为三个阶段：第一阶段是经验管理阶段，最大的特点是人治，靠“一把手”的强势领导来管理企业；第二阶段是科学管理阶段，最大的特点是法治，靠制度来管理企业；第三阶段是文化管理阶段，最大的特点就是文治，把企业文化作为企业管理最重要的方面。

曾记幼学“一支箭易折断，一捆箭折不断”的故事，“团结就是力量”的道理使我记忆犹新。细微之中如何显心力？带着这个问题，我在实践中摸爬滚打，领悟了一个简单质朴的道理：任何事情，只要用心去做，赢得人心，即使面对逆境，也不要失去希望，因为一个人内心深处的某些东西在一定条件下会起到决定性的作用，这就是心力。

我的老家有句俗话：人无良心一世穷。办企业总是要盈利，赚钱是天经地义、无可厚非的。然而，如何赚钱？古人云：君子爱财，取之有道。

我想到了小时候经历的一个真实故事。刚上初一，父亲配了一支电筒给我走夜路，当电池电量不足电筒只能发出微光时，我还是舍不得换新电池，便将旧电池配一只新电池使用，可用不了多久，电池就没电了。后来学了物理我才明白，那舍不得抛弃的旧电池已成了电阻，白白浪费了新电池。我用管理的视角理解为“心电池”。“将心比心，以心换心”，让心电池没有电阻或减少电阻，成了我心力管理的种子，开始萌芽。

善思生善果，恶思生恶果。我用“心视”的方法透视经营，透视人生，不断拷问自己，渐渐地在“以人为本”的管理基础上，开始探索心力管理，渐渐地将“赚钱”转变到“修心力”的管理进步，用心动形成心力的智慧，赢得“人心”，自然可以四两拨千斤。一个企业有了心力，就会“人心齐，泰山移”，就会众志成城，天大的事都会有员工一起来扛，就没有走不过去的火焰山，企业的发展发达就有了原动力，这就是众心合力。

王安石曾经说：知己者，智知端也。一个人认识了自我，是智慧的开始，如果连自己是谁都搞不清楚，何能谈得上智慧呢！中国有一句成语：放下屠刀，立地成佛。屠刀是什么？其实屠刀就是你的自我。在工厂你举着那把“屠刀”，要征服这个，要征服那个，内心是个什么滋味？反之，如果你放下自我，心静如水，忘我利他，你就会有一种“众里寻他千百度，蓦然回首，那人却在灯火阑珊处”的感觉，有一种如释重负的久违轻松。你还是会找到“一个人浑身是铁能打几根钉”的真实的道理，沉浸在众心合力工作的快乐之中。

二

在中国传统文化中，心是指精神，指意识。佛家讲，一切法由心想生。用我们现在的话讲，人，一切奇迹都可以创造出来。而贵在要有心，要用心。而这个心，不是一个人的心，而是像一盏灯，传燃千万盏灯那样，集中了大家的智慧，即《金刚经》所讲的“一合相”。人有无限的潜能，关键是给激发出来，靠什么激发，靠的是我以我心，真心换真心，激发出来的是觉悟，这就是心力，即是老子讲的“大象无形”。

企业心力管理之妙在于无形胜有形，是一种无形管理的现场力，它不囿于经验和知识的束缚，不受条条框框的羁绊。即俗话说的，拿出活儿来，做出结果来。这种无形的现场力，不计较条件，不讲代价，千方百计解决问题。总而言之，心力管理就是中国传统文化所讲的赢得人心。这是在当今经济环境危机丛生中，企业所表现的一种整体的突破力、创新力、持续力。

中华传统文化认为，管理意味着爱。作为一个企业家如何去爱你的员工，尊重你的员工，帮助你的员工，使员工成长为一个成熟的人，充满爱心的人。法治治近，德治治远，德治就是修养人心。“德”是什么？古代将“德”字写成“悳”，即“直”字下面一个“心”，从直从心也。一个企业家要在工厂构建一个“家”的氛围，营造“家”的温馨，这就需要从心灵发现真我，对内心加以管理。管人就是管心，如何认识人的本质，把握人性的特点，关注人的各种需求，做好人心的培养，是现代企业管理中的重要问题，也是心本管理之根本。

上至国家，下至企业，要想办好一件事，离不开心力、智力、人力。营造一种和谐团结，形成合心合力，是一个企业的福分，也是员工的福分。在黑松林企业多年来对职工的关爱实践中，我们体会到这种关爱的作用远远超越于金钱之上。

在一个员工处处受尊重，事事被关心的企业文化氛围中，对传统的中国人来说，会滴水之恩，涌泉相报，必然会自觉自愿地为企业发展献出全心全意全力。

三

托马斯·约翰·沃森说过：“分析任何一家存在多年的成功企业，我相信你会发现它的持久性不是归功于组织形式或管理技巧，而是归功于我们称之为信仰的力量。”

大连企业文化研究会会长钟祥斌先生到我公司调研。那天晚上，我让机修班的一群加班的大小伙子陪钟会长共进晚餐。我们大碗喝酒，大块吃肉。席间，我离开座位，夹了一块肉塞进了焊工老何的嘴里。这本是我和员工在一起喝酒的热闹之举，却被钟会长抓来做文章，着实令读者见笑。什么是人？一撇一捺，相互帮衬，前后有序，不然就不成“人”啊！人加人才能形成力量，才能众志成城。是的，一花独放不是春，百花齐放春满园。凝聚人心，挖掘潜力，发挥实力，形成合力，不仅要打破上下级的不平等关系，更重要的是将其转变为事业伙伴关系、兄弟姐妹关系。时序变更，在新的历史起点上，尤其在社会转型时期，员工更需要精神上的慰藉，心灵上的关怀，精神生活质量的升华。作为企业家，需要在用新的理念、新的价值观、新的关系学，生产物质产品的同时，更要生产精神产品，倾心倾力去适变应变，探索创新，创造幸福美满的企业大家，员工小家，实现和谐共赢。

老子说：“为难于其易，为大于其细。”追求完美是艰难的，但追求完美也是激动人心的！管理科学不同于理论科学，而是应用科学，正如中国企业文化研究会副理事长高立胜教授曾对我说过的那样：“不能解决问题的管理理论是毫无价值的。”心力管理需要用心用力，需要大处落墨，小处着笔。

10年前，我曾经在实践中总结过一篇题为《精神精品精兵》的文章，讲述一个企业有了自己的精神、精品、精兵，加上那些简单朴素的信心、信念，就会在风云变幻的生存考验中战胜困难，获得巨大的力量，这就是提高心性、进行内心管理、反复磨炼心性形成心力的过程。现在，随着企业的成长，我更加坚信这样的观念：一个经营者，如果疏于心性的提高，心力的培育，即使取得一时的成就，也不会长久，就会像长短腿走路，走不远。

资深企业文化专家、中国企业文化研究会常务副理事长、秘书长孟凡驰教授在对我的《心力管理》评语中写到：“心力管理有新意。文化培育员工心力，以细节改善心智，既凝聚了职工，也打牢了企业发展之基，善莫大焉”。看到大山，更需要看到通往大山的小径。

（作者系江苏黑松林粘合剂有限公司董事长，本文摘自连云港《企业文化》2011年3期）

做阳光企业和阳光企业家

赵 晓

金秋季节，“中国管理模式创新奖”评选在北京一座优美的四合院里热烈展开。我和其他评委在讨论万科时，大家一致同意，万科具有阳光文化的特性。

万科的阳光

阳光意味着正派、透明、简单、活力、慷慨、理想等。在行贿受贿、权钱交易盛行的房地产界，万科坚守不行贿的商业道德底线，可谓正派。在潜规则盛行、原罪纠结，企业和企业家往往躲躲闪闪、不敢见人，或者喜欢恪守“闷声发大财”的中国，万科可谓透明。相比于那些非常复杂、外人看不懂、神秘莫测的企业，万科可谓简单。相比于那些只有老板一人“英明”，其他人众都只有噤若寒蝉的民营企业，万科充满着平等与自由、人性与尊严，可谓活力四射。相比于那些只关注企业利润最大化而从不问社会公益的企业，万科无论是四川赈灾、生态保护，还是绝色建筑方面都是大手笔奉献，领跑中国企业界，可谓慷慨。相比于那些只问今天不管明天、只问现实不思超越，亦不考虑商业伦理和精神的所谓“现实”企业和企业家，万科是一个有形也有魂的企业，可谓有理想。

显然，这样的阳光企业在中国还很少。但阳光之路，将是中国企业的必经之路，也是惟一能够走向未来的通途。

冯仑曾经撰文“学习万科好榜样”。近期，又提出中国企业要“吃软饭、戴绿帽、挣硬钱”，意思是企业要靠创新、环保以及真本事来发展，而不能靠权钱交易、靠不公正的潜规则以及破坏生态等来获益。这无疑也是指出了一条文明生长的阳光之路。

捐款了不代表就阳光了

但是，总体而言，中国企业界还是显得黑暗浓重了一些，阳光稀缺了一点。在亚布力中国企业家夏季论坛（大理）期间，我和王巍有一个讨论。他特别谈到，中国企业家存在着“三俗”：一曰吃喝嫖赌；二曰炫富斗富；三曰沽名钓誉。王巍的话无疑道出了中国企业界普遍存在的一些现实。

吃喝嫖赌、炫富斗富无疑低俗，但沽名钓誉同样显示出企业家们精神力量的贫血。最近一个例证是，有些企业家承诺捐款，但公开表明此举是为了证明自己是大好人，要让子孙纪念，让别人把他当成雷锋式榜样。捐款当然值得鼓励，但金钱并不能当成道德的尺度，也不代表精神的高度，就像强权不能作为真理的尺度一样。如果捐款的目的是为了换得好名声，则本质上仍是在“做生意”，难逃沽名钓誉之嫌，与真正的公益和慈善精神仍相去甚远。这是一个明显的道理，但估计当下能够理解的人仍然不多，也许20年后才能成为常识。

企业阳光，首先是企业家阳光

针对于王巍提的“三俗”，我提出中国企业和企业家要走向“三正”：一曰公正精神、二曰创新精神、三曰责任精神。公平与公正是市场经济的基石，失去公正，市场经济将无法长存，财富也终将灰飞烟灭。中国企业家们并不仅是在追求财富，乃是在构建中国新一代的商业文明，其基础正是公正。创新则是企业家的本质，最早提出企业家概念的奥地利经济学家熊彼特正是从创新角度来概括企业家的。显然，没有创新，就没有真正的企业家，而只有生意人和富人而已。责任精神，是指企业家要肩负起生态环保、社会公益等责任，这将越来越成为企业和企业家的内在要求。

然而，中国的企业要走向阳光企业最困难的是什么呢？是老板是否阳光。万科能阳光，关键是王石阳光。王石最了不起的不是打造了万科文化或者建构了万科模式，而是管住了他自己。领导力定律告诉我们：领导最难领导的人是他自己！因此，除非企业家下决心成为阳光企业家，否则他的企业很难走向阳光之途。

（作者系北京科技大学教授、博士生导师，本文摘自《中外管理》2010 年 10 期）

我们一直坚持自己的价值观

王　石

企业文化是文化的一种。什么是文化？按照学者们的看法，文化是一种不成文的制度。

任何一个群体都有它的文化。 比如说价值观念，什么是好的，是值得鼓励的，像孝敬父母、帮助他人；什么是不好的，是大家都需要避免的，像不讲诚信、投机取巧。比如说习俗，西方人见面问候，相互拥抱是一种方式，到了中国，这样做就比较唐突，这些东西并没有写到什么成文的制度里面去，但是大家都习惯这样做。

企业文化很重要的一方面是指一个企业的核心价值观，它是所有人都信奉并自觉遵守的行为准则。拿万科 “规范透明”这个价值观来讲，它是万科一直坚持的，并且在 20 年的发展中发挥了作用。文化有一种筛选作用。企业和员工是一种契约关系，只要不违反已经做出的承诺，员工是自由进出企业的。一种清晰的企业文化，可以聚集一个志同道合的团队。

从更广阔的一个层面来看，企业作为社会的一个活跃细胞，要为社会树立典范，对这个社会产生积极的影响。企业要赚钱，这是毫无疑问的，但不应仅仅局限于此。万科通过自己努力，通过对自身如果对外界介绍万科的文化氛围，首先的一点就是对人的尊重。

对人的尊重就是要有选择权、机会均等。在 1984 年万科刚成立的时候，万科的员工手册上就印着一句话：“人才是一条理性的河流，哪里有低谷就流向哪里。”做人要诚实要有尊严，同样要培养尊重人的企业文化，把人当作第一要务。也正是这种对人的尊重，万科内部形成开放平等的企业环境。“企业视角、人文关怀”在一定意义上解释了这种氛围。

人才是万科的资本，这是 20 年前公司建立时候就具有的信念。万科一直努力为每一位员工提供公平发展的机会，以及在行业内有竞争力的收入。而万科简单的人际关系和理想主义企业文化，对优秀人才也有很大的吸引力。

万科提倡健康丰盛的人生，强调工作与生活的平衡。公司从不干涉职员工作外的生活，也不主张员工带病上班或在家人患重病时上班。在万科内部很注重一种平等的交流，在各级经理和职员之间建立了 12 条沟通渠道，并且明确地写在《职员手册》里面。

如果说要回顾万科 20 年的发展，最值得骄傲的事情是什么呢？那就是在行业还有待成熟的时候，我们守住了职业化的底线，无论碰上什么利益诱惑，我们一直坚持着自己的价值观：对人永远尊重、追求公平回报和开放透明的体制。

谈企业，或许“言传身教”，是万科文化血液得以延续的重要行为组成部分。《万科》周刊是万科文化的一个重要载体，也起到了企业文化宣传和凝聚的一个作用，这是一个注重平等交流的平台。

同时，万科的管理层都是企业文化的身体力行者，万科的很多老员工，受万科文化的影响也已是深入骨髓。他们的行为，他们对周边同事的影响，是万科文化得以延续的最重要的方式。另外，集团内部网、内部论坛、价值观宣传卡片、职员手册、12 条沟通渠道，还包括我们每年一次的集团全体员工参加的“目标与行动”沟通会等形式都是企业文化很好的宣导形式。

一个企业，只要以公平的心态对待股东、客户、员工和伙伴，则你自然也能从他们那里获得同样公平的对待。我们追求的，是公司在市场中获得公平回报，股东从投资中获得公平回报，员工通过劳动获得公平回报，供应商在与万科的合作中也能获得公平的回报。做人如此，做企业也是如此。

（作者系深圳万科企业股份有限公司董事长，本文摘自《现代企业文化》2011 年 9 期）

劳资关系不再背靠背

王健林

享誉全球的组织转型大师拉尔斯·科林德认为：21 世纪已经进入知识经济时代，雇主和员工只有结成伙伴关系才能使企业保持活力。

那么，于法律契约之外，雇主、员工该怎样从企业文化层面努力改善劳资关系？

我觉得，民营企业更应该注意关爱员工这个话题，因为雇主和员工的互动问题在民营企业要比国营企业更突出。民企如今在 GDP 中占据了中国的半壁江山，民营经济带动的就业已经占到新增城镇就业的70%以上，所以谈关爱员工，这个话题非常实际。万达的具体做法是五句话：广阔的企业前景，良好的个人事业平台，简单的人际关系，一流的物质待遇，优秀的企业文化。

事业平台是员工的第一选择

其实，员工喜欢这个企业，愿意到这里来，不仅仅是看收入、看待遇，尤其那些有志发展，也有一定才智的员工，非常重要的一点是，他们更关注自己在这个企业里能不能增长才干、有没有更好的个人事业平台和良好的发展机会。

我们千方百计地想怎样更好地吸引人才。要吸引人才，就要给员工事业空间，让他们不断有晋升的机会。

打造简单的人际关系

为什么我要提这句话呢？因为我的经历使我深深了解人际关系在某些环境下的负面影响很大。很多人不是在做事情，而是在做关系。所以我成立企业后，非常注重建立一种简单的人际关系，使员工能全身心地投入工作。我们主要做了三点：

第一，不搞帮派，不搞亲疏。我自己在这个企业有接近八成的股份，但企业里没有我的一个亲属，我宁肯给亲属钱，让他们自己出去干，还不能干跟我公司相关的业务，做到这一点实在很不容易，也是经过反复的斗争才使他们能够理解的。

第二，不搞公司政治。不要以为公司就是做经营，这个帮，那个派。我曾经在公司炒掉了两个最高的高管，他们都是从国有企业来的，老喜欢搞亲疏，老是几个人、十几个人成天弄在一起，一开会讨论提拔职务、晋升工资，就拼命为自己圈子的人说话，我是很反对这个的，公司要努力塑造一种大家完全平等的关系。

第三，公正用人。这说着容易，做起来非常难。难在你怎么能评估出“公正”，你建立在什么标准上公正用人。你自己以为是公正用人，其实不一定，于是我在企业采取了几条线重合评判：一，就是依据我跟各高层高管的感觉，因为对部下的评价毕竟始发于总经理、副总经理、部门经理等等，也就是说依据领导的感觉做评价。二，依据人力资源部的考核。我们规定：考核副总经理级的，必须对其下属所有部门经理进行访谈，每年都搞，每个部门经理都有发言权；考核部门经理，就必须访谈他的下属每个员工。考核时，一对一，不准第二人在场，你敞开来说。三，设立内部审计部，有自己的举报渠道，信息渠道。把这三条线重合在一起，公正用人估计就不会太错了。我们要杜绝的就是简单地听取某个领导的一句话来用人。用好一个人，就鼓励一大片；用错一个人，就打击了一群人。

要对得起跟随我的团队

人生活在物质的社会里，还是要提供良好的物质待遇。这不仅是人的精神满足和物质享受，它其实是一种保障。

在万达，第一，提供超一流的高收入。我们集团现在有5个行业，每一个行业都对应它在全国的工资水平来形成竞争力优势。因此，万达的员工收入还是非常高的。

第二，提供人性化的关怀。我们6年前就实现带薪休假，每人每年最少6天，多至20天。还在昂贵的中心区写字楼里建有健身中心，让员工免费去健身、运动。集团要求各公司每年不少于组织5次集体活动，由公司出钱，大家一起出去玩一玩，促进感情交流，以建立良好的企业人际关系。

第三，集团提供“终身保障制度”。几年前我说过一句话，如果万达员工，不论高管或普通员工，退休后要靠退休金来保障终身和养老的话，那就是我们公司或者我做的失败。要终身有保障，就是要公司好好发展，有坚实的物质基础。我们为什么从住宅地产转型商业地产，做商业中心，五星级酒店？就是要有长期稳定的现金流，使企业能够长寿百年。如果没有长期稳定的现金流，10年后企业都找不到了，谈何终身保障。

我的想法核心就是，要对得起跟随我的团队。我们已经发文：部门经理以下的员工，退休时按退休前5年的工资总额一次性给付现金。比如你退休前一年收入20万，那你一次性就拿走100万；我们还有不到400名高管，我就把我自己的股权稀释，无偿赠送给他们。股权值多少钱？开始大家很高兴，可过了一段时间发现，你公司没有上市，股权的价值不确定，这个政策也就缺乏推动性，所以我现在在积极推动万达的商业地产公司尽快上市。上市的目的首先是给我们企业建立良好的外部监督机制，我们的内部管控机制是很好的，但还不够，还要建立外部监督机制，这样在我退休或有了什么问题后，企业不会倒；最重要的目的，是使员工的股份具有流动性，什么时候想变现或者急需用钱，他可以立刻套现，而不是名义上的东西。

让这个公司很阳光

关爱员工，还要讲文化。企业要有一种良好的追求，有一个好的精神状态，使员工看得见这个公司很阳光，很健康。对于优秀的企业文化，我们也有一个工程：

每年推荐读一本书，由总裁会推荐后买了发给员工，这个我们坚持好多年了。读书后，一是要求员工写一篇过500字的笔记，就这么点，这你怎么也要翻一翻吧。二是每个公司自己组织一次演讲，全国70多家公司，演讲后选出第一名，到集团演讲，再评出一二三等奖，出版演讲集，放上他的照片，就作为一种鼓励。三是每年出一本故事集，就记载公司的好人好事，对员工也是一种激励。四是每年一次年会，这是万达企业文化的第一品牌，鼓励员工，很感人。每年还有一次“良心之旅”，员工要选他公司当地一个最穷的村去访贫问苦。并且，公司不发钱，由个人捐助。

我们干房地产的，员工房子好解决，原来是无偿分房，现在不能这么做，我们就给员工付首期，每人30万。更高层次的还有其他的解决办法。部门经理以上的还有车补，每月几千块钱。员工有房有车，收入又高，他就会发生变化。

我们要让员工知道感恩社会、公司和你的团队，你的成就不完全是你自己的功劳，是你赶上了大时代、大趋势，社会、企业、组织，加上你稍微努力，才能有今天。但是，还有很穷的人需要帮助。总之，要让员工有良好的心态对待社会，懂得帮助穷人。

良好的文化熏陶、物质待遇、人际关系、事业平台，才能为员工和企业创造出幸福指数。

（作者系大连万达集团股份有限公司董事长，本文摘自《现代企业文化》2011年9月）

小企业更要重视企业文化

马　云

常有一些企业的老板感慨阿里巴巴的员工“在激动人心的标语下总有很亢奋的氛围”，但自己公司的员工“对待遇总不满足，人心不齐，没有为企业考虑得失”。

怎样调动员工的积极性，成为当下许多小企业面临的问题。

有人说，大企业靠文化，中型企业靠规章，管理员工都很有效，而“小企业靠老板自己来管”难以找到突破口。为什么小企业老板管人太难？我认为，小企业也要讲企业文化。

管理者和员工之间总有一种微妙的生存关系。可以说，阿里巴巴的文化不是靠标语贴出来的。不是管理者贴给大家，而是员工的自我激励。员工的自我激励源于企业文化，而大企业的这种激励文化是从最初就开始建立起来的。不能到大了以后才开始讲文化，到了中型企业才开始讲制度，第一天当老板，要培养的就是一种文化，才有可能把企业做大，大了以后，文化才有作用。

如何在企业“小时候”就逐步培养企业文化？

那就要重视自己的员工，我们永远要明白这个道理。老板的客户有两个：第一个是外部客户；第二个客户就是员工。我认为，企业的价值和产品是员工创造出来的。而老板需要做的是：为员工创造独特的价值观，让员工感受到“我不是你的机器，我是一个活生生的人”。

小企业老板也要多去倾听员工的想法；使员工的基本生活保障能得到满足；让员工的工作得到荣耀和成就感。对员工的物质激励，只能满足员工的生存需求，不能让他有幸福感。幸福感是让他们有信仰，让他们相信公司对社会和客户是有贡献的，而自己对公司是有贡献的——这样的员工容易管理，这样的企业文化也水到渠成。

开公司要发扬长处，避开短处。不要总说别人的不是，这样会得罪所有人。因为你没看清楚，不好的东西是有原因的。你该说：“这个很好，我们可以继续发扬光大”。员工自然会听你的。你要先肯定好的，这个叫求大同，存小异。你要问自己能不能适应公司的文化。你不是改变，而是去完善这个文化，靠逐渐的完善来改变，点滴的完善就是最好的管理。

小老板就是靠文化，靠自己的价值观来管理这个公司，所以说创始人实际上是这个文化最早出来的基因。你当老板第一天就要培养一种文化，才有可能大，大了以后，文化才有作用。一个企业懂得用文化，它才会成为中型企业、大企业。

每个老板在管理员工的时候要想清楚几个问题。你如果对客户、产品没有梦想，觉得你的产品就是一个简单的产品，不要寄希望员工有梦想。员工的梦想很现实，他必须要生存。

要反思的是，员工拖沓，员工要求加工资，原因不在员工身上，而是老板身上。老板没有珍惜员工，员工自然不会珍惜产品。我们永远要明白，你的价值和产品不是你创造出来的，是你的员工创造出来的，你要让员工感受到——我不是机器，我是一个活生生的人。

老板要思考有没有倾听过员工的想法，如果员工基本的生活保障都得不到满足，他在这儿工作没有得到荣耀，没有成就感，没有很好的收入，要他为你而骄傲，不可能！所以我觉得问题在老板身上，你真心服务好员工，员工就会真心服务好客户。

工资要不要涨？一定要涨。但是只能让他满足，不能让他有幸福感，幸福感是因为有信仰。他们相信公司是对社会有贡献的、公司对客户是有贡献的、我对公司是有贡献的——这样的员工容易管理。

（作者系阿里巴巴集团董事局主席兼首席执行官，本文摘自《现代企业文化》2011年2-3期）

扛起社会责任

李福成

日前，燕京啤酒集团正式成为中国探月工程官方合作伙伴。燕京啤酒赞助中国探月工程，不仅在于为了全面推进品牌升级，更为恪守企业的社会责任，不断增强国人的民族自豪感，进一步振奋民族精神和提高民族凝聚力。作为民族工业的代表，燕京啤酒为探月工程尽一份微薄之力，是践行社会责任，义不容辞。

企业作为社会经济建设的主体，同时又承担着很多社会责任。除了要保护环境，发展绿色经济，搞好节能减排，促进人与自然环境的协调发展以外，还要履行以下几方面责任：

一是要生产高质量的产品。企业生产的产品必须是安全的、健康的、绿色的，要给人们带来美的享受，只有这样才能不断满足人民日益增长的物质需要。燕京是国内大型啤酒企业，率先通过国家“绿色食品”认证的企业。在2008年，我们圆满地完成了奥运会用酒任务，顺利通过世界最高品质的认证，这充分证明燕京啤酒是绿色、健康、安全的。而我们的终极目标是要将燕京啤酒打造成为国际性知名品牌。

二是要为股东负责，为股民提供良好的投资回报。在企业经营过程中，我们牢固树立风险意识，坚持调查研究，坚持民主集中制原则，不断完善投融资决策机制。同时，在保持经济效益增长的同时，始终重视对投资者的合理回报，积极构建与股东的和谐关系。每年根据实际情况，我们制定并执行了稳定的利润分配方案，使广大投资者充分分享到了企业经营成果。

三是要为国家多纳税。作为经济建设的主体单位，企业有责任也有义务为国家财政提供支持，创造更多的财富，这也是企业经营最重要的任务之一。就本企业来讲，从1997年上市以来，我们累计上缴税金已达123亿元，为国家做出了较大的贡献。

四是要提供更多的就业岗位。企业是社会的细胞，是社会稳定的基础，是共建和谐社会的有力保障。目前，在燕京全集团就业人数为38000人，其中北京顺义地区超1万人，平均每个家庭就有一人在燕京就业，不仅繁荣了地区经济，而且还解决了当地劳动力就业问题。在金融危机不利形势下，我们不但没有减员减薪，还提高了职工工资水平，并对重点岗位进行了转非招工。

五是要积极参与公益事业建设。企业发展离不开社会各界的大力支持。我们在取得较高经济效益的同时，始终不忘回报社会与人民，积极投身于公益事业建设，包括支援灾区、文体建设、基金捐赠等。据不完全统计，组建集团以来，我们累计投资达7500多万元。

目前，我们生产纳豆产品，其实也是在履行一个企业应尽的社会责任。2001年，我们在日本考察时发现，很多日本人在用餐时都吃一种叫做纳豆的食品，通过了解才知其含有丰富的蛋白质和微量活性物质，对血压、血脂、血糖具有良好的调节作用，长期服用能抗血管硬化、抗机体衰老。考察结束后，我们就下定决心，投入几千万资金生产纳豆产品，即使不赚钱，也要把这种健康的生活方式引到中国来。2004年，以生产纳豆及纳豆胶囊为主导产品的北京燕京中发生物技术有限公司成立。几年来，在社会各界朋友的大力支持与帮助下，这项造福人类、增进健康的纳豆工程取得了较好的成效，此健康食品开始进入中国千家万户。作为纳豆在中国的倡导者与生产者，把日本这种健康的饮食生活方式引进中国，惠及广大的中国人民，我们确实感到非常欣慰。

当然，作为大型国有企业和骨干企业，承担着十分艰巨的社会责任，但前提是企业健康、持续、稳定的发展。企业没有发展，效益没有增长，履行社会责任，也就会成为无源之水，无本之木。为此，我们要采取有效措施，确保燕京在中国啤酒行业中的优势地位，确保燕京事业基业长青，确保企业实现可持续发展。

（作者系北京燕京啤酒集团公司总经理、党委书记，本文摘自《现代企业文化》2011年6期）

无形的文化创造无限的价值

鲁冠球

企业文化很重要，它看不见摸不着，是无形的东西，但却能给我们带来有形的效益，创造无限的价值。在应对这次国际金融危机的过程中，我对此有了更深刻的体会。

这次国际金融危机对我们的影响主要有三个方面：一是国际订单减少，汽车零部件出口下降超过50%，二是上市公司市值缩水，三是汇率波动损失。

2008年我们的营业收入计划是500亿元，运行正常的话能达到520亿元，实际完成只有463.6亿元，少了50多亿元。当时，说不慌那是给自己壮胆，我搞企业40多年从来没有遇到过这样的情况。这个时候，省、区、市各级领导多次到企业送温暖，国家又出台了一系列政策扶持企业，形势慢慢开始好转。

2009年全国两会期间，我向国务院领导汇报说，1至2月万向销售收入增长了2%，领导问，是环比还是同比？我回答是同比。国务院领导很高兴地说，逆势增长不容易，真不容易。万向能这么快从困境中走出来关键是国家的好政策，同时，我们40年积累的企业文化也发挥了重要作用。

首先是我们以感恩之心承担责任。万向有今天，得益于党的改革开放政策，得益于各级政府的支持和社会各界的帮助。所以，对于国家、对于社会、对于这个时代，我们一直怀有一种深深的感恩情怀，这种情怀已经融入到了我们工作的方方面面和生活的点点滴滴，成了万向文化的重要组成部分。

国际金融危机爆发后，我虽然心里慌，但我们首先想到的是此时社会稳定更迫切。我们立即召开会议一致做出决定，向员工承诺，不裁员、不减薪、不降福利。

承诺容易做到难。随着危机的不断加深，从来没有“双休”过的企业“双休”了，甚至“三休”、“四休”，企业效益大幅度下降。我们拿出多年的积累，压缩其他开支，不减员，年终奖金照发，福利照发，同时，积极开展各种内部培训、文体活动等，2万多名员工人心稳定。

但是，光稳定也不行，没有发展的稳定是持久不了的。动物“冬眠”等来的是春天，企业“冬眠”一定等不来春天。怎么办？“休整”，就像打仗一样，听不到炮声的时候我们就要抓紧“休整”。

当前，我们的实业之“危”危在结构不合理，好的做不出来，差的没人要，我们必须抓住当前的机遇加快“休整”，提高自身战斗力。万向主要做了三件事。

第一、加速现有产品结构升级。比如我们的轮毂单元早就获得了德国大众的供货认可，以前他们每年给我们一点点份额，国际金融危机爆发以后他们大量向我们要货，我们从储备供应商升级为主要供应商，附加值增加，利润提高。

第二、加快联合收购。国外福特的蒙诺工厂、国内长春的兰宝力得都是因为国际金融危机的加深，收购速度加快，由此企业经济和社会效益显著，这叫乘势而上。

第三、调整产业结构，发展新能源。我们“电动汽车”和“太阳能”两条产业链为主的“新能源产业城”投资和发展步伐都大大加快，这叫顺势而为。

2009年我们完成营收504亿元、利税55亿元，同比分别增长11%和42%，出口创汇11.59亿美元，同比下降24%。

说实话，危机来临，万向承担社会责任的行动完全是真诚的、发自内心的，我们感恩国家、回报社会、善待员工的文化是有深厚根基的。

在国际金融危机的背景下，2009年我们仍然能够完成第四个“奋斗10年添个零”，也就是企业日创利润1000万元，员工最高年收入1000万元的目标。

现在，我们考虑的不是危机什么时候结束，而是新一轮经济大发展的时候我们怎么办？

2009年的7月8日是万向创建40周年的日子，我们开了一个会，确定了新的奋斗目标。我们采取三条措施来保障：一是坚持“实业”与“金融”结合，形成实业与金融相互依存、相互促进、有节有度的产业格局，提高效率；二是坚持“走出去”与“引进来”结合，融通资源，做强做大；三是坚持发展新能源，应对碳排放量的压力，抢占制高点，造福子孙后代。

万向的精神可概括为“艰苦创业、大胆创新、克难攻坚、勇往直前”，这十六个字成就了我们过去的发展，更将激励着我们未来的进步。今后，无论遇到什么困难，我们都将勇往直前，决不后退。

（作者系万向集团董事局主席、党委书记，本文摘自《企业文化通讯》2010年11期）

民企经营需要科学和信仰

尹明善

一个企业，往往有什么样的开头，就有什么样的结局。天下企业的目标无论是追求利润的最大化，或者是追求做大做强做久，都有怎样经营、选择什么路径的问题，选择千差万别，结果也大不相同。

我在民营企业干了一二十年了，当前需要更多地反思自己既定的经营路径，调整自己的经营路径。那么，怎样寻找正确的经营路径？一是科学，二靠信仰。

首先说科学地经营。企业实现目标的经营路径应当遵循科学的规律，符合科学的精神。民企从科学的精神来看应当侧重什么？最简单、最根本的就是要认真。认真就是要严肃对待，不要马虎，不要投机取巧，不要弄虚作假。很遗憾，相当多的民营企业朋友想的就是怎样投机取巧，所以，这样的企业寿命不长。过去有统计，全国民营企业的平均寿命不到3岁，我相信那些短命夭折的企业，绝大多数都没有在“认真”二字上下功夫。

其次，就是经营得讲究方法，也就是科学的方法。当然，方法有千万条，但我认为重点有三条：第一条是量力而行；第二是资本运作；第三就是走出去。

所谓量力而行，就是切忌短贷长投。80%的民营企业投资都是把短期贷款拿来进行长期投资，到了还款的时期还不出来，就会出现问题，造成资本链条的断裂。民企要量力而行，不要把盘子做得太大，尤其不要短贷长投。

第二是要参与资本市场。我记得1999年，当时的国家经贸委主任、后来的国资委主任李融容同志和我聊天的时候提到，他说你要注意，当今世界30%的财富来自于产品和产品服务，70%来自于资本运作，可是，资本家有90%以上的人搞产品服务和生产产品。90%多的企业家拼命去抢这30%的财富，只有不到10%的人搞资本运作，分享了70%的受益。所以我们再老实也不能不在资本运作上下功夫。

第三，就是要走出去。这个走出去，不是要把产品卖出去，而是要加大进口和对外投资，把钱拿出去，这是功在国家，利在企业的好路径。人民币汇率升值已成定局，而且今年升值得越来越快，出口企业将迎来巨大的冲击。只有加大进口，才可以冲抵升值的损失，享受升值的盛宴。

现在再来谈谈信仰和经营的关系。对某个人或者某种主张相信和尊重并以之为行为准则叫做信仰。那么，民营企业应该信仰什么？

第一，要信仰天道酬勤。“闲来无事谈古今，士农工商总要勤”，我们企业家一定要相信天道酬勤。

第二，我们要信仰后来居上。走自己的路，让别人无路可走！这是强者，先行者的霸道。强国如此，强企如此，一味跟着强者走结果就是无路可走。我们必须另辟蹊径，趁强者打盹的时候崛起。所以我们要埋头苦干，坚信后来居上。

所以，民企科学的经营要认真，要讲方法，要守规矩；信仰的经营要信仰天道酬勤，信仰后来居上，信仰改革开放。

（作者系重庆力帆控股有限公司董事长，本文摘自《现代企业文化》2011年5期）

你的企业是否幸福

马蔚华

最近，招商银行在讨论怎样做个幸福的企业，我的理解就是：和一帮觉得幸福的人在一起幸福地做事，并取得令人兴奋的成果，这样就很幸福。

幸福企业的五个要素

要做一个幸福的企业，我觉得有以下几个因素。

第一是要有一个激励机制和约束机制，有良好的治理结构。企业对管理层和员工既有激励又有约束．在这种情况下，管理层和股东也能愉快地奋斗，董事会和股东也能够对管理层进行激励和约束，这是一个和谐的模式。

第二，要有一个既有智商又有情商的管理层队伍。现在大家都很关注管理层智商，管理层既要聪明，又要有科学的思维、强有力的管理水平。但管理本身也包括着情商的内容，在感情上跟员工沟通、取得他们的拥戴也是管理水平的重要体现。

第三，要有一支既满足又不满足的员工队伍。所谓满足是指企业里大家能和谐地在一起工作，热爱这份工作，对这份工作很满足。所谓不满足是对企业追求的目标永远不满足，不断追求更高的目标。

第四，既有科学的技术，又有很好的文化。一个企业的制度和文化都很重要，必须坚定不移地追求。制度是认识的产物，制度永远落后于不断变化发展的实践。所以光有制度不够，必须赋予文化，当文化深入人心的时候，制度就自觉被执行了。企业文化是大家认可的，是行为上升到思想的东西。

第五，既要做好自己企业的发展，又要承担起社会责任。做好企业自身的发展，给股东满意的回报，给客户满意的服务，给员工满意的待遇；要尽一个企业公民的社会责任，支持环保，回报社会。

招商银行为何幸福？

招商银行这20多年来，一直有一个比较和谐、坚强的管理层，他们带领员工通过创新拼搏，赢得了比较好的业绩和社会的认可，多次成为中国最受尊敬的企业。

招商银行为什么能够赢得社会的尊敬和认可？

第一，招行有比较好的制度，董事会领导下的行长负责制。董事会管大事，管发展管战略，放手行长去实施，董事会支持和信任行长。这种和谐也是使我们工作很愉快的重要条件。

第二，这些年招行始终有一个比较好的战略。世界是不断变化的，有一句话叫“不知未来，无以谋当下；知宏观，无以谋微观”。招商银行是金融服务业，我们必须洞察社会经济的发展，从而了解社会对金融产品的需求，并且又快又好地推出这样的金融服务产品，我们在竞争当中就能占据主动。

第三，招商银行非常重视管理理念的提升。中国的银行业和世界先进银行的差异不在于产品，不在于服务，而在于管理。虽然这次金融危机，中国的银行业损失不大，但是我深知，对过去我们不能妄自菲薄，今天我们也不能妄自尊大。管理的提升关键在于管理的理念，招行这么多年来，一直把提升管理理念放在第一位，不断地变革管理的思想理念。

我们坚持效益和规模相适应的发展观，理性对待市场，理性对待同业、股东、员工，理性对待社会责任，这些理念深入人心，并变成了我们自觉的行为，所以招行一直保持健康的发展。

最后一点就是文化。一个幸福的企业文化一定是有广大员工都能认可、接受，并且深入人心的企业文化。企业文化应该是企业保持生机勃勃，保持不断向前的动力所在。招行的文化是源于招行的出身，招行不是一个政府拿钱办的企业，而是在市场的发展中锻炼成长起来的，市场的基因形成了招行的企业文化，创新成为招商银行生存和发展的重要标准。服务也是一样，每个招行员工都知道，要永远朝着太阳转。

当这些文化深入人心的时候，大家工作就可以很和谐，很幸福。

（作者系中国招商银行行长，本文摘自连云港《企业文化》2011年3期）

中国管理何时能成为全球力量

董明珠

有一个业界影响很大的说法：说我走过的路不长草．是的，确实如此！如果我走过的路长草的话，格力电器不会有今天。那所谓的不长草，是不长杂草，而长出了优质的水稻，这就是格力的企业文化。

谈中国管理模式，这让我们看到了希望，也看到了问题。以格力电器自身来说，如果中国的企业想要成为全球认可的一种力量，从管理上来说，首先要解决的问题是责任。什么是责任，什么是社会责任？对于一个企业家和一家企业来说，在合法合规的前提下，把自己的产品和技术做到行业领先，被消费者认可，就是尽到了社会责任，只有这样才有能力带领你的行业崛起、屹立，只有这样才能代表中国走向世界。

大家看了总书记视察格力和格力在国外建厂的短片。可能很多人在看新闻的时候也看过了。但是我今天重新回顾的时候，我感觉这是中国管理实践力量的一种表现，确确实实，我们自己的品牌走出去被别人认可，这是一个很重要的条件，就是你的技术要领先于别人，你的管理要领先于别人，你要有独到之处，永远是被别人追赶的对象，你才最有价值。

作为空调来讲，我们不应该仅仅依赖于别人的技术，我们曾经经历过这样一个痛苦的过程，当时世界上有最先进的技术，是“一拖多”的技术（多联机技术），我们没有这种技术，于是我们寻找。过去我们国内的企业总是依赖于合资来解决问题。但是国外企业告诉我们的是，这个技术不能卖给你们，为什么？因为他们研发了16年，而且目前是世界上最先进的技术，所以不能卖。

恰恰是这句话教育我们，也提醒了我们，你要想立于不败之地，唯一的办法叫自主创新。从2000年开始，我们实施了立足自己研发世界一流技术的队伍建设，我们现在有300多个试验室，19个研究所，有4000个研究人员，我们认识到，我们中国的管理技术不能依赖于模仿，或者是简单的一个合资来解决我们企业的持续发展问题。

简单的合资，或者买别人的技术，可能短期也能得到很好的利益回报，但是从持续发展来讲，这样是打造不出一个百年企业的。为什么人家说，董明珠走过的路不长草，就是我们坚持自己掌握核心技术。这几年来，由于我们对技术研发的投入，所以今年我们有4个项目已经纳入国家的十二五规划。

一个企业要掌握核心竞争力才有话语权，才能真正在世界上屹立起来，才能真正为世界做贡献。我们所谓的崛起，我们的强势，不是强盗，也不是霸权，而是更多希望我们能给世界带来和平与和谐。

我最近到了美国，有美国人跟我说，他说你们中国有两个品牌，其中一个品牌是比较国际化的形象，但是在我们这里是低质低价的代名词，因为你在这个领域里面只能靠你的低价格来赢得一点市场，而不是有品质的，不是高档的，不是技术含量高的产品。还有一个品牌就是格力，这几年靠我们自己的技术在美国已经崛起，无论到渠道里面，到消费者的家里，他们都跟我们说格力是最好的，也是未来最有希望的，也就像总书记在出国访问的时候，别人跟总书记说格力空调什么都好，就是一点：太安静，我们下班经常忘了关，因为没有噪音。这就是企业的核心竞争力。

因为我们掌握了核心技术，所以我们话语权也强了，在2009年我们和日本大金进行合资，我为什么合资？因为大金是一个专业化企业，而且它也有了近百年的历史，相信我们相互都有可学习的东西，所以我们和它进行了合资。合资谈判过程当中，他们提出了，第一要控股，第二要有技术转让费，我们的工作人员跟他们谈的过程当中，向我汇报说已经谈不下去了，如果不同意他控股，那么这个合作就不能成功。

我跟他们讲了一句话，我说他要控股，我宁肯不合资，必须是我们控股，如果愿意跟我合资，我们将成为强强联合，为全球服务，后来第二天我就到了日本，跟大金的会长说，必须我控股，为什么？因为你是到中国投资。就技术而言，我们是在同等条件下，你有先进的技术，我也有先进的技术，我不是依靠你的技术来发展，所以必须我控股。

第二就技术转让费，他说日本有一个规定，所有投资必须有技术转让费回来，我说那没有问题，你们国家有技术转让费，我们国家也有，所以要享受同等的条件，最终是所有的都取消，没有技术转让费。

这就是因为我们掌握了核心技术。比如近期大家都在讲变频空调，有人前面加上“无氟”变频空调，我到现在还在说根本没有“无氟变频空调”，为什么大家要炒作无氟这两个字呢？这就是作为一个概念吸引消费者来买变频空调。一个企业要讲诚信，要对消费者负责任，是什么，不是什么，要如实地告诉消费者。所以我说现在没有无氟变频空调，只有多少赫兹变频空调。

什么叫变频空调？我做一个技术介绍。变频就像小学生考进中学，60分可以入学的话，那么够60分的都可能进入了这个学校，但是60分和90分是不可比的等量级。真正的变频空调是舒适、节能、不停机，我们现在很多变频空调高达30赫兹的时候，它就运转不下去，就要停机。那么格力电器通过一年的时间，现在实现从15赫兹到1赫兹的转变，真正实现了不停机，达到了什么样的效果呢？就是当你使用空调恒温的时候，耗电量一个小时只有35瓦。有的变频空调或者是不能做到不停机的变频空调，它在瞬间启动的时候是上千瓦。

我们最近投放市场的超薄的1赫兹变频空调，真正在技术上突破了，也是“十二五”规划里面一个新的项目。所以我认为，作为一个企业，要想发展，真真正正成为全球的力量，就是要在技术领域能够掌握自主核心技术。是自我研发的产品，格力电器有一个理念是“自我创业、自有品牌、自主创新”，在这三个“自”前提下，我们打造出一个国际化的品牌。

南非世界杯，中国足球队没有进去，而格力电器代表中国产品走进南非，南非赛场所有的空调选择的都是格力，这就是我们价值，这也就是我们中国的管理。所谓要提出中国的管理，我们想的问题，就是要超越，不是简单对国际化管理模式的模仿，而是创造出一种更新型的一种管理模式，来为全世界服务，让全世界企业以中国的管理模式为范本，使他们也能够因为“中国管理”而提高他们的管理水平。

在竞争的时代里面，我们其实都有压力，但就是因为有了压力，才有了挑战，就是因为有了挑战，才有我们中国的崛起。

（本文摘自《成都工业与企业家》2011年4期）

善待员工的回报远超过想象

马　云

我觉得管理一个企业最好的是通过文化，制度是去补充、弥补文化。一个优秀的国家和优秀的企业必须有文化来做。大家一直认为，美国的强盛是因为美国有很好的制度，但是大家想想，美国的强盛离不开它的基督教文化，它是有文化有宗教信仰，整个法制是基于完善和补充整个基督教体系。

假如你没有一个很强大的文化体系，东拼一些，西拼一些，拿一些国外的法律制度未必能解决我们的问题。我们不是政治家，我们当不了政治家，我们现在企业家讲着讲着就讲成政治，好像比国家主席还大。我们都是企业，我们可以通过企业的手段，可以通过我们自己的努力去完善这个国家，去完善人类的商业发展。我觉得今天我们没有办法，也做不了一个城市的文化，但是我们可以做好自己公司的文化。文化，无非就是什么是你的使命，为什么做，怎么做，价值观体系，以及KPI，还有考核，文化一定是考核出来的，文化不是贴在墙上。有一个企业说，我们文化做得很好，4本杂志，5个会办报，那个是宣传只起辅助作用。我希望大家记住，最后影响你公司是否可持续发展，你员工是否幸福，客户是否满意，是因为你是否有优秀强大的文化，制度是来弥补发展这样的文化。

我又要讲一个我讲了很多年的故事，这个故事影响了我，影响了我们的企业。1989年以前，我第一次听到这个故事的时候，我回来问，我们如何能够做到这样？这个故事是说，丰田是如何打败美国汽车的，大家有说战略重要，有说设计重要，但是有一个故事说明问题。在美国芝加哥，有一天晚上，下了大雨，有一个司机开了一辆车，刮雨器坏了，这个时候雨中来了一个老人，他跑到车上把这个刮雨器修好。问他是谁？他说我是丰田公司的工人，我看到我公司的产品出了问题，我有责任把它修好。制度上不会让你去看到坏车就修理，是文化，让他做到这一点。假如你拥有这样的员工的时候，你一定能够成功，而这样的员工是因为你有这样心态对待你的员工，照顾好你的员工，你才有这样的文化和这样的员工。

21世纪最贵的是人才，企业也一定一样。绝大多数的企业认为机器比人贵，很多人买机器的时候讨价还价。我们聘请员工的时候，我们没有想过给员工带来好的条件，你没有这样想的话，在21世纪一定活不好。今天是以人为本的时代、互联网时代、信息时代、数据时代，一定是人的创造力的时代。善待你的员工，投资在你的员工身上，他们给你带来的回报远远超过你的想象。什么是人才，人才可以培养出来。什么是培养？就是给他失败的机会，给他成功的机会。你要看着，不能让他伤筋动骨，不能让他一辈子喘不过气来。

（作者系阿里巴巴集团主席兼首席执行官，本文摘自《沈阳企业文化》2011年2期）

从丰田召回看“企业家精神”

赵　晓

丰田，一个被日本甚至被全球视为神话的汽车品牌，其管理方式被各国企业竞相学习与效仿。关注质量，依赖质量，一直是丰田得以生存和发展的法宝。但是，近期愈演愈烈的汽车召回事件，彻底将丰田拖入了深渊。

扩张的边界在哪里

2月24日下午，刚上任社长不到一年的丰田章男在出席美国国会听证会时表示：过分注重成本削减导致了质量无法保证。同时，他也承认质量失控的主因在于扩张过快！

当前许多企业为其全球化道路而大打并购牌、扩张牌。在21世纪之初，丰田也把超过通用、做行业第一作为其战略目标，并制定了相应计划。也就是为了这个虚名，丰田踏上了盲目扩张的不归路。早在多年前，丰田因质量问题就不得不屡屡召回其生产的汽车，数量也越来越大。但是，丰田仍一味低头扩张，而无暇也无兴趣关注这个如今看来可以彻底将丰田推入深渊的问题。这让我们回想起中国当年大炼钢铁、超英赶美的情形，而结果，无需赘言。

企业家们都很清楚，扩张在一定范围内可以为企业带来规模经济的好处。但是，需要注意一个前提，那就是“在一定范围内”！企业扩张，一方面带来成本下降，而不容忽视的是另一方面也会使费用增加。当成本的下降与费用的增加平衡时，企业规模达到最佳。超过了这一规模，企业将变得效率低下，臃肿不堪。实践中，最佳规模并不好界定，但至少我们可以确认一点：企业扩张是企业发展与创新的一个自然结果，而不是相反，不能把扩张当成发展的起点，为扩张而扩张！这个浅显之理似乎无人不知，但企业家们真的以此指导实践了吗？

什么才是企业家精神

作为类似于丰田等企业航母的掌舵人，是企业家中的企业家，他们能给人们、给社会、给国家，甚至是给世界带来非同一般的影响。因此，我们不得不重提企业家精神。企业家精神所创造的不仅是一个制度、一项发明、一个产品，而是一个企业以及它的使命。

我们不禁要问：什么是企业家精神？

近年来，创新成为一个很潮的字眼儿，企业、学校甚至政府都在大谈创新。毋庸置疑，创新是企业持续发展的源泉，也因此创新很自然地成为了企业家精神的一部分。

企业家精神的另一境界是社会责任感。时至今日，仍有人认为企业的责任只是创造利润，是为股东的利益负责。如此，便大错特错了。这不是企业的第一责任，更不是企业的惟一责任。企业理应对员工、对消费者、对社会、对环境承担义不容辞的社会责任，包括遵守商业道德、保障生产安全和员工权益、保证产品质量、保护环境、支持慈善事业、关注弱势群体等等。所以，企业的社会责任就要求企业回归到以“人”作为经济社会的主体，去制定和实施企业的经营战略。

至少不是扩张规模

依此，我们再来看丰田的召回门，似乎正是由于他们迷失了自己的方向，放弃了“以人为本”、“质量第一”的金玉良言，错把行业第一盲目作为企业的目标，把扩张作为企业家精神。事实上，行业第一的交椅坐上了，也不能持久，往往椅子还没坐热就要“拍屁股走人”，甚至“走人”的时候连“拍屁股”的精力都没有。倘若如此，那代价就太大了。

现在我们来反面回答上面提出的问题，可以清楚的一点是：扩张不是企业家精神！

丰田召回风波远没有平息，但应以丰田的教训为戒。当我们真正认清何为企业家精神、一个企业存在使命的真谛时，市场才能真正接纳你，消费者才能真正欢迎你，历史也才能真正挽留你。而这才是真正的基业长青！

（作者系北京科技大学教授，本文摘自《中外管理》2010年4期）

暗示与企业文化

肖　坦

关于“暗示”，现代汉语词典是这样解释的：“1. 不明白表示意思，而用含蓄的言语或示意的举动使人领会。2. 一种心理影响。用言语、手势、表情等使人不加考虑地接受某种意见或做某件事。”从这个解释中，我们就不难看出，暗示是一种指使人、管理人、影响人、化育人的方法、技巧和手段，而这种暗示的手法及其所达到的效果，又恰与企业文化以文化人的特性相暗合，企业文化建树的方法主要靠领导影响、环境熏陶、心理暗示和团队感染，这化人的方法，用人的方法、育人的方法在很多场合下都要用到暗示。我们将在下面介绍这种暗示的方法。

接受暗示是接受同化的一种形式，暗示是启发员工文化悟性和文化意识，进行文化管理、文化建设的一种方法和技巧，是体现企业文化管理艺术性的一个重要方面。我们说企业文化是管人的，而且是管人心的，是“心的文化”。因此，就与心理暗示具有一种天然的契合性，而暗示的方法与技巧也与企业文化的塑造方法如潜移默化、团队感染等具有一种天然的契合性。而且，暗示是一种特殊的强化和灌输，对人的文化心理的形成有特殊功效。

那么，怎样运用暗示的方法来传达文化信息加强文化建设呢？首先，我们要知道，企业文化建设的核心便是员工共有价值观的统一行为的形成，这是运用暗示手法的着眼点和出发点，这叫万法不离其旨。也即通过暗示，不着痕迹地、适时地将你的价值理念、好恶扬抑、态度等文化信息传达给对方，并能留下深刻印象。要有的放矢，“的”是施加暗示的对象，矢就是你要施放给对方什么样的文化信息，施加什么样的心理影响和文化影响，传达的是什么样的文化理念和文化教育，不能无的放矢。滥用暗示只会传达错误的信息，给文化传播和建设带来混乱。

有哪些暗示的方式和方法可以为企业文化建设和实施文化管理所用呢？暗示的手法很多很多，而且在人际交往和日常工作中我们都会碰到、用到，只是往往没有从建设企业文化的高度和角度来认识它和运用它。比如：一个眼色，一个动作，一个表情，一句双关语，无意间的一个提问，甚至在一些特殊场合下的欲言又止或者沉默，都会给特定的人以特定的信息，传达的是施行者的一定的态度和意思，或肯定、或否定、或表扬、或批评、或制止、或挑动，而其背后，则是价值观。有时候领导者的一声咳嗽、一个拍桌子就是一个暗示：某人正要张口说话，领导忽然一声咳嗽，心领神会的人肯定会马上戛然而止；一件令人不快的事发生后，领导一言不发，却狠狠地拍了一下自己的办公桌，这事让全公司的人都知道了，谁都知道领导对这件事的态度，但领导却为自己留下了解释的空间。因为在处理工作中，往往有时候可以做，但不可以说；可以暗示手下人去做，但不可以明示；要让手下人心里明白，又为领导者留下退路。有时候，对某些事，领导皱一皱额头，扬一扬眉毛，都会传给特定的人以一定的信息，所谓“明主之爱，一嚬一笑，嚬有为嚬，笑有为笑”（《韩非子》内储说上七术第三十）。而且，这种暗示还可以通过第三者传达。这种特定信息在受传者那里，肯定会引起心理上的反应，使他明白领导在鼓励什么，赞成什么，憎恶什么，反对什么，这种态度透露的、传达的是一种什么样的价值观，我该怎样应对，是坚持、还是改变。人可以自觉地利用表情动作表达自己的思想、情感，世界各民族也都有一些心领神会、或只可意会不可言传的暗示手法。比如：中国人善于以拍肩膀来表示意思，这拍肩膀的学问可大了，它可以表示关心、可以表示慰问、可以表示赞成、可以表示支持、可以表示亲密，在特定的语境和场合里，那传达的信息就很丰富了。

托喻与象征。——有国外管理学家曾经提到过“隐喻”，但是没有展开。我一向单知道西方文学与中国文学中的象征与托喻，在理解和评价上有一定的差别。在西方文学批评中，象征和托喻的概念变得十分困难而复杂，不知道管理学上的隐喻与象征是否也有差别。这里，姑且当作有差别来诠释——托喻，修辞学上也称讽喻，是通过引述或自编的故事，寄托作者的思想感情，以达到教育或启发或讽刺或谴责的目的的一种修辞手法。而修辞学上的隐喻仅是一种“甲是乙”的比喻。比如：“生活是海洋”。可见，管理学家所说的隐喻，显然不是修辞学上的隐喻，我的理解这个隐喻是指包括托喻和象征在内的一种暗示的管理手法和管理技巧。就说托喻，比如：“理念故事化”，很多企业家都知道用讲故事的方式来宣传和贯彻自己的价值理念比之其他方法更有效、更生动、更容易为员工所理解和接受，讲故事就是一种托喻的暗示方法。用讲故事的方法，会使领导者的理念更好地为员工接受。

阳虎和赵简子的故事，是说阳虎离开齐国，逃到赵国，赵简子向他请教扶持人才的方法，阳虎举了自己三个失败的案例，说我并不善于扶持人才，然后赵简子“俛而笑曰：‘夫树楂梨桔柚者，食之则甘；树枳棘者，成而刺人。故君子慎所树。’”（《韩非子》外储说左下第三十三）这里，赵简子出于礼貌，“俛而”（低着头）笑着用是种香甜的楂梨桔柚还是种刺人的枳棘来比喻聪明的人应该树什么样的人。也是对阳虎的一种婉曲的批评。

象征是一种强烈暗示。2002年12月5日，党的“十六大”闭幕不久，刚刚接任党的总书记这一重任的胡锦涛同志，第一个引人注目的行动便是率领书记处的领导同志来到革命圣地西柏坡，到这个“解放全中国的最后一个农村指挥所”学习考察，重温毛泽东同志在党的七届二中全会上的讲话，号召全党同志特别是领导干部，大力发扬艰苦奋斗的作风，为实现党的“十六大”确定的目标任务，开拓进取，团结奋斗。这一举世瞩目的象征性行动，给国人、给世人以强烈的心理暗示：新一届中央领导集体，将从自身做起，牢记“两个务必”，永葆政治本色，进行新的伟大长征，夺取新的更大胜利！

期待也是一种暗示。美国心理学家罗森塔尔的“期待效应”（即皮格马利翁效应）实验清楚地表明：如果教师具有一颗挚爱的心，对学生有良好的“期待”，则被期待的学生必然会产生喜悦、乐观，奋发向上、朝气蓬勃、言听计从、焕发积极向上的信心，也必然激发学生的求知欲望，增强学生自觉学习的激情。企业家就是企业的教师，应当对每个员工都抱同样的期望态度，这种期待就能产生一种积极的暗示，甚至形成一种默契，从而给员工以激励。

暗示为什么对下属会有这么大的影响和效果？因为下属对上级的任何言行都是极为敏感的，这就是暗示能够起作用的心理基础。所以，领导者要充分认识并善于利用自己对组织的影响，善用暗示。暗示之所以能有用武之地，还与我们中国人的思维习惯有关。我们中国人不大喜欢用逻辑，而是习惯于通过更直接的“悟”来了解真理和真相。所以：暗示的运用，一要适事，二要适人。特别是要适人，要看具体对象，要看对象的悟性，一旦造成误解、误会，则会事与愿违，真的搞成指桑骂槐、指鹿为马，那就会害事，坏事；且在使用的次数上要把握度，暗示是一种艺术，不要把它弄成一种权术。企业文化是“心的文化”，要能心领神会，心知肚明，才能做到心心相印。暗示只有在不能明示或领导者认为此时此地此事用暗示比明示给对方的影响效果更强、更佳时才使用。

（作者系中国管理科学研究院特聘研究员、南京圣道企业文化顾问有限公司总经理）

企业文化建设要抓住根本才能深入推进

罗　洁　罗志荣

在一次全国性企业文化学术论坛的小组讨论会上，近50名代表发言热烈，大家提了许多问题，如企业文化与企业战略是什么关系？企业文化与企业管理是什么关系？企业文化的内涵是什么？都说企业文化是企业家文化，为什么却交给企业宣传部和政工部去做？企业文化的精神理念是从哪里来的？企业文化是否可以复制拷贝？怎样才能让企业文化落地？以人为本的本是什么？企业文化该怎么建设才能深化下去？重组企业怎么做才能实现文化的有效融合？集团公司母子文化的关系是怎样的？跨文化管理怎么管才好？等等。其中河北峰峰集团的一家洗煤厂的厂长讲，她是带着疑问专程赶会来求解的。从她介绍的情况看，她领导的工厂企业文化搞得很好。她的疑问是，她的那些做法与人们一般所讲的企业文化理论不同，那么她的做法是在建设企业文化吗？上述问题中如“企业文化的内涵究竟是什么？都说企业文化是企业家文化，为什么却是交给企业宣传部和政工部去做？企业文化的精神理念是从哪里来的？”三个问题就是她提出来的。在讨论时她是先提问后介绍情况。记得她提出这三个问题时，有些同志甚至有些按捺不住地发出了轻微的笑声，那意思是说这些问题太过浅显、不值得一提。但当听完她的介绍后，许多同志又对她建设企业文化的做法报以热烈的掌声。

其实，上述问题也正是当前企业文化建设中的突出问题。求解这些问题，我们认为要从企业文化建设的根本上抓起。那么企业文化建设的根本是什么呢？

在上述10多个问题中，有两个问题关乎企业文化建设的根本。其一是对企业文化内涵的正确理解；其二是对以人为本的“本”的正确理解。这两个问题也可以说是二而一的问题，因为文化的实质是人化。通常人们强调企业文化建设要以人为本、以文化人，讲的就是这个道理。在企业文化建设中抓住了这个根本，其他问题就可以迎刃而解。

企业文化是一个生命有机系统

正确理解企业文化内涵的关键，是把企业文化当作生命有机体理解和对待。

企业文化的内涵是什么？这个问题好像大家都很清楚，以为只要弄清了企业文化的定义就明白了。企业文化的定义众说纷纭，一个时期以来人们谈得比较多的有企业文化“总和论”、企业文化“层次论”等观点。企业文化“总和论”是说企业文化是由企业物质成果和精神成果的总和构成。企业文化“层次论”是说企业文化分为精神层次、制度层次、行为层次、物质层次等几个层次构成。不能说这些说法不对。但是为什么这些说法、这些概括在实践中做起来感觉到就是“两张皮”、难以落地、无法推进？ 探其究竟，很多问题正是出在对企业文化内涵本身理解的片面性、零散性、不系统上。如企业文化“总和论”和企业文化“层次论”，是在思维中所作的抽象、分析，本身就具有一定的机械性、零散性，因为任何抽象、分析都具有把整体分解为部分的特点。如果这种因抽象、分析而带有的用机械性和零散性的观点来理解企业文化、建设企业文化，在实践中是一定会出问题的。

企业文化本身就是一个由各种要素构成的有机系统，是一个生命有机体。实践中的企业文化是具体实践而非抽象实践，指导实践的企业文化理论是具体的理论而非抽象的理论。换句话说，实践中的企业文化或指导实践的企业文化理论，必须从思维抽象还原为思维具体和实践具体，才具有生命力。事实上，有生命力的企业文化是在企业的经营管理实践中存在并随同它一起生长的，而且这个生长力量是它自己具备的，就像种庄稼以后，虽然也要施肥、维护，但它自身是有成长力的，是自我成长、自我发展的道理一样。

企业文化作为精神、制度、行为等要素构成的系统，作为一个生命有机体，它要回答的第一个问题是企业文化从何而来，精神来源在哪？所以有企业文化是企业家文化还是员工文化，是来自本企业还是外企业，是来自中国还是外国，是来自历史还是现实的反映等等的讨论，这些是企业文化来源问题。第二个问题是企业文化所为何事，企业文化是干什么的，起什么作用，它要解决什么问题？第三个问题是企业文化所向何处，它往哪里去？这些问题的回答都应该在企业文化是什么即企业文化内涵中来回答，企业文化的生命、活力就包含在其内涵之中。

比如说，据峰峰集团洗煤厂的那位厂长讲，她领导的企业的精神理念是从自己的企业里面沉淀、提炼出来，并转化成企业制度和员工的规范，厂里搞了很多沟通平台、信息交流平台，等等，效果很好。但她有一个困惑，她说她这样做并不是一定要搞什么企业文化。应当说，作为一个厂长她已经在实质地推进企业文化，并且这种推进是与经营管理血肉相连的，其做法既可以说是在推进企业经营管理，也可以说是在推进企业文化，是合而为一的。甚至有点儿无意插柳柳成荫的味道。她没有在企业管理之外、战略之外、制度之外、行为之外搞什么另外的企业文化，企业文化就在她的企业经营管理、企业战略、企业制度、企业行为之中。“两张皮”在她的企业没有出现。为什么？因为企业制度、规范、行为是企业思想、精神、理论的外在体现，如果离开经营管理制度和行为，企业思想、精神等就魂不附体了，就魂飞魄散了。作为系统存在的企业精神、制度、行为本身是结合在一起的。

许多企业由于没有把企业文化本身看作是生命的有机体去理解和实践，它的经营管理与企业的精神、制度、行为就出现了一种分裂，所以“两张皮”的问题出现了；企业文化是老板文化还是员工文化的问题出现了；企业文化的活力、生命力的源泉在哪里的问题也出现了。我们看了很多企业文化手册，其中许多理念是互相冲突的，核心价值观和分价值观经不起逻辑上严格的分析，贯彻这个与那个冲突；在企业的理念体系之间、制度体系之间、理念体系和制度体系之间也是相互冲突的；其企业手册里的内容与企业行为实际更是严重脱离甚至相反。这样混乱的企业文化还怎么建设得下去？！

有些企业文化建设推进到一定程度就出现了徘徊，搞了两年以后推不下去了，不知道该怎么样进一步做。其原因也是因为没有把企业文化作为一个生命有机体来对待。作为生命有机体的企业文化存在于企业的战略、制度、行为、管理当中，离开这些企业文化就不复存在，也无法发展。作为生命有机体的企业文化并不是一些单纯的文化理念、原则、条文或口号的集成，在这些文化理念、原则、条文或口号背后是一种利益的结构、权力的结构和组织的生态结构。企业文化建设说起来很容易做起来非常难，不是难在这些理念、原则、条文或口号怎样提炼、描述、表达上，而是难在对其体现、依存的利益结构、权力结构、组织生态结构的调整改革上。企业文化建设要深化，必然要求调整改革与之不相适应的企业原来的利益结构、权力结构、组织结构，建立与之相适应的新的利益结构、权力结构、组织结构，企业文化建设难就难在这里，你不愿意调整或者调整不下去这些结构，就不是要真心实意地搞企业文化建设。比如说按劳分配、多劳多得，人家多劳了你就不愿意让他多得；德才兼备、任人唯贤，但是这人不怎么听话，不是亲朋好友，你就不愿意重用他；那么你的多劳多得、德才兼备企业文化就只是一句口号，就是假的。多劳多得要求同工同酬，对农民工、合同工要与正式工同工同酬，就要调整原有的利益分配结构；德才兼备要求任人唯贤不能任人唯亲，就要调整与之不相符合的用人权力结构；企业观念结构与利益结构、权力结构调整意味着一个组织生态结构的改变。看一个企业的文化建设的改变是良性的还是不良的，不是看其条文、字面原则和口号如何，而是看其利益结构、权力结构和组织生态结构怎样安排、调整或改变。

把企业文化作为一个生命有机体的时候，也是一个方向引领。因为企业要科学发展、可持续发展，对人的要求是德才兼备、任人唯贤，这是一个良性导向；对利益分配关系是多劳多得、同工同酬，这是一个良性导向；对自然环境是生态平衡、节能环保，这是一个良性导向。反之，就是不良导向、恶劣导向，就没有企业的科学发展、可持续发展。企业文化建设的方向引领，是企业利益结构、权力结构、组织生态结构向何处调整、向何处配置、向何处发展的引领；企业文化建设是一个企业的观念结构及其利益结构、权力结构、组织结构的系统运行、持续运行过程，运行久了，才形成我们所说的风气、氛围、环境这些东西。企业文化建设的方向引领有先进与落后之分、优良与恶劣之别。

正确理解企业文化的内涵，就要把企业文化作为一个生命有机体对待。我们如果这样系统地来理解企业文化，系统地思考企业文化，系统地贯彻企业文化，就抓住了企业文化建设的根本。这样，企业文化就具有自我发展、自我完善的生命与活力，这样的企业文化才具有成长基因和发展灵魂的本质属性。如果没有下决心调整与企业文化理念相适应的利益、权利、组织结构，你这个企业文化实际上就是假的，或者是半真半假的，就只是口头吆喝，而不是真正要建设优良、先进的企业文化。我们有些企业领导者在企业文化的口号上追求“语不惊人死不休”的效果，在企业文化条文的表达上恨不得说尽世界上最动听的好话，却丝毫不打算对相应的利益结构、权力结构和组织结构进行改革、改善，这样建设企业文化不过是叶公好龙而已。

以人为本就要保护人的生命健康安全和尊严

企业文化建设的根本是要以人为本、以文化人。这个“本”有两个方面的内容。从物质方面说，人之本首先是人的健康、生命和安全。企业以人为本，就要关爱员工的生命、关爱员工的健康，关心员工的安全。人们常说，安全责任大于天。安全为什么大于天呢，因为安全关系员工的生命、健康。比如说：血汗工厂和黑煤矿，损害的是员工的生命、健康和安全；毒牛奶、毒酒、毒大米等等，损害的是消费者的生命、健康和安全；环境污染损害的是社会公众的生命、健康和安全。这种对人的生命、健康和安全的损害，是对人的根本损害，是对人类价值的根本践踏，因而受到全人类的反对和批判。这也是SA8000或社会责任在全世界越来越受到重视的原因。

从精神层面来讲，人之本是人的自由、平等和尊严。坚持人生而平等、生而自由，把神本还原为人本，把神权还原为人权，把人从神的束缚和封建专制的压迫下解放出来，是资产阶级革命的重大历史功绩之一。人的自由、平等和尊严是人的精神性存在。“不自由毋宁死”，“生命诚可贵，爱情价更高，若为自由故，二者皆可抛”等等，反映了人们对这种精神之本的珍视和渴望。坚持以人为本，既表现为对人的健康、生命和安全的重视和保护，也表现为对人在精神上的自由、平等和尊严的关心和保护。如果企业或组织把这两方面做到了，那情况会怎么样呢？有尊严的劳动和有尊严的生活会形成“士为知己者死”、“上下同欲者胜”的局面；会形成“既有统一意又有个人心情舒畅，人人奋勇当先、个个争先恐后”的局面；会形成“心齐气顺劲足人和百业兴旺发达”的局面。相反会怎样？人最大的悲剧是哀莫大于心死，心死了就无可救药，就会有前赴后继的“跳楼”事件发生；人怕伤心树怕破皮。伤了人心就是损害了他的情感和尊严，伤到极致就会绝望或爆发。以人为本，就要关爱员工健康、关爱他的生命、关爱他的安全，维护他的尊严、自由和平等。在我们有些企业里等级森严，官大一级压死人，实际上人的平等、自由和尊严被剥夺了。经常看到有些领导者或管理者对员工动辄拳脚相加、恶言谩骂，这样的企业领导者、管理者没有以人为本，至少是大打折扣的。

以人为本就要关心人的幸福。古希腊哲学家对人的幸福的解释是“身体的无疾病、灵魂的无纷扰”。身体无疾病就是健康，灵魂无纷扰就是独立、自由和安宁。富士康的青年员工前赴后继的13跳，为什么？原因很多。存在主义哲学说“人生就是烦畏死”。人生是烦恼、畏惧、死亡。现代社会的压力是全方位的，在社会转型时期尤其如此。各种压力叠加造成人精神上的焦虑、畏惧、压抑、忧郁、紧张、绝望等不良情绪。为化解这种不良情绪，发达国家的成功企业普遍开展了员工心理援助计划或员工辅导计划，这是值得中国企业借鉴学习的。坚持以人为本就要从身心两方面去关爱员工，为员工谋幸福。

“以人为本”对内要以员工为本，对外要以客户为本。以客户为本，最终的客户是消费者，就要关爱消费者的健康、生命和安全，尊重并保护他们的平等、自由和尊严。有人说，新经济是“心经济”、是体验经济，这也从一个方面反映了现代企业对消费者精神需求的满足、对消费者的精神关怀或人文关怀。

抓住了企业文化根本的这两个方面，并真心诚意去做，企业文化怎么建的问题、企业兼并重组中的文化融合问题、集团公司母子文化的关系问题、企业文化怎样落地的问题等等，就能符合逻辑地找到正确解决的途径与方法。

比如在企业兼并重组中，如果坚持以企业文化是生命有机体的系统观去推进文化融合，坚持以人为本、以文化人的建设思路去推进文化融合，就会自觉地在尊重差异、包容多元的基础上， 做到前进方向的统一、核心价值观的统一，进而制度统一、分配统一、人事统一、机制规范统一。只有在异中求同过程中达成统一了，文化融合、引导才能做到位。如果做不到存异求同、去劣存优，文化融合仅是停留在讲空话大话、喊口号定条文上的话，那是绝对融合不了的。文化融合实质是人心的融合、利益的融合、权力的融合、体制机制的融合。正确理解并抓住企业文化的根本，企业文化的融合，就不仅仅是在文化理念、原则、口号、手册上作文章，而是一定要把企业文化融合贯彻在企业经营管理制度中，贯彻到企业的再分配、人事制度中，体现于企业的运行机制中去，形成企业利益结构、权力结构、组织生态结构的合理变革与良性运行。这样的企业文化融合，就能发挥化腐生机、通经活络、软坚散结、祛邪扶正、激浊扬清的作用，形成万流归宗、凝心聚力、和衷共济、和谐生物的局面，保证企业重组成功并可持续发展。

（本文摘自《企业文明》2010年9期）

价值预期 引领中航工业腾飞

董平分

今年4月，新中国航空工业即将走过一个甲子。回眸60年的辉煌足迹，我们发现：21世纪的这10年，是其发展最快、价值增值最大、对未来影响最深刻的10年。刚刚进入21世纪的时候，中国航空工业第一次陷入严重亏损的泥潭。然而，当时光越过10年的门槛时，中航工业却已经跻身世界500强，销售收入达到2000亿以上，进入腾飞的航程。在热烈庆贺的同时，人们不禁会问，是什么让中航工业插上了腾飞的翅膀？

答案可能各式各样。然而，笔者以为，最根本、最重要的是价值预期，引领了中航工业的腾飞！

科学、准确、形象的价值预期是中航工业腾飞的旗帜与航标

什么是价值预期？我们知道，任何企业都是因其能够创造价值而存在的。在某种意义上可以说，企业就是一个创造价值的体系（按照potential的说法是价值链）或是一个创造价值的网络。人们对价值体系运动轨迹的认识，对其在未来某一时刻创造价值情况的描述或是期望，就是价值预期。科学、准确的价值预期，是一个企业发展的方向和目标，是凝聚企业人的旗帜，是鼓舞企业的无形的巨大动力。

中航工业发展最快的10年，就是在一个又一个科学、准确、形象的价值预期引领下，一步步走向腾飞的。

这些价值预期，来自党和国家，来自中国航空工业的所有者——股东们，来自中国航空工业的用户，也来自中国航空工业的供应商。他们以强大的国家意志和价值追求，支持和鼓舞着中国航空工业的快速发展。这些价值预期，更来自中国航空工业的建设者，他们以聪慧的目光和对航空工业发展规律的深刻认识，把握着航空工业发展的脉络和步伐，准确地提出了航空工业发展应达的价值预期。

世纪之交，中国航空工业进行体制改革，成为两个集团。那时，中国航空工业两个集团公司都陷入了前所未有的亏损境地，企业困难重重。当时的中国一航，一方面任务繁重，生产能力不足；另一方面，有的企业几个月发不出工资，人员流失，资金链紧张至极。面对困境，他们在“航空报国”理念的振奋、鼓舞下，确立了大集团战略，提出了“三年扭亏”的价值预期。从2000年、2001年到2002年，企业真的实现了止亏、持平、盈利的目标。

2004年底，中国一航又提出了“实现三个大体相当”的价值预期：即，“要突出航空主业、相关多元发展，军机民机两个产业、国内国外两个市场、产品和服务两个领域的收入大体相当。到2010年，集团公司的销售收入要达到1000亿，力争进入世界500强。”在这一价值预期的指引下，中国一航大举进军民机产业，实现支线客机的突破；加大服务的管理，开拓新的领域；坚决完成党和国家的任务，实现了“三个跨越”，即军机实现了由第二代向第三代的跨越；发动机实现了第二代向第三代、涡喷向涡扇、小推力向大推力的跨越；空空导弹实现了第三代向第四代的跨越；机载行业也实现了跨越式发展。中国一航的品牌价值大大增强。

时光进入2006年，中国一航的价值预期再一次提升，提出了“转型战略”，要坚持市场化改革的方向，加大专业

化整合、资本化运作、产业化发展。

2008年，两集团重组整合成立了中国航空工业集团公司，中航工业一成立就提出了“两融、三新、五化、万亿”的价值预期。“两融”即融入世界航空产业链、融入区域发展经济圈；“三新”即打造企业核心竞争力，由过去的资产、管理、技术老三位一体模式向品牌价值塑造、商业模式创新、集成网络构建新三位一体模式转型升级；“五化”即坚持市场化改革、专业化整合、资本化运作、国际化开拓和产业化发展的改革发展路径；“万亿”即2020年，销售收入挑战万亿。在这一价值预期的牵动下，中航工业跨上了快速发展的列车，2008年实现1660亿、2009年实现1910亿，提前进入世界500强，2010年实现2030亿，世界500强的排位进到330名。在这一价值预期牵动下，中航工业的重点型号研制取得新进展。“新舟”60、“新舟”600等民机销售取得大批新订单，还积极支持新支线飞机和大型客机研制。国际合作成效显著，转包生产、非航空产品和三产业务逐年稳步增长。中航工业还与北京、上海、天津、南京等十几个省市签订战略合作协议，合作打造了20多个航空产业基地和园区。中航工业的品牌价值不断提升，中航工业的成就为世人所鼓舞、所关注！

这10年的历史再清楚不过地告诉人们：价值预期的牵动力如此巨大！

正是因为中航工业的价值预期，制定的科学、准确、形象，它成为凝聚航空人及其利益相关者的旗帜，让40多万航空人为之不惜一切地奋斗、拼搏而无怨无悔，使中航工业获得了前所未有的发展。

以流程再造为基础的价值体系再造是实现价值预期的根本途径

中航工业的实践历史告诉人们，要实现价值预期，必须打造良好的价值体系。没有能够创造一定质量和数量的价值体系（价值链），即使是科学的价值预期，也只能是一张美丽的蓝图。

多少年来，中国航空工业的价值体系是在长期的计划经济环境下建造的，它价值创造的各个环节，不可避免地深深打上了计划经济的烙印。面对市场经济的迅猛发展，面对全球经济一体化的浪潮，面对信息科技的快速进步，面对诸多的新生事物，特别是面对新鲜的价值预期，这一价值体系多少显得有些老旧，反应缓慢，缺少了创造价值的激情与勇气，更由于体制机制的不适应，使得整个价值体系的运行像一部老爷车，效率低下，缺乏生机。因此，进入新世纪的航空人清醒地认识到，凭借着这部老旧的价值体系是实现不了人们新的梦想——新的价值预期的！

选择只有一个：再造中国航空工业的价值体系！

在价值预期的牵动下，中国航空工业开始了破产重组，结构调整，打破“大而散、小而全”，实行专业化整合，打了一场重构价值体系的攻坚战。这场攻坚战的实质是“两个转变”，即：坚持从政府机关以及政府机关的附属向市场主体——企业转变，坚持从计划经济向市场经济转变。这场攻坚战的主战法就是流程再造。2003年，中国一航在经济形势稍有好转时，就提出了要着力在调整改革上取得新突破。根据集团愿景、使命和战略，加大调整力度，按照“精化分立、重组整合、发展壮大”的调整原则，在精化分立中全面展开分业经营，并要求必须在3年内完成。要抓好军品科研生产能力的调整，加快现代企业制度的建立，做好企业脱困、破产和重组工作，抓好企业股份制改造和上市工作，继续深化三项制度改革。同时提出：要加大力度，以流程再造为纲，积极吸收精益制造、“六西格玛”等先进管理方法和手段，结合实际，建设集团特色管理平台。中国一航通过这些手段重构价值体系。他们以价值创造的流程为对象，对整体价值和分价值体系进行了分析研究，通过流程细分，开展了实实在在的价值体系重构。2003年，中国一航率先在总部开展了流程再造，随即，流程再造席卷了全集团各个企事业单位的价值体系。2008年，中航工业成立后，形成了以飞机公司、发动机公司、航空电子、航空机电等十几个分价值体系，经过10年的努力中国航空工业的价值体系已经焕然一新，开始展现出它新生的魅力和活力！

价值体系的再造，为中国航空工业的腾飞奠定了坚实的基础。

重塑中航工业价值观是推动价值体系实现价值预期活的灵魂

价值属于关系范畴。由众多的价值关系搭建起来的价值体系实际上构成了企业的生产关系，是一种社会存在。这些生产关系的总和就是企业内部的“经济基础”。社会存在决定社会意识。价值观就是以价值存在为基础，产生的主观意识。企业价值观（或称为企业价值理念）其实就是人们对企业价值体系及其运动，形成的较为固定的看法总和，是企业的意识形态和上层建筑。

一定的价值体系产生着一定的与之相适应的价值理念。这些价值理念通过指挥人的行动，回到价值体系的运动中。对价值体系的运动起着把握方向、促进运转、协调关系等等催生其创造更大价值的作用。因此，价值观体系是企业价值体系能够充满生机活力的灵魂。随着生产的发展，生产力产生的追求价值更大化的驱动，使得人们结成的价值关系产生变化。这些变化必然会带来新的价值观念和价值预期。而旧的价值观念会顽固地维护产生它的变化前的价值体系，拼命抵抗生产力发展带来的变化，反对价值体系向着价值预期发展，严重阻碍着企业新价值实现。原有价值体系产生的旧的价值观念，如果伴随这个价值体系存在较长时间，就会慢慢地变成人们的行为习惯。当人们进行变革的时候，往往主观意识想改变，但是已经形成的行为习惯又会把人们拉回到非常熟悉的思维定式和不知不觉的行为路径中去（这就是所谓的路径依赖）。这种无形的变革阻力更为厉害！

航空人深刻认识到价值观对价值体系运动的巨大作用，中国航空工业这样的老国企，要浴火重生、创造更大价值的话，别无选择！只有经过脱胎换骨、刻骨铭心的蜕变。其蜕变的目标与路径就是“两个转变”、流程再造，其关键就是要重塑中航工业价值观体系。

在进入21世纪之后，中国一航立刻提出了集团文化建设的要求，重塑魂魄。随着大集团战略，集团使命、集团愿景、集团理念、集团精神等核心价值观体系的建立，航空工业价值体系的变革有了强有力的精神支撑。2003年，中国一航又特别强力推出了“市场观、客户观”教育，把握了价值体系重构的核心问题。2006年，林左鸣代表党组提出了“思想有多远，我们才能走多远”，指出：我们有些时候“被思想束缚而迈不出步来”；他分析了集团发展面临的形势，提出了党组对集团战略转型的初步思考，要求必须做到“五个统筹”。他说，今天企业价值的演化已经出现了全新的状态。我们不但要满足股东的要求、客户的要求，还要满足社会的要求，甚至满足竞争对手、同行的要求。这种观念对我们来说是一个巨大的变化。他特别强调必须用思想引领发展。以此为起点，中国一航又一次掀起了思想解放的浪潮——2007年开展了“放飞思想大讨论”。在中航工业成立后，集团立即推出了新的集团使命、集团理念表述，又一次组织了全集团的大讨论。

在承接中航工业整体价值预期上，基层单位也开展了创造性的工作。例如上海航空无线电研究所，发动员工开展了个人价值预期和组织价值预期的探讨、设计。把集团的价值预期细化成研究所的价值预期、研究室的价值预期和个人价值预期，使之成为一个体系。员工的价值预期与组织的价值预期紧密结合在一起，产生了更加巨大的动力，使得组织的价值体系有了活的灵魂。

思想的解放，新价值观体系的建立为价值预期的实现插上了主观能动的翅膀。它不但给了中国航空人以激情和勇气，更给了他们处理事务的思维方式和标准。经过大量的思想文化建设，新价值观体系正在引导、支撑、鼓舞新价值体系的创建，使之创造出更高质量、更多数量、能够满足党和祖国、用户需求的综合价值，追求着企业全寿命周期价值最大化。

以史为镜，可知更替和发展。中国航空工业在科学、准确的价值预期引领下，通过重构价值体系，用新的价值观体系引领、促进价值体系的价值创造，使其获得了惊人的跨越发展。

今天，中国航空工业清醒地认识到：价值体系重构的任务尚未完成，价值观体系的建设任重道远。面对新的形势，他们又提出了新的价值预期：通过三大加速，实现三大跨越发展，即：加速由传统国企向现代跨国公司转变，实现企业体制机制的新跨越；加速由跟踪创新向自主创新转变，实现航空科技发展的新跨越；加速由传统产品和服务向全价值链的产业化、体系化发展转变，实现军民融合的新跨越。我们相信，“上下同欲者胜”，中航工业一定会在“航空报国、强军富民”宗旨指引下，集合全集团的智慧与力量，继续建树新的价值观念，开创新的价值体系，使得整个价值体系获得更大的动力、魅力和创造力，产生更大价值，用实际行动和结果告诉未来：中国航空工业会为祖国和世界人民提供更多更好的服务。

（作者系中航工业航史办编修、原中国一航政治部副部长、机关党委副书记）

重大活动是推进企业文化落地的有力抓手

王明江

企业文化建设的主要目的，就是要做到文化落地，使先进的价值理念落实到广大干部职工的思想上行动上。同时，企业文化建设中的一个共性问题是：知道不难，说到不难，做到就难。正如莎士比亚所说：“如果我们能够做到的和知道应该怎么做一样容易，那么穷人的小草屋都会变成王侯的宫殿了”。因此，文化落地在企业文化建设中既是占有主导地位的重点问题，也是具有关键性质的难点问题。

文化落地是一项复杂的系统工程，它涉及到企业文化建设的方方面面。首钢的做法和体会是：针对性强、内容丰富、形式灵活的企业重大活动，是推进企业文化落地的有力抓手、有效载体、有益平台。

史无前例的战略性搬迁调整以来，在前所未有的巨大压力和挑战面前，首钢强势推进企业文化建设，不断解放思想、更新观念，开拓进取、创新创优创业。短短8年间，首钢人冲破了“向何处去”的巨大迷茫，摆脱了种种传统观念的桎梏，迸发出了前所未有的激情和斗志，实现了从突围求生向打造国际一流钢铁企业目标的转变，呈现出与时俱进、真抓实干、激情创业的喜人局面。企业文化建设为搬迁调整提供了坚强思想保证、强大精神动力、有力舆论支持和良好文化条件，使首钢搬迁调整取得了阶段性巨大成功。

首钢的企业文化建设之所以取得巨大成功，先进的价值理念之所以能迅速有效地落实到广大干部职工的思想上行动上，原因是多方面的，如领导重视、组织保证，认识正确、切合实际，系统规划、全员参与等等，但其中一个重要原因，就是首钢在企业文化建设中找到了有力的抓手、搭建了有效的平台。这就是首钢每年都要开展一些重大活动，不断推进思想文化创新，推进先进理念的落地生根。

每年年初开展的“首钢十大新闻”评选活动，精心准备候选新闻、充分展示发展成果、广泛发动职工参与，规模大、范围广、影响深，实际上是企业焦点和亮点的一次再现，对精神和理念的一次发掘，是一次很好的企业成果展示和思想教育，一次很好的企业理念升华和倡导。每年召开的首钢党委扩大会和职代会，都会旗帜鲜明地提出企业下一步发展所需要的先进理念，提出企业文化建设的主题，提出贯彻落实的要求和措施。在首钢两会精神宣传贯彻的过程中，不是机械地宣讲和生硬地灌输，而是采取生动活泼的方式方法，开展主题突出、内容丰富、通俗易懂的知识竞赛活动。在竞赛活动中，广大干部职工积极主动、广泛参与，有效地推进了首钢新精神新理念的学习普及和贯彻落实。

近年来，首钢每年5月举办的“月季园赏花会”，是首钢人以自己特有的北京最大的月季园为媒介，搭建的一个对外展示交流的平台。赏花会以花搭台，面向社会各界，展示首钢形象；以花为媒，诚邀四海宾朋，吸纳八方信息。赏花会已经成为首钢企业文化建设中不可缺少的重大活动，成为首钢对外展示和交流的一个窗口、一道风景、一张名片、一个品牌。尤其是每年中期，首钢都要结合企业改革发展的实际，召开一次全集团范围内的经验交流会，而且年年有目标、年年有主题、年年有创新、年年有超越。每年的经验交流会，都会为首钢的企业文化建设搭建一个成果展示的平台、探讨交流的平台、宣传贯彻的平台，成为首钢企业文化建设的强力助推器。

首钢每年举行的重大企业活动，之所以能够成为推进企业文化建设的有效载体，成为推进企业文化落地的有力抓手，是因为它符合企业文化发展的内在规律，符合企业文化落地的相关条件。

文化要落地，首先要举旗。关于旗帜的重要性，毛泽东曾经指出：“主义譬如一面旗子，旗子立起来了，大家才有所指望，才知所趋赴。”革命是如此，企业文化建设同样如此。旗帜问题至关重要。旗帜就是价值导向，旗帜能够统一思想，旗帜能够凝聚力量。在首钢的重大企业活动中，先进理念的提出与倡导，典型经验的交流与号召，实际上就是企业文化建设中的举旗号召会、行动动员会。

文化要落地，必须遵循“从实践中来，到实践中去”的原则。真正能够落地生根的企业文化，不是从书本上抄来的，也不是闭门造车造出来的，而是来自鲜活丰富的企业实践，是实践经验的总结概括、提炼升华。来源于实践而又高于实践，才能真正有效地指导实践。首钢每年经验交流会会前的调研总结、挖掘提炼，就是“从实践中来”；会后的学习宣传、贯彻落实，就是“到实践中去”。正因如此，首钢所倡导的文化理念才具有强烈的针对性和实用性，才能够落地生根。

文化要落地生根、开花结果，必须有良好的土壤、充足的水分和阳光。从一定意义上讲，文化就是一种风气、一种环境，就是一种氛围、一种集体无意识。俗话说：独木不成林，一花难为春。企业文化建设也是如此。没有企业广大干部职工的共同参与，没有良好的文化环境和整体氛围，再先进的理念也难以落地，再优秀的文化也难以成长。首钢重大企业活动中，全集团各单位广泛参与，活动规模巨大、内容丰富多彩，各单位相互影响、相互交流、共同促进，从而形成了首钢整体的企业氛围和良好的文化环境，有力地推进了企业文化的落地生根和成长发展。

（作者系首钢总公司党委宣传部企业文化处副处长）

整合文化传播 培育健康生态

方建国

党的十七届六中全会提出了文化强国战略，通过总结我国文化改革发展的丰富实践和宝贵经验，指出加强文化建设的重要意义，提出了推动社会主义文化大发展大繁荣的指导思想。

企业文化作为文化体系的有机组成部分，在文化强国过程中发挥着重要作用。通过培育、传播、推广企业文化，引领企业可持续发展，实现员工与企业共同成长。

企业文化建设需要通过有效的方式传播，将理念转化为认知、行动、绩效。

一、文化传播的指导思想

企业文化的传播是通过不同的工具和途径，将核心价值理念有针对性、有计划地宣传推广，并为企业内部和外部所认知、认同。企业文化只有通过有效地传播，才能真正对企业的发展起到促进作用，企业的理念和价值观才能真正融入企业运营的各个环节。企业文化的传播内容、传播模式手段、传播频率的选择，关系到企业文化的落地执行，也关系到企业文化管理的有效性。

企业文化传播要承接社会主义核心价值观。企业文化传播要承接社会主义核心价值观，结合企业实际，坚持邓小平理论、三个代表、科学发展观的指导，将传统党的思想政治工作与企业新机制、新市场、新员工结合。充分彰显“以人为本”的理念，把尊重人、关心人、激励人、发展人作为新时期组织管理的重要目标。

企业文化传播要始终坚持以人为本。企业员工在企业文化建设问题上的认同感、积极性和参与度往往直接决定着企业文化的效能。因此，文化传播的内容和方式要尽可能贴近员工的思想，符合员工的价值趋向，把握员工的兴趣点，力求传播的理念能引起员工的共鸣，进而提升文化传播的效率。

企业文化传播要建立长效工作机制。从源头文化的产生，到企业传统文化形成，一般需要经历口头文化、文本文化、行为文化、习惯文化、机制文化和传统文化6个阶段。企业文化的传播活动，必须建立在企业所处阶段基础上，与该阶段的要求和目标相吻合。文化阶段的长期演化性，决定了传播活动的长期性，需要建立传播工作长效机制，注重传播的连续性、及时性、有效性，促进价值观在组织中形成广泛共识。

企业文化传播要依靠公司全体员工。公司的每位员工即是文化的践行者，更是文化的传播者。作为公司员工，需要全面深刻地认识企业的文化，并通过自己的言行举止践行企业文化的核心理念，同时在自己日常的生产或工作实践中去不断地强化传播。而企业的管理者更是企业文化传播的关键主体，管理者在企业发展过程中的价值观选择和行为导向直接影响着文化传播的方向和效果。作为管理者必须绝对认同本公司的企业文化，并围绕企业文化的核心价值观，通过管理制度的制定、工作流程的优化来确保企业的运作完全契合企业文化倡导的行为，这样才能为企业文化传播提供关键的保障。

二、企业文化传播的工作原则

企业文化传播要以导向性、系统性、参与性和创新性为工作原则，全面推动企业文化在基层员工中落地。

导向性原则。文化传播要形成围绕企业价值观的信息传播网络，以此影响作为接收者、参与者的员工的行为模式。要把传播作为企业文化共享的过程，作为创新企业文化沟通机制的探索，作为寻求信息流的最佳运动方式的实践。

系统性原则。文化传播要从传播的整体目标出发，合理组合各方力量，实现对文化传播工作的最优化管理。要充分调动各部门、各层次、各种因素的力量，综合运用各类宣传载体，充分发挥各种宣传形式的特点，对人、财、物等各种资源进行科学组合，合理配置，最大限度实现传播系统的协调效应。

参与性原则。文化传播要充分激发员工的积极性，达到双向互动，实现全员传播。要让每一位员工都成为经营管理的参与者、核心理念的践行者、企业形象的展示者和企业文化的传播者，让员工在潜移默化中接受文化的熏陶、感染，于有意无意之间认知、认同、实践企业所倡导的文化理念。

创新性原则。文化传播要不断创新观念，创新内容形式、方法手段，增强内部传播的针对性和时效性。要善用新媒体、占领新阵地，不断扩大传播的覆盖面，增强传播的影响力。

三、企业文化内部传播的目标要求

企业文化内部传播目标就是要让文化理念深入到在员工思想里、融合到管理过程中，固化于公司制度中，沉淀在工作流程中、落实到岗位职责上、体现在实际行动中。

内化于心。文化理念的宣传贯彻是企业文化传播的首要任务，要积极采取措施，促进文化理念的宣传到位。企业要根据员工的不同年龄层次，岗位类别充分发挥企业信息化优势，利用各种载体、各种渠道、各种形式针对性地开展文化传播，营造浓厚的文化氛围。通过“精神人格化”、“理念故事化”、“规范案例化”使得相对抽象的文化理念更容易深入人心。文化传播的核心是以人为本，文化传播一定不能忽视员工的需要，这种需要包括生存需要、相互关系需要和成长发展需要。只有使员工个人发展目标和企业、社会的发展目标相统一，让员工个人利益和企业利益、社会利益相一致，才能让企业文化真正让员工认同。

固化于制。文化通过制度融于管理，通过制度深入人心。文化渗透于制度，制度内化为文化，企业文化与企业制度相互补充、共同协同作用于企业。因此，制度要彰显核心价值观，是保障企业文化得以执行的关键，运用制度这一载体，将核心价值理念融入到具体的管理制度和流程建设之中，并把制度建立在员工自觉遵守的基础上，通过先进文化理念改革现有企业制度，建立体现先进文化的新制度，是企业员工感受并逐步认同企业文化的重要方面。

外化于行。企业文化只有落实到实践中才能发挥作用，显现威力。要把企业文化与企业的经营战略、发展目标，与企业的体制创新、管理创新，思想政治工作和精神文明创新有机结合起来。要把企业文化理念转化、分解、细化为可执行的任务目标与具体的规范和标准，增强企业员工的贯彻文化理念的可行性。

优化于效。企业文化建设是为企业发展服务的，用文化来凝聚人心，用文化力推动生产力，提升企业经营绩效，延长企业的生命周期。从公司的组织结构、管理形式、发展目标、生产经营特点出发，将企业文化渗透到各个环节，充分发挥企业文化的引导力和凝聚力。在企业内部形成一种阳光积极、公平公正、关爱员工、实现自我价值的文化氛围。

四、企业文化内部传播的管理

（一）企业文化传播内容。

企业文化内部传播的内容是指企业文化在塑造、提炼过程中的全面内涵和组成要素，包括企业核心价值观、发展战略、企业社会责任观、经营理念、服务理念、企业形象、员工素质及行为规范等，通过多种传播形式进行全方位的推广和扩散，达到认知、尝试，最终养成习惯的内容。

（二）企业文化传播形式。

企业文化在广大员工中的传播必须依靠各种看得见摸得着的形式与载体，借助于外在表现形式，使企业文化传播内容在文字描述的基础上，有了生动可感的形象，营造生机勃勃的文化氛围，得以实现文化传播内容“内化于心、固化于制、外化于行、转化于效”的终极目标。

领导行为传播。领导或管理者作为企业文化的倡导者和示范者，对文化传播起着主导性作用。领导者要充分利用主导地位和示范作用，将价值观抽象的概念转化为相对具体的行为要求。领导或管理者要身体力行公司的价值理念，无论职业操守还是工作能力都要成为员工的表率，以言传身教的方式将公司信念传递给每一名员工。领导或管理者要充分利用讲话、做报告等机会宣扬公司的价值理念，利用与员工接触、交流的机会引导员工的价值立场、价值导向，有意识地营造、维护公司的文化氛围。要在处理员工、客户、社会、合作商等内外部关系时坚守公司的价值立场，坚决维护公司的信誉和品牌形象。

制度传播。以价值理念为牵引完善公司的制度。公司的理念体系是所有制度必须遵循的基本原则和思维方式，是公司各种管理制度的逻辑起点和评价依据。在公司利益至上的原则下，每个部门都应本着对公司高度负责的精神，围绕核心理念对部门所制定的规章制度、工作流程进行全面的自我审视、自我反省、自我改进，维护公司制度体系与核心理念的一致性。通过文化传播的提升促进公司制度的建设，通过价值理念的贯彻，给管理注入灵魂，给制度注入情感，给流程注入活力，牵引着公司的制度建设迈向国际一流。

先进典型传播。先进典型是践行核心价值观的代表，善于挖掘、表彰、宣扬无私奉献、敬业爱岗、开拓创新、积极进取等先进人物，让其成为广大员工学习效仿的榜样（先进人物的评选过程本身也是一个企业文化传播的过程）。同时，利用多种传播媒介对先进人物的先进事迹进行传播，以榜样的力量激发员工的荣誉感和责任心，使成功成为人人渴望并可及的现实，进一步强化企业核心价值观。

文化故事传播。文化故事是企业成长和发展历程中的一个个感动或触动人心的故事，这样的故事不仅给每个人可以触摸的心灵触动与精神震撼，同时又能起到用故事传承文化的重要作用。文化故事具体诠释了抽象的企业价值理念，题材多选取发生在广大员工身边的人和事，有人、有事、有情节，事、理、情交融，极具亲和力、吸引力和感染力。

仪式庆典传播。仪式庆典主要指揭牌仪式、产品发布仪式、奠基仪式、集体活动仪式、新员工入职仪式、升旗仪式、企业周年庆典、重大法定假日庆典、联欢晚会、表彰大会、工作会议等大型集体活动，还包括班前会、早点名等小型例会制项目。每一个仪式的背后都体现着某种信念，通过仪式员工能够体会到价值观的意义。

（三）企业文化内部传播载体。

企业文化传播载体是指以各种物化的和精神的形式承载、传播企业文化的媒介体和传播工具，它是企业文化得以形成与扩散的重要途径与手段，具体包括：

组织载体。指以整体组织存在的企业、企业内部各种正式的和非正式的组织团体以及企业全体员工。

企业环境载体。指视觉环境和精神环境。视觉环境指办公环境、营业厅环境、基站环境、施工现场环境；精神环境指人际关系、学习风气、员工素质、精神面貌、社会形象、客户口碑等。

文化活动载体。指企业生产经营服务过程中的业务技能比武、知识竞赛、客户参观体验、客户联谊、公益活动等活动，以及表彰庆典大会、演讲会、故事会、歌咏会、文化研讨会、文化培训会、运动会等文娱、体育、竞赛比赛，富有知识性和趣味性的活动。

文化媒介载体。传统的媒介载体有企业标识标语、企业之歌、企业报纸、宣传板、办公用品、工作服等；新兴的媒介载体有企业网站、班组博客、总经理信箱、视频广播、电子屏幕、电子期刊、手机报、手机短信、QQ、飞信等借助网络优势的信息化手段，全方位、立体化建立起企业文化传播的长效机制，使企业文化传播工作制度化、程序化、日常化、信息化，力争传播工作全面覆盖。

文化设施载体。指教育培训设施、文化场馆、体育与娱乐设施。

（四）企业文化内部传播的组织实施。

企业文化内部传播的实施是企业文化创建中最重要的阶段，是将企业文化宣传部门运用相应的形式和载体在企业经营过程中将企业核心价值观传播到组织各个层面和全体员工心中，并强化成组织和员工的自觉行为方式，是企业全体成员对企业文化的认知、认同、传播、和实践的全过程。它包括“设立管理机构及明确职责、编制《企业文化建设手册》及年度实施计划、策划宣传主题及组织实施、开展年度企业文化效果及评估”等阶段。

设置管理机构及明确职责。企业文化管理机构，是指在公司设立企业文化建设委员会和企业文化专业部门的两级管理机构。企业文化委员会成员由包括企业最高领导人在内的企业高层领导、员工代表、客户代表和外界专业的企业文化咨询公司等人员组成，主要负责企业文化战略指导；企业文化职能部门由专业的企业文化工作者组成，主要负责企业文化的组织实施和协调各职能部门，形成齐抓共管的工作格局；同时明确各职能部门在企业文化建设工作中所担负的责任。

策划宣传主题及组织实施。在实施企业文化内部传播过程中，要重点围绕年度中心工作、重点工作，策划主题宣传活动。一要确定活动主题，制定详细的活动策划书，明确活动目的；二要扩大覆盖面，提高参与率；三要实现整合传播，优化配置资源，形成宣传合力；四要及时总结经验，不断推陈出新。

企业文化传播效果及评估。企业文化传播效果位于企业文化传播过程的最后阶段。它是诸种企业文化传播要素相互作用的集合效应，也是受众受到信息作用在某些方面发生的具体变化。

企业文化传播效果从层次上看应该包含知识、智能、价值、态度、行为五个方面的变化内容。企业文化评估是企业文化传播和创新的重要环节。企业文化传播的效果往往表现在员工的心理效应上，传播活动中的一些心理现象对传播过程和传播效果的影响非常重大，因此，企业文化传播的效果评估应着眼于：管理人员在企业文化建设中的责任履行情况；全体员工对核心价值观的认同感；企业经营管理行为与企业文化的一致性；企业品牌的社会影响力；员工对企业未来发展的信心等方面。

开展员工满意度测评，通过对公司的工作环境、组织制度、管理方式、内部沟通、员工激励、领导和决策、培训与员工发展、员工工作动机、员工满意度、员工忠诚度、文化建设等多项纬度的调查，不仅能够及时了解员工对企业文化核心价值观的认知与接受程度，还能纵向比较前后的认知差异，得到需要改进的项目信息。

除此之外，从社会公众、员工家属等、客户、消费者等外部进行企业文化评估亦同样能够体现企业文化贯彻执行的情况。

在加强企业文化内部传播的同时，还必须重视加强企业文化外部传播，与企业文化外部传播形成契合力，不断营造企业可持续发展的内外部经营生态。在外部传播中，要加强与价值链伙伴沟通，发挥媒体、合作伙伴、行业协会的力量，扩大宣传的影响力。要实现从狭义的传播到广义的传播观念的转变。将文化传播转化为全体员工的自觉行为，在与客户接触的每一个触点、每一次服务、每一场交互都看作是企业文化的最佳传播时机。

只有将优秀的企业文化理念内化于心、固化于制、外化于行，转化于效，内强素质、外树形象，在基层员工中落到实处，才能使具有时代特征和自身特色的企业文化转化为企业的凝聚力、向心力和竞争力；才能把优秀企业文化的基因植入到企业管理的各个环节和各个领域中去，才能使企业与员工、与客户休戚相关、荣辱与共，才能永葆企业健康发展、基业常青！

（作者系中国移动北京公司党群工作部副部长、党委宣传部部长）

上海大众的文化冲突

王宏科

上海大众一直被视为中外经济合作的成功典范，其经营管理对中国汽车行业乃至整个企业界都产生过很大的影响。近日拜读了该公司德方首任高管波斯特的著作《上海1000天——德国大众结缘中国传奇》，感慨最为深刻的是上海大众内部的文化冲突——体现为德方和中方的领导和员工在工作理念和方法习惯上的明显差异甚至对立。

下面略举其中披露的若干事情以解释之。

会议习惯。中德双方的员工一起开会议事时，德国人各抒己见，分不清谁是领导谁是兵。而中方员工总要等中方的一把手先表态，定调子后才发表意见。中方员工认为和领导保持一致才是最重要的，而且政治上保险。

质量标准。著名的“方向盘和喇叭事件”典型反映了中德双方在质量标准上的差异。德方拒绝接受中方有安全隐患的方向盘，而且质问中方“难道中国人是二流人，只配接受二流的质量安全标准吗？”在喇叭问题上，德方坚持10万频次的寿命标准，原因是中国道路拥挤，行人交通规则意识差，司机要频繁地摁喇叭。中国国家总理、副总理因对桑塔纳的国产化进度不满，抱怨德方歧视中国的零配件，这给上海大众带来了很大的压力。但德方高管不为所动，据理力争，表现出在质量标准上坚定务实的作风。20年后的今天，我们能清楚地认识到其中的是非了。

处事原则。德国人注重效率和结果，管理语言简单明了，坦率直白。而中国人则经常拐弯抹角，模棱两可，嘴上说“是”，心里说“不”。一次德方老总问人事经理要招的人到位没有，这位中方经理总在说干了多少工作，就是不回答到底“招到了没有”，弄得双方包括翻译都不愉快。德方的奖励只看重结果和目标，而中方领导则往往要说干得多么辛苦，对过程比较在意，所谓“没有功劳也有苦劳”。

社会责任意识。上海大众的职工承认“自从德国人来了以后，清理了年久失修的便池，建造了干净整洁的厕所，然后有了像模像样的浴室……”大规模的职工培训活动逐步展开，薪酬体系开始变化，贡献大的收入高了。这是对人的尊重和关怀。上海大众的德方领导坚决要求废弃传统的加汞油漆工艺，原因是它有害职工的身体健康，同时积极要求建立废油漆和漆泥的净化设施，禁止将它们随意排放到污水渠道等等，表现出很强烈的社会责任意识，这都是我们中方员工所缺乏的。

我对德国人并没有特别的恭维和吹捧，也不愿背上崇洋媚外的指责。相反我为中国人在上海大众中所受到的教育和进步而欣慰，尤其是当我看到上海大众的30名女工在大众全球的职业技能竞赛中拔得头筹的情景时，感到万分自豪。德国人承认“中国的女孩子们比大众集团在世界上其他地方的学员要优秀得多”。

有时候一团和气害死人，“你好我好大家好”，谁也没有什么进步和提高，而文化冲突反倒是好事，我们在冲突中学习了，长进了，上海大众不就是在这样的“三天一小吵，五天一大吵”的冲突中发展壮大起来的吗？

（本文摘自《沈阳企业文化》2010年1期）

文化管理“三悟”

刘鹏凯

文化是明天的竞争力，没有文化的大而化之的粗放式管理，企业就像是建在沙滩上的楼房，墙基不牢，楼层必倒。

中国企业文化研究会常务副理事长孟凡驰教授在为我的书赐序时说，“文化管理，注重养成教育。员工从不懂文化到自觉地用文化知识武装自己，机械而幼稚地实践，经过长时间的养成教育，达以举手投足，思维行为者具有鲜明的文化品位，那么自主管理也就实现了。”孟先生的话精准到位，对我们这些年来企业管理的丰富实践做出很好的提炼，对我很有启发。

感悟一个“忙”字

君忙臣闲，国必亡；君闲臣忙，国必旺，这是我对“忙”的感悟。

有这样一个故事，我的本家刘邦，统一中国，功成名就之后，在洛阳摆宴邀请群臣庆祝。喝酒时，刘邦问文武百官，我何以得天下？项羽何以失天下？群臣无不歌功颂德，马屁拍尽。刘邦自己却说，他之所以胜，在于三豪杰相助，论运筹帷幄，刘邦不如张良；论安抚民心，后勤保障，刘邦不如萧何；论统帅千军，指挥作战，刘邦又不如韩信。他之所以得天下，只是博取众将之长，为我所用。

这个中国历史上的MBA经典案例告诉我们，领导的核心就是用人。一个企业的厂长不是全才，不必样样精通，更不可能事必躬亲。在用人问题上，我们要克服砖头只能盖房子的思维方式和传统观念，要实实在在的用对人，用好人，用活了人，这个“实”字是宝盖头下面一个头，就是头等大事。是韩信就让他带兵，是张良就让他当军师，抓重点，抓头头，头头抓，从头抓起，上下同心，充分调动手下人的积极性。

很多第一次来到黑松林的客人，都会对工厂的整洁、秩序井然印象深刻。经常有人会问我，是不是因为有人来访，提前做了功课？这一点我很自信，不管你什么时候来，不需要提前通知，我们能做到天天如此。一年365天，我大约有三分之一的时候在外地，用企业部门负责人的话说，董事长不在家要比在家管得更要好，用员工的话说，习惯了。什么是企业文化？员工的一言一行就是最大的文化。让企业文化从理念到制度，再渗透到行为层，自上而下，由虚变实，深入人心，将企业文化变成员工文化，用文化力提升执行力，这就是我这个老总的“忙”文化和“闲”文化。

说一个发生在我们工厂的故事。几年前门卫大老张高血压，突然住了院。第二天一大早，行政科长就向我汇报这个情况，说要重新安排个人到门房值班。我对行政科长说，这个事情就由你来协调。结果到了这一天晚上，新的值班员还没有到位。后来我是这样处理的，你行政科长安排不了这个事情，你自己到门房去值班吧。

这件事在工厂很有冲击性。员工议论纷纷，管理层更是在讨论中反思自己的依赖性，考虑自己的职责，继而主动挖掘自己的潜能力。看来，行政科长进门房的影响，比开一次全厂员工大会更具有教育意义，更震撼人心。

一个组织，有序的管理在于分工明确，责任到人到位，不错位，不越位。门房要人代班而请示领导，实质是分工不清。职责不明，只会听命而不会思考。如果万事都是老总抓着，或总是由老总处理，中间断层，企业老总怎能把精力集中于企业发展的主要方向？

职责分明才能有序管理。企业文化的真正推动者是中层管理者。如果企业的管理者该管什么、不该管什么总是弄不清楚，结果就会是爷爷忙死，爸爸气死，孙子累死。

后来，那个行政科长还是行政科长，而且工作有了很大的起色。但在当时特别情况下，让行政科长当门官并非是我的初衷，而是以刚克柔，唤醒管理人员的管理意识、责任，找到管理者与下级的最佳结合点，解决管理者该干什么的问题。

再讲一个“两只密封圈”的故事。有一天我值班。工厂的机器开得轰轰的，正在生产。可吸料吸到一半，真空泵卡壳了。当时已经到了下班时间，机修车间三个大小伙子接到任务，像敢死队一样，抢修机器，排查故障。不料，维修最后“卡壳”卡在两只小小的密封圈上。换密封圈再简单不过，但已经是晚上7点多钟，商店都关门了，到哪里去变出两个密封圈呢？

这机器还非修不可，否则第二天一早客户来提货，怎么交代。后来，机修班伏小江突然想到家里的拖拉机上装的也是这个规格的密封圈，一个电话，他的老爸就把东西送来了，生产很快恢复正常。

两只密封圈，价格不足挂齿，可真少了它，真空泵就转不起来，就会让你从点灯忙到熄灯。它的存在告诉我们，小卒过河赛大车，小小密封圈关键时刻帮你一个大大的忙。这个时候就不是密封圈的价格问题了，这就变成人的价值问题，是企业文化在企业的结晶。一部机器是这样，一个企业又何尝不是这样？老总主宰着企业，员工有员工的用场，一个人浑身是铁能打几颗钉？只有“人”上加“人”，才能“众”志成城。

每个企业的老总都很忙，但老总再忙，也不能大而化之，老总除了抓大的以外，还要抓细节，抓能体现企业文化追求的小事，做足文章，来传达你的价值导向，让员工明确领悟你的价值标准，自动自发干好本职工作，让员工来帮你忙。只有将员工个人价值取向与企业主导价值观一致起来，你的企业才能使员工与企业达到高度的文化认同。一旦这种认同渗透到员工日常工作中的每个环节，每个细节，员工就能快乐工作，工作快乐，上下都快乐了，你这个老总就不忙了，就当得轻松了。

彻悟一个“盲”字

作为一名企业老总，要有危机意识，要在成长中成熟，不能色盲、法盲，不能瞎驴子瞎骑，要多一只心眼。看到别人看不到的地方，要有将盲点变成亮点的本事，才能在市场经济的大潮中适应、适变，在变中求变，以不变应万变。

春风化雨。通过换位沟通体验，企业劳动关系和谐，盲点变成了看点、亮点，最大限度激发员工与管理者的积极性和创造性，提升了企业对员工的凝聚力和员工对企业的向心力。保证了企业改革的顺利进行，加快了企业发展步伐。用员工的话说：工作就是责任，根根汗毛出汗的钱，拿回家买盐要咸！

其实，企业与员工的关系，不仅仅是经济雇佣关系。企业与员工不但要有经济契约，还要有心灵契约，这种心灵契约的建立，能将员工个人价值取向与企业主导价值观一致起来，使员工与企业达到高度的文化认同。家和万事兴。近十年来，我们劳动关系和谐，稳定，并通过各种管理细节、小事，将人文关怀传达给员工，将企业当成大家，把员工当成自己的子女、兄妹，合作合心，风雨同行，使黑松林幼苗成大树，独木育成林，成为中国胶粘剂行业中的一个品牌企业。在黑松林价值体系里，始终体现着人的价值置于物的价值之上，共同价值置于个体价值之上，社会价值置于企业利益之上的理念，孕育了许许多多以人为本，和谐发展的故事。

企业文化建设就是人心建设，管理的最佳途径就是将文化做到人的心里去。一个企业，利润是企业的现在，人心是企业的未来。

2007年10月我在日本参加了盛和塾15届中日企业家论坛，会议期间，日本的经营之神稻盛先生作了精彩的“感悟人生”的演讲，稻盛先生说：经营哲学不是美词一句，只有真正拥有敬天爱人，利他之心的人，为职工和社会服务的企业，才能永立竞争潮头。

中国有句最通俗的话，人心换人心。骆驼可以忍受沉重的负担，却不能忍受不舒服的绳子。老百姓说得好，你把我当人看，我把自己当牛干。关爱员工是企业家的天职。我们一直是这样想的，也是这么做的，这些年黑松林无一人上访，无一例合同纠纷。无一件劳动仲裁，并获得江苏省劳动合同关系和谐企业称号。

大悟一个"茫"字

这个茫是茫然的茫，是无余，不知所向。

我在哈尔滨中国企业文化研究会的一个研讨会上，某国营大企业的企业文化处的一位同志说：他从人事部门调至企业文化处一年多了，看不到文化如何落地生根，看不到什么结果，一副茫然的样子给我印象深刻。

人生中许多事情都是这样，你越是刻意去把握，越是想抓牢，反而越容易失去。

企业文化建设是有学问的。黑松林的"全员认同管理法"就是如此．从制度制定前的学习、讨论到修改，再到全员签字认可后定稿，就是实实在在的从口头到书面、从抽象到具体、从理念到行动的结果。企业文化要靠制度来烘托，靠氛围来影响，靠细节来体现。但只有企业的价值观和行为准则得到全员认可，才能把理念转化为行动，最脏的锅炉房也能干干净净；粘糊糊的胶粘剂生产车间也就能实现"三无"——地上无漏胶，桶外无挂胶，桶内无积胶；生产经营过程中才能实现"三零"——仓库零库存，销售零余款，营销员零宕款。这才是落地生根，才是成功的企业文化。

俗话说，心急喝不了热粥。企业文化建设要像炖土鸡那样，先大火烧（发动人人明白），后文火炖（循序渐进），再加调料（五味调和），千万不能茫然，浮躁、急功。

作为企业文化设计师、建筑师的企业领导和高层管理者，承担着最直接、最重要的工作，我们的一言一行对企业文化的建设起着重要的作用。这就要求我们花较多的精力去改变人的习惯，从小事做起，从身边做起，从我做起，而不是过去大跃进式的一哄而起，文化大革命时期的大呼口号去建设企业文化。一个企业，只要人变了，一切都会迎刃而解，塑造人的过程，就是企业文化建设的过程，一旦培养出习惯，渐渐就会演变一种精神。

60年代有首歌《大海航行靠舵手》，歌词是：大海航行靠舵手，万物生长靠太阳，雨露滋润禾苗壮，干革命靠的是毛泽东思想。我觉得这首歌是解决企业文化落地生根的最好诠释。昨天，干革命靠毛泽东思想，今天企业文化建设靠理论家、文化大师的导航，靠企业家的实践。有文化力之父之称的贾春峰教授去年八月在我公司现场指导时说：文化力提升执行力；建设大家的企业文化，大家建设企业文化，著名经济学家魏杰教授说：企业文化不是搞给别人看的，而是重在解决企业存在的问题。孟凡驰教授在给我的拙作《细节的响声》一书作序的题目就是文化无形，润物有声等等。

管理界有句话说得好，人不是让你管死的，而是让你带路的。我们不能当泰坦尼克号即将沉没时，再去寻找什么原因，追究人的责任。10多年前，我刚到黑松林兼任厂长，亏损一百多万，是什么原因造成的？其中最主要的一个原因就是管理不到位，车间里的胶水到处跑、冒、滴、漏。日积月累，地上时常粘糊糊的，周转桶四周挂满胶也是家常便饭。一次，有个员工串岗与人聊天，老远透过窗户，看到我向车间这边走过来，匆匆忙忙往自己的岗位跑，结果一只脚踩到洒在地上的一滩强力胶上，鞋被粘住动不了了。这个笑话本身就是一篇生动的故事。

围绕这只鞋，我们用文化改变习惯，采取现场点评，用行为疗法给全车间员工进行系统脱敏，向敏感对象的跑、冒、滴、漏挑战、发起总攻。在制订员工守则时，我们打破传统做法，广泛征求意见，待大家认同后，又大张旗鼓地举行了一次全员签名仪式，并将每人签名手迹的复印件与守则制度挂在企业的显眼处。促使员工主动投入、融入，时刻提醒员工。做行动的巨人，不做行动的矮子。现在你在我们的车间细致留心，就会发现每个放料口都多了一只塑料防滴漏袋，每个投料口都多了一只铁兜兜。外加一句话：清洁生产我能做好。一个优秀的管理者，不应是报时的人，而应是制造时钟的人。在企业的演变过程中，最难改变的并不是物质层面的东西，而是人，是人的观念积淀形成的习惯。人的正确思想是从环境中来，清洁生产需要影响的是一个大环境，而不是一对一的去征服这个环境的每一个人。

推动船前进的不是帆，而是鼓帆的风。企业文化不是一件形式主义的外套，不是挂在墙上的几句口号、标语，塑造企业文化既要正确理解和把握企业文化的深刻内涵，更要全员认同，尊重客观规律，结合实际来开展，用李万来教授的话说。路对了，就不要怕远。特别要注意克服三不良倾向。

一是急功近利的倾向。企业文化建设是一项系统工程，有一个由易到难、由表及里、循序渐进、逐步深化的过程。而不是一朝一夕的事情，它需要在经营企业的过程中去营造、培养和发展。

二是仅做表面文章的倾向。建塑企业文化的过程也是加深对企业文化认识和理解的过程，只有正确理解和把握企业文化的深刻内涵，才能更好地开展企业文化建设，彰显企业文化的威力和效力。那种认为搞个文艺演出、开展几个活动、竖上几个牌板就是搞企业文化了，其实完全曲解了企业文化的含义。

三是企业文化建设包罗一切的倾向。作为一种管理手段，企业文化建设与生产经营、思想政治工作、精神文明建设等工作是相辅相成、互促互进的，企业文化建设只有融于生产经营的全过程，在解决问题中去建设，才能彰显其活力和生命力。

建设有行业特色和企业个性特点的企业文化，是一个需要认真实践和识极探索的重大课题，也是一个长期的过程，对于我们民营企业来说更是一项紧迫而艰巨的现实任务，需要人民币的硬投资，需要坚持不懈和高度的文化自觉，将企业文化和企业重大经营管理工作撂在同等重要的位置上，从现在做起，从小事例起，用许多小的事情综合形成企业中无所不在的氛围，才能达到更高的水准。

企业文化建设，心在哪里，成功就在哪里。

（作者系江苏黑松林粘合剂厂有限公司董事长，本文摘自《企业文化研究》2011年2期）

企业新闻宣传的价值和趋势

潘志军

在当前信息化背景下，一些大中型企业的新闻宣传越来越受到企业的重视，企业新闻宣传的媒体也由传统的报纸、广播、电视台向网络化发展，由传统意义的新闻宣传向现代信息传播方向发展，由着重内宣向“内外兼重”转变。企业新闻宣传作为一种特有的社会文化现象有何价值？又向何处去？

一、企业新闻宣传出生产力

企业新闻宣传是一个企业的喉舌和窗口，它的存在和发展依赖于企业的生存和发展，企业新闻宣传必须服务于企业中心工作，往往没有作用就没有地位，甚至于就没有存在的价值。保障维护企业及员工利益，促进企业生产力的发展，是企业新闻宣传的社会价值所在。企业新闻宣传既有新闻宣传的共性功能，如教育、娱乐、劝服、导向功能，更重要的是其具有区别于一般社会新闻宣传的独特功能，这是由其“企业”个性决定的：

（一）企业新闻宣传是企业文化建设的重要载体。

观念也是生产力，观念也是竞争力。企业文化的核心是价值观和思维方式。对于各个企业来说，企业尽管各有各的个性，但其灵魂则是企业精神、企业理念和创新思维，它渗透到企业的技术、营销、管理等方面，企业新闻宣传的首要目标就是要在企业文化建设中培育员工共同的价值理念和行为规范，达到“人企合一”的最高境界。

新闻宣传铸魂，培育理念“人企合一”。通过企业新闻宣传，形成企业员工的共识，企业文化的本质就是员工的认同，被员工认同的企业文化才能转化为生产力。企业新闻宣传着力于企业宗旨、企业精神、企业理念的宣传，通过多种形式的新闻宣传，使企业的文化理念、核心的价值观深入人心，使职工心往一处想，劲往一处使，从而为文化建设营造良好的氛围。

新闻宣传聚力，目标同向激发斗志。围绕企业各个阶段的目标，用新闻宣传的力量去挖掘员工潜能，使之凝聚在一个共同目标上，用目标唤起员工的自强力，用方向激发员工的自强力。企业新闻宣传把握企业在不同时期的特点和工作中心，努力为企业的中心工作擂鼓助威，为企业的总目标、总任务、经营活动服务，起到了凝心聚力作用。

新闻宣传导行，规范员工队伍。企业新闻宣传主要是通过典型引路，树立标杆，通过典型教育，形成对人才成长的导向力。榜样的力量是无穷的，先进人物的选树，使广大员工群众学有榜样，干有目标，从而激发创业激情，掀起“比、学、赶、帮、超”的热潮。

（二）企业新闻宣传是促进企业科学发展的助推器。

人们总结出企业竞争力取胜“三要点”：一是找准企业经济行为的立足点即战略方向上正确，二是抓住治理企业内部的侧重点，三是夺取代表生产力发展方向的科技制高点。而围绕这三个重点强化企业新闻宣传必然加速企业科学发展的步伐，从而使企业新闻宣传成为企业科学发展的助推器。

企业新闻宣传是促进企业科学发展战略实施的助推器。企业粗放型发展已经制约了企业的发展，企业只有实施战略调整，在产业升级、结构调整上下功夫，走科学发展之路，才会有竞争力，而企业新闻宣传可以在这方面起到强大的推动作用。企业新闻宣传积极围绕这些重点组织系列报道，或重点战役性报道，积极报道在企业战略结构调整中的新生事物，必然会推进并加快企业战略性调整的步伐。

企业新闻宣传是加速企业改革的助推器。企业改革是一个永恒的主题，也是新闻宣传的重点，企业新闻宣传充分利用广播、厂报、电视台、网络等媒体平台大力宣传企业学习、吸收、推广应用改革举措，大胆试验，锐意进取的创举，必然对企业的改革产生极大推动力。

企业新闻宣传是推进企业创新的助推器。创新在企业包括了文化创新、管理创新、产品创新、技术创新、市场创新等方方面面，往往代表了先进生产力的方向。这些都是企业新闻宣传的“新生事物”、主要内容，对企业创新的新闻宣传必然起到典型引路的导向、示范、推动作用。

（三）企业新闻宣传是促进“和谐企业”建设的润滑剂。

企业新闻宣传特点：“专”和“近”。专就是具有行业和企业特色内容；近就是“三贴近”：即贴近企业、贴近群众、贴近生活。企业新闻宣传为企业与职工的沟通提供了渠道，为“和谐企业”建设创造了条件。

群众参与，便于反映一线职工呼声。从事企业新闻宣传的通讯员、编辑往往都是本公司、本企业的一线员工，他们对公司的情况最了解，可以零距离沟通，能够反映一线员工的呼声和疾苦。

群众参与，便于及时报道新闻。由于企业新闻一般发生在企业范围内，时效性较高，上午发生的事中午便在厂广播台播出。

群众参与，企业大政方针容易为职工群众理解。企业新闻宣传的内容贴近职工的生产经营活动和日常生活，员工比较关心的企业的重大新闻事件：如工厂的大政方针，只要宣传到位，就容易为员工群众理解、接受。

（四）新闻宣传是企业形象建设的催化剂。

任何一个企业都会把塑造优美的企业形象当作整体和长远来考虑。企业品牌形象的衡量标准可以用三个度来评估。一是文明度，二是知名度，三是美誉度。企业品牌的形象力也是企业的营销力。

宣传员工队伍形象，提升企业品牌形象。领导者形象是指企业领导层，特别是企业最高领导者的能力、素质、魅力、作风和业绩在企业内部和外部的形象，其核心是人格形象。员工形象主要是指员工的技术素质、文化素质和职业道德、精神风貌等在企业内部和外部的整体形象。员工形象直接决定产品形象，进而决定企业形象。为此，通过新闻宣传员工的形象，就会提升企业品牌形象。

宣传企业产品质量，提升企业品牌形象。市场经济条件下，企业竞争最集中最直接的竞争表现为企业产品质量（服务质量）竞争，通过新闻宣传塑造一流产品形象，直接提升企业产品的品牌营销力。

宣传企业整体形象，提升企业品牌形象。在市场经济条件下，企业之间的竞争由以往的产品、服务、人才等竞争，逐步发展到企业整体形象的竞争。良好的企业形象是企业无形的财富和潜在资源，具有招揽顾客与用户、吸引人才、凝聚员工的魅力。通过企业的整体形象宣传，有利于塑造良好的企业形象。

二、企业新闻宣传发展的趋势

随着市场经济以及信息网络化、电子化等科技的进一步发展，企业新闻宣传呈现如下几大变化趋势：

网络化。科学技术的发展正为企业新闻宣传双向交流创造出有利条件，特别是近年发展起来的宽带互联网使得信息双向即时传播成为可能。企业新闻传播与互联网相结合已是一种大势所趋。互联网具有传统媒体没有的特殊优势，这些优势包括：多媒体优势、数字化优势、实时性优势和交互式传播优势。网络新闻传播彻底改变了大众新闻传播中“传播者”和“受众”的关系，它把信息的获知权和传播权向大众开放，使传播过程中个人与个人、个人与组织、组织与组织之间传播达到了一种全新的水平。

国际化。随着改革开放的进一步发展，随着国内市场竞争的进一步加剧，中小企业的生存发展越来越困难，走出国门走向世界也成为不少中小企业的明智选择，企业也越来越需要向“国际市场”推荐自己。国内不少企业的网站都有中英文两个版本，通过英文版新闻媒体平台来为企业走向国际打基础。企业对外新闻宣传的重要程度越来越大，特别是大中型企业对此给予更多重视，作为企业文化建设、企业形象建设的重要组成部分，纳入资源管理的范畴。

信息化。随着市场化的进一步发展，传统的企业新闻宣传从一定意义上已不能满足企业发展需要。当前的企业迫切需要从经济角度出发传播有关企业产品、服务、广告等商业信息，企业及企业家往往大力支持围绕经济方面的对内对外新闻宣传。所以，企业新闻宣传的外延在不断扩大，有向信息化传播方向发展的趋势。

（本文摘自《企业文明》2011年4期）

化虚为实 精耕细作

何瑞燕

企业文化管理被称为21世纪企业实现现代化的必由之路，而对于以项目负责制组织生产的建设施工单位来讲，项目文化建设显得尤为重要。项目文化建设，只有实实在在，扎根项目管理，化虚为实，虚活实作，项目文化才具有生命力。

文化认识：鼓足全员实劲

项目文化建设的首要前提是项目部领导班子和全体职工对项目文化建设工作的高度认同和认知，鼓足全员建设文化的实劲。

一是将责任意识入“心”。项目部领导班子的文化自觉决定着文化的实施效果。而项目经理是项目文化的第一责任人。在项目文化建设之初，这一要求也许并不被所有的行政领导所接受，他们大多认为文化建设是支部书记的工作，属于思想政治工作范畴。因此强化领导干部的文化责任意识是首要前提。例如中交一航局一公司将两级领导干部的文化建设责任写进党代会报告。要求基层党政领导必须亲身参与项目文化建设，完善项目文化建设考核措施，纳入《公司基层党群工作考核办法》，下发《关于公司中层领导干部考核增加书面测试内容的通知》，将企业文化和项目文化等内容作为公司中层干部闭卷书面测评的重要内容，并将考试成绩纳入领导干部年终综合排名。通过一系列举措，领导干部文化建设责任意识得到进一步强化。

在推进项目文化建设过程中，突出强调项目经理是第一责任人，党政齐抓共管。各项目部领导干部通过职代会、冬训、职工大会、班前宣誓等形式，带头宣讲文化理念和项目文化建设要求，并且在项目文化核心理念的提炼阶段，项目党政领导尤其是项目经理要亲身参与，核心理念要充分体现项目部主要领导的管理思想，使“项目经理建设、示范为主，支部书记宣传、融化为主”的文化建设责任得到落实。经过持续推动，一些以前提到文化就“头疼”、认为文化是“形而上”的项目经理，现在讲起项目文化也能有板有眼，少数已经成为汇报讲解项目文化建设的“土专家”。

二是用学习研讨增“智”。项目文化来源于员工，项目文化践行的主体是广大职工，因此项目文化在职工心中的内化程度，奠定了文化建设的最终效果。项目文化建设初期，我们要积极开展各种宣贯培训工作，调动职工参与文化建设的积极性、主动性和创造性。开展多种形式的培训授课，强化职工对项目文化的认识。也可以运用调查问卷、知识问答、班前宣誓等多样的活动形式，强化员工对项目文化的认同和记忆。

文化规划：突出面向实战

规划是项目文化践行的基础，规划“实在”是项目文化践行的核心要求，没有好的规划，项目文化落地和践行也就无从谈起。项目文化建设规划的重点要包括核心理念提出、文化建设支撑制度和推动文化建设的载体。

一是要找准理念落脚点。要注重激发集体智慧，通过项目班子会议研究、职工“面对面大讨论”、“背靠背献征言”等形式，依靠全员挖掘项目文化理念。项目文化核心理念的释义，必须与项目管理重点、特点相吻合，并确定与项目管理要素相结合的落脚点。在文化理念的提炼过程中，更要注重发挥全员智慧。例如中交一航局一公司第十六项目部紧紧抓住以承建防波堤工程为主这一特点，先后经历了十余稿，最终确立了“塑造防波堤品质”的理念，并根据防波堤扎根泥土、防风巨浪、累砼成堤、护港卫航的特点，明确理念释义为“脚踏实地”、“勇于奉献”、“团结共进”、“构建和谐”，分别落脚在领导班子、党员队伍、职工队伍和协作队伍建设四个方面，在实践中不断得到完善，团队的防波堤品质逐步得到彰显，接连创造月单船沉放箱筒10组，日安装半圆体23块、日浇注混凝土2552立方米等一系列局施工纪录，连续两年完成营业额10亿元以上，在天津南港起到了“标杆”作用，巩固了一航在南港市场的领军地位。

二是要强化制度支撑力。制度要与项目文化具有较强的承接关系，缺乏制度的支撑，就会发生“理念天上飘”的现象。尤其对涉及文化建设落脚点的相关制度积极加以完善，并通过职代会讨论通过，为文化践行提供制度支撑力。如中交一航局一公司第二项目部以“我要安全，行胜于言”为项目核心理念，修订和创新了项目部的一系列相关制度，尤其是《全员安全风险抵押金制度》的出台，将安全生产责任分解到每一个岗位，建立抵押金台账，详细记录缴纳、奖罚情况并存档，为理念践行提供了强有力的制度保障，在安全文化理念的引领下，安全管理水平有了大幅提升，已实现安全生产1300余天。

三是要力求载体实效性。不断挖掘推动文化落地的载体，努力形成文化意识和管控效力的统一，是文化落地的有力措施。项目文化活动载体要具有针对性和有效性，才能为项目文化的践行搭建平台。例如中交一航局一公司船舶分公司建设“精兵强舰，塑形争先”文化，通过月巡检制度和打桩擂台赛，评选品牌员工和旗舰船舶，营造了比学赶超、竞优争先的文化氛围。港航安装工程有限公司建设“锻造品质，成就你我”文化，将建立《员工能力档案》和实行“岗位竞聘制”等作为重要推动载体，为员工自觉学习、自主管理提供动力，让人才、能力得到更大限度的价值体现。

文化融合：紧扣管理实际

要坚持项目文化与项目管理立体发展，突出强化融合渗透，在项目管理中推动文化建设，在文化建设中提升项目管理。项目文化建设是一项复杂的系统工程，只有把文化注入到项目管理目标、管理流程、管理制度、组织优化、人力资源建设、品牌打造等各个环节之中，与项目发展、工程进度、管理重点同谋划，项目文化才具有生命力。

一是要注重过程督导。督导的过程中，突出要求项目文化建设必须与管理充分融合。例如中交一航局一公司党委每年对公司境内外所有项目展开调研，详细了解各单位文化建设的主要措施、成效和存在不足，针对存在误区进行及时地纠正，通过月度巡检、月度考评会进行点评等方式做好文化建设的过程掌控，每月将所有单位划分到优秀、良好、一般、较差四个档中，不使用“某些单位”之类的含糊用词，增强了讲评的及时与激励作用。并将文化建设情况作为年中和年底评选“双文明建设单位”、“好班子”、“优秀党支部”等荣誉的直接依据，作为“风向标”，引导各基层项目不断提升文化建设水平。

二是要加强文化践行。通过特色项目文化建设践行而产生重要成果是项目文化建设意义所在，为此项目文化建设要强调执行力，抓好各项措施的落实，避免形式主义。要严肃文化支撑制度的落实。并善于抓住项目管理目标实现的正反两方面典型案例，扩大影响，加深员工印象，营造良好的文化氛围。同时要结合项目管理目标的内涵，利用文明工地建设、文艺汇演等多种形式和载体，深入推动文化践行，加强文化创新。

三是要加强经验交流。定期召开项目文化建设推动会，对项目文化建设工作进行阶段性总结与部署，加强项目之间的经验交流，能够有效提升项目文化建设水平。例如中交一航局一公司开展的项目文化交流会中，通过会上对所有基层单位进行现场评分、表彰、激励，安排优秀单位在半年工作会议上进行经验交流等举措，督促了各基层单位项目文化建设工作的逐步深入开展。

文化成果：务求取得实效

只有全面推进项目文化建设，使得文化建设能够与时俱进，不断创新，充分贴近项目管理实际，才能引领管理品质整体提升，达到“入人心、引管理、强品牌”的实效。

一是要着眼提升人文素养。提升员工的自主管理意识是项目文化建设的重要目标。项目部职工的一举手、一投足都是项目文化的展现，良好的项目文化习惯形成也会逐渐成为员工的思维习惯和行为习惯。例如中交一航局一公司在文化建设的过程中，通过在员工中开展“三工动态”考核举措，起到了良好的实效。各基层项目部每月在各项检查、督察情况的基础上，通过员工自评、互评、考核组评定的方式，评选优秀员工、合格员工和诫勉员工并当月进行奖罚公示，有效地发挥了鞭策员工的“杠杆”作用，使员工素质能力逐步提升，为规避一些风险起到了显著作用。

二是要着眼于干好在建任务。打造精品工程，为业主创造惊喜，是增加企业无形资产，提升企业品牌影响力的重要手段。如中交一航局一公司第十七项目部从一个后进的项目部，以“一年摘掉落后帽子、两年进入公司先进”的勇气，两年后面对黄骅综合大港建设工期异常紧迫的巨大压力，将“不断超越期望值”的文化理念与施工生产紧密集合，攻坚克难，9个月完成了4个10万吨级泊位共1017米码头的施工任务，创造出“黄骅速度”，赢得了业主和当地政府的一致赞誉。

三是要着眼于提升自主管理。在探索文化融合管理的实践、践行项目文化的过程中，项目自主管理能力会得到显著增强。尤其是通过各基层项目部精细管理、降本增效、自主创新等项目文化建设重点的持续推动，大跨距、多项目管理水平会得到显著提高。

四是要着眼于提升品牌影响力。品牌的形成源自精心的培育，良好的口碑得益于努力的推介。要加强品牌推介能力，需要在项目文化建设中进一步完善这方面的制度与载体，充分利用内外媒介、对重点工程、有影响力工程、新结构工程加强宣传报道，对品牌员工、品牌工程、品牌项目加大培育、推介力度，为品牌打造提供支撑。

万事以心怀希望而立，以一贯到底而成，项目文化建设是一个循序渐进的过程，建设的进度、过程的督导也必须根据实际情况来确定，“实”是项目文化建设的生命，既要考虑到人本管理的现状，又要体现文化建设的导向，我们要以更前瞻的目光、更开阔的视野、更客观的心态和更务实的工作，不断克服困难，持之以恒地推进，为持续健康发展提供强大的文化驱动力。

（作者单位：中交集团第一航务工程局第一工程公司）

关于军工文化产业发展的思考

谭振亚

党的十七届六中全会作出了深化文化体制改革、推动社会主义文化大发展大繁荣的重大部署。如何加快发展文化产业，构建结构合理、门类齐全、科技含量高、富有创意、竞争力强的现代文化产业体系，是摆在我们面前的一项重大课题。

军工文化和军工文化产业

关于军工文化。它是国防科技工业系统在长期的建设与发展实践中形成的，以某些特有的精神为核心内涵的物质和精神文明的成果，是渗透到全行业的思想观念、价值取向、法规体系和行为规范等的集中反应；也是军工领域在某一个时期生产力发展水平的综合反应；是爱国主义、集体主义、社会主义和革命英雄主义在国防科技工业战线的生动体现，需要全体军工人用自己的实际行动去继承、创新和发展。军工文化是军工领域经济发展水平、发展走向以及精神风貌的概括，并对军工领域经济发展、精神风貌的形成起到引导和影响作用。

关于军工文化产业。随着世界经济的持续发展，物质财富的不断积累，人们的消费结构、需求结构在发生着重大变化。这个时代有两大基本潮流：既产业的文化化和文化的产业化。文化产业在经济发展中扮演了越来越重要的角色，文化一改过去接受者和被施舍者的面貌，迅速成长、欣然转身，成为一支新兴的支柱产业。随着文化的产业化，产业文化也正在潜移默化地改造了我们的传统工业。长期以来，军工系统一直高度重视军工产业文化的建设，从国防科技工业领导机关到各大军工集团，从各军工企业到各军工院所都投入大量的人、财、物，打造发展军工产业文化，形成了今天的辉煌的军工文化。但是，随着世界经济结构的变化，军工产业的转型，国家“军民融合”、“寓军于民”军品生产战略的落实，社会以及军工人对精神文化需求的不断攀升，军工领域单纯依靠拨款，“输血”来建设军工文化，已经远远不能适应现代军工产业的需要。必须加快转变经济发展方式的步伐，使部分军工文化的载体成为产品，部分从事军工文化的业务形成产业；部分军工文化的品牌产业化，部分军工文化人成为军工文化产业人，形成军工文化与军工文化产业相互交融的崭新局面。

推进军工文化产业化的路径

全会通过的《中共中央关于深化文化体制改革推动社会主义文化大发展大繁荣若干重大问题的决定》对文化建设地位和作用的把握和整体部署，开启了文化产业发展方式转变的序幕。当前，我国文化产业不仅是新的经济增长点、经济结构战略调整的重要支点、转变经济发展方式的重要着力点，其本身也存在着发展方式转变的问题。为此，我以为，推进军工文化产业化的路径，可以从以下几个方面思考：

一是在军工主业产品中融入更加丰富的文化内涵。我们做军工文化产业，不是要转变我们的军工主业，把军工主业中的人、财、物转向单纯的文化产业，而是根据广义虚拟经济、二元价值容介态的理论，在军工主业产品之中注入更加丰富、更加深刻的文化元素，以提升产品的附加值和竞争力，提升军工人的精神风貌和核心价值观念。

二是将军工文化中的核心价值取向融入社会文化产业链。十七届六中全会指出要推动中华文化走向世界，形成与国家地位相对称的文化软实力。军工文化作为社会文化中的组成部分，是最优秀、最精华的部分，要做好军工文化元素的输出，不断将军工人的价值观，军工产品的生产服务的精华过程，输入到社会文化产业链之中。如过去大量的文学艺术作品之中，较多见的是战争军人的题材，较少见的是军工人的题材，过去有《吴运铎》，现在开始有《吴大观》、《歼十出击》，但是我觉得这还是远远不够。文化产业属于高附加值、高回报产业，一个故事、一个人物形象可以转化为出版物、影视作品、动漫游戏、舞台演出等系列衍生品，只要消费者认可，就能在经济收益上产生叠加效应，实现一次投入、多次转化、持续回报。

三是将军工文化与工业旅游相融合。工业旅游是伴随着人们对旅游资源理解的拓展而产生的一种旅游新概念和产品新形式。中国近年来发展的工业旅游主要是依托运营中的工厂、企业、工程等开展参观、游览、体验、购物等活动。工业旅游在发达国家由来已久，特别是一些大企业，像德国的西门子、美国的通用等，他们利用自己的品牌效益吸引游客，同时也使自己的产品家喻户晓。在我国，也有像四川长虹、广州本田这样的现代化企业，已经兴办起工业旅游，并有越来越多的现代化企业开始注重工业旅游。中国著名的工业企业如青岛海尔、上海宝钢、广东美的等也相继向游人开放，许多项目获得了政府的高度重视。军工文化与工业旅游相融合有得天独厚的优势，比如，四川西昌卫星发射中心，撩开了神秘的面纱后，每年吸引了大量的游客。其展示产品的过程，既对游客广泛开展了爱国主义、集体主义、社会主义思想教育，增强了民族自尊心、自信心、自豪感。

四是将军工先进科技元素与社会文化产业深度融合。文化产业是以“内容为王”的产业，以创意为动力、以内容为核心，其发展主要依靠精神成果、智力和科技投入，资源消耗少，环境污染低，是典型的绿色产业、低碳产业，具有很好的可持续发展特性。文化原创力是文化产业的生命线。将军工先进科技元素与社会文化产业深度融合，就是要充分利用军工技术的科研成果、手段、方法、思路，将其融入到社会文化产业之中，突出高技术、高智能特征，提高文化产品生产和文化服务手段的科技含量。在数字化装备、网络化系统、多媒体技术等领域，与有关部门协同攻关，发挥军工人才技术优势，健全以企业为主体、市场为导向、产学研相结合的文化技术创新体系，培育一批特色鲜明、创新能力强的文化科技企业，支持产学研战略联盟和公共服务平台建设，为做大做强文化产业提供科技创新后盾。

推进军工文化产业化亟待解决的问题

工业是文化发展的重要物质基础，为文化事业和文化产业发展提供技术和产品支撑。文化发展为工业发展提供强大智力支持和精神动力，先进文化为工业产品和服务不断注入新的内涵，促进产品质量、品牌和附加值提升。我认为，军工文化人发展军工文化产业，首先要解决“转观念、明主题、改体制、扎深根”等几个方面的问题。

转观念，要充分认识发展军工文化产业是转变经济发展方式的重要手段之一。文化产业作为新兴产业和朝阳产业，市场空间广阔、发展潜力巨大，大力发展文化产业有利于培育新的经济增长点、促进产业升级、促进现代服务业的发展。文化产业的繁荣发展，不仅切切实实地体现在增长速度上，更体现在加快经济发展方式转变，促进传统产业升级的巨大推动作用上。

明主题，发展军工文化产业，要突出军工文化主题。尤其要突出军工人“国家利益至上”的核心价值观，这是国防科技工业的内在精神之魂，更是军工文化特色的根本。这个根本在任何时候都不能动摇，在军工文化产业的建设中也不能动摇。

改体制，部分定位明确的文化单位应改革体制，按照现代企业制度，改革现有的文化单位的体制机制，实现专业化整合，形成竞争力影响力，尽快成为文化市场的主体。

扎深根，作为中国特色社会主义文化的重要组成部分，军工文化是当代中国先进文化的重要类型，在产业化进程中，深深扎根于军工事业之中，扎根于军工人的心灵之中，扎根于军工产品的品牌之中，这样的军工文化产业才能有特色，有生命的源泉。

入主流，就是要使军工文化融入中国的社会文化、世界文化大潮之中，我们目前的军工文化产品在行业内还是有一定的影响力的，而在超出行业之外，甚至在某些军工院校，影响力还远没有形成。如果放在整个社会文化产业链来看，可能就找不到我们军工文化的位置，我们应力求把我们某些文化产品融入社会的文化产业链之中。

发展军工文化产业，任重而道远。有很多理论问题需要我们认真努力的学习和思考，还有很多实践问题需要我们大胆地去探索。我们要认真学习十七届六中全会的精神，加倍努力，为军工文化的繁荣发展作出自己的贡献。

（作者系中国航空工业经济技术研究院分党组书记）

组织学习在企业中的实践

刘长伟

学习型组织的学习包括个人学习、团队学习和组织学习。如果把个人学习比喻成细胞，团队学习是器官，那么组织学习就是系统。个人学习、团队学习是组织学习的基础，个人学习、团队学习要向组织学习转化。组织学习是组织不断获取知识、改善自身行为、优化组织体系，以在不断变化的内外环境中保持可持续生存和健康和谐发展的过程。组织学习是一种有意识、系统的行为，包含各方面的学习，尤其是经验、教训的学习，以此促进组织成员转变理念，丰富知识，最终将知识转化为行为，发挥企业文化的导向作用。

当前企业组织学习存在的障碍

个人学习无法转化为组织学习，隐性知识难以转化为显性知识。其一，组织成员中经常会提出一些很好的想法，对这些好的想法缺乏全过程的管理。思维模式上是凭经验办事，依靠少数人来工作。其二，组织在每次处理棘手的问题或者事故时都会产生许多有益的经验，但这些经验并没有形成制度加以固化，导致重复发生同类事故。其三，知识积累停留在个人的层次上，甚至一些重要的资料停留在个人手中。当组织中某些比较重要的人离职时，就会给企业带来无法弥补的损失。

显性知识管理不当，真正有价值的知识没有被很好的整理利用。其一，各专业形成的管理经验仅限于本专业部室或仅限于向上级主管部门汇报。如现代化管理成果活动就仅限于评比而忽视了材料下行所产生的巨大影响。其二，员工的创造没有得到充分利用。如在申报技术职称时，员工所精心准备的论文，有的有很好的参考价值，而这些论文仅限于评选职称用，专业技术人员外出参加各种专业会议，其资料也不能共享。其三，对员工所贡献的知识价值缺乏一套鼓励、引导员工共享知识、贡献智慧奖励机制。久而久之员工便不愿意贡献或者不想贡献。

知识挖掘不够，不能形成有效的团队学习，团队学习不能传递到整个组织。

其一，随着公司信息化建设的推进，每天都会发生海量的信息。人们往往失去自己的判断，更谈不上将海量的信息筛选出有价值的信息，总结归纳并产生知识。更谈不上将由信息产生的知识通过可视化来表现。其二，专业管理部室不能形成有效的团队学习。一是没有掌握深度汇谈的这个基本方法。二是团队学习仅仅限于一起工作或学习的集团，致使团队的知识存量不够。三是纵向的专业学习强，横向之间的跨专业交流少。其三，团队学习不能传递到整个组织。局部的好经验不能放大到整个组织。燕山石化机械动力部每月都要进行专题研讨，如针对包装线量精度进行专项分析，这样的做法着实是一个很好的深度汇谈案例，同时深度汇谈会进一步促进新的知识的产生。然而，我们并没有都像他们那样做，这种好经验不能放大到整个组织。

事故资源开发利用不够，不能实现在反思中成长。我们很多企业出现事故或者当同类装置出现事故后，没有深刻反思或者没有全员深刻反思的过程。这样，过一段时间类似的事故会再次发生，这种不进行反思的行为又会重复，几乎形成了一种行为模式。出现事故后大家更多关注的是“谁负责”，而不是弄清事情的真相，不能通过反思将事故信息知识化。

向经验学习，培育一种知识互补的共享文化

坚持随时随事总结经验。要做到“吃一堑长一智”“打一仗进一步”就要在一项工作结束后及时将材料弄全弄准，应用马克思主义哲学这个人类认识工具，随时随事进行总结，将木头加工成桌子，把感性认识上升到理性认识，从个别经验中得出具有普遍意义的东西。按照毛主席说的，经过去粗取精、去伪存真、由此及彼、由表及里的加工整理，把感性材料上升为理性认识，才能得到反映事物本质的真知和理论，摸索出一些规律性的东西。我们的各项工作，只有通过认真总结，才能知道哪些是成功的需要继续坚持，哪些是不足的需要予以弥补，哪些是失误的需要加以改正，从而发扬成绩，克服缺点，不断争取新的进步。

坚持向群众要智慧。经验往往产生于最基层。有时候，原认为是很难的事，可是一走近客户和员工，问题和困难就消失了。东流水储运站负责接卸石脑油等化工原料，有的承运司机动起了以水代油的歪点子，偷偷往石脑油罐中注几桶水。由于水的数量很少，不容易检测。东流水储运站一个职工想出了一个好办法，用墨水检测。在卸车前先打开管道切水阀，如油内掺水，最先流过的应该是水，用烧杯取样，并滴入一滴墨水，如墨水溶解，则可断定油中有水，就需要对此车进行细致分析。一滴墨水解决了困扰我们的难题，杜绝了承运司机不法行为，为公司挽回了经济损失。

坚持放宽眼界、系统思考。学习型组织的创始人彼德·圣吉在所提出的五项修炼中，重要的一条内容就是“系统思考”。用系统论的观点思考问题，企业组织就不会狭隘地形成各部门、各子公司之间信息、资源互不相连接的孤岛，就会打破部门领地意识，与公司总目标保持一致，这就要求我们要放宽眼界，具有战略思维。应用标杆管理的理论和方法，将本行业、本系统的好经验、好做法，结合本岗位的实际加以运用就是一个很好的例证。炼油一厂在降低加氢装置综合能耗过程中将中石化系统最好的指标（海南炼化）做标杆，制定了奋斗目标和达标目标，使员工身上有压力、肩上有重担、工作有目标、前进有方向。用系统论的观点思考问题，就是要求企业实现无边界管理。利用企业内外一切资源，提升核心竞争力。Threadless.com 公司是一家经营 T 恤研发的网络公司，所不同的是，该公司的 T 恤研发团队是由隐匿在互联网中的无数设计爱好者自发组成。这些设计者包括专业的 T 恤设计师，也包括非专业的 T 恤设计爱好者。Threadless.com 公司在互联网上是开放的，任何人都可以加入该公司的 T 恤设计团队，因此，没有人确切知道该公司研发团队的规模大小，实际上，它的规模是没有边界的。

善于发现问题，做好问题管理。日本失败学创始人畑村洋太郎指出：“其实每一座桥从设计到建造过程，都是挫折不断。但后继造桥者却经常忽略前人‘曲折，绕道而行’的失败经验，而只是把前人建造方式当成‘直接、唯一’的正确之道，这是相当危险的”。如同我们乙烯装置的改扩建过程，可以说“一步一个坎”，大部分人都记得“28 个亿 28 个月”的光辉成绩，而过程中出现的问题及如何解决则在光环的照耀下被尘封起来。如乙烯 201 压缩机组在 2007 年大检修开车时遇到了一些困难，低速运行后启动后自动停车，后来才意识到只有当转速稳定到一定程度后信号才能传出去。像这些内容我们以前并没有知识化的。

重视信息可视化，促进组织成员学习。可视化包括数据可视化、信息可视化和知识可视化。信息化的推进让企业每天积累了大量的数据，建立充分利用这些数据的意识，从凌乱的数据中挖掘有用的知识，就意味着企业进入了知识管理时代。企业要有专门的部门将企业知识进行整理。一方面要通过信息可视化，对海量信息的总结归纳，提取有价值的知识，使每个员工都能感受到信息化建设对工作的便利和有利于员工个人成长。另一方面通过知识的可视化，把知识以图解等手段表示出来，将内隐知识外显化，将外显知识生动化，使内隐的和隐性的个体知识转化成能够直接作用于人的感官系统（能够摸到、看到、听到或操作的）的外显知识。如职工创新创效成果冠名展、企业博物馆以及其他形式的实物展示等。

此外，发展个人人际学习网络，时时保持知识和经验的更新，也尤为重要。

在反思中成长，培育一种系统思考的反思文化

在学习型企业中，学习过程必须在一个开放的环境中进行，这不仅有利于员工之间的相互学习，同时也有利于企业向外部组织例如竞争对手、联盟企业、顾客、供应商等学习。而从事故中反思是营造开放型学习环境的有效途径之一。

正确对待事故，立体把握事故的真相。不仅要从技术角度，而且还要从心理学、经济、文化、社会等各个侧面全面地把握和分析失败与事故。2005 年 3 月 23 日 BP 德克萨斯州炼油厂发生爆炸，造成 15 人死亡，170 多人受伤。同年 4 月 26 日 BP 发表《BP 公司德克萨斯州炼油厂爆炸事故总结报告》，报告中展示的“大安全”理念值得我们借鉴。BP 公司没有把

事故的发生简单归结为操作失误或者有章不循，而是从企业文化、安全管理体系、安全制度、安全标准、企业领导行为、设备的完整性等方面进行系统思考、全面剖析，其对事故发生的影响及诱因以及避免事故发生应该改进的地方和采取的措施，这样的反思是全面的。畑村洋太郎指出“一味地忙着追究责任归属，对于避免重蹈失败覆辙并无助益”。BP报告中所体现的实事求是的作风值得我们学习。事故发生后，BP公司首先想到的不是“内外有别”或者“留一点，瞒一点”，而是“事故调查没有任何禁区，而且没有任何预想的概念先入为主”，力求尽快把真相告诉公众、告诉员工，“与社区、公司、监管部门、媒体和业界同仁一起分享我们的教训。”这样的勇气和坦诚，将管理和管理者的责任提升到更高的层次。正确对待事故是将事故知识化的第一条件。

重视事故苗头，将问题、隐患上升到事故管理。沙粒虽小伤人眼，小雨太久也成灾。量的积累必然带来质的飞跃。海恩法则指出：每一起严重事故的背后，必然有29次轻微事故和300起未遂先兆以及1000起事故隐患。事故的发生是量的积累的结果。杜邦公司的安全理念“任何事故都是可以避免的”核心之一在于对隐患和小问题保持高度警觉。台塑在各企业普遍开展虚惊事故（未遂事故）案例征集活动，每年环安卫中心组织编辑发行“台塑企业虚惊事故案例专辑”，以此学习事故防范和处理的经验，提高企业和员工处理异常情况的能力。要将问题、隐患升级到事故管理，也要将问题、隐患知识化全局共享。

强化错误的示范的作用。我们的标准化作业程序是员工智慧的凝结，固化于员工的创造，同时也有汲取的事故教训的内容，但缺乏背景材料，使人们的应急力下降，视野变窄。增加一些错误示范内容，多一些唠叨会起到预防事故的效果。高压装置的标准化检修作业指导书中不但提出了HSE危害分析和预防措施，而且就以前曾出现的事故、问题都在指导书中明确并配有图片。例如在检修搅拌轴环节，指导书明示“警告！曾出现百分表坠入反应器筒体事故。”

加强事故知识化管理，形成知识库。企业发展到一定阶段，随着组织机构的调整、人员的更替，有些在岗员工已不了解原始规范的意涵，无法真正理解个中原因。能否生动的说明“为什么会有这条规定”、“为什么需要这个装置”，是能否真正让员工将事故牢牢记在心头的关键所在。借鉴美国、俄罗斯、瑞典建立失败博物馆的方法，企业建立事故纪念馆所产生的教育作用将是巨大的。J.R.东日本铁路公司为了从过去的事故中吸取教训、提高员工安全意识，于2002年成立了事故历史展览馆。展览馆中陈列这过去事故的照片、报纸报道、事故发生时磨损面型的车轴实物，还用电脑合成影像栩栩如生地再现当时的事故情况。这种形式的安全教育传授的不是简单的课本知识，而能彻底改变员工的安全意识。燕化公司正在筹建钳工基础工艺实训基地，将有设备事故发生时的设备、零部件实物展示。这种“想给职工看”、“想让职工知道”的强烈愿望会促进整个组织学习。

将隐性知识显性化，培养员工第一反应是正确的。将隐性知识显性化，培养员工第一反应是正确的就是像畑村洋太郎所说“牢记暗号，重视直觉”。所谓“暗号”是指各行各业做事之前一定要想到的“下意识着眼点”，这些着眼点或许一开始只靠口耳相传，但若想降低事故的几率最好将这些暗号转化为数据、文字、图像等“形式暗号”，像咒语般然记于心。这些“暗号”就是隐性知识，如身上着火马上就地打滚，在装置区内巡检遇到头顶上方落下液体时要退后一步再观察，如下意识抬头，滴下来的腐蚀性物料将灼伤你的脸和眼…要把这些隐性知识文字化，写入安全须知，写入标准化作业程序。要应用可视化管理方法，将这些暗号写成提示牌，通过图示提醒现场人员重视。所谓“重视直觉”就是要保证直接作业环节的员工第一反应是正确的，这种要求的实现是要将“暗号”知识化后，经过千百次训练才能实现。2008年汶川大地震时，安县桑枣中学2300名师生用了1分36秒的时间全部撤离，创造了奇迹，这背后是“史上最牛校长”叶志平对他的学生们千百次的训练。

企业组织只有不断总结、积累过去的成功经验和失败的教训，有效的从经验中学习、在事故反思中成长，才能不断提升组织的智能，形成知识互补的共享文化和系统思考的反思文化，才能提高企业核心竞争力，推动企业的可持续发展。

（作者系中国石油化工股份有限公司北京燕山分公司发展研究中心党委书记）

从北京同仁堂的海外发展看文化交融的作用

张志红

北京同仁堂——创建于1669年（清康熙八年），自1723年开始供奉御药，历经八代皇帝188年。在300多年的历史长河中，同仁堂人始终恪守“炮制虽繁必不敢省人工，品味虽贵必不敢减物力”的古训，树立“修合无人见，存心有天知”的自律意识，以“同修仁德，济世养生”的企业精神和“配方独特、选料上乘、工艺精湛、疗效显著”的制药特色，打造了中国中医药行业的金字品牌。2006年，同仁堂中医药文化被列入首批国家级非物质文化遗产名录。

自1993年起，同仁堂以名牌带名医，名医带名药，医药相结合的形式走向海外。随着发展，因国家地区不同，文化差异日益显著。为了促进文化交融，同仁堂经过20年的探索与实践，走出了一条文化与经济相融并进的发展之路。2010年，同仁堂抓住机遇和国家汉办/孔子学院总部战略合作，共同推广中医药文化，取得了显著成果。

笔者从1995年起参加国际商务工作，亲历同仁堂从产品出口到海外办店，从营销走出去到生产走出去，从单一出口到进出口并举，从产品营销到文化营销的四大转变；特别是，参与同仁堂和国家汉办/孔子学院总部战略合作，搭建中医药文化海外传播的更高平台，从中深切感悟到文化交融的重要地位和作用。

从同仁堂的海外发展出发，通过总结实践经验和体会，力求在更高层次上研究和探讨企业国际化道路中解决文化交融的方法和途径，这对中国实体经济成功走向国际市场很有必要也十分迫切。

同仁堂的海外发展

商品贸易，实现产品跨出国门。自50年代起，同仁堂由北京医保公司代理销售出口产品。在当时的历史条件下，同仁堂依靠这种方式实现了产品走出国门的第一步。1992年，同仁堂集团获得自营进出口权，开始实现同仁堂产品出口创汇质的飞跃。

开办药店，实现以医带药。随着人们对中医药和天然产品的认知，同仁堂产品的需求日益增大。从1993年起，同仁堂开始对海外直接投资。如今，以“北京同仁堂”命名的海外公司及药店遍布在16个国家和地区，其中在中国香港、中国澳门、新加坡、澳大利亚等地还相继开办了多家分店。2011年，同仁堂迪拜店盛大开业，成为国内同行业进军中东市场的第一家。

建立工厂，实现本土化经营。2004年，同仁堂打破了300多年来“制药不出京”的传统，在香港投资1.78亿港币建立了北京同仁堂国药有限公司。2007年，国药公司生产研发基地通过香港卫生署GMP认证，2008年正式投产，并实现了当年投产、当年盈利，标志着同仁堂海外服务贸易的发展迈出更坚实的一步。

资产重组，实现专业化、规模化、集团化发展。2010年，同仁堂国药有限公司完成了对海外绩优资产的整合，组建同仁堂国药集团，并成为资本运营中心、无形资产管理中心、生产研发中心、进出口贸易代理中心、人员派出中心和文化塑造中心的同仁堂海外发展总部，推动了海外发展实现质的飞跃。

如今，同仁堂以“先易后难，先贸易后合作，先周边后欧美”的原则，在海外建立了17家公司及69家药店，共有海内外员工540人，累计诊疗的患者超过2000万人次，中成药产品销往4 0多个国家和地区，出口创汇连续15年双位数增长，保持全国同行业第一，海外零售网点覆盖面居全国同行业第一，实现了有华人的地方就有同仁堂，并开始走向发展欧美主流市场的新格局。

同仁堂的文化传播

海外发展伴随着文化交融。同仁堂的企业使命是″弘扬中医药文化，领导绿色医药潮流，提高人类生命与生活质量″。它是说同仁堂向海外推广的不仅仅是产品，更多的是与让世界人民分享中医药保健康的文化理念，通过名药支撑市场，名医创造健康，名店成就品牌的服务产业将传统中医药文化推广到海外。

作为中华老字号，北京同仁堂的品牌知名度在国内家喻户晓。但是在海外，由于文化的不认同使得其品牌的确立和发展经历了漫长而艰苦的过程。文化差异使得百年老号在海外一切从零开始。

例如：中医通过宏观体悟，辨证论治，调节人体自身、达到人与自然的平衡。西医则通过微观定量分析，对抗病灶，治疗病原体侵入，从而达到治病的目的。这种理念差异使得中药进入在进口国的市场前，必须取得标准认证；中医施治诊疗前，必须取得行医资格。此外，还存在着政治经济、人文地理、法律法规、思维观念等差异，都迫使同仁堂在海外发展时，必须解决好文化的相互交融问题。

文化传播 实现经济与文化互动。2009年，中央政治局常委、全国政协主席贾庆林指出“让同仁堂成为驰名中国，闻名世界的民族品牌”；同年，中央政治局委员、北京市委书记刘淇指出：同仁堂的品牌是全面的，既要有中国重量级的中药产品，又要体现中国的服务精神，既要经营产品，也要传播文化；2010年，中央政治局委员、国务委员刘延东指出：要善于整合各类带有中华文化元素的资源，既可丰富孔子学院的教学内容，又可彰显中华文化的博大内涵。促成了同仁堂和国家汉办/孔子学院总部的战略合作；国务院发展研究中心提出同仁堂要“创造健康，全球共享”。这些都标志着同仁堂的海外发展已向更高层次转变。

文化营销 促进相互交融。独特的同仁堂中医药文化确立了同仁堂在“做长、做强、做大”的战略目标下，既是经济实体又是文化载体的发展定位，为同仁堂在海外实现文化营销奠定了基础。

在海外，同仁堂的每一家店都是传播文化的基地和平台，发挥了同仁堂中医药文化作为国家级非物质文化遗产的优势，实现了标识统一、文化统一、形象统一。海外所有药店统一使用同仁堂云头匾和双龙标，把体现同仁堂核心理念的“两个必不敢”和“同修仁德，济世养生”的企业精神融入到店面设计中。

同时，同仁堂的产品销售不是单纯靠广告宣传，而是让外国朋友们从望闻问切、针灸推拿、辨证论治等诊疗中感受中医药文化，在此基础上体验同仁堂的优质产品和服务。同仁堂医德高尚、医术精良的医生通过中医药治疗疑难杂症，赢得了顾客信任，带动了产品销售，也使无数外国朋友对中华文化产生了浓厚兴趣。

同仁堂吉隆坡店的李广钧教授让一位双下肢患动脉炎的女士告别了轮椅，患者感激地送上“济世清风”的牌匾；有着“送子观音”美名的同仁堂悉尼店的吴高媛大夫让一位西医诊断终生不孕的女士成功自然怀孕，这位女士和家人都成了中医的拥护者；同仁堂迪拜店的梁树旗医生让一位双下肢发软无力15年的南非广告设计师重新站起来，患者激动地创作出传统中医风格的宣传画，表达了西方人眼中的同仁堂……

多元平台，助推文化融合。同仁堂联合孔子学院办学，在全球推广中医药文化取得了积极效果。继2010年同仁堂集团总经理梅群在第五届全球孔子学院大会上做“同仁堂与孔子学院合作”的主题发言后，2011年同仁堂先后在亚洲、欧洲地区孔子学院院长联席会议、海外合资公司及波兰、奥地利等国家宣讲中医药文化，均赢得了热烈反响。在2012年的首届京交会上，同仁堂更以20年文化与经济共荣的特色服务贸易成果，获得了党和国家领导人的肯定。

2012年，同仁堂集团在京举行“海外师徒传承教育项目启动仪式暨首届拜师会”，16名在海外工作或即将派往海外工作的员工现场拜师，以师带徒的方式定向培养“技能文化型”海外经营者团队和中医药专家队伍。这不仅是同仁堂海外特殊人才战略的提升，也标志着同仁堂专业化传播文化步入新的阶段。

20年来，同仁堂不断探索和丰富了文化交融的方法和途径，致力将中医药文化这一民族瑰宝推向世界，实现有健康需求的地方就有同仁堂。除了在亚洲，同仁堂也在与中国文化截然不同的西方国家开办了分店，如澳大利亚、英国、加拿大，并将在波兰和德国开设分店。

从同仁堂的海外发展看文化交融的作用

同仁堂中医药文化的优势。随着中国崛起和国际化的进程，越来越多的人们希望从中国功夫、杂技、京剧、舞狮、剪纸等比较表层的直观感受之外了解更多其深层的中国文化内涵。

“同仁堂中医药文化”在继承传统中医药文化精华，并融入宫廷制药规范的基础上，经过300多年的实践与创新，形成了具有自身特色的哲学思想、价值取向、品牌形象、质量文化、诚信文化和队伍建设的总和。同仁堂作为唯一以“中医药文化”进入首批国家级非物质文化遗产名录的中医药企业，特别是以医带药模式走向海外，为加强国际人文交流和文化交融提供了丰富的文化内涵素材和实践平台。

例如在同仁堂的文化方面，同仁堂的价值取向源于“可以养生，可以济人者惟医药为最”的创业宗旨，它所体现的是儒家思想的核心“仁、德、善”；同仁堂的经营理念是“诚信为本，药德为魂”，它所形成的是“德、诚、信”的思想和诚信文化。

在同仁堂的历史方面：供奉188年的宫廷御药，也是同仁堂见证清朝皇家采用中西医结合养生，并以中医药预防为主、治疗为辅的历史。比如：顺应人体的新陈代谢和阴阳平衡，宫廷中皇上后妃均按照四季天气变化、人体生理变化，以预防为主采用药食同源的药品，调养身体，这在御药房档案中称为“节差”。

促进实体经济与扩张。越来越多的外国朋友在对望闻问切、针灸推拿、辨证论治的传授和体验中，感同身受的体验到中医药在治疗人类疑难杂症、未病医学、中医养生等领域的神奇疗效，体验到中医药的博大精深。文化的认同和接受，有力地推动了同仁堂在海外的发展。

新加坡同仁堂凭借“以医带药”的特色模式让更多的当地民众了解到中药的药性、药味、药效，体验出名店、名医、名药的魅力，而日益增长的中医药市场需求和同仁堂优质的中医药服务使得同仁堂在新加坡的分店已经达到了5家。

延伸文化与经济。同仁堂在海外发展中不断融合多元文化，创新文化内涵，形成了具有自身特色的企业文化，促进了企业的做长、做强、做大，而文化交融平台的日益丰富和搭建，必将产生更有益的效果。

随着同仁堂与孔子学院合作的深入，在条件成熟的国家地区，将教学与交流合作扩展到产业合作。把同仁堂博物馆、经营实体办到孔子学院周边，如此形成可预见、可操作、系统化、规模化的良性产业链，实现社会经济效益共赢的可持续发展。

创造健康与和谐。同仁堂作为经济实体不断在海外各地开办分店，以医带药的文化交融为经济发展创造了条件，而物质与经济财富的丰富又为社会和谐提供了助力，包括为热衷中医药事业的外国朋友提供的就业平台，大家在多元文化和跨文化背景下，友好交往，分享健康，其乐融融。

同仁堂利用中外节庆、社区重大活动等机会，举办大量中医、武术、书法、茶艺等内容丰富的中华文化活动。在兴办同仁堂的过程中，广泛与外国的民众接触，真切地认识到中外文化差异和话语体系的不同，也逐步学会了如何与外国人打交道。

文化交融的现实与战略意义

对企业国际化的助推作用。人类在不断文明的进程中，形成了不同国家和地区不同的传统文化和文化传统，它们影响着这些国家和地区产生不同的政治法律、经济技术、人文理念、思维模式和生活方式等。在全球化的背景下，企业走向国际要面对文化碰撞、交流和融合成为必然，它们甚至成为企业向更高层次发展的瓶颈。

现实中，同仁堂积极应对和有效解决了这一问题，形成了以文化营销助推实体经济发展的新格局。文化引领成为同仁堂海外事业持续发展的内在动力。

对祖国中医药的弘扬作用。中医药文化博大精深，是中国传统文化的重要组成部分，它为中华民族几千年的繁衍生息和当今民众的生命健康提供了重要保证。为了让中医药所丰富蕴含的人文精神和优良品质惠及全球，在党和国家倡导“繁荣发展中医药文化”，“推动中医药走向世界”的战略机遇下，同仁堂积极寻求和搭建多元平台，携手孔子学院，担当历史使命和重任，传播、交流、弘扬中医药文化。

随着同仁堂不断拓展中医药文化交流渠道，扩大中医药文化服务领域，提高海外传播速度与交流质量，必将会取得更为积极而显著的效果，促进世界民众对中医药文化的更多理解、认同和接受。

对人类健康的贡献作用。根据WHO提出人的健康新概念，中西医相结合满足现代人健康需求的新医疗模式正在应运而生；随着疾病谱的演变，健康观念的提升，人类对“天人合一”思想指导下的中医药学理论和疗效的逐步认同，随着疑、难、重、新疾病对经济社会发展的加剧困扰，随着社会老龄化的必然到来，国际对中医药将提出更多、更高的需求。

同仁堂将在未来发展中更加关注生命健康，提供健康的个性化解决方案，“创造健康，全球共享”，并纳入到海外实体发展和传播文化中，为世界人民的文明和谐与健康福祉作出更大的贡献。

全球化背景下，文化交融是企业走向国际市场的共性问题。同仁堂在海外发展中以文化促经济，以经济促发展，是解决文化交融的有效方法和途径之一，具有示范和长远意义。它们显示出：文化交融的内涵是传统文化与现代文明交融，中国文化与国际文化接轨；文化交融的外延是文化与经济互动。文化交融是经济发展的前提和保障，是社会和谐的根基和基础，是企业国际化的动力和源泉。归根结底，文化交融是企业国际化的一条文化通道。

（作者系中国北京同仁堂（集团）有限责任公司文化传承中心主任）

制造无国界 品牌有祖国

任 建

从2008年9月3日可口可乐向汇源发出24亿美元收购要约始，至2009年3月18日商务部对可口可乐收购汇源案作出禁止裁决止，历经近7月，沸沸扬扬的可口可乐并购汇源案终于尘埃落定了。其间，赞成与反对并购的观点交锋激烈，汇源董事长朱新礼“品牌不应该有国界，不应该分人种”的名言经媒体放大后，更是引来了一片指责、非议之声，一度舆情汹涌，莫衷一是。遍寻媒体，争论的焦点不外乎两方面：赞方认为，经济全球化时代，生产要素流动、配置是纯粹的企业间商业行为，对品牌并购行为的批评、限制就会落入狭隘经济民族主义的窠臼；反方则以为，像汇源这样的做法，如果不从政府层面加以限制，长此以往，将关系到国家的经济安全，至少，要影响到我们国家在国际市场上的话语权。

毋庸置疑，随着经济活动全球化步伐的加快，资本、技术、劳动等生产要素以全球为疆域的流动、配置愈来愈成为流行趋势，资本逐利的本性、全球化采购模式、全球化研发体系、全球化人力资源配置、全球化分工布局更是加剧、固化了这种趋势。波音、空客等大型客机的全球化供应链体系的形成与发展就是明证。因此，这种全球化制造与供应链体系确实打破了制造环节的地域限制，使得国别属性变得愈发模糊、相互交融，从未来趋势来看，企业的竞争从本质上讲，将是以品牌为显性标志包括制造环节在内的产业链诸多环节的一体化竞争。

但需要厘清的是，此次可口可乐拟收购的并非只是属于有形资产的汇源厂房、设备，还包括无形资产层面的品牌及渠道资源，而后者的文化属性与消费者认同属性决定了我们不能以完全市场化、商业化配置有形资产的认知去看待品牌等无形资产资源的流动与处置，两者不可同日而语，等量齐观。道理很简单，品牌的价值不仅仅体现在产品、渠道优势及消费者记忆层面，更重要的，品牌之所以能成为品牌，是品牌的设计、生产、服务者用一个国家特有的语境符号、消费文化与服务技巧去不断满足消费者的结果，是品牌拥有者与消费者之间长期良性互动的结果，是一国国民的心理、精神皈依及特质民族文化、商业文明的聚焦与载体，因此，从这个意义上讲，品牌具有鲜明的祖国属性，此其一；其二，本土品牌的利润是这样实现的，通过包涵国家特色、民族文化、民族精神的创意活动形成代表品牌的名称、标识、图形与标志，上述各项通过面向消费者的传播手段、方式在社会形成影响(知名度)，品牌元素与制造、销售环节相结合，来获得市场的利润回报，这一利润是不同于产品利润的品牌利润，具有特定的国家人文与民族精神附加值。正因为如此，对待代表祖国属性、国民情感、民族文化与国家实力标志的品牌并购要慎之又慎，也正因为如此，我们要为商务部依据《反垄断法》对可口可乐收购汇源案作出禁止裁决而欢呼！

应当看到，愈来愈多的外资品牌凭借雄厚的资本实力及背后所依托的强势文化在中国传播市场攻城掠地，其结果必然是本土品牌与外资品牌影响力的此消彼长。事实上，在社会生活的各个领域，对本土品牌歧视现象已经在不同程度上有所显现。君不见，国内商业街的品牌招商，非洋牌子不招；大型百货商场的进场费用，本土品牌要远高于外资品牌；平头百姓的生活起居、日常消费中，吃喝拉撒的事儿，只要与洋牌子沾边，立马身价倍增，不能自已，如此等等，不一而足。

还应当看到，从世界各经济强国演变的历程来考察，任何一个国家的崛起与振兴，相伴相随的都是一批具有国家特质、民族人文精神的产品与服务品牌整体崛起与振兴，在此基础上，这些品牌与全球的制造、渠道与服务资源相结合，从全球范围内获得了丰厚的市场回报。对中国而言，为未来计，没有一大批承载特质中国文化与商业文明的本土品牌在世界市场整体崛起，中华民族的伟大复兴是很难想象的。为之计，需要多方面入手，一体化规划、推进本土品牌的建设与管理工作。首先，需要精心挖掘、整理、凝练代表中国精神、中国优秀传统文化的理念、价值观，并用国际市场消费者所认同的商业符号、商业语言展示出来；其次，必须从对本土品牌支持角度消除传媒市场对本土品牌的品牌歧视。囿于资本实力，本土品牌根本没有实力在同一层面上与外资品牌在国内外传媒市场竞争，建议按照市场占有率、利税贡献额及实现就业率的大小排序，由国家有关部门设立本土品牌振兴基金，以版面、频道、时间等传播资源补贴、奖励的形式对优秀本土品牌给与资金支持；再次，从整体来看，本土品牌产业同业协会缺失、本土品牌的市场自组织体系、功能严重匮乏，这些都严重制约了本土品牌的崛起与成长，因此建议要提升本土品牌市场竞争力角度加强对本土品牌的自组织管理，改组与完善本土品牌的自组织功能；次次，建议先从各地政府采购入手，在品质、价格、服务等基本要素合乎要求情况下，同等条件下，优先采购本土品牌的产品与服务。这不仅仅是一种姿态，也是对处于成长期的本土品牌的实实在在的推动与促进；最后，笔者认为，本土品牌的整体崛起最关键的莫过于品牌经营人才的培养问题。品牌经营亟待通晓品牌创意、品牌传播与沟通、品牌的制造与加工、品牌的终端销售及品牌与消费者关系维护的品牌经营“通才”，但从目前品牌经营与管理的现状来看，品牌管理人员基本是从某一环节出发去设计、策划与管理的，基于消费者对品牌感觉、体验、认知与联想一体化实现的经营模式与经营人才都十分缺乏，而后者正是国内教育机构应当努力调整的方向。

（本文摘自《现代企业文化》2010 年 01-02 期）

企业文化核心价值理念转化落地的措施与途径

王 泽 李 琛

要构建一个企业行之有效的企业文化，首先要选择一种适合企业发展的正确价值观，用价值观引领企业的活动。企业价值观反映的是企业活动根本目的，它对于凝聚人心、协调企业、统一企业的行为有着巨大的促进和推动作用。而企业的核心价值理念，是企业历史发展中最首要的因素：它是企业职工心目中指航的灯塔，是企业发展永不枯竭的动力，是企业员工长期养成的行为习惯，也是企培育出的文化自觉。在企业文化建设中，企业不仅要确立一种正确的价值观，更重要的是要将企业文化核心价值理念转化落地，变成员工的自觉行动，进而才能成为企业发展创新的源动力。北汽福田汽车股份有限公司北京福田发动机厂自 2000 年 5 月成立以来，经历了不同时期的企业文化理念提炼、文化转化和企业核心价值观落地的实践探索，收到了良好的效果。

理念渗透，推进企业文化内化于心

文化理念的形成是对企业生产经营活动的挖掘和提炼，在文化理念未根植企业价值链各个环节个体的思想意识前，它是“虚”的。只有当文化渗透到员工内心，渗透到客户心里，渗透到企业经营管理的全过程，才会实现“虚”到“实”的转换，助推企业发展。福田汽车北京发动机厂的做法是：

塑造企业信仰。福田汽车北京发动机厂结合自身业务经过多年探索逐步形成了全面的文化价值体系。其中核心价值体系为：企业愿景：引领汽车产业；企业使命：致力人文科技　驱动现代生活；核心价值观：团队第一　个人第二；热情　创新　永不止步；动力体系：绿色动力、人文动力、速度动力、发展动力，以及七个相关理念。正是靠正确的价值理念，经过多年的艰苦卓绝的建设，成为了发动机产业内的中坚力量。

锻造企业灵魂。福田汽车北京发动机厂把“四个动力”作为企业的奋斗方向、决策的选择标准、行为的准绳、检验企业是否成功的准则，为企业发展注入了不懈的精神动力。

对员工的理念渗透。企业文化对社会的传播是以企业内部的文化理念渗透为基础的，文化的外在表现往往通过员工尤其是一线员工的行为来实现 。福田汽车北京发动机厂通过发布《企业文化手册》、开展各类文艺活动，突出文化内涵，使员工在学习、娱乐的同时了解并逐步认同核心价值理念；开展企业文化知识竞赛，利用测试、知识竞赛等方式，以考促学，确保企业文化理念内化于心；进行企业文化学习辅导，企业内部横到边、纵到底的以“四个动力”为主题，围绕企业文化、福田汽车北京发动机厂文化、推进公司企业文化、发挥企业文化在生产、经营中的作用等问题，反复向员工作讲解，对新入职员工进行集中企业文化学习培训，使新员工迅速认同福田汽车北京发动机厂文化。

同时，利用内部刊物《动力》、内部视频节目《动力新闻》、分布于各车间的宣传栏等形式，积极宣贯企业文化内容；结合身边人、身边事，将企业文化、先进事迹、典型人物、员工心声、企业经营发展战略的内容全方位、多角度、营造了浓厚的企业文化氛围，深层次地开展反复的宣传，增进各层次员工间的沟通，提高企业的凝聚力和向心力，促进了企业文化的“内化于心”。

对客户的理念渗透。对于客户，我们无法用硬性的制度去约束他们，只能通过优质的服务、高质量的产品和不断满足客户需求，通过细致入微的服务渗透的企业文化理念。销售人员、采购人员、驻外服务人员是最直接的文化传播和渗透使者，通过优质的服务，有效促进服务背后的文化沟通，把文化理念循序渐进地渗透到日常工作中，让客户感受到这种价值观背后深厚的文化内涵和强大的生命力。

理念践行，推动企业文化外化于行

福田汽车北京发动机厂的动力精神是：“目标导向　创新高效　和谐进取　用户至上”，它凸现了工厂崇高的追求，富有号召力；而“引领汽车产业”的企业愿景，对企业发展战略进行了高度概括和集中表述，描绘了一幅集团未来发展的宏伟蓝图。如何把美好蓝图变成现实，我们的措施是：

畅通文化沟通平台和渠道。借助外部协会等一切可以整合的资源，开展企业文化课题研究，让员工积极参与企业文化建设并建言献策。

围绕文化理念组织策划有利于企业文化宣传的活动。如：丰富多彩的娱乐活动，使企业文化气息渗透到每一个角落、融入每一名员工心里，使员工在活动中受到震撼，提高对企业理念的认同，让员工在宣导活动中受到启迪和熏陶，提高精神境界，增强工作责任心。同时，精心设计和运作各类企业文化推进的活动载体，将争创“企业文化示范单位”已列入年度计划等，深化理念教育。

开展“动力之星”评选活动。将评选出来的“动力之星”，采取表彰、报纸电视专题报道、制作光盘录像等多种形式进行集中宣传，积极发挥转化落地典型的示范导向作用。

持续开展"全员质量提升"活动。引导干部、职工积极实践企业文化，模范履行干部、员工岗位行为规范。各级组织结合自身特点，开展"质量提升"、"技能提升"、"技术创新"等活动，树立诚信典型，发挥先进人物在企业文化建设中的榜样、聚合、导向作用。

持续开展改善创新活动，把企业文化融入其中。多年以来，通过员工自身践履诚信行为的亲身感受，破除陈规陋习、实现自我完善并为企业发展献计献策，一年一个年度经营主题，一年迈上一个新台阶，使福田汽车北京发动机厂文化体系在实践中得到完善升华。

将培训作为文化理念转化落实的途径之一。在企业文化实践过程中，公司利用各种场合，采用各种形式，对员工持续进行通俗解读培训，使文化理念等更加具体化和形象化，使得员工更加容易接受，实现员工对文化的认同。

深度融合生产经营活动。企业文化建设的落脚点在于生产经营活动的每一个细节上。通过把企业文化宣贯与员工的职业生涯设计结合起来，完善价值观评估与员工绩效评价相结合的考核体系，把价值观、企业精神、行为信条等文化理念落实到各个具体岗位，细化为可描述、可操作、可考核的岗位行为规范；把企业文化建设融入生产、质量、销售、服务等有形价值链业务和思想政治教育等无形价值链业务，将业务各方面的独特优势转化为企业的竞争优势、创新优势和文化优势，引导员工积极践行核心价值理念。

编辑出版员工培训手册，规范员工的言行，让员工日常生产、生活文化起来。如：机加部将员工每天上班必做的工作明确列为"8个必须程序"，采购部兼顾本职工作开展了"5个为什么"、"U8实战"、"业务流程"等内容的系列培训；综合管理部从"导入、转化、落实"三方面入手，组织阅读《赢在执行员工版》等著作，提倡"多思考"、"换位理念，分层次对岗位业务进行识别分析，建立工作标准，让员工在在岗位工作中转化企业价值观。

氛围营造，推动企业文化显化于物

企业导入VI标识规范部分，视觉冲击是企业文化氛围的关键。对各车间、办公室规范VI标识的制作和实施。

设计使用企业文化视觉识别系统。信封信纸、文件袋等各种物质载体搭建企业文化的识别系统，树立鲜明视觉形象。如统一制作的手提袋，正面是"福田汽车北京发动机厂"，背面是我们的核心文化"绿色动力 人文动力 速度动力 发展动力"，让员工在耳濡目染中熟悉企业文化。

按照企业文化建设规划，定期对《企业文化手册》进行修订，与时俱进，不断充实完善《手册》内容。

编撰《为你而歌》系列手册。《为你而歌》是记录和展示企业普通员工在岗位中坚守核心价值观、践行企业文化的生动片段，也是福田汽车北京发动机厂弘扬和传承诚信文化的一个载体。

倡导体面劳动、快乐生活。良好的环境对员工的文化熏陶具有潜移默化的作用。分门别类的文体协会及其常态化的健康快乐的活动，让快乐的氛围充实员工的业余生活，促进员工良好道德风尚的养成，推进文化落地进程。

建章立制，促使企业文化固化于制

自上而下建立企业文化建设推进机制，把企业文化建设工作纳入工作考核内容。福田汽车北京发动机厂将建设先进的企业文化作为企业党政领导的共同职责，把企业文化建设作为一项KPI指标，纳入管理考核系统，导入所有员工、所用岗位的KPI体系建设，坚持与其他工作同部署、同检查、同考核、同奖惩，坚持企业文化与绩效管理融合，出台绩效考核办法，不断健全完善企业文化激励机制。

加强制度文化建设，用制度规范行为。将文化理念转化为实际可操作的管理制度，形成企业的文化力，引领员工的健康成长，引领企业健康发展，是使文化理念从"虚"向"实"转化的重要途径。经过多年努力，已建成科学的制度体系，当前建立的各项管理制度涉及到企业管理的各个层面。强调用制度管人，按制度办事等；严格贯彻制度，严格落实制度，使权力在约束监控条件下运用，避免了"人治"的随意性，为打造强大的执行力发挥了积极作用。

以制度文化为基础，形成员工自发的行为文化。制度文化的关键在于制定科学、合理的企业管理制度，通过生产经营活动来完善和改进管理制度，使之具备物质、精神、竞争、发展等方面的潜能，将员工生活状态的"迥异个性"引领到企业"集体性格"上来，最终挖掘员工的最大潜能，突破各种极限，在成就员工人生发展的同时实现企业的发展。

以核心价值理念为基础，建设制度文化。当前，福田汽车北京发动机厂的各项管理制度都是以企业的核心价值观为出发点和依据，将每一个岗位的行为规范都标准化、制度化、流程化，让所有的员工有据可依，用看得见的制度来把"虚"的理念形象化、具体化。同时，不断适应企业改革的要求，将理念体系中的各个理念与管理制度进行双向调整与变革，实现文化理念与管理制度的互动结合，真正打造企业的文化力。

我们欣喜地看到：经过坚持数年的核心价值观的灌输和落地，一个有良好文化的北汽福田汽车股份有限公司北京福田发动机厂已成为行业的标杆并受到业界关注，在激烈的市场竞争中，通过整合社会资源，实现了发动机业务的快速发展。

（作者单位：北汽福田汽车股份有限公司北京福田发动机厂）

企业人才培养与企业文化培育和谐发展

屠春云

企业要发展，人才是关键。纵观荣能集团几年来所取得的成就，我们深切体会到：荣能集团作为生产型企业要在市场竞争中立于不败之地，求得更好的生存和发展，必须具备一支高素质的干部队伍，同时，也必须深化人事制度改革，摸索一套行之有效的选人、用人机制，从而培养和造就了一批高素质的管理人才，增强了企业的活力和竞争力。我们的主要做法是：

创新人才观念，培养高素质管理人才

创新人才机制，首先要更新观念，树立正确的人才观。建立科学、完善的并与市场相配套的人才评价、培养、使用和激励的用人机制，是挖掘人才资源、发挥人才优势、提高用人效益的关键。

一是建立科学的选人标准。企业的管理最终是人事管理，成功的管理必须摒弃陈旧过时、狭隘落后的人才观念；成功的管理，必然是人才的优化配置。选拔人才，贵在公心；有德无才，力不胜任，难当大事；有才无德，难以服人，涣散人心；企业要做到尊重人、相信人、关心人、有效地选人，用人之长、容人之短，用人还必须创造性地发挥员工的意愿、力量、智慧、能力以达到组织的整体能力。加强人力资源管理，树立以人为本的管理思想。

二是树立科学的用人意识。人是创造知识、传播知识、应用知识的主体，人才是技术创新的关键，是市场竞争的核心，是经济社会发展中最为重要的宝贵资源，是现代经济中最为活跃的生产要素，是市场经济竞争中最有价值的经济资本。使用人才，巧在善用，就是在用人上要扬长避短。在选拔培养人才当中，一定要解放思想，打破常规，坚决破除论资排辈、求全责备、迁就照顾等陈旧落后的观念，要敢于大胆地发现和破格起用中青年高素质人才，注意人才的科技素质，用人要重德行、重才能、重业绩，把德才兼备、具有现代化管理和领导才能的科技人员选拔到领导岗位，树立任人唯贤、知人善任和不拘一格使用人才的理念；要明确职责权限，放手让他们去干，使他们感到有充分施展聪明才智的空间、机会和场所，努力营造尊重知识、尊重人才、爱护人才、支持人才、拴心留人的氛围，使各类优秀人才脱颖而出、奋发进取，并在使用中实现合理流动，在工作中给各类人才实现自我价值和施展才华的用武之地。

三是建立科学的人才流动机制。人流、物流、资金流、信息流是现代经济市场开发的特征，是市场交换规律的表现形式。在市场经济条件下，人才作为最活跃的生产要素，其流动性更为明显，人才总是流向最能发挥其作用的地方。一个单位和部门，人才不流动，死水一潭，就没有生机和活力。流动是规律，是正常的，要建立合理的人才流动机制，调剂人才余缺，把高素质人员引导到新型建材市场，保住核心人才、吸引留住人才和流入人才，增强吸引力，为人才创造“用武之地”是人才资源管理中较为合理的更新机制。

四是要爱才、惜才。要树立科学的人才观，以“天下人才为我用”的气概，敏锐地发现和培养人才，大胆使用人才，使其成为企业未来的中坚力量，努力形成“人才兴企”的良好机制和环境。

五是积极营造优秀人才脱颖而出的良好环境，形成以素质论人才、重实际用干部、以贡献分报酬的机制。要加大市场取向的改革，促进以业绩为取向的人才价值观的转变，引进竞争机制、创新激励机制，才能使人才脱颖而出，才能扩大人才视野，也才能鼓励先进、鞭策后进、淘汰落后。做到以事业吸引人才、以待遇激励人才、以真挚感召人才和以真诚留住人才，公司按照“优才、优劳、优岗、优酬”的原则，建立了体现管理水平、业务能力、工作业绩、资格经历和岗位需要的人才等级序列，将收入与岗位职责、工作业绩、实际贡献以及产生的经济效益和社会效益直接挂勾，真正体现人才的价值、知识的价值，体现尊重劳动、尊重人才、尊重创造的强有力的人才保障机制，在公司形成了“万类霜天竞自由”的大好局面。

六是重视职工能力素质培养。当今世界综合国力的竞争，科技是关键、教育是基础、管理是保障、人才是核心。面对市场经济的日益竞争和知识经济时代的挑战，接受良好的教育培训是人们生存发展的第一需要和终身受益的财富。从这个意义上讲，人才培养也是实践“三个代表”重要思想的具体体现，是培育先进知识群体和核心竞争力、创造先进生产力的基础。优质的培训是人力资源管理的基础，只有注重“投资与人”才能使企业成为人才发展的一片“乐土”。对人才进行良好的培养是提高企业员工整体素质的根本手段。在企业员工的才能发展方面，应开展政治思想和道德素质、技术知识和技能、管理技能和手段、沟通和协调技能、市场营销知识、法律法规知识、标准、规范知识的学习，只有不断地更新旧有的知识库，掌握最新的知识和技能，才能跟上知识进步的节奏，企业和员工才能不被淘汰。企业要不断地使有潜能的人才得到发掘和重点培养，才能保持旺盛的核心竞争力，造就“人才兴企”的良好机制和环境，实现人与工作的真正融合。

质量，是企业生存的前提；品牌，是企业竞争的基础。面对全球经济一体化的新的机遇和挑战，企业的生存和发展正面临着严峻的挑战。在国家和企业综合实力的竞争中，人才已成为第一位的战略资源。国家富裕靠经济，经济发展靠企业，企业发展靠核心竞争力，核心竞争力发展靠科技和经营管理，而科技和管理靠人才，人才对经济发展具有决定性的作用，人才是知识经济发展的重要资源，因而强化人才意识就显得尤为重要。

在工作中，我们始终注重引导企业职工树立五种先进理念：

一是学习是前进的基础，创新的动力，即“学习为本”的理念；二是时时处处学习，终身接受教育，即“终身学习”的理念；三是学习与工作密不可分，即“工作学习化，学习工作化”的理念；四是相互学习交流，即“团队学习”的理念；五是学习重在创新，改进思维方式和习惯行为，即“创造性学习”的理念。

我们还注意搞好了教育培训，注重建设好两支队伍。通过多层次、多形式的职业培训教育活动，力求建设一支政治素质高、具有现代管理知识和富有创新精神的管理者队伍；

建设一支以中级专业技术人员为主体、高级专业技术人员为骨干、初级专业技术人员为基础，具有良好职业道德和较高文化技术素质的职工队伍。

公司用于学习培训的费用每年数十万元，占到工资总额的2-4%。几年来公司在选拔任用、培养管理和关心人才造就高素质队伍上和进行人才机制创新上做了不懈的努力，取得了良好的效果。我公司将继续坚定不移地深化人事制度改革，创新人才机制，充分发挥“人才”的积极作用，让企业活力四射，让“荣能集团”的品牌在全国叫响！

培育以质量和诚信为中心的企业文化

当今的时代，扑面而来的是一种知识化、科学化和高新技术化的知识经济，是一种多样化、开放性、高度动态性的新型大市场。在这大市场、大经济的运转过程中，经济与企业文化形成了互为中介的整合现象，正在以迅雷不及掩耳之势，由局部向整体、由低层次向高层次推进，成为现代化市场经济不可逆转的大趋势。面对新形势和新挑战，我们深刻地意识到经济发展离不开文化的先导作用，因而搞好企业的文化建设，才能拓展经济发展的新思路和新领域。

企业文化是企业腾飞之魂，企业文化塑造企业形象，企业文化规范企业行为，企业文化能促进企业的有效管理。荣能集团成立十年来，之所以取得较好的成绩，先后被国家建设部和行业协会评为“全国先进单位”，最重要的一点就是将质量与企业文化相结合，建立、健全了一套完整的以质量和诚信为中心的企业文化，以此来不断提高服务质量，在新型建材市场竞争日趋激烈的情况下，不断发展壮大，并取得了较好的社会效益和经济效益。

首先，健康的企业文化是塑造职工良好素质的关键。现代企业的竞争首先是人的竞争，企业的兴衰关键在人，只有建立一支高素质的职工队伍，才能在竞争中立于不败之地。荣能集团从提高职工素质入手，从2003年起，首先提出了“团结、务实、创新、奋进”的企业精神、“质量立业、诚信兴企”的经营宗旨和“立足本省、面向华东、逐步走向世界”的公司三步走发展战略，并逐步提出要努力提高职工的“四大素质”，即：努力提高职工的“政治思想、专业技能、法律合同和社交协调素质”；倡导“五种工作作风”，即：“艰苦奋斗、严格认真、实事求是、雷厉风行和敢创一流”；达到“六个工作目标”，即：逐步建立起一支“思想作风硬、专业技能精、职业道德好、服务意识强、检查督促勤和工作效率高”的职工队伍。公司制定了一系列提高职工素质的措施，经过几年的努力，荣能集团的职工素质得到了明显提高，并得到了各界的普遍认可和好评。其次，健康的企业文化是提高质量的前提。2004年6月，随着企业的良性发展，公司进行了ISO9001质量、ISO14000环境及GB/T28001职业健康安全管理体系三合一整合认证，并提出了“节能降耗、排污达标、以人为本、绿色生产”的公司环保方针和“规范操作、杜绝事故、预防为主、安全生产”的公司职业健康安全方针；2005年7月，公司总结了“揽一个项目、学一地经验、创一项品牌、取一片效益、树一面旗帜、拓一方市场、交一批朋友”的“七个一”经营目标；在公司进入快速发展的进程中，公司又于2008年2月提出了“新的起点、新的思维、新的机制、新的高度”的公司发展理念，这表达了荣能人在新的规划中实现“一最两跨”新目标的具体体现，它预示了荣能人在新的世纪、站在新的起跑线上用新的思维和视觉，采用新的经营和分配模式，去追逐和占领新的制高点的决心和勇气；2009年2月，公司决策层根据学习到的企业管理知识和企业的发展现状，提出了“致力于成为最具竞争力的具有公信力的中国混凝土领先企业、逐步迈入国家知名先进企业”的公司愿景；“社会价值高于经济价值、人的价值高于物的价值，团队价值高于个人价值，长远价值高于近期价值”的核心价值观；“决策科学化、任务目标化、质量责任化、安全预防化、环保意识化、管理制度化、执行程序化、检查动态化、操作规范化、创新持续化”的工作原则；“适合于不同企业、不同情况同时采取的低成本战略、差异化战略、目标集中战略和品牌战略”的公司竞争战略。

总之，企业文化是一种精神生产力，这种文化是推动企业发展的源动力，这种源动力在企业遭受挫折和困境时，它能支撑企业闯过难关；在企业处于兴盛时，这种源动力能加速企业发展，始终推动企业向既定的目标执著坚定地前进。荣能集团正是建立了一个发展的、实践的、开放的企业文化体系，不断实现企业的自我超越，同时在发展过程中不断丰富和完善这种企业文化的内涵，才能够不断地发展壮大，不断前进。

（作者系江苏荣能集团工会主席、企业文化促进办主任）

打造执行文化 提升企业执行力

赵福强

企业执行文化，就是把“执行”作为所有行为的最高准则和终极目标的企业文化，是企业执行理念、执行意识、执行机制、执行能力、执行效果的总和，也是企业战略思想、决策、规划、目标得以有效贯彻落实的根本保障。

打造执行文化就是要在企业内部培育尽心履职、主动工作的共同信念，强化有令必行、有禁必止的执行意识，塑造迎难而上、克难奋进的优良作风，构建执行有力，监督有效的强劲执行系统，营造讲执行、重执行、主动执行、全力以赴的浓厚氛围，促进企业执行力的全面提升。

管理咨询大师拉姆·查兰在《如何完成任务的学问》一书中，一针见血地指出：“缺乏执行力，才是企业失败的最重要原因”。比尔．盖茨曾坦言说：“微软在未来十年内，所面临的挑战就是执行力”。许多管理界的学者在经过大量的跟踪调查后，提出了“执行文化缺失，是企业管理最大的黑洞”这一观点，被认为是当前最前沿的管理理论。

当今社会市场竞争日趋激烈，发展形势不断演变，只有那些对竞争环境变化反应及时、行动迅速、执行到位、执行有力的企业才能在社会发展和激烈的市场竞争中立于不败之地。可以说，执行力文化建设已经成为一个企业兴衰成败的决定因素，是企业顺应时代发展，适应竞争需求，提升核心竞争力的战略抉择。

打造执行文化，理念要先行。树立了正确的执行理念，就为正确的执行提供了方向和保证。如，同煤集团提出的“贵在落实，赢在执行”执行理念，突出“落实”的重要性，抓住“提升执行力”这个关键，具有鲜明的时代特征和企业特色，形成了同煤集团新的工作观和方法论，与此同时企业通过板报专栏、广播电视、座谈研讨、征集论文等形式大力宣传，广泛营造，鼓励广大员工牢固树立“贵在落实，赢在执行”理念，把握内涵，增强执行意识，提高执行素养，培养执行自觉，使其形成一种习惯、一种精神、一种传统，在同煤不断传承。

打造执行文化，责任意识是前提。责任心决定执行力。有责任才能促进落实，有责任才能保证执行成效。企业要引导广大员工树立强烈的责任感、使命感，大力倡导“接受任务不讲条件、执行任务不找借口”，“对企业负责就是对自己负责”等价值观念，增强员工的执行意识、服从意识、大局意识。帮助员工克服主观和客观上的障碍，是员工自觉把责任心转化为实际行动，做到在其位、谋其职、尽其责，形成“人人抓执行，事事有落实”的浓厚氛围，把工作任务执行好、落实好。

打造执行文化，领导带头是关键。领导人员是企业的决策者，更是决策的落实者、执行者和推动者。所以，打造执行文化，关键要从领导人员抓起，培育领导人员正确的价值观、事业观、发展观，切实增强他们的使命感、责任感和抓执行的自觉性，使他们想执行、愿执行、会执行，形成强烈的执行意识和坚定的执行意志，团结和带领广大员工把企业的战略部署、思路决策、措施要求扎扎实实落实在实践中，把工作抓好、抓实、抓出成效。

打造执行文化，机制建设是保障。科学完善的工作机制是打造执行文化的有力保障，也是提升执行力的有效“杠杆”。所以，必须建立一套目标明确、责任到人、考核严谨、监督有效的工作机制。一是进一步完善岗位标准，使每项工作的执行做到有目标、有措施、有时限、有督查、有考核，形成明确的执行机制和管理闭环。二是强化监督机制，充分发挥广大员工群众的监督主体作用，对组织纪律性、规章制度的落实结果进行有效监督，确保制度执行不走样。三是完善考核机制，从数量、质量、成本、效果、时间等方面建立评估标准，做到考核不手软，不变通，不走样。四是建立激励机制，从物质奖励、精神鼓舞等多方面入手，表彰先进，鞭策落后，最终形成科学完善、执行到位、监督有力、奖勤罚懒、优胜劣汰的长效机制，让执行力强的员工有地位、有作为、有发展，广泛调动员工抓落实，强执行的积极性和主动性，促进企业执行力的全面提升。

打造执行文化，提升能力是重点。执行能力体现着员工的文明素养、业务素质和工作能力。员工是执行文化的主体，只有切实提升每名员工的执行能力，才能最终汇聚成整个企业强大执行力。首先是提升领悟能力，企业要引导员工，特别是管理人员，准确把握企业决策部署，紧密结合实际情况，做到吃透上情，摸清下情，切实提升科学决策的水平和能力；其次是提升学习能力，学习能力决定着工作能力和执行能力，企业要引导员工树立终身学习的观念，学理论、学业务、提素质，不断把学习的成果转化为谋划工作的思路、促进工作的措施、执行任务的本领。第三是增强协作能力，企业要培育员工树立大局意识、团结意识、合作意识，杜绝推诿扯皮，增进部门协作，形成相互协调，精诚团结的良好工作局面，增强团队的执行能力。第四是提升创新能力，适应形势任务的发展变化，创新思路、创新管理、创新方式方法，创造性地执行各项工作任务。

实践成效是检验执行效果的标准。一个单位、一个部门执行是否到位，执行力的强弱，就是要看各单位各部门是否把企业的发展思路、发展规划、决策部署执行到位，是否把本单位本部门的目标任务科学分解，细化到岗位、量化到人头、落实到实践；是不折不扣，一抓到底的执行，还是仅仅停留在会议和文件上；是阳奉阴违还是认真执行，最终都要体现在工作的成效上。在实践中，我们可以看到凡是执行力强的单位和部门，工作效率、服务质量、管理水平都很不错。反之，执行力低下的单位，领导碌碌无为，员工敷衍塞责，工作业绩也上不去。因此我们要引导员工树立“细节决定成败”的理念，培育一丝不苟的精神，养成精益求精的作风，求真务实、精抓细干地把各项工作做好、做细、做精，高效率、高质量、高水平的完成各项任务，不断提高执行的质量与效果，为企业战略的顺利实施提供有力保障。

（作者单位：大同煤矿集团公司）

航天企业建立社会责任管理体系的思考

蒋德慧

一、航天企业为什么要关注社会责任的履行

关于企业如何履行社会责任的研究在中国尚属起步阶段，对大多数航天企业而言，履行社会责任之命题研究还比较少，还不是非常受到关注。很多人认为企业的天职是实现股东利益最大化，航天企业最重要的是实现国有资产的保值增值，做些公益事业、注意环境保护等等这些事情都是建立在企业发展壮大之后锦上添花的事情，没必要给予关注。

西方是社会责任履行研究的起源地，其发展也大大早于我国。20 世纪 90 年代初，当美国的一服装制造厂雇用年轻女工在类似监狱般的环境中工作一事被媒体曝光后，受到了全美消费者的抵制。该事件受到了西方发达国家企业和

理论界的广泛关注，成为企业社会责任研究的标志性事件。西方理论界对社会责任的界定、社会责任管理体系建立开展了诸多研究，形成了多个理论学派，虽然较多的航天企业还没有把社会责任管理体系建设提上议事日程，国资委却早于2007年12月29日便印发了《关于中央企业履行社会责任的指导意见》，通知指出“为了推动中央企业在建设中国特色社会主义事业中，认真履行好社会责任，实现企业与社会、环境的全面协调可持续发展，研究制定了该意见，请结合本企业实际参照执行。”

在中央企业社会责任履行的实践探索方面，走得比较靠前的是纺织行业。2005年，纺织行业率先发布实施了《中国纺织行业社会责任管理体系总则及细则》，并坚持每年向社会、消费者发布《企业履行社会责任报告》。鉴于纺织行业高污染、劳动密集型、紧密依靠出口的行业特点，应该说其在社会责任履行实践中的超前探索与其强烈依赖出口、对环境污染较大、雇用大量廉价劳动力而易使劳动者权益受到侵害的行业特点紧密相关。但我们也注意到，航天企业关注社会责任履行与企业的规模、性质和行业特点息息相关。

（一）履行社会责任是国民经济发展对航天企业提出的要求。

航天企业是国民经济的重要组成部分，航天产业的发展对整个中国科技的进步、人民生活的提升、国有经济的发展有着关键重要的意义。鉴于航天企业在国民经济中的重要地位，能否切实履行好社会责任，对整个国有大中型企业，对整个社会各类型企业都有着标志和示范的作用。

（二）履行社会责任是国家、人民、社会对航天企业的广泛要求。

航天企业的发展受到了国家的重点支持，航天企业的发展趋势及社会责任履行情况理应为社会所知晓和监督。政府支持与社会的厚爱使航天企业深入思考，何以为报？履行相应的社会责任理应被提上议事日程。

（三）履行社会责任是航天企业在行业协作、参与国际经济交往中的必然选择。

经济全球化日益深入的新形势下，西方国际社会高度关注企业社会责任，并日渐形成了社会责任机制，所以，中国企业要在世界市场上立足，除了要有过硬的产品和技术以及管理，还要有符合国际规则的社会道义和责任。

二、航天企业社会责任履行的现状及展望

（一）企业社会责任的含义。

基本内涵综述。企业社会责任(Corporate Social Responsibility，简称 CSR)是指企业通过企业制度和企业行为所体现的对员工、商务伙伴、客户（消费者）、社区、国家履行的各种积极义务和责任。

基于利益相关者理论基础对企业社会责任的理解。根据经济学家弗里曼的利益相关者理论，企业的社会责任大致可以划分为对股东、员工、顾客、政府、环境保护、社区、竞争者、社会公益及慈善事业的责任等八大块。

（二）现阶段我国航天企业履行的主要社会责任。

航天企业从建立之初即凝结了国家、社会和人民的希望。多年来，无论是高质量的完成星船研制任务，还是在救灾抢险中的冲锋陷阵，无一不显示了其作为重点军工国有企业强烈的社会责任感，在研究航天企业社会责任体系建设中，我们要首先总结一下目前航天企业履行社会义务的情况。

完成国家交给的各项星船研制任务，通过提供航天产品与服务，提高人民生活水平，提升国家国防科技力量，产生了巨大的社会效益和经济效益。

在抗震救灾等社会突发事件、灾害面前，提供航天技术服务，为抗震减灾、挽救生命等作出贡献，体现了航天高科技企业的社会责任感。

多种手段保障员工权益，为提升员工幸福指数不断努力。近年来，依托工会、党团组织，航天企业针对保障员工权益、建立和谐劳动关系开展了多项工作，促进和谐劳动关系的建立。

在节能降噪减排环保等方面工作不断努力，为建设资源节约型、环境友好型社会履行企业公民的责任。

开展多种形式的社会公益活动，积极支持社区、街道开展的各类活动，为营造全社会的和谐氛围、培养有同情心、有爱心的员工队伍而不断努力。

保持企业较好的经营业绩，实现国有资产的保值增值。利用好国家的技措技改投资，提升企业的技术能力和生产能力，保持稳健经营，在完成任务的同时实现国有资产的不断增值。

遵守国家、地方、行业法律法规与规章制度，按照政府要求依法纳税。

（三）当前航天企业在履行社会责任中存在的问题。

虽然航天企业在社会责任履行中开展了诸多工作，但也存在一些问题：一是没有设立专门的企业社会责任部门；二是还未能实现和社会以及利益相关者的充分沟通；三是没有建立相应的企业社会责任战略；四是社会责任理念并没有得到足够的重视，各部门以及员工在日常经营活动之中不能自觉地按社会责任观的要求来约束自己；五是没有建立社会责任评价标准，当实施一项社会责任项目以后，无法对其效用进行测评改进等。

三、航天企业如何建立社会责任管理体系

（一）充分发挥新闻媒体作用，发挥党组织、工会、共青团组织的作用，提升全企业各部门和人员对社会责任履行的重视程度。

对于航天企业而言，“社会责任管理体系”还是一个新生事物，要把社会责任履行融汇到企业价值观、企业战略、企业文化等理念层面，增强企业人员的社会责任意识，融合到企业的日常文化教育中。

（二）以积极心态承担社会责任，把社会责任纳入企业发展的中长期规划中。

首先要在制定企业发展传略时明确企业的社会责任，并从组织机构、制度建立、宣讲方式等多个途径进行规划，

将企业的社会责任贯穿到公司整体经营活动中。同时，要紧密结合航天产品的具体特点。另外，要关注付出的责任成本，这与企业当前的规模和盈利状况等实际情况相匹配，不能因为社会责任的履行给用户方、国家和职工造成损失。

（三）将该项工作纳入相应的部门进行管理。

应在企业内部设立专门的社会责任管理部门，负责企业社会责任的计划、实施等，编制企业社会责任报告并定时发布，同时对与企业相关的突发事件进行处理。

（四）建立企业社会责任指标体系，实施企业社会责任对标管理。

在社会责任履行中首先要建立起一套指标体系，由来自企业内外部的组织，如工会、主管部门、专家代表、军代表等用户代表对企业履责情况进行评审，形成企业社会责任策划、执行和评优的闭环管理机制。

（五）发布企业社会责任报告，披露企业在经济、环境和社会公益等非财务方面的信息。

发布企业社会责任报告已逐渐成为企业与利益相关者沟通和交流、促进企业实现持续发展的一种实践活动。从发布报告的形式来看，一种是通过企业年度报告中通过财务、社会公益等部分分散披露，一种是发布专门的社会责任履行报告。目前不少航天企业在年度工作报告或向国资委递交的企业年度报告中会涉及到一些社会责任履行信息的披露，但不系统，一般民众或消费者、合作者等组织也很难看到。所以，航天企业要逐步建立社会责任报告披露制度，以一年或两年为周期，完整地向社会披露相关信息。社会责任报告要具有行业特点，重点论述航天产品的质量复合性、国有资产的保值增值情况、企业科技进步、航天技术应用转化情况、安全环保、员工利益保障等相关方面内容。

（作者单位：北京卫星制造厂）

与文化建设结合
创造性地做好新形势下思想政治工作

赵　鑫　董红伟

思想政治工作是党的生命线，是贯彻实施党的方针、政策、指示、精神的有效载体。随着经济改革和企业改制的不断深入，客观环境发生了重大变化，出现了许多新情况新问题。应对新的考验和挑战，企业基层思想政治工作必须与企业文化建设结合起来，在内容、形式、方式、机制等方面进行改进，用创新的思维探索新方法，坚持“有理、有情、有形、有效”原则，真正做到“贴近实际，贴近生活，贴近群众”，才能开辟思想政治工作新途径，增强具体工作的针对性和实效性。

发挥好思想政治工作的宣教功能，积极构筑企业价值观体系，在认真贯彻落实上级党委指示精神上下功夫

新形势下，企业基层党组织必须从深化内部机制改革和提高整体经济效益的大局出发，密切联系生产经营实际，认真分析和正确对待企业在改革、发展、稳定中出现的新情况新问题，引导干部职工牢固树立和谐发展观念，提高全员的政治鉴别能力。就加强企业思想政治工作而言，在发挥企业文化以文化人方面，注重规范建设，努力搭建舆论导向平台，确保宣教工作准确到位。

企业基层党组织结合经营管理特点，适时设立“形势、目标、责任”教育宣讲平台，努力调节好干部职工的心态。为了增强政策引导，要做到“三必讲”，即：企业存在的困难和现实问题必讲，让职工“心明”，增强干部职工的危机感；企业自身的优势和生存机遇必讲，以以人为本的理念，让职工“心稳”，增强干部职工创新发展的信心和决心；年度工作目标和岗位职责必讲，让职工“心清”，增强干部职工的责任感。通过扎实地宣教工作，将各级党委的精神逐步渗透到经营管理活动中，积极推进企业文化建设，扣紧“三个”文明建设主动脉，统一干部党员和广大职工群众的思想与行动，使各个支部成为经济工作的号角和阵营。

近年来，就业渠道的多元化使企业员工之间存有相当大的收入差距，极易造成心态失衡。为了解开认识上的“疙瘩”，采取个别谈心、谈话等方式，积极构建思想疏导平台，在创新思想政治工作的内容与方式的同时，塑造企业价值观体系，彻底解决这部分人员对政策的“适应”问题。一是教育普通员工从大局上考虑，充分认识并平和对待个人福利待遇，不仅人要“身安”，更要“心安”，将整个身心放下来。引导他们不仅要“识时务”，更要“适时务”，能够改变的在变革中追求卓越，不能改变的要在适应中完善丰富，从根本上消除思想落差。二是对于高学历人员，要注重培植和树立“平凡不等于平庸”的思想，学会低起点介入，学会干平凡小事，有甘于“捡小蘑菇”的心境，正确认识知识、职位与贡献关系。

发挥好思想政治工作的育人功能，积极建设学习型组织，在建设高素质的干部职工队伍上下功夫

企业的中心工作是经营管理，提高管理水平和创新能力必须挖掘出企业的自身能量。激活这一能量，提高干部职工综合素质使其积极性、主动性、创造性得以最大释放，是思想政治工作的根本任务。应对新的形势和挑战，企业基层党组织必须适应发展要求，把建设一支高素质的干部职工队伍，创造一流的工作业绩作为奋斗目标，通过全面实施“素质工程”，积极搭建人才成长平台。

人才的培养与锻炼，应“因人施教”，要有选择性，要针对不同群体的特点，层次突出。首先，要构筑职工学习完善的平台。要坚持政治学习，用“三个代表”思想和科学发展观等理论武装头脑，树立正确的人生观、世界观和价值观，提高干部职工分析处理复杂事务的能力。同时，建立一个自上而下的培训网络和一套与生产经营同步发展的培训机制，将企业发展同个人成长紧密联系起来，培养和造就“学习型职工”、“学习型党员”、“学习型干部”，营造浓厚的“学

习型企业”氛围，为企业的生存发展提供动力源泉和智力保障，全面提升综合创新力。其次，要搭建职工价值实现的平台。通过岗位价值观的树立，在岗位奉献中实现人生价值，从而赢得社会的认可与尊重。最后，要设立职工自我超越的平台。要通过荐举、选拔和任用优秀人才，改革用人机制，实现人力资源利用上的科学化、制度化、最大化，使每名员工都能在更为合适的岗位上得到更好地成长和锻造。

按照“物尽其力，人尽其才”管理目标，企业基层党组织要不断强化工作学习一体化理念，采取封闭培训、成功企业取经、电教学习等方式，增强学习效果。坚持对干部职工进行危机、机遇、大局、责任和发展“五种意识”教育，增进全员参与业务学习和自我锻造的积极性和主动性，促进干部职工队伍整体和谐，实现个人与单位、企业和社会的协调、稳定、持续发展，推进干部职工素质提升工程高效运行。

发挥好思想政治工作的凝聚功能，积极构筑情感管理平台，在密切干群党群关系上下功夫

“群众工作无小事，一枝一叶总关情。”群众工作要注重发挥好党政工团的整体优势，尊重、关心、爱护职工，带着真情、热情、感情去工作，全方位搭建情感管理平台，密切基层组织与职工群众的鱼水关系和血肉联系。首先，要建立解困帮扶平台。要坚持“五必访”工作制度，做到“五必清”，即：困难职工家庭情况必清，增强帮扶的实效性；困难职工致困情况必清，增强帮扶的针对性；困难职工解困脱贫措施和过程必清，增强帮扶的科学性；解困帮扶的第一责任人必清，增强帮扶的自觉性；帮扶的阶段效果必清，增强帮扶的连续性。通过扎实有效的帮扶活动，消除员工后顾之忧，增进对企业的情感，进而增强团队的凝聚力和战斗力。其次，要构建岗位送温暖平台。通过精心组织并系统实施“冬送温暖夏送清凉”活动和节假日、重大生产任务现场慰问活动，解决好干部职工营运生产中的实际问题，让职工时刻感受到组织的温暖，用热心换取职工的安心。

搭建情感管理平台，通过各级组织的感情投入，就是要让职工逐步确立起“我靠企业来生存，企业靠我来发展”的思想，对组织产生“家”的感觉，使职工对本职工作尽心尽力尽职尽责，能安心、实心、诚心工作。

发挥好思想政治工作的激励功能，积极构筑典型促动平台，在调动人的积极性、主动性、创造性上下功夫

在激活人的潜能方面，要注重正面引导和反面警示教育相结合，通过样板团队选塑、先进个人评比、不法行为警示教育等活动，构筑起典型促动平台，充分调动干部职工的积极性、主动性、创造性。

一个企业有无凝聚力、向心力、战斗力，主要取决于这个企业的所属各个单位是否精诚团结，通力合作，发挥好整体优势。选塑模范团队，就像树起一面旗帜，具有极强的感召力和号召力。因此，构建团队增盈创效平台，打造行业样板，具有重要的现实意义。榜样的力量是无穷的。用身边的先进典型说话，更具说服力和感染力。因此，搭建先进典型示范平台，用典型引路，以“典”带面，对工作具有极强的推动作用。企业基层党组织，可结合经营管理实践，选树好服务明星、星级员工、首席员工、降耗能手、技术标兵等先进典型，营造赶、学、比、超浓厚的工作氛围。同时，根据管理需要，也搭建好违纪违法警示教育平台，警钟长鸣于耳际，让干部员工在认识中感悟，在思索中警醒，维护好个人的人格尊严和精神世界的纯净。

发挥好思想政治工作的推动功能，积极构筑企业文化活动载体平台，在促进企业生产经营目标的实现上下功夫

企业思想政治工作必须融入经营管理活动之中，走与经济工作协调并进共同发展之路才能真正发挥作用。发挥好思想政治工作的推动作用，选择好活动载体，构筑内容丰富形式灵活的企业文化活动载体平台，是经营工作的助推器。企业基层党组织要结合单位阶段生产需求，适时组织开展劳动竞赛、安全竞赛等活动，保证各个阶段各项工作目标的顺利实现。同时，还要综合全年工作任务，按照上级党委的统一部署，系统组织筹谋好全年中心工作以及党内“创三优”、“创先争优”等系列活动，将廉洁、团结、奉献、和谐的思想意识突出出来，激发蕴藏在职工群众中的巨大创造热情，推进整体工作不断上台阶。

企业基层思想政治工作与企业文化建设职能部门要形成“一盘棋”，形成上下级组织、工团组织及其它责任部门纵横联合，社会、企业、职工家庭系统联防，企业内部党政联管，正反典型互促联动的一体化管理格局。这是增强企业活力的内在要求，是协调企业内外关系的有效途径，是完善现代企业管理的基本举措，更是履行好自身职能的重要保证。

（作者赵鑫，系辽河油田分公司高升采油厂工程技术服务站党支部书记）

建设学习型企业 助推首钢转型发展

撒元智 刘 逸 周胜军

2011年以来，首钢随着北京钢铁主流程停产和大规模搬迁建设的基本完成，已进入加快转变发展方式的关键时期，进入创新驱动、转型发展的新阶段。不仅要应对外部环境的严峻挑战，使投资巨大的新钢厂尽快达产达效，还要完成在北京转型发展的繁重任务。面对前所未有的压力和挑战，首钢持续深化学习型企业建设，坚持把创新驱动、转型发展作为主题，把推进观念转变、思想解放作为首要任务，以建设学习型领导班子为龙头，积极开展团队学习，围绕发展目标，深入学习创新，解决发展难题，打造“首钢服务、

首钢品牌、首钢创造”综合竞争力。

坚持把创新驱动、转型发展作为主题，积极打造“三个首钢”核心竞争力

建设学习型企业必须围绕企业改革发展的中心任务来进行。首钢已进入实施第三步发展战略、落实“十二五”发展规划的新阶段。“十二五”时期，首钢要以加快转变经济发展方式为主线，以“产品一流、管理一流、环境一流、效益一流”为目标，创新驱动、转型发展，实施“主业做强，多业协同，打造综合服务商”发展战略，做优做强钢铁主业，协同发展矿产资源业、装备及汽车零部件制造业、生产性服务业、房地产及建筑业、海外产业、文化创意产业，实现首钢北京地区产业转型，打造“首钢服务、首钢品牌、首钢创造”的综合竞争力，建设新首钢高端产业综合服务区，使首钢成为世界上有影响力的综合性大型企业集团。这是新形势下首钢在改革发展的中心任务和发展愿景，也是新时期首钢学习型企业建设的主题。

首钢学习型企业建设坚持围绕主题深化推进，切实提高企业的创新能力，解决制约企业转型发展的突出问题。首钢党委强调，不只做搬迁调整的示范，更要通过建设学习创新型企业，做转型发展的示范，充分发挥首钢的特色和优势，做到六个新：钢铁业要在打造低成本高端高效产品、发挥区位优势，大力提高竞争力上有新提升；在北京首钢工业区改造和发展新型产业上有新突破；在公司资产重组，提高资本运作的持续发展能力上有新作为；在完善集团管理体制、发挥协同效应、实施精细化管理上有新进展；在企业与职工共成长、企业与客户共发展上有新成就；在打造“首钢服务、首钢品牌、首钢创造”、提升企业形象上有新业绩。在“首钢服务”方面，做强产业链和各产业生产经营的全过程，把客户价值与企业价值相结合，使用户与首钢形成互助互惠、合作共赢的良性循环，全面打造综合服务商，提高客户服务能力；在“首钢品牌”方面，大力推进品牌战略实施，提高企业的社会知名度和影响力，提高产品、服务、管理、企业文化、标识等各方面的市场认知度，在“高端产品集群、服务和管理”方面，形成突出的品牌效益；在“首钢创造”方面，在技术、工艺、产品、管理、体制机制、企业文化、转型发展上等方面，打造领先的、独特的、差异化的能力。

坚持把推进观念转变、思想解放作为首要任务，大力培育适应首钢转型发展的思想文化

首钢面临着提高钢铁业发展质量和竞争力，面临着北京首钢工业区改造、产业转型，其他产业做优做强的艰巨任务。既要注重员工的专业知识、信息的学习，更要注重思维模式的改变、思想观念的解放。建设学习型企业，解放思想是第一位的任务。虽然首钢通过搬迁调整，搬进了世界500强，位列第325位，是北京市首家进入排名的国有企业。但是大而不强，又面临着许多新情况、新任务，不能自我满足，必须要不断解放思想，有虚心学习的精神，善于学习别人的长处，善于查找自己的不足；必须敢于打破习惯性的做法，把存在的差距作为工作的潜力和着力点，持续改进。

面对钢铁业严峻的形势，首钢坚持把解放思想贯穿经营生产的始终，在解放思想中统一思想。一是在认清形势上统一思想。做好充分应对困难的准备，不把希望寄托在外部市场好转上，而是把思想转变到内部挖潜上、转变到真抓实干上。二是在挖掘潜力上统一思想。克服潜力挖尽、工作疲沓的思想，深入对比分析首钢与先进企业的差距，查找管理等深层次的原因，把工作转变到分析实质性问题上。三是在精益求精练本事、提能力上统一思想。下定决心，在管理、人员素质和操作水平等方面练本事、提高能力，把目光转变到缩小差距上，转变到提高综合素质能力上。四是在优化结构创效益上统一思想。无论是原料结构，内部的工艺结构、产品结构、装备和技术细节上的结构等等，进行整体优化，敢于与过去的思维定式较真，在全局上研究如何解决问题，把工作重点转变到系统挖潜、精细挖潜上。五是在创新机制保落实上统一思想。做到对比先进定指标，层层分解背指标，群策群力打指标，考核分配看指标，把挖潜降成本转变到依靠机制、依靠全体职工、依靠管理者示范上。

把解放思想体现在具体工作中，积极向宝钢、唐钢、太钢等先进企业学习，加快产品研发和进入市场的速度，抓实精细化指标体系、稳定生产保证体系、质量一贯制管理体系、精细化执行体系、设备功能精度体系、客户服务体系等六大体系建设，调结构、降成本、挖潜力、增效益，潜下心来，做好每一个指标、每一细节的工作。分专业、分领域，围绕增收节支、技术创新、产品结构调整、节能降耗、提高劳动生产率和职工收入等各项工作实施精细化管理，落实成本、产品、市场“三个倒推”机制，“成本降低100元、产品附加值提高100元”的“两个一百”工程，把降成本指标分解落实到每一个人，抓住影响成本的关键环节系统攻关，适应市场快速变化，强化月度分析，持续改进。运用六西格玛、SBU等科学的方法和工具，切实解决面临的各方面突出问题。加速追赶先进，低成本生产高端高效产品，提高钢铁业运行质量和盈利能力。

适应北京地区开发要求，首钢积极加强新产业的思想文化建设。围绕新产业、新项目开发建设和相关政策，组织开展专题学习、专题讲座，编发学习材料，开展课题研究，举办论坛，举办首届首钢中国动漫游戏嘉年华和第十二届世界漫画大会暨2011北京国际动漫周，组织到中国华录集团、中关村科技园区、北京市经济技术开发区和第六届北京文化创意博览会学习调研，深入开展与国家文化部、北京市文化局和石景山区、丰台区等政府机关以及国内外专家、学者和企业家的学习交流，请来北京市委宣传部的文创专家作报告。拓展视野，创新理念，克服起点不高、气魄不大、视野不宽等问题，树立跨越式发展的意识、自我超越的意识、创新驱动的意识、敢闯敢试的意识，在发展定位、整合资源、用好政策、招商引资、开放合作上解放思想，敢于负责、敢于担当、敢于攻坚克难，全力推进新首钢高端产业综合服务

区建设。

针对集团多业多地多领域格局，首钢坚持用先进的思想文化统合引领企业发展。深入学习贯彻党的十七届六中全会精神，开展首钢精神大讨论活动，制订颁发《新时期首钢企业文化建设的指导意见》和《关于贯彻落实党的十七届六中全会〈决定〉的意见》，把社会主义核心价值体系和“爱国、创新、包容、厚德”的北京精神首钢化，践行打造“首钢服务、首钢品牌、首钢创造”综合竞争力核心价值追求。适应首钢向板材生产的转变，对首钢搬迁调整以来的优秀文化整合提升，建设板材文化、精细管理文化；适应首钢改革改制、联合重组需要和多业多地多制的发展格局，推进集团文化的深度融合，逐步形成“总部统领、整体协同、分层定位、各具特色”的集团文化格局；适应首钢发展新产业和园区开发的需要，积极推进树立与新产业相适应的思维方式、价值理念和学习创新精神，建设新产业文化，为首钢创新驱动、转型发展奠定坚实的思想文化基础。

坚持把建设学习型领导班子作为关键环节，切实增强领导科学发展的能力

只有把领导班子和干部队伍建设摆在学习型企业的突出位置，不断提升领导班子的领导能力，企业的转型发展才有强力保证。首钢深入学习贯彻中央和北京市关于建设学习型党组织的有关文件，与企业实际密切结合，制定了《关于建设学习型领导班子的意见》，并认真抓好落实，强调各级领导班子要成为开放型、学习型领导班子，带头虚心学习先进企业经验，学习新业务、新知识，敢于担当、主动进取，善于提出攻关破难的方案措施。坚持学习要管用，要解决实际问题，要求广大领导干部和和各级领导班子做到五个学出：一是学出境界，就是善于进行理论思维和战略思维，以宽广的眼界观察世界，树立适应首钢搬迁调整、转型发展的新思维、新观念；二是学出思路，就是善于按照客观经济规律办事，形成指导本单位改革发展的新思路、新谋略；三是学出胸怀，就是善于正确认识和处理前进中面临的各种困难和矛盾，总揽全局，着眼未来，敢于做改革创新的排头兵；四是学出目标，就是善于科学分析市场，切实找准发展定位，明确加快发展的方向、目标和措施；五是学出动力，就是善于创造性地开展工作，用科学发展观凝聚人心，统一认识，解放思想，鼓舞士气，促进企业改革发展。

围绕企业改革发展的重大问题和经营生产的突出问题，首钢建设学习型领导班子，既注重内容创新，又注重形式创新。为推动北京地区的转型发展，首钢专门制定印发了《关于认真学习贯彻北京市领导到首钢调研时重要讲话精神的安排意见》，开展专题研讨、专题学习。按照北京市《关于加快西部地区转型发展的实施意见》及《贯彻落实国务院〈关于中关村示范区发展规划纲要（2011 — 2020）批复〉的实施意见》精神，新首钢高端产业综合服务区和二通中国动漫游戏城已纳入中关村政策覆盖范围。为充分了解掌握、研究利用有关政策，首钢党委中心组连续组织了 11 次专题讲座和学习考察，请石景山区领导、中关村科技园区管委会领导、北京市规划院领导做报告，认真学习中关村 1+6 政策，学习兄弟单位和其他地区的发展经验。

越是困难越要加强学习。为进一步认清形势，查找差距，明确方向，去年以来，首钢专门请国务院发展研究中心研究员张立群，中钢协原副秘书长李世俊，北京科技大学王新华教授作宏观经济形势和钢铁业发展形势的报告。积极请进来，走出去，向同行学习、向先进企业学习。今年 5 月 11 日，首钢召开钢铁行业发展趋势及投资前景和首钢改制企业如何深化改革专题研讨会，邀请专家评估首钢改制企业现状，并从财务和咨询顾问视角提出发展对策及建议，探讨私募股权基金、房地产融资模式及地产资金如何为首钢区域开发提供投融资服务，分析国有企业在战略新兴产业转型中的机会，探讨钢铁行业发展趋势。去年 7 月、今年 5 月，首钢领导带队先后两次专门到唐钢、山东钢铁集团学习调研，组织专题学习研讨。学习唐钢在精细化管理、成本控制、专业管理、群众参与经营全过程、执行力等方面的先进经验；学习山东钢铁集团不断深化关键资源及核心业务整合，实现产供销、人财物实质性重组，强化技术创新、管理创新，集团整体优势和协同效应不断显现，降本增效工作得到深入持续推进的典型作法。

适应创新驱动、转型发展的需要，首钢分层、分类对领导干部开展系统的针对性的培训。一是坚持领导干部轮训，以提高领导科学发展的能力和处理复杂问题能力为重点，办好厂处级领导干部学习轮训班，并组织开展科级干部轮训工作。二是积极开展领导干部专题培训，适应首钢新产业、新项目开发需要，有重点、有计划、多形式地对领导干部进行专业知识培训。三是继续抓好年轻干部素质提升培训，推荐参加 EMBA 领导干部研究生班、中央党校研究生班等学习等等。每年每名处级以上领导干部都要参加各种培训，不断提升领导干部的综合素质，增强了领导转型发展的本领。

坚持把开展团队学习作为重要方式，努力激发全员学习创新活力

作为学习型组织的基本工作单位和学习单位，团队学习是组织学习的基础。首钢积极打破传统的以上课为主、你讲我听的职工培训形式，不断探索和创新团队学习的新方式，如组织经验交流会、开展在线学习、建设团队学习室、建设网络论坛、组建研发小组和 QC 小组等等，创新团队学习的途径和方法，提高团队学习质量，使学习力迅速转化为创新转型的驱动力。

首钢每年都要举办的“创新创优创业”交流会，打造学习团队，分享学习快乐，体现学习魅力，是团队学习的品牌工程。交流会上，几百名高管人员围绕全年集团中心任务，抓住企业面临的突出问题，由首钢党委书记、董事长、总经理作主题报告，请先进典型介绍经验，请专家点评。首钢领导与中层干部上下互动、深度汇谈，系统思考、自我超越，对比找差、追赶先进。每年一个主题，每年都有新形式。为

创新增添智慧，为创优注入动力，为创业点燃激情。成为首钢推动工作的加油站、学习的大课堂、建设学习型企业的品牌。

遍布首钢各单位以一线职工命名的近200个创新工作室、团队学习室，是首钢开展团队学习的又一种有效形式。这些创新工作室坚持立足一线，把学习创新与经营生产中的重点难点问题结合起来，群策群力，集思广益，共克难关，充分体现了“生活、学习、工作一体化”的特点，诠释了竞争力在现场的深刻内涵，成效显著。2011年，仅首钢总公司命名表彰的10个职工创新工作室共完成攻关课题238项，取得科研成果36项，创造经济效益8700多万元。

为促进团队学习，首钢还注重开展多种形式多种层次的技能竞赛活动，为职工搭建学习舞台，以赛促学、以学提素。目前，首钢各子公司、直属单位已全面推开职业技能竞赛工作，涉及“马钢杯”第六届全国钢铁行业大赛、北京市第三届职业技能大赛、市经信委第十五届职业技能大赛，报名参赛职工达到11000多人。首钢京唐公司将技能竞赛作为营造“比、学、赶、帮、超”学习氛围和建设学习型企业的有效载体，确定了18个子公司级竞赛工种，初赛人数达到3000余人。首钢矿业公司结合矿山特点，将矿车司机、汽车司机、电铲司机、选矿工等52工种作为竞赛项目，针对生产难点、热点，从生产车间、厂矿到子公司，广泛开展多工种、多层次的初赛工作，参赛人数达2700余人。在第六届世界网络虚拟炼钢挑战赛上，首钢迁钢公司炼铁作业部路飞、炼钢作业部于晨的组合，以管线钢精炼吨钢成本12.7美元的成绩名列榜首，实现了首钢人在国际赛事上零的突破，展示了新一代首钢职工的精湛技能和职业风采。

学习型企业建设是企业的永恒工作。面对新情况、新特点，首钢将持续探索和创新，坚持已有的成功作法，加强考评机制、激励机制建设，做好各级各类人才在岗培训，组织好停产职工转岗培训工作，不断加大学习型创新型企业建设力度，促进全员学习创新，建设学习创新型文化，为首钢创新驱动、转型发展提供强大的精神动力和智力支持。

（作者单位：首钢总公司党委宣传部）

以文化培训为抓手 全面落实集团文化

王万龙 李常三 许志东 丁 威

企业文化作为现代企业的管理理论和管理方法，越来越受到国内外企业界、学术界的重视，企业文化建设及企业文化培训同时也成为国内外企业共同关注的热点。随着企业文化培训在国内大小企业的普遍开展，在给企业领导者及普通员工带来了丰富文化知识的同时，也收获了更多的行为智慧。中航工业沈飞在落实集团文化，推进集团文化落地的进程中，广泛吸收先进经验，积极探索文化培训新模式，为广大干部员工搭建起了解集团文化、学习集团文化、掌握集团文化的载体和平台，使广大员工将所学、所感、所悟运用到实际工作之中，提高了广大干部员工的对集团文化认同感和自觉性，提升了干部员工的文化素质。

强化“三个注重”，推动集团文化培训工作站上新高度

由于企业文化在现代企业发展中发挥了越来越重要的作用，因此越来越多的企业开始关注企业文化、建设企业文化，然而优秀的企业文化需要企业通过持续不断地培训才得以宣贯和融入，因此文化培训又成为企业文化建设的重要推动手段。沈飞公司在推进集团文化培训的过程中，从注重文化培训的连续性、层次性和多样性入手，促进集团文化培训工作迈上新高度。

注重集团文化培训的连续性，为集团文化落地打下坚实基础。对一个企业的企业文化来说，其形成过程都是从无到有，从简单到系统，从粗浅到完善的系列阶段构成的，在每一个不同的阶段，都需要进行对全体员工的培训，不管是简单的企业文化阶段，还是成熟的企业文化阶段，培训都是提升员工素质，达成对企业文化体系的认同，规范员工统一行为的必要手段。此外，企业的文化建设总会受到社会发展变化的深刻影响，总是随着企业和社会文化的发展而不断发展，因此企业文化的培训必须做到连续性。沈飞公司在开展集团文化培训的过程中，注重集团文化培训的系统性和连续性，制订了完善的文化培训年度计划和月计划，结合公司实际，编辑制作了《集团文化要素“六统一”培训》、《沈飞企业文化知识培训》、《后备干部企业文化知识必读》、《新员工入职导入手册（企业文化篇）》等系列文化培训教材，在确保公司集团文化培训成体系、成规模的基础上，为集团文化落实打下坚实基础。

注重集团文化培训的层次性，营造良好的文化宣贯氛围。企业文化由企业的精神文化、制度文化、行为文化和物质文化四个由内而外的层次构成，沈飞公司在开展集团文化培训的过程中尤其注重按照按层次论开展文化建设和文化培训。首先结合“航空报国、强军富民”的集团宗旨和“敬业诚信、创新超越”的集团理念制定了公司使命和愿景，并在宣传媒体上进行解读，在丰富完善公司精神文化的基础上将其很好地融入到集团文化培训之中；其次先后制定下发了《员工手册》、《员工行为规范》、《规范使用文明用语》的管理程序，同时在文化培训中添加对公司相关制度的培训和宣贯，使公司制度深植于员工内心深处；再次在公司内组建员工行为联合督察组，针对员工使用文明用语情况、工作服穿着及胸卡佩戴等情况进行细致检查，促使员工养成良好的行为习惯；最后全面开展物质文化建设，在公司文化园及文化景点等处分别安装以“敬业诚信 创新超越”集团理念和以“航空人责任”为主要内容的大型彩色宣传画，使员工时刻处于文化氛围的环绕之中。

注重集团文化培训的多样性，全面推进集团文化培训工作。企业文化培训与传统学校里的教育方式明显不同，一方面在于作为成年人，对单纯的知识教育兴趣度很低，吸收困

难；另一方面，企业文化培训还要讲求投资回报率，即必须要能够提升员工的能力和素质，对企业业绩要有贡献。所以，企业文化培训一定要针对成年人的特点，通过采取不同的文化培训方式，促使员工学习文化，掌握文化。沈飞公司在开展集团文化培训的过程中，充分利用电视台、电台、网络、报纸、杂志、宣传栏等媒体，开辟专栏、专版、专题节目，第一时间将集团文化要求、集团文化建设指导意见、集团战略解读文章传达给员工。要求各基层单位要利用宣传阵地，大力宣传集团文化和集团战略，进行全方位、多角度的集团文化宣传教育，力争做到立体到达、全息反应、形成氛围、形成文化。同时，沈飞公司于2012年对沈飞航空博览园进行整体改造，并利用其对公司员工、新入厂员工及实习生开展航空科普知识普及集团文化宣贯，丰富了集团文化宣贯形式。此外在沈飞公司创建六十周年之际，栽种公司创建60周年“群英林”，举行了“群英林”揭幕仪式，并为“双60”员工功勋奖获得者铺设“星光大道”，多角度，多形式的开展集团文化培训，不断提高公司员工的文化素质，提高员工对集团文化和集团战略的认同感。

开展“三个创新”，促进集团文化培训工作走上新台阶

企业的发展需要人才，而人才成长更需要企业文化培训。中航工业沈飞在推进人才培养，全面开展集团文化培训的过程中，努力探索和实践认识与行动的统一，持续推进“培训观念创新”、“培训机制创新”和“考核机制创新”，推动了公司的健康、持续、快速发展。

创新集团文化培训观念，树立新型集团文化学习理念。进一步加大企业文化宣贯培训力度，创新集团文化培训观念，是全面提高职工学习力，提升企业的市场竞争力，推动企业可持续发展的关键。沈飞公司在创新集团文化培训的过程中，坚持企业文化建设与学习型组织建设相结合，通过开展创建工作，用“润物细无声”的方式逐步改善干部员工的心智模式，培养积极心态、创新意识和团队精神，使干部员工自觉践行公司文化，以文化力提升学习力。坚持企业文化建设与学习实践科学发展观相结合，通过解放思想，大胆探索实践，不断强化思想管理，以文化力放飞思想力，对固有的思维方式进行辩证梳理、深刻反思，实现扬弃、创新和飞跃。同时搭建文化宣贯推进平台，利用军工文化演讲、青年文化月、质量文化月等有效载体，将塑造企业精神与文化提升的理念贯穿于企业文化建设、创建学习型组织、班组建设、精益六西格玛推进工作的始终，通过广泛召开的集团文化研讨会、创新文化研讨会、各个层次的学习交流活动，在员工中树立起新型学习理念。

创新集团文化培训机制，树立新型集团文化培训体系。创新企业文化培训机制，对于企业的发展壮大是至关重要的。沈飞公司在创新集团文化培训的过程中，进一步建立完善了“各级行政一把手是文化建设第一责任人、党委负责组织实施、各职能部门分工负责”的“三位一体”集团文化领导机制，在公司层面成立了由总经理、党委书记为委员会主任，党委副书记为副主任的企业文化建设推进委员会，作为公司企业文化建设的决策机构；企业文化部是企业文化建设的职能部门，统筹规划公司企业文化建设工作；企业文化办公室作为企业文化的日常推进机构，负责日常组织、协调公司企业文化建设的集团文化推进体系。联合公司培训处在公司开办的领导干部轮训、新上岗干部、后备干部、班组长、新入厂大学生、待岗员工等各层面的培训班中，开展集团文化知识培训，年累计培训达2000多人次。此外大力开展“上好一堂文化课”活动，要求各基层单位主要领导要亲自宣讲，利用各种例会、班前会、生产会等形式层层宣贯，切实做到一级宣讲一级，一级培训一级，将宣讲活动深入到科室、班组，落实到每一名员工，从而多方面有效地健全完善了公司文化建设机制。

创新集团文化考核机制，树立新型集团文化考核体系。为了逐步建立起自我约束、自我管理、自我激励、自我发展的企业文化建设运行机制，本着精细化、责任化的原则，中航工业沈飞制定了《企业文化建设评估标准》，明确了企业文化建设工作绩效的衡量标准，运用科学的工具和方法，通过文化考核评估的形式，推进文化在基层单位的有效落实，并将企业文化培训考核纳入到各项工作考核之中，逐步建立完善文化建设的激励约束机制。为提高领导干部参与文化建设的自觉性和主动性，中航工业沈飞建立了学习型领导干部考核评定制度，将文化考评纳入干部日常考核和公司优秀干部考核标准中，通过切实可行的制度保障，充分发挥了领导干部在文化建设中的作用。在班组建设中建立了详细的A级、B级班组评定标准，与创争活动中的“六型班组”评选结合，成为评定基层文化建设最好的途径。此外，文化考评也是公司党委考核、基层党组织考核的重要内容。沈飞公司通过多层面、多角度的综合评定逐步完善了考评体系，使文化考评的标准和结果更加科学有效。

践行“三个落实”，推进集团文化培训工作迈上新水平

企业发展既需要优秀的企业文化，更需要有把企业文化融入到员工内心的培训方式和方法。一个善于给企业文化注入活力并注重持续培训员工的企业，才有望成为竞争力强、基业长青的企业。中航工业沈飞在推进集团文化培训的过程中，注重落实集团文化培训计划，大力落实相关责任，努力落实相关要求，保障了公司集团文化培训工作的全面、系统推进。

落实集团文化培训计划，确保集团文化得到系统有效推进。培训是企业不断适应环境变化的需要，是企业增强市场竞争力的需要。企业文化培训计划是实现企业培训目的的具体途径、步骤和方法，落实培训计划，能够有效组织培训工作的系统开展，满足广大干部员工对文化培训的需求。中航工业沈飞在制定企业发展规划初期就已将集团文化建设作为企业发展战略的一项重要内容，并在规划中制定了详细的工

作推进安排和计划。此外，沈飞公司每年均制定企业文化工作计划，在征求相关职能部门意见后进行组织部署，同时根据推进计划制定出了详细的学习、考试、考核推进表，要求各单位、各部门分解计划，将文化建设纳入到党政的重要工作之中，年终将各单位文化建设情况汇总后形成年度工作总结，使文化建设工作与公司科研生产经营工作同规划、同部署、同推进、同考核、逐步实现集团文化培训工作的全面展开、扎实深入、稳步推进。

落实集团文化培训责任，做到分工明确责任细化。企业文化建设是一个系统工程，不但需要企业上下对文化的内涵达成共识，还需要调用一定的人员和资源进行企业文化培训的组织和实施工作。沈飞公司在落实集团文化培训责任的过程中，明确员工培训责任分工，由公司企业文化部重点制定文化培训政策并抓好落实，公司工会、人力资源部、党（干）校以及团委协同推进，各基层单位配合实施的集团文化培训责任机制。同时在培训管理和教学过程中，由培训主管部门深入细致的了解每名员工的具体情况，对个别文化程度较低，学习积极性不高的学员进行耐心启发，个别辅导，从而进一步端正了员工的学习态度，较为圆满地完成集团文化课程学习，确保集团文化得到有效宣贯落实。

落实集团文化培训要求，为实现集团文化落地提供有力保障。只有成功的企业文化培训才能塑造出优秀的企业文化；只有按文化建设的要求去开展工作，才能提升企业的竞争力。沈飞公司在开展集团文化培训的过程中，严格按照《中航工业集团文化建设指导意见》精神，以实现高度统一为首要任务，以知行合一为最终目的，以整齐划一为推行标准，集中开展集团文化学习宣贯活动。此外，公司于今年年初召开“中航工业沈飞2012年度企业文化推进委员会工作会议”，就公司全年及未来几年的文化建设工作进行统一部署和安排，并结合公司实际，将集团文化培训作为重要内容列入《公司2012年企业文化工作计划》。同时，公司在落实集团文化培训要求上形成了一套独特的“1475N”的工作方案，即：“1”是一个坚强的组织领导机构；“4”是从四个层面有针对性地开展培训工作；“7”是从七个方面开展立体化的文化宣传教育；“5”是集团文化培训的五个结合；“N”项表示制度建设工作的与时俱进。在注重不断提高员工素质的同时，更加坚定公司员工建设新航空、大航空、强航空的信心和决心。

优秀的企业文化是企业管理的灵魂，是推动企业可持续发展的动力之源，企业文化的优劣决定着企业生存的状态和发展高度已是不争的事实。中航工业沈飞通过有计划、有步骤地开展集团文化培训工作，在集团宗旨理念的贯彻落实、集团文化知识的学习掌握、“六统一”的贯彻落实和培养良好的文化习惯等方面发生了显著的变化，在深入推动集团文化建设上取得了显著成效，推动了公司改革发展及重点型号和科研生产经营任务的全面完成。

（作者单位：中航工业沈阳飞机工业（集团）有限公司）

企业持续发展靠什么

徐新建

我们常常会问、会思考，企业为何而生、又如何发展？这是两个方面的问题，一个是开创企业的目的，另一个则是如何经营好企业。回顾企业从无到有、从小到大、从无序到有序的发展过程，对上述问题便会有很深的体会。

也许一项事业的起步之初，你并没有非常理性和清晰的目标、路径和方法，主要“凭一种感觉甚至是冲动”去做。但是，创业的背后一定源于某种动力，或者说是为了达成什么，这就是创业者内心的梦想，这个梦想就是你（企业）的目标，也是付诸实施的原动力。还有一种隐藏于创业之初的东西，那就是创业者从一开始就有自己做人做事的原则和标准，实际上，这就是企业价值观体系形成的源头。也就是说，梦想和目标，做人做事的原则和标准，这两个方面的东西在创业时业已存在，并且随着企业的进步和发展不断清晰并浮出水面。这也表明企业的价值观和文化不可能一蹴而就，而是伴随企业一路走来。

最近几年，企业经历了发展的几个关键阶段。

2009年，迎来企业10周年庆典，也正是在这一年，我们实现发展的跨越，成为行业内首家年产销突破百万台的企业，在规模上成为领跑者。

2010年，迎来四季沐歌品牌10年庆典，到这个阶段，我们实施的“太阳雨+四季沐歌”双品牌运营战略应该说获得初步成功，同时也顺利实现国内产业布局，在洛阳建成全产业链基地，夯实了企业综合竞争能力。

2011年，企业获评“全国企业文化建设示范基地”，透过评审专家们的点评，表明我们在企业文化创建上到达知行合一的层面。

回望以上这些事件，从内心上讲，令我感悟最深的当属去年企业文化创建评审会一事。为什么会有此判定？思考和辨析这个话题本身，对企业经营者来说就是一件非常重要的事项。无论是产销规模的突破、行业第一，还是产业布局、挂牌上市，这些事件都属于企业发展过程中制定和实现的阶段性目标，从长远意义上讲，这些都是“手段”而不是“目的”，虽然它们勾画了企业发展的进程。在去年的企业文化创建评审汇报会上，我们发言的主题是“发展背后的力量”，我想这个立题同样适用于本文的主旨。

经营企业的本质是经营人，因为企业所有目标都要通过员工和团队去实现，那么，经营人的本质又是什么？是经营团队的理念和价值观。这就是我们所理解的“发展背后的力量”及其层次关系。为此，我们在企业内部提出打造“三条流水线”，即“一流的产品流水线、一流的人才流水线、一流的价值观流水线”。事实上，当我们总结过去10多年为什么能够获得持续发展时，得出的结论正是源于企业一直将人才和核心价值观作为经营的核心，我们所秉持的核心理念成为发展的最强大、最稳健的支撑。

用最简练的语言来表达有利于理念的传播和落地。“诚信，责任，感恩”是日出东方的核心价值观，下面通过几个事例来说明它与企业经营发展的血脉关系。

“诚信”是企业经营的根本和基石。但是，市场的特点往往让企业处在偏离商业根基的边界，诸多负面案例不一而足。因此，诚信与否仍是考量企业道德水准和品质不可或缺的一个维度。个人、部门的诚信度不能代表或等同于企业的整体诚信水平，所以说企业需要自上而下并自始至终地去倡导、推动和践行。我们在创业之初，通过全力以赴地开发市场，斩获相当可观的业绩，但是不久发现部分产品出现质量问题，应该说，这对于当时条件非常艰苦的企业来说是一个生死攸关的考验，是否要召回全部产品？召回吧，企业当年将陷入亏损并可能导致关门，不召回，企业肯定盈利，但对客户和消费者的诚信可能就此丧失。顶住生存的压力，我们果断决定全部“召回”问题产品。为此企业虽然一度陷入困境，但这次召回事件为企业赢得了信任和未来，并将“诚信”深深烙在企业经营的法则里。

“责任”是企业经营的价值和内容。业绩指标是衡量企业经营业绩和价值的狭义维度，而企业对客户、对员工、对社会的责任贡献与前者一起构成了广义的企业经营价值。也就是说，我们经营企业到底为了谁？或者说，只是为了某个谁吗？“传统”的观点认为企业经营的唯一目标就是为股东创造价值，而这一观点如今越来越不为大家所认同。我们一直认为，企业就是由员工、客户、社会与股东共同构成的一个不可割裂的生态系统，企业经营就是通过为各个环节同时创造正面的价值和贡献获得持续发展。在“责任”这个核心价值观的经营上，我们企业获得了与市场业绩同步的成长。对外，我们一直践行社会责任，成立行业首家由民政部批设的公益慈善基金——“太阳雨公益慈善基金”，重点对弱势群体实施帮扶。对内，我们成立“家基金”，面向员工和客户实施扶危解困。

“感恩”是企业经营的氛围和态度。个体与群体、个体与个体、群体与群体，对立、疏远、冷漠，还是融合、亲近、热烈？他们之间的关系与态度形成了企业经营的氛围和环境，这种环境又会长期而深刻地影响企业经营体系的健康状况。日出东方选择和倡导用“感恩”来构建企业经营的氛围和态度，通过一系列可操作的落地做法来渲染和固化。比如我们将每年的母亲节设置为企业法定的感恩日，企业为每位员工发放感恩津贴，要求员工为母亲买鲜花送拥抱。

如果将“诚信、责任、感恩”放在一起，我们会发现，他们本质上是一致的，更准确地说是一个整体，是透过不同的维度来诠释日出东方企业经营的基本法则：诚信是根基（树根），责任是价值（树干），感恩是态度（枝叶）。

做百年企业，创世界名牌，企业制定了远景发展目标，而未来的成长一定是机遇和挑战并存，如何保持健康可持续发展，我们认为，关键是如何继续传承和践行好企业的核心价值观。

（作者系日出东方太阳能股份有限公司董事长）

寻找“乐”的轨迹

万旭昶

近期，围绕寻找“乐”的轨迹，公司行政部、企业大学举办的别开生面的“行动学习之春”活动，组织公司骨干、优秀员工、“小发明家”等，到各基地互动学习，就是一个很好的方法。旨在帮助员工寻找“乐”、体验“乐”、与“乐”同体，笔者有一点心得，在此愿与大家分享。

一、快乐是一种能力

快乐是一种能力。既有先天的快乐DNA，又有后天的培养与造就，那么如何理解快乐，享受快乐，成就快乐呢？

要使自己的 “德”修的足够高，要使自己的“修养”足够高。

所谓“得大自在”、“得大自乐”嘛！只有“得道”，人才会有快乐的心态。而“修德”的前提是把自己的“心门”打开，改变自己。你不要妄想改变任何人，因为改变自己比改变世界、改变环境、改变别人都要容易得多。大家都很清楚：世界上最伟大的力量就是改变的力量。所以，要想得到快乐首先要从“我”做起。

另外，阅历也是一个人快乐心态“修”的基础。当你的工作环境、生活环境发生了“天翻地覆”的变化，有了质的飞跃，站到了行业的前沿时，作为团队中的一员，也会改变自己的心态，也会使一个人“快乐”起来。

有明确的目标才能快乐！

人生在不同时期、不同环境都会有不同的目标。没有目标，干事情盲目，人就不会快乐。目标越明确，人就越快乐！快乐是人们达成目标时的心情。快乐是人类的终极目标。为了目标，脚踏实地，坚持不懈，乐此不疲。恰恰相反，很多朋友往往都是被过程的痛苦所左右，快乐是一种能力。

再次，在管理过程中，一定存在着痛苦。

只要有人就会有团队，有团队就会有管理，有管理就会有矛盾，就会有作用力和反作用力，就会有痛苦。干工作，一帆风顺是绝对不可能的，管理者真正爱一个人、爱一个团队的表现，就是严格要求，“严是爱，松是害”嘛！也可以说“松是混”嘛！为了爱，请不要怕一时的痛苦。因此要做到：高兴时就快点乐，悲伤时也要痛并快乐着！

日本经营之圣稻盛和夫结合个人经验提出：要热爱自己的企业，热爱自己的工作，在工作中快乐起来，才能取得伟大的成就，才能在任何环境中保持一颗快乐的心，可以更有把握地走近成功！

二、工作属于“有意愿的员工”干出来的

笔者深深感悟到一点：想干、会干，才可以拼命干。否则，从流程管理角度上讲，拼命干的人就是捣乱。作为管理者决

不要被“拼命干”者的满头大汗的假象所迷惑。

“想干”就是“有意愿去干”。任何人都坚信：到了一个团队，不想干的人是不存在的，但是，大家想过没有，什么是有意愿呢？一位老师讲过：有意愿的员工就是能提出问题，同时能提出解决方案的员工。反思一下，自己属于“想干”的人吗？

“会干”是指按照流程工作。而有些朋友感觉自我能力很高，在工作中，不按照流程规定办，按照自己的思路干，不按套路出牌，别人想配合你都无能为力，而你又一直生活在抱怨中，这种人能值得同情吗！？反思一下，自己属于“会干”的人吗？

“拼命干”仅有努力是远远不够的，关键是要用心。

三、快乐属于“用心干的员工”干出来的

没有阅历，没有经历的人，是不会有深刻感悟的。“管理”是一个老生常谈的话题，知道了没有用，理解了更没用，练熟了才有用，练到出神入化时才能超越竞争对手，才能在团队中脱颖而出。“练”----就是实战，就是“干”。由此可见，我们在工作中遇到问题，只有一个字“干”，再没有比这更好的方法了。比如游泳：人人都能说上一套，光研究不下水，是学不会游泳的，这也是今后培训工作的重点之一。

需要强调的是：练，不是别人要你练，而是你发自内心在练。练什么？练习处理问题的能力。处理正常事情，按体系流程办事那不是能力。能处理突发事件，才是真能力。

努力工作和用心工作的结果是截然不同的。只有有意愿，才会用心干，只要你用心，别人就会放心。人的根本素质就是让别人放心！

四、榜样的力量是无穷的

世界上最伟大的力量就是改变的力量。许多人都很愿意改变，但却不愿意被别人改变，只有遇到事情才会改变。就像《周易》中所说的“穷则变，变则通，通则久。”

如何变？以成功者为师，以榜样为师！

在公司的发展过程中，涌现出：像杨志权、朱群、朱军、韩文慧、管同坤、江洪明、朱传军、丁如光、徐丽、封勇等等一大批优秀的员工，他们不在别处，就在你我的身边！

五、寻找“乐”、体验“乐”、与“乐”同体

一个人没有灵性，在工作中就不会有创新，就不会有所作为，将一事无成。

（一）寻找“乐”。

在工作当中，每月的明星员工、以员工名字命名的“小发明”、党员模范岗、演讲比赛、歌咏比赛、书画摄影比赛、部门团队建设、晨会创新模式、月度考评、同乐会、年终表彰大会等等，无不是帮助员工寻找“乐”的过程，寻找“乐”的轨迹。本次举办的各基地之间互动的“行动学习之春”活动，同时考察当地风土人情，就是一个寻找“乐”的过程。

在企业日常经营管理中，通过活动这种载体让员工体验到快乐，是最为有效的途径。

一个有激情的人，离不开与大自然的对接，离不开人与人相互交流，更离不开大家在一起的相互碰撞。这都是寻找“乐”的过程。我们一生都在寻找……

当你和大自然，和你周围的同事都能够“合”的时候，你就会和他们形成对接，你就会有一种感觉——我是一切，一切是我！你就会在工作、生活中产生激情，激发出创造力，工作、生活起来就会很开心。

（二）体验“乐”。

古人云：仁者乐山，智者乐水。一个“乐”字，回味无穷。一位哲人讲过：一个人不可能自己引爆自己，一靠别人，二靠活动。一定要让自己真正体验到大自然的美、体验到人与人之间沟通的美、体验到大家在一起相互碰撞的美。设想一下，将这种激情带到工作中，必定会产生极大的热情、创造力。

快乐其实很简单，当你感到进步的时候，当自己感到有收获的时候，你才能明白“乐”的真正内涵。

笔者还有一个切身的体验：在企业管理中，一定要对不良倾向、工作不到位、不守诚信的员工及时“负激励”，这是对员工的即时提醒，也是对员工的一种爱，这也是一个公司、一个团队建立各种考评制度的初衷！从长远角度来讲，是人性化管理的体现，更是对所有员工，包括干得好的员工最大的激励。

笔者联想到有些部门抱怨，部门缺乏活力，员工主观能动性不强，是不是也可以从中获取一点有益借鉴，好好反省一下，如何让大家体验到“乐”，这是调动员工积极性的核心之一。

在工作中没有“乐”，就没有激情。找到了“乐”，一切都是享受；找不到“乐”，一切都是负担。

只有快乐的人，才能创造出奇迹！

只有创造出奇迹的人，才是最快乐的！

（三）与“乐”同体。

要让“乐”成为企业文化独特的DNA！

快乐、开心是一种状态，更是一种能力。我们要发自内心的去寻找“乐”、去体验“乐”，积极的心态会让一个人真正快乐起来。大家都去多经历、多体验、多感悟，不断地提高自己的学习力、体验力和感悟力。让快乐成为一种好习惯，受益的一定是你自己！

朋友们：要想找到“乐”，唯一的通道就是必须迷上你所做的事，把事放在心上，把心定在事上，你进入感觉，融入你的团队，你才能找到乐、才能有成就！

寻找快乐的形式是多种多样的，是需要创新的，凡是有助于帮助员工找回灵性，寻找到“乐”的活动，都是值得大力提倡与推广的。

谁能静下来，谁就一定能有所作为；谁能找到“乐”，谁就能有所成就！

你行！相信你一定能行！

（作者系日出东方太阳能股份有限公司党委书记、总经理）

推进社会主义核心价值体系建设的实践与思考

黄 诚

港口集团推进社会主义核心价值体系建设的做法

以港口集团为经营核心的连云港港开港于1933年，发展历史悠久、文化底蕴深厚。自上世纪末以来，连云港港迎来了历史未有的发展机遇，2008年跻身集装箱过300万标箱的亿吨大港行列，2009年跻身国家战略发展层面，受到了社会各界的广泛关注。作为新亚欧大陆桥东桥头堡、江苏沿海开发的龙头、连云港市核心战略资源，港口集团在跨越发展过程中，注重推进社会主义核心价值体系建设，以社会主义核心价值体系引领职工思想，以爱国主义为核心的民族精神和以改革创新为核心的时代精神凝聚职工，巩固连云港港建设亿吨强港、构建和谐家园的思想基础。

紧紧围绕社会主义核心价值体系精髓，加强宣传思想工作突出凝神聚力作用。民族精神和时代精神是社会主义核心价值体系的精髓。它是一个民族赖以生存和发展的精神支撑，也是企业凝聚精气神的精神支柱。港口集团运用社会主义核心价值体系加强对职工的思想状况进行积极引导，通过形式丰富的活动载体，让健康向上的思想文化占领意识形态阵地，形成干群同心、上下一致、合力共进的新格局。深入开展理论武装工作，宣传贯彻中国特色社会主义理论体系和十七届五中全会精神，利用党校、报纸、网站等理论阵地，组织集团中层管理人员及宣传骨干开展社会主义核心价值体系理论培训，提高党性修养和自身素质；抓住纪念建党90周年有利时机，深入宣传我们党的发展历史和丰功伟绩，推进“科学理论进基层”宣讲活动，“党史报告会”、“红歌会”等一系列纪念活动。

紧紧围绕社会主义核心价值体系的引领作用，加强组织建设夯实政治基础。企业党组织是贯彻党的思想政治路线和发挥党的政治优势的组织基础和组织保障。我们注重发挥社会主义核心价值体系的引领作用，把党的组织资源转化为发展资源、把党的组织优势转化为发展优势。一是引导各级党组织紧扣发展主题深入开展创先争优活动。创先争优活动是巩固和拓展全党深入学习实践科学发展观活动成果的重要举措，是党的建设一项重要的经常性工作。我们围绕“推动科学发展，促进企业和谐，服务职工群众，加强基层组织”的活动目标，着重抓好五项结合，强化典型引路，抓好示范点工作，及时展示阶段性工作成果，要紧密结合生产实践，把握关键环节，将做好当前各项工作的实际成效，作为衡量和检验创先争优活动的重要标准。二是突出班子队伍建设，打造能够担当发展重任的干部队伍。把政治觉悟高、领导能力强、驾驭能力强、善抓班子带队伍的清正廉洁干部选拔到领导岗位上。三是狠抓基层组织建设，提升基层组织的凝聚力和战斗力。按照党要管党、从严治党方针，加强党的基层组织建设，落实党建工作责任制。

紧紧围绕社会主义核心价值体系的道德基础，加强党风廉政建设营造清廉环境。加强防腐倡廉建设、营造清廉的党风政风环境是我们党赢得人心、集聚力量、实现快速发展的道德基础，也是社会主义核心价值体系的基本原则。为了实现这个目标，集团上下认真贯彻《廉洁从政若干准则》和连云港市委《工作方案》，切实加强反腐倡廉工作。一是深化廉政教育，着力营造以廉为荣、以贪为耻的良好氛围，大力弘扬廉洁文化。二是强化制度建设，树立“按制度办事、靠制度管人”理念。完善10多项廉政制度建设，形成以制度执行问责为手段的科学防控机制，强化权力实时监控，建立健全决策权、执行权、监督权相互制约、相互协调的权力结构。三是强化监督检查，认真落实党内监督条例。对权力相对集中、容易诱发职务犯罪的重点环节开展督查，对财务管理、资本运营、人事管理、物资采购、工程建设等开展效能监察，防止因关键岗位人员违规操作造成重大损失。

紧紧围绕社会主义核心价值体系的深刻内涵，加强企业文化建设构建和谐家园。我们以社会主义核心价值体系为基本准则，积极丰富完善云港文化，使云港文化成为港口人的共同信念和精神力量，成为推动企业科学发展的软实力。通过文化建设使全体职工有了统一的思想意志和行为准则，对企业产生归属感和认同感。一是实施企业形象工程，以文化塑造形象力。我们坚持以“开放型、创新型、科技型、学习型港口”为创建理念，系统地对港口集团进行CIS设计，提炼了具有特色的包括企业精神、共同愿景等14条核心理念和应用理念；制定了企业员工行为规范、党员干部行为规范、员工日常礼仪；确定了港歌、港徽及标准色、标准字等视觉要素，使得企业标识、干部职工着装到经常使用的物品，从构建物、设备、工艺流程到每个作业场所都体现出了先进企业文化的个性特征。二是实施典型示范工程，以文化凝聚内动力。我们大力发现、总结先进典型，采取从职工中来到职工中去的办法，组织各个层面深入讨论和挖掘身边的感人故事，总结、提炼其深层次内涵。近年来我们先后推出了全国五一劳动奖章获得者、十七大代表唐艳，交通运输部、江苏省科技英才高兆福等一大批先进典型。先后组织开展了“年度企业文化人物”、“形象大使”、“新风家庭”、“百佳明星”等评选活动，形成人人学先进、赶先进、当先进、超先进的浓厚氛围。通过举办研讨、交流、观摩等形式宣传推广企业文化建设先进单位的做法，激励基层单位通过各种形式对先进人物和先进事迹进行深度挖掘，达到了典型引路、示范带动、整体联动的效果。三是实施共同约定工程，以文化彰显向心力。我们牢记国企发展的经济责任、政治责任、社会责任，以“共同约定行动”为导向和要求，全力保障职工切身利益，包括兑现“稳定岗位、薪酬不减、发放及时”承诺，深入推进平安港口创建，防控甲型流感疫情，重视职工健康体检，成立困难帮扶中心，改善职工乘车条件，丰富职工文体活动，启动职工文化建设，关爱弱势群体生活，加强企业民主管理，以及开展“两节”走访慰问、“五一”关爱劳模、金秋助学以及对一线职工“冬送温暖、夏送清凉”等活动，切实将关怀送到职工心坎，从而更好地促进了职工队伍的和谐稳定和港口生产的顺利进行。

港口集团推进社会主义核心价值体系建设的体会

社会主义核心价值体系是一个内涵丰富、相互联系的多层次有机整体，它既是抽象的又是具体的，既具有理论性又具有实践性。因此，建设社会主义核心价值体系，需要把抽象的原则变为具体的要求，把理论上的阐述变为实践上的行动。港口集团在探索和实践过程中总结以下几点经验和体会：

建设社会主义核心价值体系，既要大力宣传也要深入研究。古人说：“论先后，知为先”。社会主义核心价值体系内涵丰富、逻辑严密，理论性较强，需要企业思想工作者考虑职工接受能力，把握职工心理特点，用简明扼要的大众语言表述和阐释核心理念。一要运用各种手段加大宣传力度，大力营造学习、践行社会主义核心价值体系的浓厚氛围。通过科学有力的舆论导向、文化辐射、政策激励、制度安排等，加大社会主义核心价值体系的宣传学习，采取灵活多样的表现形式按照贴近生活、贴近实际、贴近职工的原则，把体现党的主张与反映职工群众的心声统一起来，把思想性与艺术性统一起来。二要加强调查研究和理论研究，深化对社会主义核心价值体系的认识。结合现阶段职工群众思想活动的独立性、选择性、多变性及差异性特点，以及企业改革和利益关系调整给职工思想观念带来的影响，加强对职工思想观念、价值取向、道德追求的引领，建立与社会主义核心价值体系相配套的企业组织机构和制度体系。

建设社会主义核心价值体系，既要重在建设、铸造灵魂，也要尊重差异、包容多样。国有企业构建社会主义核心价值体系重在建设，即按照中央确定的方针，加强马克思主义理论研究，努力构建具有广泛感召力的社会主义核心价值体系，用发展着的马克思主义指导实践，牢牢掌握意识形态领域的指导权、主动权、话语权。在企业发展环境中，我们应该把社会主义核心价值体系作为一个持续推进的过程，通过坚持不懈的努力，积少成多，聚沙成塔，汇聚成和谐企业的主流思想。在面对企业发展的问题时，应该站在经济发展和企业改革的前沿，把握发展规律，培育创新意识，鼓励创新精神，形成有利于激发企业创造活力的生动局面；树立先进的企业发展观，以发展为主题，以改革为动力，解放和发展企业生产力，不断增强企业的整体素质和竞争力。在处理职工思想矛盾时，应注重用交流疏导、民主讨论、说服教育等方法解决思想认识问题，坚持是什么问题就解决什么问题，在什么范围内发生的问题就在什么范围内解决，不管处理、解决什么问题，都要立足于促进企业的团结和谐，维护改革发展稳定的大局。

建设社会主义核心价值体系，既要融入企业精神文明建设全过程，也要贯穿于经济建设、政治建设和文化建设等各个领域。建设社会主义核心价值体系，涉及社会生活的方方面面，是全党全社会的共同责任。国有企业应把各部门、各方面的力量充分调动起来，把全体职工的积极性充分发挥出来，把社会主义核心价值体系建设融入以精神文明建设为主的企业发展各个领域。

一要把社会主义核心价值体系融入精神文明建设全过程。国有企业应把社会主义核心价值体系的要求体现到宣传思想工作、企业文化建设、党风廉政建设等各个方面，要把建设社会主义核心价值体系的任务落实到宣传企业文化工作的各个领域和各个方面，坚持以文化人，推出更多优秀的企业品牌和企业精神，统筹协调各方面利益关系，改善职工工作环境、生活条件，注重人文关怀和心理疏导，塑造自尊自信、理性平和、积极向上的企业氛围。贯穿到干部职工的日常生活中，着眼于促进社会和谐，引导职工正确对待利益，妥善处理矛盾，培育和谐精神，融洽人际关系，形成有利于社会主义核心价值体系建设的生活情景和社会氛围。二要把社会主义核心价值体系贯穿于企业建设各个方面。贯穿于企业经济建设，就是要把建设社会主义核心价值体系的任务纳入企业经济发展目标、发展规划和政策制定之中，融入企业长效发展机制之中，形成有利于社会主义核心价值体系建设的利益导向、竞争趋向和市场环境。

社会主义核心价值体系作为民族的灵魂、精神的旗帜、思想的纽带、道德的基础，对于全面建设小康社会、构建社会主义和谐社会具有重要指导意义。港口集团在推进社会主义核心价值体系建设中认识到：必须坚持用社会主义核心价值体系引领企业党的工作，寻求思想政治工作的价值定位，探索社会主义共同理想与企业协调、稳定、可持续发展相契合的创新之路。

（作者系连云港港口集团公司党委副书记、纪委书记）

首钢搬迁调整 提升综合竞争力

承 伟 彭建军 关佳洁

首钢始建于1919年，距今已有93年的历史。是一家以钢铁业为主，兼营采矿、机械、电子、建筑、房地产、服务业、海外贸易等多种行业的跨地区、跨所有制、跨国经营的大型企业集团。作为一个历史悠久的大型国有企业，首钢在创造巨大物质财富的同时，也继承和创新了优秀的企业文化。特别是改革开放以来，首钢以“敢为天下先”的精神，率先试点改革，成为中国企业改革的领头羊；进入新世纪后，首钢又率先进行史无前例的“从山到海”的搬迁调整，进入创新驱动转型发展新时期形成了独具特色的企业文化。

用先进文化为搬迁调整提供精神动力

首钢在搬迁调整、转型发展进程中，始终持续推进企业文化建设，用先进文化为搬迁调整、转型发展提供强大精神动力，走出了一条具有首钢自身特色的企业文化建设之路。首钢近年来的企业文化建设可以概括为一句话，就是“围绕一条主线、丰富五大内涵”。围绕一条主线，就是始终围绕“创新创优创业”这条主线。2003 年 7 月，首钢党委颁发了《中共首钢总公司委员会关于推进企业文化建设的指导意见》，首钢人牢牢把握企业文化创新这条主线，紧紧围绕首钢改革发展的战略目标，年年有新主题、新突破，大刀阔斧地破旧立新，全面深入地推进企业文化建设。“三创”活动步步推进，“三创”精神层层深入，“三创”文化不断丰富。“三创”成为有首钢特色企业文化建设的有效载体，成为人人焕发激情、贡献智慧和力量的平台，成为完成战略转型期攻坚任务的动力源泉。首钢广大干部职工讲，首钢近年来最根本的变化是思想文化的变化，而最鲜明的思想文化特征就是“三创”。以“三创”为主线的新型企业文化的积极培育，使先进文化在首钢搬迁调整中起到了有力的引领和支撑作用。丰富五大内涵，概括说，一是丰富了新长征精神的内涵；二是丰富了学习型组织的内涵；三是丰富了板材文化的内涵；四是丰富了和谐文化的内涵；五是丰富了品牌文化的内涵。经过持续建设和精心培育，首钢文化软实力不断增强，企业竞争能力和综合实力整体提升，呈现出与时俱进、真抓实干、激情创业的喜人局面，呈现出多业多地蓬勃发展的新格局。

首钢企业文化建设得到了广大干部职工的认同。各级领导积极倡导、率先垂范，广大职工积极参与、切实践行。通过调查问卷统计，首钢干部职工认为企业文化在搬迁调整中作用大、成效显著的达 96%。首钢企业文化建设也受到了上级部门和社会各界的高度肯定。2008 年首钢荣获“改革开放 30 年全国企业文化杰出品牌组织奖”，2010 年荣获“新中国 60 年最具影响力十大企业精神”奖，党委书记朱继民荣获“新中国 60 年企业精神培育十大杰出人物”称号。

坚持以人为本，实现“人企共发展”

以人为本是科学发展观的核心，也是企业文化建设必须始终坚持的根本。首钢在搬迁调整、转型发展中始终坚持以人为本。无论在企业停产职工分流安置过程中，还是在企业联合重组中，首钢都始终坚持一切为了职工、一切依靠职工，充分调动广大职工的积极性、主动性和创造性，切实把“人与企业共发展”融入企业文化建设全过程。

首钢搬迁调整规模大、涉及人员多，是一项史无前例、复杂艰巨的庞大系统工程，能够平稳顺利，取得阶段性成功，一个根本原因就是始终坚持以人为本。一是从关心、理解分流人员着想，平等交流，有序分流、有情操作，制定了 11 条人员分流安置渠道，让职工感到企业对自己的尊重和信任。采取了党委书记与职工互动交流、职工专题恳谈、工友沙龙、成长第二课堂、PPT 演示等方法，细致解读分流安置政策，确保职工分流安置方案 100% 传达到每一名职工。二是尊重个性，激起职工对未来的向往和追求。针对职工安置类型多元化、需求多样化，首钢各单位普遍建立了“职业发展辅导工作室”、心理咨询室，明确提出了“个性化、精细化”的工作理念。三是营造氛围，构建人和气顺的企业环境。在停产分流期间，从文化传承和文体活动上加大工作力度。专门组织制作了印有首钢厂东门和主流程 14 个单位特色图案 260 米长的巨幅长卷，开展了签名留言活动，11000 多人参加签名留言；策划了 48 个版的“停产纪念专刊”，拍摄制作了《回望石景山》《光荣首钢》电视专题片。还精心组织职工运动会、举办文化节，开展丰富多彩的文体活动，凝聚了队伍，振奋了精神，维护了企业和谐稳定。经过努力全面完成了钢铁业 2.2 万人，非钢单位 1.2 万人的分流安置任务。

随着首钢联合重组工作的逐步推进，为把不同地域的企业联结在一起，把不同经历的人们融入到首钢大家庭中，文化融合不是强势灌输，硬性统一，而是“平等协商，和谐共赢”。充分运用理念融合引领制度融合、管理融合、行为融合，实现最终的文化融合。积极组织重组企业到首钢交流、探讨企业发展和文化建设情况，交流《首钢企业文化培训系列教材》、《首钢学习创新发展》、《石景山下——铁色记忆》、《首钢大搬迁》等资料；利用报纸、电视、网络等载体，在重组企业成立报、台联合记者站，加大宣传报道力度；《首钢日报》《企业文化长廊》着重介绍了重组企业各单位的企业文化情况，首钢电视台“四海同欢贺新年”栏目走进重组企业共庆团圆；《贵钢报》还专门开辟了“关注首钢文化”专栏，《长钢报》开设了“新首钢 大家庭”栏目；组织技能专家专场报告会、开展“技能大比拼”等丰富多彩的文化活动，弘扬首钢精神，传播首钢文化，有效推进了文化沟通、融合与发展，推进了企业文化建设深入进行。

搬迁调整、产业升级紧密结合

企业文化与企业战略必须相互适应和相互协调。首钢在企业文化建设中始终坚持围绕企业的战略目标，为建设高素质职工队伍服务，为实现企业和职工的共同发展服务，为实现首钢发展战略目标服务。尤其是进入新世纪后，首钢在企业文化建设中，始终坚持把企业文化融入企业改革发展的实践中，与体制机制改革、经济技术创新相结合，与搬迁调整、产业结构优化升级等重点工作紧密结合起来。例如，2003 年首钢决定调整发展战略，随即组织开展了“八破八立八做到” 的解放思想、转变观念活动，破除陈旧落后的思维方式、思想观念、行为习惯，树立与时俱进的思想文化。

随着首钢结构调整的不断推进，首钢的钢铁产品也从以长材为主向板材转移。在这种形势下，企业的目标、发展思路，企业精神、行为规范和企业形象，都围绕板材生产展开，举办了“贯彻首钢党委扩大会、职代会精神‘冷轧杯’板材知识竞赛”，广大干部职工积极踊跃参与活动，共收到答题卡 33752 张，首钢日报网站 9289 人点击、在线答题 4546 人，中国首钢网络电视《走进板材世界》6002 人点击。在首钢日报、《首钢日报》网站上开办了《板材文化大家谈》、《走进板材》等栏目，共刊发文章186篇。首钢电视台制作了《走进板材世界》专题片，放在中国首钢网络电视上，制作专题片《发挥后发优势，打造板材品牌》，重点采访首钢板材方面的专家，介绍板材知识和首钢板材生产工艺、技术等情况。全面开展的构建具有首钢特色的板材文化体系活动，推动了改革发展和生产经营，生产经营的提升又激发了干部职工们开拓进取的创业激情，从而形成了一个"精神变物质，物质变精神"的良性互动。

着力推进集团文化建设

面对"多业多地"的新局面，管控模式由集中统一管理发展到"集中整体、分层能级、分类管理"。我们大力开展企业文化宣传教育，增强广大领导干部职工的文化自觉性。利用报纸、电视、网络等各种宣传载体和手段，营造浓厚的企业文化氛围。发挥企业文化对全集团的统领、辐射、凝聚、整合作用，强化首钢北京总部职能，形成"总部统领、整体协同、各具特色"的集团文化。强化北京总部对钢铁主业"集中整体、分层能级、分类管理"的管理原则，使这一原则细致化、制度化，形成与之相适应的管理文化。使这种管理文化成为维系首钢集团的有力纽带，使"一业多地"格局下的首钢文化"形散而神不散"。要定期组织研讨交流、学习参观，举办各类文化文体活动，加强各单位的沟通和了解，充分发挥各类宣传媒体作用，采取切实有效的措施，传播和推广首钢优秀的文化理念，积极吸纳各单位的优秀文化元素，丰富首钢先进文化的内涵。还要对全集团各单位视觉识别系统进行调研了解，下一步将出台《关于首钢集团视觉识别系统的有关要求》，使视觉识别在提升首钢形象、打造首钢品牌、增强首钢软实力中发挥积极作用。

做好文化传承，积极推进工业文化遗产开发利用

随着首钢石景山厂区全部停产，要加快推进石景山厂区工业文化遗产开发利用。我们已先后成立了首钢源景文化公司、首钢博物馆筹备办公室等机构，加强首钢工业文化遗产保护和首钢文化创意产业发展。下一步要深入分析首钢发展文化创意产业的机遇和挑战，积极学习研究国家、北京市文化创意产业发展相关政策，学习借鉴先进企业的成功经验，制定首钢文化创意产业发展规划，把首钢发展文化创意产业与本地区的发展统一起来、与新首钢高端产业综合服务区的规划建设统一起来。将首钢的工业文化传承和工业遗产特色转化为文化创意产业优势，整合利用好现有文化资源，发展战略性新兴文化创意产业，把产业定位好、把方向找准，使文化创意产业成为首钢一个新的经济增长点，提高首钢综合竞争实力。

（作者单位：首钢总公司党委宣传部）

办好企业内刊要增强的八种意识

陈广源

随着企业文化建设的深入发展，企业创办内刊的积极性会越来越高，怎样办好内刊也是更多企业高层管理人员和机关同志很关注的一个问题。要想办一个高质量的企业内刊，需要树立和增强八种意识：

一是要增强传播意识。文化传播是企业文化的一个不可缺少的体系。企业报刊是企业文化传播的重要载体和工具之一。企业的理念文化、制度文化、行为文化都离不开传播，只有通过传播，才能深入人心，才能化为自觉，才能成为一种文化力，不重视企业文化传播，谈不上重视企业文化建设。搞好企业的和谐建设，建设和谐的劳动关系，宣传企业先进典型经验，进一步促进和加强企业生产经营管理、营销管理，实施品牌战略等等都需要发挥企业内刊的传播作用。所以，企业积极创办企业内刊是使企业健康发展科学发展不可忽视的一项重要工作，一定要努力办好，并要舍得投入人力、物力。

二是要增强小报小刊小办的意识。企业内刊与党报党刊和一些公开发行的行业报刊、市场报刊、文艺报刊不能相比。企业内刊是用于在企业内部发行交流的小报小刊，既然是小报小刊就要小办。小办的意思就是报纸要小一点，（一般为四开四版）文章要短一点，栏目要小点，稿件要精一点。现在企业内刊的稿件普遍比较长，块头比较大，发领导讲话的大报告或大文章比较多，就是企业内部的会议报道也比较长，这样办下去就给人一种面目可憎的感觉，人们就不愿意看了。企业内刊发表的稿件最长不要超过1000字，领导的重要讲话可以采取分解的办法来发表。我们大力倡导一事一报的办法，即一篇稿件写好一件事。要千方百计多发表主题鲜明的短消息、短故事、短言论。栏目设计上也要小一点、精一点，每个版面至少发8篇以上稿件。

三是要增强质量意识。内刊既然办了，就不能对付，要追求高质量、要讲究版面质量、稿件质量、印刷质量。版面设计上要文图并茂，内容要丰富多彩，努力满足读者需要。内刊上发照片也是该大就小，该小就小，有些重要照片，质量较高的照片可以发得大一些，用图片新闻、视觉新闻的办法来处理。员工是企业的主人，一些优秀员工形象的照片，我们要发得大一些，要突出宣传一线员工的形象。有些内刊的印刷质量也太差了，图片看不清、文字也看不清。我们不号召都办彩报，因为成本太高，但是要特别强调要印得清楚一些，要干净一些，要让人看着舒服一些。总之，质量是内刊的生命，要像爱护生命一样，讲究内刊的质量。

四是要增强特色意识。办内刊也要讲究独具个性特点。总的来说企业内刊姓企，要有企业的特点，企业的味道，不能办成跟党报、市场报一个样。我们还强调不同的企业，要有不同企业的特点。特点从何而来？特点在内刊的总体设计和创意上。根据总体设计和创意，来设计每个版面每个栏目的风格和特点。内刊的总体设计和创新要努力与本企业的

企业文化的个性和特色一致起来。当然这不是一件很容易的事，需要我们的责任编辑要多动脑筋，多下功夫。

五是要增强超前意识。企业内刊虽然不能等同于党报、市场报、行业报、但是也不能总当事后“诸葛亮”，总跟在形势和任务屁股后跑。要善于结合本企业的工作任务和生产经营实际，结合本企业经常出现的闪光点，及时有力的宣传新理论、新政策、新理念、新模式、新典型、新经验。办刊人员要经常深入基层调查研究，结合企业出现的新情况和新问题，有针对性地进行超前引导。超前意识不是抢风头、乱说空话，卖弄新鲜词汇，而是在大局下快走一步。比如国家“十二五”发展规划中强调要关爱民生，建设幸福企业，让人民群众享受发展成果，让员工快乐起来，提高员工幸福指数。我们就可以在内刊上深入宣传怎样关爱民生，建设幸福企业，怎样让人民群众享受企业发展成果，怎样做到让我们的员工工作并快乐着。要增强超前意识，办刊人员就要努力比别人多学习一步，快学习一步，用自己的学习成果促进自己的办刊工作。

六是要增强时效意识。时效性是新闻宣传的一个原则，没有时效性就不成其为新闻。所以一些党报、党刊，广播、电视在宣传上都十分强调要及时，要有时效。企业内刊一般都是月刊、半月刊，做到及时，强调要有时效性困难确实是大一些。但是困难再大，时效性的原则不能放弃。因为媒体宣传不能总放“马后炮”，不能老走在后边，不能只能当跑道上的记录员。宣传不及时必然影响可读性，必然失去读者。因此，企业内刊也应强调时效性，要下功夫突破旧事新报这一关。发生在企业里一个月的事，要在月底集中宣传一次，做到有时效性确实难一些。怎么办呢？一条成功经验就是要学会找新闻由头，也叫找新闻根据。由头越近越好，越新越好。比如，一个工人月初做了一件好事，你要宣传他，但你要按时间发生的顺序来写这个工人的事，就有点晚了，都一个月的事了。你可以从最近的时间找一下，有没有哪位领导表扬了他，在哪个会议宣传了他。就从谁在哪个时间哪个地点表扬这位工人写起，这不就把旧事变新了吗，把死事又写活了吗。为了增强时效性也建议有条件的内部报刊应缩短发行周期，有的可以将月刊改为半月刊或旬刊、周刊。

七是要增强报、网互动意识。互联网平台的兴起，网民数量、手机上网群体快速增长对企业内部报刊是一个很大冲击，但是也给我们发挥内部报刊的作用提供了一个很有力的机遇。因为互联网是一个比报纸媒体更强大、更便捷、更高效的信息发布平台和宣传推广渠道，是企业在新时代不可或缺的文化名片和网络名片。这样我们可以借网络平台的优势，实现报网互动，将报纸期刊和网站进行互动与融合，就能相互借力、资源共享，实现多元化传播，对内能更好地宣传贯彻企业的重要方针、政策，对外能更好地传播企业文化，树立企业品牌和形象。根据一些经验，目前企业内部报刊上网方式大致有三种：第一种是借助社会公共平台，定期或不定期地发布企业内部报刊的内容。第二种是利用企业网站，在企业网站里设置一个频道或栏目，定期或不定期发布内部报刊的内容。第三种是创建独立的内部报刊网，有自己的域名和网站，网站上除了发布内部报刊的内容，还开展其他方面的活动。报网互动实现了内容上的多次传播、运营上的多次销售和品牌上的无限延伸，使受众享受差异化和个性化的服务，使新闻宣传在社会上形成了舆论合力。随着互联网运用的成熟，影响的扩大，报纸与网络的互动模式越来越丰富。如果说过去内部报刊是企业的第一平台，那么未来，以网络为主体的新兴媒体将成为第一平台。

八是要增强精通业务的意识。事实证明，要办好企业内部报刊，办一个高质量的内部报刊，办刊的主要人物，特别是报刊的责任编辑必须精通报刊业务，门外汉是肯定办不好报刊的。我们倡导报刊的责任编辑必须是“业务搂子”，必须是报刊的行家。作为责任编辑起码要懂报刊出版的一些政策、纪律和原则。要懂各类稿件怎么写，怎么编。比如言论，这是报刊的旗帜，大多数由责任编辑动手来写。你就要懂得社论怎么写，评论怎么写，编辑按怎么写，编后怎么写，述评怎么写，综述怎么写。什么情况发社论，什么情况下发评论员文章，什么稿件配编者语，什么稿件配编后，什么事件写综述，什么事件搞述评，这样你才能得心应手。责任编辑还必须精通版面艺术，版面上的栏目怎么设，版面怎么划，栏目怎么走，字号怎么运用，图片怎么发，报花怎么运用，还有很重要的一点是标题怎么制作，什么稿件发通栏标题，什么稿件发四栏题，什么稿发二栏题，消息的主题与副题都怎么做，什么是虚题，什么是实题，虚实怎么结合等等，这样你才能当一个称职的编辑。还有校对、印刷、发行等业务也要略知一二才行。

（作者系本溪市企业文化建设协会副会长、秘书长，中国企业文化研究会特邀研究员）

努力提升文化服务的贡献度

陈步峰

人们经常称谓企业的经营者为企业家，如果作为一种期待和褒奖无可厚非，但真正的“企业家”和“企业主”是有本质的区别的，区别在于建设一个什么样的企业，担负什么样的责任使命，有什么样的境界，有没有文化服务的贡献度？

“企业家”和“企业主”的差别，不仅仅在于其所经营企业的规模大小和利润高低，更在于其思想、眼光和境界。企业家既想着今天，还思考着明天，既想着企业更想着社会国家，既想着经营管理利润指标更想到服务创新文化贡献。他首先想到建设一个受人尊重的有魅力企业，要象松下、稻盛和夫那样敬天爱人、致力于世界文化的进展。只在规模和利润上下功夫，不在文化建设上用真力，是做不了领跑者的，充其量只能算做暴发户。软硬失衡发展畸形贻害无穷，经济好文化更好才是真的好，多数企业两个效益好才会城市好国家好。这既是企业健康发展之必须，更是伟大的使命和责任。没有文化的企业是做不长做不强的企业，没有文化的经营者只能是令人瞧不起的企业主。也就是说，企业家是一个素质概念、文化概念，一个优秀的企业家要在文化服务上有独到的创新和独特的贡献，能对行业、城市、国家的整体进步提供独特前瞻的文化理念和服务模式。

这是一个变化、提速的新时代。社会进入了一个新的拐点和转型期。任何企业、任何单位都要实施观念突围、服务转型，以企业家精神打造高效能的服务型政府；以服务文化打造顾客导向型的文化型、服务型、价值型的现代和谐企业；由经济人修炼成文化人、职业服务人；努力成为思想创造者和文化传播者。不仅生产产品还要生产思想；不仅销售产品，更要传播文化；不仅注重产品质量，更要注重文化品位；不仅实施产品创新，更要注重理念创新；不仅打造企业品牌，更要注重文化共鸣；不仅研究市场拓展，更要注重文化修炼、内外和谐；不仅创造产值销量，更要提高文化服务的贡献度。用对方喜欢听、听得懂的语言去阐释自己的价值取向，并在此基础上和谐内外关系，这是企业软实力的基础。只有这样才能赢得社会的尊重、理解和顾客的忠诚的支持，才能和谐顺畅的健康发展。

总之，着力提升文化服务贡献度，创建文化型、服务型、创新型、智慧型、健康型“五型”企业，既是企业家的崇高的责任使命，也是一种高超的经营智慧和文化艺术。这样的企业和企业家才会有尊严、有感召力和凝聚力，才能和经济贡献度相得益彰、科学发展，才会使员工更加自豪骄傲、更加阳光明媚，才会使企业内外更加和谐、社会更加进步，国力才会更强。

（作者系中国企业文化研究会特邀研究员、中国酒店管理协会副会长）

《易经》与企业养生原则

王立东　尹志杰

《易经》为群经之首，是中国经学中最古老、最高深的一门学问。一般人都视之为“天书”，很难理解。其实只要深入进去，抓住关键，了解它的原理，就如有的专家指出的那样，“《易经》真的很容易”，它就在我们的生活中。实践证明，用《易经》中的“平衡左右而知力在中正，阴阳交变而知刚柔互济，功利争胜而知成在仁义，趋吉避凶而思察始知终，祸福相倚而知居安思危，群己相关而知爱不偏施”等等智慧去指导人们的言行，不仅可行，而且是有效的。孔子指出：“夫《易》何为者也？夫《易》开物成务，昌天下之道，如斯而已者也。”《易》的功用就在于揭示事物的真相，确定行事的方法，概括天下的法则。结合于企业养生，可概括为——按规律办事；辩证思维；注重过程。

《易经》启示录之一：按规律办事

孔子五十而学易，用功之勤，韦编三绝，对《周易》有深刻的理解。他所作的《易传》又名《十翼》，以阴阳对立的观念解释全书的性质、八卦的起源、观物取象的方法，对后人理解《周易》要义具有重大帮助，并将全书提升到很多的哲学高度，使其成为我国古代一部光辉灿烂的哲学巨著。

孔子在《系辞》中说：“《易》与天地准，故能弥纶天地之道。”意思是说，《易》所讲的道与天地的道相等，所以能够普遍包括天地之道。那么“天地之道”的特征是什么呢？其实答案就在“易”字本身。郑玄曾说：“易含三义，简易一也，变易二也，不易三也。”简易，后面我们会谈到。变易，是说卦象本身都是从自然现象的变化中演绎出来的，它的变化、演化是有规则的，六爻代表了事物发生发展的全过程，如初爻象征事物的初始；二爻象征事物有成；三爻象征事物发展到一定阶段后的停顿；四爻象征变革；五爻象征兴盛；上爻则象征终极，趋向衰微。不易，是指这种变化发展的自然法则是永恒不变的，是不以人的意志为转移的。“人定胜天”只能是一种美好的愿望，若想生存发展只能遵循自然、顺应自然，学会按规律办事。孔子说，《易经》的这种特性“知周乎万物，而道济天下”，普遍适用于一切事物，可以使普天下得到益处。

孔子说“《易》与天地准”。大家想想，对于企业而言，“天”是什么，“地”又是什么？其实，“天”就是国家政策和法律、法规。这肯定违背不得，不符合政策、法规，企业就无法生存，更谈不上发展。“地”就是地理环境，社会环境，人际关系。这同样要事先考虑，提前运作，否则会事事掣肘，寸步难行。

企业养生要注意自身发展的阶段性。前面在讲变易的时候我们说过，从初爻到上爻代表了事物发生发展的全过程，每一爻都表明事物处于整体上特定的阶段。按规律办事就是顺应这个发展阶段，不保守，也不冒进，要恰到好处。在这方面，过去我们吃过亏，比如合作化之后搞人民公社、“一大二公”、“跑步进入共产主义”，愿望是好的，但由于超越阶段，严重脱离实际，结果欲速则不达，弄得“一穷二白”。党的十一届三中全会以来，重提实事求是的思想路线，明确了我们现在仍处于社会主义初级阶段，一切路线、方针、政策都围绕“初级阶段”来制定，重回现实，拨乱反正，结果经济腾飞，政通人和，走上了民族复兴的光明大道。可见超越阶段、盲目发展是不行的，还要像邓小平说的要讲“台阶论”，循序渐进，渐入佳境。并非速度越快越好，必要的时候还要适当控制速度，以实现均衡发展。

日本索尼公司试验成功并生产出了第一台晶体管收音机，较之从前生产的真空管收音机，性能大大提高，并很快打开了市场。一天，一位美国客商主动找上门来，一次要订10万台索尼收音机，这在当时可是近似于天文数字。10万台订货的利润足以维持索尼公司好几年的正常生产，全公司员工无不欢欣鼓舞，都希望尽快签下这笔合同。不料，公司决策层并不买账，并制定了一条拒绝大客商订货的奇异价格

"曲线"：订货5000台，按原定价格；订货1万台，价格最低廉；而一旦订货超过1万台，价格则逐渐提高；如果订货10万台，那么只能按照可以使企业破产的高价来订货。

这一奇特的"曲线"订货价格，让人大惑不解。其实，是有原因的：当时索尼公司的年产量还远远不到10万台这个数字，如果接受这批订货，那么生产规模就必须成倍扩大。可是如果公司借贷扩大生产规模以后，再也没有大量的订货，那么刚刚起步的公司可能会马上破产。从眼前利益看，订下10万台的货，足以使索尼公司在短期内大步前进，但是从长远利益着眼，一旦盲目投资、盲目扩大生产规模而造成产、销脱节，公司倒闭也就不可避免了。因而，索尼公司制出了这一"曲线"订货价格方案，使客商们尽量以1万台为基本订货量，从而保持正常的生产与销售，使企业没有风险地稳步发展，这不能不说是一个暗含中国《易经》智慧的聪明之举。

《易经》启示录之二：辩证思维

《易经》六十四卦，没有绝对的好坏之分。太极生两仪，两仪即阴阳，阴阳是事物的一体两面，谁也离不开谁。如习惯上称山的北侧为阴，南侧为阳，水之南为阳，水之北为阴，很难说那个好，哪个不好。《易经》把任何事物都永远看成两面，若是只看到一面，必然只是看到一件事物的表面，或一件事物的正面、背面。由于站的角度不同，具体对象不同，对事物的看法也就千差万别。

所以，《易经》思维是整体思维、辩证思维，用《易经》思维看问题就是用发展的眼光看问题。孔子云："生生之谓《易》，成象之谓乾，效法之谓坤，极数知来之谓占，通变之谓事，阴阳不测之谓神。"意思是说，生生不息叫作变易，形成的天象叫作乾，仿效地法的叫作坤，充分利用卦爻数预知未来的叫作占，通晓事物变化而行动的叫作事，阴阳变化而不可预测的叫作神。在孔子看来，了解变化规律的人就如同神仙——"知变化之道者，其知神之所为乎。"世界上唯一不变的是变化。天下大势"合久必分，分久必合"是变化；"三十年河东，三十年河西"是变化；"人无千日好，花无百日红"是变化；"滚滚长江东逝水，浪花淘尽英雄"同样也是变化。既然事物都在发展变化中，所以身处逆境的时候不要气馁，要坚信风雨过后方能见彩虹。"《易》，穷则变，变则通，通则久"。毛泽东总结说，穷则思变，一张白纸没有负担，好写最新最美的文字，好画最新最美的画图。中国企业界知名人物史玉柱当年带领巨人集团争功冒进，违背规律，雄心勃勃地要盖88层的巨人大厦，由于资金链突然断裂，背上了2.5亿元的巨额债务，由被人崇拜的"中国的比尔·盖茨"变成了"中国首穷"。在困境面前，史玉柱并没有退缩消沉，他相信祸福相倚的老话，懂得否极泰来的道理，他不怕"摔跤"。他说："摔跤这一课是肯定要补的，否则还是不能长大。不管政治、军事还是经济，一帆风顺是不可能的，李嘉诚创业时还有几次想要跳楼呢，共产党没有五次反围剿的失败，也总结不出十大军事原则。"在总结经验教训的基础上，史玉柱幡然醒悟，变革图强，在脑黄金的基础上又研发脑白金、黄金搭档、征途网游软件，最终东山再起，成为当代中国企业界"凤凰涅槃"式的样板。

古往今来，人们早已经注意到了世上的万事万物始终处于发展变化之中。正所谓"人有悲欢离合，月有阴晴圆缺"，"旧时王谢堂前燕，飞入寻常百姓家"。孔子在《易经》系辞中讲得非常精确："为道也屡迁。"道的法则就是不断变化。"变动不居，周游六虚，上下无常，刚柔相易，不可为典要，唯变所适。"这种变化是不会停止的，在不同位置上循环往复，上下移动，没有固定的规则，刚变为柔，柔变为刚，同样不被现成的法则所约束，只有不断变化才是它最本质的生存状态。明白了这个道理，每一个成功的企业家就要多一份反骄破满、居安思危的谨慎和警惕。

在中国企业家中，华为总裁任正非是最有危机感的一个人。他曾在早期的文章中提出"繁荣的里面，处处充满危机"，"十年来我天天思考的都是失败，对成功视而不见，也没有什么荣誉感、自豪感，有的只是危机感。"他对赞誉淡然处之，挂在嘴边的话最多的是"萎缩、破产一定会到来。"他写过一篇文章，题目是《华为的冬天》，他说："危机并不遥远，我们都不能抗拒，只是如果我们能够清醒地认识到我们存在的问题，我们就能延缓这个时候的到来。"任正非的危机感促使他始终绷紧神经，促使他不断鞭策部下，不断向前，跑得快些，再快些，跑出了一群令国内外竞争对手敬畏又佩服的"华为狼"。他坚信"唯有惶者才能生存"，活下来是真正的出路，这也是所有企业为之奋斗的终极目标。

《易经》启示录之三：注重过程

孔子指出："圣人设卦观象系辞焉，而明吉凶。"圣人创立八卦及六十四卦，观察卦象，分析爻辞，是用来说明未来的吉凶祸福的。这样理解本没有错。然而，如果只注意到是吉、是凶，是不全面的。因为孔子接着说："刚柔相推而生变化……变化者，进退之象也。"随着自身矛盾和外部环境的不断变化，吉凶祸福也各依据一定的条件向自己的反面进行转化。这也就是老子说的："福兮祸所伏，祸兮福所倚。"

六十四卦没有绝对的好与坏，吉凶祸福全在过程之中，在求卜者的心态之中。所以，"占卜"就是"选择"（《吕氏春秋》曰：卜，择也。），但不是单纯选择事情的结果，而是选择过程。每一卦都有这样的情况，吉利时告诉你应注意的问题；有咎、不利时告诉你避凶趋吉的方法和经过。占到"乾卦"的人都想做"飞龙"，"飞龙在天，利见大人"，春风得意。但这是结果，过程还要先学做"潜龙"、"勤龙"、"惑龙"。占卜就应当守住既定目标，注重每一个过程。这有点像人们熟知的一句话："前途是光明的，道路是曲折的。"

明白了这个道理，我们才能理解荀子说过的这句话："善为易者不占。"为啥"不占"，因为任何事物有因才有果，有耕耘才有收获。"善易者"就是重过程，不重结果，他明白什么结果都是人为的，每一个目标必须一步一步地去走才能到达；而只想看结果的人，总是抱着一种侥幸的心理，想图省事，走捷径，根本没有艰苦奋斗，攻坚克难的思想准备。人们常说，求人不如求己，天道酬勤，事在人为，都揭示了这个道理。

如果把注重过程比喻成下棋，那就是要专心致志地走好每一步。所谓一招不慎，满盘皆输，一旦出现“败招”，先前一切的努力都等于白费。注重过程的同时要注重创新。墨守成规、固步自封，总按一个套路出牌，即便高手也难免落败。

注重过程的同时要注重细节。只有从细节入手，才能积累丰富的经验，从而成就自己的事业。台湾首富王永庆成功的原因就是他卖米时把米里的每一粒沙子都挑得干干净净，这种做法为他赢得了信誉。后来他又注意到老年人行动不便这一细节而送货上门，上门之后，一般人放下米就算完成了任务，可王永庆每次都详细记下人家米缸的大小，问明有几口人吃饭，几个大人，几个小孩，据此推断出下次送米的时间。考虑的如此周到，难怪王永庆的生意越做越红火，最终成为台湾首富。

注重过程的同时还要注重积累。每天进步一点点，持之以恒，积小胜为大胜。就如同用小铁锤撼动大铁球，尽管一下一下不停地敲下去，开始时可能纹丝不动，看似做的是无用功，其实每一下都是积累的过程。等到能量积累到一定程度，大铁球就会不由自主地晃动起来，并且越晃动幅度越大，越晃动频率越快。

美国管理学家W·古特雷曾经说过：“每一处出口都是另一处的入口。”的确，上一个目标是下一个目标的基础，下一个目标又是上一个目标的延续。上世纪五十年代，美国企业管理学家戴明博士被麦克阿瑟将军推荐给了日本企业界，向日本企业家传授企业管理的“福音”。在他的影响下，日本这个一无资源，二无市场，三无创新技术的小国在战后奇迹般地崛起，成为举世瞩目的经济强国，戴明博士为此获得日本天皇授予他的“神圣财富”勋章。日本经济的迅速崛起，使美国企业界感到了前所未有的压力，一些人找到戴明，向他发问：“你究竟交给了日本人什么‘秘诀’，使日本工业飞速崛起？”戴明说：“也没有什么，我只是告诉日本人，每天进步1%。”这是一个再普通不过的答案。但正是这个“每天进步1%”，才造就了日本经济腾飞的奇迹。荀子说：“不积跬步，无以至千里；不积小流，无以成江海。”这与戴明博士说的是同一个道理：凡事皆是由小到大，聚沙成塔，集腋成裘，要成功就要注重每一个过程，就必须从小事做起。

现在我们再回到《易经》上来。子曰：“乾坤，其《易》之门邪。乾，阳物也；坤，阴物也。阴阳合德，而刚柔有体。”“刚柔者，立本者也”。阴阳刚柔是一对矛盾，不断发展变化。这种变化是不以人的意志为转移的，是一种自然法则，也就是“道”。人们说“谋事在人，成事在天”，这话说得很辩证，很接近于“道”：“成事在天”，所以要按规律办事，要学会以简驭繁；“谋事在人”，所以要学会辩证思维，要注重过程而不仅仅注重结果。这就是我们应该从《易经》中得到的有益启发。

促进企业文化与人力资源管理的契合

刘　斌

每一个企业都有属于自己的文化，是企业独有的价值、理念、行为、标准、习惯、作风等等，这种文化与企业的人力资源管理活动息息相关，企业文化的质量对人力资源开发效果的影响是显而易见的。但总体而言，我们施工企业的人力资源管理活动与企业文化的结合普遍还不够充分，远远不能实现运用企业文化最大限度地开发与管理人力资源，促进企业的科学、持续发展，所以分析企业文化与企业人力资源管理活动的联结点，把企业文化与人力资源管理有效结合起来，对搞好企业管理有着重要的现实意义。

企业文化与人力资源管理之间的契合点

企业文化与人力资源管理都是基于对人的管理，都强调“以人为本”，“人”是二者之间的共同点、联结点，具有一致性。企业文化是以一种无形的力量作用于企业管理之中，重视人、关心人、理解人，把人看作企业生产经营管理的中心，使人产生强烈的主人翁意识、责任感。而人力资源管理的核心无疑也是“人”的问题，运用现代化的科学方法，对与一定物力相结合的人力进行合理的培训、组织和调配，同时对人的思想、心理和行为进行恰当的引导、控制和协调，使人尽其才，事得其人，人事相宜。因此，企业文化与人力资源管理之间有着天然联系——以人为本，不论企业文化还是人力资源管理无疑都是以人作为管理核心，其目的都是想方设法激发企业中“人”的工作热情和积极性，最大限度地发挥人的聪明才智和创造力，从而实现企业的共同目标。

只不过，企业文化与人力资源管理在实现同一目的的过程中采取的方式方法有所不同。相对而言，企业文化实施的是无形的柔性管理，通过对人思想上的潜移默化来引导、凝聚人的积极性和创造性，人力资源管理实施的则是有形的刚性管理，通过制度上的控制、约束，使人的潜能得到有效开发使用。企业文化注重的是通过价值观的塑造来激发员工，使员工具有共同的价值标准思维方式，人力资源管理则通过有形的具体的制度、措施来影响、约束职工的行为方式。

如果人力资源管理与企业文化能够有效结合、融合，形成与企业文化相协调、匹配的人力资源管理体系，这样的人力资源管理制度、措施就会符合员工的价值观与思维方式，在工作中就易于执行。一方面，通过人力资源管理制度的执行，使企业文化得到有效贯彻及创新；另一方面，通过企业文化的有效贯彻执行，极大地激发员工工作积极性和创造性，有效提升人力资源运行效率，从而促进企业长远、持续发展。

企业文化与人力资源管理契合面临的阻碍

虽然，企业文化与人力资源管理在战略、制度、员工职业能力发挥等方面都有契合之处，二者有机地融合是企业提升管理水平和保持科学、健康、持续发展的关键，但许多企业往往看不到这一点，或是在文化落地、生长过程中忽视了人力资源的作用，或是企业文化的价值观没有纳入到人力资源管理的具体措施与方法中，从而使企业文化建设和人力资源管理之间产生隔阂，面临着一些冲突和阻碍。

企业选聘用人标准与价值观念结合不充分。招聘与用人标准是整个人力资源管理工作的基础，但是往往在招聘面试过程中，事先准备不充分，对招聘人员本身的素质重视不够，招聘过程缺乏对企业的宣传，常常津津乐道的是公司的酬金、经济、福利等方面的优惠条件，所看重的仅仅是应聘者的学历、工作经历，而忽视了将企业的价值观念与选聘标准结合。

企业培训中不能贯穿整个企业文化的内容。大多数习惯于将培训作为一项普通的日常事务，其目的是传授从事某项工作所必须的技能，把培训当作单纯的技术工作，这种培训往往片面强调知识、技能，因而出现了“重技能、轻文化”的倾向。

企业文化的要求不能融入员工绩效考评中。在员工绩效考评时，往往以业绩指标为主的，即使也有提出“德”的考核，但却对“德”的考核内容缺乏具体的了解，也缺乏具体化的描述，使人力资源绩效考评达不到诠释企业价值观，使员工明白什么是企业提倡的，什么是企业反对的，从而及时强化、调节和矫正自己工作行为的目的。

企业文化与企业员工激励机制结合不力。企业文化的形成要与企业员工激励机制结合，只有达到上下理解一致的情况，才能在员工心目中真正形成认同感，产生凝聚力。现实中的激励易陷入某种误区，片面强调物质激励，忽视情感激励，激励重才轻德，激励墨守成规，激励“大锅饭”等。这种误区必然导致企业的人力资源管理陷入一个怪圈，即员工对薪酬与绩效的对应公平性越来越挑剔，企业因此就要在薪酬管理上投入更大的成本和精力，就越会强调对员工的物质激励，一旦企业无法使员工对薪酬管理满意，就容易造成员工流失。

企业文化如何与人力资源管理相契合

既然企业文化与人力资源体系结合的意义重大，那么到底该怎么融合呢？丰田公司的企业文化与人力资源管理的案例，值得借鉴。

日本丰田汽车公司成立于20世纪30年代末，公司现有8个工厂，职工人数达45000人，其汽车产量仅次于美国通用汽车公司和福特汽车公司，居世界汽车制造业第三位。企业管理界人士普遍认为，丰田的成功经验是：积聚人才，善用能人，重视职工素质的培养。

作为企业文化和人力资源管理融合中的一部分，丰田公司的企业教育取得了很大的成果。丰田公司对新参加公司工作的人员，有计划地实施主业教育，把他们培养成为具有独立工作本领的人。这种企业教育，可以使受教育者分阶段地学习，并且依次升级，接受更高的教育，从而培养出高水平的技能集团。同时，在丰田教育的范围不仅仅限于职业教育，而且还进一步深入到个人生活领域。教育的目标，具有作为生活中的实际意义而能够为员工普遍接受。有人问：“丰田人事管理和文化教育的要害和目标是什么？”，丰田的总裁曾这样回答：“人事管理和文化教育的实质是，通过教育把每个人的干劲调动起来。”丰田教育的基本思想是以“调动干劲”为核心。

在丰田，把非正式教育叫做“人与人之间关系的各种活动”，是丰田独有的教育模式，其核心是解决企业内人与人之间的关系，培养相互信赖的人际关系。丰田以非正式和不固定的形式创造出了一系列精神教育的做法，例如：公司内的团体活动。公司内的团体活动是根据员工的特点，将员工分成了更小的团体。每个员工可以根据各种角色身份参加不同的团体聚会。通过参加这些聚会，既开展了社交活动，又有了互相谈论的机会。为了这种聚会，公司建造了体育馆、集会大厅、会议室、小房间等设施，供自由使用。公司对聚会活动不插手，也不限制。职工用个人的会费成立这种团体，领导人是互选的，并且采取轮换制。所以每一个人都有当一次领导人来“发挥能力”的机会。这些聚会都有一个共同的条件，就是把这些聚会作为会员相互之间沟通亲睦、自我启发、有效地利用业余时间，不同职务的会员进行交流的场所。此外，丰田公司还有个人接触运动、“前辈”制度、“故乡通信”等种种做法，目的都在于为员工创造出一个使他们满足而有吸引力的工作环境，培养“生存的意义和干劲”的土壤。

从丰田公司的做法中，有许多可以借鉴之处。在人力资源管理中，不能仅仅把员工招聘吸引优势人才看作成功的人力资源管理。要做到“招得来，留得住，用得好”，除了人力资源的常用技术手段外，还要把人力资源管理活动与企业文化相结合，把企业文化的核心内容灌输到员工的思想之中，体现在行为上，这是企业文化形成的关键。具体的企业文化与人力资源管理相契合的做法可以从以下几方面出发：

二者的契合与选人。企业文化作为一种意义形成和控制机制，能够引导和塑造员工的态度和行为，因此，在某种程度上可以说，企业文化决定了游戏规则。在企业中，重视人力资源开发，实施人才管理，应该成为企业文化管理的重要内容。这就要求企业在制定选人标准时，应与企业文化的核心内容——价值观统一起来，企业在考察被选用人的工作能力的同时，还要求考察他的价值观，使之能为企业的发展发挥更大的作用。另外还可在招聘员工的过程中，制定招聘标准和条件要求时，设计出突显本企业文化特色的招聘文书、告示，在面试题材中加入一些有关企业文化方面的内容，从而可发现对本企业文化认同感较高的人员，为选择优秀人员加入企业提供依据。企业的价值观与企业选人用人标准的有机结合，一方面可为企业选拔或提拔员工提供可靠的依据，而减少工作失误；另一方面还能在企业中起到辐射企业文化的作用，为企业聚集更多更全面的优秀人才。

二者的契合与育人。一个企业成功与否，最根本的原因在于文化。可以说，管理在一定程度就是用一定的文化塑造人，只有当企业文化能够真正融入每个员工个人的价值观时，他们才能把企业的目标当成自己的奋斗目标，因此用员工认可的文化来管理，可以为企业的长远发展提供动力。在同一个客观条件下，对于同一个事物，不同的价值观就会产生不同的行为。比如对同一个规章制度，认为其合理的人就会认真贯彻执行，认为其错误的人就会拒不执行。而这两种截然相反的行为将对企业目标的实现起着完全不同的作用。因此，培训作为人力资源工作中的重要一环，不仅是知识的传授、技能的提高，更重要的是观念的更新、态度的改变。两者结合育人，不仅要采取人力资源管理的培训措施与方法，而且要将企业文化的要求贯穿于企业教育培训之中，使企业价值观念在培训活动中不经意地传达给员工，潜移默化地影响员工的行为，并最终形成统一明确的企业文化价值观。这样，培训带给企业人力资源管理的不光是培训目标的完成，而且是具有相同企业文化价值观的人力资源，无疑将促进以企业文化为导向的企业人力资源管理工作与企业的经济效益。

二者的契合与用人。企业人力资源管理的目的就是为了挖掘人的最大效能，在最合适的时候把最合适的人放在最合适的岗位，绩效考核可作为衡量用人结果的标准，也是让企业文化落地最直接、有效的方式，因为考核什么就表明看重什么。如果企业在考评员工时，单纯以业绩指标为主，这很容易使得有些员工会不择手段以达到业绩的目的，而达不到绩效考核的初衷。为此，在绩效考核时应将企业价值观念的内容注入，作为多元考核指标的一部分，将公司核心价值观用各种行为标准、考核标准来具体描述，从而使员工明白企业鼓励什么、反对什么，才能达到自我接受、自我规范的目的，才能做到将才将用、专才专用、适才适用，才能摒弃权力、人情关系、资历等对用人的不良影响，形成积极向上的风气。

二者的契合与留人。据调查，有 90% 以上的从业人员想更换工作，70% 的人有过跳槽的经历，而困扰他们的主要因素是收入偏低和不能发挥才能，其中认为不能发挥才能的占 65%。由此可见，企业要留住人才，就有必要借助企业文化与人力资源管理体系结合以弥补其他方面的不足。对于员工来说，信任和重用有时比单纯的物质利益更有吸引力，他们更愿意在宽松和谐的环境下施展自己的才华，而不会把自己的聪明才智奉献给视自己为局外人的企业，对于真正想干事业的人来说，尊重和信任是他们所要求的。因此企业人力资源管理进行员工职业生涯开发、设计时，要与企业文化结合起来，以达到预定效果，吸引员工。一方面通过人力资源管理的员工职业生涯设计制度根据员工的兴趣、特点等进行具有吸引力的职业生涯的设计、开发，另一方面在企业内部营造一种为企业员工的素质提升提供有利条件和双赢的文化氛围。可以说，人力资源管理的各项吸引、留住员工的措施，最终能否留住人才，在很大程度上取决于员工对企业文化的反应。

总之，人力资源管理只有与企业的文化建设相结合，才能在员工心目中真正形成认同感，使企业的人力资源开发更富有生命力，这就要求人力资源管理不但要处理技术性工作，也不单单是人力资源管理部门独有的工作，而是要求所有的管理人员参与其中，如此才能形成企业人力资源管理的整体能力，从而形成企业核心能力，建立起在市场竞争中特有的竞争优势。

（作者单位：中铁十七局集团第六工程有限公司）

关于基层央行机关文化建设的探讨

王胜久

机关文化是机关工作人员在长期工作实践中培育形成的精神财富和物质形态，是引导激励和规范机关工作人员从政行为的精神文化、管理文化和行为文化。具体来说机关文化是文化系统中管理文化的重要组成部分，是机关工作人员在长期的工作实践中，自然或被动养成的思想观念、道德品质、思维方式、行为习惯、生活态度、工作作风、处事规则等方面的内在统一和外在表现。

机关文化的特征

机关文化作为机关精神财富包括诸多内容，主要有工作、管理、行为方面的理念、精神、规范；工作运行机制、管理机制，管理风格、机关风气；有反映理念、精神、规范等的标识、器物等。有以下 3 个明显特征：

系统性。机关文化诸多内容是一个有机结合的整体。按其反映形态可以将机关文化的内容分为 3 个层次。中心层是理念层，其中价值观是理念层的核心，中间层是制度层，最外层是物质层。理念层是这个系统的中心，制约着和影响着制度层和物质层，有什么样的工作、管理、行为理念，就有什么样的工作、管理、行为制度和物质表现，价值观是整个系统的灵魂和主线。机关文化系统性的特征，可以指导我们在建设机关文化中区分工作层次，设置工作步骤，总体把握、整体推进。

实践性。机关文化是机关人员长期实践的结果，是实践经验的宝贵总结，它源于经验、又高于经验，是实践经验的升华。机关文化是机关人员群体实践的结果，又是少数人甚至机关主要负责人总结归纳的结果，许多机关的工作理念，管理理念，行为理念等直接出自机关主要领导者之手。机关文化来自实践，又必须回到机关改革创新的实践中去，只有对机关工作实践起到积极指导作用，对工作人员思想和行为起到激励约束作用的机关文化才算是有效的机关文化，才能在实践中产生应有的作用。掌握机关文化实践性特征，可以启发我们对以往工作实践认真总结从应用的角度构筑机关文化。

创新性。机关文化是传统机关文化的延续，它取其以往机关文化中的精华，弃其糟粕，是机关文化的新发展，新突破。机关文化是时代发展的产物，是对新时期新事物、新情况、新问题的认识和把握，因此，它的理念是新颖的，机制是创新的，风气和精神是符合新时代要求的。掌握机关文化创新性特征，可以约束我们认真把握时代要求，认真查找工作中的差距，创新思维，创新机制，增强机关文化的针对性，实效性。

机关文化的核心

机关文化的核心是机关干部的价值观，决定着机关干部的思维方式和行为方式，又是机关工作整体思想、行为及风貌的体现。机关文化建设的最终目的是通过发挥机关文化建设的特殊功能，努力为机关工作创造出良好的外部形象和内部氛围，使全体干部职工在工作中形成共同的理想和价值观念，养成有利于机关发展的行为习惯，促进机关的健康发展。因此，机关文化建设必须在机关文化核心价值观的指导下，通过长期教育培训和一系列约束激励机制等具体措施，在机关形成既体现现代文明，又具有可操作性的、规范实用的机关文化体系，包括职业道德、行为准则、团队管理、沟通渠道、培训体系、激励机制、绩效评估等，不断增强机关干部对机关文化的认同和融合，产生巨大的向心力和凝聚力，转化为干部职工的行为规范和习惯。具体来讲，应当作到以下3点：

各级干部要率先垂范，带头执行机关的各项规章制度，大力弘扬机关精神，认真落实的工作作风；

加强基础建设，从抓制度建设入手，规范干部职工的办事程序和行为习惯；

以建设学习型机关为契机，创新学习理念和方式，提高干部职工的政治理论素质和工作能力。

构建基层央行核心价值观

构建基层央行核心价值观，把切入点放在全面提高干部职工的道德素质上。道德素质是衡量干部队伍素质高低的首要标志，干部队伍道德素质的高低，对于能否按照科学发展观的要求，全面贯彻执行党的金融工作方针政策、认真落实金融中心工作任务至关重要。干部职工只有具备了良好的道德素质，才能政通人和，才能取得事业的成功和发展。基层央行肩负着执行货币政策、维护金融稳定、提供金融服务的重要职责。在长期的工作实践中，忠实履行法律赋予的神圣职责，创造和积累了体现基层央行性质的价值观念，并在推动各项工作和队伍建设方面发挥了重要作用。顺应时代发展的要求，不断丰富、凝练、弘扬基层央行核心价值观，对于打牢全体员工共同的理想信念和思想道德基础，形成团结奋斗的精神力量，提高干部队伍的凝聚力和战斗力，激励干部职工认真履行职责，具有重大现实意义。

诚信是一个道德范畴，即待人处事真诚、老实、讲信誉，言必信、行必果。就是要诚实、诚恳、守信、有信，反对隐瞒欺诈、反对伪劣假冒、反对弄虚作假。诚信无欺，讲求信用，构成为人处事的根本道德标准。诚信是立人之本、立业之基，是一项普遍适用的道德规范和行为准则，是建立行业之间、单位之间以及人与人之间互信、互利的良性互动关系的道德杠杆，只有诚恳老实，有信无欺，才能形成完备的自我。具备高尚的人格力量，才能适应社会生存的要求，发挥出自己的潜能，实现人生的价值。树立诚实做人的良好品质，是关系到人一生的大事，是关系到人格、品质和习惯的大事，坚持诚信做人，是构建基层央行核心价值观的重要内容。

敬业是天职，即忠于职守，努力工作，尽职尽责。敬业是精神，即满腔热忱，朝气蓬勃，振奋昂然，激情似火。敬业是境界，即不求名利，不图地位，不为考核，不争荣誉。敬业是追求，即高标准的工作目标，高标准的遵纪守时，高标准的质量追求，高标准的效能结果。敬业是奉献，即不分分内分外，不怕付出辛勤，不去计较时间，不求得到额外报酬。敬业是忠诚，即信任理解和支持，责任面前不推诿，集体利益不违背，困难出现不逃避。敬业是品质，即自觉自愿地付出，全力以赴地工作，专心致志地投入，善始善终地完成。敬业是态度，即兢兢业业，全心全意，付之行动，动手去做，不制造借口，不有意延拖，不逃避工作。敬业是能力，即全力以赴，一丝不苟，开拓创新，追求完美，超越自我，做到极致。敬业是道德，即坚持原则，诚实守信，严于律己，宽于待人。敬业是本分，即尽我所能，平和心态，不平庸，不自满。我们做任何事情都需要一种认真的态度，只有这样才能把要做的事情干好，不管做什么工作，都应用一种严谨的态度去对待。人的能力各有不同，但对做事的态度可完全一样，兢兢业业、任劳任怨的发挥自己的聪明和才干，把自己的工作尽力做好，是每个人可以做到的，也是应该做到的。在工作中要善于练好基本功，努力学习更广泛的知识，掌握事物的发展规律，主动创新的开展工作。要用正确的态度，以高度的责任心做好本职工作，这是敬业的基本要求。坚持爱岗敬业，是构建基层央行核心价值观的核心内容。

务实就是脚踏实地，察实情、讲实话、办实事、求实效，不受虚言，不听浮术，不采华名，不兴伪事。就是要围绕目标，脚踏实地、埋头苦干，坚持落实工作任务。务实不仅是一种工作作风和态度，而且更是一种思想和精神，是我们需要一以贯之地坚持和发扬的良好品格，只有讲实情，说实话，出实招，下实力，办实事，才能把工作干出水平、干出成效。坚持求真务实，是构建基层央行核心价值观的必然要求。

和谐就是坚持以人为本，以科学发展观为指导，全面履行基层央行各项职能，实现辖内经济金融和谐、金融生态和谐、金融机构和谐、内部结构要素和谐、人员自身和谐。其基本特征是民主法治、公平正义、安定有序、充满活力、诚信友爱、和睦相处、各尽所能、各得其所、统筹兼顾、协调发展。建设和谐基层央行的主要任务，一是认真执行货币政策，促进经济金融和谐发展；二是发挥基层央行职能作用，构建和谐金融生态；三是强化以人为本的理念，营造和谐工作氛围。共创和谐，是构建基层央行核心价值观的奋进方向。

（作者单位：中国人民银行呼和浩特中心支行）

以党的十七届六中全会精神为指导 深入推进企业文化建设

任远征　陈连才

党的十七届六中全会通过了《中共中央关于深化文化体制改革推动社会主义文化大发展大繁荣若干重大问题的决

定》。《决定》指出：“文化是民族的血脉，是人民的精神家园。”这是对一个民族和对一个国家而言。对一个企业来说，企业文化是企业的价值观，是企业的灵魂，是企业综合竞争力的重要组成部分，具有强大的导向功能、约束功能、凝聚功能、激励功能、调适功能和辐射功能。以党的十七届六中全会精神为指导，深入推进云天化集团企业文化建设，有利于全面提高员工素质，增强企业凝聚力和竞争力，是集团实现“跻身世界级的化工企业”企业愿景的强大动力和文化支撑。

一、结合“十二五”发展目标，充分认识深入推进企业文化建设的重要意义

通过多年的努力，云天化集团从一家产品单一的氮肥生产企业，发展成为今天拥有化肥、有机化工、新材料、盐及盐化工、磷矿采选、磷化工等产业，并以商贸物流为重要补充的综合性企业集团。从企业未来发展着眼，必须高度重视企业文化建设。

（一）深入推进集团企业文化建设，是贯彻落实科学发展观，努力建设和谐企业的迫切需要。

深入贯彻落实科学发展观，努力建设和谐企业，是云天化集团党委的一项重大战略任务。企业能否做到科学发展、和谐发展，直接关系到企业改革发展战略目标的实现。在“十一五”期间，集团认真落实科学发展观，努力转变增长方式，取得了可喜的成绩。集团经营效益连创新高，安全环保形势良好，行业地位逐年提升，社会影响不断扩大，党建工作扎实推进，职工收入稳定增长，和谐发展的局面进一步巩固。

但回过头来，我们也要清醒地认识到，集团在快速发展的过程中也积累了一些制约企业科学发展、和谐发展的问题：一是集团的快速发展与自主创新能力不强的矛盾；二是集团的快速发展与管理体系不尽完善的矛盾；三是集团的快速发展与人才结构不相适应的矛盾；四是集团的快速发展与节能减排和环境压力的矛盾。

这些问题和矛盾的存在，在很大程度上影响了企业的发展，必须在实践工作中加以改进。深入推进集团企业文化建设，为企业改革发展提供精神动力、思想保障和文化舆论环境的支持，这是历史赋予集团新时期、新阶段的重要任务。

（二）深入推进集团企业文化建设，是提升企业竞争力、促进企业又好又快发展的内在要求。

当今时代，企业文化越来越成为企业凝聚力、创造力的重要源泉，越来越成为企业特别是大型企业竞争较量的着力点。集团的磷复肥、玻纤、聚甲醛等重点产品，面对的竞争对手都是国际化、全球化的跨国公司和大企业，他们都有坚实企业文化作为支撑。因此，要在激烈的市场竞争中争取主动，必须具有企业差异化的优势，企业文化一定是重要的一方面。

随着集团发展方式的转型升级，必然加快全面参与经济全球化的进程，集团面临着前所未有的发展机遇与挑战。近年来，中国航天科工、大庆、海尔、蒙牛等一批企业的成功经验和一些企业衰落的教训充分表明，企业要实现又好又快地发展，不仅需要资金、设备、技术、人才等资源的保障，而且需要先进企业文化的支撑。通过建立企业愿景，形成企业与员工的命运共同体，增强企业的凝聚力和向心力；通过转变企业领导层和员工的思想观念、行为方式，促进企业的管理创新，增强产品和服务的竞争力；通过履行社会责任建立良好的企业形象，增强企业的知名度、美誉度和社会影响力。

（三）深入推进集团企业文化建设，是提高集团员工队伍素质，促进员工全面发展的当务之急。

企业的竞争说到底是人的竞争。员工队伍的整体素质决定着企业的命运。云天化集团改革发展三十多年以来，集团党委不断加强企业思想政治工作和文化建设，广大员工综合素质有了明显提升。

但也应该清醒的看到，面对不断深化的企业改革，面对知识和文化的不断更新和进步，与企业快速发展相比，集团员工的思想素质、业务水平、职业技能需要进一步的提高。因此，当务之急就是要更加深入推进企业文化建设，引导广大员工坚定理想信念，树立社会主义荣辱观，增强企业的认同感和凝聚力，把个人的价值追求融入到企业发展的实践；解放思想、与时俱进，正确看待改革发展中出现的矛盾和问题，坚定改革的信心和决心；增强学习意识，提升学习能力，不断提高知识水平和业务技能，把个人的理想抱负化为立志图强、创造崭新业绩的实际行动，形成企业快速发展与员工全面进步的良性互动。

二、适应改革和发展形势，理清思路，突出重点，统筹推进集团企业文化建设

企业文化建设是一个复杂的系统工程，是需要长期坚持的一项工作，而且需要在实践中动态调整。云天化集团在2004年启动企业文化建设专项工作，经过多年的努力，企业文化取得了一定的成绩，但也面临一定的问题和挑战。面对新的形势和任务，如何进一步深化企业文化建设，推动企业发展，是需要认真思考和实践的。

（一）近年来企业文化建设主要做法和成效。

有企业的存在就有企业文化，而把企业文化建设当作一项系统工作推进则是一种企业文化的自觉和深化。云天化近四十年的历史，拥有深厚的文化沉淀，近年来，集团在企业文化诊断和理念提炼方面做了大量的工作。

首先是进行了现状调查。通过建立企业文化领导小组和办公室，确立了企业文化建设的领导机构和责任部门。经过深度访谈和问卷调查，收集整理了大量的第一手资料。

然后进行了理念提炼。在科学的企业文化诊断基础上，集团系统梳理了企业文化来源，总结了企业文化的特点。集团文化来源于深厚的历史沉淀，来源于所属企业的杰出创造，来源于现代化大生产，来源于传统文化、地域文化、社会文化的熏陶，来源于先进理论的指引和对未来前瞻性的思考。是以人为本的人本文化、产业报国的责任文化、和谐包容的共生文化、追求卓越的进取文化。明确了集团“一主多元”的集团化文化建设模式，提炼形成了核心理念体系。

再次是健全完善视觉、听觉识别系统。集团制定了视觉识别手册，统一规范了集团的视觉识别系统，创作了《云天化之歌》等歌曲并广泛传唱。

最后是进行了企业文化的深植和传播。在企业文化体系初步构建的基础上，集团通过理念体系宣贯、管理制度梳理、行为规范训练、文化载体建设等多种渠道，推进企业文化落地工作。

通过扎实的企业文化建设工作，集团企业文化建设显现了一定的成效，主要表现为凝聚力和向心力增强、集团知名度和美誉度的提升、集团管理水平的提高、经营业绩的进步等。但在看到成绩的同时，我们也看到一些问题和不足：一是对企业文化的认识参差不齐；二是集团文化建设发展不平衡，局部还存在不重视的现象；三是企业文化深植工作还不系统，企业文化如何有效落地还缺少系统规划和有效载体。这些问题需要在下一步的工作中认真解决。

（二）需要理清的几个关系。

企业文化建设作为一种软实力建设，是一种务虚和务实相结合的工作，这就必然要求我们首先在认识上要达成一致，才能有效地推进工作。从云天化集团的企业文化建设现状来说，要充分认识以下几个关系：

正确处理好共性和个性的关系。云天化的发展，由一个企业不断发展，新企业不断加入形成的。一个集团化企业的文化模式是由企业的管控模式决定的。集团采取的是战略控制型的管理模式，这就决定了我们的企业文化建设模式是“一主多元”的模式。“一主”就是我们的共性，是我们的企业精神、核心价值观、愿景，要求集团高度统一。而“多元”就是个性，在共性高度统一的基础上每个企业一定要结合自身实际不断延伸，比如生产型企业的安全文化、质量文化，经营型企业的服务意识、服务文化，研究单位的创新文化，要体现自身特色，要有共性，也要有个性，形成和谐包容的共生文化。

正确处理好文化和战略的关系。文化和战略是紧密联系、相互作用的。企业文化规划就是企业总体规划的子规划，是完成企业发展战略在文化方面的支撑。反过来，有什么样的企业文化，对企业发展战略的导向有明显的影响，比如，集团在“十五”、“十一五”期间，提出重点抓住当时宏观机遇，跑马圈地、搭建平台、规模扩张、壮大实力，这也是一种文化倾向。到了“十二五”，集团要向转变方式、优化配置、完善体系、提高素质方面转型，这就要求我们有文化支撑。战略需要文化支撑，而文化又直接影响到战略的实施成效。

正确处理文化和制度的关系。企业文化从广义上讲是企业创造的一切物质财富和精神财富，包含了企业有形和无形的财富。从狭义上讲主要是指企业的价值观，是精神层面的东西。我们说的企业文化应该是一个广义的概念，包含了企业的制度。但我们通常指的企业文化侧重于精神层面，是意识形态和上层建设，而企业的管理制度是文化的具体体现，是企业文化的关键和基础。企业的价值理念必须通过有效的制度才能在企业得以体现并落地生根。所以，企业的制度建设和制度的执行是企业文化建设的关键环节，只有把握关键，文化建设才有成效。

正确处理继承和创新的关系。企业文化在初期推动阶段更多是通过对已有文化的不断梳理、总结、挖掘的基础上来创新，这个阶段传承更重要，如果没有继承，那就变成外来的嫁接，但是不能总停留在这个阶段。随着企业的发展，随着内外部形势的变化，一定要不断丰富，不断完善，不断变革，不断提升，既要重视优秀传统文化，更要重视创新文化，只有如此，集团的文化才有生命力。

正确处理内脑和外脑的关系。企业对自身的发展，理解最深，体会也最深，但是如果简单地关起门来搞文化建设，达不到一定的水准。但是如果把咨询公司请进来，没有企业的积极参与，全部交给咨询公司，最后也会出问题，做出来会不是云天化集团的文化，而是书本上的文化。咨询公司外脑进来，一是给大家搞培训，提高专业知识，二是用他们的专业知识，帮助企业梳理总结。无论是集团还是子公司，一定是内脑和外脑的紧密结合，共同完成企业文化建设，只有这样，做出企业文化才会既有高度，又能结合实际，才能在企业生根发芽。

正确处理高层、中层和基层的关系。企业组织包含高层、中层和基层员工。这三类员工在企业的比重不同，在企业文化建设中发挥的作用也不尽相同。有人说企业文化就是企业家文化，是老板文化，有什么样的高层就有什么样的文化。有人说企业文化应该全体员工创造的，尤其是广大基层员工，如果没有他们的认同和实践，企业文化就是一纸空谈。确实，高层管理者的理念和意志、中层管理者的执行和推进、基层员工的创造都影响着企业文化建设。毋庸置疑，企业文化是企业全员的创造，尤其是基层员工的参与。但在企业文化建设中，尤其是企业文化深植的过程中，高层管理者的坚持和率先垂范起着关键作用。

正确处理企业文化建设和企业党建的关系。政工论是企业文化建设中的一种误区，认为企业文化建设就是政工部门的事情，是企业党建和思想政治工作的一部分。确实，在国有企业，企业文化建设一般由党委部门在牵头推进，但这并不是说企业文化就是政工部门的事情。企业文化和企业党建不是两个包含和被包含的关系，是关联性极为紧密的两项工作，在工作内容和实施上，你中有我，我中有你，相互关联，相互作用。在责任部门和工作人员上重叠程度大。这两项工作在内涵和外延上相互交叉又相互区别。所以在企业文化建设中，必须处理好企业文化和企业党建的关系，不能简单地等同，更不能完全割裂，必须理清思路、统筹推进。

三、突出重点，扎实推进新时期集团企业文化建设

企业文化建设是一项长期性、全局性、战略性的工作，直接关乎企业改革发展的全局，涉及企业生产经营管理的各个方面。要以党的十六届六中全会为指导，把握方向、理清思路、突出重点，努力增强工作的针对性、实效性，扎实推进当前的企业文化建设。

必须始终围绕科学发展的主题。促进企业科学发展既是企业文化的价值所在，也是企业文化生命的源泉。企业文化

建设只有及时发现、紧紧抓住企业改革发展稳定中的重大问题、突出问题、关键问题，促进其解决，才能避免做表面文章、避免花架子，才能真正管用，形成自己的个性和特色。当前要特别注意把完善企业法人治理结构、提高劳动报酬在初次分配中的比重、提升自主创新能力和基础管理水平等问题作为企业文化创新的突破口和抓手，有重点地推进，使企业文化在促进现代企业制度的建立和集约化、精细化、人性化管理的过程中，不断获得新的生机。

必须始终坚持先进文化的引导。中国特色社会主义理论体系是马克思主义中国化的最新成果，也是我们党和全国各族人民团结奋斗的共同思想基础。国有企业是社会主义建设的主力军，只有坚持这一共同思想基础，才能使企业的发展与国家的建设相适应，建设好符合先进文化要求的企业文化。要坚持以中国特色社会主义理论体系为指导，以社会主义核心价值体系为根本，在弘扬中华民族传统优秀文化和继承企业优良传统的基础上，积极吸收借鉴国内外现代管理和企业文化的优秀成果，使我们的企业文化更具有鲜明的实践特色、时代特色，丰富的管理内涵和强大的生命力。

必须始终坚持以人为本的建设理念。以人为本是科学发展观的核心，也是企业文化的本质。坚持以人为本，要特别强调不仅把员工作为生产力要素，更要把满足广大员工物质和精神方面的需求作为生产、管理的重要目的。不仅把员工作为劳动者，更要把员工作为利益相关者。调动员工的积极性、主动性，挖掘员工的潜能，不仅是为了企业的发展，同时也是为了实现员工的自身价值，促进员工的全面发展。要把广大员工的认知度、认同度、满意度作为检验企业和企业文化建设成果的重要标准。

必须注重企业文化的体系和路径建设。企业文化深植是企业文化建设的重要环节，是企业文化能否真正落地的关键。在企业文化建设中，云天化集团在实践中提出了“现状调查、理念提炼、体系构建、文化深植和评估改进”闭路循环的方法路径，而体系构建和文化深植是现阶段集团企业文化建设的核心和关键。企业文化落地的关键就是要有科学清晰的企业文化建设体系和路径，既不能泛泛而论，认为企业文化是个筐，什么都往里装，也不能认为企业文化一无是处。要通过组织体系、内容体系、传播体系、培训体系和考核体系建设，明确企业各个层级人员在企业文化建设中的角色和作用，营造全员参与的企业文化氛围。通过清晰的描述，能明确企业文化建设的路径和载体，把企业的中心工作、党建和思想政治工作、企业文化建设等工作统筹协调推进，通过一系列的有效载体把无形的精神价值化为有形的制度行为和物质形象，真正实现内化于心、固化于制、外化于行的企业文化建设目标，形成全集团共举一面旗、同唱一首歌，道相同、心相通、情相融的和谐奋进的大好格局，真正让企业文化成为推动企业发展进步的强大动力。

（作者单位：云天化集团有限责任公司）

企业安全文化建设途径探寻

陈　鸿　　石文文

安全生产是企业的永恒主题，安全文化已成为企业文化的重要组成部分，并起着越来越重要的作用。企业安全文化就是企业的安全意识、安全目标、安全责任、安全素养、安全习惯、安全科技、安全设施、安全监管和各种安全规章制度的总和。其建设就是要在企业各个方面、所有活动、一切时空过程中营造一个强大的安全文化氛围，使全体员工在这个氛围中，行为被潜移默化地规范在所崇尚的安全价值取向和安全行为准则之中，用安全文化造就具有科学思维方式、高尚行为取向和文明生产秩序的现代企业员工队伍，从而降低人为造成的安全事故发生率。

坚持以人为本，为企业安全文化筑牢根基

企业安全文化具有导向、约束、规范企业从业人员行为的作用。企业安全文化提倡、崇尚什么，将通过潜移默化的作用，使员工的注意力逐步转向企业所提倡、崇尚的内容，接受共同的价值观念，从而将个人的目标引导到企业安全目标上来。选矿厂在多年的安全文化建设过程中，坚持以人为本，开展形式多样的企业安全文化创建活动，通过改变员工的兴趣、爱好和娱乐方式，使员工融合于其中，使其安全生产行为成为一种自觉行为。

良好的安全文化认知。企业传统的安全管理只注重对“物”的管理，以“事”为中心，只注重监督管理而没有强调“自主管理”。在安全管理工作上，只局限于生产之中，而没有认识到安全问题还渗透在社会生活的各个层面，分布在人类活动的全部空间，体现在自下而上环境的各个领域。因此，在安全管理过程中，必须探讨企业安全管理的新机制，即塑造一种具有企业特色的安全文化，形成以人为本的管理思想，创造一种文化的气氛，形成职工自觉遵守的安全行为规范，从而形成稳定的安全文化机制，充分发挥其监督、检查、预防的功能，达到长周期安全生产的目的。

2010年以来，选矿厂坚持以人为本，导入“珍爱生命，享受健康生活”的安全核心理念，建设“三为、六预”安全文化体系，强化 “三个主体”安全责任，开展形式多样的企业安全文化创建活动，通过“十个一”系列活动，改变员工的兴趣，爱好和娱乐方式，充分调动每个职工的积极性和创造性，使员工融合于其中，使其安全生产行为成为一种自觉行为；通过在广大青工中开展“手指口述安全示范员”评比活动，提高员工安全意识，规范员工操作行为，推动实行标准化作业，努力塑造“想安全、会安全、能安全”的现场安全操作职工，推动安全管理向高层次的文化管理转变，确保企业健康稳定发展。

强势的安全文化宣传。企业安全文化建设就是要在企业内部营造一种安全气氛，通过各种宣传活动，利用文字、影象、声音等各种传播途径，强化员工的安全意识。选矿厂注

重从基层抓宣传，利用各种看板、挂图、警示标语、安全警句，并通过制度、规章、工艺流程上墙等方式，把安全文化宣传渗透到车间、班组的每一个角落、每一个作业区域。选矿厂还通过征集制作《违章故事汇》、《血色档案》、安全书画摄影展等形式，传播安全理念，强化员工的安全意识，使安全转化为员工的自觉追求，努力达到 “无为而治”的管理境界，从而实现和谐的企业安全文化——员工对自己负责，切实承担起对自己的职业健康与安全责任；员工对同伴负责，能对同伴承担健康安全监护的责任；企业对员工负责，为员工能够实现“自我约束、自我控制、自我调节”创造适宜的管理环境。

崭新的企业安全形象。选矿厂作为原料供应生产单位，点多面广，作业战线长，环境复杂。因此，选矿厂始终坚持预防为主、安全第一的观念，安全就是效益、安全也是生产力，大力提倡“四个第一”（安全是企业的第一政治、各级领导的第一责任、企业的第一效益、职工的第一福利）和“五个没有”（没有安全，就没有干部的政治生命；没有安全，就没有职工的家庭幸福；没有安全，就没有企业的经济效益；没有安全，就没有企业的持续发展）的理念，着眼于实现“人的本质安全”。围绕提升安全理念、人员素质和安全思想境界，不断强化“人本建设”，着力解决好“为什么必须这样干”、“怎样才能干好”、“怎样才能安全”的问题。同时在安全管理上，本着“一岗双责、齐抓共管”的原则，党政工团齐抓共管，实行党政主要领导交叉任职，通过党政互补作用的有效发挥，加强对安全文化建设的领导。

创建有效机制，为企业安全文化提供保障

健全的制度是安全生产的基础，规章制度的落实是安全生产的保障。兼顾合理性与执行力，建立和完善安全制度，创建有效的安全文化机制，是企业安全文化建设的必然要求。

创建安全学习、培训机制。要使安全文化理念深入人心，必须要有一个科学的学习机制，建立学习型组织；必须要把安全培训工作纳入企业安全生产和企业发展的总体布局，统一规划，同步推进，建立安全培训责任制，把安全培训与技能培训结合起来，以安全培训为起点，提高职工队伍的整体文化素质，力求安全培训工作科学化、人性化、多元化，增进安全培训工作的实效性。

选矿厂在安全学习和安全教育培训的途径上多管齐下，效果显著。不断丰富安全学习和安全教育的形式及内容：安全小故事、安全图画展、《血色档案》、“安全在我心中”演讲、知识竞赛等活动不断推陈出新，使安全学习和安全教育更具知识性和趣味性，在潜移默化中强化职工安全意识。多年来，选矿厂通过教育培训、建立制度、认真落实、采取安全风险抵押激励措施等方法来转变员工的安全价值观。在安全管理工作中突出“厂级、车间级、班组级”三级教育培训；严格落实“全员安全教育”和“特殊作业持证上岗” 两个制度；加强日常安全教育，使“班前安全讲话”、“安全日活动”、“复工再教育”、“换工种、换岗位安全教育”等不断亲情化、规范化、常态化。逐步形成“人人讲安全，事事讲安全，时时讲安全”的氛围，使广大职工逐步实现从“要我安全”到“我要安全”的思想跨越，进一步升华到“我会安全”的境界。

创建安全管理机制。认真整合并完善各类安全管理规章制度，增强科学性、严密性和可操作性，是搞好安全生产的前提，也是安全文化建设的前提。

近年来，选矿厂不断健全党政工团齐抓共管的科学管理网络，提出在安全管理工作中必须明确“三个主体”责任：即明确企业安全生产主体、管理人员管理主体、职工执行主体“三个主体”责任，健全领导安全生产责任制、部门业务责任制、工人岗位责任制，严格实行安全目标管理，逐级下达安全考核指标，围绕安全生产要素和安全操作控制环节，按照“发现问题—分析问题—解决问题—总结经验—整改提高”的基本模式进行人员、操作、程序、责任、考核的职责细分，在此基础上建立起严格的人人、事事、时时、处处监管考核的落实体系。同时强化现场管理，确保各项规程措施、规章制度和安全生产落到实处，领导干部坚持现场跟班把好安全关，加大对安全生产的监督检查的力度，狠反“三违”，保证安全生产。

规范员工行为，为企业安全文化注入活力

规范员工的安全行为，培养良好的安全职业精神，是营造企业安全文化的重要举措。

加强职工安全操作技能训练，塑造职工良好的安全职业行为。个人树立了正确的安全观念，掌握了一些安全知识，不等于就具有实际操作技能，只能是“应知”，要做到“应会”，还必须进行反复的技能训练。因此，必须强化全员安全操作技能训练。选矿厂坚持对每个岗位人员进行安全操作标准化培训，经严格考核合格后，持证上岗操作。还聘请具有丰富实际经验的工人技师和操作能手，对一些重要的危险性大的岗位、工种进行规范化安全操作表演，强化训练。通过开展“手指口述”示范员评比活动、岗位安全操作技术练兵等形式多样的安全技能训练活动。重点加强新进厂、转岗职工的三级安全教育和岗位技能培训工作，规范三级安全教育的时间和内容，安全教育的形式采取书面教育和现场教育相结合，内容包含各级安全管理制度、典型事故案例及岗位现场危害因素等。严格落实“导师带徒”制度，定期组织对新进厂、转岗职工的安全技能考察，建立动态管理档案，确保职工安全状态受控。

开展班组危险预知活动，增强职工超前预防能力。班组安全预知活动是加强班组安全管理，推进企业安全文化的重要内容，也是规范职工安全作业的重要举措。选矿厂认真搞好班组危险预知活动，真正使职工对当日当班的生产现场情况、安全工作重点及施工过程中可能威胁正常安全生产、造成事故的危险源做到心中有数，了如指掌。

开展安全竞赛活动，推进安全标准化岗位和班组建设。

企业安全生产最终要落实到班组，因此，加强班组、岗位的安全标准化作业建设是企业实现安全生产的关键。选矿厂通过举办开展“季度安全生产无事故”劳动竞赛，“向6S推进”现场管理活动，加强班组建设先进经验交流，提高班组本质安全化水平。同时提倡班组团队精神的培养，建立团结协作、互相补台的团队，最大限度地弥补人与人之间存在的个体差异，从而获得最大的安全效益。形成积极向上、团结协作，“人人想安全、人人能安全、人人做安全”的团队，使企业的安全大堤永固，最大限度地避免安全事故的发生。

总之，企业安全文化建设是一项复杂的系统工程，它贯穿于安全生产的始终。它从文化的层次影响人的观念、道德、态度、情感和品行等，提高人的安全素养，最终使人的自觉行为满足安全健康的要求。因此，加强企业文化建设，探寻企业文化建设途径也必将需要联系实际、与时俱进，通过不懈的努力，为企业安全生产提供动力源泉。

（作者单位：包钢集团选矿厂）

我们石油人的职业道德

崔高伟　赵国辉

职业道德是人们在职业生活中应遵循的基本道德，它是同人们的职业活动紧密联系的符合职业特点所要求的道德准则、道德情操与道德品质的总和，既是对本职人员在职业活动中行为的要求，又是职业对社会所负的道德责任与义务。职业道德作为职业行为的准则之一，在某一特定的行业和具体的岗位上，必须有与之相适应的职业道德，如：教师的职业道德就是“教书育人、为人师表”，法官的职业道德就是“公正廉明、惩恶扬善”，医生的职业道德就是“治病救人、救死扶伤”。那么，炼化企业的广大干部员工应该具备什么样的职业道德？笔者结合《公民道德建设实施纲要》对职业道德的总体要求，针对炼化行业高温高压、易燃易爆、有毒有害和连续生产等特点，从五个方面谈谈炼化企业应大力倡导的职业道德。

忠诚尽责——最崇高的职业操守

忠诚是指对所发誓效忠的对象真心诚意、尽心尽力、没有二心，体现的是忠诚度，是最基本的职业道德。而尽责就是尽自己最大的努力来完成自己的职责和对其负责，说的是责任感，是最可贵的职业品质。

忠于职守就是对企业的忠诚，也是对国家的忠诚。企业和员工是一个命运共同体，企业的发展要依靠员工的成长来实现，员工的成长又要依靠企业这个平台。员工忠于职守，尽职尽责地做好本职工作，就是忠于企业，忠于国家。石油战线的楷模铁人王进喜堪称忠诚尽责的典范，他把毕生精力投入到“我为祖国献石油”的伟大事业中，用“宁可少活二十年，拼命也要拿下大油田”豪情壮志书写忠诚，用“没有条件创造条件也要上”的实际行动，诠释了他忠于事业、忠于国家的赤胆忠心。所以，员工要有主人翁意识，树立“企兴我荣、企衰我耻”的思想，把企业的发展与个人的成长联系起来，以企为家，忠于企业，忠于自己所从事的职业，依靠企业的平台发挥自己的才智，在促进企业发展过程中找到适合自己的舞台，实现自己的价值。

忠于企业就要正确处理个人利益与企业利益的关系。当今社会，到处都充满诱惑，而诱惑对于职场中人来说，是一个陷阱，也是一种考验。在客观现实中，大量存在不忠诚的现象，有的内外勾结、监守自盗，有的以权谋私、中饱私囊，发生这些事件的根本原因就是过分追求个人利益、无视企业利益，没有将个人的前途和企业的发展联系在一起。忠诚的员工应当明白“一荣俱荣，一损俱损”的道理，坚守对企业的忠诚，珍惜和维护好企业的良好形势和秩序，坚决抵制和打击那些不忠诚于企业的一切行为。

尽责就要全身心地投入，不遗余力地做好自己的工作。尽职尽责是崇高的职业道德，员工有了这种职业道德责任，就会把尽心尽力地做好本职工作放在首位，以饱满激昂的斗志完成好所承担的任务，出色地做好每一件事。《把信送给加西亚》中的罗文，不讲任何条件，历尽艰险，徒步三周后，走过危机四伏的国家，完成了把信送给加西亚的任务。企业需要能够“把信送给加西亚”的人，那些积极主动、坚忍不拔，积极和坚决完成任务的人，那些值得信赖、具有崇高使命感，可以被委以重任的人，并不一定象罗文一样具备军事知识，但一定要具备和罗文一样尽职尽责的道德品质，这些道德品质正是国家、企业和一个人事业成功的有力支柱。

对工作负责就是对自己负责。对每一个在工作岗位上的人来说，工作不仅仅是简单的自我谋生的手段，也是提升自己能力的最佳方法。只有在工作中锻炼自己的能力，使自己的素质不断提高，加薪升职的事才能落到自己的头上。现实中，有些人出工不出力，当一天和尚撞一天钟，平时做事情就满足于“差不多”、“混日子”、“交差了事”，而不是尽职尽责、精益求精。这样的员工即使偶尔得逞可以满足自己一时的侥幸心理，也不会给自己带来丝毫益处。所以，应该以感恩的心情一丝不苟地做好所担负的工作，将自己的全部精力、全部知识、全部智慧都奉献给企业，这既是对工作负责，也是对自己负责。而玩忽职守，不仅是失职行为，也是对自己的背叛，更是对职业道德的亵渎。

爱岗敬业——最可贵的职业态度

爱岗，顾名思义就是热爱自己的工作岗位，热爱本职工作。敬业就是专心致志以事其业，即用一种恭敬严肃的态度对待自己的工作，认真负责、任劳任怨、精益求精。各行各业、每个企业都将爱岗敬业作为选择、培养和考核员工的首要标准。美国著名的全球企业管理咨询公司盖洛普通过对全球上万家各种企业的长期调查和研究后认为：一个优秀的现代企业之所以能够基业长青、持续发展，是因为其做了其他企业没有做或没有做好的一件事情，那就是他们培养了一大批爱岗敬业的员工并使之发挥独特的才干。

爱岗敬业就要乐业，树立正确的职业态度。一个人能否快乐工作取决于他的工作态度，一个人能否有效工作也取决于他的工作态度。态度决定思路，思路决定出路。铁人等老一辈石油人能那样苦干大干、巧干会干，就是因为他们坚信奋斗改变命运，相信通过自己的努力日子会过得更好。乐业就是一种积极的工作态度，就是从内心里热爱干自己所从事的职业，把干好工作当作最快乐的事，做到虽苦尤乐，乐在其中。在这个社会上，任何工作都是实现人生价值的平台，每个岗位都有自己的特点，每项工作都有自己的规律，每个任务都会遇到意想不到的困难。热爱自己本职工作的人，在追求职业目标的过程中，即使由于能力、经验等原因遇到挫折、遭受失败，也会以对事业炽热追求的精神去克服困难，战胜险阻，不懈奋斗，以求事业的成功，并且会从中体会到工作的快乐。

爱岗敬业就要勤业，把平凡的工作长时间坚持做好。勤业就是刻苦勤奋、不懈努力，在任何时候、任何情况下都能坚守岗位，忠实履行岗位职责，执行岗位规范。世界上像苹果公司前行政总裁乔布斯那样对社会具有巨大影响力的人毕竟是少数，大多数人还是平凡岗位上的平凡人。在普普通通的工作岗位上，我们都很平凡。但就是在这平凡的工作中，我们要长时间坚持做好，做出突出成绩，就是一件不容易的事情。正如海尔 CEO 张瑞敏所讲的那样："把平凡的事情做好就是不平凡，把简单的事情做好就是不简单。"

爱岗敬业还要精业，真正做到干一行、爱一行，专一行、精一行。精业就是对本职工作业务纯熟，精益求精，力求使自己的技能不断提高，使自己的工作成果尽善尽美，不断地有所进步，也就是要做到干一行、爱一行、专一行、精一行，这是职业道德中最基本、最普遍、最重要的要求。在社会化大生产中，每个人都有自己的工作岗位，自我价值的最好体现就是做好自己的本职工作并把它做到极致。比尔•盖茨做电脑软件就做到了极致，李白做诗人也做到了极致，周杰伦唱歌唱到了极致。"三百六十行，行行出状元！"无论你做什么行业，只要你钻进去，只要你努力干精这一行，把自己发挥到极致，你就能成为这个行业里的高手甚至是状元。

诚实守信——最基本的职业准则

诚实守信包括"诚实"和"信用"两方面意思。诚实，就是忠于事物的本来面貌，不隐瞒自己的真实思想，不掩饰自己的真实感情，不说谎，不作假，当老实人、说老实话、办老实事。守信，就是讲信用，讲信誉，信守承诺，忠实于自己承担的义务。诚实守信是做人的基本准则，也是社会道德和职业道德的一个基本规范。

诚实守信是做人之本。孔子说，"人而无信，不知其可也。"意思是人如果不讲信用，不知他怎么可以立身处世。他认为，在社会生活中，"信"是一个人立身之本，如果没有诚信，也就失去了做人的基本条件。对一个人来说，"诚实守信"既是一种道德品质和道德信念，也是每个公民的道德责任，更是一种崇高的"人格力量"。一个人诚实守信，自然得道多助，能获得大家的尊重和友谊。反过来，如果失信于人，就会自毁声誉，得不偿失。大庆的优良传统"三老四严"（对待革命事业，要当老实人，说老实话，办老实事；对待工作，要有严格的要求，严密的组织，严肃的态度，严明的纪律），就是诚实守信的最好诠释。

诚实守信也是立业之本。一个人的成功需要诚信，一个企业的成功更需要诚信。尤其在经济全球化的现代市场经济时代，伴随着信息化的发展和网络经济的兴起，诚信已成为企业扩大交往、促进合作、走向世界的通行证，由诚信而带来的利益和由不诚信而导致的损害，将因经济全球化而成倍放大。诚信是支持品牌的重要保障，拥有了诚信，品牌可以获得巨大的价值；失去了诚信，品牌将走向灭亡。北京同仁堂"炮制虽繁必不敢省人工，品味虽贵必不敢减物力"，"修合无人见，存心有天知"的古训流传至今，正是在生产和经营过程中始终坚持这种"德、诚、信"的优良传统，使他们创造出了许多让广大消费者放心的精品良药，确保了同仁堂在 300 多年的风雨历程中金字招牌熠熠生辉。

诚实守信是企业员工的基本职业道德。企业的诚信需要依靠每一个员工的诚信，一个企业的工作人员，如果虚报成绩、弄虚作假，隐瞒缺点、掩盖错误，就会使工作陷入被动，如果能够做到诚实守信，真抓实干，求真务实，企业就能够不断发展壮大。大庆石油会战中形成的"四个一样"，就充分体现了企业员工应该具备的高度诚实守信。由于井长李天照的率先垂范，整个井组形成了"干工作黑天和白天一个样；坏天气和好天气一个样；领导不在场和领导在场一个样；没有人检查和有人检查一个样"的过硬作风。这"四个一样"反映了石油行业特点和对石油职工的要求，是一种高尚的精神境界和职业操守，是一种具体的、标准的行为规范，更是大庆人诚实守信的具体化体现。有了"四个一样"，各项制度就能切实贯彻，各项工作就能扎实开展，一个小队、一个班组，甚至是一个人单独顶岗，执行任务，都让人信得过。

遵章守纪——最起码的职业素养

职业纪律是指在特定的职业活动范围内，从事某种职业的人们所必须共同接受、共同遵守的行为规范。加强职业纪律教育，是职业道德建设的重要内涵，而遵守职业纪律是从业人员的基本义务。

坚决执行是遵章守纪的第一关。一个企业的制度和战略的形成，任何人都必须百分之百地支持和无条件地坚持执行，包括管理者自己，也不能寻找借口。即使是简单的考勤制度、卫生制度等，也要从小处抓起，从小事做起。执行不谈条件，执行不讲回报，执行是一种义务，执行也是一种责任。联想著名的开会迟到罚站制度，多年来被严格遵守，就连柳传志自己也被罚过三次。有很多企业想学习借鉴联想的制度，但却没有几家能真正始终如一地执行。因为柳传志严格执行了，从而形成了联想的一种风格——说到一定做到。所以，要想加强团队的纪律建设，就要毫无条件地坚决执行。

养成习惯是遵章守纪的重要一环。遵章守纪就要从日常行为做起，养成时时遵守企业制度、事事服从企业制度的习惯。当服从企业制度、遵守企业纪律成为一种习惯时，就会一如既往地按制度要求自己，按制度办事。海尔的企业制度从13 条开始，都非常简单明了，从起初写在食堂黑板上的“升官发财全靠竞争”，到后来的“赛马机制”，“三工并存、动态转换”，直到现在的“在位要受控、升迁靠竞争、届满要轮岗”等等一整套规章制度，早已不单纯是白纸上的黑字了，而是深入员工内心，张口即来，严格遵循的行为规范。在海尔，每一个人时时刻刻不能不知道自己肩负的职责，只要工作有疏漏，命令贯彻不及时、不彻底，就要受到批评和警告。正是有这样良好的执行纪律风气，才使得海尔令行禁止，政令畅通，保持着高效的执行力。

严格自律会使遵章守纪变得轻松。企业的纪律能否被遵守，更多的时候需要员工自律，自己约束自己，自己管理自己。高度自律的员工感觉不到企业纪律会对自己形成约束，因为自律越多，他律就越少。这种自律保障下的自由感会让员工觉得自己就是企业的主人，并且觉得有一个自由的环境去实现自己的想法。英国克莱尔公司在新员工培训中，总是先介绍本公司的纪律。首席培训师总是这样说：“纪律就是高压线，它高高地悬在那里，只要你稍微注意一下，或者不是故意去碰它的话，你就是一个遵守纪律的人。遵守纪律就这么简单。”所以，一个企业团队的成功需要有严明的纪律，但更需要大家的自觉遵守，也就是自律。

无视纪律就会害人害己。有些员工没有认识到遵守企业制度的重要性，他们以为规章、制度等规范都只是企业约束、管理员工的需要，对此他们抱以排斥的态度，表面上遵守，内心深处则是一百个不愿意，在没有监督的情况下，往往会做出一些违背企业规章制度的事情，这是大错特错的。要清醒地认识到，没有任何事情是绝对自由的，没有纪律的约束，自由就会泛滥成为堕落，违反规章制度还会导致事故，甚至危及自己及他人的生命。炼化企业的生产装置高温高压、易燃易爆、有毒有害等显著特点，使得安全生产成为工作的重中之重，而保障安全生产最首要的一条就是遵章守纪，只有员工学习岗位规则、牢记操作规程，不折不扣地执行操作规程和企业规章制度，才能有效保障安全生产，避免生产事故。

团结协作——最优秀的职业品质

团结协作是做好工作的基本职业道德规范。其要点是：员工在其业务活动中，要互相支持、互相协作、互相配合，顾全大局，明确工作任务和共同目标，在工作中尊重他人，虚心诚恳，积极主动协同同事搞好各项业务等。换言之，团结就是力量。个体的力量是狭隘的力量，集体的力量才是真正的力量，力量源于团结，团结就是力量。

团结就是力量，就能战胜困难。从物理学角度来讲，把每个人看成是一个单元力，所有人的力量加到一起就是合力。只有每个单元力的方向“团结一致”，才能形成最大合力。现代社会作为一个高度分工的社会，流程化作业、精细分工和分解式劳动使分工和合作正成为我们这个时代的主流，靠一个人的力量是无法面对千头万绪的工作的。轰动一时的3D版泰坦尼克号，是300名电脑工程师经过1年的努力才顺利完成的杰作。由此可见，只有团结起来才会产生巨大的力量和智慧去克服工作中的一切困难，如果团队中的每一个成员都以自我为中心，总是自以为是，不讲团结协作，即使个人的力量再大，也无法战胜各种各样的艰难险阻，团队也迟早会解体消亡。

相互协作是获取成功的重要途径。拥有良好职业道德的员工都是在优秀的团队中通过与他人通力合作而打造出来的。团队合作原本可以使团队发挥比相加更大的优势，它可以以乘积的形式放大个人的力量。日本一位学者曾提出两个有趣的算式：“5+5=10”和“5×5=25”。这两个算式看来平常，其实意义非凡：假设有两个人，他们的能力都是5，如果他们互不交往，或者虽有交往却没有坦诚面谈和交流，那么他们的能力都不会有任何提高，这是“5+5=10”。然而，如果他们相互协作，交流信息，便可能因为相互“感应”而产生思想“共振”，两种思想重新组合从而发挥出高于原来很多倍的效力，这就犹如“5×5=25”。在工作过程中，与他人和谐相处、密切合作是一个优秀员工所应具备的必不可少的素质之一，只有合作，才能取长补短，才能产生“5×5=25”的效果，减少单干的能耗，将工作做到最好。

帮别人其实就是帮自己。中国有句古话：“授人玫瑰，手留余香。”在团队组织合作中，团队成员之间相互帮助尤为重要。团队中的每个员工都有自己的特长，当你用己所长帮助同事解决一个自己也从未遇到过的问题时，也为自己积累了经验，使自己得到了提高。而在另一个问题上，你也可以获得他的帮助。所以，你今天看似在帮助同事，实际上也是在帮自己。炼化企业具有连续作业的生产特点，各个生产单元互供原料、互相影响，主体生产系统和生产辅助系统中只要有一个装置生产出现波动，都会波及许多与之关系密切的装置，可谓“牵一发而动全身”。所以，员工要树立“一盘棋”的思想，把上道工序为下道工序负责落实到具体工作中，多从全局考虑，多为他人着想，及时沟通，互相帮助，团结协作，只有这样，才能发挥出集体的力量，产生巨大的战斗力，增强企业的竞争力。

（作者崔高伟，系大庆炼化公司企业文化处处长、党委宣传部部长）

以"学做"活动为载体传承大庆精神铁人精神

姜复乐

中国石油集团公司蒋洁敏总经理在2007年中国石油集团公司干部大会上强调指出："无论过去、现在还是将来，大庆精神、铁人精神永远是鼓舞百万石油员工奋勇前进、不断胜利、再创辉煌的不竭动力和强大精神支柱"。为了更好地继承和发扬大庆精神、铁人精神，大庆炼化公司结合地处大庆油田的实际，适时提出了"身在大庆学大庆，铁人身边做铁人"的"学做"理念，以学习弘扬大庆精神铁人精神为主线，扎实开展"身在大庆学大庆，铁人身边做铁人"主题教育活动。广大干部员工紧密结合公司发展实际和面临的新形势、新任务，深入学习和自觉践行大庆精神、铁人精神，立足岗位做贡献、敬业尽力促发展，围绕生产经营中心全力以赴做好各项工作，五年来，各项工作蓬勃开展，特别是2011年原油加工量和经营收入创出历史最好水平。

"学做"理念提出的背景

在大庆石油会战伊始，会战的决策者、组织者把面对困难，披荆斩棘、义无返顾、一往无前的王进喜，用"铁人"这个称号树立起来，作为会战大军的旗帜，引导千军万马奋勇向前。这一高瞻远瞩之壮举，不但在当年对打开会战局面发挥了巨大的作用，而且产生了深远的影响，特别是凝聚成的"大庆精神"、"铁人精神"，虽产生于艰苦创业年代，但因其具备"爱国、创业、求实、奉献"的永恒主题，体现了中华民族伟大的民族精神，体现了马克思主义的认识论和方法论，体现了我们解放思想、实事求是的思想路线，体现了崇高的革命精神同严谨科学态度的高度统一，体现了全心全意依靠工人阶级的根本指导方针，因而历久弥新、长盛不衰，始终保持了旺盛的生命力和时代的先进性，永远是推动中国石油科学发展的不竭动力和强大精神力量，是石油工业战线取之不尽、用之不竭的精神能源，造就了石油队伍特有的核心竞争力。然而，大庆精神铁人精神的文化财富或资源不像地下蕴藏的石油那样，只是在大庆的土地上可以采取，在新的时期和环境里，如果只是停留在前人创造的大庆精神和铁人精神等文化资源或财富上，不是与时俱进地加以继承和发扬，那么，大庆精神、铁人精神的文化资源将很有可能转化成为其他企业、甚至竞争对手的文化资源或竞争性武器。大庆炼化公司大部分青年员工是油田子女，尽管对松辽平原上惊心动魄的石油大会战和铁人的豪情壮举有所了解，但是由于时间久远，以及市场经济在一定程度上对人生观、价值观产生的影响，造成了青年员工对大庆精神、铁人精神缺乏理性认识和感性认识的统一。正是由于大庆炼化公司党委清醒地认识到了上述问题，才审时度势地提出"身在大庆学大庆、铁人身边做铁人"的理念，并在全公司范围内深入开展"身在大庆学大庆，铁人身边作铁人"主题活动，促进了大庆精神铁人精神教育活动的不断深入。

践行"学做"理念的形式和效果

大庆炼化公司党委把开展"身在大庆学大庆，铁人身边做铁人"主题活动作为践行"学做"理念的重要载体，与安全环保、生产经营、基层建设、作风建设等重点工作紧密结合，以教育活动促进生产经营工作顺利推进，以生产经营工作的平稳推进支持教育活动的深入开展，确保了教育活动的实效性。

深刻理解精神的内涵。大庆炼化公司党委积极探索灵活多样的学习方式，采取领导干部带头学、编印资料随时学、观看录像直观学、现场参观实地学、专题讲座传授学、开辟专栏交流学、弘扬先进引导学、营造氛围互动学等"八学"方法，创造性地开展学习教育。公司党委中心组率先到铁人纪念馆参观学习，还以党委中心组扩大学习的形式，聘请油田老会战朱鼎科同志作"大庆精神、铁人精神再教育"专题报告，通过老会战的言传身教、现身说法，使参加学习的同志在潜移默化中受到了教育。还邀请中国石油大庆精神铁人精神宣讲团到公司做专题报告，大庆市委党校教授还专题做了铁人王进喜的哲学思想的专题讲座。为进一步深化大庆精神铁人精神和大庆会战传统教育，公司党委宣传部汇编了《大庆精神铁人精神及会战传统学习资料》，对"三老四严"、"四个一样"等一些耳熟能详的名词进行了详细描述，挂到公司主页上方便各单位组织员工学习。据统计，全公司共组织干部员工参观铁人纪念馆2200多人次，观看《铁人王进喜》纪录片1600多人次，参加专题报告会1800多人次，使广大干部员工进一步加深了对大庆精神铁人精神和大庆优良传统作风基本内涵的感性认识和理性思考，增强了继承弘扬大庆精神铁人精神和大庆优良传统的坚定性和自觉性。

切实感受精神的力量。大庆炼化公司员工以舞台剧的形式，真情演绎了《大庆靠"两论"起家》、《第一口油井》、《铁人勇跳泥浆池》、《三老四严》、《五毫米见精神》、《一把火烧出的岗位责任制》、《四个一样》共7个大庆创业时期的经典故事。舞台上，演员们身穿会战时期的棉袄，头戴狗皮帽子，再现了7个故事的真实场景，把干部员工的思绪带回到了艰苦创业的激情年代。 20多场"弘扬大庆精神，讲述身边故事"宣讲活动，让广大干部员工切实感受到精神的力量。在开展的"精细化管理大讨论"活动中把大庆精神铁人精神再学习再教育再深入作为一项重要内容，贯穿于大讨论活动的始终，引导广大干部员工立足本职岗位，围绕安全生产、节能降耗、队伍稳定等工作，对照大庆精神铁人精神查找不足，认真讨论，使"人人讲精细，处处想精细，事事抓精细"形成风气，"精心工作、精细管理、精益指标、精品工程"的管理理念得到干部员工的广泛认同，为建设科技炼化、绿色炼化、和谐炼化提供了强大的精神动力和文化支撑。在听过宣讲后，员工们表示，一定要以老一辈石油工人和身边杰出青年为榜样，爱岗敬业、恪尽职守，不遗余力地为企业多做贡献。

有效传承精神的真谛。先进典型是企业精神人格化的体现。大庆炼化公司党委注重发挥典型的激励和导向作用，坚持用身边先进人物教育员工，使大庆精神铁人精神人格化、榜样化。组织力量深入挖掘公司管理者标兵、科技工作者标兵、劳动模范和十大杰出青年、十大女杰、“感动炼化”先进人物等先进典型的模范事迹，先后编印了《大庆炼化·榜样》、《先锋颂》《我的班组我的班》等书籍发到基层，并通过黑板报、宣传栏、公司有线电视、企业内刊内报和网络等多种媒体，大力宣传自觉发扬“大庆精神、铁人精神”、立足本职岗位做贡献的先进人物事迹，“学做”不断深入，奉献体现价值的典型不断涌现。炼油二厂的白玉峰参加工作17年来，他比正常巡检多巡检5万多次，多走5.3856万公里，足足可绕地球两周。质量检验部的何琳担任润滑油检验站一班班长以来，这个班有10人被评为技术尖子和技术能手，有5人通过努力被聘为工人技师和助理技师，并连续3年被评为公司“红旗班组”；还被评为黑龙江省“学习型班组”、黑龙江省“学习型标兵班组”和“巾帼建功示范岗”。何琳也获得了“中央企业技术能手”、“感动炼化”先进人物和中央企业劳动模范、全国劳动模范等荣誉。以典型引路增强广大干部员工在完成生产建设任务中发扬“大庆精神、铁人精神”的自觉性。

践行“学做”理念的启示和体会

在传承大庆精神、铁人精神过程中，大庆炼化公司根据企业发展和员工队伍实际，开展“身在大庆学大庆，铁人身边做铁人”的主题活动，取得了突出的教育效果，大庆精神和铁人精神的创新传承，有许多方式方法可以借鉴：

一是开展“学做”活动是传承大庆精神的有效载体。继承和发扬大庆精神重在加强教育，贵在持之以恒。通过践行“学做”理念，弘扬大庆精神、铁人精神，使广大员工的精神世界得到一次洗礼，有效地调整了员工精神信仰和价值追求的坐标，“我为祖国献石油”的核心价值观得到广泛认同，为实现企业奋斗目标建功立业的激情充分涌流。

二是提升“学做”活动的实际质量。开展活动的目的是促进发展。在学习教育活动中，公司各级党组织坚持活动的长期性和特色性，充分结合本单位实际，在点、线、面上下功夫，不断提升典型的“品牌效应”、班组的“细胞”活力和基层党组织的战斗堡垒作用，推动公司和本单位各项工作的顺利开展。大庆炼化要求各级领导干部做到“三个面向”、“五到现场”、“工人三班倒，班班见领导”。从工作能力、精神状态、责任意识、自我修养等方面对领导干部应具备的素质进行规范，要求各级领导干部争做“铁人式”模范干部，争当“五个表率”，全力推进企业发展。公司700多个班组，结合扛红旗、站排头、创一流的要求，自我加压，自我完善，自我超越，明确提出了用“军事化”培养队伍作风、用“标准化”统一工作标准、用“规范化”规范员工行为、用“一体化”推进管理升级的以“四化”促“四精”管理模式，对“四精”管理进行了深化和推进。基层党组织的“堡垒”作用得到了充分发挥。生产一线基层党组织结合装置降本增效的实际难题，突出中心，从“好”字入手，以“严”字出发，使党员干部人人明确形势任务，处处抓牢降本细节，事事突出降本目标，时时执行考核机制，使产品质量得到了有效控制。

三是坚持围绕发展这一要务，赋予大庆精神铁人精神更科学的发展内涵。大庆精神铁人精神只有融入企业发展实践，作用于企业发展实践，并在企业发展实践中形成自我生长能力，才能更好地发挥其威力。我们坚持围绕发展这一主题，贯彻落实科学发展观，解放思想、转变观念，创新大庆精神，确立了以建设“四大基地”，走“特色炼化成长之路”的目标，企业发展思路更加清晰，目标更加科学，干部员工对企业未来充满信心。

（作者系大庆炼化公司企业文化处副处长、党委宣传部副部长）

以文化铸就军工创新发展魂魄

赵　民

国家、民族之复兴，在于文化之复兴。党中央深刻分析当前国际国内形势，从中国特色社会主义事业总体布局的战略高度，在党的十七届六中全会部署了深化文化体制改革、推动社会主义文化大发展大繁荣，开启了迈向文化强国的伟大进军。这对于动员全党全国各族人民在党的领导下，推动各项事业不断发展，夺取全面建设小康社会新胜利、实现中华民族伟大复兴，具有重大的现实意义和深远的历史意义。

军工文化是中国特色社会主义文化的重要组成部分。军工单位不仅在全面建设中国特色社会主义进程中承担着特殊的责任和使命，而且是推动社会主义文化大发展大繁荣的重要力量，必须进一步增强文化自觉、文化自信和文化担当，在文化强国的征途中勇担重任，走在前列、做出表率。

使命崇高，建设特色军工文化是实现“和平崛起”的战略需要

实现中华民族的伟大复兴是中国人民百年的梦想与渴望。“和平崛起”是一项带有根本意义的国家战略。文化复兴是实现强国梦的必备条件。纵观世界历史，罗马帝国、英国、美国等大国或超级大国，无一不在具有稳固的物质力量的同时，拥有强大的、渗透性的文化力量。在中国走向繁荣富强的道路上，必须把中国建设成为社会主义文化强国。

建设社会主义先进文化是“和平崛起”的重大部署。中国现在正处于“和平崛起”的关键时期。一方面，我国正处于大国崛起的中期积累阶段，需要再争取十年甚至更多的和平发展机会，保证顺利实现中期发展的时间窗口。另一方面，我国正面临跨越“中等收入陷阱”的考验，要克服需求不足、成本提高、创新力不够等不利因素，重中之重是创新，关键是改革，中国进入了社会、经济深刻变革的过程和转变经济

发展方式、以创新促进发展的新阶段，改革的攻坚期和发展的关键期。

构建文化软实力是中国和平崛起的重要保证。发展文化软实力是张扬国家吸引力，赢得世界认可和尊重的重要途径，融入全球经济和维护世界和平的重要手段。文化也是凝聚民族力量、促进社会发展的强大动力，确保中国改革正确方向的主导力量。在改革的攻坚时期，迫切需要建立起先进文化、和谐文化，才能最大限度地凝聚民心，确立社会发展的方向，解决深层次问题，文化成为决定改革能否向良性方向发展的决定性因素。

党中央在深刻分析我国目前的国际国内形势基础上，从中国特色社会主义事业总体布局的高度，在党的十七届六中全会上，部署了深化文化体制改革、推动社会主义文化大发展大繁荣。建设社会主义文化强国的任务，历史性地摆在了全党全国面前。

建设特色军工文化是军工企业实现特殊使命的内在需要。军工行业在“和平崛起”中承载着特殊使命。担负着促进国防建设与国民经济建设协调发展，维护国家安全和促进祖国统一的重任。作为先进武器装备制造者，承担着为维护国家利益、争取和平国际环境提供坚实物质和技术基础，大力提高国防实力的重要使命；作为国家战略性产业，是国家科技创新体系的一支重要力量，肩负着立足自主创新，通过科技创新推动装备建设发展，引领技术创新的重要职责。

军工文化是社会主义先进文化的重要组成部分。企业文化作为社会文化的亚文化，既要体现社会文化的整体要求，又对社会文化产生反作用。建设先进的企业文化，是加强党的执政能力建设，大力发展社会主义先进文化、构建社会主义和谐社会的重要组成部分。军工企业作为国有企业不仅承担着创造财富的经济责任、巩固社会主义制度的政治责任、增进民生福祉的社会责任，而且承担着发展社会主义先进文化的先行责任。

军工文化是优秀民族文化的代表。总结我国军工文化的形成，具有四大显著的时代文化特征：一是形成了高度体现国家意志和民族追赶精神的军工发展战略、核心价值观、行业发展理念和特有的军工战略文化、质量文化、型号攻坚文化；二是形成以体现民族追赶精神的“两弹一星、载人航天、航空报国”为代表的具有强烈时代特征的军工精神；三是形成先进的科技、管理、道德、文化支撑体系；四是形成了能充分凝聚激发员工创造智慧激情的政治管理体制。这些时代文化特征构成了我国军工文化特质，成为民族新文化的增长点。军工企业要成为社会主义先进文化的坚定信仰者、积极传播者和模范践行者。在长期的实践中，军工企业形成了以爱国主义为核心的先进企业文化，有责任和能力发挥建设社会主义先进文化的示范作用。同时，中国社会正处于转型期，社会的价值观激烈冲突，各种思潮涌动，不可避免的对军工企业形成文化冲击，军工企业也必须适应形势变化，建设符合时代要求，体现军工企业特点的先进文化。

建立军工企业特色文化，促进创新发展，是事关国家和平发展、经济结构转型、寓军于民和富国强军的战略关键之一。

薪火相传，军工文化在改革开放中不断发扬光大

军工文化来源于生产实践，又服务于军工事业的可持续发展。高度重视和发展企业文化建设，是我国军工企业的优良传统，也是自觉的战略选择。特别是改革开放30多年来，军工企业积极推进管理创新，系统开展企业文化建设，为企业发展提供了有力支撑，为我国先进文化建设做出了积极贡献。

军工文化是社会主义先进文化的重要代表。军工企业具有优良的文化传统。先进的军工文化是伴随着我党领导的人民军队逐步形成的。从抗战时形成的“自力更生、艰苦奋斗、万难不屈，一切为了前线胜利”的延安兵工精神，到新中国成立后的“热爱祖国、无私奉献、自力更生、艰苦奋斗、大力协同、勇于登攀”的“两弹一星”精神，再到改革开放以来“特别能吃苦、特别能战斗、特别能攻关、特别能奉献”的载人航天精神，这些都是军工企业发展的宝贵的精神财富。

“国家利益至上”构成了军工文化的根本特征，成为军工企业的核心价值观和最高追求，在军工企业的发展中一脉相承，不断弘扬和光大。改革开放以来，爱国、报国在军工企业文化中浓烈彰显，中航工业集团公司明确把“航空报国、强军富民”作为集团宗旨，就鲜明地突出了国家利益至上的奋斗追求，展示新时代的爱国主义篇章。

军工文化在改革开放中不断完善和发展。文化认识上升到新高度，从战略高度认识和谋划企业文化建设，制定企业文化建设规划，进一步确立了企业文化在企业发展中的战略地位。中航工业集团公司制定了文化建设纲要、文化建设实施方案，文化建设已成为集团科学发展的战略选择。

系统建设达到新水平，显著提升了文化建设的系统性、规范性、实效性。紧密结合生产经营管理，不断完善价值理念体系、行为规范体系和形象识别体系，积极开展型号文化、安全文化、质量文化、营销文化、品牌文化等子文化建设，为企业文化融入生产经营、服务改革发展开辟了广阔的领域。中航工业集团公司确立了“航空报国、强军富民”宗旨和“敬业诚信、创新超越”理念为核心的价值理念体系，结合业务特点系统开展型号文化、质量文化、一流环境、品牌文化建设，成为推进集团“两融、三新、五化、万亿”战略转型的重要推手。

推进方法途径实现新开拓。导入新的管理理念、创新文化载体，选树先进典型，推广先进经验，完善文化设施，加强指导检查和考核评价，与企业党建思想政治工作有机结合、相融共进，形成了企业文化建设的新格局。我所于2002年导入学习型组织理念，以“双创建”（创建学习型党组织、学习型研究所）为载体打造学习型文化，将提高党组织的战斗力与提高研究所的创新力相结合，促进了重点型号任务的完成和核心能力提升，实现了多种型号和技术领域的重大突破，文化力提升了创造力。

工作机制得到新健全。中航工业集团公司明确了行政一把手负总责、党组织组织实施的工作机制，形成了有关部门

分工负责、党政工团齐抓共管的工作格局。这一特色的工作机制，既明确了文化建设的管理特性，又有利于发挥党组织的先进性；既促进了党的工作与中心工作的有机结合，又促进了文化建设的有效推进；既发挥了党组织的政治优势，又体现了党组织代表先进文化前进方向的要求，构建了军工企业富有特色的文化建设工作机制。

文化自觉，铸就军工企业践行报国责任与使命的魂魄

“当今世界，文化与经济和政治相互交融，在综合国力竞争中的地位和作用越来越突出。文化的力量，深深熔铸在民族的生命力、创造力和凝聚力之中。”在新军事变革不断加速的历史新时期，我们要努力建设好新时期的军工文化，为振兴国防工业、为中华民族的伟大复兴做出更大贡献。

以文化铸就创新发展魂魄。党的十七届六中全会指出，社会主义核心价值体系是兴国之魂，是社会主义先进文化的精髓。企业价值观是企业发展之魂，无论是作为承载特殊使命和责任的角度，还是从企业自身发展的要求，军工单位都应该使社会主义核心价值体系转化为企业发展战略和企业使命、基本理念和具体举措，转化为企业员工的自觉追求和实际行动，转化为企业奋力开拓新局面的坚定意志和强大动力。重点要弘扬和树立体现民族精神、符合军工特色的价值观，可以概括为“诚、严、细、实”四个方面。

诚：忠诚和诚信。倡导热爱祖国、献身军工、诚实守信、爱岗敬业的理念和行为，强化军工人的责任感、使命感。近年来，航空工业军品研制任务十分繁重，航空人拒绝各种诱惑，开展“5＋2”、“白＋黑”的攻坚会战，有的婉拒高薪坚守在航空战线，有的带病奋战在攻坚现场不下火线，有的推迟婚期直到取得节点胜利，有的甚至为了试验试飞的成功牺牲了宝贵的生命。

严：严谨和严密。倡导严肃认真、用心负责、谨慎周到、严格规范的理念和行为，强化高度负责的工作的态度。态度决定高度，严谨的工作态度，才能产生高度负责的行动。军工产品关乎国家的安危，关乎战争的胜负，关乎军人的生命，军工人要以对国家负责、对生命负责的态度，严谨细致地做好军工产品研制工作。

细：细节和细致。倡导一丝不苟、精益求精、关注细节、严保质量的态度和行为，强化军工人的质量意识。细节决定成败。现代军事工业是科技含量极高的产业，与最新科技发展密切相关，一架先进的战斗机由数百家配套单位协作，数万个零件和数十个系统组成，采用了最新技术，一条程序、一个螺钉、一条划痕都可能造成重大事故。武器装备质量直接关系到部队的战斗力，关系到战争的进程，不能有一丝一毫的马虎。

实：求实和务实。倡导尊重规律、实事求是、追求真理、勇于创新的理念和行为，强化军工人的科学精神和创新意识。军工产品都是高科技产品，必须实事求是地尊重科学规律，同时，任何一个国家最领先的军工科技都是对外保密的，尖端军工科技只有靠自主研发来获得，军工科技只有依靠自力更生、自主创新才能不断发展，必须引导和激励创新行为。军工人只有以科学的态度，炼就自主创新的超强本领，才能为国家安全提供坚实的国防实力。

此外，军工单位还要适应市场经济发展和军民融合的要求，树立开放包容、合作共赢等理念，进一步丰富和发展军工文化。

以文化促进发展。无数成功企业的实践证明，只有当一个企业具备和拥有优秀的、个性鲜明的企业形象和企业文化时，才能获得强大而持久的发展空间和市场地位，才能在激烈的市场竞争中立于不败之地，只有充分发挥企业文化的作用，才能引导企业获得更好的良性发展。

注重文化的品牌效应。主动适应军民融合、寓军于民转变和国际化产竞争需要，塑造军工企业的企业形象，打造军工文化品牌。军工企业不仅要有高度体现国家意志民族利益的″实物品牌″，还必须拥有先进文化理念的民族品牌文化。在长期改革开放与对外合作交流中，我国军工行业利用军工适用技术，打造出一批很具市场竞争力的国际品牌，赢得了一个又一个商业成功。然而，代表我们民族追赶精神的国际驰名品牌至今还很少，还需要我们大力实施品牌战略，塑造军工行业新形象，进而推动我国科技与经济发展。

深入推进文化创新。文化引领战略，文化适应战略。韦尔奇曾经说过：“如果你想让列车再快10公里，只需要加一加马力；而若想使车速增加一倍，你就必须要更换铁轨了。资产重组可以一时提高公司的生产力，但若没有文化上的改变，就无法维持高增长”。近年来，军工行业和军工单位都在实施战略转型，文化也必须与企业发展适时跟进，才能更好地发挥引领和促进作用。

胡锦涛总书记强调“中央企业与国有大中型企业，要在进一步增强国家综合实力，提高国家核心竞争力，加速国民经济发展，提升国民道德精神文化素养，努力构建和谐社会，推进社会主义民主政治建设，建立创新型国家，认真履行社会责任，实现民族伟大复兴中积极发挥表率作用”。这对全国军工行业来说，更是一个巨大的鞭策。军工行业肩负着弘扬民族精神、促进经济发展、推动社会进步的重任，更应该在提高效益、促进发展的同时，在建设先进企业文化中发挥示范和主导作用，为发展社会主义先进文化，全面建设小康社会做出应有的贡献。

（作者系中航工业沈阳飞机设计研究所所长）

企业文化建设案例选编

石油魂：大庆精神铁人精神巡回宣讲活动

——中国石油天然气集团公司企业文化建设

企业概况

大庆精神铁人精神是中国石油的魂和传家宝，是企业发展的不竭动力。中国石油天然气集团公司党组高度重视继承弘扬大庆精神铁人精神，始终坚定不移地用大庆精神铁人精神构筑百万石油员工共同的思想基础。集团公司颁布了《企业文化建设纲要}，将大庆精神明确为中石油的企业精神。召开领导干部会议，专题部署新时期发扬大庆精神铁人精神、加强基层建设工作。

按照集团公司党组部署，从2010年6月开始，在集团公司范围内组织开展巡回宣讲活动。一年多时间累计宣讲226场，覆盖了集团公司国内所有企事业单位，走遍了除港澳台外31个省市自治区，国内行程9万多公里，直接受众达10万人以上，近百万员工通过视频、光盘等形式进行了收看和学习，今年7月还赴中亚、中东、南美等海外项目宣讲和调研，在企业内外引起强烈反响。

时间最集中、规模最大、覆盖最广，宣讲活动进行了一次传播思想的文化长征

带着党组的重托，宣讲总队上高原、下井队、闯大漠、走海外、进课堂，先后到世界海拔最高的油井一青海油田狮20井、中国石油历史最悠久的井站现场一玉门油田老君庙作业区、地处中国最大流动性沙漠腹地的塔里木油田塔中作业区等基层站队宣讲，一线员工说，宣讲就像是沙漠中的一道清泉，既甘甜又解渴，是最好的精神食粮。各企事业单位把宣讲活动既作为一次大庆精神铁人精神的学习教育，也作为一次新形势下对队伍作风的检查检阅，精心组织，密切配合，积极创造条件，进一步增强教育效果。在设立主会场的同时，各单位设视频分会场606个，有的单位还设立了海外视频分会场。大庆油田组建宣讲分队，深入到油田40多个厂、矿、队，实现了油田科级以上干部和所属各单位全覆盖。宣讲所到之处，受到了当地政府和企业的高度关注，中央电视台派记者随队赴西藏采访，新华社、人民日报等各地分社及地方媒体、集团公司内部媒体都进行了报道，进一步扩大和延伸了宣讲活动的影响。

重温历史、回顾传统、体悟精神，宣讲活动成为了一场净化心灵的精神洗礼

这次宣讲，内容涵盖了大庆石油会战、大庆优良传统、大庆精神铁人精神内涵及铁人英雄事迹，既富理性思考、又有感性事例，既有精神内涵、又有实践做法，既侧重历史事实、又兼顾现实需要。采取了宣讲员讲解和多媒体配合的生动形式，配以当年的历史照片、音频资料、影视资料和经典故事，努力还原当年艰难创业和艰苦奋斗的氛围；此外，还通过摆展板、唱红歌、签队旗、写留言、作采访、发书签等多种形式，积极营造氛围、扩大影响。干部员工说，这是把大庆铁人王进喜纪念馆、大庆油田历史陈列馆的精华搬到了基层，让大家面对面地接受企业精神和优良传统教育。

在报告会现场，广大干部员工都深深被吸引和打动。无论是大会场、还是小会场，主会场、还是分会场，都秩序井然，鸦雀无声，干部员工都是认真地听、认真地记，很多人都是流着眼泪听完报告。一些领导干部讲，这次宣讲教育对于干部员工继承弘扬大庆精神铁人精神非常有必要，真正抓住了思想政治工作的“牛鼻子”。广大干部员工普遍反映，通过聆听宣讲报告，不仅对大庆精神铁人精神了解得更加全面系统，对其核心、精髓和本质认识得更加深入透彻，而且触动了思想、展撼了灵魂，接受了一次深刻的精神洗礼。

目标凝心、文化聚力、榜样引领，宣讲活动书写了一篇凝聚力量的发展宣言

宣讲报告在系统讲解大庆精神铁人精神基础上，还集中阐述了集团公司建设综合性国际能源公司发展目标，广泛宣传了集团公司英模人物，做到用厚重的文化凝聚人，用恢宏的目标鼓舞人，用先进的典型引领人，把干部员工的智慧和力量凝聚到推动集团公司发展上来。干部员工一致反映，在集团公司建设综合性国际能源公司关键之际，在总结“十一五”、谋划“十二五”重要之时，党组决定开展这次宣讲活动，时机选得好，重点抓得准，应时应势，传达了党组的声音，呼应了员工的需求。这是一次活泼生动的形势目标任务责任教育，展示了党组在前进中坚持什么、倡导什么的鲜明立场，是一篇凝聚百万员工投身发展的时代宣言。

干部员工说，宣讲报告不仅让我们了解了大庆油田的历史和传统，还让我们感受到了油田美好发展前景和新时期大庆人的良好风貌，大庆还是大庆，大庆就是大庆，大庆这面旗帜永远鲜艳，永远高高飘扬，要向大庆学习、向铁人看齐。广大干部员工的责任被进一步强化、热情被进一步点燃、力量被进一步激活。青年员工纷纷表示，传承大庆精神铁人精神，所有石油人尤其是年轻一代责无旁贷。海外员工说，我们在境外更应胸怀祖国，让大庆精神铁人精神在海外创业中发扬光大。

各单位充分利用宣讲活动有利契机，对大庆精神铁人精神再学习再教育再深入提要求、作部署，努力把宣讲活动与深入开展创先争优活动相结合，与推动各项工作相结合，抓文化、带队伍、促管理。大庆油田用大庆精神铁人精神保稳产、谋发展，攻难关、闯市场，胜利实现了2010年、连续第八年原油4000万吨持续稳产。长庆油田提出，用大庆精神建设西部大庆，用铁人精神培育长庆铁人；吉林石化提出，用大庆精神铁人精神引领公司打造千亿元产业基地、建设现代化管理企业；哈萨克斯坦公司决心继承发扬大庆精神铁人精神，持续深化精细化管理，努力打造中亚油气合作示范区，为建设“海外大庆”、实现“双亿吨”目标做出积极贡献。

立足石油、走出石油、宣传石油，宣讲活动搭建了一个展示形象的全景舞台

在面向集团公司内部做好大庆精神铁人精神宣讲的同时，宣讲总队还应邀走进黑龙江省13个地市，石油大学等6所高校，以及人民大会堂管理局、上海惠普公司等企事业单位进行宣讲，更加广泛地宣传集团公司企业精神和发展理念，展示中石油辉煌发展成就、广阔发展前景和负责任的大公司形象。学校教师讲，宣讲让师生对石油精神有了更深的认识，对石油学子价值观和职业生涯将会产生重大影响。青年学子表示，要从大庆精神铁人精神中汲取力量，奋发图强，实现人生理想。外企高管动情地说，原来中石油文化底蕴如此厚重，原来企业文化建设还可以这样做；这样的文化、这样的精神、这样的队伍，让中石油跻身世界500强成为一种必然。中石油的科技让人尊重，中石油的精神更让人尊重。

组织石油魂—大庆精神铁人精神宣讲活动，我们有以下几方面体会：

第一，大庆精神铁人精神是中国石油人的根脉，继承发扬大庆精神铁人精神是我们的神圣使命和无限责任。半个多世纪的实践证明，没有大庆精神铁人精神，就没有中国石油的过去和现在；丢掉了大庆精神铁人精神，就没有中国石油的未来。为让大庆精神铁人精神进一步发扬光大，近年来集团公司党组就新形势下深入开展大庆精神铁人精神再学习再教育再深入做出一系列部署。这次组织宣讲活动，是我们承担责任、践行使命的又一具体举措。今后我们要继续理直气壮地去传承、大张旗鼓地去弘扬，始终高唱“我为祖国献石油”的主旋律，让大庆精神铁人精神与时偕行，永放光芒。

第二，大庆精神铁人精神历久弥新，在石油干部员工队伍中薪火相传。宣讲活动在集团公司上下引起共鸣，充分说明大庆精神铁人精神具有强大生命力，是我们独有的文化优势，永远不过时；同时也从一个侧面反映出新形势下中石油的企业精神是落地生根的，干部员工队伍是一支信仰坚定的队伍，一支思想过硬的队伍，一支作风优良的队伍。在大庆精神铁人精神的激励引领下，中石油英模人物辈出，“新时期铁人”王启民、“当代青年榜样”秦文贵同铁人王进喜一起光荣当选“100位新中国成立以来感动中同人物”；今年“七一”，党组授予大庆油田李新民“大庆新铁人”光荣称号。大庆精神铁人精神在石油员工队伍中薪火相传，发扬光大。

第三，在信息多元、思想多元、价值观多元的当下，继承弘扬大庆精神铁人精神的方式途径只要不断创新发展，就大有可为。当前，各种思想文化交流、交融、交锋日趋频繁，员工队伍在思想认识、道德选择、价值取向等方面的独立性、多样性、多变性、差异性日益增强。毋庸讳言，宣讲是传统的思想政治工作方法，本身不好讲，也容易讲不好。这次宣讲之所以能吸引人、感染人、震撼人，是由于历史和当下环境，让员工穿越时空，在回顾中震撼心魄，在感受中净化心灵；同时采用了多媒体这种现代信息技术，给人以更直观、更深刻的印象。这启示我们，要充分运用灵活、有效、实际的方式方法，牢牢占据思想教育的主阵地，用先进的思想和文化引领队伍建设和企业发展。

第四，宣讲活动成功得益于思想政治工作部和大庆油田党委全力以赴、各单位高度重视以及宣讲总队拼搏奉献。这次宣讲活动准备充分、组织严密、过程顺利。这得益于思想政治工作部、大庆油田党委和各企事业单位的高度重视。思想政治工作部领导亲自带队，基层建设工作处具体协调，各处室密切配合，齐心协力组织宣讲活动。大庆油田党委对宣讲活动全力支持，精心组织，公司领导都对宣传部门及相关单位提出明确要求。大庆精神铁人精神是中华民族精神和中国共产党伟大精神的重要组成部分，是石油之魂和宝贵的精神财富。我们要始终站在政治和全局的高度，切实肩负起传承大庆精神铁人精神的神圣使命和无限责任，坚持不懈地开展好再学习再教育再深入活动，充分发挥好党的政治优势和中国石油特有的文化优势，为中同石油的发展提供强大的精神动力和思想保证。

坚定走品牌无形资产经营之路

——恒源祥（集团）有限公司企业文化建设

企业概况

恒源祥（集团）有限公司（以下简称“恒源祥”）是一家经营品牌的现代服务业企业，前身是创始于1927年的一家老字号绒线商店。1989年，公司正式将“恒源祥”注册为商标。从1991年起，恒源祥通

过实施品牌战略，开创了以品牌经营为特色的发展道路，充分利用恒源祥品牌的无形资产调动和组合社会资源，组成特许生产、特许经营和连锁经营战略联盟，实现规模经营和快速扩张；同时积极开展技术创新，利用高新技术改造和提升传统产业，使恒源祥迅速发展成为国内手编绒线乃至毛纺行业的龙头企业和中国著名品牌。

随着恒源祥品牌的社会影响力和品牌价值不断提高，品牌已经成为恒源祥最大的资产。在恒源祥品牌的成功发展道路上，以董事长刘瑞旗为首的恒源祥人逐步探索和总结出了恒源祥的企业精神：坚定走品牌无形资产经营之路。

恒源祥品牌无形资产经营

自1927年起，经过83年的成长，恒源祥已经从一家绒线商店，发展成为国内经营品牌最成功的企业之一。恒源祥通过确立品牌经营战略，实施品牌无形资产经营管理，使得公司经营品牌的能力得到持续提高、企业规模不断扩大。

世界营销大师弥尔顿•科特勒（Milton Kotler）、国际品牌联盟副主席、可口可乐首席顾问、素有“品牌金手指”之称的弗朗西斯•麦奎尔（Francis X.Maguire）都给予了恒源祥品牌经营高度的评价，并称赞恒源祥是中国的“可口可乐”。近年来，特别是成为2008年北京奥运会赞助商后，恒源祥品牌的社会影响力和品牌价值更是不断地提升。

2007年，在中国品牌研究院发布的《中国最有价值商标500强》榜单中，恒源祥名列第68位。同年，据国际品牌评估的权威机构世界品牌实验室评估，恒源祥商标的市场价值达到94.58亿元。在2010年9月发布的“第五届亚洲品牌500强排行榜”榜单上，恒源祥品牌名列亚洲第203位。

恒源祥在行业内率先通过ISO9000质量管理体系、ISO14001环境管理体系、ISO18000职业安全体系、实验室国家认可委CNAL认证等系列权威认证，同时公司还是第一家通过中国环境标志产品认证委员会认证的毛纺企业。2001年，恒源祥被上海市经委认定为“上海市企业技术中心”；2007年，恒源祥获得“上海市科技小巨人称号”；2009年11月，恒源祥作为现代服务业的示范、试点企业，又被国家发改委、科技部等认定为“国家级企业技术中心”。

恒源祥原来经营的手编毛线是一个夕阳产业，它并不具备做大做强的优势，之所以能存活下来并获得成功，关键在于恒源祥实施品牌创新战略，利用无形的品牌资产商标撬动了庞大的社会有形资产，建立起了一个新的经营模式——“商标（品牌）运营商+产品制造商+产品销售商”一体化运作的联合体经营模式。公司以品牌为纽带带动加盟工厂技术创新、产业发展，促进销售体系区域划分、全面延伸，从而使企业的资产配置得到了最大限度的优化，提高了企业的核心竞争力，走出了一条品牌特色经营、持续创新发展之路。在这一模式内，商标（品牌）运营商主要负责无形资产的运营，依靠品牌和品牌价值、通过特许授权经营的形式逐步集合产品制造商和销售商，而产品制造商和销售商主要负责有形资产的运营，三者之间尽管在资产上是分离的，但在战略上却是高度一致的。

通过这一模式，恒源祥迅速成为了中国纺织服装行业的龙头企业，实现了从传统商业向现代服务业的巨变。一个恒源祥商标，200多个人，撬动了联合体50多亿元的销售额。目前，恒源祥已经拥有15家子公司、一个国家级企业技术中心和一个恒源祥工业园区。在上游发展了100多家加盟工厂，在下游拓展了9000多家经销网点，培育出长三角70多家资产上千万的民营企业，在全国扶植起 2000多个百万富翁，为6万多人提供了就业岗位。

恒源祥对品牌的理解

恒源祥一直专注于品牌的无形资产经营，在20余年的制定和实施品牌经营战略中，以刘瑞旗董事长为首的恒源祥经过不断总结和完善，逐渐探索和形成了恒源祥对品牌的独特理解。

恒源祥认为，品牌是消费者的记忆。消费者对品牌记忆的大小、深浅、宽窄和内涵，等于品牌价值的大小、深浅、宽窄和内涵。消费者记住了什么，品牌就有了什么，消费者什么也没记住就等于品牌一无所有。那怎么样才能称得上是品牌呢？我们经过对消费者的调查以后得出一个规律，在20个大类的商品品牌中，每一个大类消费者平均能记住的品牌数是7个，一般不会超过7个。这就意味着企业商标的影响力如果进不了行业的前7位，那它就不是品牌。

根据恒源祥对消费者记忆特性的研究发现：消费者只能记住第一不能记住第二。品牌越是做到出乎常人想象的第一，越是能够引起消费者的共鸣和记忆。企业做第一有两种办法第一是创新，第二是坚持的时间最长。对一个品牌而言，创造一个、两个第一不难，难的是拥有持续创造第一的能力。

消费者的记忆是有限的，会淡化、会遗忘。在品牌层出不穷的市场中，消费者的记忆还极易被干扰，这些都会加速消费者遗忘品牌。所以，恒源祥认为任何一个品牌要想被消费者广泛、持久地记忆，必须承担品牌导入、维护和提升三项成本：（1）导入成本。商标进入市场成为品牌，必须要进入前7位，就一定要有品牌导入的成本。这个导入成本的多少，不是由企业自己的能力来决定的，而是由这个行业中已经排列前7位的品牌企业，他们的投入来决定的。但需要补充的是，如果同行业者用1亿导入，另一个企业用5000万达到了相同的效果，品牌同样进入到了消费者的记忆，这种获利的能力，我们称之为核心能力。（2）维护成本。要维持品牌在市场中的地位，不是由本企业投入多少来决定的，而是由在市场当中，已具备影响力的强势品牌的投入来决定维护品牌的成本。如果我们不清楚这内在的市场准则，企业所作的投入就会变得盲目，就会变成浪费。（3）提升成本。品牌在市场中的运营，最终还要提高效益和效率，并变现成利润。这就要着力使品牌的价值，在市场和消费者当中的影响力不断提升，从第7位一直不断地提升到第1位，这样企业的利润空间才会不断增大。

企业必须非常清楚这三个成本在市场中的运营和管理。为什么在10年以前，我们所能记住的当时成名的品牌到了今天有90%已经消亡了呢？因为他们没有继续做品牌的维护和提升的工作，这就是品牌消亡的根源。

恒源祥的品牌观点，还包括恒源祥对消费者需求的认知。我们发现消费者存在着生理、心理和精神三种需求，品牌经营必须始终围绕着满足消费者三种需求进行。随着消费者需求的演化，品牌不仅要满足消费者的生理需求，更要满足消费者的心理和精神需求。

在满足消费者需求过程中，恒源祥认为需要打造经营品牌的三种能力。首先是品牌创新和创造第一的能力，因为没有人会记住第二。其次是把有形资产和无形资产组合放大的能力；第三种能力是对资本资产和知识资产运营和变现的能力。这三种能力是经营品牌的核心能力。

品牌是财富转移的工具

恒源祥董事长刘瑞旗一直坚持品牌差异化运营，运用事件营销、活动营销和慈善赞助等方式，对恒源祥品牌，尤其是品牌无形资产经营，进行了持续投入、维护和提升。在这过程中，恒源祥发现，随着全世界物质的极大丰富，消费者转入情感和精神消费的时代是不可阻挡的历史潮流，这让财富向品牌转移同样成为必然。

品牌无形资产所代表的背后，本质上是一种财富的转移。今天，中国的人均GDP已经突破了3000美元。发达国家的经验表明，人均GDP超过3000美元，预示着人们品牌消费时代的到来。然而，当我们需要消费品牌的时候而没有自己的品牌，或者自己的品牌不能让消费者持续记忆，人们就只能去选择消费国外的品牌，这将引发财富的巨大转移。据保守估计，目前，因品牌导致的财富向外转移已经达到6000亿美元；在未来10年，中国将会因为自有品牌的缺失而向国外品牌转移高达10000亿美元的财富。

中国要强大，一定要输出品牌，而输出品牌的前提是建立品牌。在当前的情况下，要在激烈的市场竞争中立于不败之地，就必须重视自主品牌的培育，自主品牌不仅是一个企业经济实力和市场信誉的重要标志，拥有自主品牌的多少，还是一个国家经济实力的象征。但是我们综观我们走过的路程，我们所努力建立的并不是品牌而是诸如制造、生产乃至设计、营销等能力，其结果最终都是在为国外品牌打工，都成为了别人战略的一部分，拱手把利润最为丰厚的一块让给了国外的品牌，这是一种财富的转移，这种转移其实是一种极大的资产流失。如果我们对商标品牌的意识不提升，如果我们不建立自己的品牌而一味地消费国外的品牌，这种流失还将进一步加大。

今天，中国已经不可避免地在复兴、崛起的道路上高速前行，1840-1949的这100年是中国农业文明与西方工业文明对抗的100年，这种有着显著落差的生产力之间的竞争，我们看到了竞争失败的苦果；1949-2009这60年的，是制造文明与创造文明之间的竞争，依靠制造，我们获得了长足的进步，奠定了进一步发展的基础，但我们不能依靠过去成功的方式在未来获得成功。我们必须从中国制造向中国创造转型。

没有品牌，没有经营品牌这一核心能力，财富就要向外转移。世界的金融危机为我国提供了一个实施经济转型战略的历史性契机，金融危机，对于中国企业打造品牌来说，应该是一次历史性的发展机遇。在这一背景下，我们必须要建立自己的品牌并使其成为可以被无限复制的资源，未来中国的辉煌需要我们从今天就开始改变。今天不改变，明天存在的可能性就会发生改变。我们有理由相信，中国一定有能力建设属于自己的品牌，中国的品牌完全可以成为拉动内需的主力，同时，也完全能够通过输出品牌，实现国外财富向中国的转移。

恒源祥品牌无形资产经营对国家和社会的意义

恒源祥秉承“成为历史一部分”的宏伟使命、“持续为社会创造价值”的价值观，通过持续专注于品牌战略，恒源祥在品牌无形资产经营上积累了丰富的、独具特色的宝贵经验。我们希望这种基于中国本土的实践经验和理论，不仅为恒源祥自身找到永续经营的基因，更能为国家探索出一条加快经济结构调整和增长方式转变的良方。

近现代工商业的发展历程表明，品牌是最具价值的无形资产，品牌所积聚的核心专长和核心能力是一个国家、地区和企业经济实力的综合体现。对品牌等无形资产的有效经营管理，能够带来巨大的财富，并且会推动和支撑一个国家、一个地区、一个行业和一个企业的永续经营发展。

在今年4月1日出版的《求是》杂志上，温家宝总理发表了题为《关于发展社会事业和改善民生的几个问题》的重要文章。文章指出我们必须高度重视经济中的文化因素。他首次在公开发表的文章中强调了品牌无形资产的重要性：“在现代经济中，文化因素越来越重要，经济与文化越来越融为一体。例如著名品牌，就是经济具有文化特性的表现。它以非物质形态存在，却可以反复地转化成物质财富。一些跨国公司由于创立了自有品牌，即使没有工厂、不直接从事生产，也能获得丰厚的利益。”温总理进而指出：“长期以来，我们对创造、培育文化形态的无形资产重视不够。一个国家，当文化表现出比物质和货币资本更强大力量的时候，当经济、产业和产品体现出文化品格的时候，这个国家的经济才能进入更高的发展阶段，才能具有可持续发展和持续创造财富的能力。”

品牌的发展关系到国家战略的实现。2010年4月18日，中国商务部首次发布了《后危机时代中国外贸战略发展研究》报告，报告明确要求：“到2020年，中国要拥有一批跨国公司和世界性品牌。”以利于实现到2030年中国成为世界贸易强国的战略性目标。

正是在这一背景下，建立我国自有品牌及对相关无形资产的维护并通过它们来创造财富，已成为目前我们加快经济结构调整和增长方式转变的当务之急，刻不容缓。因而，推广品牌无形资产经营的经验和研究成果，从宏观上将对我国企业做强做久和推动国民经济持续增长具有重要的建设性意义。

传承历史 继往开来
培育企业精神 支撑发展战略

——中国第一汽车集团公司企业文化建设

企业概况

中国第一汽车集团公司（原第一汽车制造厂），简称“一汽”，企业品牌“中国一汽”，成立于1953年7月15日，是新中国第一家汽车制造企业。至今，已累计产销各类汽车1370余万辆、实现利税近2000亿元，形成了东北、华北和胶东、西南三大基地，分布在长春、天津、成都等10余家大城市，在巩固和发展国内市场的同时，不断开拓国际市场，逐步建立起全球营销和采购体系。2010年，“中国一汽”品牌价值653.32亿元，列“世界500强”258位。

在57年的发展历程中，一代代一汽人发扬中华民族优良传统、振奋爱国主义精神、坚守新中国汽车工业“长子”的使命，用无数个“第一”在新中国汽车工业发展史上留下了自己坚韧奋斗的足迹：1956年7月13日，第一辆国产解放牌卡车在一汽下线；1958年5月12日，国产第一辆东风牌轿车在一汽试制成功；1958年8月1日，第一辆红旗牌高级轿车在一汽试制成功……

深掘历史、精神不息

源于历史的“第一”，不断鞭策和激励着中国一汽勇争第一、永创新业，并培育和沉淀了许多宝贵的精神财富推动着一汽的不断发展，如“红旗精神”、“铁军精神”、“争创精神”等。

红旗精神：1958-1959年，一汽流传着一个非常响亮的口号：“乘‘东风’展‘红旗’，造出高级轿车去见毛主席！”它表达了一汽人敢想敢干，不但能造卡车，而且能造轿车，为祖国争光，为中国人民争气的强烈政治责任感和民族精神。1958年8月1日，仅用一个月时间就完成了红旗牌高级轿车的试制工作 。从此，作为民族轿车品牌的代表，红旗轿车尽享国车的荣耀：1984年10月1日，中共中央军委主席邓小平乘“红旗”检阅车检阅中国人民解放军部队；1999年10月1日，中共中央总书记、国家主席、中央军委主席江泽民乘“红旗”检阅车检阅中国人民解放军部；2009年10月1日，胡锦涛主席乘全新“红旗”检阅车检阅解放军部队……一汽人在捍卫“国车”荣耀的努力工作中，逐渐形成了以“自力更生、艰苦创业的实干精神；一丝不苟、精雕细刻的严细精神；不为名利、顾全大局的奉献精神；为厂争名、为国争光的进取精神”为核心的“红旗精神”，被称为一汽的“魂”。

铁军精神：“铁军精神”形成于制造汽车环境相对比较艰苦的铸造厂。1976年，为了保证整车生产，一汽铸造厂拉开了“三变样”大会战的序幕。“三变样”就是通过整顿，使生产秩序、劳动纪律、环境面貌三个方面有一个大的变样。那一年，党员、团员和广大职工义务献工，连班加班搞突击，使原来的厂房旧貌换新颜。劳动纪律的加强，环境的改善，使职工的精神面貌也发生了巨大变化，生产秩序正常了，产量上来了，质量也不断提高，铸造厂终于砸碎了瓶子口，当上了火车头。1980年，铸造厂荣获了“排头兵分厂”的光荣称号。此后的十年，逐渐形成了以“爱铸造、能吃苦、讲文明、守纪律、争上游、夺排头”和“手把红旗不放，站在排头不让”的铁军精神。

争创精神：伴随着新中国前进发展的脚步，几代一汽人走过了史诗般的创业拼搏历程，在共和国汽车工业发展史上写下了可歌可泣的壮丽篇章。第一次创业，一汽人发扬艰苦创业、刻苦学习的精神，在荒原上创造了三年建厂并投产的奇迹，结束了中国不能制造汽车的历史；第二次创业，一汽人弘扬愚公移山、务求必胜的精神，在不停产不减产前提下闯出一条产品换型和工厂改造的新路，甩掉了“解放”卡车“三十年一贯制”的帽子；第三次创业，一汽人传承“学习、创新、抗争、自强”的企业精神，成功实现上轻型车、上轿车，形成中、重、轻、轿、客、微产品系列格局，开辟了企业全面发展的新局面。在三次艰苦创业过程中，逐步培育、养成了“争第一、创新业”的精神。这种争创精神表现为企业整体的“五争五创”，即质量争第一，创名牌“解放”汽车；管理争第一，创国内一流水平；效益争第一，创行业排头；信誉争第一，创最佳服务；思想政治工作争第一，创建“四有”职工队伍。

牢记使命、薪火相传

梳理我们的实践轨迹，一个基本特征就是，抓住确立与培育中国一汽核心理念这项基础，这个“总纲”，紧密结合企业发展战略和变革实践，自上而下有序深化。

培育优良企业精神，重在牢记责任与使命。一汽是国有特大型企业，肩负责任中最基本的一条，就是确保国有资产保值增值。在市场经济条件下，这种责任要靠竞争来实现。竞争现实告诫我们，在决定企业竞争胜出的资源格局中，传统的“有形优势”正在变得相对趋同、脆弱，而那些无法清晰触摸、度量的“文化优势”却日趋主导化、差异化。它要求我们必须清醒看到，决定竞争胜出主导要素及其架构模式的嬗变，审时度势，着力影响企业资源获取方式、掌控配置效率的思想观念、文化创新能力等软实力的建设，用企业文化力打造核心竞争力，奠实国有资产保值增值的基础。

培育优良企业精神，重在融入实践。我们把精心设计开展好主题实践活动，作为引导员工把对企业精神的认知向行为方式转化，形成自我内化、强化机制的主渠道。2002年，面对“入世”的挑战和国内市场国际化带来的观念碰撞，我们开展了“用户在我心中‘四W’主题实践”活动。2003年，我们抓住一汽建厂50周年契机，策划了“我与一汽同行”主题实践活动。……2010年，我们策划了“争第一、创新业、担责任”主题实践活动。

培育优良企业精神，重在提升员工素质。形成、践行、传承企业精神的主体是员工，“温床”是企业的生产经营活动，一汽注重通过不断推进TPS、开拓员工学知练技的平台等形式，把思想训练与能力训练结合起来，在提升员工的素质上下功夫，支撑企业精神的培育和转化，这也是企业核心理念中“人赢则赢”的要求。

培育优良企业精神，重在抓好宣贯工作。我们认为，企业精神是企业独有的，具有长期指导性、基础性，能够推动生产力解放，促进生产关系和谐发展，支撑战略发展方向的思想资源。这种界定，从认识角度强调了它与物力资源、财力资源、人力资源一样，是企业经营管理不可或缺的组成部分；从工作角度强调了需要进行有目的的配置，使企业的思想流与掌控的物流、资金流、信息流融为一体。因此，我们把核心理念宣贯作为思想资源配置重要内容，摆上工作日程，形成系列教材、开辟传播阵地、营造舆论氛围。

继往开来、支撑战略

站在企业发展的新起点，一汽深入实践科学发展观，肩负国有企业的政治责任、经济责任、社会责任，坚持“自主发展、开放合作”的方针，提出了“力争用三年时间，使自主战线经营面貌明显改观、使自主产品竞争力明显改观”的近期目标，实现以做强做大自主事业为主要标志的第四次创业的中期目标，建设具有国际竞争力的“自主一汽、实力一汽、和谐一汽”的长期目标而努力奋斗。

传承57年所沉淀的宝贵精神财富，在新的实践进程中，中国一汽逐渐培育了新的企业精神，并于2009年进行了系统的梳理、提炼和概括，确立了目前的企业文化核心理念体系：

企业使命：出汽车、出人才、出经验，促进人·车·社会和谐发展

企业愿景：建设具有国际竞争力的“自主一汽、实力一汽、和谐一汽”

核心价值理念：争第一、创新业、担责任

企业精神：学习、创新、抗争、自强

经营理念：坚持用户第一，尊重员工价值，保障股东利益

这样的核心理念，更贴近企业实际，更符合员工需求，更体现时代特色，有力地支撑了一汽的发展战略。2009年，一汽加速科技创新、做实自主事业、推进科学发展迈出了坚实步伐，销售汽车194.5万辆，实现营业收入2066亿元。

在推动民族汽车工业发展进程中，一汽涌现出一批代表企业精神、影响企业精神的典型人物，昔有郭力、饶斌、沈曾华等，今有李黄玺、王洪军、李凯军等。精以史粹，神以人传。在伟大使命指引下，在崇高精神鼓舞下，忠诚企业、挚爱事业、献身追求、奋发有为的当代一汽人，正坚定信心、鼓足干劲、众志成城、全力以赴地为了一汽长盛不衰的自主事业，为了一汽员工幸福和谐的尊严生活，为了新中国汽车工业的振兴强大而努力奋斗。

用先进文化引领首钢转型发展

——首钢总公司企业文化建设

企业概况

进入新世纪以来，首钢致力于用先进文化推动企业转型发展，大力推进实施搬迁调整、转型发展的发展战略，相继建成了首钢迁钢公司、首秦公司、顺义冷轧公司、京唐公司，联合重组了水钢公司、长钢公司、通钢公司、贵钢公司和伊钢公司，钢铁产业布局由北京一地发展到全国多地，发展到沿海和资源富集地区；产品结构实现了由长材为主向高端板材和精品长材的转变。首钢在北京石景山的老厂区停产后，着力打造新首钢高端产业综合服务区。当前首钢人在先进文化的引领下，正以昂扬饱满地斗志、奋发进取的精神，全面打造“首钢服务、首钢品牌、首钢创造”的综合竞争力，在转型发展中，努力把首钢建成一个具有世界影响力的综合性大型企业集团。2011年，在钢铁业进入寒冬、北京老厂区全部停产的艰难形势下，首钢集团完成钢产量3004万吨，销售收入2460亿元，实现利润18.9亿元。仍旧保持了稳定发展的良好势头。

一、首钢用先进文化引领转型发展的主要做法

（一）注重顶层设计，不断丰富首钢文化体系。

在贯彻落实科学发展观、全面推进搬迁调整的过程中，首钢党委一直高度重视企业文化建设，每年都在党委扩大会和职代会上提出企业文化建设的思路和目标，对企业文化建设工作进行专门研究，主要领导身体力行不断提出优秀文化的新观念。

2003年以来，首钢党委先后颁发了《关于推进首钢企业文化建设的指导意见》，《推进企业创新工程的指导意见》，《创建学习型企业的指导意见》，《关于加强首钢企业文化建设的指导意见》，《关于贯彻落实党的十七届六中全会〈决定〉的意见 》，成为指导首钢全集团企业文化建设的纲领性文件；这些年，首钢不断深入开展解放思想、转变观念的思想教育活动，提出了“八破八立八做到”，大力倡导创建学习型企业活动，把“弘扬长征精神，立志创新创优创业，建设21世纪新首钢”作为核心价值追求，使“自强开放、务实创新、诚信敬业”的十二字精神深入人心。2011年首钢新的集团化管理格局形成以后，首钢党委加大新时期企业文化内涵的丰富、提升。重新确立了核心价值追求，“首钢

服务、首钢品牌、首钢创造”；企业愿景“把首钢建成具有世界影响力的综合性大型企业集团”；主题实践活动“创新创优创业”；企业目标“产品一流、管理一流、环境一流、效益一流”；企业作风“看准的事快定，定下的事快干、干就干出一流”；管理文化的具体内容“标准文化、严谨文化、工艺技术文化、执行文化、高效文化、市场文化、进取文化”；品牌口号“首钢---首选之钢”；企业形象“人、技术、环境和谐一致”。

（二）注重与搬迁调整相结合，发挥文化的引领和支撑作用。

在首钢搬迁结构调整中，始终坚持把企业文化渗透到企业的经营管理、生产建设的各个环节、各个方面，注重解决实际问题。保证了首钢文化在企业中落地生根，发挥作用。随着首钢结构调整的不断推进，首钢的钢铁产品也从以长材为主向板材转移。在这种形势下，企业的日标、发展思路，企业的精神、行为规范和企业形象，都围绕板材生产来展开，全面开展了构建具有首钢特色的板材文化体系的活动。2003年首钢决定调整发展战略，随即组织开展了“八破八立八做到”的解放思想、转变观念的活动，破除陈旧落后的思维方式、思想观念、行为习惯，树立与时俱进的思想文化。企业文化建设推动了改革发展和生产经营，生产经营的提升又激发了干部职工们开拓进取的创业激情，从而形成了一个“精神变物质，物质变精神”的良性互动。

（三）注重以重大活动为载体平台，推进企业文化建设。

首钢持续开展“创新创优创业”主题教育活动，把“三创”作为人人焕发激情、贡献智慧和力量的平台，根据首钢不同时期的发展形势，与时俱进，不断丰富“三创”的主题内涵，引导全集团广大干部职工积极投入到丰富多彩的“三创”实践活动中去。连续八年举办的月季园赏花会，已成为展示首钢以人为本，科学发展的良好形象，诠释新世纪新首钢内涵的品牌活动。开展了“三个代表”、科学发展观进班组活动。编写“三个代表”重要思想班组读本《理论篇》、《实践篇》，科学发展观班组读本《和谐篇》、《学习篇》、《创新篇》，成为广大干部职工解疑释惑、提高认识，转变观念、积极投入改革的重要载体。每年开展的首钢年度十大新闻评选活动，每两年开展的首钢名优产品评选活动，都起到了展示首钢取得的辉煌成绩，不断从精神上鼓舞和激励职工的良好效果。首钢还通过不同历史阶段的重大纪念日，开展一些纪念活动。组织开展了纪念改革开放30年活动，庆祝首钢建厂90周年活动。通过重点工程奠基、开工和投产仪式、重点设施停产、退役仪式、首钢“一业多地”参观考察活动、举办《新世纪、新首钢——首钢的昨天·今天·明天》图片展览活动等等，教育、激励、鼓舞职工，提升职工文明素质，营造和谐安定环境。

首钢充分利用现代化的载体和手段，先后建成中国首钢网络电视、首钢日报网站，各单位也都建立了自己的局域网。其中中国首钢网络电视是国内企业首家推出的宣传企业方针政策和思想文化、适应一业多地信息交流的新平台。

（四）注重典型示范作用，营造学习创新的氛围。

通过这些年首钢的企业文化建设，涌现出了一大批先进典型和模范人物。他们是首钢人的杰出代表，是首钢优秀文化的建设者和诠释者，是首钢发展的宝贵财富。首钢各个时期都非常重视培育、树立、宣传这些先进典型，给予重奖表彰。据统计，建国以来，首钢共有894名职工分别获得全国和省、部、市级劳动模范称号及全国五一劳动奖章，其中全国劳模32人。

首钢在倡导大力弘扬“三创”精神中，非常注重发挥典型的示范引领作用，把学习宣传先进典型作为推动社会主义核心价值体系建设的有力抓手。定期开展劳动模范、先进职工、优秀党员评选活动，总结宣传了一大批模范人物；及时总结首钢各单位创新创优创业方面的好做法、好经验，在全集团进行交流推广。首钢在“三创”活动中，共总结宣传表彰了100多个典型单位，首钢党委授予在2011年第六届世界虚拟炼钢挑战赛中，夺得企业组世界冠军的路飞、于晨，首钢“三创标兵”荣誉称号，每人晋升两级工资，一次性奖励参赛团队10万元。

（五）注重文化融合，积极推进集团文化建设。

开展企业联合重组，不仅仅是企业之间的经济行为，它更是一种文化行为。首钢在90多年的发展中，形成了首钢人的优良传统，体现了与时俱进、改革创新的时代精神，成为首钢开展企业文化融合中的主导性理念。

在联合重组过程中，首钢搞好文化融合的指导思想是始终遵循“总部统领、整体协同、分层定位、各具特色”的原则，按照“平等协商、和谐共赢”的精神，推进企业文化融合。一是重点加强理念融合，为把不同地域的企业联结在一起，把不同经历的人们融入到首钢大家庭中，在文化融合上不是强势灌输、硬性统一，而是“平等协商，和谐共赢”。充分运用理念融合引领制度融合、管理融合、行为融合，实现最终的文化融合。二是切实搞好制度融合，对企业文化、生产经营管理、执行力、质量、创新、工艺流程、产品结构、操作规程等方面进行认真的审查、整合与修订，最终重新规范形成的管理制度，使重组企业生产经营、管理水平等方面上了一个新台阶。三是有效促进行为融合。企业行为、领导行为、员工行为的融合才是完全的文化融合。在行为融合上，主要表现在心往一处想、劲往一处使，“一条心、一股劲、一盘棋”。四是注重“文化本土化”。增强了文化的稳定性和传承性。首钢在企业重组中，面对差异，坚持文化包容，充分尊重个性，实施本土化战略，努力实现文化本土化，逐步实现了首钢文化与当地文化之间的完美融合。

二、先进文化的引领使首钢转型发展取得丰硕成果

（一）发展方式转变使首钢集团实现了质的飞跃。

一是首钢的产业布局实现了新的跨越。钢铁业从石景山走向了渤海湾，实现了从“山”到“海”的转移，集团发展布局产品结构有了重大转变，技术、工艺水平有了明显提高。首钢京唐公司建成了新一代可循环钢铁工艺流程，成为具有

国际先进水平的精品板材生产基地和自主创新的示范工厂，成为节能减排和发展循环经济的标志性工厂。二是新的生产方式、经营方式和发展方式的崛起，促进了个人愿望、企业目标和社会责任之间的平衡，推进了物质消耗和环境保护之间的平衡。2010年，首钢被国家科技部、国资委、总工会列入第三批“国家创新型试点企业”，并荣获自主创新研发创造奖。2011年美国《财富》杂志发布世界500强排行榜，首钢集团首次跻身其中，列第325位。是北京市第一家进入世界500强的市属国有企业。

（二）一业多地的发展使搬迁调整取得了阶段性成功。

首钢通过搬迁调整，除了显示出首钢京唐公司的先进性以外，相继建成的迁钢公司、首秦公司、顺义冷轧公司，技术装备也达到了国际一流水平，多项指标位于全国同类企业前列。与此同时，首钢积极落实国家《钢铁产业调整和振兴规划》，企业联合重组，优化区域布局也取得了重大进展，为我国钢铁工业布局调整、推进产业结构优化升级提供了新经验。产品结构实现了由长材为主向高端板材和精品长材的转变，非钢产业从2004年以前整体亏损到2010年盈利45.2亿元，人才队伍从大量流失到实现了“博士过百、硕士过千、本科过万”。

首钢建立了产销研、产学研联合协作的技术创新体系，大力开发新产品，建立精细化、规范化管理体系，不断提高产品质量。2011年，顺义冷轧公司全年汽车板生产达到83万吨，为国内38家汽车生产企业提供汽车板；管线钢的产量和销量均居全国第一；家电板打进了三星、松下、海尔、美菱等知名家电企业，其中海尔60%以上的冰箱钢板使用首钢产品。首钢大力发展循环经济，实施了利用焦炉系统处理城市废塑料的工业化试验，在迁钢建设全国冶金企业首家循环经济产业园，在京唐公司开展了海水淡化等一系列项目。同时，首钢在北京地区获得了转型发展的良好机遇，站在了打造具有世界影响力综合性大型企业集团的新起点。

（三）首钢非钢产业实现了与钢铁主业的共同发展。

2006年以来，首钢非钢产业中的各个企业创新思路，加强与国内外大企业的战略合作，开拓高端领域，提高与首钢钢铁业互动支撑能力，加大市场开发和重点工程建设力度，全面提升了非钢产业盈利能力。2010年11月初，北京首钢建设集团有限公司主承建的首钢京唐公司一期一步冶炼（炼铁、炼钢）工程，获得中国建筑最高奖项“中国建设工程鲁班奖”，实现了首钢建设史上“鲁班奖”零的突破。环保产业事业部自主研发废旧耐火材料、钢渣尾渣、含铁尘泥等综合利用技术，申请国家专利10余项。房地产公司首次中标并独立开发金顶街“两限房”项目。中首公司积极应对国际市场变化，科学组织钢铁出口和矿石进口，抓好海运市场运作，大幅度降低成本，开发终端用户取得新成效。首钢控股公司合作开发、成功运作了一系列煤矿、铁矿以及钼矿、有色金属项目。矿业公司开发了“选矿过程监测与自动控制系统的研究与应用”等科技成果，取得了“牙轮钻机智能控制和监测装置”等9项专利技术，成功走向地下开采，荣获全国冶金矿山“十佳厂矿”荣誉称号。

（四）软实力得到明显增强，取得了丰硕的文化成果。

企业竞争能力和综合实力整体提升，干部职工的思想观念实现了向“创新创优创业”的转变，呈现出与时俱进、真抓实干、激情创业的喜人局面。首钢文化得到了广大干部职工的普遍认同，各级领导干部成为先进文化的积极倡导者，有力组织者，带头实践者。目前已有40多人参加了全国中、高级企业文化师职业资格培训，取得了合格证书。2006年7万多名职工参加了企业文化全员培训。2008年，首钢总公司获得了“改革开放30年全国企业文化杰出品牌组织奖”、首钢党委书记、董事长朱继民获得“改革开放30年全国企业文化杰出贡献人物奖”。

三、用先进文化驱动转型发展的启示

（一）只有坚持以人为本，才能真正激发广大职工的积极主动性，确保企业文化的健康发展。

在转型发展、搬迁调整中给首钢带来最严峻的挑战和考验，就是职工分流安置问题。从2005年到2010年，首钢北京地区共有6.47万名富余人员需要分流安置，人员众多、时间紧迫、情况复杂。首钢始终坚持以人为本、有情操作、动态管理，确保每一名职工都得到妥善安置。2010年底北京石景山地区冶炼、热轧部分全部停产，我们尽最大努力安排好每一名职工，最大限度地维护职工权益，确定了职工分流安置的“十一条渠道”，并按计划平稳有序推进。没有发生一起上访事件。

（二）只有坚持服务于发展战略，坚持结合实际、解决实题，才能确保企业文化落地生根、开花结果。

坚持围绕企业的发展战略，为实现首钢各项发展目标、任务服务。坚持长期培育、不断推进，有力地推动了首钢的转型发展，也使企业文化在企业发展战略的推进中不断提升。尤其是近年来，首钢企业文化建设紧紧围绕首钢“三步走”发展战略，以“建设21世纪新首钢”美好愿景为方向，深入开展创新创优创业活动，培育了优秀企业精神，强化了先进理念，形成了优良作风，丰富了文化内涵。先进文化的积极培育，有力地解决了经营生产中的一些问题，取得了良好实效，使首钢的战略性转移和结构调整得以顺利进行，引领了发展方式的转变，促进了人与企业的共同发展。

（三）只有坚持开放学习、博采众长，才能不断为企业注入新思想新理念，确保企业文化的旺盛活力。

做到了在开放中学习，在学习中开放，在一系列思想文化创新活动中，引导职工树立大开放、大合作、大发展的新观念。引导各单位在“走出去、请进来”中博采众长。虚心学习别人的先进经验，查找影响本单位改革发展的主要矛盾和突出问题，跳出首钢看首钢；聘请外部专家组成咨询顾问团，定期进行研讨、交流；邀请知名专家、学者来首钢进行各种讲座；以深入推动创建学习型组织为平台，开辟了各种有效的学习形式，如联合办学、继续教育、赴国外培训、创建高端研发平台等，为首钢改革发展不断注入新的管理思想、管理理念。这些做法，有效地推动了首钢企业文化建设不断向纵深发展。

（四）只有坚持系统规划、加强领导、合力推进，才能确保企业文化全面深入、切实有效地建设发展。

优秀的企业文化具有先进性和超前性，不会轻易被人们接受。因此，在贯彻实施中要系统规划、加强领导、合力推进。首钢在这方面的体会是坚持“五有”“四强化”。“五有”，就是首钢把企业文化建设作为一项系统工程，在建设过程中做到：有组织机构、有活动策划、有培训教材、有检查考核、有案例典型。“四强化”，就是首钢的企业文化建设坚持做到：强化协作、强化宣传、强化教育、强化统一。

（作者：姜兴宏系首钢总公司党委副书记，承伟系首钢党委宣传部部长，邓德敏系首钢党委宣传部企业文化处主管师）

跨行业重组多元化经营的企业文化融合与探索

——冀中能源集团有限责任公司企业文化建设

企业概况

冀中能源作为河北“科学发展、富民强省”的排头兵企业，在创造财富、服务社会、造福员工、做强做大的同时，通过不断地探索和实践，创造性的开展了集团文化建设，创新性的推动子文化的建设，实践性的推进了文化的落地深植，构建起了具有自身特色的聚和文化的理论和实践体系，对冀中能源的大融合、大发展、大跨越起了不可替代的引领和促进作用，对新时期联合重组、多元发展的大型企业集团的企业文化建设之路也作出了有益的贡献。

企业发展靠先进文化引领

2008年到2010年，冀中能源企业资产从400亿元增加到930亿元，销售收入从400亿元增加1350亿元，煤炭生产能力从3500万吨增加到7300万吨。从以上几个主要数据看，都实现了翻番，但用时只有短短的两年半，特别是销售收入，提前5年实现十二五原规划目标。另外，员工收入也实现翻番，员工的精神状态、精神风貌，焕然一新、朝气蓬勃；回顾历史，冀中能源前后进行了8次重组，特别是跨行业重组华药，组建河北航空，都非常成功，在国内外引起极大关注和好评。不论重组还是发展，冀中能源讲政治、负责任的国企形象在社会上的影响力、美誉度与日俱增。对政府负责，确保了国有资产保值增值；对股东负责，确保了股东资本收益；对员工负责，做到企业发展，员工幸福；对上下游企业和银行负责，保证了诚信经营；同时，善待环境，节能减排，建设绿色矿山，发展循环经济；主动担当社会道义，积极参与灾区重建；实现了企业内外和谐共存，共生共赢。可以毫不夸张的说：冀中能源两年多的发展不仅仅是大发展，而是大跨越。总结成功背后的奥秘，得益于我们积极完善组织架构，建立有利于激发企业内在活力的管理体制；得益于我们强化集团管控，确立集中统一、灵活高效的集团管理模式；得益于我们制订发展战略，形成全方位推动企业健康发展的目标体系；得益于我们加快重组扩张，构建多元支撑、协调发展的现代产业框架。除此以外，更得益于我们用“不断创造历史”的核心价值观为主要内容的聚和文化引领企业，用聚和文化促进内部融合，用聚和文化推进企业发展和体制转轨，用聚和文化提升社会地位和影响力，用聚和文化激发出企业内在活力，最终为企业又好又快发展提供源源不断地动力引擎。

冀中能源企业文化的活水源泉

企业文化不是无中生有，而是有实实在在的根脉，追根溯源，冀中能源的企业文化，主要来源于四个方面：

其一，冀中能源企业文化着力践行当代社会主义核心价值体系。当今中国以马克思主义指导思想、中国特色社会主义共同理想、以爱国主义为核心的民族精神和以改革创新为核心的时代精神、社会主义荣辱观为主要内容的社会主义核心价值体系正在被广大民众所认知和自觉践行。冀中能源企业文化建设坚持正确的导向，把握社会主义核心价值体系的基本内容，坚持马克思主义在企业意识形态领域的指导地位，牢牢把握社会主义先进文化的前进方向，弘扬民族优秀文化传统，以进一步形成冀中能源人共同的理想信念和道德规范，打牢全体冀中能源人团结奋斗的思想道德基础。同时，冀中能源企业文化建设体系也着力体现和反映社会主义核心价值体系的理想主义与现实主义相结合的导向性、科学精神与价值导向相结合的全面性、先进性要求与广泛性要求的融合性。

其二，冀中能源企业文化充分吸收了所属成员企业的丰富文化积淀。冀中能源联合组建之前的邢矿、邯矿都有几十年的发展历史，后来联合重组的井陉矿务局、峰峰集团更是具有一百多年的历史，华北制药也有50多年的历史。这些企业在长期的发展过程中，积淀了许多优秀的文化。煤炭企业的历史，就是一部艰苦创业、自强不息的历史。煤炭行业文化的烙印使其具备了许多优秀的企业文化基因：特别能吃苦、特别能奉献、特别能战斗的品格，顾全大局、无私奉献、爱岗敬业的精神，以人为本、重视安全的理念，雷厉风行、执行到位的作风等等，还有华药集团的至真、至美、至善的文化追求，航空、装备制造等精益、精细的企业文化特质，这些都是冀中能源企业文化建设离不开的深厚沃土。

其三，冀中能源企业文化体现出领军人物性格气质的鲜明印记。企业文化核心理念往往是企业家思想的浓缩。这些“骨子里”的东西，不可避免地打上其领军人物的一些个人色彩。军人出身的王社平不仅有敏锐的政治意识，坚忍不拔的意志，更有敢为天下先的气魄。作为冀中能源企业文化---

聚和文化的总设计师、总建筑师和第一推手，王社平以他的胆识、魄力、果敢、自信，给整个领导班子和企业集团注入了“不断创造历史”的“军魂”，在联合重组和快速发展的一个个硬仗中打出了企业一往无前的改革气势，打出了企业上下同欲的至情境界，打出了企业蒸蒸日上的经济效益，成就了一个做强做大、跨越发展的时代传奇。

其四，冀中能源企业文化，是全体员工实现价值最大化的文化。自由而全面的发展，可以使人升华到更高的境界，发挥全部潜能，实现自我价值。冀中能源不断地把社会人转化为企业人，把知识分子转化为企业管理专家，把农民工转化为产业工人，在实现企业价值最大化的同时，也实现了全体员工的价值最大化。同时，它还尽心竭力使新加入冀中能源的员工分享到企业成长、联合重组所带来的益处，他们与企业拥有同样的梦想，并以强烈的责任感与忠诚回报企业，实现了企业与员工的双赢。

冀中能源聚和文化理论体系

聚和文化是一个完整的理论体系，其核心内容包括：企业文化战略定位，核心元素，集团、子公司、矿厂三个层面的理论和实践总成。通过是对集团成员单位的历史传承和深厚积淀理性分析，并结合集团的组建方式、管控模式、发展战略、愿景使命的定位和考虑，我们把自己的文化定位为“聚和文化”。 其核心元素是“聚、大、搏、强、和”。 冀中能源是“生于聚、基于大、赢于搏、志于强、兴于和”，聚是基础，大是境界，搏是精神，强是目的，和是根本。

聚和文化在集团、子公司、矿厂三个层面体现出“一主多优、和而不同”的特点，集团公司职责为核心指导，负责搭建大的文化体系框架结构，主要强调“一主”的统一性，即聚和文化的VI和核心价值体系要在全集团成员中集中统一；主要工作是：一是提炼宣贯了冀中能源核心价值体系。冀中能源结合自身的愿望、要求、理想、需要、利益等，凝练了“不断创造历史”的核心价值观，“敢为人先、奋发图强”的企业精神，“挺进世界500强”的奋斗目标，“奉献优质产品、创造幸福生活”的企业使命等9条内容为载体的冀中能源核心价值体系，打造了社会主义核心价值体系的“企业版”，为冀中能源企业文化建设提供了深厚的历史人文基础和鲜明的时代精神根基。特别是“不断创造历史”的核心价值观，集中反映了冀中能源人最核心的价值取向，是以奉献光热事业为重的冀中能源人和冀中能源历史发展的生动写照。也可以说“不断创造历史”的核心价值观，是冀中能源拼搏超越、永不满足、持续发展的动力之源。同时利用报纸、电视、网络、标语、橱窗等多种方式方法进行宣传，编印下发了《企业文化手册》、《聚和文化故事》。有计划、分层次、分专题、多形式地进行了学习，分期举办高、中层企业文化建设培训班和企业文化建设骨干培训班，加深了全体员工对企业文化建设和冀中能源核心价值观体系目的、意义的认识。通过“办好一个企业文化展室，编辑一套企业文化图书影像资料、举办一轮企业文化巡回宣讲、组织一轮企业文化参观学习、开好一次企业文化建设现场会、选树一批企业文化建设示范单位”等载体，挖掘感人事例，提升宣教效果，增强了全体员工树立核心价值的自觉性和主动性。二是规范统一了冀中能源视觉识别系统。面向社会公开征集并确定了企业标志，设计完成了视觉识别系统手册，对企业标志、企业旗帜等一百多项内容进行了统一设定。从冀南到塞北推进应用视觉识别系统，形成了统一的企业视觉形象。同时注重加强对品牌经营、企业形象传播等无形资源的运作。对内加强内网、电视、内刊、内报建设，增进内部品牌共识、文化融合。对外加强外部媒体宣传攻势，利用在河北导视开办“冀中能源风采”、冀中能源女乒俱乐部参加的乒超联赛、中国矿大冀中能源体育学院等平台，加大对“冀中能源”的品牌宣树，形成有形资源与无形资源相互融合、互动相长的发展格局。子公司职责为管理指导，一方面探索提炼自身文化优势，一方面管理所属单位贯彻落实，对接大集团实现核心价值观体系统一，指导所属单位实现落地深植，形成“多优”局面；冀中能源峰峰集团坚持共性与个性的统一，打造的“峰峰文化”，以企业发展战略和奋斗目标为引领，以人本精细化管理为基础，以安全生产为重点，以五精九力为抓手，以文明行为养成、环境建设和企业形象为支撑，由精细化管理起步，逐步向精准、精确、精益、精美管理境界迈进，为企业又好又快发展提供了文化深厚的基石和最有力的支撑。邯矿集团秉承“敢想敢闯敢干”的优良传统，制定了新的发展规划，升级提档精细管理文化，深化拓展矿井安全文化，深层延伸社区服务文化，起步研究精煤品牌文化，精心锻造执行力文化，努力培育创新文化。华药集团文化通过文化融合与转型，用11个月建成了世界上最大、工艺最先进的新头孢项目，创造了华药的新历史、新速度。张矿集团通过管理文化与“垣”文化两条主线，凸显“建设冀中能源北方支柱矿区，实现安全健康高效发展”的丰富内涵。股份公司、邢矿集团突出打造安全文化和基层个性文化，形成多个文化建设亮点。生产矿厂、地面社区、科研院校职责为管理应用，是聚和文化实践和落地深植的最重要主体，具有自我和延伸管理职能，重点放在应用实践层面，是提素质、提能力、提士气，出效果、出成果、出经验的最广阔天地。峰峰集团新三矿抓员工24小时动态掌控人本安全管理法，荣获中煤“创新成果奖”，并得到国务院副总理张德江的批示在全国推广。天择公司在干部职工之间、企业与用户之间、生产经营系统之间引入“零距离沟通”模式，促进了生产经营和市场开拓的有效开展。梧桐庄矿探索实践的“1+3”人文关怀工作法，把矿、区科和家庭三方结合起来，形成共同培养、教育、管理青工的运行机制，真正培养了一批适合矿井跨越发展的青工队伍。股份公司邢东矿绿色矿山建设走在全国前列，是全国第一个出煤不见煤、出煤不烧煤、矸石重填利用的煤矿。宣东矿以中澳安全合作项目为契机，借鉴澳方安全管理上的先进理念和好做法，打造安全健康管控体系，开展风险评估、事故树分析、完善井下六大系统，做到西为中用，走在了全国同行业的前面。总之，集团、子公司、矿厂三个层面相互依存，互为支撑，其结合实际的丰富实践使“聚和文化”得以不断地完善提升。

两年多的实践证明，冀中能源的聚和文化，符合企业实际，不仅促进了企业融合，推进了企业发展，而且对新时期重组型大集团文化建设闯出了新路、提供了范例、做出了有益的贡献。其经验在中宣部举办的第六届中国企业文化论坛开幕式上做了典型发言，另外，“全国首家集团文化建设示范基地，全国企业文化建设十大功勋单位，全国企业文化建设百佳贡献单位，全国企业文化建设优秀成果奖，全国优秀企业标志”等荣誉称号的获得也是对我们企业文化建设工作的肯定。“十二五”，冀中能源将迎来发展的黄金时期，也是向着“挺进世界500强”目标奋力前行的关键时期。企业的发展永远离不开先进文化的引领和推动，所以企业文化建设任重而道远。冀中能源人将以敢为人先、奋发图强的企业精神，不断创造企业文化建设的新历史，不断创造企业科学发展的新辉煌。

历史蕴含价值 光荣成就未来

——中国人民保险集团股份有限公司企业文化建设

企业概况

中国人民保险集团股份有限公司是一家综合性保险（金融）公司，注册资本306亿元。其前身是1949年10月20日中华人民共和国政务院批准成立的中国人民保险公司。拥有60年的发展历史，历经数次重大变革的中国人保，为中国保险市场培育、保险人才培养、保险技术升级做出了历史性的贡献，对经济发展、社会稳定、国家强盛、人民幸福发挥了积极作用。

1996年7月23日，中国人民保险公司更名为中国人民保险（集团）公司，下设中保财产保险有限公司等四个子公司。1999年1月18日，中保财产保险有限公司继承人保品牌，更名为中国人民保险公司。2003年7月19日，经国务院批准，中国人民保险公司重组后更名为中国人保控股公司，并同时发起设立了中国内地最大的非寿险公司——中国人民财产保险股份有限公司和首家保险资产管理公司——中国人保资产管理有限公司。同年11月，人保财险成功实现海外上市，成为国内金融企业海外上市第一股。2004年，中人保险经纪公司（简称中人经纪）成立。2005年中国人民健康保险股份有限公司（简称人保健康）、中国人保寿险有限公司（简称人保寿险）、中元保险经纪有限公司（简称中元经纪）、中盛国际保险经纪有限公司（简称中盛国际）等四家子公司成功开业，2007年6月中国人保控股公司复名为中国人民保险集团公司。2008年6月26日，华控完成股权变更的工商登记，注册资本增至12亿元，其中人保控通过受让和增资成为控股股东，占股55%，人民日报社占25%，中海投资占20%。2008年10月16日，经国务院批准，财政部将其持有的中诚信托32.35%的国有股权，以增加国家出资的形式全部划拨给中国人保。2008年3月4日，中国人保旗下全资子公司——人保投资以货币出资1亿元人民币，独家发起设立人保金控投资有限公司（以下简称“人保金控”，持有其100%的股份，2009年6月，集团公司党委进一步研究决定，人保金控更名为“人保资本投资管理有限公司”。2009年9月24日中国人民保险集团股份有限公司召开创立大会之后，于27日获得中国保监会关于整体改制、公司章程等事项的批复，28日获得国家工商行政管理总局《准予变更登记通知书》），为中国人民保险集团股份有限公司颁发新的营业执照，这标志着中国人民保险集团股份有限公司正式诞生。

经过“十五”时期的发展，中国人保已经从原来的一家公司发展成为拥有12家子公司的现代保险集团，拥有分支机构12000余个，子公司分别是：人保财险、人保资产、人保健康、人保寿险、人保投控、华闻投控（新华闻）、人保资本、人保香港、中盛国际、中人经纪、中元经纪和人保物业等。中国人保还持有中诚信托32.35%的股权。集团经营范围已经从单一的非寿险发展到非寿险、寿险、健康险、资产管理、保险经纪等多个领域，基本建成保险金融集团。中国人保在服务社会经济发展、服务和谐社会建设中发挥了重要作用。在三峡工程、岭澳核电站、中国航天等国家重大工程和重大体育活动中，到处都能看到中国人保的身影。人保财险作为2008年北京奥运会选定的中国保险业唯一合作伙伴，2010年上海世博会全球唯一保险合作伙伴和2010年广州亚运会保险合作伙伴，为中国体育事业发展做出了巨大贡献。

一个组织的力量，归根结底来源于精神的力量，来源于其秉承的核心价值追求。六十年来，几代人保人承前启后，继往开来，接力推进公司改革发展事业，铸就了人民保险的辉煌，留下了无数个可歌可泣的精彩瞬间。

从1949年与共和国同生共长、翻开中国保险业发展史的崭新一页，到1979年全面恢复国内保险业务、伴随着改革开放的历程走向繁荣：从1996年实施专业化经营、铸就中国非寿险业第一品牌形象，到2003年完成重组改制、成立第一家专业保险资产管理公司、开创国有金融保险机构海外发行上市的先河；从2005年设立国内第一家专业健康保险公司、建立寿险公司重返寿险市场、建成保险集团的基本框架，到2007年以来制定实施新的发展战略、推动结构性扩张、成功搭建起保险金融集团架构，中国人保始终坚持解放思想，与时俱进，以创新求生存，以改革谋发展，持续赋予公司以生机和活力，这一切成为我们深入推进中国人保新的创业和又好又快发展的不竭动力。

六十年来，中国人保几起几落、历经艰辛，无论是在共和国刚刚建立的艰难岁月，还是在改革开放之初的百废待兴时期，无论是上世纪九十年代由保险综合经营转向分业经营之时，还是新世纪以来保险市场激烈竞争的环境下，广大干部员工不畏困难，不惧风险，始终团结凝聚在一起，把自己的奋斗成长与公司的前途命运紧密相连，满腔热忱地推动中国人保的事业，用智慧与奋斗谱写了自强不息、艰苦创业、顽强拼搏、奋发图强的主旋律，这是一代又一代人保人薪火相传的精神和理念，是中国人保感召力、凝聚力和创造力的重要源泉，是推动中国人保又好又快发展的重要保证。

六十年来，中国人保始终高扬人民保险与生俱来的责任就是服务人民的旗帜，积极履行保障经济、稳定社会、服务人民的职责，特别是在灾难发生时，总有人保人出现在抗灾救灾现场，在去年抗击冰雪灾害的紧要关头、抗震救灾的危急时刻，我们的语音天使坚持在微弱的烛光中服务客户，我们很多干部员工忍受着病痛、克服超负荷工作的极度疲劳、坚守在抗灾救灾一线，数万人保人舍小家、顾大家，奔波于冰天雪地之中、穿行于余震不断地大地之间，不畏艰险，无私奉献，竭力为灾区生产生活秩序的恢复提供服务和保障，用鲜血和汗水践行“人民保险，服务人民”的宗旨，展现了中国人保广大干部员工爱国爱民的高尚情怀，展现了全系统坚忍不拔、共克时艰的坚强意志，展现了人保人万众一心、众志成城的巨大力量。

2007年初中国人保集团党委提出“历史蕴含价值，光荣成就未来”，这句话有着丰富内涵和对中国人保的深厚情感。2009年，是共和国建国60周年，让我们倍感自豪的是，中国人保与共和国同生共长，走过了六十载不平凡的发展历程，是新中国保险业的奠基者，创造了无数的辉煌。回顾六十年的光辉历程，我们感到无上光荣。中国人保坚持自强不息，艰苦奋斗，无论是在共和国刚刚建立的艰难岁月，还是在改革开放之初的百废待兴，无论是在保险市场激烈竞争的严峻环境中，还是在抗击雨雪冰冻灾害、抗震救灾的紧要关头，广大干部员工不畏困难艰险，始终团结奋战在一起，把自己的奋斗成长与公司的前途命运紧密相连，留下了一串串激情澎湃、坚定有力的奋斗足迹，谱写了一曲曲艰苦创业、奋发图强的时代凯歌。中国人保历经数次重大变革，见证和亲历了中国人保由小到大、自弱到强的蓬勃发展历程，铸就了中国保险业第一联想的PICC品牌，开创了国内金融机构海外发行上市的先河，打造了保费规模超千亿元的非寿险公司，设立了国内第一家保险资产管理公司、第一家专业健康险公司，培育了国内发展速度最快的寿险公司，拓展了信托、基金等新领域，建成了具有较强实力、机构网络遍布城乡的综合性保险金融集团，率先完成了国有保险集团公司的股份制改造。

中国人保始终坚守“人民保险、服务人民”的使命和责任，努力发挥保险主渠道作用，为经济建设、社会发展、人民福祉发挥重要的支持和保障作用。经过六十年的发展，中国人保站在一个新的发展起点上。重塑人保形象，再创人保辉煌，成为全体人保人共同的信念和责任。光荣的历史是我们加快发展的坚实基础。中国人保始终坚持解放思想，与时俱进，以创新求生存，以改革谋发展，持续赋予公司以生机和活力，这一切成为我们深入推进中国人保新的创业和又好又快发展的不竭动力。

中国人保六十年来的发展成就，凝聚了系统广大干部员工的智慧和力量，我们将永远铭记为公司改革发展付出心血和汗水、为之辛勤播种和耕耘的人们。我们要以此次企业文化评选为契机，进一步弘扬中国人保的光荣传统，继续发扬艰苦创业、甘于奉献的精神，以司史为鉴，以荣誉明志，坚定信心，凝聚力量，为把中国人保建设成为一流的大型现代保险金融集团而努力奋斗。

丰富文化内涵　完善转化机制
提升企业软实力与核心竞争力

——中国石化胜利油田企业文化建设

企业概况

胜利油田是我国第二大油田和中国石化上游龙头企业。自1961年发现以来，胜利石油人始终以强烈的报国情怀、高昂的创业激情、不懈的创新精神、强大的政治优势为祖国献石油，51年累计探明石油地质储量50.6亿吨、生产原油10.3亿吨，均占我国陆上石油探明储量和原油产量的1/5，实现利税6000多亿元，为保障国家能源安全、促进国民经济建设和区域经济社会发展做出了历史性重要贡献。在创造巨大物质财富、积累雄厚经济技术实力的同时，胜利油田也创造了宝贵的精神财富，培育形成了特色鲜明、催人奋进的胜利文化，成为50万胜利员工家属的精神旗帜和油田核心竞争力的重要源泉。胜利油田先后荣获“全国文明单位”、“全国企业文化示范基地”、“新中国60年企业精神培育十大摇篮组织”、“企业文化30年实践十大典范组织”和“山东省十大企业文化品牌”等称号。

传承创新，丰富提升，构建胜利文化理念体系

任何有生命力的优秀文化，都是传承创新的结果。多年来，胜利油田坚持以社会主义核心价值体系为指导，继承发扬大庆精神、铁人精神、“三老四严，四个一样”优良传统，与中国石化文化相承接，与时俱进，构建内涵丰富的胜利文化理念体系。

早在上世纪80年代中期，油田党委就总结形成了胜利人的“五种精神”，即立志改革、开拓前进的创新精神，自觉加压、勇挑重担的进取精神，滚石上山、逆水行舟的拼搏精神，大胆探索、勇于实践的求实精神，同心同德、团结战斗的协作精神，成为胜利精神的雏形。上世纪90年代，进一步凝练形成了以“坚定不移的政治信念，以国为重的主人意识，以苦为荣的奉献精神，求实创新的科学态度”为主要内容的胜利精神。它以“闻油则喜、为油而战”，“以苦为乐、野战为荣”，“精雕细刻、滚石上山”，“大干了再大干，超产了再超产，奉献了再奉献”等生动鲜活的石油语言，诠

释了胜利人以国为重、拼搏奉献的价值追求和开拓进取、昂扬向上的精神风貌。进入新世纪以后，适应从艰苦创业走向全面创新的时代需要，油田党委从夯实长青基业、打造百年油田的战略高度，总结提炼了“从创业走向创新，从胜利走向胜利”的新时期胜利精神，“以人为本，科技领先，效益至上，竞争发展”的经营理念，“打造胜利品牌，实现持续发展”的经营战略，“经济效益最大化，社会效益最优化”的经营宗旨，“诚信规范，科学高效”的经营准则。以新时期胜利精神为核心，形成了具有鲜明行业特点和独特企业个性的“胜利文化”。

面对老油田勘探开发程度加深、保持稳产难度加大的现实情况，2006、2007年经过两年的充分论证，油田党委提出了“百年创新，百年胜利”的共同愿景，极大地振奋了员工精神，鼓舞了队伍士气，坚定了发展信心。2007年党的十七大召开以后，适应科学和谐发展的新要求，油田党委提出了“共创百年胜利，共建和谐油田，共享美好生活”的共享价值观，把企业发展与员工利益相统一，增强了认同感，提升了凝聚力。2008年以来，油田以“执行决策不动摇，执行纪律不走样，执行制度不变通”为主要内容，大力推进执行文化建设；以“勘探上精查细找，开发上精雕细刻，管理上精打细算，操作上精益求精”为主要内容，大力推进精细文化建设；以“观念创新，管理创新，技术创新”为主要内容，大力推进创新文化建设；以“干部群众和谐，上市存续和谐，油田地方和谐”为主要内容，大力推进和谐文化建设。2010年以后，油田以中石化集团公司企业文化建设纲要为指导，提出了“油田与心田共建，文化与文明共创”的新理念，大力推进实施“胜利心田工程”。在油田各个层面，都有内涵丰富的文化理念，如 “为党和国家干事，为职工群众干事，按规律办事，按规矩办事”的国企领导观， “人尽其才，才尽其用，用当其时”的胜利人才文化理念，“胜利践行安全，安全成就胜利”的胜利安全文化理念等，都得到了认同和践行。同时，注重把基层员工创作的岗位文化格言，升华为胜利文化理念，如“开发油田必先开发心田，多采知识才能多采油气”，“咱们工人有技术才更有力量，党员干部有正气才更有力量”，“想干有责任，会干有技术，巧干有绝活，实干有贡献”，“饭碗里出积极性，菜盘里出凝聚力”等生动鲜活的格言文化，丰富了胜利文化内涵，使胜利文化保持了创新活力。

创新载体，完善机制，推动胜利文化执行落地

推进企业文化建设，实际上是一个把无形的价值理念转化为有形的物质成果的创新实践过程。党的十七届六中全会召开之后，油田把党建、思想政治、企业文化建设综合性地称之为“党建思想文化工作”，这不仅是一个创造性的新提法，更重要的是把企业文化建设提升到了一个新高度。我们抓住难得历史机遇，制定实施文化强企战略，完善工作机制，强化组织运行，努力把胜利文化建设的目标任务落到实处。主要是做到“六化”，即程式化、系统化、项目化、仪式化、有形化、文体化。

一是程式化推进，提供制度保障。逐步推进胜利文化建设的制度化、规范化运行。胜利文化建设每三年制定实施一个规划，从2003年起，油田先后制定实施了四个胜利文化建设三年规划（2003-2005年、2006-2008年、2009-2011年和2012-2014年胜利文化建设规划），把长期发展目标与阶段性工作任务结合起来，立足眼前，着眼长远，既脚踏实地创造积累成果，又仰望星空谋划未来发展；油田每年开展一个文化主题活动，如2003年为“企业文化建设年”，2004年为“胜利文化深化年”，2005年为“胜利品牌建设年”，2006年为“胜利品牌提升年”，2007年为“和谐文化建设年”，2008年为“和谐文化建设深化年”，2009年以后把文化建设纳入到创先争优、比学赶帮超暨精细管理深化年主题活动之中，强化运行，强力推进，取得了重要的阶段性成果；油田每年召开一次胜利文化建设经验交流会。在每年初的局党委扩大会议和职工代表大会上，都对胜利文化建设做出安排部署，每年都有新思路，每年都有新举措。油田党政领导提出具体要求，职能部门认真组织落实，年底召开经验交流会和文化年会，总结经验，表彰先进，谋划安排下步工作。2011年12月，油田举办了首届胜利文化年会，评选表彰了首届“胜利文化实践创新奖”、“胜利文化英才奖”等，树立典型标杆，产生了积极影响。

二是系统化创建，突出个性特色。油田坚持“包容多样，尊重差异，规范共性，发展个性”。在油田层面大力创建勘探开发文化、廉洁文化、安全文化、社区文化等专项文化，特别是“廉洁树胜利形象，勤政促油田发展”的廉洁文化建设，见到了明显成效。在70个二级（县团级）单位，大力创建各具特色的子文化。如“胜利地质，引领胜利”的地质品牌文化，经过中国企业文化研究会专家组的考察论证，2008年胜利地质院被授予首家全国品牌文化示范单位称号。在油田3480多个基层队，把油缘、业缘、血缘相融合，亲情、友情、爱情相联结，以“聚情爱家、聚力建家、聚心和家、聚智兴家”的“四聚”理念为指导，培育弘扬催人奋进的团队精神，创建富有人情味、温馨和谐的家文化。如现河采油4队“我靠家生存，家靠我发展”的王岗家文化，电力公司运行八队“让家更温馨，让成员更幸福”的小站家文化等，都营造了浓厚的亲情氛围，增强了员工以队为家的归属感和爱岗敬业的责任心。在油田16000多个基层班组，广泛创建“班组小文化”，提炼班组岗位格言，凝聚班组智慧力量，把文化延展到了油田的神经末梢，使班组成为文化建设的最前沿阵地，也使胜利文化的创新发展有了最丰厚的土壤。

三是项目化运作，深化课题研究。企业文化处作为油田企业文化建设的职能部门，把局党委的安排部署和领导的指示要求变成实施方案，把文化建设的目标任务变成具体项目，每年向油田科技委员会和社科联进行申报，经专家评审立项，分别成立项目组和课题组，由相关处室部门牵头，组织人员进行攻关研究。近几年我们先后成立了胜利特色制度文化、胜利和谐文化、胜利基层家文化、胜利铁军文化等课

题研究组，都取得了重要研究成果。特别是从2010年起，由企业文化处牵头成立了胜利心田工程项目部，并与中国企业文化研究会合作，孟凡驰教授、华锐老师先后两次专程到油田实地考察指导，围绕心田工程的本质要求、规律特点、推进措施和建设模式等，开展专题调研和座谈研讨，研究形成了“以价值主导心性，以愿景凝聚心力，以学习开启心智，以情感温润心灵，以调适平衡心态，以环境改善心境”的框架内容，对于推进实施胜利心田工程提供了重要的理论指导。今年，按照中国石化集团公司党组发挥好“五个作用”、实现好“六个转化”的部署要求，油田专门成立了优势转化工程项目部，正在进行深入研究和探索实践，努力把国有企业的政治文化优势转化为核心竞争力。

四是仪式化教育，增强文化认同。油田把举行文化仪式作为胜利精神的重要传承手段，突出增强胜利文化的认同感和感染力。坚持对新员工进行入厂教育，对功勋团队、劳动模范和先进人物进行表彰，对老石油、老党员定期走访慰问，在重要节日举行庆祝纪念活动，特别是2011年6月隆重召开了胜利油田发现50周年产油10亿吨总结表彰大会，评选表彰了“十大科技成就”、“十佳功勋队”、“十大标兵人物”，并以此为契机，深入开展“做胜利人，传石油魂”、“我的油田我的家”等教育实践活动，组织举办楷模人物“艰苦创业、创新奉献”事迹报告会，弘扬了胜利精神，增强了“我为祖国献石油”的自豪感和使命感。胜利油田大力实施“走出去”战略，外闯市场队伍越来越多，2011年油田有120余支队伍、15000名员工，打入国内20多个省市自治区、19个国家和地区的外部市场，胜利员工队伍无论走到哪里，都通过各种文化仪式把胜利精神、胜利作风带到哪里。胜利井下作业公司从1993年就打入蒙古国、土库曼斯坦等外部市场，每次将士出征，公司领导都举行隆重的欢送和授旗仪式，每当将士凯旋，公司领导都高接远迎，举行庆功仪式，激励士气，鼓舞斗志，增强了员工队伍的成就感和自豪感，提升了凝聚力和战斗力，锤炼了一支能征善战、善打硬仗、敢打恶仗的铁军队伍。

五是有形化传播，强化教育熏陶。就是扩大文化教育阵地，打造文化传播平台，让员工群众受到耳濡目染的熏陶和直观形象的教育。油田陆续建成了华八井、营二井、坨11井、孤东大堤、王为民事迹展览馆等一批爱国家爱油田教育基地，特别是为纪念庆祝油田发现50周年产油10亿吨，对科技展览中心、华八井、河50丛式井组等传统教育阵地进行了改造提升，硬件基础和教育功能更加完善。把党建思想文化工作向社区拓展延伸，在居民小区制作文化展板，美化文化广场，建立文化长廊、职工书屋和绿色网吧，营造形成了“油味”十足的文化环境。部分下属单位建立了文化展室、文化长廊、文化园地，很多基层单位还拓展了“车厢文化”、“公寓文化”、“餐厅文化”等多种新阵地。《胜利油田》月刊、胜利日报、胜利电视台、胜利新闻网、胜利手机报开设专栏专版，及时宣传报道油田和各单位文化建设的动态情况和先进经验。油田还组织开展了“基层员工群众文化创作成果展评”活动，旨在通过优秀文化创作成果的征集、展览和评比，激发员工群众的文化创造，提高员工群众的文化品位。探索发展胜利工业旅游文化，选择胜利油田有代表性和观赏性的教育基地、矿区和生产现场，作为传承胜利文化、展示技术实力、树立品牌形象的重要载体和窗口，让人们在参观考察中，认知胜利油田为国家做出的巨大贡献，感受胜利油田的独特风景和胜利文化的独特魅力。

六是文体化展演，丰富精神生活。发挥油田和二级文联、三级文化站的作用，调动广大文艺爱好者的积极性，编写胜利文化故事，以群众喜闻乐见的形式唱出来、演出来，弘扬新时期胜利精神，展现胜利文化建设的丰硕成果。油田以广场文化为龙头，经常性地组织开展消夏晚会、歌咏比赛、摄影集邮、书画展览和体操健身等丰富多彩、小型多样的群众文化活动，丰富了员工群众的精神文化生活。黄河钻井的威风锣鼓、胜中社区的元宵社火、河口社区的文化艺术节、胜东社区的“火红五月”等文化活动品牌，成为油城亮丽的风景。从2010年开始举办的油田新年音乐会、春节联欢晚会和老年京剧演唱会，成为胜利文化的新名片。今年五一节前，中央电视台来胜利油田录制“五一七天乐”节目，毕福剑等文艺明星为油城人民献上了一台精彩节目，油田员工群众也积极参与其中，唱响胜利之歌，传播胜利文化，展现了胜利员工队伍较高的文化素养和良好的精神面貌。

促进转化，彰显成效，提升企业核心竞争力

胜利油田党委大力加强和深入推进胜利文化建设，充分发挥企业文化的引领和支撑作用，把价值理念逐步渗透、融入到油田生产经营和各项管理工作之中，把文化优势转化为企业核心竞争力，促进了油田科学和谐发展。

一是把文化优势转化为企业发展力，创造了老油田高效开发的奇迹。胜利油田素有“石油地质大观园”之称，地下构造十分复杂；九五以来，又进入高含水、高采出程度、高递减的“三高”阶段，找油、采油的难度非常大。胜利文化凝魂聚气、凝心聚力，以“科技领先”理念为引领，大力实施科技兴油战略，推动了油田持续稳产增产。截至2011年底，油田已连续28年每年探明石油地质储量1亿吨以上，连续16年原油产量稳定在2700万吨以上，创造了世界同类油田开发史上的奇迹。

二是把文化优势转化为企业凝聚力，构建胜利人共有精神家园。胜利人来自全国四面八方，几代人共同的价值追求，几十年共同的艰苦奋斗，使胜利油田成为一个休戚相关、荣辱与共的文化共同体。通过深入宣传和推动践行“百年创新，百年胜利”的共同愿景、“共创百年胜利，共建和谐油田，共享美好生活”的共享价值观和“油田与心田共建，文化与文明共创”的新理念，增强了干部员工的责任感和使命感，提升了战斗力和执行力。油田各级党政组织切实关注民生，大力实施“送温暖”、基层硬件改造、子女就业援助等民心工程，营造形成了“心齐气顺劲足家和”的良好局面，使不同层次、各个群体的胜利人都能保持理性、平和、包容的健

康心态，提高幸福指数，共建和谐油田。

三是把文化优势转化为企业竞争力，打造声誉卓著的胜利品牌。油田大力实施“打造胜利品牌，实现持续发展”的经营战略，创造形成了一批知名度高、影响力大、竞争力强、创效益好的名牌队伍、行业品牌、技术品牌和服务品牌。谋划实施“品牌引领工程”，强化“胜利就是品牌，胜利就是旗帜”的品牌理念和“每一项工作都是产品，每一个岗位都是窗口”的品牌意识，尽心尽力，尽职尽责，力求把每项工作做到最好，做成品牌。胜利铁军队伍依靠“独有的技术优势，独有的攻坚能力，独有的质量信誉”，干一项工程，拓一方市场，树一块丰碑，打出了胜利人的威风，提升了“中国石化胜利油田”的品牌形象。

（作者邹笃锋，系中国石化胜利油田文明办主任）

健全完善文化体系 提升综合竞争力

——太原钢铁（集团）有限公司企业文化建设

企业概况

太原钢铁（集团）有限公司（以下简称太钢）是我国特大型钢铁联合企业和全球最大的不锈钢企业。2011 年，资产总额 1121.31 亿元，产钢 990.37 万吨，其中不锈钢 302.25 万吨，营业收入 1270.2 亿元，利税 49.94 亿元，在岗职工 39478 人。近年来，太钢把企业文化建设作为企业的软实力和核心竞争力要素，坚持健全体系、创新方法、注重实效，特别是 2011 年下半年以来，我们认真学习中研会《企业文化建设评价指标体系纲要》和《国有及国有控股企业文化建设工作评价指标体系实施细则》（试行稿）精神，对太钢的企业文化建设体系进行了系统梳理、对照检查和充实完善，企业文化建设的体系进一步完善，工作活力进一步增强，企业文化日益成为凝心聚力、提高企业整体素质和竞争力的基础工程。

健全和完善企业文化建设体系，实现理念、行为和视觉教育引导的系统化、规范化、全覆盖

企业文化是一个系统、完善的体系。这些年来，太钢持续推进企业文化建设体系的系统化和规范化，逐步丰富和完善以理念识别系统、行为识别系统和视觉识别系统为主要内容的、具有本企业特色的企业文化体系，三个系统的具体提炼和概括充分体现了突出企业特色、为企业发展战略目标服务、便于职工理解和接受的基本原则。

健全和完善理念识别（MI）系统。理念识别系统是企业在长期生产经营过程中所形成的企业共同认可和遵守的价值准则和文化观念，以及由企业价值准则和文化观念决定的企业经营方向、经营思想和经营战略目标。太钢明确提出，理念识别系统的基本要素是：企业使命、企业愿景（战略目标）、核心价值观、企业精神、经营理念等。太钢的企业使命是用不锈智慧创造卓越品质；企业愿景是建设国内一流、世界著名的大型企业集团；核心价值观是以人为本、用户至上、质量兴企、全面开放、不断创新；企业精神是李双良精神；经营理念是：既要注重规模，更要注重品种和质量；既要注重硬件，更要注重软件；既要注重物的因素，更要注重人的作用；既要注重学习，更要注重创新；既要注重获取资源，更要注重节约资源；既要注重经济效益，更要注重环境保护。同时，在核心价值观的统领下，进一步拓展并形成了企业安全观、质量观、营销观、廉政观等理念，形成了分层次、系统完善的理念识别系统。

健全和完善行为识别（BI）系统。行为识别系统是企业理念的行为表现，包括在理念指导下的企业员工对内和对外的各种行为，以及企业的各种生产经营行为。太钢行为识别系统的基本要素包括：公司行为准则（诚信、敬业、勤勉、奉献）、职工行为规范（热爱太钢、遵章守纪、爱岗敬业、诚实守信、善于学习、开拓进取、团结协作、文明礼貌）、职工文明礼仪（仪表礼仪、通话礼仪、乘车驾车礼仪、会议礼仪、会面礼仪、参观接待礼仪、引导礼仪、宴请礼仪、洽谈礼仪、握手礼仪、食堂就餐礼仪、上网礼仪）以及应当摒弃的 28 种不文明习惯和行为。

健全和完善视觉识别（VI）系统。视觉识别系统是企业理念的视觉化，旨在通过企业形象广告、标识、商标、品牌、产品包装、企业内部环境布局和厂容厂貌等媒体及方式向大众表现、传达企业理念。太钢的视觉识别系统包括基础要素（公司标志、公司标准字、标准色、辅助色、厂歌、厂旗）和应用系统（名片、信封、信纸、便签、PPT 模板、手提袋、厂部及科室标牌等），这些要素的理解和使用均通过《太钢视觉识别系统手册》加以严格规定。

太钢以理念、行为、视觉识别系统为主线索，对各要素进行了系统、深入的阐述，对职工自觉实践企业核心价值观的典型案例进行了梳理，形成了《太钢企业文化读本》，编印下发和上网公告。由此，太钢形成了比较系统、完善、规范的企业文化体系。

创新企业文化建设工作方法，增强教育引导的层次性、针对性和操作性

为推动企业文化建设的深入、扎实开展，太钢坚持分层次、多渠道丰富载体、创新方法，确保了对干部职工教育引导的实效。

一是搭建学习平台，建设学习型企业。学习型企业的重点是领导干部和领导班子，载体是两级党委中心组学习。太钢通过贯彻落实党委中心组学习制度，坚持定期组织领导干部中心组学习，通过举办专家理论学习讲座、有计划输送干部走出去学习、下发党委中心组学习资料、自学等多种形式，推动各级领导干部和领导班子的学习。2010 年以来，太钢先后邀请省内外专家为两级中心组进行理论辅导10次，下发中心组学习资料41期，选拔22名年轻干部赴中央党校、省委党校、宝钢以及国外知名企业学习培训，购置和推荐理论学习辅导书籍38种，为全方位开展学习提供了基本保证。定期组织党员干部、青年职工、劳模先进赴革命圣地西柏坡、延安大寨、刘胡兰烈士纪念馆、太原解放纪念馆、八路军太行纪念馆、等革命传统教育基地参观学习，接受教育。同时，在干部职工中通过企业文化理念"学、背、记"活动、企业文化课程培训、建立"创新工作室"、举办知识讲座、开展业务学习培训、对标学习以及主题征文、知识答题竞赛等多种形式，推动学习。2011年以来，我们先后组织开展了文明上网、党的基本知识、节能减排循环经济、法律法规、防灾减灾等群众性知识答题竞赛活动，开展安全、质量、环保等主题征文、漫画、格言、警句征集活动，推动了学习的深入开展。

二是选树宣传典型，发挥道德模范的引领作用。选树先进典型，是推动企业文化特别是企业精神和企业核心价值观落地生根的核心要素。多年来，太钢坚持不懈地开展了"我们身边的闪光点"、身边的故事、感动太钢人物、劳模的风采等主题典型选树和宣传活动，将典型案例作为《太钢企业文化读本》的核心内容，形成了《滴水穿石》、《我们身边的闪光点——实践核心价值观实录》、《身边的感动——"感动太钢人物"事迹汇编》、《不锈之魂》等系列读物；连续多年组织劳模先进事迹演讲团赴矿山、临钢和主厂区举办系列报告会，职工受教育面达到60%以上。通过《太钢日报》、太钢电视台、太钢内网、太钢外网、太钢手机报、《太钢政工》、《太钢文苑》等渠道广泛宣传，形成了先进光荣、先进可敬、先进可学的浓厚氛围。

三是针对突出问题，开展全员主题大讨论和实践活动。不断提升队伍思想道德水平和文明素养。重在实践，是太钢企业文化建设的出发点和落脚点，也是太钢企业文化建设最显著的特色。这些年来，太钢坚持从解决与发展战略不相适应的思想和行为入手，结合起来各个时期企业发展的要求，以开展主题活动为载体，持续推进文化落地，效果明显。从2004年起，针对职工身上普遍存在的一些与建设全球最具竞争力的企业的要求不相匹配的不良习惯，在全员中开展了"建设最具竞争力的企业要从小事做起"学习讨论活动；从2006年起，针对职工中存在的责任感、执行力和精细化意识不强的状况，在全员中组织开展了"增强责任感，提高执行力，实现精细化"主题大讨论和实践大活动；从2009年起，针对员工当中存在着的影响企业形象、导致产品质量、服务质量和工作质量不高的行为和习惯，在全员中开展了查摆"三不"（不文明、不规范、不精细）行为的活动。从今年3月份起，针对社会形形色色不良思想和行为对职工队伍的影响和侵蚀，为构建起坚强的思想道德和职业道德防线，在全员中开展了"提高职业素养、建设一流企业"主题大讨论和实践活动，明确提出，全员行动起来，向一切不良的职业道德行为宣战。主题大讨论和实践活动共分为宣传发动、查找问题、自我整改和总结表彰四个阶段。目前正在深入进行。主题大讨论和实践活动，使企业文化建设有了强有力的载体和抓手，实现了企业文化建设与企业改革发展的高度融合，成为推动文化自觉的重要基础。

四是借助公共平台，着力塑造企业形象。在公司内网和外网开辟企业文化建设专区，设立子栏目，开展企业文化宣传。面向社会公众、机关团体、学校，开展"公众开放日"活动，邀请社会各界人士参观公司，感受公司发展变化。从2010年7月正式开放以来，参观公司的各界人士达到4.8万人。举办"百名市民看太钢"活动，举办"市民看太钢"摄影大赛，摄影作品在市区巡回展出。2011年4月23日，随着第48批参观者走进公司，"公众开放日"接待参观人数突破1万人，公司在渣场公园举行仪式，为11名幸运参观者颁发纪念牌，为"市民看太钢"摄影比赛获奖者颁奖。强化开放意识，在企业文化建设上，开展了与宝钢、首钢、唐钢、同煤、煤博、汾酒的对标学习交流活动，拓展了视野，开阔了思路。在公司内部，加强对展览厅、大型公共场所、公司文化广场、厂区主干道、通勤站点、宿命区等公共文化平台的管理和服务，在宣传内容、标识、图片等方面实现了统一、规范。太钢还协同太原市在中央电视台一套、四套和凤凰卫视开展了太钢形象的滚动宣传。公司企业文化部组织定期发布太钢集团及上市公司太钢不锈的年度社会责任报告，受到权威评价机构的高度认可；我们还将《太钢企业文化读本》、《不锈之魂》专题电视片等发布至外网，进行公告；在去年召开的太钢钢材用户座谈会上，我们将《太钢企业文化读本》和《2010年社会责任报告》发至第一位参会客户，生动宣传了太钢的企业文化，充分展示了太钢的良好企业形象。

关注职工需求，体现人文关怀，展现太钢企业文化建设的创新性、开放性和人文特色

无论是思想政治工作，还是企业文化建设，都是生动的、具体的，而不是抽象的、苍白的，关键是树立职工是企业的主人和全心全意依靠职工办企业的思想，真心实意地倾听职工心声，了解职工想什么、盼什么、愁什么，并在这些方面给予真心诚意的引导。太钢通过多种渠道，关心职工需求、并通过建立完善的渠道加以实现，成为调动职工积极性和创造性的重要途径，也成为思想政治工作和企业文化生命力之所在。

一是关心职工成长，帮助职工实现人生价值。适应企业改革发展要求，太钢坚持贡献价值化，下决心破除"官本位"思想，通过实施"515"人才（培养50名高级管理人才、100名高级技术人才、500名优秀操作能手）工程和全员素质提升工程，通过推行课题首席负责人公开竞聘、命题承包、按效索酬以及职工职业生涯设计、高技能人才成长等机制，大幅度提高各类优秀人才的薪酬待遇，打通各类职工成长的通道，彻底打破了"千军万马走独木桥"的局面，推动了各类人才的快速成长。

二是强化培训，提高技能，造就职业化队伍。太钢将人才培训和培养作为企业最重要的投入，通过与上海交通大学、北京科技大学、东北大学、西安交通大学、天津大学等一批具有雄厚科研实力的高等院校、科研院所开展联合办

学，选派业务骨干到德国、意大利、韩国、日本等国际一流钢铁企业以及宝钢、武钢等国内先进企业考察、学习培训和进修，培养了大批各类人才；坚持每年举办职工标准化操作、岗位练兵技术比武大赛，发现、培养和选拔各类优秀人才。

三是建立健全职工诉求表达机制，快速回应职工需求。太钢建立起完善的职工合理化建议提报答复机制、劳动争议预防机制、劳动争议调解机制，并提供相关的法律援助。定期开展民主接待日活动，接待时间、地点、接待领导、部门均通过《太钢日报》、太钢有线电视台提前公告；集团领导班子成员轮流组织接待职工来访，有关部门负责人参加，听取职工诉求，解答和解决相关问题。

四是发挥现代信息网络的独特优势和作用，畅通职工与公司管理层的交流通道。2008年9月，太钢依托公司的门户网站，在互联网开办了“在线倾听”网站。“在线倾听”以“倾听民意、改善民生、汇聚民智”为宗旨，建立起留言限时指定回复制度、重要留言集体研究答复制度、留言办理答复通报制度，设立了“在线倾听”高级管理员，建立起各单位、部门参加的“在线倾听”留言管理队伍，成为干部职工、广大网友与太钢无边界沟通交互平台。截止5月18日，“在线倾听”平均每天的访问量达到2127次，累计收到留言23059条，其中公开发布、回复13327条，展示了太钢开放、民主、求实的新形象，受到了广大职工群众的欢迎。“在线倾听”的开办，已经成为新形势下思想政治工作和企业文化建设的有效载体，成为主动应对网络挑战、化被动为主动的生动证明，成为密切党群干群关系的桥梁和纽带。

当前，钢铁行业面临着严峻的形势。太钢将进一步发挥企业文化在企业改革发展中的灵魂作用、引领作用，不断总结经验，查找差距，改进提高，让企业文化在推动太钢新的发展中体现出更加蓬勃的活力和生命力！

（作者王发生）

培育基业长青的文化基因

——中国石化集团北京燕山石油化工有限公司企业文化建设

企业概况

北京燕山石化公司是中国石化集团直属的特大型石油化工联合企业，坐落在首都北京西南的燕郊大地。1976年，经毛泽东主席、周恩来总理亲自批准引进我国第一套30万吨/年乙烯及其配套装置，按期完成建设并一次开车成功，创出我国建设大型引进装置成功范例，打了一场为国争光、为工人阶级争气的志气仗，树起了中国现代石化工业的里程碑。1994年、2000年，燕化人又在全国率先将30万吨/年乙烯装置进行两轮改扩建，使乙烯产量分别达到45万吨/年和71万吨/年，闯出了一条依靠现有装置、通过技术改造加快企业发展的新路。

2007年，燕山石化完成了奥运重点项目1000万吨/年炼油系统改造工程，成为国内首家千万吨级欧Ⅳ标准汽柴油生产基地，提前兑现了中国政府向国际奥组委的承诺。至此，燕山石化用十年的时间走完了西方发达国家二十年的油品升级之路。

如今，当人们踏上燕山石化这片土地，举目四望，银塔竞相高下，管道纵横交错，楼群鳞次栉比，道路四通八达，到处是一派生机勃勃的现代化工业城市景象。

仅仅用了40年，在石油石化行业优良传统的培育下，不断增长着自己的力量与智慧。燕山石化人在创造物质财富、为国家做出巨大贡献的同时，也用自己的心血和汗水浇灌了具有时代特点和燕山石化特色的企业文化。

“为社会主义祖国争光，为中国工人阶级争气”
——热爱与责任

燕山石化的企业文化体系是在近四十年的发展历程中不断提炼、凝结而成的，是伴随着企业发展历程积淀、传承、创新而成的，同时又在企业发展的不同历史阶段发挥了凝聚人心、引导方向、鼓舞精神、规范行为、调整关系、整合力量的巨大作用。

20世纪60年代到70年代，来自全国各地的建设者，以毛泽东主席提出的“看来发展石油工业，还得革命加拼命”的无畏精神和“为社会主义祖国争光，为中国工人阶级争气”的豪迈气概，在北京西南大房山下摆开了石化建设的大会战。

在炼油厂建厂大会战中，焊接炼塔必须首先给钢板预热，没有厂房，工人们便用苇席围起来挡风；没有加热炉，就用破油桶改装成火炉。焊接时，胸前烈火炙人，背后冷风刺骨，工人们以顽强的毅力完成了焊接任务。

冬天运输大件，坡陡路滑，为了保证完成任务，运输工人冒着生命危险，手拿方木钻到车下为车轮“打眼儿”，车走一步，人挪一步。试想，如果车轮倒滑，后果将不堪设想。

按照总图布置，炼油装置和装油站台安排在两个山沟里，中间有一道山梁。广大建设者用铁锤钢钎加炸药，昼夜苦干3个月，硬是把这自古迄今静卧在这里的莽莽大山拦腰斩断，建起了一条长120米、宽20米、高17米，可以摆设40多条管线的“明堑”。工人们自豪地说：“奋战3个月，天堑变通途。”

……

就是这样一些“铁人”式的建设者，用他们的聪明才智和心血汗水，用一不怕苦、二不怕死的拼搏奉献精神，“三老四严”、“四个一样”的过硬作风，五湖四海、团结一致的大局意识，爱党、爱国、振兴中华的强烈政治责任感和历史使命感，在“乱石滚滚满山坡，吃喝都用毛驴驮”的穷山沟里，建起了我国第一座现代化的大型石油化工联合企业。后来，燕山石化把这些精神归纳总结为燕山石化的“五种精神”，这“五种精神”是：不怕困难、不怕牺牲、脚踏实地、革命加拼命的艰苦创业精神；自力更生、奋发图强、为国争光、为中国工人阶级争气的主人翁精神；认真负责、自觉从严、实事求是、勇攀高峰的开拓创新精神；胸怀全局、团结一心、互相支援、共同奋斗的团结协作精神；不计报酬、不讲名利、克己奉公、忘我劳动的无私奉献精神。这五种精神就是燕山企业文化的基本元素。

应当说，从那时起，燕山石化的企业文化就自发地体现出“热爱与责任”这一主题。爱党、爱国、爱人民、爱中国的石化事业、爱自己的燕山石化，这是燕山石化的建设者们共有的情愫。而正是这种伟大的爱，凝聚人心、增进团结、激励斗志，最终升华为一种责任，为了建设新中国，为了中国石化工业的奠基与发展，燕山石化的职工不怕苦和累，不惧难与险，舍得花时间、舍得花力气、舍得动脑筋，舍得付出自己的血汗乃至生命。燕山石化人就是靠爱党、爱国、爱人民的真情和建设燕化、振兴石化的责任感，创造出了令人赞叹的物质成果和精神财富。

“大企业要为国家做大贡献”——使命与进取

马克思主义哲学认为：物质决定意识，意识对物质有巨大的推动作用。在燕山石化创造的巨大物质财富背后，一股强大的精神力量在支撑着她前行，那就是燕山石化的企业文化。公司成立40年来，从创业时自然激发的朴素精神，发展到有规划有目的的企业文化建设，走过了一条从不自觉到自觉的道路，公司企业文化的发展和完善也为企业的建立、发展和稳定提供了不可替代的精神保证和智力支持。

20世纪80年代，企业文化的概念开始被中国企业界认知，燕山石化公司领导层以敏锐的思维和创新精神把燕山石化的传统精神和企业文化相结合，使燕山企业文化建设不断科学化、系统化、规范化。

1985年，在时任燕山石化党委书记吴仪同志的大力倡导和直接领导下，燕山石化认真总结燕化建设发展的实践和经验，充分发挥民主，集中广大干部职工的意见和智慧，明确提出把“团结、求实、严细、创新”作为燕山石化的企业精神。吴仪书记还与总经理吴协刚同志一同，亲自撰文阐述了这八个字的深刻内涵与意义：团结，是实现共同理想基础上的团结。团结要求各级领导干部之间、干群之间、党群之间、职工之间、单位之间、工种之间、工序之间、班次之间都要讲协作、讲友谊、讲谅解，互相尊重、互相支持、互相帮助。要求广大员工牢固树立组织纪律观念和联合企业的全局观念，反对自由主义、本位主义和个人主义。求实，是我们党思想路线的具体体现，是燕山石化不断攀登发展的立足点。要求广大员工具有一切从实际出发、实事求是的科学态度，扎扎实实、讲求实效的工作作风，深入实际、调查研究的工作方法。提倡人人说老实话、办老实事、做老实人。反对脱离实际的主观主义和脱离群众的官僚主义。严细，是现代化大生产的基本要求，是办好现代化大型企业的保证。严细要求各单位、各部门要有严密的组织、严明的纪律、严肃的态度、严格的要求，坚持从严治厂，做到令行禁止。要求每个员工在工作上忠于职守、认真负责，在生产上精耕细作，在管理上精雕细刻，在经营上精打细算，在技术上精益求精。反对粗枝大叶、松垮拖沓。创新，是时代精神的体现，是开创各项工作新局面的动力。创新要求广大员工继承和发扬艰苦奋斗、敢打硬仗、在任何困难条件下都能创造性完成任务的光荣传统，具有解放思想、勇于探索、开拓前进的精神，谦虚谨慎、不骄不馁、积极进取的作风，自强不息、勇攀高峰、争创一流的气概。反对因循守旧、不思进取的懒汉懦夫思想和骄傲自满、畏缩不前的精神状态。“团结、求实、严细、创新”企业精神的确立，直接反映了联合企业的整体性、建厂以来形成的优良传统的连续性、大型石化企业工艺特点所要求的管理上的严密性、工作上的科学性、作风上的严细性、技术上的创新性，标志着燕山石化已开始步入企业文化建设的自觉阶段。

1995年，在公司成立二十五周年之际，燕山石化回顾与共和国风雨同舟走过的历程，把“大企业要为国家做大贡献”作为企业使命，并在1997年决定将“追求卓越，信誉至上，服务社会，富国兴邦”作为燕山石化社会形象标准。至此，公司的企业文化体系已初步建成。

在“大企业要为国家做大贡献”这一使命的感召下，燕山石化人万众一心、奋发进取。从我国第一个石油化工联合企业，到我国最大的石化联合企业，再到我国石化行业的先进典型；从单纯利用国内技术，到引进消化吸收国外先进技术，再到成套技术出口；从企业内部的单项改革，到主营业务上市的产权制度改革，再到主辅分离、精干主业做强主业的配套改革，无不体现着燕山石化向着更高目标不断进取的决心和信心。从1985年到1990年，公司连续6年实现年利税18亿元，成为中石化系统当之无愧的排头兵。2009年同1970年相比，原油加工量由250万吨提高到1079万吨，实现销售收入由5.67亿元增长到589.15亿元，实现利税由1.1亿元增长到144.53亿元。投产四十年来，燕山石化累计加工原油2.5亿吨，生产石化产品2.4亿吨，生产乙烯1443万吨，实现销售收入6600亿元，实现利税717亿元，是国家建设投资的20.5倍，为国民经济发展做出了应有贡献。

40年来，燕山石化不仅在履行经济责任上锐意进取，勇挑重担，而且在履行社会责任上甘于奉献，为国分忧。凡是国家举办的大型活动，燕山石化都鼎力尽责。不论是我国举办的亚运会、奥运会，还是远南残疾人运动会；不论是1998年夏天长江流域的特大洪灾，2003年的抗击非典，还是2008年的汶川地震、2010年的玉树地震，燕山石化的广大干部职工都积极捐款捐物，表现了国有企业和广大职工高尚的政治觉悟和扶危济困的道德风尚。为保证北京奥运成功举办，燕山石化投资数十亿元对炼油装置进行了改造，2007年6月实现一次开车成功，成为我国第一个能生产符合欧Ⅳ标准汽柴油的千万吨级炼油基地，满足了奥运需求，提前兑现了我国政府向国际奥委会的承诺。燕山石化还成功开发生产了符合奥运会主会场“鸟巢”座椅需要的专用料。燕山石化改制企业——北京双泉燕山地毯有限公司完成了奥运会、残奥会的开、闭幕式所需的4.2万平方米化纤地毯的生产和铺装任务。在奥运期间，燕山石化保证了安全生产和环保达标，成为北京地区唯一正常生产的大型工业企业。由于燕山石化为奥运会做出了特殊贡献，北京奥组委授予燕山石化“奥运服务保障先进单位”称号。

“员工与企业共同成长、企业与社会和谐发展”——人本与和谐

燕山石化曾是中国最大的炼化企业，引进了我国第一套30万吨/年乙烯装置，并率先实施了两轮大规模改扩建。但随着石化工业发展重点向沿海转移，首都水资源紧张、环境要求更高，燕山石化的发展面临新挑战。燕山石化向何处去？怎样发展才能进一步增强竞争实力？这成为广大职工心中的焦虑，也成为摆在公司领导班子面前的首要问题。

2003年10月，党的十六届三中全会提出的科学发展观犹如一盏明灯，为企业改革与发展指明了方向。通过认真学习科学发展观，公司深刻认识到，燕山石化不能再走依靠投资驱动、增加物质资源消耗的发展道路，必须转变发展理念和发展方式，走新型工业化道路，依靠管理创新、科技进步、深化改革、提高职工素质实现企业科学发展。

在科学发展观的引领下，燕山石化提出了“不求最大、但求最好，油化一体、效益最大”的发展理念，“产品特色突出、技术实力雄厚、管理科学规范、员工素质优良、文化独特鲜明、发展持续稳定”的发展目标，“资源节约型、环境友好型、科技创新型、本质安全型”的发展愿景，“优化一流装置，改造二流装置，淘汰三流装置”的装置调整思路，“独一无二、数一数二”产品调整思路，“精心工作、止于至善”的工作方针，“安全体面的工作，健康舒适的生活”的安全理念，“员工与企业共同成长、企业与社会和谐发展”的企业核心价值观。这一系列的理念创新，深刻体现了人本与和谐这一燕山石化企业文化的精髓。

人本，就是以广大员工为企业文化建设的主体，一切从人的全面发展出发，营造关心、尊重、爱护、培育员工的文化氛围。和谐，凝练了中华文化中的共享、共荣、俱进的传统美德和相互理解、相互尊重、和衷共济的文化理念。四十年来，燕山石化公司一方面坚持全心全意依靠职工办企业的方针，积极维护职工的政治权益，做到“职工代表不举手，重大方案不出台”；维护职工的经济权益，职工收入逐年提高；维护职工的文化权益，丰富职工的业余文化生活。坚持人文关怀具体化，积极组织集资建房，让职工安居乐业；建立“爱心互助金”，形成帮困救助长效机制，让职工同步享受企业改革发展的成果。另一方面，积极倡导“培训是给职工的最好福利”这一理念，加大员工培训力度，实施全员素质工程，坚持每年按工资总额比例2.5%提足教育经费。制定了工人技师和高级技师评定办法、对优秀技术成果实行职工冠名奖励、评选优秀操作能手、奖励职工创新创效成果及合理化建议等一系列政策措施。目前，技师数量已占到技能工人的7%。

与此同时，公司不断强化“建设清洁工厂，创造绿色文明”的环保理念，明确了奉行原则和所应承担的社会责任，表达了燕山石化对环境保护的承诺。通过推进技术进步，实现油品质量升级；实施节能减排，推进循环经济发展；推进科学发展，共建美好家园等措施，全面实现了人与自然、企业与社会的协调、有序、健康、和谐发展。2009年与2004年比，燕山石化原油加工量提高37.74%，而工业用新鲜水总量下降46.13%，外排污水总量下降76.90%、外排污水化学耗氧量下降87.45%，万元产值能耗下降38.81%，提前超额完成国家“十一五”节能减排目标，用事实改变了人们对石化产业高风险、高污染、高消耗的传统印象，赢得了社会各界的广泛支持。在实施生产系统节水减排工程的同时，燕山石化积极贯彻生态治河理念，实施区域水系恢复工程，于2009年建成了集排涝防洪、雨水收集、污水回用、生态景观与突发事故防控于一体的区域水源循环系统。按照“用水多元化”的理念，到2012年，燕山石化工业用水将全部来自于城市污水，不再使用新鲜水。此外，公司加大技术改造力度，着力提升环保技术，燃烧了几十年的8支火炬在正常生产情况下已经全部熄灭，每年可回收利用火炬气20余万吨，实现了节能减排和尾气循环利用。经过努力，燕山地区空气质量得到明显改善，全面优于北京市区。2007、2008年二级和二级以上天数均比北京市区多5天，2009年比市区多10天。

近年来，燕山石化先后被授予“全国企业文化示范基地”、“全国优秀和谐劳动关系单位”、“中国能源绿色企业50佳”、“全国节能减排十大功勋企业”及“中华环境友好企业”等荣誉称号，在新的历史时期，再次得时代风气之先，在人本与和谐之路上，迈出了坚实的步伐。

随着企业文化建设自觉性的加强，公司对于企业文化载体建设方面也给予了高度重视。2006年，以“十一五”规划开局起步为契机，成立了燕山石化企业文化专题调研组，发动广大职工对各时期、各单位、各专业所形成的文化元素进行了全面的收集和整理，按照继承与创新相结合的原则，对所有文化元素进行了整合和提升，建立了以12条核心理念为主要内容的具有燕山石化特色的企业文化体系，并形成了《企业文化手册》和《企业文化案例》等成果，实现了企业文化建设的系统化、科学化，为企业的科学发展注入了强大精神动力。为了继承和发扬燕山石化的企业精神和光荣传统，公司在成立四十周年前夕，又编辑出版了《燕山石化图志》四卷，以图文并茂的形式再现了不同历史时期燕山石化生产建设成就，整理和抢救了一批珍贵的图片资料。此外，公司还投资兴建了燕山石化展览馆，新的展览馆布展面积达到近千平方米，运用了大量的照片、文字、实物、沙盘以及电子书等多种表现手段，全面、立体地展示了燕山石化的40年的发展历程和建设成就，成为传播燕山石化企业文化的重要基地。

2010年10月26日，原全国政协副主席、中国石化的老领导陈锦华同志来到燕山石化视察工作。当他看到燕山石化年年都有新变化，处处呈现出新气象时，颇为感慨地说：

"我一直在想，燕山石化变化的动力是什么？究竟是什么使这个40年的老企业一直保持着生机和活力，是什么动力在推动它前进？我想这个动力，恐怕很重要的就是企业文化。燕山的企业文化，教育和影响着一代又一代燕山石化人力争上游。40年的企业文化，很关键的是创新，燕山石化一直保持着创新精神，包括技术创新，管理创新，更重要的是燕山把企业文化创新与地方合作相结合，并发展延伸到新的领域，从全局着眼，这样的企业文化影响着燕山石化人，教育大家不甘落后。"

文化如水，听似无声却有声，她是唤起员工、调动员工的无声命令；文化如水，看似无形却有形，她就在企业的火热生活中，就在员工的言谈举止中。燕山石化的发展充分证明：企业无论在什么样的发展阶段，都必须注重文化建设，充分发挥企业文化凝聚人心的黏合剂、鼓舞士气的催化剂、调整关系的润滑剂、提升员工素质的营养剂的作用。只有这样，才能打造出企业独一无二的核心竞争力，才能使企业基业长青。

以价值观和科技力量打造安全文化

——中国石油集团东方地球物理勘探有限责任公司企业文化建设

企业概况

东方物探是中国石油旗下专门从事石油勘探采集、处理、解释的专业化地球物理勘探服务公司。在国内服务于中石油各油田和其他油公司，在国际上五大洲为40多家油公司服务。24000多名员工中，一万多名员工从事野外石油和天然气的勘探工作。作业区域分布于沙漠、沼泽、戈壁、高山、丛林、海洋等，恶劣的工作环境，复杂的气候条件，加之高度分散、高度流动的生产模式，使物探作业安全工作面临着极大挑战。多年来，东方物探致力于安全发展，以安全文化建设推动安全管理，以安全管理提升企业安全文化品质，在长期的实践中做出了有益尝试，并收到良好的效果。

企业文化建设是推动企业长久发展的动力和源泉，而安全文化建设作为企业文化建设的重要组成部分，是提升企业文化品质的重要方面，也是企业核心竞争力的重要体现。从2006年开始，东方物探连续三年开展了《石油物探企业安全文化的培育与塑造》课题研究，借助于企业文化研究的优势，探求安全文化建设的规律，提升员工的安全素养，营造企业安全文化建设的良好氛围。经过两年的研究和一年的推广应用，形成了安全管理核心理念："生命最为宝贵，事故都可防范"；安全管理理念："严格的管理是最真的爱"；安全经营理念："经营安全就是恒久的效益"等，并把理论成果变成了便于执行的制度规范，促进了安全技能的提高和员工安全行为的养成。

安全文化建设良好氛围的创造，使优秀的安全文化理念成为主导，使它的旗帜性、导向性更加鲜明，成为指导员工行为共同的价值标准。

企业文化建设必须要以开放的心态和不断探求的态度，从理念上、方法上不断与国际接轨。2009年1月初，东方物探成为中石油集团企业中与杜邦公司合作进行HSE管理体系推进的试点单位。我们将自己多年的安全管理经验与杜邦公司的先进理念和做法相结合，学习和借鉴国际一流的安全管理方法，在推进中学习提升。

东方物探成立了体系推进工作领导小组和专职推进办，制定了"23125"工作计划，即利用2年时间，以制度梳理、绩效考核、培训体系建设3项任务和落实12项工作职责为着力点，制定HSE发展的五年规划。经过两年大力度推进和建设，具有东方物探特色的安全文化已经初见端倪，安全文化建设取得了显著成效。

以安全是核心价值观为指导，构建以属地管理和各层级职责归位为保障的"自上而下"的体系运行长效机制，从理念和思想上体现出"魂"的价值

直线责任是落实安全是核心价值观的重要载体。上至总经理，下至班组长，各级管理者对本单位、分管工作和业务部门的HSE工作负责，不仅要对结果负责，更要对安全管理的过程负责，改变过去的"管生产必须管安全"，转变为"管工作必须管安全"，每一个直线管理者必须把生产、生活方面的安全问题都纳入到自己的管理范围；落实责任的方式从"火车跑得快，全靠车头带"的传统方式转变成各个层级都输出动力的"动车组"运行模式。

属地管理是落实"全员责任"的重要体现。按照"层级负责，人人尽责"的划分原则，规定每个管理者都要对自己的属地负责；每个员工都能在线性管理网络中找到自己的位置，知道"谁管我，我管谁"，都要对自己的岗位负责。属地管理的全面推行，将管理层级划分得更细致，从大到一项工作小到一件工具，都有自己的归属，实现了由单纯的"领导责任"向"全员责任"的重大转变，保证了HSE责任的落地和现场管理高标准的实行，营造了"安全是我的责任，我的属地我负责"的良好工作氛围。

实施"有感领导"与"个人安全行动计划"。"有感领导"是管理者落实HSE责任的有效形式，就是对HSE工作而言，你说的、做的和让员工感受到的是一致的；通过"个人安全行动计划"的制定、实施和有计划地安全观察与沟通，规范自己的活动和行为，充分展示出一个领导对安全环保工作的重视力、支持力、参与力、示范力和影响力。

安全是企业核心价值观思想的确立，成为了推动企业发展的长久动力，直线责任、属地管理和"有感领导"这些新的文化元素的植入，成为了长久指导人们行为的核心动力和价值判断标准。

建立以专职师资队伍和基层领导及班组长培训队伍相结合，实现培训工作常态化的工作机制，从技能的提高和行为的养成上促进安全文化建设

培训工作是解决安全环保认识观念的转变、技能的提

高、行为不断养成的有效手段。

师资队伍的质量决定培训的质量和文化传播的效果。在建设师资队伍方面，公司制定了“123工程”，即利用两年时间，培训100名优秀的培训师，200名优秀的HSE监管人员和基层管理者，300名优秀的班组长，用优良的培训师资培育出优秀的员工，让每一位员工都成为公司安全文化的承担者和创造者。

培训的主体与模式决定了不同层级领导在安全文化建设过程中的责任。公司采用了“自上而下”的逐级培训，各级属地主管对其直接下属亲自进行培训。公司人力资源管理部门和安全环保部门共制作培训课件1031个，梳理出不同层面必须掌握的知识清单（培训矩阵），分层次、有计划地进行理念和知识培训，不同层级人员的理念和技能得到有效提升。

在安全文化建设中，虽然不同层级的管理者和员工的目标是一致的，但其承担的职责也是有区别的。对各级管理层的培训，主要解决对“核心价值观”认识问题；对机关部门负责人和各级属地主管的培训，主要解决层级负责、职责分配、属地管理的问题；对一般管理人员的培训，落实体系各要素运行的有效载体与具体方法应用；对普通员工培训，落实操作流程，安全是我的责任。体系推进以来，共计举办各种培训班2557个，培训人数达到105228人次。实现了“我就不信我管不了你”到“我就不信我教不会你”的重大转变，发挥了不同层级在安全文化建设中的不同作用。

建立以治理隐患、不断完善设备设施本质性安全的持续投入机制，用科技的力量来校正员工的行为

把安全看作是投资，看作是经营，看作是保障。在实施本质性安全建设和隐患治理机制方面，公司建立了主业单位（运营收入的3‰）、物探项目（价值工作量的3%）和公司层治理安全环保隐患（每年2000万元）的投入保障机制，每年用于HSE方面的投入总计达到1.2亿元以上。

实施了全员的隐患识别和奖励制度，培育员工的责任意识和主体意识。制定了《东方地球物理公司HSE隐患管理办法》和隐患报告奖励制度，拿出专项奖金鼓励全员在工作过程中识别和报告隐患。将一般事件和未遂事故看作是上帝赐予的礼物，转变了过去“把别人的事故当故事”，“把自己的事故当秘密”的思维方式，深刻剖析和利用事故事件资源的意识和防范能力显著增强。2007年识别隐患92226条、2008年98802条、2009年110851条；2010年每个月识别的隐患数量超过1万条，总计奖励超过600余万元。

利用“工程技术的方法治理隐患”，将科技管理人性化，人性管理科学化。为公司各单位配备了智能化充电机556台，安装皮卡车防翻架655台。交通安全一直是东方物探的常规较大风险，全公司7000多台车辆，大都分布在野外作业，每年都有事故发生。为了有效解决这一问题，2007年以来，公司投入1300余万元，为有条件的地区的5031台车辆安装了GPS监控装置，还建立了15个监控中心。安装GPS后，可对运行车辆进行实时监控和超速报警，并对数据进行下载和分析。工程技术手段的引入和应用，有效规范了管理和人的行为，促进了养成文化的建设进程和交通安全业绩的提升。2009年以来，东方物探实现了交通安全无事故。

建立以基层建设、教育培训为基础，提高人的安全意识和行为控制的思想保障机制，以此来强化文化建设的根基

管人先要管思想，用核心价值观去统领、打造、创造出执行力，让每一个人在良好的建设环境中不断得到熏陶、历练，加快由他律到自律的转变。

建设一个理念先进、正气鲜明；讲求规范、刚性管理；有感领导、组织力强的“钢班子”。有了一支素质过硬、作风过硬的基层领导班子，基层建设的各项基础得到了有效提升，领导干部“有感领导”的展示和践行诺言的影响力和感召力成为安全文化建设的重要保障。

建设一支高素质、讲诚信、重规范、强执行、铁意志的“铁队伍”。有了“钢班子”和“铁队伍”做基础、做依托，才能用诚信、业绩、和谐、创新、安全的养料浇灌出全员责任和团队精神之花。

加强以思想为先导的理念、知识、技能教育培训工作，努力提高各级人员的HSE技能、意识和执行力，以强大的基层建设来支撑起HSE工作的总体提升，使基层建设成为安全文化建设的铜墙铁壁。为了把员工中事故事件资源的“宝贵财富”挖掘出来，开展了全员的“安全经验分享”活动，凡是在各种会议前，都由主持者或报告者讲述一个安全经验分享；班组晨会上每个人轮流进行安全经验分享。公司在全体员工中征求安全案例和经验分享素材900余篇，将300多篇进行编辑和整理，编纂出版了《安全经验·格言分享集》，对员工起到了很好的学习和借鉴作用，营造了全员重视安全工作、学习安全知识、推动安全文化建设的学习氛围。

建立以绩效考核为纽带，以过程管理评审为手段的运行审核评价机制，以此来保证安全文化建设的效果

在安全文化建设考核机制的建设方面，建立了从总经理到班组长层层签订责任书和考核机制，共签订责任书4487份；建立了以否决指标、过程指标、管理指标为内容的考核指标体系，发挥机制的杠杆对安全文化建设的推动作用。

在考核手段方面，采用体系审核定级和专项检查相结合的方法，在公司1000分的审核中出现D级（低于600分），基层单位领导就地免职。考核办法也由过去以查阅基础资料为主转变为访谈占40%，文件审阅30%，各种现场观察占30%。2010年共审核单位109个，其中850分以上的A级单位29个，700分以上的B级单位79个，只出现了一个C级单位。通过审核定级，把“自上而下”的考核和“自下而上的评价”纳入到公司的总体考评中，由此而追溯各级职能管理部门的HSE管理责任，使考核工作更加量化、科学化、显性化，体现出了不同层级驱动力在转化为文化力过程中的不同作用。

在审核过程中，全员落实安全核心价值观的意识由“被动的要求”转变为“主动的追求”，使安全文化真正做到了魂体相附。

通过“十一五”期间的安全文化建设，东方物探的工作方式已由过去单纯的“领导倡导”转变为现在全员参与的“良性互动”。在良好的安全文化建设氛围中，确实尝到了安全业绩提升的甜头，感受到了以人为本的变化。五年来，百万工时可记录事件率达到0.65，处于国际先进水平；2009年首次实现勘探主业无重伤以上事故，2010年也保持了总体平稳运行的局面。

今年11月份，杜邦公司对合作两年的成果进行了总体评估：东方物探建立了安全核心价值观，形成了安全氛围，奠定了由“第二阶段”向“第三阶段”跨越的理念基础和组织基础；已经向着国际一流的HSE管理“扬帆启航”；以本质性安全为切入点，积极探索BGP安全文化的发展之路；基层单位扎实有效地稳步推进HSE管理升级。

如今，“十二五”的航船已经扬帆，东方物探正朝着全面进入安全文化建设的“第三阶段”，即“自主管理阶段”全面迈进。

（作者田国发，系中国石油集团东方地球物理勘探有限责任公司安全副总监、HSE部主任）

推行快乐工作法 培育企业亲和力

——大同煤矿集团有限责任公司企业文化建设

企业概况

大同煤矿集团有限责任公司（简称同煤集团）前身大同矿务局，成立于1949年8月30日。经过60多年的艰苦创业，同煤集团现已发展成为特大型综合能源集团，是国家规划的十四个大型煤炭基地之一。60多年来，同煤集团共计生产煤炭近20亿吨，主要供应全国近百家国有骨干电厂用煤。

近年来，同煤集团深入贯彻落实科学发展观，坚持以人为本的发展理念，坚持“制度管企、文化管人”的管理思路，大力实施精细化、人性化（RHM）管理，全力打造以人为本的企业文化。大力推行具有同煤企业特色的快乐工作法，通过尊重人的主体地位、关注人的需求感受、关心人的心理健康、重视人的成才成长、体现企业人文关怀，使人的需求得到满足、人格得到尊重、事业得到发展、精神世界充满快乐和高尚的理想追求，有力地激发了企业的创造活力，形成了同煤集团的一项特色文化。

同煤集团推行快乐工作法的背景

胡锦涛主席指出，“坚持以人为本，就是要以实现人的全面发展为目标，不断满足人民日益增长的物质文化需求和精神文化需求，让发展的成果惠及全体人民”。近年来随着经济的快速发展，竞争的激烈演变，人们的生活节奏不断加快，工作压力和心理压力越来越大，特别是在像同煤这样特大型的煤炭企业里，近几年随着资源整合全面开展，兼并重组的快速推进，企业的体制机制、产业结构、管理模式都发生了深刻的变化，这必然会对员工固有的思想观念、思维方式和行为方式造成影响，形成各种矛盾和冲突，从而给员工造成较大的精神压力。再加上煤矿员工长期在苦、脏、累、险的环境中工作，工作条件差、劳动强度大、生产任务紧、体力超负荷、文化生活单调、员工的心理和生理一直处于亚健康状态、思想观念和价值观念也呈现出复杂化、多元化的态势，这些不利因素必然会导致员工不团结、企业不和谐、执行力不强、工作效率低下等一系列负面影响。

针对这一状况，同煤集团经过广泛的调查研究，提出了“快乐工作法”并把它纳入企业文化建设的范畴，在全体员工中推行实施。

同煤集团快乐工作法的实质内涵及重要意义

快乐工作是工作的至高境界，也是企业的活力源泉。同煤集团快乐工作法是一种全新的工作理念和管理方法。一方面是通过实施文化引导和心理疏导，使员工树立起积极乐观的士作心态和爱企敬业的价值理念，以科学的态度对待工作、以乐观的心态面对困难、以辩证的思维看待自己的得失、以快乐的方式克服工作中一切不快乐的因素，在紧张忙碌的工作中调整心态、释放压力，共同创建一个和谐愉悦的良好工作环境，在工作中享受快乐，在快乐中创造价值。另一方面就是通过拓展企业人性化管理、关注员工需求感受、关心员工身心健康、重视员工成长成才、维护员工切身利益、解决员工后顾之忧、营造尊重员工情感、尊重员工价值、尊重员工劳动创造，和谐和睦、平等相处的良好氛围，使员工时刻以愉快的心情、饱满的精神、积极的行动投入工作，进而实现企业与员工的共同进步和全面发展。

同煤集团快乐工作法的本质在于把快乐的理念引人管理，以情感需要、工作需求、人格需要为出发点，以满足员工日益增长的物质文化和精神文化需求为落脚点，促进员工心理健康、激发员工心智活动、使员工自觉向主向愿地为企业献才智、做贡献。它能够培育起员工爱企敬业的价值理念、激发员工潜能、增强员工的大局意识、服务意识和团队精神，提升企业执行力，提高工作效率。能够培育起员工自尊自信、乐观豁达、理性平和、健康向上的良好心态，建立起和谐的劳动关系和人际关系，营造出尊重员工、尊重劳动、尊重创造的良好作用，形成椎动企业持续发展的精神动力。它体现若以人为本科学发展观的木质要求，体现着构建和谐企业的内在需求，更体现者同煤集团以人为本的管理理念、管理制度、管理方式等深层次的文化内涵和同煤集团党政领导对70万员工家属的尊重理解和关心关爱。它抓住了以人为本这一核心，强调了人的全面发展这一要务，渗透着物质与精神统筹兼顾的根本方法，体现了发展为了员工、发展依靠员工、发展成果由员工共享的根本日的，是符合时代要求，适应企业改革发展需求的先进文化理念和管理方法。

同煤集团快乐工作法的管理模式

快乐工作法是一个系统工程，涉及企业管理的方方面面。同煤集团结合实际，经过广泛的讨论研究和实践探索，形成了快乐工作法“1336”管理模式。

建立完善安全管理保障机制，让员工尽享平安之乐。平安是人生最大的快乐和幸福，只有人的生命安全得到根本保障，快乐和幸福才可言之。

建立完善员工健康保障机制，让员工尽享健康之乐。同煤集团建立完善员工健康保障工作机制，全方位地保护好员工的身心健康。一是关心员工的身体健康，二是特别关注员工的心理健康，三是引导员工形成健康文明的生活方式。

建立完善生活服务保障机制，让员工尽享生活之乐。幸福生活是快乐的源泉。同煤集团围绕让员工“老有所养、困有所帮、病有所医、学有所教、住有所居、居有好境”这一目标，着力提升员工的生活质量。一是健全了养老保险制度、失业保险制度、工伤保险制度，生活后勤服务机构，保障员工的正常生活，解决员工的后顾之忧。二是为员工创建环境优美、舒心舒适的工作生活环境。三是兑现“决不让一户因难员工家庭因为贫困不能正常生活、看不起病、子女上不起学”的承诺，成立了“煤海阳光”帮扶理事会，“煤海希望”助学理事会等机构。

建立完善民主管理长效机制，让员工尽享尊重之乐。同煤集团始终坚持以人为本的管理理念、尊重员工的主体地位、保障员工的合法权益、维护员工的切身利益，实现了企业管理的公平公正。一是坚持执行职代会制度，职工代表巡视监督制度、民主评议制度，形成了以职代会为主的民主议事和决策制度。二是大力实施了企务公开，严格执行了“三公开、四签字、五上墙”管理制度，对企业的工资分配、福利待遇、人事变动、资金使用、物资采购等事项，实行民主监督，“阳光操作”，形成了公平、公正、公开的管理机制，保障了员工的合法权益。三是拓宽民主管理渠道。基层单位设立了矿长信箱、党委书记热线，建立了信访接待日、矿长接待日制度，改置了信访接待大厅。

建立完善人才管理长效机制，让员工尽享成才之乐。成长成才是员工的理想目标和价值追求，也是员工职业生涯中的最大快乐。同煤集团大力实施人才强企战略，让广大员工，尽享成长的快乐，收获成功的快乐。一是为员工搭建学习成长的平台。牢固树立“成功企业重视培训，优秀员工终身学习”的理念，充分发挥党校、技校、工大万人培训基地的作用。二是为员工提供展示才华的舞台。牢固树立“有作为才能有发展，有贡献才能有地位”的人才管理理念，出台了《优秀人才选拔管理办法》《领导人员选拔任用办法》，通过组织推荐、民主推荐、自我推荐、领导推荐等多种形式，不拘一格选人才，从而形成了“能者上、平者让、庸者下”的科学规范、公正合理的用人机制，激发了企业的活力。三是强化人才激励机制，鼓励发明创造，重奖科技人才，兼在评模评先、晋级晋升、福利待遇等方面倾斜于人才。比如四台矿推行了首席员工年薪制，马脊梁矿建立了“王雷雨”工作室，还有的单位把科技创新项目以员工的名字命名等等，极大地激发了广大员工学知识、练技能、当能手、做贡献的积极性。

同煤集团推行快乐工作法的方法措施

为确保快乐工作法深入推行，取得实效，同煤集团联系企业实际，加强学习研究，加大工作力度，在思想、组织、制度、措施上建立起了一套完善的工作体系，大力实施，努力实践。

一是理论研讨。为使快乐工作法这一全新的工作理念和管理方法深入人心、融入实践，同煤集团层层发动，广泛召开研讨会，认真学习快乐工作法的科学内涵和重要意义。集团公司领导带头学习、带头研究、谈认识、提建议，深入基层督促指导。

二是宣传造势。刊发了快乐工作法评论员文章，印制了《快乐工作法手册》，编制了快乐工作之歌，开展了征集快乐工作法小故事，漫画等活动。同煤日报、同煤电视台、同煤网站开辟了新颖活泼的快乐工作法专题栏目，深入挖掘基层单位推行快乐工作法的典型事例、先进经验和亮点工作。

三是制度考核。下发了《关于推行快乐工作法的通知》，制定了《快乐工作法实施意见》和《星级评估办法》，建立起快乐工作法的学习教育机制、评价激励机制，开展了快乐指数调查问卷活动，并把推行快乐工作法的成效作为考核各级领导班子和评价领导人员业绩的重要内容，作为考核评价党员干部的重要标准，作为企业文化考核的一项重要内容，作为文明单位、文明家庭、文明员工、先进集体、优秀人才等各类评选工作的重要依据，加强管理，严格考核。

四是活动引导。各基层单位把握快乐工作法的实质内涵，开展了寓教于乐的快乐工作法学习实践活动，引导员工快乐工作、快乐生活、快乐奉献。比如：马脊梁矿建立了“快乐驿站”平台，开辟了“今日视点”栏目，开展了心理调适、体能训练、情绪调整“快乐三步曲”活动，着力推进快乐工作法。地质处坚持六年开展全员“读书节”活动，让员工充分体验到了学习成长的喜悦和成才的快乐。

五是机制保障。各单位还结合企业管理的实际情况，积极探索推行快乐工作法的路径、载体和方式方法。比如：燕子山矿以“我工作我快乐、我服务我快乐、我奉献我快乐”为主题，独创了快乐工作“八大模式”、“七种方法”和“班组工作六式”。小峪煤矿采用“典型引路法、车头带动法、多轮驱动法、循序渐进法”四种方法，推行了一室、一卡、一表、一簿、一图、一榜的“六个一”快乐工作法。

同煤集团推行快乐工作法的实践成效同煤集团通过推行快乐工作法，进一步拓展了企业人性化管理，增强了企业的亲和力、激发了广大员工的创作热情、为企业注入了新的发展活力。

——**企业发展更加科学。**同煤集团通过推行快乐工作法，提高了各级领导班子求实创新，科学决策的水平和能力，推动了企业的科学发展。近年来，同煤集团形成了煤炭、电力、煤化工、冶金、煤机装备制造和多晶硅（光伏）六大产业齐头并举的格局，建成了全国煤炭行业第一个循环经济示范园区——塔山循环经济工业园区，走出了一条具有同煤特色的“循环、绿色、低碳”发展之路。同煤集团塔山循环经济示范项目获“中国工业大奖”表彰奖。

——**企业氛围更加和谐。**同煤集团通过推行快乐工作法，倡导和谐新风，构建和谐企业，理顺了员工情绪，化解工作矛盾，建立起了和谐的劳动关系和人际关系，增强了企业的亲和力，企业呈现出文明和谐的喜人局面。

——**企业管理更加完善。**同煤集团以推行快乐工作法为抓手，整合管理优势、细化管理流程，对企业的组织结构等管理体系进行全方位的改革，实现了企业管理制度的科学、合理、精细。

——**安全工作更加扎实。**同煤集团通过推行快乐工作法，夯实了安全管理基础，增强了员工的安全意识和安全素质，提升了安全工作的执行力，使“人人都是通风员”安全工作体系深入人心，营造出了关爱生命、关注安全的浓厚氛围，促进了企业的安全发展。

2010年，同煤集团安全效果再创水平，重伤和轻伤率大幅下降，百万吨死亡率保持了低控。

——**企业环境更加优美。**同煤集团以推行快乐工作法为契机，大力实施了企业环境刷新工程，积极开展了美化、绿化、亮化工作，开展了碳汇青年林植树活动，全力打造花园式、同林化矿区，企业环境面貌焕然一新。

——**精神动力更加强劲。**同煤集团通过推行快乐工作法，使员工深刻认识到了自己的责任和自身的价值，增强了员工的责任意识、大局意识，激发出了员工爱企敬业的价值理念和“企业是我家，第一为企业”的创造热情，形成了心齐人和的强大精神动力。2010年，同煤集团创造出了煤炭产量最高、经济效益最好、安全工作最稳、员工生活实惠最多、文明建设成果最大等八项历史之最。

打造“善待”文化 发展百年老店

——中国北京同仁堂（集团）有限责任公司企业文化建设

企业概况

中国北京同仁堂（集团）有限责任公司是一家拥有342年历史的中医药老字号企业，现有职工1.5万人，总资产120亿元，年销售额130亿元、利润10亿元，出口创汇2800万美元。多年来，我们始终坚持创立者的“仁德”理念，以“同修仁德，济世养生”为企业最高追求，坚持善待职工、善待经营伙伴、善待投资者、善待社会，努力打造“善待”文化，推动百年老店健康快速发展。1997年同仁堂A股上市后，集团连续14年保持各项经济指标两位数增长，逐步形成比较完善的现代制药业、零售药业和医疗服务三大板块，连续5年被评为全国和北京市劳动关系和谐企业，连续两次荣获全国文明单位称号。

用仁心和仁术，善待职工

历史上，同仁堂对内对外都以“仁德”著称，东家不以老板自居，伙计不以佣人自卑，形成上下和谐的“仁善”氛围。新时期，我们将这种“仁善”理念与马思洛的“需求层次理论”相结合，以“仁爱之心”和“仁德之术”，努力创造条件满足职工的物质待遇和精神需求，为企业发展营造和谐的内部环境。

一是保障待遇福利。善待职工，首先要为职工创造一个安全、舒适的工作生活环境，保障其身心健康。近10年来，我们投入大量资金建立现代化的生产基地，让职工在宽敞、明亮、洁净的车间进行生产。我们有一家与外商合资的企业——同仁堂健康药业，不仅为职工提供免费的午餐，还设有健身房、瑜珈房等，并请来专业教练，让职工在工作之余锻炼体魄、休养身心。在同仁堂健康药业，还设有一间舒适的休息室，供出差归来或身体不适的职工休息，职工们称之为“头等舱”。善待职工，还要为职工建立一个正常的收入分配增长机制，保障其分享企业发展的成果。1996年，正值国有企业改革的高潮，许多国有企业职工下岗。我们在统筹考虑全局发展的前提下，坚持维护职工权益。集团董事会在职代会上向全体职工作出三项承诺：职工转岗不下岗，工资年年有增长，住房逐年有改善。10多年来，我们撤并与主业无关的40多个经营实体，分流安置职工2100多人，不但没有让一名职工下岗，而且通过大量细致入微的工作，使分流职工经培训转入新的岗位，发挥新的作用。职工工资每年都以3—4级的速度递增，仅“十一五”期间就为职工增资12级，相当于平均每人月增资590元。2011年一季度，我们又为职工增资4级。截至2007年末，集团累计为职工购建住房15.7万平方米，进一步改善了职工的居住条件。

二是搭建激励平台。2004年，我们制定实施职工“金字塔”人才工程，为一线普通职工开辟一条成长成才的通道。我们规定：职工技能的每一次提升，待遇也随之提高。普通职工成为“专家”，每月税后工资可相当于中层管理人员的收入水平。目前，该工程已经发展为“中医药大师”、“专家”、“优秀中青年人才”、“优秀店堂经理”、“首席技师”和“首席职工”等7大类，各类人才已达1100多名，成为企业发展的中坚力量。这一工程的实施，有效地激励了广大职工学业务学技术的积极性。大家反映，“金字塔”所搭建的平台，是对自己进一步实现人生价值的重要精神激励。目前，集团经自学取得技师以上各类职称的人员已达1020人。

三是引导心灵归属。投之以木瓜，报之以琼瑶。企业对职工以诚相待，职工对企业也产生一种强烈的认同感和归属感，在企业与职工、管理者与普通职工之间建立起一种精诚、团结、和谐、互信的关系，极大调动了职工的积极性、主动性和创造性。2010年初，由一线科技人员和技术工人组成的攻关组，经过4年苦战，成功解决困扰企业上百年的蜜丸自动蘸蜡技术和移印打金戳技术难题，一年就为企业节约各类成本560多万元。

用诚信和诚意，善待经营伙伴

随着企业的发展壮大，同仁堂已经形成一个以产供销、科工贸为一体的庞大中医药产业链。目前，同仁堂的上下游供应商和经销商上千家。我们与他们真诚合作、彼此信任，在经营往来中体现互利互惠与互帮互助，使他们与同仁堂同进退、共荣辱、齐发展。

一是互利互惠建友谊。善待经营伙伴，首先要践约履约，讲求诚信。2008年汶川地震后，震区药品需求量猛增，同仁堂生产的“血毒丸”由于治疗皮肤病疗效显著，很快售罄，当地一家经销商要求配货。当时震区交通中断，往来不便，使用平常的物流渠道，至少要一个星期才能把药品配送到位，我们临时决定走空运，用飞机送货。就这样，500多盒“血毒丸”空运到震区，经销商非常感动。一盒“血毒丸”价值仅十几元，空运费就接近售价，从经济上说，这单生意同仁堂亏了，但是我们考虑得更多的是，不能让经营伙伴因断货而商誉受损，不能让震区患者买不到同仁堂的药。

二是互帮互助显力量。善待经营伙伴，还要乐于利用自己的优势资源和管理经验，帮助经营伙伴做大做强。在山西临川，有一个中药材种植基地一直给我们供应黄芪。临川属太行山老区，经济落后，信息闭塞，当我们了解到这个基地连年亏损、难以为继时，立刻派人前去帮助出主意、想办法，使该基地当年经营状况就明显改善，2010年已经扭亏为盈。这些年来，每当经营伙伴因不可抗力出现经营困难时，我们都设身处地为其着想，并给予真诚帮助，累计支持经营伙伴超过亿元。2004年夏天，一场暴雨过后，福建一家客户的仓库被淹，上百箱同仁堂药品包装损毁，无法正常出售。客户说明情况后，我们立即将这批药品收回，免费更换新的药品，帮客户渡过难关。

三是彼此善待助发展。从药材种植到成药销售，市场分工越来越细，要做到彼此善待，就要使同仁堂经济链条上的各个环节都互利共赢。2010年，农产品普遍涨价，中药材价格也跟风上涨，几十元1公斤的金银花，价格最高涨到300多元，照这样的价格采购原材料，铁定亏本。但我们的绝大部分供应商都能按照上年与我们签订的合同价供货，让同仁堂得以平稳生产。2008年北京奥运会期间，由于车辆限行、运力紧张，北京的物流配送成本意外上涨，与我们合作的物流公司不但没涨价，还尽最大努力克服限行的困难，保证了同仁堂药品的及时配送。

用成果和业绩，善待投资者

同仁堂建立现代企业制度后，实现股权多元化，目前集团旗下拥有两个国有控股上市公司和8个股份制企业，社会股民和战略投资者众多。投资者用真金白银支持同仁堂的发展，我们也以优良的经营业绩回报投资者。

一是坚持成果共享。善待投资者，就要使投资者的利益得到切实保障。被股民誉为“最值得收藏的十大金股”之一的同仁堂股份上市14年来，年年分红，目前按复权价格计算每股最高已超过200元，是上市发行价的近28倍，集团所属的其他企业也年年分红。2011年，同仁堂股份又推出“每10股送5股转增10股，并派现3.5元”的分配方案。我们与香港泉昌公司合资兴办的同仁堂制药公司，自2004年组建以来，累计分红1.6亿元，接近初始投资的4倍。

二是明确责任共担。安徽亳州市药材商徐广友，在2004年同仁堂亳州饮片公司成立时出资445万元持股49%，从我们的合作伙伴变成投资者。为帮助亳州公司快速成长，我们派原同仁堂饮片厂的生产厂长和中青年专家，对该公司的生产工艺和技术标准进行把关，保证产品质量。青年专家卢振英到亳州公司后，还收了12名徒弟，逐步把他们培养成技术骨干。建厂之初，该公司年销售收入只有6000多万元，2011年上半年就增加到3亿元，预计全年可达6亿元。良好的经营业绩，使徐广友深感自己的荣誉与责任。2010年，他在亳州建立5000多亩的药材种植基地，带动当地5000多人就业，为同仁堂在当地赢得美誉。

三是注重形象共塑。同仁堂健康药业是一家中外合资企业，现有职工5000多人。投资者俞俊先生系加拿大国籍，他在与同仁堂10多年的合作中，深感同仁堂文化的魅力，从一般的保健品做起，借助同仁堂的金字招牌，如今已发展成为年销售额40多亿元，集生产、零售为一体的大型高端保健品企业。谈起企业的发展，俞俊先生不无感慨地说：我在同仁堂最大的收获就是受到同仁堂文化的感染，企业家同时应该成为慈善家，每做一件事都应该想大家，为大家，与大家和谐共处，追求互利共赢。他的言行，已成为同仁堂良好形象的一部分。

用爱心和责任，善待社会

顾客、患者是我们的服务对象，也是我们的衣食父母，善待他们是我们义不容辞的责任，也是我们永续经营的广阔市场。

一是日常中树立诚信。善待社会，最重要的就是努力向社会提供高质量的产品和服务。在生产过程中，我们始终坚持“配方独特、选料上乘、工艺精湛、疗效显著”的制药特色，恪守“炮制虽繁必不敢省人工、品味虽贵必不敢减物力”的古训。在原材料控制上，我们严格按国家GAP标准建立13个原材料种植基地；在生产管理上，我们严格按国家GMP标准新建和改造六大现代化的生产基地；在经营管理上，我们推行国家GSP标准建立计算机管理系统和质量服务网络。我们有上千家药店，但服务标准只有一个，就是让顾客满意最大化。如今在同仁堂药店，我们始终保持着代客煎药、登记短缺药品等10多项便民服务。“上万元大单我们要做好，1分钱的买卖我们也一视同仁”。每年我们都收到大量求医问药的来信，许多门店都派专人阅读回复，并给患者寄去他们需要的药品。虽然不赚钱，却能赢得顾客的心。

二是公益上奉献爱心。善待社会，不仅要治病救人，还要关心世情民生。300多年前，同仁堂的创立者赋予它"济世养生"的使命，在扩大经营的同时，普施善举，通过冬设粥厂、夏送暑药、施义棺、办义学等救济穷苦百姓。正是这些小事，使同仁堂在百姓心中赢得口碑。热心公益的传统一直传承至今，在发扬光大。集团连年为中医药进社区和北京市慈善协会组织的"春雨行动"大额捐款，所属1500多家药店经常开展义诊活动，2010年组织医生到青海省互助土族自治县等地免费为农牧民做白内障手术。近年来，集团为社会公益和慈善事业捐款捐物累计达5000多万元。

三是危难时展示真情。2003年，北京爆发严重"非典"疫情，每天来同仁堂抓药的顾客络绎不绝。这时，金银花、板蓝根等药材一天一个价。在这种情况下，我们在报纸上公开承诺：保证供应，保证质量，保证不涨价。这个承诺给北京市民吃了一剂定心丸。"非典"期间，我们累计向市民提供中药和瓶装代煎液300万副，61家同仁堂药店供应着全北京近一半的药量，满足近100万人次的用药需求。"非典"结束后，我们一算账，赔了600多万元。我们认为这个"亏"吃得值，值就值在老百姓对我们更信任了。2008年南方发生冰雪灾害，我们得知后，连夜派人向灾区送去医药和食品。汶川地震、玉树地震、舟曲泥石流等重大自然灾害发生后，我们都及时组织职工伸出援手、捐款捐物。

文化建设助推中国一拖科学发展

——中国一拖集团有限公司企业文化建设

企业概况

为了实现企业科学发展，中国一拖明确了企业新的发展目标，要在5年后实现销售收入400亿元，成为世界知名、中国最大的农业与工程机械领域的科工贸企业集团。围绕这一目标，我们体现企业创造价值的本质要求，把建设高绩效企业作为基本方向，把提升企业核心能力作为基本任务，把培养职业化员工队伍作为基本形式，坚持以人为本，持续不断地推动先进文化理念落地，全面提升企业管理水平，为企业改革发展提供先进文化支撑。

全面系统规划企业文化建设体系，不断提升企业经营管理水平

新的发展目标要求我们必须在企业运营全过程提升管理水平，必须全面系统地规划企业文化建设体系，在价值链各个环节发挥先进文化的推动作用。

构建了企业文化建设体系的基本框架。2009年上半年，我们下发了《关于进一步加强企业文化建设的指导意见》。总体目标是建立符合企业中长期发展战略的企业文化管理体系，基本内容是进一步规范企业文化理念体系、推进体系和考核评价体系，推进原则是符合文化理念落地规律的要求，组织落实是体现整体性、经常性和制度化。指导意见从七个方面系统构建了企业文化建设体系的基本框架。

完善并实施企业文化建设三年滚动规划。规划确定了培育企业职业化团队、树立中国一拖品牌形象为"两大工程"，在此基础上，明确了统一核心价值观、创新制度文化、推进战略转型、实施"一体两翼"发展战略、创建学习型企业、实施品牌战略、打造职业化员工队伍为当前和今后一段时期内重点做好的六项工作。规划还部署了企业文化建设三个阶段的基本任务，勾画了企业文化建设的基本蓝图及实现路径。

探索实施12维度企业文化建设考核评价体系。考核评价体系的建立与实施一直是企业文化建设的一个薄弱环节。2009年初，作为企业文化建设体系的重要组成部分，中国一拖制订并落实《企业文化建设考核评价暂行办法》。按照企业文化建设基本框架的工作要求，我们从12个维度进行考核评价，考评内容侧重于工作评价、状况评价和效果评价，涵盖企业文化建设的主要工作指标。考评不及格的单位要及时整改，同时不能参加年度各类先进评选。

以建设高绩效企业为基本方向，在实践过程中不断推动先进理念落地

近年来，我们坚持把建设高绩效企业作为企业文化建设的基本方向，在实践过程中推动先进理念落地，不断提升企业的经营管理水平。

完善企业文化核心理念体系。理念创新是文化创新的核心，我们围绕企业文化建设目标，吸收以往企业文化建设和咨询公司对一拖文化诊断的积极成果，提炼并发布了企业愿景、经营宗旨、核心价值观和企业训词，形成了中国一拖企业文化核心理念体系；针对企业运营中的主要矛盾和关键环节，发布了质量、服务、人才等方面的单项理念，为管理改进提供了理念指导；采取舆论引导、案例研讨、会前提问等形式，持续不断地对员工进行宣传灌输，推动员工对先进理念的认知、认同，引导员工用符合发展规律的思维方式认识处理问题，增强正确判断和选择价值的能力。

把先进理念变成标准、制度和流程。近年来，中国一拖不断用先进理念梳理企业的制度流程，落实"为股东创造价值"理念，制订了《目标管理问责制度》；落实"以人为本"理念，不断探索"让员工51%为自己干"的激励机制；落实"合作共赢"理念，整合营销渠道、改进采购管理。仅2009年上半年，中国一拖就废除制度30项，修订制度40项，新建制度25项，强化了先进理念落地的机制牵引作用。

深入开展企业文化主题活动。2007年，我们以主机厂为龙头，全面开展"狠抓质量，落实责任，全面提升经营能力"文化建设主题活动，通过"稳压电源事件"、宁夏用户陆占清"退机事件"等企业现实问题的讨论，促进了质量理念的落地和管理水平的提升；2008年开展了"聚焦核心能力建设，

争做职业化员工”主题活动，通过柴油机公司、福莱格公司等试点单位的成功实践，确定了覆盖价值链全过程的企业文化建设的基本形式；2009年至今，我们持续开展了优秀职业化员工评选活动，推动员工职业化建设跨上了新的台阶。

持续不断地发布企业文化建设典型案例。企业文化建设的过程就是不断运用先进理念发现问题、解决问题、推动管理水平提高的过程。2006年至今，我们坚持企业文化建设典型案例发布制度，《中柴究竟喷什么漆好看》、《穿短裙外宾被门岗“拦”下》等一批典型案例引起了很大的反响。第三装配厂、开创科技公司等基层单位已经将发布典型案例制度化、流程化，促进了企业文化体系和管理体系有机融合。

坚持以培育职业化员工为企业文化建设的基本形式，不断提高员工的职业能力

近年来，中国一拖在实践中逐渐明确了培育职业化员工是企业文化建设的基本形式和有效载体，不断提高员工的执行能力。

突出领导人员和关键岗位的职业化建设。中国一拖抓住领导人员职业化这个牛鼻子，打造与企业发展相适应的职业经理人队伍。组织参加了“锡恩九段总裁特训班”的培训，开展了“战略突围与集团管控”、“企业内部控制规范体系”等专题培训；修订了子公司、事业部经营者年薪考核办法和职能部门绩效考核方案，建立了领导人员目标管理问责制度，进一步完善了经营管理者的激励约束机制；以营销、采购、财务等为重点，覆盖企业价值链各个环节，加快关键岗位员工职业化的步伐；组织制定并落实中近期人才发展规划，培育、引进支撑企业转型的专业人才，加快建立符合职业化标准的人才队伍。

充分发挥机制牵引作用。中国一拖不断探索完善基于胜任能力的经营管理者选拔任用、考核评价、开发培养管理体系，突出职业经理人素质导向；以先进理念为牵引，修订完善《岗位说明书》和《作业指导书》，教育引导员工用职业化的工作态度、工作道德和工作技能提升工作质量；按照“让员工51%为自己干”、增强规模领导力的人本理念，不断建立责权利有机统一的激励约束机制，使职工义无反顾地承担责任、充满激情地投身创新和追求卓越；总结推广柴油机公司、开创科技公司、福莱格公司等单位发挥制度、流程强制导向作用培育职业化员工的经验，提高员工职业化建设水平。

开展动态的职业化员工评选活动。从职业意识、职业素养、职业技能和职业化的工作业绩四个方面制定了职业化员工的26条标准，层层开展动态的职业化员工评选活动；内部新闻媒体精心策划，通过开辟专题、专栏，深入宣传优秀职业化员工的先进事迹，使职业化成为员工共同的追求和岗位时尚；按照“党委负责总体推进、行政领导为第一责任人、职能部门具体落实”三位一体的组织模式，党委工作部和人力资源部、文化中心、工会、团委等部门发挥职能优势，各有侧重、整体互动，不断推动员工队伍职业化建设取得新进展。

坚持以打造企业品牌形象为企业文化建设的重要任务，不断增强企业的市场竞争力

品牌形象是企业文化的外在表现，是企业巨大的无形资产，也是企业在国内外市场竞争中抢占先机的重要保证，打造企业品牌形象是企业文化建设的重要任务。

加大对品牌形象的宣传力度。要强化对打造中国一拖品牌形象的认识，综合利用各种媒体宣传企业核心理念和品牌文化。围绕中国一拖的工作亮点，每年策划和实施十次大的对外新闻宣传活动，在外部新闻媒体发稿500余篇；积极探索新闻宣传、广告宣传、形象宣传有机互动的路子，以我为主，系统策划，宣传效果比较突出；加强与各级各类新闻媒体的沟通交流，不断加大新闻公关的力度，每年接待全国媒体采访上百人次，有力地提升了中国一拖良好的社会形象和市场形象。

推动品牌文化逐渐向市场延伸。2008年底开始，文化中心和战略规划部等部门一起，策划了《东方红，我的新农村》随车直投杂志，以媒体视角向广大终端用户全面推介中国一拖“装备新农村”的信息，在农机终端用户产生了广泛的影响；发挥《东方红，我的新农村》直投杂志的桥梁纽带作用，成立了以农机大户、拖拉机机手为主要成员的“东方红新农村俱乐部”，定期发布中国一拖的新产品信息，受理产品投诉，听取用户对东方红产品的使用和改进意见；践行“为用户创造价值”的营销理念，在全国范围内启动推广“金色服务”品牌，发挥“东方红”品牌形象店的示范作用，不断增强企业在市场上的品牌影响力。

强化对品牌视觉识别系统的宣传推广力度。中国一拖在品牌文化建设方面，全方位导入品牌视觉识别系统(BIS)，实现了品牌行为与品牌视觉的和谐统一。聘请著名公司设计中国一拖品牌视觉识别系统，把企业文化和品牌形象有机融合，实现企业“心”、“行”、“相”的有机统一；强势推进品牌识别系统，查找不符合识别系统的现象，认真整改落实；在内部媒体进行广泛宣传，内炼品质，外塑形象，提高员工和客户的认同感；加大对品牌经营理念的研究，不断丰富中国一拖品牌的内涵，全力打造品牌新形象。

（作者吴勇、田鹏、万卫国，本文摘自《企业文明》2010年8期）

价值创造 “创·享”未来

——中建三局建设工程股份有限公司（北京）企业文化建设

企业概况

自1998年进京以来，公司坚持“立足北京、发展天津、做优其他市场”的市场战略，目前已经形成以“京、津、冀三角区域为中心，东北、内蒙、环渤海地区共同发展”的经营大格局。公司年签约额达100亿元，年均产值50亿元，拥有职工1000余名，人均

年产值超过500万元。先后荣获省级工法5项，国家专利16项，获鲁班（国优）奖1项，省部级优质工程25项。公司先后承建中国职工之家，奥运工程数字北京大厦具有划时代意义的公建项目中国工商银行数据中心，中国最大的电子工业厂房北京京东方8.5代线工程；河北第一高楼河北开元环球中心，鄂尔多斯第一高楼鄂尔多斯国泰商务广场，惠州核心商业区惠州华贸中心等一大批重点工程，在北方市场树立了良好的企业信誉并收获了累累硕果。

北上创业 硕果累累 誉满京华

“筚路蓝缕创基业，争先声誉满京华”，北京公司的历史就是一部创业发展史。九十年代后期，北京公司在工程局“北上西进”战略的大潮中应运而生。公司从无到有，从小到大，成功演绎了企业裂变式发展的神话。

卓越企业，文化铸魂。快速成长的同时，我们不禁思考，什么样的企业文化更适合北京公司，能更好的诠释十余年发展历程呢。

厚积薄发 价值创造 “创·享”未来

十余年的发展使北京公司形成了很多优秀的文化传统和工作作风，积累了很多丰富的文化元素。公司发展渐趋成熟，“二次创业”激情上扬之际，以汤才坤、肖晋辉为首的领导班子高瞻远瞩的提出，这就是企业的“根”，要将这些优良的文化进行提炼，使其得以传承和发扬。

在命题之初，公司就对局“争先”文化体系进行了深入的学习和解析，以对公司文化体系作全方位的思考和科学定位，以使其既能传承局“争先”文化，又具有自己的特色。

2010年4月，公司文化建设项目领导小组、执行小组和协同小组同时成立，分别由公司领导、手册编写人员以及各系统负责人组成。

集群智而聚众意，继而得人心。执行小组分别走访了见证北京公司一路成长的各界领导，公司历届领导班子成员，历经创业磨练的老员工及公司各系统骨干员工。进行访谈50余次，召开专题研讨会10余次，发放调查问卷523份，同时听取了总公司、工程局企业文化及相关部门的意见。受访者针对公司的发展历程、管理特色、历史文化积淀等方面讲述了自身见解，并就如何构建公司文化体系提出了很多宝贵的意见和建议。在整个商讨过程中，公司始终坚持从企业的组织结构、发展战略和职工队伍的实际出发，要求理念既体现先进性、导向性，又具有针对性和可操作性；既有特色，又有丰富的内涵。通过深入开展文化调研评估工作，公司逐渐理清思路，提炼出以“创业、创先、创效、共享”为核心的文化体系，发布覆盖理念、行为、视觉的“创·享”文化体系成果，编印文化手册、文化视频片和两本支撑性文集。

创业是姿态，创业是历程。中建三局建设工程股份有限公司（北京）作为外地进京施工企业，其本质决定它的发展历史就是一部创业史。上世纪末，在“北上西进”的大潮中，中建三局（北京）应运而生，十多年来，中建三局（北京）以“敢为天下先”的勇气和“永远争第一”的精神，稳扎稳打，步步为“赢”。从公司成立之初的第一单工程-- 中国职工之家项目开始，全体参建人员“学规范、练队伍、育人才、立规矩、播种子、创信誉”，起到了播种机的作用。最终完成了公司从量变到质变，再到裂变的发展历程。近年来，公司全体员工发扬“崇远征，讲奉献”的创业精神，承接了一个又一个精品工程，使企业走上了一条注重经营质量，扩大社会影响的市场开拓之路。

创先是手段，创先是措施。只有具备前瞻性的思维，创新的意识，才能先人一步，多人一招，才能在新的不断变化的市场竞争中立于不败之地，实现预期目标。从誉满全局的“望京经验”到“一年跨十年”的飞跃发展，“强总部、精项目”的管理模式孕育了“发展至上，市场为先”，“市场促现场，现场保市场”等许多先进管理理念，有力推动了企业跨越发展。当时具有划时代意义的公建项目——中国工商银行数据中心和北京京东方8.5代线的建成代表着我国金融业和电子业与国际惯例接轨，标志着我局开拓北京取得了突破性进展。

创效是核心，创效是目标。中建三局（北京）秉承多方位创效理念，使经济效益与社会效益同步，物质效益与精神效益同步，企业效益与员工效益同步，企业与合作伙伴效益同步，有力保障了企业协调发展。

共享是和谐，共享是境界。中建三局（北京）不懈追求“善待合作伙伴，实现双生共赢”、“快乐工作、健康生活、成果分享”的共享理念。区域营销，品牌共享；优势整合，资源共享；价值创造，成果共享；幸福工作，快乐共享。公司先后与一大批有影响、有品牌的大业主，建立了长期、稳定、和谐的战略合作伙伴关系。一大批优秀员工走上领导岗位，职工收入和福利待遇逐年增加，员工幸福指数不断提高，在多方共赢中，有力促进了企业又好又快发展。

“创”是前提，“享”是境界。二者相互作用，互为关联，我们只有以创业的姿态，用创先的手段，才能实现创效的目标，追求共享的境界。

内化于心 固化于制 外化于行

“企业文化只有‘融体入心’，才能以文化人、以文育人，不断增强文化自信。”伴随着“创·享”文化发布会的召开，北京公司企业文化宣贯工作全面展开。为推动“创·享”文化理念落地生根，北京公司三大举措不断深化文化体系和文化载体建设。

搭建立体宣传平台。向全司员工发放“创·享”文化宣传手册，制作创享文化宣传片并在各大宣传版块播放。大力开展文化视觉识别系统的设计推广工作，CI形象入于心，化于行，强化“中国建筑”整体观念，促进对内凝聚力和对外吸引力不断增强。开展“创·享”文化支撑性文集的编撰工作，将员工团结敬业、勤力工作的感人故事纳入其中，用文化的力量感召人，用先进的事例激发人。与此同时，公司内刊同步改版为《创·享》杂志，打造“创·享”文化立体宣贯阵地。

建设制度保障体系。为保障新落地的企业文化顺利实施，北京公司成立了由公司领导担任的企业文化建设领导小组，各项目“创·享”文化建设联点到人。从组织保障、制度考核、运行保障三方面入手，使公司的企业文化建设系统化、规范化、专业化。将企业文化建设的落实情况作为考核内容，依据考核办法，把企业文化考核成绩纳入各基层单位年度绩效考核体系，以起到激励与约束的作用，还将各种评先评优活动制度化，规范化，营造机制氛围，依靠制度管理促进工作方式的转变提升。

开展基层行活动。为深入宣贯“创·享”文化，营造创业、创先、创效、共享的良好氛围，今年以来，一场“入眼、入脑、入心、入行”的“创·享”文化基层行活动在北京公司如火如荼地展开。公司积极响应中宣部等五部门关于开展“走基层、转作风、改文风”活动的号召，不断创新载体，丰富内容，逐渐实现了“创·享”文化基层行活动的常态化、系列化、品牌化。

“联系点”助力基层行。北京、天津、石家庄、鄂尔多斯、沈阳、惠州……“创·享”文化基层行活动走进一线，将文化手册送到每位基层员工手中，让“创·享”文化深入每名基层员工心底。

为宣贯“创·享”文化，提高服务基层的效率，公司党群系统与各基层单位建立了工作联系点制度，以密切上下联系，加强互动，增强党群工作活力。公司党群系统人员点对点与基层单位结对，制定详实的周工作计划，轮流去联系点了解相关工作进展情况，及时掌握工作动态；结合各自分管工作，切实帮助联系点解决实际问题和困难；全程关注联系点新员工的成长，就职业发展等方面的问题为其提供帮助；做好上情下传和下情上报工作，努力把各自联系点建设成为示范点。

如公司特别安排3名宣传人员，每周轮流赴重点项目采访，分阶段实行大规模报道。截至目前，采写新闻稿件200余篇，不少稿件在行业和社会媒体发表，引起了强烈反响。

在联系点制度实施过程中，公司及时总结推广和吸收借鉴基层创造的新经验，不断拓展思路，完善措施，改进工作，全面推动“创·享”文化基层行活动常态化，从而能真正了解基层和员工的需求，为公司做出相关决策提供强有力的依据，推动企业健康快速发展。

“宣传周”唱响基层行。宣讲会、座谈会、摄影展、青年论坛、体育比赛……“创·享”文化基层行活动内容丰富。两大“重头戏”分别为“红五月”宣传周和“金秋十月”宣传周，即在“五一”、“十一”假期前一周，公司领导分头带队深入基层，开展形式多样的宣讲和慰问活动。

“三讲三送”是宣传周的重点。“讲形势、讲规章、讲发展”，宣讲组就公司发展的形势任务、重大改革举措、新的管理制度、员工关心的福利政策等内容进行宣贯；召开员工座谈会，调查各项政策措施推行情况，号召大家为公司发展出谋划策，对公司管理提出合理化建议。“送文化、送温暖、送健康”，发放文化手册，播放文化视频片；举办青年论坛、篮球赛、摄影展，让“创·享”文化深入人心；向员工发放慰问品、体育器材，组织骨干员工出国旅游等，保持身心健康。

此外，公司还印发《“创·享”文化调查表》、《员工调查问卷》，收集信息，撰写调查报告，并针对重点问题，安排专人负责，限期解决，将公司各项政策真正落到实处。

“宣传周活动与以往的慰问大不一样，很实在，我们学到了很多东西……”员工们纷纷表示感触很深。“宣传周”活动不仅使员工清晰了解到公司的发展形势以及与自己息息相关的政策制度，而且更能深刻意识到公司发展为自己带来的新机遇、新目标，对企业和个人的未来充满希望。

“三贴近”领航基层行。“只有讲不好的宣讲者，没有听不好的听众”，北京公司党委书记肖晋辉指出，“基层行活动只有坚持‘三贴近’，才能唱响主旋律、打好主动仗，在多元中求主导，在多样中成主体，在多选择中争主流。”

“三贴近”，即贴近员工、贴近生产、贴近一线。基层行活动启动前，公司宣讲小组都采取集中备课、骨干培训等多种方式，力争让每次宣讲都能在内容上体现时代性、语言上体现大众化。宣讲小组还围绕安全管理、商务管理、技术创新、加强作风建设等16个专题进行重点备课，建立专题课件库，提高宣讲的针对性、实效性和吸引力、感染力，顺应公司发展要求，满足员工需要。基层行活动还与“农民工素质教育提升工程”结合起来，将农民工纳入其中，文化融合，合作共赢。公司还号召宣传员改文风，报道项目现场施工动态、记录一线员工生活点滴、选树基层先进典型……一批来自基层、清新朴实、生动鲜活的报道，被中央电视台、人民网等主流媒体纷纷刊载。

截至目前，“创·享”文化基层行活动共发放文化手册近1000本，发放调查问卷近3000份，播放文化视频片50余次，举办座谈会30余次，宣讲活动员工覆盖率达100%。今年5月和7月，公司先后在“京东方”和“利德曼”项目举办的基层行系列活动——青年形势政策教育大讲堂两次荣登央视《新闻联播》，受到广泛关注。

与此同时，公司积极推进各项制度改革，通过引进专业人才、实行全员竞岗等方式，实现了企业从身份管理向岗位管理的转变；不断完善薪酬激励机制，有力地调动起了员工干事创业的积极性。开展讲形势、讲规章、讲发展，送文化、送健康、送温暖的“三送三讲”活动，职工团购住房、天津落户、奖励性出国游等一系列措施的落实到位，使职工切身体验到“享发展，享成果”。

“创享文化的落地生根，为三局北京人树立了精神支柱……”。

现在，三局北京人在工作中正逐步自觉地将“创·享”文化理念作为自己的工作标准和行为准则，“严律己，精技能，善待人”，努力养成一丝不苟的工作作风和良好的职业素养，为公司各项工作的开展提供更为强劲的内在驱动力。

万吨重担万人挑　泰山压顶不弯腰

——上海重型机器厂有限公司企业文化建设

企业概况

上海重型机器厂有限公司的前身始建于1934年，1958年在上海闵行建立新厂，成为中国东南沿海的铸锻件制造中心，拥有中国第一台1.2万吨水压机等大量大型、高端的冷、热加工装备和一万余名员工，主要从事冶金、矿山、造船、电力、国防工业等重型机械设备的设计和制造。进入新世纪后，公司确定了以核电、大型铸锻件为主要发展方向，投资近20亿进行了热加工扩能技术改造，现已拥有自主研制的1.65万吨油压机、450吨电渣重熔炉、600米/吨操作机等世界顶级装备、世界一流热加工设施，以及大量大型精密的数控金属加工机床，成为国家发展重型装备制造业的大型骨干企业。

表述及内涵

“万吨重担万人挑，泰山压顶不弯腰”的“万吨”精神，是上海重型机器厂有限公司的广大干部员工在上世纪五、六十年代总结创造的。“万吨重担万人挑”，诠释的是在困难和压力面前，要继承工人阶级自主研制万吨水压机的优良传统，相信群众、依靠群众，善于走群众路线，发扬团队作战的优势，把艰难的发展目标和艰巨的制造任务，融入、分解到万名员工的思想行为中去，形成“众人挑柴火焰高”的良好发展态势；“泰山压顶不弯腰”，其内涵就是发扬前辈们在研制中国第一台万吨水压机时体现的自力更生、艰苦奋斗精神，不怕苦、不怕累，通过技术创新、“土洋”结合，勇闯“焊接、起重、热处理、金属加工、水压试验”五大难关，创造了奇迹；强调了在发展机遇和严峻挑战面前，全体干部员工必须坚定信念，奋发图强，知难而进，自主创新，体现中国工人阶级在坚持走高新技术产业化的道路上“既敢于领先，又善于发展”的坚强意志和精神风貌。

背景及诠释

新中国成立后，国家经济建设发展的紧迫性使得电力、冶金、重型机械和国防等行业迅速复苏，大型锻件的需求猛增，而国内当时仅有的几台中小型水压机根本无法锻造大型锻件，远远不能满足国家的建设步伐，只能依靠从国外高价进口。要掌握发展的主动权，摆脱这种依赖进口的局面，就一定要有中国自己的工业母机。1958年，时任煤炭工业部副部长的沈鸿写信给毛泽东主席，建议自行建造万吨水压机，毛主席批准同意。中央有关部门研究后决定，把任务下达到上海，成立由沈鸿任总设计师、林宗棠任副总设计师的设计班子，白手起家制造中国第一台1.2万吨水压机。

经过四年艰苦奋战，1962年春天，在时任国家第一机械部部长沈鸿、上海重型机器厂副总工程师林宗棠的领导下，我国自行设计的1.2万吨水压机制造成功，安装在上海重型机器厂。参加大会战的有上海重型机器厂、江南造船厂等几十个工厂。

这台一万二千吨水压机有两个显著的特点，一是重和大。它的四根大立柱，每根有18米长，直径有1米粗，80吨重。三根大横梁，每根有几百吨重；二是精密。它用的高压水有350大气压，要用12台高压水泵、16个蓄势器和几百个高低压阀门进行联动控制。因为这两大特点，过去人们把万吨水压机的制造看得非常神秘，不敢去碰它。但是，站起来了的中国人民，却有勇气去闯这一“禁区”。

当时，所有设计人员几乎都没有亲眼见过万吨级的水压机，可以参考的资料也少之又少。面对设计无从入手的局面，广大设计人员迎难而上，跑遍了全国有中小型锻造水压机的工厂，认真考察和了解设备的结构原理及性能。他们用纸片、木板、竹竿、铁皮、胶泥、沙土等材料做成各种各样的模型，进行反复比较，广泛听取意见，最后确定设计方案。为了避免返工修补等造成浪费，他们决定先造一台120吨的水压机和一台1200吨的试验水压机，在积累经验的基础上再正式建造12000吨水压机。事实证明，这种边学习、边实践、边改进，“摸着石头过河”的方法，是十分重要和有效的。

在制造这台万吨水压机的过程中，各级领导干部、工程技术人员、工人师傅紧密配合，形成“三结合”的攻坚团队，依靠群众，集思广益，大胆实践，创造了“电渣创奇迹，巧缝百家衣”、“大摆楞木阵，银丝转昆仑”、“蚂蚁啃泰山，合力攻‘金’关”等诸多“土洋结合”的方法，在技术上闯过了种种难关。例如，万吨水压机的立柱孔非常重要，三根大横梁各有4个立柱孔，如果加工质量不好，立柱孔稍有偏差，水压机就安装不起来。按照要求，这样大的立柱孔必须在大型精密镗床上加工，但是当时没有大型镗床，只有几根简易镗排。为此，工程技术人员与工人师傅一起在现场多次召开“诸葛亮会”，按照四根镗排上下两头之间的距离共有12个数据、每个数据的误差必须在万分之一以下的要求，数百次地在大横梁上下勘察、测量，研究土法上马进行加工的方案。经过连续10天10夜的奋战，终于通过改进土设备铜轴承的结构找到了突破口，解决了“镗排走踪”这个难以跨越的难关。接下来，工人师傅们又发扬了连续作战的精神，一丝不苟地进行操作，最后顺利完成了大横梁的加工任务。加工结果表明，大横梁对角7米中心距离的最大误差只有三万分之一，质量大大超过设计要求。

这台1.2万吨自由锻造水压机，从调研设计到投产，历时4年，其中1年半时间进行调研、设计和试验，加工制造2年，半年时间安装试车。如今，这台万吨水压机已经整整工作了49年，仍在正常运转，为国家电力、冶金、化学、机械和国防工业等部门锻造了大批特大型锻件，为社会主义建设作出了重大的贡献。

效果及传承

万吨水压机在上海重型机器厂有限公司投入运行后，

公司的历届领导班子都十分重视发挥大压机的品牌效应，注意收集、总结、提炼和发扬万吨水压机制造过程中涌现的先进思想和拼搏精神，并积极融入员工的思想行为、导入企业的管理制度。在万吨精神的引领和支撑下，上重人在计划经济向市场经济的转轨中经受了严峻的考验，最终摆脱困境走上了快速发展的道路。

进入新世纪后，面对新形势和新任务，上海重型机器厂有限公司企业文化建设推进小组在公司领导班子和公司企业文化建设领导小组的重视和指导下，通过上上下下的大力宣传和全方位、多层次的大讨论，赋予了“万吨精神”新的内涵，即“万吨精神——开拓、求实、奉献、和谐”。在新万吨精神的引领下，上重人瞄准国家战略，积极发展核电、大型铸锻件产业，坚持走高新技术产业化发展的道路。

要发展核电、大型铸锻件产业，走高新技术产业化道路，首先要面对的是如何扫除装备上的拦路虎。上重公司引以为豪的原有装备——国内第一的1.2万吨水压机运行了近50年，已不能适应大型核电锻件生产的要求。面对多种方案的争论，上重公司决策层提出：“如果我们把消化和吸收先进理念与工艺技术建立在依赖国外的基础上，注定要受制于人，在战略发展上就会缺乏主动权”，最终决定：“依靠万吨精神，去拓展高新技术产业化的绿色通道，通过自主创新，制造世界最大吨位的1.65万吨油压机”。

这台1.65万吨油压机高度达24.22米，宽11米，地下深度近8米。自重3600吨，三只横梁最小的就有360吨，零件超过四万件，18个月的制造工期，面临着许多制造和安装工艺上的技术难题。在困难和压力面前，集团党委扬起了企业文化建设的旗帜，引导各级党组织和广大党员大力弘扬和践行“万吨精神”，积极开展了“光荣与责任”主题实践活动，号召各级党组织和广大党员首先要做到“特别能吃苦、特别能攻关、特别能战斗、特别能奉献”，带领广大员工攻坚克难，战斗在制造“世界第一”压机的第一线。

2006年1月20日，《165MN自由锻造油压机》开发项目计划任务书落在了上重公司设计研究院领导的办公桌上。任务书要求所有的技术准备工作必须在2006年6月30日前全部完成。提起那段激情燃烧的岁月，上重设计三室的同志至今感叹不已：主动加班加点到深更半夜是家常便饭，但是没有任何人有怨言，更可贵的是大家对于工作自始至终的严谨。随着转化工作的深入，很多问题显露了出来，例如：压机的三大横梁都是两三百吨左右的铸钢件，但图纸上并没有考虑出砂孔的数量、位置、大小以及起吊用的吊钩；所有的油缸缸体设计都是一体的锻件，但这些油缸都具有一个共同的特点就是缸径大，行程长，如果做一体的锻件不仅材料浪费极大，而且最长的油缸长度接近10米，公司里没有床子可以加工。在这些困难面前，设计三室的同志们并没有退缩，而是积极地向有关单位反映情况，并且拟订了几套方案让有关单位审核，最后其中的一套缸体分段采用锻焊结构的方案得到认可。他们的努力帮助公司节约了上百万的成本并受到了公司上下的一致好评。2006年6月8日，最后一套本体总图图纸入库，宣告了1.65万吨油压机本体部分所有图纸的转化工作胜利结束。

1.65万吨油压机安装中最难的环节是把上横梁套在四根立柱上。上横梁重360吨，面积50平方米，从地面提升到20多米的高空再把它又稳又准地套进配合间隙只有6、7根头发丝的四根大立柱内，无异于“大象走钢丝”，有一点偏差，就会处于进退两难的尴尬境地。为了攻克这一难题，参战的技术人员、领导干部和工人师傅，不怕苦不怕难，不断在安装现场日以继夜地研究、实践，经过无数次的反复试验和改进，最后终于设计出一个专门的调节装置，起到了四两拨千斤的作用，只花了8个小时就一次性安装成功，为世界第一压机的诞生扫除了一个关键障碍。

2009年8月15日，上海重型机器厂有限公司16500吨油压机开锤仪式隆重举行。中共中央政治局委员、上海市委书记俞正声同志亲自到上重公司宣布“开锤”后，由我国自主设计制造的、目前世界最大的1.65万吨自由锻造油压机与其配套的操作机全面投运。上重公司内上下欢腾，这是新时期万吨精神的光荣成果，是一份历经自主创新、艰苦奋斗、勇攀高峰之路的巨大收获。总体负责制造任务的上重1.65万吨压机攻关组成员更是感叹万千：“成功属于万吨精神”！

1.65万吨油压机制造成功以后，上重人又在“万吨精神”的支撑和鼓舞下，成功研制了另外两个“世界第一”的顶级设备——630吨/米操作机和450吨电渣重熔炉，为国家振兴装备制造业、坚持走高新技术产业化道路奠定了硬件基础。

2009年制造成功的“世界第一”的1.65万吨油压机与1962年制造成功的我国第一台1.2万吨水压机，是新老两代万吨精神凝聚的主要代表，诠释了万吨精神在不同时期的风采与魅力。“万吨精神”作为优秀传统文化，将在新的历史时期继续引领中国工人阶级走在振兴国家装备制造业的大道上。

（本文摘自《企业文化通讯》2010年12期）

“红色动力”助推“现代速度”

——北京现代汽车有限公司企业文化建设

企业概况

北京现代汽车有限公司（以下简称北京现代）成立于2002年10月18日，由北京汽车投资有限公司和韩国现代自动车株式会社按各占50%的投资比例共同出资设立。公司现有中韩员工8750多名。公司党委与企业同时成立。9年来，党员人数从创业阶段的76名发展到今天的1200名，党组织从最初的11个党支部发展到今天的4个分党委、9个党总支、45个党支部。同时，申请入党的积极分子达到1726名，共青团员达到5344名。9年来，北京现代党委贯彻落实科学发展观，创新思路和模式，如同一股红色动力，为企业持续健康快连发展提供着源源不竭的巨大能量。

从执政能力和对外开放两个维度，确定党组织的地位和定位

北京现代坚持以思想创新推进党建创新，从两个维度对党委的地位和定位进行研究和思考，力求对合资企业党建工作规律加以科学把握：一是从加强执政能力建设的维度进行把握。北京现代认为合资企业党委必须按照中央加强党的执政能力建设的要求，保证党的路线方针在合资企业的贯彻执行。二是从坚持扩大对外开放的维度进行把握。合资企业党委必须适应经济全球化和加入世贸组织的新形势，用扩大开放促进企业发展，从而为国民经济和首都经济发展贡献力盘。

北京现代不仅克服一切阻力，坚决做到党委工作三个同步。同时，加强理论研究，注重在合资企业党出了“夯实党在合资企业的执政基础”的党委工作最高目标和“创一流党委、建一流机制、育一流人才、办一流企业”的党委工作基本目标；提出了“党组织是合资企业中方唯一核心组织资源”的功能定位等等，逐步形成了建创新理念体系。

从“夯实党在合资企业执政基础”出发，实现党建工作运行模式的全面创新

作为合资企业中的党组织，北京现代党委肩负着保证企业发展方向和引领企业科学发展的双重责任。9年来，连步建立了适应北京现代特点的党建工作运行模式，夯实了党在合资企业的执政基础，拓展了发撑党组织优势的空间，保证了企业的健康发展。

模式一，创造一种机制，即共产党员的身份转换机制，实现北京现代党委对企业发展的引领。9年来，北京现代党委始终坚持发挥政治核心作用，创造性的提出了共产党员的“身份转换机制”。共产党员“身份转换机制”从公司高层领导党员、中层干部党员、普通党员、工会党员等四个层次，协调运行、共同作用。

在公司高层领导党员中，结合党委委员们在董事会、经管会中的特殊身份，针对企业发展中的重大问题，利用召开党委会的形式统一思想，再由相关的党委委员负责具体贯彻，切实保证党委的决议在合资企业经营决策中的充分体现。

模式二，抓住一个核心，即强化党员先进性，不断增强基层党组织活力。持扩大对外开放的维度北京现代党委建设了一支充分发挥先锋模范作用的党员队伍，这作风过硬的党员队伍汇聚成一支“凝聚力无法想象、战斗力无法想象、奉献精神无法想象”的北京现代的“铁军”。这个群体也成为首都产业大军新的缩影，成为新时期合资企业党的先进性的突出代表。

北京现代党委于2006年3月25日隆重召开“时先领先工程——党员示范区”启动大会。党员时代领先工程的核心内涵是要求党员做到“六个领先”即思想领先、学习领先、工作领先、创新领先、作风领先、奉献领先。

党模式三，拓展一项职能，即主导企业文化建设，培育和打造有中同特色的独特的合资企业文化。北京现代党委在发挥在员工政治核心作用的同时，十分注重引领企业文化建设，通过党委和工会一体化运作，承担起培育和打造企业文化的重任。打造了独具特色、务实创先的融合文化、责任文化、和谐文化和人才文化。

努力外化企业文化，把文化力转化为企业发展的无限动力

9年来，北京现代党委努力外化企业文化，传播企业文化，用文化的力量凝聚员工队伍，先后举办了七届职工运动会和两届企业文化节，每年的“七一”和厂庆都举办如“新的征程一路高歌”、“跟随你的队伍越走越长”、“让我们一起继续来打拼”等大型群众性文艺演剧。

9年来，北京现代公司党委先后被市国资委党委评为“先进基层党组织十大标杆”，被中共中央组织部授予“全同先进基层党组织”光荣称号。北京现代公司也先后被中华全国工商联评为全同“双爱双评”先进单位，被中华全国总工会授予“全同五一劳动奖状”，被首都精神文明建设委员会评为“首都文明单位标兵”。

北京现代党委把一个个引领企业发展的行动，转化为企业发展的优势，形成了企业发展的核心竞争力，从而推动企业不断向前迈进。对此，公司韩方总经理卢载万先生曾有一个形象的比喻，他说：“北京现代的‘党委工会’和‘经营管理委员会’就像是推动企业不断向前发展的两个‘车轮’，只有协同运转，北京现代才能平稳高速向前发展。”尉健行、李岚清、张全景、李肇星、杜德印等中央和市委领导同志，都对北京现代党建创新工作给以充分肯定。原外交部长李肇星同志在听取北京现代党群工作汇报后，特别指出：你们在党群创新方面的贡献是给国家、给人民创造出来的无价之宝。

9年来的北京现代党建创新和实践，被誉为引领发展的“红色动力”。所谓“红色动力”，是对北京现代党委在中韩合资企业中旗帜鲜明地开展党建创新实践的高度概括和形象比喻。

“红色动力”主要有六个方面：一是成为夯实党在合资企业执政基础的保证力；二是成为实现合资企业跨越式发展的推动力；三是成为保持党员队伍长盛不衰的战斗力；四是成为培育企业高素质员工队伍的促进力；五是成为打造独具特色优秀企业文化的软实力；六是成为坚持以人为本共筑和谐的稳定力。用“红色动力”助推“现代速度”！北京现代党委将在十七大以及十七届四中、五中全会精神指引下，以创新精神开展党建，切实提升党建的科学化水平，团结和带领公司广大员工迎接新的挑战，实现新的跨越，迈向新的高峰！

创新思维 积极探索 构建富有福建烟草商业特色的“母子文化”新体系

——福建省烟草专卖局企业文化建设

企业概况

福建省烟草专卖局、中国烟草总公司福建省公司组建于1984年1月1日，实行“一套机构、两块牌子”管理，下辖9家设区市局（公司）、中国烟草福建进出口有限公司和福建烟草海晟投资管理有限公司11家直属单位以及70个县级局、68个分公司，控股三明金叶复烤公司和武夷烟叶有限公司2家复烤企业。福建烟草商业由上述烟草企业组成，主要负责全省的烟草专卖行政管理及执法监督、卷烟销售及网络建设、烟叶生产经营的组织和烟叶复烤加工等工作。

近年来，福建烟草商业以邓小平理论和“三个代表”重要思想为指导，深入学习实践科学发展观，统筹兼顾企业“硬实力建设”和“软实力提升”的关系，积极推进企业文化建设。与“统一领导、垂直管理、专卖专营”的行业体制相适应，遵循《中国烟草企业文化建设纲要》，福建烟草商业文化建设上承“国家利益至上，消费者利益至上”的行业共同价值观，立足“建设海西，责任烟草”的主旨和“创新、规范、奉献、廉洁、和谐”的企业经营思想，并以“责任”为纽带，下接所属单位文化的个体特色，探索实践出“母子融合”文化的创新模式，有效激发了员工队伍的凝聚力和创造力，为提高行业总体竞争实力提供了坚强的文化支撑。2009年8月20日，福建烟草正式向社会发布“建设海西，责任烟草”母子融合企业文化，并被中国企业文化研究会授予“全国企业文化建设示范基地”称号，成为全国烟草行业首家荣获“全国企业文化建设示范基地”的业内企业，这标志着福建烟草商业企业文化建设步入融合提升、丰富内涵、宣贯落地、整体推进的新阶段。2010年，被中国企业文化研究会授予“企业精神60佳”称号。我们的主要做法是：

一、准确定位，清晰勾勒企业文化建设脉络

1984年福建烟草行业组建，2004年实行工商分设，2007年进行母子公司体制改革。26年专卖专营体制形成文化的积淀，而其间的历次改革则不可避免地带来文化的嬗变。找准坐标，科学定位，是福建烟草商业企业文化走向融合优先解决的课题。

（一）依据烟草体制属性，把握责任文化定位。我国烟草行业是在国家烟草专卖制度下的市场经济体制，其存在的根本目的就是保证国家财政收入，维护好消费者的合法权益。这一体制决定了我们烟草商业的经营目标，就不像其他独立法人的民营企业那样完全追求利润最大化，而是要突出地把国家利益、消费者利益放在首位，切实履行企业社会责任。因此，企业文化建设应该把握责任文化定位。

（二）依据企业专业属性，把握服务文化定位。烟草商业的主营业务是卷烟销售和烟叶购销。这个专业属性决定了我们的经营管理属于服务性：即为卷烟工业企业提供产品销售服务和烟叶供应服务，为零售客户提供货源需求服务，为烟农种植烟叶提供产前、产中、产后服务，间接为卷烟消费者提供消费服务；为国家服务，为社会服务，并视管理为服务，为企业内部各部门服务，为员工服务。因此，企业文化建设必须依据专业属性，把握服务文化定位。同时，由于烟草商业在国家烟草专卖体制下，还具有为国家行使专卖管理的执法责任，因此，企业文化建设中企业理念还必须反映烟草专卖内容。

（三）依据烟草产权属性，把握母子文化定位。从当前来看，烟草企业的资产由“国有资本”改为“国有法人资本”，级烟草企业（县级公司取消法人除外）都是层层受托的经营单位，而不是一个完全独立的法人单位。这就决定了烟草商业的企业文化建设具有较强的融合性，绝不能完全脱离烟草行业单独进行企业文化建设。正是出于烟草行业体制属性和产权属性的依据，国家局提出了“两个至上”行业共同价值观，确立了烟草行业的最高价值取向，指明了行业生存发展的根本规律。

（四）依据企业发展实际，把握理念体系定位。企业文化建设在内容上涉及观念、制度、行为、形象等多方面，其内容丰富而复杂。建设福建烟草商业企业文化，把握企业理念体系定位是关键环节。因此，我们根据企业发展实际和员工素质状况，按照国家局《中国烟草企业文化评价体系》“完备度”、“匹配度”和企业理念体系的逻辑要求，认真把握企业理念体系定位，把企业精神文化理念细分为：“企业价值观、企业精神、企业使命、企业愿景、企业经营思想、企业行为信条、企业作风、企业服务理念”八个方面，它系统地回答了“我是谁，为了谁，去哪里，怎么去”的问题。

二、突出特色，着力贯通母子融合文化纽带

根据国办发57号文件精神，福建烟草商业母子融合文化的探索发轫于母子公司体制改革之初，并与改革交织呼应，逐渐形成承载共同价值取向的文化纽带。

（一）以统一文化架构为蓝本。在深刻领悟国家局“整体协同、明确边界、共享核心、分层定位、各具特色”的母子文化融合原则的基础上，省烟草局提出了“大统一、小自主，统一架构、分层表述”的企业文化创建原则，规划了“母文化突出经营主题，子文化丰富管理内涵；全省统一经营特质，各自彰显管理特色”的融合模式。按企业文化“期望命名法”和体现地域特色的要求，将福建烟草商业企业文化命名为“建设海西，责任烟草”。首先确立母公司主题文化理念体系，包括行业共同价值观：“国家利益至上，消费者利益至上”；企业精神：“依法治企，惟国惟民；以德达人，重信重义”；企业使命：“益国利民，成就员工”；企业愿景：“尽责诚信，和谐烟草”；企业行为信条：“潜心做事，

低调做人”；企业经营思想：“创新、规范、奉献、廉洁、和谐”；企业作风：“精诚服务，严谨高效”；服务理念：“至诚至信，全心全意”等。同时，要求子公司文化理念体系要包括企业决策理念、企业运行理念、企业管理理念、企业行为规范等。

（二）以民族传统文化为基因。中华民族的传统文化内容丰富，蕴含着先进的、优秀的、至今仍闪烁着时代光辉并符合时代要求的思想和价值观念。其中，儒家文化最具代表的“五常”（仁、义、礼、智、信）道德准则对后人影响极大，它是我国企业文化建设的宝贵财富和丰富营养。把中华民族优秀文化传统注入企业文化之中，有利于广大员工认同企业文化，让企业文化更好地转化为广大员工的思想认识和自觉行动。福建烟草商业弘扬中华民族优秀文化传统，立足于“国之兴亡、匹夫有责”的爱国传统，以“责任文化”为主题；立足于儒家“仁、义、礼、智、信”的道德准则，在挖掘中提炼，在传承中提升，总结提炼了“创新、规范、奉献、廉洁、和谐”的企业经营思想。“仁”是仁德，仁慈爱民，广积恩德，寓意奉献；“义”是道理，志存高远，和而共生，寓意和谐；“礼”是节度，重视礼仪，追崇秩序，寓意规范；“智”是智慧，施展才智，自强不息，寓意创新；“信”是信誉，忠信诚实，推崇廉勤，寓意廉洁。创新，是一种“智”的气魄，以“创新”激活动力，用“智”的气魄推动企业率先发展，彰显企业对履行责任的探索。规范，是一种“诚”的气质，以“规范”夯实基础，用“诚”的气质强化企业管理，彰显企业对履行责任的追求。奉献，是一种“德”的气量，以“奉献”修身立志，用“德”的气量承担企业社会义务，彰显企业对履行责任的承诺。廉洁，是一种“正”的气节，以“廉洁”提升保障，用“正”的气节保持企业健康发展，彰显企业对履行责任的自警。和谐，是一种“容”的气度，以“和谐”实现目标，用“容”的气度默默履行社会责任，营造企业发展氛围，彰显企业对和谐的向往。可见，福建烟草商业责任“母子文化”植根于儒家“仁、义、礼、智、信”文化基因，兼容儒家、道家文化，“修身正己、谦和待人、廉勤立本、忠信尽职”，并以新的历史时期丰富的管理内涵予以诠释。既反映了福建烟草商业历史文化，也反映了当今时代福建烟草人的和谐发展意识。

（三）以行业发展历程为参照。福建烟草商业对企业文化建设的自主探索，始于1990年时任省局党组书记、局长、总经理姜成康提出“维护国家利益、维护消费者利益”企业价值观和“规范、廉洁、服务、高效”的企业作风教育。系统创建落脚于2004年烟草行业提出“国家利益至上，消费者利益至上”的行业共同价值观。为了进一步推进企业文化建设，我们抽调了理论水平较高、专业知识丰富、熟悉烟草生产经营的人员，组成企业文化建设项目组（含母公司和子公司），坚持“自身、自觉、自主、自成”企业文化建设理念，全面展开企业文化创建工作。根据《中国烟草企业文化建设纲要》和《烟草行业文化架构体系》以及《中国烟草企业文化评价体系》的要求，经过调研诊断，系统了解福建烟草商业发展历程，把握企业文化建设规律，并花半年多时间的广泛调研访谈，促膝沟通（召开60多场次，组织110余人次的访谈），全面地掌握福建烟草商业的发展历程、文化轨迹和文化发展方向，认真开展企业文化的创建。

（四）以多元文化内涵为链环。下属各子公司在省局（母公司）“责任烟草”主题的引领下，总结提炼了企业文化内涵特征，即德、诚、实、宁、容、融、和、正、方、勤、智、精、严。其中，“德、诚、实、宁”寓意为“修身正己”；“容、融、和”寓意为“谦和待人”；“正、方、勤”寓意为“廉勤立本”；“智、精、严”寓意为“忠信尽职”。在“母子”融合模式上，泉州子公司“以德至责”，以“德”子文化主题彰显“责任”；莆田子公司“以诚显责”，以“诚”子文化主题彰显“责任”；厦门子公司“以实履责”，以“实”子文化主题彰显“责任”；宁德子公司“以宁维责”，以“宁”子文化主题彰显“责任”；福州子公司“以容至责”，以“容”子文化主题彰显“责任”；海晟投资公司“以融传责”，以“融”子文化主题彰显责任；厦门进出口公司“以勤示责”，以“勤”子文化主题彰显“责任”；南平子公司“以和系责”，以“和”子文化主题彰显“责任”；漳州子公司“以正赋责”，以“正”子文化主题彰显“责任”；龙岩子公司“以方通责”，以“方”子文化主题彰显“责任”；三明子公司“以智明责”，以“智”子文化主题彰显“责任”；南平烟叶复烤“以精承责”，以“精”子文化主题彰显“责任”；三明烟叶复烤“以严达责”，以“严”子文化主题彰显“责任”。

三、彰显个性，有效激发子文化的创新活力

企业文化的活力在于持续创新和自我化育。母子文化融合过程中，不论是母公司文化强制输入，或是子公司文化之间跟风赶浪，都不会有成功的收获。只有在母公司文化统一架构下，坚持“和而不同”、“兼容并包”的原则，让子公司文化自我运动，自我发展，母子企业文化融合的生命才能持久，活力才不会枯竭。

（一）尊重子公司个体差异。福建烟草商业有13个子公司和8个多元化经营合资子公司。从产业特征上看，有加工型、贸易型、服务型、技术型、开发型等；从产权形式上看，除了9个设区市局（公司）、进出口公司、烟叶复烤公司其产权属于烟草国有法人资本外，其余有控股、参股、合资等形式；从发展历史上看，不同的企业处于生命周期的不同阶段；从地域分布上看，企业遍布全省各地，有大中城市，有边远山区。这些都是下属企业的个性差异，也形成了带有产业特征的企业文化表征。由于下属企业产业差异、产权差异和发展历史、生命周期、行业竞争环境、地域文化、管理者经营理念等的不同，其企业发展规律、战略目标、资源配置、组织形式也不尽相同，所表现出的文化特征和文化历史也有所差异。因而，在企业文化建设工作所处的阶段，工作主要内容和时效，工作运用手段和方法，工作运行机制和工作人员专业技能上都存在有较大差异。

（二）丰富子文化内涵特征。融合在企业经营思想之中。

福建烟草商业以“创新 、规范 、奉献、廉洁、和谐”的企业经营思想为责任文化的主要特征，以创新（智）促进企业率先发展，彰显对履行责任的探索；以规范（礼）夯实企业坚实基础，彰显对履行责任的追求；以奉献（仁）履行企业社会义务，彰显对履行责任的承诺；以廉洁（信）保障企业遵纪守法，彰显对履行责任的自警；以和谐（义）营造企业内外环境，彰显对企业和谐的向往。并以“修身正己、谦和待人、廉勤立本、忠信尽职”为“责任文化”贯通路径，即其中的“德、诚、实、宁”为修身正己，“容、融、和”为谦和待人，“正、方、勤”为廉勤立本，“智、精、严”为忠信尽职。通过子文化的挖掘提炼，彰显个性，努力建设优秀的责任文化。

在融合内涵特征方面，13个子公司着力提升，以“立志、修身、为人、处事、建功”五方面给予表现。如：泉州子公司的“德”了文化个性，以厚德（立志）、立德（修身）、明德（为人）、正德（处事）、成德（建功）表现内涵特征；莆田子公司的“诚”子文化个性，以真诚（立志）、秉诚（修身）、坦诚（为人）、精诚（处事）、忠诚（建功）表现内涵特征……

四、另辟蹊径，探求新型融合文化的创建之路

企业文化重在建设。近年来，福建烟草商业围绕行业文化建设“211”总体目标，积极探索企业文化建设，取得了突破性进展和良好成效。在企业文化建设的过程中，我们没有简单地引入咨询公司、照搬他人模式，而是根据全省的特点，因地制宜，以我为主，走自己的创建之路。一是建立企业文化管理机构，加强文化建设组织领导。省局（公司）和各设区市局（公司）相继成立了领导机构，加强专业队伍建设，配备了专职工作人，制定了企业文化建设规划。二是建立企业文化运行机制，确保文化建设顺利推进。构建文化保证机制、激励机制和传播机制，促进企业文化建设的顺利进行。三是重视企业文化理论研究，运用文化建设典型引路。精心组织编写《履责之义》、《履责之魂》、《履责之路》、《履责之行》、《履责故事》等企业文化丛书，为员工学习、了解、认同和宣贯企业文化提供了丰富多样的教材。四是联系企业生产经营实际，开展丰富多彩文化活动。省局将2008年至2010年确定为福建烟草商业企业文化建设年，集中开展“九个一”主题实践活动，进一步推动了企业文化的认知认同和全员参与。

随着企业文化建设的深入开展，文化铸就企业精神，培育企业新人、提升企业实力、塑造企业形象的作用进一步发挥，有力地推动了福建烟草商业的改革发展。2009年，实现税利73.73亿元，同比增加8.81亿元，增长13.57%。2010年，实现税利80.08亿元，增长6.5%。2011年上半年，全省实现“两烟”税利43.1亿元，其中利润24.2亿元，同比均增长16.5%。省局（公司）2009年被省委省政府评为省级“文明单位”，被省总工会评为“五一劳动奖状”单位；2010年被省委授予“第五届（2006-2009年度）省直机关党建工作先进单位”荣誉称号，被全国总工会授予“全国模范职工之家”荣誉称号。全省行业有2家单位获评全国文明创建工作先进单位，36家单位获评省级以上文明单位。

文化也是生产力。回顾福建烟草组建以来的27年，特别是实行工商分设及母子公司体制改革以来的发展历程，我们深切感受到：通过实行母子文化融合，企业文化更加贴近生产经营，更加深入人心，使企业核心竞争力日益增强，有力地推动了企业改革和发展。今后，福建烟草商业将继续用文化的力量来推动全省烟草商业系统的改革发展，用文化的力量成就员工，用文化的力量提升行业形象，用文化的力量促进共同发展要用文化的力量服务海西建设。

构建和实文化　提升企业核心竞争力

——中国电器科学研究院企业文化建设

企业概况

中国电器科学研究院（原广州电器科学研究所，以下简称中国电器院）创建于1958年，是原机械工业部直属大型科研院所，1984年实施科技体制改革。1999年转制，成为中国机械装备（集团）公司下属科技企业。1993年，中国电器院从企业形象建设入手开展企业文化建设，至今已经走过了十多年的建设里程。企业文化建设由不自觉走向自觉、由表象走向内化、由单纯的形象建设提升为以“合力同行，和谐发展；科学务实，诚实守信”的“和实”文化为核心价值观的企业文化建设体系。

随着中国电器院企业文化建设的不断创新、演进，推动着企业管理一步一步向更高层次提升，企业经济效益不断提高，综合实力不断增强 。2004年被国家科技部授予“全国技术市场先进集体”称号，同年荣获“全国机械行业文明单位”、机械行业“企业文化建设先进单位”、“优秀政研会”和广东省直工委“先进基层党组织”等多项荣誉称号。2005年，荣获中国机械工业集团公司“十五期间突出贡献奖”，2006年，获中央企业“先进基层党组织”称号。该院所属的国家日用电器产品质量监督检验中心连续16年在国家质检总局下属检测单位中排名第一位，被评为“中国唯一最佳CB试验室称号”；2007年，国际电工（IEC）组织小型熔断器秘书处在该院设立，这标志着中国电器院将代表中国在国际上对电器标准方面行使话语权。同年十月，院国家日用电器质量监督检验中心获中国合格评定国家认可委员会（CNAS）指定为实验室参考比对机构，进一步巩固了院在电器检测和认可领域的技术领先地位。2008 年院党委被广东省委授予“广东省先进基层党组织”称号。旗下的威凯公司营销中心被国资委、共青团中央命名为“全国青年文明号”。2009年被国机集团评为“先进基层党组织”。5月，中国电器院荣获“全国五一劳动奖状”，旗下擎天励磁分公司被授予“中央企业先进集体”荣誉称号。9月擎天电气技

术开发中心获“全国学习型组织先进班组” 称号。

这些成绩的取得与中国电器院始终把企业文化建设作为一项战略性工作来抓是分不开的。院党委以企业文化建设为载体，在传承院优秀文化的基础上，不断进行凝炼和升华，确立了以“科学务实，和谐奋进”为核心价值观的“和、实”文化，强化“创新为本、顾客至上、打造精品、培育精英”和“细节成就经典、品质成就未来”的理念。随着这些观念的不断深化的，营造出了全院职工积极进取、奋发向上的良好氛围。

和——合力同行，和谐发展。强调企业与社会、个人与团队、生活与工作、奉献与关爱的合力同行，和谐发展。通过同心同德、集体奋斗的精神，不断增进团队精神，汇聚推动企业和谐发展的合力。合力促和谐，和谐聚合力，合力与和谐，相互依赖，相互促进。在中国电器院五十年发展历程里，“和”文化对院的稳定、持续和健康发展起了强大的推动作用，它营造了和谐、积极、健康、向上的组织氛围，激发团队的活力，提升相互协作的效率，增强了院的向心力、凝聚力和竞争力。

实——科学务实，诚实守信。科学务实精神一直伴随企业成长，翻开中国电器院的历史档案，五十年的艰辛创业，五十年的探索开拓，一路走来，正是由于中国电器院人科学严谨的作风，勇于实践的气概，诚实守信的精神，中国电器院经历了由小到大，由弱到强，实现了一个又一个飞跃，通过塑造了良好的企业形象，不断提高产品和服务品质，赢得各方的支持、信赖和称誉，从而赢得市场。

诚实守信，经过 50 多年的风雨磨砺，中国电器院一起坚实的实力和优良的作风，以“国家开展战略性、前瞻性、基础性应用研究的推动者、组织者和实施者，推动行业技术进步和科技服务、科技产业的高速发展”为使命，以“成为电器领域世界著名的、不可替代的科研应用型研究机构”为愿景，不懈努力，成为行业领导者和可以信赖的推动者。

这些“和实”文化建设思路，反映了中国电器院贯彻科学发展观，致力于和谐企业、和谐社会建设的理想和不懈追求。作为企业经营指导规律和原则，“和，实”文化价值观深深根植于中国电器院内部，渗透在中国电器院经营活动当中。具体说来，其主要内容有：

以“精品计划”为载体，塑造企业“打造精品”的文化品牌形象

2001 年，中国电器院提出了开展“产品精品计划”活动的要求，从打造产品精品入手，拉开了打造精品的序幕。把一个产品打造成精品，要在产品的设计、营销、工艺、制造、外观上突出电科院的高品位，要对原有产品进行综合治理和局部或系列开发，它涉及设计理念、思路，制造工艺，生产管理，售后服务等方方面面，对每一项工作来说都是一项系统工程。打造精品必须观念先导，经营者的思想必须从满足现状的思想状态转变到适应现代企业经营的思路上来。院领导要求每一个公司都要找出自己行业、同类产品的标杆，对照标杆制定自己的精品计划。并将此项工作纳入关键绩效考核。同时，院制订了《产品精品计划工作导则》、《产品精品计划工作考核管理办法》等。激励、引导、规范各公司、中心的产品精品计划工作。

精品计划的实施过程也是员工思想理念的认识过程。擎天电控公司在制定实施第一期精品计划时，一开始有些员工不理解，例如，对重型柜进行标准化设计，每一个接线端子和布线都要编号，对号入座（便于维修），产品提名框和铭牌的设计制造要美观、气魄、有现代感等，认为是给自己找麻烦没有必要。但是随着产品精品计划的一步步实施，产品档次很快提高，产品形象一下子树了起来，就连本院的职工出差回来都感叹，想不到产品这么短时间就变得连自己都不认得了。三年来，电控公司根据每年度的精品计划，吸收瑞典 ABB 公司的经验，对产品进行了上百项改进，涉及面从技术改进、产品功能、外观、售后服务到实验室改造、信息管理、档案管理等，产品不断完善升级，品牌打响了，企业做强了，在同行业形成了龙头老大的地位，励磁产品全国市场占有率从 1998 年 30% 到现在的 60% 以上，销售额从 3000 万上升到去年的 1.5 个亿。

突出“以人为本”的管理思想，以造精品为纽带，培育团队精神和精英人才

人力资源是企业发展的第一资源，生产品质精良的产品，创造市场知名品牌，最根本的是需要各类出色的专门人才和同样出色团队精神。现代企业之间的竞争，归根到底是人才的竞争，要让企业得以持续、健康、快速发展，就必须把广大员工的根本利益作为一切工作的出发点，突出“以人为本”的管理理念，让员工与企业合力同行，和谐发展。

近年来中国电器院在培养精英人才、培育团队精神主要做了以下几个方面的工作：

一是建立两级培训体系，重点进行岗位技术培训和专业技术培训，每年至少办班 150 次以上，平均每人每年接受培训两次以上。为了加大对高级人才的培养力度，中国电器院同清华大学、中山大学合作，举办 EMBA 研究生班，已有 70 多名中层以上干部和骨干毕业，先后外派 20 多人攻读工程硕士，去年中国电器院被批准设立的博士后工作站已有两人进站工作，为培养高科技人才创造了条件。

二是优化人才管理机制，为人尽其才创造条件。在人才管理上实行了多轨制，行政、技术、经营专家系列并列。系列职务不互相交叉，技术专家享受每月薪酬补贴，在电话、住房、出差交通工具等待遇上一律比照相应行政职务，同时每年可获得至少出国考察、培训一次的机会。这种人才管理机制，不仅消除了一些官本位带来的不利影响，也为专家型人才提供了成材的机会，有了用武之地。同时在分配政策上，对产业化取得良好经济效益的个人和经营班子进行重奖。

三是增强凝聚力，培养团队精神。团队精神是企业文化建设的重要基本点。中国电器院通过开展运动会、球类比赛等体育活动，青年才艺大赛、元旦晚会等文艺活动，迎接奥运圣火，下乡扶贫等集体活动来让更多的员工参与进来，

通过相互协作和沟通，增强了员工凝聚力和团队精神。除此之外，还建立沟通谈话机制，通过开展青年员工座谈会，在员工和领导间搭建起沟通的桥梁。

四是关注员工素质的全面提高。员工的成长是需要多方面的锻炼和提高的。2006年，在中国电器院党委、院领导支持下，院团委建立了“青年发展协会”，发挥青年人热情和特长，对涉及院改革和发展热点、难点问题分专题组织研讨，发掘青年参与管理、投身科技的能量和潜力，内设英语口语、社交口才、管理论坛、形象发展等训练营。院领导还专门拨款几万元支持协会参加“户外拓展训练”，培养了青年人勇敢、团结、互助的精神和沟通合作的能力。此外，中国电器院团委还通过发行《凯天晨曦》企业内部刊物，面向广大青年团员，引导广大青年员工，努力拼搏，与企业同奋进，推广“和，实”文化。

创新机制，建立与文化理念指向一致的制度体系

中国电器院自1997年开展的质量体系建设对精品建设起到了很好的制度保证作用，所有产业化公司均建立通过IS09001质量体系认证，通过工艺规程、质量体系文件指导规范生产，培育严谨的工作作风，一丝不苟的质量意识。近年，所有产业化公司、中心还完成了IS09001 94-2000版的换版工作，认证检测、计量、环境中心等服务机构通过IS017025导则质量体系认证，全院职能机构、服务部门按照IS09004族标准建立了质量管理体系，在制度规范的建设上纳入了质量控制。围绕“产品精品、服务精品”目标制订管理规范、工作标准、工作程序和工作守则，使管理服务质量显著提高。

2008年，中国电器院又进一步紧密围绕发展实际，重点开展一系列改善经营，优化管理的工作，为实现院持续、科学、健康、稳步发展夯实基础。其主要内容包括：

第一，推进“创新型企业”建设，提升科技自主创新力。创新是企业持续发展的动力。中国电器院引导员工用发展的眼光认同和理解当前科技工作发展思路，树立以市场为导向，不断技术创新的思想；树立抢抓机遇，实现规模发展的思想；树立“敢为人先、求真务实、埋头苦干”的创业精神；树立大局意识，营造共享资源，团结共赢的内部合作氛围。通过建立科学的科研体系流程，编制产、学、研“国内、国际”两张网，设备、人才资源实现共享等指导思想，使企业的经营视野更宽、范围更广，使企业不断做大做强。

第二，推进“感受体验式服务”新理念，增强主动服务意识。现代市场经济的发展已经走过了产品经济时代和服务经济时代，正迈向更高层次的体验经济时代，因此，营造软环境，培育软实力，以客户体验的愉悦实现价值的增值是提高企业竞争力，形成差异化优势的关键。近两年来，中国电器院的国家检测中心和高新科技园区相继投入使用，除了在硬件上给人焕然一新的感觉，也在服务观念、服务效率和服务质量都传递着“感受体验式服务”的理念——通过优美的环境、更周到便利的服务让客户的消费增值。

增强主动服务意识。不仅要努力推倒外部阻碍发展的“围墙”，也要在企业内部，部门与部门之间，员工与员工之间推倒许多看不见的“墙”。提出“创新为本，顾客至上”，强调“用心服务、主动服务”理念，倡导主动服务、高效服务、优质服务，并收到了很好的效果。

融合集团文化及品牌，推进电器院企业文化建设

在日趋激烈的市场竞争中，要使企业生存并获得发展，不断强化自身形象是一个不容忽视的问题。2002年，中国电器院根据注册商标和企业自身专业特点邀请专业企划公司协助设计、制作了完整的企业识别系统VI手册，并专门举办VI手册运用讲座，企业识别系统手册的实际应用进行全面、规范和必要的指导，保证了中国电器院对外形象的完整与统一，收到良好的实际效果并另一方面，中国电器院也十分注重与集团企业文化和品牌的融合。在报纸、名片、PPT等对外宣传媒介上，都明确指明该院隶属于中国机械工业集团公司，并依托集团的品牌优势，推进该院的经营管理工作。通过统一的企业标识和形象，大大提升了中国电器院的品牌宣传效果，推进了企业文化建设。

近年来，中国电器院依靠实施现代科技企业制度，坚持抓好企业文化建设，科技创新能力和经济规模有了长足的发展，行业覆盖面不断扩大，从一个单纯的科研事业单位，转变成一个集高新技术产业，研究开发机构，产品认证、环境技术、生产力促进中心等中介服务机构为一体的高科技集团型企业，实现了两个文明建设协调发展。今后，我们将吸收其他优秀企业文化建设之长，进一步完善、提高体现本企业特色的企业文化系统，推动企业战略目标的实现。

（本文摘自《企业文化通讯》2010年2期）

加强文化创新实践　推进发展方式转变

——江南造船（集团）有限责任公司企业文化建设

企业概况

创建于1865年的江南造船是中国民族工业和军事工业的发祥地、产业工人的摇篮，被誉为“中国第一厂”。146年悠久而厚重的历史铸就了具有江南特色的军工文化，形成了“爱国奉献、求实创新、自强不息、打造一流”的江南精神。江南造船围绕造船发展方式的转变，同步推进建模、建制、造船、安居、育人，创建现代管理模式和运行机制，并借鉴参展世博的经验，引导干部职工牢固确立科学发展、爱国奉献、为民尽责、以人为本、爱岗敬业的理念，不断丰富军工价值理念体系和江南精神的内涵，引领职工进行“二次创业”，为推进中船集团公司实现“531”目标提供坚强的政治保证和智力支持。

传承江南军工文化，形成与时俱进的价值理念体系

对标学习先进，凝聚提升江南造船核心价值理念。江南担负着强盛民族工业，科技强国的神圣使命，创造了无数个“中国第一”，培育形成了“永不服输，永不言败，永不满足，永攀第一”的军工文化。从江南造船的爱国史、创业史、奋斗史、发展史中总结提炼军工文化的精华，无疑是当代江南人刻不容缓的责任。通过集中江南人的智慧，多次召开大型座谈会，进行了400多人次的个别访谈，调查研究，对标先进，前后用两年的时间反复讨论，征求意见，十易其稿，形成了以江南精神为核心的《企业文化理念手册》。

140多年的发展历程铸就了以“爱国奉献、求实创新、自强不息、打造一流”为核心的价值理念体系，饱含了各个时期江南人崇高的爱国主义气节与情操，凸显了江南人务实进取、顽强拼搏的乐观精神，勤劳勇敢、敢于拼搏、勇于奉献的集体主义精神；清晰地表明了江南实现中国第一军工造船企业的历史使命和发展远景；突出反映了江南人在生产、改革、发展主战场建功立业的精神风貌；鲜明地提出了精益造船、数字造船、绿色造船、文化造船的理念，以及人才、团队、安全、质量、保密理念。当前，公司的文化理念已经渗透到公司经营决策、造船生产、企业管理、党建工作、队伍建设的各个领域、，成为江南创新发展的文化纲领。

创建学习型党组织，不断铸造一批批与时俱进的时代先锋。加强学习型党组织建设是提升党的建设科学化水平，提高企业文化的引领力和号召力的有力举措。近年来，江南造船运用多种载体，树立先进典型，弘扬先进事迹，丰富和充实企业核心价值理念体系，使文化理念更具有时代性、代表性和先进性。江南造船在先进性教育活动中通过组织党员先进事迹报告团，宣传不同历史时期的党员在国家富强、民族振兴、人民幸福、爱岗敬业、自觉奉献，实现人生理想的动人事迹；在每年厂庆和“七一”期间，表彰优秀党员和先进党组织，设立党员示范岗、党员先锋号和党员责任区；在今年纪念建党90年活动期间，组织党史知识竞赛、“青春不停步，永远跟党走”演讲比赛和“党旗引领我们前进”的群众性歌咏比赛，举办“时代先锋”——纪念建党90周年大型图片展，全面反映江南各级党组织和广大党员在不同历史时期为国防、海军装备建设做出的卓越贡献，发挥了企业文化的导向、引领、激励功能。

引入世博理念，丰富江南军工文化内涵。在中船集团领导下，以江南为主负责筹建的中国船舶馆成功参展上海世博会，把安全优质、精益求精、以人为本、游客第一、廉洁办博、勤俭办博、追求卓越、精彩办博的理念，生动地运用到参展办博的全过程，接待游客668万人次，以独特的文化魅力和一流的服务质量，生动演绎了“船舶，让城市更美好”的理念。在世博期间，中国船舶馆把世博精神作为办好船馆、提升造船行业在国民心中地位的强大动力，受到了党中央、国务院的表彰，有力地促进了江南造船文化观念创新、道德规范价值标准创新、管理理念和科学技术创新，极大地丰富了军工文化的内涵。

加强军工文化创新实践，推动企业健康稳步可持续发展

坚持观念创新，建立现代造船管理模式和运行机制。江南造船整体搬迁至长兴岛后，成立了现代造船管理模式工作领导小组和办公室，把建立健全现代造船模式作为实现企业跨越式发展目标的一项基础性、战略性的工程来抓，学习借鉴日韩先进造船技术和管理经验，健全各项规章制度，完善业务流程，推广“工法”管理，全面实施管理精细化、造船流水化、设计一体化、成本预算化、运行信息化、员工职业化的管理方略。目前，以中间产品组织生产为基本特征的壳、舾、涂一体化区域化总装造船生产机制、以计划为导向和以预算为基础的管理模式、以标准化为方式和以信息化为手段的运行模式已经建立。

坚持科技创新、提高企业核心竞争力。江南坚持科研与技术创新，不断激发员工的创新激情，提升创造理念，构建创新平台。公司加快造船方式的转变，推进军民品建造一体化的进程，区域造船得到全面运用；厂所合作开展工艺集成化、精细化造船研究取得显著成效；以“中国江南型”76000吨为代表散货轮，实现了产品升级换代，继成功完成第六代优化设计形成批量后，第七代低碳环保型也完成设计，即将推向市场。同时公司还积极开展大型集装箱船、大型液化气船、球形LNG船等高科技、高附加值的预研，为尽快摆脱金融危机的困扰，提高江南造船核心竞争力提供了有力的支撑。

坚持管理创新，提高企业的效率与效益。建设中国第一军工造船企业，是江南造船始终不渝追求的目标。公司以先进造船理念为先导，向管理要效率。不断强化生产管理，努力克服搬迁造成的巨大困难，加强生产技术准备和物资配套管理，确保生产任务的全面完成；全面强化质量管理，全过程推进质量实名制，产品质量稳步提高；强力推进信息化建设，信息化办公平台实现全面覆盖，包括生产计划、制造执行、物资物流、资产管理和财务预算、人力资源管理、党建工作等全面上线运行，创造了资源共享、合作共用，相互沟通、方便实用的自动化办公管理模式，有力提高了工作效率。公司造船能力从上岛时年产8批次提高到目前的11批次，并朝15批次方向努力，公司连续三年利润过亿，职工收益较上岛前有了大幅度增长，改革发展取得了显著成效。

围绕实现“十二五”发展目标，形成江南特色的军工文化体系

开展五项工程建设，形成江南军工文化建设的长效机制。江南制定了“十二五”的发展目标，即到2015年，通过夯实基础、全面提升、跨越发展“三步走”的战略，实现建设中国第一军工造船企业的目标。江南把构建全覆盖的军工文化体系作为与企业转型发展相配套的重要途径。充分利用江南厚重的历史文化底蕴，军工发展势头良好的有利条件，全面构建并实施具有江南特色的员工职业形象工程、典

型示范工程、放大世博效应工程、凝聚力工程和企业文化核心价值观等五项军工文化工程建设，通过建立健全员工行为规范，坚持班前会制度、开展“六自主”班组建设、推进“双创”立功竞赛和每年向厂庆献礼活动、推进厂务公开、党务公开、健全职工诉求表达机制和帮扶机制，把企业核心价值观融入到生产经营工作中，融入到各项管理措施和考核工作中。

创新军工文化载体建设，引领员工与企业共同发展。江南造船承担着国防装备建设的重任，近年来公司在坚持“安全第一、质量第一、保密第一”制度文化的基础上，逐步形成了以建造高新产品为核心的“型号文化”；加强党员干部建设的“廉洁文化”；规范员工行为的“职业文化”；以升旗仪式、植树活动、纪念大会为标志的“厂庆文化”；命名交船的“礼仪文化”；以职工发展理念为代表的创新文化；以群众性红歌比赛、书画摄影展示、女职工插花比赛、江南杯足球比赛等丰富多彩的文体活动组成的“群众文化”；以人为本、体现企业凝聚力的“和谐文化”；创先争优、弘扬先进的“示范文化”等已逐渐成为团结职工奋发有为的内在动力，提高了职工的自豪感和荣誉感，增强了企业向心力。

加强军工文化示范基地建设，激励员工把江南建成中国第一军工造船企业而建功立业。江南造船高度重视军工文化示范基地建设，充分发挥全国爱国主义教育基地、上海市爱国主义教育基地、上海市科普教育基地——江南造船博物馆和华东地区老一辈革命家“陈毅、谭震林、张鼎丞、曾山、粟裕”纪念馆、“陈丕显、曹荻秋、魏文伯、杨西光”纪念馆的展示教育功能，同时发挥长兴岛新址建立的江南造船展示馆，新建了最大的企业馆——中国船舶馆的示范功能，进一步弘扬军工文化，传播绿色、低碳造船理念，推进现代造船革命。江南造船先后被命名为国防科技系统军工文化教育示范基地、上海市企业文化教育基地。将结合世博园区规划，利用江南原址，建成江南造船博览馆，进一步扩大世博后的放大效应，让“科技世博、生态世博、和谐世博”的先进理念和文明风尚得以延伸、扩展，成为功能多元、展项丰富、空间独特、体现低碳、创新，富有活力和吸引力的新标志，推进企业的转型发展。

（作者龚汉明，系江南造船厂党委书记，本文摘自《军工文化》2011年8期）

吴运铎精神：二〇二所的核心企业文化

——中国兵器工业集团第二〇二研究所企业文化建设

企业概况

创建于1957年的中国兵器工业集团第202研究所，首任所长是为新中国成立做出突出贡献和感动中国的双百英模人物，也是曾被周恩来总理誉为“中国的保尔·柯察金”的吴运铎同志。半个多世纪前，吴运铎这个在中国家喻户晓的英模，教育和激励了整整一代甚至两代人，半个多世纪之后，该所在继承老兵工的光荣传统，弘扬吴运铎精神的同时，不断丰富其精神内涵，逐步形成了以吴运铎精神为核心的企业文化，成为促进科研所事业发展的内在动力。

既要重视技术　也要培育文化

前些年，在研究所讲到核心竞争力时，干部员工普遍关心的是重点型号项目的总体技术、关键核心的专业技术，很少提及企业文化建设。但近年来，随着员工对企业文化作用的逐步了解，情况已经发生了很大的变化。一直以来，人们普遍认为研究所是知识分子云集之地，专业人才比比皆是，但这并不能代表就有优秀的企业文化，研究所的文化不是个体专业知识与技术的叠加，而是需要精心培育和建设的。要想锻造一个有核心竞争力的高科技现代化研究所，如果没有研究所文化的建设，那愿望只能是海市蜃楼。

当前，在科学研究能力与手段建设水平普遍提升的情势下，研究所之间的竞争，很大程度上取决于文化力的较量，更高层次的竞争在于文化，这已成为不争的事实。这是因为，我们已步入了信息化、网络化以及数字化高科技时代，彼此接受信息、应用技术的水平差距逐渐缩小，“生产”科研成果的能力、“经营”科研成果的水平比较接近。所以，培育具有自身特色的企业文化，已成为时代的呼唤，是落实科学发展观、引领研究所持续健康发展的灵魂工程，也是打造研究所核心竞争力的必然选择。作为国家重要的科研单位，从自身承担的光荣任务与神圣使命出发，不仅要大力培养掌握扎实专业知识的技术人才，还要精心培育以吴运铎精神为核心的企业文化，为研究所的持续发展塑“形”炼“魂”。

弘扬传统文化　彰显自我特色

实际上，企业都有各自不同的文化，且有着深刻的与生俱来的烙印。企业文化是依附于企业，并伴随着企业的经营发展，经过长时间的凝结、积淀和孕育，逐步形成的。早在建所之初，我们的首任所长吴运铎同志就十分注重研究所文化的培育。他对新分配来所的大学毕业生进行入所教育时就讲：“不管你们具备了什么样的文化程度，都不要忘记这是党和国家培养教育的结果，要牢固树立把一切献给党的思想；参加工作后还要继续学习，要不断学习新知识，钻研科学技术，练就过硬的本领，这对自己的发展和国家的建设都有好处。”这些朴素的话语，表达了吴运铎同志对年轻一代的殷切希望，富含着传统文化元素、爱党爱国的感恩教育内容，渗透着继续教育的思想、锐意进取的精神。

多年来，吴运铎同志把一切献给党，以及艰苦奋斗，自力更生，热爱祖国、献身兵工，勤奋学习、刻苦钻研，勇于探索、科学实践的兵工精神，一直教育和激励着一代又一代的干部员工，并逐步形成了研究所的文化内核。为了弘扬吴运铎精神，传承兵工传统文化，研究所建立了集中反映吴运铎精神的纪念馆，并被省市授予了爱国主义教育和国防教育基地，成为对广大干部员工和年轻一代进行兵工传统与爱国主义教育的课堂。并且坚持每年以“把一切献给党”为主题，组织对新员工进行理想信念教育，进行世界观、人生观和价值观教育，进行以吴运铎精神为核心的传统文化教育。今天，之所以能有一支职业素养和道德素质较高的员工队伍，很大程度上得益于传统与现代特色兼具的企业文化。

几十年过去了，以吴运铎为代表的老兵工精神和价值观一直在该所绵延至今，成为永不褪色、日久弥珍的财富。在市场经济条件下，仍然对员工的思想、行为产生着重要影响，鼓舞和激励着全所干部员工励精图治、勇于创新，不断把兵器科研事业推向前进，在建设高科技现代化研究所的进程中，在实现国家赋予的历史使命中发挥无可替代的作用。

坚持与时俱进　丰富文化内涵

理念是我们做好各项工作的思想基础，是全所员工经营管理研究所的哲学、思想、观念，更是企业文化建设的支柱。在科技发展日新月异、思想观念不断更新形势下的企业精神，不允许我们以一个不变的标准为目标，更要与时俱进，并随着时代的进步与研究所自身的发展而不断完善。所以，必须结合新阶段新形势的要求，从历史的、现实的和未来的角度，总结、提炼、修改企业精神与理念，进而丰富企业文化内涵。

基于上述认识，所领导班子将所的精神重新修改确定为“团结奉献创新，锤炼科技精品。”这既蕴涵了吴运铎“把一切献给党”无私奉献精神，又蕴涵着新时期求新求变的进取精神、对军工科研产品精益求精的精品意识。想必这种精神一定能够发挥其引导员工、鼓舞员工、激励员工的作用，进而推动研究所各项事业的发展。对理念的总结提炼，我们把我们几十年经营管理研究所的思想、实践和体会进行了高度的总结、归纳和概括，从而形成了“追求最高、创造最好、实干兴所、创新未来”的核心理念。追求最高就是全所员工在各自岗位上和工作中，要目标最高、标准最高、效率最高、产出最高；创造最好就是全所员工在各自岗位上和工作中要创造最好的业绩、争取最好的效果、树立最好的形象、培育最好的品行；实干兴所是研究所建设与发展过程中的感悟，虚谈漂浮则研究所衰，苦干实干则研究所兴；创新是发展之魂，要实现高科技国际化，最为关键的一步，就是要通过不断地管理创新、制度创新、技术创新、文化创新打造研究所的核心竞争力，唯有不断创新方能成就研究所未来的事业。诚然，从发展的角度看似乎应该是要更高、更好，但这里强调的是一种对从业目标的追求，对工作效果的高标准，是实践的感悟。可以说，这一核心理念集中体现了全体员工的价值观，在日常科研生产、经营管理工作中起着很好的引领作用。

培育兵工文化　增强竞争实力

深刻分析研究所面临的行业内外激烈竞争的复杂局面，可以清楚地看到，要想把研究所建成名副其实的专业技术研究中心，引领专业技术发展方向，就必须提升研究所的核心竞争力。对于我们而言，核心竞争力不仅有总体与专业技术、一流的专业人才，还有以吴运铎精神为核心的企业文化，它是研究所发展的内功，是产生核心竞争力的源泉，其形成不同于其他企业，因为他是建立在吴运铎精神基础上的，有着极其丰富的内涵。所以，必须在传承、发扬吴运铎精神上下工夫做文章，把吴运铎精神作为企业文化之魂，而不能落于模式化的俗套。半个多世纪以来，吴运铎精神教育了几代兵工人，在建设高科技国际化的兵器事业，打造有抱负、负责任、受尊重兵器团队过程中不会过时，永远是我们中国军工和中华民族的宝贵财富。在发展企业文化、培育兵工文化的过程中，要不断挖掘吴运铎精神的深刻内涵，赋予其时代的新意，以吴运铎精神为灵魂，把传统的兵工文化与具有时代精神的现代企业文化融合，既要继承和发扬艰苦奋斗的光荣传统，又要培育解放思想、勇于改革、大胆创新的时代精神，建设独具特色的企业文化。发挥企业文化在研究所改革发展过程中的作用，使科技创新与企业文化产生相互促进，相得益彰的效果。把企业文化打造成促进研究所发展的强大动力，使其真正成为研究所核心竞争力的一部分。

市场经济是竞争经济，这种竞争对研究所不仅是科研能力、管理水平的竞争，而且是员工整体素质的竞争。我们搞企业文化建设既要提高员工的科研技术水平，又要提高员工的思想道德素质。要把文化变为全体员工普遍接受并共同遵守的价值观念和行为规范，使其形成群体心理定势，这样既可通过明确的意识支配行为，也可通过潜意识产生行为。因而，只有把企业文化建设作为一项基础建设工作常抓不懈，不图虚名，讲求实效，稳步推进，一种传统与现代融合，以吴运铎精神为核心，特色鲜明的企业文化就会形成。

（作者梁润生，本文摘自《企业文明》2010年9期）

文化管理再造实践

——五七一九工厂企业文化建设

企业概况

中国人民解放军第五七一九工厂，始建于1976年，是空军装备部直属的航空发动机修理工厂，是国家大型企业、军队一级企业。主要承担空军新型航空发动机的修理任务，技术水平处于国内领先地位；同时从1983年起涉足民品，主要生产经营轻钢网架结构、高低压电气成套装置、石油天然气工业阀门及成套装备、房地产开发等行业。经过近30年的不断发展，工厂现有总资产近15亿元，占地面积98万平方米，分别在成都市高新区、彭州市、四川省外贸产品出口加工区（位于双流县九江镇）建有三个工业园区。

文化要素体系再造

五七一九厂主要承担空海军新型航空发动机的基地级修理保障任务。发动机是航空装备的动力之源，而文化有如发动机，铸就企业建设发展的强大动力。长期以来，工厂在空军文化、空装文化、航修文化的引领下，继承军队光荣传统和优良作风，提炼汲取自身历史文化营养，汇聚整合开拓创新的时代精神，尤其是2004年以来，工厂以科学发展观为指导，精心培育、深入打造"三五"文化，不断构建完善文化要素体系，坚定文化自信、增强文化自觉、致力文化自强，有力推动工厂科学发展。

在最高管理者的倡导和推动下，五七一九厂运用文化管理再造工具，以重构使命、愿景、核心价值观、企业精神等为重点，再造理念要素体系；以员工行为规范为重点，再造行为要素体系；以企业标识、企业歌曲为重点，再造形象要素体系；以提炼质量观、科技创新观、人才建设观、保密安全观等为重点，再造职能要素体系。通过4个子体系的再造，实现文化要素体系的全面再造。

2004年以来，五七一九厂先后实施了三次文化要素体系再造，详见下表。"—"表示无该项内容。

		第一次文化要素体系再造（2004年）		第二次文化要素体系再造（2009年）		第三次文化要素体系再造（2011年）	
子体系	再造内容	再造前	再造后	再造前	再造后	再造前	再造后
理念要素体系	核心价值观	——	情系蓝天，追求卓越，致力航修，奉献精品。	情系蓝天，追求卓越，致力航修，奉献精品。	诚、新、快、实、和	诚、新、快、实、和	诚、新、快、实、和
	愿景	——	打造国内一流国际接轨的航空动力维修企业。	打造国内一流国际接轨的航空动力维修企业。	成为飞机心脏的顶级服务者。	成为飞机心脏的顶级服务者。	成为飞机心脏的顶级服务者。
	使命	——	构建和谐企业，贡献不竭动力。	构建和谐企业，贡献不竭动力。	给飞机心脏创造新的生命，为航空发展贡献不竭动力。	给飞机心脏创造新的生命，为航空发展贡献不竭动力。	给飞机心脏创造新的生命，为航空发展贡献不竭动力。
	精神	——	爱国、爱军、爱厂、爱岗。	爱国、爱军、爱厂、爱岗。	情系蓝天，追求卓越。	情系蓝天，追求卓越。	开拓创新，昂扬向上。
行为要素体系	员工行为规范	——	员工守则	员工守则	员工守则	员工守则	员工守则 员工格言
职能要素体系	质量观	——	——	——	产品如人品，质量不好就是人品不好。质量就是最大的政治。	产品如人品，质量不好就是人品不好。质量就是最大的政治。	产品如人品，质量不好就是人品不好。
	安全观	——	——	——	遵章为先，预防为主。	遵章为先，预防为主。	遵章为先，预防为主。
	人才建设观	——	——	——	学技术吃香，有本领风光。	学技术吃香，有本领风光。	学技术吃香，有本领风光。
	科技创新观	——	——	——	以研强修，以研兴造，以研促改，以研带教。	以研强修，以研兴造，以研促改，以研带教。	以研强修，以研兴造，以研促改，以研带教。
	安全保密观	——	——	——	管理严格，作风严谨，态度严肃，措施严密。	管理严格，作风严谨，态度严肃，措施严密。	严格，严谨，严肃，严密。
	外场服务品牌	——	——	——	情系蓝天—星级服务。	情系蓝天—星级服务。	情系蓝天—星级服务。
	环保观	——	——	——	绿色维修，美好环境。	绿色维修，美好环境。	绿色维修，美好环境。
	生产经营理念	——	——	——	——	——	深修，精修，保质，保量。
	供应链管理理念	——	——	——	——	——	关注顾客，科学预测，快捷高效，和谐共赢。
	营销服务理念	——	——	——	——	——	专业，快速，专心，真诚。

文化实施体系再造

在推进文化要素体系再造的同时，五七一九厂结合组织机构和职能任务调整，适时推进文化实施体系再造，健全组织领导，完善制度规范，深化教育培训，开展测量评估，搞好资源优化，形成了结构完备合理、适应发展需要、功能作用显著的文化实施体系，有效确保了文化要素体系充分发挥作用，为企业建设发展、持续提升价值提供了有力支撑。

2004年，五七一九厂先后进行了两次文化实施体系再造，详见下表。“—”表示无该项内容。

		第一次文化实施体系再造（2009年）		第二次文化实施体系再造（2011年）	
		再造前	再造后	再造前	再造后
组织领导	日常管理机构	政治部	政治部（企业文化工作部）	政治部（企业文化工作部）	文化发展研究中心
制度规范	企业文化有关规章制度	——	《企业文化建设规划》 《创建学习型企业的实施意见》 《企业文化建设工作规定》 《员工行为准则》	《企业文化建设规划》 《创建学习型企业的实施意见》 《企业文化建设工作规定》 《员工行为准则》	《2012~2015年“三五”文化建设实施方案》 《企业文化建设工作规定》 《员工行为准则》 《兼职文化管理员工作标准》
教育培训	日常管理机构	人力资源部	培训中心	培训中心	培训中心
资源优化	信息资源优化	资料信息中心	资料信息中心	资料信息中心	信息系统中心
	人力资源优化	设立文化主管、文化干事岗位	设立文化主管、文化干事岗位	设立文化主管、文化干事岗位	设立文化主管、文化干事岗位 设立兼职文化管理员岗位
	物力资源优化	礼堂 游泳池 网球场 文体活动中心 消防／景观水系 航利广场 质量警示墙	礼堂 游泳池 网球场 文体活动中心 消防／景观水系 航利广场 质量警示墙 运动场	礼堂 游泳池 网球场 文体活动中心 消防／景观水系 航利广场 质量警示墙 运动场	礼堂 游泳池 网球场 文体活动中心 消防／景观水系 航利广场 质量警示墙 运动场 荣誉墙 厂史馆
	社会资源优化	2007年10月荣获“中国企业文化建设示范基地”	保持“示范基地”称号、2010年11月荣获“新中国60年企业精神60佳”	保持“示范基地”称号、2010年11月荣获“新中国60年企业精神60佳”	保持“示范基地”称号、2011年11月向巧厂长荣获“企业文化30年实践十大典范人物”
测量评估	测量评估工具	《企业文化认可度》	《企业文化认可度》	《企业文化认可度》	《企业文化认可度》 《企业文化评估标准》
学习创新	外部培训	参加中国企业文化研究会、中国质量协会相关培训	参加中国企业文化研究会、中国质量协会相关培训	参加中国企业文化研究会、中国质量协会相关培训	参加中国企业文化研究会、中国质量协会相关培训

经过长期坚持不懈的努力，五七一九厂建立了以“开拓创新、昂扬向上”为要义，以“以人为本”为核心，以“坚定文化自信、增强文化自觉、致力文化自强”为基本要求，以“三个固化于制、五个显化于视，三个内化于心、五种外化于行，培育三大特质、提升五大效益”为根本方法和检验标准的“三五”文化体系，全面渗透发展战略，全面渗透各项业务工作，铸就企业创新发展的内在驱动力、忠诚向心力、高度执行力。2010年6月，中共中央政治局常委李长春同志视察工厂，评价工厂“企业的管理井井有条，企业的技术精益求精，企业的文化昂扬向上”。

（作者向巧，系五七一九厂厂长）

融合推进 载体支撑 全面提升沈飞文化软实力

——中航工业沈阳飞机工业（集团）有限公司企业文化建设

企业概况

宏伟的战略、高远的目标，需要先进的集团文化来引领、凝聚和支撑；如何认识企业文化，为什么建设企业文化，建设什么样的企业文化，怎样建设企业文化，是在文化实践中必须深入思考并加以解决的课题。中航工业沈飞在提升集团文化软实力的进程中，积极探索适合航空企业发展实际的企业文化建设模式，通过夯实航空企业基础文化切实发挥文化建设的影响力和推动力，走出了一条全面提升沈飞文化软实力的康庄大道。

一、把握企业文化建设的规律性，不断创新，积极探索适合航空企业发展实际的企业文化建设模式

企业文化是一种高层次的管理理论和管理方式，企业文化建设也是航空企事业单位企业文化建设的基础内容之一。几年来，中航工业沈飞站在促进企业持续快速发展的战略高度，将企业文化建设的落脚点放在打造企业核心竞争力，提升员工队伍整体素质，顺应公司战略转型，实现企业和员工和谐共赢、全面发展上来。

（一）深入研究，系统规划，统筹构建企业文化框架体系，以全新理念引领公司改革发展。企业文化建设是一个与时俱进、不断深入、持续发展的过程。中航工业沈飞文化是在公司长期的发展历程中逐步积淀形成的，要建设先进的企业文化，就必须正确认识中航工业沈飞文化现状，对公司六十多年的文化积淀进行科学梳理，辩证“扬弃”，把中航工业沈飞文化中的先进因素总结提炼出来，并通过管理、制度等固化下来，通过政策跟进、建立机制等形式充分激活，使中航工业沈飞文化成为全体员工认同和遵守的价值观念和行为准则。为此，公司专门成立了企业文化课题研讨组，以扬弃的思想对公司文化进行系统的分析、梳理、提炼、提升，构建了特色鲜明的企业文化框架体系。形成“航空报国强军富民”为宗旨理念文化体系。

（二）完善组织领导体系、抓好组织落实、健全激励约束机制，为企业文化建设提供组织保障。企业文化推进需要完善组织体系、健全激励约束机制来保障。中航工业沈飞在公司层面成立了企业文化建设推进委员会，作为公司企业文化建设的决策机构；企业文化部统筹规划公司企业文化建设工作；企业文化办公室负责公司企业文化建设日常组织、协调工作，从而不断完善体系，提高文化的管理水平。同时在各单位进一步建立健全完善“行政一把手是文化建设第一责任人、党组织负责组织实施、各职能部门分工负责”的“三位一体”的文化建设组织领导体系，落实责任，保证从资金和设施上给予文化建设必要的投入。要求各级领导干部首先要做文化的先行者，把文化建设作为自身职责和日常管理的一项重要工作，带头建设文化，发挥榜样示范作用，身体力行企业文化，敢于让员工向自己“看齐”。从而建立起上下协同、相互联动的企业文化建设组织体系。

（三）建立考评体系，强化领导自觉，科学有效地推进企业文化建设。为了逐步建立起自我约束、自我管理、自我激励、自我发展的企业文化建设运行机制，中航工业沈飞制定了《企业文化建设评估标准》，本着精细化、责任化的原则，明确了企业文化建设工作绩效的衡量标准，运用科学的工具和方法，通过文化考核评估的形式，推进文化在基层单位的有效落实，并将企业文化建设考核纳入到各项工作考核之中，逐步建立完善文化建设的激励约束机制。为提高领导干部参与文化建设的自觉性和主动性，沈飞公司建立了学习型领导干部考核评定制度，将文化考评纳入干部日常考核和公司优秀干部考核标准中，通过切实可行的制度保障，充分发挥了领导干部在文化建设中的作用。在班组建设中建立了详细的A级、B级班组评定标准，与创争活动中的“六型班组”评选结合，成为评定基层文化建设最好的途径。另外，文化考评也是公司党委考核、基层党组织考核的重要内容。中航工业沈飞通过多层面、多角度的综合评定逐步完善了考评体系，使文化考评的标准和结果更加科学有效。

（四）人力开展企业文化建设示范单位、示范点创建及认证工作。为了进一步落实沈飞公司六届三次职代会、党委工作会议精神，大力弘扬集团文化，指导并规范公司企业文化建设工作，在公司内树立企业文化建设标杆和榜样，沈飞公司制订了《中航工业沈飞企业文化建设示范单位认证办法》。认证办法分为《中航工业沈飞企业文化建设示范单位认证标准》和《中航工业沈飞企业文化建设示范点认证标准》两部分。主要从组织保障、学习培训、文化要素‘六统一’、载体活动、一流环境、考核激励、综合工作”七各方面对申报单位进行考核。要求被考核单位党政一把手带头要结合实际有针对性地宣讲集团文化、公司文化，一级宣讲一级、一级培训一级，让员工充分了解公司文化内容，认同并执行公司文化；严格按照集团文化“六统一要素”落实，扫除文化“盲点”；加强开展各种形式载体活动；创建符合6S要求厂区环境；加强企业文化工作自检，并及时奖惩激励；企业文化建设要形成本单位特色文化建设模式。示范点主要从“组织保障、形象建设、文化要素、利用效果、工作创新”五个方面进行评审考核。通过创造性地开展文化示范单位示范点创建工作，进一步提升公司文化软实力。

二、融合推进，载体支撑，通过夯实航空企业基础文化切实发挥文化建设的影响力和推动力

经过多年实践，我们全力推进，航空企业基础文化建设必须与企业中心工作有机融合，相互促进，形成了独具特色的“融合推进”模式。

（一）企业文化建设与型号攻坚相结合，以文化力推动生产力。企业文化是企业核心竞争力的重要体现。企业文化只有与企业中心工作相结合，促进和推动型号任务的完成，才能具有持久的生命力。为此，我们整合并统一组织开展了“季度立功竞赛”、“签约夺旗”、“超越杯”、“让客户满意先锋岗”等立功竞赛活动。组织了重大交付仪式，出版了系列文化产品，形成独具特色的航空“星文化”。包括型号之星、星级班组、总经理特别奖、特殊贡献奖、功勋员工等，创建了厂庆六十周年“群英林”。即时奖励到现场，宣传鼓励到现场，文化活动在现场，思想工作在现场。关爱员工、鼓舞员工、培养员工、激励员工，形成先进文化。航空产品的特殊性，赋予质量文化特别重要的意义。我们以培育“质量是航空人的生命”的质量价值观为重点，严格贯彻“诚实守信，精益求精，一次做好，缺陷为零”的质量行为准则，通过编辑下发《质量诚信案例集》，开展“飞机外观质量创精品”、“产品零缺陷”、“精品工程”和“质量安全整顿”等活动，以提高员工质量意识和质量责任感为核心，加强质量文化建设，保证了型号任务优质高效完成。

（二）企业文化建设与推进自主创新相结合，以文化力激发创新力。建设创新型企业必须大力推进技术创新、管理创新、制度创新，创造良好的创新环境，努力培育创新文化。为此，我们大力宣传“敢为人先、勇于探索、永不放弃”的创新理念，深入一线宣传创新创效典型，广泛开展创新理念和创新故事征集活动，通过绝招特技、加工小窍门、先进操作法的评选及推广，开展科技创新活动，并通过培养“三高人才”，制定鼓励创新的制度，努力营造鼓励人才干事业、支持人才干成事业、帮助人才干好事业的创新环境。同时，坚持从文化的高度认识和推进精益六西格玛等管理创新工作，公司连续四年举办精益六西格玛文化节，并通过建立精益团队，开展全员自主设备维护及标准化、程序化作业等活动夯实基础管理，推动系统变革，使“人人精益、事事精益、时时精益、处处精益”、“精益并快乐着”的精益理念得到了干部员工的广泛认同，并有效落实到系统改进、流程再造之中。

（三）企业文化建设与创先争优相结合，以文化力放飞思想力。随着世界航空工业技术迅猛发展，中航工业沈飞正处在一个大变革、大转折、大发展的关键时期，沈飞也面临着前所未有的发展机遇和挑战。“十一五”以来，沈飞公司接受了新的任务目标，公司将再攀新高峰，实现新跨越，谋求新发展。创先争优活动是进一步做好学习实践科学发展观活动整改落实后续工作，巩固和扩大学习实践活动成果，建立健全科学发展长效机制的重要举措，是学习实践活动的继续和延伸。面对新形势、新任务，中航工业沈飞将企业文化建设与创先争优相结合，抓住机遇，加快发展，在战略转型中以文化力放飞思想力，实现又好又快发展。企业文化建设与创先争优相结合，相互推动、相互促进，对于进一步推动创先争优活动向深度和广度发展，推进企业文化建设工作创新，推动公司全面完成科研生产经营任务，实现公司又好又快发展。

三、坚持以提升软实力与核心竞争力作为企业文化建设的基本目标，创新品牌价值，将企业文化建设落到实处

强大的文化底蕴体现在企业文化软实力和核心竞争力的不断提升上，只有将提升软实力与核心竞争力作为企业文化建设的基本目标，不断深化航空企业文化内涵，才能将企业文化建设落实到实处。企业要发展、时代要进步，只有将集团宗旨理念和集团战略融入到企业文化中，不断丰富企业文化内涵，持续提升文化软实力，同时勇于承担社会责任，始终把建设和谐社会、建设和谐企业作为一项重要的工作来抓，才能将企业文化建设落到实处，促进企业健康、快速、稳定发展。

（一）创新智慧、凝聚力量，坚持以宣贯培训为基本手段，提高对企业文化建设必要性和重要性的认识，逐步提升企业文化软实力。企业文化是企业的软实力，企业文化对提升员工素质，提升企业竞争力有重要作用。同时，员工又是企业的主体，是企业文化的承载者和受益者。因此，要想成为一流的企业，必须要有一流的企业文化软实力，而一流企业文化软实力的重要标志就是超强的凝聚作用。为了提升企业文化的凝聚力，中航工业沈飞紧抓宣传工作不放松，尤其今年更是加大了对公司文化的宣传力度、采取了更为灵活的宣传方式，今年年初公司以“人人学唱、人人会唱、唱出激情、鼓舞斗志”为要求，认真贯彻落实中航工业《关于开展“激情放歌航空魂”活动的通知》精神，有组织、有计划地在公司、机关和基层三个层面开展“激情唱响航空魂”活动，通过举办厂歌教唱员培训班，设计制作厂歌学唱卡片，在公司内网和电台播放厂歌等形式，很快在公司内掀起厂歌学唱的热潮。公司还在建设学习型、创新型、协作型、执行型、和谐型文化上加大投入力度，以青年团员为主体，成立多个学习小组，利用业余时间对企业文化进行学习和研讨，并逐渐形成学习热潮，带动全公司员工积极学习公司文化。此外，沈飞公司大力倡导学习先进、崇尚先进、赶超先进的先进文化，积极选树了方文默、王刚、孙飞等先进典型，对提升企业文化凝聚力起到了重大作用。

（二）统一规范，践行标准，以高度统一为基本要求，建立健全各项规章制度，不断提升公司核心竞争力。没有规矩，不成方圆，只有建立健全的制度体系，才能有行之有效的执行力。中航工业沈飞在实际工作中坚定不移地贯彻实行“十个统筹兼顾”，在建章立制、规范管理上狠下功夫，实现了纵向到底、横向到边、责任明确、奖惩分明的制度体系。沈飞公司以文化要素“六统一”为基本要求，适时对各单位集团文化要素统一工作进行检查，严格按照《中航工业视觉识别系统手册》规定执行VI标准，认真组织落实，对不符合手册要求的内容有计划地进行规范及整改。同时，沈飞公司以6S达标为契机，在全公司范围内加强6S管理，专门成立了6S联合督察队和专项整改检查队，以“高标准、严要求、严格考核、强力推进”为指导思想，对全公司范围内的不符

合6S达标检查项目以及文化标识等内容进行专项检查和整改。此外，沈飞公司对全体干部员工进行厂徽内涵及佩戴规范的培训，使全体员工明确佩戴厂徽的要求。做到外出参加会议、重大活动时必须佩戴厂徽。还制定了《生产单位班组建设实施办法》、《班组建设工作标准》、《班组建设工作评估标准》等考核标准，确立了12个工作项目、54条工作标准、67项可能遇到的问题及对应措施，以“学习、技能、创新、质量、精益、和谐”六方面作为达标考核项目，积极开展创建“六型班组”活动，在EVA管理、综合平衡计分卡、精益六西格玛工作等方面不断提升公司核心竞争力。

（三）勇于担当、大胆作为，将承担社会责任作为企业文化的一项重要内容，为构建和谐社会、和谐企业贡献力量。中航工业沈飞始终把构建和谐社会、和谐企业作为一项重要的工作来抓，形成了党委领导、行政支持、工会运作的良好机制。作为实施“温暖工程”的重要大型活动之一——“建设和谐社会，中航工业沈飞送温暖为民服务活动”自开始以来，公司将职工中有特长并有服务热忱的员工组织起来，同时出资为他们配备必要的服务工具，组建多个义务职工服务队。服务队除了坚持利用业余时间在厂区为职工服务外，每年3月至10月月末周的周六，都会在职工居住比较集中的社区集中开展一次大型义务奉献服务日活动，主要项目有修钟表、修电器、修自行车、修鞋、配钥匙、磨刀剪、理发、医疗咨询等等。截至目前公司共成立了37个义务职工服务队，参加义务服务的积极分子有800余人次，受益群众高达近万余人次，受到了职工家属的好评，赢得了良好的社会效益。

伟大的时代产生伟大的精神，宏伟的战略荡涤激扬的文化。建设新航空、大航空、强航空的宏大实践需要先进文化的引领，需要进一步弘扬精神，放飞思想。中航工业沈飞将秉承“航空报国，强军富民”的宗旨，践行“敬业诚信，创新超越”的理念，为提高企业经济效益、提升企业价值服务，提升集团文化软实力，实现集团提出的“两融、三新、五化、万亿”的宏伟目标而努力奋斗！

（作者王万龙、许志东、李海楠、张旭）

构建先进文化体系
打造企业文化品牌
推进企业科学发展

——中铁六局集团有限公司企业文化建设

企业概况

中铁六局集团有限公司隶属于世界500强企业——中国中铁股份有限公司国有特大型建筑施工企业，2004年1月6日由北京铁路建设集团有限公司、太原铁路建设集团有限公司、呼和浩特铁路建设（集团）有限责任公司和丰台桥梁工厂四家企业重组成立。在企业生产经营规模不断扩大的同时，认真落实科学发展观，积极履行企业社会责任，自觉地把企业文化建设融入到公司的发展战略、生产经营始终。先后荣获全国企业文化建设优秀单位、全国企业文化建设先进单位、全国企业文化竞争力十强、全国企业文化建设50强单位、全国企业文化建设百佳贡献单位、全国企业文化建设百家重诚信单位、中外企业文化融合荣誉单位、全国企业精神60佳单位、思想政治工作优秀企业、首都文明单位、北京市劳动关系和谐单位等荣誉，企业文化建设走在了行业前列，品牌影响力大幅提升。

精心谋划，准确定位，全面构建六局先进企业文化体系

先进企业文化必须以中国特色社会主义理论体系为指导，以全面贯彻落实科学发展观为核心，遵循企业发展规律和运行规律，与时俱进，才能推进企业实现科学发展。中铁六局集团2004年成立后在继承传统的铁路工程建设文化、燕赵文化、三晋文化和草原文化的基础上，按照中国中铁统一品牌的要求，对企业文化进行了重组、整合、融合与创新，赋予新的内涵，构筑了具有鲜明时代特征和企业特色的企业文化体系，引领企业改革发展。

站在发展战略高度，规划企业共同目标和愿景。中铁六局集团按照“新观念、新思维、新举措”的战略思想，通过反复调查论证，在2004年第一次党代会上明确提出了企业“突出一条主线，加快三个转变，推进六项战略，实现两大目标”发展战略构想。在此基础上，制定了企业发展四年战略规划，进一步提出了“把中铁六局建设成为综合优势明显、核心竞争力突出、行业领先、创誉中外的现代企业”的企业发展愿景。结合企业实际，制定了《中铁六局集团企业文化战略》、《中铁六局集团品牌战略》、《中铁六局集团企业文化建设实施纲要》，进一步明确了要建立具有行业特征和六局特色的企业文化，使中铁六局集团的企业文化成为广大员工共同认可，推动企业科学发展的优秀企业文化。

深入调研，精心提炼，建立企业理念、视觉、行为系统。按照企业文化建设的总体规划和目标要求，紧密围绕生产经营工作中心任务，不断深化认识，在广泛调研的基础上完善并反复修改，全面构建了具有六局特色的企业理念、视觉、行为三大识别系统。

构建起与时俱进的企业核心价值理念。以“勇于跨越、追求卓越”的中国中铁企业精神为核心，以培育提炼体现时代精神和创造精神的价值观体系子系统为重点，通过深入调研、精心提炼，逐步形成了与六局发展相适应、具有六局特色的15条企业核心价值理念。即：“把中铁六局建设成为综合优势明显、核心竞争力突出、行业领先、创誉中外的现代企业的”企业愿景；“做强企业、致富员工、实现共赢、回报社会”的企业核心价值观；“体现员工价值、致力企业发展、真诚服务社会”的企业宗旨；“人品至上、诚信为本”的司训；总公司标志与“中国中铁”加“中国中铁六局”企业品牌；“高效、务实、创新”的企业作风；“求实创新、超越自我”的企业精神；“诚信赢得市场、和谐促进发展”的企业哲学；“拓展市场、科学管理、追求最佳效益”的经营理念；“人才是财富”的人才理念；“学习力决定竞争力”的学习理念；“以人为本、关爱生命”的安全理念；“用户满意、持续改进”的质量理念；“建设绿色工程、保护绿色环境”环境理念；“公道正派、廉勤立身”的廉洁理念。这些具有与时俱进、具有六局特色的企业理念，经过广泛深入的宣贯，有效增强了员工对企业文化的认同感、归属感。

构建起具有特色的行为识别系统。在反复研讨的基础上，着力对企业行为识别系统进行了设计与实施，制作了包含企业管理人员、机关员工、专业技术人员、基层管理人员、企业工人等员工行为规范以及包含语言礼仪、办公礼仪、社交礼仪、国旗礼仪、宗教礼仪、外事礼仪及常用仪式等礼仪规范，形成了《中铁六局集团行为识别系统（员工行为、礼仪规范部分）》手册。并编制了《中铁六局集团行为、礼仪规范专题片》，组织员工认真学习规范，逐步将企业理念转化成每一位员工精神的一部分，贯穿到员工的一言一行，充分展示了广大员工的良好素质和精神风貌。

构建起统一规范的视觉识别系统。以“内聚人心、外树形象”为目标，着力构建统一规范的视觉识别系统。设计制作了《中铁六局集团视觉识别系统简明手册》，规范了企业标志、企业旗帜、标准色、标准字、办公用品、员工着装，并以工程项目部为重点，修订完善了CI实施标准，包括“一门四区”、“一图六板”、“围挡统一”等，做到新建工程项目CI实行整体规划、规范实施、同步到位。2005年、2007年按照中国中铁统一品牌的要求，先后两次对视觉识别系统进行了修订完善，构建了统一规范的《中铁六局集团视觉识别系统》，在全局在建工程项目中推广实施，全方位树立了企业品牌形象。

加强领导，建章立制，健全六局企业文化建设的机制体制

企业文化是管理文化，中铁六局集团党政主要领导高度重视企业文化建设，充分地认识到企业文化对企业发展所产生的积极有效地促进作用，通过加强领导，健全组织，完善制度，构建平台强化组织建设，逐步健全中铁六局集团科学的企业文化建设机制体制。

建立健全机构，强化组织保障体系。成立了由局党政主要领导任组长的企业文化建设委员会，全面负责领导全局的企业文化建设工作，并专门成立企业文化部，具体负责全局企业文化建设的日常工作；各单位先后成立企业文化部（党委宣传部），设专职人员专门负责单位的企业文化建设；各项目部建立由项目经理、项目书记为项目文化建设第一责任人的领导小组抓项目文化建设；确保了企业文化建设有人管，权属明确。每年专门列出企业文化建设经费使用计划，做到保障充足，专款专用。近几年来，局在企业文化建设的投入累计达几千万元，从而为企业文化建设工作开展提供了组织、人员、财力、物力保证。

加强制度体系建设，发挥制度刚性作用。加强制度体系建设，是促进企业科学体制机制建设，确保事事有标准，处处有规范、人人有职责，形成企业文化落地生根的重要内容。八年来，着重从文化层面把握好中铁六局制度文化体系的完善和构建。以建设现代企业制度为标准，先后建立和完善各类管理制度400多项，梳理编写管理流程142个，初步形成了企业文化与规章制度统一融合的管理体系，并通过宣传教育和外在制度的约束，员工对执行制度已养成了一种习惯、一种自觉、一种内在需要，以主人翁精神为企业发展贡献着力量。

努力打造交流平台，营造良好文化氛围。先后创办了以引导内部舆论为主要任务的《中铁六局》报、《中铁六局思想文化研究》、中铁六局门户式互联网页等报刊网站；制作了《中铁六局企业画册》、《中铁六局企业形象宣传专题片》、《中铁六局安全文化手册》、《中铁六局廉洁文化手册》、《企业文化建设经验交流集》、《中铁六局项目管理经验汇编》、《中铁六局政治工作创新成果集》、《全国劳模赵秀丽事迹报告会专题片》等书刊及光盘；围绕重点工程，组织了上百次的开工、竣工仪式；充分利用中央和地方媒体宣传作用，在《中央电视台》、《人民日报》、《北京电视台》的各大媒体刊发稿件12000多篇；以丰富多样的文化产品进行文化传播，使广大员工对企业文化的认识和理解不断深化，为宣传企业、提升企业品牌知名度起到了积极作用。

突出重点，体现特色，加强项目文化建设实现文化落地生根

工程项目是施工企业的主体，中铁六局集团作为建筑施工企业，始终把项目文化建设作为企业文化建设的重要内容，把项目作为企业文化建设落地生根的主阵地，以项目为根本，不断深化认识、健全制度、强化考核、树立典型，推动了全局企业文化建设的深入发展。

深化宣贯，提升认识。充分利用各种宣传载体，持续深入地宣贯企业核心价值理念，使企业文化理念深入人心，真正起到凝聚广大员工思想，统一广大员工行动的作用。同时，明确项目文化建设的必要性，使项目部领导班子认识到，项目文化不是精神文明建设，不是表面工程，而是实实在在的管理工作，对提升项目管理水平、增强项目凝聚力、打造优秀团队具有重要意义，必须坚定不移的贯彻执行。明确责任分工，项目经理、项目书记作为项目文化建设的第一责任人，形成党政齐抓共管的领导机制。2009年，举办了中铁六局集团项目文化建设现场观摩会，组织各单位党政主要领导到中铁隧道集团广深港客专狮子洋隧道项目部参观学习项目文化建设经验；召开了全局规模最大的宣传文化工作会议，各工程建设指挥部指挥长、党工委书记，以及产值在1亿元以上的项目经理参加了会议，进一步明确了项目文化建设职责。

健全制度，指引方向。先后编制了技术、物资设备、安全质量、计财、科技管理及综合管理等各类项目管理制度95项，形成了《中铁六局铁路建设工程项目标准化管理制度汇编》。编制了《中铁六局铁路建设工程项目标准化管理手册》、《中铁六局精益项目文化建设手册》等，为企业实现各项奋斗目标提供了制度保障。各工程项目部依据中铁六局各项管理办法精神，结合公司管理重点、品牌建设要求和项目管理实际，提出符合项目部发展的各项管理目标，并在确定的目标的引领下，结合精细化管理等要求，逐步完善项目部的各项规章制度、细化岗位职责和行为标准，将管理目标分解到部门、到岗位、到个人。同时，利用多种形式反复宣贯，使员工最终认同管理目标，并在工作中贯彻落实，最终达到提升项目管理水平。

明确目标，强化考核。按照三年“项目文化建设要实现90%以上达标”的目标，严格执行中铁六局集团《工程项目文化建设考核实施细则》、《项目标准化管理手册》要求，积极采取措施，做到主要领导亲自抓，分管部门具体抓，一级抓一级，层层抓落实。局企业文化部在2009、2010、2011年连续三年抽调有关人员组织联合检查考评小组，分别对18、147、156个在建重点项目开展了项目文化建设达标检查工作。通过开展达标检查，在总结经验的同时查找出项目文化建设中存在的一些不足，给予指导并督促限期整改，确保了全局在建工程项目的文化建设全面达标，提升了工程项目的管理水平。

树立典型，营造声势。坚持把工程项目作为企业文化建设的主阵地，紧密结合项目实际，积极探索，勇于创新，不断推动企业文化在工程项目落地生根，引领项目团队建设，铸造精品工程，提升项目管理水平，全方位树立企业品牌形象。先后涌现出北京铁建公司新建广州至珠海铁路SG-5标项目部、太原铁建公司准朔铁路黄河大桥项目部等35个局级以上“工程项目文化示范点”，14个中国中铁“红旗项目部”。通过报刊、杂志、网站等载体，对项目先进的管理经验进行了大力宣传，在全局范围内营造了比、学、赶、超的良好氛围。

共建和谐，科学发展，品牌影响力得到全面提升

八年来，中铁六局集团通过加强企业文化建设，凝聚了发展力量，激发了发展活力，提升了企业竞争力，推进了企业科学发展，企业品牌影响力得到全面提升。

营造了和谐健康的发展氛围。八年来，始终把关爱员工、为员工办实事、办好事、解难题作为和谐文化的主题，下大力气，认真抓好。积极举办文艺汇演、演讲赛、体育比赛等员工群众喜闻乐见的文艺活动。每年逐级签订和履行《集体合同》，落实各项承诺。在工程项目中开展以“工地生活、工地卫生、工地文化”为内容的“三工”建设，开展重点工程项目“示范点”达标活动，为员工创造了安全舒适的工作环境；全面推进“三不让”承诺，开展救助困难员工、“金秋助学”、“两节”送温暖、农民工“五同”管理等活动；“企业靠员工发展、员工靠企业生存”的和谐氛围已经形成，“和谐六局”的构建已初见成效，连续多年被评为“北京市和谐劳动关系单位”。

丰富了企业责任文化的内涵。八年来，在发展中始终注重责任文化建设。积极开展“向灾区献爱心”、“金秋助学捐款”等活动资助各项公益事业，先后向汶川、玉树灾区捐款达300多万。积极促进人员就业，维护社会稳定。每年接收大中专毕业生300多名；每年为4万多名农民工提供就业岗位，对他们实行“五同”管理，先后对涌现出的“全国五一劳动奖章”盾构分公司农民工李想、“文明北京新市民”北京铁建公司农民工李全山，“中国中铁劳动模范”铺架分公司农民工李建学等企业生产经营中表现突出的一批农民工先进事迹进行大力宣传报道。

树立了社会信赖的企业品牌形象。八年来，坚持以安全、质量、工期、效益为重点，以综合实力提升、核心竞争力突出为目标，工程履约率100%，各类工程验交合格率 100%。承建的重点工程先后获得中国建筑工程鲁班奖、中国土木工程詹天佑奖和国家优质工程奖、全国用户满意工程奖20余项，省部级优质工程奖67项，14项工程被载入“中国企业新纪录”名册；创建了31项局级以上安全文明标准工地；局并多次获得全国优秀施工企业、全国工程建设质量管理优秀企业、中国优秀诚信企业、全国建筑业诚信企业、中国公路建设行业先进企业、全国用户满意企业、AAA级信用等级单位、质量AAA级单位、质量卓越单位、守合同重信用企业、纳税信用A级企业等荣誉称号。

创造了显著的企业经营业绩。八年来，在企业文化的助推下，中铁六局集团的发展一年一个跨越，实现了快速发展。2007年提前一年实现了第一次党代会提出四年累计完成新签合同额300亿元、营业额220亿元的目标。2010年完成新签合同额和营业额分别是2004年的4.3倍和4.9倍，全员年人均收入是2004年的3倍，各项经营指标在中国中铁连续保持优秀水平，中铁六局领导班子连续五年荣获中国中铁“四好”班子。

创新文化体系 引领企业发展

——铜陵有色金属集团控股有限公司企业文化建设

企业概况

铜陵有色金属集团控股有限公司于1949年12月由中央决定恢复建设，是新中国最早建设起来的铜工业基地，中国铜工业的摇篮。伴随着新中国的成长，铜陵有色始终坚持以振兴发展民族铜工业为己任，将当初国家原始投入的200万斤小米资本不断发展壮大，2011年实现销售收入940亿元，资产总额580 亿元，主产品电解铜产量达84.5万吨，成为中国铜行业领军企业和安徽省支柱企业。经过60多年的建设，公

司已发展成为以有色金属、化工、装备制造三大产业为主业、相关产业多元化发展的国有大型企业集团。公司位列2010年中国企业500强第121位，中国制造业500强第51位。

进入新时期，公司在传承优秀的历史企业文化基础上，高度重视企业文化建设，认真贯彻《企业文化建设评价指标体系纲要》精神，实施"文化引领，战略推动"的兴企方略，自2003年以来，持续创新文化建设新体系，培育了具有时代特征和企业特色的企业价值理念。公司先后获得"新中国60年企业精神培育十大摇篮组织"、"新中国60年企业精神60佳"、全国企业文化建设先进单位、全国先进基层党组织、全国思想政治工作优秀企业、全国创新型企业、全国五一劳动奖状等荣誉称号。

熔旧铸新　创建企业文化新体系

改革开放以来，面对体制、机制不活使企业发展陷入困境的局面，铜陵有色蕴育强烈的创新精神，大胆改革，大胆创新，并形成了"爱国爱厂、创新求实，奋发进取、兴我有色"的企业精神，在这一精神的导向和凝聚下，公司提出"办法自己想，路子自己闯，事业自己干"的自我发展理念，使企业逐步摆脱计划经济条件下形成的困局。进入新时期，公司高层十分重视文化的传承与创新，在梳理传承传统文化的基础上，深刻地分析公司所处的国内外经济环境、自身优势与劣势、中国有色行业发展的态势与趋势，提出了将铜陵有色建设成"国内一流、国际先进的现代化企业集团"。为实现这一目标，公司坚持以先进的企业文化引领发展，不断创新企业文化体系。

——创新公司企业文化的组织体系。公司成立了以董事长为组长的企业文化建设领导小组，设立了企业文化部，各子、分公司相继成立了领导机构和职能部门，修订企业文化职能部门职责与工作标准，将过去从事党建思想政治工作的政工人员赋予企业文化建设工作职能，成为企业工作的基本力量。同时，公司选拔一批年轻、学历高、具有专业管理知识的人员充实企业文化工作岗位。公司目前建立了专兼职相结合、党政工团齐抓共管、职能部门跟踪测量和考核的企业文化工作组织体系和运行体系。

——建立与完善企业文化建设工作机制。公司在建立组织运行体系的基础上，先后制定了铜陵有色企业文化建设工作标准、企业文化工作责任制、企业文化建设五年规划和年度实施计划、企业文化工程管理办法、企业文化建设经费纳入预算等一系列制度和文件。

——建立企业文化考核奖惩机制。为把企业文化的软指标变成"硬任务"，公司将企业文化建设的内容细化成具体指标，分解到各子公司、分公司和职能管理部门，并列入领导任期目标，与经济责任制一同考核，考核结果与年薪、评先评优挂钩，并实行考核末位淘汰制。奖惩机制的建立，为企业文化的落地起到重要的保证作用。

——加强企业文化载体建设。为推动文化的全面落地，公司狠抓载体和阵地建设。先后建起了铜陵有色报、铜陵有色电视台、铜陵有色金属杂志、铜陵有色内外部网站和内部局域网，以及文化活动中心、体育馆等。

——创新企业精神理念、行为理念和识别理念三大系统。在总结过去60年企业文化建设的基础上，公司发动员工历时三年对公司文化进行梳理、征集和持续完善，同时并聘请高校企业文化研究团体为公司进行文化诊断，先后制定出公司价值观、企业精神、使命和愿景等核心价值理念。

同时制定了员工行为理念和识别理念系统，如员工荣辱观、员工守则、5S行为修养、员工奖惩条例；公司司旗、司徽、司歌、标准字、标准色和礼仪、办公用品等标识。

文化引领　开创企业发展新境界

铜陵有色高层团队坚持文化引领企业前行，把企业价值观、使命、愿景变成具体的战略方向与目标，强力推进，狠抓落实。

——践行"创造成就未来"的价值观，企业发展获得强大的内生力。"创造成就了铜陵有色的过去，也必将成就铜陵有色的未来"，这是董事长韦江宏阐述企业价值观要义之语，也是铜陵有色人的坚定信念，围绕这一信念公司展开了全面而深入的产业转型、管理和技术创新。

创新产业。公司改变单一粗放的发展模式，通过转型升级实现"主业突出，一业特强，相关产业多元化"产业发展目标。公司是一个资源型企业，长期的开采使企业发展面临资源枯竭现状，靠现有资源难以维持企业长期持久发展。公司大力实施资源开发，突破资源瓶颈制约，自2006年起，公司实施"立足安徽，拓展国内，开拓海外、内外并举"的资源开发战略，通过老矿区的深部开拓，收购整合省内资源，参股控股省外矿山，购买和开拓控制国外资源等途径，目前公司已拥有2千万吨资源储备量，为实现"铜冠"的目标打下了坚实的基础。公司在突破资源瓶颈的基础上，大力发展铜的深加工，延伸铜产业链，引进世界高新技术，先后建成10万吨高精度铜板带、2万吨电子铜箔、7.5万吨铜管铜棒、5万吨漆包线以及其它铜基合金材料。

创新管理。公司持续推进管理创新，以管理创新弥补资源短缺的"短板"，公司相当部分的利润源于精细化管理。2003年以来，公司先后开展了"管改结合，再造企业"、"战略引领，管控有效，创造卓越"等管理创新活动。通过实现产业再造、流程再造、文化再造的管理创新目标，大力推行"标准化、信息化、企业文化"管理，建立了ERP信息系统和OA办公系统。通过管理创新，公司实现了从生产管理、计划管理到科学管理、创新管理、人性化管理的转变。公司吨铜能源消耗在全行业最低，资源综合利用率在全国最高，资金周转率、存货周转率均处于同行业领先水平。

技术创新。企业发展离不开技术的支撑。公司成立了核心层、紧密层及松散层三层技术研发体系，建立了博士后工作站，多个中心基地和技术研发平台，通过技术引进，消化吸收和自主再创新，工艺技术及装备达到国内领先、国际先进水平。其中“地下矿连续开采工艺技术及装备研究”、“常温变量喷射——动力波洗涤闪速炼铜技术”先后获得国家科技进步一等奖。矿山装备有国内领先的无轨化采矿设备和国内最大的半自磨加球磨的碎磨工艺；冶炼采用国际最先进的闪速炉、奥斯麦特炉熔炼工艺；铜加工采用国内唯一、亚洲最大立式连续熔铸机无氧铜热轧机组。公司拥有核心技术 17 项，近三年获省以上科技成果奖 42 项。公司被国家授予“创新型企业”。

创新循环经济。公司以科学发展为指导，提出了“高效利用资源，贡献社会进步”的企业使命。按照构建资源节约型、环境友好型企业目标，走新型工业的路子，大力发展循环经济。公司建立了循环经济工业园区，形成了采矿、选矿、冶炼、加工、化工循环经济圈，做到资源高效利用，能量梯级利用，上一道工序排弃物变为下游产业的原料，真正将资源“吃干榨尽”，全面实现了“资源减量化、再利用、再循环”发展目标。铜陵有色循环经济独特模式被国家列为示范单位予以推广。

以人为本　培育企业新队伍

公司在加强企业文化建设过程中，坚持以人为本，把提高员工素质、发挥员工潜能、满足员工需求、提升员工幸福指数作为企业文化建设的立足点。

——创建学习型队伍，提高员工综合素质。

建立引导机制。公司实行工人技师、首席员工、技术主管、星级员工评聘制度，建立中层管理人员公开竞聘、员工学历再教育、员工岗位“双证”、技术比武等激励机制，优化各类员工学习成长的通道，引导员工自觉加强学习，主动参与培训。

搭建学习平台。公司大力开展创建学习型组织、导师带徒等活动，积极倡导“5+4”学习，有计划选送管理人员参加 MBA、工程类硕士、博士学位的深造，选送优秀员工到高校脱产学习和进修，成功培养出一大批享誉全国乃至世界铜行业的杰出代表，成为企业宝贵的财富。

高层领导率先垂范。高层带头学习和获取企业管理的最新知识，每年利用多种机会学习国内外先进企业的管理经验，并结合企业实际撰写企业改革、发展、管理文章。董事长韦江宏带头撰写 30 余万字的《我国大型国有企业转型研究》，对公司改革有着重要的指导作用。公司党委中心组获“2008—2011 年全省先进学习中心组”称号。

——发挥员工自主管理，搭建员工主动参与平台。公司鼓励员工积极参与企业管理，在参与中释放知识潜能，展示其存在的价值。公司通过搭建 QC 小组活动、合理化建议、5S 管理、标准化班组建设、对标管理、“五小”技术攻关等六个平台，引导全体员工自我约束，自主管理，自主创新，自我提高，围绕企业发展，努力打造人企共同发展的和谐局面。通过创建标准化良好行为企业，在公司上下形成“人人尽责、事事规范”的自主管理氛围。公司每年有 200 多个 QC 小组活跃在生产和管理的最前沿，有 1/5 以上的员工参加 QC 小组活动，公司荣获全国质量管理小组活动 30 周年优秀企业特别奖；每年收到员工合理化建议达 15000 多条，产生直接经济效益亿元以上，公司连续多年获得安徽省合理化建议第一名。

——保护员工合法权益，尊重国企员工的主体地位。公司依法落实和维护员工合法权益，先后制定了铜陵有色“职工代表大会制度”、“员工合同管理制度”、“员工薪酬管理办法”以及医疗保险、救助、教育、培训等一系列制度和文件，从根本上保护员工的合法权益。在 2009 年经济危机的影响下，公司仍承诺：“不减人、不减薪”，当年员工收入不仅没有下降，而且比上年度增长了 5%。从 2010 年开始，员工年收入增长幅度达到了 15%，公司“十二五”规划承诺员工收入在“十一五”末的基础上翻一翻，达到同行业和地区领先水平。

——开展丰富多彩的文体活动，促进员工身心健康。公司文化体育活动做到了制度化、常态化。每年举办三次大型文化活动，即举办一次员工运动会、举办一次群众性歌咏大赛、举办一次春节文艺晚会（团拜会），员工参与率达到 80% 以上。除固定的文体活动之外，公司先后邀请中央电视台《中华情》栏目组和省、市文化团体为公司员工进行演出和表演，公司自创的文艺节目在中央电视台得以播出。此外，公司还建立了二级单位文化体育网络体系，不断地开展员工兴趣活动。三年来，各基层厂矿开展的体育比赛、书、画、影赛、文化演讲、文艺演出等达到 500 多场次，累计投入文化活动场地建设和活动经费 2000 多万元。

——认真开展员工满意度调查，采纳员工合理建议。公司每年就改革、发展、管理、员工的工作环境、待遇等发卷开展员工满意度调查。公司高层认真听取调查的结果和汇报，讨论落实措施，定期检查整改意见，对员工集中的意见，公司责成相关部门跟踪督办。近三年，公司根据员工满意度调查的意见，先后调整了职工大病医疗费用标准、职工年金缴纳标准，完善了公司“和谐工程”和“阳光工程”有关员工利益和监督的条款内容。

——关爱困难员工，建立和谐员工团队。公司建立了职工“民情档案”，为患病员工送健康、为孤寡残疾员工送温暖，为困难员工子女上学送爱心，公司高层领导定期到医院、困难职工家庭走访慰问，了解他们的需求和愿望。从 2011 年开始，公司中层以上管理人员每人每年帮扶一个困难员工家庭，帮扶额不低于 1000 元。三年来，公司共发放各类困难补助款近千万元，有效地缓解了职工的困难。

履行职责　争做优秀企业好公民

公司高层认为：企业要有境界，我们希望国家因为有我们而强大，社会因为有我们而进步，顾客因为有我们而发展，员工因为有公司而富足和荣耀，让铜陵有色处于一个不断积极追求理想人格的境界。在企业强劲发展的势头中，公司勇于做一个负责任的企业公民，积极承担公共责任，树立国企的良好形象。

——致力于生态产业建设，担当国企责任。铜陵有色是一个重工业企业，环境治理任务十分繁重，为营造一个蓝天碧水、社企关系和谐的环境，公司先后投资100多亿元，积极构建生态矿山、绿色冶炼的生态产业格局。

建设生态矿山。公司加强对老矿区边、难、残、小矿体回采；对尾砂、废石、废水进行资源优化再利用；积极推进矿山生态修复工作，对老尾砂库进行复垦全面治理，对新建的矿区积极引进世界先进的开采工艺和开采设备。公司已投入运行的冬瓜山铜矿是采用当代国际先进技术建设起来的生态矿山，资源综合利用高，地下水充分利用，而且做到“废石不出坑，尾砂不入库”（回填井下采空区），矿区犹如一座亮丽的公园。

发展绿色冶炼。公司先后淘汰和改造工艺落后和耗能高、污染重的冶炼厂，2007年关闭了新中国第一座铜冶炼厂。公司现有冶炼厂分别采用当今国际最先进的闪速炉、奥斯麦特炉、顶吹浸没式熔炼新技术。冶炼新技术的采用，使资源利用率有效提高（2011年，公司矿产资源利用率达61.8%，比国行业高出20多个百分点，处世界领先水平），所有排放物得以利用，硫的捕集率达98.5%，彻底改变公司所在地铜陵地区的自然环境，为铜陵市建立“山水铜都”做出了突出贡献。

——支持公益事业，为社会和谐与进步争做贡献。公司传承奉献的光荣传统，积极支持社会公益事业和慈善事业，带动相关行业共同进步。对教育和卫生的支持。近年来，公司对所在地的教育和医院给予了大力支持，先后为安徽工业职业技术学院、职工总医院投入上亿元资金，建设教室、校舍和门诊大楼，购买教学设施，添置医疗仪器等。对革命老区教育支持。为大别山区金寨县建立“铜冠希望小学”，并每年捐赠200万元希望助学基金。对与公司合作的相关方的支持。公司给予他们技术、人才、资金的扶持帮助。

公司对国外企业、省外企业的所在地以及企业本部社区、街道建桥修路，修建文化活动场所等基础设施。公司为使公益活动保持长期性、规范化，特制定了重点领域支持办法和管理制度。

对慈善事业的倾情相助。在汶川大地震时，公司派出安徽省第一家企业医疗救援队，携带20万元药品奔赴灾区抢险救灾，共救治伤员3500多人次。在玉树地震、台湾发生台风侵袭、日本地震海啸时，公司都在第一时间解囊相助，分别捐款百万元。公司被授予“安徽省最具爱心企业”慈善奖。

“打造世界铜冠，人企共同发展”。公司的愿景是在未来10—15年主产品电解铜位居世界前三，铜基合金新材料研发品种与产量世界领先，资源综合利用率世界先进，企业问鼎铜行业世界之冠。铜陵有色的文化引领着企业的昨天和今天从壮大走向强盛，由优秀走向卓越，明天，铜陵有色人以“创造成就未来”的澎湃激情，创造出更加高远广阔的天地，一定会实现铜业之冠的伟大愿景。

打造新文化 给力新发展

——中航工业沈阳兴华航空电器有限公司企业文化建设

企业概况

中航工业沈阳兴华航空电器有限责任公司（117厂）是一家具有50多年发展史的军工企业，隶属于中国航空工业集团公司。是沈阳市2007年首批45家重点工业项目实施搬迁至经济开发区的企业之一。多年来，公司党委非常重视企业文化建设，以文化力促进生产力，增强了凝聚力，提升战斗力。克服了各种困难，经受住了严峻考验，企业文化建设取得了良好成果，有力地促进了企业搬迁和生产经营两不误。公司先后被评为沈阳市“企业文化建设先进单位”，沈阳市“精神文明建设先进单位”，“全国企业文化建设先进单位”。党委书记陈宁先后被评为沈阳市和全国“企业文化建设先进个人”。2010年公司经济实现了26%的增长。

统筹规划 确保实效

为了深入贯彻落实科学发展观，贯彻落实“两融、三新、五化、万亿”集团战略，公司党委早在2008年3月，新厂区奠基仪式后，就提出以新厂建设和整体搬迁为契机，实施企业变革，重塑企业文化，建立新秩序的思路，实现企业文化与新厂建设同部署、同建设、同考核，不断深化专业化整合后的企业文化建设，提升物质文化、精神文化、行为文化、制度文化上档次上水平。2009年初，公司在党委组织领导下，统筹规划，超前谋划，开展了新厂区企业文化建设活动。

组织保证（2009年2月）公司成立了新厂区企业文化建设领导小组，由党委书记牵头；成立办公室，设在企业文化部；组成14个项目组，由职能部门负责；各党支部、行政单位、成立以正职为责任人的领导机构。

分段实施 整个活动共分为：策划、动员、实施、验收、建立长效机制五个阶段。

策划阶段（2009年3月、4月）公司新厂区企业文化建设领导小组先后到洛阳158厂、天津105厂；沈阳410厂、626所等单位，学习取经。公司内组织各项目组通过多种方式论证，研究讨论，制定了周密的新厂区企业文化建设活动方案，统筹安排，统一部署，全面指导，确保公司整体搬迁。

动员阶段（2009年5至7月）公司召开了新厂区企业文化建设动员大会，统一思想，统一认识。并签订责任状，进行具体布置。会后，各项目组按照公司的总体方案逐条落实，制定了本系统的企业文化建设方案，并召集相关单位层层分解计划，责任到人。

实施阶段（2009年8月至12月）2009年8月、9月公司开展了新厂区企业文化建设培训，并将培训纳入新厂区企业文化建设全过程。各项目组按照新厂区企业文化总体计划要求，开展了各系统的二级培训。

2009年10月至12月，在企业搬迁实施过程中，各项目组认真履行职责，服从大局，遇到困难和问题，及时沟通，反馈信息。企业文化建设办公室每个阶段都做到阶段评审、方案完善、跟踪管理，并定期向领导小组汇报。该阶段共召开由各项目组主要负责人参加的协调会9次，制定分解计划措施123项，有力的保证了新厂企业文化建设活动的顺利开展，使搬迁工作井然有序，做到了高效、快捷、保密、安全。

验收阶段 公司整体搬迁结束后，各项目组提出申请报告，领导小组分别对各单位承担的企业文化建设职能，按照方案的要求进行严格的检查验收，对在活动中表现突出的集体和个人进行了表彰。

建立长效机制 企业文化建设是一项长期的系统工程，需要在发展中不断实践，不断创新，与时俱进。2010年初，新厂企业文化建设赋予了新内涵，提出了“适应、调整、建立、达标、运行” 的要求，完善了方案，确立了新内容，旨在新环境下建立一种否定旧我的全新管理理念，建立新秩序。形成长效机制。

全员参与 彰显成效

在全体职工的共同努力下，克服了天寒地冻等不利因素，在确保生产经营任务完成的同时，仅用了两个月的时间，圆满地实现了整体搬迁。2010年，公司在新厂区建立了全新的企业文化体系、视觉识别系统，建立健全了各项规章制度，公司的企业文化建设取得了阶段性的成果。

物质文化方面。新厂区主体建设基本竣工，一个二十年不落后的现代化企业，屹立在沈阳市经济技术开发区，成为靓丽的一景。现场管理得到了加强，总体工艺布局得到了改善，初步实现了“七化”：即零件生产流水化、产品总装机械化、设备布局规模化、辅助工序在线化、现场布局透明化、办公布局敞开化、质量检验现场化。厂区完成了硬覆盖，进行了绿化和亮化工程。建立起了覆盖全公司的内网办公系统和音像视频网络，为企业文化建设提供了硬件支持。

精神文化方面。企业文化建设深入人心。精心策划在公司主楼标志性建筑树立了醒目的公司标识和简称“中航工业兴华”。树立了“航空报国，强军富民”、“敬业诚信，创新超越”的集团公司宗旨理念大字。令人耳目一新，过目不忘。主楼前树立旗杆，悬挂国旗和司旗。在主楼大厅门楣和主要机加生产厂房设置电子显示屏，每天更新内容，宣传企业文化。统一制作胸卡、工装，亮出航空人身份。每天上下班都播放司歌，振奋员工精神。在公司各个厂房悬挂多条条幅和宣传板，并为每个分厂制作文化看板，设立文化长廊、阅读室、娱乐活动室、休息岛，营造和谐氛围，让职工身心放松，精力充沛地投入到工作中去。

行为文化方面。开展“讲文明树新风”活动，对通勤、就餐、吸烟、文明生产等方面都进行了相应的强化训练，组织专人检查督导。现在通勤乱座的没了，都能对号入座；吃饭浪费的少了，就餐自觉排队已成为自觉行动；吸烟到指定地点，乱扔烟头的杜绝了；工作坚守岗位，串岗溜号的现象不见了；使每名员工既是企业文化的传播者，又是企业文化的受益者。

制度文化方面。重新修订完善了过去运行现已不适应新环境的规章制度。修订了员工行为规范，制定了员工通勤、就餐、食堂管理制度，制定了产品计划、总装、成品控制与执行标准，制定了新环境下质量体系认证变更审核规划，制定了保密、保卫、稳定、消防、接待等工作制度。重新修订了薪酬管理制度，努力增加职工收入，鼓励职工提高工作效率。

革故鼎新 开拓未来

按照中航工业大集团“市场化改革、专业化整合、资本化运作、国际化开拓、产业化发展”战略的要求，兴华与中航光电整合上市，使公司由普通的国有企业转换成了上市公司的控股公司，公司的一切运作都要按照现代企业制度的要求，这使公司参与市场竞争的游戏规则发生了变化；搬入新厂区后，生产面积扩大了，发展速度提升，客观上要求，必须建立公司的管理新秩序，实现企业变革和文化的再造。必须从思想上冲破传统文化的束缚，创新思维，建立新文化。从被动转变到主动求变，抓住国家振兴东北老工业基地，沈阳市重新布局的有利契机，主动筹划建设新厂区，并在新厂区的建设过程中，融入现代化的管理理念和先进的企业文化，志在打造一个能够和任何所有制企业竞争，具有持续发展能力的现代化电连接器制造企业。

保持企业快速发展，必须深入挖掘企业文化深层次内涵。中航工业兴华与中航光电整合后达成了共识，出台了“五统一”，即统一战略、统一文化、统一目标、统一理念、统一营销。体现了电连接器行业的特点。电连接器行业的前景非常广阔，市场巨大，把领域做宽、市场做大是公司发展的要求；与中航光电联手对外，是价值观的支撑；占领国际市场，实现持续发展，是职工的强烈愿望。这更需要公司重塑新文化。

文化引领战略。公司新厂企业文化建设虽然取得了阶段性成果，但是按照总体目标还有一定差距，还需要在物质层面、精神层面、行为层面、制度层面更多的吸纳现代企业制度元素，培育高效快捷科学的文化理念，用文化树人，文化树魂。在大有作为的“十二五”期间，在集团文化的指引下，继承中创新，创新中发展，虚心向兄弟单位学习，借鉴国内外优秀企业文化的精髓，努力打造具有兴华特色的企业文化！ 以实际行动向航空工业成立60周年，向中国共产党成立90周年献上一份厚礼！

（作者陈宁，系中航工业沈阳兴华航空电器有限责任公司党委书记）

加强班组文化管理 打造高绩效团队

——中国移动通信集团北京有限公司企业文化建设

企业概况

中国移动通信集团北京有限公司隶属于中国移动通信集团公司，于1999年8月28日注册成立。公司“全球通”、“动感地带”、“神州行”等著名服务品牌在首都百姓中拥有良好声誉，客户规模不断扩大，服务网号不断丰富，客户总数超过一千万户。

经过几年的跨越式发展，中国移动北京公司已经建成一个覆盖范围广、通信质量高、业务品种丰富、服务水平一流的综合信息服务网络。面向未来，中国移动北京公司将秉承“正德厚生、臻于至善”的企业核心价值观，紧密围绕“做世界一流企业，成为移动信息专家”的战略定位，以卓越品质锻造一流信息服务，用创新精神努力实现从优秀向卓越的新跨越，着力推动“移动改变生活”，为全面建设“人文北京、科技北京、绿色北京”、为助力首都“世界城市”发展目标的达成做出新的更大贡献。

班组是企业的细胞，班组管理是企业管理的基石。加强班组建设，提高班组工作水平，弘扬阳光班组文化，是实施文化管理的一个重要组成部分，是企业面向未来、着眼长远的战略举措。

中国移动北京公司从自身发展特点出发，权衡公司现实需要和发展需要，按照企业文化物质层、制度层、理念精神层协同推进原则，提出“制度为先，员工为本，文化为魂”三位一体的班组建设框架，从制度、文化、员工三方面同步推进班组建设，依靠制度建设规范班组管理，依靠文化建设引导员工的行为和意识，依靠以人为本的思路提升员工对企业的忠诚度，确保班组建设真正出效果，打造高绩效团队，有效提升公司管理运营整体效能。如何把班组打造成高绩效的团队，提升企业执行力，要把握好以下着力点。

明确目标是基础

班组建设是提升企业核心竞争能力的需要，是打造优秀员工队伍的需要。班组建设的总体目标是着眼基层班组凝聚力、执行力和创造力建设，营造和谐人文环境，打造高绩效班组，建设一流员工队伍，助力公司在新的竞争形势持续健康发展。北京公司在战略、制度、文化和员工行为模式的契合性上，在集团核心理念与公司工作文化、班组文化的融合性上，在员工与企业共同成长的一致性上，进行梳理和提炼，编制《班组文化执行手册》、《班组文化管理手册》，系统提高各级管理者“以人为本”的文化管理能力，全面促进员工对企业文化的理解和践行。自2008年始，公司班组建设工作开启了“激情、阳光”系列的主题工作，聚焦“实现公司基础管理水平的全面提升”这一目标，通过打造“技能型、效益型、管理型、创新型、和谐型”五型阳光班组，搭建“上下层级沟通、基层人才培育、管理作风改进、企业文化认同”四个平台，健全易于操作、科学有效的班组管理制度，培育精通业务、善于管理的班组长人才队伍，打造激情焕发、高效执行的班组活力文化，以制度匹配、人才培养、文化管理全面实现中国移动企业文化核心理念的落地执行。四年的努力形成了北京公司班组建设三位一体的核心理念，班组建设工作基本机制初步建立，形成了有北京公司特色的基层班组管理体系。

团队学习是核心

学习型班组是使员工和班组与企业共同进步、成长、发展，不断创造成功的持续之路。只有把班组这一企业中最基本单位打造成学习型班组，才能成功创建学习型企业，企业也才能真正实现和谐发展、科学发展和可持续性发展。系统思考、团队学习是创建学习型班组的重要内容。班组成员的思维方式是保证班组绩效的首要因素，包括系统思维、创新思维、辩证思维、逆向思维和逻辑思维，更重要的是在自我修炼的同时，提高班组成员的思维方式。公司通过“班组对对碰之智慧引航”、“我为读书狂”等班组文化品牌活动，将文化建设更好的融入班组日常工作，使之成为提升班组工作效率、加深加强交流合作的平台，增强班组凝聚力的日常工作机制之一，实现由公司组织召集到自发自行开展的转变。“班组对对碰”以解决班组的实际问题为核心，加强对对碰班组的沟通交流，提高班组的学习力、协作力和创新力，使对对碰班组在经验分享中携手促进班组文化建设水平的提升。2011年，260个结对班组在交流中彼此帮助解决实际问题，形成了良性的交流体制，增进了班组之间的友谊，促进了共同成长。“我为读书狂”活动得到班组热情响应，269个班组共提交了团队学习心得近400篇，表达自己在阅读之后的所思所想。通过品牌文化活动，创新了班组学习的形式，促进学习型班组的打造，提升基层班组整体水平，同时增强对班组文化建设成果的传播，把文化知识学以致用。

快乐心智是保障

最具生命力的，不是物质实力最雄厚的班组，而是最具活力、激情的班组。一个班组，没有活力就没有氛围，没有氛围就没有效益。班组长带领班组团队成长的法宝之一就是增强活力，营造氛围，让团队成员都具有健康积极的心智，快乐工作。北京公司推出“快乐分享”这一班组活动品牌，引导员工塑造健康阳光的快乐心智。快乐分享每年一个主题，逐步推进，先后组织快乐分享会200余场、征集快乐故事500余篇、快乐心智故事300余个。2011年，公司以“坚韧、乐观、真诚、责任、激情、宽容、自信”为核心内容，持续提升全体员工心智模式。通过开展“快乐分享会”，在班组成员中学习分享快乐心智七大要素，帮助员工建立积极向上的心智，使员工以职业的态度进行自我的情绪管理，同时，开展“身心健康”、“亲子关系”“活在爱中”“感恩有你”

等主题活动，带动员工广泛参与，营造快乐工作氛围。

有效激励是动力

认可与赞许是管理者最容易做到、管理成本最低而管理效果相当显著的激励手段之一，以示范标杆培育为牵引，以点带面，提高工作的示范性。近年来，公司开展示范班组评选，基层班组广泛参与。进一步完善标杆示范标准，通过“建机制、搭平台、树典型、见实效”四个着力点，按照示范班组评选、培育、宣传推广三个阶段有序推进，培育“五型”班组，弘扬班组文化。在企业文化示范单位创建的基础上，完善标杆示范层级，开展企业文化示范班组评选工作，更好的提升班组文化牵引，巩固企业文化建设成果。公司评选出21个企业文化示范班组，提炼示范班组优秀案例，彰显不同类型的文化特色，树立每一名员工的自信心、使其充分感受身在团队的荣耀以及成绩得到认可、能够独立自主以及通过团队协作完成工作、工作有乐趣以及拥有得到进步的机会。

注重实效是关键

公司将班组建设活动和班组实际工作紧密结合，帮助一线提升技能，减轻一线工作负担，有效加强一线班组基础管理创新，打造高素质的员工队伍，提升企业科学管理水平。第一，唱响班组建设“七个一”活动，即创意一条红段子、学习一个案例、开展一项创新、参与一场大赛、发表一篇博文、共读一本图书、提供一份谏言。为庆祝建党90周年，公司开展了“寄心语，传心声”红段子大赛，征集到红段子66564篇，转发红段子196万条，抒发了广大员工知党、爱党、颂党的真实情感；976人都通过沙龙形式分享了优秀的学习案例，并在公司开心工作网 “我的班组案例学习”专区予以了展示；全面开展QC小组活动，用QC的方法和工具解决日常工作中的难题，累计创新成果1685件，实现了全面有效激发基层团队的创新意识、创新理念、创新行动，提升了公司核心竞争力；在开心工作网上开辟的“我的班组谏言”专区里，累计采集谏言61479条；2111人参与“共读一本书”活动，有效鼓励了员工通过阅读实现自身能力成长。第二，提升班组长能力素质。根据新任班组长、现任班组长和优秀班组长的特点，结合班组长培训课程体系，以多样化的学习方式开展班组长培训工作。举办“最班长”班组长管理技能大赛，提升班组长技能。开展班组管理沙龙，牵引基层班组沙龙的常态化。开展优秀班组交流，优化并完善了基层实践经验，促进了优秀班组经验的传播与分享。建立人才储备和人才引进机制，挖掘班组内部管理人才，及时为班组输送新鲜血液，明确班组长发展方向。第三，做好做实，减负增效一线员工。各单位为一线员工逐步落实了各种有利于提高工作效率和身心健康的实事，并对各单位所承诺办实事的内容进行了审核和公示，力求好事办实，且最终获得了一线员工的满意和认可。

近年来，北京公司通过开展班组建设的一系列有益尝试，提升了班组成员对于公司企业文化的认知度，并鼓励班组在公司企业文化指引下建立具有鲜明特色的班组文化，以实现班组内部感性文化与理性文化的同步促进与营造班组间和谐氛围，在一定层面上提升了班组成员的荣誉归属感，激发了员工对于班组文化建设的参与热情，也为促进公司决策方针的有效贯彻做出了应有贡献。通过班组建设，有效提升了文化执行力。北京公司在文化认同度上位列全集团第一，在文化组织践行度上位列全集团第一、个人践行度位列全集团第二，创历史新高。员工的热情、责任、快乐在客户服务工作中，也传递给了广大客户，员工满意度持续提升，客户满意度连续两年保持全国第一。

2012年，公司班组建设工作将继续稳健开展，将紧密围绕“责任激发、卓越班组”为主题的责任文化塑造，通过“责任塑造”来“再造卓越”，实现班组建设与公司战略相结合、班组建设与生产运营实际相结合、班组建设与班组长队伍建设相结合、班组建设与企业文化落地相结合，实现公司在新的发展阶段，上下携手打造卓越基层队伍，锻造公司强劲的地头力，为实现公司继续保持行业领先的战略目标而不懈努力奋斗！

（作者徐晓杰）

人和气顺　虎威初显

——通化钢铁企业文化建设

企业概况

上个世纪，在中国地方骨干钢铁企业里，有“中原三雄”和“东北一虎”之说。“三雄”，就是邯钢、济钢、安钢；“一虎”，就是通钢。然而，2009年7月24日，通钢却因股权调整暴发群体性事件，一时间引起全国的震惊。

2010年7月16日，首钢、通钢两家国企在长春正式签署联合重组协议。根据协议，首钢向通钢注资25亿元，持有通钢77.59%的股份。重组后，通钢在许多方面发生了可喜的变化，呈现出良好的发展态势：“人和气顺，收入提高，通钢虎威初显。”

在首钢与通钢达成联合重组协议之前，原冶金部政策法规司司长董贻正曾以《学习首钢，融入首钢，超越自我，再创辉煌》为题，与通钢干部职工进行了沟通与交流。董贻正将首钢多年积淀的学习文化、找差文化、执行文化、协作文化、创新文化等介绍给通钢干部职工。联合重组之后，通钢集团领导班子非常重视引导干部职工实现思想观念和工作作风的“重组”，主动研究首钢企业文化建设的相关资料，理解、把握首钢文化的本质和内涵，寻找重组双方企业文化相互协调、融通的切入点和有效整合的着力点，形成了《通钢与首钢重组企业文化融合的基本思路》，制定出《关于进一步强化通钢企业文化建设的工作安排》。

企业文化的融合，尤其需要企业核心团队的积极推进。通钢集团领导班子为了帮助职工拓宽视野、转变观念，组织开展了“继续解放思想、再创通钢辉煌”大讨论；为了使职工认知重组、认知大势、认知发展，不断提升自我，开展了“我与企业共命运、自强不息谋发展”大讨论。他们还从实际出发，发动职工参与提炼企业理念的实践，经过自上而下、自下而上的反复讨论，逐步达成了思想上的共识。

2011年上半年，通钢党委根据首钢党委的要求，在19个基层单位重新配备了专职党委副书记。这一做法，对推进企业文化融合起到了重要的作用。来自首钢总公司的一批骨干通过言传身教传播首钢的文化理念，他们在工作中表现出的责任心、敬业精神、开拓创新意识等，对通钢干部职工产生了潜移默化的影响。

在此基础上，通钢制定并正式启动文化融合推进计划。现在，他们正在通过查找思想理念上的差距，努力实现三个转变，即：工作重点由“做大”向“做精”转变；由“粗放管理”向“精细管理”转变；由“增量”向“增量及品种”转变。

为了把体制机制理顺，通过加强管理来提高企业效益、增加职工收入，2011年通化钢铁建立了“指标分解、绩效考核、奖励分配”制度体系，明确了各单位的责权利，逐步夯实了基础工作。过去，高线厂对职工反映的工作问题未能予以妥善处理，严重挫伤了职工关心企业的积极性。后来，通化钢铁对该厂领导班子进行了调整，新班子提出“员工至上”，并制定了两项管理制度：一是问题反馈制度，每天由调度把问题分类整理出来，以反馈单的形式交由相关部门处置，并汇报落实效果；二是事故（故障）分析写实制度，每发生一起事故，都要把原因找清楚，把措施制定好。通过加强管理，高线厂产量提升，职工奖金水平提升，大家的心气也逐步上升。

现在，通钢职工当家作主的氛围越来越浓，责任心越来越强。2011年上半年，炼轧厂共收到职工合理化建议255条，创效近千万元。该厂工程技术人员和一线职工共同努力，开展技术攻关，使得硅钢产品由原来的6个品种增加到20多个品种。目前，通化钢铁的设备维护水平明显提高，工艺、设备故障率从过去的3.2‰下降到了2‰以内。

挖潜增效、点滴节约已成为通钢上下共同的行为。不管是在岗的，还是退休的，很多职工主动给领导、给有关部门发短信、打电话，举报损害企业利益的行为，提出“止血堵漏”的合理化建议。过去，由于对进厂原燃料的重量检验疏于管理，致使企业蒙受了重大的经济损失。正是由于职工举报了这个问题，企业才及时堵塞了这个管理漏洞。另外，通化钢铁还努力减少外委项目，想办法通过挖掘内部潜力减少费用支出，并大力开展修旧利废。比如，二炼钢厂过去每月领耗铜线1000多米，现在每月领耗500米，仅此一项每月就降低消耗2.5万元。

通化钢铁领导层强力贯彻执行责权利制度，并坚持做到奖罚公开公正透明，扭转了过去“香的不香，臭的不臭”的状态。比如，2011年5月份，炼轧厂因机械故障而影响生产，厂领导和相关人员主动要求分别扣发当月奖金7000多元和5000多元，并张榜公示。再如，机动处领导不为政府官员说情所动，大刀阔斧清理无良中间商，避免了串标、陪标现象的发生。这些事例说明，敢于担当越来越成为管理者的一种品格，严格管理也越来越得到广大职工的理解和支持。

大幅度降低成本，是通钢扭亏的主要渠道，为此，通钢开展了全方位的降本增效活动。

一是抓好原燃进料环节，严控铁前成本。2011年初，通化钢铁成立了优化配矿小组，建立了铁前原料周例会制，每周分析原料市场的变化，对原料结构进行优化，并及时协调铁前生产，上半年仅优化外粉一项就降低成本5571万元。从4月份起，又在炼铁高炉组织喷吹焦化除尘灰，用以替代部分喷吹煤，4　7月份为公司增加效益288.61万元。在采购方面，根据首钢技术服务团的建议，对大宗原燃料进行分类采购，大大降低了采购成本。在优化配矿过程中，借鉴吸收首钢的精细管理，不但提高了产品质量，而且降低了运输费用。

二是抓好备品备件管理，减少流动资金占用。2011年自备件采购职能划归机动处以来，机动处重新理顺备件管理流程，采取大包、零库存、招标比价、旧件回收、清除中间商、强化计划审核等措施，取得了明显成效。为减少采购环节，共清理备件中间商34家，基本实现了从厂家直接采购。通过对备件计划严格审核，自3月份以来共减少备件采购额800多万元。通过实行“3+X”供应商选择方式，使供应商选择更加公开透明，有效防止了串标、陪标现象，使采购价格市场化。过去备件发放是“管吃管添，不吃也添”，从5月份开始改为部分备件以旧换新，当月旧件回收率达到了70%，对无故不上交旧件的单位处以罚款，6月份回收率就达到了95%。这项措施制止了过去利用备件调整成本、违规出库等现象，并有利于对备件质量和使用情况的监控。备件库存从年初的58215万元，降至目前的51451万元，共降低库存6764万元。2010年通化钢铁供销逆差亏损额高达15.8亿，今年上半年供销逆差仅为1180万。

三是通过团结协作形成整体联动。过去，凡涉及多部门的工作，往往相互扯皮；现在，一项工作以谁为主就由谁牵头，各方主动配合，大大提高了工作效率。比如，大宗原材料采购计划改为由生产处制定之后，供应公司密切配合，不仅使原材料结构得到改善，性价比有所提高，而且保证了生产的需求。再如，炼轧厂、高线厂、炼铁厂等单位，打破厂界，通过团队协作、整体联动破解企业难题，有效降低了管理成本。

为了进一步强化资金、成本和费用管理，通钢采取了多项措施：一是强化全面预算管理工作，划小核算单位，确保年度预算指标分解落实“横向到边，纵向到底”。二是完善管理流程与制度，进一步强化过程控制。三是细化核算，多项措施并举降低成本。四是强化资金管理，严肃结算纪律，确保现金流量，降低财务费用。过去，一些单位无章可循，或者是有章不循。现在，财务处建立了420种标准成本模型，从月分析到旬分析，工作越做越细。过去“只问结果、不讲过程”的思维模式初步得到了克服，重视过程、重视细节、精细管理的理念日益深入人心。

2010年，通钢集团亏损总额达6.98亿元，2011年亏损额控制在2.3亿元以内。而今年1　7月份，通钢股份亏损已经下降到了9300万元，从而使得通钢集团实现盈利3.68亿元。如果通化钢铁今年实现扭亏为盈，那么整个通钢集团2011年就会盈利6个亿。

“东北虎”重振雄风之日，应该不会太远了。

（作者车宏卿，系首钢发展研究院企业文化所所长）

努力打造学习创新型企业

——安徽盈创石化检修安装有限责任公司企业文化建设

企业概况

安徽盈创石化检修安装有限责任公司连续八届获得“安徽省文明单位”称号，资产总额1.77亿元，职工1414人，是从事石油化工设备设计、制造，石油化工、电站装置检修，化工石油工程及房屋建筑工程施工的非公有制企业，先后获得“全国模范劳动关系和谐企业”、“全国企业文化优秀单位”、“全国就业与社会保障先进民营企业”、“全国优秀施工企业”等荣誉称号。

2005年8月，公司由中国石化集团公司安庆石化检安公司改制成立。改制伊始，公司实施了企业文化建设战略，开展了一系列有针对性地企业文化建设的具体项目的实施，最大限度地激发职工创新激情，促进职工个人进步与公司发展的有机统一，提升了企业核心竞争力。

企业文化建设已逐渐成为安徽盈创和谐发展的重要支点。为了响应安庆石化第三次创业，实现持续科学地发展，作为实施企业文化发展战略的第二阶段，公司适时启动了学习型组织创建工作。公司导入彼得•圣吉的“五项修炼”（自我超越、改善心智模式、建立共同愿景、团队学习、系统思考），按照“以党建工作为根本，延伸构建文化和打造学习两个领域”新形势下的党建工作方针，开展了学习型组织创建活动。其目的是：以“系统思考，团队学习”为核心理念，发挥自我超越的组织学习和系统创新能力，安徽盈创企业文化建设的目标任务就是通过企业文化建设和学习型组织创建活动，致力打造学习创新型企业。

一、主要做法

（一）制定《纲要》，启动创建工作。

2008年8月，公司党委组织政工部、人力资源部等相关人员专程赴学习型组织先进企业莱芜钢铁集团和江淮汽车集团进行调研后，多次召开务虚会广泛听取职工意见，并结合自身实际制定了《公司学习型组织建设实施纲要》，确定了“拥有终身学习的理念和机制、建立多元和开放的学习系统、形成学习共享与互动的组织氛围、具有实现共同愿景的不断增长的学习力、工作学习化使职工活出生命意义、学习工作化使盈创不断创新发展”为内容的总体目标和“建立一个共同愿景、开展一系列创建活动、建立五项机制，提升五个力、培育职工六大品格”为内容的“11556”整体思路，设计了供基层单位选择的操作性强的9个菜单式载体，并于2009年7月召开公司学习型组织启动大会，正式启动了学习型组织创建工作，并为每个学习型组织发放了启动一定数额的启动资金。

（二）系统培训，掌握科学的创建方法。

公司分三批组织全体中层以上干部到山东莱钢实地参观，听取了钢铁厂党委书记的经验介绍，并与该厂中层干部进行了座谈，对学习型组织创建工作有了初步的感性认识，统一了全体干部的思想认识；编印了《创建学习型组织读本》，将公司纲要和有关学习型组织知识问答集结在一起，供全公司职工和各创建单位学习参考；邀请上海明德学习型组织研究所教授到公司进行讲学，对学习型组织理论和创建方法进行面对面交流；在《盈创人》报、公司局域网上设置《学习交流长廊》，为内部交流创建经验提供平台，并时刻关注国内外前沿创建动态，将相关理论成果和创建经验文章发布在该栏目上；组织创建单位负责人脱产培训，重点就如何进行“五项修炼”进行专题辅导，并就创建方法进行了开放式讨论。公司在领导干部、班组长培训班上将学习型组织理论一课专门列入了课程，并在青工中开展拓展训练，培养团队意识。今年还计划组织部分学习型组织创建单位负责人到周边先进单位进行实地参观考察，学习借鉴兄弟先进企业创建成果。

（三）建立相互观摩、考评表彰、动态管理等创建长效机制。

一是建立了内部相互学习观摩机制。2011年，公司创建办公室先后组织了6场观摩活动，为创建单位负责人提供了相互学习交流创建方法的平台。公司还在检修二分公司召开了规模较大的现场推进会，参观了2个学习型组织活动现场，观摩了青年钳工趣味擂台比赛和创建图片文字资料，5家单位以PPT形式进行了经验交流，交流材料还进行了汇编印发到全司。二是建立了考评表彰机制。按照简便易行、操作性强的原则，分成组织推动、团队学习、创新机制、创建特色、创建效果等五项内容，制定了《创建标准及考核评分细则》。创建办成员对创建单位进行了逐一评比，形成了《学习型组织建设调研和考评报告》，公司对首届5家学习型组织示范单位进行了表彰和座谈。今后，将采取申报方式届期制对公司学习型组织示范单位进行表彰。三是加强了创建工作的动态管理。各创建单位按季度上报《学习型组织创建动态进程统计表》，填写已完成的项目和下阶段创建计划，创建办进行汇总并上网公开，以便交流共享。对创建单位实行动态管理，能进能出，对效果不佳、主动意识不强的创建单位则进行劝退。今年，为加强学习型党组织建设，对支部工作基础好的5个党支部吸收到学习型组织创建队伍中来。四是建立了创建办公室成员联系点制度。

二、取得成效

近两年来，盈创公司紧紧围绕"打造国内石油化工装备、建安、检维修行业名牌企业"战略目标，遵循"结合实际、简便易行、注重实效、常抓不懈"的总体原则，明确"提升团队战斗力和竞争力"这一主题，贯穿 "持续学习，不断改造"这条主线，坚持以问题为中心的学习，努力实现从"适应性学习"到"创造性学习"的跨越，不断提高职工综合素质，塑造职工优秀品格，公司学习型组织创建工作稳步推进，提升了企业的核心竞争力。

一是推动了公司的发展。企业总资产由改制时的7199万元增加到2012年3月的17749万元，企业总产值由2004年的20063万元增加到2011年的41056 万元，营业收入由2004年的15440万元增加到2011年的34049万元。企业安全生产、基础管理、产品质量和企业资质、装备能力都上了新的台阶，市场竞争能力逐步增强，职工收入与母体企业同步增长，精神文化生活日益丰富。

二是创建方法灵活多样，效果明显。开展学习型组织创建活动，得到了广大职工的充分认同和积极参与，这些创建单位通过开展学习型组织创建活动，发生了明显变化，职工的精神面貌好了，职工的学习热情高了，完成工作的质量和进度进步了，享受着创建给我们带来的实实在在的好处。检修四分公司一班"飞豹团队"坚持"全过程学习"，建立了"工作学习化模型"；检修二分公司钳工三班"阳光团队"坚持定期开展技术论坛，"人人当老师，个个做学生"，提高了班组凝聚力、学习力和创新力。铆焊一车间焊工班"骆驼团队"开展"师带徒"活动，摸索掌握了新设备管板自动焊机的焊接工艺参数，提高了工作效率；检修五分公司纺丝钳工班"齿轮团队"、 工程二分公司铆焊班"青苗团队"、检修二分公司团支部"雪狼团队"寻求有效的创建载体，把年轻人吸引到创建活动中，做了许多有益的尝试。安全环保部"基石团队"把安全例会作为学习的平台，对专职安全员进行系统化的业务培训，提高了专业化水平。

三是有力推动了创新工作。在创建过程中，我们大力倡导"人人可创新、事事有新创"、"日常工作+改善=创新"等创新理念，鼓励职工思维创新，打破固有的思维习惯和行为习惯，把本来应该做好的事情做好，在此基础上要努力寻求新的突破。公司结合学习型组织创建工作，在进一步细化各项基础管理的同时，修订了《管理标准》、《工作标准》，加强标准化管理和制度建设，建立完善了管理制度体系；制定实施了《人力资源管理三年规划》和《公司青年职工岗位成才管理办法》；进一步加大对中层领导人员、技术管理人员和技术工人的教育培训力度和考核体系，不断改善学习条件，积极为职工创造更多的学习培训和岗位成才机会，提高了职工的职业道德和业务技能素质。公司广泛开展包括机制创新、管理创新、技术创新、产品创新等内容的全方位创新活动，促进各项管理水平迈上了新台阶，促进了公司科学发展上水平。

学习型组织是最前沿的管理理论，是一个能激励企业全体职工全身心投入学习，以形成充沛的学习力，激发旺盛的创新力和竞争力，推动企业生产力和生命力持续增长的发展型组织。精神文明建设是通过提高全民族的思想道德素质和科学文化素质，为经济发展和社会全面进步提供强大的精神动力和智力支持，促进社会全面进步和个人素质的全面提高。

两年来，作为安庆市规模较大的非公企业，盈创公司坚持深入开展学习型组织创建活动，通过设立团队愿景、组织团队学习、建立反思反馈和共享机制，涌现出了一批初具学习型组织特征的创建集体，推进了公司精神文明建设不断创新和发展，保证了企业两个文明建设齐头并进，成效显著。公司特色经验得到省、市两级党组织的推广，两任安徽省委书记曾先后到公司进行调研、考察。2011年4月，省纪委副书记吴秀兰率领省党的建设领导小组调研组来司指导时认为"公司党建及精神文明建设工作是安徽省非公企业的一面旗帜，具有表率和引领作用"。

培育优秀企业文化
打造首都环卫新名片

——北京环境卫生工程集团有限公司
企业文化建设

企业概况

北京环卫集团主要承担着首都市区和部分郊区的生活废弃物收集、运输、无害化处理、道路机械化清扫、冬季除雪铲冰及首都重大活动期间的环卫服务保障等任务，同时还从事环卫装备制造、改装、车辆设备维修等多项关联业务。在全国政治、经济和文化中心的首都北京，保障城市环境卫生的安全运营不仅需要环卫基础设施、核心技术和完善的治理结构作保障，更要有先进的企业文化作支撑。

北京环卫集团重组于2006年，但是首都环卫事业可以追溯到新中国的成立。在这60多年的发展历程中，孕育并积淀了许多值得传承与发扬的优良传统、企业精神和先进价值理念。但是由于这些理念是在不同时代、不同背景下提出来的，有些已经不适应新时期企业的发展要求，为此集团党委非常重视企业文化建设。2007年，集团专门成立了企业文化建设研究会和思想政治工作研究会，制定了《北京环卫集团企业文化建设方案》，首先从出版内部刊物，规范企业标识，统一环卫作业车辆外观颜色等反映企业外在形象的方面入手，完成了视觉识别系统建设（VI）。2009年，集团党委开始着手理念识别系统（MI）和行为规范系统（BI）的建设，邀请业内著名专家学者进行指导，并动员广大干部职工积极参与，共同对企业的文化发展脉络进行梳理、整合，总结60多年来的文化精髓，深入分析历史发展不同阶段的管理特色，提炼出独具首都环卫国企特色的企业文化体系，并编制形成了《骁腾有如此——北京环卫集团企业文化手册》。在完成集团文化体系建设的基础上，北京环卫集团党委开始着手建设廉洁文化、安全文化等子文化体系，并准备用2-3年的时间全面完成品牌文化、质量文化等子文化体系建设。

一、主要做法

（一）前期调研。一是问卷调查。“骁腾有如此”企业文化体系建设之前，集团党委首先进行了问卷调查活动，了解职工心声。期间，共发放500份调查问卷，占员工总数的10%左右。从收回、统计出的企业文化建设调查问卷中可以看出，广大干部职工对大力推进集团公司企业文化建设工作非常支持，对形成统一的文化要求非常迫切，并希望通过企业文化建设不断提升集团公司的软实力，打造出有首都环卫特色的国企服务品牌。此外，工作组还翻阅了北京环卫集团20多万字的历史档案资料，查阅了百万字的有关理论书籍和国内外相关资料，形成了近两万字的调研与分析报告。二是深度访谈。北京环卫集团与北京市政研会、清华人文学院合作，对集团上上下下进行全面调研考察，从决策层领导、到中层管理人员，再到职工代表、班组长，先后面对面访谈63人次，整理出了数万字的访谈记录。三是参观考察。工作组到西飞集团、中信重工、郑煤集团等企业学习先进的企业文化建设和管理经验，为北京环卫集团建设具有时代特色、首都特色、国企特色、环卫特色的企业文化，起到了积极作用。

（二）文化整合。随后，工作组对首都环卫行业60多年的发展历史脉络进行梳理，对北京环卫集团改革开放以来思想文化变化过程进行了盘点，对重组前各单位的企业精神、理念等进行整合，精心挑选出了优秀的环卫传统文化。如：“宁愿一人脏，换来万家净”的时传祥精神；诚信、责任、创新、团队的企业精神等。在此基础上，根据企业改革发展的要求，整理提炼出了北京环卫集团的企业文化理念系统和行为识别系统。通过召开业内专家座谈会、管理层座谈会、职工代表座谈会等，广泛征求意见，形成统一的思想共识。

（三）文化落地。2010年12月，北京环卫集团党委召开《骁腾有如此——北京环卫集团企业文化手册》发布仪式，标志着集团新文化体系正式建立，开始进入文化宣贯阶段。为促使新文化体系深入人心、落到实处，集团公司成立了由领导班子成员担任组长和副组长，总部各部室、各分子公司党政主要负责人为成员的活动领导小组，分活动启动部署、深入宣传学习、文化融入管理等三个阶段，将新文化理念循序渐进地渗透到员工思想并体现在日常工作和行为中，达到引导人、塑造人、凝聚人、激励人的目的。

“骁腾有如此”企业文化体系确立后，集团党委主要负责人多次在新员工入职培训、“送学上门”等活动中，结合国内外典型公司的企业文化建设案例，亲自宣讲和解读集团公司企业文化的核心内涵和理念体系，使广大干部职工进一步了解了集团公司的新文化体系，提高了对集团公司企业文化理念的认同度。

各基层单位党组织将企业文化宣贯活动与实际工作相结合，一方面开展了职工座谈、专题讲座、征文、知识竞赛等形式多样的文化活动，另一方面坚持把文化宣贯活动融入到环卫工作的生产实践中。一清分公司在宣贯过程中，利用液晶电子屏滚动播放集团公司的企业文化体系，并制作了巨幅企业精神宣传标语，营造了浓厚的环境文化氛围；二清分公司不仅为各党支部制作了文化体系宣传展板，还在饭堂门口、职工之家等处悬挂企业文化展板，促使新文化体系深入人心；四清分公司在盛夏季节制作了方便易携带的折叠纸扇，上面印上了集团公司企业精神、企业标识、骏马图等，让职工在享受清凉的同时，又增添了一些文化气息。

二、工作亮点

（一）文化定位。“骁腾有如此”企业文化体系的核心定位是“马文化”。这是因为，马代表着一种勤勉工作、自强不息的精神象征，与我们城市美容师的工作性质相融合，寄寓着环卫人的品格追求。具象于马的这种环卫文化品格，表达了广大环卫人在肩负清洁城市与缔造美好人居环境的过程中，始终以“骁腾有如此”的精神气概，勇于并善于迎接各种困难和挑战，同时，也构成了企业未来能够可持续发展的根本保证。

（二）理念体系。“骁腾有如此”企业文化的理念体系涵盖了企业使命、共同愿景、核心价值观、企业精神和九大运营理念。

企业使命：“环境缔造和谐、创新服务大众、节约回报社会、责任成就未来”，表达了广大环卫人将以高度的社会责任感与奉献精神，致力于建设资源节约型企业、环境友好型设施，促进人与自然的和谐共生；以敢为天下先、勇于突破的创新精神服务大众、让市民满意；始终以节约资源、节能减排等环保理念，打造现代化的节约、环保的生产方式与工作方式，勇担企业社会责任，回报社会，为社会创造更大价值。

共同愿景：“成为环卫服务业的领先者”，将全体员工紧紧地联结起来，成为一种令员工深受感召，激发员工不断向前超越的巨大精神力量。

核心价值观：“清洁城市、服务人民”，是企业的立业之本、胜利之基、力量之源，是环卫人永恒的价值追求，体现了环卫人的历史使命、事业理想、政治立场与人生态度，也彰显了环卫行业的价值取向，是环卫人立足环卫行业，促进环卫行业持续、稳定、健康发展的价值支撑。

企业精神：“诚信、责任、创新、团队、高效”，“诚信”是公司发展的道德基石；“责任”是公司发展的最高使命；“创新”是公司发展的动力源泉；“团队”是公司发展的根本保障；“高效”是公司发展的永恒追求。

九大运营理念涵盖了“骥称其德、德才兼备”的人才理念，“好知乐知、学以致用”的学习理念，“日新又新、其命惟新”的创新理念，“诚者自成、信者自立”的诚信理念，“以人为本、简约有效”的管理理念，“精细严实、赢在执行”的工作理念，“上下同欲、共进共赢”的团队理念，“亲情共享、以企为家”的亲情理念和“循环清洁、和谐共生”的环境理念。

企业使命、共同愿景、核心价值观、企业精神和九大运营理念，构筑了北京环卫集团广大干部职工忠于职守、勇担责任、服务大众、追求卓越的文化氛围。

（三）行为方式。“骁腾有如此”企业文化行为方式，针对一般员工和中高层管理人员，制定了员工行为准则和中高层管理人员核心胜任能力。员工行为准则是企业价值观与理念系统的延伸与外化。中层管理人员核心胜任能力是在一般员工行为准则的基础上，对其提出的更高标准和要求。

三、活动成效

（一）统一了思想。北京环卫集团党委将企业文化建设提升到为企业改革稳定发展保驾护航的战略高度，通过企业文化的整合和宣贯，广大干部职工深刻认识到，思想不统一、文化不融合、力量不往一处使，企业就不会有出路、不会有大发展，职工最关心、最直接、最根本的利益就无法得到保证。

（二）营造了氛围。北京环卫集团党委将企业文化理念融入到丰富多彩的文化活动中，通过开展经济技术创新、岗位练兵、职工技能竞赛活动等，在集团上下形成一种比学赶超、争当业务领军人的良好氛围。通过开展丰富多彩的活动，职工的技能有了很大提高。在今年北京市第二届职工职业技能竞赛中，汽车维修工组决赛的前 10 名全部由北京环卫集团参赛选手获得；汽车驾驶员组决赛前 10 名中，北京环卫集团参赛选手占了 9 名。

（三）促进了工作。北京环卫集团党委持续、深入地传播企业文化理念，把“骁腾有如此”企业文化理念体系融入到生产经营管理和员工的思想行动中。广大管理人员将学习与实践相结合，坚持把学习体会转化为谋划发展的思路、促进工作的措施、领导全局的本领，对鼓舞和带领广大干部职工维护城市环境卫生安全运行，圆满完成新中国成立 60 周年庆典环境保障、2010 年初特大暴雪的扫雪铲冰任务起到了很好的作用。

（四）提升了实力。北京环卫集团党委在企业文化建设过程中，注重总结，创意性地推出企业形象宣传片、《首都环卫礼赞》、《环卫设施对外开放宣传画册》、《生活垃圾处理知识问答》等各类文化产品，充分利用内外部传播途径，赢得广大干部职工和各界人士的认知和赞同，不断扩大集团公司的品牌知名度、企业影响力和综合竞争力。五年来，集团公司资产总额翻了一番多，营业收入增长 126%，年度利润总额增长 534%。在京内，年无害化处理城市生活垃圾量由初期占全市的 20% 增长到 46.7% 以上；制定了多项环卫作业质量标准，其中，高速路、城市快速路清扫保洁质量要求与评价、卫生保洁服务通则等已成为北京市地方标准；职工收入也实现了稳步增长。在京外，通过公开投标、多轮竞争后，与广东江门市政府合作，开工建设了旗杆石生活垃圾卫生填埋场特许经营权 BOT 项目，首次向国内发达地区输出环卫技术和管理；同样的方式，与辽宁盘锦市政府合作，开工建设了盘锦生活垃圾卫生填埋场特许经营权 BOT 项目。在境外，集团装备制造业的环卫车辆已经出口到古巴、东南亚等国家和地区，环卫研发技术出口到巴基斯坦等国家。目前，集团公司还正在与鄂尔多斯、哈尔滨、景德镇、绥化等外埠地区洽谈环卫项目合作事宜。

（五）扩大了影响。“十一五”时期，北京环卫集团党委开展企业文化建设活动以来，广大职工思想积极向上，团队学习意识大大增强，先后荣获全国企业文化建设先进单位等国家级先进集体 17 个，全国企业文化建设先进个人等国家级先进个人 11 人；市级先进集体 77 个，市级先进个人 124 人；有 3 人被评为国家级劳动模范，有 30 人被评为市级劳动模范；以全国劳动模范任晓云、李春国等为代表的新一代环卫员工在北京环卫集团企业文化的熏陶下茁壮成长，肩负起了传承时传祥精神、美化首都环境的重任。

四、主要启示

（一）注重历史传承、不断创新，是确保企业文化建设取得成效的基础。北京环卫集团党委在企业文化体系建设过程中，十分注意处理好历史传承与不断创新的关系，在坚持传承“宁愿一人脏，换来万家净”的时传祥精神的基础上，不断总结、提炼、完善理念体系，根据时代特点、社会变迁和企业改革发展的实际，将企业文化定位在具有“骁腾有如此”精神气概的马文化上，及时为企业核心理念赋予新的内涵。

（二）广泛听取意见、群策群力，是圆满完成企业文化体系建设必不可少的条件。在“骁腾有如此”企业文化体系建设过程中，通过广泛征求基层、总部各部室和各级领导干部的意见，采取先民主后集中的办法，几上几下进行研讨和完善，最终选取出最符合行业实际和企业特点的方案，特别是广泛征求了职工代表的意见，不仅最大程度地吸纳了职工群众的智慧，也为下一步的宣贯工作奠定了扎实的基础。

（三）领导高度重视、实地宣讲，是促使企业文化有效落地的重要保证。从最初成立企业文化研究部门、广泛发动干部职工参与，到完成“骁腾有如此”企业文化体系建设、促使企业文化有效落地，融入了各级领导的辛勤汗水和正确决策。特别是在宣贯过程中，集团企业文化建设主管领导亲自下基层宣讲，调动了各基层单位宣贯的积极性，是促使集团企业文化有效落地、融入职工思想、工作、生活的重要保证。

**（四）融入思想政治工作、党建工作，是保障企业文

化建设正确方向的核心。把企业党建工作、思想政治工作与企业文化建设有机结合起来，能够更好地为企业改革发展保驾护航，保证企业文化建设的正确方向。北京环卫集团党委在开展企业文化建设过程中，注重做好“四个结合”。一是积极与企业党建工作相结合，大力开展“聚力工程”、“领航工程”，发挥广大党员的模范带头作用，有力地提高了基层党组织战斗力，进一步提升了广大职工队伍的思想素质；二是与思想政治工作、舆情信息工作相结合，创建了《北京环卫》企业报、企业网站、宣传橱窗等宣传文化阵地，努力在打造舆情信息工作网络、突出工作针对性、把握舆情导向等方面下功夫，营造了良好的工作环境和舆论氛围，搭建了展示企业软实力的平台；三是与内控体系建设相结合，促进了企业管理的规范化，提升了内控管理效率，企业管理人员的管理思想正在向科学管理过渡、向文化管理攀升，集团公司进入了更高层次的管理模式；四是与廉政建设相结合，在企业内部营造了风清气正的和谐发展氛围。此外，新文化体系宣贯过程中，北京环卫集团党委还将企业文化宣贯作为业余党校、职工课堂学习的重要内容，作为广大干部职工培训和各类座谈活动的重要内容，取得了良好的效果。

推进企业文化升级
实现更高质量发展

——冀中能源邯郸矿业集团有限公司企业文化建设

企业概况

冀中能源邯郸矿业集团有限公司（以下简称邯矿集团），前身是成立于1958年4月的邯郸矿务局，2003年3月整体改制为邯郸矿业集团有限公司。2004年2月重组张家口盛源公司，拉开了河北省国有资产有序整合的大幕，2005年12月携手邢台矿业集团组建了河北金能集团，2008年6月金能集团与峰峰集团联合创立冀中能源集团，邯矿集团成为这艘能源航母的一只旗舰。

邯矿建企50余年，锻造和形成了优秀的企业文化，特别是2003年整体改制后，建塑强势企业文化上升为自觉行动，坚持传承优秀、充满活力、特点鲜明、实用管用，历经2004年全面启动年、2005年深化建设年、2006年推进提高年，三年迈出三大步，先后研发、制定、推广了理念识别、视听识别和行为识别“三大系统”，构成了新时期邯矿企业文化主框架、主体系。新时期邯矿文化，根扎企业文化沃土，具有深厚群众基础，在发展企业生产力、增强企业凝聚力、拓展企业吸纳力、激发企业创造力、塑造企业执行力、提升企业竞争力等六个方面，充分发挥了导向、凝聚、激励等功能，为企业持续快速健康发展提供了强劲的文化驱动力。邯矿文化两次获得全国企业文化建设一等奖，2010年邯矿集团被省委宣传部等5部门联合命名为全省首批企业文化建设示范单位，2011年邯矿集团荣获全国企业文化建设优秀单位。

企业文化是企业在长期创业发展过程中形成，并为广大职工所认同的价值观念、管理方式和行为规范，是技术、人才、资金之外的第四资源和价值规律之外的又一只“无形之手”，在现代企业建设和市场竞争中发挥着越来越重要的作用。

任何文化都是时代的产物，必然有时代的局限，企业文化也是如此。一个优秀的、真正能够引领和促进发展的企业文化绝不是游离于时代之外、固步自封、孤芳自赏的文化，而是与时俱进，体现时代特征、反映时代要素、紧扣时代脉搏的文化。近年来，特别是冀中能源集团组建聚和文化应运而生，邯矿集团党委在企业建设“一主多优，和而不同”思想的指导下，以“研发新体系、拓展新层次、提升新境界”为目标，积极促进企业文化升级提档。

增动力、激活力，体现认识新高度，提升文化新层次

当今社会文化在企业综合竞争力中的地位日益重要，谁占据了文化发展的制高点，谁就能够更好地在激烈的市场竞争中掌握主动权。对于这句话，邯矿集团干部职工有着深刻认识。邯矿从四个地方小煤窑起家，历经艰苦创业、成长壮大、砥砺市场、跨越发展四个阶段50多年风风雨雨，推动企业从小到大、从弱到强一路前行的精神力量，一是煤炭行业“特别能战斗、特别能吃苦、特别能忍耐、特别能奉献”的“四特”精神文化，二是不同阶段的邯矿企业精神文化，比如，邯矿建企之初的“艰苦奋斗、勤俭办企、顽强拼搏、自强不息”的创业精神文化，“改革创新、与时俱进、开拓进取、敢为人先”的时代精神文化等。尤其是2003年企业改制建塑强势文化上升到自觉层面后，邯矿集团党委把长期形成和积聚的“敢为人先、改革创新”的特有精神品质植入了邯矿人的精神内层，成为深入人心的精神文化理念。正是有了这样的一种精神理念，邯矿集团才以崭新的风貌和昂扬的斗志，抓住了发展机遇、实现了跨越发展、赢得了社会尊重。

冀中能源集团组建，掀起了新一轮竞相发展热潮。如何在冀中能源聚和文化的统领主导下，形成邯矿新的文化优势，不仅是落实“一主多优，和而不同”指导思想的实际需要，更是用文化力引领推动企业在新一轮竞相发展中实现更大跨越的内在要求。基于此，邯矿集团党委一手抓聚和文化的深入宣贯，外增动力；一手把研发企业文化新体系、打造邯矿文化新品牌提上了日程，内激活力。去年，成立了研发组织机构，实行了课题攻关管理，经过三个多月的调查研究、梳理提炼、精心打磨，对邯矿文化进行了全面性、系统化的再认识、再升华、再弘扬，五易其稿、反复推敲后形成了《邯矿集团搏进文化体系》。

继优秀、促升级，找准品名新定位，赋予文化新内涵

在对企业文化重新梳理、提炼的过程中，邯矿集团党委牢固树立冀中能源聚和文化的统领、主导地位，密切联系实际、继承优秀文化、立足重塑再造，对原文化体系进行了认真检视，剔除了落后时代、不合时宜甚至制约发展的“过时”内容，确定了搏进新品名，赋予了文化新内涵。

搏进文化品名定位。“搏进”二字萃取于“拼搏奋进”的邯矿文化底蕴当中，“搏”字具有三层含义，一是自强不息，追求卓越——与市场搏；二是尊重科学，勇于开拓——与自然搏；三是敢为人先，奋发图强——与自己搏；“进”字代表五种元素，即：善于竞、胜于劲、成于进、强于精、盛于敬。“搏进”是邯矿人永不服输、永不满足、永不停滞、永不懈怠的精神内核，代表了英雄几代人敢想敢干、勇往直前、追求卓越的心路历程和精神状态。单从搏进文化的定位就可以看出，从新时期邯矿文化到搏进文化，不是简单的“物理嫁接”，而是一脉相承、淬火升级，既体现了鲜明的行业特点，煤味浓厚；又体现了鲜明的邯矿特质，邯味浓厚；还体现了鲜明的时代特征，品味浓厚。搏进文化体系的研发形成，不仅为承接冀中能源聚和文化打造了新平台，更为进一步延伸和拓展邯矿文化打开了新空间，是邯矿企业文化建设新的里程碑。

搏进文化基本内容。邯矿搏进文化体系共七章、约2.3万余字，其主要框架可以形象地概括为“五层大厦”结构。从上到下排序，位于大厦顶端的第一层是冀中能源聚和文化体系，高屋建瓴表示冀中能源“聚和文化”与邯矿“搏进文化”是母文化与子文化、统领与承接的关系。第二层是“搏进文化”的释意、内涵、意蕴。第三层是“搏进文化”的四大支撑系统，一是十大理念系统。搏进文化十大理念的提炼、确定，是建立在“对接聚和文化，继承邯矿文化，高举发展旗帜”的基础上的，对原邯矿文化的21个目标、精神、作风、理念、观念进行了变更、微调或必要增减。如，邯矿愿景从适应新形势、引领新发展的实际出发，概括为“一流强企，百年邯矿”；把原来的市场观和销售观合并成了“市场导向，塑造品牌”的营销观，等等。二是一个核心、五个体系、九个要素的“一五九”管理系统（一个核心，即：邯矿集团全员责任目标精细化管理模式，简称“HTRAM”模式。五个体系，即：一纵一横一环“三线”责任体系；具体化、可衡量化、可激励化、实在化、时限化的“五化”目标体系；每一人、每一事、每一时、每一物、每一处的“5E”标准体系；ABCD卡的“四卡”考核体系；考核排序、末位转岗、星级评选、诚信评测、质量评比的“五类”激励体系。九个要素，即：预算管理、安全管理、诚信管理、集体升入井、准军事化管理、走动式管理、目视管理、定期评议、班组建设）。三是以基本行为规范、各层人员行为规范、工作现场行为规范和日常礼仪为主要内容的“四大”行为系统。四是以同遵一个VI标识、同做两类看板、同编两本画册、同看两个光盘、同唱一首歌曲为主要内容的五大视听系统。第四层是“搏进文化”管理模式，主要包括围绕一个主题（科学发展观这个主题），搭建两大平台（信息化平台，思想政治工作平台），建立三个机制（目标牵引机制，考核评价机制，激励奖罚机制），落到四级组织（矿区、矿厂、区科、班组），强化五种动态载体（会议布道、培训教育、礼仪活动、案例研讨、竞赛评比），提供六大保障（组织保障，制度保障，人才保障，科技保障，设施保障，资金保障）。第五层也就是最基层为“搏进文化”的分支文化体系，该层面在涵盖了当前邯矿安全、精细管理、廉政、社区、精煤等较为成熟完善的分支文化的同时，又为今后开发延伸其他领域文化、不断巩固壮大企业文化根基预留了足够空间。

明方向、抓重点，打造文化新格局，推动企业新跨越

任何一个时期的文化都是多元一体、多样共生的，特别是随着邯矿集团跨区域、跨行业、跨所有制整合经营步伐的日益加快，在隶属关系多层次、所有制结构多成分的新形势下，推进企业文化建设必须强化主导、明确主体、打好基础。

——强化主导，牢固树立聚和文化的统领地位。按照“提升、培育、完善”的要求，纵深推进冀中能源聚和文化建设，不断巩固聚和文化的统领、主导地位。

——明确主体，充分发挥搏进文化的引领功能。落实《搏进文化建设实施方案》各项要求，实现邯矿新旧文化体系的无缝对接、升级再造。

——打好基础，高度重视矿厂文化的基础作用。矿厂文化是搏进文化的根基，在扎实推进聚和文化、搏进文化建设的同时，邯矿集团党委以点带面加快了矿厂文化建设步伐，以期尽快形成以聚和文化为主导、以搏进文化为主体、以矿厂文化为基础的“三级文化体系”。另外，按照《中央宣传部、国务院国资委关于加强和改进新形势下国有及国有控股企业思想政治工作的意见》中对国有控股企业文化建设的要求，结合邯矿跨越区域整合经营的实际，制定了《控股和整合企业加强文化建设实施意见》，以企业文化的大融合、大建设，提升核心竞争力。

服务文化建设增强了企业竞争力

——北京石油机械厂企业文化建设

企业概况

北京石油机械厂是一家石油钻采装备制造企业，主要有顶部驱动钻井装置、随钻仪器、螺杆钻具系列、地面防喷器控制装置系列、震击器系列、钻柱减震器系列、井下单螺杆抽油泵系列等七大系列主导产品，产品覆盖中石油、中石化所属的陆上油气田和中海油所属的海上油田，出口到美国、加拿大等50多个国家和地区。

作为集团公司的产业化基地，中国石油工业急需的装备仪器许多都是在北石厂实现产业化。北石厂紧紧依托钻井院等科研院所，不断创新，先后推出了顶驱下套管装置、精细控压钻井系统、膨胀式尾管悬挂器、新型液力推进器产品、全金属井下动力钻具等多种高端装备与工具，逐渐成为中国石油攻坚克难的尖

刀兵，彻底打破了国外的技术垄断。

一、问题的提出

随着经济发展和社会的进步，客户对服务的要求越来越高，传统的服务模式已经无法满足客户不断提高的服务需求，制造企业向服务型企业转型已经是趋势所向。事实上，在2009年年初，国家发布并实施《装备制造业调整振兴规划》时，就明确提到了要大力发展现代制造服务业，制造企业要逐步由单纯制造业向生产服务型企业转变，从而延伸产业链，提高产业总体价值和效益。

在“十五”、“十一五”期间企业实现了快速发展，特别是在顶部驱动装置项目产业化后，产品销售收入从2000年的5643万元上升到2011年的6.87亿，2008年达到12.18亿。资产总额从2000年的3.5亿元上升到2011年12.58亿元。随着企业的跨越式发展，北石厂调整了产业结构，已经由生产制造型企业向服务制造型企业转变。如何塑造适应新时期的企业服务文化理念成为了一个亟待解决的问题。因此，构建服务文化势在必行。

二、北京石油机械厂服务文化现状分析

北京石油机械厂经过57年的发展，在企业管理、规范高效运作等方面积累了较丰富的经验，在中国石油集团公司的大力倡导下，北京石油机械厂企业文化建设活动蓬勃开展，形成了具有北石特色的企业文化，在企业的发展进程中发挥了积极的文化支撑的作用，有效地促进的企业跨越式发展。

从2001年初，北京石油机械初步建立了企业理念体系；到2003年充实企业文化内容；再到2005年进一步完善企业理念体系。这一系列的企业文化建设在提升企业核心竞争力方面发挥了重要的积极作用。然而，随着社会经济的持续发展，整个世界的经济已经步入“服务经济时代”。在这个客观环境下，“十二五”以来，北石厂及时进行了产业结构的调整，逐渐由生产制造型企业向服务制造型企业逐步转变，北石厂的服务文化建设逐步形成。

三、牢固树立了服务品牌化的意识

品牌是企业经营发展战略里的一个重要名词，品牌有助于促进企业产品的销售，有助于树立企业鲜明的形象，顾客也能借助于品牌对企业有一个全面、清晰地了解。服务品牌文化，也就是将服务战略融入到企业文化建设，这是塑造企业服务文化的基础。

北京石油机械厂的标识为正方形框，内用S上下连接，标志主要突出一个“实”，所以标志用一个几何图形作边框增加了标志的稳定性，显得强而有力，标志中间是运用现代平面艺术设计的手法将螺杆的外形演变成一个S形的，抓住钻具特征，虽然抽象，却能一目了然，流动的线条，充满了动感的活力和时代的信息。螺杆抽象的造型则是北京石油机械厂的特点，赋予识别的各性。而标志的形状极其巧妙的呈现出了一个“B”的抽象图案，使得整个造型又蕴涵了“BS”，正好印证了北石的简称。

服务品牌化的本质是将企业的产品品牌形象通过优质服务传递给广大顾客。北石厂始终坚持“追求顾客的无悔选择”的企业服务宗旨，严格遵守着“为用户提供优质的产品和满意的服务”的工作准则，不断采用先进的设计技术、精良的加工设备和检验试验手段、严格的质量控制，为中国石油、中国石油工业打造利器，提供了大量急需的技术装备和服务支持。

“十二五”以来，随着企业产业结构的转型，北京石油机械厂不断丰富服务文化的内涵，形成了服务文化的核心理念，即：

追求优质服务是服务文化的宗旨。企业通过优质的服务，提高服务的附加值，用多元的服务模式来吸引更多客户，提高企业在国内外市场中的知名度和美誉度。

顾客满意是服务文化的核心。要求企业中的每一个人都以顾客满意为目标，将顾客导向作为自己行动的基本导向。企业只有做到一切以顾客需求、市场需求为主，最大限度的满足顾客的需求，才能实现优质服务，才能增加本企业在市场中的辨识度。

员工满意是基本途径。员工是联系企业与顾客的桥梁，员工对企业的评价以及是否满意都直接影响着顾客满意的实现。所以要想达到顾客满意，首先要使企业的员工满意。

这些服务文化理念的形成及推广，也使得北石厂实现了国际化发展，能够站在世界钻井技术的大舞台，成为了与国际知名品牌并驾齐驱的产品、技术与服务供应商。荷兰皇家壳牌石油公司执行副总裁Peter Sharp对北石厂在管理、特色产品方面做出的努力给予了高度评价，对北石产品的性能及其在现场应用的优异表现给予了高度赞扬，并希望能与北石厂加强合作，制造生产出高质量、高科技的石油装备和工具。“北石”、“bpm”也已经成长为世界知名品牌，北石产品越来越多地被BP、壳牌、雪弗龙、斯伦贝谢等各大国际油公司接受和认可。

（一）服务文化建设赋予服务模式的多元化。

追求优质服务是服务文化的宗旨。那么如何实现优质服务？一个有效途径就是实现服务的差别化、个性化和创新化，在企业现实的顾客群体和潜在群体中，存在着大量的差异性，企业善于辨认不同的群体，针对不同的顾客，定制不同的服务方式，真正达到顾客满意。

结合企业实际，北京石油机械厂将产品大致分成三类：一是传统的主导产品，如螺杆钻具、防喷器控制装置、震击器减震器、螺杆泵等；二是已经成功产业化并形成系列化的高端仪器和装备，如近钻头地质导向钻井系统、顶部驱动钻井装置、顶驱下套管装置、膨胀式尾管悬挂器等；三是正在实施产业化的产品，如精细控压钻井系统、新型液力推进器等等。

企业产品的品种结构已经有原来的传统固定产品模式

转变为多品种、高精尖。根据产品性能、结构等特点也就形成了多元化的服务模式。主要有三种：

第一是将产品系统发展为集服务与产品于一体的产品服务系统。即在销售产品的同时也提供产品服务。该套系统主要包括成立服务队伍、建立服务站、加强客户培训、实施远程监控系统等。目前企业服务部门的技术人员和现场服务人员已达到全厂职工的28%以上，长期在国内外油田现场进行产品的技术支持和现场服务。这些为产品的服务提供了有力的人力支持。

先后建立了8个服务站，其中，在国外成立了南美服务站、北美服务站、中东服务站、中亚服务站，在国内成立了西南服务站、西北服务站、内蒙服务站、冀东服务站。随着业务的不断增多，还将增设服务站。目前，已经成功搭建顶驱服务网络平台，设有服务热线2个，24小时接听用户电话。设有服务邮箱，每天有专人处理来往邮件。设有用户QQ群，有专人负责及时解答客户询问。技术支持热线、网络支持及故障处理记录等软件都已形成有效的工作系统，能够为用户提供及时有效的技术支持、现场维修、备件供应等服务。这些为产品服务提供了有力的物力支持。

加强客户培训是提供优质服务的关键。目前北石厂组织了国内外客户培训共74期，采取两种培训方式即学员到厂培训和培训教师应对方要求到厂外培训。主要以第一种培训方式为主。经过培训，客户对技术应用能力方面有一定的提高，基本能够解决产品在现场遇到技术故障，并为下一步提为自我运用能力打下良好基础。

北石厂充分利用信息化手段，全力实施远程监控系统，即在企业生产的产品上安装特定的软件和硬件，待产品在现场使用过程中能够实现远程监控，及时提供预警和诊断。目前，远程监控系统已经在顶部驱动钻井装置上开始实施，待成熟后推广至其他产品。这些将为产品服务提供有力的智力支持。

第二是让客户参与到产品的设计与生产过程中来，形成共同服务模式。北石厂通过客户参与设计和生产，有效地管理客户期望，提高产品的可靠性、可制造性、可维护性、可回收性与降低成本，共同实现优质服务。2011年，针对辽河区块地质构造的特殊性，北石厂与长城钻探采取科技合作的方式，针对地层的特殊性，在很短的时间内研制生产了耐高温、耐腐蚀螺杆钻具。北石厂的快速反应、科技创新、服务及时，为客户应对复杂地层提供了利器，为快速开发辽河区块奠定了基础。这种耐高温、耐腐蚀螺杆钻具已经在辽河、内蒙等区块大量使用，效果很好。今后，北石厂在这种方式上将进一步加大力度。

第三是高端产品以直接服务为主，销售为辅模式。比如近钻头地质导向系统。由于产品精密、结构复杂，性能高端等特点，给客户在使用过程中带来了许多不便，同时也影响了高端产品性能的发挥，为推广新产品新技术带来了阻力。针对这些，北石厂采取了这种模式。从2011年底至今，CGDS近钻头地质导向钻井系统圆满完成在大庆油田芳50-平16井 、芳葡86-平26井、太东86-平114井等的现场技术服务，实现了仪器在薄差油层的成功应用。为下一步CGDS在大庆油田以及国内外其它各大油田的全面推广应用起到了良好的示范和推动作用。

实践表明，通过服务文化赋予的多元化的服务模式，不仅提升了企业品牌的美誉度，而且有效地支持产品的销售。不仅为自己的客户创造更多的价值，还能够有效地防范自己的竞争对手试图破坏本企业的客户关系。

（二）营造良好的服务文化氛围。

服务与有形的物质相比，无形性是其主要特点。顾客在购买之前，一般不能感觉到你的服务质量，需要借助于有形的实物展示，才能帮助顾客判定企业的服务层次。因此，企业需要从内外部环境入手，营造与企业相匹配的服务文化环境和氛围。2012年，北京石油机械厂积极开展“服务与安全年”活动，明确提出要加强和加速服务人员的培训工作，并通过厂内培养和外部引进的方式，进一步扩大服务队伍的规模，不断加大现场服务的力度。要规范产品服务支持和服务方式，向服务的标准化靠拢。要加强与客户的沟通，积极参与产品应用全过程，以稳定和提高产品质量和服务质量水平。此外，北石厂还通过企业内部信息化交流平台即OA系统加大了宣传力度，及时总结经验，通过员工的切身体会，加深对服务文化的理解，营造了良好的服务文化氛围。

（三）不断创新丰富服务文化的内涵。

要突出精品服务文化。应该由精品理念、环节精品、精品标准三大有机部分构成。继续加大精品服务力度，将“打造北石精品，塑造国际品牌”的理念落实到行动中。北京石油机械厂的主要产品已经统一纳入“中国石油”品牌，这对北石产品来说既是机遇，也是挑战。因此，北京石油机械厂要在“中国石油”品牌的领导下，持续改进产品质量，提高服务水平，加强品牌管理，增强企业核心竞争力。

要突出危机文化。面对同质化竞争愈演愈烈的情况，在后金融危机时代，如何寻求进一步发展，这是所有企业都要认真考虑的问题，对北石厂来说也是一样。在新形势特别是不利形势下，应该如何在危机中抓住市场、应该采取哪些手段有效应对风险、应该主抓企业发展中的何种矛盾并如何解决，这是需要认真考虑的问题。

要打造和谐文化。要承认个人的多样性和差异性，尊重文化差异和风俗习惯，做到尊重员工。以实现企业价值观为目的，将企业文化和传统文化相结合，将企业文化与思想政治工作相结合，规范员工的思维方式和行为方式。通过人性化管理谋求个人发展与企业发展统一，激发员工的主动性、积极性和创造性，使员工有归属感，企业有凝聚力。要特别突出以人为本，以和谐作为企业文化的基本价值取向，将和谐理念贯彻于企业文化形态和文化现象的全过程之中。

企业服务文化是一种全新的管理思想，建设企业服务文化必须与企业现实服务管理工作和企业实际紧密结合，必须与推广、应用、开发现代先进通讯技术紧密结合。企业服务文化建设是一项综合性的系统工程，需要群策群力，全员奋斗，全方位的通力合作，因而要坚持党政工团齐头并进，齐抓共管，形成互相协作、配合默契的运作机制。企业服务文化建设是一项长期的战略工程，需要不断地完善和不断地向前发展，所以要坚持不懈，作长期持久的努力。北京石油机械厂将不断丰富完善服务文化建设，为企业实现科学和谐发展做出积极的贡献！

（作者蒲硕柯、付淑芳、喻鹤兵）

加强地勘文化建设 为经济发展提供强大精神动力

——辽宁省第五地质大队企业文化建设

企业概况

辽宁省第五地质大队1955年建队，50多年来，先后探明和评价了硼、菱镁矿、滑石矿、金矿、铅锌等大中型矿床20余处，矿点300余个，共发现矿种43个，为辽宁的改革开放、发展矿山支柱产业提供了充分的科学依据。从单一从事地质找矿的事业单位发展成为集地质找矿、矿业开发、工程施工、多种经营四大产业为主体的、适应市场经济需要、为地方经济服务的综合地质大队。工作区域辐射到营口、鞍山、大连、天津、长春、内蒙、青海等地区，地质勘查走出国门到刚果、赞比亚、津巴布韦、印度尼西亚等国家开展工作。

通过多年不断地建设和创新，企业发生了深刻的变化，近年来，先后荣获全国企业文化建设优秀单位、辽宁省文明单位、辽宁省思想政治工作先进单位，辽宁省企业文化建设示范单位、营口市特色文化标兵单位等荣誉称号。

建队50多年来，五队积淀了宝贵的精神财富，形成了底蕴深厚和内涵广博的地勘文化。通过多年不断地建设和创新，这种先进文化力已深深地熔铸在五队的生命力、凝聚力和创造力之中，成为引领干部职工朝着共同方向前进的一面旗帜，并以其特有的强大力量把地质五队推向可持续发展的快车道。

坚持开展地勘文化建设，依靠文化力促进生产力

五队班子高度重视地勘文化建设，将实施与时俱进的文化创新作为推进地勘经济科学发展的重要途径。五队是开展地勘文化建设较早的单位，在计划经济时期，就荣获全国地矿系统“三面红旗”之一。经过上世纪八十年代的培育成长、九十年代的不断完善和进入新世纪后的成熟运用三个关键阶段，逐步形成了五队特色文化管理模式。

近几年，五队党委牢牢把握先进文化的发展方向，以发展眼光和战略思维导入CI战略，把CI战略贯穿到生产经营的全过程，运用先进文化力对企业进行全方位的规范整合，组织广大职工认真学习，全面提升职工的综合素质，树立鲜明的地勘形象，打造地勘核心竞争力，对促进地勘经济又好又快地发展，发挥了至关重要的作用。在先进文化力的影响下，地质五队的凝聚力、向心力、战斗力显著增强，知名度、美誉度和社会影响力大幅提升，生产经营屡创佳绩，找矿硕果累累，经济得到快速发展。2009实现产值9917.4万元，比上年增长21.07%；实现利润763万元，比上年增长140.69%。2010年实现产值10939万元，利润950万元。

搭建文化建设平台，促进职工全面发展

五队党委始终把促进职工全面发展作为党建和思想政治工作的重要任务，积极为职工搭建各种文化平台。

一是搭建职工学习培训平台，创建学习型组织。近年来，五队积极开展学习型组织创建活动，提炼了“学习倍增员工价值，学习引领企业未来”的学习理念，坚持以文化人，营造浓厚的育人环境和学习氛围。以《五队简报》和网络为平台，开辟了地勘文化专栏，每期都有干部职工对地勘文化认识的文章；大队制作数十块地勘文化理念标语，张贴悬挂在楼梯缓步台、会议室、食堂、宿舍等职工天天能看到的地方，还设计制作了印有局徽和单位名称的五队办公用品，安装了“勘探队员之歌”音乐为背景铃声的电话彩铃，让职工在潜移默化中，接受到地勘文化的教育与熏陶。通过开展地勘文化建设征文、地勘文化理念知识竞赛、邀请专家举办企业文化建设讲座，帮助干部职工真正从思想上接受地勘文化的新理念，营造浓厚的文化氛围，让地勘文化真正入眼入脑入心。注重制度建设，近几年相继制定了《关于加强地质成果质量管理的办法》、《岩矿测试生产质量管理办法》等数项管理办法，逐步完善了各项管理工作制度，使管理做到有章可循、有法可依。

领导班子牢固树立地勘文化意识，带头学习企业文化方面的知识。大队长和班子成员带头撰写地勘文化论文，多篇论文先后在中国矿业报、辽宁省思想政治工作等报刊杂志上发表，数篇论文获得营口市思想政治工作优秀研究成果奖和辽宁省企业文化优秀研究成果奖。同时，在地勘文化建设过程中，塑造了一个廉政勤政、务实亲民的良好领导班子形象，领导班子成员把立言与立行结合起来，既靠真理的力量，更靠人格的力量，模范实践地勘文化的目标，为五队地勘文化建设起到很好的示范作用，提升了地勘文化建设的质量和水平。

二是搭建职工建功立业平台，营造人人争先的氛围。地勘文化人格化、典型化是推进地勘文化建设的有效方法。近年来，五队始终把选树典型作为促进地勘文化建设的重要途径，使地勘文化的推广变得具体而生动。如在辽阳硼矿区，工程师魏继才不怕艰苦，克服山高林密的困难，独自完成了填图工作任务；项目组长宋杰昌任劳任怨，常年坚持野外工作等典型事迹，真实而生动。通过认真选树典型，大力宣传他们的先进事迹，使地勘文化得到生动形象的展示，在全队形成了学习典型、崇尚先进的良好氛围，使大家学有榜样，赶有目标。为更好地激励和鞭策职工，在全队范围开展了科室工作理念和职工岗位格言征集活动，上自领导班子成员，下到中层干部、技术人员乃至普通工人，都结合自己的工作实际和各自的职责，提炼了各自的岗位格言，并做了认真解读，统一制作了桌牌。确定了10个机关科室、11个二级实体单位的21条工作理念，各工作理念语句简短、易懂易记，特点鲜明、寓意深刻，是广大干部职工自我教育、自我勉励的好教材。

三是搭建文化活动平台，提升地勘文化的影响力。文化载体是地勘文化工作的基础。没有健全完善的载体作支撑，地勘文化工作也只能是空中楼阁、纸上谈兵。五队班子注重文化载体建设，搭建各种文化活动平台，把文化建设与各种活动相结合，不断扩大地勘文化在职工中的影响力。如开展赴山东六队考察学习、到华东五市考察学习、当“一日兵”、举办建国60周年文艺晚会、建队55年庆典等活动，让职工真切感受到团队的和谐与温馨，既凝聚了人心，又增强了干部职工对五队的忠诚度和责任心，极大地提升了地勘文化的影响力，保证了五队的和谐稳定。

打造“家”文化，建设和谐地勘队伍

“家”文化顾名思义，就是用打造和谐家庭的理念来建设和谐地勘单位。营造亲情的人际关系，是和谐大家庭的根本所在，是“家”文化要努力达到的目标。为了进一步推进地勘文化建设，以适应五队发展的需要，大队领导班子根据辽宁地勘局党组提出的打造“家”文化的要求，对地勘文化建设做了全面整合和提升，并提炼出：弘扬“三光荣”传统，营造亲情人际关系，建设“家”文化的核心理念，坚持以人为本，关心职工、尊重职工、发展职工，让改革发展成果惠及全体职工。

一是传承“三光荣”传统。1982年，全国地质系统模范政治工作者表彰大会上正式提出“三光荣”精神，既“以献身地质事业为荣，以艰苦奋斗为荣，以找矿立功为荣”。它是地勘部门在长期实践中形成的优良传统，它是鼓舞和影响几代五队人的精神支柱和力量源泉。新时期，当代地质人仍要继承和发扬“三光荣”传统，为国家现代化建设提供资源保障，为地方经济发展服务，为强队富民贡献力量。五队在建设地勘文化过程中，紧紧围绕地质找矿的中心工作，弘扬“三光荣”优良传统，大力宣传地勘文化理念，促使职工对五队产生强烈的归属感、成就感和自豪感，把五队作为个人发挥潜能、施展抱负的平台，积极参与五队的各项工作和活动，为强队富民贡献力量。

二是用“家”文化统领生产经营全过程。在“家”文化理念的指导下，全体技术人员坚持科学找矿，积极进取，勇于创新，聚精会神地投入找矿事业中。经过两年多的艰苦拼搏，终于在岫岩影壁山地区含硼岩系中发现了厚大的硼矿体，实现了地质找矿重大突破；实施“走出去”战略，到非洲开展地质找矿工作，地质技术人员，克服常人难以想象的困难，用聪明才智和辛勤汗水换来了丰硕成果，在津巴布韦古鲁韦地区进行坡积型铬砂矿勘查评价，并发现了风化壳型镍矿，在国外树立了良好的五队形象。同时，五队积极探索“探采一体化”道路，成功与五矿营口中板有限公司、邯邢矿山局合作开发营口老边赵平房铁矿；与辽宁三和矿业投资有限公司合作到非洲开展找矿，取得了显著的地质成果，并注册了中非兴隆矿业有限公司，与印尼英旦美达公司进行接触，双方就合资合作在印尼进行矿产勘查开发事宜达成合作意向。并且于2010年在天津召开的国际矿业大会上，签订了合作勘查开发协议书。之后经多次磋商，最终确定大队与印尼英旦美达公司、新加坡政合有限公司、中辽国际集团有限公司四家合资在印尼注册“金钻矿业投资有限公司”，开辟了国外地质勘查市场。明确了“用项目整合资源，用资本运作产业，实现跨越式发展”的经营理念，即以项目为牵动，整合内外部人财物等各种资源，集中发挥大队先进的地勘、工勘技术和卓越的管理优势，凝聚力量，形成拳头，实现了工勘、地勘产业的新发展，有力地统领了全队各大产业的协调、有序、快速发展。

三是加强民生工程，切实为职工解决实际问题。民生工程是坚持以人为本，贯彻落实科学发展观，切实保障公民基本权利，提高生活水平，重点关心弱势群体，采取的一系列积极政策举措。在文化建设过程中，五队班子加强民生工程，不断提高职工福利待遇，加大困难职工的帮扶力度。“十一五”时期，共发放补助金额367300元。为在册职工、离退休职工发放取暖补助，截止2010年底，累计发放取暖补助460万元。同时，坚持走访制度，一是坚持走访看望有病、住院的职工。二是坚持每年元旦、春节期间的走访制度，重点看望离、退休的老同志。三是坚持职工红、白喜事的走访制度。

2006年11月，新一届领导班子上任后，加大解决历史遗留问题的力度。在省局党组和大石桥市委、市政府的关心和支持下，先后解决了108名合同制职工和114名大集体职工的社会养老保险问题，从2008年1月1日起，他们终于拿到了梦寐以求的退休金。并为全体职工办理了大额医疗保险，提高了职工福利待遇；同时关注弱势群体，为其排忧解难。大队班子在尽力安排下岗职工上岗的同时，积极帮助解决生活上的困难。严格执行老干部“政治待遇不变，生活待遇从优”的原则，为他们创造良好的学习、娱乐环境。同时，大队组织职工和家属为汶川特大地震灾区、青海玉树地震灾区、南方雪灾等捐款活动，捐款额达15万元。

四是优化人文环境，塑造良好形象。一个优秀的地勘单位，必须有一个良好的形象，职工的形象就是单位的形象，成功的形象展示给人以自信、尊严和力量，让人倍感信任并描述着无限美好的未来。为此大队班子投入资金，为职工定量身制作了春秋工装，树立了职工的良好形象。加大基地的美化和亮化建设力度，投入大笔资金改造办公楼后院，形成了花园式办公区，极大地提升了五队的社会形象。开办了职工食堂，为新毕业的大中专生装修单身宿舍，解决住宿问题，提高职工福利生活，用待遇留住人才、用环境吸引人才。

五是梳理传统文化，注重传承与创新。在实践中，五队班子认识到，对于地质勘查行业，具有许多固有的特征，一是粗犷性。地勘职工在野外这种特定的生产环境与社会条件的磨练和影响下，逐渐形成了一种具有行业特色的粗放性的行为作风；二是城乡交融性。兼有城市文化与乡村文化的特点，融汇传统文化与现代文化于一身，是地勘企业文化区别于其它行业文化的又一个显著特点；三是奉献性。奉献是地勘职工群体区别于其它行业职工群体最重要的价值观，是地勘企业文化的一面闪光的旗帜。必须对其进行梳理，才能够进一步推进五队的文化建设。为此，在“尊重历史、总结经验，构建和谐、加速发展”思想的指导下，投入资金建成了历史发展回顾展厅和地质博物馆。五队发展历史回顾展厅的建成，在职工中反响很大，有利于职工了解队情、学习队史。地质博物馆开馆后，每天前来参观的人络绎不绝，到五队办事的人也要看看博物馆中的标本和介绍，不仅普及了地学知识，而且让社会更加了解了地勘行业，了解了五队。

编写文化系列丛书，促进特色文化落地生根

为形成五队特色的文化体系，大队领导聘请教授专家对地勘文化建设进行深入系统的调查、分析和研究，力求丰富和完善。通过认真整理和挖掘，最终设计出具有行业特色，包括队徽设计及诠释、文化体系等内容的五队文化手册。经过提炼的理念词条具有较强的针对性和操作性，能够反映出五队的核心价值取向，已成为全队干部职工共同的精神追求。例如：地勘使命“地厚载物，勘健不息”；地勘愿景“构建大地质发展平台，让未来比今天更精彩”等理念词条既反应了地勘行业特色，又反映了五队人为国家找矿提供资源保障的高尚情怀。

五队确定的文化建设目标是打造“团结奋进的团队，凝聚和谐的团队，吃苦奉献的团队，创新超越的团队”。围绕这个目标加强宣传教育，在楼门大厅的宣传栏内及时宣传队内的一些先进人物事迹。在办公楼内显著的位置挂上标语牌，如“质量是企业的生命，文化是企业的灵魂”、“把恒心留给事业，把诚心留给朋友，把信心留给自己”、“谦恭清正、诚信坚定、仁厚踏实、坦荡磊落”等，这富有人情味和哲理的简明语言，潜移默化地向广大干部职工传递大队班子价值观念、经营理念等，让职工天天接受教育，这种文化氛围使职工在思想观念，价值观层面上形成广泛共识，从而形成向心力和凝聚力，增强了五队的竞争力。在被人们誉为生命禁区的5000多米的青海高原上进行小口径钻探施工的王洪忠说，公司职工的形象就是五队的形象，如果我们干不好，就会影响五队的声誉，影响五队在青海申办探矿权，青海同仁是不会支持我们的。在他的带领下，公司干部职工发扬特别能吃苦、特别能战斗、特别能奉献的精神，创造了高原地区单机年进尺2500米的记录，打出了五队人的雄风，连续三年完成钻探进尺1万多米的好成绩，为青海重大矿区勘探做出了贡献，树立了良好的形象，为五队在青海申办探矿权创造条件。大石桥市委的领导来五队洽谈非洲找矿时，看到五队浓厚的文化氛围，高兴地说，这是单位一种实力的体现，是企业发展到一定程度时的体现，有这么好的文化氛围，五队肯定会有更大的发展。在此基础上，坚持长期全面的学习，大队将每周五下午定为集中学习日，组织全队干部职工学习中国传统文化、现代商务礼仪、党史知识、职业技能等等，学习形式采用观看影片、座谈交流、教授讲座等等，不仅提高了大家的学习积极性，也确保了学习的质量。通过长时间的坚持，职工的精神风貌、职业道德、工作技能等都有明显变化，工作积极性高涨，呈现出不怕吃苦，乐于奉献的精神风貌，整个队伍的团队意识增强，更加团结，更加和谐。

与此同时，五队还策划、编辑出版了《辽宁省第五地质大队文化手册》、《辽宁省第五地质大队职工岗位格言集》、《辽宁省第五地质大队职工文学作品集》、《辽宁省第五地质大队研究成果暨新闻报道集》、《辽宁省第五地质大队职工摄影作品集》、《辽宁省第五地质大队55年发展回眸》等六本系列文化丛书。这六本系列丛书，充分折射了五队干部职工对地勘文化建设的全员参与度，体现了干部职工对地勘文化建设倾注的热情以及付出的辛勤汗水，是五队近年来地勘文化建设成果的浓缩展现，是对五队文化的梳理，更是五队干部职工良好精神风貌的具体显现。

如今，五队正以浓郁的文化氛围，打造特色的文化品牌，促进特色文化落地生根。

以企业文化建设推动港口战略转型发展

——连云港港口集团有限公司企业文化建设

企业概况

1933年连云港港正式开港。2003年原连云港港务局改制成立连云港港口集团有限公司和连云港港口管理局，由交通部正式下放至连云港市地方政府管理。经过近80年的发展，连云港港已经成长为集码头装卸、现代物流、建筑开发、临港加工、综合服务等业务于一体的大型综合性海港，形成了“一体两翼”五大港区的发展格局，主体港区拥有生产性泊位超过50个，可接进世界最大集装箱船和30万吨级及以上散货船全天候进出，货物吞吐能力超亿吨，是中国25个沿海主要港口之一，12个区域性主枢纽港之一，长三角港口群重要主枢纽港之一。截止2011年底连云港港总资产规模达215亿元、净资产85亿元，下辖全资子公司16家，组建合资合作企业28家，港口营业创收、发展实力快速增长，多次入选“中国先进物流企业”、“中国物流百强企业”。

一、连云港港战略转型的基点分析

（一）港口自身成长瓶颈。2003年原连云港港务局于改制成立连云港港口集团有限公司，港口集团一度面临着“政

企分开”、“市场开放”、“资本扩张”等诸多课题，在市场经济快速增长的条件下，港口码头能力、仓储用地、建设资金不足的问题不断显现，此外，货源市场急需开拓，现代企业管理制度有待建立，员工的就业、择业、收入分配等价值观念需要重塑，干部员工的管理素质和技能水平迫切提升等等，这些都需要连云港港进一步整合内部资源、转变发展思路，加快企业转型升级，增强港口综合竞争力。

（二）港口外部发展环境。自1984年连云港被列为全国14个沿海开放城市之一，港口由过去的军港开辟为连接亚欧经济的纽带港，被列入全国八大港口之一进行规划，但由于诸多因素，城市与港口的发展步伐都相对迟缓，在全国沿海港口中的排位呈下滑趋势，周边青岛、日照以及长三角等港口的加速发展，使连云港港在全国中部中心港口地位有削落的迹象，新亚欧大陆桥东桥头堡的优势未充分发挥。连云港港只有不断解放思想、调整战略，才能以更开放的视野和胸怀审视行业发展的趋势，吸纳各方有利资源。

（三）企业文化发展趋势。企业文化是企业综合实力的重要体现，越来越多的企业更加注重企业文化建设，把培育企业的文化“软实力”作为强化核心竞争力的关键要素。世界500强企业大部分都十分注重培育自己的特色文化，让文化与企业发展融为一体；国内沿海不少港口都将企业文化建设摆在了核心战略位置，如青岛港的“文化兴企、强企”战略，天津港的“文化制胜”战略等等。实践也证明良好的企业文化是企业一笔无形的宝贵资产，不断总结、提炼、整合企业文化，并与企业发展相适应，是企业竞争中立于不败之地的重要法宝。

（四）港口精神文化积淀。如果说上述三个因素是连云港港口加快企业文化建设步伐的重要外因和必然条件，而连云港港自身79年的发展历程和文化积淀，是港口企业这棵“大树”茁壮成长不可缺少的土壤和环境。从1933年开港到进入新世纪以来，连云港港就一直秉持着一种“坚持理想、不畏艰险、踏平坎坷”的精神气概，创造了港口经济“爆发式”增长的奇迹，多年来保持江苏第一、沿海十大和全球百强集装箱港位置，蝉联“中国船港服务星光榜”五星级港口。

二、基于企业文化建设的战略转型思路与实践

（一）港口转型升级发展与战略相助型企业文化。当前，转型升级已经成为了全国各地、各行各业的发展主线，谁在转型升级上转得早、转得快、转得好，谁就能赢得发展的主动权。根据港口代级特征，连云港港正处于第二代向第三代转变的阶段，即向现代物流中心、信息中心和区域经济发展重要基地的方向奋进。为了增强港口综合竞争力，巩固区域性主枢纽港地位，抢抓多重叠加的国家战略机遇，最终实现弯道超越，连云港港提出了迈入第三代，瞄准具有绿色、科技、供应链物流服务、协同竞争等特点的第四代港口，重点要实现空间拓展、功能结构、资本运作、业务体系、发展方式、和谐构建等六个方面的战略转型升级目标。

“如何将战略转型升级目标转化为行动和成效”是连云港港在很长的一段时间内都不可回避的现实问题。有一种观点认为，企业文化与战略管理的关系就像是人的观念和行为的关系，人有了观念就会对事物产生看法和认识，同时基于看法和认识基础上的行为，又会进一步加深人的观念。所以，从这个角度上讲，企业战略是企业文化的重要组成部分，是企业文化的一种反映，有什么样的企业文化，就会有什么的企业战略。企业通过战略管理完成企业使命和达成愿景，企业战略反映着企业的宗旨和核心价值观，有着深刻的企业文化烙印。优秀的企业文化往往会指导形成有效的企业战略，并且是企业战略实施的驱动力和支撑。

从战略和文化关联性的角度，企业文化可以分为战略相助型、战略制约型、战略非相关性等三种不同形态。连云港港自身拥有丰富的精神文化积淀，且当前战略转型升级目标十分明确，完全可以从文化入手，建立战略相助型企业文化（即企业文化导向与企业战略目标相吻合，企业员工的价值观、行为准则与企业战略目标相和谐，能够促进企业较快发展），以此加快推动港口战略转型升级目标的实现。

（二）实施“文化兴港”战略，制定“三步走”计划。为了建立战略相助型企业文化，连云港港口集团党委果断地将企业文化建设作为助推港口战略转型的切入点，秉承在继承中创新，在创新中发展的原则，大力实施“文化兴港”战略——从2008年底全面系统启动具有港口特色和较高品味的企业文化建设，制定“一年全面起步，两年升华发展，三年形成特色”的“三步走”计划。

在总结提炼港口优良文化传统的基础上，进行CIS（企业识别系统）设计，推进企业文化建设系统化和规范化。

企业使命——“强港富民、服务社会”是战略转型目标制定的重要依据和立足点。作为新亚欧大陆桥东方桥头堡，连云港港要发挥出区位优势和服务功能，不断增强综合实力、竞争能力以及经济辐射带动力，承担起促进区域经济的协调发展的责任和使命。

共同愿景——“建设东方大港，构筑和谐家园”是战略转型的终极目标。自孙中山先生在《建国方略》中描绘了要把“海州”建设成为“东方大港”之后，一代又一代港口人将“东方大港”作为孜孜以求的梦想。在新的历史阶段，“东方大港”不断被赋予新的内涵，它为连云港港口战略转型目标的制定提供了指导思想，同时又为目标的实现提供源源不竭动力。

企业精神——“团队 创新 跨越”是战略转型目标实现的精神支撑。

核心价值观——“诚信 开拓 奉献”是战略转型目标实现的根本保证。

围绕上述4条核心理念，连云港港口集团结合战略转型计划实施的需要，延伸出了管理、执行、经营、人才等10条应用理念，进一步丰富和完善了MI“企业理念识别系统”。此外，连云港港口集团还建立完善BI“行为识别系统”、VI“视觉识别系统”，制定了员工行为规范、党员干部行为规范、员工日常礼仪、各项管理制度等行为要素，确定了港

歌、港徽及标准色、标准字及应用系统等视觉要素，使得从干部员工着装到经常使用的物品，从建筑物、设备、工艺流程到每个作业场所，都体现出了连云港港文化的个性特征。

系统实施“五大文化建设工程”，建立健全企业文化建设长效机制，推进战略相助型企业文化“落地生根”。

一是实施文化阵地工程，以文化塑造形象力，为诠释战略转型升级目标提供了最直接载体。集团及各单位建立健全了以党校、政研会、网站、报纸、文化展厅、文化长廊、文化宣传栏等文化宣传阵地；逐渐形成了“企业文化示范点”管理模式，在基层10个单位中建立了廉政文化、服务文化、安全文化、劳务候工等第一批企业文化示范点；创作出版了《改革开放30周年论文集》、《足迹》、《见证》、《铁肩托起东方大港》、《迈向东方强港》等文化丛书、画册、宣传片；广泛开展“企业文化理念征集”、“港口历史实物征集”等文化活动。通过宣传港口发展成就和愿景，使广大员工更加深入感受港口文化魅力，激发了广大员工投身东方强港事业的使命感和责任感。

二是实施培训教育工程，以文化启动学习力，为推动战略转型升级进展提供了人才保障。在集团组织的领导干部轮训班、中青年骨干培训班及港情教育培训班都把企业文化列为必修课，集团领导亲自授课，促进了集团各级领导干部和广大员工对集团企业文化的了解和认识，增强了践行企业文化的自觉性。建立形成了政工干部、企业文化骨干定期培训机制，通过举办培训班、继续深造、外部考察、交流研讨等形式，不断提高企业文化建设队伍的素养，多人获得“全国企业文化建设先进工作者”、“交通企协企业文化先进人物”荣誉称号。集团还结合群众性读书活动，向员工推荐一批优秀企业文化书籍和光盘，举办读书讲座，不断加深员工对企业文化的理解。多年来，“以德为先 唯才是用”的人才理念发挥了重要引导作用，管理、技术、技能三大培训体系框架基本形成，港内“比、学、赶、帮、超”的学习氛围空前浓厚。

三是实施典型示范工程，以文化凝聚内生动力，为引领战略转型升级高度起到了标杆作用。先进典型就是企业价值观的人格化、形象化、具体化，具有很强的示范性和带动性。连云港港注重载体创新，每年进行“集团先进（生产）工作者”、“十大明星职工”、企业文化先进人物、先进生产单位等评选表彰活动；集团下属单位东泰公司2007年推出“感动东泰”人物评选，2008年推出企业“形象大使”评选，2009年以来开展了为期三年的“品牌员工”创建活动，在港内具有较强的影响力。东源公司打破传统评先思维模式，推出“明星员工”竞评活动，受到集团党委高度重视，在港内被广泛推广，连云港市新闻媒体、江苏省工人日报对此进行了重点报道。截至目前，像岗位能手唐艳、创新标兵高兆福，道德楷模程军、行业标杆王军等一大批先进典型走进了员工、影响了员工、带动了员工。

四是实施制度建设工程，以文化激活创新力，为形成战略转型升级机制起到了助力作用。一般情况下，当管理者认为某种文化需要倡导时，他可能通过培养典型人物的形式，也可能通过开展活动的形式来推展和传播。但要把倡导的新文化渗透到管理过程，变成人们的自觉行动，制度则是最好的载体之一。连云港港口集团“追求员工与制度的和谐”的管理理念，同样适用于战略相助型企业文化建设的管理，包括：组织保障机制——成立企业文化建设领导小组，“自上而下”形成责任明确、齐抓共管、广泛参与的文化建设格局。同步管理机制——把企业文化建设内容与企业规划、年度计划合并编制，列入年度经营承包责任制，使企业文化建设与企业管理工作一样纳入日常管理工作之中。同时，将各项管理制度流程、操作规程、工作职责、行为规范的建立和完善贯穿于改革、发展、稳定全过程，保证了企业战略管理和文化建设的有效组织和运行。

五是实施职工文化工程，以文化彰显向心力，为构建战略转型升级环境创造了和谐氛围。连云港港口集团及各单位每年都要组织开展各类职工文化活动，营造了浓厚的“温暖之家、和谐之家、文化之家”氛围。包括抓好主题活动，组织开展职工合唱、职工运动会、云港青年文化节等文体活动，每年拨出专项资金用于基础文体设施建设，精心培育职工艺术团、老年大学等文化载体；抓好联谊共建活动，每年与路、港、货主、口岸部门等相关单位部门开展丰富多彩的共建活动；抓好“温暖工程”，即不断提高员工薪酬收入，改善员工生活工作条件，定期组织员工健康体检，成立困难帮扶中心，关爱弱势群体生活，开展“两节”送温暖、“五一”关爱劳模、金秋助学以及对一线员工“冬送温暖、夏送清凉”等活动，切实将关怀送到员工的心坎上。

重点抓住“三个实践环节”，充实完善企业文化内涵，努力践行企业文化理念，发扬鲜明独特的港口战略文化。

一是从攻坚实战中提炼，以点带面，形成战略转型升级“精神高地”。比如“庙三工程”的顺利完工创造了“港口建设中的奇迹”和“连云港港的速度”，连云港港进而提炼出“敢于攻坚、勇创奇迹、超越自我、激情奉献”的“庙三精神”，并推广应用于深水航道、专业码头、疏港通道、特色园区、信息应用等项目建设中，不断激发建设人员干事创业热情。当前，连云港港正积极吸纳“创业创新创优，争先领先率先”江苏精神和连云港精神内涵，酝酿新时期港口精神——“桥头堡精神”，为东方强港建设提供新的精神动力和文化支撑。

二是从工作细节中入手，以小喻大，形成战略转型升级“点睛之笔”。一个生动形象的故事就是一本正面宣传教材，一个鲜活的人物形象就是一面向上的旗帜，在“企业文化故事”征集、“企业文化人物”评选活动中，连云港港不断收集人物工作生活素材，挖掘人物故事形象，整理出了孙守用带领大伙“追赶火车”、揽货员祁德军“七上郑州”等诸多简单生动、寓意丰富的人物故事，深受广大员工认可接受，使员工在工作生活中就能自觉践行“诚信、开拓、奉献”、“开创市场、收获未来”等文化价值理念。随着活动的深入推进，连云港港计划将战略转型升级中各类人物故事案例集结出版成书，并在全体员工中广泛宣传教育。

三是从管理实践中着力，推陈出新，形成战略转型升级“源头活水”。企业文化建设是一个系统性、全局性的建设工作，连云港港在集团核心价值观的统领下，鼓励下属单位、合资公司“兼容并蓄”、“百花齐放”，不断创新文化建设和管理方式。首先是定期交流学习，通过企业文化建设经验交流会、企业文化现场观摩会等形式，挖掘先进单位的亮点和特色并加以推广示范，指导和帮助企业文化建设起步较晚、基础较弱的单位，使之与集团的企业文化建设保持步调一致、共频共振。其次是上下协同互动，充分调动各单位践行集团文化的积极性、主动性和创造性。近年来像“品牌员工”、“东源之星”、“阳光文化”、“船家文化”等文化管理创新活动不断涌现，大大优化了集团现代企业管理制度，提升了港口精神文化品位。

三、实施企业文化建设所取得的成效

（一）从内向管理向外向拓展转型，空间拓展成效显著。一是突破“一港一区”的思维限制，跳出原有30平方公里的港湾，按照“一体延伸、两翼拓展”的总体思路建设港口群、发展组合港，积极构建南北五大港区，加快形成“优势互补、错位发展”的格局；坚持航道深水化、码头专业化、装备现代化、集疏网络化、园区特色化、信息现代化，港口功能结构实现了升级换代：25万吨级深水航道，30万吨级专业矿石泊位，亿吨年设计吞吐能力，集装箱、杂货、客货班轮航线密集，公路、铁路、内河、管道、航空等集疏运体系完善，现代化的综合物流园区不断崛起。二是突破“港口必须临海”的思维限制，坚持“以客户的需求，我们的追求”服务理念，在淮安、宿迁、新沂、侯马、洛阳、银川、西宁、西安等地建立内陆“无水港”，将港口功能有效延伸至广大中西部地区的客户家门口，为客户直接提供“点对点”、“门对门”的服务。三是突破“合资等于改制”的思维限制，将目光投向国际化合作，与新加坡丰益、新加坡万邦、香港现代货柜、中石化、中化国际、中铁多联等40多家国内外企业建立战略合作伙伴关系，拓展了业务领域，拉动了关联产业发展。

（二）从生产运输向多元经营转型，业务体系日趋完善。依托传统的港口装卸业务，连云港通过招商引资、改革重组等手段，强势拓展现代物流、建设开发、临港加工、综合服务等业务板块，形成了“主业做大、多业并举”的产业格局，港口货物吞吐量不断攀升，资产规模不断壮大，经营质量不断攀升。从2003年到2008年，连云港港用6年时间跨上了6个千万吨台阶，达到了1亿吨；从2009年到2011年，港口仅用三年时间，就完成了6个千万吨级台阶跨越，达到了1.66亿吨。2011年连云港港完成货物吞吐量1.66亿吨、集装箱485万标箱，增幅分别达到23%、25%以上；完成集装箱铁水联运量30.4万标箱、增幅34 %，其中过境运输10.6万标箱、增幅31%，双双领先沿海港口，稳坐中国沿海“国际、国内集装箱铁水联运第一承运港”交椅。

（三）由计划经济向市场主导转型，资本市场活力十足。连云港港在“政企分开”的基础上，进一步盘活闲置资源，剥离社会（事业）职能，整合集中港口优质资源，于2007年成功登陆国内A股市场，在上海证券交易所鸣锣上市，宣告了以计划经济管理为主的时代的终结；上市以来，连云港港通过发行短期融资券、信托借款等方式，募集了充足资金，为港口建设发展注入了强大发展后劲。“连云港”股票自2009年来连续3年入选“上证公司治理板块样本股”，成为中国港口最贵股票和交通板块的闪亮明星。2011年连云港港口集团强化与金融机构的战略合作，授信总额突破了100亿元，发行短期融资券、信托借款共8亿元，股份公司获准非公开发行了8670万股，募集资金5.1亿元，“连云港”股价一度摸高至10.68元，每股收益保持18%的增幅。

（四）从粗放生产向集约发展转型，发展方式根本改变。“标准化、精细化、品牌化”是连云港港奉行的质量理念，它推动着连云港港在流程再造、工艺改进、科技创新、研发投入等方面的突破，推进“资源节约型、环境友好型”港口建设。深入开展“油改电”项目，研发油气回收技术和装置，应用节油、节电、节水等操作与控制技术，节能减排、增收节支等效果明显，其中自主研发的船用岸电项目是一项全球首创、国际领先的低碳环保节能新技术，是交通运输部“十二五”时期重点推广的节能减排项目。利用“爆破挤淤”、“真空预压”、“砂桩砂被”、“围堤吹填”等先进施工技术，实现了“成本低、质量优、资源增、环保好”的效果。大力开发和集成生产、办公、通关、贸易等信息系统，港口信息化应用水平在全国沿海港口处于领先地位。近年来，连云港港单位生产能耗逐年下降，2011年连云港港生产单耗为5.269吨/万吨，同2010年相比下降了5.4%，是全国首批60家“两化融合促进节能减排试点示范企业”之一；2012年，连云港港成为全国首个节能减排试点港。

（五）从文化引领向品牌塑造转型，和谐构建谱出新篇。管理战略的改变，企业文化的策动，催生了连云港港一系列改变：港口近中长期发展目标更加明晰，集团化管控体系更加科学合理，下级企业的管理运作更加灵活和多元化，合作竞争欲望更加强烈，员工的积极性和主动性充分调动，爱港爱企、敬岗敬业的热忱不断高涨等，连云港港口集团有限公司也因此获得了“全国企业文化建设示范基地”、“全国五一劳动奖状”、“全国构建和谐劳动关系先进集体”等荣誉称号，港口的知名度和美誉度不断放大，吸引了国家、省、市级媒体的聚焦，引起了港航企业、腹地客户、关联企业等方面的关注，为港口增添了一张张靓丽“文化名片”，为“连云港港”形象和品牌的塑造上打下了坚实基础。

（作者杨开林）

管理的最高境界是文化管理

——营口港务集团企业文化建设

企业概况

营口港是辽宁沿海经济带上的重要港口，沈阳经济区的唯一港口，也是东北地区及内蒙古东部地区最近的出海港。现辖营口、鲅鱼圈、仙人岛和盘锦4个港区，形成陆域面积30多平方公里，共有包括集装箱、滚装汽车、煤炭、粮食、矿石、大件设备、钢材、成品油及液体化工品和原油9个专用码头在内的68个生产泊位，最大泊位为30万吨级矿石码头和30万吨级原油码头，集装箱码头可停靠第五代集装箱船。

2007年，营口港吞吐量达到1.22亿吨，成为中国沿海第10个亿吨港口；2010年吞吐量完成2.25亿吨。营口港已同50多个国家和地区140多个港口建立了航运业务关系。内贸集装箱、矿石、钢材、粮食、煤炭的装卸量均为东北各港之首。为更好地为东北及内蒙古东部地区经济建设和对外开放服务，降低客户的综合物流成本，营口港将港口功能前移，先后在沈阳、长春、哈尔滨和通辽等地建立了陆港。

近来年，营口港先后荣获了全国思想政治工作优秀企业、全国文明单位、全国“五一”劳动奖状、全国精神文明建设先进单位、全国企业文化建设优秀单位奖等多种荣誉称号。

一、营口港企业文化形成原因及时代特征

（一）内在成因：传承了营口港不同发展阶段优秀的文化精华。建国初期至改革开放之前，由于计划经济体制及营口港的自然条件等诸多原因，港口发展处于徘徊阶段。五十年代在港口停运4年期间，为减轻国家负担，营口港工人积极开展生产自救；1957年恢复生产之后，每年的辽河冰冻期，装卸工人就远离家乡到兄弟港口支援生产；文革中，港口生产处于低谷，码头建起了铸钢炉，工人们以厂养港，使得百年老港得以生息。上世纪七十年代中期，国家计划在鲅鱼圈建设营口港新港区。营口港人在一片荒芜的海岸滩涂上，在建港项目几上几下的期待中，不畏艰难，艰苦创业，坚定信念，自强不息，建成了一期、二期工程，使营口港吞吐量在上世纪九十年代中期突破一千万吨，为营口港的更快发展奠定了基础。进入新世纪，营口港人紧紧抓住东北大振兴的历史机遇，加大港口发展力度，使好望角型巨轮顺利进港，资本运营成功上市，三期工程提前投产，四期工程、仙人岛港区工程全面启动，港口生产走出历史低谷，直奔亿吨。营港文化在传承不同发展阶段精华的基础上，坚持与时俱进，赋予了崭新的文化内涵。营口港精神“只争朝夕，自加压力，不畏风险，敢为人先”，既传承了五六十年代老码头工人爱国爱港的主人翁精神，又蕴含了七八十年代港口工人自加压力，勇于吃苦的创业精神，更体现了新世纪当代营口港人只争朝夕、敢为人先的锐意创新精神。

（二）外在成因：不同历史时期对港口企业文化的影响。五六十年代，计划经济时期，营口港发展虽然低迷不前，但是党的领导、社会主义制度使翻身作主人的码头工人爱国热情十分高涨，影响并形成了当时的港口文化——爱国爱港甘于奉献的精神。七八十年代，改革开放春风激荡，鲅鱼圈建设新港更使营口港人看到了希望。学习大庆精神、铁人精激励着营口港人艰苦创业，自强不息，并形成当时的创业文化和建港文化。进入新世纪，随着国际海运市场的发展与竞争，中国港口面临着新的机遇和挑战，营口港人审时度势，抢抓机遇，迎接挑战，形成了新世纪的港口文化——超前创新、敢为人先、服务客户的精神和“高效区域化的物流中心，环保现代化的综合港口”的企业愿景等，激励着全港员工团结拼搏，推动了港口从提速发展到跨越发展，更加丰富了企业文化的时代内涵。

（三）不断创新：与时俱进的时代特征。营口港的企业文化经过了历史的积淀和传承，从理念到实践上都具有与时俱进的时代特征：一是内容上创新。随着港口的发展和企业文化建设的深入，港口企业文化从理念到实践，在内容上得到了不断创新，使上个世纪员工朴素的思想品德和企业简单的行为规范升华到了一个更高境界；二是观念上创新。今天营口港企业文化理念传承了营口港的历史文化，有着深刻的历史印记，是时代变革、港口发展精神升华的产物，因而更具有时代性、可操作性和实践性；三是实践上创新。上个世纪的企业文化属于历史的积淀，是实践的总结。在实践上往往还有局限性。而今天的文化理念与实践，已经从不自觉走向自觉。在日常生活中养成对理念的认可和遵循的同时，企业更注重了理念的培训和灌输，把刚性的管理融入柔性的文化熏陶之中，使其在实践中逐步变成员工的自觉行为。

二、营口港企业文化建设的过程

营口港企业文化建设，经历了培育沉淀、整合提炼、普及推广、创新发展四个阶段。

（一）培育沉淀。上个世纪70年代，营口港人在荒芜的沙滩上开始“移山填海”，建设新港。这些创业者最初的“誓创大业的雄心壮志、团结战斗的高尚风格、艰苦奋斗勤俭建港的优良品质”逐渐形成了具有营口港特色的精神文化。80年代，开始有意识的培育“艰苦创业、爱港奉献、奋发进取”的营口港精神。这些伴随着企业成长而积淀下来的历史文化，体现出营口港人对吃苦耐劳、自强不息、顽强拼搏等传统文化的继承和发扬，构成了营口港企业文化的深厚底蕴，成为今天营口港文化体系中重要的组成部分。

（二）整合提炼。2005年是营口港企业文化建设的宣传推动年。全面开展企业文化宣传教育活动，制定实施《营口港员工守则》、《营口港员工奖惩条例》、《营口港管理人员职业行为规范》和《营口港员工职业行为规范》；完成营口港企业形象视觉识别系统的策划和设计工作。最新确定

的营口港企业文化体系，彰显港口特色，着眼企业发展战略，强调了企业价值观的统领和认同，体现了公司共同愿景和发展目标。

（三）普及推广。2006年为企业文化建设深入开展年。积极推行营口港企业理念和行为识别系统，利用各种宣传手段，形成全港统一识别系统的声势和氛围；调整管理部门职能，修订有关规章制度，形成符合企业文化建设要求的管理体制。大力加强港区环境建设和绿化美化工作，港口形象和文明程度明显提升。

（四）创新发展。2007年为企业文化建设完善提高年。营口港企业文化理念和行为系统形成，企业精神得到弘扬，企业核心价值观成为员工的自觉行为；营口港企业文化被广大客户认可，并在社会上产生一定影响，通过开展企业文化评价活动，了解掌握企业文化建设成果及存在的问题，制定措施加以改进、完善和提高，使营口港企业文化建设步入良性健康的发展轨道。

三、营口港企业文化建设的基本内涵

（一）构建具有营口港特色的企业文化体系。为了确保企业文化建设整体推进，集团公司着力构建具有港口特色的企业文化体系。一是健全组织体系。实行以集团公司为核心、面向各基层单位，覆盖各个环节的组织保障体系。围绕整体目标，上下互动，按照共同愿景和核心理念，把企业文化建设落实到每一项工作之中。二是完善传播体系。营口港已投资300多万元，建了企业文化的传播中枢—港电视台、港报、港刊三位一体的新闻中心。三是明确考核体系。集团公司制定考核方案，对各基层单位的企业文化建设进行考核；各基层单位对其所属的厂站队科进行考核。

（二）规范员工职业行为，完善各项管理制度。员工职业行为的规范程度，直接影响企业文化建设的整体水平。营口港先后制定实施了《员工职业道德行为规范》、《管理人员职业道德行为规范》、《文明公约》、《员工行为准则》等，用以规范全体员工职业行为，树立崭新的团队形象和港口形象。把企业文化的核心理念融入制度建设之中，完善各项管理制度。现在已制定出港口生产、经营、基建、人事、财务、安全、环保、用工、分配、党建等方面等制度。

（三）搭建企业文化平台，打造港口特色文化。营口港将企业文化融入港口的全部工作与生活之中，打造港口特色文化。“讨论”文化。2000年，营口港的吞吐量只有2200多万吨。在部分干部员工中就产生了安于现状不求发展的思想认识。面对队伍思想混乱、企业经营状况不佳的局面，营口港的领导班子，审时度势，从企业文化建设入手，一方面调整企业文化战略，一方面组织以“港口要不要发展”为主题的历史上第一次全员参加的大讨论。在企业文化战略上，重新确立了的经营理念，变过去“一业为主，多种经营，前方建港，后方建厂”为“主业为先，效益为主，管理为重，发展为本”。重新明确了营口港的企业精神即“自加压力，勇于吃苦，不畏风险，敢为人先”。企业文化战略核心的调整，从根本上扭转了港口经营的被动局面，港口建设再掀高潮，主体功能不断完善，经营管理走出困境，多种经营也扭亏为盈。特别是2001年港口第一次大讨论，使全港上下在发展的问题上，统一了思想，达成了共识。原来主张“休生养息再发展”的员工也都表示，“一定要坚持发展，宁肯负债也要发展”。2002年，营口港又以“解放思想，创新工作，深化改革，提速发展”为主题组织了第二次大讨论；2003以“与时俱进提速求发展，创新工作突破‘双40’”为主题开展了第三次大讨论。第一次大讨论解决了要不要发展的认识问题，第二次、第三次大讨论解决了怎样发展的认识问题。由此，讨论文化成为营口港特色文化之一。

“冬暖”文化。由于营口港地处我国沿海最北端，冬寒作业条件艰苦，对港口生产效率影响很大。营口港领导思考怎样将冬季生产赋予一种文化。2003年冬天，高宝玉总裁命名的“冬暖”活动正式启动。从此，每年冬季（12月1日至次年2月末），以“让一线工人感到温暖，创造温暖；让客户感受温暖，受益温暖”为主题的“冬暖”活动便在营口港轰轰烈烈地开展起来。在“冬暖”活动中，上至集团总裁、领导班子成员，下到每一名普通管理人员，都为“冬暖”活动捐款（购买鲜姜、红糖、大枣及猪肉、蔬菜等），并昼夜24小时轮流值班，为一线工人送姜糖水，在现场检查后勤服务，协调生产。一位跑遍世界港口的远洋船长见此情景，赋诗舒感：“一杯姜糖水，浓浓营港情……这里真是一个没有冬天的海港！”“冬暖”文化密切了干群关系，贴近了港客关系，极大地调动了广大一线工人的生产积极性，有效地提高了港口冬季生产的作业效率，明显地压缩了船舶在港停时，深受工人和客户的欢迎。

“比武”文化。当代产业工人的杰出代表，青岛港桥吊司机许振超的先进事迹在全国宣传之后，营口港领导班子高度重视，立即组织干部群众学习，并从2004年开始，在全港开展了“学习振超精神，岗位创一流技能大比武”活动。学技术、钻业务、创一流的热潮在全港兴起，涌现了一大批技术能手和业务尖子。仅2005年一年，集团就投入资金200多万元，用于大比武，奖励优胜者。生产纪录一破再破，文化融入了生产，促进了生产，生产营造了文化，发展了文化。

“突击队”文化。2004年5月4日，高宝玉总裁提出，港口的跨越发展要为青年人成长提供展示的空间。各单位要组建青年突击队，更好地发挥团员青年在港口发展中的作用。全港各基层单位先后组建了54支青年突击队，在码头一线、在基建工地，青年突击队的旗帜迎风飘扬，青年突击队的作用日益显现。当年6月，港建公司，股份一公司、二公司等十几个青年突击队发出倡议，在全港青年员工中开展“在本职岗位创一流，为新港建设填一把土”活动。这一倡议得到集团公司领导的肯定和支持，1500余名青年突击队员在新港四期工程围堰工地举行这一活动的启动仪式。集团领导、各基层单位领导、员工代表、家属代表把从港外带来的一捧捧土、一块块石投入正在吹填的围堰之中。青年突击队员面对大海庄严宣誓，让蓝天白云作证，一代青年誓把青春献海港！

“节日”文化。由于港口生产作业的特殊性，生产一线工人都不能放假休息。每当这时，营口港的各级管理人员也都放弃休息，和工人一样忙于工作之中。特别是春节，集团的高管人员都要和工人一起放鞭炮，吃年夜饭。大年初一，领导们还要深入码头现场，向坚守生产工作岗位的工人拜年。节日文化既体现了营口港人的人本理念，也反映了营口港领导者的工作作风。

“亲情”文化。在营口港，无论哪位员工有困难，都会得到工友们无私的帮助。基层员工婚丧嫁娶，基层工会都要帮助操办。谁家遇有突发性困难，大家都会伸出援助之手。新闻中心一名家住农村的大学生父亲突患脑瘤，急需数万元手术费，可是本人大学期间的助学贷款还未还清。得知这一情况，总部机关干部纷纷解囊相助，两天之内，捐款近3万元。在医院里，这位同志手捧着满载同事深情厚谊的救命钱时激动得热泪盈眶。

“廉政”文化。营口港党政班子加大廉政工作力度，采取一系列切实可行的措施，打造廉政文化。如确立重点单位廉政文化建设试点；在科职以上管理人员中征集廉政格言、警句；对管理人员定期进行廉政教育培训；联系港口工作实际，与市区两级检察机关结成共建对子，加大预防职务犯罪的工作力度；层层签订《党风廉政建设责任状》等等，使港口廉政文化进班子、进部门、进岗位、进家庭。

四、营口港企业文化建设的显著成效

营口港的企业文化建设在港口发展中传承，在与时俱进中创新，提高了团队的整体素质和企业的管理水平，树立了良好的社会形象，促进了港口跨越式可持续发展，取得了显著成效。

（一）提高了团队的整体素质。经过企业文化建设的熏陶和教育，港口的核心价值观和各种文化理念日益深入人心，健康向上，文明工作蔚然成风，热爱港口，关心企业，勇于创新，甘于奉献的敬业精神已成为广大员工的共同追求。几年来，涌现了赵文祥等一大批岗位技术能手和李克等一批许振超式的桥吊司机，李生斌等一群优秀船长；全国劳模、全国五一劳动奖章获得者、省市劳模、港口标兵等先进人物层出不穷。在全国交通系统、省、市各种技能大赛、知识竞赛中，营口港的员工经常榜上有名，披金挂银，充分展现良好的职业形象与文化底蕴。在营口港，新人新事层出不穷，舍身救工友的王海涛、赵义帮，拒收贿赂的“铁大门”公安民警盛春斌，结婚不操办参加‘央视’集体婚礼的王征远、张晓芳……他们身上集中反映了营口港人的优秀素质，彰显了营口港的文化魅力。

（二）树立了良好的社会形象。作为国有大型港口企业，营口港在建设企业文化，发展港口事业同时，积极承担企业的社会责任。几年来，营口港兼并亏损企业，与地方贫困地区结对，为社会福利和失业下岗员工等各方面资助捐款近千万元，赢得了地方政府和人民群众的高度评价，港口的社会诚信度、美誉度不断提升，先后荣获全国重合同守信用先进单位、全国精神文明建设先进单位、全国思想政治工作优秀企业、全国交通战备工作先进单位、全国军民共建精神文明先进单位，全国计划生育红旗单位、全国法制宣传教育先进单位等荣誉称号，两次荣获全国五一劳动奖状。

（三）实现了港口跨越式发展。企业文化建设极大地激发了广大员工的工作积极性和创造性，有效凝聚了整个团队的力量，明显提升了港口的市场竞争力，推进了营口港跨越式发展。2007年，营口港吞吐量达到1.22亿吨，成为中国沿海第10个亿吨港口；2008年吞吐量超过1.5亿吨，2009年完成1.76亿吨，2010年超过2亿吨，2011年将达2.5亿吨。

多措并举持续推进营运文化建设

——辽河油田高升采油厂特车大队企业文化建设

企业概况

中油辽河油田分公司高升采油厂特车大队（以下简称特车大队）创立27年来，围绕“奉献能源创造和谐”企业宗旨和“爱国、创业、求实、奉献”企业精神，积累积淀了较为深厚的文化底蕴，探索、培育出适合行业特征和具有鲜明特色的“绿色·和谐”特色文化理念，引导干部职工共同肩负起“持企”的责任，激发起“兴企”的激情，充分释放企业文化在实现科学发展、构建和谐中的巨大潜能。全面提升了大队的创新力、形象力和核心竞争力。2009年，特车大队被辽河油田分公司和高升采油厂分别确定为精神文明建设示范点和安全文化建设示范基地。

加大理念灌输力度，在达成广泛共识上实现新突破

按照依程序有步骤、由浅入深、由表及里的宣贯原则，特车大队采取内部印发传单、画册、简报，板报、橱窗、展板、窗帘展示，编辑故事集，网络传载及外部报纸、电视报道，《高采风》宣传等多媒联动灌输方式，将多年来在传承辽河“家”文化和高升采油厂“排头兵”文化过程中总结提炼的“绿色·和谐”特车文化概念、理念等文化精髓不间断地向干部职工导入，形成了更为广泛的感性认知和理性共识。大队党政领导亲自挂帅，大队工会、政工组牵头，其他组室和各基层单位积极配合，形成党政工团齐抓共管文化宣贯格局，为企业文化建设扎实有效地推进提供了强劲的组织保障。近年来，特车大队印发企业文化宣传传单2000余份，画册260份，《特车简报》16期400余份，做到每人手中不少于一份，使每名干部职工对企业发展概况、企业精神、企业价值观、道德规范等内容都能有个整体上的了解和把握。特车大队在辽河石油报、辽河油田电视台、高采电视台、厂《高采风》上加大文化建设经验、成果宣传力度，进行动态跟踪报道。在油区网页上开辟《特车在线》专栏，同时，在大队内部网

页上增设《文化长廊》宣传角，及时上传文化焦点、热点问题，发挥好电子办公优势，在资源共享中拓展文化建设成果的辐射面。此外，特车大队还采取承包领导到承包单位宣讲、征集文化格言、基层队悬挂队训等方式，从物质文化、行为文化、制度文化、精神文化多层面系统灌输，整体推进，做到大队文化理念个个熟知、熟记自觉实践，认知和认同度达到98%以上，特色文化入脑入髓，人人成为大队文化建设的倡导者、践行者和推行者。

加大成果固化力度，在规范建设标准上实现新突破

企业文化建设的最终目的是实现有效文化管理，用文化力助推生产力。因此，在特车大队“绿色·和谐”文化创建过程中，始终坚持“以人为本、讲求实效、强化责任、规范运作、彰显特色、持续提升”六项原则，加大文化建设成果固化力度，实现了标准化管理不断上水平。在精神文化建设方面，就是逐步构建起“和谐有为、绿色特车”企业宗旨，积累、沉淀、培育出“争一流效益、创一流品牌、树一流形象”企业精神、“开源与节流并重，传承与创新并举”经营理念、“发展之基，动力之源”人才理念和“价值共创、利益共享、发展共谋”文化愿景等等文化概念，通过有效宣贯，为全体干部职工所认同，使之成为规范企业和员工行为，人人遵守的信念和准则，为发展注入文化动力，并在深入挖掘和弘扬中，增强大队的向心力和凝聚力；在制度文化建设方面，主要是建立健全完备的制度体系和科学有效的考评机制，丰富文化概念和人本思想，将文化精髓融入现实管理之中，进一步改进安全管理制度、环境保护制度、设备管理制度、二次分配制度、绩效考核等各项规章制度，使管理工作走上制度化、程序化、规范化运作轨道。近两年来，特车大队修订有关安全、环保、服务、分配、党务等方面的制度8大类60余项，增补20余项100余条款，系统规范管理行为，营运工作已导入科学化管理轨道，提高了大队科学化管理水平；在行为文化建设方面，以“职业道德、社会公德、家庭美德、个人品德”教育为切点，以《特车大队员工行为规范》为准绳，规范大队活动规格和员工行为标准，强化职业训练和特色品牌锻造，培植良好的行为习惯，进而提高大队文明程度；在物质文化建设方面，大队不断改善生产、办公、文化娱乐环境、条件、设施，崇尚工作环境、生产环境和生活环境的绿化、美化、净化与亮化，切实抓好文化载体和阵地建设，制定和实行了《“一书一表”管理办法》和《特车大队环境建设标准》，积极打造特色品牌，扩大大队的知名度和美誉度。

加大载体渲染力度，在营造烘托氛围上实现新突破

在营造有生气、有名气、有士气文化建设环境方面，特车大队注重发挥载体促动优势，不断拓展企业文化影响辐射面。一是选派骨干参加辽河油田分公司、高升采油厂举办的企业文化建设知识讲座培训班学习，并以撰写心得体会文章等形式深度探讨企业文化建设启示；二是召开大队文化建设座谈研讨会、报告交流会，以互动的形式对干部职工进行培训；三是以问卷调查、开辟网络专页等形式，集思广益，为大队文化建设献计献策，从不同角度，广泛发动；四是以征文、回忆文章、演讲比赛等形式，征集大队文化建设与发展相关建议。老员工通过实例回忆谈企业作风、传统以及文化特征，青年员工通过选塑宣传典型，剖析、挖掘文化建设中的感人事迹及成功经验，反映大队文化品位，树立大队和个人的良好形象；五是开展企业文化进小队、进班组“双进入”活动，巩固、拓展文化建设阵营，活跃基层文化建设氛围；六是策划大型活动，如联欢会、文艺会演等，大力展示大队整体形象，宣传、倡导大队文化；七是定期召开总结评估会，梳理、提炼、固化，同时进行深度宣传、灌输、教育活动；八是开展大队文化建设推进活动，增强全员参与的积极性和主动性，等等。通过这些活动烘托渲染，使文化建设真正成为密切企业与员工关系的“连心桥”和实现营运有序管理的“助推器”。

总之，特车大队的文化建设尚处在从感性文化向理性文化管理过渡阶段，在求新、求实、求效的探索实践中，特车人总结提炼的“以人为本”和“与时俱进”、“开拓创新”的创建思想和推进思路，紧紧扣住了文化建设推进规律，加大了“绿色·和谐”理念宣贯的力度、品牌塑造的强度、融合渗透的深度、示范引导的宽度、寓教于形的幅度和固本培元的丰度，大队文化不断得到充盈、丰富和升华，干部职工积极性、主动性、创造性得到最大释放，为大队核心竞争力和经济与社会效益双重提升注入了不竭的动力源泉。特车大队连续五年被辽河油田分公司评为标准化示范车队创建活动先进集体，多次被辽河油田分公司和辽河油田分公司党委评为“双文明”先进单位、先进党总支，连年被采油厂和厂党委评为“双文明”先进单位，先进党总支，“绿色·和谐”特色文化为特车大队实现可持续发展提供了全方位的文化力支撑。

（作者赵鑫、董红伟）

新陆桥公司核心价值体系构建与实践

——新陆桥（连云港）码头有限公司企业文化建设

企业概况

新陆桥（连云港）码头有限公司位于连云港港庙岭港区的中部。2004年9月，由中国外运集团、连云港港口集团和江苏交通控股有限公司三方按42%、38%和20%的股比筹建、成立新陆桥公司，是连云港口岸第一个合资合作经营的装卸码头公司。新陆桥公司自运营以来就成为连云港港吞吐量上量较大的增长点，以三个生产性泊位（15万吨级、7万吨级、5万吨级泊位各一个）担负起港口1/4以上的散杂货任务量，肩负着连云港口岸铁矿石装卸主体货运量的任务，

为连云港港口的逐年上量和实现亿吨大港发挥了主力军作用。

新陆桥公司核心价值体系的构建主要通过绩效管理的方法，从理念、机制、计划、考核、辅导与沟通和应用等六个方面进行有效的实践。

绩效文化理念的导入

无论是核心价值体系还是绩效管理的实施，初期都是一个强制期过程，因为公司成立初期员工的国有企业情结非常的严重，铁饭碗的观念依然强烈，绩效文化对很多员工思想上还是产生一定的冲击，再加上不了解就会产生不理解，多少还是有抵触情绪的。这一阶段的对策是：高频次的培训和强化制度的执行。

首先公司建立起的绩效考核系统构架，对员工的行为具有指导性与约束性，直接作用于员工的个体行为。通过岗位说明书明确各岗位职责，结合公司的经营目标制定各岗位的绩效标准，对公司65个岗位分别建立了绩效考核标准，确定了KPI指标。与公司20—30%的吞吐量年增长目标相对应，标准的侧重点是操作量、工作量的权重较大，操作人员、修理人员、现场管理人员和基层技术人员、管理人员实施全定额计件工资制。公司还对劳务用工实施区域负责制，将装卸劳务工的工资纳入公司的计件工资体系，使公司的生产组织效率稳步提高，为生产量每年递增提供了保证。

机制与制度的设计

制度是大家共同遵守的办事规程或行动准则，决定着人们可以做什么、不可以做什么。适合的制度可以极大促进企业发展，滞后的制度则会阻碍企业发展。机制是指组织的构造和运作原理，组织的内在工作方式，包括有关组成部分的相互关系以及各种变化的相互联系。机制泛指一个系统中，各元素之间的相互作用的过程和功能。机制与制度，是为了在企业中建立秩序而设计的，决定企业经营管理成本，以及经济活动的获益性和可行性的行为规则。

对于企业而言，机制本身含有制度的因素，机制就是制度加方法或者制度化了的方法。如果把每个人或组织比作运动员，企业发展与获得收益当作比赛，那么制度的意义在于它制定了比赛的规则，并由企业领导执行仲裁，以确保比赛能顺利有序的进行。

在新陆桥公司，绩效管理的制度和方法，除了起到对员工行为外在约束的作用，更多的是用机制指引员工的行为，形成内在的约束，影响到每个人的劳动付出和所得，并由此影响、决定着每个人的行为选择，达到制约的力量，保证制度完整连续的实施。

绩效考核的方法与实施

绩效考核的根本目的是建立一种反馈机制，帮助组织实现战略目标并增强竞争优势，帮助员工实现价值并提升能力，最终实现企业、组织、与员工的共赢！

各级管理人员，以工作目标为导向，以工作标准为依据，通过收集、分析、评价和传递员工在其工作岗位上的工作行为表现，在工作过程中的态度以及工作结果方面的信息情况、工作完成情况等对员工进行定量与定性的评价。评价组织成员的价值，考核组织成员对组织的贡献。同时，为了提高员工能力与绩效，各级管理人员通过绩效考核与员工之间还要进行管理沟通活动。

在此过程中，各级管理人员就要依据绩效协议书的考核内容以及评价标准，定量和定性的进行数据收集，并得出结果。通常最终结果一定要以定性结果，虽不精准，但规避扯皮，但是考核进行过程中一定要用定量考核，定性的考核内容用等级择一法将定性指标定量化。这在“德、勤”等方面通常要采用。

通过培训途径，促进员工提升

培训是至关重要的手段。新陆桥公司通过在职训练、脱产培训、自我培训三种方式进行培训，公司把职业化培训与绩效管理形成相互作用的过程，达到提升员工能力的目的。

员工素质提高了，就会知道什么是重要的，什么是不重要的，反过来促进绩效再提升，达到双循环的效应。

如何建立高绩效工作环境，专家们从财富500强当中40家高绩效企业中，总结了高绩效企业的55个标准，其中首要因素是企业培训和持续的学习能力，一个员工在经过企业的培训后，会留下永久的烙印。加强培训，养成习惯，就能产生效益。团队的学习是不能中断的，企业需要精神食粮，通过学习使企业的凝聚力增强。

新陆桥公司以“实践、实战、实用，发展员工能力，实现公司整体绩效的提升”为培训工作指导思想。从组织、岗位和个人三个层面入手，将培训与绩效考核结果形成互动，使人人都有培训目标和提升方向。突出对优秀员工的培养，让培训作为对努力工作、勤于提升员工的一种福利方式，为公司发展储备人才，为个人能力提升提供平台。

公司各单位、部门将培训作为日常工作的一个组成部分，帮助员工发现自己目前的技能提高项目，员工现时表现与单位、个人的期望表现之间的差距就构成了培训需求，即培训需求＝期望表现－现时表现。将每个员工对应的绩效考核结果进行分析，找出绩效不佳的原因，掌握本单位员工目前所拥有的知识状况、工作能力、技能状况、工作态度以及对待培训的态度，同时各单位要提出每个岗位应具备的技能标准、掌握的知识、完成工作应该有的态度等，从而通过对比，确定单位、个人双方认同一致的培训目标，使员工有目标、有重点、有系统地提高自己的能力。每位员工随着知识的不断积累和能力的不断提高，必将赋予自己以成就感，业绩与薪酬也才能随之相应得到改善。

公司还将日常管理中很多共性的方法、流程总结提炼出来，将最新的理念、最好的经验以及具体的操作流程固化，通过有效的途径传授给员工。对相应的工作过程编制流程化的学习资料，便于培训与学习，突出实效性培训。班组共享经验培训，做好“即时培训”，抓住当班工作中随时出现的情况，利用当天的班后会进行分析，针对这其中反映出的问题，来统一人员的动作、观念、技能，在班内进行培训学习，使员工能从这个过程中学到分析问题、解决问题的思路及观念，提高员工的技能，达到分享经验、共有化教育的目的。技术工种人员在处理故障等过程或故障处理后，对处理故障过程中的心得体会进行交流、探讨，相互学习、相互促进、相互取长补短。随着公司立足岗位培训的不断深入，员工技能得到不断地提升，公司各个岗位的绩效考核标准从注重操作量到注重技能进行了修改，将技能提升作为加分项，提倡一技多能、互相传授技能、技术比武，考核结果作为评优评先以及季度奖金、年度奖金的发放依据。

新陆桥公司通过几年评价机制的运行和完善，员工感受到绩效给自己带来的变化，收入、福利持续增加、技能提升、培训机会增多、个人的发展通道拓宽。绩优带来荣誉和收获，这已经是所有新陆桥员工的共识，在新陆桥人人都争当先进。

从长远看，新陆桥公司的核心价值体系还要继续保持从公司中来到公司中去，不求好看，但求有效。员工的参与比文案的优美本身更为重要，员工的乐于参与是企业核心价值体系落地的真谛所在，这需要管理人员根据公司战略目标的实现，设计分解成对战略目标有指向性和引导性，让每位员工都乐于参与的具体载体和平台、机制。

源于员工真正的受益，真正的核心价值体系构建（绩效管理）员工是欢迎的。

衡量一个企业管理是否成功，要看它能否使员工取得比他们自己估计所能达到的更好绩效。新陆桥公司的核心价值观影响公司每个人的行为，最终使个体行为调整到与企业达到战略方向一致，通过激励让每个人都能发挥潜能。

企业核心价值体系的构建如“如水论”：水滴石穿，水到渠成。是点点滴滴，日积月累形成的。新陆桥公司的核心价值体系将更加深入地体现在新陆桥公司的机制、制度、装卸服务、人力资源和创新上，通过以上的管理载体和工作平台，让创造价值的人分享企业价值，在这一过程中，让员工感受到绩效给自己带来的影响：收人增加，技能提升，同事间的协作增强，个人的价值得到逐步的体现。让核心价值体系成为强化公司文化的载体，达成企业经营方针、目标和任务的实现。

（作者丁筱莉，系连云港新陆桥码头有限公司副总经理、工程师）

以“家文化”推动企业和谐发展

——中铁七局三公司企业文化建设

企业概况

中铁七局三公司现有员工2636人，其中党员1188人。公司党委下设4个党工委，52个党支部。在创先争优活动中，我们以“家文化”建设为载体，依据我们工程单位四海为家的客观实际，把传统意义上的“家”有效延伸到现代企业管理之中，倡导“每个家庭成员都要带头把家里的事情做好”这一基本观点，号召每个党支部发挥“小家庭”的凝聚作用，每个党员发挥示范作用，立足一线、立足岗位，把正在做的事情做好，持续深化创先争优活动，推动公司这个“大家庭”的科学发展、和谐发展。

守家训“用心做事”，上下齐心抓落实

“用心做事”是公司的“家训”，也是公司上下的行为准则。我们深知，用心写一个“家”字，一笔一划，点撇横捺，天成十笔，方显一个圆满。因此，我们在创先争优活动中努力做到“四个用心”。即党委用心抓落实，推进创先争优。各级党组织围绕解决企业成本管理、安全质量管理和党建工作等方面存在的突出问题，抓承诺讲公开、抓点评找差距、抓评议促深化、抓表彰树典型。公司党委坚持每季度召开一次专题会，领导班子成员对联系点创先争优活动情况进行集中点评，党委书记对下一步工作提出要求。每半年召开一次总结会，对开展活动和履职践诺情况进行回顾总结，对活动开展情况进行群众评议。两年来，群众对领导班子的满意率平均达98.43%，对班子成员的满意率平均达95.5%。领导用心做表率，带头创先争优。各级领导干部带头深入基层、深入现场开展调研，帮助解决实际问题，带头履行承诺作表率，是创先争优活动的基本要求和一大特色。据统计，两年来，12名班子成员每月深入一线时间都在18天以上，共帮助基层查找和解决安全质量、成本控制等突出问题138个，收集各类意见和建议73条，提出整改措施160多项。支部用心搞活动，抓实创先争优。各党支部将创先争优活动与生产经营、项目党建、群团等工作相结合，创新载体，搭建平台，开展了青年先锋岗、党员责任区立功竞赛、“热心服务基层、争做十个表率”等活动，把创先争优活动落到实处。石武客专项目党支部以“斗酷暑、抓进度、建精品”为活动主题，注重质量，抢抓工期，攻坚克难，30天完成3.8公里无砟轨道先导段施工，刷新了高铁施工进度新记录；南京地铁项目党支部以“创先争优确保节点”为载体，70天完成产值5000万元，创造了地铁施工的新时速。党员用心践承诺，体现创先争优。公司1000多名党员不仅认真承诺，而且用心践行和兑现。素有“拼命三郎”之称的项目经理陈国良，风餐露宿，坚守一线，靠坚强毅力和拼搏精神，赢得了指挥部连续8个月劳动竞赛评比五个第一的好成绩，让群众看到了党员的良好形象；新疆星吐公路项目测量主管石思清，冒着烈日风沙艰苦作业，兑现了自己“当天工作当天完，确保测量走在前，数据准确无差错，技术交底不拖延”的诺言。

遵家规“按章办事”，严字当头求实效

“按章办事”是公司的“家规”，要求每个员工以争创一流业绩为目标，严格做到执行制度不动摇，按章办事不走

样。公司各级党组织紧密结合面临的形势任务，在创先争优活动中重点抓好“三个从严”。即从严推进标准化管理，认真落实以“制度建设、人员配备、现场管理、过程控制标准化”的要求，严格安全质量考核，加强重点项目管控。两年来，公司安全形势稳定，质量管理受控，所承建工程项目一次验收合格率达到100%。从严执行成本管理，以系统管理为手段，细化前期策划、坚持季度成本分析，认真落实“红线”成本管理控制，完善内部监督约束机制，提升了项目盈利空间。湖南吉茶公路项目施工环境差、标价低，2010年实际亏损达7100万元。自推行红线责任成本以来，项目领导班子结合创先争优活动，紧紧围绕“抓产值、促进度、树形象、争一流”这根主线，狠抓成本管理，优化资源配置、细化施工组织等各方面措施10多项，项目管理很快有了转机，项目进度、安全指标、成本控制等方面明显改善，并多次取得业主开展的劳动竞赛、安标工地、信誉评价第一名，并获奖励107万元，通过多措并举，基本扭转了亏损局面，为公司在湖南公路市场滚动发展打下良好基础。从严加强党建基础工作。认真落实党建工作组织设置、制度建设、主题活动、企业文化、基础资料等五个标准化，认真开展创建“四好班子”、“五好支部”、“党员示范岗”等党内主题活动，制定了《家文化发展纲要》、深入推进安全文化、质量文化、效益文化、廉洁文化建设，编发《家故事》、《家春秋》内部刊物14期，开展读书、演讲、知识竞赛、学习交流等健康向上的文化活动。巴达铁路项目党工委结合地处川东大巴山区交通不便、员工生活枯燥的实际，通过深化创先争优和家文化建设，开展党员承诺和立功竞赛活动，把偏远的工地建成了温暖的家。

重家诫“不做错事”，履职尽责谋发展

“不做错事”是公司的“家诫”。在创先争优活动中，公司领导作为企业的带头人，谨记家文化提出的“我是谁、依靠谁、为了谁”，带头树立“不做错事就是本分、决策失误就是犯罪”的理念，始终把企业的发展、员工的富裕、对社会的贡献视为重要责任。面对外部形势的发展变化，领导班子带头，在各级党组织和广大党员中开展了“创先争优眼睛向内，‘五子登科’（即握紧钱袋子、过好紧日子、监管堵漏子、广纳金点子、稳健迈步子）共谋发展”的形势任务教育活动，各级党组织和党员职工广泛参与，提出措施162条、金点子46条，盘活闲置资产410万元，节省设备资金518万元。两年来，共完成营业额87亿元，实现利润超过1.5亿元，一举甩掉了前几年累计亏损超亿元困难企业的“帽子”，企业实现了较好发展。同时，牢固树立“以贡献社会为责，以廉洁奉公为荣，以违章违纪为耻”的企业核心价值观，认真履行社会责任。甘肃舟曲泥石流、岷县冰雹灾害发生后，公司2000多名员工纷纷伸出援手积极参加救助。去年四川巴中遭遇50年一遇特大洪水，巴达铁路项目部全力参加抗洪救灾，并资助30多万元为当地小学添置课桌和电脑、为村民修桥补路建小水库、为孤寡老人和留守儿童解决生活困难，为企业赢得了荣誉和市场。我们积极落实“三不让”和“五有”帮困承诺，帮困扶贫人数3056人次，金秋助学646人次，支出费用323.5万元；员工收入每年增长15%以上；组织医生深入工地为员工健康体检5700多人次；建设经济适用房238套；录用104名农民工为合同制员工，其中两人荣获“全国五一劳动奖章”和股份公司“十大新型农民工”称号。

我们虽然在创先争优活动中取得了一点成绩，但与上级党组织的要求和兄弟单位相比还有一定差距。我们一定以这次会议为契机，更好地运用家文化建设这个载体，努力构建符合企业发展的创先争优长效机制，使文化力转化为凝聚力和向心力，从而推动公司生产力的更大发展。

（作者徐万瑜，系中铁七局三公司党委书记、董事长）

以学为阶 以文化人
扎实推进企业文化建设

——营口市烟草专卖局企业文化建设

企业概况

营口市烟草专卖局、辽宁省烟草公司营口市公司属中直企业，成立于1984年，实行“统一领导、垂直管理、专卖专营”的管理体制，2010年实现税利26,015万元。

几年来，局党组坚持以科学发展观为统领，以辽宁烟草行业“12552”发展战略为指导，以市局“四力、三大、三不”工作思路为抓手，以“把营口烟草打造成科学发展、执行高效、服务至善、客户感动的流通企业”为目标，确立了加强企业文化建设，创建学习型组织，增强企业核心竞争力的发展战略，取得了显著成效。曾先后荣获“全国企业文化建设优秀单位”、“辽宁省劳动关系和谐企业”、营口市文明机关”、“营口市特色文化标兵单位”、“全市纳税五十强企业”等39项各类荣誉称号。

营口市烟草专卖局坚持以科学发展观为统领，以辽宁烟草行业“12552”发展战略为指导，以市局“四力、三大、三不”工作思路为抓手，以“把营口烟草打造成科学发展、执行高效、服务至善、客户感动的流通企业”为目标，确立了加强企业文化建设，创建学习型组织，增强企业核心竞争力的发展战略。通过加强企业文化建设，着重解决了领导干部的思想作风建设和能力建设存在的问题，中层干部管理能力存在的问题，员工综合素质、岗位技能存在的问题，企业和员工的精神面貌发生了很大变化，企业文化建设的氛围已经形成，各项工作在更高的起点上有了新跨越，实现了企业与员工共同成长、共同发展的预期目标。

三段贯通，久久为功，企业文化建设理念深入人心

市局（公司）新一届党组自2008年1月成立以来，一直高度重视企业文化建设。下半年，市局提出了加强企业文化建设和创建学习型组织的工作思路。针对员工中存在年龄偏大、文化水平低，工作滞后、不适应全省行业新形势发展的实际状况，认真分析了员工队伍建设存在的问题，研究制定了《营口市烟草专卖局（公司）企业文化建设实施方案》，明确了“一年打基础，三年见成效”的工作目标，并确定了2008年为“企业文化建设年”；2009年为“企业教育培训年”；2010为“企业文化建设创优年”的工作思路。

为使企业文化成为推动烟草事业健康和谐发展的强大动力，市局（公司）党组把企业文化建设纳入企业发展战略规划，统筹策划，通盘考虑，多次召开专题会议研究企业文化建设工作。局长、经理张国梁同志亲自组织撰写方案、参加研讨和修改，经过反复讨论，系统地建立起“金牛”品牌企业文化建设架构体系，确立了“精耕本业、追求卓越”的企业精神，坚持用企业文化铸魂、植根、塑形，增强企业科学发展的核心竞争力。

在“企业文化建设年”活动中，联系实际制订了“企业文化建设年”宣传方案和推进方案，分阶段对企业文化建设进行了部署，组建了企业文化种子团队，组织企业文化调研诊断工作，设计编制调查问卷，认真整改存在的问题。

在“企业教育培训年”活动中，根据企业和员工岗位的不同结构和需求开展教育培训，采取业余培训、在岗培训和脱产学习相结合，外聘学习型组织建设管理顾问及专家学者授课和组织学习考察交流、拓展训练相结合等方式，实行教育培训工作。在培训内容上，实施了“123”工程，即员工每月阅读一本书，写2000字以上学习、工作、生活笔记，参加3小时以上综合素质提升培训。

在“企业文化建设创优年”活动中，聘请营口史志办专家讲解营口地区历史、地理、商贸及文化发展史，从中提炼优秀文化元素；组织企业文化研讨活动，总结提炼理念体系；广泛征集企业文化服务品牌标识、文明用语，发动员工、家属、子女参与到活动中来，组织编撰了《企业文化手册》《员工行为规范手册》《员工故事集》《员工论文集》《创建学习型组织管理手册》等企业文化建设载体，丰富了企业文化建设的视觉识别系统，形成了符合企业实际的文化理念体系和具有营口地域特色的金牛文化服务品牌，

企业文化建设工作，得到了全体干部职工的普遍响应。三年来，全体党组成员带头学习、带头研讨，深入基层一线调研指导，抓点带面，全面推进，真正做到高层管理、高度支持；各单位（部门）负责人作为单位（部门）企业文化建设的第一责任人，强化执行力，创新模式、创新载体，务求实效。全体员工立足岗位，积极参与，促进了企业文化建设工作的有效开展。

通过企业文化建设，领导与员工们的心态柔和了，眼界开阔了，关系融洽了；企业里讲文明的人多了，随地吐痰、扔烟头的人少了；各单位快乐多了，怨声少了；餐厅里剩饭、剩菜少了，节约用水、节约用电已成为干部员工的自觉行动。广大干部职工积极进取、奋发有为，企业呈现出人人自我超越、团队努力创先争优的可喜局面。

以学为阶，以文化人，企业文化建设扎实推进

坚持把加强学习，作为干部职工成长进步的阶梯和企业文化建设的有力抓手，积极优化学习环境，普及电脑知识，丰富学习载体，完善激励机制，既提高了企业全员素质，又提升了企业文化建设的水平和档次。

一是积极优化学习环境。三年来，先后建立员工书屋6个，为员工购买了涉及政治、经济、哲学、文学、管理等十几个专业，涵括国学、思想、道德、礼仪、励志等内容的书籍4658册，人均达10.8册。针对有代表性的节假日和时机，向员工赠送书籍。利用三八妇女节，为女职工赠送书籍760册；利用举办“学习节”评选学习标兵等形式发放12500多元的购书卡，让员工选购喜爱的书籍自主阅读。市局（公司）党组根据企业文化建设和创建学习型组织培训规划，每年都向员工推荐必读书目和选学书目，员工自费买书1330本，其中个人最多买书65本。制作企业文化建设展板316幅，文化走廊878延长米；建立企业文化墙、企业文化建设之窗等宣传专栏12块，共刊出28期，刊发图片698幅，刊登心得体会文章256篇。为广大干部职工积极主动学习、提高学习质量奠定了坚实基础。

二是广泛普及电脑知识。发展企业文化、提高员工素质，需要借助电脑这一现代化的学习办公手段。除一线送货员外，企业为每一名员工都配置了电脑，电脑普及率达到100%。为提高员工电脑操作技能，加大培训力度，积极普及电脑知识，目前市局机关干部电脑操作技能全部达到了熟练程度，管理岗位员工全部适应工作需要。信息中心的同志，认真学习信息技术前沿理论，立足岗位积极创新，独创的电访语音自动呼出系统达到全省行业信息化管理先进水平，获省局科技创新二等奖。

三是不断丰富学习载体，设立并固化了“学习节”。市局（公司）党组把每年8月份的最后一个星期五定为“学习节”。一是召开员工子女升学暨员工读书明星奖励大会，邀请员工及其子女介绍读书学习经验。二是开展专题培训活动。三年来，为考上大学的员工和卷烟零售客户子女发放助学金25000多元。为激励员工在读书学习中当先进、争标兵，认真组织员工参加省局和市直机关工委组织的政研论文、学术论文交流和知识竞赛，有32人获得一、二、三等奖和优秀奖。物流中心李丹同志先后两次参加了省局举办的“岗位在我身、责任在我心”演讲比赛，分别获得一等奖和二等奖。创办了“学习园地”、“心灵小语”、“科普沙龙”、“生活安全常识”及“员工作品展”等展板，现已刊发32期，起到了普及知识、启迪心智的作用。积极鼓励员工向《中国烟草》、《辽宁烟草》、《中国烟草报》等投稿，目前已在各级报刊、杂志发表稿件84篇。经常性地开展读书研讨活动，已举办16次不同类型和主题的研讨交流会。扎实推进实地

学习考察活动，多次组织员工到省内鞍山、本溪、葫芦岛等市局考察、学习；组织优秀员工到省外山东省东营市烟草公司、湖北中烟、川渝中烟学习、考察和培训。

四是完善激励竞争机制。建立了员工学习工作绩效成果公示制度。大张旗鼓地宣传和表彰在市局以上单位学习培训、比武竞赛、学术交流、论文征集中获得前三名的同志，将他们评选推荐为市局以上各类标兵、明星、先进个人，三年来，已有86人次荣登各类光荣榜，激励干部职工见贤思齐，不断超越。

注重融合，润物无声，企业文化建设成果显著

坚持把提高员工素质，促进企业和谐，培育企业精神，加快事业发展，作为企业文化建设的着力点和落脚点，狠抓结合渗透，使企业文化建设收到了教化于无形、润物于无声的可喜效果。

一是与创建学习型组织、提高全员素质相结合，增强了企业的学习力。建立了企业文化视觉识别系统和企业文化建设管理架构体系，提出了持续改进措施；组建了企业文化建设和创建学习型组织指导委员会，推进了企业文化建设的制度化、经常化、规范化、标准化。市局（公司）坚持以创建学习型组织为载体，为企业文化建设支付费用达232万元。全体员工业余期间读书1956本，共撰写读书笔记517万字，个人最多写读书笔记16万多字；共撰写心得体会976篇，208.6万字。市局（公司）上下形成了人人讲学习、人人爱学习、人人好学习的良好风气。市局（公司）还根据形势发展需要，选派238人（次）中青年干部和优秀员工参加省以上行业举办的各类专业知识技能培训。全地区已有112人参加了专卖管理员、营销员、送货员在线远程教育；237人参加了全省统一组织的岗位技能资格认定考试，合格率达89.6%；122人参加在职学历教育，92人已获得了毕业证书。无论在市局机关，还是分拣、配送一线，学习已经成为员工一种选择和追求、一种兴趣和习惯。员工们享受学习快乐同时，也促进了工作、生活幸福指数的不断提高。企业不仅成为员工的工作场所，而且成为员工成长进步的舞台。三年来，已有4名中层干部成长为处级领导，14名不同身份员工成长为科级干部。特别是在学有专长的聘任制员工中提拔处级干部，开创了全省行业先河。

二是与创建和谐企业、密切干群关系相结合，增强了企业的凝聚力。企业文化建设，架起了干部群众密切联系的“桥梁”。在丰富多彩的企业文化活动中，市局（公司）党组转变思想作风，带头树立讲学习、树正气、说实话、办实事、求实效的新形象，深深感动着员工。在企业几乎所有员工都能把领导与客户经理一同拜访客户、与专管员一同检查市场，与送货员一同送货，与员工同桌就餐，与员工面对面交流等“芝麻小事”，像讲故事一样娓娓道来。领导也从员工不断进取、奋发有为的精神面貌上受到鼓舞，从员工对事业发展的更多关注、更高期盼上看到了责任。领导与员工的心灵在同一个频道上同谐共振，干部职工心往一处想，劲往一处使，企业的凝聚力、向心力迅速增强。

三是与培育企业精神、改善员工心智模式相结合，增强了企业的影响力。立足于培育“精耕本业，追求卓越”的企业精神，聘请咨询老师面对面地给员工做培训辅导，引导员工学习知识、增长才干。组织员工观看《大智慧》《商务礼仪》《于丹论语心得》等光盘共19期，48学时，激励员工真心做人、勤勉做事。企业文化建设，使广大员工进一步改善了的心智模式，提高了思想道德水平和社会责任感。2009年9月市局（公司）号召员工为大石桥市建一镇松树村特困村民赵英玖捐款建房时，仅两天的时间员工就捐款20690元，为其建成57平方米的3间大瓦房。在抗震救灾等其它捐助活动中，干部职工也无私奉献、慷慨解囊，树立了企业干部职工人人思进向善、勇担社会责任的良好形象。

四是与“创先争优”、促进科学发展相结合，增强了企业的核心竞争力。三年来，分别开展了“议形势、谋发展”，“看项目、话振兴”和“爱岗位、爱企业、爱家乡、爱国家”三项主题教育活动。先后组织668人（次）参加了企业“大分析、大讨论、大家谈”交流活动，使干部员工进一步认清了形势、坚定了信心、鼓舞了斗志、明确了目标，全体干部职工的致力经济发展、加快全面振兴的工作热情和创业激情空前高涨。企业文化建设改变了员工的工作方式，各项工作都做到标准化设计、流程化操作、精细化考核、痕迹化管理。在省局11项基础管理指标考核中，公司有9项工作连续两年位居全省行业前列。

企业文化建设规划与纲要

中国企业文化建设“十二五”规划建议

中国企业文化研究会

企业文化作为独特的资源，在提高企业经济效益，增强职工综合素质，提升企业核心竞争力，推动企业科学发展，促进社会文化繁荣发展中，起着重要的作用。经过多年的普及推广，中国企业文化建设在企业发展中的战略地位逐步确立，企业文化体系不断完善，企业文化建设氛围更加浓厚，企业文化建设工作格局初步形成。从总体上说，中国企业文化建设已经由过去自发、独立、分散、浅层次的发展阶段，进入到了有统一组织领导、明确目标导向、健全体制机制、丰富载体支撑、体现企业特色、与企业发展战略相适应相促进的整体深化阶段。

“十二五”时期是推进我国经济发展方式转变和企业科学发展的关键时期，也是中国社会主义文化包括企业文化发展的重要阶段。中国成功应对国际金融危机的实践表明，企业是推动经济发展方式转变的基础和决定性力量。加快转变经济发展方式，必然对企业文化建设提出更新、更高的要求，特别是后金融危机时期，谁拥有文化优势，谁就拥有竞争优势。为推进中国企业文化建设繁荣健康发展，根据十七届五中全会关于推进社会主义文化大发展大繁荣，提升国家文化软实力的精神以及党和国家文化主管部门的要求，中国企业文化研究会提出此建议。

一、指导思想、基本要求、总体目标

（一）指导思想。

“十二五”时期中国企业文化建设要以邓小平理论和“三个代表”重要思想为指导，深入贯彻科学发展观，全面落实党的十七届五中全会精神，围绕我国国民经济和社会发展第十二个五年规划提出的目标任务，突出科学发展的主题，把握加快转变经济发展方式的主线，以企业改革发展为中心，坚持以人为本，坚持贴近经营管理实际、贴近生活、贴近职工精神追求，实事求是、与时俱进、开拓创新，建设注重文化内涵、时代特色、国际视野的中国企业文化，促进中国企业管理水平和国际竞争能力的提高，促进中国企业科学发展和职工全面发展。

（二）基本要求。

引领发展。企业文化建设要与企业战略高度匹配、一体化运行。企业文化建设的各项工作都要从服务发展出发，着眼于解决影响制约企业科学发展最突出的问题，进行企业文化建设的总体规划和科学设计。

价值主导。企业软实力、文化力，从根本上取决于核心价值观的生命力、凝聚力。构建能够有效发挥引领和整合作用、符合企业发展要求、全体职工认同的核心价值体系是企业文化建设的根本任务。

遵循规律。企业文化培育、建设和应用，对中国企业来讲，是一项全新的事业，一定要不断学习探索，文化应用于实践的内在规律。对文化内涵不能望文生义，对实践的过程和方法不能盲目，而应当加深对文化的理性思考，对文化在现代企业中发挥作用的独特方式不断总结。企业文化建设要遵循企业成长的规律、企业文化形成发展的规律及文化育人的规律。科学把握企业文化发展的阶段性、企业文化构成的多样性和企业文化建设的长期性。

以人为本。职工既是企业生产经营活动的主体，也是企业文化建设的主体和动力源泉。要保障和实现企业职工的基本文化权益，使广大职工共享企业文化建设的成果。以科学的文化理论武装职工，以正确的舆论引导职工，以高尚的精神塑造职工，以优秀的文化产品鼓舞职工，促进职工的全面发展。

突出特色。企业文化要体现行业特点、企业特色，使职工感到企业文化既是本行业经营所特有的精神状态的真实写照，又是本组织所唯一具有的独特表述，从而起到鼓舞士气、激励斗志、形成良好的精神氛围的作用。

继承创新。推进企业文化建设要尊重历史，继承中华民族优秀传统文化、科学的马克思主义指导思想、丰富的革命文化。创新是文化的本质特征，要大力推进企业文化创新，把创新作为一种信念、一种追求，对企业的文化资源和国内外优秀企业文化成果进行创造性的借鉴和利用。

统筹兼顾。企业文化建设是企业全局性、综合性的工作。企业文化建设要与企业其他各项工作统筹兼顾，企业文化建设要与企业党组织的各项工作统筹兼顾，企业文化建设主管部门与企业其他管理部门的文化建设责任要统筹兼顾，企业文化建设体系内各方面工作也要统筹兼顾。

务求实效。企业文化体系建设和文本化过程，要在注重系统、完整的同时，力求简明、实用、可操作。力求文化的表达、活动的开展符合企业实际，被职工广泛认同，能够系统传播推广、全面转化、切实“落地”。

（三）总体目标。

到 2015 年，初步建立与社会主义市场经济相适应、与现代企业制度相符合、与企业和职工共同发展需求相一致的企业文化体系。企业文化建设领导体制、工作机制更加完善，企业文化设施更加完备，企业文化产品、文化活动更加丰富，企业文化建设氛围更加浓厚，职工文明素质明显提高，企业文化在企业综合竞争力中的地位和作用更加突出，企业文化的活力和社会影响力不断扩大，文化在经营管理中的作用日益显著，文化管理的自觉性不断提高，企业文化建设为企业科学发展、职工全面发展的服务能力显著提高。

二、建设重点

（一）加强集团文化建设。

集团文化是建立在企业集团所属成员单位个性文化基础上的共性文化，具有战略性、主导性、整合性、包容性，为各成员单位文化建设提供指导、规范和发展的空间。集团文化建设体现中国企业文化建设的主流水平。加强集团文化建设是实施大公司大集团发展战略的需要，是企业集团实施集团化管理、调整重组、提高管控能力、国际化经营中跨文化管理的需要、是有效防范风险和大企业病变的需要。要着眼战略，对集团文化体系进行系统规划；要把握本质，精心构建集团价值理念体系；要遵循规律，着力推动集团价值理念的转化；要彰显个性，努力打造充满活力的集团文化品牌；要以人为本，不断追求集团文化建设的高境界。要正确处理集团文化与所属企业文化的关系，实现集团文化本质的统一和所属企业文化的个性化发展。通过加强集团文化建设，为应对后金融危机时代更高层次、更高水平、更为激烈的国际竞争，加快培育形成一批拥有自主知识产权和知名品牌、具有国际竞争力的大公司大企业集团提供文化支撑。

（二）加强行业文化建设。

行业文化是以本行业的历史文化为基础，以解决行业发展最突出的现实问题为导向，以未来的发展战略为依据，建立在所属企业个性文化基础上的共性文化。要通过行业文化建设，规范企业行为，增强行业公信力、凝聚力、竞争力，树立良好的社会形象。各行业主管部门、行业社会团体在抓行业管理过程中，要把行业文化建设放在更加突出的位置，通过行业文化建设，更好地加强行业自律，避免无序竞争，更好地应对国内外各种风险的挑战，更有力地参与国际竞争。

（三）加强创新文化建设。

创新文化是企业自主创新的前提和动力源泉，是促进企业自主创新的必备环境和条件，是管理体制和运行机制的内核。要增强创新意识，树立创新理念、建立有利于创新的体制机制，培养创新型人才，营造创新氛围。通过创新文化建设，以创新文化引领中国创造，深入实施科技强企和人才强企战略，充分发挥科技是第一生产力和人才是第一资源的作用，增强企业自主创新能力，壮大创新人才队伍，推动企业发展向主要依靠科技进步、劳动者素质提高、管理创新转变，加快建设创新型企业步伐。

（四）加强责任文化建设。

中国企业履行社会责任，既要与国际接轨，又要结合我国国情和企业实际，体现出自己的特色。自觉遵守法律规范，充分体现企业价值，追求高尚道德伦理。以社会责任作为企业文化构建的基点，是中国企业国际化的必经之路，符合我国建设“和谐社会”的要求，有利于为企业带来良好的声誉，提升企业的竞争力，有利于中国企业参与国际竞争。加强责任文化建设，要以依法经营、诚实守信、提高产品质量和服务水平、节约资源、保护环境、保障生产安全、维护职工合法权益、参与社会公益事业等内容为重点，开展企业社会责任全员培训，提高企业和职工履行社会责任的自觉性、主动性。

（五）加强企业文化融合。

企业文化融合是把所属成员单位由于传统、地位等多种因素形成的各具差异性的个性文化，通过充分沟通、交流、吸收、借鉴、融合、创新，逐步建设成统一的更高层次的企业集团文化体系的过程。新形势下，要切实加强调整重组后各企业的文化融合。通过文化融合，解决调整重组企业之间因文化传统、文化思维、文化实践等不同而引发的文化碰撞与冲突，实现文化的创新与提升。在调整重组中，主管部门和企业管理者在制订企业调整重组的资金解决方案、工资解决方案、职工安置分流解决方案时，要认真研究、稳步推进企业文化融合的问题。建立以核心价值观为基础的坚韧的精神文化纽带，不断增强文化的凝聚力、控制力、影响力，提高竞争力，引领和保证调整重组后的企业集团沿着既定的战略目标科学发展。要加强国际化经营跨文化管理中的企业文化融合。将中国企业文化与世界各国各地区各民族的文化有机融合。识别文化差异，进行文化交流，发展文化认同，进行跨文化培训，达成跨文化理解，形成一种既坚持本国企业核心价值观，又体现与各种异质文化融合的灵活性、有效性，适应资源国的“本土文化”。开放自己，包容别人，为我所用，共享共赢。

（六）加强中小企业文化建设。

中小企业是促进经济社会又好又快发展的重要力量，在繁荣城乡经济、增加财政收入、扩大社会就业、保障和改善民生、促进科技创新、优化经济结构等方面，发挥着不可替代的作用。中小企业在落实国家有关政策措施，创新体制机制，改善发展环境的同时要切实加强企业文化建设，进一步提高自身素质，加快提升创新发展能力，扎实推进结构调整，提高基础管理水平，实现持续健康快速发展。

（七）创造优质企业文化产品。

企业文化产品是文化产品的重要组成部分。在企业文化建设中，要把建设的成果转化为文化产品，通过演艺、出版、广播、电视、网络、手机等载体更好地传播企业文化，最大限度发挥企业文化引导、教育、凝聚及推动发展的功能。有条件的企业要发展文化创意产业，强化企业品牌的传播力、影响力。探索开发企业精神教育基地、企业文化建设示范基地、企业主题博物馆、纪念馆、典型遗址、公共休憩空间、文化创意园等工业文化旅游产品。文化生产企业要不断提高装备水平和科技含量，加强对文化产品创作生产的引导，坚持“文化创意”的生产，促进“文科融合”的生产，创造、生产出更多的优质文化产品，打造既有较高文化境界，又有较深文化意味和较浓文化情趣的文化品牌，满足人民群众和企业职工基本的、多样化、多层次、多方面、日益增长的文化需求。

三、主要任务

（一）深入开展企业文化调研与诊断。

企业文化调研与诊断是企业文化建设的基础性、经常性、先导性的工作，是企业文化建设的重要业务之一。近年来，很多企业已经理解了企业文化调研诊断之于企业文化培育建设的重要性，但还存在方法比较原始，评价科学性不够等问题。在企业文化建设的起步、创新阶段一定要对企业的历史文化进行广泛深入的调查，清理文化资产，整合文化资源，挖掘文化基因，通过筛选梳理，对企业内的优秀传统文化进行提炼升华，以此作为企业文化建设的基础。要通过调研诊断，了解企业文化的状况，对企业文化的类型和结构特征进行准确判断，分析出企业的优势与长处、阻力与障碍、环境与影响力等，把握企业文化建设的恰当时机，形成独特的企业文化建设方式。

（二）认真做好企业文化建设规划。

企业文化建设规划是企业文化建设过程中的重要环节，在企业文化建设中起着关键的作用。企业文化建设规划要与企业整体规划同时进行。企业文化战略是企业战略的重要组成部分，是其中的一个分战略，要有自身的战略定位、战略思考和战略发展目标。企业文化建设的实施步骤要与企业发展战略相一致，实施过程应有系统的规划，详细的计划，明确的目标，具体的责任、任务和清晰的进度安排、时间节点。

（三）全面推进企业文化建设实施构建理念体系，形成并巩固共同思想基础。

企业价值理念体系构建包括明确使命、规划愿景、提炼企业精神、确立核心价值观和提出与企业管理职能相匹配的相关经营管理理念等。企业理念体系的构建要以自身的历史文化为基础，以企业发展中的现实问题为导向，以企业未来发展战略为依据。要加强中国特色社会主义理论教育，形成政治认同和思想共识，增强对中国企业发展模式、发展理念、发展目标、发展方式的认同。要组织职工深入学习领会科学发展观的内涵和精神实质，学习领会转变经济发展方式、促进科学发展的重要意义，增强促进企业科学发展的自觉性和坚定性。要加强形势任务教育，增强职工完成新任务、应对新挑战、实现新发展的信心和力量。要加强职工思想道德教育，树立社会主义荣辱观，自觉抵制和清除西方腐朽文化的侵蚀，消除封建落后文化的影响。

在理念体系构建过程中，企业所属单位之间要采取多种形式进行充分的文化沟通，理性地面对文化差异，整合各种优秀文化资源，找到新的文化共识，形成企业科学发展的文化基因。要动员所有职工参与，通过参与提炼企业的价值理念，特别是制定企业的使命和愿景，使职工能够在个人动机与企业动机之间建立直接的联系，并对照自身的问题进行绩效改善。理念体系的构建过程应成为企业全体成员揭示问题、研讨问题、达成共识、提升理念、寻求解决问题方案、改进行为的过程，成为企业所属单位和所有职工文化融合、文化创新的过程。

推进核心价值观转化，实施有效的文化管理。要把企业理念体系构建和文本化的完成当作企业文化建设的新起点，扎实推进企业价值观的全面转化，有效地实施文化管理。要通过宣传推广、全员培训和对生产经营管理系统的专项文化创新，推进核心价值观的全面转化。要以核心企业价值观支撑和引领企业的发展战略，使其成为企业发展的精神动力和灵魂。要以企业核心价值观为统领，调整企业的组织结构、配置企业的人力资源、完善企业的管理制度、再造企业的管理流程、优化企业形象、打造企业品牌、考核企业业绩。

在价值观的转化上，要通过开展形式多样的宣传教育活动，实现企业上下对价值观的深刻理解和广泛认同，实现价值观内化于心；要将价值理念贯穿到企业的各项规章制度和工作流程、工作标准中去，形成体现价值理念的制度体系，使价值观转化为职工可遵循的行为准则和行为规范，实现价值观固化于制；要把价值理念体现在产品的生产销售和服务的提供等经营管理活动中，体现在职工日常行为和企业对外形象上，使价值观外化于行、显化于形。

加强职能文化建设，提高企业专业化管理水平。企业各业务部门和职能管理部门在企业核心价值观的统领下，要提出关于企业生产经营管理各个方面的文化理念，把核心价值观体现在企业生产经营管理各项活动中。每一个职能管理和业务部门都要自觉承担与自身业务和职能管理相匹配的相关文化（如质量文化、安全文化、营销文化、客户文化、服务文化、廉洁文化、人力资源管理文化、风险管理文化等）建设的任务。通过职能文化建设，不断提高中国企业专业化管理水平。

建设班组文化，满足职工的精神文化需求。班组建设是企业的生存之本、发展之基、效益之源。企业文化源于基层，源于生产实践，先进企业文化是加强基层建设的根基和保障。要开展各具特色、群众喜爱、扎实有效的主题文化建设活动，营造基层班组的文化氛围，统一思想，规范行为，提升素质，展示形象。强化企业基层创新力，提高基层文化执行力。开展丰富多彩的文体活动，充实职工的业余生活。尊重职工的首创精神，激发职工参与企业文化建设的热情，鼓励支持职工开展积极健康的文化创新活动。加大力度改善企业文化基础设施，完善公共文化服务体系，保障职工群众的基本文化权益，满足职工就近便捷享受文化服务的需求。要加强人文关怀和心理疏导，建立职工心理疏导长效机制，塑造职工健康人格。

促进形象识别系统标准化，塑造良好企业形象。富有个性的企业形象是企业的无形资产。企业形象是企业内在的各种文化信息所形成的凝聚力、创造力、吸引力和竞争力的综合体现。企业形象塑造是企业文化建设的重要内容，也是企业经营战略的重要组成部分，是企业追求内在美与外在美和谐统一的过程。企业要适时导入和优化形象识别系统，对自身的理念文化、行为方式及视觉识别进行系统地创新。企业形象识别系统建设要遵循战略性、民族性、整体性、个性化原则。要坚持从企业实际出发，注重对内增强凝聚力、对外增强竞争力，充分体现企业活力与合力。着眼点要放在全面提高职工素质和文明程度上。

（四）建立并完善企业文化建设考核评价体系。

企业文化建设评价既是文化管理的一个重要职能，又是文化管理的必由之路，对于提高企业文化建设水平有着至关重要的作用。企业文化建设的过程是一个调研、诊断、决策、计划、实施、监督、评价等不断循环的过程，一个阶段的建设过程结束后，需要对成绩和效果进行相应的评价，从中吸取经验和教训，为下阶段的文化创新、文化管理循环提供依据，打好基础，不断提高企业文化建设的水平。要探索建立完善企业文化建设考核评价体系。评价体系的建立要坚持导向性，体现科学性，具有操作性。

四、保障措施

（一）理论研究保障。

企业文化建设特别是企业文化中国化是一项极具探索性、挑战性的长期任务，要切实发挥理论研究对实践的指导作用。紧紧围绕企业文化建设的根本任务，有针对性地开展理论研究，为进一步提高中国企业文化建设水平提供有力的理论支撑。在理论研究工作中，要坚持理论和实践相结合，注重对现实问题的理论思考，密切跟踪中国企业文化建设的新实践和新发展，从理论和实践的结合上正确回答中国企业文化建设中面临的新问题，提高对企业文化建设规律的认识和把握能力，不断通过理论创新推动实践创新。企业文化建设的主管部门、企业领导、有关社团要充分认识加强企业文化理论研究的重要性，制定研究计划，加强组织领导。要把企业文化理论研究作为提高工作水平、加强队伍建设的重要途径。要主动争取政府主管部门、科研单位、高等院校等社会各方面的理论研究力量的支持，加强协作与配合，推动研究成果的交流与共享。

（二）组织领导保障。

企业领导班子要把加强企业文化建设作为提高企业软实力和国际竞争力的战略任务来抓。加强对企业文化建设的组织领导，总体上把握中国企业文化建设的方向和时代脉搏，为企业文化建设的健康发展提供政策导向和良好的社会环境，使企业文化建设发展与中国社会主义文化的繁荣发展相协调。

企业要建立健全企业文化建设领导体制。成立企业文化建设领导机构，明确职责。企业党组织、董事会、经理层要把文化建设列入重要议事日程，建立工作责任制，把企业文化建设作为评价权属企业发展水平、发展质量和负责人业绩的重要内容。企业文化建设主管部门要充分发挥协调指导作用，企业党组织和职能管理部门各负其责，密切配合，形成推动企业文化建设的合力。要团结社会各方力量，共同推进企业文化建设。逐步形成各级党和政府主管部门宏观指导，企业党组织、决策层、经理层自觉推进，全体职工共同参与，学术、科研单位、高等院校提供理论支撑，社团、中介机构进行咨询服务、技术指导的企业文化建设格局，营造全社会推进企业文化建设的良好氛围。

（三）制度机制保障。

企业文化建设要为企业的科学发展服务，企业文化建设自身也必须实现科学发展。要对企业文化建设工作进行科学管理，从调研诊断、规划决策、组织实施、检查监督到考核评价不断创新，形成科学的管理机制和工作标准。建立健全企业文化建设管理制度和企业文化培训、激励、考核评价等工作机制。制定完善的企业文化建设规划、年度工作计划和目标，注重过程管理，加强督促检查，狠抓工作落实，确保稳步推进。

（四）载体支撑保障。

企业文化建设载体是企业文化建设体系的重要组成部分。要进一步推进企业文化建设，必须不断创新丰富活动载体。

以生产经营和管理活动为载体。要以创建资源节约型、环境友好型、本质安全型企业为目标，把积极履行社会责任、促进企业发展与社会、资源、环境相协调作为企业发展战略的重要内容，开展企业文化建设。要严格遵守法律法规，贯彻先进的技术标准和管理规范，建立健全各项管理标准和制度，改进生产工艺和流程，优化产品和服务，努力打造中国企业品牌。要将企业文化建设寓于企业各项管理活动之中，通过组织职工参与民主管理，教育广大职工遵纪守法，敬业奉献，养成良好行为习惯，形成和谐的企业氛围。

以企业文化资源阵地为载体。要准确记载企业历史，编写好厂史、厂志、大事记。抓好厂史教育，使新职工了解企业历史、光荣传统、优良作风、英雄模范事迹。搞好厂史纪念活动，深化厂史事件、人物的研究，加强厂史遗址保护，搞好纪念场馆建设，作为教育基地。厂史遗址及有关文物资料是中华民族物质和非物质文化遗产的重要组成部分，必须精心抢救、保护，把遗址保护利用与发展工业旅游结合起来。进一步加强、规范企业精神教育基地和企业文化建设示范基地建设，使中国企业的文化资产代代相传、保值增值。

以品牌为载体。品牌是文化的载体，文化与品牌形影相随，企业文化至高的境界是品牌，品牌至高的境界是文化。企业未来的竞争是品牌的竞争，更是品牌所代表的文化竞争。品牌是企业文化的标志，其内涵包括了企业文化的方方面面。要通过产品、品牌将企业文化传播到消费者和全社会，对内增强凝聚力，对外增强竞争力，努力将企业文化效应转化为市场效应和经济效益。

以群众性精神文明创建活动和文体活动为载体。积极创建文明单位，开展创建学习型组织、争做知识型职工、科技知识普及、岗位练兵、劳动竞赛等活动，利用各种活动增强职工对企业的归属感。要大力选树先进典型，宣传先进模范事迹，激励广大职工在企业改革发展中建功立业。要充分利用文化体育场所等各种企业文化设施，发挥摄影、书法、美术、文学、体育等各种业余文化社团的作用，组织开展丰富多彩、群众喜闻乐见、健康向上的业余文体活动，陶冶职工情操，提高职工文化素养。

以平面媒体和网络为载体。要充分利用和发挥企业报刊、电视、网络等媒体的作用，积极拓宽企业文化建设的渠道，加强企业文化阵地的建设，广泛宣传企业文化，扩大企业文化的有效覆盖面，增强企业文化建设的影响力。

（五）人才队伍保障。

加强企业文化人才队伍建设是企业文化建设自身科学发展的基础条件和重要任务。要按照政府有关部门制定的企业文化职业标准，加强培训工作，推进企业文化工作者职业化进程。企业领导班子要帮助企业文化建设工作者和企业经营管理骨干学习掌握企业文化建设的基本理论和实务操作技能，开阔视野，拓宽思路，提高工作水平。企业文化建设工作者和广大企业经营管理人员要加强学习，不断提高马克思主义理论素养，丰富企业文化专业知识，善于从生动的实践中吸取营养，提高实际工作能力，尽快形成一支理论素养好、实践能力强、具有求真务实作风并对企业职工充满激情的专兼职结合的企业文化建设工作者队伍，为更好地推进中国企业文化建设提供人才保障。

（六）必要物质保障。

企业文化建设的投入是战略投资和未来投资，长远回报，有形投资，无形产出。要健全投资保障机制，把企业文化建设经费纳入企业经常性预算，加大企业文化活动经费投入，加强企业文化基础设施建设，为企业文化建设提供有力的支持。

（执笔人李世华，系中国企业文化研究会副理事长、国务院国资委宣传工作局原副巡视员、中央企业党建思想政治工作研究会研究部部长）

贵州省企业党委书记工作研究会 贵州省企业文化研究会 “十二五”规划

贵州省企业党委书记工作研究会
贵州省企业文化研究会

一、“两会”“十二五”规划背景

（一）编制“十二五”规划的意义

在我省国民经济建设“十一五”规划即将完成的时候，全省经济社会发生了深刻变化，面临的机遇和挑战前所未有，但总的来说，机遇大于挑战。“十二五”期间将是我省全面落实十七大提出的新的要求，经济飞速发展的五年，科学制定并实施好“两会”“十二五”规划，对于“两会”在“十二五”期间推动、引领全省企业党建和企业文化建设，促进我省企业又好又快发展具有重要意义。

（二）“两会”背景

贵州省企业党委书记工作研究会成立于1988年4月，系贵州省民政厅批准注册登记，具有法人资格的社会团体，业务主管部门为贵州省委宣传部。

贵州省企业文化研究会成立于1993年9月，系贵州省民政厅批准注册登记，具有法人资格的社会团体，主管业务部门为贵州省社会科学院。

“两会”于2003年（省企业文化研究会）和2007年（省企业党委书记工作研究会）先后完成换届选举工作。由贵航集团公司副董事长、党委书记江超同志分别担任“两会”会长。鉴于两会会长同为江超书记，绝大部分会员单位同时都是“两会”会员，“两会”工作内容、联系对象、隶属关系又相互交叉，两会整合既有利于研究会办公室开展工作，又有利于会员单位提高办事效率。经过“两会”新一届理事会多次协商，并报请省委组织部、省委宣传部、省社科院相关领导同意，决定按优化资源配置、统一规划、集中管理的原则，对“两会”进行整合，于2007年合署办会，整合后共有会员单位119家。

（三）新时期企业文化建设发展趋势

随着经济社会的飞速发展，先进的企业文化日益成为企业持续发展的精神支柱和动力源泉，成为企业核心竞争力的重要组成部分。企业文化建设要贯彻落实科学发展观，在建设社会主义核心价值体系的理论框架内，努力构建企业理念文化体系，通过建立企业理念文化引领企业发展方向，提升企业经营管理水平，将企业理念文化转化为广大员工的自觉追求，使干部员工统一思想、统一行动，将提高员工综合素质与企业发展结合起来，为企业战略的成功实施提供精神动力和管理保障，从而打造和谐企业，促进社会和谐发展。

（四）新阶段企业党建工作发展趋势

在经济全球化的今天，企业的竞争归根结底是人才的竞争。企业党建工作应该紧密围绕党的十七届四中全会精神，通过企业党组织建设，思想政治工作、企业文化建设，党风廉政建设，职工队伍建设等途径，培育和塑造企业精神，创新人才工作机制，优化人才队伍结构，强化人才激励机制，建设高素质企业员工队伍，打造企业的核心竞争力，努力营造企业健康发展的良好环境。

二、“两会”宗旨

以马列主义、毛泽东思想、邓小平理论和“三个代表”重要思想为指导，团结企业界、理论界和其他有志于企业党建和企业文化建设的人士，努力倡导、推动、引领全省企业党建和企业文化理论研究与建设实践，推动企业提高经济效益、社会效益，促进我省物质文明和精神文明建设的同步发展。

三、“两会”的战略定位

“两会”为倡导、推动、引领全省企业党建和企业文化理论研究与建设实践的非盈利性社团组织；

“两会”将始终牢记宗旨，努力办成方向正确，学术领先，规范高效的一流社团组织。

四、“十二五”规划指导思想

以邓小平理论和“三个代表”重要思想为指导，遵循科学发展观的要求，围绕建设社会主义价值体系的目标，按照党的十七届四中全会决议精神，积极吸收和借鉴各地企业党建和企业文化的优秀成果，大力弘扬以爱国主义为核心的民族精神和以改革创新为核心的时代精神，解放思想、实事求是、与时俱进、开拓创新，发展具有鲜明时代特征、丰富内涵，面向现代化的企业党建和企业文化新模式，为推动、引领全省企业党建和企业文化理论研究与建设实践作出贡献。

五、战略目标

从2011年——2015年，“两会”的总体目标是：

初步形成适应企业发展需要，遵循企业发展规律，符合企业发展战略，反映企业特色的企业党建模式与企业文化体系，为企业的改革、发展、稳定、和谐提供强有力的精神和文化支撑。

六、重点任务

（一）加强企业党建与企业文化的理论研究。以科学发展观为指导，站在参与全球经济一体化的战略高度，从与国际接轨的视野，对如何提升企业软实力开展课题研究。组建含盖产、学、研不同领域和不同单位的研究队伍，围绕企业党建和企业文化建设模式创新等热点、难点问题积极开展系统研究和实践探索，力求在基础理论研究和模式创新上不断有新的突破。

（二）努力为贵州经济建设服务，为企业服务，打造贵州企业党建和企业文化建设的一流展示窗口和交流平台。召开各类企业党建和企业文化研讨会；编辑出版企业党建和企业文化书刊；组织国际交流；举办企业党建和企业文化培训；开展咨询服务；组织其它有助于推动企业党建和企业文化建设的各种活动。

（三）抓好大型企业集团的党建和文化建设。根据企业集团的宗旨、使命、共同愿景等核心价值体系，推动企业下属子公司的党建和文化建设，增强企业集团公司凝聚力，发挥集团公司的引领作用，提高企业集团管控能力，为企业集团战略实施提供动力源泉。

（四）根据企事业单位所属行业特点，结合其发展战略，推进适合本单位的党建和文化建设。为企事业单位实施战略提供精神动力和文化支持，提升其现代化管理水平。

（五）抓好企业党建和企业文化示范基地和示范单位的培育创建工作。发现，总结、推出一批体现自身特色，行业特点和时代精神，具有一流水准的企业党建和企业文化示范基地和示范单位，建设全省企业党建和企业文化建设的优秀案例库。

（六）加强“两会”自身建设。树立恪守宗旨，规范行为，热情服务，务实高效的核心价值理念，不断规范和完善各种规章制度，努力提高综合素质，提高工作效率，不断创造新的业绩。

（七）加大对外宣传力度。加强对外交流，形成合作、开放、共赢局面。

七、实施原则

（一）坚持围绕中心，服务大局原则。围绕全面贯彻党的十七届四中全会决议积极开展企业党建工作，不断创新企业党组织工作与企业生产经营有机结合，为企业生产发展提供组织保障和精神动力的工作机制和模式。

（二）坚持围绕社会主义核心价值体系开展企业党建和企业文化建设的原则。社会主义核心价值体系是统领思想文化建设的总体要求，开展企业党建与企业文化建设必须遵循和符合这一总体要求。

（三）坚持以企业理念文化建设为主线和基础，开展企业文化体系建设原则。重视企业使命、愿景、核心价值观的总结、提炼和提升，坚持在完善企业价值理念体系基础上，推进企业制度文化和物质文化建设。

（四）坚持贯彻以人为本的科学发展观，尊重员工的文化主体地位的原则。依靠广大员工积极参与企业文化建设，将企业改革发展的需要和员工自身发展的需要有机结合，实现企业发展与员工发展的和谐统一。

（五）坚持弘扬优秀传统文化与现代文化相结合的原则。将企业文化根植于厚重的民族文化之中，在吸收和借鉴中国优秀传统文化和世界各国优秀企业文化成果的基础上不断开拓创新，大力提高企业文化的自主创新能力。

（六）坚持企业文化建设与企业改革发展的要求相统一的原则。通过文化引领，推动企业发展理念创新和发展方式转变，使企业文化真正成为推动企业深化改革，实现科学发展的强大动力。

八、保障措施

（一）建立和健全企业党建和企业文化建设的组织保证。要建立与现代企业制度和法人治理结构相适应的企业党建和文化建设的组织机构，发挥好党委（党组）、董事会和主要经营者在企业党建和企业文化建设中的决策作用，形成主管部门负责组织、各职能部门分工落实、全体员工广泛参与的工作机制。

（二）建立企业党建和企业文化建设的运行机制。企业党建和企业文化建设要建立科学的管理制度、完善的教育体系以及严格的绩效评估办法，建立职责明确，分工负责、关系协调的企业党建和企业文化建设责任体系，保证企业党建和企业文化建设工作的顺畅运行。

企业党建和企业文化建设经费应该纳入企业预算，不断加大企业党建和企业文化建设的软硬件投入，为企业党建和企业文化建设提供必要的资金支持和物质保障。

（三）不断提高指导企业党建和企业文化建设的水平。要加强企业党建和企业文化建设的理论研究与实践探索，丰富和完善企业党建和企业文化建设的客观规律、理论体系和操作方法，搞好分类指导。

要经常开展各种专题调研，不断总结和推广优秀企业党建和企业文化建设的先进经验，用丰富鲜活的案例启发、引导企业开展企业党建和企业文化建设。要经常组织企业经营管理者和企业党建及文化建设专职人员的培训，帮助他们掌握专业知识，提高工作技能。

（四）充分发挥先进典型的示范作用。继续推进“企业党建示范基地”和“企业文化建设示范基地”的创建工作，积极做好推广宣传，规范管理，发挥先进典型的榜样与辐射作用，切实推动全省企业党建和企业文化建设事业。

及时总结示范基地党建和企业文化建设经验，不断与时俱进，提升示范基地的企业党建和企业文化建设水平，不断强化其示范效应。

在“十二五”期间，每年应该根据规划制定“两会”具体的年度计划并实施，以保证“十二五”规划的全面落实，争取在“十二五”期末创下新的业绩。

2012-2014年胜利文化建设规划

中国石化股份公司胜利油田分公司

为深入贯彻落实党的十七届六中全会精神，大力实施文化强企战略，纵深推进胜利文化建设，持续提升胜利文化软实力和油田核心竞争力，筑牢打造世界一流、实现百年胜利的文化根基，特制定《2012-2014年胜利文化建设规划》。

一、重要意义

在胜利油田50年的勘探开发建设中，胜利人继承大庆精神和“三老四严”优良传统，艰苦创业、顽强拼搏、开拓创新、为国奉献，不仅创造了巨大的物质财富，为国家奉献了10亿吨原油，而且创造了宝贵的精神财富，培育形成了底蕴深厚、内涵丰富、富有活力、独具特色的胜利文化。特别是2003年以来，通过连续制定实施3个三年规划，胜利文化内涵不断丰富、体系渐趋完善，越来越成为油田50万员工家属的主流价值和精神家园，并逐步渗透、融入到油田生产经营和各项管理工作之中，成为引领和支撑油田科学发展、和谐发展的强大动力。在新的历史时期，党的十七届六中全会提出要建设社会主义文化强国，中国石化集团公司提出要“建设世界一流能源化工公司”，胜利油田也确立了“打造世界一流，实现率先发展”的发展目标，这既为做好油田党建思想文化工作指明了方向，也为胜利文化的创新发展提供了重要历史机遇。伟大的事业需要伟大的精神，一流的企业需要一流的文化。盘点阶段成果，总结建设经验，纵深推进胜利文化建设，对于进一步统一干部员工的思想意志，振奋精神、凝聚力量，增强认同感和责任感；对于内强素质，外塑形象，增强企业凝聚力，提高企业竞争力；对于更好地履行企业的经济责任、政治责任和社会责任，在新的起点上实现新发展，都具有不可替代的重要意义和独特作用。

二、指导思想

以党的十七届六中全会精神和社会主义核心价值体系为指导，深入学习贯彻落实集团公司企业文化建设纲要，围绕“打造世界一流，实现率先发展”、“做大油气主业、做强专业板块、做优矿区服务、做实油地合作”和“东部硬稳定、西部快上产、非常规大发展”的战略大局，大力推进文化强企，坚持文化向战略层面提升，向企业管理渗透，向专业化拓展，向品牌信誉转化，向班组岗位下沉，向社区大本营延伸，不断增强胜利文化软实力，提升油田核心竞争力，巩固党建思想文化特色优势，为“建设世界一流能源化工公司”和实现“百年创新，百年胜利”愿景目标，提供强大精神动力和坚实文化支撑。

三、总体目标

丰富发展胜利文化体系，进一步壮大驾驭多元价值取向的主流文化；深化宣传教育，增强认同感和信奉度，使中国石化企业文化和胜利文化核心价值理念更加深入人心；持续推进胜利文化与企业管理、党建思想政治工作深度融合，使胜利文化更好地“融入中心”，提高文化管理水平；创新文化载体形式，狠抓制度固化和习惯养成，使文化落地更加执行有力；巩固扩大文化阵地，推出更多精品力作，进一步满足员工群众的精神文化需求；强化品牌建设与管理，探索发展胜利文化产业，进一步把文化优势转化为竞争优势、效益优势和发展优势；发挥胜利油田“全国企业文化示范基地”品牌效应，持续强化文化对标争创，深化对外合作交流，为建设一流国企文化、促进区域文化繁荣发展提供硬支撑，做出新贡献。

四、基本原则

（一）以人为本，共建共享。

人既是企业活动的主体，也是企业的最重要资源。要关心人，爱护人，尊重人，始终把人放在核心位置，重视人的培养，满足人的需求，促进人的全面发展。充分发挥员工群众的主体地位和作用，激发参与文化创建的积极性、主动性和创造性，实现企业发展与员工发展的和谐统一。充分尊重员工的尊严、劳动、个性和一切法定权利，保障和实现员工的基本文化权益，使广大员工共享文化建设成果，提高幸福指数。

（二）继承传统，创新发展。

企业文化建设要在传承中创新，在创新中发展。继承发扬中国优秀传统文化和石油石化工业优良传统，强化“三基”管理，根除“低老坏”现象。发挥国企政治优势，学习借鉴国内外企业的优秀文化，不断丰富胜利文化内涵，创新文化载体形式，完善工作运行机制，保持蓬勃发展的生机活力。

（三）融入中心，务求实效。

正确认识和深刻把握企业文化的管理属性，把文化与管理深度融合，化文本为行动，化理念为实践，使文化成为管理的灵魂。强化文化执行落地，把安全生产、工程竞标、质量考核等作为文化管理的硬指标，使文化渗透到企业经营管理的整个过程和每个环节，在岗位上体现，在流程里沉淀，在细节中落实，促进企业管理升级，助推企业科学发展。

（四）系统规范，包容多样。

坚持以共性规范个性，用个性丰富共性。规范使用中国石化标识，与集团公司保持理念一致、形象统一。突出强化胜利文化的战略主导地位，统筹整合各系统专项文化、各单位子文化、基层家文化和群众性文化活动，增进价值认同，形成共建合力。尊重差异，包容多样，不断拓展新领域，扩大覆盖面，不仅对二级单位、基层单位的文化建设进行调研指导，而且对改制分流企业的文化建设提供协调服务，与区域文化同生共长，深化油地文化共建，促进地方经济社会的繁荣发展。

（五）典型带动，整体推进。

针对油田各行业各单位发展不平衡问题，充分发挥胜利文化建设示范单位、实践创新奖单位和家文化建设示范点的标杆引领作用，深入开展文化对标、追标、创标活动，通过选树新典型，培育新亮点，以及调研指导、召开文化发布会、推进会等形式，激励先进，带动后进，进一步壮大胜利文化领军方阵，形成点高面广、整体推进的新态势、新局面。

五、主要任务

（一）强化社会主义核心价值体系教育。

遵循“理念引领、发展引领、品牌引领、认同引领”的工作思路，突出社会主义核心价值体系在企业文化建设中的指导地位，深入开展正确国企领导观、“信仰、信念、信心”和幸福观教育，培育弘扬油田核心价值观，在全油田形成统一指导思想、共同理想信念、强大精神力量、基本道德规范。特别是要以党的十八大和2014年油田勘探开发建设50周年为重要契机，深入开展“做胜利人，传石油魂”、“弘扬传统、忠诚胜利、建功立业”等教育实践活动，以主流价值引领前进方向、凝聚奋斗力量。

（二）不断丰富发展胜利文化体系。

坚持“魂”与“体”有机结合，弘扬“从创业走向创新，从胜利走向胜利”的新时期胜利精神，以“百年创新，百年胜利”为根本任务，以“共创百年胜利，共建和谐油田，共享美好生活”为文化动力，以“融入中心，深入人心”为文化追求，以“油田与心田共建，文化与文明共创”为文化建设路径，努力培育坚强有力的国企领导文化、规范高效的管理文化、特色鲜明的专项文化、温馨和谐的基层家文化、展示形象的品牌文化，保持文化创新活力，实现文化持续发展。

（三）深入推进实施胜利心田工程。

以“油田与心田共建，文化与文明共创”为主导，围绕“以价值主导心性，以愿景凝聚心力，以学习开启心智，以情感温润心灵，以调适平衡心态，以环境改善心境”的框架内容，不断加大心田工程的攻关力度和实践深度，从理论上探索规律，从实践上总结提升，综合集成心理学研究应用、EAP员工援助计划、“一人一事”思想政治工作和家文化建设等成功经验，建立完善人文关怀和心理疏导长效机制，探索形成科学高效的心田开发和文化管理模式，实现人企合一、人企共进，使不同层次和各个群体的胜利人都能保持健康心态、提高文明素养，人人学会“尊重，欣赏，理解，包容，交流，合作，关爱，感恩，诚信，坚守”，建设共有精神家园。

（四）大力实施品牌引领工程。

严格执行《胜利油田规范使用中国石化视觉识别系统管理办法》及其手册，统一队伍形象、规范办公程式，自觉维护集团公司和胜利油田的统一品牌形象。强化“胜利就是品牌，胜利就是旗帜”理念，明确胜利品牌的个性特点、比较优势、核心价值、构成要素，确立深刻、独特、鲜明的胜利品牌形象，并通过市场检验和公众评价，打造知名度高、影响力大、创效益好的胜利技术品牌、管理品牌、服务品牌、队伍品牌。制定胜利品牌建设规划和管理办法，建立品牌策划、选树、传播、推广和维护一体化运行机制，征集创作《胜利之歌》、《胜利油田赋》和“胜利吉祥物”，编辑印发《胜利品牌画册》，形成“可读、可唱、可听、可看、可学”的一系列胜利文化符号，让胜利品牌享誉全国、走向世界。

（五）持续推进执行文化、精细文化、创新文化、和谐文化建设。

继续培育“人人遵章守纪，事事讲求精细，时时注重创新，处处体现和谐”的共同行为规范，引导干部员工把文化理念“固化于制，外化于行”，让执行成为习惯，做到“执行决策不动摇，执行纪律不走样，执行制度不变通”；坚持“精从细中来，细在尽责处”，强化精细管理，追求细节完美，做到“勘探上精查细找，开发上精雕细刻，经营上精打细算，操作上精益求精”；强化创新思维，通过“思想再解放、观念再转变、潜力再认识”，营造“创新无处不在，创新人人可为”的浓厚氛围，以创新精神推动各项工作；倡导和谐理念，培育和谐心态，形成“油田和谐人人有责，和谐油田人人共享”的良好局面。

（六）推进胜利专项文化研究与建设。

专项文化主要是指某一领域或各行业的特色文化。要发挥油田机关相关处室的职能优势和作用，牵头成立课题组，对胜利廉洁文化、人力资源文化、勘探开发文化、铁军文化、西部文化、海洋文化等专项文化，进行理论研究和实践探索，增强各路专业工作的文化含量。

（七）推进国企领导文化建设。

油田各级领导干部要以“负责任，能力强，正气足，大作为”为目标指向，大力践行“为党和国家干事、为员工群众干事，按规律办事、按规矩办事”的正确国企领导观，占据文化建设的制高点，发挥重要的价值导向、思想引领和行为示范作用，影响和带动油田各项工作上升到文化主导的新境界。

（八）推进新时期会战文化建设。

石油行业具有会战的光荣传统和宝贵经验。在新时期增储上产会战的背景下，要传承发扬会战优良传统，对不同时期的会战做法和故事进行系统梳理，挖掘精神内涵，把握规律模式。大力宣传新时期会战中涌现出来的英模群体和感人事迹，总结提炼新时期会战精神，培育形成新时期会战文化，用科学理念指导会战，把精细管理、优质高效、绿色低碳等新观念融入其中，创造高质量、高水平、高效益的会战模式。

（九）推进胜利安全文化建设。

要把安全文化建设作为提升企业安全管理水平、实现企业本质安全的重要途径，按照《胜利安全文化创新发展方案》，从理念文化、制度文化、行为文化、物态文化四个层次进行系统研究，强力推进安全文化建设。学习借鉴优秀企业安全管理先进经验，抓好西部施工队伍试点，建好用好安全文化教育基地，强力推进安全文化建设，持续强化员工安全意识，创新安全管理模式，保障安全生产、清洁生产。

（十）推进社区大本营文化建设。

以党建思想文化工作向社区拓展延伸为载体，以服务和管理为宗旨，建设具有区域特色的社区文化，与主营单位文化相互融合、相得益彰。完善社区和主营单位精神文明建设协调共建机制，联手改善文化基础设施，开展文明小区、文明楼栋、文明家庭等创建活动，共同推进社会公德、职业道德、家庭美德和个人品德建设。打造党员服务社品牌，发挥非在职党员在社区思想文化建设中的桥梁纽带作用，组织开展丰富多彩的社区文化活动，共建温馨和谐的胜利家园。

（十一）推进胜利网络文化建设。

适应网络、手机等新兴媒体日新月异的新形势，大力发展健康向上的胜利网络文化，充分利用胜利新闻网、胜利信息网、胜利文化网和胜利手机报等网络媒体，净化文化环境，弘扬主流价值。充分运用红色小段子、短信课堂等新形式，加强和改进舆论引导工作，牢牢占领媒体传播新阵地，使网络媒体更好地发挥传播正面声音、树立品牌形象的积极作用。密切关注和研究论坛、博客、微博、QQ群、贴吧等社交网络，借助网络信息平台，畅通渠道，问计于民，问需于民，使网络成为了解民意，汇聚民智，推进科学决策、民主决策的重要途径。

（十二）推进油田机关文化建设。

随着机关“三基”创建工作的深入推进，机关文化建设的重要性和紧迫性日益显现。要紧紧围绕建设“三高三满意”机关，系统总结多年来推行机关人员文明礼仪规范、开展“三联系”活动等经验成果，并结合基层评价机关、机关服务监督卡、首问服务承诺制等措施，倡导践行文明、敬业、廉洁、高效的机关精神，努力把文化要素转化为机关干部员工的内在特质，以文化凝聚队伍，以文化促进服务升级。

（十三）推进海外市场跨文化管理。

适应油田“走出去”队伍越来越多、海外市场大发展的新形势，深化油田海外市场员工队伍思想保障体系研究，正确认识文化差异的必然性、文化冲突的持续性，采取吸收国际管理元素、开发国际人才资源、拓宽融合沟通渠道、加强适应能力培训等途径，不断提高跨文化管理水平。坚持“尊重差异、开放融合、包容多样、统一规范”理念，把中国石化和胜利油田的企业文化与东道国文化进行有效整合，构建具有项目部特色的全新团队文化，增强文化的认同度和融合度，提升队伍的执行力和战斗力。

（十四）整合规范单位子文化建设。

单位子文化主要是以二级单位为主体创建的特色文化。要以胜利文化指导单位特色文化，以单位特色文化丰富胜利文化。各二级单位要结合行业特点和单位实际，把胜利文化的核心价值理念融入和贯穿到单位特色文化建设之中，通过召开现场观摩会、举办文化论坛等形式，进一步提升单位子文化建设的质量和水平。

（十五）深入推进基层家文化建设。

以“聚情爱家、聚力建家、聚心和家、聚智兴家”理念为指导，大力培育弘扬催人奋进的团队精神，深入创建“以油为业，以队为家”的家文化。完善“达标、创优、争银、夺金”创建机制，细化文化考核标准，搭建学习交流平台，建立不同队种的家文化范式，促进基层家文化规范提升。坚持“重心下沉，着力点前移”，通过征集班组理念，提炼岗位格言，办好“班组文化园地”，让温馨和谐的家文化进班组、到岗位，提升团队的凝聚力和战斗力。

（十六）大力发展胜利群众文化。

充分发挥文联、体协等各类文体协会的作用，以小区文化广场为重要平台，组织开展 “社区大舞台、亲情大联欢”、摄影集邮、书画展览等员工群众喜闻乐见、广泛参与的文化活动，把油田和各单位的精神理念渗透到说、唱、舞、书、画等多种文化形式中，丰富和活跃员工群众文化生活。特别要把胜利新年音乐会、胜利春晚、元宵社火、消夏晚会等打造成群众文化品牌，成为油城亮丽的文化风景。

（十七）巩固和拓展文化阵地。

充分发挥油田“一报一台一刊一网”媒体主阵地作用，进一步在整合资源、做精做优、提升质量、改进服务、强化引导上下功夫。加强对华八井、坨11井、孤东大堤、党风廉政教育基地等传统教育阵地的管理，建好用好“爱国家爱油田网上展厅”。在胜利科展中心改造中，要进一步丰富文化元素，展示文化成果，做到软硬件同步提升。各级各单位要按照公益性、便利性要求，进一步加强图书馆、体育馆、电影院等文化基础设施的建设和管理，建立完善文化展室、文化长廊和公寓文化、餐厅文化、车厢文化等员工文化阵地，推进文化“进班组、到岗位，进车厢、到井站，进食堂、到餐桌，进网络、到手机，进社区、到家庭，进娱乐、到休闲”，使员工群众在春风化雨中受教育、润心田。

（十八）探索发展胜利文化产业。

积极谋划油田文化产业的发展方向、总体布局，探索成立油田文化服务公司、旅游服务中心等文化企业，创新油田文化媒体管理机制，盘活用好油田文化艺术教育人才资源，在出版发行、影音制作、文艺创作、商业演出、艺术培训等方面尝试产业化经营，激发文化创造力和市场竞争力。通过商业化运作，不断推出群众喜闻乐见的文化活动品牌，设计制作具有石油风格、胜利特色的文化产品，满足员工群众多样化的文化需求。

（十九）探索发展胜利工业旅游。

胜利油田环境独特、地域广阔、文化资源丰厚，工业旅游具有良好的发展前景。要借鉴国内外企业开发工业旅游的成功案例，在研究、保护和开发油田文化资源的基础上，进一步优化参观点布局和参观线路设计，开通“胜利一日游”等多条线路，让胜利人更加了解和热爱油田。丰富完善文化阵地、人文景观，并与地方旅游部门和旅游公司合作，打造黄河三角洲区域具有影响力的旅游文化圈。

（二十）组织创作优秀文化产品。

积极调动各方面文化力量，引导油田广大文化艺术爱好者，运用文学、戏剧、音乐、舞蹈、摄影、书法、美术等各种艺术形式，创作生产出思想性、艺术性、欣赏性相统一富含“油味”的优秀文化作品，传播先进文化，展现胜利新风新貌，讴歌伟大实践和辉煌成就，让员工群众共享文化成果，提升文化素养。

（二十一）着力打造“胜利英模”文化名片。

“中国工程院院士”顾心怿、“铁人式的好工人”王为民、“新时期胜利人的楷模”代旭升、“精细管理的样板”胜采22队、“作业战线的尖兵”孤岛519队等重大先进典型，作为胜利精神、胜利文化最具代表性的标志符号，在石油石化行业乃至全国都具有较高的知名度和影响力。要培养选树更多的“胜利英模”，深入挖掘这些重大典型的精神价值和文化内涵，通过巡回宣讲、编发图书、制作动漫等形式广为传播，持续提高胜利油田的美誉度和影响力。

六、保障措施

（一）提高思想认识。

企业文化建设的深度，很大程度上取决于领导干部对企业文化认识的高度。各级领导干部要以十七届六中全会精神为指导，用先进文化理论充实自己，用较高的文化素养提高自己，增强文化自觉、文化自信和文化管理能力，在谋划发展、落实工作中切实把文化建设放在更加突出的位置，真正像抓生产经营那样抓文化建设，像做强经济硬实力那样做强文化软实力，像维护员工群众经济权益那样维护员工群众文化权益，牢牢把握企业文化建设的主导权。

（二）强化组织领导。

建设先进的企业文化是企业党政领导的共同职责，是企业党政一把手工程。要把企业文化建设工作列入重要议事日程，列入企业发展战略规划，列入各级领导班子和主要领导者的业绩考核内容，与其他工作同部署、同检查、同考核、同奖惩。要建立健全企业文化机构，明确职责，配齐配强专（兼）职人员，形成党政主要领导负总责、分管领导抓执行、企业文化主管部门牵头组织、各职能部门分工落实、员工群众广泛参与的工作格局。

（三）完善运行机制。

要以建立油田党建思想文化工作考评体系为契机，建立健全胜利文化建设管理制度和考核评价体系，形成企业文化建设的长效机制，促进胜利文化制度化运行、规范化运作。坚持定量评价与定性评价相结合，分项测评与综合测评相结合，做到目标责任明确，工作内容具体，保证措施完善，推进文化建设自上而下、从点到面，层层落实到基层岗位，渗透到生产经营管理全过程，融入到全体员工行为中。

（四）加强学习培训。

要“请进来，走出去”，聘请全国知名专家教授来油田作文化专题讲座，组织人员参加高层次企业文化培训研讨班。在油田内部举办的各类培训班上，要增设企业文化课程，常年进行胜利精神和胜利文化的强化教育，特别是对新员工进行文化“入模子”培训，增强归属感、认同感和责任感。

（五）壮大人才队伍。

建立一支高素质高水平的文化人才队伍，是企业文化可持续发展的重要保障。要加强企业文化骨干的培训学习，积极组织参加企业文化师等国家职业资格认证考试，做到岗前培训、持证上岗。关心企业文化工作者的成长进步，设置企业文化首席专家、专家和主任师，评选表彰胜利文化英才，开辟更加广阔的成长成才通道。积极开展文化人才“导师带徒”活动，壮大文化志愿者队伍，鼓励社会各界参与胜利文化建设，形成专兼结合的胜利文化人才队伍。

（六）设立专项经费。

企业文化建设是企业管理的重要内容，要设立企业文化建设专项经费并纳入财务预算。加大企业文化建设软硬件投入，完善油田基础文化设施和公共文化服务体系。建立文化基金，对文化项目提供资金保证，对有突出贡献的单位和个人进行奖励。

云天化集团企业文化建设“十二五”规划

云天化集团有限责任公司

一、前言

企业文化作为企业独特的资源和财富，在提高企业经济效益、增强员工综合素质、增强企业核心竞争力、推动企业科学发展中发挥着重要的作用。我们必须充分认识企业文化建设对企业发展的重要作用，认真扎实地推进集团企业文化建设工作。

经过“十一五”期间的持续努力，集团初步建立起了企业文化建设框架体系，构建了核心理念体系和物质形象识别系统，企业文化融合和创新工作取得一定成效，初步实现了员工对集团文化的认知。但集团不同单位之间文化的交融和碰撞依然存在，经营理念和价值观还处于磨合阶段，企业文化管理体系尚未形成，企业文化认同和深植工作任重道远。

集团在《十二五规划》中明确指出，要着力推进集团企业文化建设，不断完善企业文化建设管理体系，努力探索企业文化实践路径，充分发挥企业文化的作用。“十二五”时期是集团转变经济发展方式和推动科学发展的关键时期，必然对集团企业文化建设提出更新、更高的要求，根据集团《十二五规划》和集团企业文化建设的现状，提出本规划。

二、指导思想

以邓小平理论和“三个代表”重要思想为指导，深入贯彻落实科学发展观，围绕集团“十二五”规划提出的目标任务，突出科学发展的主题，把握转方式调结构的主线，以全面提升集团管理水平和核心竞争力为宗旨，坚持以人为本、贴近企业发展实际、贴近员工精神追求，实事求是、与时俱进、开拓创新，积极吸收时代先进文化和行业优秀文化，努力挖掘集团自身优秀文化沉淀，不断丰富完善集团企业文化体系，为集团的“五化”大发展提供精神动力和文化支撑。

三、基本原则

以人为本。员工既是企业活动的主体，也是企业文化建设的主体和动力源泉。企业文化建设要充分考虑人的因素，视员工为企业的第一资源，充分保障员工的合法权益，全面发挥员工的主观能动性和创造性，积极促进员工的全面发展。经济效益和社会效益并重，努力为员工、客户、股东和社会创造最大价值。

和谐共生。要按照核心控制型的企业文化体系模式、和谐共生的集团文化建设原则，努力推进企业文化建设。在核心理念体系上，全集团要高度统一，同唱一首歌、共举一面旗。在个性文化建设上，要强调单位个性和集团共性的辩证统一、员工个性和文化共性的辩证统一，使集团单位成员和员工有益的个性文化在共性文化中得以发展，为丰富而先进的集团文化塑造提供源源不断地活力。

全员参与。要构建科学合理的领导体制和工作机制，充分调动各个部门和广大员工的主观能动性，不断提升企业文化建设的管理水平和效果，形成领导率先垂范、部门各司其职、员工广泛参与的企业文化建设局面。

循序渐进。企业文化的培育、建设和应用，要遵循企业成长的规律、企业文化形成发展的规律及文化育人的规律。科学把握企业文化发展的阶段性，充分认识企业文化建设的长期性。在建设中既要统筹兼顾、循序渐进，同时要制定科学的阶段性目标，努力实现阶段性突破。

务实创新。要从集团的实际出发，在企业文化体系建设和文本形成的过程中，在注重系统、完整的同时，力求简明、实用、可操作。力求文化的表达、活动的开展符合企业实际，被员工广泛认同，能够系统传播推广、全面转化、切实“落地”。要处理好继承和创新的关系，要勇于创新、与时俱进，始终保持文化建设的先进性，发挥文化的引领作用。

四、目标任务

（一）总体目标。

用五年的时间（2011-2015年），丰富完善集团企业文化建设体系，围绕塑造“立根大地、志搏云天”企业精神这一中心，着力完善企业文化建设的五个体系：组织体系、内容体系、考核体系、传播体系和培训体系。通过五个体系的建设，使集团凝聚力显著增强、组织执行力明显提升、员工创造力有效发挥、品牌影响力持续上升、企业竞争力不断提高。

（二）具体任务。

完善企业文化建设组织体系。企业文化建设的有效性和长期推进，必须通过建立相应的组织机构来计划、实施、检查、总结和改进。在集团现有的企业文化建设领导小组和办公室的基础上，进一步明确领导小组和办公室的职责，建立“集团—子公司—基层单位”三级企业文化建设组织机构和管控模式，建设一支企业文化管理者队伍，加强对企业文化建设的组织领导。

完善企业文化建设内容体系。集团初步形成了统一的核心理念体系、物质形象识别系统，下一步要继续推进集团企业文化内容体系建设，完善母子公司文化理念体系，统一规范物质形象识别系统，不断优化制度规范和行为规范体系，形成符合集团实际、结构合理、层次分明、内容丰富的企业文化内容体系，并产生一系列企业文化文本。

完善企业文化建设传播体系。企业文化传播主要分内部传播和外部传播两个部分，要明确内部、外部传播要达到的目的效果，充分整合现有的内外部传播媒介和阵地，充分发挥党、政、工、团的合力，开展丰富多彩的企业文化建设活动，构建符合企业发展形势、符合时代传播特点的企业文化传播体系。

完善企业文化建设培训体系。要有计划地制定企业文化培训计划，从培训内容、外部企业文化专家库、企业文化内训师和培训计划的组织实施四个方面加强企业文化的培训，营造浓厚的企业文化建设氛围，推进企业文化建设工作。

完善企业文化建设考核体系。建立集团化组织模式下的企业文化建设考核管理体系，通过年度任务分解计划，将企业文化规划落到实处，通过层级分明的检查、考核，保障企业文化建设的实际效果。

五、重点工作

（一）企业文化建设组织体系。

成立企业文化建设领导小组及办公室。各单位已经成立企业文化建设领导小组和办公室的，要进一步明确职责、发挥作用，没有成立的，要尽快成立企业文化领导小组和办公室，加强对企业文化建设的组织领导。集团企业文化建设领导小组和办公室将加强对各单位企业文化建设的领导和管理。

实施“一把手”工程。企业文化建设是“一把手”工程，各单位、部门的负责人要深刻理解企业文化建设对推动企业发展的重要作用，亲自抓好本单位、本部门的企业文化建设。各单位党委书记要任本单位企业文化领导小组组长，各部门负责人要亲自抓本部门企业文化建设工作。

建设一支企业文化管理者队伍。任何工作都需要有一支专业、敬业的人才队伍来推动才能落到实处。要根据集团企业文化建设骨干队伍管理办法的要求，努力推进企业文化管理者队伍建设，分层级进行管理，集团一级将实现统一、动态管理，做到每个单位都有人对企业文化建设的具体工作进行管理推进。

（二）企业文化建设内容体系。

在企业文化内容体系方面，主要从精神理念层、制度行为层、物质形象层三个方面进行，并形成一定的文化文本，加强企业文化基础设施建设，管理好集团产品和品牌要素的设计传播，为企业文化推进提供系统的内容支撑。

完善企业文化精神理念体系（MI）。理念体系是企业文化精神形象层面的内容，目前，集团层面已经形成了核心理念体系，共性部分要求高度统一，即企业精神、使命、愿景、核心价值观等内容。在核心理念体系的指导下，各单位要根据自身特点补充完善个性文化理念部分，最终形成具有集团共性和子公司个性、完整的集团企业文化体系。这项工作各单位开展还不平衡，要在集团统一要求下认真推进这项工作。

完善企业文化制度行为规范。梳理完善集团各项规章制度。要不断提升集团管理水平和管理效率，提高管理工作的制度化、规范化，必须有科学的管理制度并严格执行。在“十一五”期间，集团各层级已经对各项规章制度进行了梳理，保证企业的各项管理制度和企业文化理念相符合，修改或废除了与理念体系不符合的制度。

2011年是集团的管理水平提升年，也是集团企业文化管理制度落实年。要以此为契机，通过制度的梳理完善提升集团管理水平，推进企业文化落地工作。

制定落实员工行为规范（BI）。员工行为规范是企业所倡导的、全体员工都应该遵守的行为习惯，它是企业文化理念体系在行为层面上的系统表达。集团对员工行为规范进行分类要求和管理。

集团总部员工行为规范。主要是针对总部机关工作的特点制定的行为规范，它的主要作用是规范和约束总部员工的行为，目前总部员工行为规范已经制定下发执行。

各单位员工行为规范。主要分为管理层（干部）行为规范和普通员工行为规范。它的主要作用是约束和规范管理层和普通员工的行为习惯，根据云天化集团跨地区、跨产业、跨所有制和企业众多的特点，员工行为规范由各单位依据自身情况而制定。各单位要按照集团的统一部署逐步形成员工行为规范文本并推进落实。

完善企业文化物质形象系统。完善企业文化视觉识别体系（VI）。视觉识别体系是企业文化物质形象层面的重要内容，在集团视觉识别手册的指引和相关部门的配合下，经过几年努力，全集团基本实现了视觉识别体系的统一规范，但依然存在少数不规范、新建企业未规范和国际化项目不清楚如何规范等问题，“十二五”期间，集团要加强企业文化管理者对视觉识别体系的应用能力，集中对视觉识别体系的统一规范进行检查、考核、整改，最终实现完全规范。

完善企业文化听觉识别体系（AI）。听觉识别系统是企业文化形象识别的重要内容，由一首主打的《云天化之歌》和其他相关的展现集团各个方面、各个层次、不同风格的歌曲和音乐组成，要根据需要完善丰富听觉识别体系，加大听觉识别体系的推广力度。

丰富企业文化文本。目前，集团统一下发了《云天化集团企业文化手册》，确切地说这本书还不是完整的企业文化手册，只是集团企业文化核心理念体系。在“十二五”时期，集团将对《云天化集团企业文化手册》进行修订完善，编写一本对核心理念体系进行全方位解读的文本《志搏云天》。在管理制度方面，编写相应的经典管理案例支撑核心理念体系；在反应员工精神风貌方面，编写企业文化故事和模范人物故事。目前，集团制作了企业推介片、形象片和歌曲光碟等音像制品，在“十二五”期间，将根据需要进行更新，要通过相应的文化文本支撑企业文化建设。

加强企业文化基础设施建设。企业文化基础设施是企业文化宣传和培育的重要载体，在“十二五”期间，要进一步加强和完善企业文化基础设施的建设和管理。要进一步统一和完善企业物质环境要素的设计和建设，主要包括厂房车间、办公环境、生活区环境、企业展厅等在设计和建设上体现并传播企业文化。集团在这方面的统一管理目前还比较欠缺，要强化意识，寻求统一管理的路径。

加强产品、品牌要素的设计和传播管理。作为大型产业集团，集团涉及的产品种类和品牌较多，这里面包括产品造型、产品包装、商品、产品形象用语、说明书、品牌影响力等多种要素。在这些要素方面可以充分体现和传播企业文化，是企业文化的重要载体。目前，集团在这方面的统一管理上还比较薄弱，要强化这方面的意识，寻求统一管理的路径，在条件成熟时，加强这方面的管理工作。

（三）企业文化建设传播体系。

企业文化建设传播体系，主要包括集团内部传播媒介、集团外部传播媒介、企业文化活动载体、企业宣传队伍建设等几个方面。

优化提升内部传播媒介质量。集团现有媒体主要包括《云天化集团》报和云天化集团网站，以及所属单位的各种媒体。在集团层面，要对现有媒介传播效果进行有效评估，不断优化提升现有传播媒介。一是将持续加大对集团内网网站的投入力度，在条件成熟的时候推出网络电视，适应新的信息技术发展，充分发挥集团网站的重要功能；二是不断提升《云天化集团》报的办报质量，提高传播效果；三是提升企业内刊《云天化人》办刊水平，使之成为既有思想深度，员工又喜欢阅读的内部刊物；四是适时推出《云天化集团手机报》，高度关注微博等新的传播方式，适时推进新媒体建设，适应新的传播环境；五是充分发挥集团思想政治研究会的作用，不定期出版一些内部读本。

提高企业对外传播的能力水平。在信息时代，企业有效的对外传播对提升企业形象、营造良好的经营环境有着至关重要的作用。要持续提升集团对外传播的水平和效果，适应全媒体时代对企业传播的新要求：一是加强集团对外宣传的统一管理，集团已经制定并下发了《云天化集团对外宣传管理办法》，要加强对这一办法的执行力度，规范集团对外传播的内容，保证集团对外传播的效果；二是加强与主流媒体的沟通交流，畅通对外传播渠道。在集团层面，目前与《中国化工报》、《云南电视台》、《云南日报》、《党的生活》等主流媒体建立了战略合作伙伴关系，正积极与新华社、《国企》等媒体建立战略合作关系，不断加强对外的传播渠道建设；三是加强对外传播的针对性和计划性；四是进行企业形象和品牌提升的策划工作，有计划和明确目标地开展形象和品牌的传播提升工作；五是加强对外传播的舆情监控和集团形象测评，高度关注网络时代对企业对外传播提出的新要求，做好对外传播的效果评价和风险管理。

丰富企业文化活动载体。企业文化的传播和塑造无时不在、无处不在。多年以来，集团有扎实的党建和思想政治工作基础，形成了国有企业独特的政治优势。要充分发挥集团党、工、团的作用和优势，适时举办各种文化活动，把文化要素融入到员工喜闻乐见的丰富活动中，提升企业文化的传播效果。比如举办企业文化研讨会、企业文化知识竞赛、员工行为礼仪大赛、技能竞赛、演讲赛、辩论赛、文艺演出等活动，开展优秀模范人物评选表彰、企业文化月、合理化建议、员工心理疏导、企业大讲堂等各类企业文化活动，加强对活动的策划管理，使之成为企业文化的重要传播载体。

加强企业宣传队伍建设。企业文化的传播体系建设和企业宣传工作是有机的统一体，对内凝聚人心、对外树立形象，宣传工作对企业的发展和企业文化建设有着至关重要的作用。要提升宣传工作水平和企业文化传播质量，需要有一支爱岗敬业、技能精湛的宣传工作者队伍，要加强队伍的培养，不断提升宣传工作质量。

（四）企业文化建设培训体系。

企业文化建设的一项重要工作就是要加强培训和教育引导，是企业价值理念“内化”和“强化”的工程。在“十二五”期间，要建立完善企业文化的培训体系，努力推进企业文化的员工认同和“落地”工程。

加强企业文化内训师队伍建设。在企业文化管理者队伍建设的基础上，根据集团企业文化骨干队伍管理办法，建设一支企业文化内训师队伍，通过对内训师的培训管理，充分发挥团队智慧，形成统一的文化宣讲教材和课件，开展广泛的企业文化宣讲活动和企业文化调研诊断活动。

建立外部企业文化专家库。企业文化建设要采取内、外脑相结合的方式，充分利用企业外部资源，吸收一切优秀的文化成果，始终保持集团文化的先进性。要继续加强与中国企业文化研究会和中化政研会的战略合作，支持集团企业文化战略的实施。建立集团企业文化建设外部专家库，通过外部专家库，既可以对集团企业文化建设进行咨询诊断，也可以对集团企业文化建设骨干队伍进行培训。

科学制定并实施企业文化培训计划。经过多年的发展，集团已经成为跨所有制、跨地域、跨产业的大型产业集团，成员单位多、员工分散、组织结构复杂、发展不平衡，这些现实情况，对集团的企业文化培训工作带来了一定难度。各企业文化建设组织机构要在集团的统一部署下，和人力资源部等部门紧密合作，制定科学合理、可操作性强的企业文化培训计划，将干部队伍建设、员工素质教育、各类管理经营培训和技能技术培训与企业文化培训有效组合起来，加强对培训效果的评估和改进，努力提升培训效果。

（五）企业文化建设考核体系。

建立企业文化管理制度。在集团企业文化组织体系建设的基础上，建立相应的企业文化管理制度，明确企业文化日常管理的工作范围和权限，通过企业文化管理制度建设，保证企业文化建设工作日常化、规范化、专业化。

加强对企业文化建设的检查和考核。企业文化建设是集团所有成员的共同任务，强化所属单位的企业文化管理是集团“十二五”期间的一项重要工作。集团企业文化领导小组办公室将对集团所属单位的企业文化建设工作进行统一管理，加强集团内部的企业文化融合。一是加强对所属单位的企业文化建设工作指导和管理，使之在与集团主体文化保持一致的同时又具有独特个性；二是加强检查和考核，建立企业文化建设考核评价体系，分层级考核。每年下发企业文化建设年度检查和考核细则，明确检查和考核内容，确保年度工作任务的贯彻落实。对做得好的方面加以肯定和发扬，对做的不足的方面进行改进和提高。

表彰企业文化建设先进单位和个人。在检查考核的基础上，根据考核结果，对企业文化建设先进单位和个人进行表彰，对先进经验进行推广。表彰工作在集团层面计划每三年进行一次。

六、保障措施

（一）组织领导保障。

根据企业文化建设的需要，集团将进一步加强企业文化领导小组的工作力度，强化集团企业文化建设办公室的职能，建立起集团企业文化建设日常运行体系，做到工作有人负责、有人落实、有人考核，使集团的企业文化建设工作规范推进。各级领导干部要率先垂范、加强领导，确保工作按计划推进。

（二）理论研究保障。

企业文化建设是一项极具探索性、挑战性的长期任务，要充分发挥集团思想政治研究会、企业文化建设骨干队伍、外部企业文化专家的作用，研究分析集团企业文化建设的形势任务，科学制定年度工作计划，保障企业文化建设推进的效果。

（三）制度机制保障。

要对企业文化建设工作进行科学管理，从调研诊断、规划决策、组织实施、检查监督到考核评价，形成科学的管理机制和工作标准。制定完善的企业文化建设年度工作计划和目标，注重过程管理，加强督促检查考核，狠抓工作落实，使企业文化建设工作得到坚强的制度保障。

（四）工作经费保证。

各单位要把企业文化建设经费纳入企业财务预算，为企业文化建设提供必要的资金支持和物质保障，加大企业文化建设的软硬件投入，保证在企业文化“五个体系”建设方面的顺利推进。

中国市政工程东北设计研究总院企业文化建设发展规划（2012年—2015年）

中国市政工程东北设计研究总院

为实现总院发展战略目标，确保总院在经济技术快速发展和激烈市场竞争中持续发展，开创总院企业文化建设新局面，根据中交集团总体目标要求和企业文化建设规划，结合总院实际，制定本规划。

一、建设方针

坚持“继承、融合、创新”的企业文化建设方针，构建总院文化体系。总院经过50多年的建设发展，取得了丰硕成果，具有优良传统，积淀了厚重文化内涵，形成了特色管理理念，是总院的宝贵财富，建设发展的保障力量。但面对中交集团做强、做优的目标要求和发展平台，面对新形势、新任务，面对新的机遇和新的挑战，总院的企业文化建设还有大量的工作要做。特别是要在激烈的市场竞争中取胜，实现总院跨越式发展，就必须树立用文化管企，以文化兴企的理念，继承优良文化传统，学习交流行业和集团内先进管理经验，创新培育更具时代气息和总院特色的企业文化。

二、指导思想

以科学发展观为指导，以人为本管理为核心、以提升管理为重点、以继承、融合、创新为方针，以创建一流市政设计企业为目标，推进企业文化建设，为总院做强、做优提供思想保障，精神动力、舆论支持和文化氛围。

三、规划目标

从现在起到2015年，围绕总院发展总目标，以提升企业管理为中心，创建完善总院企业文化建设工作体系，使企业形象进一步提高，员工素质进一步提升，和谐发展基础进一步巩固，推动总院物质文化、制度文化、精神文化、行为文化、环境文化的综合发展，努力打造有创新活力又具总院特色的一流市政设计企业文化。

四、基本任务

建设企业文化，增强总院凝聚力、创新力和竞争力，提高员工的思想道德素质，专业技术能力，推动总院科技创新和管理创新，实现总院科学发展、稳定发展、和谐发展。

（一）设计提炼价值理念体系。

在概括总结提炼基础上，形成理念大纲。培育形成全体员工共同奋斗的价值导向。形成企业使命、企业愿景、企业价值观、企业精神、企业作风、企业道德、企业经营哲学、企业风貌等，要结合企业文化建设的新成果充分诠释核心理念，丰富理念的文化内涵，夯实理念的实践基础，让企业核心价值理念融入总院的一切行动和所有程序，形成全体员工共同的期望、持续的追求、崇高的使命感、温暖的精神家园。

（二）推进行为规范的体系建设。

形成行为规范手册，强势宣传贯彻倡导员工道德与行为规范，正确处理领导与被领导者之间、管理与被管理之间、不同专业工种之间、劳资之间和对内对外之间关系等，建立一个人际关系良好、团结友爱、行为规范的和谐组织，支撑总院健康和谐发展。

形成基本行为准则：

道德：爱国爱企、遵纪守法；明礼诚信、恪尽职守。

工作：用心做事、日事日清；科学规范、主动热情。

纪律：下级服从上级；分院服从总院，员工应统一佩戴标识，佩戴胸卡；严格执行考勤制度，遵守院规章制度。

仪表：容貌整洁、着装规范；修饰自然、文明端庄。

言语：说话和气、手势适当；少扯闲言、不说秽语。

待客：一声问候、一句请坐、一杯茶水、一张笑脸、一声再见。

环境：注重安全、讲究卫生；团结友爱、和谐宽容。

（三）梳理完善制度体系。

建立与总院战略发展目标相适应的领导制度，组织机构。建立健全质量管理制度、考核奖惩制度、人事管理制度、财务管理制度、考核评价制度、生产管理制度，民主管理制度等规章制度，并形成制度文本。

（四）塑造企业形象体系。

围绕塑造“干净、整洁、优美”的环境形象，重点完成以下工作：

办公楼的环境整体规划布局；办公楼设计与装饰；办公室办公用具的标准与布置；外部环境绿化及室内美化；环境卫生清洁标准。

围绕塑造“简明、大方、美观”的标识形象，重点完成以下工作：规范设计门面、院名、院徽院标、做出使用规定。

规范企业用字，确定我院的标准字；规范企业用色，确定我院的标准色；规范企业口号，提炼概括我院的宣传口号；规范名片，凡冠以东北市政设计总院的名片将统一设计与制作；规范礼品袋，统一设计制作；规范办公用品，如信签、贺卡、笔记本等统一制作；规范产品包装，包括包装盒、包装纸、包装袋。

围绕塑造“质量优、包装好”的产品形象，完成以下几项工作：

提高产品质量，加强安全、环境、健康、质量体系的贯彻；开展服务跟踪活动，每个工程每年至少要有两次回访性质的服务信息跟踪，或者称信息回访；加强工程管理，职能部门要制定适应当前市场的工程管理办法，落实奖惩措施，切实提高工程现场服务水平。

围绕塑造“讲文明、守纪律”的员工形象，重点完成以下工作：

制定干部职工行为规范，用以约束规范员工的举止言行；着装教育，着装要整洁、大方，在对外交往场合，要根据实际情况提高对着装的要求。

塑造外部形象宣传力度，树立良好的社会形象：

加强与新闻媒体的联系，合理利用新闻与信息资源，宣传企业业绩；强化企业各职能部门对外联系的公关工作，协调企业与社会各界的关系；积极参与社会公益事业，如救灾捐款、资助希望工程等活动，扩大企业的社会影响，树立一流设计企业的社会形象。

五、阶段步骤

（一）七个阶段。

从2012年到2015年进行以下阶段：

文化诊断阶段；理念设计阶段；行为规范设计阶段；制度梳理阶段；视觉形象识别阶段；文化推广阶段；动态循环阶段。

（二）各阶段工作内容及结果（见附表）。

（三）步骤。

第一步：要组建总院文化建设领导小组等相关部门，有专人负责，并与专业咨询机构合作组建企业文化执行小组。

第二步：调查分析总院现状、行业态势、竞争状况、战略规划、发展目标，明确要求。

第三步：科学性、艺术性归纳总结企业远景、企业使命、企业精神、企业理念、企业战略、企业口号等。

第四步：依据理念和企业实际，设计企业行为规范，包括员工行为规范、服务规范、生产规范、危机处理规范、典礼、仪式等。

第五步：进行企业形象系统规划，一般要请专业设计机构进行。以确保设计符合艺术性、国际化、高识别性、行业要求等。

总院在以上部分设计规划完成后，应该首先实施企业视觉形象系统的应用，通过视觉形象系统的实施，可以使企业形象在较短的时间内发生巨大的变化，无疑会在社会中、行业中、总院员工中心里产生很大反响，员工对新的形象、新的理念、新的战略目标产生兴趣，油然而生荣誉感、自豪感。此时，贯彻企业精神，企业理念、企业规章制度就会事半功倍。辅之以长期的培训、文化活动，表彰优秀代表人物，倡导创先争优，模范英雄事迹。企业风气、企业环境气氛焕然一新。员工个人目标必然会与企业战略目标走向一致。企业文化也逐步走向强势文化。同时高中管理层、技术管理层在企业文化建设的动态循环中不断改进，使企业文化在推进管理创新、推进科技创新，自主成果品牌、核心技术和关键技术、强化人才队伍建设上、强化运营质量改善上、强化信息应用上，始终发挥积极作用。

六、途径方法

（一） 实现认知。梳理、凝练企业文化的核心：愿景、使命、核心价值观，写成体系（手册），让全员认识、感知自己的企业文化。

氛围营造。企业文化手册设计、印刷；氛围营造、策划。

考核评价。组织全员进行企业文化考核，并进行评价。

（二）实现认可。通过培训、研讨企业文化核心，让全体员工认可、感觉总院的企业文化。

宣讲与培训。为高层领导提供企业文化基本知识的宣讲；为高层领导提供企业文化核心理念的培训；为中层领导提供企业文化基本知识的宣讲；为中层领导提供企业文化核心理念的培训；为基层员工提供企业文化核心理念的宣讲培训。

考试。借助一些活动，如知识竞赛、诗歌朗诵、看板等方式，组织企业文化考试。

（三）实现认同。通过讨论、研讨企业文化核心，让全体员工认同、感受自己的企业文化。

讨论与研讨、分专题进行讨论、分层级进行研讨；征文、演讲等比赛；故事征集；成果汇报。

（四）实现践行。通过讨论、公开承诺，让理念变成行为，让全体员工践行、体验自己的企业文化。

汇总讨论成果，形成行为规范；汇总故事典型事例，形成故事集；对照行为准则、规范，修正自己的行为；理念变为行为；长期坚持，慢慢形成习惯，养成自觉。

七、组织领导

培育和创建我院特色的企业文化是一项系统工程，任务繁重，必须加强组织领导，统一实施，协调一致。为此成立总院企业文化建设领导小组和工作小组。

八、原则要求

（一）要求服务中心。企业文化建设要服从、服务于总院的中心工作，要以实现经营目标，提高经济效益为中心，紧紧围绕我院的生产、经营、管理等工作进行，为我院的改革与发展提供精神动力和良好氛围。

（二）以人为本。员工是企业的主体。他们既是企业文化的培育者、创建者和发展者，又是企业文化的受益者。建设企业文化的根本任务是最大限度地调动全体员工的主观能动性，为企业创造更多的经济效益和社会效益，同时促进员工个人的发展和价值的实现。

（三）突出特色。要立足我院的实际，发挥我院的特点与优势，建设适合我院发展，个性鲜明；富于特色的企业文化。

（四）循序渐进。培育和创建企业文化是一个系统工程，它需要相当长的时间才能达到目标。因此，不能急于求成，要坚持实事求是、循序渐进、总体规划、分步实施、大处着眼、小处着手、逐年深入的原则。争取用三年左右的时间培育和创建具有我院特色的企业文化。

（五）**有机结合。**企业文化建设要与三个文明建设相统一、与院中心工作相统一。

九、保障措施

（一）**组织保障。**明确单位和部门一把手为本企业文化建设第一责任人、推动者、维护人、践行人；确定办事机构，充实人员，落实责任。结合总院实际情况建立文化建设委员会和相应组织机构，党政领导要把企业文化建设纳入重要工作议程，切实做到认识到位、组织到位、措施到位、工作到位，做到综合工作有人抓，具体工作有人管，使企业文化的各项工作同日常管理工作有机结合、融为一体、相得益彰。

（二）**理论保障。**紧密结合总院改革发展现实问题，积极研究探讨总院企业文化建设，形成具有总院特色的企业文化理论成果。积极扩大与先进企业、学术研究机构和专家学者的交流合作，研究新情况，吸收新理念，达到新水平。

（三）**制度保障。**把企业文化建设视为企业管理重要战略任务和系统工程，建章立制、形成体系、明确责任、定期考核，形成企业文化建设工作制度，包括：企业文化建设规划编制、年度计划制定、部门责任、年度考察考核、绩效考核及创优评比等六项制度；建立企业文化培训机制和考评机制。

（四）**人才保障。**通过送出培训、集中办班等形式，借助专业力量对企业干部骨干进行培训，提高业务素质和工作能力。组织带动和引导企业文化形成氛围。

（五）**资金保障。**实现企业文化建设战略目标，需要加大企业宣传文化建设资金投入，要在预算编制中适当增加资金预算，以保证媒体宣传、标识推广及文化设施建设等工作的正常进行。

附表：

各阶段工作内容及结果

工作阶段	工作内容	工作结果
文化诊断阶段	• 了解企业发展历史、战略目标 • 收集企业资料汇总分析 • 问看调查 • 访谈调查	撰写文化诊断报告
理念设计阶段	• 确立理念设计的原则、风格与结构 • 理念调研，访谈 • 理念问卷调查 • 理念提炼与设计	理念大纲文本
行为规范阶段	• 行为规范结构设计 • 行为规范调研 • 行为规范设计	行为规范手册
制度梳理阶段	• 制度专题培训 • 制度诊断调研 • 制度梳理 • 制度体系构架 • 制度完善修订	制度文本
视觉形象识别	• 视觉方案设计 • 视觉方案讨论 • 视觉方案修改	视觉识别手册
文化推广阶段	• 文化推广调研 • 推广手册结构设计 • 确定推广手册内容	推广手册
动态循环阶段	• 计划 • 执行 • 推广 • 处理	不断提升

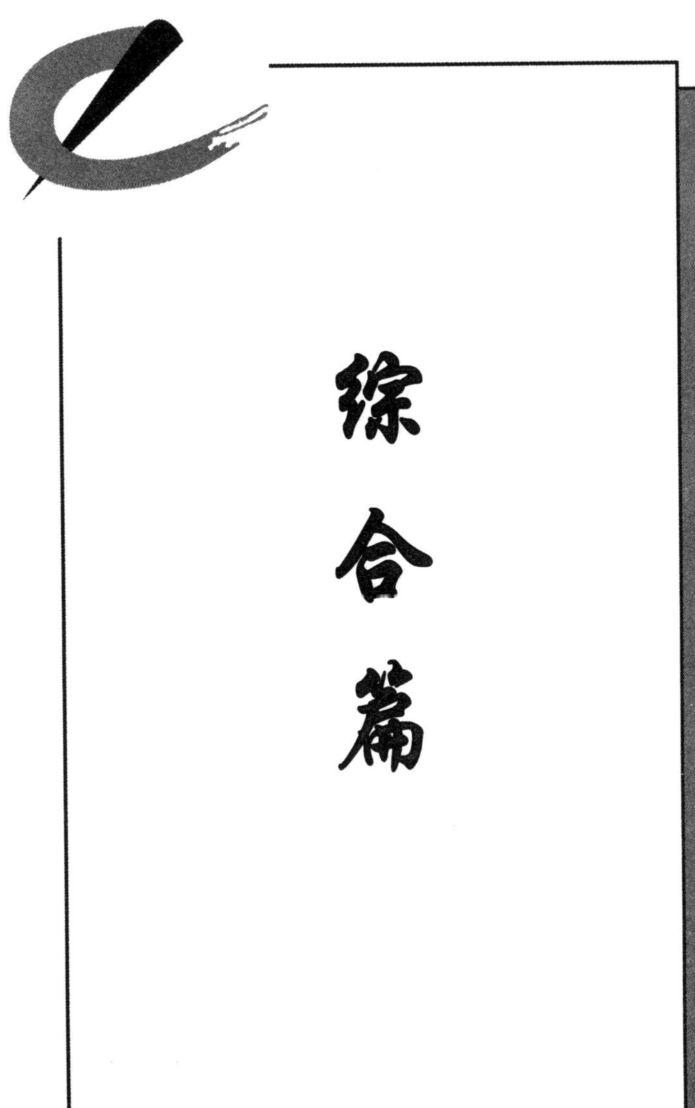
综合篇

他山之石——国外企业文化建设借鉴

德国制造业文化的启示

葛树荣　陈俊飞

德国，不仅是诗人、思想家和作曲家的国度，更盛产科学家、工程师、技师，并以其登峰造极的制造业，尤其是机械制造和汽车业而享誉世界。这是一个理性和浪漫同举并重的民族。

曾经身份卑微的“德国制造”，在英国工业雄霸天下的时代，毅然崛起并取而代之。目前，在机械制造业的31个部门中，德国有17个占据全球领先地位，处于前3位的部门共有27个。德国制造业被称为“众厂之厂”，是世界工厂的制造者。此等表现，并非偶然，而有其深刻的文化原因。中国正成为世界“制造大国”，但还不是“制造强国”。我们的关键制造设备还是依赖德国等发达国家。此外，我们引进德国设备、零部件和工艺，却不能造出原装（德国制造）产品的质量。“德国制造”已经成为“中国制造”的重要参照物。中国制造业的崛起，必须研究和引进“德国制造”背后的文化因素，并克服近现代国民性的负面因素，开展一个制造业的文化再造。

德国制造的产品特性

在中国，与“德国制造”最有渊源的城市，莫过于自1897至1914年曾经作为德国远东地区殖民地的青岛市。提及这段历史，中国人心中伴有隐痛，德国人心中伴有惭愧。而这段历史，客观上却促进了青岛的工业发展。而今，青岛啤酒、海尔等青岛品牌，还承载着“德国制造”的文化内涵。

据《青岛早报》报道：2006年，德国商人亨利安来到青岛投资生产大型齿轮。而在他之前，亨利安家族已经有三代生产齿轮的历史。2010年6月，亨利安80岁的父亲来到青岛，父子两人游览到江苏路基督教堂时，走进塔楼里看到了教堂钟表依然在正常使用。亨利安说：“当我们在钟表上看到‘J.F.WEULE’这几个字，父亲就很激动，因为这是德国100多年前就有名的钟表制造商。100多年前，J.F.WEULE钟表的齿轮，都是我们亨利安家来供应。”保证钟表正常运转的齿轮有小有大，总共20多个，每一个都如102年前设计者设计的那样，严丝合缝，正常运转。教堂工作人员说，这么多年来从来没有维修过这座钟表，就是每三四天都要给这些齿轮涂抹一次机油。亨利安表示：“根据目前的情况，这些齿轮没有任何问题，还能再用上300年，真要维修时，恐怕是我的曾孙一代了。”

不仅如此，青岛啤酒厂100年前德国制造的酿酒设备、电机、变速箱、标贴机和选麦机等，至今还能使用。青岛老市区100年前德国人留下的地下排水系统，雨污分离，设计合理，无论多大雨量都能正常运行。昔日德国总督府的家具、吊灯等每个细节的工艺都正如今天解说员面向参观者津津乐道讲解的那样神奇，引起听众阵阵唏嘘。

无论百年前的教堂大钟、酿酒设备、地下排水系统、建筑与家具，还是今天的奔驰、宝马、双立人刀具，“德国制造”具备了如下四个基本特征：耐用（Haltbarkeit）、可靠（Zuverlaessigkeit）、安全（Sicherheit）、精密（Praezision）。这些可触摸的特征，是德国文化在物质层面的外显，而隐含其后的，则是“德国制造”独特的精神文化。

德国制造文化内涵及关键因素对比分析

德国人“理性严谨”的民族性格，是其精神文化的焦点和结晶。“理性严谨”是黑格尔、康德的哲学；“理性严谨”是卡拉扬的手；“理性严谨”是德国足球；“理性严谨”更是“德国制造”的核心文化。其在制造业的具体表现，则可归纳为六大行业文化。

专注精神

在德国，“专注”是其“理性严谨”民族性格的行为方式。德国制造业者，“小事大作，小企大业”，不求规模大，但求实力强。他们几十年、几百年专注于一项产品领域，力图做到最强，并成就大业。此所谓“大业”特指——“大事业”，在业内有地位、受尊敬。这些大业者，有些今天仍是中小企业，例如：Koenig&Bauer的印染压缩机，RUD的工业用链，Karcher的高压专业吸尘器都是行业的全球领袖，而有些则已经成长为大企业。“大”并不是目的，而是“强”的自然结果。这恰恰印证了老子的哲学：“天下大事必作于细，……，圣人终不为大，故能成其大。”

1853年由DanielStraub先生在德国小镇盖斯林根创建的小型金属制品加工厂，WMF，即符腾堡金属制品厂，100多年来专注于厨房用具，今天则成长为一个大企业。它是全球厨房用品顶级奢侈品牌，并成为不锈钢厨房及餐桌餐具用品的代名词。其产品包括餐具、锅具、刀具、厨房器具、餐桌用品、咖啡机等，品种超过1.5万多种。WMF一直是世界上大多数五星级酒店、高档餐厅的指定首选，并于近年来进入我国中心城市高档商场，是厨房中的“奔驰宝马”。

中国制造业乃至各行业，目前还普遍存在“超常规、跨越式放量发展”的浮躁现象，耐不住寂寞和诱惑，缺乏专注精神。而华为、万科等个别专注型企业则代表了中国企业的希望和方向。

标准主义

德国人“理性严谨”的民族性格，必然演化为其生活与工作中的“标准主义”。德国人生活中的标准比比皆是，如：烹饪佐料添加量、垃圾分类规范、什么时间段居民不可出噪音、列车几点几分停在站台的哪条线。他们是一个离开标准寸步难行的民族。这种标准化性格也必然被带入其制造业。从A4纸尺寸，到楼梯的阶梯间距，我们今天时常接触的标准很多都来自德国。全球三分之二的国际机械制造标准来自“德国标准化学会标准”——DIN。可以说，德国是世界工业标准化的发源地。DIN标准涵盖了机械、化工、汽车、服务业等所有产业门类，超过3万项，是“德国制造”的基础。

标准主义在德国企业的具体表现首先是“标准为尊”。在德国制造的过程中，“标准”就是法律。尊重标准、遵守标准，就像戴安全带和遵守红绿灯一样自然。其次是“标准为先”，亦即在具体的生产制造之前，先立标准。奔驰公司通过实施“标准为先”的质量文化，实现“零缺陷”目标。其有效途径就是尽可能详细地完善每个环节和部件的标准。

“德国制造”的标准主义有着其深刻的文化渊源。语言是思维的工具、是文化的第一载体。德语语法就是德国的语言标准。德语是世界语言中标准最多的，如名词“性数格”、动词变位等严格规定。一旦掌握了德语语法，就可以造出完美的德语句子。中国人学习德语的困难，与学习“德国制造”的困难如出一辙。

对比德语，汉语属于慧性文字。在智能文明主导的时代，难以发挥优势。汉语语法的“多义性”与中国人处理问题的“变通性”有着密切关系。德国人无法面对和处理“不确定性”的性格，必然演变出其对于“标准化”的依赖。而中国人，对于“不确定性”的驾驭能力，似乎降低了标准化的必要性。这种能力体现在体育项目上，越小的球以及越是具备不确定性的项目，如：乒乓球以及跳水、体操等，是中国队的压倒优势。

精确主义

对于标准的依赖、追求和坚守，必然导致对于精确的追求。而对于精确的追求，必然反过来提高标准的精度。前述“德国标准化学会标准”，DIN是世界上最高的工业标准。

德国人做事讲究精确，无论是工作还是生活上，都很突出。在德语口语中，Genau，类似于Yes、Ja，即“是”或“对”，在口语交谈中出现频率最高，表示“精确”、“准确”。德国人不精确的话不说，不精确的事情不做。不少来华安装设备的德国技师，使用带水准仪的四脚梯子，先将梯子调试水平，再保证设备安装的水平。作家刘震云亲自经历了德国式的精确：“我问他们，莱茵河有多深，这让德国人很犯难——春夏秋冬四季，河水深度都不一样，他们不知道如何回答才最精确。”卡拉扬的手，曾经以德式精确，指挥柏林爱乐乐团重新演奏德国古典乐曲。他要求每个音符必须精确无误，容不得半点含糊，是他把该乐团带入了交响乐史上的一个巅峰时代。

德国人的精确主义，必然会带入其制造业。据《欧洲时报》报道，德国制衣业委托一家研究所重新测量和统计有关德国人身材的数据，目的是为了获得更准确的制衣尺寸。精确主义直接给德国制造带来了精密的特性。

相比之下，中国语言中的高频词汇则是：“差不多”，在表现出中国人驾驭“不确定性”功力的同时，则也显示了一种负面的不求精确的模糊性和随意性。中国制造普遍精度不高的文化原因，就包括这个“差不多”文化。

完美主义

在专注精神、标准主义、精确主义的递进发展中，必然产生完美主义。这四个文化要素具有明显的递进包含逻辑关联。“完美主义”，是“专注精神、标准主义、精确主义”的综合表现；而“完美至臻”则德国制造的根本特征。

追求完美（Gruendlichkeit）的工作行为表现是“一丝不苟、做事彻底”，也就是“认真”。这已经是德国人深入骨髓的性格特征。哲学家费希特在“至德意志民族”演讲中强调了这个民族性格——“我们必须严肃认真地对待一切事物，切切不可容忍半点轻率和漫不经心的态度。”德语有一谚语：“犯错误，都要犯得十全十美。”德国人做什么都要彻底到位，不论是否有人监督，也不论是职业工作还是做家务，做不完美、有瑕疵就深感不安。

1984年底，海尔总裁杨绵绵负责到德国引进冰箱生产线。她曾回忆了德国工人认真的工作表现：“我在利勃海尔看到德国一个普通的做果菜盒的操作工人，注塑出来一个果菜盒，他就欣赏一下。他的动作应该称为检查，但我从他的眼光里看到的是一种欣赏，对自己劳动成果的欣赏。欣赏之后，他就在这个机器周围一通忙活，让下一个干得更好。这种精神感动了我。我一下子看到，原来世界上还有这么认真负责的人。这个工人让我感动了很久，给了我灵魂上的震撼。我想我们也应该这么做，要想改善自己，先从认真做事开始。”后来就开始了以“砸冰箱”为序幕的海尔制造文化再造，并由此引进德国制造业文化。

必须指出的是，德式认真，比起日式认真，其背后蕴含着深刻的美学情怀。“这片土地，饱受欧洲古典音乐浸润滋养。”我认为，在以古典音乐为主要艺术形式的审美熏陶中，德国不仅像霍尔德林所言“诗一般地栖息”；还“美学地生活和工作”。记得我在德国学习期间，曾看到一位小伙子在墙上陶醉地挥舞刷子，犹如乐手登台演奏。我起先以为是艺术系学生在作画。后来发现他是个油漆工，在粉刷外墙。这与前述海尔杨绵绵总裁所提到的那个“眼光里充满欣赏的工人”，都是在“美学地工作”。由此不难理解马克思的美学思想——美是人类本质力量的对象化。

秩序（程序）主义

“标准主义”的时间维度表现是“程序主义”，其空间表现则是“秩序主义”。而广义的“秩序”概念却涵盖了“程序”，是个内涵很广的概念。德语“秩序”（Ordnung）一词，与本文相关的含义有：整顿、整理，整齐，调理，规则、规章，次序、顺序，制度，（转）安宁、秩序、纪律。

德国人严守秩序。有一谚语：“秩序是生命的一半。”德国人特别依赖和习惯于遵守秩序，离开了秩序就会感到焦虑和寸步难行。

这个秩序感首先体现在时间管理上。德国人不分男女老幼，人手一册《日程日历》（Terminkalender），每天各时段的活动，乃至圣诞节做什么，一切日程提前计划，而不是临时即兴决定。德国社会以及企业都是在时间坐标轴上理性地运转着。德国人认为，与时间形成严密关系的人，才能理性地驾驭人生和工作，并有所成就。康德那钟表般的生活和工作节奏就是典型。

秩序主义在具体工作中则主要表现为流程主义。例如：在某企业德国设备安装现场，六名技师先是对着图纸和流程图开会研究，然后开始工作。看不到闲散窝工者，也看不到忙乱无措者。一切按照程序悄然推进。总之，德国人无论是擦玻璃、做饭，还是加工零件、安装设备，“不论干什么都离不开雷打不动的两个前提：一个是程序，另一个是工具。什么程序必用什么工具，什么工具必配什么程序，不得有丝毫变通。”

秩序主义的空间表现，则是物品放置的条理性。无论是家庭中的杯子、碟子，还是领带、衬衣，乃至工作场所的文件、工具等物品，都摆放井然有序；否则便找不到东西。所以，加上德国人的洁癖，在德国企业无需推行5S（整理、整顿、清扫、清洁、素养），一切都在自觉之中。

厚实精神

以上“专注主义”、“标准主义”、“精确主义”、“完美主义”、“秩序主义”，是德国制造业文化的“工具理性”层面。而“德国制造”的坚固耐用，还有其深刻的“价值理性”基础。这就是曾一度被誉为普鲁士精神，并继而成为全德意志人精神的“责任感、刻苦、服从、可靠和诚实。”其中的“责任感、可靠和诚实”，可以用中文的“厚道实在”表达，简称“厚实精神”。这使得“德国制造”在设计和材料使用上，实实在在地考虑用户利益，注重内在质量，胜过外观和华而不实的功能。德国汽车的安全系数和耐用性，明显超过一些竞争对手。

“责任感、可靠和诚实”使得德国无假货，并且货真价实。“责任感”使得德国严肃地承担战争责任，而得到国际社会接纳，并于目前成为联合国非常任理事国。德国人对工作负责、对客户负责、对产品负责，并以人的可靠和诚实，保证了产品的可靠和真实。总之，“德国制造”的厚实外观与表现，来自于其制造者的厚实精神。

中国制造业的文化再造

借鉴德国六大制造业文化，中国制造业必须以开放的胸怀进行文化再造。文化再造的重点是“理性”，难点是“国民性改造”。

著名学者万明坤指出：“德国人并不把勤俭务实、遵纪守法当作是一种对自己难受的约束；也不把忠厚诚实、信守承诺看作是一种付出。他们自觉地这样做完全是出于一种理性的考虑，即只有这样才能保证一个社会高效而有序地运转。这是一个现代国家的公民应有的素质，也是一个现代国家必不可少的条件和重要标志。一个理性的民族才是一个真正成熟的民族。”费孝通也呼吁：“我们与西方比，缺了‘文艺复兴’一段，缺乏个人对理性的重视，这个方面，我们也需要补课，这决定着人的素质。现代化的发展速度很快，没有很好的素质，就无法适应现代化的要求。这是个文化问题，要更深一层去看。”

总之，现代化就是“理性化”。而这方面，“德国制造”做出了典范。这个“理性化”分为“工具理性”和“价值理性”。

“专注主义”、“标准主义”、“精确主义”、“完美主义”、“秩序主义”这五大工具理性，是我国制造业必须经由德国引进的。

建设严谨理性的制造业文化，最大的障碍是近现代国民性。我们的老祖宗，并不是今天的样子；我们的明清家具，钉是钉、铆是铆。只是在近现代，由于离道失德加速，出现了所谓颇具负面含义的国民性问题。当年鲁迅曾把中国落后的原因归结为国民性问题，并特别提出，“不认真和做戏”是中国落后的原因，必须改掉。

关于国人不认真的一个经典观点来自美国人亚瑟·史密斯所著《中国人德行》。他指出：“中国人不守时、不精确、不认真，是对待事物特有的幽默。”鲁迅对此书极为重视，并称此书足以“立此存照”，希望国人把它当作镜子，“看了这些，而自省，分析明白哪几点说得对，变革、挣扎，自作功夫，却不求别人的原谅和赞赏，来证明究竟怎样的是中国人。”（鲁迅．且介亭杂文末编）鲁迅一生致力于用文学改造国民性。然而，在宏观社会层面，文学只能描写国民性，并无法改造国民性。

在微观的社会组织层面，我们可以用企业文化来改造国民性。张瑞敏指出：“名牌也应该代表先进文化的前进方向。如果是一个名牌，一定有丰富的文化含量，因为一个名牌是名牌创造者素质的外化，或者说名牌是一个国家或者民族素质的外化。员工的素质高，才能够创造出名牌。”海尔员工素质提高的必要途径就在于利用企业文化，改造了海尔员工的国民性。张瑞敏对于中国人的做事习性曾作过准确概括：“中国人做事不认真，不到位，每天工作欠缺一点，天长日久就成为落后的顽症。”海尔以“砸冰箱”文化仪式为序幕、以OEC制度为落地手段，经过20多年的努力，终于最大限度地根治了不认真的国民性，建立了认真文化，并成就了一个世界名牌。因此，我们可以借鉴海尔经验，从改造国民性的高度来再造中国制造业文化。

此外，在价值理性层面，中国不像西方，以宗教文化为基础，是“有教堂的市场经济”。（赵晓．有教堂的市场经济与无教堂的市场经济）中国以道德文化为特征，“道德”是中华民族共同的精神家园。我们必须尊道贵德，弘扬民族固有的“厚道精神”，以制造出厚道的产品。

（作者：葛树荣系青岛大学国际商学院副教授、德国康斯坦茨工业技术大学跨文化经营高级访问学者；陈骏飞系青岛大学外语学院副教授、德国拜罗伊特大学跨文化日耳曼学高级访问学者，本文摘自《企业文明》2011年8期）

透过细节看日本的企业管理

郑 勇　刘冬惠　小松优特力

因才适用，挖掘人力成本

在一家中日合资公司中，日方管理层并不看重个人简历和成绩，而是着重培养员工的苦干精神。在人才体系建设上，选用各种性格和特点人才，坚持人才因为思想的不同才有组合价值的理念，遵循持续选拔、培养没有任何怨言、脚踏实地工作的人员走上领导者岗位。

开始时，公司经常有员工上班迟到或下班早退，日方管理者没有急于去批评和查处迟到和早退的员工。而是立刻召集公司各部门管理者开会，讨论是否因为公司岗位布置不合理，部门工作安排不完善，以致员工能够非常容易地完成自己岗位的工作，从管理自身寻找迟到早退的原因。岗位布置和部门工作安排改善后，日方总经理早晨来到公司，提前十分钟到公司大门站立，向每一位进入公司的员工鞠躬，感谢员工对公司付出的努力和辛苦，从此员工再没有发生一例迟到早退现象。

面对新进入公司的各类新职员，日方管理者要求生产职位面向社会技工学校、职业学院，绝对禁止大专以上学历人员参加竞聘。公司管理职位根据业务繁杂程度，对学历要求以满足使用为根本，大批工作岗位使用和培养了仅有大中专学历人员。日方管理者认为，生产技能职位使用高学历的人员，在使用初期操作技能水平远远不如通过技能培训的职业学院学生；虽然高学历人员长期发展潜力较强，短期内高学历的人员可能为了工作岗位谋生安于生产职位现职，但是经过一段时间发展后，他与周边同学历而在管理职位的人员比较后，感到应到更高岗位工作，这样会极大地影响员工的敬业和稳定。公司人员的使用成本也会因为学历的盲目提高而增加，造成公司费用的浪费。

日本企业极力追求人力成本节约。因才适用，不过高要求高学历、高技能的理念根深蒂固。这样不仅节省了每个人为谋求从业进行学习过程中付出的费用，也从客观上节约了国家和社会对全社会教育培养支出的成本，最大化地利用了社会资源。

缜密计划，提升人员效率

在日本企业管理中，“法制”的气氛尤为浓厚，突出体现为公司计划的缜密严谨。大到整个集团（会社）的长期发展战略、中期运营规划、短期年度计划，小到部门月度计划、公司会议安排，年度作息日志，日方管理者都要求做到极致精确。一个公司的下年度作息日志根据公司运营计划在当年12月份便排列完毕并公布，公司下年度生产经营计划完全按照制定的公司年度作息日志进行安排。在实际中，除非有非常特殊的情况须经层层审批后才可变更当期作息日志。如果发生变更，公司在制定下一年度作息日志时，便作为管理改善课题要求各个部门共同分析发生变更的原因，是外部经济波动超出预期致使市场预测失误，还是供方脱节、供方评价准确性差或者公司人员配置不合理等因素造成，然后制定措施防止再次发生。

年中，日本总部一位部门主管（或社长）到中国洽谈合作事宜，年初的事业计划便已确定。然后，提前一个月日本总部就将详细的行程、洽谈参观的内容传真过来，甚至回程机票都已预订完毕。商务会见、会议发言、参观路程都明确到小时、分钟。不仅使洽谈方、接待方都提前做好了周密的准备，也使各方人员调整好各自的日常工作生活计划，保证了接待和洽谈的质量，极大地提高了每个人的工作效率。

注重细节，享受工作，实现个人理想

日本管理者强调每个员工不要去忧虑企业的存在，而是要树立为自己工作的理念，认识到你不是为了公司而来工作的，公司不认同个人树立奉献企业的主人翁思想。工作是为自己，是个人享受生活的一个过程。大家拼命工作公司得到大的发展，你可以享受的发展空间和乐趣就会得到提高。如果个人奉献牺牲即使公司发展了也是不可取的。工作中员工需要思考的只有尽善尽美地去做好手头的工作，自己能够做点什么？能够为同事和周围的人做点什么？体现到每个工位、每个细节都力争做到最精确、最完美，这样你的个人职业生涯理想和价值才会伴随你的努力得到实现。

一位日方来访高级管理者参观生产现场，从现场卫生间出来就对陪同的公司高管要求现场卫生间内洗手盆应增加提供热水并放置烟缸。因为他发现许多员工到洗手间手上沾满了油污，凉水冲洗油污效果差，员工感到非常不方便。一些员工在洗手间内吸烟，烟蒂扔入垃圾桶容易造成安全隐患。在生产检验现场，一位日方质量管理者发现产成品外罩商标贴上后，由于搬运过程不小心粘上了一小处污点，立刻俯身用工作服衣袖将污浊很仔细地擦掉。他的擦拭动作是那么虔诚，没有一丝的做作，使人深刻感到日本企业员工已经将工作化成了自己血液中不可缺少的部分。面对工作自我激发个人热情，抓住身边细节改善的每一个机会，管理者通过不断地鼓励使每位员工成为尽职尽责、满怀信心的企业骨干。

擅于思考，精于权变，创新管理模式

日本企业管理的权变观念来源于QC全面质量管理中改善永无止境的思想，广泛应用了PDCA循环提高的基本模式，将改善作为管理工作的一切源泉，认知“小变是积累，大变则

创新”的理念。在实际工作中QC改善已不再仅仅局限于企业生产、质量及现场等改善项目，而将公司内部各项管理的提高都纳入了QC改善循环中，甚至对公司一张纸的使用、一滴水的节约、一分钟效率的提高都列入到改善节约的范围内。

在人力资源管理体系建设上，他们尝试不断打破日本终身雇佣的思想，消除内部论资排辈的用人观念，敢于将20多岁的新人送到关键岗位，不断赋予内部管理以变革和创新的新内容。公司绩效考核不再局限于建立在平行积分卡、360度素质测评、岗位评价等理论下分析测评、考核打分、改善提高的简单应用。同时将企业的战略思维和文化认同渗透到公司评价体系中去，将个人发展诉求完全消化到企业发展的总体框架中，个人的职业生涯与企业的发展完整统一到同一个层面，每个人的培训与提升进入公司就有了很明确的方向和目标。每个人经过自身不同的努力程度达到公司确定的不同发展阶段，个人充满压力和负担，通过努力能够胜任和满足工作的要求，就会充满乐观地全身心去拼搏。

在日本企业管理者眼中，人力资源的管理是企业生存和持续提高的基础。人力资本的投入成功与否决定了企业技术研发、营销品牌和实体金融等一切企业投入的成败。有强执行力的团队一定会使企业自身成长为行业有影响力和推动力的典范，而即使拥有技术和品牌优势的企业如果失去了好的团队会很快失去原有的活力。因此，日本企业管理者追求对公司人力资源管理框架不断修改和完善，制度有时仅仅半年就进行细致的整理和调整，力争最美的设计方案。时过境迁，如果企业发生变化，人力资源的框架思想也及时进行调整，产生更加符合实际的方案。

（本文摘自《青岛市国有企业文化建设促进会专刊》2010年4期）

加拿大企业文化建设的主要做法和经验

金思宇

加拿大企业的企业文化建设和品牌塑造深受该国社会文化的影响，成熟的公司治理结构和规范的企业管理制度为企业文化的形成、发展奠定了基础，使加拿大的企业文化既有共性，又各具特色，效果显著。

加拿大企业对企业文化工作高度重视、定位清晰，企业文化建设与企业经营管理融为一体

加拿大企业将企业文化建设融入到企业经营管理的全过程，特别注重把企业文化建设与公司治理融为一体，把企业文化建设与公司战略管理融为一体，把企业文化建设与企业管理融为一体，使企业文化工作的战略作用和现实价值通过企业经营管理体现出来，充分发挥企业文化管理在促进公司持续发展中的积极作用。

企业文化建设与公司治理融为一体。企业文化建设与企业治理融为一体是加拿大企业开展企业文化建设的鲜明特色。MPAC公司、HydroOne公司和RIM公司分属不同产业，业务不同，规模不等，但他们都把公司治理结构作为企业文化建设的重点。MPAC公司把企业使命、企业愿景、核心价值观（服务、质量、人本、专业、责任）作为企业行为的基本依据，体现在公司治理结构之中。HydroOne公司“安全、负责、卓越、创新”的核心价值观，在公司董事会6个专业委员会的职能界定上得到有效体现。RIM公司崇尚创新文化，采取了有利于创新的制度设计和治理结构，大学实习生占15%的雇员比重，企业与大学校园区交叉布局，并与高校建立紧密的合作关系。RIM公司还准备把其独具特色的经营管理模式复制到全球经营的其他地区。我们发现，加拿大国有企业的权力更多地集中在董事会、管理层和股东大会，议会、政府有关部门更多地是从政策、方向等方面对企业加以指导和监管，避免过多地干预公司事务，这种公司治理结构安排，使加拿大国有企业有意愿、有动力自主地开展符合企业自身特点的文化建设，并把企业文化建设放在加强和改善公司治理的规划中协调推进。

企业文化建设与企业战略管理融为一体。企业文化与企业战略相互联系，相互作用，是确保企业持续健康发展需要处理的重要关系之一。企业战略重点解决企业做什么的问题，企业文化重点解决企业如何做的问题。二者关系处理得好，企业文化与企业战略相得益彰，企业文化促进企业战略的制定和实施；二者关系处理得不好，企业文化不能支持企业战略的实施，“企业文化会把企业战略当午餐吃掉”。我们发现，加拿大企业高度重视企业文化与企业战略的匹配，一方面注重制定符合企业价值观的战略，另一方面注重为执行企业战略提供良好的企业文化支撑。在这点上RIM公司的实践颇具代表性。RIM公司企业文化紧紧围绕“公司”这条主线进行构建，他们不断厘清“我们是一个什么样的公司”，致力于思考 “完整公司的意义”，形成了“RIM公司的基本设计规划”，实现了企业文化建设与企业战略管理有机统一。

企业文化 建设与企业管理融为一体。加拿大企业强调企业文化在管理中形成、在管理中发展。换言之，就是有什么样的管理，就有什么样的文化。加拿大皇家造币厂大力实施精益化管理和工作责任制，并且利用网络信息技术设计了一套聪明管理系统（Wise—workplace），把整个责任制的流程、每个环节的责权以及具体运作情况实时记录和呈现，依据这套管理技术和管理方式，把责任制流程化、具体化，将企业文化渗透到企业管理的方方面面，使得相关文化理念在管理实践中得到体现，通过精细管理形成了其强大的国际竞争力，目前很多国家的货币都交由加拿大造币厂设计、生产。从表面看，企业竞争力的背后是管理效率，但管理效率的背后主要是企业文化在起决定性的作用。

企业文化建设与企业经营管理融为一体，是加拿大企业开展企业文化建设的基本思路，也有明确的理论支持。考察期间，加拿大知名企业都是从企业治理的角度来介绍企业

文化建设，强调企业价值观变革、治理结构重组、发展战略调整的协调统一，实现企业文化建设与企业经营管理相融共进的良性发展，企业文化真正落地生根，企业文化成为企业发展的内在动力。康考迪亚大学约翰·摩尔森商学院为培训团量身设计的企业文化培训课程，明确地以公司治理作为整个课程体系的逻辑起点，强调公司的组织结构和制度设计应该有利于企业价值观的执行。专家强调，公司治理无论是采取水平结构还是采取垂直结构，都要与公司的终极价值观与工具价值观相衔接，使企业治理与企业文化相互融合、相互协调、相互促进，共同为实现企业发展目标服务。加拿大企业的这种做法，成功地解决了企业文化的价值导向与企业治理结构功能的对接。

加拿大企业文化强调法治，把国家法律和公司行为准则作为企业文化建设的重要基石

强调法治意识，是加拿大企业文化的一个重要内容和特征。加拿大是一个法制社会，法律体系相当健全，依法治国是加拿大社会的一个显著特征，人们的法律意识和法制观念非常强。加拿大企业开展企业文化建设，特别强调企业文化与社会文化的一致性。遵守法律、依法办事是加拿大人的自觉行为，也是加拿大企业文化的重要特征。

企业经营管理者必须依法经营，依照国家法律和公司制度管理员工。同时，员工也必须遵守法律和企业的相关制度。国家法律是加拿大企业开展企业文化建设的重要基石。加拿大企业的核心价值观以及相应的公司治理结构，都建基于相应的国家法律之上。通常分管和介绍企业文化的是公司的总法律顾问。MPAC 公司总法律顾问介绍了该公司运作的主要法律依据，及其在公司治理、企业文化建设中是如何体现的，他们最大的服务对象是纳税人，建立的负责人的企业文化；Hydro One 公司是一家隶属安省政府能源部的最大的配电公司，其公司治理结构很完善，12 名董事（现在有 2 名空缺）全部是独立董事，下设 6 个专业委员会，他们按照有关法律法规进行管理，试图建立一个诚信、卓越和负责任的伟大公司。

加拿大企业这种建基于法律依据的企业文化建设逻辑思路，为企业文化管理沿着依法治企的方向开展工作和健康发展奠定了坚实基础，实现了法律的下限要求与文化的上限激励的有机结合。制定和执行公司行为准则（Code of Conduct）是加拿大企业开展企业文化管理通行的重要手段。MPAC公司和Hydro One公司都制定了《公司行为准则》或《公司商业行为准则》，对员工该干什么，不能干什么以及相应的奖惩办法等作出系统、简明的规定。企业把《公司行为准则》列为企业管理的一个重要文件，“准则”涉及的条款内容是可描述、可评估、可管理的，便于执行和操作。公司行为准则一般包含公司原则、商业行为准则、企业价值观和保护环境、处理利益冲突、维护公司资产等的行为规范。

为保证公司行为准则的贯彻执行，Hydro One 公司专门设置了“公司道德官”（corporate ethics officer）这一管理职位（这是很多加拿大企业的通行做法）。Hydro One 公司的道德官，领导一个专职部门，在总法律顾问领导下开展工作，对公司治理委员会和公司审计和财务委员会负责。公司道德官负责衡量公司管理层或直接责任人是否遵守道德管理制度规定及对道德管理的有效性进行评审，负责对公司管理层和员工进行行为准则执行情况的检查评估（往往以测试题形式），负责处理社会各方面对公司管理层和员工违反行为准则的日常投诉，研究商业伦理工作规律，提出应对和处置策略或措施。Hydro One 公司道德官的工作与公司法律工作关联起来，把严格的道德准则和商业成功联系起来。公司道德官每年还要组织对员工进行企业行为准则的考核，将企业理念和行为准则细化为一些非常具体的题目，通过测评、考核强化员工对企业文化的认同，同时也检验员工对公司要求的执行和认可程度，对暴露出来的问题及时予以纠正。

人力资源管理成为企业文化管理的重要平台和企业文化建设的重要抓手，企业文化建设与员工队伍建设有机结合

企业文化工作多数由人力资源部门牵头开展，人力资源管理成为企业文化管理的重要平台。MPAC 公司的人力资源管理部门负责公司的企业文化建设。该公司把人力资源管理方面的薪酬政策和招聘、培训、晋升、奖励等制度建设、实际工作与企业的价值观建设与落地紧密联系起来，通过人力资源管理的系统设计和实际运作，建设稳定、高效的员工队伍，形成有效、稳定的企业文化。

人力资源管理工作着眼于企业持续稳定发展，实际上承担企业文化建设和员工队伍建设的双重任务。在推行科学的人力资源管理、促进企业文化建设和落地方面，加拿大企业实行多种员工奖励制度，对为企业做出特殊贡献的员工给予奖励；对为企业提合理建议并被采纳的员工进行奖励；每年评选优秀员工并给予奖励，优秀员工的照片上墙公布予以表彰；重奖鼓励成功，宽容对待失败等等。再比如，企业为员工制定一套有针对性的培训计划和薪酬计划，结合员工职业生涯规划同步推进，使员工的个人发展与企业发展融为一体。

人力资源管理工作成为企业文化建设的重要抓手，实现企业文化建设与员工队伍建设有机结合。加拿大企业文化的共同特征是既尊重文化差异和个人价值，同时又重视培养企业员工遵循共同价值理念和团队精神。在确立企业愿景、使命、核心价值观时，企业重视让全体员工参与，并采取多种方式向员工进行宣传以获得员工的认同，然后用共同的价值观凝聚员工队伍，使员工与企业形成利益共同体。很多加拿大企业的人力资源政策把尊重员工和多样性作为必须共同遵守的价值理念。企业重视企业内部沟通，特别重视管理层与员工的沟通，员工感到工作环境宽松、文化氛围轻松和谐、人际关系友好平等。既重视正式的沟通，也重视非正式的沟通，企业经常拨款组织员工开展诸如垂钓、野炊和 party 等员工文化活动，使企业文化活跃起来。加拿大的企

业还非常重视工会的作用，由管理者与工会分别派人组成谈判委员会，协调解决管理者与员工之间的矛盾和利益冲突。

（本文摘自《企业文化研究》2010年5月）

探寻日本长寿企业之生存智慧

肖译曼

从飞机上俯视日本，日本群岛就像太平洋中的一个逗号。谁敢说，哪一天，这个逗号不会湮没在浩荡的大洋中？因此，日本人普遍有一种湮没意识，有一种挤压感。所以，需要用文化、心理来平衡自己的生存空间。然而，生存空间狭小、普遍存在湮没意识的日本，历经漫长岁月的长寿企业，竟然特别多。其中创业两百年以上的公司，就有3000多家。如此长寿的企业，在亚洲，中国大陆有9家，中国台湾7家，印度3家；在欧洲，德国有800家，荷兰有近200家，而美国只有14家。

日本无愧是世界第一长寿企业大国。

在市场竞争日趋国际化的时代，企业的收购与合并，几乎每天都在重复不断地上演，更不要说众多昙花一现的投机公司。如此激烈的盛衰消长，在世事沉浮、经济的景气与萧条中，日本企业为何能长久地生存下来？其中蕴含着怎样的实力和秘密呢？

研究世界企业经营的美国学者威廉姆·奥哈拉先生，对日本长寿企业之经久不衰极感兴趣，他说：“日本和美国不同，长寿企业非常多，这是令人赞叹的事情，理由之一，是人们信赖这些公司及其产品，而拥有信赖这个最宝贵财产的，便是日本的长寿企业。这里有一份调查，对创业百年以上的约600家长寿企业作随机抽样调查，发现了令人吃惊的效果，那就是对不景气的抵抗能力，在导致约20万家企业倒闭的平成大萧条时期，有三成的长寿企业保持业绩增长，全体的八成维持经营安定。通过研究日本企业所拥有的长处，可以向社会展示另一种价值观，一种虽然陈旧，而其实是弥久恒新的价值观。”

生存智慧之一“秉持本行”

世界最古老的企业也在日本，创业于日本的飞鸟时代的金刚组，专注于建筑业，至今已有1400多年历史。

这家世界最古老的企业，位于日本的大阪，从外形看，非常不起眼，类似乡镇企业。公司有100多名经过严格训练的庙宇建筑木匠，专门从事寺庙神社的建筑。在这里，每一个工序，制造出来的每一个产品，无不凝聚着木匠师傅们在摸索中得到的智慧。最能体现这些能工巧匠的精髓的，是木材的衔接技法——榫卯。木材与木材之间的衔接，不用一根钉子，不用一个螺栓，采取这种衔接方法做成一根根长而结实的梁木或檩条，能柔和吸收地震风暴的冲击，使建筑物历经数百年风雨而安然无恙。

要将这样的手艺学到家，没有十年八年的工夫是学不到的。在漫长发展史中诞生的榫卯技法，他人无法轻易模仿的经验和技术的累积，就是这家企业长寿的优势。

然而，就是这样一个世界第一长寿企业，曾因负债累累，面临经营危机，濒于破产边缘。为什么会这样呢？

当时的会长，第39代的金刚利隆先生自责道：“在于没能恪守祖传的戒律。在家规中有这样的训诫：必须把精力集中在长年来从事的神社佛阁的工作上，不可不自量力，提倡埋头本行，严戒盲目多样化经营。”

祖先遗传下来的经营哲学被忽视了。事情的背景在于全国的寺院因为费用问题，纷纷改为水泥建筑。木质建筑改造费用昂贵的说法不胫而走，为了与时俱进，金刚利隆先生开始跻身于水泥建筑，卷入与大承包商的激烈价格竞争，不惜亏本承接施工，为弥补亏本，又染指公寓建设，结果却是雪上加霜。

舍弃一技之长，闯入劲敌的地盘，结果怎样呢？“有点招架不住了，但还是一心想赢，只好打价格战，结果赤字越来越大。都因为我过于出头露角了，大家认为这样不行。”金刚利隆先生不无感慨地说，“试图把公司的命运，寄托在不能发挥自身一技之长的领域，结果引发了危机。专心致志，秉持老本行之重要和艰难，由此可见一斑。”后来，金刚组在大阪当地建筑公司的援助下重组，决心立足本行，开拓业务。

在经营危机中，金刚组的一百多名庙宇木匠，没有一人辞职而去。他们说：“绝不能让薪火相传千百余年的技艺间断，我们要一直传下去。这种技术，当然不能让他遗失。传统的东西，必须好好保护。”

正是这种信念，让大家齐心协力。为靠老本行创出业绩，金刚组开始宣传，木造建筑经久耐用。金刚组拥有独特的修复技术，他们建议庙宇修复时，不必改为水泥也能长久维持，并能降低费用。

廉姆·奥哈拉先生说：“根据对600家长寿企业的调查，维持创业当时的业务和技术，即从事本行的公司占到79%，对扩大本行以外业务持慎重态度的公司占87.8%，坚持本色当行，这也是长寿企业的特征。”

重操本行的金刚组，做出了正确的选择，这就是制造东西的精神，用自己灵巧的双手制作东西，而现在的社会，也为他们提供了施展才华的机会。要说优势在哪里的话，能使这些人的才能和经验，得到百分百的发挥，这才是事业成功最重要的因素。“1000多年前传来的技术，一代代师承下来。到了我们这里，绝对不能忘记，要继续坚持下去，过去是这样，现在也是，未来也是如此。”金刚组的一位木匠师傅如此坚定地说。

生存智慧之二“严守家训”

在日本，有一部妇孺皆知的电影《寅次郎的故事》，影片中多次出现的那口寺钟，就是日本的一家长寿企业铸造的。钟上铭刻着冈本太右卫门的字样，是这家企业祖传的主人名字，这个公司名叫锅屋，是岐阜的铸造公司，虽是员工只有两百余人的中小企业，但在整个铸造业中，受中国产品影响而陷于苦战的情况下，依然保持业绩增长。如今，为适应时代的需求，不断发展技术，水管、汽车部件、飞机机翼等模具乃至半导体关联的铸造产品。

这家企业创业于永禄三年（1560），至今已有450年的历史，曾被朝廷授予御用铸师的称号。公司由铸造饭锅起家，如今技术已涉及半导体关联的金属加工。

冈本家族为使经营者保持紧张感，常常迎聘没有血缘关系的入赘女婿，担任一家之主。明治后的动荡时代，每两代就有一代入赘女婿，这种模式为长寿企业注入了新的活力。

“如果一味直系相传的话，难免会步入歧途，所幸我们太右卫门家族，没有代代都生男孩子，在某种意义上，这对家业的承继，是一种有益的刺激。”前任社长、第十五代冈本太右卫门先生说。

现任社长冈本知彦先生，也是入赘的乘龙快婿，以前是名古屋一家大企业的干练员工，太右卫门先生赏识其才干，迎聘为继承人，当时告诫“工作上你可以随心所欲，但是家训一定要严守”。

冈本知彦先生说：“家训有三条：一是掌柜制度；其次是莫谈国事；还有不得从事娱乐服务行业，就是不许投资，也就是要专心固守本行，我想这就是家训的本意。”知彦先生入赘冈本家时二十刚出头，让他尽早积累领导经验，熟悉未来二、三十年的经营策略。

这是太右卫门先生当时的想法：“让年轻人来做，我们觉得没有问题，有利于积累各种经验，即使失败了也容易挽救；年纪大了才接手，在做重大的改变或决定时，万一失败的话，就很难挽回了。所以，我们认为尽早让年轻人接班比较好。”

知彦先生第一次被委以重任，是在他29岁时，投资总额为41亿日元的新工厂的建设。他对新工厂的设想，是希望能一下子提高生产效率，传送由电脑设计的数据，在24小时运作的无人区制造，实现彻底的自动化生产。但是，工厂落成投入生产后，意料之外的失策产生了——工作机械故障连连，造成工厂屡屡停产。为何不能顺利生产呢？缺乏生产现场经验的知彦先生，找不到症结所在。他觉得对不起公司，给公司添了麻烦。

谈到当初的挫折，冈本太右卫门先生却笑呵呵地说：“我们认为受点挫折是好事情，不管什么事情，吃一点苦头，对个人或者家庭，对公司或者私人也好，在漫长人生中，反而是很有益处的。”

陷入绝境的年轻接班人，向当时的掌柜宫协民雄先生伸出援助之手。辅佐历代主人的掌柜，在这家企业远比专务、常务等正式职位重要。知彦先生向负责日常业务的掌柜宫协民雄先生俯首讨教，宫协先生15岁进厂，是有50年生产经验的公司的活字典。

对工厂了如指掌的宫协掌柜，每天5点到工厂，彻底巡查机械故障原因，结论是无人化操作的弊端。他向知彦先生提出强烈建议：“仅仅把设计部门的电脑与机械连接，有时是无法完成加工的。根据每种金属的不同性质，需要人工对机械做细微调整，无人操作现场会使机器不堪重负，以致屡屡发生故障。必须把一部分无人流水线，恢复到以前的人工操作形式。”

“我在对制造及制造方法一无所知的前提下，就冒然兴建这个工厂，对这一点必须要反省。光靠自己的脑袋是不会一帆风顺的，唯我独尊是要不得的，这就是教训！”

通过现场的人工化操作，工厂开始顺利运作。此后，年轻的社长知彦先生，常去车间转转，倾听每一位技术人员的意见，现场工作人员的各种设想和创意。采纳后，不但提高了生产效率，员工士气也大为高涨，形成了良性循环。如今，这座工厂创利已占全公司销售额的一半。

“即便不能马上做出成绩，在育人上也要着眼未来，留有余地。这是长寿企业都有的智慧，所以一定要多听别人的意见，听取大家人的意见，不然就会独断专行，应该有老老实实的态度，不固步自封、不拘泥，坦陈听取所有人的意见，这点非常重要。”太右卫门先生如是说，“失败不重要，要做到既往不咎，把它视为新发展的一个过程；另一方面，我们在经营上是量力而为的，一旦失败会殃及公司倒闭，像这种孤注一掷的做法，我们是不会去尝试的。”

根据对600家长寿企业的调查，经营理念被以常规、家训等形式得以传承的企业，占8成以上，很多家训教导要有长远的眼光。例如“不可乘一时之计，为急功近利而铤而走险”是住友家族的家训：“经商如牛垂涎细长，如牛行路步步踏实”是江户时代创业的奈良县食品企业的家训。

生存智慧之三“不断改良”

花王创于日本明治时期，拥有3万多名员工的上市公司，从肥皂开始，逐渐涉及到洗发液、洗衣粉及食用油等，一直从事家庭日用品的制造。业绩连续20多年保持增长，但在这背后，有时也要做出痛苦的经营抉择。

几年前，他们决定撤出销售额达800亿日元的软盘业务，令世人大吃一惊，当时市场占有率高居世界第一。“因为这项业务超出了本行的日用品范围，因此放弃了，重新把重点集中于家庭日常用品，花王的历史，就是从清洁、美这些东西开始的，就公司的成长过程和目标而言，软盘与此格格不入，所以要重返基点，在撤退问题上取得了共识。”现任社长尾崎元规解释道。

作为日用品的洗衣粉市场，竞争十分激烈，技术赶超非常迅速，因此，即便是一点点技术改造，不间断的改良非常重要。

“周围环境与时代一起在变化，即使现在很好，环境一变，是否还能维持呢？

这就很难说了，要保持信心，时刻临机应变进行变革，对于我们的经营是非常基本和重要的。“对于改良，尾崎元规如是说。自创业以来，花王从未间断过对去污技术研究，每天都要搜集员工制服的衣领，对洗衣粉的洗净能力反复实验。

“把衣领分成两半，观察新旧产品去污能力有何不同。

不做比较，就不能对洗净能力做出评价，是非常重要的样本。”花王的一位年轻女工认真地说。

一点点，一步步，不间断的改良，带来的就是市场占有率。例如1987年上市的一款产品，至今已改良20多次。怎样用少量的洗衣粉洗得更干净是他们不断探寻的问题。同一款产品，但是质量却在不断进化。1995年，利用嗜碱性纤维素酶，提高了去除衣服汗污的能力。为发现这个去黄渍的素酶，耗费了8年半的时间。2001年在洗衣粉中粒子中，加入了空气，粒子在水中破裂，快速溶解，提高了洗净能力。

花王最初的商品，是明治23年上市的洗脸用的肥皂，卖点是优良的品质。当时，普通的国产肥皂，百姓只用来洗衣服，而花王的肥皂可以洗脸，故以与“脸”字同音的“花王”为名。结果大受欢迎，用肥皂洗脸的习惯由此得以推广。

但是第二代的社长，这样鞭策因畅销而心满意足的员工：“现在的花王肥皂，究竟是不是无以伦比的优良品，已成完美无缺的肥皂？仍然有改良的余地，即使一点点也行，要不断改良！”

从那时开始，持续百年的肥皂改良延续至今。即使是成熟的市场，也有改良的余地，即使是新产品，必须改良的地方也会不断出现。

从30年前开始，花王率先开设了消费者服务中心，把消费者的声音，运用到商品改良上去。在产品开发会议上，服务中心的成员也出席会议，没有熟谙消费者喜好的服务中心的同意，产品就不能上市。

持之以恒不断改良，这样产品才能深入人心，使消费者的信赖也越来越深，这便是这家长寿企业的哲学。

“我们每个人都是凡夫俗子，各自小小的努力是很重要的。这样，企业才能顺利成长，只靠一小部分的精英，公司就能发展，我认为这是绝对不可能的。” 尾崎元规真诚地说道。

著名日本研究学者罗纳德·多尔先生，关注日本的企业已有50年，多尔先生经常提到的是长寿企业高度的凝聚力，他说：“纯共体这句话，有人会觉得太陈旧，就用团队这个词吧。拥有高度的团队精神，这些人即使在一两年内收入大幅减收，他们也会忍耐，不断摸索尝试，这种发愤努力的中小企业，在日本依然比比皆是，这是个极大的优势。”对于今后的经营环境，多尔先生不无担忧，“站在经营者的立场上考虑，如何避免成为恶意兼并的对象，维持股价，这是众多日本大企业家最担忧的事情。但是所有长寿企业都有一个共同点：重视本色当行。”

（本文摘自《现代企业文化》2010年01-02期）

德国企业文化的启示

文 暄

中航工业集团公司西方人文管理培训班赴德国学习期间，我们学员在中德文化中心的精心安排下，先后参观了德国宇航中心、空客公司、大众汽车公司、宝马汽车公司等国际知名企业，听取了专家、政府官员关于德国政治经济概况、企业文化系列讲座，并进行了广泛的交流。尤其在观看了法国宇航中心空洞试验室、空客公司总装生产线后，深感震撼。通过此次交流培训，我们学员对德国企业文化塑造、文化氛围、文化理念和文化管理有了更进一步的认识。

感悟德国企业及其文化

作为一个工业发达国家，德国对世界影响最大的是其发明创造和科技创新。罗伯特·迈尔提出能量守恒定律，赫兹发现无线电波、普朗克提出量子论、爱因斯坦提出相对论，不胜枚举；发明的现代化产品包括灯泡、电话、有轨电车、摩托车、汽车、磁悬浮列车、喷气式飞机、直升机、电视机等；更有一批世界级的公司及其品牌，大众、宝马、奔驰、西门子、蔡斯、阿迪达斯、博世、唯宝等等，这些公司除了有驰名世界的品牌外，还有自己独特的企业文化。比如宝马公司的文化理念是：“只有每一个人都知道自己的任务，才能目标一致”。奥迪公司是“竞争是从来不睡觉的”；西门子公司是“过去总是开头，挑战在后头”。

可以说，这些企业文化理念无一例外地发挥着企业文化的亚文化和管理的双重属性。对内主要是培养团队精神。比如，海德尔纸业公司是一家有着150多年历史的家族企业，对公司人员的管理主要体现在企业文化上，公司将“持续、可靠、公开、诚实”作为企业的理念，不间断地对员工进行价值观和传统教育；对外则是展示企业的形象，这种形象不光是企业的品牌、效益，更重要的是培养企业和职工对社会的责任感，使企业从上到下、从里到外展示给社会的是美好的东西。

德国企业文化特点主要体现在以下几个方面：

以高效培训提升人力资源价值。德国企业普遍十分重视员工的培训，一贯奉行的是“人的能力是可以通过教育和不断培训而提高的”，坚持“自己培养和造就人才”。德国企业在管理人才选拔与培养方面也颇具特色。认为“财富＝人才＋知识”，“人才就是资本，知识就是财富。知识是人才的内涵，是企业的无形财富；人才则是知识的载体，是企业无法估量的资本”。选拔人才并不注重其社会地位的高低，而是注重本人的实际能力。

以工作责任彰显社会责任。德国企业文化还体现出企业员工具有很强的责任感。这种责任感包括家庭责任、工作责任和社会责任，德国企业对员工强调的主要是工作责任，尤其是每一个人对所处的工作岗位或生产环节的责任。德国人始终以强烈的责任感在各自岗位上各履其职、各尽其责，在强调“我为人人”的同时，实实在在感受到了“人人为我”的快乐，以责任保质量，以责任提效益，以责任促和谐已成为德国企业员工的共识。

以诚信品质追求完美质量。德国企业非常重视产品质量，他们认为高质量意识与员工的高素质是分不开的。首先，他们十分注意培养具有专门技能和知识的职工队伍，千方百计提高员工的质量意识。第二，他们具有精工细作、一丝不苟、严肃认真的工作态度，几乎到了吹毛求疵的地步。第三，他们严格检查制度，做到层层把关，严格检查。德国人爱好技术、钻研技术、崇尚技术的价值观已深入人心，成为一种自觉的行为，技术工人的社会地位、社会认同度非常高。以务实管理经营企业形象。德国企业文化建设特别注重围绕企业的具体实际进行。他们以精湛的技术、务实的态度和忠诚的敬业精神进行经营。他们将企业文化建设融入企业管理，注重实际内容，不拘泥于具体形式，说的少而做得多。除此之外，还特别重视有效的形象宣传。

总之，德国企业文化是规范、和谐、负责的文化。所谓规范就是依法治理，从培训中树立遵纪守法意识和对法律条文的掌握，从一点一滴做起，杜绝随意性和灵活性。和谐，就是管理体制的顺畅，人际关系的和谐。负责，即职工对企业负责任，企业对职工也要负责任，企业与员工共同对社会负责。

德国企业文化带来的几点启示

启示一：创新文化，来源于严谨细致的技术创新。

德国之所以形成了独特的创新文化，除了具有成熟的技术创新机制、持续的创新投入等因素外，更来自做事严谨细致的技术创新实践。

首先，技术人员只有通过认真严谨的工作实践，才能对从事的技术领域有深入的领悟，进而提出独特的见解和形成创新的思路。罗罗德国公司有一位一辈子从事航空发动机高温部件适温漆测温的专家。他所研究的是将适温漆涂在零件表面，在发动机工作后根据适温漆的颜色判断工作时零件承受的温度。他兢兢业业干了20多年，每一个步骤认真研究，通过严谨的工作实践形成了一套工程实用的规范，成为了这一领域在国际上的顶尖专家，提出了很多技术上的创新。更重要的是，由于他的认真细致的工作实践，获得了发动机高温部件在不同工况的温度分布，有了这些温度测量结果，还可以完善设计方法、提高设计精度，促进了发动机设计技术的创新。德国正因有了一大批这类执著的专家，就形成了一个蕴藏着巨大能量的创新群体。

其次，对一个领域或一项产品持续不断地开展细致深入的研究，实践积累到一定程度量变就会化为质变，创新自然就会诞生。对德国宇航院（DLR）哥廷根分部机舱环境实验室、涡轮实验室的参观，使我们对于德国研究机构科研工作的细致和严谨有了更深的体会。在机舱环境实验室，研究人员利用一架Dornier 728飞机开展研究，模拟机舱中的气体流动，噪声、飞机振动对机舱环境的影响，还制造了几十个模拟人，研究不同机舱环境对人体的影响，测量人体感受的压力、温度，人体位移、受力等参数。在涡轮实验室开展单级涡轮和涡轮叶栅详细试验，对不同造型的涡轮叶片进行研究，测量内部详细流场、叶片表面压力分布和动应力。这两个实验室的共同特点是工作精细但繁琐，需要付出年复一年的不断努力。而正是这些不起眼的研究成果成为了创新能力的实践积累，为机舱乃至座位的设计改进完善提供依据，为设计高性能的涡轮叶片奠定基础。类似精细的研究实践恰恰是我们所没有的，或者说不够重视的，但这些细节研究的缺失却会使我们失去创新的基础。

启示二：质量文化，以强烈的质量意识熔铸精品。

德国企业非常重视产品质量，强烈的质量意识已成为企业文化的核心内容，深深植根于广大员工心中。大众公司强调对职工进行职业道德熏陶，在企业中树立精益求精的质量理念。西门子公司以“以新取胜，以质取胜”，使其立于不败之地。就注重产品质量而言，戴姆勒·克莱斯勒公司千方百计提高员工的质量意识，严格执行工作操作制度。

罗罗德国公司是从事航空发动机研发的，他们的设计图纸和科研报告是三级签署，包括设计、校对和审定。图纸和报告质量很高，很少返工，原因是每一级签署人员都严格履行自己的职责，认真负责，“100%做好自己的事”。相比之下，我们的一些发动机设计图纸签署人员很多，有的多达8级，包括设计、校对、审核、标检、审定、会签、军代表签署、批准，但往往是到了最后一级签字还是错误很多，出现返工，不但质量难以保证，而且工作效率很低。这除了技术基础、管理等多种因素外，严谨认真的文化是否深入员工的思想是主要的因素。德国企业的员工往往将被下一级签署人员发现自己一个小的错误作为一种耻辱，而我们的很多员工往往把别人发现自己的错误当成一种正常现象，而每一级都等着下一级把关。集团公司要改变严峻的质量形势，就必须提升严慎细实的职业素养，把做“三老四严”好员工活动深入下去真正把设计可靠、系统安全、工艺稳定、验证充分，更改审慎、逐级把关、问题归零的质量总方针刻到脑子里了，到那时，我们提供的就一定是精良的产品和精致的服务了。

启示三：整合文化，从空客多元文化的成功看“世界向我们走来”。

企业国际化战略的实施，关键是要解决经营管理中因文化差异而产生的问题和困难。从上世纪八十年代开始，德国企业在世界范围内通过合作、兼并、建立新的机构等获得了长足的发展。他们十分重视解决企业兼并重组中的文化冲突，保持和谐的文化氛围，保证企业兼并重组目标的实现。

德国汉堡空中客车公司是空中客车家族中重要成员，承担着320系列客机的全部总装任务和其它系列产品的内部装饰工作。空客的企业文化以改革、创新和自由思索为基础。来自八十六个国家、使用二十四种语言充分说明空客是世界的空客。看到320系列客机的零部件（包括来自中国天津的产品）通过“大白鲸”在世界各地的奔波，集聚在汉堡完成最后的交付任务，正如张瑞敏曾经说过，要把走向世界的目标变为世界向我们走来。中航工业提出“融入世界航空产业链，融入区域发展经济圈，是中航工业扩大对外开放的崭新思路，也是积极参与经济区域化、一体化、全球化进程的自信开放心态的展现。空中客车公司在如何实现全球化、如何利用全球资源、如何统领世界民用航空产业方面给我们提供了可以借鉴的经验。

启示四：品牌文化，企业国际品牌的塑造。

不胜枚举的名人高斯、爱因斯坦、康德、马克思、巴赫、贝多芬等又给我们带来什么样的启示？琳琅满目的世界级品牌奔驰、宝马、西门子等又是怎样的让人羡慕？在全球经济的产业链上，德国制造与中国制造的定位不同，他们占据了市场的高端地位。除了畅销全球的宝马、奔驰、奥迪是Made in Germany品牌，其他诸多高端领域也不乏巴斯夫、拜耳、西门子、蒂森－克虏伯、SAP等德国公司身影。整体而言，汽车及其配套工业、机械设备制造工业、电子电气工业及化工业是德四大支柱产业，也是德国出口的优势所在。在恢复重建过程中，德国人显示出了强烈的自信心。德国政府强行规定所有德国生产的产品，必须标出“德国制造”，以唤起民众重振民族精神的自信心，同时对激发民众自主创新的意愿起到了不可估量的作用。如何实现中航工业的企业品牌国际化是摆在我们面前的重要课题。不管是什么产品，只要是德国制造（Made in Germany）德国人就一定要使之成为世界上最好的产品，用（Made in Germany）来激励德国企业必须做到最好。可以说德国企业精益求精的价值观已深入人心，成为每个人自觉的行为，德国企业以精湛的技术、务实的态度和忠诚的敬业精神进行经营，注重实际内容，不拘泥于具体形式，说的少而做得多。同时，德国企业还特别重视有效的形象宣传，“奔驰”、“大众”、“西门子”等具有国际竞争力和时代气息的德国跨国集团的品牌标识遍布世界各地，已经成为企业形象和国家实力的象征。

1970年的一个萧瑟冬日，刚刚上任的联邦德国总理勃兰特，来到了波兰华沙犹太人纪念碑前，做出了一个令所有人震惊不已的动作：他跪倒在地。一位记者写道：“不必这样做的他，替所有必须跪而没有跪的人跪下了。”跪下去的是勃兰特，站起来的是德意志。勇于承担历史责任的德国回到了欧洲的怀抱，也回到了世界舞台。通过本次外出学习，深深体会到德国民族精神的深刻内涵，更深刻认识到企业文化建设的重要性，也更进一步领会“哀兵必胜”的哲理。只要我们认真贯彻落实集团战略，秉承宗旨，践行理念，就一定能够使集团文化落地。“认真地把自己的事做好，一定不给别人添麻烦”，“懂得如何服从，你就同样可以成为主人”让这些话早日成为我们的行为方式，中航工业必将在世界五百强里盛开成为代表着中国制造的灿烂的工业之花。

（作者单位：中国航空工业集团公司，本文摘自《军工文化》2011年1期）

中国企业文化建设大事记

二〇一〇年中国企业文化建设大事记

1月8日 “第二届中国保险文化与品牌创新论坛暨第四届中国保险创新大奖颁奖盛典”在东莞举行。本次论坛由东莞市政府金融服务办公室、东莞市保险行业协会和保险文化杂志社联合主办。论坛围绕“以产品创市场、以文化因根基、以品牌谋发展”的主题，对《保险文化的内涵与价值》、《如何通过产品创新提升保险企业品牌价值》等问题展开了广泛讨论。

中国保险学会会长罗忠敏认为，行业文化的缺乏，已成为制约保险业发展的瓶颈。他指出：文化是保险之根本，只有根深才能叶茂，保险企业要提升行业整体形象，必须重塑保险之魂，夯实文化底蕴。中央财经大学保险学院院长郝演苏呼吁：保险业要端正行业文化意识。复旦大学保险研究所所长徐文虎发表了“保险企业文化与新时代气息”的新思维。中国企业文化研究会常务副理事长兼秘书长孟凡驰教授出席会议并作了《保险文化建设的当下重力点》演讲。

3月5日—9日 “第六届‘走向人文管理’高层论坛暨医药卫生委员会工作会议”在广西百色市召开。会议由中国企业文化研究会医药卫生委员会主办，右江民族医学院附属医院承办。会议的宗旨，是进一步贯彻以人为本的科学发展观，积极推动医院的人文管理，促进医院健康和谐发展。本次论坛突出了权威性、高端性以及互动性三大特点。来自全国各地的医疗卫生系统的领导、专家200余人参加会议。

百色市委常委、宣传部部长、副市长叶乐阳在开幕式上介绍了百色市经济社会发展情况。中国企业文化研究会医药卫生委员会主任高金声教授作了《提升文化自觉意识，推进医院文化建设 -- 对医院文化建设二十年的回顾与思考》主题报告，他希望中国企业和全国各地卫生系统管理者相互借鉴文化建设的经验与做法，共同促进医院文化建设向前发展。中国企业文化研究会常务副理事长兼秘书长孟凡驰教授作了《借鉴企业文化理论，建设医院文化》主题讲座，从企业文化的理论范畴和角色定位、认识误区、基本属性、三维结构、建设的内容和8大工程以及医院文化建设的核心、立足点、主体内容等7个方面进行深入浅出的精彩演讲。右江民族医学院医院文化研究所所长农乐根教授作了《营造温馨家文化，加强医院人文管理》的经验交流报告。

3月27-28日 由中国社会经济文化交流协会、中国文化研究会企业文化专业委员会主办的“第六届中国企业文化创新论坛”在北京钓鱼台举行。中央政策研究室、国务院研究室、发改委、工商总局、文化部等有关领导出席论坛开幕式。来自胜利油田、大港油田、常熟发电、怒江交运集团、武钢等近200名代表和专家学者参加了论坛。本次论坛的主题是“人文管理与企业文化创新”。由中央研究室研究员艾云航和中国工业合作协会副秘书长李笑天共同完成的重点课题《企业文化发展大趋势：人文管理》在论坛上发布。

4月27日 鞍山市企业文化研究会成立20周年暨企业文化建设工作总结表彰大会召开。中国企业文化研究会常务副理事长、秘书长孟凡驰，副理事长、副秘书长华锐等出席大会。孟凡驰在会上讲话，华锐代表中国企业文化研究会宣读贺信。

4月27日—30日 国务院国资委宣传工作局在重庆举办企业文化建设培训班。国资委宣传工作局局长杜渊泉出席开班式并讲话。培训班期间，国资委有关厅局领导、清华大学、中国企业联合会、南方电网公司、兵器装备集团、长安汽车公司及有关专业机构的专家做了专题讲授，播放了企业文化电视专题片，进行了实地参观考察。中央企业、地方国资委及地方国有企业企业文化工作者250余人参加了培训。

5月20日 青岛市国有企业文化建设促进会召开第二届会员大会，中国企业文化研究会常务副理事长、常务副秘书长韩旭应邀出席，并代表中国企业文化研究会宣读贺信。

5月24日—25日 澳大利亚悉尼科技大学Eng Chew教授来访中国企业文化研究会，常务副理事长、常务副秘书长韩旭与澳洲学者就合作举办中澳企业文化论坛及开展国际汽车行业文化研究，进行了友好会谈。

6月1日—2日 由中国企业文化研究会领导、学术委员组成的专家评审组赴成都，对中航工业成都飞机设计研究所进行实地考察和论证。中航工业成都飞机设计研究所在历史传承和跨越发展中形成的“创新文化”，特色鲜明，成效显著，得到了评审专家的一致肯定和高度评价，正式授予“全国企业文化建设示范基地”称号，并举行了揭牌仪式。

6月12日—14日 “第四届中国企业文化百人学术论坛暨全国企业文化（北仑）现场会”在浙江宁波召开，论坛采用大会发言、分论坛交流、企业专家与学院专家互动探讨等多种形式，围绕“企业调整重组中的融合探究”、“企业国际化经营中的跨文化管理”、“企业母子文化融合、构建与创新“等议题进行了深入探讨。全国各地代表300余人参加会议，此次会议由中国企业文化研究会和国电电力发展股份有限公司联合主办，国电浙江（北仑）第一发电有限公司承办。

中宣部原常务副部长、中国企业文化研究会名誉理事长王大明出席并发表《企业文化建设面临的形势和矛盾》讲话，提出了当前企业文化建设应该关注的重点热点问题。中国国电集团公司党组成员、副总经理张成杰出席会议并致辞，他介绍了中国国电成立7年多来的快速发展和在企业文化建设方面取得的成绩，同时指出，中国国电把企业文化建设纳入企业发展总体战略，精心谋划、扎实推动、整体构建，把企业文化由价值理念向管理实践延伸。

中国企业文化研究会学术委员会副主任赵春福教授、学术委员贾春峰教授、王成荣教授分别主持并点评了各论区的讨论发言。会上授予国电浙江（北仑）第一发电有限公司“全国企业文化建设示范基地”称号。中国企业文化研究会副秘书长李世华总结了研究会2008-2009课题结项工作，发布了 2011—2012年度中国特色企业文化研究课题。

6月19日 由山东省企业文化学会主办的“山东企业文化建设2010高峰论坛”在山东邹平县举行。

山东省企业文化学会创始人、副会长耿兆林作了2009年山东省企业文化学会的工作总结报告，回顾了学会二十几年的发展历程以及在理论上和实践中取得的丰硕成果，介绍了新团队的五项工作，指出了未来八年的任务目标，即到2018年（学会创建30周年）把学会办成“大而强、美而久”的美好社团。本次会议的东道主——山东科明太阳能光伏有限公司董事长董呈刚致欢迎辞，他充满激情地介绍了科明太阳能光伏有限公司的发展历程，以自身为例，讲述企业文化建设与企业管理之间互相促进的内在关系，并强调今后将把企业文化建设纳入企业的战略发展规划中。中国企业文化研究会副理事长、副秘书长华锐向参会企业家们介绍如何运用科学发展观发展企业文化。

企业文化研究专家华锐、企业文化实战管理专家刘鹏凯、山东默锐化学有限公司副总经理王积亮、山东大学历史文化学院教授刘玉平、山东师范大学企业文化研究所副教授李辉、滨州学院教授马全江、临沂大源生物科技有限公司董事长唐开平等分别发表了精彩演讲，从什么是企业文化、如何建设企业文化、古代管理思想与现代企业管理等主题全方面地阐述企业文化建设的成果与新理念，参会的企业界人士共享了一场精神盛宴。

7月15日—17日 由中国企业文化研究会主办的第六届“四实”（企业文化体系管理专题）研讨会在西域名城银川举办。中国企业文化研究会副理事长、副秘书长华锐等专家介绍了企业文化体系管理的基本知识，对如何认识企业文化体系管理的价值和意义、如何进行企业文化体系管理的策划与设计、如何构建企业文化体系管理的结构框架、如何优化企业文化体系管理的组织模式、如何执行企业文化体系管理的标准与要求、如何实施企业文化体系管理的文件操作、如何进行企业文化体系管理的运行实施等，进行了主旨演讲。按照“实地、实战、实学、实研”的宗旨，会议代表参观了神华宁煤集团羊场湾煤矿，并进行企业文化体系建设实地考察。此次会议来自全国各地企业代表近200人参加。

7月20日 中国企业文化研究会的创始人，原中央纪律检查委员会书记韩天石同志因病医治无效病逝，享年97岁。韩天石同志的遗体告别仪式于7月24日在八宝山革命公墓大礼堂举行，中国企业文化研究会常务副理事长孟凡驰、黄新惠、韩旭，副秘书长王建出席告别仪式。

韩天石同志1933年进入北京大学学习，曾任北大学生会主席，是著名“一二•九”运动的领导人之一。解放后先后担任鞍山市委书记、云南省委副书记、北京大学党委书记、中央纪律检查委员会书记等职。

1988年，韩天石同志与薄一波、张大中、张同舟等同志一起创办了中国企业文化研究会，先后提出了“建设中国特色企业文化”、“企业文化的本质是以人为本”、“企业应以真善美为重大开发战略”等企业文化理论，并多次深入企业调查研究，指导企业文化建设实践，为推动中国的企业文化建设事业做出了奠基性、开创性的重大贡献。

8月16日 由中国企业文化研究会与山东省企业文化学会共同主办的“2010年全国企业文化社团会长（秘书长）联席会暨山东默锐文化现场会”在山东召开。会议就新形势下如何进一步做好企业文化社团工作进行了分析与展望。各地企业协会代表纷纷献计献策，会上授予山东默锐化学有限公司“全国企业文化建设示范基地”称号，来自全国各地30多名企业文化社团领导参加了会议，会议还组织参观了张裕葡萄酒公司。

9月13日 由中国企业文化研究会主办的在“零文化管理模式科研成果专家研讨会”辽宁省朝阳市召开，中国企业文化研究会领导及学术委员、国内著名专家学者、辽宁省企业文化协会、朝阳市政府、朝阳市委宣传部、市人民银行、朝阳银监分局相关领导、朝阳市企业文化研究会等共190余人参加了会议。中国建设银行股份有限公司朝阳分行行长项宏做了“零文化管理模式”的报告，与会专家们分别就“零文化管理模式”理论体系发表自己的观点与看法，并提出了建设性意见。

10月16日 中国企业文化研究会在北京国谊宾馆召开《中国企业文化建设十二五规划建议》专家论证会，会议就《中国企业文化建设十二五规划建议》、《2010北京峰会主旨报告》、《2010中国企业文化建设年度报告》进行了充分的论证。会上，中组部、中宣部、国务院国资委、北京市国资委等单位领导，中国企业文化研究会学术委员会专家，中国农业银行、中国建设银行、中石油集团、中铁集团、中国航空工业集团、国家电网公司、中国移动、中粮集团、海尔集团、中国华能集团、中国交通建设集团、首钢集团、中煤集团、正泰集团等企业领导及专业人士对三个文件草案进行了深入探讨。

10月26日—28日 由中国医药政研会、中国医药企业文化建设协会举办的“2010中国医药企业文化高峰论坛”在郑州召开。参加本次论坛的有115个工业、商业和科研单位的200余名党政领导和工作人员。本次论坛得到河南省地方党委的重视与关怀，省委宣传部张玉坤副处长到会并讲话；中国医药政研会名誉会长齐谋甲、专职常务顾问张汉华、会长孙立民以及多数常务副会长、副会长和副秘书长参加了论坛。

10月29日—30日 由中国政研会主办的“第六届中国企业文化论坛”在河北省石家庄市召开。论坛以“加强人文关怀，构建社会主义精神家园”为主题，研究和探讨我国的企业文化建设课题。中宣部原常务副部长、中国政研会顾问徐惟诚在会上作重要讲话，中国政研会副秘书长王明业、河北省委宣传部副部长、省文明办主任白石、河北省委宣传部副巡视员康振海等出席会议。

11月13日—15日 由中国企业文化研究会主办的“新中国60年企业精神传承与创新——中外企业文化2010北京峰会”在北京京西宾馆隆重召开。峰会深入贯彻党的十七届五中全会精神，以传承弘扬新中国60年优秀企业精神为主题，研讨“十二五”时期加强企业文化建设的思路、重点和方法途径。

全国人大常委会原副委员长何鲁丽出席并致开幕辞，她指出，回顾与总结新中国企业精神的诞生和成长，梳理和评价企业文化的发展脉络，继承优秀的文化传统，有利于不断推进企业文化创新，充分发挥文化引导社会、推动发展的功能，更好地适应新时代的发展，以满足广大人民群众不断增长的精神文化需求。全国人大常委会原副委员长成思危在闭幕式做了企业文化学术报告。全国人大常委会原副委员长许嘉璐、蒋正华出席会议。中国企业文化研究会名誉理事长、中宣部原常务副部长王大明，理事长、原国务院特区办主任、商业部部长胡平出席会议并做重要讲话，国务院国资委副秘书长杜渊泉、全国总工会宣教部部长李守镇、《求是》杂志副总编黄中平等有关部门负责同志到会祝贺。著名作家、哲学家周国平作了题为“中国企业家的人文修养”的学术报告。

中国石油天然气集团、中国航天科技集团、中国航空工业集团、国家电网公司、中国农业银行、首钢集团、中信集团、海尔集团、吉利集团等企业代表在会上交流经验，美国康明斯集团、瑞士ABB公司、商务部研究院跨国公司研究中心介绍了国外优秀企业文化建设做法。

此次峰会发布了《中国企业文化建设十二五发展规划建议》、《2010年度中国企业文化发展研究报告》。会议对“新中国60年最具影响力十大企业精神”、“新中国60年企业精神培育十大摇篮组织”、“新中国60年企业精神培育十大杰出人物”、“新中国60年企业精神60佳”以及2010年度全国企业文化建设优秀单位和先进工作者进行了表彰。中国企业文化研究会常务副理事长、秘书长孟凡驰教授作了大会总结。中国企业文化研究会常务副理事长、常务副秘书长韩旭、华锐，副理事长黄新惠、李世华分别主持会议。来自全国各地600多位企业代表参加会议。

11月25日 由辽宁省营销文化研究会主办的“辽宁省2010年服务文化品牌文化建设总结表彰大会暨辽宁省服务文化品牌文化现场会”在沈阳市召开，辽宁省营销文化研究会以及沈阳、大连、鞍山、本溪、朝阳和阜新的有关学会、研究会等有关社团参加了此次会议，受表彰的单位也派出代表共同参会。

12月28日 由大连市企业文化研究会主办的“社会主义核心价值观与诗化教育”研讨会在北京中国职工之家召开。中国资深企业文化专家、大连市企业文化研究会会长钟祥斌主持了会议，并在会上就社会主义核心价值观与诗化教育作了发言，大连市古建筑园林工程有限公司董事长徐德凝以“我的诗化教育之路”为题作了主题演讲。此次研讨会特别邀请了原中共中央书记处研究室理论组副组长、中宣部原理论局副局长、研究员贾春峰，北京大学教授汤一介、中国社会科学院研究员司马云杰等著名学者进行点评。

12月30日 安徽省国资委在淮南召开《省属企业企业文化建设指导意见》座谈会。省内各相关企业代表20余人参加座谈。省国资委党委常务副书记、副主任吴经华主持座谈会，并就《省属企业企业文化建设指导意见》征求部分省属企业负责人意见。

二〇一一年中国企业文化建设大事记

1月8日 由中国工业合作协会、中国社会经济文化交流协会主办的“第七届中国企业文化创新论坛”在云南昆明开幕。本次论坛的主旨，是贯彻落实党的十七届五中全会精神，积极推进国家调整产业结构，推动管理创新、文化创新战略，加强全国企业文化领域的学习交流而召开的。昆明钢铁集团、莱芜钢铁集团、远东控股集团、大唐国际发电、兖矿集团、中国兵器集团、中铁九局集团、中石油长庆油田、山西煤炭运销集团等知名企业的企业家和企业文化工作者150余人出席本次论坛。

1月22日 “第三届中国保险文化与品牌创新论坛”在重庆举办。本次论坛由重庆市保险行业协会和《保险文化》杂志社联合主办，得到了中国营销学会、中国企业文化研究会、中央财经大学保险学院、对外经济贸易大学保险学院、复旦大学保险研究所和北京工商大学保险学系的大力支持。出席论坛的领导和专家有：中国保险学会会长罗忠敏、山东保监局局长任建国、江西保监局局长张兴、重庆保监局副局长焦清平、重庆市金融工作办公室副主任商文江，以及复旦大学保险研究所所长徐文虎、中国营销学会会长丁一、中国企业文化研究会常务副理事长兼秘书长孟凡驰、中国企业文化研究会常务副理事长韩旭等。中国平安人寿副总经理刘小军、中国太平洋人寿市场总监方林、阳光人寿营销总监李平坤、生命人寿董事长助理于文博等40余家保险企业的近百位高管和负责人莅会。论坛以“新起点新跨越”为主题，总结了我国保险业21世纪前10年在行业和企业文化建设方面的成果，同时也指出目前保险行业文化与品牌建设的不足。

1月26日 国务院国资委下发了《关于推进中央企业廉洁文化建设的指导意见》，以贯彻落实中央纪委等六部委《关于加强廉政文化建设的意见》，扎实推进中央企业加强廉洁文化建设。包括六方面内容：明确中央企业廉洁文化建设的指导思想；确定中央企业廉洁文化建设工作目标；规定廉洁文化建设的基本原则；提出廉洁文化建设主要任务；指出廉洁文化建设的主要方法和途径；制定保障廉洁文化建设顺利进行的措施。从领导体制、协调机制、保障机制、培训教育四方面提出具体要求。

2月26日 由中国机械工业联合会、中国机械工业职工思想政治工作研究会主办的“全国机械行业文明单位表彰大会”在济南召开。来自全国各省市机械工业联合会及机械行业各企业的代表250余人参加了会议。全国机械工业联合会会长王瑞祥、山东省副省长王军民、全国机械工业职工思想政治工作研究会会长于清笈、山东省工信委主任郭述禹等领导出席会议。会议表彰了2007—2010年度全国机械行业文明单位和全国机械行业企业文化建设先进单位及全国机械行业优秀思想政治工作者。王瑞祥会长作了题为《适应新形势、探索新途径，促进机械行业文明单位建设再上新台阶》的工作报告，总结了三年来全国机械行业文明单位建设的经验、部署了“十二五”全国机械行业文明单位建设的任务与措施。

6月11日—13日 由中国企业文化研究会和澳大利亚悉尼科技大学联合主办、首钢总公司承办的“中外企业转变经济发展方式的创新之路——中澳企业文化2011北京报告会”在北京国际会议中心隆重召开。会议由中国企业文化研究会常务副理事长、秘书长孟凡驰，常务副理事长韩旭、华锐和悉尼科技大学领导分别主持。

澳大利亚总理茱莉娅·吉拉德亲笔签名发来贺信。中国企业文化研究会常务副理事长钟岩，悉尼科技大学副校长Bill Purcell(珀塞尔)，首钢总公司党委书记、董事长朱继民在开幕式上致辞。会议特邀博鳌亚洲论坛秘书长、原外交部副部长、中国前驻美国和澳大利亚大使周文重作重要报告，澳大利亚驻华使馆高级商务专员 Alan Morrell(孟哲伦)发表演讲。国家发改委对外经济研究所所长张燕生研究员、清华大学博士生导师张德教授、悉尼科技大学商学院院长Roy Green(罗伊·格林)就“中国外经贸形势与前景”、“国际化进程中的企业文化融合”、“未来国际商业管理的发展趋势”等作了学术报告。首钢总公司、中石化燕化公司、北京同仁堂集团、中国石油地球物理公司、中国移动北京公司、海尔集团、中国华能集团华亭煤业公司、浙江吉利控股集团、正泰集团、远东控股集团等国内企业代表，与澳洲的专家就“企业转变发展方式”、“中外文化融合”、“企业危机管理”、“科技文化创新”等作了研讨交流。

会议安排参观考察了首钢新产业规划发展基地、同仁堂现代化中药制剂流水线和声、光、电并茂的中国联通北京通信电信博物馆，使与会代表耳目一新。与会代表反映，在全面贯彻“十二五”规划并实施“走出去” 战略的关键时期，在中国正式成为“全球第二大经济体”的大背景下，通过参加本次会议，学习了最新的产业政策，了解了国际经济的发展趋势，与世界人均GDP排名第六位的澳大利亚专家进行了交流，对企业探索转变经济增长方式的创新之路起到了积极的促进作用。来自全国各地150多位企业代表参加会议。

7月9日—11日 由中国企业文化研究会学术部和中国工商银行党委宣传部联合主办的“员工心理援助与和谐文化培育”专题研讨会在山东蓬莱市召开。中国企业文化研究会顾问、中国机械工业联合会会长、国务院国资委原副主任王瑞祥，中国工商银行监事长赵林等有关领导参加会议并讲话。本次研讨会的主题是“员工心理援助与和谐文化培育”，会议邀请到中科院心理所时勘教授，北京师范大学心理学院副教授、EAP、OHP（职业心理健康）研究和实践专家张西超做了精彩主题演讲，中国工商银行、大同煤矿集团、大同煤矿集团燕子山矿、首钢总公司、中石化胜利油田、中国移动广东公司、冀中能源峰峰集团梧桐庄矿等企业代表嘉宾在会上作了典型发言。中国企业文化研究会常务副理事长、秘书长孟凡驰教授作了会议总结。参会代表一致认为，通过专家讲座、企业典型经验介绍，对当前我国企业员工普遍面临的心理困扰、员工心理健康问题日益凸显等重大问题有了深切的了解。对于如何进一步践行科学发展观，培育企业和谐文化，把对员工的关爱作为企业管理和企业文化建设的重要抓手，建立和谐的劳动关系有了更深刻的感悟，出席本次会议的各界代表有150多人。

7月17日—18日 由中国企业联合会、中国企业家协会主办的“2011年全国企业文化年会”在北京召开。会议以“深化企业价值体系建设，增强企业文化驱动力”为主题，探讨了以企业文化建设促进企业健康发展的综合治理之道。中国企业联合会、中国企业家协会会长王忠禹在会上提出，要深化企业文化工作，改善提高企业发展质量；加强企业道德文化建设，促进企业诚信经营；加深企业文化融合，增强企业综合竞争力；积极承担社会责任，努力实现包容性增长。

7月21日—24日 由中国企业文化研究会主办的“第七届走向人文管理高层论坛”在宁夏银川市召开，全国政协委员、中国医师协会副会长、北京医学会会长金大鹏教授，宁夏回族自治区政协安纯人副主席，宁夏回族自治区卫生厅、宁夏医科大学领导，以及各大医院党政主要领导出席会议。中国企业文化研究会医药卫生委员会主任高金声在论坛上作了题为“使命的召唤”的主题报告，会上举行了《医院的魅力——医院文化20年》一书的首发式。本次会议由中国企业文化研究会医药卫生委员会和北京医学会医学伦理专业委员会联合主办，宁夏医科大学总医院承办。来自全国20多个省市自治区70多家医院的160名代表和当地医务人员参加会议。

7月28日 中国电力职工思想政治工作研究会（中国电

力行业与企业文化研究会）第六次会员代表大会在京召开。会议审议通过了修改后的章程及相关制度文件，选举了第六届理事会理事、会长、常务副会长、副会长、秘书长、副秘书长。一致推举中电联理事长、国家电网公司党组书记、总经理刘振亚为名誉会长。中电联党组书记、常务副理事长孙玉才当选为第六届理事会会长，中电联党组成员、秘书长王志轩当选为常务副会长，国家电网公司党组成员、副总经理曹志安等15 人当选为副会长。中国思想政治工作研究会、中国能源化学工会等单位领导出席会议并讲话，160余名来自各大电力集团推荐的理事代表参加了会议。

8月16日 由中国煤炭职工思想政治工作研究会主办、黄陵矿业公司承办的“全国煤炭系统企业文化暨五精管理现场推广会议”在黄陵召开。会上，全国煤炭系统岗位管理文化品牌——陕西陕煤黄陵矿业有限公司“‘5+5’岗位管理文化品牌”奖牌揭牌。近年来，黄陵矿业公司不断深化企业文化建设，以精细化管理为载体，打造“西部第一企业”为目标，强力推进企业文化建设，探索和形成了具有黄陵矿业公司特色的岗位管理文化。大会还为郑州煤炭工业集团超化煤矿等4个第三批全国煤炭企业五精管理示范矿，以及5个第十批企业文化示范矿颁发了奖牌和证书。

9月3日 由中国社会经济文化交流协会和大连市企业文化研究会联合主办的“2011年全国企业文化建设工作年会——暨中国企业文化建设新使命：中华文化企业文化化”会议在大连举办，来自全国各地的企业文化专家及企业家200余人参加会议。原文化部外联局局长游琪致开幕词，大连市政协副主席王艺波出席会议，大连市企业文化研究会会长钟祥斌做了“中华文化企业文化化”的主题演讲，来自中科院和中国社会科学院的专家也分别作了主题报告。

9月8日—11日 由中国企业文化研究会主办的“第五届中国企业文化百人学术论坛”在西安召开。中国企业文化研究会理事长胡平在论坛上作了学术报告，常务副理事长、秘书长孟凡驰作总结报告，常务副理事长韩旭、副秘书长王建分别主持了会议。论坛围绕“当前我国企业文化建设中的热点、难点问题透析”展开讨论，通过官、产、学、研互动对话方式，对典型企业文化深度解析，启发思路，并借助来自企业实践操作典型案例引路，与参会代表就企业商业模式创新与文化管理、企业文化创新与经济发展方式转变、文化管理方式与途径、企业调整重组中的文化融合、集团管控与文化管理、企业文化考评体系建立与实施等论题进行了交流学习。

海尔集团、大同煤矿集团公司、东风汽车公司、河北冀中能源集团、中建三局、中信重工机械股份有限公司、交通银行、首都机场集团、江苏黑松林粘合剂厂、江南农村商业银行等企业代表，围绕论坛主题作了典型发言。中国金融工会副主席王玉祥等有关领导及金融、煤炭、钢铁、机械等行业代表150多人参加了会议。会上，132项学术科研成果受到表彰。

9月15日 阜新市企业文化研究会举行成立9周年纪念暨企业文化专题报告会，特邀请中国企业文化研究会常务副理事长华锐作企业文化专题报告。阜矿集团系统和全市社科工作者、思想政治工作者、企业文化研究专业人士共100多人参加了报告会。

9月18日—21日 由中国医药职工思想政治工作研究会、中国医药企业文化建设协会主办的“2011中国医药企业文化研讨会”在广州举办。这次研讨会的重点是：认真贯彻落实党的十七大和胡锦涛“七一”重要讲话精神以及两办《意见》，传承和创新我国传统的优秀中医药文化，让历史走进今天，使祖国灿烂的民族医药文化之花，结出丰硕的企业建设之果。

国家药监局机关工会主席冯文强，广州市委宣传部副巡视员麦步初，处长陈小文、李宝华参会并讲话；中国医药政研会有关专家领导参加了会议；全行业的工商企业、科研单位100余名党政领导和有关部门领导参加了会议研讨。

10月13日 由中国纺织工业协会、中国纺织企业文化建设协会主办的“中国纺织品牌文化博鳌论坛”在海南博鳌隆重举行。中国纺织工业协会会长杜钰洲、副会长杨东辉、秘书长杨纪朝，中国纺织工业协会党委常委、纪委副书记宋冬菊，海南省工信厅副厅长董学耕，中国纺织工业协会有关部门、专业协会的领导，海南省领导，各省、市、自治区纺织服装行业协会或主管部门的领导，中纺政研会、中纺企业文化建设协会会长单位及会员单位的负责人，获奖单位代表、纺织行业著名企业家等280余人参加了本次活动。

11月12日—13日 由中国企业文化研究会主办的“企业文化三十年：实践路径与方式——中外企业文化2011北京峰会”，在北京隆重召开。

全国政协原副主席王文元，中国企业文化研究会名誉理事长、北京市政协原主席、中宣部原常务副部长王大明出席会议。中国企业文化研究会理事长、原商业部部长、原国务院特区办主任胡平出席会议并作主旨报告。全国总工会宣教部部长李守镇出席会议并致辞，出席会议的还有国务院国资委宣传局局长卢卫东。中国企业文化研究会副理事长、著名经济学家、北大光华管理学院名誉院长厉以宁教授作了学术报告。英国伊尔姆公司首席顾问Henri DeBranche向大家介绍了国际项目实施过程中的管理文化，展示了国外企业文化实践的经典案例。

中国企业文化研究会副理事长、学术委员、中宣部理论局原副局长贾春峰教授，中国企业文化研究会学术委员、北京大学校务委员会副主任、北大光华管理学院张国有教授，中国企业文化研究会学术委员、中国社会科学院研究员司马云杰教授，中国企业文化研究会副理事长、学术委员、北京财贸管理干部学院院长王成荣教授，中国企业文化研究会副理事长、学术委员会副主任、北京行政学院原副院长赵春福教授，分别围绕“文化实践的规律与方式”作了专题演讲。中国农业银行、国家核电技术公司、联想控股有限公司、中国石化胜利油田、太原钢铁（集团）有限公司、中信重工机械股份有限公司、中国华能集团、北京集美集团、阳光保险集团、鞍钢集团、三一集团、中建三局、玉柴机器集团、正泰集团、中国电力国际有限公司、中国石油天然气集团等企业代表在会上围绕主题作了精彩的演讲。

会议对“企业文化30年实践十大典范组织”、“企业文化30年实践十大典范案例”、“企业文化30年实践十大典范人物”以及全国企业文化建设2011年度优秀单位和全国企业文化建设2011年度先进工作者进行了表彰。中国企业文化研究会常务副理事长、秘书长孟凡驰教授主持了开幕式并在闭幕式上作大会总结。中国企业文化研究会常务副理事长钟岩、韩旭、华锐，副理事长李世华，副秘书长王建分别主持会议，来自全国各地550多名企业代表参加会议。

12月6日 陕西省国资委系统企业文化建设工作座谈会在西安召开。陕西省国资委党委书记周玉明出席会议并作重要讲话，陕西省委宣传部副巡视员成立笠、省文化厅副巡视员强双喜莅临指导会议。座谈会由省国资委党委副书记何少华主持。座谈会上，各企业围绕“如何认真贯彻落实党的十七届六中全会精神，就进一步加强企业文化建设工作”进行了踊跃发言。中央驻陕企业党委负责同志、省属企业党委以及分管部门的负责同志、省国资委机关负责同志110余人参加了会议。

2010年部分中外企业文化著作书目

	书 名	作 者	出版社
2010年出版			
1	改革开放亲历记	胡 平	中央文献出版社
2	云投战略与企业文化	保明虎	云南人民出版社
3	企业文化管理逻辑：基于企业领导人文化管理力视角	倪宏伟	经济科学出版社
4	中国石化企业文化	刘先淼	中国石化出版社
5	合则聚成	刘 震	中国文联出版社
6	漫话企业文化管理	刘鹏凯	中国标准出版社
7	心力管理	刘鹏凯	上海人民出版社
8	企业文化体系管理	华 锐	企业管理出版社
9	企业文化教练	华 锐	企业管理出版社
10	企业品牌美学	厉春雷	河南人民出版社
11	文化创意产业概论	吴存东	中国经济出版社
12	国有大型煤炭企业文化力制胜	吴永平	经济管理出版社
13	建于行和之魅：中国建设银行湖南省分行企业文化建设研究	唐日新	红旗出版社
14	精品之路：湘潭钢铁集团有限公司企业文化建设研究	唐日新	红旗出版社
15	西部钻探国际钻井公司企业文化故事	喻著成	石油工业出版社
16	文化对接：中职教育自身发展的需求	姜汉荣	中国矿业大学出版社
17	企业文化概论	孙 澂	武汉理工大学出版社
18	二零零九年度全国企业文化优秀成果荟萃	孟凡驰	企业管理出版社
19	中国企业文化年鉴·2009-2010	孟凡驰	吉林出版集团有限责任公司
20	现代企业文化100招	宋德章	文汇出版社
21	企业文化实践：从理念到行为习惯的操作工具	廖代月	北京理工大学出版社
22	企业文化管理	张国梁	清华大学出版社
23	企业形象美学	曹 晖	河南人民出版社
24	企业文化与银行公司治理	朱吉亮	研究出版社
25	企业文化概论	朱成全	东北财经大学出版社
26	企业产品美学	李峻玲	河南人民出版社
27	企业管理美学	李旭茂	河南人民出版社
28	企业文化影响员工满意度的实证研究	杨君茹	中国社会科学出版社
29	绿色的长路：福建烟草商业的履责之路	孙长青	福建教育出版社
30	企业文化理论与实践：用故事传播企业文化	林东明	石油工业出版社
31	文化铸造企业之魂：河南煤业化工集团企业文化发展战略研究	林宪斋	经济管理出版社
32	中国近代民族企业文化	林德发	经济管理出版社
33	山高人为峰：红塔文化管理最新发展	柳万东	中国文联出版社
34	人力资源管理与企业文化	汪 溢	北京大学出版社
35	大成：云南省烟草公司系统企业文化建设风采	温宁军	云南人民出版社
36	企业文化建设精品集粹·积石成山	焦保利	辽宁教育出版社
37	企业文化建设精品集粹·誓言有声	焦保利	辽宁教育出版社
38	阿里巴巴的企业文化：马云谈成就阿里巴巴帝国的企业文化法则	王乾龙	海天出版社
39	企业文化新思维：人本化与市场化的相互推动	王成荣	中国经济出版社
40	企业营销美学	王旭晓	河南人民出版社
41	优秀企业文化精粹	王福山	中国商业出版社
42	创新企业文化	王胜利	天津人民出版社

续 表

	书 名	作 者	出版社
43	企业文化区域性及其形成机制研究	王长斌	经济管理出版社
44	企业文化案例精选评析	石　磊	企业管理出版社
45	岁月回声	索　俐	北京燕山出版社
46	企业文化	肖　峰	中国纺织出版社
47	传播学视域下的企业文化研究	蔡　罕	浙江大学出版社
48	文化资本与企业成长关系研究	乐国林	经济科学出版社
49	凤舞来仪：云南机场文化导读	刘　明	云南人民出版社
50	管理伦理与企业文化	赵　普	中国财政经济出版社
51	华为的企业文化	赵海涛	海天出版社
52	新鲁商文化与现代企业文化建设	邵志勤	山东人民出版社
53	组织变革期的企业文化适应性测度与提升	郭跃显	哈尔滨工程大学出版社
54	唯一不变的就是变：易居中国十年企业文化战略启示录	佘雨时	上海辞书出版社
55	企业文化建设理论与实践探微	闫桂军	辽宁民族出版社
56	企业文化	陈春花	机械工业出版社
57	企业文化管理要素及其对企业绩效的作用	陈洪玮	中国财政经济出版社
58	班组管理与企业文化	雷振德	科学出版社
59	企业文化·职业素养	韩卫宏	机械工业出版社
60	企业文化	马曙光	中国电力出版社
61	义海扬帆	马树声	经济日报出版社
62	企业文化中国化	马树林	中国经济出版社
63	企业文化的沉思	魏中龙	经济科学出版社
64	企业文化概论	黄发恭	湖北人民出版社
65	我们这样抓管理	刘长伟	中国石化出版社
66	中国核能行业企业文化建设文集	中国核能行业协会	原子能出版社
67	企业文化建设	北京百朗教育发展公司	北京燕山出版社
68	珠海企业文化年鉴 1995-2010	珠海企业文化年鉴编委会	珠海出版社
69	潞安集团开展企业文化建设的实践与探索	本书编写组	企业管理出版社
70	建设统一的优秀企业文化	国家电网公司	中国电力出版社
71	企业文化概论	麻智龙	内蒙古人民出版社
72	国有企业个性文化研究	孙振声	湖北人民出版社
73	饭店文化	徐　萍	中国铁道出版社
74	企业软实力与声誉管理	徐金发	社会科学文献出版社
75	海事文化	徐鹏展	人民交通出版社
76	组织文化案例	施祖留	人民出版社
77	港口文化	朱耀斌	人民交通出版社
78	国有煤矿软实力探索	李庆良	企业管理出版社
79	煤炭企业管控文化建设	李树荣	中国经济出版社
80	饭店文化建设	狄保荣	中国旅游出版社
81	三五文化宝典，将军文化纵横谈	王　军	黑龙江人民出版社
82	看不见的管理——凝聚力	王启榆	捷径文化出版事业有限公司
83	从萌芽到使命：解构广州优秀企业的文化基因	王晓玲	汕头大学出版社
84	企业创新文化建设	王　曼	化学工业出版社
85	文化力	王永丽	广东经济出版社
86	企业文化学教程	白泉旺	经济科学出版社
87	文化与管理	白靖宇	科学出版社
88	组织文化	石　伟	复旦大学出版社
89	软实力：塑造一流企业必须打造的另一只翅膀	石真语	中国电力出版社
90	知识管理战略对组织文化的适应性研究	胡玮玮	经济科学出版社出版社

续 表

	书 名	作 者	出版社
91	广百启示录：广百集团五色文化指南	荀振英	广东经济出版社
92	现代管理发展新趋势	邓志辉	国防科技大学出版社
93	核心价值	邓正红	中国电力出版社
94	跨文化管理	郑兴山	中国人民大学出版社
95	灵性与理性：中国与西欧企业文化研究	（德）周松波	商务印书馆
96	精益企业文化	（美）大卫·曼恩 (David Mann)	中国财政经济出版社
97	从命令到参与：企业文化行动手册	（美）费根 (Phegan Barry)	中国市场出版社
98	鼓励非正式：学习布兰森用嬉皮精神创立伟大的企业文化	（英）迪尔洛夫 (Dearlove Des)	东方出版社
99	跨文化管理：在冲突价值中创造财富	（美）汉普顿·特纳 (Hampden-Turner Charles)	五南图书出版股份有限公司
100	透明领导力：让一切变得简单、坦诚	（美）班尼斯 (Bennis Warren)	脸谱出版社

2011 年部分中外企业文化著作书目

	书 名	作 者	出版社
2011 年出版			
1	大道哲学通书	司马云杰	华夏出版社
2	中小企业的成功范式	张 德	清华大学出版社
3	老字号品牌价值	王成荣	中国经济出版社
4	爱普天下	邱正昌	山东大学出版社
5	企业文化建设评价	董平分	企业管理出版社
6	文化力 —— 企业卓越的基因密码	方建国	中国民主法制出版社
7	企业文化基础	丁 雯 陶 金 吴嘉维	东北大学出版社
8	文化的力量	任学财	同心出版社
11	文化自觉下的民营企业文化建设	刘 昊	中南大学出版社
12	企业文化方略：中航工业集团文化纵论	刘洪德	航空工业出版社
13	南梁企业文化模式	卢山冰 张光耀	中国经济出版社
14	如何做好现代班组文化建设与管理工作	向亚云	中国言实出版社
15	制度管企文化管人：企业文化建设理论应用研究	吴永平	中国经济出版社
16	中国国有企业文化创新探究	周秀红	北京师范大学出版社
17	农村金融企业文化	周荣才	东南大学出版社
18	“信·和”文化演绎凤凰涅槃：中建五局企业文化建设研究	唐日新	红旗出版社
19	职场文化：狼道 VS 羊道	姚 娜	中国时代经济出版社
20	企业文化重塑	张志富	煤炭工业出版社
21	润物细无声：我的企业文化管理思考	张林桂	印刷工业出版社
22	企业职工文化探索与研究	张泓波	中国工人出版社
23	创意企业的文化与绩效	张西英	上海学林出版社
24	企业文化	彭纯宪	高等教育出版社
26	黄才良建筑企业文化管理法	成际贵	中国建筑工业出版社
27	刚柔相济抓安全：安顺供电局企业安全文化建设	戴席伟 严 磊	重庆大学出版社
28	蔚州融和文化	曹 森	煤炭工业出版社
29	交融时代与企业文化	李 军	新华出版社
30	企业文化	李少惠	上海交通大学出版社

续 表

	书　名	作　者	出版社
31	硬文化：企业文化落地的领导力	李建立	机械工业出版社
32	从口号到行动：A. O. 史密斯公司的文化建设之路	杨东涛	北京大学出版社
33	企业文化	杨月坤	清华大学出版社
34	文化的力量	杨　林	中信出版社
35	企业文化理论与实务	欧绍华　徐亚纯　刘志刚	合肥工业大学出版社
36	美丽管理：本来意义上的企业文化	王长根	企业管理出版社
37	企业文化管理：中国企业进化之道	祝慧烨	机械工业出版社
38	文化命门：企业文化建设的误区与对策	詹惠元	中国电力出版社
39	现代企业文化	谢　健　奚从清	浙江大学出版社
40	如何构建现代企业文化	温州建	东北大学出版社
41	“双标”服务文化	郑顺喜	煤炭工业出版社
42	从理念到行为习惯	陈春花	机械工业出版社
43	往事如歌：北京人民广播电台企业文化故事	马仕存	中国广播电视出版社
44	圣贤教育创企育人	高昌礼	世界知识出版社
45	价值观管理：长庆油田公司第二采油厂企业文化制胜之道	高静乐	陕西人民出版社
46	心境启迪	魏庆海	人民日报出版社
47	中国企业文化研究成果荟萃	中国企业文化研究会	企业管理出版社
48	中央企业企业文化建设优秀案例选编	中央企业党建思想政治工作研究会	企业管理出版社
49	企业文化地图：未来商战决胜之道	王慧中	机械工业出版社
50	企业文化塑造的理论与方法	陈丽琳	西南工业大学出版社
51	现代企业文化与就业指导	邓素林	西南交通大学出版社
52	打造和谐企业文化提升员工职业素养	杨鼎家	中国言实出版社
53	芯故事 心感动：英特尔企业文化的力量	裴晓风	电子工业出版社
54	基于企业文化视角的内部控制	俞雪花	人民出版社
55	中国组织（企业）文化优秀成果案例集	中国文化管理学会	北京图书馆出版社
56	2011 中央企业企业文化建设报告	黎　群　李卫东	中国经济出版社
57	企业安全文化建设方法与实例	高　武　樊运晓　张梦璇	气象出版社
58	企业感恩文化培训经典读本：带着感恩的心去工作	黄晓林	中华工商联合出版社
59	文化、企业家精神与经济增长：浙商成长的经验研究	吴向鹏	浙江大学出版社
60	精益绽放：2010 年企业文化建设集锦	上海外高桥造船有限公司	上海交通大学出版社
61	文化浸润：中国企业管理的历史传承	王利平　胡新欣　陈小洪	机械工业出版社
62	企业安全文化评价体系研究	王亦虹	天津大学出版社
63	经济转型与创新发展论丛：文化刚性与企业战略调整	张　敏	南京大学出版社
64	面壁十年图破壁　企业文化润无声：关于宇之恒企业文化之我见	叶凌宇	光明日报出版社
65	文化资本、企业家精神与经济增长：浙商与粤商成长经验的研究	高　波	人民出版社
66	学会感恩 担当责任：世界 500 强企业首选职业精神培训读本	宋振赫	中华工商联合出版社
67	狼道全集：卓越个人、团队、企业的狼性法则	马剑涛	中国华侨出版社
68	领导解放 企业重生	姜岚听	中华工商联合出版社
69	成长型企业命脉	程鹏飞	企业管理出版社
70	创建幸福企业	岳川博	北京大学出版社
71	打造和谐企业	吴冀林　李镇远	人民出版社
72	质量文化建设方略	中国质量协会 戚维明　罗国英	中国标准出版社
73	向上竞争：缔造中国汽车企业竞争力优势的 38 个观念和方法	边建平	中国工商出版社
74	中国商业领导力：融合东方智慧和西方文化的实践	高润至 (Frank T.Gallo) 高晓燕	电子工业出版社

续　表

	书　名	作　者	出 版 社
75	跨文化管理精品案例	魏小军	上海交通大学出版社
76	变革中求生：中小企业生存之道	谭智颖	江苏人民出版社
77	安全文化建设与实施：从"安"到"全"	李飞龙	中国劳动社会保障出版社
78	黑莓风暴：RIM 鲜为人知的故事	麦奎因 (Rod McQueen) 王庆	机械工业出版社
79	组织文化与员工行为	徐尚昆	中国社会科学出版社
80	承诺 打造以结果为导向的承诺文化	张　斌	中国致公出版社
81	信任之路：依视路 30 年的光辉历程	格萨维埃·冯达磊 (Xavier Fontanet)　董纯　沈大力	中信出版社
82	日本会社文化：昔日的大名，今日的会社	(日) 中牧弘允	北京大学出版社
83	跨文化管理：基于知识管理的视角	霍尔顿 (Holden Nigel J.)	中国人民大学出版社
84	跨文化企业	(英) 特朗皮纳斯 (英) 伍尔莱姆斯	经济管理出版社
85	创业的轨迹·从创意到一个企业的真正诞生：科技创业的 20 条军规	理查德·多尔夫 (Richard C.Dorf)、托马斯·拜尔斯 (Thomas H.Byers) 刘丽君　倪跃峰	中国人民大学出版社
86	国际管理：跨国与跨文化管理 (第 7 版)(课程与案例)	海伦·德雷斯基 (Helen Dereesky)　宋丕丞	清华大学出版社
87	索尼研究所的经营哲学	所真理雄　由利伸子 王一迪	中国人民大学出版社
88	世界第一的小公司	坂本光司　安潇潇 张夏源	吉林文史出版社

后　记

《中国企业文化年鉴》（2011—2012）卷出版发行了，这是继2004年《年鉴》创刊以来的第五部。启动本部年鉴的编辑工作，正值党的十七届六中全会召开，全会做出了“推动社会主义文化大发展大繁荣”的重大战略部署，并明确了提高企业文化建设水平的具体要求，这不仅是对全国广大企业文化建设工作者的鼓舞和激励，也为我们继续做好《中国企业文化年鉴》的编辑工作指明了方向。在这种大背景下，本部《年鉴》突出了以下几个特点：

第一，强化对党的十七届六中全会精神的宣传解读。本部《年鉴》发表了中央政治局委员、全国人大常委会副委员长、中华全国总工会主席王兆国的《深入学习贯彻十七届六中全会精神推动企业文化、职工文化迈上新台阶》一文，对广大企业开展企业文化、职工文化建设具有现实的指导意义；发表了中共中央宣传部副部长申维辰同志的文章《充分认识加强企业文化建设的重要意义》，为广大企业加强新形势下的企业文化建设明确了主要任务。

第二，研究国际金融危机背景下企业文化建设的重要作用。本部《年鉴》发表了中共中央宣传部原常务副部长、中国大百科全书出版社总编辑徐惟诚《后金融危机时代的中国企业文化》一文，文章解析了国际金融危机发生的本质和根源，在此背景下，我们的企业文化建设需解决更多的新问题；发表了原国务委员、原全国政协副主席、中国企业联合会会长王忠禹《推进企业文化建设，实现更高质量发展》一文，文章提出了应对全球化挑战企业文化建设的主要任务。

第三，探讨“心力管理”的理论与实践。本部《年鉴》发表了中国社会科学院社科学所司马云杰研究员的文章《企业文化建设使人心成为巨大的力量》，深刻阐明了企业文化建设会使人心成为创造的主体而发挥大用；中国人民大学商学院邓荣霖教授的《用心管理与用力管理》和民营企业家刘鹏凯同志的《走进企业管理“心”时代》等文章深入到人文管理的深层次——人心管理，揭示了用心管理与用力管理的辩证关系。

第四，总结丰富多彩的企业文化建设经验。发表了中石油、中石化、中移动、中国工商银行、中国农业银行、中信集团、航空工业集团、北京同仁堂等多家大中型企业的企业文化建设优秀经验和经典案例；编发了王石、王健林、马云、李福成、鲁冠球、尹明善、马蔚华、董明珠等知名企业家实施文化管理的心路历程。

第五，交流“制定企业文化十二五规划”的思路和方法。编发了中国企业文化研究会、贵州省企业文化研究会、中石化胜利油田、云天化集团和中国市政东北研究总院等省、市社团、企业的企业文化建设规划、纲要，从中我们可以看到目前我国各层次的企业文化建设的大体状况，并总结出规律性的经验。

第六，提供建设“学习型企业”的相关信息。本部《年鉴》特设了“新书推荐”彩页宣传栏，推荐了《中国企业文化建设纵横》《文化力——企业卓越的基因密码》《心力管理》等最近出版的企业文化新作，每一部新作都有独特的视角和理论新意，对广大企业文化工作者来说不啻是一场精神与思想的盛宴。

在本部《年鉴》编辑过程中，得到了有关领导和专家、相关社团和媒体，众多企业领导的指导、支持和帮助，在此向国务院国资委宣传局、交通运输部文明办、北京市国资委、青岛市国资委、中国企业联合会、全国工商联、北京大学、清华大学、中国机械产业文化协会、中国化工企业文化协会、中国电子工业职工思想政治工作研究会、中国军工文化协会、福建省企业文化建设协会、广东省企业文化协会、山东省企业文化学会、贵州省企业文化研究会、沈阳市企业文化研究会、成都企业文化协会、大连市企业文化研究会、连云港市企业文化学会、本溪市企业文化建设协会、鞍山市企业文化研究会等单位，向《企业文明》《中外企业文化》《企业文化》《现代企业文化》《军工文化》《企业文化通讯》等媒体，向中国石化胜利油田、中国北京同仁堂（集团）有限责任公司、中国农业银行、中国人民解放军第5719工厂、东风汽车公司、冀中能源集团有限责任公司、云天化集团有限责任公司、太原钢铁（集团）有限公司、中国石油大庆炼化分公司、北京环境卫生工程集团有限公司、中国移动通信集团北京有限公司、北京首钢国际工程技术有限公司、中铁七局集团第三工程公司、中国烟草总公司福建省公司、福州市烟草专卖局、厦门市烟草专卖局、宁德市烟草专卖局、莆田市烟草专卖局、泉州市烟草专卖局、龙岩市烟草专卖局、三明金叶复烤有限公司、中国电力国际发展有限公司、中国石化北京燕山分公司、铜陵有色金属集团控股有限公司、中信重工机械股份有限公司、冀中能源邯郸矿业集团有限公司、山东爱普电气设备有限公司、沈阳飞机设计研究院、中航工业沈阳兴华航空电器有限责任公司、中国水利水电第九工程局有限公司第四分局、连云港港口集团有限公司、日出东方太阳能股份有限公司、鹤岗市人民医院等企业表示衷心感谢！

在编辑出版过程中，吉林人民出版社的领导和编辑给予了大力支持和帮助，在此深表谢意！

由于时间仓促，与部分作者未能直接通话，请见本《年鉴》后与编辑部联系。联系方式010-67571446

中国企业文化研究会信息中心

《中国企业文化年鉴》编辑部

2012年9月30日

《中国企业文化》

以实践应用理论探索为道，以学术研究与实践路径探寻为法

以中国先进文化融合西方现代管理工具为术

以国内外企业文化建设典型选树与推进为器

集理论性、前瞻性、科学性与指导性为一体

推动中国特色企业文化建设事业稳健发展

《中国企业文化》（原《企业文化通讯》）由中国企业文化研究会主办，1989年8月开始编辑发行，是中国企业文化研究会较早的会刊，迄今已发行268期。她见证了中国企业文化的发展过程与我会成长历程，是中国企业文化建设工作者了解企业动态、探索企业文化建设实践方法、阐述和发表理论观点、交流经验的有益平台。

《中国企业文化》注重独家视角并推出影响国内外业界的企业文化建设与创新典型。本刊读者群——有关部委领导、各界专家、企事业党政领导和主管企业文化工作的负责人以及关注中国企业文化建设最新发展的各阶层人士正在日渐扩大。多年来，《中国企业文化》在企业文化界产生了较大的影响力，成为我会与企业及各界朋友联系的桥梁和纽带，成为传播中国特色企业文化典型经验、大力提升企业知名度和美誉度，树立中国优秀企业和企业家良好形象的通道之一。

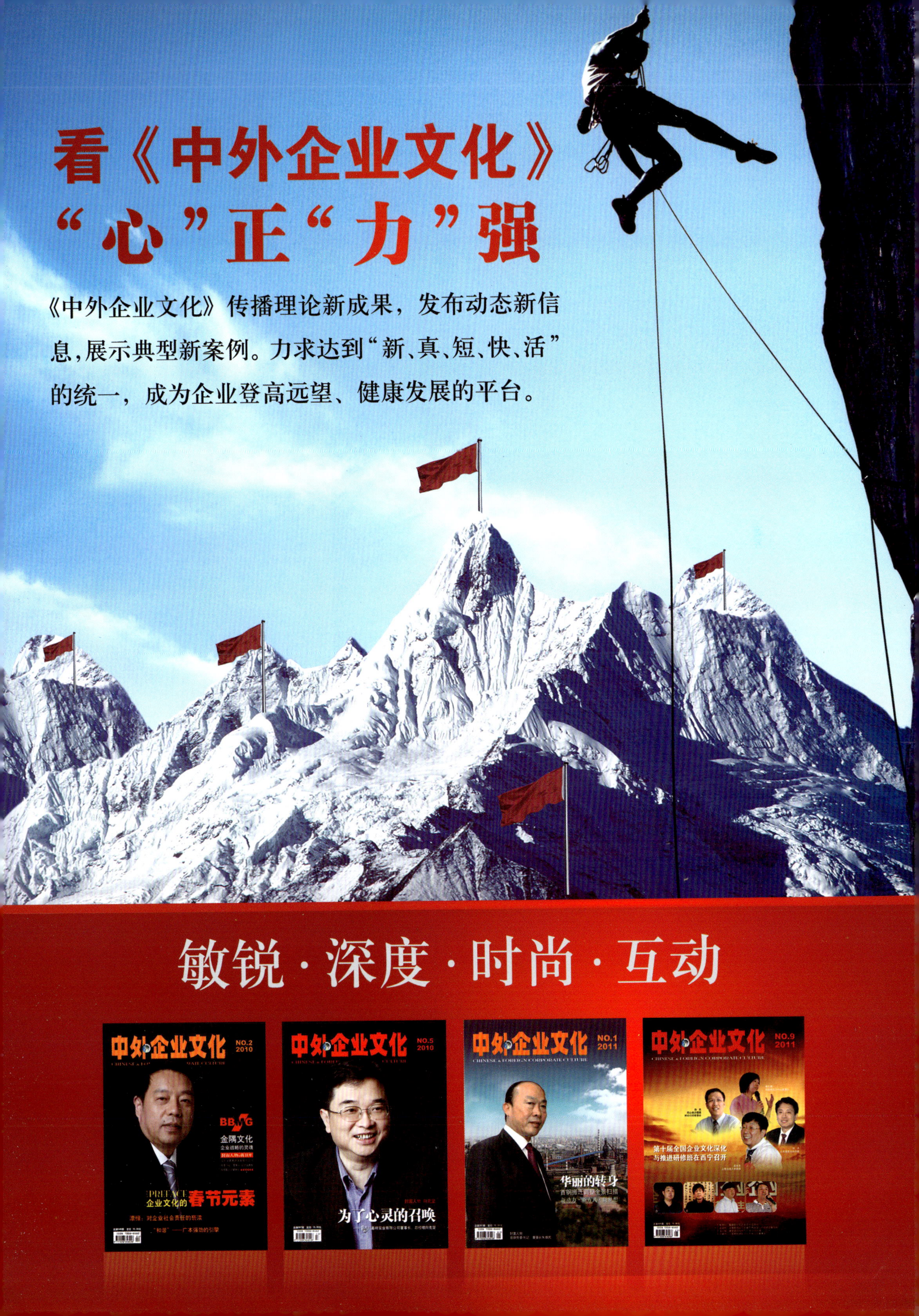
看《中外企业文化》
“心”正“力”强
《中外企业文化》传播理论新成果，发布动态新信息，展示典型新案例。力求达到“新、真、短、快、活”的统一，成为企业登高远望、健康发展的平台。
敏锐·深度·时尚·互动
中外企业文化 NO.2 2010
企业文化的春节元素
中外企业文化 NO.5 2010
为了心灵的召唤
中外企业文化 NO.1 2011
华丽的转身
中外企业文化 NO.9 2011
第十届全国企业文化深化与推进研修班在西宁召开

现代企业文化
Modern Enterprise Culture
国内统一刊号：CN11-5637/G0 国际标准刊号：ISSN1674-1145
邮发代号：80-780，每月5日、15日、25日出版
《现代企业文化》杂志是由中华全国总工会主管、中国工人出版社主办的国家级综合类期刊，是目前国内宣传报道企业文化的权威、大型的期刊媒体之一。
《现代企业文化》杂志是万方数据、龙源国际期刊网、中文科技期刊网等全文收录期刊。杂志内容丰富，印刷精美，雅俗共赏，集学术性、实用性、权威性与专业性于一体，被转载率及引用率较高，具有很高的学术价值和社会影响力。《现代企业文化》杂志读者遍布全国企事业单位、主要科研机构、政府、高等院校、各级工会及公共场所，读者对象主要为企业的中、高级管理人群。
《现代企业文化》杂志曾荣获“中国最具传播力策划机构奖”及“中国新锐媒体100强”等荣誉。

SINCE 1986
企业文明
Enterprise
Civilizatio

企业文化

CULTURE
CORPORATE

《企业文化》是中国创办的企业文化月刊，始终坚持面向企业、宣传企业、为企业服务的办刊方向，高举引领新世纪企业文化前进的思想理论旗帜，传播决策部门和高层人士有关企业文化的权威声音，报道企业在企业文化领域的成功实践和经验教训，宣传勇于开拓创新的企业家和企业中的先进人物，研究企业文化发展中出现的新事物、新问题和新趋势，探索企业保持常青的基因及和谐秘诀，在企业间搭建交流的平台，努力提升企业管理水平、创新能力和精神境界。

《改革开放亲历记：胡平访谈录》

作者简介

胡平，1930年生于浙江省嘉兴市，早年曾就读于江苏纺织工业专科学校纺织专业，1948年赴苏北参加革命，1949年后长期在福建从事经济工作，历任福建省计委主任、副省长，1982年任常务副省长，1983年4月至1987年8月任福建省省长。1987年9月，胡平调京任国家经委副主任，1988年任商业部部长，1993年任国务院特区办主任，2004年底离休。他是党的十二、十三、十四届中央委员，第八届、第九届全国政协常委。

内容简介

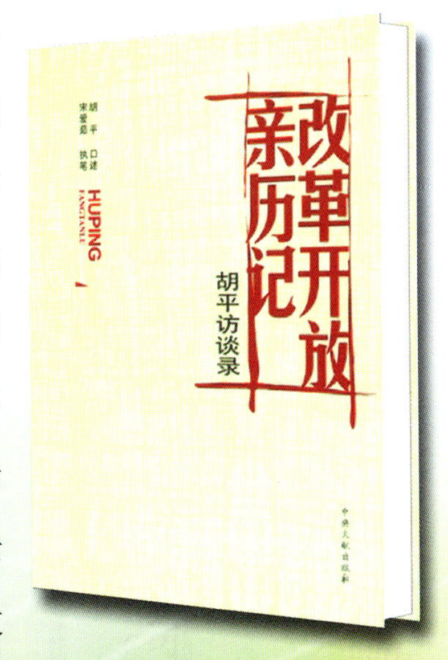

《改革开放亲历记：胡平访谈录》是一部综合评述中国改革开放历程的口述成果。它的口述者胡平是一位学识渊博、执政经验丰富的党的高层领导。在半个多世纪的革命生涯中，尤其在“文化大革命”结束后，他一直处于党所领导的改革开放政策实施的最前沿。他对党在不同时期的路线、方针、政策谙熟于胸，在改革开放的基层一线不断探索与实践，他对身处改革开放洪流中的中国百姓生活非常熟悉。在胡平的讲述中，我们可以看到他作为一位老党员、一位中国特色社会主义理论的实践者，对于中国改革开放事业的忠诚与执着；看到他对中国共产党能够领导全国人民实现中华民族伟大复兴的信心和决心；看到他对中国现阶段存在的社会问题的忧虑与焦灼；看到他对中国共产党发展前景的美好期盼与崇高的政治信仰。

《中国企业文化建设纵横》

作者简介

王瑞祥，男，汉族，1948年4月生，山东蒙阴人，1977年3月加入中国共产党，1969年12月参加工作，中央党校研究生学历，高级政工师。全国政协委员、提案委员会副主任、国务院国有资产监督委员会原副主任、中国机械工业联合会党委书记、会长。

内容简介

企业文化建设在中国走过了20多年的历程，但一直处于理论上百家争鸣和实践上各自探索的状态。中国企业文化的内涵是什么？中国特色企业文化建设体系包含哪些内容？好多问题都缺乏权威性的解答。《中国企业文化建设纵横》全面梳理了中国企业文化建设脉络，从思想基础到理论概述，从操作实务到实践探索，展现了中国特色企业文化建设体系的全貌。特别是以中央企业文化建设为模板，阐明了企业文化与中国主流思想结合，企业文化执行体系和机制建设，企业文化建设评价体系等关键问题，是中国企业开展企业文化建设的典范读本。

《大道哲学通书》

作者简介

司马云杰，中国社会科学院研究员，专业为中国文化哲学与文化社会学，其为学术，以张横渠“为天地立心，为生民立命，为往圣继绝学，为万世开太平”为使命，著述大道哲学，推本于天，反诚于性，以经大经，以立大本。已出版的著作有《大道运行论》、《绵延论》、《盛衰论》、《心性灵明论》、《文化价值论》、《文化悖论》、《价值实现论》；另外著有《文化社会学》、《文艺社会学、》《中国文化精神的现代使命》等书。其中《文化社会学》获1987年度中国图书奖，第二届北方15省市自治区哲学社会科学优秀图书一等奖；《文化价值论》《文化悖论》分别获第六届北方15省市自治区哲学社会科学优秀图书奖；《大道运行论》获第十届华东地区哲学社会科学二等奖等。

本书共有五卷：

第一卷 《大道运行论——关于中国大道哲学及最高精神的研究》

第二卷 《绵延论——关于中国文化绵延之理的研究》

第三卷 《盛衰论——关于中国历史哲学及其盛衰之理的研究》

第四卷 《心性灵明论——关于人文精神与心性本体论的研究》

第五卷 《道德本体论——关于道德形而上学与精神世界的研究》

内容简介

“大道者，所以变化而凝成万物者也。”大道即形上之道，即宇宙万物的本体存在，即察天地之变、洞万物之原，由万物阴阳化育法则提升出来的宇宙原理，及由此获得的纯法则、纯概念、纯理念与纯粹真理性。此道至大无外，至小无内；语大，天地莫之能载；语小，天下莫之能破。此道虽为形而上者，然其并不是空悬着的，而是周流宇宙、贯通万物的，是道不离事、事不离道的。道体流行发用，随处可见。故其是真实无妄、实有是理的存在。大道哲学，就是以大道为本体论的哲学。大道哲学通书，就是贯通大道本体论的书。“道”的精神或大道哲学精神，就是中国文化哲学的根本精神，中华民族的根本精神。大道哲学通书，就是贯通中国文化根本精神的著作。

《中小企业的成功范式——心力管理解读》

作者简介

张德，清华大学经济管理学院人力资源与组织行为系原主任、教授、博士生导师。著名管理学家、企业文化专家。已在报刊上发表论文233篇，出版著作26本，其代表作为《从科学管理到文化管理》、《组织行为学》、《人力资源开发与管理》、《企业文化建设》、《企业文化》、《企业文化与CI策划》、《和谐管理》、《中小企业的成功范式——心力管理解读》等。主持和参加过五项国家自然科学基金项目、五项国家社会科学基金项目。他提出的经验管理、科学管理、文化管理“管理模式的三阶段”理论，在企业界和学术界得到广泛的认同。他注重将理论研究与应用研究相结合，已为58家企业进行管理咨询。先后被聘为中国企业文化研究会学术委员会委员，北京企业文化建设协会副会长。2008年荣获中国企业评价协会、中国人力资源开发研究会等联合评选的“第三届中国人力资源管理十佳人物大奖”。2011年被教育部聘为《组织行为学》全国统编教材首席专家。

内容简介

改革开放三十年以来，我国中小企业不断发展壮大，已成为国民经济和社会发展的重要力量，在繁荣经济、增加就业、推动创新、改善民生等方面，发挥着越来越重要的作用。截至2010年9月底，中小企业达1023.1万户，超过企业总户数的99%。目前，中小企业创造的最终产品和服务价值相当于国内生产总值的60%左右，缴税额为国家税收总额的50%左右，提供了近80%的城镇就业岗位。但是，毋庸讳言，中小企业在其发展过程中，经历了不少曲折和苦难，其平均寿命只有4年到6年。妨碍其生存和发展的因素很多，有恶劣的外部条件和薄弱的内部条件，内部条件最为薄弱的环节是管理理念和管理模式落后，以及其背后的精神资源贫乏。究其原因，是针对中小企业的管理培训太落后。或者由于中小企业主还没有认识到，或者管理教育机构缺乏对中小企业的重视，至今中小企业的管理教育和培训，远远落后于大企业，特别是缺乏针对中小企业管理的教材。

本书以中小企业为对象，通过剖析黑松林粘合剂厂董事长刘鹏凯独具特色的“心力管理”，深入浅出地回答“中小企业如何管好”的问题，既有理论上的升华，又有实施上的方法。本书从心力管理的内部结构、价值基础、驱动机制、方法论、哲学前提、目标模式、实施艺术、领导风格等方面，深入浅出地解剖了这个中小企业的成功范式。同时，还具体地揭示了黑松林在组织特色、经营理念、营销模式、财务管理等方面的成功经验。最后，还介绍了刘鹏凯如何把子女培养成“创二代”，如何严格要求自己，如何苦修心力，从而使心力管理大获成功的。

本书具有三个特点：1、新——这本书，专门探讨中小企业的管理，将中国传统文化与现代管理理论相结合，提出了许多新的理论观点，初步构造了中国式管理的模型；2、实——内容密切联系实际，用大量的案例引起读者思考，得出的结论具有可操作性；3、准——本书力求从实践中提炼出理论，以及用管理理论去阐释和深化实践经验，在管理理念和概念上准确而严谨。

这是一本专为中小企业写的新书，对于渴求改善管理、完善经营的大批中小企业主和中小企业管理者，像是一次雪中送炭。他们不仅会从中找到正确的管理理念，也可以从中找到具体的管理方法。我们相信，这对于研究中国经济的崛起之路，研究中国中小企业振兴之路，无疑提供了一把文化钥匙。

《老字号品牌价值》

《老字号品牌价值》一书以老字号品牌价值分析为逻辑起点，把老字号品牌价值分解归类为社会价值、文化价值和市场价值。指出利用传统的品牌价值评估模型对老字号品牌进行价值评估，主要关注的是老字号品牌的市场表现，忽略了老字号独有的社会价值和文化价值，因此本书认为目前多数老字号的品牌价值被大大低估了。

本书在借鉴现有典型品牌价值评估模型的基础上，根据老字号品牌的特点，融合了财务、市场和消费者因素，加入社会价值和文化价值因子，创建了THBV（Time-honored brand value）评估模型。选取了历史厚重、社会文化价值突出，同时又有行业代表性的28个老字号品牌进行模拟评估，初步验证了模型的科学性与合理性。THBV评估模型的创建与使用，对挖掘老字号潜在价值资源，使老字号的品牌价值得到客观评价，促使老字号企业保护与开发无形资产，推动老字号企业走现代品牌道路，以及丰富和发展品牌价值评估理论，具有重要的实践价值与学术价值。

作者简介

王成荣，现任北京财贸职业学院院长。管理学博士，二级教授，享受国务院政府特殊津贴专家。长期以来致力推动企业文化理论与实践创新、创建中国特色品牌管理理论，是著名的企业文化学者和品牌管理专家。主要兼任中国企业文化研究会副理事长、中国商业史学会副会长、中国商业文化研究会高级学术顾问、北京市企业文化建设协会副会长、北京老字号协会副会长等；担任同仁堂、全聚德、三一重工、长江三峡、翠微百货等公司顾问或独立董事，任北大、清华、人大等校客座教授。担任全国商业质量奖、全国企业文化优秀奖等评审专家。出版《企业文化学》、《企业文化大视野》、《企业文化新思维》、《中国名牌论》、《品牌价值论》、《老字号品牌价值》等学术著作26部；主持国家和省部级重点课题22项；为一百多家知名企业提供咨询与策划。赴爱知大学、香港城市大学、莫斯科大学、芝加哥大学、范莎学院等作学术访问与交流。两度荣获全国商业科技进步二等奖、三次荣获北京市哲学社会科学优秀成果二等奖。

书　评

我作为北京老字号协会的会长，接触了大批中国著名的老字号，这些老字号有深厚的文化底蕴，在社会上有很大声誉和影响，但它们往往规模较小，营业额不大，没有突出的市场表现。怎样使老字号的历史与文化优势转变为市场表现，加速老字号的振兴，公正地评估老字号的品牌价值，就成为一个亟待解决的问题。

《老字号品牌价值》一书，阐述了老字号品牌价值重估的意义，分析了老字号品牌价值的形成及属性，创新地提出了老字号品牌价值的评估模型，从理论上解决了老字号品牌价值评价的难题，并且进行了模拟实践验证，是一本具有开创意义的著作。这本书对老字号企业正确认识自身的价值，珍惜稀有的历史文化资源并积极加以开发利用，避免无形资产流失，加快向现代品牌的转型，具有重要的意义。

——书评人：姜俊贤

《企业文化体系管理》

该书着眼于中国企业文化建设的实际，遵循企业文化建设的基本规律，运用企业文化理论和ISO9000族标准，把企业文化建设的内容作为系统体系，参考借鉴ISO9000族标准，创造性地建立了一个对企业文化实施全员额、全要素、全时空、全过程管理的新模式。全书共分八章，即：企业文化体系管理概述、企业文化体系管理设计、企业文化体系管理结构、企业文化体系管理组织模式、企业文化体系管理职责划分、企业文化体系管理的标准与要求、企业文化体系管理文件系统和企业文化体系管理运行实施。

作者简介

华锐，中国企业文化研究会常务副理事长，曾为百余家企业提供过企业文化的咨询、策划和培训等服务。主要著作有《新世纪中国企业文化》、《企业文化简明手册》、《企业文化教程》、《点击企业文化》、《企业文化体系管理》、《企业文化教练》、《中国企业精神》等。

书 评

《企业文化体系管理》是第一本借鉴ISO9000的方法来思考和研究企业文化的书籍，该书的出版不仅丰富了企业文化的应用理论，创新了企业文化的实践模式，更重要的是为目前已经建立了ISO9000族标准体系的企业探索了一条企业文化建设的新路径，提供了一个“文化落地”的好抓手。

《企业文化体系管理》一书紧紧围绕当前企业文化建设中存在的科学定位、体系构建、战略校准、理念深植、层级变压、测评考核、效能提升等热点和难点问题，遵循企业文化建设的特点和规律，运用PDCA的管理思路，根据企业的组织架构和任务职能，建立了一套全系统、分层次、有重点、成体系地进行企业文化标准化、规范化、流程化管理的新模式，使企业文化建设变无形为有形，更加科学、系统、规范和有效。

——书评人：董平分

《企业文化建设评价》

《企业文化建设评价》由中国企业文化研究会测评中心顾问、技术总监董平分先生编著，由中国企业文化研究会常务副理事长华锐先生作序，该书从企业文化建设评价的重大意义、企业文化建设评价的基本概念、企业文化建设评价的本质、企业文化建设评价的基本原理、企业文化建设评价相关指标的设计、企业文化建设评价的基本流程和企业文化建设评价的实践与经验等几个方面，对企业文化建设评价作了较为全面地介绍，是开展企业文化建设评价的一本基本教材，也是一部集企业文化建设工作者智慧，为企业文化建设工作者服务的工具书。

作者简介

董平分，原中国航空工业第一集团公司政治部（企业文化部）副部长、机关常委副书记。

中国一航集团文化建设的具体策划、组织实施的骨干人员之一；是《集团文化》一书的主要编辑、写作人员，中国一航集团文化建设多次受到国资委的表彰；是国家劳动部企业文化师国家职业资格鉴定标准制定的参与者和培训教材编委成员、作者之一，并成为资格认证题目的出题者之一；曾参与国防科工委军工文化建设，担任军工文化的专家顾问；出版了《企业价值观管理与企业文化场》，编著了《企业文化建设评价》等著作；他参与中国企业文化研究会测评中心“一纲三册”的研发，为有效实施企业文化管理，促进企业文化“落地”，开辟新的途径；曾为中国航天科技、中船重工、中国商飞、中石油青海油田天燃气公司、西南天燃气公司、胜利油田、西安航空发动机公司、云驾岭矿、中航工业庆安公司等单位的企业文化建设做过咨询。

书　评

企业文化是企业的“灵魂”，但是，这些“灵魂”真的被员工认同奉行了吗？根据我多年的研究发现，勇于进行企业文化建设评价则是对企业“灵魂”深处的革命。卡普兰教授有句名言：“如果你不能描述它，就不能衡量它，不能衡量它也就不能管理它。”企业文化建设评价确实是当前我们企业文化建设面临的一个难题。由董平分先生编著的《企业文化建设评价》一书的出版发行让我非常高兴地看到了在这方面又有了深入的研究和探索。

《企业文化建设评价》具有非常好的可阅读性、可学习性、可操作性和可实践性。让我肃然起敬的是——书如其人：字里行间无不透射出作者对中国企业的真情实感，无不放射出作者对中国企业文化的真知灼见，无不折射出作者对中国企业文化建设评价的真才实学，无不迸射出作者对中国企业文化建设事业的激情与热忱。

《企业文化建设评价》是一位真正的企业文化有识之士写给真正有志于企业文化建设的企业家、企业管理者和企业文化工作者的书！

——书评人：华锐

《企业文化中国化——中国特色企业文化理论与实践》

本书以中国经济和文化崛起为背景，以企业文化中国化为宗旨，以马克思主义的最新研究成果——邓小平理论、三个代表和科学发展观为指导，以提出和回答问题的方式，创建和探索中国特色企业文化理论和建设的规律。

本书最大特点是具有中国特色、中国风格、中国气派和中国文化根脉，又借鉴西方企业文化最新研究成果，不愧是中国特色企业文化理论和建设的扛鼎之作。是一部以国际化的大视野，从21世纪文化经济一体化的趋势出发，站在世界经济发展的潮头，创建中国特色企业文化理论大厦，推动中华民族进一步崛起于世界的书！

作者简介

马树林，中国文化管理学会企业文化管理专业委员会专家委员。曾任《中外企业文化》副主编、北京市思想政治工作研究会、北京市企业文化建设协会研究部主任等。先后出版了《加入WTO后中国企业文化建设》、《中外企业文化故事》、《企业家创新的故事》著作，参与主编《北京市2006-2007年度宣传思想工作创新经典案例》、《攻谋胜略》等著作。

在人民日报、经济日报、解放军报、《中国特色社会主义研究》、《思想政治工作研究》、《中外企业文化》等报刊发表论文和文章600余篇。参与和完成了国家和北京市很多重点课题报告的撰写。近十余年来，在全国各地讲授企业文化课200余场，颇受广大听众的欢迎，曾获北京市"灵山杯"奖。

书　评

看过《企业文化中国化》目录，作者提出的18个问题一直在我脑海中盘旋。都是当前我国企业文化建设需要认真思考和研究的问题，也一定会引起企业界人士和理论研究工作者的兴趣。

我认为，这些问题提得非常好，具有重大的实践意义和理论价值。在我的印象中，中国还没有哪一本书把我们在企业文化建设中遇到的难点问题系统地开列出来，并加以回答，这可能是本书的首创。

作者把"企业文化中国化" 进程中的18个重要问题明确地提出来了，而且作出了自己的回答，这实在是一件推动企业文化发展的好事情。做到了理论实践并茂，知行合一，好懂、好记、好运作、好传播，入耳、入脑、入心，让人一听就清楚，一看就明白。这样的立论基础和治学态度，我赞成；而且对于作者勤奋敬业、潜心研究，对中国特色企业文化发展做出的贡献表示敬佩。

希望作者在奋力推动企业文化理论与实践上创新发展，更上一层楼！

——书评人：贾春峰

《文化力——企业卓越的基因密码》

《文化力——企业卓越的基因密码》一书出版发行，以独到敏锐的全球眼光，通过求真务实的调查研究和生动翔实的企业个案，洞悉了世界优秀企业卓越理念渗透和执行的真谛，领悟了成功企业背后文化形成的本质和规律。

作者结合中国移动集团北京公司企业文化建设的经验和实例，精要准确地剖析了企业文化的深层次内涵和实质，为广大企业管理者、企业文化工作者和从事企业文化教学与研究的人员提供了一部理论性和实践性兼备的优秀作品。

该书由中国民主法制出版社出版，16开本，323页，由新华书店经销。该书深刻地揭示了企业文化力实现的三个着力，即文化领导力、文化契合力和文化执行力。

作者简介

方建国，男，1970年3月出生、汉族，1992年毕业于北京邮电大学社科系，获法学学士学位。2004年，获北京邮电大学工商管理硕士研究生学位。2002年12月任北京移动通信有限责任公司党群工作部副部长、党委宣传部部长至今。

方建国长期从事企业管理工作，具有丰富的企业管理经验，他负责的重点研究课题“企业文化建设与企业核心竞争力”被评为北京市企业文化建设协会“丹柯杯”一等奖。

在注重理论研究，推动理论创新的同时，他致力于公司文化建设的探索与实践，多次主持中国移动北京公司企业文化提升项目，形成了独具特色的文化管理模式和大量文化建设成果。

书　评

关于企业文化研究的书籍很多，在众多的研究成果中，方建国先生新近出版的《文化力——企业卓越的基因密码》一书十分抢眼。方建国先生有近20年在中国一流国企工作的经历，能够巧妙地把深奥，甚至晦涩的组织文化理论通过一个又一个引人入胜的案例展现给读者。无论是企业文化的研究者还是企业的领导者都可以在其中体察到可资借鉴的精髓。即使是企业最为普通的员工，读罢此书亦会发出“原来如此”的心灵感悟。这就是一本凝结心血的好书的力量！

该书非常有意思地解读了企业内生的动力——企业的文化力。从本源看，企业文化是企业在生存和发展过程中，为解决与外部环境的协调问题和内部的融合问题而形成的一整套理念。本书很贴切地运用了“基因密码”的概念，对于生命体来说，“基因”是负责保存生命特征信息的东西。是人类进化过程中，长期积累的生命活动进化的信息结晶。中国的企业文化与中国改革开放历程相伴，与中国企业的成长如影相随。企业文化的重要性正如作者所述，是“企业卓越的基因密码”。

该书是作者多年研究的一个阶段性总结。其实，在中国非常需要在一线工作的研究者，只有充分了解情况，才能够做出有价值的研究。特别期待方建国先生以此书出版为始，陆续将思想变成文字，让更多的人受益。

——书评人：王欢

《绿色的长路——福建烟草商业的履责之路》

《绿色的长路--福建烟草商业的履责之路》是福建省烟草专卖局孙长青撰著的企业文化著作，由福建教育出版社出版发行。全书共8章，各章标题依次为，泱泱华夏八闽香、春回大地暖人间、绿色长路领路人、赴汤蹈火守疆土、鞠躬尽力献三农、海角天涯架金桥、赤诚忠心显风采、挖掘传承铸精品。

作者在《后记》中讲到，“福建烟草发展历史是福建烟草人物质与精神的积淀。寻找历史，离不开历史事件；寻找历史事件，离不开寻找那些处于历史事件中的人物和力量，离不开对波澜壮阔和激动人心的鲜活历史场面的深刻认识、体悟与潜心挖掘、回忆……”。《绿色的长路》正是从福建烟草发展不同历史时期的事件、人物、执法、科技、行业、困惑等层面入手，着力表现生动鲜活的历史剧情，使员工和读者在饶有兴味的阅读中认识烟草历史，体味社会，思考未来，用自己的实践与思想的智慧之光照耀自我，富有责任地投入到创造历史、创造未来的庄严而神圣的烟草事业之中。

作者简介

孙长青，笔名劲松、常青，高级会计师、国家一级摄影师。先后毕业于福建商业学校，西南交通大学，中国社科院研究生院。曾任福建省烟草专卖局（公司）财务处副处长、投资处长（兼任厦门海晟实业、房地产公司总经理）、审计处、计划处处长，现受聘任中国书画协会副主席，中国国际国学院终身院士，《现代企业文化》杂志社顾问，福建省金风经济发展促进会副会长，福建烟草摄影协会主席；中国管理科学人文研究所研究员、主任委员；中国企业文化研究会特邀研究员、常务理事；中国作家协会、中国摄影家协会会员。 出版专著摄影书法：《欧洲风情摄影作品选》、《艺术摄影欣赏与创作》、《硬笔书法创作与欣赏》，企业文化：《履责之义——福建烟草母子文化体系》，报告文学：《绿色的长路——福建烟草商业的履责之路》，国学演绎：《闲情逸志》。

书　评

由孙长青先生撰写的《绿色的长路—福建烟草商业的履责之路》，内容丰富文笔流畅，结构完整环环相扣，逻辑严密自成体系。以题记提出“当人类发现烟草，从一开始就让生存发展与人类健康付出代价的文明悖论，是人类——当然首先是烟草人一直在试图破解的终极难题，作为书的切入点，并成为贯穿整篇的主线索。

作者围绕福建烟草履行社会“责任”主题，重点介绍了我国实行“烟草专卖”体制之后，烟草农业的烟叶种植与科研、经营与管理；烟草工业的卷烟生产与科技、健康与环保；烟草商业的卷烟营销与物流、服务与管理；烟草行业的扶贫助困、奉献社会等一系列历史重大事件，再现了一代又一代福建烟草人维护《烟草专卖法》的激情岁月。

该书能够在真实事件背景和作者真实观察、发现及理解的基础上，对事件和人物进行文学表达。其真实的历史事件，生动鲜活的历史剧情，使得该作品有强大的生命力；其独立的理性评判，为该作品注入了鲜明的灵魂；其文学艺术表达的手法，又给该作品插上了坚实的翅膀。

——书评人：朱小鸥

《爱普天下——山东爱普电气企业文化解读》

由邱政昌同志编著的《爱普天下——山东爱普电气企业文化解读》一书，原本是针对公司员工的企业文化培训讲义，后经专家推荐，由山东大学出版社于2012年初出版发行，中国企业文化研究会常务副理事长、秘书长孟凡驰先生亲自为本书作序。全书22万字，内容上共分八讲，其中三讲是针对普通员工讲解的企业文化建设的基本理论，包括企业文化的基本认识、企业文化建设的基本思路和步骤、企业形象的建立和传播；另外五讲是对本公司企业文化理念的深入阐述，穿插了大量企业故事、图片以及管理案例；另有附录部分展示了公司文化建设的历程和成果。

作者简介

邱政昌，1967年生人，中央党校经济管理学研究生学历。相继从事技术、新闻、文秘等职业，现任山东爱普电气设备有限公司党支部书记。工作中注重研究企业文化建设理论，躬身实践，组织开展公司文化评估、设计、整合、推进等工作，对企业发展起到极大推动作用，同时也提升了自身的理论认识，丰富了实践经验。

书 评

《爱普天下——山东爱普电气企业文化解读》一书，是山东爱普电气设备有限公司在企业文化建设的实践中，针对如何使公司文化“内化于心”，创造出的一个成功范例。该书采取了讲道理、讲案例、讲典型的方式，深入浅出，通俗易懂，易于员工对本公司文化的理解认同，同时体现了公司文化管理思维的系统性，是一本实践性强、可资借鉴的企业文化建设文献资料。孟凡驰先生在《序》中说：通读此书，相信会使众多的企业文化理论研究者、企业管理者以及公司职员得到共鸣和启迪。

《心力管理》

2010年岁末，刘鹏凯的《心力管理》由上海人民出版社正式出版了。这是他的第五本管理专著。2012年7月，该书进行了第三次印刷。

《心力管理》汇集了刘鹏凯的企业管理25法，每法有理论更有实践，是刘鹏凯从心开始，用心做事，探索中小企业经营模式、方法、经验的成功总结，彰显了心之养、心之育、心之动、心之力的管理魅力。

在这本书的自序《我的心力管理之路》中，作者认为，心力在实践中就是指人依据自身的心思和能力、精神与体力、思想和才智，发自内心做好某一件事的精神力量。心力管理是将企业员工的心之所及，转化为力之所达的过程；是将企业团队层面的意识培育转化为物质层面的生产力资源，并有效地进行集聚、发散和增效的过程；是不断引导员工在工作与生活中，善用其心，自净其心，消除恶心，增加爱心，发自内心，共同构建心心相印的和谐发展环境的过程。

作者简介

刘鹏凯，江苏黑松林粘合剂厂有限公司董事长，中国化工作家协会副主席，中国石油和化学工业企业文化建设专家组成员。长期致力于企业文化研究与实践，著有《黑松林，我的太阳》、《细节的响声》、《漫话企业细节管理》、《漫话企业文化管理》和《心力管理》。作品曾获“全国企业文化建设优秀成果奖”、“全国企业文化科研成果一等奖”、“江苏省管理创新成果一等奖”、“泰州市五个一工程奖”等奖励。

书　评

提出心力管理这个课题，我认为这是好事情，可以进一步探讨。

——胡　平

本书像一本企业管理学的普及读本，用通俗流畅的风格告诉我们应该如何用心力管理企业，很值得一读。

——艾　丰

人心的培育于己、于人、于组织都是意义深远的大事。

——孟凡驰

本书是实践性很强的范本。希望刘总经理的规律探索再深化，再逐渐多积累一些经验，形成一些理论就为期不远了。

——贾春峰

本书对于研究中国中小企业振兴之路提供了一把文化钥匙。

——张　德

《心力管理》不仅是企业文化建设和企业管理的优秀读物，也是提高思想修养和加强精神文明建设的参考书，是一本值得一读的好书。

——周叔莲

本书是作者对中国式管理的一个探索。

——王锐生

本书是理论与实践结合、历史与现实结合、国内与国外结合的卓越成果。

——邓荣霖

《心力管理》有一个非常可贵之点，如何在实践中摸索，创造出我们中国的管理科学。

——赵春福

鹏凯以他的文化悟性、哲学思维和对管理的执着探索，贡献给我们一本很好的企业经营管理教科书。

——王成荣

读了《心力管理》，进一步理解了中国式的人本管理、心本管理、这是一次心力管理之旅。

——刘光明

心力管理凸现大商道行境界，粘合文化彰显底蕴厚重特色。

——高立胜

刘鹏凯创建的企业文化以及他的“心力管理”值得我们许多企业家和管理者学习！

——赵曙明

本书中的每一个管理法都是心力的凝结。

——达凤全

本书近百个精彩的管理故事以及精辟的管理思想都会给中小企业的管理者和老板们带来启发和帮助。

——宋新宇

《我们这样抓管理》

《我们这样抓管理》这本书旨在反映国企基层单位管理经验，对基层企业如何进行有效管理提出了自己的观点和方法。此书以燕山石化为背景，将作者在燕山石化化工一厂的管理实践通过89个案例进行了深度总结，针对基层企业管理中的弊端和误区深入剖析，并结合行之有效的做法层层解读，真实反映了化工一厂管理工作30多年的发展历程。

本书共分为“被动-心动-行动-活动-主动-生动-自动”等7个章节，先以“被动——企业的执行问题初探”开篇，主要论述了企业往往在问题出现后才被动着手解决，并对执行问题的表象作了详细探究，指出执行中常常存在“目标假、大、空，管理低、老、坏，改进一阵风”的现象。第二章“心动——形成员工统一的价值观”开始从构建企业共同愿景、继承发扬企业精神、树立正确工作理念三个方面来论述如何帮助员工树立正确的价值观。之后几篇，分别对制度和措施落实到位，增强组织整体执行力，创建学习型企业、创造和谐的发展环境作了深入探讨。最后一篇提出要全员参与企业管理，这样才能吸引员工主动为企业发展着想，与企业同进步，共命运。“管理将进入全员时代”、“参与也是一种激励方式”，这些体现现代企业管理理念的方式都在书中得到作者的详细论证和阐释。

作者简介

刘长伟，男，生于1957年，大学本科学历，教授级高级政工师，中国石化集团燕山石化公司高级首席专家，现任燕山石化发展研究中心党委书记、副主任、纪委书记、工会主席，燕化公司机关党委副书记。2003年被北京市委工业工委授予“优秀党务工作者”称号，2007年被国务院国资委授予“优秀党务工作者”称号。刘长伟投身石化企业29年，潜心研究企业管理问题，引导现代企业管理理论扎根国有企业，撰写的《现场管理》、《从现代企业制度看思想政治工作载体的创新》等多篇文章获得中科院人文科学研究创新成果一等奖。

书 评

当我把目光从《我们这样抓管理》最后一个附录24封家书节选中收回的时候，我深深地吸了一口气，脑海中把这本书的大概内容来了一个“倒带”，我不敢说这本书写得有多么精彩和深刻，但书中多个章节让我读完之后仍历历在目，个中细节还能清晰不忘，这竟是读管理类图书许久不曾有过的情形。于我而言，这样的阅读经历着实是值得的。

作为一本旨在反映国企基层单位管理经验的图书，《我们这样抓管理》的作者刘长伟在此领域颇具发言权，多年来在基层摸爬滚打，揣摩总结，所以书中可谓字字是经验，句句是体会。最后一部分的24封家书的节选，由职工家属写给他们心爱的妻子、丈夫和爸爸妈妈的。孩子的语言略带生涩稚嫩，妻子的话语饱含深情，心愿只有一个，让亲人安心工作。这样的人性化管理创举或许能够给我们很多启发，以人为本，员工是企业最大的财富和资源，管理好人，才能管理好企业。

作者正是用这些鲜活事例，在朴实无华的叙述中告诉我们：他们就是这样抓管理的。或许我们不能照搬，但无疑是值得借鉴的。

——书评人：方人也

《美丽管理——本来意义上的企业文化》

作者以“企业文化主管”的视角和经验，历时数年，就“中国企业离企业文化有多远”这一问题进行研究，在企业管理史上首次提出了“美丽管理”概念，并论证厘清了它的基本问题：

一、企业文化是世界管理史上的“第四次革命”，它把尊重雇员放在经营管理的首位，是世界一流企业普遍实行的管理方式，是新的美丽的管理理论。

二、美丽管理=关于人的价值观+系统科学理论。

三、当前我国很多人所说的和很多企业所建设的，并不是本来意义上的企业文化。

作者简介

王长根，学习型企业文化理论创始人，美丽管理理论创始人，长期从事“小作坊轻松做成大公司”、“世界一流企业管理”、“学习型企业”等课题的研究与咨询，有专著6部，论文70余篇。

书　评

这是一本从实现中国大国崛起出发而写的书，一本工作在企业的企业文化主管写的书，一本指导中国企业管理升级的工具书，一本具有理论创新意义的管理学著作。该书的问世，将对中国企业管理产生深远影响。

一是美丽管理理论打开了中国企业管理新的视野，标志着中国企业管理理论发展到了一个新阶段。

二是企业文化使其之前的传统管理理论相形见绌——旧管理以“管卡压罚”为特征，无视人的尊严，压制人的自发性和主动性，滋生了员工复仇情绪，制约了生产力的发展。企业文化从企业管理理论的指导思想上找原因，奉行以人为本价值观，强调尊重人的人格尊严和价值，员工因为有了主宰自我及做主人的感觉，积极性一下子释放出来，企业内部几乎没有了矛盾，劳资关系也显得特别融洽。

三是重新定义了“企业的永恒主题”是调动人的积极性。

——书评人：王训政　王笑